स्वराज से लोकनायक

स्वराज से लोकनायक

सम्पादक

यशवंत सिन्हा

वाणी प्रकाशन

वाणी प्रकाशन
4695, 21-ए, दरियागंज, नयी दिल्ली 110 002

फ़ोन : +911123273167 फ़ैक्स : +911123275710

शाखाएँ

अशोक राजपथ, पटना 800 004, बिहार

कॉफ़ी हाउस कैम्पस, महात्मा गांधी मार्ग, इलाहाबाद 211 001, उत्तर प्रदेश

महात्मा गांधी अन्तरराष्ट्रीय हिन्दी विश्वविद्यालय, वर्धा 442 001, महाराष्ट्र

सुल्तानिया रोड, नजदीक पानी टंकी, मोतिया पार्क, भोपाल 462 001, मध्य प्रदेश

www.vaniprakashan.in

marketing@vaniprakashan.in

sales@vaniprakashan.in

SWARAJ SE LOKNAYAK
Edited by Yashwant Sinha

ISBN : 978-81-8143-364-0
Biography/Politics

प्रथम संस्करण 2005
आवृत्ति 2019

मूल्य : ₹ 4000

सिटी प्रेस, दिल्ली-110 095 में मुद्रित

वाणी प्रकाशन का लोगो मक़बूल फ़िदा हुसेन की कूची से

सम्पादकीय

सामान्यतः पुस्तक का सम्पादन करना सुखदायी समझा जाता है। परन्तु लोकनायक जयप्रकाश नारायण जैसे आदर्श पुरुष पर केन्द्रित पुस्तक का सम्पादक बनना किसी भी व्यक्ति के लिए बड़े सौभाग्य की बात है। मेरे लिए तो ऐसी स्थिति में होना अत्यन्त गर्व एवं गौरव का अवसर प्राप्त करने के समान है। चूँकि वे सदैव मेरे प्रेरणापुंज रहे हैं इसीलिए जे. पी. विचार मंच ने प्रस्तावित पुस्तक 'स्वराज से लोकनायक' का सम्पादकीय दायित्व सौंपने के लिए मुझसे सम्पर्क किया। मैंने सहर्ष निस्संकोच तुरन्त सहमति प्रदान कर दी। ऐसा करते समय मुझे अपार सन्तोष एवं सुख का आभास हुआ, जिन्हें शब्दों में यहाँ व्यक्त करना मेरे लिए सहज नहीं है।

लोकनायक जयप्रकाश जी की समस्त जीवन यात्रा संघर्ष तथा साधना से भरपूर रही है। इसमें अनेक पड़ाव आए हैं। मसलन, भौतिकवाद से अध्यात्म, राजनीति से सामाजिक कार्य तथा जबरन सामाजिक सुधार से व्यक्तिगत दिमागों में परिवर्तन। सर्वोदय आंदोलन उनका अगला पड़ाव था। वे विदेशी सत्ता से देशी सत्ता, देशी सत्ता से व्यवस्था और व्यवस्था से व्यक्ति में परिवर्तन के पक्षधर थे। उन्होंने वैवाहिक जीवन में भी ब्रह्मचर्य का पालन किया तथा समूचे भारत में ग्राम स्वराज का सपना देखा। उसे साकार बनाने के लिए अथक प्रयत्न भी किए। संक्षेप में, जयप्रकाश जी भारतीय समाज की समस्याओं के विभिन्न प्रदेशों में समाधानों के सूर्य, चाँद अथवा अवतार के रूप में प्रकट हुए। वे भारतीय राजनीति में सत्ता की कीचड़ में केवल सेवा के कमल कहलाने में विश्वास रखते थे।

सन् 1948 में भारत के प्रथम प्रधानमन्त्री जवाहर लाल नेहरू ने जयप्रकाश जी के प्रथम प्रधानमन्त्री बनने की भविष्यवाणी की थी। नेहरू जी जे. पी. को जयप्रकाश और जे. पी. जी उनको नेहरू भाई कहकर पुकारते थे। जयप्रकाश नारायण जी ने भारतीय समाज के लिए बहुत कुछ किया लेकिन सार्वजनिक जीवन में जिन मूल्यों की तलाश की वे बहुत हद तक देश की राजनीतिक पार्टियों को स्वीकार्य नहीं थे क्योंकि ये मूल्य खुद राजनीति के तत्कालीन ढाँचे को चुनौती देते और तोड़ते थे।

लोकनायक जयप्रकाश नारायण के आदर्शों और विचारों को एक जगह क्रमबद्ध करना निश्चय ही एक चुनौती है। लोकनायक जयप्रकाश जी के आदर्श ही कुछ ऐसे हैं जो इन्हें अन्य सभी नायकों से अलग करते हैं। पुस्तक अपने आपमें समग्र है चाहे बाल्यकाल हो या स्वराज आंदोलन या स्वराज के बाद और लोकनायक से महाप्रयाण तक या उनके विचार दर्शन हों।

आज जे. पी. के आदर्शों को याद कर उनकी जन्म शताब्दी मनाई जा रही है। यदि मैं अपनी पुरानी यादों को ताजा करूँ तो मुझे याद है कि मैं जब सरकारी सेवा में था तो मेरी पोस्टिंग दुमका (बिहार) में हुई और उसी वर्ष जुलाई, 1966 में अकाल पड़ा था। इस प्राकृतिक आपदा ने मुझे मर्माहत कर दिया था। इस आपदा से निपटने के लिए मैंने कुछ पैसा इकट्ठा किया ताकि जरूरतमन्दों की सहायता कर सकूँ। इसी बीच मेरा तबादला दिल्ली में हो गया। किसी अखबारी सूत्र से यह पता लगा कि जे. पी. जी दिल्ली आए हैं और अपने मित्र जे. जे. सिंह के यहाँ प्रवास कर रहे हैं। मैंने इम्पल्स पर ही श्री जे. जे. सिंह जी का नं. ढूँढ़ निकाला और डायल कर दिया। फोन पर जयप्रकाश जी से तो बात नहीं हो पाई पर जयप्रकाश जी की पत्नी प्रभावती जी फोन पर आईं। मैंने अपना परिचय दिया। जे. पी. जी से मिलने की इच्छा व्यक्त की। उन्होंने मिलने का उद्देश्य जानना चाहा। मैंने कहा कि व्यक्तिगत सिलसिला है। उन्होंने

दूसरे दिन मुझे मिलने का समय दिया। मिलने की उत्कंठा प्रगाढ़ थी। अतः मैं अगले ही दिन श्री जे. जे. सिंह के घर पहुँच गया। जयप्रकाश जी और प्रभावती जी दोनों से मेरी यह पहली मुलाकात थी।

वैसे मेरे लिए जे. पी. जी के आदर्श सदैव ही प्रेरणा के स्रोत रहे। 1974 में जब उन्होंने संपूर्ण क्रांति का नारा दिया तो मैं भी वैचारिक रूप से इससे प्रभावित था। उससे पहले मैं जर्मनी में पदस्थापित था। श्रीमती इन्दिरा गाँधी ने अनेक देशों में अपने विचारों को रखने के लिए जयप्रकाश जी को कई देशों के दौरे पर भेजा। जयप्रकाश जी एवं प्रभावती जी अपने जर्मनी प्रवास पर भी आए। बिहार के पदाधिकारी सरकारी सम्पर्क अधिकारी के रूप में मुझे उनके साथ सम्पर्क करना था। राजदूत के अनुरोध पर ही मैं उनके साथ रहा। जहाँ-जहाँ वे जाते थे मैं उनके साथ रहता था। वे दो दिन रहे और मैंने उनकी पूरी देखभाल की। जब मैं दिल्ली लौटकर आया तो उनसे मिलने गया। उन्होंने मुझे विस्तार में बिहार आंदोलन के साथ जुड़ने का कारण बताया। उन्होंने बताया कि वे आंदोलन में क्यों पड़े और किन आदर्शों की रक्षा के लिए आंदोलन की शुरुआत की। उसके बाद जे. पी. जी के यहाँ मेरा आना-जाना लगा रहा। मैं उसी समय सरकारी नौकरी छोड़कर जे. पी. के साथ आना चाहता था। बात काफी आगे बढ़ चुकी थी। 3-4-5 अक्तूबर 1974 में जे. पी. ने कदमकुआँ (पटना) से पटना सचिवालय तक एक बड़ा जुलूस निकाला। मैं पटना की पाटलिपुत्र कालोनी में किराये के मकान में रहता था। सभी कुछ बन्द था। मैं अपनी पत्नी के साथ पैदल ही सुबह-सुबह चला और कदमकुआँ तक पैदल आया। जुलूस इकट्ठा हो रहा था। मैं और मेरी पत्नी खड़े हो गए। जयप्रकाश जी खुले जीप में वहाँ पहुँचे। सचिवालय के निकट जुलूस थोड़ी देर के लिए रुका फिर पुनः संगठित होकर आगे बढ़ा। मैं और पत्नी वहीं खड़े थे कि जयप्रकाश जी की नजर हम लोगों पर पड़ी। संवाद की सहजता ऐसी थी कि हम जब भी मिलते थे तो भोजपुरी भाषा में ही बात करते थे। मुझ पर अकस्मात ही जब जयप्रकाश जी की नजर पड़ी तो उन्होंने संकेत द्वारा हमें निकट आने के लिए कहा, और भोजपुरी में ही पूछा, 'रूउवा नौकरी छोड़के आगइवी' हमने उनसे भोजपुरी में ही कहा, 'छोड़ले नश्खी पर ऐकरा बाद छुट जाई' इतनी बात हुई और जुलूस आगे बढ़ा। इस जुलूस की जो रिपोर्टिंग हुई उसमें बहुत से लोग मेरे जानकार थे। उन्होंने मेरे नाम की रिपोर्टिंग ही नहीं की। इस आंदोलन से मेरी सहानुभूति थी इसकी जानकारी बिहार सरकार को भी थी और एक गेस्ट हाउस में दरोगा प्रसाद राय ने मेरी ओर देखते हुए कहा कि हम देख रहे हैं कि सरकारी पदाधिकारी भी जयप्रकाश के निकट हैं और इस विद्रोह में साथ दे रहे हैं तो ऐसे पदाधिकारियों को नौकरी से निकाला जाए और उन्हें घर में जाकर बुतरू (बच्चा) खिलाना होगा।

लोकनायक का सबसे बड़ा आदर्श था, जिसने मुझे अत्यन्त प्रेरित किया। उन्हें सत्ता की लिप्सा नहीं थी, मोह नहीं था। श्री जयप्रकाश नारायण खुद को सत्तालोलुपता से दूर रखकर देश हित में सहमति की तलाश करते रहे और यही एक देशभक्त की त्रासदी भी रही थी। वे सत्य की अभिव्यक्ति में रहे पर शायद कुशल राजनीतिज्ञ नहीं थे। वे निःसन्देह राजनीति के आचार्य रहे पर व्यवहारकुशल नहीं। वे समय से पहले पैदा होकर देश की राजनीति की भावी घटनाओं को अपने अंतःचक्षुओं से देखते थे।

महात्मा गाँधी जयप्रकाश के साहस और देशभक्ति के प्रशंसक थे। हजारीबाग जेल से भागना काफी चर्चित रहा और वे युवकों के सम्राट बन चुके थे। जयप्रकाश नारायण अत्यन्त भावुक थे। पचास के दशक में जयप्रकाश को लगने लगा कि सक्रियता अध्यादेश खोने लगी है। अगर वे चाहते तो देश के प्रधानमन्त्री भी बन सकते थे। जयप्रकाश क्रांतिकारी थे पर मर्यादा का सदैव सम्मान करते थे। उन्होंने कभी भी मर्यादा की सीमा का उल्लंघन नहीं किया। छात्रों पर गोली चलने के बाद अनेक लोगों ने प्रशासन के खिलाफ अपशब्द कहे। वहीं संयत मृदुभाषी जे. पी. ने अपनी मर्यादा नहीं तोड़ी। उनकी यह स्वाभाविक प्रकृति हृदय को स्पर्श करती थी। वह कभी भी किसी को दुराग्रह से नहीं बुलाते थे। उनका आदर्शों में अटूट विश्वास था। और यही विश्वास एक जीवनदायिनी की तरह कार्य करता था एक निरन्तर संवेग बना रहता था। ये कुछ ऐसे गुण थे जो सामान्यतया आज अनेक नेताओं में नहीं मिलते हैं।

दो बार मैं जे. पी. के साथ विचार-विमर्श के उपरान्त नौकरी छोड़ने के बहुत निकट आ गया था पर कुछ लोगों ने जे. पी. जी से कहा कि मुझे नौकरी छोड़ने के लिए प्रोत्साहित न करें। सबसे बड़ी बात थी कि जे. पी. के जीते जी मैं नौकरी नहीं छोड़ पाया पर जब 1984 में मैंने नौकरी छोड़ दी उस दिन ऐसा लगा कि मेरी कोई वचनबद्धता

थी जे. पी. के साथ जिसे मैंने 1984 में नौकरी छोड़ने के बाद आन्तरिक रूप से महसूस किया। जब जनता पार्टी में मैं शामिल हुआ तब तक चन्द्रशेखर जी से मेरी कोई जान-पहचान नहीं थी। फिर भी जनता पार्टी में इसलिए गया कि उसे जे. पी. के आदर्शों पर बनाया गया था इसलिए मैंने यह सोचा कि अगर राजनीति में जाना है तो जनता पार्टी में ही जाना चाहिए। प्रशासन और नीतियों के बारे में मैं कई बार जे. पी. जी से विचार-विमर्श करता और जब भी मेरे मन में विचार आता कि किसी अन्य धारा में शामिल होऊँ तो हमेशा जे. पी. का आदर्श एक गाइडिंग फोर्स की तरह मुझमें काम करता है। मेरी आन्तरिक भावना इतनी बलवती थी कि मैं उनके जैसा ही कुछ करूँ। जे. पी. ने एक आश्रम खोलकर लोगों की सेवा की। उनके इस कार्य में प्रभावती जी भी साथ थीं। परिस्थितियों ने कुछ ऐसी स्थितियाँ पैदा कीं कि मैंने सिर्फ एक व्यक्ति के आदर्श से प्रेरित होकर ही अपने आपमें परिवर्तन महसूस किया और नौकरी छोड़ी और इस दिशा में आगे बढ़ पाया। राजनीति के लिए मुझे कोई प्रेरणा नहीं मिली परन्तु मेरे लिए उनका आदर्श था जो स्वयमेव ही मुझे इस ओर ले गया। मेरे मन में हमेशा समाजसेवा की भावना थी। जे. पी. के साथ ऐसी बहुत-सी बातें हैं जो मेरे लिए हमेशा प्रेरक के रूप में कार्य करती थीं। नौकरी छोड़ने पर परिवार में भी कुछ असन्तोष था क्योंकि मैं एक निश्चित भविष्य से अनिश्चितता के भविष्य की ओर जा रहा था।

मैं सोचता कि राजनीति में मुझे सफलता मिलेगी उस समय मुझे भी महसूस हुआ कि शायद जे. पी. के जीवन में भी ऐसा हुआ होगा। वे अमेरिका गए। सात वर्षों तक रहे। विषम परिस्थितियों में भी उन्होंने अपना अध्ययन नहीं छोड़ा और आर्थिक तंगी ने भी उनका मनोबल नहीं तोड़ा यह जे. पी. की किसी भी कार्य के प्रति प्रतिबद्धता को ही निरूपित करता है। उनके दृढ़ विश्वास को परिलक्षित करता है। इस तरह के आदेश से मुझे भी ढाढस मिलता रहा। इस तरह की प्रेरणा उनसे ही मिली कि सभी प्रकार के उथल-पुथल से अपने निर्णय को मत बदलो और संकल्प लो।

मुझे जब जे. पी. विचार मंच ने इस पुस्तक के सम्पादकीय का कार्य सौंपा तो मुझे बहुत ही अच्छा लगा। पुस्तक अपने आप में पूर्ण है। कहीं भी पाठक को नहीं लगेगा कि वह उसके कुछ अनछुए पहलुओं से अनभिज्ञ है। पुस्तक की भाषा सहज रखी गई है ताकि भाषा की सहजता और पाठक और पुस्तक के बीच भावात्मक रिश्ता बरकरार रहे।

आज भी जे. पी. की मृत्यु (1979) के वर्षों बाद भी उनके आदर्श हमें उनकी याद दिलाते हैं। मैं मानता हूँ कि इस पुस्तक को लिखने में एवं तथ्यों को संगृहीत करने में अथक प्रयास करना पड़ा होगा पर यह उनका आदर्श ही है जिसने इस पुस्तक से जुड़े लेखकों को एक मंच पर समान विचारधारा के साथ प्रस्तुत किया है।

यह शताब्दी का वर्ष एक यादगार वर्ष है। इसी याद को ताजा करने के लिए हजारीबाग जेल का नाम भी जे. पी. की स्मृति में रखा गया। मैं आज भी जे. पी. की तस्वीर हमेशा अपने कमरे में रखता हूँ। मुझे जो कुछ स्मरण है उसे सँजोकर रखना चाहिए और उनके आदर्शों से प्रेरणा ग्रहण करनी चाहिए।

–यशवन्त सिन्हा

प्रकाशकीय

लोकनायक की स्मृति में

राजनीति में नेता तीन तरह के होते हैं। एक वे जो राजनीति के जरिए सत्ता प्राप्त करते हैं और सत्ता के जरिए अपने निज स्वार्थ की पूर्ति में लगे रहते हैं। आजकल ऐसे नेताओं की बहुतायत है। मेरी मान्यता है कि नेताओं की इसी किस्म के कारण पूरे देश में लोगों का मन लोकतांत्रिक राजनीति से उकताता जा रहा है। दूसरे तरह के नेता वे होते हैं जो राजनीति के जरिए सत्ता के सर्वोच्च पदों पर तो पहुँचते हैं, पर सत्ता उनके लिए राष्ट्र-निर्माण का एक साधन होती है। ऐसे नेता लोकतन्त्र को समृद्ध करते हैं, उसे विधिपूर्वक चलाने के लिए संस्थाओं का निर्माण करते हैं और कुल मिलाकर उनके कारण सार्वजनिक जीवन समृद्ध होता है। आजादी के आंदोलन से हमें ऐसे बहुत से नेता मिले जिनके प्रयासों के कारण ही यह देश आज तक टिका हुआ है और उसकी समस्त उपलब्धियाँ इन्हीं नेताओं की दूरदृष्टि और त्याग का नतीजा हैं। दूसरे किस्म के इन नेताओं की विशेषता यह होती है कि काजल की कोठरी में रह कर भी वे कालिख से बचे रह सकते हैं।

नेताओं का एक तीसरा प्रकार भी होता है, जो राजनीति को सत्ता तक पहुँचने का माध्यम नहीं मानता और यह भी नहीं मानता कि समाज का कल्याण केवल राजकीय प्रयासों के जरिए ही हो सकता है। ऐसे नेताओं की दृष्टि में लोगों द्वारा स्वयं सामाजिक बदलाव और आत्म-उद्धार की हैसियत बहुत ज्यादा होती है। ऐसे नेता सत्ता से भरसक दूर रह कर अपना काम करते रहते हैं। उनका जीवन वैचारिक और व्यावहारिक रूप से प्रयोगात्मक रास्तों पर चलता है, और उनके सारे प्रयास लोकतन्त्र को वास्तव में लोक यानी जनता का तन्त्र बनाने की तरफ इंगित होते हैं। इन नेताओं को जीवन भर संघर्ष करना पड़ता है, लेकिन इसी संघर्ष की आग में तपा हुआ कुंदन की तरह दमकता हुआ उनका व्यक्तित्व समाज के सामने आदर्श बन कर उसे हमेशा प्रेरणा देता रहता है। जयप्रकाश नारायण ऐसे ही तीसरे किस्म के नेता थे, जो अपने त्यागमय जीवन के कारण मृत्यु से पहले ही प्रातःस्मरणीय बन गए थे। अपने जीवन में सन्तों जैसा प्रभामंडल केवल दो नेताओं ने प्राप्त किया। एक महत्मा गाँधी ने, और दूसरे जयप्रकाश नारायण ने। इसीलिए, जब सक्रिय राजनीति से बीस वर्ष तक दूर रहने के बाद वे 1974 में 'सिंहासन खाली करो कि जनता आती है' के नारे के साथ मैदान में उतरे तो सारा देश ठीक इस तरह उनके पीछे चल पड़ा जैसे कि किसी संत-महात्मा के पीछे चल रहा हो। यह पुस्तक ऐसे लोकनायक की अविस्मरणीय जीवन-यात्रा के लिए **वाणी प्रकाशन** की तरफ से एक मामूली श्रद्धांजलि है।

जयप्रकाश जी चाहते तो कभी भी प्रधानमंत्री बन सकते थे। 1962 के भारत-चीन युद्ध के बाद, या फिर 1977 में इंदिरा गाँधी की पराजय के बाद, पर उन्होंने हमेशा समाज-परिवर्तन का कंटकाकीर्ण मार्ग ही चुना। उनके देहावसान के बाद मैंने किसी पत्रिका में उनकी लिखी गई एक कविता पढ़ी थी जिसके एक अंश का उल्लेख मैं यहाँ करना चाहता हूँ :

सफलता और विफलता की/परिभाषाएँ भिन्न हैं मेरी
इतिहास से पूछो कि वर्षों पूर्व बन नहीं सकता था प्रधानमंत्री क्या?
किंतु मुझ क्रांतिशोधक के लिए कुछ अन्य ही पथ मान्य थे, उद्दिष्ट थे
पथ त्याग के, सेवा के, निर्माण के/पथ संघर्ष के संपूर्ण क्रांति के।

इतिहास हमें बताता है कि जयप्रकाश जी 1942 के भारत छोड़ो आंदोलन के सर्वाधिक लोकप्रिय नायक थे। मैंने वह नजारा नहीं देखा क्योंकि मैं आजादी के बाद पैदा हुई पीढ़ी का सदस्य हूँ। लेकिन, मैं 1974 के संपूर्ण क्रांति आंदोलन का जिक्र अवश्य कर सकता हूँ। इस आंदोलन की सबसे बड़ी खूबी थी उसकी यह माँग कि जनता को अपने प्रतिनिधि वापस बुलाने का अधिकार होना चाहिए। यह अफसोस की बात है कि उनके आंदोलन ने जिन राजनीतिक ताकतों को आगे बढ़ाया, उन्होंने इस महत्त्वपूर्ण माँग को ठंडे बस्ते में दफन कर दिया, जबकि इस माँग में लोकतन्त्र पर जनता का नियंत्रण कायम करने की संभावनाएँ थीं।

जयप्रकाश जी अकेले ऐसे नेता थे, जो गाँधी द्वारा देखा गया ग्राम-स्वराज का सपना वास्तव में धरती पर उतारने के लिए आजादी के बाद से ही वैचारिक संघर्ष करने लगे थे। उनका लिखा हुआ दस्तावेज 'ए प्ली फार दि रिकंस्ट्रक्शन ऑव इंडियन पॉलिटी' इस दृष्टि से अपने किस्म का अनूठा प्रस्ताव है जिसमें उन्होंने भारतीय लोकतंत्र के वेस्टमिनिस्टर मॉडल की जगह एक देशज किस्म का भारतीय मॉडल बनाने की पेशकश की है। वे चाहते थे कि लोकतंत्र में हर स्तर पर जनता की भागीदारी होनी चाहिए। अपनी इन्हीं संकल्पनाओं को धरती पर उतारने के लिए जयप्रकाश जी ने विभिन्न रास्तों का संधान किया। उनके व्यक्तित्व में मार्क्स और गाँधी का मिश्रण था। 1974 के आंदोलन का अनुभव बताता है कि उन्हें राष्ट्रहित के सामने न तो वामपंथियों से सहयोग लेने में परहेज था, और न ही दक्षिणपंथियों से। वे सच्चे अर्थों में राष्ट्रीय नेता थे, एक ऐसे नेता जिनकी स्मृति मेरी और मेरे बाद आने वाली पीढ़ियों के लिए सदा प्रेरणा का स्रोत बनी रहेगी।

मैं इस पुस्तक के लेखकों और इससे जुड़े सभी महानुभावों का भी शुक्रिया अदा करना चाहता हूँ जिनके प्रयासों और सहयोग से इसका प्रकाशन संभव हो सका।

–अरुण माहेश्वरी

अनुक्रमणिका

प्रथम खंड : बाल्यकाल (1902-1929)

द्वितीय खंड : स्वराज आंदोलन (1929-1947)

तृतीय खंड : स्वराज के बाद (1947-1974)

चतुर्थ खंड : लोकनायक से महाप्रयाण तक (1974-1979)

पंचम खंड : जयप्रकाश के विचार-दर्शन

षष्ठम खंड : परिशिष्ट

सन्देश

प्रथम खंड

बाल्यकाल

(1902-1929)

जयप्रकाश का पारिवारिक परिचय

अमृता शेखर

सिताब दियारा में बाईस टोले थे, और प्रत्येक टोले में लगभग एक हजार लोग थे। बिहार और यू. पी. की सभी प्रमुख जातियाँ सिताब दियारा में आकर बसी थीं, और सभी जातियों के अलग-अलग टोले थे। इन्हीं टोलों में से एक प्रमुख टोला था 'लाला टोला'। इसी टोले में कायस्थ जाति के लोग थे। इस लाला टोली के कायस्थों की एक खासियत थी कि वे लोग तीक्ष्ण मस्तिष्क के साथ-साथ पुष्ट और चौड़े कन्धे के कारण काफी रोआब वाले दिखते थे।

सिताब दियारा के इसी कारण लाला टोली में एक मकान जिसे बाढ़ से बचाव के लिए एक काफी ऊँचा चबूतरा बनाकर उस पर तैयार किया गया है। घर के बीचोंबीच आँगन था और आँगन के चारों ओर कमरे बने थे। घर में दो-दो आँगन थे। फर्श तो मिट्टी का ही बराबर उसकी गोबर से लिपाई होती है हाँ दीवारें पक्की हैं, और उन पर सफेद चूना किया हुआ है। आमतौर पर गाँवों में लोग गर्मी में ठण्डक के लिए छत तो खपरैल की ही रखते हैं जैसा कि इस मकान का है। विदेशियों ने इसमें भी सुन्दरता ही देखी है।

लगभग दो पुश्त पहले इस घर के मालिक एक बहुत ही सज्जन पुरुष थे। जिनका नाम बाबू देवकी नन्दन था। इन्होंने अंग्रेजी की शिक्षा प्राप्त की थी और वर्तमान में पुलिस के दारोगा बने थे। पूरा कायस्थ टोला इनके रोबदार व्यक्तित्व का कायल था, यानि कि काफी मशहूर थे। उनके चौड़े कन्धे, चेहरे का रोबीला तेज, हाथों में हण्टर और घोड़ों की टप-टप की आवाज से तो बड़े-बड़े जमींदार भी काँप उठते थे। अपने इसी रोबीले व्यक्तित्व की वजह से वे अंग्रेजों में भी काफी प्रिय थे। अंग्रेजी शिक्षा पाई, उनकी नौकरी की, मगर उनके आगे अपने सम्मान को कभी कम नहीं होने दिया। एक बार एक गोरे सुपरिण्टेण्डेण्ट ने इनकी शान में कुछ गुस्ताखी कर दी, बस बाबू देवकी नन्दन ने किसी बात की परवाह किए बगैर अपने हाथ का हण्टर तड़ातड़ उस गोरे पर चला दिया। वह बेचारा अंग्रेज ऑफिसर कोड़े खाकर भी चुप रह गया। कहता भी तो क्या और किससे? अंग्रेजी शासन काल में एक गोरे ने काले से मार खाई यह तो उस गोरे ऑफिसर की बहुत बड़ी बेइज्जती थी। इस घटना से इतना तो जरूर पता चलता है कि बाबू देवकी नन्दन जितना अपनी नौकरी के प्रति वफादार थे उतना ही अपनी सामाजिक प्रतिष्ठा और स्वाभिमान के प्रति भी सजग थे।

शादी के काफी बरसों बाद भी बाबू देवकी नन्दन को कोई सन्तान नहीं हुई थी। उस जमाने और ग्रामीण माहौल के मुताबिक जगह-जगह जाकर जादू-टोना करवाए गए, तन्त्र-मन्त्र सब का सहारा लिया गया। हजारों व्रत एवं मन्नतों के बाद कहीं से शाहाबाद के हरसुक्रम का किसी ने नाम बताया। वहाँ जाकर भी मन्नत माँगने गए। तब जाकर उनके घर एक पुत्र पैदा हुआ इसलिए इनका नाम भी हरसुदयाल रखा गया। बाद में देवकी नन्दन को एक पुत्री भी हुई। बाबू हरसुदयाल ने भी अंग्रेजी शिक्षा प्राप्त कर फारसी की पढ़ाई के लिए विश्वविद्यालय में दाखिला लिया, मगर स्नातक करने से पूर्व ही सरकार के मुलाजिम बन गए। नहर विभाग में जिलेदार की नौकरी शुरू कर आगे जाकर रेवेन्यु असिस्टेंट के पद तक पहुँचे।

अपने पिता की तरह हरसुदयाल भी लोगों में काफी प्रिय थे मगर अपने रोबीले व्यक्तित्व के लिए नहीं बल्कि अपने मृदु स्वभाव की वजह से। एक बार जो भी व्यक्ति उनसे मिल ले, अकसर उनका गुणगान औरों से करता। सरकारी

मुलाजिमत के दुर्गुणों से मानों कोसों दूर थे। सादगी और मृदुलता के अनुरूप ही उनका विवाह छपरा जिले के जमींदार परिवार में जन्मी फूलरानी से हुआ। फूलरानी तो स्वभाव से ही इतनी सुशील कि सारे गाँव-घर, यहाँ तक कि नौकर-चाकर भी, इनकी सहृदयता की चर्चा करते न थकते।

पति-पत्नी दोनों का स्वभाव परिवार पर सोने पर सुहागा का काम करता, अपने परिवार से उन्हें अत्यधिक प्यार था, हरसुदयाल और फूलरानी के छः सन्तान, तीन पुत्र और तीन पुत्रियाँ हुईं। सबसे बड़े पुत्र हरिप्रकाश, फिर पुत्री चन्द्रभानु फिर पुत्री चन्द्रमुखी तब पुत्र जयप्रकाश तब पुत्री चन्द्रकला और छठे नम्बर पर हुए पुत्र राजेश्वर बाबू।

दोनों पति-पत्नी काफी सहृदय और परिवार से प्यार करने वाले थे। फूलरानी तो इतनी सुघड़ और कुशल गृहिणी कि घर के सारे कार्यों के साथ-साथ खेत-खलिहान को भी अत्यन्त सुघड़ता से सँभालती थीं। पूरा घर खेत-खलिहान देखने के साथ ही वो अपने बच्चों पर भी पूरा-पूरा ध्यान रखतीं और प्यार तो इतना करतीं कि कोई एक नजर देखकर ही अन्दाजा लगा लेता कि इस विशाल हृदयी माँ को अपने बच्चों से कितनी ममता है। बिलकुल सच्ची ममता थी उनमें अपने बच्चों के लिए तभी तो समय आने पर शिक्षा हेतु कलेजे को कड़ा करके, ममता का नया रूप भी दिखाया और अपने बच्चों को आगे पढ़ने के लिए खुद ही अलग भी किया। सबसे बड़े पुत्र हरिप्रकाश ने 12 वर्ष की आयु तक गाँव में रहकर पढ़ाई की। मगर शिक्षा के लिए माँ ने अपने सबसे प्यारे पुत्र को अपनी ममता की छाँव से अलग किया।

बच्चों से इतना मोह कि उनकी एक छींक से भी फूलरानी परेशान हो जातीं। आगे चलकर नियति ने उन्हें पुत्र और पुत्री का बिछोह भी दिखा दिया। 12 वर्ष की आयु में हरिप्रकाश को छपरा के गवर्नमेण्ट हाई स्कूल में दाखिल करा दिया गया। अभी एक वर्ष ही वहाँ की पढ़ाई की थी यानि 13 वर्ष की आयु में ही गर्मी की धूप की वजह से हैजे के चपेट में आ गए तब यह बीमारी लाइलाज थी। अन्ततः उनकी मृत्यु हो गई। अपनी पहली सन्तान के शोक से माता-पिता इस तरह से टूट गए कि बाकी सन्तानों के प्रति उनकी चिन्ता और ध्यान पहले से भी अधिक हो गया। खासकर चन्द्रभानु से। यह तो इनसानी गुण है कि माता-पिता को अपनी पहली सन्तान से अत्यधिक स्नेह होता है, खासकर जब पहली सन्तान इस दुनिया में न रहे, माँ-बाप मानों उसके हिस्से का स्नेह भी इस अगले बच्चे पर ही बरसाते हैं। हरसुदयाल और फूलरानी ने जितना अपने बच्चों का ध्यान रखा उतना ही भगवान ने उन्हें कष्ट भी दिया। गाँव में प्लेग फैल गया। सभी गाँववासी अपना घर छोड़कर गाँव से दूर खाली मैदान में जाकर रहने लगे। प्लेग फैलने पर प्रायः ऐसा ही होता था गाँवों में और प्लेग के पूरी तरह समाप्ति पर ही लोग वापस आते थे।

हरसुदयाल अपने पूरे परिवार के साथ उत्तर प्रदेश (गाँव से दूर सीमा पार) के बलिया जिले में रहने लगे। वहाँ भी इनके खेत और मकान थे। मगर चन्द्रभानु को शायद गाँव में रहते ही महामारी की छूत लग चुकी थी अतः गाँव छोड़कर भी वो इस बीमारी की चपेट में आ ही गयी। अब माता-पिता का सारा स्नेह चन्द्रमुखी और जयप्रकाश पर उमड़ पड़ा। अपने बच्चों के प्रति वे काफी चिन्तित रहने लगे। समय अगर कभी दुःख देता है तो यही समय कभी मरहम भी बन जाता है। समय के साथ-साथ और सब कुछ ठीक-ठाक चलने की वजह से माता-पिता का भय भी जाता रहा। 1912 में जन्मे अपने सबसे छोटे लड़के राजेश्वर बाबू और उनसे बड़ी लड़की चन्द्रकला को लेकर उनको यह डर कभी हुआ ही नहीं। मगर हाँ, जयप्रकाश के प्रति फूलरानी का अजब स्नेह था, उन्हें तो वे एक पल भी नजरों से दूर करना नहीं चाहती थीं। बड़े लड़के होने के वजह से और दो-दो सन्तानों को खोने की वजह से जयप्रकाश माता-पिता की आँखों का तारा बन गए थे।

सिताब दियारा के फूल

अमृता शेखर

हरसुदयाल और फूलरानी की चौथी सन्तान जयप्रकाश (बड़े जीवित पुत्र) का जन्म उस समय हुआ जब गाँव में प्लेग फैलने की वजह से सभी गाँव छोड़ चुके थे और ये लोग भी बलिया जिले के बाबूखानी स्थित अपने मकान में रहने लगे थे। अक्तूबर महीने का विजयदशमी का दिन (11 अक्तूबर) था। सारे गाँव में रावण पर राम के विजय की खुशियाँ मनाई जा रही थीं। दूर-दूर से सबके परिजन विजयदशमी पर गाँव लौटे थे चारों ओर मानों हरियाली-ही-हरियाली छाई थी। ब्राह्मण लोग जई के हरे-हरे पौधे गाँव में बाँटते हुए 'जयन्ती' का मन्त्र पढ़ रहे थे। हिन्दू रीति के अनुसार इस दिन ब्रह्माण्ड के दसों द्वार खुले होते हैं ऐसे ही शुभ मुहूर्त्त में हरसुदयाल के आँगन में फूलरानी के गोद में जयप्रकाश नाम का यह फूल खिला। तब शायद किसी को यह अन्दाजा नहीं था कि 11 अक्तूबर 1902 विजयदशमी के शुभ मुहूर्त्त में पैदा हुए यह जयप्रकाश अपने देश में ही नहीं विदेशों में भी अपने माता-पिता और सिताब दियारा को अपने नाम के जयघोष और प्रकाश से उज्ज्वलित करेगा।

माता-पिता तो अपने इस फूल को देख-देखकर फूले न समाते। समय चलता है और साथ ही जयप्रकाश भी माता की गोद से उतरकर धरती पर चलना शुरू करते हैं। गोरे चेहरे पर काले घुँघराले बालों की शोभा और बढ़ती जब कुछ लटें चौड़े सपाट ललाट पर लटकती रहती थीं। सिताब दियारे के लोगों को कहाँ एहसास था कि यह फूलरानी का फूल एक दिन देश और समाज का इतना बड़ा सेवक बन जाएगा। मगर शायद ऊपर वाले को इस जयप्रकाश का पूरा भविष्य पता था कि तभी मानों उनके ललाट पर भविष्य की लम्बी-लम्बी रेखाएँ बनाते-बनाते उसने उनकी चौड़ी सपाट और बड़ी ललाट बनाई थी।

माता का सारा स्नेह अपने बेटे जयप्रकाश पर बरसता रहा। उन्होंने तो एक पल भी इन्हें अपने से अलग नहीं किया। गाँव के दूसरे बच्चों की तरह जयप्रकाश कभी भी घर से बाहर नहीं भेजे जाते। उनके लिए उनका आँगन ही काफी था, जो हमेशा उन्हें माता की नजरों के सामने रखता था। घुटनों के बल से आँगन में खेलते-खेलते जयप्रकाश धीरे-धीरे पैरों पर चलने लगे। ज्यों-ज्यों यह बालक बड़ा होता, इसका स्वभाव निखरता गया। माता फूलरानी के सम्पर्क में रहने से मानों इस बच्चे का स्वभाव भी उनकी तरह ही शान्त, गम्भीर और विशाल हृदयी होता गया। आम बच्चों से हर प्रकार से भिन्न जयप्रकाश बोलते भी बहुत कम थे मगर सभी की बातों को सुनते बड़े गौर से थे। ऐसे समय में चेहरे पर ऐसे-ऐसे भाव भंगिमा लाते मानों कितनी ऐसी बातें हैं जो जुबान से नहीं चेहरे की लकीरों और भावों से कह रहे हैं। कुछ क्षणों में ही ये भाव आकर चले जाते और रह जाते जयप्रकाश के चेहरे की मुस्कराहट के साथ फैले पतले गुलाबी होठ।

चार वर्ष के होने पर भी जयप्रकाश के मुँह में एक भी दाँत नहीं आए। शायद यही वजह हो कि मन की बातों को वे सिर्फ मुस्कराकर होठों के अन्दर ही दबा लेते और इस क्रिया में वे और भी गम्भीर नजर आते थे। माता फूलरानी इस बात को लेकर काफी चिन्तित रहने लगी थीं। क्योंकि उम्र में इनसे छोटे-छोटे बच्चों के दाँत निकल आए थे। माता उनकी इस कमी को लेकर बहुत दुःखी व चिन्तित रहने लगी थीं और अन्दर का यह दुःख एक दिन उनके मुँह से

निकल ही गया। एक बार उन्होंने उन्हें 'बऊलजी' कहकर क्या सम्बोधित किया, जीवन के उस क्षण तक जब उनके भाषण की प्रशंसा देश ही नहीं विदेशों में तालियों की गूँज इकट्ठा कर रही थी यानि कि जो जयप्रकाश कभी बोलते ही नहीं थे आज उनकी आवाज विश्व के कोने-कोने में गूँज रही थी, फिर भी अपने परिजनों के लिए ये बऊलजी ही रहे।

जयप्रकाश को लेकर माता फूलरानी काफी चिन्तित रहतीं। बाहर दूसरे बच्चों के साथ खेलने से वे माता की नजरों से ओझल हो जाते। शायद कहीं चोट लग जाए इस भय से माता उन्हें अपने पास रखकर ही खेलाती और पढ़ाती थीं। खिलौना का तो जैसे इस बालक में कोई चाव ही नहीं था। माँ के सान्निध्य का ही प्रभाव था कि पालतू पशु-पक्षियों में उनका विशेष लगाव था। बच्चे के चंचल मन की चंचलता ही थी इनके प्यारे पशु-पक्षी समय के साथ बदलते रहे। अपने प्यारे पशु-पक्षियों के साथ यह इस तरह दिल लगा लेते कि सुबह से रात तक उनसे बातें करना, उनको चारा डालना और खाली समय में बैठकर उनको निहारते रहना मानों ये पक्षी ही उनके खिलौने हों। एक बार पिताजी ने इनको एक जोड़ी कबूतर लाकर दिया। दिन-रात उसकी देख-रेख करते रहने पर भी उनमें से एक कबूतर मर गया। जयप्रकाश जी उस दुःख में इस कदर डूबे कि उन्होंने रात को खाना तक नहीं खाया न ही किसी से कोई बात की। माता फूलरानी जो खुद एक ममतामयी हृदय वाली थीं उन्हें खुद काफी दुःख हुआ था, वे बऊलजी को क्या समझातीं। हाँ, पिताजी ने इतना अवश्य कहा था, "चिन्ता न करो, यह तो जीवन में लगा ही रहता है।"

कबूतरों के बाद कुछ दिन बत्तखें बऊलजी का खिलौना बनीं फिर हिरण का बच्चा, पिंजड़े में बन्द खरगोश और कुत्ते का पिल्ला भी पाला गया जयप्रकाश के लिए। बच्चों का मन चंचल होता है कभी एक जगह स्थिर नहीं रहता। कुछ दिनों तक तैराकी और घुड़सवारी में भी रुचि हुई। मगर हर उस चीज से उन्हें दूर कर दिया जाता जिससे इन्हें हल्की खरोंच भी आ जाए। इसी क्रम में बाबू हरसुदयाल ने अपनी प्यारी घोड़ी और बछेड़ा तक को बेच दिया। जयप्रकाश घोड़े के बछड़े के पास खेलने के ख्याल से गए मगर जानवर तो अपने नन्हे बछड़े के नजदीक भी किसी का जाना पसन्द नहीं करते बस उसने जयप्रकाश को दुलत्ती मारी थी। उन्हें मामूली खरोंच ही आई थी। जयप्रकाश को काफी दुःख हुआ जब उनकी वजह से नौकरों ने घोड़ी को मार लगाई।

बाबू हरसुदयाल शिकार के भी काफी शौकीन थे मगर उन्होंने अपनी दुनाली बन्दूक को सदा जयप्रकाश से दूर ही रखा। हाथ तक नहीं लगाने दिया। सारा दिन जयप्रकाश अपनी माँ और सौतेली दादी के साथ आँगन में खेलते या पढ़ते रहते और बाहर चौकी पर मर्द लोग बैठे गपशप करते रहते। इसी बहाने अपने आम के बगीचे की रखवाली करते। शाम ढलते ही घर की लगभग एक फीट मोटी खूबसूरत कीलों से सजी किवाड़ बन्द हो जाती थी। रोशनी के लिए बीच आँगन में लालटेन जलाकर रख दिया जाता था। बाढ़ के कारण कई बार यह मकान गिर गया मगर इनके दादाजी और पिताजी ने इसे पुनः खड़ा किया था।

जयप्रकाश तो शुरू से ही कम बोलने वाले और मृदुभाषी थे। किसी भी अद्भुत बात या घटना को वे इतना ध्यानमग्न होकर सुनते मानों उस घटना की गहराई तक उन्हें जानकारी मिल गई हो। जब कभी भी किसी बात पर उनका मुँह खुला तो उसमें से बच्चों वाली भाषा कभी नहीं निकली। उनकी बातें ऐसी होतीं मानों जीवन के सभी रंग देख चुका कोई बुजुर्ग या कोई दार्शनिक बोल रहा हो। एक दिन उसकी बातें सुन पिताजी के मुँह से निकल ही गया। "इत बुढ लड़िका हऊअन" (यह तो बूढ़ा लड़का है)। उनकी बातों से उनके उम्र में बूढ़ा होने का नहीं बल्कि उनके ज्ञान के परिपक्व होने का बोध होता था। मन से तो वे कभी बूढ़े हुए ही नहीं। बीमारी की अवस्था में अस्पताल के बिछौने से भी देश के जवाँ मर्दों के लिए जोशीले बोल ही निकले। अपनी बीमारी को उन्होंने कभी अपने कार्यों पर हावी नहीं होने दिया।

चार-पाँच वर्ष तक बऊलजी को पढ़ाने के लिए शिक्षक घर पर ही आते हैं। उनके एक शिक्षक थे बाबू आदित्य मिश्र, जो इनके घर पर ही रहते और घर के कुछ छोटे-मोटे काम भी करते थे। वे पूरी तरह राष्ट्रीयता के रंग में रँगे थे। बचपन की कुछ बातें जीवन पर्यन्त चलती हैं शायद उनका कुछ प्रभाव जयप्रकाश पर पड़ा होगा जो उन्होंने इस ओर अपना रुख किया।

नहर निर्माण के कार्य की वजह से पिताजी यहाँ-वहाँ घूमते रहे मगर जयप्रकाश अपनी पढ़ाई की वजह से अपनी सौतेली दादी के साथ गाँव में ही रहे। दोनों बहनें पिताजी के साथ-साथ रहीं और उनकी पढ़ाई नहीं हो सकी। तब राजेश्वर बाबू का जन्म नहीं हुआ था। जो उम्र में जयप्रकाश से 10 वर्ष छोटे थे। दादी खुद भी जयप्रकाश की पढ़ाई का पूरा ध्यान रखती थीं।

छः वर्ष की आयु में जयप्रकाश को गाँव की प्राथमिक पाठशाला में भेजा गया। काफी गौरवान्वित महसूस किया था माता-पिता ने अपने इस लाडले को स्कूल भेजकर। हों भी क्यों न? जब कमीज, हाफ़ पैण्ट, जूता-मोजा और हैट पहनकर बऊलजी स्कूल के लिए निकलते तो पूरे टोले के लोग कहते, ''वो देखो बऊलजी स्कूल जा रहे हैं।'' उस समय कोई सरकारी स्कूल गाँव में था नहीं अतः इन प्राथमिक पाठशालाओं में फीस देनी पड़ती थी (शायद इसी वजह से सभी बच्चों का स्कूल जाना सम्भव भी नहीं होगा) पाठशाला में बच्चे चटाई पर पालथी मारकर बैठते और अपनी पूरी शक्ति लगाकर पाठ पढ़ते। आवाज जहाँ कम हुई कि गुरुजी का बेंत सनसनाता हुआ हवा में आवाज करने लगता। पाठशाला में बच्चों को पीटना बिलकुल मना था। जयप्रकाश पढ़ाई-लिखाई में शुरू से ही आगे रहे। एक बार शिक्षक ने जो पढ़ा दिया वह उनके मानस पटल पर इस तरह अंकित हो गया कि सारी उम्र न मिट पाया। उनकी तीक्ष्ण बुद्धि की प्रशंसा करते हुए एक दिन उनके शिक्षक ने कहा भी था, ''यह लड़का आगे चलकर नाम कमाएगा।'' गुरु ब्रह्मा होते हैं और ब्रह्मवाक्य कभी गलत नहीं होता, शिक्षक वाली बात पूरी तरह सच साबित हुई।

नौ वर्ष की आयु तक जयप्रकाश ने गाँव की ही पाठशाला में पढ़ाई की। पिताजी का जहाँ-तहाँ तबादला होता फूलरानी, बेटी चन्द्रमुखी और चन्द्रकला उनके साथ-साथ जाती रहीं। शायद यही वजह थी कि दोनों बहनों की पढ़ाई नहीं हो सकी। और उन्हें अपने इस जयप्रकाश का साथ भी बहुत कम ही मिला। बहनों के प्रति उनके मन में कोई खास भावना आई ही नहीं। जब तक इन संबंधों को जानने का समय आया तब तक जयप्रकाश ने खुद को किताबों में इतना डुबो दिया कि किताबों से अलग कोई चीज उनके लिए महत्त्व रखती थी तो वो थी बस माँ की ममता।

बड़ा बेटा होने के नाते माता का जयप्रकाश पर अत्यधिक ममता और वात्सल्य रहा और छोटा बेटा होने से राजेश्वर बाबू सदा पिता के साथ रहे। एक को माँ का सान्निध्य और प्यार रहा, तो दूसरे को पिता का। दोनों ने अपने सामीप्य का गुण भी अर्जित किया। पिता प्यार तो अपने बच्चों को करते थे। मगर कभी हाथ नहीं उठाया। बच्चों पर कभी-कभार झुंझला जरूर जाते थे। एक जगह अपने स्मरणीय क्षणों की चर्चा करते हुए जयप्रकाश जी ने कहा है कि सिर्फ एक बार पिताजी उन पर क्रोधित हुए थे। जब उनके बाल सुलभ मन में ख्याल आया कि तीर-कमान बनाया जाए। बस क्या था तीर-कमान बनाया और अपनी पूरी शक्ति लगाकर जितना ऊँचा फेंका जा सकता था फेंक दिया। तीर सामने वाले मकान की छत को पार करते हुए आँगन में बैठी बड़ा बाबू की पत्नी के गाल पर लगा। बड़ा बाबू ने आकर हरसु बाबू से शिकायत कर दी। हरसु बाबू ने इतनी नाराजगी दिखलाई कि काफी समय तक जयप्रकाश उस घटना को भूल नहीं सके।

प्राथमिक पाठशाला से आगे गाँव में पढ़ाई की कोई व्यवस्था नहीं होने के कारण नौ वर्ष की छोटी-सी उम्र में ही आगे पढ़ने के लिए जयप्रकाश को गाँव और परिवार से अलग होना पड़ा। माता-पिता और कुछ परिजनों ने बिहार की राजधानी पटना में इनके आगे की शिक्षा का निर्णय लिया। यहाँ से शुरू हुआ जयप्रकाश की शिक्षा के लिए त्याग का सफर। पहले गाँव छूटा फिर देश छूटा।

सरस्वती का वरदान

अमृता शेखर

जब पटना पढ़ने की बात आई तो सबको काफी प्रसन्नता हुई। क्योंकि शम्भुशरण जो उम्र में तो जयप्रकाश से दस वर्ष बड़े थे मगर रिश्ते में भतीजा लगते थे। वो भी पटना में ही छात्रावास में रहकर शिक्षा अर्जित कर रहे थे अतः चिन्ता की भी कोई बात नहीं थी। गाँव से दूर और ऊपर से माता-पिता के लाडले जयप्रकाश को भी शम्भु बाबू की देखरेख में पटना पढ़ने के लिए भेज दिया गया। इस प्रकार लगभग नौ वर्ष की छोटी-सी उम्र में जबकि प्रायः बच्चे माता-पिता पर ही अपने हर कार्य के लिए आश्रित होते हैं जयप्रकाश पटना छात्रावास में रहने लगे, जहाँ अपना सारा कार्य खुद ही करना पड़ता था।

तब का पटना आज के पटना से बहुत भिन्न था। उस समय वहाँ आज की लम्बी-चौड़ी सड़कें नहीं थीं बल्कि ऊबड़-खाबड़ और जहाँ-तहाँ छोटे-मोटे गड्ढे वाली सड़कें थीं जिन गड्ढों में बारिश के दिनों में अकसर पानी भरा रहता था। सड़कों के अगल-बगल न तो चौड़े-चौड़े फुटपाथ थे और न ही दूकानें। तब सड़कों पर सूँ-सूँ करती कार, बस या अन्य गाड़ियों के बजाय इक्का था। टमटम वाली गाड़ियाँ ही सवारी ढोया करती थीं। हर समय हवा में इन गाड़ियों की झमझम आवाज गूँजती रहती थी। आज की तरह पैदल चलते हुए बदन-से-बदन रगड़ने वाली भीड़ भी सड़कों पर नहीं होती थी। इक्के-दुक्के लोग ही सड़कों पर नजर आते थे।

ऐसे ही पटना शहर के लगभग बीचोंबीच एक बहुत ही पुरानी-सी, बड़ी-सी इमारत थी। मगर इस पुरानी इमारत में जो पटना कॉलेजियट स्कूल चलता था जो हमारे देश की महान विभूतियों का भाग्य विधाता रहा है। इसके पास में ही पटना कॉलेज था। जयप्रकाश जी का भी नामांकन इसी पटना कॉलेजियट में हुआ। उन दिनों बिहार के सभी स्कूलों की गिनती होती तो पटना कॉलेजियट का नाम सबसे पहले आता था। जयप्रकाश जी का नामांकन सातवें वर्ग में हुआ। उस समय का सातवाँ आज का चौथा वर्ग होता है।

उस समय श्री अमजद अली खाँ साहेब पटना कॉलेजियट के प्रधानाध्यापक थे जिनकी गिनती बिहार के योग्यतम शिक्षकों में होती थी। उनका व्यक्तित्व ऐसा था कि सभी छात्र उनसे काफी प्रभावित रहते थे। वे छात्रों की शिक्षा-दीक्षा के साथ-साथ उनके चरित्र निर्माण पर विशेष ध्यान देते थे। जयप्रकाश जी भी इनके व्यवहार से काफी प्रभावित हुए थे। अपने जीवन के कई स्मरणीय क्षणों की चर्चा करते हुए उन्होंने खाँ साहब का काफी प्रसन्नता और सम्मान से नाम लिया है।

जयप्रकाश जब स्कूल जाते तो सर पर फेल्ट कैप, कमीज, धोती, कोट और पैर में अंग्रेजी जूता होता था। कपड़े हमेशा साफ और चमकते रहते थे। अकसर इस उम्र के बच्चों के कपड़ों पर उनकी मासूमियत झलकती रहती है यानि के स्याही की कुछ बूँदें या पेन की कोई लाइन जरूर होती है मगर जयप्रकाश के कपड़े स्कूल जाने से लेकर लौटने तक वैसे ही चमकते रहते और यह सफाई भी उन नन्हे हाथों की होती थी।

सरस्वती भवन का नाम उस समय आकाश की बुलन्दियों पर था। ऐसा जान पड़ता था कि सरस्वती भवन में रहने वाले छात्रों पर माँ सरस्वती का आशीर्वाद बहुत अधिक रहता हो। यह वह सरस्वती भवन था जहाँ से बिहार की

कई सर्वोत्तम प्रतिभाओं का नाम जुड़ा था। अनुग्रह बाबू, रामचरित्र सिंह और पाण्डे रघुनन्दन, ये तीन नाम हैं जो कभी किसी भी क्लास में द्वितीय नहीं हुए। शिक्षा के मामले में राजेन्द्र बाबू काफी प्रतिभाशाली छात्र माने जाते थे मगर पाण्डे हरिनन्दन बाबू ने तो यहाँ उन्हें भी पीछे छोड़ दिया। उन्होंने पुरातत्त्व विभाग में खूब नाम कमाया। इन लोगों के अलावे रामनवमी बाबू भी यहीं से थे, जिन्होंने चम्पारण में महात्मा गाँधी को काफी सहयोग किया था। शम्भुबाबू तो खैर थे ही। देश के ये सारे नौनिहाल सरस्वती भवन के साए में रहकर शिक्षा ग्रहण कर रहे थे। देश में देशवासियों के साथ जो कुछ भी हो रहा था उसका असर इन नौनिहालों के दिलों पर भी हो चुका था और देश सेवा की भावना से देश की राजनीति में ये दिलचस्पी लेने लगे थे। तब जयप्रकाश छोटे थे मगर फिर भी छात्रावास में अपने बड़े साथियों को आपस में देश की समस्याओं पर विचार-विमर्श करते सुनते थे। ये लोग देश की वर्तमान स्थिति पर वाद-विवाद करते तो अनायास ही जयप्रकाश के कान खड़े हो जाते। उनका ध्यान बरबस ही उधर चला जाता और धीरे-धीरे जयप्रकाश के मन में भी देश भक्ति की लहर उठने लगी।

बचपन से आज तक तो वे सिर्फ किताबी कीड़ा ही थे। सुबह उठकर स्कूल जाना, कक्षा में पढ़ाई करना और हॉस्टल आकर भी कक्षा की किताबों में खो जाना। स्कूल के भोजनावकाश में भी वे किताबें पढ़ते रहते। मगर देश भक्ति की भावना ने उनका ध्यान ही बदल दिया। अब वे कक्षा की किताबों के अतिरिक्त भी काफी कुछ पढ़ने लगे। उस समय ऐसी बहुत-सी पत्रिकाएँ निकलती थीं जिनमें देश की वर्तमान स्थिति पर चर्चाएँ होती थीं, बड़े-बड़े लोगों के मनोभाव एवं तर्क-वितर्क होते थे। यानि इन पत्रिकाओं से बहुत कुछ जाना और समझा जा सकता था। इन पत्रिकाओं में जयप्रकाश विशेष रुचि लेने लगे। वे सिर्फ पढ़ते ही नहीं उस समय जो घटनाएँ हो रही थीं उन्हें पढ़कर उनके विषय में अपना एक विचार भी बनाते थे। इस क्रम में धीरे-धीरे उनकी रुचि इतनी बढ़ती गई कि अब वे अपने बुजुर्ग साथियों से बाहरी किताबें भी लेकर पढ़ने लगे। यहाँ तक कि स्कूल की लाइब्रेरी से भी पुस्तक निकालकर पढ़ने लगे। अपने इन्हीं गुणों की वजह से बहुत जल्दी ही वे अपने सभी छात्रों और शिक्षकों के बीच काफी लोकप्रिय हो गए।

इसी बीच खाँ साहब का तबादला हो गया। उनके बाद जनाब राममसूद साहब कॉलेजिएट के हेडमास्टर बनकर आए। यही राममसूद साहब आगे चलकर निजाम हैदराबाद के शिक्षा मन्त्री हुए और उन्हें 'सर' की उपाधि भी मिली। जयप्रकाश जी के चरित्र-निर्माण में इन लोगों का भी काफी योगदान रहा है। अपने जीवन के कई संस्मरणीय क्षणों में खुद इन्होंने कहा है और इन लोगों से जुड़ी कई घटनाओं का जिक्र भी किया है जिससे उनके क्रांतिकारी जीवन में सरस्वती भवन के शिक्षकों का प्रभाव उजागर होता है।

जनाब राममसूद साहब के बाद 'विटमोर' नामक एक अंग्रेज कॉलेजियट के हेडमास्टर बनकर आए। विटमोर साहब बहुत भले आदमी थे और अपने विद्यार्थियों से काफी स्नेह रखते थे। साथ ही वे कड़े अनुशासन प्रिय भी थे। वे साम्राज्यवादी विचार के नहीं थे, उनका अपना विचार था जब तक आप विद्यार्थी हैं आपको अपनी पढ़ाई के अलावा किसी क्षेत्र में दिलचस्पी नहीं लेनी चाहिए। उनका ऐसा विचार भी उनकी कड़ी अनुशासनप्रियता का ही सबूत देता था। क्योंकि वे एक अंग्रेज थे और ऊपर से शिक्षक अतः देश की समस्याओं पर उनका ध्यान जाता ही क्यों और शिक्षक होने के नाते वे छात्रों का केवल पढ़ाई में रुचि लेना ही उचित समझते थे। उस समय देश प्रेम की भावना देश के लगभग हर वर्ग में जागने लगी थी। अतः ये विद्यार्थी भी उससे अछूते नहीं रहे थे। एक बार लोकमान्य तिलक ट्रेन से जा रहे थे और उनकी ट्रेन को पटना में रुकना था फिर क्या था जयप्रकाश जी अपने कुछ साथियों के साथ स्कूल छोड़ कर उनसे मिलने स्टेशन चले गए। विटमोर साहब को यह बात बिलकुल पसन्द नहीं आई थी, उन्होंने काफी नाराजगी दिखलाई थी।

अंग्रेज होने के कारण या फिर एक अच्छे शिक्षक होने के नाते विटमोर साहब इस मामले में कुछ भी बर्दाश्त नहीं कर सकते थे। एक बार उन्होंने स्कूल की परीक्षा की तिथि एक ऐसे दिन को रख दी जिस दिन हिन्दुओं का कोई त्योहार था। किसी में भी हिम्मत नहीं हुई कि विटमोर साहब को यह बात बताए। सभी चुपचाप यन्त्रवत् परीक्षा की तैयारी करते रहे। अब विटमोर साहब जैसे कड़े हेडमास्टर से यह कहने का साहस किसी में नहीं था कि उस दिन हमारा त्योहार है और त्योहार वाले दिन तो आमतौर पर सारे स्कूल बन्द होते हैं। क्योंकि विद्यार्थी भी यह जानते थे कि विटमोर

साहब का यह सिद्धान्त था कि विद्यार्थी का मतलब ही होता है सिर्फ पढ़ाई में ध्यान रखना, उन्हें किसी त्योहार, किसी भी घटना से कोई लेना-देना नहीं होना चाहिए।

ऐसे माहौल में भी जयप्रकाश और उनके पाँच साथी अर्थात् अपनी क्लास के छः सर्वोत्तम विद्यार्थी जो वर्ग में सदा अव्वल रहे, ने परीक्षा का बहिष्कार करने का विचार कर लिया। निश्चित तारीख को सभी विद्यार्थी परीक्षा देने स्कूल आते हैं सारे शिक्षक भी स्कूल में उपस्थित होते हैं मगर इन छः विद्यार्थियों की सीट खाली रहती है। विटमोर साहब अन्दर ही अन्दर गुस्से से लाल-पीले हो रहे हैं। दूसरे दिन उन्होंने उन छः विद्यार्थियों को बुलाकर पूछा, "तुम लोग परीक्षा में क्यों नहीं बैठे?" इन नन्हे विद्यार्थियों ने जवाब दिया कल त्योहार जो था। विटमोर साहब ने कहा त्योहार? लेकिन तुम्हारी परीक्षा थी इसके लिए तुम्हें बेंत की सजा भोगनी पड़ेगी। बेंत एक साथ सभी ने कहा और अपनी नन्ही-नन्ही हथेलियाँ आगे बढ़ा दीं। बच्चों को जो सही लगा उन्होंने किया और अब हेडमास्टर साहब जो कर रहे हैं वह भी सही है। उस समय उन बच्चों को भी यह अहसास था कि उन्होंने अनुशासन भंग किया है अतः इसकी सजा तो मिलनी ही चाहिए। विटमोर साहब एक बार गौर से उन मासूम हथेलियों को देखते हैं मगर उनकी भी मजबूरी है कि वे काफी अनुशासनप्रिय हैं अब सजा सुनाने के बाद अगर सजा नहीं देते हैं तो यह अनुशासन को भंग करना होता अतः सजा तो देनी ही पड़ती। और इन बच्चों ने भी हँसते-हँसते बेंत की सजा झेल भी ली। इस घटना की चर्चा करते हुए एक बार जयप्रकाश जी ने कहा भी था, "हमें बेंत से पिटना पड़ा, उनके मन पर इसकी बड़ी ग्लानि बनी रही। बहुत अच्छे विद्यार्थी होने के नाते उनके मन में हमारे लिए बहुत सम्मान था, शायद हमारी राष्ट्रीय भावना के प्रति भी उनके मन में आदर था। लेकिन कर्तव्य पालन की दृष्टि से विवश होकर उन्हें हमें सजा देनी पड़ी थी।"

पढ़ाई में जयप्रकाश जी शुरू से ही बहुत तेज थे। हाईस्कूल में भी उनकी गिनती पहले पाँच-दस मेधावी छात्रों में होती रही। हिन्दी, अँग्रेजी और संस्कृत में तो वे अव्वल रहे ही, साहित्य में भी अच्छी रुचि थी। गणित में 100 में से 98 अंक लाना उनके लिए काफी आसान था। विज्ञान में अत्यधिक रुचि थी। 1919 में 17 वर्ष की आयु में उन्होंने मैट्रिक की परीक्षा मेरिट सर्टिफिकेट के साथ पास की और उन्हें छात्रवृत्ति भी मिली। एक विषय में कुछ कम अंक आए फिर भी गणित में तो 98 प्रतिशत अंक प्राप्त करके नौवें स्थान पर रहे।

किशोरावस्था में आदर्शवादिता

अमृता शेखर

जयप्रकाश अभी हाईस्कूल में ही पढ़ रहे थे तभी इनकी बड़ी बहन चन्द्रावती जी का विवाह ब्रजबिहारी सहाय से हुआ। शादी के लगभग बाद ही ब्रजबिहारी बाबू का पटना हाईकोर्ट कार्यालय में काम लग गया और वे पत्नी के साथ हाईकोर्ट के क्वार्टर में रहने लगे। उसी समय से जयप्रकाश जी भी छात्रावास छोड़कर अपने बहन-बहनोई के साथ रहने लगे। ब्रजबिहारी बाबू का क्वार्टर कॉलेजियट स्कूल से काफी दूरी पर था। जयप्रकाश जी क्वार्टर से टम-टम से ही स्कूल आते और जाते थे। इसके लिए उन्हें रोज दो आना पैसे मिलते और एक आना पैसा दोपहर (टिफिन) में भोजन के लिए भी मिलता था।

ब्रजबिहारी बाबू बड़ी शान्त प्रकृति के निष्ठावान और चरित्रवान व्यक्ति थे। जयप्रकाश जी के जीवन पर बहुत हद तक इनकी संगति का भी असर रहा है। ब्रजकिशोर बाबू कट्टर वैष्णवी थे। शुद्ध शाकाहारी भोजन करते थे वो भी ब्राह्मण के हाथ का या फिर पत्नी के हाथ का। जयप्रकाश जी के घर में माता तो शुद्ध शाकाहारी थी पर पिताजी मांसाहारी थे। अतः उनके घर में मांसाहार वर्जित नहीं था और जयप्रकाश जी घर में मांस-मछली खाते भी थे। लेकिन ब्रजबिहारी बाबू की संगत में आने पर जयप्रकाश जी भी शुद्ध शाकाहारी बन गए। आगे चलकर अमेरिका प्रवास के दौरान दौ-तीन वर्षों तक तो जयप्रकाश जी शाकाहारी रहे फिर जो मांसाहार शुरू किया तो विनोबा जी के आंदोलन में भाग लेने पर लगभग 1955 में फिर से शाकाहारी हो गए। हाँ मृत्यु से चार-पाँच वर्ष पूर्व के दिनों में ये पुनः मांसाहार लेने लगे थे।

जब कभी चन्द्रावती जी मायके में होतीं और किसी दिन ब्राह्मण बीमार पड़ जाता तो ब्रजबिहारी बाबू खुद ही खाना पकाते। ऐसे में जयप्रकाश जी को भी उनकी मदद करनी पड़ती थी। वो बड़े ध्यान से जीजाजी के साथ कभी संब्जी बनाते तो कभी दाल में छौंक लगाते। इस तरह से ब्रजबिहारी बाबू की संगति में रहकर जयप्रकाश जी पाक-कला में भी निपुण हो गए थे। अमेरिका में अध्ययन के दौरान जयप्रकाश जी को अपने बहनोई से मिली इस पाक-कला से काफी सहूलियत मिली थी।

जयप्रकाश जी का जीवन बहुत ही नियमित चलता था। 14-15 वर्ष की किशोरावस्था में ही उन्होंने अपने कुछ ऐसे आदर्श बना लिए जिसे सारी उम्र अमल भी किया। इन्हीं में से एक गीता पाठ था। सुबह-सवेरे हल्के अँधेरे में बिस्तर से उठते, कुएँ से पानी निकालकर स्नान करते फिर गीता पाठ करने बैठ जाते। चाहे कितनी भी सर्दी पड़े उनका यह नियम कभी नहीं बदला। स्कूल जाते वक्त भी ये गीता अपने साथ ले जाते और दोपहर को भोजनावकाश में अपनी मित्र मण्डली को गीता का पाठ सुनाते, अपनी समझ से उसकी व्याख्या भी करते थे। गीता के कुछ अध्याय तो इन्हें कण्ठस्थ हो गए थे। गीता का उनके मन में इतना सम्मान था, शायद उनके लिए सबसे प्यारी वही चीज थी तभी तो अपनी शादी के अवसर पर उन्होंने अपनी पत्नी को गीता भेंट किया। अमेरिका जाते वक्त भी वे गीता अपने साथ ले गए थे। रामचरित मानस का पाठ भी वे करते थे, उसको भी अपने साथ अमेरिका ले गए थे।

किशोरावस्था में आते-आते साहित्य में भी उनकी काफी रुचि हो गई थी। उस समय के सुप्रसिद्ध मासिक 'सरस्वती',

'मर्यादा', 'प्रभा' पत्रिका वे काफी शौक से पढ़ते थे। मैथिलीशरण गुप्त उनके प्रिय कवि थे। उनकी देशभक्ति पर लिखी कविताओं ने तो जयप्रकाश के किशोर मन में देश प्रेम की भावना को और भी उद्वेलित किया। हाईस्कूल में जब जयप्रकाश जी थे तभी राज्य स्तर पर एक निबन्ध प्रतियोगिता हुई, जयप्रकाश जी ने भी उसमें भाग लिया। पूरे बिहार के स्कूल कॉलेज के विद्यार्थियों ने इसमें भाग लिया था। विषय था—'बिहार में हिन्दी की स्थिति'। पूरे बिहार में उनके निबन्ध को प्रथम स्थान के साथ प्रथम पुरस्कार भी मिला।

साहित्य में रुचि होने के साथ-साथ उनके अन्दर एक और भावना काम कर रही थी और वह भी एक वैज्ञानिक के रूप में देश का समुचित विकास करना। उस समय अकसर पत्रिकाओं में यह लेख होता था कि हमारा देश विज्ञान की वजह से और देशों से पीछे है। हमारे यहाँ एक सूई भी बनाने की क्षमता नहीं है। इस सबका असर उनके किशोर मन पर बहुत गहरा पड़ा और उनके अन्दर यह भावना घर कर गई कि वैज्ञानिक बनकर देश में नए-नए टेक्नोलॉजी से नए-नए उद्योग-धन्धे लगाए जाएँ। इस तरह उनके दिमाग में साहित्य और विज्ञान का समन्वय हुआ और कॉलेज में उन्होंने अपना विषय विज्ञान रखा।

उन दिनों बिहार का राजनीतिक वातावरण काफी गर्म था। दो-दो धाराएँ साथ-साथ चल रही थीं। एक ओर बंगाल से प्रभावित नौजवानों में आंतकवादी प्रवृत्ति बढ़ रही थी। खुदीराम बोस ने बिहार के मुजफ्फरपुर में जब बम फोड़ा तो वह भारतीय इतिहास का पहला बम बन गया। पहली राजनीतिक डकैती भी बिहार में ही हुई थी। जो अर्जुनलाल सेठी ने शाहाबाद में की थी। इन घटनाओं से बिहार का युवा वर्ग काफी प्रभावित हुआ था। देश को जल्द-से-जल्द आजाद कराने के लिए उनके अन्दर बम-पिस्तौल का आकर्षण पैदा होने लगा था।

दूसरी धारा थी गाँधी जी के सत्याग्रह और अहिंसा की। गाँधी जी ने चम्पारण आकर सत्य और अहिंसा की लड़ाई भी छेड़ी थी और निलहे साहबों को करारी मात मिली थी। बिहार का पूरा युवा वर्ग गाँधी जी के इस प्रयोग से बहुत प्रभावित हुआ था। गाँधी जी की सादगी, उनके जीवन की सरलता और जनता के प्रति एकात्मकता से बिहार का पूरा युवा वर्ग इस धारा की ओर आकृष्ट हुए बिना नहीं रह सका।

बिहार का पूरा युवा वर्ग देश की आजादी के लिए जब जो धारा ज्यादा कामगार लगती उसी की लहर में बह जाता, यानि कभी इधर कभी उधर। उनके सामने लक्ष्य था, 'देश की आजादी' और रास्ते दो थे। लक्ष्य प्राप्ति में कभी बम-पिस्तौल का आकर्षण बढ़ता तो कभी गाँधीवादी विचारधारा का आकर्षण उसे कम कर देता था। जयप्रकाश जी पर गाँधी जी के लेखों, भाषण और सादगी का इतना असर पड़ा कि इन्होंने अपने पूरे रहन-सहन को ही बदल डाला।

जब देश में चारों ओर लोग अपनी सरकारी नौकरियों और उपाधियों को जलाकर आहुति दे रहे थे जयप्रकाश जी ने भी अपने सुन्दर रेशमी कपड़ों को उतार फेंका। पैरों में चमकीले जूते उतारकर चमरौधे जूते पहनने लगे। कमीज कोट उतार फेंका और कमर से घुटनों तक और सूत की बनी खादी की धोती और खादी का कुर्त्ता पहनने लगे। शुरू-शुरू में तो चमरौधे जूते बड़े ही कड़े थे तो उनमें रेंड़ी का तेल लगाकर उन्हें मुलायम बनाया।

उनके इस कार्य में उनके साथी दलों ने भी उनका खूब सहयोग किया। उन्होंने विद्यालय में ही एक समिति का गठन किया। समय-समय पर इसकी बैठक होती जिसमें कि जयप्रकाश जी और उनके साथी दल देश की समस्याओं पर विचार-विमर्श करते। इन बैठकों में वे गीता का प्रवचन भी देते थे। नई-नई योजनाएँ बनतीं, फिर उन योजनाओं को कार्यरूप देने में सभी सदस्य एकजुट होकर व्यस्त हो जाते।

कभी-कभी आतंकवादी दल के आकर्षण ने भी जयप्रकाश जी को अपनी ओर खींचा था। उन्हीं दिनों उन्हें पता चला कि पटना में ही क्रांतिकारियों का एक अड्डा है जिसके सभी सदस्य बंगाली हैं। इस दल के प्रति उनकी भी जिज्ञासा बढ़ी और उन्होंने उसके एक सदस्य से दोस्ती भी कर ली। क्रांतिकारी दल की लोगों से दूर खँडहरों में तो कभी नीरव घाट पर भोर के धुँधलके में होनेवाली गतिविधियों में भी वे भाग लेते थे। उन क्रांतिकारी दलों का नारा था, 'गोरन का मार-मार बोरन में भरि हैं।' अर्थात् गोरे अफसरों को बम से उड़ाकर सरकारी दफ्तरों पर कब्जा कर लिया जाएगा। उनका यह कहना था कि जब बंगाल, पंजाब और महाराष्ट्र तैयार हैं तो बिहार क्यों पीछे रहे, यही शिक्षा दे रहे थे ये दल वाले।

यह क्रांति भी उनके मन को ज्यादा दिनों तक मोहित नहीं कर सकी क्योंकि वे गोखले के जीवन से ज्यादा प्रभावित रहे थे। दूसरी ओर गाँधी जी की सरलता का भी अच्छा प्रभाव था उन पर लेकिन अन्त में गाँधी जी की विचारधारा ही उन्हें ज्यादा असरकारक लगती है और वे गाँधीवादी मार्ग पर अग्रसर हो जाते हैं।

इस तरह बालक जयप्रकाश जब तक किशोरावस्था को पार कर युवावस्था में प्रवेश करते हैं तब तक अन्दर-ही-अन्दर भारत की राजनीति में प्रवेश करने का कठोर निर्णय ले चुके होते हैं। एक बार देश की वर्तमान परिस्थिति से मर्माहत होकर जयप्रकाश जी ने इस ओर जो अपना रुख किया तो सारी उम्र इसी धारा में बहते चले गए।

प्रभावती जी से परिणय

अमृता शेखर

1920 में जयप्रकाश जी का विवाह ब्रजकिशोर बाबू की पुत्री प्रभावती जी के साथ हुआ। ब्रजकिशोर श्रीनगर गाँव के रहने वाले थे। जो जयप्रकाश जी के घर से कुछ मील दूर गंगा के उपजाऊ जमीन पर सारन जिले में बसा हुआ था। उस समय प्रभावती जी मात्र 14 वर्ष की थीं और जयप्रकाश 18 वर्ष के थे। प्रभावती जी एक अबोध बालिका ही थीं जिसे विवाह का सही अर्थ मालूम नहीं था।

ब्रजकिशोर बाबू का नाम उस समय किसी पहचान का मोहताज नहीं था। बिहार के सार्वजनिक जीवन की चर्चाएँ जहाँ भी होतीं वहाँ पहला नाम ब्रजकिशोर बाबू का ही आता था। राजेन्द्र प्रसाद का नाम भी तत्पश्चात ही लिया जाता था। बिहार प्रान्तीय काँग्रेस के अध्यक्ष की बागडोर पूर्णतः उन्हीं के हाथों में रही। वह 1912 से 1916 तक बिहार उड़ीसा विधान-परिषद् के सदस्य भी थे। यह सत्य था कि उस समय उनके कहे बगैर बिहार में एक पत्ता भी नहीं हिलता था। पूरे कांग्रेसियों पर दृष्टि डाली जाए तो ब्रजकिशोर बाबू ही बिहार के पहले काँग्रेसी नेता थे जिनका नाम स्वाधीनता आंदोलन में अग्रणी और सर्वोपरि है। चम्पारण में महात्मा गाँधी ने जब सत्य-अहिंसा की लड़ाई छेड़कर निलहों को परास्त किया तब ब्रजकिशोर बाबू ने गाँधी जी की इच्छानुसार चम्पारण आंदोलन की पूरी बागडोर अपने हाथों में ले ली थी। उस समय इम्पीरियल कौंसिल के ब्रजकिशोर बाबू ही बिहार के सर्वप्रथम गैरसरकारी प्रतिनिधि थे।

श्रीनगर में उनका पक्का मकान था। जमीन के मुकदमों के लिए उन्हें पटना से सौ मील की दूरी पर उत्तर में, तब बिहार और उड़ीसा अलग-अलग प्रदेश नहीं, एक ही प्रान्त थे; दरभंगा जिले की अदालतों में बराबर आना पड़ता था। वकालत बढ़ने के साथ ही उनकी खुशहाली और सामाजिक प्रतिष्ठा में भी वृद्धि हुई। अतः वह अपने परिवार को भी दरभंगा ही लाकर रहने लगे। पहले तो उन्होंने एक मकान किराए पर लिया और अपनी पत्नी और छोटे-छोटे भतीजे-भतीजी को साथ रखने लगे। जल्दी ही उन्होंने वहाँ आलीशान महल जैसा दोमंजिला मकान बना लिया, जो बाग-बगीचे के साथ खुली हवा के लिए झूमते वृक्षों के साथ हर सुख-सुविधा से भरपूर था। जैसे-जैसे उनका पेशा बढ़ता गया उनका पटना हाईकोर्ट में भी आना-जाना होने लगा। अब तक उनकी गिनती दरभंगा के धनाढ्य लोगों में होने लगी थी। वहाँ रहकर उन्होंने दरभंगा नरेश के गलत मनसूबों को कभी पूरा नहीं होने दिया। कई बार तो उनके सम्मान को चूर-चूर किया।

1934 के भूकम्प ने सब कुछ तहस-नहस कर दिया। हालाँकि ब्रजकिशोर बाबू का परिवार तब यह महल किराए पर देकर गाँव लौट चुका था। स्वतन्त्रता आंदोलन में भाग लेने से अब वे धनहीन हो चुके थे। सरकारी सहायता लेकर वहीं पर पुनः एक साधारण-सा मकान बनाया था।

ब्रजकिशोर बाबू की पत्नी फूलझड़ी देवी के छः सन्तान हुईं जिसमें सिर्फ चार सन्तान दो लड़का और दो लड़की जीवित रहे। प्रभावती जी उन चारों में सबसे बड़ी थीं। उनसे बड़े एक भाई थे जिनकी मात्र छः वर्ष की आयु में मृत्यु हो गई थी। इनसे दो वर्ष छोटी एक बहन भी संयोगवश छः वर्ष की छोटी आयु में ही गुजर गई। प्रभावती जी का जन्म श्रीनगर गाँव में ही हुआ था। निश्चित तारीख माता-पिता ने लिखकर नहीं रखी थी इतना ही याद था कि जून

महीने की 15-21 तरीख के बीच किसी दिन हुआ था। माता-पिता को विशेष ही लगाव था प्रभावती जी से। पिता तो अत्यधिक प्यार करते थे। वे खुद एक समाज सुधारक थे। उन्होंने अपने यहाँ घूँघट और परदा कभी स्वीकार नहीं किया। हाँ उनकी माँ पुराने विचारों की थीं मगर ब्रजकिशोर बाबू के आगे हार जातीं।

ब्रजकिशोर बाबू ने अपने लड़कों और लड़कियों में कभी कोई भेद नहीं किया। लड़कियों का लालन-पालन भी उन्होंने लड़कों की तरह ही किया था। यहाँ तक कि काफी बड़ी हो जाने पर भी प्रभावती लड़कों की तरह कुर्ता-धोती या पाजामा ही पहना करती थीं। माँ और दादी को यह पसन्द न होने पर भी ब्रजकिशोर बाबू के विचारों के आगे चुप रहना ही पड़ता था। जब प्रभावती जी लगभग 11-12 वर्ष की हुईं तब दादी ने जिद पकड़ ली कि कब तक यह लड़कों की तरह पोशाक पहनकर घूमती फिरेगी अब तो इसे साड़ी बाँधना सीखना ही चाहिए और पिताजी को दादी की बात माननी पड़ी। प्रभावती जी पर उनकी दादी का प्रभाव पूरी उम्र रहा। गहनों और कपड़ों में उनकी कोई खास रुचि बचपन से नहीं रही थी।

ब्रजकिशोर बाबू ने उनकी शिक्षा पर भी विशेष ध्यान दिया था। जब तक ये लोग श्रीनगर में रहे गाँव के पाठशाला में प्रभावती जी ने एक-दो वर्ष तक पढ़ाई की फिर सरकारी प्राथमिक स्कूल के प्रति फूलझड़ी देवी का डर इतना बढ़ गया कि उन लोगों ने प्रभावती जी को स्कूल न भेजकर घर पर ही पढ़ाई शुरू करवा दी। कन्या महाविद्यालय जालन्धर से पाठ्य पुस्तकें मँगवाईं। उनके पिताजी ने आवश्यक नहीं समझा। उनके अनुसार हिन्दी, अंग्रेजी और संस्कृत का पूर्ण ज्ञान होना ज्यादा महत्त्व रखता था। इस तरह ब्रजकिशोर बाबू ने प्रभावती जी को सुसंस्कृत और सुशिक्षित बनाने में कोई कसर नहीं छोड़ी थी।

ब्रजकिशोर बाबू का यह मानना था कि आदमी से जितना सम्भव हो अपना काम स्वयं करना चाहिए। इसका प्रभाव भी प्रभावती जी पर रहा था। रसोई में खाना पकाने से लेकर बगीचे में फूल-पौधों के बीच भी वे अकसर जाकर काम करने लगतीं। घर में खाना बनाने को रसोइया था पर प्रभावती जी को खाना बनाने में आनन्द आता था। वे कभी रसोई में जाकर ब्राह्मण का हाथ बँटातीं तो कभी गाय दोहतीं। एक बार तो गाय ने दोहते वक्त ऐसी दुलत्ती मारी कि दूध की सारी बाल्टी ही उलट गई और ऐसे में पिताजी की नाराजगी माँ फूलझड़ी देवी पर उतरती कि बच्ची से काम न लिया करें। अपने इसी शौक के परिणामस्वरूप प्रभावती जी को आश्रम का जीवन बहुत ही सरल लगा और इतने वर्षों तक आश्रम में रहकर उन्होंने काफी सरलता और सहजता से अपनी भावनाओं को वास्तविक जीवन में व्यक्त किया।

जब ब्रजकिशोर बाबू चम्पारण में गाँधी जी के साथ थे तभी गाँधी जी ने आग्रह करना शुरू कर दिया था कि प्रभावती को मेरे आश्रम में भेज दो। मगर ब्रजकिशोर बाबू ने उनकी सलाह नहीं मानी और उन्हें आश्वासन दिया कि सामाजिक रीतियों का उल्लंघन करते हुए बिना दहेज के वे प्रभावती का विवाह करेंगे और यदि ऐसा दामाद उन्हें नहीं मिला तो वे प्रभावती को आश्रम भेज देंगे।

एक दिन ब्रजकिशोर बाबू राजेन्द्र बाबू के घर पर पटना आए थे। पटना तो वे अकसर आते रहते थे। मगर इस बार पटना आना और राजेन्द्र बाबू के डेरे पर ठहरना उनके लिए विशेष महत्त्व रखता था। क्योंकि शम्भू बाबू के द्वारा उन्हें जयप्रकाश जैसा महत्वाकांक्षी दामाद प्रभावती के लिए चुनने का अवसर जो मिला था। शम्भू बाबू जो जयप्रकाश जी के रिश्ते में भतीजा लगते थे उन्होंने उनसे ब्रजकिशोर बाबू के दर्शन के लिए चलने को कहा। ब्रजकिशोर बाबू से मिलने को तो सभी बेचैन थे। ऐसे में जयप्रकाश जिनके मन में भी स्वाधीनता आंदोलन का अंकुर फूट चुका था, राजनीतिक क्रियाकलापों में भी वे सक्रिय रूप से भाग लेने लगे थे। अतः ब्रजकिशोर बाबू से मिलने का आग्रह ठुकरा न सके। अतः शम्भू बाबू के साथ ही स्टेशन के नजदीक राजेन्द्र बाबू के घर पर चल दिए।

दोनों चाचा-भतीजे वहाँ पहुँचकर ब्रजकिशोर बाबू को विनम्रतापूर्वक प्रणाम करते हैं, जयप्रकाश जी को देखते ही उनका चेहरा खिल उठता है और होठों पर गहरी मुस्कान उभर आती है मानों कोई बहुत बड़ी खुशी मिल गई हो। उन्हें तो एक ही नजर में इस नौजवान में वह सब कुछ दिखाई दे गया जिसकी कल्पना उन्होंने अपनी प्यारी बिटिया के लिए की थी। जयप्रकाश जी का आचरण उनकी जीवन शैली और उनके बात करने का सरल और शालीन तरीका,

वह सब कुछ उन्हें अद्‌भुत ही नहीं लगा बल्कि ऐसा प्रतीत हुआ जैसे यह लड़का तो उनकी प्रभावती के अनुरूप ही बना हो। उन्होंने यह निर्णय ले लिया कि इससे अच्छा वर तो हो ही नहीं सकता प्रभावती के लिए और फिर गाँधी जी से भी तो वादा था कि योग्य वर न मिलने पर प्रभावती आश्रम चली जाएगी।

जयप्रकाश और प्रभावती के विवाह में शम्भू बाबू ने भी अहम भूमिका निभाई थी। उन्होंने ही हरसुदयाल को ब्रजकिशोर बाबू का पैगाम पहुँचाया। हरसुदयाल शम्भू बाबू की बातों से काफी प्रभावित हुए थे और उन्हें भी यह रिश्ता पसन्द था। किसी प्रकार की ना-नुकर किए बगैर हरसुदयाल जी ने शादी के लिए हाँ कर दी। प्रभावती को जयप्रकाश जी से शादी से पहले उनके घरवालों ने तो देखा भी नहीं था। हाँ, शम्भू बाबू ने देखा होगा। उन लोगों के लिए तो ब्रजकिशोर बाबू का नाम ही काफी था। उस जमाने में शादियाँ होतीं भी तो ऐसे ही थीं। लोगों का मानना था कि बच्चों पर माँ-बाप के संस्कार का पूरा असर होता है। यदि माँ-बाप शिष्ट हैं तो बात बन जाती थी।

18 वर्ष के जयप्रकाश और 14 वर्ष की प्रभावती। शादी-ब्याह की दृष्टि से जयप्रकाश तो सयाने थे मगर प्रभावती अभी बच्ची ही थीं। लोगों ने ब्रजकिशोर बाबू से सवाल किया एक सच्चा समाज सुधारक होते हुए भी वे प्रभा को इतनी कम उम्र में क्यों ब्याह रहे हैं? उन्होंने लोगों को जवाब देते हुए कहा, ''प्रभावती के लिए यह लड़का मुझे पसन्द आ गया है। फिर ऐसा घर-वर कहाँ मिलेगा? इसलिए ब्याह तो कर दिया है लेकिन गौना पाँच साल के पहले नहीं करूँगा जब बड़ी हो जाएगी तभी ससुराल भेजूँगा। जल्दी भी क्या है?''

ब्याह ब्रजकिशोर बाबू ने अपने गाँव श्रीनगर वाले मकान से ही किया। ब्रजकिशोर बाबू और हरसुदयाल दोनों ही देश में एक स्वस्थ समाज की कल्पना करनेवालों में से थे, अतः इस ब्याह में तिलक दहेज की तो बात ही नहीं हुई। पूरा साधारण विवाह था वह। हाँ परम्पराओं पर विशेष ध्यान दिया गया था इस विवाह में। दूल्हा-दुल्हन को परम्परागत परिधानों से सजाकर सारी विधियाँ भी पूरी की गई थीं। गाजे-बाजे के साथ सिताब दियारा से बारात चली और श्रीनगर में ब्रजकिशोर बाबू के दरवाजे पर लगी। पूरे गाँव वालों ने दूल्हा को देखते ही कहा था, ''लड़का तो पूरी तरह से प्रभावती के योग्य वर है।'' शादी हो गई पर मासूम प्रभा समझती रही कि घर में कोई उत्सव है। बाद में उस घटना को याद करते हुए प्रभावती जी ने कहा है, ''हमारी एक रिश्तेदार थी सिताब दियारा की उन्होंने कहा आपकी बेटी तो हमारे ही गाँव में आएगी।'' अब प्रभावती जी को यह समझ में आया कि शादी तो हो गई अब उन्हें दूल्हे के घर जाना होगा। उन्होंने फिर कहा, ''मैंने खूब रोना शुरू कर दिया। मेरी दादी और माँ सब मुझे डाँटने लगीं कि रोती क्यों है? आखिर जब बारात चली गई तो मैं कमरे में जाकर ताला खोलकर मिठाई निकालकर खाने बैठ गई। लेकिन मुझे मालूम था कि मुझे देर से भेजेंगे।''

विवाह के बाद तब गौना की प्रथा थी जिसे दूसरा विवाह कहा जाता था। लड़की शादी के तीन-चार वर्षों बाद ही ससुराल जाती थी। प्रभावती जी को भी चार-पाँच वर्षों बाद ही ससुराल जाना था। मगर इसी बीच जयप्रकाश जी शिक्षा हेतु अमेरिका जाने लगते हैं जिसके कारण शादी के दो वर्षों बाद ही प्रभावती का गौना होता है और वे ससुराल चली आती हैं। इस बारे में भी प्रभावती जी ने कहा है, ''जब पति चले जाएँ तो फिर गौना कैसे होगा? इसलिए मुझे जाना पड़ा। मैं बहुत रोती थी, पिताजी से सब बातें कहती थी। वे समझाते थे कि सीताजी कैसे गई थीं? तुम नानी के यहाँ कैसे जाती हो वैसे ही वहाँ भी जाना...। तब मुझे शादी का अर्थ मालूम हुआ।''

ब्रजकिशोर बाबू की पारखी नजर ने पहली ही मुलाकात में जयप्रकाश के अन्दर जिस व्यक्ति को देखा और समझा वह मात्र कुछ शब्दों या पन्नों पर कैद नहीं किया जा सकता क्योंकि इसका प्रमाण उनका पूरा जीवन है। जयप्रकाश जी और प्रभावती जी वास्तव में एक-दूसरे के पूरक ही थे। उन लोगों का परिणय ही उनके जीवन का सबसे महत्त्वपूर्ण क्षण रहा। इस ब्याह की वजह से ही जयप्रकाश जी राजेन्द्र बाबू के करीब आए क्योंकि आगे चलकर प्रभावती जी की छोटी बहन से राजेन्द्र बाबू के बड़े लड़के मृत्युंजय प्रसाद का ब्याह हुआ। इस तरह से राजेन्द्र बाबू से जयप्रकाश जी का घनिष्ठ पारिवारिक संबंध बना और इसी संबंध का परिणाम था कि जयप्रकाश जी महात्मा गाँधी के काफी घनिष्ठ हो गए। जब जयप्रकाश जी अध्ययन के लिए अमेरिका जाते हैं तो प्रभावती जी गाँधी जी के आश्रम चली जाती हैं। वहाँ पर उन्होंने बापू और 'बा' से माता-पिता का जो स्नेह और अपनापन पाया है यह तो तब दृष्टिगोचर होता है जब

'बा' आगाखाँ-महल में बीमार पड़ीं। सरकार ने परम पूजनीया 'बा' की सेवा हेतु सिर्फ एक व्यक्ति बाहर से बुलाने का आदेश दिया। उस वक्त 'बा' ने मुख्य रूप से प्रभावती जी को ही बुलाने का आग्रह किया।

इस घटना से पूरा देश 'बा' और बापूजी का प्रभावती जी से अतुल्य स्नेह और सामीप्य देखकर भौचक रह गया। पूजनीया 'बा' की अन्तिम सेवा और मृत्युशय्या के नजदीक बैठने का सौभाग्य सिर्फ जयप्रकाश की प्रभावती को प्राप्त हुआ।

यह एक ऐसा परिणय हुआ जो पूरी धरती पर मिशाल बनकर रह गया। बापू के विचारों से प्रभावित होकर प्रभावती जी ने आजीवन ब्रह्मचर्य व्रत धारण करने का निर्णय लिया तो जयप्रकाश ने भी उनकी साधना में सहयोग करने की दृष्टि से उस ब्रह्मचर्य का पालन किया। जयप्रकाश जी ने समाज में लोगों का दर्द समझा और उनके लिए समाजवाद की स्थापना की तो प्रभावती जी ने भी उनके कन्धे-से-कन्धा मिलाकर गरीबों की सेवा की।

ऐसे स्त्री-पुरुष दुनिया में कम ही आते हैं और अपनी सत्कृति को धरती पर बिखेरकर खुद तो चले जाते हैं मगर हवा और पानी की अनुकूलता पाकर उनके समान और भी पौधे पृथ्वी पर उगते हैं जो समय-समय पर इस धरती पर उनकी सुगन्ध बिखेरकर उनके बाद भी उनको जीवित रखते हैं यानी हमेशा उनकी उपस्थिति का अनुभव कराते हैं।

असहयोग आंदोलन का प्रभाव

अमृता शेखर

युवावस्था की ओर बढ़ते जयप्रकाश जी पर गाँधी जी और उनकी विचारधारा पूरी तरह हावी हो चुकी थी। इस संबंध में तोताराम सनाढ्य की गाँधी जी पर लिखी पुस्तक ने गाँधीवादी मार्ग पर चलने में प्रवेशिका का काम किया। इस पुस्तक में दक्षिण अफ्रीका में गाँधी जी द्वारा चलाए गए सत्याग्रह का वर्णन पढ़कर जयप्रकाश जी का कोमल हृदय गाँधी जी की ओर आकृष्ट हुए बिना नहीं रह सका। चम्पारण में गाँधी जी के सत्याग्रह आंदोलन के विषय में तो जयप्रकाश ने बहुत कुछ सुना और पढ़ा ही था। इन सारी घटनाओं को क्रमबद्ध रूप से देखकर जयप्रकाश जी ने यह महसूस किया कि गाँधी जी वह शक्ति हैं जिसकी पुकार पर सोई जनता भी जग जाएगी और स्वतः ही इस सरल, सीधे और जनता के प्रति एकात्मकता का भाव रखने वाले महापुरुष का साथ देने निकल पड़ेगी, जैसे सारे देशवासियों पर गाँधी जी के सम्मोहन का जादू छाया है।

जयप्रकाश जी ने अपनी एक समिति तो बनाई ही थी। जिसकी नियमित बैठकें होती थीं जिसमें देश की वर्तमान परिस्थितियों पर विचार-विमर्श होते रहते थे। 1919 में गाँधी जी ने जब असहयोग आंदोलन का आह्वान किया तो धीरे-धीरे सारा देश इस आंदोलन में सम्मिलित होने लगा। मगर तब तक जयप्रकाश की समिति इस दुविधा में थी कि कॉलेज छोड़कर आंदोलन में भाग लिया जाना उचित है या नहीं। तभी 1920 में गाँधी जी पटना आए और उन्होंने एक बहुत बड़ी सभा में लोगों को सम्बोधित किया। जयप्रकाश जी को तब पहली बार गाँधी जी को देखने और सुनने का अवसर मिला था। मिलना तब सम्भव नहीं हो पाया था।

प्रथम विश्वयुद्ध की समाप्ति तक भारत का राजनीतिक वातावरण काफी गर्म हो चुका था। चारों ओर ऐसी घटनाएँ घट रही थीं मानों किसी बहुत बड़े तूफान के आने का संकेत हो। श्रीमती ऐनीबेसेंट ने अपने होमरूल के हंगामे से अँग्रेजी सरकार को इतना भयभीत कर दिया कि उसे अपनी नींव हिलती नजर आने लगी। नतीजा यह हुआ कि सरकार ने उन्हें नजरबन्द कर दिया और उनके अखबार को सेंसर (जब्त) कर लिया। मगर इन दमनकारी कार्यवाहियों से होमरूल दबने के बजाय और तेजी से उभरने लगा। इसके बाद देश में होनेवाली घटनाओं की गति भी काफी तेज हो गई। रौलेट एक्ट कमीशन बैठाया गया। रौलेट एक्ट (18 मार्च, 1919) पास होते ही सारे देश में उसके विरोध में आंदोलन छिड़ जाता है। जिसकी बागडोर गाँधी जी के हाथों में सौंपी जाती है। सत्याग्रह के प्रतिज्ञापत्र पर काफी तेजी से हस्ताक्षर होने लगते हैं। इसके विरोध में 13 अप्रैल को सारे देशवासियों ने उपवास रखा और प्रतिज्ञा की, कि इस एक्ट को रद्द करा कर ही दम लेंगे।

इसी समय पंजाब में जलियाँवाला बाग काण्ड होता है। वहाँ एक आम जनसभा आयोजित की गई थी जिसमें कि जनरल डायर के आदेश से मशीनगनों से गोलियाँ चलाई गईं और हजारों बेकसूर निहत्थे लोग मारे गए थे। यहाँ तक कि औरतों और बच्चों तक को नहीं बख्शा गया। एक भी आदमी जिन्दा नहीं बचने पाए ऐसा आदेश था जनरल डायर का। इस काण्ड से पूरा पंजाब मानों धधकती हुई आग का अंगार बन जाता है। लोग ब्रिटिश शासन को उखाड़ फेंकने के लिए उग्ररूप ले लेते हैं और लोगों को दबाने हेतु चारों ओर गोलियों की बौछार होने लगती है। लोगों को

नंगा करके कोड़े बरसाए गए।

इधर पंजाब में यह बीभत्स हत्याकाण्ड होता है और टर्की में अंग्रेजों से सन्धि के लिए उन पर ऐसी शर्तें लादने की कोशिश की जिससे मुसलमानों ने नाराज होकर खिलाफत आंदोलन शुरू कर दिया था। पूरा मुस्लिम समुदाय अंग्रेजी सरकार का बागी हो जाता है। इस पंजाब काण्ड और खिलाफत आंदोलन को गाँधी जी ने एक सूत्र में बाँधकर देश में असहयोग आंदोलन की वह चिनगारी फेंकी कि सारा देश उसमें धू-धू करके जल उठा। सारा देश मानों इस आंदोलन में जलकर भट्ठी के समान तप उठा।

आंदोलन एक बार बढ़ना शुरू करता है तो अपने ढंग से बढ़ता ही जाता है। देश में मानों असहयोग आंदोलन की बाढ़-सी आ जाती है। हजारों विद्यार्थियों ने स्कूल और कॉलेजों का बहिष्कार करना शुरू कर दिया। गाँधी जी ने कहा कि ये विद्यालय नहीं गुलामखाना है यहाँ विद्यार्थी नहीं विदेशियों के गुलाम तैयार किए जाते हैं। लोगों ने अंग्रेजों द्वारा दी गई उपाधियाँ वापस लौटा दीं। लोगों ने ऐसे पेशे या ऐसे कामों जिनसे अंग्रेजी सरकार को बल मिलता था, उनका असहयोग करना शुरू कर दिया। सरकारी नौकरी भी छोड़ी जाने लगी थीं। कविवर रवीन्द्रनाथ ठाकुर ने अपनी सर की उपाधि लौटा दी। गाँधी जी और कई लोगों ने भी अपनी उपाधि लौटा दी। इसी क्रम में पटना में मजहरूल हक आगे आए और उन्होंने अंग्रेजी अदालत का बहिष्कार किया। देशबन्धु दास, मोतीलाल नेहरू, राजेन्द्र प्रसाद, ब्रजकिशोर बाबू तथा सैकड़ों वकीलों ने वकालत छोड़ दी। ब्रजकिशोर बाबू के राष्ट्रीय स्वतन्त्रता के लिए इस बलिदान का ही कारण था कि 1940 के बाद उनके परिवार को काफी आर्थिक संकट झेलना पड़ा। बाद में बेटों ने व्यापारिक जगत में अपनी जगह बना ली।

पूरे देश में विदेशी कपड़ों की होली जल रही थी। ऐसे ही गरम और गम्भीर माहौल में पटना में एक जनसभा का आयोजन हुआ जिसमें मौलाना अबुल कलाम आजाद के साथ जवाहरलाल नेहरू भी आए थे। उस समय जवाहर लाल की पहचान सिर्फ मोतीलाल की इकलौती सन्तान के रूप में ही थी। हाँ इस बात से लोग प्रभावित भी थे कि इंग्लैण्ड से बैरिस्टरी करने के बावजूद वे गाँधी जी को सहयोग कर रहे थे। उस दिन अबुल कलाम ने अपने जोश भरे भाषण से पूरी जनता के दिलो-दिमाग को हिलाकर रख दिया। उनकी वाणी के जादू से शान्त पड़ी गंगा के जल में भी तूफान उठ गया। विशेषकर विद्यार्थी यह सोचते हैं कि परीक्षा दे दें फिर विद्यालय छोड़ देंगे। कितनी वाहियात बात है यह अंग्रेजों की शिक्षा तो हमें गुलाम बनाने वाली शिक्षा है। हमारे देश के लिए यह जहर के बराबर है। यह हमें गुलामी की जंजीरों में जकड़ती है इसे तो फौरन ही छोड़ देना चाहिए।

पटना कॉलेज के विज्ञान की दूसरे वर्ष की परीक्षा निकट थी। जयप्रकाश जी ने अपनी फीस कुछ सप्ताह पूर्व जमा कर दी थी। पटना कॉलेज में पढ़ने के लिए उन्हें छात्रवृत्ति मिलते हुए दो वर्ष पूरे हो चुके थे। मार्च 1921 में परीक्षा होने वाली थी जिसमें कि 20 दिन शेष रह गए थे और परीक्षा की तैयारी भी लगभग पूरी हो चुकी थी। जयप्रकाश और उनके साथी थे सिंहेश्वर बाबू, कृष्णबल्लभ सहाय, पुष्कर ठाकुर, फूलन प्रसाद वर्मा और बाबू विश्वेश्वर दयाल। इन सबने मिलकर तय किया कि अंग्रेजी पढ़ाई हमारे काम की नहीं है और अंग्रेजों द्वारा चलाए जा रहे शिक्षण संस्थानों में पढ़ना भी पाप है। फिर क्या था कॉलेज के सर्वोत्तम छात्रों ने कॉलेज का बहिष्कार कर दिया और स्वराज आंदोलन में कूद पड़े। पूरे पटना कॉलेज में हड़कम्प-सी मच गई। जुलूस निकाले गए और इसके साथ ही जयप्रकाश जी राजेन्द्र बाबू से जा मिले और असहयोग आंदोलन से जुड़ गए।

जयप्रकाश के जीवन के लिए यह बहुत बड़ी घटना थी क्योंकि बचपन से लेकर आज तक इन्होंने शिक्षा को ही अपना सर्वस्व माना था। सदा अव्वल ही रहे थे पढ़ाई में इसके लिए उन्होंने एक पत्र लिखकर पिताजी से क्षमा-याचना की "मैं आपसे सलाह लिए बगैर आंदोलन में कूद पड़ा हूँ मगर यह सब मैंने देश की आजादी के लिए किया है।" ब्रजकिशोर बाबू जो खुद एक गाँधीवादी असहयोगी थे और उनके घर का माहौल भी ऐसा ही था इस वजह से इन लोगों को तो खुशी ही हुई जयप्रकाश के ऐसे निर्णय से।

आंदोलन से जुड़ते ही जैसे जयप्रकाश जी का पूरा रहन-सहन ही बदल गया। मिलों का कपड़ा छोड़कर खादी का धोती-कुर्त्ता और सिर पर गाँधी टोपी पहनने लगे। चरखा भी चलाना सीखा। इस तरह से एक असहयोगी जयप्रकाश का जन्म हुआ।

विदेश यात्रा

अमृता शेखर

असहयोग अभियान ने सरकार को हिला दिया। उसने भी ईंट का जवाब पत्थर से दिया। तीस हजार प्रदर्शनकारियों को जेल में डाल दिया गया। बेरहमी से लाठियों द्वारा जनता के सर फोड़े गए। जहाँ गाँधी जी का नियन्त्रण नहीं था वहाँ दंगे हुए, हिंसा और हत्याएँ हुई। गाँधी जी का दिल दहल गया। उन्होंने अपना अभियान रोक दिया और उन्हें जनता को भड़काने वाला तथा राजद्रोहात्मक भाषण देने के आरोप में छः वर्ष की सजा हुई। संघर्ष दबा दिया गया।

जयप्रकाश मन मसोसकर रह गए। देश के लिए उनकी ऊँची-ऊँची उम्मीदें धूल-धूसरित हो गईं। बहुत से साथियों ने पुनः कॉलेज जाना शुरू कर दिया। मगर जयप्रकाश ठहरे दृढ़ निश्चयी। एक बार जब ऐलान कर दिया कि अंग्रेजी शिक्षा ग्रहण नहीं करेंगे यह हमें शिक्षा नहीं देते बल्कि अपनी गुलामी करना सिखाते हैं तो फिर उस गुलामी का पाठ पढ़ना उनके दिल को मंजूर नहीं हुआ। माता-पिता ने जयप्रकाश का नाम बनारस हिन्दू विश्वविद्यालय में लिखाना चाहा मगर वे खुद तैयार नहीं हुए क्योंकि इस शिक्षण संस्थान को भी अंग्रेज सरकार से कुछ अनुदान राशि प्राप्त होती थी।

तभी गाँधी जी ने गुजरात की तरह ही बिहार में बिहार विद्यापीठ की नींव डाली थी। राजेन्द्र प्रसाद इसके प्रधानाचार्य थे। इस आदर्श विद्यालय के लिए गाँधी जी ने झारियाँ से काफी बड़ी रकम प्राप्त की थी। वह विद्यालय मुख्य रूप से काँग्रेस वालों ने असहयोग करने वाले विद्यार्थियों के लिए खोला था। जयप्रकाश बिहार विद्यापीठ में भर्ती हो गए और इण्टर साइंस की परीक्षा प्रथम श्रेणी में सम्मान के साथ पास की। आगे की पढ़ाई की व्यवस्था वहाँ थी नहीं अतः जयप्रकाश बनारस गए और वहाँ प्रो. फूलदेव सहाय वर्मा की देख-रेख में विज्ञान का अध्ययन करने लगे। उनकी प्रयोगशाला में प्रयोग भी करते रहे।

उन्हें ऐसा लगा कि उनकी कुर्बानी बेकार ही गई। मगर शिक्षा को और आगे बढ़ाने की ललक तो समाप्त नहीं हुई। तब भारतीय विद्यार्थियों को उच्च शिक्षा के लिए इंग्लैण्ड जाना आम बात थी। जयप्रकाश भी ऑक्सफोर्ड एवं कैम्ब्रिज जाने के सपने देखते थे मगर घर की आर्थिक स्थिति ऐसी नहीं थी कि वहाँ का खर्च बर्दाश्त किया जाए, दूसरे जहाँ अंग्रेजों की शिक्षा मिलती हो अतः मन दबा लिया। असहयोग से पूर्व सत्यदेव जी पटना आए थे जयप्रकाश जी उनसे काफी प्रभावित हुए थे। उस समय छात्रों में उनकी पुस्तक को पढ़ने का बहुत शौक था। अपनी पुस्तक में उन्होंने अपने बारे में लिखा था, किस तरह उन्होंने अमेरिका में खेतों और कारखानों में काम करके अपनी पढ़ाई पूरी की। जयप्रकाश जी उनकी इस शैली से प्रभावित होते हैं खुद भी अमेरिका जाकर खुद कमाकर पढ़ने की सोच लेते हैं।

माता-पिता के दिल को यह बिलकुल ही मंजूर नहीं था कि जयप्रकाश इतनी दूर परदेश जाकर पढ़ें फिर भी शिक्षा की बात थी सो मंजूरी देनी ही पड़ी। ब्रजकिशोर बाबू तो इसके खिलाफ थे ही नहीं। वे तो विद्यार्थियों को विदेश पढ़ने भेजने में उनकी काफी मदद किया क़रते थे। प्रभावती जी से पत्र लिखकर पूछा तो उन्होंने जवाब में लिखा, "मुझे बहुत खुशी है कि आप पढ़ने के लिए परदेश जा रहे हैं, वहाँ से पढ़कर लौटेंगे तो यहाँ देश का काम करेंगे।" लोगों ने प्रभावती की इस सहमति पर आपत्ति भी कि लेकिन प्रभावती को पढ़ाई के लिए उनका विदेश जाना पसन्द था, वह काफी प्रसन्न थीं कि जयप्रकाश ऊँची शिक्षा प्राप्त करेंगे वहाँ जाकर।

उसी समय बनारस हिन्दू विश्वविद्यालय के भोलादत्त पन्त नामक एक विद्यार्थी शिक्षा हेतु अमेरिका जाने के लिए सहयोग की उम्मीद से ब्रजकिशोर बाबू के पास आए। जयप्रकाश की उनसे मुलाकात हुई और पहली ही मुलाकात में वे अच्छे दोस्त बन गए। दोस्ती इतनी पक्की कि दोनों ने साथ-साथ अमेरिका जाने का प्रोग्राम बना लिया और कलकत्ता जाकर पासपोर्ट आदि की भी व्यवस्था कर ली। तभी अखबारों में यह खबर छपती है कि आजकल अमेरिका में बड़ी मन्दी चल रही है, लोगों को काम मिलना बन्द है, ऐसे में उन विद्यार्थियों को काफी कष्ट उठाने पड़ रहे हैं जो खुद मेहनत मजदूरी करके पढ़ाई करते हैं। यह खबर पढ़ते ही परिवार वालों ने जयप्रकाश जी को उस समय अमेरिका नहीं जाने के लिए तैयार कर लिया। मगर भोलादत्त पन्त फिर भी गए और इनसे कह गए कि वहाँ जाकर मैं तुम्हें वहाँ की सारी स्थिति लिख भेजूँगा।

अमेरिका पहुँचते ही भोलादत्त पन्त ने पत्र द्वारा जयप्रकाश को वहाँ की सारी स्थिति से अवगत कराया और कहा कि अखबार में छपी वे खबरें गलत हैं आप चाहें तो अपनी पत्नी को भी ला सकते हैं।

जयप्रकाश के अमेरिका जाने के कारण घरवालों ने प्रभावती का गौना करा लिया था। शादी के बाद यही कुछ दिनों का साथ रहा जयप्रकाश और प्रभावती का फिर तो सात वर्षों के पश्चात जब जयप्रकाश जी अमेरिका से वापस लौटे, दोनों की जीवन शैली ही बदल चुकी होती है। लगभग एक महीना रही थीं प्रभावती जी ससुराल में फिर ब्रजकिशोर बाबू वापस ले गए थे। इस दौरान में वे हमेशा अपनी सास के साथ काम करती रहतीं और सोती भी उन्हीं के पास थीं। मगर इन कुछ दिनों में ही दोनों ने एक-दूसरे को इतना समझ लिया कि जीवन में चाहे कैसा भी मोड़ आया खुशी-खुशी से एक-दूसरे को अपने विचारों से पूरा-पूरा सहारा दिया। एक-दूसरे का कदम-से-कदम मिलाकर साथ दिया। यहाँ तक कि भोलादत्त पन्त के पत्र को भी जयप्रकाश ने चुपचाप सबसे छुपाकर अपनी पत्नी प्रभावती को ही दिखाया। दोनों ने मिलकर सबसे छुपाकर आपस में ही सारा कार्यक्रम निश्चित कर लिया। किसी से कुछ बताए बगैर जयप्रकाश कलकत्ता चले गए टिकट की व्यवस्था करने। उन दिनों देश में एक संस्था काम कर रही थी, 'एसोसिएशन फॉर दि एडवान्समेण्ट ऑफ दि साइंटिफिक लर्निंग।' उन्होंने भी इस संस्था से सम्पर्क कर कुछ सहायता राशि प्राप्त की और इधर-उधर से कुछ सुविधाओं से सारी व्यवस्था करके जयप्रकाश घर लौटे तभी घरवालों को सूचना दी कि मैं इस तारीख को अमेरिका जा रहा हूँ।

जब जयप्रकाश ने जाने का निश्चय कर लिया था तो सभी ने दुःखी मन से उन्हें विदा किया। जाते वक्त उन्होंने प्रभावती को समझाया और कहा, "मैं शीघ्र ही आऊँगा, घबराना मत, तुम भी यहाँ तब तक लिखो-पढ़ो, चरखा चलाना और गीता का पाठ नित्य करना।"

इधर जयप्रकाश अमेरिका के लिए प्रस्थान करते हैं और प्रभावती जी गाँधी जी के आश्रम साबरमती चली जाती हैं। इसके लिए ब्रजकिशोर बाबू ने जयप्रकाश जी की सहमति पहले ही ले रखी थी। इस तरह शुरू होता है जिन्दगी का सफर। प्रभावती जी गाँधी आश्रम में रहकर उनके विचारों के साँचे में ढलकर कट्टर गाँधीवादी बनती हैं और जयप्रकाश जी समाजवाद का अध्ययन कर समाज के उस वर्ग के दुःख-दर्द से मर्माहत हो कट्टर समाजवादी बनते हैं। दोनों ही के रास्ते अलग-अलग हैं मगर मंजिल एक है। एक को आजादी के लिए हिंसा का प्रयोग भी सही नजर आता है तो दूसरे को सदैव अहिंसा की नीति ही स्वीकृत होती है। इन विपरीत धारणाओं के बावजूद यह मिसाल बनकर सामने आई है। ऐसी जोड़ी धरती पर कम ही नजर आती है।

प्रभावती जी गाँधी आश्रम में

अमृता शेखर

सन् 1922 में उच्च शिक्षा पाने के लिए जयप्रकाश जी अमेरिका चले जाते हैं। प्रभावती जी गाँधी आश्रम में रहने चली गईं। जिस समय जयप्रकाश जी अमेरिका के बड़े-बड़े विश्वविद्यालयों से विज्ञान और समाजशास्त्र के नए-नए अनुभव प्राप्त कर डिग्रियाँ इकट्ठा करने में लगे थे, उस वक्त प्रभावती जी गाँधी जी के पास रहकर निःस्वार्थ और निश्चल सेवा का अध्ययन कर रही थीं। उधर अमेरिका में एक समाजवादी व्यक्तित्व का निर्माण हो रहा था इधर गाँधी आश्रम में, शुद्ध सेवामयी और समस्त विकारों से रहित चरित्र का गठन। उम्र के इस दौर में जब वे लगभग 16-17 वर्ष की कम उम्र बाला थीं, गाँधी आश्रम के प्रभाव से उनके चरित्र को जो आकार मिला वह उनकी मृत्यु (15 अप्रैल 1973) तक प्रभावती के नाम व्यक्तित्व के रूप में देश ही नहीं पूरी दुनिया के सामने एक मिशाल बनकर रह गया। आश्रम जीवन में उन्होंने जिन बातों को सीखा, जिन अच्छाइयों को अपने में समाहित किया और जिन चीजों को अपनी दिनचर्या बनाई उनपर अन्तिम साँस तक पालन किया। कठिन-से-कठिन समस्याओं का उन्होंने दृढ़ता से सामना किया और जयप्रकाश जी को हर मुश्किल परिस्थितियों में अपनी उपस्थिति बोध से एक अद्भुत बल और साहस प्राप्त कराया।

बापू जैसे महात्मा का सान्निध्य तो प्राप्त सभी कर लेते थे मगर जो प्यार एक बेटी के रूप में इन्होंने पाया वो किसी और ने नहीं पाया। ऐसी भाग्यशालिनी थीं, प्रभावती, जिन्हें एक नहीं दो-दो पिताओं का प्यार मिला। एक ने जन्म देकर आकर्षक व्यक्तित्व और प्रभावती नाम दिया तो दूसरे ने उस नाम के अनुरूप ही उसका चरित्र निर्माण कर उस नाम को चिरस्मरणीय बना दिया।

गाँधी जी ने तो पहली नजर में ही उनके अन्दर छुपे अलौकिक गुणों को पहचान लिया था। उन्होंने तो तब से ही अपने दिल में उन्हें एक बेटी के रूप में बसा लिया था। अजीब-सा स्नेह हो गया था उस महात्मा को उनसे। चम्पारण के सत्याग्रह के दिनों में गाँधी जी दरभंगा में ब्रजकिशोर बाबू के घर पर ठहरे थे। उसी समय प्रभावती को देखकर बापू को उनसे अनूठे स्नेह की अनुभूति हुई थी। प्रभावती जी भी देश सेवा में लीन गाँधी जी के व्यक्तित्व से तभी प्रभावित हुई थीं। और उनके साथ पिता-पुत्री वाले स्नेह की डोर से बँध गई थीं।

गाँधी जी ने तो उसी समय ब्रजकिशोर बाबू से आग्रह किया था कि वे प्रभावती को उन्हें गोद दे दें। वह अपनी इस बेटी को अहमदाबाद आश्रम में अपने पास रखना चाहते हैं। तब ब्रजकिशोर बाबू राष्ट्रीय आंदोलन में बापू के योगदान से इतने प्रभावित थे कि उन्हें काफी प्रसन्नता हुई कि उनकी बेटी गाँधी जी की बेटी बनने का सौभाग्य पाए। माता फूलझड़ी देवी जो अपनी प्यारी प्रभा से इतना प्यार करती थीं कि अपने से अलग करने की सोच ही नहीं सकती थीं। वह ब्रजकिशोर बाबू और गाँधी जी के साथ अपनी स्वीकृति नहीं दे पाईं।

गाँधी जी भी प्रभावती के मामले में चुप नहीं बैठे। उन्हें तो प्रभावती जी से इतना स्नेह हो चुका था कि वह हमेशा प्रयास करतें रहे उन्हें अपने पास बुलाने का। प्रभावती के अन्दर एक शुद्ध आत्मा और निःस्वार्थ सेवा की भावना का संचार हो रहा था जिसे गाँधी जी की सूक्ष्मदर्शी निगाहों ने पहचान लिया था। उन्हें प्रभावती में यह विचार और दर्शन का बोध हुआ था जिसकी कल्पना वह एक पूर्ण राष्ट्र सेवक के रूप में करते थे। इन गुणों को प्रभा में पाकर

गद्गद हो गए और उन्हें अपनी शिष्या ही नहीं बेटी भी मानने लगे थे। वह प्रभावती के अन्दर के गुणों को अपनी देख-रेख में समाज के सामने उजागर करना चाहते थे। इस बीच उन्होंने प्रभावती को पत्र लिखा। एक पत्र में उन्होंने लिखा था, ''तुमको यहाँ (आश्रम) में लाने का मैंने तो खूब प्रयत्न किया। अब भी हो रहा है। देखें विधाता क्या चाहता है।''

इसी बीच प्रभावती जी का जयप्रकाश नारायण से ब्याह हो गया। शादी के दो वर्षों बाद जयप्रकाश जी पढ़ाई के लिए अमेरिका चले गए और गाँधी जी ने एक बार पुनः प्रयास किया प्रभावती को आश्रम में लाने का। उन्होंने ब्रजकिशोर बाबू से इसकी चर्चा भी की। ब्रजकिशोर बाबू कुछ संकोचवश निर्णय नहीं ले पा रहे थे क्योंकि अब प्रभावती की जिम्मेदारी उनके ससुराल वालों की थी, मगर जयप्रकाश जी ने उनकी परेशानी दूर कर दी। उन्होंने पत्र लिखकर अपने पिताजी से आग्रह किया कि प्रभावती को गाँधी जी के साबरमती आश्रम जाने की अनुमति दे दें। हरसु बाबू ने अपनी सहमति दे दी और गाँधी जी का प्रयास सफल हुआ। प्रभावती साबरमती आश्रम चली गईं। जब तक जयप्रकाश जी अमेरिका में रहे प्रभावती जी का अधिकांश समय साबरमती आश्रम में पूजनीया बा और बापू की सेवा में गुजरा। गाँधी जी के साथ तो उनका इतना आत्मीय लगाव हो गया था, कि वह उनके प्रवास पर भी अकसर बापू के साथ जाती रही थीं। उन्होंने बापू से पिता का ऐसा स्नेह पाया अब उनके लिए अपने इस पिता से दूर रहना असम्भव लगने लगा था। यही हालत गाँधी जी की भी थी। प्रभावती के रूप में उन्होंने एक बेटी का अत्यन्त ही कोमल और ममतामयी दिल प्राप्त किया था। वह भी हमेशा अपनी प्रभा को अपने पास ही रखना चाहते थे। दोनों की दिनचर्या जैसे एक-दूसरे के बगैर अधूरी ही रह जाती थी।

एक बेटी के रूप में प्रभावती ने गाँधी जी और कस्तूरबा का वो अगाध स्नेह प्राप्त किया कि जल्दी ही वह पूरे आश्रम की जान बन गईं। प्रभावती जी कस्तूरबा गाँधी के साथ हमेशा बापू के कार्यों में उनकी मदद करतीं। तब बापू का सारा कार्य 'बा' खुद ही किया करती थीं। धीरे-धीरे प्रभावती 'बा' की यह जिम्मेदारी खुद निभाने लगीं। शायद 'बा' की इसी शिक्षा से प्रेरित होकर आगे भविष्य में प्रभावती ने भी जयप्रकाश जी के सारे कार्य खुद करने की आदत डाली थी।

गाँधी जी ने प्रभावती जी का एक संपूर्ण औरत से भी कहीं अधिक व्यक्तित्व-विकास किया। दूसरों की सेवा, राष्ट्र आंदोलन की भागीदारी के साथ ही उन्होंने उनकी शिक्षा पर भी विशेष ध्यान दिया। उन्होंने प्रभावती की हिन्दी को सुधारने का सफल प्रयास किया। हिन्दी में प्रभावती जी की अच्छी पकड़ हो गई थी। गाँधी जी की मातृभाषा गुजराती थी। उन्होंने प्रभावती को गुजराती लिखना, पढ़ना और बोलना सिखाया। गाँधी जी के द्वारा प्रभावती को लिखे गए अधिकांशतः पत्र गुजराती में ही होते थे। इसके साथ-साथ प्रभावती जी ने गाँधी जी से गणित, संस्कृत, आहारशास्त्र और शरीरशास्त्र का भी अध्ययन किया। जयप्रकाश जी का अमेरिका से पत्र आता तो उसमें अंग्रेजी अच्छी तरह सीख लेने की चर्चा होती थी अतः गाँधी जी ने प्रभावती जी की अंग्रेजी पर भी विशेष ध्यान दिया था। बहुत अधिक मेहनत की थी उन्होंने प्रभावती को अंग्रेजी सिखाने में। प्रभावती जी गाँधी जी से चरखा चलाना सीखीं। गाँधी जी से प्रभावती ने जो एक विशेष चीज सीखी, जो उनके दिन का अभिन्न हिस्सा बन गया वह थी डायरी लिखने की आदत। बापू की प्रेरणा से एक बार जो डायरी लिखने की आदत डाली तो जीवन के अन्तिम दिनों तक डायरी लिखना नहीं भूलीं। उनके जीवन के लगभग 45 वर्षों की डायरी उनकी मृत्यु के बाद जयप्रकाश जी ने महिला चरखा समिति पटना के सुपुर्द की। आज वे डायरियाँ वहाँ रखी हैं।

आश्रमवासियों के लिए बापू ने कड़े अनुशासन एवं नियम बना रखे थे। प्रभावती को भी आश्रम के सभी लोगों की तरह उन नियमों का पालन करना होता था। वह सुबह चार बजे बिस्तर छोड़ देतीं और सामूहिक प्रार्थना में सम्मिलित हो जातीं। आश्रम की रसोई का काम 'बा' के जिम्मे होता था। प्रभावती जी नित्यक्रिया से निवृत्त हो स्नान करके रसोई में नाश्ता तैयार करने में 'बा' की मदद करतीं। फिर बापू को भोजन कराती थीं। सात बजे सबके साथ मिलकर आश्रम के घरों और मैदानों में झाड़ू लगाने का काम करतीं और शौचालय आदि की सफाई करतीं। आश्रम की दिनचर्या से और रसोई से जब भी उन्हें खाली समय मिलता उसका उपयोग बापू के चरखा से सूत कातने में करतीं। सन्ध्या के

भोजन के बाद प्रार्थना में शामिल होने के बाद आश्रम की दिनचर्या समाप्त होती थी। 9 बजे तक सभी आश्रम वालों को अपने बिस्तर में चले जाना होता था। किसी भी स्वतन्त्र कार्य या आराम का कोई समय नहीं होता था आश्रम की दिनचर्या में। प्रभावती रोज की अपनी डायरी में उन महत्त्वपूर्ण बातों को लिखतीं जो उनकी उस दिन की दिनचर्या से सम्बन्धित होता। आश्रम में रहकर उन्होंने 'बा' और बापू की इतनी सेवा की जो कि एक पुत्री ही कर सकती है। 'बा' के साथ रसोई में मजे से पालथी मारकर बैठ जातीं और हसुए से पालक या कोई और सब्जी हाथ में लेकर काटती होतीं। इन कार्यों को करने का शौक तो उन्हें बचपन से था मगर अब यह केवल शौक ही नहीं उनकी दिनचर्या में शामिल हो गया था। बापू की संगति में उनके व्यक्तित्व का हर तरह से सर्वांगीण विकास हुआ था। उन्होंने बापू से यह सीखा था कि अपना जीवन अपने लिए नहीं दूसरों की मदद और सेवा के लिए है। अपनी प्रसन्नता और सम्पन्नता का कोई मतलब नहीं अगर बाकी लोग दुःखी और समस्याओं से जुड़े जीवन जी रहे हैं। धीरे-धीरे वह आश्रम में किस तरह बापू की सेवा में लीन हो गईं यह उनके डायरी के कुछ अंशों से मालूम होता है।

19 अप्रैल, 1926 को उन्होंने अपनी डायरी में लिखा है (बापू के साथ एक दिन) ''चार बजे उठी। दातुन, प्रार्थना, नित्यकर्म, स्नानादि, नाश्ता। बापू के साथ टहली। बापू के कपड़े धोए। बापू के लिए स्नान का पानी रखा। खाना तैयार किया। भोजन किया। बापू के पैर में घी लगाया। सोई। बापू को पंखा किया। सामान ठीक किए। थोड़ी देर बापू के पास बैठी। बापू ने गुजराती पत्र का हिन्दी अनुवाद करने को दिया; उसको किया। 'नव जीवन' पढ़ा, गीता और अंग्रेजी पढ़ी, गीता श्लोक लिखे। बापू के पास गीता सीखी। दफ्तर ठीक किया। चरखा ठीक किया। सूत भिगोया। डाक पढ़ी। अमेरिका पत्र लिखा। बापू के साथ घूमने गई। खाना बनाया। भोजन किया। बर्तन धोए। बापू के सोने के लिए बिस्तर इत्यादि ठीक किए। प्रार्थना की। बापू के पैर में घी लगाया। पैर दबाया। रोजनिशी (डायरी) लिखी। 10 बजे सोई।''

बचपन से ही प्रभावती जी को घर के सभी कार्यों के साथ-साथ बागवानी, गाय दुहना जैसे और कामों में रुचि रही थी। मगर तब उन्हें यह सब करने की इजाजत नहीं थी। माता-पिता को भय रहता है कि खाना बनाते कहीं जल न जाए या गिर पड़ी तो हाथ-पैर में चोट आ जाएगी। खासकर पिताजी का यह आदेश होता था माता जी, दादी और घर के सारे काम करने वालों को कि जब घर में इतने सारे काम करने वाले लोग हैं ही तो प्रभा काम क्यों करेगी। ब्रजकिशोर बाबू उन दिनों काफी रईसी का जीवन गुजार रहे थे। मगर आश्रम में आते ही उन्हें उन सारे कामों को करने का बिना किसी रुकावट के अवसर मिला जिसको करने से उन्हें एक अद्भुत आत्मसन्तुष्टि का अनुभव होता था। वह कैसा भी कार्य हो यदि एक मनुष्य के लिए सम्भव हो तो हर उस कार्य को प्रभावती जी सहर्ष और सच्चे मन से कर सकती थीं। आश्रम में आकर उनके व्यक्तित्व का जितना विकास हुआ उसके लक्षण और गुण तो उनमें बचपन से ही मौजूद थे। जरूरत थी तो बस एक कुशल निर्देशक की जो उसे सही रूप में दुनिया के सामने ला सके। बापू ने शायद प्रभावती के अन्दर छिपी उस भावी प्रभावती को तभी पहचान लिया था जब वह दरभंगा में उनके घर ठहरे थे।

आश्रम में रहकर उन्हें काफी महान लोगों से मिलने का अवसर मिला जिससे वह काफी प्रभावित भी हुई थीं। गाँधी जी की अंग्रेज शिष्या मीरा बहन (मैडेलीन स्लेडी) का साथ उन्हें काफी प्रभावित करता था। यहीं पर इन्हें सरोजिनी नायडू से मिलने का अवसर मिला। तब सरोजिनी नायडू अपने सूफीयाना कविताओं और आकर्षक व्यक्तित्व के लिए काफी मशहूर थीं। कमलादेवी चट्टोपाध्याय (सरोजिनी नायडू की भाभी) जो कैम्ब्रिज एवं लन्दन विश्वविद्यालय से शिक्षा प्राप्त करके उस समय अखिल भारतीय महिला संघ की मन्त्री के पद पर कार्यरत थीं, उनका भी साथ मिला प्रभावती को। आश्रम जीवन का ही प्रभाव था कि इन्हें साधुवृत्ति वाले बुद्धिजीवी विनोबा भावे जी के विचारों और दर्शन में पूरा विश्वास था। एक सच्ची प्रशंसिका बन गई थीं उनकी। प्यारेलाल जी और जवाहरलाल से भी मिलने का अवसर मिला था आश्रम में।

आश्रम जीवन के दौरान बापू जहाँ भी प्रवास पर जाते प्रभावती हमेशा ही उनके साथ रहीं। बापू से मिलने देश के बड़े-बड़े नेता लोग आते थे, जो देश की आजादी के लिए अपना सब कुछ दाँव पर लगा चुके थे। ये लोग बापू से देश की समस्याओं पर विचार-विमर्श करते तब प्रभावती जी भी उनकी बातों को गौर से सुना करती थीं। फलतः

धीरे-धीरे उनके मन में भी राष्ट्र सेवा की भावना और आंदोलन के प्रति रुचि बढ़ने लगी। राजनीतिक माहौल तो उन्हें अपने मायके में भी मिला था। आश्रम में रहकर वह कट्टर गाँधीवादी बन गईं। शुद्ध शाकाहारी भोजन तो वह शुरू से ही करती थीं। बापू की ही तरह वह भी अहिंसा की परम पुजारी बन गई थीं। उनका भी यह मानना था कि आजादी की लड़ाई हो या चाहे जैसी भी लड़ाई हो शान्तिपूर्वक अहिंसात्मक ढंग से अपनी बात सामने वाले के समक्ष रखकर और भी कई तरीके हैं जिनसे बड़ी-से-बड़ी लड़ाई जीती जा सकती है। हिंसा से समस्या बढ़ती है, एक नया रूप लेती है, समाधान और भी असम्भव हो जाता है।

गाँधी जी ने प्रभावती जी के चरित्र गठन में जितना समय, शक्ति और अपना ध्यान लगाया उतना दूसरे किसी के लिए नहीं किया। उन्हें वह बिलकुल अपनी तरह बना रहे थे। अपने प्रति बापू के इस स्नेह के संबंध में प्रभावती जी ने कहा है, ''बापू का मेरी तरफ इतना ध्यान देना, दूसरों के लिए ईर्ष्या का कारण बन जाता था।...उन्हें पसन्द नहीं था कि मैं उनसे दूर रहूँ। हमेशा यही कहा करते थे कि तुम मेरे पास रहती हो तो मुझे अच्छा लगता है, और मैं निश्चिन्त रहता हूँ। जब कोई काम नहीं होता, तब भी मैं उनके पास चुपचाप बैठी रहती थी। हालाँकि बापू को इस तरह बेकार बैठना पसन्द नहीं था, फिर भी पता नहीं क्यों, वे मुझसे कुछ कहते नहीं थे।'' बापू और 'बा' का अतुल्य स्नेह मिला था प्रभावती जी को। बापू तो थोड़े समय के लिए भी उनसे अलग नहीं रह पाते थे। प्रभावती जी ने भी एक बेटी के रूप में बापू की इतनी सेवा की, उनका इतना सम्मान किया कि बापू उनके व्यक्तिगत जीवन का एक महत्त्वपूर्ण हिस्सा बन गए। अगर प्रभावती जी कुछ समय के लिए भी आश्रम से चली जातीं तो उनका बापू से पत्र व्यवहार चलता रहता था। बापू भी काफी बेचैनी से उनके पत्रों का इन्तजार करते। शायद एक बार उन्हें प्रभावती जी का पत्र समय पर नहीं मिला होगा, तभी बापू ने उनको लिखा था, ''तुमने तो इस बार सचमुच दुःख दिया। दो पंक्तियाँ लिखने में कितना समय जाता?...हफ्ते में एक बार तो तेरा पत्र मुझे मिलना ही चाहिए।''

उनके एक पत्र से तो साफ पता चलता है कि जैसे प्रभावती जी ने बापू से खुद को बुलाने का कारण पूछ दिया होगा। तभी बापू ने उन्हें ऐसा पत्र लिखा, ''मैं किसी खास काम से नहीं बुला रहा हूँ। कोई खास बात भी नहीं कहनी है। लेकिन जिस तरह बाप अपनी बेटी को बिना कारण भी अपने पास रखना चाहता है, वही स्थिति मेरी समझो।''

इस तरह एक ही समय में जब-जब अमेरिका में जयप्रकाश जी का व्यक्तित्व एक समाजवादी के रूप में आकार ग्रहण कर रहा था, इधर गाँधी जी के सान्निध्य में उनकी छत्रछाया में प्रभावती का व्यक्तित्व भी एक विशिष्ट आकार ग्रहण कर रहा था। गाँधी जी हमेशा प्रभावती को जीवन में दृढ़ता, वीरता और स्वावलम्बी बनने की शिक्षा देते थे। वह कहा करते थे कि सेवा तो तुम किसी की भी करो, उससे उन्नति हमेशा अपनी आत्मा की ही होती है। प्रभावती को गाँधी जी समझाते ...''हिम्मत के साथ ससुराल जाओ। वहाँ जाकर बड़ों की सेवा करना, किन्तु अपने नियमों का दृढ़ता से पालन करना। वहाँ तो जाना ही है। सास-ससुर को विनयपूर्वक राजी करके वापस भी आओ। वहाँ पर्दा न रखो। ससुर के आगे हिम्मत के साथ बात करो। अशान्ति में शान्ति पा लेना सीखना चाहिए। बाहरी संयोग हमेशा हमारी इच्छा के अनुकूल नहीं होते।...मैंने तो तुम्हें जन सेवा के लिए तैयार किया है। अपने साथ काम करने के लिए तैयार किया है।''

प्रभावती जी गाँधी जी के विचारों पर शत-प्रतिशत खरी उतरीं भी। बापू के बाद भी वह उनके दर्शन, विचारों तथा कार्यों को अपनी वाणी और कर्मों से जन-जन तक पहुँचाने, लोगों के दिलों में उनकी स्मृति को सदा जीवित रखने का कार्य करती रहीं। वह कहा करती थीं कि मेरा जीवन तो गाँधी जी ने गढ़ा है। गाँधी जी के चरणों में उन्होंने अपना जीवन समर्पित करके ही उनका इतना स्नेह और विश्वास प्राप्त किया था। गाँधी जी को भी अपने इस व्यक्तित्व रचना पर अटूट विश्वास था। अपने एक पत्र में उन्होंने लिखा कि, ''तुम पर क्यों रोष करूँ? तुमसे क्या नाराजी हो सकती है? मुझे याद नहीं कि किसी भी दिन तुमने मुझे रंज या रोष का कारण दिया हो।...यहाँ का एक भी काम नहीं, जिसके लिए तुम योग्य न हो। तुम हर एक प्रकार के मनुष्यों के साथ रहने लायक हो। तुम्हें कहीं भी भेजने में मुझे संकोच नहीं होता। तुम कहीं उलटा-सीधा कर बैठोगी, ऐसा डर मुझे नहीं है। तुम फाँसी पर भी हँसते-हँसते जाने लायक हुई हो।''

आश्रम जीवन का इतना प्रभाव पड़ा प्रभावती जी पर कि वो भी बापू की तरह ही देश सेवा के लिए पारिवारिक बन्धनों से मुक्ति को सही और आवश्यक समझने लगीं। उन्हें यह महसूस होने लगा कि यदि राष्ट्र की सेवा ही करनी है तो फिर बाल-बच्चों की जिम्मेदारी में फँसने का क्या मतलब? जयप्रकाश जी से इस विषय पर सीधे तो कभी कोई चर्चा हुई नहीं थी। अमेरिका प्रवास के समय पत्रों के द्वारा ही दोनों एक-दूसरे के विचारों और उद्देश्यों को समझने की कोशिश कर रहे थे। शादी के बाद कुछ दिनों के लिए ही दोनों साथ रह पाए थे। मगर इस बीच प्रभावती जी ने उन विचारों को जरूर समझा था कि जिसमें जयप्रकाश जी का यह मानना था कि देश सेवा ही करनी है तो फैमिली लाइफ से यानी बच्चों की जिम्मेदारी से दूर रहना चाहिए मगर उन्होंने अपने विषय में ब्रह्मचर्य जैसी कोई बात नहीं सोची थी।

तब बापू आश्रम में वैवाहिक जीवन से दूर रहने की प्रेरणा दिया करते थे। वह शिष्यों को अपने इस दर्शन का ज्ञान देते कि ब्रह्मचारी पाप रहित होता है वह परमात्मा के निकट होता है ब्रह्मचर्य का अर्थ होता है ब्रह्म की खोज जिसे मनुष्य अपनी ही इन्द्रियों पर नियन्त्रण, हिंसा, घृणा, क्रोध, असत्य और सभी प्रकार की इच्छाओं से मुक्त रहकर ही कर सकता है। उन्होंने 1906 से लेकर 1948 अपनी मृत्यु तक ब्रह्मचर्य का पालन किया था। प्रभावती जी पर गाँधी जी का इतना प्रभाव था कि वह गाँधी जी के इन विचारों को पूर्णतः सही समझने लगी थीं। शुरू-शुरू में उन्होंने 'बा' से इस विषय पर चर्चा की फिर गाँधी जी से बात की कि मैं ब्रह्मचर्य व्रत लेना चाहती हूँ। शुरू-शुरू में तो गाँधी जी उन्हें टालते रहे और उन्हें व्रत नहीं लेने के लिए थोड़ा-बहुत समझाया भी था। मगर प्रभावती ने तो दृढ़ निश्चय कर लिया था कि उन्हें बापू की राह पर ही चलना है। वह जिद पर अड़ी रहीं तो गाँधी जी ने उन्हें समझाया कि तुम शादी-शुदा औरत हो इसलिए तुम्हें पहले जयप्रकाश से इस विषय पर बात कर लेनी चाहिए। आपस में राय कर लो फिर तुन व्रत ले सकती हो। तब प्रभावती जी ने अमेरिका जयप्रकाश जी को पत्र लिखा और अपने विचारों से अवगत कराया। जयप्रकाश जी और उनके बीच ब्रह्मचर्य को लेकर पत्रों में काफी चर्चाएँ हुईं। अन्त में उन्होंने लिखा कि पत्र में इसका क्या जवाब दूँ? मिलने पर इस बारे में बात करेंगे। लेकिन प्रभावती जी को व्रत लेना था अतः उन्होंने जयप्रकाश जी की वापसी का इन्तजार नहीं किया और ब्रह्मचर्य का व्रत ले लिया। इसका दुःख तो जरूर रहा जयप्रकाश जी को, लेकिन उन्होंने अपने वास्तविक जीवन में कभी प्रकट नहीं होने दिया।

जयप्रकाश जी के मित्रों ने तो यहाँ तक कहा कि प्रभावती ने आश्रम में रहते हुए गाँधी जी के प्रभाव में आकर ब्रह्मचर्य व्रत लिया है। गाँधी जी तो ऐसे ही सारे आश्रम वालों को व्रत लेने की सलाह देते रहते हैं। इस बात से गाँधी जी ही नहीं प्रभावती को भी बहुत आघात पहुँचा था। उन्होंने बातचीत के क्रम में कहा भी है, "मैं यह कहना चाहती हूँ कि जो लोग यह कहते हैं कि गाँधी जी ने ऐसा करा दिया और उनके कहने से मैंने ब्रह्मचर्य व्रत लिया, तो गाँधी जी ने कुछ नहीं कहा था। बल्कि, उन्होंने तो मना ही किया था, और वे बराबर कहते थे कि मुझे जे. पी. के साथ रहना चाहिए, उनकी देखभाल करनी चाहिए। बचपन से ही कुछ ऐसी वृत्ति मेरी थी। वहाँ आश्रम में जाकर सब देखा तो स्वाभाविक रूप से मैं इस ओर अग्रसर हुई।" स्पष्ट है कि गाँधी जी ने प्रभावती जी पर कोई दबाव नहीं डाला यह तो उनकी संगति और संस्कारों का प्रभाव ही था कि प्रभावती ने ब्रह्मचर्य व्रत को अपने लिए आवश्यक समझा। यह भी नहीं कहा जा सकता कि उन्होंने किसी भावना में बहकर यह सब किया क्योंकि भावनात्मक रूप से किए गए निर्णय में स्थायित्व नहीं होता। समय और परिस्थिति के अनुसार उनमें बदलाव भी सम्भव होता है। लेकिन प्रभावती जी ने तो 1973 में अपनी मृत्यु तक काफी कठोरता से व्रत का पालन किया था।

जब जयप्रकाश जी के अमेरिका से भारत लौटने की सूचना मिली तो खुद गाँधी जी ने प्रभावती को आश्रम से सिताब दियारा भेजा था। उस समय प्रभावती बापू के साथ उत्तर प्रदेश में थीं। दिनांक 21.11.1924 को बापू ने प्रभावती को पत्र लिखा, "तुम गईं तब मुझे दुःख तो हुआ पर यही सच्चा धर्म था। अतः दुःख सह लिया।...जयप्रकाश को कहना कि वह मुझे खत लिखे और वह भी तुम्हारे ही साथ वर्धा आए।" गाँधी जी ने प्रभावती पर कभी भी दबाव नहीं डाला, हाँ इतनी शक्ति जरूर दी कि वह अपनी बातों और विचारों को स्वतन्त्रता से अभिव्यक्त कर सकें।

सन् 1929 के दिसम्बर महीने में जयप्रकाश जी और प्रभावती जी वर्धा पहुँचे। इसके पहले जयप्रकाश जी ने पटना में दूर से ही गाँधी जी के दर्शन किए थे। मिलने का यह पहला अवसर था, वह भी प्रभावती के साथ। बापू और बा

के संबंधों का ही परिणाम था कि उनको बहुत सम्मान भी मिला वहाँ पर। बापू तथा बा ने एक जमाई के रूप में बहुत ही भावपूर्ण ढंग से स्वागत किया था तब जयप्रकाश जी का।

वर्धा पहुँचते ही प्रभावती जी महिला आश्रम में चली गईं और अपनी दिनचर्या को पुनः उसी प्रकार शुरू कर दिया। तब बापू ने उन्हें बुलाकर पूछा, "जयप्रकाश की देख-रेख कौन करता है?" प्रभावती जी ने कहा, "मुझे नहीं मालूम।" तब बापू ने जो बात उन्हें समझाई उसको प्रभावती जी ने अपने मन की गहराइयों में रख लिया और जब तक जीवित रहीं जयप्रकाश के जीवन का एक अभिन्न अंग बनी रहीं। तब बापू ने कहा था, "देखो तुम्हारी शादी उनसे हुई है। तुम्हारा धर्म है उनकी देख-रेख करना।" तभी से वह पति की सेवा में ऐसे लीन हो गईं जैसे बापू की किया करती थीं। उनके कपड़े धोना, खाना खिलाना से लेकर उनकी फाइलों को सँभाल कर रखना, यहाँ तक कि यात्रा पर जाते वक्त जयप्रकाश जी को वहाँ किन-किन चीजों की जरूरत होगी इसका सारा ख्याल प्रभावती जी ही रखती थीं। वर्धा से बापू के साथ ही जयप्रकाश जी और प्रभावती जी लाहौर भी आए। इकतीस दिसम्बर को वहाँ नेहरू जी के नेतृत्व में काँग्रेस का ऐतिहासिक अधिवेशन हुआ जिसमें संपूर्ण स्वतन्त्रता की घोषणा की गई। यहाँ पर जयप्रकाश जी गाँधी जी से बहुत प्रभावित हुए।

अधिवेशन समाप्त हुआ। अब प्रश्न यह था कि प्रभावती जी कहाँ जाएँगी आश्रम में या पति के साथ। यहाँ पर जयप्रकाश जी के कुछ बिहारी दोस्तों ने उन्हें प्रभावती पर गाँधी जी के प्रभावों तथा आश्रम जीवन में गाँधी जी द्वारा गलत संस्कारों, ब्रह्मचर्य व्रत प्रोत्साहन देने के आरोप लगाते हुए प्रभा को अपने साथ ले जाने की सलाह भी दी। परन्तु जयप्रकाश जी उनकी बातों का ख्याल नहीं करते हुए खुद प्रभावती की इच्छा पूछते हैं, "प्रभा तुम मेरे साथ चलोगी।" कि कारुणिक दृश्य होगा वह जब सात वर्षों बाद पति-पत्नी मिले हों मगर उनके रास्ते ही अलग हो गए हों। मंजिल तो फिर भी एक थी राष्ट्र की सेवा मगर ढंग अलग थे। विदेशों में रहकर भी जयप्रकाश जी ने कभी किसी लड़की का विचार तक नहीं किया। उनके इस गुण की प्रशंसा तो वहाँ के विश्वविद्यालय की लड़कियाँ भी किया करती थीं। यहाँ आकर अपनी पत्नी पर अपने पतित्व और अधिकारों का बोध नहीं कराते हैं प्रभावती जी को। वह तो समानता के पक्षधर थे कि यह कैसे होता कि पति और पत्नी के बीच निर्णय लेने का हक सिर्फ पति को ही हो। प्रभावती की इच्छा को नहीं जानना तो उनके विचारों का शोषण होता।

प्रभावती जी ने भी बापू की शिक्षा का मान रखा और चलने को अपनी स्वीकृति दे दी। उन्होंने ही तो कहा था कि अब पति की सेवा ही धर्म है तुम्हारा। बापू तब वर्किंग कमिटी की मीटिंग में थे। प्रभावती ने वहाँ जाकर उनसे इजाजत माँगी। उनके चरण स्पर्श को झुकीं तो मानों आँखों से गंगा-जमुना एक साथ बह चलीं। बापू, जिन्होंने प्रभावती में अपना प्रतिरूप तैयार किया था उनकी बात सुनते ही बोले, "तुम्हारा तो धर्म है, कर्तव्य है। जयप्रकाश के साथ जाना है...जाओ साथ रहो। एक-दूसरे को समझो। तुम्हें जाना है। आश्रम बाद में, पति पहले।" बापू ने प्रभावती को बेटी का स्नेह दिया। बचपन से उनके अन्दर जो सेवा की भावना थी तथा उनके आन्तरिक विचारों को बापू ने काफी खूबसूरती से उभरने का अवसर दिया। वह हमेशा उन्हें देश और समाज की सेवा की शिक्षा देते आए थे। वह कहते थे कि सेवा से अपनी आत्मा की शुद्धि होती है। अपने या आश्रम की स्वार्थ सिद्धि में कहीं बाँधना नहीं चाहा था। यह तो वास्तविकता थी कि प्रभावती अपने पारिवारिक जीवन से ज्यादा आश्रम, और बापू के साथ देश सेवा को ज्यादा महत्त्व देती थीं और बापू का आदेश समझकर ही उन्होंने एक पत्नी का जीवन जिया और सारे फर्ज पूरे किए।

प्रभावती देश सेवा के लिए ब्रह्मचर्य को आवश्यक समझती थीं जबकि जयप्रकाश जी को यह बात पसन्द नहीं थी। काफी समय तक इस विषय पर गाँधी जी के साथ जयप्रकाश जी के गरमा-गरम पत्र व्यवहार भी हुए। नाराजगी भी मगर प्रभावती ने उन क्षणों में भी काफी धैर्य का परिचय दिया अन्ततः जयप्रकाश जी को भी उनका व्रत पसन्द आया। उन्होंने प्रभावती को सारी उम्र व्रत के पालन में सहयोग ही किया और एक अनोखे दाम्पत्य जीवन की मिसाल कायम की।

परिश्रम से प्राप्त अध्ययन एवं उपाधियाँ

अमृता शेखर

सन् 1922 के अगस्त महीने में जयप्रकाश जी अमेरिका जाने के लिए कलकत्ता पहुँचते हैं। कलकत्ता के ही हुगली नदी बन्दरगाह से जेनस नामक जहाज 16 अगस्त को जापान के लिए रवाना होता है, मगर इसमें यात्री भी सवार हैं। यात्रियों से खचाखच भरे इसी जहाज के द्वितीय श्रेणी में जयप्रकाश जी भी सवार हो जाते हैं। जहाज रात को खुलता है। जयप्रकाश जी भीगी आँखों से घाट पर खड़े उन लोगों को देखते हैं जो अपने-अपने रिश्तेदारों को अश्रुपूरित विदाई दे रहे हैं। इनको तो किसी ने विदाई नहीं दी थी यहाँ आकर शायद माता-पिता या पत्नी में इतना साहस भी नहीं था। जयप्रकाश के लिए यह कोई पहली कुर्बानी नहीं थी। शिक्षा के लिए तो उन्होंने पहली कुर्बानी 9 वर्ष की आयु में दी थी मगर तब इतनी आशा होती थी कि छुट्टियों में माता-पिता और परिवार से मिलना हो जाता था। इस बार तो पता नहीं कितने वर्ष लग जाएँ। मन में हजारों कामनाएँ लिए उन्होंने गंगा माँ को प्रणाम किया और भारत की धरती को भावुक नजरों से देखते हुए विदाई दी।

जहाज में ही उनकी मित्रता सीताराम गोपाल रेड्डी और हरिश्चन्द्र रामराव प्रधान से होती है। यह दोनों भी जहाज की द्वितीय श्रेणी में ही सफर कर रहे थे। दोनों ही हैदराबाद के रहनेवाले विद्यार्थी थे और पढ़ाई के लिए अमेरिका जा रहे थे। उम्र में भी दोनों जयप्रकाश के समवयस्क थे और उन्हीं की तरह स्वावलम्बी भी थे। जल्दी ही तीनों गहरे मित्र बन जाते हैं। समुद्र का वातावरण शुरू-शुरू में इन्हें बर्दाश्त नहीं हो पाता है और हल्की-फुल्की समुद्री बीमारियाँ भी होती हैं। जैसे चक्कर आना, उल्टियाँ होना इत्यादि। जल्दी ही वे आदी हो जाते हैं।

जहाज समुद्री थपेड़ों के बीच अपना सफर तय करते हुए मलाया, रंगून, पेनांग, फिर सिंगापुर होते हुए हांगकांग पहुँचता है। हांगकांग में कुछ समय तक विश्राम लेने के बाद 'जेनस' पुनः चल देता है। इस बार 50 दिनों तक लगातार चलते हुए जहाज कोबे (जापान) पहुँचता है। कोबे से ट्रेन द्वारा जयप्रकाश ओसाका और ओसाका से योकोहामा पहुँचते हैं। योकोहामा से ही 10 दिनों बाद अमेरिका के लिए एक दूसरा जहाज चलने वाला था। इन दिनों में जयप्रकाश जी को जापान काफी प्रभावित करता है। वहाँ के लोगों का व्यक्तित्व, वहाँ का जन-जीवन और वहाँ का वैज्ञानिक विकास उन्हें काफी सराहनीय लगता है। ओसाका में वे कुछ दिनों तक महादेव लाल शर्राफ के अतिथि भी बनते हैं। महादेव लाल शर्राफ भी भारत से अध्ययन हेतु ही चले थे मगर पैसों की चकाचौंध में समाकर वहीं पर जापानी अखबार में प्रूफ रीडर का काम सँभाला तो वहीं के होकर रह गए। योकोहामा बन्दरगाह से 'तैयोमारू' नामक जापानी जहाज में सवार हो जयप्रकाश जी अमेरिका के लिए प्रस्थान करते हैं। पैसे तो इनके पास सीमित थे कि जैसे पूरे सफर का हिसाब पहले से ही बैठा कर रखा हो इसी वजह से इस बार उन्होंने दूसरे दर्जे के बजाय ड्योढ़े में ही सफर करना उचित समझा।

अठारह दिनों तक प्रशान्त महासागर में चलते हुए 'तैयोमारू' जहाज सैन फ्रांसिस्को पहुँचता है। 8 अक्तूबर, 1922 को लगभग 20 वर्ष की आयु में जयप्रकाश जी ने अमेरिका की धरती पर कदम रखा। अगले सात वर्षों तक अमेरिका में रहकर कठोर परिश्रम, अध्ययन और अध्यापन का जो अनुभव प्राप्त किया उसी का परिणाम था कि भारत में भी उन्होंने गरीबी और भुखमरी से पीड़ित लोगों के लिए स्वच्छ समाजवाद का गठन किया। गरीब और भूखे लोगों का

दुःख-दर्द उनके दिल तक पहुँचता था क्योंकि इसी अवस्था में उन्होंने अपने सात वर्ष गुजारे थे। अपने एक अमेरिकी मित्र को इसकी चर्चा करते हुए उन्होंने लिखा है, ''अपनी युवावस्था का उत्तम समय और सुख से भरे-पूरे सात साल मैंने आपके देश में बिताए हैं। एक विद्यार्थी के रूप में मैं वहाँ पहुँचा था। केवल आपके विश्वविद्यालयों से ही नहीं, आपके कारखानों और खेतों से भी मैंने बहुत कुछ सीखा है।''

संपूर्ण जीवन में यही वो समय होता है जब व्यक्ति का मन कुम्हार की कच्ची मिट्टी के समान होता है। उसे जिस साँचे में ढाल दिया जाता है वह उसी साँचे में तब तक रहता है जब तक व्यक्ति की जीवन-लीला समाप्त नहीं हो जाती। अपनी उम्र के इसी दौर में जयप्रकाश जी उच्च शिक्षा हेतु अमेरिका पहुँचते हैं और धनोपार्जन के लिए शिक्षा ग्रहण करनेवाले विद्यार्थियों से बिलकुल भिन्न होकर शिक्षा के लिए धनोपार्जन की नीति अपनाते हैं। जीवन में कभी भी, कहीं भी धन, भोग-विलास को उन्होंने महत्त्व नहीं दिया। जब जिस हाल में रहे खुश रहे और देश के लिए तो कभी देशवासियों के लिए लड़ते रहे।

सैन फ्रांसिस्को में एक दिन रहकर वे बर्कले आ जाते हैं तब उन्होंने कैलिफोर्निया युनिवर्सिटी जो कि बर्कले में ही था, उसी में पढ़ने का निर्णय लिया। क्योंकि यहाँ बहुत ज्यादा भारतीय विद्यार्थी थे और उन्होंने अपना एक केन्द्र भी बना रखा था, जहाँ सभी हिन्दुस्तानी विद्यार्थी रहते थे। इसका नाम उन्होंने नालन्दा क्लब रखा था। जयप्रकाश जी बेहद निराश हुए जब उन्हें पता चला कि युनिवर्सिटी के दूसरे टर्म में पढ़ाई काफी दिनों पहले शुरू हो चुकी है। युनिवर्सिटी में वर्ष में लगभग चार-चार माह के दो टर्म होते थे। पहला टर्म जनवरी में शुरू होता था दूसरा अगस्त में। विद्यार्थियों को यह सुविधा थी कि वे बीच में कोई टर्म छोड़ भी सकते हैं या फिर विश्वविद्यालय भी बदल सकते थे। (अर्थात् निश्चित टर्म की पढ़ाई करनी तो है ही अतः किसी कारणवश चाहे तो एक टर्म छोड़कर अगले वर्ष में नामांकन करा सकते हैं।) इसके लिए विद्यार्थियों को एक कार्ड मिलता था। प्रत्येक सत्र में विद्यार्थी को जितने अंक प्राप्त होते थे वे उस पर अंकित हो जाते थे।

यहाँ जयप्रकाश जी चौथे वर्ष के एक विद्यार्थी डॉ. के. बी. मेनन के साथ एक ही कमरे में रहते हैं। अब क्योंकि अगला टर्म जनवरी में शुरू होनेवाला है तो उन्हीं लोगों ने सलाह दी कि पढ़ाई के खर्च के लिए आप कोई काम तलाश कर लो। उन्होंने बताया कि यहीं पर 'मैरिस विले' एक जगह है जहाँ पर भारतीय जमादार मौसमी मजदूरों की तलाश में आते हैं।

जयप्रकाश जी फौरन मैरिस विले पहुँच जाते हैं। वहाँ भारतीय व्यापारियों की दुकान पर घूमते हुए उनकी मुलाकात शेर खाँ पठान से हुई। शेर खाँ ने बताया कि वे विद्यार्थियों की कद्र करता है और उन्हें काम दिलाकर उनकी मदद भी करता है। शेर खाँ जयप्रकाश को काफी दूर के गाँव में सी. बी. हार्टर के फलों के बाग में ले गया, जहाँ अंगूर की खेती होती थी और अंगूर सुखाकर किशमिश तैयार किए जाते थे। यहाँ उनके साथ उनके मित्र रेड्डी भी थे।

शेर खाँ ने वहाँ उन्हें रहने की जगह भी दी। वहाँ लम्बा-सा लकड़ी का रोड बना था। जिसमें दीवार से लगे चबूतरों पर फूस और कम्बल डालकर सोने की व्यवस्था थी। वहाँ सभी पठान यानि कि मुसलमान ही थे और गो मांस खाते थे। इस लम्बे-चौड़े पठान ने जयप्रकाश जी को काफी प्रभावित किया था। जब कभी भी उन्होंने अमेरिका की चर्चा की शेर खाँ के अहसानों को कभी नहीं भूले। शेर खाँ भी इन दोनों नौजवानों से काफी खुश थे। जब तक ये लोग उनके समूह में रहे उन्होंने अपनी रसोई में कभी गो मांस नहीं पकाया। वहाँ पर जो आराम इन्होंने पाया वह तो घर पर ही सम्भव था।

यहाँ खेती 'रंच' कहलाती थी। हजारों एकड़ के एक-एक रंच होते थे। जिसमें बादाम, खुबानी और नाशपाती की खेती होती थी। मुख्यतः यहाँ अंगूर की खेती होती थी। लकड़ी के बड़े-बड़े तख्तों पर धूप में अंगूर फैला दिए जाते थे। बीच-बीच में उन्हें लकड़ी की खूखी से उलट-पलट करना पड़ता था। इसी बीच में सड़े अंगूर चुनकर फेंक दिए जाते थे। बाद में उन किशमिशों की पैकिंग भी वहाँ पर होती थी।

जयप्रकाश जी को यहाँ सवेरे से लेकर नौ घण्टे काम करना होता था। बीच में एक घण्टा जलपान की छुट्टी होती थी। वहाँ इन्हें प्रति घण्टे 40 सेण्ट के हिसाब से रोज 40 डॉलर और 60 सेण्ट, भारत के हिसाब से 17 रुपए रोज

मिलते थे। खेतों का काम एक महीने में खत्म हो गया तो ये वापस बर्कले आ गए। अभी दिसम्बर ही था और सत्र जनवरी से शुरू होने वाला था। 'रंच' पर काम करके उन्होंने इतने पैसे इकट्ठे कर लिए थे जिससे एक टर्म की पढ़ाई निश्चित होकर कर सकते थे। इस एक सत्र में तो पैसों की वजह से अब कोई बाधा नहीं आएगी। अपने उस प्रसन्नता के अनुभवों की चर्चा करते हुए उन्होंने कहा भी है, "मुझे लग रहा था मानों मैं कोई बहुत बड़ा कदम उठा रहा हूँ। खुद काम करना, कमाना और उसकी मदद से पढ़ना।"

कैलिफोर्निया विश्वविद्यालय के जनवरी माह से शुरू होनेवाले सत्र में जयप्रकाश जी को इण्टर विज्ञान के दूसरे वर्ष में प्रवेश मिला। बिहार विद्यापीठ से इण्टर साइंस की परीक्षा उन्होंने प्रथम श्रेणी में पास की थी इसलिए वहाँ उन्हें एक वर्ष की छूट मिल जाती है। एक सत्र की पढ़ाई इस विश्वविद्यालय से इन्होंने बिना किसी बाधा के पूरी कर ली। अचानक विश्वविद्यालय वालों ने बाहर के विद्यार्थियों की फीस बढ़ाकर दुगुनी कर दी। पहले की फीस ही जयप्रकाश जैसे विद्यार्थियों के लिए काफी कड़ी थी। ऊपर से और वृद्धि। स्वयं मेहनत करके अब फीस की इतनी रकम जमा करना उनके लिए असम्भव नहीं पर अत्यन्त कठिन अवश्य था। इस बीच एक बार पुनः उन्होंने रंच की राह पकड़ी क्योंकि छुट्टियाँ थीं तो क्यों न कुछ पैसे कमा लिए जाएँ। एक और कारखाने में भी इन्होंने इन दिनों काम किया वहाँ वे फलों और मुरब्बों की पैकिंग का काम करते थे।

पढ़ाई के साथ-साथ इन खेतों और कारखानों में काम करने के अनुभव से उनके चिन्तन में एक क्रांतिकारी परिवर्तन आने लगा था। अभी तक वह सामन्ती रिश्तों में बँधे थे। जिनके कुछ आधारभूत सिद्धान्त थे जैसे जाति प्रथा, जातियों की एक-दूसरे से विरक्ति, वंशानुगत श्रम विभाजन एवं विशेषज्ञता। यहाँ मेहनत मजदूरी करने वालों को नीच समझा जाता था। वह एक ऐसे समाज से आए थे जहाँ असमानता ने बड़ी-बड़ी संस्था का रूप लिया था। वहाँ धार्मिक सिद्धान्त भी असमानता को ही प्रतिष्ठा दिलाते एवं आवश्यक मानते थे। मगर यहाँ के समाज में उन्हें बिलकुल ही विपरीत बातें देखने को मिलीं जिसकी विशेषता थी अनेकता व बहुतत्वता, जनवादी जीवन पद्धति, धन लिप्सा और प्रत्येक चीज को हासिल करना और जमा करना।

जयप्रकाश जी को वहाँ कैलिफोर्निया विश्वविद्यालय की भव्य इमारत, उसके हरे-भरे विशाल मैदान और वहाँ के हिन्दुस्तानी एसोसिएशन के सदस्यों का साथ बहुत पसन्द आया मगर भोलादत्त पन्त के बार-बार किए गए आग्रह और वहाँ आयोवा में यहाँ की अपेक्षा काफी कम फीस की वजह से उन्हें आयोवा जाना ही उचित लगा।

आयोवा में रहकर उन्होंने अपने दो सत्र की पढ़ाई पूरी की। इस एक वर्ष में उन्होंने पढ़ाई के साथ-साथ पहले मिट्टी का सामान बनानेवाले ढलाई के कारखानों यहाँ तक कि गैरेज में मैकेनिक तक का काम भी किया। सबसे अधिक दिनों तक होटलों में वेटर या प्लेटें धोने का काम किया। जयप्रकाश जी और भोलादत्त की दोस्ती यहीं पर परवान चढ़ी। अमेरिका प्रवास के दौरान तो इन्होंने काफी दोस्त बनाए मगर उन सभी मित्रों में सबसे घनिष्ठ मित्र भोलादत्त ही रहे। यहाँ एक वर्ष तक ये दोनों एक ही कमरे में रहते, एक ही बिस्तर पर सोते। पाँच-छः विद्यार्थी मिलकर खुद के हाथों खाना पकाते। यहाँ पर इन्होंने अपने मित्रों के बीच अपने बहनोई के द्वारा सीखे गए पाक कला का बखूबी उपयोग किया। घर का पकाया खाना ही इनके लिए आर्थिक दृष्टि से सम्भव था। जीजा जी के साथ सीखे गए रसोई के कामकाज ने उन्हें होटलों के महँगे भोजन से राहत और सहूलियत भी दिलाई। तब शायद उन्हें यह अहसास नहीं था कि यही अनुभव कभी उनके लिए इतना उपयोगी सिद्ध होगा।

रविवार के दिन भी वहाँ पर इन्होंने छुट्टी नहीं मनाई बल्कि समय का जितना हो सके उपयोग किया। छुट्टियों के दिन भर वे आस-पास के मुहल्लों में काम करके कुछ पैसे इकट्ठे कर ही लेते थे। पड़ोस के मुहल्लों में काम की तलाश में निकल जाते तो कभी किसी के यहाँ सफाई का काम मिल जाता उसे कर लेते, जैसे—उनके फर्नीचर की झाड़-पोंछ करना, उन पर वार्निश लगाना, उनकी खिड़कियों और दरवाजों के शीशे साफ करना, अलमारियों के शीशों को साफ करने का काम इत्यादि। कभी-कभी घरों के आँगन में बर्फ के ढेर लगे होते तो उन्हें कुदाल से काट-काटकर हटाने का काम भी कर लेते थे। काम को इन्होंने कभी भी श्रेणीबद्ध नहीं किया। जब जो भी काम मिल जाता चाहे वो किसी भी प्रकार का हो मन लगाकर कर लेते और कुछ पैसे भी जमा कर लेते थे।

एक वर्ष तक आयोवा में रहते हुए इन्होंने जर्मन और फ्रांसीसी भाषा का भी अध्ययन किया।...शिकागो शहर अमेरिका की उन खूबसूरत जगहों में से था जहाँ आस-पास के इलाकों में से अकसर भारतीय विद्यार्थी काम की तलाश में आते रहते थे। अपने अमेरिका प्रवास के सात वर्षों में सबसे अधिक समय, ढाई वर्ष वे शिकागो में रहे और यहाँ का जो खट्टा-मीठा अनुभव उन्हें प्राप्त हुआ वो अमेरिका के किसी अन्य शहर में नहीं मिला।

शिकागो में वे अकसर गंदी बस्तियों में एक कमरा और खाना पकाने की जगह किराए पर लेते थे क्योंकि वहाँ और जगहों से किराया कम लगता था। यहाँ रहते हुए जयप्रकाश जी ने काम के ऐसे अनुभव प्राप्त किए जिससे उनके जीवन का ढर्रा, विचार और दर्शन ने नए मोड़ लेने शुरू कर दिए। 15 दिनों तक उन्होंने एक होटल में मेहतर (पाखाना साफ करने वाला) का काम किया। कुछ दिनों तक उन्हें मांस के कारखाने में भी काम करना पड़ा। जो कि हिन्दू ही नहीं सभी धर्म के लोगों के लिए एक नारकीय जीवन ही लगता। उन्होंने कारखाने के 'पावर हाउस' में नौकरी की थी। कारखाने में बैल, गाय, सूअर, बकरे आदि कटते और डब्बे में बन्द करके देश-विदेश भेजे जाते थे।

शिकागो में रहते हुए उन्हें काम की मन्दी ने कभी-कभी उन कार्यों को भी करने पर मजबूर कर दिया जिसके लिए उनका मन कभी तैयार नहीं था। मगर उन दिनों वहाँ काफी मन्दी का दौर चल रहा था। वहाँ पर भारतीय विद्यार्थी तरह-तरह के सेण्ट, क्रीम, हेयर लोशन वगैरह को तैयार कर नीग्रो की बस्तियों में फेरी लगाते हैं वे फेरी लगाते हुए हब्शी औरतों को दिलासा देते हैं कि ये हिमालय की जड़ी-बूटियों से तैयार किए गए क्रीम हैं इनके प्रयोग से काला चेहरा भी गोरा हो जाता है। यह हेयर लोशन आपके काँटे जैसे घुँघराले बालों को सुन्दर रेशमी बना डालेगा। काम के अभाव में लाचार होकर उन्होंने भी इस धन्धे को अपनाया।

एक दिन वह फेरी का सामान लेकर मलाटों के मुहल्ले में गए। एक मलाट औरत ने उनसे बहुत सारे सामान खरीदे तब तो उन्हें काफी प्रसन्नता हुई अपने एक ही ग्राहक को इतना सामान बेचकर। मगर पैसे देने के समय औरत ने कहा, घर का मालिक बाहर गया है थोड़ी देर बाद आना। थोड़ी देर बाद जब वे पैसे लेने पहुँचते हैं तो वह उन्हें घर के अन्दर ले गई और कहकर बैठा लिया कि पहले कॉफी पियो। कॉफी पीने के बाद जब उन्होंने देखा कि यहाँ तो कोई मालिक नहीं है, उन्होंने फिर पैसों का आग्रह किया तो अचानक उस औरत के चेहरे पर एक अजीब मुस्कुराहट आती है और वह पूछती है पैसे चाहिए? सिर्फ पैसे? जयप्रकाश जी फेरी के सामान की भी चिन्ता नहीं करते और जो भागते हैं कि इस धन्धे की ओर दोबारा देखा तक नहीं।

इधर उन्होंने अमेरिका की सामाजिक और राजनीतिक घटनाओं में दिलचस्पी लेनी शुरू कर दी थी। अब उन्हें विज्ञान से अलग हटकर समाजशास्त्र ज्यादा रुचिकर लगने लगा था। अब उन्हें ऐसा लगने लगा कि अपने देश में राष्ट्रीय क्रांति लाना ही उनका उद्देश्य है और इस क्रांति में विज्ञान की भूमिका उतनी उपयोगी सिद्ध नहीं होगी।

जब दूसरा सत्र आरम्भ हुआ तो जयप्रकाश वहीं से बिस्कोंसिन विश्वविद्यालय में विज्ञान की पढ़ाई करने लगे। बिस्कोंसिन विश्वविद्यालय वहाँ का सबसे सुन्दर एवं प्रगतिशील शिक्षा केन्द्र माना जाता था। विश्वविद्यालय के अध्यक्ष समाजवादी विचारों वाले थे। यहाँ रहते हुए उनकी मित्रता पोलैण्ड निवासी एब्रम लैण्डी से होती है जो पक्का मार्क्सवादी था। वे भी धीरे-धीरे उसकी विचारधारा को स्वीकार करने लगते हैं। वे उसी के साथ मार्क्सवादी और लेनिनवादी दल की बैठकों में भाग लेने लगते हैं। ये विचारगोष्ठी विश्वविद्यालय में शाम को अमेरिका कम्युनिस्ट पार्टी के सदस्यों द्वारा की जाती थी। वहाँ जाकर उन्हें ऐसा लगता है कि देश से असमानता को दूर करने के लिए जो आंदोलन वह लाना चाहते हैं उसका एकमात्र यही रास्ता है।

यहीं पर जयप्रकाश को समाजशास्त्र के दो प्रकाण्ड विद्वानों का साथ मिलता है। प्रो. एडवर्ड एल्सवर्थ रौस जो उस समय अमेरिका में समाजशास्त्र के प्रवर्त्तक माने जाते थे। दूसरे थे सुप्रसिद्ध समाजशास्त्री प्रोफेसर यंग। थोड़े दिनों तक विज्ञान का अध्ययन करने के बाद वह यह सोचने लगते हैं कि जब तक समाज में असमानता की भावना है कितने ही वैज्ञानिक अनुसंधान हों या कारखाने लगे हों उसका फायदा समाज के कुछ वर्ग विशेष ही उठा पाएँगे जिसमें अत्यधिक गरीब लोग हैं वह वर्ग वहीं रह जाएगा। अतः सबसे पहले जरूरी है देश में समाजवाद लाना। बस फिर क्या था इतने वर्षों तक जिस विज्ञान के अध्ययन में उन्हें रुचि थी वो एक पल में बदल जाता है। और वे अपना विषय समाजशास्त्र

रख लेते हैं। उन्हें अपने उन अनमोल वर्षों के खोने का कोई गम नहीं, जो उन्होंने विज्ञान अध्ययन में लगाए हैं। उनमें नित्य नए ज्ञान की खोज के लिए एक हवस सवार थी। ऊपर से प्रो. रौस और प्रो. यंग साहब का साथ मिला ही था।

उन दिनों जयप्रकाश ने एम. एन. राय की दो किताबें पढ़ी थीं। 'आफ्टरमैथ ऑफ नॉनकोऑपरेशन' (असहयोग का परिणाम) और 'इण्डिया इन ट्रांजीशन' (संक्रांतिकालीन भारत)। एम. एन. राय कम्युनिस्ट अन्तर्राष्ट्रीय संघ के भारतीय सदस्य थे। उन्होंने मार्क्स के 'दास कैपिटल' (पूँजी) नामक ग्रन्थ के साथ-साथ उनकी वो सारी रचनाएँ पढ़ीं जो अंग्रेजी में थीं।

उस समय अमेरिकन कम्युनिस्ट पार्टी के पूर्व विभाग के इन्चार्ज थे मैनुअल गोमेज। वह मैक्सिको के निवासी थे। शिकागो में जयप्रकाश जी उनसे मिलकर काफी प्रभावित हुए थे। बिस्कोंसिन में कई बार गोमेज से मिलने पर वह उन्हें अपनी पढ़ाई पूरी करने के लिए मास्को जाने को प्रोत्साहित करते हैं। उन्होंने यह भी बताया कि वहाँ रहने तथा पढ़ाई करने का सारा खर्च सोवियत संघ वहन करेगी। जयप्रकाश तो ज्ञान की खोज में निकले ही थे तो एक और नए संसार में प्रवेश करने के ख्याल से रूस जाने का निर्णय ले लेते हैं।

एक बार फिर वह पैसे कमाने के उद्देश्य से बिस्कोंसिन की पढ़ाई बीच में छोड़कर शिकागो की राह पकड़ते हैं। इस बार काम करके उन्हें मास्को जाने के खर्च के लिए पैसे इकट्ठे करने थे। 1926 के गर्मियों का अनुभव वो अपने जीवन के किसी मोड़ पर भूले नहीं थे। शिकागो में काम तलाशते हुए इस बार उन्हें जो परेशानी हुई वो शायद कैलिफोर्निया से भी ज्यादा रही थी। अकसर कारखानों के अमेरिकी फोरमैन यह कहकर काम देने से इनकार कर देते हैं कि उन्हें किसी विदेशी या एशियाई लोगों को काम नहीं देना है। तब अमेरिका में रंग-भेद का बाजार गर्म था। काम की तलाश करते-करते काफी समय गुजरता रहा। इस दौरान वे वहाँ एक भारतीय चन्द्रा सिंह के यहाँ ठहरते हैं। काम के विषय में जयप्रकाश ने कहा है कि उस साल अमेरिका में 'एकोनोमिक' डिप्रेशन का समय था। सुबह में एक कप कॉफी पीकर निकलते थे जो कि अकसर चन्द्रा साहब की पत्नी पिला दिया करती थीं। कभी-कभी ही पैसे लगते थे। काम की तलाश में जहाँ जाते वहाँ उन्हें 'नो हेल्प वाण्टेड', 'नो एशियाटिक वाण्टेड', 'नो कलर्ड पीपुल वाण्टेड' की तख्ती को पढ़कर मन-ही-मन कुढ़ते हुए शाम को वापस लौटते थे। काम करके पैसे कमाते यहाँ तो अब रहना भी मुश्किल होने लगा। पैसे की तंगी थी ही कपड़े और भोजन की भी इतनी तंगी हो गई कि जाड़े के दिनों में ठिठुरती सर्दी में वे अपने भोजन और सेहत में काफी कंजूसी करने लगते हैं। एक डब्बा चावल और कभी-कभी एक डब्बा सेम के बीज खरीद लेते इसे ही पकाकर आधा सुबह खाकर निकलते और आधा लौटकर खाते थे। जब शरीर को भोजन और कपड़ों के अभाव में सारा दिन इधर-उधर भाग-दौड़ करनी पड़ती है तो धीरे-धीरे वह जवाब देने लगता है। और बीमारी घेर लेती है। पहले खाँसी होती है, फिर टौंसिल ने भीषण रूप ले लिया। पैसों की तंगी की वजह से नीग्रो की बस्ती में प्रैक्टिस करने वाले एक साधारण डॉक्टर से टौंसिल का ऑपरेशन करवाया। डॉ. अनुभवी नहीं था अतः टौंसिल की जड़ गले में रह गई। फलतः गले का सेप्टिक हो गया। पूरे शरीर में जहर फैल गया था। न बोल सकते थे। न ही कुछ खा-पी सकते थे। तेज बुखार रहता। सारा शरीर गलता जा रहा था। हड्डियाँ सिकुड़ने लगी थीं। हाथ-पैर सीधे नहीं होते थे, काफी दर्द रहने लगा था। लगभग पाँच-छः महीनों तक उसी हालत में रहते हैं। हाँ चन्द्रा सिंह व उनकी पत्नी ने उनकी बड़ी सेवा और मदद की इनके साथ ही वहाँ पर प्रधान, रेड्डी और भी कई मित्रों की सेवा और मदद के बाद जयप्रकाश जी को उस भीषण बीमारी से छुटकारा मिला। जब भी उन्हें यह दर्दनाक बीमारी के दिन याद आते सारा बदन सिहर जाता और गर्दन अपने उन पिता तुल्य चन्द्रा सिंह और माता तुल्य उनकी पत्नी तथा मित्रों के प्रति एहसान के बोझ से झुक जाती।

बीमारी के दिनों में घर कोई खत नहीं जाता है वैसे भी वे घर पर वर्ष में एक या दो ही पत्र लिखते थे। लेकिन भोलादत्त ने बीमारी की खबर भेज दी थी। घरवाले काफी परेशान थे तभी जयप्रकाश जी ने पिताजी को पत्र लिखा कि मैं बीमार पड़ गया था। अब अच्छा हूँ, बीमारी में कुछ रुपए कर्ज हो गए हैं, रुपए भेज दीजिए। टौंसिल की जड़ें निकलवाने हेतु अस्पताल खर्च के लिए नौ सौ डालर की माँग की थी पिताजी से। पिता हरसुदयाल जमीन रेहन रखकर कुछ कर्ज लेकर रुपए अमेरिका भेजते हैं। तब तक उन लोगों को खबर मिल चुकी थी कि बऊलजी अमेरिका जाना

चाहते हैं। पिताजी ने ब्रजकिशोर बाबू से कहकर राजेन्द्र बाबू से पत्र लिखवाया। राजेन्द्र बाबू ने उनसे अपना इरादा छोड़ देने का अनुरोध किया। उन्होंने जयप्रकाश को याद दिलाया कि किस तरह अंग्रेजों ने एम.एन. राय को बर्बाद कर दिया। उनके लेखों को जब्त किया, वे कम्युनिस्टों के जासूस लगाकर उन्हें परेशान करते हैं। अगर ऐसे में वह मास्को चले गए और बोल्शेविक क्रांति के रंग में रँग गए तो अंग्रेजी सरकार एम. एन. राय की तरह उन्हें भी भारत लौटने नहीं देगी। आप उधर से रूस न जाएँ। भारत लौटें। यही आपका फिर भी आग्रह रहा तो यहीं से रुक जाने का प्रबन्ध करने की कोशिश की जाएगी।

जयप्रकाश ने अपने बड़ों के प्रति इज्जत के भाव से उनके एतराज पर विचार किया। उनके डॉ. ने भी अब शरीर पर ध्यान देने तथा मांस भी खाने की सलाह दी। एक तो बीमारी ऊपर से पिताजी और सभी लोगों की इच्छा के विरुद्ध तो वे रूस जाएँगे नहीं अतः वापस बिस्कोंसिन आकर आगे की पढ़ाई जारी रखते हैं। एक सत्र पूरा होते ही लैण्डी को आयोवा प्रदेश विश्वविद्यालय में एक प्राध्यापक का स्थान मिल गया और वे वहाँ चले गए। उन्होंने जयप्रकाश को भी अपने पास बुला लिया। अपना शेष अमेरिकी जीवन उन्होंने वहीं गुजारा। आयोवा विश्वविद्यालय उन्हें पसन्द तो है ही। वहाँ गहन अध्ययन और परिश्रम का परिणाम निकला 21 अगस्त, 1928 को वे स्नातक हो गए। उन्हें बी. ए. की डिग्री मिल गई। उन्होंने अच्छे अंक लाने के साथ-साथ छात्रवृत्ति भी प्राप्त की। 30 डालर की छात्रवृत्ति मिली थी। कम-से-कम अब बगैर काम किए शिक्षा प्राप्त करना आसान तो हो गया था। उस समय वहाँ अच्छे स्नातक को नीचे के वर्ग में क्लास लेने यानि सहायक प्रोफेसर की नौकरी मिलती थी। जयप्रकाश उन गिने-चुने गैर-अमेरिकी छात्रों में से थे जिनको आयोवा विश्वविद्यालय में सहायक प्रोफेसर का गौरव प्राप्त था। अब उन्होंने एम. ए. समाजशास्त्र की पढ़ाई के साथ-साथ पढ़ाने का भी काम शुरू कर दिया। सप्ताह में सिर्फ चार क्लास लेने के आठ डॉलर मिलते थे। यहाँ से उन्हें पढ़ने के लिए कभी फिर मेहनत मजदूरी नहीं करनी पड़ी। उनके रास्ते आसान बनते गए।

प्रो. लुभये की देख-रेख में ही उन्होंने आयोवा से एम. ए. किया। एम. ए. में उनकी थीसिस का विषय था, सोशल वैरिएशन (सामाजिक व्यतिक्रम)। उनकी थीसिस को उस वर्ष का सबसे अच्छा शोध निबन्ध माना गया। बहुत प्रशंसा हुई थी उनके शोध निबन्ध की। उसमें उन्होंने मार्क्सवादी बद्धात्मक व ऐतिहासिक भौतिकवादी दृष्टिकोण से एंजेल्स की तरह यह दिखाया कि उत्पादन के यन्त्रों व विधियों में सुधार ही मानव समाज के परिवर्तन का मुख्य कारक है। 13 अगस्त, 1929 को उन्हें बोर्ड ऑफ ट्रस्टीज की बैठक में एम. ए. की डिग्री प्रदान की गई। सफलता की चमक और साथियों के प्रोत्साहन से उनका हौसला बढ़ा और उन्होंने पी-एच.डी. करने का मन बना लिया और वे तैयारी में जुट जाते हैं लेकिन उनकी यह इच्छा अधूरी रह जाती है। अभी लगभग एक सवा वर्ष की देरी थी तभी उनको माताजी की बीमारी की खबर मिली कि फूलरानी बीमार हैं और मृत्यु शय्या पर हैं अतः वे अपनी पी-एच.डी. की डिग्री अधूरी छोड़कर भारत लौटने की तैयारी में लग जाते हैं।

घर लौटने का फैसला करने से पूर्व ही जयप्रकाश ने न्यूयार्क के 'फाउण्डेशन फॉर मॉरल लीडरशिप' को अपने शोध के लिए छात्रवृत्ति हेतु प्रार्थना-पत्र दिया था। आयोवा विश्वविद्यालय के प्रोफेसरों ने उनके प्रार्थना-पत्र में उनके विषय में जो टिप्पणियाँ लिखी हैं वह जयप्रकाश जी की शैक्षणिक उपलब्धियों का प्रमाण हैं।

अर्थशास्त्र के प्रो. ए. बी. उल्फ लिखते हैं, "मिस्टर नारायण को समाजशास्त्र विषय में इस विश्वविद्यालय का स्कॉलरशिप प्राप्त था। आर्थिक चिन्तन के इतिहास और जनसंख्या के अध्ययन प्रसंगों में वह मेरे सम्पर्क में आए। मैंने अनुभव किया कि यह युवक विचार स्वतन्त्रता में असाधारण है, और विचारों में पूर्ण परिपक्व।" (1 मई, 1929)

बैंकिंग और मनीमैटर्स के प्रो. चार्ल्स लिखते हैं, "अपने सारे विद्यार्थियों में मैंने जे. पी. नारायण को, जो भारतवर्ष से यहाँ आए हैं, पाया है कि वह एक विशेष छात्र हैं। उनका कार्य हमेशा प्रथम कोटि का रहा। यह बुद्धि के कुशाग्र, समझ से मौलिक और विचारों से उदार हैं। अर्थशास्त्र और समाजशास्त्र दोनों विभागों में यह समान रूप से श्रद्धेय और प्रिय हैं।" (2 मई, 1929)

प्रो. हर्वर्ट मिलर ने लिखा है, "जे. पी. नारायण जैसा योग्य और प्रतिभावान छात्र मैंने आज तक नहीं देखा। यह गहरे जिज्ञासु हैं। इनका जीवन के प्रति सारा दृष्टिकोण इसी आकांक्षा पर आधारित है कि समाज को विकास-पथ

पर कैसे लाया जाए।'' (7 मई, 1929)

प्रो. लुमले ने उनके विषय में लिखा है, ''जे. पी. नारायण को गत दो वर्षों से जानता हूँ वे मेरी कक्षाओं में मिले। अलग से भी मैंने इनके सत्संग का आनन्द लिया है। मैंने अनुभव किया है बौद्धिक रूप से मिस्टर नारायण अब तक के मेरे सारे विद्यार्थियों में ऊँचे ही नहीं सर्वश्रेष्ठ हैं। यह गम्भीर विचारक हैं, साथ ही अन्वेषक हैं। वस्तुतः यह बहुत ही बड़े पाठक हैं।'' (3 मई, 1929)

उधर माँ बीमार है, इधर शोध अधूरा है दोनों ने दिमाग में हलचल मचा दी। लेकिन सात वर्षों तक शिक्षा के लिए दीवानों की तरह भटकने वाले जयप्रकाश माँ का बिछोह और उनको देखने की इच्छा संवरण नहीं कर पाते। जाने का निश्चय तो कर लेते हैं। लेकिन एक बार फिर पैसा आड़े आ जाता है। माता की बीमारी पर काफी पैसे खर्च हो रहे होंगे इस विचार से घर से पैसे मँगाना भी उचित नहीं समझा। एक बार फिर उन्होंने पूरे आयोवा से विदाई ली और कुछ धनोपार्जन की दृष्टि से अपने मित्र रेड्डी और पन्त के पास न्यूयार्क चले आए। क्योंकि यहाँ के कारखानों में पैसे अधिक मिलते थे और होटलों में तो खाना भी मुफ्त।

वहीं पर एक दिन उनकी पुराने मराठी मित्र औरंगाबाद कर से मुलाकात हुई। उन्होंने ही जयप्रकाश के सामने प्रस्ताव रखा कि इंग्लैण्ड तक मेरे खर्च पर तुम्हें कल ही मेरे साथ देश लौट चलना है। जयप्रकाश मित्र के आग्रह को ठुकरा नहीं सकते थे। शरीर जहाँ तक साथ देता मेहनत करके इतने दिनों तक यहाँ रहकर भी तो वे जाने का खर्च जमा नहीं कर पाए थे।

सितम्बर, 1929 को अपने सभी भारतीय मित्रों से विदा हो अमेरिका के जहाज से इंग्लैण्ड पहुँचे। वहाँ से औरंगाबाद कर तुरन्त देश रवाना हो गए मगर उन्होंने पत्र लिखकर पिताजी से रुपए मँगाए जिसमें कि 28 दिन का समय लगा। इस दौरान उन्होंने इंग्लैण्ड की धरती को, वहाँ के जन जीवन को समझने का भी प्रयास किया। घर से आए पैसों से ऑस्ट्रेलियन जहाज में थर्डक्लास का टिकट कटाकर भारत रवाना हुए। वह जहाज कोलम्बो होते हुए जाता था। जयप्रकाश जी कोलम्बो से दूसरे जहाज में बैठकर कलकत्ता आए। कलकत्ता से ट्रेन से पटना पहुँचे। पटना से सीधे अपने गाँव सिताब दियारा।

इन सात वर्षों में बहुत कुछ बदल चुका था। यहाँ तक कि अब जयप्रकाश भी 27 वर्ष के प्रौढ़ और पूरे परिपक्व विद्वान बन गए थे। फिर भी यदि कुछ नहीं बदला था तो वह था माता और पुत्र का प्यार। दोनों ही एक-दूसरे से गले मिलकर भाव विह्वल होकर रो पड़ते हैं। ऐसा मालूम पड़ता कि दोनों के आँसुओं में सारा सिताब दियारा ऐसा डूब जाएगा जैसे कभी-कभी गंगा मइया अपने हृदय के उफानों से उसे डुबोया करती हैं।

अनोखा बन्धन एक संघर्षपूर्ण शुरुआत

अमृता शेखर

शुरुआत ही जब संघर्षपूर्ण रहा हो तब वह अनोखा दाम्पत्य कैसे हो सकता है इसका सबूत जय-प्रभा के जीवन से बड़ा कोई जीवन हो ही नहीं सकता। प्रभावती जी पर आश्रम जीवन और गाँधी जी का प्रभाव पड़ा उन्होंने ब्रह्मचर्य जीवन अपनाया। जयप्रकाश जी का ऐसा कोई विचार नहीं था। इतनी दूर तक अभी उन्होंने शायद सोचा भी नहीं था। विदेश से लौटने पर उन्हें थोड़ा दुख जरूर हुआ होगा कि प्रभा ने आपसी विचार-विमर्श के बगैर ऐसा किया। हल्के-फुल्के संघर्ष भी हुए उनके शुरू की लाइफ में। यह संघर्ष कुछ वर्षों तक पति-पत्नी के बीच चला जिसकी कहीं विस्तृत जानकारी तो नहीं मगर प्रभावती जी की डायरी और कुछ पत्र ऐसे हैं जो उन संघर्षों की कहानी बन्द जुबानी कहते हैं। बापू द्वारा जे. पी. को लिखे कई पत्रों को पढ़कर यह महसूस होता है कि प्रभावती जी की डायरी के वे शब्द सही रूप से क्या कहते हैं। अपनी बेचैनी का उन्होंने डायरी में कुछ यों वर्णन किया है : ''बापू ने मुझे जयप्रकाश के बारे में बहुत-सी बातें समझाईं। सुन्दर उपदेश दिए। परमात्मा मेरी रक्षा करें। तबीयत बहुत अशान्त है। ईश्वर पर भरोसा है।...कुछ सूझ नहीं पड़ता। ईश्वर का ध्यान कर रही हूँ। मुझे शान्ति दो।...तबीयत चिन्तित है। ईश्वर मेरी मदद करेगा।''

इनसे ऐसा प्रतीत होता है जैसे उनके जीवन में कुछ आपसी तनाव था जिसकी खुलकर दोनों ने ही कभी चर्चा नहीं की। तब शायद दोनों के ही पास ऐसी बातों पर ज्यादा ध्यान देने का समय भी नहीं था। देश की आजादी के लिए दोनों ही अपने-अपने ढंग से अपना योगदान दे रहे थे। निश्चय रूप ये यह तनाव प्रभावती के आश्रम जीवन और ब्रह्मचर्य को लेकर उत्पन्न हुआ था। यह तो स्पष्ट है कि प्रभावती आश्रम और बापू के मोह से निकल नहीं पा रही थीं। आगे बापू ने जयप्रकाश को जो पत्र लिखे हैं उनसे तो जय-प्रभा के आपसी मतभेद का पूरा स्वरूप ही उभर कर आँखों के सामने आ जाता है। प्रभावती जी ने भी अपने पत्र में जयप्रकाश जी से जो आग्रहपूर्वक अपना विचार कहा है उसे पढ़कर ऐसा प्रतीत होता है कि उनके दिल में दोनों धाराएँ एक साथ लहरा रही थीं। एक तरफ अपना ब्रह्मचर्य धर्म था तथा उसके समानान्तर ही पति प्रेम भी था। प्रभावती ने जयप्रकाश को लिखा है : ''जब मैं किशोरी लाल भाई और गोमती बहन को देखती हूँ, तब हमेशा मन में यह विचार आता है कि ईश्वर हम दोनों के लिए ऐसा शुभ अवसर कब देंगे?'' हम दोनों एक साथ रहते हुए सहयोग से काम करें।...हमें अपने मतभेद छोड़ देने चाहिए। हम गरीबों की सेवा करना चाहते हैं, तो हमें अपना जीवन त्यागमय व्यतीत करना चाहिए।''

पत्र का एक-एक शब्द प्रभावती के दर्द को अपने में समेटे हुए है। उन्हें अपने निर्णय में कोई गलती नजर नहीं आती। वह जयप्रकाश जी से इस आशा के साथ एक निवेदन करती हैं कि हमें एक-दूसरे को उसके उसी रूप में स्वीकार करना चाहिए। लेकिन पति-पत्नी दोनों ही अपने विचार पर अड़े थे और एक-दूसरे को अपनी बात को समझाने की पूरी कोशिश भी कर रहे थे। गाँधी जी ने काफी प्रयत्न भी किए कि दोनों स्वतन्त्र विचारों के साथ सहज और सुखमय दाम्पत्य जीवन जिएँ। इस संबंध में गाँधी जी और जयप्रकाश जी के बीच लगभग छः-सात वर्षों तक चर्चा चली। पत्रों के द्वारा भी अपनी बात कही गई। बापू को जयप्रकाश जी ने जो भी पत्र लिखे वो सारे प्रभावती के पास सुरक्षित रहे। 1973 में प्रभावती जी की मृत्यु के बाद जयप्रकाश जी को मिले। वह एक-एक पत्र को पढ़ते गए और फाड़ते

भी गए क्योंकि तब तक उन्हें प्रभावती में गाँधी जी के प्रभावों वाली सेवा भावना की सच्ची अनुभूति हो चुकी थी। वह भी बापू से काफी प्रभावित हो चुके थे। उन्हें ऐसे महापुरुषों को लिखे इन पत्रों से बहुत ग्लानि हुई थी। अतः इन पत्रों का कोई सबूत नहीं है आज। लेकिन बापू ने जो भी पत्र (1929-1936 तक) जयप्रकाश जी को लिखे वे काफी सुरक्षित रहे। ये पत्र ही जय-प्रभा के आन्तरिक संघर्षों की कहानी कहते हैं। गाँधी जी के पत्रों से ऐसा जरूर लगता है कि किसी गहरे संबंधी को लिखी गई पंक्तियाँ हैं जिसके हर सुख-दुख का खयाल हो : "तुमारे (तुम्हारे) दुख को समझ सकता हूँ।...'भूल जाने' का मतलब तुमने उल्टा समझा है। जैसे अमेरिका में प्रभावती को भूल सके थे–उसकी हाजरी नहीं मिल सकती थी ऐसे ही एक वर्ष तक भूलने की बात है।...तुमारा (तुम्हारा) पत्र मिला है। तुमारी (तुम्हारी) स्थिति मैं बिलकुल समझ गया हूँ। प्रभावती के साथ रहने की तुमारी इच्छा स्वाभाविक है। इस हालत में मैं उसे वर्धा रखना नहीं चाहता हूँ।...तुमारा जीवन नीरस बन रहा है यह मुझे दुख ही है।"

गाँधी जी के प्रति जयप्रकाश जी के मन में काफी मान सम्मान था लेकिन जब मन विचलित हो तब कलम साथ देती है और कुछ भाव कागज पर उतर ही जाते हैं शायद इन्हीं परिस्थितियों में जयप्रकाश जी ने भी अपने पत्रों में बापू के लिए कुछ कड़े शब्दों का प्रयोग कर दिया होगा। तब उनके मन में भी आश्रम जीवन और ब्रह्मचर्य को लेकर कुछ विपरीत प्रतिक्रियाएँ जरूर होती होंगी। उनके उन्हीं रोष से आहत होकर बापू ने लिखा है : "इसमें मेरी जिम्मेदारी तो है ही। प्रभा मेरे साथ रही, और मेरी बातों ने, मेरे आचार ने उस पर असर डाला।...प्रभा मेरे पास आई, ब्रजकिशोर बाबू की और तुमारी सम्मति से। मेरा जो कुछ असर प्रभा पर पड़ा उसके लिए तो क्या किया जाए? लेकिन मेरे सम्पर्क से प्रभा की पिता भक्ति और पति-प्रेम में कुछ न्यूनता नहीं आई है।...अब मुझे कहो मैं क्या करूँ? यदि ऐसा चाहोगे कि प्रभा न मेरे पास आवे और न मुझको पत्र लिखे, तो तुमारे सन्तोष के कारण (लिए) मैं ऐसे प्रतिबन्ध को भी स्वीकार कर लूँगा। तुम दोनों के आदर्श में भेद पाता हूँ। प्रभावती के आदर्श बनने में मेरा हाथ है सही। उसका मुझे दुःख नहीं है। लेकिन तुमारा प्रेम उसे तुमारे आदर्श की ओर खींच ले जाए तो मैं राजी हूँगा।...मेरे लिए इतनी खेद की बात है सही कि जो शिक्षा प्रभा ने मेरे पास पाई है उसमें तुमारी पूर्ण सम्मति नहीं है।...अब तुमसे जितना प्रहार उसकी बुद्धि पर और हृदय पर हो सकता है, अवश्य करो। मैंने प्रभा को कह दिया है, मैंने जो कुछ बताया है, उसका ख्याल न करना, तुमारी बुद्धि और तुमारा हृदय जैसा कहे वही करो।"

गाँधी जी के लिए भी यह परीक्षा की घड़ी थी। प्रभावती जी आश्रम जीवन का मोह नहीं त्याग पा रही थीं। और उधर जयप्रकाश जी अपना रोष उन पर निकाल रहे थे। इनके सबके बीच भी बापू यही प्रयास करते रहे कि उनके विचारों में समानता आ जाए और प्रभावती जी जयप्रकाश के पीछे-पीछे चलें जैसे बापू के साथ आज चलती हैं। लेकिन क्या करें जब दोनों के आदर्श ही भिन्न हैं। विचारों पर स्वतन्त्रता होनी चाहिए ऐसा तो तीनों लोग ही मानते थे अतः बापू यही चाहते थे कि दोनों पति-पत्नी बैठकर आपस में बात करें, एक-दूसरे को समझें। कोई किसी पर अपना विचार नहीं थोपे। बापू ने अपने पत्रों में जयप्रकाश जी को यह समझाने का प्रयत्न किया कि यदि प्रभावती के मन में वास्तव में वैराग्य या ब्रह्मचर्य का भाव है, कोई विकार नहीं है तो उसकी रक्षा करना ही तुम्हारा कर्तव्य है।

गाँधी जी जिसने प्रभावती को अपनी कसौटी पर पूरी तरह खरा उतारा था वह उन्हें व्रत तोड़ने को कैसे समझाएँ यदि यह सही है तो जयप्रकाश जो उम्र के इस दौर में हैं कि कभी भी उनके मन में काम-वासना की इच्छा जगती है तो बापू उन्हें कैसे रोकने को कहें। लेकिन सब के बीच वो अपनी बेटी को उसके पति धर्म से भी पीछे हटता नहीं देख सकते थे। इन परिस्थितियों में डूबते-उतराते गाँधी जी ने अपने एक पत्र में वह बात लिख दी, जिससे जयप्रकाश जी को हार्दिक चोट पहुँची। उनका दिल तार-तार हो गया इस पत्र से "इसलिए मेरा तो दृढ़ विश्वास है कि यदि प्रभावती को विकार नहीं है, तो उसको मुक्ति देनी चाहिए और तुमारे (तुम्हें) दूसरी शादी करनी चाहिए। उसमें मैं अधर्म नहीं मानता। क्या किया जाए? तुम को भोगेच्छा को बलात्कार से कैसे रोकी (रोका) जाए? तुम भोगेच्छा को आवश्यक और आत्मा के लिए लाभदायी मानते हो। ऐसे अवसर पर (ऐसी स्थिति में) दूसरी शादी करने में मैं किसी दृष्टि से बुरी चीज नहीं समझता हूँ। मेरा खयाल है कि तुमारा ऐसा करने से समाज को एक अच्छा दृष्टान्त मिलेगा। कई नवयुवक अपनी पत्नी पर बलात्कार करते हैं। कई वेश्यागमन करते हैं। यहाँ तो प्रभावती ने कुमारी का जीवन पसन्द किया है।

तुमारी (तुम्हारी) ब्रह्मचर्य की इच्छा नहीं है। इसलिए तुम प्रभावती की रक्षा के रक्षक बनते हो। और अपने लिए दूसरी स्त्री को ढूँढ़ते हो। इस योजना में मुझको कहीं भी बुराई प्रतीत नहीं होती है।''

सन् 1947 में डॉ. हरिदेव शर्मा ने जयप्रकाश नारायण से एक लम्बी मुलाकात में उनकी जीवन की कहानी उन्हीं की जुबानी विषय पर बातचीत की थी। जिसमें जयप्रकाश जी ने गाँधी जी के इस तर्क को **रूथलेस लॉजिक** यानि निष्ठुर तर्क कहा है। इस तरह की किसी भी बात की उन्होंने कल्पना भी नहीं की थी। सही है कि शादी के बाद बहुत कम दिनों तक साथ रहे थे दोनों मगर जितने भी दिन साथ रहे उसी में दोनों एक-दूसरे को काफी समझने लगे थे। अमेरिका में इतने वर्षों तक रहने खास कर उम्र के उस दौर में जब मनुष्य की सभी विषयों पर अपनी एक धारणा मस्तिष्क में विकसित हो जाती है, उनके मन मस्तिष्क पर बिहार की संस्कृति कहीं भी धुँधली नहीं पड़ी। वह हृदय से शुद्ध, सरल और दूसरों का दर्द बखूबी समझ सकते थे। ऐसा कोमल हृदय व्यक्ति अपनी चन्द इच्छाओं, जिसके बगैर रह सकता है, के लिए अपनी धर्मपत्नी को त्याग दे यह बात जयप्रकाश जी कभी स्वीकार नहीं कर सकते थे।

दुख तो प्रभावती जी को भी बहुत हुआ था। उन्होंने तो इतनी बड़ी बात की कल्पना भी नहीं की थी। उन्हें विश्वास था कि मेरे व्रत के पीछे जो मकसद है वह जयप्रकाश को पसन्द आएगा और वह भी इस व्रत को स्वीकार लेंगे। आखिर बाल-बच्चों और परिवार की जिम्मेदारी देश की सेवा में बाधक तो बनती ही। गाँधी जी की ऐसी बातों की कितनी चोट जयप्रकाश जी को पहुँची होगी इसे प्रभावती जी भलीभाँति समझ रही थीं और दुखी भी थीं। गाँधी जी का सदा सम्मान और अनुकरण ही किया था आज रोष प्रकट करने की हिम्मत कहाँ थी। बापू भी एक पिता और गुरु के रूप में इतनी श्रद्धा रखते थे प्रभा से कि उनके जीवन के सही-गलत फैसलों में बापू का स्थान महत्त्व रखता था। फिर भी प्रभावती जी को यह अहसास तो हो ही गया कि मेरे कारण जयप्रकाश पर बहुत बड़ा अत्याचार हुआ, उनके साथ अन्याय हो रहा है, तो उन्होंने बापू के सामने अपनी नापसन्दगी जाहिर करते हुए कहा, ''आपको ऐसा नहीं करना चाहिए था। यह बहुत गलत हुआ। उनको दुख होगा। यह बात नहीं है उनके मन में।''

बापू से अपने संबंध में प्रभावती का इतना कहना ही जयप्रकाश को दिल की गहराइयों तक छू गया। जयप्रकाश जी के प्रति अपनी ऐसी भावनाओं से प्रभावती जी ने उनके सरल और कोमल हृदय पर विजय प्राप्त कर ली। जयप्रकाश जी ने यह महसूस किया कि प्रभा को उसका कितना ख्याल है। फिर जयप्रकाश जी का तो व्यक्तित्व ही ऐसा था कि लाखों मतभेद के बावजूद भी कोई उनकी सच्चाई, ईमानदारी और सहृदयता से प्रभावित हुए बिना नहीं रहता था।

तब बापू बहुत प्रसन्न हुए थे जयप्रकाश जी के ऐसे विचारों से। वह तो यही चाहते थे कि जय-प्रभा मिलकर साथ-साथ देश सेवा और जन सेवा का कार्य करें। उन्हें पूर्ण विश्वास हो चला था इस अनोखे दाम्पत्य पर। उन्होंने जयप्रकाश जी को पत्र लिखा, ''यदि दूरारी स्त्री का ख्याल तक भी तुमको नहीं है, तो प्रभावती के लिए तुमारी (तुम्हें) ब्रह्मचर्य पालन करना चाहिए और प्रभावती पर तुमारा सचमुच ऐसा प्रेम है, तो अनुभव से तुम देखोगे कि तुमारे विकार प्रभावती के निकट शान्त हो जाएँगे।...जहाँ चाहे (चाहो) वहाँ प्रभा को बुला लो।...शायद ज्यादा सेवा करने को प्रभा की उत्पत्ति हुई है। प्रभा यहाँ रहती है आगामी सेवा के लिए।''

एक पिता और महात्मा द्वारा सच्चे दिल से दिया गया आशीर्वाद इस दम्पति को पूरा-पूरा लगा। गाँधी जी के साथ इस पत्र व्यवहार के समय प्रभावती के प्रति भी जयप्रकाश जी के मन में कुछ गुस्सा, कुछ कड़वाहट अवश्य ही रहे होंगे। मगर वह हमेशा अपनी मर्यादाओं की सीमा में ही रहे। उन्होंने प्रभावती को स्वतन्त्र रूप से बापू के पास आने जाने से कभी नहीं रोका। प्रायः बिहारी परिवारों में पति का अपनी पत्नी पर वर्चस्व रहता है मगर उन्होंने कभी ऐसा महसूस नहीं होने दिया प्रभावती जी को कि उन्हें पति की इच्छा से चलना चाहिए। इन्हीं गुणों के कारण गाँधी जी के दिल में उनके प्रति जो प्रेम, आदर और जो स्थान बन गया वह दिनोंदिन बढ़ता ही गया।

लम्बे समय तक आपसी मतभेद के बाद भी इन्होंने जो आपसी प्रेम और सहयोग का परिचय दिया वह अनूठा था। इनके इस अनोखे बन्धन को देखकर आगे चलकर गाँधी जी ने इनके प्रति अपना भाव प्रकट करते हुए कहा, ''पति-पत्नी के रूप में जयप्रकाश नारायण और प्रभावती एक आदर्श दम्पति हैं। जयप्रकाश ने कभी भी अपना विचार प्रभावती पर लादने की कोशिश नहीं की। उन्होंने उसे मेरे पास मुक्त भाव से आने से कभी नहीं रोका।''

जय-प्रभा का दाम्पत्य जीवन देश ही नहीं विदेशों में भी प्रेम और आपसी सामंजस्य की मिशाल बन गया। 1978 में जीवन के अन्तिम दिनों में भोला चटर्जी के साथ बातचीत के क्रम में जयप्रकाश जी ने अपने वैवाहिक जीवन की समीक्षा करते हुए कहा, "हम दोनों का संबंध एक विशिष्ट प्रकार का विलक्षण संबंध था। सहज ही हमारे बीच मतभेद थे। अच्छी-खासी भिन्नता थी। किन्तु हम दोनों के बीच जो एक नाता जुड़ा था, उसने हमें सभी प्रकार के आन्तरिक और बाह्य संघर्षों को पार करा दिया। और हम दोनों को साथ बनाए रखा। यह नाता पत्नी और एक पति के बीच के महत्त्व, मामूली नाते की अपेक्षा कुछ विशेष था। इस नाते को समझना कठिन है।"

बातों के बीच प्रभावती जी को याद करके वह काफी उदास हो गए और सजल नेत्रों को पोंछते हुए कहा, "हमारे बीच के प्रेम के नाते के कारण आखिर में उनकी जीत हुई और इस प्रकार एक लम्बे समय तक उन्होंने मुझे प्रभावित किया। अपने आपको पहचानने में, और आज मैं जो कुछ भी हूँ, वैसा मुझे बनाने में उन्होंने जो योगदान दिया है, उसे मैं भूल नहीं सकता हूँ।"

स्वभाव और विचारों में भिन्नता होने पर भी एक अजीब नाता था उनका। उनका संबंध विचारों की समानता पर नहीं बल्कि हृदय की समानता पर बना था। प्रभावती जी गाँधी जी का अनुसरण करती थीं। चरखा उनके उपासना का साधन था। गीता पाठ उनकी दिनचर्या का अभिन्न अंग था। लेकिन जयप्रकाश मार्क्स के विचारों का अनुसरण करते थे। उन्हें ज्ञान की नित्य नई किताबों को पढ़ने में दिलचस्पी थी। उनका ऐसा मानना था कि एक ही पुस्तक (गीता) को रोज-रोज क्यों पढ़ना? बढ़ते हुए वैज्ञानिक युग में वे चरखा का भी उपयोग नहीं समझते थे। इतनी भिन्नताओं के बीच भी जिस प्रकार का उनका रिश्ता था वह निश्चय ही अनुकरणीय है। वह साथ रहे तो हृदय से विचारों से तो उन्हें हमेशा आजादी ही रही। उनके इन्हीं गुणों के कारण उनका आपसी संबंध दिन-प्रतिदिन गहराता गया। और एक समय ऐसा भी आया जब एक-दूसरे के बिना जीना मुश्किल हो गया। प्रभावती जी की मृत्यु के बाद तो जयप्रकाश जी बिलकुल टूट ही गए। ऐसा बन्धन ही था कि एक के बगैर दूसरा अधूरा था।

द्वितीय खंड

स्वराज आंदोलन

(1929-1947)

स्वराज में गाँधी और जयप्रकाश

संजय कुमार शेखर

भारतीय स्वतन्त्रता संग्राम में आम जनता का सबसे अधिक प्यार, स्नेह, मान-सम्मान जिन नेताओं को मिला, वे गिनती में थोड़े हैं। इस शृंखला में दादाभाई नौरोजी, लोकमान्य तिलक, गोपालकृष्ण गोखले, महात्मा गाँधी और जवाहरलाल नेहरू, सुभाषचन्द्र बोस हैं। स्वतन्त्रता की अन्तिम कड़ी में जयप्रकाश नारायण के नाम में आम सहमति है। यदि जयप्रकाश के स्वतन्त्रता संघर्ष व योगदान का आकलन किया जाए तो वे गाँधी और नेहरू के ठीक पीछे आएँगे। कई बिन्दु में जयप्रकाश निश्चित रूप से उनके आगे प्रतीत होते दिखते हैं। उनके स्वतन्त्रता संग्राम की अवधि गाँधी और नेहरू तथा अन्य नेताओं की तुलना में कम है। जहाँ गाँधी जी 45 वर्ष की आयु में स्वतन्त्रता संग्राम में कूदे और नेहरू 38 वर्ष की उम्र में, जयप्रकाश 27 वर्ष की आयु में अमेरिका से उच्च शिक्षा प्राप्त कर स्वदेश लौटने पर 1929 वर्ष के अन्तिम समय में स्वतन्त्रता संग्राम में कूदे। इन तीनों नेताओं में एक समानता यह भी है कि गाँधी दक्षिण अफ्रीका में रहे, नेहरू ब्रिटेन में रहे और जयप्रकाश 7 वर्ष अमेरिका में रहकर लौटे।

इन तीनों नेताओं की सोच, विचारधारा, क्रियाकलाप व लेखनी में विदेश प्रवास की अमिट छाप मिलती है जिनमें सही सूक्ष्म स्तर पर असमानताएँ व विभिन्नताएँ भी हैं। महात्मा गाँधी अहिंसा के सबसे बड़े पोषक थे तो नेहरू आधुनिकतावाद और जयप्रकाश मार्क्स और समाजवाद के। लेकिन महापुरुषों का एक ही मकसद व कृत था कि भारत को आजादी दिलाना और निःस्वार्थ भाव से समाज सेवा। इन उद्देश्यों की प्राप्ति में इनके योगदानों को भारतीय इतिहास में स्वर्ण अक्षरों में लिखा गया है। यदि महात्मा गाँधी को बापू की पदवी दी गई तो जयप्रकाश को लोकनायक की।

जयप्रकाश जब 1929 के अन्त में स्वदेश लौटे तो महात्मा गाँधी और नेहरू से काफी प्रभावित हुए और काँग्रेस में शामिल हो गए। उन्होंने गाँधी के नेतृत्व को स्वीकार किया और उनसे राजनीतिक प्रशिक्षण व्यक्तिगत रूप से लिया। यह विदित है कि जयप्रकाश की पत्नी प्रभावती लगभग 8 वर्ष तक गाँधी जी के आश्रम में रही थीं और वे वहाँ कस्तूरबा गाँधी की शिष्या और परिवार के सदस्य की तरह रहीं। महात्मा गाँधी भी उनसे अपनी पुत्री की तरह प्यार व स्नेह रखते थे। यही कारण था कि वे अमेरिका से आते ही गाँधी जी के सम्पर्क में आए और ऐतिहासिक लाहौर अधिवेशन में भाग लिया।

गाँधी जी के सम्पर्क में आते ही जयप्रकाश स्वतन्त्रता संग्राम में कूद पड़े। हालाँकि जयप्रकाश दुविधा में थे कि वे क्या करें। उनके पास बनारस हिन्दू विश्वविद्यालय में समाजशास्त्र विभाग खोलने का मालवीय जी का प्रस्ताव था लेकिन गाँधी जी की सलाह पर काँग्रेस पार्टी में सम्मिलित हो गए और नेहरू के सहयोगी के रूप में कार्य करने लगे। इसी बीच उनकी माँ का निधन हो गया जिसके कारण वे महात्मा गाँधी के प्रसिद्ध 'नमक सत्याग्रह' के डांडी मार्च में भाग नहीं ले सके। गाँधी ने सान्त्वना देते हुए पत्र लिखा कि माँ के सदमे से उबरने पर देश की सेवा करना। जयप्रकाश को अपने पूरे जीवन में यह मलाल रह गया कि वे नमक सत्याग्रह में भाग न ले सके। गाँधी ने जयप्रकाश की आर्थिक स्थिति को देखते हुए बिड़ला को पत्र लिखा जिसके आधार पर उन्होंने छः माह तक उनके निजी सचिव के रूप में काम किया। उसके बाद वे नेहरू के आग्रह पर इलाहाबाद आए और काँग्रेस का मजदूर प्रभाग का भार सँभाला। कुछ

दिन भाड़े के मकान में रहने के बाद वे नेहरू के साथ ही रहने लगे और दोनों पक्के मित्र बन गए। इस तरह से जयप्रकाश गाँधी व नेहरू के व्यक्तिगत व राजनीतिक सम्पर्क में आए।

स्वतन्त्रता संग्राम में कूद जाने के बाद शुरुआती दौर में जयप्रकाश ने पूर्णतः गाँधी और नेहरू के प्रति समर्पित काँग्रेस पार्टी के कार्यकर्ता के रूप में कार्य किया लेकिन 1939 के आते-आते जयप्रकाश समाजवाद की ओर मुखातिब हो गए। अमेरिका में वे एक समाजशास्त्र के विद्यार्थी रहे और उनका अध्ययन 'Culture Variation' ओहियो विश्वविद्यालय में काफी चर्चित रहा था। अपने अध्ययन के दौरान मार्क्सवाद के सिद्धान्त के प्रति उनका रुझान हो गया। अपनी इस विचारधारा के कारण भारत में वे समाजवाद क्रांतिकारी विचार के पोषक व प्रचारक बने जिसके कारण बीच-बीच में गाँधी की आलोचना करने में नहीं चूके। यदि जयप्रकाश की प्रथम पुस्तक 'समाजवाद क्यों' (Why Socialism) जो 1936 में प्रकाशित हुई, का कोई अध्ययन करे तो यह आलोचना स्पष्ट हो जाती है। इस किताब में जयप्रकाश ने गाँधी की सुधारवादी विचारधारा की जमकर आलोचना की और कहा कि उनकी विचारधारा क्रांति और समाजवाद के लिए बाधक है। काँग्रेस समाजवादी पार्टी की स्थापना 1934 में जयप्रकाश की अगुवाई में हुई, इसकी स्थापना जयप्रकाश के जीवन में एक मील का पत्थर साबित हुआ। हालाँकि समाजवादी पार्टी में काँग्रेस पार्टी की तरह, दोहरी सदस्यता का प्रावधान था और वे काँग्रेस कार्यकारिणी के सदस्य भी मनोनीत हुए और उनका रुझान काँग्रेस के प्रति कम हुआ लेकिन स्वतन्त्रता आंदोलन के प्रति कम नहीं हुआ। उनका मकसद समाजवाद को बढ़ावा और स्वतन्त्रता की प्राप्ति रहा। वे ब्रिटिश साम्राज्यवाद के प्रबल विरोधी रहे।

1932 में जनवरी माह में जवाहरलाल नेहरू और जयप्रकाश दोनों ट्रेन से इलाहाबाद से मद्रास के लिए काँग्रेस कार्यकारिणी की बैठक के लिए रवाना हुए। इस बैठक का मुख्य उद्देश्य था सविनय आंदोलन जो स्थगित किया गया था, उसे पुनर्जीवित करना। ब्रिटिश प्रशासन ने काँग्रेस नेताओं की धरपकड़ शुरू कर दी और गाँधी व नेहरू दोनों पकड़े गए। अन्य बड़े काँग्रेसी नेता भी गिरफ्तार हुए लेकिन जयप्रकाश के नए चेहरे व ट्रेन के दूसरे बोगी में रहने से बच गए। यहीं से प्रारम्भ होती हैं उनकी भूमिगत गतिविधियाँ जो ब्रिटिश शासन के लिए बड़ा सिरदर्द था। भूमिगत हुए जयप्रकाश देश के विभिन्न भागों में घूमते रहे और सविनय आंदोलन जारी रखा। लेकिन अन्ततः सितम्बर 1932 में जयप्रकाश गिरफ्तार हुए और उन्हें नासिक जेल भेज दिया गया।

नासिक जेल जयप्रकाश की पहली जेल यात्रा थी और 15 माह तक जेल में रहे। इसके बाद उन्होंने तीन बार और जेलयात्रा भी की। सन् 1939 में, 1940 और सितम्बर 1943 में वे गिरफ्तार किए गए और कुल मिलाकर 6 वर्ष तक विभिन्न जेलों में रहे। यानि 15 वर्षों का उनका स्वतन्त्रता आंदोलन था जिसमें 6 वर्ष तक वे जेल में रहे, इतने लम्बे समय तक शायद ही कोई काँग्रेस नेता जेल में रहा। गाँधी व नेहरू की तुलना में यह अवधि काफी अधिक है। यही नहीं, नवम्बर 1942 में जयप्रकाश हजारीबाग जेल से अन्य पाँच कैदियों के साथ भाग निकले। क्योंकि वे 'भारत छोड़ो' आंदोलन में भाग लेना चाहते थे। इस आंदोलन में भी उन्होंने भूमिगत होकर भाग लिया जो अभूतपूर्व था। हालाँकि सितम्बर 1943 में जयप्रकाश पकड़े गए और उन्हें लाहौर किला जेल में काफी यातनाएँ दी गईं। ब्रिटिश राज ने जयप्रकाश को पकड़ने के लिए 10 हजार रुपए का इनाम घोषित किया था। उन्हें सबसे अन्त में अप्रैल 1946 में गाँधी के अनुरोध पर रिहा किया गया।

महात्मा गाँधी और जयप्रकाश में कुछ मौलिक मतभेद भी था लेकिन दोनों का उद्देश्य एक ही था कि स्वतन्त्रता की प्राप्ति और जनता की अधिक से अधिक सेवा। स्वतन्त्रता संग्राम में शायद ये दोनों ही ऐसे महान व्यक्ति हैं जिन्होंने न कोई चुनाव लड़ा और न ही सरकारी पद को सुशोभित किया फिर भी उनकी लोकप्रियता में कोई कमी नहीं हुई। गाँधी ने जयप्रकाश व अन्य समाजवादियों के भूमिगत व गुप्त कार्यकलापों को कभी नहीं सराहा। उनका मानना था कि इन कार्यों में हिंसा निहित है और करोड़ों भूखे-नंगे नर-नारियों को इससे मुक्ति नहीं मिल सकती है। उनकी सलाह हमेशा रहती थी कि सत्य व अहिंसा के मार्ग पर ही चलना चाहिए। दूसरी ओर जयप्रकाश तोड़-फोड़ व समानान्तर सरकार के कार्यक्रम के प्रतिपादक थे। उनका मानना था कि सरकारी सम्पत्ति को तोड़ना-फोड़ना व क्षतिग्रस्त करना हिंसा नहीं है। रेलवे, तार की लाइनें, पुल आदि राष्ट्रीय सम्पत्ति हैं और राष्ट्र को यह अधिकार है कि वह अपनी सम्पत्ति

के साथ जो चाहे व्यवहार करे। उनका मानना था कि जनता का नेतृत्व शोषण व हिंसा की बजाय भूमिगत होकर अधिक प्रभावशाली ढंग से किया जा सकता है।

यदि जयप्रकाश के शुरुआती दौर की विचारधारा और क्रियाकलापों पर एक सरसरी निगाह डाली जाए तो यह स्पष्ट है कि उन्होंने महात्मा गाँधी के नेतृत्व को पूरी तरह कभी नहीं अपनाया और न उनके प्रति पूर्णतः निष्ठावान थे। समाजवाद, क्रांति दो ऐसे जयप्रकाश के उद्देश्य थे जिन्होंने गाँधी की विचारधारा से मेल नहीं खाया। जब जयप्रकाश ने अपने कुछ समाजवादी साथियों के साथ समाजवादी पार्टी की स्थापना की तो गाँधी ने उसे नहीं सराहा। बल्कि नेहरू का रुझान समाजवादियों के प्रति कुछ अधिक था। लेकिन गाँधी ने कई बार जयप्रकाश को जेल से रिहा करवाने में मदद की और उनका मानना था कि जयप्रकाश समाजवाद के सबसे बड़े विद्वान हैं। 1946 में उनकी पहल पर ही जयप्रकाश को जेल से रिहा किया गया।

स्वतन्त्रता प्राप्ति का निकट समय आया था—गाँधी चाहते थे कि जयप्रकाश कोई जिम्मेदारी का पद सँभालें और उन्होंने नेहरू से इस संबंध में बात भी की कि जयप्रकाश को काँग्रेस पार्टी का अध्यक्ष मनोनीत किया जाए लेकिन नेहरू को यह स्वीकार नहीं था। उनका कहना था कि जयप्रकाश अन्य काँग्रेसी नेताओं से वरिष्ठ नहीं हैं साथ ही जयप्रकाश संविधान सभा के गठन व क्रियाकलापों के आलोचक थे। उनका मानना था कि संविधान सभा का जिस रूप में गठन हुआ है वह जनता का सही प्रतिनिधित्व नहीं करता। नेहरू जयप्रकाश को काँग्रेस की कार्यकारिणी समिति में मनोनीत करना चाहते थे लेकिन जयप्रकाश ने कुछ ही दिनों में इसे ठुकरा दिया। गाँधी जी का मानना था कि संविधान सभा एक रचनात्मक सत्याग्रह है। वे यह भी मानने के लिए तैयार नहीं थे कि प्रस्तावित संविधान सभा जनता की संसद नहीं है। इसमें बहुत-सी कमियाँ हैं जिसे मिलकर दूर किया जा सकता है। लेकिन जयप्रकाश को काँग्रेसी नेताओं की दलीलें स्वीकार नहीं हुईं। काँग्रेस कार्यकारिणी समिति के मतदान होने पर सोशलिस्टों को पराजय का सामना करना पड़ा।

देश के विभाजन के बाद हिन्दू व मुसलमानों के बीच नफरत और दंगे भड़क उठे। इन दंगों ने बंगाल, बिहार और उत्तर प्रदेश में भयानक रुख ले लिया। गाँधी और जयप्रकाश ने इस दंगे को रोकने के लिए बंगाल व बिहार के विभिन्न भागों का दौरा किया और शान्ति स्थापित करने में जुट गए। गाँधी ने जयप्रकाश को बिहार में ही रहकर शान्ति व भाईचारा बहाल करने की जिम्मेदारी सौंपी, जिसे जयप्रकाश ने बखूबी निभाया। जयप्रकाश के कार्यों को नेहरू और गाँधी दोनों ने सराहा। गाँधी को जयप्रकाश को बड़े करीब से देखने का मौका मिला और उनसे बहुत प्रभावित भी हुए।

गाँधी व जयप्रकाश के चिन्तन में शुरुआती दौर में मतैक्य न होते हुए भी जयप्रकाश गाँधी के व्यक्तित्व से प्रभावित थे। द्वितीय विश्वयुद्ध व स्वतन्त्रता प्राप्ति विशेषकर उनके निधन के बाद जयप्रकाश ने गाँधी की विचारधाराओं का पुनः मूल्यांकन किया और पाया कि वे सत्य के अन्वेषक थे तथा अहिंसा व सत्याग्रह का जीवन व समाज में जो स्थान है वह सर्वोपरि है। मार्क्सवाद और क्रांति से उनका झुकाव गाँधीवाद की ओर हुआ। साथ ही गाँधी के साध्य एवं साधना की व्याख्या तथा ग्राम स्वराज की परिकल्पना व रचनात्मक क्रिया-कलाप से जयप्रकाश ज्यादा प्रभावित हुए और उन्होंने अपने जीवन का लक्ष्य बनाया गाँधी जी के नए भारत के सपने को साकार करना। शक्ति का विकेन्द्रीकरण, राजनीति पर लोकनीति का अंकुश, ग्राम-स्वराज, शोषण के खिलाफ व एक समृद्ध व समानतामूलक समाज के उद्देश्यों को प्राप्त करने के लिए जयप्रकाश अपने अन्तिम क्षण तक प्रयत्नशील रहे। अपने जीवन में आदर्श व मूल्यों के लिए गाँधी जी के बताए रास्ते पर चलने का संकल्प लिया।

पचास का दशक जयप्रकाश के लिए काफी महत्त्वपूर्ण और उतार-चढ़ाव का रहा। गाँधी जी के मानवता के आदर्श लोकनीति और विश्व-बन्धुत्व को सहृदय अपनाया। एक तो उन्होंने चुनाव न लड़ने का निर्णय लिया दूसरी ओर जब नेहरू जी से मन्त्रिमण्डल में शामिल होने का प्रस्ताव मिला तो वे अपनी शर्तों पर ही शामिल होना चाहते थे जो संभव नहीं हुआ और जयप्रकाश राजसत्ता से काफी दूर होते गए और लोकसत्ता व सामान्य लोगों के नजदीक होते गए। भूदान के आंदोलन में बढ़-चढ़कर भाग लिया और जीवनदान की घोषणा 1954 में कर डाली। जीवनदान का अर्थ था अपना

जीवन समाज के लिए समर्पित करना। 1954 से 1979 तक यदि जयप्रकाश के कार्यों का मूल्यांकन किया जाए तो एक बात स्पष्ट हो जाती है कि वे निःस्वार्थ भाव से अपने मूल्यों के साथ समाज से संघर्ष करते रहे। चाहे नागा संकट का समाधान की कोशिश हो या फिर बिहार में अकाल का संकट हो या फिर चम्बल के डाकू के समर्पण की घटना हो या फिर बिहार आंदोलन का नेतृत्व प्रदान करना हो, जयप्रकाश ने गाँधी के मूल्यों और उनके आदर्श को नहीं छोड़ा। यहाँ तक कि उनकी समग्रक्रांति में भी गाँधीवाद की झलक मिलती है।

गाँधी व जयप्रकाश का तुलनात्मक अध्ययन एक बेमानी है। दोनों का योगदान स्वराज संघर्ष में अद्वितीय है एवं दोनों का एक विशिष्ट स्थान है। एक बापू हैं तो दूसरा लोकनायक। यदि गाँधी जी का संघर्ष का समय 1917 से 1947 है तो जयप्रकाश का 1930-1947। इतने अल्प समय में जयप्रकाश ने जो दिलेरी, बहादुरी, बलिदान व त्याग का परिचय दिया है वह सचमुच इतिहास में स्वर्ण अक्षरों में लिखने योग्य है। स्वतन्त्रता प्राप्ति के बाद भी जयप्रकाश ने अपने मूल्यों का संघर्ष गाँधी जी के बताए आदर्शों पर जारी रखा। जेल की यातनाएँ, भूमिगत गतिविधियों व निःस्वार्थ देश सेवा ऐसे गुण जयप्रकाश में विद्यमान थे कि उनकी एक अलग मिसाल है।

इन गुणों के अतिरिक्त जो उनके व्यक्तित्व को निखारता है वह है उनकी लेखन कला। गाँधी जी की तरह जयप्रकाश भी पढ़ने-लिखने, लेख व पुस्तक लिखने में कामयाब हुए। जयप्रकाश ने सन् 1936 ई. में एक पुस्तक लिखी 'सामन्तवाद क्यों?' यह पुस्तक आज भी समाजवाद पर लिखी गई पुस्तकों में अग्रणी और मूल मानी गई है। गाँधी जी भी उनकी लेखनी के कायल थे। 16 मार्च, 1940 को गाँधी जी ने 'हरिजन' में लिखा है, "जयप्रकाश की गिरफ्तारी एक दुर्भाग्यपूर्ण घटना है। वे कोई मामूली कार्यकर्ता नहीं हैं। वे तो समाजवाद के एक आधिकारिक प्रवक्ता हैं।" इसके अलावा जयप्रकाश की समाजवाद, सर्वोदय और लोकतन्त्र, प्रिजन डायरी व संघर्ष की ओर (Towards Struggle) किताबें हैं जो काफी चर्चित हुईं।

संक्षेप में, जयप्रकाश की भूमिका स्वतन्त्रता संघर्ष में अद्वितीय है। वे हमारे राष्ट्र की महान विभूति हैं। वे समग्र क्रांति के अग्रदूत रहे हैं। उनकी निःस्वार्थ जनसेवा, उनके मूल्यों व संघर्षों को भुलाया नहीं जा सकता है। संघर्ष के दौरान जयप्रकाश ने जो साहस व बलिदान का परिचय दिया है वह उल्लेखनीय है। जो जेल में यातनाएँ झेली हैं, वह असामान्य हैं और बहादुरी व साहस दिखलाया है वह किसी अन्य स्वतन्त्रता सेनानी व नेता से कम नहीं है। स्वतन्त्रता आंदोलन में वे जय भी थे और प्रकाश भी। वे ऐसे महान व्यक्तियों में से हैं जिसने इतिहास की धारा को परिवर्तित कर दिया और अपना पूर्ण जीवन व्यवस्था से संघर्ष में व्यतीत किया। उन्होंने भारतीय इतिहास और भारतीय मानसिकता पर एक अमिट छाप छोड़ी है जो गाँधी जी की तरह आज भी जीवित है।

गाँधी व जयप्रकाश का स्वराज में योगदान अमिट है और दोनों का एक विशिष्ट व सर्वोत्तम स्थान है। कोई भी तुलनात्मक अध्ययन एक बेईमानी है। जयप्रकाश जब स्वतन्त्रता आंदोलन में कूदे तब वे मात्र 27 वर्ष के नवयुवक थे और अमेरिका से उच्च अध्ययन कर लौटे थे। स्वाभाविक है कि उनके चिन्तन व विचारधारा इतने परिपक्व नहीं थे जितने गाँधी जी के थे। लेकिन वे निश्चित रूप से बहादुरी, दिलेरी, जोश, दबंग में तरोताजा थे जिससे वे भूमिगत आंदोलन को संचालित करने में कुछ हद तक कामयाब रहे। पुलिस को चकमा देना, जेल से भाग जाना और तोड़-फोड़ की नीति व क्रांति व समाजवाद की विचारधारा को गाँधी ने कभी नहीं स्वीकार किया। लेकिन जब जयप्रकाश परिपक्व हुए यानि स्वतन्त्रता प्राप्ति के बाद के समय में, उन्होंने गाँधीवाद के चिन्तन व विचारधारा को सिर्फ निष्ठापूर्वक अपनाया ही नहीं बल्कि सत्य, अहिंसा, अध्यात्म, साध्य व साधन को सर्वोपरि माना। न तो उन्होंने कोई चुनाव लड़ा और न ही किसी सरकारी पद को सँभाला। कुछ लोग यह भी मानते हैं कि जयप्रकाश पलायनवादी थे यानि जिम्मेदारी से दूर भागते थे लेकिन यह सत्य नहीं है। मानवता की सेवा से वे कभी पीछे नहीं हटे। विपरीत परिस्थितियों में जयप्रकाश का संघर्ष मूल्यों के लिए, शोषण के विरुद्ध व न्याय, भ्रष्टाचार व मुनाफ़ाखोरी के विरुद्ध उनके व्यक्तित्व को और निखारता है। स्वराज व स्वराज के बाद उनके योगदान को स्वर्ण अक्षरों में लिखा जा सकता है। आने वाली पीढ़ी उनके योगदान के लिए कृतज्ञ रहेगी।

जयप्रकाश नारायण काँग्रेस के सदस्य बने

संजय कुमार शेखर

काँग्रेस का इतिहास उत्थान, पतन, संघर्ष, जय, पराजय एवं उत्साह की एक अद्‌भुत, अनुपम कहानी है। काँग्रेस का ही संघर्ष है जो आज हमारी भारत माँ परतन्त्रता की बेड़ियों से मुक्त होकर स्वतन्त्रता के वातावरण में साँस लेने के योग्य बन सकी। अमर देश के नौजवानों, कर्णधारों तथा शहीदों, जो कि काँग्रेस दल के जन्मदाता हैं, ने अपने प्राणों का बलिदान न दिया होता तो यह संभव था कि आज भारत माँ स्वतन्त्रता प्राप्ति हेतु तड़पती, सिसकती और करुण क्रन्दन करती दृष्टिगत होती, पर आज हमारी भारत माँ का, हमारे देश का स्वतन्त्र होना उन्हीं शहीदों का सफल परिणाम है जिन्होंने हँसते-हँसते अपने प्राणों का बलिदान दे दिया, अपने प्राणों को भारत माँ की स्वतन्त्रता हेतु न्यौछावर कर दिया।

जयप्रकाश नारायण का अपरिमित अलौकिक जीवन चित्र भी इस जानकारी के अभाव में अधूरा है कि जयप्रकाश जी ने विदेशों में ज्ञानार्जन के तत्पश्चात किस प्रकार काँग्रेस की सदस्यता ग्रहण की। 7 साल पश्चात जब जयप्रकाश नारायण ज्ञानार्जन कर विदेश से स्वदेश लौटे तो यहाँ पर उन्हें आश्चर्यचकित करनेवाला वातावरण ही नज़र आया। उन्होंने देखा कि देश में सब कुछ बदल चुका है। ऐसा लगता था मानों जो लोग पहले निष्क्रिय और उदासीन थे अब सक्रिय, उत्साहपूर्ण तथा क्रांतिकारी हो उठे हों। प्रत्येक व्यक्ति देश के प्रति सब कुछ न्यौछावर करने को तत्पर था, प्रत्येक व्यक्ति देश के लिए कुछ न कुछ करने की हिम्मत रखता था और यह सब जयप्रकाश जी के लिए एक कौतुकपूर्ण विषय बन गया था। त्याग का यह भाव केवल नौजवानों या युवा वर्ग में दृष्टिगत नहीं होता था बल्कि देश का प्रत्येक बुजुर्ग भी स्वयं को देश का सिपाही समझता था और यह सोचकर उसके चेहरे पर एक अद्‌भुत आभा दृष्टिगत होने लगती थी।

जयप्रकाश नारायण ने मुंगेर के लिए शीघ्रातिशीघ्र प्रस्थान किया। यहाँ बिहार प्रान्त का सम्मेलन होना था जिसके मुख्याध्यक्ष डॉ. राजेन्द्र प्रसाद जी थे और साथ में ही सरदार पटेल भी यहाँ पर पूर्ण आजादी तथा भारत के लिए उपनिवेश पूर्ण राज्य की माँग को लेकर भाषण देते नज़र आ रहे थे। यहाँ पर वृद्धों द्वारा औपनिवेशिक राज्य की माँग, युवा सवर्ग की स्वतन्त्रता की माँग के सामने परास्त हो गई। मत डाले गए तथा नेताओं में विचार-विमर्श हुआ और अन्ततः नवयुवकों की विजय हुई और यह देखकर जयप्रकाश जी को भी हार्दिक खुशी प्राप्त हुई।

जयप्रकाश जी काफी लम्बे समय पश्चात स्वदेश लौटे थे इसलिए उनकी पत्नी प्रभावती वर्धा में ही महात्मा गाँधी के पास थीं। जयप्रकाश जी जब गाँधी जी से मिलने गए तो गाँधी जी तथा उनकी पत्नी कस्तूरबा गाँधी, दोनों ने ही जयप्रकाश जी को सम्मानित करते हुए दामाद मानकर बड़े स्नेह से रखा। गाँधी जी के साथ रहकर जयप्रकाश जी को लाहौर जाने का तथा अपने विचार प्रकट करने का सुअवसर प्राप्त हुआ। इस बार लाहौर में काँग्रेस के अधिवेशन में नेहरू जी सभापति थे। गाँधी जी के साथ जयप्रकाश तथा उनकी पत्नी प्रभावती भी थीं। गाँधी जी द्वारा जयप्रकाश जी से यह प्रश्न पूछने पर कि "अब वे क्या करेंगे?" तो जयप्रकाश जी ने काशी में समाजशास्त्र विषय का विभाग स्थापना का प्रस्ताव रखा और उस समय भारत में समाजशास्त्र नहीं था। अतः गाँधी जी ने इस प्रस्ताव को सहर्ष स्वीकार

कर लिया। पर जयप्रकाश उस समय विचित्र परिस्थितियों को नजरअंदाज नहीं कर सके अतः उन्हें समाजशास्त्र का विभाग स्थापित करने का विचार त्यागना पड़ा।

लाहौर पहुँचकर जयप्रकाश नारायण ने नेहरू जी से भेंट की। नेहरू जी तथा जयप्रकाश नारायण की इस भेंट से एक-दूसरे में आकर्षक भावना उत्पन्न हुई जिससे नेहरू जी ने उन्हें पढ़ाई-लिखाई छोड़कर ए. आई. सी. सी. इलाहाबाद में मजदूर अन्वेषण विभाग के अध्यक्ष बनने के लिए प्रेरित किया। अतः नेहरू जी से प्रेरित जयप्रकाश नारायण बनारस न जाकर इलाहाबाद आ गए और अपना कार्यभार बड़ी ही मेहनत, लगन और कार्यकुशलता के साथ सँभाला जिससे नेहरू जी को हार्दिक आनन्दानुभूति हुई। धीरे-धीरे नेहरू जी तथा जयप्रकाश जी में इतना अधिक प्रेम विकसित हो गया कि उनके नेहरू जी के साथ घर जैसे संबंध बन गए और जयप्रकाश जी नेहरू जी की पत्नी कमला जी को भाभी कहकर पुकारने लगे। नेहरू जी को अत्यल्प समय में ही जयप्रकाश जी में एक परिश्रमी व्यक्ति दिखने लगा अतः राजाराव के पदमुक्त होते ही नेहरू जी ने जयप्रकाश को काँग्रेस के स्थायी मन्त्री पद पर विराजमान कर दिया और जयप्रकाश जी ने अपनी कार्यकुशलता का परिचय देते हुए धीरे-धीरे अपने पद की गुरुता को समझा।

26 जनवरी, 1930 को 'आजादी दिवस' मनाया गया और सभी लोगों ने इसी दिन देश को स्वतन्त्र कराने की प्रतिज्ञा की। दूसरी तरफ 12 मार्च को गाँधी द्वारा डाँडी मार्च शुरू कर दिया गया और नमक सत्याग्रह की घोषणा भी की गई। प्रत्येक की प्रतिज्ञा केवल अंग्रेजों के हटाने की थी पर सरकार भी इन सब बातों और विरोधों आदि को देखकर गिरफ्तारियाँ करने, गोलियाँ चलवाने, जब्ती तथा कुर्की दिखाए बिना रुक नहीं सकी। सरकार द्वारा हर संभव प्रयास किया गया इन विरोधों को रुकवाने तथा लोगों की प्रतिज्ञाओं आदि को तुड़वाने का, परन्तु, अत्याचारी सरकार के विरुद्ध जनता पर काबू पाना अत्यन्त कठिन काम था और अन्ततः काँग्रेस को वैध करार दिया गया। वाइसराय इरविन तथा गाँधी जी के बीच बातचीत तथा विचार-विमर्श हुआ और काँग्रेस ज्यादती से मुक्त हुई। गाँधी जी ने इंग्लैण्ड के लिए प्रस्थान किया, यहाँ पर गोलमेज सम्मेलन होना था। इस आंदोलन में भाग लेने का विचार जयप्रकाश नारायण के मन में भी था किन्तु माँ की बीमारी की ख़बर पाकर उन्हें सिताब दियारा जाना पड़ा जहाँ वे अपनी माँ को सदा के लिए खो चुके थे परन्तु तुरन्त ही उन्हें एक आघात का और सामना करना पड़ा कि उनके पिता लकवा के शिकार हो गए हैं। जयप्रकाश जी पर तो मुसीबतों का एकदम पहाड़ ही टूट पड़ा। अब जयप्रकाश जी अत्यन्त चिन्तामग्न रहने लगे। पिताजी के अपार कर्ज को निपटाना तथा घर के खर्च को चलाने जैसी कई समस्याओं ने जयप्रकाश जी को धर लिया था। उन्होंने अपनी समस्याओं से गाँधी जी को परिचित कराया, अतः गाँधी जी ने उन्हें बिड़ला के पास सेक्रेटरी के रूप में उचित वेतन पर रखवाया लेकिन नेहरू जी द्वारा बुलवाने के कारण वहाँ वे ज्यादा समय ठहर न सके। अपनी समस्याओं में ध्यानमग्न जयप्रकाश अभी देश के लिए कुछ कर पाने में असमर्थ थे परन्तु शीघ्र ही उन्होंने स्वयं को देश के कार्यों से सक्रिय रूप से भाग लेने के लिए तैयार कर लिया।

गाँधी जी जैसे ही गोलमेज सम्मेलन से वापस लौटे वैसे ही उन्हें गिरफ्तार कर लिया गया। बम्बई में भी इसी विषय पर काँग्रेस कमेटी की बैठक होनेवाली थी। यह बात देखकर नेहरू जी तथा जयप्रकाश नारायण दोनों ही बम्बई के लिए रवाना हो गए। नेहरू जी को यह पहले से ही ज्ञात था कि वह गिरफ्तार कर लिए जाएँगे और हुआ भी यह कि उन्हें अगले ही स्टेशन पर गिरफ्तार कर लिया गया पर उन्होंने जाने से पहले ही अपने सारे कागजात जयप्रकाश नारायण जी को सौंप दिए थे। नेहरू जी के गिरफ्तार होते ही काँग्रेस को अवैध करार दे दिया गया। लेकिन जब बम्बई पहुँचकर जयप्रकाश नारायण के सामने रहने की समस्या उत्पन्न हुई। उस समय सरोजिनी नायडू काँग्रेस की अध्यक्षा थीं तथा ताजमहल होटल में रह रही थीं अतः जयप्रकाश नारायण भीड़-भाड़ का फायदा उठाकर पारसी का वेश धारण करके सरोजिनी नायडू के पास पहुँच गए। पर उन्हें नायडू जी ने पहचान ही लिया पर किसी के द्वारा उनका परिचय पूछने पर वे उन्हें अपना दोस्त के नाम से परिचय देतीं और जयप्रकाश नारायण भी सब के जाने तक चुप बैठ जाते। सबके जाने पर नायडू जी ने जयप्रकाश नारायण से हँसकर पूछा कि—"जे.पी.! तुम शैतान! यह क्या वेश बनाया है।" और जयप्रकाश जी ने नेहरू जी द्वारा दिए गए सभी कागजात श्रीमती नायडू जी को सौंप दिए।

इधर जब जयप्रकाश नारायण इलाहाबाद वापस आए तो उन्हें ज्ञात हुआ कि उनकी पत्नी प्रभावती और कमला

नेहरू को भी जेल पहुँचा दिया गया है। जयप्रकाश नारायण ने तुरन्त बम्बई के लिए प्रस्थान किया और काँग्रेस की तरफ से एक 'बाजाप्ता' नामक दफ्तर खोला जिसके अनेक कार्यक्रम थे। इसमें देश की समस्त गतिविधियों को अंकित किया जाता था और लोग वेश बदल-बदल कर फर्मों की रसीद, पेपर, एजेन्सी रखते थे तथा कागजात व पत्र जगह-जगह पहुँचाते थे। वे ऊन, रंग, मोटर आदि का व्यापार करते हैं। उनके पास बड़े-बड़े सन्दूक होते थे जिनमें उनका माल रहता था और जयप्रकाश नारायण भी वेश बदलकर तथा नाम बदल देश की परिस्थितियों का जायज़ा लेते थे और पूँजीपति लोग लंका तक से कपड़ा लेकर आते थे।

शिवप्रसाद गुप्त के यहाँ काँग्रेस कार्यसमिति की गुप्त रूप से बैठक की गई जिसमें डॉ. किचलू, राजाजी, मालवीय, राजेन्द्र प्रसाद, किरण शंकर राय आदि सभी ने बढ़-चढ़कर गुप्त रूप से भाग लिया, किन्तु यह बात सरकार से छुप न सकी। जयप्रकाश जी के नाम से वारण्ट निकाले गए परन्तु जयप्रकाश द्वारा स्वयं बचने के सभी प्रयास विफल रहे और वे सी. आई. डी. पुलिस द्वारा मद्रास स्टेशन पर गिरफ्तार कर लिए गए। इस बात का विरोध राजाजी द्वारा किया गया और उन्होंने 'हैवियस कारपस' का आवेदन भी किया किन्तु सरकार द्वारा उनकी एक न सुनी गई और जयप्रकाश जी को सरकार की आज्ञा से बम्बई की नासिक जेल में भेज दिया गया। सत्याग्रह आंदोलन भी निष्क्रिय हो रहा था। सरकार ने अछूत जाति को पृथक प्रतिनिधित्व दिया तो गाँधी जी द्वारा आमरण अनशन की घोषणा से सरकार को झुकना पड़ा और गाँधी जी को रिहा करने से नेता लोगों ने फिर से काँग्रेस समिति में भाग लेना प्रारम्भ कर दिया।

जेल में जो लोग गिरफ्तार किए गए थे वे तथा जयप्रकाश नारायण सभी आजादी किस प्रकार आएगी इस बात को लेकर विचारमग्न रहते थे। जयप्रकाश जी यह सोचकर परेशान थे कि इस प्रकार से कुछ दिनों तक हंगामा करने या आंदोलनों को किस प्रकार गति दी जाए। काँग्रेस का एक दल जहाँ सरकार के प्रति शीघ्रातिशीघ्र नरम होता वहाँ मजदूर तथा कृषकवर्ग आज़ादी पाने की ज्वाला में दहक रहा था और यही वर्ग एक ऐसा वर्ग था जो कि आज़ादी पाने के लिए सफल प्रयास कर सकता था। भारत को समाजवाद की ओर चलाने के लिए, लोगों को समाजवाद के पाठ से अवगत कराने के लिए तथा लोगों को अधिकारों की माँग के प्रति सजग करने के लिए जयप्रकाश नारायण ने जेल में अपने विचारों को कागजों पर लिखना शुरू कर दिया।

समाजवाद एक नया वाद था जो कि रूस की 1917 की क्रांति के फलस्वरूप उत्पन्न हुआ था परन्तु लेनिन की मृत्यु से रूस में समाजवाद टूट गया था लेकिन भारत भी कम्युनिस्टवाद की दिशा में रूस से प्रभावित था। भारत में कम्युनिस्ट पार्टी काँग्रेस को प्रतिक्रियावादी मानती थी अतः पुलिस के साथ मिलकर अंग्रेजों की पूर्ण रूप से सहायता करती थी। समाजवाद लोगों के लिए एक अज्ञात विषय अब नहीं रह गया था। नेहरू जी द्वारा भारत में समाजवाद का प्रचार प्रारम्भ किया जा चुका था। काँग्रेस में इसका सूत्रपात होने लगा था और पूरे भारत में एक बिहार ही ऐसा क्षेत्र था जो कि समाजवादी प्रक्रिया से पूर्णरूपेण युक्त था।

इसी दौरान 'बिहार सोशलिस्ट' पार्टी का जन्म हुआ। इस पार्टी में काँग्रेस सदस्यों को ही भर्ती किया जाता था पर जयप्रकाश जी की सलाह से पार्टी में कोई भी व्यक्ति भर्ती हो सकता था। इस पार्टी का जन्म जेल से छूटे हुए व्यक्तियों द्वारा हुआ था। समाजवादी पार्टी के नियमों को जयप्रकाश जी ने जेल में ही बनाया। जयप्रकाश जी को 1933 में रिहा कर दिया गया था। 1934 में भूकम्प आने के कारण मुंगेर तथा मुजफ्फरपुर तो पूर्ण रूप से नष्ट हो ही गए थे। लाखों लोग अपने से वंचित हो गए तथा अनेकों लोग कालग्रसित हो गए। इन लोगों की सहायता हेतु पटना में एक केन्द्र की व्यवस्था भी की गई। जयप्रकाश नारायण को इस संस्था का अध्यक्ष बनने का अवसर प्राप्त हुआ। उन्होंने सभी की पर्याप्त सहायता की। जयप्रकाश नारायण द्वारा की गयी इस कार्य कुशलता को देखकर कोई भी व्यक्ति आश्चर्यचकिंत हुए बिना न रह सका।

बिहार पर प्राकृतिक आपदा

अमृता शेखर

जयप्रकाश नारायण को बिहार में जन्म लेने के कारण बिहार से खास लगाव था। जब कभी बिहार पर राजनीतिक संकट या प्राकृतिक आपदा होती थी तो जयप्रकाश जी के मन को झकझोर देती थी। यही प्राकृतिक आपदा 1934 में भूकम्प के कारण उत्पन्न हुई तो बिहार की इस विपत्ति की खबर देश को लगी। देश-विदेश से सहायता माँगी गई। जयप्रकाश नारायण भी अपनी आज़ादी की लड़ाई छोड़ दुःख में कदम से कदम मिलाकर चलने के लिए पटना पहुँचे। 15 जनवरी, 1934 के दिन के दोपहर बाद सहसा ही ज़मीन हिल उठी। साधारण से हिलकोरे के बाद धक्के पर धक्के। बड़े-वड़े मकान ऐसे गिर पड़े जैसे कि ताश के पत्ते गिर जाते हैं। मकानों के मलवे के नीचे बहुत-सी वस्तुओं के अतिरिक्त लोग भी दबकर कालग्रसित हो गए थे। जहाँ-तहाँ लाशें ही लाशें दिखाई पड़ रही थीं, उन्हें कोई हाथ लगाने वाला भी नज़र नहीं आ रहा था पर हाँ, मांसाहारी जानवरों और पक्षियों के लिए भोजन की अल्पता नहीं थी।

पानी की धारा ज़मीन फोड़ कर निकल आई, कुएँ बालू से भर गए, तालाब छिछले बन गए, नदी के कछार गायब हो गए, खाने को अन्न नहीं, पीने को पानी नहीं। चारों ओर त्राहि-त्राहि। जिसमें मुंगेर तथा मुजफ्फरपुर की हालत तो बहुत ही बदतर थी। भूकम्प इतना भयानक था कि इसकी ख़बर पूरे देश-विदेश में आग की तरह फैल गई और देशों-विदेशों से हर प्रकार की सहायताएँ आनी शुरू हो गईं। बिहार की इस प्राकृतिक आपदा को सुनकर जयप्रकाश नारायण कैसे पीछे रह सकते थे। जयप्रकाश नारायण भी बिहार की इस विपत्ति के समय स्वतन्त्रता आंदोलन को बीच में ही छोड़कर नासिक जेल से रिहा होने के पश्चात् तुरन्त पटना पहुँचे तथा पटना पहुँचने पर एक सहायता केन्द्र खोला और सरकार की उस सहायता में पूर्ण रूप से हाथ बँटाया। जयप्रकाश ने प्रायः बाहर ही काम किया था। अतः उनका सम्पर्क प्रान्तीय नौजवानों से नहीं हो पाया था। इस अवसर पर उन्हें यह देखने का मौका मिला कि जिस पार्टी के निर्माण हेतु वे दृढ़प्रतिज्ञ हैं, उसके लिए मानवीय उपादान उनके अपने प्रान्त में कहाँ तक उपलब्ध है। इसी संबंध में बिहार के नौजवान और जयप्रकाश जी के संबंध में एक बहुत ही प्रसिद्ध और मज़ेदार बात है कि एक बार जब जयप्रकाश नारायण सहायता केन्द्र के ऑफिस पहुँचे तो ऑफिस का संगठन नहीं होने पाया था। सारे कार्य को शुरू से ही सँभालना था, अतः एक टाइपराइटर की आवश्यकता थी। टाइपराइटर देने का वचन शहर के सुप्रसिद्ध नागरिक सच्चिदानन्द सिन्हा ने दिया था पर उसे लाने के लिए एक व्यक्ति की जरूरत थी इसलिए वे एक स्वयंसेवक की तलाश कर रहे थे, इतने में ही खादी की धूल-धूसरित एकोती में तथा एक कन्धे पर बिलकुल घोर देहाती शक्ल-सूरत रखनेवाला व्यक्ति उनके सामने आ गया। जयप्रकाश जी ने उस व्यक्ति से पूछा कि–

"आप स्वयं सेवक हैं?"

"जी हाँ।"

"सिन्हा साहब का घर जानते हैं?"

"सिन्हा साहब वही जो बालिस्टर हैं न?"

"हाँ।"

"तो क्या हुक्म होता है?"

"यह लीजिए, पैसे। एक टमटम कर लीजिए–सिन्हा साहब के घर जाइए, यह पुर्जा दीजिएगा और उनसे टाइपराइटर लेकर जल्द आ जाइएगा। टाइपराइटर समझते हैं?"

"नहीं न, जिससे कचहरी में दरख़ास्त छापी जाती है।"

"हाँ, हाँ, वही।"

"तो उसके लाने के लिए पैसे की क्या जरूरत? लाइए पुर्जा, लिए आता हूँ।"

जयप्रकाश जी ने पैसे देने की बहुत जिद की पर वह पुर्जा लेकर चला जाता है और थोड़ी देर बाद ही कन्धे पर धोती सिर पर लपेटे, उस पर टाइपराइटर रखे हुए ऑफिस में प्रवेशित होता है, इतने में ही राजेन्द्र बाबू भी आ जाते हैं जिन्हें देखकर वह व्यक्ति झेंप जाता है और टाइपराइटर रखकर चल देता है। तो राजेन्द्र बाबू पूछते हैं–

"इन्हें टाइपराइटर लाने को किसने कहा?"

"क्यों? मैंने ही तो!" जयप्रकाश जी ने कहा।

"आप इन्हें जानते हैं?"

"जी नहीं!"

"तभी! यह श्यामनन्दन बाबू हैं, इस जिले की काँग्रेस कमेटी के सेक्रेटरी।"

जयप्रकाश जी आश्चर्यचकित रह गए। जब कि वे यह भी जानते थे कि श्यामनन्दन जी पटना विश्वविद्यालय के ग्रेजुएट थे और घर से भी काफी सम्पन्न व्यक्ति थे। उन्होंने जब तक माफी माँगने की तलाश की तब तक तो श्यामनन्दन जी किसी दूसरे काम में खो चुके थे।

यह देखकर जयप्रकाश जी के मन में यह विचार आया कि हिन्दुस्तान में समाजवाद कायम करने के लिए ऐसे ही नौजवान की आवश्यकता है जो स्वयं को जनता में बिलकुल खपा सके, जिसमें विद्या-बुद्धि का मोह न हो, जो सेवा में ऊँच-नीच का भेद-भाव न रखता हो, जो हर समय प्रत्येक काम करने हेतु तत्पर रहे! अतः जयप्रकाश जी ने श्यामनन्दन के रूप में बिहार के नौजवानों को देखा–धुनी, कर्मठ, विनयी, बलिपन्थी नौजवानों के झुण्ड के झुण्ड को देखा, जो कि बिहार की गली-गली में देखने को मिल सकते हैं। अतः जयप्रकाश जी को अब अपने कार्य के लिए एक ऐसा क्षेत्र मिल गया और उन्होंने अपने कार्य के लिए बिहार को ही मुख्य क्षेत्र बनाने के लिए सोचा।

वहाँ अव्यवस्था की कहीं भी किसी प्रकार की कमी नज़र नहीं आ रही थी क्योंकि वह सहायता पहुँचाने की प्रारम्भिक स्थिति थी। बिहारवासी किसी भी कार्य को करने से पीछे नहीं हटते और मेहनत तथा काम को दिल लगाकर करते हैं परन्तु उसे दफ्तरी व्यवस्था का रूप देने की ज़रूरत महसूस नहीं करते हैं पर जयप्रकाश जी को शुरू-शुरू में कार्यालय चलाने के लिए काफी कठिनाइयों का सामना करना पड़ा था। लेकिन धीरे-धीरे काम का सिलसिला बढ़ने लगा और केन्द्रीय कार्यालय सुचारु रूप से चलने लगा तथा मुफस्सिल के कामों में भी व्यवस्था आ गई। तभी से, जयप्रकाश जी का ध्यान भी अपने प्रान्त के अन्य राजनीतिक कार्यों की ओर आकृष्ट हो गया।

जहाँ बिहार के भूकम्प पीड़ितों को बाहर से सहायता पूर्ण रूप से मिल रही थी वहीं जमींदारों की सख्तियाँ उन पर बढ़ रही थीं। किसानों को खेतों से बालू हटाने, घर बनाने या खाने-पीने के लिए जो पैसा प्राप्त होता वे जमींदारों के अमले या तो हड़प जाते या फिर बाकी-मालगुजारी में उचक लेते। कई स्थानों पर बगीचों से लकड़ी और बाँस काटकर घर बनाने से भी उन्हें रोका जाता था। ऐसी ही शिकायतें बाबू (अस सर) चन्द्रशेखर प्रसाद नारायणी सिंह और महाराजाधिराज दरभंगा की जमींदारियों से आ रही थीं। ऐसी ही समस्याओं पर जयप्रकाश नारायण का ध्यान भी जाने लगा।

जयप्रकाश जी अब बिहार सोशलिस्ट पार्टी में भी सम्मिलित हो गए थे तथा बिहार के साथियों के साथ मिलकर अखिल भारतीय काँग्रेस समाजवादी पार्टी के संगठन के लिए प्रयास कर रहे थे। जयप्रकाश जी की इस योजना को बिहार के साथियों ने बहुत पसन्द किया जो कि वास्तव में तो बिहार सोशलिस्ट पार्टी के ही देशव्यापी रूप की योजना

थी—तो वह क्यों पसन्द न आती? तभी यह पता चला कि अखिल भारतीय काँग्रेस कमेटी की बैठक पटना में बुलाई जा रही है, जिसमें महात्माजी सत्याग्रह वापस लेने का प्रस्ताव रखेंगे तथा विधानवादियों की तरफ से असेम्बली और कौन्सिलों में जाने का प्रस्ताव भी पेश किया जाएगा। इस अवसर को उचित समझते हुए बिहार सोशलिस्ट पार्टी ने पटना में देशभर के समाजवादियों की एक कान्फ्रेन्स बुलाने का निश्चय किया। समाजवादियों की यह अखिल भारतीय कान्फ्रेंस ही काँग्रेस सोशलिस्ट पार्टी की जन्मदाता है।

लोकनायक जयप्रकाश नारायण और भूमिगत आंदोलन

डॉ. रणवीर कुमार

स्वतन्त्रता संग्राम में जयप्रकाश के योगदान का एक अनूठा आयाम था भूमिगत आंदोलन जो काफी चर्चित व प्रभावशाली रहा। भूमिगत आंदोलन का मतलब था गुप्त रूप से यानि बिना गिरफ्तार हुए चोरी-छुपे आंदोलन की गतिविधियों को जारी रखना और ब्रिटिश राज को आतंकित करना। जयप्रकाश का यह प्रयोग काफी सफल रहा। भूमिगत आंदोलन को नेतृत्व देने की उनमें अद्भुत क्षमता थी। चोरी-छुपे जुलूस, हड़ताल, सत्याग्रह तथा कभी-कभी तोड़-फोड़ आदि का कार्यक्रम चलाने में उनकी शिष्ट योग्यता थी। ऐसे समय में जब काँग्रेस को गैर-कानूनी संगठन घोषित कर दिया गया हो और सारे मुख्य नेता व कार्यकर्त्ता गिरफ्तार कर लिए गए हों या गिरफ्तारी के लिए विभिन्न जगहों पर छापे डाले जा रहे हों, जयप्रकाश के पास सिवाय भूमिगत आंदोलन के रास्ते को अपनाने के अलावा कोई रास्ता नहीं बचा। कुछ लोगों का मानना है कि जयप्रकाश जब अमेरिका में थे तब वे साम्यवादी व कम्युनिस्ट आंदोलन में दिलचस्पी लेते थे और वे उसके सदस्य बने जिसकी कार्यविधि व तौर-तरीकों में भूमिगत आंदोलन निहित था। वे पोलैण्ड के एब्रम् ब्लैंडी नामक यहूदी के सम्पर्क में आए जहाँ से उन्होंने भूमिगत आंदोलन के महत्त्व को पहचाना और स्वदेश लौटने पर स्वतन्त्रता संग्राम के दौरान उसे अपनाया।

यदि जयप्रकाश द्वारा चलाए गए भूमिगत आंदोलन पर सरसरी निगाह डालें तो यह स्पष्ट है कि उन्होंने इसे दो दौर में चलाया। पहली बार 1932 के जनवरी से सितम्बर, 1932 तक सविनय अवज्ञा आंदोलन के पुनर्जीवन के दरम्यान और दूसरी बार भारत छोड़ो आंदोलन के सन्दर्भ में 1 नवम्बर, 1942 से सितम्बर, 1943 तक जब वे हजारीबाग जेल से बड़ी बहादुरी के साथ भाग निकले।

भूमिगत आंदोलन का पहला चरण जयप्रकाश के लिए स्वतन्त्रता संघर्ष में अपनी पहली पहचान बनाने में सहायक सिद्ध हुआ। वे 7 वर्षों तक अमेरिका में रहने के बाद 1929 के नवम्बर माह में स्वदेश लौटे और सीधे स्वतन्त्रता संग्राम में कूद पड़े। वे गाँधी व नेहरू के सीधे सम्पर्क में आए; उन्हें काँग्रेस पार्टी का कानूनी और फिर बाद में मज़दूर विभाग की जिम्मेदारी दी गई।

जनवरी 1931-32 के दौरान भारतीय राजनीति में घटनाक्रम तेजी से बदल रहा था। पूरा देश गाँधी के नेतृत्व में सविनय अवज्ञा आंदोलन चला रहा था। आंदोलन की शुरुआत नमक सत्याग्रह दांडी मार्च से प्रारम्भ हुई लेकिन गाँधी-इर्विन के समझौते के तहत यह आंदोलन स्थगित कर दिया गया और गाँधी द्वितीय गोलमेज सम्मेलन में भाग लेने के लिए इंग्लैण्ड गए। वहाँ उन्हें कुछ हाथ नहीं आया और भारत वापस आने पर वे सविनय अवज्ञा आंदोलन को पुनः शुरू करने की तैयारी में लग गए। इस बीच नए वायसराय विलिंग्डन की नियुक्ति हुई। वे गाँधी-इर्विन समझौते के खिलाफ थे और काँग्रेसियों के साथ सख्ती करने में विश्वास रखते थे। एक नया अध्यादेश जारी कर बिना मुकदमा चलाए जेल में बन्द करने तथा प्रेस सेंसरशिप व सम्पत्ति जब्त करने का अधिकार लिया गया। साथ ही काँग्रेस को एक गैरकानूनी संगठन भी घोषित किया गया और सारे प्रमुख काँग्रेसी नेताओं को गिरफ्तार कर लिया गया। जयप्रकाश भी नेहरू के साथ इलाहाबाद से एक ही ट्रेन से लेकिन दूसरी बोगी में मद्रास के लिए रवाना हुए जहाँ काँग्रेस कार्यकारिणी की बैठक

होनी थी। नेहरू जी रास्ते में ही गिरफ्तार कर लिए गए और जयप्रकाश दूसरी बोगी में होने के कारण पुलिस की नजरों से बच गए। उनके पास काँग्रेस पार्टी के आवश्यक दस्तावेज व कागजात भी थे और वे कागजात उन्होंने सही सलामत सरोजिनी नायडू, जो स्थानापन्न अध्यक्ष थीं, को सौंप दिए। काँग्रेस कार्यकारिणी की बैठक में जयप्रकाश ने विभिन्न काँग्रेस कार्यालयों से प्राप्त रिपोर्टों का ब्यौरा तथा आंदोलन का लेखा-जोखा व गिरफ्तार कार्यकर्ताओं का आकलन गाँधी को बताया। सभी लोग जयप्रकाश की प्रतिभा से आश्चर्यचकित थे। इसी बीच महात्मा गाँधी भी 4 जनवरी को गिरफ्तार कर लिए गए। एक आकलन के अनुसार जनवरी माह में लगभग 15 हजार कार्यकर्ता व विभिन्न स्तर के नेताओं को गिरफ्तार किया गया। इतने बड़े स्तर पर गिरफ्तारी से काँग्रेस की गतिविधियों को जारी रखने की जिम्मेदारी जयप्रकाश ने अपने कन्धों पर ली और उन्होंने इन विपरीत परिस्थितियों में भूमिगत आंदोलन का सूत्रपात किया।

सर्वप्रथम जयप्रकाश ने भूमिगत आंदोलन को सुचारु रूप से चलाने के उद्देश्य से बम्बई में काँग्रेस का भूमिगत कार्यालय खोला और अन्य किसी बड़े नेता के न रहने के कारण वे अखिल भारतीय काँग्रेस पार्टी के स्थानापन्न महासचिव बने। भारत में नया चेहरा होने के कारण पुलिस उन्हें पकड़ने में कई बार विफल रही। भूमिगत रहते हुए तितर-बितर हो गए कार्यकर्ताओं से उन्होंने सम्पर्क स्थापित किया और जुलूस, सत्याग्रह, पिकेटिंग व पर्चे बाँटने का कार्य किया। इस बीच उन्होंने श्रीमती नायडू, अच्युत पटवर्धन, मीनू मसानी व लालजी महरोत्रा के सम्पर्क में रहकर काँग्रेस की गतिविधियों को जीवित रखा।

बड़े नेताओं की अनुपस्थिति में जयप्रकाश, जो उस समय मात्र तीस वर्ष के थे, ने भारतीय स्वतन्त्रता आंदोलन की जिम्मेदारी अपने कन्धों पर ली। इसी दौरान चाँदनी चौक में काँग्रेस का एक खुला अधिवेशन हुआ लेकिन अधिवेशन शुरू होते ही पुलिस को पता लग गया और व्यापक स्तर पर लाठीचार्ज व गिरफ्तारियाँ हुईं। फिर भी डॉ. राजेन्द्र प्रसाद व जयप्रकाश, मदन मोहन मालवीय, राजगोपालाचारी गिरफ्तारी से बच गए। इसके बाद जुलाई, 1933 में बनारस में काँग्रेस कार्यकारिणी की गुप्त बैठक शिवप्रसाद गुप्त के घर पर हुई और सफल रही। पुलिस को इसकी जरा-सी भनक नहीं लगने दी गई। इस बैठक में काँग्रेस के बड़े-बड़े नेताओं ने, जो गिरफ्तारी से बच गए थे, भाग लिया और निर्णय लिया कि इण्डिया लीग के द्वारा भेजे जा रहे ब्रिटिश संसद के सदस्यों का शिष्टमण्डल जो भारत आने वाला है उसे सही-सही ब्रिटिश राज के शोषण व दमन की जानकारी दी जाए। जयप्रकाश ने ब्रिटिश शिष्टमण्डल को सही जानकारी देने का दायित्व अपने ऊपर लिया।

ब्रिटिश शिष्टमण्डल का उद्देश्य था लार्ड विलिंग्डन के दमन व पुलिस जुल्म व शोषण का अध्ययन करना और रिपोर्ट देना। काँग्रेस के द्वारा चलाए जा रहे आंदोलन क्या सचमुच सत्य, नैतिकता, न्याय व शान्तिपूर्ण हैं और ब्रिटिश प्रशासन अन्याय कर रहा है, क्या व्यक्तिगत अराजकता है? यानि सच्चाई क्या है?

जयप्रकाश चोरी-छुपे बम्बई पहुँचे और ब्रिटिश संसद सदस्य शिष्टमण्डल से जा मिले। वे संसद सदस्यों से, विशेषकर कुमारी विल्लिंसन से काफी प्रभावित हुए और उन्हें ब्रिटिश प्रशासन के शोषण व गिरफ्तारियों के बारे में सही जानकारी दी और शिष्टमण्डल को जगह-जगह ले गए और साधारण लोगों से बातचीत की व्यवस्था भी की। पुलिस को भनक मिल गई कि जयप्रकाश ब्रिटिश शिष्टमण्डल से मिल रहा है। उनके खिलाफ वारण्ट भी पुलिस ने हासिल कर लिया। तब तक जयप्रकाश शिष्टमण्डल के साथ पूना गए और रेलवे कर्मचारी संघ के महामन्त्री गुरुस्वामी से शिष्टमण्डल को मिलवाया। जयप्रकाश अपने समाजवादी मित्र एस. एम. जोशी, जो जेल में थे, की पत्नी से भेंट करने में सफल रहे। पूना से शिष्टमण्डल के साथ जयप्रकाश मद्रास पहुँचे। मद्रास से ब्रिटिश संसद सदस्य कर्नाटक के लिए रवाना हुए। स्टेशन पर शिष्टमण्डल को विदा कर रहे जयप्रकाश को पुलिस ने गिरफ्तार कर लिया। राजगोपालाचारी को जयप्रकाश की गिरफ्तारी की खबर मिली तो उन्होंने मद्रास हाई कोर्ट में गिरफ्तारी की वैधता को चुनौती देते हुए याचिका दायर की। हाई कोर्ट ने जयप्रकाश की गिरफ्तारी को वैध ठहराया और उन्हें पहले आर्थर रोड जेल भेजा गया और बाद में नासिक के केन्द्रीय कारागार में भेज दिया।

सितम्बर, 1932 में जब जयप्रकाश फिर पहली बार गिरफ्तार हुए तो वे मात्र तीस वर्ष के थे और भूमिगत गतिविधियों के कारण पूरे देश में चर्चित हो गए थे। प्रेस व अखबारों में उनके बारे में कुछ न कुछ निकलता ही रहता था। उनकी

गिरफ्तारी पर बम्बई के अंग्रेजी अखबार 'फ्री प्रेस जर्नल' ने समाचार प्रकाशित किया 'काँग्रेस ब्रेन अरेस्टेड'।

जयप्रकाश ने दूसरा भूमिगत आंदोलन 'भारत छोड़ो' अभियान के तहत शुरू किया। यह आंदोलन काफी तीव्र व संघर्षमय था। जब गाँधी ने भारत छोड़ो आंदोलन का नारा और कार्यक्रम अगस्त, 1942 में दिया तो पूरे देश का उन्हें व्यापक समर्थन था। द्वितीय विश्व युद्ध चल रहा था और अंग्रेजों की स्थिति कुछ सुधरने लगी थी। उन्होंने डोमिनियन स्टेट्स देने के लिए क्रिप्स मिशन को भारत भेजा लेकिन गाँधी जी पूर्ण स्वतन्त्रता से कम में राजी नहीं थे। इस सन्दर्भ में उन्होंने अंग्रेजों से भारत छोड़ने को कहा। काँग्रेस के लगभग सारे जाने-पहचाने नेता व कार्यकर्ता गिरफ्तार कर लिए गए थे और 'भारत छोड़ो' ने एक जन-आंदोलन का रूप धारण कर लिया। गाँधी ने 'करो या मरो' का नारा दिया और घोषणा की कि सभी काँग्रेसी नेता गिरफ्तार हो भी जाएँ तो हर व्यक्ति अपना नेतृत्व स्वयं करे।

जब पूरे देश में भारत छोड़ो आंदोलन अपनी पराकाष्ठा पर था तो उस समय जयप्रकाश हजारीबाग जेल में थे। वे आंदोलन की गतिविधियों को जानकर उनमें भाग लेने के लिए बेचैन हो उठे लेकिन वह असहाय थे। जेल में उनका मन एकदम नहीं लग रहा था। अचानक उन्होंने कुछ साथियों के साथ जेल से भाग निकलने का कार्यक्रम बनाया। ब्रिटिश प्रशासन का कड़ा पहरा तथा सख्त हिदायत के कारण उस जमाने में जेल से भाग जाना कोई साधारण व्यक्ति सोच भी नहीं सकता था।

8 नवम्बर, 1942 दीपावली की रात थी। अमावस्या की रात काली व अँधेरा घुप्प। जेल के भीतर और बाहर दीपावली का त्योहार मनाया जा रहा था। जेल वार्डन व पहरेदार, सिपाही, कैदी सारे लोग उत्सव मनाने में मग्न थे। सुरक्षा व्यवस्था में थोड़ी ढील हुई। जयप्रकाश ने अपने कुछ नजदीकी मित्रों के साथ पहले ही भागने का कार्यक्रम बना लिया था सिर्फ उसे अंजाम देना था। रात को दस बजे जयप्रकाश के नेतृत्व में योगेन्द्र शुक्ल, रामानन्द मिश्र, सूरज नारायण सिंह, शालिग्राम सिंह, गुलाब चन्द्र गुप्त धीरे-धीरे नंगे पैर अहाते में आए और धोती से बने सीढ़ीनुमा के सहारे दीवार फाँद गए और अँधेरे का फायदा उठाते हुए जेल से भाग खड़े हुए। बिना किसी से पूछे इन लोगों ने मुंगेर-गया व हजारीबाग के जंगलों से भटकते हुए तीसरे दिन हजारीबाग जिला से गया जिला में प्रवेश किया और पुलिस की चौकसी को कई बार छकाया। प्रशासन ने जयप्रकाश को जिन्दा या मुर्दा पकड़ने के लिए पाँच हजार रुपए का इनाम घोषित किया जिसे बाद में बढ़ाकर दस हजार रुपए किया गया।

जेल से फरार होते ही जयप्रकाश भूमिगत आंदोलन में सक्रिय हो गए। सर्वप्रथम वे वैसे लोगों की तलाश में जुट गए जो पुलिस की गिरफ्तारी से बच गए थे। इसी उद्देश्य से वे बनारस आए और बनारस हिन्दू विश्वविद्यालय के परिसर में कई परिचित अध्यापक व छात्र नेताओं से सम्पर्क स्थापित करने में कामयाब हुए। उनकी बढ़ी हुई दाढ़ी और मैले-कुचैले कपड़ों के कारण कई परिचित लोग उन्हें पहचान नहीं पाए। बनारस से वे ट्रेन से दिल्ली आए। दिल्ली में एक सेतिया परिवार के सम्पर्क में आए जिन्होंने उन्हें ब्रिटिश शासन के विरुद्ध पर्चे निकालने के लिए कुछ रुपए दिए।

कुल मिलाकर जयप्रकाश ने तीन ऐतिहासिक पर्चे अपने भूमिगत आंदोलन के दौरान 1942-43 में निकाले और चोरी-छुपे इसे सामान्य लोगों में बँटवाया। ये पर्चे स्वतन्त्रता संग्राम सेनानियों के नाम थे तथा अन्तिम पर्चा अमेरिका के सैनिकों के लिए खुला पत्र था। इन पत्रों का उद्देश्य था भूमिगत आंदोलन को मजबूत करना, कार्यक्रम की रूपरेखा तैयार करना, अब तक किए गए कार्यों का लेखा-जोखा व आत्म मंथन, क्रांति का सन्देश प्रचारित करना, ब्रिटिश प्रशासन को कमजोर करना और 'आजाद दस्ता' की स्थापना करना इत्यादि।

प्रथम पत्र में जयप्रकाश ने पहले सभी स्वतन्त्रता सेनानियों को अभिवादन किया। इसमें लिखा—

''हमारी क्रांति का पहला दौर तो इस अर्थ में सफल रहा कि देश के कई बड़े क्षेत्रों में अंग्रेजी सत्ता की जड़ उखड़ गई। क्रांति का आगे बढ़ना इसलिए नहीं रुका कि शत्रु की पैशाचिक शक्ति रास्ता रोके खड़ी थी बल्कि इसलिए रुका कि हमारे पास पर्याप्त संगठन की कमी थी और हमें क्रांति के कार्यक्रम की अच्छी तरह समझ नहीं थी। आज हमारा काम साफ तौर से यह है कि दूसरे व अन्तिम प्रहार के लिए अपनी शक्ति को तैयार करें, उसे संगठित करें, उसे अनुशासनबद्ध करें। हमारे पास समय बहुत कम है, इसलिए हम एक क्षण भी खो नहीं सकते। हमें तैयारी के हर क्षेत्र में आपकी मदद की जरूरत है। हमें गाँवों में व औद्योगिक क्षेत्रों में, रेलों पर व खदानों में, सेना में व सार्वजनिक

सेवाओं में काम करना है। हमें अपना साहित्य छापना है व बाँटना है, सम्पर्क व संचार के अपने साधन बनाए रखने हैं व बढ़ाने हैं। हमें सैनिक दल भर्ती करने व प्रशिक्षित करने हैं, तोड़-फोड़ के लिए टैक्निकल व्यक्ति तैयार करने हैं और शत्रु से अपनी मौजूदा झड़पें जारी रखनी हैं।''

भूमिगत होते हुए जयप्रकाश ने लगभग छः माह के बाद स्वतन्त्रता सेनानियों के नाम से दूसरा पत्र जारी किया जो लगभग 20 पेज का था। इस पत्र में पिछले पत्र का हवाला देते हुए जयप्रकाश ने लिखा कि राष्ट्रीय क्रांति पर उनके विचार व दृष्टि में कोई बदलाव नहीं हुआ है। लेकिन उनकी भविष्यवाणी कि जल्द ही राष्ट्रीय स्तर पर क्रांति होगी, सही नहीं निकली। लोगों में ब्रिटिश साम्राज्यवाद के प्रति पहले से तीव्र रोष है। भारतीय सेनाओं व ऑफिसरों में पहले से ज्यादा असन्तोष है। दूसरे पत्र में समसामयिक घटनाओं पर विश्लेषणात्मक टिप्पणी करते हुए जयप्रकाश ने बताया कि सुभाषचन्द्र बोस की फ्री प्रोविंसीय भारतीय राष्ट्रीय सरकार की स्थापना सिंगापुर में हो चुकी है और जापान सरकार इसको मान्यता भी दे चुकी है। उन्होंने कहा कि सुभाष की तुलना क्यूसलिंग से करना आसान है लेकिन सही नहीं है। सुभाष की तारीफ करते हुए उन्होंने स्वतन्त्रता सेनानियों को आगाह किया कि उनकी शक्ति और उनकी क्षमता हमारे लिए उपलब्ध साधन हैं। उन्होंने भारतीय सैनिकों को भारतीय नागरिकों के सैनिक बनने का सन्देश दिया। उन्होंने क्रांति के लिए धन, संगठन, प्रशिक्षण, कुशल नेतृत्व पर विशेष ध्यान देने का जिक्र किया। अन्त में जयप्रकाश ने करो या मरो के साथ गुरिल्ला युद्ध के विशेष क्रियाकलापों पर बल दिया। इसे प्रिजनर्स वार (Prisoners war) तथा खुला विद्रोह (Open Rebellion) बताया। उन्होंने खुला विद्रोह के प्रथम चरण को इस हद तक सफल बताया और तर्क दिया कि ब्रिटिश राज का यह स्वीकार करना कि भूमिगत आंदोलन ब्रिटिश साम्राज्य को काफी क्षति पहुँचा रहा है, इस बात को सही ठहराता है। ब्रिटिश राज का यह दावा कि खुले विद्रोह को दबा दिया गया है, गलत है। इतिहास इस बात का साक्षी है कि खुला विद्रोह किसी भी क्रांति का एक चरण होता है जिसे बलपूर्वक दबाया नहीं जा सकता है। उन्होंने पत्र में बताया कि प्रभावशाली संगठन एवं पूर्ण राष्ट्रीय क्रांति की रूपरेखा के अभाव के कारण खुले विद्रोह को आशा के अनुरूप सफलता नहीं मिली। 'भारत छोड़ो' और 'राष्ट्रीय-सरकार' इन दो मुद्दों पर साम्राज्यवादी सरकार से किसी भी प्रकार के समझौते के जयप्रकाश खिलाफ थे। जयप्रकाश ने पर्चे में जिक्र किया कि जिस तरह से जनरल युद्ध मैदान में हार जाता है तो पुनः पूरी तैयारी कर दुश्मनों पर चढ़ाई करता है उसी तरह से भारतीय स्वतन्त्रता सेनानियों को भी पूरी तैयारी कर जोश के साथ ब्रिटिश राज पर हमला बोलना चाहिए। इसके साथ ही क्रांति से जुड़े मुद्दों पर उन्होंने समानान्तर सरकार और स्थानीय सरकार की शाखाओं के गठन की वकालत की। पत्र के अन्त में जयप्रकाश ने अपनी सेवाएँ स्वतन्त्रता सेनानियों के लिए उपलब्ध बतायीं और करो या मरो की नीति पर औरों को चलने के लिए प्रेरित किया।

भूमिगत होते हुए जयप्रकाश ने तीसरा पर्चा अमेरिकन ऑफिसर व भारत में सैनिकों के नाम निकाला और प्रचारित किया। उन्होंने इस पत्र में भारतमाता के बाद अमेरिका को अपना दूसरा देश माना है जहाँ से उन्होंने कैलिफोर्निया, आइवो और वीकॉसिन विश्वविद्यालय में एक मजदूर बनकर काम करते हुए उच्च शिक्षा पाई। उन्होंने सैनिकों को आगाह किया कि वे स्वतन्त्रता व न्याय के लिए युद्ध लड़ें। जयप्रकाश ने पत्र में फासिज्म, नाजीवाद, साम्राज्यवाद व पूँजीवाद की कटु आलोचना की। उन्होंने ब्रिटिश राज द्वारा प्रस्तावित भारतीय स्वतन्त्रता को एक धोखा बताया और क्रिप्स मिशन को एक छलावा कहा। जयप्रकाश ने सैनिकों का आह्वान किया कि वे स्वतन्त्रता, न्याय और एक नई विश्व व्यवस्था के लिए उनकी मदद करें और सामने आएँ।

यदि जयप्रकाश के तीनों पर्चों का एक विश्लेषणात्मक अध्ययन किया जाए तो यह स्पष्ट है कि वे ब्रिटिश राज की समाप्ति और राष्ट्रीय क्रांति व विद्रोह व समानान्तर सरकार के गठन के पक्ष में थे। इसके लिए उन्हें एक सशस्त्र संगठन की स्थापना की आवश्यकता महसूस हुई और इसी उद्देश्य को ध्यान में रखते हुए जयप्रकाश ने भूमिगत 'आजाद दस्ते' के गठन की योजना बनाई।

दिल्ली से बम्बई, मद्रास व कलकत्ता होते हुए जयप्रकाश बिहार आए और बिहार से चोरी-छुपे वेशभूषा बदलकर वे नेपाल पहुँच गए। नेपाल पहुँचने के लिए उन्हें बारात पार्टी का सहारा लेना पड़ा। नेपाल पहुँचकर उन्होंने 'आजाद

दस्ते' का गठन 1943 में किया। 'आजाद दस्ता' जैसा नाम से ही स्पष्ट होता है इसका मुख्य उद्देश्य भारत को येन-केन-प्रकारेण स्वतन्त्रता दिलवाना था। 10-12 लोगों का एक छोटा संगठन होता था जिसे प्रशिक्षण दिया जाता था कि किस तरह से भूमिगत रहते हुए ब्रिटिश राज पर आक्रमण किया जा सकता है। इसके सदस्यों को विधिवत् अस्त्र-शस्त्र का प्रशिक्षण, हथियार चलाने की शिक्षा व तोड़-फोड़ के लिए उत्साहित किया जाता था। सैनिक प्रशिक्षण के लिए अवकाश प्राप्त सैनिकों से भी मदद ली जाती थी। सूरज नारायण सिंह को कैप्टन तथा योगेन्द्र शुक्ल को कमाण्डर-इन-चीफ बहाल किया गया और जयप्रकाश आजाद दस्ते के अध्यक्ष थे। जयप्रकाश ने आजाद हिन्द फौज से भी सम्पर्क स्थापित किया और गोला-बारूद व हथियार जमा किए। बिहार में विभिन्न जगहों पर इनकी शाखाएँ खोली गईं। उनका एक उद्देश्य यह भी था कि सुभाषचन्द्र बोस से सीधे सम्पर्क हो, लेकिन यह संभव नहीं हो पाया।

ब्रिटिश राज प्रशासन, उनकी फौज, पुलिस व बिहार, बंगाल, यू. पी. की सी. आई. डी. सारे देश में जयप्रकाश को पकड़ने के लिए तलाश कर रही थी और जगह-जगह छापे भी मार रही थी। जैसे-जैसे पुलिस की कार्रवाई बढ़ती गई और जयप्रकाश भूमिगत रहे, उनके बारे में तरह-तरह की कई कहानियाँ प्रचलित होती गईं। डाकखानों या तारघरों या रेल की कहीं भी तोड़-फोड़ होती, इसके लिए पुलिस जयप्रकाश को दोषी ठहराती। पुलिस यह भी प्रचार करती कि जयप्रकाश नवयुवकों को बम बनाना, बारूद का इस्तेमाल आदि सिखा रहा है। ब्रिटिश राज उसे एक मानव का हत्यारा व हिंसा का जनक कहकर प्रचारित किया करता था।

1942-43 के भारत छोड़ो आंदोलन के दरम्यान ज्यादातर काँग्रेस नेता जेल में बन्द थे जिसके कारण आंदोलन नेतृत्वहीन हो गया था। जयप्रकाश ही एक ऐसे बड़े नेता थे जो भूमिगत होकर नेतृत्व देने का प्रयास कर रहे थे और जो हजारीबाग जेल से भागने में सफल होने के कारण नवयुवकों की नजर में एक हीरो बने हुए थे। सरकार भी इस बात का प्रचार कर रही थी कि तोड़-फोड़ की घटनाओं के पीछे जयप्रकाश का हाथ है। सरकारी प्रचार के लिए प्रकाशित पुस्तिका 'शान्ति भंग के लिए काँग्रेस का उत्तरदायित्व' में जयप्रकाश को ही सर्वोपरि दोषी बताया गया था।

भूमिगत आंदोलन का एक दूसरा पहलू था जयप्रकाश की बंगाल अकाल में पीड़ित लोगों की जनसेवा। 1943 में बंगाल में भीषण अकाल पड़ा जिसमें लाखों लोग भूख से मर गए। जयप्रकाश का यह मानना था कि घोर भ्रष्ट व अयोग्य अंग्रेजी प्रशासन के कारण बंगाल में भयंकर अकाल पड़ा। प्रशासन की उदासीनता व असफलता को जयप्रकाश ने प्रचारित किया। उनके राहत कार्यों में जयप्रकाश ने चोरी-छिपे मदद का भरसक प्रयास किया। जयप्रकाश ने काँग्रेस के छापामार दस्तों को ललकारते हुए आह्वान किया कि सरकारी गोदामों पर कब्जा कर अन्न को गरीबों में बाँटें।

इस बीच गाँधी जी ने बढ़ती हुई हिंसा व पुलिस शोषण के विरुद्ध आगा खाँ महल में उपवास शुरू कर दिया और उनके स्वास्थ्य में भारी गिरावट आ गई। स्थिति नाजुक हो गई। अच्युत पटवर्धन ने जयप्रकाश को एक पत्रिका तैयार करने की जिम्मेदारी दी कि यदि कोई अनहोनी हो जाए तो उसकी प्रतियाँ लोगों में बाँटी जाएँ। जयप्रकाश इस कार्य में जुट गए लेकिन इस बीच गाँधी जी जेल से रिहा हो गए और पत्रिका की आवश्यकता नहीं पड़ी।

भूमिगत आंदोलन के कारण ही जयप्रकाश को स्वतन्त्रता संग्राम में एक विशिष्ट स्थान मिला है। उन्होंने जो साहस, वीरता, बहादुरी, बुद्धि, बल, त्याग व बलिदान की अनूठी मिसाल पेश की वह विरले ही मिलती है। स्वाधीनता संग्राम में जयप्रकाश मुख्य नायक के रूप में उभरे। महात्मा गाँधी ने जयप्रकाश से मौलिक बिन्दु पर मतभेद होते हुए भी उनके कार्यों को सराहा। सरकार द्वारा प्रकाशित पत्रिका 'शान्ति भंग के लिए काँग्रेस उत्तरदायी' के जवाब में महात्मा गाँधी ने जयप्रकाश के विचारों से मौलिक भेद को स्पष्ट करते हुए लिखा कि उनके दुर्दम्य साहस, त्याग एवं अपरिमित राष्ट्रभक्ति आदि गुणों के लिए कोई भी देश गौरवान्वित महसूस करेगा।

लोकनायक जयप्रकाश नारायण : साम्राज्यवादी युद्ध

संजय कुमार शेखर

जयप्रकाश ने अपने जीवनकाल में दोनों विश्वयुद्धों को देखा और उसके कटु अनुभव हुए। प्रथम विश्वयुद्ध 1914-18 में जयप्रकाश स्कूल जाते हुए मात्र 12 वर्षीय छात्र थे, अतः उनके अपने विचार युद्ध के संबंध में उतना मायने नहीं रखते। वे उस समय पटना कॉलिंगपट स्कूल में पढ़ते थे। लेकिन जब दूसरा विश्वयुद्ध सितम्बर 1939 में शुरू हुआ तो जयप्रकाश भारतीय स्वतन्त्रता संग्राम में एक अग्रणी सेनानी के रूप में प्रसिद्ध हो चुके थे। मार्क्सवाद, समाजवाद और गाँधीवाद तीनों के पोषक थे और उनका एक ही उद्देश्य था कि भारत को किस तरह ब्रिटिश साम्राज्यवाद के चंगुल से छुड़ाना चाहिए। इसी परिप्रेक्ष्य में जयप्रकाश के विचार व चिन्तन द्वितीय विश्वयुद्ध के सन्दर्भ में देखे और समझे जा सकते हैं।

वायसराय लिनलिथगो ने प्रान्तीय सरकारों से बिना विचार-विमर्श किए ही जर्मनी के खिलाफ ब्रिटेन द्वारा युद्ध की घोषणा में भारत को शामिल होने की घोषणा कर डाली। भारतीय नेताओं ने इसे अपमानजनक समझा, रोष व्यक्त किया। युद्ध को लेकर स्वतन्त्रता सेनानियों में व्यापक मतभेद रहा। सामान्य तौर पर इन नेताओं के विचारों को तीन वर्गों में विभाजित किया जा सकता है। एक पक्ष उदारवादी विचारधारा का था जो बिना शर्त ब्रिटिश राज को युद्ध में समर्थन देना चाहता था। इस तबके के लोगों का मानना था कि पूरे विश्व में फासिज्म और तानाशाह का बोलबाला हो जाएगा यदि ब्रिटेन की हार हो जाती है। ब्रिटेन प्रजातन्त्र के लिए लड़ रहा है और संकट की घड़ी में हर तरह से मदद करनी चाहिए क्योंकि भारत की स्वतन्त्रता ब्रिटेन की स्वतन्त्रता से जुड़ी हुई है। दूसरी विचारधारा के वे लोग थे जिनका मानना था कि शर्त के साथ ब्रिटिश को युद्ध में मदद देनी चाहिए। शर्त यानि युद्ध के बाद भारत को पूर्ण स्वतन्त्रता की शर्त काँग्रेस को रखना चाहिए। तीसरे वर्ग में वे लोग थे जो ब्रिटेन को किसी भी तरह के युद्ध में मदद के खिलाफ थे। जयप्रकाश और सुभाष चन्द्र बोस ब्रिटिश प्रशासन को किसी भी तरह की मदद या समर्थन या समझौते के खिलाफ थे। उनकी नजर में यह युद्ध एक साम्राज्यवादी युद्ध है जिससे भारत का कोई लेना-देना नहीं है।

काँग्रेस में द्वितीय विश्वयुद्ध के मुद्दे पर काफी मतभेद था। ऐसी स्थिति में काँग्रेस का त्रिपुरा अधिवेशन काफी महत्त्वपूर्ण हो गया। इस अधिवेशन में सुभाष चन्द्र बोस ने अध्यक्ष का चुनाव लड़ने की घोषणा कर डाली। दो अन्य उम्मीदवार थे—मौलाना आजाद और पट्टाभि सीतारमय्या। बाद में मौलाना आजाद ने गाँधी से विचार-विमर्श के बाद अपना नामांकन वापस ले लिया और सीतारमय्या गाँधी के अधिकृत उम्मीदवार हो गए। यानि काँग्रेस अध्यक्ष पद के लिए सीतारमय्या और सुभाष चन्द्र बोस के बीच सीधा मुकाबला हुआ। मतदान में सुभाष चन्द्र बोस को 1580 और सीतारमय्या को 1377 मत मिले और बोस विजयी घोषित हुए। गाँधी को एक करारा झटका लगा साथ ही यह भी स्पष्ट हो गया कि साम्राज्यवाद विरोधियों का काँग्रेस में कितना दबदबा था। यानि सुभाष चन्द्र बोस ने कुछ ही महीनों के बाद इस्तीफा दे दिया और फारवर्ड ब्लाक पार्टी का गठन किया और काँग्रेस से अलग हो गए। लेकिन जयप्रकाश की यह मान्यता रही कि काँग्रेस को स्वतन्त्रता संग्राम की मुख्यधारा से दरकिनार नहीं किया जा सकता और इस आधार पर उन्होंने फारवर्ड ब्लाक के गठन का विरोध जताया। इतना ही नहीं जयप्रकाश ने अथक प्रयास किया कि काँग्रेस

की एकता बनी रहे क्योंकि काँग्रेस पार्टी और गाँधी के नेतृत्व के बिना साम्राज्यवाद से लड़ना मुश्किल है। उन्होंने यह भी स्पष्ट किया कि समाजवादी पार्टी का गठन काँग्रेस के प्रतिद्वन्द्वी के रूप में नहीं देखा जा सकता है, इसकी स्थापना काँग्रेस को मजबूत, सही दिशा और समाजवाद लाने के उद्देश्य से की गई है। उन्होंने सुभाष से भी आग्रह किया कि काँग्रेस से इस्तीफा न दें लेकिन वे नहीं माने।

जयप्रकाश प्रारम्भ से ही द्वितीय विश्वयुद्ध के खिलाफ थे। जब भारत को भी ब्रिटेन की तरफ से युद्ध में शामिल कर लिया गया तो और उग्र हो गए। जब द्वितीय विश्वयुद्ध का प्रारम्भ हुआ समाजवादी पार्टी के सभी नेता जयप्रकाश सहित पटना में थे। उन लोगों ने एक सभा का आयोजन किया जिसमें जयप्रकाश ने भी अपना भाषण दिया। भाषण का मुख्य अंश इस तरह था–

"यह युद्ध समाजवादी युद्ध है। हम इसका विरोध करेंगे। आज हम आम सभा करके इसका ऐलान कर रहे हैं। वक्त आएगा जब हमें सभा भी नहीं करने दी जाएगी, तब हम सड़कों पर, गली के नुक्कड़ों पर यहाँ तक कि घरों की छतों से यही ऐलान करेंगे और इस मौके का फायदा उठाकर हम अपने को आजाद करने की कोशिश करेंगे।"

तदुपरान्त लखनऊ में समाजवादी पार्टी की विधिवत् बैठक हुई जिसमें निर्णय लिया गया कि पार्टी इस युद्ध को साम्राज्यवादी करार करती है और ब्रिटेन का जोरदार विरोध करेगी और कार्यान्वित करने के लिए कुछ कार्यक्रमों की भी घोषणा की जाएगी लेकिन समाजवादियों का निर्णय काँग्रेस कार्यसमिति ने अस्वीकृत कर दिया परन्तु जयप्रकाश युद्ध का विरोध करते रहे। वस्तुतः जयप्रकाश का युद्ध जैसे संवेदनशील मुद्दे पर यूरोप के समाजवादियों द्वारा चलाए जा रहे युद्ध के खिलाफ आंदोलन से काफी प्रभावित था। समाजवादी किसी भी यूरोपीय युद्ध में ब्रिटेन को सहायता देने का विरोध कर रहे थे। उनके द्वारा चलाए जा रहे आंदोलन में नारा था : 1914 में कहा जाता था–यह महायुद्ध सभी युद्धों का अन्त कर देगा। 1939 में कहा जा रहा था–यह महायुद्ध प्रजातन्त्र की रक्षा के लिए है! दोबारा भुलावे में फँसना दूसरी मूर्खता होगी। बाँटे जा रहे पर्चों में लिखे नारों में यह भी था–"साम्राज्यवादी युद्ध का विरोध करो। अंग्रेजी माल का बहिष्कार करो, अंग्रेजी युद्ध-क्षणों का बहिष्कार करो। अंग्रेजी सेना में हरगिज भर्ती न हों।" ब्रिटेन ने भारत की इच्छा के विरुद्ध उसे अपने साम्राज्यवादी युद्ध में शामिल कर लिया है। हमारा कर्तव्य है–"न एक पाई, न एक भाई, न कोई माल, कर बन्दी की तैयारी करो।"

इन पर्चों में जो कुछ भी कहा गया जयप्रकाश इन बिन्दुओं से लेकर शहर व गाँव में आमसभा करके प्रचार करने में जुट गए। घूम-घूमकर मजदूरों की बैठक किया करते थे और भाषण का तथ्य हुआ करता था–युद्ध ने अवसर दिया है कि हम अंग्रेजों द्वारा भारतीय मजदूरों के शोषण का अन्त करें और ब्रिटिश शासन को समाप्त करें। गाँवों में लोगों से कहते–लगान व मालगुजारी देना बन्द करो, अपनी सरकार बनाओ और चलाओ। मजदूरों की सभा में कहते–रेलवे, डाकखानों, सुरक्षा संस्थानों एवं सरकारी दफ्तरों में हड़ताल करके शासन अपने हाथों में ले लो।

31 दिसम्बर, 1939 को जयप्रकाश ने 'वार सर्कुलर नं. 2' लखनऊ से जारी किया। उस समय जयप्रकाश समाजवादी पार्टी के महासचिव थे। इस सर्कुलर में उन्होंने लिखा–"यह युद्ध एक साम्राज्यवादी युद्ध है और भारतीय ब्रिटेन के लिए इसे नहीं लड़ेंगे कि ब्रिटेन उनके देश पर अपनी पकड़ और मजबूत बनाए। स्वतन्त्र भारत को भी साम्राज्यवादी युद्ध से कुछ लेना-देना नहीं होता सिवाय इसके कि वह इसका इस्तेमाल अन्य जगहों पर ब्रिटिश साम्राज्यवाद को खत्म करने में करता।" उन्होंने यह भी घोषणा की कि 26 जनवरी, 1940 को हड़ताल रखेंगे जिसमें स्कूल व कॉलेजों के छात्रों से भी कहा गया कि वे अधिक से अधिक संख्या में भाग लें। लेकिन गाँधी इन कार्यक्रमों व जयप्रकाश के विचारों से सहमत नहीं थे।

इसी सिलसिले में 18 फरवरी, 1940 को जयप्रकाश ने जमशेदपुर में टाटा के इस्पात के कारखाने के मजदूरों की सभा में भाषण दिया। भाषण में जयप्रकाश ने मजदूरों से सीधे हड़ताल करने का आह्वान किया–"जर्मनी के विरुद्ध चल रहे युद्ध के साथ सहयोग बन्द करो, ब्रिटिश शासन का तख्ता पलट दो। एशिया में यह सबसे बड़ा इस्पात कारखाना है, इस कारखाने को बन्द कर दो ताकि यहाँ लड़ाई चलाने के लिए इस्पात न बन सके। मैं आपसे हड़ताल करने का अनुरोध करता हूँ।"

सभा में पुलिस मजिस्ट्रेट पहले से मौजूद थे। उनकी गवाही के आधार पर दूसरे दिन जयप्रकाश को गिरफ्तार कर लिया गया। उन पर 1939 के पैंतीसों अधिनियम, भारत सुरक्षा कानून के उल्लंघन का आरोप लगाया गया। गाँधी जी को जब अपने आश्रम में प्रभावती से यह समाचार मिला तो उन्होंने वाइसराय को 12 मार्च, 1940 को पत्र लिखा जिसे उन्होंने अपनी पत्रिका 'हरिजन' में 16 मार्च को प्रकाशित किया। गाँधी ने पत्र में लिखा : ''श्री जयप्रकाश की गिरफ्तारी एक दुर्भाग्यपूर्ण घटना है। वह कोई मामूली कार्यकर्ता नहीं हैं। वह समाजवाद के आधिकारिक प्रवक्ता हैं। यह कहा जा सकता है कि पाश्चात्य समाजवाद के बारे में वह जो नहीं जानता, भारत में और कोई नहीं जानता। वह अथक परिश्रमी है। कष्ट सहने की क्षमता अद्वितीय है। मैं नहीं जानता कि किस भाषण ने उनको कानून की जकड़ में फँसा दिया। लेकिन यदि भारत सुरक्षा अधिनियम की अति कृत्रिम धाराओं का प्रयोग असुविधाजनक लोगों को पकड़ने के लिए किया जाता है तो अधिकारी जिसे भी चाहें कानून में जकड़ सकते हैं...यदि सरकार को संकट खड़ा करने की जल्दी है तो वह ऐसा कर सकती है...पहले सविनय अवज्ञा आंदोलन में सरकार ने अली बन्धुओं को पकड़कर हमें मजबूर कर दिया कि हम कुछ करें। क्या यह गिरफ्तारी किसी पूर्वनिश्चित योजना के अनुसार की गई है या किसी अति उत्साही अधिकारी की गलती है? यदि गलती है तो इसे सुधारना चाहिए।''

गिरफ्तारी के बाद डिप्टी कमिश्नर सिंहभूम एस. डब्ल्यू. रसेल के सामने पेश किया गया। जयप्रकाश ने अपना अपराध स्वीकार कर लिया और लगभग 1200 शब्दों का एक लिखित वक्तव्य उन्होंने कोर्ट के सामने पढ़ा। वक्तव्य में उन्होंने जिक्र किया कि अपनी नजर में वह मुजरिम नहीं हैं क्योंकि उन्होंने सारी दुनिया में स्वाधीनता व जनवाद की विजय की जिम्मेदारी नहीं ली है और अपना देशभक्तिपूर्ण कर्तव्य निभाने के लिए उन पर महायुद्ध संचालन में बाधा डालने का गलत आरोप लगाया गया है। उन्होंने विश्वास जताया कि उनकी गिरफ्तारी से जमशेदपुर के मजदूरों की बदहाली की ओर सरकार का ध्यान जाएगा तो उनकी बोनस की माँग को बल मिलेगा। जर्मनी और ब्रिटेन दोनों अपने स्वार्थों के लिए लड़ रहे हैं–वे एक-दूसरे की भूमि पर अधिकार जमाने और शोषण करने के लिए लड़ रहे हैं। दोनों लड़ रहे हैं अपनी ताकत को बढ़ाने के लिए, दुनिया पर प्रभुत्व बनाए रखने के लिए, अपनी साम्राज्यवादी सत्ता व महत्ता बनाए रखने के लिए।

जयप्रकाश ने आगे पत्र में लिखा : ''मैं जर्मनी को सहायता नहीं देना चाहता हूँ और न जर्मनी की विजय चाहता हूँ। मैं न तो साम्राज्यवाद की विजय चाहता हूँ और न नाजीवाद की। परन्तु वर्तमान परिस्थिति में भारत के लिए ब्रिटिश साम्राज्यवादी ताकत से लड़कर इसका अन्त करने के अतिरिक्त और कोई उपाय नहीं है। ऐसा करके ही भारत विश्व में शान्ति व समृद्धि के लिए योगदान कर सकता है। दास का कर्तव्य अपनी दासता की रक्षा करना नहीं है, उसका एकमात्र कर्तव्य है अपनी जंजीरों को काटना और अपने को आजाद करना।''

जयप्रकाश ने अपने लिखित वक्तव्य की एक प्रति गाँधी जी को भी भेजी। उन्हें नौ महीने की कड़ी सजा सुना दी गई और उन्हें जमशेदपुर जेल में भेज दिया गया। 26 मार्च, 1940 को गाँधी ने प्रतिक्रिया स्वरूप लिखा कि जयप्रकाश एक बहादुर योद्धा है। एक देशभक्त को वह बात कहने के लिए, जो लाखों के मन में है और हजारों की जबान पर, सजा देना अन्याय है।

सत्याग्रह से हृदय मंथन

सुजय सौरभ

भारतीय स्वतन्त्रता संग्राम में गाँधी द्वारा अपनाए गए सत्याग्रह का एक अति विशिष्ट स्थान है। पूरे भारतीय मानस पटल और स्वतन्त्रता के बाद के दिनों में इसका व्यापक व विस्तृत प्रभाव रहा है। इसकी प्रासंगिकता आज भी बरकरार है। गाँधीवाद के दर्शन में अहिंसा और सत्याग्रह एक सिक्के के दो पहलू हैं और इस विचारधारा को आगे बढ़ाने में जयप्रकाश की भूमिका अहम रही। शुरुआती दौर में गाँधी और जयप्रकाश में मौलिक मतभेद था। हालाँकि जयप्रकाश ने स्वदेश लौटते ही गाँधी के नेतृत्व को स्वीकार किया और काँग्रेस में शामिल हो गए। लेकिन पूर्ण रूप से वे गाँधीवादी बन पाए? स्वतन्त्रता प्राप्ति के बाद यह बात सत्य है कि अहिंसा व सत्याग्रह के वे मुखर आलोचक नहीं थे लेकिन जिस परिवेश में वे 7 वर्षों तक अमेरिका में रहे उनका झुकाव समाजवाद, मार्क्सवाद या क्रांति की ओर अधिक रहा। वे ब्रिटिश साम्राज्यवाद व अमेरिका पूँजीवाद के सख्त विरोधी थे। लेकिन गाँधी के सम्पर्क में आने पर वे उनसे काफी प्रभावित हुए और उनके बताए गए रास्ते सत्याग्रह को अपनाया। यह बदलाव धीरे-धीरे हुआ और उनके मृत्युपरान्त जयप्रकाश पूर्णरूपेण गाँधीवादी बने।

1922-1929 वे बीच जयप्रकाश ने अमेरिका के विभिन्न विश्वविद्यालयों में उच्चतर अध्ययन में समय व्यतीत किया। इस बीच उनमें मूलभूत परिवर्तन हुआ। पूँजीवाद का देश होते हुए भी जयप्रकाश पैसे के लिए काफी तरसते रहे। एक तरफ उसका उच्चतर अध्ययन और दूसरी तरफ गरीबी। ऐसे संघर्षमय जीवन में उन्होंने विज्ञान का विषय छोड़कर समाजशास्त्र का विषय अपनाया। विषय परिवर्तन व अमेरिकी प्रवास जयप्रकाश को मार्क्सवाद के समीप लाया। मार्क्सवाद की विचारधारा से वे इतना प्रभावित हुए कि उन्होंने शोध का विषय भी इससे मिलता-जुलता (Culture Variation) चुना। उनके शोध-पत्र की भी भूरि-भूरि प्रशंसा की गई और उनके प्रोफेसर ने यहाँ तक अनुशंसा की कि जयप्रकाश द्वारा लिखा गया शोध-पत्र सर्वोत्तम है और सही मायने में विद्वान बनने की प्रक्रिया में है। ऐसे वातावरण में जयप्रकाश की विचारधारा मार्क्सवाद, समाजवाद व क्रांति से ज्यादा प्रभावित थी। रूस की क्रांति और लेनिन के लेख उनका मुख्य आकर्षण का केन्द्र बने। यही कारण है कि जयप्रकाश स्वदेश वापस आने पर गाँधी के समीप रहते हुए उनकी विचारधारा को जल्दी नहीं समझ पाए। यही कारण है कि जयप्रकाश 1934 में अपने कुछ सहयोगियों से मिलकर काँग्रेस समाजवादी पार्टी की स्थापना में सफल हुए। उनके सहयोगियों में आचार्य नरेन्द्र देव, राममनोहर लोहिया, अशोक मेहता, यूसुफ मेहर अली, एस. एम. जोशी, एन. जी. गोरे, मीनू मसानी तथा अन्य शामिल थे। समाजवादी पार्टी की स्थापना होते ही जयप्रकाश इसके आधिकारिक प्रवक्ता बन गए तथा काँग्रेस के क्रियाकलाप व विचारधारा से उदासीन होने लगे हालाँकि समाजवादी नेता काँग्रेस के सदस्य बने रहे।

समाजवादी पार्टी की स्थापना ऐसे सिद्धान्तों व विचारधाराओं को लेकर बनी जो यूरोप के समाजवाद, मार्क्सवाद और 1917 के रूसी क्रांति के समर्थक थे। गाँधीवाद की विचारधारा को कतई प्राथमिकता नहीं दी गई। सत्याग्रह और अहिंसा की अहमियत नहीं के बराबर थी। जयप्रकाश ने इसी संदर्भ में एक किताब 1936 में प्रकाशित की। किताब का नाम था 'समाजवाद क्यों'। इस किताब के द्वारा उन्होंने भारतीय समाजवाद को दर्शन, नीति, प्रगति व नई दिशा

देने का प्रयास किया। इसी क्रम में उन्होंने गाँधी की विचारधारा की आलोचना भी जमकर की। गाँधी के ट्रस्टीशिप को एक अभिजातीय वर्ग को फायदा पहुँचाने वाली योजना बताया। जिसमें गरीबों के हितों की रक्षा नहीं हो सकती। इसी क्रम में जयप्रकाश ने गाँधी के सत्याग्रह तथा सुधार के अनेक उपायों को पुरानी मान्यता को बनाए रखने का पोषक करार दिया। ट्रस्टीशिप को क्रियान्वयन किस तरह किया जाए इस संबंध में भी जयप्रकाश ने गाँधी की आलोचना की। यदि 'समाजवाद क्यों' का सूक्ष्म विश्लेषण किया जाए तो यह प्रतीत होता है कि गाँधी और जयप्रकाश दो विभिन्न धाराओं के उपासक हैं। दोनों में समाज के विभिन्न मुद्दों पर मूलभूत अन्तर है एक समाजवाद क्रांति व मार्क्स के नजदीक है तो गाँधी सत्य, अहिंसा, सत्याग्रह व सुधारक के समर्थक हैं।

इतनी विभिन्नताएँ होते हुए भी गाँधी और जयप्रकाश का एक ही उद्देश्य था कि भारत को विदेशी चंगुल से कैसे मुक्त किया जाए। अगले दस वर्षों तक यानि 1936-1946 तक जयप्रकाश के क्रिया-कलाप व उनके लेखन का अध्ययन यह दर्शाता है कि वे गाँधी की मान्यताओं से काफी दूर रहे। भूमिगत आंदोलन चलाना, जेल से भाग जाना, द्वितीय विश्व-युद्ध को उपनिवेशवाद का युद्ध व अंग्रेजी हुकूमत की युद्ध नीति, सैनिक अधिकारियों से खुलकर विद्रोह करने, 'आजाद दस्ता' का गठन करना ऐसे तमाम अनेक कार्य हैं जो यह दर्शाते हैं कि जयप्रकाश किसी भी मायने में गाँधीवाद के सत्याग्रह से दूर हैं। लेकिन यह दूरी समझी भी जा सकती है। क्योंकि जयप्रकाश अभी युवा थे। पूँजीवादी देश अमेरिका में उच्च शिक्षा प्राप्त कर आए थे और एक क्रांतिकारी विचार रखते थे। साथ ही इस बीच वे अधिकतर समय देश के विभिन्न जेलों में गुजारे। उन्हें गाँधी के सत्याग्रह को समझने का मौका कम मिला।

1943 में जब जयप्रकाश को लाहौर किला जेल में कठोर शारीरिक यातनाएँ दी गईं तो उनका झुकाव सत्याग्रह की ओर बढ़ा। इसके पहले उन्होंने देवली कैम्प में उपवास कर जेल में हो रही अनियमितताओं की तरफ लोगों का ध्यान आकर्षित किया। साथ ही जब कई बार गाँधी ने जयप्रकाश को जेल से छुड़वाने का प्रयास किया और जयप्रकाश के बारे में अंग्रेजी हुकूमत को लिखा, तब जयप्रकाश के हृदय में गाँधी के प्रति अपार स्नेह आदर का भाव जागा और उनके सत्याग्रह के महत्त्व को समझने व परखने का मौका मिला। जब आगरा जेल से अप्रैल 1946 में जयप्रकाश रिहा हुए तो उन्हें काफी मान-सम्मान मिला और देश की विभिन्न जगहों के नागरिक अभिनन्दन में उन्होंने गाँधी के महत्त्व को सार्वजनिक रूप से स्वीकार किया। महात्मा गाँधी की हत्या ने जयप्रकाश के हृदय पर एक अमिट छाप छोड़ी और उनका हृदय पूर्णरूपेण गाँधीवादी हो गया। इस सन्दर्भ में जयप्रकाश के चिन्तन व उनकी विचारधारा में एक मूलभूत परिवर्तन आया जिसका स्पष्ट उल्लेख उनके द्वारा 1948 के नासिक में आयोजित अखिल भारतीय समाजवादी सम्मेलन के लिए तैयार की गई रिपोर्ट में मिलता है। नासिक सम्मेलन के दो अति महत्त्वपूर्ण परिणाम आए। पहला समाजवादी पार्टी ने काँग्रेस से रिश्ता तोड़ लिया और काँग्रेस से अलग होने का निर्णय लिया गया। दूसरी महत्त्वपूर्ण बात यह थी कि समाजवाद को गाँधीवाद के नजदीक लाना। उस वक्त जयप्रकाश समाजवादी पार्टी के महामन्त्री थे और उन्होंने सम्मेलन में आधिकारिक रिपोर्ट प्रस्तुत करते हुए कहा, "महात्मा गाँधी ने हमें बहुत बातें सिखाई हैं, परन्तु उनकी सबसे बड़ी शिक्षा यह है कि साधन ही साध्य है। बुरे साधनों से कभी अच्छे परिणाम नहीं निकल सकते और अच्छे साध्यों की प्राप्ति के लिए साधन भी अच्छे होने चाहिए।" आगे उन्होंने कहा कि समाजवाद का लक्ष्य भी अच्छे साधनों द्वारा ही प्राप्त किया जा सकता है।

काँग्रेस से अलग व समाजवाद को गाँधीवाद से जोड़ने के क्रम में ही जयप्रकाश ने यह भी घोषणा की कि उन्हें लोकशक्ति में विश्वास है और अपने को सत्ता की राजनीति से अलग रखा। जयप्रकाश का एक तरह से मानों हृदय परिवर्तन हो गया। गाँधीवाद की ओर धीरे-धीरे खिंचते गये और 1951-52 तक आते-आते गाँधीवादी विचारधारा में डूब गए। एक समय था जब ब्रिटिश हुकूमत को हिंसक तरीकों से देश से बाहर करना चाहते थे, मार्क्सवाद व क्रांति की बात करते थकते नहीं थे। वही जयप्रकाश गाँधी के व्यक्तित्व व उनके चिंतन से इतना अधिक प्रभावित हुए कि साध्य-साधन, लोकनीति, अहिंसा, सत्याग्रह, ग्राम निर्माण, सर्वोदय और रचनात्मक कार्यों में लिप्त हो गए।

जयप्रकाश के जीवन में एक मूलभूत परिवर्तन 1952 में हुआ जब उन्होंने आत्मशुद्धि के लिए 21 दिनों तक उपवास रखा। प्रथम आम चुनाव के बाद पूना में डॉ. दिनशा मेहता के प्राकृतिक चिकित्सालय में जयप्रकाश ने 23 जून

से 13 जुलाई तक उपवास रखा। इस उपवास का जयप्रकाश पर दूरगामी प्रभाव पड़ा। हालाँकि उपवास की शुरुआत में ही जयप्रकाश ने यह घोषणा की कि उपवास किसी के विरुद्ध नहीं है। यह आत्मशुद्धि व हृदय परिवर्तन के लिए है फिर भी यदि इस उपवास की पृष्ठभूमि और तत्कालीन परिस्थिति पर ध्यान देने से यह स्पष्ट हो जाता है कि डाक-तार कर्मचारियों को बेहतर सुविधा व वेतन की विसंगतियों व हड़ताल अवधि के वेतन भुगतान के मुद्दे पर सरकार से बातचीत और फिर सरकार का पीछे हट जाना माना जाता है। चूँकि जयप्रकाश व तत्कालीन संचार मन्त्री रफी अहमद किदवई की विस्तृत बात हुई थी लेकिन कोई लिखित समझौता नहीं होने से जयप्रकाश अपने को असहाय महसूस करने लगे थे।

जयप्रकाश के उपवास का असर सिर्फ उनके आत्मचिन्तन पर ही नहीं बल्कि देश भर में काफी प्रतिक्रियाएँ हुईं। स्वयं तत्कालीन प्रधानमन्त्री जवाहरलाल नेहरू ने पत्र लिखकर जयप्रकाश से आग्रह किया कि ''तुम्हारा जीवन बहुत ही महत्त्वपूर्ण है। हम लोगों ने तुम्हारी माँगें मान ली हैं। कृपया अनशन तोड़ दें।'' उनके गिरते स्वास्थ्य की चिन्ता पूरे देश को होने लगी। गाँधी के सचिव प्यारेलाल ने हरिजन में जयप्रकाश के उपवास को सही बताते हुए लिखा कि गाँधीवादी साधन को अपनाने के लिए जयप्रकाश की प्रशंसा की जानी चाहिए। इस उपवास का एक अन्य यह प्रभाव हुआ कि जयप्रकाश गीता-पाठ, पूजा-पाठ, भजन कीर्तन से उपवास के दौरान समय व्यतीत करने लगे। एक तरह से वे धार्मिक हो गए। इससे पहले वे पूजा-पाठ व धार्मिक कार्यों से दूर थे। लुई फिशर भी जब जयप्रकाश को देखने आये तो उन्होंने स्पष्ट प्रश्न किया कि ''क्या आप ईश्वर में विश्वास करने लगे हैं?'' जयप्रकाश ने उत्तर दिया कि किसी व्यक्तिगत ईश्वर में विश्वास नहीं रखते। 13 जुलाई को जब जयप्रकाश ने उपवास तोड़ा था तो बड़ी संख्या में आम लोग एकत्र हुए। इस अवसर पर एक बुलेटिन जारी किया गया जिसमें जयप्रकाश ने यह बताया कि ''न तो मैंने कोई लिखित बयान से उपवास की शुरुआत की और न ही लिखित वक्तव्य से इसे समाप्त कर रहा हूँ। मैं सिर्फ उन लोगों को दिल से धन्यवाद देना चाहता हूँ जिन्होंने मुझे शुभकामनाओं का संदेश भेजा और मेरे प्रति सहानुभूति दिखायी।'' उन्होंने ये भी कहा कि उपवास से मन और शरीर की शुद्धि हो गई है।

इस तरह स्वतन्त्रता प्राप्ति के बाद जयप्रकाश के आत्म मंथन व चिंतन से उनके हृदय में मूलभूत बदलाव आए। उन्होंने मार्क्सवाद या क्रांतिवाद को छोड़कर पूर्ण रूप से गाँधीवाद को अपनाया और इसे प्रसारित करने में लगे। इसी कड़ी के अन्तर्गत वे राजनीति से दूर होते गए। लोकनीति की शक्ति को संगठित सुदृढ़ करने में जुट गए। इसी क्रम में उन्होंने जीवनदान की घोषणा कर डाली और बाकी समय जनता की सेवा में लग गए। जनता के प्रति वे हमेशा संवेदनशील रहे और विभिन्न स्थानीय राष्ट्रीय व अन्तर्राष्ट्रीय मुद्दों को गाँधीवाद के तरीके से सत्याग्रह व अहिंसा के द्वारा सही अंजाम तक पहुँचाने का सराहनीय कार्य किया।

भारतीय समाजवाद के प्रतिष्ठाता

अमृता शेखर

कार्ल मार्क्स के विचारों से प्रभावित जयप्रकाश जी के लिए मात्र स्वतन्त्रता ही अन्तिम मंजिल नहीं थी। स्वतन्त्रता आदर्श के साथ ही अब उनके मस्तिष्क में समानता का आदर्श जोर पकड़ने लगा। उन्होंने अपने स्वतन्त्रता आंदोलन को शोषण, भुखमरी और दरिद्रता से मुक्ति के साथ जोड़ना शुरू किया। उन्हें यह विश्वास था कि इस समानता के आधार पर हिन्दुस्तान को तीव्रतम आगे बढ़ाया जा सकता है। स्वराज आंदोलन में आने पर जब पहली बार वह जेल गए तो उन्होंने सबसे ज्यादा सामाजिक समानता पर ही विचार किया। 1932 में नासिक जेल में अच्युत पटवर्द्धन, मीनू मसानी, अशोक मेहता तथा प्राध्यापक दाँतवाला जैसे अनेक अध्ययनशील लोगों से विचार-विमर्श करने का भी उन्हें भरपूर अवसर मिला।

आजादी के बाद एक स्वच्छ भारत प्रगतिशील भारत के लिए कौन-सा मार्ग उचित होगा। इसका एकमात्र रास्ता उन्हें समाजवाद लगने लगा था। उनकी आँखों के सामने मार्क्सवादी समाजवाद का सपना चमचमाने लगा था। इनके और साथी भी इंग्लैंड और फ्रांस के समाजवादी विचारों के द्वारा देश में समाजवाद लाने का सपना देख रहे थे। अतः जयप्रकाश जी और उनके साथियों ने मिलकर यह निष्कर्ष निकाला कि स्वराज के बाद हिन्दुस्तान के लिए एक समाजवादी समाज का चित्र देश के सामने पेश किया जाना चाहिए। जिसके लिए सर्वप्रथम देश के नौजवानों, मजदूरों एवं किसानों को संगठित करना होगा। रूस में अभी-अभी जो मजदूर क्रांति हुई थी उसने सारे विश्व को प्रभावित किया था। कोई भी समाजवादी, मार्क्सवादी सिद्धान्तों एवं विचारों से अछूता नहीं रह सकता था। मगर भारत में वैयक्तिक स्वातन्त्र्य की प्रधानता होने के कारण यहाँ के लोग रूसी साम्यवाद को नहीं अपना सकते। यहाँ के लिए राष्ट्रीयता-प्रधान समाजवादी संगठन की आवश्यकता थी। नासिक जेल में जयप्रकाश जी मात्र 30 वर्ष के थे और अशोक मेहता की उम्र तो उनसे भी कम 21 वर्ष थी। जयप्रकाश जी ने जेल में अपने सभी नौजवान साथियों को इकट्ठा कर भारतीय समाजवाद की रूपरेखा तैयार करने की योजना बनाई।

पूर्ण स्वराज के लिए अंग्रेजों से संघर्ष कर रही जनता के रास्ते में भारतीय कम्युनिस्ट बाधा डाल रहे थे। इन्हें आंदोलन के विरोध में कार्य करने तथा पार्टी का पूरा खर्च रूस से आ रहा था। जनता इनके रवैये से काफी असन्तुष्ट थी। ऐसे में जयप्रकाश नारायण ने स्वराज आंदोलन को तीव्र गति प्रदान करने के लिए भारतीय साम्यवादियों से अलग एक संगठन बनाने का निश्चय किया। जयप्रकाश जी ने देखा कि गाँधी जी के नेतृत्व वाले काँग्रेस के साथ भी एक क्रांतिकारी राष्ट्रवादी वर्ग जुड़ा है जो अंग्रेजी शासन से मुक्ति पाने के लिए जी जान से जुड़ा हुआ है। अतः उन्होंने निश्चय किया कि भारतीय समाजवाद के लिए अलग से किसी संस्था के गठन के बजाय अखिल भारतीय काँग्रेस के साथ जुड़ा हुआ एक समाजवादी मंच तैयार किया जाए। क्योंकि काँग्रेस ही इस समय देश के लोक-आंदोलन का प्रतिनिधित्व कर रहा था। अतः उसी में रहकर कार्य करते हुए धीरे-धीरे समूची कांग्रेस को ही समाजवाद की दिशा में ले जाया जाए। इसका नाम काँग्रेस-समाजवादी पक्ष रखा जाए और इसका अपना विधान आदि भी बनाया जाए। इस समाजवादी पक्ष के दो पाये होंगे—क्रांतिकारी राष्ट्रवादी काँग्रेस जन और क्रांतिकारी श्रमिक दल। भारतीय कम्युनिस्ट पार्टी की राष्ट्रविरोधी नीतियों के कारण उसे इससे अलग रखना ही उचित था। जयप्रकाश जी भारत में एक स्वतन्त्र समाजवादी शक्ति खड़ी

करना चाहते थे जो रूसी प्रभाव से मुक्त हो। उनका यह सपना था कि यह समाजवादी शक्ति राष्ट्रीय आंदोलन के साथ रहकर काम करे और राष्ट्रीय आंदोलन भी समाजवाद की ओर झुके अन्त में दोनों एक हो जाएँ। उनका उद्देश्य था कि काँग्रेस समाजवादी पक्ष राष्ट्रवाद और समाजवाद को पुष्ट करता रहे और उन्हें संगठित और सक्रिय बनाए रहे।

सन् 1933 के अन्त में जयप्रकाश जी अन्य नेताओं के साथ जेल से बाहर आए। 1934 के जनवरी में उत्तर बिहार जबरदस्त भूकम्प के चपेट में आ गया। सरकार समेत सारे काँग्रेस के लोग बिहार आए और राहत कार्यों में लग गए। जयप्रकाश जी भी बिहार आए और भूकम्प राहत कार्य में व्यस्त हो गए। इस दौरान जयप्रकाश जी दो-तीन महीने बिहार में रहे। 1932 में ही बिहार के नवयुवकों ने श्री गंगाशरण के नेतृत्व में एक हल्का-फुल्का संगठन बनाया था जिसका नाम रखा गया था 'बिहार सोशलिस्ट पार्टी'। बिहार के इन समाजवादी विचारोंवाले नवयुवकों से जयप्रकाश जी काफी प्रभावित भी हुए थे। उन्हें ऐसा लगा कि इस संगठन के माध्यम से अपने विचारों के प्रचार-प्रसार में उन्हें काफी सहायता मिल सकती है। उन्होंने बिहारी नवयुवकों के समक्ष अपनी अखिल भारतीय सोशलिस्ट पार्टी के संगठन संबंधी विचार रखे, जिसे सर्वसम्मति से स्वीकार किया गया।

18 मई, 1934 को पटना में अखिल भारतीय काँग्रेस महासमिति की बैठक बुलाई गई थी। जयप्रकाश जी ने ठीक इसके एक दिन पहले 17 मई को देशभर के समाजवादी विचारकों को एक सम्मेलन में एकत्रित करने का निश्चय किया। आचार्य नरेन्द्र देव की अध्यक्षता में 17 मई, 1934 को अंजुमन इस्लामिया हाल में देशभर के लगभग 100 समाजवादी विचारकों एवं नवयुवकों ने सम्मेलन में भाग लिया। इसी सम्मेलन से 'अखिल भारतीय काँग्रेस सोशलिस्ट पार्टी' का जन्म हुआ जिसमें राष्ट्रवादी और मार्क्सवादी भावनाएँ साथ-साथ कार्य कर रही थीं। जो काँग्रेस के सदस्य थे वे ही इस काँग्रेस सोशलिस्ट पार्टी के सदस्य बन सकते थे यह निश्चित किया गया। आचार्य नरेन्द्र देव प्रथम अध्यक्ष और जयप्रकाश जी प्रथम प्रधानमन्त्री चुने गए। मुख्यतः यह नौजवानों की पार्टी थी जिसमें राष्ट्रीय कार्यकारिणी के सदस्यों की औसत उम्र 30 वर्ष की थी। उसमें अलग-अलग विचारधारा के लोग थे—साम्यवादी, मार्क्सवादी, थियोसोफिस्ट, लोकतान्त्रिक समाजवादी, गाँधी जी से प्रभावित समाजवादी और समाजवाद की ओर झुके काँग्रेसी। मगर सबका उद्देश्य एक था संपूर्ण स्वतन्त्रता प्राप्त करना और देश में समाजवादी समाज की स्थापना करना।

अक्टूबर 1934 (21-22) को बम्बई में आचार्य नरेन्द्र देव की अध्यक्षता में जब अखिल भारतीय काँग्रेस सोशलिस्ट पार्टी का विधिवत कन्वेशन हुआ, भारतीय कम्युनिस्ट पार्टी ने तो जमकर विरोध किया इसकी स्थापना पर।

यूसुफ मेहर अली ने समाजवादी पार्टी के जन्म के विषय में लिखा है—"जब सन् 1933 में जयप्रकाश नासिक जेल से छूटकर बाहर आए, तो वे एक विचार, एक उद्देश्य और एक दृष्टि लेकर बाहर आए थे। आगे इसी के फलस्वरूप काँग्रेस-समाजवादी पार्टी का जन्म हुआ।"

इस प्रकार देश के राजनीतिक क्षेत्र की मुख्य धारा में समाजपरिवर्तन और समाजवाद की बात को अग्रस्थान दिलाने का सारा श्रेय जयप्रकाश जी और उनके काँग्रेस-समाजवादी पार्टी को जाता है। इनके पहले 1925 में साम्यवादी पक्ष की स्थापना की गई और समाज परिवर्तन की बातें भी कही गईं। मगर वह पक्ष पूर्णतः रूस के प्रभाव में होने के कारण राष्ट्रीय जीवन की मुख्य धारा से अलग बना रहा। मगर जयप्रकाश जी ने जिस समाजवाद की स्थापना की वह रूस से बिलकुल प्रभावित नहीं था। देश को अंग्रेजी शासन से स्वतन्त्र कराने के साथ-साथ देश में वैयक्तिक और सामाजिक स्वतन्त्रता लाना भी काँग्रेस का ध्येय बना। इसका सारा श्रेय जयप्रकाश जी को ही जाता है।

काँग्रेस समाजवादी पक्ष की नीतियाँ और उनके काम पर जयप्रकाश जी के व्यक्तित्व और विचारों का बहुत प्रभाव रहा। सच कहें तो जयप्रकाश जी ही पक्ष की आत्मा थे। पक्ष की सारी विचारधाराएँ मुख्य रूप से उनके द्वारा ही निर्मित थीं। जयप्रकाश जी के विचारों के विकास के साथ ही साथ देश में समाजवाद के विचार का विकास हुआ।

किसान और मजदूर आंदोलन

अमृता शेखर

"साम्राज्य विरोधी शक्तियों का विकास सिर्फ सिद्धान्तों के प्रचार से नहीं हो सकता। उसके साथ ही हम जनता में काम भी करें क्योंकि साम्राज्य विरोधी आंदोलन सिर्फ सिद्धान्तवादियों का जमघट नहीं रहेगा, बल्कि उसमें किसानों, मजदूरों और गरीब मध्यमवर्गीय लोगों का बोलबाला होना चाहिए। इन वर्गों में काम करना इनकी राजनीतिक चेतना को जाग्रत करना, इनके आर्थिक संघर्षों का संगठन करना, यही हमारा मुख्य और मौलिक कार्य है।"

—जयप्रकाश नारायण, बंगाल पार्टी सम्मेलन का भाषण

राष्ट्रीय आंदोलन के साथ किसानों और मजदूरों का जुड़ना भी चमत्कारी सिद्ध होगा मगर यह संभव कैसे हो? इस पर गहरे चिन्तन के बाद उन्होंने निष्कर्ष निकाला कि उनके रोजमर्रा की जरूरतों को लेकर पहले उनका संगठन बनाया जाए। किसान सभा और मजदूर संघ बनाए जाएँ। इन संस्थाओं के माध्यम से किसानों को रोजमर्रा की लड़ाई में शामिल किया जाए तथा मजदूरों को सेना के रूप में संघ-बद्ध किया जाए। तत्पश्चात उन्हें काँग्रेस में मिलाकर अंग्रेजी साम्राज्यवाद पर जोरदार धावा बोला जाए। किसानों और मजदूरों में यह विश्वास जगाना होगा कि आनेवाले समय में हमें भारत में तुम्हारा राज कायम करना है—किसानों और मजदूरों का राज।

सदियों से सताए जा रहे, सोए और बेहोश पड़े किसानों को जगाने का काम तो महात्मा गाँधी ने अपने सत्याग्रह अस्त्र से तब कर दिखाया था जब चम्पारण के निलहों के अत्याचार से वहाँ के किसानों को मुक्ति दिलायी। उन्होंने बारदोली में करबन्दी करने की घोषणा करके देश भर के किसानों को ललकारा कि यह लड़ाई तुम्हारी है, आओ इस महान यज्ञ में अपने सर्वस्व की आहुति दो। किसानों में अब जागृति आ गई थी। बिहार और युक्त प्रान्त में जगह-जगह किसान सभाएँ होने लगी थीं। भिन्न-भिन्न प्रान्तों में किसान अपने सवालों को लेकर भिन्न-भिन्न रूप से किसान आंदोलन चलाने लगे थे। हाँ उन्हें एक ऐसे सूत्रधार की आवश्यकता थी जो इन्हें एक सूत्र में गूँथकर अखिल भारतीय आंदोलन का रूप दे सके। जो थे उनमें से अधिकांशतः किसानों के भोलेपन से लाभ ही उठा रहे थे। हाँ, सरदार पटेल के नेतृत्व में बारदोली के किसानों ने एक शानदार लड़ाई लड़ी और जीतकर देश के किसानों को बहुत ही अनुप्राणित किया। बारदोली विजय के बाद सरदार पटेल ने बिहार का दौरा किया और जमींदारों के खिलाफ वे बातें कहीं, जिन्हें कोई किसान सभावादी भी उन दिनों कहने की हिम्मत नहीं करता था।

1932 के अंत में जब काँग्रेसी नेता जेल से रिहा होने लगे, तभी उन्होंने देश की विभिन्न जगहों पर किसान आंदोलन का प्रारम्भ कर दिया था। समाजवादी पार्टी के जन्म के साथ बिहार, युक्त प्रान्त, आन्ध्र, पंजाब और गुजरात में किसान आंदोलन की शुरुआत हो गई थी। पार्टी के विचारों को अधिक-से-अधिक लोग जानें, अधिकाधिक किसान और मजदूर समाजवादी क्रांति के लिए तैयार हों इसके लिए पार्टी के लोग पूरे देश में घूमकर अधिक समय किसानों और मजदूरों के बीच रहकर उनकी परिस्थितियों को समझने तथा उन्हें संगठन में लाने का प्रयास करने लगे। पार्टी ने सबसे पहले संपूर्ण किसान आंदोलन को एक सूत्र में गूँथने के लिए एक कमिटी बनाई। जयप्रकाश जी भी इसके सदस्य बने। इस कमिटी के प्रयत्न से ही अखिल भारतीय किसान सभा का संगठन हुआ। इस सभा में किसानों के

सभी हितैषी शामिल हुए जो उनके लिए लड़ते थे।

अब तक किसान सभा किसानों की कुछ तात्कालिक माँग पर चलती थी। समाजवादी पार्टी ने उसे सैद्धान्तिक आधार दिया। भारत के कोने-कोने से 'जमींदारी प्रथा नाश हो।' के नारे उठने लगे और यह नारा इतना बुलन्द होता गया कि जमींदारी के उच्छेद के लिए काँग्रेस मन्त्रिमण्डल को कानून बनाने तक की नौबत आ गई। इसके अतिरिक्त बकाया लगान रद्द किया जाए। मालगुजारी आधी कर दी जाए। जीविका योग्य पूरी जमीन न होने पर मालगुजारी देने से मुक्त किया जाए, मालगुजारी या कर्ज वसूली के लिए किसानों के घर, खेत, खलिहानों की नीलामी नहीं की जाए, से सम्बन्धित किसानों की माँगों ने किसान आंदोलन को काफी ऊँचाई पर लाकर खड़ा कर दिया।

किसान सभा का काम बिहार में तूफानी गति से आगे बढ़ा। किसान आंदोलन का मूल स्रोत शुरू से ही बिहार रहा है। जब जयप्रकाश जी ने बिहार में रहना शुरू किया वह किसान आंदोलन में पूरी दिलचस्पी लेने लगे। उन्होंने बिहपुर में हुए प्रान्तीय किसान सम्मेलन का सभापतित्व भी किया। काँग्रेस मंत्रिमण्डल के जमाने में जब प्रान्त भर में बकाश्त सत्याग्रह की धूम मची तो जयप्रकाश जी ही उसके प्रमुख संचालक शक्ति थे। खेड़ा का बकाश्त-आंदोलन उनके ही योग्य नेतृत्व के कारण ही पूरे भारत में प्रसिद्ध हुआ था। आचार्य नरेन्द्र देव की अध्यक्षता में सबसे शानदार अखिल भारतीय किसान सम्मेलन बिहार के गया में हुआ था। लगभग एक लाख किसानों ने इस सम्मेलन में भाग लिया था। सम्मेलन का पूरा रूप-रंग कहीं से भी काँग्रेस के वार्षिक अधिवेशन से कम नहीं था। किसानों को इस सम्मेलन से यह आशा बँधी थी कि अब उनके भाग्य खुलनेवाले हैं। किसान हितैषियों को विश्वास हो गया कि आगामी क्रांति में संगठित किसानों का भी एक बड़ा भाग होगा तथा किसान-मजदूर-राज्य कायम होने में ज्यादा दिन नहीं लगेंगे।

अखिल भारतीय किसान सभा का सबसे शानदार सम्मेलन बेदौल (मुजफ्फरपुर) में हुआ। इस सम्मेलन में मुख्य सभापति आचार्य नरेन्द्र देव के अतिरिक्त पार्टी के कई प्रमुख नेता भी सम्मिलित हुए। इस सम्मेलन से भारतीय किसानों में नई जान आ गई और 1942 की अगस्त क्रांति में किसानों को जो भरपूर सहयोग मिला वह इस सम्मेलन के फलस्वरूप था।

मजदूर संगठन के हालात किसानों से भिन्न थे। जिस समय पार्टी का जन्म हुआ उस समय देश में तीन अखिल भारतीय मजदूर संस्थाएँ थीं जो एक-दूसरे से पूर्णतः अलग थे। इन संस्थाओं के मजदूरों का संगठन काफी कमजोर था। बहुत-सी जगहों पर तो मजदूर असंगठित थे। पार्टी ने ऐसे में अपने दो कार्य निश्चित किए (i) तीन मजदूर संगठनों को मिलाकर अखिल भारतीय मजदूर संघ की स्थापना करना (ii) असंगठित मजदूरों को संगठित करना।

1919 में झरिया (बिहार) में स्वर्गीय लाला लाजपत राय के सभापतित्व में अखिल भारतीय मजदूर सम्मेलन हुआ था। इसी सम्मेलन से अखिल भारतीय ट्रेड यूनियन काँग्रेस का जन्म हुआ था। किन्तु छः-सात वर्षों के अन्दर ही पार्टी में विच्छेद शुरू हो गया जिसमें पूरा हाथ लिबरल पार्टी और कम्युनिस्ट पार्टी का था। नागपुर में जवाहरलाल नेहरू के सभापतित्व में अखिल भारतीय ट्रेड यूनियन काँग्रेस की बैठक हो रही थी जिसमें यह प्रश्न उठाया गया कि साइमन-कमीशन के साथ मजदूरों की स्थिति की जाँच के लिए आनेवाली ह्विटले-कमीशन के साथ ट्रेड यूनियन काँग्रेस सहयोग करे या नहीं? तब पूरे देश के साइमन कमीशन का बायकॉट हो रहा था। मजदूर भला उसे सहयोग कैसे कर सकते थे? इस विषय पर लिबरलों ने अपना एक मजदूर संगठन 'लेबर-फेडरेशन' के नाम से शुरू किया। इधर कम्युनिस्टों ने ट्रेड यूनियन से निकलकर 'रेड ट्रेड यूनियन' नाम से काम करना शुरू किया।

ऐसे में पार्टी ने जो रास्ता अपनाया उसे जयप्रकाश जी ने अपने शब्दों में बताते हुए कहा, "पार्टी को मजदूरों की एकता पर दृढ़ विश्वास था और उसके लिए वह शुरू से ही काम करने लगी। जब तक एकता पूरी तरह कायम नहीं हो जाती तब तक उसने अखिल भारतीय ट्रेड-यूनियन काँग्रेस के साथ ही काम करने का तय किया। पार्टी के अन्दर जो मजदूर-यूनियन बनने वाले थे, उनका संबंध ट्रेड यूनियन काँग्रेस से ही कराने का उसने निश्चय किया। मजदूरों की तीन संस्थाओं में ट्रेड यूनियन काँग्रेस को ही चुनकर पार्टी ने अपनी बुद्धिमानी का ही परिचय दिया, क्योंकि बाकी दो संस्थाएँ उसी से फूटी थीं और अन्ततः उन्हें उसी में मिलना था।"

जयप्रकाश जी ने इस संबंध में पहले कम्युनिस्टों से बातें शुरू कीं और थोड़े ही दिनों में उन्हें सफलता भी मिली।

'रेड ट्रेड यूनियन' दफन कर दी गई। उसके सारे मजदूर संघ 'ट्रेड यूनियन काँग्रेस' में शामिल हो गए। इसके बाद जयप्रकाश जी ने लिबरलों से बातें शुरू कीं। विशेष रूप से मजदूर नेता गिरि, कलप्पा एवं एन. एम. जोशी के सहयोग से लेबर-फेडरेशन भी ट्रेड यूनियन काँग्रेस में जा मिला। पार्टी का प्रभाव ट्रेड यूनियन काँग्रेस में काफी बढ़ चुका था।

जयप्रकाश जी और उनकी पार्टी ने न सिर्फ एकता पर ही ध्यान दिया, बल्कि मजदूरों में नियमित रूप से काम करने वाले मजदूरों सेवकों का एक बड़ा गिरोह भी तैयार किया जिसने बम्बई, युक्तप्रान्त, पंजाब, बंगाल और बिहार में मजदूरों की अनन्य सेवाएँ की हैं। मजदूर-संगठन की दृष्टि से बिहार काफी पिछड़ा राज्य था। मगर पार्टी के प्रयासों से वहाँ के प्रत्येक मजदूर क्षेत्र के मजदूरों में जबर्दस्त संगठन हो गया। बिहार में मजदूर आंदोलन की नींव डालने के लिए पार्टी और जयप्रकाश नारायण ने काफी संघर्ष किया। लगभग आधे दर्जन स्थानों में हड़ताल के दौरान बड़ी-बड़ी संख्या में पार्टी के सदस्य जेल भेजे गए। जमशेदपुर के लोहे का कारखाना एशिया का सबसे बड़ा कारखाना है वहाँ के मजदूरों की ओर जयप्रकाश जी और उनकी पार्टी का ध्यान हमेशा रहा है। वहाँ के तार कम्पनी के मजदूरों ने जब हड़ताल की, बिहार की पार्टी पूरे बल से मजदूरों की सहायता करने लगी। जयप्रकाश जी ने स्वयं वहाँ पहुँचकर हड़ताल का संचालन कार्य अपने हाथों में ले लिया। उसी समय जब मजदूर पिकेटिंग कर रहे थे, कम्पनी के एक ड्राइवर ने अपनी गाड़ी सरदार हजारा सिंह पर चढ़ा दी, जो पार्टी के बड़े ही बहादुर सदस्य थे। पार्टी के एक सदस्य ने अपनी जान की कुर्बानी दे दी। उनकी कुर्बानी ने तो हड़ताल का महत्त्व और भी बढ़ा दिया। जयप्रकाश जी ने वहीं डेरा डाल दिया। पूरा माहौल ऐसा बन गया जैसे इस हड़ताल में विजय होकर रहेगी। कम्पनी के मालिकों ने भी समझौता करने के लिए संवाद भेजे; मगर बीच में कुछ घटनाएँ ऐसी हुईं जिससे समझौता नहीं हो पाया। जयप्रकाश जी को इसका गहरा दुःख हुआ, उन्होंने जमशेदपुर की मजदूर समस्याओं की ओर ध्यान देना अपना पहला काम बना लिया और अन्ततः वहीं के एक भाषण पर गिरफ्तार किए गए और नौ महीने के लिए (1940) जेल में डाल दिए गए।

पार्टी ने मजदूरों से जुड़ी हुई और भी बहुत-सी बातें रखीं जैसे—संघ बनाने, हड़ताल करने तथा धरना देने की स्वतन्त्रता, हफ्ते में सिर्फ 40 घंटे काम, मजदूरी इतनी जिससे मजदूर सपरिवार सानन्द जीवन निर्वाह कर सके, मजदूरों के लिए अच्छे मकान, बेकारी-आकस्मिक दुर्घटना, बुढ़ापा का बीमा, साल में एक महीने सवैतनिक छुट्टी आदि और भी बहुत सारी माँगें थीं।

इन आर्थिक माँगों के साथ पार्टी हमेशा मजदूरों का ध्यान राजनीतिक उद्देश्यों की ओर खींचती रही और भारतीय क्रांति में यथायोग्य हिस्सा लेकर शीघ्र अति शीघ्र हिन्दुस्तान में किसान-मजदूर-राज्य कायम करने के लिए मजदूरों एवं किसानों का आह्वान करती रही। पार्टी के इस आह्वान का ही फल था कम्युनिस्टों तथा लिबरलों के द्वारा लाख बहकाए जाने पर भी 1942 के राष्ट्रीय आंदोलन में विभिन्न जगहों पर मजदूरों की भागीदारी सराहनीय रही।

इस तरह देश के किसानों और मजदूरों के निजी आर्थिक पक्षों की ओर ध्यान देकर जयप्रकाश जी ने उनमें एक नई चेतना जगा दी। अब ये किसान और मजदूर वर्ग अपने आप में संगठित हो चुके थे जिसका फायदा राष्ट्रीय आंदोलन को भी मिला।

परिवार की बिगड़ती आर्थिक स्थिति

अमृता शेखर

मार्च 1930 को गाँधी जी दाण्डी यात्रा पर निकले और देश में नमक सत्याग्रह शुरू हुआ। भारत एक बार फिर गर्म होने लगा था। जयप्रकाश जी जवाहरलाल नेहरू के साथ इलाहाबाद में रहते हुए उनके काफी करीब आ चुके थे। प्रभावती जी और कमला नेहरू तो मानों सगी बहनें ही हों। उसी समय घर से खबर आई कि माता जी की तबीयत काफी खराब है, मृत्यु शय्या पर हैं शीघ्र चले आओ। ऐसी खबर पाकर जयप्रकाश जी के लिए इलाहाबाद में रुकना संभव ही नहीं था। वह फौरन स्वराज भवन छोड़कर सिताब दियारा अपने घर पहुँचे तो माता को जीवन के अन्तिम मोड़ पर पाया। एक तरफ तो भावुक मन माँ की सेवा में लगा रहा मगर दिमाग में एक द्वन्द्व भी चलता रहा कि उधर देश बीमार है इधर माँ ऐसे में कौन-सी सेवा सही और उचित है। हाँ माँ बेटे में इतना लगाव था कि माँ की आँखों में जब अन्तिम क्षणों में बेटे के सामीप्य की चमक देखते तो यह कार्य भी उचित लगता। अतः लम्बी बीमारी के बाद माता जी का देहान्त हो गया। जयप्रकाश जी ने माता जी के इस अन्त को काफी करीब से देखा था उनके अन्तिम क्षणों में होनेवाले कष्टों को समझा था फिर भी उसे झेल पाना उनके लिए कठिन हो रहा था। जीवन और मृत्यु मानव जीवन की दो ऐसी घटनाएँ हैं जो सबसे अधिक निश्चित हैं। जीवन के साथ ही मृत्यु की घोषणा हो जाती है। लेकिन नए जीवन की पुकार आते ही हम हर्षित होते हैं, खुशी दबाए नहीं दबती मगर मृत्यु हमें हर बार अप्रत्याशित ही लगती है इसका विषाद रोके नहीं रुकता।

जयप्रकाश जी को जबरदस्त आघात लगा। उनके शोकाकुल हृदय को समझाते हुए गाँधी जी ने पत्र लिखा—

"तुम्हारा शोक हृदय-द्रावक है। मातृ-प्रेम अद्भुत है...परन्तु इसी के साथ तुमको सावधान करूँ...तुम्हारे अद्भुत प्रेम में मैं मोह देखता हूँ। तुम्हारा प्रेम ज्ञानमय होना चाहिए। तुम्हारे प्रेम का विकास होना चाहिए। सच्ची माता मातृभूमि है। तुम्हारे प्रेम का परिवर्तन करके उस प्रेम को अखण्डित बनाने के लिए मातृभूमि को अपना समर्पण क्यों न किया जाए।"

माँ की मृत्यु के बाद एक बार फिर जयप्रकाश उस दिशा में सोचने लगे जिधर से निकालकर जवाहरलाल उन्हें यहाँ तक लाए थे। उन्हें लगने लगा कि "घर की आर्थिक हालत तो डगमगा ही रही है, अब माँ नहीं रही तो जैसे धुरी ही टूट गई। मुझे लगता था जैसे पिताजी की मदद करना मेरा पहला कर्तव्य है।" अपने इस सोच से निकल वह गाँधी जी के पत्र का जवाब दें इसके पहले ही उन्हें एक और आघात पहुँचा। पत्नी शोक से त्रस्त पिताजी को भी लकवा मार गया। पिताजी ही घर के संचालक थे। पूरे परिवार का भरण-पोषण वही करते थे। नहर विभाग की उनकी सरकारी नौकरी से जो वेतन पाते थे उसी से सारे घर का खर्चा उठा रहे थे। बीमारी से आर्थिक बोझ उठाने वाली नौकरी भी जाती रही।

जयप्रकाश जी ने यों तो अमेरिका में मेहनत मजदूरी से ही शिक्षा प्राप्त की। परन्तु जाते समय जो कुछ भी रुपए पिता ने दिए वह कर्ज लेकर ही तो दिये थे। आगे भी जब अमेरिका में जयप्रकाश जी काफी बीमार पड़े तो उन्हें घर से पैसे भेजने पड़े थे। इसी तरह वापसी के वक्त भी पास में पैसे नहीं होने पर उन्होंने घर से ही मदद ली थी। पिताजी

के आर्थिक हालात ऐसे नहीं थे कि नहर विभाग की कमाई से पूरे परिवार का खर्च उठाते हुए उन्हें भी पैसे भेज सकें। उन्होंने तो हमेशा पैसे कर्ज लेकर ही भेजे थे। कर्ज की इस रकम का सूद तो पंख लगाकर यों उड़ रहा था जैसे परिवार के आर्थिक जीवन के आकाश को पूर्णतः आच्छन्न ही कर लेगा। छोटे भाई की अधूरी पढ़ाई पूरी करनी थी, बीमार पिताजी का इलाज करवाना था और साथ ही कर्ज भी चुकाने थे। अब उनको परिवार की गाड़ी बढ़ाना सबसे आवश्यक लगने लगा। उन्होंने परिवार की नाव को इस मझधार में देख काफी ग्लानि भी महसूस की।

"अमरीका से लौटते ही एक-के-बाद-एक ऐसी घरेलू मुसीबतें आती गईं कि मैं एकदम घबरा गया।...मेरे मन में कहीं यह अपराधबोध भी था कि मैं खुद पढ़ने के लिए तो अमरीका चला गया, वहाँ भी घर से पैसे मँगवाए...। मैंने इंग्लैण्ड में पैसे मँगवाए तब कहीं आस्ट्रेलिया जानेवाले जहाज के तीसरे दर्जे में बैठकर कोलम्बो आया, वहाँ से मद्रास, कलकत्ता होता हुआ पटना आया।...तो अब उस घर की आर्थिक मदद का दायित्व मुझे उठाना ही चाहिए था।...पिता जी बीमार थे, राजा की पढ़ाई चल रही थी, कर्ज ले रखा था पिताजी ने, इन सबसे हाथ झाड़कर चल दूँ कि मैं तो देश सेवा करने जा रहा हूँ तो मुझे कुछ ईमानदारी नहीं लगती थी इसमें।"

इन परिस्थितियों में जयप्रकाश जी ने गाँधी जी को एक पत्र लिखकर मार्ग-दर्शन की इच्छा की और यह भी कहा मेरे सामने अब नौकरी के अलावा कोई रास्ता नजर नहीं आता। प्रभावती के कारण ऐसा रिश्ता बन गया था बापू से जयप्रकाश जी का कि वह उन्हें एक नेता नहीं पिता की हैसियत से सलाह देते ऐसा विश्वास था जयप्रकाश जी को। बापू ने भी प्रभावती के पिता का रोल निभाया। काफी प्रेम से उन्हें स्वधर्म का रास्ता दिखाते हुए उनका सही मार्ग-दर्शन किया। उन्होंने जयप्रकाश जी को पत्र लिखा।

"मैं चाहता हूँ कि कहीं से भी तुम्हारी भीड़ (संकट) मिटा दूँ। लेकिन मेरी शक्ति की भी मर्यादा है। इसलिए मुझे तुमको मदद पहुँचाने में भी तुम्हारी मदद चाहिए।...मैं तो तुमको देहात के आदमी जैसा बनाना चाहता हूँ...तुम्हें लड़ाई में से इस वक्त हट जाना चाहिए। यह लड़ाई बरसों तक चलेगी। जब कमाने का बोझ हल्का हो जाए तब लड़ाई में फिर से आ सकते हो...जो लड़ाई में पड़ते हैं, उनको कौटुम्बिक मोह छोड़ना पड़ता है...जिस पर कर्ज है, जिसे भाई-बहनों का खर्च उठाना है, उसके लिए यह लड़ाई नहीं है। इस लड़ाई में तो होम करने की जरूरत है गरीबों के भाई-बहन किस प्रकार पढ़ते हैं, हमें तो ऐसा रास्ता ढूँढ़ना चाहिए कि हमारे भाई-बहन गरीबी में पढ़ सकें और तुरन्त जीविका चला सकें। इसके बाद पिताजी की बात रही। उन्हें पेंशन के 50 रुपए मिलते हैं यह काफी है उनकी जायदाद से तुम दोनों को हाथ धो लेना चाहिए। वैसे जयप्रकाश फकीरी लेने को तैयार है तो लड़ाई में रह सकेगा। सिपाही का यही धर्म है।"

उनका बोझ कम करने के लिए गाँधी जी ने घनश्याम दास जी बिड़ला को भी एक पत्र लिखा, "जयप्रकाश के लिए कुछ काम दीजिए ताकि उसकी कुछ कमाई हो सके।"

उनके इस पत्र का प्रभाव रहा। 1931 में बिड़ला जी ने जयप्रकाश जी को अपना निजी सहायक बना लिया। मार्क्सवाद में दीक्षित एक नौजवान परिवार की बिगड़ती आर्थिक स्थिति के कारण एक नामी उद्योगपति के भाषण लिखने लगा। पैसों की तंगी ने जयप्रकाश जी को काफी मानसिक तनाव में रखा। पैसों की किल्लत तो उन्हें बराबर रही मगर प्रारम्भिक आर्थिक तंगी और उससे पैदा हुई घुटन का घाव उनके भीतर अन्त तक बना रहा।

जेल की दीवारें छोटी पड़ गईं

अमृता शेखर

जयप्रकाश जी ने जेल जाकर भी आजादी की लड़ाई से अपने-आपको बिलकुल ही अलग होने या कमजोर पड़ने नहीं दिया। बल्कि बार-बार जेल जाकर उनके इरादे और भी बुलन्द होते गए, हौसला बढ़ता गया। 1940 में जयप्रकाश जी गिरफ्तार होकर चाइबासा जेल में लाए गए। यहाँ से नौ महीने की सजा के साथ उन्हें हजारीबाग जेल में लाया गया। यहाँ रहते हुए भी जयप्रकाश जी ने अपनी राजनीतिक गतिविधियों को ढीला नहीं पड़ने दिया। 1940 के अन्त में जब वे हजारीबाग जेल से बाहर आए तो उनके इरादे और भी पक्के और पुख्ता बन चुके थे। तरह-तरह के वेश में कलकत्ता से बिहार, गुजरात होते हुए वह बम्बई पहुँचे। इस तरह तो वह अपने संगठन के कार्य को अंजाम देना चाहते थे मगर अफसोस बम्बई में गिरफ्तार कर वह फिर से देवली कैम्प में डाल दिए गए। देवली कैम्प में कड़ी निगरानी होने पर भी वह बाहर की स्थिति से अवगत हो ही जाते थे और अपने आगे का कार्यक्रम भी साथियों को समझाने में बराबर कामयाब रहे। इसी बाबत एक बार प्रभावती जी जो जेल में उनसे मिलने आई थीं उन्हें खत देते हुए वह पकड़े भी गए थे। प्रभावती जी ठहरीं कट्टर गाँधीवादी। वह जब इस वादे से मिलने आई थीं कि वह सिर्फ अपने पति का हाल समाचार लेना चाहती हैं तो वह उनके किसी भी षड्यन्त्र में शामिल नहीं हो सकती थीं। जयप्रकाश जी ने खुफिया पुलिस को एक कोरे कागज में उलझाकर प्रभावती को वास्तविक चिट्ठी देनी चाही मगर इनके इनकार करने पर उन्होंने जबरदस्ती खतों का वह पुलिन्दा उनकी कुर्सी पर रख दिया। दोनों के इस ना-नुकुर में खत खुफिया पुलिस के हाथ लगे। सुपरिण्टेण्डेण्ट ने जयप्रकाश को बुलाकर खरी-खोटी भी सुनाई।

देवली कैम्प में रहते हुए जयप्रकाश जी ने वहाँ सुधार के लिए भी काफी हो-हल्ला मचाया और काफी हद तक वहाँ सुधार आया भी। उन्होंने भूख-हड़ताल कर दी। शरीर निढाल पड़ गया मगर अपनी माँगों पर अड़े रहे। 33 दिनों के अनशन के बाद सरकार ने उनकी माँग स्वीकार कर ली और उन्हें बिहार (आज का झारखण्ड) के हजारीबाग जेल में लाया गया।

जेल में बाहर से मिलने वाली खबरों से जयप्रकाश जी और उनके साथियों को इतना अवश्य पता चलता रहा कि गोली बन्दूक, किरचों और हंटरों से पुलिस अगस्त क्रांति को कुचलने का हर संभव प्रयास कर रही थी और नेता के अभाव में जनता का मनोबल भी टूटकर बिखरने लगा था। 'अंग्रेजो भारत छोड़ो' का नारा उल्टा पड़ने लगा। अंग्रेज उल्टे हमें कुचलने लगे थे। अगस्त क्रांति ने यह तो सिद्ध कर दिया था कि जनता में वह शक्ति है जो डेढ़ सौ वर्षों की स्थापित सरकार को उखाड़ फेंके। उधर जापानी सैनिकवाद और जर्मन नाजीवाद भी भारत को हासिल करने में जी-जान से लगी थी। तभी जयप्रकाश जी और उनके साथियों ने निश्चय किया कि ऐसे हालात में हमारी जगह जेल में नहीं। हमें बाहर होना चाहिए। फिर क्या था इस दृढ़ निश्चय की आखिरी तैयारी शुरू कर दी गई।

जेल की दीवार फाँदकर बाहर निकलने में तो मात्र पाँच मिनट का वक्त लगता मगर प्रश्न था कि दीवार के उस पार जाने पर क्या हाल होगा। कोई ऐसा व्यक्ति भी चाहिए जिसे जंगलों का रास्ता पता हो और जो कम समय में ही किसी शहर या रेलवे स्टेशन तक पहुँचाने में सफल हो सके। जयप्रकाश जी ऐसे साथी की तलाश में लग गए

जिसे जंगलों के सुरक्षित स्थानों का पता हो। खराब स्वास्थ्य के कारण तथा सिपाहियों के मुस्तैदी की वजह से ज्यादा वक्त तक जंगलों में सुरक्षित रहना भी असंभव था। कुछ ऐसे साथी की भी तलाश की गई जो इन लोगों के दीवार फाँदकर भागने के बाद जेल में इस घटना की हवा न लगने दे। इसके लिए शाम का समय तय किया गया और यह निश्चित हो गया कि यहाँ रहने वाले साथी उस रात वार्डबन्दी में थोड़ी देर करवाने में सफल रहें क्योंकि वार्डबन्दी के वक्त कैदियों की गिनती तो होनी निश्चित थी। इसके लिए दीवाली का दिन निश्चित किया गया जिससे जश्न मनाने में वार्डबन्दी को इतने समय तक जरूर रोका जा सके जितने में ये लोग पुलिस की पहुँच से दूर निकल सकें। एकान्त में कई दिनों तक दीवार फाँदने का प्रयोग भी किया गया। इस बात का भी पूरा ध्यान रखा गया कि साथ भागनेवाले तथा पीछे जेल में रहनेवाले साथियों को किस तरह की मुसीबातें का सामना करना पड़ सकता है और उसी हिसाब से भागने और अन्दर रहनेवाले साथियों का समूह बनाया गया।

भागनेवाले समूह का नेतृत्व योगेन्द्र शुक्ल से बेहतर कौन कर सकता था। यह बिहार के वह प्रथम क्रांतिकारी शेर थे जिनकी एक ललकार से ही धरती आकाश सारे एकत्रित हो जाते थे। सूर्यनारायण सिंह गुलाबचन्द्र उर्फ गुलाली, श्री रामनन्दन मिश्र तथा हजारीबाग काँग्रेस कमिटी के मन्त्री शालिग्राम सिंह को राह बताने के उद्देश्य से लेकर जयप्रकाश जी ने जेल पलायन का कार्यक्रम पूर्णतः बना लिया।

हजारीबाग जेल में दीवाली के दिन सुबह से ही अजीब-सी रौनक थी। सारे कैदी अपने देश के इन पाँच सपूतों को सुरक्षित भगाने के लिए हर संभव प्रयास में लगे थे। उसी उल्लास में ये कैदी दीवाली को अनेक रंगीन कार्यक्रमों के साथ मनाने में और सारे सिपाहियों को अपनी ओर आकर्षित कर अधिकाधिक समय उन्हें अपने साथ गुजारने का सफल प्रयास शुरू कर चुके थे। गाना-बजाना, खाने-पीने का कार्यक्रम, खेलकूद का कार्यक्रम तथा रात खाने के बाद हँसी-खुशी का ऐसा प्रोग्राम रखा गया जिससे सुपरिण्टेण्डेण्ट से लेकर सिपाही सभी बारह बजे के पहले वहाँ ही व्यस्त रहें। इस वक्त जयप्रकाश जी की हालत काफी खराब थी कुछ ज्यादा ही बीमार थे मगर हिम्मत में कोई कमी नहीं आई। शाम होते ही जयप्रकाश जी दिवाली मिलन के बहाने अपने सभी घनिष्ठ साथियों से अन्तिम विदाई लेने लगे। इनके खराब स्वास्थ्य के कारण इतने कठिन कार्य को देखकर तो कई साथियों की आँखें नम हो गईं, साँसें रुक-सी गईं मगर फिर भी सभी ने इनके पलायन के लिए मंगल कामना की।

जंगल पार करने के लिए देहाती कपड़े, फिर स्टेशन के नजदीक पहुँचकर अपनी वेश-भूषा बदलने के लिए आवश्यक चीजें रख ली गईं। रास्ते में खाने-पीने के लिए कुछ चीजें भी रख ली गईं। कुछ नकद रुपए तथा जूतों का भी प्रबन्ध कर लिया गया। सबसे विदा ले यह छः अभियानी छः मिनट में ही एक-एक कर दीवार के उस पार यानि जेल से बाहर।

इधर जेल के अन्दर आगे-आगे थाल में बयालीस दीए जलाकर नाचते-गाते कैदियों ने 'दीवाली फिर आ गई सजनी' का जुलूस निकाला। सिर्फ कैदी ही नहीं पूरा जेल ही इस तमाशे में शामिल होता गया। एक-एक कर हर कमरे में यह जुलूस जाता और वहाँ के लोग भी इसमें शामिल होते जाते। इस तरह से रात के बारह बज जाते हैं यह उम्मीद हो जाती है कि अब वे लोग सात-आठ मील की दूरी पार कर गए होंगे। फिर भी जब तक हो सके इस राज को खुलने से रोकने का प्रयास जारी रहा।

इस बीच एक आदमी जयप्रकाश जी के कमरे में जाता है। इस कमरे में कुल चार लोग थे जिसमें से तीन पलायन कर चुके थे और चौथे को शाम से ही अल्सर का दर्द उठा था जिसकी खबर पूरे जेल को थी। काफी दवा और इलाज के बाद बेचारा अभी-अभी ही सोया था उसे अपने साथियों के बारे में क्या पता। उस आदमी ने तीनों बिस्तरों पर तकिया लगाकर चादर से इस तरह ढक दिया जिससे लगता था कोई सोया है फिर मच्छरदानी भी गिरा दिया। फिर कुर्सी लेकर दरवाजे पर बैठ गया। ज्योंही जमादार या कोई पहरेवाला उधर पहुँचता दूर से इशारे से दिखाकर कह देता कि बीमार अभी ही सोया है जमादार भी चारों बिस्तर लगा देखकर लौट जाता। इस तरह रात से सुबह के 10 बजे तक छहों के भागने की बात छुपी रही। 10 बजे सुबह यह आशा जगी कि अब तक योगेन्द्र शुक्ल जी के निर्देशन में सभी किसी सुरक्षित स्थान पर पहुँच ही गए होंगे। सुबह 10 बजे भी यह भंडा न खुलता अगर इस नए आए सुपरिण्टेण्डेण्ट को जेल की भीतरी प्रबन्ध की जानकारी के लिए जयप्रकाश की याद न आती। यह जयप्रकाश नाम भी इस नए सुपरिण्टेण्डेण्ट

को बन्दियों ने ही सुझाया था, मगर वे बेचारे तो इस पलायन कार्यक्रम से अनभिज्ञ थे।

जयप्रकाश जी के नहीं मिलने पर तुरन्त ही जेलर योगेन्द्र शुक्ल को ढूँढ़ता है तो वह भी नदारद। थोड़ी ही देर में छोकरा-किता, बाबू वार्ड सहित पूरे जेल में दौड़-धूप मच गई और अन्य साथियों के भी गायब होने की खबर हो गई सभी को। मगर तब तक जयप्रकाश अपने साथियों समेत काफी दूर निकल चुके थे। इधर जेल के अफसर और जेलर जेल के कोने-कोने की खाक छान रहे थे। कभी सेल में, कभी वार्ड में, बिस्तरों के नीचे, पेड़ों के ऊपर, पाखाने और रसोईघर में भी देखे गए और सभी के मुँह से यही निकला जयप्रकाश जी सचमुच भाग गए।

दीवाली की रात चारों ओर कालिमा फैली हुई है शायद इसीलिए इस दिन का चुनाव किया गया कि अमावस्या तो सब कुछ अपने में समा लेती है। बस कान ही हैं जिस पर वह काबू नहीं पा सकती। जेल की दीवार पर कब कोई चढ़ा और कब सरककर नीचे आ गया इसकी तो छाया भी कहीं नहीं दिखी।

पहले सूरजनारायण फिर शालिग्राम फिर जयप्रकाश उनके बाद रामनन्दन, शुक्लजी एवं गुलाली भी एक-एक कर दीवार के इस पार आ गए। जल्दी में रामनन्दन जी अपना कोट उस पार ही छोड़ आए जिसमें सफर के लिए पैसे रखे गए थे। अन्त में रस्सी के सहारे एक गठरी आनी थी जिसमें कपड़े, जूते एवं खाने की चीजें थीं कुछ समय तक वह गठरी आई नहीं। हाँ, एक आवाज आई धम्म। सबने समझा वह बीच में ही गिर गई। थोड़ी दूर तक तो ये छः लोग छाती के बल रेंगते हुए, कभी हाथ और घुटनों के सहारे सिर झुकाकर निकले कि कहीं दूर से भी कोई टॉर्च मारे तो यह सीधे झाड़ियों में धँस जाएँ। कुछ दूर निकलकर सीधे चलते हुए हजारीबाग के इतिहास में एक नया अध्याय लिखते हुए आगे बढ़े। जेल की इतनी कड़ी मेहमाननवाजी के बावजूद बिना बाहरी सहारे के इतना बड़ा कदम उठाना सिर्फ जयप्रकाश जैसे देश के सपूत ही कर सकते थे, जो आज क्या हजारों वर्षों तक इतिहास बन गया।

रात की कालिमा का फायदा दीवार फाँदने और भागने में जरूर हुआ मगर रास्ते में उससे कठिनाइयाँ भी झेलनी पड़ीं। थोड़ी ही दूरी पर जाकर सारे छप्प से पानी में गिरे और पूरे गीले हो गए। नवम्बर में हजारीबाग की सर्दी चरम सीमा पर, हवाएँ भी साँय-साँय चल रही हैं और गीले कपड़े सबके सब ठंड से ठिठुरते दाँत किटकिटाते हिम्मत से आगे बढ़ते रहे। शुरू-शुरू में तो इन्होंने यह भी नहीं सोचा कि किस रास्ते किधर जाना है। बस जल्दी से पहले जेल से दूर किसी सुरक्षित स्थान पर पहुँचना है आगे की सोचना है। ये छह लोग दौड़ना शुरू कर देते हैं। इधर काफी दिनों से जयप्रकाश जी की सेहत खराब थी। वह काफी कमजोर हो गए थे। सीधे खड़े भी नहीं हो पाते थे। मगर आज वो सारी कमजोरी भूलकर भागे जा रहे हैं अपने पाँच साथियों के साथ। दिल में एक लगन थी जेल में रहकर वह पूरी नहीं हो सकती थी। आज दिल की आवाज पर भाग रहे थे सारे।

लगातार पाँच घंटे दौड़ते रहने के बाद लगा कि अब जेल से दूर निकल गए, क्योंकि अब जेल के सेण्ट्रल टावर की रोशनी भी पूर्णतः समाप्त हो गई थी। और पगडंडियाँ गायब थीं। सामने घना जंगल था। पहले सोचा गया था कि सात मील पर जो अड्डा है वहाँ जाएँगे। मगर दीवार फाँदने के बाद कुछ भी सोचने का समय नहीं लिया और बढ़ते चले गए। अब तो तारों से पूरब-पश्चिम उत्तर-दक्षिण का अन्दाजा लगाते आगे बढ़े। जंगल में आगे बढ़ने के लिए उन्हें महसूस हुआ कि डंडे ले लिए जाएँ। बस तड़ातड़ टहनियाँ टूटने लगीं। टहनियाँ टूटने की आवाज से पेड़ों पर सोये पक्षी चहचहाने लगे फिर एक शेर सामने आ गया। सूरजनारायण ने कहा—"चलो शेर को मारते हैं" मगर थोड़ी ही देर में शेर अपनी राह चला गया मानों वह भी इन सपूतों के कार्य में आज बाधा नहीं डालना चाहता था। शुक्ल जी पथ प्रदर्शक बने पूरी टीम को आगे बढ़ाते चले। तारों की रोशनी कम होने लगी और भोर की लालिमा अपनी छटा बिखेरने लगी थी। अब इन लोगों ने सोचा चलो थोड़ा आराम कर लिया जाए। एक पेड़ के नीचे सोने का कार्यक्रम होने लगा। अभी तक ठंडी हवाओं के कारण बदन के कपड़े पूरे सूखे नहीं थे। रामनन्दन जी के पास हमेशा सिगरेट और माचिस जरूर होती थी। सबने मिलकर हाथों से सूखे पत्ते इकट्ठे किए और आग जलाई। आग ने तन और कपड़े दोनों को गरमी दी। कपड़े सूख भी गए। इस पेड़ के नीचे सभी सोये रहे। सोये क्या बस आँखें ही बन्द कीं। एक तो जंगली जानवरों की आवाजें ऊपर मन का भय कि कहीं कोई ढूँढ़ता हुआ आ न जाए यहाँ भी।

धूप निकलते ही सभी उठे और आपस में बातें करने लगे कि आस-पास के किसी गाँव या कस्बे में चलते हैं।

वहाँ कोई भी हमारी जान-पहचान वाला निकल आया, तो बस काम हो गया समझो। झटपट उठकर सभी उठ खड़े होते हैं और दिन के उजाले में एक बार स्वयं को निहारते हैं। अब शालिग्राम के निर्देशन में काफिला आगे बढ़ता है। दिन के लगभग दस बजते-बजते सभी की अंतड़ियाँ कुलबुलाने लगीं। चलने से तो खाना हजम जल्दी होता है यहाँ तो सारी रात चले थे। ऐसा हजम हुआ कि खाने का स्वाद भी याद नहीं रहा। रुपये तो मिश्रजी के कोट में वहीं रह गए थे। एक सौ का नोट था पास में। मगर उस जंगल में यह बहुत बड़ा नोट था। जहाँ छोटी-मोटी दूकानें ही थीं। सौ का नोट भुनाते तो दूकानवाला शक भी कर सकता था। शुक्ल जी ने अपनी जेब टटोली तो एक चवन्नी निकली मगर आस-पास कहीं दूकान नहीं मिली, जहाँ खाने का कुछ मिलता हो।

पेट भी जवाब देने लगा और पैरों की भी यह हालत हो चली कि आगे बढ़ना मुश्किल लगने लगा। कंकड़ों, पत्थरों, कुशों और काँटों से भरे रास्ते पर चलने से तलवे मानों घिस से गए थे। चलने की धुन में कई बार ठोकरें खाकर गिरने से भी बचे थे। तलवों में बड़े-बड़े फफोले पड़ गए जिनमें पानी भरे थे और फफोले काँटों और पत्थरों से टकराकर फूट पड़े। फूटने से उनकी चमड़ी उधड़ गई और सारा तलवा बिना चमड़ी के लाल। हल्के खरोंच से भी खून की धार फूट पड़ती। यदि वास्तव में आज कोई पीछे होता तो इन खून के धारों से सीधा इन छः लोगों तक पहुँच जाता। इस तरह की परेशानी तो छहों को थी मगर तीन लोगों को तो कुछ अधिक ही परेशान कर रखा था पैरों ने। जयप्रकाश जी साइटिका के दर्द से बेहाल थे, रामनन्दन मिश्र का गठिया बढ़ गया और गुलाली के पाँव में एक बड़ा काँटा चुभ गया था। यह तीनों तो दर्द से कराहते हुए जब एक-एक कदम बढ़ाते तो मानों अन्य तीन के हौसले और भी कमजोर पड़ने लगे। इस घायल अवस्था में भी ये लोग पैरों को घसीटते-घसीटते निरन्तर आगे बढ़ते ही रहते अगर जंगली कन्दमूलों ने इनके पेट की आग को और न बढ़ाया होता। जंगल में और क्या मिलता। कहीं किसी पेड़ से थोड़े से गूलर तोड़कर खाए। किसी ने करौंदे देखे तो थोड़ा-बहुत खट्‌ठा-मिट्‌ठा करौंदा ही तोड़ लाया। काफी ढूँढ़ने पर एक झरबेर का पेड़ दिखा मानों इन्हें जीवन धन मिल गया हो। आपस में स्नेह इतना था कि जिसे भी अच्छा झरबेर मिलता वह झट से साथी की ओर बढ़ा देता—''यह खाइए आप।'' झरबेर कोई बेर तो था नहीं इसमें गूदा कम गुठलियाँ ही अधिक थीं। अन्त में कुछ आँवले भी दिखे तो उन्हें भी तोड़कर पेट की भूख को कम किया इन लोगों ने। इसी तरह पेड़ों से फल-फूल और पहाड़ी स्रोतों से पानी पीते लहूलुहान पैरों से आगे बढ़ते रहे। दिन के लगभग चार बजे एक झरना दिखा जिसका पानी बिलकुल गरम था। सभी गरम जल में पैर डालकर बैठ गए। गरम जल से पैरों को बहुत आराम मिला। पास ही एक पड़ाव दिखा तो शुक्ल जी अपनी चवन्नी से चूड़ा खरीद लाए साथ में नमक और मिर्च भी। इस चवन्नी के चूड़े को भी छः लोगों ने मिलकर आधा ही खाया और आधे को आगे के सफर में खाने के लिए रख दिया। पता नहीं कब तक यों ही जंगल-जंगल चलना पड़े, आगे फिर कुछ खाने को मिले भी या नहीं।

पेट की भूख अब तक शान्त तो जरूर हो चुकी थी और पैरों को भी काफी आराम मिला था। मगर विश्राम के बाद पैरों में खून के थक्के ऐसे जमा हुए कि अब खाली पैर चलना नामुमकिन लगने लगा। अपने कपड़े फाड़ कर तलवों पर लपेट लिये मगर वह भी कुछ ही समय में खून से भीग गये। जयप्रकाश जी के पैरों की हालत सबसे बुरी थी वह तो अब साथियों के कन्धे का सहारा लिए धीरे-धीरे बढ़ रहे थे। धीरे-धीरे बढ़ते हुए इन्होंने देखा कि आकाश में हवाई जहाज गश्त लगा रहे थे इधर से उधर। वैसे तो पास में राँची का फौजी हवाई अड्डा था। अतः यह कोई खास बात नहीं थी। मगर भगोड़े लोगों को यह शक हुआ कि कहीं यह हमारी खोज में तो नहीं उड़ रहे। अब इन लोगों ने विचार किया कि अब हमें अलग-अलग हो जाना चाहिए। मगर तब तक जयप्रकाश जी की हालत इतनी खराब हो चली थी कि इस मुसीबत में कोई साथी उनसे अलग होने को तैयार नहीं हुआ। एक तो लहूलुहान हो रहे तलवे ऊपर से साइटिका का तेज दर्द। तब शुक्ल जी और शालिग्राम ने एक-दूसरे का हाथ पकड़ा और बीच में उन्हें बिठा लिया और हाँफते-डगमगाते चल पड़े। पैर तो इनके भी घायल थे। अंतड़ियाँ कुलबुला रही थीं और पूरी रात पूरा दिन चलते-चलते थक भी चुके थे मगर फिर भी अपने प्यारे साथी को ढोकर बढ़े चले जा रहे थे। इसी तरह कभी बाँहों के खटोले बनाकर तो कभी कन्धों के सहारे से घिसटते हुए सभी अपने जयप्रकाश को लेकर बढ़ते रहे। धीरे-धीरे शाम हुई फिर रात भी घिर आई। काफी चलने पर एक बैलगाड़ी दिखी। इन लोगों ने गाड़ीवान से बड़ी मिन्नतें कीं। अपनी

घड़ी दिखाकर बन्धक रखने को भी कहा। यह भी कहा कि हम मुसाफिरों को डाकुओं ने लूट लिया है मगर वह ले जाने को तैयार नहीं हुआ।

चलते-चलते आधी रात को लगभग एक बजे एक जगह सभी रुक गए। पत्ते इकट्ठे कर आग जलाई, शरीर को गरमाया, चूड़ा, नमक और मिर्च खाया तथा सुबह के चार बजे तक सोए। एक पहर ही सोए और चार बजे उठकर पुनः चल पड़े। चलते हुए सुबह से दोपहर के एक बजे अब ये लोग ऐसी जगह पर पहुँचे थे जिसके पास में ही कहीं एक गाँव था जहाँ दूबे जी रहते थे। सबकी आँखों में आशा की एक किरण जागी। जयप्रकाश जी, रामनन्दन और गुलाली को वहीं बैठाकर शुक्लजी, सूरज और शालिग्राम दूबे जी के गाँव की खोज में निकल पड़े। एक बड़ा पहाड़ी नाला पार करने पर दूबे जी का गाँव दिखा। सामने ही खलिहान में दूबे जी भी दिख गए जो धान ओसा रहे थे। देखते ही दूबे जी कहने लगे चलिए घर भोजन-पानी कर लीजिए। इनके भागने की खबर तो सब जगह फैल ही चुकी थी। शालिग्राम जी को वहाँ सभी पहचानते थे अतः वह खलिहान में ही बैठे रहे और वहीं पर दूबे जी ने उन्हें भर पेट भोजन करवाया। शुक्ल जी और सूरज बाबू तो उनके घर जाकर रसोई में बैठकर प्रेम से चावल दाल और घी खाए। आखिरकार पैंतालीस घंटों के बाद ऐसा खाना मिला था। गाँव में ही उन लोगों ने सौ रुपये का नोट भुनाया। चालीस रुपए के कपड़े खरीदे। चूड़ा, गुड़ और आटे की टिकरियाँ एक मोटरी में रख लीं। वहीं से दूबे जी ने कुछ पुराने जूतों का भी इन्तजाम करवा दिया। सब लेकर तीनों साथी जंगल की ओर चल पड़े।

इधर जंगल में जयप्रकाश जी अपने दोनों साथियों के साथ भूख और चिन्ता से बेहाल इधर-उधर टहलते रहे और कभी-कभी एक-दो झरबेर तोड़कर खा लेते। रात को एक बजे जो चूड़ा खाया था वह चलने के क्रम में कब का पच चुका था। इधर मन आशंकित था कि कहीं तीनों साथी पकड़े तो नहीं गए। इतने में सीटी की आवाज सुनाई दी। यह सीटी सूरज ने दी थी क्योंकि गाँव से लौटते वक्त ये लोग रास्ता भटक गए थे। जब इत्मीनान हुआ कि यह सीटी साथियों की है तो इधर से भी सीटी का जवाब सीटी से दिया गया। तब जाकर दोनों दल मिले।

दूबे जी ने भी इन लोगों की खूब मदद की थी। उन्होंने अपने छोटे भाई को एक बैलगाड़ी के साथ इनकी सेवा में भेज दिया। बैलगाड़ी छोटी थी अतः तीनों घायल साथियों को उस पर सुला दिया गया। बाकी तीन साथी देहाती किसान के वेश में पीछे-पीछे चल पड़े। सूरज और शुक्ल जी ने एक-एक कुल्हाड़ी अपने कन्धे पर लिया। ऐसा लगता था मानों सचमुच कुछ गाँव वाले जंगल से लौट रहे हों। आवश्यक हुआ तो यह कन्धे की कुल्हाड़ी को इस्तेमाल करने का भी खयाल था मन में। रास्ते में पुलिस चौकी थी। यहाँ पहुँचते हुए इन्हें आधी रात गुजर चुकी थी और सारे सिपाही खर्राटे भर रहे थे। यह सारी तैयारी इसी चौकी से बचने के लिए की गई थी। मगर बिना किसी अवरोध के इनका काफिला आगे बढ़ता गया। गया जिले में प्रवेश कर दूबे जी की बैलगाड़ी लौटा दी गई और एक जगह ये लोग आराम करने लगे।

यहीं पर यह तय कर लिया गया कि अब यह काफिला दो दलों में बँट जाएगा। जयप्रकाश जी रामनन्दन और शालिग्राम एक ओर जाएँगे और शुक्ल जी, सूरज और गुलाली एक ओर। एक दल को उत्तर बिहार और दूसरे को बनारस का रास्ता देखना तय हुआ। आपस में यह भी तय कर लिया गया कि एक निश्चित समय बाद उत्तर बिहार वाला दल बनारस वाले दल से एक ठिकाने पर मिलेगा। रुपये और टिकरियाँ बाँटकर दोनों दल आँसू भरी आँखों से एक-दूसरे से विदा ले लिए।

शुक्ल जी पंडा का वेश धारण कर सिर पर बड़ा-सा पग्गड़ और माथे पर चन्दन का तिलक लगाकर सूरज और गुलाली को अपना चेला बना उत्तर बिहार की ओर चल पड़े। रास्ते में एक गाड़ीवान दिखा तो दोनों चेले उससे कहते हैं कि पंडा जी को अपनी गाड़ी में बैठा लोगे? ढाई रुपये में गाड़ीवान ने उन्हें सरमाबाजार पहुँचाया और पंडा जी के पैर छूकर प्रणाम भी किया।

फाल्गुनी नदी पार कर ये लोग एक ऐसे गाँव पहुँचे जहाँ सूरज के ससुराल के एक रिश्तेदार रहते थे। वहाँ पर खा-पीकर इन लोगों ने तीन जोड़े केट्स और कुछ सिगरेट खरीदा और आगे बढ़ चले। आगे एक मिलिटरी कैम्प था मगर शुक्ल जी बिलकुल देहाती की तरह खैनी बनाते भोलेपन से आगे बढ़े और पीछे दोनों साथी। तीनों साथी अलग-अलग

चलते हुए, लोगों की नजरों से बचते हुए एक जगह आकर विश्राम करने लगे तो देखते हैं कि सामने रामनन्दन। मतलब अभी तक रास्ते अलग नहीं हुए थे या फिर यहाँ आकर मिल गए थे। यहाँ पर उन्होंने मुसलमानी टोपी और लुंगी कुर्ता खरीदा क्योंकि अब वे नवादा में थे और सामने थाना था। भागने की खबर तो सभी अखबारों में आ ही गई थी।

लक्खीसराय में शुक्ल जी ने अपना मुण्डन करा लिया। बढ़ई और फिर छठ के रोज मोकामा पहुँचे। वहाँ से तेघड़ा सामने थाना था, मगर अब डर नहीं था। वाजितपुर से सूरज और गुलाली दरभंगा निकल गए और शुक्ल जी बेचारे खुद बढ़ चले फंदे में फँसने। मुजफ्फरपुर में एक पुराने दोस्त ने ही दगा दे दिया और बिहार का शेर पुनः गिरफ्तार हो जेल में चला गया। पूरे बिहार में मातम छा गया।

इधर जयप्रकाश जी के नेतृत्व में उनका दल आगे बढ़ता रहा। आगे रामनन्दन जी के ससुराल की कचहरी वाला गाँव पड़ता था सो काफिला उसी ओर मुड़ गया। यह बोध गया था जहाँ गौतम बुद्ध को बुद्धत्व प्राप्त हुआ था। फाल्गुनी नदी पार करते-करते शाम से रात भी हो गई। तो सामने एक देहातन की दूकान पर तीनों रुके। मालकिन ने एक चटाई दे दी और लिट्टी बनाने लगी। पूरे सौ घण्टे बाद इन लोगों को यह भोजन मिला था मगर रामनन्दन तो लिट्टी वाले क्षेत्र के थे नहीं, सो वह घी पर घी लिए जा रहे थे। उन्हें इस तरह से खाते देखकर मालकिन बड़ी प्रसन्न हुई कि आज कोई मोटा असामी हाथ लगा है। रात इन लोगों ने वहीं बाहर सोकर गुजारी, उसने तो अन्दर सोने की दात भी कही मगर ये लोग पूरे चौकस थे और कोई खतरा मोल लेने को तैयार नहीं थे। सुबह अँधेरे में ही उठकर तीनों चल पड़ते हैं।

दिन-भर चलते-चलते तीनों कचहरी वाले गाँव पहुँचे। जयप्रकाश जी और रामनन्दन गाँव के बाहर तालाब पर बैठे रहे, शालिग्राम कचहरी की ओर बढ़ गए। वहाँ जाकर बूढ़े दीवान जी को सूचना दी कि 'पातोर के मेहमान जी आए हैं, तालाब पर आपको बुला रहे हैं।' दीवान जी दौड़े-दौड़े आए। वेश-भूषा से पहले तो उन्हें पहचानने में थोड़ी दिक्कत हुई मगर रामनन्दन उनकी शंका समझ कर कुछ ऐसे पते की बातें कहते हैं कि दीवान तुरन्त उन लोगों को लेकर कचहरी पहुँचे।

वहाँ पर उन लोगों की खूब खातिरदारी हुई। इतनी मेहमाननवाजी की कि पूरे तीन दिन वे लोग वहाँ जमे रहे। चौथे दिन रामनन्दन वहाँ से विदाई में अच्छी-खासी चीजें लेकर दोनों साथियों के साथ वहाँ से निकलते हैं। यहाँ पर इन्हें जूते, धोती-कुर्ता, रुपया तथा चमाचम चाँदी का एक सिगरेट केस मिला था जिसे ससुराल की भेंट मानकर शान से पॉकेट में रख लिया उन्होंने। जयप्रकाश जी ने कचहरी में ही अपना सिर मुँड़वा लिया। यहाँ से ये लोग बैलगाड़ी से एक पहाड़ी तक गए। यह पहले ही तय हो चुका था कि इसी जगह पर ससुराल वाले जरूरत के सभी सामानों के साथ एक बैलगाड़ी भेजेंगे। जिससे ये लोग शहर पार करेंगे। पहाड़ियों में थोड़ी देर इन्तजार के बाद वह बैलगाड़ी आई, जिसमें नीचे तीसी के बोरे इस प्रकार से रखे थे कि कोई उनमें छिपकर बैठ जाए तो कहीं से भी नजर नहीं आए। गाड़ी के ऊपर छावनी बनी थी। बोरों के बीच बैठकर तीनों बैलगाड़ी से फाल्गुनी नदी पार कर गया शहर में प्रवेश कर गए। सारा शहर अन्धकारमय था और बैलगाड़ी टख-टख करती बढ़ती जा रही थी। पूरा गया तब मिलिटरी का अखाड़ा बना था। जहाँ-तहाँ कैम्प लगे थे। नीचे सैनिक, टैंक और ऊपर हवाई जहाज, बम। बंगाल के बाद सेकेण्ड लाइन ऑफ डिफेंस यहीं पर था। बच निकले तो भाग्य, अन्यथा जो कचूमर निकलता इसे तीनों ही जानते थे। खैर भाग्य भरोसे शहर पार हुआ तो इन लोगों ने इनाम देकर गाड़ीवान को वहीं से वापस कर दिया।

थोड़ी दूर जाकर एक गाँव आया तो शालिग्राम गाँव में जाकर एक बैलगाड़ी कर लाए। इसमें भी ऊपर छावनी थी। तीनों नीचे लेट गए। रामनन्दन जी के सिगरेट के धुएँ के साथ थोड़ी दूर जाकर फिर इस गाड़ी को भी विदा किया और फिर इन लोगों ने थोड़ी दूर पैदल चलना ही उचित समझा। थोड़ी दूर जाकर पता चला कि रामनन्दन का पर्स और ससुराली सिगरेट केस दोनों ही गायब थे। शायद रास्ते में सोते समय गाड़ीवान ने हाथ साफ किया था।

शाहाबाद जिले में प्रवेश करने के लिए वह सोन के पुल पर नहीं चढ़े बल्कि नहर के रास्ते आए। वहाँ कड़ा पहरा जो था। घुटने तक धोती, सिर पर धोती की पगड़ी, दाढ़ी बढ़ी हुई, बाल मुँड़े हुए, गाढ़ा रंग का कुर्ता और हाथ में लाठी लिए जयप्रकाश जी अपने दल का नेतृत्व करते आगे बढ़ते रहे। पामरगंज उन्होंने अपने एक मित्र से सहायता

और कुछ रुपयों की माँग की थी। उसने पास में ही अपने ननिहाल पहुँचने को बताया। तब ये लोग उसके ननिहाल के गाँव पहुँचे और बगल में एक मन्दिर में विश्राम लिया। वहीं रात में मन्दिर के पुजारी ने दाल और भात का प्रसाद खिलाया। जिसका स्वाद जयप्रकाश जी को इतना भाया जैसे जीवन में पहली बार खाया हो। वहीं पर वह मित्र रुपये लेकर आया। जयप्रकाश जी की आँखें अपने उन सारे मित्रों के प्रति कृतज्ञता से भर आईं, जिन्होंने जेल से यहाँ तक बार-बार इनकी मदद की।

आगे करवदिया स्टेशन से पैसेंजर गाड़ी में सवार हो तीनों मुगलसराय के लिए चल पड़े। यहाँ तीनों थर्ड क्लास के तीन डब्बे में सवार थे। जयप्रकाश जी की बढ़ी दाढ़ी में काले सफेद बालों की खिचड़ी, मूँछें घनी हो गई थीं, बाल इस बेतरतीबी से निकले थे कि पूरी सूरत ही अजीब बनी थी। कुर्ता पूरा मैला हो चुका था। बगल में एक बंगाली कम्बल लिए पैरों में पुराना चमरौंधा जूता, सिर पर धूलों की मोटी पर्त और उसके ऊपर देहाती पग्गड़, मुँह में खैनी दबाए अजीब सी छवि के साथ दोनों साथियों सहित वे मुगलसराय स्टेशन पर उतरे।

यहाँ से जयप्रकाश जी ने शालिग्राम को बनारस भेज दिया। यह तय कर लिया कि एक निश्चित तारीख को एक निश्चित अड्डे पर एक संकेत से मिला जाए। जयप्रकाश जी यहाँ से रामनन्दन के साथ इक्के पर सवार हो राजनगर पहुँचे। वहाँ से दो अलग-अलग नावों पर सवार होकर हिन्दू विश्वविद्यालय पहुँचे।

वहाँ पहुँचकर जयप्रकाश जी एक पुराने मित्र के घर गए। मित्र कहीं बाहर गया था मगर उसके नौकर ने फौरन उन्हें पहचान लिया। तब जयप्रकाश जी को वहाँ रुकना उचित नहीं लगा। उन्हें डर हो गया कि नौकर आदमी पाँच हजार इनाम के चक्कर में कहीं ईमान डगमगा गया तो फँसवा न दे। बस थोड़ी ही देर में उन्होंने यह कहकर कि अच्छा अभी आते हैं, वहाँ से निकले। मैदान के अँधियारे में जाकर गायब हो गए।

उस रात दोनों रामनन्दन के एक परिचित के यहाँ ठहरे और दूसरे दिन एक निश्चित ठिकाने पर पहुँचकर जयप्रकाश जी ने रामनन्दन को बम्बई भेजा। अच्युत और दूसरे साथियों से सम्पर्क स्थापित करने के लिए। और खुद कागज कलम लेकर अगस्त क्रांति के दूसरे दौर की योजना बनाने लगे। यहीं रहकर जयप्रकाश जी अपने सभी साथियों को बुलाकर आगे की बातें तय करते रहे। बिहार से बसावन सिंह, श्यामनन्दन बाबू, सूरजनारायण आए थे। बी. पी. सिन्हा तो काशी विद्यापीठ के पूरे गिरोह के साथ आ गए। बम्बई से अच्युत आए। तय किया गया कि दिल्ली में केन्द्रीय संचालक मंडल की एक बैठक बुलाई जाए और पूरे देश में मुस्तैदी से काम करने के लिए एक निश्चित योजना बनाई जाए।

तरह-तरह के वेश बनाते यानि बहरुपिये के वेश में जयप्रकाश बनारस से दिल्ली और वहाँ से बम्बई पहुँचे। बनारस से दिल्ली तक उनके साथ बाबा श्यामनन्दन थे। मिर्जापुर स्टेशन से जयप्रकाश जी ने अवध के नरेश तथा श्यामनन्दन जी ने उनके कारिन्दे के वेश में सफर किया। फर्स्ट क्लास के डब्बे में पूरे सफर में जयप्रकाश जी सर से पैर तक चादर ताने सोते रहे और उनके कारिन्दे लोगों को उनकी बीमारी के किस्से सुनाते रहे।

दिल्ली से बम्बई वह मोटरकार से गए। फिर वहाँ से मद्रास होते हुए कलकत्ता पहुँचे। यहाँ से अच्युत की बहन विजया को लेकर वह हावड़ा आए। वहाँ से श्यामनन्दन और सूरजनारायण के साथ नेपाल रवाना हो गए। वहाँ नेपाल में रहकर आजाद दस्ते का गठन किया। दो महीने तक कोसी नदी के कछार पर 'बकरो का टापू' नामक स्थान पर जयप्रकाश जी ने अपना अड्डा बनाया और वहीं से 'आजाद दस्ते' के सैनिकों की ट्रेनिंग होने लगी थी। जल्द ही नेपाल सरकार पर अंग्रेज सरकार का दबाव पड़ने लगा कि जयप्रकाश और उनके साथी आपके यहाँ हैं उन्हें जल्द से हमारे हवाले कर दें। आखिर एक दिन नेपाल के सैनिकों ने जयप्रकाश और उनके साथियों को गिरफ्तार कर ही लिया। मगर न तो नेपाली सैनिक जयप्रकाश को पहचानते थे और न ही उन्होंने स्वीकार किया कि हम वही हैं जिसके पीछे अंग्रेजी हुकूमत ही नहीं अब नेपाल सरकार की नींद भी हराम हो गई है।

सैनिक उन्हें लेकर हनुमान नगर पहुँचे जहाँ सुबह कचहरी में इनसे कड़ी पूछताछ शुरू हुई। लोहिया, श्यामनन्दन तथा जयप्रकाश से बातें कर हाकिम ने जयप्रकाश की फोटो निकालकर मिलाने की कोशिश की मगर नाकाम रहा उसे विश्वास हो गया कि ये लोग सीधे-सादे भारतीय किसान हैं और अंग्रेजी शासकों के अत्याचार से भागकर पशुपतिनाथ की शरण में आए हैं। उन्होंने तो काठमांडू बात करके इन्हें शीघ्र छोड़ने का आश्वासन भी दे दिया। मगर उसी रात

छापेमार दस्ता के जवानों ने हनुमान नगर कचहरी पर धावा बोल दिया। इस लूट-पाट, आगजनी का फायदा उठाकर जयप्रकाश, लोहिया तथा श्यामनन्दन अपने साथियों सहित वहाँ से भाग निकले। वास्तव में ये छापेमार भी जयप्रकाश जी के गुप्त सन्देश पाकर ही आए थे इन्हें छुड़ाने। हनुमान नगर लाते वक्त भोर में जब जयप्रकाश जी शौच को गए तो वहीं पर शशि से मिले और उसी से यह सूचना भिजवा दी कि दस्तेवाले कचहरी आकर हमें आजाद करवा लें।

इस तरह 9 नवम्बर, 1942 को जेल की दीवारों को फाँदने के बाद मुसीबत झेलते हुए भागते हुए भी वह अपना कार्य निरन्तर करते रहे। और 19 सितम्बर, 1943 को लगातार 10 महीने 9 दिन तक छुपते भागते वह लाहौर जाते हुए गिरफ्तार कर लिए गए। उनके जेल से भागने की कहानी वास्तव में इतिहास बन गई। जेल से भागने के बाद भी उन्हें देश की कार्यविधियों का पूरा पता चलता रहा और वह अपने इरादे पर कार्य भी बराबर करते रहे। जो भी हो, 9 नवम्बर, 1942 का दिन जे. पी. ही नहीं, देश के इतिहास के लिए भी एक अनोखा दिन बन गया।

वामपक्षी एकता और जयप्रकाश

अमृता शेखर

काँग्रेस सोशलिस्ट पार्टी के गठन के साथ ही जयप्रकाश जी ने अपनी एक और विचारधारा पर कार्य करने का मन बनाया! वह अब यह सोचने लगे कि देश में जितनी भी समाजवादी पार्टियाँ हैं वह आपस में मिलकर कार्य करें तथा साथ ही काँग्रेस के वे नेता जो अग्रनीति के पक्ष में हैं, उन्हें पार्टी में लाकर आपस में हिलमिलकर काम किया जाए। इसके लिए शुरू-शुरू में जयप्रकाश जी ने काफी प्रयास भी किया था मगर समाजवादी और वामपक्षियों की एकता का उनका प्रयास असफल ही रहा था।

काँग्रेस सोशलिस्ट पार्टी जब गठित हुई उस वक्त देश में चार समाजवादी पार्टियाँ काम कर रही थीं। ये अपने आपको समाजवादी पार्टी कहती थीं पर इनके कार्य अजूबे थे इसे सभी जानते हैं। ये पार्टियाँ थीं—कम्युनिस्ट पार्टी, रायग्रुप, पंजाब सोशलिस्ट पार्टी तथा बंगाल लेबर पार्टी।

लेनिन के नेतृत्व में बना अन्तर्राष्ट्रीय संगठन 'कोमिनटर्न' से निकाले गए श्री एम. एन. राय ने 1931 में भारत आकर उन लोगों को अपने में मिलाकर राय ग्रुप कायम किया, जो कम्युनिस्ट पार्टी में रहकर 'कोमिनटर्न' को समर्थन देते थे। ग्रुप बनाने के कुछ दिनों बाद वह गिरफ्तार कर लिए गए। उसी समय पण्डित जवाहरलाल नेहरू ने उनपर काफी प्रशंसात्मक लेख लिखा जिससे उनकी पार्टी और वह अत्यधिक शाबाशी इकट्ठा करने में कायम हो गए। पार्टी के गठन के वक्त भी राय साहब जेल में ही थे। मगर उनके राय ग्रुप के कुछ प्रमुख नेताओं ने पार्टी के संगठन में काफी दिलचस्पी दिखाई और उन्हीं कुछ प्रमुख नेताओं ने पार्टी में प्रवेश कर पूरे ग्रुप को पार्टी में प्रवेश करने का मार्ग खुलवा दिया। कुछ ही महीने में पूरा राय ग्रुप पार्टी में शामिल हो गया। शुरू-शुरू के दिनों में उन लोगों ने पार्टी के राजनीतिक कार्यों में अपनी सहमति दिखाई मगर कुछ ही दिनों बाद ये पार्टी में मतभेद करने लगे। मेरठ में समाजवादी काँग्रेस कान्फ्रेंस में इन लोगों ने एक पर्चा बनाया कि काँग्रेस सोशलिस्ट पार्टी को समाजवादी पार्टी न होकर काँग्रेस के एक वामपंथी मंच के रूप में कार्य करना चाहिए। यह पर्चा कार्यसमिति में पेश किया गया मगर राय ग्रुप के सदस्यों ने इस पर्चे से अपने आपको पूर्णतः असहमत बताया और अपने-आपको एक सच्चा पार्टी समर्थक बताते रहे। आगे पार्टी के ऑफिशियल थीसिस में भी उन लोगों ने संशोधन करने का प्रयास किया। इसके बाद रायग्रुप वाले बिलकुल शान्त हो गए, जब तक कि श्री एम. एन. राय जेल में रहे।

1936 के अन्त में जेल से बाहर आने पर राय साहब भी पार्टी से प्रभावित हुए और पार्टी में शामिल होने का प्रयास किया। मगर आगे चलकर उनके विचार बदलने लगे। वह अपने ऐसे-ऐसे विचारों को उजागर करने और कहने लगे जो पार्टी की राजनीति से सर्वथा भिन्न था। 'काँग्रेस के अन्दर कोई पार्टी नहीं होनी चाहिए,' 'काँग्रेस कमिटियों से अलग कोई किसान सभा नहीं होनी चाहिए', ऐसे वक्तव्यों से वह पार्टी से अलग अपने विचार स्थापित करने लगे थे। उसी वक्त असेम्बलियों और मिनिस्ट्री को स्वीकार किया जाए या नहीं इसके लिए दिल्ली में कन्वेंशन बुलाई गई। पार्टी काँग्रेस के मंत्रिमण्डल बनाने के खिलाफ थी मगर राय साहब ने कुछ शर्तों पर अपनी सहमति दे दी। पार्टी ने विपक्ष में वोटिंग की जिससे नाराज होकर उन्होंने अपने साथियों को पार्टी से अलग होने का आदेश दे दिया। उनके

इस व्यवहार पर जयप्रकाश जी ने लिखा है : "शायद उन्हें अब अच्छी तरह मालूम हो चुका था कि काँग्रेस सोशलिस्ट पार्टी उनके हाथों का खिलौना नहीं बन सकती; न एक ऐसा मंच ही बना सकती है जिस पर चढ़कर वह अपनी इच्छित प्रसिद्धि का छोर छू सकें।"

पार्टी से अलग होकर भी उनके कार्य अजीबो-गरीब रहे। सुभाषचन्द्र के साथ मिलकर शुरू में इन्होंने त्रिपुरी में 'समानान्तर नेतृत्व' के सिद्धान्त पर भी काम किया। काँग्रेस से निकलकर उन्होंने अपनी एक रैडिकल पार्टी बनाई जिसका मुख्य उद्देश्य भारत सरकार से पैसे ऐंठ कर मजदूरों को देश के खिलाफ बगावत करना एवं अंग्रेजों की मदद करने के लिए उकसाना था। मजदूर उनके बहकावे में नहीं आ सके मगर सरकार से काफी पैसे उनके हिस्से में आ गए। उनके कुछ सदस्यों को उनकी नीति का फायदा जरूर हुआ। वह सरकार के काफी ऊँचे पद पर कार्यरत हो गए।

दूसरी ओर बंगाल की लेबर पार्टी थी जो शुरू से ही इस पार्टी के खिलाफ थी। पार्टी के प्रयासों से अन्ततः लेबर पार्टी को अपने में मिलाने का सपना पूरा हुआ। बंगाल काँग्रेस सोशलिस्ट पार्टी तथा वहाँ की लेबर पार्टी ने एक समझौते के तहत आपस में मिलकर काम करना स्वीकार कर लिया। दोनों ने मिलकर वहाँ एक संयुक्त कमिटी बनायी। मगर कुछ दिनों बाद लेबर पार्टी ने पहले कम्युनिस्ट पार्टी फिर वहाँ से भी निकलकर फॉरवर्ड ब्लॉक के साथ गठबन्धन कर लिया। कुछ दिनों बाद इस पार्टी का पूरा अस्तित्व ही समाप्त हो गया और उसके नेता श्री निहारेन्दुदत्त मजूमदार बंगाल काँग्रेस में चले गए।

पंजाब सोशलिस्ट पार्टी में मुख्यतः पंजाब के 'नौजवान भारत सभा' के ही सदस्य थे। इन्हीं में से एक थे सरदार भगत सिंह। शुरू-शुरू में काँग्रेस से यह पार्टी नाखुश ही रहती थी। ऐसे में काँग्रेस सोशलिस्ट पार्टी को इसके साथ मिलकर काम करने में काफी सैद्धान्तिक कठिनाइयाँ भी आईं। फिर भी धीरे-धीरे उसके सदस्य पार्टी में शामिल होते गए और जल्द ही पंजाब सोशलिस्ट पार्टी पंजाब काँग्रेस सोशलिस्ट पार्टी बन गई।

काँग्रेस सोशलिस्ट पार्टी के गठन से कम्युनिस्टों में काफी रोष उत्पन्न हुआ था। अपने विरोध में उन्होंने पार्टी को 'वामपक्ष की आड़ में पूँजीपतियों की चालबाजी' की संज्ञा दी तथा इसे हिटलर के 'नाजीवाद का सगा संबंधी' भी कहा था। उस समय 'कोमिनटर्न' अपनी नीति से संसार भर के सारे समाजवादी पार्टियों को तोड़ने में लगा था। सभी समाजवादी पार्टियों को बदनाम कर संसार भर में केवल कम्युनिस्ट पार्टी को पनपने देना ही उसका एकमात्र उद्देश्य था। फिर भी जयप्रकाश जी को काँग्रेस सोशलिस्ट पार्टी कम्युनिस्टों से संबंध बनाने का प्रयास करती रही। 'कोमिनटर्न' ने 'संयुक्त मोर्चा' के माध्यम से देश के सारे किसान-मजदूर संगठनों पर कब्जा कर देश के कम्युनिस्ट संगठन को मजबूत करने की चाल चली। 1935 के अन्त तक भारतीय कम्युनिस्टों ने, जो कल तक गाँधी, जयप्रकाश, सुभाष तथा उनकी पार्टी को फासिस्टवादी तथा फासिस्ट संगठन कहते थे काफी उदार हो गए और काँग्रेस तथा काँग्रेस सोशलिस्ट पार्टी को साम्राज्यवाद के खिलाफ जनसंघर्ष संयुक्त मोर्चा कहने लगे। काँग्रेस के वामपंथी नेताओं तथा पार्टी के साथ मेलजोल बढ़ाने लगे। जिसके पीछे एकमात्र उद्देश्य था—पार्टी में प्रवेश कर काँग्रेस में महत्त्वपूर्ण स्थान प्राप्त करना। तब जयप्रकाश का काँग्रेस एवं काँग्रेस सोशलिस्ट पार्टी में काफी महत्त्वपूर्ण और प्रभावपूर्ण स्थान था उस समय भारतीय कम्युनिस्ट पार्टी पर प्रतिबन्ध था। जयप्रकाश जी ने अपने ऊपर खतरा मोल लेते हुए 1936 की जनवरी में काँग्रेस सोशलिस्ट पार्टी के मेरठ अधिवेशन में कम्युनिस्टों को पार्टी में प्रवेश देने का प्रस्ताव पारित करवा दिया। आचार्य नरेन्द्रदेव ने तब जयप्रकाश जी को सहयोग किया था।

जयप्रकाश जी की उदार नीति से बड़ी संख्या में कम्युनिस्टों का पार्टी में आना शुरू हो गया। उनके चार सदस्यों को तो कार्य समिति में भी रखा गया। पार्टी में अपनी संख्या मजबूत होते ही कम्युनिस्ट हरकत में आने लगे। आन्ध्र, कलकत्ता, बम्बई और कानपुर जैसे मजदूर क्षेत्रों में जब कम्युनिस्ट अपने मनसूबों को पूरा करने का प्रयत्न शुरू किए तब जयप्रकाश जी चिन्तित हुए। सबसे बड़ा झटका जयप्रकाश जी को कम्युनिस्टों ने 1937 में पटना में पार्टी की कार्य समिति की बैठक में दिया। उन्होंने एक पर्चा पेश किया जिसमें लिखा था—काँग्रेस सोशलिस्ट पार्टी किसी भी हालत में समाजवादी पार्टी नहीं है, हिन्दुस्तान में सिर्फ एक ही समाजवादी पार्टी है और वह है कम्युनिस्ट पार्टी।

इस आघात से पार्टी में कम्युनिस्टों का प्रवेश बन्द कर दिया गया। मगर वह फिर भी चालाकी से पार्टी में छुप

कर प्रवेश करते रहे। 1938 में लाहौर कान्फ्रेंस में उन्होंने कार्य समिति के लिए ऑफिशियल लिस्ट के मुकाबले अपनी दूसरी लिस्ट पेश करके पार्टी पर कब्जा करने का असफल प्रयास किया। इसके बावजूद जयप्रकाश जी कम्युनिस्टों के सुधरने की आशा दिल में रखे थे। और उन्होंने उनसे नए सिरे से समझौते की बातें शुरू कीं। उनसे नाराज होकर सर्वश्री अच्युत पटवर्द्धन, मसानी, लोहिया और कमलादेवी ने पार्टी की कार्यसमिति से इस्तीफा तक दे दिया। जिसे कम्युनिस्टों ने अपनी विजय समझा।

1939 में कम्युनिस्ट पार्टी ने एक नयी थीसिस जारी की जिसमें स्पष्ट कहा कि—काँग्रेस सोशलिस्ट पार्टी रूस की मेन्शेविक पार्टी की तरह है, यह क्रांति विरोधी पार्टी है, इसका खात्मा होना आवश्यक है। इस समय जयप्रकाश जी तो जेल चले गए थे। 1940 की रामगढ़ काँग्रेस कार्य समिति की बैठक में कम्युनिस्टों को निकाल बाहर करने का प्रस्ताव सर्वसम्मति से पारित हो गया।

पार्टी से निकाले जाने के बाद कम्युनिस्टों ने अगस्त क्रांति में अंग्रेजों का साथ दिया। जयप्रकाश जी जब हजारीबाग जेल से भाग कर भूमिगत आंदोलन कर रहे थे तो उन्होंने अंग्रेजों को उकसाया कि पकड़े जाने पर जयप्रकाश भी जिन्दा जलाए जाएँ। जयप्रकाश जी को मारने का उनका सपना पूरा न हो सका मगर उनकी पार्टी जरूर समाप्त हो गई। छिट-पुट बचे रहे।

जिस समय पार्टी बनी सुभाषचन्द्र बोस बीमारी की हालात में यूरोप में थे। स्वस्थ होकर वह भारत आए तो समाजवाद में अपनी रुचि दिखलाई। हरिपुरा काँग्रेस के अध्यक्ष चुने जाने पर उन्होंने समाजवाद और पार्टी के समर्थन में जोरदार भाषण दिया। उसके बाद त्रिपुरी में जब काँग्रेस के राष्ट्रपति का चुनाव होने लगा तो इनकी इच्छा पुनः राष्ट्रपति बनने की हुई इसे देख कर मौलाना अबुल कलाम आजाद ने अपना नाम वापस ले लिया। जबकि पार्टी इन्हीं को राष्ट्रपति बनाना चाहती थी। अब चुनाव में दो ही उम्मीदवार रह गए—सुभाष बाबू और डॉ. पट्टाभि सीतारमैया। जयप्रकाश जी ने वक्तव्य निकाला तथा सभी सदस्यों को संकेत दिया कि सुभाष बाबू को पार्टी का एक-एक वोट जाना चाहिए। सुभाष बाबू जीत गए जिसे वामपक्ष ने अपनी जीत समझी और उसका जश्न भी मनाया। परन्तु चुनाव समाप्त होते ही पट्टाभि की हार से नाराज हो गए सरदार पटेल तथा राजेन्द्र बाबू जैसे नेताओं ने कार्य-समिति से इस्तीफा दे दिया। दूसरी ओर वामपक्ष के नाम पर सुभाष बाबू के आस-पास ऐसे लोग इकट्ठा होने लगे जिनकी कार्यशैली एवं राजनीतिक ईमानदारी भरोसे लायक नहीं थी। काँग्रेस टूटकर बिखरने को तैयार लगने लगी थी।

जयप्रकाश जी को काँग्रेस की इस स्थिति का बोध हो गया। निकट भविष्य में होने वाले संग्राम में काँग्रेस का यह फूट मँहगा पड़ सकता है। वह गाँधी जी और सुभाष जी से मिलकर आपसी समन्वय स्थापित करने का प्रयास करते रहे। मगर सब असफल। गाँधी जी त्रिपुरी काँग्रेस में आए तक नहीं और राजकोट में अनशन शुरू कर दिया। अंत में पार्टी ने इस झगड़े से तटस्थ रहने का फैसला कर लिया। शुरू-शुरू में सदस्यों ने इस तटस्थता का विरोध भी किया मगर इन्हीं लोगों ने काँग्रेस के टूटने से बचने पर उस नीति की प्रशंसा की।

जयप्रकाश जी फिर दोनों दलों में समझौता कराने का प्रयास करते रहे। कलकत्ता के अखिल भारतीय काँग्रेस कमिटी की बैठक में गाँधी जी के अनुयायी इस बात पर तैयार हो गए कि सुभाष बाबू अध्यक्ष रहें, वामपक्ष के तीन और सदस्यों को कार्य-समिति में रखा जाए तथा जवाहरलाल नेहरू प्रधानमंत्री बनाए जाएँ। अगले संग्राम के लिए यही पार्टी को उचित भी लगा। किन्तु विडम्बना यह कि सुभाष बाबू के अनुयायियों ने ही इसका विरोध किया और डॉ. राजेन्द्र प्रसाद काँग्रेस के नये अध्यक्ष बने। इसके बाद ही सुभाष बाबू ने फॉरवर्ड ब्लॉक का संगठन किया और देश भर में दौरा करके काँग्रेस के प्रति बगावत की भावना उभारने लगे।

इसके बाद भी जयप्रकाश जी ने उनके साथ मिलकर काम करने का प्रयास किया। हजारीबाग जेल से भाग कर वह कलकत्ता जाकर उनसे मिले और साथ काम करने का प्रस्ताव रखा। वहाँ से बम्बई आते ही जयप्रकाश जी गिरफ्तार कर लिए गए। और सुभाष बाबू ने भी हुलिया बदलकर विदेशों में रहना शुरू कर दिया। वह आजाद हिन्द फौज का संगठन कर विदेशों में ही देश की आजादी के लिए गुरिल्ले तैयार करते रहे।

आगे भी जयप्रकाश जी सुभाष चन्द्र के आजाद दस्ते से काफी प्रभावित रहे और उसकी काफी प्रशंसा भी करते

रहे। इस मेल-मिलाप का जो तजुर्बा जयप्रकाश जी ने बारह वर्षों में हासिल किया है उसका अनुभव उन्होंने 'आजादी के सैनिकों के नाम' लिखे तीसरे पत्र में यों बतलाया है।

"संगठन के सवाल के साथ ही वामपक्ष की एकता का सवाल भी उठता है। मेरे ख्याल से इस बारे में लोगों में बहुत भ्रम फैला हुआ है। वामपक्ष की एकता का सवाल संसार के सबसे ज्यादा उलझन भरे सवालों में से है। यदि वामपक्ष की एकता का मानी सभी वामपन्थी पार्टियों की एकता से हो, तो मेरे विचार से यह एक बिलकुल असंभव बात है...संसार भर के वामपक्षी आंदोलनों का अनुभव भी यही है कि वामपक्षी पार्टियाँ कभी भी मिलकर एक नहीं हो सकतीं और सिवा खास काम के लिए खास मौकों को छोड़कर वे कभी भी साथ मिलकर काम नहीं कर सकीं। ...अपने देश का अनुभव भी हमें यही बताता है। हमने वामपक्ष की एकता के लिए कोशिशें कीं, लेकिन, हम सिर्फ नाकामयाब ही नहीं हुए, बल्कि इसके चलते और कटुता बढ़ी और काम में नुकसान हुआ! हमारा अनुभव है कि काँग्रेस सोशलिस्ट पार्टी ने जब-जब सोशलिस्ट ग्रुपों और वामपक्षियों के लिए ईमानदारी के साथ अपने दरवाजे खोले और भाईचारे का हाथ बढ़ाया, तब-तब उसके साथ चालाकी खेली गई, उसके अन्दर अपने-अपने प्रभाव बढ़ाने की कोशिशें की गईं और उसके मेम्बरों को तोड़ने की साजिशें हुईं, जैसा कि संसार भर के वामपक्षी एकता के नाम पर होता आया है। इसलिए जहाँ तक मेरा संबंध है, वामपक्षी एकता पर से मेरा विश्वास उठ गया और मैं इस संबंध में फिर कोई कोशिश नहीं करने जा रहा हूँ! मेरे ख्याल से वामपक्षियों के निकट एक ही रास्ता है कि वे लोग अपने कट्टरपन्थी पागलपन को छोड़ें, डेढ़ चावल की अलग-अलग खिचड़ी पकाना भूल जाएँ और वामपक्षी राष्ट्रीयता और समाजवाद की एक व्यापक और विस्तृत पार्टी में शामिल हो जाएँ। आज हिन्दुस्तान में वैसी पार्टी सिर्फ एक ही है, वह है काँग्रेस सोशलिस्ट पार्टी!"

करो या मरो

अमृता शेखर

द्वितीय विश्वयुद्ध में हर तरफ से अंग्रेजों को मात मिलने लगी थी। सिंगापुर में जापान ने अंग्रेजी फौज को हराकर भारत की ओर बढ़ना शुरू कर दिया। कलकत्ता पर भी बम बरसाए गए। गाँधी जी को यह भय हो गया कि यदि अंग्रेज जापान से हार गए तो उनके साथ भारत भी संयुक्त रूप से जापान का गुलाम हो जाएगा। ऐसी स्थिति में किसी भी परिस्थिति में भारत का स्वतन्त्र होना आवश्यक हो गया था। इसी भय से गाँधी जी ने अंग्रेजों को समझाना चाहा कि वे भारत को स्वतन्त्र कर दें नहीं तो वे अंग्रेजों से भारत छोड़ने का अन्तिम संघर्ष करेंगे। 1942 के मार्च-अप्रैल से ही गाँधी जी 'हरिजन' में अपने लेख लिखकर अपने विचारों को व्यक्त करने लगे थे।

सरकार ने बत्तीस में उपयोग में लाए गए अपने सभी कारगर तजुर्बों को बयालीस में एक बार पुनः दोहराने का निर्णय ले लिया था। बत्तीस की भाँति ही इस बार भी काँग्रेस को गैर-कानूनी संस्था साबित कर उन्हें मौका न देते हुए उनसे पहले ही जगह-जगह छापा मारना और नेताओं को पकड़कर जेल में डाल देना ही उनका इस बार का मकसद था। उन्हें विश्वास था कि कुछ दिन हो-हल्ला मचाकर फिर सारे शान्त पड़ जाएँगे। सबकी गिरफ्तारी के बजाफ्ता सूची तैयार की गई थी कि किसे कब गिरफ्तार करना है। किन्तु अंग्रेज सरकार यह भूल रही थी कि बार-बार मात देकर यदि उन्हें तजुर्बा मिल रहा था तो हर बार मात खा-खाकर अत्याचार सह-सहकर यहाँ के लोग पहले से कहीं अधिक चौकस और अनुभवी हो गए थे। उन्हें विरोध के नए तरीके प्राप्त हुए थे। 9 अगस्त को अंग्रेजों ने पहली लिस्ट के हिसाब से जितने नेताओं को हो सका गिरफ्तार किया।

जयप्रकाश जी देश के उन लोगों में पहले स्थान पर थे जिन्हें अंग्रेजी हुकूमत की प्रत्येक कार्यविधियों का अनुभव पहले ही हो जाता और वे पहले से भी अधिक सजग होकर काम करते। इस बार भी उन्हें यह अहसास था कि देश में एक क्रांति होकर रहेगी। क्रांति का उन्होंने सामाजिक प्रक्रिया की तरह वैज्ञानिक अध्ययन किया था और उनका दर्शन, उनका अध्ययन बता रहा था कि देश में एक क्रांति अनिवार्य है। जे. पी. इस बात से भी अनभिज्ञ नहीं थे कि इस बार की क्रांति में उनका और उनकी पार्टी का क्या योगदान होगा। वो जानते थे कि यह क्रांति कोई साधारण क्रांति नहीं होगी, इस बार सभी योद्धाओं को अपना जौहर दिखाने का अवसर मिलेगा। इसी बाबत वे अपनी पार्टी के एक-एक सदस्यों को क्रांति के लिए तैयार रहने की चेतावनी देते साथ ही पार्टी से भी अनुरोध करते कि वो क्रांति का पैगाम भेजे। जयप्रकाश जी बम्बई में गिरफ्तार कर लिए गए फिर भी उनका हौसला पस्त नहीं हुआ क्योंकि उनके पीछे जो शक्तियाँ देश में काम कर रही थीं उन पर उन्हें पूर्ण विश्वास था। वो जानते थे कि जो बाहर हैं वे उनकी भावनाओं को कार्यरूप प्रदान करने में सक्षम हैं।

सर्वप्रथम मेहरअली ने ही घोषणा की कि गाँधी जी के नेतृत्व में एक बहुत बड़ी क्रांति देश में होनेवाली है। वे तब बम्बई के मेयर थे और यह घोषणा उन्होंने अपने और गाँधी जी के बीच हुई बातों के आधार पर ही की थी। गाँधी जी ने खुद उन्हें बुलाकर कहा था कि पार्टी की हर शाखाओं को यह आदेश दे दिया जाए कि वे क्रांति के लिए तैयार रहें, उन्हें कोई अवसर छोड़ना नहीं है और कहीं गलती भी नहीं करनी है। अखिल भारतीय किसान सम्मेलन

के बेदौलत अधिवेशन में मेहरअली के साथ लोहिया भी थे। मेहरअली ने पार्टी के सदस्यों से स्पष्ट कह दिया था कि इस बार जो सदस्य गिरफ्तार हो जाएँगे, समझा जाएगा वे निकम्मे हैं।

स्वयं गाँधी जी भी लोगों में गिरफ्तारी के खिलाफ मनोवृत्ति उत्पन्न कर रहे थे। उन्होंने कहा कि इस बार हमें खुली बगावत करनी है और जब आंदोलन में खुली बगावत पर उतर जाएँ तो फिर गिरफ्तारी का तो कोई सवाल ही नहीं उठता। इसमें न तो समझौते के लिए कोई गुंजाइश है और न ही विराम के लिए कोई स्थान। हम अन्त-अन्त तक लड़ेंगे और यदि कभी दुश्मन के हाथों में आ भी गए तो आमरण अनशन भी करेंगे।

इधर जयप्रकाश जी हरिजन में गाँधी जी के लेखों को पढ़-पढ़कर और लोगों के मुँह से सुन-सुनकर सारी स्थिति भाँप गए थे और क्रांति में अपनी भागीदारी के लिए काफी विचलित भी थे।

अपने ऐसे ही एक लेख में गाँधी जी ने अंग्रेजों को सावधान किया कि वे भारतीयों के साथ न्याय बरतें अन्यथा अन्तिम संघर्ष के लिए तैयार रहें। उन्होंने यह भी संकेत दे दिया कि भारत अब और अंग्रेजी शासन को बर्दाश्त नहीं करेगा। उन्होंने अंग्रेजों के लिए 'भारत-छोड़ो' तथा काँग्रेस और देशवासियों के लिए 'करो या मरो' का प्रस्ताव काँग्रेस कार्यसमिति के पास स्वीकृति के लिए भेज दिया। उन्होंने यह भी संकेत दिया कि यदि काँग्रेस यह प्रस्ताव पारित नहीं करेगी तो वे अकेले ही संघर्ष करेंगे।

गाँधी जी का 'करो या मरो' मन्त्र पढ़कर जयप्रकाश बहुत उत्साहित हुए और इस तूफान में भाग लेने के लिए बेचैन भी हो गए। जो उन्हें आशा थी कि अब तो देश में खुद-ब-खुद विद्रोह उत्पन्न होगा और वैसे लोग जो अकसर संघर्ष के खिलाफ आवाज उठाते थे, जो कमजोर और बुजदिल थे उन्हें रास्ते से हटाकर क्रांति का मार्ग प्रशस्त होगा।

काफी वाद-विवाद के बाद काँग्रेस कार्यसमिति ने 6 जुलाई, 1942 को गाँधी जी का प्रस्ताव पारित कर दिया। इस पर अन्तिम निर्णय लेने के लिए 7 अगस्त, 1942 को बम्बई में काँग्रेस महासमिति की बैठक बुलाई गई। गाँधी जी ने तो समय-समय पर अपने लेख में अपने विचारों की जानकारी लोगों को दी ही थी। उन्होंने स्पष्ट कहा था कि इस आंदोलन में मैं अन्त तक जाऊँगा।

गाँधी जी के लेखों ने सारे देश में मानो बैरोमीटर का काम किया (जो आँधी आने की सूचना पहले ही दे देता है।) उनके लेखों को पढ़-पढ़कर पूरे देश में तरह-तरह की अटकलें लगाई जाने लगीं। लोगों में यह चर्चाएँ होने लगीं कि इस बार का आंदोलन भयंकर होगा और गिरफ्तार करने वाले पुलिस बल का जमकर मुकाबला करना होगा। कुछ लोग कहने लगे कि अपनी सरकार बनानी होगी। अपना पुलिस बल रखना होगा। लोगों की इन सोचों और बेचैनी से अलग हटकर जयप्रकाश जी की योजनाएँ बन रही थीं। उन्हें तो यह बेचैनी थी कि जहाँ-जहाँ से अंग्रेजी सरकार को शिकस्त मिले वहाँ यथाशीघ्र अपनी सरकार कायम हो जानी चाहिए। उसके लिए हमें एक सुनिश्चित योजना और सुदृढ़ संगठन की आवश्यकता है। इन योजनाओं पर विचार करते ही उनका ध्यान सर्वप्रथम अपने जेल से बाहर निकलने पर जाता, मगर इस पिंजरे से बाहर जाएँ तो कैसे?

हजारों श्रोताओं के साथ 7 अगस्त, 1942 को बम्बई के ग्वालियर टैंक मैदान में अखिल भारतीय काँग्रेस महासमिति का अधिवेशन प्रारम्भ हुआ। गाँधी जी ने बहुत सन्तुलित भाषण देते हुए कहा कि "वे अहिंसा के सिद्धान्त पर अटल होकर संघर्ष करेंगे और जो उससे थक गए हों उन्हें उनके साथ रहने की कोई जरूरत नहीं। आजादी लड़कर लेनी है। ...मैं पक्का बनिया हूँ और मेरा सौदा स्वराज प्राप्त करना है।"

अगले दिन 8 अगस्त को काँग्रेस महासमिति के कुल उपस्थित 240 प्रतिनिधियों में से 227 तुमुल ध्वनि और जयघोष के साथ 'अंग्रेजो, भारत छोड़ो' प्रस्ताव पास कर दिया। 13 कम्युनिस्ट सदस्यों ने इस प्रस्ताव का विरोध किया। पहली बार गाँधी जी ने ढाई घण्टे तक लगातार हिन्दी और अंग्रेजी में भाषण दिया। जिसमें उन्होंने स्पष्ट कह दिया कि "इस बार आजादी से कुछ कम नहीं लेंगे, भले ही इसके लिए क़त्ल हो जाना पड़े...मैं वह गाँधी नहीं जो बीच में कुछ चीज लेकर लौट आए।" उन्होंने कहा कि 'अंग्रेजो, भारत छोड़ दो' के प्रस्ताव को पूरा करने के लिए हमें 'करेंगे या मरेंगे' के मन्त्र को अपनाना होगा। "आज से तय करें कि आजादी लेनी है, नहीं लेनी तो मरेंगे। आजादी डरपोकों के लिए नहीं। मेरी अन्तरात्मा कहती है—मुझे अकेले ही संसार से लोहा लेना है। मुझे बहुत-सी लड़ाइयाँ लड़नी हैं।

मैं क्यों न जूझूँ? आजादी कल नहीं आज ही आनी चाहिए। इसी से मैंने आज काँग्रेस से बाजी लगवाई है कि या तो काँग्रेस देश को आजाद करेगी या खुद फना हो जाएगी–करो या मरो।''

गाँधी जी ने इस आंदोलन के लिए कोई कार्यक्रम लोगों को नहीं दिया लेकिन उन्होंने साफ-साफ कह दिया कि यह खुली बगावत है, इसमें लुक-छिपकर काम नहीं करना है, न ही गिरफ्तार होना है। खुलेआम मौत का मुकाबला करना है। हर व्यक्ति पूरी तरह आजाद है, अपनी राह में आने वाली सभी बाधाओं से निपटने के लिए।

'करो या मरो'–इस नारे का क्रियात्मक रूप 9 अगस्त को बम्बई में ही देखने को मिला। प्रातः 6 बजे ही गाँधी जी और लगभग सभी काँग्रेसी नेता गिरफ्तार कर लिए गए। गिरफ्तारी के वक्त गाँधी जी ने प्यारेलाल के द्वारा राष्ट्र को सन्देश दिया–''आजादी के हर अहिंसक सैनिक को चाहिए कि वह किसी भी कागज पर या कपड़े पर 'करो या मरो' का नारा लिखकर अपने कपड़ों पर लगाए रखे ताकि यदि वह व्यक्ति मारा जाए तो यह नारा इस बात का सबूत होगा कि वह व्यक्ति हिंसक न होकर अहिंसक था।''

'करो या मरो' इस नारे का प्रथम और वास्तविक रूप 9 अगस्त, 42 को बम्बई में साफ नजर आ गया। गाँधी जी और अपने प्रिय नेताओं की गिरफ्तारी की खबर पाते ही मानों पूरा बम्बई शहर आग की भट्ठी के समान जलने लगा। लोग तैश में आकर कहीं ट्रेन जलाने लगे, कहीं पूरी ट्राम को स्वाहा कर दिया, डाकखाने तथा थाने को भी अग्नि के हवाले कर दिया आक्रोशित जनता ने। जगह-जगह पर सभाओं, जुलूसों और प्रदर्शनों के द्वारा जनता का जोश बढ़ाया जाने लगा। दूसरी ओर सरकार भी चुप नहीं बैठी थी। सभाओं में अश्रु गैस गोले छोड़े गए उससे भी लोग तितर-बितर नहीं हुए तो गोलियाँ चलीं, लाठियाँ चलीं। गलियों, मैदानों और पार्कों में मशीनगनें भी लगा दी गईं। निहत्थी जनता और हथियारबन्द पुलिस दोनों ने आज पूरे जोश के साथ एक-दूसरे पर अपना जोर आजमाइश किया। यहाँ तक कि बच्चे, बूढ़े और मर्द, दुकानदार सभी के सर पर एक पागलपन, एक जुनून सवार था–'करेंगे या मरेंगे'। पुलिस ने तो मानों बमों और गोलियों की वर्षा शुरू कर दी।

जनता का आक्रोश भी कुछ कम जलवे नहीं दिखा रहा था। लोग रेल की पटरियाँ उखाड़ने लगे, तार काटने लगे, स्टेशन, डाकखाना, तार घरों को यथासंभव क्षति पहुँचाने लगे। जहाँ-तहाँ सरकारी सम्पत्ति अग्नि के भेंट करा दी गई। सारे शिक्षण संस्थान बन्द हो गए, विद्यार्थी भी आंदोलन में भाग लेने लगे। एक अकेला अलीगढ़ था जिसके शिक्षण संस्थान बन्द नहीं हुए। 20 दिनों तक आंदोलन इतना तेज रहा मानों सरकार पलट गई हो या पलटने वाली हो।

'करेंगे या मरेंगे' जुनून की तरह लोगों के सर पर सवार था। मगर किसी को भी यह पता नहीं था कि क्या करना है? कैसे मरना है? क्योंकि गाँधी जी ने तो सिर्फ नारा दिया था। क्रांति के लिए एक निश्चित योजना, एक सफल कार्यक्रम चाहिए जो उन्होंने बनाया नहीं था। हाँ, उन्होंने इतना जरूर कहा था कि हमारा हर रास्ता अहिंसक होगा और हर आदमी अपना नेता खुद है उसे ही खुद का नेतृत्व करना है। उनके इस कथन का सत्य तो जरूर नजर आ रहा था क्रांति में, मगर यह लड़ाई आजादी की थी सिर्फ तोड़-फोड़ और मरने से किसी मंजिल तक पहुँचना आसान नहीं था। लोगों ने महसूस किया कि हमारा मकसद अंग्रेजों को भारत से मार भगाना है और हमें ही इस कार्य की साधन के रूप में क्रांति करनी है। किसी भी उपयुक्त योजना, कार्यक्रम या नेता के अभाव में यह बगावत तो महज एक खिलवाड़ बनकर रह जाएगी।

इस गिरफ्तारी के बाद भी ऐसा नहीं था कि कोई नेता बचा ही न हो, हाँ, यह जरूर था कि सभी बड़े-बड़े नेताओं का अभाव था। मगर इस अभाव में भी बचे-खुचे जो नेता थे वे बम्बई में गोलियों और बमों की वर्षा झेलते हुए एक जगह एकत्रित हुए। जिनमें महिलाओं में कमलादेवी, मृदुला साराभाई तथा पूर्णिमा बनर्जी थीं और पुरुषों में अच्युत पटवर्द्धन, सादिक अली साहब, पुरुषोत्तम त्रिकमदास, लोहिया, श्री मोहनलाल सक्सेना, गिरिधारी जी, बिहार के बसावन सिंह और रामनन्दन जी भी थे। इन लोगों ने तब जयप्रकाश जी का अभाव महसूस किया था। सक्सेना जी ने तो बैठक में कहा भी था कि ''1932 के सत्याग्रह का गुप्त संचालन जयप्रकाश जी ने किया, काश, वह 1942 में भी हमारे साथ होते।'' सभी ने मिल-जुलकर एक कार्यक्रम बनाया और उस योजना के मुताबिक प्रत्येक प्रान्त में दूत बनकर कौन जाएगा यह भी तय कर लिया गया। इसी बैठक के आधार पर आगे चलकर केंद्रीय संचालक मण्डल का गठन हुआ, जिसमें श्री

अच्युत पटवर्द्धन, श्रीमती अरुणाआसफ अली, श्रीमती सुचिता कृपलानी, डॉ. राममनोहर लोहिया, आचार्य युगल किशोर, डॉ. केसकर और दिवाकर प्रमुख थे। और भी बहुत सारे लोग थे जिनका केंद्रीय संचालन मण्डल के कार्यों के सम्पादन और नीति निर्धारण में सफल योगदान रहा।

किन्तु क्रांति की चिनगारी उस बैठक या केंद्रीय संचालक मण्डल का पैगाम विभिन्न प्रान्तों में पहुँचने से पहले ही एक भयंकर ज्वाला का रूप ले चुकी थी, जिसमें सारा देश धू-धू करके जल रहा था। और उस आग की लपटें आसमान तक पहुँच रही थीं। पूरा हिन्दुस्तान खुली बगावत पर उतर आया था अगर जीवित रहना है तो आजादी के साथ वरना बेहतर है मरना। ऐसे में प्रधानमन्त्री मि. एमरी के एक वक्तव्य ने तो मानों लोगों को एक कार्यक्रम ही दे दिया कि उन्हें 'करो या मरो' में करना क्या है? उन्होंने तो बड़े नेताओं की गिरफ्तारी का औचित्य क्या है यह बताया था पार्लियामेण्ट में कि–''लोग खुली बगावत के नाम पर रेलवे लाइन उखाड़ रहे हैं, तारों को काटने, पुल तोड़ने, थानों और कचहरियों पर कब्जा कर अपनी हुकूमत चलाने का प्रयास कर रहे थे।'' उनका यह वक्तव्य रेडियो द्वारा हर भाषा और देश के हर कोने में सुनाया गया। जिसका परिणाम यह निकला कि देश के कोने-कोने में लोगों को यह पता चल गया कि यही हमारे नेताओं का कार्यक्रम है और फिर सारे देश के लोग इस कार्यक्रम को अंजाम देने में जुट गए।

यह एक ऐतिहासिक सत्य है कि लगभग 15-20 दिनों तक देश के अधिकांश भाग से अंग्रेजी शासन बिलकुल उखड़ चुका था। डेढ़ सौ वर्षों से जो अंग्रेज जिस निमर्मता से भारत पर शासन कर रहे थे वह इतनी जल्दी में छिन जाएगा इस पर सारा देश आश्चर्यचकित था। मगर यह स्थिति ज्यादा दिनों तक बनी नहीं रही। ब्रिटिश शासन ने दमन का उल्लंग नृत्य शुरू कर दिया। उसके खूनी पंजे सबके सिर पर नाचने लगे। इस दमन का मुकाबला करने और क्रांति की ज्वाला को सुलगाए रखने में केंद्रीय संचालक मंडल ने काफी उत्साहवर्द्धक नीतियाँ अपनाईं। आंदोलन को गुप्त रूप से चलाया जाने लगा। काँग्रेस के समर्थक चोरी छुपे देश में घूम-घूमकर काँग्रेस के गैर-कानूनी अखबार और रेडियो से बुलेटिन प्रसारित कर लोगों तक क्रांति का सन्देश पहुँचाने लगे।

सरकार ने अपने दमन का पैमाना बढ़ाना शुरू कर दिया। केंद्रीय संचालक मंडल का हर सदस्य अपनी जान पर खेल कर काम को अंजाम देने में लगा था मगर किसी बड़े नेता के अभाव में कार्यों को मूर्त्त रूप नहीं मिलता देख सबों में निराशा की लहर फैलने लगी। आंदोलन जिस तीव्रता और वृहत् रूप से शुरू हुआ उसका नतीजा लोगों को मिलता नजर नहीं आया। 1942 के आंदोलन की व्यापकता तो उस समय के कागजात ही सिद्ध करते हैं। 11 अगस्त को बिहार के गवर्नर ने वायसराय को हालात बताते हुए लिखा–''पटना में आंदोलन इतना तीव्र है कि सरकार नाम की कोई चीज है ही नहीं। सभी जिलों से सम्पर्क टूट गया है।'' उन्हीं दिनों अमेरिका के उपराष्ट्रपति श्री विंडेल विल्की भारत यात्रा पर आने वाले थे मगर वायसराय लार्ड लिनलिथगो ने लंदन में सेक्रेटरी ऑफ स्टेट को पत्र लिखकर अमेरिकी उपराष्ट्रपति का भारत आगमन स्थगित कराने को कहा और उन्होंने कारण दिया–''हमारा सारा सरकारी यन्त्र आंदोलन का मुकाबला करने में व्यस्त है। यह विद्रोह 1857 ई. से बड़ा और व्यापक है।''

आंदोलन वाकई गम्भीर और व्यापक था इसकी पुष्टि युद्ध सदस्य सर रेजिनाल्ड मैक्सविल के आँकड़ों से होती है। इस आँकड़े के अनुसार पुलिस तथा सेना ने 538 बार गोलियाँ चलाईं जिसमें 950 व्यक्ति मारे गए और 1360 व्यक्ति घायल हुए। 60229 व्यक्ति जेल गए, 200 रेलवे स्टेशन नष्ट हुए, 550 डाकखाने बर्बाद हुए जिनमें 50 तो जलकर स्वाहा ही हो गए। 3500 स्थानों पर तार और टेलीफोन की लाइनें काट दी गईं। 70 थाने और 95 सरकारी भवन जला दिए गए।

ऐसे में जेल में पड़े जयप्रकाश नारायण को यह हरगिज बर्दाश्त नहीं हो रहा था कि यह आंदोलन हल्की से हल्की मात्रा में भी दबे। सात और आठ अगस्त को बम्बई में गाँधी जी के भाषण से तो उन्हें और भी स्पष्ट लगने लगा कि अब किसी राजनीतिक कैदी को जेल में नहीं रहना है। उन्होंने महसूस किया कि अब जेल में हाथ पर हाथ धरे बैठना गुनाह है। जयप्रकाश जी ने गाँधी के भाषण से समझ लिया कि उनका मुख्य उद्देश्य जनता की सरकार लाना है। इसके लिए व्यापक संगठन और अपनी फौज भी जरूरी है। दूसरी ओर यह भी जरूरी था कि अगर जापान अंग्रेजों को शिकस्त देकर भारत से भगा देता है तो अंग्रेज जहाँ-जहाँ से भागते जाएँ वहाँ फौरन अपना कब्जा जमाना होगा।

अन्यथा अंग्रेजों के बाद अब भारत पर जापान का शासन होगा। इस विचार से जयप्रकाश जी जेल से बाहर आने को व्याकुल हो गए।

गाँधी जी ने 'हमें दो' की नीति से हटकर 'हम लेंगे' की क्रांतिकारी नीति दी जनता को। उन्होंने नेताओं के हाथ से सर्वसत्ता जनता के हाथों में सौंपने का अतिक्रमण शुरू किया। ऐसे नेक कार्य में जनता का प्रतिनिधित्व करने के लिए उनके बीच पहुँचने की जयप्रकाश जी की बेचैनी इतनी बढ़ गई कि उन्होंने अपने साथियों के साथ जेल से बाहर निकलने की योजना भी बना ली।

लाहौर की किलेबन्दी

अमृता शेखर

हजारीबाग जेल से भाग कर जयप्रकाश जी छिप-छिप कर आंदोलन में सक्रिय रूप से भाग लेते रहे। इस दौरान वे और उनके भाई दो-तीन दिन से अधिक एक जगह पर नहीं ठहरते थे क्योंकि ब्रिटिश सरकार अपनी ओर से हर संभव प्रयास कर रही थी उन्हें गिरफ्तार करने का। उनके सर पर दस हजार का इनाम भी रखा गया था। इस भागदौड़ में जयप्रकाश नारायण और उनके साथियों ने कई बार बहुरुपिए का वेश भी धारण किया। बनारस से दिल्ली की यात्रा करते हुए जे. पी. ने अवध के रईस तथा बाबा श्यामनन्दन जी ने उनके सेवक के रूप में यात्रा की। जयप्रकाश नारायण काफी रईसी पहनावे के साथ फर्स्ट क्लास के डिब्बे में आकर सो गए और उनके सेवक लोगों को अपने बाबू साहब की बीमारी के तरह-तरह के किस्से सुनाते हुए दिल्ली पहुँचते हैं। वहाँ पर वे सभी भूमिगत नेताओं तथा कार्यकर्त्ताओं के साथ एक बैठक में शामिल हुए। इसी बैठक में यह निश्चित किया गया 'आजाद दस्ता' के नाम से अगस्त के क्रांतिकारियों का एक गुरिल्ला संगठन बनाया गया। जिसका सारा कार्यभार जे. पी. ने स्वयं लिया। दिल्ली की बैठक में आजाद दस्ते के कार्यक्रमों को स्वीकृति मिलते ही जयप्रकाश नारायण वहाँ से मोटर की यात्रा करते हुए जयपुर, अहमदाबाद और गुजरात होते हुए बम्बई पहुँचे। वहाँ उन्होंने आगाखाँ महल में गाँधी जी के अनशन का भी अनुभव प्राप्त किया। फिर बम्बई से मद्रास होते हुए कलकत्ता पहुँचे। मद्रास से ही अच्युत पटवर्द्धन की छोटी बहन जिया भी इनके साथ हो गई। कलकत्ता में रहकर छापामार युद्ध के लिए बहुत-से छोटे-छोटे अड्डे भी तैयार किए गए। पूरे भारत में आजाद दस्ते के संचालन का कोई भी स्थान उतना सुरक्षित नहीं था जहाँ जयप्रकाश जी एक दिन भी छिपकर रह सकते। अँग्रेज सरकार तो हर जगह अपनी सेना तैनात रखती थी इस भारतीय सपूत की खोज में। ऐसे में जयप्रकाश जी को नेपाल ही सबसे सुरक्षित स्थान लगा जहाँ रहकर वह छापामार युद्ध का कार्य करते एवं युवकों को युद्ध की ट्रेनिंग दे सकते थे।

नेपाल जाने के लिए जयप्रकाश नारायण, विजया तथा सूर्यनारायण सिंह के साथ कलकत्ता से कटिहार आये। वहाँ पर सबों ने अपनी वेशभूषा बदलकर बंगाली वेशभूषा धारण कर ली। जयप्रकाश जी बंगाली कुर्त्ता, धोती तथा चादर लेकर पूरे बंगाली जमींदार ए. बी. सिन्हा के रूप में तथा विजया ने भी बंगाली पहनावे में जमींदार साहब की इकलौती सुपुत्री विजया कुमारी सिन्हा, तथा सूर्यनारायण सिंह उनके मुसाहब प्रताप का भेष धारण कर कलकत्ता से कटिहार तथा कटिहार से रेल द्वारा सानेबरसा पहुँचे। यहीं से उन्होंने एक हाथी, एक पालकी तथा एक बैलगाड़ी की व्यवस्था की। आगे-आगे हाथी पर जमींदार साहब पीछे पालकी में उनकी पुत्री उसके पीछे बैलगाड़ी पर मुसाहब प्रताप। काफी राजसी ठाठ-बाट के साथ उनके दल ने नेपाल में प्रवेश किया।

नेपाल में आजाद दस्ते का गठन

नेपाल के कोसी नदी के कछार में बसे 'बकरों का टापू' नामक स्थान को उन्होंने 'आजाद दस्ता' का प्रारम्भिक केन्द्र बनाया। इधर जैसे ही लोगों में यह खबर फैली कि जयप्रकाश जी नेपाल में हैं पूरे बिहार के फरार और भूमिगत क्रांतिकारियों

में मानों एक नया जोश आ गया नेपाल पहुँचकर 'आजाद दस्ते' में शामिल होने के लिए। उन लोगों ने क्रांति के इस दौर में जयप्रकाश जी के इस तोड़-फोड़ और गुरिल्ला प्रशिक्षण को सहर्ष स्वीकार किया।

'बकरों का टापू' में ही फूस का घर बनाया गया। पानी के लिए कुआँ खोदा गया। बाहरी सम्पर्क बनाए रखने के लिए दो घोड़े खरीदे गए। दो बैलगाड़ियाँ भी खरीदी गईं। यहाँ पर हर आवश्यक चीज की व्यवस्था की गई जिसकी कमी से उनके कार्य में कोई भी बाधा नहीं आए। सूर्यनारायण सिंह की अध्यक्षता में आजाद कौंसिल का निर्माण हुआ। प्रधान कार्यालय से थोड़ी दूरी पर आजाद दस्ता प्रान्तीय कार्यालय बनाया गया। दो आदमी रखे गये जो डाकखाना तथा स्टेशन से अखबार लाने का काम करते थे। इन्हीं के माध्यम से जयप्रकाश नारायण अपना संबंध प्रान्तीय कार्यालय से हमेशा बनाए रखते थे। घर से थोड़ी दूर एक पहाड़ पर रेडियो स्टेशन बनाया गया--जिसके लिए ट्रांसमीटर और बैटरी का भी प्रबन्ध किया गया। तब तक डॉ. लोहिया एवं बाबा श्यामनन्दन भी वहाँ पहुँच गए थे। घर से कुछ दूरी पर एक दूसरा दफ्तर बना था। जहाँ बाहर से आनेवालों को ठहराया जाता और पूर्णतः ठोंक-बजा कर ही उसे जयप्रकाश जी तक ले जाया जाता।

इनके साथ एक डॉक्टर भी थे जिन्होंने वहाँ अपनी प्राइवेट प्रैक्टिस का नाटक किया। वहाँ लोग यह प्रचार करते कि यह डॉक्टर साहब यहाँ अपना नया-नया प्रैक्टिस करने आए हैं साथ में उनका परिवार भी है। इस झूठ को सच बना देती विजया जी की उपस्थिति।

इस प्रकार नेपाल में आजाद दस्ता के संचालकों के प्रशिक्षण का कार्य शुरू हो गया। बिहार से नौजवान आकर इस दस्ते में शामिल होने लगे और यहाँ से प्रशिक्षण प्राप्त कर वे बिहार में जगह-जगह आजाद दस्ता का संगठन करते। नेपाल में जो पहला शिविर खोला गया, उसमें 35 ऐसे सैनिक थे जो जिलों में आजाद दस्ता का संगठन तथा प्रशिक्षण का प्रबन्ध करता था। दस्ते का काम सफलतापूर्वक चल रहा था।

इस बीच भारत में संगठन के बढ़ते कार्यों से सरकार काफी तेजी से पता लगाने लगी कि जयप्रकाश और लोहिया तथा अन्य क्रांतिकारी कहाँ से छिपकर संगठन बनाते हैं। धीरे-धीरे अँग्रेज सरकार ने पता लगा ही लिया कि भारत के ये क्रांतिकारी नेपाल की वादियों में छिपकर अपना कार्य सम्पादन कर रहे हैं। तब अँग्रेज सरकार ने नेपाल के महाराजा पर काफी दबाव डालना शुरू किया कि वे उन्हें ढूँढ़कर हमारे हवाले कर दें। इस बात की भनक शिविर में भी पहुँच चुकी थी अतः विजया को महाराष्ट्र वापस भेज दिया गया। इसी भनक के मद्देनजर जयप्रकाश जी ने अपना अड्डा यहाँ से हटाकर नेपाल के किसी सुरक्षित पहाड़ी जंगलों में बनाने का निश्चय किया।

इसके लिए बाबा श्यामनन्दन बैलगाड़ी से पैसों का इन्तजाम करने निकले। मगर कुछ ही दूरी पर पुलिस ने उनके लाख किस्से बयान करने के बावजूद उन्हें पकड़ लिया। पुलिस अपने संदेह--(आप जयप्रकाश जी के साथी हैं), की जाँच के लिए दो सिपाहियों को बाबा की देख-रेख में लगाकर आगे बढ़ चली। उन्हें शक था कि यह जयप्रकाश के साथी हैं तो अवश्य ही यहीं कहीं इनका अड्डा होगा। बाबा ने बैलगाड़ी वाले को इशारा किया, वह सिपाहियों को बहला कर पीछे लौटा भी मगर तब तक पुलिस संगठन ने अड्डे पर पहुँचकर जयप्रकाश जी, लोहिया तथा दो साथियों को गिरफ्तार कर लिया। यहाँ बाबा भी गिरफ्तार कर लिए गए साथ ही दो और लोग जो जे. पी. से मिलने आ रहे थे उन्हें भी गिरफ्तार कर लिया गया।

नेपाली सिपाही सातों व्यक्तियों को बैलगाड़ियों में लेकर हनुमान नगर के लिए चल दिए। वहाँ से हनुमान नगर पहुँचने में एक-दो दिन लगे। रास्ते में एक जगह रात को लोगों ने विश्राम किया। सुबह-सुबह जयप्रकाश जी शौच के लिए निकले तो दो सशस्त्र सिपाही भी उनके साथ चले। सिपाही कुछ दूर पहले ही रुककर उन पर निगरानी रखे हुए थे और जयप्रकाश थोड़ा आगे बढ़कर नदी के कछार में शौच के लिए चल दिए। वहीं पर उन्हें आजाद दस्ते का एक युवक शशि मिला। वह जयप्रकाश जी की गिरफ्तारी पर आँसू बहाने लगा। जयप्रकाश जी ने उसे पास बैठा कर धीरे से कहा कि जाकर (सूरजनारायण) प्रताप जी से कहिए कि ये लोग हमें दो-चार दिन हनुमान नगर में रखेंगे। आप लोग आजाद दस्ते की तैयारी से जैसे भी हो हमें छुड़ाने का प्रबन्ध करें। अब इनकी गिरफ्तारी की खबर आजाद दस्ते तक पहुँच चुकी थी और पुलिस इन्हें लेकर रात को हनुमान नगर पहुँच चुकी थी।

रात को ही बड़े अधिकारी ने आकर इन लोगों को गौर से देखा और तुरन्त काठमांडू तथा दिल्ली सरकार को फोन पर गिरफ्तारी की सूचना दे दी। रात में इन्हें वहीं गार्ड रूम में रखा गया। सुबह इन सबकी हाजिरी बड़े साहब के सामने लगी। बड़े साहब ने एक-एक कर सबसे गहन पूछताछ शुरू की। इन लोगों ने तरह-तरह के किस्से अपने बयान में सुनाए कि किस तरह एक नेक और सीधे-सादे हिन्दुस्तानी पर लोगों ने जुर्म किया, जिससे घबराकर वे पशुपतिनाथ की शरण में आए हैं। उन्होंने नेपाल की अच्छी-खासी तारीफ करते हुए साहब का दिल जीतने की कोशिश की कि एक नेपाल ही ऐसा स्वतन्त्र राज्य है जिसमें हमें शान्ति से जीने का रास्ता नजर आया। बड़े साहब के पास तो इन लोगों के कुछ फोटो भी हैं मगर इन्होंने ऐसा हुलिया बदला था कि साहब को तस्वीर से किसी का भी चेहरा मिलता नजर नहीं आया। खैर, उसने फोन पर काठमाण्डू बात की और इन लोगों से कहा कि–घबराइए नहीं बाबा पशुपतिनाथ की कृपा हुई तो आप शीघ्र ही छूट जाएँगे। हमें तो जयप्रकाश जी और उनके साथियों की तलाश है।

रात को फिर उन्हें गार्ड रूम में सुलाया गया। दो सन्तरी सामने खड़े होकर पहरा देते रहे, और बाकी सारे सन्तरी सोते रहे। सिपाही हों या गिरफ्तार बन्दी किसी को यह आशा नहीं थी कि आज रात की यह चैन की नींद किसी को महँगी पड़ेगी तो किसी के लिए जीवन-दान साबित होगी।

उधर आजाद दस्ते ने अपने कार्यक्रम की पूरी योजना तैयार कर ली थी। लगभग आधी रात को वे लोग कचहरी पहुँचते हैं और पूछताछ कर गार्ड रूम का भी पता लगा लेते हैं। सबसे पहले इन लोगों ने टेलीफोन और तार की लाइन काट दीं। गार्ड रूम के सामने ही एक फूस की झोंपड़ी थी और वहीं से एक गैस की लाइट जलती थी। कार्यक्रम के मुताबिक शशि एक साथी के साथ आगे बढ़ा और दियासलाई जलाकर झोंपड़ी पर फेंकी, मगर आग नहीं लगने पर वे घबराकर पीछे लौटे तभी सूरजनारायण बाबू ने उन्हें दुबारा भेजा और खुद गार्ड रूम की ओर बढ़ गए। उनके साथ दस्ता कमाण्डर नित्यानन्द जी भी थे। पहले नित्यानन्द जी ने सन्तरी पर राइफल से गोली चलाई मगर राइफल फेल कर गई पुनः सूरजनारायण जी ने रिवाल्वर से गोली चलाई मगर उनका निशाना चूक गया गोली सन्तरी को न लगकर सीधे जाकर गैस रौशनी पर लगी और उसका शीशा टूट गया। उधर से सन्तरी ने भी सूरजनारायण पर गोली चलाई मगर गोली कनपटी से होती हुई निकल गई। इस बीच नित्यानन्द बाबू सूरजनारायण बाबू से रिवाल्वर लेकर दनादन सन्तरी पर गोलियाँ दागनी शुरू कर देते हैं। सन्तरी घबराकर भागने लगा तो सूरजनारायण बाबू ने दौड़कर उसे दबोच लिया और उसका राइफल छीन लिया। गोलियों की आवाज सुन चारों ओर कोहराम मच गया। पैंतीसों आजाद दस्ते के सैनिक गुरखों पर टूट पड़े। दोनों ओर से दनादन गोलियाँ चलने लगीं।

गोलियों की आवाज सुनकर सातों लोग भी आश्चर्य में पड़ गए। आखिर आजाद दस्ते के छापामारी की कोई ठोस सूचना तो इन्हें थी नहीं। लोहिया चिल्लाए–What a hell is this (यह कैसी खुराफात) उनके साथ सोए श्यामनन्दन बाबा ने कहा, Perhaps they are our men (शायद अपने ही लोग हैं) रुकिए मैं देखता हूँ। बाबा ने सर उठाकर ज्योंही देखना चाहा लोहिया ने उन्हें नीचे खींचा और कहा कि सर न उठाइए गोली लग जाएगी। एक गोली शीशे पर लगी और काँच का एक टुकड़ा आकर बाबा की भौंह पर चुभ गया। पूरा चेहरा लहूलुहान हो गया। मगर मानों अभी इस खून की कोई परवाह नहीं थी। सिपाहियों में भगदड़ मच गई। सूरजबाबू ने दौड़ कर गार्ड रूम का दरवाजा तोड़ दिया और सातों कैदी निकलकर भाग चले।

रौशनी का लैम्प तो बन्द हो चुका था। अँधेरे के इस आलम में ऐसी भगदड़ मची कि किसी को भी पहचानना मुश्किल था। अँधेरे में लोग अपनों पर ही प्रहार करने लगे। चेहरा खून से रंगा होने की वजह से बाबा को अपने ही दस्ते के सैनिक से एक फट्टा (बांस का) खाना पड़ा। सूरजनारायण बाबू दुश्मन समझकर झुककर चश्मा ढूँढ़ रहे लोहिया को दबोच लिए तो लोहिया ने कहा, "अरे मेरा चश्मा कहाँ गिर गया।" उनकी आवाज सुनकर बाबा उन्हें पहचाने और अलग हुए। कँटीले तार में जयप्रकाश जी का पैर फँसा तो एक अपने ही सैनिक ने उनकी छाती पर बन्दूक तान दी। बाबा ने चिल्लाकर सैनिक को धक्का दिया–'यह जे. पी. हैं।' शुक्र है पैरों के घाव तक ही बात रुक गई, जान पर नहीं आई।

अँधेरे में सभी ने भागना शुरू किया। लोहिया पैर के छालों की वजह से चल नहीं पा रहे थे और उन्हें कभी

पीठ पर तो कभी कोई कंधे का सहारा देकर चल रहा था। इनके लिए लोगों ने बैलगाड़ी भी तलाश की मगर उस वक्त तलाश से ज्यादा जरूरी था हर हाल में चलते जाना। जयप्रकाश जी का भी पैर तार से जख्मी था, बाबा का चेहरा लहूलुहान था मगर आज इन्हें किसी भी बात की सुध नहीं थी। एक तो पैर जख्मी ऊपर से सीधे रास्ते में नेपाली सिपाहियों की अपनी ढूँढ़ के भय से ये लोग जंगलों और झाड़ियों का रास्ता ही तय करते। रातभर चलने के बाद बिहार की तरफ से भारत में प्रवेश किया। गाँव में एक सज्जन के घर पर इन लोगों ने विश्राम किया। ये सज्जन बाबा के परिचित थे।

गाँव से लोहिया, जयप्रकाश जी, डॉ. साहब और बाबा श्यामनन्दन स्टेशन की ओर चले आए। इस समय तक इन सबके रूप रंग बिलकुल बदल गए थे। कपड़े गंदे हो गए थे, दाढ़ी बढ़ी हुई थी, मूँछें बढ़ी थीं। लोहिया जी के बाल तो पीछे से इतने बड़े थे कि लटें कंधे तक लटक आई थीं।

सुभाष जी से सम्पर्क का प्रयास

काफी पहले से जयप्रकाश जी को इस बात की जानकारी थी कि सुभाष जी के 'आजाद हिन्द-फौज' संगठन के कुछ दूत भारत में आए थे मगर भयभीत लोगों ने उनसे सम्पर्क नहीं बनाया था। उनके मन में काफी पहले से यह विचार जोरों से आ रहा था कि सुभाष जी के सम्पर्क से 'आजाद हिन्द-फौज' और आजाद दस्ता के बीच सम्पर्क स्थापित करा दिया जाए। नेपाल से बिहार होते हुए भारत में प्रवेश करते ही इसी उद्देश्य से वे कलकत्ता जाने का निर्णय लेते हैं।

स्टेशन पर उन लोगों को पहचाने जाने का भय था। काफी लोग उन्हें संदेहात्मक नजरों से देख भी रहे थे। जयप्रकाश जी तो बिहार के चप्पे-चप्पे से परिचित थे। वे लोग रेल लाइन पकड़कर बचते-बचते गंगा के किनारे तक पहुँचे। काफी ढूँढ़ने पर उन्हें एक नाव वाला मिला। इन लोगों ने उससे पूछा कि हमें गंगा पार करा दोगे? नाव वाला इन लोगों को पता नहीं कौन समझ रहा था वह उन लोगों के साथ आनाकानी करने लगा। नाव वाले के साथ इस बातचीत के क्रम में वहाँ गाँव के और लोग इकट्ठे हो गए। जयप्रकाश जी को महसूस हो गया कि ये लोग उन्हें डाकू समझ रहे हैं। उन्होंने लोहिया को यह बात बताई और धीरे-धीरे ये लोग गाँव से चल दिए ताकि उन्हें शक न हो। मगर वे ज्यादा दूर नहीं जा पाए। उन्होंने बगीचे का रास्ता पकड़ा था। कुछ ही दूर जाने पर उन्हें अपने पीछे लाठियाँ लिए हुए लम्बे-चौड़े काफी लोग आते दिखाई दिए। सभी तेज कदमों से चलने लगे मगर पीछा करने वाले नजदीक पहुँच चुके थे।

जब बचना असंभव लगने लगा तो जयप्रकाश जी ने रिवाल्वर भर कर सूरजनारायण को थमा दिया। वे पीछे मुड़कर लोगों पर रिवाल्वर तान कर चिल्लाए—''शर्म की बात है कि हम तो अपने व तुम्हारे देश की आजादी के लिए लड़ रहे हैं और तुम देशभक्तों के साथ ऐसा सलूक कर रहे हो लौट जाओ, नहीं तो मैं सबको गोली से भून दूँगा।''

वहाँ से वे भागलपुर होते हुए ट्रेन से कलकत्ता पहुँचे। कलकत्ता पहुँचकर जयप्रकाश नारायण सुभाष जी से सम्पर्क करने के प्रयास में लग गए। उन्हें यह ख्याल था कि दोनों संगठनों को मिलाकर शक्तिशाली सशस्त्र संगठन बनाया जाए। इसके लिए उन्होंने भागलपुर के एक हाथी-व्यापारी को तैयार किया जिसका आसाम में हाथी का व्यापार होता था। राजनीति से कोई वास्ता न होते हुए भी वह देश की आजादी के लिए अपने व्यापार का सारा सामान लेकर आसाम होते हुए बर्मा की राह पर चल पड़ा। वे आसाम की सरहद तक गए और बर्मा जाने के रास्तों का भी पता लगाया मगर अगस्त के महीने में वहाँ जोरों की बरसात शुरू हो चुकी थी और उन्हें अपनी यात्रा स्थगित करनी पड़ी।

चाह कर भी जयप्रकाश जी सुभाष जी से नहीं मिल पाए। 1 सितम्बर, 1943 को उन्होंने 'आजादी के सैनिकों के नाम' अपना दूसरा खत प्रकाशित किया। उन्होंने इस खत के माध्यम से लोगों को सुभाष चन्द्र द्वारा शोनान (सिंगापुर) में चलाई जा रही अस्थायी भारतीय राष्ट्रीय सरकार तथा आजाद हिन्द फौज के कार्यों की विस्तृत जानकारी दी। उन्होंने कहा, ''यह आसान है कि हम सुभाष बाबू को देशद्रोही कह दें।...लेकिन राष्ट्रीय भारत सुभाष को उत्कट देशभक्त के रूप में ही जानता है जो हमेशा ही आजादी की लड़ाई की अगली पाँत में रहे हैं। यह कल्पना भी नहीं की जा सकती की वह अपने देश को बेच देंगे।...उनकी सरकार और फौज में वैसे ही लोग हैं जिनके हृदयों में अँग्रेजों से घोर घृणा और अपने देश को आजाद कराने की उत्कट इच्छा है।...हमें तैयार रहना चाहिए कि ज्योंही अँग्रेज़ों और जापानियों

में हिन्दुस्तान के मैदान में लड़ाई छिड़े, हम राज्य शक्ति अपने हाथों में ले सकें।''

जयप्रकाश जी ने काफी प्रयास किया कि सुभाष जी से मिलकर इस राष्ट्रीय मोर्चाबन्दी पर विचार-विमर्श किया जाए। इसके लिए वह खुद बर्मा भी जाने को तैयार थे मगर सरकार थी कि उनकी खोज में आकाश पाताल एक किए हुए थी। उनके बहुत से पुराने साथी गिरफ्तार हो चुके थे। और सुभाष जी से मिलने का सपना भी बरसात पूरा नहीं होने दे रही थी। इसलिए जयप्रकाश कश्मीर जाकर क्रांतिकारी संगठन के इरादे से कलकत्ता से दिल्ली और वहाँ से कश्मीर जाने की तैयारी करते हैं।

लाहौर जेल की यातनाएँ

जयप्रकाश जी ने दिल्ली से लाहौर जाने वाली ट्रेन के फर्स्ट क्लास कूपे में अपने एक साथी से अपना रिजर्वेशन करवाया। 17 सितंबर, 1943 को 10 बजे रात्रि में सूट-बूट पहनकर जयप्रकाश जी एक देशी साहब के वेश में दिल्ली स्टेशन से लाहौर जाने वाली फ्रंटियर मेल के फर्स्ट क्लास डिब्बे में घुसे।

ट्रेन में इतनी भीड़ होने पर भी चार सीटों वाले उनके कूपे के तीन सीट खाली थे। जयप्रकाश जी ने प्लेटफॉर्म पर इधर-उधर काफी पैनी दृष्टि से मुआयना किया। गाड़ी चल पड़ी। उन्होंने पूरा अँग्रेजी वेश धारण किया हुआ था। रात में उन्होंने अपना बिस्तरबन्द खोला और नीचे की बर्थ पर सो गए। सुबह उठे अपना बिस्तर बाँधा और होल्डाल में डाल कर ऊपर की बर्थ पर रख दिया। अमृतसर स्टेशन पर ट्रेन रुकी तो उन्होंने मुँह-हाथ धोकर चाय मँगाई और चाय पी ही रहे थे कि एक अँग्रेज तथा दो सिक्ख कूपे में आए। पहले तो इन्हें लगा कि कोई जगह की तलाश में आया है। इतने में गोरे व्यक्ति ने सवाल किया, ''कहाँ जा रहे हैं आप।'' जयप्रकाश जी बोले, 'रावलपिंडी'। उसने फिर पूछा, ''आपका दूसरा साथी कहाँ है?'' जयप्रकाश जी–''मैं अकेला हूँ?'' उसने फिर पूछा, ''धोखा? इस ऊपर के बर्थ का बिछावन किसका है? ऊपर के बर्थ पर अकेले नहीं हैं इनके साथ और भी कोई है। आप मुझे धोखा नहीं दे सकते यह नेपाल नहीं है। यहाँ आपको छुड़ाने कोई नहीं आएगा।''

''नेपाल? आप क्या कह रहे हैं मैं तो कभी नेपाल गया ही नहीं। मैं तो बम्बई का एक व्यापारी हूँ।'' ऑफिसर बोला, ''आप जयप्रकाश नारायण हैं।'' वे बोले, ''जी नहीं, मैं एस. पी. मेहता हूँ।''

तब उसने जयप्रकाश जी से कहा कि आप यह तो समझ ही गए होंगे कि हम पुलिस ऑफिसर हैं। हम आपके सामान की तलाशी लेंगे। उस पुलिस वाले ने उनके सारे सामान, पॉकेट पर्स की तलाशी ली। तकिए तक को उलट-पलट कर देखा। टिकट देखा मगर वह तो एस. पी. मेहता के नाम का ही था। तब उसने जयप्रकाश जी से यह भी पूछा कि आपके हथियार कहाँ हैं। उन्हें यह कैसे विश्वास होता कि इतने बड़े-बड़े कारनामे कोई व्यक्ति निहत्थे ही कर सकता है। वह जिद करता रहा कि आप जयप्रकाश हैं और वे अड़े रहे कि मैं बम्बई का व्यापारी एस. पी. मेहता हूँ। इस बातचीत के क्रम में गाड़ी अमृतसर से चलकर भुगलपुरा स्टेशन पर रुकी। सादे वेश में दोनों सिख पुलिस ने उन्हीं के होल्डाल स्ट्रेप से उनके हाथ बाँध दिए। पूरा स्टेशन पुलिस और सैनिकों से ऐसा घिरा था मानों बार-बार पुलिस की गिरफ्त से जयप्रकाश जी के निकल भागने से सरकार को अपनी पुलिस व्यवस्था उनके आगे कमजोर लगने लगी थी। स्टेशन पर पहले से पुलिस की कारें खड़ी थीं। दोनों तरफ दो सशस्त्र सिपाहियों के बीच जयप्रकाश को बैठाया गया। कार के आगे और पीछे वैन में न जाने कितने सैनिकों का दल था। इस प्रकार नवम्बर 1942 को हजारीबाग जेल से भागे जयप्रकाश नारायण 19 सितम्बर, 1943 को लाहौर के नारकीय किले में पहुँचा दिए गए।

लाहौर के किले में जयप्रकाश नारायण को एक पन्द्रह फीट लम्बे तथा 12 फीट चौड़े कमरे में रखा गया। यहाँ उनकी हथकड़ियाँ खोल दी गईं।

लाहौर का यह जेल नारकीय किला के नाम से अँग्रेजी शासन में मशहूर हो चुका था। कई भारतीय लेखकों ने तो इसे 'नाजी कैम्प नं.1' तथा 'बैस्टील' (फ्रांस की वह जेल जहाँ बन्दियों को जो यंत्रणा दी जाती दुनिया में उसकी कहीं कोई मिसाल नहीं थी। वहाँ की क्रांति में इसे तोड़ दिया गया।) जैसा यंत्रणागृह कहा था। उनका तो यह कहना था कि नाजियों द्वारा दी गई यातनाओं का रिहर्सल लाहौर किले में होता है। अँग्रेजी सरकार के सबसे बड़े दुश्मनों के

लिए यह जेल कुछ खास ही इन्तजाम रखता था। जेल के इसी खास इन्तजाम वाले खास मेहमान बनाए गए जयप्रकाश नारायण।

जिस कमरे में उन्हें रखा गया उसमें रात को रोशनी की क्या व्यवस्था होती जब दिन में सूर्य की किरणों को भी आने से रोका गया था। बिलकुल अँधेरा रहता था। लिखने-पढ़ने की भी कोई व्यवस्था नहीं थी यहाँ तक कि अखबार भी पढ़ने को नहीं दिया जाता। किसी से बात करना भी मना था। पहरेदारों को उनसे बात करने की सख्त मनाही थी। सलाखों के नीचे से ही खाना दिया जाता। पेशाब-पाखाना के लिए भी बाहर नहीं निकलने दिया जाता। उस समय की घटनाओं की चर्चा करते हुए उन्होंने खुद ही लिखा है, ''एक छोटी अँधेरी-कोठरी। उसी में सोना, खाना, पीना, पेशाब-पाखाने जाना। इतनी घुटन का और मन की ऐसी गिरावट का अनुभव मैंने पहले कभी नहीं किया था। एक खटिया एक कम्बल। लेकिन कोई अपने साथ कब तक बात करे? दूसरा कोई ऐसा था ही नहीं, जो मेरे मामूली से छोटे-छोटे सवालों का जवाब दे। पहरेदार के साथ बात करना चाहूँ तो वह पत्थर की मूर्ति की तरह सामने खड़ा रहे। न कोई किताब, न अखबार, न कागज-कलम! दरवाजे के नीचे से भोजन की थाली सरका दी जाती थी भोजन करने के बाद मैं भी उसे बाहर ठेल दिया करता था। मेहतर आता, और सफाई करके चला जाता। भिश्ती आता घड़े में पानी भर जाता। लेकिन किसी के साथ एक अक्षर भी बोलना मना था।''

पूरे एक महीने तक यातना का यह दौर चला जिसमें इनसान अपने बोलने, सुनने और समझने की शक्ति खो देता है मगर जयप्रकाश जी ने उन दिनों अपना सारा मानसिक सन्तुलन इस बात को सोचने पर कायम रखा किस तरह देश में एक बार पुनः जागृति लाई जाए। एक महीने बाद शुरू होता है पूछताछ का दौर। मगर उस दौर में भी उन्होंने अपना सन्तुलन नहीं खोया। हर रोज उन्हें कोठरी से निकालकर वहाँ के कार्यालय में ले जाया जाता और तीन-चार पुलिस ऑफिसर का अलग-अलग दल उनसे उनके भूमिगत कार्यों के बारे में प्रश्न करता। जैसे—जेल से कैसे भागे? किन-किन ने मदद की? रुपए कहाँ से आते थे? हथियार कहाँ से मिलते थे? वगैरह-वगैरह। उन्होंने अधिकारियों से साफ कह दिया कि वे अपने भूमिगत कार्यों से सम्बन्धित किसी सवाल को छोड़ कर उनके हर सवाल का जवाब देने को तैयार हैं। उन्होंने कहा, ''मैं ब्रिटेन या ब्रिटिश राष्ट्र मण्डल का नहीं भारत में ब्रिटिश साम्राज्य का शत्रु हूँ। मैं अपने देश की स्वतन्त्रता के लिए काम कर रहा हूँ और तब तक करता रहूँगा जब तक मेरा उद्देश्य प्राप्त न हो जाए, या मेरी मृत्यु न हो जाए।''

शुरू-शुरू में तो दिन में आठ-आठ, दस-दस घण्टों तक सवाल पूछने का कार्यक्रम चलता। बीच में केवल पेशाब पाखाना जाने का समय दिया जाता। कुछ अधिकारियों का दल उनकी चापलूसी और मक्खनबाजी करके उनके भूमिगत आंदोलन के बारे में जानकारी लेने की कोशिश करता और कहता कि आप तो महान हैं देश में गाँधी और नेहरू के बाद आपको ही लोग जानते हैं, अँग्रेज सरकार भी आपसे डरती है। कोई दल उन्हें झाँसा देकर उनका मुँह खुलवाना चाहता कि, लोहिया, अच्युत पटवर्द्धन और अरुणा आसफ अली पकड़े गए हैं। और ऐसी घटनाओं की चर्चा करते जिससे लगता कि सचमुच इन लोगों ने बयान दे दिया है। कुछ प्रश्नकर्त्ता डरा-धमकाकर सवाल के जवाब माँगते थे। वे उन्हें बिना सहारे वाली कुर्सी पर हाथों को पीछे की ओर बाँध कर बिठा देते और घण्टों सवाल करते। अगर नींद की झपकी भी आती तो गालों पर चाँटे मार-मार कर जगाते। ऐसे हालात में भी जयप्रकाश जी उनके सवालों का जवाब नहीं देते बल्कि उन्हें ही सवालों के कठघरे में खड़े कर देते—''जब आपको लोहिया, पटवर्द्धन और अरुणा आसफ अली से सारी जानकारी मिल ही चुकी है तो आप मुझसे क्यों पूछते हैं।'' सब्र और सहनशक्ति का दूसरा नाम अगर कोई था तो निश्चय ही—जयप्रकाश।

एक दल जैसे ही प्रश्न पूछना समाप्त करता दूसरा दल तैनात हो जाता ड्यूटी पर। उन लोगों ने तरह-तरह की कोशिशें कीं जयप्रकाश जी का मुँह खुलवाने की। कुछ ने अपनी नौकरी और बीवी, बच्चों की दुहाई देते हुए कहा कि हजारीबाग और हनुमान नगर की तरह यहाँ से नहीं भागिएगा। मगर जयप्रकाश जी ने ऐसी किसी भी बात का वायदा नहीं किया। कुछ दिनों तक तो पैरों में भी बेड़ियाँ डाल दी गई थीं।

पूछताछ का यह दौर लगभग एक माह तक चला। दूसरे महीने से यह सवाल पूछने की प्रक्रिया और कड़ी कर

दी गई। अब तो दिन-रात कुर्सी पर उसी तरह बिठाकर सवाल पूछे जाते। चालीस-पचास दिनों तक तो वे सो नहीं पाए, कई दिन तो उन्होंने कुछ खाया भी नहीं। रात को नौ बजे तक एक सवालकर्त्ता का दल कहता कि जाकर सो जाइए आज के सवाल खत्म हुए वो जाकर कोठरी में अभी बस लेटते ही कि प्रश्नकर्त्ताओं का दूसरा दल आकर उठाकर ले जाता। जहाँ थोड़े सुस्त पड़ते गालों पर तमाँचे और बालों को पकड़कर झकझोर देते कि सोने के लिए तुम्हें यहाँ नहीं बुलाया गया है। सारा मस्तिष्क ऐसे भन्नाने लगता जैसे मधुमक्खियों का छत्ता हो। चालीस-पचास दिनों तक पूछताछ का यह क्रम चला। इससे भी जब उन पर कोई प्रभाव नहीं पड़ा तो उन्हें मानसिक स्तर पर तोड़ने का प्रयास किया गया। बगल के कमरे से दूसरे कैदियों को हण्टरों से मारने, गालियाँ देने, रोने तथा चीखने-चिल्लाने की साफ आवाज इनके कानों में पहुँचाने की कोशिश की जाती फिर जब पीटना बन्द होता तो हण्टर और पीटने का सारा सामान जानबूझ कर जहाँ यह बैठे होते वहाँ लाकर रख दिया जाता। वह जानते थे कि प्रत्यक्ष पिटाई देखने की तुलना में उन हथियारों को देखने से मस्तिष्क इतना ज्यादा आहत होगा कि उनका सारा मनोबल टूट जाएगा। वे इनके मस्तिष्क को विकृत बना देना चाहते थे। मगर इतनी यातनाओं के बाद भी जब जयप्रकाश जी विचलित नहीं हुए तो अँग्रेज सरकार अपनी यातनाओं की सीमा बढ़ाती गई। यह सिलसिला लगभग दो महीने तक चला।

अँग्रेज सरकार ने तो अपनी ओर से हर संभव प्रयास किया कि इनकी गिरफ्तारी की खबर जनता तक नहीं पहुँचे। क्योंकि उन्हें मालूम था कि इनकी गिरफ्तारी की कीमत उन्हें चुकानी पड़ सकती है। पूरा भारत इनकी गिरफ्तारी के बदले में एक नई क्रांति कर देगा। उनके कड़े-से-कड़े इन्तजामात के बाद भी जयप्रकाश की गिरफ्तारी की खबर देश में फैल गई। लाहौर स्टेशन पर गिरफ्तारी के वक्त कुछ लोगों ने देख लिया और फिर सारे देश में जंगल की आग की भाँति यह समाचार फैल गया कि जे. पी. गिरफ्तार हो गए। यही नहीं जेल में दी जाने वाली यातनाएँ भी लोगों से छिपी नहीं रह सकीं। चारों तरफ होहल्ला मच गया। लोग उनकी इतनी कड़ी यातनाओं को सुनकर रो पड़ते। लाहौर की कड़कती ठण्ड में दिन-रात बिना सहारे की कुर्सी पर बिठाकर सवाल करना और जवाब न देने पर लातों और घूँसों की बौछार करना। जयप्रकाश जी ने बाद में खुलकर कभी भी उन यातनाओं का जिक्र नहीं किया मगर उस समय जनता को उनकी इतनी परवाह थी कि जेल में उनके साथ क्या-क्या हो रहा है, देश में सभी जगह इसकी चर्चाएँ होतीं और लोग सरकार को सैकड़ों गालियाँ देते हुए अपने दिल की भड़ास निकालते।

उन्होंने स्वयं नहीं कुछ कहा क्योंकि वे उन दिनों को याद नहीं करना चाहते थे। मगर यह भी सच है कि उन्हें दो दिनों तक नंगा कर बर्फ की सिल्ली पर सुलाया गया था। देश में लोग यह सोच-सोच कर सौ-सौ आँसू रोते कि साइटिका के रोगी को बर्फ पर सुलाया। 16 नवम्बर, 1944 के 'फ्री प्रेस जर्नल' नामक अँग्रेजी दैनिक ने **'बर्फ का गलत इस्तेमाल'** शीर्षक सम्पादकीय में इस घटना की काफी निन्दा की और कहा कि, ''जयप्रकाश के शरीर की हरारत बढ़ जाने पर उनके सिर पर बर्फ रखा जा सकता था। लेकिन उनकी राजनीतिक हरारत बढ़ जाने पर उनको बर्फ पर बिठाना **बर्फ का गलत इस्तेमाल** था।''

यातना की इन खबरों से आहत होकर बम्बई हाईकोर्ट के सुप्रसिद्ध वकील पारडीवाला लाहौर आए। उन्होंने लाहौर हाईकोर्ट में जयप्रकाश जी के लिए 'हैबियस कारपस' (बन्दी को अदालत में हाजिर करने का आदेश) की दरखास्त की तो सरकार ने वकील साहब को ही पकड़कर लाहौर जेल में डाल दिया। इनकी गिरफ्तारी से सारे देश में तहलका मच गया। लोगों में क्रोध की लहर दौड़ गई। वे अपने क्रोध का प्रदर्शन करने लगे। पंजाब सरकार ने इन कार्यविधियों को रोकने के लिए झूठमूठ का स्वांग रचा और उन तीन पुलिस अधिकारियों, जिन्होंने पारडीवाला को गिरफ्तार किया था, उनकी भर्त्सना करते हुए उन पर जाँच आयोग बैठा दिया। देश में चारों ओर वकीलों का आतंक इतना बढ़ गया कि अदालत की भी आलोचना होने लगी। इन सबका इतना परिणाम अवश्य निकला कि अब जयप्रकाश जी से प्रश्न पूछने का जबरदस्ती 'अपराध स्वीकार' करवाने का सिलसिला समाप्त हो गया। जयप्रकाश जी कहते कि ''मेरी जबान से कुछ भी कहलवाने के लिए पुलिस को मुझे बहुत सताना पड़ता। लेकिन मेरे पास बताने को बहुत था भी नहीं। लोग समझते हैं कि भूमिगत कार्य कोई बहुत खतरनाक काम है लेकिन असलियत यह है कि भूमिगत रहकर अधिक समय अपनी जान बचाने में ही निकल जाता है।''

कुछ दिनों बाद पंजाब सरकार के गृह सचिव ने आकर उनको बताया कि "आपसे सवाल पूछने का सिलसिला समाप्त हुआ।" जयप्रकाश जी ने उससे कहा कि वह पंजाब सरकार को कुछ लिखित शिकायतें करना चाहते हैं जिसके लिए उन्होंने उससे कागज और कलम माँगा। उसने उन्हें तुरंत तो कागज और कलम नहीं दिया मगर महीने भर बाद आकर बताया कि आपको लिखने की इजाजत मिल गई है। लगभग 15 दिनों बाद उन्हें कागज और कलम दिया गया। उन्होंने पंजाब सरकार से लिखित शिकायत में पढ़ने-लिखने का सामान, अखबार तथा साथी कैदी की माँग की। कुछ दिनों बाद उन्हें जेल के इंस्पेक्टर ने मामूली-सी कॉपियाँ, पेन्सिलें लाकर दीं और बाहर से कुछ किताबें भी मँगाने की इजाजत दे दी। तभी से उन्हें एक स्थानीय अखबार भी पढ़ने को मिलने लगा।

उन्होंने पंजाब सरकार को भेजी गई अपनी शिकायत में लिखा कि उनकी शिकायत उन अधिकारियों से नहीं है जो सवाल के क्रम में शरीर को पीड़ा पहुँचाने वाली नीतियों का इस्तेमाल करते हैं बल्कि पंजाब के उन मंत्रियों से है जिन्होंने प्रश्न पूछने के ऐसे तरीकों को अपनी स्वीकृति प्रदान की है। उन्होंने अपने शिकायत पत्र में सरकार से यह भी कहा कि बन्दियों को भी सरकार को आवेदन-पत्र देने का अधिकार मिलना चाहिए। उन्हें भी जेल सुपरिंटेंडेंट से मिलने तथा कभी-कभी गैरसरकारी लोगों से मिलने की अनुमति मिलनी चाहिए।

सरकार से कॉपी मिलने के बाद वे रोज उसमें अपने जेल जीवन के दौरान के अनुभवों को शब्दों में पिरो कर लिखने लगे। रोज-रोज अखबार पढ़ने से देश दुनिया की घटनाओं पर भी उन्होंने अपनी इस 'जेल-डायरी' में अपने विचार लिखना शुरू किया। जेल में उन्हें पुस्तकें भी पढ़ने को मिलने लगी थीं। उन्होंने अपनी डायरी में इन पुस्तकों पर भी टिप्पणियाँ लिखीं। उन्होंने जेल के एक साल के अपने कठोर अनुभवों के बारे में लिखा—"सीखचे, दीवारें, कुण्डे ताले और शून्य—यह मेरी दुनिया है। जब सूर्यास्त होता है और मनुष्य के कारनामों पर अँधेरा छा जाता है तो मुझे बंदियों की चीखें और राक्षसों के प्रहारों की आवाजें सुनाई देती हैं।...जब मैं ये चीखें सुनता हूँ तो मुझे न जाने क्या-क्या होता है। मुझे लगता है कि मैं मनुष्य से पशु बना जा रहा हूँ। एक ऐसा पशु जो बदला लेने के लिए सबको चीरता-फाड़ता चला जाए। मैं बड़ी कठिनाई से पशुता को दबाकर अपनी मनुष्यता को बनाए रखता हूँ। यह कठिन काम है, बहुत कठिन, मुझे यकीन नहीं है कि मैं इस काम में बहुत अधिक सफलता प्राप्त कर सकूँगा।"

जयप्रकाश जी की ट्रेन में गिरफ्तारी के कुछ ही दिनों बाद लोहिया जी भी बम्बई में गिरफ्तार कर लाहौर के इसी जेल में लाए गए थे मगर दोनों को ही इस बात की भनक तक नहीं थी। पंजाब सरकार ने जयप्रकाश जी की माँग स्वीकार कर ली और एक दिन लोहिया जी को लाकर उनके सामने खड़ा कर दिया। तब से जब तक ये लोग लाहौर जेल में रहे (पाँच माह) दिन में एक-आध घण्टे के लिए दोनों को मिलने दिया जाता था।

तब तक पूरा देश जयप्रकाश की रिहाई के लिए अपने हर संभव प्रयास और अखबारों के माध्यम से अपने वक्तव्य द्वारा इसकी निन्दा करना शुरू कर दिया था। पारडीवाला के बाद सुश्री पूर्णिमा बनर्जी ने पंजाब के सुप्रसिद्ध वकील श्री जीवनलाल कपूर के माध्यम से 'हैबियस कारपस' की अपील करवाई। तब पंजाब पुलिस ने जयप्रकाश जी को सेक्युरिटी प्रिजनर से बदलकर 1918 के तीसरे रेगुलेशन को स्टेट प्रिजनर बना दिया, जिसके अनुसार 'हैबियस कारपस' की कार्रवाई हो ही नहीं सकती थी। जैसे ही इन लोगों ने 'हैबियस कारपस' की दरखास्त वापस ली, पुनः जयप्रकाश जी को सेक्युरिटी प्रिजनर बना दिया गया।

लाहौर जेल में जयप्रकाश जी को दी जा रही यातनाओं के मामले से पूरे देश में इतना हो-हल्ला मचा कि डर के मारे सरकार ने 1945 के फरवरी में लोहिया और जयप्रकाश को लाहौर जेल से आगरा जेल भेज दिया। इस तरह यातनाओं के 16 महीनों का अन्त हुआ।

उसके बाद सरकार ने जयप्रकाश जी पर हत्या, देशद्रोह तथा षड्यन्त्र का भी मुकदमा चलाने की तैयारी की। बिहार में पुलिस ने रिकॉर्ड बनाने के लिए अपना प्रयास भी शुरू कर दिया था। यह भी अफवाह उड़ी कि स्कॉटलैण्ड थार्ड के विशेषज्ञ इस केस के लिए आने वाले हैं। पूरे देश में खलबली मच गई। देश ही नहीं विदेश से भी लोगों ने पैरवी के लिए सन्देश भेजना शुरू कर दिया। हिन्दुस्तानी वकीलों के साथ-साथ इंग्लैण्ड कही इंडिपेंडेंट लेबर पार्टी ने भी जयप्रकाश के मुकदमे के लिए वकील भेजने का अपना संदेश भेजा और इसी सरगर्मी में मुकदमे का मामला ही

सरकार ने दबा दिया।

कुछ राष्ट्रीय और कुछ अन्तर्राष्ट्रीय परिस्थितियों ने ऐसा मोड़ लिया कि अँग्रेजों को अब गाँधी जी को जेल में रखना भारी पड़ने वाला था। हालाँकि इसमें ज्यादा महत्त्वपूर्ण बात जो थी वो गाँधी जी की बीमारी थी। बिगड़ते स्वास्थ्य के कारण ही सही, मई 1944 को गाँधी जी रिहा कर दिए गए। इसके ठीक एक वर्ष बाद मई 1945 जब द्वितीय विश्व युद्ध समाप्त हो चुका मगर दक्षिण-पूर्वी एशिया अभी भी युद्ध की लौ में जल रहा था। अँग्रेज सरकार ने युद्ध में भारत की मदद लेने के लिए पहली चाल चली और जून 1945 में बाकी सारे नेता–जयप्रकाश जी और लोहिया जी को छोड़कर, जेल से रिहा कर दिए गए। ये सारे ही काँग्रेसी नेता थे। इन लोगों ने सरकार द्वारा अपनी गतिविधियों पर लगाए गए प्रतिबन्धों को भी स्वीकार कर लिया। यही बात जयप्रकाश जी को बुरी भी लगी।

जयप्रकाश जी और लोहिया जी अभी भी आगरा जेल में ही थे। इधर इंग्लैण्ड में हुए आम चुनाव में मजदूर दल सत्ता में आ गया। वहाँ पर तीन सदस्यों का एक 'कैबिनेट मिशन' बनाया गया। 23 मार्च को एक कैबिनेट मिशन भारत आया, यहाँ की स्वतन्त्रता के संबंध में राष्ट्रीय नेताओं से विचार-विमर्श करने। गाँधी जी ने उनके सामने सबसे प्रमुख शर्त यह रखी कि पहले जयप्रकाश और लोहिया को जेल से रिहा किया जाए क्योंकि, मिशन को उनके विचार की जानकारी भी लेनी चाहिए। इस सिलसिले में सबसे पहले कैबिनेट मिशन के सोरेन्सन ने आगरा जेल में जाकर जयप्रकाश जी से मुलाकात की। उसके बाद भारत सरकार के संसद सदस्यों का एक समूह भी जयप्रकाश जी से जेल में मिलने गया। गृहमन्त्री को जयप्रकाश जी ने साफ-साफ शब्दों में कह दिया कि हमारा लक्ष्य है भारत को स्वतन्त्र करना। अब यह स्वतन्त्रता यदि हमें अहिंसा की नीति से प्राप्त होती है तो यह हमारा सौभाग्य होगा मगर यदि उस लक्ष्य को पाने के लिए हमें हिंसा का मार्ग अपनाना पड़ा तो हम पीछे नहीं हटेंगे। सोरेन्सन जयप्रकाश से मिलकर और उनके विचारों से काफी प्रभावित हुए। उन्होंने तो यहाँ तक कहा कि ऐसे योग्य और विद्वान व्यक्ति को जेल में रखना तो स्वयं को अपमानित करना है।

गाँधी जी के दबाव और देश की माँग के सामने अँग्रेजी सरकार को अपनी नींव कमजोर नजर आने लगी और उन्हें जयप्रकाश और लोहिया को जेल से रिहा करना पड़ा।

11 अप्रैल, 1946 को जयप्रकाश जी और लोहिया जी जेल से रिहा कर दिए गए इसी बीच प्रभावती जी भी भागलपुर जेल से छूटकर आ चुकी थीं। आगरा जेल में तो वह जयप्रकाश जी से मिलने भी जाती रही थीं। सन् 1942 में उन्हें पटना में गिरफ्तार कर भागलपुर जेल में रखा गया था। यहीं से वे 'बा' के बुलाने पर उनके अन्तिम दिनों में 'आगा खाँ' महल में गई थीं। 'बा' ने सरकार से प्रार्थना की थी कि बीमारी के इस हालात में वो प्रभावती को अपने पास रखना चाहती हैं। तीन महीने तक वह 'बा' की सेवा करती रहीं और उनकी मृत्यु के बाद सरकार उन्हें पुनः भागलपुर जेल ले गई। वहाँ से 1945 में रिहा होकर वह गाँधी जी के पास रहने लगीं। बीच में अपने पिताजी से भी मिलने गई थीं। अब जब जयप्रकाश जी जेल से छूटकर आ रहे थे तब वह भी गाँधी जी के साथ उन्हें लेने दिल्ली स्टेशन पहुँची थीं।

आगरा जेल का फाटक खुला अपने दो वीर योद्धा बाहर निकले–जयप्रकाश और लोहिया। बाहर खड़ी जनता की भीड़ मानों अपनी भावनाओं पर काबू चाहकर भी नहीं रख पाई। लोगों के 'जयप्रकाश-जिन्दाबाद' 'लोहिया-जिन्दाबाद' के गगनभेदी नारे से आकाश भी गूँज उठा। वहाँ लोगों ने फूल-मालाओं, फूलों की वर्षा तथा नारों से जोरदार स्वागत किया अपने इस अगस्त क्रांति के दूत का।

जयप्रकाश जी तो चाहते थे कि वो जल्दी से जल्दी पटना पहुँचें। मगर पूरा देश जो 11 का इन्तजार अपने स्वागत की तैयारी के साथ कर रहा था उन सबका अनुभव लेते पटना में जयप्रकाश जी 21 अप्रैल को पहुँचे। बीच में बनारस में भी इन्हें रुकना पड़ा। वहाँ इनके एक पुराने मित्र थे। वहाँ भी इनका स्वागत हुआ। दो-तीन दिन वहाँ लग गए।

पटना के गाँधी मैदान (तब का बांकीपुर मैदान) में संध्या समय इनका भव्य स्वागत हुआ। स्वागत समारोह के अध्यक्ष श्रीकृष्णसिंह थे। लाखों की संख्या में लोगों ने गाँधी मैदान में इकट्ठे होकर 'अगस्त क्रांति जिन्दाबाद' और 'जयप्रकाश-जिन्दाबाद' के नारों से जयप्रकाश जी के प्रति अपनी श्रद्धा और विश्वास का वह परिचय दिया जिससे जयप्रकाश

जी और प्रभावती जी भी जनता का अपने प्रति यह स्नेह देखकर अपनी आँखों को गीला होने से रोक नहीं पाए। इस अवसर पर राष्ट्रकवि स्वर्गीय श्री रामधारी सिंह दिनकर ने एक कविता के माध्यम से जयप्रकाश के प्रति अपने मनोभावों को व्यक्त किया।

''सेनानी! करो प्रयाण अभय भावी इतिहास तुम्हारा है।
ये नरवत आभा के बुझते हैं सारा आकाश तुम्हारा है।
हाँ, जयप्रकाश है नाम समय की करवट का, अँगड़ाई का
भूचाल बवंडर के ख्वाबों से भरी हुई तरुणाई का
है जयप्रकाश वह नाम जिसे इतिहास समादर देता है
बढ़कर जिसके पदचिह्नों को उर पर अंकित कर लेता है।''

जयप्रकाश जी का यह उच्च व्यक्तित्व ही था कि उन्होंने कभी किसी भी सभा या भाषण में अपने लाहौर की यातनाओं को जनता की सहानुभूति और सौहार्द बटोरने के लिए उनके सामने अपनी जुबान से नहीं कहा। उन्होंने उन घटनाओं का जिक्र करना जरूरी ही नहीं समझा होगा शायद या फिर वह यह सोचते होंगे कि उनकी तरह यातना सहने वाले और लोग भी तो होंगे।

अन्तिम युद्ध

अमृता शेखर

जयप्रकाश जेल के बाहर इस विचार के साथ आए थे कि अंग्रेजों को भारत से उखाड़ फेंकने के लिए अब एक और लड़ाई लड़नी होगी। इस अन्तिम युद्ध के लिए सुव्यवस्थित तैयारी किस तरह से की जाए, इसी संबंध में उनके दिमाग में उधेड़बुन चलता रहा। लेकिन 1946 में जब तक जेल से बाहर आए तो देश का वातावरण उन्हें बिलकुल बदला-बदला-सा लगा। देश में आजादी के अन्तिम युद्ध के बदले आपसी बहसों और समझौतों की हवा चल पड़ी थी। आजादी की यह अन्तिम लड़ाई तो अंग्रेजों के साथ-साथ अपनों की अपनों से भी छिड़ चुकी थी। पूरे देश में एक विषम परिस्थिति उत्पन्न हो चुकी थी। यहाँ अंग्रेजों का फेंका अन्तिम हथियार अपना काम भी कर चुका था। श्री मुहम्मद अली जिन्ना के नेतृत्व में मुस्लिम लीग भारतीय मुसलमानों के लिए अलग राज्य की माँग कर रही थी। जिसमें उन्हें अंग्रेजी सरकार का पूर्णतः समर्थन प्राप्त था। अंग्रेज जिन्ना की पीठ ठोंक रहे थे और काँग्रेसी नेताओं पर दबाव डाल रहे थे कि वे जिन्ना और मुस्लिम लीग से समझौता करें। इस लड़ाई में समझौते का एक त्रिभुज बना जिसका आधार अंग्रेज थे और दो भुजाएँ थीं—काँग्रेस और मुस्लिम लीग। काँग्रेसी नेता अंग्रेजों की चाल में फँस गए और मुस्लिम लीग के साथ मिलकर सरकार बनाने को तैयार हो गए। इस अन्तरिम सरकार में भारतीय मुसलमानों का प्रतिनिधित्व मुस्लिम लीग ने किया। सत्ता के लोभ में काँग्रेस नेताओं ने भारतीय मुसलमानों के साथ बहुत विश्वासघात किया था।

पण्डित नेहरू के नेतृत्व में राष्ट्रीय स्तर पर मन्त्रिमण्डल बनाया गया। जिसमें स्वतन्त्रता-आंदोलन से बाहर के भी लोग शामिल किए गए। गाँधी, जयप्रकाश, लोहिया, यूसुफ मेहर तथा आचार्य नरेन्द्र देव तो इस समझौते से पहले ही नाखुश थे। ये लोग बिलकुल अलग ही रहे। महात्मा गाँधी से भी सलाह नहीं ली गई। जयप्रकाश जी ने साफ-साफ कह दिया था कि काँग्रेस सत्ता के फेर में समझौते का, जो रास्ता अपना रही है वह देश को विभाजन के द्वार तक ले जाएगा।

अन्तरिम सरकार का गठन होते ही पूरा देश मुस्लिम लीग के अभिक्रम से साम्प्रदायिक दंगों में धू-धू करके जल उठा। जगह-जगह लोगों की निर्मम हत्याएँ होने लगीं। कहीं-कहीं तो खून की धाराएँ बहने लगी थीं। काँग्रेस नेता तो अंग्रेज सरकार से समझौता और वर्तालाप में व्यस्त रहे। इसका फायदा उठाते हुए जिन्ना ने 'पाकिस्तान' की माँग प्रस्तुत कर दी और समझौते में इसे महत्त्वपूर्ण मुद्दा बना दिया। जिन्ना की इस नीति के पीछे अंग्रेजी चाल थी।

काँग्रेस नेता सत्ता की राजनीति में फँसते जा रहे थे। उन्हें दूसरे विषय पर विशेष रुचि नहीं रह गई थी। जयप्रकाश जी और अन्य समाजवादी जिन्हें सत्ता का मोह नहीं था, उनकी बातें अब उन्हें बेकार लगती थीं। ऐसे में जयप्रकाश जी काँग्रेस में रहना बेकार समझने लगे थे। अपने एक भाषण में उन्होंने कहा कि काँग्रेस अब अपने तेजस्वी और क्रांतिकारी विचार छोड़ रही है। उन्होंने कार्यकारिणी समिति से त्याग-पत्र दे दिया। उन्हें विश्वास हो गया कि पूरी आजादी के लिए एक बड़ा संघर्ष करना ही होगा जो 1942 से भी बड़ी क्रांति होगी।

अब सारे समाजवादियों में भूचाल-सा आ गया था। 26, 27 और 28 फरवरी 1947 को कानपुर में देश-भर में समाजवादियों का एक सम्मेलन हुआ जिसमें अध्यक्ष थे राममनोहर लोहिया। इस सम्मेलन में यह निश्चित हुआ कि सारे

समाजवादी काँग्रेस से अलग हो जाएँ तथा 'काँग्रेस सोशलिस्ट पार्टी' अब सिर्फ 'सोशलिस्ट पार्टी' बना दी जाए। लोहिया जी ने अपने भाषण में कहा कि ऐसा करके हम काँग्रेस का विरोध नहीं कर रहे हैं बल्कि अपना एक नियम बदल रहे हैं जिसके अनुसार अब गैरकाँग्रेसी भी इस पार्टी में शामिल हो सकता है। पहले पार्टी में आने के लिए काँग्रेस की सदस्यता जरूरी थी। जब तक गाँधी जी रहेंगे, काँग्रेस की क्रांतिकारिता को खत्म नहीं होने देंगे और काँग्रेस समाजवादियों का घर होगा। अब यह भी संभव हो गया कि काँग्रेस को नापसन्द करो तो भी समाजवादी पार्टी के द्वार खुले रहेंगे।

इसी समय अंग्रेजों ने अपनी अलग चाल चली। 20 फरवरी, 1947 को इंग्लैण्ड के प्रधानमन्त्री श्री एटली ने ऐलान किया कि जून 1948 तक अंग्रेज भारतीयों के हाथ में सत्ता सौंपकर भारत छोड़ देंगे। भारतीयों में यह स्पष्ट हुआ कि 1942 में गाँधी जी के 'अंग्रेजो भारत छोड़ो' प्रस्ताव को श्री एटली ने मान्यता दे दी। इस घोषणा को कार्यरूप देने के लिए माउण्टबेटन नए वायसराय बनकर भारत आए।

लार्ड माउण्टबेटन सुलझे हुए राजनीतिज्ञ तथा वार्ता में काफी पटु थे। आते ही उन्होंने अपनी कूटनीतिक चाल चली और नेहरू तथा अपने में मिला लिया। लार्ड माउण्टबेटन ने इन लोगों के समक्ष हिन्दुस्तान-पाकिस्तान दो अलग-अलग राष्ट्र बनाने की योजना रखी। अंग्रेजों की कूटनीतिक प्रणाली काम आ गई। इन साम्प्रदायिक दंगों से निकलकर सत्ता पाने के लिए नेहरू एवं पटेल ने योजना को स्वीकृति भी दे दी। दो वर्ष पूर्व चक्रवर्ती राजगोपालाचारी ने भी अखिल भारतीय काँग्रेस महासमिति के समक्ष पाकिस्तान का प्रस्ताव रखा था मगर तब उस प्रस्ताव का भयंकर विरोध हुआ था। आज पार्टी में ऐसा कोई बचा नहीं जो इस पर आवाज उठाए।

1946 में ही अंग्रेजों से यह पाकर मुस्लिम लीग ने बंगाल में साम्प्रदायिक दंगा शुरू कर दिया था। नोआखाली जहाँ मुस्लिम लीग की संख्या अधिक थी, हिन्दुओं की हत्या होने लगी थी, महिलाएँ और लड़कियों की इज्जत लुटने लगी। जबरदस्ती हिन्दुओं को मुस्लिम बनाया जाने लगा था। देश के सारे काँग्रेस नेता अंतरिम सरकार बनाने और सत्ता हथियाने में लगे थे। मगर गाँधी जी के कानों में नोआखाली के लोगों की चीत्कार सुनाई दी। वह सब-कुछ छोड़कर नोआखाली चल पड़े। वह गाँव-गाँव, गली-गली घूमकर साम्प्रदायिक हत्या की ज्वाला शान्त करने लगे। धीरे-धीरे वहाँ शान्ति होने लगी मगर उसके प्रभाव में बिहार और अन्य हिन्दू बहुल क्षेत्रों में इस साम्प्रदायिक दंगे ने भयंकर रूप ले लिया।

14-15 जून को लार्ड माउण्टबेटन के प्रस्ताव पर विचार हेतु दिल्ली में काँग्रेस महासमिति की बैठक बुलाई गई। नेहरू जी के निमन्त्रण पर 25 मई को गाँधी जी दिल्ली पहुँचे। गाँधी जी ने खुलेआम बयान दिया था कि "भारत के विभाजन के पहले हमारी देह का विभाजन होगा।" वह लार्ड माउण्टबेटन की योजना के सदा खिलाफ थे। दिल्ली आने पर लार्ड माउण्टबेटन ने उन्हें विचार-विमर्श हेतु वायसराय कक्ष में बुलवाया। गाँधी जी ने माउण्टबेटन के देश-विभाजन के प्रस्ताव का सीधा विरोध किया कि इससे न सिर्फ भारत खण्डित होगा, मानव संबंधों की हत्या होगी, देश में खून की नदियाँ बह जाएँगी। उन्होंने माउण्टबेटन से कहा कि वे अखण्ड भारत हमें सौंपकर अपने देश लौट जाएँ; अपने अधिकारों के लिए भले ही हिन्दू-मुस्लिम एक-दूसरे की हत्या करते रहें। जब माउण्टबेटन ने उन्हें यह बताया कि उनके इस प्रस्ताव को नेहरू, पटेल एवं जिन्ना की ओर से मान्यता मिल चुकी है तो वे हताश हो गए। ऐसे में उन्होंने माउण्टबेटन के सामने दूसरा प्रस्ताव रखा कि संपूर्ण भारत की सत्ता जिन्ना और मुस्लिम लीग को सौंप दी जाए मगर भारत का विभाजन नहीं किया जाए।

इस प्रस्ताव से माउण्टबेटन निरुत्तर हो गए और कहा कि इस प्रस्ताव के कार्यान्वयन के लिए वह पूरा प्रयास करेंगे। गाँधी जी ने भी आश्वासन दिया कि वह इस प्रस्ताव की सफलता के लिए काँग्रेसी नेताओं तथा जनता से मिलकर उन्हें तैयार करने में जी-जान लगा देंगे।

लार्ड माउण्टबेटन ने इस पर नेहरू, पटेल से बातें कीं मगर वह सहमत नहीं हुए। दूसरे दिन की वार्ता में माउण्टबेटन ने सीधा सवाल किया—मिस्टर गाँधी, पटेल आप यह बताएँ कि आप किस हैसियत से इस प्रस्ताव को लाते हैं? माउण्टबेटन ने भारतीयों को तोड़ लिया था। उसकी इस चाल ने गाँधी जी की आत्मा को झँझोड़ कर रख दिया था। वह चुप हो गए।

एक बार फिर अंग्रेज अपनी कूटनीतिक चाल में कामयाब हो गए। सत्य यह था कि वे भारत छोड़कर जाना नहीं चाह रहे थे। और बिना भारतीयों की सहायता पाए वह भारत में अपनी सत्ता कायम नहीं रख सकते थे। क्योंकि

भारतीय पुलिस और फौज ने भी अब कहीं-कहीं अंग्रेजी राज्य के प्रति विद्रोह शुरू कर दिया था। कई जगह पर विद्रोहियों ने अंग्रेजी फौज का मुकाबला भी किया। अब अंग्रेज हिन्दू-मुस्लिम विवाद खड़ा कर भारत को दो उपनिवेशों में बाँटकर अपना कब्जा बनाए रखना चाहते थे। दूसरा रास्ता उनके सामने भारत में बने रहने का यह था कि हिन्दुओं और मुसलमानों को आपस में बुरी तरह लड़ा-भिड़ा दो। अपनी इसी योजना को फलीभूत करने के लिए वह ऐसी-ऐसी चालें चल रहे थे। सर्वप्रथम तो श्री एटली ने काँग्रेस को अपने झाँसे में लेने के लिए अपनी घोषणा में कहा कि वह अल्पसंख्यकों के हितों का ध्यान रखेंगे मगर उन्हें बहुसंख्यकों की प्रगति में रोड़ा डालने की छूट नहीं मिलेगी। इधर अंग्रेजों ने मुस्लिम लीग से मिलकर देश में ऐसी साम्प्रदायिकता फैला दी कि देश का सारा जन-जीवन खूनी होली खेलने लगा। गाँधी जी इसमें व्यस्त हो गए और अवसर पाकर भारत विभाजन असंभव कहने वाली अंग्रेज सरकार ने लार्ड माउण्टबेटन के द्वारा 'दो राष्ट्र के सिद्धांत' पर आधारित देश विभाजन का प्रस्ताव भेजकर स्वीकृत भी करवा लिया।

गाँधी जी समझ गए कि जान-बूझकर उन्हें यह प्रस्ताव काफी समय बाद बताने के पीछे अंग्रेजों की कौन-सी चाल थी। पहली विचारधाराएँ एवं उनसे जुड़ी शक्तियाँ काम कर रही थीं। पहली विचारधारा थी सोशलिस्टों की जिनके नेता जयप्रकाश जी, लोहिया, आचार्य नरेन्द्र देव एवं पटवर्द्धन आदि थे। ये समझौते से सत्ता प्राप्त करने के विरोध में थे। हम लोग आजादी से आगे देश में सामाजिक और आर्थिक परिवर्तन पर भी जोर देते थे। दूसरी विचारधारा की अधिकतर संख्या उन कांग्रेसियों की थी जिन्हें देश विभाजन उतना खतरनाक नहीं लगता था जितना अंग्रेजों द्वारा प्राप्त आजादी के नाम पर सत्ता नहीं प्राप्त करने में था। अतः ये लोग माउण्टबेटन का पुरजोर समर्थन कर रहे थे। तीसरी विचारधारा का नेतृत्व नेहरू जी कर रहे थे। यह सुधारवादी भी थे और संविधान में आस्था भी रखते थे। मगर ये हर सुधार या परिवर्तन के लिए सत्ता को ही महत्त्व देते थे। ये सत्ता प्रमुख बने रहना चाहते थे। अतः इन्हें माउण्टबेटन प्रस्ताव में सत्ता प्राप्ति की आशा नजर आ रही थी। दूसरी ओर पटेल थे जो भारतीय संस्कृति के पोषक थे। ये दोनों माउण्टबेटन के प्रस्ताव को अस्वीकृत करने पर जो जन-आंदोलन खड़ा होता उससे घबरा गए थे।

देश ऐसे दोराहे पर खड़ा था जिसका एक रास्ता देश विभाजन का प्रस्ताव मानकर आजाद होना था। और दूसरा रास्ता था प्रस्ताव को अस्वीकृत कर अंग्रेजों और उनसे जुड़े साम्प्रदायिक एवं अनुदारवादी शक्तियों के खिलाफ एक व्यापक जन-आंदोलन की शुरुआत करना जिसे जयप्रकाश नारायण और लोहिया चाहते थे। वह कहते थे कि काँग्रेस की ऐसी सुधारवादी नीतियों को अपनाने से देश को पूर्ण एवं वास्तविक आजादी कभी नहीं मिल सकती। जयप्रकाश नारायण संपूर्ण भारत के लिए अखण्डित आजादी प्राप्त करने के लिए कोई रास्ता अपनाने तथा आंदोलन करने को तैयार थे। पर इनके विचारों में भी आंदोलन की सफलता एकता पर ही निर्भर करती है। ऐसे में जयप्रकाश जी, गाँधी जी और काँग्रेस जिसने खून पसीने बहाकर देश को आज यहाँ तक पहुँचाया था ये अब अलग होकर आंदोलन चलाने और उसकी सफलता की सम्भावना कैसे कर सकते थे।

गाँधी जी और जयप्रकाश जी की समाजवादी पार्टी माउण्टबेटन के इस प्रस्ताव से हृदय और दिमाग दोनों से ही खिलाफ थे। मगर जिन्ना ने साम्प्रदायिक दंगे का वह खेल खेला कि मानव-रक्षा हेतु गाँधी जी बंगाल चले गए और जब वापस आए तो स्थिति उनके हाथ से निकल चुकी थी।

14 जून, 1947 को दिल्ली में काँग्रेस महासमिति की बैठक हुई। जिसमें नेहरू और पटेल ने पूरा प्रयास किया कि काँग्रेस महासमिति माउण्टबेटन प्रस्ताव पर अपनी अस्वीकृति की मुहर लगा दे। प्रस्ताव तो वह पहले ही कर चुके थे और सम्बन्धित सारी बातें भी हो चुकी थीं। गाँधी जी ने इस बात की जानकारी मिलने पर विभिन्न काँग्रेसी नेताओं से अलग-अलग विचार-विमर्श किया था। मगर जयप्रकाश और लोहिया ही उन्हें विरोधी पक्ष में मिले।

नेताओं से मिलकर गाँधी जी को पता चल चुका था काँग्रेस के जितने भी वरिष्ठ और प्रभावशाली नेता थे वे सत्ता के उपयोग के बदले में किसी आंदोलन को तैयार नहीं थे। उन्हें सत्ता पाने के लिए वह प्रस्ताव भी मंजूर था जो देश को खण्डित कर दे। अब गाँधी जी दोनों रास्तों—प्रस्ताव मंजूर करने, तथा प्रस्ताव का विरोध करने का फल साफ-साफ देख रहे थे। प्रस्ताव का विरोध करने पर उन्हें तीन-तीन शक्तियों का मुकाबला करना होगा। (1) काँग्रेस—जिसे देश की सबसे बड़ी शक्ति बनाने हेतु उन्होंने जीवन-भर त्याग, तपस्या और परिश्रम किया (2) पाकिस्तान समर्थक मुसलमान

(3) अंग्रेज जिन्होंने पहले दोनों शक्तियों को अपने वश में कर लिया था।

जयप्रकाश नारायण और लोहिया के नेतृत्व में सोशलिस्ट गाँधी जी के साथ थे मगर, इतने कम लोगों के बल पर इतना बड़ा संघर्ष और सफलता उन्हें असंभव-सी लगने लगी। वह स्वयं भी जीवन के अन्तिम छोर पर थे अतः वह समझने लगे कि यह जो संघर्ष होगा वह अब तक का सबसे बड़ा संघर्ष होता जो कि उनके बुद्धि और व्यावहारिक दृष्टिकोण से अनुचित था। जयप्रकाश नारायण बापू की इस दुःखभरी अवस्था से परिचित थे और उन्हें विश्वास दिलाया कि आपकी हर आज्ञा का पालन जी-जान से करेंगे।

काँग्रेस महासमिति की बैठक के दो दिन पूर्व गाँधी जी ने जयप्रकाश नारायण को बुलाकर काँग्रेस और देश के हित का हवाला देते हुए काफी प्रेमपूर्वक उन्हें काँग्रेस का अध्यक्ष बनने की विनती की। जयप्रकाश जी जानते थे कि नेहरू और पटेल को यह स्वीकार नहीं होगा। उन्होंने अपनी सहमति तो दे दी। मगर साथ ही बापू जी से यह भी कहा कि वे इन नेताओं से भी विचार कर लें। नेहरू जी ने तो यह कहकर बात टाल दी कि अभी इनसे सीनियर नरेन्द्र देव जैसे कई व्यक्ति हैं पार्टी में, मगर पटेल ने साफ इनकार कर दिया बापू चुप हो गए। आगे यह पद राजेन्द्र प्रसाद को मिला।

14-15 जून की समिति की बैठक में तो अजीब ही माहौल रहा। समिति में सिर्फ नेहरू और पटेल के प्रस्ताव की दलीलें दी गईं। ये दोनों ही मुख्य वक्ता बने रहे। बापू जो अभी तक इन दोनों को अपना दायाँ और बायाँ हाथ मानते थे उन्हें आज अपने इन दोनों हाथों के बोझ से कन्धा भारी लगने लगा। काँग्रेस अध्यक्ष जे. पी. कृपलानी चुपचाप बैठे दलीलें सुनते रहे। मौलाना आजाद उदासीनता से समय काटने का प्रयास करते रहे सिगरेट के कश से। नेहरू जी इस दौरान पूरा प्रयास करते रहे कि उनकी दृष्टि गलती से बापू से न मिले अपराध बोध जरूर था अन्तर्मन में। राजेन्द्र गाँधी जी का मुँह देखते कभी-कभी बहस में भाग ले रहे थे। जयप्रकाश जी और लोहिया नेहरू की दलीलों को काटने के प्रयास में कई बार उनसे उलझ भी पड़े। सारे नेता जो वहाँ उपस्थित थे वह मुक्त समर्थन दे रहे थे नेहरू, पटेल एवं उस प्रस्ताव को।

बापू कभी नेहरू को देखते कभी जयप्रकाश और लोहिया को। नेहरू जी के आँखें चुराने पर बापू मार्मिक झुँझलाहट से बोले कि इस प्रस्ताव से मुझे पहले अवगत नहीं कराया गया। जवाहरलाल नेहरू ने उनकी आगे की बात काटते हुए बीच में ही कहना शुरू कर दिया उनके (बापू) पास इस प्रस्तावित विभाजन योजना के बारे में पत्र लिखा गया था। उस समय वह नोआखाली में थे इसलिए संभवतः उन्हें विस्तृत विवरण नहीं मिल पाया हो। नेहरू जी की इन दलीलों पर जयप्रकाश जी को गुस्सा आ गया उन्होंने काफी आक्रोशित होकर कहा बापू को जान-बूझकर अँधेरे में रखा गया; उनको ठीक तरह से सभी तथ्यों की जानकारी नहीं कराई गई। जब माउण्टबेटन-योजना और उसके साथ जुड़ी विभाजन योजना को पूरी तौर से मान लेने का पक्का इरादा कर लिया गया तब इसकी सूचना मात्र बापू को दे दी गई।

जयप्रकाश जी के इस सिर्फ वक्तव्य से नेहरू और पटेल को मानों तीर चुभा हो मगर वह सिर्फ जयप्रकाश जी को देखते रहे और चुप रहे। लोहिया ने पटेल पर छींटाकशी की और दोनों लोग आपस में भिड़ गए तो गाँधी जी ने बीच-बचाव किया। उन्होंने काफी उदासी से कहा, "अच्छा मेरा एक सुझाव है–ब्रिटिश वायसराय को लिखो कि कांग्रेस ने विभाजन का तत्त्व मंजूर किया है, लेकिन यह तत्त्व विनिश्चित तफसील से अमल में लाने के लिए यहाँ कोई अंग्रेज अधिकारी नहीं रहना चाहिए। काँग्रेस और मुस्लिम लीग के प्रतिनिधि यह सविस्तार और स्पष्ट रूप से साकार करने के लिए एक साथ बैठकर फैसला करेंगे।"

जयप्रकाश एवं लोहिया को बापू का यह सुझाव उचित लगा। मगर काँग्रेस कार्यसमिति की इसके प्रति अरोचकता को देखकर वह उत्तेजित हो उठे। तब गाँधी जी ने उन्हें इशारे से शान्त रहने, एकता बनाए रखने का संकेत दिया। अब जयप्रकाश और लोहिया के समक्ष काफी विषम परिस्थिति थी। एक तरफ बापू के प्रति निष्ठा दूसरी इस योजना के विरोध में काँग्रेस से विद्रोह करना। बापू की बात टालना इनके वश में नहीं था अन्ततः देश विभाजन की माउण्टबेटन योजना पर स्वीकृति की मोहर लग गई। 29 मत से योजना स्वीकृत हो गई, विपक्ष में 29 मत पड़े और जयप्रकाश, लोहिया आदि मर्माहत और तटस्थ रहे। बापू ने भी विषपान किया अपनी स्वीकृति देकर। देश दो टुकड़ों में बँटा। खून से रंगी दो टुकड़ों में प्राप्त हुई स्वतन्त्रता। भारत और पाकिस्तान दो स्वतन्त्र राष्ट्र बने।

तृतीय खंड

स्वराज के बाद

(1947-1974)

आजादी के सपने और सच

(जे. पी. और गाँधी के विचारों के आलोक में)

डॉ. नरेन्द्र प्रसाद

मुझे ट्रकों के पीछे लिखे लघु वाक्यों को पढ़ने का शौक है। इसमें यथार्थ उजागर होता है साथ ही जीवन में अच्छाई अपनाने एवं कुविचारों को हटाने की सलाह होती है।

बहुचर्चित–"कर भला तो हो भला, बुरी नजर वाले तेरा मुँह काला"–के सदृश अनेक दृष्टांत हैं।

"घर डुबाए बेटा, देश डुबाए नेता"–ने कुछ चौंकाया, परन्तु "देश हुआ आजाद, खादी पर मिली भारी छूट, नेता जी का यही सन्देश, मैं भी लूटूँ तू भी लूट"–ने जनमानस की तथाकथित नेताओं और बुद्धिजीवियों के प्रति अनास्था एवं संशय को उजागर कर दिया।

हम कुछ मित्र बैठकर बातें कर रहे थे। परिचर्चा का विषय था– 'आजादी के सपने और सच'। हमारे देशवासियों ने, स्वतन्त्रता सेनानियों ने तथा देश के नेताओं के साथ-साथ बुद्धिजीवी वर्ग के अनेकानेक सदस्यों ने अपने धन मान प्रतिष्ठा को नजरअंदाज कर भारत के स्वतन्त्रता संग्राम में बढ़-चढ़कर हिस्सा लिया, लाठियाँ खाईं, जेल गए एवं जान भी गँवाई। उन सबों ने स्वतन्त्र भारत के लिए कुछ सपने सँजोए होंगे। सबों के सपनों को उद्धृत करना सम्भव नहीं होगा। हम कुछ अग्रणी लोगों के सपनों के बारे में बातें करेंगे। जे. पी. जन्मशती अवसर पर लोकनायक के सपने हम पहले प्रस्तुत करेंगे।

लोकनायक जयप्रकाश नारायण ने–'मेरे सपनों का भारत' का वर्णन 'जे. पी. का वर्ग संघर्ष पृष्ठ 33-34' में किया है।

'मेरे सपनों का भारत' एक ऐसा समुदाय है जिसमें हरेक व्यक्ति, हरेक साधन निर्बल की सेवा के लिए समर्पित है। अंत्योदय तथा निर्बल और असहाय की बेहतरीन को समर्पित समुदाय।

यह ऐसा समुदाय है, जिसमें लोगों की मानवता की कद्र है–वह समुदाय, जिसमें हर व्यक्ति को अपनी अन्तरात्मा के अनुसार कार्य करने का अधिकार मान्य है और सब उसका सम्मान करते हैं।

यह ऐसा समुदाय है, जिसमें अलग-अलग विचारों पर शान्तिपूर्ण ढंग से तर्क-वितर्क होता है जिसमें मतभेद सभ्य तरीके से तय किए जा सकते हैं।

यह ऐसा समुदाय है, जिसमें सबके पास काम है–ऐसा काम जिसमें उन्हें सन्तोष भी होता है और सुन्दर जीवन-यापन भी। यह ऐसा समुदाय है, जिसमें हर एक को अपनी निजी रचनात्मक क्षमता को विकसित करने की पूरी गुंजाइश है, जिसमें हरेक दस्तकार की फैक्ट्री या फॉर्म जहाँ भी वह काम करता है, उसके स्वामित्व और प्रबन्ध में भागीदारी और दखल है।

यह ऐसा समुदाय है, जिसमें सबको बराबर के अवसर प्राप्त हैं–वह समुदाय जिसमें शक्तिशाली, बहुसंख्यक स्वयं ही निर्बल वर्ग, अल्पसंख्यकों की बाधाओं को समझते हैं और उनको तरजीह, सुविधाएँ देने के लिए कोई कोरकसर नहीं रखते हैं, जिससे उनकी ऐतिहासिक बाधाएँ दूर हों।

यह ऐसा समुदाय है, जिसमें हरेक साधन जनता की आवश्यकता की पूर्ति में लगा है—उन्हें पर्याप्त भोजन, कपड़ा, मकान और पीने का पानी मुहैया कराने में लगा है।

मेरे सपनों का भारत एक ऐसा समुदाय है, जिसमें हर एक नागरिक अपने निजी स्वार्थों से परे मामलों को समझता है और उसमें हिस्सा लेता है। वह ऐसा समुदाय है जिसमें नागरिक—खासतौर से निर्बल सुधार लागू करने और शासकों पर निगाह रखने के लिए संगठित और जागरूक हैं।

यह ऐसा समुदाय है, जिसमें अधिकारी और निर्वाचित जनता के सेवक हैं, जिसमें जनता को उनके पथभ्रष्ट होने पर उन्हें दण्डित करने का अधिकार और अवसर है, जिसमें सत्ता को सुविधा नहीं माना जाता है।

संक्षेप में, मेरे मन में एक स्वतन्त्र प्रगतिशील, और गाँधीवादी भारत की तस्वीर है।

महात्मा गाँधी ने 'स्वराज्य का अर्थ और मेरे सपनों का भारत' जो 1947 में नवजीवन प्रकाशन के द्वारा प्रकाशित हुआ था, में अपने विचार निम्नलिखित रूप में दर्शाए हैं :

'स्वराज्य का अर्थ'

स्वराज्य एक पवित्र शब्द है; वह एक वैदिक शब्द है, जिसका अर्थ आत्म-शासन और आत्म-संयम है। अंग्रेजी शब्द 'इंडिपेंडेंस' अकसर सब प्रकार की मर्यादाओं से मुक्त निरंकुश आजादी का या स्वच्छंदता का अर्थ देता है, वह अर्थ स्वराज्य शब्द में नहीं है।

—यंग इण्डिया, 19.3.39

स्वराज्य से मेरा अभिप्राय है लोक-सम्मति के अनुसार होनेवाला भारतवर्ष का शासन। लोक-सम्मति का निश्चय देश के बालिग लोगों की बड़ी-से-बड़ी तादाद के मत के जरिए हो, फिर वे चाहे स्त्रियाँ हों या पुरुष, इसी देश के हों या इस देश में आकर बस गए हों। वे लोग ऐसे हों जिन्होंने अपने शारीरिक श्रम के द्वारा राज्य की कुछ सेवा की हो और जिन्होंने मतदाताओं की सूची में अपना नाम लिखवा लिया हो। सच्चा स्वराज्य थोड़े लोगों के द्वारा सत्ता प्राप्त कर लेने से नहीं, बल्कि जब सत्ता का दुरुपयोग होता हो तब सब लोगों के द्वारा उसका प्रतिकार करने की क्षमता प्राप्त करके हासिल किया जा सकता है। दूसरे शब्दों में, स्वराज्य जनता में इस बात का ज्ञान पैदा करके प्राप्त किया जा सकता है कि सत्ता पर कब्जा करने और उसका नियमन करने की क्षमता उसमें है।

—हिन्दी नवजीवन, 29.1.25

आखिर स्वराज्य निर्भर करता है हमारी आन्तरिक शक्ति पर, बड़ी-से-बड़ी कठिनाइयों से जूझने की हमारी ताकत पर। सच पूछो तो वह स्वराज्य, जिसे पाने के लिए अनवरत प्रयत्न और बचाए रखने के लिए सतत जागृति नहीं चाहिए, स्वराज्य कहलाने के लायक ही नहीं है। जैसा कि आपको मालूम है, मैंने वचन और कार्य से यह दिखलाने की कोशिश की है कि स्त्री-पुरुषों के विशाल समूह का राजनीतिक स्वराज्य एक-एक शख्स के अलग-अलग स्वराज्य से कोई ज्यादा अच्छी चीज नहीं है, और इसलिए उसे पाने का तरीका वही है जो एक-एक आदमी के आत्म-स्वराज्य या आत्म-संयम का है।

—हिन्दी नवजीवन, 8.12.27

'मेरे सपनों का भारत'

भारत की हर चीज मुझे आकर्षित करती है। सर्वोच्च आकांक्षाएँ रखनेवाले किसी व्यक्ति को अपने विकास के लिए जो कुछ चाहिए, वह सब उसे भारत में मिल सकता है।

—यंग इण्डिया, 21.2.29

भारत अपने मूल स्वरूप में कर्मभूमि है, भोगभूमि नहीं।

—यंग इण्डिया, 5.2.25

भारत दुनिया के उन इने-गिने देशों में से है, जिन्होंने अपनी अधिकांश पुरानी संस्थाओं को, यद्यपि उन पर अन्धविश्वास और भूल-भ्रांतियों की काई चढ़ गई है, कायम रखा है। साथ ही वह अभी तक अन्धविश्वास और भूल-भ्रांतियों की इस काई को दूर करने की और इस तरह अपना शुद्ध रूप प्रकट करने की अपनी सहज क्षमता भी प्रगट करता है। उसके लाखों-करोड़ों निवासियों के सामने जो आर्थिक कठिनाइयाँ खड़ी हैं, उन्हें सुलझा सकने की उसकी योग्यता में मेरा विश्वास इतना उज्ज्वल कभी नहीं रहा जितना आज है।

—यंग इण्डिया, 6.8.25

मैं भारत को स्वतन्त्र और बलवान बना हुआ देखना चाहता हूँ, क्योंकि मैं चाहता हूँ कि वह दुनिया के भले के लिए स्वेच्छापूर्वक अपनी पवित्र आहुति दे सके। भारत की स्वतन्त्रता से शान्ति और युद्ध के बारे में दुनिया की दृष्टि में जड़ मूल से क्रांति हो जाएगी। उसकी मौजूदा लाचारी और कमजोरी का सारी दुनिया पर बुरा असर पड़ता है।

—यंग इण्डिया 17.9.25

यूरोपीय सभ्यता देश के यूरोप के निवासियों के लिए अनुकूल है। लेकिन यदि हमने नकल करने की कोशिश की, तो भारत के लिए उसका अर्थ अपना नाश कर लेना होगा। इसका यह मतलब नहीं कि उसमें जो कुछ अच्छा और हम पचा सकें ऐसा हो, उसे हम लें नहीं या पचायें नहीं। इसी तरह उसका यह मतलब भी नहीं है कि उस सभ्यता में जो दोष घुस गए हैं, उन्हें यूरोपियनों को दूर नहीं करना पड़ेगा। शारीरिक सुख-सुविधाओं की सतत खोज और उनकी संख्या में तेजी से हो रही वृद्धि ऐसा ही एक दोष है, और मैं साहसपूर्वक यह घोषणा करता हूँ कि जिन सुख-सुविधाओं के गुलाम बनते जा रहे हैं उनके बोझ से यदि उन्हें कुचल नहीं जाना है, तो यूरोपीय लोगों को अपना दृष्टिकोण बदलना पड़ेगा। सम्भव है मेरा यह निष्कर्ष गलत हो, लेकिन यह मैं निश्चयपूर्वक जानता हूँ कि भारत के लिए इस सुनहले मायामृग के पीछे दौड़ने का अर्थ आत्मनाश के सिवा और कुछ न होगा। हमें अपने हृदयों पर एक पाश्चात्य तत्त्ववेत्ता का यह बोधवाक्य अंकित कर लेना चाहिए—'सादा जीवन और उच्च विचार।' आज तो यह निश्चित है कि हमारे लाखों-करोड़ों लोगों के लिए सुख-सुविधाओं वाला उच्च जीवन सम्भव नहीं है और हम मुट्ठी भर लोग, जो सामान्य जनता के लिए चिन्तन करने का दावा करते हैं, सुख-सुविधाओं वाले उच्च जीवन की निरर्थक खोज में उच्च चिन्तन को खोने का जोखिम उठा रहे हैं।

—यंग इण्डिया, 30.4.31

'भारतीय लोकतंत्र'

सर्वोच्च कोटि की स्वतन्त्रता के साथ सर्वोच्च कोटि का अनुशासन और विनय होता है। अनुशासन और विनय से मिलने वाली स्वतन्त्रता को कोई छीन नहीं सकता। संयमहीन स्वच्छंदता संस्कारहीनता का द्योतक है, उससे व्यक्ति की अपनी और पड़ोसियों की भी हानि होती है।

—यंग इण्डिया, 3.6.26

कोई भी मनुष्य की बनाई हुई संस्था ऐसी नहीं है जिसमें खतरा न हो। संस्था जितनी बड़ी होगी, उसके दुरुपयोग की संभावना भी उतनी ही बड़ी होगी। लोकतंत्र एक बड़ी संस्था है, इसलिए उसका दुरुपयोग भी बहुत हो सकता है। लेकिन उसका इलाज लोकतंत्र से बचना नहीं बल्कि दुरुपयोग की संभावना कम से कम करना है।

—यंग इण्डिया, 7.5.31

जनता की राय के अनुसार चलनेवाला राज्य जनता से आगे बढ़कर कोई काम नहीं कर सकता। यदि वह जनमत के खिलाफ जाए तो नष्ट हो जाए। अनुशासन और विवेकयुक्त जनतन्त्र दुनिया की सबसे सुन्दर वस्तु है। लेकिन राग-द्वेष, अज्ञान और अन्धविश्वास आदि दुर्गुणों से ग्रस्त जनतन्त्र अराजकता के गड्ढे में गिरता है और अपना नाश खुद कर डालता है।

—यंग इण्डिया, 30.7.31

जब राजसत्ता जनता के हाथ में आ जाती है, तब प्रजा की आजादी में होनेवाले हस्तक्षेप की मात्रा कम से कम हो जाती है। दूसरे शब्दों में जो राष्ट्र अपना काम राज्य के हस्तक्षेप के बिना ही शान्तिपूर्वक और प्रभावपूर्ण ढंग से कर दिखाता है, उसे ही सच्चे अर्थों में लोकतंत्रात्मक कहा जा सकता है। जहाँ ऐसी स्थिति न हो वहाँ सरकार का बाहरी रूप लोकतंत्रात्मक भले हो, परन्तु वह नाम के लिए ही लोकतंत्रात्मक है।

—हरिजन, 11.1.36

पश्चिम का आज का प्रजातन्त्र जरा हल्के रंग का नाजी और फासिस्ट तन्त्र ही है। ज्यादा से ज्यादा प्रजातन्त्र साम्राज्यवादी को नाजी और फासिस्ट चाल को ढँकने के लिए एक आडम्बर है। हिन्दुस्तान सच्चा प्रजातन्त्र घड़ने का प्रयत्न कर रहा है, अर्थात् ऐसा प्रजातन्त्र जिसमें हिंसा के लिए कोई स्थान न होगा। हमारा हथियार सत्याग्रह है। उसका व्यक्त स्वरूप है चरखा, ग्रामोद्योग, उद्योग के जरिए प्राथमिक शिक्षा प्रणाली, अस्पृश्यता-निवारण, मद्य-निषेध, अहिंसक तरीके से मजदूरों का संगठन, जैसा कि अहमदाबाद में हो रहा है, और साम्प्रदायिक ऐक्य। इस कार्यक्रम के लिए जनता को सामुदायिक रूप में प्रयत्न करना पड़ता है, और सामुदायिक रूप से जनता को शिक्षण भी मिल जाता है। इन प्रवृत्तियों को चलाने के लिए हमारे पास बड़े-बड़े संघ हैं, पर कार्यकर्त्ता पूरी तरह स्वेच्छा से इन कामों में आए हैं। उनके पीछे अगर कोई शक्ति है, तो वह उनकी अत्यन्त दीन-दुर्बलों की सेवा-भावना ही है।

—हरिजनसेवक, 18.5.40

जन्मजात लोकतंत्रवादी वह होता है, जो जन्म से ही अनुशासन का पालन करनेवाला हो। लोकतंत्र स्वाभाविक रूप में उसी को प्राप्त होता है, जो साधारण रूप में अपने को मानवी तथा दैवी सभी नियमों का स्वेच्छापूर्वक पालन करने का अभ्यस्त बना ले। जो लोग लोकतंत्र के इच्छुक हैं उन्हें चाहिए कि पहले वे लोकतंत्र की इस कसौटी पर अपने को परख लें। इसके अलावा लोकतंत्रवादी को निःस्वार्थ भी होना चाहिए। उसे अपनी या अपने दल की दृष्टि से नहीं बल्कि एकमात्र लोकतंत्र की ही दृष्टि से सब कुछ सोचना चाहिए। तभी वह सविनय अवज्ञा का अधिकारी हो सकता है। व्यक्तिगत स्वतन्त्रता की मैं कदर करता हूँ, लेकिन आपको यह हरगिज नहीं भूलना चाहिए कि मनुष्य मूलतः एक सामाजिक प्राणी ही है। सामाजिक प्रगति की आवश्यकताओं के अनुसार अपने व्यक्तित्व को ढालना सीख कर ही वह वर्तमान स्थिति तक पहुँचा है। अबाध व्यक्तिवाद वन्य पशुओं का नियम है। हमें व्यक्तिगत स्वतन्त्रता और सामाजिक संयम के बीच समन्वय करना सीखना है। समस्त समाज के हित के खातिर सामाजिक संयम के आगे स्वेच्छापूर्वक सिर झुकाने से व्यक्ति और समाज, जिसका कि वह एक सदस्य है, दोनों का ही कल्याण होता है।

जो व्यक्ति अपने कर्तव्य का उचित पालन करता है, उसे अधिकार अपने-आप मिल जाते हैं। सच तो यह है कि एकमात्र अपने कर्तव्य के पालन का अधिकार ही ऐसा अधिकार है, जिसके लिए ही मनुष्य को जीना चाहिए और मरना चाहिए। उसमें सब उचित अधिकारों का समावेश हो जाता है। बाकी सब तो अनधिकार अपहरण जैसा है और उसमें हिंसा के बीज छिपे रहते हैं।

—हरिजन, 27.5.39

लोकशाही में हर आदमी को समाज की इच्छा यानी राज्य की इच्छा के मुताबिक चलना होता है और उसी के

मुताबिक अपनी इच्छाओं की हद बाँधनी होती है। स्टेट लोकशाही के द्वारा और लोकशाही के लिए राज्य चलाती है। अगर हर आदमी कानून को अपने हाथ में ले ले तो स्टेट नहीं रह जाएगा बल्कि अराजकता हो जाएगी, यानी सामाजिक नियम या स्टेट की हस्ती मिट जाएगी। यह आजादी को मिटा देने वाला रास्ता है। इसलिए आपको अपने गुस्से पर काबू पाना चाहिए और राज्य को न्याय पाने का मौका देना चाहिए।

–दिल्ली डायरी, पृ. 19

प्रजातन्त्र में लोगों को चाहिए कि वे सरकार की कोई गलती देखें, तो उसकी तरफ उसका ध्यान खींचें और संतुष्ट हो जाएँ। अगर वे चाहें तो अपनी सरकार को हटा सकते हैं, मगर उसके खिलाफ आंदोलन करके उसके कामों में बाध ा न डालें। हमारी सरकार जबरदस्त जलसेना और थलसेना रखनेवाली कोई विदेशी सरकार तो है नहीं। उसका बल तो जनता ही है।

–दिल्ली डायरी, पृ. 90

सच्ची लोकशाही केन्द्र में बैठे हुए बीस आदमी नहीं चला सकते। वह तो नीचे से हर एक गाँव के लोगों द्वारा चलाई जानी चाहिए।

–हरिजन, 18.1.48

सबों के सपनों को पढ़ने से यह स्पष्ट हो जाता है कि सभी वैभवशाली, पराक्रमी, सर्वसत्ताभौम, नीतिवान, सुखी-सम्पन्न एवं गुणवान भारत की कल्पना करते थे। वे सभी महात्मा गाँधी के सदृश 'रामराज्य' जिसमें 'दैहिक, दैविक, भौतिक तापा, रामराज्य कछु कहुँ नहीं व्यापा' की परिकल्पना करते थे।

आजाद भारत के लिए सँजोए सपने कितने साकार हुए इस पर विचार करने हेतु हमें एक बैलेंस शीट तैयार करना होगा जिसमें हमने क्या पाया और क्या खोया का लेखा-जोखा कर सकें। आजादी के 55 वर्ष बाद हम अनेक उपलब्धियाँ गिना सकते हैं–

1. खाद्यान्न के उत्पादन में बढ़ोतरी–भारत आज खाद्यान्न निर्यात करने की स्थिति में है। इसके लिए बेहतर सिंचाई व्यवस्था, उर्वरक एवं उन्नत तकनीक शामिल है।
2. शिक्षा के क्षेत्र में–साक्षरता में वृद्धि : स्कूलों, कॉलेजों और विश्वविद्यालयों की संख्या में वृद्धि, खोजों की संख्या में वृद्धि, तकनीकी शिक्षा में बहुगुणी बढ़ोतरी।
3. उद्योग में वृद्धि–भाँति-भाँति के उपकरण एवं सामान बनाने की स्थिति में हम हैं।
4. परिवहन सुविधा में बढ़ोतरी–रेलमार्ग का विस्तार, सड़क मार्ग का विस्तार, वायु मार्ग का विस्तार।
5. भारत परमाणु शक्ति बना।
6. स्वास्थ्य के क्षेत्र में–चिकित्सकों की संख्या में वृद्धि, चेचक का उन्मूलन, महामारी की रोकथाम में भारी सफलता।

ये सारी भौतिक उपलब्धियाँ हैं।

हमने क्या-क्या खोया?

- हमने भारतीयता खो दी है।
- अपनी भाषा, वेशभूषा सबों को हमने तिलांजलि दे दी है।
- हम धर्म से विमुख हो गए हैं।
- हमारे नैतिक मूल्यों में तेजी से ह्रास हुआ है।
- हमारे चरित्र में तीव्र गति से गिरावट आई है।
- हमने अपनी ईमानदारी खो दी है।

— हमने मानवीय मूल्यों को खो दिया है।

— हमने व्यक्ति, वर्ग और समुदाय को राष्ट्र के ऊपर कर दिया है।

— हमने आत्म सम्मान खो दिया है।

— हमने अपनी विरासत को तिलांजलि देकर अंधाधुंध पाश्चात्य सभ्यता का अनुकरण प्रारम्भ कर दिया है।

— विचार एवं व्यवहार में भोगवाद का अनियन्त्रित विस्तार हुआ है।

हमारे शास्त्रों में भोग को कभी नकारा नहीं गया है। भोग और कर्म एक-दूसरे के पूरक रहें तो पूर्णता आती है, हमारे सांस्कृतिक विकास के क्रम में हम इस निष्कर्ष पर पहुँचे जैसा वेदों में व्यक्त है।

ओउम् सहनाववतू सहनौ भुनक्तु। सहवीर्य करवावहै।
तेजस्विनावधीतमस्तु मा विद्विषावहै।
॥ ओउम् शान्तिः शान्तिः शान्तिः ॥

आजादी के बाद भोगवादी प्रवृत्तियाँ, पाश्चात्य सभ्यता के चकाचौंध के माध्यम से सारे देश में द्रुत गति से प्रवेश कर गईं तथा अपना फन सब ओर फैला दिया। भारत के लिए यह बहुत ही चिन्ता का विषय है। भारत आदिकाल से आज तक कभी भोगवादी संस्कृति का पोषक नहीं रहा। भोगवादी संस्कृति को हमने 'असुरी संस्कृति' का नाम दिया और उसे कभी भी प्रतिष्ठित नहीं किया।

हमारे लिए भारत माता सदा ही पूज्य एवं समर्पण के लिए ही रही कभी भी भोग्या नहीं रही। श्रीराम ने लक्ष्मण को बतलाया–

''अपि स्वर्गमयी लंका, न मे लक्ष्मण रोचते।
जननी जन्मभूमिश्च स्वर्गादपि गरीयसी॥''

बंकिमचन्द्र के 'वन्दे मातरम्', रवीन्द्र बाबू के 'जन-मन-गण', राम प्रसाद बिस्मिल की 'सरफरोशी की तमन्ना आज मेरे दिल में है, देखना है जोर कितना बाजुए कातिल में है' से वीर सावरकर के 'हे मातृभूमि, मेरा तन-मन वाणी वक्तृत्व सब कुछ तुझे समर्पित है' तथा 'जिस देश में जन्म लिया उसका अन्न खाकर उसके ऋण से मुक्त हुए बिना अपने लिए स्वर्ग के द्वार कभी खुल नहीं सकते' के साथ अमर शहीद भगत सिंह, चन्द्रशेखर आजाद, अरविन्द घोष जैसे अनेकानेक महानुभावों ने देश के लिए समर्पण एवं देश सेवा के हित प्राणों के साथ-साथ सभी प्रकार की आहुति का आह्वान किया था।

योग और कर्म का सम्मिश्रण ऐसा हो जो एक-दूसरे का पूरक हो। गाँधी जी की प्रार्थना सभाओं में इसीलिए ईशोपनिषद् की ऋचा प्रतिदिन दुहराई जाती थी।

ईशावास्यमिदं सर्वम्,
यत्किंच जगत्याम जगत्।
तेन त्यक्तेन भुंजीथा
मां गृद्ध कस्यस्वीद् धनम्।

हमारे ऋषि-मुनियों ने बतलाया कि भगवान की बनाई सारी चीज़ें इसी दुनिया में हैं, उसका भोग त्याग रूप से करो न कि गिद्ध की तरह नोच-नोच कर।

स्वतन्त्रता के सपनों में त्याग ही त्याग नहीं बल्कि जीवन में सम्यक भोग एवं उमंग का भी स्थान है। 'वसुधैव कुटुम्बकम्' हमारा दर्शन रहा है। हमारी संस्कृति में 'मैं' और (समाज) समष्टि की विरोधी कल्पना नहीं है, और भारतीय संस्कृति में भविष्य में हो भी नहीं सकती। स्वार्थी विकृति के कारण ही राष्ट्र में अनेकानेक दोष उत्पन्न हुए हैं।

पाश्चात्य सभ्यता अपनी भोगवादी संस्कृति में लिप्त और मदान्ध है और सारे विश्व को इसी संस्कृति का भाग

बनाना चाहती है। इससे उपजे मानसिक क्लेश एवं असन्तुष्टि के निवारण हेतु उसके कतिपय विचारक भारत की पुरानी संस्कृति की ओर आकृष्ट होते हैं और आशा करते हैं कि हमारी संस्कृति से उन्हें सुख और शान्ति मिलेगी।

दुख की बात है कि हममें से अनेकानेक 'हंस चला कौवे की चाल अपनी चाल ही भूल गया' जैसी हरकतें कर रहे हैं। इससे न हममें सुख शान्ति है न देश का कल्याण।

हमारे एक अतिपूज्य एवं हर प्रकार से आदरणीय मानवीय गुणों से परिपूर्ण एक पूर्वज हकलाने का बहुत अच्छा कैरिकेचर किया करते थे। कैरिकेचर के लिए उनकी माँग बढ़ती गई। कुछ वर्षों के बाद वे स्वतः हकलाने लगे और अपनी साफ आवाज भूल गए। वर्षों के कठिन प्रयास के बाद वे इस विकृति से छुटकारा पा सके।

आजादी के 55 वर्ष के बाद भी बिहार की 40 प्रतिशत तथा अन्य प्रदेशों में भी जनसंख्या का बड़ा भाग गरीबी रेखा से काफी नीचे है। आज भी अधिकांश लोगों को पर्याप्त मात्रा में उचित भोजन नहीं मिल पाता।

बिजली का क्षेत्र हो या पर्यावरण का क्षेत्र हो, हर जगह निष्क्रियता, स्वार्थ एवं बेईमानी ने कोहराम मचा रखा है। विद्यालयों की संख्या में वृद्धि के बावजूद कालेज से प्राइमरी तक शिक्षा के स्तर में तेजी से ह्रास हुआ है।

स्वास्थ्य के क्षेत्र में भी चिकित्सकों की संख्या में वृद्धि के अनुपात में सेवा में सुधार नहीं हुआ है। अभी भी सकारात्मक स्वास्थ्य (पॉजिटिव हेल्थ) पर हम पूरा बल नहीं दे पाए हैं। जनसंख्या पर नियन्त्रण में हम असफल रहे हैं। औषधियों के दाम में वृद्धि से, इससे लाभ उठाने वालों की संख्या सीमित हो गई है। आज के दिन में भी देश की 85 प्रतिशत जनता आधुनिक दवाओं, अस्पताल एवं उपकरणों का लाभ उठाने में अक्षम है क्योंकि उसका भार वहन करने के लिए उसके पास साधन नहीं हैं। शुद्ध पेय जल भी हम अब तक मुहैया नहीं करा पाए हैं।

विधि व्यवस्था के क्षेत्र में काफी गिरावट आई है और आज का आदमी अपने को असुरक्षित महसूस कर रहा है। चोरी, डकैती, रंगदारी, राहजनी, बलात्कार एवं जातीय दंगों में अप्रत्याशित वृद्धि हुई है।

जन साधारण से लेकर उच्च शीर्ष के राजनेतागण जिसमें बुद्धिजीवी वर्ग, प्रशासक वर्ग, चिकित्सक वर्ग, तकनीकी वर्ग एवं न्यायपालिका तथा पत्रकारिता से सम्बन्धित लोगों का एक बहुत बड़ा भाग नीति-अनीति, देश-प्रेम, राष्ट्रहित सबों को ताक पर रखकर केवल स्वार्थ की सोच रहा है, और इस स्वार्थ की सिद्धि में उसके लिए कोई भी कार्य अमानवीय नहीं है।

लगता है आज देश में सुसंस्कृत मानवों के स्थान पर विकृत मानवों का सृजन अधिक हुआ है।

जनसाधारण की सोच पुनः ट्रक के पीछे लिखे लघु वाक्य के द्वारा प्रस्तुत है–

'सौ में नब्बे बेईमान–फिर भी मेरा देश महान'

इस संबंध में महात्मा गाँधी की पीड़ा का वर्णन प्रासंगिक होगा।

गाँधी जी ने आजाद भारत में केवल एक ही वर्षगांठ मनाई–2.10.47। उस दिन की शुरुआत उन्होंने बड़े खुले मन से की थी और यह पूछे जाने पर कि अकसर लोग, जन्मदिन के दिन बड़ों के पैर छूकर मनाया करते हैं, उनको क्यों गाँधी जी का पैर छूना पड़ रहा है उन्होंने मजाक किया, 'तुमने मुझे महात्मा बना दिया–बनावटी ही सही, तो दाम किसको चुकाना होगा।'

लेकिन जब बड़े-बड़े लोग आकर चले गए और सिर्फ सरदार पटेल बचे तो उन्होंने उनसे कहा।

''मैंने क्या पाप किया है कि वह मुझे इस प्रचण्ड आग का साक्षी बनाने को जिन्दा रखे हुए हैं। मैं इसका एक निस्सहाय साक्ष्य नहीं बनना चाहता।''

उनका चीत्कार, अपने जन्मदिन के अवसर पर ''मैंने क्या पाप किया था, कि भगवान ने मुझे यह दिन दिखाया–और अब मुझे और जन्मदिन नहीं चाहिए'' बहुत ही मार्मिक है।

'गाँधी और राजनीतिक आजादी' के सन्दर्भ में गाँधी जी की तीन उक्तियों का उल्लेख प्रस्तुत है।

भाग-90, पृष्ठ 215, राजनीति राजेन्द्र बाबू, जवाहरलाल एवं बल्लभ भाई पर छोड़ दें। भाग-89, पृष्ठ 520, मैंने आपको ठोस रूप से कहा है कि आप सरदार से छुट्टी पाएँ अथवा वे आपसे छुट्टी पा लेंगे (जवाहरलाल को)।

राजेन्द्र बाबू को खाद्य विभाग छोड़ देना चाहिए जवाहरलाल को इस संस्था (काँग्रेस) को भंग कर देना चाहिए या किसी कुशल संचालक के द्वारा चलाया जाना चाहिए।

लोग उत्तेजित हैं और कोई उनकी सुननेवाला नहीं (राजेन्द्र बाबू को)।

गाँधी जी की उक्तियों के अनेक उद्धरण हैं, जो काँग्रेस की ऊपरी सतह के अन्तःकलह के प्रमाण हैं। गाँधी जी, अपने इन तीनों दिग्गजों से घनिष्ठ हैं किन्तु किस पर उनको भरोसा है, स्पष्ट नहीं होता। गाँधी जी ने अपनी सारी जिन्दगी काँग्रेस को दी थी, फिर भी वह काँग्रेस को समाप्त करने की बात करते हैं। शीर्षस्थ नेताओं ने उनकी बात नहीं मानी।

बढ़ती अराजकता, हिन्दू-मुस्लिम दंगे और काँग्रेस के अन्दर का अपना अन्तःकलह उन्हें समय नहीं दे रहा था कि वे दूसरे विकल्प को जनता के सामने लाएँ। यह उनके दिल्ली में दिए गए रचनात्मक कार्यकर्त्ताओं के मार्गदर्शन से साफ होता है। वह विकल्प क्या होता यह कोई नहीं जानता।

हुआ यही कि विभाजन की आग में वे आहुति चढ़ गए। पटेल को काल ले गया और राजेन्द्र बाबू को ऊँची छत पर ठेल दिया गया। काँग्रेस अपने सारे दल-बल के साथ एकछत्र निरंकुश नौकरशाही के निर्माण के रास्ते चल पड़ी। कहाँ गया ग्राम-स्वराज, कहाँ गया रामराज्य?

यह हिन्दुस्तान गाँधी की आजादी का हिन्दुस्तान नहीं है। आपको याद दिलाना चाहता हूँ कि गाँधी जी का वह कथन जो 16.8.47 को (भाग-1, पृ. 51) में उद्धृत है–"हम लोगों ने विदेशी शक्ति को हटा दिया है पर विदेशी प्रभाव को नहीं।" यह इशारा किसकी तरफ था, जनता तो विदेशी प्रभाव में नहीं थी। उस समय सत्ता के गलियारों में कुछ विदेशी चेहरे तो थे ही, हम और आप उन चेहरों से परिचित हैं। आजादी का जश्न गाँधी जी ने कभी नहीं मनाया क्योंकि आजादी के बाद के भारत के राजकाज से वे प्रसन्न नहीं थे।

लोकनायक ने महात्मा गाँधी के विचारों एवं परामर्शों की उपेक्षा (जे. पी. विचार यात्रा भाग-1) को आज की परिस्थिति के लिए जिम्मेवार ठहराया है। उनके अनुसार–

"अन्य दूसरे बहुत से लोगों की तरह उस समय मैं भी गाँधी जी की कितनी ही बातों का मूल आशय नहीं समझ पाया था। मुझे ऐसा लगता है, इसका मुख्य कारण यह था कि हम सब गाँधी जी के राजनीतिक साथी उनके पीछे-पीछे तो चले, किन्तु हम लोगों ने गाँधी जी की अहिंसा के दर्शन को स्वीकार नहीं किया था। अहिंसा को हमने मात्र अंग्रेजी राज्य के विरुद्ध लड़ने के लिए एक सुलभ मार्ग के रूप में अपनाया था। अहिंसा हमारे लिए एक तात्कालिक सुविधा थी। स्वराज्य-प्राप्ति के लिए उसे गाँधी जी ने सशस्त्र संघर्ष का एक विकल्प बताया और व्यवहार में वह सफल होता दिखाई दिया, इसीलिए मैंने उनका अनुकरण किया। लेकिन उनकी बातों पर हमारा दृढ़ विश्वास नहीं था। यदि हम लोगों ने गाँधी जी के समग्र दर्शन को स्वीकार किया होता, तो हम उनकी कई बातों पर अवश्य ही गम्भीरता से विचार करते।"

आज हमें यह बात अच्छी तरह समझ में आती है कि गाँधी जी आरम्भ से ही हिंसा की व्यर्थता और लोकतान्त्रिक राज्य की स्वभावगत सीमाओं से परिचित थे।

अन्य राष्ट्रीय नेता जहाँ राष्ट्र-निर्माण के कार्यों की सफलता के लिए केवल राज्य-शक्ति पर ही भरोसा करते थे, वहाँ गाँधी जी के दिमाग में यह बात स्पष्ट हो चुकी थी कि उनके सपनों का भारत बनाने के लिए राज्य ही एकमात्र साधन नहीं हो सकता। इतना निश्चित है कि राज्य के काम के महत्त्व को वे कम नहीं आँकते थे और वह समुचित एवं प्रभावकारी ढंग से कार्य करे, इसमें उनकी दिलचस्पी समाप्त नहीं हो गई थी। वास्तव में वे इस बात के लिए चिन्तित थे कि राज्य यथासंभव सर्वोत्तम लोगों के हाथ में रहे और वह उचित नीतियों, कार्यक्रमों एवं योजनाओं का अनुसरण करे। फिर भी उनको यह स्पष्ट दीखता था कि चाहे कितनी ही अच्छी नीतियाँ हों और कितने ही अच्छे लोगों के हाथों में शासन-सूत्र हो, राज्य स्वतः अभीष्ट लक्ष्य की प्राप्ति नहीं कर सकता। इसीलिए जब स्वराज्य मिला, तब वे स्वयं राजसत्ता से बिलकुल अलग रहे। उन्होंने स्वतन्त्रता संग्राम में इतनी अद्भुत सफलता प्राप्त की, किन्तु जब अपने आदर्श के अनुरूप देश के पुनर्निर्माण का अवसर आया, तब उसके लिए उन्होंने सत्ता अपने हाथ में नहीं ली। इतनी महत्त्वपूर्ण

घटना मेरी निगाहों से ओझल रह गई।

इस घटना का महत्त्व उस समय मेरी समझ में बिलकुल नहीं आया, किन्तु आज मुझे लगता है कि दुनिया के इतिहास में यह एक अनोखा उदाहरण था। दुनिया में बड़ी-बड़ी क्रांतियाँ हुईं, इनकलाब हुए। फ्रांस में क्रांति हुई, रूस में क्रांति हुई, अमेरिका स्वतन्त्र हुआ, वहाँ भी एक क्रांति हुई, चीन में क्रांति हुई। दुनिया की ये सभी क्रांतियाँ सफल हुईं, उसके बाद क्या हुआ। हर एक क्रांति में हमें यह देखने को मिलता है कि उस क्रांति का सबसे बड़ा नेता अपने देश के सर्वोच्च सिंहासन पर जा बैठा, उसने सरकार की बागडोर अपने हाथ में ले ली। क्रांति का उद्देश्य पूरा करने के लिए, परिवर्तन के लक्ष्य को प्राप्त करने के लिए, नए समाज का निर्माण करने के लिए हर एक ने सत्ता ग्रहण की। अमेरिका में जॉर्ज वाशिंगटन ने ऐसा किया। फ्रांस में एक के बाद एक नेता सत्ता अपने हाथ में लेते रहे। रूस में लेनिन ने भी सत्ता ग्रहण की। चीन, तुर्की, अल्जीरिया, क्यूबा सभी जगह ऐसा ही हुआ। केवल गाँधी जी ही एक ऐसे नेता निकले, जिन्होंने अपने हाथ में सत्ता नहीं ली।

अब, गाँधी जी कोई संन्यासी तो नहीं थे। वह राजनीति से भी अलग नहीं रहते थे। इस देश की राजनीति को उन्होंने 25 वर्षों तक अपनी उँगलियों पर नचाया था। इसके बावजूद जब स्वराज्य प्राप्त हुआ, तब उन्होंने सत्ता की तरफ आँख उठाकर देखा तक नहीं। सत्ता लेकर राष्ट्र का उत्थान हो सकेगा, यदि उनकी यह मान्यता होती तो उन्होंने राज्य सत्ता अवश्य हाथ में ली होती। ऐसा करने में उन्हें कौन रोक सकता था। इस देश के ऊँचे-से-ऊँचे पद पर अगर वह बैठना और शासन की बागडोर अपने हाथ में लेना चाहते तो आसानी से ऐसा कर सकते थे।

लेकिन गाँधी जी ने ऐसा नहीं किया। उन्होंने सारी दुनिया से निराला ही मार्ग अपनाया। न तो उन्होंने कोई पद स्वीकार किया, न विधानसभा या लोकसभा में ही गए। उस समय इस बात का महत्त्व मेरी समझ में नहीं आया था। परन्तु आज ऐसा लगता है कि गाँधी जी के संबंध में यह बात विशेष रूप से ध्यान खींचनेवाली है। इससे इतना स्पष्ट होता ही है कि अन्य लोगों की अपेक्षा गाँधी जी कुछ भिन्न प्रकार से ही सोचते थे। उन्हें पूर्ण विश्वास था कि उनके उद्देश्यों की पूर्ति सत्ता द्वारा नहीं हो सकेगी। यह उनके चिन्तन का सार था। समझ-बूझकर वह इस निश्चय पर पहुँचे थे।

फिर भी, गाँधी जी के संबंध में जिन्होंने अपना सारा जीवन राजनीति में बिताया, यह बात लोगों के ध्यान में जल्दी नहीं आती। किन्तु सोचने की बात यह है कि गाँधी जी ने जिस राजनीति में भाग लिया, वह कैसी राजनीति थी! उन्होंने जो आंदोलन चलाया, वह इसी अर्थ में राजनीतिक था कि उसका लक्ष्य भारत की राष्ट्रीय स्वाधीनता था। किन्तु वह किसी दलविशेष के लिए सत्ता का आंदोलन हो, इस अर्थ में राजनीति नहीं था। भारतीय स्वतन्त्रता का आंदोलन एक सर्वोत्तम जन-आंदोलन था। वह राजनीति यानी राज्य की राजनीति नहीं था, बल्कि लोकनीति यानी जनता की राजनीति थी। ऐसी जनता की राजनीति यानी राज्य की राजनीति के लिए ही गाँधी जी ने अपना संपूर्ण जीवन बिताया और आखिर-आखिर में जनता की यह राजनीति विकसित तथा लोकशक्ति सुदृढ़ होती रहे, इसके लिए देश के समक्ष योजना भी पेश करते गए।

गाँधी जी की विलक्षण प्रतिभा–एक अनोखा प्रस्ताव

अपनी हत्या के एक दिन पूर्व यानी 29 जनवरी को, गाँधी ने काँग्रेस के संविधान में सुधार करने के लिए एक मसविदा तैयार किया था। उनके हाथों का लिखा वह मसविदा आज भी मौजूद है। उसमें आगे के काम के लिए उनकी दृष्टि स्पष्ट है। उन्होंने लिखा है कि ''काँग्रेस ने देश को स्वाधीनता दिलाकर एक बहुत बड़ा काम किया है। किन्तु अभी जनता की ओर खासकर गाँवों की आर्थिक, सामाजिक तथा नैतिक स्वतन्त्रता प्राप्त करना बाकी है। भारत लोकतंत्र की दिशा में जैसे-जैसे आगे बढ़ता जाएगा, वैसे-वैसे नागरिक शक्ति और सैनिक शक्ति के बीच संघर्ष खड़ा होने की संभावना है। इसलिए सैनिक शक्ति और नागरिक शक्ति नियन्त्रण में रहे, ऐसी समाज-रचना हमें खड़ी करनी है।''

और इसके लिए उन्होंने तरीका क्या बताया है? उन्होंने ऐसा नहीं कहा कि इसके लिए विधानसभा या लोकसभा में जाकर ऐसा संविधान बनाओ अथवा भारत सरकार की नीति इस प्रकार से गढ़ो। उन्होंने यह भी नहीं कहा कि इसके

लिए काँग्रेस को फलाँ-फलाँ काम करने होंगे। उन्होंने ऐसा कुछ नहीं कहा। उल्टे उन्होंने तो कहा कि इसके लिए आज की काँग्रेस को तोड़कर लोकसेवक संघ नाम का नया संगठन खड़ा करना चाहिए।

ऐसा गाँधी जी ही कह सकते थे, दूसरा कौन कहता? उन्हीं की यह शक्ति थी। यद्यपि उनके इस अद्वितीय प्रस्ताव का तात्पर्य उस समय मेरी समझ में नहीं आया था, किन्तु आज मुझे लगता है कि गाँधी जी का वह अनोखा प्रस्ताव निःसन्देह उनकी विलक्षण प्रतिभा का एक रोमांचकारी उदाहरण है।

गाँधी जी सत्ता और संगठन का महत्त्व नहीं समझते थे, ऐसी बात नहीं। वे यथार्थवादी थे। और फिर भी उन्होंने ऐसा कहा। उस समय देश में आग लगी हुई थी और पता नहीं था कि देश बचेगा या नहीं? ऐसे नाजुक मौके पर भी उन्होंने यह प्रस्ताव जारी किया कि काँग्रेस का विसर्जन करो और उसकी जगह लोकसेवकों का संघ बनाओ। उन्हें जीर्ण-जर्जर मार्ग नहीं चाहिए था। गाँधी जी ने यह प्रस्ताव इसलिए रखा था, क्योंकि वे जानते थे कि केवल सरकारी शक्ति से, राज्य सत्ता से नए भारत का निर्माण होना सम्भव नहीं। वे यह नहीं चाहते थे कि राजनीतिक स्वतन्त्रता मिल जाने के बाद काँग्रेस संसदीय मशीन बनकर रह जाए। वे चाहते थे कि काँग्रेस एक नए क्रांतिकारी संगठन के रूप में परिवर्तित हो। वे चाहते थे कि अधूरी क्रांति, जिसे हमें पूरा करना है, वह इस प्रकार परिवर्तित काँग्रेस के माध्यम से पूरी हो। काँग्रेस अब गाँव-गाँव में फैला हुआ एक लोकसेवक संघ का रूप ले। इस लोकसेवक संघ का जो संविधान गाँधी जी ने बनाया था, उसे देखने से पता चलता है कि वह किसी राजनीतिक दल का संविधान नहीं है। इस लोकसेवक संघ को तो वे एक नया राष्ट्रीय संगठन, एक नई सामाजिक क्रांति का वाहन बनाना चाहते थे। वे एक चिन्तक थे, द्रष्टा थे। इसीलिए उन्होंने देश के नवनिर्माण के लिए सत्ता का परम्परागत, जीर्ण-जर्जर अति प्राचीन मार्ग अपनाने के बदले हमें नया रास्ता दिखलाया।

गाँधी जी की यह बात हमें समझनी होगी और उस पर अमल करना होगा। इसके सिवा दूसरा कोई चारा नहीं। गाँधी जी के अन्तिम सन्देश को मैं तो इसी रूप में समझता हूँ। प्यारेलाल जी ने इसे गाँधी जी की 'लास्ट विल एण्ड टेस्टामेण्ट' (अन्तिम वसीयत) कहा है, यह उचित ही है। उसे अच्छी तरह समझकर उस पर अमल करने की जरूरत है।

स्वयं गाँधी जी को तो लोकसेवकों का देशव्यापी संगठन बनाकर देश की आर्थिक, सामाजिक और नैतिक स्वतन्त्रता के लिए अपनी अहिंसक क्रांति की प्रक्रिया आगे बढ़ाने का अवसर ही नहीं मिला, उनकी आँखें बन्द होने के बाद उनके साथियों ने भी उनकी इस बात पर बिलकुल ध्यान नहीं दिया। काँग्रेस और देश के लिए यह एक दुर्घटना ही समझी जाएगी। गाँधी जी के साथियों ने उनकी बातों की अवहेलना की, जिसके फलस्वरूप काँग्रेस का आखिर क्या हाल हुआ, वह हमने अपनी आँखों से देखा। गाँधी जी के विचारों पर यदि अमल किया गया होता, तो क्रांतिकारी गाँधी के जीवन का वह सबसे बड़ा क्रांतिकारी कदम सिद्ध होता।

हम तो प्रचलित लीक पर ही चले

गाँधी जी के बाद उनके साथियों ने इस भ्रम में पड़कर कि नई-नई हाथ में आई हुई राजनीतिक सत्ता के सहारे ही देश की समस्याओं को हल करने में वे समर्थ हो जाएँगे, गाँधी जी द्वारा दिखाए गए मार्ग पर दुबारा विचार तक नहीं किया। मुझे लगता है कि गाँधी जी द्वारा बताया गया मार्ग परम्परागत मार्ग से मूलतः इतना भिन्न था कि वह उनके लिए कोई अर्थ नहीं रखता था और न वह उन्हें रुचता ही था। सफल क्रांतिकारियों द्वारा सत्ता से अलग रहने तथा जनता के स्वैच्छिक संगठन द्वारा क्रांति के लक्ष्यों को प्राप्त करने की कोशिश की बात कब किसने सुनी थी?

इसलिए हम गाँधी जी का मार्ग छोड़ दुनिया की प्रचलित लीक पर चले। हमने गाँधी जी को राष्ट्रपिता माना। जगह-जगह हमने उनके चित्र लगवाए, मूर्तियाँ बनवाईं, उनकी जय बुलवाई। परन्तु विचारणीय बात यह है कि क्या हमने अपने जीवन में, राष्ट्र की योजनाओं में, शिक्षण-पद्धति में, अर्थनीति में, राजनीति में गाँधी जी के विचारों को कार्यान्वित किया है?

वर्षों बाद 1959 में पंचायती राज का कार्यक्रम लागू किया गया। किन्तु उसके पीछे प्रेरणा गाँधी जी की विचारधारा

के अनुसरण की नहीं, बल्कि सामुदायिक विकास योजना के लिए ग्राम-स्तर पर एक सरकारी ढाँचा खड़ा करने की थी। इसीलिए आज पंचायत स्थानीय स्व-शासन की इकाई बनने के बदले राज्य-सरकार की इकाई बनकर रह गई है। यह सारा इतिहास मैंने यह बतलाने के लिए दुहराया कि किस तरह शुरू से ही हमने ग्राम-स्वराज की बात की और अभी तक उससे दूर ही दूर हैं।

सामुदायिक विकास-योजना इस उल्टी दिशा में दूसरी महत्त्वपूर्ण राष्ट्रीय यात्रा थी। स्वराज्य-आंदोलन के दरमियान ग्राम-विकास के क्षेत्र में गाँधी जी की अपेक्षा अधिक प्रयोग और चिन्तन दूसरे किसी ने नहीं किया। उन्होंने हजारों निष्ठावान् रचनात्मक कार्यकर्त्ता, अनेक संस्थाएँ और ग्राम-सेवा के केन्द्र तैयार किए। किन्तु जब सामुदायिक विकास-योजना का काम शुरू किया गया, तब उसके पीछे प्रेरणा गाँधी जी के आजीवन रचनात्मक कार्य की नहीं थी, चेस्टर बाउल्स की और पश्चिम की थी। और इस योजना को अमल में लाने का काम भी, ग्राम-सेवा में अपना जीवन अर्पित कर चुके निष्ठावान् कार्यकर्ताओं को नहीं, बल्कि सर्वज्ञ और सर्वव्यापी सरकारी नौकरों को सौंपा गया। इसलिए आज जो परिणाम हम देखते हैं, उसके सिवा दूसरा आता भी क्या?

पंचवर्षीय योजना की बात है। जब पहली पंचवर्षीय योजना की रूपरेखा बनी, तब श्री आर. के. पाटिल को विनोबा भावे के पास भेजा गया। उस समय वे योजना-आयोग के सदस्य थे। अभी वे ग्रामदान-आंदोलन में एक अग्रणी सेवक हैं। विनोबा भावे ने योजना के उस प्रारूप को देखकर अपना अभिप्राय देते हुए कहा कि यह तो कूड़े की व्यवस्था भी नहीं है। बाद में पण्डित जी के बुलावे पर विनोबा जी दिल्ली गए योजना-आयोग के साथ बैठकर चर्चा की। किन्तु विनोबा जी की सलाह किसी के गले उतरी हो, ऐसा नहीं लगता। नहीं तो इतनी पंचवर्षीय योजनाओं के पूरा होने के बावजूद गरीबों की गरीबी और बेकारों की बेकारी यों बढ़ती न जाती। अभी भी हमारे देश में नित्य लाखों माताएँ अपने अधभूखे बच्चों को छाती से चिपकाकर सो जाती हैं। उन माताओं का किसी को ख्याल भी है? गाँधी जी कभी ऐसी योजना बनाते? कभी ऐसी योजना स्वीकार करते?

गाँधी-विचार के बारे में घोर अज्ञान एवं उपेक्षा

ऐसा क्यों हुआ? सोचने-विचारने पर मुझे ऐसा लगा कि स्वराज्य-आंदोलन में भाग लेनेवालों का अपना एक वर्ग था और वह गाँधी-विचार से प्रभावित था। किन्तु इस दायरे से बाहर गाँधी जी के विचारों का अधिक असर नहीं था। उदाहरण के लिए हमारे विश्वविद्यालयों में जो शिक्षा दी जाती है और जो राज्यशास्त्र और अर्थशास्त्र पढ़ाया जाता था, वह कोई गाँधी-विचार के अनुसार नहीं था। वह सब तो पाश्चात्य ढंग का ही था। सरकार का कारोबार जिनके हाथों में था, उस नौकरशाही तन्त्र का संबंध स्वराज्य-आंदोलन से जरा भी नहीं था। और उसका मानस भी राष्ट्रीय रंग में नहीं रंगा था। स्वराज्य मिला। किन्तु सरकार का सारा कारोबार तो इस नौकरशाही के ही हाथ में था। वही मन्त्रियों के सलाहकार थे। वही नीति बनाते, विवरण तैयार करते और मन्त्रियों के सामने रखते। यत्र-तत्र थोड़ा-बहुत फेरबदल होता और उस नीति पर अमल करने का काम पुनः इसी नौकरशाही के ही हाथ में आ जाता। इस तरह, शिक्षित भद्र-वर्ग का गाँधी-विचार के प्रति बौद्धिक अलगाव और नौकरशाही का अन्तर्राष्ट्रीय स्वरूप, मुख्य रूप से इन दो चीजों के कारण हमारी गाड़ी उल्टी दिशा में मुड़ गई और अभी आज तक भी इस परिस्थिति में कोई फर्क नहीं आया है। इसीलिए स्वराज्य-आंदोलन के समय के हमारे सपने साकार नहीं हो सकते हैं।

मुझे अपने स्वयं के अनुभव से ऐसा लगता है कि हम विदेशी तत्त्वज्ञान और विचारधारा का अध्ययन करते हैं, किन्तु हमारी ही पुण्यभूमि में पैदा हुए नवीनतम तत्त्वज्ञान के विषय में हम घनघोर अज्ञान रखते हैं। गाँधी जी के विचारों के जीवन-काल में उनके विचार अच्छी तरह समझ नहीं सका था। किन्तु आज मुझे यह दृढ़ विश्वास हो गया है कि गाँधी जी के विचार हमारे लिए ही नहीं बल्कि, सारी दुनिया के लिए हैं। मैं देखता हूँ कि आज नव वामपंथी (नियो लेफ्टिस्ट) कहलाने वाले क्रांतिकारी तरुण भी जैसे देश में गाँधी जी के विचार भिन्न शब्दों में अथवा भिन्न भाषा में प्रस्तुत कर रहे हैं। फिर भी हमारे देश में गाँधी जी की विचारधारा के संबंध में भारी अज्ञान और उपेक्षा बरती जा रही है। गाँधी जी का नाम बहुत लिया जाता है, किन्तु उनके विचारों का अध्ययन नहीं होता।

मेरी अकसर आलोचना होती है कि मैं हमेशा अपने विचार और कार्यक्रम बदल देता हूँ। मैं दावा करता हूँ कि सभी स्पष्ट परिवर्तनों के माध्यम से एक ही सवाल का उत्तर खोजते हुए मैंने हमेशा ही एक ही मकसद को आगे बढ़ाया है, भारत को स्वतन्त्र कैसे बनाया जाए और सामाजिक, आर्थिक तथा राजनीतिक जनतन्त्र को संचित करने में कैसे मदद पहुँचाई जाए। इस खोज से वशीभूत होकर मैं विभिन्न विचारधाराओं और राजनीतिक मार्गों पर खिंचा हूँ। जब तक मैं इस निष्कर्ष पर नहीं पहुँचता कि गाँधी जी के पास उत्तर है, आँख बन्द कर गाँधी के विचारों को लागू करता नहीं बल्कि इसके गुणात्मक और क्रांतिकारी रूप को स्वीकारता।

राज्य वर्गों के हितों की रक्षा करेगा परन्तु जैसे ही राज्य की यह तटस्थ भूमिका गरीब और नीचे के लोगों के हितों के खिलाफ अतिक्रमण होगा तब राज्य इन लोगों के हितों का पक्ष लेगा और इस बार सामाजिक न्याय का सन्तुलन बनाए रखेगा।

स्पष्ट रूप से कहें तो राज्य के अधीन और राज्य प्रबन्धन में चलने वाले उद्यमों में मजदूरों की सरकार के प्रतिनिधियों के बराबर की हिस्सेदारी होगी। और अपने चुने गए प्रतिनिधियों के माध्यम से मजदूरों का प्रबन्धन में प्रतिनिधित्व होगा।

भारत की अवनति के कारणों की समीक्षा स्वामी विवेकानन्द ने अपनी पुस्तक–'मेरा भारत-सनातन भारत' में की है। कारणों में उन्होंने सबसे महत्त्वपूर्ण जनसाधारण की उपेक्षा–सबसे बड़ा पाप को रखा है।

अन्य कारणों का विवरण उन्होंने निम्नलिखित किया है–

1. इतिहास के प्रमाण–लोग ठगे गए।
2. धर्म के नाम पर सामूहिक उत्पीड़न।
3. शिक्षा पर एकाधिकार।
4. लोगों को बतलाया गया कि वे अस्तित्वहीन हैं।
5. आलस्य एवं नीचता।
6. पृथकत्व।
7. संगठन का अभाव।
9. स्त्रियों की उपेक्षा।

वर्तमान दुरवस्था के कारण

चिकित्सक होने के नाते मैं जानता हूँ कि रोगी का इलाज करने के पहले रोग का निदान आवश्यक है और बीमारी पकड़ी जाती है तो कुछ विषम परिस्थितियों को छोड़कर अधिकाधिक मामलों में हमें सफलता मिलती है।

आज हमारा राष्ट्र बीमार है। बीमारी के कारणों का पता लगाना आवश्यक है। तभी इसकी बीमारी दूर की जा सकती है।

हम जब विवेचना करने बैठते हैं तो कई कारण प्रतीत होते हैं–जिन्हें हम उद्धृत कर सकते हैं।

1. भारत का विभाजन–एक भयंकर भूल थी जिसका दुष्परिणाम सभी भारतीय, पाकिस्तानी और बंगलादेशी आज भी भुगत रहे हैं। भारत परेशान है, पाकिस्तान और बंगलादेश में तो उन्नति नाम की कोई चीज हुई ही नहीं। गाँधी जी ने देश के बँटवारे के बारे में अपनी तीखी प्रतिक्रिया व्यक्त की थी। जिन भी कारणों से देश का विभाजन हुआ चाहे अंग्रेजों की भारत को बरबाद करने की कूटनीति हो या हममें से कुछ को सत्ता पाने की हड़बड़ी विभाजन का परिणाम हम आज भी भुगत रहे हैं।

2. भारत का संविधान–इस संबंध में लोकनायक (जे. पी., मेरी विचार यात्रा, भाग 1, पृ. 39) ने अपने विचार बहुत स्पष्ट शब्दों में लिखे हैं–

''स्वराज्य के बाद हमारे देश की गाड़ी विपरीत दिशा में कैसे मुड़ गई, इसके कारण तलाशने की आवश्यकता है। गाँधी जी चाहते थे कि भारतीय राज्य की इमारत ग्राम-स्वराज्य की बुनियाद पर खड़ी की जाए। किन्तु स्वतन्त्र भारत का संविधान बनाते समय हमने कहीं अमेरिका की नकल की, कहीं इंग्लैण्ड के अंश ज्यों-के-त्यों ले लिए और

कहीं दूसरे देशों की कल्पना के चिथड़े जोड़कर आज के अपने संविधान की गुदड़ी तैयार कर ली।

और ऐसा होना स्वाभाविक भी था। क्योंकि संविधान बनाने का काम हमने मुख्य रूप से देश के सर्वोच्च विधि-वेत्ताओं के सिर पर डाल लिया था। उनमें से बहुतेरों ने शायद ही कभी स्वतन्त्रता-आंदोलन में भाग लिया था। शायद यह सोचा गया कि संविधान बनाने का काम कानून के निष्णातों का है। यों देखा जाए, तो हर महान क्रांति के बाद नया संविधान क्रांतिकारियों ने स्वयं बनाया है। परन्तु हमारे यहाँ तो संविधान बनाने में मुख्य हाथ इन कानून-निष्णातों का ही रहा है। परिणाम यह हुआ कि स्वाधीनता-आंदोलन के दरमियान हमने जिन भावनाओं और आदर्शों की कल्पना की थी, संविधान को उनकी हवा तक का स्पर्श नहीं हुआ। परिणामस्वरूप देश की गाड़ी विपरीत दिशा में मुड़ गई।

एक उदाहरण दूँ। जब संविधान का संपूर्ण मसविदा तैयार हो गया, तब किसी ने—श्री संथानम् ने या श्री टी. प्रकाशन ने—ध्यान खींचा कि गाँधी जी ने ग्राम-स्वराज्य की कल्पना को स्वराज्य के ढाँचे की बुनियाद माना था, किन्तु हमारे संविधान में तो उसका जिक्र तक नहीं दीखता। हमारा संविधान तो उससे सर्वथा विपरीत बन गया है। उन्होंने संविधान सभा के अध्यक्ष डा. राजेन्द्र प्रसाद से बात की। डा. राजेन्द्र प्रसाद को धक्का लगा। उन्होंने तुरन्त संविधान सभा के कानून-निष्णात डा. राव को बुलवाया और उनके सामने यह बात रखी। डा. राव ने कहा कि अब यदि हम ग्राम-स्वराज्य को बुनियाद बनाकर यह संविधान सुधारने बैठेंगे, तो उसका सारा स्वरूप ही बदल जाएगा। चुनाव की पद्धति भी बदलनी पड़ेगी। बहुत समय लग जाएगा। नेहरू और सरदार के कानों तक यह बात पहुँचाई गई। उन्हें भी लगा कि अब संविधान सुधारने में बहुत समय लग जाएगा। इस संबंध में कुछ आवेशपूर्ण चर्चाएँ भी हुईं, किन्तु इन सबके अन्त में मात्र इतना ही निष्कर्ष निकला कि संविधान में एक धारा बढ़े, जिसमें राज्यों को यह निर्देश दिया गया कि 'संविधान के मूल मार्गदर्शक सिद्धान्तों को ध्यान में रखकर ग्राम-पंचायत को स्वशासन की इकाई माना जाए।' राष्ट्रीय क्रांति के केन्द्र रूप गाँधी जी के इस राजनीतिक विचार को हमारे संविधान में मात्र इतना ही स्थान मिल सका। मैं ऐसा मानता हूँ कि उल्टी दिशा में जाने की यह पहली महत्त्वपूर्ण शुरुआत थी।

भारत के संविधान के बारे में महात्मा गाँधी के विचार निम्नलिखित थे :

मैं ऐसे संविधान की रचना करवाने का प्रयत्न करूँगा, जो भारत को हर तरह की गुलामी और परावलम्बन से मुक्त कर दे और उसे, आवश्यकता हो तो, पाप करने तक का अधिकार दे। मैं ऐसे भारत के लिए कोशिश करूँगा, जिसमें गरीब से गरीब लोग भी यह महसूस करेंगे कि वह उनका देश है—जिसके निर्माण में उनकी आवाज का महत्त्व है। मैं ऐसे भारत के लिए कोशिश करूँगा, जिसमें ऊँचे और नीचे वर्गों का भेद नहीं होगा और जिसमें विविध सम्प्रदायों में पूरा मेलजोल होगा। ऐसे भारत में अस्पृश्यता या शराब और दूसरी नशीली चीजों के अभिशाप के लिए कोई स्थान नहीं हो सकता। उसमें स्त्रियों को वही अधिकार होंगे जो पुरुषों को होंगे। चूँकि शेष सारी दुनिया के साथ हमारा संबंध शान्ति का होगा, यानि न तो हम किसी का शोषण करेंगे और न किसी के द्वारा अपना शोषण होने देंगे, इसलिए हमारी सेना छोटी से छोटी होगी। ऐसे सब हितों का जिनका करोड़ों मूक लोगों के हितों से कोई विरोध नहीं है, पूरा सम्मान किया जाएगा, फिर वे देशी हो या विदेशी। अपने लिए तो मैं यह भी कह सकता हूँ कि मैं देशी और विदेशी के फर्क से नफरत करता हूँ। यह मेरे सपनों का भारत। इससे भिन्न किसी चीज से मुझे सन्तोष नहीं होगा।

—यंग इण्डिया, 10.9.31

लगता है भारत का संविधान 'कहीं की ईंट कहीं रोड़ा भानुमति ने कुनबा जोड़ा' जैसा है।

3. चुनाव की प्रक्रिया—आज की चुनाव की प्रक्रिया जनमानस की अभिव्यक्ति का साधन नहीं है। इसने आज नैतिक मूल्यों को तिलांजलि दिलाकर सभी प्रकार के कदाचारों—बेईमानी, घूसखोरी, जातिवाद का सहारा, लाठी, बन्दूक के द्वारा बूथ कैप्चर एवं येन-केन प्रकारेण विजयी घोषित कराने का अलिखित फरमान-सा जारी कर दिया है। अभी सभी पार्टियाँ योग्य उम्मीदवारों को नहीं बल्कि जीतने वाले उम्मीदवारों का चयन करती हैं। इसका कारण है राजसत्ता से सान्निध्य होने पर हर तरह के लाभ हैं और सुख है। चुनाव जीतने वाला 'नर' से 'नारायण' हो जाता है और उसके लिए जवाबदेही नहीं के बराबर रह जाती है। वह ऐसी स्थिति में आ जाता है कि लोगों को मदद कर सके एवं लाभ

या हानि पहुँचा सके।

4. राजनीति का अपराधीकरण एवं अपराधियों का राजनीतिकरण—येन-केन प्रकारेण चुनाव जीतने की तिकड़म ने ऐसी प्रवृत्ति को जन्म दिया है।

5. नौकरशाही—जो 'लौह' ढाँचा कहलाती थी वह अभी 'कागज के प्लेटों' से अधिक प्रतिरोध देने की स्थिति में नहीं है। जनसाधारण के लिए वे कागजी बाघ रूप में दिखलाई पड़ते हैं परन्तु अपने राजनीतिक मालिकों एवं उच्चतर पदाधिकारियों के सामने भीगी बिल्ली से भी बदतर स्थिति में रहते हैं।

नौकरशाही जनता की छाती पर बैठ गयी है। आम जनता गुहार करती है और नौकरशाही शासन। नौकरशाही ने निजी स्वार्थ एवं लाभ हेतु सरकारी तन्त्र को तोड़-मरोड़ कर जनता को निस्सहाय बना दिया है। जनता के प्रतिनिधि भी अपने लाभ हेतु इस स्थिति को बरकरार रखने में मदद करते हैं, फलस्वरूप स्वतन्त्रता के प्रति ही आज अलगाव का भाव पैदा हो रहा है। नौकरशाही ने ईमानदारी का दामन करीब-करीब छोड़ ही दिया है और उनका एक बहुत बड़ा भाग लूट-खसोट में लगा है और इसमें राजनीतिक नौकरशाह संबंध (नेक्सस) सा बन गया है। जो ईमानदार हैं वे सहमे हुए हैं, प्रताड़ित हैं और उत्साहविहीन हैं। सब मिलाकर पूरी नौकरशाही आज प्रभावविहीन है।

6. न्याय की प्रक्रिया—यह जटिल है, खर्चीली है और इसमें बहुत अधिक समय लगता है। अभी की स्थिति में "न्याय में देरी, न्याय अस्वीकार करने के समान है" वाली उक्ति सटीक बैठती है एक ओर कुछ लम्बित मामलों के लोग वर्षों बिना सजा पाए जेल भुगतते रहते हैं। दूसरी ओर कठोर अपराधी मजे काटते हैं और वर्षों अपने कुकृत्य की सजा नहीं पाते।

7. भ्रष्टाचार—भ्रष्टाचार ने देश की रीढ़ को तोड़ दिया है। भ्रष्टाचार को सामाजिक प्रतिष्ठा मिल गई है। घोटालेबाज और घूसखोर सिर उठाकर चलते हैं और आम आदमी उनकी कृपादृष्टि पाने को लालायित रहता है।

भ्रष्टाचार का बहुत बड़ा कारण सरकारी माध्यमों से विकास एवं हर चीज पर सरकार का नियन्त्रण एवं इंस्पेक्टर राज का होना है। सामुदायिक विकास प्रखण्ड ने और कुछ किया या नहीं, जनसाधारण को भी छूट पाने एवं छोटी मोटी ठेकेदारी पाने के लालच में बेईमान बना दिया। अभी की स्थिति में गंगोत्री से बंगाल की खाड़ी तक की गंगा मैली है।

इन सारी प्रवृत्तियों की जड़ में राजकीय कुव्यवस्था है। नौकरशाही जनता को अक्षम और दयनीय मानकर सभी गड़बड़ियों के लिए जिम्मेदार मानती है। मैं निर्भीक रूप से कह सकता हूँ कि "बेईमान शासन तन्त्र लोगों को बेईमान बना देता है।" लोकनायक ने स्पष्ट शब्दों में कहा था कि भारत की जनता अशिक्षित है, गरीब है पर मूर्ख और बेईमान नहीं है।

मैं यह मानने को कतई तैयार नहीं हूँ कि आज के मनुष्य अपने पूर्वजों से भिन्न या निकृष्ट हैं। 'जस राजा—तस प्रजा' वाली कहावत चरितार्थ है। आज की स्थिति के लिए राजनेता, अफ़सर, विद्वत्जन और सभी क्षेत्रों में समाज के अग्रणी लोग उत्तरदायी हैं, जिनकी जिम्मेदारी थी कि भारत को महान बनाएँ न कि चोरों और बेईमानों का देश।

आम आदमी अभी मूक है पर मूर्ख नहीं। वह सब समझता है।

विवेचना के दौरान कुछ प्रश्न उभरते हैं—

1. क्या इसी दिन के लिए स्वतन्त्रता सेनानियों ने अपना सर्वस्व लुटाया?
2. इस देश का भविष्य क्या होगा?
3. क्या हमारी सभ्यता एवं संस्कृति अक्षुण्ण रह पाएगी? क्या भारतीय सभ्यता और संस्कृति जिन्दा रह पाएगी?
4. क्या हमें कुछ करना चाहिए?
5. क्या हम कुछ कर पाएँगे?
6. क्या हम अपनी संस्कृति और परम्परा को जिन्दा रखने में समर्थ हो पाएँगे?

क्या हम अपने आकलन के बाद हाथ पर हाथ रखकर बैठ जाएँ कि यही भारत एवं भारतीयों की नियति है और आगे का इतिहास भोगवादी संस्कृति का ही है या भारतीय जनमानस की वे सारी पुरानी यादें जिसमें कितनी राक्षसी

सभ्यताओं का उत्कर्ष और विमर्श हुआ से सीख लेनी चाहिए ताकि नए प्रयोग सम्भव हो सकें।

अँधेरी काली रात के बाद सूर्य का प्रकाश एवं अवनति के बाद उन्नति प्रकृति का नियम है। इसी सन्दर्भ में श्रीमद्‌भागवत् गीता के चतुर्थ अध्याय के निम्नलिखित श्लोक सार्थक हैं–

''यदा-यदा हि धर्मस्य ग्लानिर्भवति भारत।
अभ्युत्थानम् अधर्मस्य तदात्मनां सृजाम्यहम् ॥''

''परित्राणाय साधूनां विनाशाय च दुष्कृताम्।
धर्मसंस्थापनार्थाय संभवामि युगे युगे ॥''

(हे भारत जब-जब धर्म की हानि और अधर्म की वृद्धि होती है, तब तब ही मैं अपने रूप को रचता हूँ अर्थात् साकार रूप से लोगों के सम्मुख प्रकट होता हूँ।)

(साधु पुरुषों का उद्धार करने के लिए, पाप कर्म करनेवालों का विनाश करने के लिए और धर्म की अच्छी तरह से स्थापना करने के लिए मैं युग-युग में प्रकट हुआ करता हूँ।)

महाभारत काल में अनाचार के अत्यन्त विनाशकारी युग में भाई भतीजावाद मोह में लिप्त अर्जुन को संघर्ष के लिए निर्देश देते समय भगवान श्रीकृष्ण ने श्रीमद्‌भागवत् गीता के द्वितीय अध्याय में बतलाया कि–

''कर्मण्येवाधिकारस्ते मा फलेषु कदाचन।
मा कर्मफलहेतुर्भूर्मा ते सङ्गोस्त्वकर्मणि ॥''

''तेरा कर्म करने में ही अधिकार है, और फलों में कभी नहीं। इसलिए तू कर्मों के फल का हेतु मत हो तथा तेरी कर्म न करने में भी आसक्ति न हो।''

मानव स्वभाव से आशावादी होता है। इसका बड़ा ही सटीक एवं सुन्दर वर्णन आदि शंकराचार्य जी ने अपने चर्पट पंजहरिका स्तोत्रम में किया है–

''दिनमपि रजनी सायं प्रातः शिशिरवसतौ पुनरायतः।
कालः कीडति गच्छत्यायुस्तदपि न मुंचत्याशावायुः ॥1॥
अग्रे वहनः पृष्ठे भानू रात्रौ चिबुकसमर्पितजानुः।
करतभिक्षा तरूतलवासस्तदपि न मुंचम्याशापाशः ॥2॥
अंग गलितं पलितं मुण्डं दशनविहीनं जातं तुण्डम्।
वृद्धोयाति गृहीत्वा दण्डं तदपि न मुंचत्यासा पिण्डम् ॥3॥''

''दिन और रात, सायंकाल और प्रातःकाल, शिशिर और वसन्त पुनः-पुनः आते हैं, इसी प्रकार काल की लीला होती रहती है और आयु बीत जाती है, किन्तु आशारूपी वायु छोड़ती ही नहीं।–1

दिन में आगे अग्नि और पीछे सूर्य से शरीर तपाते हैं, रात्रि के समय जानुओं में ठोड़ी दबाए पड़े रहते हैं, हाथ में ही भिक्षा माँग लाते हैं, वृक्ष तले ही पड़े रहते हैं, फिर भी आशा का जाल जकड़े ही रहता है।–2

अंग गलित हो गए, सिर के बाल पक गए, मुख में दाँत नहीं रहे, बूढ़ा हो गया, लाठी लेकर चलने लगा, फिर भी आशा पिण्ड नहीं छोड़ती।–3''

हमने भी आशा का परित्याग नहीं किया है और भारत के स्वर्णिम युग की प्रतीक्षा बेसब्री से कर रहे हैं।

विवेकानन्द बहुत उच्च कोटि के विचारक एवं भविष्य द्रष्टा थे। उन्होंने उन्नीसवीं सदी के अन्त में ही तीन भविष्यवाणियाँ की थीं–

1. कुछ अपरिहार्य संयोगों से भारत अगले पचास वर्ष में स्वतन्त्र हो जाएगा।

2. सर्वहारा आंदोलन रूस से प्रारम्भ होगा। जबकि उसके प्रतिपादक कार्ल मार्क्स ने भविष्यवाणी की थी कि सर्वहारा आंदोलन उद्योग उन्नत जर्मनी से आरम्भ होगा। दोनों भविष्यवाणियाँ उस समय असम्भव प्रतीत होती थीं लेकिन हुआ वही जैसा स्वामी जी ने कहा था।

3. स्वामी जी ने तीसरी भविष्यवाणी की थी कि भारत भविष्य में सफलता और शक्ति के शीर्ष पर पहुँचेगा। अभी की स्थिति में ऐसा कुछ नहीं लग रहा है। परन्तु स्वामी जी की अन्य भविष्यवाणियों के मद्देनजर इसे नजरअंदाज करने का जी नहीं चाहता।

स्वामी विवेकानन्द, गाँधी, जयप्रकाश तथा अन्य कई चिन्तकों-विचारकों और महात्माओं के कथन से भी हमारी आशा जगती है।

स्वामी विवेकानन्द ने 'मेरा भारत-सनातन भारत' में पुनर्निर्माण के उपायों के संबंध में निम्नलिखित बातें लिखी हैं–

1. बिना धर्म में हस्तक्षेप किए जनसाधारण को ऊपर उठाना।
2. अपने पूर्वकाल को जाने।
3. देश के बड़े लोगों के प्रति आदर।
4. स्त्रियों को ऊपर उठाना।
5. शिक्षा की प्राथमिक आवश्यकता–स्वावलम्बन के लिए।
   –विचारों का बहुकोणीय आदान-प्रदान आवश्यक
6. भारतीय परम्परा के साथ नए भारत का निर्माण।
7. उत्तेजित देशभक्तों की आवश्यकता।
8. मूल मन्त्र–सेवा एवं अध्यात्म।
9. स्वावलम्बन एवं स्वाभिमान।
10. तीव्र क्रियाशीलता की प्रवृत्ति।
11. मजदूर वर्ग का उत्थान।

लोकनायक जयप्रकाश नारायण ने मेरी विचार यात्रा भाग 2–सर्व सेवा संघ प्रकाशन, वाराणसी, नवम्बर 1997 में भारत के उत्थान के लिए निम्नलिखित सुझाव दिए हैं–

''समाज में ऐसा आमूल परिवर्तन सरकार द्वारा कभी भी नहीं हो सकता और सत्ता के स्थानों पर बैठे हुए नेताओं के भाषणों या आह्वान से नहीं हो सकता। ऐसा परिवर्तन मात्र उन्हीं लोकनेताओं और लोक सेवकों द्वारा ही सम्भव हो सकता है जिन्होंने स्वेच्छा से, खुशी से अपने को सत्तासीनों से दूर रखा हो और लोगों तक जिनकी पहुँच है। लोगों के बीच में रहकर जिन्होंने काम किया है। केवल सरकार से सब हो जाएगा और सरकारी योजना, बजट आदि के द्वारा परिवर्तन आ जाएगा मानकर अभी भी हम चलेंगे तो फिर भटक जाएँगे।

जनता शक्ति देश के नवनिर्माण के कार्य में लगे इस दिशा में हमें सतत प्रयत्न करने होंगे। स्त्री, पुरुष, बच्चे, बूढ़े, छात्र और शिक्षक, सैनिक और स्वयंसेवक सभी को इसमें शामिल होना चाहिए। लोगों का अपना अभिक्रम जाग्रत हो इसको सर्वाधिक महत्त्वपूर्ण मानना चाहिए। लोगों को प्रोत्साहित करना चाहिए। स्वाश्रय और आपसी सहयोग की रणभेरी देश भर में गूँज उठनी चाहिए। इसके अलावा अन्य किसी तरह से देश का नवनिर्माण शक्य नहीं हो सकेगा।

राजसत्ता तो अपने में निहित विभिन्न तत्त्वों की स्वार्थ सिद्धि के लिए एक ऐसी निजी फर्म या कम्पनी होती है, यह बात अब दिन के उजाले की तरह एकदम साफ हो गई है।

गाँधी जी ने शुरू से ही ठेठ 1930 में ऐसी भविष्यवाणी की ही थी कि स्वराज्य की लड़ाई के बाद अगर जिन्दा बचे तो अंग्रेजों के साथ जिस तरह की लड़ाई लड़नी पड़ी वैसे ही अनेक अहिंसक लड़ाइयाँ स्वराज्य के बाद भी लड़नी पड़ेंगी। गाँधी जी कितने क्रान्तद्रव्य, पारदर्शी पुरुष थे। हम जिन अच्छे कामों को कर रहे हैं उन्हें बरदाश्त कर लेने

लायक उदारता राज्य सत्ता में है, अपनी आत्म-तुष्टि के लिए भी ऐसा भ्रम बनाए नहीं रख सकते। उल्टे जब राज्य-व्यवस्था के नैतिक आधार को चुनौती दी जाएगी तब वह भयंकर दमनकारी हो जाएगी। यह बात आज तक के अनुभवों से बिलकुल स्पष्ट हो चुकी है।

लोकनायक के 'मेरी विचार यात्रा भाग-2' में उद्धृत उपायों की सूची निम्नलिखित है–

1. सादगी और लोकजीवन से तादात्म्य।
2. प्रशासन तन्त्र का कायाकल्प अनिवार्य।
3. राज्यशक्ति से नहीं, जनशक्ति से।
4. गाँधी को पुनः याद करना और उनकी सलाह मानना।
5. प्रचलित लोकतंत्र प्रक्रिया अधूरी।
6. निहित स्वार्थों का जाल तोड़ना होगा।
7. दलितों शोषितों का संगठन आवश्यक।
8. हिंसा कदापि स्वीकार्य नहीं।

हमारी प्रथम जिम्मेवारी जनसाधारण को जाग्रत एवं शिक्षित करना है।

हमारा दायित्व

हम कृतसंकल्प हैं कि हमारे पूर्वजों के ऊपर वर्णित सपने अवश्य साकार होंगे। इसके लिए हमें अथक प्रयत्न करना होगा और नेतृत्व को नई गति प्रदान करनी होगी।

व्यक्ति एवं राष्ट्र को उठाने के लिए कुछ समर्पित विद्वत्जनों को अपनी आहुति देनी होगी और नींव का पत्थर बनना होगा। इनके प्रयास से ही देश में सम्पन्नता, उचित शिक्षा, धर्म के प्रति आस्था एवं मानवीय मूल्यों पर बल सम्भव है। भारतीय सभ्यता एवं संस्कृति के पुनर्जागरण में समाजसेवी, विद्वत्जन एवं सरकार तीनों की भागीदारी हो सके तो राष्ट्र के उत्थान की गति त्वरित हो जाएगी और कुछ समय में ही हम एक उन्नत प्रगतिशील वैभवशाली, प्रभुतासम्पन्न, विश्व के लिए कल्याणकारी एवं विश्व के राष्ट्रों के सिरमौर रूप में दिख सकेंगे।

गंगा की सफाई गंगोत्री से ही संभव है। बहुत दिनों तक परतन्त्र रहने के कारण स्वार्थपरता हमारे रग-रग में भर गई है तथा जीवन-यापन एवं सुख-भोग के लिए कुछ भी अनैतिक नहीं है ऐसा भाव जाग्रत हो गया है।

इन सभी दुर्गुणों को हटाने के लिए महाशक्ति का प्रयोग करना होगा जिसमें अहम भूमिका समाज से जुड़े नींव के पत्थरों की होगी। लेकिन राजसत्ता को दुरुस्त करने से विकास एवं सुधार की गति तीव्र हो सकती है ऐसा हमारा मानना है।

जयप्रकाश जन्म शताब्दी एक ऐसा अवसर है जिसमें हम जयप्रकाश बाबू की जीवन यात्रा और सामाजिक संघर्ष के द्वारा राष्ट्र के पुनर्निर्माण की योजना बनाने की बातें कर सकते हैं। एक ओर गाँधी सरीखे आध्यात्मिक आदर्शवादी राजनीतिक प्रक्रिया की प्रबल धारा है और दूसरी ओर साधनविहीन भारतीय पृष्ठभूमि में अभारतीय राजनीतिक एवं सांस्कृतिक मॉडल्स पर नवनिर्माण का प्रयास।

दोनों पक्ष प्रतिपादित करनेवाले महान दिग्गज एवं महारथी हैं। अनायास, शासनस्थ अन्धे धृतराष्ट्र की भाँति यह पूछने को जी चाहता है।

"धर्मक्षेत्रे कुरुक्षेत्रे समवेताः युयुत्सव
कामका पांडवाःहौव किमकुर्वत संजय।"

क्या कर रहे हैं मेरे और पाण्डु के बच्चे?

भारत अपनी राजनीति, संस्कृति और संघर्षों को कुरुक्षेत्र का धर्मक्षेत्र मानता है, जिसके नायक-नायिका सब स्वजन हैं, धर्मज्ञ, मेधावान और रणवीर हैं। तब महाभारत होता क्यों है? वह इसलिए नहीं होता है कि ज्ञान, साधन या इच्छाशक्ति की कमी होती है बल्कि कहीं पर आकर उपलब्धि धर्म से हटकर होने की संभावना प्रबल दिखाई देने लगती है और

यही सत्ता का माध्यम और उद्देश्य बन जाता है ऐसी स्थिति में किसी युग में जब-जब अधर्म से उपलब्धियाँ होने लगती हैं तब सभ्यता, संस्कृति की पुनःस्थापना के लिए महाभारत होता है।

पिछली कई सदियों में मानव विकास की मुख्य धाराओं में दो धाराएँ बहुचर्चित रही हैं। एक में वह अपने वातावरण में परिवर्तन लाकर जीवन को ज्यादा सहज और उत्पादनशील बनाता है, दूसरे में अपने अस्तित्व की गहराई में जाने की कोशिश करता है। चूँकि भारतीय सांस्कृतिक विरासत की विशेषता यही रही है कि वह भौतिक चिन्तन और आध्यात्मिक चिन्तन को अलग करके नहीं देखता, एक के विकास और दूसरे के क्षय से मानवता अपूर्ण और क्षतिग्रस्त हो जाती है ऐसी भारतीय संस्कृति की सोच रही है।

जयप्रकाश बाबू मार्क्सवादी चिन्तन की मानवीय अच्छाई की पृष्ठभूमि में इस नतीजे पर पहुँचे थे कि इस भौतिकवादी सिद्धान्त में अच्छाई की मानव कल्पना नहीं है।

हमारी पिछली कई दशाब्दियों में अभारतीय आधुनिक भोगवादी संस्कृति के आदर्श नमूना पर विकास करने की कोशिश की गई है। नतीजा हम भुगत रहे हैं–'अभ्युत्थानामधर्मस्य' दुष्ट शासक-दुष्ट प्रहरी (दुःशासन-दुर्योधन) के हाथ में अनायास ही सत्ता चली गई है। उसका भी एक आधुनिक नाम दे दिया गया है–राजनीति का अपराधीकरण।

आज की आवश्यकता है कि हम रास्ता बदलें और अपने इतिहास, पुराण और संस्कृति की उन नींवों को परखें जिनकी उपेक्षा ने सदियों की मानसिक, आर्थिक एवं सामाजिक संरचना को इतना जर्जर बना दिया है कि इस पर कोई इमारत बन ही नहीं पा रही है।

विकास और ज्ञान तभी अपना होता है जब सपनों को मेधा आत्मसात कर ले। ऐसा नहीं है कि ज्ञान, विज्ञान, संस्कृति, राजनीति एवं व्यक्ति समाज के सन्दर्भ में किसी कालचक्र में अवरुद्ध हो जाते हैं। लेकिन यह तो सही है कि पिछली कई सदियों में आर्थिक एवं मानसिक गुलामी तथा रूढ़िवादी प्रवृत्तियों ने भारत को क्षीणकाय कर दिया है। सीखने के लिए बहुत कुछ है। तोते की तरह राम नाम रटने से तोता रामभक्त नहीं हो जाएगा। रामराज्य बनाने का सपना ईंट-पत्थर की एक इमारत बनाने का संकल्प नहीं है बल्कि एक ऐसा भारतीय समाज जिसमें भौतिक, दैहिक या दैविक कोई क्लेश नहीं हो।

भारत सृष्टि की अनुपम रचना है। इसकी उर्वरा भूमि, उच्च खनिज, पर्याप्त जलस्रोत, परिश्रमी, गुणवान एवं विद्वान जन समूह हजारों वर्षों की सांस्कृतिक धरोहर हमारे अमूल्य रत्न हैं। भारत में विश्व के हर प्रकार से सिरमौर बनने के सभी सामर्थ्य गुण एवं क्षमता विद्यमान है।

हमारा मानना है कि इस देश के पढ़े-लिखे लोगों ने अपना कर्तव्य नहीं निभाया, अपने स्वार्थ एवं लालच के लिए उन्होंने देश का बहुत बड़ा अहित किया। उसकी अगर सूची तैयार करें तो इसमें राजनीतिज्ञ, नौकरशाही, डाक्टर, इंजीनियर, शिक्षाविद्, सामाजिक कार्यकर्त्ता, पत्रकार, न्यायविद् एवं अन्य सभी पढ़े-लिखे लोग अवश्य आ जाएँगे। गोपाल सिंह नेपाली की कविता याद आती है।

> ''बदनाम हुए बटमार मगर इस घर को घर वालों ने लूटा।
> बदनाम हुए बटमार मगर इस घर को रखवालों ने लूटा॥''

लोग हम लोगों के द्वारा इतनी बार ठगे गए हैं कि उन्हें हममें से अधिकांश लोगों की ईमानदारी तथा नीयत पर शक हो गया है। हम पढ़े-लिखे लोग चाहे दक्षिणपंथी हों या वामपंथी या मध्यम मार्ग का अनुसरण करने वाले, सबों की पढ़ाई और सोच बहुत कुछ पाश्चात्य है। वे भारत के उत्थान का आदर्श पश्चिम को मानते रहे हैं। दूसरी ओर साधारण लोग लम्बी गुलामी के कारण अपनी संस्कृति एवं अस्तित्व को बचाने की चेष्टा में अलग-थलग हो गए और सिमट से गए। वे प्रगति के साथ आगे नहीं बढ़ सके। राजनीति ने जनसाधारण से सम्पर्क साधने की चेष्टा अवश्य की परन्तु उनका ध्यान अधिकतर वोटों पर रहा और उन्होंने जनता को धर्म और जाति में विभक्त कर वातावरण को विषाक्त कर दिया। अन्य लोग तो समाज से कट कर परदेशी हो गए।

पढ़े-लिखे लोग और जनसाधारण की खाई अब बहुत चौड़ी हो गई है। आम आदमी हमें अविश्वास की दृष्टि

से देखता है। सरकारी अफसर एक ओर राजनेता की खुशामद में लगे रहते हैं और उनके तलवे भी चाटते हैं वहीं अपने को वे जनसाधारण से अलग मानते हैं मानों राजनीतिज्ञ और वे 'नारायण' हों और बाकी सभी 'साधारण नर'। पुलिस पर से जनता का विश्वास पूर्ण रूप से उठ गया है। यही हाल डाक्टर, इंजीनियर एवं अन्य लोगों के प्रति भी है।

इस भयावह स्थिति से उबरने के लिए बड़ी शल्य चिकित्सा की आवश्यकता है।

1. भ्रष्टाचार पर अंकुश अत्यावश्यक है। सभी जन प्रतिनिधियों, सरकारी अफसरों एवं सेवकों के लिए अपना एवं अपने परिवार का वार्षिक लेखा-जोखा शपथपत्र पर देना, आज्ञासूचक (मेन्डेटरी) होना चाहिए। यह सार्वजनिक दस्तावेज होना चाहिए जो माँग करने पर उपलब्ध हो और विसंगतियाँ होने पर कोई भी अदालत में उनके खिलाफ मुकदमा कर सकता है।

2. चुनाव की प्रक्रिया में आमूल परिवर्तन करना आवश्यक है। इस पर सारे देश में गोष्ठियाँ होनी चाहिए और इससे निकले निष्कर्ष को सरकार द्वारा अविलम्ब लागू करना चाहिए।

3. कुछ रक्षा एवं राष्ट्रीय गोपनीय दस्तावेज को छोड़ सभी सरकारी दस्तावेज जनसाधारण के लिए उपलब्ध होने चाहिए तथा उनकी जाँच एवं आवश्यकतानुसार प्रतिकार की शक्ति रहनी चाहिए। इनका दुरुपयोग नहीं हो इसलिए दुरुपयोग करनेवाले के लिए कठिन दण्ड का भी प्रावधान रहना चाहिए। शिक्षा, विशेषतः नैतिक एवं सामाजिक शिक्षा पर अधिक बल देना चाहिए। यह शिक्षा सभी भारतवासियों के लिए अनिवार्य हो, इसके लिए रेडियो, दूरदर्शन, समाचार पत्रों सभी में स्थायी स्तम्भ होने चाहिए। लोगों के अधिकार के साथ-साथ उनके कर्तव्यों का भी उल्लेख होना आवश्यक है। स्वास्थ्य के प्रति जागरूकता, शुद्ध जल, शुद्ध भोजन एवं शुद्ध पर्यावरण की नितान्त आवश्यकता पर बल देकर प्रतिरोधात्मक (प्रिवेण्टिव), प्रतिरक्षात्मक (प्रोटेक्टिव), सकारात्मक स्वास्थ्य (पॉजिटिव हेल्थ) एवं स्वास्थ्य शिक्षा (हेल्थ एजुकेशन) पर बल आवश्यक है। साथ-साथ रोगियों के समुचित इलाज की व्यवस्था आवश्यक है। स्वस्थ व्यक्ति ही स्वस्थ राष्ट्र का निर्माण कर सकता है यह सबों की सोच में निहित होना चाहिए।

4. बिजली—बिजली ही शक्ति है। बिजली का अधिक उत्पादन अति आवश्यक है। बिजली के वितरण की सुदृढ़ एवं कदाचाररहित व्यवस्था होनी चाहिए। उत्पादन एवं वितरण में सम्बन्धित पदाधिकारीगणों की जवाबदेही होनी चाहिए। अच्छा होगा कि सब सरकारी बन्धनों से मुक्त हो जाएँ।

सरकार का कार्य मुख्य रूप से लोगों के जान माल, गौरव एवं स्वतन्त्रता की रक्षा करना, देश की प्रभुता को अक्षुण्ण रखना होना चाहिए। बाकी सभी कार्य की जिम्मेदारी संस्थाओं और निजी क्षेत्र पर होनी चाहिए।

जनता जिस कार्य के लिए टैक्स देती है उसका सम्पादन ठीक से करवाने का कार्य जनता के हाथ में रहना चाहिए चाहे वह शिक्षा का क्षेत्र हो, स्वास्थ्य का हो या अन्य कोई क्षेत्र।

निर्वाचित सदस्यों तथा सरकारी सेवकों के सभी विशेषाधिकार समाप्त होने चाहिए। सभी विशेषाधिकारों की पहचान हटनी चाहिए। सरकार का काम हर कार्य को सुगम बनाने का होना चाहिए न कि कार्यवाह का। जनसाधारण सर्वोपरि है, मानना सबों के लिए विशेषतः सरकारी सेवकों एवं जनप्रतिनिधियों के लिए आवश्यक है।

लोगों के नैतिक एवं सामाजिक स्तर के उत्थान के साथ-साथ आर्थिक उत्थान भी आवश्यक है—'बुभुक्षानाम किम् न करोति पापः' तथा 'भूखे भजन न होहीं गोपाला' हमें राष्ट्र के पुनर्निर्माण के दौरान सदा याद रखना चाहिए।

भारत का नागरिक होने के नाते मैं जानता हूँ कि हमारे जो भी रास्ते होंगे वे भारतीय होंगे और भारत की संस्कृति और इतिहास से उत्पन्न न कि नकलची।

मैं अपनी बात निम्नलिखित गीत के साथ समाप्त करता हूँ :

"निर्माणों के पावन युग में हम चरित्र निर्माण न भूलें।
स्वार्थ साधना की आँधी में वसुधा का कल्याण न भूलें।
माना अगम अगाध सिन्धु है, संघर्षों का पार नहीं है।
किन्तु डूबना मझधारों में, साहस को स्वीकार नहीं है।
जटिल समस्या सुलझाने को नूतन अनुसन्धान न भूलें॥1॥

शील विनय आदर्श श्रेष्ठता तार बिना झंकार नहीं है।
शिक्षा क्या स्वर साध सकेगी यदि नैतिक आधार नहीं है।
कीर्ति कौमुदी की गरिमा में संस्कृति का सम्मान न भूलें ॥2॥
आविष्कारों की कृतियों में यदि मानव का प्यार नहीं है।
सृजनहीन विज्ञान व्यर्थ है, प्राणी का उपकार नहीं है॥
भौतिकता के उत्थानों में, जीवन का उत्थान न भूलें ॥3॥

—राष्ट्र वन्दना—लोकहित प्रकाशन, लखनऊ, 2001"

आजाद भारत में आजादी की लड़ाई

डॉ. के. पी. द्विवेदी शास्त्री

हमारे देश में प्रजातान्त्रिक प्रणाली 15 अगस्त, 1950 से लागू हो गई थी। हजारों वर्षों पूर्व देश परतन्त्रता की जंजीरों में जकड़ा हुआ था। देश के गौरवशाली अमर शहीदों की शहादत से आज हम और आप स्वतन्त्रता की साँस तो ले रहे हैं, परन्तु आजाद भारत में आजादी की लड़ाई अब भी जारी है। आज देश के कर्णधारों को यह लड़ाई लड़नी होगी। तत्पश्चात् हम और आप यानी देश संपूर्ण स्वतन्त्रता का अनुभव करेगा। स्वतन्त्रता दिलाने वाले अमर शहीदों के सपनों को साकार करना होगा। अन्यथा उनकी आत्माएँ सिसकेंगी उनके स्वप्न ही अधूरे रह जाएँगे। इस कार्य को आगे बढ़ाने के लिए महान क्रांतिकारी लोकतान्त्रिक समाजवाद के समर्थक, चिंतक, लोकनायक स्वर्गीय श्री जयप्रकाश जी का यह आत्मचिन्तन था। क्योंकि देश का प्रत्येक नागरिक व वर्ग संपूर्ण स्वतन्त्रता का अनुभव करे। परन्तु आज ऐसा नहीं हुआ। लोकनायक जी ने एक मुहिम भी चलाई थी, परन्तु वह अधूरी ही रह गई। अन्य अमर शहीदों की तरह इनका भी यही स्वप्न था। इसको पूरा करना देश (भारत) के प्रत्येक नागरिक व समस्त दलीय अग्रणी नेताओं, सामाजिक कार्यकर्त्ताओं तथा पत्रकारों, समाजसेवी संस्थाओं व सामाजिक तथा राजनीतिक कार्यकर्त्ताओं का कर्तव्य ही नहीं बल्कि उद्देश्य होना चाहिए कि देश आत्मनिर्भर कैसे हो। अपने-अपने स्तर पर सभी को विचार करना ही होगा कि इतने वर्ष बाद भी हम अभी भी पूर्ण आजाद व स्वतन्त्र नहीं हुए हैं। हमें, आपको आत्म चिन्तन करना होगा कि वह कौन-कौन से ऐसे कारण हैं जिसकी वजह से देश आत्मनिर्भर नहीं होता रहा है। हमें, आपको अपनी विचारधारा में परिवर्तन लाना होगा। चिन्तन विकासकारी कार्यक्रमों का होगा। अंग्रेजी और अंग्रेजों के बनाए नियम और सिद्धान्तों को नकारना होगा। विधि संगत नवीन योजनाएँ तथा संविधान की कुछ विशिष्ट धाराओं में परिवर्तन कर भारतीयतापरक बनाना होगा। उनकी सोच भारतीय सोच मौलिक हो देशकाल स्थिति के अनुसार परिवर्तन करना होगा। अन्यथा देश और हजारों वर्ष तक गुलामी की जंजीरों में जकड़ा रहेगा। आज देश को उसी प्रकार आवश्यकता है जैसे अंग्रेजों को खदेड़ने और भगाकर स्वतन्त्रता संग्राम सेनानियों ने देश को आजाद कराने का संग्राम जीता था। और उस समय बागडोर ऐसे हाथों में दे दी थी जिसके कारण आज देश स्वतन्त्र तो हुआ परन्तु उन अमर शहीदों के सपने पूर्ण नहीं हुए हैं। अमर शहीद महात्मा गाँधी, विनोबा भावे, लोकनायक जयप्रकाश चाहते थे कि सत्ता का विकेन्द्रीकरण हो कि हमारा देश कृषि प्रधान देश है। यहाँ की 85 प्रतिशत जनता ग्रामों में रहती है। जब भारत के ग्रामों का विकास होगा तो भारतीय किसान आत्मनिर्भर बनेगा तो निश्चय ही 85 प्रतिशत जनता का विकास होगा। इनका नारा था कि शहरों से गाँव की ओर चलो। ग्रामों में गरीबों, हरिजन, जनजाति और गरीबी की रेखा से नीचे के तबके के लोग भी विकास का लाभ उठाएँ, समाज में उन्हें भी समान अधिकार मिले। इन उपरोक्त समाजवादी विचारधारा के मूर्धन्य नेताओं ने ग्राम स्वराज की स्थापना की थी। भूदान और ग्राम दान रूपी योजनाओं को साकार किया। इसका मतलब 'ग्रामदान' एक समृद्ध का रूप है। भूदान एक नदी का रूप है। इनका मानना था कि 'नदी' के माध्यम से समुद्र में प्रवेश हो रहा है 'भूदान'। प्रेम और करुणा के गुण हैं और ग्रामदान में प्रतिभा है।

ग्राम स्वराज गाँवों में रहनेवाले सभी व्यक्तियों की समग्र उन्नति हो। छोटे-बड़े के भेदभाव को दूर कर सामूहिक

जीवन व्यतीत करने का अभिप्राय था कि व्यक्तिगत स्वार्थ की नीति पर कोई न चले यही हम चाहते हैं। सामूहिक जीवन के लिए ग्रामवासियों को प्रवृत्त (तैयार) करना है। संपूर्ण समर्पित करने की भावना ही तो ग्राम स्वराज है। ऐसा स्वप्न था कि आनेवाले समय में ग्राम स्वराज हो जाता है। 'वसुधैव कुटुम्बकम् की भावना' ग्रामों में ही है। ग्राम का धर्म आने वाले समय में गाँव एक परिवार का रूप हो, यह उन अमर शहीद युग पुरुषों की कल्पना नहीं थी। बल्कि साकार करने हेतु भूदान यज्ञ सफल के नारे लगाए। भूदान/ग्राम किसी अंश तक सफल भी हुआ परन्तु कुछ असरदार राजनीति के अजगरों ने भूदान और ग्रामदान की भूमि को कब्जा कर लिया यह कल्पना महापुरुषों की फिर कल्पना ही रह गई साकार नहीं हो पाई है तो आज हमारी आपकी सोच व्यक्तिगत हो गई। हमें आपको व्यक्तिगत स्वार्थपरता से ऊपर उठना होगा तभी आप देश व समाज की बात कर सकते हैं। पहले ग्राम की जनता आत्मनिर्भर हो फिर इसके शहरों को देखा जाए। लोकनायक स्वर्गीय जयप्रकाश के विचार विनोबा भावे से काफी मेल खाते थे।

प्रेमादर युक्त हार्दिक संबंध की एक झलक

सन् 1955 के अपने एक पत्र में विनोबा भावे जी ने जयप्रकाश जी को लिखा था : "प्रार्थना के बारे में आपसे बातें हुई थीं। मैं उनपर अधिक सोच रहा हूँ।"

जब कि जयप्रकाश जी के बहुत बुद्धिजीवी मित्र राजनीतिक साथी श्री विनोबा भावे जी के बारे में कोई अपमानजनक बात करता तो वह तुरन्त ही उनका बचाव करते थे। वे कहते थे कि आपने विनोबा जी को समझा ही नहीं है। विनोबा जी का चिन्तन ऐसा है ही नहीं। विनोबा के विचारों को मानने वाले बुद्धिजीवियों से जयप्रकाश जी यही कहते थे जो उन्होंने 1964 में धर्मवीर भारती से कही थी : "मेरी दृष्टि से तो विनोबा जी विचारों में बहुत ही आधुनिक हैं। विचारक, महान क्रांतिकारी, पूर्ण स्वतन्त्रता को सही मायने में अमली जामा पहनाने की समान विचारधारा के व्यक्ति थे।" महात्मा गाँधी, आचार्य विनोबा भावे और लोकनायक जयप्रकाश जी ने ग्राम समाज का सपना देखा था। उनका विचार था कि हमें देश को आत्मनिर्भर बनाने के लिए ग्रामों की ओर चलना होगा। क्योंकि देश की 85 प्रतिशत जनता ग्रामों में ही निवास करती है।

स्वर्गीय भूतपूर्व प्रधानमन्त्री राजीव गाँधी का योगदान

इन विचारकों का कुछ माने में अर्थ समझा था तत्कालीन प्रधानमन्त्री राजीव गाँधी ने। सत्ता का विकेन्द्रीकरण करने की इच्छा सँजोए हुए श्री गाँधी भारत की ग्राम पंचायतों व ग्राम सभाओं से सीधे जुड़ना चाहते थे। पंचायती राज की घोषणा कर कुछ प्रांतों में जहाँ पर काँग्रेसी सरकारें हैं वहाँ पंचायती राज प्रारम्भ भी हुआ परन्तु अफसरशाही इस क्रांतिकारी कदम को नहीं चलने दे रही है। क्योंकि इन अंग्रेजी दासता वाले नौकरशाही हुक्मरान में आज भी एकतन्त्रता की बू आ रही है क्योंकि हमारी शिक्षा नीति तो अंग्रेजी काल की है कोई विशेष परिवर्तन नहीं हुए हैं। आज भी देश की 'बागडोर' आई. ए. एस./आई. पी. एस. के हाथ में है। वह जैसा चाहते हैं उसी तरह देश के कर्णधार अग्रणी नेताओं को अपनी कुटिल चाल से घुमाते रहते हैं। क्योंकि प्रजातान्त्रिक प्रणाली ही सबसे अच्छी प्रणाली राजनीति के विशेषज्ञों ने मानी है। अरस्तू भी इसी प्रणाली को अच्छा मानते थे और खराब (नेस्ट) प्रणाली भी यही है। समाज से चुनकर जैसे व्यक्ति सत्ता में पहुँचेंगे वैसे ही सत्ता का संचालन करेंगे। यह भारत में लागू है क्योंकि भारत एक धर्मनिरपेक्ष राज्य भी है। यहाँ विभिन्न सम्प्रदायों के व्यक्तियों को समान अधिकार है और एक साथ प्रेम से रहते हैं। जबकि अन्य देशों में ऐसा नहीं है। इसके बाद भी बहुत मायने में स्वतन्त्रता के बाद देश आत्मनिर्भर हुआ है। बहुत से उत्पाद भारत के विश्व के अनेक बाजारों में बिक रहे हैं फिर भी आजाद भारत में आजादी की लड़ाई आज भी जारी है।

संविधान की धाराओं में परिवर्तन की आवश्यकता है

इस लड़ाई से छुटकारा पाने के लिए 'संविधान' यानी भारतीय संविधान को आज स्वतन्त्र भारत के अनुसार उसके कुछ अंशों और धाराओं और उपधाराओं 'अनुच्छेदों' को परिवर्तित करने की आवश्यकता है। यह इच्छा पण्डित दीनदयाल

उपाध्याय ने भी व्यक्त की थी। उपाध्याय उन आदर्श पुरुषों में से एक थे जिन्होंने शुक्र, बृहस्पति और चाणक्य की भाँति आधुनिक राजनीति को रुचि और शुद्धता के धरातल पर खड़ा करने की प्रेरणा दी थी। उन्हें जन्मतः नहीं कर्मतः महान माना गया है। उनकी मृत्यु के उपरान्त समर्थकों और विरोधियों दोनों ने समान रूप से उन्हें स्वीकार किया। प्रजा समाजवादी नेता श्री नाथ पै ने उन्हें 'गाँधी, तिलक और सुभाष की परम्परा' की एक 'कड़ी' बताया था। उपाध्याय जी दलगत राजनीति और सत्ता राजनीति से ऊपर रहे हैं। वास्तव में वे एक ऐसे राजनीति दर्शन को विकसित करना चाहते थे जो भारत की प्रवृत्ति परम्परा के अनुकूल और राष्ट्र की सर्वांगीण उन्नति करने में समर्थमय हो।

आपके अनुसार संविधान एक तात्विक मूल

यदि भारत के वर्तमान संविधान का विचार राष्ट्र की धारणा मापदण्डों से करें तो हमें पता चलेगा कि उसमें संशोधन की आवश्यकता है। हमारा एक राष्ट्र है हम एक जन हैं इसीलिए हमने भाषा, प्रांत, जाति, मजहब आदि के आधार पर मूलभूत अधिकारों में किसी भी भेदभाव को स्वीकार नहीं किया। हमने एक नागरिकता का सिद्धांत माना है। अलग-अलग प्रांत होने के बाद भी अमेरिका की भाँति यहाँ राज्य और संघ की अलग-अलग नागरिकता नहीं है। हम सब भारत के नागरिक हैं। इसी प्रकार हमने राज्यों को संघ से निकल जाने का अधिकार नहीं दिया। इतना ही नहीं, इन राज्यों की समस्याएँ और नाम क्या हो यह निर्णय संसद कर सकती हैं। राज्यों के विधान मण्डल नहीं हैं यह ठीक प्रावधान है। भारत की राष्ट्रीयता और परम्परा के अनुकूल हैं। किन्तु होने पर भी हमने अपने संविधान को संघात्मक बनाया है। अर्थात् जो बात व्यवहार में रखी है वह तत्त्वतः अमान्य कर दी है। संघात्मक प्रणाली में इकाइयों की निजी सत्ता और प्रभुता होती है। वे एक समझौते के अनुसार (यहाँ संविधान वह समझौता है।) अपने अधिकार केन्द्र संघ को सौंप देती है। हो सकता है कि यह इकाइयाँ अपने संपूर्ण अधिकार केन्द्र को सौंपती हैं। इस तरह संघ अधिकार सम्पन्न हो सकता है किन्तु उसके सभी अधिकार उसे मिले हुए हैं तथा सौंपे हुए रहते हैं। ऐसा कोई अधिकार नहीं जो उसका अपना ही हो।

इस विचार से संविधान भारत के प्रांत की सत्ता को मूलभूत मानता है और केन्द्र को राज्यों का समूह मात्र यह बिलकुल ही सत्य के विपरीत है। भारत की एकता और अखण्डता का विरोधाभास है।

इसमें भारत माता की जीव मान्य चैतन्यमयी कल्पना साकार नहीं हो रही है। संविधान के प्रथम अनुच्छेद के अनुसार ही ''इण्डिया अर्थात् भारत एक राज्यों का संघ होगा'' अर्थात् संविधान ने तो भारत माता को बाँट दिया। अब आप इसके अनुसार कह सकते हैं—बिहार माता, बंग माता, पंजाब माता, कन्नड़ माता आदि माताओं को मिलाकर ही बनेगी 'भारत माता' क्या? यह हास्यास्पद कल्पना नहीं है। हमने प्रांतों की कल्पना भारत माता के अंगों के रूप में की है। अलग-अलग माताओं के रूप में नहीं। अतः हमारा संविधान संघात्मक न होकर एकात्मक होना चाहिए। यह एक महान समाजशास्त्री राजनीति के विशेषज्ञ महापुरुष श्री दीनदयाल उपाध्याय के भी विचार हैं।

हमारी परिकल्पनाएँ

आजाद भारत, स्वतन्त्रता की परिकल्पना, स्वतन्त्रता के आयाम, आर्थिक, राजनीतिक और सामाजिक स्वतन्त्रता भारत की आजादी की लड़ाई, भारतीय संविधान में इसकी परिकल्पना और परिणति हम कहाँ तक स्वतन्त्र हैं। (Myth and Reality)

आर्थिक स्वतन्त्रता

मनुष्य की सभ्यताओं का इतिहास उतना ही पुराना है जितना उसका जैविक विकास का इतिहास। मनुष्य ज्यों ही इस संसार में आता है वे तमाम तरह की संस्थाओं और उस समय की मर्यादाओं से बँधा होता है। स्वतन्त्रता का आशय यहाँ मनुष्य की सामाजिक, आर्थिक, राजनीतिक, धार्मिक स्वतन्त्रता से है। वस्तुतः स्वतन्त्रता एक सापेक्ष शब्द है। स्वतन्त्रता निरपेक्ष नहीं हो सकती। राज्य की कल्पना में मनुष्य की आजादी इसी सन्दर्भ में आँकी गई। विगत एक-दो दशकों

से इसी कड़ी में एक और नाम जुड़ा वो है मानवाधिकार। विश्व के मानचित्र पर कई भूभागों में अपने तरीके से स्वतन्त्रता की लड़ाई लड़ी गई और राष्ट्र समय की गति और चेतना के साथ स्वतन्त्र राष्ट्र का उदय हुआ। स्वतन्त्रा की परिकल्पना, सबसे पहले फ्रेंच रिवोल्यूशन से हुई। और liberty and Equality का नारा बुलन्द हुआ। हालाँकि इस नारे ने पूँजीवादी ताकतों को काफी मजबूत और समृद्ध किया।

परन्तु आज भी देश का नागरिक पूर्ण रूप से आर्थिक स्वतन्त्रता प्राप्त नहीं कर सका है। आर्थिक स्वतन्त्रता की लड़ाई अभी भी जारी है। देश के उदीयमान नेतागणों ने अपने-अपने समय में अपने-अपने ढंग से प्रयास किए हैं। हालाँकि उनके प्रयास सराहनीय हैं। जहाँ पर देश में सूई का भी निर्माण नहीं होता था वहीं हम आधुनिक अस्त्र-शस्त्रों का निर्माण भी कर रहे हैं और इलेक्ट्रॉनिक मीडिया में काफी आगे हो गए हैं। वैज्ञानिक दृष्टिकोण से हम किसी भी बड़े से बड़े देश से आगे हैं। औद्योगिक क्रांति आई है। इससे बड़े-बड़े उद्योगपति टाटा, बिड़ला, डालमिया तथा रिलायंस ग्रुप ने आर्थिक उदार नीति का लाभ उठाते हुए पेट्रोलियम पदार्थों तथा प्राकृतिक घरेलू गैस के उत्पादन में देश को आत्मनिर्भर किया है। अभी पूँजीवादी व्यवस्था के अन्तर्गत प्रगति अवश्य हुई है। हरित क्रांति से ग्रामों के किसानों ने कुछ आधुनिक कृषि के उत्पादनों में सफलता प्राप्त की है। भारत सरकार ने कृषक वर्ग को काफी सुविधाएँ मुहैया कराई हैं। कुछ अंशों में आर्थिक स्वतन्त्रता की ओर अग्रसर है। परन्तु गरीबी रेखा के नीचे के लोग आज भी दबे कुचले हैं। वास्तव में इनकी आर्थिक स्वतन्त्रता ही वास्तविक स्वतन्त्रता है। भारत सरकार इस वर्ग के प्रति चिन्तित और प्रयासरत भी है।

प्रत्येक नागरिक को विचार करना है

आर्थिक स्वतन्त्रता पाने के लिए भारत के प्रत्येक नागरिक को आत्मनिर्भर बनने का प्रयास करना होगा। देश को स्वतन्त्र हुए 55 वर्ष बीत गए हैं। परन्तु आज भी हमारा देश आर्थिक रूप से स्वतन्त्र नहीं हुआ।

इसके लिए प्रत्येक नागरिक को चाहे वह दूरदराज के ग्रामीण इलाके से लेकर नगर व महानगरों में निवास करता हो उसे अपने-अपने क्षेत्र में विकास के संबंध में सोचना होगा। कुटीर एवं कृषि उपज पर आधारित उद्योगों तथा कृषि उपजों (उत्पादन) को बढ़ावा देना होगा। देश का कोई भी जनपद (जिला) उद्योग शून्य न हो। सरकार को भी व्यावसायिक शिक्षा पर ध्यान देने की आवश्यकता है जिससे बेरोजगारी भी कम होगी। शिक्षा प्राप्त करने के बाद छात्र-छात्राओं की सोच व्यावसायिक हो। आज भी आवश्यकतापरक वस्तुएँ हम विदेशों से मँगाते हैं, आयात करते हैं। हमें हानि होती है। हमें उद्योगों का ऐसा जाल बिछाना चाहिए कि कोई भी वस्तु हम आयात न करें सिर्फ निर्यात ही करें। धीरे-धीरे हम औद्योगिक विकास की क्रांति की ओर अग्रसर होंगे और आर्थिक आत्मनिर्भरता की ओर बढ़ते जाएँगे। यह तभी सम्भव है जब समाज का प्रत्येक व्यक्ति यह भावना बना ले कि हमें स्वयं आत्मनिर्भर होना है। अपने पैरों पर खड़े होना है। आर्थिक स्वतन्त्रता की जंग स्वयं जीतनी है। कोई भी व्यक्ति गरीबी रेखा के नीचे न हो सभी को समान अधिकार हों चाहे वह ग्रामों में रहे व नगरों में या महानगरों में निवास करे।

जब तक देश में औद्योगिक क्रांति नहीं आएगी तब तक आदमी आर्थिक रूप से सम्पन्न नहीं हो सकते।

विदेशी वस्तुएँ त्यागें स्वदेशी अपनाएँ

विदेशी उत्पादों को त्यागना होगा। देशी उत्पादनों को अपनाकर देश के उद्योगों को बढ़ावा देना होगा। विदेशी वस्तुएँ जो उपभोक्ताओं को प्रभावित करती हैं उनकी साफ-सफाई, विशिष्ट तकनीक तक सब अपने ही देश में भी सम्भव है। तीन दशक पूर्व सूई से लेकर बड़े-बड़े अस्त्र-शस्त्र सभी विदेशी थे यहाँ तक कि लोहा भी विदेशों से आता था। आज हमारा देश अधिकांश धातुएँ लोहा व अस्त्र-शस्त्रों का स्वयं निर्माता है। दूसरे विकासशील देशों को हमारा देश निर्यात करता है। एक दशक पूर्व तत्कालीन प्रधानमन्त्री स्व. राजीव गाँधी के समय एक मॉडल कम्प्यूटर Cryex M.P. 32 Computer आयात किया गया था। आज हम विश्व के कई विकासशील देशों को कम्प्यूटर स्वयं निर्यात कर रहे हैं।

प्रतिभाओं के पलायन पर रोक

हमारे देश में प्रतिभाओं की कमी नहीं है। वैज्ञानिक, इंजीनियर व अन्वेषकों की प्रतिभाएँ ही दूसरे देशों में कार्य कर रही हैं। यदि उन प्रतिभाओं का ही आदर सम्मान तथा आर्थिक सहयोग जो दूसरे देशों में उन्हें मिलता है वह अपने देश में मिलने लगे तो पलायन की स्थिति पर रोक लगेगी और हमारे यहाँ के विशिष्ट व्यक्ति अपने देश में ही और अच्छा कार्य कर सकते हैं। इस ओर देश के मूर्धन्य अग्रणी नेतागणों को सोचना चाहिए। हमारी आर्थिक सम्पन्नता स्वयमेव बढ़ती जाएगी और वह दिन दूर नहीं जब हम किसी भी विकासशील देश के विकासोन्मुखी कार्यक्रम एवं योजनाओं के माध्यम से प्रतिद्वन्द्विता कर सकेंगे और विदेशी बाजारों में भी भारत के उत्पाद व उपभोक्ता वस्तुओं का निर्यात कर सकेंगे। इसके लिए हमें हमारे देश को आयात-निर्यात नीति को काफी सरलीकरण करना होगा। साथ ही वित्तीय संस्थाएँ भी निर्यातक यूनिटों, उद्योगों को सहयोग करें, जिससे उन्हें आर्थिक कठिनाइयों का सामना न करना पड़े। इस संबंध में सरकार ने काफी कुछ प्रयास किए हैं परन्तु अभी और आवश्यकता है। क्योंकि देश की आर्थिक नीति भारतीय परम्पराओं पर आधारित हो। वर्तमान स्थिति के अनुसार नीतियों में परिवर्तन की आवश्यकता है। हजारों वर्ष पुरानी नीतियों पर कार्य करते रहेंगे तो अपनत्व की भावना जाग्रत नहीं हो सकती है। ऐसी अन्य कई नीतियाँ हैं जो आज भी हम परिवर्तित नहीं कर पा रहे हैं। नीतियों के परिवर्तन हेतु निम्न बिन्दुओं पर विचार करना होगा।

1. विकास नियोजन (Development Planning) : वास्तव में विकास नियोजन का अर्थ देश की सरकार द्वारा आर्थिक विकास के लिए चलाए गए कार्यक्रमों एवं नीतियों से है। आर्थिक विकास करने के लिए लक्ष्य की प्राप्ति करने का प्रयास किया जाता है।

योजनाबद्ध तरीके से विकास कार्य : वर्तमान युग आर्थिक नियोजन का युग है। संसार का कोई भी देश केवल निजी क्षेत्र द्वारा की जानेवाली आर्थिक क्रियाओं के आधार पर तीव्र गति से आर्थिक विकास नहीं कर सकता। तीव्र गति से आर्थिक विकास करने के लिए आवश्यक है सरकार को स्वयं एक योजनाबद्ध तरीके से देश के आर्थिक विकास में भाग लेना चाहिए क्योंकि ऐसा लगभग अल्पविकसित देश करते हैं। यह सिद्धान्त और आर्थिक नियोजन की विधि द्वारा आर्थिक विकास के मार्ग की ओर अग्रसर हो जाते हैं और उनकी अर्थव्यवस्थाएँ आर्थिक नियोजन के आधार पर ही विकासोन्मुखी हैं क्योंकि आर्थिक नियोजन एक ऐसी विधि है जिसके अन्तर्गत किसी भी देश के साधनों को ध्यान में रखकर एक निश्चित समय में आर्थिक विकास के निश्चित लक्ष्यों को प्राप्त किया जाता है। इस विधि के संबंध में प्रसिद्ध अर्थशास्त्री एच. डी. डिकंसन के अनुसार, "नियोजन से अभिप्राय मुख्य आर्थिक निर्णयों को लेने से है।" क्या और कितना उत्पादन किया जाए? कहाँ, कैसे, कब किया जाए? उसका बँटवारा किसमें किया जाए के विषय में निर्धारक अधिकारी द्वारा संपूर्ण आर्थिक प्रणाली का व्यापक संरक्षण करने के पश्चात् सचेत तथा महत्त्वपूर्ण निर्णय लेने के लिए आर्थिक नियोजन कहते हैं।

2. भारत में आर्थिक नियोजन : स्वतन्त्रता के बाद भारत ने अल्पविकसितता दूर करने के लिए और देश में उपलब्ध साधनों का उपयोग करने के लिए पंचवर्षीय योजनाओं को शुरू किया गया। प्रथम पंचवर्षीय योजना का प्रारम्भ भारत सरकार में बैठे नेतागणों ने सन् 1951 से किया और आज भी पाँच-पाँच वर्षों के लिए विकास की योजनाएँ बनाई जाती हैं। और समय सीमा के अन्दर ही सभी योजनाबद्ध कार्य पूर्ण किए जाते हैं। सन् 1997 से 2002 तक भारत सरकार की इस प्रकार से 6वीं पंचवर्षीय योजना पूर्ण होगी। आर्थिक नियोजन के आधार पर आर्थिक स्वतन्त्रता की प्राप्ति का यह महत्त्वपूर्ण कदम है।

भारत ने अब तक योजनाओं के आधार पर प्रगति इस प्रकार की है :

	योजनाएँ	अवधि	सार्वजनिक क्षेत्र का कुल खर्च (करोड़)
(1)	पहली पंचवर्षीय योजना (First Five Year Plan)	1 अप्रैल 1951-31 मार्च 56	1,960
(2)	दूसरी पंचवर्षीय योजना (Second Five Year Plan)	1 अप्रैल 1956-31 मार्च 61	4,672
(3)	तीसरी पंचवर्षीय योजना (Third Five Year Plan)	1 अप्रैल 1961-31 मार्च 66	8,577
(4)	तीन एक वर्षीय योजना (Third One Year Plan)	1 अप्रैल 1966-31 मार्च 69	6,625
(5)	चौथी पंचवर्षीय योजना (Fourth Five Year Plan)	1 अप्रैल 1969-31 मार्च 1974	15,779
(6)	पाँचवीं पंचवर्षीय योजना (Fifth Five Year Plan)	1 अप्रैल 1974-31 मार्च 79	39,426
(7)	छठी पंचवर्षीय योजना (Sixth Five Year Plan)	1 अप्रैल 1980-31 मार्च 85	1,09,292
(8)	सातवीं पंचवर्षीय योजना (Seventh Five Year Plan)	1 अप्रैल 1985-31 मार्च 90	2,21,436
(9)	दो एक वर्षीय योजना (Two-One Year Plan)	1अप्रैल 1990-31 मार्च 92	1,23,120
(10)	आठवीं पंचवर्षीय योजना (Eighth Five Year Plan)	1 अप्रैल 1992-31 मार्च 97	4,74,121
(11)	नौवीं पंचवर्षीय योजना प्रस्तावित (Ninth Five Year Plan Proposed)	1 अप्रैल 1997-31 मार्च 2002	8,59,200

आर्थिक विकास योजनाओं की असफलताएँ ही बाधक

भारतीय योजनाओं की मुख्य असफलताएँ इस प्रकार हैं :

1. जीवन स्तर में बहुत कम वृद्धि : सभी पंचवर्षीय योजनाओं का उद्देश्य जीवन स्तर को ऊँचा उठाना है। वास्तव में जीवन स्तर उठना तो दूर, अभी तक लोगों को जीवन रक्षक आवश्यकताओं को भी पूरा नहीं किया जा सका है। एक औसत व्यक्ति को स्वस्थ रहने के लिए 2,508 कैलोरी भोजन की प्रतिदिन आवश्यकता होती है जबकि भारत में केवल 2400 कैलोरी भोजन प्राप्त होता है। हर व्यक्ति को केवल 16 मीटर कपड़ा प्रतिवर्ष प्राप्त होता है। मकानों के संबंध में तो अवस्था बहुत खराब है। संन् 1993-94 में प्रति व्यक्ति आय 1993-94 की कीमतों पर 7,698 रुपए थी। 1999-2000 में यह बढ़कर 1993-94 के मूल्यों पर 10,204 रुपये हो गई है। भारत में जनसंख्या का 29 प्रतिशत भाग निर्धनता की रेखा से नीचे है। योजनाओं के 55 वर्ष बाद भी गरीबी हटाओ कार्यक्रम को कोई विशेष सफलता नहीं मिल सकी है। वास्तव में निर्धन तथा मध्यम वर्ग के लोगों को योजनाओं से जितनी आशाएँ थीं उनकी बहुत कम प्राप्ति हुई है।

2. मूल्यों में वृद्धि (Rise in Prices) : प्रत्येक योजना का उद्देश्य कीमत स्थिरता के लक्ष्य को प्राप्त करना है।

परन्तु लगभग सभी योजनाओं की अवधि में कीमत स्तर में काफी वृद्धि हुई है। केवल पहली योजना ऐसा अपवाद है जिसमें कीमत स्तर कम हुआ। लेकिन दूसरी योजना में कीमत स्तर 6.2 प्रतिशत, तीसरी योजना में कीमत स्तर 5.7 प्रतिशत, चौथी योजना में 8.9 प्रतिशत, पाँचवीं योजना में 6.3 प्रतिशत, छठी योजना में कीमत स्तर में 9.3 प्रतिशत, सातवीं योजना में 6.7 प्रतिशत तथा आठवीं योजना में 6.6 प्रतिशत की औसतन प्रतिवर्ष वृद्धि हुई है। 1999-2000 में कीमतों में 6.5 प्रतिशत की वृद्धि हुई है।

3. बेरोजगारी में वृद्धि (Increase in Unemployment) : पंचवर्षीय योजनाओं के दौरान बेरोजगारी कम होने के स्थान पर बढ़ती गई है। पहली पंचवर्षीय योजना के बाद 53 लाख लोग बेरोजगार थे। दूसरी योजना के बाद उनकी संख्या बढ़कर 71 लाख हो गई। तीसरी योजना में 96 लाख तथा चौथी योजना के बाद 140 लाख तथा पाँचवीं योजना में 206 लाख, छठी योजना के बाद 92 लाख, सातवीं योजना के बाद 86 लाख हो गई तथा आठवीं योजना के बाद 153 लाख हो गई। 1999-2000 में रोजगार दफ्तरों में 4 करोड़ बेरोजगार लोग रजिस्टर्ड थे। पिछले 20 वर्षों से रोजगार के अवसरों में 2.3 प्रतिशत की वृद्धि हुई है परन्तु श्रमिकों की पूर्ति में 2.5 प्रतिशत की वृद्धि होने के कारण बेरोजगारी बढ़ी है।

4. उत्पादक क्षेत्रों में धीमा विकास (Less Growth in Productive Sector) : पंचवर्षीय योजनाओं में कई क्षेत्रों में उत्पादन का विकास धीमा रहा है। योजनाओं में कृषि विकास को जो प्राथमिकता दी जानी चाहिए, वह नहीं दी गई है। पूँजी प्रधान उद्योग को इतना आगे बढ़ाया गया है कि कृषि तथा ग्रामीण उद्योग पीछे रह गए हैं। हरित क्रांति वास्तव में गेहूँ तथा चावल क्रांति ही बन कर रह गई है।

5. आय और धन के बँटवारे में असमानता (Inequality in distribution on Income and Wealth) : पंचवर्षीय योजनाओं का मुख्य उद्देश्य आय और धन के बँटवारे में समानता लाना है। परन्तु योजनाओं की अवधि में असमानता और भी बढ़ गई है। धनी वर्ग और धनी तथा गरीब और अधिक गरीब हो गया है। आय और उनके वितरण में यह असमानता केवल औद्योगिक क्षेत्र में ही नहीं बल्कि कृषि क्षेत्र में भी पाई जाती है। यह अनुमान लगाया गया है कि तीन प्रतिशत परिवार लगभग 50 प्रतिशत खेती की जमीन के स्वामी हैं। योजनाओं में समाजवाद का जो नारा लगाया गया है वह केवल नारा मात्र ही रह गया है।

6. अकुशल प्रशासन (Inefficient Administration) : यू. एन. ओ. (U.N.O.) की टीम के अनुसार भारत की योजनाओं की मुख्य कमी उनके कार्यकरण (Implementation) से सम्बन्धित है। योजनाएँ तो सोच-समझकर तैयार की जाती हैं परन्तु अकुशल प्रशासन, बेईमानी, निजी स्वार्थ, लाल फीताशाही आदि के कारण योजनाओं के लक्ष्य पूरे नहीं हो पाते हैं।

7. सुदृढ़ता का अभाव (Lack of Strong Foundation) : आठवीं पंचवर्षीय योजनाओं के बाद भी आर्थिक आधार सुदृढ़ नहीं हो पाया है। अभी हमें कृषि के विकास के लिए मुख्यतः प्रकृति पर निर्भर रहना पड़ता है। 1965-66 और 1966-67 और 1979-80 तथा 1982-83 में वर्षा न होने के कारण सारी अर्थव्यवस्था अस्त-व्यस्त हो गई। विदेशों से मँगाए जानेवाले अनाज के आयात में वृद्धि करनी पड़ी। 1982-83 में कृषि उत्पादन में होने वाली थोड़ी-सी कमी से ही सारी अर्थव्यवस्था अस्त-व्यस्त हो गई। 1998 में प्याज का उत्पादन कम होने के कारण उसकी कीमत 60 रुपए प्रति किलो से अधिक बढ़ गई थी।

8. आर्थिक महत्वाकांक्षी (More Ambitious) : भारतीय योजनाओं की एक आलोचना यह भी की जाती है कि इनके लक्ष्य बहुत अधिक महत्वाकांक्षी हैं। इसके दो कारण हो सकते हैं एक तो साधनों की कमी और दूसरे योजनाओं का दोषपूर्ण क्रियान्वयन। योजनाकाल में विकास में वृद्धि दर के लक्ष्यों तथा प्राप्तियों में काफी अन्तर रहा है। भारतीय अर्थव्यवस्था की औसत वृद्धि दर 4.1 प्रतिशत रही है जबकि लक्ष्य लगभग 5 प्रतिशत रहा है। लक्ष्य और प्राप्तियों का यह अन्तर योजनाओं की असफलताओं को सिद्ध करता है।

9. बचत और निवेश की वृद्धि का विरोधाभास (Paradox of Saving and Investment) : यद्यपि योजनाओं की अवधि में बचत और निवेश की दर में काफी वृद्धि हुई है परन्तु फिर भी देश के आर्थिक विकास की गति काफी

धीमी है। इस विरोधाभास के कई कारण हैं—(i) भारत में सीमान्त पूँजी उत्पाद अनुपात (Incremental Capital Output Ratio) बहुत अधिक है। यह लगभग 4.24:1 है। इसमें निरन्तर वृद्धि हो रही है। इसके अधिक होने के कारण निवेश में वृद्धि होने पर उत्पादन में बहुत कम वृद्धि होती है। (ii) निवेश का काफी भाग अनाज आदि के स्टाक के रूप में है न कि स्थायी पूँजी निर्माण के रूप में। इसके फलस्वरूप निवेश की दर के बढ़ने पर भी उत्पादन में वृद्धि नहीं हो पाती। (iii) निवेश का एक बड़ा भाग आधुनिक क्षेत्र की बजाए पुराने परम्परागत क्षेत्रों में लगाया जाता है।

10. विदेशी विनिमय संकट (Foreign Exchange Crisis) : सन् 1991 में भारतीय अर्थव्यवस्था को विदेशी विनिमय के संकट से होकर गुजरना पड़ा है। इसका मुख्य कारण योजनाओं को लागू करने के लिए लिया गया विदेशी ऋण, उसका ब्याज तथा निर्यात की कम वृद्धि दर है। योजनाएँ देश के भुगतान सन्तुलन के घाटे को पूरा करने में असफल रही हैं।

भारत में पूँजी निर्माण की दर कम होने के कारण आर्थिक विकास प्रभावित

भारत में पूँजी निर्माण की दर कम होने के मुख्य कारण इस प्रकार हैं :

1. गरीबी का दुश्चक्र (Vicious Circle of Poverty) : भारत के अल्पविकसित देश होने के कारण यहाँ गरीबी का दुश्चक्र पाया जाता है। इसके फलस्वरूप देश में प्रति व्यक्ति आय कम होती है। प्रति व्यक्ति आय कम होने के कारण बचत कम होती है। बचत कम होने के कारण पूँजी निर्माण कम होता है।

2. व्यक्तिगत आय का कम होना (Low Per-Capital Income) : भारत में उत्पादन के विभिन्न क्षेत्र जैसे उद्योग, खेती, यातायात आदि पिछड़े हुए हैं इसलिए कुल उत्पादन कम होता है तथा प्रति व्यक्ति आय कम होती है। आय का अधिक भाग उपभोग पर खर्च हो जाता है। इसलिए बचत बहुत कम मात्रा में होती है। बचत कम होने के कारण पूँजी निर्माण की दर कम होती है।

3. अधिक जनसंख्या (More Population) : भारत में जनसंख्या बहुत अधिक है। इसका एक प्रभाव तो यह होता है कि मजदूरों की प्रति इकाई आय कम होती है इसलिए मजदूरों की मजदूरी कम होती है। मजदूरी कम होने के कारण बचत नहीं हो सकती। इसके फलस्वरूप पूँजी निर्माण की दर कम हो जाती है। जनसंख्या में तेजी से वृद्धि होने का दूसरा प्रभाव यह पड़ता है कि देश में सरकारी प्रयत्नों के फलस्वरूप उत्पादन में जो वृद्धि होती है, वह बढ़ती हुई जनसंख्या के जीवन निर्वाह में समाप्त हो जाती है तथा इसका पूँजी निर्माण में उपयोग नहीं हो पाता।

4. कीमतों में वृद्धि (Inflation) : भारत की सरकार को आर्थिक विकास आदि के बढ़ते हुए व्यय को पूरा करने के लिए घाटे की वित्त व्यवस्था अपनानी पड़ती है। इसके फलस्वरूप अधिकांश दशाओं में कीमतों में काफी वृद्धि हुई है। कीमतों में वृद्धि होने के कारण जनता को अपनी आय को अधिक भाग खर्च करना पड़ता है। इसके फलस्वरूप उनकी बचत करने की शक्ति कम हो जाती है।

5. प्रदर्शन प्रभाव (Demonstration Effect) : भारत में प्रदर्शन प्रभाव के कारण लोगों का व्यय बढ़ गया है। इसके फलस्वरूप बचत की दर कम है। धनी वर्ग विदेशों से आयात की गई विलासिता की वस्तुओं पर धन खर्च करने लगा है। निम्न आय वर्ग के लोग भी उनके रहन-सहन से प्रभावित होकर अपनी आय का अधिक भाग खर्च करने लगते हैं। इस प्रदर्शन प्रभाव के कारण खर्च बढ़ जाता है तथा बचत कम होती है। इसके फलस्वरूप पूँजी निर्माण कम होता है।

6. निवेश की कम सुविधा (Less Facilities of Investment) : पूँजी निर्माण के लिए बचत के साथ-साथ निवेश की सुविधाओं का होना भी आवश्यक है। भारत जैसे देशों में निवेश की सुविधाएँ कम होती हैं। इन देशों में कुशल उद्यमियों, बैंकिंग संस्थाओं, आधुनिक तकनीकों आदि की कमी पाई जाती है। इसके फलस्वरूप निवेश की मात्रा कम रहती है। निवेश कम होने का अर्थ है पूँजी निर्माण कम होना।

7. करों में वृद्धि (Increase in Taxes) : भारत में सरकार की कर प्रणाली का भी पूँजी निर्माण पर बुरा प्रभाव पड़ता है। आय का अधिक भाग करों के रूप में चुकाना पड़ता है। अतएव करदाताओं की उपभोग-योग्य आय (Disposable

Income) कम हो जाती है। परिणामस्वरूप उनकी बचत करने की शक्ति भी कम हो जाती है। भारत में अप्रत्यक्ष करों जैसे बिक्रीकर, उत्पादन कर की दर भी अधिक है। भारत में अप्रत्यक्ष करों में वृद्धि दर अधिक होने के फलस्वरूप कीमतें बढ़ जाती हैं, लोगों को अपनी आय का अधिक भाग खर्च करना पड़ता है। अतएव उनकी बचत करने की शक्ति भी कम हो जाती है। बचत कम होने के कारण पूँजी निर्माण भी कम होता है।

8. वित्तीय संस्थाओं की कमी (Lack of Financial Institutions) : पूँजी निर्माण के लिए वित्तीय संस्थाओं की अधिक संख्या देश के ग्रामीण क्षेत्र में बैंकिंग का विकास तथा ब्याज की दर उचित होना जरूरी है। भारत में इन बातों की कमी पाई जाती है। इसके परिणामस्वरूप निजी बचत का संग्रह उचित मात्रा में नहीं हो पाता।

9. माँग की कमी (Lack of Demand) : भारत के अधिकतर लोग निर्धन हैं। उनकी वस्तुओं के लिए माँग कम तथा सीमित होती है, इसके परिणामस्वरूप बाजार का आकार सीमित होता है। बाजार का आकार सीमित होने के कारण उत्पादन कम होता है। उत्पादन कम होने के कारण आय, रोजगार, बचत तथा निवेश की मात्रा कम होती है। इसलिए भारत में माँग की कमी भी पूँजी निर्माण की कमी का मुख्य कारण है।

10. योग्य उद्यमियों का अभाव (Lack of Able Enterprises) : भारत में योग्य उद्यमियों का अभाव है। अधिकतर लोग व्यापार, नौकरी, जीवन निर्वाह खेती या कुटीर उद्योगों में लगे रहते हैं। बड़े उद्योगों में जोखिम अधिक होता है तथा साधनों की भी बहुत मात्रा में आवश्यकता होती है। इन्हीं उद्योगों के कारण पूँजी निर्माण भी अधिक होता है। भारत में जोखिम उठाने वाले उद्यमी बहुत कम होते हैं। इसके परिणामस्वरूप निवेश कम होता है तथा पूँजी निर्माण कम रह जाता है।

11. उपरिव्यय पूँजी का अभाव (Lack of Outward Capital) : भारत में उपरिव्यय पूँजी जैसे परिवहन, विद्युत, संचार, बैंकिंग, सामाजिक सेवाएँ आदि कम मात्रा में पाई जाती हैं। इनकी कमी के कारण उद्योग तथा कृषि का अधिक विकास सम्भव नहीं हो पाता। इसलिए पूँजी निर्माण की दर कम रहती है।

भारत में-बचत तथा निवेश की दर बढ़ाने के सुझाव भी आवश्यक हैं

भारत में बचत की दर में वृद्धि की जानी चाहिए। इसके फलस्वरूप पूँजी निर्माण में वृद्धि होती है। पूँजी निर्माण आर्थिक विकास के लिए आवश्यक है।

1. घरेलू बचत में वृद्धि (Increase in Domestic Savings) : भारत में बचत की दर में वृद्धि की जानी चाहिए। इसके लिए कई सुझाव दिए जा सकते हैं। जैसे— (1) ब्याज की दर में वृद्धि, (2) प्रॉविडेंट फण्ड योजना का विस्तार, (3) प्रॉविडेंट फण्ड की दर में वृद्धि, (4) जीवन बीमा विस्तार, (5) अनिवार्य जमा योजना, (6) छोटी-छोटी बचतों को आकर्षित करने के लिए नई योजनाएँ आरम्भ की जानी चाहिए, (7) सार्वजनिक क्षेत्र को अपने लाभ की दर बढ़ानी चाहिए, (8) प्रत्यक्ष करों की कम दर।

2. बैंकिंग संस्थाओं का विस्तार (Expansion of Banking Institutions) : भारत में बैंकों की सुविधाएँ कम हैं। इसलिए बचत का संग्रह करने के लिए बैंकिंग सुविधाओं में वृद्धि करना अतिआवश्यक है। व्यापारिक बैंकों को कस्बों तथा गाँवों में भी अपनी शाखाएँ खोलनी चाहिए। लोगों में बचत प्रवृत्ति को प्रोत्साहन देने के लिए नई-नई बचत योजनाएँ आरम्भ की जानी चाहिए। सहकारी बैंकों (Co-operative Banks) के विकास को विशेष रूप से प्रोत्साहन देना चाहिए। डाक-बचत घर देश के कोने-कोने में खोले जाने चाहिए। बैंकिंग सुविधाओं के विकास के कारण लोगों की बचत करने की प्रवृति को प्रोत्साहन मिलेगा।

3. ग्रामीण बचतें (Rural Savings) : भारत में अधिकतर लोग गाँवों में रहते हैं। गाँवों में संग्रह की संभावना काफी अधिक है। ग्रामीण बचतों का संग्रह करने के लिए निम्नलिखित उपाय अपनाए जाने चाहिए : (1) गाँवों के लिए उनके आस-पास बैंकों की अधिक से अधिक शाखाएँ खोली जानी चाहिए। (2) गाँवों के लिए बीमा की कई प्रकार की योजनाएँ बनाई जानी चाहिए, उनमें जीवन बीमा का प्रचार किया जाना चाहिए। (3) गाँवों में सहकारी बैंकों का विकास, बचत संग्रह में काफी सहायक सिद्ध हो सकता है।

4. प्रत्यक्ष कर (Direct Taxes) : निगमों और उद्यमियों पर ये कर एक उचित सीमा तक ही लगाए जाने चाहिए। इसके फलस्वरूप लोगों की उपभोग्य-योग्य आय में कमी नहीं होगी तथा वे अधिक बचत करेंगे।

5. अप्रत्यक्ष कर (Indirect Taxes) : अप्रत्यक्ष कर विलासिता की वस्तुओं तथा ऐसी वस्तुओं पर लगाए जाने चाहिए जिनका उपभोग धनी व्यक्ति करते हैं। इनके कारण एक ओर फिजूलखर्ची कम होगी तथा दूसरी तरफ सरकार को अधिक धन इकट्ठा करने में सहायता मिलेगी तथा धन का समान वितरण हो सकेगा।

6. सार्वजनिक उद्यमों के लाभ (Surplus of Public Enterprises) : भारत में सार्वजनिक क्षेत्र में सरकार ने काफी उद्यम स्थापित किए हैं। यदि इन उद्यमों का अधिक कुशलतापूर्वक संचालन किया जाएगा तो इनके लाभ में वृद्धि होगी। इस लाभ के फलस्वरूप सार्वजनिक क्षेत्र की बचत में वृद्धि होगी। सार्वजनिक क्षेत्र की बढ़ी हुई बचत का निवेश करने से पूँजी निर्माण में वृद्धि होगी।

7. अविकासात्मक व्ययों में कमी (Reduction in Non-development Expenditure) : सरकार को प्रशासन सुरक्षा आदि से सम्बन्धित अविकासात्मक व्यय में कमी करनी चाहिए। इन व्ययों में कमी होने से बचत में वृद्धि होगी तथा सार्वजनिक क्षेत्र में निवेश की दर में वृद्धि होगी। इसके फलस्वरूप पूँजी निर्माण की दर बढ़ेगी।

8. प्रति व्यक्ति आय में वृद्धि (Increase in Per Capital Income) : पूँजी निर्माण की दर बढ़ाने के लिए यह आवश्यक है कि प्रति व्यक्ति आय में वृद्धि होनी चाहिए। प्रति व्यक्ति आय में वृद्धि तब होती है जब राष्ट्रीय आय में वृद्धि होती है या जनसंख्या में कमी होती है। इसके लिए एक ओर जन्म दर को कम किया जाना चाहिए तथा दूसरी ओर उद्योग, कृषि आदि उत्पादन के क्षेत्रों का विकास किया जाना चाहिए।

9. कीमत स्थिरता (Price Stability) : कीमतों में अधिक वृद्धि या कमी को रोका जाना चाहिए। कीमतों में होने वाली वृद्धि को रोकने से लोगों की बचत बढ़ेगी। इसके फलस्वरूप पूँजी निर्माण की दर में वृद्धि होगी। कीमतों में बहुत अधिक कमी भी नहीं होनी चाहिए, क्योंकि इसका निवेश पर बुरा प्रभाव पड़ता है।

10. सरकार की उदार आर्थिक नीति (Liberal Policy of the Government) : सरकार की साख, राजस्व तथा औद्योगिक नीति उदार होनी चाहिए। उदार नीति के फलस्वरूप लोगों को बचत तथा निवेश करने का प्रोत्साहन मिलेगा। इसका पूँजी निर्माण की दर पर अनुकूल प्रभाव पड़ेगा।

संक्षेप में, सरकार उपयुक्त राजकोषीय तथा मौद्रिक नीति अपनाकर ही देश में बचत तथा निवेश की दर बढ़ा सकती है।

आर्थिक स्वतन्त्रता में कीमतों की वृद्धि भी बाधक है?

कीमतों में वृद्धि क्यों?

योजनाबद्ध विकास तथा सामान्यजन के हित के लिए निरन्तर बढ़ती हुई कीमतों से हानिकारक कुछ भी नहीं हो सकता। सन् 1982 की तुलना में रुपए का मूल्य केवल 23 पैसे रह गया था। योजनाओं की अवधि में राष्ट्रीय आय में 4 गुणा वृद्धि हुई है परन्तु मुद्रा की पूर्ति के 15 गुणा बढ़ जाने के कारण कीमतें लगभग छः गुणा बढ़ गई हैं। एक अल्पविकसित अर्थव्यवस्था में आर्थिक विकास पर बुरा प्रभाव पड़ता है। समाज के मध्यम तथा निर्धन श्रेणी के लोगों को बढ़ती हुई कीमतों के कारण कष्ट उठाना पड़ता है। अतएव भारत जैसे देशों के लिए विकास के साथ-साथ कीमत स्थिरता का उद्देश्य प्राप्त करना आवश्यक हो जाता है।

1.1 कीमत परिवर्तन का माप (Measurement of Change in Prices)

एक निश्चित अवधि में कीमतों में होने वाले परिवर्तनों को तीन प्रकार से व्यक्त किया जा सकता है :

1. थोक कीमतों के सूचकांक (Index Number of Wholesale Prices) : इस माप के द्वारा चालू वर्ष में वस्तुओं की थोक कीमतों में आधार वर्ष की थोक तुलना में होने वाले प्रतिशत परिवर्तन को प्रकट किया जाता है। इसमें सेवाएँ शामिल नहीं की जातीं।

2. औद्योगिक कर्मचारियों के उपभोक्ता कीमत सूचकांक (Consumer Price Index Number of Industrial) :

इस माप के द्वारा आधार वर्ष की तुलना में चालू वर्ष में औद्योगिक कर्मचारियों की जीवन लागत (इसमें उपभोग वस्तुओं तथा सेवाओं दोनों को शामिल किया जाता है) में होने वाले प्रतिशत परिवर्तन को प्रकट किया जाता है।

3. सकल घरेलू उत्पाद अवस्फीतिक (Gross Domestic Product Deflation) : इस माप के द्वारा सकल घरेलू उत्पाद अवस्फीतिक (Deflation) ज्ञात किया जाता है।

$$\text{सकल घरेलू उत्पाद अवस्फीतिक (GDP Deflator)} = \frac{\text{चालू कीमतों पर सकल घरेलू उत्पाद}}{\text{स्थित कीमतों पर सकल घरेलू उत्पाद}}$$

भारत में अभी तक स्थिर कीमतों को मापने के लिए 1980-81 को आधार वर्ष के रूप में प्रयोग किया जाता रहा है। अब 1993-94 को आधार वर्ष के रूप में प्रयोग किया जाएगा। सकल घरेलू उत्पाद अवस्फीतिक (GDP Deflator) द्वारा यह ज्ञात हो जाता है कि किसी वर्ष में सकल घरेलू उत्पाद (GDP) में होने वाला परिवर्तन वस्तुओं तथा सेवाओं के उत्पादन में वृद्धि होने के कारण कहाँ तक हुआ है। अतएव इसके द्वारा रुपए की क्रय शक्ति में होने वाला परिवर्तन स्पष्ट हो जाता है।

कीमतों में परिवर्तन प्रकट करने के लिए थोक कीमत सूचकांक (Wholesale Price Index) का अधिक प्रयोग किया जाता है।

1.2 कीमत प्रवृत्तियाँ (Trends in Prices)

भारत में द्वितीय महायुद्ध के समय से ही कीमतों के बढ़ने की प्रवृत्ति पाई जा रही है। स्वतन्त्रता के बाद अर्थव्यवस्था में ऐसे कई लम्बे दौर आए हैं जब कीमतें तेजी से बढ़ी हैं 1951 से 1998 तक की अवधि में कीमतों में 6.6 प्रतिशत प्रतिवर्ष की वृद्धि हुई है।

भारत की कीमतों में होने वाले परिवर्तनों की विस्तृत रूपरेखा इस प्रकार से है :

1. स्वतन्त्रता से पहले कीमत वृद्धि (Rise in Prices before Independence) : सन् 1939 में जब द्वितीय विश्वयुद्ध शुरू हुआ तब से कीमतें बढ़ रही हैं। 1939 में कीमत सूचकांक 100 था। यह 1947-48 में बढ़कर 308 हो गया।

2. स्वतन्त्रता के पश्चात् 1951 तक कीमत वृद्धि (Rise in Prices upto 1951) : युद्ध के पश्चात् यह अनुमान लगाया जा रहा था कि कीमतों में काफी कमी होगी। परन्तु कीमतों ने अपने बढ़ने की प्रवृत्ति में कोई रुकावट नहीं आने दी। सन् 1951 से कीमत सूचकांक (Price Index Number) बढ़कर 462 तक पहुँच गया।

3. प्रथम योजना में कीमतों की कमी (Fall in Prices First Five Year Plan 1951-56) : प्रथम योजना अवधि (1951 से 1956) में कीमतों में लगभग 2.4 प्रतिशत प्रतिवर्ष की औसतन कमी हुई।

4. दूसरी योजना में कीमतों की वृद्धि (Rise in Prices during Second Five Year Plan 1956-61) : इस योजना के दौरान कीमतें फिर बढ़ने लगीं। दूसरी योजना की अवधि में कीमतों में 6.2 प्रतिशत प्रतिवर्ष की औसतन वृद्धि हुई।

5. तीसरी योजना में कीमतों की वृद्धि (Rise in Prices during Third Five Year Plan 1961-66) : तीसरी योजना में कीमतों में बढ़ने की प्रवृत्ति जारी रही। इस योजना की अवधि में कीमतों में औसतन 5.7 प्रतिशत प्रतिवर्ष की वृद्धि हुई।

6. चौथी योजना में कीमतों की वृद्धि (Rise in Prices during Fourth Five Year Plan 1969-74) : चौथी योजना में कीमतों के बढ़ने की प्रवृत्ति जारी रही है। इस योजना की अवधि में तीसरी योजना की तुलना में कीमतें औसतन 8.9 प्रतिशत बढ़ गईं।

7. पाँचवीं योजना में कीमतों की वृद्धि (Rise in Prices during Fifth Five Year Plan 1974-78) : पाँचवीं योजना के चार वर्षों की अवधि में चौथी योजना की तुलना में कीमतों में औसतन 6.3 प्रतिशत की वृद्धि हुई है।

8. छठी योजना में कीमतों की वृद्धि (Rise in Prices during Six Five Year Plan 1980-85) : इस योजना अवधि में भी कीमतों में बढ़ने की प्रवृत्ति जारी रही। इस योजना की अवधि में कीमतों में औसतन 9.3 प्रतिशत प्रतिवर्ष की वृद्धि हुई।

9. सातवीं योजना में कीमतों की वृद्धि (Rise in Prices during Seventh Five Year Plan 1985-90) : सातवीं योजना में कीमतों में वृद्धि जारी रही है। सातवीं योजना की अवधि में कीमतों में प्रतिवर्ष औसतन 6.7 प्रतिवर्ष की वृद्धि हुई।

10. आठवीं योजना (Eighth Plan) : आठवीं योजना में कीमतों में औसतन वृद्धि सातवीं योजना की तुलना में कम हो गई। आठवीं योजना की अवधि में कीमतों में प्रतिवर्ष औसतन 6.6 प्रतिशत की वृद्धि हुई।

11. नौवीं योजना (Ninth Plan) : नौवीं योजना के दूसरे वर्ष अर्थात् 1998-99 में कीमतों में केवल 7 प्रतिशत की वृद्धि हुई। जबकि 1999-2000 में 6.5 प्रतिशत की वृद्धि हुई थी।

1.3 स्वतन्त्रता के पश्चात् कीमतों की दिशा की विशेषताएँ (Features of the Course of Prices after Independence)

स्वतन्त्रता के पश्चात् कीमतों की दिशा से सम्बन्धित मुख्य विशेषताएँ निम्नलिखित हैं :

(1) सन् 1950-51 से सन् 1999-2000 तक कीमत स्तर लगभग सोलह गुणा बढ़ गया। दूसरे शब्दों में, सन् 1999-2000 में औसतन एक रुपए में उतनी वस्तुएँ खरीदी जा सकती हैं जितनी 1950-51 में 6 पैसे में खरीदी जा सकती थीं।

(2) स्वतन्त्रता के पश्चात् की अवधि में केवल तीन वर्षों 1954-55, 1968-69 तथा 1975-76 में कीमतों में गिरावट आई है। इन वर्षों के अतिरिक्त अन्य सभी वर्षों में कीमत स्तर बढ़ा है। यद्यपि इसमें होने वाली वृद्धि की मात्रा भिन्न रही है।

(3) इस अवधि में गम्भीर मुद्रास्फीति (Inflation) के पाँच दौर आए थे। जबकि कीमत स्तर में वृद्धि की औसत वार्षिक दर 10 प्रतिशत या उससे भी अधिक पहुँच गई थी। वे दौर 1956-57, 1963-64 से 1967-68, 1972-73 से 1974-75 तथा 1979-80 तथा 1990-91 वर्ष थे।

(4) भारतीय अर्थव्यवस्था सन् 1963-64 से मुद्रास्फीति की ओर विशेष रूप से अग्रसर है। सन् 1963-64 से 1988-89 के काल में कीमत स्तर में होने वाली वृद्धि की औसत वार्षिक दर 8 प्रतिशत रही है। जबकि 1952-53 से 1962-63 तक यह केवल 1.6 प्रतिशत रही है।

(5) 1999-2000 में कीमतों में वृद्धि दर में काफी कमी हो गई। यह कम होकर मार्च 2000 में केवल 2 प्रतिशत रह गई। 1999-2000 में मुद्रा स्फीति की औसत दर केवल 6.5 प्रतिशत थी। भारत में कीमत सूचकांक का आधार वर्ष 1981 था। इसे अब बदलकर 1993-94 किया गया है।

आर्थिक स्वतन्त्रता में बाधक है जनसंख्या वृद्धि

1. भारत में जनसंख्या विस्फोट (Population Explosion in India) : स्वतन्त्रता प्राप्ति के पश्चात् भारत की जनसंख्या में बहुत तेजी से वृद्धि हुई है। 1951-61 की दशाब्दि में भारत की जनसंख्या में 7 करोड़ 80 लाख की वृद्धि हुई। यह वृद्धि 21.6 प्रतिशत की दर से हुई जो पिछले 40 वर्षों में होने वाली वृद्धि की दर से बहुत अधिक है। जनसंख्या में इतनी अधिक तेजी से वृद्धि होने को ही जनसंख्या विस्फोट (Population explosion) कहा जाता है। 1951 से जनसंख्या निरन्तर तेजी से बढ़ रही है। 1981 में जनसंख्या की वृद्धि दर 24.8 प्रतिशत तथा 1991 में यह कम होकर 23.8 प्रतिशत हो गई। 1991 में भारत की जनसंख्या बढ़कर 84 करोड़ 63 लाख हो गई तथा 2000 में 100 करोड़ हो गई। अतएव भारत की मुख्य समस्या एक ओर जनसंख्या के तीव्र गति से बढ़ने की समस्या है तथा दूसरी ओर जनसंख्या की निर्धनता की समस्या है।

2. भारत की जनसंख्या का आकार (Size and Growth of India's Population) : जनसंख्या की दृष्टि से संसार में चीन के पश्चात् भारत का दूसरा स्थान है तथा क्षेत्रफल की दृष्टि से सातवाँ स्थान है। भारत संसार के 2.4 प्रतिशत क्षेत्रफल पर संसार की 1.5 प्रतिशत आय के द्वारा 15 प्रतिशत जनसंख्या का पालन-पोषण कर रहा है। इससे सिद्ध होता है कि भारत में जनसंख्या का भार अधिक है। सन् 1981 की जनगणना के अनुसार भारत की जनसंख्या

68 करोड़ 33 लाख थी। 1991 में भारत की जनसंख्या 84 करोड़ 63 लाख तथा 2000 में 100 करोड़ हो गई। भारत की जनसंख्या की वृद्धि दर भी बहुत अधिक है। हर वर्ष हमारे देश की जनसंख्या में लगभग 1 करोड़ 60 लाख व्यक्तियों की वृद्धि होती है। **किंजगले डेविस** के अनुसार–*"ईसा से 300 वर्ष पूर्व तक भारत की जनसंख्या 12 करोड़ के लगभग ही बनी रही। इसका कारण यह था कि भारत में जन्म दर तथा मृत्यु दर दोनों ही अधिक थीं, परन्तु लगभग बराबर थी।"* पहली जनगणना 1891 में हुई थी। परन्तु 1901 के पश्चात् से प्रति दस वर्ष के बाद जनगणना होती है। सन् 2000 तक भारत की जनसंख्या का आकार तथा वृद्धि इस प्रकार हुई है।

वर्ष	जनसंख्या (करोड़)	वृद्धि या कमी (करोड़)
1891	23.87	–
1901	23.83	– 0.04
1911	25.21	1.38
1921	25.14	– 0.07
	महान विभाजन का वर्ष	
1931	27.90	2.76
1941	31.86	30.96
1951	36.10	4.24
	जनसंख्या में विस्फोट की स्थिति वाले वर्ष	
1961	43.92	7.82
1971	54.81	10.89
1981	68.33	13.52
1991	84.63	16.30
2000	100	15.37

(Source : Census of India 1991, Statistical Outline of India 2001)

भारत की जनसंख्या की वृद्धि की अवधि को तीन भागों में बाँटा जा सकता है–

1. स्थिर जनसंख्या की अवधि (1891-1921)

भारत की 1891 से 1921 तक जनसंख्या में बहुत कम वृद्धि हुई थी। इन तीस वर्षों में जनसंख्या में केवल 1.27 करोड़ की वृद्धि निम्न प्रकार से हुई है।

(i) 1891 से 1901 : इन दस वर्षों में जनसंख्या में 4 लाख की कमी हुई। इसका मुख्य कारण यह था कि इन वर्षों में देश के विभिन्न भागों में अकाल, प्लेग, मलेरिया आदि महामारियों के कारण बहुत से लोगों की मृत्यु हो गई।

(ii) 1901 से 1911 : इन दस वर्षों में जनसंख्या में 138 लाख की कमी हुई। इसका मुख्य कारण यह था कि इस अवधि में अकाल इत्यादि नहीं पड़े तथा मृत्यु दर कम रही।

(iii) 1911 से 1921 : इन दस वर्षों में जनसंख्या 7 लाख कम हो गई। इसका मुख्य कारण अकाल, प्लेग, हैजा और मलेरिया आदि महामारियाँ थीं। 1918 में इन्फलूएंजा की महामारी से 1.40 लाख लोग मर गए।

2. तेजी से बढ़ती हुई जनसंख्या की अवधि (1921 से आगे)

सन् 1921 के पश्चात् जनसंख्या बड़ी तीव्र गति से बढ़ रही है। 1921 से भारत की जनसंख्या में जो वृद्धि की प्रवृत्ति हुई है वह अब तक विद्यमान है। इसलिए जनगणना कमिश्नर ने 1921 को महान विभाजन का दर्ष (Year of Great Divide) कहा है।

(i) **1921 से 1931 :** भारत की जनसंख्या में 276 लाख की वृद्धि हुई। यह पिछले तीस वर्षों में होने वाली वृद्धि से अधिक है।

(ii) **1931 से 1941 :** जनसंख्या में 396 लाख की वृद्धि हुई। इन वर्षों में वृद्धि की दर 11 प्रतिशत से बढ़कर 14 प्रतिशत के लगभग हो गई है।

(iii) **1941 से 1951 :** जनसंख्या में 424 लाख की वृद्धि हुई है। इन वर्षों में ग्रेट ब्रिटेन की कुल जनसंख्या के लगभग बराबर ही भारत की जनसंख्या में वृद्धि हो गई थी। जनसंख्या वृद्धि की दर कुछ कम हो गई, क्योंकि विभाजन के कारण देश में मानव हानि बहुत हुई थी।

3. जनसंख्या विस्फोट की अवधि (1951 से आगे)

(i) **1951 से 1961 :** इस अवधि में जनसंख्या में सबसे अधिक वृद्धि हुई, जिसे विस्फोट (Explosion) का वर्ष भी कहते हैं। 782 लाख जनसंख्या इन दस वर्षों में बढ़ गई है। विभाजन के कारण पाकिस्तान के हिस्से में जितनी जनसंख्या गई थी वह इस अवधि में पूरी हो गई। इस अवधि में वृद्धि की दर बहुत अधिक अर्थात् 21.5 प्रतिशत रही।

(ii) **1961 से 1971 :** इस अवधि में जनसंख्या में 1089 लाख की वृद्धि हुई। इस अवधि में वृद्धि की दर 25 प्रतिशत हो गई। भारत में प्रतिदिन 50 हजार बच्चे जन्म लेते हैं। अर्थात् एक मिनट में 50 और खाने वाले पैदा हो जाते हैं।

(iii) **1971 से 1981 :** इस अवधि में भारत की जनसंख्या बढ़कर 68 करोड़ 33 लाख हो गई। इस अवधि में जनसंख्या में 13 करोड़ 52 लाख की वृद्धि हुई।

(iv) **1981 से 1991 :** सन् 1991 में भारत में जनगणना की गई। इसकी प्रारम्भिक रिपोर्ट के अनुसार भारत की जनसंख्या बढ़कर 84 करोड़ 63 लाख हो गई। सन् 1951 से 1991 तक जनसंख्या में 48 करोड़ 53 लाख की वृद्धि हुई। इन 50 वर्षों में जनसंख्या के बहुत अधिक बढ़ने का कारण यह था कि जन्मदर में तो कोई विशेष कमी नहीं हुई परन्तु चिकित्सा संबंधी सुविधाओं में सुधार के कारण मृत्यु दर काफी कम हो गई।

(v) **1991 से 2000 :** सन् 2000 में भारत की जनसंख्या बढ़कर 100 करोड़ हो गई। इस प्रकार 1991 से 2000 तक भारत की जनसंख्या में लगभग 15.4 करोड़ की वृद्धि हुई है। भारत सरकार ''परिवार कल्याण एवं स्वास्थ्य विभाग के माध्यम से बढ़ती जनसंख्या पर नियन्त्रण करने का प्रयास कर रही है।''

आजादी के पूर्व और वर्तमान में

उक्त विषय बहुत विस्तृत एवं व्यापक है। प्रस्तुत लेख में मैं आजादी के पहले की भूमिका पर थोड़ा प्रकाश डालते हुए आजादी के बाद सन् 1947 से आज तक भारत के लोकतान्त्रिक के अर्धशताब्दी के फल और विफल के सन्दर्भ में सामाजिक, आर्थिक, राजनीतिक पहलुओं की विवेचना करूँगा। सन् 1985 में जब काँग्रेस की स्थापना हुई तो काँग्रेस उस समय एक सामाजिक संस्था थी। धीरे-धीरे इसका आकार और उद्देश्य बदलता गया। क्योंकि सामाजिक विषमता अपनी राजनीति का दायरा तय कर लेती है। उस समय काँग्रेस की विचारधारा का समाजवाद से कोई लेना-देना नहीं था। 1916 में साउथ अफ्रीका से गाँधी के लौटने के बाद पश्चिमी देशों से शिक्षा प्राप्त बहुत से देशभक्त, नेता स्वतन्त्रता आंदोलन में कूद पड़े जैसे गाँधी, लोहिया, जयप्रकाश नारायण, चित्तरंजन दास, लोकमान्य तिलक, श्रीपाद डाग, अशोक मेहता, अम्बेडकर इन सभी के लिए प्रारम्भिक दौर में काँग्रेस ने एक मंच और गति प्रदान की।

बीसवीं सदी के दूसरे दशक में दो और महत्त्वपूर्ण राजनीतिक-सामाजिक मंच की स्थापना हुई, एक हेडगेवार के नेतृत्व में आर. एस. एस. और दूसरा एम. एन. राय की अध्यक्षता में सी. पी. आई. की स्थापना। सी. पी. आई. की स्थापना विशुद्ध सामाजिक थी। आगे चलकर इस विचारधारा से बहुत से लोग जुड़े और राजनीतिक संगठन खड़ा किया गया। स्वतन्त्रता के पहले विचारधाराएँ और इससे जुड़े संगठन सक्रिय रहे। एम. एन. राय ने रूस की लेनिनवादी बोल्शेविक

क्रांति जो 1917 में हुई प्रेरित होकर साम्यवादी पार्टी की स्थापना की।

स्वतन्त्रता के आंदोलन को अब बीसवीं सदी के द्वितीय दशक से पूर्व गति मिलने लगी जिसमें जवाहरलाल नेहरू, जयप्रकाशनारायण, सरदार पटेल सरीखे लोग काँग्रेस की समाजवादी नीतियों के कायल थे। और वह तमाम लोग जुड़े जो पश्चिम में पूँजीवादी ताकतों के खिलाफ लामबंद हो रहे थे। अपनी औद्योगिक क्रांति के बल पर इंग्लैण्ड ने अपने पूँजीवाद के विस्तार में तमाम अविकसित देशों को गुलाम बनाया जिसमें फ्रांस और पुर्तगाल भी पीछे नहीं था। फ्रांस औद्योगिक और वैज्ञानिक प्रगति के चलते इंग्लैण्ड से पिछड़ गया और यूरोप में पुनः जागरण की गति पकड़ चुकी थी। उस समय भारत गुलामी की जंजीरों से जकड़ा था इसने न आर्थिक और न ही औद्योगिक प्रगति की।

भारत उस समय कृषक समाज की अवचेतना से आगे नहीं बढ़ पा रहा था। औद्योगिक समाज की परिकल्पना में साम्यवादी माओ-त्से-तुंग के नेतृत्व में अधिक सक्रिय और गतिशील थे। फ्रांस, ब्रिटानी, डच, पुर्तगीज पूँजीवाद के रास्ते पर बहुत आगे बढ़ चुके थे। चीन और रूस में साम्यवादियों की सरकार बन चुकी थी। इन सरकारों के सफल और असफल होने की यहाँ प्रासंगिकता नहीं है। अतः मैं यहाँ पर इससे आगे नहीं जाना चाहता। द्वितीय विश्वयुद्ध तक आते-आते पूँजीवाद जो अपने यौवनकाल में था और समाजवाद अपनी शैशव अवस्था में था, स्पष्ट होड़ दिखाई देने लगी। परन्तु साम्यवादी आर्थिक, मॉडल की सरकारें ईस्टन यूरोप में एक ही झटके से बन गईं। जिसमें प्रमुख देश थे रोमानिया, क्यूबा, जर्मनी (वेस्ट), चेकोस्लोवाकिया, पोलैण्ड, हंगरी इत्यादि।

भारत में 1916 से 1947 तक के समय में विश्व के इन आंदोलन और विचारधाराओं का प्रभाव बहुत पड़ा। परन्तु काँग्रेस से साम्यवादी और धर्म आधारित राजनीतिक पार्टियाँ पीछे होती गईं। काँग्रेस पर वर्चस्व गाँधी जी, नेहरू जी और लोकनायक जयप्रकाश जी का था।

15 अगस्त, 1947 में देश आजाद हुआ। भारत एक सम्प्रभु और धर्मनिरपेक्ष राज्य बना। नेहरू ने मिश्रित अर्थव्यवस्था का मॉडल अपनाया। विशुद्ध यूरोपीय संसदीय प्रणाली आधारित मॉडल था। और आर्थिक विकास का मॉडल, रूसी मॉडल पर आधारित था। स्पष्ट है एक विरोधाभास जिस पर हम आगे चलकर प्रकाश डालेंगे।

भारत स्वतन्त्र हुआ। स्वतन्त्र और सम्प्रभु राष्ट्र बना। स्वतन्त्रता, वस्तुतः एक सापेक्ष शब्द है। 1952 में पहला आम चुनाव हुआ। स्वतन्त्रता, राजनीतिक, सामाजिक, आर्थिक और सांस्कृतिक मायने में होती है। आदमी से आगे चलकर नागरिक का सफर प्रारम्भ हुआ। पहले आम चुनाव में 7 राजनीतिक पार्टियों ने हिस्सा लिया—काँग्रेस, हिन्दूमहासभा, जनसंघ, सी. पी. आई. इत्यादि। काँग्रेस की सरकार बनी। जवाहरलाल नेहरू भारत के प्रथम निर्वाचित प्रधानमन्त्री बने। उस समय लोहिया, जयप्रकाश नारायण, आचार्य नरेन्द्र देव बैचारिक रूप से नेहरू की सोच से अलग होने के संक्रमण काल में थे।

देश ने आर्थिक जीवन का राज्य द्वारा नियोजित और नियमित विकास के फलस्वरूप भारत में एक मध्यम वर्ग को जन्म दिया जो आज एक विशाल बाजार के रूप में हमारे सामने है। यही मध्यम वर्ग जो लोकतान्त्रिक मूल्यों का संवाहक होता है। गरीबी रेखा से नीचे जीवनयापन करने वाली इस व्यवस्था को सप्लीमेंट किया। यह एक विडम्बना है कि लोकतंत्र में अंतिममय जो राज्य करना चाहता है कि हम समाजवाद ले आएँगे; परन्तु जहाँ लोकतंत्र है; वहीं पूँजीवाद पल्लवित और पोषित होता है। क्योंकि लोकतंत्र में समाजवाद लाने के साधनों और उपकरणों का अभाव होता है। यहाँ पर एक बात और मैं कहना चाहता हूँ लोकतंत्र में संसद द्वारा पास कानून की व्याख्या और उसके क्रियान्वयन के लिए एक अलग स्तम्भ है। जिसको हम Indendent न्यायपालिका कहते हैं। न्यायपालिका कभी भी प्रगतिशील नहीं हुआ करती है। आज के परिप्रेक्ष्य में संसद की अकर्मण्यता न्यायिक सक्रियता में परिवर्तित होती है। आज लोकतंत्र के अर्धशतक की यात्रा में हमें स्पष्ट दिखाई देता है।

न्यायिक स्वतन्त्रता का अधिकार हो

कुल मिलाकर मैं यह कह सकता हूँ कि न्यायाधीश को Freedom of conscience नहीं होता है। यानी न्यायपालिका के निर्णय विवेक के आधार पर नहीं होते। गाँव मनुष्य का स्वाभाविक आवास है। क्या सामाजिक संगठन की प्रारम्भिक

इकाई है। मानवीय स्वभाव के पूर्ण विकास के लिए आवश्यक है कि समुदाय में रहें, सदस्यों के साथ, व्यक्ति संबंध स्थापित कर सकें तथा अर्थपूर्ण जीवन जी सकें। मैं इस बिन्दु पर आता हूँ आजादी की लड़ाई तब तक और जारी रहेगी जब तक अमीर गरीब की खाई पट नहीं जाती और सत्ता का विकेन्द्रीकरण गाँव नहीं पहुँच जाता। आज एक और समस्या हमारे सामने चुनौती लिए खड़ी है। वह माफिया चोर डकैत आदि का देश की संसद और विधानसभा पर कब्जा। हमें इस क्रम में People Representation Act में संशोधन करके इसमें रोक लगानी पड़ेगी। हमें एक श्रेष्ठतर चुनाव व्यवस्था स्थापित करनी पड़ेगी। राज्य व्यवस्था का रूप चाहे जो भी हो जिस विचारधारा से प्रेरित हो पूँजीवादी या समाजवादी शून्य में नहीं चल सकता। जयप्रकाश जी का कथन उद्धृत करना चाहता हूँ।

''राजनीतिक लोकतंत्र का आव्यतिंक रूप वह है जिसमें जनता प्रत्यक्ष रूप से स्वशासन करती है। वह कानून बनाती है। न्याय करती है। प्रशासनिक कृत्यों का निर्वहन एवं अधिदर्शन करती है। लेकिन कभी कोई ऐसा लोकतंत्र नहीं रहा, और न कभी रहेगा, जब तक मनुष्य बड़ी-बड़ी राजनीतिक इकाइयों में साथ रहते हैं। अनिवार्यतः तब राजनीतिक लोकतंत्र को कानून में तथा प्रतिनिधिक शासन के रूप में परिणित करना होगा। पाश्चात्य परम्परा में लोकतंत्र का अर्थ होता है विचारों एवं नेताओं का मुक्त संघर्ष, और निर्वाचक जनता उसमें से ही चुनाव करती है।'' लोकतंत्र की खोज और जोर-शोर से जारी रहनी चाहिए और उन तरीकों एवं साधनों का भी अनुसन्धान किया जाना चाहिए जिसके माध्यम से अधिकाधिक लोग अधिकाधिक स्वशासन कर सकें। लोकतंत्र की तभी हम आजाद भारत में आजादी की लड़ाई पूर्ण कर सकते हैं और भारत का प्रत्येक नागरिक पूर्ण स्वतन्त्रता की गहरी साँस लेकर स्वतन्त्रता का अनुभव करें। स्वर्गीय लोकनायक जयप्रकाश जी की यह मूलभावना थी और इस भावना को साकार करने के लिए वह अपने राजनीतिक जीवन में बराबर प्रयास करते रहे।

धार्मिक व सांस्कृतिक स्वतन्त्रता

हमारे देश की संस्कृति इलेक्ट्रॉनिक मीडिया के प्रभाव से प्रभावित हो रही है। नवयुवक एवं युवतियों का बदलता परिवेश भारतवर्ष में दूरदर्शन के माध्यम से विदेशी संस्कृति पर आधारित केबल चैनलों के द्वारा पिछले 27 वर्षों से यानि लगभग 1975 से अश्लील प्रदर्शनों के कार्यक्रम प्रारम्भ हो गए हैं परन्तु एक दशक पूर्व से केबल चैनलों के माध्यम से दूरदर्शन की ओर भोले-भाले ग्रामीण युवक-युवतियाँ भी पाश्चात्य संस्कृति एवं सभ्यता की ओर आकर्षित हुए हैं और उसका अनुसरण करना प्रारम्भ कर दिया है। जैसे-जैसे इसका प्रभाव बढ़ता जा रहा है, विदेशी नग्नता तथा अनैतिकता वाली सभ्यता का अनुसरण हमारी युवा पीढ़ी तेजी से कर रही है। खासतौर से रहन-सहन, खान-पान आदि में परिवर्तन आ रहा है। हम अपनी संस्कृति की मूलभूत भावनाओं से दूर होते जा रहे हैं। अंग्रेजी सभ्यता तथा उनके रहन-सहन की तेजी से नकल कर रहे हैं। भारत में विभिन्न जातियों, धर्म, सम्प्रदायों व वर्गों के लोग निवास करते हैं। परन्तु प्रेम भावना व भाईचारे के व्यवहार में कोई कमी नहीं थी। जो संस्कृति हजारों वर्षों से अपनी भावनाओं और मर्यादाओं को सँजोए हुए जनता के साथ शाश्वत रही है आज पाश्चात्य सभ्यता के रहन-सहन, खान-पान एवं व्यवहार से अभूतपूर्व परिवर्तन आ रहा है इसका मुख्य कारण है दृश्य प्रसार के आधुनिक साधन टी.वी., केबल चैनल व बेलगाम सीरियलों का प्रसारण। इनसे युवा पीढ़ी प्रभावित हो रही है। यदि यही गति चलती रही तो एक दिन हम पुनः गुलाम हो सकते हैं। जिस आजादी को प्राप्त करने के लिए हमारे पूर्वजों व स्वतन्त्रता संग्राम सेनानियों ने खून पसीना बहाया था और देश की अनेक माताओं ने अपने सुहाग को स्वतन्त्रता की बलिवेदी पर भेंट किया था उनकी आत्माएँ हमें कभी माफ नहीं करेंगी।

हमें अपने देश की अक्षुण्ण संस्कृति को ही बढ़ावा देना चाहिए। किसी भी प्रगतिशील देश की नकल किसी भी दशा में नहीं करनी चाहिए। हमारी संस्कृति की मर्यादाओं में परिवार को संगठित रखने की भावनाएँ हैं। भाई-भाई का प्यार, भाई-बहन का प्यार व मर्यादा तथा माता-पिता, सास-ससुर एवं अन्य परिवार जनों का महत्त्व है उनकी नैतिक जिम्मेदारी भी है। जबकि विदेशों में ऐसा नहीं है तथा परम्परागत धार्मिक रीति-रिवाजों के बन्धन में बँधकर प्रत्येक नागरिक नैतिकतापूर्ण वातावरण में धार्मिक स्वतन्त्रता की साँसें ले रहा था। भारतीय संस्कृति पूर्ववत रखने के लिए विदेशी संस्कृति

व परम्पराओं को बढ़ावा न मिले इसके लिए वर्तमान सरकार जो निर्धारित परम्पराओं एवं मर्यादाओं की रक्षा के लिए कटिबद्ध है उसे ऐसे केबल चैनलों पर रोक लगानी होगी, जो हमारी युवा पीढ़ी को प्रभावित कर उन्हें पाश्चात्य सभ्यता की ओर आकर्षित कर रही है। भारतीय संस्कृति और धार्मिक परम्पराओं को पूर्ण भारतीय परिवेश में ओतप्रोत रहने के लिए भारतीय दूरदर्शन, आकाशवाणी पर अनैतिक तथा अमर्यादित पाश्चात्य सभ्यता वाले प्रसारणों पर रोक लगाने के लिए एक कानून बनाना चाहिए और उसका शक्ति के साथ पालन होना चाहिए, तभी हम आजाद भारत में भारतीय संस्कृति और धार्मिक मर्यादाओं की रक्षा कर सकेंगे और तभी यह लड़ाई भी जीत सकेंगे।

हमारी संस्कृति व धार्मिक स्वतन्त्रता तभी सार्थक रह सकती है जब पाश्चात्य संस्कृति का अनुसरण न करें। स्व. श्री लोकनायक जयप्रकाश जी ने भी यही कहा था कि ''हमारे देश में समाजवाद की भावना हो। हम सभी अपनी सांस्कृतिक विरासत का सदैव अनुसरण करते रहें। और देश की धार्मिक मान-मर्यादाओं का पालन करना प्रत्येक नागरिक अपना कर्तव्य समझे।''

समाजवाद

डॉ. रणवीर कुमार

वर्तमान समय में जहाँ देखो वहीं समाजवाद की चर्चा ही दृष्टिगत होती है। कोई स्थान ऐसा नहीं जहाँ इसकी चर्चाएँ विद्यमान न रहती हों। जहाँ भी दृष्टिपात करो वही स्वयं को समाजवादी होने का दावा करता है। बिड़ला जी कहते हैं कि यदि काँग्रेस इसकी स्थापना करने के पक्ष में है तो वह जरूर स्थापित होना चाहिए। जनसंघ भी भारतीय समाजवाद की बात करता है। राजाजी के अलावा दूसरे सब समाजवादी हैं। यह कहा जाता है कि बैंकों, कारखानों, खनिज आदि का राष्ट्रीयकरण हो, होना चाहिए, पर यह तभी हो, जब इससे हमारे देश की आर्थिक और सामाजिक समस्याओं का निराकरण हो।

भारत एक कृषि प्रधान देश है। देश में 82 प्रतिशत लोग गाँवों में ही रहते हैं, जो लोग समाजवाद पर ही विचार-विमर्श करते हैं क्या उनके मन में कभी यह विचार आया है कि कृषि प्रधान देश में यही समाजवाद किस प्रकार आए? गाँव के लोगों के लिए इसका क्या चित्र है, गाँवों को यह कहाँ स्पर्श करता है, या फिर गाँव के लिए क्या किया जाता है?

समाजवाद केवल नारे लगाने या दूसरे देशों की नकल करने से नहीं आ सकता। विशेषकर यूरोप के देशों की नकल करने से तो हमें विशेष मार्गदर्शन तो प्राप्त नहीं हो सकता। एशियाई देशों की जनता प्रायः ग्रामीण एवं खेतिहर है। अतः इस प्रकार के वातावरण में समाजवाद किस प्रकार से कायम किया जाए यह बात यूरोपीय समाजवादियों के बस की नहीं है। समाजवाद लाने के लिए, जो कुछ चिन्तन और प्रयोग करना है उसका बहुत बड़ा भाग का हल तो हमें स्वयं ही खोजना है।

कृषि प्रधान देश में समाजवाद का अर्थ

एक कृषि प्रधान देश में जमींदारी उन्मूलन या भूमि की सीमा का निर्धारण या काश्तकारों को अपनी काश्त की जमीन पर संरक्षण या भूमि का एकीकरण, या खेती का बीमा, या अन्य भूमि सुधार की बातें आदि समाजवाद नहीं है। कृषि प्रधान देश में इसका अर्थ है—भूमि का सामुदायिक स्वामित्व और उसकी व्यवस्था।

जमींदारी उन्मूलन कोई समाजवादी कार्यक्रम नहीं है। क्या अमेरिका में कोई जमींदारी या रैयतवाड़ी है? नहीं न। पर क्या इतने से ही समाजवाद आ सकता है। जापान में जहाँ मैकार्थर ने तीन एकड़ की जो हदबन्दी की थी हमारे यहाँ तो उसकी कोई कल्पना भी नहीं कर सकता। इसी प्रकार से नम्बूदरीपाद ने भी केरल में पन्द्रह एकड़ सिंचित भूमि की हदबन्दी की। अतः मैकार्थर नम्बूदरीपाद की अपेक्षा अधिक क्रांतिकारी था। समाजवादियों की छोटे किसानों से लगान न लेने की माँग में कोई क्रांति वाली बात नहीं लगती।

ग्रामदान में व्यक्तिगत स्वामित्व का विसर्जन

जिस समाजवाद के विषय में हम सोचते हैं कि उसका स्वरूप कैसा होना चाहिए वह केवल ग्रामदान पर निर्भर करता है। ग्रामदान में व्यक्तिगत विसर्जन द्वारा ही एक बड़ा क्रांतिकारी कदम उठाया जा सकता है। इसके अतिरिक्त, भूमिहीनों

के लिए भूमि का बीसवाँ हिस्सा मिलता है। हर साल पैदावार का चालीसवाँ भाग ग्रामकोष में सम्मिलित किया जाता है। गाँव का प्रत्येक कार्य सर्वानुमति से क़िए जाने का निर्णय होता है, इन्हीं सबसे गाँव के समाजवाद का एक चित्र उभरता है। यदि ऐसा हो जाए कि लाखों गाँव एकत्रित होकर ग्रामदान के मार्ग पर चलने को तत्पर हो जाएँ तो इसका प्रभाव शहरों पर पड़े बिना नहीं रहेगा और यह कोई छोटी बात नहीं होगी, एक बड़ा काम होगा।

उत्पादन के साधनों पर समाज का मालिकी होना समाजवाद का बुनियादी सिद्धान्त होगा और जिस सम्पत्ति का उत्पादन होगा वह समाज के हितार्थ खर्च होनी ही चाहिए। परन्तु लोकमत के बिना क्योंकि यह चीज कानून से नहीं बन सकती और कानून से किसी को ट्रस्टी बनाया नहीं जा सकता और न ही जमीन की मालिकी समाज की बनाई जा सकती है, न किसी को समाज हितार्थ करने हेतु उकसाया जा सकता है परन्तु समझाने से ग्रामदान द्वारा सभी समस्याओं का निराकरण अवश्य हो सकता है। व्यक्तिगत मालिकी को समाप्त करना किसी के हाथ में नहीं होता—यह कहना, कि हाथ में राज्य आने पर वह दल जमीन की व्यक्तिगत मालिकी समाप्त कर देगा, इतनी हिम्मत किसी भी दल में नहीं है। साम्यवादी भी यह बात कहने से डरते हैं और अन्य दलों को अपने-अपने वोटों की चिन्ता होती है और ग्रामदान में तो स्वेच्छा से जमीन की व्यक्तिगत मालिकी का विसर्जन होता है। भूमि और कृषि क्रांति की दिशा में यह एक बहुत बड़ा कदम है। राजनीतिक दल इसका विचार तक अपने मन में नहीं ला सकते। आज का मानस व्यक्तिगत मालिकी के विचार को मान्यता देता है तथा इसे एक मूलभूत अधिकार माना जाता है कि इसमें व्यक्ति की स्वतन्त्रता सुरक्षित और कायम रहती है। ऐसा दावा किया जाता है। अतः गहन छानबीन की आवश्यकता उत्पन्न होती है यह विचार कि मालिकी व्यक्ति की है हमें जड़मूल से ही बदलना है और केवल जमीन के लिए ही नहीं अपितु प्रत्येक सम्पत्ति हेतु भी यह उतनी ही उचित बात है विशेषकर उत्पादन के साधनों के लिए। यही बात उपभोग की वस्तुओं पर भी थोड़ी बहुत लागू होती है। नहीं तो राशनिंग का क्या अर्थ। राशनिंग किस औचित्य पर चलता है? उपभोग की वस्तुओं में भी सबका हिस्सा, यह तथ्य भी उसमें निहित होता है।

मानव-स्वभाव का मालिकी मूलभूत गुण नहीं है

वर्तमान में मनोविज्ञान काफी कुछ विकसित हो चुका है, उस पर से भी यह फलित नहीं होता कि मानव-स्वभाव में मालिकी की बात रूढ़ है। ऐसा नहीं माना जा सकता कि व्यक्तिगत मालिकी मानव-स्वभाव का मूलभूत गुण है। बल्कि मनोविज्ञान ने यहाँ तक स्पष्ट कर दिया है कि जिस प्रकार से जो हाथ मिट्टी का घड़ा बना सकते हैं वही कृष्ण जी की मूर्ति भी, उसी प्रकार से, मानव स्वभाव भी काफी हद तक परिवर्तनशील है, उसे तरह-तरह के रूपों, आकारों आदि में बदला जा सकता है। जिस प्रकार से मनुष्य के स्वभाव को 'एजुकेट' तथा शिक्षित किया जा सकता है उसी प्रकार से उसकी वृत्तियों को बदला तथा जाति वृत्ति को मोड़ा जा सकता है।

मानव–एक सामाजिक प्राणी

मनुष्य एक सामाजिक प्राणी है। समाज से पृथक व्यक्ति किसी भी प्रकार से अपने व्यक्तिगत विकास में असमर्थ होता है। वह कभी भी अकेले जीवनयापन नहीं कर सकता। परन्तु व्यक्तिगत मालिकी ने समाज में कब से प्रवेश किया इस तथ्य की जानकारी हेतु हमें इसके इतिहास का गहनाध्ययन करने की आवश्यकता है। पुराने काल में मनुष्य 'कबीले' तथा विभिन्न समूहों में रहता था तथा समस्त सम्पत्ति किसी एक की न होकर उस छोटे से कबीले या समूह की हुआ करती थी। यदि कोई यह कहता है कि व्यक्तिगत मालिकी एक सांस्कृतिक मूल्य है, मानव संस्कृति ने विकास किया है उसकी धरोहर है तो वह बेशक कहे परन्तु व्यक्तिगत मालिकी के विचार ने तो काफी समय पश्चात समाज में प्रवेश किया है। जिस भाँति मनुष्य के शरीर में विविध कोषाणु एक-दूसरे से गुँथे हुए हैं, उसी प्रकार से मानव-समाज भी गुँथा हुआ है।

मनुष्य का स्वतन्त्र तथा पृथक व्यक्तित्व दोनों पृथक-पृथक बातें हैं। आज का समाज बालू के कणों की भाँति, निर्जीव बनकर रह गया है जिसे 'Inorganic mass' कह सकते हैं और हमें इस निर्जीव समुदाय को जीवन्त मानव-समुदाय

में परिवर्तित करने का भरसक प्रयत्न करना चाहिए जिसे हम Organic community की संज्ञा दे सकते हैं। आज का मानव एकत्र होकर रहने के बावजूद एक-दूसरे से पृथक है, पश्चिमी देशों में भी इस विषय पर जोर दिया जा रहा है तथा ऐसे समाज की स्थापना का प्रयत्न किया जा रहा है जिसमें लोग एक-दूसरे की चिन्ता करते हों, परस्पर मदद करते हों, एक-दूसरे के लिए त्याग, सहयोग, प्रेम तथा स्नेह की भावना हो। लोक-कल्याणकारी राज्य ने उन्हें सामाजिक सुरक्षा प्रदान की, एक तन्त्र खड़ा किया परन्तु वह पारस्परिक सहयोग का मूल्य मानव हृदय में प्रवेश करने में असमर्थ रहा। उन लोगों द्वारा समाज व्यवस्था को स्पर्धात्मक ही रहने दिया गया। अतः व्यक्तिगत मालिकी को एक बहुत बड़ा मूल्य माना गया। हमें चाहिए कि हम अपने इस समाज को छिन्न-भिन्न होने से बचाने में पूर्णरूप से प्रयास करें।

मालिकी का विचार बाद में आना

व्यक्तिगत मालिकी की बात न तो विज्ञान सिद्ध बात ही है और न ही मानव-स्वभाव में रूढ़ हुई बात है। प्राचीन समय में जमीन समस्त समाज की हुआ करती थी। व्यक्तिगत मालिकी की बात के विचार ने समाज में बाद में प्रवेश किया है जिसके कारण समाज में मालिक और मजदूर दो वर्गों की स्थापना हुई जो कि नहीं होनी चाहिए थी। सर्वोदय, समाजवाद तथा साम्यवाद इन सभी विचारधाराओं का इस संबंध में एक ही मत है। इन भेदों से समाज में काफी शोषण, अत्याचार उत्पन्न हो गया जिससे निपटने के लिए काफी संघर्षों का सामना करना पड़ता है। यदि मालिकी समाज की हो जाती है तो अशान्ति का एक बृहद् कारण से छुटकारा मिलना आसान हो जाएगा। मालिकी की इसी प्रथा के कारणवश आज समाज का नैतिक पतन हो रहा है। वर्तमान काल में जो मालिक नहीं होता वह किसी न किसी रूप में बनना चाहता है और जो मालिक है वह अधिकाधिक सम्पत्ति एकत्रित करना चाहता है। सम्पत्ति एकत्रित करने हेतु वह लाठी, घूसखोरी, बेईमानी और हर प्रकार का गलत साधन अपनाने से नहीं चूकता। इस नैतिक पतन, लड़ाई और अशान्ति को समाप्त करने के लिए हमें इन सबकी जड़ को ही नष्ट करने का भरसक प्रयत्न करना चाहिए।

मालिकी कोई सनातन सत्य नहीं

यह बात किसी भी समाजशास्त्र या धर्मशास्त्र में नहीं पाई जाती कि व्यक्ति मालिक है, कोई सनातन सत्य नहीं है। यह कुदरती देन है कि इस पृथ्वी पर जो कुछ है सबका है, ईश्वर का है। ईश्वर किसी को यह लिखकर नहीं देता कि इतनी ज़मीन तुम्हारी है या इतनी उनकी। मनुष्य ईश्वर के लिए समान है चाहे वह राजा हो अथवा रंक। बल्कि किसी भी चीज का बँटवारा स्वयं ईश्वर की सन्तान ने ही कर डाला है। स्वयं ही भेदभाव उत्पन्न करके विभिन्न विपदाओं, कठिनाइयों और संघर्षों को जन्म दे दिया है अन्यथा ईश्वर ने प्रत्येक वस्तु प्रत्येक मनुष्य को समान रूप से ही प्रदान की है।

उत्पादन की प्रक्रिया एक सामाजिक, सामूहिक प्रक्रिया

यह भूमि ईश्वर द्वारा प्रदत्त है परन्तु इस भूमि के गर्भ में जो कुछ विद्यमान है उसका प्रयोग मनुष्य ज्यों का त्यों नहीं कर सकता, अतः उसे इसके उपभोग हेतु मेहनत और बुद्धि का प्रयोग करना पड़ता है। जमीन में से अन्न का उत्पादन ऐसे ही नहीं हो जाता उसके लिए उसे काफी मेहनत से काम करना पड़ता है परन्तु इस अन्न उगाने में केवल एक ही मनुष्य से काम नहीं चलता, समाज के सहयोग की भी आवश्यकता होती है। और तब जाकर यह अन्न सबके परिश्रम और बुद्धि से उत्पादित होता है, तत्पश्चात् भी यदि कोई व्यक्ति यह कहता है कि यह अन्न केवल उसी के द्वारा उत्पादित किया गया है तो यह गलत है, इसमें सभी का योगदान है जो कि उसको मानना ही पड़ेगा। उत्पादन की प्रक्रिया एक सामाजिक तथा सामूहिक प्रक्रिया है, एक Social prices है। इसमें प्रत्यक्ष, अप्रत्यक्ष रूप से सभी की मदद होती है। अतः इस अन्न के उत्पादन में सारे समाज का हिस्सा होता है। केवल एक के बुद्धि लगाने, दूसरे के पूँजी लगाने से ही कोई मालिक कहलाने का अधिकार नहीं रखता अगर ऐसा होता है तो अन्य लोगों ने जो भी श्रम किया उस पर तो पानी ही फिर जाएगा। जो कि एकदम गलत, तथा अन्याय वाली बात होगी।

अतः यह आवश्यक है कि समाज में जो कुछ उत्पन्न होता है, उसका उचित रूप से वितरण हो। समाज द्वारा उत्पादित प्रत्येक सम्पत्ति का न्यायोचित बँटवारा होना अति आवश्यक है अन्यथा समाज में भेदभाव तथा ईर्ष्या के विद्यमान होने से अनेकानेक समस्याएँ और संघर्ष उत्पन्न होने का भय व्याप्त होता है।

दायित्वपूर्ण समाज का निर्माण

इस ग्रामदान का मुख्य विचार दायित्वपूर्ण समाज का निर्माण करना है। इसमें सिर्फ गरीबों पर दया ही नहीं अपितु व्यक्तिगत मालिकी का विसर्जन भी सम्मिलित है। जिस प्रकार से पहले गाँवों में सहयोग तथा सहजीवन की भावना थी उसी की स्थापना शीघ्रातिशीघ्र करनी पड़ेगी। सहयोगी मानव समाज ग्रामदान की स्थापना करने हेतु पहला कदम है, जिसमें व्यक्तिगत मालिकी का विसर्जन एक बुनियादी विचार है। समाज में जो भी सम्पत्ति है उसमें अकेला व्यक्ति ही मालिक नहीं हो सकता। वह सम्पत्ति समस्त समाज की है। इसका यह विचार तलवार, ग्रामदान आंदोलन, बन्दूक या कानून द्वारा अमल में न लाकर लोगों को चाहिए कि वे समझ-बूझकर समाज रूपी मालिक को भगवान को, स्वयं की मालिकी समर्पित करे। ग्रामदान आंदोलन में ऐसा ही करने का पूर्ण रूप से प्रयास किया जा रहा है।

सर्वोदय

सर्वोदय अपनी एक विशेष पद्धति पर आधारित है। समाजवाद और सर्वोदय का मुख्यांतर कार्यपद्धति तथा साधन का है जहाँ एक ओर समाजवाद की स्थापना के लिए राज्य शक्ति, देश में लोकतंत्र होने पर चुनाव द्वारा राज्य सत्ता हाथ में लेना तथा कानूनी सहारा यदि लेना पड़ता है वहीं दूसरी ओर, साम्यवाद में एक दूसरा भेद है समाजवादी स्थापना हेतु हिंसा का भी सहारा लेना जबकि सर्वोदय का कार्यक्रम है लोगों के विचारों में परिवर्तन लाकर उनके व्यवहारों में भी वैसा ही परिवर्तन लाने हेतु लोक शिक्षण करना। यह कार्यक्रम अत्यन्त बृहद तथा लोकशक्ति पर आधारित है। अतः समाजवाद को तीन प्रकार से परिभाषित कर सकते हैं–

1. **साम्यवाद**–जो समाजवाद हिंसा से, बलपूर्वक स्थापित किया गया, वह 'तामसिक समाजवाद' अर्थात् 'साम्यवाद' है।

2. **लोकतान्त्रिक समाजवाद**–जो समाजवाद कानून से राज्य शक्ति द्वारा स्थापित किया गया हो, वह 'राजसिक समाजवाद' अर्थात् 'लोकतान्त्रिक समाजवाद' है।

3. **सर्वोदय**–जो समाजवाद स्वेच्छापूर्वक जनता के विचारों तथा व्यवहारों में परिवर्तन लाकर स्थापित हो वह 'सात्विक समाजवाद' अर्थात् 'सर्वोदय' है। और ग्रामदान आंदोलन ऐसा ही सात्विक समाजवाद लाना चाहता है और वह वास्तविक समाजवाद होगा। भौतिकवादी दर्शनाधार पर समाजवादी समाज-रचना कभी भी नहीं हो सकती। समाजवादी तन्त्र के जो नमूने दृष्टिगत होते हैं उनसे केवल राज्यवाद का विस्तार ही हो सकेगा कोई समाजवादी समाज-रचना खड़ी होने की आशा नहीं की जा सकती। वर्तमान के समाजवादियों का ध्यान प्रायः राजसत्ता पर अधिकार जमा कर उपयोग करने की ओर इतना अधिक केन्द्रित हो चला है कि लोकशक्ति खड़ी करके उसके द्वारा कुछ करने की बात तो सूझती ही नहीं है किन्तु, आज चिन्तनशील समाजवादियों के मन में यह विचार उत्पन्न होने लगे हैं कि इतनी सफलताएँ प्राप्त होने पर समाजवादी के असली उद्देश्यों की प्राप्ति क्या अब तक हो सकी है। समाजवाद के कुछ नैतिक मूल्य थे, यह एक जीवन पद्धति के रूप में था। वे मूल्य तो आज तक प्राप्त नहीं हो सके। अब इनके समक्ष यह प्रश्न उत्पन्न हो गया है कि जो समाजवाद के उद्देश्य पीछे छूट गए हैं या अभी तक प्राप्त नहीं हो सके हैं, उनकी प्राप्ति कैसे होगी।

ग्राम-भावना के बिना सारी कोशिशें गर्द पर पोताई समान

पण्डित नेहरू पर जनता का अपार प्रेम था तथा नेहरू जी को इतनी अधिक सत्ता प्राप्त थी कि वे करीब-करीब देश के सर्वसत्ताधीश थे। नेहरू जी का हृदय गरीबों के प्रति अत्यन्त करुण था। जहाँ सामुदायिक विकास-योजना द्वारा एक तरफ से पैसा फेंका गया तो दूसरी ओर पंचायतों द्वारा सत्ता उनके पास फेंक दी गई। फिर भी, जब तक गाँव में कोई मानसिक परिवर्तन नहीं होता, कुछ नया नहीं होता, नई दृष्टि नहीं उत्पन्न होती, तब तक सारी कोशिशें गर्द पर पोताई

समान हैं। एक बार जब तत्कालीन केन्द्रीय सामुदायिक विकास मन्त्री श्री एस. के. डे. साहब विनोबाजी से मिलने मद्रास गए तो ग्रामदान के विषय में उन्होंने विनोबा जी से स्पष्ट तौर पर कहा, "मैं कम्युनिटी डेवलपमेण्ट (सामुदायिक विकास) का काम कर रहा हूँ, लेकिन कम्युनिटी (समुदाय) की भावना तो गाँव में है नहीं। वह तो आपके ग्रामदान द्वारा ही लाई जा सकती है। ग्रामदान द्वारा गाँवों में कम्युनिटी (समुदाय) बनता है, जिसके आधार पर डेवलपमेण्ट (विकास) हो सकता है।"

अतः गाँव में पारस्परिक भावना होने पर ही एक-दूसरे के सहयोग से प्रत्येक समस्या का हल हो सकता है और सकुशल जीवन व्यतीत किया जा सकता है। समाजवादी समाज-रचना ग्रामभावना के आधार पर ही खड़ी की जा सकती है।

भावी समाज की बुनियाद–ग्राम-स्वराज्य

गाँधी जी स्वराज्य पश्चात् भारतीय ग्राम तथा ग्राम-स्वराज्य को ही भावी समाज की बुनियाद मानते थे। गाँधी जी अपना भावी कार्यक्रम गाँव से ही आरम्भ करना चाहते थे। उनका मानना था कि 7 लाख गाँवों के विकास का प्रभाव शहरों पर पड़ना निश्चित होगा। वे शहरों के प्रति उदासीन कतई न थे तथापि उन्होंने ग्राम-स्वराज्य को ही बुनियादी रूप में लिया। जबकि आज के शिक्षित लोगों को उनकी आधुनिक दृष्टि से यह एक अनोखी बात ही प्रतीत होती है। हालाँकि इससे पहले माओ ने किसानों द्वारा क्रांति करके दिखाई। अतः इसमें कोई अनोखी बात नहीं लगनी चाहिए। फिर भी लोगों को यह समझना कठिन होता है कि भारत जैसे देश में क्रांति का आरम्भ गाँवों से ही हो सकता है।

पर आज भी किसी के दिमाग में इस बात की स्पष्ट कल्पना नहीं बन पाती कि नया समाज किस प्रकार से बनेगा, नहीं तो, गाँव का महत्त्व क्या है यह सभी जान जाते। आज के गाँव की स्थितियों और उसके स्वरूप को बदलना होगा। शहर और गाँव दोनों की स्थितियों-परिस्थितियों को बदलना होगा। गाँधी जी का विचार तो गाँवों का शहरीकरण और शहरों का ग्रामीकरण करने का था। उनकी कल्पना तो समाज को छोटी-छोटी कम्युनिटी बनाने की थी पर जो आज के गाँवों की भाँति न हो। आज के गाँवों को तो गाँधी जी ने कूड़े-कचरे के ढेर का नाम दिया था। कृषि औद्योगिक छोटे-छोटे समुदायों की कल्पना गाँधी जी के मन में थी। कृषि और उद्योगों दोनों का समन्वय तथा सन्तुलन करना गाँधी जी की विचारधारा में भी था जिसके लिए एक नई प्रकार की टेक्नोलॉजी की आवश्यकता थी। परन्तु वर्तमान बुद्धिजीवियों के अनुसार आज की टेक्नोलॉजी के इतना विकसित होने के बावजूद छोटे-छोटे समुदायों की क्या आवश्यकता? सबसे बड़ी बात कि टेक्नोलॉजी मनुष्य की सेवक बनकर रहेगी या उसके सिर पर चढ़कर बैठेगी? क्या आधुनिक टेक्नोलॉजी मानवीय पैमाने में रह सकती है? क्या इसका स्वरूप ऐसा भी हो सकता है जिससे मानवीय संबंध भी विकसित हो पाए। क्या इसका कोई मानवीय लक्ष्य भी है? इन सब बातों को समझने पर यह बात शीघ्र ही स्पष्ट हो पाएगी कि नए समाज की स्थापना के लिए गाँवों से ही शुभारम्भ क्यों होना चाहिए।

ट्राटस्की हमेशा सतत क्रांति की बात करता था पर उसे उड़ा ही दिया गया, क्योंकि, जब क्रांतिकारी स्वयं गद्दी पर विद्यमान होता है तब वह सतत क्रांति नहीं चाहता। किन्तु गहन अध्ययन से यह ज्ञात होता है कि ग्रामदानी गाँव में ग्रामसभा बनती है तथा वह सक्रिय रूप से कार्यारम्भ कर देती है, तो इस सतत क्रांति की प्रक्रिया शुरू हो जाती है। गाँव वालों को ग्रामसभा में एकत्रित होकर कई प्रश्नों का हल खोजना होगा। पर, देखना यह है कि सबसे अधिक प्रभाव रूढ़िवादिता का पड़ता है या क्रांतिकारिता का। यह ग्रामसभा पर मानेंट रिवोल्यूशन या 'सतत क्रांति' का एक उत्तम माध्यम तभी बन पाएगी जब क्रांतिकारिता का प्रभाव कायम रहेगा।

समाजवादी मित्रों द्वारा ग्रामदान कार्यक्रम को हृदय से अपनाना

इस प्रकार से, ग्रामदान आंदोलन भारत जैसे देश में गाँवों से प्रारम्भ होने वाली एक क्रांति का स्वरूप हमारे समक्ष खड़ा कर देता है। यह एक प्रारम्भिक कदम है जो क्रांतिकारी है और यह क्रांति अहिंसक पद्धति पर आधारित होती हुई स्वेच्छा से होती है और यही उसकी विशेषता है पर यही क्रांति कानून द्वारा असम्भव होती है। अतः ग्रामदान के कार्यक्रम में एक अपूर्ण शक्ति विद्यमान है। समाजवादी मित्र यदि ग्रामान्दोलन के विविध पहलुओं को समझकर हृदय में विद्यमान

है, उसे साकार होते देखेंगे। डॉ. राममनोहर लोहिया ने भी न केवल सर्वोदय आंदोलन पर ध्यान दिया, अपितु उसे हृदय से लगाया। जयप्रकाश नारायण को इस बात का हार्दिक दुःख था कि समाजवादी आंदोलन के अपने सभी साथियों को इस नई यात्रा में अपने साथ चलने के लिए तैयार न कर सके बल्कि उन्हें इस बात की शिकायत सुनने को और मिली कि उन्होंने हमें छोड़ दिया जिससे राजनीति और विशेषकर समाजवादी आंदोलन को भारी क्षति पहुँची।

लेकिन जयप्रकाश जी ने ग्रामदान आंदोलन की सफलता को ही प्रत्यक्षतः समाजवाद की क्रांति माना और उनका यह भी कहना था कि इस क्रांति से ही समाजवाद की इतनी शक्ति बढ़ेगी कि समाजवादी पक्ष के या पक्षीय राजनीति के दायरे में सीमित रहकर किसी प्रकार भी बढ़ना सम्भव नहीं है। जयप्रकाश जी के पुराने साथी जो उनसे नेतागिरी की अपेक्षा करते हैं उनके समक्ष वे अपने विचार रखते हुए उनसे कुछ प्रश्नों का जवाब माँगते हुए कहते हैं कि–

"आप कहते हैं कि जयप्रकाश नारायण आपका नेता बने, लेकिन नेता बनकर करे क्या? करे और कहे वह, जो आप चाहते हो! यानी जयप्रकाश नारायण अपना दिमाग कहीं रखकर आए उसे कहीं ताले में बन्द कर दें। आप उसके दिमाग को, कार्य-कलाप को, विचार को समझना चाहते हैं? वह क्या कर रहा है, वह क्या बोल रहा है, उसका समाजवाद से अथवा जनता के भविष्य के साथ क्या संबंध है? यह सब आप समझते हैं? क्या आपको कोई ऐसा नेता मिलेगा, जो आपकी शर्तों पर आपका नेता बनने को तैयार होगा? मैं तो अपनी शर्तों पर नेता बनने को तैयार हूँ। मानिए मेरी शर्त और चलिए मेरे गाँव मेरे साथ। मैं जंगल में नहीं गया हूँ, हिमालय की गुफाओं में नहीं गया हूँ। गाँधीबन इन्स्टीट्यूट में बैठा-बैठा किताब नहीं पढ़ रहा हूँ या शोध नहीं कर रहा हूँ। पहले जितना काम करता था, उससे ज्यादा ही काम आज करता हूँ और वह भी जनता के बीच रहकर करता हूँ।"

समाजवाद को सर्वोदय में विलीन होना पड़ेगा

अतः जयप्रकाश जी अपने समस्त साथियों से हार्दिक निवेदन करते हुए कहते हैं, "मैं जो कुछ सोचता हूँ, अपने जो विचार आप लोगों के सामने रखता हूँ, जिस कार्यक्रम में आज मैं लगा हूँ, उसे समझने की कोशिश करें। मेरा यह अटल विश्वास है कि दुनिया में यदि कभी शान्ति, स्वतन्त्रता और बन्धुत्व स्थापित करना हो, तो समाजवाद को आखिरकार सर्वोदय में विलीन होना ही पड़ेगा।"

नागा समस्या

अमृता शेखर

नागालैण्ड की समस्या का समाधान जयप्रकाश जी के उन महत्त्वपूर्ण योगदानों में से एक है जिसकी वास्तविकता का जीता जागता सबूत है–नागा लोगों का शान्तिपूर्ण जीवन तथा नागालैण्ड का भारत का एक हिस्सा होना। नेहरू जी के शासन काल में तो नागा समस्या देश के लिए एक भयंकर समस्या का रूप धारण कर चुकी थी।

नागभूमि भारत का वह हिस्सा था जहाँ की अपनी एक अलग ही संस्कृति थी, अलग ढंग का जन-जीवन था। उनकी संस्कृति को देखकर तो ऐसा लगता था कि भारतीय संस्कृति वहाँ पहुँची ही नहीं थी। उनकी संस्कृति और रहन-सहन के स्तर में भारतीय संस्कृति का एक प्रतिशत भी प्रभाव वहाँ दिखाई नहीं देता था। शायद यही वजह रही हो कि नागा लोगों में कभी यह भावना आई ही नहीं कि "हम भारतीय हैं।" जिस समय भारत को अंग्रेजी हुकूमत से आजादी मिलने ही वाली थी उन्हीं दिनों इन्हें भारत से अलग स्वतन्त्रता का ख्याल आया। नागा लोगों का एक प्रतिनिधि-मण्डल गाँधी जी के पास यह प्रस्ताव लेकर आया कि जिस तरह 15 अगस्त को भारत को अंग्रेजी शासन से स्वतन्त्रता मिलने वाली है उसी तरह हमें भी भारत से अलग स्वतन्त्र राज्य दे दिया जाए। गाँधी जी ने उन्हें समझाते हुए कहा था, "स्वतन्त्रता का अधिकार जितना भारत को है उतना ही आपको भी है। यदि कभी भारत आपकी स्वतन्त्रता में बाधक बना तो भारत की बन्दूक के सामने मैं अपनी छाती अड़ा दूँगा।"

भारत स्वतन्त्र हुआ, गाँधी जी भी नहीं रहे लेकिन स्वतन्त्र भारत में नेताओं, प्रशासकों और सैनिकों ने नागाओं के साथ कुछ बदसलूकियाँ कीं और कुछ हमारे दिग्गज नेताओं के गलत निर्णय का परिणाम यह निकला कि नागभूमि के लोगों में भारत से अलग होने की भावना तीव्र रूप लेने लगी। नागा समस्या भारत के इतिहास का एक कलंकित अध्याय बनकर रह गया। भारतीय इतिहास के इस कलंकित अध्याय को अपने गंगाजल समान भावनाओं और विचारों से साफ करने का काम यदि किसी भारतीय सपूत ने किया तो निःसन्देह वह जयप्रकाश नारायण के अतिरिक्त कोई दूसरा नहीं था।

भारत की सरकार ने कभी-कभी तो उनके साथ नरमी का व्यवहार किया मगर, आगे चलकर एक लम्बे समय तक अत्यन्त ही कठोरता और निर्ममता के साथ नागाओं का दमन किया था। फलतः नागाओं ने भी हिंसात्मक रास्ता अपना लिया। 1964 के आते-आते नागालैण्ड के कुछ विद्रोही नागाओं ने वहाँ हिंसा, तबाही और विद्रोह की ऐसी आँधी ला दी, जो भारत सरकार के नियंत्रण से बाहर हो गया।

नागालैण्ड में ही कुछ विद्रोही नागा बन्धुओं ने आपस में मिलकर अज्ञातवास करते हुए अपनी एक सरकार बनाई। इस विद्रोही सरकार की नीतियाँ और कार्य इतने बुरे और हिंसात्मक थे कि पूरी नागभूमि अपने ही लोगों के खून और दर्दनाक चीखों से कराह उठी। पूरे-के-पूरे गाँव को इन्होंने अपने नियन्त्रण में ले लिया। आस-पास के गाँवों से बहुत ही कठोरता से कर वसूली करती थी।

यह मात्र नागालैण्ड की कहानी नहीं एक दर्दनाक दास्तान बनकर रह गयी है। नागालैण्ड के सभी हिस्सों में इस विद्रोही दल के हिंसात्मक हमले शुरू हो गए थे। जगह-जगह छापे डाले जाते, जिसके विरोध में आवाज उठाने की न

तो किसी को इजाजत थी और न ही किसी में साहस। आमने-सामने होकर गोलियाँ चलाई जाती थीं। जिस गाँव में प्रवेश कर जाते तबाही का नंगा नाच दिखा देते। बेकसूर लोगों के घर यहाँ तक कि गाँव के गाँव आग के हवाले कर देते थे। जो सामने आता था ये गोलियों से भून देते थे। अपनी सतर्कता में ये कोई कसर नहीं छोड़ते थे। सैनिक बन्दोबस्त को बनाए रखने में सहूलियत हो इस खयाल से ये पूरे गाँव को एक जगह से उठाकर दूसरी जगह बसा देते। बात यहाँ तक बढ़ चुकी थी कि ये विद्रोही दल तलहटी वाले क्षेत्रों में आकर रेलगाड़ियों पर भी हमला करना शुरू कर देते हैं। पूरी नागभूमि की जनता मानसिक और शारीरिक वेदना से कराह उठी थी। जन-जीवन पूरी तरह तबाह हो चुका था पूर्णतः कर्फ्यू लगा रहता था। कभी-कभी दिन में जनता घर से बाहर निकलती तो कभी डरी सहमी-सी घर में ही बन्द रहती। सूरज ढलते ही पूरे नागभूमि में कर्फ्यू लगा दिया जाता था। लगभग 10 वर्षों तक नागभूमि वाले ऐसे ही भयभीत और अशान्त जीवन जीते रहे थे।

विद्रोही नागाओं के नेता श्री फ़िज़ी ने विलायत भागकर आसरा लिया था और वहीं से अपने सदस्यों को संचालित करता था। क्योंकि तब तक भारत सरकार ने भी उनके खिलाफ कठोर कदम उठाने शुरू कर दिए थे। भारतीय सेना को वहाँ भेजा गया। खून-खराबे और बढ़े मगर स्थिति नियन्त्रित नहीं हुई। स्वर्गीया श्रीमती आशादेवी आर्यनायकमजी और माइकेल स्कॉट ने एक साथ विलायत में ही फ़िज़ी से मिलकर यह जानने और समझने की कोशिश की कि नागा विद्रोहियों के मनोभाव और उनके उद्देश्य क्या हैं।

भारत लौटकर उन्होंने जयप्रकाश नारायण से नागालैण्ड की समस्या पर विचार-विमर्श किया। जयप्रकाश जी ने यह विचार दिया कि हमें खुद नागभूमि जाने का जोखिम उठाना होगा। वहाँ पर शान्ति मिशन की स्थापना कर नाग जनता के बीच रहकर उनके साथ प्रेम और सौहार्दपूर्ण संबंध बनाना होगा। धीरे-धीरे उनके बीच रहते हुए उनके मन और विचारों पर विजय प्राप्त करनी होगी।

स्वतन्त्र भारत के लिए नागा समस्या बहुत ही घिनौना और कलंकित प्रकरण बन चुका था। स्थिति पर नियन्त्रण पाने के लिए भारत सरकार ने वहाँ अपनी सेनाएँ भी भेजीं लेकिन वहाँ भारतीय सैन्य बल भी नाकाम ही रहे। जब वहाँ सैनिक और बन्दूक गोलियों के सारे प्रयास बेकार हो चुके थे, ऐसे में जयप्रकाश नारायण ने शान्ति-दूत बनकर बरसों से यातना झेल रही नागजनता को जो सुख और शान्ति प्रदान की वह भारत के इतिहास में उनके नाम को उस स्थान पर ले गया जहाँ सदियों तक यह नाम उन्हें सदा जीवित रखेगा।

जयप्रकाश जी शान्ति-मिशन की स्थापना करके नागभूमि की समस्या का हल बहुत ही धैर्य और प्रेमपूर्वक करते हुए नागाओं के लिए सज्जनता के प्रतिरूप बन गए। तब देश में किसी में भी इतनी हिम्मत नहीं थी कि वो नागाओं के पास जाए, उन्हें समझाए। जयप्रकाश जी ही वो शख्स थे जो ऐसे हालात में भी प्रभावती जी तथा अपने कुछ अन्य सहयोगियों के साथ शान्ति-मिशन के सदस्यों के रूप में नागभूमि गए। कोहिमा में एक किराए का मकान लेकर उसमें शान्ति-मिशन केन्द्र की स्थापना की गई। इस शान्ति-मिशन का प्रतिनिधित्व जयप्रकाश जी स्वयं कर रहे थे। जयप्रकाश जी अपने मिशन के सदस्यों के साथ धीरे-धीरे नागाओं के गाँवों में जाने लगे। इसी तरह अपनी बातों और व्यवहारों से उन्होंने उनके घरों में अपनी जगह बनाई और फिर नाग बन्धुओं से दोस्ती कर ली। उन्होंने अपनी बातों और विचारों से वो जादू किया कि जो, नागा जनता भारत से अलग अपनी स्वतन्त्रता के विरुद्ध किसी की सुनने को तैयार नहीं थी वहीं लोग धीरे-धीरे इनकी बातों से सहमत होते गए। उन्होंने उनसे बड़े ही प्रेमपूर्वक अपील की कि वे भारत से अलग होने का विचार छोड़ दें।

जयप्रकाश जी भारत की ओर से शान्ति दूत बनकर गए थे और नागा लोगों के बीच अपने कार्यभार को अच्छी तरह सँभालते हुए उन्होंने भारत सरकार और नागा लोगों के बीच एक सेतु का काम किया। जो नागा जनता अलगाव के अलावा किसी बात पर विचार को तैयार नहीं थी वही जयप्रकाश जी की बातों से प्रभावित होकर हथियार फेंकने तक को तैयार हो गई।

बार-बार नागाओं के घर जाकर उनसे मिलते रहने और उन्हें तथा भारत सरकार के शान्तिपूर्ण ढंग से बात करने को तैयार करने का कार्य आखिर जयप्रकाश जी कर ही लेते हैं। वे भारत सरकार और नागाओं के बीच इस मामले

पर समझौता कराते हैं कि अब वे लोग शस्त्रों का सहारा न लेते हुए शान्तिपूर्ण साधनों द्वारा आपसी विचार-विमर्श से अपनी समस्या का समाधान करेंगे।

6 दिसम्बर, 1964 का वह दिन जब जयप्रकाश जी की मेहनत रंग लाई। पूरे नागालैण्ड में शस्त्र-विराम की घोषणा कर दी गई। लगभग दस वर्षों से डरी-सहमी साँसें लेने वाली नागभूमि की जनता ने शान्ति की साँसें लीं। पहले तो यह शस्त्र-विराम की सन्धि सिर्फ छः महीनों के लिए हुई थी लेकिन, धीरे-धीरे छः-छः महीने करके यह अवधि बढ़ती गई। छः माह से वर्ष और फिर एक समय ऐसा आया जब शस्त्र-विराम ने वहाँ स्थायी रूप ले लिया। मनुष्य का हृदय हमेशा ही शान्ति की राह पकड़ना चाहता है मगर ऐसा भी होता है कि कभी किसी असामाजिक तत्त्वों के प्रभाव में आकर वह अशान्ति के मार्ग पर निकल जाता है और इस अवस्था में जब कोई शान्ति दूत बनकर उसका सही मार्गदर्शन कराता है तो वह लम्बे समय तक उस शान्ति मार्ग पर सफर करता जाता है। जयप्रकाश जी ने वहाँ समस्या का राजनीतिक हल ढूँढ़ने में महत्त्वपूर्ण भूमिका निभाई थी। बरसों के लम्बे संघर्ष के बाद वहाँ शान्ति की स्थापना हुई थी जिससे जनता को इतना अधिक सकून मिल रहा था कि खुद उन्होंने इस शान्ति को बनाए रखने के लिए नेताओं पर दबाव डालना शुरू कर दिया।

शान्ति मिशन पर जयप्रकाश जी और प्रभावती जी नागभूमि में जाकर काफी दिनों तक रहें। शान्ति व्यवस्था कायम करने के उद्देश्य से वे नागभूमि की जनता को अपने प्रेम और विश्वास से यह समझाते रहे कि अब आपके लिए स्वतन्त्रता की जरूरत ही कहाँ रह गई? जैसे बिहार, बंगाल, असम भारत में रहकर भी अपने आप में स्वतन्त्र हैं वैसे ही आप भी स्वतन्त्र हैं। हर प्रदेश में वहाँ की जनता का राज्य होता है। नागभूमि में भी नागा लोगों का ही राज्य चलेगा। आपका राज्य होने का अर्थ है कि आप स्वतन्त्र हैं। यदि आपको लगता है कि आपकी स्वतन्त्रता भारत से अलग होकर है तो यह विचार आपके लिए अहितकर है। अगर आज आप भारत से अलग होकर स्वतन्त्रता की कल्पना करते हैं तो आपकी स्वतन्त्रता कितनी स्थायी होगी यह आपके लिए विचारणीय सवाल बन जाएगा। आप अपने आसपास ब्रह्मदेश, चीन और पाकिस्तान जैसे देशों से कितने नजदीक हैं यह भी सोचना है। अतः भारत के अन्दर रहकर आप जितने स्वतन्त्र हैं उससे ही अधिक खतरा अलग होने में है।

जयप्रकाश जी के शान्ति मिशन का ही परिणाम है कि नागालैण्ड आज भी भारत का एक हिस्सा बना है। नागभूमि के लिए उस समय जयप्रकाश जी ने जो योगदान दिया वह नाग लोग ही क्या पूरे भारतवर्ष के लिए पूजनीय और श्रद्धेय है।

एक वो समय था जब जयप्रकाश जी आजादी पाने के लिए हिंसा के मार्ग को भी अपनाना बुरा नहीं मानते थे और एक समय ऐसा आ गया जब उन्होंने इतनी बड़ी समस्या को हथियार फेंकवाकर आपसी प्रेम और सौहार्दपूर्ण बातों से सुलझाया था। और यह सब सिर्फ जयप्रकाश जी के द्वारा ही सम्भव हो सकता था।

चम्बल के बागियों का आत्मसमर्पण

संजय कुमार शेखर

सन् 1971 वर्ष समाप्त होते-होते जयप्रकाश जी का एक और महत्त्वपूर्ण कार्य उनके योगदानों में शामिल हो गया—डाकुओं का आत्मसमर्पण सामाजिक दृष्टिकोण से इतना बड़ा अजूबा भारत जैसे देश में ही सम्भव हो सकता है। क्योंकि यह वो धरती है जहाँ विनोबा जैसे सन्त और जयप्रकाश जी जैसे जनता के नायक 'लोकनायक' का जन्म हुआ है। सन् 1960 में विनोबा जी के समक्ष चम्बल के लगभग बीस डाकुओं ने आत्मसमर्पण किया था। मगर इस बार तो जैसे चमत्कार ही हो गया। लगभग 400 बागियों ने जयप्रकाश नारायण की अपील पर आत्म-समर्पण किया और अपने साथ अपने परिवारों को भी वर्षों से चम्बल के बीहड़ों में बागी के जीवन से बाहर निकाल समाज में रहने के लायक बनाया।

पहली अक्तूबर, 1971 की घटना है यह। शाम के समय जयप्रकाश नारायण कदमकुआँ (पटना) स्थित अपने निवास पर आराम कर रहे थे कि तभी लगभग 35 वर्ष का लम्बा तथा हट्टा-कट्टा नौजवान उनके पास आया। उसने खुद ही कहा, "मेरा नाम रामसिंह है।"

जयप्रकाश जी ने ऊपर से नीचे तक उस नौजवान को देखा और कहा, "आप हैं कौन?"

"मैं चम्बल-घाटी के जंगल का ठीकेदार हूँ। वहाँ के डाकुओं का आपके नाम सन्देशा लेकर आया हूँ।"

"क्या सन्देशा है?"

"डाकू लोग आपके सामने आत्मसमर्पण करना चाहते हैं।"

"आप विनोबा जी के पास जाइए। मैं यह काम हाथ में नहीं ले सकूँगा।"

जे. पी. उठने ही वाले थे कि वह व्यक्ति बिलकुल सामने आकर खड़ा हो गया और बोला, "बाबूजी, मेरी बात तो सुनिए। अगर आपने हाथ में ले लिया तो इस बार उधर के सारे डाकू आत्मसमर्पण कर देंगे और उस क्षेत्र की डाकू की समस्या ही समाप्त हो जाएगी।"

जे. पी. बोले, "देखिए मुझे आपकी बात पर विश्वास नहीं हो रहा है। दूसरी बात यह है कि मैं अपने पहले के ही कार्यों को एक-एक करके छोड़ रहा हूँ इसलिए अब कोई नया कार्य हाथ में लेने को तैयार नहीं हूँ। इसके लिए तो आप विनोबा जी के पास जाइए।"

"जी, डाकुओं का एक प्रतिनिधि विनोबा जी के पास गया था। लेकिन उन्होंने आपसे मिलने को कहा है।"

"लेकिन मैं यह कार्य नहीं कर सकूँगा।"

"बाबूजी, यह भी तो सर्वोदय का ही एक काम है।"

जयप्रकाश जी ने पुनः इनकार करते हुए कहा, "जी नहीं, मैं यह कार्य नहीं कर सकता।"

अचानक उस नौजवान ने अपना असली रूप दिखाते हुए कहा, "बाबूजी मैं खुद ही माधोसिंह हूँ।"

जिस नाटकीय अन्दाज में क्षण-भर में ही यह घटना घट गई, उससे जयप्रकाश जी भी कुछ समय के लिए स्तब्ध रह गए और अचानक उनके मुँह से निकला, "आपके सिर पर डेढ़ लाख का इनाम है फिर भी मेरे पास आने की जोखिम उठाई कैसे?"

माधोसिंह ने कहा, "बाबूजी आप पर हम लोगों को पूरा विश्वास है। इसलिए आपके पास आया हूँ।"

माधोसिंह की गुजारिश के आगे अब जे. पी. का आनाकानी करना असम्भव हो गया। जे. पी. को माधोसिंह की बात मानकर यह कार्य अपने हाथ में लेना ही पड़ा। उन्हें महसूस होने लगा कि अचानक ही बहुत बड़ा काम उन्होंने अपने जिम्मे ले लिया है। मगर जहाँ मनुष्य के सुधारों की बात हो वह कार्य जे. पी. कैसे अस्वीकार करें। माधोसिंह ने उसी समय जयप्रकाश जी के सामने आत्मसमर्पण कर दिया। जयप्रकाश जी को छोड़कर किसी को भी यह पता नहीं चलने दिया कि यह रामसिंह कौन है? माधोसिंह ने जयप्रकाश जी को बताया कि किस तरह पिछले छः वर्षों से वह इस प्रयास में लगा था। इसके लिए उसने विभिन्न मन्त्रियों, बड़े-बड़े नेताओं से पत्र द्वारा सम्पर्क किया मगर आज तक कोई सन्तोषजनक पत्र नहीं मिला। तब उसने राजनीति से अलग हटकर एक व्यक्ति की तलाश शुरू की जिस पर डाकू विश्वास कर सकें और इसके पीछे उस व्यक्ति की कोई निजी स्वार्थपूर्ति न हो। ऐसे में उसे जयप्रकाश जी का खयाल आया। उनके कामों से चम्बल के बागी भी अपरिचित नहीं थे।

जयप्रकाश जी ने कहा कि विनोबा जी तो सन्त हैं। 12 वर्ष पहले 1960 में बीस-बाइस बागियों ने उनके सामने बिना किसी शर्त के आत्मसमर्पण किया था। उन्होंने माधोसिंह से कहा, "सुनिए, विनोबा जी की तरह मैं यह भार नहीं उठा सकूँगा, मैं तो उनका एक सेवक भर हूँ। अतः आप लोगों की जो भी माँगें हैं या जो शर्त हैं वह मुझे बताइए।"

माधोसिंह बोले, "हम चाहते हैं कि समर्पण करने वाले बागियों की सजा चाहे जितनी भी लम्बी हो मगर फाँसी की सजा नहीं चाहिए। हम तो बस यही चाहते हैं।"

जयप्रकाश जी बोले, "आपकी शर्त बिलकुल उचित है। मैं भी किसी की फाँसी का जिम्मा नहीं ले सकता।"

माधोसिंह ने आगे कहा, "पहले लोकमन आदि के साथ जैसा व्यवहार हुआ, वैसा हमारे साथ न हो। मुकदमे एक जगह ही चलाए जाएँ। पुलिस छः महीनों के अन्दर सारे मामले पेश कर दे और अदालत अधिक से अधिक तीन वर्ष में सारे मामलों को निपटा दे। इसके बाद जेल में हमारे साथ अच्छा व्यवहार किया जाए। हथकड़ियाँ न पहनाई जाएँ। जब तक हम जेल में रहें हमारे बाल-बच्चों को सँभाला जाए।"

बागियों की माँगें उचित थीं। वर्षों से बीहड़ों में भटकते रहने से इनके अन्दर का इनसान मर चुका था अतः उसे जिन्दा करने के लिए इनके साथ प्रेम और अच्छे सलूक का होना बिलकुल जरूरी था। समाज में देश में उनसे अच्छा व्यवहार हो उन्हें यह अहसास कराया जाए कि उनकी पुरानी जीवन-शैली से आने वाली जीवन-शैली कितनी सुख और शान्तिपूर्ण होगी तो वे फिर कभी उस रास्ते का पता किसी भी बागी को नहीं देंगे जिस पर तबाही के सिवा कुछ नहीं है।

इसके बाद जयप्रकाश जी माधोसिंह को गया स्थित अपने सोखोदेवरा आश्रम में ले गए और वहीं पर छिपाकर रखा। वहाँ भी किसी को यह जानकारी नहीं दी कि ये कौन है। बाद में उन्होंने केन्द्रीय गृहमन्त्री और उत्तर प्रदेश, मध्य प्रदेश तथा राजस्थान के मुख्यमन्त्रियों को पत्र लिखे और उनसे प्रत्यक्ष मिलकर भी इस विषय पर चर्चा की। इन सबकी ओर से जयप्रकाश जी को काफी उत्साहवर्द्धक और सहानुभूतिपूर्ण सहयोग प्राप्त हुआ। इन्होंने अपनी सरकार की ओर से हर सम्भव सहायता जयप्रकाश जी को देने का आश्वासन दिया। जिससे कि उनका मनोबल और बढ़ा।

जयप्रकाश जी ने इस सन्दर्भ में पहले वाराणसी के गाँधी-विद्या-संस्थान के एक व्यक्ति को चम्बल घाटी में भेजकर बागियों की पूरी समस्या पर शोध करने का काम सौंपा। फिर उस शोध-पत्र के आधार पर उन्होंने कार्य की योजना तैयार की। इस सिलसिले में उन्होंने महाबीर भाई जो 1960 में विनोबा जी के द्वारा बनाई गई चम्बल घाटी शक्ति समिति के मन्त्री थे तथा ग्वालियर के हेमदेव शर्मा को तार देकर बुलाया। इस तरह चम्बल घाटी शान्ति मिशन की स्थापना हुई। इस मिशन में पण्डित लोकमन (भूतपूर्व कुख्यात डाकू लुक्का) तथा चरण सिंह ने शामिल होकर सहयोग देना शुरू कर दिया। इसी सिलसिले में बाद में जयप्रकाश जी ने उत्तर प्रदेश सरकार से विनती करके तहसीलदार सिंह को जेल से बाहर निकलवाया। उन पर काफी मुकदमे चले थे और कुल मिलाकर वर्षों की सजा हुई थी इसके आग्रह से ही विनोबा जी ने 1960 में चम्बल घाटी क्षेत्र में पदयात्रा की थी।

मुसहरी से लेकर आज तक जयप्रकाश जी ने अपने शरीर और मस्तिष्क को काफी परिश्रम और तनाव दिया

तथा जिससे नवम्बर में उन्हें हल्का-फुल्का दिल का दौरा भी पड़ा। कार्य के लिए शरीर को स्वस्थ रखना जरूरी था अतः नवम्बर, दिसम्बर, जनवरी वह खुद आराम करते रहे और उनके निर्देश पर शान्ति-मिशन का काम जारी रहा। दिसम्बर के दूसरे सप्ताह में उन्होंने चम्बल घाटी के बागियों के नाम एक अपील जारी की। जे. पी. ने कहा, "आजकल हमारा देश एक नाजुक दौर से गुजर रहा है। संकट की इस घड़ी में जबकि सारा देश अपनी सुरक्षा और आत्मसम्मान के लिए प्रयत्नशील है, चम्बल घाटी के बागी भाइयों से मेरी अपील है कि वे भी अपना गलत रास्ता छोड़कर देश के साथ सहयोग करें।...वे अपनी गतिविधियाँ बन्द कर दें और हिम्मत के साथ समाज के सामने आत्मसमर्पण करें।" इस अपील की प्रतियाँ चम्बल घाटी में बँटवाई गईं। इस अपील का जवाब बागियों को ओर से माधोसिंह ने दिया, "हम हथियार डालने को तैयार हैं। क्या समाज हमें वापस स्वीकार करेगा।" इसी प्रश्न के जवाब में मानसिंह के पुत्र तहसीलदार सिंह को रिहा किया गया और उन्होंने इतना सहयोग दिया कि सभी ने उनकी लगन की सराहना की।

बाद में बागियों के साथ सम्पर्क भी बनाया गया। उस क्षेत्र को अघोषित शान्ति क्षेत्र बना दिया गया यहाँ पर मिशन के लोग बागियों से मिलकर बातें करते थे। इसमें पुलिस ने भी काफी सहयोग दिया। इस तरह धीरे-धीरे मार्च तक मिशन वालों ने चम्बल के सभी बड़े बागियों से सम्पर्क कर लिया और उन्हें आत्मसमर्पण को भी तैयार कर लिया। इस सन्दर्भ में जयप्रकाश जी इन्दिरा गाँधी से मिले। उन्होंने जयप्रकाश जी का उत्साहवर्द्धन किया। सरकार ने कहा कि अगर अदालत बागियों को फाँसी की सजा दे भी देती है तो केन्द्र सरकार उस सजा को कम करवा देगी और किसी भी बागी को फाँसी नहीं होने देगी। हाँ, जेल की जितनी अवधि की सजा होगी वह तो भुगतनी ही पड़ेगी।

ग्यारह अप्रैल को सुबह सवा नौ बजे जयप्रकाश जी और प्रभावती हेलीकॉप्टर से ग्वालियर पहुँचे। साढ़े तीन बजे जे. पी. पत्रकारों, पुलिस, कार्यकर्त्ता और नागरिकों के एक बड़े हुजूम के साथ पगारा कोठी के लिए लगभग 70 किलोमीटर की यात्रा पर निकल पड़े। रास्ता काफी ऊबड़-खाबड़ और धूल-धूसरित तथा गड्ढों से भरा था फिर भी जयप्रकाश जी ने हिम्मत नहीं टूटने दी। वहाँ पर समर्पण का सारा कार्यक्रम निश्चित किया गया। यहीं पर पगारा बाँध के विश्राम गृह में वे ठहरे थे और बागियों से मुलाकात की।

सारे रास्ते पर गाँवों और कस्बों के लोगों की भीड़ सड़क के किनारे स्वागत के लिए खड़ी थी। मुरैना से जौरा आश्रम जाने वाले रास्ते पर भी लोगों ने बड़ी संख्या में जमा होकर इनका स्वागत किया। संध्या साढ़े पाँच बजे वे लोग पगारा कोठी 11 अप्रैल को ही जयप्रकाश जी से सभी बागी दल अपने सरदार के साथ मिलने आए।

सबसे पहले मोहरसिंह ने जयप्रकाश जी से मुलाकात की और इस दौरान वे जयप्रकाश और प्रभावती जी के बिलकुल बगल में बैठे रहे। चम्बल घाटी के डाकुओं में सबसे ज्यादा भयंकर मोहरसिंह ही थे। लम्बा-चौड़ा पहलवानी-वाला शरीर, बड़ी-बड़ी आँखें, चौड़े कन्धों वाले काफी भयंकर व्यक्तित्व के मालिक थे। पुलिस ने भी इनकी टोली को और इन्हें सबसे भयंकर डाकू घोषित किया था। इनकी टोली में एक से बढ़कर एक हथियार और खतरनाक किस्म के सबसे अधिक डाकू का समूह था इनका। पुलिस ने इनके सर पर सबसे अधिक इनाम रखा था। जो भी मोहरसिंह को जिन्दा या मुर्दा लाएगा उसे दो लाख की राशि दी जाएगी। ऐसा पुलिस का दावा था। किसी को भी विश्वास नहीं था कि मोहरसिंह जयप्रकाश जी की अपील पर आत्मसमर्पण करने आएँगे। ग्वालियर पुलिस के डी. आई. जी. ने कहा भी था कि मोहरसिंह कभी भी आत्मसमर्पण करने नहीं आएँगे।

जब मोहरसिंह आए तो जे. पी. ने लम्बी साँस भरकर कहा, "मोहरसिंह जी आप भले आए आपने आत्मसमर्पण का निर्णय करके अच्छा किया। आप अपनी माँग कहिए।"

मोहरसिंह ने उनके चरण छुए और हाथ जोड़कर विनम्रतापूर्वक बोले, "आपके आशीर्वाद से और आपकी मर्जी के मुताबिक मैं हाजिर हूँ। हमारी कोई माँग या शर्त नहीं। हमने तो अपना सर आपके कदमों में रख दिया है अब आप चाहे हमें बचा लें, चाहे फाँसी पर लटका दें हम कुछ नहीं करेंगे।"

जयप्रकाश जी ने विश्वास दिलाया कि किसी भी बागी को फाँसी न होने पाए इसके लिए मैं अपनी जान की बाजी लगा दूँगा।

उनकी इस बात का गजब प्रभाव पड़ा डाकुओं पर। उनके दिल पिघलने लगे। एक के बाद एक करके बागियों

के दल आते रहे और महात्मा गाँधी, जयप्रकाश नारायण तथा विनोबा की जयघोष से पूरा चम्बल का वह इलाका गूँज उठा। उन्हें देखने के लिए आस-पास हजारों की संख्या में लोग इकट्ठे हो गए थे।

इस तरह से यहाँ पगारा कोठी में बागियों का जयप्रकाश जी से मिलने का कार्यक्रम चलता रहा। 13 तारीख को सुबह में वहाँ एक पारिवारिक स्नेह मिलन समारोह रखा गया। सुबह से ही घाटी के जंगलों से बागियों के साथ-साथ परिवार की महिलाएँ तथा बच्चे भी आने शुरू हो गए। नीचे की धोरेरा घाटी में जीप भेज कर सभी को बुलवाया जा रहा था। सबसे अन्त में माखनसिंह तथा उनके भी बाद रूपसिंह की जीप आई। कहीं से बापू और विनोबा जी की तस्वीर मँगवाई गई। कार्यक्रम की शुरुआत तुकड़ोजी महाराज के भजन–'आया द्वार तुम्हारे रामा, आया द्वार तुम्हारे' से हुई। भजन सुनते-सुनते जयप्रकाश जी के साथ-साथ सारे बागियों की भी आँखें गीली हो गईं। इसके बाद एक-एक करके बागी लोग आते रहे और जयप्रकाश जी उन्हें गले लगाते फिर प्रभावती बहन उन्हें तिलक लगाकर हथकते सूत की हाथ से ही बनी राखी बाँधती गई। यहाँ तक कि मध्य प्रदेश के डी. आई. जी. की पत्नी, जो कि निमन्त्रण पर वहाँ आई थीं, उन्होंने भी बागियों को राखी बाँधी।

ऐसे माहौल में बागियों को इस बात की अनुभूति हुई कि इस दुनिया में कोई है जो उन जैसे डाकुओं को प्यार करता है, उनका भला चाहता है और समाज को भी उनकी जरूरत है। अन्त में जयप्रकाश जी ने औरतों को सम्बोधित करते हुए कहा, "बहनो आप देख रही हैं, कि कैसी अद्‌भुत घटना घट रही है। वर्षों से बीहड़ों में घूमते आपके घर के लोग जिनके नाम से जनता में भय रहा और जिन्होंने तरह-तरह के काम किए, वे आज सब अपने हथियार के साथ अपनी मर्जी से, कोई दबाव नहीं, कोई जोर नहीं, यहाँ इकट्ठे हुए हैं और कल जौरा में महात्मा गाँधी के चित्र के सामने आत्मसमर्पण करेंगे और अपना नया जीवन प्रारम्भ करेंगे। परिवार है, माँ, बहन, पत्नी, बच्चे बच्चियाँ हैं जो इस जीवन के साथी हैं। आपको इस बात की चिन्ता होगी, ये हमारे घर के लोग जो खुशी-खुशी अपने को पुलिस के हाथों में सौंप रहे हैं, हाजिर हो रहे हैं, उनका क्या होगा? आपका क्या होगा? आपके बच्चों का क्या होगा? यह आपके दिल में भय होगा। मैं आपसे बहुत विनयपूर्वक कहना चाहता हूँ कि भय तो अपने हृदय से आप निकाल दीजिए। परमात्मा का, ईश्वर का भरोसा कीजिए। उसकी ही यह लीला है कि चम्बल घाटी के ये मशहूर बागी लोग, जिनके सिर पर हजारों और लाखों का इनाम सरकार की तरफ से घोषित हुआ, उनका ऐसा दिल बदला कि उन्होंने अपने जीवन को नई दिशा में इस तरह से फेर दिया। इस रास्ते पर चलने से किसी का बुरा नहीं होगा।"

14 अप्रैल और 15 अप्रैल, 1972 को गाँधी सेवाश्रम जौरा में एक सार्वजनिक समारोह में बागियों का आत्मसमर्पण हुआ। 14 अप्रैल को मोहरसिंह, सरूपसिंह, पंचमसिंह, तिलक सिंह, और नरेश सिंह के दल के 82 लोगों ने, 16 अप्रैल को माधोसिंह, माखनसिंह, जगजीत सिंह, कल्याणसिंह, रूपसिंह, जियालाल, हरिविलास आदि के दलों के 81 बागियों ने और फिर 17 अप्रैल को ग्वालियर में नाथूसिंह के गिरोह ने जयप्रकाश जी के सामने आत्मसमर्पण किया। गाँधी जी के चित्र के सामने स्टेनगन, मशीनगन, ऑटोमेटिक राइफल, टेलिस्कोप राइफल, कारतूस और लाखों रुपयों वाले विदेशी हथियारों का अम्बार-सा लग गया। प्रत्येक आत्मसमर्पण करने वाले बागी को जयप्रकाश जी 'रामायण' और विनोबा जी के 'गीता प्रवचन' की एक-एक प्रति भेंट में देते जा रहे थे। माधोसिंह ने सभी बागियों की तरफ से समाज से क्षमा-याचना वाला निवेदन पढ़कर सुनाया–"हम अपने आपको समाज की सेवा के लिए समर्पित करते हैं। बाबा विनोबा जी और बाबू जयप्रकाश जी के आशीर्वादों के साथ हम अपनी नई जिन्दगी शुरू कर रहे हैं। हमसे बहुत भूलें हुई हैं। उसके लिए हमें दिल से पछतावा हो रहा है। हमारी वजह से जिन-जिन को दुःख हुआ और तकलीफ हुई, उन सबसे हम माफी माँगते हैं।"

जयप्रकाश जी ने बागियों को सम्बोधित करते हुए कहा, "आप सबसे मेरा यही निवेदन है कि जो मार्ग आपने अपनाया है, अब उसे कभी छोड़िए मत। तरह-तरह के ढेरों विघ्न आने पर भी अब इस मार्ग से डिगिए मत। जेल-जीवन को अपने नैतिक और आन्तरिक विकास का अवसर मानिए, और जेल से छूटने के बाद समाज के अच्छे सेवक बनकर रहिए।"

बागियों के आत्मसमर्पण की इस खबर को अखबार वालों ने बहुत ही अच्छे और भावनात्मक तरीके से छापा

था। इंग्लैण्ड के बी. बी. सी. और अमेरिका के 'टाइम्स' मैगजीन के प्रतिनिधि भी उस दिन जौरा में उपस्थित थे। 'टाइम्स' के प्रतिनिधि ने अपनी मैगजीन में बागियों के आत्मसमर्पण को जयप्रकाश जी के बहुत बड़े योगदान के रूप में प्रकाशित किया। उन्होंने यहाँ तक कहा, "हमारे देश में लोग एक जमाने में गाँधी के अहिंसात्मक रास्ते को अव्यावहारिक मानते थे। लेकिन अब हमारे देश में भी लोग यह समझने लगे हैं कि अहिंसा एकदम अव्यावहारिक वस्तु नहीं है।"

बागियों को ग्वालियर के केन्द्रीय जेल में ले जाया गया। किसी को भी हथकड़ी नहीं पहनाई गई। जेल में उनके साथ अच्छा बर्ताव हो इसका हर सम्भव प्रयास रहा। कुछ बागियों को खुली जेल में भी रखा गया। आत्मसमर्पण के बाद भी मिशन अपना कार्य सुचारु रूप से करता रहा। मिशन ने बागियों के सवालों को हल करना, उनकी अदालती कार्रवाई की देख-रेख करना, उनकी जेल अवधि में परिवार वालों को हर सुविधा उपलब्ध कराना, जेल से वापस आने पर उन्हें पुनः बसाने के लिए जमीन की व्यवस्था, कामधन्धे की व्यवस्था आदि कार्यों को बराबर सही ढंग से किया। मिशन के अध्यक्ष स्वयं जयप्रकाश जी थे। जौरा गाँव में आश्रम की स्थापना करके श्री सुब्बाराव जी वहीं रहने लगे थे। फलतः अप्रैल, 1972 और इसके बाद इस क्षेत्र में लगभग 654 बागियों ने आत्मसमर्पण किया। 1980 तक तो बागी अपनी सजा पूरी करके एक अच्छे सामाजिक जीवन का आनन्द उठा रहे थे।

1972 में जेल से ही (पहुँचते ही) बागियों ने जयप्रकाश जी को एक पत्र लिखा। अपने बागी जीवन में उन्होंने बहुत से दुश्मन बनाए थे। अपने नए जीवन में प्रवेश के साथ ही वे उन लोगों से गले मिलकर दोस्ती का हाथ बढ़ाना चाहते थे। जिसके लिए बागियों ने जयप्रकाश जी से निवेदन किया था कि वे जेल में ही उनसे मिलने की व्यवस्था करा दें ताकि वे उनसे पुरानी बातें भूलने की प्रार्थना कर सकें।

जेल जीवन में बागियों में काफी बदलाव देखा गया। कुछ बागियों ने अपनी एक नियमित और सुचारु जीवन-शैली बना ली थी। सुबह उठना, स्नानध्यान करना, पूजा-पाठ करना तथा रामायण के प्रति भी बागियों में काफी प्रेम और आदर का भाव देखा गया। जयप्रकाश जी ने तो यह माना था कि इन बागियों में अधिकतर सामाजिक अन्याय के शिकार होते हैं गुस्से और निराशा से एक जुर्म कर दिया और बस उसी रास्ते पर चल पड़े। इनका मन साधारण अपराधियों से बिलकुल भिन्न होता है।

ये लोग खुद को डाकू नहीं बागी कहते थे। बागी अर्थात् देशद्रोही। उनका ऐसा मानना जयप्रकाश जी ने सही ठहराया है। उन्होंने कहा कि बहुत हद तक देश की सामन्तवादी समाज व्यवस्था, दोषपूर्ण-भूमि व्यवस्था, प्रशासन का भ्रष्टाचार तथा समाज में होने वाले बहुत से अन्याय हैं जिसने इन्हें बागी बनने पर मजबूर कर दिया।

वर्षों से चली आ रही इस समस्या का हल नहीं निकलने के पीछे भी काफी लोगों का निजी स्वार्थ रहा था। इन्हें जंगल में हथियार उपलब्ध कराने वाले तश्कर, जंगल के ठीकेदार तथा हमारे देश के पुलिस और फौजी भाइयों ने भी अपने धन्धे को इनसे बढ़ाया था। ऐसे दिग्गज लोग समस्या का हल क्यों चाहें?

काफी समय तक बागियों के प्रति जयप्रकाश के विचार और उनके लिए उठाए जा रहे कदम को देखकर लोगों ने सर्वोदय वालों द्वारा डाकुओं को हीरो बनाने जैसी भी बातें कहीं। जयप्रकाश जी ने स्पष्ट करतें हुए कहा, "मैंने इनको मनुष्य बनाया है। भाई बनाया है। मेरे खयाल से समर्पण के बाद ये डाकू नहीं रहे। बार-बार यह कहते रहने से कि तुम डाकू हो कोई व्यक्ति सुधर सकता है? हमने उन्हें गले लगाकर अपने गाँधी परिवार में शामिल किया है। वे एक गलत रास्ते पर चल पड़े थे अब जबकि वे उस रास्ते को छोड़ आए हैं तो उन्हें समाज के अच्छे नागरिक बनने का अवसर देना चाहिए।"

जयप्रकाश जी ने इस पूरे सन्दर्भ को एक सामाजिक और वैज्ञानिक दृष्टिकोण से देखा था। उन्होंने कहा था, "अपराध और सजा के इस सारे सवाल पर नए सिरे से सोचा जाना चाहिए। अपराधियों के प्रति समाज की करुणावृत्ति जागनी चाहिए। उन्हें सजा देने के बदले उन्हें सुधारने के लिए सोचना चाहिए। साथ ही उन सामाजिक परिस्थितियों के बारे में भी सोचना चाहिए, जिनके कारण साधारण आदमी को अपराधी बनने के लिए मजबूर होना पड़ता है। हमारी समाज व्यवस्था ही ऐसी है जिसके कारण कुछ अपराध बराबर होते रहते हैं। अतएव समाज की मूल संरचना में ही परिवर्तन करने की जरूरत है। अपराधियों के साथ व्यवहार की वर्तमान पद्धति ऐसी है कि हजारों नहीं लाखों अपराधियों

को सजा दी जाती है, सैकड़ों को फाँसी पर लटकाया जाता है, फिर भी अपराध की संख्या तो बढ़ती ही है घटती नहीं।'' उनका यह मानना काफी हद तक सही भी था। एक वैज्ञानिक बनने की उनकी इच्छा का मूल उद्देश्य यही था। नित्य नए प्रयोग और नवीनीकरण समाजशास्त्र का अध्ययन उन्होंने समाज की वर्तमान परिस्थितियों से कुण्ठित होकर एक समाजशास्त्री के रूप में समाज के सर्वांगीण विकास के लिए ही किया था। यहाँ उन्होंने अपने दोनों दृष्टिकोण का जो अभूतपूर्व परिचय दिया वह समाज के लिए, देश के लिए यहाँ तक कि विदेशों में भी सराहनीय रहा।

जयप्रकाश जी बराबर यही कहते रहे, ''बारह साल पहले सन् 1960 में विनोबा जी ने जो बीज बोए थे, उन्हीं के ये फल हैं।'' वे यह मानते थे कि 1972 में बागियों का समर्पण उस समय के 20 बागियों वाली घटना का ही विस्तार था। उन्होंने तो सिर्फ विनोबा जी के कार्य को आगे बढ़ाया है। वे कभी भी अपने किसी कार्य का श्रेय खुद को नहीं देते थे। यह एक महान व्यक्ति ही कर सकता है। जबकि चारों तरफ से यही आवाजें आईं कि यह अद्भुत घटना भारत की धरती पर जयप्रकाश जी की महान देन है।

इस घटना को जयप्रकाश जी ने ईश्वरीय कार्य ही माना था। उन्हें यह बात बार-बार याद आती कि नहीं चाहते हुए भी अपने कई प्रयासों के बाद भी उन्हें अचानक इस कार्य से जुड़ना पड़ा और जिसका परिणाम इतना सफल निकला। इसमें तो वास्तव में उनका हाथ नहीं यह तो ईश्वर की ही लीला है : ''मैं मानता हूँ कि इसके पीछे कोई अदृश्य शक्ति ने ही काम किया है। मैं तो इसमें निमित्त मात्र हूँ। मैं समझ नहीं पा रहा हूँ कि यह घटना कैसे घटी। इसमें ईश्वर की ही लीला दिखती है। उसी ने अपनी अगम्य योजना के अनुसार हमारे इन रास्ता भूले भाइयों को सच्चे रास्ते पर आने की प्रेरणा दी।''

चम्बल के उस कार्य ने जयप्रकाश जी को आत्म-दर्शन दिया। यह कोई घटना नहीं थी यह तो आत्म-दर्शन था। उन्होंने वहाँ पर जो कुछ भी देखा और महसूस किया उसे प्रत्यक्ष अनुभव के आधार पर ईश्वरीय लीला तथा खुद को 'निमित्त मात्र' कहा। अचानक एकदम से माधोसिंह का जबर्दस्ती उन्हें कार्य सौंपना और उनके प्रभाव में लगभग 600 बागियों का आत्मसमर्पण करना कोई इनसानी लीला हो ही नहीं सकती। उनके अन्तर्मन की अनुभूति यह कहती कि ईश्वर की शक्ति ने मुझे साधन बनाकर सारा कार्य किया है।

चम्बल की इस घटना से जयप्रकाश जी का हृदय परिवर्तन हुआ। ईश्वर के प्रति उनकी आस्था बढ़ गई। उन्हें न केवल ईश्वर के अस्तित्व की, बल्कि सांसारिक घटना में भी ईश्वर के अदृश्य संचालन की अनुभूति होने लगी थी। उन्होंने इसे अपनी एक आध्यात्मिक यात्रा बताया है।

सर्वोदय और भूदान आंदोलन

अमृता शेखर

1948 में गाँधी जी की मृत्यु की बाद उनके कार्यकर्त्ताओं ने वर्धा के समीप सेवाग्राम आश्रम में एक सम्मेलन किया (इसी सम्मेलन ने सर्वोदय समाज को उत्पन्न किया।) इन लोगों ने सर्वोदय समाज की स्थापना की। यह संस्था पश्चिमी देशों की संस्थाओं से बिलकुल भिन्न थी। यह एक स्वतन्त्र एवं स्वयं सेवी संस्था थी जिसका मुख्य उद्देश्य सत्य और अहिंसा के रास्ते से दुनिया का उत्थान करना था। इस संस्था के न तो कोई लम्बे-चौड़े नियम-कानून थे, न इसमें कोई पदाधिकारी थे और न ही कोई कार्यकारिणी थी। यह समाज में ऐसी व्यवस्था कायम करना चाहते थे जिसमें धर्म और वर्ग के नाम पर कोई भेद-भाव न हो ना ही किसी वर्ग विशेष का शोषण हो। अपने इन उद्देश्यों की पूर्ति के लिए हर सर्वोदयी शुद्ध रूप से काम करने के लिए पूर्णतः स्वतन्त्र था। यही उनका सिद्धान्त था।

सर्वोदय समाज का प्रत्येक सिद्धान्त गाँधी जी के विचारों पर ही हुबहू उतारा गया था। गाँधी जी अपने जीवन के मूलभूत सिद्धान्तों को 'सर्वोदय' नाम से व्यक्त करते थे। सामाजिक क्रांति के लिए गाँधी जी ने जिस अहिंसक पद्धति को अपनाया था उसे ही वे सर्वोदय नाम से सम्बोधित करते थे। यह शब्द जब वे दक्षिण अफ्रीका में थे तो रस्किन की पुस्तक 'अन्टू द लास्ट' पढ़ने के बाद उनके मस्तिष्क में उत्पन्न हुआ। अपने व्यावहारिक जीवन में इसका प्रयोग कर उन्होंने इस शब्द को और भी व्यापक और अर्थपूर्ण बना दिया। उन्होंने सर्वोदय के नाम पर वह मूल मंत्र लोगों में देना चाहा जिसमें सभी समान रूप से सुखी और प्रसन्न रहें, किसी को कोई कष्ट या दुःख न रहे, सभी एक-दूसरे के दुःखों में समान रूप से भागीदार बनें।

गाँधी जी ने सर्वोदय का ध्येय रखा व्यक्तिगत एवं सामाजिक जीवन के सभी पहलुओं में आमुलाग्र क्रांति लाकर संपूर्ण एवं सर्वांगीण विकास लाना। उनके अनुसार सर्वोदय से ही देश की समस्याओं का स्वदेशी और वैज्ञानिक समाधान सम्भव था। उन्होंने सर्वोदय के माध्यम से 'अधिक से अधिक लोगों के अधिक से अधिक हित' की जगह 'सर्व का अधिक से अधिक हित' का मंत्र दिया।

गाँधी जी की मृत्यु के बाद शीघ्र ही इस अहिंसक क्रांति सर्वोदय का नेतृत्व उनके आध्यात्मिक उत्तराधिकारी सन्त विनोबा भावे ने वहीं से शुरू किया जहाँ इसे गाँधी जी ने छोड़ा था। इन्होंने ही सेवाग्राम से सर्वोदय समाज के कार्यो का सम्पादन का कार्य शुरू किया। इसी सर्वोदय के कार्य सम्पादन हेतु अखिल भारतीय सर्व-सेवा-संघ का गठन भी किया? विनोबा भावे ब्रह्मचारी थे और गाँधी जी की ही तरह सादा और कठोर जीवन व्यतीत करते थे। शुरू-शुरू में आजादी की लड़ाई में जयप्रकाश जी तथा अन्यों की तरह उन्हें भी आतंकवादी प्रवृत्तियाँ कुछ रास आई थीं, मगर बचपन से सादा जीवन गुजारनेवाले सन्त जीवात्मा को अंग्रेजों को मार भगाने की आतंकवादियों की विध्वंसकारी प्रवृत्तियाँ ज्यादा दिनों तक अपने मोहपाश में बाँध नहीं पाईं। इसी असन्तोष में वे गाँधी जी के करीब आ गए।

भारतीय किसानों की जीवन-शैली पर वे गहन चिन्तन किया करते थे। उन्हें इतना आश्चर्य होता कि भारतीय किसान प्रति व्यक्ति एक बीघा भूमि पर कैसे जीवन यापन करते हैं। अपनी इसी सोच को परीक्षण रूप देने हेतु वह 1921 में गाँधी जी के आश्रम से निकलकर वहीं पास ही अपने कुछ साथियों के साथ अपना आश्रम बना कर रहने

लगे। प्रभावती जी पर उनकी भी बापू जैसी ही धाक थी। 1941 के व्यक्तिगत सत्याग्रह आंदोलन में वे पहले सत्याग्रही थे जो बापू के आदेश पर जेल गए।

19 मार्च, 1948 से 1950 तक विनोबा तथा उनके सर्वोदयी साथी इसी ऊहापोह में पड़े रहे कि सामाजिक परिवर्तन हेतु कौन-सी क्रांतिकारी प्रक्रिया अपनाई जाए। मार्च 1951 में हैदराबाद में सर्वोदय सम्मेलन हुआ। विनोबा जी भी सैकड़ों मील की पद-यात्रा करके सम्मेलन में भाग लेने हैदराबाद पहुँचे। लगभग तीन वर्षों से तेलंगाना के एक हजार गाँवों में सामन्ती जमींदारी के विरुद्ध कम्युनिस्टों का सशस्त्र क्रांति के नाम पर हत्याओं और लूट-पाट का खुला विद्रोह जारी था। सम्मेलन के बाद विनोबा जी सब की राय के खिलाफ और बिना पुलिस सहायता के ऐसे ही एक गाँव पोचमपल्ली में शान्ति प्रचार हेतु गए। वहाँ जाने पर उन्हें ज्ञात हुआ कि यद्यपि तेलंगाना क्षेत्र में कम्युनिस्टों की सशस्त्र क्रांति तो असफल हो चुकी थी मगर वहाँ के लोगों की समस्याएँ अभी भी वैसी ही बनी थीं। उन्होंने वहाँ के लोगों की जीवन-शैली में भयंकर आर्थिक विषमता का अनुभव किया। वहाँ चन्द लोगों के पास सैकड़ों एकड़ जमीन थी तो अधिकांशतः लोगों के पास पैर रखने लायक भी भूमि नहीं थी। सभी इस भुखमरी और विपन्नता का समाधान ढूँढ़ रहे थे।

यहाँ हरिजनों की संख्या काफी अधिक थी। यहाँ के हरिजनों ने अपनी आर्थिक विपन्नता से विनोबा जी को अवगत कराया। उन्होंने विनोबा जी से प्रार्थना की कि यदि उनको 80 एकड़ भूमि मिल जाएगी तो वह शान्तिपूर्वक अपना जीवनयापन करेंगे और उनके भूख का निदान भी तभी सम्भव है। उस समय तो विनोबा जी को यही प्रतीत हुआ कि इतनी भूमि तो सरकार ही दिला सकती है अतः उन्होंने सरकार के समक्ष उनकी माँग रखने का आश्वासन दिया।

उनके पड़ाव पर बराबर प्रार्थना सभाएँ चलती रहती थीं। ऐसे में ही एक दिन विनोबा जी ने उपस्थित सभी भूमिपतियों से हरिजनों की माँग की चर्चा करते हुए पूछा कि "देगा कोई इतनी जमीन?" सन्त की वाणी का जादू ही था कि भीड़ में से रामचन्द्र रेड्डी नामक एक भूमिपति ने तुरन्त अपनी एक सौ एकड़ भूमि दान में देने की घोषणा कर दी। खुद विनोबा जी भी शिथिल पड़ गए इस भयंकर दान को सुनकर। तब हरिजनों ने कहा कि उन्हें इतनी भूमि नहीं बल्कि प्रति परिवार केवल दो एकड़ भूमि की जरूरत है। इस घटना से उन्हें भूमिदान यज्ञ आरम्भ करने की प्रेरणा मिली—अर्थात् भूमिदान देकर तब ईश्वर की पूजा कीजिए जब तक सभी जरूरतमन्दों को भूमि नहीं मिल जाती।

वे इसे भगवान से प्राप्त प्रेरणा मानकर सारे भारत से पाँच करोड़ एकड़ भूमि दान में प्राप्त करने के उद्देश्य से पैदल चल पड़े। तेलंगाना की अशान्ति और अब तक की तीन हजार हत्याओं और छः करोड़ रुपए से अधिक की सम्पत्ति की बर्बादी के बाद यह भूमिदान को लोगों ने देवताओं का वरदान माना।

तेलंगाना में ही विनोबा को प्रकाश मिला कि देश की प्रमुख समस्या भुखमरी, गरीबी का एक ही उपाय है भूमि का समान रूपी बँटवारा जो भूदान से सम्भव नजर आने लगा। उन्होंने इसे भूदान यज्ञ घोषित किया। अपने आश्रम के रास्ते में पड़ने वाले सभी गाँवों में विनोबा जाते और वहाँ के सभी भूमिपतियों से मिलकर उनकी भूमि का कुछ अंश दान में माँगने गए। उनका नारा था—"मैं आपको प्रेम से लूटने आया हूँ। जिनके पास जमीन हो वह स्वेच्छा से अपनी भूमि का छठवाँ भाग अपने छठे पुत्र का हिस्सा समझकर भूमिहीनों को दान दे दें।" विनोबा ने खुद को भूमिपतियों का छठा पुत्र घोषित किया। और गाँव-गाँव घूमकर अपने छठे अंश की माँग का अलख जगाने लगे। शीघ्र ही यह नारा पूरे देश में अपना जादू फैलाने लगा। हर राज्य में भूदान में दी गई भूमि के पट्टों के संबंध में कानून भी बन गए।

विनोबा की यह पद यात्रा मात्र भूमि समस्या के लिए नहीं थी। भूदान तो मात्र एक बिन्दु था उनके उद्देश्य का जो इससे भी ऊँचा था—वह भूमिदान को आधार बनाकर लोगों का हृदय परिवर्तन करना चाहते थे ताकि एक नये स्वच्छ और सुन्दर समाज का जन्म हो। एक ऐसा समाज जिसमें लोगों में निजी सम्पत्ति की मिल्कियत की भावना बाकी न रहे। वह जहाँ भी जाते लोगों को 'भूदान यज्ञ' तथा अपने इस कार्यक्रम की सांस्कृतिक व्याख्या देते—दान अर्थात् संविभाग। 'संविभागश्च सर्वशः।—अर्थात् जो कुछ भी धन आपके पास है उसका सबों में बराबर बँटवारा करके उपयोग करना। सन्त की वाणी का जादू था कि इन्हें सब जगह भूमिदान प्राप्त होता गया।

नलगोंडा के गाँव से अपना भूदान अभियान आरम्भ कर विनोबा अपने साथी कार्यकर्ताओं को साथ लेकर पूरे दो महीने तक तेलंगाना के गाँवों में घूम-घूमकर दान में भूमि लेते और वितरण करते रहे। आशा के विपरीत उन्हें एक

दिन में 240 एकड़ भूमि दान में मिलती थी। इस तरह जून में मध्य प्रदेश में प्रवेश करते समय तक वह बारह हजार एकड़ भूमि दान में प्राप्त कर चुके थे। विनोबा खुद हैदराबाद से निकल चुके मगर अपने पीछे अपने कार्यकर्ताओं को वहाँ छोड़ गए ताकि भूदान कार्य निरन्तर चलता रहे। उनके अनुयायियों ने भी तीन वर्षों तक एक लाख एकड़ भूमि प्राप्त की और उसका वितरण भी किया।

शुरू-शुरू में जयप्रकाश जी को विनोबा के इस अभियान पर विश्वास नहीं था वह तो हमेशा से यही सोचते रहे कि सोशलिस्ट सरकार आएगी तो खुद-ब-खुद कानून बनाकर धनियों से उनकी सम्पत्ति ले लेगी। उन्हें शक था कि जमींदार लोग स्वेच्छा से अपनी भूमि का कोई भाग देंगे। अगर दे भी देते हैं तो इस तरह से घूम-घूमकर दान में पहले भूमि माँगने और पुनः वितरण में तो सैकड़ों वर्ष लग जाएँगे। इसके बावजूद कुछ ऐसे पहलू भी थे जो जयप्रकाश जी को विनोबा की ओर खींच रहे थे। जयप्रकाश जी और प्रभावती जी का विनोबा जी से काफी पुराना और व्यक्तिगत परिचय था। प्रभावती जी तो बापू की ही तरह विनोबा जी की भी चहेती थीं। जयप्रकाश जी विनोबा जी के लेखों से काफी प्रभावित हुए थे। उनको उनके लेखों में मानसिक शान्ति और वैचारिक मौलिकता का अनुभव होता था जिससे पाठक खुद-ब-खुद विनोबा के विचारों पर सोचने को विवश हो जाता था। समय-समय पर प्रभावती जी भी जयप्रकाश जी को सर्वोदय, गाँधी और विनोबा के उच्च विचारों और दर्शन के महत्त्व पर चर्चा करती थीं। जयप्रकाश जी प्रभावती जी के विचारों से प्रभावित भी होते थे। इन बातों ने उन्हें यह सोचने पर मजबूर कर दिया कि जिस व्यक्ति का आदर बापू करते हों, जिसके कार्यों पर बापू विश्वास करते हों वह अगर कोई सर्वोदयी आंदोलन चलाता है चन्द बातों को लेकर उसको अनदेखा नहीं किया जा सकता।

समाचारपत्रों ने भी विनोबा के उस भूदान यज्ञ को काफी दिलचस्प और सनसनीखेज खबर बनाकर प्रकाशित किया। देशभर में लोग विनोबा को भूमिदान को अपने-अपने ढंग से वर्णित करने लगे। कुछ लोगों को सिर्फ सन्त विनोबा के असरदार व्यक्तित्व पर विश्वास था—यदि विनोबा जैसा सन्त माँगता है तो छठा क्या पूरी भूमि देने में भी कोई मुसीबत नहीं है। उन्हें विश्वास था कि विनोबा का यह यज्ञ संपूर्ण होगा।

वहीं कुछ लोग ऐसे भी थे जिन्हें आदमियों में इस हद तक त्याग की भावना का कतई विश्वास नहीं था। उन्हें तो यही लगा कि यह भूदान हैदराबाद में सम्भव हो गया इससे यह अन्दाज लगाना बिलकुल गलत होगा कि यह भारत के सभी राज्यों के गाँवों में सम्भव हो पाएगा। उन्हें तो यह भी लगा कि कम्युनिस्टों से परेशान होकर हैदराबादियों ने विनोबा द्वारा कम्युनिस्टों को दी गई चुनौती स्वीकार कर ली है।

धीरे-धीरे भूदान में लोगों की दिलचस्पी बढ़ने लगी। देशभर में भूमिपतियों ने भूदान में अपना सहयोग और इस कार्य की प्रशंसा शुरू कर दी। गरीबों के बीच तो इस पर भी बहस हुई कि भूमिपति लोग भयभीत हो गए हैं कि या तो उनकी भूमि छीन ली जाएगी या दान देनी पड़ेगी। लोगों की भूदान के प्रति प्रतिक्रिया जानने के उद्देश्य से हैदराबाद के बाद विनोबा वापस अपने आश्रम में आकर वहीं से ईश्वर के अगले आदेश का इन्तजार करने लगे। (विनोबा यह मानते थे कि यह जो भूदान यज्ञ मैंने शुरू किया है उसमें मेरी कोई महान भूमिका नहीं है यह तो ईश्वर का आदेश है जो मेरे से पूरा हो रहा है) कुछ ही समय बाद हैदराबाद में नई काँग्रेस की सरकार बनी तो उसने भी भूमि वितरण में भूदान का ही सहारा लिया। जिससे विनोबा ही नहीं देश के लोगों को भी विश्वास हो गया कि समाज में आर्थिक समानता के लिए भूमिदान एक बेहतर और उपयुक्त उपाय है।

हैदराबाद में विनोबा के इस सफल भूदान से प्रभावित होकर जवाहरलाल नेहरू ने उन्हें प्रथम पंचवर्षीय योजना पर विचार-विमर्श हेतु दिल्ली बुलाया। नेहरू जी देश में कृषि-व्यवस्था का समूहीकरण करना चाहते थे जिससे उनकी पार्टी ने अपना विरोध प्रकट किया था। नेहरू के बुलावे पर हवाई खर्च को ठुकरा कर विनोबा पवनार के अपने आश्रम से 795 मील की दूरी पैदल ही तय करते हुए दिल्ली पहुँचे। इस यात्रा में उन्हें दो महीने का समय लगा और 17 हजार एकड़ भूमि दान में प्राप्त भी की। दिल्ली आकर उन्होंने पंचवर्षीय योजना की निन्दा भी की जिसका कि लोगों पर काफी अच्छा असर पड़ा।

इस क्रम में डॉ. राजेन्द्र प्रसाद जी भी विनोबा से मिले, वह तो उनके इस कार्य से प्रभावित थे ही अतः उन्होंने

विचार-विमर्श के पश्चात् बिहार स्थित अपनी पैतृक सम्पत्ति का एक भाग विनोबा को भूदान में दे दिया। राजेन्द्र प्रसाद के भूदान से विनोबा जी के आंदोलन को और भी बढ़ावा मिला। जयप्रकाश जी ने नेहरू और राजेन्द्र प्रसाद जैसे लोगों के मन में विनोबा के प्रति जो आदर सम्मान देखा उससे उनका मन भी इस सन्त की ओर झुके बिना नहीं रह सका। दिल्ली से विनोबा जी ने उत्तर प्रदेश में भूदान आंदोलन प्रारम्भ करने हेतु अपनी पद यात्रा शुरू की।

भूदान आंदोलन शुरू होने के लगभग एक वर्ष बाद 1952 में उत्तर प्रदेश के बनारस के नजदीक में सर्वोदय सम्मेलन का आयोजन हुआ। विनोबा ने लोगों को सम्बोधित करते हुए कहा कि पूरे भारत के भूमिहीनों को भूमि उपलब्ध कराने में हमें पूरे 5 हजार करोड़ भूमि दान में प्राप्त करनी होगी। तभी देश के हर किसान के पास अपनी भूमि हो पाएगी। गाँधीवादी सर्वोदयी कार्यकर्ताओं ने विनोबा के हिसाब से प्रत्येक क्षेत्र का लक्ष्य भी निर्धारित कर दिया। उनके आकलन से पूरे भारत में खेतिहर किसानों का पाँचवाँ हिस्सा भूमिहीन था। इसलिए उन्होंने भारत की कुल खेती योग्य भूमि का पाँचवाँ हिस्सा दान में लेकर वितरण करने का विचार बनाया। विनोबा के इस आंदोलन ने अब भूदान से भी ऊपर उठकर राष्ट्रीय पुनर्निर्माण-आंदोलन का रूप ले लिया।

उत्तर प्रदेश के हमीरपुर जिले के मंगरौठ गाँव में भूदान का जो मामला प्रकाशित हुआ उसने तो आंदोलन का पूरा रूप ही बदल दिया। आंदोलन के इस कदर बढ़ते प्रभाव से जयप्रकाश जी भी सन्त के लिए भूदान यज्ञ से गहरे रूप से प्रभावित होते गए। यहाँ के लोगों ने अपना पूरा गाँव ही विनोबा को दान में दे दिया, मगर विनोबा जी ने कहा कि वे पूरा न्याय करते हुए भूमि आपस में बाँट लें। भूदान के बाद मंगरौठ की सारी भूमि व्यक्तिगत रूप से किसी एक की न होकर पूरे ग्राम समाज की हो गई। विनोबा के आह्वान पर वहाँ के लोगों ने ग्राम दान में देकर स्वेच्छा से भूमि का सामूहिकीकरण कर दिया। इसी दिन से विनोबा ने भूदान का विस्तार कर दिया—ग्रामदान। अब वे अपनी प्रार्थना सभाओं में भूदान के साथ-साथ ग्रामदान के पीछे छिपे मानव एवं समाज कल्याण का महत्त्व एवं दर्शन लोगों को समझाने लगे।

विनोबा के व्यक्तित्व, उनकी प्रतिभा तथा उनकी दूरदर्शिता से तो जयप्रकाश जी प्रभावित थे ही, मंगरौठ के ग्रामदान की घोषणा के बाद उनके आंदोलन में इन्हें दर्शन मिला। सर्वोदय क्रांति का दर्शन आंदोलन के इस प्रभाव का क्या रूप है, यह सब कैसे सम्भव हो रहा है यह जानने के लिए कुछ दिनों बाद स्वयं जयप्रकाश जी मंगरौठ आए। उन्होंने आंदोलन की सफलता से यह अन्दाजा तो लगा ही लिया कि जितनी मेहनत और समय राजनीतिक कार्यों पर लगाई जाती है यदि उतनी ही मेहनत भूदान के लिए की जाए तो कम समय में अधिक नतीजा निकलेगा। जयप्रकाश जी लगभग 10 वर्षों से संसदीय कार्यों में रुचि लेना छोड़ चुके थे। अब वे जनता के बीच रहकर कार्य करना चाहते थे। इसके लिए पार्टी ने उन्हें इजाजत भी दे दी थी।

जयप्रकाश जी एक ऐसे आंदोलन के बारे में सोच रहे थे जो फिर से जनता को आकर्षित कर सके। उन्होंने भूदान में उस आंदोलन का सत्य साबित होता पाया जो वे समाज में लाना चाहते थे। गाँव की प्रमुख सम्पत्ति तो भूमि ही है न जिसका स्वेच्छापूर्वक वितरण होगा। लोग खुशी से भूमिदान देंगे और स्वेच्छा से भूमि स्वामित्व का विसर्जन करेंगे, ग्रामीणों में परस्पर सहयोग एवं समानता की भावना पनपेगी। पश्चिमी सभ्यता की परस्पर अलगाव और एक-दूसरे को काटने की भावना की जो राजनीति गाँवों में चलती है उस क्रम में यह आंदोलन कारगर उपाय सिद्ध होगा। गाँव की भूमि पर से व्यक्तिगत कब्जा समाप्त होगा और गाँव समुदाय के कब्जे के सिद्धान्त की भावना लोगों में पनपेगी। यदि क्रम जारी रहा तो एक दिन ऐसा भी आएगा जब पूरे गाँव की सम्पत्ति पर से व्यक्तिगत स्वामित्व का सिद्धान्त समाप्त होकर गाँव समुदाय के कब्जे का सिद्धान्त दृढ़ होगा।

तब तो समाजवाद कायम होगा वह अहिंसक प्रक्रिया के द्वारा स्वेच्छा से किया गया होगा जिसमें न कोई रक्तपात होगा और न ही कानून के आड़ में जनता पर जबरदस्ती लादा गया होगा। जयप्रकाश जी को महसूस होने लगा कि ऐसे समाजवाद में लोगों की सहृदयता होगी और उसके प्रति उनकी स्थायी भावना भी होगी। मंगरौठ यात्रा के बाद जयप्रकाश जी विनोबा जी की पद यात्रा में शामिल हो गए और बाँदा जिले में पद यात्रा करते हुए तो उन्होंने विनोबा जी से काफी विचार-विमर्श भी किया। विनोबा जी ने समाजवाद को लेकर जयप्रकाश जी के जो सपने थे उनकी कड़ी आलोचना की। उन्होंने सभी राजनीतिक दलों की निन्दा की और स्वयंसेवी कार्यों को बेहतर बताया। उन्होंने यह भी कहा कि 1942 में आपका गाँधी का साथ छोड़ना बिलकुल गलत था। जयप्रकाश पर विनोबा जी

की इस बहस का अच्छा प्रभाव पड़ा। वह भी भूदान और ग्रामदान के कार्यों में उत्साह दिखलाने लगे। वैसे भी मंगरौठ की घटना का प्रभाव ही काफी था जयप्रकाश जी के नए मार्गदर्शन के लिए। उन्होंने स्वयं लिखा है–"वहाँ मैंने जो कुछ देखा उसमें मुझे भविष्य का नया दृश्य दिखलाई दिया। यह सोचकर कि यदि हर गाँव मंगरौठ बन जाए तो देशभर में एक महान नैतिक, आर्थिक, राजनीतिक व सामाजिक क्रांति हो जाएगी, मैं उत्साह से भर गया और मुझे यह सोचने का कोई कारण नहीं नजर आया कि जो मंगरौठ में हुआ वह सारे देश में नहीं हो सकता। मंगरौठ के लोग कोई देवता तो नहीं थे।"

"गाँधी जी का अधूरा काम पूरा करने के लिए भूदान आंदोलन का यह काम मैं योजनापूर्वक उठा रहा हूँ।" विनोबा जी का यह कथन जयप्रकाश जी को सत्य साबित होता हुआ प्रतीत होने लगा। गाँधी जी ने अहिंसक क्रांति और नव समाज निर्माण का सैद्धान्तिक विचार देश तथा दुनिया के समक्ष रखा जरूर था मगर उसे कार्य रूप प्रदान नहीं कर पाए थे (कारण कि उसके पूर्व ही उनकी मृत्यु हो गई)। जयप्रकाश जी को भूदान आंदोलन में गाँधी जी का वही सिद्धान्त कार्यरूप होता दिखलाई देने लगा। समाज परिवर्तन का ढोल तो वह भी पीट रहे थे जो सत्ता में थे लेकिन उनका तरीका राजनीतिक था। राजशक्ति के प्रयोग से समाज-परिवर्तन करना भारतीय संस्कृति के लिए अनुपयुक्त था।

जयप्रकाश जी ने अपनी इस बदली विचारधारा को पहले तो **जनता** के अंकों में प्रकाशित किया फिर **एक सुन्दर क्रांति** शीर्षक से एक लम्बा लेख **सोशलिस्ट कॉमेंट्री** में लिखा जो देश में ही नहीं देश के बाहर भी प्रकाशित हुआ। बाद में यह लेख बहुत जगह छपा और हर जगह के सोशलिस्टों पर इस लेख ने अपना अच्छा ही नहीं काफी अच्छा प्रभाव छोड़ा। उन्होंने उस लेख में राजनीतिक जीवन में भौतिकता के स्थान पर मानव समाज में राज्य की भूमिका को महत्त्व दिया। इसकी पुष्टि उन्होंने साधारण सोशलिस्ट विचारधारा तथा गाँधी व विनोबा के संयुक्त जनतन्त्र के तकनीक की तुलना करके की। लोगों का ध्यान इस बात पर आकर्षित किया कि गाँधी व विनोबा किस प्रकार कार्यकर्ताओं को जनता के बीच रहकर उन्हें आत्मनिर्भर तथा आत्मनियन्त्रण के आधार पर उनके जीवन को पुनर्गठित करने के लिए प्रोत्साहित करते हैं।

उन्होंने नवनिर्मित समाज के प्रति अपने विचारों को भी लेख के माध्यम से लोगों के सामने रखा। उन्होंने एक ऐसे समाज की कल्पना की जिसमें किसी का निजी स्वार्थ न हो, गरीबी का समाजीकरण हो, हर व्यक्ति अपने को खुद की सम्पत्ति का मालिक न बल्कि ट्रस्टी समझे और उतने का ही हकदार बने जितना समाज उसे दे। भारत में एक ऐसे समाज की स्थापना होगी जिसमें राज्य की दमनकारी शक्तियाँ क्षीण होकर समाप्त हो जाएँगी। सम्पत्ति की साझेदारी से लोगों में भाईचारे की भावना बढ़ेगी और वर्ग-संघर्ष भी समाप्त हो जाएगा।

जुलाई 1952 में अनशन के बाद जयप्रकाश जी स्वास्थ्य सुधार में लगे थे तब विनोबा जी भूदान आंदोलन के लिए अपनी पदयात्रा पर थे। सितम्बर के महीने में विनोबा जी ने बिहार के गया जिले में प्रवेश किया और वहाँ के लोगों से अपील की कि मैंने तीस लाख एकड़ भूमि बिहार से भूदान में पाने का लक्ष्य रखा है। उन्होंने लोगों से यह भी कहा कि अप्रैल 1954 में होनेवाले सर्वोदय सम्मेलन से पहले हमें गया के सामन्ती जमींदारों से 30 लाख एकड़ भूमि का दान प्राप्त कर लेना है। धीरे-धीरे यह आंदोलन और विनोबा जी जयप्रकाश जी के घर तक पहुँच गए। एक बार पुनः जयप्रकाश जी विनोबा जी के आंदोलन में उनके साथ-साथ पदयात्रा पर चल दिए और गाँव-गाँव जाकर लोगों से भूमि का दान देने की अपील करते और दान की गई भूमि को स्वीकार करते रहे। उसी समय जयप्रकाश जी ने निश्चय कर लिया कि अब तो विनोबा जी का भूदान ही उनका प्रथम कार्य रहेगा और इसे ही वह अपने प्रजा सोशलिस्ट पार्टी के कामों पर प्राथमिकता देने लगें। तब गया के सामन्ती जमींदार पूरे देश में सबसे बड़े जालिम और लुटेरे समझे जाते थे। लोगों में एक खौफ-सा छाया था जमींदारों का। गया जिले के ऐसे खौफनाक वातावरण में भी जयप्रकाश जी ने अपनी पदयात्रा और भूदान कार्य को बिना किसी संघर्ष के बिलकुल शान्तिपूर्ण वातावरण में, लोगों को यह अहसास कराया कि हमारा यह भूदान आंदोलन एक बहुत ही स्पष्ट दृष्टिगोचर होती सामाजिक बुराई के विरुद्ध चलाया गया अभियान है। उन्हें तब वहाँ से आशा की किरणें भी नजर आईं। उन्होंने इसी प्रसन्नता में लिखा भी है–"मेरा यह छोटा-सा अनुभव आशा से अधिक आनन्ददायक था। एक सप्ताह में लगभग सात सौ एकड़ भूमि दान में मिल गई। अधिकतर भूमि छोटे किसानों ने अपने आप मेरी सार्वजनिक सभाओं में घोषणा करके दान में दी।"

गया के एक गाँव में तो जो कुछ देखा जयप्रकाश जी ने उससे उनका रोम-रोम विनोबा जी के भूदान का समर्थक हो गया। गाँव में हजारों की संख्या में लोग जयप्रकाश जी का भाषण सुनने के लिए इकट्ठे हुए थे। भूदान के लिए पहली बार वह भाषण दे रहे थे और अपने पहले ही भाषण से उन्होंने ग्रामीणों पर वह असर छोड़ा कि भाषण के अन्त में जब उन्होंने कहा—"देगा कोई भूमिदान सन्त विनोबा को?" उनके इतना कहते ही झट से एक ग्रामीण खड़ा हुआ और अपनी मगही जबान में कहने लगा कि मेरे पास कुल मिलाकर छः बीघा जमीन है और मैं अपनी सारी भूमि दान में देता हूँ। जयप्रकाश जी तो मानों आश्चर्य से जड़वत हो गए। उन्हें गर्व होने लगा था आज अपने देश पर कि आर्थिक समानता के नाम पर लोग अपनी जीवन भर की पूँजी दान में देने से कतराते नहीं हैं। जयप्रकाश जी ने पुनः उस किसान को समझाया—"अरे भाई, सब जमीन दे दोगे तो तुम क्या खाओगे? सन्त विनोबा तो सिर्फ छठा भाग ही दान माँगते हैं। आप एक बीघा जमीन दे दो।" इस पर उस ग्रामीण ने काफी हठीले और दृढ़ता भरे स्वर में कहा—"ना हम सब जमीन देल चाह ही। भगवान हमरा हाथ-पैर देले हथीन। मजूरी करके खा लेबई।"

इस ग्रामीण किसान के सर्वस्व समर्पण की भावना ने जयप्रकाश जी को अन्दर तक झकझोर कर रख दिया। उनके हृदय में उसके प्रति एक करुण भावना हिलोर लेने लगी। उन्हें लगा जैसे उस किसान में उन्हें साक्षात् भगवान के दर्शन हो गए हों। वह लाख कोशिशों के बाद भी अपने आप को रोक नहीं सके और उनकी आँखों से करुणा रूपी अविरल अश्रुधारा प्रवाहित होने लगी। पूरी सभा में मानो भाव विह्वल शान्ति का समा बँध गया। इस कारुणिक प्रसंग ने जयप्रकाश जी की आँखें खोल दीं। उन्हें विनोबा जी का भूदान आंदोलन पहले से भी कहीं ज्यादा सामाजिक परिवर्तन का प्रमुख और असरकारक अभियान लगने लगा। दिल के किसी कोने में हिंसा की कोई थोड़ी-सी भावना बची थी वह आज इन ग्रामीणों के सम्पर्क में आकर आँसुओं के संग बह गई। मार्क्सवादी जयप्रकाश जी को ग्रामीणों ने साक्षात अहिंसा की देवी के दर्शन करा दिए। आज उन्हें पूर्ण ज्ञान हो गया कि कानून और कत्ल को हथियार बनाकर भी जो कार्य सम्भव नहीं हो, वह करुणा के सहारे सम्भव है।

विनोबा जी के इस भूदान की सराहना तो सभी लोगों ने की। सबों ने अपने विचारों में कहा कि भूदान आंदोलन भी अधिकाधिक खुशहाली की ओर बढ़ने का एक सफल और कारगर कदम है। लेकिन सबके नजरिये से भूदान ही भारत के सभी रोगों का इलाज नहीं था। लोगों ने तो जयप्रकाश जी को यहाँ तक कहा कि नवीन क्रांति लाने के स्थान पर भारतीय इतिहास की घड़ी की सुइयों को कई शताब्दी पीछे घुमाने में लगे हैं। मगर अब जयप्रकाश जी को भूदान यज्ञ-आंदोलन को पूर्णतः सफल बनाने की धुन सवार हो गई थी। वह गाँव-गाँव पदयात्रा करने लगे और भूमिदान माँगने लगे। उन्होंने पहली बार भारतीय संस्कृति में दबी उस करुण भावना का दर्शन किया था जिससे एक व्यक्ति अपना सर्वस्व दूसरों के सुख पर न्यौछावर करने को तैयार था। और तब उन्हें पूर्ण विश्वास हो गया कि जो समाज ऐसे करुण हृदय लोगों से बना हो उसका आर्थिक समानता का मुख्य स्रोत भूदान के अतिरिक्त और क्या हो सकता है। समाजवादी दल के प्रतिनिधि के रूप में तो जयप्रकाश जी पहले भी गाँव-गाँव घूमे थे पर तब वह ग्रामीणों को सत्ता का महत्त्व समझाते और सत्ता पाने की सीख दिया करते थे। मगर सत्ता की राजनीति से दूर लोकशक्ति के इस कार्य में उन्हें अद्भुत आनन्द प्राप्त हो रहा था। सात दिनों में ही उन्हें साढ़े सात हजार एकड़ जमीन भूदान में मिल गई।

1953 में चांडिल (उड़ीसा) में सर्वोदय सम्मेलन हुआ। इस सम्मेलन में विनोबा जी ने स्वतन्त्र लोकशक्ति का ऐसा समीकरण लोगों के सामने प्रस्तुत किया कि जयप्रकाश जी उससे प्रभावित हुए बिना नहीं रह सके। अब देश के नवयुवकों को गाँधी और विनोबा की सौम्य भावना भी उतनी आकर्षित नहीं करती थी जितना कि जयप्रकाश जी के ओजपूर्ण भाषण। सिर्फ जयप्रकाश जी के सम्मेलन में शामिल होने की चर्चा ने ही पूरे देश के नवयुवकों को अनायास ही चांडिल के सम्मेलन में शामिल होने का आकर्षण पैदा करा दिया। सम्मेलन में जयप्रकाश जी ने बड़ी ही ओजपूर्ण भाषा में लोगों को भूदान यज्ञ-आंदोलन की क्रांतिकारी संभावनाएँ और उसका सही चित्र स्पष्ट रूप से प्रस्तुत किया। उन्होंने छात्रों से एक वर्ष के लिए स्कूल-कॉलेज छोड़कर आर्थिक क्रांति को आगे बढ़ाने के लिए मैदान में आने का आह्वान किया और इनके भाषण का प्रभाव ही था कि इनकी एक पुकार पर इलाहाबाद, नागपुर, कलकत्ता और पटना के दर्जनों छात्रों ने इस आंदोलन में भाग लेने की घोषणा भी कर दी।

जीवनदान

अमृता शेखर

देश में सामाजिक और आर्थिक समानता लाने का जो दायित्व आचार्य विनोबा भावे ने अपने कन्धों पर लिया था उसके लिए देश के भूमिपति किसानों से सहयोग की गुहार लगाई थी। उन्होंने ही कारुणिक और ममत्व भरे लहजे में गाँव-गाँव जाकर लोगों से कहा, ''मैं आपको प्रेम से लूटने आया हूँ।'' अपने इस आंदोलन को पूर्णतः सफल बनाने के लिए उन्होंने सारे भारत से पाँच करोड़ एकड़ भूमि दान में अर्जित करने का लक्ष्य रखा था। उनके आकलन में भारत के सभी राज्यों से दान में प्राप्त होने वाली भूमि का हिसाब निश्चित था कि किस राज्य से कितनी एकड़ भूमि दान में लेनी है। प्रति राज्य कितनी एकड़ भूमि दान में अर्जित करनी है इसका निश्चय उस राज्य के संपूर्ण खेती लायक भूमि के छठे हिस्से के रूप में विनोबा जी ने किया था। उन्होंने प्रत्येक ग्राम वालों से बड़ी ही मार्मिक और सन्तों वाली वाणी में कहा कि आप अपनी पूरी जमीन का छठा हिस्सा मुझे यानि अपने छठे पुत्र का हिस्सा समझ कर दान कर दीजिए। पूरे बिहार से विनोबा जी ने और उनके कार्यकर्त्ताओं ने 32 लाख एकड़ भूमि दान में अर्जित करने का लक्ष्य रखा था। बिहार प्रदेश काँग्रेस कमेटी ने यह लक्ष्य अर्जित करने का वायदा भी किया था।

पूना के अनशन के बाद से जयप्रकाश जी का भावात्मक पक्ष काफी कमजोर पड़ गया था बहुत जल्द ही उन्हें भावुकता के आधार पर प्रभावित किया जा सकता था। देश के कठिन से कठिन मामलों के निष्पादन में भी कहीं न कहीं उनका भावुक पक्ष जरूर कार्य कर जाता था। इसी कमजोरी की वजह से जयप्रकाश जी का दिल भारतीय किसानों ने अनायास ही अपनी ओर खींच लिया। जिस भारतीय किसानों को अब तक वे दुर्योधन ही समझते आए थे उनमें उन्हें अचानक दानवीर कर्ण नजर आने लगे। उन्हें तो यह लगता था कि कम्युनिस्ट सरकार आकर कानून बनाकर ही लोगों से जोर-जबरदस्ती के बल पर भूमि का समान वितरण कर पाएगी। यह लोग इतनी आसानी से भूमि का समानीकरण नहीं होने देंगे। लेकिन सन्त विनोबा जी के प्रयास ने उनकी विचारधाराओं पर विराम ही नहीं लगाया अपितु अपनी दिशा में मोड़ भी दिया। अब तो उन्होंने द्वन्द्वात्मक भौतिकवाद को सदा के लिए त्याग दिया और हवा के रुख के साथ बह चले थे। गाँव के प्रति जयप्रकाश जी की हमेशा से करुण भावनाएँ रही थीं। वह मानते थे कि अधिकतर भारतवासी गाँवों में रहते हैं और बहुत गरीब हैं अतः देश का सर्वांगीण विकास तभी सम्भव है जब भारत के ग्रामीणों की समस्याएँ दूर हों। उनके विकास का कोई ठोस कार्यक्रम चले।

विनोबा जी प्रत्येक गाँव में जाकर दान में भूमि प्राप्त करने का अपना अभियान शुरू कर देते और फिर अपने कार्यकर्त्ता वहाँ छोड़कर आगे बढ़ जाते। पूरे बिहार में जयप्रकाश जी विनोबा जी के साथ-साथ पद यात्रा करते रहे और दान में भूमि प्राप्त करते तथा उसका समान वितरण करते रहे। इस कार्य में उन्हें एक अजीब से आनन्द की अनुभूति प्राप्त होती रही। भूदान आंदोलन जब जयप्रकाश जी के गाँव में पहुँचा तो उन्होंने भी अपनी पूरी भूमि का छठा हिस्सा दान में दिया।

बिहार में प्रजा सोशलिस्ट पार्टी ने भी इस कार्य में हाथ बँटाने का प्रस्ताव किया। अगले सर्वोदय सम्मेलन तक 32 लाख एकड़ भूमि प्राप्त करने का सबने संकल्प किया। 18 अप्रैल, 1954 को अखिल भारतीय सर्वोदय सम्मेलन

का आयोजन पुनः बिहार के बोध गया में शुरू हुआ। ठीक तीन वर्ष पहले इसी दिन हैदराबाद के पोचमपल्ली गाँव में पहला भूमिदान हुआ था। यह सम्मेलन जयप्रकाश जी के जीवन का सबसे महत्त्वपूर्ण अवसर बन गया जिससे उनके समकालीन लोगों को केवल आश्चर्य ही नहीं हुआ अपितु वे उनसे प्रेरित भी हुए। जिस वृक्ष के नीचे कई हजार वर्ष पहले बुद्ध को ज्ञान प्राप्त हुआ था उसी के नीचे विनोबा के आश्रम में पूरे सात हजार लोगों को बहुत सादगी से ठहराया गया था। आम की लकड़ियों और चटाइयों से उनके रहने के लिए कुटिया बनाई गई थी। पत्तलों पर खाने की अत्यन्त ही सादा भोजन की व्यवस्था की गई थी। जयप्रकाश जी और प्रभावती जी भी एक डेरे में ठहरे थे। बोध गया का यह सर्वोदय सम्मेलन अपने तरह के सम्मेलनों में काफी महत्त्वपूर्ण स्थान रखता है। बड़े-से-बड़े दिग्गज तथा महान विभूतियों जैसे—तत्कालीन राष्ट्रपति डॉ. राजेन्द्र प्रसाद, प्रधानमन्त्री जवाहरलाल नेहरू, आचार्य कृपलानी, डॉ. राधाकृष्णन्, पी. सी. घोष, दादा धर्माधिकारी तथा काका साहब कालेलकर, ने इस सम्मेलन में अपनी उपस्थिति दर्शायी थी। नेहरू जी तो अपने पूरे सरकारी ताम-झाम के साथ गया तक हवाई जहाज और वहाँ से सात मील कार की यात्रा कर पहुँचे थे। उनके साथ-साथ हजारों पुलिस वाले वर्दी और सादा कपड़ों में उनके आस-पास प्रति क्षण विचरण करते उनकी पहरेदारी में मौजूद रहे।

इस समय विनोबा जी ने नेहरू जी से कहा कि संसद के लिए चुनाव व्यवस्था खत्म कर देनी चाहिए और उन संवैधानिक सुझावों को कार्यान्वित करना चाहिए जिन पर गाँधी जी ने 1948 में अपनी हत्या से पूर्व लोगों का ध्यान खींचा था। लेकिन स्पष्ट रूप से नेहरू जी ने इसका कोई वायदा नहीं किया। अनकहे शब्दों में वह विनोबा जी के उस कथन से सहमत नहीं हुए। उन्होंने तो अपने भाषण में न ही भूदान के विषय में कोई चर्चा की और न ही भूमि सुधार पर बल्कि उन्होंने जनतन्त्र की अपनी पश्चिम परिकल्पनाओं को ही शब्दों में सजाकर प्रस्तुत किया।

दूसरे दिन जयप्रकाश जी ने भी सम्मेलन में भाषण दिया। मगर उनके भाषण में कोई रोष, कोई कड़वाहट नहीं थी बल्कि बहुत ही शान्तिपूर्वक और विनम्रता भरे लहजे का प्रयोग किया।

जयप्रकाश जी ने काफी शर्मिन्दगी के साथ अपने भाषण की शुरुआत की कि बिहार ने 18 महीनों में 32 लाख एकड़ भूमि दान में विनोबा जी को देने का अपना लक्ष्य पूरा नहीं किया। "अगर हमारे पास इतने कार्यकर्त्ता भी नहीं हैं कि हम बिहार की भूमि-समस्या हल कर दें तो हम सारे देश की समस्या कैसे हल करेंगे? हमें तो प्रेम के माध्यम से क्रांति करने के लिए हजारों कार्यकर्त्ता चाहिए जो अपना जीवन न्यौछावर करने के लिए तैयार हों।" जयप्रकाश जी ने अपना भाषण समाप्त किया जीवनदान का व्रत लेकर। उन्होंने साथ में यह भी कसम खाई कि अब वे सत्ता प्रधान व दलगत राजनीति में कभी भाग नहीं लेंगे तथा अपना सारा जीवन विनोबा जी के इस अभियान में लगाएँगे। उनका यह भाषण काफी प्रभावोत्पादक तथा विवेचनात्मक हुआ। उन्होंने बताया कि भूदान-आंदोलन से आर्थिक, सामाजिक, नैतिक एवं आध्यात्मिक सभी समस्याओं का समाधान हो जाएगा। उन्होंने वहाँ उपस्थित जनसमूहों विशेषकर नवयुवकों का आह्वान करते हुए कहा कि वे अपना संपूर्ण समर्थन एवं सहयोग देकर इस आंदोलन को सफल बनावें। जयप्रकाश जी के प्रभावपूर्ण भाषण के प्रभाव से काफी युवकों ने उस दिन जीवनदान की घोषणा भी की।

जयप्रकाश जी के इस संकल्प से विनोबा जी बहुत प्रसन्न हुए और उसी रात्रि को उन्होंने कागज के एक टुकड़े पर अपने जीवनदान की घोषणा लिखकर जयप्रकाश जी को दे दी। इस तरह जीवनदान की घोषणाओं से पूरे सम्मेलन में त्याग, दान और समर्पण का एक भावात्मक वातावरण बन गया। सन्ध्या प्रार्थना के बाद जब जयप्रकाश जी ने विनोबा जी का कागज खोलकर स्वयं पढ़ा तो वह अन्दर तक भाव-विभोर हो गए उन्होंने अपने मन की उन्हीं भावनाओं के साथ पत्र को लोगों को भी पढ़कर सुनाया। सारा वातावरण भाव-विह्वल हो गया। भूदान यज्ञ के प्रवर्त्तक विनोबा जी ने भी जयप्रकाश जी का अनुसरण किया। दूसरे दिन इस जीवनदान की शपथ को औपचारिक रूप दे दिया गया। उस दिन सम्मेलन में 656 लोगों ने जीवनदान की शपथ ली।

पूरे देश में जयप्रकाश जी के जीवनदान ने तहलका मचा दिया। समाचार पत्रों तथा पत्रिकाओं ने अपने-अपने तरह से जीवन-दान पर अपनी टिप्पणियाँ प्रस्तुत कीं। राजनीतिक क्षेत्रों में जीवनदान की काफी विशेष रूप से चर्चाएँ हुईं। भूदान-आंदोलन में शामिल होकर जयप्रकाश जी ने उसे एक नया आयाम दे दिया। कुछ करने के लिए आह्वान।

जो बात आंदोलन के मूल रूप में निहित थी उसे जयप्रकाश जी ने शब्दों में प्रस्फुटित किया। अब जयप्रकाश जी की योजना थी कि वह हजारों जीवनदानियों को भर्ती करेंगे और सारे राष्ट्र को बदलकर एक निःस्वार्थ राज्य विहीन समाज बना देंगे। इस आशा में कि उनके आह्वान पर हजारों लोग जीवनदान देंगे जयप्रकाश जी देश के एक कोने से दूसरे कोने का दौरा करने लगे।

जयप्रकाश जी ने लोगों से स्पष्ट रूप से कहा कि भूदान-आंदोलन में भाग लेने के लिए जीवनदानियों को पारिवारिक जिम्मेदारियों से पूर्णतः मुक्त होना आवश्यक है। उन्होंने यह भी कहा कि हमें अपनी गुजर-बसर के लिए कम से कम चीजें दूसरों से स्वीकार करनी चाहिए तथा अति आवश्यक घर के काम-काज में कम से कम समय देना चाहिए। इस आशा के साथ समाज सेवा करें कि यह समाज कभी भी उन्हें भूलेगा नहीं।

जीवनदानियों का व्यापक संगठन बनाने के लिए जयप्रकाश जी ने कुछ प्रारम्भिक योजनाएँ भी बनाईं। जिसमें उन्होंने भूदान आश्रम या शिविर की कल्पना की जहाँ कार्यकर्त्ताओं के रहने और ठहरने की उचित व्यवस्था हो, कार्यकर्त्ताओं के बच्चों की शिक्षा की व्यवस्था हो तथा जो भूदान कार्यों तथा ग्राम-विकास कार्यों का केन्द्र बन सके। आश्रम का वातावरण पूरा पारिवारिक हो तथा आश्रमवाले शारीरिक कार्य करें। वर्षों बाद उनका यह सपना पूरा हुआ जब उन्होंने बिहार सोखोदेवरा ग्राम में उस चट्टान के नजदीक जहाँ वह हजारीबाग जेल से भागकर छुपे थे, अपना एक आश्रम बनाया।

प्रभावती जी की शुरू से यह इच्छा रही कि जयप्रकाश जी बापू के अहिंसा के मार्ग पर चलें, उनके आदर्शों को अपनाएँ, वे सत्ता की राजनीति छोड़कर लोकसेवा में अपना समय लगावें। जब जयप्रकाश जी विनोबा जी के भूदान आंदोलन में शामिल हुए तो प्रभावती जी को अपना वह सपना सच होता नजर आया। वह जयप्रकाश जी के इस हृदय परिवर्तन से काफी प्रसन्न हुई थीं। जब जयप्रकाश जी गाँव-गाँव घूमकर भूमि संग्रह कर रहे थे और लोगों को अहिंसक क्रांति की प्रक्रिया से प्रभावित कर रहे थे तब प्रभावती जी ने कहा भी था—''काश! यही भाषण बापू के रहते करते तो बापू को कितनी प्रसन्नता होती।'' बोध गया में जब जयप्रकाश बाबू ने जीवनदान की घोषणा और विनोबा जी ने उसका अनुसरण कर जीवनदान का महत्त्व बढ़ा दिया तो मानों प्रभावती जी को इसी जीवन में धरती पर स्वर्ग का आनन्द मिल गया।

सोखोदेवरा आश्रम

अमृता शेखर

5 मई, 1954 को भूदानी जयप्रकाश जी ने गया जिला के जंगलों में स्थित सोखोदेवरा ग्राम में एक आश्रम की स्थापना की। इससे पहले बोध गया के सर्वोदय सम्मेलन के बाद विनोबा जी ने वहाँ 'धर्म-समन्वय आश्रम' की स्थापना की थी। इस समय तक जयप्रकाश जी पूर्णतः विनोबावादी विचारधाराओं में बह चले थे उन्होंने भी सामाजिक और धार्मिक सिद्धान्तों के आधारभूत सोखोदेवरा आश्रम की स्थापना की।

शहर से काफी दूर जंगलों और पहाड़ी तल में स्थित सोखोदेवरा गाँव तक जाने के लिए काफी बीहड़ जंगलों तथा नदी-नालों को पार करना पड़ता था। जयप्रकाश जी ने वहाँ के जमींदारों को बड़ी ही कुशलता से भूमिदान के लिए राजी कर लिया। जमींदारों ने उन्हें 140 एकड़ भूमि दान में दे दी जिसमें से 60 एकड़ भूमि का कँटीला जंगल साफ़ करके उन्होंने अपना आश्रम बनाया और शेष भूमि को गाँव के भूमिहीन लोगों में वितरित कर दिया। उनके आश्रम निर्माण में जे. आर. डी. टाटा ने विशेष रूप से वित्तीय सहायता की थी। शुरू-शुरू में जयप्रकाश जी के अनुयायियों ने खजूर के पत्तों से झोंपड़ियाँ बनाकर रहने की अपनी समुचित व्यवस्था की थी। आश्रम को सुनियोजित ढंग से चलाने के लिए एक बोर्ड बना था जिसके सारे कानूनी कार्यों का दारोमदार भसानी जी के हाथों में था। बोर्ड को सरकारी अनुदान और सहायता भी मिलते रहते थे। आश्रम को बिहार सरकार के खादी व ग्रामोद्योग बोर्ड से भी समय-समय पर सहायता मिलती थी। बोर्ड की ओर से आश्रम सोखोदेवरा के आस-पास के क्षेत्रों में ग्रामोद्योगों के विकास का कार्य भी करता था। आगे चलकर बिहार सरकार ने वहाँ ग्राम-सेवकों के लिए एक प्रशिक्षण केन्द्र भी बनाया। जिसका मूल उद्देश्य भी सर्वोदय आंदोलन की तरह गाँव वालों के जीवन स्तर में सुधार लाना था। इस आश्रम में ग्रामीण विकास तथा सुधार के नए-नए प्रयोग किए जाते थे जिसके लिए केवल बिहार या भारत के सर्वोदयी ही नहीं बल्कि ऑस्ट्रेलिया, जापान-इंग्लैण्ड तथा अमेरिका जैसे सुदूर देशों से भी काफी संख्या में लोग आए थे। जयप्रकाश जी ने आश्रम का मूलभूत सिद्धान्त इस आधार पर बनाया था जिसमें एक ऐसे आदर्श समुदाय का निर्माण हो जिसके द्वारा विनोबा के रूप में फिर से सजीव हुए गाँधीवादी जीवन की तपस्या से कार्यकर्त्ताओं का व्यक्तिगत रूप से शुद्धिकरण हो।

आश्रम के काफी कार्य ऐसे थे जिसके लिए जयप्रकाश जी खुद तत्पर रहते मतलब कई कार्य ऐसे थे जिन्हें कार्यकर्त्ताओं को करने की मनाही थी। शहरों से चन्दा माँगने का कार्य स्वयं जयप्रकाश जी करते थे। कोई इमारत बननी हो तो नक्शा पास करने से लेकर बनने तक का कार्य जयप्रकाश जी स्वयं करते थे। शहरों से डॉक्टर, अध्यापक और कृषि विशेषज्ञ बुलाए जाते तो सारा हिसाब-किताब जयप्रकाश जी ही करते।

वह गाँवों में लोगों को कपास की कताई-बुनाई का प्रचार करने को प्रोत्साहित करते। धान की पहली फसल कटती तो उसमें भाग लेते। गाँववालों के आपसी झगड़े सुलझाते और बिलकुल बुजुर्गों की तरह उन्हें सलाह देते। उन्होंने आश्रम को अपने चिन्तन और लेखन का भी केन्द्र बनाया था। उन्होंने अपने जीवन के सर्वाधिक लेख आश्रम जीवन के दौर में ही लिखे हैं। इन लेखों में उन्होंने अपने विश्वासों और परिवर्तन की विस्तृत व्याख्या की है। उनके ये लेख उस समय के भूदान-आंदोलन की मासिक पत्रिका 'सर्वोदय' में नियमित रूप से छपते थे।

उनके अनुयायियों का जीवन बिलकुल सरल और सादा था। प्रत्येक व्यक्ति को 100 रुपया प्रति महीना दिया जाता और विदेशियों को 200 रुपया। आश्रम के लिए उन्होंने एक आचार संहिता भी तैयार की थी। आश्रम में शराब पीना, धूम्रपान करना, मांसाहार खाना, मिल के कपड़े पहनना, पश्चिम दवाएँ इस्तेमाल करना, जेवर तथा भौतिक चीजों का प्रयोग वर्जित था। लेकिन ऐसा कोई नियम नहीं था कि जो नियमों का पालन नहीं करेगा उसे आश्रम से निकाल दिया जाएगा। बहुत से कार्यकर्त्ता विवाहित थे मगर उन पर ब्रह्मचर्य पालन का दबाव नहीं था। जयप्रकाश जी का ऐसे नियमों के पालन हेतु कार्यकर्त्ताओं पर कोई दबाव नहीं होता था उनका तो यह कहना था कि आश्रम जीवन ऐसा होना चाहिए बाकी जितनी पाबन्दी आप स्वयं अपने ऊपर लगा सकें उतनी ही लगानी चाहिए।

वैसे भी जयप्रकाश जी को दूसरों के व्यक्तिगत जीवन में हस्तक्षेप बिलकुल पसन्द नहीं था। इसलिए आश्रम में ब्रह्मचर्य की अनिवार्यता नहीं थी। यहाँ उन्होंने गाँधी जी के विचारों से अपनी असंगति दिखाई थी। उन्हें दूसरों के निजी जीवन की गोपनीयता का पूरा ध्यान होता था। आश्रम का हर परिवार साधारण तरीके से अपना खाना स्वयं बनाते थे। सामूहिक रूप से वहाँ सुबह-शाम की प्रार्थना-सभा होती और गाँव की समस्याओं पर एवं अन्य सामाजिक विषयों पर विचार-विमर्श होते थे। अंबर चर्खा था जिस पर सभी सूत कातते। जाति-भेद मिटाने के लिए वहाँ शौचालय की सफाई तथा खेती का कार्य सभी को करना होता था। जयप्रकाश जी शुरू से ही साफ-सुथरे कपड़े पहनते थे और वह दूसरों से भी यही आशा करते कि वे भी साफ-सुथरा कपड़ा पहनें। आश्रम की प्राकृतिक सुन्दरता पर भी वे विशेष ध्यान देते थे। सादे तरीके से कच्ची झोंपड़ियों की गोलाकार बस्तियाँ बनी थीं और हर गोलाकार बस्ती के बीच में बगीचा या पूजा-पाठ या सभा के लिए चबूतरा बना होता था। आश्रम तक आने वाली सड़क के दोनों ओर गुलमोहर के वृक्ष लगे थे ये पेड़ एक तो सड़क को पूरी तरह छाया देते थे दूसरे इन पर लाल-पीले फूल सूर्य की रोशनी में दोपहर में काफी सुन्दर दिखते थे।

आश्रम में जयप्रकाश जी का मकान भी बिलकुल सादगी और प्राकृतिक सौन्दर्य का परिचायक था। उनके मकान के चारों ओर बाँस की जाली की बाड़ लगी थी। बरामदे में सफेद पुते गमलों में पौधे लगे थे। घर के पिछवाड़े भी एक पेड़ लगा था। दो कमरों का सीधा-सादा मकान था जिसमें बिजली नहीं थी। एक बैठक था जिसमें फर्श पर ही सफेद चादर पर बैठने की व्यवस्था थी और दूसरा कमरा सोने का था जिसमें दो लकड़ी की चारपाइयाँ लगी थीं जिन पर पतली-सी दरी और सफेद चादर बिछा होता था। पीछे के बरामदे में एक रसोई और एक शौचालय बना था।

आश्रम में कला पर भी विशेष ध्यान दिया गया था। पुस्तकालय की दीवार पर महात्मा बुद्ध के जीवन से सम्बन्धित भिन्न-भिन्न चित्र बने थे। ग्रामोद्योग की इमारत पर तो बहुत ही खूबसूरत नक्काशी का काम था। बगीचा था, घास के मैदान थे, जगह-जगह मूर्त्तियाँ भी लगी थीं। आश्रम में हर चीज को इस तरह से सुरुचिपूर्ण ढंग से बनाया गया था कि गाँव वाले उन सबसे प्रभावित हों और उस जीवन-शैली का अनुसरण करें।

आश्रम में रहते हुए जयप्रकाश जी ने अपने आप को मिट्टी से जोड़ लिया था। आश्रम में ग्रामीण दस्तकारी का प्रशिक्षण भी दिया जाता था। तरह-तरह के प्रयोग किए जाते थे जैसे—मिट्टी, लकड़ी व बाँस के खिलौने बनाए जाते, कोल्हू की तरह बैलों से पिसाई का काम होता, गन्ना पेरने का काम, बाँस से कागज बनाने का काम होता।

ज्यों-ज्यों जयप्रकाश जी ग्रामीणों के नजदीक होते गए भारतीय ग्रामीण जीवन के नए-नए यथार्थ सामने आते गए। गरीबी, शोषण, जाति-भेद और परावलंबन के नए-नए आयाम देखे उन्होंने और इन सब बातों से उनके चिन्तन को एक नई दिशा मिली। इसी चिन्तन के आधार पर आश्रम के उद्देश्य बनाए गए—सत्य और अहिंसा के आधार पर एक शोषणहीन और शासनमुक्त समाज की रचना, जिससे ग्राम जीवन स्वशासित और स्वावलम्बी हो सके। जयप्रकाश जी खुद भी तीन-चार घंटे मिट्टी का काम करते। धीरे-धीरे उनके प्रयास और लोगों के सहयोग से वह जंगल की बंजर-जमीन खेती लायक बन गई और वहाँ के अनुसूचित तथा निर्धन परिवारों की स्थितियाँ भी सुधरने लगीं।

जयप्रकाश जी सोखोदेवरा आश्रम में बराबर कभी नहीं रहे। लेकिन यह उनके वैचारिक और व्यावहारिक स्तर पर प्रयोग भूमि थी। वह आश्रम में रहते तो भी बाह्य दुनिया से संबंध बना रहता। देश के किसी भी हिस्से में कुछ घटनाएँ होतीं तो उनका मन वहाँ उद्वेलित हो जाता और आश्रम से ही अपने वक्तव्यों तथा पत्राचार से वह अपनी

प्रतिक्रियाएँ व्यक्त करते। 1960 तक सोखोदेवरा आश्रम का कायाकल्प बदल चुका था। वहाँ से चुनिंदा सर्वोदय कार्यकर्त्ता प्रशिक्षण के लिए जापान और इस्राईल भेजे जाने लगे। तीसरी पंचवर्षीय योजना के अन्तर्गत सोखोदेवरा तक पक्की सड़क बन गई। आश्रम में बिजली आ गई। कुछ लोगों ने इसकी आलोचना भी की।

जयप्रकाश नारायण के इस प्रयोग से वहाँ के हरिजनों की आर्थिक उन्नति तो हुई ही उनमें नया आत्मविश्वास भी जगा। यह क्षेत्र मलेरिया, कालाजार और कुष्ठ रोग से प्रभावित था। इसलिए यहाँ एक कुष्ठ अस्पताल खोला गया। ग्रामीण विकास के कार्यक्रमों में भूदान, ग्रामदान, ग्रामसभा एवं शान्ति सेना का गठन नई तालीम, महिला विकास, नशाबन्दी, छात्र युवाओं का संगठन, खादी ग्रामोद्योग और लघु उद्योग के विकास शामिल थे। आश्रम की जीवन शैली के विषय में जे. पी. ने स्पष्ट रूप से कहा कि यूँ तो आश्रमों में संन्यासियों जैसा जीवन जीने पर बल दिया जाता है लेकिन हम सोखोदेवरा में परिवार आश्रम बनाना चाहते हैं। समाज परिवार से बना है इसलिए हम यहाँ कार्यकर्त्ताओं का आदर्श परिवार बनाना चाहते हैं।

नक्सलवाद और मुसहरी

अमृता शेखर

नक्सलवाद आंदोलन का जाल पश्चिम बंगाल के नक्सलवाद से निकलकर पूरे उत्तर बिहार में अपना पैर फैलाते हुए मुजफ्फरपुर के मुसहरी प्रखण्ड तक अपनी शाखा फैलाना शुरू कर चुका था। नक्सलवादी एक ऐसे आतंकवादी समाज की संरचना कर रहे थे जिसका मुख्य उद्देश्य था, समाज लूटपाट, हिंसा, भय तथा नृशंस हत्याओं के आधार पर सर्वस्व अपना वर्चस्व कायम करना। यह ऐसे आतंकवादी थे जो निश्चित व्यक्तियों की हत्या उन्हें पूर्व सूचना देने के पश्चात करते थे। ऐसे कुकृत्य से पूरे गाँव और समाज में एक भयानक दहशत का माहौल कायम हो जाता था कि कब नक्सलवादियों का कौन-सा भयानक कार्यक्रम का पैगाम न जाने किसके पास आ जाए।

यह आंदोलन मूलतः पश्चिम बंगाल के किसानों के सशस्त्र विद्रोह की देन था जिसे शुरू में बहुत निर्ममता से और हिंसक तरीके से उस समय तो दबा दिया गया। निकट भविष्य में इसी विद्रोह ने गरीबी और भुखमरी से त्रस्त लोगों को आदिम जातियों को अपनाने पर मजबूर किया वहाँ के आदिम जातियों पर होनेवाला शोषण जो पहले से कहीं ज्यादा बढ़ गया था। स्वतन्त्रता के बाद से ही पश्चिम बंगाल की आर्थिक स्थिति निरन्तर गिरती ही जा रही थी। भारत के केरल के बाद पश्चिम बंगाल का ही नाम आता है जिसकी आबादी आवश्यकता से कहीं बहुत ज्यादा घनी थी। ऐसे में शरणार्थियों के आने के बाद वहाँ की जनसंख्या में जो वृद्धि हुई वह पूरे देश की जनसंख्या वृद्धि से 10 गुना अधिक थी। गरीबी और बेरोजगारी के उस बढ़ते माहौल में सैकड़ों उद्योगों का बन्द हो जाना भी एक मुख्य कारण बना हिंसात्मक भावना के विकास का। आबादी निरन्तर बढ़ती रही और लोगों के आमदनी का स्रोत घटता गया। कलकत्ता की गंदी बस्तियों के साथ-साथ अब फुटपाथ भी वहाँ की आबादी की दास्तां कहने लगे थे।

वहाँ की शिक्षण व्यवस्था तथा विषय ही इतने पुराने और घिसे-पिटे थे जिसे अधिग्रहीत करके भी बेरोजगारी की समस्या बनी ही रहती थी। ऐसे में लोगों की अप्रयुक्त दिमागी शक्ति उनके अन्दर के विचारों ने सामाजिक परिवर्तन के उद्देश्य से वामपक्षीय हिंसा का रास्ता अख्तियार कर लिया। पश्चिम बंगाल के नवयुवकों ने इसी निराशा में मार्क्सवादी कम्युनिस्ट पार्टी से निकाले गए नक्सलवादी नेताओं को अपने साथ परिवर्तन का गुरु मानकर नक्सलवादी आंदोलन का रास्ता पकड़ लिया। नक्सलवादियों ने पुरानी मूर्ति व्यवस्था, पुलिस एवं सरकारी कानूनी व्यवस्था को पूर्णतः नष्ट कर एक नए नक्सलवादी आंदोलन के रूप में प्राचीन भारतीय देव मूर्तियाँ, दार्शनिकों, लेखकों, महापुरुषों की मूर्तियों तथा चित्रों पर जोरदार प्रहार कर अपनी असहनशीलता का परिचय दिया। माओ नक्सलवादी आंदोलन के चेयरमैन बनाए गए और चीन की सांस्कृतिक क्रांति को नक्सलवादियों ने अपने आंदोलन का आधार बना लिया।

भारत में जब भी कोई क्रांति हुई उसके जड़ में सामाजिक असमानता, गरीबी तथा भुखमरी के बीज ही पाए गए। गरीबी और भुखमरी से पीड़ित लोगों को जिस क्षण इस असमानता का ज्ञान होता है वहीं से उन्हें अपनी गरीबी असहनीय लगने लगती है तथा वह अपनी गरीबी की तुलना दूसरों की अमीरी से करने लगते हैं। भारत के गाँवों की धार्मिक संरचना और ग्राम-समाज के सामन्ती चरित्र ही कुछ ऐसे हैं कि यहाँ बराबर साम्प्रदायिक झगड़े-फसाद होते रहे हैं।

उत्तरी बिहार में जो नक्सलवादी आंदोलन फैल रहा था जयप्रकाश जी ने उसकी जड़ में भी गरीबी के साथ सामाजिक

अन्याय को ही मूल रूप में पाया। इसकी चर्चा करते हुए उन्होंने कहा, ''यह हिंसा नक्सलवादियों की शुरू की हुई नहीं है; इस हिंसा को जनने वाले लोग वे हैं जिन्होंने कानूनों का बरसों से उल्लंघन किया है चाहे वे राजनीतिज्ञ हों, प्रशासक हों, जमींदार हों या महाजन हों। वे जमींदार जिन्होंने सरकारी बंजर या गाँवों की शामिलात भूमि पर कब्जा किया है, वे भूपति जिन्होंने बटाईदारों को कभी उनका कानूनी हक नहीं दिया, वे बड़े काश्तकार जो अपने मजदूरों को कम मजदूरी देते हैं...वे तथाकथित ऊँची जाति वाले जो अपने हरिजन भाइयों को नीचा समझते हैं। वे उनके साथ बदसलूकी और सामाजिक भेदभाव बरतते हैं, वे महाजन जो कमरतोड़ ब्याज लेते हैं और कमजोरों व गरीबों की जमीन हड़प लेते हैं। ये सभी इसके लिए जिम्मेदार हैं कि गरीबों और दलितों में अन्याय, शिकायतों और जुल्म की भावना घर कर गई है। यही भावना अब हिंसा के रूप में व्यक्त की जा रही है।''

जयप्रकाश जी ने भूमि-सुधारों की असफलता के बारे में कहा कि एक हजार एकड़ या उससे बड़ी जमींदारियाँ खत्म करने से सिर्फ राजाओं और महाराजाओं की प्रथा समाप्त हुई। लेकिन बीच के स्तर के जमींदार तथा शहरों के धनी लोग जिनसे शासक दल को शक्ति प्राप्त होती है। उन्हें तो ज्यों-का-त्यों रहने दिया गया यही तो शासकों की रीढ़ की हड्डी थे। देश की 65 प्रतिशत जमीन 18 प्रतिशत जमींदारों के पास थी और शेष बची 35 प्रतिशत जमीन 82 प्रतिशत खेतिहर जनसंख्या में वितरित थी।

जमींदारों के लूट-खसोट और अत्याचार ने 1950 में एक कानून पास किया जिसके तहत गरीबों को उनके घरों की भूमि से बेदखल होने से बचाया जा सकता था। मगर बिहार का गरीबी उन्मूलन वह कानून पूर्णतः असफल रहा। सरकार भी बड़े-बड़े नेताओं तथा जमींदारों के प्रभाव में आकर भूमि-सुधार संबंधी कानून को लागू कराने में असफल रही थी। जयप्रकाश जी ने इस बात की खुलकर निन्दा की कि काँग्रेसी नेता गरीबी की स्थिति सुधारने के बजाय इस प्रयास में जी-तोड़ लगे हैं कि चुनाव जीतने के कौन-कौन से प्रयास सफल हो सकते हैं। देश में वर्ग-विशेष के लोगों गरीब और कमजोर लोगों को अपने निहित स्वार्थ सिद्धि के लिए दबाते हैं और कानून को भी तोड़-मरोड़कर अपने फायदे के लिए इस्तेमाल करते हैं। भारत सरकार की इसी असफलता ने नक्सलवादी आंदोलन को जन्म दिया। यह आंदोलन बंगाल से निकलकर उत्तरी बिहार तक फैलने लगा मतलब साफ था कि आंदोलनकारियों को सफलता मिल रही थी। जिसका मुख्य कारण था कि जनता में नक्सलवाद का सामना करने की शक्ति नहीं थी।

उत्तर बिहार के मुंगेर, सहरसा, पूर्णिया तथा भागलपुर ये चारों जहाँ मिलते हैं वह कोसी और गंगा के बीच का अंचल है यहीं पर से नक्सलियों ने अपना आंदोलन बिहार में शुरू किया। पूरा गाँव नक्सलवाद की आग में जलकर झुलसने लगा। सहरसा, खगड़िया, पूर्णिया, बेगुसराय और मुजफ्फरपुर के लोगों में हत्याएँ होने लगीं। सामाजिक व्यवस्था से असन्तुष्ट नवयुवकों ने नक्सलवाद की राह पकड़कर माओ को लाल सलाम देना शुरू कर दिया। सहरसा के गाँव में एक जमींदार को, बेगुसराय के गाँव में साहूकार को तथा मुजफ्फरपुर के गाँव में एक पुजारी को खम्भे से बाँधकर मार दिया गया। पूरा सहरसा ही नक्सल युवकों का कार्यक्षेत्र बन गया दिन दहाड़े लोगों की हत्याएँ होने लगीं। मुजफ्फरपुर के मुसहरी प्रखण्ड में एक आदमी को खाट से बाँधकर जिन्दा जला दिया गया। गाँव के खँडहरों में बम बनते, बागों में रात को नक्सल युवकों की मीटिंग होती जिसमें युवकों को हत्या, विध्वंस और खून-खराबे के प्रशिक्षण दिए जाते थे। इनका नारा था 'चेयरमैन माओ जिन्दाबाद।'

सहरसा से दस मील की दूरी पर राघवपुर प्रखण्ड है इसे ही सर्वोदयी कार्यकर्त्ताओं ने ग्राम स्वराज आंदोलन के समय अपने राष्ट्रीय मोर्चों का केन्द्र बिन्दु बनाया था। बिहार तरुण शान्ति सेना का गठन हुआ और इसको उन लोगों ने अपना प्रयोग क्षेत्र बनाया था। सर्वोदयी कार्यकर्त्ता गाँव-गाँव घूमकर श्रमदान और भूमिदान के सहारे लोगों में स्वतन्त्र चेतना और स्वतन्त्र शक्ति जगा रहे थे। विनोबा और जयप्रकाश जी की वाणी तथा प्रत्यक्ष कर्म-व्यवहार से लोगों में नई चेतना जगने लगी थी। फलतः नक्सलवादियों को अपना आंदोलन दबता नजर आने लगा। तब सहरसा के राघवपुर प्रखण्ड में सर्वोदयी कार्यकर्ताओं के तरुण शान्ति सैनिकों तथा नक्सलवादियों के बीच प्रत्यक्ष रूप से युद्ध छिड़ गया। इस नक्सलवाद का जन्म उसी समाज में हुआ था, जहाँ कुशासन, शोषण, गरीबी, अन्याय, बेकारी और दमन का चक्र अपनी चरम सीमा पर पहुँच गया था। उसी समाज के कुछ युवकों ने इसके खिलाफ विद्रोह कर दिया। जिसे नक्सलवादियों

के नाम से पुकारा जाने लगा। दूसरी तरफ थे सर्वोदयी कार्यकर्त्ता। दोनों की मंजिल एक थी मगर रास्ते दो थे—एक अहिंसा के मार्ग से समाज में क्रांति लाने का प्रयास कर रहा था तो दूसरे ने इसी कार्य के लिए हिंसा का रास्ता पकड़ लिया था। सर्वोदयी जब घूमते तो अहिंसापूर्वक और शान्ति का सन्देश लोगों को देते लेकिन नक्सली युवकों के हाथों में बम, पिस्तौल, चाकू, भाला होता।

ऐसी ही दो विपरीत धाराओं—सर्वोदयी कार्यकर्त्ताओं तथा नक्सलवादियों का मुजफ्फरपुर के मुसहरी प्रखण्ड में आमना-सामना हुआ। मुसहरी प्रखण्ड के तरौसा और गंगापुर गाँव के बीचोंबीच एक आम का बगीचा है जिसमें नक्सलवादी रात के अँधेरे में अपनी सभा करते हैं जिसमें कत्ल, छापामारी और हिंसा फैलाने के विभिन्न उपायों पर चर्चा होती और युवकों को प्रशिक्षित भी किया जाता। गाँव में इनका इतना प्रकोप था कि सूरज डूबने के बाद सभी अपने-अपने घरों में बन्द हो जाते। चारों ओर सन्नाटा और आतंक का वातावरण फैल जाता पता नहीं आज किसकी बलि चढ़ जाए। नक्सलवादी अपने प्रतिद्वन्द्वी सर्वोदयी से सीधे टकराते हैं और एक सर्वोदयी कार्यकर्त्ता की हत्या कर देते हैं। साथ ही वे जिला सर्वोदय मण्डल के अध्यक्ष और मन्त्री की, एक निश्चित तारीख को हत्या करने की सूचना भी भेजते हैं। यह घटना जून 1970 की है तब जयप्रकाश जी स्वास्थ्य लाभ के उद्देश्य से हिमालय की गोद में बसा पौड़ी नामक स्थान पर रहने गए थे। उन्हें वहीं पर मुसहरी की इस घटना की सूचना मिली। वह अपना विश्राम कार्यक्रम स्थगित कर तुरन्त मुजफ्फरपुर पहुँचे।

उन्होंने नक्सलवादियों की हत्याओं तथा हत्या की धमकियों को एक हिंसात्मक चुनौती के रूप में स्वीकार किया। एक ऐसी चुनौती जिससे विनोबा जी के ग्राम-दान और ग्राम स्वराज अहिंसक आंदोलन के रूप में समाज-परिवर्तन तथा पुनर्निर्माण के कार्यों को तीव्रता मिलनेवाली थी।

8 जून को जयप्रकाश जी ने मुजफ्फरपुर में एक विशाल सभा को सम्बोधित करते हुए कहा, ''कोई यह न समझे कि सत्याग्रह के तरकश के सारे तीर निकल चुके हैं। सर्वोदय आंदोलन ने सत्याग्रह का लोक शिक्षा का प्रथम चरण बड़े पैमाने पर पूरा किया है। अब विस्तार की शक्ति प्रकट करने के और कार्यक्रम को अधिक सघन तथा प्रभावकारी बनाने के लिए सत्याग्रह का दूसरा चरण शुरू होने जा रहा है, कल से मैं और प्रभावती मुसहरी-प्रखण्ड के गाँव-गाँव में घूमने निकलेंगे। यह न समझा जाए कि हम नक्सलवादियों की धमकियों से या हत्या से डरनेवाले हैं। हम तो बराबर घूमते रहते हैं। चाहे कोई भी हमें मार सकता है।''

जयप्रकाश जी को जनता के दुःख-दर्द के आगे भला कब अपनी जान की परवाह रही और अब तो यह जीवन दान हो चुका है। लोक सेवा में ऐसे में नक्सलवादी विरोध में उन्हें अपनी निर्भीकता और पराक्रम दिखाने का एक अवसर प्राप्त हो रहा था जिसमें वंह अनायास ही खिंचे चले आए और लगभग एक वर्ष तक वहाँ बँधे रहे। उन्होंने इस विरोध को एक चुनौती के रूप में स्वीकार किया था। जिसे शब्दों में लिखा है, ''हम गाँधीवादी धीरे-धीरे सुस्त व बेजान होते जा रहे थे और अपने छोटे-छोटे झगड़ों में फँसते जा रहे थे। कारण यह था कि सामना करने के लिए कोई विपक्ष नहीं था, कोई खतरा हमारे सामने नहीं था। लेकिन अब जब हमें अपनी-अपनी जान खतरे में डालकर काम करना होगा तो हमारा शुद्धिकरण हो जाएगा, हमारे अन्दर दूध अलग और पानी अलग हो जाएगा। और तब हमारी असलियत निखरकर उभर आएगी।'' उन्होंने यह भी लिखा है, ''मुझे लगा कि भगवान ने ही हमारी जान के लिए यह खतरा भेजा है मुझे बहुत दिन से लग रहा था कि हमारे आंदोलन की ज्वाला ठण्डी पड़ती जा रही है, और हम उसके कार्यकर्त्ता कुछ बासी पड़ते जा रहे हैं, हमारी आत्मा सोती जा रही है। इसका कारण यह था कि हमारा काम ऐसा नीरस हो गया था कि उसमें कोई जान का खतरा ही नहीं रहा था और न उसके लिए कुछ त्याग करने की जरूरत रही थी।''

जयप्रकाश जी ने महसूस किया कि मुसहरी के नक्सलवादी चुनौती स्वीकार कर सर्वोदय आंदोलन में नई जान ला देंगे। वहाँ के जीवन-दर्शन के हर पहलू को मिलाकर जिसमें सबसे गरीब, सबसे बेहाल, सबसे अधिक सन्देही तथा सबसे अधिक छिन्न-भिन्न समुदाय को ऊपर उठाकर उसे आध्यात्मिक दृष्टि से पुनर्निर्मित अवस्था में लाकर जमीन पर रखना जिससे वह शारीरिक दृष्टि से भी अपना पुनर्निर्माण कर सके। मुसहरी मुजफ्फरपुर का सबसे गरीब और पिछड़ा प्रखण्ड था। वहाँ पूरी जनसंख्या के पैंतालिस प्रतिशत लोग भूमिहीन मजदूर थे। जमींदार लोग उनका शोषण कर रहे

थे। जिससे उनमें बेरोजगारी और असन्तोष की भावना ने भयंकर रूप ले लिया था।

गाँवों में असंतोष के इस भयानक परिणाम को देखते हुए जयप्रकाश जी ने अपनी सर्वोदयी नीतियों में थोड़ी फेरबदल कर दी। अब वे ग्रामीणों के सर्वोदय की ओर रुझान के लिए उनके मानसिक परिवर्तन के बजाय गाँवों में सहकारी समुदाय की स्थापना पर विशेष बल देने लगे। अब सर्वोदय कार्यकर्त्ता गाँव की सभाओं में सहकारी स्वामित्व के लिए लोगों को राजी करवाने लगे।

मुजफ्फरपुर पहुँचकर सबसे पहले जयप्रकाश जी उन दो कार्यकर्त्ताओं से मिले जिनकी हत्या का पैगाम नक्सलियों ने भेजा था। इसी क्रम में वे शहर से बाइस मील दूर गर्मी की चिलचिलाती धूप में रून्नी सैदपुर पहुँचे। बिना किसी पूर्व कार्यक्रम के इस गर्मी में इस उजड़े गाँव में जयप्रकाश जी को देखकर गाँव वालों को पहले तो आश्चर्य भी हुआ मगर बाद में इस बात की तसल्ली हुई कि कोई है तो जो हमारे दुःखों से दुःखी हुआ और उसके निवारण का पहला कदम उठाया। उनसे मिलने के लिए गाँववालों, सर्वोदयी तथा खादी ग्रामोद्योग के कार्यकर्त्ताओं की अच्छी-खासी भीड़ जमा हो गई। सबने अपने-अपने ढंग से स्थिति का ब्यौरा जयप्रकाश जी को देना शुरू किया।

उन्होंने महसूस किया कि पूरा मुसहरी दो तरह की भावनाओं में बह रहा था कि एक तरफ तो ऊँची-ऊँची आलीशान इमारतों में बैठे पैसे वाले लोग थे तो दूसरी तरफ 90 प्रतिशत जनता गरीबी, भुखमरी और खुले आकाश के नीचे रहने पर मजबूर थी। अधिकांशतः पढ़े-लिखे नौजवान बेरोजगार थे। सरकार ने भी भ्रष्टाचार और जात-पाँत को बढ़ावा देने वाली नीतियाँ अपनाई थीं। अगर ऐसे में कोई इन सबके खिलाफ आवाज उठाता तो उल्टे पुलिस निर्दोषी गरीब जनता को चोरी, डकैती के मामलों में फँसाकर जेलों में डाल देती थी। पूरा मुसहरी इसी हिंसक क्रांति की दलदल में बुरी तरह फँस चुका था। जिसे नक्सलवाद का नाम दे दिया गया था

जयप्रकाश जी प्रभावती एवं अपने कुछ कार्यकर्त्ताओं के साथ सलहा गाँव के मिडिल स्कूल में ठहरे थे। स्कूल की छत खपरैल की थी और गर्मी अपनी चरम सीमा पर। जयप्रकाश जी ने लोगों को दिलासा देते हुए पहले ही कह दिया था, "मैंने यह फैसला कर लिया है, या तो काम पूरा होगा या मेरी हड्डियाँ गिरेंगी।" उनका यह कथन बिलकुल सच्चे दिल से कहा गया था। यह मुसहरी की हिंसक क्रांति को समाप्त करने के अपने इरादों में अपनी जान की परवाह किये बिना निर्भीकता का सबसे बड़ा परिचय देते हैं रात्रि में खुले मैदान में सोकर। केवल मुसहरी की जनता को ही नहीं पूरे देश को चिन्ता हो गई जे. पी. के प्राण रक्षा की। लेकिन जयप्रकाश जी और प्रभावती अपनी सुरक्षा से बेखबर गाँव के हर घर के बाहर आकर बैठते और उनकी बातों और तकलीफों को सुनने लगे। शुरू में तो जब जे. पी. के पास आस-पास के घरों वाले आकर बैठते तो उनमें नक्सलियों की इतनी दहशत होती कि कोई भी खुलकर अपनी बात नहीं कहता। उनके अन्दर एक भय होता कि कोई हमारी बात नक्सलियों तक न पहुँचा दे।

शुरू-शुरू में इन्हें वहाँ कुछ-कुछ कठिनाइयों का सामना भी करना पड़ा। जे. पी. और प्रभावती जी जब घर-घर घूमते तो वे इस बात की परवाह नहीं करते कि कौन हरिजन है, कौन मेहतर है, कौन मालिक है तो कौन मजदूर। वे दोनों हर किसी के दरवाजे पर जाकर बैठते थे। प्रभावती जी तो अन्दर जाकर महिलाओं से बात करतीं ऐसे में उच्चवर्ग के लोगों को बुरा लगता कि ये लोग निम्न वर्ग तथा अछूतों के घर पर क्यों जाते हैं लेकिन जयप्रकाश जी ने अपने विचारों से लोगों का विश्वास इस कदर जीत लिया कि कुछ दिनों में स्थिति सामान्य हो गई। वहाँ लोग एक साथ बैठकर जे. पी. की बातों को सुनने लगे।

जयप्रकाश नारायण और उनके स्वयं सेवी कार्यकर्त्ता अपनी पूरी दिमागी और शारीरिक शक्ति का प्रयोग गाँववालों की समस्याओं को सुनने और उसके समाधान में लगाने लगे। गाँव वाले काफी क्रोध में भरकर अपने अन्दर की सारी कड़वाहट और रोष को उनके सामने प्रकट करते। ऐसे में जे. पी. और उनके अनुयायी बड़ी ही हमदर्दी के साथ उनकी कठिनाइयों और परेशानियों को सुनते और उन्हें यह महसूस कराते कि वे उनके दुःखों से काफी आहत हैं। और उनके निदान के लिए उनका पूरा सहयोग उन्हें देने वे लोग मुसहरी आए हैं। मानव गुणों में एक गुण यह भी है कि जब हमें अपने अन्दर के क्रोध और कड़वाहट को प्रकट करने का अवसर नहीं दिया जाता। उसे कोई सुननेवाला नहीं होता तो मनुष्य अपने उस क्रोध को व्यावहारिक रूप से अभिव्यक्त करने की कोशिश करता है। जयप्रकाश जी ने मनुष्य

की इस कमजोर नस का पहले उपचार किया जिससे वहाँ के लोग अपने क्रोध को प्रकट करने का हिंसात्मक रास्ता धीरे-धीरे बदलना शुरू कर देते हैं। जयप्रकाश और उनके साथियों ने ग्रामीण लोगों को सर्वोदयी जीवन दर्शन का पाठ पढ़ाया तथा अहिसंक तरीके से शान्तिपूर्ण जीवन जीने का महत्त्व समझाया। पूरा मुसहरी प्रखण्ड का ग्रामीण जीवन जिस आर्थिक बदहाली और आपसी मतभेद के दौर से गुजर रहा था उस दौर में शान्ति की कल्पना कठिन ही नहीं मुश्किल भी थी। जयप्रकाश जी ने मुसहरी में पुनः शान्ति व्यवस्था कायम करने के लिए गाँव की सामाजिक पुनर्रचना को आवश्यक बतलाते हुए कहा कि ग्राम-दान से ही मुसहरी का कल्याण सम्भव है, ''ग्राम-दान का उद्देश्य है व्यक्तिगत व सामाजिक परिवर्तन तथा ग्राम-पुनर्रचना व ग्राम स्वराज की स्वयं सेवी प्रक्रिया को जन्म देना। इसका उद्देश्य है दृष्टिकोणों में व मूल्यों में परिवर्तन लाना तथा सामाजिक-आर्थिक व व्यक्तिगत संबंधों को बदलना। अधिक स्पष्ट रूप में कहा जाए तो ग्राम-दान के लिए गाँवों में एक ग्राम-सभा होगी जो वहाँ की संसद के समान होगी, एक ग्राम कोष होगा जिसमें हर उस व्यक्ति को जो ग्राम दान में शरीक होता है अपनी आमदनी, अपनी उपज या अपने हक का एक अंश दान में देना होगा, वह क्या देता है, यह इस पर निर्भर होगा कि वह धन कमाता है या खेतिहर है या मजदूर है। जो भूमि के स्वामी हैं वे अपनी उपज का एक अंश देने के अलावा अपनी भूमि का बीसवाँ हिस्सा भी देंगे जो भूमिहीनों को बाँटा जाएगा। उन्हें अपनी भूमि का कानूनी पट्टा भी ग्राम-सभा के नाम करना होगा। लेकिन उस बीसवें हिस्से को छोड़कर जो उन्होंने भूमिहीनों को वितरण के लिए दिया है, वे बाकी जमीन अपने कब्जे में रख सकते हैं और उसकी उपज को (ग्राम-कोष में देनेवाले अंश को छोड़कर) अपने लिए इस्तेमाल कर सकते हैं। इस भूमि पर उनके वासियों का अधिकार होगा। वे अपनी भूमि को दो ही शर्तों पर बेच सकते हैं या गिरवी रख सकते हैं, एक तो यह कि बेचने पर गिरवी, रखने से पहले ग्राम-सभा की इजाजत लेनी होगी और दूसरे यह कि वह बिक्री या गिरवी उस गाँव के ग्रामदानी वासियों के नाम ही की जा सकेगी। ग्राम सभा में सभी का स्थान एक समान होगा और सभी बड़े फैसले एकमत या सहमति से होंगे। गाँव में कोई बेसहारा है तो उसे ग्राम-कोष से सहायता दी जाएगी, लेकिन ग्राम-कोष अधिकतर ग्राम-सभा द्वारा बनाई गई योजनाओं को कार्यान्वित करने व ग्राम-सभा के फैसलों के अनुसार ही खर्च किया जाएगा।''

मुसहरी के बचाव के लिए जयप्रकाश जी ने अपने सर्वोदयी कार्यकर्त्ताओं से मिलकर अपनी इन्हीं योजनाओं को कार्यरूप देना प्रारम्भ किया। वे लोग घूम-घूमकर ग्रामीणों को अपनी योजनाओं से अवगत कराते और सर्वोदयी विचारधारा के अनुसार उनके रहन-सहन के ढंग में परिवर्तन लाकर उन्हें ग्राम-दान को तैयार करवाते। वहाँ के लोगों से मिलकर उन्होंने वहाँ पर ग्राम-सभा का निर्माण किया। जयप्रकाश जी के ग्राम-दान को जमींदारों ने धीरे-धीरे स्वीकार करके अपनी भूमि का बीसवाँ भाग भी देना शुरू कर दिया। तब से उस दान में प्राप्त भूमि को गाँव के भूमिहीनों में वितरित करते थे। गाँव में कुछ ऐसे भी जमींदार थे जो अपनी ताकत के बल पर या अन्य तरीके से आज भी गाँव की शान्ति भंग करने का प्रयास कर सकते थे, ऐसे लोगों से निपटने के लिए जयप्रकाश जी ने वहाँ एक शान्ति सेना का भी गठन किया।

गाँवों में रहनेवाले वे लोग जो सबसे गरीब थे उन्होंने जयप्रकाश जी से क्रमशः अपनी जरूरतों को पूरा करने की इच्छा रखी। उनके लिए सबसे जरूरी था अपनी झोंपड़ी का जमीन पर अपना स्वामित्व उसके बाद ही वे, यदि सम्भव हो तब, बीसवें भाग की जमीन प्राप्त करने की इच्छा रखते थे। गाँवों में मजदूरी देने में जमींदारों की मनमानी चलती थी। वे मजदूरों को काफी कम मजदूरी देते थे और वह भी अपनी मर्जी जब हो तब। इस तरह से वे मजदूरों का शोषण कर रहे थे। जयप्रकाश जी ने कहा कि ये दोनों ही एक-दूसरे पर निर्भर हैं। हमें तो उन्हें ग्राम-सभा में आमने-सामने बिठाकर ऐसी प्रक्रिया शुरू करनी है जिसमें ये आपसी सभी विरोधाभासों को भूलकर प्रेम और समन्वय से एक-दूसरे की समस्याओं को हल करने की एक न्यायपूर्ण सामाजिक व्यवस्था बन सकें। इस कार्य को करने में उन्हें 1950 में बिहार सरकार द्वारा बनाए गए भूमि-संबंधी कानून से भी अच्छी मदद मिली। उस कानून की मदद से वहाँ के लोगों को अपनी झोंपड़ियों की भूमि पर अधिकार प्राप्त कराने का कार्य वहाँ सर्वोदयी कार्यकर्त्ताओं ने किया।

जयप्रकाश जी शुरू से गाँव की मिट्टी से बँधे थे। वह चाहे देश में हो या विदेश में गाँवों के लोगों की मानसिकता की अच्छी पकड़ थी उन्हें। वह यह अच्छी तरह समझते थे कि नक्सलवाद की जड़ में कौन-सा बीज है और उसे लोगों

के दिलों से निकालने के लिए अगर वे अपने आदर्शों से कोई नया और आधुनिक नैतिक शस्त्र उन्हें दिखलाते हैं तो वे उस पर अमल करके स्वयं ही उस नक्सलवाद की जड़ को उखाड़ फेंकेंगे। वह मानते थे कि सत्ताधारी चाहे कितने ही अच्छे हों राज्य अपने लोगों का उत्थान नहीं कर सकता। इसके लिए जरूरी है कि राज्यशक्ति के साथ-साथ लोकशक्ति का भी निर्माण हो।

इस प्रकार जयप्रकाश नारायण और प्रभावती जी ने ग्राम के उन परिवारों के भी दुःख-दर्द सुने जिनके यहाँ के कुछ नौजवान नक्सली हो गए थे। 18 अप्रैल, 1971 को पूरे मुसहरी प्रखण्ड में काफी धूमधाम से और मिल-जुलकर भूदान दिवस मनाया गया। जिसमें जयप्रकाश जी ने लोगों को समझाया कि हिंसक क्रांति से राक्षसी वृत्ति का विकास होता है जो समाज में अशान्ति का वातावरण फैलाता है तथा अहिंसक क्रांति से मानवीय वृत्ति का विकास होता है जिसमें एक-दूसरे के दुःख-दर्द को समझने की भावना उत्पन्न होती है।

इस तरह मुसहरी में सर्वोदय आंदोलन को काफी हद तक सफलता मिली। वहाँ के मानव जीवन में जो विकृति आई थी उसमें पूर्णतः तो नहीं मगर काफी सुधार आया, जयप्रकाश जी के प्रयास से। क्योंकि हमारी शासन व्यवस्था ही कुछ ऐसी है कि किसी भी बुराई को हमेशा के लिए तथा पूर्णतः समाप्त करना कठिन है। फिर भी जयप्रकाश जी के अथक प्रयास से मुसहरी प्रखण्ड के लोगों का जन-जीवन काफी सुधर चुका था। नक्सलवादियों का आतंक तो अवश्य ही समाप्त हो चुका था।

चतुर्थ खंड

लोकनायक से महाप्रयाण तक

(1974-1979)

बिहार आंदोलन के नेता

संजय कुमार शेखर / सुश्री ऋचा बंसल

भारत की आजादी के 27 वर्ष बाद भी भारत में गरीबी, भय, भ्रष्टाचार, भाई-भतीजावाद से भारत घिर गया था, भारत के युवा वर्गों का भविष्य अन्धकारमय नजर आने लगा था। एक से एक प्रतिभाशाली छात्र पिछड़ते जा रहे थे तथा नौकरियों में भाई-भतीजावाद तथा भ्रष्टाचार का बोलबाला बढ़ गया था। सरकार में कार्यरत पदाधिकारी मन्त्रियों के इशारे पर काम करने लगे थे, पूरे भारत का विकास मानो ठहर-सा गया था। पहली बार छात्रों को लगा कि हमारा भविष्य अन्धकारमय हो गया है। तब उन्होंने सबसे पहले गुजरात में इस भ्रष्टाचार के खिलाफ आंदोलन शुरू किया। उस आंदोलन को शुरू हुआ देखकर जयप्रकाश नारायण ने बिहार से ही देश के युवाओं का आह्वान किया कि इस आंदोलन को सफल बनाएँ। जयप्रकाश नारायण के आह्वान पर भारत के कई स्थानों से नवयुवकों का गुजरात पहुँचना शुरू हो गया। इस आह्वान से वहाँ के आंदोलन को जो बल मिला, इससे वहाँ के युवा आंदोलनकारियों के मन में यह उत्साह जगने लगा कि स्वयं जयप्रकाश नारायण गुजरात पहुँचें तथा उनका उचित मार्गदर्शन करें। इस बीच गुजरात के सर्वोदयी और दूसरे साथियों का एक प्रतिनिधिमण्डल जयप्रकाश नारायण से दिल्ली में मिला (जयप्रकाश नारायण किसी काम के सिलसिले में दिल्ली आए हुए थे)। सर्वोदय साथी रविशंकर महाराज का निमन्त्रण भी जयप्रकाश नारायण के लिए लाए थे।

गुजरात आंदोलन का मुख्य कारण था श्रीमती गाँधी को चुनाव खर्च के लिए पार्टी को धन देना इसमें उन्होंने गुजरात के तत्कालीन मुख्यमंत्री चिमन भाई पटेल से 10 लाख रुपया मँगवाया। चिमन भाई पटेल ने गुजरात के मूँगफली तेल उत्पादकों से रुपया वसूल कर श्रीमती गाँधी तक पहुँचाया। मूँगफली तेल व्यापारियों ने तेल के मूल्यों में सीधी वृद्धि कर दी (इसी तरह चुनाव के लिए जहाँ से भी श्रीमती गाँधी ने पैसे मँगवाए इसका सीधा प्रभाव भारतीय व्यापार पर पड़ा। वस्तुओं के मूल्यों में अचानक वृद्धि से जनता त्राहिमाम कर उठी।) जिसका प्रभाव गुजरात की जनता के अलावा छात्रावासों के भोजनालय ने छात्रों को अचानक बढ़े हुए मूल्यों पर भोजन लेने पर विवश किया जिससे छात्र अचानक रोष में आ गए और सरकार के विरुद्ध आंदोलन शुरू कर दिया। उस आंदोलन को दबाने के लिए पुलिस ने छात्रों पर लाठी, आँसू गैस तथा गोलियों का प्रयोग किया।

निमन्त्रण को स्वीकार कर जयप्रकाश नारायण गुजरात पहुँचे। जे. पी. के गुजरात पहुँचने ने आंदोलन में घी का काम किया। चार दिन तक रहकर वे छात्रों तथा पदाधिकारियों से मिले तथा उन्होंने छात्रों की सभाओं को भी सम्बोधित किया। गुजरात के छात्र, शिक्षक, अध्यापक तथा बुद्धिजीवियों को सलाह दी कि वे ऐसा कार्यक्रम बनाएँ जिससे दूर तक उनके संघर्ष चलें। दिसम्बर 1973 में जे. पी. ने सभी सांसदों के नाम से एक पत्र लिखा जिसमें सतत न्यायपालिका तथा संविधान की रक्षा हेतु देश में आह्वान किया गया। उन्होंने देश में बढ़ते भ्रष्टाचार तथा अराजकता के लिए सांसदों का ध्यान आकर्षित किया।

इस पत्र को लिखने से 8 महीने पहले वे अपनी पत्नी के निधन से टूट चुके थे जो कि 15 अप्रैल, 1973 को हुआ था। स्वयं को अकेला महसूस करने तथा टूटने के बाद भी उनका ध्यान देश की हर परिस्थिति पर था, देश में

जो कुछ भी घट रहा था उस पर उनकी निगाहें लगी रहती थीं।

जयप्रकाश नारायण ने 9 दिसम्बर को एक खुले पत्र के माध्यम से युवाओं का आह्वान किया तथा लोकतंत्र हेतु प्रेरित किया। चुनावी प्रक्रियाओं में व्याप्त भ्रष्टाचार, लोकतान्त्रिक संस्थाओं के राजनीतिकरण जैसी घटनाओं के विरुद्ध संघर्ष के लिए प्रेरित किया। जे. पी. के आह्वान से प्रभावित छात्रों ने विधानसभा भंग करने की माँग की। युवाओं के नए नेता के रूप में उभरने के बावजूद जे. पी. को अखबारों में स्थान नहीं मिला लेकिन गुजरात में सरकारी व्यवस्था के विरुद्ध चिनगारी को देखकर जे. पी. ने सकून पाया कि छात्रों तथा उनकी सोच एक है अर्थात् छात्र भी वही सोच रहे हैं जो कि जे. पी. स्वयं सोच रहे हैं और तब आंदोलन में होती वृद्धि को देखकर अन्त में विवश प्रधानमंत्री श्रीमती गाँधी को 15 मार्च, सन् 1974 को विधानसभा भंग करनी ही पड़ी।

विधानसभा भंग हो जाने से गुजरात का छात्रान्दोलन ही टांय-टांय-फिस्स हो गया जिसके दो कारण थे—पहला, दूरगामी लक्ष्य का न होना और दूसरा, सरकार की तरफ से नवनिर्माण समिति के कुछ सदस्यों को अपनी तरफ मिला लेना। समिति के सदस्यों को समझौते के बहाने से विमान द्वारा दिल्ली में बुलाकर तथा विभिन्न प्रलोभनों द्वारा अनैतिक बना दिया गया।

इधर, बिहार की हालत दिन-प्रतिदिन खस्ता होती जा रही थी। बिहार में काँग्रेस की सरकार के प्रति गहरा रोष व्याप्त था और गुस्से को बढ़ाने में गाँधी की कार्य-प्रणाली भी पीछे नहीं रही। बिहार का सीधे दिल्ली से सम्पर्क न होने के कारणवश सारी लड़ाई बिहार सरकार पर ही केन्द्रित हो गई। भ्रष्टाचार कदम-कदम पर व्याप्त था। रिश्वतखोरी से कोई भी अछूता नहीं था। यह आम धारणा थी कि कोई भी काम बिना पैसे के लेन-देन के या रिश्वत के नहीं हो सकता। रिश्वत छोटे से लेकर बड़े कर्मचारी, अधिकारी, काँग्रेसी, राजनीतिज्ञों, मन्त्रियों तथा मुख्यमंत्री तक पहुँचती थी। कोई भी काम बिना रिश्वत के करना मुश्किल था। यहाँ तक कि मुख्यमंत्री अब्दुल गफूर जिन्हें लोग 'चचा गफूर' भी कहते थे, के लिए भी कहा गया कि वे कोई काम नहीं करते, प्रशासन पर उनकी कोई पकड़ नहीं तथा वे ताड़ी पीकर शाम के बाद निढाल पड़े रहते हैं जबकि उनके बारे में ऐसी अफवाहें उड़ाने वाले तत्कालीन काँग्रेसी ही थे। सरकार जनता का विश्वास खो चुकी थी, कीमतों में दिन-प्रतिदिन वृद्धि हो रही थी जिसका भार जनता को ही सहन करना पड़ रहा था। जनता बढ़ती महँगाई से त्राहि-त्राहि कर रही थी। देश के प्रमुख उद्योग बिहार में होने पर भी बिहार की जनता भूख से मर रही थी। बिहार की आम जनता के लिए अपना जीवन-यापन करना अत्यन्त कठिन हो रहा था। किसी भी क्षेत्र में कदम बढ़ाना असन्तोष को जन्म देता था तथा बिहार की जनता के हाथों हर प्रकार से निराशा ही हाथ लगती। चारों ओर असन्तोष, भुखमरी, अत्याचार, रिश्वतखोरी तथा भ्रष्टाचार व्याप्त हो चुका था ऐसे समय में जब मुजफ्फरपुर में बिहार के छात्र संघों और आयुर्वेदिक कॉलेजों के छात्र संघों के नेता इन मुद्दों पर बैठे तो एक नई किरण नई उम्मीद जागी। गुजरात आंदोलन के एक छात्र नेता से भी जोश बढ़ा हुआ था। यह नारा भी तभी लगा था—

'गुजरात की जीत हमारी है, अब बिहार की बारी है।'

मुजफ्फरपुर के चार मुद्दों को लेकर हुई बैठक के बाद बिहार में छात्र संघर्ष समिति बनी जिसमें वर्तमान बिहार के मुख्यमंत्री लालू प्रसाद यादव, सुशील मोदी, रामशंकर प्रसाद, मिथिलेश कुमार सिंह, नरेन्द्र दृष्टिगत हुए। 'बिहार प्रदेश छात्र संघर्ष समिति' गैर-वामपंथियों एवं गैर सत्ताधारी द्वारा बनाई गई, जिसमें यह निर्णय लिया कि बड़े पैमाने पर अपनी आठ-सूत्री माँगों को लेकर संघर्ष छेड़ा जाए। इसमें यह माँग कि ''महँगाई, कालाबाजारी एवं जमाखोरी पर सख्ती से रोक लगाई जाए'' का संबंध न केवल छात्रों तथा युवकों से था बल्कि पूरे समाज से था जबकि अन्य माँगें—शिक्षा, बेरोजगारी, तथा छात्र संघों से सम्बन्धित थीं।

समिति द्वारा 27 फरवरी को अपनी 12 माँगों को लेकर तत्कालीन मुख्यमंत्री अब्दुल गफूर के आवास के समीप धरने का आयोजन किया गया। 4 मार्च को जब 'छात्र संघर्ष समिति' का एक प्रतिनिधिमण्डल तत्कालीन शिक्षामंत्री से मिलने गया पर वे उनसे न मिल पाए तो समिति द्वारा 18 मार्च को बिहार विधानसभा के घेराव की घोषणा कर दी गई। तथा चारों ओर से—

'गुजरात की जीत हमारी है, अब बिहार की बारी है।'

नारे की आवाज गूँजने लगी तथा आठ सूत्री माँग-पत्र के साथ यह माँग भी रखी गई कि सरकार महँगाई खत्म करे, कीमतों को घटाने की कोशिश करे, भ्रष्टाचार समाप्त हो, अन्धकारमय भविष्य या भविष्य को अन्धकारमय बनाने वाली शिक्षा नीति में यथासम्भव परिवर्तन, तथा अस्पताल की बिगड़ी स्थिति को भी सुधारा जाए, इत्यादि।

इस बीच 17-18 फरवरी को ही बिहार के सभी विश्वविद्यालयों के छात्र संगठनों ने पटना विश्वविद्यालय के पुस्तकालय भवन में अपने प्रतिनिधियों के नेतृत्व में एक सम्मेलन किया, जिसमें लगभग 250 संगठन प्रतिनिधियों ने भाग लिया। इस सम्मेलन में निम्नलिखित 8 माँगों की पूर्ति के लिए राजव्यापी रचनात्मक संघर्ष करने का निर्णय लिया गया–

1. बिहार के प्रत्येक महाविद्यालय एवं विश्वविद्यालय में छात्रसंघ कायम किए जाएँ।

2. शिक्षा व्यवस्था में आमूल परिवर्तन कर इसे रोजगारोन्मुख बनाया जाए।

3. डिग्री को आधार मानकर राष्ट्रीयकृत बैंकों को शिक्षित बेरोजगारों को व्यवसाय करने के लिए ऋण दिया जाए।

4. शिक्षित बेरोजगारों को काम, नहीं तो बेरोजगारी भत्ता दिया जाए।

5. महँगाई पर अविलम्ब रोक लगाई जाए। जमाखोरों, मुनाफाखोरों को सरकार पकड़े, छात्रों के लिए सस्ती दर पर भोजन, पुस्तक, कॉपी की व्यवस्था करे।

6. बिहार के प्रत्येक कॉलेज के साथ छात्रावासों की व्यवस्था की जाए।

7. छात्रवृत्तियों की संख्या बढ़ाई जाए एवं छात्रवृत्ति की रकम का वर्तमान मूल्य के सूचकांक के अनुसार पुनर्मूल्यांकन किया जाए। तथा

8. विश्वविद्यालयों में नीति-निर्धारण समितियों तथा सीनेट, सिंडिकेट, एकेडमिक कौंसिल में छात्रों को प्रभावी प्रतिनिधित्व दिया जाए। (सम्मेलन के प्रथम दिन ही आर्थिक प्रस्ताव "बिगड़ती हुई आर्थिक विषमता को अपने परिवेश से हल करने के बजाय केन्द्र की सरकार कभी वारसा-संधि और कभी अटलांटिक-संधि के देशों की पिछलग्गू की दौड़ में है, जिसके परिणामतः स्थिति और भी बदतर होती जा रही है"–में 'वारसा संधि देशों' को जोड़े जाने का विरोध कम्युनिस्ट दल समर्थक युवा एवं छात्रों ने किया। संशोधन के अस्वीकृत होने पर 20 कम्युनिस्ट युवा छात्र सम्मेलन से बाहर निकल गए और दूसरे दिन भी उनके द्वारा सम्मेलन का बहिष्कार किया गया।)

छात्रों द्वारा आंदोलन को सुचारु रूप से संचालन हेतु छात्र नेताओं की एक संचालन समिति तैयार की जिसमें–लालू प्रसाद यादव, नरेन्द्र कुमार सिंह, अरुण कुमार शर्मा, सुशील कुमार मोदी, रविशंकर प्रसाद, राजाराम पाण्डेय, रघुनाथ गुप्त, जगन्नाथ प्रसाद यादव, मिथिलेश कुमार सिंह, वशिष्ठ नारायण सिंह, शिवानन्द तिवारी, सतीशचन्द्र भारद्वाज, नितीश कुमार, छोटन सिंह, रामबहादुर राय, अख्तरहुसैन, अशोक कुमार सिंह, गोपाल शरण सिंह, रामजतन सिन्हा, विजय कुमार सिन्हा, उदयनारायण सिंह, विक्रम कुंवर, रघुवंश नारायण सिंह, और भवेशचन्द्र प्रसाद, सदस्य हुए। इस समिति के एकमात्र अधिकारी कार्यालय मंत्री गाँधी शान्ति प्रतिष्ठान पटना के कार्यकर्ता भवेशचन्द्र प्रसाद बने और अन्य सभी सदस्य रूप में ही कार्याधिकारी रहे।

अब, आयुर्वेद तथा होमियोपैथी के छात्रों की माँगें भी छात्रों की माँगों से जुड़ गईं। छात्रों ने चारों सार्वजनिक माँगें–महँगाई, भ्रष्टाचार, बेरोजगारी को दूर करना और शिक्षा में आमूल परिवर्तन करना अपने माँग-पत्र में जोड़ लीं। अतः सब मिलाकर कुल 12 माँगें हो गईं जिनमें 8 शिक्षा संबंधी तथा 4 सार्वजनिक थीं। माँगों को पूरा करने के उद्देश्य से पटना तथा राज्य में कई स्थानों पर प्रदर्शन तथा जुलूस आदि निकाले गए। छात्रों ने मुजफ्फरपुर, भागलपुर, सीतामढ़ी, भोजपुर, रोहतास आदि जिलों में तो जमाखोरी, मुनाफाखोरी आदि के खिलाफ भी अभियान चला दिया। छात्रों ने तत्कालीन मुख्यमंत्री को चेतावनी दी कि वे उनकी माँगों को स्वीकार करें अन्यथा वे 18 मार्च से प्रारम्भ होने वाली विधानसभा का घेराव करेंगे। लेकिन मुख्यमंत्री अब्दुल गफूर छात्रों की माँगों को मंजूर करने के लिए सहमत नहीं थे अतः वे छात्रों के संघर्ष का मुकाबला करने के लिए तैयार हो गए। 25 फरवरी को मुख्यमंत्री ने पटना में 1 सप्ताह के लिए धारा 144 लगवाई और 26 फरवरी से 2 सप्ताह के लिए सभी शिक्षण संस्थाएँ बन्द हो गईं।

15 मार्च, 1974 को गुजरात की विधानसभा भंग हो गई तथा उसी दिन को बिहार विधानसभा भंग करने का

बीजारोपण हो गया क्योंकि राज्यपाल द्वारा छात्रों की माँगों को अस्वीकारा गया अतः छात्र आंदोलन में उतर जाने को विवश हो गए। इस प्रकार से, गुजरात के छात्रों द्वारा आंदोलन को जिस तिथि पर छोड़ा गया वही आंदोलन उसी तिथि से बिहार के छात्रों द्वारा प्रारम्भ कर दिया गया।

छात्र संघर्ष समिति के उद्देश्य को असफल करने के उद्देश्य से कुछ वामपन्थी छात्र नेताओं ने बेतिया समाहरणालय के सम्मुख उग्र प्रदर्शन किया, बमबारी की, जिसके फलस्वरूप पुलिस को गोलियाँ तक चलानी पड़ीं जिसमें 7 व्यक्ति भी मृत्यु के ग्रास बने। 17 फरवरी को जो कम्युनिस्ट छात्रों द्वारा बिहार राज्य छात्र सम्मेलन का बहिष्कार किया गया उन्हीं के द्वारा बिहार राज्य छात्र नौजवान के नाम से एक अलग संगठन कायम किया गया। उन्होंने अपना एक संगठन बना लिया तथा बिहार प्रदेश छात्र संघर्ष समिति की माँगों से मिलता-जुलता माँग पत्र तैयार कर उन्हीं की तरह कार्यक्रम चलाने शुरू कर दिए। बेतिया समाहरणालय के सम्मुख उग्र प्रदर्शन इन्हीं छात्रों 'छात्र नौजवान मोर्चा' द्वारा आयोजित किया गया था, जिसका एक घटक 'माले' से भी जुड़ा हुआ था। क्योंकि यह मोर्चा बिहार में छात्रान्दोलन का श्रेय स्वयं ग्रहण करना चाहता था तथा गैर वामपन्थी छात्र नेताओं की छवि को भी धूमिल करने हेतु इस मोर्चे ने 16 मार्च को राज्य भर में जिलाधीशों के तथा शिक्षामंत्री के घेराव का कार्यक्रम चलाया। उसी दिन पटना में शिक्षामंत्री के निवास स्थान पर प्रदर्शनकारियों ने घेराव किया, पत्थर फेंके गए, दुर्व्यवहार किया गया, उनका कुर्ता फाड़ दिया गया, यहाँ तक कि लाठी प्रहार की चेष्टा भी की गई। वापसी में आक्रोशित भीड़ द्वारा दैनिक समाचार पत्रों के कार्यालयों पर भी हमला किया गया, फियेट कार क्षतिग्रस्त कर दी गई। 'प्रदीप', 'सर्चलाइट', 'आर्यावर्त', 'इण्डियन नेशन', और 'पी. टी. आई.' जैसे दफ्तरों पर पत्थर फेंके गए जबकि इन सभी घटनाओं का श्रेय उन छात्रों को गया, जो बिहार सरकार के लिए दमनात्मक तैयारी करने के लिए औचित्य के केन्द्र बने और हर तरफ तनाव का माहौल छा गया था।

4 मार्च को जे. पी. द्वारा वर्तमान प्रधानमंत्री अटल बिहारी वाजपेयी को बुलाया गया था तथा उनसे भावी संघर्ष पर भी विचार-विमर्श किया गया जिससे प्रेरित अटल जी ने 17 मार्च को गया में तत्कालीन भारतीय जनसंघ की प्रदेश कार्य समिति की बैठक में अपने कार्यकर्ताओं को निर्देशित किया कि "वे छात्र संघर्ष से जुड़ें तथा 18 मार्च को छात्र संघर्ष समिति की प्रस्तावित विधानसभा घेराव में खुलकर भाग लें और विधानसभा से त्यागपत्र देने के लिए तैयार रहें।"

अब वह दिन आ गया, जब 18 मार्च, 1974 की तारीख एक यादगार तिथि बन गई जो कि भारतीय इतिहास के लिए एक अविस्मरणीय तिथि थी। छात्रान्दोलन शुरू हो चुका था जिसकी समाप्ति देश में तानाशाही की समाप्ति के रूप में हुई। देश में 'बिहार प्रदेश छात्र-संघर्ष-समिति' के आह्वान पर प्रातःकाल से ही छात्र एक टिड्डी के दल के रूप में चारों तरफ बिखर गए और तत्कालीन शासन के विरुद्ध आवाज उठाई। पटना काँप उठा और देखने वाले देखते ही रह गए। यह वह तिथि थी, वह दिन था जब पटना के इतिहास में छात्रों की इतनी बड़ी भीड़ कभी इकट्ठी नहीं हुई थी। विशाल प्रदर्शन की योजना थी। गुजरात का विजय-तराना–

'हरबार विद्यार्थी जीता है, इस बार विद्यार्थी जीतेगा'

और

'गुजरात की जीत हमारी है, अब बिहार की बारी है'

की माँग ने एक तराने का रूप ले लिया। भीड़ बड़े ही शान्तिपूर्ण ढंग से नारों के साथ विधानसभा को चारों ओर से घेरने के प्रयासरत आगे बढ़ रही थी। केवल पॉकेटों में रूमाल तथा कलम लिए हुए छात्र उपद्रव की मुद्रा में नहीं थे और तत्कालीन राज्यपाल विधानसभा में प्रवेश न कर सकें इसके लिए छात्रों ने धरना देना शुरू कर दिया। जबकि विधायकगण प्रातः ही विधानसभा में प्रवेश कर चुके थे। धरना देते हुए छात्रों पर पुलिस बड़ी ही बेरहमी से टूट पड़ी और उन पर जो किया सो कम। छात्रों ने जैसे ही विधानसभा में घुसकर राज्यपाल को रोकने की चेष्टा की, तो पुलिस ने अपनी कार्रवाई में–खींचतान, गाली-गलौज, धर-पकड़, खदेड़ा-खदेड़ी, लुकाछिपी, लाठी, डण्डा, कुंदादि से लड़कों को मारा और उन्हें जमीन पर घसीट कर ले जाने लगी। नौजवानों की क्रोधाग्नि ने यह अत्याचार देख कर भयानक रूप ले लिया। पुलिस ने अंधाधुन्ध गोलियाँ चलाईं, राजनीतिक, निर्दलीय और निरंकुश तत्त्व सभी हरकत में आ गए और बन गया नया कुरुक्षेत्र।

लगभग आधा दर्जन निहत्थे तथा मासूम छात्र पुलिस की गोलियों के शिकार बने भगदड़ मच गई और उसी भगदड़ में शहीद स्मारक के पास हुए वर्तमान मुख्यमंत्री लालू प्रसाद यादव ने छात्रों को सम्बोधित करते हुए कहा कि वे संघर्ष के अगले कार्यक्रम के लिए तत्पर रहें।

"अब हमलोग गुजरात की तरह विधानसभा भंग करेंगे।" जो कि उनकी 13वीं माँग के रूप में बदल गई। घायल और चोटों से आहत हुए लालू प्रसाद यादव जब एकांत स्थल में जा पड़े तो यह अफवाह फैलने से कि वे मारे गए और पुलिस ने उनकी लाश कहीं छिपा दी, छात्र और अधिक आतंकित एवं आक्रोशित हो गए।

चारों ओर से बिगड़ी हुई स्थिति पर काबू पाना बहुत ही मुश्किल हो गया। पुलिस स्थिति पर काबू करने में पूर्णतया असफल रही अतः कर्फ्यू लगा दिया गया। स्थिति इतनी बेकाबू थी कि कुछ कर्मचारियों द्वारा मुख्यमंत्री श्री अब्दुल गफूर तथा कुछ मन्त्रियों पर हमला बोल दिया गया जिसमें कुछ तो थप्पड़ों और चप्पल के शिकार बने और मुख्यमंत्री जी को तो शौचालय की शरण में जाना पड़ा।

जाँच समिति की रिपोर्टानुसार, नए सचिवालय के पास गोलियों से आहत हुए दो व्यक्तियों को तो पास में जलते हुए भवन में ही फेंक दिया गया। शहर में एक शिक्षिका श्रीमती सुशीला लाल, आहत शिक्षिका को सहायता पहुँचाने वाले रामचन्द्र साह, तथा बारह वर्षीय बालक राम जी और अशोक भी गोलियों के शिकार से बच न सके।

ऐसे में असामाजिक तत्त्व भी कैसे पीछे रह सकते थे, उन्होंने भी जमकर अपना हाथ साफ किया। कई सरकारी, गैर-सरकारी भवनों में, होटलों में और दुकानों में आग लगा डाली, दैनिक सर्चलाइट, प्रदीप के कार्यालय को भी भस्मीभूत कर दिया और जहाँ-तहाँ लूटपाट मचने लगी। लेकिन प्रारम्भ में जो शक छात्रों पर था कि यह सब छात्रों द्वारा किया जा रहा है तीन-चार दिनों में स्पष्ट हो गया कि इन कार्यों में असामाजिक तत्त्वों तथा कम्युनिस्ट पार्टी का हाथ था। यहाँ तक कि एक कम्युनिस्ट विधायक श्री लाल बिहारी प्रसाद सी. आई. डी. कार्यालय में आग लगाते रंगे हाथ पकड़े गए। और यह अनुमान भी गलत नहीं प्रमाणित किया जा सकता कि इन घटनाओं में सरकारी तत्त्वों का हाथ भी पीछे था।

विधानसभा के चारों ओर पुलिस और सैनिक तैनात थे जबकि पटना 5 घण्टों तक असहाय स्थिति में असामाजिक तत्त्वों के खूनी पंजों में चीखता-चिल्लाता, बिलखता और तड़पता रहा। कहीं भी प्रशासन का नामोंनिशान नहीं था।

पटना की इतनी दर्दनाक स्थिति देख कर 72 वर्षीय वयोवृद्ध स्वतन्त्रता सेनानी जयप्रकाश नारायण का हृदय मर्माहत हुए बिना न रह सका और 19 मार्च को अपना बयान जारी कर अपने दर्द का इज़हार करते हुए उस दिन मौन रखने की घोषणा करते हुए कहा कि–

"कल मेरी शक्ति चुक गई, इसलिए मैं मौन रख रहा हूँ। स्वतन्त्रता-संग्राम का प्रवक्ता सर्चलाइट ही नहीं, और भी बहुत कुछ नष्ट हो चुका है। बिहार की आत्मा घायल पड़ी है और उसके शरीर से खून बह रहा है। मैं नहीं चाहता कि बिहार को नष्ट होने दिया जाएगा। 18 मार्च को पटना में प्रशासन जिस बुरी तरह विफल हुआ है उसके बाद प्रजातान्त्रिक होने के नाते सरकार को त्यागपत्र दे देना चाहिए था। कहा जाता है कि युवकों को मैंने भड़काया है। मेरे सारे भाषणों के कई टेप भी मौजूद हैं। सरकार उनका पुलिस रिकार्ड देख सकती है। मैंने जो भी कहा है उसके प्रत्येक शब्द की जिम्मेदारी मैं लेता हूँ और जैसे ही मेरा स्वास्थ्य ठीक होगा, युवकों के बीच अपना काम मैं फिर शुरू करना चाहता हूँ।"

18 मार्च की घटना पूरे बिहार में बिजली की तरह फैल गई और यह बात फैल गई कि पटना में गोली चली है और कई छात्र मारे गए हैं, इससे लोगों में आक्रोश ने प्रवेश कर लिया और 19 मार्च को भागलपुर, मुजफ्फरपुर, मुंगेरादि नगरों में छात्रों एवं जनता को इकट्ठा करने का पूर्ण प्रयास किया गया। भीड़ से निपटने के लिए पुलिस को लाठी एवं गोलियों का प्रयोग भी करना पड़ा। गाँधी-शान्ति प्रतिष्ठानों के कार्यालय में, आक्रोशित जवानों ने घुसकर कार्यकर्ताओं को मारा पीटा। जमुई में गोली से घायल छात्र को जब दूसरे छात्र नेता ओमप्रकाश ने अस्पताल ले जाने का प्रयास किया पुलिस ने उसे भी गोली का शिकार बना डाला।

इन खबरों से दुखी जयप्रकाश नारायण ने 20 मार्च को एक सार्वजनिक बयान में कहा–

"18 एवं 19 मार्च को हुई घटनाओं के लिए जितनी जानें गई हैं, जो लोग घायल हुए हैं, तथा जो बर्बादी हुई

है उसके लिए गफूर साहब का मन्त्रिमण्डल जिम्मेदार है क्योंकि उनका प्रशासन इन्हें रोकने में असफल रहा है। अतः उनकी सलाह है कि गफूर साहब अपनी अंतरात्मा को टटोलें और शीघ्र त्यागपत्र दे दें।''

20 मार्च को ही लालू प्रसाद यादव के बयान से जो कि आकाशवाणी से प्रसारित किया गया लोगों को यकीन हो गया कि लालू प्रसाद यादव जीवित हैं।

22 मार्च को विधानसभा की बैठक में गफूर साहब ने अपने बयान में कहा—

''खुदा की कसम, मैं अपनी अंतरात्मा से पूछ रहा हूँ कि मैं मुख्यमंत्री पद पर बना रहूँ या नहीं। किन्तु एक बात का सन्देह होता है कि बाद में लोग यह न कहें कि अल्पसंख्यक वर्ग का यह आदमी बुज़दिल और कायर था।''

23 मार्च को छात्रों ने 'संपूर्ण बिहार बन्द' का आह्वान कर दिया जबकि बन्द के पूर्व ही 1500 से ज्यादा छात्र बन्दी बना लिए गए जिनमें लालू प्रसाद यादव, नरेन्द्र कुमार सिंह, रविशंकर, सुशील कुमार मोदी आदि प्रमुख छात्र नेता भी शामिल थे। इसके बावजूद बन्द असफल रहा। 25 मार्च को छात्रों ने जयप्रकाश नारायण से उनके निवास स्थान पर नेतृत्व हेतु निवेदन किया। जयप्रकाश जी ने उनके इस निवेदन को हार्दिक रूप से स्वीकार करते हुए आश्वासन दिया कि वे उनका नेतृत्व करेंगे, पर उन्हें उनकी तीन शर्तों का पालन करना पड़ेगा—

1. संघर्ष शान्तिमय होना चाहिए।
2. उनके आंदोलन एवं संघर्ष का नेतृत्व कोई राजनीतिक दल न करे।
3. संघर्ष के लिए छात्रों को कम से कम एक वर्ष का समय देना होगा।

छात्रों द्वारा उपरोक्त शर्तों को मंजूरी दे दी गई और 27 मार्च को दफा 144 की अवहेलना करते हुए छात्रों ने गाँधी मैदान में एक सभा आयोजित की। इस सभा में जहाँ जयप्रकाश जी बोलने वाले थे लेकिन अस्वस्थ होने के कारण शामिल होने में असमर्थ रहे वहाँ जैसे ही छात्र नेता अख्तर हुसैन बोलने के लिए खड़े हुए उसी समय 15 छात्रों के साथ गिरफ्तार कर लिए गए। 30 को छात्रों द्वारा निकाले गए मौन जुलूस को सरकार द्वारा विफल कर दिया गया।

30 मार्च से सारे बिहार में अनशन शुरू हो गया। भूखे-प्यासे लोग अपने हाथों में माँगों से सम्बन्धित तख्तियाँ लिए चौराहों पर बैठे रहे। जन भावनाएँ सरकारी दमन चक्र के विरुद्ध उभरनी आरम्भ हो गईं फिर भी कुछ लोग छात्रों के नेतृत्व में आगे बढ़ने में संकोच अनुभव कर रहे थे जबकि छात्र नेताओं, अध्यापकों तथा नागरिकों का जे. पी. से मिलना-जुलना तथा उनसे आंदोलन में मार्गदर्शन का अनुरोध चलता रहता था। जे. पी. अस्वस्थ होने के कारण आंदोलन में भाग लेने में असमर्थ थे। 72 वर्षीय जे. पी. यह आत्मविश्वास नहीं जुटा पा रहे थे कि क्या वह सड़कों पर निकलकर छात्रों तथा नौजवानों के साथ कदम से कदम मिलाकर चल पाएँगे तथा लाठियों और गोलियों की बौछारों को वहन कर सकेंगे। इसी बीच किसी ने उनसे कहा—

''आप यदि आंदोलन से अलग रहेंगे तो कदमकुआँ में एक आम आदमी की तरह बिस्तर पर मरेंगे और यदि आंदोलन के दौरान मरेंगे, तो दूसरे गाँधी होंगे।''

यह सुनकर जे. पी. जी की आँखें भर आईं और वे बेचैन हो गए किन्तु उनके 'हाँ या ना' न कहने पर भी ऐसा लग रहा था कि वे शीघ्र ही कुछ निर्णय अवश्य करेंगे।

30 मार्च को ही जब छात्र मौन जुलूस निकालने का प्रयास कर रहे थे तो सरकार द्वारा छात्रों का प्रयास पूर्ण रूप से विफल कर दिया गया जिससे जे. पी. जी बड़े ही आहत हुए तथा इसी दिन सरकार को चेतावनी देते हुए कहा—

''वह विद्यार्थियों और लोगों से शान्तिपूर्ण विरोध और कार्यवाही का उनका अधिकार न छीने।...'' सरकार द्वारा लोगों के शान्ति पूर्ण आंदोलनों 18, 19 और 20 मार्च को हुई घटनाओं का जो आरोप जे. पी. जी पर लगवाया गया था जे. पी. ने उसी बात की ओर इशारा करते हुए कहा—

''जो लोग समझते हैं कि सर्वोदय अंहिसक क्रांति की बात करने वाले ऐसे भले लोगों का आंदोलन है जो अपनी क्रांति के बारे में गम्भीर नहीं है, वे अब अचरज में पड़ने वाले हैं। जहाँ तक मेरी बात है, मैं भ्रष्टाचार और कुशासन का मौन दर्शक नहीं रह सकता।...मैंने भ्रष्टाचार, कुशासन, कालाबाजारी, मुनाफाखोरी और जमाखोरी के खिलाफ लड़ना तय किया है, शिक्षा-व्यवस्था में पूर्ण परिवर्तन और लोगों के सच्चे जनतन्त्र के लिए संघर्ष करना तय किया है।...सरकार

की अगर वर्तमान नीति जारी रही तो मैं...मौन जुलूस निकालने के लिए अपने को बाध्य पाऊँगा। यह धमकी नहीं एक दोस्ताना चेतावनी है।''

जयप्रकाश नारायण के बयानों पर सरकारी क्षेत्रों में काफी प्रतिक्रियाएँ हुईं। स्वयं प्रधानमंत्री श्रीमती इन्दिरा गाँधी ने 1 अप्रैल को भुवनेश्वर में एक जनसभा में अप्रत्यक्ष रूप से अपनी प्रतिक्रिया व्यक्त करते हुए जयप्रकाश जी के लिए निम्नस्तर की बातें कीं। उन्होंने बिहार आंदोलन की आलोचना करते हुए कहा कि—

''दुर्भाग्य की बात है कि कुछ लोग जिनमें सामाजिक कार्यकर्ता भी हैं, ग्राम विकास में अपनी रुचि खो बैठे हैं और सक्रिय राजनीति में उतरने की कोशिश कर रहे हैं...आचार्य विनोबा भावे भी अपने कुछ आंदोलनकारियों के ऐसे रवैये से दुखी हैं।''

श्रीमती गाँधी ने यहाँ तक कह दिया कि—

''जो लोग अमीरों से पैसा लेते हैं उन्हें भ्रष्टाचार के बारे में बात करने का कोई अधिकार नहीं है।''

श्रीमती गाँधी ने बेशक भाषण में जे. पी. जी का नाम नहीं लिया था लेकिन यह साफ था कि उनका इशारा जे. पी. जी के लिए ही था। जे. पी. के प्रति अप्रत्यक्ष रूप से श्रीमती गाँधी के इस कटाक्ष से भारतीय जनमानस आहत हो उठा। किसी के लिए भी यह सहनीय नहीं था कि देश के अप्रतिम त्यागी, बलिदानी एवं ईमानदार वयोवृद्ध नेता के व्यक्तिगत जीवन पर कीचड़ उछाला जाए। इसके विपरीत जयप्रकाश नारायण ने एक बयान जारी कर बड़े ही संयत ढंग से प्रधानमंत्री के इस अशोभनीय बयान का जवाब देते हुए कहा—

''इन्दिरा जी ने भुवनेश्वर में मेरे बारे में जिस तरह की बातें कही हैं उन पर टिप्पणी करना मुझे शोभा नहीं देता। फिर भी मैं कह रहा हूँ क्योंकि कतिपय क्षेत्रों में मेरे मौन का गलत अर्थ लिया जा सकता है। इन्दिरा जी से मेरा विनम्र निवेदन है कि वे यह न मान बैठें कि मुझे और दूसरे सर्वोदय कार्यकर्ताओं को हमारे कर्तव्यों की शिक्षा वे दे सकती हैं। मुझमें और विनोबाजी में फूट डालकर सर्वोदय-आंदोलन को तोड़ने में, वे अपनी सिद्ध कुशलता का उपयोग न करें। सर्वोदय आंदोलन का मार्गदर्शन स्वयं विनोबा जी और सर्वसेवा संघ को करना है, इन्दिरा को नहीं।''

प्रधानमंत्री के इस आरोप का कि—

''जो लोग अमीरों से पैसा लेते हैं उन्हें भ्रष्टाचार के बारे में बात करने का कोई अधिकार नहीं।''

जयप्रकाश नारायण जी ने एक बयान जारी करके इन्दिरा जी के आरोप का जवाब दिया—

''प्रधानमंत्री ऐसे स्तर पर उतर रही हैं जहाँ मैं अपने को उतार नहीं सकता। 'एवरी मैन्स' के 13 अक्टूबर, 1973 के अंक में अपने निन्दकों के नाम एक लेख लिखकर मैं साफ-साफ बता चुका हूँ कि इन सारे वर्षों में किस तरह मैंने अपना खर्च चलाया है। इस बारे में कुछ और नहीं कहना है, सिवाय इसके कि अपना पूरा समय समाज-सेवा में लगाने वाला ऐसा कार्यकर्ता जिसका आपका अपना कोई स्वतन्त्र स्रोत न हो, साधन सम्पन्न अपने निजी मित्रों की मदद के बिना काम नहीं चला सकता। अगर इन्दिरा जी के मापदण्ड सब जगह लगाए जाएँ तो गाँधी जी सबसे भ्रष्ट व्यक्ति निकलेंगे क्योंकि उनके तो पूरे दल की सहायता उनके अमीर प्रशंसक करते थे। मैं नहीं जानता कि इस देश के लोग कब तक हमारे ऊँचे और शक्तिशाली लोगों की ऐसी अद्भुत मूर्खतापूर्ण बातें सुनते रहेंगे।''

बयान के अन्त में उन्होंने कहा कि—

''मैं पूरी विनम्रता के साथ कहना चाहता हूँ कि मैं ऐसी संस्कृति में पला-पनपा हूँ जो किसी के वैयक्तिक और निजी मामलों में बोलने की इजाजत नहीं देती। लेकिन साथ ही मैं यह स्पष्ट कर देना चाहता हूँ कि देश के बड़े और शक्तिशाली लोगों के सार्वजनिक कारनामों के खिलाफ मैं बोलता रहूँगा और इसकी कीमत चुकाने के लिए हमेशा तैयार हूँ।''

श्रीमती गाँधी के भुवनेश्वर में दिए गए बयान के संबंध में जब विनोबा जी से पूछा गया तो उन्होंने कहा—

''अधिकांश बातों पर जयप्रकाश जी से मेरी सहमति है, हालाँकि, बातों के प्रस्तुतीकरण के बारे में कुछ अन्तर हो सकता है। श्रीमती गाँधी ने सर्वोदय कार्यकर्ताओं के व्यवहार पर मेरे खेद का जो उल्लेख किया है, वह किसी दूसरे सन्दर्भ में है और उसका जयप्रकाश जी से कोई संबंध नहीं है।''

31 मार्च को तो पटना के छात्रान्दोलन के समर्थन में पटना विश्वविद्यालय के अध्यापक खुल कर सामने आ ही गए। कर्फ्यू और 144 की निषेधाज्ञा तोड़ कर प्राध्यापकों द्वारा डॉ. शैलेन्द्रनाथ श्रीवास्तव के नेतृत्व में बी. एन. कॉलेज से गाँधीघाट तक का मौन जुलूस निकाला गया जिसमें मजिस्ट्रेट यमुना प्रसाद वर्मा और श्री डेढ़गवें ने डॉ. श्रीवास्तव से लिखिताश्वासन लिया कि किसी भी प्रकार की शान्ति भंग होने के जिम्मेदार व्यक्तिगत रूप से श्रीवास्तव ही होंगे। यह पहला जुलूस था जो कि कर्फ्यू तोड़कर निकला था। बड़ा ही विचित्र दृश्य दृष्टिगत हो रहा था–आगे-आगे पुलिस की गाड़ियाँ, सिपाही और बन्दूक, पीछे विभिन्न कॉलेजों के वरिष्ठ एवं युवा प्राध्यापक। जो कि हाथों में तख्तियाँ लिए हुए थे तथा बिलकुल मौन थे। सभी उनका अभिवादन कर रहे थे। जे. पी. ने भी बीमारी के कारणवश भाग लेने में असमर्थ होते हुए भी 'छात्र संघर्ष समिति' के संयोजक भवेश चन्द्र प्रसाद के माध्यम से एक शुभकामना संदेश भेज कर प्राध्यापक प्रदर्शनकारियों का मनोबल ऊँचा किया। 18 मार्च के बाद यह वह पहली झंकार थी जिसने आंदोलन समर्थकों को नया उत्साह तथा एक नई दिशा प्रदान की।

इसी क्रम में समाज के अन्य वर्गों ने भी अपने आक्रोश व्यक्त करने हेतु नई-नई योजनाएँ बनानी आरम्भ कर दीं। 5 अप्रैल को पटना की महिलाओं ने 'नारी मण्डल' के तत्वावधान में जिसमें लगभग छः-सात सौ मध्यवर्गीय महिलाएँ डॉ. वीणा श्रीवास्तव के नेतृत्व में सड़कों पर निकल आईं तथा एक विशाल जुलूस का आयोजन कर डाला। जे. पी. जी के प्रति सबको अटल विश्वास था ही। यह ऐसा प्रथम अवसर था जिसमें शालीन एवं शिक्षित महिलाओं को एक साथ किसी एक सामाजिकोद्देश्यों हेतु सड़कों पर देखा गया था। इस जुलूस के दो स्पष्ट परिणाम दृष्टिगत हुए–

1. भयभीत एवं निष्क्रिय पुरुषों को भी लगने लगा कि जब महिलाएँ इतने साहस के साथ सरकार के विरुद्ध सड़कों पर निकल पड़ी हैं तो उन्हें घर में हाथ पर हाथ धरे नहीं बैठे रहना चाहिए।

2. इस जुलूस ने सारे बिहार की महिलाओं को प्रेरित और प्रोत्साहित किया, और जिलों एवं अनुमण्डल स्तर पर भी महिलाएँ घरों से बाहर निकलने को तैयार हो गईं।

6 अप्रैल, 1974 को जे. पी. जी ने एक प्रेस विज्ञप्ति जारी करते हुए कहा कि–

''देश की मौजूदा हालात में मैं चुप नहीं रह सकता। मुझे इस बात से कोई लेना-देना नहीं कि यह सरकार रहे या दूसरी सरकार आए या विधानसभा भंग कर दी जाए। इससे समस्याओं का समाधान नहीं हो सकता। हमने भ्रष्टाचार, सरकार की गलत नीतियों, कालाबाज़ारी, शिक्षा में बदलाव और सही लोकतंत्र की लड़ाई लड़ने का निश्चय किया है।''

छात्र नेताओं के आंदोलन को, इस स्थिति में कि ''अब क्या करें'', ऐसे नेतृत्व की आवश्यकता थी जिसे जनता स्वीकारे तथा जो कभी भी अपने स्वार्थ सिद्धि के लिए बदनाम न हुआ पर क्योंकि, सर्वोदय के कार्यकर्ताओं के विषय में गलत धारणा ने वास कर रखा था कि वे स्वार्थी हैं अतः जे. पी. का नाम आने से कुछ लोगों को एतराज भी हुआ पर ऐसे समय में कोई और नजर भी नहीं आ रहा था और मजबूरी में छात्र नेता 25 मार्च को जे. पी. के पास पहुँचे तो उन्होंने फिर शर्त रख दी कि–

''...आंदोलन में हिंसा नहीं होगी और राय वे सबकी लेंगे, पर जब निर्णय करेंगे तो उसमें किसी की आनाकानी नहीं होनी चाहिए।''

आठ अप्रैल का मौन जुलूस–

जयप्रकाश नारायण ने घोषणा की कि वे 8 अप्रैल को पटना में चुने हुए सत्याग्रहियों का एक मौन जुलूस निकालेंगे। इस जुलूस में उन्होंने सभी वर्गों के नागरिकों से सम्मिलित होने का अनुरोध किया। कदमकुआँ के ऐतिहासिक काँग्रेस मैदान से वह जुलूस दोपहर 3.30 बजे निकाला गया। पटना में अन्य सभी शहरों में होने वाले गोलीकाण्डों में मृत छात्रों और युवकों को श्रद्धांजलि देने के लिए जब जुलूस निकालने की घोषणा की गई तो किसी को उम्मीद नहीं थी कि यह जुलूस इस आंदोलन के लिए 'मील का पत्थर' साबित हो जाएगा। इस मौन जुलूस को जयप्रकाश नारायण के नेतृत्व में निकाला जा रहा था और वही इस जुलूस के मार्गदर्शक थे और यहीं वे जे. पी. कहलाए। आगे-आगे जीप पर खड़े, मुँह पर केसरिया पट्टी बाँधे जे. पी. थे तथा उनके साथ गीत गाती हुई थीं–शबनम, विभा तथा कुमार प्रशान्त। कुमार प्रशान्त ने जे. पी. जी के मुँह पर पट्टी बाँधी तथा प्रदर्शन को केसरिया पट्टियों का वितरण किया। जुलूस में कई

लोग बिना झण्डा और बैनर के ही शामिल हो गए थे। एक विचित्र दृश्य उत्पन्न हो रहा था। जुलूस में लोगों ने तख्तियाँ लगा रखी थीं—"क्षुब्ध हृदय है, बन्द जुबान।" मुँह पर पट्टी बँधे हाथ जो इस बात के प्रतीक थे कि—

"हमला चाहे जैसा होगा, हाथ हमारा नहीं उठेगा।"

जुलूस में पहली बार फणीश्वरनाथ रेणु, कथाकार सत्यनारायण, गोपी वल्लभ सहाय, डॉ. रवीन्द्र राजहंस, बाबा नागार्जुन, रामवचन राय, बाबूलाल मधुकर, जैसे कवियों ने शामिल होकर आंदोलन को एक नया रूप दिया इनके अलावा इस जुलूस में महामाया प्रसाद सिन्हा, देवेन्द्र प्रसाद सिंह, रामदयाल पाण्डेय, त्रिपुरारी शरण, भवेशचन्द्र प्रसाद, डॉ. शैलेन्द्रनाथ श्रीवास्तव, राधारमण, श्रीमती सावित्री सहाय, डॉ. वीणा श्रीवास्तव आदि भी शामिल थीं। जुलूस में हजार लोगों की संख्या तय थी लेकिन जैसे-जैसे यह जुलूस कदमकुआँ से आगे बढ़ रहा था लोगों की भीड़ बढ़ती जा रही थी और लोग खुद-ब-खुद मुँह बन्द कर के जुलूस में शामिल होते गए और यह मौन कारवाँ बाद में लाखों लोगों की भीड़ के साथ ऐसा बढ़ा कि उसी दिन से पूरा आंदोलन जनांदोलन के रूप में परिवर्तित हो गया।

जुलूस जब कदमकुआँ से निकलकर स्टेशनरोड होते हुए जब जेल के निकट पहुँचा तो जेल में बन्द छात्रों के द्वारा जय-जयकार के नारे लगाए गए और इस जुलूस का उत्साहपूर्वक अभिनन्दन किया गया। बड़ा ही रोमांचित करने वाला दृश्य उत्पन्न हो गया, रास्ते भर मकान के छज्जों से पुष्पों की वर्षा तथा जे. पी. का हार्दिक अभिनन्दन किया गया। 72 वर्षीय जयप्रकाश नारायण मानों फिर से एक नौजवान बन गए हों। 8 अप्रैल, 1974 के इस दिन ने मानों जे. पी. को पूर्वजन्म दिया हो।

'सत्याग्रही प्रतिज्ञा पत्र' जयप्रकाश नारायण द्वारा रखी गई वह शर्त थी जिसमें जयप्रकाश नारायण ने कहा कि जुलूस में वही भाग लेंगे जो शान्तिपूर्ण साधन में पूर्ण विश्वास और सभी धर्मों के प्रति श्रद्धा भाव रखते हों, किसी राजनीतिक दल का सदस्य नहीं होगा, भ्रष्टाचार मुक्ताचरण तथा समाजहित में अधिकाधिक सादा जीवन व्यतीत करेगा, एवं भ्रष्टाचार, महँगाई, बेरोजगारी तथा कुशिक्षा समाप्त करने हेतु समर्पित रहेगा, द्वेषमुक्त दृष्टि रखे और शोषणरहित सच्चा लोकतंत्र स्थापित करने के लिए संघर्ष और यातना सहन करने के लिए प्रतिबद्ध होगा। उन्होंने लोगों के मुँह पर पट्टी तथा बँधे हाथ रखने के लिए भी शर्त रखी जो कि तख्ती पर लिखे नारे का प्रतीक होगा कि—

'क्षुब्ध हृदय है, बन्द जबान,
हमला चाहे जैसा हो,
हाथ हमारा नहीं उठेगा।'

यह प्रतिज्ञा पत्र 1000 व्यक्तियों ने भरे थे। जयप्रकाश जी जीप में बैठे थे उनके बगल में सहायक गुलाब तथा अन्य कुछ लोग भी साथ थे। इस जुलूस में बूढ़े, बच्चे, जवान, महिलाएँ सभी शामिल थे। सभी मौन थे—मुँह बन्द थे, हाथ बन्द थे पर तख्तियाँ बोल रही थीं। ऐसा दृश्य इतिहास में भी देखने को नहीं मिला था। बड़ा ही रोमांचकारी, कारुणिक हृदय को विह्वल कर देने वाला दृश्य उत्पन्न हो रहा था। तख्तियों पर लिखा था—

"महँगाई, बेरोजगारी, भ्रष्टाचार,—सत्ता ही है जिम्मेदार,"
"जनता खुद ही जाग उठेगी—भ्रष्ट व्यवस्था तभी मिटेगी,"
"लोक व्यवस्था जाग रही है—भ्रष्ट व्यवस्था काँप रही है,"
"हम छात्र आंदोलन का पूर्व समर्थन करते हैं,"
"लाठी, गोली, हिंसा, लूट—किसी को इसकी मिले न छूट," आदि।

बच्चे, बुजुर्ग, नौजवान आदि सभी जे. पी. जी के दर्शनों के लालायित थे, सभी की आँखें जुलूस को लगातार देख रही थीं। एक अभूतपूर्व, अलौकिक एवं अवर्णनीय दृश्य। अब यह जुलूस चलते-चलते काँग्रेस मैदान से प्रारम्भ होकर पटना की विभिन्न सड़कों से गुजरता हुआ पूरे 10 कि. मी. की दूरी तय कर पुनः काँग्रेस मैदान में आ गया। रास्ते में दोनों तरफ अपार भीड़ थी जो कि मौन साधे हुई थी। केवल लोगों के पदों की चाप और आगे पीछे जीपों की आवाज़ ही उस मौन माहौल को भंग कर रही थी। फिर भी ऐसा दृश्य ऐतिहासिक दृष्टि में पहले कभी दृष्टिगत नहीं हुआ था।

जयप्रकाश जी का स्वास्थ्य ठीक नहीं था, उन्हें डॉक्टरों द्वारा खास सलाह भी दी गई थी कि वे जुलूस में एक

घण्टे से ज्यादा न रहें लेकिन जे. पी. जी ने अपनी चिन्ता न करते हुए जुलूस का ही साथ दिया। मानसिक तथा शारीरिक परेशानी के बावजूद उन्होंने कुछ दूर चल कर जुलूस का निरीक्षण किया और कुछ औरतों और बच्चों से पूछा कि वे प्यासे तो नहीं हैं। प्रोजर रोड पर तो जे. पी. बन्दी छात्रों को हाथ जोड़े तब तक देखते रहे जब तक जीप जेल सीमा पार नहीं कर गई।

जयप्रकाश जी ने कदमकुआँ पहुँचकर दूसरे दिन 5 बजे संध्या समय गाँधी मैदान में सार्वजनिक सभा करने की घोषणा की जिसकी खबर पूरे पटना में दावानल की तरह फैल गई और लोग दोपहर 3 बजे से ही धूप और तपती गर्मी की परवाह किए बिना ही गाँधी मैदान में एकत्रित हो गए बल्कि मैदान लाखों की संख्या में एकत्रित लोगों की भीड़ से ढक गया और जे. पी. के ठीक समय पर प्रवेश करने पर 'जयप्रकाश जिंदाबाद' के नारों से गूँज गया। झण्डा मंच तक जे. पी. जी को पहुँचने में काफी कठिनाई भी हुई, इतनी भीड़ उनके दर्शनों के लिए उतावली थी कि जीप से उतरना ही मुश्किल हो गया। मंच पर पहुँचने के तत्पश्चात् दर्शन पाकर भीड़ हर्षोन्मत्त हो गई और उनकी जय के नारों से आकाश भी गूँज उठा। जयप्रकाश जी ने भी लोगों का हाथ जोड़ कर हार्दिक अभिनन्दन किया। इस सभा की कार्यवाही पटना वि. वि. छात्र संघाध्यक्ष लालू प्रसाद यादव की अध्यक्षता से आरम्भ हुई।

इस सभा में सर्वप्रथम 18 मार्च से अब तक जो लोग पुलिस की गोलियों से मृत्यु के ग्रास बने थे, उन्हें श्रद्धांजलि अर्पित की गई। तत्पश्चात् लालू प्रसाद यादव और उनके बाद दूसरे छात्र नेता नरेन्द्र कुमार सिंह ने अपने विचार दिए। दोनों के द्वारा यह बात स्पष्ट की गई–

"27 वर्षों से चल रही भ्रष्ट व्यवस्था के खिलाफ जयप्रकाश जी के नेतृत्व में हम छात्रों ने संघर्ष छेड़ने का निर्णय किया है।"

तत्पश्चात् ही जे. पी. जी के 'लोकनायक' की उपाधि से विभूषित करने का प्रस्ताव लाया गया जो सभी के लिए सर्वग्रासी था और तालियों की गड़गड़ाहट और 'लोकनायक जयप्रकाश जिंदाबाद' के जयघोष से आकाश फिर गूँज उठा। इसके बाद जब जयप्रकाश नारायण ने बड़े ही सौम्य और संयत ढंग से भाषण देना शुरू किया तो इतनी बड़ी भीड़ बड़ी ही गम्भीर शान्ति प्रदान करती हुई एक-एक शब्द को मानो पी रही थी। उन्होंने अपने भाषण में 27 वर्षों से चले आ रहे काँग्रेस शासन की असफलता पर प्रकाश डाला तथा भ्रष्ट व्यवस्था बदलने के लिए लोगों का नैतिक स्तर उठाने के लिए युवकों और छात्रों का आह्वान किया। उन्होंने अपनी उक्ति स्पष्ट करते हुए कहा–

"प्रशासन मन्त्रियों एवं विधायकों की सुविधा और उनके संरक्षण के लिए अपने को जिम्मेदार मानता है, जनता से उसका कोई मतलब नहीं। उदाहरणस्वरूप 18 मार्च को पटना जलता रहा, कोई पूछने वाला नहीं रहा।"

उन्होंने अपने भाषण की अन्तिम स्थिति में यह भी कहा कि–

"मैं स्वराज्य प्राप्ति के बाद 27 वर्षों से राजनीति से सर्वोदय तक के लम्बे सफर में देश की इस कुस्थिति को चुपचाप देखता और सहता आ रहा हूँ। मगर अब स्थिति बर्दाश्त से बाहर हो गई है। इस असह्य स्थिति को बदलने के लिए मैंने निश्चय और प्रण कर लिया है। मैं बदअम्ली को चलने नहीं दूँगा। सारा जीवन देश की सेवा में बीता है और सेवा करता रहा हूँ। जब तक मेरे शरीर में शक्ति है, जब तक गिर नहीं जाऊँगा, सेवा करता रहूँगा।"

8 अप्रैल का मौन जुलूस तथा 9 अप्रैल की सभा से बिहार ही नहीं पूरा देश भी और यहाँ तक कि इसका पूरे विश्व पर बहुत बड़ा असर पड़ा। इसकी चर्चा अखबारों में भी व्यापक रूप से हुई और बी. बी. सी. लन्दन ने तो इसे अभूतपूर्व कहा। इस मौन जुलूस और 9 अप्रैल को सभा का इतना व्यापक प्रभाव पड़ा कि 9 अप्रैल से ही सारे बिहार में मौन जुलूसों का ताँता लग गया लेकिन गफूर सरकार को प्रधानमंत्री का आदेश था कि आंदोलन को किसी भी प्रकार से दबाना है लेकिन इन मौन जुलूसों से सरकार के कान खड़े हो गए और तत्काल ही प्रतिक्रिया प्रारम्भ कर दी गई। 12 अप्रैल को पुलिस ने जबरदस्त गोलीकाण्ड किया। इस प्रकार से सरकार प्रत्यक्ष रूप से सामने आ गई। गया में कर्फ्यू लगा देख जे. पी. जी स्वयं को रोक नहीं सके और तत्काल ही चले गए। काँग्रेसी सांसद दयानन्द सहाय और उनकी पत्नी सुशीला सहाय कहती हैं–

"कर्फ्यू के बाद भी जब लोगों को पता चला कि जे. पी. आ रहे हैं तो गया रेलवे स्टेशन पर इतनी भीड़ हो

गई कि पुलिस का सारा इन्तजाम ध्वस्त हो गया। वहाँ ऐसा जबर्दस्त कर्फ्यू था कि खिड़कियाँ खोलने पर भी पुलिस गोलियाँ चलाती थी, पर जे. पी. के आने पर सब बेमानी हो गए।

इसी बीच आंदोलन को एक झटका उस समय लगा जब डॉक्टरों ने जे. पी. के तत्काल ऑपरेशन के लिए कहा और जे. पी. को मजबूरी में 23 अप्रैल को बंगलौर प्रस्थान करना पड़ा और 5 हफ्ते वहीं पर व्यतीत किए पर उन्हें अब भी आंदोलन की चिन्ता थी अतः उन्होंने आंदोलन का झण्डा ऊँचा उठा रहे अपने चार सहयोगियों—आचार्य राममूर्ति, त्रिपुरारी शरण, नारायण देसाई एवं मनमोहन देसाई को इस बात की जिम्मेदारी सौंप दी कि वे छात्रों के सम्मुख उनके (जे. पी. के) विचार रखें तथा आंदोलन के छात्र नेताओं को अपनी राय देते रहें।

इसी समय में ही छात्रों ने एक करोड़ लोगों के हस्ताक्षर का अभियान चलाया जिसमें आम जनता से बिहार सरकार के विरुद्ध और उसे इस्तीफा देने की बात थी इस हस्ताक्षरपत्र को उन्हें तत्कालीन राज्यपाल आर. डी. भण्डारे को देना था।

इस संबंध में जे. पी. जी के अनन्य सहयोगी सच्चिदानन्द का कहना है कि—

"इतिहास के अनुभवों की रोशनी में जे. पी. इस निष्कर्ष पर पहुँचे थे कि भावी क्रांति का नेतृत्व सर्वहारा मजदूर या किसान नहीं बल्कि विश्वविद्यालयों के छात्र करेंगे।"

उपरोक्त निष्कर्ष पर सच्चिदानन्द तब पहुँचे जब सन् 1968 में फ्रांस के विश्वविद्यालयों के छात्रों ने एकजुट होकर केन्द्रित सत्ता के विरुद्ध विद्रोह किया तथा सत्ता के ढाँचे में बुनियादी परिवर्तन की माँग की। इनका प्रमुख लक्ष्य था—

"केन्द्रित सत्ता को, चाहे वह लोकतान्त्रिक ढाँचे में ही क्यों न हो, केन्द्रित निर्देशन को नकारना हमारा लक्ष्य है। अभी तक की क्रांतियों में सत्ता एक वर्ग के नेताओं के हाथ से दूसरे वर्ग के नेताओं के हाथ में जाती रही है। इसलिए सत्ता ऊपर के स्तर पर हो रही है। नई क्रांति के तहत सत्ता का अधिष्ठान नीचे के स्तर पर कारखानों और खलिहानों में होगा और जहाँ मजदूर और किसान काम करते हैं। विश्वविद्यालय के स्तर पर भी सत्ता चाहिए ताकि छात्र और शिक्षक स्वतन्त्रतापूर्वक अपना विकास कर सकें।"

लेकिन इस क्रांति का साथ कम्युनिस्ट पार्टियों, बड़े-बड़े ट्रेड यूनियनों आदि ने नहीं दिया क्योंकि वे केन्द्रित व्यवस्था में विश्वास रखते थे। छात्रों के दिमाग में जे. पी. जी ने वही तस्वीर देखी जो जे. पी. जी के स्वयं के दिमाग में थी अतः छात्रों के इस प्रयोग ने जे. पी. का ध्यानाकर्षित किया तब जयप्रकाश नारायण के दिमाग में भी इस अपेक्षा ने वास कर लिया कि भारत के विद्यार्थी भी नई क्रांति की दिशा में पहल करें और अगुवाई भी करें।

सन् 1974 में जयप्रकाश नारायण ने देखा कि एक क्रांतिकारी परिस्थिति उत्पन्न हो गई है अतः उन्हें इसके लिए औजार सिर्फ विश्वविद्यालयों से ही मिल सकते थे अतः उन्होंने वि. वि. के छात्रों पर अपना ध्यान केन्द्रित करते हुए यू. पी. और बिहार के विभिन्न विश्वविद्यालयों में भाषण दिए और छात्र मानस को नई क्रांति हेतु तत्पर रहने के लिए कहा।

सन् 1973 में क्रांति का अनुभव करते हुए जे. पी. ने दिसम्बर 1973 में 'लोकतंत्र के लिए युवा' (यूथ फॉर डेमोक्रेसी) का आह्वान किया और एक अपील प्रसारित की तथा छात्रों की सभाओं में उस अपील की प्रासंगिकता पर बल दिया। गुजरात में नवनिर्माण समिति की पहल पर जो छात्रान्दोलन शुरू हुआ था बेशक जे. पी. वहाँ न गए हों पर उन्होंने अपने विचार छात्रों तक पहुँचाए। गुजरात छात्र नेताओं की जे. पी. के संबंध में यह स्पष्टोक्ति है कि—

"हम अपने विचारों का ही अनुसरण कर रहे हैं।"

जब बिहार के विभिन्न विश्वविद्यालयों के छात्र नेताओं ने एकत्रित होकर गुजरात के समरूप आंदोलन का निर्णय लिया तो उन्होंने जे. पी. के ऐतिहासिक और क्रांतिकारी व्यक्तित्व का लाभ लेने के लिए इस आशय का एक प्रस्ताव छात्र प्रतिनिधियों के समक्ष रखा। जयप्रकाश नारायण ने लोकतंत्र के समक्ष उपस्थिति को उजागर करते हुए छात्रों से लोकतंत्र की रक्षा तथा व्यवस्था परिवर्तन के लिए आगे बढ़कर अपनी भूमिका निभाने के लिए अपील की। इस प्रकार से जे. पी. विचारों के अनुरूप बिहार में एक क्रांतिकारी शान्तिपूर्ण छात्रान्दोलन के लिए पृष्ठभूमि तैयार हो गई। बिहार छात्र नेताओं द्वारा जे. पी. से यह अपील स्वीकार की कि वे इस आंदोलन का मार्गदर्शन करेंगे। जे. पी. जी को पूर्ण

रूप से विश्वास था कि बिहार के छात्र उनके विचारों को अनुशासन सहित कबूल करेंगे और बड़े ही शान्तिपूर्ण ढंग से आंदोलन की प्रगति रखे गए लक्ष्य की ओर हो सकेगी।

बिहार आंदोलन में भाग लेना जे. पी. की कोई मजबूरी नहीं थी बल्कि काफी लम्बे अन्तराल से उन्हें यह विचार आ रहा था कि बिहार के छात्र संगठित होकर भविष्य निर्माण के लिए वर्तमान शिक्षा प्रणाली के खिलाफ कोई आवाज़ उठाएँ। यह आवाज सरकार तक पहुँचे। शिक्षा प्रणाली के साथ आम जनता के जीवन से जुड़ी और भी समस्याएँ थीं जिनका समाधान वर्तमान सामाजिक और राजनीतिक परिस्थितियों में सम्भव नहीं था। ऐसे में जे. पी. ने अनुभव किया कि इस सामाजिक व्यवस्था को बदलने के लिए असंगठित छात्रान्दोलन को सही दिशा में ले जाने के लिए उन्हें मार्गदर्शन करना ही चाहिए। तब 18 मार्च की घटनाओं को ध्यान में रखते हुए एक वक्तव्य जारी किया जिसमें हिंसक तत्त्वों से सावधान रहने को कहा गया था। और इस बात पर बलाघात किया गया कि हर स्थिति में आंदोलन को शान्तिपूर्ण बनाए रखना चाहिए क्योंकि शान्तिमयता ही उसकी सफलता की गारण्टी है।

जयप्रकाश नारायण के विचारों से छात्रों तथा जनमानस पर अच्छा प्रभाव पड़ा था जिससे छात्रान्दोलन को एक सुनिश्चित शान्तिपूर्ण दिशा प्राप्त हुई थी। यहाँ तक कि तत्कालीन गृहमंत्री उमाशंकर दीक्षित ने भी यह स्वीकारा कि–

"अगर जयप्रकाश नारायण नहीं होते तो बिहार जल कर राख हो गया होता।"

इस आंदोलन में जे. पी. जी को छात्रों का तथा छात्रों को जे. पी. जी का पूर्ण सहयोग प्राप्त हुआ। जे. पी. जी ने छात्रों का इस आंदोलन में यथोचित मार्गदर्शन किया था वहीं छात्रों ने भी उनके विचारों तथा मार्गदर्शन को सम्मान करके स्वीकारा। जे. पी. जी ने छात्रों की बातों को बड़े ही ध्यानपूर्वक सुना और छात्र नेताओं ने भी अपनी प्रतिबद्धता स्पष्ट करते हुए अहिंसा को अपनाया। जे. पी. जी ने छात्र नेताओं को अपना पूर्ण समर्थन दिया उन्हीं के शब्दों में–

"आपके आंदोलन को मेरा नैतिक समर्थन है।"

उपर्युक्त कथन से यह बात भी स्पष्ट हो जाती है आंदोलन के नेतृत्व के लिए जे. पी. पर कोई बाहरी दबाव नहीं था पर नैतिक छात्रों की ओर से प्रेम और विश्वास का दबाव उन्होंने जरूर महसूस किया। आंदोलन का नेतृत्व स्वीकार करने से पहले जयप्रकाश नारायण ने छात्रों के समक्ष यह शर्त रखी थी कि–

"आंदोलन के संचालन के क्रम में किसी प्रश्न पर अन्तिम निर्णय लेने का अधिकार मेरे हाथ में रहेगा। मैं आपकी राय जरूर लूँगा, आप लोगों के साथ बैठ कर विचार-विमर्श करूँगा, आपके तमाम तर्कों को सुनूँगा, आपके सुविचारित सुझावों को मानने के लिए तैयार भी रहूँगा लेकिन आपको अन्तिम निर्णय मेरे हाथ में छोड़ना होगा।"

जयप्रकाश नारायण ने नेतृत्व का दायित्व तभी स्वीकार किया जब छात्र संघर्ष समिति के नेताओं ने उनकी इस शर्त को स्वीकार कर लिया। अन्तिम निर्णय को जयप्रकाश नारायण जी ने अपने हाथों में रखना इसलिए उचित समझा कि यह अधिकार मुख्य रूप से सेनापति को ही मिलना चाहिए क्योंकि अगर युद्ध के समय में वाद-विवाद हो तो हार निश्चित होती है। अतः निर्णय का अधिकार तो जयप्रकाश नारायण जी ने अपने ही हाथों में सुरक्षित रखा। उन्हें इस बात का पूर्वाभास था कि यह आंदोलन लम्बा होगा और उन्हें कभी भी अविलम्ब निर्णय लेने की आवश्यकता पड़ सकती है अतः उनका आंदोलन के लिए नेतृत्व सशर्त स्वीकार किया गया था।

पौरुष ग्रन्थि से पीड़ित होने के कारण डॉक्टरों की ऑपरेशन की सलाह से वे 23 अप्रैल को बेल्लोर (मद्रास) के लिए रवाना हो गए जहाँ 29 अप्रैल को उनका ऑपरेशन सफल हो गया और स्वास्थ्य लाभ होने के तत्पश्चात् 2 जून को विमान द्वारा पटना में आगमन किया जहाँ उनका भव्य स्वागत किया गया और पटना में जे. पी. के प्रवेश करने से चारों तरफ आनन्द और उत्साह की लहर दौड़ गई। रात में गफूर जी ने भी जे. पी. से भेंट की जो कम से कम 35 मिनट तक रही। सुबह से पटना 250 मजिस्ट्रेटों, 50 हजार जवानों, पुलिस को सौंप दिया गया। चारों तरफ इन्हीं की गश्त थी। इसी दौरान कुछ गिरफ्तारियाँ भी हुईं।

5 जून के प्रदर्शन को असफल करने के उद्देश्य से सरकार द्वारा विधानसभा और विधायक के निवासस्थल को बाँस बल्लियों द्वारा घेराव कर पूरी किलेबन्दी कर ली गई। पूरे पटना में ही एक प्रकार से सीमांत और पुलिस का जाल तथा नाकाबन्दी कर दी गई थी जिससे किसी आंदोलनकारी का प्रवेश न हो सके और यही नहीं कम्युनिस्ट पार्टी ने

काँग्रेस सरकार से मिलकर 5 जून के प्रदर्शन की काट करने के उद्देश्य से एक प्रदर्शन और करने का आयोजन कर डाला। यहाँ तक कुछ छात्रों ने आंदोलन में भाग लेने का दिखावा किया और हस्ताक्षर संबंधी कार्य में सम्मिलित होकर तथा विश्वसनीय पात्र बन कर, पटना में हस्ताक्षर न भेज कर धोखा दिया। और अन्त में वही ज्ञात हुआ कि लाखों हस्ताक्षरों को किसी न किसी बहाने से पटना में नहीं भेजा गया।

जहाँ सरकार द्वारा 5 जून के प्रदर्शन को असफल बनाने का प्रयास किया गया वहीं सरकार ने कम्युनिस्ट प्रदर्शन को सफल बनाने के उद्देश्य से उनकी बिना टिकट ही रेलगाड़ियों तथा सरकारी बसों में आने, उनके खाने-पीने की व्यवस्था कर के सहायता की। यहाँ तक कि प्रदर्शनकारियों के बयान से यह भी ज्ञात हुआ कि उन्हें रुपए-पैसे तथा मुफ्त में पटना दर्शन कराने का प्रलोभन भी दिया गया।

जब कम्युनिस्ट पार्टी का प्रदर्शन हुआ तो 95% प्रदर्शनकारियों के पास लाठी, भाले, गँडासे, फरसे, तीर-धनुष, तलवार आदि नजर आ रहे थे और कम्युनिस्ट प्रदर्शनकारियों के नोट थे—

"विधानसभा को तोड़ो मत, जनतन्त्र को छोड़ो मत,"

"विधानसभा को तोड़ा गया तो खून की नदियाँ बह निकलेंगी,"

"जयप्रकाश की गुण्डागर्दी नहीं चलेगी,"

"जयप्रकाश पर हमला बोल, हमला बोल," आदि।

जबकि, ठीक कम्युनिस्ट पार्टी के प्रदर्शन के विपरीत छात्र आंदोलन को असफल बनाने के लिए उन्हें कोई सहायता प्रदान करने की बात तो दूर, सरकार ने उनके प्रवेश पर पूर्ण रूप से बन्धन लगा दिया। सरकार द्वारा प्रदर्शनकारियों के खिलाफ मजिस्ट्रेटों तथा पुलिस को हिदायत दी गई कि वे किसी भी तरह छात्रान्दोलन के प्रदर्शनकारियों को पटना में प्रवेश न करने दें यहाँ तक सभी जिलाधिकारियों को निर्देशित किया गया कि वे अपने-अपने जिले से 5 जून के प्रदर्शन में भाग लेने हेतु पटना आने वालों को जिले में ही रोके रखें और रेल तथा सरकारी बस सेवाएँ भी उन्हें उपलब्ध न हों।

5 जून को जे. पी. के नेतृत्व में प्रातः 7 बजे से ही जुलूस निकलना निश्चित किया गया था। इस प्रदर्शन में सभी ने बढ़-चढ़ कर भाग लिया। छात्र, स्त्री-पुरुष, हजारों की संख्या में बिहार के कोने-कोने से मतदाता हस्ताक्षर के कागज लिए पटना हेतु चल पड़े। 4 जून से ही हर स्थान पर पुलिस बुरी तरह छाई हुई थी। हस्ताक्षर बण्डलों को छीना जाने लगा, छात्रों और लोगों को बुरी तरह मारा-पीटा गया। प्रदर्शनकारी तो किसी न किसी तरह पटना पहुँचने के लिए प्रयासरत थे, मारपीट कर वापस करने का प्रयास किया जाने लगा। स्टीमरों और नौकाओं को भी बन्दी कर दिया गया पर लोगों पर इसका कोई प्रभाव नहीं पड़ा तथा विभिन्न रास्तों से लुकाछिपी करते हुए पैदल ही पटना पहुँचने लगे तथा अपने आगमन में सफलता प्राप्त की और कदमकुआँ काँग्रेस मैदान में 29 जिलों के लोग अपने-अपने जिले के बैनर लिए एकत्रित हो ही गए।

क्योंकि लोगों को पैदल आने के कारण काफी असुविधाओं का सामना करना पड़ रहा था इसलिए जुलूस का समय बढ़ाकर 3 बजे अपराह्न कर दिया गया। भीषण गर्मी चिलचिलाती धूप, तथा तप्त सड़कें होने के बावजूद भी लोग 12 बजे तक 80% की संख्या में एकत्रित हो चुके थे। जैसे ही पौने तीन बजे जे. पी. ने खुली जीप में गाँधी मैदान में प्रवेश किया 'लोकनायक जयप्रकाश-जिंदाबाद' के नारे से आकाश गूँज गया। जयप्रकाश जी की जीप अब सभी टोलियों का निरीक्षण करते हुए आगे बढ़ने लगी। सबसे आगे चार मोटर साइकिलें फिर ट्रक पर केसरिया रंग के कपड़ों पर बँधे हस्ताक्षर बण्डल तत्पश्चात् जयप्रकाश नारायण की जीप थी और पीछे-पीछे छात्रों, नौजवान युवकों, जनता, सर्वोदयी एवं गैर-कम्युनिस्ट राजनीतिक पार्टियों के कार्यकर्ताओं की कतारें थीं।

लाखों की संख्या लिए जुलूस आगे की ओर बढ़ता जा रहा था जिसमें, अनुशासित एवं व्यवस्थित, खाली हाथ, बैनर, पोस्टर-तख्तियाँ आदि ही नजर आ रही थीं। जबकि ऊँचे बैनरों से जिलों का नाम, संगठनों का नाम और तख्तियों तथा पोस्टरों से यह नारे दृष्टिगत हो रहे थे—

"विधानसभा भंग करो,"

"हर बार विद्यार्थी जीता, इस बार विद्यार्थी जीतेगा,"

"दम है कितना दमन में तेरे, देख लिया है देखेंगे,"

"दे न सके जो सस्ता राशन, वह भी क्या जनता का शासन,"

"संगीतों में जोर कहाँ, जनशक्ति मजबूत जहाँ,"

"42 में भारत छोड़ो, 74 में गद्दी छोड़ो,"

"छात्र उठे हैं अब ललकार, नहीं चलेगा भ्रष्टाचार,"

"जयप्रकाश बोल रहा है–इन्दिरा शासन डोल रहा है।"

जहाँ कम्युनिस्ट पार्टी के प्रदर्शन में कोई भी नजर नहीं आ रहा था वहीं जे. पी. जी की प्रदर्शनकारियाँ देखने के लिए सारा पटना उमड़ पड़ा। यहाँ तक कि सरकारी कर्मचारी भी अपने-अपने कार्य छोड़ कर, सड़क के दोनों तरफ प्रदर्शनकारियों का अभिनन्दन करते हुए उनके बारे में आवाज़ मिलाने लगे। हर कोई पूर्णरूप से मदद करने में तत्पर था। लोग दौड़ कर प्रदर्शनकारियों को पानी पिलाने तथा गरीब खोमचे वाले भी अपनी खाने की सामग्री बाँटने में पीछे नहीं रहे। समझ नहीं आ रहा था कि सभी लोगों में इतनी उमंग और उत्साह कहाँ से प्रवेश कर गया। पुलिस वाले भी उनके इस प्रदर्शन को रोकने में असमर्थ हो कर भौचक्के से देखते रह गए बल्कि कुछ से तो यहाँ तक सुना गया कि–

"इतनी क्रांतिपूर्ण भीड़ के लिए हमें क्यों भेजा गया। वहाँ तो हमारे हथियार बेकार हैं। यहाँ तो अपनी पोशाक में रहने में शर्म आती है।"

इसी प्रकार से दूसरे ने कहा–

"जयप्रकाश के दर्शन तो हुए।"

जयप्रकाश नारायण जी के जुलूस और कम्युनिस्ट पार्टी के जुलूस में काफी अन्तर था। कम्युनिस्ट पार्टी का जुलूस कहीं भी जे. पी. के जुलूस के सामने नहीं टिक सकता था। जे. पी. का जुलूस काफी लम्बा था। जहाँ जे. पी. के जुलूस में 5 लाख लोग थे वहीं कम्युनिस्ट पार्टी में केवल 30 हजार लोग थे। जे. पी. का जुलूस शान्तिपूर्ण व्यवस्थित तथा उत्साहवर्धन था वहीं कम्युनिस्ट पार्टी का जुलूस हथियारबंद, आक्रामक तथा उत्साहहीन था। लोगों ने जे. पी. के जुलूस का कहाँ-कहाँ से अभिनन्दन नहीं किया,

यह जुलूस 5.15 मिनट पर राज्यपाल भवन के फाटक पर पहुँच गया। जयप्रकाश जी का स्वागत राज्यपाल द्वारा भी किया गया तथा दोनों में 10 मिनट तक बातचीत होने पर जे. पी. जी ने राज्यपाल के सामने भ्रष्टाचार और महँगाई से ऊबी हुई जनता के बारे में तथा विधानसभा के विघटन के विषय में अपना विचार रखा और जनता का विधानसभा के प्रति अविश्वास का मत भी रखा। जे. पी. के विदा होने के बाद जुलूस पीछे मुड़ने तथा छः बजे गाँधी मैदान में जे. पी. के भाषण की घोषणा की गई।

जे. पी. के भाषण को सुनने के लिए लोग गाँधी मैदान में एकत्रित हो गए तथा जे. पी. के आगमन पर उनका स्वागत हर्षोल्लास से 'लोकनायक जयप्रकाश जिंदाबाद' जैसे नारों से किया गया।

उनका भाषण पूर्ण सन्नाटे तथा शान्ति में आरम्भ हुआ। जे. पी. जी ने अपने भाषण में प्रत्येक मुद्दे को रखा और उस पर अपने विचार भी प्रकट किए। उन्होंने अपने 1½ घण्टे के भाषण में छात्रान्दोलन सम्बन्धित, देश की बिगड़ी स्थितियों, भ्रष्ट व्यवस्था, प्रशासन के निकम्मेपन, बढ़ती हुई महँगाई, कुशिक्षा, बेरोजगारी तथा श्रीमती गाँधी द्वारा जो आरोप उन पर लगाए गए थे की चर्चा की। और सभी का आह्वान करते हुए कहा–

"यह क्रांति है मित्रो! और संपूर्ण क्रांति है। यह कोई विधानसभा विघटन का आंदोलन नहीं है। यह तो मंज़िल है जो रास्ते में है, दूर जाना है, दूर।"

उन्होंने बी. एस. एफ. तथा बी. एम. पी. के जवानों से सरकार को अन्यायपूर्ण देश के भागी न बनने की अपील की और उपचुनाव होने पर मतदाताओं द्वारा काँग्रेस को वोट न देने, नया बिहार बनाने तथा कॉलेजों तथा विश्वविद्यालयों को एक वर्ष तक बन्द रखने की अपील की।

अन्त में उन्होंने 7 जून से ही बिहार विधान सभा भंगाभियान चलाने, विधानसभा के फाटकों पर धरना तथा सत्याग्रह (ताकि कोई मंत्री या विधायक विधानसभा में प्रवेश न कर सके) की घोषणा की। उन्होंने लोगों से जेल जाने के लिए भी बाहरी विधायकों तथा मन्त्रियों का घेराव करने, प्रखण्ड से सचिवालय स्तर तक प्रशासन ठप्प करने, लोकशक्ति के विकास हेतु छात्र युवक एवं जन संगठन करने, गरीब और कमजोर वर्ग की समस्याओं से निपटने के लिए, और जीवन में नैतिक मूल्यों की स्थापना करने के लिए भी कहा। उन्होंने कहा–

"हमें संपूर्ण क्रांति चाहिए, इससे कम नहीं।"

"विधानसभा भंग करो" की जगह "विधानसभा भंग करेंगे" नारे के साथ अहिंसक एवं शान्तिपूर्ण तरीके से कार्य निपटाने की चेतावनी दी।

जिस समय जयप्रकाश जी का भाषण अन्तिम पड़ाव पर था उसी समय वहाँ कुछ ऐसे लोग पहुँचे जो कि गोलियों के शिकार हुए थे उनके वहाँ पहुँचने से सभा में काफी उत्तेजना उत्पन्न हो गई। इस गोलीकाण्ड में लगभग 12 लोग शिकार हुए थे। पर सबसे आश्चर्यजनक बात तो यह रही कि इस गोलीकाण्ड के बावजूद जुलूस शान्ति लिए हुए आगे बढ़ता रहा। प्रदर्शनकारियों ने "हमला चाहे जैसा होगा हाथ हमारा नहीं उठेगा" का पालन किया था। इस संबंध में जिलाधीश का एक पत्र जे. पी. के नाम से भी आया जिसमें इस गोलीकाण्ड की छानबीन का आश्वासन था। लेकिन जयप्रकाश नारायण की उत्तेजना को ऐसे शान्त कर दिया जैसे कि आग पर पानी डाल दिया गया हो। उन्होंने कहा–

"ऐसा न हो कि आप धारा में कह जाएँ, उस स्थान पर और वहाँ जाकर आग लगा दें। वचन देते हो न?"

इतनी बड़ी भीड़ ने हाथ उठाकर तथा सिर हिलाकर जे. पी. जी को वचन दे दिया।

इन्दिरा ब्रिगेड का संगठन सन् 1970 से ही सक्रिय रूप से चल रहा था तथा इसमें सरकार का पूरा हाथ था। यह फूलेना राय तथा एम. एल. ए. द्वारा सरकारी मकानों में दफ्तर खोलकर संचालित था। इस ब्रिगेड ने छात्रान्दोलन के खिलाफ कार्रवाई आरम्भ कर दी थी। बल्कि एक मंत्री के कमरे में भी इसी ब्रिगेड के द्वारा तीन बम रखे गए थे जिसमें से एक विस्फोट भी हो गया था जिससे पूरे बिहार में ही सनसनी फैल गई थी। सरकार ने अपनी प्रतिष्ठा को बचाने के लिए फूलेना राय को हजारीबाग जेल भी भेजा और जब उनके दफ्तर की तलाशी ली गई तो वहाँ से कई बन्दूकें, पिस्तौलें, कारतूस तथा कुछ हथगोले भी बरामद किए गए और यहाँ तक कि एक और बात का खुलासा हुआ कि 5 जून के हुए हत्याकाण्ड में सरकार का कितना बड़ा हाथ था। यह पत्र फूलेना राय ने मुख्यमंत्री गफूर को हजारीबाग जेल से लिखा था। और यही मूलपत्र जे. पी. के हाथ में आने से तथा उसकी प्रति समाचार पत्रों में छपने से इस बात का भी रहस्योद्घाटन हुआ कि यह कार्य मुख्यमंत्री के आदेश द्वारा हुआ था तथा यह भी स्पष्ट हुआ कि 5 जून को आंदोलनकारियों पर पूर्ण रूप से हमले की योजना सरकार की ओर से इन्दिरा ब्रिगेड द्वारा बनाई गई थी।

अंततः भाषण की समाप्ति के पश्चात् सभी लोग अपने-अपने घर चले गए पर भाषण की चर्चा सर्वत्र विद्यमान थी। जे. पी. जी का यह भाषण उनके अन्य भाषणों से भिन्न तथा दृढ़ और निश्चयात्मक स्तर वाला था। लोगों ने भी उनकी एक-एक बात को ध्यान से सुना तथा अपने हृदय में उतारा था। इतनी शान्ति, निस्तब्धता और उत्सुकता पहले किसी भी सभा में देखने को नहीं मिली थी। प्रत्येक व्यक्ति भाषण को अपूर्ण मान रहा था। ऐसा लगता था मानों गाँधी, विनोबा, सुभाष और मार्क्स ने उनमें प्रवेश कर लिया हो।

8 अप्रैल का मौन जुलूस, 9 अप्रैल का भाषण, तथा फिर 5 जून का ऐतिहासिक प्रदर्शन और भाषण का प्रभाव केवल पटना या बिहार पर ही नहीं बल्कि इससे पूरा देश ही प्रभावित था और सर्वत्र ही जे. पी. जी ही चर्चित थे। लोगों की आँखें जयप्रकाश नारायण पर ही टिकी थीं यह सोचकर कि उनकी प्रत्येक समस्या का समाधान अब जे. पी. जी के हाथों में ही है। लोगों को इस बात का भी आश्चर्य हो रहा था कि सर्वोदयी जे. पी. जी क्रांतिकारी जयप्रकाश में परिवर्तित हो रहे हैं। जिससे छात्र और नौजवान अत्यधिक प्रभावित हुए।

उन्होंने भ्रष्ट सरकार से इस्तीफे की माँग को अपना नागरिक कर्तव्य समझते हुए कहा–

"सर्वोदय कार्यकर्ता के रूप में मेरा यह कर्तव्य है कि मैं लोकतान्त्रिक शक्ति और लोकतान्त्रिक संस्था के घोर दुरुपयोग की निन्दा करने तथा उसके विरुद्ध संघर्ष करने के लिए अपनी आवाज बुलन्द करूँ तथा प्रभावशाली ढंग

से कार्य करूँ। यदि सर्वोदय दर्शन मेरे इस प्रकार के कार्य में बाधक बनता है तो कम से कम मैं उस दर्शन की ऐसी व्याख्या का विरोध करता हूँ।''

5 जून को इन्दिरा ब्रिगेड द्वारा किए गोलीकाण्ड पर विनोबा जी ने जो टिप्पणी की थी कि–

''पटना में जो कुछ भला-बुरा हुआ वह भगवान को समर्पित है।'' का जवाब देते हुए जे. पी. जी ने कहा–

''यदि ऐसे जघन्य कृत्य को विनोबा जी भगवान के फैसले के लिए छोड़ सकते हैं तो फिर बिहार मन्त्रिमण्डल के त्यागपत्र और विधानसभा का मामला भी भगवान को समर्पित किया जा सकता है।''

इसी क्रम में 22-23 जून को तरुण शान्ति सेना द्वारा अखिल भारतीय युवा सम्मेलन आयोजित किया गया जिसमें जे. पी. जी ने नौजवान युवकों को सम्बोधित करते हुए कहा कि–

''देश की स्थिति ठीक सन् 1942 जैसी हो गई है। देश एक संपूर्ण क्रांति खोज रहा है। हिंसात्मक क्रांति के लिए देश में शक्ति नहीं है। खुशी है कि छात्र एवं युवा वर्ग आगे आए हैं। वे आगे आएँ और एक वर्ष के लिए कॉलेजों को छोड़ संपूर्ण क्रांति में लग जाएँ।''

जे. पी. जी के साथ कुमार प्रशान्त जी भी थे। और इस आंदोलन की अध्यक्षता कुमार प्रशान्त द्वारा ही की गई थी। बिहार आंदोलन का सभी युवकों ने समर्थन किया तथा इसकी आवश्यकता संपूर्ण देश के लिए बताई। तत्पश्चात् जे. पी. जी ने एक जनसभा में सरकार को चेतावनी भी दी कि अगर जनसभा में सरकार अपनी सेना का उपयोग करेगी तो इससे विद्रोह की सम्भावना अधिक है। इसी प्रकार 1 जुलाई की रात्रि की एक जनसभा को सम्बोधित करते हुए जयप्रकाश नारायण जी का कहना था कि–

''संपूर्ण क्रांति आंदोलन का प्रथम क्षेत्र बिहार बनेगा और उसके लिए सभी वर्ग के लोगों को तैयार रहना चाहिए।''

पश्चिम बंगाल नागरिक समिति से जे. पी. जी को आमन्त्रण मिलने पर जब वे 5 जुलाई को हावड़ा स्टेशन पर पहुँचे तो हजारों व्यक्तियों द्वारा उनका हार्दिक रूप से भव्य स्वागत किया गया जबकि उनके आगमन के विरोध में कम्युनिस्ट पार्टी ने प्रदर्शन भी किया पर हजारों कण्ठ से 'जयप्रकाश जिंदाबाद' जैसे नारों में उनके किये कराये पर मानो पानी ही फिर गया हो, उनकी आवाज अनसुनी रह गई, और कुछ लोगों द्वारा उनको इस प्रकार से प्रताड़ना मिली कि उन सबकी सिट्टी-पिट्टी गुम हो गई और वे एक तरह से हजारों की भीड़ में खो ही गए।

6 जुलाई जे. पी. जी ने पश्चिम बंगाल के नौ विरोधी दलों के नेताओं से विचार किया तथा 7 जुलाई को एक सभा में सामाजिक क्रांति की चर्चा करते हुए सभी दलों से अपील की कि–क्रांति लाने में वे सहायक बनें तथा उनके द्वारा बताया गया कि–

''परिस्थिति ऐसी हो गई है कि अगर आंदोलन को सही दिशा नहीं दी गयी तो निराशा होगी और वह खूनी क्रांति की जननी बनेगी।''

8 जुलाई, 1974 को जयप्रकाश नारायण को कलकत्ता से विमान द्वारा नागपुर पहुँचने के तत्पश्चात् वर्धा और पवनार पहुँचकर 9, 10, 11 तीन दिन तक होने वाले अखिल भारतीय सर्व सेवा संघ के सम्मेलन में भाग लेकर बिहारान्दोलन के संबंध में पवनार आश्रम में विनोबा जी से मिलकर विचार-विमर्श करना था। जे. पी. जी को नागपुर में भी भाषण देना था परन्तु उनके आगमन के विरोध में उनके पहुँचते ही महाराष्ट्र युवा काँग्रेस के कुछ छात्रों ने उनके विरोध में काले झण्डे दिखलाए तथा 'जे. पी. वापस जाओ' जैसे नारे तक लगाए। पर यह देखकर कुछ लोगों की निराशा आशा में परिवर्तित हो गई जब छात्र जागृति संघ की ओर से बुलाई गई जन सभा की एक विशाल भीड़ एकत्रित हो गई। जे. पी. जी के भाषण के प्रारम्भ में ही वर्षा आरम्भ हो गई लेकिन वर्षा का जे. पी. ने पूर्ण रूप से सामना करते हुए 3 घण्टे तक लगातार भाषण दिया और जनता भी उनके भाषण को श्रव्य हेतु सुनती रही। अर्थात् वर्षा भी न तो सुनाने वाले को न ही सुनने वालों को हिला पाई।

8 जुलाई की शाम को ही जे. पी. ने पवनार के लिए प्रस्थान किया तथा 9 जुलाई को प्रातः 9 बजे ही विनोबा जी से भेंट हेतु उनकी कुटिया में प्रवेश किया जहाँ विनोबा जी ने आगे बढ़कर हार्दिक स्वागत किया और जे. पी. ने भी पैर छूकर विनोबा जी का मान रखा। लेकिन, दोनों की बातचीत आरम्भ होने से पूर्ववत् सर्व सेवा संघ के लोगों

के जे. पी. से अनुरोध करने पर कि वे विनोबा जी बातें करने से पहले वर्धा में चलकर अपने आंदोलन के संबंध में सम्मेलन को जानकारी दें, जे. पी. जी ने उनकी बात को स्वीकार करते हुए तुरन्त वर्धा के लिए कार द्वारा प्रस्थान किया।

सर्व सेवा संघ के सम्मेलन में जे. पी. जी ने लगातार 2 घण्टे का भाषण दिया जिसमें उन्होंने बिहारान्दोलन की भूमिका, उसके विभिन्न पहलुओं, और देश की बिगड़ती हुई परिस्थिति का खुलासा किया। उन्होंने कहा कि–

"देश समग्र क्रांति की दहलीज पर खड़ा होकर बलिदान माँग रहा है, नेतृत्व खोज रहा है, हमारे पुरुषार्थ का आह्वान कर रहा है। इस अवसर पर हाथ पर हाथ धरे बैठे रहना एक भयंकर ऐतिहासिक भूल होगी।"

उन्होंने यह भी कहा–

"27 वर्षों के काँग्रेसी कुशासन ने सारे देश को ऐसे मोड़ पर ला छोड़ा है जहाँ हिंसक या अहिंसक क्रांति का मार्ग देश पकड़ेगा ही। अगर सर्व सेवा संघ इस चुनौती को नहीं स्वीकारता है तो उसका सारा करा कराया शून्य की ओर बढ़ेगा और देश सही नेतृत्व के अभाव में हिंसा की ज्वाला में झुलसने लगेगा।"

जे. पी. के उपरोक्त कथनों ने लोगों के मर्मस्थल को वेध डाला। और "सर्वोदय ही जयप्रकाश है और जयप्रकाश ही सर्वोदय है" यही सम्मेलन की आवाज हो गई।

तत्पश्चात् पवनार पहुँचकर जे. पी. जी ने पुनः विनोबा जी से भेंट की। विनोबा जी कम सुनते थे अतः जे. पी. को बातें लिखकर ही करनी पड़ीं परन्तु दोनों की असहमति एक-दूसरे से रही, कारण, विनोबा जी विधानसभा भंगान्दोलन के पक्ष में तथा सरकार के विरुद्ध उग्रान्दोलन के पक्षपाती नहीं थे। विनोबा जी ने जे. पी. जी को कड़े स्वर में कहा कि "सर्व सेवा संघ की सर्वानुमति प्राप्त किए बिना वे बिहार आंदोलन को समर्थन नहीं देंगे या सर्व सेवा संघ को ही भंग कर दो।"

इस बात से जे. पी. जी ने अत्यन्त निराशानुभव की और धाम नदी को देखते रहे और उन्हें देखकर ऐसा प्रतीत होता था मानो वे धाम नदी को साक्षी मानकर अपनी मानव निष्ठा को और मानव हितार्थ अपने को बलिदान करने की भावना को दृढ़ बनाकर 'एकला चलो रे' के लिए तत्पर हो रहे हों।

चारों ओर उदासी, मायूसी तथा शान्त वातावरण तथा चिन्ता में डूबे लोग यही सोच रहे थे कि–

"अगर बाबा और जे. पी. में मतैक्य नहीं हो सका तो हम आश्रमवासियों और सर्व सेवा संघ का क्या होगा?"

11 जुलाई का दिन भी कुछ ऐसा ही रहा। विनोबा जी जे. पी. जी से असहमत ही थे पर वह उस समय जे. पी. का मुँह ताक कर रह गए जब जे. पी. जी ने कहा–

"बाबा! आपने ही कहा था, मतभेद होने पर दिल नहीं टूटना चाहिए।"

विनोबा जी के अतिरिक्त जहाँ 21 सदस्यों ने आंदोलन का समर्थन किया वहीं तीन व्यक्तियों–निर्मला देशपाण्डे, आर. के. पाटिल एवं नरेन्द्र दुबे ने भी विरोध किया। दादा धर्माधिकारी का कथन भी चरितार्थ होने लगा–

"नकली गाँधी, नकली विनोबा, नकली जे. पी. से एक असली दादा धर्माधिकारी श्रेष्ठ है।"

इतने लोगों में सभी लोग तीन व्यक्तियों को छोड़कर सहमत थे ऐसे में जे. पी. जी ने पवनार से एक संदेश भेजा–

"मित्रो! कोई तो प्रस्ताव पास करो। चाहे जे. पी. को 'कन्डम' करने का ही प्रस्ताव पास करो।"

सहानुभूति के कारण स्थिति काफी बिगड़ गई थी। तीन की असहमति इतने लोगों की सहमति पर हावी हो गई थी। घोर निराशा और अन्धकार के बावजूद सभी लोगों ने पवनार के लिए प्रस्थान किया वहाँ पहुँचते ही दादा धर्माधिकारी ने विनोबा जी के हाथ में एक चिट सौंप दी जिसमें लिखा था–

"यह हमारी अयोग्यता नहीं, ईमानदारी है। हम, असहमति के लिए सहमत हैं।"

पर विनोबा जी सौम्यता के साथ मौन रहे और 9.30 बजे मिलने का समय देते हुए जयप्रकाश जी को उस समय उपस्थित रहने के लिए विशेष जोर दिया। ठीक समय पर सभा में जे. पी. बाबा तथा अन्य सदस्य एकत्रित हो गए। सभी की नज़रें बाबा तथा जे. पी. के चेहरे पर थीं, जहाँ बाबा के चेहरे से संन्यासी सन्त की आभा दृष्टिगत हो रही

थी वहीं जयप्रकाश नारायण के चेहरे से आश्वस्त, निर्भीक एवं बलिदानी आभा झलक रही थी। बाबा ने अपनी बात हारी हुई आवाज में कहनी आरम्भ की–

"...संघ का कोई सदस्य, प्रतिनिधि, लोकसेवक इत्यादि जिसे जो कोई काम करने की रुचि हो, कोई ग्राम दान, ग्राम स्वराज्य का काम करना है, कुछ क्रांतिकारी समझकर बिहार के काम में जाना है–सब अपनी-अपनी रुचि के अनुसार काम करें। केवल तीन बातों के प्रति ध्यान रखें–सत्य, अहिंसा और संयम।"

अन्त में उन्होंने कहा–"अभी धर्मक्षेत्र पटना क्षेत्र, समवेता युयुत्सव...।"

इस पर जे. पी. जी ने कहा–"इस महाभारत में संजय कौन बनेगा?"

विनोबा जी ने कहा–"कृष्ण राज मेहता।"

कोई व्यक्ति बीच में ही बोला–"पर वह तो युयुत्सु हैं।"

बाबा–"त्यागपत्र की जरूरत नहीं। अगर कोई पूछेगा कि तुम ग्रामदान का काम करने के बदले इस आंदोलन में क्यों हो तो उत्तर देना कि हमारा हृदय एक है, काम अलग-अलग है। क्यों जयप्रकाश, समाधान हो गया।"

जे. पी.–"सोलहो आना।"

दादा धर्माधिकारी बीच में ही बोले–"विनायक, विनायक ही रहा।"

बाबा–"हाँ, विनायक बन्दर तो नहीं बना, महावीर स्वामी की जय।"

और इसी के साथ ही इस सभा की समाप्ति हुई और जयप्रकाश की जय-जयकार से सारा आश्रम ही गूँज उठा। जयप्रकाश नारायण अमेरिका से मार्क्सवादी जयप्रकाश के रूप में लौटे थे और आज़ादी के बाद वह सच्चे समाजवादी तथा विनोबा के नेतृत्व में सर्वोदयी बने जो कि जननायक जयप्रकाश के रूप में सामने आए। ये मार्क्स तथा गाँधी जी सम्मिलित रूप में थे। 13 जुलाई को विक्टोरिया टरमिनस स्टेशन पर उनका भव्य स्वागत किया गया। विधानसभा का बजट सत्र 5 जून को आरम्भ हुआ था तथा 12 जुलाई को अनिश्चित काल हेतु बन्द कर दिया गया था। धरना और सत्याग्रह 7 जून से ही करना आरम्भ हो चुका था जिससे मंत्री एवं विधायक गण विधानसभा में प्रवेश हेतु असमर्थ रहे। जो कॉलेज और विद्यालय 18 मार्च से बन्द पड़े थे उन्हें सरकार ने संगीनों के बल पर खुलवाना चाहा परन्तु छात्रों के पूर्ण बहिष्कार के कारणवश सरकारी प्रयास पूर्ण रूप से असफल रहा, यहाँ तक कि मेडिकल और इंजीनियरिंग की कक्षाएँ भी पूर्णतः खाली पाई गईं। सरकार द्वारा छात्रों पर कई अत्याचार किए गए, गिरफ्तारियाँ भी हुईं किन्तु छात्र इस बहिष्कार में सफल रहे, इससे सरकार को पूर्ण रूप से असफलता ही हाथ आई और इसी कारणवश प्रधानमंत्री, गृहमंत्री तथा महासचिव में बौखलाहट उत्पन्न हो गई और यह बौखलाहट इस प्रकार बढ़ी कि प्रधानमंत्री ने कलकत्ता में कहा कि–

"बिहार आंदोलन कुछ उद्योगपति ही चला रहे हैं।" उन्होंने उनका नाम लेने से इनकार कर दिया। और यह भी कहा कि–

"एक उद्योगपति ने उनके पास दूत भेजा था कि यदि मैं उन पर दिए गए जाँच आदेश की वापसी के संबंध में हस्तक्षेप करूँ तो वे आंदोलन को सहायता देना बन्द कर देंगे। मेरे इनकार कर देने पर वे महाशय खिन्न होकर मुझे सबक सिखाने की धमकी देकर चलते बने और इस तरह बिहार आंदोलन जारी है।"

इसी प्रकार, गृहमंत्री श्री उमाशंकर दीक्षित तथा काँग्रेस महासचिव श्री चन्द्रजीत यादव ने भी कथनोक्ति की। जहाँ, उमाशंकर द्वारा भाषण में यह कहा कि "श्री नारायण को उम्मीद थी कि आंदोलन के बलबूते पर वे इन्दिरा गाँधी की तरह जे. पी. आँधी लाएंगे, किन्तु वे नाकामयाब रहे।"

वहाँ, काँग्रेस महसचिव चन्द्रजीत यादव ने भी कहा– "जे. पी. आम लोगों की कठिनाइयों पर जोर नहीं देते।"

जबकि श्रीमती गाँधी ने अपने भाषण में जे. पी. जी के प्रति अपनी सफाई देते हुए कहा कि–

"जयप्रकाश नारायण की योग्यता, त्याग एवं उद्देश्य पर मुझे सन्देह नहीं। यहाँ मैंने उस समय (17 जुलाई को भुवनेश्वर में जे. पी. की आलोचना के संबंध में) श्री नारायण के विषय में कुछ चर्चा नहीं की थी। अखबार वालों ने भ्रम फैलाने का काम किया। जयप्रकाश के प्रति मेरे मन में कोई दुर्भाव नहीं है।"

18 जुलाई, 1974 को परीक्षाएँ चार स्थानों राँची, भागलपुर, मुजफ्फरपुर, मिथिला में 12वीं की परीक्षाएँ शुरू कराई गईं। परीक्षाएँ आरम्भ करवाने के लिए सभी हथकण्डों का प्रयोग किया गया। परीक्षार्थियों को धमकी तथा प्रलोभनों द्वारा छात्रों में अनैतिकता लाने का भरपूर प्रयास किया गया। हर प्रकार का हथकण्डा अपनाए जाने के बावजूद प्रथम दो सप्ताहों में तो परीक्षार्थियों की संख्या नगण्य रही, छात्रों तथा पुलिस में भिड़ंत भी हुई। छात्रों द्वारा परीक्षाओं का बहिष्कार किया गया जबकि बेगुसराय में दो छात्रों को तो गोलियों से भी आहत कर दिया गया। इसी प्रकार, जमशेदपुर में छात्रों द्वारा परीक्षाओं का बहिष्कार करने पर, जो भीड़ सड़क पर बच्चों और दर्शकों की भीड़ जमा हो रही थी, पर गोलियाँ चलाई गईं जिसमें तीन छात्र घायल हुए थे और जिसमें प्रायः मरने वालों में 15 वर्ष से कम आयु के लड़के थे। मुजफ्फरपुर रामदयाल सिंह कॉलेज में तो स्वयं कमिश्नर की प्रश्न-पत्र हल करने की हरकत से तथा परिवीक्षक को धमकी देने पर जब छात्रों ने विरोध किया तो मजिस्ट्रेट के लाठीचार्ज के आदेश से चार छात्र लाठी खाकर आहत हो गए।

जयप्रकाश नारायण को जब छात्रों पर सरकार द्वारा किए गए अत्याचार का पता चला तो उन्होंने सरकार की घोर भर्त्सना की और कहा—

''प्रलोभन, आतंक, जोर-जुल्म का सहारा लेकर सरकार छात्रों के परीक्षा में अनैतिक कार्य कराने पर तुली हुई है। इन गोली काण्डों के लिए सरकार जिम्मेदार है। वह कम्युनिस्टों के साथ साँठ-गाँठ कर आंदोलन को बदनाम करने के लिए असत्य का प्रचार कर रही है।''

20 और 24 जुलाई को छात्रों द्वारा गोलीकाण्ड और लाठीचार्ज के विरोध में पटना में विशाल प्रदर्शन तथा 'काला दिवस' मनाया गया। 25 जुलाई को भोजनपुर जिला मुख्यालय आरा में जे. पी. जी ने भीड़ को सम्बोधित करते हुए कहा—

''बिहार को भ्रष्टाचार, बेकारी, महँगाई से बचाने के लिए, हर क्षेत्र में संपूर्ण क्रांति को सफल बनाने के लिए और शिक्षा में आमूल परिवर्तन लाने के लिए एकमात्र रास्ता यही है कि सभी तबके के लोग आंदोलन में कूद पड़ें।''

जे. पी. जी ने हाई स्कूल के उच्च वर्गों के छात्रों का भी अपनी कक्षाओं का बहिष्कार करने के लिए आह्वान किया। 26 जुलाई को जे. पी. जी ने जमशेदपुर हेतु प्रस्थान किया जहाँ (18 जुलाई को हुए गोलीकाण्ड से तीन छात्र मारे गए थे) वे काल ग्रसित छात्रों को पुष्पांजलि अर्पित करते हुए रो पड़े तथा इस गोलीकाण्ड की घटना ने जे. पी. जी को इस कदर प्रभावित किया कि उन्होंने दो महत्त्वपूर्णोक्तियाँ कहीं—

1. आंदोलन में भाग लेने वाले छात्रों की पढ़ाई के लिए उपयुक्त और उन्मुक्त विश्वविद्यालय खोलना।

2. पुलिस का आह्वान किया कि वे ऐसे आदेशों का पालन न करें जिन्हें उनकी अन्तरात्मा स्वीकार न करे या जिन्हें वे अनैतिक समझते हों।

जयप्रकाश नारायण ने 1 अगस्त को एक विशाल जनसभा को सम्बोधित करते हुए इस बात को आगाह किया कि यदि उनकी गिरफ्तारी की गई तो गम्भीर परिणामों की जिम्मेदार सरकार ही होगी। जे. पी. जी ने गफूर की इस बात का कि—

''यदि सर्वोदय नेता जयप्रकाश नारायण द्वारा चलाए जा रहे तथाकथित अहिंसात्मक आंदोलन के अनुसार भविष्य में विधायकों के साथ जोर-जबरदस्ती की गई और उनके साथ दुर्व्यवहार किया गया तो जयप्रकाश नारायण को असली मुकाम पर पहुँचा दिया जाएगा'' का हँसते हुए जवाब दिया कि—

''वे हमेशा असली मुकाम पर जाने को तैयार हैं। पर मुझे 'सीने' से हटा देने पर बिहार में क्या होगा उसकी जिम्मेदारी उनकी होगी।''

जे. पी. जी ने गफूर की इस बात का कि—

''अगर मैं आंदोलन वापस ले लूँ तो वे (गफूर) त्यागपत्र दे देंगे,'' चर्चा करते हुए कहा कि—

''श्री गफूर अपनी भलाई के लिए त्यागपत्र देंगे, मेरी भलाई के लिए नहीं। मैं तो अन्तिम साँस तक तानाशाही का विरोध करता रहूँगा।''

1 अगस्त से घोषित कार्यक्रमानुसार सरकार ठप्प करो तथा कर बन्दी का अभियान शुरू हो गया। राज्य के हर नगर में शराब की भट्ठियों पर धरना, अंग्रेजी शराब की दुकानों को चेतावनी तथा सिनेमा घरों को प्रदर्शन बन्द करने का अभियान भी शुरू हो गया। लेकिन 'सरकारी कार्य ठप्प करो' तथा 'सरकार की दमन नीति' दोनों ने ही अब जोर पकड़ लिया। हर तरफ लाठीचार्ज तथा गिरफ्तारियाँ आदि ही दृष्टिगत होती थीं। सरकारी कार्य तो जब से बिहारान्दोलन प्रारम्भ हुआ ठप्प हो ही चुका था और सरकार का एकमात्र प्रदर्शन सी. आर. पी. और पुलिस के रूप में देखने को ही मिला।

इधर जे. पी. जी 1 अगस्त को पटना में, 2 अगस्त को मुजफ्फरपुर में, 4 अगस्त को बटौनी तथा 8 अगस्त को झाझा में विशाल जनसमूहों को संपूर्ण क्रांति का पैगाम देते रहे तथा इसकी सफलता हेतु आह्वान करते रहे। 9 अगस्त 'संपूर्ण क्रांति' दिवस के रूप में मनाया गया। प्रत्येक स्थान पर प्रभातफेरियाँ, जुलूस और सभाओं का आयोजन किया गया जबकि धरना और सत्याग्रह जोर पकड़े रहे। जे. पी. ने सन् 1942 की याद में तीन नारे भी दिए—

'भ्रष्टाचार छोड़ो', 'गद्दी छोड़ो', 'हिंसा छोड़ो'।

सभी के साथ वयोवृद्ध नेता आचार्य कृपलानी ने भी जनता से बिहारान्दोलन को तीव्रतर बनाने हेतु आह्वान किया। इस ऐतिहासिक क्रम में 15 अगस्त, 1974 का दिन एक महत्त्वपूर्ण दिन रहा। पूरे बिहार में 'लोक स्वराज्य दिवस' मनाया गया। आज के दिन सरकारी समारोहों का बहिष्कार किया गया तथा प्रत्येक स्थान पर कुली, मेहतर या निम्न स्तर के व्यक्तियों ने झण्डा फहराया तथा जनसभाओं की सदारत की। सरकारी समारोह फीके पड़े रह गए। इन जनसमारोहों को विफल करने के लिए सरकार द्वारा पूर्ण प्रयास किए गए पर इसके बावजूद 'लोक स्वराज्य दिवस' बड़े ही शानदार ढंग से मनाया गया तथा सरकार इन जनसमारोहों को असफल करने में पूर्णतः विफल रही। 16 अगस्त को बेगूसराय जिले में रामचरित्र सिंह महाविद्यालय-मझौल परीक्षा केन्द्र पर सरकार द्वारा तीन राउण्ड गोलियाँ चलाने पर कई छात्र आहत हुए तथा एक 14 वर्षीय छात्र नित्यानन्द साह की उसी समय मृत्यु हो गई। 19 अगस्त को प्रतिरक्षामंत्री जगजीवन राम ने जे. पी. जी से जब बाढ़ पीढ़ितों के साथ देने की बात कही तो इसके उत्तर में जे. पी. जी ने 21 अगस्त को कहा—"मैं बहुत पहले ही बाढ़ पीढ़ितों की सहायता के लिए छात्र एवं जनसंघर्ष समितियों से अपील कर चुका हूँ। पर अधिकारी वर्ग से इन लोगों का सहयोग लेने के लिए कौन कहे, अधिकारी लोग सहायता कार्य करने ही नहीं दे रहे हैं।"

23 अगस्त को पटना के गाँधी मैदान में जे. पी. जी ने घोषणा की कि—

"विधानसभा भंग कराए बगैर आंदोलन हरगिज बन्द नहीं होगा और वे चैन से नहीं बैठेंगे। छात्रों ने अगर भ्रष्टाचार, महँगाई और जमाखोरी दूर करने की आवाज बुलन्द की है तो कौन-सा गुनाह किया है। राज्य के कोने-कोने में इस आवाज के लिए जो दमन एवं हत्याएँ हो रही हैं उससे किसी भी कोने में इस आवाज के लिए जो दमन एवं हत्याएँ हो रही हैं उससे किसी भी समझदार का माथा शर्म से झुक जाएगा। इस तरह का दमन इंग्लैण्ड और अमेरिका में होने पर सभी अधिकारी बर्खास्त कर दिए जाते।"

24 अगस्त को जे. पी. जी ने लखनऊ में भारतीय क्रांति दल के अध्यक्ष चौधरी चरण सिंह से उत्तर प्रदेश में बिहार के समरूपान्दोलन की बात कही। जे. पी. ने छात्रों का, सामाजिक परिवर्तन लाने के लिए संगठित होकर संघर्ष करने का आह्वान किया। इसी प्रकार से, हजरतगंज पार्क में भी जे. पी. ने देश के पद दलित करोड़ों लोगों की सुख-सुविधा हेतु, जनतन्त्र को सार्थक बनाने और भ्रष्टाचार को समाप्त करने हेतु शान्तिमय जनान्दोलन का आह्वान किया। जे. पी. ने यह कहा कि आंदोलन की विफलता पर हिंसात्मकता बढ़ जाएगी और उन्होंने चेतावनी दी कि यदि यह आंदोलन हिंसात्मक हुआ तो वे आंदोलन समाप्त कर देंगे या इससे अलग हो जाएँगे। इसी आह्वान से प्रेरित छात्रों एवं युवकों ने 1 सितम्बर से राज्यव्यापी आंदोलन शुरू करने का निर्णय लिया। 27 अगस्त को जयप्रकाश नारायण पटना में वापस आ गए जिसका एक महत्त्वपूर्ण प्रभाव पड़ा कि एक नए दल की स्थापना हुई जिसका नाम 'भारतीय लोकदल' पड़ा। इस दल में 'भारतीय क्रांति दल', 'स्वतन्त्र पार्टी', 'उत्कल काँग्रेस', 'राष्ट्रीय लोकतान्त्रिक दल', 'संसोदा', 'किसान-मजदूर पार्टी', 'खेतिहर मजदूर पार्टी' (पंजाब), शामिल थे। इस नए दल के अध्यक्ष चौधरी चरण सिंह बनाए गए तथा यह

भी तय किया गया कि यह दल काँग्रेस के विकल्प के रूप में कार्य करेगा।

अब जे. पी. के समक्ष एक महत्त्वपूर्ण प्रश्न शिक्षा में आमूल परिवर्तन का था जिसके लिए जे. पी. ने शिक्षाविदों की एक संगोष्ठी द्वारा कुछ सुझाव प्राप्त किए जोकि बिहार में शिक्षा के नए आयाम शीर्षक वक्तव्य द्वारा प्रकाशित किए गए और जिसकी मूलभूत बातें थीं–

1. उपाधि और नौकरी का संबंध तोड़ दिया जाए, और
2. छात्रों की रुचि एवं क्षमतानुरूप रोजगारोन्मुख शिक्षा दी जाए।

यह सुझाव कार्यरूप में परिवर्तित हों इसके पूर्व अन्तरिम शिक्षण व्यवस्था की जाए पर जे. पी. ने 4 सितम्बर को अपना विचार दिया कि आंदोलन में शामिल छात्रों को वे शिक्षक पढ़ाएँ जो आंदोलन में हैं या अवकाश प्राप्त हैं। इसके लिए उन्होंने ऐसे छात्रों एवं शैक्षिक शिक्षकों के नाम, पते एवं शैक्षिक योग्यता भेजने को भी कहा।

बिहार का ऐतिहासिक बन्द

बिहार प्रदेश के छात्र सरकार की दमनकारी नीतियों तथा अड़ियल रवैए से बहुत परेशान हो चुके थे, अतः बिहार प्रदेश छात्र संघर्ष समिति ने यह तय किया कि कोई कार्यक्रम तैयार किया जाना चाहिए इसलिए छात्रों ने निर्णय लिया कि बिहार 3 से 5 अक्टूबर तक पूर्ण रूप से बन्द रहेगा। सभी सरकारी कार्यालय, सभी गैर-सरकारी कार्यालय, सभी दुकानें, सभी रेलगाड़ियाँ, सरकारी तथा निजी बसें, मोटरें, जीपें, कारें, ट्रक, इक्के, बग्घियाँ, रिक्शे, कॉलेज, प्राइमरी तथा माध्यमिक विद्यालय, कचहरियाँ आदि बन्द रहेंगी लेकिन होटल, रेस्तरां, दवा की दुकानें, अस्पताल, पानी, बिजली आदि के संस्थान खुले रहेंगे लेकिन रोगी और डॉक्टर सवारियों पर आ जा सकते हैं, 'बिहार बन्द' कार्य का निरीक्षण करने के लिए निजी सवारियाँ राज्य संघर्ष कार्यालय की ओर से जीप' या कार देख-रेख करने के लिए चलेंगी। बिहार सचिवालय को बन्द करने के लिए भी यह घोषणा की गई कि वे स्वयं सचिवालय के गेट पर धरना देंगे और रेललाइन पर भी, रेलगाड़ियाँ बन्द करने के संबंध में, शान्तिपूर्ण तरीके, अहिंसा तथा बिना उपद्रव के धरना दिया जाए।

बिहार बन्द के संबंध में जे. पी. जी ने सभी से अपील की कि वे बिहार बन्द होने से दो-तीन दिन पूर्व एक सप्ताह के लिए खाने-पीने तथा अन्य आवश्यक सामग्री एकत्रित कर लें ताकि बिहार बन्द होने के पश्चात् उन्हें तकलीफ न हो। उन्होंने बिहार से बाहर के अन्य लोगों से भी अपील की कि वे बिहार से गुजरने वाली रेलगाड़ियों से 3 अक्टूबर से 5 अक्टूबर तक यात्रा न करें। जयप्रकाश जी ने सभी सरकारी कर्मचारियों से भी अपील की कि वे बिहार बन्द को सफल बनाने में अपना पूर्ण सहयोग दें। बन्द के औचित्य को बताते हुए जयप्रकाश नारायण जी ने कहा–

"इसमें सन्देह नहीं कि कामकाज को पूरी तरह बन्द कर देने से उत्पादन पर उसका प्रभाव पड़ेगा और यह एक राष्ट्रीय क्षति होगी लेकिन हमें ऐसा करने के लिए विवश करने का उत्तरदायित्व पूरी तरह सरकार पर है। यह फैसला करना सरकार का काम है कि उसकी जर्जर और व्यर्थ की प्रतिष्ठा तथा राष्ट्रीय उत्पादन और जनकल्याण में कौन अधिक मूल्यवान और महत्त्वपूर्ण है।"

बिहार बन्द 3 अक्टूबर 1974 से शुरू हो गया। सभी दुकानें बन्द, सवारियाँ बन्द, सुनसान सड़कें, चारों तरफ सन्नाटा ही सन्नाटा छाया हुआ था। रिक्शे, इक्के, ताँगे, निजी गाड़ियाँ, सरकारी एवं निजी बसें, ट्रक, ट्रेक्टर सड़कों के किनारे बन्द खड़े थे। कोई भी व्यक्ति इस बन्द से अलग नहीं रहना चाहता था। लोगों ने वैसे तो बन्द का साथ दिया किन्तु उन्होंने जुलूस तथा धरना में शामिल होने वालों को चाय पिलाकर तथा खिला-पिलाकर सहायता करने का प्रयास किया

जयप्रकाश नारायण के नेतृत्व में जुलूस शुरू हुआ। जे. पी. जी ने सुबह सात बजे से ही क्रांतिकारी मैदान में 500 सत्याग्रहियों के जुलूस का नेतृत्व करते हुए सचिवालय की ओर चलना शुरू कर दिया। जे. पी. जी का जुलूस ठीक 1 बजे सचिवालय के मुख्य द्वार पर पहुँच गया। इस ऐतिहासिक कूच को देखने के लिए लोग सड़कों पर उमड़ पड़े। सड़कों के दोनों तरफ से फूल बरसाकर, सिसकियों और आँसुओं से उनके प्रति संवेदनाएँ प्रकट करते हुए मूक हार्दिक समर्थन किया। जे. पी. जी जैसे ही सचिवालय के मुख्य द्वार पर पहुँचे उन्हें देखते ही पुलिस पदाधिकारी, जिलाधीश

एवं सशस्त्र सैनिक दस्ते जमा हो गये। पुलिस ने काफी दूर तक भीड़ को दूर करने का प्रयास किया उस समय कुछ छात्रों तथा महिलाओं को बन्दी भी बनाया गया जिन्हें 1 या 2 घण्टे के बाद छोड़ दिया गया जबकि सचिवालय के कर्मचारियों की भीड़ जे. पी. जी के दर्शनों हेतु उमड़ पड़ी। जे. पी. जी सत्याग्रहियों का निरीक्षण करके अन्य लोगों के साथ धरने पर बैठ गए। सारा कार्यालय ठप्प पड़ गया क्योंकि सचिवालय के कर्मचारी जे. पी. जी के दर्शनों हेतु उनके आस-पास मँडराते रहे।

सरकार की पूरी सतर्कता तथा दमनात्मक कार्रवाई के बावजूद 3 अक्टूबर को बन्द पूर्णतः सफल रहा। चारों तरफ सन्नाटा छाया हुआ था। सभी समाचार-पत्रों द्वारा इस 'बन्द' को अभूतपूर्व 'ऐतिहासिक बन्द' बताया गया। कहीं से कोई अप्रिय घटना का समाचार नहीं था, इसके लिए जे. पी. जी ने सभी को सहर्ष धन्यवाद किया। जे. पी. जी को इस बात की हार्दिक खुशी थी कि उनके इस 'बिहार बन्द' में प्रत्येक ने उनका साथ दिया और बिहार बन्द शान्तिपूर्ण ढंग से सफल रहा।

3 अक्टूबर के बन्द को रोकने के लिए राज्य सरकार ने पूर्ण प्रयास किया लेकिन उसे इसमें पूरी तरह असफलता ही हाथ लगी पर अपनी प्रतिष्ठा को बचाने के लिए सरकार ने रेल सेवा को चालू कराने के लिए पूरी शक्ति का प्रयोग किया। आंदोलनकारियों ने अपने पास ही रेल-लाइनों, स्टेशनों पर अहिंसक, तथा शान्तिपूर्ण तरीके से हमला बोला और बिहिआ, भभुआ, सासाराम, समस्तीपुर, मुजफ्फरपुर, सीतामढ़ी, दानापुर आदि स्थानों पर तो सभी लोगों ने यहाँ तक बच्चों और वृद्ध पुरुषों ने भी रेलमार्गों पर इकट्ठे होकर लेट या बैठकर धरना देना आरम्भ कर दिया। इसके परिणामस्वरूप रेलगाड़ियाँ जहाँ-तहाँ ठप खड़ी रहीं और टस-से-मस नहीं हुईं। दूसरे दिन काफी गिरफ्तारियाँ भी की गईं। इंजनों में आग सुलगाने के लिए काफी प्रयास किया गया पर या तो आग को बुझा दिया गया या गिरा दिया गया कहीं-कहीं पर सरकारी साजिश के तोड़-फोड़ का मामला भी सामने आया पर आंदोलनकारियों ने शान्ति बनाए रखी। कई कम्युनिस्ट रंगे हाथ पकड़े गए जबकि कई कम्युनिस्टों के घरों से हथगोले भी बरामद हुए।

पताही (चम्पारण), भवानीपुर (पूर्णिया) और सासाराम (रोहतास) पर गोलियाँ चलाई गईं जिससे आधा दर्जन सत्याग्रही कालग्रसित हुए तथा कई लोग घायल भी हुए। सासाराम में तो धरना देने वाले लोगों ने इतना साहस दिखाया कि गोली चलाने के बावजूद भीड़ टस-से-मस नहीं हुई तथा सुबह से शाम तक रेल लाइन पर टिकी रही। सत्याग्रहियों की संख्या में वृद्धि होने लगी तथा सचिवालय के कर्मचारी भी सत्याग्रह में शामिल हो गए।

5 अक्टूबर, 1974 का दिन एक ऐसा दिन रहा जिसकी किसी ने कल्पना भी नहीं की होगी। यह दिन इतना तनावपूर्ण, उत्तेजनापूर्ण, भयानकता लिए हुए होगा ये किसी ने भी नहीं सोचा था। शाम होते-होते कितने स्थानों पर गोलियाँ चलीं, कितने ही मासूम तथा निर्दोष लोगों के रक्त से धरती रंगीन हो गई थी। कुछ जगहों पर तो पुलिस द्वारा खुलकर गोलियाँ चलाई गईं। पटना सिटी के गोलीकाण्ड से तो सारा बिहार ही हिल गया जिसमें 22 राउण्ड की गोलियाँ चलाई गई थीं। गैरसरकारी सूत्रों से पता चलता है कि इस गोलीकाण्ड में 75 व्यक्ति मारे गए और लगभग 100 व्यक्ति हताहत हुए।

इन हिंसात्मक वारदातों से जे. पी. जी को बहुत बड़ा आघात लगा, उनके हृदय स्थल को बहुत बड़ी चोट पहुँची तथा जे. पी. जी ने अपनी हार्दिक व्यथा को दर्शाते हुए कहा कि इसमें काँग्रेस और कम्युनिस्ट पार्टी का हाथ है ताकि उनके सफल बिहार बन्द को अन्त में कलंकित किया जा सके। जे. पी. जी ने इस रक्तरंजित सफलता हेतु श्री गफूर को धन्यवाद भी दिया और कहा–

"पिछली रात ही राज्य सरकार के अधिकाधिक सूत्रों से उन्हें इस साजिश की खबर मिल गई थी। दो दिनों के शानदार बन्द से सरकारी हलकों में गहरी चिन्ता हुई और मन्त्रियों की बैठक में यह तय हुआ कि बन्द के अन्तिम दिन किसी तरह गोलियाँ चलें और हिंसा हो जिससे उन्हें यह कहने का मौका मिल जाए कि आंदोलन अब अहिंसक नहीं रहा।"

जयप्रकाश जी ने सत्याग्रहियों को सरकारी साजिश से आगाह किया तथा उन्हें उत्तेजित न होने के लिए कहा। इस बिहार बन्द में लोगों ने जयप्रकाश जी का खुलकर साथ दिया था और यही कारण था कि बन्द पूर्णतया सफल

रहा। अतः सभी लोगों में इस सफलता से अत्यन्त उमंग, उत्साह तथा एक नई प्रकार की खुशी थी लेकिन दूसरी तरफ सरकारी दमनकारी नीतियों तथा गोलीकाण्डों से बड़े ही कारुणिक दृश्य भी उत्पन्न हुए तथा ऐसे में तनाव से बचाव के लिए सरकार द्वारा कर्फ्यू की व्यवस्था भी की गई।

जे. पी. जी ने बिहार बन्द की सफलता के बाद आलाकमान को आँखें खोलने तथा गफूर मन्त्रिमण्डल को बिना किसी विलम्ब के इस्तीफा देने के लिए कहा (गाँधी मैदान में एक विशाल जनसभा को सम्बोधित करते हुए)। जे. पी. ने राज्यपाल को भी विधानसभा का विघटन करके जनता के प्रति उत्तरदायित्व निभाने की बात कही और सरकारी अधिकारियों से भी कहा–

''बिहार के अफसरो! इस बात का फैसला करो कि तुम जिसका नमक खाते हो उस जनता के साथ हो या जो जनता का नमक खाकर उसके प्रति नमकहरामी कर रहे हैं उनके साथ हो। अगर तुम जनता के साथ रहना चाहते हो तो एकजुट होकर इस्तीफा देकर निकल आओ, क्योंकि जिसके आदेश से जनता को कुचलने के लिए तुम तत्पर हो, कुर्सी पर बैठा यह व्यक्ति गद्दार है, जनता का प्रतिनिधि नहीं।''

जयप्रकाश ने कुछ ईमानदार मन्त्रियों तथा विधायकों को भी अगला चुनाव जीतने के लिए सुझाव देते हुए कहा कि वे शीघ्र ही त्यागपत्र देकर जनता का साथ दें। जे. पी. ने 7 अक्टूबर से विधानसभा के समक्ष जत्थादार 24 घण्टे के अनशन के लिए भी कहा जिसका नेतृत्व अखिल भारतीय सर्वसेवा संघ के अध्यक्ष श्री सिद्धराज चड्ढा ने किया और 34 सत्याग्रहियों का पहला जत्था अनशन पर बैठ गया। जे. पी. ने सरकार द्वारा प्रसारित कर्फ्यू को मान्यता देते हुए पटना में गाँधी सरोवर पर होने वाले भाषण को स्थगित कर दिया जिससे जनता को निराश लौटना पड़ा।

जे. पी. जी ने 8 अक्टूबर को 86 सत्याग्रहियों के साथ अनशन किया तथा दूसरे दिन अनशन को तोड़ते समय जे. पी. जी के साथ-साथ सभी प्रसन्न मुद्रा में थे। 9 अक्टूबर के अनशन का नेतृत्व नारायण देसाई द्वारा किया गया। जयप्रकाश नारायण ने 80,000 की भीड़ को सम्बोधित करते हुए इस बात की घोषणा भी की कि यदि विधानसभा का शीघ्र विघटन नहीं किया गया और मन्त्रिमण्डल को नहीं हटाया गया तो जनता असेम्बली को गठित किया जाएगा तथा इसमें छात्र सम्पर्क समितियों द्वारा निर्दलीय उम्मीदवारों को खड़ा किया जाएगा। 35 विधायक जो कि त्यागपत्र देंगे उन्हें टिकटें अवश्य मिलें और सभी वर्गों को समुचित प्रतिनिधित्व दिया जाए। 11 अक्टूबर को जे. पी. जी ने अपने 74 वर्ष पूर्ण किए तथा उनकी वर्षगाँठ पूरे बिहार में हर्षोल्लास के साथ मनाई गई। जे. पी. जी ने 13 अक्टूबर से 17 अक्टूबर तक सचिवालय के समक्ष धरने के लिए कहा तथा 4 नवम्बर को विधानसभा के सामने विशाल जनप्रदर्शन के लिए कहा। सचिवालय तथा मन्त्रियों के 24 घण्टे तक घेराव के तत्पश्चात् समानान्तर सरकार बनाने के कार्यक्रम की जे. पी. ने घोषणा की।

जे. पी. की अपील पर सरकार के लाख रोकने के बावजूद 3 नवम्बर को ही बिहार की विभिन्न जगहों से लोगों का आना शुरू हो गया। बिहार सरकार ने तो पूरे पटना की घेराबन्दी कर दी थी मगर लोगों ने स्टीमर तथा अन्य तरीकों से भी 4 नवम्बर की सुबह तक पटना में पहुँचकर प्रदर्शन के लिए तैयारियाँ शुरू कर दीं। पूरा पटना पुलिस और सी. आर. पी. के जवानों से भरा पड़ा था। बाहर से आने वाले सारे रास्ते पर पुलिस का कड़ा पहरा लगाया गया था इस किलेबन्दी और नाकेबन्दी के बावजूद पचासों हजार लोग 3 नवम्बर की रात से ही पटना में प्रवेश कर चुके थे। जगह-जगह पर ऐसे लोगों को रखने की सारी व्यवस्था करके पटना के नागरिकों ने भी आंदोलन में काफी सहयोग दिया। 4 नवम्बर की सुबह से ही पटना की सारी सड़कों पर मुँह पर लोहे की जाली, सर पर लोहे की टोप, राइफल धारी जवान ऐसे खड़े थे मानो सारा शहर एक रणस्थल बन गया हो। सुबह दस बजे जयप्रकाश नारायण अपने कदमकुआँ निवास से निकलकर सारी घेराबन्दियों को तोड़ते हुए गाँधी मैदान में पहुँचे। उनके पहुँचते ही गाँधी मैदान के चारों ओर से लोगों का ऐसा जत्था निकलना शुरू हुआ कि पुलिस वाले भी हैरान रह गए इतनी छापामारियों और घेराबन्दी के बावजूद पूरा बिहार पटना में एकत्रित हुआ कैसे। पुलिस ने भीड़ को रोकने के लिए आँसू गैस तथा लाठियों से आंदोलनकारियों पर प्रहार भी किया। ज्यों ही गाँधी मैदान से निकलकर जुलूस मुख्यमंत्री निवास की ओर बढ़ने लगा पुलिस ने निर्ममता से अंधाधुन्ध लाठियाँ चलानी शुरू कर दीं। एक सी. आर. पी. जवान ने एक भरपूर लाठी का प्रहार जयप्रकाश नारायण

पर भी किया। लाठी जयप्रकाश नारायण के सर पर सीधी लगती यदि नाना जी देशमुख उसे अपने हाथ पर रोक न लेते। उस दिन लगभग तीन हजार लोगों को पुलिस ने गिरफ्तार भी किया।

जयप्रकाश नारायण पर लाठी प्रहार की खबर पाकर सारा देश विचलित और मर्माहत हो उठा। चारों ओर से इस प्रहार की निन्दा एवं भर्त्सना जोरदार शब्दों में की गई। इस आंदोलन द्वारा श्रीमती गाँधी तथा काँग्रेस मन्त्रियों और विधायकों को जयप्रकाश जी के इस आंदोलन से काफी भ्रम उत्पन्न हुए। जहाँ श्रीमती गाँधी ने यह समझा कि यह आंदोलन उन्हें सत्ता से हटाने का प्रयास है तो काँग्रेस मन्त्रियों तथा विधायकों ने इसे अपनी आजीविका में खलल माना। इसमें उन्होंने यह ज़रा-सा भी अनुभव नहीं किया कि जयप्रकाश नारायण ने यह आंदोलन उनकी बुराइयों को दूर करने तथा उनकी स्थायी सत्ता बनाने हेतु किया है उन्होंने आंदोलन को अपनी भलाई के रूप में नहीं लिया। इस भ्रम का फायदा उठाते हुए कम्युनिस्ट पार्टी भी इस आंदोलन को दबाने के लिए इनके साथ शामिल हो गई। 9 नवम्बर के भाषण में इन्दिरा गाँधी ने इस आंदोलन को स्वयं को सत्ता से हटाने, इससे जनतन्त्र को खतरा, तथा इस चुनौती का मुकाबला करने की बात कही।

10 नवम्बर को राँची में एक रैली निकाली गई। इस रैली में अधिकांश काँग्रेस के लोग भी शामिल थे। छात्रों एवं जनता द्वारा काँग्रेस के अध्यक्ष बरुआ को काला झण्डा दिखाया गया और 'लोकनायक जयप्रकाश जिंदाबाद', 'संपूर्ण क्रांति अमर हो', 'विधानसभा भंग करेंगे' जैसे नारे लगाए गए। इस जुलूस के आगे-पीछे, दाएँ-बाएँ सी. आर. पी., बी. एम. पी., बी. एस. एफ. के जवान, पुलिस और होमगार्ड ही दिखाई दे रहे थे। श्री बरुआ और प्रधानमंत्री के विरोध में नारे लगाने पर पुलिस द्वारा जब हस्तक्षेप किया गया तो पथराव भी हुआ। पटना की सड़कों पर कम्युनिस्टों का हथियारबन्द जुलूस निकल रहा था सभी के हाथ में घातक हथियार दिखाई पड़ रहे थे और कुछ लोग ही नारे लगाते नजर आ रहे थे। प्रदर्शनकारियों ने कई जगहों पर कई लोगों पर अपना जोर आजमाया तथा मार-पीट आदि की। जुलूस जब राजभवन पहुँचा तो उनकी माँग विधानसभा को भंग न करने की थी कम्युनिस्ट पार्टी के केन्द्रीय सचिव राजेश्वर राव ने जयप्रकाश के इस आंदोलन को प्रजातन्त्र विरोधी आंदोलन बताया और इस आंदोलन का डटकर मुकाबला करने को कहा। 4 नवम्बर की रैली को असफल करने का सरकार ने हर हथकण्डा अपनाया और पूर्ण प्रयास किया था जबकि 11 नवम्बर को जो रैली कम्युनिस्ट पार्टी द्वारा निकाली गई उसमें सरकार ने पूर्ण रूप से अपना साथ दिया। यहाँ तक कि जुलूस को संरक्षण प्रदान करने के लिए रैली के चारों ओर सी. आर. पी. के जवानों की व्यवस्था की गई। सरकार की इस दोगली नीति से दुखी होकर धर्मवीर भारती ने 'मुनादी' कविता लिखी। इस रैली को 'सरकारी प्रदर्शन', 'काँग्रेस कम्युनिस्ट दल के दोस्ताना फुटबाल मैच' जैसे नाम दिए गए। यह प्रत्यान्दोलन विधानसभा के बचाव हेतु किया गया था। इसी क्रम में काँग्रेस की ओर से 16 नवम्बर को पटना में जो प्रदर्शन किया गया था उसने सजावट में एक बारात तक को मात दे दी। इस प्रदर्शन का नेतृत्व बरुआ कर रहे थे। इसमें छह केन्द्रीय मंत्री, उपमंत्री, मुख्यमंत्री तथा अन्य मन्त्रिगणादि शामिल थे। यह जुलूस कम्युनिस्ट पार्टी की अपेक्षा इतना छोटा था कि झण्डे और बैण्डबाजों की संख्या ही अधिक नजर आ रही थी पर इस जुलूस के लिए भी सभी व्यवस्थाएँ उपलब्ध कराई गई थीं। सभा में श्री बरुआ ने कहा—"सिर्फ सर्वोदय नेता जयप्रकाश नारायण और उनके समर्थकों की इच्छा पर विधानसभा का विघटन नहीं होगा।" जगजीवन राम ने अपने विचार देते हुए कहा—"बिहार गुजरात नहीं है और बिहार कभी भी किसी भी हालत में गुजरात नहीं बनेगा।" इसी प्रकार ललित नारायण मिश्र ने भी कहा कि "यह कहना जायज नहीं है कि बिहार मेरी जेब में है।" यह बात मिश्र ने जयप्रकाश द्वारा उनके संबंध में व्यक्त किए गए विचारों को स्पष्ट करते हुए कही। इस रैली में काँग्रेसी तथा आंदोलन के समर्थकों के बीच मुठभेड़ होने से कई लोगों को गिरफ्तार भी किया गया।

4 नवम्बर को जे. पी. पर लाठी प्रहार तथा अश्रुगोले छोड़ने से जनता काफी बेचैन थी और जे. पी. जी से ही उनके स्वास्थ्य के बारे में जानना चाहती थी अतः 18 नवम्बर को जयप्रकाश जी ने एक सभा की घोषणा की और जिस दिन यह सभा थी उस दिन को अपने लिए जनता का प्रेम देखकर और इतनी भीड़ को देखकर जयप्रकाश इतने भाव विह्वल हो गए कि वे रो पड़े तथा पाँच मिनट तक वे कण्ठावरुद्ध होने के कारणवश कुछ बोल न सके। जे. पी. जी ने लोगों से क्षमा माँगते हुए कहा—"अपार जनसमूह के सामने अपनी शुद्धता का अहसास कर मैं भावुक हो गया।"

तत्पश्चात् जयप्रकाश नारायण ने कहा–

"प्रधानमंत्री श्रीमती इन्दिरा गाँधी ने अगले चुनाव को संघर्ष के मैदान में ले जाकर खड़ा कर दिया है। यह संघर्ष भ्रष्टाचार मिटाने का है। हमने अपने आपको अब तक चुनाव से अलग रखा लेकिन इस संघर्ष ने और जनता ने अगर मुझे इसका नायक बनाया है तो मैं भी इस संघर्ष के मैदान से अपने आपको अलग नहीं रखूँगा। उम्मीदवार की हैसियत से नहीं, नायक की हैसियत से।"

जयप्रकाश नारायण ने 'दिनकर' की इन पंक्तियों को दोहराया–

"दो राह, समय के रथ का घर्र-घर्र नाद सुनो
सिंहासन खाली करो कि जनता आती है।"

उन्होंने कहा–"मुझे आशा है कि यह घर्र-घर्र नाद न केवल पटना बल्कि दिल्ली में भी सुनाई देगा क्योंकि जनता की राह रोकने का साहस कोई नहीं कर सकता है। अतः श्रीमती इन्दिरा गाँधी की चुनाव चुनौती मुझे स्वीकार है।" उन्होंने यह भी कहा कि "यह संपूर्ण क्रांति का आंदोलन है। भारत में सामाजिक, आर्थिक और राजनीतिक क्रांति लानी है...देश में लोकतंत्र का नारा लगाना है किन्तु देश तानाशाही की तरफ खिसक रहा है। बिहार की जनता ने गत 4 नवम्बर को अपनी शक्ति और बुद्धि का जो अद्भुत प्रदर्शन किया वह ऐतिहासिक घटना है। अंग्रेजी शासन में भी कभी राजधानी में आयोजित शान्तिपूर्ण प्रदर्शन को इस तरह रोका नहीं गया था।"

20 नवम्बर जयप्रकाश जी दिल्ली पहुँचे जहाँ काँग्रेस कार्य समिति के सदस्य एवं सांसद चन्द्रशेखर ने जयप्रकाश जी को चाय पर आमन्त्रित किया तथा 60 से भी अधिक काँग्रेसी सांसदों को जयप्रकाश नारायण ने सम्बोधित करते हुए बिहार आंदोलन के विषय में न्यायसंगत विचार करने के लिए कहा जिससे काँग्रेस संसदीय दल में आक्रोशाग्नि फैल गई और सौ से अधिक काँग्रेसी सांसदों ने आंदोलन से सहानुभूति रखने वाले काँग्रेसी सांसदों के प्रति इन्दिरा गाँधी से तत्काल कार्रवाई हेतु अनुरोध किया। 23 नवम्बर को जयप्रकाश नारायण ने युवा छात्रों से चुनाव पद्धति में परिवर्तन लाने हेतु सरगर्मी दिखाने तथा तत्काल कदम उठाने का कम-से-कम बीस लाख लोगों द्वारा घेराव हो। इस प्रदर्शन तथा घेराव का उद्देश्य वर्तमान शिक्षा पद्धति में ठोस परिवर्तन तथा भ्रष्टाचार समाप्त करने के लिए सरकार पर दबाव था। उन्होंने कहा कि राजनीतिक भ्रष्टाचार समाप्त हुए बिना अन्य भ्रष्टाचारों को भी खत्म नहीं किया जा सकता। जयप्रकाश ने आंदोलन चलाने के लिए 21 सदस्यों की एक समन्वय समिति का आयोजन करवाया। दिल्ली से कुरुक्षेत्र में प्रस्थान के बाद एक सभा को सम्बोधित करते हुए उन्होंने कहा–"यह वही कुरुक्षेत्र है जहाँ महाभारत का युद्ध हुआ था। मैं आज इसी कुरुक्षेत्र के मैदान से हरियाणा-आंदोलन शुरू करने की घोषणा करता हूँ।" जयप्रकाश नारायण ने आंदोलनकारियों के लिए एक नया नारा भी दिया–

"सुन लो ए दिल्ली की रानी!
नहीं चलेगी अब मनमानी।"

दिल्ली से कुरुक्षेत्र जाते समय करनाल के निकट कुछ हमलावरों ने जयप्रकाश नारायण की कार पर बुरी तरह आघात किया पर यह आश्चर्यजनक बात थी कि यह हमला पुलिस के सामने किया गया और पुलिस ने कुछ नहीं कहा लेकिन नारायण देसाई, मधु लिमये, सत्यपाल मलिक, तथा अन्य कार्यकर्ताओं ने कारों से उतरकर हमलावरों को हटाया। यहाँ तक कि लुधियाना के स्टेशन पर एक व्यक्ति ने जयप्रकाश नारायण से गले मिलने के बहाने उनकी एक पसली को भी चटका दिया जो कि दो दिनों के बाद ठीक हुई। जयप्रकाश नारायण ने हरियाणा के मुख्यमंत्री बंसीलाल के यह कहने पर कि, जयप्रकाश नारायण की हरियाणा में एक नहीं चलेगी, कहा वे हरियाणा में प्रवेश कर अपनी बातें कहेंगे।

संयोग से जयप्रकाश नारायण और श्री गफूर आते समय एक ही विमान में आए और जब 30 नवम्बर, 1974 को जयप्रकाश नारायण ने वापस पटना में प्रस्थान किया तो जयप्रकाश नारायण के स्वागत में एकत्रित हुई भीड़ में श्री गफूर तो खो ही गए और 'लोकनायक जिंदाबाद! और गफूर हाय! हाय!' के नारे से गूँज होने लगी। 8 दिसम्बर को जब काँग्रेसी विधायक जमील अहमद से स्थानीय युवकों ने त्यागपत्र का आग्रह किया तो पाँच युवक विधायक के

सुरक्षा गार्डों की गोलियों से आहत हुए जिनमें से एक की हालत तो अस्पताल में अत्यन्त चिन्ताजनक थी। दूसरे दिन पटना बन्द रहा और लम्बा मौन जुलूस निकला।

जयप्रकाश नारायण ने 14 दिसम्बर को इस बात को भी उजागर किया कि इस आंदोलन में निन्यानवे प्रतिशत मुसलमान उनके साथ हैं यह बात उन्होंने गफूर की इस बात पर कही कि मुसलमान इस आंदोलन में बिलकुल शामिल नहीं हैं। एक तरफ जहाँ जनता गरीबी और भुखमरी से मर रही थी वहीं कुछ लोग अपनी वेतन वृद्धि करवाने में लगे हुए थे। जहाँ मन्त्रियों का भत्ता बढ़ाकर तीन सौ रुपए प्रतिमाह किया गया था वहीं लोकसभा सदस्यों ने अपने माइलेज में वृद्धि कर डेढ़ लाख रुपए के अतिरिक्त वार्षिक खर्च का बोझ जनता पर डाला और प्रत्येक सदस्य की टेलीफोन कॉल्स भी दस से पन्द्रह हजार कर दी गईं।

25 दिसम्बर को उत्तर प्रदेश के दस पूर्वी जिलों की संघर्ष समितियों के बीच जयप्रकाश जी ने इस बात को उजागर किया कि ''संपूर्ण क्रांति से मेरा मतलब सामाजिक और आर्थिक व्यवस्था का पुनः निर्माण करना है सिर्फ सत्ता में परिवर्तन लाना नहीं।'' जे. पी. जी ने व्यंग्यात्मकता का प्रयोग करते हुए यह भी कहा कि ''जनसंघ के लिए संपूर्ण क्रांति तभी होगी यदि लालकृष्ण आडवाणी अथवा अटल बिहारी वाजपेयी प्रधानमंत्री बन जाएँ और भारतीय लोक दल के लिए संपूर्ण क्रांति तब होगी यदि चरण सिंह सत्ता में आ जाएँ।'' इस बात का पूर्ण समर्थन होने के कारण कई लोगों ने नाराज होते हुए भी इस बात को स्वीकार किया।

जयप्रकाश जी एक ईमानदार व्यक्ति थे अतः उन्होंने अपनी कमियाँ कभी नहीं छुपाईं। उन्हें इस बात की खबर भी थी और उन्होंने यह स्वीकारा कि उनके इस आंदोलन में कुछ भ्रष्ट तत्त्व भी शामिल हो गए हैं जो कि दस पर एक शून्य अर्थात् दस रुपए के कूपन को सौ रुपए में बेच रहे हैं। उनके हस्ताक्षर पर 27 लाख रुपए के कूपन जारी किए गए थे जबकि 18 लाख रुपए के कूपन का हिसाब तो मिला ही नहीं और जो थैलियाँ भेंट की गई थीं कहीं-कहीं पर उनका तो हिसाब ही नहीं मिला था। 27 दिसम्बर को जयप्रकाश नारायण ने एक विशाल जनसभा को सम्बोधित करते हुए कहा कि–

''ज्यादातर राजनीतिक दल सत्तालोलुप हैं। अतः जनता स्वयं जन-आंदोलन के द्वारा जनशक्ति तैयार करे जो सरकार पर अंकुश रखे। इस आंदोलन में स्वयं जनता को जोखिम उठाना है।''

बिहार आंदोलन के समय सबसे महत्त्वपूर्ण नारा था–'सन् पचहत्तर की लड़ाई' जिसे आंदोलन से उभरे नेताओं की बनी सरकार भूल गई थी। अगर उस समय आपात्काल नहीं लगा होता, सारा आंदोलन केवल 'तानाशाही खत्म करो' में ही सिमट नहीं गया होता तो 'जनता सरकार' का राज होता। कई स्थानों पर तो छात्रों ने भी जनता की अपनी सरकार बनाई थी जिसने पटना विश्वविद्यालय के प्रशासन को अपने हाथ में ले लिया और जिसके कुलपति वशिष्ठ नारायण सिंह बने। जनता सरकार इसी का बड़ा स्वरूप था। जयप्रकाश नारायण ने आंदोलन के एक वर्ष पश्चात् 'संपूर्ण क्रांति' का संदेश देते हुए जनता को सम्बोधित करते हुए कहा–

''लड़ाई लम्बी है। स्वराज का जो नक्शा महात्मा गाँधी ने खींचा था उसे धरती पर उतारना अभी बाकी है... भ्रष्टाचार, बेरोजगारी, महँगाई, कुशिक्षा, भ्रष्ट चुनाव जैसे सवाल तभी हल होंगे जब आज की व्यवस्था का ढाँचा बुनियादी तौर पर बदल जाएगा।

...इतनी बड़ी और व्यापक लड़ाई का मोर्चा सिर्फ पटना या दिल्ली में नहीं है बल्कि गाँव-गाँव और शहर-शहर में है।...जहाँ भी अन्याय और अनीति है, हमारा वहाँ संघर्ष है...निहत्थी जनता जब संगठित हो जाती है तो उसे बहुत दिनों तक लाठी-गोली से दबाया नहीं जा सकता। जनता अब यह मानकर काम शुरू करे कि वह खुद सरकार है। संगठन बनाकर वह अपना अधिक-से-अधिक काम अपने हाथ में ले सकती है। इसी को मैंने 'जनता सरकार' कहा है।''

जयप्रकाश नारायण ने जनसंघर्ष समिति और छात्र संघर्ष समिति को जनता सरकार की दो भुजाएँ कहते हुए कहा–''जनता सरकार की दो भुजाएँ होंगी, एक जनसंघर्ष समिति और दूसरी, छात्र संघर्ष समिति। हर टोले में जनसंघर्ष समिति गठित होगी और पंचायत भर में जितने टोलों में संघर्ष समितियाँ गठित होंगी उनके संयोजकों और प्रतिनिधियों को लेकर पंचायत समिति बनेगी। इसी तरह प्रखण्डों की समितियाँ बनेंगी, हर हाई स्कूल और उसके ऊपर के विद्यालय

में अलग-अलग छात्र संघर्ष समिति बनेगी और ऐसी सभी समितियों के संयोजक और प्रतिनिधि छात्र संघर्ष समिति के सदस्य होंगे। इसी तरह प्रखण्ड टोले से लेकर ऊपर तक समितियों की सीढ़ियाँ बनेंगी।''

जयप्रकाश नारायण ने जनता सरकार का दोहरा काम बताया। पहला यह कि, वह अपने गाँव, पंचायत, प्रखण्ड को जनविरोधी सरकार से शान्तिपूर्ण ढंग से संघर्ष हेतु तत्पर रहे तथा दूसरा, सरकार की ओर से कोई अनीति, जोर-जुल्म न होने पाए तथा जनता किसी भी प्रकार के झगड़े के निपटारे के लिए पुलिस और अदालत के ऊपर निर्भर न रहे। जयप्रकाश नारायण ने जनता को जहाँ तक सम्भव हो सके सरकारी तन्त्र से बचने के लिए कहा। जयप्रकाश नारायण ने यह भी कहा कि—''जनता सरकार केवल दो-चार महीनों के लिए नहीं होगी और मौजूदा सरकार के चले जाने से उसका काम समाप्त नहीं होगा। यह स्थायी संगठन होगा और इसी से वह नई सरकार पर भी अंकुश रख सकेगी।''

जयप्रकाश जी 2 जनवरी की संध्या को जब समस्तीपुर, मुजफ्फरपुर बड़ी लाइन के उद्‌घाटन पर हुए बम विस्फोट में 24 व्यक्तियों के साथ केन्द्रीय रेलमंत्री ललित नारायण मिश्र काल ग्रसित हुए तब वोट क्लब में सरकारी कर्मचारियों की रैली में भाषण देते हुए अत्यन्त दुखी हुए और श्री मिश्र जी के प्रति, शोक विह्वल परिवार के प्रति हार्दिक संवेदना व्यक्त की। जयप्रकाश जी ने सभा के शोक परिणत होने के तत्पश्चात् विशेष रूप से कहा कि ''श्री मिश्र की हत्या की विशद जाँच केन्द्रीय सरकार द्वारा कराई जाए। बिहार सरकार इसके लिए अयोग्य है और इस हत्या के पीछे जिस विलक्षण बुद्धि का हाथ हो उसे जनता के समक्ष उपस्थित किया जाए।'' जबकि इसी हत्याकाण्ड द्वारा काँग्रेस तथा कम्युनिस्ट पार्टी के कुछ नेताओं ने आंदोलन को बदनाम करना आरम्भ कर दिया। संसद सदस्य देवेन्द्र सतपथी ने जयप्रकाश नारायण की संपूर्ण क्रांति पर आरोप और लांछन लगाते हुए अपने 5 जनवरी को जे. पी. जी को प्रेषित एक तार में कहा—''हमने बिहार में आपकी संपूर्ण क्रांति की झलक देख ली। आपसे आग्रह है कि सर्वोदय की आड़ में गुण्डागर्दी रोक दें क्योंकि इसकी सारी लांछना आप पर होगी।''

6 जनवरी को इन्दौर में जयप्रकाश नारायण ने कांग्रेसियों तथा कम्युनिस्टों की आलोचनाओं के उत्तर में स्पष्ट करते हुए बताया कि श्री मिश्र उनका निशाना कभी भी नहीं रहे। जे. पी. जी ने कहा कि ''श्री मिश्र कभी भी हमारे निशाना नहीं रहे और बिहारवासियों के मन में उनके प्रति कोई गुस्सा भी नहीं था। श्री डाँगे तथा अन्य कम्युनिस्टों का यह कहना व्यर्थ है कि हमारे आंदोलन द्वारा हिंसा भड़काई जाती है। यह तो पटना में कम्युनिस्टों द्वारा किया गया सशस्त्र प्रदर्शन और हमारे लोगों द्वारा किया गया निःशस्त्र शान्तिपूर्ण प्रदर्शन ही गवाह है कि कौन हिंसा भड़काता है।

17 सांसदों द्वारा आंदोलन वापस लेने की अपील पर जयप्रकाश नारायण ने उज्जैन की एक सभा को सम्बोधित करते हुए कि ''मैं आंदोलन वापस नहीं लूँगा। यह वह जन-आंदोलन है जिसका ढंग अहिंसात्मक तथा शान्तिपूर्ण है। इसकी सफलता पर मुझे विश्वास है। यह आंदोलन बिहार ही नहीं सारे देश में फैलेगा।''

7 जनवरी को श्री मिश्र को श्रद्धांजलि अर्पित करने की एक शोक सभा में श्रीमती गाँधी ने जे. पी. जी तथा जे. पी. के आंदोलन पर कटाक्ष, आरोप तथा इशारा करते हुए कहा कि ''मैं उन लोगों का निशाना जानती हूँ। मैं मृत्यु से नहीं डरती। श्री मिश्र की हत्या एक खतरनाक योजना का ही पूर्वाभ्यास है।...श्री मिश्र की हत्या को लेकर कई तरह की अफवाहें फैलाई जा रही हैं। यदि मैं मारी गई तो भी लोग यही कहेंगे कि इसमें मेरा ही हाथ था (यह मेरी योजना थी)।...यह एक अजीब तमाशा है कि जो लोग सत्य और अहिंसा की बातें करते हैं उन लोगों ने एक ऐसा माहौल खड़ा कर दिया है कि उसमें सत्य और अहिंसा का अस्तित्व बच पाना मुश्किल है।'' इसी प्रकार श्री बरुआ ने भी तीखा कटाक्ष करते हुए कहा—''सर्वोदय नेता ने ठीक ही कहा है कि श्री मिश्र उनके निशाना नहीं थे। मैं तो यही कहूँगा कि केवल स्वर्गीय मिश्र ही उनके निशाना नहीं थे और भी बहुत से लोग निशाना हैं। सच्चे लोकतंत्र की स्थापना के लिए हममें से कुछ और की आहुति सम्भव है।''

9 जनवरी को जयप्रकाश नारायण ने इन्दिरा गाँधी द्वारा शोकसभा में दिए गए भाषण का जवाब देते हुए खेद व्यक्त किया कि ''केन्द्रीय जाँच ब्यूरो द्वारा श्री मिश्र की हत्या की जाँच के दौरान जाँच के परिणामों की प्रतीक्षा किए बिना ही प्रधानमंत्री बिहार आंदोलन को इस हत्या के लिए दोषी ठहराने का प्रयास कर रही हैं।...ऐसा लगता है कि भारतीय कम्युनिस्ट पार्टी की सहायता से वे पूरे देश में एक अल्पतान्त्रिक वातावरण का निर्माण करने की कोशिश कर

रही हैं। सम्भवतः इसके पीछे उनका एकमात्र लक्ष्य व्यापक पैमाने पर दमन और अन्ततः अपनी अधिनायकवादी सत्ता आरोपित करने के लिए औचित्य गढ़ना है।"

"...अभी जाँच चल रही है। फिर भी उन्होंने इस जाँच के परिणामों का इन्तजार करने की आवश्यकता नहीं समझी और फौरन इस हत्या का दोष बिहार आंदोलन पर मढ़ दिया।...बाद में जब लोकतान्त्रिक समाजवादी बना तो मैंने न केवल आतंकवाद को बल्कि हिंसक क्रांति को भी अस्वीकार किया और अब जबकि मैं सच्चे समाजवाद के रूप में सर्वोदय में विश्वास करता हूँ। मेरे चिन्तन में और कार्य में हिंसा के लिए कोई स्थान ही नहीं है। अतः घृणा और हिंसा का वातावरण निर्मित करने के लिए मुझे जिम्मेदार, मुझे अपमानित करना है।..."

जयप्रकाश नारायण ने जनवरी के शुरू में ही 6 मार्च, 1975 को दिल्ली संसद के सम्मुख एक विशाल जनप्रदर्शन तथा लोकसभा तथा राज्यसभाध्यक्षों को जनता की तरफ से एक माँग-पत्र समर्पित करने की घोषणा की तथा विरोधी दलों के नेताओं से दिल्ली में बातचीत कर अगले दिन से ही प्रदर्शन की तैयारी के लिए दौरों पर निकल पड़े। 21 जनवरी को श्री गफूर द्वारा प्रेस कान्फ्रेंस में दिए गए बयान से कि "बिहार में जो आंदोलन जयप्रकाश नारायण चला रहे हैं हिंसात्मक हो गया है और अगर जयप्रकाश नारायण अपना रवैया नहीं बदलेंगे तो उनको शीघ्र ही गिरफ्तार कर जेल की सैर करा दी जाएगी"—सारे देश में ऐसी घोर प्रतिक्रियाएँ हुईं कि श्री गफूर ने घबराकर इस बयान से भी इनकार कर दिया। श्री गफूर की इसी गलतबयानी पर बिहार प्रदेश छात्र संघर्ष समिति की ओर से 7 जनवरी को 'झूठ विरोधी दिवस' के रूप में मनाया गया।

1 और 2 फरवरी को पटना के सदाकत आश्रम में काँग्रेस की ओर से पूर्वांचल महिला सम्मेलन का जो आयोजन किया गया उसका उद्देश्य था कि महिलाओं को जे. पी. आंदोलन के विरुद्ध तैयार किया जाए। इस सम्मेलन की अध्यक्ष श्रीमती नन्दिनी सतपथी, प्रमुख वक्ता श्रीमती तारकेश्वरी सिन्हा, श्रीमती चण्डिका महापात्र, श्रीमती कुलकर्णी और श्री देवकान्त बरुआ थे। श्रीमती नन्दिनी सतपथी ने जयप्रकाश जी के आंदोलन की आलोचना करते हुए कहा कि "जयप्रकाश नारायण 27 साल के अद्वितीय जनतन्त्र को समाप्त करने की लड़ाई के नेता हैं जो अपने ऊपर कोई जिम्मेवारी नहीं लेना चाहते और लोगों को भड़काकर भ्रान्तिपूर्ण क्रांति की बातें करते हैं। यहाँ का विरोधी पक्ष जितना दायित्वहीन है, वैसा दायित्वहीन विरोधी पक्ष दुनिया के किसी देश में नहीं है।" इसी प्रकार से श्रीमती चण्डिका महापात्र ने तो जयप्रकाश को हिटलर का द्वितीय रूप बताया और सुमित्रा कुलकर्णी ने आंदोलन को बच्चों के भविष्य के साथ खिलवाड़ बताया। गफूर ने तो आंदोलन को फासिस्ट एवं प्रतिक्रियावादी आंदोलन बताते हुए गर्व के साथ घोषणा की कि "मैं बिहार को दूसरा गुजरात बनाने की अनुमति नहीं दूँगा।"

26 जनवरी को बिहार के सभी लोगों ने 'जनता गणतन्त्र दिवस' मनाया जिसमें सरकारी समारोहों की अपेक्षा 'जनता गणतन्त्र समारोहों' में जनता की अधिक भीड़ पाई गई यहाँ तक कि कहीं-कहीं तो सरकारी कर्मचारियों ने भी जनता के इन समारोहों में बढ़-चढ़कर भाग लिया।

जयप्रकाश नारायण पर किसी-न-किसी तरह हमला करने में कमी नहीं छोड़ी जा रही थी। 10 फरवरी को भी ऐसा ही हुआ, नवादा से एक मील दूर पुल के पास हुए बम विस्फोट में जयप्रकाश नारायण तो सही सलामत बच गए किन्तु एक व्यक्ति के घायल होने से पूरे देश में ही सनसनी फैल गई और 19 फरवरी को आकाशवाणी के समक्ष छात्र जनसंघर्ष समिति के आह्वान पर छात्रों, युवकों तथा जनता द्वारा एक शान्तिपूर्ण प्रदर्शन में आकाशवाणी निदेशक को एक स्मरण पत्र दिया गया जिसमें मुख्य माँग—"आकाशवाणी जनता की बात सुने और उसकी ही बात बोले" थी। इस प्रदर्शन में प्रदर्शनकारियों के मुख्य नारे थे—'हमें चाहिए आकाशवाणी, नहीं चाहिए इन्दिरावाणी', 'आकाशवाणी सच बोलेगी या चुप रहेगी।' जे. पी. जी ने भी प्रदर्शन को सम्बोधित करते हुए कहा—

"सरकार तानाशाही की ओर बढ़ रही है। मैंने सुना है, ठीक ही सुना है कि बंगलादेश में जो कुछ हुआ है भारत में भी दुहराया जाएगा। देश में तानाशाही लाने की योजनाबद्ध भूमिका तैयार की जा रही है।" 28 फरवरी को जयप्रकाश नारायण ने एक विशाल भीड़ को सम्बोधित करते हुए कहा—"बिहार के चुनाव में काँग्रेस अथवा कम्युनिस्ट पार्टी को एक भी स्थान नहीं मिलेगा। यह बात दूसरी है कि वे अपना विरोधी आंदोलन चला रहे हैं।" जयप्रकाश नारायण जी

जहाँ कहीं भी जाते थे लोगों की भीड़ उनके दर्शनों के लिए उमड़ पड़ती थी। कुछ लोग उनके विरोधी थे तो एक विशाल संख्या में लोग उनके मित्र भी थे। जहाँ उत्तर प्रदेश सरकार ने उन्हें सुरक्षा तथा चिकित्सा जैसी सुविधाएँ प्रदान कीं वहीं हरियाणा सरकार ने उनकी यात्रा में हर तरह के व्यवधान उत्पन्न करने का प्रयास किया। हरियाणा में बंसीलाल के जे. पी. जी के खिलाफ होने के बावजूद, जयप्रकाश नारायण जहाँ कहीं भी जाते लोग उनके दर्शनों के लिए दौड़ पड़ते। यहाँ तक कि, कुछ लोग उनके नाम का सही उच्चारण तक नहीं कर पाते थे फिर भी यह कहते पाए गए कि "पूरब से एक आदमी आया उसने तो भाई इन्दिरा गाँधी का तख्त हिला दिया है।" अर्थात् पूरब से व्यक्ति आया है जिसने इंदिरा गाँधी का सिंहासन हिला दिया है।

जयप्रकाश नारायण यह सुनकर कि, उन्हें रोहतक की सभा में जाने के समय में गुण्डों द्वारा हमला होने का भय है, बिगड़ गए और कहने लगे—"मैं यह पसन्द नहीं करता कि कुछ लोगों के डर से रास्ते बदल जाएँ। मैं नहीं समझता कि बंसीलाल की हिम्मत हो सकती है कि वह मेरे कार्यक्रम में इस तरह की बाधा अपने आप खड़ी कर सकें। स्पष्ट है कि ऐसा दिल्ली सरकार के इशारे पर किया जा रहा है।" जयप्रकाश नारायण पर इतनी भाग-दौड़ पड़ने से उनकी रीढ़ की हड्डी में काफी दर्द उभर आया था जो कि दो दिनों में ठीक हो पाया। जनसंघ के अध्यक्ष लालकृष्ण आडवाणी ने अपने भाषण में कार्यकर्ताओं से लोकतान्त्रिक ढंग से शासन पलट देने का आह्वान किया। लालकृष्ण आडवाणी ने जे. पी. के आंदोलन को वर्ष की सबसे महान घटना बताया और यह भी कहा कि इस पर चाहे जितना कीचड़ उछाला जाए यह आंदोलन आम आदमी की आशाओं-आकांक्षाओं का प्रतीक बन गया है। 5 मार्च के भाषण में जयप्रकाश नारायण ने कहा कि 'लोकतंत्र की सफलता के लिए द्वि-दलीय शासन-प्रणाली आवश्यक है। सभी दलों को एकजुट बनाना दलों के नेताओं के बैठकर चर्चा करने से नहीं होगा। यह तभी सम्भव होगा जबकि सभी दल जनसंघर्ष में सक्रिय भाग लें। साथ-साथ लड़ें और उन पर जनता का दबाव पड़े।" तथा "यदि किन्हीं दो दलों के इकट्ठा होने का प्रस्ताव हो तो यह संघर्ष 'सोल्डरिंग' करने का कार्य करेगा।" और आज के प्रधानमंत्री श्री अटल बिहारी वाजपेयी जी भी उस समय अपना वक्तव्य देने में पीछे नहीं रहे, उन्होंने कहा—"समग्र क्रांति में विश्वास करने वाले सांसदों के लिए लोकसभा में एक संयुक्त मोर्चा कायम करना आवश्यक है।"

आखिर वह दिन आ ही गया जिसका सभी को इन्तजार था। 'मार्च' को लोगों में प्रदर्शन करने की काफी उमंग तथा उत्सुकता दिखाई दे रही थी। सभी के मुँह पर जे. पी. का ही नाम था। 4 पंक्तियों में 12 किलोमीटर का जुलूस जब निकला तो सभी लोग दंग रह गए। इतना बड़ा जुलूस ऐतिहासिक काल में किसी के द्वारा देखा नहीं गया था। सभी लोग इसमें शामिल थे। छात्र जनसंघर्ष समिति के जत्थे के हाथों में जो बैनर नज़र आ रहा था उस पर लिखा था—'सिंहासन खाली करो कि जनता आती है।' कुछ बैनरों पर लिखा था—'रोटी कपड़ा न दे सकी जो, वह सरकार निकम्मी है', 'जनता आदेश बताने हम संसद पर आए हैं, महँगाई का घाव दिखाने हम संसद पर आए हैं', 'दम है कितना दमन में तेरे, देख लिया है, देखेंगे' आदि। इसी प्रकार से एक बूढ़ी महिला यह आवाज लगाती हुई पाई गई कि 'गूँजे धरती पर आकाश, देश का नेता जयप्रकाश'। अधिकांश नारे थे—'बिहार आंदोलन जारी है, अब दिल्ली की बारी है।'

जयप्रकाश नारायण जी खुली जीप में बैठे हुए थे और उनके पीछे अन्य जीपों पर चरण सिंह, पीलू मोदी, एम. एम. जोशी, मधु लिमये, मधु दण्डवते, वाजपेयी, आडवाणी, कामथ आदि बैठे हुए जा रहे थे। इन सबके पीछे था एक विशालतम पट्ट जिस पर मोटे अक्षरों में लिखा हुआ था कि 'जनता मार्च संसद की ओर संपूर्ण क्रांति के लिए'। तथा सड़क के दोनों किनारों से कहीं से नारों की और कहीं से सहानुभूति प्रदर्शित करने की आवाजें आ रही थीं।

यह एक विशाल प्रदर्शन था जहाँ सिर्फ जयप्रकाश नारायण के नाम की ही गूँज थी। जयप्रकाश नारायण के नाम के नारे के अलावा किसी अन्य नेता के नाम का नारा नहीं लगता था। इस जुलूस को जनता जुलूस का रूप दिया गया था। यह विशाल प्रदर्शन पूर्णतया शान्तिमय एवं अनुशासित था। जबकि सड़कों पर सशस्त्र पुलिस का जाल बिछा दिया गया था। इस जुलूस में बाधाएँ उत्पन्न करने में हरियाणा की सरकार सबसे आगे थी जबकि राज्य और केन्द्र सरकार भी भरपूर बाधाएँ उपस्थित करने में पीछे नहीं रही थीं। 200 से अधिक बसों तथा 600 ट्रकों को रास्ते में

ही रोक दिया गया फिर भी लोग जैसे-तैसे पहुँच ही रहे थे। सन् 1975 में इसकी प्रथम वर्षगाँठ मनाई गई। अब तक जयप्रकाश नारायण लोकनायक के नाम से जाने जा चुके थे। वर्षगाँठ के दौरान जे. पी. श्रीमती गाँधी जी की तानाशाही शासन में व्याप्त भ्रष्टाचार, मूल्य वृद्धि, कुशिक्षा, बेरोजगारी की चर्चा कर रहे थे जबकि दूसरी ओर इलाहाबाद के जगमोहन लाल सिन्हा श्रीमती गाँधी से उनके द्वारा चुनाव में अपनाए भ्रष्ट तरीकों के लिए जवाब-सवाल कर रहे थे। जुलूस लोकनायक के नेतृत्व में चल रहा था। जुलूस में स्त्री-पुरुष, छात्र, युवा सभी शामिल थे और यह जुलूस सभी स्थानों से चलते हुए विधानसभा पहुँचकर फिर गाँधी मैदान में वापस आ गया। जुलूस बड़ा ही शान्तिपूर्ण था। जयप्रकाश नारायण ने शहीदों की मूर्तियों पर माल्यार्पण किया और वहीं छात्र नेता मिथिलेश कुमार सिंह ने, आरोप-पत्र पढ़ा और फिर आरोप-पत्र को विधानसभा के सिंह द्वार पर टाँग दिया गया। इस आरोप-पत्र की प्रमुख माँग थी कि–

''चूँकि आप सब (विधायक) हम लोगों का विश्वास पूर्णतः खो चुके हैं, जनतन्त्र के मूल्यांकन के अनुसार आप अयोग्य सिद्ध हुए हैं। इसलिए मौजूदा विधानसभा को जनता द्वारा अमान्य घोषित करते हुए इसे विघटित करने तथा तुरन्त नया चुनाव करने की माँग की जाती है।'' तथा आज का प्रमुख नारा था–''तुम प्रतिनिधि नहीं रहे हमारी कुर्सी-गद्दी छोड़ दो...''

शाम को जयप्रकाश नारायण ने जनता को सम्बोधित करते हुए तथा आंदोलन के मुद्दों को समझाते हुए विश्वास प्रकट किया कि ''आगत चुनाव में काँग्रेस और कम्युनिस्ट उम्मीदवारों को, संपूर्ण क्रांति को समर्पित–जनसंघर्ष एवं छात्र संघर्ष समितियों के सर्वसम्मत उम्मीदवारों से गहरी शिकस्त खानी पड़ेगी।'' जे. पी. ने विपक्षी दलों से भी अपील की कि ''वे आपसी मतभेदों एवं अन्तर्विरोधों को भूलकर इस छात्र जन-आंदोलन की धारा से तत्काल जुड़ जाएँ और युवाशक्ति तथा जनशक्ति में अपने को समाहित कर काँग्रेस का एक सशक्त राष्ट्रीय विकल्प प्रस्तुत करें।'' जे. पी. जी ने आगे यह भी कहा कि ''संपूर्ण क्रांति के लिए शान्ति, शुद्धता और अनुशासन जरूरी है।'' उनके द्वारा यह भी स्पष्ट किया गया कि अब श्रीमती गाँधी पर जनता को भरोसा नहीं रहा है और न ही वे अब भ्रम में डाल सकती हैं। इन्दिरा लहर तो कब की समाप्त हो चुकी है।

जयप्रकाश नारायण जी के लिए काँग्रेस तथा कम्युनिस्ट दलों ने विरोधों, अत्याचार तथा घातक हमलों को करने में किसी भी प्रकार की कमी नहीं छोड़ी थी। जयप्रकाश नारायण 2 अप्रैल को जब कलकत्ता विश्वविद्यालय इंस्टीट्यूट के फाटक पर पहुँचे तो उन्हें एक उत्तेजित तथा हिंसात्मक प्रदर्शन का सामना करना पड़ा। इस प्रदर्शन का नेतृत्व पश्चिम बंगाल के सूचना और जनसम्पर्क मंत्री सुब्रत मुखर्जी तथा अखिल भारतीय युवक काँग्रेस अध्यक्ष एवं सांसद प्रियरंजन दास मुंशी कर रहे थे। इस प्रदर्शन में छात्र-छात्राएँ भी शामिल थीं। सभी ने काले झण्डे ले रखे थे। उनकी कार को लाठियों के प्रहार से क्षतिग्रस्त कर दिया। यह देखकर जयप्रकाश नारायण ने भाषण देने का विचार छोड़ दिया। इस हिंसात्मक प्रदर्शन को देखते हुए जयप्रकाश जी ने अपनी प्रतिक्रिया व्यक्त करते हुए कहा कि ''ऐसी हिंसात्मक गुण्डागर्दी पश्चिम बंगाल के मुख्यमंत्री और प्रधानमंत्री श्रीमती इन्दिरा गाँधी की सरकार की स्वीकृति के बिना नहीं हो सकती। काँग्रेस के हाथों में जनतन्त्र सुरक्षित नहीं रह गया है और श्रीमती गाँधी के आशीर्वाद के साथ इसकी हत्या कर दी गई है।''

जयप्रकाश नारायण ने जब दक्षिण कलकत्ता में राजनीतिक दलों से वार्ता कर रहे थे उस समय अपने विरुद्ध नारे तथा काले झण्डों को देखा जिसके प्रदर्शनकारी काँग्रेस सेना दल के स्वयंसेवक थे, श्रीमती गाँधी पर आरोप लगाया कि ''वे देश को तानाशाही की ओर ले जा रही हैं जिसे विरोधी दलों द्वारा रोका नहीं जा सकता। इसे तो जन-आंदोलन ही रोक सकता है।''

अचानक गफूर ने दिल्ली से आदेश मिलने पर त्याग-पत्र दे दिया और डॉ. जगन्नाथ मिश्र को 'सर्वसम्मति' से बिहार का मुख्यमंत्री नियुक्त कर दिया गया। इधर 1975 की शुरुआत में जयप्रकाश नारायण द्वारा बोया गया नवजागरण का बीज अंकुरित होने लगा तथा विधानसभा चुनाव कराने तथा आपात् स्थिति हटाने की माँग जोर पकड़ने लगी। केन्द्रीय उद्योगमंत्री बुद्धिप्रिय मौर्य और जहाजरानी मंत्री उमाशंकर दीक्षित ने बड़ौदा आने पर छात्रों द्वारा काला झण्डा तथा नारा लगाया –'वापस जाओ', 'विधानसभा का शीघ्र चुनाव कराओ।' यही मामला तब और भड़क उठा जब भारत-रूस सांस्कृतिक

मंच के द्वि-वार्षिक अधिवेशन के मौके पर नगर काँग्रेस कमेटी अध्यक्ष ने विधानसभा चुनाव की माँग को ठुकरा दिया। ऐसे में जब कुछ छात्रों द्वारा राष्ट्रीय तिरंगे के साथ लगे हुए रूसी झण्डे को हटाया तो कम्युनिस्टों ने इसे अपना तिरस्कार समझते हुए इस कार्य का विरोध किया। परिणामस्वरूप, छात्र उन पर टूट पड़े तथा उन्हें पुलिस के संरक्षण में जाना पड़ा। रूसी शिष्टमण्डल के मंच पर छात्रों ने नारा लगाना शुरू कर दिया–"मिश्रा के खून में के. जी. बी. का हाथ है।" के. जी. बी. रूसी गुप्तचर विभाग को कहते हैं। आक्रोश बढ़ता ही जा रहा था। ऐसे ही समय में होली आई तो छात्रों ने अपने आक्रोश को व्यंग्य में बदलते हुए 'महामूर्ख सम्मेलन' में 'देवकान्त बरुआ' को 'महामूर्ख' का दर्जा देकर, परिहास द्वारा अपने मानसिक तनाव को कम किया।

अब, गुजरात में राष्ट्रपति शासन हटाने तथा विधानसभा का चुनाव कराने की माँग ने एक नया मोड़ ले लिया था। मोरारजी देसाई ने 7 अप्रैल को विधानसभा का तत्काल चुनाव कराने की माँग हेतु अपने निवास स्थान पर आमरण अनशन शुरू कर दिया। इससे सारे देश में ही अनशन, प्रदर्शन तथा प्रार्थनाओं का क्रम शुरू हो गया। 10 अप्रैल को देसाई जी का 9 पौण्ड वजन घट गया तथा गुर्दे में विकार के लक्षण दिखने लगे। इतना होने पर श्रीमती गाँधी ने सबके प्रति रूखा व्यवहार रखते हुए कहा कि "वे राजनीतिक दलों के प्रदर्शन, अनशन आदि दबावों के सामने नहीं झुकेंगी। गुजरात का चुनाव होगा पर दबाव के कारण नहीं।" जयप्रकाश नारायण ने देसाई का वजन और अधिक गिरते देखकर श्री देसाई की माँग की पूर्ति के उद्देश्य से पूरे देश में 15 अप्रैल को सरकारी काम-काज ठप्प करने का आह्वान किया। बिगड़ती हुई परिस्थितियों को देखकर श्रीमती गाँधी ने उमाशंकर दीक्षित को मोरारजी देसाई के पास बातचीत के लिए भेजा जिसके बाद 13 अप्रैल को श्रीमती गाँधी ने एक पत्र में मोरारजी को 7 जून के आस-पास चुनाव करवाने का आश्वासन दिया। सिर्फ आश्वासन से ही प्रसन्न देसाई ने 13 अप्रैल को अपना अनशन तोड़ दिया। परिणामस्वरूप, मोरारजी, राजनीतिक दल और श्रीमती गाँधी की विजय हुई और जनता हार गई। जनता को चुनाव से एक मन्त्रिमण्डल तो मिला पर लोकतंत्र नहीं मिल सका। मोरारजी देसाई तथा उमाशंकर दीक्षित के बीच हुई बातचीत एक रहस्य ही बनकर रह गई।

अनशन समाप्ति की घोषणा के तत्पश्चात् जयप्रकाश नारायण ने मोरारजी देसाई को शर्बत तथा मौसमी का जूस पिलाकर उनका अनशन तोड़ा। इस अनशन के बाद देसाई जी का वजन 13 पौण्ड और गिर गया था। जे. पी. ने भी 15 अप्रैल को सरकारी काम-काज ठप्प करवाने का जो आवाहन किया था वापस लेने के लिए तो कहा पर उन्होंने यह भी कहा कि आपात् स्थिति समाप्त करने की माँग के लिए आंदोलन चलता रहेगा। जयप्रकाश नारायण ने संघर्ष को विधानसभा तक ही सीमित नहीं रहने दिया बल्कि लोकतंत्र की रक्षा के लिए संघर्ष का ऐलान करके जनता के पक्ष को उजागर भी किया। जे. पी. जी के लिए मुख्य संघर्ष लोकतंत्र की रक्षा था। श्रीमती गाँधी ने तो स्पष्ट कर ही दिया था कि वे किसी भी दबाव के आगे अपना सिर नहीं झुकाएँगी तथा जनतन्त्र, जनता और विधानसभा की चिन्ता भी श्रीमती गाँधी को नहीं थी। चुनाव कराने का विचार इन्होंने इसलिए किया था क्योंकि एक वरिष्ठ नेता के जीवन का सवाल था।

जयप्रकाश नारायण के 26 अप्रैल के इस बयान से सभी लोग आश्चर्यचकित रह गए जब उन्होंने कहा कि "गुजरात में काँग्रेस विरोधी चुनाव अभियान में मैं भाग नहीं लूँगा।" जे. पी. जी ने विरोधी दलों को यह भी सलाह दी कि वे विपक्षी दलों का बँटवारा नहीं होने दें। एक लम्बी बहस के पश्चात् सभी गैर कम्युनिस्ट विरोधी दलों को मिलाकर 'जनता मोर्चा' तैयार किया गया तथा संचालन के लिए विरोधी दलों के प्रतिनिधियों की एक संचालन समिति का गठन भी किया गया। देसाई गुजरात में काँग्रेस तथा अपने व्यक्तित्व को विशिष्ट बनाने के पक्ष में थे। मोरारजी देसाई के 30 अप्रैल के इस बयान से पूरे देश में सनसनी तथा शंका उत्पन्न हो गई जब देसाई ने जे. पी. को मसीहा तथा श्रीमती गाँधी को कम्युनिस्ट नहीं है कहा। देसाई ने जे. पी. के आंदोलन को गलत बताते हुए कहा कि आंदोलन तो भ्रष्टाचार, दबाव, महँगाई आदि समाज में घुसी बुराइयों के विरुद्ध जनता की लड़ाई है।

चुनाव की तिथियाँ 8 जून और 11 जून निश्चित की गईं और इसमें काँग्रेस, जनता मोर्चा तथा किसान मजदूर लोक पक्ष, तीनों दलों ने भाग लिया और अपने-अपने प्रत्याशियों के नाम घोषित किए। जनता मोर्चा केवल 176 सीटों

के लिए अपने प्रत्याशियों के नाम घोषित कर पाई। 12 जून को परिणाम घोषित होने पर बाबू भाई पटेल 104 सदस्यों के नेता चुने गए तथा 17 जून को जनता मोर्चा इन्हीं के नेतृत्व में गठित हुआ और सदस्यों ने शपथ ग्रहण की।

भारतीय इतिहास के लिए 12 जून, 1975 का दिन उस समय अमिट बन गया जब इलाहाबाद उच्च न्यायालय के न्यायमूर्ति जगमोहन लाल सिन्हा द्वारा प्रधानमंत्री श्रीमती इन्दिरा गाँधी के चुनाव को अवैध करार देते हुए यह निर्णय दिया गया कि श्रीमती गाँधी अगले छह वर्षों तक संसद तथा विधानमण्डल के किसी भी सदन के लिए चुनाव नहीं लड़ सकतीं और इस फैसले से सारे में तहलका ही मच गया। राजनारायण ने श्रीमती गाँधी पर आरोप लगाया कि गाँधी चुनाव में भ्रष्ट तरीकों को अपनाती हैं। श्रीमती गाँधी उस समय एक लाख से अधिक वोटों से राजनारायण से जीती थीं। अतः राजनारायण ने उनके विरुद्ध आरोप लगाकर इलाहाबाद उच्च न्यायालय में मुकदमा 24 अप्रैल, 1975 को डब्ल्यू ब्रूम की अदालत में दर्ज कराया। इस याचिका में श्रीमती गाँधी के खिलाफ छह आरोप लगाए गए—

1. चुनाव प्रचार में सरकारी कर्मचारियों का उपयोग करना। इनमें यशपाल प्रमुख कर्मचारी हैं जिन्होंने स्वयं कार्य किया तथा दूसरों से कराया।
2. मतदाताओं में रजाई, कम्बल, धोती वितरण कर उन्हें अपनी ओर खींचना।
3. निर्धारित चुनाव खर्च सीमा (35,000) रुपए से बहुत अधिक खर्च कर सीमा का उल्लंघन करना।
4. सेना के हेलीकॉप्टरों तथा वायुसेना के विमानों एवं अधिकारियों की मुफ्त सेवाएँ उपलब्ध करना।
5. मतदाताओं को मतदान केन्द्र तक ले जाने के लिए सवारियों का उपयोग करना।
6. गाय-बछड़े के चुनाव चिह्न का उपयोग कर धर्मप्राण हिन्दुओं का मत प्राप्त करना।

न्यायमूर्ति ब्रूम ने यशपाल कपूर सम्बन्धित मुद्दे को सुनवाई से निकालकर प्रधानमंत्री को कुछ प्रश्नों का उत्तर अदालत में देने के लिए कहा। प्रधानमंत्री ने पहले के और राजनारायण ने दूसरे के विरुद्ध जो अपील की उसमें प्रधानमंत्री ने तो अपनी अपील वापस ले ली जबकि राजनारायण की अपील को मंजूर कर लिया गया। यह मुकदमा पहले श्री ब्रूम, फिर के. एन. श्रीवास्तव के अवकाश पर चले जाने के बाद न्यायमूर्ति जगमोहन लाल सिन्हा की अदालत के पास आया और प्रधानमंत्री को 18 मार्च को गवाही देने के लिए न्यायालय के कठघरे में उपस्थित होना पड़ा। भारतीय इतिहास में यह पहली प्रधानमंत्री थीं जिन्हें अदालत के कठघरे में उपस्थित होना ही पड़ा। अतः 18 मार्च भी कभी न भूलने वाला दिन बना और इसी तिथि को ही प्रधानमंत्री श्रीमती गाँधी को जनता अदालत के कठघरे में उपस्थित होने के लिए प्रधानमंत्री को सम्मन दिया गया और प्रधानमंत्री को कठघरे में प्रवेश करना ही पड़ा।

श्रीमती गाँधी की गवाही दो दिन तक चली। जिरह का जवाब श्रीमती गाँधी ने दिया और उन पर जो आरोप लगाए गए थे उनका प्रतिवाद भी अपने तरीके से किया और कहा कि चूँकि वे कानूनी भाषा को पूरा-पूरा नहीं समझ पाती हैं अतः चुनाव के दरम्यान कब, क्या और किसने निर्णय लिया इसके विषय में उनके लिखित और मौखिक बयान में एकरूपता नहीं है। पहले दिन जब श्रीमती गाँधी गवाही दे रही थीं उस समय हिन्दी दैनिक पत्र 'श्री विजय' के सम्पादक 'गोविन्द मिश्र' को एक ऐसी पिस्तौल तथा तीन कारतूसों सहित गिरफ्तार कर लिया गया और उन्होंने इसे रखने का कारण खानदानी अदावत तथा अपने ऊपर गोली चलाना बताया और इसी घटना को श्रीमती गाँधी के जीवन के खतरे के साथ जोड़ दिया तथा लोकसभा में इस घटना को ध्यान में रखते हुए सर्वसम्मति से यह तय किया गया कि श्रीमती गाँधी की न्यायालय के अन्दर और बाहर दोनों तरफ सुरक्षा व्यवस्था की जाए।

फैसले को अपने पक्ष में करने के लिए श्रीमती इन्दिरा गाँधी ने एड़ी-चोटी का जोर लगा दिया। श्री सिन्हा को कई प्रकार के प्रलोभन दिए गए। उन्हें पाँच लाख देने का लालच दिया गया तथा सर्वोच्च न्यायालय में उनकी तरक्की तक करवाने तक के लिए कहा। हर सम्भव प्रयास किया गया श्री सिन्हा को अपने पक्ष में करने का, पर श्री सिन्हा भी अपनी सच्चाई, ईमानदारी, फैसले तथा पथ पर दृढ़ रहे। उन्हें उनके द्वारा फैसले से हटाने का इन्दिरा गाँधी द्वारा किया गया हर सम्भव प्रयास विफल रहा। अन्त में जब उच्च न्यायालय के न्यायाधीश ने श्री सिन्हा से इन्दिरा गाँधी के विदेश से वापस लौटने तक, फैसले को रोकने के लिए कहा तो, श्री सिन्हा खीझ गए और उन्होंने 12 जून को ही फैसले की तारीख घोषित कर डाली। वे अपने मुकदमे के कागजात अपने पास ही रखते थे तथा किसी से भी किसी

प्रकार के सम्पर्क में नहीं रहते थे। यहाँ तक कि वे अपने स्वयं के निवास स्थान पर न जाकर अपने मित्र के यहाँ ही रहते थे। यही सलाह फैसले के कागजात टंकित कराकर उन्होंने अपने आशुलिपिक नेगी राम निगम को भी दी और नेगी राम निगम ने भी उनके इस आदेश का पालन बखूबी निभाया। फैसले के मुख्य शीर्षकों को टंकित कराकर श्री सिन्हा ने अपने पास रख ही लिया था।

अगले दिन श्री सिन्हा ने निडरता से ठीक दस बजे अदालत में सुना दिया। सिन्हा जी को इन्दिरा गाँधी का कोई भी प्रयास यहाँ तक कि मन्त्र-तन्त्र तथा जप नहीं हिला सके। श्री सिन्हा अपने कर्तव्य पथ पर अडिग थे, उन्हें कोई भी उनके पथ से पथ विमुख नहीं कर सका और अन्ततः विद्वान न्यायाधीश जगमोहन लाल सिन्हा ने लोगों से खचाखच भरे अपने कक्ष-संख्या 15 में 12 जून को 10 बजकर 2 मिनट पर यह फैसला सुना ही दिया—

''श्री राजनारायण की याचिका स्वीकृत की जाती है और श्रीमती गाँधी के चुनाव को अवैध घोषित किया जाता है। आगे इस आदेश की तिथि से अगले छह वर्षों तक के लिए श्रीमती गाँधी को चुनाव लड़ने के अयोग्य करार दिया जाता है। अर्थात् वह किसी भी सदन के लिए चुनाव लड़ने के अधिकार से वंचित की जाती हैं और उच्च न्यायालय द्वारा प्रस्तुत तालिका के अनुसार श्रीमती गाँधी से राजनारायण खर्च प्राप्त करेंगे। इस फैसले के साथ उन्होंने यह भी सुनाया कि फैसले के विरुद्ध सर्वोच्च न्यायालय में अपील करने की अनुमति दी जाती है।''

फैसला सुनते ही कक्ष की सारी मर्यादाएँ टूट गईं और न्यायालय कक्ष में ही हर्षोल्लास से नारे लगने शुरू हो गए तथा राजनारायण के वकील के उपस्थित न होने पर भी लोग इतने हर्षोत्साहित थे कि वकील के जूनियर वकील आर. सी. श्रीवास्तव को कन्धे पर बैठाकर बाहर ले आये तथा चारों ओर लोगों को देखकर श्री सिन्हा अपने चैम्बर में चले गए जबकि इस फैसले से इन्दिरा गाँधी एकदम बेचैन हो उठीं क्योंकि अब उनकी प्रधानमंत्री की सीट उनके हाथ से निकल गई थी। उनके द्वारा सोची गई जीत ने हार का रूप ले लिया था। इन्दिरा गाँधी के वकील श्री खरे को विमान द्वारा इलाहाबाद भेज दिया गया। उनके विनय करने के बावजूद श्री सिन्हा का आदेश रहा कि उनके फैसले का कार्यान्वयन 20 दिनों के लिए स्थगित रहेगा। श्रीमती गाँधी के बयान के संबंध में श्री सिन्हा ने इस बात का खुलासा किया कि ''कई जगहों पर उसमें अर्द्ध सत्य और असत्य की मिलावट है, अतः उस पर यकीन नहीं किया जा सकता।''

अब श्रीमती गाँधी के पास केवल दो विकल्प ही शेष बचे थे—

1. वह अपने पद से इस्तीफा देकर अवकाश ग्रहण कर लें;
2. इस्तीफा देकर सर्वोच्च न्यायालय में अपील दायर करें और जब तक वहाँ से अन्तिम निर्णय नहीं हो जाता तब तक की अवधि के लिए काँग्रेस संसदीय दल अपना कोई दूसरा नेता चुने।

श्री सिन्हा के उपरोक्त फ़ैसले से काँग्रेस क्षेत्रों में मातम का माहौल छा गया था। इन्दिरा गाँधी के समर्थकों में चिन्ता व्याप्त हो गई। सर्वप्रथम, पश्चिम बंगाल के मुख्यमंत्री सिद्धार्थ शंकर राय और काँग्रेसाध्यक्ष देवकान्त बरुआ प्रधानमंत्री के निवास स्थान पर पहुँचे तथा अन्य काँग्रेस नेता, मंत्री तथा सांसद आदि भी श्रीमती गाँधी के निवास स्थान पर पहुँचने लगे और प्रधानमंत्री निवास स्थान पर लोगों का ताँता लगना शुरू हो गया ऐसे में संजय गाँधी—इन्दिरा गाँधी के पुत्र—ने भी पहुँचकर इन्दिरा गाँधी को एकान्त में ढाढस पहुँचाया जबकि श्रीमती पूर्वी मुखर्जी जो कि बेतहाशा रो रही थीं उन्हें स्वयं श्रीमती गाँधी ने ढाढस पहुँचाया था। सभी चिन्ता में डूबे हुए थे चारों ओर निराशा तथा अन्धकार दिखाई दे रहा था। सभी लोग इसी बात को लेकर चिन्तित थे कि अब क्या किया जाए, क्या नहीं? श्रीमती गाँधी तो अपनी प्रतिष्ठा को बचाने के लिए त्याग-पत्र देने के लिए सोच रही थीं जबकि उनके पुत्र संजय गाँधी ने किसी भी शर्त पर इस्तीफा न देने के लिए कहा तथा वे अपने साथियों के बल पर उन्हें प्रधानमंत्री बनाए रखेंगे। श्रीमती गाँधी ने भी यही सोचकर कि सुप्रीम कोर्ट का फैसला उनके पक्ष में न हो...प्रधानमंत्री पद पर येन-केन प्रकारेण बने रहने का फैसला किया ताकि इस पद पर रहकर वे कम-से-कम यह विधान ही बनवा लें कि सुप्रीम कोर्ट का फ़ैसला उन पर लागू ही न हो।

जयप्रकाश जी पर लाठियों की बौछार

अमृता शेखर

आज जब जयप्रकाश जी पर लाठियों की बौछार लिखने बैठी तो 4 नवम्बर का वह दिन याद आ गया जब सारे पटना वासी अभी सोए ही थे कि घोड़ों की टापों ने उनकी निद्रा भंग की। घड़ी की सुइयाँ अभी पाँच बजा रही थीं। पूरब में आकाश सूर्य की लालिमा बिखेरने ही वाला था। बाहर देखा तो लगा जैसे पूरा गाँव मैदान (पटना) पुलिस छावनी में तब्दील हो गया था। मेरे घर से गाँधी मैदान की दूरी लगभग 100 गज की रही होगी। मैंने अपने दरवाजे से ही गाँधी मैदान का वह सारा दृश्य देखा था। हमारे मकान से उत्तर में थोड़ी दूरी पर बारी पथ पड़ता था। काफी नजदीक से देखा था वह सब कुछ इसीलिए आज भी वह दृश्य मेरी आँखों के सामने घूम जाता है। मुझे समझ नहीं आ रहा था कि आजाद भारत में प्रजातन्त्र सरकार यह कौन-सा कारनामा करने जा रही थी। अपने चारों ओर जिधर नजर डाली, पुलिस ही पुलिस दिखाई दे रही थी। उन पुलिस फोर्स को देखकर इतिहास के कुछ पन्ने एक-एक करके आँखों के सामने पलटने लगे। जैसे द्वापर युग में कौरवों-पाण्डवों का युद्ध, अशोक का कलिंग युद्ध और पानीपत में मुहम्मद गोरी युद्ध इन युद्धों में दोनों पक्षों की ओर से अपनी वीरता का भरपूर प्रदर्शन हुआ था मगर, यहाँ तो सत्ता पक्ष द्वारा जनता दमन का कुचक्र नजर नहीं आ रहा था। जैसे जलियाँवाला बाग में जनरल डायर का दमनकारी कुचक्र इतिहास का दर्दनाक हादसा बना।

अखबार वाले ने तथा गाँव से दूध लेकर आने वाले ने बताया कि सारे रास्तों को सील करके पटना के सारे आस-पास के क्षेत्रों से संबंध-विच्छेद करने का षड्यन्त्र रचा गया है। शहर का कोई ऐसा चौराहा नहीं था जहाँ मुँह पर लोहे की जाली, सर पर लोहे की हैट और बूट से सजे राइफलधारी जवानों का एक बड़ा समूह खड़ा न हो। मानों पटना में कोई बहुत बड़े युद्ध की तैयारी चल रही हो या, कोई राष्ट्र विरोधी तत्त्व अपनी किसी योजना को कार्य रूप प्रदान करने वाला हो। इस कड़ी घेराबन्दी का मुख्य कारण ऐसा भयंकर नहीं था जिसके लिए इतनी कड़ी व्यवस्था? 4 नवम्बर को जयप्रकाश नारायण ने सरकार की दमनकारी नीतियों के विरोध में पूरे बिहारवासियों को गाँधी मैदान में सुबह 10 बजे एकत्रित होने का आह्वान किया था। उन्होंने शान्तिपूर्ण ढंग से जुलूस के रूप में सत्ता पक्ष के लोगों को यह बताने की योजना बनाई थी कि—तुम हमारे प्रतिनिधि नहीं रहे, कुर्सी छोड़ दो। जयप्रकाश नारायण के इस आह्वान से घबराकर सरकार ने पूरे पटना की जिस प्रकार घेराबन्दी की वह तो आजाद भारत के इतिहास में एक मिशाल बनकर रह गयी।

आंदोलन के आह्वान पर 4 नवम्बर को पटना पहुँचे आंदोलनकारियों ने अपने कुछ निश्चयी होने का जो सबूत दिया वह तो काबिले तारीफ ही था। शासन के लाख अवरोधों के बावजूद जिस प्रकार से जनता उनकी आँखों में धूल झोंक कर पटना पहुँची वह देश के प्रतिनिधियों के विरोध में छेड़े गए आंदोलनकारी संघर्ष से ज्यादा इस बात की गवाही दे रही थी कि लोकनायक जयप्रकाश नारायण की आवाज का कितना जादू आज भी लोगों पर छाया है। आस-पास के विभिन्न गाँवों और शहरों से लाखों-लाख की संख्या में लोग पटना के लिए चले मगर सरकार की नाकेबन्दी, और पुलिस की मार से घायल और गिरफ्तार होते-होते 60-65 हजार लोग पटना पहुँच ही गए।

पटना के आस-पास के इलाकों से आने वाले रास्ते पर जगह-जगह चेक पोस्ट बनाए गए थे और प्रत्येक आने वाले को पुलिस की कड़ी जाँच से गुजरना पड़ता था। बसों, ट्रकों के साथ निजी वाहनों से आ रहे लोगों को भी परेशान किया जा रहा था। युवकों पर विशेष रोक थी। युवक तो चेक पोस्ट से कुछ दूर पहले वाहनों से उतर जाते और इक्के-दुक्के होकर चेक पोस्ट पार करते। मगर पुलिस को जिस पर शक होता सारे लोगों को गिरफ्तार कर लेती थी। कुछ लोगों ने तो चार-पाँच का समूह बनाकर नकली अर्थी लेकर पटना में प्रवेश किया मगर जब अर्थियों की अत्यधिक संख्या देख पुलिस को शक हुआ तो गंगा के बाँस घाट पर असली मुर्दों को जाँच करने से नहीं बख्शा।

हर तरफ से पटना के सारे रास्ते बन्द कर दिए गए थे और जो भी पटना में प्रवेश करता पुलिस गहन पूछताछ करती। प्रशासन ने गंगा नदी में चलने वाली सभी निजी नावों को बन्द करवा दिया था। फिर भी लोगों ने रात के अँधेरे में सुनसान किनारों से, नाव चलाई यहाँ तक कि लोग गंगा में केले के थम्ब डाल कर उस पर बैठ कर पटना पहुँचे। रेल और बसों से टिकट लेने के बावजूद पटना पहुँचने से पहले बहुतों को उतार दिया जाता। इस क्रमं में जहाँ-तहाँ मारपीट भी हुई पुलिस लोगों को पीटती रही गिरफ्तार करती रही मगर लोगों के पटना आने के जोश को कम नहीं कर सकी।

रेलवे स्टेशन पर पुलिस की कड़ी निगरानी थी। भीड़ भी स्टेशनों पर आश्चर्यजनक ही थी। छात्रों को जहाँ दो-चार के समूह में देखा रेल से उतारकर गिरफ्तार कर लिया गया।

जयप्रकाश जी ने 4 नवम्बर के विषय में एक सभा में बिहारवासियों को सम्बोधित करते हुए कहा था कि नागरिको यह आपकी परीक्षा है कि आप पटना पहुँचने के कितने रास्ते जानते हैं मगर विभिन्न रास्तों से पटना पहुँचकर लोगों ने जयप्रकाश जी को कुछ नए रास्ते भी दिखा दिए।

4 नवम्बर के काफी पहले से ही पटना की सड़कों पर सरकार के इरादे साफ नजर आने लगे थे। क्योंकि आंदोलनकारियों को 10 बजे गाँधी मैदान में इकट्ठा होना था अतः पटना के वह सारे रास्ते जो गाँधी मैदान तक पहुँचते थे उन रास्तों को बाँस और बल्ला से पूरी तरह से बन्द कर दिया गया था। गंगा पार से आने वालों के स्वागतार्थ में पुलिस सुबह 4 बजे से ही मोटर लांच से गश्त लगा रही थी फिर भी प्रयास करने वाले लोग बन्दी बना लिए जा रहे थे। लाखों की संख्या में लोग गंगा तट पर और लगभग इतने ही लोग पटना शहर में प्रवेश करने वाले नाकेबन्दी पर रोके गए थे।

कहीं-कहीं मुहल्लों में शामियाने लगाकर लोगों के ठहरने का बन्दोबस्त किया गया था। पूर्व सूचना के आधार पर काफी लोग अपना भोजन लेकर चले थे फिर भी पटनावासियों ने तथा दूकानदारों ने खाने का पैकेट आन्दोलकारियों को बँटवाया था। 3 नवम्बर की रात से ही पुलिस जहाँ-तहाँ छापे मार कर सक्रिय नेताओं को गिरफ्तार कर रही थी।

3 नवम्बर को जयप्रकाश जी सारा दिन पटना, दानापुर, पटना-सिटी में घूम-घूम कर स्थिति का जायजा लेते रहे। गाँधी संग्रहालय में तो लगभग 15-20 हजार लोगों ने रात को पनाह ली थी मगर पुलिस ने उन्हें वहीं बन्दी बना लिया था।

सुबह 4 बजते ही पूरा पटना शहर मानों रणस्थल में तब्दील हो चुका था। आठ बजे सुबह में जयप्रकाश नारायण ने अपने पूरे आंदोलन का हाल युवक नेताओं से लिया तो ज्ञात हुआ कि तमाम घेराबन्दी और यातायात व्यवस्था बन्द करने के बाद भी तकरीबन 40-50 हजार लोग गाँधी मैदान के आस-पास इकट्ठे हो गए हैं। उन्होंने प्रसन्न मुद्रा में कहा कि आज आंदोलन सफल हो गया। ठीक 9 बजे जयप्रकाश जी महिला चरखा समिति स्थित अपने निवास से एक खुले जीप में बैठकर एक छोटे से जुलूस के साथ गाँधी मैदान के लिए रवाना हो गए। जैसे ही जयप्रकाश नारायण की गाड़ी कदमकुआँ के सड़क पर निकली आस-पास की गलियों से सैकड़ों युवक निकलकर जुलूस में मिलने लगे। देखते-देखते जुलूस ने एक बड़ा रूप धारण कर लिया और गाँधी मैदान के पहले घेराबन्दी के पास पहुँचा। सामने सी. आर. पी. के लाठीधारी जवान खड़े थे। जयप्रकाश जी ने लड़कों से शान्त रहने की अपील की और गाड़ी से उतरकर घेराबन्दी के पास पहुँचे। मैजिस्ट्रेट ने बताया कि आपकी गाड़ी छोड़कर किसी को आगे जाने का आदेश नहीं है। जयप्रकाश जी ने पैदल ही उस घेराबन्दी को पार किया और आगे बढ़ चले। जैसे ही जयप्रकाश जी घेराबन्दी को पार किए पीछे

पुलिस लाठी लेकर छात्रों पर इस प्रकार टूट पड़ी जैसे भूखे शेर भेड़ियों पर टूट पड़ते हैं। तब जयप्रकाश जी पीछे लौटे और सी. आर. पी. के जवानों को समझाने लगे। इस घटनाक्रम में पुलिस की पहली घेराबन्दी टूट चुकी थी और जुलूस जयप्रकाश जी के नेतृत्व में गाँधी मैदान के उत्तरी छोर की ओर बढ़ गया था। उधर सी. आर. पी. ने अपना पहला मोर्चा विफल होते देख दूसरी घेराबन्दी को इतना कड़ा कर दिया मानों बीच में कोई पहाड़ खड़ा हो। ठीक पुलिस ऑफिस के सामने से जुलूस चट्टान के समान घेराबन्दी को तोड़कर गाँधी मैदान में प्रवेश कर गया। जयप्रकाश जी के गाँधी मैदान में प्रवेश करते ही चारों ओर से छात्रों का हुजूम गाँधी मैदान में प्रवेश करने लगा। पुलिस की सारी घेराबंदी छात्रों के जोश को नहीं रोक सकी। पूरा गाँधी मैदान लड़कों से खचाखच भर गया। जयप्रकाश नारायण ने अपनी जीप को स्टेट बैंक शाखा के सामने लाने का आदेश दिया और एक बहुत बड़े जुलूस के साथ गाँधी मैदान के पश्चिमी छोर से प्रस्थान किया। पुलिस का यह प्रयास था कि जुलूस गाँधी मैदान में ही समाप्त हो जाए। इसलिए उसने बहुत से सत्याग्रहियों को गाँधी मैदान में ही रोक दिया था। जैसे ही जयप्रकाश जी गाँधी मैदान से बाहर आए तो उन्हें मालूम हुआ कि उनकी जीप पुलिस ने जब्त कर ली थी। तब वह पैदल ही आगे बढ़ने लगे। तब तक जुलूस काफी बड़ा रूप ले चुका था। उम्र का यह दौर ऊपर से इतनी भीड़ धक्का-मुक्की से थककर जयप्रकाश जी स्टेट बैंक के अहाते में थोड़ा सुस्ताने के लिए बैठ गए।

उनके आस-पास कुछ साथी आंदोलनकारी भी उनको घेर कर बैठ गए। इसी बीच सी. आर. पी. ने गाँधी मैदान में बचे हुए जुलूस पर लाठीचार्ज और अश्रुगैस चलाना शुरू कर दिया था। एक दो अश्रुगैस तो स्टेट बैंक की चारदीवारी के पास भी फेंके गए जहाँ जयप्रकाश जी अपने साथियों के साथ बैठे थे। मगर उन्होंने रूमाल से अपनी आँखें और नाक बन्द कर लिए थे। थोड़ी देर बाद जयप्रकाश जी चारदीवारी फाँदकर सड़क पर आ गए और फ्रेजर रोड की तरफ बढ़े। जैसे ही जुलूस की एक बड़ी टुकड़ी वहाँ से आगे बढ़ी कुछ दूरी पर खड़े सी. आर. पी. के लाठीधारी जवानों ने उन पर लाठीचार्ज शुरू कर दिया। यह देखते ही जयप्रकाश जी तेजी से आगे बढ़े और लाठियों के बीच घुस गए। इस घटना से मानों सारे युवकों को बिजली का करण्ट लग गया हो अब वे दुगने जोश से आगे बढ़ने लगे थे। जयप्रकाश जी की अँगुली में हल्की खरोंच आई थी और वहाँ से खून बहने लगा था। धक्का-मुक्की और गरमी की वजह से पसीने-पसीने जयप्रकाश जी सड़क के किनारे एक पेड़ के नीचे तौलिया बिछाकर बैठ गए। इसी बीच उनकी जीप जिसे पुलिस ने रोक रखा था आकर सामने लग गई। जयप्रकाश जी जीप पर बैठ गए। तब तक न जाने किन-किन रास्तों से और गलियों से सैकड़ों लोग निकलकर जुलूस में मिलने लगे थे। जब यहाँ से जुलूस चला तब तक करीब 8-10 हजार लोग जुलूस में शामिल हो गए थे और सारा माहौल उनके नारों से गूँज रहा था—तुम हमारे प्रतिनिधि नहीं रहे कुर्सी-गद्दी छोड़ दो।

जयप्रकाश जी की उपस्थिति में पुलिस छात्रों, युवकों पर ऐसा जुल्म करेगी, जुलूस वालों को कदापि विश्वास नहीं था। फिर जयप्रकाश जी की अविचलित मुद्रा उनके जोश को और दृढ़ बना रही थी। पुलिस जितनी बेरहमी से लाठीचार्ज करती उसको देख उनका मनोबल और बढ़ता जा रहा था। हर तरफ सड़क के किनारे घर की छतों पर वे हजारों लोग जो चाह कर भी जुलूस में शामिल नहीं हो सकते थे दर्शक की तरह सारा दृश्य देख रहे थे और शासन द्वारा अपने ही लोगों पर किए जा रहे अत्याचार से दुखी हो रहे थे। मंजिल तक पहुँचने की बेचैनी के साथ जुलूस डाक-बंगला गोलम्बर के पास से बेली रोड को ओर मुड़ गया।

रेवेन्यु बिल्डिंग के पास भी लाठीधारियों की कड़ी घेराबन्दी लगी थी। लाल कपड़े पर लिखी एक सूचना वे आंदोलनकारियों को दिखा रहे थे—"इससे आगे बढ़ने की सख्त मनाही है। यदि कोई आगे बढ़ेगा तो उसके साथ जबर किया जाएगा।" जवान इतने गुस्से में थे मानों पहले की सारी घेराबन्दियों को पार कर यहाँ तक आने की गलती का क्रूर मजा चखा देना चाहते थे आंदोलनकारियों को। जुलूस रुक गया और आगे के प्रदर्शनकारी सी. आर. पी. वालों से बातचीत करने लगे। इसी समय बेंतधारी पुलिस ने अपनी बेंतें खींच लीं और नारे लगाते निहत्थे लोगों पर बड़ी ही निर्ममता से बेंतें चलाने लगे। एक के ऊपर एक लोग गिरने लगे। किसी का सर फटा, किसी के हाथ-पैर में चोट आई। लोगों के सर से खून भी छलके। पीछे से लाठीधारियों ने अश्रुगैस के गोले फेंकने शुरू कर दिए। धुन्ध से भीड़ तितर-बितर

होने लगी। जयप्रकाश जी अपनी जीप पर रूमाल से आँख और नाक को ढक कर बैठे रहे। चारों तरफ धुंध और बेंत, लाठियों की आवाज के बीच गाड़ियों में सिर्फ पुलिस की ही आवाजें गूँज रही थीं–'बाएँ कोने में और गोले फेंको, दाहिनी ओर और लाठीचार्ज करो।'

चारों ओर फैले अश्रुगैस से आँखों को अजीब कड़वाहट हो रही थी साँस भी घुटती जा रही थी फिर भी जयप्रकाश नारायण अपनी जीप से उतरे और विशाल जनशक्ति के साथ घेरा तोड़ते हुए आगे बढ़ चले। बस इस घेरे के टूटने से मानों सी. आर. पी. के जवान अपनी जुर्म की सीमा भी तोड़ देते हैं और अब तक जो हर घेरे पर जे. पी. को यह कहते आए थे कि सिर्फ आपको जाने की इजाजत है वही अब जयप्रकाश जी का भी ख्याल किए बगैर अंधाधुंध लाठियाँ चलाना शुरू कर देते हैं। एक बहुत ही खतरनाक लाठी जो निश्चय ही जानलेवा साबित हो सकती थी, आकर सीधे जयप्रकाश जी के सर पर बस गिरने ही वाली थी कि पास खड़े नानाजी देशमुख ने अपनी बाँह फैलाकर उसे झिड़क दिया और लाठी जयप्रकाश जी के गले के पास की हड्डी पर लगी। अगल-बगल के सारे लोगों की जमकर पिटाई हो रही थी। एक दूसरी लाठी फिर तेजी से हवा में लहराती हुई आई और जयप्रकाश जी पर गिरने ही वाली थी कि बाबू शिव चन्दावर ने इस बार जयप्रकाश जी को पकड़कर नीचे की ओर झुका दिया। इस प्रयास में जयप्रकाश जी जमीन पर गिर पड़े। शासन का ऐसा कड़ा रवैया जिसमें जयप्रकाश जी को भी नहीं बख्शा गया। ऐसा दृश्य पहले अँग्रेजों के शासन काल में देखा गया फिर 4 नवम्बर को पटना में। जयप्रकाश जी गिर पड़े उनके नीचे भी कितने लोग गिर पड़े थे और उनके ऊपर भी लोग गिर रहे थे। इसके बावजूद भी सी. आर. पी. के जवान चारों तरफ लाठियों से भूखे भेड़ियों की तरह जन समूह को धुन रहे थे। कुछ देर तक जयप्रकाश जी जमीन पर गिरे पड़े रहे। भीड़ में लोग उनके ऊपर भी गिर और उठ रहे थे। थोड़ी देर बाद उठे और फिर चल पड़े। भीड़-थकान ऊपर से अश्रुगैस ने उनके चेहरे को बिलकुल काला कर दिया था फिर भी वह उस थकान को बराबर अपने चेहरे पर से हटाने का प्रयास करते रहे थे। साथ-साथ नारे लगाते हुए युवक भी आगे बढ़ चले मगर वीर चन्द पटेल पथ पर आकर सड़क के किनारे एक छोटी-सी दूकान के सामने एक खटिया पर पसीने से लथपथ जयप्रकाश जी विश्राम के लिए बैठ गए। उनके चारों ओर आंदोलनकारी भी बैठ गए। प्रेस वालों ने घेर लिया। लोगों को यह जानने की बेचैनी थी, कि जयप्रकाश जी को कितनी चोट लगी इस बचाव में नानाजी देशमुख के हाथ ही हड्डी भी टूट गई थी। पत्रकार लोग सवाल पूछ रहे थे। थकान के बावजूद काफी दृढ़ता भरे स्वर में जयप्रकाश जी ने कहा कल पटना बन्द रहेगा और परसों बिहार।

इस लोमहर्षक काण्ड के बाद भी पुलिस का लाठी प्रहार और अश्रुगैस निरन्तर जारी रहा। पुलिस ने जयप्रकाश जी की जीप पर जोर-जोर से लाठियाँ पटककर उसे पीछे लौटाने का काफी प्रयास किया। उनकी लाख कोशिशों के बाद भी जुलूस रुक नहीं सका। जिधर से भी जुलूस गुजरता पुलिस की बर्बरता के शिकार जितने लोग पीछे छूटते उनसे कहीं अधिक लोग जुलूस में शामिल होते जाते थे। आखिरकार जुलूस विधायकों के मकान के सामने पहुँच ही गया। 'विधायको इस्तीफा दो' के नारों से ऐसा लग रहा था जैसे विधायकों के मकान की ईंटें भी हिल रही थीं। दारोगा प्रसाद राय के घर के सामने एक पेड़ के नीचे जयप्रकाश जी बैठ गए। उन्हें घेर कर आंदोलनकारी भी बैठ गए। प्यासों ने पानी पिया। कुमारी जानकी देवी ने लोगों की भावनाओं को गहराई तक छू लेने वाला गीत सुनाया–'किन्नर गन्धर्व देवताओं की बात नहीं, मानव को मानव से मुक्त मिलनी चाहिए।'

यहाँ भी पुलिस की घेराबन्दी और लाठीधारी जवान थे। जयप्रकाश जी ने लोगों से कहा कि इस घेराबन्दी को नहीं तोड़ना है हम यहीं बैठकर धरना देंगे। आंदोलनकारी धरने पर बैठकर जोर-जोर से नारे लगाते रहे। तभी एक बस आई और पुलिस वाले नारे लगा रहे सत्याग्रहियों को निर्ममता से घसीटते हुए बूटों से मारते हुए बसों में भरने लगे। एक बस चली गई फिर दूसरी बस आई शायद उनका इरादा सभी आन्दोनकारियों को गिरफ्तार करके जयप्रकाश जी को अकेला छोड़ देने का था। जयप्रकाश जी उठकर बस में बैठने ही वाले थे कि पटना जिलाधिकारी सामने आकर बोले, "सर आपको गिरफ्तार करने का आदेश नहीं है।"

'आप मेरे रास्ते से हट जाइए' कहते हुए जयप्रकाश जी बस की ओर बढ़े ही थे कि अन्दर से खींच कर लोगों ने उनको बस में बैठा लिया। फिर क्या था देखते ही देखते बस भर गई। बस की छत पर भी लोग बैठ गए। बस

में और बाहर खड़े आंदोलनकारी नारे लगा रहे थे। पुलिस ने बाहर खड़े आंदोलनकारियों को गिरफ्तार करना शुरू किया तो जयप्रकाश जी के निर्देश पर लोग स्वयं ही गाड़ियों में बैठने लगे। पुलिस जितने लोगों को बस में भरती जाती उससे ज्यादा भीड़ सड़क पर हो जाती थी। बस की खिड़की से ही जयप्रकाश जी पत्रकारों से बातचीत करते रहे थे। उस दिन की घटना के संबंध में उन्होंने कहा, 'विनाशकाले विपरीत बुद्धि।' पटनावासियों ने वहाँ बस में भोजन भी बाँटे। जिलाधिकारी ने कहा कि बस पंक्चर हो गई है। जयप्रकाश जी समेत सभी लोग बाहर आकर बैठ गए। और शाम के अँधेरे में गीत-भजन और प्रार्थना सभा का आनन्द लेने लगे। इसी बीच बस वहाँ से चल पड़ी। फिर दूसरी बस आई और जिलाधिकारी के आदेश पर सिपाहियों ने प्रार्थना सभा में व्यस्त लोगों को बस में भरना शुरू कर दिया। जयप्रकाश जी भी उठकर बस में बैठ गए। देखते-देखते पुलिस की धींगामुश्ती के बिना ही लोग बस में चढ़ने लगे। नारों से सारे रास्ते बस को गुँजाते हुए सायं 7.30 बजे बस कदमकुआँ पहुँची। जयप्रकाश जी ने तो रात्रि 10 बजे तक धरना देने की योजना बनाई थी। उन्होंने कहा कि 10 बजे तक कोई बस से नहीं उतरेगा। बस खड़ी रही ठीक 10 बजे जयप्रकाश जी बस से उतरे। उतरते ही चारों तरफ से भीड़ ने उन्हें घेर लिया। भीड़ को सम्बोधित करते हुए उन्होंने कहा कि आज जितनी फूहड़ बर्बरता अपने लम्बे सामाजिक और राजनीतिक जीवन में मैंने पहली बार देखी है। अब लड़ाई सीधे दिल्ली से है।

बस से उतरकर जयप्रकाश जी सीधे अस्पताल गए और दिन भर के आंदोलन में घायल लोगों का हाल पूछा। इस तरह 4 नवम्बर बिहार आंदोलन का वह एक दिन भारत का घिनौना इतिहास बन गया।

क्रांति की अवधारणा में क्रांति–'संपूर्ण क्रांति'

डॉ. शैलेन्द्रनाथ श्रीवास्तव

मानवता के इतिहास में अनेक क्रांति-चिन्तक और क्रांतिकारी हुए और समय-समय पर अनेक क्रांतियाँ घटित हुईं। अधिकांश क्रांतियाँ रक्तरंजित हुईं और व्यक्ति-केन्द्रित या सत्ता-केन्द्रित रहीं। 'क्रांति' का अर्थ बना हिंसात्मक विद्रोह से उत्पन्न शीघ्र परिवर्तन। भूदान आंदोलन में सम्मिलित होने के पूर्व तक जयप्रकाश जी की भी यही अवधारणा रही। गाँधी से प्रभावित होते हुए भी वे अहिंसक क्रांति या धीमी गति से होनेवाले परिवर्तनों के प्रति कभी आकृष्ट नहीं हो पाए। रूसी साम्यवाद की ओर युवा अवस्था में ही आकृष्ट जयप्रकाश यद्यपि भारतीय साम्यवादी दल के न सदस्य हुए न सहानुभूतिशील समर्थक, किन्तु काँग्रेस समाजवादी दल और केवल समाजवादी दल में रहकर भी वे हिंसक क्रांति, सशक्त क्रांति, सत्ता-पलट क्रांति के प्रखर प्रवक्ता और पुरोधा बने रहे।

क्रांतिवीर माने जानेवाले जयप्रकाश ने 1942 के आंदोलन में दीपावली की रात में हजारीबाग जेल की दीवारें लाँघकर, जंगल-पहाड़ छानते-फाँदते, कभी भेष बदलकर, कभी नाम बदलकर, सत्ता की आँखों में धूल झोंककर, नेपाल में प्रवेश कर, आजाद दस्ते का गठन कर, सैन्य प्रशिक्षण केन्द्र चलाकर, बन्दूकों और गोलियों का मुकाबला करते अपना रेडियो-तन्त्र बनाकर सशस्त्र सहयोगियों का निर्देशन करते हुए सफलता-असफलता की बिना चिन्ता किए हुए, ज्वाला, तूफान, बवंडर, साहस, शौर्य और दुःसाहस का प्रतीक बनकर अपनी एक ऐसी छवि बनाई, जिसके कारण वे युवाओं के लिए 'हीरो' बन गए, विश्व के महान् क्रांतिकारियों की अग्रणी पंक्ति में उल्लेख बन गए।

स्वतन्त्रता के पश्चात् गाँधी की मृत्यु के बाद उनमें गहरा आत्म-मंथन प्रारम्भ हुआ। जिस गाँधी को वे उनके जीवनकाल में पूरी तरह नहीं समझ पाए, समय-असमय जिनसे लड़ते-झगड़ते रहे, उस गाँधी के निधन के बाद न केवल वे फूट-फूटकर रोए, बल्कि उनके सिद्धान्तों और प्रक्रियाओं को सही ढंग से समझने की कोशिश भी प्रारम्भ की। उन्होंने अपने को तपाया और अपने मन की आँच में गाँधीवाद को पकाया, गलाया, और एक महान् क्रांतिकारी का हृदय-परिवर्तन हो गया। अन्तर्द्वन्द्व और मानस-मंथन की प्रक्रिया निरन्तर चलती रही। प्रथम आम चुनाव (1952) में उनके समाजवादी मित्रों की पराजय और उनकी प्रतिक्रियाओं ने उन्हें बुरी तरह झकझोर दिया और पुणे उपवास ने तो उनका कायाकल्प ही कर दिया। काया क्षीण हो गई कल्प एक नया 'संकल्प' बन गया—सशक्त संकल्प। उन्होंने दलीय राजनीति से संबंध-विच्छेद का पक्का मन बना लिया, और गाँधी के रास्ते चलकर वे विनोबा के शिष्य बन गए। अहिंसक क्रांति के अग्रदूत। विश्व के इतिहास में कम ही ऐसे क्रांतिकारी हुए होंगे, जिन्होंने क्रांति के साथ इतने प्रयोग किए हों। चण्डीगढ़ में लिखित कविता में उन्होंने अपने को 'क्रांति-शोधक' कहा है 'क्रांतिकारी' नहीं। अमेरिका में रहकर समाज-विज्ञान में वे शोध करना चाहते थे, पर वह इच्छा उनकी पूरी नहीं हुई। उसमें व्याघात के बावजूद जयप्रकाश की शोधवृत्ति कभी मरी नहीं। वे निरन्तर अपने पर प्रयोग करते रहे, क्रांति-शोध करते रहे। तुलना की दृष्टि से एक नाम महर्षि अरविन्द का ध्यान में आता है, जो बम-पिस्तौल की दुनिया में काफी दिनों तक भटकने-भरमने के बाद, सुदूर पाण्डिचेरी की एक कोठरी में बन्द हो गए और व्यक्ति के आध्यात्मिक उन्नयन को ही पूरी तरह समर्पित हो गए। पर यह तुलना आंशिक तुलना है, जे. पी. ने कभी अपने को किसी जंगल या किसी आश्रम में कैद नहीं किया, सदा समाज-परिवर्तन की चिन्ता उनके चिन्तन के केन्द्र में रही।

1970 के बाद उन्होंने संन्यास लेने का प्रयास तो अवश्य किया, पर सफल नहीं हुए। उन्होंने अपनी जेल-डायरी में एक जगह लिखा है "प्रभा के जाने के बाद मुझे जीवन में कोई रुचि नहीं रही। यदि सार्वजनिक कार्य के लिए उसमें विशेष अभिवृत्ति न विकसित हुई होती तो मैं संन्यास लेकर हिमालय चला गया होता।" (पृ. 23) यह उस क्रांति-बिच्छू के डंक का परिणाम था, जिसने उन्हें छुटपन में ही डँस लिया था। बढ़ती उम्र के साथ उस दंश के रूप बदलते गए, पर दर्द कभी मिटा नहीं।

18 अप्रैल, 1954 को जब लोकप्रियता की दृष्टि से वे विनोबा से कहीं आगे थे, उन्होंने अपना जीवन उनके चरणों में समर्पित कर दिया। उस 'सर्वोदय' के लिए उन्होंने अपना जीवन-दान कर दिया, जिसे वे कुछ दिनों पहले से ही 'सुन्दर क्रांति' (जनता में प्रकाशित लेखमाला में) कहने लगे थे। यह 'सुन्दर' वस्तुतः सत्यम् और शिवम् का पर्याय ही था। पश्चिम के क्रांतिकारी मूलतः कुरूप, द्वन्द्वात्मक, संघर्षपरक, रक्तलिप्त बीभत्स क्रांति को ही क्रांति मानते रहे, सुन्दर या सूक्ष्म से जुड़ने की बात उन्हें क्रांति-विरोधी या प्रतिगामी लगती रही। वे चाहते थे कि सत्ता में परिवर्तन अवश्य हो, व्यक्ति में परिवर्तन हो या न हो। पश्चिमी क्रांतियों ने सफल नायक दिए, पर श्रेष्ठ आदर्श नहीं, और इसीलिए हर क्रांति-मार्ग कालक्रम में पगडंडी बनकर रह गया। हृदय-परिवर्तन कभी उनके जेहन में अँट नहीं पाया। विनोबा के 'भूदान आंदोलन' को पारंपरिक क्रांति-चिन्तक भला कैसे मानते। उन्होंने कभी सुना ही नहीं था कि कोई व्यक्ति अपनी सम्पत्ति, किसी के कहने पर समाज के लिए, व्यापक हित के लिए दान कर सकता है। 'दान' शब्द भारतीय अध्यात्म का कुंजी शब्द है–जन्म से मृत्यु तक हमारे संस्कारों में गुँथा हुआ। द्वन्द्वात्मक भौतिकवाद से पूर्णतः विमुख हो चुके जयप्रकाश को, भारतीय अध्यात्म और गाँधीवादी प्रयोगों से संयुक्त 'भूदान' में उन्हें एक नई क्रांति दिखी। जिसके कारण वे विनोबा के शिष्य बने। विनोबा औरों की नजर में भले 'बाबा' या 'सन्त' हों, जे. पी. ने उनमें एक महान् क्रांतिकारी देखा, जिसने अपने क्रांति-दर्शन को 'सर्वोदय' की संज्ञा दी थी। दुनिया के दूसरे देशों में कोई क्रांतिकारियों को 'सन्त' नहीं कहता, और महात्माओं को 'क्रांतिकारी' नहीं मानता। साम्यवादियों ने गाँधी को भी कभी क्रांतिकारी नहीं माना, क्योंकि जनता उन्हें 'महात्मा' कहती थी, मानती थी। जयप्रकाश द्वारा 'सर्वोदय' के लिए जीवन-दान की घोषणा सुनकर विनोबा की आँखें छलछला आई थीं। और विस्मय-विमुग्धा प्रभावती के मुँह से यह वाक्य निकल गया–"काश! इस दृश्य को देखने के लिए आज बापू होते!" पर 'क्रांतिशोधक' जयप्रकाश के लिए यह परिवर्तन पड़ाव ही रहा। कुछ ही वर्षों में उन्हें लगने लगा कि क्रांति की मंजिल अभी भी दूर है, और मंजिल पर पहुँचने के लिए कुछ नए रास्ते स्वयं बनाने होंगे। एक लीक पर चलते रहना क्रांति नहीं है।

इतना ही नहीं, उन्हें दुनिया की हर क्रांति अधूरी लगने लगी। उस पूरी क्रांति अर्थात् 'संपूर्ण क्रांति' को वे निरन्तर ढूँढ़ते रहे। वे यह भी नहीं मानते थे कि क्रांति सदा ऐतिहासिक काल-क्रम के अनुसार ही होती है–पहले आर्थिक क्रांति और बाद में सामाजिक और सांस्कृतिक क्रांति। वह तो एक संपूर्ण प्रक्रिया है। कुछ स्थानों पर उन्होंने 'संपूर्ण' के साथ-साथ या पर्याय के रूप में 'समग्र' क्रांति और 'सप्त-क्रांति' शब्द का भी प्रयोग किया है। इसे वे 'सर्वोदय' से भिन्न नहीं, उसका द्रुत रूप मानते थे। शब्द विवेचकों का कहना है कि 'संपूर्ण' एक प्रकार की दार्शनिक परिकल्पना है, और 'समग्र' एक व्यावहारिक परिकल्पना! अतः दोनों पर्याय नहीं हो सकते। 'सप्त क्रांति' शब्द का प्रयोग जे. पी. ने अपनी क्रांति परिकल्पना के सात अंगों का निर्देश करने के लिए किया था। वैसे यह शब्द लोहिया के साथ जुड़ा हुआ है। यह सात की संख्या भारतीय जीवन, दर्शन, चिन्तन में एक शुभ और मानक संख्या के रूप में स्वीकृत है। सात दिनों को हम सप्ताह मानते हैं, इन्द्रधनुष के सात रंग होते हैं, लोक सात माने गए हैं, सिंधु सात हैं, सप्तर्षि हमारे पूज्य हैं, संगीत के सुर सात हैं, सात पद साथ चलकर ही स्त्री-पुरुष पति-पत्नी बनते हैं। वस्तुतः जे. पी. की 'संपूर्ण क्रांति' परिकल्पना सभी क्रांति-परिकल्पनाओं का संगम है, निचोड़ है, जिसकी पृष्ठभूमि में भारत का गहन अध्ययन-चिन्तन और जिसकी उपयोगिता संपूर्ण मानवता के लिए है। उनकी मान्यता थी कि समाज के सारे प्रश्नों का जवाब किसी एक विचारधारा के चौखटे में मिलना मुश्किल है। अतः उनकी 'संपूर्ण क्रांति' में अनेक विचारधाराओं, पद्धतियों और प्रणालियों का अद्भुत संगम है। उसमें वेदोपनिषद से लेकर बुद्ध, महावीर, मार्क्स, गाँधी, एम. एन. राय, विनोबा और माओ सभी समाहित हैं।

जयप्रकाश ने 'संपूर्ण क्रांति' शब्द का प्रयोग पहली बार 5 जून, 1974 को किया। उसके बाद वे भाषणों एवं लेखों और संवादों के माध्यम से इसे जीवन की अन्तिम घड़ियों तक समझते-समझाते रहे। इस पर उन्होंने कोई पुस्तक नहीं लिखी, क्योंकि उनकी मान्यता थी कि "हर क्रांति अपनी किताब खुद लिखती है।" वे तो संपूर्ण क्रांति को कभी नहीं समाप्त होनेवाली प्रक्रिया मानते थे, निरन्तर प्रयोग मानते थे, ऐसा 'पर्वतारोहण' मानते थे, जिसमें एक शिखर पर चढ़ने के बाद दूसरा शिखर दिखाई पड़ने लगता है।

'संपूर्ण क्रांति' का तात्पर्य उनके लिए यह था कि इसके माध्यम से संपूर्ण व्यक्ति को, संपूर्ण समाज को, संपूर्ण विश्व को बदला जा सकता है। दुर्भाग्यवश राजनेताओं और बुद्धिजीवियों ने उनकी परिकल्पना को संपूर्णता से, नैरन्तर्य से, भविष्य से जोड़कर नहीं देखा या जान-बूझकर अनदेखा किया। श्री सिद्धराज ढड्ढा ने ठीक ही लिखा है कि 'संपूर्ण क्रांति' के बारे में दो बातें जे. पी. ने बार-बार स्पष्ट की हैं, "पहली तो यह कि संपूर्ण क्रांति हिंसा के जरिए नहीं हो सकती, और दूसरी यह कि वह सत्ता या कानून के द्वारा भी संभव नहीं है। सामाजिक और व्यक्तिगत जीवन में आमूल परिवर्तन लोगों के अपने अभिक्रम और प्रयत्न से ही हो सकता है। ये सब बातें यदि ध्यान में रखी जाएँ तो 'संपूर्ण क्रांति' को समझना मुश्किल नहीं होगा। यह कोई रहस्यमय वस्तु नहीं रह जाएगी।" केवल 'बिहार आंदोलन' या 'इन्दिरा हटाओ-आंदोलन' से जोड़कर इसे देखना नितान्त अनुचित है, एक दुष्प्रयत्न है। यह ठीक है कि आंदोलन के क्रम में सार्वजनिक रूप से एक दिन इसका उद्घोष उन्होंने किया, किन्तु आंदोलन के बाद भी, जनता सरकार के गठन के बाद भी, वे इसे तरह-तरह से समझाते रहे और अन्तिम दिनों में उन्होंने एक बार कहा था कि "संपूर्ण क्रांति के अपने सपने को जमीन पर साकार होता देखने के लिए मैं इस दुनिया में न रह पाऊँ, लेकिन जब कभी समाज का अन्तिम व्यक्ति इज्जत के साथ जीवन जी सकेगा, अपनी शक्ति के अनुसार मेहनत कर सकेगा और अपनी आवश्यकता के अनुसार पा सकेगा, तो मुझको सन्तोष होगा।" वे जानते थे कि 'संपूर्ण क्रांति' के लक्ष्य को सिद्ध करने में कई पीढ़ियाँ बीत जाएँगी, लेकिन अगर स्वतन्त्रता, समानता और बन्धुता के आदर्शों को चरितार्थ करना हो, तो यही एक क्रांतिकारी मार्ग है।

लोकनायक ने अपनी 'संपूर्ण क्रान्ति' को सात भागों में बाँटा था—(1) सामाजिक क्रांति, (2) आर्थिक क्रांति, (3) राजनीतिक क्रांति, (4) सांस्कृतिक क्रांति, (5) बौद्धिक क्रांति, (6) शैक्षिक क्रांति और (7) नैतिक तथा आध्यात्मिक क्रांति। यह विभाजन विवेचन की सुविधा के लिए है। वस्तुतः वे एक-दूसरे से जुड़ी हुई हैं। ये सातों मिलकर 'संपूर्ण क्रांति' का इन्द्रधनुष बनाती हैं। उनमें एक क्षेत्र में हुई क्रांति दूसरे क्षेत्र को प्रभावित करती है और सब मिलजुलकर मनुष्य को और समाज को बाहर से भी और भीतर से भी बदलती हैं। पर एक स्थान पर यह भी कहा है सात की संख्या घटाई-बढ़ाई जा सकती है। जे. पी. की मान्यता थी कि केवल बाहरी बदलाव क्रांति नहीं है। मनुष्य के भीतर जब तक परिवर्तन नहीं होगा तब तक कोई क्रांति सफल नहीं होगी और प्रतिक्रांतियों को आमन्त्रित करेगी। वस्तुतः उन्होंने 'क्रांति' की संपूर्ण अवधारणा में ही क्रांति कर दी।

आइए, उनकी संपूर्ण क्रांति अवधारणा के विभिन्न अंगों पर विचार करें। पर यह ध्यान रखें कि ये सभी 'अंग' हैं, एक ही शरीर के विभिन्न अंग, एक ही आत्मा से जुड़े हुए। खण्डित चिन्तन और पार्थक्यमुखी विश्लेषण के आधार पर 'संपूर्ण क्रांति' को नहीं समझा जा सकता।

1. सामाजिक क्रांति

जयप्रकाश ने अमेरिका में रहकर समाजशास्त्र का विधिवत अध्ययन किया था। नवीनतम प्रवृत्तियों को प्रयोग कर सामाजिक परिवर्तन पर महत्त्वपूर्ण शोध कार्य किया था और भारत में उन्होंने काँग्रेस समाजवादी पार्टी की और बाद में समाजवादी पार्टी की स्थापना की थी। उनके बारे में गाँधीजी ने एक बार कहा था कि "समाजवाद के बारे में जो जयप्रकाश नहीं जानता, वह कोई नहीं जानता।" समाज उनके चिन्तन और कर्म के केन्द्र बिन्दु में सदैव बना रहा—'संपूर्ण समाज' केवल किसानों और मजदूरों तक ही उनकी समाज-परिकल्पना सीमित नहीं थी। उनकी स्पष्ट मान्यता थी कि सामाजिक क्रांति किसी मसीहा या राजसत्ता के द्वारा नहीं होगी बल्कि समाज तभी बदलेगा जब सामाजिक क्रांति में संपूर्ण समाज की

सहभागिता होगी, इसके लिए वे लोकजागरण और चेतना-निर्माण की प्रक्रिया को अनवरत चलाए जाने के पक्षधर थे। किसी एक समाज में जो कुछ भी घटित होता है, उसकी जो आन्तरिक संरचना होती है, उसका जो संस्कारगत ढाँचा होता है, वहाँ की जो परम्परा होती है, जो विश्वास होता है, उनके आधार पर ही देश-विशेष में सामाजिक क्रांति होती है, ठीक उसी प्रकार की प्रक्रियाओं और पद्धतियों से किसी दूसरे देश में सामाजिक क्रांति नहीं हो सकती। इसीलिए वे बोल्शेविक क्रांति को रूस के लिए सही, किन्तु भारत के लिए गलत मानते थे। रूसी समाज औद्योगिक समाज था और भारतीय समाज कृषक समाज। भारत का जातिवाद, छुआछूत और तिलक-दहेज रूस में नहीं था। इसीलिए बिहार-आंदोलन के क्रम में भी वे युवकों को अन्तरजातीय विवाह या जनेऊ तोड़ने के लिए कहते थे, अगड़ा-पिछड़ा के भेद-भाव मिटाने के लिए, जन्म और मृत्यु से जुड़ी हुई कुरीतियों और रूढ़ियों के खिलाफ संघर्ष का आह्वान करते रहते थे। नई पीढ़ी को सम्बोधित करते हुए उन्होंने एक बार कहा था, ''घर-घर में युवक और युवतियाँ विद्रोह का नारा बुलन्द करें, इसके लिए युवकों को प्रह्लाद की तरह अपने अभिभावकों के विरुद्ध भी सत्याग्रह के लिए तैयार होना पड़ेगा, उसके बिना 'संपूर्ण क्रांति' मात्र नारा बनकर रह जाएगी।''

वे जाग्रत, सुखी और समरसतापूर्ण समाज की संरचना करना चाहते थे। जो समाज जाग्रत नहीं होगा, वह सुख के नाम पर भोग की ओर उन्मुख होगा, वहाँ निरन्तर अशान्ति और परस्पर संघर्ष का दौर चलता रहेगा, शोषण की प्रक्रिया चलती रहेगी। समरसता समाज की संजीवनी है। सवर्ण-अवर्ण, अगड़ा-पिछड़ा, समृद्ध और वंचित में जब तक समाज बँटा रहेगा, वह कभी समुन्नत नहीं हो सकता। जो समाज जागरूक नहीं होगा वह सुसंगठित और शक्तिशाली भी नहीं होगा और वह राजसत्ता को कभी भी मजबूर नहीं कर सकेगा कि वह व्यापक जनहित के कार्य करे, वह सदैव सत्ता के सामने याचक और निरीह बना रहेगा। सत्ता का अंकुश समाज पर न हो, समाज का अंकुश सत्ता पर हो, तब कोई भी समाज स्वावलंबी और उनके अनुसार समाज परिवर्तन के लिए इन समितियों को चार कार्य करने होंगे—लोक-जागरण, लोक-संगठन, रचनात्मक कार्य और आवश्यकता पड़ने पर संघर्ष, शान्तिपूर्ण संघर्ष। जे. पी. मानते थे कि 'संपूर्ण क्रांति' सरकारी शक्ति से नहीं जन-शक्ति से ही हो सकती है। समाज को निरन्तर संगठित और जाग्रत रखने के लिए लोक-जागरण एवं लोक-समितियों के गठन पर बराबर जोर देते रहे। बिहार आंदोलन के क्रम में अनेक स्थानों पर लोक समितियाँ गठित तो हुईं, किन्तु चुनाव के बाद वे शिथिल, निष्क्रिय और लुप्त हो गईं। जनता सरकार के गठन के बाद उन्होंने इस ओर जनता और सरकार दोनों का ध्यान आकृष्ट किया किन्तु किसी ने उन पर समुचित ध्यान नहीं दिया। धीरे-धीरे पिछड़ा वर्ग अपने अधिकारों और प्राप्तव्यों के प्रति उठ खड़ा हुआ, लेकिन वह भी मुख्यतः सत्तामुखी, कुर्सीमुखी बनकर रह गया। जे. पी. के सपनों का समाज आज भी बना नहीं है। अतः सामाजिक क्रांति की उनकी परिकल्पना अधूरी रही, पर इसमें दोष जे. पी. का नहीं, उनके बाद की पीढ़ी का है।

2. आर्थिक क्रांति

अर्थ मनुष्य की और समाज की प्रथम आवश्यकता है, जिसके अभाव में न सामान्य जीवन-यापन सम्भव है, न समुन्नति के शिखर तक पहुँचना। अधिकांश संघर्षों के मूल में यह 'अर्थ' ही रहा है। अर्थोपार्जन, सम्पत्ति पर अधिकार, न्यायपूर्ण उत्पादन-वितरण, और आर्थिक व्यवस्थाओं में सहभागिता के स्वरूप पर ही मुख्यतः समाज की आर्थिक व्यवस्था निर्भर करती है। मार्क्स ने इस दृष्टि से प्रोलितारियत और बुर्जुआ के वर्ग बनाकर वर्ग-संघर्ष की हिमायत की और आर्थिक क्रांति का लक्ष्य उत्पादन और वितरण की व्यवस्थाओं पर उत्पादकों का वर्चस्व माना। पूँजीवादी व्यवस्था श्रम से अधिक पूँजी को महत्त्व देती रही और उसने पूँजी-निवेशकों का वर्चस्व स्वीकार किया। गाँधीजी का ट्रस्टीशिप सिद्धान्त सम्पत्ति पर अधिकार समाज का मानता है, व्यक्ति का नहीं। व्यक्ति तो मात्र सम्पत्ति का ट्रस्टी है। जे. पी. की आर्थिक क्रांति मुख्य रूप से गाँधीवादी परिकल्पना का ही संशोधित-परिवर्द्धित रूप है। जे. पी. ने स्वतन्त्रता के बाद अनुभव किया कि समाजवाद के नाम पर भारत में एक नए प्रकार के राजकीय पूँजीवाद या नौकरशाही पूँजीवाद का अभ्युदय हुआ। आर्थिक उत्पादन के केन्द्र नगरों में विकसित होने लगे और ग्रामों से नगरों की ओर पलायन हुआ। नगर-केन्द्रित थोड़े-से लोगों के हाथों में ही सारी अर्थव्यवस्था और सत्ता सिमट गई। कुटीर उद्योगों को छोड़कर हम बड़े उद्योगों की ओर

उन्मुख हुए। परिणामस्वरूप कृषि नष्ट हो गई, गाँव पिछड़ गए। उनकी आर्थिक क्रांति का मूल आधार था खेतिहर क्रांति, भू-क्रांति। उनके अनुसार एक ऐसी आर्थिक व्यवस्था होनी चाहिए जिसमें जमीन पर स्वामित्व गाँव का हो, पर कब्जा खेत जोतनेवाले किसान का हो। भूमि जीविका का साधन हो, न कि मिल्कियत का। वे निजी पूँजीवाद और सरकारी पूँजीवाद—दोनों के खिलाफ थे। उनकी अर्थनीति विकेन्द्रीकरण, आत्मनिर्भरता, सहकार एवं सादगी पर आधृत है। यह सादगी की बात उन्होंने गाँधी से, भारतीय सांस्कृतिक जीवन-मूल्यों से ग्रहण की थी। पश्चिम की आर्थिक नीति भोग-प्रधान है और अधिक भोग व्यक्ति और समाज में अनेक रोगों को जन्म देता है, यह जे. पी. को मालूम था। बड़े उद्योगों से अधिक वे लघु उद्योगों के पक्षधर थे, क्योंकि उनमें आम आदमी की ज्यादा हिस्सेदारी होती है। उद्योगों में वे विज्ञान और टेक्नोलॉजी के प्रयोग के खिलाफ नहीं थे, उनका तो बस इतना ही कहना था कि विज्ञान का शक्ति और लाभ की दृष्टि से शोषण न हो, मानवीय सुख-शान्ति के लिए इसका उपयोग हो।

3. राजनीतिक क्रांति

उनकी राजनीतिक क्रांति की परिकल्पना उनकी सामाजिक और आर्थिक क्रांति की परिकल्पनाओं से ही बनी है। राजनीति के गर्भ से ही सत्ता का जन्म होता है और जब सत्ता सामाजिक और आर्थिक न्याय दे पाने में असफल होती है, तो राजनीतिक क्रांति की आवश्यकता होती है। राजनीतिक दृष्टि से वे लोकतंत्र या लोकतांत्रिक समाजवाद के प्रबल पक्षधर थे। लोकतंत्र विहीन स्वतन्त्रता भी उन्हें मान्य न थी। लोकतंत्र में ही मानवीय स्वतन्त्रता की गारंटी हो सकती है जिससे कभी भी किसी भी कीमत पर समझौता के लिए वे तैयार नहीं थे। यह संपूर्ण क्रांति की पूरी परिकल्पना ही तानाशाही के विरुद्ध छेड़े गए आंदोलन के गर्भ से उत्पन्न हुई थी। व्यक्तिगत स्वातन्त्र्य को वे रोटी से कम महत्त्वपूर्ण नहीं मानते थे, केवल रोटी नहीं, रोटी और आजादी। तभी तो दूसरी आजादी की लड़ाई में युवकों ने यह नारा दिया 'आधी रोटी खाएँगे पर इन्दिरा को हटाएँगे।' चूँकि इन्दिरा उन दिनों दुर्दान्त तानाशाही की बीभत्स आकृति का नाम था। राजनीतिक क्रांति को लक्ष्य न मानते हुए भी उसके महत्त्व को वे अच्छी तरह जानते थे। यदि राजनीति सत्ता या सरकार जनता के अनुकूल हो, तो क्रांति के अन्य रूपों से सफल बनाने में सहूलियत होती है। यदि सरकार जनविरोधी हो, तो सारी क्रांतियों की गति धीमी हो जाती है और जनता का सारा ध्यान फिर सत्ता की ओर चला जाता है, जिसके परिणामस्वरूप जीवन-शैली, सामाजिक ढाँचे में कोई परिवर्तन नहीं होता। इसीलिए जे. पी. ने बार-बार कहा कि जनता को अपने निर्वाचित प्रतिनिधियों पर अंकुश रखने का या उन्हें वापस बुलाने का अधिकार भी होना चाहिए। जयप्रकाश एक स्वस्थ लोकतंत्र में एक सबल विपक्ष को आवश्यक मानते थे। उनके इस क्रांतिकारी विचार की कटु आलोचना हुई और आज तक कोई सरकार इसे कानून का रूप दे सकने का साहस नहीं जुटा पाई। विश्व का इतिहास साक्षी है कि अधिकांश क्रांतियों के नायक राजनीतिक परिवर्तन के बाद स्वयं सत्ताशीर्ष पर बैठ गए, कहीं कोई अंकुश नहीं रहा। जब उनका विरोध तीव्र होता गया तो उन्होंने अपने को तानाशाह बना लिया और अलोकतान्त्रिक ढंग से प्रतिक्रांति करनेवालों को कुचलने का प्रयास करने लगे। जयप्रकाश सदैव क्रांति 'नायक' रहे, पर कभी भी 'फल के भोक्ता' नहीं रहे। जनता सरकार के गठन के बाद उन्होंने अंकुश लगाने का काम तो शुरू किया, किन्तु रुग्णता बाधक बनी और यमराज ने उनसे यह अवसर छीन लिया। ज्यादा नहीं ढाई वर्ष और जे. पी. अगर बच गए होते, तो न जनता पार्टी जाती न काँग्रेस आती, भारत की एक नई राजनीति उभरकर सामने आती। संक्षेप में, जनता को सरकार से अधिक मजबूत बनाना जे. पी. की राजनीतिक क्रांति का मूल उद्देश्य था।

4. सांस्कृतिक क्रांति

अधिकांश क्रांतिकारियों के मन में पहले यह बात नहीं आती थी कि सांस्कृतिक क्रांति के बिना हर क्रांति अधूरी रह जाती है, निष्फल हो जाती है। भारतीय जीवनशैली की विशिष्टताओं के सूक्ष्म अध्येता जयप्रकाश के लिए मनुष्य केवल पेट नहीं, हृदय भी है, और बिना सांस्कृतिक क्रांति के हृदय-परिवर्तन नहीं हो सकता। मनुष्य में वह श्रेष्ठता नहीं आ सकती, जो उसे पशु से भिन्न बना दे। लोकनायक के लिए सांस्कृतिक क्रांति का अर्थ था व्यक्तिगत और सामाजिक मूल्यों में ऐसी क्रांति,

जो सुख-शान्ति से जीने दे। मनुष्य के सांस्कृतिक विकास के लिए वे ज्ञान से अधिक कर्म पर जोर देते थे। मनुष्य के विकास के लिए वे सृजनात्मकता और सौन्दर्यबोध को आवश्यक मानते थे। जो व्यवस्था मनुष्य की सृजन-शक्ति को अपनी इच्छा के अनुरूप ढालने का प्रयास करती है, वह उन्हें बिलकुल पसन्द नहीं थी। उनका संस्कृति-बोध धर्माश्रित नहीं था, संस्कार या परिष्कार से जुड़ा हुआ था। मनुष्य को बदलने में कला, साहित्य, संगीत आदि की प्रमुख भूमिका होती है। यह अकारण नहीं है कि जयप्रकाश-आंदोलन में भारी संख्या में साहित्यकारों, चित्रकारों, कवियों और नाटककारों की महती भूमिका रही। सांस्कृतिक क्षेत्र से जुड़े लोगों का किसी क्रांतिकारी-आंदोलन से ऐसा जुड़ाव कम ही हो पाता है। वस्तुतः जे. पी. स्वयं सुसंस्कृत व्यक्तित्व के प्रतिमान थे, और संस्कृति को अपने आप में क्रांति मानते थे। वैसे तो माओ और किमइल सुंग ने भी अपने-अपने ढंग से 'कल्चरल रिवोल्यूशन' चलाए किन्तु उनकी दृष्टि एकांगी थी, प्रचारोन्मुख थी, कट्टर थी। जे. पी. की सांस्कृतिक क्रांति की परिकल्पना उदार, व्यापक और उदात्त है।

5. बौद्धिक क्रांति

यह सत्य है कि बड़ी क्रांति वही है, जिसमें समाज के बड़े हिस्से की सहभागिता हो, किन्तु हर क्रांति की अगुआई विचारक ही करते हैं। विचारक अर्थात् बौद्धिक। अतः जब तक समाज की बुद्धि में अर्थात् समझदारी में परिवर्तन नहीं होता, तब तक किसी नई क्रांति की पृष्ठभूमि नहीं बनती। वे बार-बार बर्ट्रेण्ड रसेल को उद्धृत करते थे "अन्ततः विचार-शक्ति किसी भी अन्य मानवीय शक्ति से बड़ी होती है।" उनकी स्पष्ट मान्यता थी कि जब तक वैचारिक बौद्धिक क्रांति नहीं होती, न मनुष्य की जड़ता समाप्त होती है, न समाज की। इसीलिए वे निरन्तर बुद्धिजीवियों के सम्पर्क में होते थे, उनके नए विचारों से ही प्रभावित होते थे और अपने प्रयोग-सिद्ध अनुभवों से उन्हें समृद्ध किया करते थे। ऐसे ही आदान-प्रदान से उस नई ऊर्जा का जन्म होता है, जो किसी क्रांति को सही और नई दिशा देती है, उसे फिसलने और भटकने से बचाती है। बौद्धिकता का वे कर्मठता से संयोग चाहते थे और इसके विपरीत भी। क्रांतिकारी जयप्रकाश कभी समाजवाद का क्लास लेते थे। कभी लेखमालाएँ लिखकर अपने चिन्तन को बहस के लिए विद्वानों के अखाड़े में छोड़ते थे। और कभी अग्रणी दिग्गजों को सादर आमन्त्रित कर विचार-विमर्श करते थे। उनकी दृढ़ धारणा थी कि बुद्धिहीन या विचारशून्य व्यक्ति समाज में कोई क्रांति नहीं ला सकता। अतः बौद्धिक वैचारिक क्रांति की प्रक्रिया निरन्तर चलती रहनी चाहिए, ताकि क्रांति की धार कभी कुंद न हो।

6. शैक्षिक क्रांति

बुद्धिजीवी और विचारक तो थोड़े ही हो सकते हैं पर शिक्षा पर तो सबका अधिकार होना चाहिए और किसी भी क्रांति में शिक्षित युवाओं की महत्त्वपूर्ण भूमिका होनी चाहिए। युवा, विशेषतः शिक्षित युवा ही क्रांति की मशाल लेकर आगे बढ़ते हैं। जयप्रकाश-आंदोलन मूलतः युवा-आंदोलन या छात्र-आंदोलन के रूप में ही प्रारम्भ हुआ था। शिक्षा के स्वरूप, अर्थ और उद्देश्य को लेकर स्वाभाविक रूप से जयप्रकाश चिन्तित रहते थे और चलती हुई शिक्षा में आमूलचूल परिवर्तन के लिए व्यग्र थे। वे बार-बार स्मरण दिलाते थे कि हमारी शिक्षा-पद्धति भारतीय यथार्थ, दृष्टिकोण एवं आवश्यकताओं से जुड़ी न रही। उसने शिक्षित युवाओं के मन में नौकरी की लालसा तो जगाई, पर उनमें सांस्कृतिक जीवन-मूल्यों एवं राष्ट्र-निर्माण के प्रति उत्साह भाव नहीं जगाया। जे. पी. चाहते थे कि पूरी शिक्षा-व्यवस्था नीचे से ऊपर तक बदली जाए—ज्ञान को कर्म से, सूचना को भावना से और आदर्शों को यथार्थ से जोड़ा जाए। प्राथमिक शिक्षा सबको मिले और बाद में ऐसी कि जिससे शिक्षित रोजगार पा सकें। उसमें स्वरोजगार भी शामिल हो और स्वाभिमान भी। वे नौकरियों को डिग्रियों से जोड़ना उचित नहीं मानते थे। शिक्षा और परीक्षा की प्रणाली ऐसी हो कि छात्रों में स्वावलंबन विकसित हो सके। नौकरी का अर्थ आत्मा को गिरवी रखना न हो, पर रोजगार प्रदान करनेवाली शिक्षा युवाओं के मन में राष्ट्रभक्ति और राष्ट्र-निर्माण की प्रेरणा भी दे तथा विश्व स्तर पर ज्ञान-विज्ञान के क्षेत्र में होनेवाली प्रतियोगिताओं के योग्य भी उन्हें बनाए। शैक्षिक क्रांति संबंधी अपनी अवधारणाओं को स्पष्ट करते हुए उन्होंने लिखा है—"वर्तमान सड़ी हुई व्यर्थ की शिक्षा शिक्षा-पद्धति के विरुद्ध जेहाद बोलना होगा... विद्यार्थियों में घोर असन्तोष है क्योंकि यह शिक्षा दोषपूर्ण है और उनका भविष्य अंधकारमय है। 6 मार्च, 1975 को लोकसभा

अध्यक्ष को उन्होंने जो माँग-पत्र अर्पित किया था, उसमें शैक्षिक क्रांति की अपनी परिकल्पना के सन्दर्भ में उन्होंने निम्नलिखित सुझाव दिए थे—मौजूदा ढाँचे में प्रत्येक स्तर पर सुधार किया जाए। माध्यमिक स्तर से शिक्षा को जीविकोन्मुख बनाया जाए, जिसके साथ आर्थिक योजना की एक ऐसी प्रणाली हो, जो रोजगार की गारंटी करे। शिक्षण संबंधी नौकरियों को छोड़ अन्य नौकरियों के लिए विश्वविद्यालय की डिग्री आवश्यक न रहे। पाँच वर्षों के अन्दर प्राथमिक शिक्षा वयस्क शिक्षा के सार्वत्रिक प्रसार को सर्वोच्च प्राथमिकता दी जाए। शिक्षण संस्थाओं में सरकार के हस्तक्षेप पर रोक लगाई जाय। इन संस्थाओं का प्रबन्ध उनके शिक्षकों को सौंपा जाय और उनमें लोकतान्त्रिक ढंग से छात्रों की भागीदारी हो। ये स्थूल दिशानिर्देश हैं, जिनको, विशद् रूप से व्याख्यायित करने का समय जे. पी. को नहीं मिला।

7. नैतिक-आध्यात्मिक क्रांति

जयप्रकाश ऊपर से क्रांतिकारी किन्तु भीतर से विशुद्ध आध्यात्मिक सन्त थे। धार्मिक कर्मकाण्ड में उनका विश्वास कभी नहीं रहा, किन्तु वे मानते थे कि मनुष्य द्रव्य और आत्मा दोनों है, अतः उसके जीवन की भौतिक और आध्यात्मिक दोनों तरह की आवश्यकताएँ पूरी होनी चाहिए। जीवन के अन्तिम दिनों में उन्होंने अपने परिवेश को देखकर अच्छी तरह समझ लिया था कि स्वातन्त्र्योत्तर राजनीति की सबसे बड़ी दुर्घटना उसका नैतिकताविहीन होना था। विज्ञान पर यदि नैतिकता, आध्यात्मिकता का अंकुश न हो तो वह मनुष्य और मनुष्यता को सुदूर पाताल में ढकेल देता है। समाज में तृष्णा, सम्पत्ति-संग्रह, आर्थिक अपराध, स्वच्छन्द यौनाचार और असीम उपभोग की वृत्तियाँ नैतिकता-आध्यात्मिकता के अभाव से ही उत्पन्न होती हैं। सत्ताधारियों का चेहरा बदल जाए, और उनका चरित्र न बदले, तो समाजवाद भले आ जाए, समाज में 'सुख' या 'आनन्द' कभी न आएगा। शान्ति, स्नेह, सौहार्द और सद्‌भाव के अभाव में एक कुरूप समाज की रचना होगी। अतः आचार-व्यवहार के माध्यम से जे. पी. नैतिकता, आध्यात्मिकता के आधार परिपुष्ट कर समाज को सही दिशा देना चाहते थे। वे केवल समृद्ध समाज नहीं सन्तुलित समाज के पक्षधर थे। वे केवल प्रगति नहीं विकास चाहते थे। निर्मल वर्मा के शब्दों में 'शायद वे पहले व्यक्ति थे, जिन्होंने भारतीय राजनीति के क्षितिज पर पाप और दुराचार (एविल) को उगते देखा था। यह नहीं कि इन्दिरा गाँधी से पहले भारतीय राजनीति 'पाप' से मुक्त थी, किन्तु वे (इन्दिरा) अपने आचरण और व्यक्तित्व में पाप की संपूर्ण परिभाषा को अभिव्यक्त करती थीं। इस 'पाप' के विरुद्ध जो अभियान उन्होंने छेड़ा था उसका पहला नारा था—'हमला चाहे जैसा होगा, हाथ हमारा नहीं उठेगा।' पर यह सत्य है कि उस आंदोलन में कुछ पुराने 'पापी' भी आए और कुछ उसके बाद नए 'पापी' बन गए। पर यह अनुयायियों की विकृतियाँ थीं, जयप्रकाश के सपनों की नहीं। 'पाप' से लड़ने की बात कोई अनैतिक अनाध्यात्मिक सोच ही नहीं सकता।'

'संपूर्ण क्रांति' मात्र शब्द नहीं स्वप्न है। एक ऐसा स्वप्न जिसे कोई एक व्यक्ति नहीं पूरा कर सकता। एक पीढ़ी पूरा नहीं कर सकती। उसके लिए निरन्तर प्रयास आवश्यक है। उस दिशा में हम क्या करें, यह सोचने का विषय है। जे. पी. ने 'संपूर्ण क्रांति' के नाम पर एक सादा चित्र दिया था जिसमें रंग भरना सबका काम है। कैसे होगा, इसका उत्तर भवानी प्रसाद मिश्र की पंक्तियों में है—

> मगर तय है, कि यह उदास होने से नहीं होगा,
> निराश होने से तो होगा ही नहीं,
> हिम्मत और प्रसन्नता से,
> छोटे-छोटे कामों में जुट जाने से होगा।
> लोगों के दुख-दर्द पर,
> हँसते-हँसते लुट जाने से होगा!

आपात्काल

अमृता शेखर

बिहार आंदोलन ने स्वतन्त्र भारत के प्रजातन्त्र की सुरक्षा पर एक प्रश्नचिह्न लगा दिया था। यह आंदोलन केवल बिहार या गुजरात ही नहीं वरन् पूरे भारत में पार्टी प्रणाली पर आधारित और पार्टियों द्वारा संचालित असन्तोषपूर्ण तथा त्रुटिपूर्ण दलीय प्रजातान्त्रिक प्रणाली के विरुद्ध फैल चुका था। लोगों ने जोर-जबरदस्ती से मतदान करके इस प्रजातन्त्र में नाममात्र की अपनी भूमिका अदा करने के खिलाफ विद्रोह कर दिया। जगह-जगह धरना, रैलियाँ तथा मौन जुलूस के माध्यम से लोगों ने बिहार-विधान सभा की कार्यवाहियों में बाधा डालने, उसे भंग करने, साथ ही साथ भ्रष्ट चुनाव प्रणाली के खिलाफ इलाहाबाद उच्च न्यायालय का दरवाजा भी खटखटाया गया।

12 जून, 1975 को इलाहाबाद उच्च न्यायालय ने इन्दिरा गाँधी के भ्रष्ट चुनावों के खिलाफ राजनारायण द्वारा दायर याचिका पर अपना फैसला सुनाया। न्यायालय ने चुनाव में होनेवाले भ्रष्टाचार के लिए श्रीमती गाँधी को दोषी ठहराते हुए उनके चुनाव को रद्द करते हुए उन्हें यह भी कहा कि आपको सर्वोच्च न्यायालय में अपील के लिए 20 दिनों का समय दिया जाता है। इस अवधि में आप प्रधानमंत्री तो बनी रहेंगी मगर आपकी लोकसभा की सदस्यता समाप्त हो जाएगी। सभी विरोधी दलों ने इन्दिरा जी से त्यागपत्र देने को कहा। हालाँकि जे. पी. ने भी उन्हें सलाह स्वरूप ही कहा अगर सर्वोच्च न्यायालय के फैसले तक वो पद से हट जातीं तो इससे उनकी प्रतिष्ठा में वृद्धि होती। सभी विरोधी दलों ने आपस में मिलकर 25 जून को एक विशाल सभा का आयोजन तथा 29 जून से इन्दिरा गाँधी के निवास पर उनके त्याग पत्र को लेकर 15 दिनों तक सत्याग्रह करने का फैसला किया। लोगों ने तो वहाँ उनका पुतला जलाने, नारे लगाने तथा गिरफ्तारियाँ देने की योजना बनाई थी।

मगर चारों ओर फैले अपने गुप्तचरों के माध्यम से श्रीमती गाँधी की विरोधियों की हर गतिविधियों पर नजर बराबर बनी रहती थी। 25 जून को दिल्ली के रामलीला मैदान में कई लाख लोगों की एक विशाल जनसभा ने जे. पी. के उस ऐतिहासिक भाषण को सुना था। मुख्य वक्ता जे. पी. ही थे। हालाँकि जे. पी. शुरू में इस जनसभा में आने को बिलकुल ही तैयार नहीं थे मगर लोगों की काफी मिन्नतें और प्रार्थना पर वह तैयार हो गए थे। जे. पी. ने उस दिन के अपने भाषण में काफी कड़े मगर शालीन शब्दों में श्रीमती गाँधी तथा उनके निर्देशन पर कार्य करने वाली उनकी आलोचना की। उन्होंने भारतीय सैनिकों को सम्बोधित करते हुए कहा कि ''आप किसी का गलत हुक्म न मानें, यह आर्मी एक्ट और पुलिस एक्ट में ही लिखा हुआ है कि गैर कानूनी, अनुचित और अनैतिक आदेशों का पालन दंडनीय अपराध है। सेना का पहला कार्य है, संविधान और लोकतंत्र की श्रेष्ठता को बनाए रखना।'' उन्होंने अपने भाषण में काँग्रेस के लोगों से भी अपील की कि वे श्रीमती गाँधी पर दबाव डालें त्यागपत्र देने के लिए। अटल बिहारी वाजपेयी तथा चन्द्रशेखर (भूतपूर्व प्रधानमंत्री) ने भी अपने जोरदार भाषण में जनता को तानाशाही के विरुद्ध संघर्ष करने के लिए प्रेरित किया। नानाजी देशमुख ने अपने भावी कार्यक्रम–प्रधानमंत्री निवास के सामने 29 जून से होनेवाले सत्याग्रह की योजना जनता को बतायी।

इधर ये पार्टियाँ सभा में भाषण और तालियों के बीच अपनी विजय योजना तैयार कर रही थीं और उधर इन्दिरा

गाँधी और सपूत संजय गाँधी (जो वास्तव में उनके गलत राजनीतिक कार्यों के सबसे बड़े सलाहकार भी थे) अपने गुट के साथ देश पर आपातकाल थोपने जैसी योजना को कार्यान्वित करने में लगे थे। श्रीमती गाँधी से कहीं ज्यादा भारत में आन्तरिक आपातकाल की घोषणा एवं पूर्व निश्चित गिरफ्तारियों की योजना संजय गाँधी की थी। इन लोगों ने आपस में मिलकर उन व्यक्तियों की सूची भी तैयार कर ली कि किसे-किसे गिरफ्तार करना है और यह सूची सभी राज्यों के मुख्यमंत्री तथा प्रशासकों को 25 जून की शाम को ही दे दी गई।

अखबार वाले जो 25 जून को जे. पी. की सफल रैली को मुख्य समाचार बनाकर, उनके भाषणों को अपने अखबार के माध्यम से देश के कोने-कोने में फैलाने के लिए शाम से ही समाचार तैयार कर रहे थे। उनके मनसूबे को पूरा नहीं होने की पूरी तैयारी कर ली गई थी। रात नौ बजे से ही सारे प्रेस वाले इलाकों की बिजली 'पावर हाउस' में गड़बड़ी के बहाने से काट दी गई। दिल्ली तथा अन्य प्रदेशों के कुछ अखबार ऐसे थे जिनकी पावर सरकार बन्द नहीं कर पाई तो उनमें खबर छपने के बाद भी अखबारों से वैसे समाचारों को 'ब्लैक आउट' करा दिया गया। इस तरह 25 जून के जयप्रकाश जी के ऐतिहासिक भाषण को प्रचारित होने से पहले ही रोक दिया गया।

25 जून को श्रीमती गाँधी श्री सिद्धार्थ शंकर राय के साथ राष्ट्रपति निवास गईं। यह आपातकाल लागू होने के ठीक चार घंटे पहले यानि रात्रि आठ बजे की बात है। उन्होंने राष्ट्रपति को अपना 'इमर्जेन्सी घोषणा पत्र' दिखाया और उन्हें बताया कि उन्होंने देश में आपातकाल लागू करने का अहम फैसला किया है। उस समय किसी भी बड़े से बड़े मंत्री तक को इस बात की सूचना नहीं दी गई। रात के पौने 12 बजे राष्ट्रपति ने इमर्जेन्सी घोषणा-पत्र पर अपने दस्तखत कर दिए। मगर उनके इस घोषणा-पत्र पर दस्तखत के साथ तारीख नहीं थी। यह भी एक सन्देहास्पद बात है। घोषणा इस प्रकार थी :

''मैं भारत का राष्ट्रपति फ़खरुद्दीन अली अहमद संविधान की धारा 352 की उपधारा–1 के अनुसार प्राप्त शक्तियों का उपयोग करते हुए यह घोषणा करता हूँ कि आन्तरिक उपद्रवों के खतरे से भारत की सुरक्षा पर गम्भीर खतरा पैदा हो गया है और इसलिए मैं अपनी इस उद्घोषणा के जरिए देश में आपातस्थिति की घोषणा कर रहा हूँ।''

राष्ट्रपति की इस घोषणा ने पूरे देश को इमर्जेन्सी जैसे खतरनाक काल की खाई में धकेल दिया। इधर राष्ट्रपति ने घोषणा-पत्र पर दस्तखत किए और उधर इन्दिरा गाँधी ने पूर्व निश्चित कार्यक्रमों के अनुसार अपनी कार्यवाहियाँ शुरू करवा दीं। गिरफ्तारियाँ शुरू हो गईं। सर्वप्रथम मानों जे. पी. की गिरफ्तारी का आदेश दिया गया था। रात के तीन बजे पुलिस गाँधी शान्ति प्रतिष्ठान में जे. पी. की गिरफ्तारी का वारंट लेकर आई और उन्हें नींद से जगाकर कहा कि आप गिरफ्तार किए जाते हैं। उस समय उनके मुँह से सहज ही निकल पड़ा–''विनाश काले विपरीत बुद्धि।'' जे. पी. को गिरफ्तार करके हरियाणा के सोहना नामक स्थान पर एक बंगले में रखा गया।

25 जून की अँधेरी रात समाप्त हुई। 26 जून की भोर की किरणें फूटीं मगर 25 जून की रात की कालिमा ने दमन और तानाशाह की जो करतम छटा बिखेरी वह हर सुबह की किरण के साथ बढ़ती गई। मध्यरात्रि में किसी चोर की भाँति इमर्जेन्सी और सेंसरसिप ने देश में प्रवेश किया था। सुबह से ही सारे देश में नेताओं की गिरफ्तारी शुरू हो गई। विरोधी दलों के साथ-साथ कुछ काँग्रेस के नेता भी गिरफ्तार किए गए दिल्ली में विरोधी दल के लगभग सारे नेता गिरफ्तार कर लिए गए। कुछ नेता ऐसे थे जिन्हें गिरफ्तारी की पूर्व सूचना मिल गई और पुलिस उन्हें गिरफ्तार नहीं कर पाई। ये नेता थे–नानाजी देशमुख, सुब्रह्मण्यम स्वामी, जॉर्ज फर्नांडिस, कर्पूरी ठाकुर तथा केदारनाथ साहनी। चन्द्रशेखर, स्व. कृष्णकान्त तथा रामधन जैसे युवा नेताओं को भी गिरफ्तार किया गया।

अखबारों पर सख्त सेंसरसिप लगा दी गई ताकि उनके माध्यम से कोई भी राजनीतिक समाचार देश की जनता तक न पहुँचे। खुद सरकार ने स्वीकार किया कि 26 जून को 676 नेता गिरफ्तार किए गए।

सारे मंत्रिपरिषद के लोगों को सुबह 5 बजे फोन से कैबिनेट की अति आवश्यक मीटिंग की जानकारी दी गई जो सुबह 6 बजे होने वाली थी। मीटिंग में मन्त्रियों को बताया गया कि देश की आन्तरिक स्थिति को देखते हुए राष्ट्रपति ने इमर्जेन्सी घोषणा-पत्र पर दस्तखत कर दिए हैं और देश में आपातस्थिति लागू कर दी गई है। इन्दिरा गाँधी ने मन्त्रियों को 25 जून को जे. पी. द्वारा दिए गए भाषण की ओर ध्यान आकृष्ट करने की बात भी कही। संविधान की चौहत्तरवीं

धारा के तहत राष्ट्रपति को आपातूकाल की घोषणा के पूर्व अपने कैबिनेट मंत्रिमंडल की मीटिंग और सहमति लेनी होती। यहाँ संविधान की चौहत्तरवीं धारा का उल्लंघन किया गया था। लगभग 400 लोगों के गिरफ्तारी वारंट भी रात को ही निकल चुके थे।

26 जून की सुबह रेडियो पर श्रीमती गाँधी ने देश के नाम पर बड़ा ही कूटनीतिक भाषण पेश किया। उन्होंने लोगों से कहा कि देश में सारी स्थिति सामान्य है। उन्होंने अपने भाषण में यह कहा कि विरोधी दलों के क्रांतिकारी रवैये से पूरे देश में आन्तरिक उपद्रव पैदा हो गया है ऐसा आपातूस्थिति की घोषणा उन खतरों से देश की शान्ति बचाने के लिए ही की गई है। उन्होंने राष्ट्र के नाम अपने संदेश में कहा–"विरोधी दल जनतन्त्र की रक्षा के नाम जनतन्त्र का गला घोंटने की कोशिश कर रहे हैं और कोई भी सरकार ऐसी स्थिति में मूक दर्शक बनी नहीं रह सकती। कतिपय लोग...हमारी फौज और पुलिस को विद्रोह के लिए उकसाने लगे थे।...मेरे खिलाफ सभी तरह के झूठे और मनगढ़ंत आरोप लगाए जाते रहे हैं। भारत की जनता मुझे बचपन से ही जानती है।...मुट्ठी-भर लोग जनता के विशाल वर्ग के अधिकारों पर छापा मारने की कोशिश कर रहे हैं।...इस घोषणा से उन नागरिकों के अधिकारों पर कोई भी असर नहीं पड़ेगा, जो नियम कानून मानकर चलते हैं।...मुझे विश्वास है कि देश की आन्तरिक स्थिति में शीघ्र ही सुधार आएगा और हम यथाशीघ्र इस आपातूस्थिति को समाप्त करने में समर्थ होंगे।"

देश में इन्दिरा समर्थकों की कमी नहीं थी। यह बात और थी कि उनमें अस्सी फीसदी लोग उनके व्यक्तिगत और गैर-सरकारी सलाहकार संजय गाँधी के दबाव में उनकी चापलूसी करने को मजबूर थे। देश के विभिन्न भागों से ऐसे ही काँग्रेसी तथा कम्युनिस्ट समर्थकों ने अपने सहयोग और समर्थन से इन्दिरा गाँधी के नेतृत्व में उनकी योजना को अत्यधिक सफल बनाने में प्रस्ताव भी भेजने शुरू किए। उन्होंने श्रीमती गाँधी के सशक्त नेतृत्व की तारीफों के पुल भी बाँधे। ऐसे नेताओं को बुजदिल तथा ऐसे नागरिकों को हम कायर कहें तो इसमें कोई अतिशयोक्ति नहीं होगी। इन लोगों ने इन्दिरा गाँधी के प्रति अपनी अटूट श्रद्धा को प्रकाशित करने का हर सम्भव प्रयास किया। इस कार्य सिद्धि के लिए ऐसे लोगों में प्रदर्शन करने, बयान देने तथा समाचार-पत्रों में अपने नाम से संदेश देने के लिए मानों होड़ लगी थी। समाचार-पत्रों को सरकार विरोधी किसी भी समाचार को छापने पर कड़ा प्रतिबन्ध लगा दिया गया। पूरे देश में मीसा और डी.आई.आर. में सैकड़ों लोग गिरफ्तार हुए मगर समाचार-पत्र को ऐसा मूक रखा गया जिससे देश की जनता को कुछ पता ही नहीं चले। सरकार अपनी ओर से यह समाचार बराबर छपवाती रही कि देश की स्थिति बिलकुल शान्त है। लोग सामान्य जीवन जी रहे हैं।

इमर्जेन्सी की घोषणा और अपने प्रिय नेताओं की गिरफ्तारी जनता इतनी आसानी से कैसे पचा सकती थी। जनता ने इसके विरुद्ध जगह-जगह सरकार विरोधी प्रदर्शन किए, जुलूस निकाले, बन्द की भी घोषणा की गई। मगर अब तो पुलिस और फौजी भाइयों को पूरी स्वतन्त्रता थी दमन चक्र चलाने की। लोगों के आंदोलन छेड़ने से पूर्व ही उन्हें दबा दिया गया। मगर बिहार और मुम्बई में यह बन्द काफी हद तक सफल रहा। सरकारी कार्यालयों में कार्य करने से कर्मचारियों को रोक दिया गया। सरकार भी पीछे नहीं रही। सशस्त्र सैनिकों ने खुले आम और व्यापक रूप से ऐसे समर्थकों को गिरफ्तार करना शुरू कर दिया। जब जहाँ जिसे चाहा झूठ-सच का प्रपंच रचकर गिरफ्तार कर लिया।

श्रीमती गाँधी अपने जगह-जगह के भाषण में अपने को निर्दोष बतातीं और जे. पी. द्वारा 25 जून को सैनिकों और पुलिस बल से की गई अपील को याद दिलातीं। श्रीमती गाँधी उस शाम के भाषण का बहाना लेते हुए लोगों को यह विश्वास दिलाने का प्रयास करतीं कि जे. पी. देश की फौज और पुलिस बल को भड़काने का काम कर रहे हैं जो एक देशद्रोही ही करता है मगर सच्चाई यह है कि सैनिकों को जिस बात के लिए जे. पी. ने आह्वान किया वह न तो गैर-कानूनी था, न ही जे. पी. को देशद्रोही सिद्ध करने वाला। क्योंकि 1930 में काँग्रेस ने ही एक प्रस्ताव पास किया था जिसमें उसने देश के सैनिकों और पुलिस से यह आग्रह किया था कि वो किसी के भी गैर-कानूनी आदेश का पालन न करे। इस प्रस्ताव का पर्चा बाँट रहे लोगों को गिरफ्तार करने पर इलाहाबाद हाईकोर्ट के अंग्रेज जजों ने भी यह फैसला दिया था कि यह कोई अपराध नहीं है।

इलाहाबाद उच्च न्यायालय द्वारा उन पर लगाए गए आरोपों को प्रमाणित करने के क्रम में इमर्जेन्सी उनका पहला

कदम था। श्रीमती गाँधी ने न्यायालय के इस फैसले पर पुनः एक याचिका दायर करके उन्हें जो 20 दिनों की अवधि दी गई थी उसे सर्वोच्च न्यायालय के फैसला देने तक बढ़वा लिया था। इस फैसले के आधार पर सर्वोच्च न्यायालय द्वारा जब तक मुकदमे का अन्तिम फैसला नहीं हो जाता वह प्रधानमंत्री बनी रहतीं और एक प्रधानमंत्री के सारे कार्य सम्पादन भी कर सकती थीं उन्हें वेतन भी प्राप्त होता रहता। हाँ लोकसभा में मतदान करने का अधिकार उन्हें नहीं था। न्यायालय ने एक ही फैसला देकर मानों उनके हाथों में ब्रह्मास्त्र दे दिया--प्रधानमंत्री बनी रहेंगी। उन्होंने अब अपनी यथास्थिति बनाए रखने के दूसरे प्रयास भी शुरू कर दिए। उन्होंने सुप्रीम कोर्ट के सन्देहात्मक फैसले से पहले ही संविधान में अपने बचाव के अनुरूप परिवर्तन लाकर अपने दो उद्देश्यों की पूर्त्ति करने की सोची। एक, यह कि उनके ऊपर जो आरोप लगाए गए उन्हें संवैधानिक मान्यता दिलाकर, दूसरा प्रधानमंत्री तथा पार्लियामेण्ट के अधीन कर देना। यह परिवर्तन श्रीमती गाँधी के उन उद्देश्यों और इच्छाओं को साफ जाहिर करता है कि उनकी चाहत थी कि एक प्रधानमंत्री के रूप में कार्यपालिका के माध्यम से न्यायपालिका पर भी उनका वर्चस्व हो। अपने इन्हीं उद्देश्यों की पूर्ति के लिए अब प्रधानमंत्री और विधि मंत्री के प्रयास शुरू हो गए।

संविधान में संशोधन होने तक उन्होंने राष्ट्रपति के अध्यादेशों का प्रयोग करना शुरू किया। 28 जून को राष्ट्रपति ने एक अध्यादेश जारी कर संविधान की 14, 19, 21 तथा 22 धारा को स्थगित कर दिया। ये धाराएँ नागरिकों के मौलिक अधिकारों से सम्बन्धित थीं। यह आदेश जारी करवाकर उन्होंने नागरिकों के मौलिक अधिकार छीन लिए, उन्हें अपने सप्त स्वतन्त्रताओं का उपयोग करने से वंचित कर दिया। अब सरकार को जब चाहा नागरिकों को गिरफ्तार कर लिया, उनके जीवन से खिलवाड़ करना तथा उनकी सम्पत्ति जब्त करने पर किसी को कारण बताना आवश्यक नहीं था। ऐसे मामलों को न्यायालय में ले जाने की भी आवश्यकता नहीं थी। 30 जून इन्दिरा गाँधी ने राष्ट्रपति के एक दूसरे अध्यादेश के माध्यम से यह अधिकार भी प्राप्त कर लिए कि बिना कारण बताए एक वर्ष तक किसी को भी नजरबन्द रख सकते हैं। इसी 16 जुलाई के अध्यादेश ने तो विदेशियों तक को नहीं बख्शा।

21 जुलाई, 1975 को संसद का आपात्कालीन अधिवेशन बुलाया गया अधिवेशन केवल संविधान के संशोधन के मद्देनजर ही बुलाया गया था। अधिवेशन में प्रश्नकाल तथा बहस को छोड़कर केवल आपात्काल तथा अन्य अतिपरमावश्यक और महत्त्वपूर्ण सरकारी कार्यवाहियों पर ही कार्य करना निश्चित हुआ। इसके लिए सरकार ने पहले ही दिन एक प्रस्ताव संसद को दे दिया कि यह अधिवेशन इन्हीं मुख्य बातों तक सीमित रहेगा। उन्होंने प्रस्ताव में साफ कहा कि उन्हें इस अधिवेशन में प्रश्न और बहस में समय नहीं गँवाना है। इस प्रस्ताव पर लोकसभा के 301 (76 विरोधी) तथा राज्यसभा के 147 (32 विरोधी) सदस्यों की स्वीकृति भी प्रदान हो गई। इस अधिवेशन में अधिकतर काँग्रेस और कम्युनिस्ट सदस्य ही उपस्थित थे। विपक्षी दलों के अधिकांशतः सांसद गिरफ्तार हो चुके थे और जो गिरफ्तार नहीं किए जा सके थे वे भूमिगत होकर अपनी योजनाओं को कार्यान्वित करने में लगे थे। ये लोग सरकार के विरुद्ध आंदोलन जारी रखे थे।

सबसे पहले तत्कालीन कृषि एवं सिंचाई मंत्री श्री जगजीवन राम ने इमर्जेन्सी पर अपनी स्वीकृति प्रदान की। उन्होंने अपने प्रस्ताव में साफ कहा कि आपात्काल तब तक रहेगा जब तक देश में शान्ति व्यवस्था कायम नहीं हो जाती तथा देश का आन्तरिक खतरा टल नहीं जाता। उन्होंने प्रजातन्त्र की स्वतन्त्रता के लिए लड़नेवालों को असामाजिक तत्त्व बतलाया। श्रीमती गाँधी ने अपने प्रस्ताव पर बोलते हुए कहा कि "मनमाना कहने और करने की पूरी-पूरी छूट के दिन चले गए और अब वे वापस नहीं लौट सकते।...बस वे इससे आगे नहीं बढ़ सकते।" कुछ सदस्यों ने इस प्रस्ताव का विरोध भी किया। जिनमें श्री सोमनाथ चटर्जी, एरा सेजियाँ, मोहन धारिया, पी. जी. मावलंकर और एस. ए. शमीम के नाम मुख्य हैं। मगर समर्थकों के समर्थन की गूँज में इनका विरोध दब-सा गया। सी. पी. आई. के सांसदों ने तो जोरदार समर्थन दिया उस प्रस्ताव को। इस प्रस्ताव को लोकसभा में 59 के विरुद्ध 336 मतों से तथा राज्यसभा में 33 के विरुद्ध 135 मतों का समर्थन प्राप्त हुआ।

इस प्रकार संविधान के 38वें और 39वें संशोधन तथा आपात्काल को स्वीकृति प्रदान करते हुए इस अधिवेशन ने इन्दिरा गाँधी के मनोनुकूल उद्देश्यों को उन्हें प्राप्त करा दिया। संविधान के 38 संशोधन के अनुसार राष्ट्रपति द्वारा

घोषित आपातकाल तथा जारी अध्यादेशों को कोई भी न्यायालय में चुनौती नहीं दे सकता था क्योंकि राष्ट्रपति के ऐसे अधिकारों पर सुनवाई करने का फैसला न्यायालय से नहीं सिर्फ न्यायालय को लाचार बना दिया गया बल्कि इन्दिरा गाँधी के कार्यों पर भी स्वतन्त्रता की मुहर लगा दी। 39वें संशोधन के अनुसार प्रधानमंत्री, राष्ट्रपति, उपराष्ट्रपति तथा लोकसभा अध्यक्ष के चुनाव को कोई न्यायालय में चुनौती नहीं दे सकता। साथ ही चुनाव कानून, मीसा, जैसे कुछ और कार्यों को न्यायालय से अलग कर दिया। इस प्रकार अपनी सुरक्षा में तैयार दोनों संशोधनों के माध्यम से अलग कर दिया। इस प्रकार प्रधानमंत्री पर लोकसभा के अवैध चुनाव के मुकदमे की सारी प्रतिक्रियाएँ स्वतः ही हो जानी चाहिए। इसी तरह संविधान में और भी संशोधन किए गए जिनके अनुसार राष्ट्रपति मंत्रिमंडल तथा प्रधानमंत्री की सलाह मानने को बाध्य होंगे। प्रधानमंत्री पर दीवानी और फौजदारी का किसी भी तरह का मुकदमा नहीं चलाया जा सकता। देश के किसी भी संगठन को 'राष्ट्रविरोधी' घोषित करना तथा केन्द्र को कानून और व्यवस्था देखते हुए सशस्त्र सैनिक तैनात करने सम्बन्धित अधिकार भी केन्द्र सरकार को संशोधन के जरिए प्राप्त हो गए। संविधान संशोधन के द्वारा न्यायपालिका से 'संविधान संशोधन' के खिलाफ सुनवाई के अधिकार भी छीन लिए गए।

लोकसभा का कार्यकाल 5 वर्ष से बढ़ाकर 6 कर दिया गया। राष्ट्रपति के द्वारा ऐसे कई और अध्यादेश जारी किए गए जिससे प्रधानमंत्री एवं प्रशासन के दमन एवं तानाशाही को भरपूर बढ़ावा मिला। अब इनके हाथों में सारी शक्ति आ गई थी। न्यायपालिका संसद के अधीन हो गयी तथा संसद प्रधानमंत्री के अधीन थी। 8 सितम्बर को एक अध्यादेश जारी कर अखबारों तथा अन्य माध्यमों से प्रशासन, संसद तथा सरकार की किसी भी कार्रवाई के प्रकाशन पर रोक लगा दी गई। अब सरकार अपने विरोध में किसी भी खबर पर आपत्ति कर उसके प्रकाशन को रोकने के लिए स्वतन्त्र थी।

संविधान के संशोधन में इस बात पर भी विशेष ध्यान रखा गया कि सर्वोच्च न्यायालय का फैसला इन्दिरा गाँधी के पक्ष में ही हो। अब केन्द्र या राज्य सरकार के किसी भी कानून को अवैध घोषित करने के लिए दो तिहाई न्यायाधीशों का बहुमत जरूरी था। यह कोई मुश्किल काम नहीं था कि पीठ में अपने पक्ष के ही न्यायाधीश रखे जाएँ। श्रीमती गाँधी ने इन संशोधन तथा अध्यादेशों के माध्यम से देश में अपना ऐच्छिक जनतन्त्र स्थापित कर लिया और पूरे लोकतंत्र को अपनी तानाशाही प्रक्रियाओं में जकड़ लिया।

7 नवम्बर, 1975 को सर्वोच्च न्यायालय ने अपने फैसले में इन्दिरा गाँधी की चुनाव प्रणाली को वैध करार करते हुए उच्च न्यायालय के फैसले को रद्द कर दिया। उन पर लगाए गए सारे आरोपों से उन्हें मुक्त कर दिया गया जो उन्हें भ्रष्टाचारी साबित करते थे। 26 जून से देश पर जो आपातस्थिति लादी गई थी उसे देश की वर्तमान आन्तरिक स्थिति में आवश्यक साबित करते हुए अपने दमन को क्रमशः जारी रखने की पूरी आजादी थी अब श्रीमती गाँधी को विरोधी दल की हर कार्यवाहियों को हिंसक, देश की शान्ति में बाधक तथा उन्हें देशद्रोही बताते हुए उन पर अत्याचार और बर्बरता की हर सीमा को पार कर दिया गया।

पटना तथा देश के हर कोने में आंदोलनकारियों के ठिकानों पर छापा मारकर नेताओं को गिरफ्तार कर लिया जाता था। जे. पी. के पटना स्थित निवास महिला चरखा समिति को भी पुलिस ने अपने अधीन कर लिया। जो नेता भूमिगत थे उनमें खलबली थी कि उनका नेता जयप्रकाश भारत के किस कोने में रखा गया है। सरकार ने इस बात की भनक ही नहीं लगने दी कि जे. पी. किस जेल में हैं।

प्रेस सेंसरशिप इतनी कड़ी थी कि कोई समाचार छप नहीं पाता था। पहले दिन (26 जून) को तो सभी प्रेस वालों ने सम्पादकीय स्थान को खाली छोड़कर अपने विरोध का प्रदर्शन किया। लेकिन बी. बी. सी. पर अमेरिका से भारत की इस तानाशाही व्यवस्था के सारे समाचार प्रसारित होते रहे जिससे 8 गाँवों तथा शहरों में मुँहों-मुँह बातें फैलने लगी थीं। इमर्जेन्सी, सेंसरशिप तथा दमन ने लोगों को इतना भयभीत कर दिया था कि लोकवाणी, रंगरी, तरुण क्रांति जैसे कुछ बुलेटिन जो छुप-छुपाकर निकाले जाते थे उन्हें पढ़ना भी मुश्किल था। सरकार के कड़े दमन के बावजूद इस तानाशाह के खिलाफ लोगों ने अपने-अपने तरीके से उस व्यवस्था का विरोध भी किया।

आपातकाल में सभी राज्यों में पुलिस ने बढ़-चढ़कर सरकार के कार्य को प्रोत्साहन दिया। बिहार में जे. पी. आंदोलन

से प्रभावित होकर बहुत सारे सरकारी कर्मचारी तथा अधिकारी, मात्र अपनी नौकरी बचाने के लिए चुप थे मगर वह इस अत्याचार में सक्रिय भी नहीं थे। ऐसे लोग अपने बच्चों तथा पत्नियों के माध्यम से आंदोलन को हवा दे रहे थे। इसके खिलाफ भी निर्देश जारी कर दिए गए कि सरकारी कर्मचारी के रिश्तेदार भी आंदोलन में पाए गए तो विभागीय कार्रवाई की जाएगी। उन्हें तरह-तरह से धमकियाँ भी दी गईं।

आपातूकाल में बर्बर दमनचक्र चला कर इन्दिरा गाँधी ने जनता को ऐसा भयभीत कर देना चाहा कि भविष्य में कभी उनके खिलाफ कोई आवाज ही न उठा सके। इस कार्य में शुरू से अन्त तक संजय गाँधी ने उनको मार्गदर्शन देकर जनता के बीच भावी प्रधानमंत्री की अपनी छवि बनाने की पूरी तैयारी की। जेलों में बड़े-बड़े नेताओं के साथ सामान्य से भी बुरा व्यवहार किया गया। तिहाड़ जेल में ग्वालियर की राजमाता विजयाराजे तथा जयपुर की राजमाता गायत्री देवी को ऐसी महिलाओं के साथ रखा जो अपमान, उत्पीड़न तथा मानसिक यातना देने से कम नहीं था। ऐसी महिलाओं को गन्दगी से भरे कमरे में वेश्याओं, अर्द्धविक्षिप्त तथा अपराधिनों के साथ रखना, मानसिक यातना नहीं तो क्या था? हर जेल में निश्चित संख्या से अधिक कैदी रखे गए।

कैदियों को ऐसी यातना दी जाती कि उनका मनोबल टूट जाए और वह आत्मसमर्पण कर दें। कैदियों के साथ अमानुषिक व्यवहार किया गया जिसे सुनकर हर किसी के रोंगटे खड़े हो जाते। इसी क्रम में लारेंस जो जॉर्ज फर्नांडिस के भाई थे उन पर भी जुल्म ढाए गए उन्हें गिरफ्तार करके फर्नांडिस के विषय में जानकारियाँ प्राप्त करने के लिए पुलिस अधिकारियों ने यातना के हर चक्र चलाए। उन्हें नंगा करके जमीन पर गिराकर बेंत-लातों और जूतों से जमकर पिटाई की गई। प्यास लगने पर पानी तक नहीं दिया गया। बिलकुल मरणासन्न स्थिति हो गई तब जाकर हड्डियों पर प्लास्टर चढ़ाने तथा अन्य मोच खाए अंगों का उपचार किया।

आन्ध्रा की कन्नड़ फिल्म 'संस्कार' पदक विजेता स्नेहलता रेड्डी के साथ तो इससे भी दर्दनाक और बुरा व्यवहार किया गया। जिसके मानसिक आघात को वह ज्यादा दिनों तक झेल नहीं पाईं। तीन दिनों तक अज्ञात जगह रखने के बाद उन्हें बंगलौर की काल कोठरी में बन्द कर दिया गया। रिहा होने के कुछ ही दिनों बाद उनकी मृत्यु हो गई।

सामान्य लोगों को तो जेल जाने से पहले ही पुलिस अपनी यंत्रणाओं से मनोबल तोड़ने का भरपूर प्रयास करती। युवाओं को गुण्डा और नक्सली कहकर पुलिस बन्दूक, कुन्दों से, बेंत से, जूतों से रौंदती, पानी माँगने पर मुँह में पेशाब करवा देती, थूक चटवाती, उल्टा लटकाती, हाथ पीछे बाँधकर पीठ के बल घंटों पेड़ पर लटका देती। इसी तरह और भी कई लोगों को उल्टा लटकाकर पीटा गया तथा उनकी चमड़ी पर जलती मोमबत्ती भी रखी गई। हिमाचल प्रदेश में पुलिस ने एक युवक के बाल नोचकर उखाड़ दिए तो किसी के नाखून प्लास से उखाड़ दिए गए। केरल में एक छात्र को पुलिस ने जेल में इतना पीटा कि वह मर गया। बाद में उसकी लाश भी गायब कर दी गई। इस तरह पुलिस का अत्याचार बढ़ता रहा।

मगर इन घटनाओं की चर्चा करने का अधिकार किसी प्रेस को नहीं था। उन्हें तो सिर्फ इन्दिरा गाँधी और संजय गाँधी के भाषण और चापलूसी में लेख ही लिखने दिया जाता था। 'इण्डियन एक्सप्रेस' एवं 'स्टेट्समैन' ने इसका उल्लंघन किया तो सजा भी भुगतनी पड़ी।

कितने ही नेताओं तथा बुद्धिजीवियों ने तो जेल की यंत्रणाओं से जानलेवा बीमारियों के कारण जेल में ही दम तोड़ दिया। बिहार के फणीश्वरनाथ रेणु, जिनकी जेल से छूटने के ढाई माह बाद ही मृत्यु हो गई। जेल में उनकी बीमारी काफी बढ़ गई और बीमारी की हालत में ही उन्हें जेल से छोड़ा गया। एक रेलवे कर्मचारी को तो उसके सात वर्षीय पुत्र के सामने इतना मारा-पीटा गया कि वह बच्चा सदमा बर्दाश्त न कर सका और चल बसा।

नक्सलपंथियों की आड़ में पुलिस ने सामान्य हरिजनों तथा पिछड़े वर्ग के लोगों को भी तरह-तरह की यातनाएँ—उनके घर में घुसकर गोली मार देना जैसे लोमहर्षक कांड भी किए। आन्ध्र प्रदेश में कुछ लोगों को शारीरिक यातनाएँ देने के बाद उनके हाथ-पैर बाँधकर कपड़ों में छिपकली, चूहा, चमगादड़ जैसे जहरीले कीड़े डालकर फँसा दिए गए। इन जानवरों ने उनके शरीर को लहूलुहान कर दिया इतने से भी पुलिस वाले सन्तुष्ट नहीं हुए तो उन्हें गोली मार दी और अफसरों के सामने हमलावर करार दे दिया। बिहार में इस दौरान 128 नक्सलपंथी मारे गए। एक नक्सली महिला को

तो नंगा कर उसके सीने पर जलती सिगरेट से फफोलों के हार बना दिए गए।

आपातृस्थिति की घोषणा से लेकर उस अवधि में होनेवाली लोमहर्षक घटनाओं के संचालन की पूरी जिम्मेदारी संजय गाँधी के हाथों में थी। सारे मंत्रीगण मुख्यमंत्री तथा राज्यमंत्री के इशारों पर नाचते थे। आपातृस्थिति में संजय गाँधी ने भारतीय वायुसेना के विमान से पूरे देश में घूम-घूमकर स्थिति का जायजा लिया था। मंत्री और मुख्यमंत्री उनसे थर-थर काँपते थे। मुख्यमंत्री और राज्यमन्त्रियों के ये हालात थे कि उनके सामने खड़े रहते यहाँ तक कि पानी भी खुद लाकर देते थे। उनके चप्पल या जूता उलट जाता तो मंत्री सीधा करते। पंजाब में विमान में चढ़ते समय उनका एक चप्पल गिर गया तो ज्ञानी जैल सिंह (भूतपर्व मुख्यमंत्री) उठाने के लिए आगे बढ़ गए थे।

11 जनवरी, 1976 में मुम्बई में नौसेना के समारोह में तत्कालीन मंत्री बंसीलाल ने डिनर टेबल पर संजय गाँधी के बैठने से लेकर जो किया वह नौसेना के कानूनी मर्यादा के बिलकुल खिलाफ था। मुख्य टेबल पर सिर्फ राष्ट्रपति, उनकी पत्नी, राज्यपाल, उनकी पत्नी, बंसीलाल, उनकी पत्नी तथा नौसेना के दो अफसरों के बैठने की व्यवस्था थी। संजय गाँधी के रोष से भयभीत होकर बंसीलाल ने अपनी पत्नी की उपस्थिति में वह स्थान उन्हें दे दिया जिससे नौ सेना चीफ कमांडर एस. एन. कोहली काफी नाराज हुए थे।

अब संजय गाँधी ने दो अभियानों के माध्यम से लोगों को यातना देना शुरू किया। नगर सुन्दरीकरण अभियान तथा नसबन्दी। नगर सुन्दरीकरण अभियान चलाकर जगह-जगह पर गरीबों की झोंपड़ियों पर बुलडोजर चला दिए गए उन बेचारों के रहने की कोई व्यवस्था करने से पहले ही ऐसा करके उन्हें मरने पर मजबूर कर दिया। क्योंकि ना-नुकुर की उसने पुलिस की लाठी और गोली से जान गँवाई। दिल्ली में इस अभियान में उनकी सहयोगी थी वायुसेना के एक उच्चाधिकारी की लाडली 31 वर्षीया रुखसाना सुल्ताना। लंदन और पेरिस से शिक्षा प्राप्त कर वह दिल्ली के मिरांडा हाउस गर्ल्स कॉलेज में आगे की पढ़ाई कर रही थी। इमर्जेन्सी के साथ ही वह संजय गाँधी के साथ ऐसी जुड़ी कि उसे भी संजय गाँधी जैसा ही सम्मान दिया जाता। सारा प्रशासन उससे थर-थर काँपता था। वह अपने आगे-पीछे सशस्त्र पुलिस-जीप की रैली लिए अभियान में जी-जान से लगी थी।

दिल्ली में 13 अप्रैल, 1976 से यह अभियान शुरू किया गया। नसबन्दी और बुलडोजर अभियान की सारी कार्यविधियाँ संजय गाँधी अपनी विश्वासपात्रा सुन्दरी रुखसाना सुल्ताना के सहयोग से ही करते रहे। जामा मस्जिद के आस-पास के गरीब इलाके में लोगों को मकान खाली करने के लिए मात्र 45 मिनट का समय दिया गया। इस कम अवधि में मकान खाली हो या न हो बच्चों और औरतों सहित मकानों पर बुलडोजर चला दिया। लोगों को जबरन पकड़कर नसबन्दी किया जाने लगा। इसके लिए मासूम बच्चों तक को नहीं छोड़ा गया और उनके अभिभावकों को धमकी दी गई कि बच्चे की सलामती के लिए नसबन्दी करा लो। इस जबर्दस्ती नसबन्दी में कई वृद्धों एवं रोगियों की जान भी चली गई।

जिसने भी इस अभियान के विरोध में आवाज उठानी चाही उसे बदले में लाठी खाने, हाथ-पैर तुड़वाने जैसे इनाम दिए गए। हिन्दू-मुस्लिम महिलाओं ने मिलकर 19 अप्रैल को आसफअली रोड पर फैल इलाही दरगाह के सामने इस अत्याचार के खिलाफ धरना देकर और नारे लगाकर सत्याग्रह किया था, मगर तानाशाह के बर्बर तथा निर्मम अत्याचार में दबकर रह गया। पुलिस के जवानों ने लाठी, गोली तथा अश्रु गैस की वह बरसा की कि कितने ही लोगों ने जान गँवाई तथा कितनी औरतें तथा बच्चे घायल भी हुए।

उत्तर प्रदेश के मुजफ्फरनगर में तो इसका लक्ष्य भी निर्धारित कर दिया गया उनचालीस हजार। अपने लक्ष्य को पूरा कर संजय को खुश करने के लिए यहाँ पर अत्यन्त ही घृणित रूप से कार्य किया गया। 15 अक्टूबर से ही 16 वर्ष से 80 वर्ष के बूढ़े भी जीप में लादकर लाए गए और जबरन नसबन्दी के शिकार हुए। जिसमें कितने तो अविवाहित थे। लोगों ने मौन रूप से विरोध करना चाहा तो पुलिस ने अश्रु गैस और गिरफ्तारियाँ शुरू कर दीं। भीड़ ने आक्रोश दिखाया तो गोलियाँ भी चलीं, मौत भी हुईं। इसके विरोध में कैराना टाऊन ने एक मौन जुलूस निकाला पुलिस ने वहाँ लाठी चार्ज शुरू कर दिया और जब लोग भागकर बगल में खाँ शहीद मस्जिद में घुसे तो पुलिस ने वहाँ भी घुसकर गोलीबारी की। इसी तरह हरियाणा के सोनीपत ब्लॉक के 'पीपली' ग्राम के लोगों ने भी नसबन्दी अधिकारी के लक्ष्य को पूरा होने में बाधा पहुँचायी तो उसने लोगों को गोलियों और लाठियों से रौंदकर संजय के सामने अपनी नौकरी

की रक्षा करना ही बेहतर समझा। लोगों की जान दाँव पर लगाकर ये लोग अपने पद की प्रतिष्ठा बढ़ाने में लगे रहे।

उत्तर प्रदेश के सुल्तानपुर जिले के एक गाँव में नसबन्दी का प्रकोप ज्यादा तेज रहा। पहले दिन गाँव वालों ने जब आपत्ति की तो उन्हें पुलिस दल तथा जिलाधीश ने धमकाया भी। लोगों ने एक सभा करके विरोध करना चाहा मगर पुलिस की गोली, अश्रु गैस और लाठियों के आगे कितनों की मृत्यु हुई, कितने घायल हुए। पुलिस ने लोगों को भगा-भगाकर मारा। बाद के कितने दिनों तक पुलिस घायलों की खोज में गाँव में आती रही और ये लोग इधर-उधर छुपते रहे। वहाँ तो पुलिस ने लाश को भी लोगों के हाथ नहीं लगने दिया।

यह अभियान पूरे देश में काफी जोर-शोर से हुआ जहाँ भी इसका विरोध हुआ वहाँ लोग पुलिस की यातना के शिकार बने। कितने वृद्धों एवं बीमारों ने नसबन्दी के दौरान ही जान गँवा दी। अस्पतालों से यह अधिकारी सिर्फ अपना लक्ष्य पूरा करवाने में लगे थे। मगर कुशल डॉक्टर भी क्या करे जब ऑपरेशन की सफलता से कहीं अधिक महत्त्व किए गए ऑपरेशन की संख्या का हो। सारे प्रशासनिक अधिकारी तो संजय एवं बंसीलाल को नसबन्दी अभियान की सफलता के आंकड़े सुनाकर उन्हें प्रसन्न करने में लगे थे। इन लोगों ने भी खूब नाटक रचाया कहीं-कहीं तो शिविर में ले जाकर कुछ रुपए देकर उन्हें छोड़ दिया जाता। संख्या बढ़ाने में एक ही व्यक्ति का नाम तीन बार दर्ज होता। सरकारी कर्मचारियों का वेतन रोककर धमकियों के सहारे उन्हें नसबन्दी के लिए लोगों को लाने को कहा गया।

आपातकाल में श्रीमती गाँधी ने लोगों का ध्यान खींचने के लिए बीस सूत्री कार्यक्रम भी पेश किया। बीस सूत्री कार्यक्रम के माध्यम से वह लोगों में अपनी छाप छोड़ने की कोशिश करने लगी। जगह-जगह इन्दिरा समर्थक नारे फोटो के माध्यम से वह खुद को देश की सबसे बड़ी शुभचिन्तक बनाने का प्रयास करने लगी।

मगर कुछ विरोधी दल अभी भी भूमिगत होकर जयप्रकाश, नेहरू और गाँधी के विचारों को लोगों तक पहुँचाने में लगे थे और इन्दिरा जी यह समझती रहीं कि लोग उनके सामने झुक गए हैं। अपने प्रिय नेताओं की गिरफ्तारी का रोष अभी जनता में उतना ही कायम था जितना 26 जून, 1975 को। इन घटनाओं से जनता और भी मर्माहत हो चुकी थी। ऐसे में लोगों को चिन्ता थी अपने प्रिय नेता की। मगर उनके नेता जयप्रकाश को तो नजरबन्द करके रखा था सरकार ने। उनकी सलाह और विचारों को जनता कैसे प्राप्त करे जब उसे उनकी कोई खबर ही नहीं।

जेल में जयप्रकाश

अमृता शेखर

25 जून, 1975 को रात्रि साढ़े तीन बजे दिल्ली के गाँधी शान्ति प्रतिष्ठान से जयप्रकाश नारायण को गिरफ्तार कर पार्लियामेण्ट थाना लाया गया। जयप्रकाश कों लेकर गाँधी शान्ति प्रतिष्ठान से निकलने ही वाले थे कि चन्द्रशेखर भी जीप से पहुँच गए और उनकी कार के पीछे चल पड़े। लोकनायक को गिरफ्तार करने ज्यों ही पुलिस आई उनके सचिव ने इसकी सूचना चन्द्रशेखर को दे दी थी। वहाँ अधिकारी ने दोनों को चाय पिलाने के बाद चन्द्रशेखर को सम्बोधित करते हुए यह बताया कि पुलिस उनकी गिरफ्तारी का वारंट लेकर उनके निवास पर भी गई। उन्होंने मुस्कुराकर कहा, "मैं स्वयं यहाँ आ गया हूँ। गिरफ्तार कर लें।" वहाँ से पुलिस पुलिस कार में जयप्रकाश को लेकर चलने लगी तो गाँधी शान्ति प्रतिष्ठान के मंत्री ने उनसे पूछा कि देश के नाम कुछ कहना चाहेंगे? जिसके जवाब में जयप्रकाश जी ने सिर्फ इतना कहा, "विनाश काले विपरीत बुद्धिः"। जयप्रकाश को ले जाती पुलिस से चन्द्रशेखर ने पूछा भी कि जे. पी. को कहाँ ले जा रहे हैं मगर अधिकारियों ने मौन रहकर अपनी अनभिज्ञता जताने की कोशिश की।

पुलिस के काफी बड़े काफिले के साथ जे. पी. को हरियाणा के सोहना में एक रेस्ट हाउस में लाया गया। यहीं पर मोरारजी देसाई को भी लाया गया था। कुछ समय के बाद दोनों महान नेताओं को अलग-अलग कमरों में बन्द कर दिया। जे. पी. ने तब वहाँ के पुलिस अधिकारी से अनुरोध भी किया था कि कम-से-कम खाने के समय ही हमें मिलने दिया जाए। मगर अधिकारी को ऐसा आदेश था कि जे. पी. की यह एकान्तवास की सजा है। अतः उसने लोकनायक की माँग अनसुनी कर दी। जयप्रकाश जी हृदय रोग के मरीज तो पहले से ही थे मगर वेल्लौर से इलाज कराकर लौटने पर वे पूर्णतः स्वस्थ थे और कभी भी दुबारा यह बीमारी उभरी नहीं थी। देश की वर्तमान राजनीतिक परिस्थितियों का उनके हृदय पर इतना गहरा आघात लगा कि सोहना में दूसरे दिन ही फिर से इन्हें हृदय की तकलीफ शुरू हो गई। सरकारी डॉक्टरों ने उनका इलाज भी किया और हृदय रोग का पता चलते ही 29 जून को उन्हें दिल्ली लाकर 'ऑल इण्डिया इन्स्टीट्यूट ऑफ मेडिकल साइंसेज' में भर्ती किया गया। दो दिनों तक यहाँ इनका इलाज करवाया गया। दिल्ली में जयप्रकाश जी पूर्णतः स्वस्थ भी नहीं हो पाए कि 1 जुलाई की शाम को वायुसेना के विमान से जे. पी. को चण्डीगढ़ ले जाया गया। जनता का आक्रोश कहीं भयंकर रूप न ले ले इस ख्याल से कि जे. पी. के साथ कुछ अनहोनी न हो इसके लिए इलाज तो जरूरी ही था मगर यह भी सच था कि जे. पी. को देश की गतिविधियों से तथा जनता को जे. पी. के हालात से अनभिज्ञ रखकर आंदोलन की शक्ति ही समाप्त करनी थी। ऐसे में जे. पी. को चण्डीगढ़ के 'पोस्ट ग्रेजुएट इन्स्टीट्यूट ऑफ मेडिकल साइंसेज' अस्पताल में जैसे रखा गया वैसे तो अंगरेजों के शासन काल में काला पानी की सजा भुगतने वाले कैदी को भी नहीं रखा जाता था।

जयप्रकाश नारायण यानि लोकनायक को लोक-दृष्टि से छुपाकर कहाँ रखा गया इसकी जानकारी किसी को भी नहीं दी गई थी। यहाँ पर उन्हें जिस प्रकार से रखा गया वही उनके जीवन के लिए भयंकर और खतरनाक बना। शायद यही उनका (केन्द्र में सरकार) मकसद भी था—देश से विरोधी शक्तियों को उखाड़ फेंकने का। अस्पताल के तीसरी मंजिल का एक पूरा वार्ड सशस्त्र पुलिस ने अपने कब्जे में ले लिया। बीच का एक साधारण-सा कमरा जिसमें बाथरूप

लगा था, उसमें जे. पी. को रखा गया। जिसमें सोने के लिए एक छोटा पलंग, एक टेबल कुर्सी, एक अलमारी तथा तीन आराम कुर्सियाँ रखी थीं। कमरे में बाहर से ताला लगा था और सशस्त्र पुलिस अधिकारी अपने दल के साथ चौबीस घण्टे वहाँ पहरा देते रहते थे। कमरे के बाहर सामने एक गलियारा था जिसके दोनों ओर कमरे थे। उन कमरों में भी काफी संख्या में सशस्त्र पुलिस पहरे के लिए रखी गई थी। कमरे के इस एकान्त और ऐसे आतंकित वातावरण में किसी को भी जे. पी. से मिलने और बातचीत करने की इजाजत नहीं थी। डॉक्टर, नर्स आते, स्वास्थ्य की जानकारी लेने तो पुलिस अधिकारियों का दल भी साथ-साथ कमरे में उपस्थित रहता जिससे स्वास्थ्य के अतिरिक्त किन्हीं विषयों पर बातचीत नहीं की जाए। चण्डीगढ़ के जिलाधिकारी भी कभी-कभी हाल-चाल पूछने चले जाते थे। सभी पर नज़र रखने के लिए सी. आई. डी. पुलिसकर्मी भी तैनात किए गए थे।

जेल में जयप्रकाश जी को जिस वातावरण में रखा गया उससे साफ पता चलता है कि श्रीमती गाँधी हजारीबाग जेल तथा नेपाल के हनुमान नगर से सम्बन्धित जे. पी. के कारनामों को भूली नहीं थीं। उन घटनाओं से आतंकित होकर ही उन्होंने यह रवैया अपनाया था। उन्हें भय था कि आज 73 वर्ष की आयु में भी कहीं जे. पी. जेल से फरार न हो जाएँ या उनके साथी ही कहीं उन्हें छुड़ाकर न ले जाएँ। इसी भय की गवाही देती है तालाबन्द दरवाजे पर सशस्त्र पुलिस तथा कमरे के चारों ओर (पूरे वार्ड में) सशस्त्र पुलिस के पहरे में नजरबन्द जे. पी. का एकान्तवास। कमरे में खाना-पानी देने वाले, डॉक्टर, नर्स तथा पुलिस अधिकारियों को सख्त हिदायत दी गयी थी कि उन्हें उनके काम तथा बीमारी के बारे में पूछने से अधिक वहाँ रुकना नहीं है। जयप्रकाश नारायण को यह अकेलापन मौत से बद्तर महसूस होता था। वह लोकनायक थे इसलिए कि वह हमेशा जनता से घिरे रहे। अकेलापन उन्हें कभी रास नहीं आता। वह हमेशा एक ऐसे साथी का साथ चाहते जो उनकी समस्याओं पर उनसे विचार-विमर्श कर सके तथा जिसके साथ वह देश की राजनीतिक परिस्थितियों पर दो बातें कर सके।

अपने इस अकेलेपन में उन्हें एक ऐसे साथी की जरूरत थी जिसके साथ बातें करके मन भी बहले और समय भी कटे। इसके लिए उन्होंने वहाँ के अधिकारियों के माध्यम से अनुरोध किया। मगर इन्दिरा ने उनकी प्रार्थना स्वीकार नहीं की। उन्होंने तो किसी व्यक्ति विशेष का नाम भी नहीं सुझाया था। मगर सरकार ने उन्हें देश के किसी भी जेल में बन्द पड़े उनके जैसे ही किसी कैदी को भी उनके साथ रहने की स्वीकृति नहीं दी। इन्दिरा जी को बचपन से वे एक बेटी की नज़रों से देखते आए थे, उनके इस रवैये से जयप्रकाश जी अन्दर तक आहत हुए थे। उन्होंने स्वयं ही लिखा है—

''वहाँ कोई ऐसा व्यक्ति नहीं था जिससे मैं अपने मन की बात कह सकता। साथी का यह अभाव मुझे अन्त तक बहुत खला। मैंने सरकार से अनुरोध भी किया कि मेरे साथ एक ऐसे व्यक्ति को रहने दिया जाए जिसके साथ मैं दो बातें कर सकूँ और अपने विचारों-भावनाओं का आदान-प्रदान कर सकूँ। देश के विभिन्न जेलों में हमारे आंदोलन के हजारों साथी बन्द पड़े थे। उनमें से ही किसी एक को चण्डीगढ़ में मेरे साथ रखा जा सकता था। परन्तु सरकार ने ऐसा करना उचित नहीं समझा। इस दृष्टि से इन्दिरा जी की सरकार का मेरे साथ व्यवहार विदेशी अँग्रेजी सरकार के व्यवहार से भी बुरा था। क्योंकि सन् '42 के आंदोलन के सिलसिले में जब मैं (1943 में) गिरफ्तार होकर लाहौर किले में दाखिल हुआ तो पहले वहाँ भी कुछ महीनों तक मुझे बिलकुल अकेला ही रखा गया और मैं सरकार से साथी की माँग करता रहा। अन्त में उस विदेशी सरकार ने भी मेरी प्रार्थना सुनी और जब डॉ. राममनोहर लोहिया लाहौर के किले में लाए गए तो हर दिन एक घण्टे तक उनसे मिलने और बातचीत करने की इजाजत मिली। लेकिन इस स्वदेशी सरकार का तो रवैया अजीब रहा। हाँ, कुछ दिनों के बाद वह इसके लिए तैयार हुई कि मैं चाहूँ तो अपने निजी सेवक गुलाब यादव को साथ रख सकता हूँ। परन्तु मुझे तो सेवक से अधिक साथी की जरूरत थी। यानी एक बार मेरे साथ रहने पर उसको फिर बाहर जाने की इजाजत नहीं मिलती। यह मुझे मंजूर नहीं था कि वह मेरे साथ बिना कसूर कैदी बनकर रहे इस प्रकार आखिर तक मुझे अकेला ही रहना पड़ा।''

लोकनायक ने 21 जुलाई को श्रीमती गाँधी को एक लम्बा पत्र लिखा। उन्होंने अपने पत्र में देश, संविधान, आंदोलन, विरोधी पक्षों की तथा अपनी गतिविधियों का संक्षिप्त विवरण देते हुए श्रीमती गाँधी से यह अपील की कि वह इस

पर गहराई से विचार करें। उन्होंने उन्हें उचित एवं न्यायसंगत रास्ते पर आने की सलाह दी। देश के स्वतन्त्र प्रजातन्त्र की दुहाई देते उनसे यह निवेदन किया कि वे लोकतंत्र को बर्बाद न करें। पत्र में उन्होंने इन्दिरा जी के समक्ष अपनी स्थिति स्पष्ट करते हुए लिखा, "आप जानती हैं मैं वृद्ध हो गया हूँ। मेरे जीवन के कार्य समाप्त हैं और प्रभा के निधन के बाद मुझे न तो कोई सम्पत्ति है न सगा है जिसके लिए जीऊँ। शिक्षा समाप्त कर लेने के बाद से मैंने अपना सारा जीवन देश की वेदी पर अर्पित कर दिया है और उसके एवज में मैंने कुछ माँगा भी नहीं। आपके शासन में कैदी के रूप में मर जाने में मुझे सन्तोष ही रहेगा।...क्या आप मुझ जैसे व्यक्ति की सलाह मानेंगी? मेहरबानी कर उस नींव को ध्वस्त न करें जिसे राष्ट्रपिता और आपके श्रेष्ठ पिता ने दी थी। आप जिस रास्ते चल रही हैं उस रास्ते पर संघर्ष और कष्ट के सिवा और कुछ नहीं। आपने एक महान परम्परा, श्रेष्ठ मूल्य, गतिमान लोकतंत्र विरासत में प्राप्त किए हैं। इन सभी को विनष्ट कर न छोड़ें। फिर उन्हें सँवारने-सजाने में बहुत समय लगेगा।"

जयप्रकाश जी और प्रभावती जी इन्दिरा गाँधी को शुरू से एक बेटी की तरह ही मानते और स्नेह देते थे। इन पत्रों को पढ़कर सहज ही उन दुःखों का अहसास हो जाता है जो जयप्रकाश जी ने इन्दिरा गाँधी से पाए।

अस्पताल रूपी उस जेल में लोकनायक को घुटन महसूस होती थी। दिल के मरीज को इतना मानसिक तनाव देना कितना खतरनाक सिद्ध हो सकता है यह तो वहाँ के डॉक्टर्स भी जानते थे मगर उन्हें सरकारी आदेश का पालन करना था। वह चाहते थे कि खुली हवा में कुछ समय के लिए ही बरामदे-गलियारे में टहलें। यह घूमना टहलना दवा से अधिक महत्त्व रखता था उनके लिए। इसके लिए उन्होंने वहाँ के अधिकारियों के माध्यम से केन्द्र सरकार के पास निवेदन भी किया शुरू-शुरू में तो उन्हें इसकी इजाजत नहीं मिली पर बाद में उन्हें बरामदे में थोड़ी देर टहलने की अनुमति दे दी गई। जब वह बरामदे में टहलते होते तो उनके साथ दो सशस्त्र पुलिस भी यहाँ से वहाँ टहलते रहते। ऐसी परिस्थितियों में घूमना मस्तिष्क को क्या राहत पहुँचाएगा। वह खुद को एक कुख्यात अपराधी से भी बुरा समझते क्योंकि इतने पहरे तो उन पर भी नहीं होते और इस उम्र में कोई इतने सारे पहरे तोड़कर क्या भाग सकता है? यह सवाल उनके मन में जरूर उठता रहा।

जेल में जयप्रकाश जी को पंजाब का एक अखबार पढ़ने को मिलता था। अखबारों पर इतनी कड़ी सेंसरशिप लगी थी कि उनमें सरकारी समाचारों के अतिरिक्त कुछ भी नहीं छपता था। अखबार में तो यही समाचार होता कि देश में स्थिति शान्तिपूर्ण है। आंदोलन से सम्बन्धित कोई समाचार उनमें होता नहीं था। उनमें वो सिर्फ श्रीमती गाँधी के चित्र उनके भाषण तथा वही बातें होती थीं जो लोग श्रीमती गाँधी की प्रशंसा में कहते थे। मगर उन बातों से भी जयप्रकाश जी को देश में सरकारी रवैया का अन्दाज हो ही जाता था।

अपने दिल की बातों को बाँटने का सहारा उन्होंने डायरी को बनाया। 21 जुलाई से उन्होंने अपनी सारी भावनाएँ और विचारों को डायरी में लिखना शुरू किया। कोई-कोई ऐसा दिन भी होता था जब वह डायरी नहीं लिख पाते थे। कुछ दिनों को छोड़कर 21 जुलाई से 5 नवम्बर तक उनकी लिखी डायरी आज भी एक ऐतिहासिक अभिलेख बन गई है। इस डायरी में लोकनायक के अन्तर्मन की सारी भावनाएँ एवं मस्तिष्क में उभरने वाले सारे विचार पढ़ने को मिलते हैं। यह डायरी लोकनायक के जेल जीवन की मार्मिक एक कारुणिक दास्तान है। इन्दिरा गाँधी की ओर से इतनी कड़ाई से व्यवस्था की गई थी कि लोकनायक को बाहर का कोई समाचार मिल नहीं सके तथा इनकी कोई जानकारी लोगों तक नहीं पहुँचे। ऐसे में यह जेल डायरी ही उनके विस्तृत जेल जीवन का सबूत है कि जेल में इनके साथ कैसा व्यवहार किया गया एवं कैसी मानसिक यातनाएँ दी गईं। वैसे तो जयप्रकाश जी की यह एक बहुत बड़ी विशेषता थी कि वह अपने ऊपर सारे जुल्म सहकर विपरीत परिस्थितियों को बर्दाश्त कर लेते मगर अपने दुःखों का जिक्र न तो किसी से करते थे न ही कहीं लिखते थे। लाहौर जेल में इनके साथ जो दुर्व्यवहार हुआ उसकी कोई लिखित या जुबानी चर्चा इन्होंने खुद नहीं की थी। आगे के दिनों में लोगों के काफी कुरेदने पर ही इन्होंने वह सब बताया। ऐसे स्वभाव का व्यक्ति जब अपनी डायरी में इतनी मर्माहत घटनाओं का बयान करता है तो निश्चय ही यह जेल यात्रा ब्रिटिश सरकार से भी दर्दनाक थी। उनकी यह डायरी पूर्णतः अंग्रेजी में ही है दो हिन्दी कविताएँ तथा कुछ एक पृष्ठों को छोड़कर।

उन्हें इस बात का काफी दुःख रहा कि गाँधी के साथ मिलकर जिन्होंने देश के स्वाधीनता आंदोलन में महत्त्वपूर्ण

भूमिका निभाई थी। काँग्रेस सरकार के जमाने में आकर उन लोगों ने भी इस आपातूकाल का विरोध नहीं किया। उन्हें यह भी अफसोस रहता कि एक आवाज पर लाखों की संख्या में उपस्थित होने वाली जनता भी निष्क्रिय होकर आंदोलन को ठण्डा कर देगी। अपने दुःख भरे शब्दों में डायरी की शुरुआत करते हुए उन्होंने लिखा है—''मेरे सपनों की दुनिया चारों ओर चकनाचूर पड़ी है। भय है कि अपने जीवनकाल में इसे फिर से सँवरा हुआ देख पाऊँगा कि नहीं। शायद मेरे भतीजे और भतीजियाँ ऐसा देख पाएँ। शायद!

लोकतंत्र के चतुर्दिक् विकास तथा विस्तार के लिए मैं प्रयास करता आ रहा हूँ। इसके लिए लोकतंत्र की प्रक्रिया में मैं पूरी तरह जनता को निरन्तर साथ लेकर चलने की कोशिश करता रहा हूँ। इसके दो तरीके हैं—एक, हमें किसी ऐसे तन्त्र की व्यवस्था करनी चाहिए जिसके माध्यम से उम्मीदवारों को चुनते समय जनता की राय ली जा सके। दूसरा ऐसी व्यवस्था हो जिसके द्वारा जनता अपने प्रतिनिधियों पर निगरानी रख सके और उनसे ईमानदारी के साथ काम करने की माँग कर सके। यही वे दो मूल तत्त्व थे जो मैं बिहार के इस संघर्षपूर्ण आंदोलन के द्वारा हासिल करना चाहता था और मैं यहाँ लोकतंत्र के हनन के साथ अपनी कल्पना का हनन होते देख रहा हूँ।''

संसद के आपातूकालीन अधिवेशन में सभी काँग्रेसियों ने इन्दिरा गाँधी के कार्यों को भरपूर समर्थन दिया। उनके आपातूकाल की घोषणा को मान्यता दी गई तथा उनके खिलाफ लगाए गए सारे आरोपों को निरस्त करने के लिए जो तैयारियाँ हुईं उनके विरोध में देश के बड़े-से-बड़े नेताओं ने भी मुँह नहीं खोला। इन बातों का भी काफी सदमा लगा था जयप्रकाश जी को। वह काफी निराशा से भर गए थे। अपनी भावनाओं को उन्होंने कविता के रूप में 23 जुलाई को प्रकट किया। कविता उनकी जेल डायरी का हिस्सा बनी है।

''जीवन विफलताओं से भरा है,
सफलताएँ जब कभी आईं निकट
दूर ठेला है उन्हें निज मार्ग से
तो यह वह मूर्खता थी?...''

लोकनायक से मिलने की इजाजत किसी को नहीं दी गई थी। मगर काफी प्रयास के बाद इनके छोटे भाई और कुछ अन्य सगे लोगों को सी. आई. डी. की निगरानी में मिलने की इजाजत दी गई। 24 जुलाई को राजेश्वर बाबू (छोटे भाई) तथा तारकुन्दे के कनिष्ठ बिमल दावे ने अलग-अलग इनसे मुलाकात की। लेकिन पुलिस के सामने बातें कुछ खास तो होती नहीं। फिर भी उन्हें काफी राहत मिली इन लोगों से मिलकर। उन्हें तो यह एक माह का जेल जीवन ऐसा लग रहा था मानों एक वर्ष का हो।

27 जुलाई को अपनी छोटी बहन बबुनी और उनके पुत्र से जेल में मिलकर जयप्रकाश जी ने जिस प्रसन्नता का अनुभव किया उसे उन्होंने अपनी डायरी में 'खुशी का दिन' लिखा है। 10 अगस्त को इनके साले शिवनाथ प्रसाद इनसे मिलने आए। उन्होंने बातचीत के क्रम में लोकनायक को बताया कि संसद के द्वारा आपातूकाल को मान्यता दे दी गई। उन्होंने उन सभी संशोधनों की चर्चा की जिसके द्वारा अब श्रीमती गाँधी अपने सारे आरोपों से मुक्त थीं। अब कोई भी उनके चुनाव को चुनौती नहीं दे सकता था। यह बातें सुनकर लोकनायक काफी आवेशित होकर बोले थे, ''बाहर जाकर उन लोगों से कह दो कि जयप्रकाश नारायण 25 अगस्त, 1975 से आमरण अनशन कर देगा।''

उन्होंने श्रीमती गाँधी के नाम एक पत्र लिखा और उसकी दो प्रतियाँ चण्डीगढ़ के डिप्टी कमिश्नर श्री एम. जी. देवश्याम को भेजीं। एक देवश्याम जी के लिए दूसरा इन्दिरा जी को भेजने को कहा। पत्र को पढ़कर श्री देवश्याम जी घबराए से लोकनायक के पास आए और काफी समझाकर उन्हें अनशन करने से रोका। उसी समय जयप्रकाश जी ने इन्दिरा के नाम उस पत्र को लेकर फाड़ दिया लेकिन उसकी एक प्रति देवश्याम जी के पास सुरक्षित बची रही।

इस बीच बी. एम. तारकुंदे ने कुछ लोगों से मिलकर जयप्रकाश नारायण को इस तरह अकेले रखने के खिलाफ दिल्ली उच्च न्यायालय में एक याचिका दायर की। मगर उनकी याचिका खारिज हो गई जिस पर खिन्न होते हुए जयप्रकाश नारायण ने लिखा है—''दिल्ली उच्च न्यायालय ने उन्हीं कारणों से, जिसकी सम्भावना थी, याचिका रद्द कर दी। मुझे

विद्वान न्यायाधीशों के विरुद्ध कोई शिकायत नहीं। शायद उनमें से कोई भी जेल या कारागार में नहीं रहे, सम्भव है, उनमें से कुछ अस्पताल में रहे हों। साधारणतया जब कोई व्यक्ति अस्पताल में होता है, डॉक्टरों और नर्सों के अलावा कोई एक प्रिय बन्धु या मित्र उसके पास रहता है, एक सहारा होता है उपचार में। अगर हमारे साथ कोई रहता हम आपस में बातें कर सकते थे और अपने भाव अभिव्यक्त कर सकते थे। यह सब मेरे लिए दवा की बहुत-सी टिकियों, आराम और नींद की गोलियों के बराबर होता।''

इसी तरह जेल का एक-एक दिन गुजरता रहा और जयप्रकाश जी उन दिनों अपने मन के विचारों तथा देश-विदेश की विभिन्न घटनाओं के प्रति अपनी प्रतिक्रियाओं को डायरी में लिखते रहे। अगस्त के तीसरे सप्ताह में पूरे उत्तर बिहार में भयंकर बाढ़ आ गई। पटना भी इस बाढ़ की चपेट में आ गया। सड़कों पर 4 से 12 फुट तक पानी फैल गया। समाचार-पत्रों में इस भयंकर बाढ़ की खबरें पढ़कर जयप्रकाश जी का मन विचलित हो उठा। इधर हजारों लोग बाढ़ में घिरकर जीवन और मौत से संघर्ष कर रहे थे उधर जेल में जयप्रकाश जी का भावुक हृदय उन लोगों की सहायता करने को व्याकुल हो रहा होगा। ऐसे में उन्होंने बाढ़ सहायता के लिए एक महीने की पेरोल पर रिहाई के लिए प्रधानमंत्री को पत्र लिखने का विचार किया। अंग्रेजी हुकूमत में गाँधी जी सहित देश के सारे बड़े नेता 1933 से ही जेल में बन्द थे। 1934 के जनवरी में जब बिहार में भयंकर भूकम्प आया तो अंग्रेज सरकार ने डॉ. राजेन्द्र प्रसाद तथा अन्य बड़े नेताओं को भूकम्प पीड़ितों की सहायता के लिए बिना शर्त रिहा किया था।

जयप्रकाश नारायण ने प्रधानमंत्री को एक पत्र लिखा जिसमें प्राकृतिक आपदा से घिरे बिहारवासियों के प्रति अपनी हार्दिक सहानुभूतियों को प्रकट करते हुए उन्हें यह भी आश्वासन देने का प्रयास किया कि पेरोल पर रिहा होने की अवधि में बाढ़ पीड़ितों की सहायता के अलावा कोई भी राजनीतिक कार्यों में भाग लेना मैं अनैतिक और नीति विरुद्ध समझता हूँ। इसलिए मेरी इस रिहाई का एकमात्र मकसद बिहारवासियों की सहायता करना है। मगर प्रधानमंत्री की ओर से उनके पत्र का कोई जवाब नहीं आया। 30 अगस्त को उन्होंने पुनः डिप्टी कमिश्नर देवश्याम को भी एक पत्र लिखकर बिहार बाढ़ पीड़ित सहायता हेतु अपनी पेरोल पर रिहाई के लिए प्रधानमंत्री से बात करने को कहा। जयप्रकाश को रिहाई तो दूर प्रधानमंत्री का एक जवाबी पत्र भी नहीं आया। 4 सितम्बर को कृषि मन्त्रालय के अवर सचिव श्री बोहरा उनसे मिले और बिहार बाढ़ की स्थिति में केन्द्र सरकार अर्थात् श्रीमती गाँधी के श्रेयस्कर मदद की चर्चा करते हुए यह बताया कि बगैर केन्द्र की मदद के बिहार सरकार इस आपदा से बच नहीं पाता।

लगभग ढाई महीने तक एक कमरे में 24 घण्टे अकेले रहने की सजा इन्होंने काटी तब जाकर प्रधानमंत्री ने इनके आग्रह को स्वीकार किया। 28 सितम्बर को जयप्रकाश जी को अस्पताल के अन्दर ही वहाँ के गेस्ट हाउस में रहने की व्यवस्था कर दी गई। उन्हें सुबह-शाम मैदान में थोड़ा टहलने भी दिया जाने लगा। मगर मानों यह सारी सुविधाएँ उनकी अन्तिम इच्छा बनाकर उन्हें दी गईं। उनके आग्रह को स्वीकार कर उन्हें खुली हवा और खुला वातावरण जरूर मिला मगर उनके जीवन को अन्तिम किनारे पर पहुँचाने के बाद। 27 सितम्बर को सुबह शौचालय में ही जयप्रकाश जी को पेट में भयंकर दर्द हुआ, पूरा बदन पसीने से तर-बतर हो गया। किसी प्रकार बाहर आए और बिस्तर पर लेट गए। डॉक्टर आए जाँच की और दवाएँ दीं। दर्द पेट के बिलकुल निचले हिस्से में था। उन्होंने कहा भी था—''वैसे दर्द का अनुभव मुझे जीवन में पहले कभी नहीं हुआ था।'' दर्द कम ही हुआ पूर्णतः नहीं गया। आठ अक्टूबर को पुनः उन्हें तेज पेट दर्द हुआ। उन्होंने अपनी डायरी में लिखा—''आठ तारीख मेरे लिए बुरा दिन था। अधिकतर अंतड़ियों की शिकायत। ऐसा मालूम पड़ता था कि मेदा भीतर से फटने जा रहा है यद्यपि बाहर से छूने पर बहुत नरम था। कोई भूख नहीं थी। कब्ज थी। यहाँ तक कि गैस भी नहीं गुजर रही थी।'' फिर डॉक्टर आए इलाज किया। दवाओं से दर्द कम हो गया।

11 अक्टूबर, 1975 को जयप्रकाश जी ने उम्र के 73 वर्ष पूरे किए। उन्होंने इसके लिए भगवान का शुक्रिया अदा किया कि इतनी पुरानी बीमारी के साथ भी भगवान ने उन्हें लोक सेवा के लिए इतना लम्बा जीवन दिया। उन्होंने भगवान से यह भी प्रार्थना की कि उन्हें इतनी बुद्धि एवं शक्ति दे ताकि अपना शेष जीवन भी वे देश की सेवा में लगा सकें। जन्म दिन पर विशेष रूप से कोई भी इनसे मिलने नहीं आया। बाहर के साथी आए तो होंगे मगर वह

उनसे मिल नहीं पाए। जेल अधीक्षक सरदार मोहिन्दर सिंह को किसी तरह पता चला तो वह फूलों का बड़ा-सा गुलदस्ता लेकर उनके पास गए और अपनी शुभकामनाएँ दीं। जयप्रकाश जी ने उन्हें धन्यवाद दिया।

28 और 29 अक्टूबर को जो भयानक पेट दर्द शुरू हुआ तो दवा के बावजूद रुका नहीं। पेट के भयानक दर्द और भूख न लगने से इतने कमजोर हो गए कि बिलकुल बिस्तर पकड़ लिया पुनः उन्हें इलाज के लिए वापस अस्पताल के उसी कमरे में लाकर रखा गया जहाँ वह काल कोठरी की सजा काट रहे थे। फिर शुरू हुआ इलाज, जाँच और दवाओं का सिलसिला। इनकी सारी देख-रेख यहाँ तक कि दवा और भोजन भी अस्पताल के डाक्टर्स स्वयं की देख-रेख में ही देते। हृदय रोग के मरीज़ होने पर भी इतना बीमार जयप्रकाश जी कभी नहीं हुए। वेल्लौर से इलाज कराकर लौटने के बाद कभी भी इन्हें इतनी तकलीफ नहीं हुई थी। स्वास्थ्य में भी काफी सुधार हुआ था। 5 जून, 1974 से 25 जून, 1975 गिरफ्तारी के दिन तक जयप्रकाश जी पूर्णतः स्वस्थ रहे थे। हजारों मील की लम्बी यात्रा करते, सभाओं में भाषण देते, दिन-रात खुद को आंदोलन कार्य में व्यस्त रखते। ऐसे में सफर की थकान से हल्की-फुल्की बीमारियाँ तो किसी को लग सकती हैं। प्रभावती जी के नहीं रहने से उनकी दिनचर्या में कुछ तो परिवर्तन हुआ ही था। अब वो अपने-आप को हमेशा व्यस्त रखने का प्रयास करते। ऐसे में गिरफ्तार होने के कुछ समय बाद ही उन्हें रहस्यमयी बीमारियाँ होने लगीं। चण्डीगढ़ के अस्पताल में इन्हें जैसा पेट दर्द का अनुभव हुआ इस तरह का दर्द उन्हें पहले कभी नहीं हुआ था। उन्हें इस अचानक आए रोग पर आश्चर्य भी हुआ था। ऐसे हालात में भी उन्हें इन्दिरा जी ने चण्डीगढ़ के उसी अस्पताल में रखा और वहीं के डॉक्टरों से इलाज करवाती रहीं।

जयप्रकाश जी का स्वास्थ्य बिलकुल गिर चुका था। डॉक्टरों ने लम्बी जाँच के बाद 5 नवम्बर को यह कह दिया कि उनके दोनों गुर्दे (किडनी) बिलकुल नष्ट और नाकाम हो चुके हैं। इस घोषणा से इन्हें बहुत ज्यादा दुःख पहुँचा तो इस बात का कि गिरफ्तारी के लगभग ढाई महीने बाद से मुझे यह रोग लगा, डॉक्टर्स भी निरन्तर जाँच-इलाज करते रहे फिर रिपोर्ट किडनी के पूर्णतः नाकाम होने पर ही क्यों दिया? उन्होंने स्वयं लिखा है :

"रिहाई के केवल एक सप्ताह पहले मुझे बताया गया कि मेरे दोनों गुर्दे (किडनी) बेकार हो गए हैं। गिरफ्तारी के पूर्व गुर्दे का कोई रोग मुझे नहीं था। चण्डीगढ़ में भी चार महीनों की नजरबन्दी के दौरान डॉक्टरों ने कभी नहीं बताया कि मेरे गुर्दों में कोई खराबी है। एकाएक 5 नवम्बर, 75 को आवश्यक जाँच के बाद उन्होंने घोषित किया कि मेरे दोनों गुर्दे बिलकुल खराब हो गए हैं। आजतक मेरी समझ में नहीं आया कि यह रोग मुझे कहाँ और कैसे लग गया। चण्डीगढ़ में जो दवा मुझे दी गई वह मैंने ली, जो खाना दिया गया वह मैंने खाया, फिर मुझे क्या हो गया समझ में नहीं आता। मेरे बहुत सारे मित्रों को यह शंका है और मुझे भी कभी-कभी सन्देह होता है कि कहीं जानबूझ कर तो मेरे गुर्दे खराब नहीं कर दिए गए। चण्डीगढ़ अस्पताल के डॉक्टरों का व्यवहार मेरे प्रति बहुत अच्छा था इसलिए उन पर मुझे अविश्वास नहीं है। कोई डॉक्टर ऐसा जघन्य कार्य कर भी कैसे सकता है? लेकिन मेरे रोग की पहचान करने में उनको बहुत देर हो गई। मुम्बई के डॉक्टरों का ख्याल है कि अगर पन्द्रह दिन पहले भी मैं जसलोक अस्पताल में पहुँच गया होता तो मेरे गुर्दे कम से कम आंशिक रूप से बचा लिए जाते। अब यह तो भगवान ही जाने अचानक मेरे गुर्दे कैसे बिलकुल खराब हो गए। एक बात निश्चित है कि मुझे छोड़ा तभी गया जब इन्दिरा जी के शासन को यह विश्वास हो गया कि मैं अब कुछ ही दिनों का मेहमान हूँ।"

धीरे-धीरे इनकी हालत इतनी बिगड़ गई कि वहाँ के डॉक्टरों के सँभाल से बाहर होने लगी। हाथों और पैरों में सूजन हो गई। आँखों के नीचे का भाग सूजकर लटक गया। पैर की अंगुलियाँ मुड़ गईं। स्थिति पूर्णतः मरणासन्न की हो गई तब इसकी सूचना सरकार को दे दी गई। तब श्रीमती गाँधी ने भविष्य में होनेवाले उस जनाक्रोश की कल्पना की जो जयप्रकाश जी के जेल में मृत्यु पर होने वाली थी और इसी स्थिति से बचने के लिए जयप्रकाश जी को एक महीने के पेरोल का बहाना बनाकर जेल से रिहा किया गया।

जसलोक के बिछौने पर

डॉ. मृत्युंजय कुमार

बीमारी की हालत में जयप्रकाश जी को सरकार की इच्छानुसार दिल्ली के 'ऑल इण्डिया इन्स्टीच्यूट ऑफ मेडिकल साइंसेस' में इलाज के लिए लाया गया यहाँ भी कड़ी निगरानी में छः दिनों तक इनका इलाज चला। कम लोग ही इनसे मिल पाते थे। इलाज से कोई फायदा नजर नहीं आता देख उनके छोटे भाई ने मुम्बई के जसलोक अस्पताल में इलाज करवाने का प्रस्ताव रखा तो लोकनायक ने भी अपनी इच्छा जसलोक अस्पताल में इलाज की जतायी। तब छठे दिन उन्हें विमान से मुम्बई लाया गया। 22 नवम्बर, 1975 को वह जसलोक अस्पताल में भर्ती किए गए।

उन्हें अस्पताल के इनटेंसिव केयर यूनिट में रखा गया। अस्पताल निदेशक डॉ. शान्ति लाल मेहता की देख-रेख में लोकनायक का इलाज प्रारम्भ हुआ। जसलोक अस्पताल के संस्थापक सेठ लोकमल घनश्याम चनराय लोकनायक के परम मित्रों में से एक थे और अस्पताल के वर्तमान ट्रस्टी बोर्ड के वर्तमान अध्यक्ष सेठ मथुरा दास आंसूमल भी लोकनायक के पुराने मित्र रह चुके थे। अतः लोकनायक को यहाँ काफी अपनापन लगा। किडनी विशेषज्ञ डॉ. एम. के. मणि, शल्य चिकित्सक डॉ. कामथ, हृदय रोग विशेषज्ञ डॉ. ए. बी. मेहता एवं उनके सहयोगी डॉक्टरों के परिश्रम से उनकी बीमारी में सुधार होने लगा। इनका इलाज डायलिसिस मशीन द्वारा किया जाने लगा। डॉक्टरों ने जाँच के दौरान यह भी बताया कि अगर यह 15 दिन पहले जसलोक अस्पताल में लाए गए होते तो इनके गुर्दे कम से कम आंशिक रूप से बचा लिए जाते। कृत्रिम गुर्दा मशीन द्वारा उनके खून की सफाई की जाने लगी। सप्ताह में तीन दिन खून की सफाई करनी पड़ती थी। गुर्दे का काम है रक्त की सफाई करना मगर जब गुर्दे नष्ट हो जाते हैं तो खून की स्वाभाविक सफाई नहीं होती है ऐसे में डायलाइजर के द्वारा खून की सफाई होती है। इनके पैरों में ऑपरेशन कर के एक शण्ट लगा दिया गया उसके एक छोर से नली द्वारा शरीर का रक्त गुर्दा में पहुँचाया जाता जहाँ साफ होकर दूसरी नली द्वारा शण्ट के एक दूसरे छोर से होकर साफ रक्त को पुनः शरीर में वापस लाया जाता। इस क्रिया में पूरे सात-आठ घण्टे लगते थे। इतने समय उन्हें पूर्णतः विश्राम की अवस्था में रहना पड़ता था। इस अवधि में जो थकान और ऊब होती वह बर्दाश्त करना कठिन हो जाता था। सप्ताह में तीन-तीन दिनों का इतना कष्ट झेलना मुश्किल हो गया था इनके लिए। मगर खून की सफाई की इस क्रिया से उन्हें स्वास्थ्य लाभ होने लगा था। बीमारी कम होने लगी थी भूख भी अब लगने लगी थी। तीन महीने के जसलोक के इलाज से उनमें इतनी शक्ति आ गई कि वह सुबह शाम कुछ समय तक टहलने भी लगे थे। हृदय रोग भी अब बिलकुल ठीक था। कुछ मिलाकर पुनरुज्जीवित होने की आशा बँध गई थी।

इनके इलाज में काफी खर्च हो रहा था। अब तक का सारा खर्च जसलोक अस्पताल की ओर से किया जा रहा था। मगर जीवन-भर ऐसा कैसे चलता अतः जयप्रकाश जी और कुछ सर्वोदयी नेताओं ने यह विचार किया कि एक डायलिसिस मशीन ही खरीद ली जाए और आगे का इनका डायलिसिस उपचार इनके पटना निवास पर ही हो। यह यन्त्र लगभग एक लाख रुपये में आया था। जयप्रकाश जी के नाम पर ऐसे कई धनाढ्य सज्जन पुरुष यह राशि देने को तैयार थे मगर किसी एक आदमी से इतनी बड़ी राशि लेना उचित नहीं समझा गया, अतः वयोवृद्ध सर्वोदय नेता

श्री रविशंकर महाराज, दादा धर्माधिकारी, श्री केदारनाथ जी तथा स्वामी आनन्द एवं अन्य लोगों ने मिलकर 'लोकनायक चिकित्सा कोष' की स्थापना की और जनता से अपील की कि वे इस कोष में एक-एक रुपये का दान दें।

यह अपील निकलते ही चन्दा देनेवालों का ऐसा ताँता लगा कि देखते ही देखते तीन लाख से भी अधिक राशि चिकित्सा कोष में आ गई। इस कोष में सबसे पहले एक रुपये का दान सन्त विनोबा जी ने दिया था। इतनी बड़ी राशि एकत्रित होने पर चिकित्सा कोष को बन्द कर दिया गया क्योंकि इतनी राशि पर्याप्त थी इलाज के लिए। बाद में भी लोगों ने दान देने का प्रयास किया, मगर उनकी राशि सस्नेह वापस कर दी गई। कई धनिकों ने तो बड़ी-बड़ी राशि भी दान में देने का प्रयास किया मगर उन्हें सिर्फ एक रुपए दान वाली चिकित्सा कोष के नियम से अवगत कराते हुए अपनी असहमति दिखाई गई। श्रीमती गाँधी ने नब्बे हजार की बड़ी राशि जयप्रकाश जी को भेजी थी जयप्रकाश जी ने बेटी तुल्य इन्दिरा जी का दान समझ कर पहले तो उसे स्वीकार करने का आदेश भी दे दिया था मगर जब पता चला कि इन्दिरा जी ने यह रुपया अपने पास से नहीं अपितु 'प्रधानमंत्री रिलीफ फण्ड' से भेजा है तो उन्होंने एक धन्यवाद पत्र के साथ वह राशि इन्दिरा जी को वापस भेज दी।

"मुझे जानकारी नहीं थी कि आप जो रुपए देनेवाली हैं, वह प्रधानमंत्री राहत कोष के रुपए हैं।...मैं आपके राहत कोष से इतनी बड़ी रकम स्वीकार करूँ, यह ठीक नहीं है।...राहत का काम इतना अधिक है कि राहत कोष का एक-एक पैसा वहीं खर्च होना चाहिए जहाँ उसकी सबसे अधिक जरूरत है।...आपने मेरे स्वास्थ्य के लिए इतनी अधिक चिन्ता दिखाई है इसके लिए आभारी हूँ।"

डायलिसिस यन्त्र खरीदे गए और आगे की चिकित्सा की व्यवस्था हो पाई अब लोकनायक कुछ स्वस्थ हो गए थे। 10-20 मिनट टहल लेते थे। कार आदि में यात्रा करने लायक उनका स्वास्थ्य हो गया था। थोड़ा स्वस्थ होते ही उन्होंने पटना आने की अपनी इच्छा जाहिर की। पटना में इनकी सेवा और डायलिसिस को जारी रखने के लिए दो लोगों को यन्त्र चलाने का प्रशिक्षण भी दिया गया। एक इनके सचिव केरल के टॉमस अब्राहम और दूसरी सर्वोदयी सुश्री जानकी पाण्डे। निवास के आसपास चारों ओर सशक्त पुलिस के सख्त पहरे की व्यवस्था सरकार ने कर दी थी। थोड़ा स्वस्थ होने पर जे. पी. के मन में पुनः आंदोलन की भावनाओं ने उभार लेना शुरू किया और उन्होंने बिहारवासियों के नाम एक लम्बी चिट्ठी लिखी जिसे गुप्त ढंग से संघर्ष कार्यालय ने प्रकाशित कर चुपके-चुपके लोगों में वितरित किया। यह चिट्ठी एक ऐतिहासिक दस्तावेज है जिसमें लोकनायक ने अपने कारावास की रोमांचक कहानी लिखी है और मौत के मुँह से निकलकर जसलोक अस्पताल में इलाज कराने हेतु तक का मार्मिक विवरण प्रस्तुत किया है। इसके साथ-साथ उस पत्र में आंदोलन के मुद्दों, उसके उद्देश्यों तथा संपूर्ण क्रांति के विभिन्न पहलुओं को भी नष्ट किया गया था। इस मरणासन्न अवस्था से निजात पाने के बाद भी उनकी इच्छाशक्ति में जरा-सी भी कमी नहीं आई और सामाजिक परिवर्तन के लिए बेचैन उनकी आत्मा ने, उनकी शारीरिक दुर्बलताओं को नजरअन्दाज कर पुनः देश को नेतृत्व प्रदान करने के लिए आन्तरिक शक्ति प्रंदान करना शुरू कर दिया।

और फिर 18 जनवरी, 1977 को प्रधानमंत्री श्रीमती इन्दिरा गाँधी ने अचानक घोषणा कर दी कि लोकसभा भंग की जाती है और मार्च 1977 में लोकसभा के लिए चुनाव होगा। सभी लोगों को सुखद आश्चर्य हो रहा था। सभी नेताओं को धीरे-धीरे रिहा कर दिया गया। जे. पी. के प्रयासों से उस समय के सभी प्रभुत्व विरोधी दलों ने आपस में विलय करके जनता पार्टी का गठन किया।

30 जनवरी को महात्मा गाँधी जी की पुण्य तिथि के दिन जनता पार्टी ने चुनाव अभियान प्रारम्भ करने का निर्णय लिया। जे. पी. ने अत्यन्त कमजोरी एवं रुग्णावस्था की हालत में भी पटना गाँधी मैदान में एक विशाल जनसभा के समक्ष चुनाव अभियान का श्रीगणेश किया। उन्होंने अपने रुद्ध कण्ठ से सभा को सम्बोधित करते हुए कहा, "मैं मौत के मुँह से लौट कर आया हूँ शायद ईश्वर अभी और काम लेना चाहता है लेकिन हफ्ते में तीन दिन डायलिसिस मशीन से बँधा रहता हूँ फिर भी जहाँ तक सम्भव होगा मैं बाद में आपके बीच आ जाऊँगा।"

उसके बाद आम चुनाव हुए, जे. पी. ने अपनी अस्वस्थता के बावजूद पूरा सहयोग दिया। उम्र शारीरिक दुर्बलता एवं जीवन रक्षा के लिए चिकित्सा यन्त्रों पर निर्भर रहते हुए भी उन्होंने जो परिश्रम इस आम चुनाव के द्वारा लोकतंत्र

की बहाली के लिए किया वह आश्चर्यजनक था। सामान्यतया इस स्थिति में बड़े-बड़े लोग भी शिथिल पड़ जाते हैं पर जे. पी. ने लोकतंत्र की रक्षा के अपने संकल्प को पूरा करने में किसी भी चीज को बाधक बनने नहीं दिया। उनके इस संकल्प की पूर्णाहुति हुई। अधिनायकवाद आम चुनाव में बुरी तरह पराजित हुआ, लोकतंत्र की विजय हुई और मोरारजी देसाई देश के प्रधानमंत्री बने।

25 मार्च को उनका डायलिसिस होना था अतः वे पटना चले आए। डायलिसिस प्रारम्भ होने पर उसमें कुछ दिक्कत आने लगी और उनके शरीर में लगा यन्त्र काम नहीं करने लगा तो उन्हें पुनः गम्भीरावस्था में वायुयान से जसलोक अस्पताल मुम्बई लाया गया। यहाँ एक हल्के ऑपरेशन के बाद शण्ट ने पुनः काम करना शुरू कर दिया। उनकी मधुमेह की बीमारी के कारण उनकी रक्त कोशिकाएँ बुरी तरह क्षतिग्रस्त हो गई थीं। इस कारण ही शण्ट अच्छी तरह काम नहीं कर रहा था। डॉक्टरों की राय हुई कि इस विकृति के स्थायी समाधान के लिए ग्राफ्ट ऑपरेशन किया जाए। इस ऑपरेशन के लिए अमेरिका में सिएटल अस्पताल बहुत प्रसिद्ध है, अतः उनको 30 अप्रैल को रात्रि में विमान से अमेरिका ले जाया गया। उनके साथ डॉ. एन. के. मणि और उनके निजी सचिव टी. अब्राहम भी थे।

चिता की तैयारी

अमृता शेखर

एक बार चण्डीगढ़ के कारागार से जो बीमार जे. पी. बाहर आए फिर पूर्णतः स्वस्थ नहीं हो पाए। उनकी बीमारी दिन-प्रतिदिन गहराती गई। मानों देश की सेवा करते-करते उनके शरीर के भीतरी पुर्जे जैसे घिसते गए हों। इलाज चलता रहा मगर नतीजा कुछ खास नजर नहीं आया। 25 मार्च को जे. पी. को मुम्बई के जसलोक अस्पताल से पटना लाया गया। क्योंकि अब हालात पहले से बेहतर थे और डायलिसिस तो हर दिन होना ही था। जयप्रकाश जी ने खुद इच्छा जाहिर की कि अब वे पटना में रहकर ही डायलिसिस कराएँगे। पटना में डॉक्टरों की निगरानी में जे. पी. का डायलिसिस शुरू होने लगा मगर उनके शण्ट से रक्त प्रवाह की गति इतनी धीमी थी कि जहाँ-तहाँ रक्त के थक्के जमने शुरू हो गए। फिर उन्हें तुरन्त सैनिक विमान से मुम्बई के जसलोक अस्पताल में लाया गया जहाँ एक छोटे-से ऑपरेशन के बाद शण्ट काम करने लगा और डायलिसिस भी होने लगा।

डॉक्टरों ने उनकी पूरी जाँच कर यह पता लगाया कि मधुमेह की लम्बी बीमारी ने उनकी रक्त वाहिनियों को पूर्णतः क्षतिग्रस्त कर दिया है जिससे शण्ट से रक्त का प्रवाह पूर्णतः और निरन्तर नहीं हो रहा है और शरीर में रक्त के थक्के जमने शुरू हो गए हैं। बार-बार शण्ट की जगह बदलना डॉक्टरों को उचित नहीं लगा। जे. पी. भी इस कष्ट को बर्दाश्त नहीं कर पा रहे थे। डॉक्टरों ने इसके लिए 'ग्राफ्ट ऑपरेशन' करना ही सही समझा क्योंकि इसके द्वारा लगाए गए शण्ट से रक्त की सफाई आसानी से गुर्दायन्त्र की हो सकती है। इसके लिए डॉक्टरों ने काफी अनुरोध कर जे. पी. को सिएटल जाने के लिए तैयार भी कर लिया। सिएटल अमेरिका में एक स्वीडिश अस्पताल है जो 'ग्राफ्ट ऑपरेशन' के लिए काफी प्रसिद्ध है।

डॉ. एन. के. मणि और अपने निजी सचिव टी. अब्राहम के साथ 30 अप्रैल को रात्रि के विमान से जे. पी. अमेरिका के लिए रवाना हुए। रास्ते में लगभग पौन घण्टे के लिए उनका विमान लन्दन में रुका। इन 45 मिनटों में ही जे. पी. से मिलने वालों का हुजूम जमा हो गया। भारतीय राजदूत से लेकर कई पुराने इंग्लैण्ड के मित्रों ने भी मिलने का यह अवसर नहीं गँवाया। 1 मई को जे. पी. अमेरिका के सिएटल में पहुँचे। सिएटल हवाई अड्डे पर भारतीय राजदूत श्री केवल सिंह भी उपस्थित थे। भव्य स्वागत हुआ जे. पी. का। अमेरिकी राष्ट्रपति जीमी कार्टर ने भी तार द्वारा जे. पी. का स्वागत किया। उन्होंने अपने संदेश में लिखा था—"अमेरिका में अपने मित्रों और प्रशंसकों की ओर से मैं आपका स्वागत करता हूँ। स्वतन्त्रता और लोकतंत्र के लिए आपके त्याग ने हम सभी को प्रेरणा दी है आपके सफल इलाज और स्वास्थ्य लाभ के लिए मेरी शुभकामनाएँ हैं।"

सिएटल में ग्राफ्ट ऑपरेशन से पहले एक हल्का ऑपरेशन हुआ जो सफल रहा इसके बाद सिएटल अस्पताल के डॉ. राबर्ट एम. मैक ने जे. पी. के निजी डॉ. एन. के. मणि की उपस्थिति में उनका ग्राफ्ट ऑपरेशन किया। ऑपरेशन के बाद कृत्रिम गुर्दे (डायलाइजर) की डायलिसिस के लिए उनकी दायीं कलाई पर धमनी और कोहनी के बीच बारह इंच लम्बी और आठ मीटर चौड़ी पौली टैट्र फ्लोरीड थायलीन नली लगाई गई। ऑपरेशन जे. पी. को पूरे होश में रखकर किया गया केवल उस भाग को सुन्न कर दिया गया था। लगभग ढाई घण्टे में ऑपरेशन सफल हो गया। इस दौरान

लोकनायक डॉक्टरों से बातचीत भी करते रहे। ऑपरेशन के बाद कृत्रिम गुर्दे में रक्त संचार होने लगा और रक्त का जमना बन्द हो गया। लोकनायक ने बड़ी सहनशीलता से इस कष्ट को बर्दाश्त कर लिया।

10 दिनों तक जे. पी. को डॉक्टरों की गहन देख-रेख में रखा गया। इसके बाद डॉक्टर राबर्ट एम. मैक ने बताया कि अब वे बिलकुल ठीक हैं और इनका ग्राफ्ट आजीवन काम करेगा। 2 मई से 18 मई तक लोकनायक सिएटल अस्पताल में रहे। वहाँ भी उनके लिए शुद्ध भारतीय भोजन की व्यवस्था की गई। भोजन तो बराबर भारतीय वाणिज्य दूत श्री मल्होत्रा के यहाँ से ही आता रहा। हाँ जे. पी. के लिए सुबह नाश्ते में इडली की व्यवस्था पहले तो अमेरिका में ही रहने वाले दक्षिण भारतीय परिवार से की गई। बाद में उनके लिए भारत से इडली मँगवाने का इन्तजाम किया गया। क्योंकि उनका सुबह का नाश्ता इडली ही होता था। इस दौरान लोकनायक की भतीजी श्रीमती ज्योति प्रसाद (राजाबाबू की बेटी) जो अमेरिका में ही रहती थीं, हमेशा सिएटल अस्पताल में जे. पी. के साथ रहीं और अपनी यथासम्भव सेवाएँ भी उन्हें प्रदान कीं। 15 दिनों के अन्दर लोकनायक का स्वास्थ्य सुधरने लगा। उन्होंने स्वयं भारतीय संवाददाताओं से कहा, "मैं पहले से अच्छा हूँ। मुझे अब ऐसा अनुभव हो रहा है जैसे मुझे नया जीवन मिल गया है। मैं समझता हूँ मुझमें इतनी शक्ति आ जाएगी कि मैं दस वर्ष और जी सकूँगा।"

15 मई को लोकनायक कार से सिएटल नगर घूमने और देखने के लिए अस्पताल से बाहर निकले। बीमारी की इस अवस्था में भी वे लोकतंत्र और देश की रक्षा हेतु अपनी चिन्ताओं से मुक्त नहीं रहे। जब भी कोई भारतीय उनसे मिलने आता वे उसकी चर्चा करना नहीं भूलते।

18 मई, 1977 को स्वस्थ होकर जे. पी. भारत के लिए रवाना हुए। अस्पताल छोड़ने से पूर्व उन्होंने डॉक्टरों, नर्सों एवं अस्पताल के कर्मचारियों को हार्दिक धन्यवाद दिया। उस वक्त वहाँ काफी संख्या में भारतीय तथा कई अमेरिकी भी उपस्थित थे। उन लोगों ने तो जे. पी. से आग्रह किया कि वे कुछ दिन और अमेरिका में ठहरकर हमारा मार्गदर्शन करें।

सिएटल से विमान द्वारा लोकनायक भारत के लिए चले। विमान न्यूयॉर्क और लन्दन होते हुए भारत पहुँचा। न्यूयॉर्क तथा लन्दन में काफी संख्या में भारतीय तथा अमेरिकी अंग्रेज मित्र इनसे मिलने आए। लन्दन में नागालैण्ड के श्री फिजों भी उनसे मिले और नागा समस्या पर चर्चा की। लन्दन से वह भारत लौटे। मुम्बई में इनका भव्य स्वागत हुआ। 21 मई को जे. पी. मुम्बई पहुँचे यहाँ जसलोक अस्पताल में डॉक्टरों ने एक बार फिर इनकी जाँच की और इन्हें स्वस्थ बताया।

मुम्बई से जे. पी. ने पटना आने की इच्छा प्रकट की। पटना से उन्हें विशेष लगाव रहा था। अब पटना से ही वे देश की राजनीतिक गतिविधियों और जनता पार्टी के कार्यकलाप देखते रहे। उनके कार्यों पर कभी-कभार टीका-टिप्पणी और जरूरत पड़ने पर हस्तक्षेप भी करते रहे। जनता और सत्ता पक्ष में यह आशा थी कि जनता की सबल और सफल शासन व्यवस्था से जे. पी. को आन्तरिक सन्तोष मिलेगा और वे कुछ और अर्से तक देश सेवा या फिर देश का सही मार्गदर्शन करने लगेंगे। किन्तु लोकनायक को इस सरकार में भी अपनी इच्छाओं की कहीं कोई झलक दिखाई नहीं दी। जे. पी. ने ही नव-निर्मित सरकार को बापू की समाधि पर संकल्प का पाठ पढ़ाया था मगर आनेवाले समय में सरकार के लोगों ने उनकी बातों और विचारों की अवहेलना शुरू कर दी। धीरे-धीरे वे इस सरकार से क्षुब्ध होने लगे उन्हें यह महसूस होने लगा कि सरकार भले ही जनता पार्टी की है मगर यह भी पुरानी लीक पर ही चल पड़ी है। जे. पी. ने कभी यह स्वीकार नहीं किया कि भारत जैसे गरीब देश के सत्तारूढ़ लोग ऐशो-आराम और शाही जीवन व्यतीत करें। आजादी के बाद से ही उनके विचारों में देश के बड़े से बड़े नेताओं को भी वैसा ही जीवन जीना चाहिए जैसा कि एक आम भारतवासी जी रहा था। ऐसी स्थिति में ही जनता का प्यार और विश्वास सरकार को प्राप्त हो सकता है। उन्होंने स्वयं आम नागरिक के समान ही जीवन जिया। अगस्त 1977 में जयप्रकाश जी ने काफी व्यथापूर्वक कहा, "ये लोग अब भी उसी ढंग से उन्हीं बंगलों आदि में रह रहे हैं, मुझको यह अच्छा नहीं लगता। यही नहीं मुझे तो पता चला है कि अपने लिए अधिक वैभवपूर्ण बंगला प्राप्त करने के लिए मन्त्रियों के बीच होड़ मची हुई है। ये सारी बातें मुझे चिन्तित करती हैं। मुझको बेचैन बना देती हैं।"

इस सबका असर जे. पी. के मन और स्वास्थ्य पर पड़ा। वे भीतर से इतने कमजोर और टूट गए कि संसार त्यागने तक की बातें करने लगे। जीवन के अन्तिम दिन उन्होंने बेहद पीड़ा और चिन्ता में गुजारे। उनका मन बेहद आहत हुआ कि जिन लोगों को उन्होंने पद दिया, प्रतिष्ठा दी, सरकार चलाने की जिम्मेदारी सौंपी उन्होंने ही उनकी अवहेलना शुरू कर दी थी। मंत्री और संसद सदस्यों को अपनी सम्पत्ति की घोषणा करनी चाहिए थी मगर ऐसा हुआ नहीं। इन्दिरा जी ने संसद सदस्यों की उम्र-भर पेंशन देने की जो योजना शुरू की थी वो भी अभी तक बन्द नहीं हुई थी हालाँकि इस सरकार में उसे तत्काल बन्द करने की बात थी। भ्रष्टाचार को रोकने तथा भ्रष्टाचार के आरोपियों के खिलाफ जाँच की कोई ठोस व्यवस्था भी नहीं हो पाई थी। दल-बदल अब भी जारी था। जो लोग बिहार आंदोलन के समय ऊँची आवाज में यह माँग करते रहे कि चुनाव-खर्च कम किया जाए, चुनाव संबंधी कोषों पर अंकुश लगाया जाए तथा सत्ता पक्ष के द्वारा किए गए खर्च का भी हिसाब होना चाहिए उनके खर्चों का हिसाब-किताब भी प्रकाशित होना चाहिए, सत्ता में आने पर सब कुछ भुला दिया। चुनाव पद्धति में सुधार को लेकर भी लम्बे-चौड़े सुझाव रखे गए थे जो अब पुरानी बातें मात्र रह गई थीं। प्रशासन व्यवस्था भी ज्यों की त्यों बनी रही उसमें भी कोई सुधार नहीं लाया गया। 11 अक्तूबर, 1977 को अपने 75वें जन्मदिन पर इन बातों से क्षुब्ध होकर ही शायद कहा था कि उनकी जिन्दगी का कार्य अब पूरा हो गया है।

जनवरी 1978, बापू के निर्वाण-दिवस पर जयप्रकाश जी ने जनता-सरकार के सदस्यों तथा जनता-पक्ष से कहा था, ''मैं आशा करता हूँ कि इस पवित्र दिन के निमित्त से आप यह आत्मनिरीक्षण करेंगे कि क्या हमारा आचरण और हमारी जीवन-पद्धति राजघाट पर लिए गए संकल्प के अनुरूप है? बिलकुल नीचे के स्तर पर खड़े मनुष्य को लाभ पहुँचाने की दृष्टि से अपनी नीतियों में परिवर्तन करने के लिए क्या हम वह सब कर चुके हैं, जो हमारे लिए हो सकता है? क्या हम आम आदमी को उसके साथ रोज-रोज के व्यवहार में यह अनुभव करवा सके हैं कि यह सरकार पिछली सरकारों की तुलना में अलग प्रकार की सरकार है?''

सरकारी नीतियों में सुधार का उनका यह प्रयास भी विफल रहा। अप्रैल 1978 में जयप्रकाश जी ने लिखा था—''राजघाट पर दिलाई गई शपथ के समय में और आज की परिस्थिति में बहुत पड़ा फर्क पड़ चुका है। एक साल तक मैं चुप रहा। अब सोचता हूँ कि मैं कुछ कहूँ। आज की स्थिति सुधारने के लिए मैं कुछ करूँ।'' इसी तरह के पत्र उन्होंने जनता पक्ष के अध्यक्ष चन्द्रशेखर और मोरारजी भाई को भी लिखे।

व्यक्तिगत महत्वाकांक्षाओं का प्रभाव इतना बढ़ गया कि जनता पक्ष में अन्दर-अन्दर टकराव और खींचातानी शुरू हो गई थी। ऐसा लगने लगा था कि ये सारी इकाइयाँ अब टकराकर अलग हो जाएँगी। ऐसे में जयप्रकाश जी ने उन्हें समझाया भी कि आज अगर आप साथ हैं तो आपकी जनता में कोई इज्जत है एक बार अगर आप टूटकर बिखर गए तो सारी शक्ति क्षीण हो जाएगी, फिर तो कोई आपको पूछेगा भी नहीं।

राजनीतिक गतिविधियों से क्षुब्धता और शारीरिक यातना सहते-सहते जे. पी. मानों अन्दर से टूट से गए। धीरे-धीरे उन्होंने देश की राजनीति में हस्तक्षेप करना छोड़ ही दिया हालाँकि कई बार कुछ लोगों ने सलाह दी कि जे. पी. आप कुछ कहते क्यों नहीं मगर जनता का नेता जनता के साथ विश्वासघात कैसे सहन करे। शरीर भी इतना कमजोर हो गया था कि अब हर तीसरे दिन डायलिसिस की वेदना असहनीय हो गई थी। कभी-कभी तो डायलिसिस के समय शरीर में इतनी पीड़ा होती कि घण्टों तक व्यक्ति उनके शरीर को दाबता रहता। इस लाचारी में अकसर उनके मुँह से निकल जाता कि मैं कितना लाचार हो गया हूँ। सदा दूसरों की सेवा करनेवाला यह कैसे सहन करे कि वो अब अपने लायक भी नहीं है। गंगा बाबू उनके परम मित्रों में से थे जीवन के इन अन्तिम क्षणों में उनका भी साथ बराबर मिला जे. पी. को। कई बार उनसे चर्चा करते हुए जे. पी. कहा करते, ''अब जीने की इच्छा नहीं है इस जीवन से मृत्यु बढ़िया है। गंगा बाबू कुछ उपचार कीजिए! आप भी मित्र होकर यह नहीं समझते कि मैं कितना कष्ट भोग रहा हूँ। इस जीवन का अन्त शान्तिपूर्ण तरीके से हो जाए।'' स्मरण और विस्मरण भी बराबर चलता रहा। कभी कुछ समय की बातें भूल जाते तो कभी पुरानी घटनाएँ भी एकाएक तरोताजा हो जातीं मानो कल की बातें हों। उनका पूरा जीवन लोगों के बीच उनके दुःख-दर्द बाँटने तथा विचारों के आदान-प्रदान में गुजरा मानो उनकी शक्ति का स्रोत ही जनता का सामीप्य था।

परन्तु जीवन के अन्तिम समय में लोक-सम्पर्क से कटकर एकदम लाचार-सा घर में बैठकर तन से अधिक उन्हें मन की बीमारी ने घेर लिया था। जनता तो फिर भी प्रतिदिन अपनी फरियाद लेकर उनसे मिलने उनके कदमकुआँ निवास पर आती रही। ''लोकनायक एक बाबू फ़ाइल नहीं बढ़ा रहा, बच्चे आते कि स्कूल बस का किराया बहुत बढ़ गया है आदि-आदि'' और उस समय लोकनायक को अपनी पंगुता का इतना आघात पहुँचता कि जनता को आज भी उन पर इतना विश्वास है मगर वे उनके दुःख दूर करने को मजबूर हैं। वे अकसर कहा करते थे—''इस तरह बिस्तर पर पड़े-पड़े मैं थक गया हूँ। भगवान से एक ही प्रार्थना है अब वह मुझे बुला ले।''

''अब जीवन-भार रूप बन गया है। इस तरह जीने का क्या लाभ।'' एक बार उनके मित्र भोला चटर्जी ने उनसे पूछा भी कि आपने 'काम पूरा हुआ' कहकर किस काम को सम्बोधित किया। जिसके जवाब में उन्होंने कहा कि यह बात मैंने तब कही थी जब हमारा लोकतंत्र संकट में था हमें राजनीति में स्वतन्त्रता मिली और मैंने इसके लिए अहम भूमिका भी निभाई मगर आज के समय में तो वह एक छोटा-सा काम था आज तो विशाल काम सामने खड़ा है अभी बहुत से काम करने हैं।

उनके इस कथन को ऐसा भी नहीं था कि कोई समझ नहीं पाया हो मगर समय बदल चुका था समझने से अधिक करने की इच्छा होनी चाहिए। सत्ता में आने पर उनका अनुसरण करने वाले, उनकी राय से चलने वाले सत्ता की लोलुपता में फँसकर रह गए और आज भी जे. पी. के उद्देश्यों को, लक्ष्यों को, जानने वाले हजारों हैं मगर उन पर कार्यक्रम ही लोग करते हैं। अपने जीवन के अन्तिम दिनों में वे अकसर महाभारत के इस श्लोक को गुनगुनाते थे : ऊर्ध्वबाहुः विरौम्येष न च कश्चित् शृणोति माम्। अर्थात् मैं अपने हाथ ऊँचे कर-करके पुकार रहा हूँ पर कोई मेरी सुनता नहीं। उन्हें अहसास था कि सरकार को अब उनके मार्गदर्शन की आवश्यकता नहीं रही। वे तो यह भी महसूस करने लगे कि लोगों को उनकी सलाह टाँग अड़ाने जैसी प्रतीत होती है। ज्यों-ज्यों शरीर लाचार होता गया मन और क्षुब्ध होता गया। दिन में कई बार उनके मुँह से संस्कृत का यह श्लोक सुनने को मिलता 'मुहूर्तं ज्वलितं श्रेयः न च धूमायितं चिरम्' अर्थात् लम्बे समय तक धुँधुआते रहने से अच्छा है, क्षण-भर में जलकर बुझ जाना। कोई उनकी दीर्घायु की कामना करता तो वे कहते, ''मुझे आयु नहीं सेहत चाहिए। जब तक रहूँ, स्वस्थ रहकर कुछ कर सकूँ, यह कामना कीजिए।''

एक बार चण्डीगढ़ कारावास से जो बीमार जे. पी. बाहर आए तो उनका स्वास्थ्य निरन्तर बिगड़ता ही गया। मार्च 1979 में तो हालत इतनी खराब हुई कि फौरन हवाई जहाज से उन्हें मुम्बई 'जसलोक' ले जाया गया। 22 मार्च को तो डॉक्टरों को भी अहसास हो गया कि यह जे. पी. का अन्त समय है। सारे देश की धड़कन मानों थम-सी गई थी। सारे देशवासी इस इन्तजार में कान खड़े कर प्रार्थना में लीन थे कि कब जे. पी. की तबीयत में सुधार की कोई सूचना मिले। सच पूछा जाए तो प्रार्थना में लीन लोगों की भी यह आशा निरर्थक थी कि अब जे. पी. बचेंगे। पूरे देश में सन्नाटा-सा छा गया था। ऐसी ही परिस्थिति में कुछ ऐसी असावधानियाँ हुईं कि पूरा देश जे. पी. के शोक में डूब गया। अस्पताल में जब उन्हें स्ट्रेचर पर डालकर एक जगह से दूसरी जगह डायलिसिस के लिए ले जाया जा रहा था तो वहाँ उपस्थित महाराष्ट्र सरकार को यह भ्रम हुआ कि जे. पी. की मृत्यु हो गई। उन्होंने तुरन्त दिल्ली खबर कर दी। कुछ ही क्षणों में आकाशवाणी से घोषणा की गई कि जे. पी. नहीं रहे। यहाँ तक कि लोकसभा में भी उनके मरने की घोषणा हो गई। पूरे देश में शोक और मायूसी की लहर फैल गई। संसद में एक शोक प्रस्ताव भी पेश हो गया जिसमें शोक व्यक्त करते हुए उन्हें 'दुनिया का सबसे ऊँचा आदमी' कहा गया। कुछ ही क्षणों में देश के लोगों ने स्वीकारा कि उनके चहेते लोकनायक नहीं रहे। मगर कुछ क्षणों में इस अफवाह का खण्डन किया गया और इसे एक बड़ी असावधानी बताया गया। आकाशवाणी एवं सदन में घोषणा हुई कि खबर गलत थी। मोरारजी देसाई ने सदन में कहा कि ''हमें खेद है कि सदन में गलत सूचना दी गई। मुझे विश्वास है कि इस झूठी खबर के कारण जे. पी. की आयु 10 वर्ष और बढ़ जाएगी।'' इस तरह जे. पी. मौत के मुँह से बाहर आ गए थे। इस घटना से उन्हें मौत के बारे में कुछ विशेष अनुभूति भी होने लगी थी। उन्होंने कहा, ''मृत्यु के दरवाजे से लौटने का एक सबक मैंने सीखा है। बहुत बड़ी उपलब्धि पिछले अनुभवों से मुझे प्राप्त हुई है और इसके लिए मैं भगवान को हृदय से बहुत-बहुत धन्यवाद देता हूँ।'' इस घटना

के बाद से वे मृत्यु से कभी डरे नहीं। हाँ, मृत्यु के बारे में नई अनुभूति को जरूर प्राप्त किया। पहले उन्हें रवीन्द्रनाथ टैगोर द्वारा मृत्यु पर लिखी रचनाएँ उनकी प्रतिभा की देन लगती थीं। उनका मानना था कि टैगोर जी ने अपनी प्रतिभा से मृत्यु को इतना लुभावना बना दिया है। शायद मृत्यु वैसी है नहीं। मगर जुलाई 1979 में जब जे. पी. जसलोक से स्वस्थ होकर पटना आए तो उनकी राय मृत्यु के विषय में बदल चुकी थी। उन्होंने कहा, ''मुम्बई से लौटने के बाद मैंने अनुभव किया है कि 'रवीन्द्रनाथ वाज करैक्ट डेथ इज़ ए वेरी फेसिनेटिंग थिंग' मेरा ख्याल है कि मृत्यु कष्टदायक नहीं है और इसका अनुभव मुझे मुम्बई में हुआ है।''

आंदोलन में महिलाओं की सहभागिता

डॉ. मधु वर्मा

किसी व्यक्ति के कैरियर की भाँति ही स्वाधीनता के लिए किसी राष्ट्र के संघर्ष के इतिहास में उतार-चढ़ाव आते हैं। कुछ समय तक मानव-मस्तिष्क को तेजस्वितापूर्वक अभिसिंचित करने के बाद राष्ट्रवाद के प्रवाह को कुछ अवरोधों द्वारा अवरुद्ध किया जा सकता है और प्रारम्भिक दिनों के उत्साह एवं जोश पर अवसाद हावी हो सकता है। परन्तु इन संकटास्पद वर्षों के दौरान सहे गए कष्टों के माध्यम से शुद्धिकरण की प्रक्रिया से गुजरने के बाद किसी राष्ट्र की आत्मा, देशभक्ति की ज्वाला को पुनः प्रज्वलित करने में मदद करती है। इस प्रकार 1973 से आगे भारत के राजनीतिक क्षितिज पर उसे दूसरी आजादी की दिशा में प्रगति-पथ अर्थात् जयप्रकाश नारायण के नेतृत्व में चलाए गए आंदोलन पर ले जाने के लिए प्रकाश की नई किरणें प्रकट हुईं। राजनीति में एक नया मोड़, श्री जयप्रकाश नारायण के नेतृत्व में आया।

राष्ट्रीय आंदोलन में बिहार ने एक महत्त्वपूर्ण भूमिका निभाई जो पूरे देश में अद्वितीय कही जा सकती है। इस आंदोलन के आदि से लेकर अन्त तक इसमें महिलाओं, खास तौर से बिहार की महिलाओं की सहभागिता और भूमिका सर्वोत्कृष्ट रही। भारतीय राजनीतिक क्षितिज पर एक नए युग का सूत्रपात करने वाला जयप्रकाश आंदोलन सर्वप्रथम बिहार से ही प्रारम्भ हुआ।

जयप्रकाश आंदोलन न तो अचानक शुरू हुआ और न ही आकस्मिक घटना के रूप में देखा जा सकता है। यह आंदोलन, इन्दिराविरोधी सरकार का परिणाम था; ये सरकारें पहले राज्यों में बनीं और फिर केन्द्र स्तर पर। इस आंदोलन ने समाज के सामाजिक, राजनीतिक और आर्थिक तानेबाने पर प्रभाव डाला।

चतुर्दिक हो रहे क्षरण के कारण मूल्य-वृद्धि, सत्ता की भूख, भ्रष्टाचार, मूल्यहीन शिक्षा पद्धति पनपी और बेरोजगारी निराश आक्रोशित युवाओं की भीड़ सर्वत्र दिखाई देने लगी।

जयप्रकाश नारायण जी अपने आंदोलन को एक जन आंदोलन बनाना चाहते थे परन्तु अपने आंदोलन के परिणामों को देखने के लिए वे ज्यादा समय तक जीवित न रह सके।

जे. पी. आंदोलन द्वारा पैदा हुआ राजनीतिक झंझावात, देश की अराजक दशा में प्रकट हुआ। कानून एवं व्यवस्था की स्थिति काबू से बाहर हो गई, और पूरे देश में अफरा-तफरी तथा अराजकता का बोलबाला दिखाई देने लगा।

जयप्रकाश नारायण एक महान समाज सुधारक थे। इस दिशा में उन्होंने अपने जीवन में अन्तिम दिनों तक प्रयास किए। वे समाज में आमूल परिवर्तन लाना चाहते थे। वे समाज में व्याप्त सामाजिक बुराइयों को जड़ से उखाड़ फेंकना चाहते थे। महिलाओं के लिए यह दूसरा सुअवसर था और वे इस पर खरी उतरीं। प्रथम स्वाधीनता संग्राम के बाद इस संग्राम में भी वे मर्दों के साथ कन्धे से कन्धा मिलाकर चलीं।

यह दूसरी बार था जब बिहारी महिलाओं ने अपनी छुपी हुई क्षमता और ताकत को पुनः परखा, जिससे विभिन्न क्षमताओं में उनकी सक्रिय भूमिका से आंदोलन में एक गतिमान मोड़ आया। उन्होंने यातना, तिरस्कार सहकर और बन्दी बनकर भी पुरुषों के साथ सक्रिय रूप से भाग लिया। उन्होंने पूरे बिहार में 'धरना', 'घेराव', अनशन और जुलूसों में भाग लेकर भी त्याग किया। इस प्रकार, बिहार के राजनीतिक इतिहास ने एक नए युग की शुरुआत की।

भारतीय आंदोलन की यह एक प्रमुख विशेषता थी कि इसने समाज के मसलों को सदैव आत्मसात किया है। जब हम भारत के प्रथम स्वतन्त्रता आंदोलन के इतिहास को देखेंगे तो यह पाएँगे कि इस क्षेत्र में बड़ी संख्या में लोगों ने पहले से ही त्याग किया है। भारत में राजनीतिक मानचित्र में बिहार का महत्त्वपूर्ण स्थान है।

प्रारम्भ में यह आंदोलन विश्वविद्यालय कैम्पस से आरम्भ हुआ था जो बाद में बाहर फैल गया। बिहार के विभिन्न विश्वविद्यालयों से कुछ महिला प्राध्यापिकाओं ने इसकी अध्यक्षता अपने हाथ में ले ली और वे हैं एम. एम. कॉलेज आरा से प्रोफेसर दुर्गा देवी, जया जैन, डॉ. वीना श्रीवास्तव, एम. एम. कॉलेज पटना से प्रोफेसर सुखदा पाण्डे, प्रोफेसर लक्ष्मी श्रीवास्तव और प्रोफेसर डॉ. मधु वर्मा तथा कई प्रसिद्ध अध्यापिकाएँ।

जयप्रकाश आंदोलन के समर्थन में प्रथम महिला जुलूस आरा में 4 अप्रैल, 1974 को डॉ. श्रीमती रामसुभग सिंह की अध्यक्षता में निकाला गया था। यह एक मौन जुलूस था, जिसमें कई लोगों ने भाग लिया था। अगला बड़ा जुलूस 5 अप्रैल, 1974 को पटना में निकाला गया था। इस जुलूस में पटना की कुछ विशिष्ट महिलाएँ थीं, और वे थीं : श्रीमती किशोरी कुंवर, श्रीमती हेमलता जमूवार, श्रीमती शशिबाला सहाय, डॉ. वीना श्रीवास्तव, गौरी श्रीवास्तव, प्रोफेसर किरण घई, प्रोफेसर सुखदा पाण्डे, श्रीमती विमला प्रसाद, डॉ. आत्मा प्रसाद, डॉ. मधु वर्मा, श्रीमती सुधा सिन्हा, श्रीमती प्रभा लाल, डॉ. लक्ष्मी श्रीवास्तव, श्रीमती रत्ना मोदी, श्रीमती ऊषा पंचान्दीकर, जिन्होंने पटना के मुख्य मार्गों पर परेड की।

पटना में अगला महत्त्वपूर्ण जुलूस 21 अप्रैल, 1974 को निकाला गया। यह जुलूस श्रीमती अंजली दत्ता और श्रीमती सावित्री देवी की अध्यक्षता में गाँधी मैदान से आरम्भ हुआ था। दोनों वृद्ध महिलाएँ इस राष्ट्रीय आंदोलन की पक्की समर्थक थीं। इस जुलूस में शहर की 5,000 से अधिक महिलाएँ शामिल थीं। इन महिलाओं ने जयप्रकाश नारायण के 2 जून के ऐतिहासिक जुलूस में भी नए उत्साह और दृढ़ निश्चय के साथ भाग लिया।

2 अक्तूबर, 1974 से बिहार पूर्ण रूप से बन्द था और जयप्रकाश नारायण ने सचिवालय गेट के सामने सत्याग्रह शुरू कर दिया। जयप्रकाश को सत्याग्रह में बिहार की महिलाओं से भी बहुत अच्छा समर्थन मिला और फलस्वरूप उन्होंने बड़े साहस से लाठी और गोली का सामना किया जिसके परिणामस्वरूप अनेक महिलाओं को गिरफ्तार किया गया। जे. पी. आंदोलन में 24 नवम्बर से 25 अप्रैल तक महिलाओं की भागीदारी बहुत आसानी से जारी रही। नवम्बर, दिसम्बर, फरवरी और अप्रैल के महीने में संपूर्ण बिहार में महिलाओं के अनेक कैंप आयोजित किए गए। मुख्य स्थान खादीग्राम, जमुई, मोतिहारी और भागलपुर थे। आंदोलन के दौरान, पटना में एक नया महिला संगठन 'नारीमण्डल' स्थापित किया गया, इस संगठन का मुख्य उद्देश्य इस आंदोलन को बड़े स्तर पर चलाना था, पटना में अनेक छोटे और बड़े जुलूस निकाले गए जो सभी इस संगठन द्वारा संगठित किए गए थे। इस संगठन के कार्यकर्त्ताओं ने इस आंदोलन के मुख्य उद्देश्य के विषय में लोगों को बताना शुरू कर दिया। कभी-कभी उन्होंने जयप्रकाश का संदेश घर-घर पहुँचाया, कुछ पर्चे भी बाँटे गए। इसके अलावा अनेक महिला कार्यकर्त्ता शहर की घरेलू और कामकाजी महिलाओं को संगठित करने में लगी हुई थीं।

मई माह में नारीमण्डल ने उस समय के विधायकों के आवासों के निकट अनेक 'अनशन' और 'घेराव' किए और उनसे त्यागपत्र देने का अनुरोध किया। इस प्रक्रिया में उस समय के काँग्रेसी विधायकों ने अनेक महिलाओं को बुरी तरह से अपमानित किया और परेशान किया।

आकाशवाणी के बजाय इन्दिरावाणी के विरोध में महिलाओं के नारीमण्डल ने 11 मई को ऑल इण्डिया रेडियो का भी घेराव किया। श्रीमती किशोरी कुंवर और कुछ प्रतिष्ठित महिलाओं द्वारा अन्य जुलूस का नेतृत्व किया गया। आकस्मिक रूप से संपूर्ण देश में आपातकाल की घोषणा कर दी गई और इसके परिणामस्वरूप हमारे सभी शीर्षस्थ नेताओं को 20 महीने की लम्बी अवधि के लिए जेल भेज दिया गया। अतः आंदोलन की गतिविधियों को पूरी तरह प्रतिबन्धित कर दिया गया और महिलाओं के पास पुनः अपने आपको घेरों में बन्द करने के सिवाय कोई चारा नहीं था। लेकिन उसके बावजूद बिहार की कुछ प्रतिष्ठित, बहादुर और साहसी महिलाओं ने छिपकर भी कार्य किया। उनमें से श्रीमती किशोरी कुंवर, श्रीमती हेमलता जमुवार, श्रीमती विमला प्रसाद, श्रीमती शशिबाला सिन्हा, प्रो. किरन घई, श्रीमती शिला ओक्तियाइया, डॉ. वीना श्रीवास्तव, प्रो. सुखदा पाण्डेय, गौरी श्रीवास्तव, प्रो. मधु वर्मा, प्रभा लाल, कान्ति

वर्मा, शान्ति सिन्हा, राधा रानी, कमला सिन्हा, विभा प्रमुख हैं।

भारत की दो महान महिलाएँ भी हैं और वे हैं श्रीमती सरला मदौरिया संसद सदस्य और श्रीमती सुमंतलाल बांग, जिन्होंने आंदोलन को मजबूत करने के लिए काफी हद तक बिहार महिला समुदाय को गतिशील नेतृत्व और प्रेरणा दी। अनेक महिलाओं को लम्बी अवधि के लिए जेल में बन्दी बनाया गया और जिन्हें मानसिक और शारीरिक यातनाएँ दी गईं।

बिहार में महिलाओं का संपूर्ण इतिहास और राजनीति बताती है कि जयप्रकाश के नेतृत्व में महिलाएँ बहुत जोश के साथ रण में थीं। यह जयप्रकाश का करिश्माई व्यक्तित्व था जो महिलाओं में अब भी विश्वास बरकरार है।

जे. पी. आंदोलन के दौरान बिहार की विभिन्न जेलों में हिरासत अवधि की सूची

क्र.सं.	नाम	स्थान	अवधि
	सुश्री/श्रीमती		
1.	किशोरी देवी	पटना	4 माह
2.	श्यामा देवी	बांकीपुर	1 माह
3.	कमला बसावन	मुजफ्फरपुर	1 माह
4.	राम सिंघारी देवी	आरा	5 माह
5.	जया जैन	आरा	2 माह (मीसा में)
6.	प्रो. दुर्गा देवी	आरा	2 माह (मीसा में)
7.	सरस्वती सिन्हा	समस्तीपुर	2 दिन
8.	मोहिनी झा	दरभंगा	1 माह
9.	नूतन सिन्हा	डाल्टनगंज	1 सप्ताह
10.	चन्द्रमुखी देवी	हजारीबाग	21 दिन
11.	शीला रुखय्या	हजारीबाग	11 दिन

जेल में रही अन्य महिलाओं की सूची

1. शशिकला सिन्हा, उर्मिला कुमारी, इला कुमारी, इन्दू कुमारी, कुमारी मायत्री, अहिल्या देवी, शान्ति अग्रवाल, विभा सिंह, भागवती देवी, मिथिलेश देवी, कल्पना अग्रवाल, नीता कुमारी — हजारीबाग
2. श्रीमती बेला अधिकारी, कमला गुप्त, श्रीमती छातो देवी — पटना
3. श्रीमती सुधा श्रीवास्तव — भागलपुर

जे. पी. आंदोलन में भाग लेने वाली कुछ प्रमुख छात्राओं की सूची

शशि, आभा, कंचन, मणि, कनक, कुमुद, वीवा, वाणी, मनोरमा, किशोरी, गीता, चौरसिया, आशा कुमारी, मंजू कुमार, उर्मिला, इला, इन्दु, कल्पना, रीता, विभा और सून।

संगत स्रोत

1. द टाइम्स ऑफ इण्डिया, फरवरी, 1974 संपादकीय कालम।
2. द हिन्दुस्तान टाइम्स, द पालिटिक्स ऑफ रिवोलूशन, 9 अगस्त, 1974।
3. बिहार संघर्ष—सम्पादकीय, पैट्रियट, 20 अक्तूबर, 1974।
4. आर्गेनाइजर—20 जुलाई, 1974।
5. बिहार आंदोलन वार्षिकी : 1974-75। अखिल भारतीय विद्यार्थी परिषद नया टोला द्वारा प्रकाशित।

6. छात्र आंदोलन से जनता सरकार तक—अखिल भारतीय विद्यार्थी परिषद, बिहार राज्य, 1977 द्वारा प्रकाशित जर्नल।
7. बिहारी प्रान्तीय महिला शिविर सम्मेलन स्मारिका—2 जुलाई से 2 अगस्त, 1978—बिहार प्रान्तीय महिला संघर्ष समिति।
8. जे. पी. बिहार आंदोलन—डाकूमेंटेशन केन्द्र—गाँधी एन इंस्टीट्यूट ऑफ स्टडीज लाइब्रेरी वासना सी-1974।
9. बिहार आंदोलन की पृष्ठभूमि।

डायलिसिस की वेदना

डॉ. इन्दु भूषण सिन्हा

बचपन से ही जयप्रकाश नारायण जी के राष्ट्र प्रेम एवं साहस की चर्चा सुनता और पढ़ता आया था। सिद्धान्तों पर समझौता न करने वाले एवं पद की कामना से परे एकमात्र स्वतन्त्रता सेनानी के रूप में समस्त राष्ट्र उनका सम्मान करता था। स्वतन्त्र भारत का बदलता सामाजिक एवं राजनीतिक परिवेश उनको रास नहीं आया। वे न मानवीय मूल्यों को छोड़ सकते थे और न कुर्सी पाने के लिए आत्मा को कुचल सकते थे। वे राष्ट्र निर्माण में सक्रिय भूमिका निभाने में अपने को समर्थ पा रहे थे। लगता था कि उन्होंने वर्तमान को स्वीकार कर अपने को दरकिनार कर लिया था। ऐसे ही एक व्यक्ति की छवि सारे राष्ट्र के मानस पटल पर थी जयप्रकाश बाबू के विषय में।

परन्तु ऐसी बात थी नहीं। उन्होंने अपने को दरकिनार तो कर लिया था पर उनकी आत्मा सोई नहीं थी। देश की निरन्तर बिगड़ती हालत उनके लिए असह्य हो गई थी। वे अपने को संयत नहीं कर पाए। संपूर्ण राष्ट्र के लोगों के बीच उनकी पहचान केवल व्यक्ति विशेष की बल्कि एक विचारधारा के रूप में थी ही। बस उनके एक आह्वान की देर थी, और सारा राष्ट्र उनके साथ हो लिया। उन दिनों देश स्वार्थी राजनीतिज्ञों के हाथ का खिलौना बना था। सारी जनता त्रस्त थी। उनकी आवश्यकता थी एक क्रांति की एवं एक निःस्वार्थ, सफेद छवि वाले नायक की। समय अत्यन्त ही प्रतिकूल था परन्तु राष्ट्र को जयप्रकाश बाबू के रूप में एक लोकनायक मिला और जन्म हुआ संपूर्ण क्रांति का उसके बाद का परिणाम सर्वविदित है।

क्रांति की कीमत जयप्रकाश बाबू को अपने स्वास्थ्य से चुकानी पड़ी। अत्यन्त मानसिक एवं शारीरिक तनाव के कारण उनका गुर्दा खराब हो गया। उन्हें उपचार के दौरान चण्डीगढ़ के पोस्ट ग्रेजुएट इन्स्टीच्यूट ऑफ साइंसेज एवं वहाँ से मुम्बई स्थित जसलोक अस्पताल में भर्ती कराया गया।

जसलोक अस्पताल में डॉ. एन. के. मणि प्रख्यात गुर्दा रोग विशेषज्ञ के निर्देशानुसार एवं उनकी देख-रेख में उनका उपचार होता था।

इन तमाम चिकित्सीय सुविधाओं के बावजूद जयप्रकाश नारायण जी बिहार आना चाहते थे। उनकी इच्छा को सरकार ने संजीदगी से लेते हुए उन्हें पटना लाने का प्रबन्ध किया। पटना में सरकार ने मुझे उनकी चिकित्सा हेतु अधिकृत किया।

जयप्रकाश नारायण जी के उपचार हेतु बतौर चिकित्सक मेरा अधिकृत होना, मेरे लिए रोमांचकारी था। एक ऐसे व्यक्तित्व के उपचार का उत्तरदायित्व मुझे सौंपा गया था, जिनके विषय में बचपन से सुनने, पढ़ने एवं जानने का मौका तो अवश्य मिला था, परन्तु उनकी सेवा कर सुख का अनुभव करना मेरे लिए अप्रत्याशित था।

जयप्रकाश नारायण जी के उपचार के लिए गठित चिकित्सकों की टीम में मुख्य रूप से डॉ. सी. पी. ठाकुर, जनरल फिजीशियन के रूप में, डॉ. नरेन्द्र प्रसाद सर्जन के रूप में, एवं मैं नेफ्रोलौजिस्ट के रूप में था। डॉ. आर. वी. पी. सिन्हा संयोजक का कार्य करते थे। तकनीकी सहायक के रूप में थे श्री अब्राहम एवं श्रीमती जानकी जो मुम्बई स्थित जसलोक अस्पताल से ही डायलिसिस की ट्रेनिंग लेकर आए थे।

पटना में उनके आवास पर ही उनके डायलिसिस की व्यवस्था की गई थी उस समय तक पटना मेडिकल कॉलेज अस्पताल में डायलिसिस यूनिट पूर्ण रूप से कार्यरत था। इसलिए हम लोगों को उनके आवास पर सारी व्यवस्था करने में ही सुविधा हुई। सप्ताह में तीन दिन उनका डायलिसिस होता था एवं यह प्रक्रिया करीब साढ़े तीन से चार घण्टे तक चलती थी। डायलिसिस के दिन मैं नियमित रूप से प्रक्रिया शुरू होने तथा बन्द करवाने के समय वहाँ उपस्थित रहता था। उपचार हेतु हम लोगों ने सदा डॉ. मणि से दूरभाष सम्पर्क बनाए रखा।

उपचार के दौरान ही नई सरकार के गठन के समय जयप्रकाश बाबू दिल्ली गए एवं वापस आने पर उनकी अस्वस्थता में बढ़ोतरी हो गई।

डायलिसिस की कोशिश के दौरान पाया गया कि उनका ए. वी. बन्द हो गया था। ए. वी. शण्ट एक नली होती है जो मरीज के रक्त की नली से जुड़ी रहती है, एवं डायलिसिस के समय इसको खोलकर मशीन से जोड़ दिया जाता है। ऐसा अवरोध पूर्व में भी हो चुका था और दूसरी जगह पर शण्ट लगाना पड़ा था। सरकार ने तुरन्त उन्हें वायुयान से मुम्बई भेजा जहाँ से उन्हें अमेरिका ले जाया गया। वहाँ उपचार के दौरान ग्राफ्ट लगाया गया जिससे उनके डायलिसिस के लिए स्थायी रूप से सुविधा हो गई थी। अमेरिका से वापस आने पर मुम्बई के बदले उन्होंने पुनः पटना आने की इच्छा व्यक्त की।

सरकार ने मुझे एवं डॉ. नरेन्द्र प्रसाद को मुम्बई रवाना इस निर्देश एवं उत्तरदायित्व के साथ किया कि हम लोग उनके उपचार के दौरान दिन प्रतिदिन होनेवाली सर्जिकल एवं चिकित्सीय समस्याओं को समझ सकें जिससे कि पटना आने पर उनका समुचित उपचार हो सके।

जे. पी. मुम्बई में श्री रामनाथ गोयनका के एक्सप्रेस टावर के 'पेंट हाउस' वाले खण्ड में रहते थे एवं डायलिसिस के लिए हफ्ते में तीन दिन जसलोक अस्पताल जाते थे। डॉ. नरेन्द्र प्रसाद और मैं डायलिसिस के दिन बराबर जसलोक अस्पताल में रहते थे एवं अन्य दिन भी पेंट हाउस में उनकी देख-रेख करते थे।

श्री रामनाथ गोयनका एवं श्री एस. पी. जैन के मन में जयप्रकाश जी के लिए बहुत सम्मान था। वे चाहते थे कि जे. पी. मुम्बई में रहकर डायलिसिस एवं उपचार पेंट हाउस में कराएँ। गोयनका जी ने एक नेफ्रोलौजिस्ट की भी व्यवस्था कर ली थी। परन्तु जे. पी. मुम्बई में रहने को बिलकुल तैयार नहीं थे। जे. पी. की इच्छा का मान रखने के लिए डॉ. नरेन्द्र प्रसाद गोयनका जी के सुझाव से सहमत नहीं हुए।

पुनः पटना में उनका उपचार हम सबों की देख-रेख में होने लगा। परन्तु धीरे-धीरे डायलिसिस के बावजूद भी उनका स्वास्थ्य बिगड़ता चला गया एवं शरीर के प्रतिरोध की क्षमता घटती गई।

किडनी रोग से ग्रसित डायलिसिस पर निर्भर रहनेवाले रोगियों की मानसिक अवस्था का मेरा अपना अनुभव है। मैंने देखा है कि लम्बे समय तक डायलिसिस पर रहने पर मरीजों को डायलिसिस से विरक्ति-सी हो जाती है। वे डायलिसिस पर जाना नहीं चाहते हैं और कुछ ही घण्टों के बाद प्रक्रिया को समाप्त करने पर जोर लगाते हैं। यही हाल था जे. पी. के साथ। वे भी डायलिसिस से बहुत घबड़ाने लगे थे एवं एक डेढ़ घण्टा के बाद ही समाप्त करने को कहने लगते थे। उन्होंने कभी भी पूरा डायलिसिस नहीं होने दिया और निर्धारित समय के पहले ही खुलवा देते थे। मोटी-मोटी सुइयों का चुभना एवं एक-दो दिनों के अन्तराल पर चार घण्टे डायलिसिस के दौरान मशीन से बँधे रहना अपने आप में एक कष्ट का कारण है।

परन्तु इन तमाम शारीरिक पीड़ा एवं वेदना के बावजूद भी जयप्रकाश नारायण जी ने कभी हार नहीं मानी। उनके साथ बिताए गए क्षण एवं उनके सान्निध्य के मेरे अपने अनुभव अलग हैं। उनके जीवन के दर्शन, विचार एवं संस्कार को कम समय में ही मुझे अनुभव करने का जो अवसर मिला, उसके अनुसार उस कर्मठ व्यक्ति को अपनी शारीरिक पीड़ा से जितनी तकलीफ नहीं थी उससे कहीं अधिक वेदना उन्हें मानसिक तनाव से थी। मुझे लगता है कि क्रांति उपरान्त जो बदलाव एवं सुन्दर समाज की उनकी कल्पना थी वह उनके विचारों के अनुरूप नहीं निकली। इस बात ने उन्हें जो पीड़ा एवं वेदना पहुँचाई वह उनकी शारीरिक वेदना से कहीं ज्यादा थी। शारीरिक पीड़ा का अनुभव आम व्यक्ति ज्यादा करते हैं, जयप्रकाश जी जैसे महान पुरुष को शारीरिक कष्ट का अनुभव कहाँ से होता। उनकी वेदना उन्हें अपनों से मिली थी। इसीलिए जीवन के अन्तिम दिनों में वे बिलकुल अलग-अलग हो गए थे।

विभिन्न दल एक मंच पर

अमृता शेखर

आजादी के 25 साल बाद भी कुछ नेताओं को ऐसा लग रहा था कि हम जो आज़ादी लाए हैं वो आजादी से सत्ता परिवर्तन के रूप में ही गया है। (उस समय अंग्रेज शासन करते थे जो विदेशी थे) मगर भारत के लोग सत्ता में आसीन होकर भारत के निर्माण की कल्पना न करके सत्ता में परिवारवाद कैसे चले इसकी कल्पना करने लगे जिसका मुख्य कारण था केन्द्र में विपक्ष का कमजोर होना। इसके लिए सन् 1973 में ही लोकनायक जयप्रकाश नारायण ने विरोधी पक्ष को एक करने का प्रयास शुरू किया। उन्होंने बताया कि 1952 से 1971 तक जितने चुनाव हुए हैं इसमें सत्ता पक्ष को कभी भी 45 प्रतिशत से अधिक मत प्राप्त नहीं हुए हैं। 55 प्रतिशत भी आप मत लेकर कमजोर विपक्ष में बैठते हैं। इसलिए जयप्रकाश जी चाहते थे कि सभी विपक्षी पार्टियों को एक मंच पर लाएँ जिससे मजबूत विपक्ष होने से सरकार अपनी मनमानी नहीं कर पाएगी मगर उस समय लोकनायक जयप्रकाश नारायण को सफलता नहीं के बराबर ही मिल पाई। (इसके पीछे कारण यह था कि केन्द्र में सरकार नहीं चाहती थी कि विपक्ष एक हो, दूसरा पैसों का अभाव, तीसरा अपनी-अपनी नीति का बखान करना, राष्ट्रीय नीति का त्याग)

मगर 1977 में प्रधानमंत्री के अगले चुनाव की घोषणा ने सारी परिस्थितियों को ही बदल डाला। चुनाव घोषणा के साथ ही श्रीमती इन्दिरा गाँधी ने विरोधी दल के नेताओं को धीरे-धीरे जेल से रिहा करना शुरू कर दिया था। प्रमुख विरोधी नेता जैसे—अटल बिहारी वाजपेयी, चरण सिंह, अशोक मेहता, चन्द्रशेखर, कृष्णकान्त, मोहन धारिया तो पहले ही रिहा कर दिए गए मगर कार्यकर्ताओं को काफी धीमी गति और इस दिमाग से रिहा किया जा रहा था ताकि वे लोग जनता के बीच न पहुँच सकें। उनके चुनाव का प्रचार कम से कम हो।

चुनाव की घोषणा वाले दिन जे. पी. पटना में थे। उन्होंने जे. पी. के चुनाव की घोषणा का स्वागत किया। अब चुनाव के मैदान में इन्दिरा जी के मुकाबले मोर्चा खड़ा करना था। इसके लिए यह आवश्यक था कि राष्ट्रीय स्तर पर संघर्ष के समर्थकों की सारी शक्ति इकट्ठी और संगठित होनी चाहिए। साथ ही साथ देश का एक जिम्मेदार नेता और शुभचिन्तक होने के नाते अब जयप्रकाश जी काँग्रेस पक्ष का कोई ठोस पार्लियामेण्टरी विकल्प जल्द से जल्द खड़ा करने की सोचने लगे। वैसे भी भारत के स्वस्थ लोकतंत्र के लिए एक शक्तिशाली विरोधी पक्ष की हिमायत जयप्रकाश जी वर्षों से करते आ रहे थे। आज के भ्रष्ट शासन के विरोध में खड़ा होने के लिए उसकी तीव्र आवश्यकता खड़ी हो चुकी थी। ऐसी परिस्थिति में विभिन्न दलों को एक मंच पर इकट्ठा करना उन्हें भिन्न-भिन्न कार्यक्रमों के माध्यम से अपने साथ जोड़ना, पक्ष-विपक्ष के आपसी झगड़ों से ऊपर उठकर उनको उनकी राष्ट्रीय जिम्मेदारी का एहसास कराना, जयप्रकाश जी उस समय अपनी बीमारी के बावजूद यथासम्भव इस तरह की सारी कोशिशें करने लगे। जनसंघ, समाजवादी भारतीय क्रांति दल, काँग्रेस फॉर डेमोक्रेसी दल तथा काँग्रेस से निकले और निकाले गए युवा नेताओं से मिलकर या बातचीत करके उन्हें एक मंच पर लाने का प्रयास करने लगे। उन्होंने मोरारजी देसाई तथा अन्य विरोधी दल के नेताओं से टेलीफोन से तथा एस. एम. जोशी द्वारा एक पत्र भेजकर सूचित किया कि जब तक चारों विरोधी दल—जनसंघ, संगठन काँग्रेस, भारतीय लोकदल और सोशलिस्ट पार्टी—अपना विलय एक पार्टी में नहीं कर देते हैं वे चुनाव-प्रचार में

भाग नहीं लेंगे। उनका साथ नहीं देंगे। उन्होंने विरोधी दल के नेताओं से यह भी कहा कि आप आज अपने बीच एकता स्थापित करेंगे या जेलों में बन्द होने के बाद ही इसके बारे में सोच-विचार करेंगे? लोक-संघर्ष के लिए एक राष्ट्रीय समन्वय समिति की रचना की गई।

यह तो शुरू से ही समझ में आ रहा है कि जयप्रकाश जी अपने आंदोलन को पक्षमुक्त ही रखना चाहते थे। उन्होंने अपने आंदोलन को कभी भी इन्दिरा विरोधी किसी भी राजनीतिक पार्टी के साथ का आंदोलन नहीं बनने दिया। मगर उनके लाख कोशिशों के बावजूद कुछ घटनाचक्र का बवण्डर और विशेषकर चुनावों का सन्दर्भ उन्हें बरबस उसी ओर खींच ले गया। जिस तरह श्रीमती गाँधी ने अचानक देश को आपातृस्थिति में डाल कर सारी स्थिति को अपने वश में कर लिया था उसी तरह उन्होंने आनन-फानन में चुनाव की घोषणा कर यह कार्यक्रम बनाया था कि विपक्षी दलों को एक होने का अवसर नहीं मिलेगा और उनकी (काँग्रेस) पार्टी जीत जाएगी।

मोरारजी देसाई के यहाँ चारों दलों के नेताओं की बैठक बुलाई गई। पार्टी विलयन पर काफी चर्चाएँ हुईं। सभी ने गहराई से इस बात को महसूस किया कि देश की वर्तमान परिस्थिति से निबटने के लिए लोकनायक के नेतृत्व वाली एक पार्टी का होना अति आवश्यक है। लोकनायक के सुझाव को मान्यता देते हुए चारों दल के नेताओं ने अपनी-अपनी पार्टियों का विलय कर एक पार्टी बनाने को तैयार हो गए। सभी की सर्वसम्मति से चारों पार्टियों का विलय एक पार्टी में कर दिया गया और इस एक नई पार्टी का नाम रखा गया 'जनता पार्टी'। पार्टी के लिए एक झण्डा और एक चुनाव चिह्न भी निश्चित कर लिया गया। झण्डा रखा गया दो रंगों वाला—केसरिया और हरा। 'हलधर किसान' को (भारतीय लोकदल का चुनाव चिह्न) जनता पार्टी का चुनाव चिह्न माना गया।

पार्टी के सारे कार्यक्रम निश्चित करने के लिए विरोधी दलों ने 22 जनवरी को जे. पी. को दिल्ली बुलाया। इनकी उपस्थिति में चुनाव कार्य के संचालन के लिए राष्ट्रीय स्तर पर जनता पार्टी संगठन को कार्यकारी रूप दिया गया। मोरारजी देसाई की अध्यक्षता में 29 सदस्यों की राष्ट्रीय समिति बनाई गई। सब कुछ चुनाव की पास आती सीमित अवधि को देखते हुए आनन-फानन में हो रहा था। चारों दलों के नेताओं ने जे. पी. के समक्ष यह भी निश्चित कर लिया कि चुनाव के बाद सभी दलों की अलग-अलग बैठक बुलाकर उनके जनता पार्टी में विलय को अन्तिम रूप दे दिया जाएगा। 23 जनवरी, 1977 को जनता पार्टी के संगठन की घोषणा कर दी गई। पार्टी के लिए एक अध्यक्ष, उपाध्यक्ष, सचिव एवं सदस्यों के नाम का चुनाव एवं घोषणा भी कर दी गई। लोकनायक ने एक लिखित वक्तव्य प्रसारित कर कहा कि नवगठित 'जनता पार्टी' चुनाव अभियान के दौरान सत्ता के विकेन्द्रीकरण पर विशेष जोर देगी। उन्होंने जनता से भी अपील की कि वह जनता पार्टी के चुनाव कोष में चन्दा दें। हजारों की संख्या में पार्टी के चुनाव एजेण्ट बनकर साफ-सुथरा मतदान करवाने में जुट गए। उन्होंने निष्पक्ष चुनाव, न्यायपालिका और प्रेस के अधिकारियों की वापसी पर विशेष बल दिया।

अब जनता पार्टी ने लोकनायक की योजना के तहत अन्य गैर कम्युनिस्ट दलों से चुनाव समझौता करने का प्रयास शुरू कर दिया। विभिन्न दलों ने कुछ छोटी-मोटी शर्तों के साथ जनता पार्टी के चुनाव समझौते को स्वीकार भी कर लिया। इनमें मुख्य रूप से अकाली दल, मार्क्सवादी कम्युनिस्ट पार्टी तथा डी. एम. के. थे मगर इन्होंने अपने झण्डे तथा अपने चुनाव चिह्न के साथ चुनाव लड़ने की शर्त को रखा था। काँग्रेस युवा भी जनता पार्टी में शामिल हो गए। अब चन्द्रशेखर ने यह प्रयास करना शुरू किया कि काँग्रेस के प्रगतिशील नेताओं को भी फोड़कर जनता पार्टी में शामिल कर लिया जाए।

30 जनवरी राष्ट्रपिता महात्मा गाँधी की पुण्य तिथि के दिन को ही जनता पार्टी ने अपने चुनाव अभियान शुरू करने का शुभ दिन चुना। जे. पी. अब अत्यन्त ही कमजोर हो चुके थे फिर भी उन्होंने पटना के गाँधी मैदान में एक विशाल जनसभा में गाँधी जी के चित्र को फूल माला अर्पित करते हुए अपने चुनाव अभियान का श्रीगणेश किया। इसके बाद लाखों की भीड़ को सम्बोधित करते हुए उन्होंने कहा, ''इस निर्वाचन में किसी पार्टी की जीत-हार का प्रश्न नहीं है बल्कि लोकतंत्र की रक्षा का सवाल है। यह फैसला करना है कि मुल्क में जनतन्त्र रहे या एकतन्त्र। यह चुनाव-संघर्ष तानाशाही और लोकतंत्र के बीच है। जिन्हें लोकतंत्र प्रिय है वे निःसंकोच नवसंगठित जनता पार्टी को वोट दें और साथ-साथ

नोट दें। 'एक वोट एक नोट'।'' उन्होंने काफी रुद्ध कण्ठ से जनता से कहा, ''मैं मौत के मुँह से लौट कर आया हूँ। शायद ईश्वर अभी और काम लेना चाहता है लेकिन अभी हफ्ते में तीन दिन डायलिसिस मशीन से बँधा रहता हूँ। फिर भी जहाँ तक सम्भव होगा मैं बाद में आपके बीच आ जाऊँगा।''

दिल्ली के रामलीला मैदान में विशाल जनसभा का आयोजन किया गया। जनता को सम्बोधित करते हुए उस सभा में श्री अटल बिहारी वाजपेयी जी ने कहा कि ''वर्तमान जंगल के कानून और एक न्याय सम्मत समाज के बीच चुनाव करना है।'' इसी सभा को सम्बोधित करते हुए मोरारजी देसाई ने कहा कि देश में आपातृस्थिति को समाप्त कराने के लिए जनता पार्टी को विजयी बनावें। कानपुर में चौधरी चरण सिंह ने एक विशाल सभा को सम्बोधित किया और चुनाव को 'धर्मयुद्ध' बताया। उधर जयपुर में एक विशाल सभा का आयोजन किया गया चन्द्रशेखर जी ने काँग्रेस को पूँजीवाद और एकाधिकारवाद का समर्थक बताकर चुनाव में उसे परास्त करने की लोगों से अपील की। पटना में लोकनायक की सभा में श्री श्यामनन्दन मिश्र, महामाया बाबू तथा कर्पूरी ठाकुर भी उपस्थित थे। कुल मिलाकर देखें तो जे. पी. के नेतृत्व में विभिन्न विरोधी दलों में जनता पार्टी नामक एक मंच में शामिल होकर देश के सभी मार्गों से काँग्रेस की सरकार उखाड़ फेंकने का मोर्चा सँभाल लिया। चुनाव हुए और जनता पार्टी ने भारी मतों से काँग्रेस को परास्त किया। अन्ततोगत्वा केन्द्र में काँग्रेस शासन का अन्त हुआ और प्रधानमंत्री श्री मोरार जी देसाई के नेतृत्व में जनता पार्टी की सरकार गठित हुई।

इन्दिरा गाँधी ने इस जनता पार्टी को खिचड़ीवाद कहा। और यह सच भी साबित हुआ। सत्तारूढ़ होने के लिए आनन-फानन में विभिन्न दलों को मिला एक पार्टी तो बना ली गई लेकिन उस पार्टी के सारे नियम जिन पर सभी दलों ने एक होने का समर्थन दिया था वह वर्तमान परिस्थितियों के ही मद्देनजर था। परिणामस्वरूप सरकार बनते ही विभिन्न दलों के नेताओं में आपसी टकराव शुरू होने लगा। बहुत-सी बातें संघटन के समय नज़रअन्दाज कर दी गई थीं जो सरकार बनने के बाद आपसी विघटन का कारण बनीं और 1980 में ढाई वर्ष के छोटे से कार्य काल के बाद केन्द्र में पुनः इन्दिरा गाँधी की सरकार बन गई। हाँ, 1977 से वह एक परम्परा आज भी चली आ रही है केन्द्र में संगठित सरकार बनाने की।

जनता पार्टी सरकार एवं जयप्रकाश

अमृता शेखर

पूरा भारतवर्ष श्रीमती गाँधी के खिलाफ हो गया और देश में जयप्रकाश नारायण के रूप में उभरे एक शक्तिशाली नेता के आह्वान पर विभिन्न दलों के छोटे-बड़े सारे नेता बिना किसी शर्त और परहेज के जनता पार्टी से जा मिले। आजादी के बाद विभिन्न विचारधाराओं का एक साथ एक पार्टी में समा जाना एक ऐतिहासिक घटना थी। विरोधी दलों के इस तरह के गठबन्धन से काँग्रेस सरकार सकते में आ गई।

24 मार्च को संसद सदस्यों को सम्बोधित करते हुए जयप्रकाश जी ने कहा था कि 30 वर्षों बाद पुनः हम एक नया इतिहास बनाने जा रहे हैं। नए भारत के निर्माण में राज्यशक्ति और लोकशक्ति का आपसी तालमेल रहना आगे बढ़ने के लिए आवश्यक है। मैं आपसे यह आशा करता हूँ कि भविष्य में यदि कभी भी दोनों शक्तियों में आपसी मतभेद हो तो मोरारजी भाई या जो कोई भी सत्तारूढ़ होंगे वे जनता के साथ एक विनम्र सेवक-सा ही व्यवहार करेंगे। जैसा व्यवहार इन्दिरा जी ने किया वैसा हरगिज नहीं करेंगे। उन्हें बीच में टोककर ही मोरारजी देसाई ने यह कहा कि "आप निश्चिन्त रहिए, हम ऐसा ही करेंगे।" इससे जयप्रकाश जी बेहद प्रसन्न हुए थे।

केन्द्र में जनता पार्टी की सरकार आ गई जिसके प्रधानमंत्री मोरारजी देसाई बनाए गए। यहीं से शुरू हो गया गलतियों का सफर जो आगे चलकर पार्टी के विघटन का कारण बना। सर्वप्रथम पार्टी में विवाद तब उत्पन्न हुआ जब मोरारजी देसाई जी ने अपने पुत्र कान्ति देसाई को प्रधानमंत्री का निजी सचिव बना दिया। पूरा मंत्रिमण्डल एवं पार्टी प्रधानमंत्री के अपने पुत्र को इतना महत्त्वपूर्ण पद देने से आक्रोश में था। कान्ति भाई देसाई ने सरकारी फाइलों पर जो टिप्पणियाँ कीं उससे तो मामला संसद तक पहुँच गया। सरकार की खासी बदनामी हुई इस मामले से। अटल बिहारी वाजपेयी जी ने लोकसभा में प्रधानमंत्री से इसकी जाँच की माँग कर दी जिससे सारा देश स्तब्ध रह गया। खैर जाँच के लिए एक कमेटी गठित कर दी प्रधानमंत्री ने। नवगठित पार्टी की सरकार के दो-तीन लोगों को छोड़कर सारे नए नवेले ही थे। मंत्री के रूप में यह उनका पहला अनुभव था। सरकार के सामने एक के बाद एक समस्याएँ भी आने लगीं। डालडा और प्याज के दाम आकाश छूने लगे। मोरारजी देसाई ने इस मामले को काफी गहराई से लिया। फलतः स्थिति कुछ हाथ में आ पाई। सरकार की प्राथमिकताएँ, दो लाख स्वास्थ्य कार्यकर्ताओं की बहाली, अधिकारियों के तबादले की सूची निकाली, विदेशी दूतावास में बदलाव हुए इन निर्णयों को लेकर सरकार में अन्दर ही अन्दर टकराहट शुरू हो गई। पार्टी में दोहरी सदस्यता का सवाल तेजी से उभरने लगा। यह मूलतः सत्ता का संघर्ष था। पार्टी में लोगों का आपसी तालमेल जाता रहा। समाजवादी पार्टी से आए राजनारायण सिंह, मधुलिमये और चरण सिंह को यह बात खटकने लगी कि सरकार में जनसंघ गुट का प्रभाव बढ़ रहा है। वे स्वयं को उपेक्षित महसूस करने लगे। जब सरकार को दो लाख स्वास्थ्य कार्यकर्त्ताओं की सूची देने का वक्त आया तब जनता पार्टी के पास राष्ट्रीय स्तर पर संगठन का ऐसा कोई स्वरूप नहीं था। परन्तु जनसंघ के पास पूरे देश में अनुशासित कार्यकर्त्ताओं का अच्छा संगठन था। अतः जनसंघ गुट ने सरकार को अपनी सूची भेज दी जो कि तत्कालीन स्वास्थ्य मंत्री राजनारायण सिंह को नागवार गुजरी। इसी तरह आकाशवाणी, दूरदर्शन, विश्वविद्यालयों और अखबारों में भी संघ के लोगों को नियोजित तरीके से पीठासीन किया जा रहा था।

उन्हीं दिनों प्रधानमंत्री और उनकी सरकार के गृहमंत्री चरणसिंह के बीच भी हल्के टकराव पैदा हुए मगर मोरारजी के अड़ियल स्वभाव से बात उनके पक्ष में ही गई। सरकार ने शाह आयोग का गठन कर इन्दिरा गाँधी के खिलाफ जाँच शुरू करवाई और श्रीमती गाँधी को गिरफ्तार करने का निश्चय किया तो चरणसिंह ने इसका साफ विरोध किया वह नहीं चाहते थे कि सरकार बदले की भावना से कार्य करे। और प्रधानमंत्री की सोच थी कि श्रीमती गाँधी को उनके किए की सजा मिलनी चाहिए मगर वह उनके खिलाफ कोई भी कार्रवाई गृह मन्त्रालय द्वारा ही करवा सकते थे। आपस के इस मतभेद से पूरा मंत्रिमण्डल सचिवालय परेशान था। अन्ततः प्रधानमंत्री ने गृहमंत्री के विरोध का ख्याल किए बगैर श्रीमती गाँधी को गिरफ्तार करवाया और उनकी संसद की सदस्यता भी समाप्त करवा दी। उधर शिमला में आयोजित एक रैली को सम्बोधित करते हुए राजनारायण सिंह गिरफ्तार कर लिए गए। क्योंकि कानूनन शिमला में कोई राजनीतिक पार्टी की सभा नहीं हो सकती थी। श्री देसाई कट्टर गाँधीवादी थे वह अनुशासन की कीमत पर किसी भी रिश्ते को स्वीकार नहीं करते न ही परिणाम की परवाह करते।

इन घटनाओं के बाद से खुलेआम संघर्ष शुरू हो गया। विवाद गहरे होते गए, आपसी दोषारोपण भी बढ़ने लगे। राजनारायण सिंह पार्टी से निष्कासित हो समाजवादियों से जा मिले। समाजवादी जनता पार्टी सरकार के खिलाफ योजनाएँ बनाने लगी। जयप्रकाश नारायण पार्टी के अन्दर इन मतभेदों को लेकर काफी दुखित थे मगर अब उनकी सुनने वाला कोई नहीं था। दोहरी सदस्यता बढ़ती महँगाई—खासकर प्याज के ऊँचे दाम तथा संघ को महत्त्व दिए जाने का मामला फिर जोर पकड़ने लगा। मोरारजी सरकार के मंत्री इस्तीफा देकर एक के बाद एक अलग होते गए। जुलाई 1979 को संसद के भाषण में राजनारायण सिंह ने मोरारजी देसाई को काफी भला बुरा कहा। उन्होंने देश की वर्तमान परिस्थितियों से जनता को जो हानि हुई उसका जिम्मेदार मोरारजी देसाई को ठहराया। तब उग्रसेन जो जनता पार्टी के ही सदस्य थे उन्होंने उनके इस भाषण की काफी आलोचना करते हुए कहा कि मैं भी मोरारजी भाई के विरोध में हूँ मगर इसका यह अर्थ नहीं कि आपसी लड़ाई-झगड़े में पार्टी के अस्तित्व को बर्बाद करें।

पार्टी पूर्णतः बिखराव के कगार पर पहुँच चुकी थी। जयप्रकाश जी को यह आशा थी कि एक तो आंदोलन और राष्ट्रजीवन के तुमुल मन्थन से उत्पन्न हुआ पक्ष और उसकी सरकार अपनी कोई नई छाप छोड़ेगी। दूसरे सरकारों की तुलना में इसका रंग-ढंग कुछ अलग होगा। इस नई पार्टी और उसकी सरकार के प्रति उनकी ऐसी भावनाएँ थीं वह इसे अपनी आत्मा, अपने शरीर का एक अंग कहने लगे थे। उन्हें यह विश्वास हो चला था कि सरकार के सहयोग से अब लोक आंदोलन चलाया जा सकता था। उन्होंने लोगों को यह भी संकेत दे दिया था कि अभी संपूर्ण क्रांति की हमारी मंजिल काफी दूर है। इन्दिरा गाँधी की सरकार को गिरा कर दूसरी सरकार ला देने भर से हमारा कार्य समाप्त नहीं हो जाता। संपूर्ण क्रांति के लिए व्यक्ति और समाज के जीवन के प्रत्येक पहलू को बदलना होगा तथा एक नए समाज की रचना करनी होगी। परन्तु यह केवल सरकार के द्वारा सम्भव नहीं। सरकार इसमें सहायक बन सकती है क्रांति सरकार नहीं जनता की शक्ति से आएगी। इसलिए जब केन्द्र में जनता पक्ष की सरकार बनी तो जयप्रकाश जी ने लोक संगठन की बात कही।

अब जयप्रकाश जी की स्थिति ऐसी नहीं रही कि वे लोगों के बीच जाकर उन्हें प्रेरणा दें। हर तीसरे दिन होने वाले डायलिसिस से भी वह काफी पीड़ा अनुभव करने लगे थे। घूमना-फिरना लगभग बन्द ही हो चला था। शंट का ऑपरेशन कराने उन्हें अमेरिका जाना पड़ा। लोगों के बीच हमेशा रहनेवाली बात अब नहीं रही थी।

शुरू-शुरू में जयप्रकाश जी ने जनता पार्टी की सरकार की गतिविधियों को अनदेखा किया क्योंकि पार्टी का अभी-अभी जन्म हुआ था सारे नेता नए थे। ऐसे में उनका मानना था कि जनता पार्टी की सरकार को एक वर्ष का समय देना चाहिए और देखना चाहिए कि इस अवधि में वे लोग कितना काम कर सकते हैं। इसलिए एक वर्ष तक उन्होंने खुद भी सरकार पर किसी भी तरह की टीका-टिप्पणी नहीं की। नई सरकार का पहला कर्तव्य देश के लोकजीवन में से भय के वातावरण को दूर करने का और फिर से लोकतंत्र की आबोहवा खड़ी करने का था यह काम अपेक्षानुसार ठीक ढंग से हो भी रहा था। नागरिकों और समाचार-पत्रों को स्वतन्त्रता मिल चुकी थी। किन्तु जयप्रकाश जी की इच्छानुसार नए प्रयोग की कोई झलक कहीं भी दिखाई नहीं पड़ी थी। उन्हें ऐसा महसूस होने लगा कि राजनीति की गाड़ी फिर

उसी पुराने ढर्रे पर चलने लगी है। जनता का विश्वास पाने के लिए कुछ बातें तो तत्काल होनी चाहिए थीं। जैसे—सत्ता पक्ष के लोगों की जीवन शैली ऐसी होनी चाहिए जो भारत जैसे गरीब देश को शोभा देनेवाली सादगी और किफायत की मिसाल बन जाए, बरसों से जो रोबदाब, ऐशो-आराम और साहबी आडम्बर चले आ रहे थे उन्हें बन्द करना चाहिए था।

अगस्त 1977 में जयप्रकाश जी ने काफी दुःख भरे स्वर में कहा था, "ये लोग अब भी उसी ढंग से, उन्हीं बँगलों में रह रहे हैं, मुझको यह अच्छा नहीं लगता। यही नहीं, मुझे तो पता चला है कि अपने लिए अधिक वैभवपूर्ण बँगला प्राप्त करने के लिए मन्त्रियों के बीच होड़ भी चल रही है। ये सारी बातें मुझे चिन्तित करती हैं। मुझको बेचैन बना देती हैं।"

अपेक्षा यह की गई थी कि मंत्री, संसद सदस्य आदि अपनी-अपनी सम्पत्तियों की घोषणा करेंगे। लेकिन यह काम भी नहीं हुआ जनता पार्टी की सरकार में। इन्दिरा गाँधी ने संसद सदस्यों को आजीवन पेंशन देने की एक योजना चलाई थी जिसे तुरन्त ही बन्द करने की भी बात थी। मगर सत्ता में आने तथा खुद संसद सदस्य बनते ही इस विषय को भुला दिया गया। भ्रष्टाचार को रोकने तथा सार्वजनिक सेवकों के भ्रष्टाचार-संबंधी आरोपों के जाँच की भी कोई स्थायी व्यवस्था नहीं की गई। पार्टी में दल-बदल चलता रहा पर उस पर भी अंकुश नहीं लगाया गया।

बिहार आंदोलन के समय जो लोग अपने लम्बे-लम्बे भाषण में कहते थे कि चुनाव खर्च हटाया जाए, चुनाव कोष पर अंकुश लगाया जाए, सरकार पक्ष से होने वाले खर्च का भी हिसाब कर उसे प्रकाशित किया जाए, सत्ता सँभालने के बाद इस दिशा में कुछ नहीं कर पाए। चुनाव पद्धति में सुधार लाने के काफी ठोस सुझाव भी सामने आए थे, किन्तु अब इन विषयों पर चिन्तन करने का वक्त नहीं था। देश की प्रशासनिक व्यवस्था भी ज्यों-की-त्यों बनी रही।

जयप्रकाश जी को बिहार आंदोलन के दिनों में यह आशा बँध गई थी कि यदि काँग्रेस की सरकार को उलटकर उसकी जगह विरोधी पक्ष की सरकार स्थापित की जाए तो नई लीक डाली जा सकेगी। लेकिन जनता पार्टी की सरकार ने जयप्रकाश जी की इस आशा को असफल कर दिया। वह तो उसी पुरानी लीक पर चलती रही। काफी हद तक उन्होंने सरकार में बैठे लोगों को आगाह भी किया। जयप्रकाश जी के वचन कभी भी कटु नहीं हुए। उन्होंने काफी मृदुल भाषा का प्रयोग करते हुए नई सरकार के डगमगाते कदम की ओर उन लोगों का ध्यान आकर्षित करने का प्रयास भी किया जो इसके जिम्मेदार थे।

30 जनवरी, 1978 को जब सारे मंत्रिमण्डल के सदस्य और पूरी पार्टी बापू के निर्वाण दिवस पर एकत्रित हुई तो उन्होंने सभी को सम्बोधित करते हुए कहा था—

"मैं आशा करता हूँ कि इस पवित्र दिन के निमित्त से आप यह आत्मनिरीक्षण करेंगे कि क्या हमारा आचरण और हमारी जीवन पद्धति राजघाट पर ली गई प्रतिज्ञा के अनुरूप है? बिलकुल नीचे के स्तर पर खड़े मनुष्य को लाभ पहुँचाने की दृष्टि से अपनी नीतियों में परिवर्तन करने के लिए क्या हम वह सब कर चुके हैं, जो हमारे लिए हो सकता है? क्या हम अपने आम आदमी को उसके साथ के रोज-रोज के व्यवहार में यह अनुभव करवा सके हैं कि यह सरकार पिछली सरकारों की तुलना में निराली मिट्टीवाली सरकार है?"

लेकिन सत्तारूढ़ लोगों के कानों में अब जयप्रकाश जी की कोई बात पहुँचती तो थी मगर ठहरती नहीं थी। किसी ने भी अपना आत्मनिरीक्षण नहीं किया। सरकार पुराने ढर्रे पर चलती रही, पुरानी खामियों को दुहराती रही। जयप्रकाश जी लाचार बेबस सिर्फ चिन्ता ही तो कर सकते थे वर्तमान सरकार की नीतियों पर। लेकिन उन पर इसका कोई प्रभाव नहीं पड़ रहा था। अप्रैल 1978 में जयप्रकाश जी ने लिखा था—"राजघाट पर दिलाई गई शपथ के समय में और आज की परिस्थिति में बहुत बड़ा फर्क पड़ चुका है। एक वर्ष तक मैं चुप रहा। अब सोचता हूँ कि मैं कुछ कहूँ। आज की स्थिति को सुधारने के लिए मैं कुछ करूँ।"

किन्तु जनता पार्टी की सरकार के लोगों में व्यक्तिगत महत्वाकांक्षाएँ सिर उठाने लगी थीं। पार्टी की विभिन्न इकाइयों के बीच मतभेद बढ़ते जा रहे थे। ऐसा लगने लगा था कि सारे दल आपस में टकरा-टकराकर कहीं तितर-बितर न हो जाएँ। जयप्रकाश जी ने घबराकर उन लोगों को यह चेतावनी भी दी कि एक बार आप इस तरह बिखर जाएँगे,

तो फिर कोई आपको किसी भाव नहीं पूछेगा और आपके अन्दर कोई शक्ति नहीं रह जाएगी। पार्टी के इस बिखराव की स्थिति से जयप्रकाश जी काफी बेचैनी का अनुभव करने लगे थे।

मार्च 1979 में उन्होंने मोरारजी देसाई को लिखे अपने पत्र में साफ कहा कि जिस आशा से जनता ने आपको सत्ता में बैठाया जनता की वह आशा अधूरी रह गई। भ्रष्टाचार को रोकने में हमारी सरकार पूर्णतः असफल रही है। हमने चाहा था कि हम नई पद्धति से शासन चलाने का प्रयास करेंगे। मगर जनता पार्टी आपसी गुटबन्दी और पक्षवाद में बुरी तरह उलझ गई है इन बातों से वे काफी चिन्तित हैं। जयप्रकाश नारायण देख रहे थे कि सरकार में बैठे लोगों में से कोई उनकी सलाह या मार्गदर्शन के लिए आतुर नहीं था। ऐसी परिस्थिति में उन पर अपने विचार लादना उन्हें उचित नहीं लग रहा। उन्हें तो यह महसूस होने लगा कि सत्ता पक्ष के लोगों की चाह है कि जयप्रकाश जी उनके कार्यों में अपनी टाँग न अड़ाएँ।

इसका परिणाम यह हुआ कि उनके चारों ओर जो कुछ भी हो रहा था उन्हें उसका मूक साक्षी बने रहना पड़ा। लोक जागरण का जो वातावरण उन्होंने तैयार किया था एक बार पुनः उसे बिखरते देखने को वह विवश थे। जिस जनता पार्टी को उन्होंने अपना एक अंग माना था उसी पार्टी को आपसी कलह के कारण बिखरते देख उन्हें अपना एक अंग कटता महसूस हो रहा था। उनके मुँह से केवल यह आह निकली : "बाग उजड़ गया!" एक समाज-वैज्ञानिक के नाते उनका दिल कराह उठा : "क्रांति का यह ज्वार भी व्यर्थ चला गया। केवल राजनीतिक सत्ता का परिवर्तन करके यह शान्त हो गया। क्रांति की गाड़ी आगे नहीं बढ़ी। एक और ऐतिहासिक अवसर खो दिया।"

लोकनायक का महाप्रयाण

डॉ. रामप्रसाद यादव

जयप्रकाश नारायण का जन्म भोजपुरी जनपद के *सिताब दियारा बलिया जिला* में 11 अक्टूबर, 1902 को हुआ था। 77 साल की आयु पूरी करके 8 अक्टूबर, 1979 को उन्होंने नश्वर शरीर का त्याग किया था। जयप्रकाश नारायण अद्‌भुत स्वतन्त्रता सेनानी थे। महात्मा गाँधी की पुकार पर उन्होंने देश भक्ति पर अपना सब कुछ न्योछावर कर दिया। आजीवन ब्रह्मचर्य पालन का व्रत लिया। इसमें उनकी धर्म पत्नी *श्रीमती प्रभावती देवी* ने अद्‌भुत आदर्श का पालन किया और पूरी जिन्दगी को देश और समाज की सेवा में लगा दिया।

आधी शताब्दी से भी अधिक समय तक इस दम्पति ने राष्ट्र की सेवा में एक विरल आदर्श स्थापित किया। जयप्रकाश नारायण की पूरी जिन्दगी संघर्षों और व्यक्तिगत साधना की कहानी है। उन्होंने व्यावहारिक राजनीति और राष्ट्र सेवा का मार्ग प्रशस्त किया। उनके विचारों में विकासात्मक परिवर्तन हुए। भौतिकवाद से अध्यात्म का एकांतिक दृष्टिकोण।

राजनीति को उन्होंने सामाजिक कार्य का साधन माना और इसका बृहद् प्रयोग किया।

लोकनायक जयप्रकाश नारायण 20वीं शताब्दी के एकल जननायक हैं जिन्होंने साग्रह सामाजिक सुधार से व्यक्ति-व्यक्ति के मन-मस्तिष्क में शुचिता और अस्मिता के भाव को जगाया। *'सर्वेभवन्तु सुखिनः'* उनके सर्वोदय का मूल मन्त्र था। उनके विचार विकासात्मक थे। वे एक दार्शनिक की तरह सोचते थे। व्यवहार, कार्य और विचार में सामंजस्य के पक्षधर थे। देश को आजाद कर देशी सत्ता कायम करना फिर संपूर्ण सामाजिक व्यवस्था को परिमार्जित करना और व्यक्ति में परिवर्तन लाना। व्यक्ति-व्यक्ति में राष्ट्र के प्रति जागरूकता का मन्त्र फूँकना उनके जीवन संघर्षो का उद्देश्य था। उन्होंने सदैव सत्ता से अलग रहकर राष्ट्र और समाज की सेवा की। उनको कभी भी किसी पद-प्रतिष्ठा का मोह नहीं रहा। समाज में सत्ता में राजनीति में फैलते भ्रष्टाचार से उनका मन दुःखी हुआ। 72 की उम्र पार कर चुके ज़े. पी. ने लोकनायक के रूप में फिर महासंग्राम के लिए बिगुल फूँका। पूरा देश, पूरी युवा पीढ़ी उनके साथ और सत्ता में बैठे लोग काँप गए। देश की राजनीति में भूचाल आ गया। देखते-देखते एक महापरिवर्तन हो गया।

लोकनायक का सार्वजनिक जीवन मर्यादा, अदम्य साहस, समाज और देश की सेवा में प्रबल निष्ठा और जन-जन को आन्दोलित करने वाला था। भारत की जनता इस पुरुष सिंह पर न्योछावर थी। आदमी के जीवन भर की कमाई के लेखा-जोखा से लगता है कि उसकी अंत्येष्टि का क्या आलम होता है।

'लोकनायक का प्रयाण' एक उदाहरण है।

लोकनायक जयप्रकाश नारायण का ता. 8.10.79 को प्रातः दिल के दौरे से पटना में उनके कदमकुआँ स्थित निवास स्थान पर देहावसान हो गया। बिलखती आवाज में रेडियो ने यह दुःखद समाचार सुनाया। संपूर्ण देश में शोक की लहर दौड़ पड़ी। देश के सभी बड़े नेता जो जहाँ थे वहीं से पटना पहुँचे, इस पुरुष सिंह के अन्तिम दर्शन के लिए।

उनकी मृत्यु का समाचार सुनते ही सारा पटना जैसे पागल हो गया हो। सरकारी घोषणा के पूर्व ही सारे काम ठप, बाजार बन्द, जिस ओर से देखिए लोग भागे चले आ रहे हैं जे. पी. के निवास स्थान की ओर। मानों उनको विश्वास ही नहीं कि उनका प्यारा नेता भी मृत्यु के समक्ष हथियार डाल सकता है। वास्तव में जयप्रकाश बाबू मृत्यु से लड़कर

ही जिन्दा थे। भीष्म पितामह शर शय्या पर 58 दिनों तक स्वेच्छा से जीवित रहे। जयप्रकाश बाबू भी दोनों गुर्दों के खराब हो जाने पर भी डायलिसिस पर 1975 से ही अब तक चल रहे थे।

पुलिस जब विह्वल भीड़ पर काबू न पा सकी और चारों ओर से बढ़ती आ रही मानव बाढ़ के लिए पर्याप्त स्थान कदमकुआँ में नहीं रहा स्वर्गीय जे. पी. के पार्थिव शरीर को विशाल गाँधी मैदान के उत्तर स्थित श्रीकृष्ण मेमोरियल हाल में ले जाया गया। वहाँ देखा कि लाखों लोग चार-चार छः-छः फर्लांग लम्बी कई कतारों में खड़े हैं शान्त निस्तब्ध कि उनकी बारी आए और वे भी अपने प्रिय नेता के अन्तिम दर्शन कर सकें।

राष्ट्रपति, उपराष्ट्रपति, प्रधानमंत्री तथा अन्य बड़े नेता आए और महामानव लोकनायक पर अपनी श्रद्धा की पुष्पांजलियाँ चढ़ाए। श्रीमती गाँधी ने जब जे. पी. पर फूल चढ़ाए और उनके चरणों का स्पर्श करके प्रणाम किया तो उनकी आँखों में उमड़ते आँसू रुक नहीं सके।

श्रीकृष्ण मेमोरियल हाल में जयप्रकाश का पार्थिव शरीर बर्फ की बड़ी-बड़ी सिल्लियों के आगोश में राष्ट्रध्वज तिरंगे से लिपटा और फूलमालाओं की चादर ओढ़े पड़ा है। मृत्यु में भी उनके मुखमण्डल पर अद्भुत आभा है। मानो वे अभी आँखें मींचे नींद से उठ पड़ेंगे। काश यह महा निद्रा न होती। अपने अजीज लोकनायक को आखरी सलाम कहने के लिए न सिर्फ पटना और बिहार बल्कि संपूर्ण देश से आए लोग श्रीकृष्ण स्मारक के विशाल प्रांगण में सिमटे जा रहे हैं। जे. पी. की सर्वव्यापी सर्वतोमुखी लोकप्रियता का चमत्कार ही है कि राष्ट्रपति से लेकर मामूली आदमी तक उनको अपने बीच न पाकर आज अपने को निरुपाय-असहाय तथा निरीह-सा महसूस कर रहा है। देखता हूँ भीड़ में हर उम्र, हर वर्ष और हर स्तर के स्त्री-पुरुष हैं। लोगों के चेहरे गम में डूबे हैं, आँखें किसी की सूजी किसी की डबडबाई हैं। शव के पास पहुँचकर ऐसा विरल आदमी नहीं देखा, जिसकी आँखें डबडबा न जाती हों। एक ओर रामधुन और गुरु ग्रन्थ साहिब, कुरान शरीफ, बाइबिल, गीता आदि का हो रहा सस्वर पाठ वातावरण को बहुत ही गम्भीर बना रहा है। मेरा रूमाल भीग चला है। लगता है उसमें से भी आँसू टपकने लगे हैं। पौने बारह बजने जा रहे हैं—राष्ट्रपति, उपराष्ट्रपति तथा बिहार के राज्यपाल प्रांगण में प्रवेश कर रहे हैं। लोग निस्तब्ध खड़े हैं। राष्ट्रपति श्री रेड्डी ने जयप्रकाश नारायण के शव पर माल्यार्पण किया। इतने हौले से कि जैसे सोते हुए बच्चे पर हलका चादर रखा हो कि कहीं उसकी नींद न उचट जाए कि, कोई बाधा न हो जाए कि किसी समाधिस्थ तस्वीर के गले में माला डालते हों। राष्ट्रपति विह्वल हो गए। आँखों में आँसू भर आये। लगा नीलम संजीवा रेड्डी जयप्रकाश के पार्थिव शरीर से लिपट जाएँगे। कई सिसकियाँ फूट पड़ीं। राष्ट्रपति ने जे. पी. के मृत शरीर को हौले से दो बार थपथपाया और आँखें बन्द कर लीं कि आँसू गालों पर लुढ़क गए।

बाहर धूप में खड़े लोग जे. पी. के दर्शन के लिए आकुल हैं। पुलिस को साधारण बल का प्रयोग भी करना पड़ा। श्रद्धालुओं की भीड़ बढ़ती जा रही है। 'प्रदीप', 'आर्यावर्त्त', 'जनशक्ति', 'सर्चलाइट' आदि अखबारों ने विशेष संस्करण निकाल दिए हैं। एक पृष्ठ में बड़ी-बड़ी सुर्खियों में छपा है, आर्यावर्त्त लिखता है, *'जयप्रकाश बाबू चल बसे संपूर्ण देश में शोक की लहर', 'देश को आलोकित करने वाला दीप गया', 'बिहार में 13 दिनों तक राजकीय शोक मनाने का निर्णय'* जन शक्ति लिखता है, *'जयप्रकाश जी नहीं रहे', 'पूरा देश शोक मग्न सात दिनों तक राष्ट्रीय शोक'*, प्रदीप में छपा है, *'लोकनायक जयप्रकाश का देहान्त। मंगलवार को राजकीय सम्मान के साथ पटना में दाह संस्कार।'*

जे. पी. की मृत्यु के संदेश ने बिहार के सुदूर गाँवों में बसने वाली भोली-भाली जनता को जैसे लूट लिया हो। पटना दानापुर मार्ग पर मेरा निवास है, रात्रि 3 बजे अचानक नींद से जगा तो देखता हूँ कि लोगों का ताँता लगा है। गाँधी मैदान की ओर जा रहे हैं सुबह तड़के ही अपने प्रिय नेता के दर्शन कर सकें। मैं भी सुबह होते पहुँचा। कल से भी अधिक भीड़। आज भीड़ में उत्तेजना रह-रहकर दिख जाती है। युवकों की संख्या अधिक है। उनके चेहरे उदास मलिन हैं, आपस में बात करते भी कतराते हैं। बात करते-करते उनकी आँखें भर आती हैं। अपने प्रिय नेता के गुण—साहस, उत्साह, आत्मबल, मेधा और ओजस्वी पुकार कल्याणकारी संदेश बड़ी भावुकता से कहते हैं।

पूर्व निर्धारित कार्यक्रम के अनुसार जे. पी. की शव यात्रा बारह बजे से शुरू होने वाली थी लेकिन उनके संपूर्ण क्रांति के संदेश वाहक अनुयायी छात्रों के विशेष आग्रह पर जनसाधारण के दर्शनार्थ नौजवानों ने जे. पी. के शव के

साथ लगभग एक मील लम्बी वृत्त वाली गाँधी मैदान की परिक्रमा की। शव के सरंक्षण में जनता पार्टी के अध्यक्ष श्री चन्द्रशेखर, महासचिव श्री नानाजी देशमुख और छात्र संघर्ष से जुड़े कई नेता हैं। शव को ट्रक पर रखा गया है। ट्रक के आगे हजारों जोर से किन्तु काँपती हुई आवाज में *'राम नाम सत्य है'* और फिर लोकनायक अमर रहे के नारे लगा रहे हैं। सड़क के दोनों ओर अपार जनसमूह एकत्र है। लोग उचक-उचक कर लोकनायक के पार्थिव शरीर के दर्शन करने की कोशिश कर रहे हैं। गाँधी मैदान में भी कई लाख लोग हैं। ट्रक जैसे ही गुजर जाता है लोग उसके पीछे लग जाते हैं।

बाँस घाट—राष्ट्रपति, प्रधानमंत्री समेत भारत के असंख्य नेता समाजसेवी और संपूर्ण क्रांति से जुड़े लोगों का हुजूम बाँस घाट पर एकत्र है। लोकनायक का पार्थिव शरीर फूलों से भरे ट्रक पर तिरंगे में लिपटा बाँस घाट पहुँच गया है। बाँस घाट में पैर रखने के लिए जगह नहीं है। दूर-दूर से नावों में लोग बाँस घाट पहुँचे हैं। गंगा के पानी पर केवल नाव और अविरल जन-समूह दिखता है। माँ गंगा स्तब्ध है। उसकी धारा जैसे रुक गई है। उसका दूसरा भीष्म आज अग्नि में प्रवेश करने वाला है। जमीन और पानी पर अपार भीड़, बाँस घाट मेला-स्थल बन गया है।

लोकसभा तथा राज्यसभा के अनेक सदस्य, राष्ट्रपति, उपराष्ट्रपति, प्रधानमंत्री यहाँ उपस्थित हैं। लगता है संसद के दोनों सदनों की समवेत सभा जुटी है। महानायक के सम्मान में उसकी अन्त्येष्टि में भाग लेने और शोक संदेश पारित करने के लिए लोग कह रहे हैं, इसके पूर्व किसी भी नेता की अन्त्येष्टि में पटना में बाँस घाट पर ऐसी जुटान नहीं हुई। प्रथम राष्ट्रपति डॉ. राजेन्द्र प्रसाद की समाधि पास में बनी है। उसके फर्श पर से लोग इस ओर फूल मालाएँ फेंक रहे हैं। वैदिक विधि से वेद-मन्त्रों की ध्वनियों के बीच चिता में अग्नि प्रज्चलित की गई है। चन्दन काष्ठ की ज्वाला जैसे जयप्रकाश के प्रकाश से अभिभूत होकर प्रकाश को ऊपर सूर्य रश्मि पुंज में मिला देने के लिए ऊर्ध्वगामी हो चली है। अचानक ऊपर से बिन बादल के बूँदा-बाँदी होने लगी, जैसे व्योमवासी जयप्रकाश के पार्थिव शरीर को जलते देख रो पड़े हों। आग की लपटें सूर्य के अप्रतिम प्रकाश में समाविष्ट हो गईं। बूँदा-बाँदी रुक गई है। मानो जय प्रकाश देवताओं के समूह में जा मिले हों। सूर्य पश्चिम की ओर ढल चला है। उसकी मुखाकृति लाल और उदास हो गई है। एक अदम्य प्रकाश धरती से उठा था। भारत माता का सपूत उठा था, उसका दुःख धरती-सूरज और माँ गंगा को भी था। भारत की जनता तो अनाथ, असहाय और शोकाकुल हो ही गई थी। जयप्रकाश पार्थिवतः चले गए। लेकिन जनता का प्यार, उनके प्रति असीम आदर देखकर लगता है कि वह महामानव मरा नहीं। जन-जन के विचारों में जीवित है। अमरता का यह जीवन्त उदाहरण है।

पंचम खंड

जयप्रकाश के विचार-दर्शन

हिंसा के सामने जे.पी.

पिछले जून '70 के शुरू की यह घटना है। मैंने अपनी उत्तराखण्ड की यात्रा यकायक रद्द कर दी और तुरन्त अपनी पत्नी के साथ मुजफ्फरपुर के लिए चल पड़ा। वहाँ पहुँचकर मैंने उस जिले के मुसहरी-प्रखण्ड में जम जाने का निश्चय घोषित किया, जहाँ नक्सलवादी लोग सक्रिय थे और उन्होंने चार हत्याएँ तथा कम-से-कम एक सशस्त्र डकैती की थी और हमारे दो प्रमुख कार्यकर्ताओं को मृत्यु के परवाने दिए थे।

मेरी उस घोषणा को समाचारपत्रों ने तथा रेडियो ने सहज ही नाटकीय रूप दे दिया और यह खबर प्रसारित की गई कि मैंने नक्सलवादियों की 'चुनौती' स्वीकार कर ली है और उनसे 'लड़ने' का फैसला किया है। वस्तुतः समाचारपत्रों को मेरी घोषणा में ऐसी तीव्र नाटकीयता और सनसनी का आभास मिला था कि मुजफ्फरपुर पहुँचने के तीन दिन बाद ही जब मुसहरी गाँव में एक हत्या हुई तो फौरन उन्हें इस घटना में 'जयप्रकाश नारायण का उत्तर' दिखाई दिया और एक समाचारपत्र में तो यहाँ तक कहा गया कि मृत व्यक्ति सर्वोदय-कार्यकर्त्ता है! फिर जब कुछ सप्ताह बाद मैं एक कार द्वारा यात्रा कर रहा था, तो रास्ते में एक मामूली दुर्घटना हो गई। लेकिन समाचारपत्रों को उसमें जान-बूझकर मेरी हत्या करने की कोशिश का संकेत मिल गया! सचाई यह है कि उस दुर्घटना का राजनीति से कोई दूर का भी संबंध नहीं था; न उस मृत व्यक्ति का सर्वोदय से कोई ताल्लुक था और, सामान्यतः उस क्षेत्र के लोगों के विश्वास के अनुसार, उस हत्या के पीछे कोई राजनीतिक उद्देश्य भी नहीं था।

इन खबरों ने समाचारपत्रों में बड़े-बड़े शीर्षकों का रूप अवश्य ले लिया। लेकिन इससे न तो मेरे कार्य के साथ न्याय हुआ और न जनता को नक्सलवाद के कारणों तथा उनके रचनात्मक निदानों के बारे में कोई रोशनी मिली।

निस्सन्देह मानवोचित्त अहं-भावना कुछ मेरे हिस्से भी पड़ी है। लेकिन मैं खास तौर से एक अहंकारी व्यक्ति हूँ, ऐसा नहीं है। जब मैं राजनीति में था और तरुण था, उन दिनों भी राजनीतिक विरोधियों को चुनौती देने या उनके विरुद्ध युद्ध घोषित करने की मेरी आदत नहीं थी। नक्सलवादियों से लड़ने के लिए मेरे पास कोई सेना नहीं है—कोई अहिंसक सेना भी नहीं है—और न मैं जो कुछ कर रहा हूँ वह किसी के विरुद्ध लड़ाई है, बल्कि वह सामाजिक एवं आर्थिक न्याय के लिए लड़ाई है। सच तो यह है कि मेरे कार्य के बारे में जो कुछ कहा गया है, उसके बिलकुल विपरीत, अत्यन्त नम्रतापूर्वक और प्रार्थनापूर्वक मैंने वर्तमान कार्य उठाया है। मेरे इस कार्यक्रम को 'क्रांतिकारी' भी नहीं कहा जा सकता है; यद्यपि कुछ सर्वोदय-पत्रिकाओं ने इस रूप में उसका चित्रण किया है। हाँ, अगर यह कार्यक्रम सफल होता है तो एक शान्तिमय तथा विधायक सामाजिक क्रांति की दिशा में यह एक छोटा-सा कदम सिद्ध हो सकता है। इस विषय में फिर बाद में चर्चा करूँगा।

अपनी उत्तराखण्ड की यात्रा के दौरान पौड़ी नामक स्थान में मुझे बिहार से एक पत्र मिला और उससे मालूम हुआ कि मुजफ्फरपुर के नक्सलवादियों ने जिला सर्वोदय-मण्डल के अध्यक्ष श्री बद्रीनारायण सिंह और मन्त्री श्री गोपालजी मिश्र की मृत्यु के परवाने दिए हैं। प्राप्त सूचना के अनुसार उनकी हत्या की तारीखें क्रमशः 5 और 7 जून निश्चित की गई थीं।

इस समाचार से मुझे धक्का लगा और साथ-साथ खुशी भी हुई। धक्का इसलिए लगा कि मेरे सहयोगियों का जीवन संकट में पड़ा था और खुश होने के कारण ये थे : न मृत्यु-परवानों से मुझे लगा कि नक्सलवादियों की कार्य-पद्धति

में एक बड़ा परिवर्तन हुआ है और यह आभास हुआ कि देश के महान् नेताओं—जैसे रामकृष्ण परमहंस देव, स्वामी विवेकानन्द, गुरुदेव रवीन्द्रनाथ, महात्मा गाँधी, नेताजी सुभाषचन्द्र बोस आदि—की मूर्तियों, चित्रों और पुस्तकों जैसी निर्जीव वस्तुओं पर प्रहार करना छोड़ उन्होंने अब उन नेताओं के जीवित अनुयायियों और प्रशंसकों को अपने प्रहार का लक्ष्य बनाया है।

हम सर्वोदय-कार्यकर्ताओं के जीवन पर उपस्थित इस संकट को मैंने ईश्वरीय वरदान माना। इधर कुछ अर्से से मैं महसूस कर रहा था कि हमारे आंदोलन की आग ठण्डी हो रही है और इससे हम कार्यकर्तागण निस्तेज और निष्प्राण बन रहे हैं। इसका एक कारण यह मालूम होता था कि हमारे काम का रूप कुछ इतना सौम्य है कि उसमें हमारे व्यक्तिगत जीवन पर कोई खतरा नहीं उपस्थित होता और न उसमें हमसे किसी बड़े बलिदान की माँग की जाती है।

विगत मई के आरम्भ में गाँधी-शान्ति-प्रतिष्ठान के कार्यकर्ता श्री अयूब खाँ ने अपने जमशेदपुर-केन्द्र और नक्सलवादी आक्रमण के बारे में मुझे एक पत्र लिखा था और इस आक्रमण के दौरान बम-विस्फोट होने तथा गाँधी जी की तस्वीर पर प्रहार और उसके तोड़े जाने की सूचना दी थी। मैंने उसका जो उत्तर दिया था, उसका एक अंश यहाँ उद्धृत कर रहा हूँ :

''यदि हिंसावादियों ने गाँधी जी को अपना दुश्मन माना है, तो इसमें आश्चर्य क्या है? बल्कि मुझे तो इस बात पर खुशी महसूस हो रही है कि रक्त-क्रांति वाले गाँधी जी के विचारों में इतनी शक्ति पाते हैं और उनसे इतना भय खाते हैं कि गाँधी जी का नामोनिशाँ मिटाने पर उतारू हो गए हैं। लेकिन ये बड़े नादान लोग हैं। सत्य को कभी मिटाया नहीं जा सकता। उसको मिटाने की जितनी कोशिश होगी, उतना ही अधिक वह निखरेगा और चमकेगा।''

''मुझे इस परिस्थिति में एक और बात से खुशी हो रही है। हम गाँधी वाले धीरे-धीरे निस्तेज होते जा रहे थे और अपने तुच्छ झगड़ों में फँसते जा रहे थे। कारण यह था कि हमें किसी विरोध का, किसी खतरे का मुकाबला नहीं करना पड़ता था। लेकिन अब, जबकि अपनी जान को जोखिम में डालकर हमें अपना काम करना पड़ेगा, हमारा भी परिष्कार होगा, क्षीर और नीर अलग-अलग होंगे और हमारा तेज प्रकट होगा।''

उत्तराखण्ड में जो समाचार मिला, उससे मेरी यह आन्तरिक अनुभूति तीव्र और घनीभूत हो गई तथा हृदय और मस्तिष्क दोनों ने असाधारण रूप से एकमत होकर अविलम्ब कुछ करने के लिए प्रेरित किया। हृदय ने, हर मानवीय हृदय की भाँति, आदेश दिया कि जिन्हें हत्या की धमकी दी गई है, मैं उनके बीच फौरन पहुँच जाऊँ और उनके संकट में भागीदार बनूँ। मस्तिष्क ने बार-बार कहा कि नक्सलवादियों की धमकी यह सिद्ध कर दिखाने के लिए एक त्वरायुक्त आह्वान है कि किस प्रकार हिंसा की चुनौती का उपयोग ठोस कार्य द्वारा विनोबा जी के ग्रामदान-ग्रामस्वराज्य-आंदोलन के रूप में शुरू की गई अहिंसक समाज-परिवर्तन एवं पुनर्निर्माण की प्रक्रिया को तेज करने के लिए किया जा सकता है। इस प्रकार तलाश की भावना से एक छोटा-सा कार्यक्रम लेकर मैं इस क्षेत्र में इस संकल्प के साथ आया हूँ कि 'या तो यह काम पूरा होगा या मेरी हड्डी गिरेगी।'

अखबार वाले मेरे इस कार्यक्रम को 'लड़ाई' की संज्ञा देना चाहें तो दें। लेकिन मैं तो उस दृष्टि से अपने इस कार्य को नहीं देखता हूँ। मेरा यह कोई निषेधात्मक कार्य नहीं, बल्कि एक भावात्मक, विधायक कार्य है।

मेरे ये विचार 'लड़ाई' करने की पूर्वस्थिति से पलायन के संकेतक कोई उत्तर-चिन्तन नहीं हैं, यह बात मेरे पत्रक से स्पष्ट हो जाती है, जो मैंने गत 8 जून को मुजफ्फरपुर से अपने प्रथम ग्रामीण पड़ाव की ओर प्रस्थान करने से पूर्व जिले के राजनीतिक नेताओं की बैठक में वितरित किया था। वह पत्रक समाचारपत्रों को भी प्रकाशनार्थ दिया गया था। इस संक्षिप्त पत्रक को देखने से यह प्रकट हो जाएगा कि मेरी दृष्टि में नक्सलवाद, पहले एक सामाजिक, आर्थिक, राजनीतिक एवं प्रशासनिक समस्या है और उसके बाद ही कानून और व्यवस्था का प्रश्न है; और यह कि इस समस्या को केवल प्रारम्भिक पहलुओं की दृष्टि से हल करने के लिए उन नेताओं से तथा उनके दलों से सहयोग मैंने चाहा था। उसी पत्रक में मैंने यह भी संकेत किया था कि मेरी कार्य-पद्धति क्या होगी।

जहाँ तक नक्सलवाद के कानून और व्यवस्था-विषयक पहलू का संबंध है, मेरा मत है कि यह कार्य केवल सरकार का होना चाहिए, क्योंकि नागरिकों के जीवन और सम्पत्ति की रक्षा करने का अधिकार और कर्तव्य उसी का है और

इसके लिए आवश्यक साधन भी उसके ही पास हैं। मैं मानता हूँ कि खासकर एक कमजोर शासन के सन्दर्भ में यदि नक्सलवाद के विरुद्ध संगठित गैरसरकारी सशस्त्र प्रतिकार को प्रोत्साहित किया गया तो खतरा यह है कि अन्त में वह बढ़कर गृहयुद्ध का रूप ले सकता है। लेकिन सरकार को अपना कर्तव्य करना ही चाहिए। साथ ही *हमें यह नहीं भूलना चाहिए कि चाहे कितनी ही गिरफ्तारियाँ हों और गोलियाँ चलें, नक्सलवादी हिंसा या अन्य प्रकार की क्रांतिकारी हिंसा तब तक नहीं दबाई जा सकती, जब तक कि जड़ से रोग दूर करने का उपाय भी साथ-साथ नहीं होता।* इस पिछले प्रकार के प्रयास में सरकार, राजनीतिक दल, सामाजिक और गाँधीनिष्ठ कार्यकर्ता आदि सभी महत्त्वपूर्ण योगदान कर सकते हैं।

अन्य सभी स्थानों और कार्यक्षेत्रों से खिंचकर एक प्रखण्ड में ही शक्ति केन्द्रित करने के मेरे निर्णय से देशभर के सर्वोदय-कार्यकर्ताओं के बीच गम्भीर चिन्तन शुरू हो गया। बिहार में, इस निर्णय से, सारे राज्य के लिए काम का रूप तय हो गया। और केवल बिहार में ही नहीं, सारे देश में आंदोलन को एक नया मोड़ देने के लिए, यानी आंदोलन के व्यापक एवं विस्तारशील रूप को सघन और गहन बनाने तथा कागज पर ग्रामदान के संकल्प-संग्रह से जमीन पर उनकी कार्यान्विति एवं पुष्टि की दिशा में कदम बढ़ाने के लिए भी परिपक्व हो चुकी। तदनुसार मुसहरी में मेरे द्वारा अपनाई गई पद्धति से सघन कार्य करने के लिए बिहार के अधिकांश हिस्सों में अनेक प्रखण्ड या प्रखण्ड-समूह चुने गए। मुजफ्फरपुर में मुसहरी के अलावा तीन ऐसे प्रखण्ड चुने गए हैं।

ग्रामीण जीवन की वास्तविकताएँ

अब कुछ बातें मुसहरी में अपने कार्यक्रम के बारे में कहना चाहूँगा। जैसा कि मैंने ऊपर कहा है, यह एक बहुत छोटा-सा विनम्र कार्यक्रम है; लेकिन इतना मैं अवश्य मानता हूँ कि यदि यह कार्यक्रम कार्यान्वित होता है तो इस प्रखण्ड के गाँवों की लम्बे अर्से से जकड़ी हुई समस्याओं को हल करने की दिशा में बहुत दूर तक मदद मिलेगी; साथ ही सारे राज्य के लिए यह संकेत मिल सकेगा कि आगे कौन-सा मार्ग अपनाना चाहिए।

मेरे कार्यक्रम के दो हिस्से हैं और मैंने अपने इस अभियान का आरम्भ करते समय मुजफ्फरपुर में आयोजित नेताओं की बैठक में उसकी रूपरेखा बता दी थी। उसका एक हिस्सा पूर्व-प्राप्त ग्रामदान के संकल्पों को कार्यान्वित करने के संबंध में था, जो निम्न प्रकार हैं :

1. ग्रामसभा की स्थापना;
2. ग्रामदान में शामिल बीघा-कट्ठा भूमि का पुनर्वितरण,
3. ग्रामकोष की स्थापना; तथा
4. ग्राम-शान्ति-सेना का संगठन।

अब हम लोगों ने उसमें एक पाँचवीं बात जोड़ी है और यह है ग्रामवार आवश्यक कागजात तैयार कर ग्रामदान की कानूनी पुष्टि के लिए उन्हें ग्रामदान-पुष्टि पदाधिकारी के पास दाखिल करना।

दूसरा हिस्सा इस प्रकार था :

1. अवितरित भूदान की भूमि का वितरण करना और पूर्व-वितरित भूमि के संबंध में हुई गलतियों तथा गड़बड़ियों को दुरुस्त करना;
2. यह देखना कि 'हर विशेषाधिकार-प्राप्त व्यक्ति' को उसकी बासभूमि का पर्चा अवश्य मिल जाए तथा पूर्व-वितरित पर्चों के बारे में हुई अनियमितताओं एवं गड़बड़ियों को ठीक करना;
3. भूमिहीन मजदूरों की समस्याओं की तह में जाना तथा उनके लिए यथावश्यक कुछ करने का प्रयास करना;
4. मेरे ध्यान में लाए गए अन्याय एवं उत्पीड़न के खास-खास मामले हाथ में लेना और उनके समाधान में सहायक होना।

उपर्युक्त कार्यक्रमों के महत्त्व को समझने के लिए ग्रामदान-आंदोलन के बारे में तथा बिहार के भूमि-संबंधों एवं परिस्थितियों के विषय में कुछ जानकारी प्राप्त कर लेना जरूरी है। लेकिन स्थानाभाव के कारण यहाँ इन बातों के संबंध

में विस्तार से कुछ कहना सम्भव नहीं है। फिर भी अपनी कहानी जारी रखते हुए मैं पाठकों को उनके बारे में कुछ बताने का प्रयास करूँगा।

मुसहरी मुजफ्फरपुर जिले के 40 प्रखण्डों में से एक है। इस प्रखण्ड का कुल क्षेत्रफल 43,983 एकड़ है, जिसमें से 36,398 एकड़ पर खेती होती है। यहाँ की अनुमानित जनसंख्या (ग्रामीण) 1,18,737 है। इस प्रकार भूमि-मनुष्य का अनुपात (केवल खेती की भूमि को लेते हुए) प्रतिव्यक्ति 30 डिसमिल है। अगर हम पूरे क्षेत्रफल को लें तो यह अनुपात प्रतिव्यक्ति 37 डिसमिल होगा। इस प्रखण्ड में 17 ग्राम-पंचायतें और 121 राजस्व गाँव हैं।

इस जिले के दूसरे प्रखण्डों के मुकाबले मुसहरी में खेतिहर-मजदूरों की आबादी का प्रतिशत सापेक्षतः ऊँचा है। जहाँ पूरे जिले का औसत केवल 33.3 है, इस प्रखण्ड की खेतिहर-मजदूर आबादी अपने आश्रितों को लेकर पूरी ग्रामीण आबादी 39.2 प्रतिशत है। (मुजफ्फरपुर मुसहरी प्रखण्ड का शहरी हिस्सा है।) अगर हम इस संख्या में शहर में जाकर रोटी कमाने वाले भूमिहीन मजदूरों की संख्या जोड़ दें, तो अपने आश्रितों के साथ भूमिहीन मजदूरों का अनुपात कुल ग्रामीण आबादी के 45 प्रतिशत से कम नहीं होगा। भूमि : मनुष्य के अनुपात के साथ-साथ यह जो स्थिति है, उसके कारण, और बातों के अलावा, भूमिवान् परिवारों का यहाँ असाधरण प्रभुत्व है; मजदूरी की दर, खासकर 'संलग्न' मजदूरों (कर्मियों) की मजदूरी अपवादरूपेण बहुत ही कम है; घोर बेकारी है तथा खेतिहर-मजदूरों में हर दर्जे की गरीबी और व्यापक असन्तोष का वातावरण है। यह स्थिति शायद इस प्रखण्ड के सामान्य पिछड़ेपन के लिए भी जिम्मेदार है, चाहे वह पिछड़ापन शिक्षा के क्षेत्र में हो, कृषि-विकास के क्षेत्र में हो या राजनीतिक चेतना की दृष्टि से हो, बावजूद इसके कि यह क्षेत्र जिला-स्तर के नगर से सटा हुआ है। इस क्षेत्र के बारे में एक मार्के की बात यह है कि शहर के निकट होने का कोई विधायक प्रभाव इस क्षेत्र पर नहीं पड़ा है। लेकिन उसका निषेधात्मक प्रभाव--मुकदमेबाजी, शराबखोरी, सामान्य सामुदायिक जीवन में ह्रास आदि के रूप में—बिलकुल स्पष्ट है।

मुसहरी प्रखण्ड में काम शुरू करने के समय (9 जून '70 को) मेरे साथ दस सर्वोदय-कार्यकर्ता थे, जिसमें अधिकतर बिहार खादी-ग्रामोद्योग संघ के थे। उनकी संख्या अब पचीस हो गई है। इसमें भी अधिकतर बिहार खादी-ग्रामोद्योग संघ के ही हैं। कुछ कार्यकर्ता मेरे पड़ाव पर रहते हैं और आसपास के गाँवों में काम करते हैं; अन्य कार्यकर्ता और भी दूर के गाँवों में भेजे जाते हैं। यह अत्यन्त सघन किस्म का काम है, जिसमें कार्यकर्ता को घर-घर जाना पड़ता है, अकसर एक से अधिक बार। मैं स्वयं हर छोटे गाँव में जाकर छोटी-छोटी सभाओं में भाषण करता हूँ और कभी-कभी लोगों के निजी घरों में जाकर छोटे-छोटे समूह में इकट्ठे ग्रामीणों से बातचीत करता हूँ। गाँव के लोग मेरे पड़ाव पर भी आकर मुझसे मिलते हैं और कभी-कभी अपनी समस्याएँ और शिकायतें मेरे सामने रखते हैं। युवकों की भी सभाएँ होती हैं। कुछ सप्ताह पूर्व युवकों का त्रिदिवसीय शिविर हुआ था। स्थानीय राजस्व एवं विकास-पदाधिकारी तथा उनके कर्मचारी हमें आवश्यकतानुसार सारा सहयोग देते हैं। प्रमण्डल एवं जिला पदाधिकारीगण भी अत्यन्त सहृदयतापूर्वक मदद करते रहे हैं। मैं उन सबके प्रति अत्यन्त आभारी हूँ।

यद्यपि गाँवों में सघन कार्य करने का यह पहला अवसर मेरे लिए नहीं है, फिर भी इतना अवश्य है कि अनिश्चित काल तक के लिए पहले-पहल एक सीमित ग्रामीण क्षेत्र में ऐसा सघन कार्य करने हेतु इस प्रकार मैं जाकर बैठा हूँ। इससे स्वाभाविक ही मुझे इन क्षेत्रों के ग्रामीण जीवन की वास्तविकता को गहराई से देखने-परखने का अद्भुत अवसर मिला है। स्वयं एक ग्रामीण होने के नाते मैं ग्रामीण जीवन को प्यार करता हूँ और पटना या दिल्ली जैसे नगरों की अपेक्षा अपने ही गाँव में किसी दिन रहना पसन्द करूँगा। गाँव की जो सामाजिक-आर्थिक वास्तविकताएँ हैं, वे निकट से अत्यन्त कुरूप दिखाई पड़ती हैं और उन्हें देखकर अत्यन्त क्लेश होता है।

वास्तविकताओं को आमने-सामने देखकर मेरी पहली प्रतिक्रिया यह हुई कि दिल्ली और पटना में की जा रही बड़ी-बड़ी घोषणाएँ जमीन की वास्तविक स्थिति से कितनी दूर और अयथार्थ हैं। बुलन्द अल्फाज, शानदार योजनाएँ, अनेकानेक सुधार। लेकिन किसी-न-किसी कारण वे सभी या उनमें से अधिकांश आसमान में त्रिशंकु की भाँति लटके रह गए हैं। वे जमीन को मुश्किल से स्पर्श करते हैं—कम-से-कम इस क्षेत्र की जमीन को तो स्पर्श नहीं किया है। या अगर किया भी है तो बहुत हल्के-हल्के। ऐसी स्थिति में आँखों को तो बस ये ही वस्तुएँ दिखाई पड़ती हैं—घोर दारिद्र्य,

दुःख, विषमता, शोषण, पिछड़ापन, गतिहीनता, पस्ती और निराशा।

कुछ वर्ष पूर्व मैंने कहा था कि जो कानून पहले बन चुके हैं, वे ही अगर पूरी तरह और ठीक से कार्यान्वित कर दिए जाएँ तो ग्रामीण क्षेत्र में छोटी-मोटी सामाजिक क्रांति हो जाएगी। मैंने उदाहरण के तौर पर बासगीत भूमि, बटाईदारी, भूमि-हदबन्दी, निम्नतम मजदूरी और महाजनी से सम्बद्ध कानूनों की चर्चा की थी। इसमें और भी कई जोड़े जा सकते हैं। अभी हाल में दिल्ली और पटना, दोनों जगह वर्तमान भूमि-सुधार कानूनों को कार्यान्वित करने के संबंध में बहुत ही शोर मचाया गया है। लेकिन अगर कोई जरा निकट से देखे तो उसे पता चल जाएगा कि किस हद तक ये कानून कागज पर ही चिपके रह गए हैं और उनमें से कुछ, जैसे बटाईदारी, निम्नतम मजदूरी, महाजनी आदि से सम्बद्ध कानून सम्भवतः कागज पर ही रहने वाले हैं, चाहे प्रशासन कुछ करे। इन कानूनों का लाभ उन लोगों को, जिनके लिए ये बनाए गए हैं, तब तक नहीं मिलने वाला है, जब तक ग्राम-समुदाय को संगठित नहीं किया जाता तथा उसका संचालन और अधिक लोकतान्त्रिक ढंग से नहीं होता, जिससे कि समाज में शक्ति की तुलना, जो अभी भूमिवानों और सम्पत्तिवानों के हितों की ओर बहुत अधिक झुकी हुई है, समान रूप से गाँव के सभी हितों के नियन्त्रण में रहे। इसी उद्देश्य की पूर्ति के लिए यह ग्रामदान-ग्रामस्वराज्य-आंदोलन चल रहा है, जिसके संबंध में और चर्चाएँ बाद में करूँगा।

मैं जो कुछ कह रहा हूँ, उसको स्पष्ट करने के लिए दो मिसालें काफी होनी चाहिए—अधिक मिसालों के लिए यहाँ स्थान भी नहीं है। ये दोनों मिसालें ऊपर बताए गए कार्यक्रम के अमल के सिलसिले में प्राप्त अनुभवों से ली गई हैं और ये दोनों भूमिहीन मजदूरों से सम्बद्ध हैं जो ग्रामीण समुदाय का सबसे कमजोर वर्ग है। सबसे सरल कानून 'विशेषाधिकार-प्राप्त व्यक्ति बासगीत भूमि-कानून' को लीजिए। यह कानून जनवरी 1948 में पारित हुआ और उसी वर्ष फरवरी में लागू किया गया। तीन वर्ष गुजर चुके हैं। इन वर्षों के दौरान पटना के शासकों द्वारा बहुत चिन्ता प्रकट की गई और बहुत सारे परिपत्र तथा सरकारी आदेश समय-समय पर जिला पदाधिकारियों के नाम जारी किए गए; लेकिन वास्तव में ऐसा कुछ हुआ नहीं, जो उल्लेखनीय हो। इस कानून के अमल की दिशा में पहला गम्भीर प्रयास बिहार में द्वितीय राष्ट्रपति-शासन के समय किया गया और इसका श्रेय राज्यपाल के तत्कालीन परामर्शी श्री त्रिवेणीप्रसाद सिंह को है। मौजूदा सरकार भी इस दिशा में कुछ करने का प्रयत्न कर रही हैं, तथापि मुसहरी क्षेत्र में पाता हूँ कि औसत केवल 50 प्रतिशत तथाकथित 'विशेषाधिकार-प्राप्त व्यक्ति'—यद्यपि इन भूमिहीन लोगों से अधिक अधिकार-वंचित व्यक्तियों की कल्पना करना कठिन है—पर्चा प्राप्त कर सके हैं। (यह पर्चा एक ऐसा सरकारी प्रमाण-पत्र है, जो सम्बद्ध विशेषाधिकार-प्राप्त व्यक्तियों की बासभूमि का क्षेत्रफल बताता है और उन्हें उस पर स्थायी हक प्रदान करता है।) इतना ही नहीं, अनेक मामलों में देखा गया है कि जो पर्चा दिया गया है, उसमें उल्लिखित भूमि बहुत ही कम है। मैंने अनेक ऐसे पर्चों को देखा है, जिनमें भूमि का क्षेत्र केवल एक डिसमिल लिखा गया है। अब स्थायी प्रशासन ने मेहरबानी कर उन लोगों को, जिन्हें पर्चा नहीं मिला है, पर्चा देने, बासभूमि के क्षेत्र को फिर से नापने का आदेश जारी करने तथा पर्चों में आवश्यक सुधार करने में बहुत तत्परता दिखाई है।

लेकिन कहानी यहीं खत्म नहीं हो जाती। ऐसे मामले भी मेरे सामने लाए गए हैं, जहाँ विशेषाधिकार-प्राप्त व्यक्ति पर्चा मिलने के बाद भी अपनी बासगीत भूमि से बेदखल कर दिए गए.थे। मुझे यह कहते हुए खुशी होती है कि ऐसे मामलों में भी स्थानीय अधिकारी अब तत्परतापूर्वक काम कर रहे हैं और विशेषाधिकार-प्राप्त व्यक्तियों को उनकी बासगीत भूमि वापस दिला रहे हैं। कम-से-कम एक ऐसा मामला भी मेरे सामने आया, जहाँ बासगीत भूमि पर रहने वाले को दुबारा बेदखल किया गया था! अफसोस यह है कि मौजूदा अधिनियम, कानून और सत्ता की ऐसी दृढ़ अवज्ञा को रोकने में असमर्थ हैं; इस कारण अधिनियम में एक ऐसी दण्ड-धारा दाखिल करने की आवश्यकता प्रतीत होती है, जो अंचलाधिकारी को (जिन्हें ऐसे मामलों में जिला समाहर्ता की प्रत्यायोजित सत्ता होनी चाहिए) बेदखल करने वाले को ऐसा दण्ड देने का अधिकार प्रदान करे, जिससे वह फिर ऐसी गलती न करने पाए। आज तो पीड़ित व्यक्ति के लिए सामान्य कानून को छोड़ और कोई मार्ग नहीं है और यह कानून इतना समय और धन खर्च कराने वाला है कि वह अचानक घर से बेदखल हुए परिवारों को तत्काल कोई राहत नहीं दे सकता।

एक मिसाल और! ऊपर मैंने इस प्रखण्ड में कृषि-कार्य के लिए निर्धारित मजदूरी-दर कितनी कम है, इस ओर

संकेत किया है। पूछताछ करने पर मुझे मालूम हुआ है कि निम्नतम मजदूरी अधिनियम तथा श्रम-पदाधिकारी इस मामले में कितने असहाय हैं। इस अधिनियम के अन्तर्गत हर जिले में विभिन्न कृषि-कार्यों के लिए निम्नतम मजदूरी समय-समय पर निश्चित की जाती है। वर्तमान मजदूरी-दर का निर्धारण बहुत वर्ष पहले हुआ था; उसे हाल में संशोधित किया गया है। संशोधित मजदूरी-दर वर्तमान मजदूरी-दर से ऊँची है, लेकिन अभी तक सरकार ने उसे लागू नहीं किया है। परन्तु यदि हम पुरानी मजदूरी-दर को ही लें तो पाएँगे कि मुसहरी के मजदूरों, खासकर 'संलग्न' मजदूरों (कर्मियों) की वर्तमान मजदूरी औसतन निर्धारित दरों की आधी है। यह स्थिति तो बहुत बुरी है। लेकिन इससे बदतर स्थिति यह है कि श्रम-विभाग के अधिकारी, जिनका काम यह देखना है कि निर्धारित मजदूरी-दर लागू हो, इस मामले में बिलकुल असहाय हैं। लेकिन यह उनका दोष नहीं है। दोष स्वयं कानून में है और उससे भी अधिक उक्त कानून के अन्तर्गत निर्धारित पद्धतियों में है। श्रम-पदाधिकारी या निरीक्षक वस्तुतः अपनी आँखों से यह देखकर भी निर्धारित दर से कम मजदूरी दी जा रही है, स्वयमेव कुछ कर नहीं सकते। मजदूर जब शिकायत करेगा, तभी उसके आधार पर कोई कार्रवाई वे कर सकते हैं वर्तमान परिस्थिति में, खासकर एक पिछड़े इलाके में जहाँ मजदूरों की आबादी जरूरत से ज्यादा है, किसी मजदूर में इतना साहस कहाँ कि वह श्रम-पदाधिकारी या निरीक्षक के सामने शिकायत पेश करे! लेकिन अगर वह शिकायत करने का साहस भी करता है तो पद्धति ऐसी है कि वह थककर हार जाएगा। उक्त शिकायत की पहले जाँच होगी और अगर वह ठीक निकली तो श्रम-अदालत में मामला दर्ज किया जाएगा और फिर अदालत के सामने शिकायत करने वाले को उपस्थित होकर बयान देना होगा। तब फिर यह अदालत अन्य सभी अदालतों की तरह ही आहिस्ता-आहिस्ता काम करेगी, जिसमें स्वभावतः काफी समय लगेगा। अनेक बार कार्य-स्थगत और सुनवाई होने के बाद अगर अदालत अन्त में कोई आदेश देती है और यदि संयोगवश वह मजदूरों के दावे को स्वीकार कर लेती है—मेरा ख्याल है कि जितनी रकम का दावा किया जाता है, अदालत हमेशा उसमें भारी कटौती कर देती है—तो फिर वह आदेश सिविल एस. डी. ओ. के पास कार्यान्वयन के लिए जाएगा। सामान्यतः उक्त अधिकारी के द्वारा अन्तिम कार्रवाई होने में कई वर्ष बीत जाते हैं। इस प्रकार शहर से कोसों दूर रहने वाला *गरीब खेतिहर-मजदूर जब देखता है कि मामला इतना खर्चीला और इतनी हैरानी का है तो वह अपना संघर्ष जारी नहीं रख पाता और बाध्य होकर अपने मालिक के आगे घुटने टेक देता है या इसके विकल्प के तौर पर भूखों मरता है अथवा गाँव छोड़कर चला जाता है। खेद की बात यह है कि बिहार में बारी-बारी से ऐसे कई श्रममन्त्री हुए, जो क्रांतिकारी समाज-दर्शन को मानने वाले थे, पर उनमें से किसी ने यह जरूरी नहीं समझा कि इस समस्या का गहराई से अध्ययन करें और अधिनियम को तथा उसके विनियमों को संशोधित करें, जिससे कि कानून अधिक कारगर ढंग से लागू किया जा सके। जो कानून लागू नहीं किया जा सके, वह न रहे, यही अच्छा है।*

इतना कहने के बाद मैं पुनः स्पष्ट करना चाहूँगा कि कानून में तथा उसके प्रशासन में सुधार तो आवश्यक है और इससे कुछ मदद भी मिल सकती है, लेकिन स्थिति का सामना करने के लिए यही काफी नहीं है। इसके लिए अन्तिम इलाज, जैसा कि पहले बताया जा चुका है, यह है कि ग्राम-समुदाय का नैतिक एवं सामाजिक पुनर्निर्माण करते हुए उसके अन्तर्गत शक्ति के सन्तुलन को दुरुस्त किया जाए।

क्या हिंसा से क्रांति होती है?

राजनीतिक उद्देश्य से प्रेरित ग्रामीण हिंसा में वृद्धि को देखते हुए देशभर में इधर बहुत चिन्ता प्रकट की गई है। इसमें सन्देह नहीं है कि अंशतः यह हिंसा राजनीतिक विचारधारा से प्रेरित कृत्रिम प्रयासों का परिणाम है; लेकिन यदि गरीबी, बेकारी और बहुत सारे सामाजिक-आर्थिक अन्याय कायम नहीं होते और इससे हिंसा के पनपने के लिए जमीन नहीं तैयार की गई होती, तो यह हिंसा जड़ कदापि नहीं पकड़ती। जैसा कि मैं ऊपर कह चुका हूँ, यदि वर्तमान सुधार-कानून ही समुचित रूप से कार्यान्वित कर दिए जाएँ, तो ग्रामीण क्षेत्र में एक लघु सामाजिक क्रांति हो जाएगी। मेरा यह कथन अगर सत्य है तो इसका विपर्यय भी उतना ही सत्य है। *ग्रामीण हिंसा में तो वृद्धि हम देख रहे हैं, वह इतने लम्बे अर्से तक इन कानूनों को कार्यान्वित न कर सकने का ही अनिवार्य परिणाम है।* इस हिंसा के जनक *तथाकथित नक्सलवादी*

नहीं हैं, बल्कि वे हैं, जिन्होंने लगातार इतने वर्षों तक उक्त कानूनों की अवज्ञा की है और उनके उद्देश्यों को पराजित किया है—चाहे वे राजनेता हों, प्रशासक हों, भूमिपति हों या महाजन हों। वे बड़े किसान, जिन्होंने हदबन्दी कानून को बेनामी तथा फर्जी बन्दोबस्तियों के जरिए धोखा दिया है; वे भद्र लोग, जिन्होंने सरकारी जमीन और गाँव की सामूहिक भूमि हड़प रखी है; वे भूमिपति, जिन्होंने अपने बटाईदारों को कानूनी हक देने से हमेशा इनकार किया है और उन्हें उनकी जमीन से बेदखल किया है तथा जो अपने मजदूरों को कम मजदूरी देते रहे हैं और उन्हें बासगीत भूमि से भी वंचित कर रखा है; वे व्यक्ति, जिन्होंने धोखाधड़ी या जबरदस्ती से कमजोर वर्ग के लोगों की जमीन छीन ली है; वे तथाकथित ऊँची जाति के लोग जो हरिजन भाइयों को हमेशा घृणा की नजर से देखते रहे हैं, उनके साथ बुरा व्यवहार करते रहे हैं तथा उनके प्रति सामाजिक भेदभाव बरतते रहे हैं; वे महाजन जिन्होंने अत्यधिक ब्याज वसूल करते हुए गरीबों तथा कमजोरों की जमीन अधिकृत कर ली है; वे राजनेता, प्रशासन और सभी अन्य लोग जिन्होंने इन अन्यायपूर्ण कार्यों में मदद पहुँचाई है या उन्हें प्रोत्साहित किया है—ये सभी लोग इस स्थिति के लिए जिम्मेदार हैं कि आज गरीबों और दलितों के मन में अन्याय, दुःख और उत्पीड़न-जन्य भावना इकट्ठी हो गई है जो अब हिंसा के रूप में बाहर निकलने का मार्ग ढूँढ़ रही है। *इस स्थिति के लिए ये कानूनों की अदालतें और न्याय पाने की पद्धतियाँ तथा उसके लिए चुकाए जाने वाले मूल्य भी जिम्मेदार हैं, जिन्होंने हमारे समाज के दुर्बल वर्गों के साथ षड्यन्त्रपूर्वक न्याय नहीं होने दिया है। फिर यह शिक्षा की व्यवस्था और नियोजन का ढंग भी जिम्मेदार है, जो अपने गलत तरीके से शिक्षित, निराश और बेकार युवकों की बढ़ती हुई सेना तैयार कर रहे हैं और आर्थिक विषमताओं को भी बढ़ा रहे हैं, जिसके फलस्वरूप विभिन्न वर्गों का और भी अधिक ध्रुवीकरण हो रहा है। और फिर ये राजनेता भी जिम्मेदार हैं, जिनकी स्वार्थ-साधन की भावना ने लोकतन्त्र को, दलीय व्यवस्था को और उसकी विचारधाराओं को मजाक की वस्तु बना दिया है।*

जब स्थिति ऐसी है और जब लोकतन्त्र की संस्थाएँ और प्रक्रियाएँ दयनीय रूप से त्रुटिपूर्ण हैं तो क्या आश्चर्य कि असंतोष, निराशा, क्षोभ और अभाव कुछ लोगों के दिमाग को हिंसा की तरफ मोड़ दे और वे उसको ही एकमात्र तारक शक्ति मान बैठें?

लेकिन यह सब तो हम समझ सकते हैं। फिर भी यह पूछना प्रासंगिक है कि क्या हिंसा तारक सिद्ध होगी, जैसा कि उसके बारे में विश्वास दिलाया जाता है? ऐसा तो नहीं है कि हम इतिहास की प्रथम हिंसक क्रांति की प्रभात-वेला में हैं, जिससे यह अपेक्षा हो कि वह 'धरती के अभागों के लिए' मुक्ति का नया दिन ला देगी। अब ऐसी अनेक क्रांतियाँ हो चुकी हैं और इस कारण उनकी वह चमक बहुत कुछ धूमिल हो चुकी है और साथ ही उनके प्रति विकर्षण की भावनाएँ पैदा हुई हैं। इस प्रश्न की विस्तारपूर्वक समीक्षा करने के लिए यह स्थान नहीं है। फिर भी उसे समुचित परिप्रेक्ष्य में रखने के लिए कुछ मुद्दों की चर्चा यहाँ की जा सकती है।

पहली बात यह है कि राजनीतिक हिंसा क्रांतिकारी और प्रतिक्रांतिकारी भी हो सकती है। यह निश्चित नहीं है कि हिंसक क्रांतिकारी आंदोलन हमेशा सामाजिक क्रांति की तरफ ही हमें ले जाएगा। उसमें से प्रतिक्रिया भी पैदा हो सकती है और अन्त में वह एक फासिस्ट-तानाशाही का रूप ले सकती है। (नक्सलवादी हिंसा प्रति-हिंसा को जन्म देने लगी है।) अथवा, अन्ततः उसमें से अराजकता, व्यापक दुःख-कष्ट, राष्ट्रीय विघटन एवं गुलामी के परिणाम भी पैदा हो सकते हैं। जो लोग हिंसा का प्रचार करते हैं, उन्हें इन सम्भावनाओं पर विचार करना चाहिए।

दूसरी बात यह है कि *क्रांतियाँ क्रांतिकारियों की बिलकुल मर्जी पर ही नहीं हुआ करतीं। क्रांति की सफलता के लिए सामाजिक एवं ऐतिहासिक परिस्थितियाँ परिपक्व होनी चाहिए।* इसमें पूरी शताब्दी लग सकती है, जैसा कि इतिहास में अकसर हम देखते हैं। भारत में हिंसा के जो पक्षधर हैं, वे तेलंगाना के रक्तपात के समय से ही क्रांति करने का प्रयास कर रहे हैं। लेकिन इन 22 वर्षों में वे कहाँ तक आगे बढ़े हैं? *हिंसक क्रांति के आयोजन में कम समय लगता है, यह एक भोली मान्यता है; इससे अधिक गलत और कोई बात नहीं हो सकती।*

तीसरी बात यह है कि लम्बी तैयारी के बाद जब क्रांति अन्ततः सफल भी होती है, तो उसकी इस 'सफलता' का क्या अर्थ होता है? उसका अर्थ इतना ही होता है कि पुरानी समाज-व्यवस्था को ध्वस्त किया जा चुका है। लेकिन

ध्वंस ही किसी क्रांति का लक्ष्य नहीं हो सकता। उसका लक्ष्य तो हमेशा एक नई समाज-व्यवस्था का निर्माण करना होता है। लेकिन हिंसक क्रांति के सफल होने के बाद क्रांतिकारियों को, जिनका पहला काम हमेशा यह देखा गया है कि वे सत्ता के लिए आपसी खूनी संघर्ष में पिल पड़ते हैं, अपने सपनों का समाज—जो सपने आपसी रक्तपात में बह न गए हों—बनाने में कितना समय लगता है? इतिहास में क्या ऐसी एक भी सामाजिक क्रांति हुई है, जो अपने अभीष्ट आदर्शों को प्राप्त करने में सफल हुई हो? जरा फ्रेंच-क्रांति पर तथा उसके समानता, स्वतन्त्रता एवं भ्रातृत्व के आदर्शों पर विचार कीजिए। फिर रूसी क्रांति और लेनिन के इस उद्घोष पर विचार कीजिए कि क्रांति के बाद संपूर्ण सत्ता सोवियतों (पंचायतों)—श्रमिक सोवियतों, सैनिक सोवियतों, किसान सोवियतों—के हाथ में होगी। रूसी क्रांति को हुए 53 वर्ष हो गए और अब भी रूसी जनता के सिर पर पार्टी की तानाशाही मजबूती से कायम है। कोई नहीं कह सकता कि यह तानाशाही और कितने दिनों तक कायम रहेगी और सोवियतों के हाथ में सत्ता कब आएगी।

चौथी बात यह है कि यद्यपि सभी क्रांतियों में केन्द्रीय प्रश्न सत्ता का ही होता है और सभी क्रांतियों का आयोजन जनता के लिए सत्ता प्राप्त करने के नाम पर किया जाता है, तथापि सत्ता हमेशा ही क्रांति करने वालों में से ऐसे मुट्ठीभर लोगों द्वारा हड़प ली जाती है, जो सबसे ज्यादा निर्मम होते हैं। ऐसा होना अनिवार्य ही है, क्योंकि सत्ता बन्दूक की नली से निकलती है और बन्दूक सामान्य जनता के हाथ में नहीं, बल्कि हिंसा के उन संगठित तन्त्रों के हाथ में रहती है जो हर सफल क्रांति में से 'क्रांतिकारी' सेना तथा उसकी सहायक जमातों के रूप में पैदा होते हैं। इन तन्त्रों पर जिनका नियन्त्रण होता है, उनके ही नियन्त्रण में सत्ता रहती है। यही कारण है कि हिंसक क्रांति हमेशा किसी-न-किसी प्रकार की तानाशाही को जन्म देती है। और फिर यही कारण है कि क्रांति के बाद शासकों एवं शोषकों का एक नया विशेषाधिकार-प्राप्त वर्ग कालान्तर में पैदा हो जाता है, जिसके अधीन बहुसंख्यक जनता फिर एक बार गुलाम हो जाती है।

इसलिए मैं तो कहूँगा कि *नहीं, हिंसा कभी तारक नहीं सिद्ध हुई है, जैसा कि पीड़ित और शोषित लोगों को समझा दिया गया है।* टॉल्स्टॉय की एक प्रसिद्ध उक्ति है, जिसको थोड़ा बदलकर कहा जा सकता है कि *क्रांतिकारियों ने जनता के लिए सब कुछ तो किया है, केवल पीठ पर से उतरने का कष्ट नहीं किया है!*

यह नहीं मान लेना चाहिए कि उपर्युक्त चर्चा केवल मार्क्सवादी-लेनिनवादी साम्यवादियों को, जो आमतौर पर नक्सलवादी कहलाते हैं, ध्यान में रखकर की गई है। यह भी नहीं कहा जा सकता कि केवल वे ही इस देश में रक्त-क्रांति के पुजारी हैं। रक्त-क्रांति में विश्वास रखने वाली दूसरी अनेक जमातें हैं, जिनमें भारतीय कम्युनिस्ट पार्टी, कम्युनिस्ट पार्टी (मार्क्सवादी), रिवोल्यूशनरी सोशलिस्ट पार्टी, सोशलिस्ट यूनिटी सेंटर, रिवोल्यूशनरी कम्युनिस्ट पार्टी, बोलशेविक पार्टी, फारवर्ड ब्लाक (मार्क्सवादी) आदि शामिल हैं। इनमें जो भेद है, वे केवल इस बात को लेकर है कि (क) जन-विद्रोह के आह्वान की उपयुक्त घड़ी क्या होगी; तथा (ख) अन्तरिम काल में अपनाई गई रण-नीति (स्ट्रेटेजी) क्या होगी? नक्सलवादियों की दृष्टि में क्रांति करने की घड़ी बस अभी ही है। अन्य लोगों को लगता है कि यह बचकानी बहक या वामपन्थी दुस्साहसिक कार्रवाई मात्र है। लेकिन खुद उनके बीच व्यूह-रचना के प्रश्न को लेकर तीव्र संघर्ष होते हैं, और इन संघर्षों के क्रम में शास्त्र-वाक्यों को खूब तोड़ा-मरोड़ा जाता है। ऐसा भी नहीं कि उनके आपसी मतभेद निश्चित और अटल होते हैं; वे स्थान और रूप बदलते रहते हैं, परस्पर-विलीन तथा परस्परारूढ़ होते रहते हैं। लेकिन इस एक बात पर वे सभी एकमत होते हैं कि अन्तिम लक्ष्य तक पहुँचने के लिए सशस्त्र जन-विद्रोह अनिवार्य है।

यदि विशेष रूप से केवल नक्सलवादियों को ही आलोचना का विषय बनाया जाए तो उसके दो आधार हो सकते हैं। उनमें से एक है वह पद्धति, जिसका वे अनुसरण कर रहे हैं : मार्क्सवाद और लेनिनवाद, जिनकी व्याख्या स्वयं उन आचार्यों ने की है, से परिचित कोई भी व्यक्ति यह स्वीकार करेगा कि कम्युनिस्ट पार्टी (मार्क्सवादी-लेनिनवादी) की कार्यपद्धति और विचारधारा क्रांतिकारी होने के बजाय आतंकवादी है; और यद्यपि वे माओ का नाम बहुत लेते हैं, वे माओवादी भी नहीं हैं। चे-ग्वेवारावादी हो सकते हैं, लेकिन किसी ने चे-ग्वेवारा को मार्क्सवादी-लेनिनवादी नहीं कहा है। आतंकवाद, जो सदैव निराशा से उत्पन्न होता है कुछ निराश युवजनों तथा पिछड़े हुए और क्षुब्ध गिरिजनों एवं गाँव के गरीब लोगों के बीच एक तंग क्रांतिकारी आधार तैयार कर सकता है, लेकिन ये तत्त्व विदेशी सहायता के बावजूद इतने कमजोर होंगे कि वे स्वयं सच्चे अर्थ में स्वदेशीय सामाजिक क्रांति नहीं कर सकते। वास्तव में आतंकवादी हिंसा

से अधिक सम्भव यह है कि समाज के सबल वर्गों की प्रतिहिंसा को उत्तेजना मिलेगी और उसके परिणामस्वरूप अन्ततः किसी-न-किसी प्रकार का अधिनायकवाद ही स्थापित हो जाएगा।

दूसरा आधार है, उनका राष्ट्रवाद-विरोध। राष्ट्रवाद के कुछ रूप आपत्तिजनक हो सकते हैं, जैसे आक्रमणकारी, विस्तारवादी और नवउपनिवेशवादी राष्ट्रवाद। लेकिन भारतीय राष्ट्रवाद उस श्रेणी में नहीं आता है। दूसरी तरफ चीन का *हान राष्ट्रवाद*, खासकर उसका वह रूप जो उसके इस दावे में प्रकट होता है कि कोई भी क्षेत्र, जो साम्राज्यवादी पेकिंग का कभी अंग रहा था या उसके असर में था, हमेशा के लिए चीन का अंग है, आपत्तिजनक ही नहीं, खतरनाक राष्ट्रवाद है। कुछ हद तक सभी प्रकार के साम्यवादियों में—शायद मार्क्सवादियों में ही सबसे कम—परदेशीय शक्ति का दोष होता है। लेकिन 'अध्यक्ष माओ हमारे भी अध्यक्ष हैं', यह नारा राष्ट्रवाद-विरोध में तथा विदेशी मालिकों के अनुसरण में सबको मात कर देता है। दूसरे देशों से विचार ग्रहण करना और उनकी कार्य-पद्धति अपनाना—ऐसा तो हम हमेशा करते हैं—तथा दूसरे देशों के नेताओं को अपने वैज्ञानिक नेता के रूप में स्वीकार तक कर लेना एक बात है, लेकिन किसी विदेशी राज्य के अधिपति को अपने भावी क्रांतिकारी राज्य के अधिपति के रूप में मान्य करना बिलकुल दूसरी बात है। स्टालिनवाद के उत्थान के दिनों में भी ऐसी बात कभी नहीं देखी गई थी। लेनिन और स्टालिन अपनी अन्तर्राष्ट्रीयता के बावजूद रूसी राष्ट्रवादी थे; यद्यपि लेनिन, खासकर क्रांति की प्रारम्भिक स्थितियों में, विश्वक्रांति की सफलता के लिए जिसकी प्रतीक्षा वे उत्सुकतापूर्वक कर रहे थे, सम्भवतः रूस के राष्ट्रीय हितों का बलिदान तक करने के लिए तैयार हो जाते। स्वयं माओ एक अच्छे राष्ट्रवादी हैं, उन्हें चीन के इतिहास और उसकी संस्कृति पर गौरव है और वे चीन के पुराने साम्राज्यवादी शासकों के ढंग से विश्व पर अपने देश का आधिपत्य कायम करने का सपना देखते हैं।

इन घातक दोषों के बावजूद वर्तमान स्थिति के प्रति नक्सलवादियों की असहिष्णुता लोगों को आकृष्ट करती है। इसके अलावा उनके द्वारा तत्काल क्रांति ले आने के प्रयास से कम-से-कम एक सेवा यह हुई है कि उसने आमतौर पर जनता की सामाजिक चेतना को जाग्रत कर दिया है और खासतौर से, सत्ताधारियों को भूमि-सुधार तथा अन्य सामाजिक-आर्थिक सुधारों को शीघ्र अमल में लाने के लिए मजबूर किया है। दुर्भाग्यवश इस देश में राजनीति का ढंग ऐसा रहा है कि यद्यपि सरकारें चिल्ला-चिल्लाकर शान्तिमय तरीकों में विश्वास जाहिर करती रही हैं, लेकिन उनकी आँखें तभी खुली हैं, जब हिंसा के प्रहार पर प्रहार उन पर हुए हैं।

इस विषय में एक बात और। यह स्मरण रखना चाहिए कि नक्सलवाद के नाम पर जो कुछ होता है, वह सब वास्तविक नक्सलवादी कार्रवाई नहीं होती। नक्सलवादी हिंसा के पीछे अनेक मिश्रित प्रेरणाएँ काम करती हैं, जिनमें विशुद्ध अपराध-वृत्ति से लेकर वैयक्तिक एवं पारिवारिक विग्रह एवं शत्रुताएँ तक शामिल हैं। विशुद्ध अपराध-कर्म करने वाले भी अपने अपराधों को 'माओ जिन्दाबाद' के नारों में अलंकृत करने लगे हैं और वे सभी धमकी के पत्र, जिनके बारे में कहा जाता है कि नक्सलवादियों की ओर से भेजे गए हैं, वास्तव में वैसे नहीं होते। इसके साथ ही यह भी मालूम होता है कि अपराधकर्मियों, जैसे डकैतों, तथा नक्सलवादियों क्रांतिकारियों के बीच एक हद तक, शायद सुविधानुसार मेल के तौर पर, समझौता हो गया हो।

गाँधी की ओर लौटना होगा

यदि लोकशाही अक्षम सिद्ध होती है और हिंसा से भी कोई समाधान नहीं निकलता है तो फिर रास्ता क्या है? रास्ता पाने के लिए हमें गाँधी जी की ओर लौटना होगा। तब हम लोग देखेंगे कि गाँधी जी पहले से ही हिंसा की व्यर्थता तथा लोकतान्त्रिक राज्य की स्वभावगत सीमाओं से परिचित थे। अन्य राष्ट्रीय नेता जहाँ राष्ट्र-निर्माण के कार्यों की सफलता के लिए केवल राज्य-शक्ति पर ही भरोसा करते थे वहाँ गाँधी जी के दिमाग में यह बात स्पष्ट हो चुकी है कि उनके सपनों का भारत, और इसलिए तत्कालीन भारतीय राष्ट्रीय काँग्रेस के भी सपनों का भारत बनाने के लिए राज्य ही एकमात्र औजार नहीं हो सकता। इतना निश्चित है कि राज्य के काम के महत्त्व को वे कम नहीं आँकते थे और वह समुचित एवं प्रभावकारी ढंग से कार्य करें, इसमें उनकी दिलचस्पी समाप्त नहीं हो गई थी। वास्तव में वे इसी बात के लिए चिन्तित थे कि राज्य यथासम्भव सर्वोत्तम लोगों के हाथों में रहे और वह उचित नीतियों, कार्यक्रमों

एवं योजनाओं का अनुसरण करें। फिर भी उनको यह स्पष्ट दीखता था कि चाहे कितनी ही अच्छी नीतियाँ हों और कितने ही अच्छे लोगों के हाथों में शासन-सूत्र हो, राज्य स्वतः अभीष्ट लक्ष्य की प्राप्ति नहीं कर सकता।

इसलिए उनकी योजना राज्य-शक्ति के साथ-साथ लोकशक्ति के निर्माण की थी। तदनुसार वे स्वयंसेवी कार्यकर्ताओं की एक बड़ी सेना लेकर जनता की सेवा करने, लोगों को शिक्षित एवं परिवर्तित करने, उन्हें संगठित करने तथा स्वावलम्बी बनाने और सामाजिक परिवर्तन एवं पुनर्निर्माण की प्रक्रिया में उन्हें प्रत्यक्ष रूप से शामिल करने के उद्देश्य से जनता के बीच वापस जाने की तैयारी कर रहे थे। इन उद्देश्यों की प्राप्ति के लिए वे पहले की तरह ही सेवा, रचनात्मक कार्य, सौम्य पद्धति से विचार-परिवर्तन तथा आवश्यकतानुसार अहिंसक असहयोगी या प्रतिकार का साधन अपनाने वाले थे।

गाँधी जी अपनी योजना कार्यान्वित करने के लिए जीवित नहीं रहे और उनके जाने के बाद उनके तत्कालीन सहयोगियों ने, इस भ्रम में पड़कर कि हाथ में आई हुई राजनीतिक सत्ता के सहारे ही देश की समस्याओं को हल करने में वे समर्थ हो जाएँगे, उनके द्वारा दिखाए गए मार्ग पर दुबारा विचार तक नहीं किया। यदि उन्होंने वैसा किया होता और, जैसा कि गाँधी जी चाहते थे, राज्य और जनता के बीच अपनी शक्तियों को विभाजित किया होता, तो स्वतन्त्रता के बाद का भारत का इतिहास बहुत भिन्न होता। मैं समझता हूँ, उनकी कठिनाई यह थी कि गाँधी जी द्वारा बताया गया मार्ग परम्परागत मार्ग से मूलतः इतना भिन्न था कि वह उनके लिए कोई अर्थ नहीं रखता था और न वह उन्हें रुचता ही था। सफल क्रांतिकारियों द्वारा सत्ता से अलग रहने तथा जनता के स्वैच्छिक संगठन द्वारा क्रांति के लक्ष्यों को प्राप्त करने की कोशिश की बात कब किसने सुनी थी।

सौभाग्य से देश में विनोबा जी के समान नेता थे, जिन्होंने कुछ ही समय बाद आगे बढ़कर गाँधी जी के हाथ से गिरी हुई मशाल को उठाकर थाम लिया। यह ठीक है कि गाँधी जी जैसा चाहते थे, उस ढंग से पुराने स्वातन्त्र्य-योद्धाओं की महान् सेना को अभीष्ट दिशा में गतिशील तथा भारतीय राष्ट्रीय काँग्रेस को लोक-सेवक-संघ के रूप में परिवर्तित वे नहीं कर पाए। फिर भी वे रचनात्मक कार्यकर्ताओं को सर्व-सेवा-संघ के मंच पर एक साथ इकट्ठा कर सके और उन्हें, गाँधी जी के पुराने रचनात्मक कार्यक्रम के अलावा, *'सौम्य पद्धति से विचार-परिवर्तन'* के एक व्यापक कार्यक्रम के साथ जनता के बीच भेज सके। *उस कार्यक्रम की पहली किस्त थी भूदान, दूसरी किस्त यह ग्रामदान है और इसके बाद ग्रामस्वराज्य होगा। इस आंदोलन के क्रम में उत्पन्न खास-खास परिस्थितियों में कुछ स्थानिक सत्याग्रह भी हुए हैं। हमारे वर्तमान कार्यक्रम के सन्दर्भ में बड़े पैमाने पर सत्याग्रह करने की आवश्यकता हो सकती है जिसके लिए मालूम होता है, परिस्थितियाँ परिपक्व हो रही हैं।*

ग्रामदान-आंदोलन का उद्देश्य यह है कि वैयक्तिक एवं सामाजिक परिवर्तन की तथा ग्राम-निर्माण एवं सामुदायिक स्वशासन या ग्राम-स्वराज्य की एक स्वैच्छिक प्रक्रिया शुरू हो। इस प्रक्रिया में दृष्टि-परिवर्तन तथा मूल्य-परिवर्तन और सामाजिक-आर्थिक परिवर्तनों के साथ-साथ व्यक्तिगत संबंधों में परिवर्तन भी शामिल है। इसका लक्ष्य विकास के लिए सामुदायिक कर्तृत्व को आगे बढ़ाना तथा निजी साधनों से भिन्न, सामुदायिक साधनों का निर्माण करना है। इसको और भी स्पष्ट रूप से यों समझिए। हर ग्रामदानी गाँव में सभी वयस्कों की एक ग्रामसभा या ग्रामसंसद् होगी और एक ग्रामकोष होगा, जिसमें ग्रामदान में शामिल हर व्यक्ति, चाहे वह नकद कमाई करने वाला हो, कृषक हो या मजदूर हो, अपनी आय का, उपज का या श्रम का हिस्सा देगा। जिनके पास भूमि है, उन्हें उपज का हिस्सा नियमित रूप से देने के अलावा उस गाँव में अपनी भूमि का बीसवाँ हिस्सा, भूमिहीनों के बीच वितरण के लिए, दान में देना होगा, इसके अलावा उन्हें अपनी भूमि का कानूनी स्वामित्व भी ग्रामसभा को समर्पित करना पड़ेगा, लेकिन (दान दिए गए भूमि-क्षेत्र को छोड़) भूमि पर कब्जा रखने और (ग्रामकोष में दिए गए उपज के भाग को छोड़) उपज का उपभोग करने का तथा विरासत का उनका अधिकार कायम रहेगा। भूमि हस्तान्तरित करने के उनके अधिकार को मर्यादित करने वाली दो शर्तें हैं : (क) ग्रामसभा की पूर्वानुमति तथा (ख) सम्बद्ध गाँव के केवल ग्रामदान में शामिल लोगों के हाथ भूमि को बेचने या बन्धक रखने का प्रतिबन्ध। ग्रामसभा गाँव के प्रत्यक्ष एवं सहभागी लोकतन्त्र का प्रतिनिधित्व करती है। इस सभा में सभी बराबर हैं और उसके निर्णय सर्वसम्मति से या आम राय से ही होने वाले हैं। इस नियम का उद्देश्य, अन्य बातों के अलावा, यह है कि सामुदायिक एकता एवं सामूहिक कर्तृत्व की भावना बढ़े। ग्रामकोष का विनियोग अंशतः गाँव

में यदि कोई भूखा-नंगा है, तो उसके लिए होगा और अधिकांशतः ग्रामसभा की योजनाओं एवं निर्णयों के अनुसार ग्राम-विकास के लिए होगा।

अभी हाल तक सर्वोदय-आंदोलन का जोर ग्रामदान की शर्तों पर गाँव की सहमति प्राप्त करने की दिशा में था, जिनका उल्लेख संक्षेप में ऊपर किया गया है। विभिन्न राज्यों में पारित ग्रामदान-अधिनियमों में थोड़ा भेद है। बिहार ग्रामदान-अधिनियम के अनुसार गाँव के कम-से-कम 75 प्रतिशत लोगों को निर्धारित फार्मों पर हस्ताक्षर कर अपनी सहमति देना आवश्यक है और फिर उस गाँव के इतने काफी लोगों का ग्रामदान में शामिल होना आवश्यक है, जिनके अधिकार में गाँव के निवासियों के पास जितनी भूमि है, उसका कम-से-कम 51 प्रतिशत हो। *चूँकि इस आंदोलन का लक्ष्य अलग ढंग से कुछ नमूने तैयार करना नहीं है, बल्कि सामान्य सामाजिक परिवर्तन करना है, इसलिए उसका जोर यथासम्भव अधिक-से-अधिक क्षेत्रीय व्यापकता हासिल करने की ओर रहा है।* ऐसे राज्यों में जहाँ आंदोलन का प्रसार, ग्रामदान के संकल्पों की प्राप्ति के हिसाब से, काफी व्यापक–राज्य-व्यापी या जिला-व्यापी–हो चुका है, उक्त संकल्पों की कार्यान्विति का अगला चरण शुरू किया जाता है। बिहार में और तमिलनाडु में अभी यही किया जा रहा है। और, जैसे कि इस लेख के दूसरे प्रकरण में कहा गया है, मुसहरी में हमारे वर्तमान कार्यक्रम का यह एक अंग है।

चुनौती सिर्फ हमारे लिए नहीं है

इस प्रखण्ड में आए हमें चारेक महीने हुए हैं। इस अवधि में जो तरह-तरह के अनुभव प्राप्त हुए हैं, वे कुल मिलाकर दिलचस्प और उत्साहवर्द्धक हैं। शुरू में हम लोग एक बार एक ही पंचायत को लेते थे और वहाँ के गाँवों में शक्ति केन्द्रित करते थे। साधारणतया 4 से 7 राजस्व गाँव एक पंचायत में होते हैं, जिसकी औसत आबादी लगभग 7 हजार होती है। कुछ पंचायतें छोटी और कुछ बड़ी होती हैं। ज्यों-ज्यों हमारे कार्यकर्ताओं की संख्या बढ़ती गई, हम फैलते गए और तब एक बार में दो, यहाँ तक कि तीन-तीन पंचायतों को लेना शुरू किया। अभी तक एक पंचायत में 15 से 20 दिन लगाकर हम दूसरी पंचायतों में जाते हैं; लेकिन जाने के पूर्व हमेशा एक या एक से अधिक कार्यकर्ताओं को वहाँ का काम पूरा करने के लिए छोड़ जाते हैं।

इस क्षेत्र के गाँवों की स्थिति नैतिक और भौतिक दोनों दृष्टियों से दयनीय है और मेरा विश्वास है कि इस राज्य में अन्यत्र इससे बहुत भिन्न स्थिति नहीं है। गरीबी और पिछड़ापन बिलकुल स्पष्ट दीख पड़ता है। उतना ही स्पष्ट है सामुदायिक जीवन की लगभग समाप्ति तथा सामूहिक अस्तित्व की भावना का अभाव। समुदाय तो आन्तरिक विग्रह और गुटबन्दी से जर्जर तथा मुकदमेबाजी, तनाव और नैतिक अराजकता के शिकार हो गए हैं। कहने की आवश्यकता नहीं कि सामाजिक एवं आर्थिक विषमता, शोषण, अन्याय, उत्पीड़न का दृश्य सामान्यतः सर्वत्र अपने उग्र रूप में उपस्थित है। यह जाहिर है कि अगर गाँवों को इस गर्त से निकालने के लिए शीघ्र ही कुछ नहीं किया जाता, तो ये उसमें और भी डूबते जाएँगे, साथ ही सारे देश को ले डूबेंगे, जैसा इस राज्य में होता दीख रहा है।

ऐसी स्थिति में यह स्वाभाविक है कि यहाँ हमारी उपस्थिति को लोग अपनी जीवन-प्रणाली में जिसके वे अभ्यस्त हैं, अनुचित हस्तक्षेप समझें। लेकिन ऐसी बात भी है कि हर पंचायत में एक या एकाधिक व्यक्ति ऐसे होते हैं, जो हमारा स्वागत करते हैं और हमारी मदद करने के लिए आगे आते हैं। और ज्यों-ज्यों समय बीतता जाता है तथा हम धैर्य और दृढ़ता के साथ अपने मिशन में लगे रहते हैं, त्यों-त्यों वायुमण्डल क्रमशः बदलता है और लोग हमारी बातों पर ध्यान देना शुरू करते हैं। सामान्यतः भूमिहीन मजदूर सबसे पहले हमारी तरफ मुखातिब होते हैं और इसके बाद छोटे किसान। धीरे-धीरे मध्यवर्ती किसान भी आते हैं और एक समय आता है, जब बड़े किसानों का विरोध भी टूटने लगता है। उनके गले में जो बातें अटकती-सी मालूम होती हैं, वे हैं : (क) भूमि की मालिकयता का अधिकार छोड़ने तथा (ख) ग्रामसभा की प्रत्यक्ष लोकशाही में शामिल होने की शर्त। उनकी सामन्तवादी मनोवृत्ति एवं कुलीनत्व की भावना उन्हें ग्रामसभा में निहित राजनीतिक समानता को कबूल करने से रोकती है। यद्यपि उन्हें विश्वास दिलाया जाता है कि ग्रामसभा के जो निर्णय होंगे, वे सर्वसम्मति से या आम राय से ही होंगे, फिर भी वे गरीबों के विशाल बहुमत से भय खाते हैं। महाजन लोग सबसे आखिर में बदलते हैं। अवश्य ही इस सामान्य नियम के अपवाद भी हैं।

हमारे कार्यक्रम की दो बातें खासतौर से भूमिहीन लोगों को आकृष्ट करती दिखाई पड़ती हैं : एक तो यह कि (क) हम उनके घर-घर जाते हैं और बासगीत भूमि के हकदार हर व्यक्ति को उसका पर्चा दिलाते हैं तथा पहले से दिए गए पर्चों में आवश्यकतानुसार शुद्धि करा देते हैं। (ख) दूसरी बात यह है कि हम उनकी मजदूरी का प्रश्न लेते हैं तथा उसको चर्चा का विषय बनाते हैं। यह तो समझ में आता है। क्योंकि हर व्यक्ति चाहता है कि उसका छप्पर न चूए। फिर जिनके लिए जीवन-निर्वाह का एकमात्र साधन श्रम ही है, उनके लिए मजदूरी जीवन-प्राण जैसी है। पर्चों के मामले में जहाँ हमारी कोशिश यह रहती है कि बासगीत भूमि पर रहने वाला कोई छूट न जाए, वहाँ मजदूरी के मामले में हम केवल पूछताछ करते हैं और उसके बारे में सभाओं में तथा व्यक्तिगत बातचीत में चर्चाएँ करते हैं। इसका भी कुछ अच्छा परिणाम हुआ है और कुछेक मामलों में मजदूरी बढ़ाई भी गई है। हमारा लक्ष्य समुदाय को विभाजित कर उसके एक हिस्से के विरुद्ध दूसरे को खड़ा करना नहीं, बल्कि समुदाय का एकीकरण करना है, और सामुदायिक चेतना एवं पारस्परिक दायित्व की भावना पैदा कर तथा विभिन्न विरोधी हितों को, जो वस्तुतः परस्परावलम्बी हैं, ग्राम-संसद में एक-दूसरे के आमने-सामने उपस्थित कर उनके झगड़ों एवं समस्याओं को पारस्परिक सामंजस्य के द्वारा हल करने की प्रक्रिया शुरू करना है, जिससे कि अधिक न्यायपूर्ण और बेहतर समाज-व्यवस्था का निर्माण हो सके। हमारे ट्रेड यूनियन (मजदूर-संगठन) का दृष्टिकोण नहीं है और न इस दृष्टिकोण से एक ऐसी परिस्थिति में सफल होने की आशा है, जहाँ भूमिहीन मजदूर सामाजिक और आर्थिक दृष्टि से तथा अधिकांश मामलों में संख्या की दृष्टि से भी इतना कमजोर है। कुछ वामपन्थी दलों द्वारा छोटे किसानों और मजदूरों को इकट्ठा करने की कोशिश, जिससे दोनों का जुटाव काफी तगड़ा हो सकता है, कहीं भी सफल नहीं हुई है। अपने दृष्टिकोण का अनुसरण करते हुए हम आशा करते हैं कि बाद में कभी कुछ चुने हुए (अपने ही भाइयों द्वारा चुने हुए) मजदूरों और किसानों की एक बैठक बुलाकर उन्हें अपनी-अपनी समस्याओं पर परस्पर विचार-विमर्श करने के लिए प्रेरित कर सकेंगे। ऐसी एक बैठक पड़ोस के ग्रामदानी प्रखण्ड में बुलाई गई थी और वह बहुत सफल सिद्ध हुई है।

चूँकि भूमिहीन लोगों में जमीन की भूख बड़ी ही तेज है, इसलिए हमारा भूमि-पुनर्वितरण का कार्यक्रम भी उन्हें आकृष्ट करता है। लेकिन एक तो पुनर्वितरण के लिए बहुत भूमि यहाँ उपलब्ध नहीं है, जैसा कि इस क्षेत्र में भूमि : मनुष्य के अनुपात से प्रकट होता है। दूसरे, हम जो बीसवाँ भाग माँग रहे हैं, उससे उपलब्ध भूमि में बहुत वृद्धि नहीं होती है। इस कारण गाँव के अनेक भूमिहीन परिवारों में से कुछ ही को थोड़ी-थोड़ी जमीन हम दे सकते हैं। पाँच से दस कट्ठे (जो जहाँ लगभग बीस से चालीस डिसमिल के बराबर है) भूमि का भी इस क्षेत्र में, जहाँ प्रतिव्यक्ति जमीन केवल 30 डिसमिल पड़ती है, कुछ महत्त्व हो जाता है।

कुछ आलोचकों का कहना है कि ग्रामदान-आंदोलन हमें लक्ष्य की ओर काफी दूर नहीं ले जाता। अगर वे अन्तिम लक्ष्य की दृष्टि से उसकी दूरी नापते हैं तो अवश्य ही उनका यह कथन ठीक है। लेकिन फिर कौन है ऐसा आंदोलन, जो हमें काफी दूर ले जाता है? मैं पहले ही यह चर्चा कर चुका हूँ कि अन्तिम लक्ष्य पर पहुँचने में हिंसक क्रांति को भी कितना समय चाहिए। मुझे तो मालूम ही नहीं कोई हिंसक क्रांति काफी समय लेने के बाद भी लक्ष्य पर पहुँच गई है। अगर कानूनी पद्धति को लीजिए तो कानून ने अब तक जो किया है या भविष्य में करने वाला है, उससे ग्रामदान कई दृष्टियों से आगे है, लेकिन यह महसूस नहीं किया जाता है। आखिर आपका लक्ष्य क्या है, इस पर सारा निर्भर करता है। अगर वैयक्तिक स्वामित्व को सामुदायिक स्वामित्व में—यद्यपि विचार और औपचारिक कानून की ही दृष्टि से—परिवर्तन करना लक्ष्य है; अगर सहभागी ग्रामीण लोकतन्त्र की स्थापना करना लक्ष्य है; अगर ग्रामीण जनता में आत्मनिर्भरता तथा सहयोगी प्रयास की भावना भरना लक्ष्य है—अगर यह सारा लक्ष्य है तो कानून से उसकी पूर्ति हरगिज नहीं हो सकती। भूमि के पुनर्वितरण के मामले में भी बीसवाँ हिस्सा निश्चय ही बहुत ही कम मालूम होता है, लेकिन यह स्मरण रखना चाहिए कि (क) एक तो यह उन पर भी लागू होता है, जिनके पास 'सीलिंग' (हदबन्दी) से कम जमीन है और यदि 'सीलिंग' को बहुत कम कर दिया जाए, तब भी यह लागू होगा; (ख) दूसरे यह कि अभी तक 'सीलिंग' कानून से, कम-से-कम इस राज्य में, पुनर्वितरण के लिए एक डिसमिल जमीन भी प्राप्त नहीं हुई है। यह बात भी नहीं है कि केवल काँग्रेस पार्टी ही इन सारे वर्षों में सत्तारूढ़ रही है; राज्य की सभी बड़ी पार्टियों ने—छोटी पार्टियों

की बात छोड़ दीजिए—राज्य का शासन-सूत्र सँभाला है। इसके अलावा यह भी नहीं भूलना चाहिए कि ग्रामदान से ही सर्वोदय की सिद्धि नहीं हो जाती, यह उस दिशा में एक कदम मात्र है। इसके बाद और भी कदम उठाने होंगे।

अब जो काम अभी तक यहाँ हुआ है, उसको संक्षेप में कहना चाहूँगा। अभी तक इस प्रखण्ड की 17 ग्राम-पंचायतों में से 7 पंचायतों तथा 121 राजस्व गाँवों में से 43 गाँव हम तय कर चुके हैं। इन 43 गाँवों में ग्रामसभाएँ भी बन चुकी हैं। इन पिछले प्रकार के 7 गाँवों में 24 बीघा 11 कट्ठा (यहाँ 1-1 बीघा एक एकड़ के बराबर होता है) जमीन बाँटी जा चुकी है और 14 बीघा 16 कट्ठा बाँटना बाकी है। यह सारी जमीन ग्रामसभा में शामिल भूमिवानों द्वारा हिस्सों के दान से प्राप्त हुई है। 7 पंचायतों में से 5 भूदान की जमीन की अभी क्या स्थिति है, इसकी पूरी जाँच की जा चुकी है। इन पंचायतों में पहले 109 बीघा जमीन 224 आदाताओं के बीच बाँटी गई थी, जिनमें 50 आदाता अपनी कुल 25 बीघा जमीन से बेदखल कर दिए गए हैं। इस प्रकार बेदखली का विस्तार लगभग 25 प्रतिशत तक है, जो न्यूनाधिक रूप से पूरे राज्य का औसत है। जिन्हें बासगीत भूमि के पर्चे नहीं दिए गए थे, ऐसे 675 मामलों का अभी तक पता चला है। उनमें से अधिकांश को पर्चे अब दिए जा चुके हैं और शेष को भी दिए जा रहे हैं।

जैसा कि ऊपर के विवरण से प्रकट है, हमारी प्रगति बहुत धीमी रही है। यह एक कठिन क्षेत्र है; फिर भी यदि पहले ग्रामदान के संकल्प प्राप्त करने का काम समुचित रीति से पूरा किया गया होता तो हमारी प्रगति ज्यादा तेज हुई होती। अभी तक हमें एक भी ऐसा गाँव नहीं मिला है, जहाँ 75 प्रतिशत आबादी और 51 प्रतिशत भूमि की दोनों शर्तें पूरी हो गई हों। इसलिए हमें संकल्पों की प्राप्ति तथा उनकी कार्यान्विति, दोनों कार्यक्रमों को एक ही चरण में फिट करना पड़ता है। इसमें स्वभावतः समय लगता है। और फिर वैयक्तिक नैतिकता का ऐसा पतन हुआ है कि जिन्होंने पहले संकल्प-पत्र पर हस्ताक्षर किए थे, वे भी अपनी वचनबद्धता से निकल भागने की पूरी कोशिश करते हैं। उनके कुछ बहाने तो युक्तिपूर्ण होते हैं और कुछ साफ-साफ टालमटोल। फिर भी थोड़े समय का हमारा अनुभव बताता है, जैसा पहले भी देख चुके हैं कि सुदृढ़ मैत्री-भावना तथा हर व्यक्ति के हित के लिए प्रकट चिन्ता के साथ-साथ लोगों को धैर्यपूर्वक समझाने और शिक्षित करने का प्रयास अन्ततः सफल ही होता है।

अभी तक जो उपलब्धि हुई है वह, और जितना करना है उसकी तुलना में कम ही है। फिर भी एक ऐसा परिणाम प्रकट हुआ है, जिससे हमें कुछ सन्तोष होता है। अनेक सूत्रों से जो सूचनाएँ प्राप्त हुई हैं, वे सब इस बात पर एकराय हैं कि जहाँ पहले गाँवों में चर्चा का मुख्य विषय नक्सलवाद तथा नक्सलवादी कृत्य रहता था, उसकी जगह अब ग्रामदान और सर्वोदय की चर्चा ने ले ली है। निश्चय ही यह सारी चर्चा हमारे पक्ष में नहीं होती, वह बहुत कुछ हमारे विरुद्ध ही होती है; तथापि यहाँ की ग्रामीण आबादी की सामाजिक चेतना में यह नया विषय प्रमुख स्थान ले चुका है।

इस लेख को समाप्त करने के पूर्व मैं यह स्पष्ट कर देना चाहूँगा कि हमें इसका पूरा भान है फिर हमारे वर्तमान कार्यक्रम से कार्यान्वित हो जाने से ही यहाँ का काम पूरा नहीं हो जाएगा। वास्तव में यह तो एक शुरुआत होगी। ग्रामदान से केवल इतना होगा कि वह, गाँव का प्रत्यक्ष लोकतन्त्र समुचित रूप से काम कर सके, इसके लिए आवश्यक सामाजिक-मनोवैज्ञानिक परिस्थिति तैयार कर देगा। लेकिन उस लोकतन्त्र को क्रियाशील बनाने के लिए बहुत कुछ करना शेष रहेगा। ग्राम-सभाओं को इतना शक्तिशाली और नैतिक दृष्टि से साधन-सम्पन्न बनाना होगा कि वे समुदाय के आन्तरिक झगड़ों को निबटा सकें, अन्याय का होना रोक सकें तथा ग्रामकोष का नियमित संग्रह तथा निर्धारित उद्देश्यों के लिए उसका विनियोग करा सकें। ग्रामसभाओं को यह सीखना होगा कि वे विकास की अपनी योजनाएँ कैसे तैयार करें, उनके अमल के लिए अपने साधनों का उपयोग कैसे करें तथा सरकारी एजेन्सियों, ऋणदायी संस्थाओं एवं अन्य सूत्रों से उपलब्ध सहायता कैसे प्राप्त करें। मुसहरी-प्रखण्ड (विकास-योजना की दृष्टि से) द्वितीय-चरणोत्तर काल में पहुँचा हुआ है और उसके पास जो विकास-कोष है, वह बहुत थोड़ा है; चालू वर्ष में केवल 15,000 रु. उसको आबंटित किए गए हैं। लेकिन अगर मान लीजिए, प्रखण्ड के 121 राजस्व गाँवों में से प्रत्येक गाँव औसत 1,000 रु. का ग्रामकोष संग्रह कर लेता है, तो कुल 1,21,000 रु. इकट्ठे हो जाएँगे। इसके अलावा भूमिहीन-मजदूरों के श्रमदान से हजारों मनुष्य प्रतिदिन प्राप्त हो सकते हैं। इन सब बातों से यह कल्पना हमें मिल सकती है कि आन्तरिक साधनों को संगठित करने में ग्रामदान कहाँ तक सहायक हो सकता है। यह ठीक है कि यह सारा ग्रामसभाओं के निर्माण के बाद स्वतः नहीं

हो जाएगा, और इसी बात पर तो बल देने की कोशिश मैं कर रहा हूँ।

आगे कुछ दूसरे काम भी करने होंगे। जो ग्रामसभाएँ हम स्थापित कर रहे हैं, उनका रूप अस्थायी है, इसलिए ग्रामदान-अधिनियम के उपबन्धों के अनुसार उनकी पुष्टि करानी होगी। यह एक थकाने वाली और समय लेने वाली प्रक्रिया है। इसके बाद फिर जब ग्राम-सभाएँ प्रखण्ड के सभी गाँवों में या कम-से-कम 80 प्रतिशत गाँवों में गठित हो जाएँगी, तो उसके आगे की सीढ़ी पर—या जिसे गाँधी जी एक-केन्द्रित वृत्त कहते—प्रखण्ड-सभा का गठन करना होगा। इस प्रकार सर्वोदय की सामुदायिक राज्य-व्यवस्था की संरचना प्राथमिक समुदाय की बुनियाद से ही एक-एक सीढ़ी ऊपर जाकर खड़ी करनी होगी।

जो विशाल कार्य करना बाकी है, उसकी तफसील में जाने की जरूरत नहीं है। ऊपर जो कुछ कहा गया है, वह उस काम की कुछ कल्पना देने के लिए काफी है। एक मौजूँ सवाल यह है कि यह सब करेगा कौन? अवश्य ही यह काम मुट्ठीभर सर्वोदय-कार्यकर्ता नहीं कर सकते और सरकारी एजेन्सियों और कर्मचारियों से भी यह हरगिज होने वाला नहीं है। हाँ, इन सबसे हमें मदद मिलेगी; लेकिन मुख्य जिम्मेदारी ग्रामीण समुदायों को स्वयं उठानी होगी। अगर यह नहीं होता है तो ग्रामदान और ग्रामस्वराज्य भी सामुदायिक विकास एवं पंचायती राज की योजनाओं के साथ इतिहास के कूड़ेखाने में शामिल हो जाएँगे। बस, यहीं हमारे सामने मुख्य चुनौती उपस्थित होती है और यह चुनौती केवल हम सर्वोदय-आंदोलन के लोगों के लिए नहीं, बल्कि सच पूछिए तो शान्तिपूर्ण सामाजिक परिवर्तन एवं विकास में विश्वास रखने वाले उन सब लोगों के लिए है, जो किसी दल में हैं या दलों के बाहर हैं। यह काम, जैसा कि इस लेख में कहा गया है और स्वराज्य के पिछले 23 वर्षों में देखा गया है, अकेले राज्य नहीं कर सकता। जहाँ तक हमारा संबंध है, इस चुनौती के प्रति हम पूर्ण सजग हैं और उसका सामना करने के लिए, ग्रामदानी गाँवों में ही रचनात्मक दल खड़ा करने की कोशिश कर रहे हैं। हम उन शक्तियों के प्रति असावधान नहीं हैं, जिनसे हमारे काम में बाधा पहुँचने की सम्भावना है। लेकिन उनसे संघर्ष करने के लिए हमारे पास तर्क, विचार तथा मैत्री की भावना को छोड़ और कोई साधन नहीं है। सत्याग्रह का अन्तिम साधन हमें उपलब्ध अवश्य है, लेकिन हम आशा करते हैं कि उसका उपयोग करने की आवश्यकता ही नहीं पड़ेगी।

यह कहानी बहुत लम्बी हो चुकी है और अब भी बहुत लिखना बाकी है। शायद यह कहानी देश में हमारे काम के प्रति कुछ दिलचस्पी पैदा कर सकेगी और कम-से-कम कुछ लोगों को इसमें हाथ बँटाने के लिए प्रेरित कर सकेगी। कहने का अर्थ यह नहीं है कि सारी मदद हमें यहाँ ही चाहिए। आंदोलन तो सारे देश में फैला है और जहाँ भी ग्रामदान और ग्रामस्वराज्य का काम चल रहा है, वहाँ इस मदद का हम स्वागत करेंगे।

भारतीय राजनीति में जयप्रकाश का समग्र मूल्यांकन

भाग–1

लोकतन्त्र : कुछ सामान्य विचार

: 1 :

लोकतन्त्र की परिभाषा बताना मेरे लिए व्यर्थ की बात होगी। इसकी आवश्यकता भी नहीं है। राजनीतिक आदर्श के रूप में हम लोकतन्त्र का वरण कर चुके हैं। अब हमारे सामने समस्या इसको व्यावहारिक रूप देने की है। इस प्रश्न के प्रसंग में यहाँ कुछ विचार व्यक्त किए गए हैं।।

एक बात मैं आरम्भ में ही स्पष्ट कर दूँ। इस देश में हो या और कहीं, आदर्श आदर्श ही है। यह पूर्णरूप से प्राप्त कभी नहीं हो सकता। मनुष्य यही कर सकता है कि वह निर्धारित लक्ष्य की दिशा में आगे बढ़ने का प्रयास करे और यथासम्भव उस तक पहुँचने का प्रयत्न करे।

यही कारण है कि बहुत-से राजनीतिक विचारकों ने आदर्श का स्तर इस हद तक घटा दिया है कि उन्होंने लोकतन्त्र को प्राप्य परिभाषा के अन्दर बाँधने तक की कोशिश की है। लोकतन्त्र पर एक मान्य विश्वप्रसिद्ध लेखक के क्या विचार हैं, यह जरा देखिए : 'जनता द्वारा जनता का शासन', 'जनप्रतिनिधियों द्वारा राष्ट्र का शासन' बहुत ही आकर्षक बातें हैं, जिनरो जन-मन में उत्साह का संचार होता है और वक्ताओं के ओजस्वी भाषणों का प्रभावकर समापन होता है। किन्तु ये लुभावने शब्द-समूह मृगमरीचिका ही हैं। आज तक जनता कहीं भी अपने को शासित कर सकी है और न यह सम्भव है। सरकारों का संचालन सदा ही थोड़े, विशिष्ट आभिजात्य कुलों के हाथ में रहा है, जिसका साफ मतलब है बहुतों पर थोड़ों का शासन अर्थात् कुलीन-तन्त्रात्मक शासन-व्यवस्था। पर हमें यह सिद्धान्त प्रतिष्ठित करना चाहिए : *'जनता के लिए गए विशिष्ट व्यक्तियों द्वारा जनता का शासन'।*

एक अन्य लेखक के विचार देखिए : लोकतन्त्रात्मक व्यवस्था का वास्तविक रूप तो यह है कि जनता ही प्रत्यक्ष रूप से अपना शासन करे, अपने लिए कानून बनाए, न्याय-व्यवस्था का संचालन करे और (यद्यपि यह अपेक्षाकृत कठिन कार्य है, फिर भी) प्रशासन का सारा कार्य स्वयं चलाए या उसकी देख-रेख करे। किन्तु ऐसा लोकतन्त्र न तो कभी अस्तित्व में आया है और न तब तक इसकी कोई सम्भावना है, जब तक लोग बड़ी-बड़ी राजनीतिक इकाइयों में रहेंगे। ऐसी अवस्था में राजनीतिक लोकतन्त्र का अनिवार्य रूप से यही भाव ग्रहण किया जाना चाहिए : विधियुक्त प्रतिनिधिक शासन-व्यवस्था। लोकतन्त्र का अर्थ वस्तुतः जनता पर जनता का शासन नहीं है; जनता स्वयं कभी शासन नहीं कर पाती। लोकतन्त्र का अभिप्राय यही है कि जनता का नेतृत्व करने का सुयोग हर व्यक्ति को मिल सकता है। पश्चिम में लोकतन्त्र का जो स्वरूप प्रचलित है, उसमें विचारों की विभिन्नता और उनके आधार पर नेताओं की विविधता के लिए पर्याप्त अवसर है। इस विभिन्नता और विविधता के बीच से ही जनता अपनी रुचि के अनुसार अपने प्रतिनिधियों

का चुनाव करती है।... इस दृष्टि से लोकतन्त्र की परिभाषा इन शब्दों में की जा सकती है : सरकार को पदारूढ़ और पदच्युत कर सकने की जनता की सक्षमता। लोकतन्त्र को इसके अतिरिक्त और कुछ कहना शब्दों का दुरुपयोगमात्र है।

लोकतन्त्र के संबंध में अधिकारी विद्वानों द्वारा प्रयुक्त ये मर्म-वचन हैं, किन्तु इनके सार्वकालिक सत्य होने में मुझे सन्देह है। यह निश्चित है कि पश्चिम में लोकतन्त्र जिस सीमा तक बढ़ पाया है, उसे हम 'निर्वाचित विशिष्टजन शासन' कह सकते हैं अर्थात् पश्चिमी लोकतन्त्र वास्तविक लोकतन्त्र नहीं, विशिष्ट जन-नियन्त्रित लोकतन्त्र है।

यह संदिग्ध है कि 'जनता' अनन्त काल तक इस स्थिति से परितुष्ट रह सकेगी। और फिर लोकतन्त्र पर अधिनायकवादी व्यवस्था की ओर से जो व्यापक प्रहार हो रहे हैं, उन्हें देखते हुए क्या यह शंका नहीं होती कि लोकतन्त्रात्मक व्यवस्था के अधीन रहने वाले लोग स्वशासन की स्थिति का अनुभव नहीं कर पा रहे हैं?

यह भी विचारणीय है कि पश्चिम में लोकतन्त्र की जो परिभाषा प्रचलित है, उससे क्या लोकतन्त्रभावापन्न सार्वकालिक और सार्वदेशिक लोग, सामाजिक आदर्शवादी और विचारक तथा स्वयं मानव की अन्तरात्मा को तोष प्राप्त होगा? मेरा तो ख्याल है कि आज ये सारे तत्त्व-विचारक, आदर्शवादी, जनता एवं मानव की अन्तरात्मा समवेत रूप से लोकतन्त्र के नए स्वरूप—अधिक संतोषप्रद साझेदारी (participating) की लोकतन्त्रात्मक व्यवस्था—की माँग करने लगे हैं। मेरा यह भी दृढ़ विश्वास है कि जिस हद तक लोकतन्त्र में साझेदारी की बात आएगी, उस हद तक हम अधिनायकवाद के प्रहारों को रोक सकने और विफल करने में समर्थ होंगे।

अतएव विद्वज्जनों के प्रति श्रद्धावनत होकर भी और यह मानकर भी कि आदर्श पूर्णतः प्राप्त नहीं है, मेरा आग्रह ऐसी लोकतन्त्रात्मक व्यवस्था के लिए है, जिसमें अधिक-से-अधिक लोग अपना अधिक-से-अधिक शासन कर सकें। इस प्रबन्ध में ऐसे ही उपाय के शोध का मेरा प्रयास है।

: 2 :

इस शोध के प्रसंग में मैं लोकतन्त्र के बारे में कुछ विचार सामान्य रूप से प्रकट करना चाहता हूँ। (1) पहली बात यह है कि लोकतन्त्र की समस्या मूलतः नैतिक समस्या है। संविधान, शासन-प्रणाली, दल, निर्वाचन—ये सब लोकतन्त्र के अनिवार्य अंग हैं। किन्तु जब तक लोगों में नैतिकता की भावना न रहेगी, लोगों का आचार-विचार ठीक न रहेगा, तब तक अच्छे-से-अच्छे संविधान और राजनीतिक प्रणाली के बावजूद लोकतन्त्र ठीक से काम नहीं कर सकता। लोकतन्त्र के लिए ये नैतिक गुण और मानसिक प्रवृत्तियाँ आवश्यक हैं :

(क) सत्य के प्रति निष्ठा, (ख) हिंसा से विरति, (ग) स्वातन्त्र्य से प्रेम और दमन एवं उत्पीड़न का प्रतिरोध करने का साहस, (घ) सहयोग का भाव, (ङ) सार्वजनिक हित के साथ अपने हित की संगति बैठा लेने को तैयार रहना, (च) दूसरों के विचारों को तरह देने का भाव और सहिष्णुता, (छ) उत्तरदायित्व वहन करने के लिए तैयार रहना, (ज) सबको समान समझने की भावना के प्रति आस्था और (झ) मानव-स्वभाव के सुधार के प्रति विश्वास।

ये गुण और प्रवृत्तियाँ मनुष्य में जन्मजात नहीं होतीं। किन्तु शिक्षण द्वारा इन्हें प्राप्त कर लेने एवं जीवन में ढाल लेने की योग्यता उसमें उत्पन्न की जा सकती है। यह जान लेना चाहिए कि मानव में इन गुणों का उन्नयन राज्य का कार्य नहीं है। सामाजिक जीवन ही इस ढंग का होना चाहिए कि समाज के प्रत्येक सदस्य में ये भाव एवं गुण स्वयमेव उत्पन्न हों। सामाजिक आचार-व्यवहार, परिवार, धार्मिक एवं शैक्षणिक वातावरण, प्रतिष्ठित जनों के आचरण तथा जनमत का निर्माण करने वाली संस्थाओं को संयुक्त रूप से इस बात के लिए यत्नशील होना चाहिए कि लोकतन्त्र के विकास के लिए आवश्यक परिस्थिति उत्पन्न की जा सके। इस प्रकार यह स्पष्ट है कि लोकतन्त्र की भावना को उत्पन्न एवं संवर्द्धित करने के लिए आधार प्रस्तुत करने का कार्य राजनीतिक नहीं, शिक्षणात्मक है।

(2) यद्यपि ऊपर जिन गुणों और प्रवृत्तियों की चर्चा की गई है, उन पर सूक्ष्म रूप से बिना किसी स्थिति और काल का उल्लेख किए ही प्रकाश डाला गया है, तथापि मैं संक्षेप में केवल एक नैतिक प्रवृत्ति के संबंध में कुछ निवेदन

करना चाहता हूँ, जो आधुनिक लोकतन्त्र से विशेष रूप से सम्बद्ध है।

आज का युग मुख्यरूप से भौतिकवादी है। समाज-विशेष चाहे पूँजीवादी हो, समाजवादी हो अथवा कम्युनिस्ट हो, यह निर्विवाद है कि जीवन के सभी तत्त्वों पर भौतिकवाद छा गया है। मनुष्य प्रकृत्या पदार्थ और भावना का सम्मिश्रित रूप है। इसीलिए उसकी पदार्थगत अर्थात् भौतिक आवश्यकताएँ भी होती हैं, जिनकी पूर्ति आवश्यक है। इस दृष्टि से प्रत्येक मनुष्य का भौतिकवादी होना अनिवार्य है। परन्तु यदि उसकी भौतिक आवश्यकताएँ सीमा का बन्धन तोड़ दें तथा उसकी सारी क्रियाशीलता अधिकाधिक भौतिकवादी आवश्यकताओं की पूर्ति के लिए ही हो, तो समाज में वैषम्य की स्थिति तो आ ही जाती है, स्वयं मानव-जीवन में भौतिकवाद के अतिरिक्त और कुछ नहीं रह जाता। जिन महात्मा ईसा ने आध्यात्मिक जीवन-यापन के संबंध में इतने उदात्त उपदेश दिए थे, उन धर्म में दीक्षित पश्चिमी देशों की आज ठीक यही अवस्था है।

लोग कहेंगे कि लोकतन्त्र की समीक्षा के प्रसंग में इन अनर्गल बातों की चर्चा ही क्यों? लेकिन मैं इसे जरूरी समझता हूँ, क्योंकि मेरा यह दृढ़ मत है कि वर्तमान उद्योगवाद—फिर वह भले ही पूँजीवाद, समाजवादी या कम्युनिस्ट हो—ने और-और भी जिस भौतिकवाद प्रवृत्ति की सृष्टि कर रखी है, उसके साथ लोकतन्त्र का मेल नहीं खाता। दोनों साथ नहीं चल सकते। मेरी मान्यता है कि यदि मनुष्य वास्तविक रूप में स्वतन्त्रता और स्वशासन की स्थिति का उपभोग करना चाहता है, तो उसे स्वेच्छा से अपनी जरूरतें घटानी होंगी। अन्यथा और-और भी हाय-हाय का परिणाम होगा : पारस्परिक संघर्ष, दमन, उत्पीड़न और युद्ध। साथ ही इससे उत्पादन-वृद्धि का ऐसा अव्यवस्थित क्रम चल पड़ेगा, जिससे लोकतन्त्र लुंज-पुंज होकर नौकरशाही का चरण-चुम्बन करने लगेगा।

अपनी अमर रचना 'लास्ट फेज' में श्री प्यारेलाल का कहना है : यह बात बिलकुल यथार्थ है कि लोकतन्त्र और स्वतन्त्रता उन लोगों के लिए अर्थहीन हैं, जो जीवन की अनिवार्य आवश्यकताओं से भी वंचित हैं। परन्तु यह भी उतना ही सच है कि सांसारिक सुखोपलब्धि करने वाली वस्तुओं के पीछे पड़े रहना लोकतन्त्र के मार्ग की सबसे बड़ी बाधा है और उनकी पूर्ति वैयक्तिक स्वातन्त्र्य का हनन करके ही की जा सकती है। अधिक-से-अधिक भौतिक पदार्थों की उपलब्धि की आकांक्षा से प्रेरित सामूहिक उत्पादन की प्रणाली ने उस अवस्था की सृष्टि कर रखी है, समाज की ऐसी रचना कर डाली है, जिसमें व्यक्ति के व्यक्तित्व का पता ही नहीं चलता, वह लापता हो गया है।...व्यक्तिप्रधान समाज में एक सर्वशक्तिसम्पन्न कार्यपालिका का उदय हो गया है, जिसमें नियोजित अर्थव्यवस्था के अन्तर्गत राजनीतिज्ञों, नियोजनकर्ताओं, विशेषज्ञों और नौकरशाहों की बड़ी भारी जमात उठ खड़ी हुई है। विशेषाधिकार नया जामा पहनकर सामने आ गया है। विपुलता के नाम पर समानता की बलि चढ़ा दी गई है।

विद्वान् लेखक ने आगे लिखा है : गाँधी जी ने आर्थिक समुन्नति का कभी विरोध नहीं किया। वे तो इस हद तक कह गए हैं कि भूखों के लिए दूध-रोटी ही ईश्वर है। 'गरीबों का धर्म अर्थ ही है।' उनका विरोध केवल इस बात से था कि वे भौतिक आवश्यकताओं की वृद्धि को ही विकास नहीं मानते थे। और न नैतिकता को भौतिकवाद के बाद की चीज मानने के लिए वे कभी तैयार हुए।

यह निर्विवाद है कि आज जीवन के दो मूल्यों—अधिक सामग्री की उपलब्धि और अधिक स्वातन्त्र्य की उपलब्धि के बीच संघर्ष की स्थिति उत्पन्न हो गई है। किन्तु जो मानव की स्वतन्त्रता में विश्वास करते हैं, उन्हें दोनों में से किसी एक को चुनने में कठिनाई नहीं होनी चाहिए। भारत जैसे निर्धन देश में अभी वह अवस्था नहीं आई है कि हम दोनों में से किसका वरण करें। फिर भी जीवन के आदर्श के रूप में किसका ग्रहण किया जाए और किसका त्याग, यह समस्या भारत के सामने भी उसी रूप में उपस्थित है, जिस रूप में यूरोप या अमेरिका के सामने।

भारत इनमें से किसका वरण करे, इसका निर्णय संसद् या किसी राजनीतिक आंदोलन से नहीं, वरन् समाज के प्रतिष्ठित जनों के आचरण से ही हो सकता है।

(3) अपनी आवश्यकताओं को स्वेच्छया परिमित करना एक अन्य दृष्टि से भी लोकतन्त्र के लिए महत्त्वपूर्ण है। लोकतन्त्रात्मक देशों में राज्य की निरन्तर बढ़ती हुई शक्ति और 'राज्यवाद' के विरुद्ध भावना उग्रतर होती जा रही है। यह भावना यथोचित है। लोकतन्त्रभावापन्न सभी लोग इसका समर्थन करेंगे। इस प्रसंग में यह विचारणीय है कि स्थिति

कैसे बदल गई? जब आधुनिक लोकतन्त्र की नींव पड़ रही थी, तो उस समय स्वतन्त्र उद्योग और व्यक्तिवाद के सिद्धान्त का प्राधान्य था। लोकतन्त्र के सर्वश्रेष्ठ व्याख्याता एडम स्मिथ ने कहा था : (राज्य की ओर से) अल्पतम प्रतिबन्धों द्वारा शासित और स्वहित के संरक्षण में तत्पर प्रत्येक व्यक्ति के प्रयास से सार्वजनिक सम्पत्ति की पर्याप्त अभिवृद्धि होगी।

लेकिन जैसा कि प्यारेलालजी ने लिखा है—स्पष्ट आर्थिक वैषम्य और पूँजीपतियों की अनियन्त्रित होड़ ने स्थिति ऐसी पलटी कि उससे उत्पन्न दोषों के परिहार के लिए राज्य का हस्तक्षेप अनिवार्य हो गया। लेकिन अनुभव बताता है कि एक बार भी यदि राज्य की ओर से हस्तक्षेप हुआ, तो उसके फलस्वरूप राज्य द्वारा निरन्तर लोगों का जीवन नियन्त्रित करने की चेष्टा आरम्भ हो जाती है। और जो लोग लोकतन्त्र के हामी होते हैं, वे अपने अधिनायकवादी प्रवृत्ति वाले प्रतिद्वन्द्वियों से मोर्चा लेने के लिए स्वयं अधिनायकवादी तरीके अपनाने को या तो विवश हो जाते हैं या लोकतन्त्र के सड़े-गले ढर्रे पर चलते रहकर उनके मुकाबले दाँव पर दाँव हारते जाते हैं।

अब हमारे सामने लोकतन्त्र के समक्ष उपस्थित बड़ा पेचीदा मसला आ खड़ा होता है। वह समस्या यह है कि इस भँवर से पार कैसे निकला जाए? जब स्वतन्त्रता की स्थिति रहती है, तो उसका दुरुपयोग होने लगता है, जिससे राज्य का हस्तक्षेप अनिवार्य हो जाता है और जब राज्य का हस्तक्षेप होने लगता है, तो स्वतन्त्रता पर आँच आती है। सवाल यह है कि किस प्रकार स्वतन्त्रता की भी रक्षा हो और उसका दुरुपयोग भी रुके। यह सवाल किसी राजनीतिक तरीके से नहीं, वरन् नैतिक ढंग से हल हो सकता है। यह समझ लेना जरूरी है कि स्वतन्त्रता के साथ ही उत्तरदायित्व भी लगा हुआ है। यदि मनुष्य सामाजिक उत्तरदायित्व का निर्वाह करने को तैयार नहीं होता, यदि वह स्वतन्त्रता का दुरुपयोग कर केवल स्वहित-साधन में तत्पर रहता है तथा दूसरों के हितों की उपेक्षा करता है या उन्हें हानि पहुँचाता है, तो उसकी इस कार्रवाई से राज्य का हस्तक्षेप अथवा 'राज्यवाद' अनिवार्य है। ऐसी स्थिति के लिए ही गाँधी जी ने न्यासिता (Trusteeship) का सुझाव दिया था। राज्यवाद अथवा अधिनायकवाद का जवाब लोकतन्त्र यदि दे सकता है, तो केवल न्यास-विधान द्वारा। परन्तु यह न्यास-विधान तभी सम्भव है, जबकि आवश्यकताएँ स्वेच्छया घटाई जाएँ। कोई भी मनुष्य तब तक न्यासधारी नहीं हो सकता, जब तक कि वह अपनी सम्पत्ति का उपभोग अपने साथियों के साथ करने को तैयार नहीं होता। और यह तभी कर सकता है, जबकि वह अपनी आवश्यकताएँ घटाना सीख ले। स्वेच्छया आवश्यकताएँ कम करना या यों कहिए कि भौतिकवाद से विरक्ति अथवा सांसारिक सुखोपलब्धि कराने वाले पदार्थों के निस्सीम संग्रह की प्रवृत्ति का त्याग लोकतन्त्र के लिए नितान्त आवश्यक है।

(4) अब यहाँ हमें फिर अर्थशास्त्रियों और अर्थशास्त्र के उनके सिद्धान्तों से लोहा लेना पड़ेगा, क्योंकि यह सवाल तुरन्त उठाया जा सकता है कि आर्थिक समुत्थान के नियमों की अवहेलना नहीं की जा सकती। आर्थिक विकास का क्रम तो अपने प्रकृत मार्ग का अनुसरण करेगा ही और विज्ञान एवं प्रविधि की उपेक्षा नहीं की जा सकती। लेकिन एक बात मैं स्पष्ट कर दूँ कि आज के अर्थशास्त्रीय सिद्धान्त एक विशेष प्रकार की समाज-व्यवस्था को ध्यान में रखकर तैयार किए गए हैं, जो उस जीवन-पद्धति द्वारा शासित होती है, जिस पर हम अभी विचार कर चुके हैं। वह पद्धति है, असीम भौतिक समृद्धि की। लेकिन अर्थशास्त्र के और भी तो सिद्धान्त हो सकते हैं, जो ऐसी समाज-व्यवस्था के लिए हों, जिनका नियमन भिन्न प्रकार के सामाजिक विधान द्वारा किया जाए।

इसको कोई-कोई बाल की खाल निकालना भी कह सकते हैं। लेकिन मेरे मत का पोषण पश्चिम के एक प्रमुख अर्थशास्त्र-वेत्ता तथा ब्रिटेन के नेशनल कोल बोर्ड के आर्थिक परामर्शदाता डॉक्टर ई. एच. शूमाखेर के मत से होता है। डॉक्टर शूमाखेर समाजवादी विचारों के हैं। वे लन्दन की उस सोशलिस्ट यूनियन के सदस्य हैं, जिसने कुछ समय पूर्व 'ट्वेंटियथ सेंचुरी सोशलिज्म' नामक अद्भुत ग्रन्थ प्रकाशित किया था। यूरोपीय और एशियाई समाजवादी आंदोलन पर इस ग्रन्थ का पर्याप्त प्रभाव पड़ा था। डॉक्टर शूमाखेर कुछ समय तक बर्मा-सरकार के आर्थिक परामर्शदाता भी रह चुके हैं। रंगून के अपने निवासकाल में उन्होंने 'एक बौद्ध-देश की अर्थ-व्यवस्था' शीर्षक से एक व्याख्यान तैयार किया था। वह व्याख्यान आज तक छपा नहीं है, किन्तु डॉक्टर शूमाखेर ने उसकी एक प्रति मेरे पास भेज दी थी। वह व्याख्यान मैं इतना महत्त्वपूर्ण समझता हूँ कि उसके कुछ अंश तो यहाँ उद्धृत कर ही रहा हूँ। उसे पूरा-का-पूरा इस प्रबन्ध के परिशिष्ट के रूप में भी दे रहा हूँ। साथ ही जो लोग यह प्रबन्ध पढ़ें, उनसे मेरा आग्रह यह व्याख्यान

भी पढ़ जाने का है।

'आज हम जिसे अर्थशास्त्र का सिद्धान्त (विज्ञान) कहते हैं, उसका आधार जीवन का केवल एक पहलू है; एक ही और दूसरा नहीं, और वह है भौतिकवादी पहलू।...विज्ञान अथवा सिद्धान्त के रूप में अर्थशास्त्र का विकास केवल पश्चिम में हुआ और वह भी तब जबकि पाश्चात्य भौतिकवाद का संसार पर प्राधान्य हो चुका था। भौतिकवाद के विरोधी विचारक इतने दबे-से रहे कि वे अपनी दृष्टि से इस पर विचार न कर सकें।...भौतिकवाद का तत्त्व भौतिक आवश्यकताओं की पूर्ति का प्रयास नहीं, वरन् अविवेकपूर्ण ढंग से भौतिक पदार्थों का असीम उत्पादन है।...चाहे कम्युनिस्ट देशों में हो या अन्यत्र, जो अर्थशास्त्र आज दुनियाभर में पढ़ाया जाता है, वह किसी प्रकार की सीमा का बन्धन नहीं मानता। इसलिए यह भौतिकवादी अर्थशास्त्र के अतिरिक्त और कुछ नहीं है। इसमें जिस जीवन को आधार मान कर चला गया है, वह विशुद्ध रूप से भौतिकवादी है। उसमें जीवन की और किसी पद्धति का समावेश नहीं किया जा सकता। ...पता नहीं कब आज के अर्थशास्त्र के शिक्षक अपने विद्यार्थियों को यह सही बात बताएँगे कि ऐसे अर्थशास्त्र की शिक्षा दी जा रही है, उसका आधार निर्भ्रान्त रूप से जड़वाद (भौतिकवाद) के अतिरिक्त और कुछ नहीं है, जो अन्य बातों पर विचार करने का अवसर भी नहीं देता। पता नहीं, कब वे यह स्वीकार करेंगे कि अर्थशास्त्रीय विवेचन के और भी ढंग सम्भव एवं आवश्यक हैं तथा मूल रूप में वे विद्यमान भी हैं। मैं यहाँ एक ही विचारक का नाम उपस्थित कर रहा हूँ। वे हैं इस युग के सर्वश्रेष्ठ व्यक्ति महात्मा गाँधी। क्या आज के अर्थ-शास्त्रवेत्ता और अध्यापक गाँधी जी को अर्थशास्त्री के रूप में जानते हैं? लेकिन गाँधी जी ने आर्थिक प्रश्नों पर बहुत कुछ कहा है। उन्होंने जिस आर्थिक सिद्धान्त का विवेचन किया है, वह हिन्दू-समाज से (और सम्भवतः बौद्ध समाज से भी) मेल खाता है।...ऐसी हालत में, जबकि भौतिकवाद के विरोधी आगे बढ़ जाने में असमर्थ हैं, मैं अर्थशास्त्र के विद्वानों, अध्येताओं और साथ ही राजनेताओं से अनुरोध करूँगा कि वे उसी ध्यान और तन्मयता से महात्मा जी के आर्थिक विवेचन का अध्ययन करें, जिस लगन से वे भौतिकवादी अर्थव्यवस्था का अध्ययन करते हैं।'

इन उद्धरणों से डॉक्टर शूमाखेर की पूरी विचारधारा समझ में न आएगी। इसके लिए तो उनका पूरा व्याख्यान ही पढ़ना होगा। किन्तु इतने से मेरे इस मत की पुष्टि हो जाती है कि आज के प्रचलित अर्थशास्त्रीय सिद्धान्त और आर्थिक विकास के तथाकथित 'नियमों' की चकाचौंध में आकर हमें यह न भूल जाना चाहिए कि जीवन-यापन की इससे भी उन्नत प्रणाली हो सकती है तथा हमें अपनी अर्थ एवं राज्यव्यवस्था को तदनुरूप ढालने का प्रयत्न करना चाहिए। मुझे आशा है कि डॉक्टर शूमाखेर का अन्तिम वाक्य गाँधी के भारत में बसने वाले राजनयिकों और अर्थशास्त्रवेत्ताओं की आँख खोलने में समर्थ होगा।

(5) यह स्मरण रखने की बात है कि लोकतन्त्र का मतलब विविध लोकतन्त्रात्मक संस्थाएँ ही नहीं हैं। वस्तुतः इसकी भावना का समावेश जनजीवन में होना चाहिए। तत्त्वतः यह जीवन की एक प्रणाली है। लोकतन्त्र की चरितार्थता प्रतिनिधिक विधान-सभाओं अथवा निर्वाचित सरकारों में नहीं, वरन् लोगों के स्वेच्छाप्रेरित सहयोगात्मक कार्यों में है, जिससे वे मिल-जुलकर अपनी समस्याओं का समाधान करते हैं, अपने हितों का साधन करते हैं और अपनी व्यवस्था का संचालन करते हैं। प्रोफेसर हेराल्ड लॉस्की से एक बार पूछा गया कि आपकी दृष्टि में लोकतन्त्र कब सफल समझा जा सकता है, तो उन्होंने कहा कि तब, जबकि लोग स्वेच्छा से प्रेरित होकर अपने कर्तव्यों का पालन करें। जिन लोगों ने अध्यवसाय और प्रेरणाशक्ति का परिचय दिया है, उनके देश में लोकतन्त्रात्मक व्यवस्था सफल रही है। लार्ड बेवरिज ने अपनी 'वालंटरी ऐक्शन' (ए रिपोर्ट आन दि मेथड्स ऑफ सोशल ऐडवांस) पुस्तक की भूमिका में लिखा है : अधिनायकवादी समाज-व्यवस्था में घर के बाहर की नागरिकों की सारी कार्रवाइयों का निर्देशन और नियन्त्रण राज्य द्वारा होता है। किन्तु इसके ठीक विपरीत स्वतन्त्र समाज-व्यवस्था की विशेषता है, व्यष्टि अथवा समष्टि की हित-कामना से एकाकी अथवा संयुक्त रूप से घर के बाहर स्वेच्छया से कार्य करने की ओर प्रवृत्त होना। लार्ड बेवरिज आगे कहते हैं : यह स्पष्ट है कि अब तक राज्य की ओर से जो कार्य हुए हैं, उनकी अपेक्षा उसे और अधिक कार्य करना चाहिए। किन्तु इसके साथ ही यह भी स्पष्ट है या स्पष्ट हो जाना चाहिए कि सामाजिक समुन्नयन की दिशा में स्वेच्छाप्रेरित कार्यों के लिए और अधिक अवसर, स्थान एवं प्रोत्साहन मिलना चाहिए।

(6) लोकतन्त्र का मतलब केवल राजनीतिक अधिकार और शासन में जन-सहयोग नहीं है। प्रथम महायुद्ध के बाद से तो लोकतन्त्र से अभिप्राय अधिकाधिक सामाजिक न्याय, अवसर की समानता और औद्योगिक लोकव्यवस्था से माना जाने लगा है। पहले राजनीतिक और आर्थिक लोकतन्त्र में जो भेद समझा जाता था, वह अब मिट गया है तथा दोनों का एकीकरण कर इसे पूर्ण लोकतन्त्र कहा जाने लगा है। मेरे कहने का यह मतलब नहीं कि आज का लोकतन्त्र किसी प्रकार के समाजवाद या कम्युनिज्म जैसे राजनीतिक, आर्थिक सिद्धान्त से सम्बद्ध हो गया है। हालाँकि यह सच है कि इन 'वादों' ने उपर्यंकित अर्थ में पूर्णरूप से लोकतन्त्रात्मक व्यवस्था कायम करने का आश्वासन दे रखा था। परन्तु जहाँ तक कम्युनिज्म का संबंध है, यह देखने में आया है कि उक्त व्यवस्था के अन्तर्गत लोकतन्त्र का विस्तार होना तो दूर रहा, राजनीतिक और आर्थिक दोनों क्षेत्रों में उससे लोकतन्त्र का हनन ही हुआ है। अनुभव बताता है कि पहले की यह धारणा कि उत्पादन, वितरण एवं विनिमय के साधनों पर राज्य के स्वामित्व के फलस्वरूप आर्थिक स्वाधीनता, शोषण की समाप्ति और उत्पादित सामग्री के यथोचित (न्याय्य) वितरण की अवस्था उत्पन्न होगी तथा राज्य नियन्त्रण-मुक्त समाज की स्थापना सम्भव होगी—भ्रमपूर्ण सिद्ध हुआ है। वस्तुस्थिति यह है कि हालत इससे उल्टी है।

जहाँ तक समाजवादी व्यवस्था का संबंध है, यह कहा जा सकता है कि कम्युनिस्ट-व्यवस्था की अपेक्षा इसमें हालत कुछ अच्छी है; क्योंकि समाजवादी व्यवस्था के अन्तर्गत लोकतन्त्रात्मक संस्थाओं के संरक्षण का विधान है। लेकिन शंका की बात यह है—और स्वयं समाजवादियों ने स्वीकार किया है—कि क्या केन्द्रीय सत्ता के हाथ में आर्थिक शक्तियों का पुंजीभूत होना, भले ही वह लोकतन्त्रात्मक वातावरण में हो, आर्थिक लोकतन्त्र की दृष्टि से समीचीन है? साथ ही यह शंका भी उठती है कि क्या इसका अन्तिम परिणाम राजनीतिक लोकतन्त्र को कुण्ठित कर देना तो न होगा?

यहाँ यह स्पष्ट कर देना आवश्यक है कि इसमें दोष समाजवाद का उतना नहीं, जितना (1) राज्य की शक्ति के केन्द्रित हो जाने का और (2) व्यापक औद्योगीकरण का है।

केन्द्रीभूत एकात्मक राज्य में नागरिक शासन (सरकार) में भाग लेने से वंचित हो जाते हैं, भले ही उसे चुनने या हटाने का अधिकार उन्हें प्राप्त रहे और इसका उपयोग भी वे कर सकें। लोगों का यह अधिकार भी दलीय प्रणाली के अस्तित्व में आ जाने से एक प्रकार से सीमित हो गया है, क्योंकि इसमें चुनाव करने की उतनी स्वतन्त्रता नहीं रह जाती।

जहाँ तक व्यापक औद्योगीकरण का प्रश्न है, प्रायः सभी समाजवादी विचारक यह मानने लगे हैं कि इसका अनिवार्य परिणाम लोकतन्त्रात्मक अधिकारों में कमी होते जाना है।

वैसे समाजवाद या कम्युनिज्म के प्रयोग में आने के बाद जो भी अनुभव हुआ हो, यह निश्चित है कि लोकतन्त्र से स्पष्ट अभिप्राय सामाजिक-आर्थिक न्याय, अवसर की समानता, औद्योगिक लोक-व्यवस्था के साथ-साथ उन सभी बातों से ही है, जिन्हें हम राजनीतिक लोकतन्त्र के नाम से जानते-मानते हैं। और यदि इस लक्ष्य तक पहुँचा सकने में समाजवाद या कम्युनिज्म विफल हुए हैं, तो उस दिशा में प्रयास जारी रखना नितान्त आवश्यक है। लोकतन्त्र कैसे सफल हो सकता है, इसका तो पता हमें लगाना ही होगा। जैसा ऊपर कहा जा चुका है, इस प्रयास की सफलता तभी सम्भव है, जब हम लोकतन्त्र पर केवल आर्थिक-राजनीतिक नहीं, वरन् नैतिक दृष्टि से विचार करें।

(7) जात-पाँत और छुआछूत जैसी सामाजिक प्रणालियाँ एवं मानसिक प्रवृत्तियाँ भी लोकतन्त्र के मार्ग की सबसे बड़ी बाधाएँ हैं। जिस समाज में लोग जातिगत आधार पर ऊँच-नीच और अछूत समझे जाते हों, उसमें लोकतन्त्र नहीं चल सकता। यह दूसरी बात है कि हर व्यक्ति की योग्यता और क्षमता जन्म से ही भिन्न होती है, किन्तु इसकी ऊहापोह प्राणिशास्त्र का विषय भले हो, जातिवाद से इससे कोई संबंध नहीं है। लोकतन्त्र के प्रति आस्था रखने वाले प्रत्येक भारतीय विचारक को यह समझ लेना चाहिए कि इस देश में लोकतन्त्र के सबसे प्रबल शत्रु जातिवाद और अस्पृश्यता ही हैं। इसके साथ ही यह भी समझ लेने की बात है कि लोकतन्त्र के इन प्रबल शत्रुओं को राजनीति के हथियारों से नहीं, वरन् शिक्षा और विवेक के शस्त्रों से भूमिसात् किया जा सकता है। थोड़ा-बहुत इसका संबंध अर्थ-व्यवस्था से भी है। आर्थिक स्थिति सुधरने से दलित और पिछड़े वर्गों की सामाजिक अवस्था भी उन्नत हो सकती है। परन्तु इसकी आर्थिक स्थिति सुधर जाने से ही जाति-प्रथा समाप्त हो जाएगी, यह मानना भूल है; क्योंकि आर्थिक दृष्टि से

समुन्नत जाति वाले भी परस्पर जातिगत भेद तो मानते ही हैं।

(8) विदेशी शासन से हाल ही में मुक्त भारत जैसे देशों में तो लोकतन्त्र की समस्या आर्थिक पिछड़ेपन एवं पिछले कुछ दिनों के बीच लोकतान्त्रिक परम्परा के अभाव से और भी जटिल हो गई है।

पूँजी-संयोजन की समस्या (जिसमें वर्तमान उपभोग और बचत के सीमा-निर्धारण की समस्या भी शामिल है), श्रमशक्ति और साधनों के निर्देशन और उपयोग का प्रश्न तथा आर्थिक विकास की अन्य विविध योजनाएँ जिस प्रकार सुविधापूर्ण एवं त्वरित गति से अधिनायकीय व्यवस्था (भले ही वह कम्युनिस्ट अधिनायकवादी व्यवस्था से भिन्न हो) में हल हो सकती है, उस प्रकार लोकतन्त्रीय-व्यवस्था में नहीं। पिछड़े देशों में बुद्धिजीवियों के मन में इस कारण भी कम्युनिज्म के प्रति आकर्षण उत्पन्न हो जाया करता है।

ऐसी हालत में इन देशों (भारत जैसे हाल में स्वतन्त्र हुए देश) के सामने एक प्रकार की नैतिक समस्या उठ खड़ी होती है। जिन लोगों ने लोकतन्त्रात्मक व्यवस्था का मार्ग अपनाया है, उन्होंने निस्सन्देह विकसित और समुन्नत प्रणाली अपनाई है और यह स्पष्ट कर दिया है कि उनका मानसिक विकास उन लोगों की अपेक्षा कहीं अधिक हुआ है, जो भौतिकवाद को प्रमुखता प्रदान करते हैं।

बारीकी से छानबीन की जाए, तो पता चलेगा कि अधिनायकवादी व्यवस्था में लोगों को मिथ्या प्रलोभन देकर उन्हें अपनी स्वतन्त्र स्थिति का त्याग करने को विवश किया जाता है। यह देखा गया है कि लोगों को इस प्रकार दिए गए प्रलोभन न तो फासिस्ट और न कम्युनिस्ट अधिनायकवादी व्यवस्था में पूरे हो पाए हैं। अधिनायकवादी व्यवस्था वाले देशों के आर्थिक विकास के पीछे मूल भावना शक्तिसंचय की होती है, शान्ति और समृद्धि की नहीं। 42 वर्ष की लम्बी अवधि के बाद भी कम्युनिस्ट अधिनाकवादी व्यवस्था में सम्पन्न विशाल औद्योगिक और आर्थिक विकास-योजनाओं के बावजूद सोवियत रूस की सामान्य जनता का जीवनस्तर ब्रिटेन और स्वीडेन की जनता के जीवनस्तर से कहीं घटिया है, अमेरिका की तो कोई बात ही नहीं। कदाचित् चेकोस्लोवाकिया को छोड़ कर अन्य कम्युनिस्ट देशों में तो यह और भी हीन है।

प्रसंगतः यहाँ हमें लोकतन्त्रात्मक व्यवस्था वाले पिछड़े देशों के आर्थिक विकास का क्रम समझने की कुंजी प्राप्त हो गई है। यदि ये देश भी सैनिक-शक्ति सुदृढ़ करने के उद्देश्य से आर्थिक-विकास-योजनाओं की ओर प्रवृत्त होंगे, तो इनका विकास ध्रुव है। लोकतन्त्रात्मक भारत इस दिशा में चीन के मुकाबले टिक नहीं सकता। सैन्य-प्रधान आर्थिक शक्ति-संचयन की दिशा में यदि भारत अग्रसर हुआ, तो उसे या तो अपने लोकतन्त्र को नमस्कार कर लेना होगा या फिर चीन के मुकाबले पराजय स्वीकार कर लेनी पड़ेगी।

जिन्होंने हाल ही में लोकतन्त्र का मार्ग अपनाया है, उन्हें इस महत्त्वपूर्ण प्रश्न पर विचार कर ही लेना होगा कि वे आर्थिक विकास की ओर सैन्यशक्ति में वृद्धि करने के उद्देश्य से प्रवृत्त हो रहे हैं या शान्ति और समृद्धि के उद्देश्य से। लोकतन्त्र की व्यवस्था के अन्तर्गत चलने वाले देशों को आज यह निश्चय कर लेना है कि अपनी प्रतिरक्षा के लिए उन्हें सैन्यशक्ति पर निर्भर रहना है अथवा शान्ति-प्रयासों एवं जनता की नैतिक शक्ति पर। गाँधी जी को राष्ट्रपिता घोषित करने वाले भारत से कम-से-कम यह तो आशा की ही जाती है कि वह सैन्यशक्ति बढ़ाने के लिए नहीं, जनता को सुखी बनाने के और संसार में शान्ति का प्रचार करने के लिए अपना आर्थिक विकास और निर्माण करेगा।

(9) जहाँ तक उपरिलिखित दूसरी कठिनाई का प्रश्न है, यह मानना पड़ेगा कि पिछड़े देशों में लोकतन्त्र की परम्परा का पिछले कुछ दिनों के बीच अभाव होने से इस व्यवस्था के संघटन की समस्या वस्तुतः पेचीदी है। कुछ लोग तो इसे इतनी पेचीदी समझते हैं कि उन्हें क्षण-क्षण आशंका रहती है कि इन देशों में किसी घड़ी अधिनायकवाद सिर उठा सकता है। और इस आशंका में कितना औचित्य है यह कतिपय एशियाई-अफ्रीकी देशों के हाल के इतिहास से प्रमाणित हो जाता है।

डॉक्टर दयाकृष्ण जैसे विवेकशील विचारक को भी इस आशंका के वशीभूत होकर लोकतन्त्र की यह नकारात्मक परिभाषा प्रस्तुत करनी पड़ी : लोकतन्त्र उस विधि और व्यवस्था का नाम है, जिससे मुख्यतया तो राजनीतिक-न्यायिक क्षेत्र में, किन्तु मूलतः विचार और सिद्धान्त के क्षेत्र में उत्पन्न होने वाली उन प्रवृत्तियों का निरोध और उन्मूलन किया

जा सके, जो अत्याचार एवं उत्पीड़न को जन्म देती हैं। यह ज्ञातव्य है कि उत्पीड़न की प्रवृत्ति के विकसित हो जाने की सम्भावना हर समाज में सदैव ही बनी रहती है।

मैं डॉक्टर दयाकृष्ण के इस विचार से सहमत हूँ कि जब तक जन-समाज का बहुलांश लोकतन्त्र के महत्त्व और गुण को स्वीकार नहीं करेगा और उसको समाज के लिए आवश्यक अन्य गुणों की भाँति अपनाएगा नहीं, तब तक लोकतन्त्र की कोई व्यवस्था चल नहीं सकती। डॉक्टर दयाकृष्ण आगे कहते हैं : मेरा कहना है कि हाल ही में स्वतन्त्र हुए देशों के विभिन्न राजनीतिक दलों के नेताओं की वह सबसे बड़ी विफलता रही है। वे लोकतन्त्र को मान्य करार देकर जनता से केवल उसकी समस्याओं की चर्चा करते हैं। मैं कहता हूँ कि जब तक जनमानस को इस बात का ज्ञान न कराया जाए कि वह लोकतन्त्र का महत्त्व और गुण समझे, तब तक इस बात की कोई आशा नहीं कि सर्वाधिकारवादी शक्तियों द्वारा विविध प्रचारों के माध्यम से प्रस्तुत 'यूटोपिया' की मृग-मरीचिका में लोग फँस न जाएँ अथवा उनकी अकल्पनीय उद्दाम हिंसा के नग्न प्रदर्शन से त्रस्त होकर उनके सामने घुटने न टेक दें।

(10) यहाँ यह सवाल उठाया जा सकता है कि क्या जनसमाज को लोकतन्त्र के गुणों से परिचित कराने और उसमें इसके प्रति निष्ठा का भाव भरने का समय रह गया है? मैं स्वयं अनुभव करता हूँ कि यद्यपि भारत में सैनिक या अन्य किसी प्रकार के अधिनायकवाद के खतरे की बात टाली नहीं जा सकती, तथापि तत्काल किसी आशंका के लिए स्थान नहीं है। यह मानते हुए भी कि हमारे पास समय नहीं रह गया है और लोकतन्त्र को अपने अस्तित्व के लिए विरोधी शक्तियों से जूझना पड़ रहा है, मैं पूछता हूँ कि लोकतन्त्र की रक्षा का इसके अतिरिक्त दूसरा उपाय ही क्या है कि लोग उसके गुणों को समझें, मानें और उसकी रक्षा के लिएं हर प्रकार से तत्पर रहें? (सर्वसत्तासम्पन्न) अधिनायक-तन्त्र को विफल करने का एक ही और उपाय है; वह है : पहले से ही 'लोकतन्त्रात्मक अधिनायकवाद' की व्यवस्था। कहने का मतलब यह कि ऐसे अधिनायकवादी तन्त्र की स्थापना जान-बूझकर कर डालना, जिससे ऐसे अधिनायक-तन्त्रों से देश की रक्षा की जा सके, जो लोकतन्त्र को कुण्ठित कर डालने के लिए हर घड़ी तैयार बैठे रहते हैं।

मुस्तफा कमाल अतातुर्क द्वारा तुर्की में पहले जिस अधिनायकतन्त्र की प्रतिष्ठा की गई थी और जो बाद में, बाह्य रूप में ही सही, पश्चिमी ढंग के लोकतन्त्र तथा दो-दलीय प्रणाली के रूप में परिवर्तित हो गया, इसका अच्छा उदाहरण है। काहिरा से लेकर जकार्ता तक के आज के सभी अधिनायक इस बात का दावा करते हैं कि वे अपने-अपने देशों में अपने विचारों के अनुसार लोकतन्त्र की भूमिका तैयार कर रहे हैं। यद्यपि उनकी नीयत के प्रति अविश्वास करने का कोई कारण नहीं दिखाई देता, तथापि यह तो मानना ही पड़ेगा कि सम्प्रति कुछ समय के लिए—और पता नहीं यह अवधि कब तक चलेगी—इन देशों में लोकतन्त्र का त्याग कर दिया गया है।

जहाँ तक भारत का संबंध है, यह कहा जा सकता है कि तीन बातें ऐसी हैं, जो इस स्थिति से भारत की रक्षा कर सकती हैं : (1) ब्रिटेन के साथ संबंध होने के कारण यहाँ के बुद्धिजीवियों का एक बहुत बड़ा भाग ब्रिटेन के उदारवादी लोकतन्त्र के प्रभाव के और आगे चल कर एक अल्पमत भाग समाजवादी लोकतन्त्र के प्रभाव में रहा है। (2) गाँधी जी के प्रभाव के कारण स्वातन्त्र्य-संग्राम ने कुछ अंश तक बुद्धिजीवी वर्ग और जनसाधारण में भी लोकतन्त्र का भाव प्रतिष्ठित करने में सफलता प्राप्त की है। जन-मन पर गाँधी जी का प्रभाव आज भी पर्याप्त है और विनोबा जी के प्रयासों से यह पुनः बढ़ गया है। (3) यद्यपि हाल के दिनों में भारत में लोकतन्त्र की परम्परा का अभाव रहा है, तथापि कई शताब्दियों तक इस देश के अनेक भागों में प्राचीन काल में लोकतन्त्र फलता-फूलता रहा है। इस सुदृढ़ परम्परा के अंक में और उससे प्रेरणा प्राप्त कर आधुनिक काल में लोकतन्त्र का निर्माण करने का प्रयास होना चाहिए। इस प्रश्न पर विस्तारपूर्वक मैंने तीसरे अध्याय में विचार किया है।

(11) ऊपर जिस खतरे की ओर संकेत किया गया है, उससे एक बात यह निकलती है कि लोकतन्त्र की नींव ही मुख्यरूप से सुदृढ़ करने की जरूरत है, जिससे यदि शिरोभाग में कोई गलती हो जाए, तो उससे जड़ भी न हिल जाए; वरन् वह इतनी सशक्त रहे कि झटका सह कर भी लोकतन्त्र को सुरक्षित रख सके। प्राचीन काल में ग्राम-परिषदों, नगर-समितियों एवं व्यावसायिक-शिल्पिक-संघों (श्रेणियों) की यह विशेषता थी। राज्य आए-गए, साम्राज्य उठे-बैठे, राजाओं और सम्राटों का उत्थान-पतन हुआ, किन्तु लोकतन्त्र के ये अंग, जिनका आधार कोई केन्द्रीय सत्ता नहीं, सामान्य जनसमुदाय

था, बराबर चलते रहे। धार्मिक और जीवन-प्रणाली की एकरूपता के अलावा इन आधारभूत लोकतान्त्रिक संस्थाओं के चलते ही भारतीय सामाजिक परम्परा और संस्कृति का क्रम अनवरत रूप से आगे बढ़ता रहा। आगे मैं लोकतन्त्र की आधारभूत इन संस्थाओं के संघटन के विषय में विस्तारपूर्वक निवेदन करूँगा।

: 3 :

गणित की भाषा में हम कहें तो कह सकते हैं कि लोकतन्त्र अनेक प्रखण्डों (Factors) का सिद्ध रूप (Function), विविध प्रक्रियाओं का परिणाम है। व्यक्तिविशेष अथवा समाज के एकाकी कार्य से लोकतन्त्र का रूप नहीं खड़ा किया जा सकता। लोकतन्त्र के अनेक खण्डात्मक विशाल प्रासाद के निर्माण के लिए कई प्रकार की ईंटों, गारों और अन्य सामग्रियों के साथ निर्माताओं की भी आवश्यकता है। यह बड़ी कारुणिक स्थिति है कि हमारे देश में यह बात नहीं महसूस की जाती है। अन्यथा राजनीति का ही भूत हमारे देशवासियों के सिर न सवार होता तथा लोकतन्त्र का सम्यक् विधान करने के उद्देश्य से और प्रकार के कार्यों में भी अवश्य ही हाथ लगाया जाता।

भारतीय लोकतन्त्र की समस्या की इस पृष्ठभूमि में प्रस्तुत कर अब मैं उन विषयों पर विचार करने का प्रयत्न करूँगा, जो इस देश में लोकतन्त्र की सम्यक् प्रतिष्ठा और विकास के लिए मेरे विचार से अपरिहार्य हैं।

भाग–2

अतीत से प्रेरणा

: 1 :

यह सर्वविदित है कि भारत की प्राचीन अथवा मध्यकालीन राजनीतिक-आर्थिक व्यवस्थाओं के संबंध में हमें बहुत ही कम साहित्य उपलब्ध है। फिर भी विद्वानों ने परिश्रम करके जो कुछ सामग्री प्रस्तुत की है, उससे भारतीय राज्य-व्यवस्था पर काफी प्रकाश पड़ता है।

मेरा ख्याल है कि इस राज्य-पद्धति का और इसके प्रकाश में संपूर्ण-भारतीय जीवन एवं संस्कृति का अध्ययन वर्तमान राजनीतिक व्यवस्थाओं के निर्धारण के लिए उपयोगी ही नहीं, आवश्यक भी है। इसमें सन्देह नहीं कि तब की अपेक्षा आज राजनीतिक विचारधारा काफी विकसित हुई है और संसदीय लोकतन्त्र जैसी प्रणालियाँ व्यवहार में आने लगी हैं, जिनसे हमें बहुत कुछ सीखना है। फिर भी यह निश्चित है कि कोई भी विचारधारा या व्यवस्था तब तक सफल नहीं हो सकती या राज्य-पद्धति के स्वस्थ विकास में सहायक नहीं हो सकती, जब तक कि उसकी भित्ति देशविशेष की परिस्थितियों, परम्पराओं और मान्यताओं पर खड़ी न हो।

हजारों वर्ष की लम्बी अवधि में भारतीय समाज को नाना प्रकार की परिस्थितियों से होकर गुजरना पड़ा है। लेकिन इनके बावजूद हमारी मूल भावना सदा ही एक-सी रही है और भारतीय जन-जीवन की अखण्ड परम्परा अबाध गति से आगे बढ़ती रही है। भले ही कभी-कभी देखने में–विशेषकर पराभव और पतन के काल में–सारी व्यवस्थाएँ

उद्ध्वस्त हो गई दिखाई पड़ती हैं, परन्तु उनकी अन्तर्वृत्ति एवं भावना सदैव ही अकुण्ठित रही है।

आज एक बार पुनः भारत ऐसी ही पतनावस्था से उबर रहा है। इसलिए भावी भारत के निर्माताओं का यह कर्तव्य है कि वे उन स्रोतों का पता लगाएँ, जो शाश्वत भारतीय जन-जीवन को गतिशील बनाए रखने में समर्थ हैं। आज जिस पद्धति का हम विधान करने चले हैं, उसकी संगति निश्चय ही भारत की शाश्वत भावना और अखण्ड परम्परा से बैठनी चाहिए।

कदाचित् कुछ लोग यहाँ कहें कि लोकतन्त्र के मार्ग पर अग्रसर होने के प्रसंग में अतीत से प्रेरणा प्राप्त करने की बात बेतुकी-सी लगती है। किन्तु यह जान लेना चाहिए कि लोकतन्त्र का जनक भारत ही रहा है और यहाँ के कई गणराज्य तो हजारों वर्ष तक चलते रहे। बाद में राजतन्त्र का उदय होने और भारतीय राज्य-व्यवस्था में उसका प्राधान्य हो जाने पर भी प्राचीनकाल में राजा निर्वाचित होते थे और उन्हें क्षत्रियों के अभिजात तन्त्र के अधीन रहना पड़ता था। यहाँ तक कि वंश-परम्परागत राजतन्त्र का प्राधान्य हो जाने और (शासन) समितियों के समाप्त हो जाने पर भी ग्राम एवं नगरसंघ, व्यावसायिक-शिल्पिक-संघ, वर्णव्यवस्था, धर्माचरण-विधान केन्द्रीय शासन के प्रभाव से सर्वथा मुक्त थे। केन्द्रीय शासन इनके कार्यों में कदाचित् ही कभी हस्तक्षेप करता हो। और वे सब संघ मिलकर भारतीय राज्य-व्यवस्था के लिए सुदृढ़ लोकतन्त्रात्मक आधार प्रस्तुत करते थे। ग्रामसमाज के ये लोकतान्त्रिक संघटन इतने सुदृढ़ और सुव्यवस्थित थे कि ब्रिटिश शासनकाल तक चलते रहे। इसलिए आज लोकतन्त्र का विधान करने के प्रसंग में प्राचीन भारत की राज्यपद्धति पर विचार करने की बात निरर्थक तो है नहीं, वह—विशेषकर उसके अन्तर्वर्ती सिद्धान्त—हमारे लिए अत्यधिक सहायक ही सिद्ध होंगे।

: 2 :

योगिराज अरविंद की क्रांतिदर्शी कल्पना ने भारतीय राज्य-व्यवस्था के दृढ़ आधार का जो स्वरूप उपस्थित किया है, उसे यहाँ विस्तारपूर्वक मैं उद्धृत कर रहा हूँ। आप लिखते हैं : भारतीय राज्य-व्यवस्थारूपी विशाल प्रासाद के निर्माण, विस्तार और पुनर्निर्माण की आधारशिला का नियन्त्रक एक यही सिद्धान्त रहा है कि समुदाय (समाज) के प्रत्येक अंग को आत्मनिर्णय का अधिकार प्राप्त रहे। आत्म-निर्माण का यह अधिकार तथा यह व्यवस्था जीवन के प्रत्येक क्षेत्र में रही है, जबकि आज राष्ट्रीय जीवन के एक अंग-विशेष राजनीति तक ही यह परिमित है, और वह भी सामूहिक मतदान एवं ऊपरी ढाँचे पर प्रातिनिधिक संस्थाओं के संघटन के रूप में। इसका स्वरूप स्वतन्त्र समन्वित सामुदायिक व्यवस्था का रहा है तथा जिस स्वतन्त्र स्थिति की परिकल्पना इसमें की गई थी, उसका आधार वैयक्तिक स्वातन्त्र्य नहीं, अपितु सामुदायिक स्वातन्त्र्य था।

आप आगे लिखते हैं : आरम्भ में समस्या उतनी जटिल नहीं थी, क्योंकि केवल दो प्रकार के सामुदायिक संघटन—ग्राम और गण, कबीले या क्षेत्रीय निवासियों के—सामने थे। पहले (ग्राम) के स्वतन्त्र सुसंघटित जीवन का आधार था, स्वाधिकारप्राप्त ग्रामसमाज। यह इतना सुव्यवस्थित और सुसंघटित था कि बीच-बीच में आ पड़नेवाली कठिनाइयों एवं अन्य प्रणालियों के प्रहारों के बावजूद कुछ समय पूर्व तक चलता रहा। ब्रिटिश नौकरशाही के दुर्दमनीय और जीवन-तत्त्वविहीन थपेड़ों से जाकर यह हाल ही में समाप्त हुआ है।...किन्तु यह पद्धति उसी समाज के उपयुक्त थी, जो सामान्य कृषक जीवन या चरवाहों का जीवन व्यतीत करता था और छोटे-छोटे क्षेत्रों में निवास करता था। आगे चल कर जब सामाजिक जीवन और जटिल हुआ, तो यह पद्धति अनुपयोगी प्रतीत हुई। फलतः इसमें संशोधन के बाद जिस पद्धति का विकास हुआ, वही भारतीय व्यवस्था की आधारशिला बनी। आर्य-जाति के प्रत्येक समुदाय में प्रारम्भिक काल में खेती और चरवाही के आधार पर ही सामाजिक व्यवस्था की नींव पड़ी। आगे चल कर भी कृष्टवाह (Krstavah) आर्यों के समाज-संघटन का व्यापक और मुख्य आधार रहा। किन्तु इसके ऊपरी ढाँचे पर वाणिज्य, उद्योग, कला, कौशल आदि के विशाल संघटन खड़े हो गए तथा सैनिकों, राजनीतिज्ञों, धर्माचार्यों और विद्या-व्यवसायियों का भी संघटन अस्तित्व में आ गया। परन्तु ग्राम-समुदाय बराबर ही इस सामाजिक संघटन का सुदृढ़ आधार बना रहा, जिसके ऊपर सौ-पचास गाँवों का एक-एक संघात्मक समुदाय बनता गया, जो प्रशासन की सुरक्षा की दृष्टि से एक-एक प्रधान के अधीन आता गया। और जैसे-जैसे

दूसरे संघों पर विजय प्राप्त करके या परस्पर सन्धि करके गणराज्य अथवा संघबद्ध गण-राष्ट्र विस्तृत होते गए, वैसे-वैसे ये गण बड़े संघों की इकाइयों का रूप प्राप्त करते गए। पीछे मण्डलों और बड़े राज्यों तथा साम्राज्यों के अस्तित्व में आने पर भी वे इकाइयाँ अपने मूल रूप में विद्यमान रहीं।

श्री अरविंद आगे कहते हैं : सामाजिक-राजनीतिक व्यवस्था के सुसंघटन में भारतीय कितने सक्षम थे, यह इसी से समझा जा सकता है कि उन्होंने नित्य बदलती और विकसित होती परिस्थितियों और तज्जन्य सामाजिक व्यवस्थाओं की परिकल्पना करके बहुत सफल ढंग से आत्मनिर्णयकारी स्वतन्त्रता सामुदायिक प्रणाली की नींव डाली थी। प्रतिभाशाली भारतीय मनीषियों ने इस आवश्यकता की पूर्ति के लिए चातुर्वर्ण्य-व्यवस्था की सृष्टि की। ऊपर-ऊपर से देखने पर तो ऐसा लगेगा कि अन्य देशीय समाजों में समय-समय पर प्रचलित और प्रकृत रूप से विकसित जो सामाजिक व्यवस्थाएँ—जिनके अन्तर्गत धर्मधिष्ठातृ-वर्ग, सैनिक-राजनीतिक अभिजात वर्ग, शैल्पिक-कार्षिक-व्यावसायिक वर्ग और दासों तथा श्रमिकों का सर्वहारा-वर्ग आता है—रही हैं, उनसे भारतीय प्रणाली कुछ भिन्न न थी, वरन् उनकी अपेक्षा यह केवल थोड़ी और व्यवस्थित और अनुशासित थी। किन्तु यह सादृश्य बाह्य ही है। भारतीय चातुर्वर्ण्य-व्यवस्था की भावना का स्वल्पांश भी इसमें नहीं है। उत्तर वैदिक और पौराणिक काल में यह चातुर्वर्ण्य व्यवस्था बिलकुल ठीक-ठीक धार्मिक, सामाजिक, राजनीतिक और आर्थिक ढाँचे में ढल चुकी थी और इस ढाँचे के अन्तर्गत प्रत्येक संघटन को अपना प्रकृत अंश प्राप्त था। परन्तु किसी भी मूलभूत कार्य में किसी का अंश या अधिकार एकाकी नहीं समझा जाता था। प्राचीन भारतीय पद्धति से अवगत होने के लिए इस विशेषता का परिज्ञान अत्यन्त महत्त्वपूर्ण है। यह बड़ी भारी विडम्बना है कि पतनावस्था की परिस्थितियों के अतिरंजित वर्णन और मिथ्या-धारणाजन्य अज्ञान के कारण इस विशेषता की उपेक्षा की गई है। ...यद्यपि आगे चलकर यह चातुर्वर्ण्य-व्यवस्था वंश-परम्परागत और इसीलिए कठोर हो गई, फिर भी यदि अन्त्यजों (अथवा जातिच्युतों) का प्रश्न छोड़ दिया जाए, तो प्रत्येक वर्ण ने अपनी मर्यादा और उपयोगिता का मापदण्ड स्थिर कर लिया था तथा समुदाय के भीतर अपने लिए प्रतिष्ठा, शिक्षण, नैतिकता, कर्तव्य एवं अधिकार का स्तर निर्धारित कर लिया था।

: 3 :

भारतीय राज्य-व्यवस्थाविषयक डॉक्टर काशीप्रसाद जायसवाल के महत्त्वपूर्ण अनुसंधानों के आधार पर ये निबन्ध लिखे गए थे। बाद में और विद्वानों ने इस दिशा में जो महत्त्वपूर्ण कार्य किए, उनसे पता चलता है कि डॉक्टर जायसवाल ने बहुत-से निष्कर्ष निकालते समय कुछ जल्दबाजी की थी। किन्तु इससे डॉक्टर जायसवाल की मान्यताओं या श्री अरविंद की सूक्ष्म दृष्टि पर कोई प्रभाव नहीं पड़ता।

हम यह देखते हैं कि समुदाय एवं सामुदायिक जीवन के विकास तथा आत्म-नियमन का ढंग भारतीय राज्य-पद्धति की विशेषताएँ थीं। भारत में राज्य के विकास का क्रम ऋग्वैदिक काल के छोटे-छोटे राज्यों से प्रारम्भ होकर मौर्यों और गुप्तों के विशाल साम्राज्य तक चला है। इस बीच की अवधि में पंजाब, सिन्ध, पूर्वी उत्तर प्रदेश और उत्तरी बिहार में अभिजात-तन्त्रात्मक गणराज्यों का भी समय आता है। इन्हें संघ या गण कहते थे। राज्यों के अन्य रूप भी समय-समय पर रहे हैं—राज्य, स्वराज्य, भौज्य, द्विराज्य, वैराज्य, महाराज्य, साम्राज्य। परन्तु इन सबसे अस्तित्व-काल में अपने आन्तरिक विधानों के अनुसार सामुदायिक जीवन व्यवस्थित रूप से चलता और विकसित होता रहा। अतः ये संघठन नित्य बदलते राज्यों के स्वरूप की अपेक्षा अधिक सुदृढ़ और व्यवस्थित थे, अतः चाहे गणराज्य हों अथवा वंश-परम्परा या शासित राज्य हों, इनकी व्यवस्था में कभी हस्तक्षेप नहीं करते थे। इसके विपरीत वे आश्वासन देते थे कि ये संघटन अपने नियमों एवं विधानों के अनुसार चलते रहेंगे। राज्य तभी हस्तक्षेप करता था, जब ये संघटन अपनी सीमा और अपने कार्यों एवं अधिकारों की सीमा की उपेक्षा कर आगे बढ़ने का प्रयत्न करते थे। किन्तु ऐसे अवसर बहुत कम आते थे।

जैसा कि श्री अरविंद ने लिखा है, प्राचीन भारत में समुदाय के दो रूप थे। पहले का आधार-क्षेत्र ग्राम अथवा नगर था। सामुदायिक जीवन के विकास के साथ-साथ इनका क्षेत्र विस्तृत होता गया और कई-कई ग्राम, नगर अथवा

पूरे राज्य का सामाजिक जीवन एक-सा हो गया। किन्तु ऐसा प्रतीत होता है कि इनका क्षेत्र बहुत विस्तृत नहीं रहा।

समुदाय के दूसरे रूप का आधार कर्मात्मक था। अर्थात् इसका विभाजन कर्म के आधार पर हुआ था। वर्णों के विधान का आधार यही था। यह स्वाभाविक ही है कि मनुष्य अपने पड़ोसियों के साथ हिल-मिल कर रहे, उनके रीति-रिवाजों को अपना ले। ठीक उसी प्रकार एक ही धन्धे में लगे लोगों का, भले ही वे दूर-दूर बसते हों, आपस में सम्बद्ध होना स्वाभाविक है। यही अवस्था समुदाय के दूसरे रूप का आधार थी। एक ही धन्धे में लगे लोग एक ही ढंग की जीवन-पद्धति अपनाते थे; उनकी एक्-सी समस्याएँ थीं और पूरे समाज के प्रति उनके एक प्रकार के अधिकार और उत्तरदायित्व थे। इस प्रकार समाज-संघटन की दिशा में बहुत ही व्यवस्थित कार्य हुआ और चार वर्णों का विधान कर समाज-व्यवस्था को सैद्धान्तिक और व्यावहारिक रूप प्रदान किया गया। अपनी आन्तरिक व्यवस्था में पूर्ण स्वतन्त्र होते हुए भी प्रत्येक वर्ण पूरे समुदाय से सम्बद्ध और उसके प्रति जिम्मेदार था। व्यक्ति का समुदाय के इन दोनों रूपों के साथ आपसी संबंध और इन दोनों रूपों का पारस्परिक संबंध संपूर्ण समुदाय के नैतिक-सामाजिक-आर्थिक जीवन का बहुत ही सुव्यवस्थित आदर्श उपस्थित करते थे।

आज वर्ण-व्यवस्था की वह दुर्गति हो गई है कि शायद ही थोड़े लोग इसका समर्थन करें। फिर भी इसके मूल में विद्यमान दो मूलभूत तथ्य विचारणीय हैं। पहली बात यह है कि प्रत्येक व्यक्ति की प्रवृत्तियाँ, क्षमताएँ और योग्यताएँ भिन्न होती हैं। अतः उसे इनके आधार पर अपना जीवन विकसित करने की सुविधा मिलनी चाहिए। इस तथ्य की उपेक्षा नहीं की जा सकती। यही कारण है कि प्रत्येक सामाजिक विचारक इनके आधार पर ही समाज के पुनःसंघटन की बात सोचता है। दूसरे तथ्य की बात वे लोग उठाते हैं, जो कृत्यात्मक लोकतन्त्र, श्रेणिक समाजवाद, बहुलतावादी राज्य और व्यवसायात्मक सहयोग में विश्वास करते हैं।

यदि हमारी वर्तमान राजनीतिक प्रणाली को ठोस आधार प्रदान करना हो, यदि भारतीयता से उसे प्रेरणा प्राप्त करनी हो और यदि भारतीय समाज को सुदृढ़ स्वरूप प्रदान कर जीवित रखना हो, तो इसके लिए हमें अतीत की उपरिलिखित भारतीय समाज-व्यवस्था अपनानी पड़ेगी तथा स्वाधिकारप्राप्त और अपने ढंग से विकासशील सामाजिक जीवन की वह पद्धति ग्रहण करनी होगी, जिसमें रोजगार-धन्धे एवं लोगों के कार्य-व्यापार संपूर्ण समाज के हित की दृष्टि से परिचालित होते हैं।

इस प्रश्न का संबंध किसी संवैधानिक स्वरूप अथवा राजनीतिक प्रणाली से नहीं है। यह विशुद्ध रूप से सर्जनात्मक समस्या है। यहाँ प्रश्न है, एक अत्यन्त समुन्नत प्राचीन देश के अपने विस्मृत स्वरूप को पुनः पहचानने की।

: 4 :

आज गाँवों की पुरातन सामाजिक व्यवस्था नामभर को रह गई है। अब ये सामुदायिक संघटन एक प्रकार से निर्जीव हो गए हैं। न उनमें सक्रियता रह गई है, न सहयोग का भाव और न समाज के नैतिक-भौतिक विकास के लिए मिलकर करने की क्षमता एवं योग्यता ही। इनके पतन के कारणों की मीमांसा करने से कोई लाभ नहीं। इतना ही जान लेना पर्याप्त होगा कि उनकी विशेषताओं से अनभिज्ञ विदेशी सरकार ने जान-बूझ कर इन्हें नष्ट कर दिया, क्योंकि इनके विद्यमान रहते वह अपने को अरक्षित समझती थी। फिर भी गाँवों का अस्तित्व आज तक है। अतः इस नींव पर हम पुराने नक्शे का नया भवन खड़ा कर सकते हैं। लेकिन लगता है कि हम सही रास्ते पर चलना नहीं चाहते। *ग्राम-पंचायतों का* संघटन अवश्य किया जा रहा है और उनके लिए बड़ा आग्रह भी है, परन्तु उसका ढंग विदेशी है। आज गाँवों की जो अवस्था है, उनके जारी रहते सामुदायिक जीवन की भावना के विकास का सारा प्रयत्न इसलिए निष्फल हो जाएगा कि कार्य की पद्धति ही दोषपूर्ण है। बल्कि हम तो यह कहेंगे, इससे समाज और खण्ड-खण्ड हो जाएगा। इस प्रश्न पर मैं इस प्रबन्ध के अन्तिम अध्याय में विस्तारपूर्वक विचार करूँगा।

: 5 :

इस प्रसंग पर विचार करते समय धर्म का बड़ा भारी प्रश्न खड़ा होता है। भारतीय राज्य-व्यवस्था के अनुसार राज्य की नियन्त्रक शक्ति धर्म है। अतः राज्य का यह कर्तव्य है कि वह धर्म की रक्षा करे।

प्राचीन भारतीय समाज में धर्मविषयक भावना बड़ी प्रबल थी। धर्म प्रत्येक क्षेत्र और दिशा में व्यक्ति और समाज के जीवन का नियमन और नियन्त्रण करता था।

डॉक्टर धवन ने इस प्रश्न पर भलीभाँति विचार किया है। आप कहते हैं : जर्मन (Sittlichkeit) से मिलते-जुलते धर्म शब्द से अभिप्राय मत-विशेष से नहीं, अपितु सांस्कृतिक और अनुशासित जीवन से है। व्यक्ति की अन्तःप्रेरणा द्वारा प्रेरित नैतिकताविषयक मान्यताओं से इसका कोई संबंध न होने से यह व्यक्तिनिष्ठ तो है ही नहीं, राज्य के किसी विधान द्वारा जारी न होने के कारण यह बाह्यरूपात्मक भी है। धर्म को हम तर्कहीन नियमों का संग्रह भी नहीं कह सकते। यह वस्तुतः वह जीवित भावना है, जो समाज के साथ बढ़ती और विकसित होती रहती है। धर्म का कार्य है, समाज की व्यवस्था को निश्चित विधान में बाँधे रखना और व्यक्ति का मार्गदर्शन करना, जिसमें वह अपनी योग्यता और क्षमता पहचान सके।

डॉक्टर अल्तेकर लिखते हैं : प्राचीनकाल में यूनान की ही भाँति भारत में विधानों *(अर्ध-नियमों)* के उद्गम में पवित्रता का भाव आरोपित था। किन्तु यहाँ इसका आधार रीति-रिवाज थे...भारत में धर्म का विधान विधान-निर्माताओं या किसी व्यवस्थापिका-सभा ने नहीं किया था। राज्यभक्ति के दबाव से नहीं, वरन् समाज की मान्यताओं और नरक के भय से इसका प्रचलन हुआ था। यह स्थिर नहीं, गत्यात्मक था, जो किसी राजा की इच्छामात्र या विधान-सभा के कोलाहल से नहीं, समाज की परिवर्तनशील परिस्थितियों, रिवाजों और आचार-व्यवहारों से क्रमशः विकसित होता गया।

जैसा मैंने ऊपर कहा है, यही धर्म प्राचीन काल में भारत में राज्य का नियन्त्रण (पथ-निर्देशन) करता था।

देखिए डॉक्टर अल्तेकर क्या कहते हैं : धर्म राजाओं के भी सिर पर था। राजा भी उसका प्रभुत्व स्वीकार करते थे। *धर्म-भावना* की इस प्रधानता और प्रमुखता का ही यह परिणाम था कि राजाओं को सिंहासनारूढ़ कराने के पूर्व तीन-तीन बार धर्मदण्ड से स्पर्श कराया जाता था। यह धर्म ही राजाओं को कर्तव्यपरायण (धृतव्रत) जीवन व्यतीत करने के लिए बाध्य करता था। राजाओं के कर्तव्य की संज्ञा राजधर्म थी।

श्री अरविंद लिखते हैं : जहाँ तक संवैधानिक सिद्धान्तों और सामान्य व्यवहारों का प्रश्न है, राजा के सभी कार्य वस्तुतः मन्त्रियों की सहायता से निष्पन्न होते थे और स्वतन्त्र रूप से राजा द्वारा किए गए कार्यों की भी मन्त्रियों द्वारा सम्पुष्टि आवश्यक थी। तभी वे कार्य वैध माने जाते थे। किन्तु इसके साथ यह भी था कि *राजा के ये कार्य धर्मविहित हों, धर्म द्वारा मान्यताप्राप्त हों।* (काले अंश लेखक के)।...विधान *(धर्म)* के कारण ही जनता राजा का अनुशासन मानती थी और सपरिषद् राजा द्वारा दिए गए आदेशों का पालन इसीलिए करती थी कि वह समझती थी कि धर्म की सेवा और रक्षा के उद्देश्य से ही यह कार्य शासन की ओर से किया गया है।

यह बात ध्यान में रखने की है कि धर्म की सत्ता राजसत्ता के ऊपर होने का यह मतलब नहीं है कि राज्य धर्म-तन्त्रात्मक या सम्प्रदाय-विशेष के आधार पर शासित होने लगा। डॉक्टर अल्तेकर कहते हैं : इसमें सन्देह नहीं कि राजा धर्म का रक्षक और धर्माचरण का प्रेरक समझा जाता था, किन्तु जैसा कि हम दिखा चुके हैं, इससे राज्य का स्वरूप धर्म-तन्त्रात्मक नहीं हुआ। उसका कर्तव्य सभी सम्प्रदायों और धर्मों को समान संरक्षण प्रदान कर जनता में सदाचरण का भाव और धार्मिक वृत्ति उत्पन्न कराना था तथा समाज द्वारा मान्य परम्परागत नियमों को जनजीवन में प्रवृत्त करना था। *धर्ममहामात्र* और *विनयस्थितिस्थापक* के रूप में यह ये कार्य करता था। धर्म अथवा सम्प्रदाय-विशेष के उन्नायक, हितसाधक और आदेश पालनकर्त्ता के रूप में राजा कभी कार्य नहीं करता था। प्राचीन भारत के लम्बे इतिहास में कदाचित् ही कभी बौद्ध अथवा जैनधर्म के विरुद्ध किसी हिन्दू-राज्य के अभियान का उदाहरण मिले।

समाज पर धर्म का अंकुश इतना प्रबल था कि जब परवर्ती काल में राजा विष्णु का अवतार माना जाने लगा तब भी उसे 'निर्भ्रान्त अथवा दैवी इच्छा का एकमात्र भाष्यकार कभी नहीं स्वीकार किया गया। विधान को यद्यपि दैवी

मान्यता प्राप्त थी, तथापि उसका आधार सामाजिक रीति-रिवाज और परम्परा ही था। इन रीति-रिवाजों और परम्पराओं को प्रचलित करने तथा समाज द्वारा इनके कार्यान्वयन की देख-रेख का अधिकार राज्य को अवश्य प्राप्त था। किन्तु इतने से ही वह सम्प्रदायों अथवा उनके आचार्यों के हाथ की कठपुतली कभी नहीं बना। इसके विपरीत वह सार्वजनिक (सामाजिक) विचारों (इच्छाओं) का मुख्य प्रवक्ता बना रहा।'

लेकिन अभी यह चित्र अधूरा है। इसका पूरा रूप सामने आने पर दिखाई देगा कि 'यद्यपि धर्म राजा के भी ऊपर था और राजा उससे बँधा था, फिर भी प्राचीन भारतीय राज्य-व्यवस्था के अन्तर्गत ऐसा कोई संवैधानिक साधन या अवरोध नहीं था, जो राजा को विधान का उल्लंघन करने से रोक सके या उल्लंघन करने की स्थिति में उसे दण्डित कर सके।' यद्यपि विधानानुसार राजा दण्डित किया जा सकता था और असह्य स्थिति में तो विद्रोह और राजहत्या तक का सुझाव दिया गया है, तथापि ये सब सुझाव अव्यवहार्य थे। ग्राम-परिषदों और नगर-निगमों को सामान्यतया अपने-अपने क्षेत्रों में पूर्ण स्वाधीनता प्राप्त थी, तथा सामाजिक या राजकीय न्यायालय साधारणतया जाति-धर्म, श्रेणी-धर्म और जनपद-धर्म द्वारा स्वीकृत परम्परागत विधानों के अनुसार न्याय की व्यवस्था करते थे। फिर भी स्वेच्छाचारी राजा इन सबकी उपेक्षा कर मनमाने ढंग से शासन कर सकता था, जैसा कि कश्मीर के मध्यकालिक इतिहास के संबंध में राजतरंगिणी के विवरणों से पता चलता है।

ईसवी सन् की पाँचवीं शताब्दी के प्रारम्भ से ही संपूर्ण सत्ता राजा में निहित हो गई और राजा को इस सत्ता पर आधुनिक ढंग का कोई नियन्त्रण नहीं रहा। वैसे यह भी नहीं भूलना चाहिए कि स्वयं यूरोप में ये नियन्त्रण धर्म-सुधार-आंदोलन के परवर्ती काल में विकसित होते गए।

मेरा खयाल है कि किसी प्रकार के संवैधानिक नियन्त्रण का अभाव ऐसा बड़ा दोष नहीं है, जैसा कि कुछ लोग मानने लगे हैं। यदि मनुष्य में नैतिकता का भाव हो और समाज को इस भाव का आधार ग्राह्य हो, तो स्वयं नैतिक विधान और सामाजिक नीति की प्रवृत्ति ही ऐसी है कि उनके प्रचलित हो जाने का भरोसा किया जा सकता है।

: 6 :

ऊपर जिस धर्म-भावना और भारतीय राज्य-व्यवस्था एवं व्यापक सामाजिक जीवन में उसके महत्त्व पर विचार किया गया है, वह समन्वित, सुव्यवस्थित और सामुदायिक संघटनात्मक भारतीय समाज का एक अन्य उदाहरण है। क्षेत्रीय (प्रादेशिक) अथवा कार्य-व्यवस्थामूलक समुदायों ने अपने समुदायों एवं यूथों के सदस्यों के जीवन तथा व्यवहारों का नियमन करने तथा समाज के अन्य वर्गों के साथ आपसी संबंधों के लिए विधानों और नियमों का विकास किया था। इनके अतिरिक्त और भी नियम तथा विधान थे, जो समाज के सभी वर्गों को मान्य थे। इनका स्वरूप सार्वजनिक सामाजिक नीति का था। जैसा कि मैं ऊपर दिखा चुका हूँ, इन सामाजिक नीति-नियमों का समष्टि रूप से राज्य पर बड़ा भारी प्रभाव पड़ा था।

सामुदायिक जीवन आज पूर्णतः नष्ट हो गया है। फलतः धर्म के मूल को जीवित रख सकने वाला आधार भी समाप्त हो गया है। ऐसी अवस्था में धर्म का पतन हो जाने से न केवल भारत की वर्तमान राज्य-व्यवस्था पर, जो मूलतः विदेशी और भारतीयता से शून्य है, वरन् वाणिज्य, शिक्षा, श्रम, प्रशासन, पौरोहित्य आदि पर भी उसका कोई प्रभाव न रह गया।

धर्म-भावना के कारण आत्म-नियन्त्रित और सुसंघटित जिस प्रकार के समाज की स्थापना पुरातन काल में हो सकी थी, वैसे समाज या सामाजिक व्यवस्था की पुनःस्थापना तब तक सम्भव नहीं है, जब तक कि हमारे देश के निवासियों का जीवन फिर से उसी ढंग के स्वाधिकारप्राप्त (Self-determining) और परस्पर सहयोगात्मक तथा संघवृत्त्यात्मक (integrating) समुदायों का संघटन नहीं होता। ऐसी अवस्था न उत्पन्न होने तक लोकतन्त्र जन-जीवन से दूर ही रहेगा। विनोबा जी इधर अपने प्रवचनों में बराबर ग्राम-धर्म की चर्चा कर रहे हैं। लेकिन, जैसा कि वे स्वयं कहा करते हैं,

ग्राम-धर्म का उदय तब तक नहीं हो सकता, जब तक कि ग्राम को समुदाय का रूप नहीं प्राप्त होता। उसी अवस्था में गाँवों के लिए यह सम्भव होगा कि वे अपने सभी निवासियों का कल्याण अपना धर्म समझें, जिसमें गाँव का एक निवासी अन्न, आवास और धन्धे के बिना न रह जाए, कोई बच्चा निरक्षर न रह जाए, स्वास्थ्य-संबंधी अल्पतम (साथ ही आवश्यक) सेवाओं की सुविधा से कोई वंचित न रह जाए।

भाग–3

भारत के ग्राम-समुदाय

प्राचीन भारतीय ग्रामों की सामुदायिक व्यवस्था के संबंध में वैसे तो प्रचुर साहित्य उपलब्ध है, किन्तु मुख्य प्रश्नों पर सामान्यतया सभी विद्वानों में मतैक्य है। इसलिए यहाँ इस विषय में डॉक्टर अल्तेकर की पुस्तक 'स्टेट एण्ड गवर्नमेंट एंशियेंट इण्डिया' के आधार पर ही कुछ चर्चा की जा रही है। जब तक कि अलग से उल्लेख न हो, इस अध्याय में दिए गए सारे उद्धरण और पृष्ठ संख्या-निर्देश डॉक्टर अल्तेकर की उपर्युक्त पुस्तक के ही समझे जाने चाहिए।

''अति प्राचीनकाल से ही भारत में प्रशासन की धुरी गाँव रहे हैं।...इसमें सन्देह नहीं कि गाँव ही सामाजिक जीवन के केन्द्रबिन्दु और देश की अर्थव्यवस्था के प्रधान इकाई थे। राष्ट्रीय संस्कृति, समृद्धि और प्रशासन का भव्य भवन इन्हीं पर खड़ा था, इनसे ही इनको संबल प्राप्त होता था।'' (पृष्ठ 225)।

ऐसा प्रतीत होता है कि प्राचीनकाल की सरल, अनौपचारिक व्यवस्था चलते-चलते गुप्त शासन-काल तक जटिल और औपचारिक हो गई। चोल राजाओं के शिलालेखों के कारण दक्षिण भारत की स्थिति पर उत्तर भारत की अपेक्षा अधिक प्रकाश पड़ता है। फिर भी विद्वानों का मत है कि देश के दोनों भागों की व्यवस्था में विशेष अन्तर नहीं था।

प्राचीनकाल में गाँव की व्यवस्था का संचालन समूचे गाँव की महासभा (वेदकालिक *सभा*) करती थी। इस महासभा की बैठक में भाग लेने का अधिकार प्रत्येक गृहपति को था और नगाड़ा बजाकर लोगों को इसकी बैठक के समय आमन्त्रित किया जाता था। आगे चलकर जब व्यवस्था अपेक्षाकृत जटिल होती गई और काम बढ़ता गया, तो निर्वाचित ग्राम-परिषदों का रूप सामने आया, जिन्हें गुप्त-शासन-काल में अथवा उत्तर गुप्तकाल में मध्यभारत में *महामंडली*, बिहार में *ग्राम-परिषद्*, राजपूताना में *पंचकुल* और तमिलनाडु में *आलंगनम्* आदि नामों से अभिहित किया जाने लगा। इन्हीं की संज्ञा बाद में *ग्राम-पंचायतें* हो गई। दक्षिण भारत के बड़े और अपेक्षाकृत अधिक संघटित गाँवों की प्रशासन-व्यवस्था निर्वाचित उपसमितियों द्वारा संचालित होती थी। आज भी चिंगलपेट जिले में उत्तर पुलुर नाम का एक गाँव है, जिसकी प्रशासन-व्यवस्था का विस्तृत विवरण उपलब्ध है। पहले इस गाँव का नाम उत्तर मेरूर था। भले ही कुछ विस्तार हो जाए, किन्तु इस गाँव की प्रशासन-व्यवस्था का संक्षिप्त विवरण मैं यहाँ देना आवश्यक समझता हूँ, क्योंकि इससे प्राचीनकाल के गाँवों के सामुदायिक संघटनों की सक्रियता और सजीवता का स्पष्ट आभास मिलता है।

''इस गाँव का प्रशासन (ग्राम-सभा) की पाँच उपसमितियों द्वारा संचालित होता था। इनके सभी सदस्य अवैतनिक थे और इनका कार्यकाल एक वर्ष का होता था। आचरण की भ्रष्टता का प्रमाण मिलने पर ये निर्धारित अवधि के पूर्व भी हटाए जा सकते थे। ऐसा माना जाता था कि गाँव के सभी अनुभवी और योग्य निवासियों को इन समितियों में काम करने का अवसर मिलना चाहिए। इसीलिए यह नियम बना दिया गया था कि कोई भी व्यक्ति तीन वर्ष के बाद ही किसी उपसमिति में फिर से आ सकता है। दुराचारी तथा सार्वजनिक कोष में गड़बड़ी करने वाले या उनके संबंधी

इन समितियों के सदस्य नहीं हो सकते थे। सम्बन्धियों पर रोक लगाने का स्पष्ट उद्देश्य यह था कि सार्वजनिक कोष में गड़बड़ी करने वालों के विरुद्ध जनमत और उग्र हो सके। समितियों के सदस्य न तो अल्पवयस्क हो सकते थे, न अतिवयस्क; उनकी अल्पतम और अधिकतम वय-सीमा क्रमशः 35 और 70 वर्ष निर्धारित थी। इनके अतिरिक्त और भी योग्यताएँ (अर्हताएँ) अपेक्षित थीं। समितियों के प्रत्याशियों (उम्मीदवारों) के लिए यह आवश्यक था कि उनके पास कम-से-कम चौथाई *वेली* (प्रायः 2 एकड़) करद भूमि हो। ऐसा माना जाता था कि सार्वजनिक कोष की व्यवस्था करने वालों को भुक्खड़ (आवश्यकता-ग्रस्त) नहीं होना चाहिए। लेकिन सम्पत्तिविषयक अर्हता वेदज्ञों, स्मृतियों अथवा भाष्यविदों (तत्त्ववेत्ताओं) के मामले में घटाकर आधी कर दी गई थी। यह स्वाभाविक था कि अग्रहार समुदाय (समाज) (ब्राह्मणों का गाँव) इस बात के लिए प्रयत्नशील रहे कि विभिन्न ग्राम-समितियों के लिए चुने जाने वाले उसके प्रतिनिधि यथासम्भव अच्छे विद्वान्, सच्चरित्र और सदाचारी व्यक्ति हों। यह ध्यान देने की बात है कि सरकारी कर्मचारी इन समितियों के सदस्य नहीं हो सकते।'' (पृष्ठ 231-32)

पाँचों-उपसमितियों के कार्य बँटे हुए थे। पहली समिति के जिम्मे गाँव के बगीचों और उद्यानों की देखभाल का काम था। दूसरी का संबंध जलाशयों और जल-वितरण से था। तीसरी समिति विवादों का निपटारा करती थी। चौथी समिति 'स्वर्ण समिति' थी। उसका काम था, निष्पक्ष भाव से सबके लिए स्वर्ण का मूल्य-निर्धारण।...राज्य की ओर से किसी प्रकार के प्रामाणिक सिक्के का प्रचलन न होने से कर के रूप में अथवा किसी सामग्री के मूल्य के रूप में सोना दिए जाने पर उसका मूल्य-निर्धारण या उसकी शुद्धता का प्रमाण आवश्यक था। इस उपसमिति के सदस्यों के निर्वाचन में विशेष प्रक्रिया का विधान किया गया था। पाँचवीं उपसमिति *पंचवार-समिति* कही जाती थी, किन्तु इसके कार्यों का विवरण उपलब्ध नहीं है। (पृष्ठ 233-34)

''इन पाँचों उपसमितियों के अतिरिक्त एक निरीक्षण-महासमिति थी, जिसे *संवत्सर या वरीयान्* समिति कहते थे। केवल ऐसे अनुभवी वयस्क लोग इसके सदस्य हो सकते थे, जो अन्य समितियों में रह चुके हों।'' (पृष्ठ 234) प्रतीत होता है कि उत्तर मेरूर गाँव का प्रशासन अत्यन्त उन्नत लोकतान्त्रिक प्रणाली से होता था। किन्तु इस प्रकार का यह अकेला गाँव नहीं था। इतना ही है कि इस गाँव के संबंध में अधिक और प्रामाणिक विवरण उपलब्ध हैं।

और विवरणों से पता चलता है कि भूमि-सर्वेक्षण-समिति, मन्दिर समिति तथा अन्य कई प्रकार की समितियाँ भी थीं। ''कतिपय अग्रहार गाँवों में महाविद्यालय तक थे। लगता है कि उनमें शिक्षण-समितियाँ भी थीं।'' (पृष्ठ 234)

उपसमितियों के माध्यम से ही प्रशासन ग्राम-शासन का सामान्य रूप नहीं था। साधारणतया गाँवों का प्रशासन ग्राम-परिषदों द्वारा होता था।

ग्राम-परिषदों के कार्यों का ही संक्षेप में लेखा-जोखा कर लिया जाए। लगता है कि समुदाय के अधिकार-क्षेत्र के अन्तर्गत आने वाले सभी कार्यों के बारे में उन्हें विविध और व्यापक अधिकार प्राप्त थे। भूराजस्व का संग्रह उनका मुख्य कार्य था। दुर्भिक्ष अथवा अन्य दैवी विपत्तियों के समय सरकार से सुविधाओं के बारे में वार्ता चलाने का काम ये परिषदें ही करती थीं। भूराजस्व का 'बन्दोबस्त' हो जाने पर ये परिषदें ही उनका संग्रह करती थीं और जिन किसानों के जिम्मे पावना अधिक बाकी पड़ जाता था, उनकी भूमि नीलाम कर देने तक का काम ये ही करती थीं। गाँवों की बंजर भूमि अथवा सम्मिलित सम्पत्ति पर इन्हीं का स्वामित्व होता था। विवादों का निर्णय उनका सबसे मुख्य कार्य था। पहले ये विवाद परिवार के बड़े-बूढ़ों के पास या वादियों से सम्बद्ध श्रेणियों के पास जाते थे। यदि वे असमर्थ होते थे, तो उनका निर्णय ग्राम-परिषद् करती थी। गुरुतर अपराध तो इनके अधिकार-क्षेत्र के बाहर थे, किन्तु दीवानी के सभी मामले निपटाने का इन्हें अधिकार था।

कुछ पूर्वकालिक लेखकों के इस मत का डॉक्टर अल्तेकर ने खण्डन किया है कि ग्राम-परिषदों के न्यायसंबंधी अधिकार अस्थिर राजनीतिक परिस्थितियों से प्रभावित होते रहते थे। आपका कहना है कि स्मृतियों, शिलालेखों और महाराष्ट्र में प्राप्त विवरणों से इस मत का खण्डन होता है। स्मृतियों में कहा गया है कि राज्य को ग्राम-परिषदों के निर्णय अवश्य ही कार्यान्वित करने चाहिए। मराठा-शासन-काल के जो विवरण मिलते हैं, उनमें साफ कहा गया है कि शिवाजी, राजाराम और शाहू आदि वे सभी मुकदमे ग्राम-पंचायतों के पास भेज देते थे, जो सीधे उनके पास आते थे।

बीजापुर के सुल्तान इब्राहीम आदिलशाह से सम्बद्ध एवं रोचक उदाहरण इस संबंध में डॉक्टर अल्तेकर ने दिया है। आप लिखते हैं : मसूर के ग्राम-प्रधान-पद से सम्बद्ध एक विवाद का निर्णय मसूर-पंचायत ने बायाजी मुसलमान नामक एक व्यक्ति के विरुद्ध किया। अपील करने पर करड़की तहसील (तालुका)-पंचायत ने यह निर्णय बहाल रखा। बायाजी मुसलमान ने तब इस शिकायत के साथ सुल्तान अली आदिलशाह के यहाँ मामले की अपील की कि साम्प्रदायिक भावना के कारण मेरे साथ न्याय नहीं किया गया है। सुल्तान ने मामले पर राज-दरबार में विचार करना तो अस्वीकार कर दिया, यह आदेश भी दिया कि पैठन की हिन्दू-पंचायत इस पर विचार करे। जब इस पंचायत ने भी अपील मंजूर नहीं की, तो सुल्तान ने मामले में हस्तक्षेप करना अस्वीकार कर दिया। (पृष्ठ 237-38)

और प्राचीन काल के संबंध में डॉक्टर अल्तेकर लिखते हैं : हम इस निष्कर्ष पर भलीभाँति पहुँच सकते हैं कि याज्ञवल्क्य ने जिन ग्राम-न्यायालयों को 'पग' कहा है, वे ईसा-पूर्व की प्रथम सहस्राब्दी में उसी प्रकार वर्तमान थे, जिस प्रकार ईसवी सन् आरम्भ होने के बाद कई शताब्दियों तक। (पृष्ठ 238)

ग्राम-शासन-पालिकाओं के कार्यों के संबंध में डॉक्टर अल्तेकर लिखते हैं : दक्षिण भारत के शिलालेखों से प्रकट होता है कि ग्राम-परिषदें महाजनी (साहूकारी) का भी काम करती थीं। (पृष्ठ 238)

चोल-राजाओं के शासन-विवरण देखने से पता चलता है कि दुर्भिक्ष के समय ग्राम-परिषदें सम्मिलित भूमि बन्धक रख कर सार्वजनिक ऋण की भी उगाही करती थीं।

ग्राम-परिषदें तालाबों, कुओं, नहरों, सड़कों, वनों और बंजर भूमि की व्यवस्था कर सार्वजनिक हित के काम भी सम्पन्न किया करती थीं।

ये परिषदें अध्येताओं के लिए वृत्तियों की व्यवस्था कर तथा विद्यालयों, महाविद्यालयों की स्थापना कर सांस्कृतिक एवं बौद्धिक समुन्नयन के कार्य भी सम्पन्न किया करती थीं।

विवरणों से यह भी ज्ञात होता है कि अपनी रक्षा के लिए गाँव अपनी ओर से सैन्य-दलों का भी संघटन करते थे।

गाँधी जी ने कहीं लिखा है कि गाँवों को अपने लिए संविधान बनाकर उसी के अनुसार चलना चाहिए। प्राचीन भारत के गाँवों की व्यवस्था का ठीक यही रूप था।

डॉक्टर अल्तेकर लिखते हैं : प्राचीन भारत में अधिकांश राजवंशों का शासन-काल प्रायः दो शताब्दियों तक रहा। इसके विपरीत ग्राम-समुदाय और ग्राम-परिषदें बहुत ही प्राचीनकाल से चली आ रही थीं। इनकी शक्ति और अधिकार का स्रोत केन्द्रीय शासन द्वारा स्वीकृत कोई अधिकार-पत्र नहीं, वरन् सैकड़ों-हजारों वर्षों से चले आ रहे रीति-रिवाज थे। (पृष्ठ 242)। आगे देखिए : उस समय के विवरण देखने से प्रकट होता है कि सामान्यतया केन्द्रीय शासन नहीं, गाँवों की प्रारम्भिक (महासभाएँ) ही अपनी विभिन्न समितियों के लिए संविधान बनाती थीं। उत्तर भारत में भी कदाचित् यही व्यवस्था प्रचलित थी।...किसी प्रकार का संविधान बनाने का अवसर केन्द्रीय शासन को शायद ही मिला हो। (पृष्ठ 243)

विशेषतया दक्षिण भारत के संबंध में डॉक्टर अल्तेकर लिखते हैं : साधारणतया प्रत्येक सभा अपने संविधान की निर्मात्री थी। प्राचीनतम उपलब्ध संविधान *माननलायनल्लूर* की महासभा का है। इसका निर्माण नगाड़ा बजा कर आमन्त्रित ग्राम-निवासियों की महासभा में ही हुआ था। जब संशोधन आवश्यक होते थे, तो सभा स्वयं इन्हें कर लेती थी। (पृष्ठ 233)

अब प्रश्न उठता है, ग्राम-परिषदों और उनकी विभिन्न समितियों के सदस्यों के निर्वाचन अथवा चयन का। निर्वाचन से आजकल जिस अर्थ का बोध होता है, वह उस समय प्रचलित न था। ऐसा लगता है कि ग्राम-समुदाय स्वभावतः ही ऐसी कार्य-प्रणाली से बचना चाहते थे, जिससे मत-विभाजन की स्थिति आए। कार्य-पालिकाओं और उनकी उपसमितियों के सदस्यों का *चयन* एकमत्य (सम्मति की एकात्मता) से होता था और इसके लिए गाँव की महासभा में सब निवासी एकत्र होते थे। कभी-कभी निश्चय प्रणाली द्वारा गोटी डाल कर सदस्यों का चयन किया जाता था।

डॉक्टर अल्तेकर लिखते हैं : ऐसा कोई उदाहरण नहीं मिला जिससे कहा जा सके कि दलीय राग-द्वेष को जन्म देने वाली आधुनिक ढंग की निर्वाचन-प्रणाली कहीं प्रचलित थी। सम्मान्य गृहपतियों की आमसभा द्वारा सबकी सहमति से लोगों का चयन परिषद् के लिए किया जाता था। परिषद् के सदस्यों के चयन में जात-पाँत की भावना के लिए कहीं स्थान नहीं था। गुप्त-काल में कितने ही पार्षद ब्राह्मणेतर जातियों के भी थे। मराठा-काल में कई पंचायतों के

निर्णयों पर ब्राह्मणेतर जातियों के ही नहीं, अन्त्यजों के भी हस्ताक्षर मिलते हैं। (पृष्ठ 235) तमिलनाडु के अग्रहार गाँवों में कार्य-पालिकाओं के सदस्यों का चुनाव साधारणतया गोटी डाल कर होता था। अन्य स्थानों पर प्रमुख ग्राम-निवासियों द्वारा कदाचित् पहले से ही नामों पर विचार कर लिया जाता था और जब यह समझ लिया जाता था कि ये नाम सामान्यतया सभी को स्वीकार्य हैं, तो प्रारम्भिक सभाओं में औपचारिक ढंग से उनका प्रस्ताव कर दिया जाता था और वहाँ इनको स्वीकृति मिल जाती थी। इस बात की बहुत कम गुंजाइश थी कि आज के ढंग का मतदान उस समय होता। (पृष्ठ 241)

गोटी डाल कर सदस्यों का चयन किस प्रकार होता था, इसका भी हाल सुनिए : उत्तर मेरूर में विभिन्न उपसमितियों के लिए सदस्यों का चयन गोटी डाल कर किया गया। गाँव के तीसों वार्डों में से प्रत्येक वार्ड के लिए कई-कई नामजदगी के पर्चे दाखिल किए गए। प्रत्येक प्रत्याशी का नाम एक अलग कागज पर दर्ज किया गया। इसके बाद ये सभी कागज वार्ड-वार्ड से एक बर्तन में डाल दिए जाते थे। फिर एक अबोध बालक को बुलाकर उससे कोई एक कागज उठा लेने के लिए कहा जाता था। जिस आदमी के नाम का कागज निकलता था, वह उस वार्ड के लिए निर्वाचित घोषित कर दिया जाता था। यही विधि सब वार्डों के लिए काम में लाई जाती थी। इस प्रकार दलगत राजनीति और प्रचार के लिए कोई गुंजाइश न थी। (पृष्ठ 233)

यह अध्याय समाप्त करने के पूर्व मैं डाक्टर अल्तेकर के ये शब्द उद्धृत करना आवश्यक समझता हूँ : इस प्रकार यह बात स्पष्ट हो जाती है कि ग्राम-सभाओं और उनकी परिषदों पर केन्द्रीय सरकार का कार्य निरीक्षणात्मक और नियन्त्रणात्मक ही था। केन्द्र शासन-संचालन का कार्य इन परिषदों पर ही छोड़ दिया था और इन्हें व्यापक अधिकार प्राप्त थे। ये परिषदें ग्राम-समुदाय की सुरक्षा के लिए सुचारु व्यवस्था करती थीं, केन्द्रीय शासन की ओर से कर वसूल करती थीं और स्वयं अपनी ओर से कर लगाती थीं, गाँव के झगड़ों का निबटारा करती थीं, जनहितकारी और आमोद-प्रमोद के कार्यों की व्यवस्था करती थीं, दुर्भिक्ष के संकट का सामना करने के लिए सार्वजनिक ऋण उगाहती थीं : विद्यालयों, महाविद्यालयों, दरिद्रालयों की व्यवस्था करती थीं और उनके लिए रुपयों का प्रबन्ध करती थीं तथा मन्दिरों की ओर से किए जाने वाले अनेकानेक धार्मिक-सांस्कृतिक कार्यों की देखभाल करती थीं। *इसमें सन्देह नहीं कि आज अधिकांश पूर्वी और पश्चिमी देशों में स्थानीय निकायों को जितने अधिकार प्राप्त हैं, उनसे कहीं अधिक अधिकार इन्हें प्राप्त थे।* (इटेलिक अंश लेखक के) ग्राम-निवासियों के हितों के संरक्षण तथा उनकी नैतिक, भौतिक एवं बौद्धिक समुन्नति के कार्यों के सम्पादन में इनका महत्त्वपूर्ण और प्रशंसनीय योगदान रहा करता था। (पृष्ठ 243-44)

ग्राम-समुदायों के संबंध में इतनी विस्तृत चर्चा मैंने इसलिए की है कि मैं उन्हें भारतीय राज्य-व्यवस्था ही नहीं; संपूर्ण भारतीय समाज के पुनरुज्जीवन का मुख्य आधार मानता हूँ। यह बड़े दुर्भाग्य की बात है कि आज का शिक्षित-वर्ग भारतीय इतिहास में गाँवों के महत्त्व को समझ और आँक नहीं पाया है और न भावी व्यवस्था में उनके महत्त्व की कल्पना कर पाता है। हाल ही में देश के एक प्रमुख दैनिक पत्र के एक स्तम्भ-लेखक ने बिना सोचे-समझे यह मत व्यक्त कर दिया कि 'किसी भी हालत में, हमारे ग्राम-निवासियों को हितों की समानता के भाव का बोध कभी नहीं रहा है और न पारस्परिक दायित्व का भाव उनके मन में आया है।' (टाइम्स ऑफ इण्डिया, 31 जुलाई, 1959 के अंक में 'ऑब्जर्वर' का लेख) मेरे विचार से सामुदायिक-विकास-प्रशासन की यह अनुचित आलोचना है।

कहीं लोग डॉक्टर अल्तेकर को अतीत को आदर्श मानने वाला स्वच्छन्दतावादी (प्राचीनतावादी) न करार दें। इसलिए उनके मत के समर्थन में यहाँ मैं कुछ विदेशी विद्वानों के मत भी उद्धृत करना आवश्यक समझता हूँ, क्योंकि अन्य देशी विद्वानों—जैसे प्रोफेसर राधाकुमुद मुखर्जी, राधाकमल मुखर्जी, डॉक्टर बेनीप्रसाद आदि को भी—लोग डॉक्टर अल्तेकर की ही श्रेणी में रख दे सकते हैं। श्री श्रीमन्नारायण ने अपने 'गाँधीयन कांस्टीट्यूशन' के पृष्ठ 46-47 पर कतिपय यूरोपीय विद्वानों की रचनाओं से उद्धरण दिए हैं। यहाँ मैं उसी पुस्तक के उद्धरण दे रहा हूँ।

सर चार्ल्स ट्रेवलीन लिखते हैं : एक के बाद एक विदेशी आक्रमणकारी भारत में आते और जमते रहे, किन्तु कुश की भाँति ग्राम-पालिका-समितियाँ अपने स्थान पर डटी रहीं।

सर जॉर्ज बर्डउड ने लिखा है : संसार के किसी भी देश में भारत जितनी धार्मिक और राजनीतिक क्रांतियाँ नहीं हुई हैं, फिर भी ग्राम-समितियों के कार्यों पर कोई आँच नहीं आई। वे समग्र देश में सदा की भाँति एकरस स्थानीय

हित के कार्यों में लगी रहीं। सीथियाई, यूनानी, सरासीन, अफगान, मंगोल और मराठे अपने पार्वत्य निवासों से निकल कर बाहर आए तथा पुर्तगाली, डच, अंग्रेज, फ्रांसीसी और डेन समुद्र मार्ग से आकर भारत में जमे और शासक बने। किन्तु गाँवों के धार्मिक-व्यापारिक संघटनों का काम यथापूर्व चलता रहा। जैसे ज्वारभाटे का कोई प्रभाव चट्टान पर नहीं पड़ता, वैसे ही इन घटनाओं पर आक्रामकों के आगमन-निर्गमन का कोई प्रभाव न पड़ा।

और अब अन्त में तत्कालीन स्थानापन्न गवर्नर जनरल सर चार्ल्स मेटकाफ द्वारा 1830 में भेजे गए प्रसिद्ध विवरण के ये अंश भी देखिए : (भारत के) ग्राम-समुदाय एक प्रकार के छोटे-छोटे गणराज्य हैं, जो अपने लिए आवश्यक सभी सामग्री की व्यवस्था कर लेते हैं तथा किसी प्रकार के बाहरी सम्पर्क से मुक्त हैं। लगता है कि इनके अधिकारों और प्रबन्धों पर कभी कोई प्रभाव नहीं पड़ता। एक के बाद एक राजवंश आता है, क्रांतियों का क्रम चलता रहता है। ...किन्तु ग्राम-समुदाय उसी ढर्रे पर चलता जाता है।...मेरे विचार से ग्राम-समुदायों के इस संघ ने, जिसमें प्रत्येक (समुदाय) एक छोटे-मोटे राज्य के ही रूप में है, अन्य किसी बात की अपेक्षा, अनेकानेक क्रांतियों के बावजूद भारतीय जन-समाज को कायम रखने और जनजीवन को विशृंखल होने से बचाने में बड़ा भारी काम किया। साथ ही यह जनता को सुखी बनाए रखने और उसे स्वतन्त्र स्थिति का उपभोग कराने का बड़ा भारी साधन है। इसलिए मेरी इच्छा है कि गाँवों की इस व्यवस्था में कभी उलट-फेर न किया जाए। मैं उस प्रवृत्ति की बात सुनकर ही दहल जाता हूँ, जो इनकी व्यवस्था भंग करने की सलाह देती है।

मेटकाफ के इस खौफ (Dread) के बावजूद ब्रिटिश-सरकार स्वतन्त्रता और आत्मनिर्भरता के इन केन्द्रों को विनष्ट करने की निर्धारित नीति पर बराबर चलती रही। भारत का पाला पहली बार ऐसे आक्रामक से पड़ा, जिसने यह काम कर दिखाया, जो पहले किसी ने नहीं किया था। इन ग्राम-गणतन्त्रों को विनष्ट कर ब्रिटिश साम्राज्यशाही ने इस प्राचीन देश को सबसे अधिक क्षति पहुँचाई। यदि 80 प्रतिशत भारतीयों को आश्रय देने वाले हमारे गाँवों में 'पौर-प्रशासन का वह पुराना ओज' आज भी कायम रहता, तो सामुदायिक विकास तथा राष्ट्रीय पुनर्निर्माण मिनटों की बात थी। 1830 को बीते केवल 129 वर्ष हुए, किन्तु गौरवपूर्ण अतीत की धुँधली रेखा भी आज निरक्षर ग्रामीणों ही नहीं, सुशिक्षित नर-नारियों के मानस-पटल पर भी नहीं रह गई है। हमारी अद्भुत शिक्षा-प्रणाली का यह भी एक परिणाम है।

कुछ लोगों को बड़ा आश्चर्य होता था कि पौरीकरण (नगरीकरण) के इस युग में भी क्यों गाँधी जी का आग्रह बराबर गाँवों के लिए रहता है और क्यों वे 'आत्मनिर्भर, स्वशासित ग्राम-गणतन्त्रों' की बात करते नहीं अघाते। गाँधी जी का यह आग्रह इसलिए था कि वे जानते थे कि किसी समय गाँवों की क्या हालत थी। वे चाहते थे कि गाँवों के सजीव, प्रत्यक्ष लोकतन्त्र के आधार पर ही उनकी कल्पना का भारतीय लोकतन्त्र राज्य कायम हो। दूसरी बात यह कि गाँधी जी प्रत्येक बात पर अहिंसा की दृष्टि से विचार करते थे। उन्होंने यह अनुभव किया था कि जिस राष्ट्रीय निर्माण की मैंने कल्पना कर रखी है, उसका आधार गाँवों का स्वशासित, आत्मनिर्भर सहयोगात्मक, सामुदायिक जीवन बहुत ही अच्छी तरह प्रस्तुत करता है। अर्थ और राज्य-व्यवस्थाविषयक गाँधी जी के अपने स्वतन्त्र विचार थे। जिनमें सुदूरस्थ केन्द्र के शोषण और शासन की बहुत ही कम गुंजाइश थी। वे मानते थे कि गाँव ही ऐसी इकाइयाँ हो सकती हैं, जिनके आधार पर इस ढंग की अर्थ एवं राज्य-व्यवस्था का ढाँचा खड़ा किया जा सकता है। लेकिन यह बात भी समझ लेनी चाहिए कि गाँधी जी यह नहीं मानते थे कि आज के अथवा पहले के गाँव मेरी कल्पना के सामाजिक संघटन के केन्द्र बन सकते हैं। उन्होंने कहा है : अहिंसामूलक सभ्यता के अति निकट तो प्राचीन काल के ग्राम-गणतन्त्र ही आते हैं। मैं यह मानता हूँ कि उनका यह रूप बहुत ही अपरिष्कृत था, क्योंकि मेरी परिभाषा अथवा कल्पना की अहिंसा का लेश भी इसमें न था। *फिर भी इसके कीटाणु (मूल-तत्त्व) इसमें पाए जाते हैं।* (इटैलिक अंश लेखक के)।

भाग–4

मानव की सामाजिक प्रकृति और समुदाय

: 1 :

मनुष्य सामाजिक प्राणी है, इसलिए उसकी प्रकृति भी सामाजिक है। समाज में ही वह पैदा होता, बढ़ता और मरता है। प्रकृत्या वह सामाजिक जीवन की अर्थात् दूसरे मनुष्यों के साथ राहने की कामना करता है। प्रत्येक व्यक्ति की अपनी विशेषता होती है, पृथक् व्यक्तित्व होता है; किन्तु इस विशेषता और व्यक्तित्व का बोध तभी हो सकता है, जबकि वह समाज में रहे। कोई मनुष्य एकाकी जीवन नहीं व्यतीत कर सकता और यदि वह ऐसा करता है, तो मानव की दृष्टि से उसका कोई महत्त्व नहीं रह जाता। ऐसी हालत में उसे संयोगवशात् प्रकृति की लीला से उत्पन्न मानव भले कह दिया जाए, किन्तु वह मानव-समाज की सीमा के अन्तर्गत नहीं आता; वह मनुष्य ही नहीं है। मनुष्य-जाति की उत्पत्ति और विकास का इतिहास बताने वाले लोग कहा करते हैं कि मनुष्य का आदिरूप बन्दर का था। धीरे-धीरे वह इस रूप में आया है। इसी प्रकार उसकी प्रकृति का भी विकास हुआ है। आज भी यदि कोई मनुष्य उस पुरातन प्रकृति का परिचय देता है, तो उसे भेड़िया नर, बन्दर या इसी प्रकार की कोई चीज कहा जाएगा।

इसके अतिरिक्त यह भी समझना चाहिए कि व्यक्ति और समाज का संबंध ईंट और मकान का नहीं है। जीवित सेल और जीवित शरीर के बीच जो संबंध होता है, वही संबंध व्यक्ति और समाज के बीच होता है। अन्य मनुष्यों के साथ किसी मनुष्य का संबंध एकावयविक होता है। संबंधों की इस परिपूर्णता से ही समाज बनता है। पृथक् व्यक्तियों का समूहमात्र समाज नहीं है; यहाँ तक कि समूह भी प्राणियों का असंघटित योग नहीं कहा जा सकता।

इसमें सन्देह नहीं कि ऊपर जो कुछ कहा गया है, वह नया नहीं है। ध्यान देने की बात केवल यही है कि समाजशास्त्र में जहाँ इसे स्वतःसिद्ध समझा जाता है, वहाँ राजनीति अथवा अर्थशास्त्र में इस प्राथमिक, किन्तु मूलभूत तथ्य की सर्वथा उपेक्षा कर दी जाती है। इसका स्पष्ट कारण यह है कि यद्यपि राजनीति-शास्त्र (विज्ञान) तथा अर्थशास्त्र (विज्ञान) के शास्त्रीय (वैज्ञानिक) होने का दावा किया जाता है, किन्तु इनमें एक भी समाजशास्त्र पर आधारित नहीं है। समाजशास्त्र की अपेक्षा राजनीतिक और आर्थिक गतिशीलताएँ काफी पुरानी हैं। राजनीतिक-आर्थिक संघटनों और गतिशीलताओं का किसी-न-किसी अर्थनीति के विवेचन का अभिप्राय यह है कि इन संघटनों और इनकी प्रक्रियाओं–इनकी उत्पत्ति, विकास, इनकी कार्य-पद्धति (विधान) और स्वरूप-परिवर्तन तथा भावी स्थिति की कल्पना–का शास्त्रीय अध्ययन और मीमांसा की जाए।

आइए, मनुष्य की सामाजिक प्रकृति पर फिर से विचार करें। मानव की सामाजिक प्रकृति की प्रथम सृष्टि परिवार था। मानव-समाज में भव्य भवन का प्रवेश-द्वार परिवार है या जैसा कि मदेरियागा का कहना है, समाज की दृष्टि से विचार करने पर परिवार व्यक्ति के लिए मातृवत् है। परिवार में ही मनुष्य जन्म लेता है और बाल्यावस्था के तथा जवानी के दिन बिताता है। परिवार की देख-रेख और पालन-पोषण के बिना व्यक्ति जीवित नहीं रह सकता; मानव बनने की तो बात ही छोड़िए। वयःप्राप्ति-काल में भी परिवार उसके साथ रहता है। उस समय परिवार में ही रह कर वह उसकी रक्षा और सुख के लिए प्रयत्नशील रहता है तथा सभी प्रकार के काम करता है। परिवार की रक्षा के लिए तो वह तत्पर रहता ही है, उसकी प्रतिष्ठा के लिए जान तक देने को भी तैयार है। परिवार में ही वह सहयोग, पारस्परिक समन्वय (Adjustment) और आत्मत्याग के गुण सीखता है। यहीं उसके चरित्र का निर्माण होता है और वह उस सुविस्तृत समाज की सांस्कृतिक परम्पराएँ अपनाता है, जिसकी एक इकाई उसका परिवार होता है। मदेरियागा ने ठीक ही कहा है : विद्यालय में शिक्षा मिलती है, परिवार सिखाता है।

इस प्रकार व्यक्तिगत रूप से मनुष्य का कोई अस्तित्व नहीं; बल्कि मदेरियागा के शब्दों में 'सपरिषद् राजा' की भाँति वह 'सपरिजन व्यक्ति' है। इससे यह निष्कर्ष निकलता है कि समाज की विवेकसम्मत व्यवस्था ऐसी होनी चाहिए कि उसमें परिवार का अखण्ड रूप ही न बना रहे, वरन् उसकी वास्तविक क्रियाशीलता के लिए पूरा अवसर भी प्राप्त हो सके। बल्कि इससे भी आगे बढ़कर कहा जा सकता है कि प्रबुद्ध और अच्छे समाज के जीवन में उन गुणों और प्रवृत्तियों का समावेश आवश्यक है, जिनसे परिवार का अनुशासन होता है।

परिवार के बाद मनुष्य के लिए स्वाभाविक रूप से जो सामाजिक वातावरण निकटतम पड़ता है, वह है स्थानीय समाज (सामुदायिक संस्था)—ग्राम अथवा नगर-निकाय। मदेरियागा ने इन्हें उचित ही 'परिवारों का संघ' कहा है। अकेला एक परिवार सामाजिक इकाई के रूप में बहुत छोटा पड़ता है। इसलिए बहुत-से परिवार मिलकर और सहयोगपूर्वक इस बात की व्यवस्था करते हैं कि प्रत्येक परिवार रहे और फले-फूले। स्थानीय अथवा प्रारम्भिक अर्थात् जिससे रोज काम पड़े, ऐसा समुदाय (सामाजिक संघटन), चाहे गाँवों में हो या नगरों में, किसी देश-विदेश में नहीं, अपितु सारे संसार में सदा से व्याप्त रहते आए हैं। यह स्वाभाविक ही है, क्योंकि मनुष्य की प्रकृति ही सामुदायिक है। यह जान लेना हमारे लिए बड़े हर्ष का विषय होगा कि यद्यपि सामुदायिक संघटन सार्वकालिक और संसारव्यापी रहे हैं, तथापि व्यवस्थित रूप से इनका विकास भारत जैसा और कहीं नहीं हुआ और न इनका इतिहास ही इतना लम्बा रहा है।

अपनी आवश्यकता और माँग की पूर्ति के उद्देश्य से मानव और विस्तृत तथा बड़े संघटनों का विधान स्वभाववशात् ही नहीं कर सका। भारत जैसे संसार के कुछ भागों में पारस्परिक हित-साधन के लिए स्थानीय सामुदायिक संस्थाओं के संघ अवश्य बने, किन्तु उनका रूप बहुत ही प्रारम्भिक था। मनुष्य-स्वभाव के और पहलू तथा अन्य परिस्थितियों के चलते भी इनका विकास नहीं हो सकता। किन्तु स्थानीय सामुदायिक संघटन जहाँ मनुष्य की 'सामाजिकता' का कुछ रूप था, कुछ अवसर था, वह तो कम-से-कम सैकड़ों ही क्या, हजारों वर्षों तक रहा। मनुष्य-समाज के इस लम्बे जीवन में केवल एक ही ऐसी घटना घटी, जिसने इस स्थिति में बड़ा भारी और तात्त्विक परिवर्तन कर दिया तथा विकास का सारा क्रम रोक दिया। वह घटना थी, यन्त्र-उद्योग का प्रारम्भ। यन्त्रोद्योग ने मनुष्य को स्थानीय और कृत्यात्मक (श्रेणिक) समुदायों से उखाड़ फेंका और उसे भेड़ की भाँति शहरों में लाकर ठूँस दिया अथवा विशाल जलराशि पर लकड़ी के तिनके की भाँति मारे-मारे फिरने की स्थिति में लाकर धर दिया। ब्रिटेन के एक विख्यात विद्वान् ने इस प्रक्रिया का वर्णन इस प्रकार किया है : अनियोजित यन्त्रोद्योग की भूलभुलैया में पैर रखने वालों का अगुवा ब्रिटेन रहा है। इस उद्योग का परिणाम यह हुआ कि जनता अपने घरों से उन्मूलित होकर (शहरों की) गन्दी बस्तियों में (भेड़ की तरह) भरने लगी। और कालक्रम से इस प्रक्रिया के फलस्वरूप विपुल अनर्जित वृद्धि की स्थिति आई, ताकि उपयोग आगे चल कर औद्योगिक पूँजी के रूप में हो सके। *पृथक् अणुओं के समूह की भाँति यह जनसमुदाय भी अकस्मात् एकत्र जनसमूह की भाँति व्यक्तिसमूहमात्र रह गया।* आश्चर्य की बात यह है कि विचारक भी प्रायः भूल जाते हैं कि समूह को समाज नहीं कहा जा सकता और सामाजिक प्राणी के लिए *सामाजिक जीवन* पहली आवश्यकता है। यह सच है कि सामाजिक भावना मनुष्य की आधारभूत भावना होने से अन्य रूपों में सामने आई और वह लोकहितकारी, क्रीड़ा-विषयक, क्षुद्रकोटि के और यहाँ तक कि कुख्यातिकर कार्यों और सम्पर्कों की ओर भी प्रवृत्त हुआ। *किन्तु पूर्णरूप से स्थानीय सामाजिक जीवन से इसका संबंध अत्यन्त अपरिमित था।* (इटैलिक अंश लेखक के)

पश्चिमी ढंग का आणविक अथवा मुण्डाधारित (Atomistic or Statistical) आधुनिक लोकतन्त्र इसी प्रक्रिया के चलते पृथक् व्यक्तियों का दैववशात् एकत्र समूहमात्र रह गया है। आधुनिक पाश्चात्य लोकतन्त्र में मनुष्य की सामाजिक प्रकृति और मानव-समाज की वास्तविक प्रकृति की पूर्णरूप से उपेक्षा है। यह लोकतन्त्र समाज के ऐसे स्वरूप की कल्पना करता है, जो पृथक्-पृथक् व्यक्तियों का समूहमात्र है अर्थात् समाज-विषयक उसकी धारणा विकीर्णता की है। आज की लोकतान्त्रिक राज्य-व्यवस्था के भव्य भवन का निर्माण व्यक्तिगत मतदानरूपी ईंटों से हुआ है; लोकतन्त्र की संपूर्ण प्रक्रिया वोटों की गिनती पर निर्भर है। व्यक्तिगत रूप में मतदाता समाज के एक पृथक् अणु के रूप में मतदान करता है। मतदान की इस प्रणाली में उसका एकावयविक (Organic) संबंध अवयव के अन्य जीवित सेलों से किसी सजीव सेल की भाँति का नहीं होता। लोकतन्त्र की संस्थाओं और प्रक्रियाओं में मनुष्य के सामाजिक स्वरूप का नहीं, पार्थक्य

के स्वरूप का ही प्रतिनिधित्व अथवा अभिव्यक्ति देखने में आती है।

यह अत्यन्त कारुणिक स्थिति है कि इतनी प्राचीन और समुन्नत परम्पराओं वाले एशियाई देश पश्चिम की इस निरवयविक (निर्जीव) राज्य-व्यवस्था का अन्धानुकरण करने की ओर प्रवृत्त हों। यह हर्ष का विषय है कि काहिरा से जकार्ता तक फैली एशियाई जनता इस विषय पर पुनर्विचार कर रही है और अपनी लोकतन्त्रात्मक आकांक्षाओं की पूर्ति एवं अभिव्यक्ति के लिए संसदीय लोकतन्त्र की अपेक्षा किसी अन्य उन्नत स्वरूप की चर्चा करने लगी है। जहाँ तक भारत का संबंध है, गाँधी जी बहुत पहले ही लोकतन्त्र को विफल बता चुके हैं और राज्यव्यवस्थाविषयक अपने वैकल्पिक प्रस्ताव उपस्थित कर चुके हैं। गाँधी जी के ये सुझाव (प्रस्ताव) भारतीय परम्परा के साथ-ही-साथ मनुष्य और मानव-समाज की वास्तविक प्रवृत्ति से भी मेल खाते हैं। इन सुझावों को प्रस्तुत करते समय गाँधी जी ने यह आकांक्षा व्यक्त की थी कि भारत 'प्रत्यक्ष प्रयोग' द्वारा 'लोकतन्त्र के सच्चे स्वरूप (विज्ञान) का विकास' करे।

: 2 :

सही ढंग की राज्य-व्यवस्था का विधान सामाजिक पुनस्संघटन की समस्या से सम्बद्ध है। यद्यपि यह सच है कि पूर्वकाल में लोभ अथवा जीवन के अन्य मिथ्या मूल्यों ने मानव की सामाजिक प्रकृति की सक्रियता को ध्वस्त और विनष्ट किया, तथापि अब जबकि लोग सचेत होने लगे हैं, तो यह आवश्यक है कि मानव-प्रकृति के अनुरूप आर्थिक, राजनीतिक एवं अन्य प्रकार की विधियों का इस ढंग से सर्जन किया जाए कि जीवन पुनः व्यवस्थित हो सके। आधुनिक उद्योगवाद और तज्जन्य अर्थवाद की भावना ने प्रत्येक मानवीय गुण को आँकने के लिए हानि-लाभ एवं तथाकथित आर्थिक विकास के जिस भाव की सृष्टि की है, उसके ही चलते मानव-समाज विघटित हुआ है तथा मनुष्य को अपने ही लोगों के बीच अपरिचित और विदेशी बना दिया है। यही नहीं कि सामुदायिक जीवन विघटित हो गया है, वरन् पश्चिम में तो परिवार भी छिन्न-भिन्न होता जा रहा है। यहाँ तक कि जननी, जो परिवार की आत्मा थी, अपना मातृत्व और स्त्रीत्व खोती जा रही है। जैसा कि मदेरियागा ने कहा है : घर की जो विशेषता मिल-जुल कर काम करने की, आमोद-प्रमोद की, रुचि की, अनुभव प्राप्त करने की और 'पारिवारिक भावना' से युक्त होकर संगी-साथी बनाने की थी, वह समाप्त होती जा रही है। इसी प्रकार नारी अपना स्त्रीत्व खोती जा रही है। आज वह सारी लज्जाशीलता और सुकुमारता त्याग कर अधरों के बीच सिगरेट दबाए, अपनी अस्त-व्यस्त केशराशि पर पुरुषों के टोप धारण किए बस-कण्डक्टर या स्टेशन का कुली बन विचरण कर रही है। नारी रूप में वह सफल जीवन व्यतीत कर सकती थी, किन्तु नर का रूप धारण करते समय उसने जिस स्वतन्त्रता की कल्पना की थी, वह तो उसके हाथ लगी नहीं, मिली उसे केवल निराशा और नर के संघर्षमय जीवन की श्रांति।

वर्तमान सभ्यता की सबसे बड़ी समस्या है, सामाजिक अखण्डता। आज का मनुष्य एकाकी है, उसकी नकेल दूसरों के हाथों में है। वह एक प्रकार का 'संस्था-मानव' है—ऐसा मानव है, जो अपनी बुद्धि, विवेक और नियन्त्रण के परे दूसरी शक्तियों द्वारा चलाया जाता है। यही स्थिति सर्वत्र है, चाहे वह लोकतन्त्र हो या अधिनायक-तन्त्र। अतः आवश्यकता इस बात की है कि मनुष्य को मनुष्य के सम्पर्क में रखा जाए, जिसमें सभी मनुष्य सार्थक, सहानुभूतिपूर्ण और संयमित जीवन व्यतीत कर सकें। संक्षेप में हम कह सकते हैं कि हमारे सामने समस्या मानव-समाज के पुनर्निर्माण की है, जिसमें वह सामुदायिक जीवन बिता सके।

भारत के लिए यह संयोग की बात है कि यहाँ समाज के विखण्डीकरण की प्रक्रिया बहुत आगे नहीं बढ़ पाई है और आज भी देश की 80 प्रतिशत जनता के आश्रयदाता हमारे 5 लाख गाँवों में कम-से-कम मूर्तरूप से वह स्थिति विद्यमान है कि हम सामुदायिक जीवन का सरलतया निर्माण कर सकें। पिछले अध्याय में प्राचीन भारत के सामुदायिक जीवन और ग्राम-समुदायों का संक्षिप्त विवरण दिया गया है। हजारों वर्ष के सामुदायिक जीवन और प्रशासन का यह अनुपम उदाहरण है, जिससे आज हम बहुत कुछ सीख सकते हैं।

: 3 :

आइए, हम समुदाय पर विचार करें। यद्यपि अनेकानेक परिवारों की प्रादेशिक सन्निधि (सामीप्य) समुदाय के लिए आधारभूत और महत्त्वपूर्ण शर्त है, तथापि इतने से ही समुदाय नहीं बनता। उदाहरणस्वरूप भारत के वर्तमान गाँवों को वास्तविक समुदाय नहीं कह सकते। पहले वे समुदाय अवश्य थे, किन्तु आज वे केवल प्रादेशिक उपनिवेश हैं। इसका कारण यह है कि इन गाँवों का आज का जीवन सामुदायिक नहीं, वैयक्तिक है; सावयविक नहीं, निरवयविक है। वास्तविक समुदाय में साझेदारी—अर्थात् साथ मिलकर रहने, खाने, करने, हिस्सा बँटाने, सुख-दुःख समझने और काम आने—की बात आती है; हितों की एकात्मकता का भाव रहता है। अनेकत्व में एकत्व की अनुभूति होती है; निश्चित सामाजिक उत्तरदायित्वों के मध्य स्वतन्त्रता का भान होता है; समुदाय और उसके सदस्यों के हित-साधन के एकमात्र लक्ष्य को ध्यान में रखकर कार्यों के विभाजन की व्यवस्था होती है। जाति, वर्ग, वर्ण, सम्प्रदाय, राजनीति ये सब मनुष्य को विविध—कभी परस्पर संघर्षरत—गुटों में बाँटते हैं। समुदाय (सामुदायिक जीवन) उन्हें परस्पर समीप लाता है, एकता के सूत्र में बाँधता है और उनके हितों में संगति बैठाता है। सामुदायिक जीवन में कृषि, उद्योग, पूँजी, श्रम, कौशल, बुद्धि के बीच संघर्ष की कभी कोई स्थिति नहीं आती; वरन् सारे समुदाय की दृष्टि से इनका समन्वय किया जाता है। उत्पादन और उपभोग यहाँ किसी दूरस्थ सूत्र द्वारा संचालित आर्थिक व्यवस्था के दो पहलू नहीं हैं, किन्तु यह एक प्रकार की समन्वित प्रक्रिया है, जिसका स्पष्ट और निश्चित उद्देश्य होता है। समुदाय का संघटन व्यक्तिगत संबंधों के आधार पर होता है तथा लोगों की स्वतन्त्र इच्छा और अभिरुचि आत्मप्रेरित अनुशासन और समान-संस्कृति की सीमा में बँधी रहती है। समुदाय के सभी सदस्य सामुदायिक हित के मामलों में समझदारी और सहयोग के भाव से काम करते हैं। समुदाय एक प्रकार की सहकारी संस्था ही है, किन्तु इसमें और साधारण सहकारी संस्था में बड़ा भारी अन्तर यह है कि जहाँ समुदाय में सहकारिता के अन्तर्गत संपूर्ण जीवन आता है, वहाँ साधारण सहकारी संस्थाओं का कार्य केवल आर्थिक क्षेत्र तक परिमित रहता है। दूसरी बात यह है कि समुदाय के सभी सदस्य इसके अन्तर्गत आ जाते हैं, जबकि साधारण सहकारी संस्थाओं का ध्यान अपने हिस्सेदारों तक ही रह जाता है। समुदाय के अच्छे-बुरे सभी दिनों का समान रूप से निवासियों पर असर पड़ता है। अपने आन्तरिक मामलों में समुदाय को पूरा नियन्त्रण और अधिकार प्राप्त रहता है। मत विभाजन समुदाय के लिए विष है। इसलिए चेष्टा बराबर इस बात की रहती है कि अधिक-से-अधिक चयन सर्वसम्मत हो। एद्रियानो आलिवेत्ती ने बहुत ही अच्छी तरह इसको समझाया है : समुदाय का आदर्श वही है, जिससे ट्रेण्ट की परिषद् को प्रेरणा मिली : आवश्यक मामलों में एकता; सन्देह की स्थिति में स्वतन्त्रता तथा सभी बातों में सहिष्णुता।

यह जान लेना चाहिए कि आज के बहुत अल्पमत ढर्रे की विभाजनात्मक और विघटनात्मक प्रक्रिया वाली निर्वाचन-प्रणाली से भारत के ग्राम-समुदायों की कार्य-पालिकाओं के अधिकारी नहीं चुने जाते थे। इसके विपरीत इनका चयन सबकी सहमति से या कभी-कभी गोटी डाल कर किया जाता था।

मेरे यह सब कहने का यह अभिप्राय नहीं है कि जैसे समुदाय का वर्णन ऊपर किया गया है, वैसे समुदाय का अस्तित्व कभी रहा या यदि लोग छोटे-छोटे प्रादेशिक क्षेत्रों में बस जाएँ, तो यह स्वयमेव अस्तित्व में आ जाएगा। ऐसा होता तो भारत के सभी गाँव आदर्श समुदायों का रूप ग्रहण कर लेते। किन्तु मैं जो कुछ कहना चाहता हूँ, वह यह है कि (और मैं पूरे आग्रह के साथ कह रहा हूँ कि) ऐसा समुदाय ही भारत के पुनर्निर्माण का लक्ष्य होना चाहिए। तभी मनुष्य की सामाजिक प्रकृति और आधुनिक सभ्यता के मानववादी आदर्शों की चरितार्थता सम्भव है। और तभी सच्चा लोकतन्त्र स्थापित हो सकेगा।

व्यापक रूप से और बहुत बड़े पैमाने पर उद्योगीकृत और पौरीकृत (नगरीकृत) पश्चिमी देशों के लिए यह कार्य सिर खपाने वाले अवश्य हैं। किन्तु पश्चिम के बहुत से विचारशील व्यक्ति गम्भीरतापूर्वक इस बात पर विचार करने लग गए हैं। जहाँ तक भारत का सवाल है—और मैं समझता हूँ, सर्वसत्तावाद का जामा न पहन चुकने वाले सभी एशियाई देशों का सवाल है—हमारी परिस्थिति इस प्रकार के अभियान के लिए बहुत ही अनुकूल है।

गाँधी जी ने लिखा है : पाश्चात्य सभ्यता नगराधारित है। ब्रिटेन अथवा इटली जैसे छोटे देश अपनी पद्धति नगराधारित

कर सकते हैं। अमेरिका जैसे अल्प जनसंख्यावाले बड़े देश भी कदाचित् इस पद्धति का अवलम्बन कर सकें। किन्तु जनसंख्याबहुल और आज भी उपयोगी प्राचीन ग्राम-परम्पराओं से युक्त किसी बड़े देश (भारत) को पश्चिम के इस आदर्श का किसी भी हालत में अनुकरण न करना चाहिए।

: 4 :

समुदाय पर और विचार करने के पूर्व यह उचित प्रतीत होता है कि संक्षेप में विज्ञान और सामाजिक संघटन पर उसके प्रभाव की चर्चा कर ली जाए। यह कहा जा सकता है कि छोटे-छोटे स्थानीय समुदाय किसी समय भले ही गाँवों के ढाँचे में ठीक बैठ जाते रहे हों, किन्तु उद्योगवाद के इस युग में उनका महत्त्व शायद अतीतकालिक सभ्यता के भोंडे नमूनों के अतिरिक्त और कुछ नहीं रह जाता। यह कहा जा सकता है कि औद्योगीकरण के साथ पौरीकरण (नगरीकरण) का अपरिहार्य संबंध है।

मुझे यह तर्क बिलकुल ही मान्य नहीं है। यहाँ पौरीकरण (नगरीकरण) और ग्राम-जीवन में से एक को चुनने का सवाल नहीं है। शहरी और ग्राम-जीवन को दो समझना अयथार्थ और अवैज्ञानिक है। मानव-जीवन और उसके विकास के लिए कृषि और उद्योग दोनों आवश्यक हैं। उद्योग के प्रश्न पर मानव के संपूर्ण जीवन की दृष्टि से विचार करना चाहिए। यह बात भूलनी नहीं चाहिए कि उद्योग मनुष्य के लिए है, मनुष्य उद्योग के लिए नहीं। कुछ लोग विज्ञान और प्रविधि की बातें इस प्रकार करते हैं, मानो वे भी भूमिकम्प आदि की भाँति प्रकृति की कोई ऐसी शक्ति (विभीषिका) हों, जिनके विरुद्ध कुछ कर सकना शक्त नहीं है, अतः हमें अपने को उनके अनुरूप ढाल लेने के अतिरिक्त दूसरा चारा नहीं है। विज्ञान, उद्योग आदि सभी मानव मस्तिष्क की उपज है, अतः नियोजन मानव के उद्देश्य से होना चाहिए। हुआ यही है, किन्तु उद्देश्य की यह भावना उदात्त अथवा उपयुक्त नहीं रही है। विज्ञान और उससे उत्पन्न प्रविधि का मुख्य कार्य वैयक्तिक लाभ और शक्ति-संचय हो गया। पहले का प्रतिनिधित्व पूँजीवादी प्रणाली से होता है, दूसरे का केन्द्रीकृत शासन-प्रणाली से, चाहे वह लोकतन्त्रात्मक हो या सर्वाधिकारवादी। विज्ञान को निरपेक्ष अथवा नैतिकता के प्रश्न से असम्बद्ध कहकर सारा दोष मनुष्य के सिर मढ़ने की चाल पड़ गई है। दोष की बात तो समझ में आती है, किन्तु विज्ञान को निरपेक्ष अथवा नैतिकता से असम्बद्ध कहना निरर्थक है। जो भी हो, विज्ञान है तो उद्देश्यप्रेरित मानव-प्रयास का ही परिणाम। ऐसी स्थिति में इसे नैतिक दृष्टि से निरपेक्ष नहीं कहा जा सकता। यदि विज्ञान से मानव का जीवन सुखी नहीं होता, मानवीय गुणों का उत्कर्ष नहीं होता, तो यह (वास्तविक) विज्ञान नहीं; मिथ्या विज्ञान है। जिस 'विज्ञान' के चलते मानव-समाज विश्रृंखल हुआ है, मानव प्राणी को अपने साथियों और सहधर्मियों से पृथक् हो जाना पड़ा है, आर्थिक एवं राजनीतिक दैत्यों की सृष्टि हुई है और मानव को उनका गुलाम होते जाना पड़ा है, मानव का यान्त्रिकीकरण हो गया है, उसे अवश्य ही मिथ्या विज्ञान करार देकर ठुकरा देना चाहिए तथा उसके स्थान पर नए विज्ञान एवं प्रविधि का शोध किया जाना चाहिए, जो जीवन की उत्तम विधि के विकास में योगदान कर सके। विज्ञान का व्यवसायीकरण समाप्त कर उसके स्थान पर उसका मानवीकरण होना चाहिए। विज्ञान का उद्देश्य (अर्थ)—लाभ और शक्ति-संचयन न होकर सुख और शान्ति होना चाहिए।

यदि आज मनुष्य निश्चय कर लेता है कि भेड़ की भाँति नगरों में ठूँसे जाने के बजाय छोटे समुदायों में रहना श्रेयस्कर है, यन्त्र बनने के बजाय चेतन मानव बनना कहीं अच्छा है, बालू के ढेर का कण बनने के बजाय समुदाय का सदस्य बनना आवश्यक है, तो कोई कारण नहीं कि विज्ञानवेत्ता उपयुक्त ढंग के विज्ञान और प्रविधि का विकास न करें। ऐल्डस हक्सले कहते हैं : उस स्थिति की जरा कल्पना कीजिए, जबकि आविष्कारकर्ताओं और इंजीनियरों का यह मान्य उद्देश्य हो जाए कि वे व्यावहारिक विज्ञान का उपयोग सामान्य जनता के लिए ऐसे साधन जुटाने के उद्देश्य से करेंगे कि वह लाभकर एवं वास्तविक महत्त्व के कार्य कर सके तथा वे (विज्ञानवेत्ता) सामान्य नर-नारी को अधिपतियों के चंगुल से छुड़ाने में मदद कर सकेंगे, ताकि वे अपने श्रम और रोजी के मालिक बन सकें अथवा जीवन-निर्वाह के

लिए सक्रिय स्वाधिकारप्राप्त सहकारी यूथ के सदस्य बन सकें। उपयुक्त विधान द्वारा समर्थन-प्राप्त इस भिन्न प्रकार के अभिनव प्राविधिक विकास से प्रगतिशील जनसंख्या की, सहज लभ्यभूमि की, उत्पादन के साधनों पर स्वामित्व की तथा राजनीति एवं आर्थिक शक्ति की नई सृष्टि होगी। इसके अतिरिक्त अधिक लोगों के लिए परितोषदायी जीवन की व्यवस्था होने से इसका सामाजिक लाभ होगा, वास्तविक स्वाधिकारप्राप्त लोकतन्त्र का उदय होगा तथा ऐसी विनाशकारी वयस्क-शिक्षा से छुटकारा मिलेगा, जिसकी व्यवस्था उपभोग्य सामग्री के सामूहिक उत्पादनकर्ता विज्ञापनों के माध्यम से कर देते हैं। इससे विज्ञान का भी लाभ होगा। विज्ञान का व्यवसायात्मक प्रयोग होने से उसकी प्रगति स्वयं अवरुद्ध हो गई है।

आलिवेत्ती तो एक कदम और आगे जाकर कहते हैं : प्राविधिक और सांस्कृतिक प्रगति के फलस्वरूप उस विकेन्द्रित अवस्था की उत्पत्ति होती है, जिससे छोटे-छोटे नगरों के ऐसे संघ बन जाते हैं, जहाँ के जीवन में अधिक गहराई होती है और जहाँ के कोलाहलपूर्ण जनसंकुल नगरों से तथा सबसे असम्बद्ध और मानवीय गुणों से आयुक्त जीवन-प्रणाली से पृथक् होकर लोग सुसंगति, शान्ति और प्रेम का जीवन बिताते हैं।

अस्तु तो जिस प्रकार की समाज-व्यवस्था की हम परिकल्पना करते हैं, वह न 'नगर-प्रधान' होगी, न 'ग्राम-प्रधान'। यदि उसे कोई नाम देना ही हो तो हम उसे सामुदायिक (समुदाय-प्रधान) कह सकते हैं। दूसरे शब्दों में यह वास्तविक समाज होगा। वैज्ञानिक विकास ने 'ग्राम' और 'नगर' का भेद मिटा दिया है। भावी समुदायों की व्यवस्था में कृषि और उद्योग के बीच सन्तुलन की स्थिति रहेगी। उन्हें हम कार्षिक-औद्योगिक समुदाय कह सकते हैं। विज्ञान और प्रविधि से वे उसी अंश तक सहायता लेंगे, जहाँ तक जीवन के लिए ये उपयोगी होंगे; इससे अधिक और कुछ नहीं। भौगोलिक एवं ऐतिहासिक परिस्थितियों के कारण कहीं कृषि को और कहीं उद्योग को प्रधानता मिल सकती है। किन्तु इन दोनों में सन्तुलन स्थापित कर रखना सभी का लक्ष्य होगा। आज के दैत्याकार बड़े नगरों को यथासम्भव इस ढंग से विकेन्द्रित करना होगा कि इनका जमघट दूर हो और जीवन की उपयुक्त अवस्था के लिए आवश्यक परिस्थिति उत्पन्न की जा सके। बाकी के लिए उनको इस ढंग से पुनःसंघटित करना होगा कि छोटे-छोटे समुदायों का संघ बन सके। जिस सीमा के आगे इनको विकेन्द्रित करना शक्य न होगा, उसके बाद इनको कायम रखा जाएगा। किन्तु इस बात का बराबर ध्यान रखना होगा कि ये बढ़ने न पाएँ और न ये बड़े नगर खड़े होने दिए जाएँ।

एक प्रश्न यहाँ यह उठ सकता है कि स्थानीय अथवा प्रारम्भिक समुदायों का बड़े-से-बड़ा आकार क्या हो? इसका कोई झट से सटीक उत्तर नहीं दिया जा सकता। इसको नापने का कोई यान्त्रिक पैमाना नहीं है। प्रारम्भिक समुदाय सावयविक ढंग से विकसित होंगे, अतः इनका आकार परिस्थितियों के अनुसार घट-बढ़ सकता है। एक बात यहाँ कही जा सकती है कि इनका आकार इतना छोटा भी न होना चाहिए कि सामुदायिक एवं सांस्कृतिक विकास कठिन हो जाए और न इतना बड़ा ही होना चाहिए कि इनमें बसने वालों का व्यक्तित्व ही लुप्त हो जाए। भारत में 'राजस्व-ग्राम' सहज-बोध्य है। भले ही इसके अन्तर्गत कई पुरवे हों, किन्तु इन सबके निवासी अपने को एक ही ग्राम का निवासी समझते हैं। इस प्रकार भारत में राजस्व-ग्राम (मौजा) को प्रारम्भिक समुदाय के रूप में ग्रहण किया जा सकता है। जिन राज्यों में ये राजस्व-ग्राम बहुत बड़े हों, वहाँ समुदायों की नई सीमा निर्धारित की जा सकती है।

: 5 :

अब तक हमने स्थानीय अथवा प्रारम्भिक समुदाय पर विचार किया और बताया कि किस प्रकार यह मनुष्य की सामाजिक प्रकृति की सृष्टि है और यही ऐसी इकाई है, जिस पर समाज का ढाँचा खड़ा किया जाना चाहिए। आगे हम इस प्रश्न पर विचार करेंगे कि यह कार्य हो कैसे? पहली बात तो यह कि क्या समाज प्रारम्भिक (सामुदायिक) इकाइयों का योगमात्र हो। यह समझ लेना चाहिए कि फिर ऐसा समाज गिनतीमूलक या अणुमूलक अथवा इसी प्रकार की कोई चीज बनकर रह जाएगा, जैसा कि व्यक्तिसमूहमात्र पर आधारित आज का पाश्चात्य समाज है। जिस प्रकार प्रारम्भिक समुदाय में

अनेक परिवार मिलकर सहयोगपूर्वक संयुक्त जीवन-पद्धति का विकास समाज-संघटन के उद्देश्य से करते हैं, उसी प्रकार प्रारम्भिक समुदायों को आपस में मिलकर और सहयोगपूर्वक सामूहिक समस्याओं के निराकरण और समान हितों की प्राप्ति के लक्ष्य से अग्रसर होना चाहिए। ऐसा सहयोग और सामंजस्य दूरस्थ और बहुत अधिक प्रारम्भिक समुदायों के बीच तो सम्भव न होगा, किन्तु पारस्परिक सम्पर्क का यह कार्य निकटस्थ और पड़ोसी समुदायों के बीच अवश्य सम्भव है। इसलिए परिपूर्ण और अखण्ड एकात्मक सामाजिक व्यवस्था के निर्माण की दिशा में पहला कार्य यह किया जा सकता है कि बहुतेरे पड़ोसी प्रारम्भिक समुदाय मिलकर और सहयोगपूर्वक क्षेत्रीय समुदाय का संघटन करें। प्रत्येक प्रारम्भिक समुदाय अपने आन्तरिक सुलभ साधनों से यथासम्भव सभी कार्य करेगा। किन्तु ऐसे बहुत-से कार्य हैं, जिनके लिए उसकी सामर्थ्य और पर्याप्त न होगी। उदाहरणस्वरूप प्रारम्भिक समुदाय अपने साधनों से प्राथमिक पाठशालाओं, प्राथमिक स्वास्थ्य-सेवाओं, ग्रामोद्योगों और कुओं और सरोवरों जैसे सिंचाई के लघु-साधनों की व्यवस्था तो कर सकते हैं; किन्तु ऊँचे स्तर के विद्यालयों, अस्पतालों, बिजलीघरों, बड़े उद्योगों तथा सिंचाई के बड़े साधनों की व्यवस्था उनके लिए शक्य न होगी। अतः ऐसे कार्य सम्पन्न करने के लिए कई समुदायों को मिलकर व्यवस्था करनी पड़ेगी। इस प्रकार क्षेत्रीय समुदाय विकास-क्रम की प्रक्रिया के फलस्वरूप अस्तित्व में आता है, जिससे समुदाय का क्षेत्र विस्तृत और व्यापक होता जाता है। अब यह स्पष्ट हो जाएगा कि क्षेत्रीय समुदाय सम्बद्ध प्रारम्भिक समुदायों का समूहमात्र नहीं है, वरन्, यह *स्वयं अखण्ड्य एकात्मक समुदाय है।* दूसरे शब्दों में क्षेत्रीय स्तर पर यहाँ प्रारम्भिक समुदायों की गतिविधियों और संस्थाओं का सम्मिलित रूप सामने आता है—ग्राम-पंचायतें मिलकर क्षेत्रीय पंचायत में एकाकार हो जाती हैं, ग्राम-सहकारी-संस्थाएँ मिलकर क्षेत्रीय सरकारी-संस्था का स्वरूप खड़ा करती हैं, प्राथमिक पाठशालाओं से मिलकर क्षेत्रीय विद्यालय अस्तित्व में आता है, गाँवों के युवक-संघटनों और सांस्कृतिक कार्यक्रमों का सम्मिलित रूप क्षेत्रीय समुदाय में प्रकट होता है और ग्राम्य विकास-योजनाओं का पर्यवसान क्षेत्रीय योजना में होता है। जैसे प्राथमिक समुदाय को आन्तरिक प्रशासन में स्वाधिकार प्राप्त रहता है, उसी प्रकार क्षेत्रीय समुदाय उन सभी मामलों में स्वाधिकारप्राप्त इकाई है, जिनके संबंध में प्राथमिक सामुदायिक अपने अधिकार उन्हें सौंप देते हैं। अधिकार सौंपने की बात इसलिए उठती है कि प्राथमिक समुदायों के लिए वे सारे कार्य शक्य नहीं हैं, जिनका किया जाना आवश्यक है। लेकिन यह समझ लेना चाहिए कि क्षेत्रीय समुदाय कोई ऐसी संस्था नहीं है, जो प्रारम्भिक समुदायों के आन्तरिक प्रशासन में हस्तक्षेप कर सके या उनका नियन्त्रण करे। अपनी अधिकार-सीमा में सभी को पूर्ण अधिकार प्राप्त हैं।

यह क्षेत्रीय समिति वैसे शक्तिभर सभी कार्य करेगी, किन्तु उसकी भी सीमाएँ तो हैं ही। सभी काम—जैसे प्राविधिक-कार्षिक महाविद्यालयों की स्थापना और संचालन, बड़ी सिंचाई-योजनाओं की व्यवस्था, बिजली के उत्पादन का प्रबन्ध, यन्त्रों का निर्माण आदि—उसके बूते के नहीं हैं। इन कार्यों को सम्पन्न करने के लिए कई क्षेत्रीय समुदायों को मिलकर अपेक्षाकृत बड़े समुदाय, जैसे जिला-समुदाय बनाने होंगे। ये जिला-समुदाय भी एक प्रकार के अखण्ड्य एकात्मक समुदाय होंगे, जिनके संबंध क्षेत्रीय समुदायों के साथ उसी प्रकार के होंगे, जिस प्रकार के संबंध क्षेत्रीय समुदायों और प्रारम्भिक समुदायों के बीच होते हैं।

इस प्रकार जिला-समुदायों का संघात्मक रूप प्रान्तीय समुदाय होगा और प्रान्तीय समुदायों से राष्ट्रीय समुदाय का संघटन होगा। सम्भव है, वह दिन भी आए कि राष्ट्रीय समुदाय संघबद्ध होकर विश्व-समुदाय की सृष्टि कर सकें।

ऊपर जो कुछ लिखा गया है, उससे दो निष्कर्ष निकलते हैं। पहली बात यह कि जैसे-जैसे हम सामुदायिक जीवन और संघटन की दिशा में आगे बढ़ते जाते हैं अर्थात् छोटे से बड़े (आन्तरिक से बाह्य) समुदायों की दिशा में अग्रसर होते जाते हैं, वैसे-वैसे यह देखते हैं कि बड़े समुदायों का काम घटता जाता है; यहाँ तक कि जब हम राष्ट्रीय स्तर पर पहुँचते हैं, तो देखते हैं कि उसका कार्य प्रतिरक्षा, परराष्ट्र-सम्पर्क, मुद्रा-व्यवस्था, अन्तरप्रान्तीय सहयोग एवं सामंजस्य-स्थापन और विधान-निर्माण तक ही रह जाता है।

दूसरी बात यह कि ऐसे सामाजिक संघटन में लोगों को, जो अब निरुद्देश्य समवेत नरसमूहमात्र न होकर सुव्यवस्थित, स्वशासित (स्वाधिकारप्राप्त) समुदाय बन गए रहते हैं, अपनी सब प्रकार की व्यवस्था करने का भरपूर अवसर प्राप्त होता है। सुनने में यहाँ पुनरुक्ति-सी लगेगी, किन्तु इससे भिन्न कुछ हो भी नहीं सकता; क्योंकि और बातों के अतिरिक्त

स्वशासन के उद्देश्य से भी जान-बूझकर इस प्रकार का समाज संघटित किया जाता है।

जिस सामुदायिक राज्य-व्यवस्था का ऊपर वर्णन किया गया है, उसमें ही लोगों को समझदारी की लोकतन्त्रात्मक व्यवस्था सुलभ हो सकती है। ऐसा ही लोकतन्त्र हमारा आदर्श है और यही आदर्श लोकतन्त्र के सभी प्रेमियों का होना चाहिए। ऐसे ही समाज में मनुष्य 'यन्त्र-मानव' बनने से बच सकता है, जबकि आधुनिक सभ्यता ने उसकी यह स्थिति बना डालने में कोई कसर नहीं रख छोड़ी है। ऐसे ही समाज में उसे स्वाधीनता और वैयक्तिक महत्त्व के दर्शन हो सकेंगे, क्योंकि वह (सजीव) समुदाय का सदस्य बन जाता है। जैसा कि लॉर्ड नार्थबोर्न ने कहा है : वैयक्तिक स्वाधीनता को नष्ट होने के बजाय रखने के लिए हम किसी प्रकार के मानव-निर्माण विधान की बात सोच सकते हैं, तो उसकी व्यवस्था छोटी-छोटी, प्रबन्ध योग्य, सुदृढ़ प्राथमिक इकाइयों के ही आधार पर हो सकती है--ऐसी इकाइयाँ, जो *एकरूप और आत्मनिर्भर* हों और जिनको मिलाकर बड़ी इकाइयों का निर्माण किया जा सके, जो स्वयं भी एकरूप और आत्मनिर्भर हों। (इटैलिक अंश लेखक के)

: 6 :

सामाजिक संघटन की यह चर्चा समाप्त करने के पूर्व मैं एक अन्य आवश्यक प्रश्न पर भी संक्षेपतः विचार कर लेना चाहता हूँ। वह प्रश्न यह है कि क्या छोटे से लेकर बड़े समुदायों तक के बीच मानव और सामुदायिक जीवन के विकास की दृष्टि से कोई सर्वाधिक महत्त्व का भी समुदाय है? मेरा ख्याल है कि ऐसा समुदाय होना चाहिए और इसको निश्चित करना सामाजिक संघटन का सबसे महत्त्वपूर्ण कार्य है। प्राचीन और मध्यकालीन भारत में, ग्राम-समुदायों के संघों के बावजूद ग्राम-समुदाय का ऐसा ही महत्त्व था। यह बात अवश्य ही ध्यान में रखने की है कि संवहन-साधनों का विकास न होने से तथा राजनीतिक उथल-पुथल की स्थिति बराबर आते रहने से सामुदायिक सिद्धान्त का विकास उचित सीमा तक न हो पाया। किन्तु जिस सीमा तक इसका विकास हो सका, उस सीमा तक प्रारम्भिक समुदाय (ग्राम-समुदाय) समाज की सर्वाधिक महत्त्वपूर्ण इकाई था। वर्तमान परिस्थितियों में राजस्व-ग्राम, जिसे हम लोगों ने प्रारम्भिक समुदाय के रूप में स्वीकार किया है, अपने विकास-कार्यक्रम स्वयमेव पूर्ण कर लेने में सक्षम नहीं है। किन्तु इसके साथ ही जिला-समुदाय इस उद्देश्य की पूर्ति के लिए काफी बड़ी इकाई हो जाएगा।

एड्रियानो आलिवेनी ने इस प्रसंग में एक आदर्श (Optimum) समुदाय की कल्पना की है। आप कहते हैं : इतिहास और विवेक दोनों से हम एक ही हल पर पहुँचते हैं, वह यह कि आदर्श (Optimum) समुदायों का विधान किया जाए, जो न बहुत बड़े हों, न बहुत छोटे--*ऐसे समुदाय, जिनका प्रबन्ध मानवीय स्तर पर किया जा सके।* (इटैलिक अंश लेखक के) आप आगे कहते हैं : अतिलघु समुदाय मनुष्य अथवा स्वयं समुदाय के विकास के लिए अपर्याप्त है। दूसरी ओर अतिविशाल, *केन्द्रीकृत नगर मनुष्य को असम्पृक्त और व्यक्तित्व-विहीन बना देते हैं।* इन दोनों के बीच हमें आदर्श (Optimum) की ग्राह्य स्थिति मिलती है। (काले अंश लेखक के) आलिवेत्ती के मतानुसार आधुनिक लोकतन्त्र की वास्तविक समस्या स्थानीय सत्ता के क्षेत्र में आदर्श (Optimum) की स्थिति निर्धारित करने की है, जो स्वतन्त्रता के संरक्षण के साथ आधुनिक प्रविधि द्वारा समाज पर लादी गई क्रियात्मकता की माँग की संगति बैठा सके।

इसी प्रकार के एक प्रश्न पर श्री बलवन्तराय मेहता की अध्यक्षता में संघटित सामुदायिक विकास और राष्ट्रीय प्रसारसेवा-विषयक अध्ययन-दल ने विचार किया था। दल ने अन्य बातों के अतिरिक्त अपनी रिपोर्ट में यह विचार व्यक्त किया था कि प्रशासन के एक ऐसे सुसंघटित लोकतन्त्रात्मक ढाँचे की आवश्यकता है, जिसमें ग्राम-पंचायतें सम्पृक्त, सावयविक रूप से ऊँचे-स्तर के लोकप्रिय संघटनों के साथ सम्बद्ध हो सकें। रिपोर्ट में आगे कहा गया है : लोकतन्त्र को किसी-न-किसी कार्यपालिका के माध्यम से काम करना पड़ता है। किन्तु सविस्तृत क्षेत्र में फैली लोकतन्त्रात्मक सरकार, जो अपनी कार्यपालिका के माध्यम से काम करती है, स्थानीय स्थितियों और आवश्यकताओं को भलीभाँति नहीं समझ सकती। इसलिए यह आवश्यक है कि सत्ता और शक्ति का विकेन्द्रीकरण इस ढंग से किया जाए कि ऐसी सत्ता और अधिकार का नियन्त्रण स्थानीय क्षेत्र के लोकप्रिय प्रतिनिधियों द्वारा हो सके।

इन कारणों से ही दल का ख्याल था कि जिला-बोर्ड इस उद्देश्य की पूर्ति के लिए अनावश्यक रूप से बड़े सिद्ध होंगे। इसी प्रकार आज की अन्य प्रशासनिक इकाइयाँ भी इस कार्य के लिए ग्राह्य न समझी गईं। अतः दल ने अन्त में सामुदायिक विकास-खण्डों को इस कार्य के लिए उपयुक्त इकाई माना। दल की रिपोर्ट में कहा गया है : ये खण्ड ऐसे उपयुक्त (बड़े) क्षेत्र हैं, जो ऐसे कार्यों के लिए पर्याप्त सुविधा प्रदान करते हैं, जिनकी पूर्ति ग्राम-पंचायतों के बूते के बाहर की चीज है और साथ ही ऐसे छोटे भी हैं कि खण्ड का प्रत्येक निवासी इनके कार्यों में दिलचस्पी ले सके। आगे चल कर कहा गया है : हमारा मत है कि अधिक सक्षम और उपयोगी व्यवस्था इस प्रसंग में यह होगी कि ऐसी स्वाधिकारप्राप्त निर्वाचित संस्था का विधान किया जाए, जिसका अधिकार-क्षेत्र विकास-खण्ड के बराबर हो। दल ने प्रयोगात्मक रूप से इस संस्था का अभियान *पंचायत-समिति* करने का निश्चय किया, जिसका संघटन ग्राम-पंचायतों से परोक्ष निर्वाचन-प्रणाली द्वारा होना चाहिए।

श्री बलवन्तराय मेहता दल के समक्ष सामुदायिक समाज का पूरा स्वरूप उपस्थित नहीं था और न उसका उद्देश्य ऐसे समाज की रूपरेखा प्रस्तुत करना था। फिर भी कुछ हद तक दल के विचारों और उपर्यंकित विचारों में सादृश्य है। अतः मैं अनुभव करता हूँ कि पंचायत-समिति में सम्मिलित किए जाने वाले समुदाय को ही उपरिलिखित आदर्श (Optimum) समुदाय माना जा सकता है। यह आदर्श (Optimum) समुदाय पहले सुझाए गए क्षेत्रीय समुदाय का सहवर्ती होगा और जिला एवं प्रारम्भिक समुदाय का मध्यवर्ती रहेगा।

: 7 :

जो लोग गाँधी जी के विचारों से अवगत हैं, उन्हें समाज के उपर्युक्त विवरण में उनके विचारों से बहुत कुछ साम्य मिलेगा। गाँधी के निम्नलिखित वाक्यों से भला कौन अपरिचित होगा?

"अनेकानेक गाँवों को मिलाकर खड़े किए गए इस ढाँचे की विशेषता यह होगी कि इसका क्षेत्र-विस्तार तो निरन्तर होता रहेगा, किन्तु कोई मण्डल या इकाई दूसरों की प्रधान न होगी, दूसरों को दबोच न सकेगी। इसमें जीवन पिरामिड-सदृश न होगा, यहाँ धरातल पर फैला बड़ा भाग छोटे से शिरोभाग को धारण किए रहता है। इस व्यवस्था में जीवन ऐसे समवृत्त पर आधारित होगा, जिसका केन्द्र-बिन्दु मानव (व्यक्ति) होगा, जो गाँव के लिए अपना बलिदान करने को सदा तत्पर होगा। और ये गाँव ग्राम-मण्डलों के लिए अपनी बलि चढ़ाने को प्रस्तुत रहेंगे। यह क्रम ऐसे ही तब तक बढ़ता चलेगा, जब तक कि व्यक्ति को आधार मान कर संपूर्ण (राष्ट्र का) जीवन एकरस नहीं हो जाता। और ये व्यक्ति कैसे होंगे? अपनी दाम्भिकता से किसी का अपकार न करने वाले एवं सदा विनीत तथा जीवन की एकरूपता में सबके साथ, जिसकी एक इकाई प्रत्येक व्यक्ति है, भागीदार।"

भाग–5

संसदीय लोकतन्त्र

संसदीय लोकतन्त्र और इसी से मिलते-जुलते अमेरिकी राष्ट्रपतीय लोकतन्त्र पर आज प्रचुर साहित्य उपलब्ध है। लोकतन्त्र की इस पद्धति के साथ ही उदय होने वाली दलीय प्रणाली पर भी पर्याप्त साहित्य रचा जा चुका है।

मेरा ख्याल है कि संसदीय लोकतन्त्र के जोरदार हिमायती भी यह स्वीकार करेंगे कि इसमें बहुत बड़े दोष हैं। किन्तु वे इस विचार से परितुष्ट हो जाते हैं कि (1) इससे अच्छा कोई विकल्प नहीं है और (2) एक सीमा के भीतर इसमें संशोधन और सुधार सम्भव है। यह बात अस्वीकार नहीं की जा सकती कि इसमें काफी सुधार की गुंजाइश है और सुधार का यह क्रम बराबर ही चलता रहा है। यह दूसरी बात है कि यह सुधार हमेशा लाभदायक नहीं रहा। चाहे जितने भी सुधार इसमें हुए हों, इसके मूलभूत दोष बराबर बने रहेंगे, क्योंकि उन आधारों पर ही इसका समूचा ढाँचा खड़ा किया गया है।

(1) इसका सबसे बड़ा मौलिक दोष, जिससे अन्य दोष पैदा हुए हैं, यह है कि वह वैयक्तिक मतदान पर आधारित है। इस स्थिति की समीक्षा कर हम यह देख चुके हैं कि समाज का विकीर्ण-स्वरूप ही इस प्रकार की राजनीतिक प्रणाली का जनक है। किन्तु इससे इस बात में कोई अन्तर नहीं पड़ता कि यह प्रणाली मिथ्या धारणाओं पर अवलम्बित है—राज्य व्यक्तियों का योगात्मक स्वरूप नहीं हो सकता। जनता, राष्ट्र या समुदाय को वैयक्तिक मतदाताओं के समकक्ष नहीं रखा जा सकता।

मदेरियागा का कहना है : वर्तमान प्रणाली बिलकुल ही लोकतन्त्रात्मक नहीं है। यह जनसाधारण का प्रतिनिधित्व नहीं करती अर्थात् जनता की राजनीतिक सत्ता इसको मान्य नहीं है। इसके विपरीत यह 'ले ओस' का अर्थात् निरुद्देश्य अथवा सामूहिक समवेत व्यक्ति-समूह का प्रतिनिधित्व करती है। इसलिए इस प्रणाली को हम लोकतन्त्रात्मक नहीं, वरन् 'लेओक्रेटिक' कह सकते हैं। वाल्टर लिपमैन ने लिखा है : चाहे इसका कोई आधार न हो किन्तु सामान्यतया यह बात मान ली जाती है कि मतदान द्वारा लोग जो अपना अभिमत व्यक्त करते हैं, उसे हम व्यापकरूप से लोकसभा की संज्ञा दे सकते हैं। आधुनिक लोकतन्त्र की सबसे बड़ी समस्या यही है कि यह मान्यता ही गलत है। इसको और स्पष्ट करते हुए आप कहते हैं : आज के लोगों को यह बात बड़ी अजीब-सी (असंगत) लगेगी कि पोप जनता का प्रतिनिधित्व करें। लेकिन क्या कुछ लोगों द्वारा दिए गए मतों के आधार पर चुने गए कुछ लोगों द्वारा जनता का प्रतिनिधित्व संगत कहा जा सकता है? यह पहेली यहीं से उठ खड़ी होती है कि जहाँ संश्लिष्ट समुदाय के रूप में जनता सर्वोच्च सत्ता की वास्तविक स्वामी है, वहाँ मतदाताओं के रूप में उसके हित और मत में विभिन्नता, पारस्परिक विरोध और आत्मलाभ की भावना के ही दर्शन होते हैं। प्रतिनिधियों की बहुलता हो जाने का यह मतलब है कि वे वस्तुतः संपूर्ण राष्ट्र का प्रतिनिधित्व करने लग गए। आगे चल कर आप और कह सकते हैं : यह न समझ लेना चाहिए कि मैं जिस अन्तर की बात कह रहा हूँ, वह मतदाताओं की संख्या बहुत बढ़ जाने पर घट जाएगी...बीसवीं शताब्दी के सामूहिक आम चुनावों का अनुभव हमें बताता है कि स्थिति इसके ठीक विपरीत है। जिस जनसमूह को पूरी सूचना मिलनी चाहिए और जिससे अपने पक्ष की बात की जानी चाहिए, वह जैसे-जैसे विशाल और विविधतापूर्ण होता जाता है, वैसे-वैसे वोटों की गिनती द्वारा प्राप्त जनमत अवास्तविक होता जाता है। इसके बाद तो मदेरियागा का यह कथन सुन कर आप कदाचित् ही चौंकें : कम-से-कम इस निष्कर्ष पर पहुँचने में हम कोई भूल नहीं कर सकते कि राष्ट्रीय संसद् के निर्वाचन के लिए प्रत्यक्ष और व्यापक मताधिकार की जो प्रणाली प्रचलित है, वह वस्तुतः लोकतन्त्रात्मक नहीं है। सम्भवतः यह उसी शस्त्रागार से पैदा है, जहाँ से कि सर्वसत्तावाद के शस्त्र बाहर आते हैं।

(2) संसदीय लोकतन्त्र के समर्थकों का दावा है कि इस व्यवस्था के अन्तर्गत यदि संपूर्ण जनता की नहीं, तो कम-से-कम बहुमत की प्रतिनिधि होने का दावा तो सरकार कर ही सकती है। पहली बात यह कि यह मान लेना ही गलत है। बहुत बार यह देखा जाता है कि व्यापक वयस्क मताधिकार के अन्तर्गत निर्वाचित सरकार अल्पमत की सरकार होती है, क्योंकि वह अल्पमत का ही प्रतिनिधित्व करती है। दो से अधिक राजनीतिक दल होने पर तो ऐसा बहुत बार होता है, किन्तु दो ही दल होने पर भी कोई नई बात नहीं है। उदाहरणस्वरूप भारत में पिछले महानिर्वाचन के बाद 13 में से 7 राज्यों में अल्पमत सरकारें कायम हुईं। केन्द्र-शासित प्रदेशों की बात तो इससे अलग है। इस प्रकार के अल्पमत-शासित राज्य से हैं : बिहार (काँग्रेस 37.48 प्रतिशत), मद्रास (काँग्रेस 43.42 प्रतिशत), उड़ीसा (काँग्रेस 40.01 प्रतिशत), उत्तर प्रदेश (काँग्रेस 46.29 प्रतिशत), पश्चिम बंगाल (काँग्रेस 49.20 प्रतिशत)।

जैसा कि इस देश में अकसर होता है, संसदीय लोकतन्त्रात्मक प्रणाली के ऐसे भयंकर दोषों और दुर्व्यवस्थाओं

को भी यह कहकर टाल दिया जाता है कि बहुदलीय प्रणाली के अन्तर्गत ऐसी बातें अनिवार्य हैं। यदि ऐसी बातें अनिवार्य हैं और यदि हम वस्तुतः लोकतन्त्र चाहते हैं, तो हमें बहुत ही तत्परतापूर्वक इससे उन्नत लोकतन्त्रात्मक व्यवस्था के लिए प्रयत्नशील होना चाहिए। जैसा कि मदेरियागा ने बताया है, इसके विकल्पस्वरूप प्रस्तावित बहुप्रतिनिधिक निर्वाचन-क्षेत्र, समानुपातिक प्रतिनिधित्व अथवा वैकल्पिक मत से समस्या अधिक दूर तक हल नहीं हो पाती।

(३) इसी प्रकार यह दावा भी कि संसदीय लोकतन्त्रात्मक सरकारें कम-से-कम मतदाताओं के अधिकांश का प्रतिनिधित्व करती हैं, तथ्य की कसौटी पर खरा नहीं उतरता। अनुभव से प्रमाणित होता है और बहुत-से प्रख्यात विचारकों ने, जैसा कि ऊपर दिए गए लिपमैन के उद्धरण से विदित होगा, बताया है कि भारी गठरी, ठगविद्या और संवहन के उन्नत साधनों की मदद से बड़े-बड़े केन्द्र-नियन्त्रित दल आज दिन जिस काइयाँपने से सामूहिक निर्वाचनों के लिए अपने पक्ष में प्रचार करते हैं, उसे देखते हुए यही कहा जा सकता है कि ये निर्वाचन मतदाताओं का नहीं, वरन् उन शक्तियों और हितों का प्रतिनिधित्व करते हैं, जो दलों को शिखण्डी बनाकर अपना काम साधने के लिए तत्पर रहते हैं। केवल सर्वसत्ताधारी अधिनायक के देश में ही 'जनता पर बलात्कार' नहीं होता। अन्तर इतना ही है कि जहाँ लोकतन्त्र में जनहित' को कुचलने वालों में होड़ लगी रहती है, वहाँ सर्वसत्तावाद के अधीन कोई प्रतिद्वन्द्वी नहीं रहता।

(4) अब हमारे सामने तुरत ही संसदीय लोकतन्त्र का एक और बड़ा दोष आ खड़ा होता है। वह दोष है, जनता को उकसाने वाले भाषण (Demagoguery)। मत प्राप्त करने के लिए, मतदाताओं को फँसाने के लिए तरह-तरह की अर्धसत्य और कभी-कभी पूर्ण असत्य बातों का आश्रय लिया जाता है, लोगों को उत्तेजित किया जाता है और बहुत बार उनकी कुत्सित भावनाओं को जगाया जाता है तथा झूठे किन्तु मीठे वादे करके लोगों को फुसलाया जाता है। सार्वजनिक हित से सम्बद्ध किसी प्रश्न (नीति) का सही रूप जनता के सामने प्रस्तुत नहीं किया जाता। इसके विपरीत तिकड़मी ढंग से अपने पक्ष के अनुकूल बातें तोड़-मरोड़ कर उपस्थित की जाती हैं। इन सबका परिणाम यह होता है कि बहुत बार इस तिकड़मवाद की वेदी पर राष्ट्र के वास्तविक हितों की बलि चढ़ा दी जाती है। 'वर्तमान निर्वाचन-प्रणाली का सारा आधार वैयक्तिक मतदाताओं की मुण्डगणना है; जिसकी विधि प्रचलित पद्धति के अनुसार कहीं कम, कहीं अधिक जटिल होती है। इसका अनिवार्य परिणाम यह होता है कि प्रत्याशियों को चुनाव जीतने के लिए सामाजिक प्रतिष्ठा की कीमत पर भी तरह-तरह के हथकण्डे अपनाने पड़ते हैं। इसी कारण सामूहिक जीवन की अति जटिल समस्या को अति सरल करने की ओर संसदीय लोकतन्त्र अनिवार्यतः प्रवृत्त होता है। इसके चलते लोग पक्षपात, उत्तेजना और उद्वेग की ओर भी प्रवृत्त होते हैं, जिससे उनमें कलुष भर जाता है। संसदीय लोकतन्त्र की इस निर्वाचन-व्यवस्था में चुनाव जीतने के लिए इतनी बड़ी कीमत चुकाई जाती है कि इससे देशहित की बलि तो चढ़ ही जाती है, भले ही उनको तात्कालिक और स्पष्ट लाभ दिखाई पड़ता हो।'

वाल्टर लिपमैन ने 'कठोर' और 'मृदुल' नीतियों का भेद बहुत अच्छी तरह समझाया है। मृदुल नीति वह है, जो जनता की इच्छाओं को व्यक्त करती है। कठोर नीति वह है, जो यह बताती है कि इच्छाओं की पूर्ति के लिए क्या करना आवश्यक है। आप कहते हैं : कठोर और मृदुल नीतियों के इस चक्कर में पड़ी लोकतन्त्रात्मक सरकारों की सामान्यता यह प्रवृत्ति होती है कि जिस विधि में सम्भव हो, अधिक-से-अधिक मतदाताओं को अपने अनुकूल बना लिया जाए। ...यही कारण है कि जब राज्य में निर्वाचित विधान-सभाएँ बन जाती हैं और जनमत स्थिर हो जाता है तथा जब मतदाताओं के झुकाव पर अंकुश लगाने के लिए राजनयिक नहीं रह जाते, वरन् उनको क्षुब्ध करने तथा चूसने के लिए केवल राजनीतिज्ञ रह जाते हैं, तो ये सरकारें वास्तविक स्थिति का सामना करने में अपने को असमर्थ पाती हैं।

बारह वर्ष की अल्पावधि में ही तिकड़मवाद का और उसके फलस्वरूप हुई राष्ट्रीय क्षति का हमें काफी अनुभव अपने देश में हो चुका है।

(5) स्वयं लोकतन्त्र की दृष्टि से संसदीय लोकतन्त्र का सबसे बड़ा दोष है, केन्द्रवाद की ओर इसका स्वाभाविक झुकाव। इसकी राजनीतिक रंगावलि-पट्टी (Spectrum) के एक छोर पर है, राष्ट्रीय राज्य और दूसरे छोर पर वैयक्तिक मतदाता है और बीच में है व्यापक रिक्तता। बीच में जिन स्थानीय निकायों का अस्तित्व हो सकता है, उन्हें एक तो

बहुत ही कम स्वशासनाधिकार प्राप्त हैं, दूसरे राष्ट्रीय राज्य पर उनका कोई भी प्रत्यक्ष और परोक्ष प्रभाव नहीं है। इनके साथ ही यदि आप सामान्य नागरिक की समझ से परे की अत्यधिक उद्योगप्रधान सभ्यता की पेचीदगी भी रख लें, तो आपके सामने विपुल साधन और सत्तायुक्त ऐसे केन्द्रीय राज्य का स्वरूप उपस्थित हो जाएगा, जिसमें वैयक्तिक मतदाता की स्थिति बिलकुल असहाय की-सी हो जाएगी। जिस राष्ट्रीय राज्य में 'सर्वसत्ताधारी जनता' मरुभूमि में प्रसृत सिकताकण की भाँति देशभर में बिखरी हो और उसके साथ राज्य के बीच कोई अन्य सुसंघटित राजनीतिक शक्ति न हो, उसमें स्वभावतः राष्ट्रीय राज्य सर्वाधिक शक्तिशाली हो जाता है। ऐसे राज्य में शक्ति और अधिकार के प्रश्न का निर्णय 'काल्पनिक' (तथाकथित) जनता द्वारा नहीं, बल्कि राजनीतिक दलों और सुसंघटित स्वार्थो, जैसे उद्योगपतियों एवं साहूकारों, तथा प्रबल मजदूर-संघों के बीच सन्तुलन स्थापित करके होता है। जनता संपूर्ण की प्रतिनिधि है, जबकि ये संघटित स्वार्थ-अंश मात्र के। इन थोड़े से अंशों का योग संपूर्ण के बराबर नहीं हो सकता। उनके सावयविक सम्मिलन से ही यह सम्भव है। ऐसा सम्मिलन समुदाय के ही विभिन्न स्तरों पर हो सकता है। जिस सामुदायिक या समुदायवादी लोकतन्त्र के लिए हम आग्रह कर रहे हैं, उसके अन्तर्गत स्वाभाविक विकेन्द्रीकरण और बहुकेन्द्रीय अनेकात्मक राज्य की कल्पना स्वयं चरितार्थ हो जाती है।

सत्ता और प्रशासन के केन्द्रीकरण का स्वाभाविक परिणाम है, नौकरशाही। केन्द्रीय कार्यपालिका या मन्त्रिमण्डल पर काम का इतना बोझ रहता है कि उसे विवश होकर अधिकाधिक काम स्थायी अधिकारियों पर छोड़ना पड़ता है और निर्भर भी उन्हीं पर रहना पड़ता है। फलतः ये अधिकारी कालान्तर में अत्यधिक शक्ति और अधिकार प्राप्त कर लेते हैं। इसका बड़ा भयानक परिणाम यह होता है कि ऐसे नौकरशाहों का निरंकुश शासन होता है, जिनसे लोहा लेना इसलिए कठिन है कि वे परदे के पीछे से काम करते हैं। नौकरशाही निरंकुशता का एकमात्र जवाब है, सत्ता का अधिकाधिक विकेन्द्रीकरण, जिसमें जनता प्रशासन में प्रत्यक्षतः भाग ले सके और उन अधिकारियों को भी नियन्त्रित कर सके, जिसकी रोजी का वही मालिक है और जिसके प्रति ये अधिकारी जिम्मेदार हैं। जिस सामुदायिक लोकतन्त्र का चित्र ऊपर खींचा गया है, उसमें ठीक यही स्थिति रहेगी। सामुदायिक प्रशासन में भूलें हो सकती हैं और अदक्षता एवं अकुशलता की अवस्था भी आ सकती है। किन्तु इससे हानि लोगों की हो होगी, अतः अनुभव से वे बहुत कुछ सीख सकेंगे। क्या ब्रिटिश-शासनकाल में हम नहीं कहा करते थे कि अच्छा शासन स्वशासन का स्थान नहीं ले सकता? क्या आज भी वह बात उतनी ही सच नहीं है?

(6) संसदीय लोकतन्त्र की आनुषंगिक साथी है, दलीय प्रणाली। इसकी इतनी तीव्र आलोचना हुई है और इसके निरुद्ध इतना लिखा जा चुका है कि यहाँ विस्तारपूर्वक कुछ कहना आवश्यक है। ऊपर जो कुछ कहा गया है, उसमें इसकी आलोचना की कुछ बात आ गई है। यह स्पष्ट है कि संसदीय लोकतन्त्र का अस्तित्व ही दलों पर है। किसी-न-किसी प्रकार के दल तो सब काल में और सब देशों में रहेंगे ही। यहाँ तक कि परिवार में भी 'दल' हो सकते हैं। भारत के प्राचीन गणराज्यों में भी, जो अभिजात वंशात्मक लोकतन्त्र थे, दल और गुट बराबर रहे। डॉक्टर अल्तेकर लिखते हैं : अन्धक-वृष्णिराज्य के राष्ट्रपति श्रीकृष्ण ने नारद से इस बात की जोरदार शिकायत की कि मैं केन्द्रीय सभा का स्वामी नहीं, दास हूँ; क्योंकि मुझे विभिन्न दलों द्वारा की गई उग्र आलोचना भी धैर्यपूर्वक सुननी पड़ती है। डॉक्टर अल्तेकर आगे कहते हैं : गणराज्यों की बहुत-सी सभाएँ आधुनिक संसदों और नगर-पालिकाओं की भाँति ही दलों और गुटों में विभक्त थीं। वस्तुतः बौद्ध-साहित्य, अर्थशास्त्र और महाभारत से यह स्पष्ट रूप से ज्ञात होता है कि सभा के सदस्यों का पारिवारिक कलह, दलीय संघर्ष, आचरण-भ्रष्टता का प्रलोभन, आन्तरिक विग्रह और परस्पर दोषारोपण गणराज्य की मुख्य दुर्बलता थी। भीष्म ने इस बात पर बराबर जोर दिया कि विदेशी आक्रमण का संकट उतना बड़ा नहीं है, जितना बड़ा आन्तरिक कलह का संकट। किन्तु आज के भलीभाँति संघटित, केन्द्रीकृत और भारी सदस्यसंख्या वाले दल प्राचीन काल के दलों से, चाहे वे भारत के गणराज्यों के हों अथवा यूनान के नगर-राज्यों के, इस मामले में कहीं बढ़-चढ़ कर हैं। पुराने लोकतन्त्र-राज्य बहुत छोटे थे और गुट या उसके सदस्य एक-दूसरे से बहुत दूर नहीं थे। इसलिए उन गुटों अथवा दलों को तथा उठाए गए प्रश्नों को लोग भलीभाँति समझ सकते थे। उस समय की समस्याएँ भी सरल थीं।

अब स्थिति बहुत बदल गई है। अब तो ये दल राज्य के भीतर राज्यसदृश हो गए हैं। ये वस्तुतः जनता के भाग्य-निर्णायक हैं, जबकि इन पर जनता का नियन्त्रण बिलकुल काल्पनिक है। दलों को मत देने वाले नागरिकों का दलों की व्यवस्था से कोई संबंध नहीं है। इस दृष्टि से लोग दलों के लिए पूरे विदेशी हैं। यहाँ तक कि दलों के विधिवत् सदस्यों को भी दलों के नीति-निर्धारण में अथवा उनके आन्तरिक प्रशासन में कुछ कहने का अधिकार नहीं होता। दलों का संचालन उनकी अन्तरंग समितियाँ करती हैं, जो लोक-नियन्त्रण से सर्वथा पूरे हैं। मारिस दुवर्गर कहते हैं : निश्चय ही राजनीतिक दलों का संघटन लोकतन्त्र की सुनिश्चित धारणा के अनुरूप नहीं है। उनका आन्तरिक ढाँचा मुख्यतः निरंकुश या कुलीन-तन्त्रात्मक है। चाहे कुछ भी कहा जाए, उसके नेता सदस्यों द्वारा नियुक्त नहीं होते, वरन् केन्द्रीय समिति द्वारा मनोनीत अथवा विनियुक्त होते हैं सामान्य संघर्षशील सदस्यों से भिन्न ये नेता आपस में मिलकर एक शासक-वर्ग बना लेते हैं, जिनका सामान्य लोगों से कोई संबंध नहीं होता।

हम लोग देख चुके हैं कि दलों की आपसी होड़ से तिकड़म की सृष्टि होती है, राजनीतिक नीतिमत्ता का स्तर गिरता है तथा बेईमानी और कुचक्री प्रवृत्ति को प्रोत्साहन मिलता है।

जबकि एकता की आवश्यकता होती है, तो ये दल कलह की सृष्टि करते हैं और जब मतभेद घटाने की बात आती है, उन्हें बढ़ाते हैं। दल बहुत बार अपने हितों को राष्ट्रीय हित से अधिक महत्त्व देते हैं।

अतः (चूँकि) सत्ता के केन्द्रीकरण के कारण नागरिकों को प्रशासन में भाग लेने का अवसर नहीं मिलता, इसलिए ये दल अथवा उनकी अन्तरंग समितियाँ जनता के नाम शासन करती हैं तथा जनता के मन में लोकतन्त्र और स्वशासन की मिथ्या धारणा की सृष्टि करती हैं।

इसमें सन्देह नहीं कि दलीय प्रणाली में कुछ अच्छी बातें भी हैं। चूँकि पाश्चात्य लोकतन्त्र इसके बिना चल नहीं सकता, अतः ऊपर जिन दुवर्गर का मत मैंने उद्धृत किया है, उनके सहित वे सारे लोग, जिन्हें इसका कोई विकल्प नहीं दिखाई देता, इसको ही ठीक मान लेते हैं और इसके दोषों को अपरिहार्य मानकर इसके गुणों की ओर संकेत करते हैं। जहाँ तक मेरा संबंध है, मैं दलीय प्रणाली को नहीं, संसदीय लोकतन्त्र को ही मुख्य दोषी मानता हूँ, जिसके चलते दलीय प्रणाली का जन्म होता है। किन्तु जिस सामुदायिक लोकतन्त्र की मैंने चर्चा की है, उसमें भी दल हो सकते हैं। किन्तु एक तो उनके झगड़े स्थानीय ढंग के होंगे, दूसरे उनका प्रभाव राज्य पर उतना नहीं होगा, जितना आज की संसदीय प्रणाली के अन्तर्गत बन गए दलों का होता है।

(7) संसदीय लोकतन्त्र का एक और दोष है, इसकी निर्वाचन-पद्धति, जो इसकी क्रियात्मकता के लिए आवश्यक है। पहली बात यह कि निर्वाचन की यह पद्धति बहुत ही व्ययसाध्य और अपव्यय से भरी हुई है। भारी-भरकम रकम खर्च होने का परिणाम यह होता है कि लोकतन्त्र को एक प्रकार से आर्थिक हित वालों के हाथ या मजदूर-संघों जैसे बड़े-बड़े संघटनों के हाथ बन्धकस्वरूप रख देने की अवस्था उत्पन्न हो जाती है। सामुदायिक प्रणाली की और इसकी इस दृष्टि से तुलना की जाए, तो पता चलेगा कि पहली में चुनाव का कोई खर्च ही नहीं है।

चुनाव पर खर्च हुई भारी रकम से यदि कोई सार्वजनिक हित होता, तो वह भी सन्तोष की बात होती। किन्तु परिणाम उलटा हुआ है। आम निर्वाचन से अनावश्यक उत्तेजना और दुर्भावना पैदा होती है, जनता को शिक्षा और ज्ञान की प्राप्ति तो होती नहीं, उसका मन बिगड़ता है। और सबसे बड़ी बात यह कि योग्य और भले आदमियों को चुनने के बजाय यह तिकड़मवाद को प्रश्रय देता है। इसे सभी लोग स्वीकार करेंगे कि नीतिविषयक बड़े-बड़े प्रश्नों पर शान्त-चित्त से और अनुत्तेजित स्थिति में विचार होना चाहिए, न कि दलीय हित की भावना से प्रेरित होकर। यही कारण है कि मैं मदेरियागा की इस बात से सहमत हूँ कि आम निर्वाचन की प्रथा समाप्त कर दी जानी चाहिए। निर्वाचित सदन सदा ही चालू रहने चाहिए, केवल समय-समय पर उसके कुछ सदस्य बदलते रहें।

भाग–6

समुदाय की अर्थ-व्यवस्था

समुदाय की अर्थ-व्यवस्था पर विस्तारपूर्वक विचार करने के लिए यह स्थान उपयुक्त नहीं है। इसके लिए तो अलग प्रबन्ध ही आवश्यक है। फिर भी राज्य-व्यवस्था की चर्चा तब तक अधूरी रहेगी, जब तक कि उसकी आधारभूत अर्थ-व्यवस्था पर थोड़े में कुछ विचार न कर लिया जाए। मनुष्य की ही भाँति समाज भी बड़ा पेचीदा और अनेकांगी है। इसीलिए मानव और समाज दोनों के पुनर्निर्माण के प्रसंग में समग्र दृष्टि से विचार करना आवश्यक है। यही कारण है कि यद्यपि यहाँ मेरा उद्देश्य केवल सामाजिक जीवन के राजनीतिक पक्ष पर विचार करना है, तथापि मैंने सीमा का उल्लंघन कर अन्य पक्षों पर भी विचार किया है।

पश्चिमी विचारकों में काफी प्रबुद्ध एरिक फ्राम ने लिखा है : निश्चय ही मानव-जीवन के हर क्षेत्र में समग्र विकास की दृष्टि से उठाया गया एक कदम भी एकांगी विकास की दृष्टि से सुझाए गए—और कुछ समय के लिए भले ही उठाए गए—सैकड़ों कदमों की अपेक्षा अधिक महत्त्वपूर्ण और कल्पनाकारी हैं।

(1) समुदाय की अर्थ-व्यवस्था का उद्देश्य समुदाय और उसके प्रत्येक सदस्य का हित-साधन है। उसका उद्देश्य समुदाय के अन्य लोगों के हितों की उपेक्षा कर किसी एक व्यक्ति को लाभ पहुँचाना नहीं हो सकता। समुदाय की अर्थ-व्यवस्था न तो शोषणमूलक है, न प्रतिद्वन्द्वितामूलक। इसका आधार सहयोग और साझेदारी है।

(2) समुदाय के लिए मानव का समग्ररूप ग्राह्य है, अतः उसके सर्वांगीण विकास के प्रति समुदाय की दिलचस्पी रहती है। इसी कारण समुदाय का जीवन सन्तुलित होता है, एकांगी नहीं। ऐसी स्थिति में समुदाय की अर्थ-व्यवस्था का उद्देश्य मानव-जीवन का सन्तुलित विकास होना चाहिए। यही कारण है कि समुदाय की अर्थ-व्यवस्था का आधार असीम आवश्यकताएँ नहीं हो सकता, जैसा कि वर्तमान समाज में है। अर्थशास्त्र का वर्तमान 'विज्ञान' जैसा कि डॉक्टर शूमाखेर ने बताया है, सन्तुलित समाज-व्यवस्था में लागू नहीं हो सकता। इसके लिए अर्थशास्त्र के एक नए विज्ञान का विधान करना पड़ेगा। ऐसी नई अर्थशास्त्रीय व्यवस्था का आधार गाँधी जी और डॉक्टर जे. सी. कुमारप्पा प्रस्तुत कर चुके हैं।

(3) समुदाय परिवार का विस्तृत रूप है। परिवार की ही भाँति यह जीवन के शाश्वत प्रवाह का प्रतिनिधि है। जिस प्रकार परिवार जीवित सदस्यों की हित-कामना से ही प्रेरित न होकर आने वाली सन्तानों के बारे में भी सोचता है, उसी प्रकार समुदाय भी भावी पीढ़ियों के कल्याण की बात सोचता है। इसीलिए इसकी अर्थ-व्यवस्था में अपव्यय के लिए स्थान नहीं है। यह इस बात के प्रति बराबर सावधान रहता है कि प्रकृति के नए सिरे से अप्राप्य साधन बरबाद न होने पाएँ, जबकि आज के तथाकथित समुन्नत राष्ट्र इन्हें बुरी तरह नष्ट करने का बड़ा भारी अपराध कर रहे हैं। भावी पीढ़ियों और जीवन (न कि मृत्यु) के प्रति दिलचस्पी रखने वाली सन्तुलित अर्थ-व्यवस्था इस बात का बराबर ध्यान रखेगी कि प्रकृति से जो कुछ लिया जाए, वह उसे लौटाया भी जाए। इसीलिए पुनःप्राप्य साधनों के उपभोग पर यह यथासम्भव प्रतिबन्ध लगाने की चेष्टा करेगी और पुनःप्राप्त (जो लौटाए नहीं जा सकते) साधनों का उपभोग यथासम्भव कम करेगी। समुदाय की अर्थ-व्यवस्था प्रकृति के साथ सहयोग और मेल की होगी, जबकि आज की अर्थ-व्यवस्था, चाहे पश्चिम की हो या पूर्व की, प्रकृति के साथ निरन्तर विनाशकारी युद्ध की है। डॉक्टर शुमाखेर का कहना है : वन्य अथवा कार्षिक पदार्थों-जैसे पुनःप्राप्य साधनों के आधार पर खड़ी की गई सभ्यता निश्चय ही उस सभ्यता से श्रेष्ठ है, जिसका आधार तेल, कोयला, लोहा (धातु) जैसे पुनःप्राप्य साधन हैं। इसका कारण यह है कि प्रथम तो टिक सकती है और दूसरी नहीं। पहली प्रकृति के साथ सहयोग करती है, दूसरी उसे लूटती है। पहली में जीवन के लक्ष्य हैं, दूसरी

में मृत्यु के। इसमें तनिक भी संशय नहीं कि 'तेल-कोयला-धातु-अर्थशास्त्र' का जीवन मानव-जाति के इतिहास में क्षणभंगुर ही रहेगा, क्योंकि उनका आधार पुनःप्राप्य साधन है और यह भौतिकवादी होने से किसी प्रकार की सीमा का बन्धन नहीं मानता। अणुशक्ति के विकास का जो दानवी प्रयास चल रहा है, वह इस बात का प्रमाण है कि आधुनिक सभ्यतावादी अब इस बात को समझने लगे हैं और इसीलिए अपने हिंसात्मक तरीके से प्रकृति के साथ लड़ कर वे किसी भाँति अपनी सभ्यता को बचा ले जाने की फिक्र में हैं। तेल और कोयले का स्थान ग्रहण करने के उद्देश्य से 'शान्ति के लिए' अणुशक्ति के अत्यन्त व्यापक विकास का जो कार्यक्रम चल रहा है, वह अणु और उद्जन बमों से भी कहीं अधिक त्रासदायक है। क्योंकि यहाँ अविवेकी मनुष्य ऐसे क्षेत्र में प्रवेश करने जा रहा है, जहाँ पहले से ही तख्ती टँगी है : दूर रहो।

(4) समुदाय की अर्थ-व्यवस्था जहाँ तक हो सके, आत्मनिर्भर होनी चाहिए। अन्तर्राष्ट्रीय व्यापार के इस युग में आत्मनिर्भरता की बात बहुतों को ग्राम्य, पार्थक्यवादी और प्रतिक्रियामूलक लगेगी। किन्तु समुदाय की दृष्टि से यह अत्यन्त स्वाभाविक है। समुदाय का पहला काम है, अपने सदस्यों की प्राथमिक आवश्यकताओं की पूर्ति के लिए साधन उपस्थित करना। इसलिए यह स्वाभाविक ही है कि वह सदस्यों के लिए भोजन, वस्त्र, आवास तथा अन्य आवश्यक वस्तुओं का उत्पादन करे। समुदाय का यह भी उत्तरदायित्व है कि वह देखे कि समुदाय के प्रत्येक शारीरिक-सामर्थ्यसम्पन्न व्यक्ति को उपर्युक्त धन्धा मिल जाता है। यदि समुदाय की आर्थिक गतिविधि सदस्यों की प्राथमिक आवश्यकताओं की पूर्ति से सम्बद्ध और प्रेरित नहीं होती, तो समुदाय को राष्ट्रीय अथवा अन्तर्राष्ट्रीय हाट की मर्जी पर रहना पड़ेगा, जिसके परिणामस्वरूप समुदाय में बेकारी और उसकी आर्थिक बरबादी की स्थिति उत्पन्न हो सकती है। समाज की विकीर्णता के प्रश्न पर विचार करते समय हम यह देख चुके हैं कि किस प्रकार आधुनिक औद्योगिक व्यवस्था के चलते मानव ऐसे असहाय व्यक्ति की भाँति हो जाता है, जिसका अपनी शासक शक्तियों पर न कोई नियन्त्रण होता है और न जिन्हें वह समझ ही पाता है। यही कारण है कि हम इस बात पर जोर दे चुके हैं कि समाज की संस्थाओं और प्रक्रियाओं को इस ढब ढाला जाए कि वे मानव के उपयुक्त हो सकें और मनुष्य अपने भाग्य का स्वयं नियामक बन सके। इस विचार-परम्परा का अनुसरण करते हुए हम जीवन के सामुदायिक स्वरूप पर पहुँच गए। यदि हम सामुदायिक जीवन तक पहुँच कर उलटे क्रम से पुनः चलना आरम्भ करें, तो बृहत् अर्थशास्त्र (Macro Economics) के सिद्धान्त के अनुसार ठीक वहीं पहुँच जाएँगे, जहाँ से चले थे। ऐसी स्थिति में मनुष्य के लिए यन्त्र-मानव बन जाने के अतिरिक्त और कोई गति न रह जाएगी।

इसलिए यह बहुत आवश्यक है कि आर्थिक क्षेत्र में समुदाय को सर्वप्रथम ऐसे कार्यों में लग जाना चाहिए, जो पूर्णतः उसके अधिकाराधीन हों। यह क्षेत्र है समुदाय की आवश्यकता के अनुसार ही उत्पादन की व्यवस्था करना। और यह उत्पादन प्रथमतः जीवन की प्रारम्भिक आवश्यकताओं की पूर्ति के उद्देश्य से होगा।

(5) प्रारम्भिक मुख्य आवश्यकताओं के अतिरिक्त समुदाय के जिम्मे और काम भी होंगे। कोई भी समुदाय अपने लिए आवश्यक सभी वस्तुओं का उत्पादन नहीं कर सकेगा। यहाँ तक कि प्राथमिक आवश्यकता की सभी वस्तुएँ सब समुदाय नहीं पैदा कर सकेंगे। हर सामग्री की दृष्टि से प्रत्येक समुदाय आत्मनिर्भर नहीं हो सकेगा। तब सवाल उठता है कि अन्य आवश्यकताओं की पूर्ति किस विधि हो?

समुदायवादी समाज का आर्थिक जीवन इस प्रकार सुव्यवस्थित रहेगा कि मानव-जीवन के लिए आवश्यकता सामग्री की पूर्ति जहाँ तक हो सके, निकटतम क्षेत्र-समुदाय से हो। इसकी सीढ़ी इस प्रकार रहेगी : प्राथमिक समुदाय, फिर क्षेत्रीय, जिला, प्रान्तीय, राष्ट्रीय और अन्ततः अन्तर्राष्ट्रीय। इसका अर्थ यह हुआ कि प्रत्येक विस्तरणशील क्षेत्र, जहाँ तक सम्भव होगा, आत्मनिर्भर होता जाएगा। इस प्रकार बहुत-सी शक्ति, जिसका अनावश्यक दुरुपयोग व्यापार और विज्ञापनादि की व्यवस्था में होता है, वह बच जाएगी।

(6) इस तरह नियोजन का भी एक ढाँचा तैयार हो जाएगा। नियोजन प्राथमिक समुदाय से आरम्भ होकर आगे बढ़ता चलेगा। हमारी योजना के अनुसार क्षेत्रीय नियोजन अर्थात् क्षेत्रीय समुदाय की आयोजना ही धुरी–आधार–का काम करेगी। ग्राम-समुदाय इतना छोटा होगा कि उसको आधार मानने से काम नहीं चल सकेगा। क्षेत्रीय समुदाय ही

वह इकाई होगी, जिसके आधार पर संपूर्ण राष्ट्र की आयोजना का ढाँचा खड़ा होगा। बड़े-बड़े असन्तुलित नगरों की अवस्थिति से सामुदायिक नियोजन पेचीदा हो जाएगा। इसके लिए आवश्यक समन्वय की विधि बैठानी पड़ेगी। कस्बों को तो निश्चय ही क्षेत्रीय अथवा जिला-समुदाय के अन्तर्गत कर लिया जा सकता है, किन्तु शहरों की समस्या टेढ़ी है। इस संबंध में मैं पहले कह चुका हूँ कि जहाँ तक सम्भव होगा, बड़े-बड़े नगरों को पुनस्संघटित कर उन्हें समुदायों के संघ का रूप दिया जा सकता है।

(7) सभी प्राकृतिक साधनों पर समुदाय का स्वामित्व रहेगा। समुदायों में इनका विभाजन पारस्परिक समझौते से किया जा सकता है। सामान्यतया प्रत्येक समुदाय अपनी सीमा के भीतर पड़ने वाले प्राकृतिक साधनों का स्वामी होगा। किन्तु वन, खान आदि कितने ऐसे साधन हैं, जो काफी दूर तक फैले रहते हैं। इनका उपभोग पारस्परिक समझौते पर किया जाएगा।

इससे यह स्पष्ट हो जाता है कि भूमि समुदाय की होगी और प्रत्येक प्राथमिक समुदाय अपने क्षेत्र में पड़ने वाली भूमि का स्वामी होगा।

(8) भारी आर्थिक विषमता समुदाय की भावना से मेल नहीं खाती। एक सीमा तक ही आए और सम्पत्ति का अन्तर सहन किया जा सकता है। यह बात स्पष्ट करने के लिए विनोबा जी एक बोधगम्य उदाहरण देते हैं। वे कहते हैं कि मनुष्य के हाथ की पाँचों उँगलियाँ भी छोटी-बड़ी हैं, किन्तु उनकी यह छोटाई-बड़ाई विवेकसम्मत है। यही कारण है कि समान न होने पर भी वे एक साथ मिलकर काम कर सकती हैं। अगर यह छोटाई-बड़ाई काफी होगी, अर्थात् एक उँगली कुछ इंच ही होती तथा दूसरी कुछ फुट, तो हाथ बिलकुल बेकाम हो जाता।

(9) समुदाय में श्रमिक की स्थिति प्रधान होगी, क्योंकि समुदाय के लिए श्रम ही सबसे प्रधान वस्तु है। श्रम अथवा कार्य के बिना समुदाय चल नहीं सकता। इसलिए समुदाय का प्रत्येक वयस्क निवासी श्रमिक अथवा कार्यकर्ता होगा। साथ ही श्रम 'मानव-शक्ति (और सामर्थ्य) की सार्थक अभिव्यक्ति समझा जाएगा, न कि निरर्थक प्रयास'; क्योंकि श्रम-प्रक्रिया में श्रमिक जिम्मेदार, साझेदार माना जाएगा। आवश्यकता से अधिक विशेषज्ञता-प्राप्ति का प्रयास इसलिए त्याज्य समझा जाएगा कि कहीं इससे श्रमिक की स्थिति यन्त्रवत् न हो जाए। बल्कि समुदाय का कार्षिक-औद्योगिक जीवन उसे विविध प्रकार की वृत्तियों का आश्रय लेने का अवसर प्रदान कर सकता है।

मदेरियागा ने इस संबंध में एक बड़ी रोचक बात बताई है। आपने लिखा है : ''मैंने एक दिन स्पेन के एक शैल्पिक-संघ के नेता से पूछा : 'आखिर श्रमिक चाहते क्या हैं?' इस पर उसने उत्तर दिया : 'वे श्रमिक बनना नहीं चाहते।' और मैं समझता हूँ कि श्रमिक-समस्या का मूल नहीं है।...अपने हृदय के अन्तस्तल-प्रदेश में औद्योगिक श्रमिक यह अनुभव करता है कि उसका प्रयास इसलिए नहीं है कि अपने वर्ग के लिए यह अथवा वह सुविधा प्राप्त कर ली जाए; वरन् इसलिए है कि उसका वर्ग रहे ही नहीं। उसका सहजज्ञान उसे यह बताता है कि सामाजिक संस्था में श्रमिकवर्ग कोई स्वाभाविक वर्ग नहीं है। यदि इस संस्था का रूप विकृत न होता, तो सामाजिक प्रकृति स्वयमेव श्रमिक-वर्ग जैसा कोई वर्ग पैदा न होने देती; मानव-समाज पर अर्थवाद और शहरों में होते जा रहे (औद्योगिक) केन्द्रीकरण से निस्तार का कोई उपाय न था।'' आगे इस प्रश्न का बड़े रोचक ढंग से ऊहापोह करने के पश्चात् अन्त में आप कहते हैं : सब कुछ कह और कर लेने के बाद श्रमिक की जीवन-पद्धति बदलने के लिए तीन प्रक्रियाओं की आवश्यकता है : उसके मन में अपनी सर्जनात्मक शक्ति का विकास करने के लिए रुचि हो तथा उसे इसका अवसर मिले; उसके श्रम में विविधता हो; वह पुनः प्रकृति के निकट लाया जाए। ये तीनों लक्ष्य इस विधि से प्राप्त किए जा सकते हैं : उसका श्रम-दिन चार घण्टे का माना जाए; उसे रहने के लिए ऐसा घर दिया जाए जिसमें उसके और उसके परिजनों के काम करने के लिए पर्याप्त भूमि हो, जिससे उस पर काम कर वह कारखाने की अपनी आय में वृद्धि कर सके। सैलवेडोर दि मदेरियागा गाँवों के पीछे पागल गाँधीवादी भारतीय नहीं, वरन् आधुनिक यूरोपीय विचारक हैं, जो ऑक्सफोर्ड में रहते हैं। ऐसी हालत में मैं समझता हूँ, उनके कथन का महत्त्व भलीभाँति समझा जा सकता है।

(10) उद्योग, वाणिज्य आदि की व्यवस्था पर भी कुछ विचार कर लेना समीचीन होगा। मैंने शुद्ध कार्षिक अथवा शुद्ध औद्योगिक व्यवस्था की तुलना में समुदाय के कार्षिक-औद्योगिक स्वरूप पर अपेक्षाकृत अधिक जोर दिया है। मैंने

नई किस्म की प्रविधि पर भी जोर दिया है, जो मानव के साथ मेल खा सके।

जिस ढंग के सामाजिक संघटन और प्रविधि की यहाँ चर्चा की गई है, उनके चलते अधिकांश औद्योगिक और आर्थिक संस्थान क्षेत्रीय अथवा जिला-समुदायों की सीमा में रहेंगे। कुछ संस्थान प्रान्तीय और राष्ट्रीय महत्त्व के भी हो सकते हैं।

(11) ये संस्थान निजी, सहकारी अथवा सामुदायिक स्वरूप के हो सकते हैं। प्राथमिक, क्षेत्रीय अथवा जिला-समुदायों में अधिकांश, हो सकता है बहुत बड़ा अंश, उद्योग और व्यापार स्वभावतः स्वामी-श्रमिक किस्म के होंगे। शेष सहकारी अथवा सामुदायिक स्वरूप के होंगे। कुछ संस्थान निजी स्वामी-श्रमिक किस्म के हो सकते हैं। प्रान्तीय अथवा राष्ट्रीय उपक्रम सहकारी, सामुदायिक या निजी किस्म के होंगे।

(12) सामुदायिक उपक्रमों के बारे में कुछ स्पष्टीकरण आवश्यक प्रतीत होता है। ये उपक्रम समुदायों द्वारा स्थापित होंगे और इनका संचालन या तो (1) इसी उद्देश्य से सम्बद्ध समुदायों द्वारा संघटित समितियों द्वारा श्रमिकों के पूर्ण सहयोग (साझेदारी) से होगा या (2) श्रमिकों द्वारा ही नियुक्त समितियों द्वारा होगा।

(13) अन्य आर्थिक उपक्रमों की भाँति ही उद्योगों में भी स्वाधिकार (स्वशासन अथवा प्रबन्धाधिकार) सामुदायिक अर्थव्यवस्था का मुख्य सिद्धान्त होगा। स्वामी-श्रमिक इकाइयों में यह प्रश्न उठता ही नहीं। उत्पादकों की सहकारिताओं के बारे में भी ऐसी कोई बात पैदा नहीं होती। किन्तु ऐसे धन्धों में; चाहे वे छोटे हों या बड़े, जिनमें स्वामी कौन है—सभी वर्गों की एक संयुक्त समिति संघटित की जाएगी, जो उसकी आन्तरिक व्यवस्था चला सके।

(14) वर्ग-संघर्ष का विचार ही समाज की सामुदायिक व्यवस्था तथा सामुदायिक भावना के लिए विरोधी एवं त्याज्य है। सामुदायिक भावना के लिए पारस्परिक हितों में संगति बैठाना आवश्यक है, जो तभी सम्भव है, जबकि सामुदायिक जीवन के मुख्य सिद्धान्तों—उचित साझेदारी और उत्तरदायित्व की स्वीकृति—को आधार मानकर चला जाए। इसका अर्थ यह हुआ कि सामुदायिक जीवन-पद्धति में हड़तालों और तालाबन्दी के लिए स्थान नहीं रहेगा। नैतिक समस्याएँ उठ खड़ी होने पर असह्य स्थिति में असहयोग का मार्ग अपनाया जा सकता है।

(15) स्वामित्व की दृष्टि से किसी किस्म का भी आर्थिक संस्थान हो, वह अपने प्रदेश के समुदाय में मिला दिया जाएगा, अर्थात् उसका अंग होकर रहेगा। इसका अर्थ यह हुआ कि उसका संस्थापन और विकास समुदाय की आवश्यकताओं को ध्यान में रखकर होगा। समुदाय द्वारा निर्धारित शर्तों पर ही वह काम करेगा; समुदाय के प्रति ही उत्तरदायी समझा जाएगा।

इसका मतलब यह भी हुआ कि ये उपक्रम संघटन की दृष्टि से भी समुदाय के अंग होकर रहेंगे। प्राथमिक समुदाय में अंगीकरण में कोई कठिनाई न होगी, क्योंकि प्रत्येक संस्थान का सीधे-सीधे वहाँ के समुदाय में अंगीकरण हो जाएगा। अन्य समुदायों में अंगीकरण की निम्नलिखित विधि कदाचित् उपयुक्त हो। इसमें प्रयोग के लिए काफी गुंजाइश है।

प्रत्येक सामुदायिक खण्ड में (क्षेत्रीय, जिला आदि) प्रत्येक उद्योग अथवा अन्य प्रकार के व्यवसायों की किस्मों का संघटन ऐसे संघों के रूप में किया जाएगा, जिनमें स्वामी-श्रमिक, अन्य प्रकार के श्रमिक और स्वामी, प्रबन्धक और विशेषज्ञ शामिल रहेंगे। मतलब यह कि प्रत्येक क्षेत्र, जिला, प्रान्त अथवा देश में विभिन्न प्रकार के संघ, जैसे मान लीजिए, लोहारों के, बढ़इयों के, तेलियों के या उनकी सहकारी संस्थाओं के, गल्ला-व्यापारियों के, कृषि-यन्त्र बनाने वाले कारखानों के, बैटरी बनाने वाली कारखाने के रहेंगे।

ये संघ प्रत्येक सामुदायिक क्षेत्र में संघटित आर्थिक-परिषद् से संघबद्ध होंगे। इसी प्रकार की आर्थिक-परिषद् क्षेत्र, जिला, प्रान्त और देश के लिए भी हो सकती है। प्रत्येक समुदाय की आर्थिक-परिषद् (आर्थिक मामलों में) सम्बद्ध समुदाय की राजनीति-संस्था को (पंचायत-समिति, जिला-परिषद् आदि) परामर्श देगी तथा उसमें परिषद् को प्रतिनिधित्व प्राप्त रहेगा।

इन संघों और परिषदों को अपनी और अपनी सदस्य-संस्थाओं की गतिविधि संचालित करने के लिए नियमादि बनाने का अधिकार रहेगा। इसमें शर्त यही रहेगी कि इन नियमों का विरोध समुदाय के विधान अथवा नियमों से न हो। ये संघ और परिषदें आज के वर्णों के समान होंगी तथा इनके नियम वर्णधर्म के अनुसार होंगे।

(16) निजी उद्योग-धन्धों का प्रश्न भी विचारणीय है। जहाँ तक पुरुषार्थ का भाव है, निजी उद्योगों के लिए समुदाय में काफी गुंजाइश रहेगी। अन्य बातें छोड़ दीजिए, तो भी इसका एक विशेष कारण यह है—और मदेरियागा ने बहुत अच्छी तरह इसे स्पष्ट कर दिया है कि 'सर्जनात्मक शक्ति राज्य की अपेक्षा व्यक्ति में कहीं अधिक होती है।' किन्तु समुदाय में रहकर मनुष्य को समुदाय की भावना से चलना पड़ेगा। इसलिए सामुदायिक समाज में निजी उद्योग को भी उसकी भावना ग्रहण करनी पड़ेगी और निजी और सामुदायिक, दोनों हितों को साधने के लिए तत्पर रहना पड़ेगा। इसके अतिरिक्त निजी उद्योगों को यह बात भी स्वीकार करनी होगी कि स्वशासन, समुदाय के प्रति उत्तरदायित्व तथा उसके साथ अंगीकरण का सिद्धान्त उन्हें मान्य है।

(17) यहाँ यह प्रश्न उठ सकता है कि क्या ये बातें संसद द्वारा मान्य संविधान के निर्देशक सिद्धान्तों और समाजवाद के आदर्शों के विरुद्ध नहीं पड़तीं? लेकिन इस संबंध में मेरा कहना है कि स्थिति ठीक इसके विपरीत है। मेरी दृढ़ मान्यता है कि जिस समाज की रूपरेखा ऊपर खींची गई है, उसमें ही इन सिद्धान्तों और आदर्शों की चरितार्थता सम्भव है।

समाजवाद के बड़े-बड़े आचार्यों ने इसकी जो व्याख्याएँ की हैं, उनकी समीक्षा करने का यहाँ अवसर नहीं है। फिर भी थोड़े में उनके विचार जान लेना ठीक ही है। नीचे लिखे उद्धरण मैं एरिक फ्राम की पुस्तक से ही दे रहा हूँ।

आधुनिक समाजवादी विचारधारा का श्रीगणेश फोरियर से होता है। फ्राम ने इनके विचारों को इस रूप में प्रस्तुत किया है : उद्योग के प्रत्येक क्षेत्र में स्थापित विश्वव्यापी एकाधिकारों का सफल मुकाबला करने के लिए वे उत्पादन और उपभोग के क्षेत्र में ऐसे सामुदायिक संघों को एकमात्र उपाय मानते हैं, तो स्वतन्त्र और स्वेच्छाप्रेरित होंगे और जिनमें व्यक्तिवाद स्वेच्छया समूहवाद के विरुद्ध संघबद्ध होगा। इस उपाय से ही एकानुरूपता का, मेल का तीसरा ऐतिहासिक स्वरूप सामने आएगा, जो पहले के दोनों स्वरूपों, समाज-व्यवस्थाओं—वह जिसमें समाज दास और स्वामी के संबंधों पर आधारित था और वह जिसमें समाज श्रम-जीवियों और उद्योग-स्वामियों पर आधारित है—पर हावी हो सकता है।

समाजवाद के दूसरे प्रधान व्याख्याता राबर्ट ओवेन के विचारों के संबंध में फ्राम ने लिखा है : एक ऐसी नई सामाजिक व्यवस्था की सृष्टि आवश्यक है, जिसमें लोगों को उन सिद्धान्तों की शिक्षा दी जाए, जो उन्हें साथ मिलकर काम करने का अवसर दे और व्यक्ति-व्यक्ति के बीच वास्तविक संबंध स्थापित होने की प्रेरणा प्रदान करे। दो-दो हजार व्यक्तियों के तीन सौ यूथों का संघ संसारभर के लिए पर्याप्त है। प्रत्येक यूथ में और प्रत्येक सदस्य की सामूहिक सहायता के सिद्धान्त के अनुसार इनका संघटन किया जाना चाहिए। प्रत्येक समुदाय में स्थानीय सरकार को प्रत्येक व्यक्ति के साथ निकटतम सम्पर्क स्थापित कर काम करना चाहिए।

मार्क्स की विचारधारा पेचीदा है। गाँधी जी की भाँति ही लगता है, मार्क्स ने भी परस्पर विरोधी बातें कही हैं। मार्क्स की विचारधारा का विकास ऐसे समय हुआ, जबकि बड़ी-बड़ी सामाजिक, राजनीतिक उथल-पुथल की स्थिति चल रही थी। मार्क्स पर इनकी प्रतिक्रिया हुई है। उन्होंने विचारों को समन्वित रूप देने की भी चेष्टा की, पर वह पूरी न हो पाई। इसका परिणाम यह हुआ कि कभी तो मार्क्स केन्द्रीकरण के समर्थक दिखाई देते हैं, कभी विकेन्द्रीकरण के। कभी तो वे मानवतावादी लगते हैं और कभी प्राध्यक्ष (Commissar)। जो भी हो, यह सर्वविदित है कि पेरिस-कम्यून का मार्क्स की दृष्टि में अत्यधिक महत्त्व था। इसके संबंध में उनकी लेखनी ने जो कुछ प्रसव किया, वह बीजरूपात्मक था, जिसे समाजवादी विचारधारा के लिए अत्यन्त महत्त्वपूर्ण कहा जा सकता है। एरिक फ्राम ने लिखा है : फ्रांसीसी गृहयुद्धसंबंधी इण्टरनेशनल की जनरल कौंसिल में मार्क्स ने निरंकुश राजतन्त्र की व्यवस्था से उत्पन्न केन्द्रीकृत राजसत्ता के बदले विकेन्द्रीकरण पर जोर दिया था। उन्होंने कहा था कि बहुलांशतः विकेन्द्रित समुदाय (की स्थापना होनी) चाहिए। थोड़े-से किन्तु मुख्य कार्य, जो केन्द्रीय शासन के लिए छोड़ रखे जाएँ, वे सामुदायिक अधिकारियों के जिम्मे रहें। किन्तु ये अधिकारी पूरी तरह समुदाय के प्रति जिम्मेदार हों।...उन्होंने कहा (समुदाय का संविधान ऐसा होना चाहिए) कि समाज को वह सारी सत्ता मिल जाए, जिसे समाज पर पलने वाले, किन्तु उसकी स्वतन्त्र गतिशीलता पर अंकुश लगाने वाले राज्य की वृद्धिंगत परोपजीविता (नित्य बढ़ता लोभ और शोषण वृत्ति) डकार गई है। कम्यून में उन्हें अन्ततः वह राजनीतिक रूप प्रकट होता दिखाई पड़ा, जिसकी मदद से श्रमिक-वर्ग का आर्थिक स्वातन्त्र्य-आंदोलन तीव्रगति से आगे बढ़ सकता है।

इधर हाल में, रूसी कम्युनिज्म और पश्चिमी यूरोप के शासकीय समाजवाद के आधार पर प्राप्त अनुभवों ने समाजवादी

विचारधारा के समर्थक कुछ विचारकों को इस बात के लिए प्रवृत्त किया है कि समाजवाद के नए स्वरूप—साझेदारी के, मानवतावादी और सामुदायिक समाजवाद पर विचार किया जाए। एरिक फ्राम ने इस विचारधारा का सार इन शब्दों में व्यक्त किया है : आज मनुष्य के सामने बड़ी भारी समस्या यह उपस्थित है कि यन्त्र-मानव-वाद (पूँजीवादी हो अथवा कम्युनिस्ट) और मानवतावादी सामुदायिक समाजवाद में से किसका वरण किया जाए। पूँजीवाद और कम्युनिज्म में से किसी एक के वरण करने का तो अब कोई प्रश्न ही नहीं रह गया है।

मैं यहाँ यह स्पष्ट कर दूँ कि जिस सामुदायिक समाज का स्वरूप मैंने यहाँ प्रस्तुत किया है, वह वही नहीं है, जिसकी कल्पना पाश्चात्य विचारकों ने की है। पाश्चात्य समाज नगर-प्रधान है, इसलिए उस समाज में सामुदायिकता के सिद्धान्त लागू करना बहुत ही कठिन है। साथ ही हमारे देश में इसका जो रूप होगा, वह वहाँ नहीं हो सकता। सच तो यह है कि भारतीय समाज में सामुदायिक जीवन-पद्धति के विकास का सर्वाधिक सुयोग है।

भाग–7

भारतीय राज्य-व्यवस्था की पुनर्रचना

: 1 :

अब तक जो विचार व्यक्त किए गए हैं, उन्हें एकत्र कर एकसूत्र में बाँधने का अवसर अब आ गया है। प्राचीन भारतीय विचार और परम्परा, मनुष्य की सामाजिक प्रकृति, समाजशास्त्र (विज्ञान), सभ्यता के आचार और नीतिविषयक लक्ष्य, लोकतन्त्र की यह माँग कि नागरिकों को सामाजिक जीवन के व्यवस्थापन और संचालन में हिस्सा मिले, मनुष्य को आत्मविरोध और यन्त्रमानव की स्थिति से बचा लेने की आवश्यकता, राज्य और अन्य सामाजिक संस्थानों को मानवीय स्तर पर लाने की जरूरत तथा सबसे ऊपर यह आदर्श कि सभ्यता का केन्द्र मनुष्य को ही बनाया जाए—एक ही दिशा की ओर संकेत करते हैं। और वह दिशा है सामुदायिक अथवा समुदायवादी जीवन-पद्धति की; समुदायवादी नीतिशास्त्र और शिक्षण की; समुदायवादी सामाजिक, आर्थिक और राजनीतिक संघटन की। इस प्रबन्ध में मैंने मुख्यतः समस्या के राजनीतिक पहलू पर विचार किया है और यह बताने का प्रयत्न किया है कि हमारे देश के लिए सर्वाधिक वांछनीय राजनीतिक संघटन अथवा राज्य-व्यवस्था का स्वरूप किस प्रकार का हो।

जैसा कि मैं पहले कह चुका हूँ, इस राज्य-पद्धति का आधार स्वाधिकारप्राप्त (स्वशासनाधिकारयुक्त), आत्मनिर्भर, कार्षिक-औद्योगिक, नगर-ग्रामीण स्थानीय समुदाय होंगे। आज के गाँव और कस्बे इस प्रकार के पुनःसंघटन का स्थूल आधार प्रस्तुत करते हैं। ग्राम-पंचायतों की स्थापना कर तथा सामुदायिक विकास जैसे कार्यक्रम अपनाकर, खादी और ग्रामोद्योग-आयोग की ओर से 'प्रकृष्ट (गहन) क्षेत्र'-विकास का कार्यक्रम हाथ में लेकर एवं ग्रामीण अर्थव्यवस्था को सहकारात्मक रूप प्रदान कर इस दिशा में प्रशंसनीय श्रीगणेश किया जा चुका है। लेकिन जैसा कि ऊपर कहा जा चुका है, इन कार्यक्रमों में बड़े भारी दोष हैं : (1) इनमें अखण्ड, एकात्मक सामाजिक विचारधारा (दर्शन) का अभाव है; (2) इनमें समुदायविषयक कोई स्पष्ट धारणा नहीं है; (3) समुदाय के भीतर कृषि और उद्योग के बीच सन्तुलन स्थापित किए रखना इनका उद्देश्य नहीं है; (4) यद्यपि प्रारम्भिक अथवा आधारभूत स्तर पर लक्ष्य समुदायों की सृष्टि है—भले ही उसकी कल्पना अस्पष्ट हो—तथापि उच्च स्तरों पर सामाजिक संघटन की विकीर्णता और उद्योगमूलक पश्चिम-प्रधान, जिसमें यहाँ रूप को भी शामिल समझना चाहिए, धारणा बनी हुई है।

आइए, अब हम इन दोषों पर अलग-अलग संक्षेप में विचार करें।

(1) यदि हम यह मान भी लें कि देश के विकास-कार्यक्रमों का संचालन करने वाली विचारधारा एक ही है, तो उसके दो अंग हैं : (क) आर्थिक विकास से सम्बद्ध और (ख) लोकतन्त्रात्मक समाजवाद से सम्बद्ध।

इस देश में आर्थिक विकास की जरूरत है, इससे कोई इनकार न करेगा। लेकिन प्रश्न यह उठता है कि क्या यह विकास पश्चिम (रूस-सहित) के ढंग का अनियन्त्रित (निस्सीम) हो? हम अपनी अर्थ-व्यवस्था का विकास शक्तिसंचय के लिए करें या शान्ति और सुख के लिए? 'अर्थवाद' हमारे जीवन का शासन करे या समग्र मानव के विकास के लिए उसकी आवश्यकता है? इस संबंध में पहले जो कुछ कहा जा चुका है, उसे दुहराने की आवश्यकता नहीं। फिर भी यह समझ लेना जरूरी है कि इन विकास-कार्यक्रमों की प्रेरक सामाजिक विचारधारा वही है, जिस पर पाश्चात्य (रूस-सहित) समाज की भित्ति खड़ी है। जैसा कि हम देख चुके हैं, उस विचारधारा का मेल सामुदायिक विकास और समुदायवादी सामाजिक व्यवस्था से नहीं बैठता।

जहाँ तक लोकतन्त्रात्मक समाजवाद का प्रश्न है, ऐसा प्रतीत होता है कि विचारों में कोई स्पष्टता नहीं है। भले ही सैद्धान्तिक दृष्टि से ऐसा न हो, किन्तु व्यावहारिक दृष्टि से पश्चिम में लोकतन्त्रात्मक समाजवाद का अर्थ है, राजकीय समाजवाद (शासकीय समाजवाद)। इसके पीछे यदि कोई विचारधारा है, तो वह है शीर्ष से *कल्याणवाद की,* न कि घर-घर में समाजवादी शैली की जीवन-पद्धति के विकास की। सामुदायिक पुनस्संघटन का हमारा आदर्श यदि ऊपरी स्तर से समाजवाद या कल्याणवाद का विधान करना हो, तो आधार-स्तर पर समुदाय के विकास का न तो कोई सामाजिक महत्त्व रहेगा और न उसकी सफलता की कोई आशा की जा सकती है। आधार तथा ऊपरी ढाँचे में सदा ही विरोध की स्थिति रहेगी और चूँकि शीर्ष सर्वशक्तिसम्पन्न रहेगा—जैसा कि शासकीय समाजवाद में अनिवार्य है—अतः यह निश्चित है कि वह ऊपरी ढाँचा नीचे की जड़ खोद डालेगा। यहाँ स्मरण रखना चाहिए कि सोवियत पद्धति का आरम्भ किसी-न-किसी रूप में सामुदायिक प्रणाली से ही हुआ था, किन्तु शीर्ष के शक्तिशाली हो जाने से आधार निःसत्त्व हो गया। आज सोवियत रूस में एक भी सच्चा सोवियत नहीं रह गया है; वहाँ आज केवल एकतन्त्रात्मक राज्य रह गया है।

जैसा कि मैं कह चुका हूँ उपरिअंकित समुदाय और सामाजिक विचारधारा के बीच विरोध की कोई स्थिति उत्पन्न होना जरूरी नहीं है। केवल इतना ही है कि ऐसी हालत में समाजवाद की संस्थाओं में कम और मनुष्य में अधिक दिलचस्पी लेनी होगी। पहले की यह मान्यता कि उत्पादन, वितरण और विनिमय के साधनों पर राज्य का स्वामित्व और नियोजन समाजवाद की स्थिति लाने के लिए पर्याप्त हैं, मिथ्या सिद्ध हो चुकी है। अन्तिम छोर तक पहुँचकर इस मान्यता ने ही स्तालिनवाद को जन्म दिया। किन्तु इस मान्यता को हटाकर उसका स्थान लेने के लिए किसी नई मान्यता की सृष्टि नहीं की जा सकती है। इसके लिए समाजवादियों को प्राक्-मार्क्सकालिक समाजवादी आदर्शवादियों—विचारक अराजकतावादियों, ताल्सताय, रस्किन और मारिस तथा उत्तर-मार्क्सकालिक सामाजिक आदर्शवादियों एवं गाँधी और विनोबा की शरण में जाना होगा। फ्रांस के क्रियात्मक समुदायों (कम्युनिट आव वर्क), इजराइल के किबुतजिम और भारत के ग्रामदानी गाँवों में हमारे समाजवादी बहुत कुछ सीख सकते हैं। मार्क्स में जो कुछ वैध बच रहा है, उससे तथा विज्ञान की अच्छी-अच्छी बातों से भी वे बहुत कुछ ग्रहण कर सकते हैं। इस कार्य के लिए व्यापक, विशद, नैतिक, बौद्धिक समन्वय की क्षमता अपेक्षित है। किन्तु यदि समाजवाद को उसकी पूर्व-प्रेरणा और आदर्शवाद के भरोसे फिर से खड़ा करना हो, तो यह काम समाजवादियों को करना ही पड़ेगा। लेनिन के कथनानुसार मार्क्स ने जर्मन-विचारधारा, फ्रांसीसी समाजवाद और ब्रिटिश अर्थशास्त्रीय सिद्धान्तों का समन्वय कर अपनी उदात्त विचारधारा प्रस्तुत की थी। अब पुनः मार्क्स की ही कोटि के नैतिक और बौद्धिक प्रतिभासम्पन्न व्यक्ति की आवश्यकता है, जो नई विधि से सारी बातों का समन्वय कर समाजवाद का ऐसा स्वरूप उपस्थित करे कि वह भविष्य के लिए निष्ठा का विषय बन सके, न कि एक 'अस्तंगत वाद' के रूप में ढलकर रह जाए।

(2) समुदाय की कल्पना को मूर्त रूप देने की कोई चेष्टा नहीं है। यदि समुदायविषयक कोई धारणा है भी, तो वह 'कागजी कार्रवाई' तक परिमित है। इसका मुख्य कारण यह है कि समुदाय के विकास का कार्य उन वैतनिक राजकर्मचारियों को सौंपा गया है, जिनके मन में इसके प्रति कोई निष्ठा नहीं है, जिनमें सूझ-बूझ का अभाव है और

जो स्वयं किसी समुदाय से सम्बद्ध नहीं होते, किसी समुदाय के रहने वाले नहीं होते। समाज के समुदायवादी स्वरूप की विशेषता यही है कि प्रत्येक नागरिक को किसी-न-किसी समुदाय से सम्बद्ध होना चाहिए। स्विट्ज़रलैण्ड में, जहाँ आज भी समुदायों का अस्तित्व है, प्रत्येक नागरिक का संबंध उस समुदाय से होता है, जहाँ का वह मूलनिवासी होता है। "प्रत्येक स्विट्ज़रलैण्डवासी को तीन नागरिकताएँ प्राप्त रहती हैं : स्विस, कैंटोनल (प्रान्तीय) और सामुदायिक। समुदाय की नागरिकता का महत्त्व किसी से कम नहीं है। अन्य दोनों की भाँति ही यह अविच्छेद्य है। इसका संबंध परिवार से होता है और यह परिवार तथा वंशजों के साथ बराबर लगी रहती है, भले ही वे अन्यत्र जाकर बस गए हों। यह गृह-समुदाय की स्विस के लिए अन्तिम गति (आश्रय) है।...नियमानुसार ही यह मूल (गृह)-समुदाय ही विपन्न स्विस की सहायता करने के लिए उत्तरदायी है न कि (तात्कालिक) निवास से सम्बद्ध समुदाय।"

समुदायों के सरकारी 'विकासकर्ताओं' के मन में असम्बद्धता की ऐसी कोई भावना नहीं होती। यह भी एक कारण है कि उनके प्रयास अधिक सफल नहीं होते। वैसे यह भी कह देना आवश्यक है कि यद्यपि भारतीय गाँव किसी रूप में समुदाय नहीं हैं, तथापि उनके निवासियों में आत्मीयता का भाव होता है और वे गाँव को अपना समझते हैं। यह भाव बहुत प्रबल भले न हो, किन्तु है अवश्य। सामुदायिक विकास-कार्यक्रमों और उनके संचालक अधिकारियों की कोई भी प्रवृत्ति इस भाव (चेतना) को विकसित और सबल बनाने की नहीं होती। ये कार्यक्रम समुदाय की भावना का विकास करने के बजाय कृषि और उद्योगों के विकास पर जोर देते हैं तथा स्कूल, अस्पताल, सामुदायिक केन्द्र, सड़क आदि के निर्माण की ओर अधिक ध्यान देते हैं। सामुदायिक भावना का विकास अपेक्षाकृत कठिन कार्य है; फिर भी यदि सामुदायिक विकास को सार्थक बनाना है, तो इसे ही करना पड़ेगा। इसके लिए समुदाय के स्वरूप का स्पष्ट चित्र देखकर उसका प्रचार करना होगा–इसलिए नहीं कि सरकार को उसकी जरूरत है, वरन् इसलिए कि विकास-कार्य करने वालों को वस्तुस्थिति और आवश्यकता का ज्ञान हो सके।

स्थानीय समुदाय का विकास इस ढंग से होना चाहिए कि वह छोटे-मोटे कल्याणकारी राज्य का रूप ग्रहण कर सके। प्रारम्भिक समुदाय होने से इसे प्राथमिक कार्यों–प्रत्येक परिवार के लिए धंधा और आवास की व्यवस्था, अन्न और वस्त्र की आवश्यकता पूरी करने की दृष्टि से उत्पादन का आयोजन, प्रारम्भिक शिक्षण एवं स्वास्थ्य-सेवाओं का प्रबन्ध–की जिम्मेदारी अपने सिर उठानी होगी। विपन्न और आवश्यकताग्रस्त लोगों की सहायता समुदाय का सबसे पहला कार्य होगा। समुदाय के प्रत्येक व्यक्ति को, चाहे वह कहीं (समुदाय के बाहर भी) रहता हो, अपनी आय का एक अंश समुदाय द्वारा संचालित प्राथमिक सामाजिक सेवाओं के लिए देना होगा। समुदाय में रहने वाले प्रत्येक परिवार को अपने कल्याण के लिए कार्य करते समय अन्य परिवारों के कल्याण की बात भी ध्यान में रखनी होगी। समुदाय की कल्याण-कामना और हित-साधन गाँव के आर्थिक साधनों और गतिविधियों का प्रथम लक्ष्य होना चाहिए। ये ही कार्य मुख्य रूप से सामुदायिक विकास की बात बताते हैं।

(3) सामुदायिक तथा अन्य ग्राम-विकास कार्यक्रमों से एक क्षण के लिए भी यह नहीं प्रकट होता कि किसी प्रकार के सन्तुलित कार्षिक-औद्योगिक समुदाय की भी कोई कल्पना है। इसमें सन्देह नहीं कि ग्रामोद्योगों का विकास किया जा रहा है, उनको बढ़ावा दिया जा रहा है; किन्तु उनका एकमात्र उद्देश्य बेकारी दूर करना और ग्रामीणों का जीवन-स्तर उठाना है। किसी नए सामाजिक-आर्थिक ढाँचे को ध्यान में रखकर इन ग्रामोद्योगों का विकास नहीं हो रहा है; वरन् और सही बात कही जाए तो कह सकते हैं कि ध्यान में केवल वह विकीर्ण समाज है, जो शहरी और देहाती क्षेत्रों में बुरी तरह से बँटा हो और जिसमें शहरी क्षेत्र देहाती क्षेत्र के सिर पर चढ़ बैठा हो। सामाजिक पुनःसंघटन के इस सैद्धान्तिक पक्ष को छोड़ भी दीजिए, तो यह बात बिलकुल स्पष्ट है कि समाजविषयक यह भावना कायम रही, तो भारत के गाँव स्थायी रूप से 'दलित' क्षेत्र बने रहेंगे।

(4) जहाँ तक इस दोष–ऊपरी स्तर पर पश्चिम-प्रधान सामाजिक संघटन की कल्पना–का संबंध है, ऊपर (1) नम्बर में इस पर अंशतः विचार किया जा चुका है। वहाँ यह बताया जा चुका है कि यदि ऊपरी ढाँचा हो, तो आधार-स्तर पर समुदाय के संघटन का कोई अर्थ नहीं है। ऐसी सामाजिक व्यवस्था में समुदाय का कोई भाव ही न रहेगा। और इसके बिना आधारभूत समुदायों का टिक पाना कदापि सम्भव न होगा।

एक उदाहरण द्वारा यह बात स्पष्ट कर दूँ। राजनीतिक संस्थाओं को ही लीजिए। यह बात स्पष्ट हो चुकी है कि ग्राम-पंचायतों की स्थापना के पीछे जो उद्देश्य था, वह पूरा नहीं हो पाया है। वे उसके अनुरूप काम नहीं करतीं। इसके कई कारण हो सकते हैं, किन्तु मेरा निश्चित मत है कि इसका एक मुख्य कारण वर्तमान विकीर्णतामूलक राज्य-व्यवस्था का विभाजनात्मक प्रभाव भी है। इस बात का ठीक ही प्रयत्न किया जा रहा है कि यथासम्भव पंचायतों का चुनाव सर्वसम्मत हो और (राजनीतिक) दल उनमें अपनी नाक न घुसेड़ें तथा गाँव समुदायों के रूप में काम करें। लेकिन इसके साथ ही ऊपर की संस्थाओं के चुनाव के समय ये ग्राम-समुदाय व्यक्तियों में विभक्त हो जाते हैं और ये व्यक्ति परस्पर विरोधी दलों का सहारा लेकर खड़े होते हैं। परिणाम यह होता है कि समुदाय खण्ड-खण्ड हो जाता है और पंचायतें उस कल्याणकारी ढंग से काम नहीं कर पातीं, जिसकी सभी लोग कामना करते हैं।

यही अवस्था आर्थिक तथा अन्य संस्थानों एवं गतिविधियों की है। उदाहरणस्वरूप, हमारी आयोजना गाँवों को आधार मानकर आरम्भ हो और ऊपर बढ़ती चले, ऐसा नहीं है। यह ऊपर से आरम्भ होकर नीचे की ओर फैलती है। इससे समुदायों का विकास नहीं हो पाता, क्योंकि उन्हें समुदाय के रूप में अपने लिए विकास-योजनाएँ बनाने का अवसर नहीं मिलता, ताकि वे स्तर-स्तर पर अपनी योजनाओं में सामंजस्य स्थापित कर सकें। राज्य-संचालित हों अथवा निजी, सभी आर्थिक संघटन शीर्षस्थ होते हैं। इनकी गतिविधि इस ढंग की होती है कि ये समुदाय के लिए कहीं बाहर से आए आक्रामक के रूप में सिद्ध होते हैं। इसका फल होता है सामुदायिक जीवन का विघटन और विशृंखलन। और यह ऐसे ही चलता जाता है।

: 2 :

यहाँ तक तो वर्तमान सामुदायिक विकास-कार्यक्रम के दोषों की बात रही। अब हम पुनः भारतीय राज्य-व्यवस्था के आधार की ओर जाते हैं। जैसा कि कहा जा चुका है, यह आधार होगा स्वाधिकार प्राप्त, आत्मनिर्भर, कार्षिक औद्योगिक, नगर-ग्राम्य स्थानीय समुदाय। स्थानीय समुदाय की सर्वोच्च राजनीतिक संस्था होगी ग्राम-सभा; और सभी वयस्क निवासी इसके सदस्य समझे जाएँगे। कार्यपालिका अर्थात् पंचायत का चयन ग्रामसभा के सभी सदस्यों की सहमति से होगा। कोई व्यक्ति किसी पद के लिए प्रत्याशी न होगा। सभी चयनात्मक पदों के लिए प्राचीन काल की भाँति ही स्पष्ट निर्धारित अर्हताएँ होंगी। निर्धारित अवधि के पश्चात् कोई भी व्यक्ति उसी पद पर प्रतिष्ठित न हो सकेगा। पंचायतों का कार्य विभिन्न उपसमितियों के माध्यम से होगा, जिनके काम बँटे रहेंगे। पंचायत या उसकी किसी उपसमिति में कोई अधिकारी या राज्य द्वारा नियुक्त अथवा नामजद सदस्य न रह सकेगा।

यहाँ यह शंका उठ सकती है कि विभिन्न जातियों और परस्पर विरोधी गुटों में बँटे ग्रामीणों में क्या कभी सहमति होना सम्भव है? किन्तु हम देख चुके हैं कि किस प्रकार दस-पाँच नहीं, हजारों वर्षों तक प्राचीन भारत के गाँवों में सबकी सहमति से कार्यपालिका का चुनाव होता था। और वे गाँव किसी प्रकार भी एक राय के और आदर्श समुदाय नहीं थे। इसलिए यह मानने का कोई कारण नहीं है कि शताब्दियों के अनुभव से पुनः लाभ नहीं उठाया जा सकता। यह बात भी स्मरण रखने की है कि ग्राम-परिषदों अथवा पंचायतों के चुनाव की एक ही और वैकल्पिक विधि थी। और वह थी, गोटी डालकर चयन की। गोटी डालकर चयन करने को हम कोई अलोकतन्त्रात्मक ढंग नहीं मान सकते। हम देख चुके हैं कि किस प्रकार दक्षिण भारत स्थित उत्तर मेरूर के अग्रहार गाँव जैसे अत्यन्त विकसित, सुसंस्कृत और स्वशासित गाँवों में यह व्यवस्था बहुत ही उत्तम ढंग से संचालित की जाती रही है। इसलिए मेरा यह सुदृढ़ मत है कि गाँवों को यह स्वतन्त्रता मिलनी चाहिए कि वे चाहे सबकी समिति से अथवा गोटी डालकर (अपने प्रतिनिधियों का) चयन कर सकें या उनको इस विकल्प की सुविधा रहे कि पहले वे सहमति वाला ढंग अपनाएँ और जब वह सफल न हो, तो गोटी डालने वाली पद्धति पर चलें। भूदान में प्राप्त भूमि के वितरण के सिलसिले में भी इसी प्रकार का तरीका काम में लाया जाता है। जब भूमिहीन व्यक्ति किसी प्रश्न पर एक राय नहीं होते, तो समस्या गोटी डालकर

हल की जाती है। आज तक हमारे देखने में यह बात नहीं आई है कि इस प्रकार के निर्णयों से किसी को असन्तोष हुआ हो।

दूसरी शंका यह उठती है कि क्या आज की पंचायतें इस विधि से काम कर सकती हैं? पहली बात तो यह कि नवयुवकों को सिखाने का इससे अच्छा कोई उपाय नहीं हो सकता कि उन पर जिम्मेदारी लादी जाए। दूसरी बात यह कि गाँवों को स्वशासित और आत्मनिर्भर इसी प्रकार बनाया जा सकता है कि उनको वास्तविक उत्तरदायित्व सौंपा जाए। एक समय था, जबकि स्विट्जरलेण्ड के कम्यूनों की भाँति भारत के ग्राम-गणराज्यों की स्वतः सृष्टि हुई थी और स्विस-कम्यूनों की भाँति ही उन्हें सत्ता और अधिकार किसी केन्द्रीय सत्ता की कृपा से नहीं मिले थे। किन्तु वर्तमान परिस्थितियों में तो बहुत ही सुविचारित और साहसपूर्ण कदम उठकर तथा उन्हें अधिकार सौंपकर और सत्ता का विकेन्द्रीकरण कर ग्राम-गणराज्यों (समुदायों) की सृष्टि कर पाना सम्भव है। तभी भारतीय लोकतन्त्र का आधार सुदृढ़ हो सकता है और सजीव कहा जा सकता है। मेरा खयाल है कि ग्रामसभाओं और पंचायतों को उन्हीं बातों का उत्तरदायित्व सौंपा जाना चाहिए, जिनका वास्तविक महत्त्व है—जैसे, उनकी यह जिम्मेदारी हो कि गाँव का कोई भी व्यक्ति आहार, वस्त्र और आश्रय के बिना न रहने पाए; कोई बच्चा अशिक्षित न रह जाए; कोई भी निवासी प्राथमिक स्वास्थ्य-सेवाओं से वंचित न रहे। सभा और पंचायत की यह जिम्मेदारी होनी चाहिए कि जहाँ तक शीघ्र हो सके, गाँव अन्न-वस्त्र के मामले में आत्मनिर्भर हो जाए। इसके अतिरिक्त एक निर्धारित अवधि के भीतर, जैसे मान लीजिए पाँच वर्ष, यह व्यवस्था कर लेने की भी उनकी जिम्मेदारी होनी चाहिए कि गाँव का कोई भी निवासी जीविका-विहीन न रहने पाए और प्रत्येक परिवार के रहन-सहन का स्तर एक न्यूनतम निश्चित सीमा से तो डक ही जाए। और सच्चा स्वशासन तो वही है, जिसमें जीवन की मुख्य समस्याओं पर ध्यान दिया जाए।

कुछ समय तक ऊपर से गाँव की मदद करना जरूरी होगा। लेकिन गाँव की जिम्मेदारी बहुत ही स्पष्ट रहनी चाहिए और मदद की यह माँग गाँव की ओर से होनी चाहिए तथा उसका स्वरूप स्पष्ट रहना चाहिए। साथ ही माँग के विवरण के साथ यह भी स्पष्ट रहना चाहिए कि गाँव को कितनी आवश्यकता है, कितने की पूर्ति गाँववालों के सामूहिक प्रयास से सम्भव है। किसी गाँव को तब तक सहायता न मिलनी चाहिए, जब तक कि वह प्रमाणित न कर दे कि अपनी आवश्यकताएँ पूरी करने के सिलसिले में वह इतना काम कर चुका है और इतना करने को तैयार है। बिलकुल आरम्भ में तो भले ऐसी सहायता राज्य से मिले, किन्तु आगे चलकर यह ठीक ऊपर के सामुदायिक संघटन (क्षेत्रीय समुदाय) से मिलनी चाहिए। सामाजिक और राजनीतिक कार्यकर्ताओं को बड़ी संख्या में गाँवों में जाकर आत्मनिर्भरता का पाठ पढ़ाने और उसे व्यवहार में लाने की विधि सिखाने का काम करना होगा।

: 3 :

जिस प्रकार के समुदाय की कल्पना यहाँ की गई है, उसी रूप में हमारे गाँव और कस्बे जब तक ठीक-ठीक ढल न जाएँ, तब तक हमें हाथ पर हाथ रखकर बैठे न रहना चाहिए। वरन् राज्य-व्यवस्था के विकास की हमारी सारी प्रतिक्रिया सभी स्तरों पर एक साथ आरम्भ हो जानी चाहिए। तभी यह किसी भी स्तर पर सफल हो सकती है।

राजनीतिक ढाँचे का दूसरा स्तर होगा, क्षेत्रीय समुदाय। जैसा कि पहले कहा जा चुका है बलवन्तराय मेहता दल के सुझावों के अनुसार यहाँ ग्राम-पंचायतों को मिलाकर पंचायत-समिति का संघटन करना होगा। अन्तर यही रहेगा कि इस समिति का स्वरूप और कार्य स्वायत्तताप्राप्त, स्वशासनाधिकारयुक्त समुदाय का-सा रहेगा—समिति को अपने अधिकार-क्षेत्र के अन्तर्गत आनेवाले सभी अधिकारों और उत्तरदायित्वों का निर्वाह करना होगा। ऊपर हम बता चुके हैं कि किस प्रकार (Optimum) समुदायों को अपने अन्तर्गत समाविष्ट कर रखने वाली पंचायत-समिति देश के आर्थिक और राजनीतिक, विशेषकर नियोजन और विकास, जीवन में महत्त्व का स्थान ग्रहण कर लेगी।

पंचायत-समितियों के संघटन के सिलसिले में एक विशेष बात मैं स्पष्ट कर देना चाहता हूँ। समितियों का चुनाव ग्राम-पंचायतों द्वारा होगा, न कि उनके सदस्यों द्वारा। यहाँ कुछ लोग कह सकते हैं कि यह तो छह और आधा दर्जन

में भेद बताने जैसी बात हुई। पर ऐसा है नहीं। यहाँ सामुदायिक जीवन का एक विशेष सिद्धान्त आ उपस्थित होता है। संस्था के रूप में ग्राम-पंचायत ग्राम-समुदाय का प्रतिनिधित्व करती है, न कि अपने सदस्यों का। इसी प्रकार पंचायत-समिति ग्राम पंचायतों की प्रतिनिधि संस्था है। अतः उसमें ग्राम-पंचायतों का प्रतिनिधित्व होना चाहिए, उनके सदस्यों का नहीं। नगर (म्युनिसिपल) परिषदों और जिला (काउंटी)-परिषदों के आपसी संबंधों की विवेचना करते हुए मदेरियागा ने लिखा है : एक साथ समवेत और संस्था (नगर-परिषद्) के रूप में संघटित नगर-पार्षद, जिला-परिषदों का चुनाव करने के उद्देश्य से, पुनः असंघटित अर्थात् पृथक्-पृथक् नहीं किए जा सकते। जैसे जिला, नगर-पालिकाओं का संघात्मक रूप है, वैसे ही जिला-परिषद् नगर-परिषदों का संघात्मक रूप है। *इसलिए इसको चुनने वाली मतदाता-इकाइयाँ वे संस्थाएँ ही होनी चाहिए, जिनसे मिलकर यह बनी हो।* (इटैलिक अंश लेखक के)

नगर-परिषदों (यहाँ ग्राम-पंचायतों) ने चुनाव के लिए मदेरियागा ने परिवारों को मतदाता-इकाई मानने का आग्रह किया है। सिद्धान्ततः मुझे उनका यह सुझाव मान्य है, किन्तु मैंने निर्वाचन के बदले सबकी सहमति से या गोटी डालकर चयन करने पर जोर दिया है। अतः मतदाता-इकाई क्या हो, यह प्रश्न ही निरर्थक है।

पिछले अध्याय में प्रस्तुत सामाजिक संघटन के ढाँचे के अनुरूप ही राजनीतिक ढाँचा भी मंजिल-दर-मंजिल खड़ा किया जाएगा। पंचायत-समिति के ऊपर की मंजिल होगी, जिला-परिषद् (चाहे उसको कोई भी नाम दिया जाए)। इसका संघटन पंचायत समितियों को मिलाकर होगा। यहाँ भी समितियाँ ही अपने प्रतिनिधि चुनेंगी, उनके सदस्य नहीं। ये जिला-परिषदें भी अपनी क्षमता के सारे कार्य सम्पन्न करने के लिए आवश्यक सत्ता और उत्तरदायित्व से संचालित रहेंगी।

इसी ढंग से जिला-परिषदें मिलकर राज्य-विधानसभा का संघटन करेंगी और राज्य-विधान-सभाएँ मिलकर लोक-सभा को अस्तित्व प्रदान करेंगी। इस प्रकार प्रत्येक स्तर पर खड़ा राजनीतिक संस्थान नीचे के सभी संस्थानों का सम्मिलित एकात्मक रूप होगा।

पिछले अध्याय में हम देख चुके हैं कि जिस सामाजिक स्वरूप का हमने वर्णन किया है, वह गाँधी जी की कल्पना के स्वरूप में मिलता-जुलता है। इसलिए इस बात पर आश्चर्य नहीं होना चाहिए कि जिस राजनीतिक स्वरूप का यहाँ चित्रण किया गया है, वह भी गाँधी जी के विचारों से मेल खाता है। लोगों को स्मरण होगा कि गाँधी जी ने गोलमेज-सम्मेलन के अवसर पर परोक्ष निर्वाचन की प्रणाली अपनाए जाने पर जोर दिया था और अपनी बात स्पष्ट करने के लिए काँग्रेस-संघटन का उदाहरण उपस्थित किया था। गाँधी जी ने कहा था :

"केन्द्रीय विधान-सभा से मिलती-जुलती जैसी चीज काँग्रेस महासमिति है और प्रान्तीय विधान-सभाओं की तरह की ही हमारी प्रान्तीय संस्थाएँ हैं। हमारा भी विधान-निर्माण का एक ढंग है और है प्रशासन की एक पद्धति। हमारी अपनी कार्यपालिका भी है।...मैं आपको बता दूँ कि अपने निर्वाचनों की व्यवस्था करने के उद्देश्य से उपनियमादि बनाने का हमारी प्रान्तीय संस्थाओं को पूरा अधिकार है। मुख्य बात, निर्वाचनों की अर्हताएँ, बदलने का उन्हें अधिकार नहीं है, लेकिन और सब काम वे अपने ढंग पर कर सकती हैं। (करती हैं)।...केवल एक प्रान्त का उदाहरण देकर मैं इसे स्पष्ट कर दूँ। ग्राम-निवासी अपनी समितियों के लिए चुनाव करते हैं। ये ग्राम-समितियाँ तालुका-समितियों का और तालुका-समितियाँ जिला-परिषदों का और वे प्रान्तीय-परिषद् का चुनाव करती हैं। प्रान्तीय-परिषद् ही केन्द्रीय विधान-सभा (यदि काँग्रेस महासमिति को यह नाम दिया जा सके) के लिए सदस्यों का चुनाव करती है।"

आगे चलकर गाँधी जी ने कहा, "मैंने आपके सामने योजना की रूपरेखा भर रखी है। यदि आप इस पर ध्यान दें, तो पूरी हो सकती है। यदि हमें वयस्क मताधिकार मिलता है, तो कदाचित् हमें इससे हटकर उस ढंग की कोई पद्धति अपनानी पड़े, जिसका सुझाव मैंने आपको दिया है।...इस योजना के अनुसार चुनाव पर प्रत्येक उम्मीदवार को जो बड़ी भारी रकम खर्च करनी पड़ेगी वह दिल बैठा देने वाली है। मैं तो इस कल्पना से ही थर्रा जाता हूँ कि किसी उम्मीदवार को चुनाव के पीछे पचास-साठ हजार से लेकर एक लाख तक की धनराशि व्यय करनी पड़े। मैं ऐसे एकआध मामले जानता हूँ, जिनमें उम्मीदवारों ने एक लाख तक रुपए खर्च किए हैं। संसार में सर्वाधिक निर्धन देश के लिए इसे अभिशाप ही समझना चाहिए।"

इस भाषण के बाद हुए विचार-विमर्श से पता चलता है कि अपनी योजना का ब्यौरा वे स्पष्ट न कर सके, किन्तु इसके सैद्धान्तिक पहलू पर वे बराबर दृढ़ रहे।

भारत के दो अन्य सपूतों ने भी इस प्रश्न पर बहुत पहले ही विचार कर एक योजना प्रस्तुत की थी। देशबन्धु चित्तरंजनदास और डॉक्टर भगवानदास ने 'स्वराज्य की रूपरेखा' नाम से एक योजना 1923 में देश के समक्ष रखी थी, जिसमें स्वराज्य के मुख्य सिद्धान्त इस प्रकार बताए गए थे :

इस योजना के मार्गदर्शक सिद्धान्त वे ही हैं, जिनके प्रति अत्यन्त प्राचीन काल से ही भारतवासियों की आस्था रही है और जिनकी चर्चा गया-काँग्रेस (दिसम्बर, 1922) के अवसर पर दिए गए राष्ट्रपति के अभिभाषण में भी इन शब्दों में की गई है :

सरकार बनाने की योजना कार्यान्वित करते समय इन बातों पर ध्यान देना आवश्यक है : (1) भारत की प्राचीन ग्राम-व्यवस्था के ढंग पर स्थानीय केन्द्रों का संघटन किया जाए; (2) इन ग्राम (स्थानीय)-केन्द्रों को मिलाकर एक के बाद एक बड़े क्षेत्रों का निर्माण किया जाए; (3) इन क्षेत्रों का क्रमिक और उत्तरोत्तर विकसित तथा एकीकृत रूप ही राज्य हो; (4) ग्राम-केन्द्र और उनसे मिलकर बने क्षेत्रीय केन्द्र व्यवहारतः स्वसत्तात्मक हों; (5) अवशिष्ट बच रहा नियन्त्रण का अधिकार केन्द्रीय शासन के हाथ में रहे, किन्तु उसका प्रयोग भी अपवाद रूप से ही हो और इसके लिए उपयुक्त संरक्षण की व्यवस्था रहे, जिसमें स्थानीय केन्द्रों की स्वायत्तता पर कोई आँच भी न आए तथा वास्तविक एकीकृत राज्य के रूप में केन्द्रीय शासन (सरकार) का विकास भी हो सके। सामान्यतया ऐसे केन्द्रीय शासन का कार्य परामर्श देना ही होगा।

और कुछ कहने के पूर्व मैं यह बता दूँ कि यह सारा विवेचन प्रस्तुत करने का उद्देश्य लोगों को यह समझा देना है कि यहाँ प्रश्न केवल स्थानिक स्वशासन अथवा प्रत्यक्ष या परोक्ष निर्वाचन का नहीं है। यह मान लेना गलत है कि यदि 'स्थानीय संस्थाओं' को कुछ अधिक अधिकार मिल जाएँ या प्रत्यक्ष निर्वाचन की जगह परोक्ष निर्वाचन की प्रणाली प्रचलित हो जाए एवं सामाजिक ढाँचा जैसा-का-तैसा रह जाए, तो जिस राज्य-व्यवस्था की यहाँ चर्चा की गई है, वह स्वयमेव अस्तित्व में आ जाएगी। जिस राज्य-व्यवस्था पर यहाँ जोर दिया गया है, वह वर्तमान सामाजिक व्यवस्था से उत्पन्न स्वरूपमात्र नहीं है, वरन् अभिनव संघटित सामाजिक व्यवस्था का सावयविक अंग है।

: 4 :

मेरा उद्देश्य यहाँ भारत का नया संविधान तैयार करना नहीं है। मेरी चेष्टा केवल सामाजिक तथा राजनीतिक संघटन के मूलभूत सिद्धान्तों और सामान्य स्वरूप के विवेचन की रही है। फिर भी मूल प्रश्न का स्पष्टीकरण करने के प्रसंग में कुछ बातों के ब्यौरे पर विचार कर लेना जरूरी है।

आइए, पहले विभिन्न स्तरों पर कार्यपालिका के संघटन की बात ही लें।

प्रारम्भिक सामुदायिक स्तर पर संघटित कार्यपालिका पंचायत है। यह कार्यपालिका अपने विभिन्न कार्य व्यक्तिगत सदस्यों को अथवा उप (लघु)-समितियों को सौंप सकती है।

क्षेत्रीय स्तर की कार्यपालिका पंचायत-समिति है। इसका कार्य विभिन्न समितियों के माध्यम से होगा।

जिला-स्तर पर जिला-परिषद् कार्यपालिका होगी, जिसका कार्य विभिन्न समितियाँ करेंगी।

प्रान्तीय समुदाय की प्रान्त-सभा समितियों की नियुक्ति करेगी, जो कार्यपालिका के रूप में काम करेंगी और सभा के प्रति जिम्मेदार होंगी।

इसी प्रकार राष्ट्रीय स्तर पर राष्ट्र-सभा कार्यपालिका की नियुक्ति करेगी, जो राष्ट्र-सभा के प्रति जिम्मेदार होगी।

प्रश्न उठता है कि विधान-निर्माण का कार्य कौन करेगा? मेरी कल्पना के अनुसार प्रत्येक समुदाय को अपनी आन्तरिक व्यवस्था सम्पन्न करने के लिए नियम और विधान बनाने का अधिकार होना चाहिए। शर्त यही है कि समान स्तर के समुदायों के हितों अथवा उच्च स्तर के समुदायों द्वारा निरूपित नियमों एवं विधानों के साथ उसका विरोध न पड़ता हो। उच्चस्तरस्थ समुदाय अपने-अपने क्षेत्रों के लिए विधानादि बनाएँगे। शिक्षा और आर्थिक संघटनों जैसी अन्य सामुदायिक संस्थाएँ भी अपने लिए नियम बना सकती हैं।

ये समितियाँ आकार में लघु एवं कार्यात्मक होंगी और इन्हें विशेषज्ञों को विनियुक्त (को-आष्ट) करने का अधिकार होगा। ये विशेषज्ञ समितियों के साथ महत्त्वपूर्ण सहयोग करेंगे, किन्तु इन्हें मत देने का अधिकार न होगा।

प्रत्येक समिति का एक सभापति और एक 'सचिव' होगा। किन्तु अपने पद के साथ संलग्न कार्यों का सम्पादन करने के अतिरिक्त वे किसी प्रकार के विशेषाधिकार अथवा सुविधा का उपभोग न कर सकेंगे।

प्रत्येक समिति सीधे-सीधे साधारण सभा के प्रति उत्तरदायी होगी, जो उसकी नियुक्ति करेगी।

विभिन्न समितियों के कार्यों में सहयोग और सामंजस्य की स्थिति उत्पन्न करने के लिए एक सामंजस्य-समिति होगी, जिसका संघटन प्रत्येक समिति से लिए गए एक-एक व्यक्ति के द्वारा होगा। समितियों के ये प्रतिनिधि उनके सभापति, सचिव या सदस्यमात्र ही हो सकते हैं। इसका निश्चय सम्बद्ध समिति समय-समय पर किया करेगी। सामंजस्य-समिति का निर्णय मानना सभी समितियों के लिए अनिवार्य होगा।

जिला-स्तर तक सामंजस्य स्थापित करने वाली समितियाँ होंगी पंचायत, पंचायत-समिति तथा जिला-परिषद् जिनकी बैठकें निर्धारित अवधि के अन्तर से हुआ करेंगी।

सभी समितियों की जिम्मेदारी सामूहिक होगी।

प्रतिनिधिक सामुदायिक संस्थाओं की बैठकें निर्धारित अवधि पर हुआ करेंगी, किन्तु समितियों की बैठकें बराबर ही होंगी।

नीतिविषयक प्रश्नों का निर्णय सम्बद्ध प्रतिनिधि सभा किसी समिति अथवा सदस्य के प्रस्ताव पर करेगी और समितियाँ इन नीतियों को कार्यान्वित करेंगी।

ऊपर जो कुछ कहा गया है, उससे यह स्पष्ट हो गया होगा कि प्रान्तीय और राष्ट्रीय स्तर पर आज के समान मन्त्री, मुख्यमन्त्री और प्रधानमन्त्री न रहेंगे। जैसा कि ऊपर कहा गया है, शासन का कार्य प्रतिनिधिक संस्थाओं की समितियाँ करेंगी। प्रधानमन्त्री अथवा मुख्यमन्त्री के पद, जिनके कारण व्यक्ति-विशेष के हाथ में अत्यधिक शक्ति और सत्ता आ जाती है, अलोकतन्त्रात्मक हैं तथा सर्वसत्तावाद के लिए बहुत बड़ी गुंजाइश इनसे हो जाती है। इनका एक बड़ा भयानक परिणाम यह भी होता है कि 'वीर-पूजा' तथा 'व्यक्ति-पूजा' की प्रवृत्ति को प्रोत्साहन मिलता है।

विभिन्न प्रातिनिधिमूलक सामुदायिक संस्थाओं के अध्यक्षों के जिम्मे कोई प्रशासनात्मक कार्य न रहेगा। किन्तु वह यह देखते रहने के लिए जिम्मेदार होगा कि जस प्रातिनिधिमूलक संस्था का वह अध्यक्ष है, उसका कार्य नियमानुसार सम्पन्न होता है। साथ ही सम्बद्ध समुदाय की लोकतान्त्रिक व्यवस्था भंग हो जाने की स्थिति में उसे असाधारण संकटकालिक अधिकार प्राप्त रहेंगे।

उपर्यंकित अनुच्छेद में वर्णित अधिकारों के अतिरिक्त राष्ट्र-सभा का अध्यक्ष सेनाओं का भी प्रधान होगा और राष्ट्र की प्रतिरक्षा के लिए सभा के प्रति उत्तरदायी होगा। उसकी सहायता के लिए एक प्रतिरक्षा-समिति रहेगी, जिसका वह सभापति होगा।

प्रशासन-कार्य का संचालन करने के लिए समितियों के अधीन वेतन-भोगी असैनिक कर्मचारी रहेंगे। प्रत्येक स्तर पर इन कर्मचारियों की नियुक्ति इसी कार्य के लिए सम्बद्ध प्रतिनिधि-संस्था द्वारा संघटित तत्स्थानीय सत्ता द्वारा निर्धारित शर्तों पर होगी। कर्मचारियों की नियुक्ति अथवा पदच्युति समुदायों का सर्वोपरि अधिकार होगा। प्रारम्भिक सामुदायिक स्तर पर काम करने वाले कर्मचारी अवैतनिक अल्पकालिक अथवा पूर्णकालिक स्वयंसेवक भी हो सकते हैं। उच्च स्तरों पर भी अवैतनिक कर्मचारी नियुक्त किए जा सकते हैं।

यहाँ बता देना जरूरी है कि सामाजिक, आर्थिक और राजनीतिक संघटन का स्वरूप विकेन्द्रित होने से प्रशासन शीर्षप्रधान न होगा और न होगा आज की भाँति सामान्य जन के लिए दूरस्थ।

ऊपर जो कुछ कहा गया है, उसे देखते हुए आज की एक अत्यन्त गुरुतर समस्या—नौकरशाही और भ्रष्टाचार—की ओर भी एक मिनट के लिए ध्यान दे लेना उपयोगी होगा। कुछ लोग यह मानते हैं कि भ्रष्टाचार दूर करने का एक उपाय अधिकनायक-तन्त्र है। लेकिन नौकरशाही की समस्या का हल अधिनायक-तन्त्र भी नहीं है। परन्तु हम तो यह मानते हैं कि अधिनायक-तन्त्र शासन की अन्य किसी भी प्रणाली की अपेक्षा नौकरशाही को अधिक तीव्र गति से जन्म देता है और अपने को बनाए रखने के लिए उसे सर्वाधिक शक्तिशाली बना देता है।

जहाँ तक भ्रष्टाचार का प्रश्न है, साधारणतया लोग यह नहीं समझ पाते कि अधिनायक-तन्त्र में बहुत ही बड़े पैमाने पर भ्रष्टाचार चला करता है; क्योंकि उसका रूप बदल जाता है। घूसखोरी तथा इसी प्रकार के भ्रष्टाचार के बजाय मिथ्या भाषण, छल-प्रपंच, षड्यन्त्र आतंक, मानव-मन की दासता, मानव-प्रतिष्ठा का हनन आदि रूपों में और अधिक बड़े पैमाने पर भ्रष्टाचार चल पड़ता है। और ये सब घूसखोरी आदि की अपेक्षा कहीं अधिक मानव जीवन को भ्रष्ट करने वाले हैं।

नौकरशाही और आचरण-भ्रष्टता दोनों के निराकरण का एक ही सही मार्ग है; जनता का प्रत्यक्ष शासन एवं सरकारी कर्मचारियों के कार्यों का जनता तथा उसके द्वारा चुनी गई संस्थाओं द्वारा प्रत्यक्ष और तात्कालिक निरीक्षण तथा नियन्त्रण। जैसा कि मैं ऊपर कह चुका हूँ, प्रारम्भिक समुदायों में वैतनिक सरकारी कर्मचारियों की जरूरत नहीं है। उससे ऊपर के बड़े समुदायों में ये कर्मचारी सम्बद्ध सामुदायिक संस्था के प्रत्यक्ष नियन्त्रण और निरीक्षण में रहेंगे। यह तो समुदायों के लाभ की बात होगी कि वे प्रशासन-व्यय जहाँ तक हो सके, कम रखें। ऐसी हालत में स्वभावतः नौकरशाही की बढ़ती पर अंकुश लगा रहेगा। इस प्रकार जैसे-जैसे स्वशासन की योजना विकसित होती जाएगी वैसे-वैसे सरकारी कर्मचारी या तो अनावश्यक होते जाएँगे या वे तात्कालिक निर्वाचित संस्था के अधीन रहेंगे।

इसमें एक खतरा हो सकता है। यदि सामुदायिक प्रातिनिधिक संस्थाएँ और उनके सदस्य स्वयं भ्रष्ट हो जाएँ, तो भ्रष्टाचार पर किस प्रकार अंकुश लगे? मैं यह जानता हूँ कि प्रारम्भ में इसकी बहुत कुछ सम्भावना है किन्तु मैं यह स्वीकार नहीं कर सकता कि यह स्थिति देर तक चलेगी। अगर जनता पर वस्तुतः पूरी जिम्मेदारी रहे और वह अनुभव करे कि अपना प्रबन्ध करने के लिए उसने गलत आदमियों को चुन रखा है तथा इन लोगों के चलते ही उस पर सारा संकट आ गया है, तो जनता, उसके प्रतिनिधियों और सरकारी कर्मचारियों के गहरे संबंधों को देखते इस दोष का परिहार कर पाना जनता के लिए बहुत कठिन बात न रहेगी।

इस प्रसंग में यह कहा जा सकता है कि प्रतिनिधियों और सरकारी कर्मचारियों की योग्यताओं पर भी विचार कर लेना समीचीन होगा। डॉक्टर भगवानदास ने 'आउटलाइन स्कीम ऑफ स्वराज' में पूरा एक खण्ड ही विधायकों की योग्यता के वर्णन में लगाया है। मेरे विचार से उनका मत गम्भीरतापूर्वक विचारणीय है। किसी भी हालत में यह तो स्मरण ही रखना चाहिए कि अन्ततः जनता का सद्विवेक ही इस बात का प्रतिभूत्व कर सकता है कि उसके प्रतिनिधि और सेवक सदाचरणशील व्यक्ति हों।

इस प्रबन्ध में इस प्रश्न पर विचार करना सम्भव नहीं है कि प्रशासन के कौन से विभाग किस समुदाय को सौंपे जाएँ। मैंने सिद्धान्त रूप से यह बात बताई है कि प्रत्येक समुदाय को अपनी प्राकृत सामर्थ्यभर सब काम करने का अधिकार होना चाहिए। वैसे आज जनता में आमतौर से अकर्मण्यता की स्थिति है। इसलिए उसके प्रकृत अधिकार की बात कह देने से ही काम नहीं चलेगा। शक्ति और सत्ता 'ऊपर' से उसे प्रदान करनी पड़ेगी। मैं तो इस हद तक जाने को तैयार हूँ कि समुदायों को यथासम्भव अधिकतम सत्ता और अधिकार दे दिए जाएँ। इसमें कुछ का उपयोग ही नहीं हो सकता और कुछ का दुरुपयोग भी हो सकता है। लेकिन जनता इससे सीखेगी तो सही और उसे सिखाने का काम सेवाभाव से सामाजिक कार्य करने वालों का होना चाहिए।

इसलिए मेरा सुझाव है कि पुलिस, न्याय, कर-विधान, कर-संग्रह, सामाजिक सेवाएँ, आयोजन आदि सबको, जहाँ तक हो सके, विकेन्द्रित कर दिया जाए। जैसे-जैसे लोग सीखते जाएँगे और उनमें आत्मविश्वास का भाव आता जाएगा, वैसे-वैसे विकेन्द्रीकरण की प्रक्रिया ऊपर से आरम्भ होने के बजाय सामान्य रूप ग्रहण कर लेगी और नीचे से चलने लगेगी।

: 5 :

जिस प्रकार के राजनीति की यहाँ परिकल्पना की गई है, वह एक दिन में सामने नहीं आ सकता। और बातें छोड़ दीजिए, तब भी एक कारण तो यही है कि पहले आधार तैयार करना होगा और तब सोपानवत् धीरे-धीरे आगे बढ़ता जाएगा। इसके साथ आर्थिक ढाँचा भी खड़ा करना पड़ेगा। इसमें समय लगेगा, अतएव निश्चय ही संक्रमण की अवधि आएगी।

देश के बहुत बड़े भाग में ग्राम-पंचायतों की स्थापना की जा चुकी है। अब उन्हें इस प्रबन्ध में सुझाए गए सिद्धान्तों के अनुरूप फिर से ढालना है।

इसके बाद का काम होगा, पंचायत-समितियों का संघटन। राजस्थान में इसका श्रीगणेश भी हो चुका है। लेकिन उसके पीछे जो भावना है, उसमें भारी परिवर्तन करने की आवश्यकता है।

पंचायत समितियों के संघटन के बाद जिला-परिषदों का संघटन करना पड़ेगा।

साथ-ही-साथ आर्थिक संस्थाओं को भी संघटित करते जाना होगा।

नियोजन और शिक्षण की पद्धतियों को नए ढर्रे पर ढालना होगा।

ग्राम-पंचायतों के सदस्यों के चयन के लिए मैंने सबकी सहमति या गोटी डालने की बात पर जोर दिया है। स्वभावतः इस प्रक्रिया में राजनीतिक दलों के लिए नाक घुसेड़ने की कोई बात ही नहीं रह जाती। वैसे आज की प्रणाली में भी देश के बड़े-बड़े दो राजनीतिक दलों ने ग्राम-पंचायतों के लिए अपने दलीय उम्मीदवार न खड़े करने का निश्चय कर दिया है। मेरा प्रस्ताव है कि अभी प्रारम्भ की दृष्टि से यह सिद्धान्त विधानतः जिला-परिषदों के क्षेत्र तक लागू कर दिया जाए। परोक्ष निर्वाचन-पद्धति के अन्तर्गत जब कि प्रारम्भिक निर्वाचन इकाईयों—ग्राम-पंचायतों—का स्वरूप निर्दलात्मक है, तो इसमें कोई बुद्धिमानी नहीं दिखाई देती कि पंचायत-समितियों और जिला-परिषदों को दलों का अखाड़ा बनने दिया जाए। दूसरी बात यह है कि दलवाद समुदाय की भावना के विरुद्ध पड़ता है। हम जिस प्रकार के समुदाय की सृष्टि करना चाहते हैं; उसकी भावना से तथा समाज के जीवन में सुसंगति लाने के प्रयास की प्रक्रिया से दलवाद बिलकुल ही मेल नहीं खाता। यह असम्भव नहीं है कि सारे देश में हमारे जिला-स्तर तक पहुँचने के पूर्व ही 1962 का आम चुनाव आ टपके। यदि समुदायवादी राज्य-व्यवस्था को हम अपना लक्ष्य निश्चित कर लेते हैं, तो हमारे लिए ऐसे उपाय कर लेना आवश्यक होगा कि आम चुनाव हमारे मार्ग का रोड़ा नहीं बनता और हमारी गति कुण्ठित नहीं कर देता। इसमें सन्देह नहीं कि यदि राजनीतिक दल सदा की ही भाँति चुनाव के अखाड़े में आ डटेंगे, तो प्रत्येक गाँव राजनीतिक दृष्टि से पुनः विखण्डित और छिन्न-भिन्न हो जाएगा और सामुदायिक विकास के कार्यक्रम को इससे गहरी ठेस लगेगी। दलहीन आधार पर निर्वाचित पंचायत-समितियाँ और जिला-परिषदें पुनः दलीय गुटों में विभक्त हो जाएँगी और निष्पक्ष दृष्टि से समुदाय की सेवा का उनका प्रयास तो विफल ही हो जाएगा, सुसंगत सामुदायिक संस्था के रूप में उनका अस्तित्व भी न रह पाएगा।

किन्तु दलीय प्रणाली के जारी रहते दल बने ही रहेंगे, जिसका मुख्य उद्देश्य होता है चुनाव लड़ना। तब ऐसी स्थिति में एक प्रकार का समझौता कर लेना पड़ेगा।

इस सिलसिले में पहली बात यह है कि सब दल मिलकर तय कर लें कि जहाँ-जहाँ भी ग्राम-पंचायतों, पंचायत-समितियों और जिला-परिषदों का संघटन होगा, वहाँ चुनाव न लड़े जाएँगे।

उपर्युक्त निर्वाचन-मण्डलों का अस्तित्व न होने के कारण वैयक्तिक मतदाता ही इन चुनावों में भाग लेंगे। समझौते के रूप में मेरा यह प्रस्ताव है कि बजाय इसके कि विभिन्न दल अपनी ओर से उम्मीदवार खड़ा करें, मतदाता ही यह कार्य करें। करीब एक वर्ष हुआ, मैंने इसी ढंग का एक सुझाव संसद सदस्यों के सामने—23 सितम्बर, 1958 को उनके समक्ष किए गए भाषण में—रखा था। उस भाषण में मैंने कहा था :

"मान लीजिए किसी निर्वाचन-क्षेत्र के अन्तर्गत 300 मतदान-केन्द्र हैं और प्रत्येक मतदान-केन्द्र के अन्तर्गत औसतन 2 हजार मतदाता हैं। निर्वाचन के पूर्व उम्मीदावार खड़े करने के उद्देश्य से प्रत्येक मतदान-केन्द्र के मतदाताओं की सभा मतदान-स्थल पर ही नहीं, किसी सुविधाजनक स्थान पर की जाए। इस सभा में मतदाता आपस में तय करके अपने दो प्रतिनिधि चुनें। युगोस्लाविया में ऐसा ही होता है। यह आवश्यक नहीं है कि दो ही प्रतिनिधि हों। न्यूनाधिक भी हो सकते हैं। मैंने तो एक सुझाव दिया है। इन प्रतिनिधियों का चुनाव सामान्य लोकतन्त्रात्मक विधि से बहुमत द्वारा किया जाए। इसके बाद तीन सौ मतदान-केन्द्र के छह सौ प्रतिनिधियों का सम्मेलन हो और यही उम्मीदवारों का मनोनयन है। इस प्रकार का कोई नियम बन जाना चाहिए कि कोई भी व्यक्ति किसी के नाम का प्रस्ताव और समर्थन कर सकता है। इस नियम के अनुसार यह व्यवस्था हो कि कोई भी व्यक्ति, यदि 30, 40 या इससे अधिक या और किसी भी

निर्धारित संख्या में मतदाताओं के प्रतिनिधियों का प्रतिशत मत प्राप्त कर लेता है, तो वह निर्वाचन में उम्मीदवार हो सकता है। प्रतिनिधियों द्वारा उम्मीदवारों के चयन के पूर्व कोई दल मैदान में न आए और न यह आग्रह करे कि अमुक व्यक्ति को उम्मीदवार चुना जाए। किसी व्यक्ति के नाम का प्रस्ताव किए बिना ही दलों को चाहिए कि वे जनता को यह बताएँ कि किस ढंग के व्यक्ति मनोनीत किए जाएँ एवं किस प्रकार की कार्षिक-औद्योगिक, परराष्ट्रीय तथा और भी विविधविषयक नीति एवं कार्यक्रम देश के लिए उपयुक्त है। दल जनता को केवल शिक्षित करने का काम करें। यदि इस ओर ही दल ध्यान दें, तो उनके लिए समाज-सेवा का कम प्रशस्त क्षेत्र नहीं है। और यह कार्य मनोनयन के पूर्वकाल में होना चाहिए। हमारे यहाँ पद्धति है, इसलिए मनोनयन के बाद हमें आपस में एक प्रकार का समझौता कर लेना चाहिए।...मान लीजिए कि मतदाताओं के प्रतिनिधियों ने तीन या चार उम्मीदवारों का मनोनयन किया है, तो दलों को इन्हीं में से किसी-न-किसी को अपना उम्मीदवार घोषित कर उसे ठीक उसी तरह पूरा समर्थन प्रदान करना चाहिए, जिस प्रकार कि दल व्यक्ति-विशेष के लिए करते हैं। उम्मीदवार जनता के होंगे। इनको निर्वाचन-क्षेत्र के लोगों ने खड़ा किया है, न कि किसी दल की अन्तरंग समिति ने, चाहे वह स्थानीय हो या राज्य की या सारे देश की। वे लोगों द्वारा मनोनीत होते हैं। इसके बाद निर्वाचन के समय इन्हीं के नाम जनता के सामने जाएँगे और इन्हीं में से वह चुनाव करेगी। मैं समझता हूँ कि यदि इस प्रणाली का अवलम्बन किया जाए, तो दलीय पद्धति के बहुत-से दोष दूर हो सकते हैं। बहुत सम्भव है, इस प्रकार लोकतन्त्र की एक नई प्रणाली हमारे सामने आए।"

निर्वाचन के बाद सम्बद्ध विधान-मण्डल के सदस्य बहुमत द्वारा अपने लिए एक नेता चुनें। यही प्रधानमन्त्री या मुख्यमन्त्री होगा और वह अपना मन्त्रिमण्डल संघटित करेगा।

यह सुझाव केवल संक्रमण-काल के लिए है। जिस नई राज्य-व्यवस्था का चित्रण ऊपर किया जा चुका है, उसे ध्यान में रखते हुए और भी कोई विधि अपनाई जा सकती है :

: 6 :

भारत के लिए (उपयुक्त) राज्य-व्यवस्था तथा सामान्य रूप से पूरे समाज के संघटन का चित्र यहाँ खींचा गया है। सम्भव है, इसे कुछ लोग आदर्शवादी मानें। यदि ऐसा ही मान लिया जाए, तो भी मैं उसे अयोग्यता की कोई बात नहीं समझता। आदर्श कोरा आदर्शवाद नहीं हो सकता। प्रश्न यह है कि क्या आदर्श अव्यवहार्य, अवैज्ञानिक और गलत धारणाओं पर आधारित है? पिछले पृष्ठों में मैंने यह दिखाने की चेष्टा की है कि सभी तर्कसंगत विचार इसी ओर प्रेरित करते हैं।

वैसे इस आदर्श तक पहुँच पाना हँसी-ठट्ठा नहीं है। यह बहुत ही कठिन और श्रमसाध्य कार्य है, जिसे पूरा करने के लिए हजारों-लाखों समाजसेवियों की निरन्तर कई वर्षों तक आवश्यकता पड़ेगी।

शासन को इस कार्य में पूरा सहयोग प्रदान करना चाहिए। किन्तु यह स्मरण रखना एकदम जरूरी है कि काम का मुख्य भार राजनीतिक और सामाजिक कार्यकर्ताओं तथा संस्थाओं पर ही पड़ेगा। समस्या का गुर है सामुदायिक भावना की सृष्टि, जिसके बिना राजनीतिक काया निष्प्राण ही रहेगी। यह कार्य जनता में नैतिक-शक्ति और साहस भरने का है, जो उदाहरण, सेवा, त्याग और प्रेम से ही सम्भव है। समाज में, राजनीति में, व्यवसाय में, नौकरियों में जो लोग शीर्ष-स्थानों पर प्रतिष्ठित हैं, उन पर जनता को अपने उदाहरण से शिक्षित करने एवं उसका चयन करने का बड़ा भारी उत्तरदायित्व आ पड़ा है।

यह कार्य सामाजिक संघटन का भी है, जिसके लिए राज्य की, विज्ञानवेत्ताओं की, विशेषज्ञों की, शिक्षाविदों की, व्यवसायियों की, प्रयोगकर्ताओं की, प्रत्येक नर-नारी की, बाल-जरठ की सबकी सहायता (और सेवा) अपेक्षित है।

यह कार्य है समर्पण का, सृष्टि का और आत्मशोध का।

यह कार्य भारत के भाग्य का निर्माता है। भारत-जननी की सन्तान के लिए यह आह्वान है। क्या वे यह पुकार सुनेंगे?

स्वराज : एक नवचिंतन

1. स्वतन्त्र भारत में गाँव

ग्राम-स्वयंपूर्णता अतीतकालीन भारतीय समाज की बुनियाद थी। इसका राजनीतिक परिणाम यह हुआ कि गाँव, नागरिक और राजनीतिक दृष्टि से, अकेला पड़ गया। परन्तु यह स्थिति विशेष रूप से भारत में ही नहीं थी। हर समाज में, उदाहरण के तौर पर यूरोपीय समाज में भी, जहाँ उत्पादन के साधनों के पिछड़ेपन के कारण गाँव कम या अधिक स्वयंपूर्ण बन गए थे, यही मानसिक स्थिति विद्यमान थी। युद्ध हर जगह जनता का पेशा नहीं, सामन्तवादी सैनिक जाति (हेरेनफोक) का तथा उसके वेतनभोगी कर्मचारियों का पेशा था। परिणामतः हर जगह यही देखने को मिलता था कि सेनाएँ सामने से कूच कर रही हैं, पर जनता उदास खड़ी है। हाँ, केवल जहाँ लूटपाट की सम्भावनाएँ होती थीं, वहाँ कुछ लोग सक्रिय अवश्य नजर आते थे। इस मामले में, दूसरे अनेक मामलों की तरह, पूर्व और पश्चिम की स्थिति बहुत भिन्न नहीं थी।

हमारे राष्ट्रीय नेताओं में ऐसे लोग बहुत कम होंगे जो अधिकांशतः लुप्तप्राय ग्राम-स्वयंपूर्णता को आदर्श मानकर उसकी ओर लौटना चाहते हैं। मैं अपने-आपको इस दृष्टिकोण के विरुद्ध पाता हूँ। मैं मानता हूँ कि यदि स्वतन्त्र भारतीय समाज को तथा भारतीय जनता को समृद्ध होना है और एक सर्वमान्य एवं सहयोगी जीवन की भावना विकसित करनी है; यदि राष्ट्रीय एकता को वास्तविक बनना है; यदि राष्ट्रीय राजनीति से आम लोगों के दुराव को--जो अतीतकालीन भारतीय समाज का एक खटकने वाला पहलू रहा है--समाप्त करना है; यदि क्षेत्र-संकीर्णता एवं वंश-परम्परावाद को निर्वासित करना है; यदि ग्राम-स्वयंपूर्णता तथा परिवार-गत श्रम-विभाजन की उर्वरा भूमि पर फूलने-फलने वाली अन्यायपूर्ण जाति-प्रथा की कठोरताओं को मिटाना है; यदि लोकशाही और स्वशासन को प्रभावकारी बनाना है--यदि ये सभी लक्ष्य प्राप्त करने हैं, तो स्वतन्त्र भारतीय राज्य के लिए यह आवश्यक होगा कि वह समझ-बूझकर गाँवों की बची-खुची स्वयंपूर्णता तथा एकाकीपन को समाप्त करे, और उन्हें एकजुट, परम्परावलंबी राष्ट्रीय अर्थरचना के अन्तर्गत 'समन्वित आर्थिक इकाइयों' का रूप दे। यहाँ यह कह देना आवश्यक है कि ग्राम-स्वयंपूर्णता की समाप्ति पर बल देने का अर्थ यह नहीं है कि गाँवों को अन्तर्राष्ट्रीय बाजारों तथा शहरी पूँजीपतियों की मर्जी पर छोड़ दिया जाएगा। ऐसा बिलकुल नहीं। मेरा तो सुझाव यह है कि गाँव एक पूर्णतः सुरक्षित (राज्य द्वारा तथा स्वयं गाँव के आन्तरिक सहकार द्वारा सुरक्षित) इकाई बने और ये इकाइयाँ--पूँजीवादी प्रतियोगिता एवं शोषण के अन्ध-नियमों के अनुसार नहीं, बल्कि एक राष्ट्रीय एवं क्षेत्रीय योजना के अनुसार--स्वतन्त्र या स्वयंपूर्ण न होकर सम्बन्धित हों।

पंचायतें

गाँव केवल आर्थिक दृष्टि से नहीं, बल्कि राजनीतिक दृष्टि से भी, एक बृहत्तर समष्टि की इकाई बने। मुझे लगता है कि यदि हमारे राजनीतिक जीवन को पुनर्वासित होना है, तो गाँव को एक बहुत ही वास्तविक अर्थ में, पुनः एक बार स्वशासी इकाई बनना होगा। वस्तुतः जब तक ऐसा नहीं होता, तब तक जिस प्रकार की इकाई की यहाँ कल्पना की गई है, उसके आर्थिक कृत्यों का भी निर्वहन गाँव नहीं कर सकता। राजनीति के क्षेत्र में, यदि हम चाहते हैं कि हमारी राजनीतिक संस्थाओं की गहरी जड़ें जमें और वे बुनियादी निष्ठाओं के अधिकारी बनें तथा हमारे समष्टिगत अस्तित्व

की वास्तविक अभिव्यक्तियों का रूप लें, तो ग्राम-पंचायतों को उनके संपूर्ण गौरव तथा समस्त अतीतकालीन सत्ता के साथ पुनर्जीवित करना ही होगा।

मैं ऐसी पंचायतों की कल्पना करता हूँ जो राजस्व, कार्यवाहक तथा न्यायिक सत्ता का प्रयोग करेंगी। इनमें से प्रथम के विषय में मेरा सुझाव है कि अनेकानेक भूमि-स्वत्व संबंधी एवं कृषि-विषयक समस्याओं का सरलीकरण हो और एक ऐसी कृषि-व्यवस्था की नींव डाली जाए जिसमें प्राचीन तथा अति अर्वाचीन दोनों पद्धतियों की उत्तमताओं का समन्वय हो सके। हमारा एक बुनियादी कानून ऐसा होना चाहिए जिसके द्वारा भूमि का स्वामित्व राज्य में निहित हो जाए। सबसे बड़े भूमिपति के रूप में राज्य कुल उपलब्ध भूमि, गाँव के आकार तथा उसकी आवश्यकता एवं भूमि की विशेषता को ध्यान में रखते हुए, हर गाँव के साथ उतनी भूमि बन्दोबस्त करे और तदनुसार उसका राजस्व निर्धारित करे। तब फिर गाँव के लोग, अपनी पंचायत के माध्यम से उक्त भूमि को आपस में बाँट लें। भूमि के इस बँटवारे के लिए प्रादेशिक सरकार पंचायतों के मार्गदर्शन हेतु, वर्तमान स्वामित्व-संबंधी अधिकारों को दृष्टि में रखते हुए, कुछ नियम निर्धारित कर दे। सभी पंचायतें राजस्व संग्रह कर राज्य को चुकाती हैं। एक ऐसी व्यवस्था की आवश्यकता पड़ सकती है जिसमें भूमि एक निम्नतम क्षेत्रफल के नीचे, राजस्वमुक्त हो, तथा निम्नतम क्षेत्र के ऊपर राजस्व का क्रमिक रूप से निर्धारण हो। समय-समय पर राज्य को भूमि की बन्दोबस्ती तथा निर्धारित राज्य की समीक्षा करनी चाहिए और आवश्यकतानुसार उन्हें संशोधित करना चाहिए। पंचायतों के माध्यम से राज्य अन्न के उत्पादन और बिक्री को भी नियन्त्रित करेगा। राज्य की विशेष स्वीकृति किए बिना गाँव से बाहर भूमि का हस्तान्तरण गैरकानूनी माना जाना चाहिए।

आर्थिक क्षेत्र में, पंचायत को सहकारिता, ऋण व्यवस्था तथा हस्तशिल्प-संबंधी उद्योगों की देखभाल करनी होगी। ग्रामीण उद्योगों के विकास के लिए हस्तशिल्पों के साथ प्रतियोगिता करने वाली वस्तुओं के आयात पर रोक लगाना, और साथ ही देश के अन्दर बृहत्-स्तरीय उद्योग को हस्तशिल्पों के क्षेत्र में अतिक्रमण करने से रोकना आवश्यक होगा।

कार्यवाहक कृत्यों के निर्वहन के लिए पंचायतों के पास कुछ आरक्षी-शक्तियाँ होनी चाहिए और कुछ अभिलेखादि रखने का दायित्व उन पर होना चाहिए।

तीसरे, यानी न्यायिक क्षेत्र में, पंचायतों को दीवानी और फौजदारी मुकदमों की जाँच करने का अधिकार दिया जाना चाहिए। भूमि-सीमा संबंधी जैसे कुछ विवादों में पंचायत का निर्णय अन्तिम होना चाहिए।

2. ग्राम-राज्य

अन्तिम लक्ष्य, कोई छह महीने के काम के बाद, ग्राम-राज्य स्थापित करने का है। ग्राम-राज्य का अर्थ है स्वशासी गाँव, ग्राम गणतन्त्र, न कि केवल पंचायत। इस ग्राम-राज्य का निर्माण स्वयं गाँव वाले अपने अभिक्रम से करेंगे; वह सरकारी एजेन्सियों के द्वारा नहीं होगा। ये ग्राम-राज्य मेरी कल्पना के अनुसार ऐसे होंगे जो विदेशी शासन को बेकार बना देंगे; क्रांति के समय संघर्ष एवं प्रतिकार के केन्द्र बनेंगे; तथा स्वतन्त्र भारतीय गणराज्य के भवन-निर्माण में ईंटों का काम करेंगे।

किसी गाँव में ग्राम-राज्य के निर्माण के पहले बहुत सारे रचनात्मक कार्य करने पड़ेंगे। इसके लिए निम्नलिखित प्रकार के कार्य मैं सुझाता हूँ :

1. काँग्रेस-सदस्यों की भर्ती। हर वयस्क ग्रामीण को सदस्य बनाने की कोशिश की जाए। भर्ती किए गए सदस्यों की बैठकें की जाएँ; झण्डाभिवादन हो।
2. एक सांस्कृतिक केन्द्र की स्थापना की जाए, जहाँ समाचार-पत्र पढ़े जाएँ तथा वयस्कों को साक्षर बनाना, नाटक एवं लोकगीत आयोजन, अध्ययन-मण्डल, पुस्तकालय, पोस्टर प्रदर्शन, कृषि-विषयक सूचनाओं का वितरण

आदि कार्य किए जाएँ।

3. सेवा दल और अखाड़ा-संगठन।
4. आरोग्य, सड़क-बाँध निर्माण आदि की समस्याओं को व्यावहारिक ढंग से हल किया जाए। सामान्य उद्देश्यों के लिए सामूहिक श्रम वाले कार्यक्रमों को प्रोत्साहित किया जाए।
5. अस्पृश्यता-निवारण कार्य।
6. साम्प्रदायिक सद्भाव की स्थापना।
7. शराबबन्दी।
8. परिस्थिति-सर्वेक्षण।
9. जनता की शिकायतों का निराकरण।
10. अनाज-गोलों की स्थापना।
11. पड़ोसी गाँवों में प्रचार-कार्य।
12. सहकारी बाजार-व्यवस्था।
13. महिलाओं और बच्चों के बीच कार्य।

जिस गाँव में इस प्रकार के काम बच्चे और निष्ठावान् कार्यकर्ताओं द्वारा किए गए हों और वे ग्रामीण जनता का पूर्ण सहयोग प्राप्त करने में सफल हो चुके हों, वहाँ कुछ ही महीनों में ग्राम-राज्य स्थापित करने की सम्भावना पैदा की जा सकती है। और, तब ऐसे गाँव में सहकारी खेती तथा सहायक सहकारी उद्योग भी खड़े किए जा सकते हैं।

यह एक ऐसा कार्य है जिसके लिए सर्वोत्तम कोटि के प्रशिक्षित कार्यकर्ता चाहिए, और अपरिमित संख्या में चाहिए। यह एक ऐसा कार्य है जो भारत के आर्थिक, राजनीतिक एवं सामाजिक जीवन की जड़ों को स्पर्श करेगा। इसमें अत्यन्त क्रांतिकारी और रचनात्मक सम्भावनाएँ भरी हुई हैं।

शहरी काम की भी एक ऐसी ही परिकल्पना मेरे पास है। कस्बों और शहरों के हर मुहल्ले या वार्ड में एक सामुदायिक इकाई होनी चाहिए और वहाँ से पूरे समुदाय के स्तर पर काम किया जाना चाहिए। एक शब्द में, गाँवों के लिए जो रचनात्मक कार्यक्रम सुझाया गया है, उसमें शहरी समस्याओं की दृष्टि से कुछ आवश्यक संशोधन-परिवर्तन कर, एक या अनेक केन्द्रों से उसे चलाया जाना चाहिए। इस कार्यक्रम के सिलसिले में, शहर के गरीब वर्गों के बीच प्रवेश किया जाना चाहिए और उनके योग्य सेवा, शिक्षा-प्रचार एवं संगठन के कार्य सोचे जाने चाहिए। छात्र-काँग्रेस के सदस्यों को इस कार्यक्रम में हाथ बँटाने के लिए आमन्त्रित किया जाना चाहिए।

इस कार्यक्रम का और भी विस्तार किया जा सकता है। लेकिन नमूने के तौर पर इतना काफी होना चाहिए। स्थानीय अभिक्रम और आगे के अनुभवों के अनुसार इसमें कुछ जोड़ा-घटाया भी जा सकता है। अब इस कार्यक्रम को मैं आपके सामने संस्तुत करते हुए आशा रखता हूँ कि यह आपके कुछ उपयोग का होगा।

3. खाद्य एवं कृषि-सुधार

सबसे आवश्यक राष्ट्रीय समस्या खाद्य की है। इस समस्या का हल संपूर्ण कृषि-व्यवस्था के पुनःसंगठन तथा गाँव की पुनर्रचना से जुड़ा हुआ है। इस क्षेत्र में, अन्य सभी क्षेत्रों से अधिक, अल्पकालिक योजनाएँ सुनियोजित, सुदूरगामी समन्वित कृषि-सुधार एवं विकास के कार्यक्रम का अंग होना ही चाहिए।

काँग्रेस सरकार की खाद्य-नीति में इस प्रभावशाली सिद्धान्त के प्रति जागरूकता का अभाव रहा है। वस्तुतः उसकी कोई खाद्य-नीति ही नहीं रही है। केवल कुछ असम्बद्ध योजनाएँ तथा कुछ दैनंदिन अचिन्तित कार्यकलाप चलाए जाते

रहे हैं। शुरू से ही भूल यह हुई कि खाद्य समस्या को घाटा-पूर्ति की समस्या मान लिया गया है, जबकि समस्या का मूल तत्त्व यह था और है कि अपनी भूमि का सर्वोत्तम उपयोग हम कैसे करें और अधिक-से-अधिक उत्पादन कैसे हो। सरकार की दुष्कल्पित योजनाएँ अधिकांशतः विफल हुईं और इसका भारी मूल्य देश को चुकाना पड़ा; फलतः यदाकदा खाद्यान्नों का आयात ही जनता के उबार का एकमात्र साधन सिद्ध हुआ है। विगत चार वर्षों में आयातों पर पाँच अरब रुपए खर्च किए गए हैं, जबकि शीघ्र फलदायी सिंचाई-कार्यों पर पचास करोड़ से अधिक खर्च नहीं हुए हैं। जहाँ एक ओर लाखों एकड़ बंजरभूमि अछूती पड़ी है, वहाँ गमलों में तथा मकान की छतों पर खाद्यान्न उपजाने की अपीलें प्रसारित की जाती रहीं! देश की आवश्यकताओं, साधनों तथा भावी विकास पर विचार किए बिना बड़ी-बड़ी नदी-बाँधों की योजनाएँ बनाई गईं। आवश्यक कृषि-सुधारों के साथ खिलवाड़ किए गए। तकनीकी समस्याएँ केवल बौद्धिक वाद-विवाद के विषय बनी रहीं। ऋण की कोई व्यवस्था किए बिना ही सूदखोरी को नियन्त्रित करने का प्रयास किया गया। मूल्य-निर्धारण एवं नियन्त्रण के मामले में उलझन बनी रही। अन्न-वसूली तथा अन्न-वितरण के कार्यक्रम प्रशासनिक अयोग्यता के नमूने सिद्ध हुए।

सोशलिस्ट पार्टी इन समस्याओं पर तकनीकी, प्रशासनिक तथा कृषि-सुधार के अनेक पहलुओं से दृष्टिपात करेगी।

भूमि-सेवक और अन्न-सेना

भूमि का प्रति एकड़ उत्पादन बढ़ाना और बंजरभूमि को खेती के लायक बनाना आवश्यक है। पहले काम को करने के लिए गाँव में भूमि-सेवक खड़े करने होंगे, जो कुएँ, तालाब और कम्पोस्ट के गड्ढे खोदेंगे, जलावरुद्ध क्षेत्रों में वे नालियाँ निकालेंगे, तथा बाँध, मेंड़ आदि का निर्माण करेंगे। राज्य इन भूमि-सेवकों की सहायता उन्हें प्रशिक्षण तथा आवश्यक साधन देकर करेगा। वे तकनीकी परिवर्तनों के अग्रदूत बनेंगे। बंजरभूमि को, जो अनुमानतः 13 करोड़ एकड़ से भी अधिक है, सुधारने के लिए राज्य गाँव के भूमिहीनों तथा गरीब लोगों के सहयोग से एक अन्न-सेना खड़ी करेगा और उसे आवश्यक साधन देगा। यह सेना दलदल भूमि में से नालियाँ बनाएगी, नहरें खोदेगी, जंगल काटेगी और इस प्रकार सुधारी गई भूमि पर मुख्य रूप से बसने वाली जमात भी होगी। भूमि-सेवक दल तथा अन्न-सेना से ग्रामीण युवकों को आशा एवं उत्साह, कर्तृत्व तथा भाईचारे की प्रेरणा मिलेगी। एक साथ मिलकर वे सहकारिता की भावना तथा सामाजिक शिक्षण का विकास करेंगे तथा भावी गाँव का निर्माण करेंगे। यहाँ जिन कृषि-सुधारों पर बल दिया गया है, उनसे युवकों को वह मनोवैज्ञानिक प्रेरणा-शक्ति प्राप्त होगी जो इस महान् विधायक कर्तृत्व के लिए उन्हें उत्साहित करने तथा गतिशील बनाने के लिए आवश्यक है।

खाद्य-योजना

फसल योजना, समन्वित मूल्य-निर्धारण, समग्र नियन्त्रण-व्यवस्था, ग्राम-पंचायतों के माध्यम से अन्न-वसूली तथा उचित मूल्य की दुकानों तथा सहकारियों के माध्यम से वितरण-व्यवस्था के द्वारा अन्न तथा अन्य आवश्यक वस्तुओं के उत्पादन में और भी वृद्धि होगी।

भूमि का पुनर्वितरण

कृषि सुधार की दिशा में जमींदारी उन्मूलन मात्र पहले कदम से अधिक और कुछ नहीं हो सकता। वह देश के केवल एक-तिहाई हिस्सों को ही प्रभावित करने वाला है। काँग्रेस ने यह पहला कदम भी गलत ढंग से और रुक-रुककर उठाया है। सांपत्तिक अधिकारी एवं स्वत्वों के प्रति अपनी आदर-भावना के कारण काँग्रेस सरकारों ने जमींदारों के लिए क्षति-पूर्ति की व्यवस्था की है। फलतः जमींदारी-उन्मूलन व्यवहार में प्रायः निरर्थक सिद्ध हुआ है। वित्तीय दृष्टिकोण से यह क्षतिपूर्ति की व्यवस्था तो विनाशकारी ही है। न्याय की दृष्टि से भी जमींदारों को ऐसी बड़ी अनर्जित रकमें पाने का कोई अधिकार नहीं है; इन पर उनका स्वत्व संदिग्ध ही है। अतः समाजवादियों का यह सुझाव है कि जमींदारी बिना मुआवजा दिए उठाई जाए। हाँ, छोटे जमींदारों को पुनर्वास के लिए कुछ अनुदान किए जा सकते हैं।

जमींदारी उन्मूलन से भूमि की समस्या पूरी तरह हल नहीं होगी; इससे न तो गाँव में सामाजिक न्याय की स्थापना होगी और न उन लाखों-लाख किसानों को उत्पादन वृद्धि तथा विधायक कर्तृत्व के लिए आवश्यक प्रोत्साहन मिलेगा जो जमीन तो जोतते हैं, पर जिनका उस ज़मीन पर अधिकार सुरक्षित नहीं है। इसलिए सभी किसानों को जमीन पर उनके अधिकार की सुरक्षा और बेदखली से बचाव का आश्वासन देना आवश्यक है।

जमींदारी क्षेत्रों में, जमींदारी-उन्मूलन के बाद भी भूमि के स्वामित्व में काफी विषमताएँ रहेंगी। मुट्ठीभर ऐसे भू-स्वामी कृषक होंगे जिनके पास सैकड़ों-हजारों एकड़ भूमि रहेगी। दूसरी तरफ मध्यम कोटि के, गरीब किसान और भूमिहीन तथा बटाईदार स्वैच्छिक रैयत रहेंगे। सोशलिस्ट पार्टी जो सामाजिक न्याय की स्थापना के लिए कृत संकल्प और आर्थिक समानता के लिए कार्यरत है, तथा हमारे लाखों प्राथमिक उत्पादकों की अवरुद्ध शक्तियों को मुक्त करने के लिए चिन्तित है, इन लक्ष्यों की प्राप्ति के लिए जमीन का पुनर्वितरण करेगी। किसी भी कृषक-परिवार के पास आर्थिक जोत से तिगुनी, या मोटे तौर पर औसत उत्पादन-शक्तिवाली 30 एकड़ से अधिक, भूमि नहीं रहने दी जाएगी, और ऐसे व्यक्ति को जो खेती की प्रक्रियाओं में स्वयं भाग नहीं लेता है, भूमि रखने का अधिकार नहीं रहेगा। जमीन जोतने वालों की होगी, और उनके तथा राज्य के बीच मध्यवर्तियों को समाप्त कर दिया जाएगा।

तीस एकड़ से अधिक भूमि के स्वामियों को, इस सीमा से ऊपर, लेकिन अधिक-से-अधिक सौ एकड़ भूमि तक के लिए मुआवजा मिलेगा, और दस वर्षों के लिए वह समुचित लगान के आधार पर कूती गई वार्षिक राशि के रूप में मिलेगा। कोशिश यह की जाएगी कि यथाशीघ्र हर कृषक परिवार के पास इतनी जमीन हो जाए तो आर्थिक जोत से, यानी जितनी जितनी जमीन समुचित जीवन-मान के लिए आवश्यक है, उससे कम न हो। जमीन के पुनर्वितरण के साथ-साथ बिखरी हुई जोतों की चकबन्दी का काम भी चलता रहेगा।

सहकारिता

उपर्युक्त सुधारों के बावजूद, अनेक जोतें अनार्थिक रह जाएँगी। ऐसी जोतों की उत्पादक शक्ति कम रहेगी, क्योंकि सम्बन्धित किसान सुधार के लिए आवश्यक साधन नहीं जुटा पाएगा। ऐसी जोत वाले किसानों को प्रोत्साहन एवं सहायता का आश्वासन देकर, सहकारी बनाने के लिए आमन्त्रित किया जाएगा। जोतों को इकट्ठा करने के पूर्व साधन और औजार इकट्ठे किए जाएँगे।

आर्थिक जोत तथा और बड़ी जोतोंवाले किसानों को भी, बाजार-व्यवस्था, सिंचाई, अच्छे बीज आदि की आपूर्ति के लिए, और यथासम्भव संयुक्त खेती के लिए भी, बहुद्देशीय सहकारियाँ गठित करने के लिए प्रोत्साहित किया जाएगा। सहकारिता संपूर्ण ग्राम-अर्थरचना की मुख्य बुनियाद होगी। इस प्रकार भूमि की उत्पादकता और कृषकों की आय दोनों में वृद्धि होती जाएगी।

राज्य के प्रयासों से तथा अन्न-सेना के द्वारा सुधारी गई भूमि पर सामूहिक कृषि का आयोजन किया जाएगा। भूमिहीन मजदूरों को यहाँ काम मिलेगा, घर मिलेगा और जमीन भी मिलेगी।

खेतिहर मजदूर

खेतिहर मजदूर की समस्या मुख्य रूप से अपूर्ण रोजगार समस्या है। जहाँ भी सम्भव होगा, सिंचाई तथा अन्य उपायों से दोहरी फसल पैदा करने की कोशिश की जाएगी। इससे खेती से प्राप्त होने वाले रोजगार का जो मौसमी रूप है, वह कुछ बदलेगा। रूई के बिनौले निकालने और उसकी गाँठें बनाने तथा तेल निकालने जैसे उद्योगों से रोजगार के नए रास्ते उपलब्ध होंगे। गाँव केवल खेतिहर समुदाय नहीं रह जाएँगे। ग्रामीण उद्योग तथा बृहत्-स्तरीय उद्योगों की भी विकेन्द्रित प्रक्रियाएँ गाँवों में स्थापित होंगी। ग्रामीण कारीगरों के लिए कुछ निर्माण के काम सुरक्षित कर दिए जाएँगे और उनके साथ बड़े उद्योगों की प्रतियोगिता नहीं होने दी जाएगी। सड़क का निर्माण, मरम्मत तथा लघु सिंचाई के साधनों का निर्माण जैसे सार्वजनिक महत्त्व के कार्यों से खेतिहर मजदूरों को रोजगार मिलेगा। उनकी वासभूमि की सुरक्षा कानून से की जाएगी।

आर्थिक ढाँचे को तथा सामाजिक संबंधों को इस प्रकार पुनर्गठित करने की दिशा में लगातार प्रयत्न किए जाएँगे जिससे खेतिहर मजदूर की आय राष्ट्रीय निम्नतम वेतन के समकक्ष हो जाए।

खेतिहर मजदूरों के संगठन को प्रोत्साहित किया जाएगा, और उनके हकों तथा हितों की कानून की हिफाजत की जाएगी।

ग्रामीण बेगारी

बेगारी की समस्या और भी संगीन है। केवल कानून बना देना और विभिन्न पक्षों के बीच समझौते करा देना काफी नहीं, यद्यपि इसका भी महत्त्व है। इन बेगारों को ऋण के भार से, जो अकसर उनकी दासता का कारण होता है, मुक्त किया जाएगा, और उन्हें जीवन-निर्वाह के स्वतन्त्र साधन दिए जाएँगे। इसके अलावा जमींदारी तथा अनुपस्थायी भूमि-स्वामित्व की प्रथा की समाप्ति के बाद जो भूमि उपलब्ध होगी, उस पर उन्हें बसाया जाएगा। बेगारी का कोई भी चिह्न कायम रखना दण्डनीय अपराध माना जाएगा।

राज्य और खेती

आज किसान के सामने जो अनेक कठिन समस्याएँ उपस्थित हैं, उन्हें हल करने में राज्य को सहायता करनी पड़ेगी। इन समस्याओं में बाजार की बेहतर सुविधा का प्रबन्ध, सस्ते ऋण, तकनीकी सहायता तथा शोध-केन्द्रों की व्यवस्था शामिल है। राज्य यह सारी व्यवस्था सहकारी बैंकों, अनाज-गोलों, गोदामों, नमूने के फार्मों और सबसे अधिक ऐसे प्रशासनिक पुनस्संगठन के माध्यम से करेगा जिसकी चर्चा नीचे की गई है।

कृषि-योग्य बंजरभूमि के सुधार, भूमि-क्षरण की रोकथाम तथा सिंचाई के साधनों के विकास की जिम्मेदारी राज्य पर रहेगी। इस मामले में वैयक्तिक प्रयासों को सामूहिक कर्तृत्व की दिशा में प्रचालित करते हुए भूमि-सेवक और अन्न-सेना महत्त्वपूर्ण अदा करेगी।

कृषि और उद्योग के बीच मूल्यगत समताएँ कायम रखने की जिम्मेवारी राज्य पर रहेगी जिससे कि शहरी हितों द्वारा ग्रामीण क्षेत्रों का शोषण न होने पाए।

भूमि पर अधिकार

इन सब बातों से भूमि-स्वामित्व की कल्पना में गम्भीर क्रांति का सूत्रपात होगा। जोत के आकार के निर्धारण से हस्तान्तरण के अधिकार पर रोक लगेगी। जमींदारी-उन्मूलन का अर्थ होगा—पट्टे पर जमीन लगाने के अधिकार में कटौती। फसल-नियोजन मनमाने ढंग से फसल बोने के अधिकार को सीमित करेगा। संगठित बाजार व्यवस्था से उपज बेचने के अधिकार में कटौती होगी। लेकिन ये कटौतियाँ किसानों को हतोत्साहित करने के लिए नहीं होंगी, बल्कि उन्हें वर्तमान कठिनाइयों के दलदल से बाहर निकलने में सहायता करेंगी; क्योंकि स्वामित्व के अधिकार की कल्पना में जमीन जोतने वाले के प्रति समाज का उत्तरदायित्व भी निहित रहेगा। फिर तो किसान कृषि-कार्य में अकेला नहीं रह जाएगा; काल्पनिक लाभों का आवरण—यद्यपि विरले ही किसानों को ये लाभ प्राप्त होते हैं—उतर जाएगा और वास्तविक लाभों का तत्त्व विकसित होगा।

प्रशासनिक कार्यवाही

अगर राज्य को प्रभावशाली ढंग से ये नए दायित्व निभाने हैं तो संपूर्ण राजकीय मशीनरी को खोल-बाँधकर दुरुस्त करना होगा। आज कृषि-संबंधी कार्यों की देखभाल विभिन्न सरकारी विभाग, भिन्न-भिन्न मन्त्रालयों के अधीन, करते हैं। स्वभावतः विभिन्न कार्य-सम्पादन में समन्वय बहुत कम होता है। इससे किसानों की सहायता होने के बदले उनकी परेशानी बढ़ती है। फिर, अगर राज्य को लोकतान्त्रिक ढंग से काम करना है तो यह बहुत आवश्यक है कि यथासम्भव अधिक-से-अधिक किसानों को प्रशासनिक यन्त्र के साथ सम्बद्ध किया जाए। इसके लिए चौखम्भा राज्य के आधार पर कृषि-प्रशासन का

पुनस्संगठन आवश्यक होगा। इस सिद्धान्त के पीछे कल्पना यह है कि राज्य की सर्वसाधारण प्रजा का संगठन इस प्रकार हो और उसकी प्रभुसत्ता का विस्तार इस तरह किया जाए कि हर छोटा समुदाय अपनी पसन्द की जिन्दगी जी सके। इसका अर्थ यह है कि नई व्यवस्था में ग्रामपंचायतों का केन्द्रीय स्थान होगा। पंचायतों के ऊपर तीन प्रशासनिक स्तर : क्षेत्रीय, राज्यीय और संघीय होंगे।

ग्राम-पंचायतें

पंचायतों का निर्वाचन एक गाँव या गाँव-समूह द्वारा व्यापक मताधिकार के आधार पर होगा।

वे गाँव के साधनों को तालिकाबद्ध करेंगी तथा उनकी उत्पादक क्षमता का मूल्यांकन करेंगी। वे गाँव के लिए फसल-योजना तैयार कर योजना-आयोग के उच्चतर विभागों के पास भेजेंगी। लगातार अग्रिम चर्चाओं तथा नियोजन के विभिन्न स्तरों के बीच सूचनाओं एवं कल्पनाओं के पूर्ण आदान-प्रदान द्वारा योजना को अन्तिम रूप दिया जाएगा। एक बार कार्यक्रमों की अनुसूची तैयार हो जाने के बाद ग्राम-पंचायतें निर्धारित लक्ष्यों को पूरा करने का प्रयास करेंगी। इसके लिए वे भूमि आयोग से आवश्यक सुविधाओं की माँग कर सकती हैं जो कोई निर्धारित करेंगी। राज्य का राजस्व तथा अन्य देय राशियों के संग्रह तथा कृषि-उत्पादनों की वसूली का दायित्व, जिसका अंश भूमि-आयोग ग्राम-पंचायतों से परामर्श के बाद तय करेगा, पंचायतों पर रहेगा। किसानों के साथ प्रत्यक्ष और व्यक्तिगत स्तर पर ग्राम-पंचायत के द्वारा सम्पर्क होगा; सभी बाहरी सम्पर्क केवल पंचायत के माध्यम से ही होंगे।

ग्रामीण राज्य-व्यवस्था तथा अर्थ-व्यवस्था को प्रभावित करने वाले सभी विषयों में समुदाय का प्रतिनिधित्व करना ग्राम-पंचायतों का ही कर्तव्य और विशेषाधिकार होगा। ग्रामीणों के हितों को महत्त्वपूर्ण ढंग से प्रभावित करने वाले सरकार के विभिन्न कार्यक्रमों को अमल में लाने वाली मुख्य स्थानीय एजेन्सी ग्राम-पंचायतें ही होंगी और वे सभी विषयों में गाँव के अन्दर सरकार का प्रतिनिधित्व करेंगी। गाँव की भूमि तथा धार्मिक एवं अन्य सामुदायिक सम्पत्ति पर उनका ही नियन्त्रण रहेगा।

इन प्रतिनिधिमूलक कार्यों के अलावा, ग्राम-पंचायतों के कुछ नियमनकारी कृत्य भी हो सकते हैं; जैसे प्राथमिक पाठशालाओं का अधीक्षण करना, खेलकूद तथा अन्य पाठ्यान्तर कार्यों को प्रोत्साहन देना, ग्रामीण औषधालय एवं मातृसदन तथा शिशु केन्द्रों की देखभाल करना, पेयजल को अशुद्ध होने से बचाना, अतिक्रमणों का निराकरण और सड़कों की सफाई करना इत्यादि। अन्ततः, ग्राम-कल्याण कार्य तथा सांस्कृतिक कार्यक्रमों की प्रोन्नति जैसे सेवा-मूलक कृत्य भी वे कर सकती है।

क्षेत्रीय भूमि-आयोग

ग्राम-पंचायतों के ऊपर क्षेत्रीय भूमि-आयोग होंगे। वे अपने क्षेत्रों में फसल-योजनाओं तथा कृषि-साधनों को समन्वित करेंगे। कृषि बैंकिंग का काम उनके जिम्मे रहेगा और अपने क्षेत्र की सभी ग्रामीण ऋणदात्री संस्थाओं को वे नियन्त्रित और अनुबन्धित करेंगे। ग्रामीणों की सहायता एवं मार्गदर्शन के लिए आदर्श फार्म चलाने का दायित्व उन पर रहेगा। ग्राम-पंचायतों की माँग के अनुसार वे ग्रामीणों को तकनीकी सहायता पहुँचाने का प्रबन्ध करेंगे। इन आयोगों में, ग्राम-पंचायतों, सहकारी एजेन्सियों तथा राज्य-सरकार के प्रतिनिधि तथा कृषि-विशेषज्ञ रहेंगे।

राज्य भूमि-आयोग

क्षेत्रीय आयोगों के ऊपर हर राज्य में एक राज्य भूमि आयोग होगा। इसके हाथ में नियोजन, विकास तथा ग्रामीण अर्थव्यवस्था का प्रबन्ध रहेगा और वह भूमि-राजस्व, सिंचाई, कृषि, गृह-उद्योग, सहकारी-ऋण और बहुद्देशीय दोनों—ढंग से राज्य-स्तरीय फसल-नियोजन तथा अन्य ऐसे ही विषयों की देखभाल करेगा। आयोग एक स्वायत्त विधिक निकाय होगा। इसमें क्षेत्रीय आयोगों एवं सहकारी एजेन्सियों के तथा राज्य-सरकार के प्रतिनिधि और कृषि-विशेषज्ञ रहेंगे।

केन्द्रीय भूमि-आयोग

केन्द्रीय भूमि-आयोग के हाथ में अखिल भारतीय आधार पर कृषि नियोजन, फसल का स्थानान्तरण, बहुद्देशीय विकास-योजनाएँ जिनमें नदी-बाँध शामिल हैं, तथा बाढ़ नियन्त्रण संबंधी कार्य रहेंगे। वह कृषि-उत्पादनों के आयात-निर्यात का अंश तय करेगा, कृषि-औजारों का आयात करेगा, सामान्यतः कृषि उत्पादनों का मूल्य-नियमन करेगा तथा रासायनिक उर्वरकों जैसे विरल साधनों का वितरण करेगा।

आदर्श फार्म

सरकारी मूल्य पर आदर्श फार्म चलाए जाएँगे। वे लघु शोध एवं प्रदर्शन केन्द्रों के रूप में काम करेंगे। इनमें से कुछ केन्द्रों के साथ कृषि-विद्यालय तथा अजायबघर भी जोड़े जा सकते हैं। वे ऐसे आरोग्य-सहायता-केन्द्रों के रूप में भी काम करते हैं, जहाँ से भ्रमणशील आरोग्य-यान (Mobile medical vans) आसपास के क्षेत्र में निकला करेंगे। आदर्श फार्म केवल एक नमूने के तौर पर निशीथ का एकाकी नक्षत्रमात्र नहीं होगा, बल्कि वह मार्गप्रदर्शक और प्रेरणादायी शिक्षक तथा सहानुभूतिशील और सहायक मित्र के तुल्य होगा। जहाँ भी सम्भव होगा, ये फार्म आसपास के क्षेत्र को शुद्ध जल तथा बिजली की आपूर्ति भी करेंगे।

नया गाँव

जब जमीन जोतने वालों के बीच जमीन बँटेगी, जब हर जोतने वाला जमीन का मालिक बन जाएगा और हर जमीन-मालिक अपना जीवन-निर्वाह करने के लिए जमीन जोतने लगेगा, तथा जब भूमिहीन मजदूर न्याय एवं पुनर्वास का हक प्राप्त कर लेंगे, तब गाँव में एक नए संबंध का उदय होगा। ऐसे प्रशासनिक परिवर्तनों के फलस्वरूप, लोकतान्त्रिक ढंग से कार्य करने वाली ग्राम-पंचायतों को महत्त्व का स्थान प्राप्त होगा, और वह दूरी समाप्त हो जाएगी जिसने किसान को सत्ता से वंचित कर रखा है। तब स्वतन्त्र और समान मनुष्यों का समुदाय गाँव को बेहतर बनाने के लिए सहयोगपूर्ण श्रम करने की मानसिक स्थिति प्राप्त करेगा। कोई काम तब दुखदायी श्रम नहीं रह जाएगा, बल्कि यह सक्रिय नागरिकता का प्रतीक बन जाएगा और फिर जीवनरूपी वृक्ष से आत्म-आश्वासन का रस फूट पड़ेगा।

4. सामुदायिक विकास

कुछ महीने से मैं सामुदायिक विकास कार्यक्रम तथा उसके संगठन के विरुद्ध जोरदार आंदोलन होते देख रहा हूँ। इसमें सन्देह नहीं कि जहाँ-तहाँ त्रुटियों की ओर संकेत किया जाना और अगर सम्भव हो तो उनके निराकरण के उपाय भी सुझाना आवश्यक है, लेकिन यह सब रचनात्मक एवं सहानुभूतिपूर्ण दृष्टिकोण से किया जाना चाहिए। दुर्भाग्यवश इस विषय में जिस ढंग की आलोचना इधर हुई है, उसने मुझे चौकन्ना कर दिया है।

हम लोग सर्वोदय या गाँधी-विनोबा के आंदोलन में लगे हुए हैं। यदि इस आंदोलन के समाजशास्त्रीय पहलू को लें तो जाहिर होगा कि हम भी इसी कार्य में, यानी सामुदायिक विकास के कार्य में ही, लगे हुए हैं। ग्राम-संकल्प (अपने सभी नैतिक एवं भौतिक रूपों में), ग्रामदान, ग्राम-निर्माण, ग्राम-स्वराज्य आदि उसी लक्ष्य की ओर जाने के मार्ग हैं; पर हमारा प्रयास स्वैच्छिक और गैरसहकारी ढंग का है। विगत तीन या कुछ वर्षों से गैरसरकारी एवं सरकारी कार्यक्रमों को एक-दूसरे के निकट लाने और दोनों के बीच सहयोग तथा समन्वय स्थापित करने की दृष्टि से गम्भीर प्रयास दोनों तरफ से हुए हैं। इस दिशा में कुछ हद तक सफलता भी मिल चुकी है। हम और अधिक सक्षम तथा ऊपर के स्तरों पर निर्धारित नीतियों के प्रति अधिक अभिमुख होते। अभिमुखता की सृष्टि के लिए आवश्यक पारस्परिक चर्चा एवं

शिक्षण की प्रक्रिया को विकसित करने में दोनों पक्ष विफल सिद्ध हुए हैं।

चाहे जो भी हो, मैं सामुदायिक विकास के कार्यक्रम को राष्ट्रीय विकास के सभी कार्यक्रमों से ऊपर देखता हूँ। मेरी दृष्टि से उस कार्यक्रम की प्रायः हर चीज है—उसमें नई सामाजिक व्यवस्था एवं जीवन-पद्धति का निर्माण, औद्योगीकरण, कृषि-विकास, शिक्षा, स्वास्थ्य, रोजगार की सृष्टि, गरीबी पर विजय, परिवार-नियोजन तथा अन्य अनेक चीजें निहित हैं। मेरी दृष्टि में, सामुदायिक विकास-मन्त्रालय का सर्वाधिक महत्त्व है। मुझे इस मन्त्रालय के निकट सम्पर्क में आने का सुअवसर मिला है, और किसी को क्लेश पहुँचाने की इच्छा न रखते हुए, मैं यह कहना चाहता हूँ कि जो समर्पण एवं त्वरा की भावना, साहसिकता तथा गतिशीलता मैंने वहाँ देखी है, वह सभी सरकारी-गैरसरकारी प्रयासों के लिए आदर्श तुल्य हो सकती है।

पंचायती राज

जिन्हें सामुदायिक विकास-कार्य का—चाहे वह सरकारी हो या गैरसरकारी, विदेशी हो या भारतीय—निकट या व्यक्तिगत अनुभव है, वे जानते हैं कि यह कार्य विशेषतः मन्थर गति से होने वाला है। जो लोग त्वरित एवं चमत्कारिक परिणामों की अपेक्षा रखते हैं, उन्हें वास्तविकता से सम्पर्क नहीं है। इस कार्यक्रम का संपूर्ण उद्देश्य एक सर्वमान्य या सामूहिक कर्तृत्व की भावना की सृष्टि करना है। एक बार यदि इसकी पूर्ति हो गई तो प्रगति काफी तेज गति से होने लगती है। परन्तु, इसी भावना का तो हमारे समाज में अभाव भी है, और इसके निर्माण के लिए समय, कौशल तथा व्यापक समझदारी चाहिए। यदाकदा एकाकी उदाहरणों के तौर पर, कोई क्रांतिकारी परिणाम प्रेम, सेवा एवं सामान्य बुद्धि की रासायनिक क्रिया से निकल आता है—लेकिन ऐसे गुणों का समुच्चय विरले ही सरकारी या गैरसरकारी संगठनों में भी मिलता है।

कुछ वर्षों के इकट्ठे अनुभवों से यह निष्कर्ष ठीक ही निकाला गया कि सामूहिक सत्प्रयास की भावना पैदा करने का तरीका यह है कि विकास-कार्यक्रमों की तैयारी और अमल की प्रक्रिया को गैरसरकारी रूप दिया जाए और यह कार्य स्वयं समुदायों के हाथ सुपुर्द कर दिया जाए। इस प्रकार लोकतान्त्रिक विकेन्द्रीकरण का, या जिसे पंचायती राज कहते हैं, जन्म हुआ। मैं पंचायती राज के कार्यक्रम को सात वर्षों के सामुदायिक विकास की सर्वाधिक महत्त्वपूर्ण निष्पत्ति मानता हूँ। हमारे संविधान के निर्माताओं का यह काम था कि वे स्वराज्य को लोगों तक पहुँचाने का, उनके लिए उसे वास्तविक और सार्थक बनाने तथा उसके संचालन में उन्हें शरीक कर इस गौरव में भी उन्हें भागीदार बनाने का प्रयास करते। परन्तु, अफसोस है कि यह सब नहीं हुआ। अतः जनता में विकर्षण की भावना तेजी से बढ़ी और वह व्यापक रूप से फैली तथा इसके साथ-साथ उदासीनता एवं दायित्वहीनता भी बढ़ती गई। इस परिस्थिति को एक बुनियादी और तीव्र उपचार की आवश्यकता थी। यह सौभाग्य की बात है कि उपचार निकल आया है, यद्यपि वह अपेक्षित तीव्रता से तो नहीं आया, और न वह उतना बुनियादी या क्रांतिकारी ही है। फिर भी एक महत्त्वपूर्ण शुरुआत हुई है।

आरम्भ में, पंचायती राज की कल्पना विकास के कार्यक्रम में जनसहयोग प्रेरित करने की युक्ति के रूप में की गई थी, परन्तु प्रधानमन्त्री और श्री एस. के. दे (मन्त्री, सामुदायिक विकास मन्त्रालय) ने शीघ्र ही इस नई पद्धति का राजनीतिक अर्थ समझा और पण्डित नेहरू ने राजस्थान में इसके शुभारम्भ के अवसर पर इसके क्रांतिकारी स्वरूप की विशद चर्चा की। यही वह राज्य था जिसे इस साहसपूर्ण अभियान में लगने का गौरव सर्वप्रथम प्राप्त हुआ। परन्तु आज उसकी शुरुआत के सालभर बाद भी देश के लोगों को इस कार्यक्रम के क्रांतिकारी स्वरूप का बहुत कम भान हुआ है। ग्राम-पंचायतें तो अनेक वर्षों से हैं, और यह समझा जाता है कि यह नया कार्यक्रम भी उनका ही एक विस्तार मात्र है। पंचायतों का अभी तक जो रूप रहा है, उसमें शायद ही उनका कोई कृत्य ग्राम-स्वशासन का रहा होगा; बल्कि पंचायतें जिले की नौकरशाही और अन्ततः राज्य (या प्रादेशिक) सरकार के द्वारा गाँवों को नियन्त्रित करने का औजार बन गई थीं। अतः पंचायती राज को सामान्यतः सत्ता एवं शासन का विकेन्द्रीकरण नहीं, बल्कि नौकरशाही का विकेन्द्रीकरण समझ लिया गया है, जैसा कि मैं अकसर उन लोगों से भी सुनता रहा हूँ जिन्हें इस विषय में अधिक सही जानकारी होनी चाहिए थी। मेरे कहने का यह तात्पर्य नहीं कि विकेन्द्रीकरण के कार्यक्रम के इस प्रकार विकृत होने का कोई खतरा नहीं है। सत्ता और पद में जिनका निहित स्वार्थ है, वे इस संपूर्ण प्रयास को इस ढंग से विकृत कर दे सकते

हैं कि वह असफल होकर समाप्त ही हो जाए। लेकिन कुछ ऐसे संकेत दीखते हैं जो ऐसा न होने का आश्वासन देते हैं। प्रथमतः, प्रधानमन्त्री और सामुदायिक विकास मन्त्री दोनों ईमानदारी से जनता के हाथ में वास्तविक सत्ता और कृत्य सौंपने के लिए तथा इसे सम्भव बनाने हेतु आवश्यक साधन प्रदान करने के लिए चिन्तित हैं। द्वितीयतः, राजस्थान और आन्ध्र इन दो राज्यों में, जहाँ यह कार्यक्रम वास्तविक रूप से कार्यान्वित किया जा रहा है, ऐसे काफी प्रमाण यह सिद्ध करने के लिए मौजूद हैं कि इस प्रयास के पीछे सच्चाई और निष्ठा भी है। निस्सन्देह, सम्बन्धित अधिनियमों एवं विनियमों में कुछ त्रुटियाँ और दोष हैं, परन्तु अनुभवों से सीखने और जनता को सत्ता सौंपने के पक्ष में आवश्यक परिवर्तन करने की तैयारी भी है।

इस दूरगामी प्रयोग की–जो हमारे लोकतन्त्र के स्वरूप एवं कार्यपद्धति को अन्ततः क्रांतिकारी बनाने वाला है–सफलता कुछ एक शर्तों पर निर्भर करती है। सबसे अधिक वह जनता के अन्दर एक मानसिक क्रांति पर निर्भर करती है–और वह इस अर्थ में कि स्वशासन की जिम्मेदारियाँ उठाने, अपने संकीर्ण (व्यक्तिगत, परिवारगत, वर्गगत, जातिगत इत्यादि) हितों को समुदाय के सामान्य हितों के अधीन रखने की मानसिक तैयारी लोगों में हो। यह जागरण पैदा करना सरकारी यन्त्र के निचले स्तरों की सामर्थ्य के बाहर की बात है। राजनीतिक एवं सामाजिक कार्यकर्ता यह जागरण पैदा करने में सहायक हो सकते हैं; लेकिन उनकी सफलता भी इस पर निर्भर करेगी कि वे कितने निष्काम भाव से इस कार्य में लगते हैं।

इसी कारण मैं यह सुझाव रख रहा हूँ कि राजनीतिक दल अपने ऊपर एक आत्मनिरोध-मूलक अनुज्ञा लागू करें और स्थानीय अधिकारियों के मामलों से अपने को अलग रखें। राजनीतिक दलों के सदस्य, अवश्य ही उसमें भाग ले सकते हैं, लेकिन केवल व्यक्तिगत हैसियत से। राजनीतिक दल अनिवार्यतः केन्द्रित संगठन हैं और वे शिखरस्थ समितियों से नियन्त्रित एवं संचालित होते हैं। लोक-स्वशासन के स्थानिक संस्थानों का विकास नीचे से ही होना चाहिए और उन्हें न केवल जनता के विचारों, इच्छाओं एवं आवश्यकताओं के प्रति, बल्कि अपने प्रत्यक्ष नियन्त्रण के प्रति भी, अभिमुख होना चाहिए। ये परस्पर-विरोधी शक्तियाँ हैं, और राजनीतिक दल अभी प्रबलतर शक्ति का प्रतिनिधित्व करते हैं; इसलिए इन शक्तियों के बीच ऐसा संघर्ष प्रायः निश्चित है जिसकी परिणति जनता की तथा उनके स्थानिक लोकतन्त्रीय संस्थाओं की पराजय में होगी। जहाँ तक सामाजिक कार्यकर्ताओं का–विशेषकर ग्रामीण विकास की एजेन्सियों तथा सर्वोदय-विचारवालों का–संबंध है, मैं यह तीव्रतापूर्वक अनुभव करता हूँ कि पंचायती राज गम्भीर आर्थिक एवं सामाजिक विषमताओं के अस्तित्व का प्रतिनिधित्व करता है। यह सामाजिक महन्तशाही जिसका प्रतिनिधि जाति-प्रथा करती है, भूमि की जोतों में प्रकट विषमताएँ, भूमिवान् एवं भूमिहीन वर्गों के बीच महान् पार्थक्य–ये सारी परिस्थितियाँ लोकतान्त्रिक विकेन्द्रीकरण के लक्ष्यों को पराजित करने ही वाली हैं। जाति-प्रथा का निराकरण राजकीय कार्रवाई से अधिक हिन्दू समाज के आन्तरिक सुधार का प्रश्न है; लेकिन यह दुःख का विषय है कि भूमि-हदबन्दी कानून इतना मन्दगति और पंगु है, और ग्रामीण औद्योगीकरण इतनी बुरी तरह से उपेक्षित है। मेरा एक व्यक्तिगत विचार है–मैं नहीं कह सकता, विनोबा जी इससे सहमत होंगे या नहीं–कि ग्रामदान-आंदोलन ने अब इतना काफी जनमत तैयार कर दिया है कि उसके आधार पर सरकार कानून बनाकर भूमि का पुनर्वितरण ही नहीं, परन्तु भूमि-स्वामित्व का ग्रामीकरण, यानी व्यक्तिगत स्वामित्व की जगह ग्राम-समाज के स्वामित्व की स्थापना करने का कदम उठा सकती है। समाजवाद में विश्वास करने वालों को सरकार की ऐसी नीति पर आपत्ति नहीं होगी। और, फिर घोषित सिद्धान्तों के आधार पर मूल्यांकन किया जाए तो राजनीतिक दलों में समाजवादियों की संख्या गैरसमाजवादियों से कहीं अधिक है।

मैंने ऊपर ग्रामीण औद्योगीकरण की चर्चा की है। इस पर से एक ऐसे विचार पर मैं जा पहुँचा हूँ जिसकी ओर राजनीतिक विकेन्द्रीकरण की दिशा में इतने निष्ठापूर्ण प्रयत्न करने वालों का ध्यान बहुत कम गया है। वह विचार आर्थिक विकेन्द्रीकरण का है। यहाँ इस प्रश्न की तह में न जाकर मैं जोर देकर इतना ही कहना चाहूँगा कि आर्थिक विकेन्द्रीकरण का कार्यक्रम अपनाए बिना तथा विकेन्द्रित अर्थरचना की संस्थाओं एवं प्रक्रियाओं का विकास किए बिना, राजनीतिक विकेन्द्रीकरण, यानी पंचायती राज, अवास्तविक और अप्रभावी होगा। मुझे आशा है कि अब इस समस्या की ओर भी ध्यान जाएगा।

5. महात्मा गाँधी की खोज

आज सुबह मैं श्री दे का भाषण सुन रहा था, और अपने में सोच भी रहा था कि यदि मुझे उनके भाषण को सम्पादित कर उसमें शीर्षक लगाना पड़े तो मैं उसका शीर्षक दूँगा, 'महात्मा गाँधी की खोज'। सचमुच मुझे इस बात से बड़ी प्रसन्नता होती है कि गाँधी की खोज की जा रही है और फिर से की जा रही है। मैंने अकसर यह अनुभव किया है कि दिल्ली शायद महात्मा गाँधी का एक से अधिक अर्थों में कब्रिस्तान है। परन्तु मैं सोचता हूँ कि गाँधी जी को पुनर्जीवित किया जा रहा है और गाँधी को पुनर्जीवित करने का श्रेय और सम्मान सामुदायिक विकास-मन्त्रालय को मिल रहा है। अतः मेरे लिए यह बड़े संतोष का विषय है कि आप गाँधी की ओर लौट रहे हैं, किसी सैद्धान्तिक पूर्वाग्रह या रुझान के कारण नहीं, बल्कि इस कारण कि आपके सामने विकास की समस्या उपस्थित है। मुझे विश्वास है कि जब आपके सामने और भी अनेक समस्याएँ खड़ी होंगी तो आप बार-बार गाँधी के पास आएँगे। गाँधी ने मनुष्य को अपने संपूर्ण चिन्तन के केन्द्र में रखा था। अगर हम भी मनुष्य तथा उसके कल्याण को अपनी यात्राओं का गन्तव्य मान लें तो मैं समझता हूँ, हम बार-बार गाँधी जी की खोज किया करेंगे; इसलिए नहीं कि हम इस या उस प्रकार के सामाजिक ढाँचे में विश्वास करते हैं, बल्कि इसलिए कि हम मनुष्य में विश्वास करते हैं और उसे अपने संपूर्ण कार्यक्रम के केन्द्र में रखने की कोशिश कर रहे हैं।

औद्योगीकरण

औद्योगीकरण का ही प्रश्न लीजिए। इस समस्या के प्रति विभिन्न प्रकार के दृष्टिकोण हैं। उदाहरण के लिए, एक मित्र कह रहे थे और वह जो कह रहे थे वही प्रायः हर कोई कह रहा है कि बिलकुल नीचे जमीन पर पड़े हुए मनुष्य को आर्थिक दृष्टि से ऊपर तभी उठाया जा सकता है जब हम औद्योगीकरण के कार्यक्रम के द्वितीयक या तृतीयक पहलुओं को विकसित कर लें। अभी हाल में मैं इंग्लैण्ड में था। मेरे मित्र प्रोफेसर राउण्ट्री ने—जो ब्रिटिश राष्ट्रीय कोयला बोर्ड के आर्थिक परामर्शी हैं और आश्चर्य की बात तो यह कि वे एक गाँधीवादी हैं—मैन्चेस्टर के आसपास इस प्रश्न का अध्ययन किया है कि औद्योगीकरण के फल को निम्नतम व्यक्ति—श्रमिक वर्ग—तक पहुँचने में कितना समय लगेगा। उनका उत्तर था—सौ साल। हाँ, समाजवादी ढाँचे की व्यवस्था में सम्भव है, उससे कम समय लगे। मैं नहीं जानता। देखना होगा कि वहाँ भी कितना समय लगता है। सोवियत रूस में तो ऐसा नहीं हुआ है। यानी, औद्योगीकरण का फल श्रमिक वर्ग तक अभी वहाँ भी नहीं पहुँचा है। जैसा कि आप जानते हैं, सोवियत रूस के मजदूरों का जीवनमान—अमरीका या आस्ट्रेलिया या न्यूजीलैण्ड की बात छोड़ दीजिए—बेल्जियम, हालैण्ड या स्वीडन के मजदूरों के जीवनमान से भी निम्नतर है। योजना-आयोग के सदस्य एक बार विनोबा जी के पास गए थे। विनोबा जी ने उनसे कहा कि लगता है, वे द्रवण के सिद्धान्त के आधार पर काम कर रहे हैं; अर्थशास्त्र में इस मुहावरे का प्रयोग नहीं होता। उन्होंने बताया कि भिलाई, राउरकेला तथा अन्य इस्पात-उद्योगों, बड़े-बड़े बाँधों इत्यादि के विकास के द्वारा ऊपर, शिखर पर जिस धन की सृष्टि की जा रही है, वह शनैः-शनै कई वर्षों में नीचे पहुँचता है। यही क्या अधिक प्रत्यक्ष रूप से नहीं किया जा सकता? द्रवण की प्रक्रिया का इन्तजार क्यों करें? नीचे से ही यह प्रक्रिया शुरू क्यों नहीं की जा सकती है? इस पर योजना-आयोग के प्रत्येक सदस्य चुप रहे जिससे विनोबा जी के मन पर यह असर हुआ कि वे उनके दृष्टिकोण से सहमत हो गए। जब विनोबा जी ने मुझसे यह बात कही तो मैंने कहा : 'बाबा, मैं नहीं समझता कि उन्होंने यह विचार कबूल कर लिया; लिहाज के कारण वे चुप रह गए होंगे।'

अतः यह एक समस्या इस मन्त्रालय के तथा राज्य मन्त्रिमण्डलों के सामने है। आप एक लोकतन्त्रीय सरकार के प्रतिनिधि हैं और आपको आज ही कुछ कर दिखाना चाहिए। आप ऐसा नहीं कह सकते कि सौ साल तक इन्तजार करो और अभी कमर कसकर काम करते रहो। जनसहयोग हासिल करने की समस्या आपको पंचायती राज या ग्राम-स्वराज्य तक खींच लाई है। किसी सैद्धान्तिक पक्षपात के कारण नहीं, बल्कि लोगों को रोजगार देने तथा उनका जीवनमान उठाने के व्यावहारिक दृष्टिकोण से इस विचार को आपने स्वीकार किया है। श्री दे ने भी यही कहा है, और मैं नहीं समझता

कि उनकी अपेक्षा अन्य कोई अधिक अच्छे ढंग से विचार को रख सकता है। मुझे दृढ़ विश्वास है कि आप वाणिज्य-मन्त्रालय, वित्त-मन्त्रालय, उद्योग-मन्त्रालय आदि को यह विचार स्वीकार करने के लिए राजी कर सकेंगे।

गाँधी की कल्पना

गाँधी जी ने जब हमें सत्ता की कुर्सी पर बैठाया; तो हम उन्हें भूल कैसे गए? मैं समझता हूँ, इसके तीन या चार कारण हैं। एक कारण तो यह कि जो सत्ता में गए, उन्होंने उसका इतना उपभोग करना शुरू किया कि इसमें औरों को भागीदार बनाने की बात वे तुरन्त नहीं सोच सके। बहुत सम्भव है कि अब वे तृप्ति की अवस्था में पहुँच गए हैं, इसलिए उनमें सत्ता वितरित करने की वर्तमान प्रवृत्ति शुरू हुई है। दूसरा जो कारण मैं सोच सकता हूँ, वह शायद असैनिक सेवाओं के विरोध का है। अंग्रेजों से जो एक बहुत कुशल और सुगठित शासन-तन्त्र हमें विरासत में मिला, वह केन्द्रित संगठन था। मैं किसी की आलोचना नहीं कर रहा हूँ, केवल एक तथ्य रख रहा हूँ। असैनिक सेवाएँ जनप्रतिनिधियों को सत्ता हस्तान्तरित करने के विरुद्ध थीं, क्योंकि उनका ख्याल था कि ये जनप्रतिनिधि कोई दायित्व सँभाल नहीं सकेंगे। तीसरा कारण हमारे विश्वविद्यालय द्वारा शिक्षित लोग थे। यह तो ठीक है कि हम लोगों ने अपने ऐंग्लो-सेक्शन शासकों से बहुत चीजें भी सीखी हैं, लेकिन बहुत सारी बेकार चीजें भी सीखी हैं। उन्हें हम जितनी जल्दी भूल जाएँ, उतना ही अच्छा है। चौथी बात मेरी समझ से यह है कि हमें विदेशों से जो सलाह मिली और उसकी चकाचौंध ने जो प्रभाव हमारे मन पर डाला, वह भी गाँधी को भूलने का कारण हुआ। हमें इन सब विचारों और प्रभावों को अपने मन से हटाना है और स्वयं सोच-विचारकर कुछ करना है।

विकेन्द्रित अर्थरचना

मैं अब विकेन्द्रित अर्थरचना के प्रश्न की चर्चा करूँगा, जिसके बिना विकेन्द्रित नीति सम्भव है। जैसा कि श्री दे ने कहा और आप लोग भी समझते हैं, आपके समक्ष सामाजिक उत्पादन का एक कार्यक्रम है। अब जैसे बाटा कम्पनी द्वारा उत्पादित चमड़े के सामानों को लीजिए। ग्रामीण उत्पादनों से वे अवश्य ही सस्ते और आकर्षक होंगे। वे शायद अधिक मजबूत होंगे और गुणों में भी श्रेष्ठ होंगे। तब फिर प्रश्न है कि ग्रामीण उत्पादनों की रक्षा इस प्रतियोगिता में कैसे की जाए? जब पहली पंचवर्षीय योजना बनी थी, और विनोबा जी ने अभी भूदान आंदोलन शुरू नहीं किया था, उस समय ही उन्होंने सरकार से कहा था कि सर्वोदय वालों को वह एक अपेक्षाकृत छोटा जिला दे और उस जिले में कुछ खास किस्म की मशीन से बनी वस्तुओं के प्रवेश पर रोक लगाने का अधिकार भी दे, ताकि ग्रामीण उद्योगों का विकास हो सके। विनोबा जी को यह उत्तर दिया गया कि ऐसा करने का अर्थ राज्य के अन्दर राज्य बनाना होगा जो कि असम्भव है। बात वहीं खत्म हो गई। तब से हम यह कह रहे हैं कि सहायता या छूट देने से काम नहीं चलेगा। हमें उसके आगे जाना होगा। मैं सामुदायिक विकास-मन्त्रालय से यह विचार कबूल करने के लिए कहूँगा कि सरकार की औद्योगिक नीति के अंग के रूप में यह निर्णय लिया जाए कि उत्पादन के कुछ क्षेत्र गाँवों के लिए सुरक्षित रहेंगे। अगर उन क्षेत्रों में पहले से ही कुछ उद्योग खड़े हैं तो उन्हें समाप्त करने की आवश्यकता नहीं है, क्योंकि यह साधनों की बरबादी होगी। केवल इतना हो कि उन क्षेत्रों में नए उद्योग (मशीन-चालित) खड़े नहीं किए जाएँगे। ऐसी कुछ नीति आरम्भ में अपनाई गई थी; लेकिन उसका बहुत परिणाम नहीं निकला। धान-कुटाई का उद्योग भी शुरू किया गया, परन्तु उसे दूर तक नहीं पहुँचाया गया। ऐसी कई चीजें हैं। मैं कहना यह चाहता हूँ कि ये क्षेत्र गाँवों के लिए सुरक्षित कर दिए जाएँ और फिर वहाँ धान-कुटाई की मिलें चलाने की अनुमति न दी जाए। सम्भव है, ये लोग सर्वोच्च अदालत में जाएँगे और कहेंगे कि यह संविधान के विरुद्ध है। परन्तु हमें यह समझना चाहिए कि अनुमति देना या न देना सरकार के अधिकार के अन्दर है। मैं सुझाव दूँगा कि ग्राम पंचायतों और पंचायत-समितियों को यह अधिकार होना चाहिए कि वे औद्योगिक प्रतिष्ठानों को अनुमति दें या न दें; यह अनुमति उन्हें ही दी जानी चाहिए जो लघु तकनीकों का इस्तेमाल करते हैं। समिति स्वयं भी कोई उद्योग खड़ा कर सकती है। अतः मैं तीन बातों पर बल देना चाहूँगा। एक तो यह कि ऐसे (यन्त्राधारित) उद्योग शुरू करने की अनुमति न दी जाए जिनसे उत्पादित होने वाली वस्तुएँ ग्रामीण क्षेत्रों में पैदा की जा सकती हों;

दूसरी यह कि स्थानिक अधिकारियों को अनुमति (लाइसेंस) प्रदान करने का अधिकार दिया जाए; और तीसरी बात यह कि ग्राम-संकल्प की घोषणा कर गाँव के लोगों को यह संकल्प लेना चाहिए कि वे उन्हीं वस्तुओं का उपयोग करेंगे जो उनके गाँव में या पड़ोस के गाँवों में पैदा होती हैं।

6. सहभागी लोकतन्त्र

कुछ दिन पूर्व मैंने भारतीय राज्य-व्यवस्था की पुनर्रचना पर व्यक्तिगत रूप से एक निबन्ध प्रसारित किया था। तब से इस पर देश-विदेश में अनेक परिसंवाद और समूह-चर्चाएँ हुई हैं, और भारत के तथा विदेश के अनेक मित्रों ने अपने कुछ सुझाव और आलोचनाएँ लिख भेजी हैं। उनमें से कुछ साप्ताहिक 'भूदान' में प्रकाशित भी हुए हैं।

यद्यपि यह निबन्ध सार्वजनिक रूप से प्रकाशित नहीं हुआ, फिर भी उसके छिटपुट अंश टिप्पणियों के साथ समाचारपत्रों में प्रकाशित हुए हैं।

ये परिसंवाद और आलोचनाएँ मेरे लिए अत्यन्त महत्त्वपूर्ण हैं। इनके द्वारा खासी-अच्छी सामग्री इकट्ठी हो गई है जिसको ठीक से हजम करने में कुछ समय लगेगा। मैं यह कह सकता हूँ कि अपने मूल निबन्ध के बुनियादी बिन्दुओं में कोई परिवर्तन करने का कारण मुझे नहीं दीख पड़ा है। फिर भी कई अन्य विषयों में मेरे विचार बदल गए हैं और मैंने यह महसूस किया है कि विषय को प्रस्तुत करने के ढंग में मौलिक परिवर्तन करना होगा। यह भी मुझे स्पष्ट हो गया है कि मैंने अनजाने ही अत्यन्त सीमित दायरे में अत्यधिक विस्तृत विषय को समेटने की कोशिश की जिससे स्वभावतः अनावश्यक भ्रम पैदा हुआ।

एक ऐसे जन-आंदोलन में, जिसको मुझे सर्वाधिक प्राथमिकता देनी पड़ी है, सक्रिय रूप से संलग्न रहने के कारण मेरा बहुत समय उसमें लग जाता है; अतः यह कहना कठिन है कि अपने निबन्ध को फिर से लिखकर उसे प्रकाशित करना कब तक सम्भव हो सकेगा। लेकिन, इस प्रश्न में मेरी शास्त्रीय या पाण्डित्य-प्रेरित दिलचस्पी कभी नहीं रही; मैं मानता हूँ कि इस विषय की ओर जनसाधारण का ध्यान तुरत जाना चाहिए। इसलिए मैं अपने मूल निबन्ध में उठाए गए केन्द्रीय प्रश्न के संबंध में अपने तर्कों और सुझावों को यहाँ प्रस्तुत कर रहा हूँ। यह प्रश्न इस देश की राजनीतिक संस्थाओं एवं प्रक्रियाओं को अधिक लोकतान्त्रिक, सक्षम, सहिष्णु एवं अर्थपूर्ण बनाने की दृष्टि से उनके सुधार और पुनर्रचना का प्रश्न है।

अभी मैं इस प्रश्न के दार्शनिक, समाजशास्त्रीय एवं आर्थिक पहलुओं को अलग रखूँगा और उनकी चर्चा अनिवार्य होने पर ही करूँगा। परन्तु मैं इस बात पर बल देना चाहूँगा कि इस देश की राजनीतिक रचना को समाज की संपूर्ण रचना तथा जनता के जीवन और चिन्तन से घनिष्ठ संबंध स्थापित करना आवश्यक है।

उक्त विषय पर आने के पूर्व मैं दो बातें कहना चाहूँगा। पहली बात का संबंध मेरे उन आलोचकों से है जिनकी आलोचना का मुख्य विषय यह है कि मैं लोकतन्त्र का शत्रु हूँ और मेरा वास्तविक लक्ष्य लोकतन्त्र कमजोर करना है, यद्यपि मैं उसको व्यापक और गहन बनाने की दिखावटी चिन्ता प्रदर्शित करता रहा हूँ। सचमुच मैं जानता नहीं कि ऐसी आलोचना का मैं क्या उत्तर दूँ जो नीयत पर शक करने और गैर-ईमानदारी का आरोप लगाने से शुरू होती है। तथापि मैं इस अवसर का लाभ लेकर भ्रम-निवारण हेतु यह घोषित करना चाहूँगा कि मानवीय स्वतन्त्रता एवं लोकतान्त्रिक जीवन-पद्धति में मेरा विश्वास अमर और अडिग है। कुछ वर्ष पूर्व मैंने जो कहा था, उसके एक-एक शब्द पर मैं आज भी अटल हूँ और सदैव अटल रहूँगा :

"स्वतन्त्रता मेरे जीवन की वासना बन गई है, और मैं हरगिज उसका सौदा रोटी के लिए, सत्ता के लिए, सुरक्षा के लिए, समृद्धि के लिए, राज्य के गौरव के लिए या अन्य किसी भी वस्तु के लिए नहीं करूँगा।"

दूसरी बात यह कि अपने निबन्ध में जिस विचार-पुंज का मैंने प्रतिपादन किया है, उसमें स्वर्गीय श्री एम. एन. राय की महत्त्वपूर्ण एवं मौलिक देन की चर्चा नहीं है। इस कारण उन्हीं क्षेत्रों में गम्भीर भ्रम का निर्माण हुआ है जहाँ से महत्त्वपूर्ण समर्थन की आशा रखने का हर अधिकार मुझे था। जो लोग मुझसे परिचित हैं—और उस क्षेत्र में मेरे कई ऐसे मित्र हैं जिन पर मुझे भरोसा है—वे भली भाँति यह जानते हैं कि मेरे विचारों के विकास पर श्री राय का कितना असर रहा है और कभी-कभी उनसे सहमत होने में कठिनाई का अनुभव करते हुए भी कितने आदर की दृष्टि से मैंने हमेशा उनको देखा है। मैं समझता हूँ, मुझे यह कहने की जरूरत नहीं है कि राजनीतिक सिद्धान्त-शास्त्र में मेरी कोई मौलिक देन हुई है, ऐसा कोई दावा मैंने कभी नहीं किया है। मैं केवल श्री राय का नहीं, अन्य अनेक लोगों का भी ऋणी हूँ और सबसे अधिक गाँधी जी का ऋणी हूँ। इसके साथ ही मैं यह भी स्पष्ट कर देना चाहूँगा कि अपने मूल निबन्ध में जो विचार मैंने प्रकट किए हैं या अभी यहाँ करने जा रहा हूँ, उनके लिए मेरे सिवा और किसी को जिम्मेदार न ठहराया जाए।

उलटा पिरामिड

भारतीय संविधान परिषद् ने जनता के नाम पर संकल्प किया कि :

(क) भारत एक प्रभुता-सम्पन्न लोकतान्त्रिक गणराज्य बने;

(ख) भारत के सभी नागरिकों को सामाजिक, आर्थिक एवं राजनीतिक न्याय; विचार, अभिव्यक्ति, विश्वास, धर्म एवं पूजा की स्वतन्त्रता; प्रतिष्ठा एवं अवसर की समानता प्राप्त हो; तथा

(ग) उन सबके बीच, व्यक्ति की प्रतिष्ठा एवं राष्ट्र की एकता को आश्वस्त करते हुए, भ्रातृत्व-भावना का प्रसार किया जाए।

ये लक्ष्य और उद्देश्य ही लोकतन्त्र का एक प्रेरक एवं चुनौतीपूर्ण चित्र प्रस्तुत करते हैं। उस चित्र को ठोस वास्तविकता में परिणत करने में सहायक होने के लिए, परिषद् ने भारत का वर्तमान संविधान स्वीकृत एवं अधिनियमित किया, जो समय-समय पर संशोधित होते हुए भी, स्वतन्त्रता एवं लोकतन्त्र के दुर्ग के रूप में स्थित है। इस देश के लोगों को इस बात के लिए गौरव होना उचित ही है कि उन्होंने समझ-बूझकर लोकतान्त्रिक जीवन-पद्धति पसन्द की है, बावजूद इसके कि अनेक पड़ोसी देशों ने एक-न-एक प्रकार का अधिनायकवाद गले लगा लिया है। यह इस देश के लोगों की सांस्कृतिक एवं आध्यात्मिक प्रौढ़ता का प्रमाण है।

यह सब स्वीकार करते हुए यह भी वांछनीय है कि हम एक दशक के अपने लोकतान्त्रिक अनुभवों का लेखा-जोखा करें। ऐसा हमें एशिया और अफ्रीका के अन्य देशों तथा पश्चिम के प्रौढ़ लोकतान्त्रिक देशों के अनुभवों की रोशनी में करना चाहिए।

इन दस वर्षों में संविधान की कार्यविधि से प्रकट सर्वाधिक ज्वलंत तथ्य यह है कि जनता ने, अर्थात् बीस करोड़ मतदाताओं ने, यह अनुभव किया है कि वे इस संपूर्ण प्रक्रिया से अलग छोड़ दिए गए हैं। निस्सन्देह उन्हें दो आम चुनावों में भाग लेने का अवसर मिला; लेकिन लोकतान्त्रिक प्रक्रिया से क्षणिक सम्पर्क के बाद उनका कोई संबंध नहीं रहा। देहात में भी आम लोगों को अकसर यह कहते सुना जाता है कि स्वराज्य आया तो अवश्य, लेकिन वह उनके पास नहीं पहुँचा है। उनकी शिकायत है कि अंग्रेजी राज्य के समय में जिस ढंग से और जिस प्रकार के लोगों का शासन उन पर चलता था, वैसा ही अब भी चल रहा है। वे पाते हैं कि स्थानीय शासन-कार्यों में उनका कोई हाथ नहीं है और छोटे-से-छोटा राजकर्मचारी भी उनके प्रति किसी रूप से उत्तरदायी नहीं है। उल्टे वही उन पर धौंस जमाता है और पहले की ही तरह उनसे रिश्वत वसूलता है। इस सच्चाई का सामना करना होगा कि जनता को स्वराज्य-भावना की अनुभूति नहीं हो पाई है। हमारे लोकतान्त्रिक कार्यकलाप में केवल थोड़े से शिक्षित मध्यम-वर्ग के लोग संलग्न हैं, और उनमें भी वही हैं जो प्रत्यक्ष रूप से राजनीतिक कार्यों में लगे हुए हैं। इस परिस्थिति के परिणामस्वरूप हम पाते हैं कि हमारा लोकतन्त्र एक बहुत ही संकीर्ण आधार पर टिका हुआ है। वह सिर के बल उल्टे पिरामिड की तरह खड़ा है। स्पष्टतः हमारा काम लोकतन्त्र की इस तस्वीर को दुरुस्त करना है और पिरामिड को उलटकर उसके आधार पर खड़ा

करना है। प्रत्येक बालिग भारतीय को वोट देने का अधिकार होने मात्र से पिरामिड अपने चौड़े आधार पर खड़ा नहीं हो जाता। करोड़ों व्यक्ति और अस्त-व्यस्त मतदाता बालू-कणों के ढेर के समान हैं जो किसी इमारत की बुनियाद नहीं हो सकते। इन कणों को ईंट बनाना होगा अथवा उन्हें ठोस ढाँचे में ढालना होगा। तभी वे नींव के पत्थर बन सकेंगे। अतः यह स्पष्ट है कि यदि अपने लोकतन्त्र को सुदृढ़ और टिकाऊ बनाना है तो उसके आधार को व्यापक रूप देना होगा और उसकी ऊपर की परतों का निर्माण बुनियादी रचना के अनुरूप करना होगा। यदि बुनियाद मजबूत होगी तो किसी दुस्साहसी के स्पर्श से लोकतन्त्र की संपूर्ण इमारत के गिरने का खतरा कम रहेगा। हमारा देश ऐतिहासिक खँडहरों का देश है। आप किसी खँडहर को जाकर देखिए तो पता चल जाएगा कि जब कोई इमारत गिरती है तो क्या होता है। हमेशा सबसे पहले छत गिरती है और तब दीवारें गिरती हैं; ऊपर की मंजिलें पहले और बाद में नीचे की मंजिलें गिरती हैं; परन्तु हजारों वर्ष बीत जाने के बाद भी नींव के पत्थर ज्यों के त्यों रह जाते हैं। कोई इमारत चाहे कितनी ही ऊँची हो, उसका टिकाऊपन बुनियाद तथा नीचे के आधारभूत स्तम्भों की मजबूती पर निर्भर करता है।

पश्चिमी लोकतन्त्र

एशिया और अफ्रीका के कुछ देशों में पश्चिमी लोकतन्त्र के बाह्य रूपों का अनुकरण किया गया था। आमतौर से वे बाह्य रूप थे—वयस्क मताधिकार, अनेक प्रतियोगी दल, एक निर्वाचित संसद और उसके प्रति उत्तरदायी सरकार। भारत जैसे देश के लिए उसका अर्थ यह था कि तल में बिखरे हुए मतदाता बालू के ढेर की तरह हैं और इस बालू की नींव पर सरकार की ऊँची-से-ऊँची मंजिल खड़ी की गई है। ऐसी स्थिति में लोगों को यह महसूस होना स्वाभाविक था कि वोट देने का अधिकार होते हुए भी इस प्रकार के लोकतन्त्र से उनका कुछ बनने-बिगड़नेवाला नहीं है और यह कि जरा से धक्के से यह सिर के बल खड़ा लोकतन्त्र का पिरामिड ध्वस्त हो जाने वाला है और करोड़ों बालू-कणों की तरह असंगठित मतदाता असहाय दर्शक की तरह देखते रह जाने वाले हैं। यदि वह लोकतन्त्र भ्रष्ट और निकम्मा रहा है और खाद्य तथा बेकारी जैसी महत्त्वपूर्ण समस्याओं को हल करने में असफल रहा है तो यह सम्भव है कि मतदाता उसके पतन का स्वागत ही करेंगे। हम लोकतान्त्रिक बुद्धिवादियों को लोकतन्त्र के अमूर्त गुणों से उतनी प्रेरणा या उत्साह नहीं मिलता है; बल्कि कल्याण-कार्यों के रूप में लोकतन्त्र के ठोस परिणामों तथा लोकतान्त्रिक क्रिया-कलाप में उनका जो प्रत्यक्ष आधार या उनकी भूमिका होती है, उस पर ही किसी देश में लोकतन्त्र की संस्थाओं एवं प्रक्रियाओं के प्रति आम लोगों का रुख निर्भर करता है।

दुनिया के इतने सारे देशों—जो केवल एशिया और अफ्रीका महादेश तक सीमित नहीं हैं—के अनुभवों से लाभ न उठाना मूर्खता होगी। यह ठीक है कि हमारे लोकतन्त्र के टूटने का आसन्न खतरा नहीं है; परन्तु हमें यह कभी नहीं भूलना चाहिए कि इसमें वही सब दोष हैं जिनके कारण लोकतन्त्र दूसरे देशों में समाप्त हो गया है। आज जो थोड़े राष्ट्रीय नेता बचे हैं, उनके राजनीतिक मंच पर से हटने के बाद बिलकुल सम्भव है कि वह खतरा निकट आ जाए।

इसमें सन्देह नहीं कि पश्चिम के विकसित और प्रौढ़ लोकतन्त्र ऊपर से इतने बोझिल नहीं हैं और न वे ऐसे हैं कि नीचे विभिन्न प्रकार के व्यापक आधार-युक्त स्तम्भों का समर्थन उन्हें प्राप्त न हो। तथापि वहाँ भी शासन, सरकार और निर्णय का अभिक्रम कुछ ही लोगों के हाथ में रहता है। स्विट्ज़रलैण्ड और सम्भवतः स्केण्डिनेवियन देशों को छोड़कर, पश्चिमी लोकतन्त्र स्वैच्छिक शासन से कुछ ही अधिक महत्त्व रखता है। विज्ञान और यन्त्रशास्त्र तथा संश्लिष्ट आर्थिक व्यवस्था के विकास होने के साथ-साथ शासन-कार्य उत्तरोत्तर कम लोगों के हाथ में सिमटता जा रहा है। फलतः थोड़े से लोगों के हाथों में, चाहे वे साधारण नागरिक या राजकीय अधिकारी हों, आर्थिक एवं राजनीतिक सत्ता के केन्द्रीकरण के कारण लोकतन्त्र सारयुक्त होने के बजाय केवल एक ढाँचा मात्र रह जाने वाला है।

पश्चिम का लोकतन्त्र सम्भवतः अपनी आन्तरिक समस्याओं को तो हल कर लेगा, फिर भी इस बात पर बल देना आवश्यक है कि अगर लोकतन्त्र का अर्थ केवल अपने मत की सरकार, अथवा, दूसरे शब्दों में, एक ऐसी राजनीतिक व्यवस्था का होना है जो जनता को शान्तिपूर्वक सरकार बदलने का अवसर देती है, तो यह पाश्चात्य लोकतन्त्र की

कल्पना कोई पूर्ण कल्पना नहीं है; इसलिए पश्चिम के अनुभव से हमें सीखना चाहिए और एक पूर्णतर लोकतन्त्र की दिशा में बढ़ने का प्रयास करना चाहिए। अपने मत की सरकार से आगे का कदम होगा—शासन में जनता की प्रत्यक्ष भागीदारी, यानी सहभागी लोकतन्त्र।

अब इतना तो स्पष्ट ही है कि शासन-कार्य में भारत के करोड़ों मतदाताओं की भागीदारी असम्भव होगी, यदि शासन केवल दिल्ली या राज्यों की राजधानियों से संचालित होता रहेगा। जनता शासन-कार्य में भाग ले सके, इसके लिए यह आवश्यक है कि शासन यथासम्भव जनता के निकटतर आए। इस उद्देश्य की पूर्ति के लिए राजनीतिक एवं आर्थिक विकेन्द्रीकरण की पक्की व्यवस्था आवश्यक है।

स्थानिक स्व-शासन की कल्पना

पश्चिम में स्थापित स्वशासन की अत्यंत स्वस्थ एवं सक्षम व्यवस्था है। इसका तो स्वागत किया जाना चाहिए; लेकिन केवल स्थानिक स्वशासन, सहभागी लोकतन्त्र की जो मेरी कल्पना है, उसकी आवश्यकताओं की पूर्ति नहीं कर सकता। यद्यपि पश्चिम में स्वशासन बहुत दूर तक लागू है, तथापि वहाँ भी केन्द्रीय सरकार सर्वशक्तिमान है, यानी सभी बड़े और महत्त्व के निर्णय केन्द्र द्वारा ही लिखे जाते हैं। यह स्थिति सहभागी लोकतन्त्र की मेरी कल्पना से बहुत भिन्न है। मेरे मन में वह चित्र है, जिस पर गाँधी जी अकसर बल दिया करते थे। अर्थात् ज्यों-ज्यों निचले स्तर से ऊपर के शासन की ओर हम बढ़ते जाते हैं, त्यों-त्यों हर उच्चतर स्तर पर शासनिक कृत्य और अधिकार कम होते जाने चाहिए। उलटे पिरामिड की तस्वीर को लीजिए। वर्तमान लोकतन्त्र के ऊपर के चौड़े स्तरों में काफी काट-छाँटकर विशाल ऊँची मंजिलों के बड़े-बड़े हिस्सों को जमीन पर लाने की जरूरत है, जिससे कि लोकतन्त्र का पिरामिड, वास्तविक पिरामिड—यानी ऊपर सँकरा और आधार पर चौड़ा पिरामिड, बन सके। इस व्यवस्था में हर स्तर के लोगों को उस स्तर से सम्बन्धित सभी काम करने का पूर्ण अवसर मिलेगा। ऐसी लोकतान्त्रिक व्यवस्था में जनता का हित निहित रहेगा और साथ ही उसे स्वराज्य की अनुभूति मिल सकेगी।

यह विलक्षण बात है कि जब कोई अधिनायक पाश्चात्य ढंग की लोकतान्त्रिक व्यवस्था को तोड़ता है तो वह उस 'सच्चे जनवादी लोकतन्त्र' में अपना विश्वास घोषित करता है जो गाँव से एक-एक सीढ़ी ऊपर उठनेवाला हो। इसके नवीनतम उदाहरण हैं—नेपाल के राजा महेन्द्र। कभी तो ऐसी घोषणाओं के पीछे सच्चाई होती है, और कभी जनता को मूर्ख बनाने के लिए यह चाल मात्र होती है। चाहे जो भी हो, प्रश्न यह है कि आखिर ऐसी घोषणा वे करते ही क्यों हैं? कारण स्पष्ट है। यह बात नहीं है कि इस प्रकार का जनवादी लोकतन्त्र कोई फरेब, और इसलिए अधिनायक के हाथों में सुविधाजनक औजार मात्र ही होता है। पाश्चात्य ढंग की लोकशाही की तरह, सिर के बल खड़ा होने वाला लोकतन्त्र, कम-से-कम जहाँ आन्तरिक संरचनाएँ नहीं होतीं, आसानी से धराशायी किया जा सकता है। लेकिन अधिनायक हमेशा किसी-न-किसी प्रकार के बुनियादी लोकतन्त्र की ही बात क्यों करता है? क्योंकि वे बड़े चतुर होते हैं और यह समझते हैं कि जनता उस प्रकार के लोकतन्त्र को आसानी से समझ सकेगी और, पाश्चात्य व्यवस्था में राजनीतिज्ञों के हाथ का खिलौना बनने के बजाय, इस व्यवस्था में आत्मस्थ अनुभव करेगी, और फलतः ऐसे अधिनायकों का दौड़ कर समर्थन करेगी। यह आशा रखना उचित है कि अपनी लोकतान्त्रिक घोषणाओं के प्रति सच्चे अधिनायक जिस नए लोकतन्त्र की बात करते हैं, उसका निर्माण करने के लिए गम्भीर प्रयास भी करें। अब देखना यह है कि संयुक्त अरब गणराज्य से नेपाल तक के अधिनायक अपने संकल्प को कार्यरूप में परिणत करने हेतु, अन्ततः सारी सत्ता जनता को तथा उसकी लोकतान्त्रिक संस्थाओं को सौंपते हैं या नहीं। संयुक्त अरब गणराज्य में 'राष्ट्रीय संघ' (नेशनल यूनियन) और पाकिस्तान में 'बुनियादी लोकतन्त्रों' की स्थापना इस बात का सूचक है कि संकल्पित दिशा में कुछ प्रगति हुई है। परन्तु ये सारे देश किसी प्रकार के लोकतन्त्र से अब भी दूर हैं। फिर भी यह अद्भुत स्थिति—जिसमें 'लोकतन्त्र मर चुका' और 'लोकतन्त्र अमर हो' के नारे साथ-साथ लगाए जाते हैं—ध्यान देने योग्य है।

शक्तिशाली केन्द्र की स्थापना

राजनीतिक एवं आर्थिक विकेन्द्रीकरण से तथा शासन के निचले अवयवों को शक्तिशाली बनाने से ऐसी प्रतीति हो सकती है कि यह प्रक्रिया राष्ट्र की बनावट को कमजोर करेगी और केन्द्र की शक्ति एवं एकता को खण्डित करेगी। इससे इस बात की पुष्टि होती है कि देश में विघटनकारी प्रवृत्तियाँ मौजूद हैं और स्थानीय एवं भाषिक वफादारियाँ तथा तनाव भी कायम हैं। परन्तु इस तथ्य का यदि और गहरा अध्ययन किया जाए तो यह प्रकट होगा कि जिन विविध समुदायों से भारत बनता है, उनको यदि अपनी व्यवस्था आप करने तथा अपनी विशिष्टता को सुरक्षित रखने एवं विकसित करने के लिए यथासम्भव अधिक-से-अधिक स्वतन्त्रता एवं अवसर मिले, तो हम और भी संगठित और शक्तिशाली राष्ट्र बन सकते हैं, और वे विविध समुदाय और भी सुखपूर्वक साथ रह सकते हैं। एक ऐसा सर्वशक्तिमान केन्द्र, जिसके हाथ में बहुत अधिक कृत्य इकट्ठे हो गए हों, बाहर से तो शक्तिशाली दीख पड़ेगा, पर अन्दर से वह गम्भीर दबावों और तनावों का शिकार बना रहेगा, और उसके टूटकर बिखरने का खतरा हमेशा मौजूद रहेगा। यह भी जाहिर है कि ऐसा 'शक्तिशाली' केन्द्र धीरे-धीरे लोकतन्त्र से विमुख होकर सर्वसत्तावादी बनता जाएगा। यह अकारण नहीं है कि भारत में जो लोग एकात्म शासन के समर्थक हैं, उनमें फासिस्टवादी प्रवृत्तियाँ स्पष्ट रूप से पाई जाती हैं।

यदि सत्ता का ऐसा वितरण होता है जिसमें केन्द्र के पास उतने ही अधिकार रहते हैं जितने उसके केन्द्रीय कृत्यों के निर्वहन के लिए आवश्यक हैं; और शेष सारी सत्ता का प्रयोग शासन के निचले अवयवों के द्वारा होता है, तो इसका यह अर्थ नहीं कि केन्द्र कमजोर है। यह सारा प्रश्न क्षमता से संबंध रखता है। प्रत्येक स्तर पर निर्वाचित सत्ता जितना कुछ करने की क्षमता रखती है, वह सारा करती ही है। फिर, जब प्रत्येक स्तर पर सम्बन्धित सत्ता यह महसूस करती है कि काम बहुत हैं और वह सब करना उनकी क्षमता के बाहर है, तो वह उस स्तर की अन्य सत्ताओं के साथ संघ बनाकर एक उच्चतर सत्ता का निर्माण करती है। प्रसंगवश, यह कहा जा सकता है कि वर्तमान युग में विभिन्न राष्ट्र-राज्य भी यह अनुभव करने लगे हैं कि कुछ दायित्वों का निर्वहन उनमें से सबसे शक्तिशाली राष्ट्र या राज्य नहीं कर सकता, और इसलिए राष्ट्रों का जागतिक संघ बनाने की दिशा में वे सोचने लगी हैं। यह क्षमता का तत्त्व ही, इस व्यवस्था में, केन्द्रीय सत्ता के सुरक्षित रहने का आश्वासन है; क्योंकि यह शासन के निचले संगठनों के ही हित में है कि वे जो काम स्वयं नहीं कर सकते, उन्हें कुशलता एवं तीव्रता के साथ करने के लिए आवश्यक सारी सत्ता और अवसर केन्द्र को सौंप दें। उदाहरणस्वरूप, प्रतिरक्षा, वैदेशिक मामले, अन्तर-राज्यीय संबंध, मुद्रा, आयात-निर्यात का नियमन, राष्ट्रीय एकता का संरक्षण आदि ऐसे कार्य हैं जो केवल केन्द्र ही कर सकता है। केन्द्रीय शासन अगर इन शक्तियों से सम्पन्न है, तो उसे किसी भी प्रकार केवल इसलिए कमजोर नहीं कहा जा सकता कि उसको समर्पित किए गए विषयों का दायरा बहुत व्यापक नहीं है। वस्तुतः ऐसा ही शासन शक्तिशाली, सक्रिय और प्रभावी हो सकता है। दूसरी तरफ बोझिल-सिर, स्थूल-काय केन्द्र जो हर मामले में अपनी टाँग अड़ाता हो, ऊपर से मजबूत भले ही दीखे, वास्तव में वह कमजोर, पिलपिला, मन्दगति और अप्रभावी होगा। राष्ट्र की एकता या उसकी शक्ति केन्द्रीय शासन को समर्पित विषयों की सूची पर निर्भर नहीं करती; बल्कि वह भावनात्मक एकता, सामान्य अनुभूति एवं आकांक्षा, राष्ट्रीय प्रकृति, पारस्परिक सद्‌भाव एवं समन्वय-भावना और, सबसे अधिक, राष्ट्रीय नेताओं की उदार बुद्धिमत्ता पर निर्भर करती है।

नीचे से स्वराज्य

लोकतन्त्र का पौधा, चाहे वह जिस प्रकार का हो, अधिनायकवाद के वातावरण में विकास और उन्नति प्राप्त कर सकता है, इसमें सन्देह है। परन्तु हमारे लिए यह सौभाग्य की बात है कि इस देश में यदि पूर्ण नहीं तो पर्याप्त लोकतान्त्रिक वातावरण कायम है, जिसमें अपने इस लोकतन्त्र को नए ढंग से सँवारने, उसके आधार को चौड़ा और गहरा करने तथा इस प्रक्रिया को आगे बढ़ाते हुए, समय रहते, उसको अभेद्य और सन्तोषकारी बनाने का हमें अवसर प्राप्त है।

यह बड़े सन्तोष का विषय है कि हमारे देश में पंचायती राज के रूप में—जिसको पहले 'लोकतान्त्रिक विकेन्द्रीकरण' कहा जाता था—सहभागी लोकतन्त्र की बुनियाद डालने की दिशा में कदम उठाया जा चुका है। इस प्रयोग के लिए

सर्वप्रथम श्री बलवन्तराय मेहता ने पहल की और कठिन बाधाओं के बावजूद, सामुदायिक विकासमन्त्री श्री एस. के. दे के अभिक्रम एवं दूर-दृष्टि के कारण तथा प्रधानमन्त्री के शक्तिशाली समर्थन के कारण इसमें प्रगति हुई है। काँग्रेस दल पंचायती राज के आदर्श को मान्य कर चुका है; कई राज्यों में वह लागू भी हो गया है; और यह आशा है कि कुछ वर्षों में उसका विस्तार शेष राज्यों तक हो जाएगा।

पिछले कुछ महीनों में पंचायती राज के विषय में बहुत कुछ लिखा जा चुका है; इसलिए अभी विस्तार से उसकी चर्चा करना यहाँ आवश्यक नहीं है। फिर भी कुछ बातों की ओर ध्यान आकृष्ट करना जरूरी है। एक बात यह स्मरण रखनी चाहिए कि पंचायती राज के लिए जो पहल की गई है, वह हमारे लोकतन्त्र के आधार को व्यापक बनाने, अथवा जिसे मैंने सहभागी लोकतन्त्र कहा है, उसकी नींव डालने के राजनीतिक उद्देश्य से प्रेरित होकर नहीं, बल्कि इस उद्देश्य से की गई है कि विकास-कार्यक्रमों के क्रियान्वयन में पूर्ण जन-सहयोग प्राप्त हो सके। चूँकि इस सीमित लक्ष्य को सामने रख कर यह प्रयोग शुरू हुआ है, इसलिए इसके महत्त्व को देश के चेतन राजनीतिक तत्त्व भी भली भाँति समझ नहीं पाए हैं, बहुसंख्यक जनता का क्या पूछना! फिर भी यह स्पष्ट है कि इस आंदोलन के पीछे जो तर्क है, वह इसको आगे बढ़ाता जा रहा है और साथ ही इसके निहितार्थों को निरन्तर व्यापक एवं गहन बनाता जा रहा है। परन्तु अब भी इस प्रयोग के प्रति जनता का उत्साह जाग्रत करने और उसको यह समझाने की आवश्यकता है कि इसका उद्देश्य प्रशासन के निचले स्तरों पर केवल पद्धतिगत सुधार करना नहीं, बल्कि जनता के लिए सर्वाधिक महत्त्वपूर्ण राजनीतिक क्रांति का सूत्रपात करना है, और यह कि स्वराज्य को जनता के नजदीक लाने का उद्देश्य और चेष्टा इस प्रयोग में निहित हैं। जनता में यह चेतना और उत्साह जगाने का काम विकास-पदाधिकारियों के द्वारा नहीं हो सकता—यह काम तो देश के लोकतान्त्रिक एवं लोकप्रिय नेता—वे चाहे जिस दल या विचारधारा के हों—तथा सामान्य सामाजिक कार्यकर्ता और बौद्धिक एवं नैतिक नेता ही कर सकते हैं।

सहभागी लोकतन्त्र का आधार

पंचायती राज सच्चे सहभागी लोकतन्त्र का आधार बन सके, इसके लिए कुछ शर्तों की पूर्ति आवश्यक है।

इस प्रयोग की सफलता के लिए पहली आवश्यक शर्त है—व्यापकतम अर्थ में जनता का शिक्षण। यह शिक्षण का कार्य सर्वोत्तम ढंग से वे तटस्थ, निर्दलीय एजेन्सियाँ ही कर सकती हैं जो सामाजिक सेवा या ग्रामीण विकास में संलग्न हैं। राजनीतिक दलों का भी इस कार्य में एक बड़ा योगदान हो सकता है, बशर्ते कि वे निर्दलीय भावना से इस कार्य में जुट जाएँ। उनके लिए सर्वोत्तम मार्ग शायद यह होगा कि वे इस कार्य के संचालन हेतु एक सामान्य एजेन्सी का निर्माण कर लें। सरकारी अधिकारी और एजेन्सियाँ भी इस क्षेत्र में उपयोगी कार्य कर सकती हैं। विद्यालय, पुस्तकालय तथा सहकारी समितियाँ इस मामले में एक महत्त्वपूर्ण भूमिका अदा कर सकती हैं। यहाँ यह भी विचारणीय है कि क्या कोई निर्दलीय और मतदाताओं को शिक्षण करने वाली संस्था—जिसे 'अखिल भारतीय मतदाता संघ' कह सकते हैं—मतदाताओं की शैक्षणिक सेवा के लिए गठित की जाए। केन्द्रीय सामुदायिक विकास-मन्त्रालय, अखिल भारतीय पंचायत परिषद्, अन्य अखिल भारतीय स्थानीय स्वशासन संस्थाएँ, सर्व सेवा संघ तथा दूसरी अखिल भारतीय ग्राम सेवा एजेन्सियाँ भी मिलकर एक केन्द्र का संस्थापन एवं संचालन कर सकती हैं और साहित्य-निर्माण, सर्वेक्षण-संचालन, समस्याओं का अध्ययन आदि कर इस कार्य में सहायक हो सकती हैं।

दूसरी शर्त जिस पर बल देने की जरूरत है, यह है कि पंचायती राज की सफलता इस बात पर निर्भर करेगी कि संगठित राजनीतिक दल पंचायती राज के संगठनों के साथ हस्तक्षेप करने, उन्हें अपने हाथ की कठपुतली बनाने तथा सत्ता-प्राप्ति के एक आधार के रूप में उनका उपयोग करने से कहाँ तक बाज आएँगे। इसमें सन्देह नहीं कि ज्यों-ज्यों जमीन के स्तर पर जनता की चेतना बढ़ती जाएगी, त्यों-त्यों राजनीतिक दल और महत्त्वाकांक्षी राजनेता पंचायती परन्तु प्रारम्भिक अवस्था में यह आवश्यक है कि राजनीतिक दल जनता के हित में, जिसकी सेवा करने का वे दम भरते हैं, एक आत्म-निरोधकारी अनुशासन स्वीकार कर, लोकतन्त्र के बुनियादी संगठनों को नियन्त्रित करने के उद्देश्य से बनाने के लिए उन पर दबाव डालना छोड़ दें। इन संगठनों के स्वास्थ्य एवं संजीवन के लिए तथा जनता को लोकतन्त्र की

प्रक्रिया में बुद्धिपूर्वक भाग ले सकने योग्य बनाने के लिए सबसे अच्छा होगा कि इन संगठनों को जनता के प्रत्यक्ष नियन्त्रण में, बिना किसी हस्तक्षेप के, रहने दिया जाए। हाँ, ये दल जनता के शिक्षण का काम कर सकते हैं, और उस क्रम में अपने भिन्न विचारों एवं नीतियों को भी लोगों के समझ प्रस्तुत कर सकते हैं। यदि राजनीतिक दलों के नेता आपस में एक सच्चे समझौते पर पहुँच सकें, तो इस लक्ष्य की प्राप्ति कठिन नहीं होगी।

तीसरी शर्त यह है कि सत्ता का वास्तविक विकेन्द्रीकरण होना चाहिए, केवल दिखावे के रूप में नहीं। यह भी सम्भव है कि पंचायती राज का ढाँचा तो खड़ा हो जाए, परन्तु उसको कोई वास्तविक अधिकार न मिले। इस प्रकार का ढाँचा आत्मा-विहीन शरीर के समान, जन्म से ही मृत या मृतजात शिशु के तुल्य होगा। यहाँ आवश्यकता है सच्चाई की, कल्पना और साहस की। जनता पर भरोसा हमें करना होगा। हममें से जो लोग कुछ पढ़-लिख गए हैं, उनमें सामान्य लोगों की क्षमता एवं बुद्धि पर अविश्वास करने की प्रवृत्ति पाई जाती है। अतः यह सम्भव है कि सत्ता के वितरण की बात तो की जाए, परन्तु वास्तविक सत्ता सौंपी न जाए। कोई व्यक्ति दायित्व का निर्वाह करना तब तक नहीं सीख सकता, जब तक उसको दायित्व वास्तव में सौंप नहीं दिया जाता। जनता में अविश्वास या सत्ता-समर्पण की अनिच्छा के कारण उसको सत्ता से वंचित रखने के परिणामस्वरूप जनता में दायित्व हीनता का दृष्टिकोण पैदा होगा, जैसा कि काफी हद तक हो चुका है, और तब वह अपनी समस्याओं के समाधान के लिए पराक्रमी पुरुषों और जादूगरों की तलाश करेगी। ऐसी ही मनोवैज्ञानिक परिस्थिति में अधिनायक पैदा होते हैं। लोकतन्त्र की सफलता के लिए यह आवश्यक है कि जनता को दायित्व उठाने के लिए तैयार किया जाए और उसे इसके लिए पूर्ण अवसर प्रदान किया जाए।

पंचायती राज में सत्ता एवं प्रशासन के तीन स्तर हैं : ग्राम-पंचायत, प्रखण्ड पंचायत समिति, और जिला परिषद्। इनमें से प्रत्येक स्तर पर जनता की शक्ति की मर्यादा के अन्दर उसे दायित्व उठाने का अवसर दिया जाना चाहिए। ब्रिटिश प्रशासनिक व्यवस्था के अन्तर्गत जिला दण्डाधिकारी (मजिस्ट्रेट) एवं समाहर्ता (कलक्टर) मुख्य अधिकारी होते थे। उनकी स्थिति आज भी वैसी ही है। लेकिन पंचायती राज में यदि सत्ता का वास्तविक वितरण होता है तो जिला दण्डाधिकारी का अन्ततः लोप हो जाना चाहिए या उसको राज्य-सरकार के प्रतिनिधि मात्र के रूप में रखना चाहिए, जैसा कि राज्यों में राज्यपाल केन्द्रीय सरकार के प्रतिनिधि मात्र होते हैं। पंचायती राज, राजस्थान में भी जहाँ उसकी शुरुआत हुई, इस फल-सिद्धि से बहुत दूर है। यह ठीक है कि इस प्रक्रिया में कुछ समय लगेगा, परन्तु अभी तो यह भी स्पष्ट नहीं है कि अन्तिम लक्ष्य पर मतैक्य हो गया है।

साधनों का नियन्त्रण

चौथी शर्त यह है कि प्रत्येक स्तर पर स्थानिक सत्ता के हाथ में कम-से-कम अपने कुछ साधन होने चाहिए। यह आवश्यक है। यदि राज्य-सरकार के हाथ में ही साधनों का नियन्त्रण रहेगा, तो सत्ता का वितरण नाममात्र का होगा। 'सर्वेगुणाः काञ्चनमाश्रयन्ति'—यह कथन अन्यत्र की तरह यहाँ भी लागू होता है। मुझे भय है कि सत्ता एवं कृत्यों के वितरण की अपेक्षा इस मामले में और भी कम प्रगति देखने में आई है। मेरा सुझाव है कि सबसे पहले भूमि-राजस्व की राशि पूर्णतः ग्राम-पंचायत तथा पंचायत समिति के हाथ में ही रहने देनी चाहिए, यद्यपि वह बहुत नहीं होती। भूमि-राजस्व की राशि में से इन संस्थाओं को साधन वितरित करने का विशिष्ट अधिकार राज्य-सरकार के हाथ में ही रहे, ऐसा नहीं होना चाहिए। अपेक्षाकृत रूप से जो गाँव और प्रखण्ड ज्यादा गरीब हैं, उनकी सहायता करने के उद्देश्य से एक 'समकरण कोष' रखकर भूमि-राजस्व की संपूर्ण राशि ग्राम-पंचायतों और पंचायत समितियों के हाथ में छोड़ दी जानी चाहिए। राजस्व के अन्य सम्भव साधन भी ढूँढ़कर पंचायती राज के अधीन रख दिए जाएँ, जिससे कि वह प्रतिष्ठापूर्वक काम कर सके और अपनी स्वायत्तता का भी उपयोग कर सके। इसके यह अर्थ नहीं हैं कि पंचायती राज को विकास-कार्यक्रमों के लिए राज्य या केन्द्रीय सरकार से कोष की प्राप्ति हो ही नहीं।

पाँचवीं शर्त यह है कि पंचायती राज यथाशीघ्र इस योग्य बने कि अपने अधीनस्थ असैनिक सेवकों पर वह वास्तविक सत्ता का प्रयोग कर सके और वे पूरी तरह उसके प्रति जवाबदेह माने जाएँ। उनकी भर्ती के मामले में भी स्थानिक अधिकारियों अथवा उनके प्रतिनिधियों को शरीक करना उचित होगा। साथ ही; असैनिक सेवकों को न्याय एवं सेवा

की सुरक्षा प्राप्त हो तथा, बिना अनुचित हस्तक्षेप के, अपने कर्तव्यों को सम्पन्न करने की स्वतन्त्रता हो, ऐसी व्यवस्था होनी चाहिए।

छठी शर्त यह है कि पंचायती राज के त्रि-स्तरीय ढाँचे में सबसे नीचे ग्राम-पंचायत है जो स्पष्टतः उसकी बुनियाद है। संपूर्ण ढाँचे की शक्ति एवं जीवन्तता तथा उसका लोकतान्त्रिक स्वरूप—ग्राम-पंचायत की शक्ति एवं जीवन्तता और लोकतान्त्रिक स्वरूप पर निर्भर करेगा। मैं यहाँ इस बात पर बल दे रहा हूँ कि शासन-कार्य में जनता के योगदान का तत्त्व लोकतन्त्र का वास्तविक मापदण्ड है। अब, यदि स्वशासन का कोई ऐसा स्तर है, जहाँ जनता का पूर्णतम योगदान व्यावहारिक रूप से सम्भव है तो वह ग्राम-स्तर ही है। केवल उसी स्तर पर प्रत्यक्ष लोकतन्त्र की प्रक्रिया पर्याप्त रूप से काम कर सकती है।

लेकिन, यदि ग्राम-स्तर पर भी पंचायत ही एकमात्र स्वीकृत एवं विधिक संस्था होगी, और पंचायत के चुनावों में मतदान करने के अतिरिक्त, गाँव के काम-काज के संचालन में जनता का कोई भाग नहीं रहेगा, तो ग्रामीण लोकतन्त्र ही संतोषकारी, पर्याप्त एवं परिपुष्ट नहीं बन पाएगा, और इसके फलस्वरूप पंचायती राज का संपूर्ण ढाँचा खोखला बन जाएगा। ग्राम-पंचायत की प्रभावकारिता, उसकी शक्ति और उसकी जीवन्तता, उसके काम-काज में ग्रामीण समुदाय के स्थायी, प्रबुद्ध एवं उत्साहपूर्ण अभिरुचि एवं सहयोग पर निर्भर करेगी।

पंचायती राज के जन्म के पहले भी ग्राम-पंचायतें थीं, परन्तु वे उस समय ग्रामीण लोकतन्त्र का प्रतिनिधित्व नहीं करती थीं, बल्कि राज्य सरकारों, या उससे भी बदतर, स्थानीय अधिकारियों के एजेण्ट के रूप में काम करती थीं। अगर पंचायती राज के अन्तर्गत भी, ग्राम-पंचायतें सुसंगत रूप से ग्रामीण समुदाय की शक्ति, सत्ता और पोषण प्राप्त नहीं करती हैं, तो वे पहले की तरह राज्य-सरकार और उसके अधिकारियों द्वारा ग्रामीण जनता को नियन्त्रित और प्रभावित करने का औजार बनी रहेंगी। ऐसी बुनियाद पर खड़ा पंचायती राज, नीचे से ऊपर उठने वाले लोकतन्त्र का ढाँचा नहीं होगा, बल्कि ऊपर से संचालित नौकरशाही शासन-पद्धति का विस्तार मात्र होगा।

इसलिए अपने लोकतन्त्र को एक वास्तविक आधार देने और उसकी प्रक्रिया में संपूर्ण जनता को सक्रिय एवं स्थायी रूप से शामिल करने के लिए यह आवश्यक है कि हम पंचायत से भी नीचे जाकर स्वयं जनता तक पहुँचें, और ग्रामीण समुदाय के संपूर्ण वयस्क सदस्यों को एक विधिक सामूहिक निकाय, ग्राम-सभा, के रूप में गति कर दें। पंचायत को इस ग्राम-सभा की कार्यकारिणी के रूप में काम करना चाहिए और ग्राम-सभा को, विशिष्ट उद्देश्यों के लिए, दूसरी समितियाँ तथा कार्यकारी दल गठित करने का अधिकार होना चाहिए।

वस्तुतः इसी दिशा में कोशिश की जा रही है, परन्तु जनता की सुबुद्धि और क्षमता पर भरोसा करने में एक अजीब हिचकिचाहट नजर आती है। ग्राम-सभाएँ गठित की जा रही हैं, लेकिन वे काम नहीं करती हैं और पंचायतें, या कभी-कभी उनके अध्यक्ष ही, सारी सत्ता अधिकृत कर लेते हैं जिसके फलस्वरूप, स्वभावतः, जनता में उदासीनता का भाव पैदा होता है। ग्राम-सभा की बैठक जितनी बार हो सके होनी चाहिए, या यों कहिए हर तीन महीने पर होनी चाहिए, और उसके समक्ष बजट सहित सभी मुख्य विषय, केवल चर्चा करने और राय लेने के लिए नहीं, बल्कि उनकी स्वीकृति एवं सहमति प्राप्त करने के लिए अवश्यमेव उपस्थित किए जाने चाहिए।

तभी जनता अपने दायित्वों एवं अवसरों के प्रति सजग होगी, और आज जो ग्राम-पंचायतें राज्य-सरकार के अधिकारियों अथवा स्वयं ग्रामीण समुदाय के अन्दर निहित एवं स्वार्थी हितों के हाथ का सुविधाजनक औजार बनी हुई हैं, उनका यह रूप समाप्त होगा, और वे जनता की इच्छा को क्रियान्वित करने के समुचित साधन बनेंगी। जब यह होगा, तब ग्राम-सभाएँ—ग्राम-पंचायतें नहीं—लोकतन्त्र की सुन्दर इमारत का निम्नतम स्तर या बुनियादी मंजिल बनेंगी, और उसको सर्वाधिक व्यापक एवं सुदृढ़ तथा ठोस आधार प्रदान करेंगी।

अतः, जो सब लोग भारतीय लोकतन्त्र को जीवन्त बनाने और जनता को स्वशासन के लिए तैयार करने में रुचि रखते हैं, उन्हें एकजुट होकर जनता के अन्दर सामाजिक चेतना, व्यावहारिक योग्यता तथा नैतिक गुण विकसित करने का प्रयास करना चाहिए। इस देश के सभी लोकतान्त्रिक दलों के लिए यह वस्तुतः एक प्रेरणापूर्ण चुनौती है—बशर्ते कि उन्हें खुद अपने लिए सत्ता-प्राप्ति के संघर्षों से अवकाश हो। सभी प्रशिक्षण और शिक्षण-संबंधी, सरकारी या गैरसरकारी

कार्यक्रम, इस सर्वाधिक महत्त्वपूर्ण लक्ष्य की पूर्ति के लिए ही होने चाहिए।

जहाँ कहीं पंचायतों के अध्यक्ष को अपनी कार्यकारिणी के कुछ सदस्य मनोनीत करने का अधिकार प्राप्त है, वहाँ कानून में ऐसा संशोधन किया जाए कि यदि मनोनयन आवश्यक और वांछनीय ही हो तो मनोनयन के अधिकार का प्रयोग सम्बन्धित समुदायों या हितों के द्वारा अथवा संपूर्ण पंचायत के द्वारा किया जाए, या अन्य किसी पद्धति से किया जाए; परन्तु किसी भी स्थिति में, पंचायत के अध्यक्ष को कानून से यह प्रोत्साहन न मिले कि वह अनेक सदस्यों को अपनी जेब में रख कर स्वयं-शक्तिशाली अधिकारी बन बैठे।

चुनाव

ग्राम-पंचायतों के चुनावों के संबंध में मेरा निश्चित मत है कि वे चुनाव निर्विरोध होने चाहिए। कुछ क्षेत्रों में इस मत की कटु आलोचना हुई है, अन्य क्षेत्रों में इसके अनुकूल राय बनी है। जहाँ तक मेरा संबंध है, मैंने इस प्रश्न पर जितना ही सोचा है और अन्य लोगों के साथ चर्चा की है तथा ग्राम-पंचायतों की कार्य-पद्धति के बारे में जानकारी प्राप्त की है, उतना ही मेरा यह विश्वास दृढ़ बना है कि यदि पंचायती राज को सफल होना है तो ग्राम-पंचायतों के चुनाव में संघर्ष का अवश्य ही निवारण किया जाना चाहिए। गाँव में एक ओर तो जाति-भेद और वर्ग-भेद हैं, परिवार-गत तथा अन्य प्रकार की गुटबन्दियाँ हैं और कोई सामूहिक राय नहीं है; दूसरी ओर, गाँव के सामने ऐसी समस्याएँ हैं, जिन्हें संयुक्त एवं सामूहिक प्रयास के बिना कभी हल नहीं किया जा सकता। समुचित सामुदायिक भावना का निर्माण किया जाना आवश्यक है। गाँव में चुनाव के संघर्ष शुरू करना आग में घी डालने के बराबर है। लोगों को यह समझना चाहिए कि अगर वे स्वशासन का उपभोग करना चाहते हैं तो शर्त यह है कि वे सामूहिक हित के लिए मिल-जुलकर कार्य करने के लिए तैयार हों; इसलिए नहीं कि कोई अधिनायक उन पर अपनी इच्छा लादना चाहता है, बल्कि इसलिए कि यह आवश्यक शर्त है जिसके आधार पर ही वे स्वशासन कर सकते हैं तथा अपने व्यक्तिगत और सामूहिक हितों को आगे बढ़ा सकते हैं। गुटों में संघर्ष के द्वारा जो स्वशासन होगा, वह स्वशासन नहीं, स्वनाश होगा। स्मरण रखना चाहिए कि गाँव एक प्राथमिक, प्रत्यक्ष समुदाय है जहाँ लोगों को वस्तुतः आमने-सामने रहना पड़ता है और एक-दूसरे के सुख-दुःख में भागीदार होना पड़ता है। वर्तमान गाँव, जैसा कि मैं कह चुका हूँ, एक बिखरा हुआ समुदाय है। यदि लोकतन्त्र ही उसके और अधिक बिखराव का कारण बन जाए तो यह दुखद बात होगी और लोकतन्त्र का मखौल करने जैसा होगा। देश के कुछ भागों में यह आवाज उठ चुकी है कि पंचायती राज के नाम पर गाँवों को संघर्ष के अखाड़े बनाने के बजाय, वे जैसे हैं वैसा ही उन्हें रहने दिया जाए। इसका कारण यह है कि चुनाव-संबंधी संघर्षों के फलस्वरूप गाँवों में ऐसे तनाव पैदा हुए हैं कि पंचायतों के काम-काज वस्तुतः ठप हो गए हैं। यदि यह स्थिति जारी रहती है तो खतरा यह है कि कुछ वर्षों में हर व्यक्ति 'पंचायत' और 'पंचायती राज' के नाम से ऊबकर नौकरशाही के असैनिक सेवकों द्वारा ऊपर से होने वाले शासन का ही हृदय से स्वागत करने लगेगा और जनता का लोकतन्त्र पूर्णतः विफल एवं काल्पनिक घोषित कर दिया जाएगा। इस देश के लोकतन्त्र पर यह भारी आघात होगा जिससे, सम्भव है, अधिनायकवाद के लिए रास्ता साफ हो जाए।

इस विचार के विरोध में यह कहा जाता है कि चूँकि ग्रामीण समुदाय परस्पर विरोधी हितों के टकराव से इतना जर्जर बना हुआ है कि पंचायतों के निर्विरोध चुनाव की बात अव्यावहारिक है। ऊपर उपस्थित किया गया विचार इस बात पर बल देता है कि गाँव अभी तक अनमेल समुदाय है, इस कारण संघर्षों का निवारण किया जाना चाहिए, क्योंकि तभी पंचायतें संपूर्ण समुदाय को पुनर्निर्माण एवं विकास के कार्य में जुटा सकेंगी।

परन्तु, चूँकि यह तर्क बार-बार दुहराया जाता है, इसलिए हम कुछ गहराई से इस पर विचार करेंगे। यह ठीक है कि गाँव में विभिन्न प्रकार के, परस्पर-विरोधी हित हैं। लेकिन, पंचायत तो ग्रामीण समुदाय में कोई बुनियादी सामाजिक-आर्थिक परिवर्तन नहीं ला सकती हैं; वह न तो भूमि-स्वामित्व को समाप्त कर सकती है, न काश्तकारी कानून को बदल सकती है; वह न तो जमीन का पुनर्वितरण कर सकती है, न ब्याज की दर तथा महाजनी संबंधी कानून बना

सकती है; अथवा ऐसा अन्य कोई काम कर सकती है। विधानसभा और लोकसभा के चुनावों में अवश्य ही ग्रामीण समाज के मतभेद एक महत्त्वपूर्ण भूमिका अदा कर सकते हैं; परन्तु पंचायत के चुनावों के सन्दर्भ में तो वे अप्रासंगिक हैं। गाँव की आर्थिक एवं सामाजिक विषमताओं के वास्तविक समाधान ये हैं : (क) शीघ्र आवश्यक आर्थिक और सामाजिक कानून बनाना; (ख) इन विषयों पर जो कानून बने हुए हैं, उन्हें कड़ाई से लागू करना; और (ग) वर्तमान दुखदायी विषमताओं को उभारकर संघर्ष एवं विषमता को तीव्रतर बनाने के बजाय, वयस्क लोक-शिक्षण के महत्त्वपूर्ण, पर उपेक्षित, कार्यों की गति तेज करना।

यहाँ कुछ विषयान्तर करते हुए मैं इस बात पर बल देना चाहता हूँ कि गाँव तथा उसकी राजनीतिक एवं आर्थिक संस्थाओं को प्रभावी तथा समन्वित संगठन का रूप देने के लिए सबसे आवश्यक आर्थिक सुधार मेरी दृष्टि में यह होगा कि गाँव की संपूर्ण भूमि का स्वामित्व एवं प्रबन्ध ग्राम-सभा में निहित कर दिया जाए, जिससे गाँव का प्रत्येक व्यक्ति गाँव की भूमि-सम्पत्ति का समान रूप से अधिकारी बन जाए, तथा ग्रामीण समुदाय के प्रत्येक सदस्य के, और साथ ही संपूर्ण समुदाय के, लाभ के लिए उस सम्पत्ति का समान रूप से उपयोग हो सके। हमारे देश की परिस्थिति में, जहाँ भूमि-मनुष्य अनुपात इतना निम्न है; जहाँ भूमि पर निर्भर जनसंख्या का अनुपात इतना अधिक है; जहाँ ग्रामीण जनसंख्या, नगरीकरण की तेज रफ्तार के बावजूद, और बढ़ने वाली है; जहाँ नई पीढ़ी का अर्थ भूमि का अधिक बिखराव होना है; और जहाँ उप-सामन्ती प्रथा की बुराई इस तरह जकड़ गई है, तथा भूमि-संबंधी कानून और प्रशासन इतना उलझनपूर्ण और मुकदमेबाजी, झूठ गवाही एवं अन्य नैतिक भ्रष्टाचार को बढ़ावा देने वाला है, कि इससे कम प्रभावकारी भूमि-सुधारों से स्थिति में बहुत फर्क आने को नहीं है। सौभाग्य से, विनोबा ज़ी के भूदान-ग्रामदान आंदोलन से ऐसे क्रांतिकारी कृषि-कानून बनाने के लिए जमीन बहुत दूर तक तैयार हो गई है।

कृत्य

अब पुनः अपने मुख्य विषय पर लौटकर हम देखें कि पंचायत के कौन-कौन से कृत्य हैं। स्पष्टतः इसका सबसे महत्त्वपूर्ण कृत्य है, विकास की योजनाओं एवं कार्यक्रमों का शुभारम्भ करना या ग्राम-सभा से उनकी स्वीकृति के बाद उन्हें क्रियान्वित करना। यहाँ एक महत्त्व का प्रश्न यह उठता है कि क्या पंचायत अपना यह कृत्य गुटबाजी और विग्रह के द्वारा अथवा एकता और समन्वय के प्रतिनिधि के रूप में अधिक अच्छे ढंग से सम्पन्न कर सकती है? इस प्रश्न के उत्तर के विषय में उस व्यक्ति को कोई शंका नहीं होगी जो वास्तविकता से थोड़ा भी परिचय रखता है। खेद की बात यह है कि हमारे बीच ऐसे भी खण्डित मानस के लोग हैं जो गाँववालों से एक ओर अपनी स्थिति सुधारने हेतु सामूहिक प्रयास करने के लिए कहते हैं; और साथ ही इसी लक्ष्य की प्राप्ति हेतु सत्ता के लिए आपस में लड़ने की भी सलाह देते हैं!

कभी-कभी यह भी कहा जाता है कि ग्रामीण समाज के परम्परागत सत्ताधिकारी, निर्विरोध चुनाव के नाम पर, पंचायतों पर भी प्रभुत्व स्थापित कर लेंगे। यह हो सकता है और होता भी है। परन्तु जब संघर्षपूर्ण चुनाव होते हैं, तब भी ऐसा हो सकता है और होता है। ऐसे परम्परागत तत्त्वों का प्रभुत्व स्थापित न होने देने का उपाय यह नहीं है कि चुनाव का संघर्ष हो, बल्कि यह है कि साहसपूर्ण एवं कल्पनापूर्ण सामाजिक-आर्थिक सुधार किए जाएँ तथा जनता को शिक्षित एवं जाग्रत किया जाए।

इस विषय के दूसरे महत्त्वपूर्ण पक्ष पर भी बल देने की जरूरत है। अपने नैतिक दायित्वों के पालन के लिए ग्राम-पंचायत को कुछ ऐसे उपाय करने होंगे; जिससे समाज के दुर्बल वर्गों को, कम-से-कम, सामाजिक सुरक्षा मिल सके तथा उनके हितों की रक्षा हो सके। ग्रामीण समाज के सामाजिक-आर्थिक ढाँचे में परिवर्तन लाने के लिए, कानून बनाने के अधिकारों के अभाव में, पंचायत अपने इस कार्य को सम्भवतः एक ही ढंग से सम्पन्न कर सकती है; और वह है कि समाज के शक्तिशाली वर्गों की सद्भावना एवं सहयोग प्राप्त कर उन्हें अपनी सम्पत्ति, प्रतिभा एवं समय का एक अंश स्वेच्छा से अपने कम सौभाग्यशाली पड़ोसियों के हेतु देने के लिए प्रेरित किया जाए। गाँव के स्तर पर कोई दूसरा ढंग विनाशकारी और आत्म-पराजयकारी भी होगा। अनुभव ने सिद्ध किया है कि गाँव के पिछड़े वर्ग, परम्परागत

रूप से प्रभावशाली वर्गों को पराजित कर पंचायत पर प्रभुत्व स्थापित कर लेने के बाद भी, पराजित हितों के असहयोग एवं विरोध के कारण, कुछ नहीं कर पाए हैं। गाँव के स्तर पर वर्ग-संघर्ष की प्रक्रिया लागू करने से समाज के उन्हीं वर्गों को सबसे कम मदद मिलने की सम्भावना है, जिनको उसकी सबसे अधिक जरूरत है।

इस प्रकार हम इस अनिवार्य निष्कर्ष पर पहुँचते हैं कि ग्राम-पंचायतों के चुनाव में संघर्ष न होना हर दृष्टि से वांछनीय है। अब प्रश्न है कि यह हो कैसे? इस विषय में कई सुझाव, विशेषकर पुराने सौराष्ट्र में जब श्री उ.न. ढेबर वहाँ के मुख्यमन्त्री थे, प्रस्तुत किए गए हैं और प्रयोग भी हुए हैं। यदि सिद्धान्त मान्य कर लिया जाए तो उसे क्रियान्वित करने का मार्ग ढूँढ़ लेना कठिन नहीं होगा। दुर्भाग्यवश, कुछ क्षेत्रों में यह विचार चलता है कि चुनाव में अगर संघर्ष नहीं है, तो लोकतन्त्र नहीं है। यही अपरिवर्तनशील, काल्पनिक एवं मूढ़ दृष्टिकोण किसी समाधान के रास्ते में बाधक होता है। पर मेरा तो निश्चित मत है कि जब तक इस मूल प्रश्न का समाधान नहीं निकलता, तब तक पंचायती राज कदापि नहीं हो सकता।

देश के राजनीतिक दलों को ऐसा प्रतीत हो सकता है कि यदि गाँव में संघर्ष नहीं होता है, तो उनके लिए वहाँ कोई काम नहीं रह जाएगा। इसके विपरीत, उनके लिए वहाँ बहुत ही रचनात्मक काम करने को रहेंगे। अगर वे इस विचार को मान्य कर लेते हैं कि गाँव के सर्वोत्तम हित-साधन के लिए निर्विरोध चुनाव ही श्रेयस्कर है, तो वही उनके लिए एक चुनौती बन जाएगी। तब फिर सभी दलों को एक साथ मिलकर गाँवों के लोगों का शिक्षण करना होगा और उन्हें इस चुनौतीपूर्ण एवं विधायक कार्य के लिए प्रेरित करना होगा। यदि व्यक्तिगत महत्त्वाकांक्षाओं को अलग रख दें, तो फिर राजनीतिक दलों के लिए यह काम कठिन नहीं होना चाहिए; क्योंकि आखिर गाँव के काम-काज में दलगत राजनीतिक मतभेदों के लिए कोई स्थान नहीं है?

नगर-सभा

यहाँ एक पाद-टिप्पणी के रूप में कुछ जोड़ने की जरूरत है। ऊपर की चर्चा में लोकतन्त्र की प्रस्तावित व्यवस्था को केवल ग्राम-सभाओं पर आधारित दिखाया गया है और नगर-सभाओं का कोई उल्लेख नहीं किया गया है; इसलिए ऐसा लग सकता है कि इस लोकतन्त्र के ढाँचे से नगर को अलग ही रखा जाने वाला है। लेकिन, वस्तुतः पंचायती राज या सहयोगी लोकतन्त्र की संपूर्ण कल्पना में कहीं यह बात नहीं है। यह सत्य है कि पंचायती राज अभी तो ग्रामीण क्षेत्रों तक ही सीमित है; परन्तु जब वह विकसित होकर अन्ततः संपूर्ण राष्ट्र को अपनी लपेट में शामिल कर लेगा, तो फिर नागरिक समुदायों की लोकतान्त्रिक संस्थाओं को भी इसके ढाँचे में समाविष्ट करना ही होगा। तब 'ग्राम' शब्द गाँव का द्योतक नहीं, प्राथमिक समुदाय मात्र का द्योतक होगा, चाहे वह समुदाय नगर में हो या गाँव में। अवश्यमेव, बड़े-बड़े नगर प्राथमिक समुदाय नहीं हैं, लेकिन वे सामान्यतः एक छोटे-छोटे क्षेत्रों के मिलन से ही बने हैं जो मोटे तौर पर प्राथमिक समुदाय के अनुरूप होते हैं। उत्तर भारत में मुहल्ला साधारणतया एक ऐसा क्षेत्र है। इसी प्रकार बड़े-बड़े नगर की कल्पना प्राथमिक नागरिक समुदाय-संघ या 'कम्यून-संघ' के रूप में की जा सकती है। उदाहरण के लिए, युगोस्लाविया के नगर इसी ढंग पर बने हैं। वहाँ पर कम्यून पूर्णतः नागरिक अथवा आंशिक रूप से नागरिक क्षेत्रों से तथा (नगर के निकटवर्ती) ग्रामीण क्षेत्रों से बना है और उसकी अपनी स्वायत्त राजनीतिक संस्थाएँ हैं। हर कम्यून वहाँ ऐसे ही अन्य कम्यूनों से अनुबन्धित होकर एक नागरिक, अथवा नागरिक-ग्रामीण जिले का गठन करता है। यह पंचायती राज की भावना के ही विरुद्ध है कि बड़े-बड़े नगरों में केन्द्रित और एकात्म प्रशासन कायम रहे। ऐसी केन्द्रित और एकात्मक प्रणाली के अन्दर, नगर के काम-काज में नागरिकों के योगदान की सम्भावना बहुत सीमित होती है। अपने यहाँ नगरपालिका-संबंधी जो कानून हैं, उनको इस ढंग से संशोधित करना कठिन नहीं है कि जिसमें सहभागी लोकतन्त्र या पंचायती राज के सिद्धान्तों को नागरिक स्व-शासन की प्रक्रिया में समाविष्ट किया जा सके।

सातवीं शर्त यह है कि पंचायती राज का दैनन्दिनी कार्य राज्य-सरकार के क्षेत्र से बाहर रखा जाए। पंचायती राज की स्थापना राज्य-विधायिका के द्वारा निर्मित कानूनों के माध्यम से की जा रही है। यह तो सही और उचित ही है। यह भी उचित है कि राज्य-सरकारों को इन कानूनों के अन्तर्गत आवश्यक नियम बनाने का भी अधिकार होना

चाहिए। साथ-साथ यह सावधानी रखनी चाहिए कि ये नियम कानून की भावना या उसके उद्देश्य के विरुद्ध न हो जाएँ। यह देखा गया है कि कभी-कभी कानून या उसके महत्त्वपूर्ण अंश बहुत अस्पष्ट होते हैं; ऐसी स्थिति में कार्यपालिका द्वारा बनाए गए नियम स्वयं कानून से अधिक महत्त्वपूर्ण बन जाते हैं। इस बात का ध्यान भी विधायिका को रखना चाहिए।

पंचायती राज-आयोग

मैं यहाँ यह बताने का प्रयास कर रहा हूँ कि समुचित अधिकारियों द्वारा आवश्यक कानून और नियम बना दिए जाने के बाद उनकी क्रियान्विति एक स्वायत्त संस्था की देख-रेख और नियन्त्रण में छोड़ देनी चाहिए। उस स्वायत्त संस्था का स्वरूप लोक-सेवा-आयोग, विश्वविद्यालय-अनुदान-आयोग, चुनाव-आयोग आदि के जैसा हो सकता है।

राज्य-सरकारें दलीय-सरकारें हैं, जैसा कि संसदीय व्यवस्था के अन्तर्गत सभी सरकारें होती हैं। इसलिए उन पर अनुचित दलीय भावना का आरोप लगाए बिना, यह सहज ही मान लिया जा सकता है कि कोई कार्रवाई करने के पूर्व वे रुककर सोचेंगी कि उस कार्रवाई के सम्भव परिणाम उनके दल के लिए क्या होने वाले हैं। वे यदि ऐसा सोचें तो उनका यह आचरण मानव-स्वभाव के परे होगा। अब, यह तो आवश्यक नहीं है कि दल का हित जनता के हित के अनुरूप ही हो। पंचायती राज के संघटनों को अधिकृत या नियन्त्रित करना सत्तारूढ़ दल के हित में हो सकता है, जबकि पंचायती राज के स्वास्थ्य और विकास के लिए यह जरूरी है कि सत्ता के लिए होने वाले दलीय संघर्ष के वे मोहरे न बनाए जाएँ। सार्वजनिक आचरण के गिरते हुए स्तरों को देखने से लगता है कि पंचायती राज के कार्यों में राज्य-सरकार या सम्बन्धित मन्त्री का हस्तक्षेप, दलीय हितों से भी परे, समूहगत या सम्प्रदायगत अथवा व्यक्तिगत हितों तक जा सकता है। देश में जो विरोधी दल हैं, उन्होंने अकसर यह आरोप लगाया है कि जिला-परिषदों तथा नगरपालिकाओं का कभी-कभी बिलकुल दलीय भावना से प्रेरित होकर अवक्रमण किया गया है और उसी भावना से उनके चुनाव में अनुचित विलम्ब भी किया गया है। इन संस्थाओं के काम में अन्य प्रकार के दलीय हस्तक्षेप किए जाने के आरोप भी लगाए गए हैं।

इस स्थिति का एक दूसरा पक्ष भी है। यह सामान्यतः देखा जाता है कि जो लोग सत्ता में हैं, वे उसे छोड़ना नहीं चाहते हैं। अभी राज्य-स्तर पर सत्ता की जो रचना है, उसके दो भागीदार हैं—मन्त्री और उनके समर्थक तथा उच्चस्तरीय नौकरशाही। ये दोनों उस सामान्य दुर्बलता के शिकार हो सकते हैं, और शब्दों में सत्ता का समर्पण करते हुए, व्यवहार में उसे रोककर रख ले सकते हैं।

उपर्युक्त बातों को ध्यान में रखते हुए, यह वांछनीय प्रतीत होता है कि पंचायती राज की स्थापना, उसके अमल और विकास में सहायता, मार्ग-दर्शन और परिवेक्षण करने का दायित्व एक गैरराजनीतिक, स्वायत्त संस्था को सौंपना चाहिए और उस संस्था का अध्यक्ष असैनिक सेवा (सिविल सर्विस) का कोई सदस्य न हो। यह पिछली शर्त आवश्यक मालूम होती है; क्योंकि यह सम्भव है कि असैनिक सेवक राज्य-सरकार की मुट्ठी में रहेगा और वह पंचायती राज के अन्तर्गत काम करने वाले असैनिक सेवकों के अधिकारों एवं विशेषाधिकारों के प्रति पक्षपात करेगा। प्रस्तावित पंचायती राज-आयोग का काम यह देखने का रहेगा कि कानून के अनुसार विभिन्न संस्थाएँ बनें और कार्य करें, राज्य तथा केन्द्र से आबंटित कोष का भुगतान और उपयोग समुचित रूप से हो, ऊपर की संस्थाएँ नीचे वालों के काम में अनुचित हस्तक्षेप न करें, प्रशासनिक कर्मचारी कानून में निर्धारित लोकतान्त्रिक मर्यादा के अन्तर्गत काम करें तथा उनके हितों की भी रक्षा हो, और यदि पंचायती राज का कोई भी कर्मचारी या संस्था गलती करे तो उसके विरुद्ध समुचित सुधारात्मक या अनुशासनिक कार्रवाई की जाए। आयोग के कृत्य केवल निषेधात्मक ही नहीं, भावात्मक भी होने चाहिए। दूसरे शब्दों में, आयोग का यह कर्तव्य होना चाहिए कि वह सम्बन्धित संस्थाओं एवं व्यक्तियों को समुचित रूप से और कुशलतापूर्वक काम करने में सहायता करे, जिससे पंचायती राज मजबूत, आत्म-निर्भर और सक्षम बन सके।

सर्वप्रथम यह सुझाव श्री एन. जी. रंगा, संसद-सदस्य ने, लोकसभा में प्रस्तुत किया था। मुझे आशा है कि, श्री रंगा विरोधी पक्ष के नेता हैं, इस कारण उनके सुझाव का मूल्य कम नहीं होगा और न यह उसकी स्वीकृति के मार्ग

में बाधक बनेगा।

पंचायती राज के अमल पर यह चर्चा समाप्त करने के पूर्व, मैं इसके विरुद्ध की गई दो प्रकार की आलोचनाओं के विषय में संक्षेप में कुछ निवेदन करना चाहूँगा। यह कहा जाता है कि गाँव के लोग इतने पिछड़े, अनभिज्ञ तथा अल्पज्ञ हैं कि वे स्वशासन कर नहीं सकते। इसमें सन्देह नहीं कि सदियों से हमारे समाज का ढाँचा कुछ ऐसा रहा है कि ग्रामीण लोग बलात् कुछ मामलों में अत्यन्त पिछड़े रह गए। परन्तु वे अब नगर के शिक्षितों की अपेक्षा न तो नैतिक दृष्टि से अधिक पिछड़े हैं और न मानसिक दृष्टि से अधिक अयोग्य हैं। अतः पिछड़ेपन के आधार पर उन्हें स्वशासन के अधिकार से वंचित रखना गलत, अलोकतान्त्रिक तथा धृष्टतापूर्ण भी होगा। यह स्मरणीय है कि हमारे विदेशी शासक भारत को स्वतन्त्रता के अधिकार से वंचित रखने के लिए बिलकुल इसी प्रकार की दलीलें दिया करते थे। इस तरह की दलीलों का उत्तर बहुत पहले दिया जा चुका है और वह यह है कि उत्तम शासन स्व-शासन का स्थान कदापि नहीं ले सकता।

इसके अलावा, जो लोग ऐसी असम्भव दलीलें पेश करने के आदी हैं, वे यदि कुछ चिन्तन करें तो उनमें नम्रता आएगी। उन 'उन्नत' नागरिक वर्गों से जो श्रेष्ठ होने का दम भरते हैं, पिछड़ी हुई ग्रामीण जनता क्या यह नहीं पूछ सकती कि देश के काम-काज की व्यवस्था करने में उन्होंने कौन-सी सफलता या विशिष्टता दिखाई है? मेरे कहने का तात्पर्य यह नहीं कि गाँव के लोगों को पंचायती राज के सन्दर्भ में जो अधिकार और साधन सौंप दिए गए हैं, उनका वे आरम्भ से ही सर्वोत्तम उपयोग करने लगेंगे। इसमें सन्देह नहीं कि वे गलतियाँ करेंगे। परन्तु पहली बात तो यह है कि वास्तव में दायित्व सँभालने से ही आवश्यक क्षमता और योग्यता प्राप्त की जा सकती है; और दूसरी यह कि पिछड़ेपन का इलाज यह नहीं है कि लोगों को उनके सर्वोच्च अधिकारों से वंचित रखा जाए, बल्कि यह है कि जितनी तेजी से सम्भव हो, उन्हें जाग्रत, शिक्षित और प्रशिक्षित किया जाए। केवल जो लोग इस दायित्व से भागना चाहते हैं, वे ही गाँव के 'अनभिज्ञ' लोगों के पिछड़ेपन के बारे में बकवास करते हैं।

पंचायती राज की पूरी आलोचना, जिसके कारण कुछ लोग इसके लागू किए जाने का विरोध तक करने लगे हैं, यह है कि ग्रामीण समाज इतना रूढ़िग्रस्त और परम्परागत रूप से विशेषाधिकार-सम्पन्न वर्गों से प्रभावित है कि ग्रामीण लोकतन्त्र भी अत्यन्त रूढ़िग्रस्त और अनुदार ही बना रहेगा। तदनुसार यह शंका की जाती है कि परम्परागत रूप से प्रभावशाली वर्ग पंचायती राज की राजनीतिक एवं आर्थिक संस्थाओं का उपयोग अपनी विशेषाधिकारपूर्ण स्थिति कायम रखने के लिए करेंगे। इस तर्क में काफी बल है। लेकिन, हम पुनः यही कहेंगे कि इस स्थिति का इलाज यह नहीं है कि लोगों पर अविश्वास किया जाए और लोकतन्त्र के सीमानों को विस्तृत होने से रोक लिया जाए। यहाँ भी समस्या का मुख्य निदान सामाजिक शिक्षण ही है जिसके बिना कोई भी क्रांतिकारी परिवर्तन सम्भव नहीं हो सकता। ऊपर से चाहे जितने प्रगतिशील कानून बनें, शक्तिशाली और प्रभावशाली शिक्षण-अभियान के अभाव में इन कानूनों से कोई लाभ नहीं होने वाला है। दूसरा निदान यह है कि पंचायती राज के ढाँचे के अन्दर ही ऐसे संरक्षणों और आश्वासनों का निर्माण किया जाए, जिनके फलस्वरूप समाज के विशेषकर पिछड़े और कमजोर वर्गों को ऊपर उठाने की दिशा में कुछ करना अधिकारियों के लिए अनिवार्य हो जाए।

मैं अन्त में यह चेतावनी देना चाहता हूँ कि यदि लोगों को स्वशासन के अधिकार और अवसर देने से इनकार किया गया तो इसके परिणामस्वरूप इस देश में निश्चित रूपेण लोकतन्त्र का पूर्ण क्षय होगा, और वह पतन और आत्मविनाश की ओर अथवा किसी प्रकार की तानाशाही की ओर जाएगा।

आर्थिक पिरामिड

ऊपर जिन स्थितियों की चर्चा की गई है, उनका रूप राजनीतिक है। परन्तु समाज का केवल राजनीतिक ढाँचा उलटे पिरामिड की तरह नहीं है, उसका आर्थिक ढाँचा भी वही असम्भव चित्र उपस्थित करता है, चाहे हम—और यह सबसे महत्त्व की बात है—निजी क्षेत्र पर या सार्वजनिक क्षेत्र पर दृष्टि डालें। ये दोनों ढाँचे एक-दूसरे से अलग नहीं हैं—दोनों एक ही समाजरूपी इमारत के अखण्ड हिस्से हैं। इसलिए जो इस प्रश्न पर थोड़ा भी चिन्तन करने के लिए तैयार हैं,

उन्हें यह स्पष्ट हो जाएगा कि राजनीतिक पिरामिड को उलटकर, सिर के बजाय उसके आधार पर, तब तक खड़ा नहीं किया जा सकता, जब तक आर्थिक पिरामड के साथ ही यही ढंग न अपनाया जाए। दूसरे शब्दों में, राजनीतिक विकेन्द्रीकरण, आर्थिक विकेन्द्रीकरण के बिना, प्रभावी नहीं हो सकता।

पंचायती राज का विचार विकास-कार्यक्रमों में जनसहयोग प्रेरित करने की आवश्यकता के गर्भ से पैदा हुआ; इस तथ्य का एक परिणाम यह है कि राजनीतिक क्षेत्र में सत्ता के वितरण एवं विकेन्द्रीकरण की ओर जहाँ काफी ध्यान गया, वहाँ इस प्रश्न के आर्थिक पक्ष की पूर्ण उपेक्षा हुई। पंचायती राज के शुभारम्भ के लिए जो लोग उत्तरदायी हैं, वे अभी-अभी इस तथ्य के प्रति सजग हुए हैं कि राजनीतिक विकेन्द्रीकरण, जब तक उसके साथ-साथ आर्थिक विकेन्द्रीकरण नहीं होता, नाममात्र का ही रहेगा। गाँधीनिष्ठ आंदोलन या सर्वोदय-आंदोलन सहज रूप से इस बात पर सदैव बल देता रहा है; परन्तु इस ओर लोगों का ध्यान अभी हाल ही में गया है। अब भी कठिनाई यह है कि किसी को इस बात की स्पष्ट कल्पना नहीं है कि इस विज्ञान एवं प्रौद्योगिकी के युग में, और भारत की वर्तमान परिस्थिति में विकेन्द्रित अर्थ-व्यवस्था को विकसित कैसे किया जाए। केवल खादी एवं ग्रामोद्योग की रट लगाने से हम बहुत प्रगति नहीं कर सकते हैं।

यह संतोष की बात है कि भारत लोकतान्त्रिक-समाजवादी ढाँचे का समाज बनाने के लिए प्रतिबद्ध है, यद्यपि किसी को यह स्पष्ट कल्पना नहीं है कि वह ढाँचा किस प्रकार का होना चाहिए। फिर भी यह प्रसन्नता की बात है कि देश लोकतन्त्र तथा समाजवादियों का तो एक जमाने में विश्वास था कि यदि उत्पादन, वितरण और विनिमय के साधनों का राष्ट्रीयकरण कर दिया जाए तो आर्थिक लोकतन्त्र स्वतः स्थापित हो जाएगा। परन्तु अधिनायकवादी-साम्यवाद के अनुभवों ने यह सिद्ध किया है कि इन सारे साधनों के पूर्ण राष्ट्रीयकरण के बाद भी यह जरूरी नहीं है कि उसके परिणामस्वरूप आर्थिक लोकतन्त्र की स्थापना हो जाएगी। इसके विपरीत देखा यह गया है कि उसकी परिणति अत्यन्त कठोर आर्थिक अधिनायकवाद में होती है और उसमें से शोषण और विषमता के नए-नए रूप पैदा होते हैं। अतः जो लोकतान्त्रिक समाजवादी हैं, या उनमें से जो किसी अंश तक अधिक भावनाशील एवं विचारशील हैं, वे यह समझ चुके हैं कि आर्थिक लोकतन्त्र का लक्ष्य सामने रखते हुए राष्ट्रीयकरण के परम्परागत नारे मात्र से उन्हें संतोष नहीं कर लेना चाहिए; बल्कि समाज की आर्थिक संस्थाओं एवं प्रक्रियाओं को विकेन्द्रित करने का मार्ग ढूँढ़ना चाहिए। परन्तु इस बात की आवश्यकता को मान्य करते हुए आगे इस प्रश्न पर कोई चिन्तन नहीं हुआ, यह तो स्वीकार किया ही जाना चाहिए।

यद्यपि इस प्रश्न पर अधिक कुछ कहने के लिए यह उपयुक्त स्थल नहीं है, फिर भी अपने देश की वर्तमान स्थिति में विकेन्द्रित अर्थ-व्यवस्था के कुछ आवश्यक पहलुओं और शर्तों पर ध्यान केन्द्रित करना उपयोगी होगा।

विकेन्द्रित अर्थ-व्यवस्था

सर्वप्रथम, यह तो स्पष्ट है कि इस प्रकार की अर्थ-व्यवस्था लघु-यन्त्र-आधारित तथा श्रम-प्रधान ही होगी। साथ ही यह भी स्पष्ट है कि लघु-यन्त्र में सुधार लाने के लिए निरन्तर और नियोजित ढंग से प्रयास होने चाहिए, जिससे कि मूल्य में वृद्धि किए बिना, उसकी सक्षमता एवं उत्पादकता बढ़ती जाए। इसके लिए आवश्यक शोध आयोजित और प्रोत्साहित किया जाना चाहिए। जहाँ विद्युत्-शक्ति आवश्यक और उपलब्ध हो, वहाँ उसका उपयोग अर्थ-व्यवस्था की समग्र एवं संपूर्ण तसवीर को ध्यान में रखते हुए किया जाना चाहिए, जिससे कि मूल्य, उत्पादन, वितरण तथा रोजगार में असन्तुलन की सृष्टि यथासम्भव न होने पाए।

दूसरी बात यह है कि विकेन्द्रित अर्थ-व्यवस्था का लक्ष्य होना चाहिए कि स्थानीय एवं क्षेत्रीय साधनों के पूर्ण उपयोग का संबंध स्थानीय एवं क्षेत्रीय आवश्यकताओं की पूर्ति से जुड़े। इसके लिए क्षेत्रीय स्तर पर सर्वेक्षण एवं नियोजन आवश्यक है। आगे यह भी सोचा जा सकता है कि अलग-अलग वस्तुओं के उत्पादन एवं उपभोग के लिए अलग-अलग क्षेत्र आर्थिक इकाइयों के रूप में रहें; यथा, कुछ गाँव के उद्योग होंगे, कुछ प्रखण्ड क्षेत्र के होंगे तथा अन्य; जिले के, राज्य के या पूरे देश के उद्योग होंगे। (कुछ एक राज्य-स्तरीय और सभी राष्ट्र-स्तरीय उद्योग स्वाभाविकतया बृहत् स्तरीय

होंगे।) परन्तु इसका यह अर्थ नहीं है कि एक क्षेत्र की अतिरिक्त वस्तुओं का विनिमय दूसरे क्षेत्रों की अतिरिक्त वस्तुओं से नहीं किया जाएगा; बल्कि, इसका अर्थ तो यही है कि सामान्यतः हर प्रकार के उद्योग के लिए सम्बन्धित क्षेत्र वह भौगोलिक क्षेत्र होगा जिसके अन्तर्गत वह चलेगा। यह जाहिर है कि इस प्रकार के लघु-स्तरीय औद्योगीकरण को सुलभ करने के लिए, और इससे भी अधिक महत्त्वपूर्ण यह है कि अर्थ-व्यवस्था के इस क्षेत्र की रक्षा, बृहत्-स्तरीय, केन्द्रित उद्योग के क्षेत्र से करने के लिए, समुचित आर्थिक कदम उठाने होंगे जिससे कि लघु औद्योगिक क्षेत्र का स्वस्थ विकास हो सके और वह स्वयं जी भी सके।

तीसरी बात यह है कि देश में जो मनुष्य-भूमि अनुपात है और जिस गति से जनसंख्या बढ़ रही है, उसे देखते हुए ग्रामीण आबादी यदि केवल भूमि पर निर्भर करेगी तो कृषि के विकास के बावजूद वह उत्तरोत्तर निर्धन बनती जाएगी। इसलिए उपर्युक्त प्रकार के औद्योगीकरण का घनिष्ठ संबंध कृषि से जुड़ना चाहिए, ताकि प्रत्येक गाँव या, कम-से-कम प्रत्येक लघु ग्राम-समूह, कृषि-औद्योगिक समुदाय के रूप में विकसित हो सके। यहाँ 'कृषि-औद्योगिक' शब्द केवल ऐसे लोगों की ओर संकेत नहीं करता है जो कृषि-उत्पादनों के प्रशोधन से सम्बन्धित हों। इसका अर्थ कृषि और उद्योग का संगठनात्मक समन्वय है। मिसाल के लिए, कृषि-औद्योगिक समुदाय केवल गेहूँ और धान, फल और सब्जी, ऊख और कपास का ही प्रशोधन नहीं करेगा, बल्कि रेडियो, साइकिल के पुर्जो, छोटे यन्त्रों, विद्युत्-सामग्रियों आदि वस्तुओं का, जिनकी आवश्यकता क्षेत्र में हो सकती है, निर्माण भी करेगा। ऐसा होने से, नगर और गाँव के बीच बढ़ती हुई खाई कम होगी तथा नगरीकरण की बुराइयाँ भी घटेंगी।

चौथी बात यह है कि विकेन्द्रित उद्योग एवं व्यापार के संगठन का ढाँचा स्पष्टतः केन्द्रित क्षेत्र के ढाँचे से, चाहे वह निजी हो या सार्वजनिक, भिन्न भी होना चाहिए। विकेन्द्रित ढाँचा अधिकांशतः मालिक-मजदूर का या सहकारी किस्म का होगा। इस प्रकार यह क्षेत्र न तो नौकरशाही-प्रधान और न शोषण-प्रधान होगा। केन्द्रित क्षेत्र की अपेक्षा चाहे वह सार्वजनिक हो या निजी, वह अधिक समतामूलक भी होगा।

पाँचवीं बात यह है कि पंचायती राज की राजनीतिक संस्थाओं को इस आर्थिक विकास के क्रम में महत्त्वपूर्ण भूमिका निभानी होगी। अब देखना है कि यह कैसे किया जाए।

कुछ सामान्य बातें कहकर मैं इस विषय को समाप्त करना चाहूँगा। सर्वप्रथम, मैं यह स्पष्ट कर देना चाहता हूँ कि उत्पादन के पारस्परिक ढंग की रक्षा करना मेरी चिन्ता का विषय नहीं है। मेरे उद्देश्य की दृष्टि में, आधुनिक और पारस्परिक ढंग के बीच का बिवाद अप्रासंगिक है। मैं जो सुझा रहा हूँ, वह अवश्य ही एक अत्यन्त आधुनिक किस्म की अर्थ-व्यवस्था होगी, जैसी अर्थ-व्यवस्था न आज है और न कभी रही है, और जिसके निर्माण के लिए विज्ञान का, जिसमें सामाजिक विज्ञान भी शामिल है, यथासम्भव अधिक-से-अधिक सहारा लेना होगा। दूसरे शब्दों में, एक नई यन्त्र-प्रौद्योगिकी का और साथ ही एक नई सामाजिक-आर्थिक प्रौद्योगिकी का निर्माण करना होगा। मेरे मन में जो विकेन्द्रीकरण का रूप है, वह वैसा नहीं है जो पश्चिम की या जापान की अत्यन्त केन्द्रित अर्थ-व्यवस्था में प्रतिष्ठित है। उन देशों में जो विकेन्द्रीकरण है, वह विकेन्द्रीकरण का अनुसेवी है और प्रकारान्तर से उसके ही अस्तित्व के लिए कायम है। मेरी कल्पना की अर्थ-व्यवस्था का मुख्य स्वरूप विकेन्द्रीकरण का होगा, और उसके साथ केन्द्रीकरण जितना अनिवार्य है, उतना ही रहेगा। निस्सन्देह, दोनों में कुछ सन्तुलन आवश्यक होगा; परन्तु विकेन्द्रित क्षेत्र केन्द्रित क्षेत्र का पूरक मात्र होगा, ऐसा नहीं।

दूसरी स्मरण रखने योग्य महत्त्व की बात यह है कि मैं विकेन्द्रित अर्थ-व्यवस्था की वकालत कर रहा हूँ, वह वांछनीय केवल इसलिए नहीं है कि वह लोकतान्त्रिक होगा, बल्कि इसलिए भी—और यह एक महत्त्व की बात है—कि इससे जनता को तात्कालिक लाभ होगा। ऐसा इसलिए होगा कि यह अर्थ-व्यवस्था बृहत् पैमाने पर रोजगार की सृष्टि करेगी और सम्पत्ति का इस ढंग से उत्पादन करेगी कि विस्तृत आधार पर उसका वितरण सुनिश्चित हो सकेगा और साधारण उपभोक्ताओं को 'वेतन-सामग्री' तत्काल उपलब्ध हो सकेगी। यह स्मरणीय है कि केन्द्रित क्षेत्र में औद्योगीकरण के लाभ ऊपर से नीचे धीरे-धीरे अन्तःस्रवित होकर पहुँचने वाले हैं। पश्चिम में केन्द्रित औद्योगीकरण का लाभ सामान्य जनता तक पहुँचने में सौ साल से कम नहीं लगा। यह जाहिर है कि भारत जैसे देश में, जहाँ इस प्रकार की गरीबी है, जहाँ न्यूनतम आवश्यकता की वस्तुएँ भी इतनी कम हैं और बेकारी एवं अर्धबेकारी की समस्याएँ इस प्रकार से

जकड़ गई हैं तथा इतने विशाल परिमाण में हैं कि, यदि जनता का कल्याण करना आर्थिक विकास का लक्ष्य है, तो केन्द्रित नहीं, विकेन्द्रित अर्थव्यवस्था तत्काल स्थापित की जानी चाहिए।

तीसरी बात यह है कि उपर्युक्त किस्म की अर्थ-व्यवस्था का निर्माण करने के लिए ग्रामीण शिक्षा में बुनियादी सुधार करना आवश्यक है। इस उद्देश्य की पूर्ति के लिए ग्रामीण शिक्षा को मुख्यतः पुस्तक-निरपेक्ष, व्यावहारिक तथा कृषि-संबंधी तकनीकों पर बल देने वाली प्राविधिक शिक्षा का रूप देना होगा। इस प्रकार का शैक्षिक सुधार पूर्वचर्चित शोध एवं नियोजन का एक अंग होगा। इसके अतिरिक्त, ग्रामीण शिक्षा में बृहत् पैमाने पर व्यावहारिक वयस्क शिक्षण का भी समावेश करना होगा। ऐसी शिक्षा प्रासंगिक रूप से इस कठिन प्रश्न का भी उत्तर प्रस्तुत करेगी कि विकेन्द्रित अर्थव्यवस्था के विकास के लिए आवश्यक प्रबन्धकारी कार्मिक कहाँ से और किस प्रकार उपलब्ध किए जा सकेंगे।

अन्ततः देश की वर्तमान असाधारण परिस्थिति में, जब विशाल विदेशी सहायता पर अवलम्बित महत्त्वाकांक्षी योजनाएँ ही प्रचलित परम्परा है, यह स्वाभाविक है कि उन विशाल साधनों पर केन्द्र का ही नियन्त्रण रहेगा जो वह राज्यों को आबंटित करता है। यह स्पष्ट है कि इस स्थिति में केन्द्र व्यनुपातिक रूप से शक्तिशाली हो जाएगा और नीचे के सभी संगठन भिखमंगों की स्थिति में पहुँच जाएँगे। यह स्वाभाविक ही लोकतन्त्र के विकास के लिए हानिकारक होगा। उसका क्या प्रभाव विदेशी सहायता और आर्थिक विकास पर तथा राष्ट्रीय जीवन के प्रत्येक पहलू एवं प्रत्येक संस्था पर पड़ेगा, इस उलझनपूर्ण सवाल में जाने का यह स्थल नहीं है। केवल इतना संकेत कर देना पर्याप्त होगा कि विकेन्द्रित आर्थिक विकास का एक लाभ यह होगा कि केन्द्रित क्षेत्र की अपेक्षा वह विदेशी सहायता पर तथा केन्द्र हमारी निर्भरता कम करेगा। इसके मुख्यतः तीन कारण होंगे : (क) स्वैच्छिक श्रम का तत्त्व अपेक्षाकृत अधिक होगा; (ख) वह बहुत बड़े अनुपात में लघु बचतों को आकृष्ट कर उनका उपयोग करेगा; और (ग) ऊपरी खर्च एवं यातायात तथा अन्य सामाजिक मूल्य बहुत कम होंगे। इस प्रकार और इस अर्थ में, विकेन्द्रित अर्थ-रचना अधिक लोकतान्त्रिक होगी।

लोकतन्त्र की परिपूर्णता

पंचायती राज की स्थापना करने का प्रयास यद्यपि अधिक सुदृढ़, लोकप्रिय एवं सन्तोषकारी लोकतन्त्र की दिशा में एक ऐसा कदम है जो क्रियान्वित होने पर स्वराज्य को जनता तक पहुँचाने में सफल हो सकता है; परन्तु अपने-आप में यह कोई पर्याप्त रचना नहीं है। लोकतन्त्र की इमारत को शक्तिशाली और अभेद्य बनाने के लिए यह आवश्यक है कि उसके ऊपर की मंजिलों का निर्माण भी बुनियादी ढाँचे के अनुरूप ही होना चाहिए। लेकिन वर्तमान स्थिति में, बुनियादी ढाँचा जिला-स्तर तक ही खड़ा किया जा सकता है, और उसके परे राज्यीय एवं राष्ट्रीय स्तर पर, इससे बिलकुल भिन्न प्रकार का ढाँचा, बालू के ढेर की तरह, अलग-अलग निरुत्साह मतदाताओं के आकृतिहीन समूह के आधार पर ही खड़ा रहेगा। यह लोकतन्त्र के दो भिन्न सिद्धान्तों एवं प्रक्रियाओं का बिलकुल अनमेल मिश्रण होगा, जो पानी और तेल के समान कभी मिलेंगी नहीं। इन दोनों ढाँचों के बीच जो भेद हैं, वे निम्न प्रकार हैं :

अलग-अलग मतदाताओं पर खड़ी व्यवस्था की प्रवृत्ति ऊपर के स्तरों पर शक्ति के केन्द्रीकरण की ओर होती है, जबकि दूसरी व्यवस्था में शक्ति के विकेन्द्रीकरण की ओर प्रवृत्ति रहती है; पहली में ऊपर के मुट्ठीभर प्रभावशाली तत्त्वों द्वारा संचालित संगठन दल निर्णायक भूमिका अदा करते हैं, दूसरी में नीचे के सक्रिय समुदाय तथा सामुदायिक प्रतिनिधि संस्थाएँ निर्णायक प्रभाव डालती हैं, पुनः पहली अवस्था में असंगठित मतदाताओं द्वारा निर्वाचित प्रतिनिधि उनके नियन्त्रण में नहीं रहते हैं और न रह सकते हैं, जबकि दूसरी अवस्था में निर्वाचक संस्थाएँ अपने उन प्रतिनिधियों पर जिन्हें वे उच्चतर स्तरों पर भेजती हैं, स्थायी प्रभाव रख सकती हैं; पहली अवस्था में जनता का योगदान मतदान तक सीमित रहता है, जबकि दूसरी व्यवस्था में ग्राम-सभा के माध्यम से संपूर्ण जनता का प्रत्यक्ष योगदान तथा उच्चतर प्रतिनिधि संस्थाओं के द्वारा काफी घनिष्ठ योगदान होता है; पहली व्यवस्था में चुनाव खर्चीले होते हैं, दूसरी में ठीक इसके विपरीत होता है; पहली में प्रचार के विस्तृत साधनों की आवश्यकता होती है और उसमें अस्वस्थ मनोवैज्ञानिक एवं भावनात्मक उत्तेजना निहित होती है; जबकि दूसरी में वे बुराइयाँ निम्नतम हो जाती हैं; पहली अवस्था में अधिसंख्य मतदाता अपने सामने की समस्याओं को जितना समझते हैं, उसकी अपेक्षा दूसरी व्यवस्था में मतदाता अपने समक्ष उपस्थित

समस्याओं से सम्भवतः अधिक सुअवगत होते हैं।

ऊपर दिखाए गए कुछ भेदों की विस्तृत व्याख्या उपयोगी होगी। अलग-अलग मतदाताओं पर आधारित असम्बद्ध लोकतान्त्रिक व्यवस्था में शिखर पर सत्ता के केन्द्रीकरण के प्रश्न को ही लीजिए। यह बड़े महत्त्व का प्रश्न है। परन्तु दुर्भाग्यवश उसको समझने की बहुत कोशिश नहीं की गई है। इस प्रकार के लोकतन्त्र में शायद ही ऐसी कोई शक्ति है जो सत्ता को जनता की ओर आकृष्ट करने वाली हो। इस परिस्थिति में, स्वाभाविक ही, मतदाता लाखों की संख्या में होते हुए भी ऊपर की ओर सत्ता के खिंचाव को रोकने का कोई संगठित साधन नहीं पाते। राजनीतिक दल अवश्य हैं, और उनके सदस्यों की संख्या लाखों में होगी, परन्तु लोकतान्त्रिक दलों में सर्वत्र नेताओं के गुट-विशेष में सत्ता के केन्द्रित होने की प्रवृत्ति देखी जाती है। कुछ विशेष हित भी रहते हैं और वे मुख्यतः आर्थिक होते हैं, जो इस प्रकार लोकतन्त्र को प्रभावित करने का प्रयास करते हैं; परन्तु यह प्रभाव भी सत्ता के केन्द्रों पर ही काम करने की प्रवृत्ति रखता है। राजनीतिक केन्द्रीकरण को सहायता और प्रोत्साहन प्रदान करने वाले आर्थिक केन्द्रीकरण के विकास की चर्चा की जा चुकी है। यह ठीक है कि श्रमिक संगठन, सहकारी समितियाँ तथा अन्य ऐसे संगठन इस प्रकार के लोकतन्त्र के लिए विस्तारशील आधार प्रस्तुत करते हैं; लेकिन वे लोकतान्त्रिक व्यवस्था की आन्तरिक संरचनाएँ नहीं होतीं, और फिर वे स्वयं बोझिल-सिर तथा अति-केन्द्रित होने की प्रवृत्ति रखते हैं। समाचारपत्र अवश्य ही सत्ता के केन्द्रों को कुछ प्रभावित करते हैं, लेकिन समाचारपत्र तो जनता नहीं हैं।

अब, प्रतिनिधियों पर मतदाताओं के नियन्त्रण का प्रश्न लीजिए। वर्तमान व्यवस्था में मतदाताओं के पास कोई ऐसा साधन नहीं है, जिसके जरिए वे अपने निर्वाचित प्रतिनिधि पर नियन्त्रण रख सकें। यह तो ठीक है कि यदि प्रतिनिधि उनको सन्तुष्ट नहीं करेगा, तो वे उसको फिर चुनेंगे नहीं; परन्तु यह बहुत दूर का, अप्रभावकारी नियन्त्रण है। इसमें भी सन्देह नहीं है कि जनता के ये प्रतिनिधि जिन राजनीतिक दलों के होते हैं, वे उन पर किसी प्रकार का नियन्त्रण रखते हैं, परन्तु दलीय नियन्त्रण मतदाताओं के नियन्त्रण से बिलकुल भिन्न वस्तु है।

ये सारी परिस्थितियाँ मिलकर इस प्रकार के लोकतन्त्र को निश्चय ही एक बहुत अवास्तविक ढंग की चीज बना देती हैं।

सहभागी या सेन्द्रिय लोकतन्त्र के सन्दर्भ में स्थिति बिलकुल भिन्न हो जाती है। चूँकि इस प्रकार के लोकतन्त्र का ढाँचा, ग्राम-सभा से लोक-सभा तक, कई मंजिलों से बनता है, और चूँकि प्रत्येक मंजिल के अधिकार, कृत्य, कर्तव्य और साधन स्पष्टतः परिभाषित होते हैं; इसलिए इस व्यवस्था में सत्ता का विकेन्द्रित होना अनिवार्य ही है। इसके अलावा ऊपर की मंजिल नीचे के स्तरों पर निर्मित संगठनों के प्रतिनिधियों से गठित होती है; इसलिए सत्ता का प्रयोग ऊपर से नीचे की ओर होने के बजाय सम्भवतः नीचे से ऊपर की ओर ही होता है। इसी कारण, उच्चतस्तर के प्रतिनिधियों पर निम्न-स्तरीय संगठनों की नजर हमेशा रहती है, और इस प्रकार वे इनके नियन्त्रण के अधीन रहते हैं। यह स्मरणीय है कि यहाँ किसी भी स्तर के संगठन बिखरे मतदाताओं के समूह मात्र नहीं होते; बल्कि वे संगठित, विधिक इकाइयाँ होते हैं और उनके स्पष्ट सामूहिक अधिकार होते हैं।

इस संक्षिप्त व्याख्या से दोनों प्रकार के लोकतन्त्र के महत्त्वपूर्ण भेद स्पष्ट हो जाएँगे, अब, यदि पंचायती राज जिला-स्तर पर जाकर रुक जाए और उसके ऊपर, जिसे हम 'दलीय राज' कहेंगे, वह पूरी शक्ति के साथ कायम रहे तो जनता अवश्य ही ठगी गई-सी महसूस करेगी। वह इस तर्कहीन परिस्थिति का अर्थ यही लगाएगी कि राजनेताओं में वस्तुतः सत्ता छोड़ने की तैयारी नहीं है। उसको ऐसा प्रतीत होगा—और ठीक ही होगा—कि सत्ता अब भी दिल्ली तथा प्रादेशिक राजधानियों में बँधकर रह गई है, और उसे जो कुछ मिला है, वह असली वस्तु नहीं है, वह क्षीर नहीं, शुद्ध नीर मात्र है जिसमें गेहूँ का आटा घोलकर सफेद बना दिया गया है। इस प्रकार की निर्भ्रम प्रतीति के भयानक परिणाम हो सकते हैं। इसलिए पंचायती राज को जिला-स्तर तक ही समाप्त नहीं किया जाना चाहिए, बल्कि नई दिल्ली तक उसका विस्तार होना चाहिए। ऐसा तुरन्त नहीं किया जा सकता; लेकिन हमारे सामने यह स्पष्ट लक्ष्य रहना चाहिए।

हमारी चुनाव-व्यवस्था के प्रकट दोषों पर देश के राजनीतिक नेताओं ने, जिनमें प्रधानमन्त्री भी हैं, अकसर बल दिया है। इसकी सबसे ताजी मिसाल है काँग्रेस-अध्यक्ष श्री संजीव रेड्डी द्वारा भावनगर में दिया गया भाषण। परन्तु

यह स्मरणीय है कि यह प्रश्न जब भी उठाया जाता है, केवल प्रत्यक्ष चुनाव के रूप में उठाया जाता है, यह कहते हुए—जो निस्सन्देह ठीक ही है—कि वर्तमान प्रत्यक्ष चुनाव की व्यवस्था अतिशय खर्चीली है, और वह जातिवाद एवं संकीर्णता की बुराइयों को और तीव्र बनाती है।

ऐसे सूत्र-निरूपण में कोई दोष तो नहीं है; परन्तु इसमें यह बुनियादी बात नहीं दीखती कि लोकतन्त्र का स्वभाव एवं रूप ऐसा हो जो लोगों को सन्तुष्ट करे और उन्हें शासन में बृहत्तर भाग लेने का अवसर प्रदान करे। यानी, दूसरे शब्दों में, वास्तविक प्रश्न सत्ता के वितरण तथा शासन के विकेन्द्रीकरण का है। सत्ता, जैसा मैंने बताने की कोशिश की है, वितरित नहीं की जा सकती और न प्रशासन विकेन्द्रित किया जा सकता है, यदि (क) वर्तमान राज्य राज्य-स्तर के नीचे स्वशासन की संस्थाएँ और केन्द्र न हों; और (ख) यदि शासन के सभी भिन्न स्तर संगठनात्मक रूप से एक-दूसरे के साथ इस प्रकार जुड़े न हों कि ऊपर की मंजिल नीचे की मंजिलों से समर्थन एवं शक्ति प्राप्त करती हो और संपूर्ण ढाँचा अन्ततः उन ग्राम-सभाओं की चौड़ी बुनियाद पर खड़ा हो जिनमें देश की संपूर्ण वयस्क आबादी का समावेश हो सके।

प्रत्येक व्यवस्था में दोष और त्रुटियाँ रहेंगी ही। पंचायती राज या सहभागी लोकतन्त्र में भी दोष रहेंगे। लेकिन वह व्यवस्था अधिक लोकतान्त्रिक होगी, तथा अधिक लोकतान्त्रिक होने के कारण ही उसके दोष अधिक सहजता से परिमार्जित किए जा सकेंगे। अगर ग्राम-पंचायतों के चुनाव निर्विरोध होंगे तो बहुत सारी बुराइयों का जड़ में ही निराकरण हो जाएगा।

अब जो सवाल विचार के लिए रह जाता है, वह यह है कि पंचायती राज का विस्तार उच्च स्तरों तक कैसे किया जाए।

जैसा कि मैंने अपने मूल निबन्ध में सुझाया है, यह युक्तिसंगत होगा कि नीचे की प्रत्येक मंजिल अपने ऊपर की मंजिल को निर्वाचित करे—यानी ग्राम-पंचायतें पंचायत समिति को निर्वाचित करें, समितियाँ जिला परिषद् को, परिषदें राज्य विधानसभा को तथा विधानसभाएँ लोकसभा को निर्वाचित करें। लेकिन पुनर्विचार करने से सम्भव है यह पद्धति कुछ अवांछनीय प्रतीत हो। इसके विरुद्ध दो मुख्य आपत्तियाँ उठाई जा सकती हैं। एक यह कि इससे क्षेत्रीय संकीर्णता को बढ़ावा मिल सकता है और प्रत्येक नागरिक तथा लोकतन्त्र के निम्न-स्तरीय अंग यह महसूस कर सकते हैं कि राज्य-स्तरीय एवं राष्ट्र-स्तरीय संस्थाओं के निर्माण में उनका हाथ नहीं है तथा उनके प्रति उनका कोई उत्तरदायित्व नहीं है। दूसरी आपत्ति यह हो सकती है कि सबसे नीचे के स्तर को छोड़, अन्य प्रत्येक स्तर पर चूँकि निर्वाचकों की संख्या थोड़ी होगी; इसलिए धनिक हित उन्हें अधिक आसानी से भ्रष्ट कर सकेंगे।

वर्तमान व्यवस्था पर भी ये आपत्तियाँ विभिन्न अंशों तक उठाई जा सकती हैं। लेकिन यह वास्तविक व्यवस्था के दोषों का निदान न ढूँढ़ने का कारण नहीं हो सकता। समस्या का हल यह तो नहीं है कि वर्तमान व्यवस्था से ही—जो और भी गम्भीर दोषों से परिपूर्ण हैं—हम चिपके रहें।

चुनाव की पद्धतियाँ

विधानसभा और लोकसभा के निर्वाचन की निम्नांकित पद्धति, अस्थायी तौर पर, मैं सुझाता हूँ। इस निबन्ध में परिकल्पित लोकतान्त्रिक रचना के सेन्द्रिय स्वरूप को प्रभावित किए बिना; यह पद्धति उपर्युक्त आलोचनाओं का उत्तर हो सकती है।

प्रत्येक निर्वाचन-क्षेत्र की प्रत्येक ग्राम-सभा, समुचित रूप से आयोजित सामान्य बैठक में एक निर्वाचक मण्डल—जिसे 'निर्वाचक परिषद्' भी कहा जा सकता है—के लिए दो प्रतिनिधियों का चयन निम्नलिखित रूप से करे। उक्त बैठक में नामांकन पत्रों की माँग की जाए और, बेहतर यह होगा कि किसी प्रमुख स्थान पर प्रस्थापित सूची-पट्ट पर, सभी प्रस्तावित एवं अनुमोदित नाम सूचीबद्ध किए जाएँ। यदि दो से अधिक नाम प्रस्तावित नहीं किए जाते तो वे स्वतः निर्वाचित प्रतिनिधि हो जाते हैं। अन्य स्थितियों में, हर नाम पर हाथ दिखाकर मतदान लिया जाए तथा हर नामांकित व्यक्ति को जितने मत प्राप्त हों, वह सूची-पट्ट पर उसके नाम के आगे लिख दिया जाए। इसके बाद दो को छोड़ अन्य सभी नामों को छाँटने के लिए, बार-बार मतदान लिया जाए। प्रत्येक मतदान के बाद, पूर्व मतदान में सबसे कम मत

पाने वाले नाम को हटाकर और शेष नामों के लिए मतदाताओं से पुनः मतदान लेकर यह प्रक्रिया पूरी की जा सकती है। निर्वाचन की यह एक सरल और सस्ती पद्धति होगी। फिर जब ग्राम-सभाएँ सभा संचालन करने, बजट पारित करने तथा पंचायती राज में अपनी महत्त्वपूर्ण भूमिका निभाने हेतु सामूहिक निर्णय लेने का अनुभव प्राप्त कर लेंगी, तो यह निर्वाचन-पद्धति शीघ्र ही उनके लिए और आसान बन जाएगी। इस पद्धति के कार्यान्वयन के क्रम में पहले प्रयोग के दौरान सम्भावित कठिनाइयों के निवारण के लिए, पंचायत-अध्यक्ष के मार्ग-दर्शन में कुछ पूर्वाभ्यास कर लेने चाहिए।

निर्वाचक परिषद्

अगला कदम निर्वाचक परिषद् के संयोजक का होगा, दूसरे शब्दों में, विधानसभा या लोकसभा के सम्बन्धित निर्वाचन-क्षेत्र की ग्राम-सभाओं के चुने गए प्रतिनिधि किसी एक केन्द्रीय स्थान पर इकट्ठे होंगे। निर्वाचक परिषद् का काम होगा चुनाव के लिए प्रत्याशी खड़े करना1 इसके लिए निम्नांकित पद्धतिं अपनाई जा सकती है।

सर्वप्रथम नामांकन होने चाहिए, और तब हर प्रस्तावित और अनुमोदित नाम पर मत लिए जाने चाहिए। जो व्यक्ति निर्धारित निम्नतम—मान लीजिए 30—से कम मत नहीं प्राप्त करेंगे, वे विधानसभा या लोकसभा निर्वाचन-क्षेत्र के लिए प्रत्याशी घोषित किए जाएँगे।

लोकतन्त्र चाहे जिस प्रकार का हो, उसकी परिपूर्णता के लिए मैं यह आवश्यक मानता हूँ कि उसकी प्रक्रियाएँ यथासम्भव कम-से-कम विभाजनकारी होनी चाहिए; यानी, नकारात्मक शब्दों में, यथासम्भव अधिक-से-अधिक समन्वयमूलक एवं संयौगिक होनी चाहिए। इसलिए मैं इस बात पर बल देना चाहूँगा कि ऐसा हर संवैधानिक एवं शैक्षणिक उपाय अपनाया जाए जिससे निर्वाचक परिषद् को एक स्थान के लिए एक से अधिक प्रत्याशी खड़ा न करने की प्रेरणा मिले। आखिर, प्रत्याशियों की संख्या और निर्वाचन की पद्धति चाहे जो हो, अन्ततः एक और केवल एक ही व्यक्ति संपूर्ण निर्वाचन-क्षेत्र का प्रतिनिधित्व करने के लिए निर्वाचित किया जाता है। (मैं यहाँ एकल सदस्य वाले निर्वाचन-क्षेत्रों की बात कर रहा हूँ।) लोकतान्त्रिक सिद्धान्त, कुछ असंगत रूप से, यह कहता है कि एक बार जब प्रतिनिधि निर्वाचित हो जाता है, तो फिर चुनाव के दौरान उसका चाहे जितना भी विरोध रहा हो, वह अपने संपूर्ण निर्वाचन-क्षेत्र का प्रतिनिधि हो जाता है, और इसलिए उसे उन लोगों की भी सेवा करनी चाहिए जिन्होंने उसका विरोध किया था। यदि निर्वाचक परिषद् के प्रतिनिधियों को यह समझाया जा सके कि वे प्रत्याशी खड़ा करने के लिए केवल एक ही नाम का चयन करें तो यह असंगति स्थिति, अनावश्यक उत्तेजना एवं शक्ति और धन की बर्बादी टाली जा सकती है। परन्तु, कुछ स्थितियों में अगर यह सम्भव न हो, तो उपर्युक्त ढंग से चुने गए व्यक्ति प्रत्याशी घोषित किए जाने चाहिए। इसके बाद अन्तिम चुनाव निम्नलिखित ढंग से होने चाहिए।

निर्वाचक परिषद् द्वारा चयन किए गए नाम सम्बन्धित निर्वाचन-क्षेत्र की सभी ग्राम-सभाओं के पास भेज दिए जाएँ। हर ग्राम-सभा एक आम बैठक का संयोजन करे जहाँ प्रत्येक प्रत्याशी के लिए मत लिए जाएँ। इसके बाद निम्नलिखित दो में से एक विकल्प का अनुसरण किया जाए :

(1) सबसे अधिक मत पाने वाले प्रत्याशी को वह व्यक्ति घोषित किया जाए जिसे वह ग्राम-सभा उच्चतर सभा में अपना प्रतिनिधि बनाना चाहती है। ऐसे सभी व्यक्तियों में से जिसको ग्राम-सभा के सबसे अधिक मत प्राप्त हों, वह अन्ततः विधानसभा या लोकसभा (चाहे जो हो) का सदस्य उस निर्वाचन-क्षेत्र से घोषित किया जाए।

(2) विकल्पतः, प्रत्येक ग्राम-सभा की आम बैठक में हर प्रत्याशी को प्राप्त मत अभिलेखित किए जाएँ। इसके बाद संपूर्ण निर्वाचन-क्षेत्र में आयोजित ग्राम-सभा की बैठकों में हर प्रत्याशी को जो मत मिले हैं, उन्हें जोड़ दिया जाए। फिर जिस प्रत्याशी को ऐसे सबसे अधिक मत प्राप्त हों, वह उस निर्वाचन-क्षेत्र से सदस्य घोषित किया जाए।

यह जाहिर होगा कि इस प्रकार के निर्वाचन के कई वांछनीय परिणाम होते हैं, एक यह कि इससे लोकतन्त्र की इमारत की ऊपर की मंजिलों का, सबसे नीचे की इकाइयों से, संगठनात्मक संबंध जुड़ जाता है, और साथ ही ग्राम-सभाओं को प्रतिष्ठा, शक्ति एवं सार्थकता प्राप्त होती है, तथा क्षेत्रवाद के सम्भावित दलदल से वे ऊपर उठ जाती हैं; दूसरा यह कि इससे प्रत्येक वयस्क नागरिक को लोकतन्त्र की उच्चतम मंजिलों के चुनाव में भाग लेने का प्रत्यक्ष

अवसर प्राप्त होता है, और साथ ही यह सम्भावना पैदा होती है कि वह ग्राम-सभाओं तथा निर्वाचक परिषदों के द्वारा, संगठित रूप से ऐसा करने में समर्थ होकर अपने प्रतिनिधियों पर समुचित प्रभाव रखने की स्थिति में रहेगा। इस प्रकार बालू के कण अलग-अलग असहाय तत्त्व नहीं बने रहते हैं, बल्कि जुड़े हुए पत्थर की ईंट बन जाते हैं। इन पत्थर की ईंटों की बुनियाद पर बनी इमारत बालू पर बनाई गई इमारत से बहुत भिन्न होती है।

7. पंचायती राज का इतिहास

पंचायती राज की सवैधानिक स्थिति क्या है, इस पर मैं यहाँ विचार करना चाहूँगा। जैसा कि सुविदित है, पंचायती राज का आरम्भ और विकास, विकास-कार्यक्रमों के अमल के दौरान प्राप्त कुछ एक निराशापूर्ण अनुभवों के फल हैं। लोकतान्त्रिक विकेन्द्रीकरण की वर्तमान प्रक्रिया का श्रीगणेश सुप्रसिद्ध बलवंतराव मेहता-रिपोर्ट से हुआ। इस प्रक्रिया के पीछे मुख्य उद्देश्य ग्रामीण क्षेत्रों के विकास की गति को तीव्र करना है। मैं इस सिलसिले में, संविधान परिषद् को प्रासंगिक कार्यवाहियों की ओर स्मरण दिलाना चाहता हूँ। परिषद् के अध्यक्ष डॉ. राजेन्द्र प्रसाद ने 10 मई, 1948 को यह विचार व्यक्त किया कि संविधान का ढाँचा ग्राम-पंचायतों तथा अप्रत्यक्ष चुनाव-प्रणाली के अनुसार खड़ी की गई मंजिलों पर आधारित होना चाहिए। मेरा ख्याल है, इसी आशय के सैकड़ों संशोधन प्रस्तुत किए गए थे। संवैधानिक सलाहकार श्री बी. एन. राव ने यह मत प्रकट किया कि अब इस सुझाव के अनुसार संपूर्ण संविधान को संशोधित करने के लिए समय नहीं है। उन्होंने सलाह दी कि इस प्रश्न को बाद में भारतीय संघ तथा राज्य की विधायिकाओं के विचार के लिए छोड़ देना चाहिए। फिर, 22 नवम्बर, 1948 को श्री के. सन्तानम् का एक संशोधन डॉ. अम्बेडकर द्वारा स्वीकृत होकर अनुच्छेद 40 के रूप में संविधान में सम्मिलित किया गया। यह अनुच्छेद कहता है कि "राज्य, स्वशासन की इकाइयों के रूप में ग्राम-पंचायतों को संगठित करने की दिशा में कदम उठाएगा।"

इन कार्यवाहियों के अध्ययन से स्पष्ट है कि संविधान परिषद् का इरादा यह था कि संघ और राज्य की विधायिकाएँ परिषद् के अध्यक्ष के विचार तथा श्री सन्तानम् के संशोधन में निहित भावना के अनुसार संविधान के ढाँचे उपयुक्त समय पर संशोधित करने के लिए कदम उठाएँ। श्री सन्तानमू के संशोधन में शब्द का निहितार्थ यह है कि पंचायतें अलग-अलग रहकर काम नहीं करेंगी, बल्कि वे स्वशासन की उन बृहत्तर इकाइयों की अंग बनेंगी जो तदनुसार और भी बड़ी इकाइयों के अंग होंगे। संक्षेप में, पंचायती राज की कल्पना अनुच्छेद 40 में निहित थी।

मैंने इस विषय की चर्चा कर इस बात पर बल देना चाहा है कि लोकतान्त्रिक विकेन्द्रीकरण के सिद्धान्त और संगठन केवल सामुदायिक विकास के अनुभवों से नहीं, बल्कि सीधे संविधान परिषद् के निर्णयों से निकले हैं। स्थिति का यह पहलू बड़े राजनीतिक महत्त्व का है, क्योंकि वह पंचायती राज को एक पूर्णतः भिन्न परिप्रेक्ष्य में रख देता है, और उसको बड़ा महत्त्व एवं प्रतिष्ठा प्रदान करता है।

भारतीय संविधान द्वारा आरम्भ में एक अति-केन्द्रित शासन का चित्र उपस्थित किया जाना शायद अनिवार्य ही था। ब्रिटिश शासन-काल में केवल केन्द्रीय और प्रान्तीय शासन थे। दोनों मिलकर अतिशय केन्द्रीकरण का रूप उपस्थित संघ और राज्य की सरकारें अब वयस्क मताधिकार से निर्वाचित होती हैं, इससे उनके केन्द्रीकरण का तथ्य बदल नहीं जाता। अधिनायकवादी शासन भी जनता के मत से स्थापित होते देखे गए हैं। संविधान केवल सामाजिक तथ्यों का प्रतिबिम्ब होता है। वह उन तथ्यों का निर्माण संविधान लिखते समय नहीं कर सकता। उस समय जो सामाजिक तथ्य सामने थे, उनसे शायद राज्य से नीचे के स्तर पर सत्ता के विकेन्द्रीकरण की आवश्यकता प्रकट नहीं होती थी। स्वतन्त्रता की लड़ाई में भी नीचे से ऐसे लोकमत के संगठन पैदा नहीं हुए थे जिन्हें शासन का अधिकार दिया जा सकता। स्थानीय स्वशासन की संस्थाएँ तथा जिला-स्तरीय काँग्रेस कमेटियाँ भी ऐसी न थीं कि उनको लोकमत का प्रतिनिधि मान कर

शासन के अधिकार सौंप दिए जाते।

परन्तु, अब पंचायती राज के शुभारम्भ के बाद—उसके पीछे चाहे जो भी प्रेरणा पहले रही हो—कुछ नए सामाजिक तथ्यों का निर्माण किया जा रहा है और उनके अनुरूप गाँव से जिला-स्तर तक स्वशासी संगठन की तीन मंजिलें स्थापित की जा रही हैं। इस महत्त्वपूर्ण घटना को शीघ्र ही देश की सुसम्बद्ध कानून-व्यवस्था में समुचित अभिव्यक्ति एवं स्थान देना होगा, और इस प्रकार संविधान परिषद् की इच्छा का भी प्रसंगवश पालन हो जाएगा। अभी संविधान शासन के केवल दो क्षेत्रीय संगठनों—संघ और राज्य—को मान्य करता है। अब, ग्राम-पंचायत, पंचायत समिति तथा जिला परिषद् के रूप में स्वशासन की जिन तीन मंजिलों का उदय हो रहा है, उनको भी संविधान में समुचित स्थान मिलना चाहिए, और उनके अधिकारों, दायित्वों एवं राष्ट्रीय साधनों में उनके अंश का स्पष्ट उल्लेख भी उसमें होना चाहिए।

यह उल्लेखनीय है कि इस प्रकार की सिफारिश 1960 में युगोस्लाविया भेजे जाने वाले भारत सरकार के दल ने की थी। उस दल में राजस्थान सरकार के मुख्य सचिव श्री बी. मेहता, तथा सामुदायिक विकास-मन्त्रालय के पंचायत-आयुक्त श्री जी. एफ. मनकोदी थे। यहाँ, प्रसंगवश, यह कहने की अनुमति मैं चाहूँगा कि युगोस्लाविया ने राजनीतिक एवं आर्थिक विकेन्द्रीकरण के क्षेत्र में जो असाधारण साहसिक प्रयोग किए हैं और जिन्हें वे सामाजिक प्रबन्ध का नाम देते हैं, वे हमारे देश के लिए अत्यन्त गम्भीर महत्त्व के हैं और उनका गहराई से अध्ययन किया जाना चाहिए।

तीसरी पंचवर्षीय योजना

तीसरी योजना का प्रारूप, पंचायतों तथा पंचायती राज की संक्षेप में चर्चा करते हुए, '' जिला एवं प्रखण्ड-स्तर पर लोकतान्त्रिक संस्थाओं द्वारा विकास-योजना'' की सफलता की कसौटी के तौर पर निम्नलिखित चार 'आवश्यक शर्तें' निर्धारित करता है :

(1) मनुष्य-शक्ति एवं अन्य साधनों का संयोजन तथा जन-सहयोग की प्राप्ति;
(2) स्वीकृत कार्यक्रमों के अनुसार सम्बन्धित एजेन्सियों के लिए साधनों एवं सेवाओं की त्वरित आपूर्ति, तथा कोष के दुरुपयोग के कारण होने वाली क्षति का निवारण;
(3) कृषि-उत्पादन में वृद्धि, तथा
(4) समुदाय के अल्प-सुविधा-प्राप्त वर्गों के जीवन-मान को उन्नत बनाने के लिए विशेष प्रयत्न।

निश्चय ही हम सब लोग इस बात पर सहमत हैं कि न केवल ग्राम पंचायतों को; बल्कि उनके ऊपर की दो मंजिलों को भी, तीसरी योजना में अंकित सम्भावनाओं को फलीभूत करने हेतु हर सम्भव प्रयास करना चाहिए। परन्तु, मैं योजना-आयोग का ध्यान, जिस अलोकतान्त्रिक ढंग से नियोजन-कार्य की कल्पना की गई है; उसकी ओर आकृष्ट करना चाहूँगा। भारत जैसे विशाल देश में एक ही केन्द्र से सारे देश के लिए योजना बनाने का परिणाम यह होता है कि संपूर्ण प्रक्रिया अनावश्यक रूप से केन्द्रित हो जाती है और जनता से तथा परिस्थिति की वास्तविकताओं से वह दूर रह जाती है। इसके पहले के निबन्ध में मैंने यह दिखाने का प्रयास किया है कि किस प्रकार राजनीतिक विकेन्द्रीकरण, आर्थिक विकेन्द्रीकरण के बिना, विफल होकर रहेगा। इस बात को तो अधिकाधिक महसूस किया जा रहा है। फिर भी ऐसा लगता है कि इसी समस्या का एक महत्त्वपूर्ण पहलू, विकेन्द्रित नियोजन का पहलू, अभी तक हमारी समझ में नहीं आया है।

तीसरी योजना इस बात की ओर संकेत करती है कि योजना-आयोग ने आरम्भ से ही 'विकास-कार्यक्रमों में स्थानीय संस्थाओं की भूमिका' पर बल दिया था। लेकिन मालूम होता है कि वह भूमिका ऊपर तैयार की गई योजनाओं को कार्यान्वित करने के दायित्वों तक ही सीमित रखी गई थी। स्वशासन के प्रत्येक स्तर पर लोकतान्त्रिक संस्थाएँ अपनी योजनाएँ बना सकती हैं और उनका एकीकरण नीचे और ऊपर की संस्थाओं की योजनाओं से हो सकता है। इस सम्भावना को, लगता है, अभी तक स्वीकार नहीं किया गया है। गाँव से ऊपर की ओर प्रत्येक स्वशासी क्षेत्र के अपने प्राकृतिक एवं मानवीय साधन होते हैं, तथा उसकी अपनी आवश्यकताएँ होती हैं। क्षेत्रीय नियोजन का आधार स्पष्टतः यह होगा कि आवश्यकताओं की पूर्ति के लिए साधनों का पूर्ण उपयोग किया जाए। अपने देश में, इस प्रकार के विकेन्द्रित,

और साथ ही एकीकृत, नियोजन का बहुत कम अनुभव है। अतः मेरा सुझाव है कि कुछ अग्रगामी योजनाएँ शुरू की जाएँ जिससे कि इस प्रक्रिया को और अच्छी तरह समझकर देशभर में क्रियान्वित किया जा सके।

मेरा दृढ़ विश्वास है कि इस प्रकार के नियोजन और विकास की प्रक्रिया से ही व्यापक पैमाने पर नागरिक-ग्रामीण, कृषि-औद्योगिक विकास हो सकता है जिसकी चर्चा तो बहुत होती है, परन्तु जो कहीं नजर नहीं आता है। केवल ऐसे विकास से ही हमारी बेरोजगारी की समस्या हल हो सकती है, इस देश के लोगों का सामान्य जीवन-मान ऊँचा उठ सकता है, गाँवों तथा छोटे शहरों को उस आर्थिक एवं सांस्कृतिक पतन के गर्त से, जिसमें वे स्थायी रूप से गिरे प्रतीत होते हैं, हम निकाल सकते हैं और पंचायती राज वास्तविक लोकतन्त्र का रूप ले सकता है।

सर्वोदय

सम्भवतः आपकी अपेक्षा है कि मैं पंचायती राज और सर्वोदय के संबंध में भी कुछ कहूँ। ग्राम-पंचायतें, पंचायत समितियाँ और जिला परिषदें कानून से स्थापित की जा रही हैं। दूसरी ओर, सर्वोदय-आंदोलन स्वैच्छिक आधार पर चल रहा है, और इसका कानून से, अथवा सामान्यतः शासन से, विरले ही कोई संबंध होता है। फिर भी दोनों के लक्ष्य काफी अंश तक एक जैसे हैं और दोनों के बहुत कुछ साधन भी समान हैं।

आप सब लोग शायद जानते हैं कि गाँधी जी का यह ख्याल था कि सर्वोत्तम सरकार वह है जो कम-से-कम शासन करती है। इसका मतलब यह है कि वे चाहते थे कि बाध्यता का तत्त्व–चाहे वह सामाजिक, आर्थिक या सामाजिक हो–पूर्णतः समाप्त नहीं किया जा सके तो वह कम-से-कम हो जाए। इस उद्देश्य के लिए उन्होंने जिस साधन का समर्थन और उपयोग किया, वह प्रेम का साधन था। शिक्षण की प्रक्रिया से वे प्रत्येक व्यक्ति को यह समझाना चाहते थे कि उसका सुख और हित अन्य सभी लोगों के सुख और हित पर निर्भर करता है। जिस अंश तक समाज के सदस्य जीवन के इस दृष्टिकोण को स्वीकार करेंगे, उस अंश तक बाध्यता की आवश्यकता समाप्त हो जाएगी।

पंचायती राज की संस्थाओं को हम स्वशासन की संस्थाएँ कह सकते हैं। शासन का यह अर्थ नहीं हो सकता कि समाज का एक वर्ग दूसरे वर्गों को कुछ करने के लिए बाध्य करे। यह खतरा तो है कि जो अधिकार, विशेषाधिकार तथा साधन पंचायती राज की संस्थाओं के हाथ में दिए जाते हैं, उनका उपयोग पूरे समुदाय के लिए नहीं, बल्कि उसके एक भाग के लिए ही किया जाए। यही सर्वोदय की एक महत्त्वपूर्ण देन उस जनवादी लोकतन्त्र के विकास में हो सकती है, जिसका प्रतिनिधित्व पंचायती राज करता है।

सर्वोदय आंदोलन द्वारा प्रस्तुत हर व्यावहारिक सुझाव के पीछे संपूर्ण समुदाय के हित-साधन की प्रेरणा रही है, चाहे वह ग्राम-पंचायतों के निर्विरोध चुनाव के संबंध में हो, भूमि के सामुदायिक स्वामित्व अर्थात् ग्रामदान के विषय में हो, अथवा श्रमिकों से काम लेने वाले आर्थिक उद्योगों का सरकारी आधार पर स्वामित्व एवं प्रबन्ध करने का सुझाव हो।

यह सच है कि अभी हमारा ग्रामीण समाज परस्पर-विरोधी हितों से टूटा हुआ है। इस बात को ध्यान में रखते हुए सामान्य हित की बात करना बौद्धिक विलास जैसा प्रतीत होता है। इसके विकल्प के तौर पर ग्रामीण समाज के विभिन्न सामाजिक-आर्थिक हितों के बीच वर्ग-संघर्ष उभारना, केवल लोकतन्त्र और आर्थिक विकास के लिए ही विनाशकारी नहीं होगा, बल्कि उन वर्गों के लिए भी विनाशकारी होगा जो आज कमजोर और पिछड़े हुए हैं। इन कमजोर तथा पिछड़े हुए वर्गों के उत्थान के लिए उन्नत वर्गों में सहकार एवं समुदाय-हित की भावना के साथ-साथ उत्तरदायित्व का भाव पैदा करने के अलावा कोई दूसरा ऐसा मार्ग मुझे नहीं दीखता, जिसके जरिए ग्रामीण समाज के सभी वर्गों का भावी हित सुनिश्चित किया जा सके। मैं नहीं समझता कि इन वर्गों को यह समझाना कठिन है कि उनका अपना हित भी उनके द्वारा उपेक्षित और पीड़ित लोगों के तीव्र उत्थान और कल्याण में निहित है। मैं नहीं कह सकता कि यहाँ जो पंचायतों के प्रतिनिधि इकट्ठे हैं, वे मेरे इस विचार को आदर्शवादी और अव्यावहारिक कहकर टाल देंगे। यदि वे ऐसा करते हैं तो यह बड़े खेद की बात होगी और इसे मैं पंचायतों के भविष्य के लिए भारी अपशकुन मानूँगा। मुझे आशा है कि आप भी यह समझेंगे कि गाँधी जी का आदर्शवाद जिसे सर्वोदय-आंदोलन धीरे-धीरे जनमानस में उतारने का प्रयास कर रहा है, एकमात्र व्यावहारिक मार्ग है जो गाँव को नष्ट होने से बचा सकता है। अगर मेरी यह

आशा गलत नहीं है, तो मैं पंचायत परिषद् एवं सर्व सेवा संघ के प्रयासों में आगे घनिष्ठतम अनुबन्ध स्थापित होने की सम्भावना देखता हूँ। इन दोनों के बीच इस सामान्य संबंध-निरूपण से परे, विस्तार में, मैं नहीं जाऊँगा। यदि हम समय-समय पर संयुक्त बैठकें करने की परम्परा कायम करें तो तफसील के प्रश्नों पर समान नीतियों एवं कार्यक्रमों का निर्धारण कर लेना बिलकुल आसान होगा।

अपनी चर्चाओं में हम ठीक ही इस बात पर बल देते हैं वास्तविक सत्ता तथा आवश्यक साधनों का नियन्त्रण, पंचायतों एवं स्थानिक स्वशासन की अन्य संस्थाओं को सौंप देना चाहिए। इसमें सन्देह नहीं कि ऐसा करना आवश्यक है; तथापि हमें यह नहीं भूलना चाहिए कि नीचे से जनता की सामूहिक इच्छा एवं प्रयास पैदा हुई सत्ता का महत्त्व कहीं ज्यादा है। मैं ऐसे छोटे-छोटे ग्रामदानी या ग्राम-संकल्पी गाँवों को जानता हूँ जो ऊपर से कोई सत्ता प्राप्त किए बिना अपनी जनता की केवल इच्छा-शक्ति से, स्व-प्रबन्ध एवं स्व-शासन के ऐसे स्तरों पर पहुँच गए हैं, जहाँ सत्ता के वितरण की कोई प्रक्रिया कभी नहीं पहुँचा सकती। इन गाँवों ने भूमि का सामुदायिक स्वामित्व कायम किया है तथा आर्थिक एवं सामाजिक समता स्थापित की है, अपने बीच से बेरोजगारी को दूर भगाया है, सामूहिक स्वास्थ्य एवं शैक्षणिक सेवाओं के मामले में स्वावलम्बी बनाया है, मद्यपान एवं मुकदमेबाजी की बुराइयों से अपने को मुक्त किया है, तथा समुदाय के लिए श्रमदान के माध्यम से एक सुरक्षित कोष का निर्माण भी किया है। अतः मैं इस बात पर बल देना चाहूँगा कि ऊपर से सत्ता मिले या न मिले, पंचायतों को जनता के अभिक्रम का यथासम्भव पूर्णतम विकास करने का प्रयास करना चाहिए। इस दिशा में हम जितनी ही प्रगति करेंगे, उतने ही वास्तविक ग्रामराज की स्थापना के करीब पहुँचेंगे।

दुर्भाग्यवश, इसी क्षेत्र में बहुत ही असंतोषकारी स्थिति है। इस कार्य को सफलतापूर्वक करने के लिए निःस्वार्थ कार्यकर्ताओं की एक बड़ी जमात चाहिए जो जनता को प्रेरित तथा जाग्रत करे, उसकी सहायता करे और उसका मार्ग-दर्शन भी करे। अभी ऐसे संकल्पित स्वयंसेवी कार्यकर्ताओं का अभाव है। प्रश्न है कि ऐसे कार्यकर्ता आएँगे कहाँ से? मैं समझता हूँ, यह अपेक्षा रखना कि हमारे गाँवों के बाहर से लोग आकर हमारी सेवा करेंगे, अनुचित है। पंचायतों के सदस्यों एवं पदाधिकारियों के मन में आवश्यक सेवा एवं बलिदान-भावना भरने का काम पंचायत परिषद् का होना चाहिए। स्वार्थसाधन करने एवं सत्ता हड़पने की भावना, पंचायती राज को, अन्य बातों की अपेक्षा, अधिक प्रभावकारी ढंग से, नष्ट करने वाली होगी। हमारे लिए सबसे बड़ी चुनौती और अवसर भी यही है।

सौभाग्यवश, ग्रामीण सेवा में लगी कई स्वयंसेवी संस्थाएँ हैं जिनमें सबसे प्रमुख है सर्व सेवा संघ। दूसरी संस्थाएँ भी हैं, जैसे गाँधी स्मारक निधि, खादी-ग्रामोद्योग एवं नई तालीम में लगी संस्थाएँ, ग्राम सेवा संगम, भारत सेवक समाज, सहकारी क्षेत्र में लगे हुए कार्यकर्ताओं का विशाल समूह, आदि। इनके अलावा बहुत बड़ी संख्या में ग्रामीण विद्यालयों के शिक्षक हैं। अखिल भारत पंचायत परिषद् का कर्तव्य है कि वह इन सभी संस्थाओं और कार्यकर्ताओं को एक मंच पर इकट्ठा करे, जिससे कि ग्रामीण विकास की समस्याओं का सम्मिलित रूप से मुकाबला किया जा सके। ऐसे सामूहिक प्रयत्न के लिए स्वभावतः समान लक्ष्यों एवं कार्य-पद्धतियों पर सहमति होना आवश्यक है। मेरा निश्चित मत है कि परिषद् के आध्यात्मिक, सांस्कृतिक, सामाजिक, राजनीतिक एवं आर्थिक लक्ष्य उन अधिसंख्य-स्वयंसेवी संस्थाओं को, जो मेरे ध्यान में हैं, मान्य होंगे। मुझे आशा है कि इस सम्मेलन के अवसर पर आप यह विचार करेंगे कि इन सभी संस्थाओं को एक मंच पर लाने और उनके कार्यों को समन्वित करने के रास्ते क्या होंगे। इस कार्य में, तथा पंचायतों के सदस्यों में सेवा की भावना भरने के प्रयास में, हम जिस हद तक सफल होंगे, वहाँ तक परिषद् अपने लक्ष्यों को प्राप्त करने और अपना उद्देश्य सिद्ध करने में सफल होगी।

देश के उच्च स्तरों पर जो राजनीतिक चिन्ता एवं तनाव का वातावरण व्याप्त है, उसके विषय में कुछ कहने का मुझे पहले भी अवसर मिला है। इस संबंध में लगता है कि सारा ध्यान नेताओं तथा उनके गुटों पर ही केन्द्रित हो गया है, और देश का भाग्य कुछ व्यक्तियों एवं गुटों के भाग्य पर छोड़ दिया गया है। अपने देश में जो अत्यधिक, राजनीतिक केन्द्रीकरण है, यह स्थिति उसका ही एक परिणाम है। इस सन्दर्भ में, पंचायती राज राजनीतिक स्थिरता का कुछ आश्वासन देता है और इसलिए उसका महत्त्व और बढ़ जाता है। आप जिन पंचायतों का प्रतिनिधित्व कर

रहे हैं, वे लोकतान्त्रिक ढाँचे की बुनियाद ही हैं; अगर उन्हें समुचित रूप से विकसित किया जाए तो राजनीतिक स्थिरता एवं देश की अखण्डता की सबसे पक्की बुनियादें वे बन सकती हैं। इस प्रकार, वर्तमान क्षण में, एक ऐतिहासिक भूमिका निभाने के लिए आपका आवाहन है। आपकी सफलता भारतीय लोकतन्त्र की ही नहीं, संपूर्ण एशिया के लोकतन्त्र की सफलता सुनिश्चित करेगी। इस ऐतिहासिक कर्तव्य की अनुभूति आपको शाश्वत एवं समर्पित कार्य के लिए प्रेरित करे।

8. पंचायती राज : अधिकार और कृत्य

पंचायती राज की विभिन्न संस्थाओं के अधिकारों और कृत्यों के विषय में बहुत भ्रम है। इस ढाँचे की कल्पना अकसर, एक-पर-एक, उत्क्रमिक रूप में, की जाती है। 'सरकार' शब्द अकसर राज्य या केन्द्रीय शासन के लिए सुरक्षित रखा जाता है। परन्तु, इसकी प्रत्येक संस्था अपने स्तर पर एक सरकार है और वह उस स्तर पर सरकार के सभी सम्भव कृत्य करती है। संघीय शासन-व्यवस्था में हर मंजिल सरकार के सभी कृत्यों का निर्वहन नहीं कर सकती। मिसाल के लिए, कोई भी राज्य-सरकार प्रतिरक्षा या वैदेशिक मामले संबंधी कृत्य नहीं कर सकती। इसी प्रकार जिला परिषद् कुछ ऐसे काम नहीं कर सकती जो राज्य-सरकार कर सकती है और यही नीचे की संस्थाओं के संबंध में समझाना चाहिए। उदाहरणस्वरूप, जिला परिषद् किसी विश्वविद्यालय का संचालन या किसी इस्पात-संयन्त्र का निर्माण नहीं कर सकती है। लेकिन इस कारण राज्य-सरकार जिला परिषद् से ऊपर नहीं हो जाती। हर संस्था अपने क्षेत्र में स्वायत्त है।

तब प्रश्न है कि इन विभिन्न संस्थाओं के बीच विषयों का विभाजन किस प्रकार किया जाए। इस संबंध में सर्वोत्तम अनुकरणीय नियम है क्षमता का। दूसरे शब्दों में, प्रत्येक स्तर पर के शासन और प्रशासन को वे सब कृत्य करने का अधिकार होना चाहिए जिन्हें करने की क्षमता उसमें है। यह क्षमता कई आधारों पर निर्भर करेगी, लेकिन सबसे महत्त्वपूर्ण आधार होगा—आकार एवं विस्तार का। आबादी का आकार, क्षेत्र तथा उपलब्ध साधन सम्बन्धित स्तर के कार्यों का विस्तार निश्चित करेंगे। उदाहरणार्थ, प्राथमिक शिक्षा आसानी से ग्राम-सभा की क्षमता के अधीन, माध्यमिक शिक्षा ग्राम-पंचायत के अधीन और कॉलेजी शिक्षा जिला परिषद् के अधीन रह सकती है। इस प्रकार अन्य विषय—जैसे स्वास्थ्य, सिंचाई, उद्योग आदि—विभिन्न स्तरों के शासन के अधीन आ सकते हैं।

अधिकारों और कृत्यों के संबंध में एक भेद करना आवश्यक है। ब्रिटिश शासनकाल में शासन का मुख्यतः अर्थ था—कानून एवं व्यवस्था तथा राजस्व-प्रशासन। शासन के कल्याण एवं विकास संबंधी पहलू उस समय बहुत महत्त्वपूर्ण नहीं थे। परन्तु स्वराज्य के बाद यही पहलू सबसे ऊपर चले आए हैं, और यह उचित ही हुआ है।

पंचायती राज कल्याण एवं विकास की आवश्यकताओं के गर्भ से पैदा हुआ है। ऐसा होना स्वाभाविक ही था। लेकिन इस परिस्थिति का एक परिणाम यह है कि जहाँ पंचायती राज की नई संस्थाओं को विकास एवं कल्याण-संबंधी बहुत सारे कृत्य सौंपे जा रहे हैं, वहाँ वे अधिकार, जो अभी तक 'शासन के अधिकार' समझे जाते हैं, जिला एवं निम्न स्तरों पर नौकरशाही में निहित रह गए हैं। मिसाल के लिए, आज के मुखिया को जितने अधिकार और अवसर प्राप्त हैं, या भविष्य में पंचायत-प्रमुख या जिला-अध्यक्ष को प्राप्त होने वाले हैं, उनकी अपेक्षा एक राजस्व-कर्मचारी को अधिक अधिकार और अवसर हासिल हैं। यदि पंयायती राज इन क्षेत्रों में भी स्वशासन का भान जनता को नहीं कराता है और उन्हें राज्य-सरकार के छोटे-छोटे अधिकारियों के शोषण तथा उत्पीड़न से मुक्त करता है, तो वह न केवल विकेन्द्रीकरण एवं लोकतन्त्रीकरण के अपने उद्देश्य में विफल होगा, बल्कि जनता के मन में भी बड़ी निराशा के भाव पैदा करेगा।

अतः मेरा सुझाव है कि पंचायती राज की तीनों संस्थाओं को न केवल भूमि-राजस्व संग्रह का, बल्कि राजस्व-प्रशासन का भी, दायित्व समर्पित कर देना चाहिए।

कानून एवं व्यवस्था के मामले में, विशेषकर ग्राम-रक्षा दल के पर्याप्त सफल-विकास को देखते हुए, इस संबंध में और भी विचार करने की जरूरत है कि जनता की प्रतिनिधिक संस्थाओं को अधिक-से-अधिक दायित्व किस प्रकार सौंपे जा सकते हैं। इस प्रकार के साहसिक कदम उठाने के लिए आवश्यक होगा कि जनता पर भरोसा किया जाए।

अधिकारों एवं कृत्यों के विभाजन तथा उपयोग के विषय में मैं एक और निवेदन करना चाहूँगा। अधिनियम एवं विनियमों का निर्माण इस ढंग से नहीं किया जाना चाहिए कि मुखिया, प्रमुख तथा अध्यक्ष ही सर्व-प्रधान हो जाएँ और ग्राम-सभा, पंचायत समिति एवं जिला परिषद्, केवल लोकतन्त्र के दिखावे के लिए, उनके सहज पुछल्ले बन जाएँ। अगर ऐसा होता है, तो वर्तमान परिस्थिति में बहुत फर्क नहीं आएगा और न जनता की वे शक्तियाँ प्रकट होंगी जो राष्ट्रीय विकास एवं स्वशासन के लिए आवश्यक हैं।

पंचायतों, पंचायत समितियों तथा जिला परिषदों को, यथासम्भव स्थायी एवं कार्यकारी समितियों के माध्यम से ही काम करना चाहिए और मुखियों, प्रमुखों तथा अध्यक्षों को हर समिति का अध्यक्ष या सदस्य हरगिज नहीं बनाया जाना चाहिए। इसके अलावा, यह भी आवश्यक है कि अकसर बड़ी सभाओं—जैसे ग्राम-सभा, पंचायत समिति और जिला परिषद्—की बैठकें बुलाकर उनके सामने महत्त्वपूर्ण मामले पेश किए जाने चाहिए, और किसी नीति-विषयक प्रश्न पर निर्णय उनकी स्वीकृति के बिना नहीं लिए जाने चाहिए।

साधन

अपनी 'लोक-स्वराज्य' नाम की पुस्तक में मैंने इन संस्थाओं के साधन तथा असैनिक सेवकों के प्रति उनके संबंध क्या होंगे, इस प्रश्न पर संक्षेप में चर्चा की है। मैं यहाँ उसे दुहराना नहीं चाहता। परन्तु मैं विशेष रूप से यह सुझाव देना चाहता हूँ कि कुल सार्वजनिक भूमि (यानी गैरमजरुआ-आम भूमि) और साथ ही भूतपूर्व पट्टेदारों के सैराती हित ग्राम-पंचायतों में निहित हो जाने चाहिए, और समाज के सामान्य कल्याण हेतु उन सबके प्रबन्ध का पूर्ण अधिकार भी उन्हें प्राप्त होना चाहिए।

पंचायती राज विधेयक

बिहार पंचायती राज विधेयक में कई ऐसे खण्ड और उपखण्ड हैं जो पंचायत समिति तथा जिला परिषद् एवं उनके अधिकारियों का परिवेक्षण एवं नियन्त्रण करने तथा उनके विरुद्ध अनुशासनिक कार्रवाई करने के बहुत सारे अधिकार राज्य-सरकार को प्रदान करते हैं। ऐसे अधिकारों का प्रयोग कोई करे, यह तो आवश्यक है; परन्तु राज्य-सरकार को ये अधिकार देना खतरनाक होगा। उससे इन संस्थाओं की स्वायत्तता एवं स्वशासन में बहुत कमी हो जाएगी और वे राज्य-सरकार की एजेन्सी तथा औजार मात्र बन जाएँगी। साथ ही उससे पंचायती राज की संस्थाओं में दलगत राजनीति, गुटबन्दी एवं उच्च-स्तरीय तीव्र सत्ता-संघर्ष के प्रवेश के लिए रास्ता खुल जाएगा।

पंचायती राज आयोग और चुनाव

ऊपर पंचायती राज आयोग के जिन कामों की चर्चा की गई है, उनके अलावा आयोग को ग्राम-पंचायतों, पंचायत समितियों तथा जिला परिषदों के सभी चुनावों के संचालन, परिवेक्षण तथा नियन्त्रण का दायित्व भी समर्पित किया जाना चाहिए। साथ ही उसे चुनाव-याचिकाओं पर सम्बन्धित कानून के अनुसार न्यायिक विचार के लिए आवश्यक व्यवस्था करने का अधिकार भी होना चाहिए।

यदि इन संस्थाओं के चुनाव का दायित्व पंचायती राज आयोग जैसे स्वतन्त्र आयोग को नहीं सौंपा गया तो इस मामले में सब प्रकार की अनियमितताएँ होने का खतरा है। क्या इसमें सन्देह है कि यदि चुनाव-आयोग की स्थापना नहीं की जाती तो लोकसभा एवं विधानसभाओं के चुनाव कभी इतने कुशल, न्यायपूर्ण तथा नियमित ढंग से नहीं होते, जितने कि हुए हैं?

चुनाव की पद्धति

चुनाव की पद्धति के संबंध में मुझे बुनियादी रूप से भिन्न सुझाव देना है; और वह केवल प्रमुख तथा उप-प्रमुख के निर्वाचन के विषय में नहीं, बल्कि सभी ऐसे निर्वाचनों के संबंध में जहाँ मतदाताओं की संख्या थोड़ी, यानी कुछ सैकड़ों तक ही है।

वर्तमान चुनाव की पद्धति में महत्त्वाकांक्षी व्यक्ति अपने को उम्मीदवार के रूप में प्रस्तुत करते हैं और प्रस्तावक, समर्थक ढूँढ़ कर माँगने लग जाते हैं। इन सबके परिणामस्वरूप व्यक्तिगत विरोध, गुटबाजी, तनाव, भ्रष्टाचार तथा इससे भी बड़ी बुराइयाँ पैदा होती हैं। मेरी दृष्टि से, वह पद्धति इससे कहीं बेहतर होगी जिसमें मतदाता ही उम्मीदवारों का चुनाव या चयन करते हैं और कोई व्यक्ति स्वयं उम्मीदवार नहीं बन जाता। इसका एक सरल उदाहरण प्रस्तुत कर रहा हूँ।

मान लीजिए, प्रमुख और उप-प्रमुख का चुनाव करने के लिए पंचायत समिति की बैठक बुलाई गई है। स्वाभाविक ही इसके लिए न कोई उम्मीदवार घोषित किए गए हैं और न किसी ने नामांकन दाखिल किया है। बैठक का उद्घाटन निर्वाचन-पदाधिकारी करता है। वह आरम्भ में समिति के कुशल कार्य-संचालन के लिए सामान्य मतैक्य से पदाधिकारियों का चुनाव करने की वांछनीयता पर बल देता है। इसके बाद वह उपस्थित लोगों को उसकी विधि बताता है।

पहले प्रमुख का चुनाव होगा, और तब उप-प्रमुख का। दोनों के चुनाव की विधि एक ही ढंग की होगी। (विधि अच्छी तरह से समझ लेने के बाद दोनों पदाधिकारियों के चुनाव एक साथ ही हो सकते हैं, परन्तु आरम्भ में कुछ भ्रम होने की सम्भावना है।)

सदस्यों को कई बार मतदान करना पड़ सकता है, यानी बहुत मतदान हो सकता है, जिनकी संख्या इस बात पर निर्भर करेगी कि सदस्यों के बीच सहमति कितनी है। प्रत्येक बार के मतदान के लिए प्रत्येक सदस्य को एक मतपत्र दिया जाएगा जिस पर वह उस व्यक्ति का नाम स्पष्टतापूर्वक लिखेगा, जिसको वह प्रमुख बनाना चाहता है।

यदि प्रथम मतदान में :

(क) प्रमुख के पद के लिए एक ही नाम प्रस्तावित किया जाता है तो वह व्यक्ति सर्वसम्मति से निर्वाचित घोषित होता है;

(ख) प्रमुख के पद के लिए दो नाम प्रस्ताविक होते हैं तो जिसको अधिक संख्या में मत प्राप्त होते हैं, वह निर्वाचित घोषित हो जाता है;

(ग) प्रमुख के पद के लिए तीन नाम प्रस्तावित होते हैं तो इनमें से आखिरी नाम छाँट दिया जाता है; फिर शेष दो नामों के लिए पुनः मतदान होता है। और बहुमत पाने वाला व्यक्ति निर्वाचित घोषित होता है;

(घ) तीन से अधिक नाम प्रस्तावित होते हैं, तो बार-बार मतदान लिए जाते हैं और हर बार आखिरी नाम छँटता जाता है; फिर अन्तिम मतदान होता है और बहुमत पाने वाला व्यक्ति निर्वाचित घोषित कर दिया जाता है।

प्रमुख और उप-प्रमुख के पदों के लिए बहुत नाम प्रस्तावित होंगे, इसकी सम्भावना नहीं है। इसलिए यह विधि, प्रत्यक्ष व्यवहार में, उतनी लम्बी नहीं होगी जितनी लम्बी वह दीखती है। सामान्यतः दो से तीन मतदान काफी होने चाहिए। यदि सदन में पचास सदस्य हैं, तो इस प्रक्रिया में एक घण्टे से अधिक समय नहीं लगेगा।

जैसा कि मैंने ऊपर कहा है, इस चुनाव-विधि की अनुशंसा सामान्यतः ऐसे सब मामलों में की जाती है, जहाँ मतदाताओं की संख्या कुछ सैकड़ों से अधिक नहीं है। यह कहने की आवश्यकता नहीं कि जिला परिषदों पर भी यह विधि लागू होगी।

कोई चुनाव-पद्धति पूर्ण नहीं हो सकती, और प्रस्तावित पद्धति में भी दोष होंगे। लेकिन व्यक्तिगत महत्त्वाकांक्षाएँ और ईर्ष्या-द्वेष, मत-प्राप्ति के लिए खींचतान, भ्रष्टाचार, तनाव आदि अगर समाप्त नहीं होंगे तो भी कम हो जाएँगे। यह किसी उम्मीदवार के बहुमत के बजाय अल्पमत से चुन लिए जाने का विरोधाभास भी समाप्त करेगा। जब कई उम्मीदवार हों और मतदान एक ही हो तो वर्तमान पद्धति में ऐसा अकसर होता है।

जैसा कि ऊपर मैं सुझा चुका हूँ, ग्राम-पंचायतों, पंचायत समितियों एवं जिला परिषदों के सभी चुनावों के संचालन, परिवेक्षण तथा नियन्त्रण का दायित्व पंचायती राज आयोग को सौंपना चाहिए और ऐसे आयोग की स्थापना प्रत्येक राज्य में होनी चाहिए। इस आयोग को भी चुनाव-आयोग की तरह यह अधिकार होना चाहिए कि वह चुनाव-याचिकाओं पर तत्संबंधी कानून के अनुसार न्यायिक विचार कराने की व्यवस्था करे।

पंचायती राज में नगर और महानगर

पंचायत समितियों तथा जिला परिषदों से नगरों और महानगरों का संबंध क्या रहेगा, इस प्रश्न पर से एक अत्यन्त महत्त्वपूर्ण नीति-विषयक प्रश्न खड़ा होता है। एक तरफ सामुदायिक विकास का मतलब खासतौर से ग्रामीण विकास होता है और पंचायती राज की स्थापना इसलिए की जा रही है कि जनता इस सारगर्भित महानाटक में उत्तम पुरुष की भूमिका निभा सके। दूसरी ओर पंचायती राज का उद्देश्य सत्ता एवं प्रशासन का विकेन्द्रीकरण भी है। इस दूसरे रूप में, पंचायती राज ग्रामीण क्षेत्रों तक सीमित नहीं रह सकता। विकेन्द्रीकरण नगर और महानगर में भी होना चाहिए। गाँव, प्रखण्ड, जिला—ये भौगोलिक इकाइयाँ हैं। गाँव तो शुद्ध गाँव ही है; परन्तु प्रखण्ड के क्षेत्र के अन्दर नगर भी हो सकते हैं, और जिले के क्षेत्र में नगर और महानगर भी आ सकते हैं। ग्रामीण विकास के कार्यक्रम को स्वभावतः नगरों से कोई मतलब नहीं रहेगा। लेकिन यह कैसे सम्भव है कि पंचायत समिति या जिला परिषद् जैसी स्वशासी संस्था की कोई अधिकारिता उसके भौगोलिक क्षेत्र में पड़नेवाले नागरिक समुदायों पर न रहे?

इसके अलावा, नगर और गाँव को अलग-अलग रखना गलत है। वस्तुतः ऐसा करना असम्भव ही होगा। और, फिर हम इस देश में कृषि-औद्योगिक, नागरिक-ग्रामीण ढाँचे का जीवन और सामाजिक संगठन विकसित करना चाहते हैं। यह एक अतिरिक्त कारण है कि क्यों विकास और स्वशासन दोनों उद्देश्यों के लिए नगर और गाँव को अलग-अलग प्रकोष्ठों में रखना गलत होगा।

एक बड़े आकार का नगर अपने-आप में एक अलग प्रखण्ड माना जा सकता है और उसकी अपनी पंचायत समिति हो सकती है। ऐसे नगर में स्वभावतः कई मुहल्ले होंगे, और प्रत्येक की अपनी नगर पंचायत होगी; फिर ये नगर पंचायतें मिलकर नगर पंचायत समिति का गठन कर सकती हैं।

कोई महानगर, जैसे किसी राज्य की राजधानी हो, स्वयं एक जिला माना जा सकता है, और उसकी अपनी जिला परिषद् हो सकती है। परिषद् के नीचे अन्य दो मंजिलें—नगर पंचायत समितियाँ और नगर पंचायतें—होंगी।

जब पंचायती राज इस तर्कपूर्ण आधार पर गठित होता है, तो पंचायत समितियों और जिला परिषदों को, ग्रामीण तथा नागरिक विकास एवं प्रशासन दोनों का दायित्व उठाना होगा। इस कार्य के लिए आवश्यक कोष, साधन तथा अधिकार उनके पास स्वभावतः होंगे ही। तभी नगरपालिकाओं और अनुसूचित क्षेत्रों (यह नाम उस समय बदलना चाहिए) के प्रतिनिधि, समितियों और परिषदों में; पूर्ण सदस्य के रूप में, अपना समुचित स्थान प्राप्त करेगा।

परन्तु यह तो ऊँची नीति का प्रश्न है और इस विषय में निर्णय उच्चतम स्तर पर ही लिया जा सकता है; यद्यपि संविधान में कोई ऐसी बात नहीं है जो राज्य-सरकार को ऐसे मामले में निर्णय लेने से रोकती हो। लेकिन चूँकि केन्द्र में और राज्यों में भी एक ही दल का शासन है, इसलिए यह सम्भव नहीं है कि राज्य-सरकार इस मामले में तब तक कुछ करेगी, जब तक 'केन्द्रीय' नीति निर्धारित नहीं हो जाती। अभी जो स्थिति है, उसमें विकास और प्रशासन दोनों उद्देश्यों के लिए नगर, पंचायत समितियों और जिला परिषदों की अधिकारिता के बाहर हैं। इसलिए, नगरपालिकाओं के अध्यक्ष और अनुसूचित क्षेत्रों में उपाध्यक्ष पंचायत समितियों के केवल सहयोगी सदस्य होने चाहिए।

परन्तु बिहार पंचायती राज विधेयक का खण्ड 12 (3) पंचायत समितियों को नगरपालिकाओं तथा अनुसूचित क्षेत्रों से अभिदाय प्राप्त करने का अधिकार प्राप्त करता है; इस बात को ध्यान में रखते हुए पंचायत समितियों के अध्यक्ष तथा अनुसूचित क्षेत्रों के उपाध्यक्ष पूर्ण सदस्य माने जाने चाहिए; केवल वे प्रमुख या उप-प्रमुख के पद पर आसीन नहीं हो सकते हैं।

9. राजनीतिक दलों की भूमिका

पंचायती राज में राजनीतिक दलों की भूमिका क्या होगी, यह उसके आरम्भ से ही एक बहुत चिन्ताकारक प्रश्न रहा है। ग्राम-पंचायतों को छोड़ अन्य सभी स्तरों में राजनीतिक दलों की भूमिका के विषय में तीव्र मतभेद रहे हैं। केन्द्रीय सरकार द्वारा प्रस्तुत पंचायती राज का ढाँचा तो स्पष्ट और सुसंगत रहा है और उसके आधारभूत सिद्धान्त भी सुस्पष्ट रूप से परिभाषित किए गए हैं, परन्तु राज्य-राज्य में उसके जो वास्तविक रूप उभर रहे हैं; वे संरचना या बुनियादी कल्पना की दृष्टि से बहुत भिन्न हैं, एकरूप होना तो दूर रहा।

इन भिन्नताओं पर थोड़ा दृष्टिपात करना उपयोगी होगा, क्योंकि पंचायती राज में राजनीतिक दलों की भूमिका के संबंध में लोगों के मत पर उसके स्वरूप, लक्ष्य एवं संरचना की दृष्टि का प्रत्यक्ष प्रभाव रहा है।

अनेकानेक विभिन्नताओं वाले इस देश में, इस स्थिति पर अधिक आँसू बहाने की आवश्यकता नहीं होनी चाहिए। परन्तु जब हम देखते हैं कि पंचायती राज के केन्द्रीय प्रवर्तकों ने इसके सामने एक निश्चित और सुपरिभाषित लक्ष्य रखा था, तो यह समझना कठिन हो जाता है कि राज्य द्वारा उसकी क्रियान्विति में इतना भेद क्यों होना चाहिए। अगर ये भिन्नताएँ केवल तफसील की बातों के संबंध में होतीं तो बहुत चिन्ता की बात नहीं थी; परन्तु हम देखते हैं कि उनका संबंध तो बुनियादी बातों से ही है।

क्रांतिकारी घटना

यह स्मरणीय है कि प्रधानमन्त्री ने, 2 अक्तूबर, 1959 को राजस्थान में पंचायती राज का उद्घाटन करते हुए उसे एक क्रांतिकारी घटना बताया था। तब यह कहा गया था कि इस नए कदम का उद्देश्य स्वराज्य को जनता के पास पहुँचाना है, यानि लोगों को इस योग्य बनाना है कि वे अपना शासन स्वयं कर सकें, और उनके तथा बच्चों के लिए नए जीवन का जो निर्माण किया जा रहा है, उसके वे दर्शक मात्र बने न रहें। अधिकाधिक प्रवक्ताओं ने भी कहा है कि पंचायती राज महात्मा गाँधी द्वारा सँजोए गए ग्रामराज और उस पर आधारित स्वराज्य के लक्ष्य की दिशा में एक बड़ा कदम है।

अगर ये वक्तव्य सही हैं तो तफसील की बातों में साधारण भेद क्षम्य हो सकते थे; परन्तु बुनियादी तत्त्व एवं स्वरूप से ही विचलित हो, ऐसी स्थिति उपस्थित नहीं होनी चाहिए थी। वास्तविक तथ्य इतने भिन्न हैं, यह खेद की बात है।

केन्द्र में और सभी राज्यों में भी एक ही राजनीतिक दल की सत्ता है, इसमें अच्छाई और बुराई दोनों हैं; लेकिन इससे एक निश्चित लाभ तो यह हो सकता था कि सम्बन्धित दल की बुनियादी नीतियों को सारे देश में एक ढंग से क्रियान्वित किया जाता। अफसोस यह है कि पंचायती राज के मामले में यह लाभ अकारण त्याग दिया गया है; इसका अगर कोई कारण है तो यही कि अन्तर्दलीय चर्चा और शिक्षण का अभाव रहा। सत्तारूढ़ दल को ऐसे प्रमुख तथा, निर्विवाद रूप से क्रांतिकारी महत्त्व के प्रश्न पर उद्देश्य की गम्भीरता का परिचय देना चाहिए था। पंचायती राज के विचार की क्रियान्विति में जो भेद प्रकट हुए हैं, उनका मैं संक्षेप में परीक्षण करूँगा।

पंचायती राज

कुछ राज्यों में, लगता है, सत्ता को विकसित करने की दिशा में ईमानदारी से प्रयास किया गया है। अन्य राज्यों में, कानून में सत्ता का वितरण दिखाने के लिए किया तो गया है, लेकिन प्रभावी सत्ता राज्य-सरकार तथा नौकरशाही के हाथ में रख ली गई है। किसी राज्य में यह इतने भद्दे ढंग से हुआ है कि केन्द्रीय मन्त्री श्री एस. के. दे को पंचायती राज कानून के उन नकली खण्ड की आलोचना कठोर शब्दों में करनी पड़ी। सौभाग्य से उसका परिणाम भी हुआ, और उसके बाद राज्य-सरकार ने घोषणा की है कि उस दोषपूर्ण कानून को सुधारने के लिए वह एक संशोधन विधेयक प्रस्तुत करेगी।

प्रासंगिक रूप से ही, यहाँ यह कहना आवश्यक है कि केवल ऊपर से सत्ता के वितरण द्वारा पंचायती राज की

संस्थाएँ स्वतः इतनी क्षमता हासिल नहीं कर लेंगी कि उसको सौंपे गए अधिकारों का प्रयोग वे कर सकें। उस क्षमता को, यानि स्वशासन एवं स्व-प्रबन्ध की क्षमता को प्रशिक्षण, शिक्षण एवं अनुभव की प्रक्रिया से विकसित करना होगा, और वह प्रक्रिया लम्बी होगी या छोटी, यह परिस्थिति पर निर्भर करेगा। वास्तव में, जब ऐसी क्षमता का निर्माण हो जाएगा तो सत्ता ऊपर से ही आए इसकी जरूरत नहीं रहेगी; वह नीचे से–अनिच्छुक हाथों से भी–ले ली जाएगी।

सबसे दुखद और आश्चर्यजनक भेद पंचायती राज के स्वरूप और लक्ष्य के संबंध में ही रहा है। जहाँ तक मैंने समझा है, केन्द्रीय सरकार पंचायती राज की विभिन्न संस्थाओं को, सम्बन्धित स्तरों पर, स्वशासन की इकाइयाँ मानती हैं। यह स्मरणीय है कि स्वयं भारतीय संविधान ने यह निर्देश दिया है कि ग्राम-पंचायतों की स्थापना सारे देश में स्वशासन की इकाइयों के रूप में हो।

इसलिए, जब किसी राज्य के मुख्यमन्त्री ने मुझे (अखिल भारत पंचायत परिषद् के अध्यक्ष के नाते) एक पत्र में लिखा कि ग्राम-पंचायतें, पंचायत समितियाँ तथा जिला परिषदें स्वशासन की इकाइयाँ हैं, ऐसा वे नहीं मानते तो मुझे विस्मय हुआ। उनकी दृष्टि में, वे राज्य सरकार की एजेन्सियाँ मात्र हैं।

अब, किसी ने यह तो नहीं कहा है कि ये संस्थाएँ कुछ मामलों में राज्य-सरकार की एजेन्सी न रहें, जिस प्रकार स्वयं राज्य सरकार कुछ अन्य या ऐसे ही मामलों में केन्द्रीय सरकार की एजेन्सी है। हाँ, यह कहा जा सकता है और इस कथन का पर्याप्त औचित्य है, कि केन्द्रीय सरकार भी कुछ मामलों में राज्य सरकारों की एजेन्सी है। इसी प्रकार कहा जा सकता है कि राज्य सरकारें भी, कुछ मामलों में, पंचायती राज की एजेन्सियाँ हैं और होनी चाहिए।

लेकिन अधिक महत्त्व का प्रश्न यह है कि क्या पंचायती राज राज्य सरकारों की एजेन्सी मात्र है या उससे अधिक कुछ है। राज्य सरकारें अवश्यमेव–सिद्धान्त और व्यवहार में–केन्द्रीय सरकार की एजेन्सी से अधिक बहुत कुछ हैं, वे केन्द्र और राज्यों के बीच विभाजित अधिकारों एवं कृत्यों की संवैधानिक रूपरेखा के अन्तर्गत स्वायत्त, स्वशासी संस्थाएँ हैं। इसी प्रकार यदि मैंने पंचायती राज के प्रवर्तकों के मानस को बिलकुल गलत नहीं समझा है तो पंचायती राज की ग्राम, प्रखण्ड और जिला स्तर की तीनों सस्थाएँ, इनके तथा राज्य सरकार के बीच विभाजित अधिकारों एवं कृत्यों की रूपरेखा के अन्तर्गत, स्वशासी संस्थाएँ बनें, यह अभीष्ट है। अत्यन्त सीमित अधिकार एवं कृत्यवाली ग्राम-पंचायतों को जब संविधान ने स्वशासन की इकाइयाँ माना है तो यह क्या उचित नहीं है कि उनसे कहीं अधिक अधिकारों एवं दायित्वों से सम्पन्न दो बड़ी संस्थाएँ–पंचायत समितियाँ और जिला परिषदें–और भी प्रबल रूप से स्वशासी इकाइयाँ मानी जाएँ?

तीन मंजिलें

एक दूसरी बात जिसके विषय में बहुत भ्रम दीखता है, पंचायती राज की तीन (कुछ राज्यों में केवल दो) मंजिलों के सापेक्ष महत्त्व का प्रश्न है। कुछ राज्यों में पंचायत समितियों को केन्द्रीय महत्त्व का स्थान दिया गया है। अन्य राज्यों में, जैसे महाराष्ट्र में, जिला परिषदों को सर्वोच्च महत्त्व का स्थान मिला है। फिर कुछ अन्य राज्यों में उनका रूप केवल समन्वयकारी संस्थाओं का है। कुछ राज्यों में, जैसे मद्रास में, जिला परिषदों को समाहर्ता की अध्यक्षता में केवल परामर्शदात्री संस्था के रूप में काम करना होता है। फिर कुछ राज्यों में, जैसे महाराष्ट्र में, पंचायत समितियों का महत्त्व तुलनात्मक दृष्टि से कम है, जब कि राजस्थान में वे संपूर्ण ढाँचे के अन्दर केन्द्रीय महत्त्व की संस्थाएँ हैं। प्रायः हर राज्य में, ग्राम-सभा की भूमिका केवल औपचारिक है। (आशा की जाती है कि श्री रंगनाथ रामचन्द्र दिवाकर की अध्यक्षता में गठित समिति यह बताएगी कि स्थिति में कैसे सुधार किया जाए कि ग्राम-सभाएँ वास्तविक, प्रत्यक्ष एवं सहभागी लोकतन्त्र की संस्थाएँ बन जाएँ।)

यदि पंचायती राज की प्रकृति और ढाँचे को समुचित रूपेण समझा गया होता तो पंचायती राज की किस मंजिल को अन्य मंजिलों की अपेक्षा अधिक महत्त्व देना चाहिए, इस विषय में कोई भ्रम होने का कारण नहीं था। इस चर्चा में गाँधी जी का नाम मैं नहीं लाना चाहता हूँ; परन्तु पंचायती राज जैसे विषय की चर्चा में उनका नाम न आए, यह असम्भव है। इस देश में किसी हद तक पंचायती राज की संपूर्ण कल्पना का घनिष्ठ संबंध गाँधी जी से है; वे इस

कल्पना के प्रवर्तक माने जाते हैं और यह उचित ही है। इस विषय पर गाँधी जी के लेखों के छिटपुट उद्धरण भी अनावश्यक भ्रमों के निराकरण के लिए काफी होने चाहिए। उनकी कल्पना के अनुसार हर मंजिल अपने अधिकार-क्षेत्र में अन्य मंजिलों के बराबर महत्त्व की है। यह सारा प्रश्न क्षमता तथा कार्य-क्षेत्र के विस्तार का है। पंचायत समिति ग्राम-पंचायत से अधिक महत्त्व की नहीं है, और पंचायत समिति जिला परिषद् से कम महत्त्व की नहीं है। अतएव, यह प्रश्न मनमाने ढंग से निर्णय करने का नहीं है कि इस या उस मंजिल को अधिक या कम अधिकार दिए जाएँ। हर मंजिल अपने क्षेत्र में जितना कुछ करने में सक्षम है, वह सब करने के लिए आवश्यक सारे अधिकार उसके पास होने चाहिए। मिसाल के लिए, ग्राम-सभा अपने आकार और साधनों के अनुसार जितने भी काम करने में सक्षम है, उन्हें सम्पन्न करने के लिए आवश्यक सारे अधिकार उसके पास होने चाहिए।

यह स्पष्ट है कि ऐसे बहुत से काम होंगे जिन्हें ग्रामीण समुदाय नहीं सँभाल पाएगा, क्योंकि वे उसके साधनों की शक्ति से परे होंगे। इनमें से कुछ काम ऐसे होंगे जिन्हें अनेक ग्राम-समुदाय मिलकर, और अपने साधनों एवं प्रयासों को एकत्रित कर, सम्पन्न कर सकते हैं। पंचायती राज के वर्तमान ढाँचे में पंचायत समिति ग्राम समुदायों का एक ऐसा ही संघ होगा। उपर्युक्त तर्क-प्रणाली के अनुसार पंचायत समिति को भी, अपनी क्षमता के अनुसार सब कुछ करने के लिए आवश्यक अधिकार होने चाहिए। लेकिन फिर हम देखेंगे कि जहाँ पंचायत समितियाँ ग्राम-पंचायतों की अपेक्षा अधिक बड़े काम कर सकती हैं, वहाँ ऐसे भी काम हो सकते हैं जो उनकी क्षमता के परे होंगे। इसलिए अगला कदम यह होना चाहिए कि अनेक पंचायत समितियाँ एकसाथ सम्बद्ध हो जाएँ। वर्तमान ढाँचे के अनुसार जिला परिषदें, पंचायत समितियों के एक ऐसे ही संगठन का प्रतिनिधित्व करती हैं, या प्रतिनिधित्व करेंगी।

स्पष्टतः, इस दृष्टिकोण से देखने पर यह लगेगा कि पंचायती राज की प्रत्येक मंजिल—अपने क्षेत्र में—अन्य मंजिलों के बराबर महत्त्व की है। प्रत्येक मंजिल अपने अधिकार के अन्तर्गत एक स्वशासी इकाई है। इस प्रकार किसी मंजिल के विषय में यह मान लेना हास्यास्पद है कि उसका काम केवल परामर्श देना या समन्वय स्थापित करना है या वह राज्य-सरकार की एजेण्ट मात्र है।

पंचायती राज के स्वरूप और लक्ष्य से सम्बन्धित दूसरी उलझन भी निर्वाचन की पद्धति के मामले में है। उदाहरण के लिए, कुछ राज्यों में जिला परिषदें मुख्यतः जिले की पंचायत समितियों के अध्यक्षों से गठित होती हैं। परन्तु महाराष्ट्र में यह व्यक्तिगत मतदाताओं द्वारा प्रत्यक्ष रूप से निर्वाचित प्रतिनिधियों से गठित होती हैं और इसके लिए विशेष रूप से निर्धारित निर्वाचन-क्षेत्रों में मतदान होता है।

चुनाव

तीनों मंजिलों के अधिकार और महत्त्व के समान ही, उनके चुनाव की पद्धति के विषय में भी, कोई उलझन का कारण नहीं रहा होता, यदि पंचायती राज की कल्पना भली-भाँति की गई होती और वह सर्वमान्य हुई होती। यह कहा जा सकता है कि अप्रत्यक्ष से प्रत्यक्ष चुनाव 'बेहतर' होता है। यह हो सकता है; परन्तु वैसी स्थिति में वांछनीय यह है कि परिभाषाओं और शब्दों को मिश्रित न किया जाए। प्रत्यक्ष रूप से निर्वाचित जिला परिषद् एक लघु लोकसभा हो सकती है; लेकिन वह पंचायत संस्था हरगिज नहीं हो सकती।

इस विषय को स्पष्ट करने के लिए पुनः गाँधी जी की कल्पना की ओर मैं संकेत करूँगा। जैसा कि मैंने ऊपर बताया है कि उस कल्पना के अनुसार राजनीतिक इमारत नीचे से ऊपर उठती है; और स्वशासी प्राथमिक समुदाय (ग्राम या नगर) निम्नतम मंजिल के रूप में होते हैं, और उसके ऊपर की प्रत्येक मंजिल अपने से निम्नतर मंजिल या मंजिलों पर स्वशासी संस्थाओं के उत्क्रमिक एवं विस्तारशील संघ के रूप में खड़ी होती है। संसदीय व्यवस्था में स्थिति भिन्न होती है; क्योंकि वहाँ प्रत्येक प्रातिनिधिक सभा, चाहे वह जिस स्तर पर हो, व्यक्तिगत मतदाताओं के प्रतिनिधियों से गठित होती है। दोनों व्यवस्थाओं के तुलनात्मक गुणों या अन्य बातों की चर्चा करने के लिए स्थल यह नहीं है। यहाँ केवल दोनों के भेद को ध्यान में रखना काफी होगा। इस प्रकार पंचायती राज की व्यवस्था के अनुसार जिला परिषद् जिले की पंचायत समितियों का संघ है, जिसका प्रत्येक सदस्य मतदाताओं के तदर्थ समूह का प्रतिनिधित्व नहीं करता

है, बल्कि पंचायत समिति का करता है जिसका कि वह अंग है। (परिषद् के अन्य सदस्य सहकारी तथा दूसरी कार्यकारी संस्थाओं के प्रतिनिधि हो सकते हैं; लेकिन उसके अधिसंख्य सदस्य समितियों से ही आएँगे।) इस प्रकार पंचायत समितियाँ ग्राम-सभाओं (या पंचायतों) के प्रतिनिधियों से बनती हैं। इस दृष्टि से अगर सोचें तो समितियों और परिषदों के चुनाव की पद्धति के विषय में कोई भ्रम होने का कारण नहीं है।

पंचायती राज की विभिन्न कल्पनाओं एवं रूपों की यह संक्षिप्त चर्चा, इस प्रकार के लोकतन्त्र में राजनीतिक दलों की भूमिका क्या हो, इस प्रश्न की चर्चा के लिए रास्ता साफ कर देती है। इस विषय पर लोगों के मतों में जो भेद हैं, वे भी इससे स्पष्ट हो जाते हैं।

मैंने आरम्भ में ही कहा है कि ग्राम-पंचायतों के संबंध में तो सामान्य सहमति है। कुछ प्रमुख दल इस बात पर सहमत हैं कि ग्राम-पंचायतों के चुनाव निर्दलीय आधार पर होने चाहिए, यानी ग्राम-पंचायतों के लिए किसी दल को अपना उम्मीदवार खड़ा नहीं करना चाहिए। इस विलक्षण सहमति के कई कारण हैं। लेकिन उन सब कारणों में जाने की जरूरत नहीं है। उनमें से दो कारण महत्त्वपूर्ण हैं। एक यह कि ग्राम-पंचायत को सामान्यतः जिन समस्याओं एवं दायित्वों का सामना करना पड़ता है, उनके दलीय समाधान सम्भव नहीं हैं; बल्कि अपने समाधान दलीय विभाजनों से ऊपर होते हैं। उनके लिए दलों की तथा उनके कार्यक्रमों एवं नीतियों की शायद ही कोई उपयोगिता है। जब पंचायत के सामने शिक्षा, कृषि, उद्योग, जल-आपूर्ति, सड़क-निर्माण आदि के सवाल उपस्थित होते हैं, तो उनके संबंध में लोगों की राय दलीय दृष्टि का अनुसरण नहीं करती और न कर सकती है। (यहाँ दल से मेरा मतलब राष्ट्रीय या राज्य-स्तरीय राजनीतिक दल है, न कि वे गुट या समूह जो गाँवों में पाए जाते हैं।)

दूसरा कारण और भी बुनियादी है। वह यह है कि यदि गाँव को उपस्थित सवालों का सामना करना है और आगे बढ़ना है, तो वहाँ की जनता की ओर से संयुक्त प्रयास होने ही चाहिए। हर व्यक्ति यह स्वीकार करता है कि जब तक एकता एवं समुदाय की भावना विकसित नहीं होती, तब तक ऐसे संयुक्त प्रयास असम्भव हैं। कुछ लोग यहाँ तक चाहते हैं—और इस प्रश्न पर सामुदायिक विकास तथा सर्वोदय-आंदोलन एकमत हैं—कि ऐसी सामुदायिक भावना की सृष्टि की जाए जिससे कि समुदाय के सम्पन्न वर्ग दुर्बल वर्गों की सहायता करना अपनी नैतिक जिम्मेवारी समझें।

यह स्पष्ट है कि पंचायत के चुनावों में दलीय झगड़ों एवं विवादों को ले आने से निश्चित रूपेण ऐसी भावनाओं के निर्माण की सम्भावनाएँ नष्ट हो जाएँगी। दूसरी ओर यदि ऐसे विवादों का निवारण किया जाए तो सम्भव है, स्थानिक एवं जातिगत विभेद क्रमशः समाप्त हो जाएँगे, जिससे पंचायतों का चुनाव सामान्य मतैक्य से हो सकेगा और इस प्रकार संयुक्त प्रयास की सम्भावना मजबूत बनेगी।

राजनीतिक दलों की भूमिका के संबंध में यह मतैक्य है—ज्यों ही हम ऊपर पंचायत समिति और जिला परिषद् की ओर बढ़ते हैं—तीव्रता से समाप्त हो जाता है। पंचायती राज की विभिन्न कल्पनाओं को देखते हुए यह समझना कठिन नहीं है कि क्यों, मिसाल के लिए, जो लोग पंचायती राज को राज्य-सरकार की एजेन्सी मानते हैं वे यह चाहेंगे कि उनका अपना दल उसकी सभी संस्थाओं को नियन्त्रित करे जिससे कि वे उनका उपयोग अपनी एजेन्सियों के रूप में अच्छी तरह कर सकें। दूसरी तरफ जो यह चाहते हैं कि उक्त संस्थाएँ स्वशासी इकाइयों के रूप में काम करें वे सम्भवतः दूसरे ढंग से सोचेंगे।

परन्तु, इस भेद का सबसे बुनियादी कारण संसदीय और पंचायती व्यवस्थाओं के भेद से पैदा होता है। असंगठित, व्यक्तिगत मतदाताओं के ढेर पर आधारित होने के कारण संसदीय व्यवस्था अपनी प्रकृति के अनुसार राजनीतिक दलों के हस्तक्षेप के बिना काम नहीं कर सकती है। मतदाताओं को संगठित करने, उम्मीदवारों का चयन करने और उन्हें खड़ा कर चुनाव-अभियान चलाने आदि के लिए दलों की आवश्यकता होती है। जिला परिषद् या पंचायत समिति का प्रत्यक्ष निर्वाचन यदि, वयस्क मताधिकार के आधार पर, होगा तो उसके संचालन के लिए स्वभावतः राजनीतिक दलों की जरूरत होगी। उस स्थिति में राजनीतिक दलों की भूमिका क्या होगी, इसमें कोई सन्देह नहीं रह जाता।

यदि पंचायत समिति और जिला परिषद्, पंचायती व्यवस्था पर आधारित होती है तो स्थिति मौलिक रूप से भिन्न होगी। मान लीजिए, पंचायत समिति के 30 सदस्य (सहयोजित सदस्यों आदि को छोड़कर) हैं; तो ये सदस्य कौन हैं

और किनका प्रतिनिधित्व करते हैं? राजनीतिक दलों का (चाहे उनकी राजनीतिक विचारधारा कुछ हो) वे प्रतिनिधित्व नहीं करते। उनमें से प्रत्येक अपने ग्रामीण समुदाय का प्रतिनिधित्व करता है, और समिति में उसका काम अपने सभी गाँवों के साधनों एवं प्रयासों को, सामान्य लक्ष्यों की प्राप्ति के लिए, एकजुट करना है। अब फिर मान लीजिए कि उन 30 सदस्यों में से 16 'क' दल में सम्मिलित होते हैं और शेष 14 'ख' एवं 'ग' दलों में सम्मिलित हो जाते हैं। दलीय व्यवस्था की प्रक्रिया के अनुसार ये सदस्य अपने-अपने दलों के अनुशासन के अन्दर रहेंगे और उनके सामान्य निर्देशन में काम करेंगे। क्या यह भूमिका ग्रामीण समुदायों या पंचायतों का प्रतिनिधित्व करने की भूमिका के अनुकूल होगी? पिछली भूमिका में, यह अपेक्षा की जाएगी कि वे अपनी पंचायतों की इच्छाओं का अनुसरण करें और उनके सामान्य हितों का प्रतिनिधित्व करें। दलों के सदस्य बनकर वे अपने समुदायों के साथ विश्वासघात करेंगे। इस उदाहरण को एक कदम आगे ले चलिए। उपर्युक्त मान्यता के अन्तर्गत 'क' दल समिति को नियन्त्रित करेगा और अपनी 'सरकार' बनाएगा, जबकि 'ख' एवं 'ग' दल 'प्रतिपक्ष' के रूप में काम करेंगे। थोड़ा विचार करने पर यह प्रकट हो जाएगा कि पंचायती व्यवस्था के सन्दर्भ में इस स्थिति का कोई अर्थ नहीं है; यह स्थिति वस्तुतः उस व्यवस्था को अन्ततः छिन्न-भिन्न कर डालेगी। पंचायत समिति में इस प्रकार की दलबन्दी का अर्थ यह होगा कि प्रखण्ड के 30 गाँवों में से 16 स्थायी रूप से (यानी समिति के कार्यकाल तक) एक पक्ष में रहेंगे, और 14 दूसरे पक्ष में। क्या ऐसी स्थिति की कभी कल्पना की जा सकती है? क्या इस आधार पर पंचायती राज कभी सफल हो सकता है? राजनीतिक दलों का स्वभाव ही है सत्ता के लिए संघर्ष में लगा रहना। क्या समुदाय भी यही करेंगे? पंचायत समितियों के विषय में जो बात कही गई है, वह जिला परिषदों पर भी समान रूप से लागू होती है।

राजनीतिक दल यह तर्क प्रस्तुत करते हैं कि जब तक दलीय व्यवस्था कायम है और दल कायम हैं, तब तक वे दलीय हित का ध्यान रखेंगे ही। और, वे मानते हैं कि यदि वे पंचायत समितियों तथा जिला परिषदों में प्रवेश नहीं करते तो उनका वह हित समुचित रूप से सधेगा नहीं। परन्तु दलों के सामने विचारणीय प्रश्न यह है कि पंचायती राज की योजना राजनीतिक दलों के हितों को या जनता तथा जनतन्त्र के हितों को सुगम बनाने और उन्हें अग्रसर करने के लिए की गई है? जिन लोगों को राजनीतिक दलों में रुचि नहीं है, परन्तु जिन्हें पंचायती राज की सफलता के लिए गहरी चिन्ता है, वे यदि दलों की स्व-हित साधन की चिन्ता से प्रभावित नहीं होते तो क्षम्य हैं। दलीय हितों की पूर्ति के लिए पंचायती राज का शोषण करने के बदले उन्हें कोई दूसरा मार्ग ढूँढ़ना चाहिए।

यह प्रश्न पूछा जा सकता है कि तब पंचायती राज में राजनीतिक दलों के योग्य बिलकुल कोई भूमिका नहीं है? मैं तो समझता हूँ, उनके लिए एक बहुत ही महत्त्वपूर्ण भूमिका है। पंचायती राज को अपने सत्ता के संघर्ष में घसीटने के बदले, उसको सफल बनाने हेतु, उन्हें एकजुट होकर आपस में सहयोग करना चाहिए। उन्हें लोक-शिक्षण की प्रक्रिया में भाग लेना चाहिए; पंचायतों, पंचायत समितियों और जिला परिषदों की समस्याओं के अध्ययन में उन्हें सहायक होना चाहिए; उन्हें समुदाय की तथा सामूहिक प्रत्यत्न की भावना के निर्माण में सहायता करनी चाहिए, और जनता में स्वशासन की आवश्यक क्षमता पैदा करनी चाहिए। संक्षेप में, जनता के नाम पर स्वयं शासन करने की इच्छा रखने के बदले उन्हें जनता के स्व-शासन कार्य में सहायक होना चाहिए। किसी भी दल के लिए इससे अधिक सुन्दर भूमिका की कल्पना नहीं की जा सकती।

10. सामुदायिक समाज

ग्राम सेवा संगम के मन्त्री तथा उसके 'न्यूजलेटर' के सम्पादक श्री धर्मपाल ने स्वतन्त्र भारत के राजनीतिक ढाँचे में पंचायती राज का क्या स्थान है, इस विषय से सम्बन्धित सारी सामग्री, संविधान परिषद् की विस्तृत कार्यवाहियों में

से खोज-खोजकर एक बड़ी सेवा की है। उनकी पुस्तक 'भारतीय राज्य-व्यवस्था के आधार के रूप में पंचायती राज' में प्रस्तुत उक्त सामग्री का अध्ययन करने वाले व्यक्ति का मन दुख से भर उठेगा, यदि उसे लोकतन्त्र के लिए थोड़ी भी चिन्ता होगी। स्वतन्त्रता की लड़ाई के समय, स्वातन्त्र्य-योद्धाओं के राजनीतिक चिन्तन पर गाँधी का विधायक प्रभाव होने के कराण यह करीब-करीब मान लिया गया था कि स्वराज्य का आधार ग्रामराज होगा। दूसरे शब्दों में, राजनीतिक एवं आर्थिक विकेन्द्रीकरण का विचार स्वातन्त्र्य-योद्धाओं की दृष्टि में स्वयंसिद्ध-सा था। लेकिन जब संविधान वास्तव में लिखा जा रहा था, तो उसी समय वह विचार विस्मृत कर दिया गया, या यह कहना अधिक यथार्थ होगा कि उसको उत्तरविचार के रूप में ही स्मरण किया गया। सत्तारूढ़ क्षेत्रों में यदाकदा गाँधी जी की भरपूर प्रशंसा करना और व्यवहार में उनकी उपेक्षा करना यह परम्परा हमारे स्वतन्त्रता-युद्ध के आरम्भ-काल से ही शुरू हुई है, जब गाँधी जी स्वयं जीवित थे।

गाँधी जी का अनुसरण करने वाले राजनीतिक नेताओं के अवचेतन में शायद यह बात बैठी थी कि भारतीय जनता के बलात् निःशस्त्रीकरण की स्थिति में गाँधी जी के सत्याग्रह का विधान और दर्शन स्वतन्त्रता की लड़ाई में उपयोगी तो हैं, परन्तु स्वातन्त्र्योत्तर पुनर्निर्माण के कार्यों के लिए वे उपयुक्त नहीं हैं। यह विचार राजनीतिक नेताओं के मन में कभी स्पष्ट नहीं था; इसलिए ऐसी कोई बात अगर कही जाती तो वे अत्यन्त रोषपूर्वक उसको अस्वीकार कर देते। फिर भी, मुझे आशंका है कि आरम्भ से ही देश के नए शासकों ने आजादी के बाद जिन व्यावहारिक नीतियों का अनुसरण किया, उन पर उनके अवचेतन में बैठे विचार का प्रभाव पड़ा है।

चाहे जो हो, यह बड़ी विचित्र बात है कि उस समय यह सोच लिया गया कि संविधान बनाने का काम विधिवेत्ताओं एवं वैधानिक पण्डितों का है। सफल क्रांतियों के बाद जितने भी संविधान बने हैं, वे स्वयं क्रांतिकारी नेताओं की कृतियाँ हैं, और विशेषज्ञों ने उनके विचारों को कानूनी जामा पहनाने से अधिक कुछ नहीं किया है। दुर्भाग्यवश, हमारे संविधान-निर्माण का कार्य जिन सुप्रसिद्ध विधिवेत्ताओं को सौंपा गया था, उन्होंने भी अपना काम अत्यन्त असावधानी से किया, जैसा कि श्री टी. टी. कृष्णमाचारी के विलाप से प्रकट होता है।

श्री धर्मपाल द्वारा अतीत की चर्चाओं को विस्मृति के गह्वर से प्रकाश में लाने के पीछे कोई शुष्क ऐतिहासिक शोध करने की मंशा नहीं है। बलवन्तराय मेहता कमिटी के प्रतिवेदन के बाद और 1951 में राजस्थान में तथाकथित पंचायती राज के उद्घाटन के बाद विकेन्द्रित अर्थरचना एवं राजनीतिक लोकतन्त्र के विषय में लोगों की जिज्ञासा तेजी से बढ़ी है। पुनर्विचार की इस प्रक्रिया में सहायता पहुँचाने के लिए ही इस पुस्तक का प्रकाशन किया गया है। उस समय, जब तक अद्भुत क्रांति के प्रकाश से लोगों का तथा उनके नेताओं का मन अभी उद्भासित ही था, जिन भावनाओं और आदर्शों की अभिव्यक्ति हुई है, उन्हें स्मरण कर एक नया अनुभव होता है।

केंद्रीय समाज की कल्पना

उस पुरानी चर्चा में एक पाद-टिप्पणी के तौर पर (क्योंकि अधिक विस्तार से कहने का उपयुक्त स्थल नहीं है) मैं इस बात पर बल देना चाहूँगा कि इसमें जो प्रश्न निहित है, वह केवल विकेन्द्रीकरण का नहीं है। जब मैं इस पर दृष्टिपात करता हूँ, तो पूर्ण भिन्न समाज की दो कल्पनाएँ सामने दीखती हैं। इस विषय पर गाँधी जी द्वारा की गई चर्चाओं में यह कल्पना अन्तर्निहित है, यद्यपि उसकी स्पष्ट अभिव्यक्ति नहीं हुई है। एक कल्पना जो डॉक्टर अम्बेडकर ने प्रस्तुत की और संविधान के आधार के रूप में मान्य की गई, वह समाज की खण्डित एवं असेन्द्रिय दृष्टि है जो आज पश्चिम में राजनीतिक सिद्धान्त और व्यवहार को नियन्त्रित करती है। इसका सबसे महत्त्वपूर्ण कारण यह है कि एक विशेष प्रकार के औद्योगीकरण एवं आर्थिक व्यवस्था के फलस्वरूप, पश्चिम का समाज स्वयं एक खण्डित आकृतिहीन समूह बन गया है। राजनीतिक सिद्धान्त और व्यवहार में स्वभावतः यही वस्तुस्थिति प्रतिबिम्बित हुई है और राजनीतिक लोकतन्त्र सिर गिनने की प्रक्रिया तक सीमित रह गया है। इस परिस्थिति में प्रतियोगी शक्ति गुटों के आधार पर राजनीतिक दलों का निर्माण हो और उसके फलस्वरूप जनता का शासन नहीं, दल का शासन—यानी किसी शक्ति-गुट का शासन—स्थापित हो, यह स्वाभाविक है। दूसरी कल्पना सेन्द्रिय या सामुदायिक समाज की है जो मनुष्य को उसके स्वाभाविक

वातावरण में एक जिम्मेवार समुदाय के एक जिम्मेवार सदस्य के रूप में प्रतिष्ठित करता है। यह कल्पना मनुष्य को एक असेन्द्रिय ढेर में बालू-कण नहीं मानती, बल्कि उसको एक बृहत्तर सेन्द्रिय इकाई का एक सजीव तत्त्व मानती है। यह स्वाभाविक है कि इस कल्पना के अनुसार अधिकार से अधिक दायित्व पर बल दिया जाता है, ठीक जैसे असेन्द्रिय कल्पना में दायित्व से अधिक अधिकार पर बल दिया जाता है। जब व्यक्ति समुदाय में दूसरे व्यक्तियों के साथ रहता है तो उसके अधिकार उसके दायित्वों से उद्भूत होते हैं। यह अन्यथा हो नहीं सकता। यही कारण है कि गाँधी जी की समाजशास्त्रीय विचारधारा में हमेशा दायित्व पर बल दिया गया है।

अब, समुदाय को वास्तविक बनाने के लिए, यानी उसमें समुदाय की भावना भरने के लिए, यह आवश्यक है कि उसके आन्तरिक जीवन में सामंजस्य, मेल-मिलाप, समन्वय एवं सहकार जैसे मूल्यों पर बल दिया जाना चाहिए। इनके अभाव में कोई समुदाय बन नहीं सकता। समुदाय स्वयं के साथ युद्ध की स्थिति में नहीं रह सकता, जिसमें उसका एक अंग दूसरे अंग के साथ (चाहे लोकतान्त्रिक ढंग से ही) संघर्ष करता रहे और बहुमत अल्पमत पर शासन करता रहे। इस प्रकार का राजनीतिक युद्ध आकृतिहीन समूह में ही, जहाँ कोई समुदाय न हो, चल सकता है। इसका यह अर्थ नहीं कि समुदाय के अन्तर्गत मतों या हितों का वैभिन्न्य नहीं हो सकता। परन्तु उन मतों और हितों में कुछ ऐसा सामंजस्य एवं समन्वय होना चाहिए जिससे कि समुदाय तथा उसका एक-एक सदस्य जी सके और प्रगति कर सके तथा भौतिक एवं आध्यात्मिक विकास प्राप्त कर सके। अतः ऐसी राजनीतिक और आर्थिक संस्थाओं एवं प्रक्रियाओं की खोज आवश्यक है जिससे इस उद्देश्य की पूर्ति हो सके। पंचायती राज के समर्थकों को यह मोहयुक्त आशा है कि संसदीय लोकतन्त्र में स्थानीय स्वशासन का एक बड़ा अंश जोड़ देने से एक ऐसा कौतुक होगा कि उससे उनकी कल्पना का जनवादी लोकतन्त्र स्थापित हो जाएगा। उन्हें अब समझना चाहिए कि राजनीतिक एवं आर्थिक विकेन्द्रीकरण की इस जीर्ण कल्पना से आगे जाने का समय आ गया है।

गाँधी जी की कल्पना

यह संकेत करना आवश्यक है कि सामुदायिक दृष्टिकोण के अनुसार, समुदाय केवल प्राथमिक समुदाय के साथ—वह चाहे ग्रामीण हो या लघु-नागरिक—आरम्भ और समाप्त नहीं हो जाता। इस सम्बन्ध में गाँधी जी की उस समकेन्द्रिक समुदाय-वृत्तों की कल्पना स्मरणीय है, जिन्हें उन्होंने 'महासमुद्रीय' कहा था और जिनके बाह्यतम वृत्त के अन्तर्गत समस्त जागतिक समुदाय के मानव सम्मिलित होते थे। जिस प्रकार प्राथमिक समुदाय में सामंजस्य, मेल-मिलाप, समन्वय तथा सहकार का होना आवश्यक है, उसी प्रकार समुदाय के विभिन्न 'वृत्तों' के बीच सामंजस्य और समन्वय होना, सभी सम्बन्धित लोगों के हित में, आवश्यक है। इसकी प्राप्ति के लक्ष्यों और साधनों की अभिव्यक्ति समाज की राज्य-व्यवस्था में होनी चाहिए। उदाहरण के लिए, प्राथमिक राजनीतिक संस्थाओं का गठन इस प्रकार होना चाहिए कि वे व्यक्तियों का नहीं, उन समुदायों का प्रतिनिधित्व करें जो प्राथमिक समुदाय से चलकर उत्तरोत्तर अधिक विस्तृत वृत्तों को समाविष्ट करने के लिए अग्रसर होते हैं। इस व्यवस्था में, समुदाय जल का स्थान ले लेता है और उसके अन्तर्गत, प्रत्येक स्तर पर, समुदायों के बीच के मतभेद समायोजित तथा समन्वित किए जाते हैं।

जागतिक संबंधों के क्षेत्र में, राष्ट्रीय समुदायों के—सोवियत रूस और संयुक्त राज्य अमरीका तक के—हितों के समायोजन की कल्पना व्यावहारिक मानी जाती है। परन्तु यह विचित्र बात है कि राष्ट्रीय समुदाय के अन्तर्गत यह सम्भव नहीं माना जाता, अथवा केवल बहुसंख्य जमात द्वारा अल्पसंख्यकों पर लोकतान्त्रिक विधि से आरोपित उसकी इच्छा के आधार पर ही सम्भव माना जाता है। संयुक्त राष्ट्रसंघ में यह अकल्पनीय है कि बहुसंख्य राष्ट्र अल्पसंख्य राष्ट्रों पर अपनी इच्छा लादने का प्रयास करें। ऐसा होने से विश्व-संस्था का तत्काल विघटन हो जाएगा। प्रत्येक राष्ट्र के हित के लिए यह आवश्यक है कि सभी राष्ट्र अपने हितों को समायोजित एवं समन्वित करने का मार्ग ढूँढ़ निकालें। यह ठीक है कि यह आवश्यकता किसी नैतिक विश्वास के कारण नहीं, बल्कि इस भय के कारण स्वीकार की जाती है कि युद्ध के नए-नए शस्त्रास्त्रों से सबका ही विनाश होने वाला है। तथापि, इस आवश्यकता की मानसिक स्वीकृति वास्तविक है। राष्ट्रीय समुदाय के अन्तर्गत इस आवश्यकता की ऐसी स्पष्ट अनुभूति के रूप में कोई प्रेरणा काम नहीं

कर रही है। पश्चिम में, जहाँ समुदाय के अस्तित्व का प्रायः सर्वथा लोप हो चुका है, आकृतिहीन समूह के जैसे समाज की निराशाओं के फलस्वरूप जो नई नैतिक चेतना उद्भूत होगी, वह शायद कालक्रम से, वर्तमान सत्ता के संघर्ष पर आधारित राजनीतिक व्यवस्था के बदले, समन्वय एवं सहकार पर आधारित व्यवस्था स्थापित करेगी।

परन्तु भारत में और शायद एशिया तथा अफ्रीका के विकासशील देशों में स्थिति अधिक अनुकूल है। यहाँ गाँव एवं लघु नगर क्षेत्र के रूप में छोटे प्राथमिक समुदाय अब भी जीवित हैं। यह ठीक है कि इस समय गाँव में सच्चा समुदाय कम ही रह गया है, परन्तु, कम-से-कम, समुदाय का स्थूल आवरण तो विद्यमान है। हमारा काम यह है कि उस आवरण के अन्दर सत्त्व डालकर गाँवों तथा नगर क्षेत्रों को वास्तविक समुदाय बना डालें। लेकिन यदि गाँव में हम ऐसी राजनीतिक व्यवस्था ले जाएँ जो पहले से ही अधिकांशतः विघटित समुदाय को और खण्ड-खण्ड कर दे, तो समुदाय एवं समन्वय की भावना के बदले उल्टा ही परिणाम आएगा। पंचायती राज की राज्य-व्यवस्था अथवा सामुदायिक राज्य-व्यवस्था, आकृतिहीन समूह जैसे समाज की राज्य-व्यवस्था का अनुकरण नहीं बने। यही कारण है कि गाँधी जी ने संसदीय लोकतन्त्र को, जिसे वे बहुसंख्य जमात का निष्ठुर शासन कहा करते थे, अस्वीकार कर दिया और स्वराज्य के आधार के रूप में ग्रामराज पर (जिसमें तर्कपूर्वक नगर-राज का समावेश हो ही जाता है) बल दिया। यही कारण है कि उन्होंने मतैक्य-निर्माण की प्रक्रिया से निर्णय लेने की पद्धति अपनाने की सलाह दी और अपनी कल्पना के लोकतन्त्र में एक संयौगिक एवं संशोधनकारी शक्ति के रूप में, लोक-स्वीकृति पर आधारित एवं निःस्वार्थ सेवा से प्राप्त, तटस्थ नैतिक शक्ति की भूमिका पर बल दिया।

एक अन्तिम बिन्दु की मैं संक्षेप में चर्चा करना चाहूँगा। यह कहा जा सकता है, जैसा कि वास्तव में लोग कहते भी हैं, कि सेन्द्रिय या सामुदायिक समाज में, मानव व्यक्तित्व की प्रवृत्ति समुदाय में खो जाने की होगी; अतः मानवीय व्यक्तित्व की प्रतिष्ठा एवं विकास के लिए आवश्यक स्वतन्त्रता को उपभोग करने में वह समर्थ नहीं होगा। इसके विपरीत यह भी कहा जा सकता है कि व्यक्ति अधिकतम स्वतन्त्रता का उपभोग एक ऐसे समाज में ही कर सकता है जो राजनीतिक व्यवस्था में व्यक्ति को ही इकाई मानता हो और राजनीतिक ढाँचे का आधार व्यक्तिगत मतों पर ही रखता हो। इससे बड़ा असत्य और कुछ नहीं हो सकता। सच तो यह है कि जो आकृतिहीन समूह व्यक्ति की प्रभुसत्ता की मिथ्या घोषणा करता है, उसमें ही व्यक्ति अपने-आप से दूर हो जाता है और एक ऐसा नामहीन अंक बन जाता है जिसका इस्तेमाल अपनी सत्ता एवं लाभ-यश के लिए राजनीतिक एवं आर्थिक साधनों के स्वामी करते हैं। आधुनिक समाज में व्यक्ति ऐसी सामाजिक एवं आर्थिक शक्तियों का शिकार है जिन पर उसका बहुत कम नियन्त्रण है। दूसरी ओर, केवल ऐसे समाज में, जहाँ समुदाय की भावना विकसित हुई है, व्यक्ति दूसरे व्यक्ति के साथ रहते हुए भी अपना एक अलग व्यक्तित्व प्राप्त करता है, और सर्वोच्च स्तर तक विकसित होने की सम्भावना रखता है। जैसा कि गाँधी जी ने कहा है, उनकी कल्पना के समाज में व्यक्ति और समुदाय के बीच संबंध ऐसा होगा कि व्यक्ति समुदाय के लिए और समुदाय व्यक्ति के लिए मर-मिटने को तैयार रहेगा। जिस अंश तक यह मनोभावना दोनों ओर विकसित होगी, उसी अंश तक व्यक्ति और समाज का विकास होगा। उस लक्ष्य की प्राप्ति के लिए सर्वोत्तम सामाजिक, राजनीतिक, आर्थिक, सांस्कृतिक एवं शैक्षिक प्रक्रियाओं तथा संस्थाओं की खोज करने का काम शेष रह जाता है।

पंचायती राज के ये कुछ गर्भितार्थ मेरी दृष्टि में हैं।

11. पंचायती राज और लोकतन्त्र

हमारे सामने बुनियादी प्रश्न है कि लोकतन्त्र का अर्थ क्या है? कुछ राज्यों में पंचायती राज की संस्थाएँ, पूर्णतः नहीं तो अधिकांशतः, प्रत्यक्ष मतदान से चुनी जाती हैं। पता नहीं, यह पंचायती राज के स्वरूप के विषय में जो भ्रम है,

उसके कारण या किसी और कारण से होता है। पंचायती राज का अर्थ है पंचायती लोकतन्त्र। वह क्या संसदीय लोकतन्त्र जैसी वस्तु ही है? यदि दोनों में कोई भेद है तो वह क्या है? क्या हम समुदाय बनाने की ओर फिर समुदायों के समुदाय बनाने की कोशिश कर रहे हैं? क्या इन समुदायों के राजनीतिक व्यक्तित्व हैं? क्या उनकी अभिव्यक्ति उस संपूर्ण राजनीतिक ढाँचे में होने जा रही है जो, अलग-अलग व्यक्तिगत मतदाताओं पर आधारित नहीं, समुदाय पर आधारित है? मैं समझता हूँ, पंचायती राज का लोकतन्त्र और संसदीय लोकतन्त्र दो भिन्न कल्पनाएँ हैं, और दोनों को मिलना उचित नहीं है। इस प्रक्रिया में यदि दोनों में स्पष्ट भेद नहीं किया जाएगा, तो दोनों की क्षति होगी।

सामुदायिक विकास

सामुदायिक विकास के संबंध में भी कुछ ऐसे सैद्धान्तिक महत्त्व के प्रश्न हैं, जिन पर विचार करना आवश्यक है। सामुदायिक विकास का अर्थ क्या है? इसको उसके वास्तविक नाम से हम क्यों नहीं पुकारते हैं? क्या औद्योगिक विकास, शिक्षा, यातायात, तथा विद्युतीकरण को ही सामुदायिक विकास कहा जाता है? यह सब विकास ही है; परन्तु सामुदायिक विकास का विशेष रूप से हम जो अर्थ लगाते हैं, वह आध्यात्मिक समुदाय का विकास है, एक ऐसे वातावरण का विकास है जिसमें ग्रामीण समुदायों में रहने वाले परिवार एक साथ मिल-जुलकर सहकारी जीवन बिता सकें। इसका अर्थ है : सहकारी एवं सामूहिक प्रयास। वह इस कार्यक्रम का हृदय है। विगत कुछ वर्षों में यदि हमने इस सामूहिक एवं सहकारी प्रयास की भावना पैदा की होती, तो अच्छा होता। विद्यादान जैसी समस्याएँ तथा अन्य समस्याएँ बहुत पहले हल हो चुकी होतीं। जिस शक्ति से समाज चल रहा है, वह है हर अलग-अलग परिवार द्वारा स्वयं जीवित रहने के प्रयास की शक्ति। किसी अन्य संगठन या संस्था की अपेक्षा—चाहे वह संसद् हो, पंचायत समिति हो या ग्राम-पंचायत हो—समाज के जीवन के लिए वह अधिक उत्तरदायी है।

इस देश में समुदाय-भावना तथा सहकारी एवं सामूहिक प्रयास का अभाव है। इसके सम्भवतः अनेक कारण हैं। वह कारण जाति-प्रथा या भूमिधारण की व्यवस्था हो सकती है। मेरी समझ से, सबसे मुख्य कारण है : दो सौ वर्षों का विदेशी शासन जो राष्ट्रीय जीवन की बिलकुल जड़ तक—यानी गाँव तक—पहुँचा, और जिसने जान-बूझकर ग्रामीण समुदाय को नष्ट किया। भारत को उसने पूरी तरह खण्ड-खण्ड कर दिया और उसको व्यक्तियों का असम्बद्ध ढेर बना डाला।

प्रश्न यह है कि उसको पुनर्जीवित कैसे किया जाएगा? कोष देने मात्र से यह नहीं होगा, बल्कि सेवा से होगा जिसके विषय में गाँधी जी ने सोचा था। वे अकेले व्यक्ति थे, जिन्होंने इस देश का वास्तविक रोग पहचाना था। जर्मनी और जापान जैसे देश, युद्ध में अत्यन्त भयानक विनाश के बाद कुछ ही वर्षों में—जो हमारी स्वतन्त्रता के बाद की अवधि से दो ही वर्ष अधिक हैं—उठ खड़े हुए। यह इसलिए सम्भव हुआ कि, हमारी स्थिति से भिन्न, उनका अस्तित्व सेन्द्रिय समुदाय के रूप में समाप्त नहीं हो गया था।

पंचायत परिषद्

जहाँ तक अखिल भारत पंचायत परिषद् तथा राज्य पंचायत परिषदों का संबंध है, सभी राज्य पंचायती राज की संस्थाओं के गैर-सरकारी गठन की आवश्यकता पर एकमत नहीं है। वस्तुतः, एक मुख्यमन्त्री ने तो कहा भी था कि पंचायती राज की संस्थाओं को वे स्वशासन की इकाई नहीं मानते। सिद्धान्त तो कुछ अन्य राज्यों में स्वीकार कर लिया गया है, परन्तु गैरसरकारी संगठनों की कल्पना हर राज्य में भिन्न है।

पंचायती राज की कल्पना में जो भेद है, वही राज्य सरकारों के दृष्टिकोण-भेद की जड़ में है। पंचायती राज की संस्थाएँ राज्य सरकार की बहुत ही उपयोगी एजेन्सियाँ मानी जा सकती हैं। वे संविधान की कल्पना के अनुसार स्वशासन की इकाइयाँ भी मानी जा सकती हैं। यह तर्कसंगत है कि यदि ग्राम-पंचायतें स्वशासन की इकाइयाँ हैं तो पंचायत समितियाँ और जिला परिषदें—जिनके पास अधिक साधन और वित्त हैं, और करने के लिए अधिक कृत्य हैं—ग्राम-पंचायतों की अपेक्षा, स्वशासन की अधिक पूर्ण इकाइयाँ समझी जानी चाहिए। स्वर्गीय प्रधानमन्त्री पण्डित

जवाहरलाल नेहरू अकसर जनता पर विश्वास रखने की बात कहते थे। मैं नहीं जानता कि राज्य सरकारें कहाँ तक जनता पर विश्वास करने के लिए तैयार हैं। यह केवल विश्वास का प्रश्न नहीं है, बल्कि यह समझने का भी है कि किस प्रकार एक स्वशासी लोक-समुदाय अपने कामकाज का संचालन करेगा।

अखिल भारतीय पंचायत परिषद् द्वारा प्रकाशित एक पुस्तक के (जिसमें उसका संविधान भी शामिल है) प्राक्कथन में मैंने राज्य, प्रखण्ड एवं जिला स्तरों पर इन विधिक संस्थाओं के गैरसरकारी गठन का पक्ष प्रस्तुत करने का प्रयास किया है। मैं अनुभव करता हूँ कि राज्य स्तर एवं राष्ट्रीय स्तर पर ऐसे संगठन से राज्य-सरकार एवं केन्द्रीय सरकार को तथा पंचायती राज की संस्थाओं को सहायता मिलेगी।

अखिल भारत पंचायत परिषद् एक गैर-राजनीतिक संस्था है। इसको चुनावों से, यहाँ तक कि पंचायती राज की संस्थाओं के चुनाव से भी, कोई मतलब नहीं है। यह एक संघीय संघटन है, जिससे राज्य पंचायत परिषदें सम्बद्ध हैं। अखिल भारत पंचायत परिषद् के संविधान को सरकार की पूर्ण स्वीकृति प्राप्त है। इस संविधान में राज्य पंचायत परिषदों के लिए नमूने की उपविधि भी दी हुई है।

मैं अत्यन्त गम्भीरतापूर्वक यह निवेदन करना चाहता हूँ कि पंचायत परिषद् के आंदोलन और संगठन को राज्य एवं केन्द्रीय सरकारों के साथ सहयोग करने वाले संगठनों के रूप में देखा जाए। अभी तक राज्य सरकारों से उन्हें वह सहयोग नहीं मिला है जो मिलना चाहिए। कुछ मामलों में, मेरी व्यक्तिगत बातचीत के बावजूद राज्य पंचायत परिषदों के निर्माण में संतोषजनक परिणाम नहीं निकले हैं। जिनके हाथ में सत्ता है, उन्हें समझना चाहिए कि केवल राज्य के प्रयत्न से तथा पंचायती राज की संस्थाओं को मार्गदर्शन, साधन एवं सहायता देकर उन्हें हम वांछनीय रूप प्रदान नहीं कर सकते। यानि, वे अपने काम-काज, प्रशासन तथा विकास का दायित्व सँभाल सकें, यह सामर्थ्य उनमें पैदा करने के लिए यह काफी नहीं है।

यह भी शंका की जाती है कि कहीं समानान्तर राज्य पंचायत परिषद् न बनने लगे। इसको रोका जा सकता है, यदि राज्य-सरकारें गैरसरकारी आंदोलन के विकास में पहल करें।

पंचायत परिषद् और राजनीति

पंचायत परिषद् का राजनीतिक स्वरूप पंचायत समितियों तथा जिला परिषदों के राजनीतिक स्वरूप पर बहुत कुछ निर्भर करता है। मैंने हमेशा यह माना है कि जहाँ तक पंचायती राज की संस्थाओं का संबंध है, उनके सदस्य राजनीतिक दलों में सम्मिलित हो सकते हैं, परन्तु उन्हें अपने-आपको राजनीतिक संगठन के रूप में संगठित नहीं करना चाहिए। पंचायती राज की संस्थाएँ जिस स्तर पर काम करती हैं, वहाँ जो प्रश्न हैं उनकी कोई राजनीतिक विचारधारा नहीं है। पंचायत परिषद् ऐसी निर्दलीय एवं गैर-राजनीतिक बुनियादों पर भी बनाई जा सकती है। यदि राज्य और केन्द्र, जिला परिषदों, पंचायत समितियों तथा ग्राम-पंचायतों को राजनीतिक तनाव से अथवा राज्यों के राजनीतिक वातावरण से मुक्त रखने के लिए तैयार हो जाएँ, तो सबसे अधिक प्रसन्नता मुझे ही होगी। परन्तु यह स्मरणीय है कि राजनीति का प्रवेश, किसी-न-किसी प्रकार सब जगह, यहाँ तक कि स्कूलों और कॉलेजों की प्रबन्ध-समितियों में भी, हो जाता है। अतः राज्य पंचायत परिषदों में राजनीतिक पक्षपात दिखे भी तो इस कारण इसका निर्माण न होने देना अनुचित है।

हमने यह नियम रखा है कि जहाँ अधिक विधिक पंचायत संस्था है, वहाँ फिर पंचायत परिषद् नहीं हो सकती। अगर जिला परिषदें हैं तो केवल वही रहेंगी; राज्य पंचायत परिषद् की कोई जिला शाखा नहीं होगी। इन संस्थाओं में कोई प्रतियोगी भावना नहीं होनी चाहिए। केन्द्रीय सरकार का ही यह विचार था और हम उसे पूर्णरूपेण मान्य करते हैं।

प्रशिक्षण

केन्द्रीय मन्त्रिमण्डल की सहायता से अखिल भारत पंचायत परिषद् ने पंचायती राज के प्रशिक्षण के लिए जो केन्द्रीय संस्थान स्थापित किया है, उसका अनुभव यह है कि प्रशिक्षण के कार्यक्रम में कोई रुचि नहीं ली जाती है। यह संस्थान ऐसे प्रशिक्षकों के प्रशिक्षण के लिए है जो जिला पंचायत प्रशिक्षण-संस्थानों में वापस भेजे जाएँगे। उनमें से कोई तो

जिला संस्थानों के प्राचार्य बनेंगे और कोई प्रवक्ता। इन प्रशिक्षणार्थियों का चयन सावधानी से नहीं किया जाता। कभी हमें ऐसे बिलकुल युवा लोग, 20-25 वर्ष की आयु वाले मिलते हैं जो अनुभवहीन होते हैं। हम लोगों ने बिहार के एक प्रशिक्षणार्थी दल को प्रशिक्षित किया और जब वे वापस गए तो राज्य-सरकार ने निश्चय कर लिया कि बिहार में कोई प्रशिक्षण-संस्थान स्थापित करने की आवश्यकता ही नहीं है। इस प्रकार उनके प्रशिक्षण पर किया गया खर्च व्यर्थ चला गया। राज्यों में जो प्रशिक्षण-संस्थान या विद्यालय खुले हैं, उनके प्रतिवेदनों से प्रकट होता है कि वहाँ प्रशिक्षणार्थियों की उपस्थिति बहुत कम रहती है।

यहाँ के मन्त्रिमण्डल ने इन संस्थानों के संचालन का दायित्व गैरसरकारी स्वयंसेवी संस्थाओं को सौंपने की नीति अपनाई और उसकी अनुशंसा भी की है। सिद्धान्ततः मैं इससे पूर्ण सहमत हूँ। परन्तु स्वयंसेवी संस्थाओं की क्षमता पर भी ध्यान रखना चाहिए। इन संस्थानों को स्वयंसेवी एजेन्सियों के हाथ सौंपने की नीति का शब्दशः पालन न किया जाए। यदि कोई सक्षम एवं योग्य स्वयंसेवी एजेन्सी न हो तो सम्बन्धित राज्य का सामुदायिक-विकास मन्त्रालय उसका संचालन कर सकता है या जिला परिषद् को अथवा किसी दूसरी एजेन्सी को यह दायित्व समर्पित किया जा सकता है।

स्वयंसेवी संस्थाएँ

हम स्वयंसेवी संस्थाओं के विषय में बातें बहुत करते हैं, स्वयंसेवी संस्थाओं की कोई पूछ इस देश में नहीं है। उनके साथ वही व्यवहार होता है जो धनिक व्यक्ति अपने गरीब सम्बन्धियों के साथ करते हैं। विनोबा भावे जैसे कुछ व्यक्तियों को छोड़, सभी लोग जिनका महत्त्व है या जो सरकार में हैं, यह सोचते हैं कि सत्ता की कुर्सी पर बैठकर और वहाँ से ही जनता को हुक्म देकर वे इस देश की जड़वत् जनता को गतिशील बना सकेंगे। लेकिन अभी तक ग्रामीण समुदाय को गतिशील नहीं किया जा सका। कुछ अपवाद हो सकते हैं; परन्तु सामान्यतः सामुदायिक भावना का अभाव ही हम पाते हैं।

एक प्रमुख समस्या यह है कि नीति के महत्त्वपूर्ण प्रश्नों पर राज्य और केन्द्रीय सरकारें एक विचार नहीं रखतीं। मिसाल के लिए, ग्रामीण औद्योगीकरण का ही सवाल लीजिए। इस प्रश्न पर, योजना-आयोग में भी एक विचार नहीं है।

भूमि-सुधार

भूमि-सुधारों के प्रश्न का समुदाय की भावना से बहुत अधिक संबंध है। ऐसी भावना हो कैसे सकती है, जब गाँव परस्पर-विरोधी आर्थिक वर्गों में टूटा हुआ हो और जहाँ प्रत्येक वर्ग दूसरे वर्ग से, या कम-से-कम एक वर्ग दूसरे वर्ग से, दूर रहने की कोशिश करता है? इस क्षेत्र में कोई बुनियादी सुधार लाने में हम सफल नहीं हुए हैं।

कुछ वर्ष पूर्व मैसूर में एक ग्रामदान-सम्मेलन (1957) हुआ था जिसमें कई प्रतिष्ठित लोग सम्मिलित हुए थे। उपस्थित लोगों में भारत के राष्ट्रपति, स्वर्गीय प्रधानमन्त्री पण्डित नेहरू, स्वर्गीय पण्डित गोविन्दवल्लभ पन्त, श्री मोरारजी देसाई, श्री गुलजारीलाल नन्दा, श्री कामराज (मद्रास के तत्कालीन मुख्यमन्त्री), श्री यशवन्त राव चह्वाण, काँग्रेस के तत्कालीन अध्यक्ष श्री ढेबर, प्रसोपा के प्रतिनिधि श्री गंगाशरण सिंह तथा सर्व सेवा संघ के कुछ नेता थे। उस सम्मेलन में ग्रामदान के विषय में एक गम्भीर वक्तव्य स्वीकृत किया गया था। ग्रामदान कितना बड़ा नैतिक एवं सामाजिक-आर्थिक आंदोलन है, यह प्रत्येक व्यक्ति ने वहाँ महसूस किया था।

परन्तु उसके बाद जो अनुवर्ती काम होना चाहिए था, नहीं हुआ। मैं नहीं समझता कि लोकतान्त्रिक व्यवस्था में यह सम्भव है। देश में एक ऐसा वातावरण उपस्थित है जिसमें कोई बुनियादी परिवर्तन या भूमि-सुधार हो सकता है। यह स्वेच्छया हो सकता है। आखिर, कोई 8000 ग्रामदानी गाँव तो हैं। उनमें से कुछ उदासीन हैं और कुछ अच्छे नहीं हैं, परन्तु कुछ अच्छे भी हैं। आज आवश्यकता है सेवा-भावना, या सामाजिक सेवा-भावना की, जिसके विषय में महात्मा गाँधी जी ने सोचा था और जिसको संगठित करने का सुझाव दिया था। देश में इस सेवा शक्ति का अभाव ही हमारी वर्तमान अधोगति का मूल कारण है।

कोई देश केवल सरकारी प्रयासों से आगे नहीं बढ़ा है। हिटलर, स्टालिन या माओ के शासन में भी ऐसा नहीं हुआ है। जनता को गतिशील बनाना ही होता है। उनमें दायित्व की भावना होना आवश्यक है। अधिनायकवादी व्यवस्था में जनता को डण्डे से हाँका जाता है, भय से गतिशील किया जाता है। चाहे साधन और संगठन कुछ हों, केवल सरकारी प्रयासों से अभीष्ट लक्ष्य की प्राप्ति नहीं हो सकती। अगर आधे राज्यों के मुख्यमन्त्री तथा प्रत्येक राज्य के और केन्द्र के आधे अन्य मन्त्री प्रातःकाल उठकर गाँवों में जाएँ, तो यह एक बड़ी बात होगी। यदि वे जाएँ तो सेवा की भावना से जाएँ, मन्त्री और नेता के रूप में नहीं।

12. पंचायती राज की कल्पना

अब मैं परिसंवाद में चर्चा का मुख्य विषय प्रस्तुत करूँगा। वह विषय है पंचायती राज की कल्पना और उसकी प्राप्ति।

इस विषय की चर्चा मैं दो हिस्सों में करूँगा। एक कल्पना और दूसरा उसकी प्राप्ति। पहला हिस्सा बुनियादी महत्त्व का है; क्योंकि जब तक हम यह नहीं जानते कि हम क्या करने जा रहे हैं, क्या करना चाहते हैं, तब तक हम कहीं नहीं पहुँच सकते।

मैंने इस देश में घूमकर, लोगों से बातचीत कर, अपने मित्रों से चर्चाएँ और पत्राचार कर जो अनुभव प्राप्त किया है, वह आपके सामने रख रहा हूँ। इस देश में पंचायती राज के आरम्भ के बाद यह पाँचवाँ वर्ष बीत रहा है। फिर भी अभी तक यही स्पष्ट नहीं हुआ है कि हम करना क्या चाहते हैं। मंचायती राज स्थायी होने को आया है; यह नारा हम हमेशा सुनते रहे हैं; लेकिन क्या है वह तो स्थायी होने को आया है, यह बहुत स्पष्ट नहीं है। मेरा निश्चित मत है कि स्थायी कुछ भी नहीं होगा जब तक हम यह नहीं जानते कि हम चाहते क्या हैं। अतः पंचायती राज से हमारा क्या तात्पर्य है, इसको स्पष्ट करने की आवश्यकता पर मैं बल देना चाहता हूँ।

इस प्रश्न पर मैं स्वयं अपने विचार आपके सामने प्रस्तुत करने की कोशिश करूँगा। सर्वप्रथम, मेरा निवेदन है कि वस्तुतः काँग्रेस दल का—जिसने एक महान् परम्परा महात्मा गाँधी की परम्परा विरासत में प्राप्त की है—काम है कि पंचायती राज के कार्यक्रमों एवं उसकी नीतियों को स्पष्टतापूर्वक परिभाषित करे। भुवनेश्वर में हुई चचाओं का प्रतिवेदन जब मैं पढ़ रहा था, तो अचानक एक बात ध्यान में आई। मैं बिहार के देहातों में ग्रामदान के कार्बक्रम के सिलसिले में यात्रा पर था। उस समय मैंने यह महसूस किया कि भुवनेश्वर में जो सुन्दर बातें कही जा रही थीं, गाँवों की जनता के लिए शायद ही उनकी कोई उपयोगिता थी। इस देश के 82 प्रतिशत लोग, न्यूनाधिक रूप से, पूर्णतः उपेक्षित रह गए हैं। यह एक ऐसा क्षेत्र है—ग्रामीण क्षेत्र, कृषि का क्षेत्र—जिसकी समस्याओं को मार्क्सवाद भी, विश्व के दो बड़े देशों में और अन्य कई देशों में सत्तारूढ़ होने के बावजूद, हल नहीं कर पाया है। यह भी स्वीकार किया जाना चाहिए कि भारतीय समाजवाद भी इस सवाल को हल नहीं कर सका है। ग्रामीण आबादी के लिए समाजवाद का क्या रूप होगा, यह हम नहीं बता पाए हैं। मैं समझता हूँ, अब समय आ गया है कि काँग्रेस दल अपने उच्चतम स्तरों पर इस सवाल को उठाए। लोकतन्त्र की उसकी कल्पना क्या है? आर्थिक व्यवस्था की उसकी कल्पना क्या है? आप बैंकों का राष्ट्रीयकरण करते हैं या नहीं? मुझे आशा है कि यह परिसंवाद ऐसी चर्चाओं का श्रीगणेश करेगा, यद्यपि यह काम मूलतः काँग्रेस दल का है, क्योंकि वही सत्तारूढ़ दल है।

कल्पना

अब, केवल कल्पना को स्पष्ट करना ही महत्त्व की बात नहीं है। मेरी दृष्टि में, इससे भी अधिक महत्त्व का प्रश्न

यह है कि क्या उन शब्दों के पीछे जो व्यक्त किए गए हैं, विश्वास और इच्छा-शक्ति है? कागज पर तो पंचायती राज की परिभाषा स्पष्टतम शब्दों में अंकित की जा सकती है। लेकिन, केवल कागज पर अपनी कल्पना को अंकित कर देने से वह क्षेत्र में कार्यान्वित नहीं होगी, जब तक व्यक्त किए गए शब्दों में हमारा विश्वास नहीं होता।

पण्डितजी ने पंचायती राज का उद्‌घाटन करते समय उसको एक क्रांतिकारी कदम बताया था। कई अन्य लोगों ने भी इसको क्रांतिकारी कदम बताया है। लेकिन इन चार-पाँच वर्षों में मैंने तो कोई परिणाम नहीं देखे हैं, न कोई ईमानदारी से किए गए ऐसे प्रयास नजर आए हैं, जिससे इस कथन का औचित्य सिद्ध हो। जब ब्रिटिश सरकार यहाँ थी, तो विभागों का संचालन अपने ढंग से होता था, और कुछ विभाग सर्वोच्च महत्त्व के माने जाते थे। मैं नहीं समझता कि स्वतन्त्रता के बाद भी केन्द्र में राज्यों में यह महत्त्व का क्रम बदला है। अधिक महत्त्व का प्रश्न कौन है? कुल नई चीज बनाने, एक नए भारत का निर्माण करने का महत्त्व अधिक है, अथवा इस बात का कि दैनंदिन प्रशासन का चक्र सहजतापूर्वक चलता रहे? एक दूसरी मिसाल लें। 'नीचे से बनाने', निचले स्तरों से निर्माण करने, नीचे से ही योजना करने की बात इतनी की जाती है। हर कोई इन शब्दावलियों का उच्चारण करेगा, क्योंकि प्रधानमन्त्री ने या काँग्रेस के संसदीय बोर्ड अथवा उसकी कार्यकारिणी ने इन शब्दों का प्रयोग किया है। लेकिन नीचे से निर्माण करने और नीचे से योजना बनाने के लिए वहाँ कौन बैठा है? हर कोई तो दिल्ली की ओर दौड़ता है। हर कोई जयपुर की ओर भागता है। केवल शायद चुनाव के समय को छोड़, कोई भी जनता के पास जाने के लिए तैयार नहीं है। इस प्रकार, शब्दों का उच्चारण बिना किसी विश्वास के किया जा रहा है।

अभी उस दिन मुझे इस मामले में एक दुखद अनुभव हुआ। एक उच्चतम स्तर के काँग्रेस नेता ने मुझसे कहा कि वे विकेन्द्रीकरण में सैद्धान्तिक तौर पर विश्वास करते हैं, परन्तु लोकतान्त्रिक विकेन्द्रीकरण की वर्तमान नीति में उनका विश्वास नहीं है। उन्होंने कहा कि अपने चारों ओर विघटन की प्रवृत्तियों को देखते हुए, वे नहीं समझे कि वर्तमान नीति बुद्धिमत्तापूर्ण है। मैं जो यह कह रहा हूँ कि हमारे घोषित सिद्धान्तों और कार्यक्रमों के पीछे विश्वास का अभाव है, उसका यह दूसरा उदाहरण है।

श्री दे चाहते हैं कि हमारे असैनिक सेवक ही दिशा की स्पष्टता का भान कराएँ। मैं नहीं समझता कि उनके इस दृष्टिकोण से मैं कैसे सहमत हो सकता हूँ। मेरा ख्याल है कि असैनिक सेवक एक बड़े अंश तक कार्य-सम्पादन कर सकते हैं, यानी निर्देशों का पालन कर सकते हैं, लेकिन दिशा स्पष्ट करने का काम उनका नहीं है। यह काम तो सत्तारूढ़ दल को ही करना है।

एक और विचार जो मैं आपके समक्ष रखना चाहता हूँ, यह है कि पंचायती राज की कल्पना के विषय में एकरूपता होनी चाहिए। इसमें संदेह नहीं कि सभी राज्य स्वायत्त हैं; इसलिए वे ऐसा कह सकते हैं कि प्रधानमन्त्री का या भारत सरकार का चाहे जो भी विचार हो, हम अपने ही रास्ते पर चलेंगे। संवैधानिक अधिकार की दृष्टि से वे ऐसा कह सकते हैं, और मैं उनकी स्वायत्तता तथा स्वयं निर्णय करने के अधिकार का आदर करता हूँ। लेकिन जब एक ही दल का शासन सभी राज्यों में है, और वह दल एक बुनियादी नीति निर्धारित करता है, तो उससे विचलित होने की स्वतन्त्रता मुख्यमन्त्रियों को या राज्य विधानसभाओं के काँग्रेस दल को है, यह मैं नहीं समझता। तफसील की बातों में कुछ भेद हो सकता है; परन्तु बुनियादी नीति सभी राज्यों में एक होनी ही चाहिए। आज यह स्थिति नहीं है, यह मुझे दुख के साथ कहना पड़ता है।

इसके बाद, हम परिसंवाद के सामने उपस्थित इस केन्द्रीय प्रश्न पर पहुँचते हैं कि पंचायती राज से हमारा क्या तात्पर्य है और उसकी कौन-सी कल्पना हमारे मन में है? मोटे तौर पर, इस विषय में दो परस्पर-विरोधी या भिन्न विचार हैं, या दोनों के अनेक मिश्रित रूप हैं। एक विचार यह है कि पंचायती राज की संस्थाएँ—यानी ग्राम-पंचायतें, पंचायत समितियाँ तथा जिला परिषदें—राज्य-सरकार के अवयव तथा अभिकरण मात्र हैं; इससे अधिक कुछ नहीं। दूसरी दृष्टि यह है कि ये संस्थाएँ प्रथमतः, स्वयं अपने स्तर पर की सरकारें हैं, और द्वितीयतः, राज्य-सरकारों की एजेन्सियाँ भी हैं। जहाँ तक मेरा संबंध है, पहले विचार को मैं पूर्णतः अस्वीकार करता हूँ; दूसरे विचार को मैं यही मानता हूँ, और अगर यह परिसंवाद इस उलझन को सदा के लिए दूर कर दे तो इससे एक बड़े उद्देश्य की सिद्धि होगी। केवल राज्य-सरकार

की कुछ नई एजेन्सियों का निर्माण करने के लिए इतना सारा कष्ट और व्यय उठाकर पंचायती राज की स्थापना करना मेरी दृष्टि से एक मूर्खतापूर्ण एवं व्यर्थ प्रयास होगा। यदि इतना ही हम करना चाहते थे, तो इनसे भी अधिक अच्छी, अधिक सक्षम और अधिक सस्ती एजेन्सियों का निर्माण किया जा सकता था।

सामाजिक-राजनीतिक दर्शन

मेरी दृष्टि में, पंचायती राज के कार्यक्रमों के पीछे, सामाजिक एवं राजनीतिक लोकतन्त्र के आदर्श के रूप में, एक सुपरिभाषित सामाजिक एवं राजनीतिक दर्शन है। संक्षेप में, वह आदर्श आपके समक्ष मैं रखना चाहता हूँ।

सर्वप्रथम मैं इस बात पर बल देना चाहूँगा कि पंचायती राज को किसी महानतर या व्यापकतर लक्ष्य से विच्छिन्न कोई कार्यक्रम मान लेने के बाद उसमें कोई प्रेरक शक्ति नहीं रह जाती। गाँधी जी ने कहा था कि वही सरकार सर्वोत्तम है जो निम्नतम शासन करती है। लेकिन आज हम एक विपरीत दिशा में चले जा रहे हैं। समाजवाद के नाम पर और कल्याणकारी राज्य के नाम पर, सरकार अपने सिर पर अधिकाधिक काम ओढ़ रही है और लोकमानस को भ्रष्ट किया जा रहा है, जिसके फलस्वरूप इस देश के शिक्षित लोग यह माँग कर रहे हैं कि हर काम सरकार ही करे। गाँधी जी का दर्शन यह है कि जनता को राज्य के हस्तक्षेप से मुक्त होना चाहिए, उस पर आन्तरिक नियन्त्रण और अनुशासन होने चाहिए। इस प्रकार, नीचे से करने का काम अधिक और ऊपर से करने का कम है। परन्तु इस देश में हम कल्याणकारी राज्य स्थापित करने के लिए प्रतिबद्ध हैं। यह एक ऐसी व्यवस्था होगी जिसमें व्यक्ति अपना स्वरूप खो देगा, उसे कोई स्वतन्त्रता नहीं रहेगी और मानव की आत्मा कुचल जाएगी। गाँधी जी चाहते थे कि सारा समाज यथासम्भव परिवार के अनुरूप बने। परिवार के बाद है समुदाय, और उसके बाद उत्तरोत्तर अधिक व्यापक समुदायों का संघ होगा, और अन्त में, गाँधी जी के ही शब्दों के अनुसार, मनुष्यों का महासमुद्रवत् समुदाय, विश्व-समुदाय होगा। ऐसी सामाजिक कल्पना गाँधी जी की थी। मैं इसे समाज की सामुदायिक कल्पना कहता हूँ।

मेरी दृष्टि में, पंचायती राज की कल्पना, गाँधी जी का शासन और समाज की उपर्युक्त दो कल्पनाओं के मेल पर आधारित है। पंचायती राज नीचे से उस प्राथमिक समुदाय से शुरू होता है जिसकी कल्पना ऐसे सहजीवी, सहभागी, सहकारी परिवारों के रूप में की गई है, जो एक साथ, मिल-जुलकर अपने कामकाज का प्रबन्ध करते हैं और, जो काम वे स्वयं नहीं कर सकते, उन्हें अन्य समुदायों के सहयोग से करते हैं, और इस प्रकार उत्तरोत्तर अधिक विस्तृत समुदायों के संघ का तथा पंचायती राज की अन्य संस्थाओं का निर्माण करते हैं।

यदि पंचायती राज की कल्पना ऐसी है, तो फिर—उदाहरण के तौर पर—वयस्क मताधिकार अथवा व्यक्तिगत मतों के आधार पर पंचायती राज के ढाँचे का निर्माण करना उचित नहीं मालूम होता। क्योंकि ऐसा कर आप समुदाय को ही तोड़ते हैं, उसके बीच विभाजन करते हैं। पंचायत समिति में समुदाय का, ग्रामीण समुदाय का जो प्रतिनिधि है, उसके पीछे एक समुदाय है जिसका अपना एक संगठन है, ग्राम सभा है। परन्तु, इस जयपुर नगर के विधायक को लीजिए। उसके पीछे क्या है? केवल कुछ हजार व्यक्तिगत मतदाता हैं। फिर महाराष्ट्र में जो जिला परिषदें हैं, उनका गठन अधिकांशतः पंचायत समितियों के प्रत्यक्ष रूप से निर्वाचित प्रतिनिधियों से होता है। इस प्रकार जिला परिषद् पंचायत समितियों का संघ नहीं होती, जैसा कि पंचायत राज की मेरी कल्पना के अनुसार होना चाहिए; बल्कि वह एक छोटी विधानसभा हो जाती है।

मैं ये विचार अपने लेखों और चर्चाओं में विगत कुछ वर्षों से व्यक्त कर रहा हूँ। विचारणीय विषय-संबंधी उपलेखों में आपने उन्हें देखा होगा। इनमें कुछ का उल्लेख, उदाहरणस्वरूप 'भारतीय राज्य-व्यवस्था के आधार के रूप में पंचायती राज' नामक की पुस्तक के अपने प्राक्कथन में मैंने किया है। प्रसंगवश, आप यदि संविधान परिषद् की चर्चाओं को पढ़ें तो देखेंगे कि किस प्रकार पंचायती राज का संपूर्ण चिन्तन, उत्तरविचार के रूप में तब प्रकट हुआ, जब संविधान लिखा जा चुका था। यह बड़ा ही दिलचस्प विषय है। संविधान परिषद् के अध्यक्ष ने संवैधानिक परामर्शी को लिखा कि क्या संपूर्ण विषय का फिर से परीक्षण किया जा सकता है और उस दृष्टिकोण से संविधान को फिर से लिखा जा सकता है? संवैधानिक परामर्शी ने उत्तर दिया कि ऐसा करने से संविधान के निर्माण में बहुत विलम्ब हो जाएगा,

अतः वैसा करना अवांछनीय होगा। इसके बाद उन्होंने सलाह दी कि आखिर जब इन पंचायत-संस्थानों का निर्माण राज्य-सरकारों को करना है, तो संविधान में इस विचार को एक निर्देश के रूप में अंकित कर देना पर्याप्त होगा। आज इसी रूप में यह विचार संविधान में हम अंकित पाते हैं। इस स्थल पर मैं यह निवेदन करना चाहूँगा कि यदि आप यह मानते हैं कि पंचायती राज की संस्थाएँ अपने-अपने स्तर पर की सरकारें हैं और तदनुसार भारतीय राज्य के केवल दो नहीं, पाँच अंग हैं; तो हमारे संविधान-विशेषज्ञों को इस प्रश्न पर गम्भीरतापूर्वक सोचना चाहिए कि संविधान को कैसे संशोधित किया जाए कि यह विचार उसमें समाविष्ट किया जा सके तथा पंचायती राज को उसमें योग्य स्थान और दर्जा मिले।

अब मैं, संक्षेप में, इस प्रश्न पर विचार करना चाहूँगा कि समाज के आर्थिक संगठन के साथ पंचायती राज का क्या संबंध होगा। मैं व्यक्तिगत रूप से यह अनुभव करता हूँ कि राजनीतिक विकेन्द्रीकरण आर्थिक विकेन्द्रीकरण के बिना सम्भव नहीं है। मुझे भय है कि इस तथ्य को स्पष्टतापूर्वक नहीं समझा गया है। अतः हमें बताना होगा कि कैसे राजनीतिक स्वशासन की इकाइयाँ आर्थिक स्वशासन की इकाइयाँ भी बनाई जा सकती हैं। क्या पूरी तरह ऐसा करना सम्भव है? यदि नहीं, तो किस हद तक और कैसे यह किया जा सकता है? इन प्रश्नों का उत्तर देने में विलम्ब करना पंचायती राज को निःसत्त्व सिद्ध करने के तुल्य होगा।

पंचायती राज साकार कैसे होगा?

अब जहाँ तक पंचायती राज की कल्पना को साकार करने का प्रश्न है, मैं समझता हूँ, इसके लिए सबसे महत्त्व की बात मैं कह चुका हूँ। जो दल इस कार्यक्रम को शुरू करता है, उसका ही काम है कि इसे कार्यान्वित करने के लिए संकल्प-शक्ति अपने कार्यकर्ताओं में पैदा करे। केवल समुचित कानून-निर्माण से इस लक्ष्य की प्राप्ति नहीं हो सकती। इस कल्पना को साकार करने के लिए जनता का शिक्षण करना होगा। सौ या दो सौ साल की गुलामी ने, जैसी गुलामी इस देश ने पहले कभी नहीं देखी थी, जनता की स्वयं सोचने तथा एकजुट हो समस्याओं का सामना करने की शक्ति को बिलकुल नष्ट कर दिया है।

काँग्रेस दल को देखना है कि एक बार पुनः जनता में उस संकल्प का एवं शक्ति का उदय हो। यह काम समाजवाद के सभी विवादों से अधिक महत्त्व का है। यदि आपके कार्यकर्ता लोगों के बीच जा नहीं सकते और आप जैसे नेताओं में से भी कुछ उनके बीच जा नहीं सकते और नीचे से निर्माण करने हेतु, नीचे तक नहीं पहुँच सकते, तो यह कार्यक्रम सफल नहीं हो सकता। अगर आप कानून बनाते हैं, नियमों का निर्माण करते हैं और अपने कर्मचारियों पर उन्हें क्रियान्वित करने के लिए छोड़ देते हैं तो फिर उसमें से पंचायती राज पैदा नहीं होगा। तब उसकी संस्थाएँ सरकार की एजेन्सियों से अधिक कुछ नहीं होंगी।

अब दो शब्द पंचायती राज की कल्पना को साकार करने के विषय में कहूँगा। मैं समझता हूँ, सुखाड़ियाजी ने भी इस विषय में कुछ कहा है। मेरी दृष्टि से, पंचायती राज में, ग्राम-पंचायत ही बुनियादी ढाँचा है; यानी लोकराज का आधार है ग्रामराज। परन्तु, आज जिस रूप में गाँव है, अगर उसी रूप में उसको रख कर, आप पंचायती राज लागू करेंगे, तो मैं नहीं समझता कि वह सफल होगा। गाँव में विघटनकारी तत्त्व विद्यमान हैं। ग्राम-पंचायतें यथासम्भव प्रभावकारी ढंग से कार्य कर सकें, इसके लिए उन तत्त्वों का निराकरण करना होगा। उन विघटनकारी तत्त्वों का रूप सामाजिक है, आर्थिक है और राजनीतिक है। सामाजिक तत्त्व, जैसे जात-पाँत आदि, बहुत पुराने हैं, और मैं नहीं जानता कि यह जाति-प्रथा कब समाप्त होगी। कालान्तर में इसका अन्त हो जाना चाहिए था। मूलतः जाति-प्रथा का उद्देश्य विघटनकारी नहीं था; बल्कि वह एक संघटनकारी तत्त्व थी, इसलिए कि वह दायित्व-निर्धारण करती थी। परन्तु आज उसने एक भिन्न कार्य, राजनीतिक दल का कार्य, करना शुरू किया है, और पता नहीं कब तक यह जारी रहेगा। जहाँ तक आर्थिक तत्त्वों का संबंध है—जैसे भूमि, महाजनी और व्यापार—मैं समझता हूँ, इन हितों को भूमि-सुधार तथा अन्य कानूनों के द्वारा कुछ हद तक नियन्त्रित किया गया है। लेकिन वे अभी अन्याय, विषमता और शोषण के शक्तिशाली तत्त्व हैं—ऐसे तत्त्व हैं जो गाँव में हितों की वह समानता विकसित नहीं होने देते जिसके बिना ग्रामीण समुदाय केवल

नाम के लिए ही समुदाय रहता है। ऐसे समुदाय में स्वशासन का प्रयास निश्चय ही विफल होगा। योजना-आयोग तथा केन्द्रीय सरकार द्वारा भूमि-सुधारों पर बल दिए जाने के बावजूद इस दिशा में बहुत प्रगति नहीं हुई है। जहाँ कुछ भूमि-सुधार के कानून बनाए गए हैं, वहाँ भी जिन लोगों के लिए कानून बनाए गए हैं, वे उससे कोई लाभ उठाने की स्थिति में नहीं हैं। यही स्थिति उप-कृषकों (दर-रैयतों) तथा बटाईदारों की है। बिहार में वासभूमि-कानून, जो अधिकांश कृषि-मजदूरों के लिए बनाया गया है, कागज पर ही रह गया है।

ग्रामदान

मैं कोई पन्थवादी नहीं बन गया हूँ और न मैं आपको वैसा बनाना चाहता हूँ; परन्तु, इस सिलसिले में, ग्रामदान-आंदोलन के विषय में अवश्य कुछ कहना चाहता हूँ, क्योंकि ग्रामदान एक ऐसा मार्ग है जिसके द्वारा जनता को विभाजित करने वाले तथा अन्याय एवं शोषण पैदा करने वाले आर्थिक तत्त्वों पर, क्रमिक रूप से, काबू पाया जा सकता है। काँग्रेस दल, प्रजा समाजवादी दल और भारतीय साम्यवादी दल ग्रामदान के कार्यक्रम से अपने-आपको प्रतिबद्ध कर चुके हैं। सन् 1957 में मैसूर राज्य के अन्तर्गत येलवाल में आयोजित ग्रामदान-परिषद् के अवसर पर उन्होंने ऐसा किया। अब, ग्रामदान का एक सरल रूप प्रचलित है। और उसमें एक व्यापक आंदोलन के रूप में विकसित होने की सम्भावनाएँ हैं।

मैं समझता हूँ, यह एक रास्ता है जिसके द्वारा न केवल समाज की व्यवस्थाओं में, बल्कि मनुष्य के दिमागों में भी, कुछ क्रांतिकारी परिवर्तन लाए जा सकते हैं। मैं इस बात पर बल देना चाहता हूँ कि ग्रामदान एक ऐसा साधन है जो हमारे हाथ में मौजूद है; उसका आवष्किार या निर्माण करने की आवश्यकता नहीं है। औजार सामने रखा हुआ है; अगर आप चाहें तो उसका इस्तेमाल कर सकते हैं। मुझे लगता है कि काँग्रेस जैसे राजनीतिक दल को, जो भूमि-सुधारों में और समाजवाद में विश्वास करता है, ग्रामदान का कार्यक्रम तीव्रता एवं उत्साह के साथ उठा लेना चाहिए।

श्री दे ने पंजाब में तथा अन्यत्र होने वाले सर्वसम्मत चुनावों के विषय में जो कुछ कहा है, उसको समुचित सम्मान देते हुए, मैं समझता हूँ कि इन चुनावों में व्यापक सहमति होना महत्त्व की बात है। जो कुत्सित तरीके चुनावों में अपनाए जाते हैं, उनको रोकने का प्रयास हम सभी प्रकार से करें। परन्तु, साथ ही ग्रामीण समुदाय के कार्यों में सामान्य मतैक्य का जो मूल्य है, उसकी अवगणना हम न करें। यदि किसी समुदाय को संघटित रूप से एक साथ मिलकर कार्य करना है, तो विशेषकर आज जिस स्थिति में हम हैं, उसमें यह बुद्धिमत्ता की बात नहीं मालूम होती कि इस समुदाय के अन्दर कुछ ऐसे कलह के तत्त्व दाखिल कर दें जिससे कि संघ-भावना एवं संघ-बद्ध कार्य में प्रगति और विकास कभी न हो जाए। मैं समझता हूँ, कम-से-कम बिहार में, यह भावना बढ़ रही है कि यदि ग्राम-पंचायतों का चुनाव सामान्य सहमति से कराने के लिए कोई तरकीब न निकाली जाती तो ये पंचायतें विग्रह और संघर्ष से इस तरह टूटेंगी कि वे फिर कभी समुचित रूप में कार्य करने या कुछ हासिल करने में समर्थ नहीं हो सकेंगी।

विधानसभा या संसद् के चुनाव में, मतदान हो जाने के बाद जब लोग अपने गाँवों को लौटते हैं तो वह सारा जोश-खरोश जो पहले था, समाप्त हो जाता है। परन्तु, एक प्राथमिक समुदाय में, जहाँ लोग जीवनभर एक साथ रहते हैं, एकजुट होकर किसी सामान्य उद्देश्य के लिए वे काम नहीं कर सकते, अगर समय-समय पर सारे समुदाय में उत्साह की लहर पैदा न की जाए। मेरा यह जोरदार निवेदन है कि इस प्रश्न पर गम्भीरतापूर्वक विचार किया जाए। मैंने सुना है कि चुनाव के संपूर्ण सवाल की तह में जाने के लिए कोई समिति या टीम नियुक्त की जाने वाली है। मैं आशा करता हूँ, इस समिति का प्रतिवेदन अन्य अनेक प्रतिवेदनों के समान धूल-धूसरित होकर अभिलेखागार की शोभा नहीं बढ़ाएगा। मैं स्वयं नहीं जानता कि दुर्बल वर्गों के कल्याण पर मेरे अपने प्रतिवेदन का क्या हश्र हुआ। चाहे जो हो मुझे आशा है कि प्रस्तावित समिति के सामने कुछ सुपरिभाषित प्रश्न उपस्थित किए जाएँगे। यह परिसंवाद सामान्य सहमति के प्रश्न पर भी चाहे तो कुछ विचार कर सकता है।

कुछ दूसरे सवाल भी हैं जिन पर विचार करने के लिए समितियाँ नियुक्त हुई थीं, या वे अपना प्रतिवेदन भी प्रस्तुत कर चुकी हैं। आप इस राय से सहमत होंगे कि पंचायती राज की संस्थाओं को कुछ आर्थिक साधन के स्रोत उपलब्ध होने ही चाहिए जिन्हें वे अपना समझ सकें। इस संबंध में, अगर उन्हें स्वशासी इकाइयों के रूप में काम करना

है तो राज्य सरकार पर उनको निर्भर नहीं रहने देना चाहिए। मैं नहीं जानता, संतानम् समिति ने इस प्रश्न के साथ न्याय किया है या नहीं। मैंने उनके प्रतिवेदन को सरकारी नजर से देखा है; परन्तु उसकी कुछ अनुशंसाओं से मैं पूरी तरह सन्तुष्ट नहीं हूँ। केवल यही महत्त्व की बात नहीं है कि पंचायती राज की संस्थाओं के लिए राजस्व के कुछ स्रोत हस्तान्तरित और सुरक्षित किए जाएँ। कोष निकालने और खर्च करने के नियमों का भी इन संस्थाओं के स्वत्वों एवं विशेषाधिकारों से बड़े महत्त्व का संबंध है। इस सिलसिले में 'पंचायती राज वित्त-आयोग' की स्थापना प्रत्येक राज्य में हो, यह सुझाव मैं विचारार्थ प्रस्तुत करता हूँ।

पंचायत असैनिक सेवा के प्रश्न पर विचार किया जा चुका है। देश के विभिन्न भागों में विभिन्न प्रकार के प्रयोग किए जा रहे हैं। इसके पूर्व कि ऐसी सेवा का एक ढाँचा हम विश्वासपूर्वक तैयार कर लें, उन प्रयोगों के परिणामों की प्रतीक्षा करने में ही बुद्धिमानी है।

अधिकार

अन्त में, पंचायती राज की तीनों मंजिलों के क्या-क्या अधिकार हैं, इस प्रश्न को मैं लेना चाहूँगा। सुखाड़ियाजी ने राजस्थान की पंचायत समितियों तथा महाराष्ट्र की जिला परिषदों के सापेक्ष संबंधों की चर्चा की है। यहाँ भी जो भ्रम है, उसका कारण पंचायती राज के लक्ष्य की अस्पष्टता है। मेरी दृष्टि में, इस सवाल पर भ्रम के लिए कोई स्थान नहीं है। अगर इन तीनों संस्थाओं में से प्रत्येक अपने स्तर पर की सरकार है तो प्रत्येक का समान महत्त्व है और अपने साधनों के द्वारा जितना कुछ वह कर सकती है, उतना करने के लिए वह सक्षम और तदनुसार अधिकार पाने योग्य है। ग्राम पंचायत को वे सभी अधिकार मिलने चाहिए, जितने का प्रयोग करने में वह समर्थ है, इसी प्रकार अन्य दो संस्थाओं को भी उनकी सामर्थ्य के अनुसार सभी अधिकार मिलने चाहिए। इसका कोई नहीं है कि जिला परिषद् केवल एक समन्वयकारी या परामर्शदात्री संस्था रहे या पंचायत समिति जिला परिषद् का कार्यकारी अंगमात्र बनी रहे।

यह सारा सवाल पैमाने का है। ऐसे कुछ काम भी हो सकते हैं जो ग्राम-पंचायतों को बहुत बड़े, उनकी शक्ति के बाहर मालूम होंगे; ऐसे कामों को जो पंचायत समितियाँ सम्पन्न करेंगी। इसी प्रकार, जो काम पंचायत समितियों की क्षमता के बाहर होंगे, उन्हें जिला परिषदें करेंगी। मुझे आशा है, यह परिसंवाद इस विषय में जो उलझन है, उसको दूर करेगा।

संविधान में संशोधन

मुझे यह देखकर हर्ष होता है कि इस परिसंवाद के दौरान हुई चर्चाओं की सबसे महत्त्वपूर्ण निष्पत्ति यह है कि पंचायती राज की संस्थाएँ अपने-अपने स्तर पर की सरकारें हैं, इस पर सामान्य सहमति प्रकट हुई है। अगर ऐसा है तो यह उचित मालूम होता है कि संविधान यथासम्भव स्पष्टतापूर्वक यह कहे कि हमारा एक विकेन्द्रित राज्य होगा जिसके पाँच अवयव होंगे : केन्द्र, राज्य, जिला, प्रखण्ड तथा गाँव। इस परिसंवाद में, शायद तफसील की बातों पर चर्चा करने के लिए काफी समय नहीं है। हम कुछ समय के लिए उसे छोड़ भी दे सकते हैं; परन्तु इस विषय में सिद्धान्त पर तो सहमति हो सकती है।

पिछले दिनों जो कुछ कहा गया, उस पर मैं अपनी कुछ टिप्पणी पेश करना चाहूँगा। सर्वप्रथम, फखरुद्दीन साहब ने बताया कि काँग्रेस ने इस प्रश्न पर चर्चा नहीं की है, ऐसी बात नहीं है। उनके अनुसार भुवनेश्वर में भी काँग्रेस ने इस पर कुछ विचार किया था। मैं उनके कथन को स्वीकार कर लेता हूँ। परन्तु मेरे कहने का यह अर्थ नहीं था। इस विषय में जो कुछ कहा गया है, उसके बावजूद मुझे सन्देह है कि काँग्रेस कार्यकारिणी तथा अखिल भारतीय काँग्रेस कमेटी में पंचायती राज पर समुचित चर्चा हुई और इस कार्यक्रम को तथा, उसके पीछे जो विचार और आदर्श हैं, उन्हें स्पष्टतः और पूर्णतः समझ-बूझकर मान्य किया गया। जैसा कि श्री बलवन्तराय जी ने कहा है, पंचायती राज लोकतन्त्र की एक नई कल्पना का प्रतिनिधित्व करता है, और मुझे इसमें सन्देह है कि इस नई कल्पना को समुचित रूप से समझ लिया गया है।

चुनाव की पद्धति

इस सिलसिले में, मैं आपको स्मरण दिलाना चाहूँगा कि काँग्रेस के दो भूतपूर्व अध्यक्ष श्री ढेबर और श्री संजीव रेड्डी ने इस बात पर बार-बार बल दिया है कि चुनाव (केन्द्रीय तथा राज्य विधायिकाओं के चुनाव) की पद्धति में बदल होना चाहिए। मैं समझता हूँ, प्रधानमन्त्री ने भी, पिछले आम चुनाव के पूर्व, ऐसा ही कहा था। जब मैंने भारतीय राज्य-व्यवस्था पर अपना प्रारूप काँग्रेस नेताओं के पास भेजा और उनमें से कुछ लोगों से इस पर चर्चा की तो मैंने देखा कि लगभग सभी लोगों ने जिनमें केन्द्रीय सरकार के कुछ सदस्य भी सम्मिलित हैं, यह स्वीकार करते थे कि अप्रत्यक्ष चुनाव-प्रणाली अत्यन्त वांछनीय है। मुझे लगता है कि यदि काँग्रेस नेता वस्तुतः ऐसा अनुभव करते हैं तो उन्हें इस विषय में अवश्य कुछ करना चाहिए। मैं यह भी समझता हूँ कि यदि पंचायती राज को अच्छी तरह समझा गया होता तो ऊपर के लोगों को इसकी सफलता के लिए अधिक चिन्ता होती। आप यह स्वीकार करेंगे कि पंचायती राज की इमारत सरपंच या गाँव के जनसेवक के द्वारा अथवा सामान्य काँग्रेस कार्यकर्ताओं के द्वारा नहीं बनेगी। यह काम तो ऊपर के नेतृत्व का है।

कल श्री एम. वी. माथुर ने जो कुछ कहा उससे विषय को समझने में बहुत सहायता मिलेगी। उन्होंने विभिन्न राजनीतिक सिद्धान्तों की चर्चा की थी। मैं मानता हूँ। लेकिन राजनीतिक विज्ञान और राजनीतिक आंदोलन के बीच एक रेखा खींचनी चाहिए। राजनीतिक आंदोलन किसी राजनीतिक सिद्धान्त का परिणाम नहीं है; बल्कि वह कुछ आकांक्षाओं, आदर्शों तथा व्यक्तित्वों में से पैदा होता है। इसी प्रकार पंचायती राज के आंदोलन का अपना एक राजनीतिक दर्शन है। वह प्रशासन में तथा विकास-कार्यों में कुछ परिवर्तन मात्र नहीं है, बल्कि उससे कुछ अधिक है। काँग्रेस दल को अपनी राजनीतिक एवं सामाजिक दर्शन की चर्चा करने में संकोच क्यों होना चाहिए?

अब, जैसा कि हम स्वीकार कर चुके हैं, यदि पंचायती राज की संस्थाएँ प्रकाशन की इकाइयाँ हैं तो उसके गर्भितार्थ क्या हैं? मैं नहीं समझता कि हमने इस पर पर्याप्त रूप से चिन्तन किया है। इसके केवल इस पहलू पर विचार किया गया है कि संविधान में ऐसा संशोधन किया जाए कि ये संस्थाएँ उसका सजीव अंग बन जाएँ। लेकिन हमें उसके दूसरे गर्भितार्थों पर भी विचार करना चाहिए।

मैं बताना चाहूँगा कि उसका एक गर्भितार्थ यह है कि यदि पंचायती राज की संस्थाएँ अपने-अपने स्तर पर की सरकारें हैं, तो उनमें से प्रत्येक समान रूप से महत्त्वपूर्ण है। इस विषय पर मैं अपने आरम्भिक व्याख्यान में कुछ कह चुका हूँ। इस महत्त्व की समानता का एक अर्थ यह है कि ग्राम-सभा और ग्राम-पंचायत पर अभी तक जितना ध्यान दिया गया है, उससे कहीं अधिक ध्यान देने की जरूरत है। वे चूँकि संपूर्ण उपरिरचना की बुनियाद हैं, इसलिए अभी की अपेक्षा उन्हें और अधिक मजबूत बनाने की आवश्यकता है। अगर बुनियाद कमजोर रहेगी तो संपूर्ण रचना ही कमजोर रहेगी। किन्हीं सज्जन ने सरपंच को किसी अधिकारी का सन्देशवाहक बताया। इस वर्णन में जो चित्रमयता है, उसके अलावा परिस्थिति पर तुरन्त ध्यान देने की आवश्यकता स्वीकार की जानी चाहिए।

साधन और वित्त

इसके बाद वित्त, साधन तथा पंचायत-सेवाओं का प्रश्न उपस्थित होता है। मैं इन प्रश्नों की संक्षिप्त चर्चा कर चुका हूँ। इस परिसंवाद में उन पर कुछ विस्तार से विचार किया जाना चाहिए। पंचायती राज की संस्थाएँ निस्सन्देह अभी नई हैं और उनको अनुभवी होने में समय लगेगा। सम्भव है, सरकार के उन सभी अधिकारों का प्रयोग वे तत्काल नहीं कर पाएँगी, जो उनके न्यायपूर्ण अधिकार होने चाहिए। इन संस्थाओं को आत्मस्थ होने में पाँच साल या इससे भी अधिक समय लग सकता है। परन्तु लक्ष्य के विषय में हमारा मानस स्पष्ट होना चाहिए। उस लक्ष्य तक पहुँचने के लिए कुछ क्रम निर्धारित किए जा सकते हैं। अन्त में, मैं पुनः इस कार्यक्रम की क्रियान्विति के दौरान काँग्रेस दल की भूमिका पर बल देना चाहता हूँ। मुझे खेद है कि यह बात मुझे बार-बार कहनी पड़ रही है। यदि काँग्रेस इस कार्यक्रम को गम्भीरतापूर्वक नहीं लेती, तो मेरा निश्चित मत है कि पंचायती राज केवल नाम में ही रह जाएगा।

प्रत्यक्ष एवं अप्रत्यक्ष चुनावों के गुणावगुण में अभी मैं नहीं जाऊँगा। अवश्य ही मैं अप्रत्यक्ष चुनाव के पक्ष में

हूँ। इसमें स्पष्टतः कुछ दोष भी हैं। परन्तु मैं मानता हूँ कि उन्हें दूर करना सम्भव है। लेकिन, जैसा कि मैंने कहा है, मैं इस सवाल में अभी नहीं जाना चाहता हूँ। अपने आरम्भिक भाषण में पंचायत समितियों तथा जिला परिषदों के प्रत्यक्ष चुनाव के विरुद्ध विचार प्रकट करते हुए, मैं प्रत्यक्ष बनाम अप्रत्यक्ष चुनाव (राज्य एवं केन्द्रीय विधायिकाओं के भी चुनाव) के बृहत्तर प्रश्न को नहीं उठा रहा था। मैं केवल, समुदायों के एक राजनीतिक संघ के रूप में, पंचायती राज की कल्पना के गर्भितार्थों की व्याख्या कर रहा था।

आर्थिक स्वतन्त्रता

आर्थिक स्वतन्त्रता के विषय में मैंने कहा था, वह यह है कि राजनीतिक-पंचायती राज के साथ-साथ आर्थिक-पंचायती राज की स्थापना भी आपको करनी चाहिए। यह बात नहीं है कि आप ग्राम-पंचायत, पंचायत समिति, या जिला परिषद् को आर्थिक दृष्टि से स्वतन्त्र बना ले सकेंगे। फिर भी अपने-अपने क्षेत्रों में रहने वाले लोगों को यथासम्भव आर्थिक निर्णय लेने की स्वतन्त्रता और अवसर प्राप्त होने ही चाहिए।

यह सवाल भी उठाया गया है कि एक गाँव क्या कर सकता है और क्या नहीं कर सकता? इस प्रश्न का हम परीक्षण करें। मान लीजिए, किसी गाँव के 50 परिवारों के पास भूमि है और 50 परिवार भूमिहीन हैं। मैं समझता हूँ, वह गाँव स्वतः, स्वेच्छा से, भूमि-व्यवस्था को इस ढंग से परिवर्तित कर सकता है कि 50 भूमिहीन परिवारों में से प्रत्येक को भूमि का एक अंश प्राप्त हो जाए। गाँव को स्वेच्छया इस रूप में परिवर्तित करना सम्भव है और ऐसा संपूर्ण समुदाय समस्त गाँव का स्वामी बन जाए। यह सम्भव है और ऐसा किया भी गया है। ग्रामीण समुदाय में परिगणित जातियों के लोग होते हैं, और दूसरे लोग भी होते हैं। मान लीजिए कि वे सभी सहभोजन करने का निर्णय लेते हैं। अगर ऐसा वे करते हैं, तो उससे एक ऐसी क्रांति होगी जो इस देश के लिए सर्वथा वांछनीय है। यह क्रांति कानून से या कुछ सामाजिक प्रथाओं को दण्डनीय अपराध बनाने मात्र से नहीं लाई जा सकती। लेकिन अगर गाँव वाले चाहें तो स्वयं अपनी इच्छा से एक सामाजिक क्रांति और कृषि-क्रांति भी कर सकते हैं। समुदाय में ऐसा करने की शक्ति है, बशर्ते कि उसके निर्णय के पीछे सामान्य सहमति हो। फिर, बेरोजगारी के सवाल को ही लीजिए। अगर कोई गाँव निर्णय कर ले कि उसके अन्दर कोई भी व्यक्ति बेरोजगार नहीं रहेगा तो वो ऐसा कर सकता है। आप आधुनिक प्रौद्योगिकी के माध्यम से यह काम नहीं कर सकते। नागरिक क्षेत्रों में वेतनमान के अनुसार आप बेरोजगारी नहीं मिटा सकते हैं, परन्तु गाँव वाले मिटा सकते हैं। गाँव में जिन्हें काम मिलेगा, वे सम्भव है, रोजाना आठ आने से अधिक नहीं कमा सकेंगे। परन्तु पहले तो वे एक पैसा भी नहीं कमा रहे थे!

श्री सुखाड़िया ने कहा कि कोई पंचायत गाँव के लोगों पर कर नहीं बैठा सकती है। यह ठीक है। लेकिन विशेष कार्यक्रमों के लिए आप चन्दे उठा सकते हैं और चन्दों से उठाई गई राशि करों से प्राप्त हो सकने वाली राशि से कई गुना ज्यादा हो सकती है। इतना तो किया जा सकता है। यह गाँधी जी का देश है और मुझे इसमें विश्वास है। अगर एक गाँव को इस ढंग से परिवर्तित किया जा सकता है, तो अन्य गाँवों को क्यों नहीं किया जा सकता? हाँ, किया जा सकता है, बशर्ते कि यह करने के लिए हममें संकल्प हो और सेवा की भावना हो।

13. पंचायती राज : दृष्टि और कार्यक्रम

विकेन्द्रित शासन की त्रिस्तरीय व्यवस्था के रूप में पंचायती राज के पाँच वर्ष 2 अक्तूबर, 1964 को पूरे होंगे। पण्डित जवाहरलाल नेहरू ने 1959 के अक्तूबर में इसका शुभारम्भ राजस्थान के अन्तर्गत नागौर में किया था। तब से पंचायती राज धीरे-धीरे देशभर में फैल गया है और अब वह अधिसंख्य राज्यों में स्थापित है। शेष राज्यों में या तो कानून बन

गया है, या वह लागू किया जाने वाला है, अथवा बनने की प्रक्रिया में है।

हमारे देश में हर बड़ी घटना गाँधी जी के जीवन के साथ जोड़ दी जाती है जो उचित ही है। लेकिन पंचायती राज के उद्‌घाटन के लिए 2 अक्तूबर के चुनाव का और भी गहरा महत्त्व था। मैं समझता हूँ, इसका उद्देश्य यह संकेत करना था कि पंचायती राज, चाहे वह कितना ही अपूर्ण हो, गाँधी जी की लोकतन्त्र एवं स्वराज्य की कल्पना की दिशा में एक कदम है–जो कल्पना भारतीय संविधान के जन्मदाताओं को किसी न किसी रूप में छलती रही थी। अगर प्रेरणा के उस मूल स्रोत को सदैव ध्यान में रखा जाए तो आशा है, पंचायती राज, मात्र एक सुविधाजनक प्रशासनिक व्यवस्था बनने के बदले, जिसकी आशंका है, एक अद्‌भुत और सच्चे जनवादी लोकतन्त्र के निर्माण के लिए एक जीवित साधन के रूप में विकसित हो सकता है। यद्यपि संविधान परिषद् राष्ट्रपिता की कल्पना को पकड़ पाने में असमर्थ रही, तथापि वह नेहरू की, अन्तरात्मा से अनुलग्न रही है। ग्रामीण समुदायों के विकास कार्यक्रमों के अनुभव ने उस अनुलग्न कल्पना को तीव्रता एवं त्वरा प्रदान की, और उसके परिणामस्वरूप आजादी के बारह वर्ष बाद पंचायती राज का प्रख्यापन हुआ।

महात्मा गाँधी की प्रेरणा से और जवाहरलाल नेहरू के अभिक्रम से जो चीज पैदा होती है, उसको समुचित पोषण तथा स्थायी विकास और शक्ति प्राप्त होने का आश्वासन रहता है। यह आशा थी कि पंचायती राज के साथ भी यही बात होगी। परन्तु जवाहरलालजी का वरद हस्त हट जाने के बाद मैं, अत्यन्त संयमित दृष्टि रखते हुए भी, वह आश्वासन अनुभव नहीं करता हूँ। मेरे विचार से इसके कारण निम्न प्रकार हैं।

राज्यवाद

यह कोई गोपनीय रहस्य नहीं है कि इस देश में दक्षिण, वाम एवं मध्य मार्ग के संपूर्ण वैचारिक वर्णपट्ट के आरपार एक प्रभावशाली मत है जो विकेन्द्रीकरण में बिलकुल विश्वास नहीं करता। उसके अनुसार इसके दो मुख्य आधार हैं :

(क) एक यह कि जनता, आम जनता, स्वशासन के अयोग्य है; और (ख) दूसरा यह कि सत्ता एवं शासन के विकेन्द्रीकरण के फलस्वरूप राष्ट्र का विघटन हो जा सकता है। हम जरा इन विचारों की परीक्षा करें।

यह एक वास्तविक तथ्य है कि कोई भी व्यक्ति या समूह सत्ता एवं उत्तरदायित्व का निर्वाह करने में तब तक समर्थ नहीं हो सकता, जब तक कि सत्ता और उत्तरदायित्व उन्हें सौंप नहीं दिए जाते। अविश्वास से आरम्भ करने का अर्थ है; जनता को स्वशासन के अधिकार से हमेशा के लिए वंचित रखना। यहाँ यह स्मरणीय है कि पंचायती राज के पिता पण्डित जवाहरलाल नेहरू इस प्रश्न पर क्या सोचते थे। विभिन्न राज्यों के सामुदायिक विकास एवं पंचायती राज विभागों के मन्त्रियों के वार्षिक सम्मेलन में 3 अगस्त, 1962 को उन्होंने कहा था : "कोई मध्य का मार्ग नहीं है; या तो आप उन पर (जनता पर) विश्वास करते हैं या नहीं करते हैं। उन पर आंशिक विश्वास करके आप कहीं नहीं पहुँचेंगे। क्योंकि, तब उनके ऊपर कोई दायित्व नहीं रहता, और इसलिए उनका समुचित विकास भी नहीं होता। इस कारण उन्हें यह सत्ता एवं अधिकार देकर फिर उसमें सरकारी हस्तक्षेप के द्वारा बाधा मत डालें।"

वे इतना ही कहकर रुक नहीं गए। उनकी अन्तर्दृष्टि लोकतन्त्र के स्वरूप एवं लक्ष्य के विषय में तथा उसे सफल बनाने हेतु विकेन्द्रीकरण की भूमिका के विषय में और गहरी हो गई। 1963 में एक भेंट के सिलसिले में उन्होंने कहा था : "...लोकतन्त्र का लक्ष्य व्यक्ति का विकास ही है। ...अन्ततः ये सारी बातें गुणोत्कर्ष पर निर्भर करती हैं, चाहे आप किसी वाद के मानने वाले हों। इसलिए हमें यह देखना पड़ता है कि मनुष्य का गुणोत्कर्ष करने वाली नीति कौन-सी होगी। और, इसलिए फिर हमें सोचना पड़ता है कि वह कौन-सी नीति होगी जिसके द्वारा प्रगति, उन्नति, आत्मनिर्भरता, नए-नए विचार तथा सर्जनात्मक शक्ति से पूर्ण वातावरण का निर्माण किया जा सके। सर्वोत्तम उपाय यह है कि मनुष्य को उत्तरोत्तर जिम्मेदार बनाया जाए, उसमें आत्म-विश्वास पैदा किया जाए, और उसे निष्क्रियता एवं असहायता की स्थिति से खींचकर ऊपर उठाया जाए।" और, इसी दृष्टि से वे लोकतन्त्र के निर्माण की बुनियादी प्रक्रिया में पंचायती राज की भूमिका पर विचार करते थे। उनका कहना था : "मुझे भरोसा है कि पंचायती राज राष्ट्र और जनता के सर्वोत्तम गुणों को प्रकट करने में समर्थ होगा।" अपने उद्‌घाटन-भाषण में, जिसको मैं अपने आरम्भिक व्याख्यान में उद्‌धृत कर चुका हूँ, उन्होंने इसी विचार पर बल दिया था : "लोकतन्त्र केवल यह नहीं है कि राज्यों में या शिखर पर संसद

हो, बल्कि वह कुछ ऐसी चीज है जो प्रत्येक व्यक्ति की शक्तियों को उभारती हो और उसे प्रशिक्षित कर इस योग्य बनाती हो कि वह देश में अपना समुचित स्थान, और आवश्यकता पड़ने पर कोई भी स्थान, ग्रहण कर सके। मैंने यह कहा था, और यह माना है, कि पंचायती राज या जो भी हम कर रहे हैं, इन सब प्रयासों का अन्ततः उद्देश्य यही है कि भारत के प्रत्येक व्यक्ति को इस प्रकार प्रशिक्षित किया जाए कि वह भारत का सक्षम प्रधानमन्त्री बन सके।'' कितना स्पष्ट, नवनूतन एवं भव्य थी वह कल्पना! हमें आशा है कि उस मनहूस 27 मई की घटना के बाद उस पर पटाक्षेप नहीं हो गया है।

जहाँ तक विघटन के भय का संबंध है (जो वस्तुतः जनता पर अविश्वास करने में निहित है), यह भी तर्क दिया जा सकता है कि अब चूँकि कोई प्रभावशाली दैवी-शक्ति वाले नेता भी नहीं रहे, इसलिए विकेन्द्रीकरण पहले से भी अधिक खतरनाक सिद्ध होगा। मेरी दृष्टि में, सच्चाई इसके ठीक विपरीत विचार में है। भारत जैसे एक विराट देश में, जहाँ ऐसी विशाल आबादी हो, सभी प्रकार की विविधताएँ हों, कोटि-कोटि क्षेत्रीय एवं स्थानिक समस्याएँ हों और यह सब लोकतान्त्रिक परिस्थिति के अन्तर्गत हो, वहाँ खतरा विकेन्द्रीकरण से नहीं, बल्कि हर समय (प्रभावशाली नेता के अभाव में भी) केन्द्रीकरण से है। वह खतरा इस रूप में हो सकता है कि सरकार स्थूलकाय बनकर जनता से नाता तोड़ ले और स्वेच्छाचारी तथा अनुत्तरदायी होकर क्षेत्रीय आकांक्षाओं की उपेक्षा एवं उपहार भी करने लगे। इस प्रकार उसके आचरण से गम्भीर एवं दुष्टतापूर्ण आन्तरिक तनाव पैदा होने का खतरा उपस्थित हो सकता है।

यह भी कहा गया है कि विकेन्द्रीकरण केन्द्र को कमजोर करेगा और ऐसा करते हुए वह राष्ट्रीय विघटन का खतरा पैदा करेगा। यहाँ भी मुझे लगता है कि सत्य इसके विपरीत है। मैंने इस प्रश्न पर अपनी पुस्तक 'लोक-स्वराज्य' में चर्चा की है। कुछ कटु प्रतीत होते हुए भी मैं इस प्रश्न के एक अन्य पहलू की ओर आपका ध्यान आकृष्ट करना चाहूँगा। भारतीय मामलों का अध्ययन करने वालों ने अकसर इस बात की ओर संकेत किया है कि इस देश में एक दयनीय प्रवृत्ति यह है कि शब्दों का प्रयोग अर्थ-निरपेक्ष होकर किया जाता है। इस प्रकार अकसर यह स्थिति आती है कि जिन लोगों ने पंचायती राज को उसके प्रवर्तकों की कल्पना के अनुसार यदि स्वीकार भी किया है तो केवल शब्दों में किया है; गहरे विश्वास या समझदारी के साथ नहीं किया है। ऐसी स्वीकृति स्पष्ट विरोध से भी बदतर है, यह आप भी मानेंगे; क्योंकि वह कपटपूर्ण है, विफलता एवं निराशा की जननी है, और अन्ततः जनता को उसके जन्मसिद्ध अधिकार से वंचित करने वाली है।

यह एक ऐसी बात है जिस पर काँग्रेस उच्च सत्ता को गम्भीरतापूर्वक एवं त्वरित ध्यान देना चाहिए। उसे, सर्वप्रथम न केवल काँग्रेस कार्यकारिणी में, बल्कि अखिल भारतीय काँग्रेस कमेटी में भी इस प्रश्न पर पूरी चर्चा कर यह निर्णय करना चाहिए कि विकेन्द्रीकरण के इस कार्यक्रम को वह स्वर्गीय प्रधानमन्त्री की मूल भावना के साथ और उसके स्पष्टतया व्यक्त एवं स्वीकृत गर्भितार्थों के साथ, आगे बढ़ाना चाहती है या नहीं। और, यदि वह इस प्रश्न पर कोई ठोस निर्णय लेती है, तब फिर उसे अपने संसदीय एवं संगठनात्मक दोनों अंगों को इस कार्यक्रम की सर्वोत्तम एवं पूर्णतम क्रियान्विति के लिए उत्प्रेरित करना होगा।

नीचे से निर्माण

मैं अभी यह बताने का प्रयास करूँगा कि नीचे से निर्माण की प्रक्रिया में काँग्रेस संगठन की भूमिका के विषय में मेरी क्या दृष्टि है। लेकिन इसके पहले मैं संक्षेप में एक अन्य बात की ओर संकेत करना चाहूँगा। पंचायती राज की संस्थाएँ स्वशासन के संगठन हैं या नहीं, यह प्रश्न केवल राजनीतिक अधिकारों तथा लोकतन्त्र के सच्चे स्वरूप से सम्बन्धित नहीं है। कुछ लोग कह सकते हैं कि इससे भी अधिक आवश्यक एवं महत्त्वपूर्ण प्रश्न ग्रामीण क्षेत्रों एवं ग्राम-समुदायों के विकास का है। पंचायती लोकतन्त्र में अपने सारे ज्वलन्त विश्वास के बावजूद, मुझे उपर्युक्त विचार से कोई विरोध नहीं है। परन्तु यह विचार प्रस्तुत करने वाले भूल जाते हैं कि बिलकुल इन्हीं विकास की समस्याओं ने चिन्तन और अध्ययन का यह क्रम शुरू किया, जिसके फलस्वरूप अन्ततः लोकतान्त्रिक विकेन्द्रीकरण पर बलवन्तराय मेहता का प्रतिवेदन सामने आया। यदि पंचायती राज विकास-कार्यों में सहायक होने की दृष्टि से अपेक्षित रूप में परिणामकारी नहीं हुआ

है, तो मैं मानता हूँ कि इसका सबसे बड़ा कारण, कुछ विरल अपवादों को छोड़ कर, विकेन्द्रीकरण एवं सत्ता के वितरण में अनुदारता एवं अनिच्छा की भावना रही है।

वर्तमान स्थिति में लोग अपनी आवश्यकताओं की पूर्ति के लिए 'सरकार' की ओर ताकते रहने की अपनी पुरानी आदत के शिकार हैं; परन्तु यदि उन्हें यह समझा दिया जाए कि अपने गाँव, प्रखण्ड एवं जिले में स्वयं वे ही सरकार हैं, तथा कुछ क्षेत्रों में निर्णय उनको ही लेना है और कार्रवाई भी करनी है; उन मामलों का दायित्व पूर्णतः उन पर ही है; यदि वे नहीं करते जो करना चाहिए, तो दूसरा कोई करने वाला नहीं है; और यदि फिर वे पहल करें तथा अपनी भूमिका निभाने के लिए तैयार हों तो उनकी अविलम्ब सहायता की जाएगी—यदि यह सारा उन्हें, केवल शब्दों के द्वारा नहीं अमल के द्वारा, समझा दिया जाए, तो विकास की प्रक्रिया, अप्रत्याशित रूप से, विशेषकर ऐसे क्षेत्रों में तेज की जा सकती है जहाँ व्यापक जनसहयोग की आवश्यकता है। उदाहरणस्वरूप, भूमि का अधिक अच्छा उपयोग, श्रेष्ठतर औजार, पशुपालन, लघुसिंचाई और उसके साधनों की सुरक्षा, मिट्टी-संरक्षण, वनरोपण, सब प्रकार के ग्रामीण उद्योग, ग्रामीण गृह-निर्माण एवं स्वास्थ्य-रक्षा, ग्रामीण औद्योगीकरण आदि कार्य वे क्षेत्र हो सकते हैं।

परन्तु, पंचायती राज की संस्थाएँ यह सारा कर सकें, इसके लिए वित्तीय एवं अन्य साधनों, आवश्यक प्रौद्योगिक सहायता सामग्री, तथा राज्य एवं केन्द्र सरकार द्वारा ही उपलब्ध किए जा सकने वाले साधनों पर उनका नियन्त्रण रहना चाहिए, और साथ ही प्रशासनिक पद्धति में भी बुनियादी परिवर्तन होना चाहिए। हम नीचे से योजना निर्माण करने की बातें बहुत सुनते हैं, परन्तु वास्तविक व्यवहार में वह योजना राज्य सरकारों द्वारा किए गए आबंटनों को एक साथ जोड़ने मात्र से अधिक कुछ नहीं होती। मुझे भरोसा है कि यदि पंचायती राज की संस्थाओं को, उनकी क्षमता के अन्दर जो कम हो सकते हैं, उन्हें सम्पन्न करने का पूर्ण दायित्व समर्पित कर दिया जाए तो स्थिति में वास्तविक परिवर्तन—अपेक्षा से अधिक तीव्र गति से—हो सकता है।

इस प्रकार अब यह स्पष्ट हो जाना चाहिए कि पंचायती राज को सत्ता एवं उत्तरदायित्व का वास्तविक हस्तान्तरण करने की माँग, हम केवल जनता के स्वशासन के अधिकार को अमल में लाने के उद्देश्य से नहीं, बल्कि इस उद्देश्य से भी करते हैं कि ग्रामीण भारत का विकास और पुनरुत्थान तीव्र गति से हो।

काँग्रेस दल की भूमिका

इस सारे मामलों में काँग्रेस संगठन की क्या भूमिका है? इसके लिए इस क्षेत्र में दलीय संगठनों की भूमिका सामान्यतः क्या होगी? मेरी दृष्टि में, उन सबकी भूमिका एक ही है। लेकिन काँग्रेस के वह अधिक अनुकूल है, क्योंकि पंचायती राज उसका ही कल्पना-पुत्र है।

काँग्रेस संगठन का तथा उन काँग्रेसजनों का जो संसदीय कार्य में ही लगे हैं, कर्तव्य यह है कि वे जनता को एवं उसकी पंचायती राज संस्थाओं को शिक्षित करें तथा उनके स्वशासन-कार्यों के संचालन में सहायता प्रदान करें। यह प्रक्रिया जनता पर विश्वास रखने से तथा उसको अधिकार एवं दायित्व हस्तान्तरित करने से शुरू होती है। लेकिन यह वहीं समाप्त नहीं हो जाती। यह तो शुरुआत मात्र है। उसके बाद का काम जैसा कि मैंने कहा है, शिक्षण एवं तटस्थ सेवा या सहायता का है; यह वही काम है जिसकी कल्पना गाँधी जी ने 'लोकसेवकों' के लिए तथाकथित अपने अन्तिम वसीयतनामे में की थी। काँग्रेस अपने लिए एक रचनात्मक कार्यक्रम तलाश रही है। यह एक आदर्श कार्यक्रम उसके सामने उपस्थित है।

दुर्भाग्यवश, काँग्रेस तथा अन्य सभी दलों की दिलचस्पी केवल इसमें है कि कैसे पंचायतें, पंचायत समितियों और जिला परिषदों पर अधिकार जमाएँ कि उनके द्वारा अपने दलीय हितों को आगे बढ़ाने तथा राज्य तथा केन्द्र की विधायिकाओं में पहुँचने के लिए उनका इस्तेमाल करने का अवसर मिले। निस्सन्देह, प्रत्येक दल यह दावा करता है कि वह इन संस्थाओं के द्वारा जनता की 'सेवा' करने के उद्देश्य से ही, उन पर अधिकार जमाना चाहते हैं। परन्तु वे इस केन्द्रीकरण और बुनियादी विचार को भूल जाते हैं कि पंचायती राज का संपूर्ण लक्ष्य केवल यह है कि लोग अपनी सेवा आप करने में समर्थ हों, न कि ये दल उनकी सेवा पंचायती राज के माध्यम से करें। पंचायती राज की संस्थाएँ दलीय शासन

के अतिरिक्त औजार के रूप में काम करने के लिए नहीं, बल्कि लोक-स्वशासन की स्थापना के लिए बनाई गई है।

यह विचार गाँधी जी के द्वारा, और बाद में बलवन्तराय मेहता कमेटी द्वारा; परिकल्पित पंचायती राज की, अप्रत्यक्ष चुनावों की व्यवस्था पर आधारित, रचना में ही प्रतिबिम्बित होता है। अभीष्ट यह है कि ग्राम-स्तर पर तो प्रत्यक्ष लोकतन्त्र ही काम करे। उस स्तर पर गाँव के गुटों और समूहों की अपनी एक भूमिका तो होगी; लेकिन राजनीतिक दलों के लिए शिक्षक की भूमिका के अलावा और कोई भूमिका वहाँ नहीं हो सकती। पंचायत समिति के स्तर पर अभीष्ट यह है कि उसके सदस्य दलों का प्रतिनिधित्व न करें, बल्कि अपनी पंचायतों एवं ग्रामसभाओं का प्रतिनिधित्व करें। इसी प्रकार, जिला परिषदों के सदस्यों से भी अपेक्षा है कि वे, सहकारियों जैसे कुछ विशेष हितों को छोड़कर, अपनी पंचायत समितियों का प्रतिनिधित्व करें, न कि दलों का। (सहकारियों तथा अन्य विषेश हितों का प्रतिनिधित्व भी दलीय आधार पर नहीं हो सकता।)

नीचे के लोकतन्त्र का निर्माण, जिसकी बात सभी लोग करते हैं, किसी और ढंग से नहीं किया जा सकता। यदि संगठित राजनीतिक दल पंचायती राज की संस्थाओं को नियन्त्रित करने में सफल हो जाते हैं तो लोकतान्त्रिक रचना, अपने बाह्य रूप में तथा निहित उद्देश्य के बावजूद, नीचे से नहीं, ऊपर से बनाई गई रचना ही होगी।

दर्शन

पंचायती राज की प्रकृति एवं उसके रूप से सम्बन्धित इन बुनियादी प्रश्नों को छोड़ने के पूर्व, मैं लौटकर उस विषय की संक्षेप में चर्चा करना चाहूँगा जो मैंने उदयपुर में आयोजित परिसंवाद के सामने उपस्थित किया था। यदि पंचायती राज को माना जाता रहा कि वह एक अलग कार्यक्रम है, किसी महत्तर या उच्चतर अथवा व्यापकतर लक्ष्य से उसका संबंध नहीं है, और उसके पीछे कोई सामाजिक-राजनीतिक दर्शन भी नहीं है, तो फिर पंचायती राज कोई जीवित, विधायक और समाज-परिवर्तनकारी शक्ति कभी नहीं बनेगा। मैं यह नहीं कह रहा हूँ कि इसलिए किसी दर्शन का आविष्कार कर उसे पंचायती राज के साथ कृत्रिम रूप से अनुबन्धित कर दिया जाए। उदयपुर में मैंने जो कहा था, वह यही कि पंचायती राज के पीछे अवश्य ही एक दर्शन है जिससे इसका जन्म, चाहे कितने ही अनजाने रूप से, हुआ है। हमारा काम उस दर्शन की पहचान करना और उसकी फिर से व्याख्या करना है। मैं तो उसकी पहचान महात्मा गाँधी के उस सामाजिक-राजनीतिक दर्शन के रूप में करता हूँ, जो एक ओर समुदाय और दूसरी ओर 'निम्नतम शासन' के सिद्धान्त पर आधारित है। आज राष्ट्र के जीवन में इस दर्शन का क्या स्थान है? काँग्रेस ने पंचायती राज की स्थापना की है, और लोकतन्त्र एवं समाजवाद में अपना विश्वास प्रकट किया है। अन्य समाजवादी भी उसी विश्वास की घोषणा करते हैं। मैं मानता हूँ कि इस देश में गाँधीवादियों और समाजवादियों के सामने एक सर्वाधिक चुनौतीपूर्ण बौद्धिक कर्तव्य यह है कि दोनों दर्शनों के बीच समन्वय स्थापित करने का प्रयास किया जाए। इसके बिना, मुझे सन्देह है कि सरकार द्वारा समय-समय पर आरम्भ की गई नीतियों एवं कार्यक्रमों का कोई बौद्धिक एकीकरण हो सकेगा। ऐसे एकीकृत चिन्तन के अभाव में, सरकार की नीतियाँ और कार्यक्रम कभी तो परस्पर-विरोधी प्रतीत होते हैं, कभी वे सत्ता के प्रति—सांस्कृतिक, आध्यात्मिक या भौतिक सत्ता के प्रति—की गई रियायतें मात्र मालूम होते हैं और कभी विशुद्ध मनमौजी कार्य जैसे लगते हैं।

जिस परिस्थिति का वर्णन मैं आपसे कर रहा हूँ, वह अत्यन्त असन्तोषकारी है। मैं आशा करता हूँ, आप भी यह स्वीकार करेंगे। इस परिस्थिति का तकाजा है कि (क) पंचायती राज की कल्पना तथा उसके बुनियादी लक्ष्यों एवं उन्हें प्राप्त करने के साधनों को स्पष्टता प्रदान करने के लिए, और साथ ही (ख) संपूर्ण कार्यक्रम को राज्य सरकारों तथा राजनीतिक नेताओं के मनमानेपन के दायरे से बाहर रखने के लिए, कुछ प्रभावी कदम उठाए जाने चाहिए। अखिल भारत पंचायत परिषद् में, हम लोग यह स्पष्टीकरण एवं परिभाषीकरण का काम प्रयत्नपूर्वक कर रहे हैं, और इस कार्य में परिषद् के जन्मदाता श्री बलवन्तराय मेहता की देन अमूल्य है। मैं यह भी सहर्ष स्वीकार करता हूँ कि, विशेषकर केन्द्रीय सामुदायिक विकास एवं पंचायती राज मन्त्री श्री एस. के. दे ने, विचार और कार्य दोनों ही क्षेत्रों में, असाधारण नेतृत्व और अभिक्रम का परिचय दिया है और सम्बन्धित क्षेत्रों में उदासीनता तथा उससे भी बदतर स्थिति के विरुद्ध

आगे बढ़ने के लिए संघर्ष किया है, जिसके फलस्वरूप यह कार्यक्रम अब देश के अधिकांश भाग में फैल गया है।

फिर भी जहाँ तक पंचायती राज को स्थायी आधार पर प्रतिष्ठित करने का संबंध है, जिससे उसकी स्थापना और विकास किसी की मर्जी पर निर्भर न रहे, इस दिशा में काम नहीं के बराबर हुआ है। तीन वर्ष पूर्व, अखिल भारत पंचायत परिषद् के विगत सम्मेलन में, मैंने इस प्रश्न पर संक्षेप में ही कुछ कहा था। 1960 में, भारत सरकार का एक दल युगोस्लाविया भेजा गया था जिसमें राजस्थान सरकार के मुख्य सचिव श्री बी. मेहता तथा केन्द्रीय सामुदायिक विकास-मन्त्रालय के तत्कालीन पंचायत आयुक्त श्री जी. एफ. मनकोदी थे। इस दल ने भी यह अनुशंसा की थी कि स्वशासन की जिन तीन मंजिलों—ग्राम-पंचायत, पंचायत समिति तथा जिला परिषद्—का उदय हो रहा है, उनको संविधान में समुचित स्थान दिया जाना चाहिए, और साथ ही, उनके अधिकारों, दायित्वों तथा राष्ट्रीय साधनों में उनके अंश का उल्लेख भी उसमें किया जाना चाहिए।

परन्तु यह विचार बहुत आगे नहीं गया। उसके लिए परिस्थिति परिपक्व नहीं थी। लेकिन मैं मानता हूँ कि अब उसके लिए समय आ गया है। अतः आपको यह सूचित करते हुए मुझे हर्ष होता है कि पंचायती राज की बुनियादी समस्याओं पर, जिस महत्त्वपूर्ण राष्ट्रीय परिसंवाद का आयोजन परिषद् ने, केन्द्रीय मन्त्रालय तथा सरकार के सहयोग, से जनवरी में उदयपुर में किया था, उसने इस प्रश्न पर गम्भीरतापूर्वक विचार कर एक ठोस सिफारिश भी की थी।

मुझे दुख है कि अखिल भारत पंचायत परिषद् अभी तक इस मामले में कुछ नहीं कर पाई है, परन्तु केन्द्रीय मन्त्रालय इस दिशा में अपने स्वाभाविक उत्साह एवं सच्चाई के साथ सदैव गतिशील रहा है। इसी मास के आरम्भ में पंचायती राज की परामर्शदात्री परिषद् की प्रथम बैठक हुई थी। इस पहली बैठक में ही परिषद् ने—जिसका संविधान स्वयं एक भिन्न दिशा में उठाया गया प्रथम चरण है—इस प्रश्न पर गम्भीरतापूर्वक विचार किया और एक ठोस निर्णय लिया। सर्वप्रथम, परिषद् ने उदयपुर के परिसंवाद की एक अनुशंसा का अनुमोदन करते हुए कहा कि "पंचायती राज की संस्थाएँ स्पष्टतया परिभाषित कृत्यों एवं समुचित साधनों से सम्पन्न होकर स्वशासन की इकाइयों के रूप में विकास करें और साथ ही ऐसे एजेन्सी संबंधी एवं विकास संबंधी अन्य कृत्य करें जो उन्हें समर्पित किए जाएँ।" इसके बाद उनसे कहा कि वर्तमान वास्तविक स्थिति का विस्तार से अध्ययन किया जाना चाहिए, साथ ही पंचायती राज संस्थाओं की एकता एवं शक्ति तथा वित्तीय साधनों की सुरक्षा के लिए आवश्यक आगे की कार्रवाइयों का भी—जिनमें संवैधानिक संशोधन, यदि कोई हो, तो शामिल हैं—अध्ययन किया जाना चाहिए। उस अध्ययन के संचालन हेतु परिषद् ने श्री बलवन्तराय मेहता की अध्यक्षता में एक समिति का भी गठन किया। आप भी स्वीकार करेंगे कि यह एक महत्त्वपूर्ण निर्णय है। और, विशेष महत्त्व की बात तो यह है कि उक्त निर्णय को संसद् के विरोधी पक्ष के नेताओं का भी, जो परामर्शदात्री समिति के सदस्य हैं, समर्थन प्राप्त था।

अभी तक तो मैं उन्हीं प्रश्नों पर ध्यान केन्द्रित करने का प्रयत्न कर रहा हूँ जो मेरी दृष्टि में पंचायती राज के कुछ बुनियादी प्रश्न हैं। निस्सन्देह, दूसरे बहुत सारे प्रश्न भी हैं जो इस कार्यक्रम के अमल के दौरान उठे हैं। इसमें सन्देह नहीं कि उनमें से कुछ प्रश्नों पर आप इसी सम्मेलन में विचार करने वाले हैं। पिछले वर्षों में, अकसर इन सवालों पर मैं बोलता और लिखता रहा हूँ। जब मैं पीछे मुड़कर देखता हूँ तो पाता हूँ कि उन पर कोई विशेष कार्य नहीं हुआ है। अभी मैं अपने कुछ विचारों को संपूर्ण रूपेण उपस्थित करना चाहता हूँ। उनमें से जो अधिक महत्त्व के हैं, उनको ही अगर मैं लूँ तो मेरा यह भाषण प्रश्नों की एक लम्बी सूची बन जाएगा। फिर भी तीन ऐसे प्रश्न हैं जिनकी ओर आपका ध्यान आकृष्ट करना मैं आवश्यक समझता हूँ; और कुछ नहीं तो केवल इस बात पर बल देने के लिए कि इन प्रश्नों को त्वरित हाथ में लिया जाए।

ग्राम-सभा और चुनाव

एक बुनियादी प्रश्न यह है कि ग्राम-सभा की भूमिका क्या हो? मुझे भय है कि उस भूमिका को अब तक पूरी तरह समझा नहीं गया है; या हमारे मानस में जनता के अभिक्रम के संबंध में अब भी बहुत सारे व्यवधान हैं। मेरी दृष्टि में, जब तक ग्राम-सभा आत्मस्थ नहीं होगी, तब तक पंचायती राज में जनता का उत्साह एवं सहभाग सम्भव नहीं होगा।

अतः मुझे आशा है कि वे व्यवधान अब हट जाएँगे, और ग्राम-सभा अपने न्यायपूर्ण स्थान पर प्रतिष्ठित हो जाएगी।

अब जिस दूसरे प्रश्न की चर्चा करना चाहता हूँ, वह है : ग्राम-पंचायतों तथा उनके पदाधिकारियों के चुनाव की पद्धति क्या हो? मेरी समझ में, एक ओर जहाँ यह महत्त्व की बात है कि पंचायत समितियों एवं जिला परिषदों के पदाधिकारियों के चयन की पद्धति ऐसी हो जिससे कि पंचायती राज के संयोगात्मक एवं सहयोगात्मक स्वरूप की अभिवृद्धि हो, वहाँ इस बात का भी केन्द्रीय महत्त्व है कि पंचायत के चुनावों की कोई ऐसी तरकीब निकाली जाए जो संघर्ष का निवारण करे और मतैक्य को आगे बढ़ाए। पहली बात के संबंध में, प्रश्नवश मैं यह कहना चाहता हूँ कि लगभग तीन वर्ष पूर्व अपने एक उपलेख में, जो 'कुरुक्षेत्र' (अक्तूबर 1961) में प्रकाशित हुआ था, मैंने चुनाव की एक तरकीब सुझाई थी जिससे चुनाव-संघर्ष के साथ-साथ मतैक्य की खोज चल सकती थी। मैं नम्रतापूर्वक निवेदन करना चाहूँगा कि वह उपलेख अब भी विचारणीय है। लेकिन जहाँ तक ग्राम-पंचायतों के चुनाव का संबंध है, मैं पूरी शक्ति के साथ यह कहना चाहता हूँ कि जब तक संघर्ष को टालने वाली और मतैक्य बढ़ाने वाली कोई तरकीब नहीं निकाली जाती, तब तक ग्राम-स्तर पर समुदाय का एकीकरण असम्भव रहेगा और गाँव में सब प्रकार की दलबन्दी का राज्य स्थापित हो जाएगा, जिससे पंचायती राज की बुनियाद ही क्षीण पड़ जाएगी। मैं यह तो स्वीकार करता हूँ कि परम्परागत ग्रामीण समुदाय में मतैक्य की आवश्यकता का उपयोग परम्परागत व्यवस्था को मजबूत बनाने के लिए भी किया जा सकता है। लेकिन एक सुन्दर कल्पना को विनष्ट तथा सामुदायिक जीवन को और खण्डित होने देने के बजाय मैं वह खतरा उठाने को तैयार हूँ। परम्परावाद से लड़ने के दूसरे साधन भी हैं। इस संबंध में, सर्वोदय-आंदोलन, जिसकी चर्चा मैं अभी करनेवाला हूँ, बड़े महत्त्व का सिद्ध हो सकता है। मैं जानता हूँ कि ऐसी एक तरकीब निकालना आसान नहीं है जिससे एक ओर तो संघर्ष का निवारण और मतैक्य में वृद्धि हो, और दूसरी ओर स्वतन्त्र लोकतान्त्रिक चुनाव के अधिकार का प्रयोग होता रहे। मेरी शिकायत है कि इस दिशा में कोई गम्भीर प्रयास नहीं किया गया है। मैं यह चेतावनी देना चाहूँगा कि अपने सर्वोत्तम प्रयास से भी इस समस्या का कोई पूर्ण समाधान निकालने में हम सफल नहीं होंगे—पूर्ण समाधान किसी समस्या का हो भी नहीं सकता। परन्तु मुझे इसमें सन्देह नहीं है कि जो समाधान हम निकाल सकते हैं, वह अभी जो स्थिति है, उससे कई गुना बेहतर होगा। इस अध्ययन से हमें अपनी समस्या को हल करने में अमूल्य सहायता मिलेगी।

अन्तिम विषय जिसकी मैं संक्षेप में चर्चा करना चाहता हूँ, आर्थिक विकेन्द्रीकरण है। यद्यपि यह सामान्यतः स्वीकार किया जाता है कि राजनीतिक विकेन्द्रीकरण, आर्थिक विकेन्द्रीकरण के बिना सफल नहीं हो सकता; परन्तु अभी तक इस विषय पर बहुत कम विचार किया गया है। अपनी पुस्तक 'लोक-स्वराज्य' में मैंने 'आर्थिक पंचायती राज' परं एक पूरा अध्याय ही लिखा है और उसमें बार-बार यह संकेत किया है कि सार्वजनिक एवं सहयोगी क्षेत्रों से भिन्न एक पंचायत क्षेत्र भी आर्थिक ढाँचे के अन्दर विकसित किया जाना चाहिए। उन विचारों पर बहुत कम ध्यान दिया गया है। दो या तीन वर्ष पहले, उत्कल सरकार ने लगभग इसी ढंग पर स्वतन्त्र रूप से पहल की, और यह संतोष की बात है कि उसकी अपेक्षाकृत सफलता के परिणामस्वरूप इस विषय में कुछ अधिक दिलचस्पी पैदा हुई है। जहाँ तक मैं जानता हूँ, सामुदायिक विकास एवं पंचायती राज मन्त्रालय को इन विचारों में गहरी दिलचस्पी है। इसलिए मेरा सुझाव है कि सामुदायिक मन्त्रालय एवं अखिल भारत पंचायत परिषद् द्वारा संयुक्त रूप से एक और अध्ययन की योजना हाथ में ली जाए। आशा है, योजना-आयोग का भी इस कार्यक्रम में सहयोग प्राप्त हो सकेगा।

सर्वोदय

अब मैं एक ऐसे विषय की चर्चा करना चाहूँगा जो मुझे अत्यन्त प्रिय है। वह है, सर्वोदय-आंदोलन का पंचायती राज के लिए महत्त्व। मुझे विश्वास है कि आप में से अनेक ऐसे हैं जो बौद्धिक रूप से, या प्रत्यक्ष अनुभूति के फलस्वरूप, इसके महत्त्व को पूरी तरह समझते हैं। परन्तु, सामान्यतः पंचायती राज आंदोलन के विषय में ऐसा कहना सच नहीं होगा। साथ ही मैं यह भी कहना चाहूँगा कि पंचायत-आंदोलन का भी सर्वोदय-आंदोलन के लिए कम महत्त्व नहीं है; यद्यपि स्वयं सर्वोदय-आंदोलन इस सत्य से पूरी तरह अभिज्ञ नहीं है।

इन दोनों आंदोलनों के बीच एक संबंध स्थापित करने का विनम्र प्रयास मैं करता रहा हूँ और इसको विनोबा जी का आशीर्वाद तथा दोनों आंदोलनों के नेताओं का समर्थन प्राप्त हुआ था। यह पारस्परिक संबंध आवश्यक है, केवल इसलिए नहीं कि दोनों के पीछे जो दर्शन है, वह एक है और दोनों के लक्ष्य भी एक हैं, बल्कि इसलिए भी कि इनमें कोई भी एक आंदोलन दूसरे के सहयोग के बिना सफल नहीं हो सकता। सौभाग्यवश, इन आंदोलनों के बीच पारस्परिक समझदारी धीरे-धीरे बढ़ रही है, और अधिकाधिक क्षेत्रों में, वास्तविक कार्य-क्षेत्र में भी, सहयोग विकसित हो रहा है; जैसा कि हम बिहार में पाते हैं जहाँ भूदान की जमीन के वितरण का कार्य पारस्परिक सहमति से ग्राम-पंचायतों को सौंप दिया गया है, या फिर महाराष्ट्र में हम पाते हैं, जहाँ वर्धा जिले में वहाँ की जिला परिषद् ने, उसे अपनी अधिकारिता के अन्दर ग्रामदानी गाँवों के विकास-कार्य को प्राथमिकता देकर उठाया है। मद्रास में दोनों आंदोलनों के बीच सहयोग बढ़ रहा है। इस परिणाम का स्वागत करते हुए, यह भी स्वीकार किया जाना चाहिए कि इस दिशा में अभी बहुत अधिक करना शेष है।

सर्वोदय-आंदोलन बहुमुखी है और इसका क्षेत्र व्यापक है। यहाँ उसके विस्तार और गहराई की चर्चा करना मेरा उद्देश्य नहीं है। यदि मैं अपनी चर्चा उसके विविध कार्यक्रम तक ही सीमित रखूँ और पंचायती राज के लिए उसके महत्त्व की ओर संकेत मात्र करूँ तो इतना मेरे तात्कालिक उद्देश्य के लिए पर्याप्त होगा। सर्वोदय-कार्यक्रम में तीन मुद्दे हैं : (क) ग्रामदान; (ख) शान्ति-सेना; और (ग) ग्रामाभिमुख खादी। इन तीनों मुद्दों का ग्रामीण समुदाय के जीवन से गहरा संबंध है।

इन तीनों में से ग्रामदान का कार्यक्रम केन्द्रीय महत्त्व का है; क्योंकि वह लोगों के दृष्टिकोण को सम्पत्ति के प्रति और एक-दूसरे के प्रति प्रभावित करता है, तथा महत्त्वपूर्ण आर्थिक परिवर्तन ले आता है। ग्रामदान में चार चीजें हैं : जैसे (क) ग्राम-सभा, जो प्रत्येक परिवार से एक व्यक्ति या गाँव के सभी वयस्कों को लेकर गठित होती है और साधारणतया सामान्य सहमति से काम करती है; (ख) भूमि-स्वामित्व के अधिकारों को ग्राम-सभा को स्वैच्छिक हस्तान्तरण; (ग) ग्राम-सभा को गाँव के कृषकों द्वारा अपनी भूमि के बीसवें भाग का दान जो जमीन जोतने वाले भूमिहीनों के बीच वितरण के लिए है (बीसवाँ भाग देने के बाद शेष भूमि पर उनका आधिपत्य दाययोग्य-अधिकारों तथा भूमि-अन्तरण के नियन्त्रित अधिकारों के साथ कायम रहता है); और (घ) ग्रामनिधि, जिसमें प्रत्येक कृषक को नियमित रूप से अपनी उपज का चालीसवाँ से बीसवाँ भाग तक देना पड़ता है, और प्रत्येक नकद कमाने वाले को महीने में एक दिन की आय देनी पड़ती है, और जिसका उपयोग निराश्रित, रुग्ण एवं अभावग्रस्त लोगों की सहायता के लिए तथा समुदाय के आर्थिक विकास के लिए ग्राम-सभा करती है। इसके बाद, ग्रामदानी समुदाय साधारणतया मुकदमेबाजी का निराकरण करने तथा समझौते, पंचायती या अन्य ऐसे तरीकों से आन्तरिक विवादों का समाधान करने और मद्य-त्याग एवं परम्परागत जात-पाँत या अन्य बुरी परम्पराओं का त्याग करने जैसे सामूहिक संकल्पों को क्रियान्वित करने का प्रयास करता है।

यह समझना चाहिए कि अन्य बातों के अलावा ग्रामदान का कार्यक्रम निम्नलिखित परिणाम हासिल करता है : (क) यह समुदाय के सदस्यों के बीच संबंध बढ़ाता है तथा कुछ अंश तक सामाजिक सुरक्षा प्रदान करता है; (ख) सामाजिक एवं आर्थिक न्याय की दिशा में वह स्वयं एक कदम है, चाहे वह कितना ही प्रारम्भिक हो; (ग) सम्पत्ति का उपयोग एक सामाजिक धरोहर के रूप में करने की भावना को वह प्रोत्साहित एवं प्रदर्शित करता है और इस प्रकार सम्प्रति के लोगों के दृष्टिकोण एवं व्यवहार में परिवर्तन का श्रीगणेश करता है; (घ) वह ग्राम-सभा को एक नया दर्जा और प्रतिष्ठा प्रदान करता है, और साथ ही समुदाय के जीवन में कुछ प्रभावी भूमिका निभाने के लिए आवश्यक अधिकार और अवसर भी उसे देता है; तथा (च) वह सामूहिक कर्तव्य एवं सामुदायिक एकीकरण की प्रक्रिया को आगे बढ़ाता है, जिनके बिना कोई सामुदायिक विकास नहीं हो सकता।

मैं शान्ति-सेना की चर्चा करने में आपका बहुत समय नहीं लूँगा। इतना कहना पर्याप्त होगा कि कोई समुदाय या समुदाय-समूह जब तक अपने बीच शान्ति रखने में समर्थ नहीं होते, तब तक वे सार्थकतापूर्वक स्वशासी नहीं हो सकते। जिस अंश तक वे कानून की शक्तियों पर, या अन्य ऐसी शक्तियों पर, जिन पर उनका नियन्त्रण नहीं है, निर्भर रहते हैं; उस अंश तक उसका स्वशासन सीमित रहता है। शान्ति-सेना के कार्यक्रम का एक लक्ष्य आन्तरिक

शान्ति बनाए रखने में समुदाय की सहायता करना है। इस अर्थ में वह पंचायती राज के लिए एक मूल्यवान् कार्यक्रम है, और उसे इस रूप में हमें मान्य करना चाहिए।

खादी के संबंध में स्मरण रखने की बात यह है कि यद्यपि खादी का उत्पादन तेजी से बढ़ा है, तथापि वह अधिकाधिक एक व्यापार की वस्तु बन गई है, जिसका उत्पादन तो अधिकांशतः ग्रामीण क्षेत्रों में होता है, लेकिन खपत अधिकांशतः नगरों और महानगरों में होती है, खादी के बारे में गाँधी जी की यह दृष्टि नहीं थी। खादी की रोजगार-क्षमता उनके ध्यान में अवश्य थी; परन्तु मूलतः खादी को वे गाँव को स्वावलम्बी एवं स्वशासी बनाने का साधन मानते थे। पिछले वर्षों में, खादी उस आदर्श से दूर हटती गई है। परिस्थिति में सुधार लाने के लिए विनोबा जी ने एक नई योजना सुझाई, जिसका मूल उद्देश्य यह था कि सूत कातने वाले को कता हुआ सूत बिना मूल्य चुकाए मिल जाए, और इस प्रकार राजकीय सहायता खादी खरीदने वालों से हटकर खादी-उत्पादकों के पास पहुँच जाए। बहुत चर्चा-विचार एवं संशोधन के बाद, उस योजना को खादी-संगठनों ने, खादी आयोग और भारत सरकार ने स्वीकार किया। अभी स्थिति, कम-से-कम सिद्धान्त में, यह है कि जो कोई कपास पैदा करता है और सूत कात लेता है, उसको कपड़ा बिना किसी मूल्य के या केवल कपास उपजाने तथा कताई में श्रम लगाने के मूल्य पर प्राप्त हो जाता है। जो कपास नहीं उपजाते हैं, वे यदि कातते हैं तो, न्यूनाधिक रूप से, कपास के मूल्य पर ही अपने लिए कपड़ा प्राप्त कर सकते हैं। एक ऐसे देश में जहाँ अनिवार्य अर्द्धनग्नता तथा व्यापक बेरोजगारी एवं अल्प-बेरोजगारी हो, इस योजना को क्रांतिकारी क्षमता समझी जा सकती है। इस कार्यक्रम के द्वारा स्वावलम्बन की भावना का जो आध्यात्मिक प्रभाव पैदा होता है, उस पर भी विचार करना चाहिए। आशा है, हाथ-कताई एवं बुनाई में प्रौद्योगिक प्रगति तथा सहकारी सेवाओं के विकास के साथ, अन्ततः बुनाई-सहायता का पूर्ण परित्याग सम्भव होगा, और इस प्रकार यह कार्यक्रम पूर्णतः स्वावलम्बी हो सकेगा।

विधि कार्यक्रम के अन्य दो मुद्दों की तरह खादी के कार्यक्रम का भी पंचायती राज के लिए जो महत्त्व है, उसको अतिरंजित नहीं किया जा सकता। अतः मुझे आशा है, आप मेरे इस विचार से सहमत होंगे कि पंचायत-आंदोलन में संलग्न हममें से प्रत्येक व्यक्ति का कर्तव्य इस कार्यक्रम में सहायता प्रदान करना है, जिससे कि यह सिद्धान्त व्यवहार में परिणत किया जा सके।

संपूर्ण क्रांति-दर्शन

5 जून, 1974 को पटना के गाँधी मैदान की विशाल सभा में बोलते हुए सहज ही मेरे मुँह से पहली बार 'संपूर्ण क्रांति' शब्द निकल पड़े थे। उस दिन मैंने कहा था कि यह आंदोलन छात्र-संघर्ष-समिति की मात्र 10-12 माँगों की पूर्ति के लिए ही नहीं, यह संपूर्ण क्रांति की शुरुआत है। इसके उद्देश्य बहुत दूरगामी हैं : भारतीय लोकतन्त्र को वास्तविक (real) तथा सुदृढ़ बनाना, जनता का सच्चा राज कायम करना, समाज से अन्याय, शोषण आदि का अन्त करना, एक नैतिक, सांस्कृतिक तथा शैक्षणिक क्रांति करना, नया बिहार बनाना और अन्ततोगत्वा नया भारत बनाना है। ऐसा एक संपूर्ण क्रांति का आंदोलन है यह। बस, तब से यह बात संपूर्ण क्रांति की चल पड़ी है। परन्तु अभी तक कार्य इस दिशा में बहुत कम हुआ है।

यह बड़ा कठिन काम है, परन्तु करना ही है, क्योंकि यह युग-धर्म की पुकार है। समाज और व्यक्ति का और समाज का विकास हो, दोनों ऊँचे उठें, केवल शासन बदले इतना ही नहीं, व्यक्ति और समाज भी बदले। इसलिए मैंने इसको संपूर्ण क्रांति कहा है। आप इसे समग्र क्रांति भी कह सकते हैं। समग्र और संपूर्ण में अर्थ की कुछ भिन्नता हो सकती है। इसमें अगर पूर्णता जोड़ दी जाए तो संपूर्ण समग्र क्रांति इसे कहना चाहिए।

जीवन के हर क्षेत्र में क्रांति

संपूर्ण क्रांति कोई गद्दी छीनने की, सत्ता हथियाने की लड़ाई नहीं है, बल्कि व्यवस्था-परिवर्तन, प्रक्रिया-परिवर्तन और नव-निर्माण की बात है। यह संपूर्ण क्रांति समस्त जनता की क्रांति है। उसका मोर्चा केवल राजधानियों में नहीं है, बल्कि हर गाँव और शहर में, हर कार्यालय, विद्यालय और कारखाने में है, यहाँ तक कि हर परिवार में है। इन सब मोर्चों पर संपूर्ण क्रांति की लड़ाई हमें लड़नी है। जहाँ-जहाँ लोग समूह में रहते और काम करते हैं, तथा लोगों के परस्पर संबंध आते हैं, ऐसी सब जगह लड़ाई का मोर्चा है और यह मोर्चा हर व्यक्ति से भी हमें लड़ना है। यही हमारी संपूर्ण क्रांति है। हम नया समाज बनाना चाहते हैं, इसलिए हम सरकार और समाज, शिक्षा और चुनाव, बाजार और विकास की योजना, हर चीज में परिवर्तन चाहते हैं। बेकारी, महँगाई आदि समस्याओं का समाधान भी तब तक नहीं हो सकेगा, जब तक कि आर्थिक विकास और योजनाओं की दिशा में क्रांतिकारी परिवर्तन न हो। जब तक तिलक-दहेज, छुआछूत, ऊँच-नीच के भेदभाव दूर नहीं होते और जब तक हम अच्छी तरह नहीं समझ लेते कि खुदगर्जी के स्थान पर पारस्परिक मदद और सहयोग से ही हम सब ऊँचे उठ सकते हैं तब तक न सामाजिक न्याय हासिल हो सकेगा, न भ्रष्टाचार मिट सकेगा। शिक्षा में क्रांति के उद्देश्य भी तब तक पूरे नहीं हो सकेंगे। ये सब सवाल आज की व्यवस्था के साथ, और एक-दूसरे के साथ जुड़े हुए हैं। इन सबमें परिवर्तन लाए बिना संपूर्ण क्रांति कदापि होने वाली नहीं है।

संपूर्ण क्रांति : सरकारी शक्ति से नहीं, जनशक्ति से

स्वराज्य के बाद गाँधी जी ने कहा था कि "हमारा काम खत्म नहीं हुआ, बल्कि शुरू हुआ है।" और इस काम को पूरा करने के लिए सवा सौ वर्ष की आयु तक वो जिन्दा रहें, ऐसी उनकी ख्वाहिश थी। परन्तु देश का यह बहुत

बड़ा दुर्भाग्य रहा कि स्वराज्य-प्राप्ति के कुछ ही महीने बाद गाँधी जी की हत्या हो गई और उन्हें यह अवसर नहीं मिला कि राष्ट्रीय क्रांति के बाद सामाजिक क्रांति किस प्रकार हो सकेगी, इस प्रश्न का उत्तर वे पूरे देश के सामने रख सकते। इस क्रांति के लिए लोक-शक्ति का जागरण गाँधी का सपना था और यही उनकी साधना भी थी। सत्ता को परिवर्तन का माध्यम न मानकर सेवा, सहकार और संघर्ष को उन्होंने सामाजिक परिवर्तन का साधन बनाया था और यही कारण था कि स्वतन्त्रता-प्राप्ति के बाद गाँधी ने कोई पद स्वीकार नहीं किया, बल्कि काँग्रेस को विघटित कर जन-सागर में कूद पड़ने की सलाह दी थी। अतः संपूर्ण क्रांति का यह आंदोलन गाँधी जी की मृत्यु के साथ अधूरी रह गई क्रांति का ही अगला चरण है, ऐसा कह सकते हैं। बापू के स्वातन्त्र्य-संग्राम का मैं एक सिपाही रहा हूँ और उन्हीं से यह सीखा हूँ कि क्रांति सरकारी शक्ति से नहीं, जन-शक्ति से होगी।

शासन के द्वारा समाज में क्रांति, और वह भी संपूर्ण क्रांति दुनिया में आज तक नहीं हुई है। क्रांति तो जनता के द्वारा ही होती है। अगर उस समय शासन क्रांति के अनुकूल हो तो उसको बल मिलता है, और जनता के लिए काम आसान होता है। परन्तु समाज-परिवर्तन का मुख्य साधन राज्य-सत्ता हो नहीं सकती, ऐसा गाँधी जी मानते थे। इसके पीछे क्रांति की प्रेरक शक्ति के विषय में उनका गहरा चिन्तन था। उनका मानना था कि सामाजिक चारित्र्य मानवीय रखना हो तो समता और बन्धुत्व को बुनियादी तत्त्व के रूप में समाज को स्वीकार करना होगा, और समाज में इसकी स्वीकृति लोक-शिक्षण, और जब जरूरी हो तो सत्याग्रह से प्राप्त करनी होगी। इसलिए गाँधी जी के मन में क्रांति के लिए राज्य-सत्ता हाथ में लेने की बात नहीं थी। वे क्रांति के साथ-साथ एक ऐसी समाज-रचना खड़ी करना चाहते थे, जो सबसे कमजोर आदमी के हित में काम करने के लिए राज्य-सत्ता को मजबूर कर सके। प्रभावशाली जनशक्ति और उससे ऐसी संस्थाएँ खड़ी करना चाहते थे, जिनका प्रभाव राज्य पर, सत्ता का सामाजिक कल्याण में सार्थक ढंग से उपयोग के लिए दबाव पैदा करे। उनका वर्चस्व और प्रभाव ही सत्ता के सदुपयोग का आश्वासन बना रहे।

अब तक क्रांति की जो पद्धतियाँ रही हैं, उनसे गाँधी जी की यह पद्धति स्पष्ट रूप से भिन्न है। इसका कारण यह है कि सर्वोदय की दृष्टि से राज्य स्वभावतः एक बलप्रयोग का साधन है। इसीलिए तो राज्य अधिकतर संगठित गुटों की सत्ता-लिप्सा की तृप्ति का एक साधन बना रहे, इसी की सम्भावना अधिक रहती है, जब कि हर व्यक्ति के कल्याण की चिन्ता करने वाली समाज-रचना के लिए राज्य-सत्ता एक साधन बने, इसकी सम्भावना उतनी नहीं रहती। राज्य-सत्ता चाहे जिसके हाथ में हो, वह एक नीति-अनीति से निरपेक्ष शक्ति है, इसीलिए उसके द्वारा यदि नैतिक उद्देश्य सिद्ध करना चाहें तो हमें सर्वप्रथम समाज में नैतिक शक्तियाँ खड़ी करनी होंगी।

अतः अगर कोई यह समझने लगे कि संपूर्ण क्रांति और ऐसे अन्य दूसरे जो भी काम करने होंगे, उन्हें सरकार कर देगी तो यह बिलकुल गलत होगा। संपूर्ण क्रांति की कल्पना में तो यह है कि सारे समाज में परिवर्तन हो, समाज के हर अंग में हो, व्यक्ति के जीवन में हो, सामाजिक संस्थाओं के रूप-रंग, चाल-चलन में हो, उनके संगठन और कार्य-पद्धति में हो, इन सबमें परिवर्तन हो। इसके लिए जरूरत है ऐसे लोगों की, जो जनता के बीच निःस्वार्थ भाव से कार्य करें जनता को जाग्रत करें। शासन भी जितना सहायक हो सके, उतना हो। लेकिन यह बात मत भूलिए कि यह काम कार्यकर्ताओं का है, क्रांति में विश्वास रखने वाले हर युवक का है, जनता का है। जन-क्रांति जनता के ही सहयोग से और उसके हाथों होती है, इसलिए ऐसी झूठी आशा आपके दिल में पैदा न हो कि आपको कुछ नहीं करना है, यह सब सरकार का काम है। समाज-परिवर्तन का काम तो समाज में ही हो सकता है। मुख्य उसका जो साधन होगा वह होगा लोगों को समझाना। समझाकर उनको बदला जाए। जहाँ-जहाँ विरोध खड़ा होता है, निहित स्वार्थों की तरफ से, वहाँ वह एक सत्याग्रह का, संघर्ष का रूप ले सकता है। कानून बना देने से कोई समाज नहीं बनता। संपूर्ण क्रांति सरकारी शक्ति से नहीं, जन-शक्ति से ही हो सकती है।

देश की स्थिति

नौकरशाही पूँजीवाद का जन्म

गाँधी जी ने जो कहा था कि हमारा असली काम स्वतन्त्रता के बाद शुरू हुआ–वास्तव में वह जन-शक्ति के जागरण और संगठन का काम ही था। इसके लिए उन्होंने सात लाख गाँवों में सात लाख नौजवानों को लोकसेवक के रूप में प्रस्थापित करने की बात कही थी। काँग्रेस को लोकसेवक संघ के रूप में देहातों में जाने का सुझाव दिया था।

परन्तु गाँधी जी की इस बात की तरफ बिलकुल ध्यान नहीं दिया गया, जिसका परिणाम यह हुआ कि जनशक्ति निरन्तर कुण्ठित होती गई। अन्त में स्थिति यहाँ तक पहुँची कि लोकतन्त्र में 'तन्त्र' ही दानवाकार दिखाई देने लगा, 'लोक' कहीं लुप्त हो गया। इसीलिए आज हम देखते हैं कि देश की आजादी के इतने वर्ष बीत गए; पर हमारे समाज के आर्थिक, सामाजिक एवं राजनीतिक ढाँचे में कोई वास्तविक परिवर्तन नहीं हुआ। कानूनन जमींदारी-प्रथा उठा दी गई है, भूमि-सुधार के कानून भी पारित किए जा चुके हैं, और अस्पृश्यता पर कानूनी रोक लग गई है...ऐसे ही अन्य कुछ काम भी हुए हैं। परन्तु देश के अधिकांश भागों में गाँव पर अब भी ऊँची जातियों का, बड़े और मझोले भूमिपतियों का कब्जा है। भारत के अधिकांश राज्यों के अधिकतर गाँवों में छोटे तथा मझोले भूमिपतियों, भूमिहीनों, पिछड़े वर्गों तथा हरिजनों का ही बहुमत है। फिर भी उनकी स्थिति दयनीय है। हरिजनों को आज भी जिन्दा जला दिया जाता है। हरिजनों के अलावा आदिवासी ही सबसे पिछड़ा हुआ वर्ग है और इन आदिवासियों को वे महाजन (जिनमें बहुत सारे भूमिवान् और दुकानदार शामिल हैं, जो अपने-आपमें सम्भवतः छोटे ही होते हैं) निर्दयतापर्वूक ठगते हैं और उनका शोषण करते हैं। बिहार में तो ये आदिवासी मैदानी इलाकों के लोगों को 'डिक्कू' कहते हैं।

कुछ उद्योगों, बैंकों तथा जीवन-बीमा कम्पनियों का राष्ट्रीयकरण हुआ है। रेलवे का तो राष्ट्रीयकरण बहुत पहले हो चुका था। सार्वजनिक क्षेत्र में कुछ नए और बड़े उद्योगों की स्थापना हुई है। परन्तु इन सबकी निष्पत्ति क्या है? यह सब मिलकर **राजकीय पूँजीवाद** को जन्म देते हैं तथा अकुशलता, बरबादी और भ्रष्टाचार में वृद्धि करते हैं। राजकीय पूँजीवाद का अर्थ है राज्य की सत्ता, मुख्यतः राजकीय नौकरशाही की सत्ता में, या जिसे गालब्रेथ ने सार्वजनिक नौकरशाही की संज्ञा दी है, वृद्धि होना। श्रमिक-वर्ग का, जनता का, या यों कहिए, आम लोगों का कोई स्थान इस ढाँचे में नहीं है, सिवा इसके कि वे मजदूर या उपभोक्ता मात्र हैं। उसमें न तो बहुचर्चित आर्थिक लोकतन्त्र और न औद्योगिक लोकतन्त्र ही है। इसका यह अर्थ नहीं कि मैं समाजवाद का विरोधी हूँ। चूँकि समाजवाद में मुझे गहरी दिलचस्पी है, इसलिए मैं इन सब बातों की ओर संकेत कर रहा हूँ। अफसोस यह है कि हमारे समाजवादी बन्धु राष्ट्रीयकरण को ही बहुत दूर तक समाजवाद का पर्याय मान लेते हैं।

शिक्षा-व्यवस्था बुनियादी रूप से वही रह गई है, जो अंग्रेजी शासन में थी, यानि शिखर पर पहुँचने वाले सोपानतुल्य वर्ग-शिक्षा का रूप उसका रह गया है, बावजूद इसके कि उसके सुधार के लिए कई कमेटियाँ और आयोग बनाए गए। यहाँ मैं यह स्पष्ट करना चाहता हूँ कि आजादी के बाद इतने वर्षों में भी समाज का ढाँचा किस प्रकार अपरिवर्तित रह गया है–रस्म-रिवाज, तौर-तरीके, विश्वास, अंध-विश्वास–ये सब आम लोगों के लिए बहुत कुछ वही रह गए हैं; उच्च वर्गों के लिए भी अधिकांशतः सतही परिवर्तन हुए हैं।

यदि हम सामाजिक एवं आर्थिक विकास को लें तो बड़ी भयानक तस्वीर सामने आएगी। जनसंख्या में तेजी से वृद्धि हो रही है। गरीबी भी बढ़ रही है, 40 प्रतिशत से भी अधिक लोग गरीबी रेखा के नीचे हैं। भोजन-वस्त्र के अलावा पेय-जल, मनुष्य के रहने लायक मकान, चिकित्सा-सेवा आदि ऐसी निम्नतम आवश्यकताएँ भी उपलब्ध नहीं हैं।

लोकतान्त्रिक प्रक्रिया अधूरी

प्रश्न यह है कि प्रचलित लोकतान्त्रिक प्रक्रिया से यह तस्वीर बुनियादी रूप से बदल सकती है क्या? यह नई सरकार सत्ता में आई है, तो भी तस्वीर बदलेगी क्या? मुझे भय है कि नहीं बदलेगी। कानून पारित होते जाएँगे और लागू होते जाएँगे, रुपए भी खर्च किए जाएँगे। यह सारा होते हुए, यदि भ्रष्टाचार का प्रवेश न हो तो भी, क्या यह ढाँचा, व्यवस्था,

समाज का यह रूप बदलेगा? मैं समझता हूँ कि नहीं बदलेगा। क्यों?

इस प्रश्न का उत्तर देने के पूर्व कुछ उदाहरण देकर मैं स्पष्ट करना चाहूँगा कि मेरा तात्पर्य क्या है। वैवाहिक परम्पराओं को, विशेषकर तिलक-दहेज की प्रथा को लीजिए, जो बिहार, बंगाल, उत्तर प्रदेश और कुछ अन्य राज्यों में प्रचलित है। इस बुराई को कानून से दूर करने की कोशिश की गई है, परन्तु कानून निष्प्राण अक्षर की तरह रह गया है। इस बीच रोग बढ़ता जा रहा है, जिसके फलस्वरूप अनेक परिवार नष्ट हुए हैं और बहुत-सी लड़कियों का जीवन बर्बाद हुआ है। कल तक जो जातियाँ इस अभिशाप से मुक्त थीं, वे भी तेजी से इस बुराई की शिकार हो रही हैं, क्योंकि यह सामाजिक बुराई उनकी नजर में कुलीनता की प्रतीक बन गई है। इस बुराई का इलाज इसके विरुद्ध जोरदार सामाजिक आंदोलन, शान्तिपूर्ण संघर्ष छेड़ने के अलावा और कुछ नहीं है। इसी प्रकार भूमि-सुधार तथा वासभूमि, काश्तकारी कानून की क्रियान्विति तथा प्रशासनिक भ्रष्टाचार के निराकरण आदि की समस्याएँ हैं।

ये सब काम सरकार के वश के नहीं हैं। इसके लिए व्यापक जन-जागरण और संघर्ष आवश्यक है। इस परिस्थिति को बदलने के लिए गाँव-गाँव में क्रांति की ज्योति जलानी होगी जिसके लिए व्यापक लोक-शिक्षण की जरूरत है। लोगों को समझाने, लोगों को तैयार करने, उनके मानस को बदलने की जरूरत है। जब तक लोक-मानस नहीं बदलेगा, तब तक क्रांति, जन-क्रांति, लोक-क्रांति, संपूर्ण क्रांति होगी नहीं, यह अच्छी तरह समझ लेना चाहिए।

कोई भी सरकार ये काम क्यों नहीं कर सकती, यह समझाते हुए अपने एक लेख में श्री शुमाखर ने लिखा है : "सरकार प्रचलित व्यवस्था की कार्य-पालिका से अधिक कुछ नहीं होती और न इस व्यवस्था के दर्शन को क्रियान्वित करने से अधिक कुछ करती भी है।" शुमाखर का यह कथन आज दुनिया की जो वास्तविकता है, उसके लिए बिलकुल उपयुक्त है।

विशिष्ट वर्ग शहरों की ओर

अब प्रश्न है भारत की प्रचलित व्यवस्था और उसका दर्शन क्या होगा? यह एक बहुत ही दिलचस्प सवाल है। पहली बात तो यह है कि कोई प्रचलित व्यवस्था है भी क्या? देश की अस्सी प्रतिशत आबादी तो गाँवों में रहती है और बीस प्रतिशत शहरों में। इस बीस प्रतिशत का कुछ हिस्सा औद्योगिक मजदूर हैं और कुछ चौथे वर्ग के कर्मचारी तथा उनसे भी कुछ अधिक तीसरे वर्ग के कर्मचारी हैं। यद्यपि शहरी क्षेत्रों में गरीबी और गन्दगी है, गन्दी बस्तियाँ हैं, फिर भी आबादी गाँव से शहर की ओर लगातार भाग रही है। इस आबादी के एक छोटे हिस्से को ही वहाँ रोजगार मिल पाता है। फिर भी शहर की ओर आबादी का बढ़ाव जारी है। औद्योगिक मजदूरों और तीसरे एवं चौथे वर्ग के कर्मचारियों को छोड़कर बाकी लोग वहाँ आर्थिक दृष्टि से अपेक्षाकृत सम्पन्न हैं। उनमें से एक छोटा हिस्सा पाश्चात्य रहन-सहन की दृष्टि से काफी सुखी भी है। उसके बाद हैं विद्यालय तथा विश्वविद्यालय के छात्र। राजधानियों में सरकारी अधिकारी और मन्त्री रहते हैं। अगर कोई व्यवस्था है तो वह इन्हीं तत्त्वों से बनी हुई है, और उस व्यवस्था का दर्शन शिक्षित एवं आर्थिक दृष्टि से सम्पन्न वर्ग का दर्शन है। ग्रामीण क्षेत्र में जो विशिष्ट वर्ग हैं, वह लगातार शहरी क्षेत्रों की ओर खिंचा जा रहा है।

अब देखें कि इस व्यवस्था का दर्शन क्या है? यही कि जितना है, उससे भी अधिक हमारे पास हो, हम और भी ऊँचा उठें। क्रांतिकारी वर्गों (समाजवादी-साम्यवादी) की अपेक्षा है कि जो उपलब्ध है, वह और भी अधिक लोगों को उपलब्ध किया जाए, अर्थात् लाभों का वितरण हो। सारी राजनीति, सारी शिक्षा, सारे विशेषाधिकार इसी छोटे शीर्षस्थ तबके तक सीमित हैं। यह आवश्यक नहीं कि ये सभी पूँजीपति ही हों। मगर सबके सब विशेषाधिकार युक्त हैं, और सार्वजनिक क्षेत्र ही औद्योगिक अर्थरचना का सबसे बड़ा हिस्सा है।

चालीस प्रतिशत जनता गरीबी की रेखा के नीचे

कुछ थोड़े व्यक्तियों को छोड़कर, भारत का विशिष्ट वर्ग चाहता है कि तकनीक और भी अधिक आधुनिक हो, औद्योगीकरण बढ़े तथा कृषि का अधिकाधिक यन्त्रीकरण एवं रासायनीकरण हो। आज भारत में आधुनिकता का मर्म यही है।

गाँधी जी की कल्पना इससे बिलकुल भिन्न थी। परन्तु जवाहरलालजी के जमाने में इन्हीं विद्वानों ने या इनके ही जैसे विद्वानों ने गाँधी जी के मार्ग को दकियानूस माना और जवाहरलालजी की आधुनिक (modern) दृष्टि के प्रशंसक बने रहे। परिणाम सामने है। गरीबी बढ़ती जा रही है। कम-से-कम 40 प्रतिशत जनता आज भी गरीबी की रेखा के नीचे जी रही है। बेकारी भी बढ़ती जा रही है। शिक्षितों की बेकारी भी बढ़ी है। साथ-साथ विषमता भी कम होने के बदले बढ़ ही रही है। इसीलिए अब सबका ध्यान फिर से गाँधी जी के विचारों की ओर जाने लगा है। इस उच्च वर्ग के बहुत से विद्वानों को भी ऐसा महसूस होने लगा है कि गाँधी जी के दिखाए रास्ते को छोड़कर भारत ने बहुत बड़ी गलती की है। अतः ये सब लोग भी गाँधी जी की विचारधारा से मिलता-जुलता विचार रखने लगे हैं। जैसे कि कृषि-विकास हमारी विकास-योजना का मुख्य आधार बनना चाहिए। इसकी बुनियाद पर ही गृह-उद्योगों और ग्रामोद्योगों की एक रूपरेखा गाँवों के विकास के लिए बनानी चाहिए। उसमें बिजली, परिवहन और बाजार आदि की सुविधाएँ भी उपलब्ध कराई जाएँ। बड़े उद्योगों की उपेक्षा करने की बात नहीं है, परन्तु अपने जैसे देश में, जहाँ पूँजी की बहुत कमी हो और मानव-शक्ति बड़े पैमाने पर बेकार पड़ी हो तथा देश की अधिकांश आबादी गाँवों में बसती हो, वहाँ योजना की बुनियाद ही बदलनी चाहिए।

विकास और प्रगति की पश्चिमी वासना

परन्तु यह बात खास तौर पर ध्यान में रखनी चाहिए कि आज भी हमारे उच्चवर्गीय और सत्ताधारी लोग निरन्तर आवश्यकताओं को बढ़ाने, अधिकाधिक प्राप्त करने और इस तरह उच्च से उच्चतर उठते जाने की 'विकास' और 'प्रगति' वाली पश्चिम की पुरानी कल्पनाओं पर मोहित हैं। और यही वजह है कि समाजवादी नारों के बावजूद हमारी योजना तथा विकास के सारे कार्यक्रम अपनी राह बदलकर हमारी समस्याओं को उल्टे और अधिक पेचीदा बना रहे हैं। सादगी तथा भौतिक आवश्यकताओं पर स्वैच्छिक नियन्त्रण गाँधी जी के जीवन और दर्शन का एक मुख्य सन्देश रहा है। परन्तु इस देश के राजनीतिक व बौद्धिक (elite) वर्ग ने इस आदर्श को अभी तक स्वीकार नहीं किया है। उसका मूल्य अभी भी उनके मन में स्थापित नहीं हुआ है। गाँधी जी का एक मार्मिक कथन है कि "मनुष्य की जरूरतों को पूरा कर सकने की भरपूर साधन-सामग्री इस दुनिया में है, परन्तु उसकी लोभ-लालसा को सन्तुष्ट करने की नहीं है।" इस कथन के मर्म को समझना और देश की योजना तथा विकास में उसे केन्द्रीय स्थान देना अभी बाकी है।

आज भी स्थिति के लिए ये कानून की अदालतें और न्याय पाने की पद्धतियाँ तथा उसके लिए चुकाए जाने वाले मूल्य भी जिम्मेदार हैं, जिन्होंने हमारे समाज के दुर्बल वर्गों के साथ षड्यन्त्रपूर्वक न्याय नहीं होने दिया है।

—जे.पी.

संपूर्ण क्रांति का गज

अन्त्योदय

मैं जिस बात पर जोर देना चाहता हूँ, वह यह है कि चलते-फिरते जिस समाजवाद का नाम लेना अपने देश में एक 'फैशन' बन गया है उस समाजवाद से गाँधी जी का समाजवाद भिन्न है। उसको वे 'सर्वोदय' कहते थे। उनका समाजवाद या सर्वोदय नीचे के बुनियाद से शुरू होता था। वे बार-बार कहते थे कि सर्वोदय का प्रारम्भ 'अन्त्योदय' से होता है। लोग कहते हैं 'सर्वोदय यानी सबका भला'। क्या शोषक-वर्ग का भी भला हो? शोषकों का भला हो इसका क्या अर्थ है? इसके माने हैं कि उनको शोषण करने से बचाया जाए, उनको समझाया जाए कि शोषण करके वो अपना और समाज का अहित कर रहे हैं, इससे झगड़े एवं विस्फोट की आशंका है। अगर वो नहीं समझते तो उनके विरुद्ध असहयोग

या अन्य किसी प्रकार का शान्तिमय संघर्ष करना होगा।

संपूर्ण क्रांति में यह सब आता है। जब संपूर्ण क्रांति होगी, तभी सर्वोदय होगा। और सर्वोदय जहाँ नहीं है वहाँ संपूर्ण क्रांति नहीं है। वास्तव में जो दबे हुए लोग हैं उन्हें ऐसा लगे कि हमारे लिए एक नया बिहान हुआ है, और हमको एक ऐसा मौका मिला है कि हम अपनी पीठ सीधी कर सकें, अपने अधिकारों के लिए माँग कर सकें, अपने अधिकारों के लिए लड़ सकें। जो सबसे गरीब और असहाय हैं उसकी चिन्ता और उसका उदय सबसे पहले हो, यही न्याय है। इसी गज से हमें अपना हर काम नापना चाहिए।

निहित स्वार्थों का जाल तोड़ना ही होगा

वर्णों, सम्प्रदायों, जातियों में बँटे हुए समाज के कारण हमारे अन्दर ऐसे गलत मूल्य, संस्कार और अन्धविश्वास विकसित हो गए हैं कि उनका न्याय और समता की जीवन-पद्धति से मेल नहीं बैठता। उदाहरण के लिए जाति-भेद एक ऐसी चीज है, जो किसी कानून से नहीं मिटाई जा सकती है। कानून और पैसे से हरिजनों, आदिवासियों आदि को स्थूल सुविधाएँ तो दी जा सकती हैं, लेकिन समाज में समता का स्थान उन्हें तभी मिलेगा, जब लोगों का मन बदलेगा और लोग उन्हें अपने ही जैसे मनुष्य मानकर स्वीकार करेंगे। आज के समाज को हम चाहे जिधर से देखें हर जगह निहित स्वार्थों का जाल दिखाई देता है। सारी राजनीतिक, आर्थिक और सामाजिक व्यवस्था ऐसी बन गई है कि चारों ओर उन्हीं का बोलबाला है। भूमि-सुधार के मामूली कानून भी नहीं लागू किए जा सकते, क्योंकि वे निहित स्वार्थों के प्रतिकूल पड़ते हैं। भूमि की हदबन्दी का कानून बना है, गरीबों को बासगीत की जमीन का अधिकार देने का कानून भी बना है, परन्तु इन सब कानूनों से गरीबों को लाभ नहीं मिल पाता है। बड़े-बड़े जमींदार फर्जी और बेनामी हस्तांतरण करके हदबन्दी कानून को एक मजाक की चीज बना दिए हैं। कोर्ट-कचहरी इन मामलों में कुछ नहीं कर पाते। परन्तु गाँव में तो एक-एक आदमी इन बड़े लोगों की चालबाजी को जानता है। इसलिए कार्यकर्त्ताओं को गाँव-गाँव में जाकर इन प्रपंचों का पर्दाफाश करना होगा, निहित स्वार्थ के जाल को तोड़ना होगा। तभी थोड़ी-बहुत जमीन भूमिहीन हरिजनों और अन्य गरीब लोगों में बाँटी जा सकेगी।

शान्तिमय संघर्ष

संपूर्ण क्रांति के विचार को किस प्रकार गाँव-गाँव तक फैलाएँ, इस पर गहराई से विचार हो। और मात्र विचार ही न फैलाएँ, बल्कि गाँव की रचना को बदलें, और लोक-शिक्षण द्वारा, जन-शक्ति के द्वारा बदलें, प्रेम से बदलें, लेकिन आवश्यकता हो तो सत्याग्रह का भी सहारा लें। हाँ, इस हथियार का उपयोग हम उसी हालत में करें, जब हमने और सब रास्ते आजमा लिए हों तथा आगे बढ़ने की हमारी गति का अवरोध हो गया हो और कोई दूसरा उपाय न रह गया हो। वैसी परिस्थिति में अनिवार्य रूप से शान्तिमय संघर्ष करना पड़ेगा।

वर्ग-संगठन

दलित-शोषित आगे आएँ

आज की सारी परिस्थिति को देखकर मैं इस नतीजे पर पहुँचा हूँ कि जो पिछड़े हुए लोग हैं, जो शोषित और दलित लोग हैं उनको अलग संगठित करना होगा। तो लोगों ने पूछा कि इससे तो वर्ग-संघर्ष पैदा होगा। मैंने कहा कि वर्ग-संघर्ष अनिवार्य होगा तो ठीक है वर्ग-संघर्ष हो, दूसरा उपाय क्या है? उसको हम टाल नहीं सकते अपने किसी सिद्धान्त का

सहारा लेकर कि ये हमारे सिद्धान्त के खिलाफ है। ऐसा करेंगे तो समाज में आमूल-परिवर्तन नहीं आएगा। परिवर्तन में, उसकी गोद में संघर्ष छिपा हुआ है। इसमें अगर वर्गों का, जातियों का, व्यक्तियों का, निहित स्वार्थों का आपस का संघर्ष होता है तो वो हो। हम केवल इस बात को देखें कि उस संघर्ष में जो दबाए हुए लोग हैं उनकी विजय हो, जो पिछड़े हुए हैं वे आगे आएँ।

हमारे गाँवों में आज वर्ग (class) और जाति (caste) लगभग मिली-जुली है। जो उच्च जाति के हैं, उनमें ही अधिक उच्च वर्ग के लोग भी पाए जाते हैं। यह पाया गया कि उच्च वर्ण और वर्ग के लोगों को समझा-बुझाकर उन्हें जो विशेष सुविधाएँ मिली हैं, छुड़ाना और विभिन्न जातियों के बीच एकता का वातावरण बनाना काफी कठिन काम है। जो नीचे दबे हैं वे जब तक अपनी ताकत को प्रतिपादित (assent) नहीं करते हैं, जब तक उनमें आत्मसम्मान की भावना पैदा नहीं होती, तब तक ऊपर वालों में परिवर्तन कराना कठिन है। वैसे यह ठीक है कि कुछ ऊँची जाति वाले लोग भी गरीब हैं, लेकिन जब हम गाँवों में जाते हैं और राजपूत वगैरह आते हैं तो अपने-आप ही तख्त पर बैठ जाते हैं और अहीर वगैरह नीचे, तथा हरिजन सबसे पीछे बैठते हैं। बाबुओं के साथ समानता से बैठने के लिए उनको खास समझाना पड़ता है। इसलिए मैंने कहा कि अगर ऊपर के लोगों के मनःपरिवर्तन पर ही निर्भर रहेंगे तो बहुत दिन लगेंगे। नीचे दबे लोगों को उठने की जरूरत है। दलित-शोषित आगे आएँगे और अपनी ताकत को प्रकट करेंगे तो ऊपर वाले भी परिवर्तन के लिए तैयार होंगे।

शान्तिमय वर्ग-संघर्ष

हाँ, इसमें हिंसा होने का खतरा जरूर है। लेकिन मेरा पक्का विश्वास है कि सामाजिक तथा आर्थिक समानता का संघर्ष शान्तिमय ही होना चाहिए। इसमें संघर्ष है वह गरीबों के संगठन के लिए तथा उनके प्रतिपादन (assertion) के लिए है। किन्तु उसका साधन तो शान्तिमय ही होना चाहिए और इस सबके लिए स्थायी संघर्ष चलते रहने की साम्यवादी कल्पना की कोई आवश्यकता नहीं है। मैं तो यही कहना चाहता हूँ कि ऊपर वालों की उदारता (benevolence) पर निर्भर रहकर बैठे रहना काफी नहीं है। लेकिन इसमें अगर हिंसा का प्रयोग होगा तो समझ लेना चाहिए कि वह बहुत बुरा होगा। इससे संघर्ष पीछे जाएगा। इसकी ओर हमें विशेष ध्यान रखना होगा, वरना हिंसा-प्रतिहिंसा की शृंखला बन जाएगी। अगर ऊपर वाले हिंसा करें तो भी उसके जवाब में नीचे वाले हिंसा न करें। अगर हिंसा होती है तो उसके फल दोनों को जरूर भुगतने होंगे। हिंसक संघर्ष में संघर्ष के पीछे जाने की ही सम्भावना मुझे अधिक लगती है। हिंसा को किसी भी अवस्था में होने से रोकना ही चाहिए। ऐसी परिस्थिति ही बनने नहीं देनी चाहिए कि हिंसा फूट पड़े, अन्यथा इसमें गरीबों का ही नुकसान होगा।

यद्यपि वर्ग-संघर्ष का नाम लेते ही लोग हिंसा के भड़कने का खतरा बताएँगे, परन्तु यह खतरा तो तब भी बताया गया था, जब बिहार में संपूर्ण क्रांति का आंदोलन शुरू हुआ था। यह खतरा है भी, पर खतरे से डरकर समाज-परिवर्तन के प्रयोग बन्द नहीं किए जा सकते हैं। हमें अपनी तरफ से पूरी सावधानी रखनी है कि हिंसा के फूट पड़ने की कोई गुंजाइश न रह जाए। हमारी सावधानी के बावजूद ऐसा हो जाए तो हमें धैर्य के साथ उस पर काबू करने की कोशिश करनी चाहिए। अपनी कार्य-पद्धति में उचित फेर-बदल करने की बात भी सोचनी चाहिए, ताकि वर्ग-संघर्ष पूर्ण रूप से शान्तिमय हो।

मेरा अपना पक्का विचार है कि सामाजिक तथा आर्थिक समानता का संघर्ष शान्तिमय ही होना चाहिए। यदि हिंसा का रास्ता अपनाया जाता है तो उसमें वही मरेंगे, जिनके लाभ के लिए वर्ग-संघर्ष की बात हम करते हैं। अपने रक्षण की नीचे के लोगों में बहुत कम ताकत है। इसलिए मेरी कल्पना के वर्ग-संघर्ष में हिंसा की कोई जगह नहीं है और मैं दृढ़तापूर्वक यह मानता हूँ कि वर्ग-संघर्ष में हिंसा को दूर रखा जा सकता है। वह शान्तिमय संघर्ष के रूप में, असहयोग के रूप में, सत्याग्रह के रूप में हो सकता है।

उदाहरणार्थ, मजदूरों का संगठन हो, आपस में उनमें फूट न हो तो वे मालिक से असहयोग कर सकते हैं। काम करना बन्द कर सकते हैं। अब बाबू लोग काम करेंगे नहीं। दूसरी जगहों से मजदूर आएँगे नहीं। इसलिए मजदूरों की

बात सुननी पड़ेगी। इस देश का और मशीनीकरण हो जाए तब शायद वे मजदूरों की उपेक्षा कर सकें। अभी तो उनको झुकना ही पड़ेगा।

इसलिए मैं कहता हूँ कि वर्ग-संघर्ष में हिंसा होगी ही यह बात हमें अपने दिमाग से निकालनी चाहिए। मुख्य बात है नेतृत्व की योग्यता और संगठन पर उसके असर की। अगर वह ठीक रहे तो मेरी कल्पना का वर्ग-संघर्ष व्यापक सत्याग्रह का रूप लेगा।

शिक्षा की व्यवस्था और नियोजन का ढंग बदलने के लिए हमें सत्याग्रह करना पड़ सकता है, जो गलत तरीके से शिक्षित, निराश और बेकार युवकों की बढ़ती हुई सेना तैयार कर रहे हैं और आर्थिक विषमताओं को बढ़ा रहे हैं, जिसके फलस्वरूप विभिन्न वर्गों का और भी अधिक ध्रुवीकरण हो रहा है।

–जे.पी.

वर्ग-संघर्ष की प्रक्रिया और स्वरूप

मार्क्सवादी वर्ग-संघर्ष अपर्याप्त

हाँ, यह सही है कि जिस वर्ग-संघर्ष की बात मैं कर रहा हूँ उसका स्वरूप मार्क्सवाद के वर्ग-संघर्ष जैसा कदापि नहीं होगा। वर्ग-संघर्ष की मार्क्सवादी कल्पना हमारे काम नहीं आएगी। वर्ग-संघर्ष की उस कल्पना के पीछे काफी शक्ति लगी है। साम्यवादियों-समाजवादियों ने वैसा वर्ग-संघर्ष संगठित करने की योजनाबद्ध कोशिशें कीं, फिर भी उन्हें कोई बड़ी सफलता मिली, ऐसा नहीं कह सकते हैं। थोड़ा-बहुत परिणाम हुआ। वास्तव में, मार्क्स ने जो कुछ कहा था वह औद्योगिक समाज पर लागू होता है। भारत के कृषि-समाज में वैसा वर्गीकरण ठीक नहीं है, वैसा वर्गीकरण होगा भी नहीं शायद। छोटे किसान हैं, मजदूर हैं। उनका स्वार्थ, उनका जीवन जुड़ा है उस खेत से, ज़िसकी मालिकी बड़े भूमिवान् के पास है। कैसे मार्क्स का वर्ग-संघर्ष हो सकता है? इसीलिए मैं कहता हूँ कि भारत में मार्क्सवादी वर्ग-संघर्ष अपर्याप्त है।

बहुत से ऐसे गाँव हैं, जहाँ मज़दूरों की संख्या कम है। इसलिए कम्युनिस्टों ने कोशिश की, सोशलिस्टों ने भी कोशिश की कि छोटे किसान और मजदूर एक हो जाएँ, पर नहीं हुआ। छोटे किसान को मजदूर की अपेक्षा बड़ा भूमिवान् अपना दिखाई देता है।

दबाव की दुहरी प्रक्रिया

इन अनुभवों पर से मैं इस जगह पहुँचा हूँ कि वर्ग-संघर्ष से बचा नहीं जा सकता है। वह एक तरह से अनिवार्य है। जो हल चलाता है उसकी जमीन न हो, यह तो बड़ा अन्याय है। उसको यह अधिकार मिलना चाहिए। लेकिन यह अधिकार हल चलाने वाले को कैसे प्राप्त हो, इसका जवाब तो यही लगता है कि वह स्वयं अपने अधिकार का दावा करे। जब तक नीचे के वर्गों में आत्मसम्मान पैदा नहीं होगा, उनके आत्मविश्वास का दबाव नहीं होगा तब तक ऊपर के वर्गों का अपने-आप बदलना सम्भव नहीं लगता है। इस प्रकार मैं दुहरे दबाव की कल्पना करता हूँ–ईमानदार और निःस्वार्थ युवकों, कार्यकर्त्ताओं द्वारा व्यापक लोक-शिक्षण का दबाव और पिछड़े, दबे लोगों के व्यापक वर्ग-संगठन का दबाव। दबाव की यह दुहरी ताकत सामन्ती परम्पराओं और शोषण की व्यवस्था को तोड़ेगी।

उपर्युक्त बातों से यह तो बिलकुल स्पष्ट होता है कि इसमें हिंसा करने का कोई प्रश्न ही नहीं उठेगा, और जिसके सामने हमारा संघर्ष है उसको, उसके दिल को हम बदलने की कोशिश करेंगे, उसके प्रति हमारा भाव स्नेह का रहेगा, उसको कोई दुश्मन हम नहीं मानेंगे। ये नई बात हमारे इस संघर्ष में होगी, जो आम तरह से वर्ग-संघर्ष (class-struggle) में नहीं होती है। मार्क्सवादी 'क्लास-स्ट्रगल' यह नहीं होता है। यह एक नया प्रयोग हम कर रहे हैं, इसलिए गम्भीरता

से विचार करना होगा कि इस दिशा में हम बढ़ते हैं तो फूँक-फूँककर हमें कदम रखना है, क्योंकि संघर्ष के कई रूप हो सकते हैं। गरीब-अमीर, शक्तिशाली-दुर्बल के बीच संघर्ष का जो रूप दुनिया में आया है, उससे भिन्न स्वरूप लाना है। अहिंसा से यह काम कैसे हो सकता है, यह खोज हमें करनी है। हो सकता है कि इस काम को करते हुए हमें जेल जाना पड़े, लाठी खानी पड़ें, और भी संकट झेलने पड़ें, तो इन सबके लिए हमें तैयार रहना पड़ेगा। क्योंकि नीचे के लोगों की ऐसी संगठित ताकत का ऊपर के लोग प्रतिरोध करेंगे। इसलिए कष्ट, बलिदान के लिए तैयार रहना चाहिए। आज भी क्या कम कष्ट, दमन, अत्याचार हैं नीचे वाली जातियों पर, वर्गों पर? आज वे असंगठित स्थिति में इसे भोगते हैं इसलिए उसमें से कोई ताकत पैदा नहीं होती है। संगठित रूप से अन्याय का प्रतिकार करते हुए दमन, कष्ट झेलना, समाज-परिवर्तन की ताकत बन जाता है। संक्षेप में, व्यापक, शान्तिमय सत्याग्रह ही मेरे वर्ग-संघर्ष का रूप है।

सामाजिक क्रांति

जातिवाद का उन्मूलन

जातिवाद हमारे लिए एक अभिशाप है। जातीयता का जो भाव लोगों के दिलों में बैठा हुआ है उससे हर क्षेत्र प्रभावित होता है।

आज की राजनीति ने हमारी जाति-व्यवस्था को मजबूत किया है। पता नहीं, इस जातीयता में न जाने कौन-सी ताकत है। बुद्ध से लेकर या शायद उनसे भी पहले से आज तक कितने महापुरुषों ने उस पर प्रहार किए हैं, फिर भी उसका जोर आज भी कायम है। इसलिए अपने देश की परिस्थिति में शायद जातिवाद को मिटाना कुछ माने में वर्ग को मिटाने से भी अधिक महत्त्वपूर्ण है।

हरिजन आज अलग बस्तियों में रहते हैं—तथाकथित 'ग्राम-समुदाय' के क्षेत्र से अलग। अस्पृश्यता अभी भी भयावह है और अधिकांश गाँवों में हरिजन सवर्ण के कुओं से पानी नहीं ले सकते। या तो एकाध कुआँ होता है, जिसे अछूतों का मान लिया जाता है। उससे फिर सवर्ण पानी नहीं पीते, हरिजन ने अगर आदमी की जैसी इज्जत चाहने पर जरा-सा भी जोर दिया तो उसके भयंकर नतीजे होते हैं। कभी-कभी तो उन्हें जिन्दा जला दिया जाता है।

इसलिए समाज-परिवर्तन का एक बहुत आवश्यक अंग है यह, लेकिन इसकी तरफ ध्यान 'रेडिकल' लोगों का भी कम जाता है, जो क्रांतिकारी अपने को मानते हैं। बहुत बड़ा क्रांति का विषय है यह, समाज-परिवर्तन की दृष्टि से आज जब कि हम संपूर्ण क्रांति करने चले हैं, तो समाज के सभी अंगों में आमूल परिवर्तन लाना होगा। ऊँच-नीच के ये भेद मिटाने होंगे। हरिजन भी आखिर भगवान् की ही सृष्टि है। उसी भगवान् ने उसे भी पैदा किया है, जिसने हमको। फिर हम ऊँच और वे नीच कैसे हो गए? अस्पृश्य हैं वे? उन्हें हम अपना पाखाना साफ करने को कहेंगे? आज समाज में न उनकी इज्जत है, न कद्र है। ये सब दलित, शोषित बने ही रहें तो संपूर्ण क्रांति कभी नहीं होगी।

भगवान् ने तो कहा है, चातुर्वर्ण्यं मया सृष्टं, गुणकर्मविभागशः—चातुर्वर्ण्य की सृष्टि मैंने गुण-कर्म के अनुसार की है। तो कोई अपने पण्डितजी बने हुए हैं। और गुण-कर्म सब उनके चमार के हैं, और फिर भी पूज्य होना चाहेंगे। क्यों? दुराचारी, अन्यायी, लोभी होंगे, लेकिन ब्राह्मण-कुल में पैदा हुए इसलिए ब्राह्मण कहलाएँगे? चरणस्पर्श पण्डितजी का होगा। हर्गिज नहीं होना चाहिए। मनुष्य के गुण-कर्म के अनुसार उसकी इज्जत हो। और बाकी अन्य सब बातों में सब समान ही माने जाएँ। मनुष्य के नाते सब समान! कोई मनुष्य अच्छा है तो वह अपनी जाति के कारण नहीं, बल्कि अपने चारित्र्य के कारण। वैसे ही कोई बुरा आदमी है तो वह अपनी जाति के कारण नहीं, चारित्र्य के कारण होगा। समाज के मानस में हम इस प्रकार का परिवर्तन लाना चाहते हैं। ये सब बातें संपूर्ण क्रांति में आएँगी। जीवन के हर क्षेत्र में परिवर्तन लाना है। और ऐसा परिवर्तन व्यवस्था और व्यक्ति में भी आएगा।

जातिगत चिह्नों का बहिष्कार

मनुष्य-मनुष्य का भेद हमें मिटाना होगा। जाति-पाँति, छुआछूत सभी समाप्त करने होंगे। बिहार-आंदोलन के समय मैं कहता था कि जनेऊ यदि उच्च जाति का प्रतीक माना जाता हो तो जनेऊ भी तोड़ना होगा। हिन्दुस्तान में अधिकतर वे लोग बसते हैं, जिन्हें जनेऊ पहनने का अधिकार नहीं है। महर्षि दयानन्द ने वेदों के हवाले से यह सिद्ध कर दिया था कि जनेऊ धारण करने का अधिकार द्विजों के अलावा और लोगों को भी है, फिर भी व्यवहार में इसका ठीक उलटा है। अतः जातिवाद के साथ जुड़ी हुई इन सभी परम्पराओं का भी उन्मूलन करना होगा।

संपूर्ण क्रांति में शामिल होने वाले हर व्यक्ति को यह सब करना होगा। सबसे पहले तो आपस में जाति के व्यवहार को पूर्णतया छोड़ना पड़ेगा। खान-पान के मामलों में भी एकता का आग्रह रखना होगा। विज्ञान, टेक्नालॉजी और औद्योगीकरण के विकास के साथ-साथ इस प्रकार की छुआछूत की भावना कम होती जाएगी। गाँव में हम जाते हैं तो अकसर सवर्ण घरों में ठहरते हैं। इसमें कोई बुराई नहीं है, लेकिन कभी अवर्णों के यहाँ भी ठहरिए, उनके यहाँ भी खाना-पीना कीजिए। ब्राह्मण-हरिजन के सहभोज का कार्यक्रम भी एक कदम आगे बढ़ने के लिए सहायक सिद्ध हो सकता है। संक्षेप में, उनको इस प्रकार का एहसास होना चाहिए कि ये संपूर्ण क्रांति की बात करने वाले लोग हैं, उनका दिल हमारे साथ है। हमको वे अपने कलेजे से लगाकर उठाना चाहते हैं, हमारी सेवा करना चाहते हैं। उनके ऊपर आपकी ये छाप पड़नी चाहिए कि हमारे वे मित्र हैं और हमारी भलाई के लिए काम कर रहे हैं। सवर्णों को भी जहाँ तक हो समझाइए, समझाते रहना चाहिए।

कुरीतियों से संघर्ष

जाति-प्रथा टूटे उसके लिए एक महत्त्वपूर्ण कार्यक्रम या महत्त्वपूर्ण साधन अन्तर्जातीय विवाह हो सकता है। जो कुमार हैं उनको खास तौर से ध्यान रखना है कि अपने अभिभावकों, माता-पिता को वे समझाएँ, राजी करें। राजी नहीं होते हैं तो उनकी नाराजगी भी उठाकर, उनका सामना करके, दूसरी जातियों में अपना विवाह करें। इसके पीछे हमारी भावना यह है कि ऊँच-नीच पर आधारित जाति-प्रथा को खत्म किया जाए। अब समय आ गया है कि हम हिन्दू-समाज के इस कलंक को मिटा दें और भाईचारे और समानता को अपना आदर्श बनाएँ और अपने जीवन में उतारें।

इसी तरह शादी, जन्म और मृत्यु से जुड़े हुए भी कुछ और बुरे रिवाज हैं। संपूर्ण क्रांति के द्वारा इन्हें भी खत्म किया जाना चाहिए। समाज की इन कुरीतियों, रूढ़ियों के खिलाफ भी संघर्ष की जरूरत है। शादी-ब्याह का पवित्र संस्कार बाजारू बनकर रह गया है। तिलक-दहेज जैसी कुरीतियाँ परिवार की प्रतिष्ठा और कुल की मर्यादा का अंग बन गई हैं। इनके सामने कानून विवश है। इनसे मुक्त होने का पहला कारगर कदम यही है कि घर-घर में युवक और युवतियाँ विद्रोह का नारा बुलन्द करें। इसके लिए युवकों को प्रह्लाद की तरह अपने अभिभावकों के विरुद्ध भी सत्याग्रह के लिए तैयार होना पड़ेगा। उसके बिना संपूर्ण क्रांति भी मात्र नारा बनकर रह जाएगी।

तिलक-दहेज-बहिष्कार

बिहार-आंदोलन के दौरान मैं नए खून वाले युवकों को ललकारकर कहता था कि अभी आप संपूर्ण क्रांति और इन्कलाब जिन्दाबाद के नारे लगाते हो। लेकिन जब तुम्हारी शादी होगी, तुम्हारे बाप अगर लड़की के बाप से तिलक-दहेज माँगेंगे और तब तुमने उनको रोका नहीं, प्रतिवाद नहीं किया, तो धिक्कार है तुम्हारे इन्कलाब जिन्दाबाद के ऊपर। तुम्हारा सारा त्याग, बलिदान व्यर्थ गया ऐसा मानो। तुम अपने माँ-बाप को साफ-साफ कह दो कि हम बैल-घोड़े नहीं हैं, जो बाजार में आपको बेचना है, जानवर की तरह हमारा भी मोल-भाव करना है। और वैसे ही मैं लड़कियों से भी कहता था कि तुम्हारे अन्दर भी इतनी हिम्मत होनी चाहिए कि लड़के वाले यदि तिलक-दहेज की माँग करेंगे तो ऐसे लड़के से हरगिज शादी नहीं करेंगे, ऐसा कह सको।

अपनी भारतीय संस्कृति को जरा याद करो! यहाँ तो सीता ने रामचन्द्र को वरमाला पहनाई थी! यहीं तो स्वयंवर होता था! लड़की अपना वर स्वयं चुनती थी। वहाँ आज लड़के के पिता के पास वरतुहार लोग जाते हैं, तो वे कहते हैं कि जरा लड़के को समझा लीजिए, मैं तो राजी हूँ। और लड़के महाराज के पास गए तो वो कहते हैं कि हमको

तो 'फारेन' भेज दीजिए, एम्बेसडर गाड़ी दे दीजिए तो शादी करूँगा। अब इन लड़कों से पूछो, अभागों से कि एम्बेसडर से शादी करोगे? पैसे से शादी करोगे? तुमको बीवी चुननी है कि कार चुननी है। ऐसे पतित हो गए हो और इस तरह तुम नए बिहार का, नए भारत का निर्माण करोगे?

इसी तरह के कई ढकोसले और भेदभाव खड़े कर लिए हैं। उन सबको तोड़ना होगा। यह जो संपूर्ण क्रांति का विचार है वह समाज-जीवन के एक-एक अंग का, एक-एक तन्तु का स्पर्श करता है। संपूर्ण क्रांतिकारी परिवर्तन यानी समाज जीवन के एक-एक अंग में परिवर्तन—विवाह आदि से लेकर—चुनाव और शासन-तन्त्र के संचालन तक, एक-एक चीज में परिवर्तन। यह है संपूर्ण क्रांति!

बिहार-आंदोलन चल रहा था तब दिवाली, दशहरा के पर्व के सन्दर्भ में मैंने जनता से अपील की थी कि पूजा कीजिए, पर पूजा से और तमाशे से कोई संबंध नहीं है। अब, जो रेकार्ड उत्सव में बजाए जाते हैं, उनका पूजा से क्या संबंध है? अरे बाबा! दुर्गाजी के बारे में कोई गीत हो, भजन हो या और कोई भजन हो तो यह समझ में आता है। यह फिल्मी गाने गाते हैं, रातभर यह सब बजता है। यह क्या हमारी संस्कृति है? इसको हम हिन्दू संस्कृति कहते हैं? तो मित्रो, यह संपूर्ण क्रांति है, इसमें इसकी भी क्रांति होगी, इन सबमें भी परिवर्तन होगा। पूजा के लिए पूजा की भावना होनी चाहिए, तमाशे की भावना नहीं होनी चाहिए। इसी तरह शादी-ब्याह तथा अन्य दूसरे-तीसरे प्रसंगों पर धनवान् लोग और मन्त्रीगण जो दिखावा और वैभव का प्रदर्शन करते हैं, वह सब बन्द होना चाहिए। देश में आज भी जो गरीबी है, उसे देखते हुए यह सब और भी भद्दा लगता है।

दूषित व्यवस्था, संस्कार व परम्परा के कारण भी एक-दूसरे पर जुल्म होते रहते हैं।

—जे.पी.

शैक्षिक क्रांति

मौजूदा शिक्षा का बहिष्कार

सबसे महत्त्व का जो क्षेत्र है, जिसमें मैं समझता हूँ कि संपूर्ण क्रांति या आमूल परिवर्तन होना ही चाहिए, वो शिक्षा का है। समाज-रचना से, हम शिक्षा किस प्रकार की देंगे, इसका संबंध है। जो नैतिक शिक्षा है, आध्यात्मिक शिक्षा है, जो शिक्षा का तत्त्व है, आत्मा है वो तो बराबर के लिए हर अवस्था में है। लेकिन बाकी तो परिस्थिति के अनुसार हमें लोगों को शिक्षित करना होगा। क्या वह नया तरीका होगा? चिप्पीकारी करने से कुछ नहीं होगा यदि रूप वही रहा, ढाँचा वही रहा। सबको बदलना पड़ेगा।

वर्तमान सड़ी हुई व्यर्थ की शिक्षा-पद्धति के विरुद्ध जेहाद बोलना होगा, क्योंकि यह शिक्षा-व्यवस्था एक ओर तो हमारे अधिकांश बच्चों को अशिक्षित छोड़ देती है और दूसरी ओर वह बच्चों को गलत ढंग से शिक्षित करती है। आज भी अपने यहाँ अंग्रेजों की बनाई हुई शिक्षा-पद्धति ही चालू है, यत्र-तत्र कुछ फर्क नहीं हुआ होगा। प्राथमिक से लेकर विश्वविद्यालय तक की शिक्षा में आमूल परिवर्तन होना चाहिए, ऐसी आम राय है। शिक्षा-शास्त्रियों की भी राय है। कोठारी कमीशन की भी राय थी। लेकिन इस दिशा में बहुत थोड़ा ही हुआ है और विद्यार्थियों में घोर असन्तोष है, क्योंकि यह शिक्षा दोषपूर्ण है और उनका भविष्य अन्धकारमय है।

शिक्षा ऐसी हो, जो जीवनोपयोगी हो। जिस शिक्षा को प्राप्त करके अपने पैरों पर खड़े हो सकें, कुछ कर सकें। वर्तमान शिक्षा से तो इतना ही होता है कि हम नौकरियाँ खोजते हैं, और दर-दर ठोकर खाते हैं। नौकरियाँ नहीं मिलतीं हैं तो कोई जीवन-यापन का रास्ता ही नहीं रहता। माओ ने युवकों से कहा था कि कारखाने में, खेतों में जाओ, वहाँ जाकर सीखो-समझो। वही आपका विश्वविद्यालय है। गाँधी जी ने भी यही कहा था कि विद्यार्थी स्वावलम्बी बने, उसका आत्मविश्वास बढ़े, ऐसी शिक्षा होनी चाहिए। उसके बदले आज तो नौकरी दो, नौकरी दो यानी गुलामी दो, गुलामी दो—यही शिक्षण है। ऐसी शिक्षा का बहिष्कार ही होना चाहिए।

डिग्री योग्यता का प्रमाण-पत्र न हो

शिक्षा में कोई मौलिक परिवर्तन तब तक सम्भव नहीं है, जब तक कि या तो (क) उपाधियाँ समाप्त न कर दी जाएँ या (ख) उपाधियों का रोजगार से कोई संबंध न रहे। आज तो विद्यार्थी कुछ सीखे हों या न सीखें हों, फिर भी नाम के सामने बी. ए., एम. ए. की डिग्री हो जाने से नौकरी के लायक मान लिए जाते हैं और ज्यादा तो लोग पढ़ाई-लिखाई इसीलिए पढ़ते हैं, सीखने के लिए नहीं, क्योंकि नौकरी के लिए दरवाजा खुलता है। इसलिए घोषणा कर दें कि केवल डिग्री के आधार पर नौकरी नहीं मिलेगी। हम जिस काम के लिए लोगों को नौकर रखेंगे उसके लिए अलग से परीक्षा ले लेंगे, तो हो सकता है औपचारिक शिक्षा किसी को बिलकुल न मिली हो, युनिवर्सिटी की, फिर भी वह परीक्षा में पास कर जाए, और जो बी. ए., एम. ए. है, वह फेल कर जाए। जब तक डिग्रियों और नौकरी का संबंध तोड़ा नहीं जाएगा, तब तक डिग्री का यह झूठा मोह दूर नहीं होगा।

इसलिए मेरा सुझाव है कि नौकरियाँ देने वाले चाहे सरकारी क्षेत्र हों या निजी, जिस प्रकार का काम हो उसके अनुरूप स्वयं अपनी ओर से परीक्षाएँ ले सकते हैं। भर्ती के बाद आवश्यकता हो तो वे अतिरिक्त शिक्षण और प्रशिक्षण की व्यवस्था कर सकते हैं। युनिवर्सिटी की ओर से मात्र एक प्रमाण-पत्र दिया जाए कि विद्यार्थी कितने वर्ष महाविद्यालय में रहा, कितने घण्टे कक्षाओं में रहा और दूकानों, कारखानों, दफ्तरों और खेती आदि में कितना काम किया और किन विषयों में उसकी रुचि है। उसकी योग्यता और कार्यकुशलता को परखना उसे रोजगार देने वाले का काम होगा। योग्यता केवल डिग्री से न आँकी जाए। क्योंकि डिग्री प्राप्त कर लेना योग्यता का प्रमाण-पत्र नहीं हो सकता।

6 मार्च, 1975 को लोकसभा अध्यक्ष को समर्पित जनता के माँग-पत्र में शिक्षा-संबंधी निम्नलिखित सुझाव थे :

"राष्ट्रीय आवश्यकताओं के अनुकूल शिक्षा के गुण एवं तत्त्व के विकास के लिए कारगर कदम उठाए जाएँ। मौजूदा ढाँचे में प्रत्येक स्तर पर सुधार किया जाए। माध्यमिक स्तर से शिक्षा को जीविकोन्मुख बनाया जाए, जिसके साथ आर्थिक योजना की एक ऐसी प्रणाली हो, जो रोजगार की गारण्टी करे। शिक्षण-संबंधी नौकरियों को छोड़ अन्य नौकरियों के लिए विश्वविद्यालय की डिग्री आवश्यक न रहे। पाँच वर्षों के अन्दर प्राथमिक शिक्षा और वयस्क शिक्षा के सार्वत्रिक प्रसार को सर्वोच्च प्राथमिकता दी जाए। शिक्षण-संस्थाओं में सरकार के हस्तक्षेप पर रोक लगाई जाए। इन संस्थाओं का प्रबन्ध साधारणतः उनके शिक्षकों को सौंपा जाए और उनमें लोकतान्त्रिक ढंग से छात्रों की भागीदारी हो।"

श्रममूलक न्यूनतम शिक्षा सबको

संक्षेप में, शिक्षा-प्रणाली को इस तरह तैयार किया जाए कि उसका सीधा संबंध देश की समस्याओं से जुड़ सके। यह व्यवस्था भी हो कि न्यूनतम शिक्षा सबको मिल सके और अज्ञान तथा निरक्षरता का समूल नाश किया जा सके। शिक्षा की पद्धति में ऐसा परिवर्तन हो, जिससे विद्यार्थी की बुद्धि का विकास हो, और किसी भी प्रश्न के ऊपर विचार कर सकें बुद्धिपूर्वक, इस प्रकार की शक्ति उसमें पैदा हो। यदि शिक्षा से इस प्रकार की शक्ति पैदा न हुई तो वह बेकार शिक्षा है। स्वतन्त्र रूप से, अपनी बुद्धि से शिक्षित आदमी विचार कर सके, ऐसी योग्यता उसकी होनी चाहिए।

अब शिक्षा-शास्त्री आमतौर से मानते हैं कि दिमाग की शिक्षा हो, उसके साथ-साथ हाथों की भी शिक्षा हो। दिमाग और हाथ मिलकर काम करें, यानी शिक्षा में श्रम का काफी बड़ा पुट हो। अब शहर में श्रम का एक रूप होगा, देहात में उसका दूसरा रूप होगा। परन्तु श्रम का शिक्षा में स्थान होगा। इस दिशा में नई तालीम की बहुत-सी संस्थाओं ने प्रयोग किए हैं, उसका लाभ उठाया जा सकता है। 'हाफ-हाफ' स्कूल या 1 घण्टे की पाठशाला वाली बात पर भी सोचा जा सकता है। शिक्षा में क्रांति का पहला चरम यही हो सकता है कि शिक्षा श्रममूलक हो और न्यूनतम शिक्षा सबको प्राप्त हो।

आज तक कोई ऐसी क्रांति नहीं हुई है, जो किसी किताब के मुताबिक हुई हो। हर क्रांति अपनी किताब स्वयं लिखती है।

–जे.पी.

आर्थिक क्रांति

भूमि-व्यवस्था बदले

इसी तरह मैं सोचता हूँ कि इस देश को खेतिहर-क्रांति की भी जरूरत है। कम-से-कम उन प्रदेशों में, जिनमें जमींदारी रही है, वहाँ के ग्रामीण समाज में, वहाँ की रचना में, संबंधों में उसके बिना कोई बुनियादी परिवर्तन होने वाला नहीं है। कमजोर और गरीब लोगों को नाम की मालकियत भले ही मिल जाए, लेकिन वास्तविक सत्ता विभिन्न वर्गों और जातियों के निहित स्वार्थों के ही हाथों में रहेगी। कानून पास होते हैं, लेकिन उन पर अमल नहीं होता। खाते में नाम हरिजन का होता है, और कब्जा सवर्णों के हाथ में रहता है। महाजनी का मामला बड़ा पेचीदा है। ऊपर के लोगों के पास यह इतना बड़ा साधन है कि उसके भरोसे छोटे किसानों और भूमिहीनों पर उनका प्रभुत्व बना ही रहता है।

आमतौर पर यह देखा जाता है कि राजनीतिक दलों के कार्यकर्ताओं में भूमि-सुधार के कानूनों के संबंध में बहुत रुचि नहीं होती, उत्साह नहीं होता। इसलिए यह समझ लेना चाहिए कि परिवर्तन केवल कानून से नहीं होता। परिवर्तन के लिए आवश्यक है कि उसके दर्शन को स्वीकार करने वाला कार्यकर्ताओं का एक बड़ा समुदाय हो, जो सिर्फ कानून बन जाने के कारण किसी नीति को स्वीकार न करते हों, बल्कि इसलिए मानते हों कि वह नीति सही है, उसमें उनकी निष्ठा है, रुचि है। मैं गर्व नहीं करता, लेकिन आपको बता दूँ कि सीलिंग कानून बनने के पहले ही मैंने अपनी जमीन भूमिहीन परिवारों के बीच बाँट दी थी। (मेरा घर उत्तर प्रदेश के बलिया जिले में है।) मेरे कई समाजवादी साथियों ने भी ऐसा किया था, लेकिन यह भी देखने में आता है कि जो सीलिंग कानून पास करने में शरीक रहे हैं वे स्वयं कानून की आँख में धूल झोंककर अपनी जमीन का दूसरों के नाम में गैर-कानूनी ढंग से बन्दोबस्त कर दिए हैं और हदबन्दी कानून को विफल बनाते हैं।

खेत गाँव का, खेती किसान की

विनोबा जी ने बहुत बड़ा काम किया, जितना बड़ा काम गाँधी जी के बाद इस देश में किसी ने किया नहीं। जन-शक्ति से, विचार-शक्ति से, प्रेम की शक्ति से लाखों एकड़ जमीन का बँटवारा उन्होंने कराया। ये छोटी बात नहीं थी। बहुत बड़ी बात थी, और मेरा ख्याल है कि हम लोगों ने विश्वासपूर्वक उस कार्य को काफी आगे बढ़ाया होता तो काफी प्रगति होती, और शायद भूमि की समस्या जहाँ तक सम्भव है मौजूदा परिस्थिति के अन्दर, वहाँ तक शायद हो गई होती। मौजूदा परिस्थिति के अन्दर इसलिए कहता हूँ कि इतनी भूमि है नहीं कि सबको भूमि दी जाए। जो लोग शहरों में हैं उनको छोड़ भी दें तो जो लोग देहातों में हैं उन सबको भूमि दी जा सके, ऐसी परिस्थिति आज नहीं है।

हाँ, एक नवीन व्यवस्था हो कि स्वामित्व गाँव का होना चाहिए भूमि के ऊपर और कब्जा उस पर किसान का होना चाहिए। इसके पीछे जो दृष्टिकोण है वो यह है कि समाज में जो सम्पत्ति है—खास करके जो प्राकृतिक सम्पत्ति है वह सम्पत्ति तो समाज की है। वह व्यक्ति के हाथों में तो रह सकती है, पर व्यक्ति की सम्पति के रूप में नहीं, जीविका के साधन के रूप में, यही उसके पीछे मूल विचार है। इसलिए जो अपने हाथों से खुद खेती करता हो, उसी का जमीन पर कब्जा हो। हाँ, कभी-कभी खेती का कुछ समय ऐसा आवे कि उसको मजदूरों की जरूरत पड़े, और पड़ती है, तो वो मजदूर रखे, लेकिन खुद खेती करता हो, ये आवश्यक है! और, एक बार सीलिंग का कानून बन जाए तो उसका ईमानदारी से पालन होना चाहिए। साथ ही सीलिंग तय करके फिर उससे नीचे नहीं जाना चाहिए, लेकिन हर एक को आजीविका का साधन मयस्सर हो, यह देखना चाहिए। हर एक को काम देने की बात चलानी चाहिए।

ट्रस्टीशिप की भावना

व्यापार-उद्योग के क्षेत्र में भी कई समस्याएँ सामने हैं। आज पूँजीवाद, समाजवाद, साम्यवाद, प्राइवेट सेक्टर और पब्लिक सेक्टर में उठने वाली समस्याओं का कोई ठोस हल नहीं निकल पाया है। इन समस्याओं के हल के प्रयास में कायदे-कानून

बनाते हैं, जहाँ अधिनायकवाद है वहाँ डराने-धमकाने के तरीके अपनाए जाते हैं, लेकिन बावजूद इसके, जब तक लोगों के हृदय का स्पर्श नहीं किया जाता, समस्याएँ सुलझती नहीं हैं। माओ ने बहुत मेहनत की। उसने चाहे पार्टी की हो, प्रशासन की हो या तकनीशियनों की, सभी क्षेत्र की नौकरशाही को तोड़ने की कोशिश की, फिर भी वह सफल नहीं हो पाता है, जब तक लोगों के मन को छूता नहीं है।

इस प्रकार कुल मिलाकर यह अनुभव आया है कि कानून, भय, हिंसा के किसी भी माध्यम से की गई क्रांति के बाद ये सवाल हल नहीं हो पाए हैं। जब तक किसी भी काम को करते हुए मानवीय मूल्यों की कोई प्रेरणा सामने नहीं होगी, कुछ फर्क नहीं पड़ेगा। हम केवल अपने लिए ही काम नहीं कर रहे हैं, इसमें हमारे आसपास के लोग, समाज, देश आदि भी हमसे जुड़े हुए हैं—ऐसी भावना तक हर आदमी को उठाना पड़ेगा। वह किसी भी हैसियत से काम कर रहा हो, एक नागरिक, व्यापारी, शिक्षक, डॉक्टर या वकील हो, किसी उद्योग का मालिक, मैनेजर या मजदूर हो, वह समाज के प्रति अपने क्या कर्तव्य हैं, उन्हें समझकर अपने कार्य को ईमानदारी के साथ पूरा करें। हर आदमी अपनी बुद्धि, धन और श्रम का मालिक नहीं बल्कि ट्रस्टी है, यह भावना जाग्रत हो। गाँधी जी ने इसी को ट्रस्टीशिप का सिद्धान्त कहा था। संपूर्ण क्रांति के लिए इस बात को भी समाज में फैलाना होगा।

राजनीतिक क्रांति

सत्ता का विकेन्द्रीकरण

संपूर्ण क्रांति के सन्दर्भ में जब मैं राजनीति शब्द का प्रयोग करता हूँ तब उसका प्रचलित अर्थ—सत्ता को राजनीति से नहीं लेता हूँ। इस शब्द के प्रचलन के कारण ही इस शब्द का प्रयोग करता हूँ, किन्तु वह राजनीति प्रचलित राजनीति से सर्वथा भिन्न होगी। सत्ता के विकेन्द्रीकरण की बात जैसे ही हम स्वीकार करते हैं वैसे ही राजनीति का स्वरूप आमूल बदल जाता है। जनता सरकार की कल्पना में मैंने उस नई राजनीति के स्वरूप की कुछ रूपरेखा दी है। मैं तो यहाँ तक कहूँगा कि जनता की मेरी कल्पना सिर्फ राजनीतिक व्यवस्था की नहीं, बल्कि एक नई जीवन-शैली की कल्पना है।

एक बात हमें अच्छी तरह समझ लेनी चाहिए कि लोक-आंदोलन व आम चुनावों के सन्दर्भ में जिस नए दल का गठन हुआ है, वह आज की प्रचलित राजनीतिक परम्परा में ही हुआ है। इस दल का गठन करते समय कुछ तोड़-जोड़ और समझौते की स्थिति से गुजरना पड़ा था। और इस समय मात्र इतना ही हुआ है कि एक नया दल बना है। परन्तु राजनीति की शैली और पद्धति में अभी परिवर्तन होना बाकी है। यह परिवर्तन तभी होगा, जब जनता की शक्ति निखरेगी। ऐसी जन-शक्ति निखरे, यह संपूर्ण क्रांति के सन्दर्भ में अपना मूल लक्ष्य है। अब हमें इसी बुनियादी कार्य में लगना है, ताकि सत्ता के केन्द्रीय प्रभुत्व से राजनीति को मुक्त किया जा सके।

जिस प्रकार का संसदीय लोकतन्त्र भारत में स्वीकारा है, हमारे लोकतन्त्र की कल्पना उससे अधिक व्यापक और गहरी होगी। अभी जो पाश्चात्य कल्पना है राजनीतिक लोकतन्त्र की, उसमें आर्थिक लोकतन्त्र की कल्पना नहीं के बराबर है। समाजवादी आंदोलन के कारण थोड़ा-बहुत मजदूर-आंदोलनों, आर्थिक कार्यक्रमों, आदर्शों और विचारों का प्रवेश हुआ है। परन्तु हमें भूलना नहीं चाहिए कि मूलतः वह एक राजनीतिक कल्पना ही है। यह लोकतन्त्र अपने देश में इतने दिनों तक चला, और उसके चलने के लिए जो आवश्यक वातावरण चाहिए और जो आवश्यक उसके औजार चाहिए वो सब धीरे-धीरे पिछले वर्षों में पैदा होते रहे। एक गरीब देश, जहाँ के लोग इतनी बड़ी संख्या में अनपढ़ हैं, वहाँ यह लोकतन्त्र टिका रहा तीस वर्षों से, यह हमारे लिए और देश की जनता के लिए गौरव की बात है। अब यह लोकतन्त्र सच्चे अर्थों में जनता का राज बने, इसके लिए क्या-क्या करना चाहिए, उसका स्वरूप क्या होना चाहिए, इन बातों पर और विचार करना चाहिए। देश में यह जो राजनीतिक परिवर्तन आया है, उस सन्दर्भ में हमारा एक

मुख्य काम है। लोकतन्त्र की बुनियाद मजबूत करने और उसके स्थायी प्रहरी के रूप में बनी रहने वाली लोक-संस्थाएँ और परम्पराएँ खड़ी करना।

स्थानीय स्वायत्तशासी संस्थाओं का गठन

अपने हाल के अनुभवों से यह बात हमको अच्छी तरह समझ लेनी चाहिए कि सत्ता के केन्द्रित होते रहने में बहुत बड़ा खतरा है। इसीलिए हमारा ध्यान अब तक उपेक्षित रही स्थानीय स्वायत्तशासी संस्थाओं की ओर जाना चाहिए। ग्राम, प्रखण्ड और जिला-स्तर की ये स्थानीय स्वायत्तशासी संस्थाएँ ही हमारे लोकतन्त्र की बुनियाद को मजबूत बना सकेंगी। सत्ता हथियाने, तानाशाही लादने की वृत्ति के विरुद्ध ऐसी विकेन्द्रित व्यवस्था की ढाल बन सकती है। इसलिए हमारा झुकाव सत्ता के विकेन्द्रीकरण की ओर होगा। इसके परिणामस्वरूप आम जनता के जीवन को प्रभावित करने वाले सवालों पर निर्णय लेने की प्रक्रिया में देश के दूर-दराज के गाँव वालों को भी शामिल किया जा सकेगा।

वास्तव में अपने यहाँ निचले स्तर पर लोकतन्त्र की बुनियाद अभी कोई खास बनी नहीं है। पंचायती राज, गुजरात-महाराष्ट्र और अन्य दूसरी जगहों पर कहीं थोड़ा-बहुत चलता होगा, पर देश में सब जगह बहुत अच्छी तरह खड़ा नहीं हो सका है। गाँवों को बुनियादी इकाई मानने की बात अपने संविधान में लिखी है। निचले स्तर पर लोगों को अधिकतम सत्ता मिलनी चाहिए। इस विषय के जानकार लोगों को मिलकर ठोस सुझाव सरकार के सामने रखना चाहिए। स्थानीय स्वायत्तशासी संस्थाओं में चुनाव दलीय आधार पर न हों, यह बात सर्वोदय-आंदोलन तथा अन्य कई दूसरे लोगों की ओर से भी वर्षों से कही जा रही है। पण्डित नेहरू के समय में कई राजनीतिक दलों ने भी इसे माना था। परन्तु व्यवहार में इस दिशा में कुछ खास हुआ नहीं। अब फिर इसके लिए हमें प्रयत्न करना चाहिए।

संपूर्ण क्रांति की प्रक्रिया

साथ-साथ यह भी समझ लेना चाहिए कि लोकतन्त्र की बुनियाद ग्राम-स्तर पर मजबूत करने के काम में राजनीतिक दलों को अधिक रुचि नहीं होगी। यह काम तो सर्वोदय-कार्यकर्ताओं और अन्य निर्दलीय तत्त्वों को ही करना होगा। शायद यह भी हो सकता है कि जनता की शक्ति बढ़ने लगे, तो उल्टे वह दल वालों को अपने लिए खतरे के रूप में दिखाई दे। इसलिए यह काम निर्दलीय तत्त्वों का ही है। सर्वोदय-आंदोलन का काम वर्षों से करता आया है। और उसकी ग्राम स्वराज्य की बात अभी भी उतनी ही प्रासंगिक है। ग्राम स्वराज्य के आधार पर ही लोकतन्त्र मजबूत बनाया जा सकेगा। बुनियादी निर्माण का काम यही है। यह सब करेंगे तो वास्तव में जनता का राज लाने की दिशा में आगे बढ़ सकेंगे। यह एक राजनीतिक क्रांति होगी। सत्ता ऊपर से आकर नीचे जाए, जनसाधारण के पास, जनता के हाथों में जाए, गाँव-गाँव में जाए, यह अर्थ है राजनीतिक क्रांति का वर्तमान परिस्थिति में।

लोकचेतना का जागरण और सक्रियता

लोकतन्त्र की मजबूती के लिए यह जरूरी है कि हम अपने अधिकारों, कर्तव्यों के प्रति सचेत हो जाएँ, संगठित हो जाएँ। लोकतन्त्र से नागरिक जितना अलग और उदासीन रहेगा, उतना ही कमजोर और कुण्ठित लोकतन्त्र चलेगा, लोकतान्त्रिक मूल्यों की चेतना के बगैर, लोकतन्त्र निर्जीव, ढाँचा-भर रह जाएगा और इस बुनियादी कमजोरी की परख अभी आपातूस्थिति में हो चुकी है। मुझ पर असर यह पड़ा कि जब देश पर अचानक आपातूस्थिति लाद दी गई, तब लोगों की जो प्रतिक्रिया हुई वह उतनी उत्कृष्ट एवं उतनी अधिक नहीं हुई, जितनी होनी चाहिए थी। बेशक, सभी नेताओं को एक साथ पकड़ लिए जाने और पूरे देश में व्यापक पैमाने पर गिरफ्तारी के कारण लोग हतप्रभ हो गए, सत्ता का

भय भी लोगों के मन में बैठ गया। यह भी ठीक है कि लाखों लोगों को जेल के सींखचों के पीछे धकेल दिया गया। फिर भी करोड़ों बाहर थे, करोड़ों नवजवान बाहर थे, भाई-बहन बाहर थे, उन्होंने तो तानाशाही को चुपचाप स्वीकार कर लिया। यह हमारे लिए शर्म की बात हुई।

यह प्रश्न बराबर मन में उठता था कि देश की जनता ने चुपचाप अपने अधिकारों का ऐसा जबरदस्त हनन क्यों सह लिया? मैं इसी निष्कर्ष पर पहुँचा हूँ कि जनता में अपने अधिकारों का बोध नहीं था। उन्होंने इस बात को समझा नहीं कि वे क्या खो रहे हैं। इसीलिए उसकी रक्षा की तीव्रता उतनी नहीं थी। आज भी देश में बहुत कम लोग ऐसे हैं, जो नागरिक की स्वतन्त्रता, अधिकार, उसके कर्तव्यों को जानते हैं और उससे भी कम उनकी संख्या है, जो इन सबकी रक्षा के लिए अपने को खतरे में डाल सकते हैं।

इसलिए एकमात्र रास्ता यह रह जाता है कि लोगों के पास जाकर उन्हें इस विषय में सजग करें कि स्वातंत्र्य का अर्थ क्या होता है। जनतन्त्र के मूल्यों के बारे में लोगों को जाग्रत करना चाहिए। व्यापक लोकसम्पर्क-लोकशिक्षण करना चाहिए। मतलब कि हम सब, चाहे जिस किसी व्यवसाय में हों या समाज में किसी भी पद पर हों, हमें इस लोकशिक्षण में कुछ-न-कुछ योगदान करना चाहिए। राजनीति से मुक्त लोगों के संगठन उनके सवालों को हल करने और उनके अपने पाँव मजबूत करने में सहायक हो सकते हैं। अगर हम देहात के युवकों, किसानों, मजदूरों, हरिजनों आदिवासियों आदि के बीच जाने, उनको विचार समझाने और उनके बीच से संगठन खड़ा करने का काम नहीं करते, तो इस संपूर्ण क्रांति के आंदोलन की प्रगति रुक जाएगी। लोकशिक्षण द्वारा ही लोकचेतना जाग्रत और जीवन्त रखने का काम हो सकता है।

आज लोक-आंदोलन के प्रति सहानुभूति रखने वाली एक सरकार सत्ता में आ गई है, इतने मात्र से जनता की जिम्मेवारी पूरी नहीं हो सकती। यह बात सही है कि इस सरकार में ऐसे व्यक्ति चुनकर आए हैं, जिन्हें लोगों की आशा-आकांक्षाओं के प्रति सहानुभूति है। लेकिन इतने मात्र से सरकार नीचे से लेकर ऊपर तक क्या-क्या काम करती है उसे देखने की, उस पर नजर रखने की जरूरत नहीं, यह तो नहीं कहा जा सकता। आज भी यह जरूरत उतनी ही है। अतः जनता इस लोकतन्त्र की प्रहरी बने तथा नीचे कर्मचारी से लेकर मुख्यमन्त्री और प्रधानमन्त्री तक, सबके कामकाज पर निगरानी रखे। ऐसी परिस्थिति का निर्माण हो कि जनता की इच्छा के विरुद्ध कोई कुछ भी न कर सके। जनता को निरन्तर जागरूक और सावधान रहना है। इसके बिना स्वतन्त्रता सुरक्षित नहीं रह सकती। मात्र मतदान कर देने से कर्तव्य पूरा हो गया ऐसा नहीं मानना चाहिए। संपूर्ण क्रांति में तो लोकतन्त्र के एक सर्वथा नए स्वरूप की कल्पना है। जब लोग समाज-जीवन के कार्यों में प्रत्यक्ष हिस्सा ले सकें और 'तन्त्र' 'लोक' की अनुमति और सहमति से काम करता हो, सच्चा लोकतन्त्र तो तभी सम्भव होगा। इसके लिए लोक-चेतना जाग्रत और सक्रिय रखनी होगी।

मतदाता उम्मीदवारों का चयन करे, राज्यसत्ता पर अंकुश रखे

मुझे बापू का यह वाक्य स्मरण आता है, जिसमें उन्होंने लोकतन्त्र की व्याख्या करते हुए कहा था कि "इस तन्त्र का केवल यह अर्थ नहीं कि जनता के मत से शासन स्थापित हुआ, बल्कि यह भी कि जनता में ऐसी क्षमता भी हो कि वह शासकों के नालायक पाए जाने पर उन्हें पद से हटा भी सके।"

परन्तु आज भी हमारे संविधान और लोकतान्त्रिक संस्थाओं में तथा उनके तहत चलने वाली प्रक्रियाओं में जन-प्रतिनिधि को अपने निर्वाचन-क्षेत्र के प्रति जवाबदेह बनाए रखने की कोई व्यवस्था नहीं है। इस तरह की (संरक्षणात्मक) व्यवस्था न होने से खासकर हमारे जैसे देश में, जिसका समाज अत्यन्त पिछड़ा हुआ है और जहाँ एक विकसित लोकतन्त्र का बुनियादी ढाँचा (infrastructure) बिलकुल ही नहीं बन पाया है, जन-प्रतिनिधि एकदम मनमानी करने लगते हैं। जनता की इच्छा, आकांक्षा और उसके हितों की पूरी तरह उपेक्षा कर वे जो मन में आता है, करते हैं। ऐसी ही स्थिति ने मौजूदा आदर्शहीन और नियम-कानून रहित राजनीति को जन्म दिया है। आज की परिस्थिति में मतदाता को केवल इतना ही अधिकार प्राप्त है कि वह चुनाव में अपना मतदान करे। परन्तु मतदान-प्रक्रिया न तो स्वच्छ और स्वतन्त्र

(free and fair) होती है, न उम्मीदवारों के चयन में मतदाताओं का हाथ होता है, और न चुनाव के बाद अपने प्रतिनिधियों पर उनका कोई अंकुश ही रहता है।

इसलिए बिहार-आंदोलन के समय से ही मैं कहता आया हूँ कि इन दोनों कमियों को दूर करने का प्रयत्न हमें करना है। और इसीलिए आंदोलन के साथ-साथ बिलकुल नीचे के स्तर से जनता का संगठन खड़ा करने पर मैं हमेशा जोर देता रहा हूँ। उम्मीदवारों का चयन और निर्वाचित प्रतिनिधियों को अंकुश में रखने का काम ये संगठन करें, ऐसी कल्पना है। मैं कहता रहा हूँ कि अपने लोकतन्त्र में हमें एक नई शक्ति दाखिल करनी है, और वह है, संगठित जनशक्ति द्वारा राज्य-सत्ता पर अंकुश रखने की शक्ति।

लोक-समितियों का गठन

जन-शक्ति का संगठित रूप प्रकट हो, इसीलिए मैंने ठेठ गाँव से लेकर ऊपर तक लोक-समितियों के गठन का कार्यक्रम देश के समक्ष रखा है। लोकतन्त्र को प्राणवान् और विकासशील बनाए रखने के लिए नागरिकों को ऐसे व्यवस्थित और मजबूत संगठन की जरूरत है। चुनाव के लिए उम्मीदवारों के चयन की प्रक्रिया में भी लोग भाग लेने लगें, इसका ढाँचा लोक-समितियों के रूप में खड़ा हो सकेगा। जैसे कि एक-एक गाँव, मोहल्ला अथवा एक-एक पोलिंग 'बूथ' की एक-एक समिति बने और उसके एक-एक प्रतिनिधि को लेकर पूरे चुनाव-क्षेत्र की एक लोक-समिति बने। वह चुनाव में अपना उम्मीदवार खड़ा करके, या ऐसा न कर सके तो खड़े हुए किसी उम्मीदवार का समर्थन करे। उम्मीदवार किसी दल का हो या निर्दलीय हो, परन्तु वह ऊपर से ही न तय कर दिया जाए। स्थानीय लोक-समिति के साथ चर्चा करके उम्मीदवार तय किए जाएँ ऐसा कुछ करना चाहिए। इसके लिए कोई पद्धति तय करनी होगी। कुछ शर्तें बनानी होंगी। यह भी देखना होगा कि उसके ऊपर जनता का कोई आरोप तो नहीं है न! सीता की अग्नि-परीक्षा की तरह उम्मीदवार की अग्नि-परीक्षा वहाँ होगी। अमरनाथ चावला के केस में सर्वोच्च अदालत ने फैसला देते हुए एक बात कही है कि चुनाव की प्रक्रिया में हर स्तर पर जनसमुदाय (community) की भागीदारी होनी चाहिए। उम्मीदवार के चयन में किसी-न-किसी जनता का हाथ होगा तो खर्च भी कम होगा और भ्रष्टाचार की गुंजाइश भी कम रहेगी।

इसके बाद निर्वाचित प्रतिनिधि लोगों के प्रति जिम्मेदार रहे, अपने काम की रिपोर्ट नियमित रूप से मतदाताओं को देता रहे। ऐसी भी कोई-न-कोई व्यवस्था इन लोक-समितियों द्वारा करनी होगी। ये लोक-समितियाँ अपने प्रतिनिधियों पर हमेशा निगरानी रखेंगी। अगर वह प्रतिनिधि किसी दल का हो तो भी वह अपने दल के आदेश (whip) की अपेक्षा लोगों की इच्छा को सर्वोपरि माने, ऐसा होना चाहिए। अपने प्रतिनिधियों पर इस प्रकार का जनता का अंकुश रहे, ऐसी कोई-न-कोई व्यवस्था खड़ी करने के लिए हमें कोशिश करनी है। यह चीज अपने लोकतन्त्र को अधिक प्रभावकारी बनाने में एक स्थायी भूमिका निभाती रहेगी। आज तो हमारे यहाँ के लोकतन्त्र में केवल 'तन्त्र' है, 'लोक' नहीं। हमारी कोशिश उसमें 'लोक' को दाखिल करने की है।

इस प्रकार लोक-समितियाँ दो रूपों में काम करेंगी। ये दो रूप हैं : (1) उम्मीदवारों के चयन के समय संकेत-परिषद् या परामर्श-मण्डल के रूप में काम करना, (2) अपने स्थानीय प्रतिनिधि के ऊपर और शासन की संपूर्ण कार्य-पद्धति पर प्रहरी के रूप में तथा दायित्व-प्रेरक के रूप में काम करना। इस प्रकार लोक-समिति जन-शक्ति का एक माध्यम बनेगी। और वह मात्र चुनाव तक ही नहीं, बल्कि एक स्थायी शक्ति बनी रहेगी।

सरकार में जो लोग हैं उन्हें ऐसा नहीं लगना चाहिए कि इसमें उनके प्रति अविश्वास की भावना है। चाहे कोई भी सत्ता-स्थान पर बैठा हो, वह भूल कर सकता है, इसलिए उस पर निगरानी रखने वाला कोई रहे तो उन्हें अच्छा ही लगना चाहिए। अपने यहाँ अभी अखबार इतने शक्तिशाली नहीं हैं, और लोकभावना की प्रभावशाली अभिव्यक्ति उसमें होती नहीं है। और दूसरा भी कोई प्रभावशाली उपाय है नहीं। ऐसी स्थिति में जनता का राजनीतिक दल के रूप में नहीं, बल्कि जनता के रूप में संगठित होना अत्यन्त आवश्यक हो जाता है। जो पार्टियाँ बनी हुई हैं राजनीतिक, वो अपने ढंग से जो कुछ करती हैं वो करें। उनके काम में हम कोई बाधा उपस्थित नहीं करना चाहते। जहाँ तक

सम्भव हो हम उनको सही रास्ते पर चलने में मदद करें, यही हमारा प्रयत्न होगा। उनकी गलतियाँ होंगी तो हम उनको बताएँगे, आवश्यक होगा तो अहिंसक विरोध भी करेंगे, सत्याग्रह भी करेंगे। यह देश के हित में और उनके हित में, जो शासक हैं, होगा।

लोक-समितियाँ समाज-परिवर्तन का गतिशील माध्यम बनें

इसके अलावा हमें जनता को इस तरह शिक्षित और संगठित करना है, ताकि वह समाज-परिवर्तन के काम में अपने अभिक्रम से सक्रिय बने। परम्परागत राजनीति ने इस तरफ बिलकुल ही ध्यान नहीं दिया है। वह कानून, प्रशासकीय प्रक्रियाओं, योजनाओं और विकास के कार्यक्रमों पर ही पूरी तरह अवलम्बित रही है। लेकिन कानून की बही में ऐसे भी कानून हैं, जिन पर, जनता को सक्रिय रूप से साथ न लेने पर पूरी तरह अमल नहीं किया जा सकता। सिर्फ जमीन की उच्चतम सीमा निर्धारित करने का (ceiling) कानून पास कर देने या प्रशासकीय कार्रवाई में बेनामी जमीन और जमीन के झूठे बन्दोबस्त की समस्याओं को हल नहीं किया जा सकता। इस तरह बची हुई जमीन भी भूमिहीनों में बाँटी नहीं जा सकती। ऐसे ही बटाईदारी, काश्तकारी, न्यूनतम कृषि-मजदूरी, बासगीत जमीन पर कर्ज देने संबंधी कानूनों को कानूनी व प्रशासकीय तन्त्र द्वारा लागू नहीं किया जा सकता। कानून अच्छे-अच्छे बने हैं, पर उन पर अमल तब तक होगा नहीं, जब तक कि जनशक्ति का निर्माण न हो। इसके लिए समितियाँ कायम हों, पर छोटे-छोटे गाँवों से लेकर ऊपर तक, और सक्रिय हों तो यह काम आसान होगा।

फिर यह बात भी ध्यान में रखनी है कि लोक-समितियों का काम मात्र यही नहीं होगा, उन्हें तो संपूर्ण क्रांति का वाहन भी बनना है। उनका काम तो समाज के हर अन्याय और अनीति के विरुद्ध संघर्ष करने का होगा। गाँव में छोटे अफसरों या कर्मचारियों की जो घूसखोरी चलती है, उसके खिलाफ लोक-समितियाँ संघर्ष करेंगी। हरिजनों आदि के खिलाफ गाँव में तरह-तरह के अन्याय होते हैं, ये समितियाँ उन उपायों को भी रोकेंगी। जाति-पाँति और वर्गभेद, कुरीतियों, शोषण, निहित स्वार्थों, ज्यादती के खिलाफ ये समितियाँ बराबर संघर्ष करती रहेंगी। संपूर्ण क्रांति की जितनी बातें मैंने पहले की हैं, उनके अनुसार लोक-समितियाँ काम करेंगी। इस प्रकार केवल लोकतन्त्र को मजबूत बनाने के लिए ही नहीं, बल्कि सामाजिक, आर्थिक, नैतिक क्रांति के लिए अथवा संपूर्ण क्रांति के लिए एक बहुत ही महत्त्वपूर्ण कार्य करेंगी।

बिहार-आंदोलन के समय हम संघर्ष समितियाँ, जनता सरकार आदि का गठन करते थे। तब उनके समक्ष जो विविध कार्यक्रम हमने रखे थे, उन्हें यहाँ पुनः प्रस्तुत कर देना ठीक रहेगा। लोक-समितियों के कार्यक्रमों की दिशा में कुछ निर्देश इनसे मिल सकता है—झगड़ों का आपसी निबटारा, कोई मामला कोर्ट-कचहरी में न जाए, ऊँच-नीच, छुआछूत के भेदभाव का अन्त, तिलक-दहेज जैसी बुराइयाँ दूर करना, आदिवासी, हरिजनों, मुसलमानों और महिलाओं के साथ समान व्यवहार, हर एक को रोजगार मिले इसकी कोशिश, अनाज आदि जरूरी चीजें उचित मूल्य पर मिलें, मुनाफाखोरी, जमाखोरी पर रोक, सीलिंग तथा भूमि के दूसरे प्रगतिशील कानूनों पर अमल, बेदखली का निवारण, भूमिहीनों को बासगीत की और जितनी हो सके खेती की भूमि, मजदूरों को उचित मजदूरी, तमाम अनीतियों-अन्यायों का प्रतिकार, भ्रष्टाचार-उन्मूलन, वृद्धों, बीमारों का आवश्यक इलाज और तीमारदारी, सफाई, मतदाताओं की सजगता बनाए रखना आदि नया समाज बनाने के जितने भी सवाल हैं, उन सबको समय-समय पर लोक-समितियाँ हाथ में लेंगी।

लोक-समितियों द्वारा ये सब काम होंगे। तभी गाँव की सामान्य जनता समझेगी कि संपूर्ण क्रांति हो रही है, और स्वराज्य का सच्चा सुख गरीब-से-गरीब के घर भी पहुँच रहा है। ऐसा तभी सम्भव होगा, जब निहित स्वार्थ वालों का कब्जा और मात्र उच्च वर्ग का वर्चस्व लोक-समितियों पर न रह जाए। अन्यथा लोक-समितियों की क्रांतिकारिता नष्ट हो जाएगी। लोक-समितियों को शोषितों और दलितों के लिए काम करना है तथा लोकतन्त्रीय मूल्यों को भी आगे बढ़ाने का काम करना है। इन समितियों में ऐसे लोग होने चाहिए, जो समाज-परिवर्तन की आवश्यकता को तीव्रता से महसूस करते हों तथा संपूर्ण क्रांति के विचारों में निष्ठा रखते हों। ऐसे लोग, जो संपूर्ण क्रांति को समझने की स्वयं सतत कोशिश

करते हों तथा दूसरों को भी समझाने का प्रयत्न करते रहते हों। इस तरह हर हालत में लोक-समितियों का एक ही उद्देश्य होना चाहिए–संपूर्ण क्रांति!

क्रांति की नई दिशा

सप्त क्रांतियाँ

इतिहास में अब तक जो क्रांतियाँ हुई हैं, मेरे खयाल से वे मुख्यतः राजनीतिक क्रांतियाँ थीं। और जिसे औद्योगिक क्रांति (Industrial revolution) कहा जाता है, उसको छोड़कर बाकी जो भी राजनीतिक क्रांतियाँ हुई हैं, वे अधिकतर हिंसा के माध्यम से ही हुई हैं। अब हम चाहते हैं कि गाँधी-मार्ग से, अहिंसा के माध्यम से भारत में एक संपूर्ण क्रांति हो। ऐसी संपूर्ण क्रांति से एक नया समाज बनेगा, जो मौजूदा समाज से भिन्न होगा। समाज की ऐसी नई रचना के लिए ऐसी क्रांति की जरूरत है, जो संपूर्ण भी हो, समग्र भी हो, जो समाज के एक-एक अंग को छूती हो। साथ ही वह व्यक्ति के समग्र जीवन को आन्दोलित करे। व्यक्ति और समाज, दोनों में सर्वांगीण परिवर्तन लाने की शक्ति इस संपूर्ण क्रांति में होनी चाहिए।

सात प्रकार की क्रांतियाँ मिलकर संपूर्ण क्रांति होती है, ऐसा मैं कहता रहा हूँ। वे हैं–सामाजिक क्रांति, आर्थिक क्रांति, राजनीतिक क्रांति, सांस्कृतिक क्रांति, वैचारिक अथवा बौद्धिक क्रांति, शैक्षणिक क्रांति एवं आध्यात्मिक क्रांति। क्रांति शब्द से परिवर्तन और नव-निर्माण दोनों ही अभिप्रेत है। जगत् में यों तो हर कुछ परिवर्तनशील है। हर कुछ का नित, निरन्तर नवीनीकरण भी होता रहता है। तो फिर क्रांति या क्रांतिकारी परिवर्तन से क्या अभिप्रेत है? एक यह कि क्रांति या क्रांतिकारी परिवर्तन बहुत शीघ्र गति से होता है, और परिवर्तन बड़ा दूरगामी और मूलगामी होता है–कभी-कभी ऐसा कि वस्तु में गुणात्मक परिवर्तन हो जाता है। जैसे पानी गर्म होते-होते भाप बन जाता है।

संपूर्ण क्रांति की जीवन-दृष्टि

इसी अध्याय में संपूर्ण क्रांति की जो विचार-धारा प्रस्तुत की गई है, वह भारत के आधुनिक 'एलीट' वर्ग की जो विचार-धारा है, उससे बहुत भिन्न है। उसमें पूरी जीवन-दृष्टि का फर्क है। इस जीवन-दृष्टि को समझाना हो तो एक अलग पुस्तक ही लिखनी पड़ेगी। परन्तु अभी चण्डीगढ़ में नजरबन्दी के वक्त अपनी डायरी में स्फुट रूप में जो विचार लिखा था, उसे यहाँ प्रस्तुत कर रहा हूँ। इससे संपूर्ण क्रांति की मूलभूत विचार-धारा की कुछ झलक मिलेगी :

1. नैतिक-आध्यात्मिक रूपरेखा

(क) मनुष्य द्रव्य और आत्मा दोनों है। इसके जीवन की भौतिक और आध्यात्मिक दोनों तरह की आवश्यकताएँ पूरी होनी चाहिए।

(ख) भौतिक आवश्यकताएँ, जिनकी पूर्ति होनी ही चाहिए, ये हैं : भोजन, वस्त्र, घर आदि। भोजन पर्याप्त हो, साथ ही सादा, पौष्टिक एवं सुस्वादु भी हो। लेकिन उनमें अतिरेक न हो। वस्त्र न केवल उपयोगी हो, बल्कि वह नयनाभिराम और कोमल भी हो। सभी ऋतुओं के लिए पर्याप्त हो। परन्तु आवश्यकता से अधिक वस्त्र नहीं चाहिए। फैशनपरस्ती के पीछे पागलपन भी नहीं और न अपव्यय होना चाहिए। वस्त्र के लिए सामग्री यथासम्भव केंद्रीय होनी चाहिए, न कि रासायनिक और निर्जीव।

घर छोटे होने चाहिए, परन्तु मानव-निवास के योग्य, स्वच्छ, हवादार, सूरज की रोशनी से परिपूर्ण होने चाहिए। बड़े, भड़कदार भवन नहीं चाहिए। रहन-सहन में विलासिता भी न हो। विलास एक सापेक्ष शब्द है। अतः उसका संबंध

सामाजिक आवश्यकताओं से और सामान्य जीवन-स्तर से होना चाहिए।

दूसरी भौतिक आवश्यकताओं के बारे में भी हमारी यही दृष्टि होनी चाहिए। इसका अर्थ उपभोग को स्वेच्छा से सीमित करना है, जो एक नैतिक विचार है। मेरे मन में तपश्चर्या की कोई बात नहीं है। वह तो आध्यात्मिक साधकों के लिए ही उपयुक्त है। औसत मनुष्य के लिए, अर्थात् हम जैसों के लिए, सिवा उनके जो संन्यास को आध्यात्मिक पूर्णता या लक्ष्य के रूप में स्वीकार करते हैं, पूर्ण भौतिक सन्तुष्टि स्वतः आध्यात्मिक जीवन है। तृष्णा, बाहुल्य, सम्पत्ति-संग्रह के दूषित साधन ये सारे अध्यात्म-विरोधी तत्त्व हैं।

नैतिक-आध्यात्मिक के साथ-साथ आर्थिक, सामाजिक, राजनीतिक, पारिस्थितिक एवं प्राकृतिक कारण मानव-जीवन के पोषण के सन्दर्भ में उल्लेखनीय हैं। शान्तिमय उपयोग के लिए भी पैदा की गई आणविक शक्ति से क्या खतरे हैं यह भी विचारणीय है।

विकास किस उद्देश्य के लिए हो और किन लोगों के लिए हो, यह प्रश्न है युद्ध और शान्ति का प्रश्न, आध्यात्मिक सौन्दर्य एवं सृजनात्मकता का प्रश्न भी है।

फिर भौतिक विकास पर नैतिक-आध्यात्मिक अंकुश रखने का प्रश्न है।

2. प्राकृतिक-पारिवेशिक रूपरेखा

गाँव, कस्बे और शहर का प्रश्न भी है। एक तरफ महानगर और दूसरी तरफ पतनोन्मुख ग्रामीण क्षेत्र हैं। गाँवों का पुनर्गठन—छोटे गाँवों को मिलाकर एक इकाई बनाना और बड़े गाँवों की अलग-अलग इकाइयों में पुनर्रचना आवश्यक है। आदिवासी क्षेत्र हैं, पहाड़ और जंगल तथा मैदानी क्षेत्र हैं। मैदानी क्षेत्रों में गाँवों का औसत आकार क्या हो, शहरों का आकार क्या हो? ऐसे केन्द्रीय शहर हो सकते हैं, जहाँ से सड़कें, विद्युत्-सेवाएँ आदि ग्रामीण क्षेत्रों में जाती हों। सामुदायिक विकास मुख्यालय एक छोटे शहरों के विकास के लिए आदर्श केन्द्र हो सकते हैं। बैंक, भण्डार और अस्पताल भी होने चाहिए।

गाँव, कस्बे और शहर का यह भौगोलिक वितरण बलपूर्वक नहीं किया जा सकता। यह तभी हो सकता है, जब पहले से ही इसके अनुकूल सामाजिक, आर्थिक एवं राजनीतिक विकास का एक रूप सामने हो और उसकी प्रक्रिया काम कर रही हो। यह भी आवश्यक है कि इसको जनता लोकतान्त्रिक ढंग से स्वीकार करे और उसकी क्रियान्विति लोकतान्त्रिक ढंग से राज्य की इकाइयों तथा स्वैच्छिक संस्थाओं के द्वारा हो।

3. आर्थिक रूपरेखा

आर्थिक विकास का लक्ष्य होना चाहिए मनुष्य। प्रत्येक वयस्क या परिवार के प्रमुख के लिए काम की व्यवस्था होनी चाहिए। निम्नतम जीवन-मान उपलब्ध हो।

शायद भारत में बृहत्-स्तरीय, आधुनिक यन्त्र-कला तथा पूँजी-प्रधान उद्योग काफी हैं। प्रतिरक्षा की आवश्यकताओं को छोड़ ऐसे बड़े यन्त्रों और उद्योगों की वृद्धि पर समझ-बूझकर रोक लगानी चाहिए। उपग्रह-विकास जैसे खर्चीले, दिखावटी, अनुपयोगी, तथाकथित प्रतिष्ठादायक नकली उद्योगों को त्याग देना चाहिए। यहाँ फ्रिज (डॉ. फ्रिज शुमाखर) ने वैज्ञानिक शोध एवं विकास और यन्त्रशास्त्र में विज्ञान के उपयोग (जैसे चन्द्रमा-यात्रा तथा अन्य उपयोग) के बीच जो भेद किया है, उसे हम स्वीकार करते हैं और उस पर बल देते हैं। मैं वैज्ञानिक अपकर्ष के पक्ष में नहीं हूँ, बल्कि मैं केवल विज्ञान के ऐसे उपयोग पर बल दे रहा हूँ, जो भारत की वर्तमान स्थिति तथा जनता की आवश्यकताओं की दृष्टि से उसके कल्याण से प्रत्यक्ष संबंध रखता हो।

इसलिए औद्योगिक विकास की दिशा मध्यम उद्योग, लघु उद्योग, ग्रामीण उद्योग के विकास की दिशा होनी चाहिए। इसके लिए उन तकनीकों को उन्नत करना आवश्यक है, जिनका इस्तेमाल ग्रामीण एवं लघु उद्योगों में हो रहा है। समुचित तकनीक के विकास की दिशा में समस्यामूलक शोध-कार्य जोरदार ढंग से चलाया और बढ़ाया जाना चाहिए। ग्रामीण विद्यालयों में ऐसा प्रायोगिक एवं सैद्धान्तिक तकनीक विभाग होना चाहिए, जो स्थानीय अभ्यासों और आवश्यकताओं से सम्बद्ध हो।

स्वामित्व के प्रकार

- व्यक्तिगत (पारिवारिक) स्वामित्व,
- स्वावलम्बी उत्पादकों का स्वामित्व,
- सामुदायिक (ग्रामीण) स्वामित्व,
- सहयोगी स्वामित्व,
- निजी लाभमूलक लघु प्रबन्धकीय स्वामित्व। (जो सामान्यतः थोड़े श्रमिक रखकर उन्हें प्रचलित या कानून द्वारा निर्धारित निम्नतम वेतन देता है।)

बड़े-बड़े उद्योग कतिपय सीमाओं के अन्दर पूँजीवादी ढाँचे के हो सकते हैं। परन्तु सार्वजनिक निगम के ढाँचे का उद्योग अधिक प्रचलित होना चाहिए। सार्वजनिक निगम की कार्यपद्धति, निर्देशक और प्रबन्धक के लिए प्रोत्साहन की व्यवस्था, लोकतान्त्रिक नियमन, सक्षमता, अपव्यय आदि बातों का अध्ययन गहराई से किया जाना चाहिए और मार्गदर्शक सिद्धान्त निरूपित किए जाने चाहिए।

प्रश्न है कि वर्तमान समय में श्रमिकों का स्वामित्व और प्रबन्ध सफल हो सकता है क्या? बड़े-बड़े प्रतिष्ठानों में श्रमिकों का स्वामित्व लागू नहीं हो सकता। वहाँ सामाजिक स्वामित्व के विचार को लागू करना होगा। परन्तु अगर उद्योग में लगे हुए श्रमिक श्रमिक ट्रस्टी के रूप में—केवल अपने हितों के ट्रस्टी नहीं, बल्कि उपभोक्ताओं, समुदाय और समाज या राष्ट्र के बृहत्तर हितों के भी ट्रस्टी के रूप में—उक्त उद्योग का प्रबन्ध कर सकते हैं तो मेरी दृष्टि से यह सर्वोत्तम है। युगोस्लावी ढाँचे में से अगर तानाशाही को निकाल दिया जाए तो एक बहुत अच्छी तस्वीर बन सकती है।

बृहत् क्षेत्र में सार्वजनिक और निजी स्वामित्व या सार्वजनिक लिमिटेड कम्पनी का स्वामित्व चलने दिया जा सकता है। निजी क्षेत्र में उत्पादन, विकास और वृद्धि के लिए काफी प्रोत्साहन देने की आवश्यकता है। अनावश्यक प्रतिबन्ध (कण्ट्रोल, लाइसेंस आदि) समाप्त किए जाने चाहिए, बशर्ते कानून द्वारा निर्धारित आचरण के मानदण्डों का पालन होता हो।

प्रबन्ध-कार्य में श्रमिकों की भागीदारी का प्रयोग तो किया जा सकता है, परन्तु जब तक श्रमिक संगठन अपने प्रतिनिधियों को समुचित रूप से प्रशिक्षित नहीं करते, तब तक वास्तविक प्रबन्ध के क्षेत्र में श्रमिक लोग कारगर नहीं हो सकते।

वातावरण के प्रदूषण को रोकने पर विशेष ध्यान देना चाहिए, साथ-साथ अपने क्षेत्र के सौन्दर्य एवं स्वच्छता की बातों के प्रति अत्यन्त संवेदनशील होना चाहिए।

ओमो फाडाका ने जिस नव-औपनिवेशिक शोषण की चर्चा की है उसका भारत के सन्दर्भ में गहराई से अध्ययन किया जाना चाहिए। इसके बारे में मुझे काफी चिन्ता है।

इनके अलावा राजनीतिक रूपरेखा, सांस्कृतिक रूपरेखा, शैक्षणिक रूपरेखा, परिवर्तन और पुनर्निर्माण की गति-विज्ञान, इतने मुद्दों को अंकित कर रखा है, इन पर फिर कभी। लेकिन संपूर्ण क्रांति के पीछे जो बुनियादी विचारधारा है, उनका उपर्युक्त विश्लेषण से कुछ आभास मिल सकता है।

गाँवों में जमीन की समस्या है, मजदूरी की समस्या है, जात-पाँत, ऊँच-नीच, अस्पृश्यता आदि की समस्याएँ हैं। इन समस्याओं के बीच सबसे मूलभूत समस्या गरीबी की है, बेकारी की है और अशिक्षा की है। इन समस्याओं का एक ही हल है, पूरे समाज का ढाँचा बदला जाए। आज जिसके पास जमीन नहीं है, वह जोतता नहीं और जो जोतता है, उसके पास जमीन नहीं है। जमीन या तो पूरे गाँव-समाज की होनी चाहिए या जोतने वालों की होनी चाहिए। इसके लिए शान्तिमय संघर्ष करना होगा। मगर यह भी हम न भूलें कि अगर वर्ग-संघर्ष का नारा लेकर हम गाँवों में जाएँगे तो हमें उल्टे पाँव लौट आना होगा। गाँवों में प्रवेश के लिए रचनात्मक कार्य लेकर ही जाएँ।

—जे.पी.

समाजवाद, सर्वोदय और लोकतन्त्र

लोकतांत्रिक समाजवाद

कॉंग्रेस समाजवादी दल के रूप में इस दल का जन्म सोलह साल पहले हुआ। तब से यह दल धीरे-धीरे, परिश्रमपूर्वक अपने बुनियादी आदर्श और अपना विधिविज्ञान विकसित कर रहा है। यह प्रक्रिया अभी तक पूरी नहीं हुई है, परन्तु एक सामान्यतः स्पष्ट विचारधारा का निर्माण किया जा चुका है जो समाजवादी दल को देश के अन्य वामपंथी दलों से अलग करती है।

समाजवादी दल की जड़ें भारतीय मिट्टी में हैं। भारतीय इतिहास और पृष्ठभूमि तथा पिछले सोलह साल के अनुभवों ने, और अन्तर्राष्ट्रीय समाजवादी विचारधारा एवं यूरोप में तथा अन्यत्र समाजवादी पुनर्निर्माण के अनुभवों ने इस दल को रूप और आकार प्रदान किया है। इस वैचारिक विकास की प्रक्रिया के फलस्वरूप जब दल का पुनर्गठन अगस्त क्रांति के अन्त में हुआ, और कानपुर (1947) में उसका युद्धोत्तर सम्मेलन हुआ, तो उसके झण्डे पर 'लोकतान्त्रिक समाजवाद' अमिट रूप से अंकित कर दिया गया।

फिर भी, जो लोग इन अनुभवों से नहीं गुजरे हैं, वे लोकतान्त्रिक समाजवाद पर अथवा उसके वास्तविक अर्थ पर बल देने की आवश्यकता आसानी से नहीं समझेंगे। मार्क्स-एंगेल्स-लेनिन के स्पष्ट लेखों से प्राप्त अल्प ज्ञान वाले नवोत्साही व्यक्ति को लगेगा कि लोकतान्त्रिक समाजवाद, सम्भवतः बहुत पहले तय हो चुके सवाल की निरर्थक पुनरावृत्ति है। मानसिक रूप से वह अब भी उसी युग में रहता है जब लेनिन की शानदार सफलताओं के मुकाबले यूरोपीय सामाजिक लोकतन्त्र की विफलताओं का वैपरीत्य दिखाया जाता था।

तब से वर्षों बीत चुके हैं—वे वर्ष जो वेदनापूर्ण और दुःखद इतिहास के वर्ष थे, टूटे हुए सपनों के वर्ष थे और उस देवता के वर्ष थे जो विफल हो चुका है। इन सब बातों से वह नवोत्साही अनभिज्ञ, और इसलिए आनन्द-मग्न हैं; उसे न तो वर्तमानकालीन समाजवाद की बुनियादी समस्याओं का ज्ञान है और न उन साहसपूर्ण प्रयासों की जानकारी है जो अब समाजवाद के हृदय को उसके आचरण से मुक्त करने के लिए जा रहे हैं। वह अब भी 'सुधारवादी' और 'क्रांतिकारी' शब्दों पर बहस करता है; क्योंकि वह समझ नहीं पाया है कि जो क्रांतिकारी था, वह प्रतिक्रियावादी बन चुका है।

नवोत्साही व्यक्ति के मानसिक विकास की ऐसी स्थिति क्यों होती है? इसका एक कारण तो यह है कि नई दीक्षा ग्रहण करने के उत्साह में वह जो नए शब्द, नए मुहावरे और सूत्र सीखता है, वे ही सर्वप्रधान हो जाते हैं और यह मान लिया जाता है कि उनमें सार होगा ही। समाजवादी सिद्धान्त उसके लिए उन समाजवादी मूल्यों से अधिक महत्त्वपूर्ण बन जाते हैं, जिनकी प्राप्ति के लिए वे सिद्धान्त विकसित हुए। वह मान लेता है कि वे सिद्धान्त अनिवार्यतः उन मूल्यों तक उसको पहुँचा देंगे। इसलिए जब वे सिद्धान्त राजधर्म बन जाते हैं तो वह विश्वास कर लेता है कि उन मूल्यों की प्राप्ति और समाजवाद की स्थापना पृथ्वी पर हो गई। विभिन्न धर्मों के इतिहास में भी यही बात पाई गई है।

समाजवाद केवल पूँजीवाद-विरोध नहीं है, न वह राज्यवाद है। उद्योगों का राष्ट्रीयकरण और कृषि का समूहीकरण समाजवादी अर्थरचना के महत्त्वपूर्ण पहलू हैं; वे अपने-आप में समाजवाद नहीं हैं। समाजवाद के अन्तर्गत मनुष्य के

द्वारा मनुष्य का शोषण नहीं होगा अन्याय और उत्पीड़न नहीं होगा, असुरक्षा नहीं रहेगी; उसके अन्तर्गत सम्पत्ति एवं सेवाओं तथा अवसरों का समान वितरण होगा। राष्ट्रीयकृत एवं समूहीकृत अर्थरचना में भी शोषण, अन्याय, उत्पीड़न, असुरक्षा एवं घोर विषमताएँ हो सकती हैं। ऐसी अर्थरचना के अन्तर्गत, यदि समस्त राजनीतिक एवं आर्थिक सत्ता एक अपरिवर्तनीय एवं आत्म-परिरक्षणकारी दलीय अल्पतन्त्र के हाथों में केन्द्रित हो जाती है तो फिर समाजवाद नहीं, उसका दमन होगा; क्रांति नहीं, प्रतिक्रिया पनपेगी। जो साम्यवादी ऐसे अल्पतन्त्रीय समाज में विश्वास करता है और उसके लिए कार्य करता है, वह क्रांतिकारी होने के बजाय प्रतिक्रियावादी है।

अतः हमारा यह दल महसूस करता है कि यदि समाजवाद के लक्ष्यों को स्पष्ट रूप से परिभाषित कर उनका दृढ़तापूर्वक अनुसरण नहीं होगा तो पुनः क्रांति के साथ विश्वासघात होने का खतरा है। समाजवादी आंदोलन के जिन लक्ष्यों पर बल देने की आवश्यकता है, वे केवल पूँजीवादी व्यवस्था का उन्मूलन और दलीय तानाशाही की स्थापना नहीं है, बल्कि उनमें एक ऐसे समाज का निर्माण करना भी शामिल है जिसमें सभी लोग स्वतन्त्र और समान होंगे और जो ऐसे मानवीय एवं सामाजिक जीवन के मूल्यों पर आधारित होगा जिनका कभी भी बलिदान, सिद्धान्त के नाम पर नहीं किया जा सकेगा। इग्नास्तियो सिलोनी के सुन्दर शब्दों में, "सिद्धान्तों की समष्टि पर एक पंथ की बुनियाद डाली जा सकती है; परन्तु मूल्यों की समष्टि पर एक संस्कृति, एक सभ्यता, एक नई जीवन-पद्धति का निर्माण किया जा सकता है।" समाजवाद केवल एक विचार पंथ नहीं है, बल्कि एक नई संस्कृति, एक नई सभ्यता है।

जबसे समाजवादी दल ने लोकतान्त्रिक समाजवाद में अपनी आस्था घोषित की है, इसके सदस्यों में दो प्रकार की प्रवृत्ति पैदा हुई है। एक सामान्य तथा सुदूर-व्यापी प्रवृत्ति, बिना किसी जीवित विश्वास के लक्ष्य को स्वीकार कर लेने की है। लोकतान्त्रिक समाजवाद उन साथियों के लिए कोई ज्वलन्त प्रेरणा या विकास की वस्तु नहीं बन पाया है। तर्क मन को तो समझा लेता है, परन्तु हृदय भावशून्य ही बना रहता है। लोकतान्त्रिक समाजवाद उन्हें बौद्धिक तृप्ति तो शायद दे सका है, परन्तु उनमें वह भावनापूर्ण संवेदना की सृष्टि नहीं कर सका है, जो मनुष्यों को अपने विचारों के लिए मर-मिटने के लिए प्रेरित करता है। यह सिद्धान्तों में लवलीन रहने और मूल्यों की उपेक्षा करने का ही परिणाम है। ऐसे साथियों ने उन लक्ष्यों को पूरी तरह नहीं समझा है जिनके लिए वे लड़ रहे हैं। अगर हम केवल सत्ता के लिए या 'सर्वहारा की तानाशाही' के लिए नहीं लड़ रहे हैं, बल्कि कुछ मूल्यों के लिए लड़ रहे हैं, और शोषण, अन्याय तथा हर प्रकार के उत्पीड़न के विरुद्ध संघर्ष कर रहे हैं, तो लोकतान्त्रिक समाजवाद ही हमारा लक्ष्य हो सकता है; और यह हमारे अन्दर अवश्यमेव वह निष्ठा, उत्साह एवं भक्ति पैदा कर सकता है जिसके द्वारा मुट्ठीभर लोग पहाड़ को भी हिला सकते हैं। हममें से अनेक लोगों में भावना की वह तीव्रता नहीं है। यही कारण है कि हमारे दल में हजारों कार्यकर्ता रहने पर भी कुल काम अपेक्षाकृत बहुत कम होता है, और इसी कारण हमें संघ भावना एवं सहयोग वृत्ति का भी ऐसा अभाव है। फिर भी मुझे विश्वास है कि ज्यों-ज्यों आस्था गहरी होती जाएगी और लोकतान्त्रिक समाजवाद के मूल्यों का अवबोध बढ़ता जाएगा, त्यों-त्यों विश्वास और भक्ति भी गहरी होती जाएगी।

जैसा कि मैंने ऊपर कहा है, ऐसे कुछ दूसरे साथी हैं—यद्यपि उनकी संख्या थोड़ी है—जिन्होंने लोकतान्त्रिक समाजवाद को व्यंग्य भावना से स्वीकार किया है और जो अपने को वास्तविक क्रांतिकारी समझते हैं। वे जिस दल में हैं, उनके ही बुनियादी सिद्धान्तों का उपहास करने से कभी नहीं चूकते। ऐसे लोगों को मेरी स्पष्ट सलाह है : "खुदा के लिए, आप जाइए।" उनसे मैं इन बातों के संबंध में बहस नहीं करना चाहता कि हममें से वास्तविक क्रांतिकारी कौन है। इस सवाल का फैसला इतिहास कर रहा है।

अतः जिन्हें लोकतान्त्रिक समाजवाद में विश्वास नहीं है; उनसे मैं कहता हूँ : "जाइए।" उनके जाने से दल का विघटन नहीं होगा, बल्कि उसका और भी एकीकरण होगा और दृढ़तर आन्तरिक एकता एवं समन्वय के द्वारा और अधिक शक्ति प्राप्त होगी। इस देश में अनेक ऐसे दल हैं जो क्रांति का सौदा आसान शर्तों पर किया करते हैं। अपने दल के इन मिथ्या-क्रांतिकारियों से मैं कहता हूँ : "जाइए वैसे किसी एक दल को चुनकर क्रांति कीजिए, भले ही वह चाय के प्याले पर ही क्यों न हो।" और मैं पुनः उनसे कहता हूँ : "खुदा के लिए जाइए और चिकनी-चुपड़ी बातों में लोकतान्त्रिक समाजवाद के प्रति मौखिक वफादारी प्रकट करते हुए, परन्तु शब्दों या कार्यों द्वारा उसे हर प्रकार से

झुठलाते हुए अपने आपको और समाजवादी आंदोलन को धोखे में रखने की कोशिश मत कीजिए।'' अगर दूसरे दलों के लोग इसमें घुसपैठ करने की कोशिश कर रहे हैं तो उनसे भी मैं कहूँगा : ''आप अपना समय नष्ट कर रहे हैं; साम्यवादी दल भी समाजवादी दल को तोड़ या निगल नहीं पाया।''

लोकतान्त्रिक समाजवादी आंदोलन के तरीके साम्यवाद के तरीकों से भिन्न हैं। हम उन गन्दे और अविवेकपूर्ण तरीकों का वर्णन करते हैं जिनका अनुसरण साम्यवादी किया करते हैं। अन्तर्दलीय संघर्षों में भी विभिन्न शक्ति गुटों के बीच झूठ-फरेब, चरित्रहनन, अपहरण एवं हत्या का सहारा वे लेते हैं। पता चला है कि हमारे दल में भी कुछ ऐसे लोग हैं जो इन गन्दे तरीकों के विरुद्ध नहीं हैं। मैं यह चेतावनी के तौर पर कहना चाहता हूँ कि इन तरीकों को प्रश्रय नहीं दिया जाएगा और जहाँ भी उचित प्रमाण मिलेगा, सख्त कार्रवाई की जाएगी।

हाल में दल के अन्दर गुट बनाने की कोशिशें भी की गई हैं, और यद्यपि ये गुट मुख्यतः व्यक्तिगत आकांक्षाओं पर आधारित होते हैं, तथापि कभी-कभी उन पर सैद्धान्तिक आवरण डाल दिया जाता है। परन्तु ये गुट चाहे सैद्धान्तिक हों या वैयक्तिक, उन्हें गुटबन्दी या दलबन्दी करने की अनुमति कभी नहीं दी जा सकती। इस दल का संविधान और इसकी कार्य-प्रणाली लोकतान्त्रिक है, और दल के हर सदस्य को अपने विचार प्रकट करने की पूरी स्वतन्त्रता है। पदाधिकारियों को भी दलीय परिपत्र (पार्टी लेटर) के द्वारा अधिकाधिक दल नीति से मतभेद प्रकट करने का अवसर दिया गया है। लेकिन स्थायी गुट या दल बनाने की अनुमति कभी नहीं दी जा सकती। अगर कभी दी गई तो यह दल, दल नहीं रह जाएगा; बल्कि सत्ता और अधिकार के लिए आपस में ही लड़ने वाले गुटों का एक ढीला समूह बन जाएगा। ऐसा दल कभी कुछ हासिल नहीं कर सकता।

समाजवाद की प्राप्ति के लिए कौन तरीका सही होगा, इस पर हम लोगों ने पिछले तीन वर्षों तक बहस की है। दल ने तो पूरे तौर पर लोकतान्त्रिक तरीके को स्वीकार किया है; परन्तु इस मामले में भी अन्तिम लक्ष्यों की तरह, दुराग्रही संशयवाद एवं विश्वासहीनता की अन्तर्धारा चलती रही है। परिणामतः हम लोग संघ-भावना से काम नहीं कर पाए हैं, और अकसर हमारे कार्यों पर अस्थायित्व की छाप लगी रही है।

दल का नीति-वक्तव्य स्पष्ट रूप से कहता है कि सामाजिक क्रांति के दो भाग हैं : 1. सशस्त्र जन विद्रोह अथवा विप्लव का मार्ग; 2. शान्तिपूर्ण लोकतान्त्रिक मार्ग। नीति वक्तव्य आगे इन शब्दों को स्पष्ट करते हुए बताता है कि विपल्वी तरीका मात्र हिंसा, आतंकवाद या विद्रोहवाद से भिन्न है और लोकतान्त्रिक तरीका मात्र वैधानिकता से भिन्न है। नीति-वक्तव्य और भी आगे जाता है और स्पष्ट रूप से घोषणा करता है कि भारत की वर्तमान परिस्थिति में, और आगे की सम्भावित परिस्थिति में, लोकतान्त्रिक तरीका ही समाजवाद के लिए काम करने का 'एकमात्र' सही तरीका है। इस प्रकार दल की नीति में कोई अस्पष्टता इस मामले में नहीं है। फिर भी शिकायतें की जाती हैं कि हमारी नीति इस विषय में स्पष्ट रूप से परिभाषित नहीं है। भ्रम निस्सन्देह आलोचकों के दिमाग में ही है, क्योंकि वे लोकतान्त्रिक तरीके के निहितार्थों को पूरी तरह नहीं समझते।

दूसरे आलोचकों की शिकायत यह तो नहीं है कि हमारी नीति अस्पष्ट है, बल्कि यह है कि यह नीति ही गलत है। उनके अनुसार, यह कहना कि बिना रक्तपात का सहारा लिए समाजवाद स्थापित किया जा सकता है, कार्यकर्ताओं को मूर्ख बनाना है। उनके लिए समाजवाद की स्थापना का केवल एक मार्ग है, और वह है रक्तरंजित क्रांति का मार्ग। इस आग्रहपूर्ण घोषणा के पक्ष में वे मार्क्स का आप्तवचन उद्धृत करते हैं। इसलिए मैं भी मार्क्स का ही एक कथन यहाँ उद्धृत करता हूँ। मार्क्स ने 1872 में अन्तर्राष्ट्रीय श्रमिक संघ (प्रथम अन्तर्राष्ट्रीय) के हेग सम्मेलन में, एक उल्लेखनीय अभिभाषण के दौरान क्रांति के तरीकों के प्रश्न पर जो कहा था, वह इस प्रकार है :

''नए श्रम-संगठन की नींव डालने के लिए एक दिन श्रमिक को राजनीतिक सत्ता हस्तगत करनी होगी। अगर वह प्राचीन ईसाइयों के समान, जो ऐसी वस्तुओं को घृणा एवं उपेक्षा की दृष्टि से देखते थे, इस दुनिया की चीजों का परित्याग नहीं करना चाहता है, तो उसे पुरानी नीति को, जो पुरानी संस्थाओं के आधार पर कायम है, उलटना होगा। लेकिन हम इस बात पर बल नहीं देते हैं कि इस लक्ष्य पर पहुँचने का मार्ग हर जगह एक ही होगा। हम जानते हैं कि विभिन्न देशों की संस्थाओं, रीतियों और परम्पराओं पर विचार करना होगा, और हमें इस बात से इनकार नहीं

है कि इंग्लैण्ड और अमरीका जैसे देश भी हैं, और यदि मैंने आपके देश की व्यवस्थाओं को ठीक-ठाक समझा है, तो उनमें हॉलैण्ड का नाम भी जोड़ सकता हूँ, जहाँ श्रमिक अपने लक्ष्य को शान्तिपूर्ण साधनों से प्राप्त कर सकता है। लेकिन सभी देशों में यह स्थिति नहीं है।''

अगर हमारे आलोचक यह नहीं मानते हैं कि मार्क्स अपना सुप्रसिद्ध उद्‌घाटन-भाषण देते समय विक्षिप्त हो गए थे, तो वे महसूस करेंगे कि उन्होंने मार्क्स को पूरी तरह गलत समझ रखा था। इसलिए, यह स्पष्ट रूप से समझ लेना चाहिए कि समाजवाद सशस्त्र क्रांति के द्वारा स्थापित हो सकता है, यह मान्यता उतनी ही मार्क्स विरोधी है, जितनी यह कि समाजवाद शान्तिमय साधनों से स्थापित हो सकता है। सही मार्क्सवादी स्थिति यह है कि दोनों ही तरीकों का उपयोग समाजवाद के लिए किया जा सकता है, परन्तु उनमें से कौन एक विशेष परिस्थिति में उपयुक्त होगा, यह निर्णय प्रासंगिक ऐतिहासिक एवं वास्तविक स्थितियाँ ही कर सकती हैं। एक विशेष परिस्थिति में एक तरीका ही सही हो सकता है और कौन तरीका सही है, इसका निर्णय परिस्थिति के तथ्यों के आधार पर ही किया जा सकता है, न कि 'पूर्व-सिद्ध' मत घोषणा के आधार पर।

इसका हमारे आलोचक यह उत्तर देते हैं कि आज की परिस्थिति मार्क्स के जमाने की परिस्थिति नहीं है, और वर्तमान जागतिक परिस्थिति में समाजवाद कदापि नहीं प्राप्त किया जा सकता। मार्क्स को संशोधित करने का यह प्रयास एक स्वरूप लक्षण है, परन्तु यदि पुनर्विचार की यह प्रक्रिया मार्क्स के वैज्ञानिक ढंग का अनुसरण नहीं करती है, तो सम्भव है कि वह अधःपतित होकर पूर्वकल्पित विचारों के मात्र औचित्य-स्थापन का रूप ले लेगी। मार्क्स ने जब हेग-सम्मेलन में भाषण दिया था तो उस समय महाद्वीपीय यूरोप में प्रतिक्रियावाद का राज्य था, और इंग्लैण्ड तथा हालैण्ड में राजनीतिक लोकतन्त्र पूरी तरह विकसित नहीं हुआ था। आज, विश्व का छठा हिस्सा सोवियत साम्यवाद के अन्तर्गत है, और चीन तथा सारा पूर्वी यूरोप एवं मध्य यूरोप का कुछ हिसा साम्यवादी है। स्केडिनेबिया तथा ग्रेट ब्रिटेन में समाजवादी सरकारें और शक्तिशाली सहकारी आंदोलन चल रहे हैं। पश्चिम यूरोप के दूसरे देशों में, कम-से-कम पूर्ण राजनीतिक लोकतन्त्र तो है ही, और विगत युद्ध के परिणामस्वरूप यूरोपीय पूँजीवाद बिखर चुका है। साम्राज्यवाद भी पतनोन्मुख है, और भारत, पाकिस्तान, बर्मा, श्रीलंका स्वतन्त्र देश हो चुके हैं; अन्य देशों का भी साम्राज्यवादी बन्धन ढीला हो चुका है। अमरीका में 'न्यूडील' की योजना से कल्याणकारी राज्य की दिशा में प्रगति शुरू हुई जो अभी तक रुक नहीं गई है और युद्ध-काल के बाद वहाँ के श्रमिकों में महान जागरण हुआ है। दुनिया के अन्य भागों में भी लोकतन्त्र की शक्तियाँ पहले से कहीं अधिक आगे बढ़ी हैं। इसलिए, यह तो सच है कि आज की परिस्थिति मार्क्स के जमाने की परिस्थिति से भिन्न है, परन्तु यह भिन्नता समाजवाद के शान्तिमय विकास के ही पक्ष में है।

समाजवाद की शक्तियाँ आज उन्नीसवीं शताब्दी के अन्तिम चतुर्थांश की अपेक्षा अतुलनीय रूप से, अधिक शक्तिशाली हैं। भारत में, नागरिक स्वतन्त्रताओं पर सीमाएँ और निरोधक कारावास अधिनियम लागू होने के बावजूद लोकतान्त्रिक ढंग के राजनीतिक कार्यों के लिए काफी गुंजाइश है। यदि लोकतान्त्रिक शक्तियाँ इस देश में और मजबूत हो जाएँ तो नागरिक स्वतन्त्रताओं पर की वर्तमान सीमाएँ भी दूर हो सकती हैं। इसमें सन्देह नहीं कि यदि भारत में लोकतान्त्रिक विधि-विज्ञान को लागू करना है तो लोकतान्त्रिक तरीके का ही चुनाव करना होगा। कुछ भी हो, हमारे आलोचक आखिर कौन-सा विकल्प सुझाते हैं? इस प्रश्न का कोई ठोस उत्तर नहीं मिलता है।

एक विकल्प साम्यवादी दल द्वारा प्रस्तुत किया जाता है। लोकतान्त्रिक वातावरण में भी उन्होंने जान-बूझकर हिंसा अपनाई है, और हत्या, लूट तथा आगजनी के कृत्य किए हैं। उन्होंने सहज ही यह मान लिया था कि वे विप्लव के लिए कार्य कर रहे हैं और क्रांतिकारी तरीके का अनुसरण कर रहे हैं। लेकिन वास्तव में आतंकवाद का प्रयोग चला रहे थे। भारतीय साम्यवादी दल ने हिंसा का उपयोग कर कौन-सी सफलता पाई है, यह विगत दो वर्षों में स्पष्ट हो गया है। आज इस देश में साम्यवाद न केवल बदनाम हो चुका है, बल्कि साम्यवादी दल की अति-गर्वित एकता एवं सुदृढ़ता भी मिथ्या सिद्ध हुई है, और उसके सदस्य पूर्ण विघटन एवं सैद्धान्तिक उलझन के शिकार हो गए हैं।

मुझे समाजवादी दल का एक भी ऐसा सदस्य नहीं मिला जो वस्तुतः साम्यवादी तरीकों का समर्थन करता हो, और तब भी हमारे काम करने के तरीकों की आलोचना होती है और उनमें शंका प्रकट की जाती है। अपने लोकतान्त्रिक

तरीकों और भारतीय साम्यवादी दल के हिंसक तरीकों में कोई मध्य मार्ग निकालने की व्यर्थ कोशिश मैं कर चुका हूँ। समाजवादी दल की जोरदार शब्दों में भर्त्सना करने वाले छोटे-छोटे समाजवादी समूह आधे दर्जन से भी अधिक इस देश में हैं, और उनमें से अधिकतर बंगाल में हैं। फिर भी, उनमें से एक भी किसी नई पद्धति का अनुसरण करते हुए मुझे नहीं दीख पड़ा। वे चाहे मुँह से कितने भी जोरदार क्रांतिकारी नारे लगा रहे हों; परन्तु वास्तविक व्यवहार में, वे उसी तरीके का अनुसरण करते दिखाई देते हैं, जिसका अनुसरण हम करते हैं। और जो ऐसा नहीं कर रहे हैं, वे एकमात्र विकल्प साम्यवादी तरीके का ही अनुसरण कर रहे हैं।

यहाँ मैं कुछ विषयांतर करना चाहूँगा। साम्यवादी व्यूहरचना में हाल ही में परिवर्तन हुआ है, ऐसी काफी चर्चा चली है। इन घटनाओं को पूरी तरह समझ लेना आवश्यक है। रणदवे (भारतीय साम्यवादी दल के तत्कालीन महामन्त्री) जिस नीति का अनुसरण करते हुए दीखते हैं, वह रूस के चिर-प्रतिष्ठित मार्ग से सामाजिक क्रांति करने की नीति है—एक ऐसी क्रांति जो सशस्त्र जन-विद्रोह के रूप में पैदा होती है और जो एक नए क्रांतिकारी राज्य को जन्म देती है। वह तरीका अनिवार्यतः विफल होने वाला था और वह विफल हो चुका है। कोई सशस्त्र जन-विप्लव इच्छानुसार आयोजित नहीं किया जा सकता। उस तरीके की विफलता के फलस्वरूप नीति में परिवर्तन होना निश्चित था। परिवर्तित व्यूहरचना का अर्थ सुप्रतिष्ठित रूसी पद्धति की जगह पर चीनी पद्धति का प्रतिस्थापन है, ऐसा लगता है। अब आतंकवाद और हिंसक कार्यकलाप सामान्यतः बन्द होंगे; शहरी क्षेत्रों में साम्यवादी लोग सम्भवतः अधिक सौम्य नीति का अनुसरण करेंगे और एक बार पुनः मध्यम वर्ग को अपने पक्ष में करने का प्रयत्न करेंगे। साथ ही, वे सम्भवतः कुछ चुने हुए ग्रामीण क्षेत्रों में शक्ति केन्द्रित करेंगे, और वहाँ शायद इस दृष्टि से हिंसक कार्यवाही तेज की जाएगी कि देश के किसी भाग में एक साम्यवादी क्षेत्र—एक 'लाल' भारत की स्थापना की जा सके। यह तरीका भी अनिवार्यतः विफल होने वाला है, क्योंकि गणतान्त्रिक भारत न केवल जार के रूस से भिन्न है, बल्कि आज से पचीस वर्ष पहले के युद्ध प्रताड़ित चीन से भी भिन्न है।

जब साम्यवादियों ने चीन के लाल क्षेत्र में अपना लघु राज्य स्थापित करने में सफलता पाई थी, उस समय वहाँ की राष्ट्रवादी सरकार शक्तिशाली युद्ध-नायकों के साथ जीवन-मरण की लड़ाई लड़ रही थी, जिनमें से कुछ को कतिपय बाहरी शक्तियों की भी सहायता प्राप्त थी। च्यांग-काई-शेक चीनी गणतन्त्र के लिए चांग-त्सो-लिन तथा अन्य युद्धनायकों को माओ के लघु लाल चीन से अधिक खतरनाक मानते थे; इसलिए वे एक-एक कर उन युद्धनायकों को कुचलकर चीन को एकीकृत करने में ही लगे रहे; उधर माओ के लाल क्षेत्र की शक्ति बढ़ती गई और उसका विस्तार होता गया। राष्ट्रवादी चीन का धीरे-धीरे एकीकरण तो हुआ; परन्तु वहाँ का राज्य एक सैनिक तानाशाही के रूप में ही रहा। वहाँ न कोई लोकतान्त्रिक ढाँचे थे, न संविधान था, और न चुनाव होते थे।

अब इस देश में तो वैसी कोई परिस्थिति नहीं है। यहाँ एक ऐसी केन्द्रित सरकार है जिसका प्रदेश हिमालय से कुमारी अन्तरीप तक चलता है। हमारी केन्द्रीय सेना है, और यहाँ कोई युद्ध नायक नहीं है। हमारी एक संविधान सभा भी थी जिसने हमें एक लोकतान्त्रिक संविधान दिया है, चाहे वह जितना भी अपूर्ण हो। हमारे देश में वयस्क मताधिकार है, और प्रतिपक्षी दलों को, जो प्रकट रूप से हिंसा नहीं अपनाते, काम करने की अनुमति है। अगले वर्ष आम निर्वाचन होने की घोषणा की गई है। ऐसी परिस्थिति में यह कभी सम्भव नहीं है कि यहाँ एक 'लाल' क्षेत्र का निर्माण होगा वह क्षेत्र धीरे-धीरे सारे देश पर छा जाएगा। चीन में भी, यदि जापानी युद्ध बीच में नहीं आ गया होता, तो इसमें सन्देह है कि राष्ट्रवादी चीन पर माओ की विजय हुई होती। इसलिए मैं इस बात को दुहराना चाहता हूँ कि 'कमिन्फार्म' से भारतीय साम्यवादियों को माओ-त्से-तुंग का अनुसरण करने का जो नवीनतम निर्देश प्राप्त हुआ है, वह उसके पूर्व निर्देश के समान ही पूर्ण विफल सिद्ध होगा, जिसके आधार पर साम्यवादी दल का कलकत्ता-प्रबन्ध (साम्यवादी दल द्वारा कलकत्ता अधिवेशन में स्वीकृत 'थीसिस') ढाई वर्ष पहले स्वीकृत हुआ था।

अब मैं इस प्रश्न पर लौटता हूँ जिस पर विचार कर रहा था। मुझे लगता है कि समाजवादी दल तथा अन्य समाजवादी गुटों में भेद यह है कि ये गुट हमारी आलोचना करते हैं इसलिए कि हम लोकतान्त्रिक तरीके पर जोर देते हैं, परन्तु वास्तविक व्यवहार में वे भी इसी तरीके का अनुसरण करते हैं, यद्यपि अपने क्रांतिकारी स्वरूप में अपना

विश्वास दृढ़ करने के लिए वे यह दुहराते रहते हैं कि समाजवाद शान्तिमय उपायों से कभी नहीं लाया जा सकता।

इन समाजवादी गुटों की मान्यता यह प्रतीत होती है कि आज की स्थिति में शान्तिमय तरीकों का ही अनुसरण करेंगे, पर इस मत पर आग्रहपूर्वक डटे रहेंगे कि अन्तिम स्थिति में हिंसा किसी-न-किसी रूप में अनिवार्य होगी। दूसरी तरफ समाजवादी दल की मान्यता पूर्णतः मार्क्सवादी आधार पर है। वह यह कि वर्तमान स्थिति में लोकतान्त्रिक जीवन-पद्धति विकसित और सुदृढ़ होती है, तो यही तरीके समाजवाद के लिए संघर्ष की अन्तिम स्थिति में भी सही होंगे।

परन्तु अगर परिस्थिति बदलती है, और हम सब लोग—जिनमें बड़ी-बड़ी बात करने वाले वे क्रांतिकारी भी शामिल हैं—इस देश में फासिस्टवाद के विकास को रोकने में असमर्थ रहते हैं, तो मार्क्सवाद के प्रारम्भिक सिद्धान्त के अनुसार लोकतान्त्रिक तरीके अप्रभावी सिद्ध होंगे। लेकिन पहली बात यह है कि हमें बुजदिल नहीं होना है और संघर्ष में शामिल होने के पहले ही पराजय नहीं स्वीकार कर लेना है। मुझे विश्वास है कि यदि इस देश में लोकतान्त्रिक शक्तियाँ समुचित रूप से और प्रभावशाली ढंग से काम करें तो फासिस्टवाद को रोकना तथा लोकतन्त्र का निर्माण कर उसे सुरक्षित रखना सम्भव होगा। दूसरी बात यह है कि यदि परिस्थिति आगे चलकर बदलने वाली है तो भी उसका अनुमान कर वर्तमान तरीकों के द्वारा जनता को तैयार और संगठित करने के लिए अभी जो कुछ किया जा रहा है, उसके अतिरिक्त आज की स्थिति में और क्या करना है?

समाजवादी दल अगर लोकतान्त्रिक तरीकों का अनुसरण कर जनता की वफादारी हासिल करने और उसे राजनीतिक दृष्टि से चैतन्य तथा संगठनात्मक रूप से शक्तिशाली बनाने में सफल होता है, तो जन-विद्रोह के लिए किया गया आह्वान भी प्रभावकारी हो सकता है। यदि शासनारूढ़ अधिकारी लोकतन्त्र को अप्रभावी बना देते हैं तो जनता को विप्लव का मार्ग अपनाकर सामूहिक कार्रवाई के द्वारा सत्ता हस्तगत करनी पड़ सकती है—यह बात उस राजनीतिक शिक्षण का, जो हम जनता को देने का प्रयास करते हैं, अंग है और हमेशा होना चाहिए।

दल के सदस्यों से बातचीत के दौरान मैंने कभी-कभी उनके मन में चल रही यह भावना पढ़ी है कि जहाँ हिंसक तरीके तेजी से परिणामकारी होते हैं, वहाँ लोकतान्त्रिक तरीके लम्बे अर्से तक क्रिकेट के खेल में अंधाधुंध हाथ चलाने जैसा है। यह बात सत्य से बहुत दूर है। स्वयं रूस इस बात का उदाहरण है कि हिंसक तरीकों के सफल होने में कितना समय लगता है। अगर प्रथम विश्व युद्ध नहीं होता तो कौन कह सकता है कि 1917 में बोल्शेविक क्रांति होती ही? अभी चीन हिंसा की प्रभावकारी क्षमता का सामान्य उदाहरण बन गया है। लेकिन यह बात भुला दी जाती है कि चीन में भी कम-से-कम दो दशाब्दियों तक संघर्ष चलता रहा, और यदि द्वितीय विश्वयुद्ध में नहीं हुआ होता, तो माओ की विजय कभी निश्चित नहीं होती या जिस समय माओ को विजय मिली, उस समय नहीं मिली होती।

अतः हम इस निष्कर्ष पर फिर पहुँचते हैं कि हमारी वर्तमान परिस्थिति में लोकतान्त्रिक तरीके को छोड़ और कोई विकल्प नहीं है। तब, यह तरीका आखिर है क्या?

इस सवाल का उत्तर देने से पूर्व एक सम्भावित गलतफहमी को दूर करना चाहूँगा। जिस प्रकार कुछ लोगों के लिए, किसी भी परिस्थिति में, विप्लवी मार्ग का कोई विकल्प नहीं है; उसी प्रकार ऐसे भी लोग हैं जो किसी भी स्थिति में विप्लवी मार्ग को नहीं अपनाएँगे। पिछले प्रकार के लोगों का दृष्टिकोण भी दल के बुनियादी विश्वास से उतना ही असंगत है। दल में ऐसे लोगों के लिए भी कोई स्थान नहीं हो सकता।

उपर्युक्त प्रश्न का उत्तर देने के लिए मैं पुनः उस पर लौटता हूँ। यह स्मरणीय है कि हमारे नीति-वक्तव्य में लोकतान्त्रिक पद्धति को विधानवादी पद्धति से भिन्न बताया गया है। समाजवादी दल केवल एक संसदीय दल नहीं है। वास्तव में, समाजवादी दल का शायद ही कोई अस्तित्व संसद में है। यह एक क्रांतिकारी दल है। वह संसदीय तरीके का उपयोग भी कर सकता है, परन्तु अपनी सफलता के लिए वह मुख्यतः संसद के बाहर और जनता के बीच किए गए अपने काम पर निर्भर करता है।

चुनाव के द्वारा संसद पर अधिकार कर सरकार बनाना लोकतान्त्रिक तरीके का ही एक हिस्सा है; लेकिन समाजवादी दल वह विश्वास करता है कि सत्ता हस्तगत करने के बाद भी सामाजिक क्रांति को आगे ले जाने का काम स्वयं जनता को करना होगा; यद्यपि समाजवादी राज्य से उसको सहायता और मार्गदर्शन प्राप्त हो सकता है। जो मात्र संसदीय

दल है, वह चुनाव यन्त्र से कुछ ही अधिक होता है और वह केवल प्रचार पर निर्भर करता है। परन्तु समाजवादी दल कोई चुनाव-यन्त्र नहीं है और वह केवल प्रचार पर निर्भर नहीं करता। यह दल श्रमिक-संगठन करता है, किसान पंचायतें बनाता है और युवा संघों का भी निर्माण करता है। वह आंदोलन चलाता है और जनता के लिए संघर्ष करता है। वह स्थानीय संघर्षो, हड़तालों और 'सत्याग्रहों' का संचालन करता है। परिस्थिति की माँग और मन्त्रणा के अनुसार उसे कभी-कभी राष्ट्रीय संघर्ष भी छेड़ना पड़ सकता है। वह रचनात्मक कार्य भी चलाता है; सहकारियों का, सड़कों, तालाबों और बाँधों का निर्माण करता है; श्रमिक शिक्षण के कार्यक्रम का संचालन करता है, तथा दूसरे अनेक काम करता है।

संगठन, प्रचार, आंदोलन, संघर्ष और रचनात्मक कार्य ये कुल पाँच प्रकार के काम हैं जो हम आज करते हैं, और ये सभी 'लोकतान्त्रिक विधि' की परिभाषा में आते हैं। इन सब कामों का लक्ष्य केवल चुनाव जीतना नहीं है; बल्कि जनता की सेवा करना, उसे अपने अधिकारों एवं हितों की प्राप्ति और रक्षा करने के लिए संगठित करना, और अन्ततः सामूहिक लोकप्रयत्न के द्वारा समाजवादी राज्य की स्थापना तथा समाजवादी समाज के निर्माण के लिए उसे समर्थ बनाना है।

आलोचना का एक और रूप है जो मेरी दृष्टि में उचित है। लोकतान्त्रिक तरीकों को लागू करने में गलतियाँ हो सकती हैं। जैसे, जहाँ कार्रवाई करने की आवश्यकता है, वहाँ कुछ नहीं करने का आदेश दे दिया जाता है, और कहीं इसके ठीक विपरीत आचरण भी हो सकता है। तथापि, किसी तरीके के किसी विशिष्ट प्रयोग का परीक्षण करने के क्रम में हमें पूर्वकल्पित विचारों से प्रेरित नहीं होना चाहिए। उदाहरण के लिए कुछ क्षेत्रों में ऐसी बात करने की प्रवृत्ति देखी जाती है कि कोई हड़ताल सफल या विफल होती है, इसका बहुत महत्त्व नहीं है। वास्तविक लक्ष्य यह नहीं है कि सामूहिक सौदेबाजी के द्वारा श्रमिकों के लिए कोई विशिष्ट लाभ प्राप्त किया जाए, बल्कि लक्ष्य यह है कि स्थापित सत्ता के विरुद्ध संघर्षशीलता एवं शत्रुता की भावना पैदा हो। इससे अधिक मूर्खता एवं अदूरदर्शिता के सिद्धान्त की मैं कल्पना नहीं कर सकता। ठीक यही नीति इस देश में विगत पच्चीस वर्षों से साम्यवादी चला रहे हैं। परन्तु आज श्रमिक वर्ग के अन्दर कहाँ हैं उनके योद्धा और योद्धाओं ने क्या हासिल किया है? अपने दुष्कल्पित तरीकों और लड़ाकूपन के द्वारा साम्यवादी केवल नैतिक भ्रंश पैदा करने में सफल हुए हैं।

लड़ाकूपन पराजय एवं क्षोभ की मनोदशा के द्वारा नहीं, बल्कि लक्ष्यबोध एवं विश्वास के द्वारा पैदा किया जा सकता है। वही श्रमिक लड़ाकू हैं जिसमें गहरा विश्वास हो, और जिस लक्ष्य के लिए वह लड़ रहा है, उसका स्पष्ट बोध हो। हम राजनीतिक शिक्षण तथा कठोर एवं धैर्यपूर्ण कार्य द्वारा, आत्मप्रत्यय एवं अवबोध प्राप्त करने में, श्रमिकों की सहायता कर सकते हैं। संघर्ष श्रमिक को पक्का और दृढ़ बनाता है; परन्तु इसका यह अर्थ नहीं कि हम मूर्खतापूर्वक की गई हर एक हड़ताल में कूद पड़ें या प्रतिदिन कृत्रिम ढंग से हड़ताल का आयोजन करें। गलत विचार से, गलत समय पर, गलत ढंग से आयोजित संघर्ष लाभकर से अधिक हानिकर होगा। जहाँ तक स्थापित सत्ता के विरुद्ध भावना पैदा करने का संबंध है इसके संघर्ष की आवश्यकता नहीं है।

आज जो भावना मौजूद है, वह शासक वर्गों के कुकृत्यों का परिणाम है। हमारा काम इस सारे असन्तोष को संगठित राजनीतिक चेतना एवं महत्त्वपूर्ण राजनीतिक कार्रवाई में परिवर्तित करना है। इस प्रतिवेदन में मैंने पिछले तीन वर्षों से समाजवादी दल के सदस्यों के बीच रहे विवाद को सार रूप में प्रस्तुत करने की चेष्टा की है, और मैं चाहूँगा कि यह सम्मेलन इस विवाद पर अन्तिम रूप से विराम लगा दे। हम अपनी बुनियादों के विषय में अनिश्चित काल तक बहस नहीं चला सकते। हर बार बुनियाद डालकर उसे निकाल लिया जाए तो कोई इमारत तैयार नहीं हो सकती।

इसका मुझे भान है कि दल के अन्दर यह सैद्धान्तिक स्पष्टता लाने के लिए हमें जो करना चाहिए था, वह करने में हम असमर्थ रहे हैं। इसके लिए जैसे साहित्य की आवश्यकता थी, वह तैयार नहीं किया जा सका। लेकिन इससे इनकार नहीं किया जा रहा है। तथापि, मुझे यह दुर्भाग्यपूर्ण अनुभव है कि जो साहित्य उपलब्ध है, उसे भी हमारे साथी, पढ़ने का प्रयास नहीं करते। दल की पत्रिकाएँ स्पष्टतः दल के शिक्षण के लिए सर्वोत्तम साधन हैं, परन्तु मैंने अकसर देखा है कि दल के सदस्य सस्ती, सनसनीखेज और अश्लील पत्रिकाएँ तो चाव से पढ़ते हैं, लेकिन दल द्वारा प्रकाशित पत्रों को आँख उठाकर भी नहीं देखते। मुझे ऐसे साथी भी मिले हैं जिन्होंने दल के प्रस्तावों को पढ़ना तो दूर, नीति-वक्तव्य

तक का अध्ययन नहीं किया है। इसलिए आज अगर इतना वैचारिक भ्रम है तो यह अस्वाभाविक नहीं है।

बुनियादी सिद्धान्तों का स्पष्टीकरण एक दूसरे दृष्टिकोण से भी आवश्यक हो गया है। साम्यवादी नीति में जो परिवर्तन हाल में हुआ है, उसको देखते हुए यह सम्भव है कि उनकी ओर से घुसपैठ का अभियान चले और संयुक्त मोर्चे एवं वामपंथी एकता के पूर्व-परिचित नारे फिर से लगाए जाएँ। अगर हमारे कार्यकर्ताओं के सामने अपना लक्ष्य बहुत स्पष्ट नहीं है तो दूसरों के दलालों द्वारा आयोजित अनावश्यक आन्तरिक विवादों से दल के कमजोर होने की सम्भावना है।

अपना कथन समाप्त करने के पूर्व मैं यह निवेदन करना चाहूँगा कि हमारे लक्ष्य जहाँ ऊँचे हैं और आशाएँ बलवती हैं, वहाँ हमें गीता की सिखावन के अनुसार निष्काम भावना से काम करना चाहिए। हमें न सफलता में उत्तेजित और विफलता से विचलित होना चाहिए। हमें अपने कार्य में और इस विश्वास में ही आनन्द अनुभव करना चाहिए कि विजय अन्ततः हमारी होकर रहेगी। फिर चाहे संघर्ष कितना ही लम्बा हो, हमें काम करते जाना है। मुझे भय है कि हमारे दल के अन्दर अविलम्ब फल-प्राप्ति की भावना वाली प्रवृत्ति बढ़ रही है। बहुतों को यह कहते सुना गया है कि अगला आम निर्वाचन दल के भविष्य का निर्णय करेगा। मुझे इसमें सन्देह नहीं है कि चुनाव में दल अपनी शक्ति का एक अच्छा परिचय देगा। लेकिन यदि उसकी पूर्ण पराजय भी हो जाएगी तो मेरे मन में इससे रंचमात्र भी फर्क नहीं पड़ेगा। वस्तुतः मेरे लिए तो यह परिणाम महानतर चुनौती एवं दृढ़तर प्रयासों का प्रेरक होगा। मुझे आशा है कि आप सब इसी भावना से काम करेंगे और कर्तव्य पूर्ण होने से प्राप्त सन्तोष के रूप में ही उसके पुरस्कार की कामना करेंगे।

अधिकांश लोगों की दृष्टि में सर्वोदय का सिद्धान्त एक सनक है जो अहिंसा और न्यासिता की बहुत बातें करता है, परन्तु कोई समाज-परिवर्तन लाने से डरता है। तथापि, सभी गम्भीरमना लोगों से मैं सिफारिश करूँगा कि सर्वोदय योजना का सावधानी से अध्ययन करें। यह योजना निरा भावुकतावाद नहीं है, बल्कि बुनियादी सामाजिक क्रांति का एक ठोस कार्यक्रम है। परम्परागत समाजवादी क्षेत्रों से बाहर एक नई समाज-व्यवस्था को वास्तविक रूप से चित्रांकित करने की यह पहली कोशिश है। समाजवादियों को, विशेषतः वैज्ञानिक समाजवादियों को, जिन्हें वस्तुनिष्ठ होना है और पूर्वकल्पित भावनाओं के बदले तथ्यों पर विचार करना है, इस कोशिश को सहानुभूतिपूर्ण निगाह से देखना चाहिए, और ऐसी जमात के लोगों को समझाने और उनके निकटतर जाने का प्रयास करना चाहिए जिनसे अधिक निष्ठावान लोकसेवक हमें मिल नहीं सकते।

मुझे भय है कि समाजवादी दल में भी, जो किसी सिद्धान्त को मताग्रही दृष्टि के बजाए वैज्ञानिक दृष्टि से देखता है, इस कार्यकर्ता-जमात के महत्त्व का, या जिन निष्कर्षों पर वे पहुँच रहे हैं, उनके महत्त्व का पूरा भान नहीं है, यद्यपि उनके निष्कर्षों तथा समाजवादी दल के विचारों में आश्चर्यजनक समानता है। जो कोई सर्वोदय योजना को पढ़ने का यत्न करेगा, उसे पता चलेगा कि इस योजना में समाजवादी दल के तात्कालिक कार्यक्रम का अस्सी प्रतिशत अंश निहित है, इसके अलावा समाजवादी दल के वर्गहीन एवं वर्णहीन समाज का आदर्श भी उसे मान्य है।

सर्वोदय-योजना कैसे बनी, इसकी एक दिलचस्प कहानी है। गाँधी जी के जीवन-काल में ही देश की तेजी से बिगड़ती हुई परिस्थिति तथा सरकारी नीति में व्याप्त भ्रम को देखते हुए, यह तय हुआ था कि रचनात्मक कार्यकर्ता फरवरी, 1948 में वर्धा में एकत्र हों और देश एवं सरकार के सामने पेश करने के लिए गाँधीनिष्ठ सिद्धान्तों के आधार पर एक राष्ट्रीय कार्यक्रम तैयार करें। महात्माजी स्वयं इस सभा का मार्गदर्शन करने वाले थे। परन्तु इतिहास ने कुछ और सोच रखा था। तथापि, बाद में यह सभा आयोजित हुई और अन्ततः 1949 के दिसम्बर में दो सौ रचनात्मक कार्यकर्ता वर्धा में इकट्ठे हुए। इन कार्यकर्ताओं ने उस कार्यक्रम का अनुमोदन किया जो 30 फरवरी, 1950 को 'सर्वोदय-योजना' के रूप में प्रकाशित हुआ।

उक्त योजना का पूर्ण विवरण पेश करने का यह स्थान नहीं है; परन्तु उसके बुनियादी मुद्दों को मैं यहाँ उपस्थित करूँगा। उस योजना के सामने जो आदर्श है, वह एक अहिंसक, शोषणमुक्त, सहकारी समाज का आदर्श है जो जाति या वर्ग पर आधारित नहीं होगा और जिसमें सबके समान अवसर रहेंगे। वर्तमान प्रतियोगी अर्थरचना की जगह सहयोग-आधारित सामाजिक अर्थव्यवस्था स्थापित की जाएगी। कृषि-भूमि का स्वामित्व, समाज द्वारा निर्धारित नियमों

के अन्तर्गत, भूमि जोतने वाले कृषकों में निहित होगा। भूमि का पुनर्वितरण होगा और किसी के पास भी आर्थिक जोत के तिगुने से अधिक भूमि नहीं रहने दी जाएगी। अनार्थिक जोतों का सहकारी फार्मों के रूप में एकत्रीकरण होगा। कृषि के अन्दर लाई गई बंजर-भूमि पर सामूहिक खेती होगी। व्यक्तिगत फार्म पर खेती करने वाले किसानों को ग्रामीण बहुद्देशीय समिति के द्वारा कार्य करना होगा। वर्तमान मूल्य स्तरों पर निम्नतम मजदूरी या आय सौ रुपए और अधिकतम मजदूरी उससे बीस गुना, यानी दो हजार रुपए होंगे।

वह योजना उद्योग को केन्द्रित और विकेन्द्रित भागों में बाँटती है। वह कहती है : "केन्द्रित उद्योगों का स्वामित्व समाज के अधीन, और संचालन स्वायत्त निगमों या यदि सम्भव हो तो सहकारियों के माध्यम से होगा।" इसके बाद योजना यह आकर्षक वक्तव्य अंकित करती है : "ऐसे केन्द्रित उद्योगों का समाजीकरण किया जाना चाहिए और उसके लिए इस योजना में निर्धारित सीमा (यानी दो हजार रुपए प्रतिमाह) के आधार पर संगठित क्षतिपूर्ति दी जानी चाहिए जो मात्र पुनर्वास के लिए क्षतिपूर्ति होगी।"

सार्वजनिक स्वामित्व के अधीनस्थ केन्द्रित उद्योगों के प्रबन्ध-कार्य में कर्मचारियों को भी शामिल किया जाएगा। विदेशी उद्योग-संस्थाओं को या तो समाप्त किया जाएगा या उन्हें सार्वजनिक स्वामित्व के अन्दर ले जाना होगा। विकेन्द्रित उद्योगों में उत्पादन के साधनों पर व्यक्तिगत या सहकारी स्वामित्व रहेगा। देश के वैदेशिक व्यापार को सार्वजनिक निगम के नियन्त्रण में रखा जाएगा।

बैंक एवं बीमा के संबंध में कहा गया है : "निम्नतम कार्यक्रम होगा—व्यापक पैमाने पर बचत का संगठन तथा कृषि एवं विकेन्द्रित उद्योगों के हित में विनियोगों का नियन्त्रण, और बड़ी पूँजी के अनुचित एकाधिकार से राष्ट्रीय अर्थव्यवस्था की रक्षा के लिए बैंक एवं बीमा कम्पनियों का अन्ततः समाजीकरण।"

कर निर्धारण के विषय में योजना कहती है : "हमारा लक्ष्य एक ऐसी वित्तीय व्यवस्था को विकसित करना होगा जिसके अन्तर्गत संगृहीत सार्वजनिक राजस्व का पचास प्रतिशत भाग ग्राम पंचायतों द्वारा खर्च किया जाएगा और शेष पचास प्रतिशत उच्चतर स्तरों के प्रशासन में खर्च होगा।"

उपर्युक्त विवरण से सर्वोदय-योजना के स्वरूप की एक कल्पना मिलेगी। संपूर्ण योजना का अध्ययन किसी के लिए भी उपयोगी होगा। जो कोई इसका अध्ययन मुक्त मानस से करता है, वह मेरे इस विचार से सहमत होगा कि यह योजना कार्यान्वित होने पर समाजवाद की दिशा में हमें बहुत दूर तक ले जाएगी।

फिर अगला कदम आसान हो जाएगा। यह प्रश्न किया जा सकता है कि अगर सर्वोदय-योजना ही पर्याप्त है, तो फिर समाजवादी दल की आवश्यकता ही क्या है? जो इस योजना को पढ़ने का कष्ट करेंगे, उन्हें इस प्रश्न का भी उत्तर मिल जाएगा। इस योजना का निर्माण करने वाले राजनेता नहीं हैं और उनका अपना कोई राजनीतिक दल नहीं है। जैसा कि वे अपनी टिप्पणी में कहते हैं, केवल देश के सामने राष्ट्रीय पुनर्निर्माण की एक गाँधीवादी योजना उपस्थित करने का उन्होंने प्रयास किया है। परन्तु उन्हें इसका भान है कि इस योजना को क्रियान्वित करने के लिए राजी कर सकेंगे। अब तक वह आशा क्षीण होकर समाप्त हो चुकी होगी। अतः यह मानने का कोई कारण नहीं है कि यदि समाजवादी दल उक्त योजना को कार्यान्वित करने का आश्वासन देता है, तो वे इस दल को सहयोग देने से इनकार करेंगे। मैं तो कुछ समय से महसूस कर रहा हूँ कि रचनात्मक कार्यकर्ताओं तथा समाजवादी दल को एक नई समाज-व्यवस्था का निर्माण करने हेतु आपस में सहयोग अवश्यमेव करना चाहिए। मैं चाहता हूँ कि समाजवादी दल के सदस्यों में इतनी बौद्धिक ईमानदारी हो कि वे वास्तविक तथ्यों का अध्ययन, पूर्वग्रहों से अप्रभावित रहकर कर सकें।

साथ ही मैं यह भी कहना चाहूँगा कि सर्वोदय योजना ही समाजवाद नहीं है। वह इससे अधिक बहुत कुछ है। परन्तु यह मानने का कोई कारण नहीं कि समाजवाद की और सारी बातें रचनात्मक कार्यकर्ताओं को अस्वीकार्य होंगी या एक नई सभ्यता के निर्माण के प्रश्न पर सर्वोदय योजना ही उनके लिए अन्तिम शब्द होगी।

अब दो शब्द गाँधीवाद और समाजवाद के विषय में कह दूँ। मेरे बारे में कहा गया है कि मैंने, गाँधीवाद ही समाजवाद है, ऐसा एक वक्तव्य गुजरात (1951) में दिया है। मैंने कभी ऐसा वक्तव्य नहीं दिया। लेकिन पूरे जोर के साथ मैं अभी यह कहना चाहूँगा कि इस देश में समाजवाद यदि गाँधीवाद की उपेक्षा करेगा तो संकट में पड़ेगा। गाँधी

जी के प्रति वैज्ञानिक समाजवादियों का परम्परागत रुख उनकी उपेक्षा करने का रहा है—यह कहते हुए कि वे सनकी हैं, इस आणविक युग में पुराने पड़ चुके हैं, मध्ययुगीन हैं, प्रतिक्रियावादी हैं और यहाँ तक कि निहित स्वार्थों के अप्रत्यक्ष रूप से पक्षधर हैं। उनमें से जो अधिक घाघ हैं, वे और आगे बढ़कर गाँधी जी के न्यासिता के सिद्धान्त का उपहास करते हैं और उन्हें वर्ग-सहयोगी करार देते हैं। कठिनाई यह है कि तथाकथित वैज्ञानिक समाजवादी बहुत कम वैज्ञानिक होता है। वह अधिकतर एक कट्टर बाग्विलासी ही होता है।

प्रतिक्रियावादी होना तो दूर, गाँधी जी एक अपवादरूपेण मौलिक ढंग के सामाजिक क्रांतिकारी थे, और सामाजिक चिन्तन और समाज-परिवर्तन के विधि-विज्ञान को उनकी देन मानवीय प्रगति तथा सभ्यता के क्षेत्र में उनकी अमर देन है।

गाँधीवाद का प्रथम पहलू जिसमें समाजवादियों को दिलचस्पी होनी चाहिए, उसका नैतिक या आचारिक आधार है; मूल्यों के लिए उसका आग्रह है। समाजवादी दर्शन की रूसी या स्टालिनवादी व्याख्या ने उस दर्शन को अच्छे-बुरे, सत्-असत् के विचारों से पूर्णतया शून्य, नितान्त चाणक्यीय आचार-संहिता का रूप दे रखा है। उसके अनुसार, साध्य ही साधन का औचित्य सिद्ध करता है, और जब साध्य सत्ता है—चाहे वह सत्ता अपने लिए या अपने गुट के लिए हो—तो उसकी प्राप्ति के लिए साधन कहाँ तक पतित हो सकता है, इसकी कोई हद नहीं है। प्रत्येक साम्यवादी देश में सत्ता के लिए जो संघर्ष—पुरानी व्यवस्था के विरुद्ध नहीं, बल्कि स्वयं साम्यवादी सत्ताकांक्षियों के बीच—हुआ है, उसके फलस्वरूप एक ऐसे सर्वसत्तावादी की स्थापना हुई है जो समाजवाद के प्रवर्तकों द्वारा घोषित सामाजिक क्रांति के लक्ष्य से बिलकुल भिन्न है। इस अविवेकपूर्ण, नीति-शून्य, राजनीतिक दर्शन की बीभत्सताओं का निदान गाँधीवाद प्रस्तुत करता है, जिसकी उपेक्षा समाजवादी अपने आदर्श के सत्व के मूल्य पर ही कर सकते हैं। समाजवाद जिन वैयक्तिक एवं सामाजिक मूल्यों को प्राप्त करने का प्रयत्न करता है, वे नई सभ्यता के आधार हैं और वे मूल्य ही गाँधीवादी समाज की आधारशिलाएँ हैं। यह सच है कि दार्शनिक रूप से गाँधीवाद का एक अ-धर्मनिरपेक्ष एवं धार्मिक या अति-प्राकृतिक आधार है, जबकि समाजवादी दर्शन पूर्णतः धर्मनिरपेक्ष एवं प्राकृतिक या भौतिक है। परन्तु जीवन के व्यवहारों में क्रियान्वित होने पर वे मूल्य—जैसे सामाजिक एवं आर्थिक समानता (जातिहीन एवं वर्गहीन समाज) : शोषण-मुक्ति; आत्म विकास के लिए यथासम्भव पूर्णतम स्वतन्त्रता एवं अवसर; मानव व्यक्तिव की प्रतिष्ठा; प्रत्येक व्यक्ति के कल्याण के लिए समाज का उत्तरदायित्व; तथा समाज के प्रति प्रत्येक व्यक्ति का उत्तरदायित्व—भिन्न नहीं रह जाते हैं।

गाँधीवाद का दूसरा पहलू है जो प्रत्येक समाजवादी को आकृष्ट करना चाहिए, क्रांतिकारी विधि विज्ञान को उसकी अमर देन है। गाँधी जी के पहले तक दलितों और शोषितों के पास जालिमों से लड़ने का एकमात्र साधन हिंसक साधन था। संघर्ष के शान्तिमय तरीके आंदोलन करने तक और औद्योगिक श्रमिकों के मामले में, हड़ताल या आम हड़ताल करने तक सीमित थे। संघर्ष इन सीमाओं के बाहर नहीं जा सकता। हिंसक साधन न तो हमेशा उपलब्ध होते थे, और न ही वांछनीय। इसलिए सामाजिक न्याय के लिए होने वाले संघर्षों की पर्याप्त अभिव्यक्ति नहीं हो पाती थी। गाँधी जी के सविनय अवज्ञा एवं सत्याग्रह के तरीकों के रूप में दलितों और शोषितों को संघर्ष की एक नई प्रक्रिया मिली है जो उनके संघर्ष को सामान्य शान्तिमय सीमाओं से आगे ले जाती है और सामाजिक न्याय तथा सामाजिक परिवर्तन की आकांक्षा को पूरी अभिव्यक्ति देती है।

गाँधीवाद का तीसरा पहलू है : विकेन्द्रीकरण—आर्थिक एवं राजनीतिक विकेन्द्रीकरण—के लिए उसका आग्रह। सामान्यतः, वामपंथी क्षेत्रों में इसको अतिपुरातन बताया जाता है। लेकिन जो समाजवादी अपनी सत्ता को ही श्रमिक लोकतन्त्र के तुल्य नहीं समझ बैठे हैं और जिनको आर्थिक एवं राजनीतिक सत्ता के केन्द्रीकरण के विनाशकारी परिणामों का भान है उन्हें गाँधीवाद के इस पहलू पर सावधानी एवं सहानुभूति के साथ विचार करना चाहिए। यह आवश्यक नहीं कि आर्थिक विकेन्द्रीकरण का अर्थ आधुनिक प्रक्रियाओं का उपयोग मनुष्य द्वारा मनुष्य के शोषण का प्रभुत्व स्थापन के साधन के रूप में नहीं होना चाहिए। भारत के जैसी पिछड़ी अर्थ-व्यवस्था में, जहाँ उत्पादन पूँजी-प्रधान होने के बदले श्रम प्रधान होना चाहिए, विकेन्द्रित उद्योग की आवश्यकता यह प्रकट करती है कि इस प्रश्न पर गाँधी विचार समाजवादी पुनर्निर्माण-संबंधी विचारों के कितना अधिक निकट है। राजनीतिक विकेन्द्रीकरण का अर्थ न तो एक कमजोर राज्य है और न नियोजित जीवन का अभाव। समाजवादी समाज की आवश्यकताओं के अनुकूल आर्थिक एवं राजनीतिक

विकेन्द्रीकरण के वास्तविक रूपों का अध्ययन एवं विकास किया जाना चाहिए। इस मामले में गाँधीनिष्ठ रचनात्मक कार्यकर्ताओं को एक महत्त्वपूर्ण भूमिका अदा करनी है।

मैंने केवल ये तीन प्रश्न अपने इस मत का प्रतिपादन करने के लिए चुने हैं कि समाजवाद गाँधीवाद की उपेक्षा करके संकट में पड़ेगा। सामाजिक क्रांति की तथा सामाजिक पुनर्निर्माण की ओर भी अनेक समस्याएँ हैं, जिन पर गाँधीवाद को कुछ निश्चित योगदान करना है। और, मेरा निवेदन यह है कि मताग्रही समाजवादी से भिन्न-भिन्न प्रत्येक वैज्ञानिक समाजवादी का यह कर्तव्य है कि वह गाँधीवाद को समझे और समाजवाद की स्थापना के लिए उसमें जितना वांछनीय मालूम पड़े, उतना ग्रहण कर ले।

प्रिय साथियो,

सुदीर्घ चिन्तन के बाद मैंने आपको यह पत्र लिखने का निश्चय किया है। यह काम मेरे लिए आसान नहीं था, क्योंकि जीवन भर के साथियों से संबंध-विच्छेद कर लेना कभी आसान नहीं होता। हमने एक साथ काम किया है, साथ-साथ कारावास के कष्ट सहे हैं, भूमिगत जीवन के जोखिमों से गुजरे हैं, और स्वतन्त्रता की राख उड़ते देखी है। हम सबको अभी बहुत दूर जाना बाकी है।

परन्तु, कम-से-कम जहाँ तक मेरा संबंध है, मैं अपने को यात्रा के ऐसे मोड़ पर पाता हूँ जहाँ मुझे आपका साथ छोड़कर अकेले ही बाकी राह तय करने का निश्चय कर लेना चाहिए। अगर मैं आपको समझा-बुझाकर अपने साथ ले चल सकता तो मेरे हृदय को असीम आनन्द होता। परन्तु मैं समझता हूँ, कम-से-कम इस समय तो यह सम्भव नहीं है। तथापि मुझे आशा है कि हमारे-आपके रास्ते अकसर मिलेंगे और यात्रा के अन्त में वे एक हो जाएँगे। हम भले ही वह संसिद्धि देखने के लिए जीवित न रह जाएँ, परन्तु मेरा विश्वास है कि यदि दुनिया को कभी शान्ति, स्वतन्त्रता एवं भ्रातृत्व के आश्रय-स्थल पर पहुँचना है, तो समाजवाद को अन्ततः सर्वोदय में विलीन होना ही पड़ेगा।

चार वर्ष पूर्व बोध गया सर्वोदय सम्मेलन के अवसर पर मैंने राजनीति छोड़ने का निर्णय लिया था। परन्तु प्रजा-समाजवादी दल का सदस्य मैं बना रहा, यद्यपि कभी-कभी दल की बैठकों में शामिल होने या यदा-कदा कुछ सलाह देने के अतिरिक्त मैंने उसके कार्यक्रमों में कोई भाग नहीं लिया। विगत आम चुनाव से कुछ समय पूर्व मैं इस निश्चय पर पहुँचा कि मुझे प्रजा-समाजवादी दल की निष्क्रिय सदस्यता भी छोड़ देनी चाहिए। परन्तु आचार्य जी (आचार्य नरेन्द्र देव) बीमार थे और मैं नहीं चाहता था कि उनसे चर्चा किए बिना यह कदम उठाऊँ। इस देश के और समाजवादी आंदोलन के दुर्भाग्य से आचार्य नरेन्द्र देव चल बसे। यह प्रजा-समाजवादी दल पर, जो पहले ही टूट कर कमजोर हो चुका था, एक मर्मांतक आघात था। अतः प्रमुख साथियों ने मुझसे आग्रह किया कि चुनाव समाप्त होने तक मैं अपने त्यागपत्र की घोषणा न करूँ। मैं राजी हो गया, परन्तु यह तय था कि चुनाव समाप्त होते ही उसकी घोषणा कर दी जाएगी। इसमें जो विलम्ब हुआ, उसका कारण केवल यह था कि आपके सामने, और सामान्य रूप से पूरे देश के सामने, मैं उन कारणों को उपस्थित करने के लिए उत्सुक था जिनके फलस्वरूप मैंने यह कठोर कदम उठाया—एक ऐसा कदम जो मेरे लिए तो स्वाभाविक था, परन्तु औरों को बहुत कठोर प्रतीत होता है। प्रायः हर दिन कोई-न-कोई व्यक्ति मुझसे प्रश्न करते हैं कि मैंने राजनीति छोड़ी ही क्यों? लोगों को राजनीति पर इतना विश्वास है और उससे इतनी आशा है कि देखकर मुझे तरस आता है। परन्तु अलग-अलग प्रत्येक व्यक्ति को अपने कदम का औचित्य समझाना कठिनतम मालूम होता है। मैं यहाँ उसे समझाने का प्रयत्न कर रहा हूँ।

लोगों के मन पर राजनीति का ऐसा प्रभाव है और इसका विकल्प अब भी ऐसी प्रारम्भिक स्थिति में है कि बहुत सम्भव है, इस वक्तव्य को पढ़ने वाले अनेक लोगों को मैं समझा नहीं पाऊँगा। परन्तु मुझे इतनी आशा अवश्य है कि इस वक्तव्य से पारस्परिक समझदारी बढ़ेगी और इसमें जिन विचारों को मैंने प्रतिपादित किया है, उनमें लोगों की रुचि बढ़ेगी। इस बात का एक दूसरा पहलू भी है। हर व्यक्ति की दृष्टि अपनी ही विशिष्ट भूमिका से देखने की होती है। जो लोग उन अनुभवों से नहीं गुजरे हैं जिनसे मैं गुजरा हूँ, और न उन आदर्शों की साधना की है जो मेरे आदर्श रहे हैं, वे सम्भवतः मेरी तर्कसरणि को ग्रहण नहीं कर पाएँगे। समाजवाद का वर्ग-संघर्ष अथवा राजनीतिक कार्य या संसदीय

लोकतन्त्र के नवानुरागी मेरी बातों को नहीं समझ सकेंगे, जब तक कि उनमें यह जिज्ञासा नहीं पैदा होती कि अपने विशेष अनुराग में जो त्रुटियाँ उन्हें नजर आई हैं, उनका निदान क्या है। मैं कदापि यह संकेत नहीं कर रहा हूँ कि मैंने सभी सामाजिक समस्याओं का निर्दोष समाधान पा लिया है अथवा सर्वोदय ही सामाजिक दर्शन का अन्तिम शब्द है। मनुष्य निरन्तर सत्य की ओर बढ़ रहा है, क्योंकि वह स्वभाव से ही जिज्ञासु प्राणी है। वह अन्तिम सत्य पर पहुँचने में तो कभी समर्थ नहीं होगा, परन्तु असत्य का क्रमशः निराकरण करते हुए वह सत्य के निकट पहुँच सकेगा। इसमें सन्देह नहीं कि, भविष्य में, सर्वोदय के विचार और व्यवहार में अनेक दोष प्रकट होंगे और विदूरित भी होंगे, और इस प्रकार मानव-मस्तिष्क सत्य की दिशा में आरोहण करता जाएगा। लेकिन मैं यह अवश्य मानता हूँ कि सर्वोदय वर्तमान सामाजिक दर्शनों एवं व्यवस्थाओं से स्पष्ट रूप से आगे के कदम का प्रतिनिधित्व करता है। मैं इस निष्कर्ष पर जिस प्रक्रिया से होकर पहुँचा, उसको समझाने का प्रयास करूँगा। निम्नांकित वक्तव्य किसी भी रूप में सर्वोदय-दर्शन की पूर्ण व्याख्या नहीं है; ऐसी कोई व्याख्या करने के लिए मेरे पास पर्याप्त साधन भी नहीं है। यह तो केवल मेरे अपने चिन्तन के विकास की कहानी है, जिसके फलस्वरूप मैंने अन्ततः राजनीति का परित्याग किया।

असहयोग से साम्यवाद की ओर

किसी बाहरी व्यक्ति को मेरा अतीत जीवन-पथ अस्थिरता तथा अंधान्वेषण का टेढ़ा-मेढ़ा वक्र रेखाचित्र जैसा प्रतीत होगा। लेकिन जब मैं पीछे मुड़कर देखता हूँ, तो उसमें मुझे विकास की एक जैसी श्रृंखला दिखाई पड़ती है। इसको अस्वीकार नहीं किया जा सकता कि वहाँ अन्वेषण तो था, परन्तु वह अंधान्वेषण नहीं था; सामने प्रकाश के स्पष्ट संकेत थे जो आरम्भ से ही अमलिन तथा अपरिवर्तित रहे और जिनके सहारे मैं अपने वक्र दीखने वाले मार्ग पर बढ़ता गया। इस टेढ़-मेढ़े यात्रा-पथ पर चलने का कम-से-कम मुझे तो कोई दुख नहीं है, क्योंकि जिस रास्ते पर चलने का निश्चय अब मैंने किया है, उसके संबंध में इससे अधिक आश्वस्त हुआ हूँ।

अपने युवाकाल में, तत्कालीन अधिकांश युवकों के समान, मैं एक उग्र राष्ट्रवादी था और मेरा झुकाव क्रांतिकारी पथ की ओर था जिसकी शानदार अगुआई उन दिनों बंगाल कर रहा था। परन्तु उस समय भी दक्षिण अफ्रीका के सत्याग्रह ने मेरे युवक हृदय को आकृष्ट किया था। मेरी क्रांतिकारी प्रवृत्तियों के प्रौढ़ होने के पूर्व गाँधी जी का प्रथम असहयोग आंदोलन एक अजीब ऊपर उठने वाली झंझा की तरह इस देश में छा गया था। मैं भी उस समय के उन हजारों नवयुवकों में था, जो उस झंझावात में पत्तों की तरह, क्षण-भर के लिए आसमान तक उठ गए थे। एक महान विचार की आँधी के साथ ऊपर उठने की अल्पकालिक अनुभूति ने उस समय मेरे जीवन पर जो छाप छोड़ी, उसे काल तथा वस्तुस्थिति की कुरूपता का अति-परिचय भी मिटा नहीं पाया।

यही वह समय था, जब स्वतन्त्रता मेरे जीवन का संकेत-दीप बनी, और तब से वह उसी रूप में रही है। कालान्तर में उस स्वतन्त्रता ने मात्र स्वदेश की स्वतन्त्रता से आगे बढ़कर, प्रत्येक देश में प्रत्येक बन्धन से मानव-मुक्ति की भावना को आत्मसात् किया—और सर्वोपरि मानव व्यक्तित्व की स्वतन्त्रता, मन की तथा आत्मा की स्वतन्त्रता का अर्थ ग्रहण कर लिया। यह स्वतन्त्रता मेरे जीवन की वासना बन गई है, और मैं कभी उसका सौदा रोटी के लिए या किसी अन्य वस्तु के लिए नहीं होने दूँगा।

अजीब बात तो यह है कि संयुक्त राज्य अमेरिका जैसे सम्मुनत एवं सफल पूँजीवाद के देश में जो 1922 से 1929 तक मेरा घर था, मैंने मार्क्सवाद को, या अधिक यथार्थ भाषा में कहूँ, सोवियत साम्यवाद के तत्कालीन रूप को, स्वीकार किया। वहीं मैडिसन तथा विस्कौंसिन में जो उस समय ला-फोलेट प्रगतिवाद के वासस्थान थे, मैंने अपने यहूदी तथा यूरोप में पैदा हुए सहपाठियों के साथ-साथ मार्क्सवादी विचारधारा को हृदयंगम किया। मैं समझता हूँ, उस समय अंग्रेजी भाषा में मार्क्सवाद की जो भी सामग्री उपलब्ध थी, उसमें हम लोगों ने अपठित कुछ नहीं छोड़ा, और जर्मन भाषा के एक तेजस्वी विद्यार्थी की सहायता से मूल मार्क्सवादी ग्रन्थों का भी अध्ययन किया। एम. एन. राय (भारत के प्रसिद्ध वामपंथी विचारक और लेखक मानवेन्द्र नाथ राय) के उत्तेजक लेखों ने जो यूरोप से निकलकर विशेष रूप से एशियाई विद्यार्थियों के साम्यवादी कोष्ठों में पहुँचते थे, मार्क्सवाद में मेरी दीक्षा पूरी कर दी।

स्वतन्त्रता अब भी अपरिवर्तित लक्ष्य रही, परन्तु वहाँ तक पहुँचने के लिए, गाँधी जी की सविनय अवज्ञा तथा असहयोग की प्रक्रिया के मुकाबले मार्क्सवादी क्रांति के विज्ञान में मुझे अधिक सुनिश्चित एवं तीव्रतर मार्ग दिखाई दिया। महान् लेनिन की रोमांचकारी सफलता, जिसकी कहानी सुन-सुनकर हम अघाते नहीं थे, असंदिग्ध रूप से क्रांति के मार्क्सवादी मार्ग की श्रेष्ठता प्रमाणित करती थी।

उसी समय मार्क्सवाद ने समता एवं बन्धुता के रूप में मुझे एक और संकेत-दीप दिया। केवल स्वतन्त्रता पर्याप्त नहीं थी। स्वतन्त्रता का अर्थ सबकी स्वतन्त्रता, निम्नतम व्यक्ति की भी स्वतन्त्रता होनी चाहिए, और इस स्वतन्त्रता में शोषण से, भूख से, गरीबी से मुक्ति का भी समावेश होना चाहिए। पता नहीं, वे कौन से प्रारम्भिक अनुभव थे, जिन्होंने मेरे अवचेतन में दारिद्र्य एवं कष्ट के प्रति सहानुभूति की नींव डाली। परन्तु अव्यक्त सहानुभूति तो निश्चित रूप से वहाँ थी ही। मार्क्सवाद ने उसे उभार कर जीवन्त चेतना की सतह पर ला दिया। इस प्रक्रिया को अमरीका के मेरे जीवन ने परिपुष्ट किया। एक निम्न मध्यम वर्ग में उत्पन्न होने के कारण, मुझे अपने घर से कोई सहायता मिलना दुर्लभ था। अतः मुझे अपनी रोटी कमाने तथा विश्वविद्यालय की शिक्षा का खर्च जुटाने के लिए एक साधारण मजदूर की भाँति खेतों और कारखानों में काम करना पड़ता था। स्वतन्त्रता के समान ही समानता के आदर्श ने मुझे अभिभूत कर लिया था। पर उस समय मुझे इसका निश्चित पता नहीं था कि समानता के महत्त्वपूर्ण प्रश्न पर गाँधी जी का क्या दृष्टिकोण है। वास्तव में, राय (एम. एन. राय) के उस समय के लेखों को पढ़कर मैंने यह मान लिया था कि गाँधी जी सामाजिक क्रांति के विरुद्ध हैं और किसी संकट की घड़ी में वे शोषण तथा विषमता की व्यवस्था का ही समर्थन कर देंगे। (यद्यपि आगे चलकर स्वयं राय अपने इन विचारों से दूर चले गए।)

साम्यवाद से लोकतान्त्रिक समाजवाद

सन् 1929 के अन्त में, जब मैं स्वदेश लौटा तो, वह समय मार्क्सवाद के अनुकूल नहीं था। राष्ट्रवाद की भावना उबाल के बिन्दु पर पहुँच रही थी, और जब उसी वर्ष दिसम्बर में गाँधी जी लार्ड इर्विन को (जैसा कि वे उस समय कहे जाते थे) इसके लिए राजी नहीं कर सके कि वे कलकत्ता काँग्रेस के प्रस्ताव के अनुसार भारत को पूर्ण 'औपनिवेशिक स्वराज्य' देना स्वीकार कर लें, तो राष्ट्रीय आजादी की दिशा में एक बड़ा कदम उठाने के लिए भूमिका तैयार हो गई। पूर्ण स्वतन्त्र राष्ट्र का लक्ष्य निर्धारित किया गया, और अगले वर्ष के प्रारम्भ में ही महात्मा गाँधी ने अपना प्रसिद्ध नमक-सत्याग्रह छेड़ दिया। स्वभावतः मैं पूरे उत्साह के साथ उस संघर्ष में कूद पड़ा। परन्तु इस संघर्ष के क्षेत्र में भारतीय साम्यवादी मुझे कभी भी दिखाई नहीं दिए। इसमें सन्देह नहीं कि उनमें से कुछ तो मेरठ षड्यन्त्र मुकद्दमे के सिलसिले में कारागार में बन्द थे। परन्तु उनमें से अनेक बाहर भी थे और भारतीय साम्यवादी दल का भूमिगत संगठन भी किसी-न-किसी रूप में कायम था। लेकिन, राष्ट्रीय आंदोलन के भूमिगत क्षेत्र में भी साम्यवादियों का कहीं पता नहीं चला, यद्यपि गुप्त मार्गों से दोनों भूमिगत क्षेत्रों के बीच आसानी से सम्पर्क जोड़ा जा सकता था। इससे भी बदतर बात यह थी, जैसा कि मुझे मालूम हुआ, कि वे राष्ट्रीय आंदोलन को मध्यवर्गीय आंदोलन और महात्मा गाँधी को भारतीय मध्यमवर्ग का अनुचर कहकर दोनों की भर्त्सना करते थे। मूर्खता एवं लज्जा से भरी उस पूरी कहानी की याद मैं नहीं दिलाना चाहता। मैंने उसकी चर्चा केवल यह बताने के लिए की है कि भारतीय साम्यवादियों से तथा उनकी छाप वाले मार्क्सवाद से मेरे मतभेद कैसे पैदा हुए। अवश्य ही, भारत के साम्यवादी, तृतीय अथवा साम्यवादी अन्तर्राष्ट्रीय द्वारा निर्धारित नीति का अनुसरण कर रहे थे; और वह संगठन उस समय पूरी तरह स्टालिन के नेतृत्व में आ चुका था। साम्यवादी अन्तर्राष्ट्रीय 1928 से ही स्पष्ट रूप से जिस गलत नीत का अनुसरण कर रहा था और जिसके परिणामस्वरूप दुनियाभर के श्रमिक एवं समाजवादी आंदोलन में विभाजन हो गया था तथा सभी औपनिवेशिक देशों में साम्यवादी लोग राष्ट्रीय आंदोलनों से अलग-अलग पड़ गए थे, वह मुझे सामान्यतया मार्क्सवादी सिद्धान्त के विरुद्ध एवं लेनिन द्वारा प्रतिपादित प्रसिद्ध औपनिवेशिक नीति के विरुद्ध जान पड़ी, जैसा कि आगे चलकर स्वीकार भी किया गया। इस प्रकार भारतीय साम्यवादी दल से मेरे मतभेदों के साथ-साथ सोवियत रूस से भी—जो उस समय तक मेरे लिए सभी साम्यवादी सद्गुणों का मूर्तिमान आदर्श और प्रतीक बना हुआ था—मेरा सैद्धान्तिक अलगाव शुरू हुआ। इसके पूर्व

कुछ वर्षों तक रूस में जो सैद्धान्तिक विग्रह एवं सत्ता के लिए संघर्ष चला था, उसने अभी तक मेरे मन में, एक दमित चिन्ता को छोड़कर, कोई ठोस प्रतिक्रिया नहीं पैदा की थी। सच तो यह है कि उन बातों के संबंध में अब तक बहुत जानकारी ही नहीं मिली थी। लेकिन जब अपने देश में सोवियत-निर्दिष्टि नीति से मुँहा-मुँही हुई और उसके साथ मेरे मार्क्सवाद का मेल नहीं बैठा तो उससे अलग हो जाने के अलावा मेरे सामने कोई चारा नहीं रहा।

मैं स्वभावतः भारतीय साम्यवादी दल से दूर रहा और स्वतन्त्रता के सिपाहियों की कतार में शामिल हो गया। लेकिन उस समय तक मेरे लिए स्वतन्त्रता या स्वराज्य का अर्थ मात्र राष्ट्रीय आजादी से बढ़ कर कुछ और हो गया था। स्वतन्त्र भारत का मतलब अब मेरे लिए समाजवादी भारत था, और स्वराज्य का अर्थ गरीबों और दलितों का राज्य था। इस दृष्टि से काँग्रेस की नीति और कार्यक्रम, कराची घोषणा के बावजूद अस्पष्ट और अपर्याप्त मालूम होते थे। स्वभावतः, स्वतन्त्रता के अन्य समान विचार वाले सिपाहियों के साथ मिलकर हमने काँग्रेस समाजवादी दल इस उद्देश्य सें बनाया कि काँग्रेस की सामाजिक नीति अधिक निश्चयात्मक रूप से समाजवादी बन सके और आजादी की लड़ाई भी अधिक क्रांतिकारी ढंग से चलाई जा सके–जिसका अर्थ मार्क्सवादी परिभाषा में राष्ट्रीय आजादी के आंदोलन को जनता की आर्थिक एवं सामाजिक आजादी के आंदोलन से जोड़ना था। काँग्रेस समाजवादी दल ने काँग्रेस की नीति के सामाजिक-आर्थिक विचार-तत्त्व को रूप देने तथा स्वतन्त्रता के संघर्ष को तीव्रता प्रदान करने में उल्लेखनीय भूमिका अदा की। सामान्यतः, काँग्रेस-समाजवादी स्वतन्त्रता के अटल और अदमित सैनिकों में थे।

जब इधर तीसरी शताब्दी के प्रारम्भ में राष्ट्रीय आंदोलन जोर पर था, उस समय यूरोप में रोमांचकारी घटनाएँ घट रही थीं जिनकी चरम परिणति अन्ततः हिटलर के पूर्ण सत्तारोहण में हुई। स्टालिन ने भविष्यवाणी की थी कि हिटलर का पतन शीघ्र ही हो जाएगा, क्योंकि एक अर्द्धोन्मत्त व्यक्ति के लिए जर्मनी की जटिल एवं कठिन समस्याओं को हल करना सम्भव नहीं था। स्टाालिन की यह भी भविष्यवाणी थी कि हिटलर की सत्ता के ध्वंसावशेष पर साम्यवादी जर्मनी की इमारत खड़ी होगी। जब ऐसा कुछ नहीं हुआ, बल्कि, इसके विपरीत हिटलर ने अपनी सत्ता को सुदृढ़ कर लिया और साम्यवादियों एवं समाजवादियों को तथा बड़े-बड़े श्रमिक संघों को दबा दिया, और जब वह विश्वविद्यालय की तैयारी करने लगा तथा उसकी योजनाएँ सफल भी होने लगीं, तो अन्ततः क्रेमलिन के स्वामी भी भयभीत हो गए और तब शीघ्र ही उन्होंने पैंतरा बदल दिया।

अब कब्र खोद कर स्टालिन की गलतियाँ निकालने की प्रवृत्ति चल रही है। ख्रुश्चेव ने कुछ गलतियाँ खोद निकाली हैं। जुखोब और भी गहरी खुदाई करने के लिए उत्सुक मालूम होता है। मैं इस प्रवृत्ति का अनुसरण नहीं करना चाहता, परन्तु मैंने जो अन्यत्र कहा है, उसे ही यहाँ दुहराना चाहूँगा कि स्टालिन की गम्भीरतम भूलें–सबसे महँगी और अपराधपूर्ण भूलें–वे ध्वंसात्मक नीतियाँ मानी जाएँगी जिनका उसने अनुसरण किया और जिनके कारण हिटलर के लिए सत्ता अधिकृत करना सम्भव हो गया। अगर जर्मन साम्यवादियों ने, स्टालिन की प्रेरणा से सामाजिक लोकतन्त्रवादियों को 'शत्रु नम्बर एक' और नाजियों को उनके बाद का शत्रु घोषित नहीं किया होता, तो हिटलर कभी जर्मनी का स्वामी नहीं बना होता। नाजीवाद की विजय के बाद समाजवादी एकता तथा लोकप्रिय मोर्चे की जो नीति अपनाई गई, उसका अनुसरण अगर पहले से ही किया गया होता, तो इतिहास की धारा कुछ और होती और हिटलरवाद तथा द्वितीय विश्वयुद्ध की बीभत्सताओं का पूर्वानुमान कर उन्हें रोका भी जा सकता था। इस लोकप्रिय मोर्चे की नीति की गूँज भारत में भी सुनाई पड़ी, जब भारतीय साम्यवादी दल ने अपनी स्वामिभक्ति का परिचय देते हुए अपना पैंतरा बदला और भारतीय राष्ट्रीय काँग्रेस को वर्षों तक गालियाँ देने और कलंकित करने के बाद, अचानक उसे एक राष्ट्रीय मोर्चे के रूप में मान्य किया।

मार्क्सवाद में अब भी मेरी निष्ठा थी; अतः इस नई नीति से मेरा हृदय खुशी से भर उठा और मेरी आशाएँ बढ़ गईं। मैं यह सपना देखने लगा कि एक संयुक्त समाजवादी-साम्यवादी दल का निर्माण हो सकता है और एक ऐसे संयुक्त नेतृत्व में आजादी का आंदोलन और भारतीय समाजवाद दोनों तेजी से आगे बढ़ सकते हैं।

मेरे कुछ प्रमुख सहयोगी जैसे राममनोहर लोहिया, एम. आर. मसानी, अच्युत पटवर्धन तथा अशोक मेहता इस नीति के विरुद्ध थे और वे निश्चयपूर्वक अनुभव करते थे कि यह नीति अन्त में हमें विनाश की ओर ले जाएगी। परन्तु मेरा मार्क्सवादी उत्साह मुझ पर हावी हो गया, और नरेन्द्र देव जैसे एक सम्मानित सहयोगी का समर्थन प्राप्त

कर मैं अपने सपनों और अपनी आशाओं को क्रियान्वित करने के लिए आगे बढ़ गया। फिर तो, भारतीय साम्यवादी दल के साथ एक समझौता भी हुआ, जिसके अनुसार काँग्रेस समाजवादी दल की सदस्यता का द्वार साम्यवादियों के लिए खोल दिया गया; काँग्रेस समाजवादी दल की शाखाएँ विशेषकर दक्षिण में दल के वफादार साथियों के बजाय, जान-बूझ कर साम्यवादियों के हवाले कर दी गईं; काँग्रेस समाजवादी दल के समर्थन से साम्यवादी चुन कर अखिल भारतीय काँग्रेस कमिटी तथा काँग्रेस के अन्य संगठनों में गए और श्रमिक संघ आंदोलन में एक साथ मिलकर काम करने के विषय में सहमति हुई।

इस नीति के विनाशकारी परिणाम सुविदित हैं जिनमें से एक परिणाम, प्रसंगवश यह हुआ कि काँग्रेस समाजवादी दल के हाथ से निकलकर सारा दक्षिण साम्यवादी दल के प्रभाव में चला गया। लेकिन इस भयानक अनुभव में एक बहुत ही अच्छा परिणाम निकला। इसमें हमने राजनीति को एक बड़ा सबक सिखाया। हम लोगों ने सीखा और हम में से कुछ लोगों ने काफी अफसोस के साथ सीखा कि किसी 'अधिकृत' साम्यवादी दल (यानी 'कमिन्टर्न' से सम्बद्ध या क्रेमलिन द्वारा समर्पित दल) से कोई एकता नहीं हो सकती; ऐसा एक साम्यवादी दल स्वतन्त्र अभिकर्ता नहीं है, बल्कि मास्को के हाथ का औजार है, ऐसे दल के सदस्यों की प्रारम्भिक वफादारी पहले रूस के प्रति और उसके बाद ही किसी और के प्रति होती है; जब साम्यवादी दल संयुक्त मोर्चे की बात करते हैं तो वह सदैव प्रवंचना होती है और, अधिक से अधिक, परिस्थिति की अनिवार्यताओं द्वारा निर्दिष्ट अस्थायी नीति होती है; उनका अडिग लक्ष्य सदैव एकाश्म साम्यवादी शासन होता है; साम्यवादी अपनी सत्ता में किसी को भागीदार बनाने की बात कभी सोच भी नहीं सकते, ऐसे अवसरों को छोड़ कर जब वे सुविधापूर्ण स्थितियों में अस्थायी रूप से किसी को भागीदार बना लेते हैं। ये मूल्यवान सबक थे, लेकिन शायद इनके लिए बहुत बड़ी कीमत चुकाई गई थी। युद्ध ने इन निष्कर्षों को और भी पुष्ट कर दिया और इसके फलस्वरूप इतनी आशा के साथ किया गया समझौता अन्तिम रूप से टूट गया।

अन्तर्राष्ट्रीय साम्यवाद, सम्प्रति, एक नई प्रसव-पीड़ा के साथ गुजर रहा है। परन्तु अभी यह नहीं कहा जा सकता कि शिशु मृतजात होगा या और कुछ। मेरे जैसे लोग संपूर्ण हृदय से अधिक मंगलमय परिणाम की कामना करते हैं।

भारतीय साम्यवादी दल के साथ हमारे अपने जो प्रत्यक्ष अनुभव हुए, उनके अलावा सोवियत रूस के अन्दर ही लगभग उसी समय कुछ अन्य घटनाएँ हो रही थीं, जिन्होंने मेरे चिन्तन को प्रबल रूप से प्रभावित किया। ये घटनाएँ थीं—मुख्य रूप से उन प्रसिद्ध साम्यवादी नेताओं पर चलाए गए कुख्यात मुकदमे, जिनके लेखों का मैंने बड़े चाव से अध्ययन किया था और जो मेरी दृष्टि में महान् क्रांतिकारी वीर थे और जिन्होंने लेनिन के निकटतम सहयोगी बन कर इतिहास की सबसे बड़ी क्रांति की थी।

इन मुकदमों के विवरण के साथ-साथ, रूस में कालक्रम से आरोपित अन्यायपूर्ण शासन के संबंध में, विश्वस्त व्यक्तियों द्वारा प्रस्तुत अध्ययनपूर्ण विवरण भी प्राप्त हुए। यूजिन लियोंस द्वारा लिखित 'एसाइनमेण्ट इन यूटोपिया' जो मेरी दृष्टि में एक उत्कृष्ट साहित्यिक कृति थी, साम्यवादी शासन के सबसे प्रारम्भिक अध्ययनों में से एक थी, जिसने मुझे उद्वेलित कर दिया। इसके बाद विवरण भी प्राप्त हुए। जॉन ड्यूबी द्वारा ट्राटस्की के मामले की जाँच और उसके निष्कर्षों का प्रतिवाद करना असम्भव था। कामेनेव, जाइनोवियेफ, राडेक, रिकोव तथा बुखारिन के विरुद्ध लगाए गए आरोप और उनकी स्वीकारोक्तियाँ अत्यन्त घृणाजनक थीं। साम्यवादी नभोमण्डल के अन्य तथा अल्पतर प्रकाश वाले नक्षत्रों की भी वही दुर्गति हुई। अब ख्रुश्चेव ने बाद में चलाए गए कुछ मुकदमों की भर्त्सना की है, जिनमें स्वयं उनका हाथ नहीं था। मुझे इसमें सन्देह नहीं है कि जैसे-जैसे सोवियत रूस में स्वतन्त्रता का प्रसार होता जाएगा, अन्य साम्यवादी नेता भी अन्य अत्याचारों का भण्डाफोड़ करेंगे, और एक वह दिन भी आएगा जब ट्राटस्की भी पुनः प्रतिष्ठित किए जाएँगे।

चाहे जो हो, इन सब घटनाओं और अनुभवों ने मुझे मार्क्सवाद के बुनियादी सिद्धान्तों का पुनः परीक्षण करने के लिए बाध्य कर दिया। समाजवादी आंदोलन के मेरे अधिकांश साथी पुनश्चिन्तन की उस कष्टपूर्ण प्रक्रिया से परिचित हैं, क्योंकि हम सब साथ-साथ उस दौर से गुजरे हैं। काँग्रेस समाजवादी दल के और बाद के (पुराने) समाजवादी दल के संपूर्ण विकास क्रम पर इस सैद्धान्तिक पुनर्निरीक्षण का गहरा प्रभाव पड़ा।

काँग्रेस समाजवादी दल की शुरुआत एक मार्क्सवादी-लेनिनवादी समूह के रूप में हुई थी और प्रारम्भिक वर्षों के दौरान हम सदैव देखा करते थे कि भारतीय साम्यवादी दल और क्रेमलिन दोनों मार्क्सवाद-लेनिनवाद को, विशेषतः भारत और सामान्यतः विश्व की परिस्थिति में, गलत ढंग से लागू कर रहे हैं। लेकिन अब मेरे ही मन में यह गम्भीर शंका उत्पन्न हुई कि क्या मार्क्सवाद-लेनिनवाद चाहे उसकी जो भी व्याख्या की जाए, सामाजिक क्रांति एवं समाजवाद का निरापद मार्गदर्शक हो सकता है? हिंसा क्रांति की धात्री है, यह सिद्धान्त यदि संपूर्ण रूप से अमान्य नहीं भी किया गया हो, तो भी कम-से-कम मेरी दृष्टि में इतना स्पष्ट हो गया (क) कि जिस समाज में लोकतान्त्रिक साधनों से समाज-परिवर्तन करना सम्भव है, वहाँ हिंसा का आश्रय लेना क्रांति-विरोधी है; और (ख) यह कि लोकतान्त्रिक स्वतन्त्रताओं के अभाव में समाजवाद न तो जीवित रह सकता है और न उसका निर्माण ही हो सकता है। इसके एक तर्कपूर्ण अनुसिद्धान्त के रूप में, सर्वहारा के अधिनायकवाद के सिद्धान्त को, जिसका वास्तविक अर्थ अधिकारितन्त्री अल्पसमूह का अधिनायकतन्त्र होता है, मैंने अस्वीकार कर दिया।

रूस की क्रांति एक जनक्रांति के रूप में शुरू हुई थी और उसे जार के रूस की विशाल जनता का सक्रिय समर्थन प्राप्त था। परन्तु, लेनिन ने उसे एक अल्पमत की क्रांति में बदल दिया, जब संविधान सभा में अल्पमत होने के कारण उन्होंने उसको बलपूर्वक विघटित कर विद्रोही सैनिकों तथा शहरी श्रमिक वर्ग की सहायता से सत्ता हस्तगत कर ली। बाद में जो क्रांति की विफलता और समाजवाद की विकृति हुई, वह मेरी दृष्टि में अल्पमत द्वारा सत्ता के बलात् ग्रहण का परिणाम थी।

इस प्रकार मैं इस निष्कर्ष पर पहुँचा कि जहाँ लोकतान्त्रिक स्वतन्त्रताएँ नहीं हैं, वहाँ हिंसक क्रांति के लिए भी बहुसंख्यक जनता का समर्थन आवश्यक है। संवैधानिक चुनावों की अपेक्षा, क्रांति काल में, लोकेच्छा की अभिव्यक्ति अधिक आसानी से हो सकती है। सामाजिक क्रांति को अपनी लोकतान्त्रिक अभिव्यक्ति पाने की पूर्ण स्वतन्त्रता दी जानी चाहिए। जनता की स्वाभाविक प्रवृत्ति हमेशा स्वतन्त्रता एवं लोकतन्त्र के पक्ष में होती है; और वह कभी भी स्वाभाविक रूप से किसी तानाशाही के अधीन अपने आपको ढालना नहीं चाहती। लेनिन की तेजस्वी प्रेरणा के अन्तर्गत, साम्यवादियों ने सर्वत्र कपटपूर्ण तरीकों से, जनता पर अपना अल्पमती अधिनायकवादी शासन लादने का प्रयास किया है। शायद एक चीन ही इसका अपवाद है, जहाँ मालूम होता है कि च्यांग-काई-शेक की अपेक्षा माओ-त्से-तुंग को अधिकतर जनता का समर्थन प्राप्त है। इस कथन का यह अर्थ नहीं है कि चीनी सरकार अधिनायकतन्त्री नहीं है। शायद वह अल्पमत पर बहुमत का अधिनायकतन्त्र है। सम्भवतः युगोस्लाविया में भी ऐसा ही है। अन्यत्र साम्यवादी जहाँ भी सत्तारूढ़ हुए हैं वहाँ उन्होंने हमेशा अधिनायकतन्त्र स्थापित किया है, जिसको वे अपनी सामान्य 'द्वयर्थक भाषा' में जनवादी या समाजवादी लोकतन्त्र की संज्ञा देते हैं। इन सारी बातों के फलस्वरूप मैं इस निष्कर्ष पर पहुँच गया हूँ कि समाजवाद के लक्ष्य पर पहुँचने वाला मार्ग हरगिज अधिनायकतन्त्र की मंजिल से नहीं गुजरेगा।

सोवियत अनुभव ने मेरे सामने यह और भी स्पष्ट कर दिया है कि समाजवाद पूँजीवाद का निषेध मात्र नहीं है। हम पूँजीवाद को नष्ट कर दे सकते हैं और उद्योग, व्यापार, बैंक, कृषि—सबका राष्ट्रीयकरण और समूहीकरण भी कर ले सकते हैं; इतना करने के बाद भी सम्भव है, समाजवाद हम से दूर ही रह जाए। दूर ही नहीं, सम्भव तो यह है कि हम उसके विपरीत दिशा में चले जाएँ। सोवियत रूस में केवल 'औपचारिक' स्वतन्त्रता की अस्वीकृति नहीं, बल्कि सामाजिक न्याय की, समानता की भी अस्वीकृति हम पाते हैं। हमने यहाँ अधिकारतन्त्री शासकों का एक नया वर्ग तथा शोषण के नए रूप विकसित होते देखा। यह सारा केवल समाजवाद का अभाव नहीं, उसका निषेध भी है।

मुझे लगा कि रूस में जो सारा हुआ, वह किसी विक्षिप्त व्यक्ति के दुष्ट कर्मों का परिणाम नहीं था, जैसा कि अब ख्रुश्चेव हमें विश्वास कराना चाहते हैं; बल्कि वह वहाँ स्थापित की गई सामाजिक-आर्थिक व्यवस्था की अंतिम निष्पत्ति है। स्पष्टतः राजनीतिक एवं आर्थिक सत्ता का अतिकेन्द्रीकरण और सर्व-सत्ता-सम्पन्न राज्यवाद इस बुराई के मूल कारण थे। पीछे मुड़कर देखने पर अब लगता है कि यह भी कोई उत्तर नहीं है; क्योंकि फिर अतिकेन्द्रीकरण और राज्यवाद ही क्यों पैदा हुए, यह एक समुचित प्रश्न उठता है। इस प्रश्न के दो उत्तर हैं।

पहला : मार्क्स ने समाजवादी क्रांति की कल्पना एक ऐतिहासिक प्रक्रिया के रूप में की थी, और यह माना

गया था कि यह क्रांति सर्वहारा वर्ग के द्वारा होगी और वह सर्वहारा एक पूर्णतः औद्योगीकृत-पूँजीवाद राष्ट्र की आबादी का बहुसंख्यक भाग होगा। दूसरी तरफ लेनिन ने एक औद्योगिक दृष्टि से पिछड़े देश में, एक अतिकेन्द्रित एवं अर्द्धसैनिक अनुशासन में बँधे हुए दल के रूप में संगठित क्रांतिकारियों के द्वारा सत्ता अधिकृत करने की प्रक्रिया से क्रांति करना चाहा। जॉन काटस्की ने अपने 'मार्क्स से माओ तक' शीर्षक सुन्दर लेख में लिखा :

''मार्क्स ने माना था कि समाजवाद वर्तमान भौतिक परिस्थितियों में से विकसित होगा, और एक ऐसे समय में, जब यह अर्थरचना आवश्यक प्रौढ़ता प्राप्त कर लेगी, स्वयं श्रमिक वर्ग क्रांतिकारी अभिकर्ता बन कर समाजवाद स्थापित करेगा। दूसरी तरफ बावयेफ से बाकुनिन तक मार्क्स पूर्व के समाजवादियों के समान लेनिन का विचार भी इस कल्पना पर आधारित था कि समाजवाद की प्राप्ति के लिए ऐतिहासिक रूप से अनुकूलित पूर्वापेक्षित परिस्थितियाँ नहीं, बल्कि केवल अन्तर्दृष्टि, संकल्प-शक्ति और, सर्वोपरि, राजनीतिक सत्ता पर विजय की प्राप्ति आवश्यक है।''

दूसरा : स्टालिन ने लेनिन के निर्देशों का अनुसरण करते हुए एक पिछड़े देश के औद्योगीकरण की एक अत्यन्त निपीड़ित एवं बलकृत प्रक्रिया क्रियान्वित की। स्वाभाविक रूप से, यह प्रक्रिया प्राधिशासन एवं बाध्यता के बिना तथा स्वतन्त्रता का दमन किए बिना पूरी नहीं हो सकती थी। प्रोफेसर पॉल ए. बारान जो किसी बड़े अमेरिकी विश्वविद्यालय (स्टैन्फोर्ड) में एकमात्र मार्क्सवादी शिक्षक हैं, लिखते हैं :

''द्वितीय विश्वयुद्ध के पूर्व सोवियत संघ में तथा युद्ध के बाद पूर्वी एवं दक्षिणपूर्वी यूरोप में जो दुष्कर्म और भूलें हुई हैं, उनके लिए स्टालिन, बेरिया तथा उनके साथियों के दुष्ट व्यक्तित्वों को ही उत्तरदायी ठहराना व्यक्ति पूजा का ही विपरीत पहलू है। ये बात इतनी सरल नहीं है। इस विषय में, पूर्णरूप से बोधगम्य, सामान्य भावना यह है कि नेतृत्व के द्वारा किए गए दुष्कर्मों के लिए वास्तव में 'संपूर्ण व्यवस्था' ही उत्तरदायी है। फिर भी इससे यह निष्कर्ष निकालना गम्भीर भूल होगी कि समाजवाद ही वह संपूर्ण 'व्यवस्था' है जिसको अस्वीकृत कर देने की आवश्यकता है। क्योंकि, स्टालिन तथा उसके कठपुतलों के दुष्कर्मों के लिए समाजवाद को दोषी ठहराना उचित नहीं होगा—इसके लिए दोषी वह राजनीतिक व्यवस्था है जो विदेशी आक्रमण से संकटापन्न तथा आन्तरिक प्रतिरोध से विपन्न एक पिछड़े देश को अंधाधुन्ध गति से विकसित करने के अभियान में से विकसित हुई।''

ये दोनों सामाजिक प्रक्रियाएँ संयुक्त रूप से इसका स्पष्टीकरण करती हैं कि आखिर क्यों वे राजनीतिक-आर्थिक ढाँचे रूस में खड़े हो गए, जिनका अनुकरण बाद में प्रत्येक साम्यवादी देश में किया गया है।

प्रसंगवश, रूस से भारत को और वास्तव में एशिया के औद्योगिक रूप से पिछड़े सभी देशों को एक बड़ा सबक मिलता है। प्रत्येक एशियाई देश औद्योगीकरण की दिशा में तेजी से कदम बढ़ाने के लिए आतुर है। रूस तथा अन्य साम्यवादी देश हमें चेतावनी देते हैं कि बहुत कठोर कदम उठाने का परिणाम क्या होता है। इसलिए एशिया को समाजवाद के लक्ष्य पर पहुँचने के लिए अपना मार्ग और औद्योगीकरण की अपनी पद्धति ढूँढ़नी होगी। यह सोचना भ्रम है कि लोकतान्त्रिक छत्रछाया में औद्योगीकरण की प्रक्रिया क्रियान्वित करने से उनकी गति का कोई असर नहीं होगा। एक सीमा में परे जाकर गति स्वयं अधिनायकवादी परिस्थितियों का निर्माण आवश्यक रूप से करेगी।

ज्यों-ज्यों मैं इन बातों को समझने लगा, त्यों-त्यों मेरा दिमाग विकेन्द्रीकरण के विचारों, राज्य के क्रमिक छीजन तथा सामूहिक आचरण एवं सामाजिक नियन्त्रण के वैकल्पिक रूपों के निर्माण की ओर मुड़ता गया।

मार्क्सवाद की दृष्टि में सभी साधन अच्छे हैं बशर्ते कि उनसे सामाजिक क्रांति के लक्ष्य पूरे होते हों। अतः एक क्रियात्मक दर्शन के रूप में मार्क्सवाद निर्नैतिक होता है। परन्तु, यद्यपि मार्क्सवादियों की निर्नैतिका की भर्त्सना की जाती है, तथापि यह किसी भी प्रकार मार्क्सवाद का विशिष्ट पहलू नहीं है। स्मरणातीत काल से ही, सभी छाप के राजनेताओं का आचरण निर्नैतिक रहा है, चाहे शब्दों में उन्होंने उसकी जितनी भर्त्सना की हो। लक्ष्य साधन का औचित्य सिद्ध करता है, यह सिद्धान्त आज भी हर जगह राजनीतिक कार्य का आधार बना हुआ है। विरले ही, जब महात्मा गाँधी जैसे महापुरुष राजनीतिक क्षेत्र में भटक कर आ जाते हैं, तो राजनीति को नैतिकता से जोड़ने का कोई गम्भीर प्रयत्न होता है।

रूस में बुरे साधनों से जो बुरे परिणाम पैदा हुए, विशेषकर साम्यवादी दल से निष्कासनों के दौरान जो भयानक

साधन भयावह दुष्कृत्यों के लिए अपनाए गए उन्हें देखकर मार्क्सवाद के 'क्रांतिकारी नीतिशास्त्र' के प्रति मेरा हृदय विद्रोह कर उठा और इसने मुझे यह प्रश्न करने के लिए बाध्य किया कि क्या अच्छे लक्ष्यों की प्राप्ति बुरे साधनों से कभी सम्भव है?

आप यह देखेंगे कि यह सारी शंकाएँ और पुनश्चिन्तन की प्रक्रिया मुझे क्रमशः गाँधी जी के निकट ले जा रही थीं। परन्तु मेरा पूर्ण विचार-परिवर्तन अभी नहीं हुआ था; अतः मैंने अपने-आपको लोकतान्त्रिक समाजवाद के मध्य-मार्ग में पाया।

उन दिनों, जब मैं अधिक उग्र मार्क्सवादी था, स्वभावतः यूरोपीय सामाजिक लोकतन्त्र एवं ब्रिटिश फेबियनवाद तथा वस्तुपरक समाजवाद की कटु आलोचना करता था। जब मेरे विचारों ने पलटा खाया, तो मुझे चिन्ता हुई कि मैं जिसको इतने दिनों तक सुधारवाद और संशोधनवाद की दलदल समझता आया था, उसमें ही कहीं फँस न जाऊँ। अब मेरे सामने एक ऐसे क्रांतिकारी समाजवाद का लक्ष्य था, जो समाज में आमूल परिवर्तन करते हुए स्वतन्त्रता, समता एवं भ्रातृत्व के महान् मानवीय मूल्यों को सुरक्षित रखता और उन्हें पुष्ट करता। यह स्वीकार करना होगा कि इस नए समाजवाद को व्यावहारिक रूप देना आसान नहीं था, और अब भी इस कार्य को पूरा करना शेष है।

जब से एशिया ने यूरोप के हाथों से पुनः अपनी राजनीतिक स्वतन्त्रता प्राप्त कर ली है (यह प्रक्रिया अभी पूरी नहीं हुई है), तब से यूरोपीय समाजवादी हमारे पास पहुँच रहे हैं और हर प्रकार की सलाह दे रहे हैं। इस सारी सलाह और मैत्री का तो स्वागत है; परन्तु यूरोपीय समाजवाद एक छोटी-सी बात नहीं भूले। यदि यूरोपीय साम्यवाद विफल हो गया है तो यूरोपीय समाजवाद भी उल्लेखनीय रूप से सफल नहीं हो पाया है। जर्मनी का सामाजिक-लोकतान्त्रिक दल (सोशल डेमोक्रेटिक पार्टी) जो अन्तर्राष्ट्रीय समाजवाद का कभी गौरव था, और समाजवाद के इतिहास के महानतम व्यक्तियों, जैसे स्वयं एंगेल्स, बेबेल्स, कॉटस्की, लिक्नेख्ट, ज्येष्ट (जिन्हें मार्क्स ने अपने 'कैपिटल' नामक ग्रन्थ का प्रथम भाग समर्पित किया था), तथा अन्य अनेक महापुरुषों के हाथों से इसका पोषण हुआ था। फिर भी जब जर्मन सामाजिक-लोकतन्त्र को प्रथम विश्वयुद्ध के बाद इतिहास ने एक मौका दिया, तो वह बुरी तरह लड़खड़ा गया। फ्रेंच समाजवाद का इतिहास भी अत्यन्त निराशाजनक रहा है। उसके माथे पर सबसे बड़ा कलंक यह लगा है कि वहाँ की गाई-मोले सरकार ने मिस्र पर साम्राज्यवादी आक्रमण करने में ब्रिटेन के अनुदान-दलीय शासन का साथ दिया। निस्सन्देह, ब्रिटिश मजदूर दल ने—विशेषकर एटली के प्रथम शासनकाल में—स्वदेश के अन्दर और बाहर अच्छा काम किया। और; मिस्र काण्ड के समय गेटस्केल के नेतृत्व ने ब्रिटिश समाजवाद की प्रतिष्ठा बढ़ायी है, इसमें सन्देह नहीं। परन्तु ब्रिटिश समाजवाद के घरेलू जीवन में अनेक लज्जाजनक बातें छिपी हुई हैं, और ग्रेट ब्रिटेन आज भी समाजवादी लोकतन्त्र से कोसों दूर है। कल्याणकारी राज्य, जो सदैव अनुदान-दलीय आलोचना का पात्र रहा है, समाजवाद का एक घटिया विकल्प है, और वह भी श्री मैकमिलन (ग्रेट ब्रिटेन के तत्कालीन प्रधानमन्त्री श्री हैरोल्ड मैकमिलन) के 'अवसरवादी राज्य' में बदल जाने के संकट में पड़ा मालूम होता है। यह ठीक है कि स्कैन्डिनेविया में विशेषकर स्वीडन में, लोकतान्त्रिक समाजवाद को अधिक सफलता मिली है; परन्तु वहाँ भी यह नहीं कहा जा सकता कि समाजवादी आदर्शों की पूर्ण रूप से अधिक सफलता मिलने का कारण, अन्य बातों के अलावा, यह है कि स्वीडिश समाज का आकार छोटा है, और वहाँ समाजवाद के राज्येतर रूपों—जैसे सहकार—पर सापेक्षतः अधिक बल दिया गया है। ये दोनों बातें, जैसा कि हम आगे चल कर देखेंगे, सर्वोदय के रूप में समाजवाद के विकास की दृष्टि से बड़े महत्त्व की हैं।

मार्क्सवादी और गैरमार्क्सवादी दोनों प्रकार का यूरोपीय समाजवाद, अन्य बातों के साथ-साथ, एक औद्योगीकृत समाज का चित्र है। मार्क्स के अनुसार और समान रूप से अन्य समाजवादी विचारकों के अनुसार, समाजवाद समाज की वह स्थिति है जो पूँजीवाद के प्रौढ़ होने के बाद आती है। एशिया में औद्योगिक पूँजीवादी विकास अभी शैशवावस्था में है, और एशियाई देश अधिकांशतः ग्रामीण एवं कृषि-प्रधान समुदाय है। एक ऐसे वातावरण में समाजवाद के निर्माण की समस्या से यूरोपीय समाजवादियों का परिचय नहीं है। इसलिए उनके अनुभव से बहुत कम मार्गदर्शन हमें मिल सकेगा। निस्सन्देह, साम्यवादियों ने, रूस और चीन जैसे वस्तुतः पिछड़े हुए एवं ग्रामीण समुदायों के बीच—सत्ता हस्तगत करने के अर्थ में—सफलता पाई है। लेकिन जिस 'समाजवाद' का निर्माण उन्होंने किया है, वह समान और स्वतन्त्र

लोगों के भाईचारे से, जो मेरी दृष्टि में सच्चे समाजवाद का सार है, बहुत दूर है।

इसलिए एशियाई समाजवादियों को बहुत कुछ अपने ही तरीकों पर निर्भर करना होगा। मेरे कहने का यह तात्पर्य नहीं कि हमें पाश्चात्य समाजवाद में या रूसी समाजवाद से कुछ नहीं सीखना है; परन्तु चिन्तन, प्रयोग एवं नवस्थापन का मुख्य कार्य हमें स्वयं करना होगा। मुझे भय है कि भारतीय समाजवादी आंदोलन में मौखिक जिज्ञासा की यह प्रक्रिया रुक-सी गई है। जिज्ञासा का सूत्र फिर से उठाने का समय आ गया है। इस प्रक्रिया में विकास की दो भिन्न धाराएँ सहायक हो सकती हैं एक है सामाजिक क्रांति एवं पुनर्निर्माण का गाँधी-मार्ग जो भूदान, ग्रामदान एवं ग्राम-स्वराज्य आंदोलन के रूप में प्रकट हो रहा है; और दूसरी है, आर्थिक उद्यम के राजकीय स्वामित्व एवं अधिकारितन्त्री व्यवस्था के संचित अनुभव, जिसे भ्रमवश समाजवाद समझा जा रहा है।

यह पुनःपरीक्षण एवं पुनर्मूल्यांकन की प्रक्रिया, जिसका वर्णन मैंने ऊपर किया है, काँग्रेस समाजवादी दल में तथा पुराने समाजवादी दल में काम करने वाले लोगों की सामूहिक अनुभूति थी। मैंने ऊपर जो निष्कर्ष प्रकट किए हैं उनका भी रूप सामूहिक है। लोकतन्त्र पर बल, विकेन्द्रीकरण की आवश्यकता और यह अवबोध कि साध्यों के नैतिक रूप के अनुकूल होने चाहिए—ये सामान्य निष्कर्ष सामान्य अनुभव के परिणाम हैं। इस प्रकार मार्क्सवादी-लेनिनवादी काँग्रेस-समाजवादी दल, कई रूपों से गुजरकर, लोकतान्त्रिक-समाजवादी प्रजा-समाजवादी दल के रूप में विकसित हुआ।

समाजवाद से सर्वोदय की ओर

यहाँ तक तो मेरी यात्रा अपने सहयोगियों के साथ एक सुखद भाईचारे की भावना में हुई, जिसकी स्मृति मेरे शेष जीवन को मधुर बनाएगी। परन्तु कुछ वर्ष पूर्व मेरी यात्रा ने एक मोड़ लिया और हम एक-दूसरे से अलग हो गए। वह अलगाव उस घटना से शुरू हुआ, जिसे आडम्बरपूर्ण भाषा में जीवनदान (1954) कहा जाता है। लेकिन जो दल एवं सत्ता की राजनीति से अलग होने तथा अपना शेष जीवन भूदान एवं सर्वोदय आंदोलन में लगाने के मेरे निर्णय से अधिक कुछ नहीं था।

स्वतन्त्रता, समता एवं बन्धुता के जिन पुराने संकेतदीपों ने मेरा जीवनपथ आलोकित किया था और मुझे लोकतान्त्रिक समाजवाद तक पहुँचाया था, उन्होंने ही मुझे मार्ग के इस मोड़ पर से आगे जाने के लिए प्रेरित किया। मुझे अफसोस है कि अपनी जीवन-यात्रा के इस बिन्दु पर मैं गाँधी जी के जीवनकाल में नहीं पहुँचा। अस्तु; कुछ वर्ष पूर्व मेरे सामने यह स्पष्ट हो गया कि आज जिसे हम समाजवाद समझते हैं, वह मनुष्य जाति को स्वतन्त्रता, समता, भ्रातृत्व एवं शान्ति के ऊँचे लक्ष्यों पर पहुँचा नहीं पाएगा। निस्सन्देह, समाजवाद मनुष्य जाति को, अन्य किसी भी प्रतियोगी समाज दर्शन की अपेक्षा, उन लक्ष्यों को निकटतर ले जाने का आश्वासन देता है। परन्तु मेरा विश्वास है कि यदि समाजवाद सर्वोदय में परिवर्तित नहीं होता, तो ये लक्ष्य उसकी पहुँच के बाहर ही रहेंगे; और जिस प्रकार हमने स्वतन्त्रता की राख उड़ते देखी है, उसी प्रकार समाजवाद की भी राख उड़ते देखेंगे।

राजनीतिक से तो नहीं, परन्तु मार्क्सवाद से मेरा अन्तिम विच्छेद पूना में मेरे तीन सप्ताह के उपवास की अवधि में हुआ। रूसी निष्कासनों से संशय की जो एक लम्बी प्रक्रिया मेरे अन्दर शुरू हुई थी, वह उस उपवास के समय समाप्त हुई और यह समाप्त हो गया कि भौतिकवाद, एक दार्शनिक दृष्टिकोण के रूप में, नैतिक आचरण का कोई आधार तथा अच्छाई के लिए कोई प्रेरणा प्रदान नहीं कर सकता।

यदि मनुष्य और उसकी चेतना तथा जिस समाज एवं संस्कृति का उसने निर्माण किया है, वह द्रव्य-तत्त्व की—चाहे वह द्वंद्वात्मक रूप से जितना भी सक्रिय हो—अभिव्यक्तियाँ मात्र हैं, तो मैं नहीं समझता कि क्यों कोई अच्छा बनने, अथवा उदार, सदय एवं निःस्वार्थ बनने का प्रयास करेगा। तब फिर क्यों कोई दुर्बल, दीन या रुग्ण लोगों के प्रति

सहानुभूति प्रकट करेगा? जो द्रव्य ही है, वह तो मृत्यु के बाद द्रव्य में विलीन हो जाएगा। इसलिए नैतिक आचरण के लिए कौन-सी प्रेरणा हमें मिल सकती है? सत्ता या सम्पत्ति के लिए वासना, या लोक-प्रशंसा प्राप्त करने की आकांक्षा अथवा अपने समकक्षियों से आदर करने की भावना किसी कार्य के लिए हमारी प्रेरणा हो सकती है। परन्तु ऐसी प्रेरणाओं को क्या सही या गलत है, इसके मूल्यांकनों से कोई मतलब नहीं हो सकता। नैतिक विचारों का निस्सन्देह एक इतिहास और एक सामाजिक उत्स होता है,

परन्तु जब व्यक्ति विरासत में प्राप्त आचार-व्यवहारों में शंका प्रकट करने लगता है और अपने-आपसे पूछता है कि वह नैतिक रूप में क्यों आचरण करे, तो भौतिकवाद उसे कोई उत्तर नहीं दे पाता। चाहे कोई व्यक्ति समाज-सेवा, त्याग, स्वतन्त्रता, समता तथा अन्य आदर्शों के साथ-साथ विकसित हुआ हो; परन्तु बाद में यदि वह अपने-आपसे प्रश्न करे कि वह क्यों इन आदर्शों का समर्थन करे और उनके कारण कष्ट या हानि उठाए तो भौतिकवाद का दर्शन, चाहे वह द्वन्द्वात्मक हो या अन्य कुछ, उसे कोई संतोषकारक उत्तर देने में समर्थ नहीं होगा। मेरे कहने का यह तात्पर्य नहीं है कि दार्शनिक भौतिकवादियों में श्रेष्ठ आदर्शों के लिए त्याग करने के उदाहरण नहीं हुए हैं। मेरा तात्पर्य यह है कि उनका कार्य उनके दर्शन के अनुरूप नहीं था।

इस कठिनाई से निकलने का एक रास्ता यह मान लेना है कि मनुष्य एक स्वचालक यन्त्र है, उसका आचरण सामाजिक परिस्थितियों से पूरी तरह अनुकूलित होता है, उसमें कर्म-स्वातन्त्र्य और संकल्प-स्वातन्त्र्य नहीं होता। इस मान्यता के अनुसार, स्वभावतः मार्क्स और लेनिन को धरती पर के शोषित राष्ट्रों के लिए कार्य करने और कष्ट उठाने के अलावा और कोई चारा नहीं था। लेकिन मुझे सन्देह है कि कट्टर-से-कट्टर मार्क्सवादी भी मनुष्य को एक ऐसी यान्त्रिक वस्तु बना देने के लिए तैयार होगा। वास्तव में, क्रांतिकारी के नेतृत्व का संपूर्ण मार्क्सवादी सिद्धान्त संकल्प-स्वातन्त्र्य की मान्यता पर आधारित है।

दर्शनशास्त्र में एक महान् विवाद इस प्रश्न को लेकर चलता है कि जड़ पहले या चेतन? बात यह है कि पहले चाहे कोई आया हो, आज सृष्टि के ऐसे रूप विद्यमान हैं जिन्हें जड़ और चेतन की संज्ञा दी जा सकती है। मार्क्सवाद ने यह मान कर गलती की कि चेतन को (चाहे वह जहाँ से भी आया हो) उसी ढंग से समझा जा सकता है, जैसे जड़ को। उसे यह नहीं सूझा कि जड़ के नियमों को चेतन जगत पर लागू नहीं किया जा सकता। जड़ का अध्ययन वस्तुनिष्ठ अन्वेषण है, जबकि चेतन का वैयक्तिक अनुभूति है। जड़ द्रव्य का अध्ययन, वस्तुनिष्ठ अन्वेषण या जिसे संक्षेप में विज्ञान कहेंगे, आवश्यक रूप से निर्नैतिक है। मार्क्सवादियों ने (और सामान्यतः भौतिकवादियों ने) चेतना को द्रव्य का आचरण बता कर स्वाभाविक रूप से नीतिशास्त्र का आधार ही नष्ट कर दिया। वे निस्सन्देह क्रांतिकारी नीतिशास्त्र की बातें बहुत करते हैं, परन्तु वह लक्ष्य ही साधन का औचित्य सिद्ध करता है, इस सिद्धान्त की गूढ़तम क्रियान्विति से अधिक कुछ नहीं है। एक बार जब व्यक्ति अपने-आपको, सत्यतः या अन्यतः, समझा लेता है कि वह क्रांति (अथवा जनता या पार्टी) के पक्ष में है, तो वह कोई भी जघन्य कार्य करने के लिए स्वच्छन्द हो जाता है।

न केवल मार्क्सवादी और भौतिकवादी ही, बल्कि वे भी जिनका दर्शन उनसे भिन्न है, चेतना को विज्ञान की प्रक्रियाओं से समझने का प्रयास करते हैं। अतः मानसिक विज्ञान भी नैतिक आचरण का आधार प्रस्तुत नहीं करता है। न कभी विज्ञान के लिए यह सम्भव है कि वह चेतना को समझ सके; उसे तो केवल वैयक्तिक रूप से ही अनुभव किया जा सकता है। वैयक्तिक अनुभूति अपने स्वभाव से ही भौतिक श्रेणियों में अभिव्यक्ति नहीं पा सकती। इसलिए, सभी रहस्यवादी और योगी जिन्हें वैयक्तिक वास्तविकता या पूर्ण चेतना की अनुभूति प्राप्त थी, उसे किसी भाव में व्यक्त नहीं कर सके। रोजर गॉडेल के शब्दों में, "दार्शनिक अपने दर्शन का चिन्तन करता है, जबकि ऋषि अपने ज्ञान में जीता है।"

आधुनिक विज्ञान एक ऐसे बिन्दु पर पहुँच गया है जहाँ द्रव्य और चेतना का द्वैत इतना सूक्ष्म हो जाता है कि उसका वास्तविक अस्तित्व नहीं रह जाता। गॉडेल 'आधुनिक विज्ञान एवं योग की मुक्तिदायिनी अनुभूति' शीर्षक अपने निबन्ध में लिखता है :

परन्तु अब अकस्मात्—परिमाण-यांत्रिकी के एक मोड़ के निकट—वास्तविक क्षेत्र की खोज भौतिक विज्ञानों के सिद्धान्तकार को एक अत्यन्त विक्षोभकारी स्थिति में पहुँचा देती है; उसके सामने एक अस्पष्ट विश्व उपस्थित होता

है जहाँ प्रेक्षक और प्रेक्षित अभेद्य रूप से मिश्रित हो जाते हैं। उनकी समुपस्थिति इतनी निकट होती है कि एक-दूसरे में प्रतिबिम्बित होता है; वे न अलग हो सकते हैं, न मिल ही सकते हैं।

इस अनियति के क्षेत्र में, हमारे अनुभव-जगत् से परिचित सभी प्रतीक और सूत्र लुप्त हो जाते हैं। ऊर्जा की एवं द्रव्य की हमारी कल्पनाओं में इतना गहन परिवर्तन आवश्यक हो जाता है कि वे अपना मौलिक अर्थ ही खो देती हैं; ऊर्जा द्रव्य के रूप में संघनित हो जाती है और द्रव्य विकिरण में बदल कर अमौलिक बन जाता है। प्रकाश-परिणाम के संचरण से सम्बन्धित तरंगों के लिए दिक्काल में संचरित होने के लिए आधार की आवश्यकता नहीं रहती; वे न तो तरल में, न ठोस में और न गैस में ही स्पंदित होती हैं। केवल सादृश्य का अवास्तविक सूत्र उन्हें जल-तल पर ऊर्मिल तरंग के बिम्ब से जोड़ना है। वे वास्तव में सम्भाव्यता की तरंगें, चेतना की तरंगें होती हैं जिन्हें हमारा चिन्तन दूर तक प्रक्षिप्त करता है जो अमूर्त कार्य का एक वक्ररेखीय प्रसरण है।

विज्ञान इस द्वैत को पूर्णतः समाधित नहीं कर सकता, क्योंकि वस्तुनिष्ठ अध्ययन में द्रष्टा और दृश्य में भेद रहना आवश्यक है, चाहे वे कितने ही अभेद्य रूप से मिश्रित हों। केवल अंतिम आध्यात्मिक अनुभूति में ही यह द्वैत समाप्त होता है और द्रष्टा और दृश्य एक बन जाते हैं।

नैतिकता के मूल अस्तित्व की यह एकता समझने, या दूसरे शब्दों में, आत्म-बोध प्राप्त करने के मानवीय प्रयास में निहित है। जिसने इस एकता का अनुभव किया है, उसके लिए नैतिकता का आचरण साँस लेने की क्रिया के समान स्वाभाविक एवं सहज हो जाता है।

कुछ लोगों को यह सारी बातें राजनीतिक एवं आर्थिक संघर्ष के सन्दर्भ में अप्रांसगिक लग सकती हैं। मैं पूरी नम्रता के साथ इस दृष्टिकोण से असहमति प्रकट करूँगा। सभी कार्यों में, चाहे वे वैयक्तिक या सार्वजनिक हों, राजनीतिक, आर्थिक या अन्य प्रकार के हों, एक समग्रता होनी चाहिए और समग्रता का केन्द्र-बिन्दु एक जीवन-दर्शन ही होगा।

इस विचार के फलस्वरूप हम सामाजिक एवं आर्थिक पुनर्निर्माण कार्य के एक ऐसे पहलू पर पहुँचते हैं, जिसकी उपेक्षा समाजवादी और साम्यवादी दोनों ने की है। समाजवाद और साम्यवाद दोनों भौतिक समृद्धि पर, उत्पादन की उत्तरोत्तर वृद्धि पर तथा जीवन-मान के अधिकाधिक उन्नयन पर बल देते हैं। इससे इनकार नहीं किया जा सकता कि मनुष्य की भौतिक आवश्यकताओं की पूर्ति समुचित रूप से होनी ही चाहिए और अब यह समझ लिया जाता है कि समाजवादी और साम्यवादी हमेशा गरीबों और दलितों के हितों का समर्थन करते हैं तो भौतिक प्रगति एवं सुख पर उनका बल देना भी समझ में आता है। यह भी सच है कि भारत-जैसे गरीब और पिछड़े हुए देशों में सामाजिक पुनर्निर्माण का मुख्य कार्य जनता के जीवन-मान को काफी ऊँचा उठाना ही है। परन्तु, यहाँ या अन्यत्र, भौतिक सुख को आराध्य मान लेना और भौतिक साधनों की एक अतृप्त बुभुक्षा पर आधारित जीवन-दृष्टि को प्रोत्साहन देना उपयुक्त नहीं होगा। मनुष्य के दिमागों और दिलों को यदि बुभुक्षा सदैव कुरेदती रहती है तो वहाँ शान्ति नहीं रहेगी और न मनुष्यों के बीच शान्ति रहेगी। इससे आवश्यकरूपेण व्यक्तियों, समूहों और राष्ट्रों के बीच अनियन्त्रित प्रतियोगिता चलती रहेगी। प्रत्येक व्यक्ति अपने पड़ोसी से आगे बढ़ने का, और प्रत्येक राष्ट्र न केवल अन्य राष्ट्रों के समकक्ष होने का, बल्कि सबको पीछे छोड़ देने का प्रयास करेगा। ऐसे व्यग्र समाज में हिंसा और युद्ध स्थायी बन जाएँगे। जीवन के सभी मूल्य, अधिक-से-अधिक पाने की इस सर्वोपरि इच्छा के अधीन हो जाएँगे। अधिकाधिक प्राप्त करने की कामना जीवन का एकमात्र लक्ष्य बन जाएगी और धर्म, कला, दर्शन, विज्ञान सभी इसी लक्ष्य की सिद्धि में लग जाएँगे। समता, स्वतन्त्रता, बन्धुता आदि सबके, भौतिकवाद की सर्वव्यापी बाढ़ में डूब जाने का खतरा रहेगा। मनुष्य के जीवन में कोई सन्तुलन, कोई वास्तविक सन्तोष नहीं रह जाएगा, क्योंकि अधिकाधिक की प्राप्ति, और अधिक पाने की भूख को तेज करती रहेगी।

मैं जानता हूँ कि बहुत सारे ऐसे समाजवादी हो गए हैं और अब भी हैं जिन्हें विशुद्ध भौतिकवादी जीवन-दृष्टि का मान है; परन्तु फिर भी समाजवाद की मुख्य चिन्ता जीवन के भौतिक पहलुओं के लिए रही है और अब भी है। समाजवादी दल या मजदूर दल तथा श्रमिक संघ लोगों को सन्तुलित या समग्र जीवन-दृष्टि के विषय में शिक्षित नहीं करते। मैं जो प्रश्न उठा रहा हूँ, उसके प्रति अगर समाजवादी आंदोलन सजग हो जाता है तो विज्ञान, औद्योगीकरण, सामाजिक संगठन तथा राष्ट्रीय संबंधों के प्रति उसके संपूर्ण दृष्टिकोण में क्रांति हो जाएगी।

शारीरिक बुभुक्षाओं को अनुशासित करना नैतिक जीवन के लिए तथा मानव-व्यक्तित्व के विकास और सभी मानवीय गुणों एवं मूल्यों के प्रस्फुटन के लिए आवश्यक है। यह विशेषकर समाजवादी मूल्यों के विषय में सही है। समाजवादी जीवन-पद्धति सामान्य प्रयास से उपलब्ध उत्कृष्ट वस्तुओं को मिल-जुल कर बाँट लेने की पद्धति है। यह बाँटने की प्रवृत्ति आचरण में जितने ही स्वेच्छापूर्वक उतरेगी, समाज में उतना ही कम तनाव और दबाव रहेगा और उतना ही अधिक समाजवाद होगा। मैं मानता हूँ कि समाज के सदस्य जब तक अपनी आवश्यकताओं को नियन्त्रण में रखना नहीं सीखते, तब तक स्वेच्छा से वस्तुओं का सहविभाजन असम्भव नहीं तो कठिन अवश्य होगा, और समाज अनिवार्यतः दो भागों में बँट जाएगा : (1) जिसमें दूसरों को अनुशासित करने का प्रयास करने वाले होंगे, और (2) जिसमें शेष सारे लोग होंगे। समाज के ऐसे विभाजन में हमेशा एक प्रश्न उठेगा : अनुशासकों को अनुशासित कौन करेगा, शासकों को शासित कौन करेगा? साम्यवादी देशों के उदाहरण तथा समाजवादी सरकारों के अनुभव बताते हैं कि इस शाश्वत प्रश्न का उत्तर देना अत्यन्त कठिन है। एक ही समाधान यह दीखता है कि आवश्यकता को तथा ऊपर से अनुशासन के क्षेत्र को जहाँ तक सम्भव हो, कम किया जाए, और यह तभी हो सकता है, जब समाज का प्रत्येक सदस्य सुनिश्चित रूप से आत्मानुशासन का अभ्यास करे और समाज के मूल्यों को अपने आचरण में उतारे तथा, अन्य बातों के अलावा, स्वेच्छापूर्वक अपने मानव-बन्धुओं के साथ बाँट कर खाए और सहयोगपूर्वक रहे।

यह मुझे सर्वोदय एवं समाजवाद की समस्या, दल एवं सत्ता की राजनीति तथा दल एवं सत्ताविहीन राजनीति, अथवा विनोबा जी की उपयुक्त भाषा में कथित लोकनीति, की समस्या की तह तक ले जाता है।

मैंने दल एवं सत्ता की राजनीति से हटने का निश्चय ऊब कर या किसी व्यक्तिगत निराशा की भावना से नहीं किया, बल्कि इसलिए किया कि मेरे सामने यह स्पष्ट हो गया था कि राजनीति से अभीष्ट लक्ष्यों की—उन्हीं पुराने, समता, स्वतन्त्रता, बन्धुता और शान्ति के लक्ष्यों की—प्राप्ति नहीं होगी।

लेकिन राजनीति का क्या कोई विकल्प है? क्या राज्य के माध्यम से भिन्न किसी अन्य माध्यम से समाज का परिवर्तन एवं पुनर्निर्माण किया जा सकता है? राजनीति राज्य का विज्ञान ही तो है।

हाँ, एक विकल्प था। महात्मा गाँधी ने उसे हमारे सामने रखा था। परन्तु, मैं स्वीकार करूँगा कि उस समय यह विकल्प मेरे सामने स्पष्ट नहीं था।

गाँधी जी ने हमारी स्वतन्त्रता की लड़ाई के दौरान सशस्त्र संघर्ष का एक विकल्प बताया था और हमने उनका अनुसरण भी किया था—अपने विश्वास के कारण उतना नहीं, जितना इसलिए अनुसरण किया था कि उनका नुस्खा कारगर सिद्ध हो रहा था। कहावत है, सफलता की तरह कोई चीज सफल नहीं होती, और गाँधी जी के सत्याग्रह-संघर्षों को सर्वाधिक सफलताएँ मिल रही थीं, इस अर्थ में कि वे लोगों को गतिमान करते थे और उन्हें जाग्रत कर सक्रिय बनाते थे जैसा कि पहले किसी आंदोलन से नहीं हुआ था। सभी प्रतियोगी कार्यक्रमों तथा उनकी विचारधाराओं को उनके आगे पराजय स्वीकार करनी पड़ी और पीछे का स्थान ग्रहण करना पड़ा।

परन्तु गाँधी जी को समाज के परिवर्तन और पुनर्निर्माण के लिए अपनी अहिंसक प्रक्रिया का प्रयोग कर दिखाने का अवसर नहीं मिला। निस्सन्देह उन्होंने इस संबंध में बहुत कुछ कहा और लिखा भी है; किन्तु उसको व्यवहार में उतार सकने के पूर्व ही वे हमारे बीच से क्रूरतापूर्वक उठा लिए गए। अब पीछे मुड़ कर देखने से यह स्पष्ट मालूम होता है कि उन्होंने अपने भावी कार्यक्रम के लिए आधार बनाना शुरू कर दिया है। लेकिन वे जो कुछ कर रहे थे, उसका महत्त्व मैंने बिलकुल नहीं समझा, जैसा कि शायद अन्य अनेक लोगों ने भी नहीं समझा था। उदाहरणार्थ, उन्होंने स्वतन्त्रता के आंदोलन को शानदार सफलता के लक्ष्य पर पहुँचाने के बाद भी अपने आदर्शों के अनुसार देश के पुनर्निर्माण के लिए सत्ता ग्रहण नहीं की, इस बात का महत्त्व मेरे ध्यान में बिलकुल नहीं आया। उसी प्रकार, जब उन्होंने यह सुझाव प्रस्तुत किया कि काँग्रेस राजनीति के क्षेत्र से हट जाए और अपने को लोक सेवक संघ के रूप में परिवर्तित कर ले, तो इस असाधारण सुझाव का महत्त्व भी मैंने नहीं समझा। देश को उस सुझाव पर अनुद्विग्न होकर विचार करने का अवसर भी नहीं मिला, क्योंकि जिस दुख और चिन्ता में वह डूब गया, उसने उसे इतना अभिभूत कर लिया कि स्पष्ट चिन्तन हो नहीं सकता था। इसके अतिरिक्त, सबकी आँखें उन लोगों पर लग गईं जिनसे यह अपेक्षा थी कि, नाव

के खेवनहार की अनुपस्थिति में, वे पतवार थाम कर नैया को किनारे लगा देंगे। और, उनके मुँह से अपने नेता की 'अन्तिम इच्छा और वसीयत' के संबंध में एक शब्द भी नहीं निकला। सबसे बड़ी बात तो यह हुई कि लोगों ने देखा, गाँधी जी के प्रत्येक राजनीतिक सहयोगी ने परम्परागत राजनीति का मार्ग अपना लिया है; फिर तो यह अनुमान भी नहीं किया जा सकता था कि गाँधीवाद में दल एवं सत्ता की राजनीति का कोई विकल्प भी है।

यहाँ तक प्रश्न उठाया जा सकता है कि जब गाँधी जी ने अपना सारा जीवन राजनीति में लगाया तो यह अनुमान कैसे भी किया जा सकता था कि उन्होंने राजनीति का कोई विकल्प भी सोचा होगा? मेरी विनम्र सम्मति में, राजनीति से–जिस अर्थ में यहाँ पर विचार कर रहा हूँ–गाँधी जी का कार्य संबंध नहीं था। गाँधी जी ने जिस स्वतन्त्रता आंदोलन का नेतृत्व किया, वह इस अर्थ में 'राजनीतिक' अवश्य था कि उसका लक्ष्य भारत की राष्ट्रीय स्वतन्त्रता प्राप्त करना था; लेकिन किसी दल विशेष के लिए सत्ता प्राप्त करने के संघर्ष के अर्थ में वह 'राजनीति' नहीं था। यदि उसका लक्ष्य सत्ता प्राप्त करना भी था, तो वह सत्ता संपूर्ण भारतीय जनता के लिए थी, जिसमें वे भी शामिल थे जिन्होंने अलग होकर पाकिस्तान का निर्माण किया, और वह सत्ता उन सभी दलों के लिए भी थी जो कायम थे अथवा भविष्य में, दोनों भारतों में, कायम होने वाले थे। गाँधी जी कोई ऐसे दलीय नेता नहीं थे जो अपने दल के लिए सत्ता प्राप्त करने हेतु संघर्ष और पैंतरेबाजी करता है। अगर ऐसा होता तो काँग्रेस को सत्ता की राजनीति से पहले की सलाह देने का विचार उनके मन में कभी नहीं उठता। वे अपने देश की आजादी के लिए लड़ने वाले एक राष्ट्रीय नेता थे। यही नहीं, वे अपने मानव-बन्धुओं को दासता से मुक्त कराने की दिशा में कार्य करने वाले मानव-जाति के विश्व-नेता थे। भारत का स्वातन्त्र्य-आंदोलन, सबसे बढ़कर, एक लोक-आंदोलन था। वह राजनीति (राज्य की राजनीति) नहीं, बल्कि लोकनीति (जनता की राजनीति) थी।

चाहे जो हो, राजनीति द्वारा उठाए गए प्रश्न मेरे दिमाग में गूँजते रहे, और मैं असन्तुष्ट होकर एक विकल्प की तलाश करता रहा। दलीय प्रथा जिसमें सत्ता के लिए संरक्षणशील एवं संप्रदूषणकारी संघर्ष निहित रहता है, मुझे अधिकाधिक अशान्त करने लगी। मैंने देखा कि कैसे धन, संगठन एवं प्रचार के साधनों से सम्पन्न दल अपने-आपको जनता पर लाद देते हैं; कैसे लोक-शासन परिणामतः दलीय शासन बन जाता है; कैसे दलीय शासन बदले में एक समूह या गुट के शासन का रूप ले लेता है; कैसे लोकतन्त्र केवल मतदान-क्रिया में सिमट कर रह जाता है; कैसे यह मताधिकार भी एक ऐसी व्यवस्था द्वारा अत्यन्त सीमित हो जाता है, जिसमें शक्तिशाली दलों द्वारा खड़े किए गए उम्मीदवारों में से ही मतदाताओं को चुनाव करना पड़ता है; और कैसे यह सीमित चुनाव का अधिकार भी इस तथ्य से अवास्तविक बन जाता है कि निर्वाचकों के सम्मुख उपस्थित किए गए प्रश्न अधिकांशतः उनके लिए अबोधगम्य रहते हैं।

मेरी दृष्टि में, यह दलीय प्रथा जनता को शक्तिहीन बना रही है। वह इस रूप में काम नहीं करती कि लोगों की शक्ति और अभिक्रम विकसित हो, और स्वशासन की स्थापना करने तथा काम-काज स्वयं सँभालने में उन्हें सहायता मिले। दलों के लिए एकमात्र चिन्ता का विषय यह रहता है कि कैसे सत्ता पर अधिकार जमाएँ कि जनता पर निस्सन्देह उसकी राय से, शासन कर सके! मुझे प्रतीत हुआ कि दलीय प्रथा लोगों को ऐसी भेड़ों की स्थिति में पहुँचाने का प्रयास करती है जिनका एकमात्र प्रभुतापूर्ण कृत्य, समय-समय पर, अपने हितैषी गड़ेरियों का चुनाव कर लेने का होगा! मुझे लगा कि इस प्रथा में से वह स्वतन्त्रता, वह स्वराज्य निष्पन्न नहीं होगा जिसके लिए मैंने संघर्ष किया था और इस देश की जनता ने संघर्ष किया था। इसमें सन्देह नहीं कि लोकतान्त्रिक समाजवादी, सत्ता के विकेन्द्रीकरण की, चौखम्भा राज्य तथा अन्य ऐसी परिकल्पनाओं के विषय में अस्पष्ट रूप से चर्चाएँ किया करते थे। परन्तु व्यवहार में मैंने पाया कि उनकी सारी चिन्ता का विषय सत्ता पर अधिकार करना ही रहता है, जैसा कि अब भी है। लगता है, वे मानते हैं कि सत्ता का विकेन्द्रीकरण भी तभी सम्भव है, जब सत्ता के वर्तमान केन्द्रों को अधिकृत कर लिया जाए, जिससे कि कानून बनाकर विकेन्द्रीकरण एवं विसंघटन क्रिया सम्पन्न की जा सके। इस प्रक्रिया में जो विसंगति है, उसे वे नहीं देखते। विकेन्द्रीकरण से एक ऐसी जनता को ऊपर से सत्ता प्रदान करके सम्पन्न नहीं किया जा सकता जो राजनीतिक रूप से शक्तिहीन हो गई है और जिसकी स्व-शासन की क्षमता दलीय प्रथा से तथा ऊपर के स्तर पर सत्ता के विकेन्द्रीकरण से यदि नष्ट नहीं हुई है, तो कुण्ठित अवश्य हो गई है। आज ग्राम पंचायतों की स्थापना विधानसभा में बनाए गए

कानूनों के अनुसार हो रही है। ये सच्ची पंचायतें नहीं हैं, गाँधी जी की कल्पना का ग्रामराज नहीं है। गाँधी जी के सारगर्भित शब्दों में पंचायत "अपने ही बनाए कानून के अन्दर काम कर सकती है।" समुदाय में अपने जीवन का स्व-नियमन करने की क्षमता पैदा की जानी चाहिए, न कि विकेन्द्रीकरण के नाम पर ऊपर से प्रदान की जानी चाहिए। यह प्रक्रिया नीचे से शुरू हो। स्वशासन एवं स्व-प्रबन्ध का एक कार्यक्रम जनता के सामने प्रस्तुत किया जाए और एक रचनात्मक, निर्दलीय दृष्टिकोण से उसे क्रियान्वित करने में जनता की सहायता की जाए। यह अब स्पष्ट है कि एक ऐसे ही कार्यक्रम को राष्ट्रव्यापी पैमाने पर चलाने के लिए गाँधी जी काँग्रेस को, दलीय भावना से मुक्त लोकसेवक संघ में, परिवर्तित करने का विचार कर रहे थे। बिलकुल यही काम विनोबा जी ने उठाया है। स्वभावतः इस कार्यक्रम में गाँधी जी जितना आगे गए होते, उतना विनोबा जी नहीं जा पाए हैं। परन्तु छः वर्षों की इस छोटी अवधि में उन्होंने नीचे से सामाजिक क्रांति एवं पुनर्निर्माण का आंदोलन, और साथ ही इस प्रक्रिया में सहायक होने के लिए लोकसेवकों का एक नया जत्था खड़ा करने में जो सफलता पाई है, वह विलक्षण है।

दलीय प्रथा के दोषों एवं विषमताओं के निवारण के लिए मैं कुछ समय तक प्रतियोगी के बजाय सहयोगी दलों की प्रथा शुरू करने के विचार से खेलता रहा। परन्तु मैंने महसूस किया कि एक तो ऐसे राजनीतिक प्रयोग के लिए वातावरण नहीं है; दूसरे, यह प्रयोग सत्ता के लिए संघर्ष एवं संसदीय लोकतन्त्र की वर्तमान रूपरेखा के अन्दर, सिवा सीमित लक्ष्यों और सीमित कालों के लिए सफल नहीं हो सकता। तथापि, मैं अब भी मानता हूँ कि आवश्यक मनोवैज्ञानिक वातावरण का निर्माण किया जाए तो ऐसा राजनीतिक प्रयोग आज भी किया जा सकता है। परन्तु उसके लिए सन्दर्भ के चौखटे को बदलना होगा, संसदीय लोकतन्त्र को किसी और व्यवस्था में परिवर्तित करना होगा। चाहे जो हो दलीय व्यवस्था से मेरा विकर्षण इसका विकल्प ढूँढ़ने की दिशा में मुझे प्रेरित करता रहा। लोक स्व-शासन की ओर गाँधी जी के निर्दलीय दृष्टिकोण में अन्वेषण की एक आशापूर्ण किरण मुझे दीख पड़ी।

अब चूँकि राजनीति के संबंध में मेरी जिज्ञासा केवल दलीय व्यवस्था तक सीमित नहीं थी इसलिए मेरे मन में ऐसे बुनियादी प्रश्न भी उठे कि मानव-समाज में, विशेषकर मेरे सामने सुनिश्चित सामाजिक जीवन के लक्ष्यों के सन्दर्भ में, राज्य का स्थान और उसकी भूमिका क्या हो? शायद राज्यहीन समाज के आदर्श वाले मार्क्सवाद में शिक्षित होने के कारण, मेरे लिए ये प्रश्न अधिक तीव्र और कष्टकारक बन गए। यद्यपि मार्क्सवाद के बुनियादी सिद्धान्तों को मैंने छोड़ दिया था, क्योंकि उनके द्वारा अपने लक्ष्यों पर पहुँचने की आशा मुझे नहीं रह गई थी; तथापि मैं जोरदार ढंग से यह महसूस करता रहा कि केवल एक राज्यहीन समाज में ही मानवीय स्वतन्त्रता पूर्ण एवं समग्र रूप से साकार हो सकेगी। राज्य का पूर्ण लोप कभी हो जाएगा, इस संबंध में मैं विश्वस्त न था और न हूँ। परन्तु मेरा दृढ़ विश्वास है कि सामाजिक प्रयास के श्रेष्ठतम लक्ष्यों में से एक यह है कि राज्य के अधिकारों और कृत्यों तथा उसके क्षेत्रों को यथासम्भव कम किया ही जाना चाहिए। गाँधी जी के समान अब मैं भी इस सूत्र का ज्वलन्त विश्वासी हो गया और आज भी हूँ, कि वही शासन सर्वोत्तम है जो कम-से-कम शासन करता है। मेरे लिए मानवीय विकास की कसौटी यह हो गई कि मनुष्य कहाँ तक अपने मानव-बन्धुओं के साथ मैत्री, न्याय एवं सहयोगपूर्वक, बिना किसी बाह्य नियन्त्रण के, रह सकता है। यही कारण है कि मैंने मानवीय एवं सामाजिक समस्या को मूलतः एक नैतिक समाज मान लिया है।

समाज में राज्य की भूमिका एवं स्थान के संबंध में यह कल्पना मन में होने के कारण, मैं राज्य के उत्तरोत्तर बढ़ते हुए प्रभाव को गम्भीर आशंका की दृष्टि से देखता हूँ। लोकतान्त्रिक समाजवादी, साम्यवादी तथा कल्याणवादी (फासिस्टवादियों की बात ही छोड़ दीजिए)—ये सभी राज्यवादी हैं। वे सभी राज्य को पहले अधिकृत कर और उसके बाद उसके अधिकारों एवं कृत्यों में वृद्धि कर अपनी-अपनी कल्पना का स्वर्णयुग लाने की आशा करते हैं।

पूँजीवादी राज्य का राजनीतिक सत्ता पर एकाधिकार था। भय है कि समाजवादी राज्य उसमें आर्थिक सत्ता का भी एकाधिकार जोड़ देगा। यदि सत्ता का इतना अधिक केन्द्रीकरण होता है तो उसको नियन्त्रित एवं संयमित करने के लिए, इससे भी बड़ी शक्ति नहीं तो कम-से-कम इतनी ही बड़ी शक्ति होनी चाहिए। समाजवादी समाज में ऐसी कोई शक्ति नहीं होगी। कागजी संविधानों से शायद ही यह आशा की जा सकती है कि वे नागरिक की स्वतन्त्रता एवं प्रभुता की सुरक्षा करेंगे। आर्थिक एवं राजनीतिक अधिकारीतन्त्र इतना मजबूत होगा और वह ऐसे सुविधापूर्ण स्थानों

का अधिकारी होगा कि लोगों के स्वातन्त्र्य और अधिकार, और उनकी रोटी भी बिलकुल उसकी ही मर्जी पर निर्भर करेगी।

मैं मानता हूँ कि लोकतान्त्रिक समाजवादी इन खतरों के प्रति सजग हैं और वे रोकथाम एवं सन्तुलन के उपाय निकालने का प्रयास कर रहे हैं। स्वतन्त्र श्रमिक संघ स्वतन्त्रता का महान् दुर्ग समझा जाता है; परन्तु यह भी सर्वमान्य है कि बड़े-बड़े श्रमिक संघ स्वयं अधिकारीतन्त्र के अधिकाधिक शिकार हो रहे हैं। औद्योगिक लोकतन्त्र तथा राजकीय उद्योगों को सार्वजनिक रूप से उत्तरदायी बनाने की योजनाएँ तैयार की गई हैं। उपभोक्ता संघ तथा सभी प्रकार की सहकारियाँ सन्तुलनकारी और नियन्त्रणकारी घटकों के रूप में काम करेंगी, यह मान्यता भी उचित ही है। इधर शक्तियों एवं कृत्यों का विकेन्द्रीकरण भी समाजवादी चिन्तन का विषय बना है। लेकिन सब कुछ कहने और करने के बाद भी लोकतान्त्रिक समाजवादी राज्य एक तिमिंगल की तरह जनता की स्वतन्त्रताओं पर भारी बोझ बनकर बैठा रहेगा।

इसका जो एकमात्र निदान मेरी समझ में आया, वह मुझे राजनीति से दूर हटाकर सर्वोदय की ओर ले गया। वह निदान, जैसा कि मैंने ऊपर आन्तरिक एवं बाह्य अनुशासन के सन्दर्भ में कहा है, यह है कि जनता में राज्य के बिना ही काम चलाने और स्वयं अपना काम-काज सम्हालने की क्षमता पैदा की जाए। इसी को एक समाजवादी की भाषा में मैं इस प्रकार कहना चाहूँगा : निदान यह है कि राज्यशक्ति के उपयोग द्वारा समाजवाद स्थापित करने की कोशिश करने के बजाय, जनता के स्वैच्छिक प्रयास से समाजवादी जीवन के रूप तैयार और विकसित किए जाएँ। दूसरे शब्दों में, निदान यह है कि राजकीय समाजवाद के बजाय जनता का समाजवाद स्थापित किया जाए। प्रत्येक समाजवादी सर्वोदय विचार से सहमत हो या नहीं, परन्तु उसे यह स्वीकार करना चाहिए कि जनता का समाजवाद या स्वैच्छिक समाजवाद जितना अधिक होगा और राज्यारोपित समाजवाद जितना कम होगा उतना ही पूर्णतर और अधिक वास्तविक समाजवाद होगा। दुर्भाग्यवश, बहुत थोड़े ऐसे समाजवादी हैं जो जनता के समाजवाद पर बहुत ध्यान दे रहे हैं। ब्रिटिश समाजवादियों के विषय में बोलते हुए, वहाँ के सहकारी आंदोलन के नेता श्री जैक बेली कहते हैं : "ब्रिटेन में अधिकांश समाजवादियों का ध्यान राज्य-सत्ता को अधिकृत करने और उसका उपयोग करने पर ही केन्द्रित रहने के फलस्वरूप समाजवाद के अशासकीय रूपों की सार्थकता उन्हें दिखाई नहीं पड़ती है।" जो ब्रिटेन के विषय में सही है, वही सारी दुनिया के लिए सही है। यह स्पष्ट होना चाहिए कि समाजवाद के अशासकीय रूप विकसित करने हेतु यह आवश्यक है कि कोई व्यक्ति एक दल के रूप में काम करे और सत्ता अधिकृत करने के संघर्ष में लगा रहे। इस सन्दर्भ में सत्ता और दल दोनों अप्रासंगिक हो जाते हैं। इसके बजाय आवश्यक यह हो जाता है कि ऐसे निःस्वार्थ सेवकों की एक जमात तैयार हो, जो जनता के बीच जाकर रहें और काम करें तथा जनजीवन को स्व-निर्भर एवं स्व-शासी आधार पर पुनर्गठित होने में सहायता करें। यहाँ पुनः गाँधी जी के लोकसेवक संघ की याद आए बिना नहीं रह सकती।

अब यह प्रश्न उठता है कि जिस समाज में जनता स्वयं अपना काम-काज चला सकेगी और सहयोग आत्मानुशासन तथा दायित्व-भावना जैसे समाजवादी समाज के सभी विशिष्ट मूल्यों को विकसित कर सकेगी, उसका रूप क्या होगा? इस प्रश्न पर समाजवादियों ने अभी तक कम-से-कम ध्यान दिया है। मानव-समाज का ऐसा विकास हुआ है कि जिसके फलस्वरूप हमें आज की जटिल औद्योगिक सभ्यताएँ प्राप्त हुई हैं जिनमें अंग हैं—ये शहर रूपी बड़े-बड़े मानवीय जंगल जहाँ मनुष्यों के आर्थिक एवं सामाजिक संबंध सर्वथा अवैयक्तिक एवं जीवनदायी धाराओं से वंचित हैं, जहाँ काम करने के ढंग बोझिल तथा आनन्द एवं सृजन के अवसरों से रहित हैं और जिनकी अनुशंसा की एकमात्र कसौटी उनकी उत्पादकता एवं कुशलता है। विज्ञान ने सारे जगत् को सिकोड़कर एक ऐसे पड़ोस का रूप दे दिया है, परन्तु मनुष्य ने ऐसी सभ्यता का निर्माण किया है कि पड़ोसी भी अजनबी बन गए हैं। ऐसा जटिल तथा ऊपर से बोझिल समाज अधिकारीतन्त्रियों, प्रबन्धकों, प्रविधि-विशेषज्ञों एवं अंकशास्त्रियों के लिए तो स्वर्ग ही होगा। ऐसा समाज वह घर नहीं बन सकता जहाँ भाई, भाई के समान रह सकेंगे। विज्ञान, उत्पादन, कुशलता, जीवन-मान तथा अन्य पूजित प्रतिष्ठित रूढ़ियों के नाम पर समाजवादियों ने समाज रूपी भस्मासुर को संपूर्ण रूप से उसके समस्त गुणावगुणों के साथ स्वीकार कर लिया है, और उसमें सार्वजनिक स्वामित्व को जोड़कर उसको समाजवादी बनाने की वे उम्मीद करते हैं। मैं निवेदन करूँगा कि ऐसे समाज में समाजवाद की साँस लेना भी कठिन होगा। अगर मनुष्य छोटे-छोटे समुदायों में रहे तो स्वशासन, स्वप्रबन्ध, पारस्परिक सहकार एवं सह-विभाजन, समता, स्वतन्त्रता, भ्रातृत्व आदि सभी मूल्य कहीं अच्छे ढंग से आचरित एवं विकसित

किए जा सकते हैं। पश्चिम के भी दूरदर्शी विचारक यह समझने लगे हैं।

इसके अलावा, मनुष्य प्रकृति एवं संस्कृति दोनों की उपज है। अतः इसके सन्तुलित विकास के लिए दोनों का समन्वित मिलन आवश्यक है। यह मेल लन्दन, पेरिस, न्यूयार्क और मास्को जैसे आधुनिक सभ्यता के केन्द्रों में—उसके उद्यानों एवं हरित मार्गों के बावजूद—सम्भव नहीं है। फलतः आधुनिक मानव का विकास कुण्ठित और एकांगी हो गया है। प्रकृति एवं संस्कृति का समन्वित मिलन अपेक्षाकृत छोटे समुदायों में ही सम्भव है। देखिए, आल्डुअस हक्सले अपनी पुस्तक 'विज्ञान, स्वतन्त्रता एवं शान्ति' में क्या कहते हैं—

"अब यह बिलकुल स्पष्ट है कि मनुष्य की मनोवैज्ञानिक आवश्यकताएँ—उसकी आध्यात्मिक आवश्यकताओं के विषय में हम कुछ नहीं कहते—तब तक पूरी नहीं हो सकतीं, एक तो जब तक स्वशासी समूह के अन्दर और उसकी ओर उन्मुख वैयक्तिक स्वतन्त्रता तथा वैयक्तिक दायित्व काफी परिमाण में प्राप्त नहीं होते; दूसरे, जब तक उसके कार्य का कुछ सौन्दर्यात्मक मूल्य एवं मानवीय महत्त्व नहीं होता; और तीसरे, जब तक वह अपने प्राकृतिक वातावरण से सेन्द्रिय, समूल एवं सहजीवी रूप से जुड़ नहीं जाता।"

इन्हीं कारणों से गाँधी जी ने यह आग्रह रखा था कि भारतीय गाँव और ग्राम स्वशासन ही उनकी कल्पना के समाज के आधार होंगे—जिस समाज में समान और स्वतन्त्र मनुष्य भाई-भाई की तरह शान्तिपूर्वक रह सकेंगे। यह छोटे-छोटे समुदायों में रहने और छोटे-छोटे यन्त्रों के सहारे अधिकांशतः अपने उपयोग या स्थानिक उपयोग के लिए उत्पादन करने की बात कुछ लोगों को विज्ञान के चक्र को पीछे की ओर घुमाने जैसी लगेगी। यह माना जाता है कि विज्ञान एवं केन्द्रित बृहत्-स्तरीय उत्पादन तथा मानवीय बस्तियों के बड़े-बड़े पिण्ड आवश्यकरूपेण साथ-साथ रहेंगे। इससे अधिक अनर्गल और कोई बात नहीं हो सकती। विज्ञान दो प्रकार के हैं : (क) विशुद्ध विज्ञान और (ख) प्रयुक्त विज्ञान। मैं विशुद्ध विज्ञान को ही विज्ञान कहूँगा, और उसके दूसरे प्रकार को प्रविधि पर नहीं निर्भर करता, बल्कि समाज के स्वरूप पर निर्भर करता है। बृहत्-स्तरीय, महान् यन्त्राधारित उत्पादन सम्पत्ति बनाने वालों के लिए लाभकारक था; अतः प्रविधि के विकास की दिशा विशेषकर उसी प्रकार के उत्पादन की ओर रही। सम्पत्ति बनाने वालों का वर्ग ही समाज में प्रभावशाली वर्ग था। सरकारें भी—चाहे उनकी विचारधाराएँ कुछ हों—केन्द्रित, बृहत्-स्तरीय उत्पादन को ही पसन्द करती थीं। कारण यह था कि ऐसा उत्पादन युद्ध की तैयारी (आप चाहें तो उसे प्रतिरक्षा की तैयारी कह लीजिए) के लिए आवश्यक था; और फिर कारण यह था—जो पहले से कम महत्त्वपूर्ण नहीं है—कि ऐसे उत्पादन के सहारे ही उनके हाथों में महान् आर्थिक और इसलिए राजनीतिक शक्ति केन्द्रित हो सकती थी। इस प्रकार सरकारों और मुनाफाखोरों ने मिलकर आधुनिक समाज का यह भस्मासुर पैदा किया। बेचारे विज्ञान का इस मामले में कुछ नहीं चला। इसके बजाय, यदि वैज्ञानिकों का वश चले तो मेरा विश्वास है कि उनमें से अनेक उत्पादन और विनाश के उन अनेक यन्त्रों को, जिनके निर्माण में उनके आविष्कारों से सहायता मिली है, चूर-चूर करने में खुशी का अनुभव करेंगे। लेकिन मान लीजिए, समाज ने सत्ता, लाभ एवं युद्ध के लक्ष्यों के बजाय शान्ति, सद्भावना, सहयोग, स्वतन्त्रता एवं भ्रातृत्व के लक्ष्यों का अनुसरण किया होता, तो उनके अनुकूल प्रविधि का विकास करने में विज्ञान का प्रयोग समान रूप से किया जा सकता था। यदि ऐसा हो तो यह विज्ञान का प्रतिगमन नहीं होगा, बल्कि उसका पुरोगमन, विनाशक के बजाय विधायक दिशा में होगा। यह संकेत किया जा सकता है कि आणविक शक्ति ने उत्पादन के विकेन्द्रीकरण तथा लघु प्रविधि—अथवा लघु इकाइयों में लघु आकार के यन्त्रों द्वारा उत्पादन के अनुकूल प्रविधि—के विकास की पहले से कहीं अधिक सम्भावना पैदा की है। पुनः हक्सले का उद्धरण लीजिए :

"मेरा अपना दृष्टिकोण यह है, जो मूलतः विकेन्द्रीकरणवादियों का दृष्टिकोण है, कि जब तक विशुद्ध विज्ञान के परिणामों का प्रयोग हमारी बृहत्-स्तरीय उत्पादन एवं वितरण-व्यवस्था को और अधिक खर्चीले ढंग से विस्तृत तथा और अधिक विशिष्टतापूर्ण बनाने के उद्देश्य की पूर्ति के लिए होता रहेगा, तब तक कम-से-कम हाथों में अधिक-से-अधिक सत्ता का केन्द्रीयकरण के फलस्वरूप जनता की नागरिक स्वतन्त्रताओं, उसकी वैयक्तिक स्वाधीनता तथा उसके स्वशासन के अवसरों में उत्तरोत्तर ह्रास होता जाएगा। यहाँ हमें यह लिख लेना चाहिए कि तटस्थ वैज्ञानिक अनुसंधान के परिणामों में ऐसा कुछ नहीं है कि जिसके कारण उनका प्रयोग केन्द्रित वित्त, उद्योग एवं शासन के हित में करना अनिवार्य होता

हो। यदि आविष्कर्ता और प्रविधिज्ञ चाहें तो, स्वावलम्बी ढंग से अथवा सहकारी समूहों में बृहत् वितरण के लिए नहीं, बल्कि अपने निर्वाह अथवा स्थानीय बाजार की आपूर्ति के लिए, उत्पादन-कार्य में निरत लघु-स्वामियों की आर्थिक स्वयंपूर्णता में, और इसलिए उनकी राजनीतिक स्वतन्त्रता में, वृद्धि करने की दृष्टि से, विशुद्ध विज्ञान के परिणामों का प्रयोग उसी ढंग से कर सकते हैं। विश्राम-दिवस मनुष्य के लिए बना, न कि मनुष्य विश्राम-दिवस के लिए; और यही बात प्रयुक्त विज्ञान के विषय में भी सत्य है।"

मेरे कहने का तात्पर्य यह नहीं है कि नए समाज का संपूर्ण चित्र किसी के सामने स्पष्ट है अथवा उसकी सभी समस्याएँ सोच ली गई हैं और उनके समाधान निकाल लिए गए हैं। उदाहरणार्थ, ये स्व-निर्भर, स्वशासी समुदाय कैसे एक साथ जुड़ेंगे, यह एक बड़ा प्रश्न है, जो तत्काल मन में उठता है। अवश्य ही गाँधी जी की भव्य कल्पना हमारे सामने उपस्थित है :

"असंख्य व्यक्तियों से बने इस ढाँचे में निरन्तर विस्तारशील वृत्त होंगे जो कभी परस्परारूढ़ नहीं होंगे। जीवन एक पिरामिड के आकार का होगा जिसका शीर्ष बुनियाद के सहारे पोषित होगा। परन्तु यह एक महासमुद्रीय वृत्त होगा जिसका केन्द्र होगा व्यक्ति, जो सदैव गाँव के निमित्त मरने के लिए प्रस्तुत रहेगा, और गाँवों में वृत्त के निमित्त मरने के लिए प्रस्तुत रहेगा, जब तक कि संपूर्ण ऐसे व्यक्तियों का एक जीवन नहीं बन जाता जो कदापि अहंकारवश आक्रामक नहीं होंगे, बल्कि सदैव नम्र रहकर उस महासमुद्रीय वृत्त के गौरव के भागीदार होंगे जिसकी वे अभिन्न इकाइयाँ हैं।"

गाँधी जी के शब्द हमारा दिशा-संकेत करते हैं; परन्तु चित्र के स्पष्ट होने के पूर्व बहुत चिन्तन और अनुभव की आवश्यकता होगी। तथापि, एक चेतावनी दे देना उचित होगा। इसमें सन्देह नहीं है कि छोटे-छोटे समुदायों में जीवन, जहाँ वैयक्तिक संबंधों के लिए अवसर रहेगा और उनकी प्रगति होगी, सर्वोदय के आदर्शों की प्राप्ति के लिए अधिक अनुकूल तो होगा, परन्तु यह नहीं मान लेना चाहिए कि छोटे समुदाय केवल अपने लघु आकार के कारण, आवश्यक रूप से सर्वोदयी समुदाय होंगे। यदि ऐसा होता तो आज भारत के प्रत्येक गाँव में हमें सर्वोदय का दर्शन होता। जीवन के बाह्य रूपों की तभी सार्थकता होगी, जब उसके आन्तरिक रूप भी विद्यमान होंगे। मनुष्य पहले सर्वोदय के जीवन-दर्शन को समझे और उसे स्वीकार कर ले, तभी वह उस वातावरण एवं सामाजिक रूपरेखा की खोज के लिए आगे बढ़ सकता है, जहाँ वैसा जीवन सर्वोत्तम ढंग से वह जी सकता है।

बहुधा यह शंका प्रकट की जाती है कि क्या स्व-निर्भर और स्व-शासी समुदाय एकजुट रहेंगे और राष्ट्र की एकता और अखण्डता स्थिर रह सकेगी? सर्वोदयी विश्व-समाज में वर्तमान राष्ट्र-राज्यों के लिए कोई स्थान नहीं है। सर्वोदय की दृष्टि विश्व-दृष्टि है, और गाँधी जी के महासमुद्रीय वृत्त के केन्द्र में खड़ा व्यक्ति विश्व-नागरिक है। परन्तु अभी हम सर्वोदय के जागतिक स्वरूप को छोड़ दें। यह मानने का कोई कारण नहीं है कि स्व-शासी लघु समुदाय परस्परविरोधी होंगे या पारस्परिक संबंध में पृथकतावादी या स्वार्थी होंगे। यदि समुदाय का आन्तरिक जीवन ठोस बुनियादों पर खड़ा है, तो उसका बाह्य जीवन भी अनिवार्यतः उतना ही ठोस बनेगा।

सर्वोदय का गति-विज्ञान

गाँधी जी के जीवनकाल में, यद्यपि मैं क्रमशः उनकी ओर खिंच रहा था, जैसा कि मैंने ऊपर बताया है; तथापि मेरी समझ में यह नहीं आता था कि अहिंसक प्रक्रिया से सामाजिक क्रांति कैसे होगी। मैंने राष्ट्रीय क्रांति के दौरान देखा था कि वह प्रक्रिया किस ढंग से काम करती है; परन्तु उसी प्रक्रिया से सामन्तवाद तथा पूँजीवाद का उन्मूलन हो सकेगा, यह बात मेरे सामने बिलकुल स्पष्ट नहीं हो पाती थी। निस्सन्देह, मैंने हृदय-परिवर्तन के द्वारा क्रांति की सम्भावना पर गाँधी जी के लेख पढ़े थे। परन्तु प्रत्यक्ष उदाहरण के अभाव में वे विचार मुझे अत्यन्त अव्यावहारिक मालूम होते थे। जब मैं मार्क्सवादी था, तो न्यासिता के सिद्धान्त की मैंने तीखी आलोचना लिखी थी; और यद्यपि गाँधी जी के जीवन के अन्त में मैं मार्क्सवाद से बहुत दूर चला गया था, फिर भी यह स्वीकार करने के लिए मैं तैयार नहीं था कि व्यक्तिगत आचरण से भिन्न, सामाजिक आचरण का कोई प्रतिमान न्यासिता हो सकती है। जैसा कि मैंने ऊपर बताया है, आजादी के तुरन्त बाद, गाँधी जी अपने अद्भुत जीवन का द्वितीय और महानतर चरण शुरू करने के लिए, मन-ही-मन एक

राष्ट्रीय कार्यक्रम का विचार कर रहे थे। जिस काँग्रेस संगठन को उन्होंने स्वतन्त्रता की एक अहिंसक सेना का रूप दिया था, उसे लोकसेवक संघ में परिवर्तित करने का उनका प्रस्ताव, निस्सन्देह, प्रतिभा का एक साहसिक कौशल था। लेकिन जैसा कि मैंने पहले कहा है कि उसके महत्त्व को मैं बिलकुल नहीं समझ पाया। अतः लोकतान्त्रिक परिस्थिति के अन्तर्गत हिंसा के उपयोग को क्रांति-विरोधी कहकर अस्वीकार करने के बाद, स्वभावतः मेरे पास, सामाजिक क्रांति लाने के परम्परागत समाजवादी तरीके ही रह गए थे। साथ ही, उन तरीकों की बढ़ती हुई अपूर्णताएँ तथा उसके द्वारा प्राप्त परिणामों की निम्नकोटि देखकर—जिनमें से कुछ की मैंने ऊपर चर्चा की है—मेरा मन शंकालु हो गया।

मैं उसी मानसिक स्थिति में था कि एक बड़े महत्त्व की घटना घटी। तेलंगाना के एक सुदूर गाँव में भूदान का जन्म हुआ। इस घटना पर मेरी पहली सामान्य प्रतिक्रिया यह हुई कि इस ढंग से देश की सारी भूमि के पुनर्वितरण में सैकड़ों वर्ष लग जाएँगे। परन्तु इस परिस्थिति में दो तत्त्व थे, जिन पर मेरा ध्यान टिक गया और जिन्होंने इस पर गम्भीरतापूर्वक सोचने के लिए मुझे बाध्य किया। उनमें से एक तो स्वयं भूदान के प्रवर्तक थे। मैं विनोबा को वर्षों से जानता था और अकसर जब मैं वर्धा जाता तो खास तौर से उनसे अवश्य मिलता था। मैंने हमेशा उन्हें असामान्य रूप से स्फूर्तिप्रद एवं मौलिक पाया। उनके कुछ लेखों में, जिन्हें मैंने पढ़ा था, एक आनन्ददायक ताजगी का अनुभव होता था। मुझे स्मरण हो आया किस प्रकार गाँधी जी ने 1949 में उनको प्रथम सत्याग्रही चुना था। गाँधी जी की मृत्यु के बाद वर्धा में आयोजित गाँधीवादी रचनात्मक एवं राजनीतिक कार्यकर्ताओं के सम्मेलन में उनका सुस्पष्ट नेतृत्व भी मुझे याद हो आया। मैंने सोचा कि जब विनोबा जैसे व्यक्ति ने कुछ शुरू किया है तो उसे, कोई चकमा या व्यर्थ चेष्टा कहकर, टाल नहीं दिया जा सकता। दूसरा तत्त्व था आंदोलन का निरन्तर विकास। यह देखा गया कि जब भी और जहाँ कार्यकर्ताओं की टोली गम्भीरतापूर्वक लगी, वहाँ परिणाम पैदा हुए। यह तरीका अव्यावहारिक नहीं था। ऐसा प्रतीत हुआ कि साधारण राजनीतिक आंदोलनों में जितनी शक्ति लगाई जाती है, उतनी इस आंदोलन में लगे तो परिणाम तीव्रतर और पुष्टतर होंगे।

इसी समय, पुराने समाजवादी दल ने भूमि के पुनर्वितरण के प्रश्न पर आवश्यक ध्यान देने का निश्चय किया; क्योंकि वह मानता था कि यह प्रश्न देश के सामने आर्थिक सुधार का सबसे महत्त्वपूर्ण प्रश्न है। इस विषय पर अपने एक प्रस्ताव में, जिसका प्रायोजन मैंने ही किया था, समाजवादी दल के पंचमढ़ी सम्मेलन ने भूदान की संक्षिप्त चर्चा करते हुए उसका स्वागत किया और उसको समर्थन देने का वचन दिया। कुछ समय बाद, मैं भूमि के पुनर्वितरण के प्रश्न पर चर्चा करने के लिए विनोबा के पास गया, जब वे उत्तर प्रदेश के बाँदा जिले में थे। मैंने पाया कि वे इस समस्या के विषय में गम्भीरतापूर्वक सोच रहे थे। उनका आर्थिक दृष्टिकोण बुनियादी रूप से क्रांतिकारी था। मैंने विनोबा के आंदोलन में शामिल होने का निश्चय किया। लेकिन मुझे शीघ्र ही तीन सप्ताह के लिए उपवास करना था। उपवास की समाप्ति के बाद मैं बिहार के गया जिले में पहुँचकर भूदान की 'गंगा' में कूद पड़ा। मेरा अल्पकालिक अनुभव आशा से अधिक सुखद था। एक सप्ताह के अन्दर लगभग सात हजार एकड़ भूमि दान के रूप में प्राप्त हो गई और इन दानों की घोषणा मेरी सभाओं में हुई। इसमें से अधिकांश भूमि छोटे भूमिवानों के स्वयंस्फूर्त दान से मिली थी।

ज्यों-ज्यों आंदोलन की प्रगति होती गई, उसके नए-नए रूप सामने आते गए। 1952 में ही उसका एक आश्चर्यजनक आकर्षक पहलू प्रकट हुआ। उत्तर प्रदेश के हमीरपुर जिले में मंगरौठ गाँव में ग्रामदान की घोषणा हुई। विनोबा में शब्द गढ़ने की और पुराने शब्दों में नए अर्थ भरने की महान् प्रतिभा है। इस प्रकार उनके शब्द भण्डार में दान का अर्थ किसी को देना नहीं, बल्कि 'मिलकर बाँटना' है। शंकराचार्य की परिभाषा, 'दान संविभाग' का सही अर्थ वे करते हैं। ग्रामदान गाँव के लोगों द्वारा गाँव की भूमि का समान रूप से सह-विभाजन था। भूदान का अर्थ भूमिहीनों के बीच भूमि का वितरण करना था; दूसरी ओर ग्रामदान का अर्थ था—भूमि समुदायीकरण, यानी भूमि के व्यक्तिगत स्वामित्व के स्थान पर सामुदायिक स्वामित्व की स्थापना। यह स्पष्ट हो गया कि भूदान के अन्तर्गत संपूर्ण कृषि क्रांति का बीज निहित है।

और कितनी सुन्दर है यह क्रांति, दूसरी सब क्रांतियों से कितनी भिन्न! भूमि का निजी स्वामित्व (जिसमें जमींदारी तथा कृषक-स्वामित्व शामिल हैं), दूसरे देशों में दूसरे तरीकों से, जैसे कानून के बल से अथवा प्रत्यक्ष स्थूल हिंसा के

द्वारा, उन्मूलित किया गया है। इन 'क्रांतियों' के सामाजिक परिणाम समान रूप से दुखद हुए हैं—जैसे कटुता और घृणा, कष्ट और अत्याचार, कृषक अधिकारीतन्त्र का विकास तथा स्वतन्त्र कृषकों का कृषि-दासों की स्थिति में अवकरण; सत्ता का केन्द्रीकरण एवं अधिनायकतन्त्र आदि। ग्रामदान की सुन्दर क्रांति में, स्वामित्व किसी प्रकार के बल प्रयोग से उन्मूलित नहीं हुआ, बल्कि वह स्वेच्छा से समुदाय को समर्पित किया गया। बाह्य समाज परिवर्तन, आन्तरिक मानव परिवर्तन के साथ-साथ हुआ। गाँधी जी जिसे दोहरी क्रांति कहते थे, उसका यह एक उदाहरण था। सामाजिक तनावों, विग्रहों एवं अत्याचारों के स्थान पर स्वतन्त्रता एवं पारस्परिक सद्भावना तथा सामंजस्य का उदय हुआ जिससे स्वतन्त्र सामूहिक अभिक्रम एवं प्रयास की अभूतपूर्व अभिव्यक्ति सम्भव हुई। (प्रसंगवश यह कह सकते हैं कि मंगरौठ में खाद्यान्न का उत्पादन चार से कुछ अधिक वर्षों में ही तिगुना हो गया है।)

मंगरौठ ग्रामदान की घोषणा के कुछ ही दिन बाद, वहाँ क्या हुआ, यह स्वयं देखने के लिए मैं खास तौर से वहाँ गया। मैंने जो देखा, उसके भविष्य में एक नया मार्ग उन्मुक्त हुआ। अगर मंगरौठ की घटना की पुनरावृत्ति प्रत्येक गाँव में हो तो उससे महान नैतिक, आर्थिक, राजनीतिक एवं सामाजिक क्रांति का ज्वार देशभर में उठेगा, जिसकी कल्पना ही रोमांचकारी थी। और मेरे पास यह मानने का कोई कारण नहीं था कि मंगरौठ में जो हुआ, वह भारत के सभी गाँवों में नहीं हो सकता। मंगरौठ के कोई देवता नहीं थे।

कालक्रम में विनोबा ने अपने कार्यक्रम में एक नया विषय—सम्पत्तिदान—जोड़ा। ऊपर से तो लगा कि यह चन्दा एकत्र करने की एक चाल मात्र है। वास्तव में यह गाँधी जी द्वारा परिभाषित न्यासिता में (केवल भूमि के नहीं, सारी सम्पत्ति के) स्वामित्व के परिवर्तन की शुरुआत थी। सम्पत्तिदान से प्रकट हुआ कि नई क्रांति का विधिविज्ञान केवल भूमि की समस्या पर ही नहीं, बल्कि वह संपूर्ण सामाजिक क्षेत्र पर लागू किया जा सकता है।

इस प्रकार विनोबा के आंदोलन ने बहुत दिनों से उठ रहे मेरे इस प्रश्न का उत्तर दिया कि क्या गाँधी जी का दर्शन सामाजिक क्रांति करने की कोई व्यावहारिक प्रक्रिया प्रस्तुत कर सकता है? गाँधी जी के प्रयोग का सुन्दर विस्तार एवं विकास करते हुए, विनोबा ने दिखाया कि ऐसी एक प्रक्रिया हो सकती है।

मेरी दृष्टि में यह एक दोहरी प्रक्रिया है। इसका एक पहलू गाँधी जी की भाषा में 'विचार परिवर्तन' का लोक-व्यापी अभियान है। दूसरे शब्दों में, सब लोगों को—उनके वर्गगत, सिद्धान्तगत तथा अन्य मतभेदों का ख्याल नहीं करते हुए—यह विचार समझने का एक व्यापक अभियान शुरू होता है कि वे जीवन के उन विचारों, पद्धतियों एवं मूल्यों को, जो गलत और हानियुक्त पाए गए हैं, त्याग कर उनके स्थान पर नए विचारों, पद्धतियों एवं मूल्यों को स्वीकार करे। इस प्रकार विचारों और मूल्यों में एक क्रांति उपस्थित होती है। साथ ही, नए मूल्य और विचार इस ढंग से स्वीकार किए जाते हैं कि उनका प्रत्यक्ष प्रभाव एक बड़ी सामाजिक समस्या पर होता है और उनकी स्वीकृति तथा आचरण से यह अपेक्षा की जाती है कि उस समस्या का समाधान निकलेगा और इस क्रम से समाज में बुनियादी परिवर्तन भी होगा। दूसरी क्रांतियाँ इसलिए विफल हो गईं कि उनके आयोजकों ने अपने लक्ष्यों से असंगत साधनों का उपयोग किया था। उदाहरण के लिए, यदि लक्ष्य राज्यहीन समाज बनाने का था तो राज्य द्वारा ही बल-प्रयोग की शक्ति का उपयोग किया गया; यदि लक्ष्य भ्रातृत्व स्थापित करने का था तो तथाकथित वर्ग-युद्ध के रूप में भ्रातृ घातक युद्ध का सहारा लिया गया; और फिर, यदि जीवन में प्रेरक शक्ति के रूप में निहित स्वार्थ-भावना को उन्मूलित करना लक्ष्य था तो समाज के कुछ वर्गों की स्वार्थ-भावना को सामाजिक क्रांति की प्रेरक शक्ति के रूप में प्रयुक्त किया गया। सर्वोदय क्रांति की प्रक्रिया में लक्ष्य और साधन एक हो जाते हैं। यदि नई समाज-व्यवस्था में सम्पत्ति समाज की होनी है और सम्पत्ति के स्वामी को न्यासी मात्र होना है, तो क्रांति तत्काल अपने आपको न्यासितों में परिवर्तित करने से शुरू होती है।

इस प्रक्रिया का एक दूसरा पहलू यह है कि चूँकि नए विचारों और मूल्यों पर आचरण करना कठिन मालूम होता है, इसलिए एक कालबद्ध कार्यक्रम सोच लिया जाता है, जिसमें साधारण व्यक्ति भी आसानी से कदम बढ़ाकर कठिन मालूम पड़ने वाले लक्ष्य की ओर अग्रसर हो सकते हैं। मिसाल के लिए, विनोबा अपने आंदोलन के माध्यम से यह विचार प्रचारित कर रहे हैं कि हम सब 'अपनी' सम्पत्ति के न्यासी मात्र हैं और इसलिए समाज हमें जो अंश देता है, उससे अधिक होने के अधिकारी हम नहीं हैं। अतः वे हमसे आग्रह कर रहे हैं कि हम न्यासियों के समान जीवन-यापन

करें और हमारे पास जो कुछ है, उसका समुचित अंश अन्य लोगों को दे दें। वर्तमान परिस्थिति में, इस मार्ग पर चलना बहुत कठिन मालूम होता है। अतः विनोबा, इस मार्ग पर चलने वाले पथिक की यात्रा आसान बनाने के लिए, कहते हैं कि वह पहले अपनी सम्पत्ति का एक छोटा अंश ही दे। इतना भी देना किसी के लिए कठिन हो सकता था, यदि उससे अकेले ही ऐसा करने के लिए कहा जाता। अनैतिकता के बीच नैतिक जीवन जीना कठिन होता है। इसके लिए महत्तर प्रयास एवं उच्चतर नैतिक शक्ति की आवश्यकता होती है। लेकिन जब चारों तरफ लोग इस दिशा में कदम बढ़ाते हैं तो दुर्बल चरित्र वालों के लिए भी ऊपर उठना आसान हो जाता है। इसलिए 'विचार-परिवर्तन' का कार्यक्रम यद्यपि व्यक्ति के लिए संचालित होता है, फिर भी उसका एक लोक-व्यापी रूप है; यानी इसके माध्यम से संपूर्ण समूहों तथा आम लोगों को प्रभावित एवं गतिमान करने की कोशिश की जाती है।

इस प्रक्रिया का दूसरा पहलू स्वावलम्बन एवं स्वशासन के कार्यक्रम का आयोजन करना है, जिसके द्वारा लोग—सर्वप्रथम छोटे समुदायों में रहने वाले लोग अपने काम-काज का प्रबन्ध करना सीख सकें, और नए विचारों एवं मूल्यों से गतिमान होकर, नई संस्थाओं एवं सामाजिक जीवन के नए रूपों का निर्माण करने हेतु परस्पर सहयोग कर सकें। उदाहरणस्वरूप, भूदान के साथ-साथ अपने तथा स्थानिक उपभोग के लिए उत्पादन का कार्यक्रम है, और फिर ग्राम-स्वराज्य का कार्यक्रम है। भूदान, सम्पत्तिदान एवं ग्रामदान के रूप में विचारों में क्रांति और सामुदायिक भूमि-स्वामित्व एवं सामुदायिक स्वशासन के रूप में समाज के बाह्य संगठन में क्रांति—इन दोनों को मिलाकर एक पूर्ण क्रांतिकारी कार्यक्रम बनता है जो हिंसा से होने वाली क्रांति तथा कानून से की जाने वाली क्रांति दोनों ही से भिन्न है।

यह एक नई प्रक्रिया है, जिसका अनुभव अभी तक दुनिया को नहीं हुआ था। नए विचारों के संबंध में सन्देह और संकोच होना सामान्य बात है। लेकिन हम भारत के लोगों को मूलतः नए विचारों एवं प्रक्रियाओं के द्वारा—जिन्हें भी पहले सन्देह और उपहास का सामना करना पड़ा था—राष्ट्रीय स्वतन्त्रता की विजय का जादू देखने का सौभाग्य प्राप्त हुआ है; अतः हमारे लिए विनोबा के विचारों और प्रक्रियाओं को—जो राष्ट्रपिता द्वारा पहले किए गए प्रयोगों के विस्तृत और विकसित रूप हैं—समझना कठिन नहीं होना चाहिए। हम भारतीयों का एक और सौभाग्य यह है कि हमारा राष्ट्र आज के नवीनतम राष्ट्रों में है और इस कारण दूसरों की सफलताओं-विफलताओं से लाभ उठाने की स्थिति में है।

स्वतन्त्रता की प्राप्ति के बाद, सार्वजनिक भावना वाले लोगों के लिए, देश-सेवा के उद्देश्य से, नवार्जित सत्ता की कुर्सियों की तरफ दौड़ पड़ना शायद स्वाभाविक था। परन्तु मुझे आशा है कि विगत दस वर्षों में, सत्ता के द्वारा सेवा करने के ढंग की अपूर्णता एवं निरर्थकता का काफी अनुभव एकत्र हो गया है, जिसके फलस्वरूप देशभक्त लोग बड़ी संख्या में सर्वोदय के झण्डे के नीचे इकट्ठे हो रहे हैं। इस झण्डे के नीचे सैकड़ों सत्याग्राही लोकसेवक इकट्ठे हो चुके हैं। और भी हजारों-लाखों ऐसे सेवकों की आवश्यकता है।

उपसंहार

मुझे आशा है, अब आप यह समझ गए होंगे कि मैंने राजनीति से हटने का निर्णय क्यों लिया। मुझे यह आशा है कि आप यह मानेंगे कि यह कोई नकारात्मक निर्णय नहीं था। राजनीति की कुरूपता ने मुझे उससे विमुख नहीं किया, बल्कि सर्वोदय की नई राजनीति के आकर्षण ने मुझे खींच लिया। क्योंकि, जैसा कि मैंने ऊपर बताने का प्रयास किया है, सर्वोदय की भी अपनी राजनीति है। परन्तु यह राजनीति भिन्न प्रकार की है। इसको मैंने, दल और सत्ता की राजनीति से भिन्न, जनता की राजनीति की संज्ञा दी है। राजनीति से भिन्न यह लोकनीति है। सर्वोदय की राजनीति में कोई दल नहीं हो सकता, और न सत्ता से उसका कोई संबंध हो सकता। बल्कि, इसका लक्ष्य सत्ता के सभी केन्द्रों को तोड़ना होगा। जितनी ही अधिक नई राजनीति बढ़ेगी, उतनी ही पुरानी राजनीति घटेगी। राज्य का वास्तविक क्षय होना तो यही है।

मैं इतना और कहना चाहूँगा कि राजनीति और लोकनीति में कोई विरोध होने का प्रश्न नहीं हो सकता, और दोनों को अनमेल जातियों की तरह अलग-अलग रखा जा सकता है। लोकनीति अलग-अलग रखी जा सकती है। लोकनीति राजनीति की ही सन्तान है। दोनों में निरन्तर सम्पर्क और सहयोग होना चाहिए। लोकतान्त्रिक राजनीति सम्भवतः इस

विचार का प्रतिरोध नहीं करेगी कि जनता यथासम्भव स्वशासन का अभ्यास करे। सभी लोकतान्त्रिक दलों को, अपनी परिभाषा के अनुसार यथाशीघ्र जनता को सत्ता हस्तान्तरित करने के लिए तैयार ही नहीं, चिन्तित होना चाहिए; जिस प्रकार हर अच्छा काम अपने बेटों को, उनके बालिग होने पर, सब कुछ हस्तान्तरित करने को चिन्तित रहता है। यदि अपने व्यस्त कार्यक्रमों से मुझे अवकाश मिला तो राजनीति से लोकनीति की हमारी राज्य-व्यवस्था का विकास कैसे होगा, इस संबंध में अपने विनम्र सुझाव देश के सामने प्रस्तुत करूँगा।

मैं यह भी कहना चाहूँगा कि यद्यपि मेरी सारी शक्ति लोकनीति को विकसित करने में ही लगेगी, तथापि राजनीति के क्षेत्र में क्या होता है, उस ओर से मैं अपनी आँखें नहीं मूँद लूँगा। परिणाम अच्छा हो या बुरा, राजनीति जनता के जीवन को कुछ अंश तक प्रभावित करती ही है। बाहर रहकर भी मैं प्रयास करूँगा कि उसका प्रभाव यथासम्भव कल्याणकारी हो। इसमें जो खतरे हैं, उनका मुझे भान है। उदाहरण के लिए, यह खतरा तो है ही कि मैं गलत समझा जाऊँ और मुझ पर 'राजनीति का खेल खेलने' का आरोप लगाया जाए। यदि ऐसा कुछ होता है, तो मुझे बड़ा दुख होगा। लेकिन सार्वजनिक जीवन में शायद यह सम्भव नहीं है कि हमेशा कोई गलतफहमियों से बचा रहे। फिर भी मैं हर व्यक्ति को यह आश्वासन देना चाहता हूँ कि मैं प्रत्येक प्रश्न को तटस्थ, एवं दलीय भावना से मुक्त, दृष्टिकोण से देखूँगा। यदि मेरे हस्तक्षेप से कभी किसी को कष्ट पहुँचता है तो यह पूर्णतः मेरा ही दुर्भाग्य होगा।

परिशिष्ट

सन्देश

मुझे यह जानकर प्रसन्नता हुई है कि जे. पी. विचार मंच द्वारा लोकनायक जयप्रकाश नारायण के जीवन और आदर्शों पर आधारित एक पुस्तक *'स्वराज से लोकनायक'* का लोकार्पण किया जा रहा है।

हमारे युग के एक महान विचारक और राजनीतिज्ञ श्री जयप्रकाश नारायण ने अद्वितीय साहस और दृढ़ विश्वास के साथ अपना संपूर्ण जीवन राष्ट्र की सेवा में समर्पित किया। समाजवाद और सर्वोदय के प्रबल समर्थक श्री जयप्रकाश ने भारतीय राजनीति में एक नए युग का सूत्रपात किया। गाँधी जी के बाद लोकनायक जयप्रकाश नारायण ही थे जो भारत की युवा शक्ति को संगठित कर पाए।

उनके जन्मशती वर्ष में, उनके जीवन और आदर्शों पर आधारित पुस्तक के सफल प्रकाशन के लिए मैं अपनी शुभकामनाएँ प्रेषित करता हूँ।

कलाम

नयी दिल्ली

(आ. प. जै. अब्दुल कलाम)

सन्देश

मुझे यह जानकर प्रसन्नता हुई कि लोकनायक जयप्रकाश नारायण जी के जन्म शताब्दी वर्ष के उपलक्ष्य में जे. पी. विचार मंच द्वारा लोकनायक के जीवन आदर्शों पर प्रकाश डालने हेतु *'स्वराज से लोकनायक'* पुस्तक का प्रकाशन किया जा रहा है।

मुझे 19 जून, 1978 का वह दिन आज तक स्मरण है जब मैं लोकनायक जयप्रकाश नारायण से पटना में कदमकुआँ स्थित उनके आश्रम में अन्तिम बार मिला था। मुझे 1977 में पहली बार राजस्थान का मुख्यमन्त्री बनने का अवसर मिला। मुख्यमन्त्री बनते ही मैंने गरीब को गणेश मानकर उसके चतुर्मुखी विकास के लिए राज्य के खजाने पर उसका पहला अधिकार मानते हुए अन्त्योदय योजना प्रारम्भ की। इस योजना के अन्तर्गत राजस्थान के प्रत्येक गाँव से सबसे गरीब पाँच परिवारों का ग्राम सभा में चयन कर स्वावलम्बन के आधार पर उनका विकास करने के लिए उनको स्वरोजगार के साधन उनके दरवाजे पर जाकर उन्हें उपलब्ध कराए जाते थे। इस योजना के प्रथम वर्ष में ही लगभग दो लाख गरीब परिवारों को आर्थिक दृष्टि से सुदृढ़ बनाने में हमें सफलता मिली। सरकार और अन्त्योदय योजना की प्रथम वर्षगाँठ के अवसर पर लोकनायक जयप्रकाश नारायण का आशीर्वाद प्राप्त करने के लिए मैं 19 जून, 1978 को पटना गया। जब मैंने अन्त्योदय योजना की रूपरेखा, उसके उद्देश्यों और उसमें हुई प्रगति की जानकारी उन्हें दी तो प्रसन्नता और सन्तोष की भावना से उनकी आँखें आँसुओं से भर गईं और उन्होंने बहुत भाव-विह्वल होकर मुझे साधुवाद देते हुए कहा कि तुम बहुत अच्छा काम कर रहे हो। यदि अन्त्योदय योजना आजादी के तुरन्त बाद सन् 1947 में ही शुरू कर दी जाती तो अब तक हम देश को गरीबी के अभिशाप से मुक्त करने में सफल हो जाते। उन्होंने यह भी कहा कि यदि उनका स्वास्थ्य ठीक होता तो वे राजस्थान आकर अन्त्योदय के एक कार्यकर्ता के रूप में कार्य करते। उन्होंने उस वक्त यह भी घोषणा की कि उनके संपूर्ण क्रान्ति के अभियान के दूसरे चरण का अन्त्योदय एक प्रमुख कार्यक्रम होगा। मेरे लिए लोकनायक के ये उद्‌गार और आशीर्वाद एक अविस्मरणीय घटना बन गए। इनका मुझ पर गहरा असर हुआ, उसके बाद मुझे फिर दो बार मुख्यमन्त्री बनने का सौभाग्य मिला और मैंने अपने प्रत्येक कार्यकाल में गरीबों, किसानों, वंचितों, दलितों और अल्पसंख्यक वर्ग के लोगों तक जयप्रकाश नारायण जी के संपूर्ण क्रान्ति के सन्देश को पहुँचाने और उनके कल्याण और उत्थान का कार्य करने का भरसक प्रयास किया।

संपूर्ण क्रान्ति के प्रणेता, गरीबों के मसीहा लोकनायक जयप्रकाश नारायण की जन्म शताब्दी के इस पावन अवसर पर आज हम सबको एक बार फिर संकल्प लेना है कि हम देश में जनतन्त्र को सुरक्षित रखेंगे और गरीब को गणेश और दरिद्रनारायण मानकर उसको भूख, गरीबी और अशिक्षा से मुक्त करेंगे।

समाज और देश के लिए जीनेवाले इस कर्मयोगी को कृतज्ञ राष्ट्र सदैव श्रद्धा के साथ स्मरण करता रहेगा। भारत के भविष्य को सँवारने में लगी नई पीढ़ी को नैतिक मूल्यों के प्रति आस्थावान बनाने के लिए *'स्वराज से लोकनायक'* पुस्तक का प्रकाशन एक सराहनीय प्रयास है। इसके लिए मैं अपनी हार्दिक शुभकामनाएँ प्रेषित करता हूँ।

नयी दिल्ली

(भैरोंसिंह शेखावत)

सन्देश

मुझे यह जानकर प्रसन्नता हुई है कि जे. पी. विचार मंच द्वारा लोकनायक जयप्रकाश नारायण के जीवन और आदर्शों पर आधारित एक पुस्तक *'स्वराज से लोकनायक'* का प्रकाशन किया जा रहा है।

जयप्रकाश नारायण जी ने न केवल स्वतन्त्रता आंदोलन के दौरान ही अहम भूमिका निभाई बल्कि उन्होंने स्वतन्त्रता प्राप्ति के बाद भी नवभारत के निर्माण में महत्त्वपूर्ण योगदान दिया। वे जीवन-पर्यन्त राजसत्ता से अलग रहे परन्तु लोगों ने उन्हें प्यार और आदर से लोकनायक की उपाधि प्रदान की। सभी राजनीतिक दल और विभिन्न विचारधाराओं के लोग जयप्रकाश जी का बड़ा सम्मान करते थे। वे उच्च जीवन-मूल्यों और लोकतान्त्रिक आदर्शों में गहरी आस्था रखते थे। जयप्रकाश जी विनम्र और शालीनता की प्रतिमूर्ति होने के साथ-साथ अपने विचारों को निर्भय होकर अभिव्यक्त करते थे। श्री जयप्रकाश नारायण लोकतान्त्रिक समाजवाद के हिमायती थे और एकाधिकारवाद के हमेशा खिलाफ रहे। बाद में वे दलीय राजनीति से क्षुब्ध होकर भूदान और सर्वोदय के रचनात्मक कार्यों में जुट गए। आपातकाल के विरुद्ध लोकतन्त्र की पुनःस्थापना के लिए उनके नेतृत्व में छेड़ा गया सफल जन आंदोलन भारत के राजनीतिक इतिहास का एक स्वर्णिम अध्याय है। ऐसे महापुरुष पर पुस्तक का प्रकाशन वास्तव में एक सराहनीय कदम है। मुझे विश्वास है कि हमारा युवावर्ग जयप्रकाश जी के आदर्शों से प्रेरणा लेकर राष्ट्र की प्रगति में अपना योगदान देगा। मैं पुस्तक के सफल प्रकाशन के लिए अपनी हार्दिक शुभकामनाएँ देता हूँ।

(अटल बिहारी वाजपेयी)

नयी दिल्ली

सन्देश

मुझे यह जानकर प्रसन्नता हुई कि लोकनायक जयप्रकाश नारायण के शताब्दी वर्ष में जे. पी. विचार मंच *'स्वराज से लोकनायक'* पुस्तक का प्रकाशन कर रहा है। जयप्रकाश जी ने स्वयं लिखा है कि जवानी की दहलीज पर पैर रखते ही *'स्वतंत्रता'* उनका ध्येय बिन्दु बन गया था। पहले इस स्वतन्त्रता का अर्थ उनके लिए ब्रिटिश दासता से भारत की मुक्ति था। परन्तु ज्यों-ज्यों उनका बौद्धिक क्षितिज बढ़ता गया इस स्वतन्त्रता का अर्थ उनके लिए मानव मात्र की स्वतन्त्रता हो गया। वे सही मानों में एक विश्व नागरिक हो गए थे।

दुनिया के किसी कोने में भी अन्याय और अत्याचार के विरुद्ध उनकी वाणी मुखरित होती थी। चेकोस्लोवाकिया, हंगरी, वियतनाम जहाँ कहीं भी स्वतन्त्रता का हनन हुआ उन्होंने उसके विरुद्ध अपनी आवाज उठाई। उनके जीवन में ऐसे भी अवसर आए जब नागालैंड और जम्मू-कश्मीर जैसे प्रश्नों पर उनकी बेबाक राय को देशद्रोहिता तक करार दिया गया। परन्तु उन्होंने जो उचित और देशहित में समझा उसे लोगों की खुशी-नाखुशी की चिन्ता किए बिना लाग-लपेट के कह दिया। ऐसे ही किसी सन्दर्भ में उन्होंने कहा था कि नेता का काम सही नेतृत्व करना है न कि जनता की किसी तात्कालिक भावुकता के पीछे-पीछे चलना। उनका निश्चित मत था कि असहमति प्रजातन्त्र की आत्मा है। प्रजातन्त्र की इस आत्मा के वे सजग प्रहरी थे। जीवन के अन्तिम दिनों में उन्होंने प्रजातन्त्र की रक्षा के लिए जो भगीरथ प्रयत्न किया उससे वर्तमान पीढ़ी भली-भाँति परिचित है।

भारत की युवा शक्ति में उनका अटूट विश्वास था। इस विश्वास को उन्होंने अपनी जेल डायरी में लिपिबद्ध भी किया है। मानव-स्वतन्त्रता का उनका सपना अभी अधूरा है। उम्मीद करनी चाहिए कि युवा पीढ़ी लोकनायक के जन्म शताब्दी वर्ष में उनके कार्यों और आदर्शों से प्रेरणा लेकर मानव-स्वतन्त्रता को मूर्तरूप देने के लिए अग्रसर होगी।

(चन्द्रशेखर)

सन्देश

यह हर्ष का विषय है कि लोकनायक श्री जयप्रकाश नारायण जी के जन्म शताब्दी वर्ष में जे. पी. विचार मंच द्वारा उनके जीवन और आदर्शों पर आधारित पुस्तक *'स्वराज से लोकनायक'* का प्रकाशन किया जा रहा है। जयप्रकाश नारायण जी का संपूर्ण जीवन राष्ट्र की सेवा में निःस्वार्थ समर्पित रहा है। श्रमिक वर्ग के कल्याण और अधिकारों की ओर उन्होंने भरपूर ध्यान दिया। भूदान आंदोलन में उनका योगदान अविस्मरणीय है। सच्चे अर्थों में सुराज की स्थापना करना ही उनका मुख्य लक्ष्य था।

मैं लोकनायक जयप्रकाश नारायण जी की जन्म शताब्दी के अवसर पर दिवंगत आत्मा को अपनी श्रद्धांजलि अर्पित करता हूँ और जे. पी. विचार मंच को पुस्तक *'स्वराज से लोकनायक'* के सफल प्रकाशन हेतु शुभकामनाएँ देता हूँ।

(लालकृष्ण आडवाणी)

सन्देश

यह जानकर हार्दिक प्रसन्नता हुई कि लोकनायक जयप्रकाश नारायण जी की जन्म शताब्दी के अवसर पर जे. पी. विचार मंच द्वारा लोकनायक के जीवन और आदर्शों पर केन्द्रित एक पुस्तक *'स्वराज से लोकनायक'* का प्रकाशन किया जा रहा है। लोकनायक श्री जयप्रकाश ने देश के स्वतन्त्रता संग्राम से लेकर स्वतन्त्रता के बाद भी भारतवर्ष में लोकतन्त्र की स्थापना करने में अपना बहुमूल्य योगदान दिया। वह जीवनपर्यन्त किसान, गरीब, पिछड़े और दलित लोगों के उत्थान के लिए अनवरत संघर्ष करते रहे। मैं इस अवसर पर प्रकाशित की जा रही स्मारिका के लिए अपनी शुभकामनाएँ प्रेषित कर रहा हूँ।

(नीतीश कुमार)

संपूर्ण क्रांति की अवधारणा

डॉ. विजयश्री

प्रस्तुत आलेख का शीर्षक मैंने 'संपूर्ण क्रांति की अवधारणा' रखा है। अवधारणा का विश्लेषण एक दार्शनिक क्रिया है। मेरी मान्यता है कि संपूर्ण क्रांति के आवश्यक तत्त्वों का बिना विश्लेषण किए हुए हम संपूर्ण क्रांति को नहीं समझ सकते हैं। जयप्रकाश को हम व्यावहारिक दर्शन (Applied Philosophy) के प्रणेता के रूप में समझना चाहते हैं, क्योंकि उन्होंने संपूर्ण क्रांति दर्शन का व्यावहारिक धरातल पर प्रयोग किया। जयप्रकाश कोरे सैद्धान्तिक विश्लेषण में विश्वास नहीं करते थे। परन्तु व्यवहार के लिए एक 'आइडियोलाजिकल' आधार अवश्य चाहिए। जयप्रकाश के लिए वह आधार साम्यवाद या पूँजीवाद नहीं है। जयप्रकाश की आस्था लोकतंत्र में थी और उनकी क्रांति की अवधारणा भी मार्क्स की अवधारणा से सर्वथा भिन्न है। जयप्रकाश की क्रांति विधि भी मार्क्स की क्रांति विधि से भिन्न है। संपूर्ण क्रांति की अवधारणा का आवश्यक तत्त्व मूल्यों के प्रति आग्रह है।

संपूर्ण क्रांति पर जब हम विचार-विमर्श करते हैं तो उसके साथ ही लोकनायक जयप्रकाश की संपूर्ण चिन्तनधारा, उनका संघर्ष हमारे समक्ष उपस्थित होता है। पटना के गाँधी मैदान से 5 जून, 1974 को सर्वप्रथम जयप्रकाश नारायण ने संपूर्ण क्रांति की संज्ञा दी। उनकी चिन्तन धारा जिसमें उन्होंने आर्थिक समानता एवं शोषणमुक्त समाज की कल्पना की, वह विभिन्न रास्तों से होकर गुजरी और उस पर विभिन्न समाज वैज्ञानिकों का स्पष्ट प्रभाव पड़ा किन्तु, संपूर्ण क्रांति की कल्पना जो उनके प्रारम्भिक चिन्तन में विद्यमान थी, वह नहीं बदली। शोषणविहीन समाज की कल्पना की तरंग में बहकर जयप्रकाश नारायण ने मार्क्सवाद को अपनाया। 1936 में प्रकाशित उनकी पुस्तक 'व्हाई सोशलिज्म' में जयप्रकाश नारायण मार्क्सवाद के कट्टर समर्थक रहे हैं। उन्होंने मार्क्सवाद का गहन अध्ययन किया तथा मार्क्स की तरह आर्थिक समानता एवं शोषणमुक्त समाज की कल्पना की। जयप्रकाश नारायण मानते थे कि मात्र राजनीतिक स्वतन्त्रता पर्याप्त नहीं है, उसके साथ-साथ समाज में शोषण एवं गरीबी से मुक्ति भी आवश्यक है।

अमेरिका से भारत वापस आने के पश्चात् भारतीय साम्यवादी दल से जयप्रकाश नारायण के मतभेद हो गए। भारतीय साम्यवादी की दोहरी चाल तथा उसके मार्क्सवाद के बारे में अधकचरे ज्ञान से जयप्रकाश नारायण समझौता नहीं कर पाए। मार्क्सवाद के जिन सिद्धान्तों से वे संतुष्ट नहीं थे उनका परित्याग कर अपने लक्ष्य को प्राप्त करने के लिए वे गाँधी तथा विनोबा की ओर झुके। जयप्रकाश नारायण जिस समय स्कूल में थे तभी से उनके मन में क्रांति के विचार अंकुरित होते रहे हैं। उस समय उसका स्वरूप राष्ट्रीय क्रांति, राष्ट्रीय स्वतन्त्रता के विचार थे। उनके **शब्दों** में, "...........क्रांति करने की जो तीव्रता मेरे में थी, वह मुझे मार्क्सवाद की ओर तथा राष्ट्रीय आजादी के आंदोलन

से गुजर कर लोकतान्त्रिक समाजवाद की ओर फिर विनोबा जी की 'प्रेम से क्रांति' की ओर खींच ले गई।" संपूर्ण क्रांति का पक्ष रखते हुए लोकनायक जयप्रकाश नारायण कहते हैं कि 1974 में जब बिहार में छात्रों के आंदोलन ने जोर पकड़ा, उसकी पुकार उठी और उसे कुछ हद तक जनता की, ग्रामीण जनता की भी सहानुभूति एवं समर्थन प्राप्त हुए तब उन्होंने इस आंदोलन को संपूर्ण क्रांति की तरफ मोड़ने का प्रयास किया। जब आंदोलन में विपक्षी दलों ने भी संपूर्ण क्रांति से सहमति प्रकट की तो व्यापक रूप से संघर्ष का लक्ष्य मान लिया गया। फिर क्या था, पूरे बिहार में यह नारा और गीत गूँजने लगा : "संपूर्ण क्रांति अब नारा है, भावी इतिहास हमारा है।'

जीवन के पूर्वार्द्ध में जयप्रकाश नारायण कट्टर मार्क्सवादी थे, किन्तु बाद में उन्होंने मार्क्सवाद की त्रुटियों को समझने की चेष्टा की। वे एक अन्धभक्त न होकर एक आलोचक बन गए। सैद्धान्तिक एवं वैचारिक स्तर पर भी वे मार्क्सवादी विचार से भिन्न दिखते हैं। मार्क्सवादी सिद्धान्त की आधारशिला आर्थिक यन्त्रवादी सिद्धान्त है। इसके अनुसार सारे मानवीय संबंध भी उसी उत्पादन के साधन पर आधारित हैं। जयप्रकाश नारायण ने सारे मानवीय संबंधों को उत्पादन के साधनों से श्रेष्ठ माना है। मार्क्सवाद की कमजोरी तब खुलकर सामने आती है जब वह मानव को अपने आर्थिक यंत्रवादी सिद्धान्त की परिधि से निष्कासित कर देता है। जयप्रकाश नारायण का मत है कि मानव का इतिहास मात्र आर्थिक कारकों से निर्धारित नहीं होता है। वैचारिक और आर्थिक दोनों शक्तियों को ध्यान में रखना चाहिए।

वर्ग संघर्ष मार्क्सवाद का आधारभूत सिद्धान्त है। प्रत्येक वर्ग को दो विरोधी वर्गों में विभाजित कर मार्क्स ने वर्ग संघर्ष को ही विकास या प्रगति का द्योतक माना। पुनः मार्क्सवादी यह भी कल्पना करता है कि साम्यवाद की परिणति वर्गहीन समाज की स्थापना में है। यह सही है कि एक विशेष समाज दो वर्गों में विभाजित हो सकता है। लेकिन जब एक वर्ग का हित दूसरे वर्ग के हित से टकराता है तो वैसी स्थिति में वर्ग संघर्ष सम्भव है। विचारणीय है कि जब पूरे समाज या राष्ट्र के हित की बात आती है तो उस समय वर्ग संघर्ष नहीं रह जाता है। समाज में कुछ लोगों की स्वतन्त्रता चाहे वे अल्पसंख्यक हो या बहुसंख्यक, कोई अर्थ नहीं रह जाता है। एक वर्ग दूसरे वर्ग के प्रति द्वेष की भावना लेकर समाज की प्रगति की बात नहीं सोच सकता। समाज की प्रगति में सभी वर्गों का योगदान आवश्यक है, द्वेष एवं हिंसा के माध्यम से प्रगति की कल्पना कार्ल मार्क्स ही कर सकते हैं। जयप्रकाश नारायण मार्क्स के वर्ग-संघर्ष के स्वरूप को नकारते हैं। उनके अनुसार यदि वर्ग-संघर्ष अनिवार्य है तो वर्ग-संघर्ष हो लेकिन उसे मार्क्सवाद के वर्ग-संघर्ष की तरह हिंसात्मक नहीं होना चाहिए। उनके शब्दों में, "........जिसके सामने हमारा संघर्ष है उसको, उसके दिल को हम बदलने की कोशिश करेंगे, इसके प्रति हमारा भाव स्नेह का रहेगा, उसको कोई दुश्मन हम नहीं मानेंगे, यह नई बात उस संघर्ष में होगी जो आम तरह से क्लास-स्ट्रगल में नहीं होती।"

जयप्रकाश नारायण कहते हैं कि मार्क्सवादी वर्ग-संघर्ष की कल्पना हमारे काम की नहीं है। मार्क्सवादियों ने वर्ग-संघर्ष संगठित करने की योजनाबद्ध कोशिश की फिर भी पूर्ण सफलता उन्हें नहीं मिल पाई। मार्क्स ने जो कुछ कहा था वह औद्योगिक समाज पर लागू होता है लेकिन भारतवर्ष जो कि एक कृषि प्रधान देश है वहाँ वैसा वर्गीकरण सम्भव नहीं है। किन्तु, भारत में जो हल चलाते हैं, उसकी जमीन न हो यह भी अन्याय है। जयप्रकाश नारायण का कहना है कि जब तक नीचे वर्गों में आत्म सम्मान पैदा नहीं होगा तब तक ऊपर के वर्गों को बदलना सम्भव नहीं है। लेकिन यह संघर्ष पूर्णरूपेण शान्तिप्रद होना चाहिए। उनके शब्दों में, "मेरी कल्पना के वर्ग-संघर्ष में हिंसा की कोई जगह नहीं है। मैं मानता हूँ कि वर्ग-संघर्ष में हिंसा को दूर रखा जा सकता है। वह शांतिमय संघर्ष के रूप में, असहयोग के रूप में, सत्याग्रह के रूप में हो सकता है।"

जयप्रकाश नारायण ने अपने जीवन के उत्तरार्द्ध में गाँधी के सर्वोदय दर्शन को गहराई से समझा एवं उसे आत्मसात् किया है. सामाजिक चिन्तन तथा समाज-परिवर्तन के विधि-विज्ञान को संपूर्ण क्रांति के रूप में जयप्रकाश नारायण की अमूल्य दे। है। संपूर्ण क्रांति का स्वरूप एवं उसका अर्थ देश की परिस्थिति, समय की आवश्यकता एवं सत्ता के लिए संघर्षरत ्क्तियों के विश्लेषण के आधार पर ही निर्धारित होता है। अतः भिन्न-भिन्न समय में संपूर्ण क्रांति का स्वरूप भिन्न-भिन्न हो सकता है। वस्तुतः यह सतत क्रांति की प्रक्रिया है।

संपूर्ण क्रांति का प्रथम पहलू जिसमें मार्क्सवादियों की दिलचस्पी होनी चाहिए वह है—मूल्यों के प्रति आग्रह।

मार्क्सवादियों के अनुसार साध्य ही साधन का औचित्य सिद्ध करता है। जयप्रकाश नारायण ने मार्क्सवादियों के साध्य-साधन के संबंध को लेकर भी अपने मतभेद प्रकट किए हैं। उनके अनुसार अच्छे साध्य के लिए अच्छे साधन की उपयोगिता आवश्यक है। बुरे साधनों से शुभ साध्य की प्राप्ति सम्भव नहीं है। उनका मत हिंसात्मक क्रांतिकारियों से मेल नहीं खाता है। महर्षि अरविन्द भी कहते हैं कि हमारा साधन उतना ही शुभ होना चाहिए जितना हमारा साध्य। गाँधी ने साध्य-साधन को पर्यायवाची माना है। उनके अनुसार सामान्यतः साधन के द्वारा ही साध्य की पहचान कर सकते हैं। जयप्रकाश नारायण भी गाँधी की तरह राजनीति एवं मानवीय जीवन में उचित साधन को अपनाने की बात करते हैं। मानव की पहुँच के भीतर साधन होता है। साध्य तो दूर एवं अनिर्धारित रहता है। उसकी सिद्धि पूर्ण निश्चित नहीं की जा सकती। जबकि साधन हमारे हाथ में हैं। इसलिए अनुचित साधन अपनाना हमारे मानव जीवन पर कलंक है। जीसस के प्रसिद्ध कथन को गाँधी ने उद्धृत किया है : ''काँटों से इंसान अंजीर नहीं तोड़ते और न झरबेरी से अंगूर चुनते हैं।'' बाइबिल में कहा गया है कि संपूर्ण संसार का साम्राज्य मिल जाने से भी हमारा क्या लाभ होगा यदि हमारी आत्मा ही दब गई। नैतिक जीवन के लिए गाँधी भी इस सूत्र को मानते हैं ताकि स्वतन्त्रता प्राप्ति के आंदोलन में हिंसा और घृणा पर आधारित कोई पद्धति अपनायी न जाय। जयप्रकाश भी गाँधी की तरह इस बात को समझते थे कि गलत साधनों के आधार पर क्षणिक सफलता राष्ट्र को नीचे गिरायेगी और उसे रक्तपात एवं सर्वनाश के अनन्त गर्त में ढकेल देगी। साम्यवादी देशों में सत्ता के लिए जो संघर्ष हुए, उनके फलस्वरूप ऐसे सर्वसत्तावादी समाज की स्थापना हुई जो समाजवाद के प्रवर्तकों द्वारा घोषित सामाजिक क्रांति के लक्ष्य से बिलकुल भिन्न है। इन नीतिशून्य राजनीतिक दर्शन की बीभत्सताओं का निदान संपूर्ण क्रांति का केवल यही अर्थ नहीं है कि पुराने समाज को तोड़ दिया जाए, क्रांति के परिणामस्वरूप एक ऐसा राज्य भी बनना चाहिए जिसमें आर्थिक, राजनीतिक सत्ता प्रत्यक्ष रूप से जनता के हाथ में हो। रूस, फ्रांस, चीन में ऐसा नहीं हुआ। उन्होंने कहा कि हिंसक क्रांति का परिणाम अनिवार्यतः वही होता है जो रूस और फ्रांस में तथा अन्य देशों में हुआ। हिंसक क्रांति का एक कालिमामय पक्ष यह है कि क्रांति के बाद हिंसा और भी संगठित रूप से प्रतिष्ठित हो जाती है। संपूर्ण क्रांति का दूसरा पहलू है क्रांतिकारी विधि-विज्ञान। गाँधी जी के पहले शोषितों के पास शोषक से लड़ने का एकमात्र साधन हिंसक साधन था। गाँधी जी ने सविनय अवज्ञा एवं सत्याग्रही के तरीकों के रूप में शोषितों को संघर्ष की एक नई प्रक्रिया दी। जयप्रकाश नारायण ने गाँधी की तरह अहिंसक क्रांति पर बल दिया है। अहिंसात्मक क्रांति में इतनी शक्ति है कि पुराने समाज को बदलने और नये समाज को गढ़ने का काम साथ-साथ होता रहता है। इस प्रकार अहिंसक प्रक्रिया में यह गुण है कि परिवर्तन और नव-निर्माण दोनों एक साथ चल सकते हैं। उन्होंने मार्क्स की हिंसक क्रांति के विरुद्ध कहा कि हिंसक क्रांति यदि सफल भी हो जाय तो उस सफलता का एकमात्र अर्थ है पुरानी समाज व्यवस्था का ध्वस्त होना और ध्वंस किसी भी क्रांति का लक्ष्य नहीं हो सकता। उन्होंने नई समाज व्यवस्था के निर्माण पर बल दिया है। हिंसक क्रांति के सफल होने के बाद क्रांतिकारी एक-दूसरे के खून के प्यासे हो जाते हैं। जयप्रकाश नारायण का कथन है कि राजनीतिक हिंसा क्रांतिकारी और प्रतिक्रांतिकारी भी हो सकती है। यह निश्चित नहीं है कि हिंसक क्रांतिकारी आंदोलन हमेशा सामाजिक क्रांति की तरफ ही हमें ले जायेगा। उसमें से प्रतिक्रिया भी पैदा हो सकती हैं और अंत में वह एक फासिस्ट तानाशाही का रूप ले सकती है। उनमें से अराजकता, कट्टरता, राष्ट्रीय विघटन एवं आर्थिक संकट पैदा हो सकते हैं। जयप्रकाश कहते हैं कि मार्क्सवादियों को इन सम्भावनाओं पर विचार करना चाहिए और यह जानना चाहिए कि क्रांतियाँ क्रांतिकारियों की बिलकुल मर्जी पर ही नहीं हुआ करती हैं। क्रांति की सफलता के लिए सामाजिक एवं ऐतिहासिक परिस्थितियाँ परिपक्व होनी चाहिए। उसमें पूरी शताब्दी लग सकती है जैसा कि इतिहास गवाह है। जयप्रकाश नारायण का कहना है कि क्रांति जब भी होती है तो सत्ता को प्राप्त करना उसका लक्ष्य रहता है। लेकिन सत्ता हमेशा क्रांति करने वालों में से ऐसे मुट्ठी भर लोगों द्वारा हड़प ली जाती है, जो सबसे ज्यादा निर्मम होते हैं। ऐसा होना स्वाभाविक भी है क्योंकि ऐसी हिंसक क्रांति की बंदूक सामान्य जनता के हाथ में नहीं होती बल्कि हिंसा के उन संगठित तन्त्रों के हाथ में रहती है जो हर सफल क्रांति में से क्रांतिकारी सेना तथा उसकी जमातों के रूप में पैदा होते हैं। इन तन्त्रों पर जिनका नियंत्रण होता है, उनके ही नियंत्रण में सत्ता रहती है। यही कारण है कि हिंसक क्रांति हमेशा किसी न किसी प्रकार की तानाशाही को जन्म देती है। वे

कहते हैं कि क्रांति के बाद शासकों एवं शोषकों का एक नया विशेषाधिकार प्राप्त वर्ग कालान्तर में पैदा हो जाता है, जिसके अधीन बहुसंख्यक जनता फिर एक बार गुलाम बन जाती है। इसलिए उन्होंने हिंसा को कभी स्वीकारा नहीं है। गाँधी की तरह वे भी सत्याग्रह को एक आध्यात्मिक शक्ति के रूप में मानते हैं। सत्याग्रह का प्रयोग हम अपने दैनिक जीवन में भी कर सकते हैं। सत्याग्रह कमजोरों का हथियार नहीं है बल्कि सत्याग्रह उनलोगों के लिए है जिनमें आत्मशक्ति तथा नैतिक बल हो। संपूर्ण क्रांति का तीसरा पहलू है विकेन्द्रीकरण। जयप्रकाश नारायण का आग्रह है कि आर्थिक एवें राजनीतिक विकेन्द्रीकरण होना चाहिए। भारत में विकेन्द्रित उद्योग की आवश्यकता है। पूँजीवाद तथा साम्यवाद दोनों बड़े कारखानों के केन्द्रीकरण एवं उद्योगीकरण में विश्वास की आवश्यकता है। दूसरी तरफ जयप्रकाश नारायण गाँधी तथा विनोबा की तरह आर्थिक एवं राजनीतिक शक्तियों के विकेन्द्रीकरण की बात करते हैं। जे. पी. ऐसे विकेन्द्रीकरण का स्वरूप प्रस्तुत करते हैं, जिसके द्वारा राजकीय, आर्थिक और सांस्कृतिक प्रगति सम्भव है। यहाँ जयप्रकाश नारायण ने गाँधी की आर्थिक नीति को साम्यवाद के विरुद्ध अपनाया है और उनकी मान्यता है कि नगर एवं गाँव में आर्थिक उदारता होनी चाहिए। जयप्रकाश नारायण का कहना है कि संपूर्ण क्रांति गाँवों से आरम्भ होनी चाहिए। दलित किसान, गरीब मजदूर क्रांति के सूत्रधार हो सकते हैं। बड़े-बड़े कारखानों में काम करने वाले मजदूरों से यह आशा नहीं की जा सकती क्योंकि उनका ध्येय सीमित रहता है और वे क्रांति नहीं कर सकते।

जयप्रकाश नारायण सर्वोदय दर्शन का व्यावहारिक प्रयोग करना चाहते थे। उनका ऐसा विश्वास है कि विनोबा द्वारा चलाया गया अभियान सफल नहीं रहा। विनोबा जी ने कुछ वर्षों तक अपूर्व चमत्कार दिखाया और लगा कि समाज परिवर्तन तथा निर्माण की एक नई गाँधी विचारनिष्ठ प्रक्रिया आरम्भ हुई है। परन्तु 'भूदान-तूफान' के बाद न ग्रामदान, न ग्रामस्वराज्य, न किसी अन्य ही कार्यक्रम का अतितूफान कौन कहे मंद समीर भी नहीं बहा। जब जयप्रकाश नारायण को यह विश्वास हो गया कि भूदान-यज्ञ समाज में कोई क्रांतिकारी परिवर्तन नहीं ला सकेगा तब उन्होंने संपूर्ण क्रांति की घोषणा की। छात्रों, युवकों और नागरिकों को सम्बोधित करते हुए उन्होंने कहा कि यह क्रांति है मित्रो, संपूर्ण क्रांति है। यह कोई विधान सभा विघटन का आंदोलन नहीं है। यह तो एक मंजिल है जो रास्ते में है, दूर जाना है दूर। यहीं से संपूर्ण क्रांति का विचार दर्शन सामने आया। सर्वोदयी जयप्रकाश एक समर्थ क्रांतिकारी के रूप में समाज के सामने आये। देश में राजनीतिक घटनाएँ तेजी से घटित हो रही थीं। एक तरफ तानाशाही का दमनचक्र चल रहा था और दूसरी तरफ लोकशाही की पुनः स्थापना के लिए आंदोलन। चीन में माओ-त्से-तुंग ने भी क्रांति का नारा दिया था। लेकिन समाज के सामाजिक एवं आर्थिक ढाँचे को बदलने के लिए की गई वह क्रांति खूनी-क्रांति थी। जयप्रकाश नारायण ने माओ के त्याग, बौद्धिकता, संगठन क्षमता की प्रशंसा की है किन्तु अपने आप को वे हिंसात्मक क्रांति से जोड़ नहीं पाए। संपूर्ण क्रांति के अपने विचार को अहिंसात्मक तरीकों से चलाने पर बल दिया है। उनके अनुसार जहाँ कानून विफल होता है वहाँ अहिंसा से ही आगे बढ़ा जा सकता है। हिंसक और अहिंसक क्रांति में अन्तर है। हिंसक क्रांति जहाँ बंदूकों के बल पर की जाती है : अहिंसक क्रांति व्यक्ति के विचार-परिवर्तन द्वारा होती है। उनके शब्दों में, "हिंसक क्रांति के बाद जनता पंगु बना दी जाती है...लेकिन यदि अहिंसा के रास्ते से क्रांति होती है तो जनता के पंगु होने का खतरा नहीं रहता। अहिंसक क्रांति के दौरान जनता के हाथ में बंदूक नहीं होती, जिसके छिन जाने पर वह पंगु बन जाए। इसलिए मेरी बुद्धि कहती है कि अगर अहिंसक ढंग, विचार-परिवर्तन के द्वारा और आवश्यकता पड़े तो सत्याग्रह के द्वारा, लेकिन मुख्यतः विचार परिवर्तन से ही समाज में क्रांति होती है जो वह सही क्रांति होगी उसके परिणामस्वरूप आम जनता के हाथ में वास्तविक सत्ता आएगी और उसे कोई छीन नहीं सकेगा।" संपूर्ण क्रांति जीवन के सभी क्षेत्रों में परिवर्तन की एक लम्बी प्रक्रिया है। जयप्रकाश नारायण के अनुसार सात प्रकार की क्रांतियाँ मिलकर संपूर्ण क्रांति होती है—सामाजिक क्रांति, आर्थिक क्रांति, राजनीतिक क्रांति, सांस्कृतिक क्रांति, वैचारिक अथवा बौद्धिक क्रांति, शैक्षणिक क्रांति एवं आध्यात्मिक क्रांति। जयप्रकाश नारायण के अनुसार सात की संख्या को घटाया जा सकता है। जैसे सांस्कृतिक में शैक्षणिक एवं वैचारिक क्रांतियाँ सन्निहित हो सकती हैं। यदि सांस्कृतिक का मानवशास्त्रीय अर्थ लिया जाये तो उसमें लगभग सभी कुछ आ जाता है। उसी प्रकार सामाजिक क्रांति को यदि मार्क्सवाद के 'सोशल रिवोल्यूशन' के अर्थ में लिया जाये तो आर्थिक, राजनीतिक क्रांतियाँ उसमें आ जाती हैं। इसी प्रकार इन सात क्रांतियों की संख्या में वृद्धि भी

की जा सकती है। एक-एक क्रांति पक्ष को तोड़कर अनेक किया जा सकता है। आर्थिक क्रांति के बदले में औद्योगिक क्रांति, कृषि क्रांति, यांत्रिक क्रांति आदि भेद किए जा सकते हैं। इसी प्रकार बौद्धिक क्रांति का विभेद वैज्ञानिक क्रांति एवं आध्यात्मिक क्रांति कर सकते हैं। फिर आध्यात्मिक क्रांति के दो विभेद कर सकते हैं। नैतिक क्रांति तथा सांस्कृतिक क्रांति। जयप्रकाश नारायण ने क्रांति का अर्थ संपूर्ण क्रांति से समझा है। उनके शब्दों में, ''क्रांति शब्द में परिवर्तन और नवनिर्माण दोनों ही अभिप्रेत हैं।''

जयप्रकाश की संपूर्ण क्रांति ट्राटस्की के परमानेंट रिवोल्यूशन से बहुत कुछ मिलती है। रूस के क्रांतिकारियों ने जब गद्दी सँभाली तो ट्राटस्की की सतत क्रांति को दबा दिया। किन्तु, जयप्रकाश क्रांति के बाद सत्ता से पृथक रहे, अतः उनकी सतत क्रांति आज भी जीवित है। उनके अनुसार ग्राम सभाओं के माध्यमों से सतत क्रांति की प्रक्रिया शुरू होती है। जयप्रकाश के शब्दों में, ''यदि क्रांतिकारिता का प्रभाव कायम रह सका तो वह ग्राम सभा 'परमानेंट रिवोल्यूशन' (सतत क्रांति) के लिए एक उत्तम साधन बन सकेगी।''

संपूर्ण क्रांति केवल साम्यवादी विचारधारा से ही नहीं बल्कि कुछ अर्थों में समाजवादी विचारधारा से भी भिन्न है। समाजवादी लोकतंत्र में राज्यसत्ता के उपयोग द्वारा समाज परिवर्तन की अवधारणा रखते हैं और उनकी मान्यता में जनशक्ति की परिवर्तनकारी भूमिका का अभाव है। जबकि संपूर्ण क्रांति में जनशक्ति की ही परिवर्तन में अनिवार्य एवं महत्त्वपूर्ण भूमिका है तथा राज्यसत्ता की मात्र सहयोगी की भूमिका है।

संपूर्ण क्रांति की विचारधारा कुछ अर्थों में सर्वोदय विचारधारा से भी अलग है। सर्वोदय आंदोलन के विषय में जयप्रकाश के शब्दों में, ''विनोबा जी ने वर्ग संघर्ष की जगह वर्ग निराकरण की बात की थी और हम उस दिशा में प्रयत्नशील भी रहे। क्या फल रहा उसका? आँकड़ा देखें हम। कितनी जमीन बँटी और कितने कब्जे में रह गई? जिन्हें जमीन मिली उनकी सामाजिक हैसियत में कोई परिवर्तन हुआ? इन सवालों के पीछे सर्वोदय आंदोलन की उपलब्धियों से इनकार करने जैसी कोई बात नहीं है। बात है, तो सिर्फ इतनी कि हम क्रांति की जिस दिशा में बढ़ना चाह रहे हैं, उसका समाज पर कोई परिणाम दिखाई देता है या नहीं। मैं सारे प्रश्नों को कुछ इस तरह से देखता हूँ—समाज में दो शक्तियाँ—एक कमजोर दूसरी मजबूत। सर्वोदय आंदोलन में हमने मजबूतों को ही ध्यान में रखा और समझा कर उन्हें बदलना चाहा। कमजोर जो हैं, पिछड़े जो हैं उनकी सर्वोदय आंदोलन में बहुत कम भूमिका रही। इस प्रक्रिया में व्यक्तिगत रूप से कुछ लोगों का मानस बदला लेकिन वर्ग के रूप में वे बदलेंगे ऐसा नहीं लगता, जो नीचे दबे हैं, जब तक अपनी ताकत का प्रतिपादन नहीं करते, जब तक उसमें आत्मसम्मान की भावना पैदा नहीं होती, तब तक ऊपरवाले का परिवर्तन करना कठिन है...वर्ग संघर्ष से बचा नहीं जा सकता।...जो हल चलाता है उसकी जमीन नहीं हो, यह तो बड़ा अन्याय है। लेकिन यह अधिकार हल चलाने वाले को कैसे प्राप्त हो? इसका जवाब, तो यही लगता है कि वह अपने अधिकारों का दावा करें। इस तरह मैं दोहरे दबाव की कल्पना करता हूँ। ईमानदार और निःस्वार्थ युवक, कार्यकर्ताओं द्वारा लोक शिक्षण का दबाव और पिछड़े दबे लोगों के व्यापक वर्ग संगठन का दबाव। दबाव की यह दोहरी ताकत सामन्ती परम्पराओं एवं शोषण की व्यवस्था को तोड़ेगी। इस प्रकार संपूर्ण क्रांति में लोकतान्त्रिक संघर्ष की आवश्यकता है।

कुछ आलोचकों का कहना है कि जयप्रकाश की संपूर्ण क्रांति का विचार अस्पष्ट है। बड़े आश्चर्य की बात है कि आचार्य कृपलानी जैसे व्यक्ति भी 'संपूर्ण क्रांति' को ठीक तरह से समझ नहीं पाए। संपूर्ण क्रांति का यदि सही ढंग से विश्लेषण किया जाए तो गाँधी के 'सर्वोदय दर्शन' का ही यह व्यावहारिक रूप है। 'सर्वोदय दर्शन' के सभी पहलुओं को इसमें समाहित किया जाता है। जब आचार्य कृपलानी गाँधी के सर्वोदय को समझते हैं और जयप्रकाश की संपूर्ण क्रांति को नहीं समझते तो किसी भी व्यक्ति के मन में एक गंभीर प्रश्नचिह्न उभरता है। क्या ऐसा तो नहीं है कि वे संपूर्ण क्रांति को समझ कर भी नहीं समझने का स्वांग रच रहे हैं?

कुछ आलोचकों ने 'संपूर्ण क्रांति' को अव्यावहारिक बतलाया है। इस प्रकार की आलोचना दो कारणों से की जाती है—पहली बात यह है कि व्यावहारिकता का सही अर्थ नहीं समझने के कारण। दूसरा कारण संपूर्ण क्रांति की अवधारणा गाँधीवाद के संदर्भ में समानान्तर मानकर छद्म विरोध के कारण की गई। संपूर्ण क्रांति में जयप्रकाश ने मार्क्स तथा

गाँधी की त्रुटियों को दूर कर दोनों की ग्राह्य बातों को ग्रहण करने का प्रयास किया है। मार्क्स की हिंसा के स्थान पर गाँधी की अहिंसक पद्धति को अपनाया है। जहाँ मार्क्स की क्रांति में नैतिक मूल्य का अभाव है, जयप्रकाश की संपूर्ण क्रांति का आधार ही नैतिकता है। जहाँ मार्क्स तथा माओ-त्से-तुंग ने मात्र आर्थिक ढाँचा बदलने के लिए क्रांति की, वहीं पर जयप्रकाश 'मानव' को बदलने के लिए प्रयत्नशील हैं। आर्थिक संरचना के परिवर्तन मात्र से कोई सफल क्रांति नहीं हो सकती है जब तक कि मानव में परिवर्तन न हो। जयप्रकाश की सतत क्रांति में रूढ़िवादिता को तोड़ने तथा समाज में नये मूल्यों के निर्माण की प्रक्रिया साथ-साथ चलती है। मार्क्स और माओ की क्रांतियों में विध्वंस के बाद नव-निर्माण की प्रक्रिया शुरू होती है, किन्तु ऐसी बात जयप्रकाश की संपूर्ण क्रांति में नहीं है। संपूर्ण क्रांति एक सतत प्रक्रिया है। जयप्रकाश ने अपने जीवन के बहुत कीमती क्षणों को संपूर्ण क्रांति का दीपक जलाने में लगा दिया है, अर्पित कर दिया है। उन्हीं के शब्दों में—

"किन्तु मुझ क्रांतिशोधक के लिए
कुछ अन्य ही पथ मान्य थे, उद्दिष्ट थे
पथ त्याग के, सेवा के, निर्माण के
पथ संघर्ष के, संपूर्ण क्रांति के।"

जयप्रकाश के विचार-दर्शन के अन्तर्गत स्वदेशी संस्कृति

डॉ. शत्रुघ्न प्रसाद

कहा जाता है कि दियारा यानी कछार क्षेत्र के निवासी कठोर परिश्रमी होने के कारण स्वभाव से रुक्ष हो जाते हैं। सिताब दियारा (छपरा) में जन्म लेकर संपूर्ण भारत को अपने तप तेज से आलोकित कर लोकनायक के पद पर प्रतिष्ठित होने वाले जयप्रकाश जी कठोर परिश्रमी तथा दृढ़ प्रतिज्ञ थे, पर स्वभाव से रुक्ष नहीं, विनम्र थे। सरयू की लहरों ने कभी राम का अभिनन्दन किया था। ईसा की बीसवीं शताब्दी में सरयू की तरंगों ने शिशु जयप्रकाश के प्रति मंगल कामना प्रदान की थी। उनके जन्म के बाद ही स्वाधीनता संग्राम प्रखर होने लगा था। लोकमान्य तिलक के नेतृत्व में देश स्वाधीनता संग्राम के पथ पर एक संकल्प के साथ बढ़ रहा था। उनकी मृत्यु के बाद सन् 1920 ई. में महात्मा गाँधी ने नेतृत्व सँभाल लिया था। उसी समय जयप्रकाश जी ने उच्च शिक्षा के लिए अमेरिका की यात्रा की। रूस में कम्युनिस्ट क्रांति हो चुकी थी। मार्क्सवाद और लाल क्रांति दोनों की चर्चा फैलने लगी थी। वैचारिक जगत में एक हलचल थी क्योंकि भारत के नवजागरण, स्वतन्त्र चेतना तथा संघर्ष के लिए तिलक और गाँधी दोनों ने गीता दर्शन की नवीन व्याख्या को अपनाया था।

इस वैचारिक द्वन्द्व, स्वाधीनता संघर्ष और नव निर्माण की संस्कृति के चिन्तन काल में जयप्रकाश जी ने प्रभावती जी से विवाह सम्पन्न कर शिक्षा के लिए अमेरिका के लिए प्रस्थान किया।

वे आठ वर्षों तक अमेरिका में मेहनत-मजदूरी कर उच्च शिक्षा प्राप्त करते रहे। प्रभावती जी साबरमती आश्रम में गाँधी जी की देखरेख में रहकर उनके प्रयोग को निकट से देखकर गाँधीवाद की दीक्षा प्राप्त करती रहीं। जयप्रकाश जी ने समाजशास्त्र में एम. ए. की पढ़ाई पूरी की। उन्होंने समाज रचना के रूप में गम्भीरता से विचार करने का अवसर पाया। साथ ही समाज के नए रूप की रचना के लिए मार्क्सवाद को भी समझने का प्रयत्न किया। राहुल जी ने मार्क्सवाद को वैज्ञानिक भौतिकवाद माना है। यह नूतन समाजवादी दर्शन या नई पीढ़ी को आकृष्ट कर रहा था। अतः जयप्रकाश जी मार्क्सवादी के रूप में भारत लौटे। पति और पत्नी के जीवन में विचार के क्षेत्र में मार्क्सवाद और गाँधीवाद का अन्तर आ गया। पर अन्तरात्मा में अन्तर नहीं आया। भारतीय अर्थात् स्वदेशी संस्कृति का संस्कार प्रबल था। दोनों जीवन पथ पर एक-साथ बढ़ते रहे। दोनों का चिन्तन भी निकट आता गया।

संकल्प और श्रम के सहारे विदेश में ऊँची शिक्षा पाकर कोई भी बड़े पद का आकांक्षी हो सकता है। उसे उच्च पद मिल सकता है। परन्तु न अरविन्द ने उच्च पद पाने की चाह की और न सुभाषचन्द्र बोस ने। जयप्रकाश जी भी भारत की स्वाधीनता और नए भारत की रचना का संकल्प लेकर भारत लौटे। वे सन् 1928 ई. में प्रसिद्ध लाहौर काँग्रेस अधिवेशन में सम्मिलित हुए। पूर्ण स्वराज्य की प्रतिज्ञा घोषित हुई। सरयू तटवासी ने रावी तट पर अपनी मातृभूमि के पूर्ण स्वराज्य की प्रतिज्ञा की। तब से जीवन अविराम स्वातंत्र्य-साधना के पथ पर बढ़ता गया।

पूँजीवादी अमेरिका में मार्क्सवाद का सिद्धान्त उन्हें अच्छा लगा था। भारत में आकर उन्होंने निकट से देखा था कि मार्क्सवाद भारत के इतिहास, वर्तमान जनजीवन और स्वतन्त्रता संग्राम से जुड़ा हुआ नहीं है। मार्क्सवाद तो राष्ट्र और राष्ट्रीय संस्कृति से दूर-दूर है। उनका पुनर्चिन्तन आरम्भ हो गया। उनका मार्क्सवाद भारतीय समाजवाद में बदल

गया। प्रसिद्ध साहित्यकार डा. रघुवंश ने लिखा है—उन्होंने भारतीय साम्यवादी दल के मार्क्सवादियों के समान साम्यवादी देशों से प्रेरणा या निर्देशन प्राप्त नहीं किए। उन्होंने इन देशों के मार्क्स के व्याख्याकारों की असंगतियों को समझ लिया था। यह समझ उन्होंने पाई थी स्वतः अपने देश, समाज और इतिहास के साक्षात्कार और अनुसन्धान के माध्यम से। यहीं भारतीय साम्यवादी चिन्तक चूकते रहे हैं, वे सिद्धान्त के साथ अपने परिवेश और इतिहास को कभी जोड़ नहीं सके, शायद यह उनकी नीति की विवशता भी रही है। भारतीय समाजवादियों ने मार्क्स के विचार के साथ अपने समाज, परिवेश तथा इतिहास की गत्यात्मकता को जोड़ा है। —जयप्रकाश नारायण के विचार, भूमिका अंश।

इसी प्रकार दर्शन के साथ जयप्रकाश जी ने भारत के स्वाधीनता संग्राम में अपने को पूरी तरह समर्पित कर दिया। सन् 1931-32 का आंदोलन हो या सन् 1942 की क्रांति—दोनों में उनका महत्त्वपूर्ण योगदान रहा। स्वाधीनता के बाद उन्होंने सत्ता से अलग रहकर सामाजिक-आर्थिक परिवर्तन के लिए सन् 1965 में भूदान आंदोलन में सहयोग दिया। सर्वोदयवादी ठाकुरदास बंग के अनुसार सन् 1965 में भूदान यात्रा के समय अकोला के कुछ प्रमुख लोगों ने उनसे प्रधानमन्त्री बनने का अनुरोध किया तो उन्होंने कहा—(आप मुझे नेहरू का अनुगामी बनने को कह रहे हो, मैं तो गाँधी जी के चरणचिह्नों पर चलने का प्रयत्न कर रहा हूँ—जयप्रकाश नारायण अभिनन्द ग्रन्थ—सर्वसेवा) यह है स्वाधीनता के बाद के प्रकाशपूर्ण व्यक्तित्व की पहचान। यही त्याग भावना एवं समर्पित कर्मण्यता इस देश की संस्कृति की आत्मा है।

जयप्रकाश जी की विचार यात्रा गम्भीर अध्ययन, गहन अनुभव एवं संघर्षशीलता से आगे बढ़ती रही है। मार्क्सवाद से समाजवाद, समाजवाद से सर्वोदय चिन्तन और फिर समग्र क्रांति की घोषणा स्वदेशी संस्कृति की ओर अग्रसरण है। उन्हें अमेरिकी पूँजीवाद का वैभव आकृष्ट न कर सका और न मार्क्सवाद का नैतिक मूल्यों तथा राष्ट्र चेतना से शून्य भौतिक जीवन प्रभावित कर सका। उन्होंने स्वयं कहा है, "मार्क्सवाद ने यह मानकर गलती की कि चेतन को उसी ढंग से समझा जा सकता है, जैसे जड़ को। उसे यह नहीं सूझा कि जड़ के नियमों को चेतन जगत पर लागू नहीं किया जा सकता। जड़ का अध्ययन वस्तुनिष्ठ अन्वेषण है, जबकि चेतन का वैयक्तिक अनुभूति है। मार्क्सवादियों ने चेतना को द्रव्य का आचरण बनाकर स्वाभाविक रूप से नीति शास्त्र का आधार ही नष्ट कर दिया।" —जयप्रकाश नारायण के विचार : समाजवाद से सर्वोदय की ओर, पृ. 86

इस प्रकार चिन्तनशील क्रांतिदूत ने मार्क्सवाद की जड़वादिता और नैतिक मूल्यों की शून्यता को ठुकरा दिया। कारण स्पष्ट है कि जड़वादी दर्शन मात्र भौतिकता को बढ़ावा देगा। मात्र भौतिक बुभुक्षा को उत्तेजित कर अनैतिकता को प्रोत्साहित करेगा। इससे व्यक्ति और समाज के जीवन में कभी शान्ति नहीं आ सकेगी। व्यक्ति का पूर्ण विकास भी नहीं हो सकेगा।

समाजवादी जयप्रकाश जी ने सांस्कृतिक दृष्टि को बृहत्तर एवं व्यापक आयाम दिया है। मार्क्सवाद की खण्डित जीवन दृष्टि पूर्णता की ओर बढ़ी है। उन्होंने माना है—'शारीरिक बुभुक्षुओं' को अनुशासित करना नैतिक जीवन के लिए तथा मानव व्यक्तित्व के विकास और सभी मानवीय गुणों एवं मूल्यों के प्रस्फुटन के लिए आवश्यक है। यह विशेषकर समाजवादी मूल्यों के विषय में सही है।

मार्क्सवाद ने भारत की स्वदेशी संस्कृति पर आरोप लगाया है कि भारतीय सभ्यता का मूल व्यक्तिवाद है। इस लिए यहाँ समाजवाद की चर्चा कठिन है। चिन्तनशील जयप्रकाश जी ने इस आरोप को अमान्य किया है। कहा है, "हमारी संस्कृति की मुख्य प्रेरणा व्यक्तिवादी रही है। लेकिन उसका अर्थ सिर्फ यह है कि व्यक्तिगत पूर्णता हमारे आदर्श का ध्येय रहा है। उसका अर्थ तुच्छ और संकीर्ण व्यक्तिवाद नहीं रहा है, जो कि पूँजीवाद समाज का मुख्य ध्येय रहा है।"—वही, पृष्ठ 28। साथ ही उन्होंने यह माना है कि आज की विषम समस्याओं के समाधान में भारतीय दर्शन पूरे रूप में सहायक नहीं हो सकता। अन्य उपाय का संबंध आवश्यक है।

इस संबंध में यह कहना आवश्यक है कि विवेकानन्द द्वारा नवव्याख्यायित अद्वैत समता दर्शन पर विचार करने पर जयप्रकाश जी को अवश्य प्रतीत होता कि नववेदान्त समतामूलक तथा शोषणमुक्त समाज की रचना में सहायक हो सकता है। वैसे उन्होंने अद्वैत समता की चेतना को आत्मसात कर लिया था तभी तो उन्होंने समाज के नवनिर्माण के लिए सदाचारी मानवों की आवश्यकता पर बल दिया है। समता, सदाचार तथा सामूहिक त्रिवेणी पर उन्होंने नए

भारत की नींव डालने का प्रयत्न किया है। इसलिए उन्होंने भूदान आंदोलन की अथक पदयात्रा तथा नवजागरण के बाद समग्र क्रांति के लिए भ्रष्टाचार मुक्त समाज की स्थापना हेतु सन् 1964 के आंदोलन का नेतृत्व किया। यह दूसरी बात है कि सन् 1964-1966 के विराट आंदोलन में संस्कृत सम्पन्न सदाचारी कार्यकर्त्ताओं के शिक्षण-प्रशिक्षण का अधिक समय नहीं मिल सका। कर्मठ, सदाचारी और समर्पित कार्यकर्त्ताओं का संघ निर्मित नहीं हो सका। अतः आंदोलन के बाद का बिहार नए बिहार का सपना पूरा नहीं कर सका।

जयप्रकाश जी व्यक्तिवाद नहीं, व्यक्ति के चरित्र को विकसित कर उसे पूरे समाज के हित में लगाना चाहते थे। उन्हें विश्वास था कि 'सर्व' का हित भी व्यक्ति द्वारा ही प्राप्त हो सकेगा। जब व्यक्ति सबके सर्वाधिक हित के लिए प्रयत्नशील होगा, गाँधी जी के लिए 'सर्व' किसी दल या राज्य में समाहित होने वाली परिकल्पना नहीं थी।—वही, पृष्ठ 108

यह व्यक्ति व्यक्तिवाद के जाल में न फँसे। व्यक्ति के शारीरिक या मानसिक श्रम को बराबर मूल्य दिया जाए। व्यक्ति को ही न समझा जाए और न उसे हीन या दुर्बल मान कर शोषण किया जाए। इसलिए उन्होंने गाँधी जी की मानवीय दृष्टि के अनुसार कहा है, "काम करने वाले व्यक्ति को एक व्यापारी वस्तु के रूप में न देखा जाए, बल्कि इसके विपरीत उसे मानव समझा जाए जिसकी शारीरिक और मानसिक आवश्यकताएँ वही हैं जो पार्टी के नेता और अफसरों, व्यवस्थापकों, वैज्ञानिकों, कलाकारों आदि की हैं।" —वही, पृष्ठ 108 ...मानव को सभी प्राणियों में श्रेष्ठ और हीन में बाँध दिया गया है। शारीरिक श्रम हीन माना गया। इस नए युग ने श्रम की प्रतिष्ठा करने की चेष्टा की है। जयप्रकाश जी ने भारतीय दर्शन के मानवीय पक्ष तथा आधुनिक गाँधी दृष्टि के द्वारा मानव के श्रम की प्रतिष्ठा करा उद्घोष किया। यही इस युग का सांस्कृतिक स्वर है।

मार्क्सवादी-समाजवादी-सर्वोदयवादी और अन्ततः समग्र क्रांति के सूत्रधार बनकर जयप्रकाश जी ने भारत भूमि के सांस्कृतिक अधिष्ठान पर अपने राजनीतिक-आर्थिक चिन्तन तथा प्रयोग को प्रस्तुत किया है। इसीलिए तो उन्होंने पश्चिमी पूँजीवाद तथा उसकी प्रतिक्रिया स्वरूप उभरकर आए मार्क्सवाद—दोनों की सीमा को रेखांकित करते हुए मानव के समता मूलक उत्थान के लिए एक समग्र जीवन दृष्टि को रखा था जो आज भी प्रासंगिक है। उन्होंने कहा है, "मनुष्य प्रकृति एवं संस्कृति दोनों की उपज है। अतः उसके सन्तुलित विकास के लिए दोनों का समन्वित मिलन आवश्यक है। यह मेल लन्दन, पेरिस, न्यूयार्क और मास्को जैसे आधुनिक सभ्यता के केन्द्रों में सम्भव नहीं है। फलतः आधुनिक मानव का विकास कुण्ठित और एकाकी हो गया है। प्रकृति एवं संस्कृति का समन्वित मिलन अपेक्षाकृत छोटे समुदायों में ही सम्भव है।...इन्हीं कारणों से गाँधी जी ने यह आग्रह रखा था कि भारतीय गाँव और ग्राम स्वशासन ही उनकी कल्पना के समाज के आधार होंगे—जिस समाज में समान और स्वतन्त्र मनुष्य भाई-भाई की तरह शान्तिपूर्वक रह सकेंगे।—वही, पृष्ठ 87-88

निस्सन्देह पश्चिमी पूँजीवादी और मार्क्सवादी अर्थ राज्य व्यवस्था भारत की स्वदेशी संस्कृति की मूल धारणा के प्रतिकूल है। इन दोनों में मनुष्य हीन बन जाता है अशान्ति में जीता है। पूँजीवाद में मालिक-मजदूर का अन्तर है। वही साम्यवाद में सत्ताधीश और मजदूर में अन्तर बन जाता है। दोनों में केवल भौतिक जीवन की भूख की लालसा को पूरा करने की आपाधापी है। दोनों व्यवस्थाओं में जनसामान्य सत्ता और मशीन के नीचे दबा हुआ है। परन्तु जयप्रकाश जी ने भारतीय इतिहास को समझा है। इस देश में लोकतन्त्र की परम्परा को समझा है। ग्राम समाज की स्थिति तो अंग्रेजी राज्य के आगमन तक रही है। इसलिए उन्होंने लोकतन्त्र समतामूलक अर्थरचना तथा ग्राम स्वशासन के साथ सांस्कृतिक मूल्यों की प्रतिष्ठा चाही है। उन्होंने कहा है, 'भारतीय समाज' को अपने हजारों साल के इतिहास के क्रम में सभी प्रकार के परिवर्तनों से गुजरना पड़ा है। परन्तु भारत की आत्मा उनके बावजूद टिकी हुई है और उसके जीवन की मुख्यधारा अबाध गति से प्रवाहित रही है।

भारत शायद लोकतन्त्र की सबसे बड़ी प्राचीन भूमि रहा है और उसके कुछ गणतन्त्र हजार-हजार साल तक जीवित रहे हैं। (वही पृष्ठ 158-160)

ऐसी सुदृढ़ लोकतान्त्रिक परम्परा के देश में आर्थिक-सामाजिक विषमता को जयप्रकाश जी ने सर्वथा अनुचित तथा अमानवीय माना है। इसलिए तो स्वाधीनता के बाद वे समाजवादी दल तथा प्रजा समाजवादी दल के गठन में

सहयोग देने के उपरान्त भूदान आंदोलन में शामिल हो गए। जिससे संपूर्ण भारतीय ग्रामजीवन से विषमता को मिटाने के लिए जन-जन में दान संविभाग की चेतना जाग्रत हो जाए। वे कहते हैं, ''बड़ी आर्थिक विषमता सामुदायिक भावना के प्रतिकूल है। एक सीमा तक आय या सम्पत्ति में भेद साध्य हो सकता है। विनोबा जी मनुष्यों के हाथ की पाँच उँगलियों का उदाहरण प्रस्तुत करते हैं। ये उँगलियाँ असमान हैं, परन्तु यह असमानता उचित है। उँगलियों में थोड़ी असमानता है। अधिक सहयोग है। तब हथेली बन पाती है। एक स्वस्थ जीवन का अंग बन पाता है। यह जीवन दर्शन स्वदेशी संस्कृति की नवरचना में सहायक है। इसी दृष्टि से जयप्रकाश जी अपनी विचार साधना में निरन्तर आगे बढ़ते हुए अपनी संस्कृति की भूमि में पहुँच जाते हैं। जन जीवन की आकांक्षा की अभिव्यक्ति बन जाते हैं। विवेकानन्द और गाँधी की स्वदेशी संस्कृति की भूमि पर शोषण मुक्त मानव समाज की परिकल्पना मुस्कराने लगती। वैश्विक भौतिक संस्कृति के आसुरी फैलाव के समय जयप्रकाश जी का विचारदर्शन अपनी प्रासंगिकता को सिद्ध करने लगा है।

लोकनायक जयप्रकाश नारायण तथा महिला चर्खा समिति (पटना)

जयनारायण सहाय

महिला चर्खा समिति का उद्भव 26 जून, 1940 को महिला चर्खा क्लास के नाम से, रामगढ़ काँग्रेस के बाद गाँधी जी की प्रेरणा से परम आदरणीया प्रभावती जी ने किया और इसके अध्यक्ष हुए देशरत्न डॉ. राजेन्द्र प्रसाद। उस समय श्री जयप्रकाश नारायण इससे सम्बद्ध नहीं थे, वह अंग्रेजों के बन्दीगृह की शोभा बढ़ा रहे थे। महिला चर्खा क्लास का आरम्भ हुआ एक छोटे से भाड़े के मकान में, स्वतन्त्रता प्राप्ति के संकल्प से उत्प्रेरित एक शोषण-मुक्त हिंसा-विहीन प्रेमिल समाज के निर्माण के दर्शन को लेकर, जिसमें चर्खा इस संघर्ष एवं संरचना का प्रतीक और माध्यम बना। 1946 में जब देशरत्न डॉ. राजेन्द्र प्रसाद को राष्ट्रीय स्तर पर दायित्व निभाने के लिए दिल्ली जाना पड़ा, तो महिला चर्खा समिति की अध्यक्षता का भार उन्होंने जयप्रकाश जी को सौंपा।

स्वतन्त्रता प्राप्ति के बाद तथा अपने महाप्रयाण के कुछ दिन पहले, गाँधी जी ने महिला चर्खा क्लास को एक सन्देश में स्पष्ट रूप से कहा था कि चर्खा और खादी का भविष्य अब आजादी की लड़ाई की ध्वजता से मुक्त होने के बाद विचारशीलता पर निर्भर है। महिला चर्खा क्लास ने उस विचार की बुनियाद की सार्थकता को समझा, और माना कि चर्खा और खादी के अन्तर्निहित दर्शन का तथ्यात्मक प्रकटन विचार की बुनियाद पर ही सम्भव है। सन् 1948 के 14-15 अगस्त को महिला चर्खा क्लास के संचालकों ने महिला चर्खा क्लास को महिला चर्खा समिति का नाम देने का निर्णय लिया। साथ ही इसके लिए भूमि खरीदने तथा अपना भवन बनाने का निर्णय लिया। यह भी निर्णय हुआ कि सोसाइटीज रजिस्ट्रेशन एक्ट के अन्तर्गत महिला चर्खा समिति को निबन्धित कराया जाए। जयप्रकाश जी के प्रयास से आवश्यक धन इकट्ठा हो सका। आरम्भ में दस कट्ठा भूमि खरीदी गई प्रभावती जी के नाम से, चूँकि समिति का निबन्धन तो 1952 में ही हो सका। बाद में प्रभावती जी ने डीड ऑफ रेरीक्वीशमेण्ट (Deed of rereiqushment) द्वारा इसे महिला चर्खा समिति के नाम कर दिया। नवम्बर 1951 में भारत के प्रथम राष्ट्रपति देशरत्न डॉ. राजेन्द्र प्रसाद द्वारा महिला चर्खा समिति के नवनिर्मित भवन का उद्घाटन हुआ। यह सब कुछ जयप्रकाश जी और प्रभावती जी के प्रयास से ही सम्भव हो सका। अतः महिला चर्खा क्लास को जिसका आरम्भ 1940 में हुआ था, महिला चर्खा समिति के रूप में परिवर्द्धित करना और उसे अपना घर देना जयप्रकाश जी की देन है। अब तक प्रभावती जी तथा जयप्रकाश जी पटना में भाड़े के मकान में इधर-उधर रह रहे थे। 1955 से वे महिला चर्खा समिति में ही रहने लगे, जिसके लिए वे समिति को मकान भाड़ा देते थे। इस तरह महिला चर्खा समिति को जयप्रकाश जी का नित्य सान्निध्य और मार्गदर्शन प्राप्त होने लगा। स्वराज्योत्तर महिला चर्खा समिति की भूमिका के संबंध में जयप्रकाश जी ने कहा था।

स्वराज्य के बाद गाँधी विचार तथा कार्यक्रम के लिए संकटकाल आया। नवभारत के निर्माण में उनका क्या हाथ होना चाहिए, इस प्रश्न पर शिक्षित वर्ग में सन्देह पैदा हुआ। शहरों का, खासकर शहरों के शिक्षित एवं सुखी समाज का मानस गाँधी विचार से दूर जाने लगा। अमेरिका, रूस, पश्चिमी यूरोप के विकास के उदाहरणों, मार्गों और मूल्यों

का आकर्षण बढ़ा। भारत की राजनीति गाँधी मार्ग से हटने लगी। पंचवर्षीय योजनाओं की दिशा खादी ग्रामोद्योगों को थोड़ा स्थान देने के बावजूद मूलतः पाश्चात्य औद्योगीकरण की ओर मुड़ी। त्याग भावना से प्रेरित तथा गाँधी विचार पर श्रद्धा रखकर कार्य करने वाली महिलाओं की संख्या दिन-प्रतिदिन घटने लगी। जनता की दानवृत्ति में घटती हुई महँगाई आदि के कारण सेवा संस्थाओं के खर्चे में उत्तरोत्तर वृद्धि होने लगी। इन परिस्थितियों में महिला चर्खा समिति का कार्यक्रम यहाँ तक कि उसका भविष्य धूमिल होने लगा। यह विचार हमारे सामने अकसर आया कि हम क्यों न एक उत्तम कन्या विद्यालय चलावें। परन्तु हमें यह जँचा नहीं। अच्छे कन्या विद्यालयों की कमी अवश्य है और उसका अपना महत्त्व तो है ही, पर केवल ऐसा विद्यालय चलाकर हम उन विचारों तथा आदर्शों के प्रति न्याय नहीं करेंगे जिनको सामने रखकर यह संस्था स्थापित हुई थी। मैं यह नहीं मानता कि स्वराज्य प्राप्त हो जाने के बाद उन विचारों की आवश्यकता न रही। बल्कि इसके ठीक विपरीत मेरी यह मान्यता है कि अँग्रेजी राज्य के जमाने से कहीं अधिक इनकी जरूरत है।

इस धुन्ध में विनोबा जी से हमें प्रकाश मिला। पुनः हमें आत्म-विश्वास प्राप्त हुआ। परिस्थितियाँ प्रतिकूल हैं और कार्य कठिन है। फिर भी हम अकेले नहीं हैं। जैसे स्वराज्य आंदोलन के समय जैसे आज हम एक क्रांतिकारी आंदोलन के अंग हैं। जिस हद तक हम अपने को उसमें विलीन कर लेंगे, उस हद तक हमारा बाईस वर्षों का इतिहास सार्थक होगा और भविष्य सफल।

इसी दिशा संकेत को लेकर प्रभावती जी और जयप्रकाश जी के प्रकाश में महिला चर्खा समिति जीने का प्रयास करती रही। अर्थ का बाहुल्य कभी नहीं हुआ। वह कमी अपेक्षित भी नहीं रही, परन्तु इसके अभाव का कष्ट भी समिति को उन दोनों ने नहीं होने दिया। सबसे बड़ी बात तो यह रही कि उनका सतत नित्य प्रेरणा, उत्साहवर्द्धन और क्रियात्मक उज्ज्वल उदाहरण समिति को मिलता रहा। 'महिला चर्खा समिति' के जयप्रकाश जी आरम्भ से जीवन पर्यन्त अध्यक्ष बने रहे, परन्तु प्रभावती जी मात्र सदस्या रहीं। कोई पदभार नहीं सँभाला। फिर भी महिला चर्खा समिति तो प्रभावती जी का 'घर' ही था, जिसकी देखरेख, उसका कार्यकलाप उनके जीवन का अभिन्न अंग था।

1972 में जब जयप्रकाश जी ने, सत्तर वर्ष की आयु पूरी होने के अवसर पर अन्य सभी संस्थाओं से पदभार से उनको मुक्त करने का आग्रह किया, तो उसमें महिला चर्खा समिति एक मात्र विकल्प था। 1973 के पन्द्रह अप्रैल को प्रभावती जी ने अपनी जीवन यात्रा समाप्त की तथा अनन्त में विलीन हो गईं। महिला चर्खा समिति मातृ स्नेह और आश्रम से वंचित हो गई। अब उनकी सेवा-निष्ठ स्वतः त्यागपूर्ण समर्पित जीवन की स्मृति की धरोहर महिला चर्खा समिति के लिए पाथेय के रूप में रह गई।

1971 में ही जयप्रकाश जी हृदय रोग से पीड़ित हो गए थे। इसी कारण प्रभावती जी ने अपने कैंसर के रोग को उनसे गुप्त रखा। उसका पता तो जयप्रकाश जी को प्रभावती जी के महाप्रयाण से मात्र साढ़े तीन महीने पहले लगा, जब रोग पूर्णतः असाध्य हो गया था और वह जीवन के अन्तिम छोर पर पहुँच चुकी थीं। जयप्रकाश जी प्रभावती जी के निधन के आघात से अन्दर से टूट से गए। प्रभावती जी उनकी सह-धर्मिणी ही नहीं थीं, वरन् गाँधी विचार की ओर उनको खींचने में सहायिका भी रहीं, मात्र अपने अन्तरभाव और आत्म-विलोपन के जीवन द्वारा कुछ दिन पहले से देश की दशा और दिशा से जयप्रकाश जी चिन्तित थे, विशेषकर भूदान-ग्रामदान आंदोलन में शिथिलता आ जाने के कारण। उन्होंने देश के युवकों का आह्वान किया क्रांति के पथ पर आगे बढ़ने के लिए और इतिहास ने मोड़ लिया 1974-75 के आंदोलन के रूप में। महिला चर्खा समिति को श्रेय मिला उनके जीवन के अन्तिम जीवन की इस दूसरी आजादी की लड़ाई का। जेल से छूटकर बम्बई से चिकित्सा कराकर 1976 में वे अपने 'घर' महिला चर्खा समिति आए। 1977 में देश के लिए फिर से आजादी प्राप्त करने के बाद, यहीं से समाज के पुनर्निर्माण के लिए विचार दान करते रहे। परन्तु इतिहास ने अपने को फिर दुहराया और दूसरी आजादी भी सत्ता और ऐश्वर्य की भूख और स्पर्धा ने, इस आजादी को भी पटरी से उतार दिया। शरीर से अशक्त जयप्रकाश, मन से निराश हो गए और प्रभु की बुलाहट की प्रतीक्षा करने लगे। वह बुलाहट आठ अक्टूबर 1979 के प्रातः आई और वह पार्थिव शरीर से मुक्त होकर अनन्त-अरूप में आत्मसात् हो गए। 'महिला चर्खा समिति' इस तरह पिता के वरदहस्त को भी खो बैठी।

लोकतांत्रिक समाजवाद

डॉ. रमेशचन्द्र सिन्हा

जयप्रकाश नारायण एक समाजवादी चिन्तक एवं युगद्रष्टा थे। उनकी विचारधारा में एक गति है और निश्चित दिशा भी। उनकी पुस्तक 'समाजवाद से सर्वोदय की ओर' का मैंने अध्ययन किया तो ऐसा लगा कि उनकी विचारधारा में क्रमिक विकास है। जयप्रकाश नारायण के आंदोलनात्मक क्रियाकलापों को नजदीक से देखने का सुअवसर 1974 के दिनों में मिला था। जयप्रकाश नारायण एक दार्शनिक भले नहीं कहे जा सकते क्योंकि दर्शन की कोई नयी विधा उन्होंने प्रतिपादित नहीं की है, परन्तु उन्हें एक प्रखर चिन्तक अवश्य कहा जा सकता है, क्योंकि 'लोकतान्त्रिक समाजवाद' की अवधारणा को सुविचारित एवं सुचिन्तित ढंग से उन्होंने व्याख्यायित किया है। 'लोकतान्त्रिक समाजवाद' आज के 'औपचारिक लोकतन्त्र' से सर्वथा भिन्न है। यह एक ऐसे समाज की कल्पना है जिसमें कि लोकतन्त्र व्यक्ति और समाज के जीवन में अन्तर्लिप्त हो।

विस्कांसिन विश्वविद्यालय में जयप्रकाश नारायण साम्यवादी विद्यार्थियों के सम्पर्क में आए और साम्यवाद के पोषक बन गए। जयप्रकाश नारायण ने अपने आरंभिक जीवन में मार्क्सवाद का गहन अध्ययन किया और आर्थिक समानता और शोषणमुक्त समाज की कल्पना सदैव करते रहे।

यद्यपि जयप्रकाश नारायण आत्म-अभिव्यक्ति तथा आत्म-स्वतन्त्रता को एक महत्त्वपूर्ण मूल्य मानते हैं, किन्तु मार्क्सवाद के प्रभाव के कारण समानता और शोषण विहीन समाज का लक्ष्य सर्वोपरि मानते हैं। मेरी भी मान्यता है कि राजनीतिक एवं आत्माभिव्यक्ति की स्वतन्त्रता पर्याप्त नहीं है। राजनीतिक स्वतन्त्रता के साथ-साथ आर्थिक स्वतन्त्रता भी अतिआवश्यक है। शोषण और गरीबी रो मुक्ति भी राजनीतिक स्वतन्त्रता के साथ जुड़ी होनी चाहिए।

जयप्रकाश नारायण का चिन्तन मार्क्सवाद एवं गाँधीवाद का अनूठा समन्वय है। मार्क्सवाद की आर्थिक संरचना और गाँधीवाद की नैतिकता का समन्वय जयप्रकाश नारायण के चिन्तन में मिलता है। मार्क्सवाद एवं गाँधीवाद के समन्वय से एक अनूठा दर्शन उत्पन्न हुआ जिसे हम लोकतान्त्रिक समाजवादी दर्शन की संज्ञा दे सकते हैं। लोकतान्त्रिक समाजवाद की मान्यता है शोषण विहीन समाज की संरचना करना। जयप्रकाश नारायण के चिन्तन को हम कई नाम दे सकते हैं जैसे–सर्वोदय दर्शन या संपूर्ण क्रांति का दर्शन या लोकतान्त्रिक समाजवाद का दर्शन। लोकतान्त्रिक समाजवाद एक ऐसे समाज की कल्पना करता है जहाँ शोषणविहीन समाज की स्थापना हो। जयप्रकाश नारायण के समाजवाद को कोई भी संज्ञा दें या न दें, इसमें लेशमात्र भी सन्देह नहीं है कि हम सभी एक ऐसे समाज का निर्माण करना चाहते हैं जिसमें शोषण न हो, जिसमें आर्थिक एवं सामाजिक समानता हो, जिसमें सबके लिए स्वतन्त्रता और सबका कल्याण हो।

1936 में प्रकाशित उनकी पुस्तक 'ह्वाइ सोशलिज्म' में जयप्रकाश नारायण मार्क्सवादी सिद्धान्त के करीब दिखते हैं। जयप्रकाश नारायण स्पष्ट शब्दों में कहते हैं कि समाजवाद का केवल एक रूप है, एक सिद्धान्त है और वह मार्क्सवाद है। समाजवाद सामाजिक निर्माण की एक पद्धति है। आदर्शवादियों का कोई समूह बिना सत्ता हस्तगत किए यदि समाजवाद का निर्माण करना चाहे तो नहीं कर सकता। कोई भी सत्तारूढ़ समाजवादी दल समाजवाद का निर्माण सदैव कर सकता है, यदि उनके पास दो वस्तुएँ हों–प्रतिरोध को कुचलने के लिए बल प्रयोग की पर्याप्त शक्ति और विरोध से निपटने

के लिए पर्याप्त लोक-समर्थन। आर्थिक विषमता का मूल कारण यह है कि कुछ लोगों ने अपने लाभ के लिए प्रकृति-प्रदत्त साधनों तथा उत्पादन के साधनों पर वैयक्तिक स्वामित्व स्थापित कर लिया है। यदि आर्थिक विषमताओं का निवारण करना है, तो उत्पादन के साधनों पर से व्यक्तिगत स्वामित्व को समाप्त कर उन पर संपूर्ण समुदाय का स्वामित्व स्थापित किया जाए।

कुछ आलोचकों का मत है कि भारत जैसे देश में 'लोकतान्त्रिक समाजवाद' की स्थापना एक कपोल कल्पना है। 'लोकतन्त्र' एवं 'समाजवाद' दोनों के सम्मिलित रूप को हम लोकतान्त्रिक समाजवाद कहते हैं। भारत एक ऐसा देश है जहाँ के लोग लोकतान्त्रिक मूल्यों एवं समाजवादी दृष्टिकोण रखते हैं। इस कारण भारतवर्ष में 'लोकतान्त्रिक समाजवाद' की स्थापना की जा सकती है। मार्क्स का साम्यवाद और उसकी परिणति राज्यविहीन समाज की स्थापना एक कपोल कल्पना है। कार्ल पॉपर ने मार्क्स को एक 'गल्प पैगम्बर' की संज्ञा दी है। पॉपर की प्रसिद्ध पुस्तक 'द ओपेन सोसाइटी एण्ड इट्स एनिमिज' में कार्ल मार्क्स को एक गल्प पैगम्बर कहा गया है, क्योंकि मार्क्स की भविष्यवाणी सच नहीं निकली। रूस में साम्यवाद के उत्थान एवं उसके पतन के इतिहास के अवलोकन के बाद हम इस निष्कर्ष पर पहुँचते हैं कि मार्क्स सचमुच एक 'गल्प पैगम्बर' है क्योंकि न तो साम्यवाद की स्थापना हुई, न तो वर्गहीन समाज की बात सच हुई और न तो राज्यविहीन समाज की स्थापना सम्भव है। उसकी भविष्यवाणी असत्य निकली। इस कारण कार्ल पॉपर ने उन्हें गल्प पैगम्बर कहा है।

यहाँ जयप्रकाश नारायण के 'लोकतान्त्रिक समाजवाद' की तुलना मार्क्स के 'वैज्ञानिक समाजवाद' से करना प्रासंगिक प्रतीत होता है। उत्तर-आधुनिकतावाद 'वैज्ञानिक समाजवाद' के अवसान की बात करता है। जापानी मूल के अमेरिकन विद्वान फ्रांसिस फूक्यामा ने अपनी पुस्तक 'द एण्ड ऑफ हिस्ट्री एण्ड द लास्ट मैन' में मार्क्सवाद एवं इतिहास के अवसान की घोषणा करते हुए 'उदारवादी लोकतंत्र' के अभ्युदय एवं विकास की बात की है। एम. एन. राय एवं जयप्रकाश नारायण ने भी साम्यवाद से अपना नाता तोड़ते हुए समजावाद को अंगीकार किया है और उसके साथ 'टोटेलिटेरियनिज्म' के स्थान पर लोकतान्त्रिक मूल्यों की स्थापना की है। अब हम इस आलेख में यह दर्शाना चाहते हैं कि जयप्रकाश नारायण के 'लोकतान्त्रिक समाजवाद' की दिशा किया है और उसका स्वरूप क्या होगा?

कार्ल मार्क्स सर्वहारा के अधिनायकतन्त्र की बात करते हैं तो दूसरी तरफ जयप्रकाश नारायण लोकतान्त्रिक समाजवाद की बात करते हैं। मार्क्स समाजवाद के भौतिकवादी तथा आर्थिक पक्ष पर बल देते हैं। दूसरी तरफ जयप्रकाश नारायण लोकहित की बात करते हैं। मार्क्स खूनी क्रांति पर बल देते हैं, जयप्रकाश नारायण गाँधी के सविनय अवज्ञा एवं सत्याग्रह की बात करते हैं। इन सारे मतभेदों के उपरान्त दोनों में एक समानता है और वह यह कि मार्क्स और जयप्रकाश नारायण दोनों ने शोषण को एक अभिशाप माना है। दोनों ने समानता को एक मूल्य माना है। मार्क्स और जयप्रकाश नारायण दोनों दलित एवं शोषित वर्ग के उत्थान के लिए कटिबद्ध हैं।

जयप्रकाश नारायण मार्क्स के अनन्य प्रशंसक हैं, किन्तु वे दृष्टिहीन नहीं। जयप्रकाश नारायण की पुस्तक 'समाजवाद और लोकतन्त्र' की भूमिका लिखते हुए डॉ. बिमल प्रसाद कहते हैं, ''वास्तव में मार्क्सवाद को नहीं छोड़ते हुए भी, अब उन्होंने अपने दर्शन को, तीसरी दशाब्दि की भाँति मार्क्सवाद न कहकर लोकतान्त्रिक समाजवाद कहना शुरू किया।''

अमेरिका में जयप्रकाश नारायण मार्क्सवाद के समर्थक थे तथा मानवेन्द्र नाथ राय के प्रभाव में रहे। अपनी पुस्तक 'समाजवाद क्यों?' में उन्होंने गाँधी की आलोचना करते हुए मार्क्स के दर्शन के प्रति सहानुभूति दिखाई है। बाद में, गाँधी के सान्निध्य में आने पर उनके विचारों में परिवर्तन हुए। अमेरिका से भारत लौटकर आने के बाद ही भारतीय साम्यवादी दल से जयप्रकाश नारायण का मतभेद हो गया। भारतीय साम्यवादी दल की दोहरी चाल तथा उसके मार्क्सवाद के बारे में अधकचरे ज्ञान से जयप्रकाश नारायण का समझौता संभव नहीं था। जब महात्मा गाँधी ने 1929 में नमक-सत्याग्रह आरंभ किया था तो सारे बिहार की ही जनता नहीं बल्कि भारतवर्ष की जनता भी आंदोलन से जुड़ गई थी, इस समय भी भारतीय साम्यवादी दल का कहीं जन-आंदोलन से कोई संबंध न था। साम्यवादियों ने नमक सत्याग्रह जैसे राष्ट्रीय आंदोलन की भर्त्सना की थी तथा गाँधी को 'बुर्जुआ' करार दिया था। ठीक उसी तरह जब जयप्रकाश नारायण ने 1974 में लोकतान्त्रिक मूल्यों की स्थापना के लिए 'संपूर्ण क्रांति' का आह्वान किया तो भारतीय साम्यवादी दल ने उन्हें प्रतिक्रियावादी

एवं 'फासिस्ट' करार दिया। 1974 के आंदोलन का विरोध भारतीय कम्युनिस्ट पार्टी ने किया था। लेनिन की मान्यता है कि उपनिवेशवाद पूँजीवाद का उच्चतम बिन्दु है। किन्तु गाँधी ने स्वतन्त्रता का आंदोलन छेड़ा था तो उस समय साम्यवादी दल लेनिन के आदर्श को ताक पर रख कामिन्टर्न की नीतियों को अन्तर्राष्ट्रीय परिप्रेक्ष्य में पोषण कर रहा था। जयप्रकाश नारायण के मन में एक प्रश्न उठा कि वह व्यक्ति या संस्था सच्चा मार्क्सवादी कैसे हो सकता है जो उपनिवेशवाद से मुक्ति के संग्राम को गलत कहता है। इस प्रकार जयप्रकाश नारायण मार्क्स दर्शन के प्रति सहानुभूति रखते हुए भी साम्यवादी दल के प्रति सहानुभूतिपूर्ण रुख नहीं अपना सके।

वस्तुतः मार्क्स के मौलिक पहलुओं को विश्व के बदलते हुए तेज राजनीतिक, सामाजिक, सांस्कृतिक परिप्रेक्ष्य में जयप्रकाश नारायण ने परीक्षण किया। उन्होंने मार्क्सवाद पर गम्भीर प्रश्नचिह्न लगाया। क्या मार्क्सवाद-लेनिनवाद सामाजिक क्रांति का सबसे अच्छा मार्ग है? क्या आवश्यकता है हिंसक क्रांति की? क्या लोकतान्त्रिक रूप से सामाजिक परिवर्तन सम्भव है? क्या पवित्र लक्ष्य के लिए अपवित्र साधन की मान्यता दी जा सकती है? ऐसे ही प्रश्नों को लेकर जयप्रकाश नारायण मार्क्सवाद-लेनिनवाद से अपने को भिन्न पाते हैं। उनका मत है कि वहाँ समाजवाद कैसे आ सकता है जहाँ लोकतान्त्रिक स्वतन्त्रता नहीं है। तार्किक रूप में सर्वहारा के अधिनायकतन्त्र को जयप्रकाश नारायण ने नकार दिया। लोकतन्त्र के बिना कोई समाजवाद नहीं हो सकता। सर्वहारा के अधिनायकवाद के लिए कोई स्थान केवल संक्रमणकाल में हो सकता है। संक्रमणकाल में भी 'अधिनायकवाद' को स्वीकारना सम्भव नहीं लगता है। इसके अलावा मार्क्सवादी सिद्धान्तों में सर्वहारा के अधिनायकवाद का अर्थ एक ही दल का अधिनायकवाद नहीं है जैसा कि हम रूस में पाते हैं। यह सर्वहारा का अधिनायकतंत्र जिसकी मार्क्स ने चर्चा की है एक पवित्र अवधारणा नहीं है। यह पवित्र अवधारणा इसलिए नहीं है, क्योंकि इसमें अधिनायकवाद जुड़ा है और अधिनायकवाद किसी का भी क्यों न हो एक अपवित्र अवधारणा है। पुनः अधिनायकवाद जिसकी चर्चा मार्क्स ने की है—न तो रूस में पाया जाता है और न चीन में। सच पूछा जाय तो सर्वहारा का अधिनायकवाद अंततोगत्वा एक दल के नेताओं का अधिनायकवाद बन कर रह जाता है। जयप्रकाश नारायण ने अपनी पुस्तक 'समाजवाद से सर्वोदय की ओर' में लिखा है कि ''रूसी क्रांति एक जन-क्रांति के रूप में आरंभ हुई थी जिसे जारशाही रूस की जनता का सक्रिय समर्थन प्राप्त था, किन्तु जब लेनिन ने संविधान सभा को जिसमें वह एक बड़े अल्पमत में था, बलपूर्वक भंग कर दिया और विद्रोही सिपाहियों तथा शहरी मजदूर की सहायता से सत्ता पर कब्जा कर लिया, तो उसने इस जन-क्रांति को अल्पसंख्यकों की क्रांति में बदल डाला। क्रांति के बाद वाली असफलता और समाजवाद की विकृति मेरे ख्याल में एक अल्पमत के द्वारा बलपूर्वक सत्ता अपहरण के प्रत्यक्ष परिणाम थे।''

जयप्रकाश नारायण इस निष्कर्ष पर पहुँचते हैं कि कोई भी क्रांति, जिसमें जनता को जनतान्त्रिक अधिकार से वंचित कर दिया जाता है तथा लोक-कल्याण की भावना से नहीं, बल्कि शक्ति और सत्तालोलुपता के छल-छद्म से भरी रहती है। उग्र क्रांति भी बिना जनता के समर्थन के नहीं चलाई जा सकती है। कोई भी क्रांतिकारी सरकार को आम जनता का पूर्व समर्थन लेना पड़ेगा। जयप्रकाश नारायण के अनुसार बिना लोक-समर्थन के कोई भी क्रांति उग्र या शान्त, हिंसात्मक या अहिंसात्मक, सामाजिक या राजनीतिक सम्भव नहीं है। कोई भी दल यदि दम्भ भरता है कि 'कैडर' के आधार पर क्रांति ला देगा तो वह गलत है। लोक-समर्थन आवश्यक है। उदाहरण के लिए, नक्सलपंथी उग्रवादियों की विफलता का एक कारण यह भी है कि उन्हें जनता का समर्थन प्राप्त नहीं है। मेरी मान्यता है कि सच्चा समाजवाद किसी भी तरह के अधिनायकवाद को प्रश्रय नहीं दे सकता है, चाहे वह सर्वहारा का अधिनायकवाद ही क्यों न हो।

रूस के समाजवाद के अनुभव के आधार पर जयप्रकाश नारायण इस निष्कर्ष पर आए हैं कि सच्चा समाजवाद 'पूँजीवाद का निषेध' मात्र नहीं है। समाजवाद केवल पूँजीवाद का विरोध नहीं है। उद्योगों का राष्ट्रीयकरण और कृषि का समूहीकरण समाजवादी अर्थ-रचना के महत्त्वपूर्ण पहलू हैं, पर वे अपने आप में समाजवाद नहीं हैं। समाजवाद के अन्तर्गत मानव का मानव के द्वारा शोषण नहीं होगा। समाजवाद में अन्याय और उत्पीड़न नहीं होगा, असुरक्षा की भावना नहीं रहेगी। समाजवाद के अन्तर्गत असमानता नहीं होगी। उसके अन्तर्गत सम्पत्ति एवं सेवाओं तथा अवसरों का समान वितरण होगा। आजकल वैज्ञानिक समाजवाद के समर्थक सिर्फ पूँजीवाद के निषेध को ही समाजवाद समझते हैं। पूँजीवाद के निषेध से ही उनके समाजवाद की कल्पना पूरी हो जाती है। क्या वैसा समाजवाद जो वर्ग-संघर्ष के फलस्वरूप प्राप्त

होगा पवित्र समाजवाद कहलाएगा? वर्ग-संघर्ष का सिद्धान्त तो घृणा पर आधारित है। एक वर्ग दूसरे से घोर घृणा करता है। पारस्परिक घृणावृत्ति एवं रक्तबीज से निकला हुआ समाजवाद चाहे कितना ही वैज्ञानिक क्यों न हो, जयप्रकाश नारायण जैसे मानवतावादी चिन्तक को मान्य नहीं हो सकता। जयप्रकाश नारायण ने कहा है : "सोवियत रूस से हम लोग स्वतन्त्रता का ही सिर्फ लोप नहीं पाते हैं बल्कि वहाँ सामाजिक न्याय और समता का भी अभाव पाया जाता है। वहाँ पर एक नया बुर्जुआ वर्ग उभर कर आया है जो सत्ताधारी दल के वरिष्ठ सदस्य हैं। यह तो दल तथा सत्ताधारी वर्ग के द्वारा नए प्रकार का शोषण है। यदि ऐसी स्थिति है तो वहाँ समाजवाद का सिर्फ अभाव ही नहीं, बल्कि उसे सर्वथा नकार भी दिया गया है।" जयप्रकाश नारायण की बात छोड़ दें, यदि मार्क्स जिन्दा होता तो स्टालिन की तानाशाही को देखकर मार्क्स खुद बगावत कर बैठता उस समाजवाद के खिलाफ, जो स्टालिन ने लेनिन के निर्देशानुसार स्थापित किया था, किन्तु इसका अर्थ यह नहीं है कि लेनिन तथा स्टालिन के कृत्यों के आधार पर हम समाजवाद को नकार दें। लेनिन तथा स्टालिन की तानाशाही समाजवाद पर कलंक नहीं, बल्कि उस राजनीतिक संरचना पर कलंक है, जिसमें राजनीतिक दल को इतना अधिक महत्त्वपूर्ण एवं शक्तिशाली माना गया है। जहाँ दलशक्ति के आधार पर सब कुछ चलता है वहाँ दल के कुछ प्रमुख लोग सब जगह छाए रहते हैं। समाजवाद का विचार तथा मार्क्स का सिद्धान्त बहुत अर्थों में ठीक है परन्तु शक्ति की राजनीति ने उसे कलुषित बना दिया।

जयप्रकाश नारायण को साम्यवाद से गहरा मतभेद साध्य और साधन के सबंध को लेकर भी हुआ है। जयप्रकाश नारायण अच्छे साधन की उपयोगिता मानते हैं। जयप्रकाश नारायण का मत है : "रूस में निर्मित साधनों से निंदित साध्यों की निष्पत्ति हुई खासतौर से जब अपने विरोधी नेताओं को खत्म करने की प्रक्रिया चल रही थी, उसी बीच भयंकर से भयंकर जुर्म करने के लिए घृणित साधनों का उपयोग किया गया, उनसे मार्क्सवादी क्रांतिकारी नीति के विरुद्ध मेरा मन बगावत कर उठा और मैं यह सोचने के लिए विवश हो गया कि क्या बुरे साधनों से कभी भी शुद्ध साध्यों की प्राप्ति हो सकती है।" उनका मत हिंसात्मक क्रांतिकारियों से मेल नहीं खाता। जयप्रकाश नारायण ने महात्मा गाँधी के सत्याग्रह को अपने आंदोलन का अस्त्र बनाया। गाँधी की तरह जयप्रकाश नारायण का भी मत है कि पुनीत साध्य के लिए पुनीत साधन वांछनीय है। चेस्टर बावेल्स ने अपनी राजदूतीय अभिज्ञप्ति में कहा है, "क्रांति की विधि में यह कैसा विरोध है? जबकि माओत्सेतुंग चीन में गृहयुद्ध के लिए हथियार एकत्रित कर रहे थे, गाँधी भारत में चर्खा कात रहे थे। जब बोल्शेविक रूस में जार तथा उनके परिवार की हत्या कर रहे थे, उस समय गाँधी पूँजीपतियों को स्वेच्छा से अपनी सम्पत्ति दान करने का आह्वान कर रहे थे।"

जयप्रकाश नारायण ने कार्ल मार्क्स की इस मान्यता को नकार दिया कि सब कुछ आर्थिक विषमता के कारण होता है। क्या हम समाज को दो विभागों में बाँट कर वर्ग-संघर्ष पर आश्रित रह सकते हैं—मैं ऐसा नहीं मानता। जयप्रकाश नारायण का विचार है कि मार्क्स ने मानव को उसकी संपूर्णता एवं समग्रता में समझने की कोशिश ही नहीं की। जयप्रकाश नारायण का कहना है कि मानव मात्र आर्थिक प्राणी नहीं है, बल्कि वह मूलतः एक मूल्य चेतन प्राणी है। नैतिक मूल्यों की चेतना जयप्रकाश नारायण को मार्क्स के वर्ग-संघर्ष जैसे लुभावने नारों से ऊपर उठाती है। वर्ग-संघर्ष में मानवीय मूल्यों का तथा उसकी नैतिक चेतना का ह्रास हो जाता है। फिर, आज की बदलती परिस्थिति में वर्ग-विभाजन भी तेजी से टूट रहा है। भारतवर्ष को ही लें, यहाँ जितने भी वामपंथी दल चाहे वह भारतीय साम्यवादी दल हो या मार्क्सवादी दल हो या मार्क्सिस्ट-लेनिनिस्ट दल हो, नक्सलवादी हो सभी का नेतृत्व किन लोगों के हाथ में है। सभी नेतागण सम्भ्रान्त एवं आभिजात्य वर्ग से आते हैं। वर्ग-विभाजन टूट रहा है। मध्यवर्ग का अभ्युदय वर्ग-विभाजन के सिद्धान्त को चुनौती दे रहा है। दक्षिण पंथी राजनीतिक दलों में भी मजदूर, गरीब किसान और निम्नवर्ग के लोग सदस्य हैं। इसलिए गाँधी ने कहा था कि "मेरे लिए वर्ग-संघर्ष वांछनीय नहीं जान पड़ता है।"

गाँधी एक समाजवादी चिन्तक थे। उन्होंने कहा था कि वर्ग-संघर्ष से हमें बचना चाहिए। सामन्त जमींदार एवं पूँजीपतियों को परिवर्तित किया जा सकता है। मैकाइवर का मत है कि जब जनतन्त्र की विजय होती है तो दल तथा वर्ग से हम ऊपर उठ जाते हैं। सदस्यता के आधार पर देखा जाय तो भारतीय जनता पार्टी या काँग्रेस पार्टी या कम्युनिस्ट पार्टी सभी में गरीब-किसान, मजदूर कर्मचारी सदस्य हैं। मानवेन्द्रनाथ राय ने इस बात की ओर ध्यान आकर्षित किया

था कि मध्यवर्गीय जनता की किसी जनतान्त्रिक व्यवस्था में काफी अहम भूमिका होती है। उनकी मान्यता है कि मार्क्स की कल्पना के विरुद्ध मध्यवर्गीय समाज बढ़ा है, न कि समाप्त हुआ है। मार्क्स की भविष्यवाणी कि समाज दो वर्गों में विभाजित हो जाएगा, गलत साबित हुई है। इस तरह सत्ता पर सर्वहारा दल का कब्जा होगा, यह नकार दिया गया है।

कुछ लोगों ने लोकतान्त्रिक समाजवाद की आलोचना की है। आलोचकों का कहना है कि समाजवाद की गहरी लालिमा को लोकतान्त्रिक कहकर गुलाबी बना दिया गया है। इन आलोचकों ने समाजवाद का अर्थ केवल एक आर्थिक संरचना समझा है और केवल हिंसक क्रांति से ही समाजवाद कायम हो सकता है। समाजवाद का अर्थ आर्थिक संरचना में परिवर्तन तक सीमित न कर जयप्रकाश जी ने पूरे जीवन के मूल्य परिवर्तन से समझा है। हिंसा के माध्यम से क्रांतिकारी परिवर्तन की कल्पना उचित नहीं प्रतीत होती है। उदाहरण के लिए तेलंगाना में इतना खून-खराबा हुआ, फिर भी एक एकड़ जमीन तक किसी को नहीं मिली। नक्सलवादी आंदोलन के फलस्वरूप इतनी हत्याएँ हुईं, फिर भी किसी के हाथ में जमीन नहीं आई। आज कई वर्षों से खूनी क्रांति के स्वप्न द्वारा भारत के माओवादी संगठन ने कुछ भी तो नहीं किया। जयप्रकाश नारायण का कहना है कि, ''क्या समाजवाद मात्र रोजी-रोटी की समस्याओं का समाधान है? क्या इसका एकमात्र संदर्भ आर्थिक है? मैं ऐसा नहीं मानता। मैंने कार्ल मार्क्स को पढ़ा है। मार्क्स ने कहा कि समाजवाद में ही केवल जनता की सच्ची स्वतन्त्रता प्राप्त हो सकती है। लोकतान्त्रिक समाजवाद हमारे जीवन का लक्ष्य है, यह जीवन का दर्शन है।'' समाजवाद की दो शर्तें हैं। एक शोषण की गुंजाइश से रहित आर्थिक संरचना और दूसरी विषमताओं का सर्वथा अभाव। सच्चा लोकतन्त्र तो वही होगा जो सभी को आर्थिक दृष्टि से समानता, विकास के लिए समान अवसर प्रदान करे। इस तरह से लोकतन्त्र का भविष्य सच्चे समाजवाद की स्थापना में है तथा सच्चा समाजवाद भी जनतांत्रिक मूल्यों पर आधारित हो सकता है।

कुछ लोग लोकतन्त्र की आलोचना करते हुए कहते हैं कि शोषित तथा लाखों भूखे व्यक्तियों के लिए लोकतंत्र नहीं है। उन लोगों की एक ही भूख होती है—रोटी की भूख, कपड़े की आवश्यकता और सर छिपाने के लिए एक छत। लोकतन्त्र की सारी बातें खोखली हैं। यदि भोजन, कपड़ा और मकान की व्यवस्था नहीं हो पाती तो लोकतान्त्रिक समाजवादी व्यवस्था पर प्रश्नचिह्न लगाया जा सकता है। जयप्रकाश नारायण का विचार है कि 'लोकतान्त्रिक समाजवाद' पर इस तरह के आरोप लोकतन्त्र एवं समाजवाद दोनों के अर्थ को नहीं समझने के कारण ही लगाया जाता है। जयप्रकाश नारायण ने स्पष्ट कहा कि उनका उनलोगों के मध्य में कोई स्थान नहीं है जो समाजवाद का ऐसा अर्थ समझते हैं तथा उसकी व्याख्या इस प्रकार करते हैं।

मार्क्सवाद का मत है कि लोकतन्त्र बुर्जुआ वर्ग का हितचिन्तक है। जनता पर अधिकार पूँजीपति का रहता है और लोकतान्त्रिक चुनाव-प्रक्रिया में धन का बहुत बड़ा हाथ होता है। इसलिए लोकतन्त्र पूँजीपतियों के हित का चिन्तक है। इस तरह मार्क्सवादियों ने लोकतन्त्र की कटु आलोचना की है। किन्तु यह आलोचना तो एक पूर्वकल्पना पर आधारित है। वह है सरकार चलाने वाले सभी लोगों को पूँजीपतियों का समर्थन एवं बुर्जुआ समाज का शुभचिन्तक मान लिया गया है। किन्तु ऐसी बात नहीं है। दूसरी बात है कि मार्क्स सदा सरकार को एक वर्ग-विशेष का हितचिंतक मान लेता है। कम्युनिज्म में सर्वहारा वर्ग की हितचिन्तक सरकार होगी और शुभचिन्तक लोकतन्त्र में वह पूँजीपतियों की होगी परन्तु सरकार को तो वर्ग हित की बात न सोचकर लोकहित की बातें सोचनी चाहिए। 'लोकतान्त्रिक समाजवाद' में वर्गहित की भर्त्सना की गई है तथा लोक-कल्याण की चर्चा की गई है। स्पष्ट है कि जयप्रकाश नारायण को लोकतन्त्र एवं समाजवाद दोनों बहुत प्रिय हैं। उन्होंने स्वतन्त्रता एवं सम्मान को रोटी के टुकड़े से अधिक महत्त्वपूर्ण माना है। इसलिए उन्होंने राजनीतिक संघर्ष को एक नया आदर्शवादी आयाम दिया तथा भारत के सभी विरोधी दलों को एक साथ बाँधने का अथक प्रयास किया। जयप्रकाश नारायण लोकतंत्र के जीवित मसीहा माने जाते हैं जो इंदिरा गाँधी के तानाशाही शिकंजे से भारत को मुक्त करने के लिए स्वतंत्र भारत में पुलिस की लाठी से भी आहत हुए। जेल की अकथनीय यातना को सहा। जयप्रकाश नारायण ने अपनी जेल डायरी में लिखा, ''भारतीय प्रजातंत्र की ताबूत में जड़ी जानेवाली हर कील मानों मेरे हृदय पर जड़ी जा रही है। मैंने खूब अपने हृदय में विचार किया है और मैं कह सकता हूँ कि अब मुझे जीने का मोह नहीं रह गया। क्या प्रजातन्त्र के गले पर कसता हुआ यह मौत का शिकंजा है, जिसके कारण मेरा

हृदय रोता है? क्या हम इसी दिन के लिए लड़े थे, इसी दिन के लिए हमने जीवन भर कशमकश की थी।''

भारत के लोकतंत्र में 'लोक' दबा पड़ा कराहता रहा। 'तन्त्र' सीने पर सवार हो गया। गणराज्य में 'राज्य' रह गया था 'गण' कहीं नहीं। जयप्रकाश नारायण ने जनता का आह्वान किया। जनता को अपनी लड़ाई आप लड़नी होगी। प्रश्न व्यक्ति या दल का नहीं। भ्रष्टाचार, महँगाई, बेरोजगारी, शिक्षण आदि सवालों की जड़ें पूरी व्यवस्था में घुसी हुई हैं। उसे बदलना है। जीवन का नैतिक स्तर उठाना है। नया देश, नया समाज बनाना है। जयप्रकाश नारायण के संपूर्ण क्रांति का सपना आज चकनाचूर हो चुका है। संपूर्ण-क्रांति की मान्यता थी कि सरकार बदलने से समाज नहीं बदलता। 'लोकतान्त्रिक समाजवाद' की स्थापना के लिए पूरी भ्रष्ट व्यवस्था को बदला जाना चाहिए।

भारत की राजनीति लोकतन्त्र की है, तानाशाही की नहीं, चाहे वह तानाशाही किसी एक व्यक्ति की हो या वह तथाकथित श्रमिकों की तानाशाही हो। लोकतंत्र एवं समाजवाद सत्तावाद तक सिमट गया। 'लोक' के लिए इतना ही रह गया कि पाँच साल में एक बार वोट डाल दे, और नेताओं को सत्ता का खेल खेलने के लिए खुला छोड़ दें। लोकतन्त्र का भविष्य लोकसत्ता से जुड़ा है। लोकतन्त्र के भविष्य के दो पहलू हैं—एक लोकनीति तथा दूसरा समाजवाद। जयप्रकाश नारायण इस बात पर बल देते हैं कि सच्चा लोकतान्त्रिक पक्ष तब उभर सकता है जब संपूर्ण क्रांति लोकतन्त्र की सतत जागरूक प्रहरी बने। लोकशक्ति पर जयप्रकाश नारायण ने विशेष बल दिया है, यदि लोकशक्ति संगठित होगी तो चुनाव निष्पक्ष एवं न्यायपूर्ण होंगे। 1974 के आंदोलन में जयप्रकाश नारायण ने 'जनता सरकार' की योजना की यही दिशा बतलाई। 'जनता सरकार' को 'जनता पार्टी' की सरकार से भिन्न जयप्रकाश नारायण ने समझा था। जनता सरकार का आधार है नैतिक लोकशक्ति जो राज्य की दंड शक्ति से भिन्न है। ऐसी स्वतन्त्र लोकशक्ति का निर्माण जनता सरकार का उद्देश्य है।

जयप्रकाश नारायण कुछ अर्थों में विश्व के सभी क्रांतिकारी नेताओं को पीछे छोड़ चुके हैं। अपनी निष्ठा और जनता की सेवा में स्वयं को समर्पित कर देने की उत्कृष्ट अभिलाषा के कारण विश्व में इतना भद्र प्रजातान्त्रिक तथा समाजवाद में आस्था रखने वाला कोई दूसरा व्यक्ति दिखलाई नहीं पड़ता। जयप्रकाश नारायण ने 'लोकतान्त्रिक समाजवाद' की स्थापना के लिए संपूर्ण क्रांति को एक कारगर विधा के रूप में प्रस्तावित किया है। स्वतन्त्रता, समता और मानवता के मूल्यों पर आधारित लोकतान्त्रिक समाज की रचना हेतु शांतिमय संघर्षों द्वारा सामाजिक परिवर्तन संपूर्ण क्रांति का मुख्य उद्देश्य है। दूसरे शब्दों में हम कह सकते हैं कि संपूर्ण क्रांति का उद्देश्य 'लोकतान्त्रिक समाजवाद' की स्थापना है।

निष्काम कर्मयोगी : जयप्रकाश

कृष्णकान्त

स्वतन्त्रता आंदोलन के मंथन के दौरान अनेक कर्मठ, निःस्वार्थी और जाज्वल्यमान नक्षत्र उभरकर सामने आए, जिन्होंने स्वतन्त्रता के पश्चात् राष्ट्र-पुनर्निर्माण में भी महत्त्वपूर्ण भूमिका निभाई। इनमें से एक श्री जयप्रकाश नारायण में अन्य विशेषताओं के साथ जन-नेतृत्व की अद्भुत प्रतिभा थी। इसी कारण उन्हें श्रद्धापूर्वक 'लोकनायक' नाम से सम्बोधित किया।

लोकनायक जयप्रकाश एक महान चिन्तक और तीक्ष्ण बौद्धिक प्रतिभा के स्वामी थे। उनके हृदय में आरम्भ से ही शोषित, दलित और पिछड़ों के लिए पीड़ा और भावनात्मक लगाव था। अमेरिका में अध्ययन के दौरान वे समाजवादी विचारधारा के सम्पर्क में आए और उन्होंने जीवनपर्यन्त जनसेवा का व्रत ले लिया। 'मेरे सपनों का भारत' निबन्ध में जयप्रकाश जी ने लिखा है–

''मेरे सपनों का भारत एक ऐसा समुदाय है, जिसमें लोगों की मानवता केन्द्र में है। वह समुदाय है, जिसमें हर एक व्यक्ति का अपनी अन्तरात्मा के अनुसार कार्य करने का अधिकार मान्य है, और सब उसका सम्मान करते हैं।''

वे एक ऐसी प्रजातान्त्रिक पद्धति के पक्षधर थे, जिसमें राजनीतिक शक्ति का अधिक-से-अधिक विकेन्द्रीकरण हो, अर्थात् सत्ता में हर देशवासी की भागीदारी हो। उन्होंने 'जेल डायरी' में 21 जुलाई, 1975 को लिखा–

''लोकतन्त्र के चहुँमुखी विकास तथा विस्तार के लिए मैं प्रयास करता रहा हूँ। इसके लिए लोकतन्त्र की प्रक्रिया में मैं पूरी तरह जनता को साथ लेकर चलने का यत्न करता रहा हूँ।''

वे एक महान क्रान्ति द्रष्टा थे। उनकी एक विशेषता, जो उनके कद को अन्य सभी राजनेताओं के कद से ऊँचा कर देती है, वह थी–पद के प्रति अनासक्ति। एक बार सन् 1953 में पंडित जवाहरलाल नेहरू ने उन्हें अपने मन्त्रिमण्डल में सम्मिलित होने के लिए आग्रह किया, लेकिन उन्होंने इनकार कर दिया। आजादी के बाद देश में उनका जो स्थान बना था, उसके कारण सत्ता का कोई भी अग्रगण्य पद उन्हें सरलता से मिल सकता था। उनको पंडित जवाहरलाल नेहरू जी का उत्तराधिकारी माना जाता था। एक के बाद एक अवसर उनके सामने आए किन्तु खुद उनसे लाभ उठाने की इच्छा उनके मन में जागी नहीं। सच बात तो यह है कि इच्छा उनके मन में कभी जागी नहीं। सच बात यह है कि जयप्रकाश ने राजनीति के संकुचित दायरे से निकलकर लोकनीति के क्षेत्र में पदार्पण किया था। तालाब से अपनी नाव को निकालकर उन्होंने समुद्र में डाल दिया था। और फिर आजीवन वे समुद्र की उत्तुंग लहरों के बीच अपनी नाव को निर्भीकतापूर्वक खेते रहे। उन्होंने अपनी 'जेल डायरी' में कविता-शैली में विचार व्यक्त करते हुए लिखा है–

इतिहास से पूछो कि वर्षों पूर्व
बन रहीं सकता प्रधानमन्त्री क्या?
किन्तु मुझ क्रान्तिशोधक के लिए
कुछ अन्य ही पथ मान्य थे, उद्दिष्ट थे,

पथ त्याग के, सेवा के, निर्माण के,
पथ संघर्ष के, सम्पूर्ण क्रान्ति के ॥

धारा के विपरीत तैरना कितने साहस और धैर्य का काम होता है, इस बात को बखूबी वही समझ सकते हैं, जो ऐसे असाध्य काम को करते हों, वह जो अपने अडिग विश्वास और चट्टानी इरादों पर हिमालय के समान सदा ही डटे रहे, चाहे कितना ही भयानक तूफान क्यों न उनके रास्ते में आए। इसी प्रकार की अजेय प्रकृति के धनी जयप्रकाश जी थे। उनका जीवन तप के प्रयोगों की एक असाधारण कहानी है।

''हद में तपे सो औलिया, बेहद तपे सो पीर।
हद-बेहद दोन्यूँ तपे, ताको नाम फकीर। ''

जयप्रकाश जी बस एक फकीर थे। उनका सारा व्यक्तित्व और कृतित्व उनकी फकीरी का आईना है।

उनके द्वारा स्वयं पर लगाई गई पाबन्दियाँ आश्चर्यजनक थीं। जिन पाबन्दियों को वे स्वयं पर लागू कर सकते थे, उन्हें ही वे जनता और नेताओं से अपने ऊपर लगाने के लिए आग्रह करते थे। उनका मानना था कि जनता से ऐसी पाबन्दी का पालन करने का आग्रह नहीं किया जा सकता, जिसका पालन नेता स्वयं न कर सके।

वे जब भाषण देते थे, तो ऐसा लगता था कि विशाल जनसमूह सम्मोहित-सा हो गया है। ऐसा इसलिए होता था कि क्योंकि उनके द्वारा कही गई सीधी-सच्ची बातें हृदय के तन्तुओं को स्पर्श करती थीं और मस्तिष्क को सोचने के लिए विवश कर देती थीं। वे ऐसी कोई बात नहीं कहते थे जिसका स्वयं पालन न कर सकें। वे बिना किसी लाग-लपेट के सच बोलते थे, सीधा-सादा, साफ-सथुरा सच, जिससे झूठ की काली सत्ता बौखला जाती थी।

कई मायनों में जयप्रकाश नारायण जी 'गाँधी जी' जैसे ही थे। हम यह कह सकते हैं कि दोनों के रचने में उस निराकार सृजक ने एक ही माटी का प्रयोग किया था। एक सार्वजनिक सभा में लोहिया जी ने अपने उद्गार व्यक्त करते हुए कहा था, समाजवादी नेताओं में केवल जयप्रकाश में जनता को हिलाने की शक्ति है। उनमें जनता को क्रान्ति के लिए जगाने की अद्भुत क्षमता है। यही क्षमता गाँधी जी में थी। गाँधी जी अगर, 'महात्मा' थे, तो विनोबा जी के अनुसार जयप्रकाश जी 'सन्त' थे। विनोबा जी ने कहा—

''हमारे आंदोलन में एक सन्त था और एक पॉलिटिशियन। सन्त जयप्रकांश थे और पॉलीटिशियन मैं।''

वे शून्याभिमुखी अपरिग्रही थे और सैद्धान्तिक संघर्ष में विश्वास करते थे। प्रजातन्त्र में उनकी अगाध आस्था थी और व्यक्ति की आजादी के पक्षधर थे। उनका कहना था कि प्रजातन्त्र में विरोधी पक्ष का अधिकार उतना ही है, जितना कि सरकार का। दोनों एक-दूसरे के पूरक हैं, जिससे प्रजातन्त्र प्रतिष्ठित और मजबूत होता है।

जयप्रकाश जी की एक विशेषता थी—अहिंसा के प्रति उनकी टूटट आस्था। अहिंसा के प्रति आग्रह का भाव हमारी लोक-चेतना में समाया हुआ है। इसी चेतना को बापू ने एक राजनीतिक शक्ति के रूप में परिवर्तित कर दिया था, और इसी को जयप्रकाश जी ने अपनी 'सम्पूर्ण क्रान्ति' का सारथी बनाया था। अहिंसा उनकी राजनीति का केन्द्र बिन्दु थी। एक अहिंसा आंदोलन को नेतृत्व प्रदान करना, हिंसा आंदोलन को नेतृत्व प्रदान करने से कहीं ज्यादा मुश्किल है, क्योंकि कोई भी एक व्यक्ति पूरे महासंग्राम को लांछित कर सकता है। उन्होंने 'तरुण क्रान्ति' के 4 अक्तूबर, 1977 के अंक में लिखा था।

''मेरा अपना पक्का विचार है कि सामाजिक और आर्थिक समानता का संघर्ष शान्तिमय ही होना चाहिए।...मैं मानता हूँ कि वर्ग-संघर्ष में हिंसा को दूर रखा जा सकता है। वह शान्तिमय संघर्ष के रूप में असहयोग के रूप में, और सत्याग्रह के रूप में हो सकता है।''

एक दृश्य का उल्लेख करना चाहूँगा, सन् 1974 अप्रैल महीना...पटना का गाँधी मैदान...विराट सभा...पाँच लाख मानवों का महासागर...घायल लहू सने कपड़े पहने दो नौजवानों ने अचानक मंच पर पहुँचकर जयप्रकाश जी से कहा, ''इस अत्याचार के बारे में हमें सभा के सामने कुछ कहना है।'' परिस्थिति को बेकाबू होने से बचाने के लिए जयप्रकाश जी ने सुझाया, ''क्या आप यह महसूस नहीं करते कि आप अपनी बात यहाँ कहें, उससे अधिक अच्छे ढंग से

जे. पी. आपकी बात को सभा के सामने रख सकेंगे।'' जयप्रकाश ने क्या किया? सभा को तीन-तीन बार वचन देने के लिए विवश किया। ''सभा समाप्त होने पर यहाँ से लौटते समय कोई कहीं, किसी जगह का नुकसान नहीं करेंगे। ...हमला चाहे कितना होगा, हाथ हमारा नहीं उठेगा, नहीं उठेगा।'' दूसरे दिन गफूर-सरकार ने मन्त्रिमण्डल की बैठक में प्रस्ताव करके सार्वजनिक रूप से आभार माना। कहा गया, ''अगर जे. पी. न होते तो आज पटना शहर आग की लपटों में जल रहा होता।'' जे. पी. की वजह से इतना बड़ा मानव समूह बिना बेकाबू हुए बिखर सकता था। अगर जनतन्त्र को कायम रखना है, तो सामाजिक क्रान्ति के अहिंसक होने के बारे में उन्होंने यहाँ तक कहा था कि, ''हिंसा से मिलता हो, तो मुझे स्वराज्य भी नहीं चाहिए।'' उन्होंने अपनी जेल डायरी में लिखा है : ''Disorder and violence do not go with democracy''–हिंसा और अव्यस्था का जनतन्त्र के साथ मेल नहीं है।

मैं आज भी सोचता हूँ कि जयप्रकाश जी में ऐसा क्या था, कौन-सी प्रतिभा थी, कौन-सी शक्ति थी, जिसके बल पर वे तत्कालीन आवेशित, क्षोभित और उग्र जनान्दोलन को अहिंसामुखी बना सके? एक महान नेता की यही कसौटी होती है कि वह अपने अनुयायियों में अपने विचारों को रोपित कर अपना प्रतिरूप बना दे। जयप्रकाश जी में दिव्यता थी, जिसकी ज्योति के संस्पर्श से साधारण व्यक्ति भी असाधारण बन जाता था।

अहिंसा के इस मसीहा के आह्वान पर चंबल घाटी में, हिंसा का पर्याय बन चुके, दुर्दान्त डाकुओं ने हिंसा-मार्ग त्याग कर, उनके चरणों में अस्त्र डालकर आत्मसमर्पण कर दिया था। डाकुओं के आत्मसमर्पण की घटना पर 'टाइम' मैगजीन के प्रतिनिधि ने अपनी रिपोर्टिंग में लिखा था–

''एक जमाने में हमारे देश के लोग मानते थे कि गाँधी का अहिंसा का रास्ता अव्यावहारिक है। लेकिन अब हमारे देश के भी लोग यह समझने लगे हैं कि अहिंसा का कदम अव्यावहारिक वस्तु नहीं है।''

इस प्रकार बार-बार की बातचीत के फलस्वरूप जयप्रकाश जी भारत सरकार और हमारी नागा जन-जातियों से यह कबूलवाने में सफल रहे कि नागा हथियारों का सहारा नहीं लेंगे और आपस की बातचीत शान्तिपूर्ण साधनों द्वारा ही समस्याओं के हल ढूँढ़ेंगे। यह क्षण थे, हिंसा पर अहिंसा की विजय के और इसके मूल स्रोत थे, ज्योतिपुंज जयप्रकाश।

जयप्रकाश जी के लिए 'क्रान्ति' शब्द विशेष मायने रखता था। 5 जून, 1974 को पटना के गाँधी मैदान में उन्होंने पहली बार 'सम्पूर्ण क्रान्ति' का आह्वान किया। इस क्रान्ति का उद्देश्य था, भारतीय संविधान के तत्त्वों को पूर्ण रूप देना, भारतीय लोकतन्त्र को मजबूत आधार प्रदान करना, सही मायने में जनता के राज्य की स्थापना करना, समाज से अन्याय, शोषण आदि का अन्त करना तथा नैतिक और सांस्कृतिक क्रान्ति करके एक नए भारत का सृजन करना। 'सम्पूर्ण क्रान्ति' में सात क्रान्तियों का मिश्रण था, सामाजिक, आर्थिक, राजनीतिक, सांस्कृतिक, सैद्धान्तिक, बौद्धिक, शैक्षणिक और नैतिक। जयप्रकाश जी राजनीति और समाज में नैतिक मूल्यों को बहुत महत्त्व देते थे। वे जीवन-भर भारत की जनता को स्पर्श करने वाली समस्याओं को लेकर उनके साथ जूझते रहे। मीति-आधारित राजनीति और जीवन के प्रति उनका अगाध विश्वास था। जनता के लिए वे प्रेरणा उत्स थे। उन्होंने अपने अनुयायी युवकों को दहेज न लेने, परीक्षा में अंक बढ़ाने के लिए दबाव न डालने और झूठ का सहारा न लेने, जैसी बातों को आत्मसात करने की प्रेरणा दी।

जनता, और विशेषकर युवा वर्ग जब जयप्रकाश जी को देखते थे, उनके विचारों को सुनते थे, तो उनका मन-मस्तिष्क उनसे कहता था, कि इस व्यक्ति पर हम भरोसा कर सकते हैं। यह भरोसा ही था जिसके चलते जयप्रकाश जी के जनान्दोलन ने विशाल आकार ग्रहण कर अपना प्राप्तव्य हासिल किया। इसी कर्मयोगी की आवाज देश के जनसाधारण की आत्मा की आवाज बन गई।

उनके सम्पूर्ण क्रान्ति यज्ञ की सफलता स्वरूप सन् 1977 में केन्द्र में जो जनता सरकार बनी थी, उसकी नींव जयप्रकाश जी ने रखी थी। उन्होंने अपने लिए कुछ नहीं चाहा। उनके अन्दर पदलोलुपता नहीं थी। वे अपनी आवश्यकताओं को शून्याभिमुख करते जा रहे थे। निस्वार्थ कर्म उनका उद्देश्य था। उनका आदर्श था।

न त्वहं कामये राज्म्, न स्वर्गम् नापुनर्भवम्।
कामये दुखतप्तानाम् प्राणिनाम आर्तिनाशनम् ॥

अर्थात्, ''मुझे न राज्य की इच्छा है, न स्वर्ग की और न ही मोक्ष की। मैं केवल दुःखी प्राणियों के कष्ट दूर करना चाहता हूँ।''

जीवन में जो कुछ शुभ, सुन्दर और सत्य है, उसकी ओर लगातार बढ़नेवाले जयप्रकाश जय-पराजय, यश-अपयश आदि को चोले की तरह उतारते हुए आखिर नश्वर काया को भी उतारकर चले गए। एक प्रश्न मन में मथ रहा है, कौन थे वे? कहाँ गए? आज जब जयप्रकाश हमारे बीच नहीं हैं, तो राष्ट्रीय और सार्वजनिक जीवन में एक खालीपन-सा बहुत शिद्दत से महसूस होता है। उनके जाने से गाँधी युग का एक शानदार मजबूत स्तम्भ टूट गया है। उनके महाप्रस्थान से एक नैतिक शक्ति का लोप-सा हो गया है, जो राष्ट्र की आत्मा का प्रतीक बन गई थी। वह प्रकाश काल की ज्योति में समाकर युगों के लिए लोकमानस की स्मृति में प्रतिष्ठित हो गया। जो भारत की और विश्व की मंगल कामना में रुचि रखते हैं वे चिरकाल के लिए जीते हैं और जीवित रहेंगे।

आज हमारा देश आपाधापी और वैश्वीकरण के दौर का सामना कर रहा है। राष्ट्र के भविष्य को उज्ज्वल करने के लिए जयप्रकाश जी के नेतृत्व को नई पीढ़ी के सामने रखना बहुत जरूरी है, ताकि वे प्रेरित हो सकें। उनके बारे में राष्ट्रकवि रामधारी सिंह दिनकर के 1946 में जेल से छूटने के बाद, जयप्रकाश जी के पटना में स्वागत के अवसर पर गाई कविता के कुछ अंश द्रष्टव्य हैं :

''कहते हैं उसको जयप्रकाश,
जो नहीं मरण से डरता है,
ज्वाला को बुझते देख कुण्ड में,
स्वयं कूद जो पड़ता है।''

लोकशक्ति के प्रणेता : लोकनायक

डॉ. हरिसिंह पाल

पदलिप्सा से कोसों दूर रहे लोकनायक श्री जयप्रकाश नारायण लोकशक्ति को राष्ट्र निर्माण का अनिवार्य आधार मानकर उसे सुदृढ़ करने के अभियान में आजीवन लगे रहे। लोकनायक की आस्था ऐसे शासन में थी जिसका नागरिकों के जीवन में कम-से-कम हस्तक्षेप हो और लोगों को स्वतन्त्र रूप से अपना जीवनयापन करने की आजादी हो।

जे. पी. पराधीन भारत की आजादी के लिए युवावस्था से ही जी-जान से जुट गए। 1936 में गवर्नमेंट ऑफ इंडिया एक्ट लागू होने पर विधानसभाओं के लिए चुनाव हुए। जे. पी. और उनके साथी इन विधानसभा चुनावों में काँग्रेस के भाग लेने के विरुद्ध थे, किन्तु काँग्रेस ने इनका सुझाव न मानकर चुनावों में भाग लिया और सत्ता भी सँभाली। लेकिन इन सरकारों में समाजवादी शामिल नहीं हुए। 1941 के व्यक्तिगत सत्याग्रह और 1942 के भारत छोड़ो आंदोलन में भी जे. पी. ने पूर्ण उत्साह के साथ भाग लिया। उन्हें गिरफ्तार कर हजारीबाग जेल में रखा गया। वहाँ से वे दीवाली की रात, अपने कुछ साथियों के साथ, अदम्य साहस का परिचय देते हुए, जेल की दीवार फाँदकर निकल भागे और पूरे देश में छापामार युद्ध का अभियान शुरू कर दिया। वह स्वयं पिस्तौल लेकर देश की आजादी के लिए घूमते रहे। किन्तु 1943 में उन्हें फिर गिरफ्तार कर लिया गया और लाहौर किले में नजरबन्द कर दिया गया।

कुछ समय बाद उन्हें आगरा सेण्ट्रल जेल भेज दिया गया। वहाँ से 1946 में उन्हें डॉ. राममनोहर लोहिया के साथ रिहा किया गया। रिहाई के बाद वह पटना पहुँचे तो वहाँ उनका अभूतपूर्व स्वागत हुआ। उस समय उनकी लोकप्रियता शिखर पर थी। इसी लोकप्रियता के चलते 1946 में जब आचार्य कृपलानी ने कांग्रेस के अध्यक्ष पद से त्यागपत्र दे दिया था, महात्मा गाँधी ने काँग्रेस अध्यक्ष पद के लिए जयप्रकाश नारायण के नाम का सुझाव रखा। लेकिन चली सरदार पटेल की और डॉ. राजेन्द्र प्रसाद काँग्रेस अध्यक्ष बन गए। यहाँ भी जे. पी. अध्यक्ष पद के लिए गाँधी जी के पास नहीं गए थे। उन्हें अध्यक्ष बनाने का सुझाव गाँधी जी का अपना था जो नेहरू जी को भी पसन्द था।

स्वतन्त्रता पूर्व और उसके बाद की राजनीतिक घटनाओं ने जे. पी. के लिए दलगत राजनीति से बाहर निकलने और गाँधी जी का रास्ता पकड़ने के लिए विवश किया। भूदान यज्ञ आंदोलन और सर्वोदय के कार्यों में शामिल होना उनके रास्ते की एक कड़ी थी। वे धीरे-धीरे इस राय के बन गए कि लोकतन्त्र में राजशक्ति से अधिक महत्त्व लोकशक्ति का है और लोकशक्ति को मजबूत किए बिना न तो लोकतन्त्र की जड़ें सुदृढ़ हो सकती हैं और न ही जनसमस्या ही हल हो सकती है।

पत्रकार अजित भट्टाचार्य ने अपनी पुस्तक 'जयप्रकाश नारायण ए पॉलिटिकल बायोग्राफी' में लिखा है कि 1964 में देश के प्रधानमन्त्री पं. जवाहरलाल नेहरू गम्भीर रूप से बीमार पड़ गए और उनके जीवित रह पाने की आशा धूमिल हो रही थी तो उनके वरिष्ठ सहयोगी श्री लालबहादुर शास्त्री ने जे. पी. से सम्पर्क कर प्रधानमन्त्री पद का दायित्व सँभालने का आग्रह किया, लेकिन जे. पी. ने इसे स्वीकार करने से इनकार कर दिया। इस घटना के 11 वर्ष पीछे लौटें तो पाते हैं कि पं. जवाहर लाल नेहरू स्वयं जे. पी., आचार्य कृपलानी और आचार्य नरेन्द्र देव का सहयोग लेने के लिए उत्सुक रहते थे।

लेकिन राजनीति छोड़ देने और सर्वोदय का काम करने के बावजूद जे. पी. ने देश और जनता की समस्याओं से अपने आपको कभी अलग नहीं रखा। राजनीतिक मामलों पर भी तब वे अपनी राय व्यक्त करते रहे। जनता की समस्याओं के लिए जब भी और जहाँ भी आंदोलन चले या अभियान शुरू हुए, उन्होंने सदैव इनका साथ दिया। काफी बाद में वे गुजरात और बिहार के छात्रों और युवाओं के आंदोलनों में भी इसी क्रम में शामिल हुए और जब उन्हें शासन से लोकतन्त्र के लिए खतरा उत्पन्न होता दिखाई दिया तब उन्होंने बड़ा अभियान छेड़ दिया जिसके चलते उन्हें 1946 में अंग्रेजों की जेल से रिहा होने के बाद स्वतन्त्र भारत में पहली बार 1975 में जेल में जाना पड़ा, जहाँ उन्हें ऐसी बीमारी मिल गई जिसने उन्हें कुछ ही वर्षों का मेहमान बना दिया।

राजनीति से बाहर निकलने के बाद वे राजनीतिक टकराव का रास्ता नहीं चाहते थे किन्तु जब अधिनायकवाद से देश के लोकतन्त्र की रक्षा के लिए उन्हें यह टकराव भी अनिवार्य प्रतीत हुआ तो उन्होंने तत्कालीन सत्ता से टकराव भी मोल ले लिया।

जे. पी. चिर युवा थे। अपने जीवन काल के हर दौर में उन्होंने युवा वर्ग को आकर्षित किया था। अन्तिम दौर में उन्होंने संपूर्ण क्रांति का उद्घोष किया और उनके आह्वान पर छात्रों ने एक वर्ष तक कक्षा का बहिष्कार कर जे. पी. आंदोलन में भाग लिया। हालाँकि आंदोलन बिहार में शुरू हुआ लेकिन उसका विस्तार जे. पी. की अगुवाई में पूरे देश में हो गया और अल्प समय में ही संपूर्ण क्रांति एक राष्ट्रीय आंदोलन बन गया।

तत्कालीन सरकार से लोगों का मोहभंग हो गया था। फलस्वरूप युवा वर्ग ने सत्ता शासन के खिलाफ बगावत कर दी। यद्यपि उस समय आंदोलन के उपयुक्त कोई क्रांतिकारी मंच या संगठन उपलब्ध नहीं था। न तो राष्ट्रीय स्तर पर और न प्रादेशिक स्तर पर। लेकिन उनके विशाल व्यक्तित्व और उनकी नैतिक शक्ति ने देश के युवा वर्ग में एक पहल को परिवर्तनकारी आंदोलन का प्रज्वलित स्वरूप प्रदान कर दिया।

चंडीगढ़ जेल में बन्दी जे. पी. ने 1975 में अपनी डायरी में विचार अंकित किए हैं जिसमें उन्होंने दो प्रबल सम्भावनाओं की ओर इशारा किया था। एक तो यह कि भारत की जनता सरकार की गलत नीतियों के खिलाफ विद्रोह कर देगी और दूसरे यह कि लोकतान्त्रिक विकल्प के अभाव में सेना विद्रोह कर सत्ता अपने हाथ में ले सकती है। एक सुदृढ़ एवं सचेत लोकतन्त्रवादी होने के नाते जे. पी. यह कभी नहीं चाहते थे कि सेना शासन की बागडोर अपने हाथों में ले ले। लेकिन उन्हें भय था कि विकल्प के अभाव में ऐसा भी हो सकता है। इसलिए उन्होंने 1974 में जनता को जगाकर सम्भावित तानाशाही के खिलाफ लड़ने के लिए तैयार किया था। 1977 में जनता के नेतृत्व में लोकतान्त्रिक विद्रोह कर तत्कालीन सरकार का तख्ता पलट दिया था। इससे अराजकता या सैनिक विद्रोह का खतरा भी टल गया।

जे. पी. की अभूतपूर्व नेतृत्व क्षमता को देखते हुए पत्रकार दिलीप चित्रे ने लिखा था, "जे. पी के अलावा और कोई विश्व इतिहास में ऐसा नहीं हुआ जो सफलतापूर्वक यह दिखा सका कि जिन आम लोगों को अकसर कमजोर समझा जाता है वे स्वतः सत्ता का सृजन कर सकते हैं। जे. पी. ने यह भी सिद्ध कर दिया कि यद्यपि लोकतन्त्र में सबसे बड़े शत्रु अपने अन्दर ही हैं किन्तु आम आदमी को जगाकर, उनके अधिकारों पर होनेवाले किसी भी अधिनायकवादी प्रहार को नाकाम किया जा सकता है।

जे. पी. ने 5 जून, 1974 को देश में संपूर्ण क्रांति का आह्वान किया। उनका आग्रह लोक चेतना जाग्रत कर लोकशक्ति को ठोस स्वरूप प्रदान करने पर था। सरकार के तन्त्र पर लोकशक्ति के अंकुश के द्वारा लोकतन्त्र को जीवन्त बनाना ही उनका उद्देश्य था।

जे. पी. के आह्वान पर गुजरात और बिहार के छात्रों ने शान्तिमय और अहिंसात्मक आंदोलन का स्वरूप बनाए रखा। इससे एक बड़े आंदोलन को व्यापक प्रचार-प्रसार मिला। बाद में इसमें राजनीतिक दल भी सम्मिलित हो गए। विपक्षी दलों के विधायकों ने इसी समय अच्छी संख्या में त्यागपत्र देकर इस आंदोलन को हवा दी। इस तरह छात्रों द्वारा शुरू किया गया अभियान जे. पी. के नेतृत्व में एक जन आंदोलन बन गया। उसका विस्तार पूरे देश में होने लगा। सरकारी सत्ता के ऊपर लोकसत्ता भारी पड़ने लगी। केन्द्र सरकार की सबसे शक्तिशाली कुर्सी भी हिलने लगी। इससे बौखलाकर इमरजेंसी थोपकर नागरिक आजादी छीन ली गई। जे. पी. सहित लाखों लोग जेल में बन्द कर दिए गए।

बाद में जब चुनाव की घोषणा हुई तो जे. पी. ने 'तानाशाही बनाम लोकतन्त्र' का नारा दिया और 'लोकतन्त्र की बहाली' चुनाव और आंदोलन का सबसे अहम मुद्दा बन गया। विश्वभर के राजनेता, समाजशास्त्री, लोकतन्त्र के पक्षधर और विरोधी दुनिया के सबसे बड़े लोकतन्त्र के तहत हो रही घटनाओं पर नजर लगाए बैठे थे। और 1977 में हुए चुनाव संघर्ष के नतीजों का बेसब्री से इन्तजार कर रहे थे।

विश्वभर के लोगों ने जे. पी. का करिश्माई नेतृत्व देखा और तत्कालीन सरकार का तानाशाही स्वरूप भी देखा, युवा व छात्र शक्ति का कमाल देखा और अन्त में भारत के प्रौढ़ मतदाताओं के मतदान का निर्णय प्रभाव देखा। किसी भी बड़े परिवर्तन में लोकशक्ति और युवाशक्ति का योगदान निर्णायक होता है। भारत में 1977 के चुनाव साधारण किस्म के चुनाव नहीं थे। चुनाव की घोषणा के बाद भी इमरजेंसी लागू रही, केवल चुनाव प्रचार के लिए आपातकालीन प्रतिबन्धों में थोड़ी ढील दी गई थी। इस चुनाव में जे. पी. के दबाव में चार विपक्षी पार्टियों को मिलाकर बनी जनता पार्टी के पक्ष में और काँग्रेस के विरोध में जनशक्ति एवं युवा शक्ति का उभार और जे. पी. का नैतिक प्रभाव निर्णायक सिद्ध हुआ। जनता पार्टी सत्ता में आई। अगर इस चुनाव में काँग्रेस की जीत हो गई होती तो आपात्कालीन तानाशाही एक लम्बे समय तक कायम रहती।

न्यायविद् एम. सी. छागला ने इस 'दूसरी आजादी' के महत्त्व को स्वीकारते हुए लिखा था—''राष्ट्रपिता महात्मा गाँधी ने हमारी पहली आजादी की लड़ाई का नेतृत्व किया था। लोकनायक जे. पी. ने नागरिक स्वतन्त्रता सहित दूसरी आजादी की लड़ाई का नेतृत्व किया, यह दूसरी लड़ाई भी उतनी ही महत्त्वपूर्ण थी जिसके फलस्वरूप लोकतान्त्रिक मूल्य कायम रह गए और हमें देशी तानाशाही से मुक्ति मिली।''

जिन्होंने आपात्काल का समर्थन किया था, वे जे. पी. को दूसरी आजादी का जनक मानने से इनकार कर सकते हैं, जिस प्रकार संकीर्ण और संकुचित विचार वाले महात्मा गाँधी को राष्ट्रपिता नहीं मानते थे। लेकिन इस देश में ऐसे लोगों की संख्या बहुत कम है। भारत का विशाल जनसमुदाय महात्मा गाँधी को राष्ट्रपिता मानता ही है और लोकतन्त्र के मूल्यों में आस्था रखनेवाले लोग लोकनायक जयप्रकाश नारायण को दूसरी आजादी का जनक मानते हैं। निस्सन्देह, जे. पी. लोकशक्ति के प्रणेता लोकनायक थे।

योद्धा जे. पी., निर्माता जे. पी., द्रष्टा जे. पी.

आचार्य राममूर्ति

I

कौन सोच सकता था कि आज से 80 वर्ष पहले 22 साल का एक युवक पढ़ने के लिए अमेरिका जाएगा और वहाँ से योद्धा बनकर लौटेगा? और, योद्धा भी किस युद्ध का? वह युद्ध जे. पी. को कार्ल मार्क्स से मिला जिसने अपने अध्ययन के आधार पर दुनिया के सामने यह तथ्य रखा था कि समाज की मूलभूत समस्याओं की जड़ में उत्पादन के साधनों का निजी स्वामित्व ही है। स्वामित्व शोषण का कारण है। निजी मालकियत मालिक और मजदूर में शोषण के संबंध पैदा करती है, क्योंकि मालिक मजदूर की मेहनत की कमाई का अधिक-से-अधिक भाग अपने मुनाफे के लिए रख लेना चाहता है।

भारत आने पर जे. पी. कम्युनिस्ट नहीं बने, और न उस वर्ग-संघर्ष के साथ जुड़े जो उस जमाने में मजदूर की मुक्ति के लिए आवश्यक माना जाता था। जे. पी. को लगा कि मुक्ति का पहला कदम राष्ट्र की मुक्ति है। यदि राष्ट्र गुलाम हो तो उसका कोई भी अंग मुक्त नहीं हो सकता। इस एक प्रतीति ने मार्क्सवादी जे. पी. को मार्क्स का नाम लेने वाले दूसरे साम्यवादियों से अलग कर दिया। जे. पी. उस संघर्ष में शरीक हुए जो भारत की मुक्ति के लिए पहले से चल रहा था।

जे. पी. मार्क्सवादी बने रहे लेकिन सिपाही बने उस संघर्ष का जो राष्ट्रीय था, साम्यवादी नहीं। और, नेतृत्व स्वीकार किया गाँधी का जिसका क्रांति-दर्शन मार्क्स के दर्शन से भिन्न था। मार्क्स के दर्शन में वर्ग-हिंसा के लिए गुंजाइश थी जबकि गाँधी के क्रांति दर्शन अथवा क्रांति की कार्य-पद्धति में हिंसा के लिए गुंजाइश नहीं थी। गाँधी अहिंसावादी थे और उनके नेतृत्व में संघर्ष करनेवाली काँग्रेस ने ऐसे साधनों को मान्य किया था जो 'शान्तिपूर्ण तथा उचित' हों। क्रांति का साध्य मार्क्स का और साधन गाँधी का उस जमाने में कोई सोच भी नहीं सकता था कि मार्क्स और गाँधी का ऐसा अनोखा समन्वय भी किया जा सकता है।

जे. पी. को वह समाजवाद चाहिए था जिसका रंग खूनी न हो और गाँधी की वह अहिंसा भी नहीं चाहिए थी जो मुक्ति के संघर्ष को दुर्बल बना दे। मार्क्स का साध्य, काँग्रेस के साधन और गाँधी का नेतृत्व, जे. पी. ने इन धागों में अपने क्रांति के संघर्ष को पिरोया।

1934 ई. में जे. पी. तथा उनके कुछ और साथियों ने मिलकर नासिक जेल में काँग्रेस सोशलिस्ट पार्टी की स्थापना की। रूस में 1917 में क्रांति हो चुकी थी। क्रांति के बाद रूस में दमन और हत्या का जो क्रम शुरू हुआ उसने लेनिन की क्रांति को खूनी बना दिया। जे. पी. को लगा कि यह कैसी क्रांति है जो मनुष्य को हत्यारा बना देती है और क्रांतिकारी को समाजवाद के आदर्शों से इतनी दूर पहुँचा देती है?

जे. पी. 'समन्वय' के इस रास्ते पर 1947 में आजादी मिलने के समय तक चलते रहे लेकिन संविधान बनाने के लिए जो संविधान-सभा बनी उसमें शरीक नहीं हुए। आजादी मिलने पर काँग्रेस ने गाँधी का नेतृत्व छोड़ा तथा जे.

पी. और उनके साथियों ने 1948 में काँग्रेस छोड़ी। काँग्रेस सोशलिस्ट पार्टी के सामने ज्यादा महत्त्व श्रमिक की मुक्ति के लिए वर्ग संघर्ष का था ताकि समाजवाद के मूल्य स्थापित किए जा सकें। 1952 का चुनाव हुआ जिसमें काँग्रेस तथा काँग्रेस सोशलिस्ट पार्टी दोनों चुनावी मैदान में परस्पर प्रतिद्वन्द्वी बनकर उतरीं। स्वाभाविक था कि जिस काँग्रेस ने लम्बे संघर्ष के बाद राष्ट्र की स्वतन्त्रता प्राप्त की थी उसके मुकाबले काँग्रेस सोशलिस्ट पार्टी नहीं टिक सकी। लोकतान्त्रिक बनने का दावा रखते हुए भी वह राजनीतिक सत्ता में पहुँचे लेकिन संपूर्ण सत्ता उससे दूर ही रही।

पराजय के कारण समाजवादियों में गम्भीर मंथन पैदा हुआ। जे. पी. सोचने लगे कि क्या हिंसा के साधनों में वह शक्ति पैदा हो सकती है जो सामन्तवादी, पूँजीवादी देश को समाजवादी बना सके?

1951 में विनोबा जी का भूदान यज्ञ आंदोलन शुरू हो चुका था और भूदान में जमीन मिलती जा रही थी। जे. पी. करुणा की शक्ति की कल्पना से प्रभावित थे। 1953 ई. में जे. पी. ने आत्मशुद्धि के लिए तीन हफ्तों का उपवास किया। उस उपवास से जे. पी. में यह प्रतीति जगी कि मनुष्य उतना ही नहीं है जितना बाहर से दिखाई देता है। उसके भीतर छिपा हुआ एक 'दूसरा मनुष्य' भी है। परिवर्तन के लिए भीतर के उस आदमी को पहचानना जरूरी है। यह एक गहरी प्रतीति थी। जे. पी. ने मार्क्स को छोड़ा नहीं किन्तु इस प्रतीति के बाद जे. पी. गाँधी के बहुत नजदीक पहुँच गए। गाँधी के करीब पहुँचने के बाद यह स्वाभाविक था कि जे. पी. रास्ता बदलें और विनोबा के साथ चलें।

यह साथ बीस वर्षों तक बना रहा। 1970 ई. में जब सर्वोदय के दो साथियों को नक्सलवादियों की धमकी मिली तो जे. पी. मुजफ्फरपुर के मुसहरी प्रखण्ड में करुणा की शक्ति का प्रत्यक्ष स्वरूप देखने पहुँचे। डेढ़ वर्षों तक जे. पी. मुसहरी के गाँवों में घूमते रहे। दान देनेवाले मिले, दान पानेवाले मिले, लेकिन करुणा की वह शक्ति नहीं दिखाई दी जिसकी क्रांतिकारी शक्ति का विनोबा जी की ओर से दावा किया गया था। सरकार के बनाए हुए कानून नहीं, विनोबा द्वारा बहाई गई करुणा की गंगा नहीं, तो वह तीसरी कौन-सी शक्ति होगी जिसको पकड़कर क्रांतिकारी मुक्ति के संघर्ष को आगे बढ़ाए? इस बीच इन्दिरा जी ने काँग्रेस को तोड़ा, लोकतन्त्र की संस्थाओं को कमजोर किया तथा दूसरे कई ऐसे काम किए जिनमें यह स्पष्ट संकेत था कि लोकतन्त्र से अधिक उन्हें स्वेच्छाचारी शासन प्रिय था। भारत के इतिहास में पहला संकट वह था जो अंग्रेजों द्वारा भारत को गुलाम बनाने के कारण पैदा हुआ था। दूसरा संकट वह था जब इन्दिरा जी ने लोकतन्त्र को खत्म करने की कोशिश की।

जे. पी. ने इस संकट को समझा और यह भी समझा कि लोकतन्त्र को जनता की शक्ति के बिना नहीं बचाया जा सकता। जे. पी. ने युवकों का आह्वान किया। उनकी शक्ति के साथ जनता की शक्ति जुड़ी और मार्च, 1974 में जे. पी. खुद उसके साथ जुड़ गए। एक संघर्ष अंग्रेजी सत्ता के साथ हुआ था। यह दूसरा संघर्ष देशी सत्ता के विरुद्ध करना पड़ा। लगभग पन्द्रह महीनों तक संघर्ष चला। इमरजेन्सी लागू हुई, जो लगभग 19 महीने तक रही। जुल्म का शासन चलता रहा। जे. पी. बन्दीगृह की यातना भोगते रहे। जब नवम्बर, 1976 में छूटे तो अधमरे निकले। इतना होने पर भी जे. पी. चुनावी मैदान से नहीं हटे और डायलिसिस के साथ-साथ उनका चुनावी दौरा भी होता रहा। चुनाव में निरंकुश शासन ध्वस्त हुआ।

नई सरकार बनी, कुछ दिन चली। लेकिन उसके कामों से जे. पी. का समाधान नहीं हुआ। बीमारी के कारण वह कुछ कर नहीं सकते थे। 8 अक्तूबर, 1978 को जे. पी. का देहान्त हो गया।

जे. पी. को गए 23 साल हो गए। इन 23 वर्षों में अनेक शक्लों की सरकारें बनीं लेकिन जैसे-जैसे दिन बीतते जा रहे हैं जे. पी. के मन का पुराना भय पुष्ट होता जा रहा है कि भारत के लोकतन्त्र का संकट केवल व्यक्ति का नहीं है; उससे कहीं अधिक संपूर्ण व्यवस्था का है। उनकी नैतिक जड़ें सड़ चुकी हैं। इसलिए उपाय मात्र सत्ता-परिवर्तन में नहीं है; वास्तविक उपाय संपूर्ण परिवर्तन में है...व्यक्ति की जीवन-शैली में, समाज की रचना में तथा राज्य की व्यवस्था में। जब ऐसा संपूर्ण परिवर्तन होगा तभी नया नागरिक बनेगा, नया समाज और नया राज बनेगा। जे. पी. संपूर्ण क्रांति के पहले चरण को, जो बहुत छोटा था, पूरा करके गए। शेष चरण विरासत में छोड़ गए।

II

यह सोचना कठिन था कि आजादी मिलने के बाद सिर्फ 27 वर्ष बीतते-बीतते आजादी की दूसरी लड़ाई लड़नी पड़ेगी और पहली लड़ाई के 'हीरो' को आजाद भारत में जेल की यातना भोगनी पड़ेगी। लेकिन जो नहीं सोचा गया था वह होकर रहा। विचित्र बात यह है कि जे. पी. अपनी जगह नहीं चाहते थे कि लोकतन्त्र के शान्तिपूर्ण और सामान्य तरीकों से हटकर कोई काम किया जाए। लोकतन्त्र में प्रेस है, पार्टी ही, पार्लियामेण्ट है तो लोकतन्त्र में पैदा होनेवाली कमियों और कमजोरियों को लोकतन्त्र खुद क्यों न दूर करे। आजादी मिलने के साथ ही उन्होंने प्रधानमन्त्री से कहना शुरू कर दिया था कि नई सरकार को समाजवाद की दिशा में बढ़ना चाहिए। यही अपील वह विरोधी दलों से करते रहे, बड़े नेताओं से करते रहे, विनोबा जी के साथ सरकार से बाहर काम करते रहे और इनके अलावा, जिसको गाँधी-विचार में रचनात्मक काम कहते हैं उसको भी करते रहे। भूमि के ग्रामीकरण की बात उन्होंने 1949 ई. से ही कहनी शुरू कर दी थी। गया जिले के कौआकोल ब्लॉक में उन्होंने अपना आश्रम स्थापित किया जहाँ समाजवाद और सर्वोदय के मूल्यों का अभ्यास होता रहा। जे. पी. की नजर में सबसे बड़ा मूल्य 'शेयरिंग' था। आश्रम ने सरकार की योजनाएँ लीं और विकास के कई काम बड़ी सफलता के साथ किए।

आश्रम के द्वारा होने वाले विकास कार्यों के अलावा देश के सामने शायद ही कोई समस्या रही हो जिसको जे. पी. ने शान्तिपूर्वक ढंग से हल करने की कोशिश न की हो। क्या कश्मीर की समस्या, क्या उत्तर-पूर्व की समस्या, जहाँ भी समस्या होती थी वहाँ जे. पी. मौजूद मिलते थे। जे. पी. ने ग्रामीण विकास के लिए अवार्ड बनाया; बम्बई में ट्रस्टीशिप के प्रयोग का काम शुरू कराया, लोकतन्त्र को मजबूत करने के लिए 'कॉंग्रेस फॉर डिमोक्रेसी' बनाया, नागरिक अधिकारों के लिए पी.यू.सी.एल. संगठित किया, विकास की समस्याओं के अध्ययन और विकास के कार्य में लगे, अनुग्रह नारायण शोध संस्थान तथा वाराणसी में गाँधी विद्या संस्थान की स्थापना कराई; इनके अलावा चुनावी सुधारों के लिए निरन्तर प्रयत्न करते रहे। पंचायतीराज द्वारा विकेन्द्रीकरण का विचार देश के सामने रखते रहे, ग्रामीण उद्योगों के जोरदार प्रवक्ता बने, बिहार आंदोलन के दौरान 'फाउण्डेशन फॉर न्यू एजुकेशन' की स्थापना की। राष्ट्रीय तथा सामाजिक जीवन का शायद ही कोई पहलू जे. पी. से छूटा हो। विश्वास नहीं होता कि गाँधी विचार के तीन साधक अपनी साधना से देश के लिए प्रयोगों की इतनी बड़ी विरासत छोड़ गए हैं। गाँधी, विनोबा, जयप्रकाश, ये तीनों हिंसा मुक्त समाज-रचना तथा जीवन-शैली का एक संपूर्ण चित्र छोड़ गए हैं।

III

लेकिन वे जो कुछ कर गए उससे कम महत्त्व उन कामों का नहीं है जिनको वे नहीं कर सके। गाँधी एक कट्टर हिन्दू की घृणा के शिकार हुए; विनोबा को मौत ले गई और जे. पी. के अन्त का कारण एक निरंकुश शासक हुआ। मार्क्स की तरह इन तीनों की मान्यता थी कि इतिहास में अब तक जितनी भी सभ्यताएँ विकसित हुई हैं उन सबका आधार किसी-न-किसी रूप में हिंसा रही है। संपूर्ण क्रांति आरोहण की उस प्रक्रिया का नाम है जिसके द्वारा एक जीवन-शैली; समाज की रचना तथा राज्य की व्यवस्था विकसित होगी जिसका आधार हिंसा नहीं रहेगी। हिंसामुक्त जीवन, व्यक्ति का या समाज का तभी सम्भव है जब व्यवस्था रहेगी। क्योंकि लोकतन्त्र में कम-से-कम इतना तो है कि शान्ति की गारण्टी है और लोकतन्त्र में जनता की शक्ति के द्वारा शान्तिपूर्ण परिवर्तन के रास्ते खुले हुए हैं। यही कारण है कि जे. पी. लोकतन्त्र को 'पहली चीज' मानते थे। लेकिन जे. पी. यह भी मानते थे कि आज का लोकतन्त्र केवल प्रतिनिधितन्त्र है; उसे वास्तविक लोकतन्त्र बनाने का काम करना अभी बाकी है। और, वह काम केवल कानून बना देने से पूरा नहीं होगा। परिवर्तन की प्रक्रिया को भी हिंसा मुक्त तथा संपूर्ण, समग्र बनाना पड़ेगा—अध्यात्म को भी। आध्यात्मिक मूल्य जब संगठन का रूप धारण कर लेते हैं तब धर्म और सम्प्रदाय बन जाते हैं। राजनीतिक शक्ति जब 'नेशन स्टेट' में केन्द्रित और संगठित होती है तब हिंसक बन जाती है। इसीलिए परिवर्तन को एक नई सभ्यता का आधार बनाने की

बात क्रांतिकारियों ने कही है तथा मार्क्स और गाँधी, विनोबा और जे. पी. इन सबने राज्य और शासन से मुक्ति को परिवर्तन का चरम लक्ष्य माना है।

प्रश्न है मतदाता का लोकतन्त्र मतदान से क्यों समाप्त हो? वह आपसी सहकार की शक्ति क्यों न विकसित करे? वह दैनंदिन जीवन के नियमन और संचालन के लिए राज्य शक्ति पर निर्भर क्यों रहे? हर बड़े से छोटे काम के लिए नागरिक राज्य की शक्ति पर निर्भर क्यों हो? ये प्रश्न नए नहीं हैं किन्तु अभी तक इनका सही और साध्य उत्तर मिला नहीं है। रूस के अनुभव से यह सिद्ध हो गया है कि इन प्रश्नों का उत्तर हिंसा तथा सैनिक शक्ति के आधार पर चलनेवाली राज्य व्यवस्था में नहीं है। रूस में साम्यवादियों ने राज्य की हिंसा-शक्ति के आधार पर नई सभ्यता बनाने का प्रयत्न किया और विफल हुए। अनेक दूसरे देशों में समाजवादियों ने लोकतन्त्र को तो मान्यता दी किन्तु भरोसा राज्य पर किया जो स्वयं पुलिस और सेना की बंदूक-शक्ति से ही चला है। समाजवादी शांति तो चाहते थे किन्तु वे राज्य की शान्ति शक्ति के रूप में समाप्त-सा हो गया है। साम्यवाद और समाजवाद ही क्यों, सर्वोदय और संपूर्ण क्रांति भी अपनी जड़ जमा सके।

आकाशधर्मी राजनेता थे जयप्रकाश नारायण

डॉ. सी. पी. ठाकुर

आजादी के बाद के भारतीय इतिहास में यदि किसी एक राजनेता को महापुरुष या महानायक का दर्जा दिया जा सकता है तो वह जयप्रकाश नारायण ही हो सकते हैं। उनके बाद वैसा कद्दावर नेता कोई हुआ नहीं। लेकिन वह आकाशधर्मी राजनेता थे, बरगदधर्मी राजनेता नहीं। अपने सहयोगियों को वह आकाश की ऊँचाई तक आगे बढ़ने की प्रेरणा देते थे, बरगद की तरह अपने नीचे किसी को पनपने नहीं देने की सर्वग्राही स्वार्थांधता का लेशमात्र भी उनके अन्दर नहीं था। यदि वह चाहते तो सत्ता उनके चरणों की दासी बनकर रह सकती थी। लेकिन उन्होंने सत्ता की राजनीति कभी नहीं की। वह हमेशा जनता के सेवक बनकर रहे, जनता के बीच रहे और जनता के जैसे ही रहे। जनता और नेता के बीच का कोई फासला जे. पी. के जीवन में कभी नहीं रहा। वह सच्चे अर्थों में लोकनायक थे। उनकी तुलना आजादी के बाद के किसी भी समकालीन राजनेता से नहीं की जा सकती।

जे. पी. की भूमिका वहाँ से शुरू होती थी, जहाँ बाकी सबकी भूमिका समाप्त हो जाती थी। भारत छोड़ो आंदोलन के दौरान जब सारे बड़े राजनेता जेल में थे और नेताजी सुभाष चन्द्र बोस भी विदेशी सहयोग से भारत को आजादी दिलाने के उद्देश्य से पहले ही देश छोड़ चुके थे, तब केवल जयप्रकाश ही थे जिन्होंने जान पर खेलते हुए अपने साथियों के साथ जेल से भागकर राष्ट्रीय आंदोलन को गति दी थी। आजादी के बाद जब प्रायः सारे बड़े राजनेताओं ने आजादी की लड़ाई में अपने योगदान के एवज में अपना अधिकार मानकर सत्तासुख भोगने का मार्ग अपना लिया, तब भी केवल जयप्रकाश ही थे जिन्होंने यह कहते हुए कि अभी हमें अधूरी आजादी ही मिली है, संपूर्ण आजादी के लिए संघर्ष को जारी रखने का निश्चय किया। और इसे विडम्बना नहीं तो और क्या कहा जाएगा कि संपूर्ण आजादी के लिए अपने इस संघर्ष को जारी रखने के कारण अंग्रेजों से भी अधिक यातना स्वयं भारतीय सत्ताधारी नेताओं की ओर से दी गई। आपातकाल के समय जब देश में लोकतन्त्र के अस्तित्व पर खतरा मँडराने लगा था, सत्ता ने तानाशाही रंग-ढंग अपना लिया था, सरकार भ्रष्ट और वंशपरम्परा की पोषक हो गई थी और जनहित के सारे मुद्दे हाशिए पर कर दिए थे, तब जे. पी. ने ही वक्त की आवाज को सुनते हुए एक व्यापक राष्ट्रीय जनान्दोलन का नेतृत्व करने की ऐतिहासिक जिम्मेदारी सँभाली थी। उन्होंने युवाओं, विद्यार्थियों, बौद्धिकों, लेखकों, पत्रकारों और किसान-मजदूरों के सहयोग से संपूर्ण क्रांति के अपने सपने को साकार करने की भरपूर कोशिश की। वह काँग्रेस के एकाधिकार को तोड़ने और देश में लोकतन्त्र को बचाने में तो सफल रहे, लेकिन संपूर्ण क्रांति का जो विराट स्वप्न उन्होंने देखा था, उसे साकार कर पाने में विफल रह गए। यह आजादी के बाद के भारतीय इतिहास की एक बड़ी त्रासदी रही और जे. पी. जन्म शताब्दी वर्ष में इसके कारणों की समीक्षा की जानी चाहिए।

दरअसल जे. पी. ने इसके लिए जिन सहयोगियों पर उम्मीदें बाँधी थीं, वे त्याग और संघर्ष की किसी आग में तपकर नहीं आए थे, उनको कोई नैष्ठिक वैचारिक आधार नहीं था, वे परिष्कृत और प्रामाणिक व्यक्तित्व वाले व्यक्ति नहीं थे। वे वास्तव में महत्वाकांक्षी और अहंकारी लोग थे और केवल सत्तासुख भोगने की नीयत से जे. पी. के साथ आए थे उन्हें जयप्रकाश के सपने से कोई लगाव नहीं था, जयप्रकाश के दर्द को बाँटने की उनकी मंशा नहीं थी।

जे. पी. उनके आदर्श नहीं थे। वे जे. पी. को सीढ़ी की तरह इस्तेमाल करना चाहते थे और उनके सहारे राजनीति में अपनी जगह बनाना चाहते थे। वे लोग जो चाहते थे वह तो उन लोगों ने पा लिया, लेकिन जे. पी. का सपना अभी भी अधूरा है। उनका दर्द अभी मिटा नहीं है। उनकी जिन्दगी यातना की एक अनवरत दास्तान बनकर रह गई। उनके चेहरे पर कभी भी सुख-सन्तोष की मुस्कान नहीं आ पाई और जयप्रकाश की आत्मा तब तक बेचैन रहेगी, जब तक इस देश के अन्तिम आदमी तक स्वराज्य का प्रकाश नहीं पहुँच जाता।

जे. पी. से मेरी अन्तरंग भेंट कराने वाले श्री परमानन्द सहाय उर्फ परमा बाबू थे। मैं उस समय विलायत से डॉक्टरी की उच्च शिक्षा पाने के बाद डॉक्टरी के चौराहे पर खड़ा था और जे. पी. राजनीति से संन्यास ले चुके थे। उन दिनों वह काफी बीमार थे। परमा बाबू मुझे उनकी देखभाल के लिए उनके घर ले गए थे। परमा बाबू ने मुझे कहा, ''जो आदमी पावर (सत्ता) में नहीं रहता है, उसे भला कौन देखता है! क्या आप जे. पी. की देखभाल कर सकेंगे? क्या आप तैयार हैं?'' मैंने कहा, ''जे. पी. हम सबके आदर्श हैं। उनकी देखभाल करना मैं अपना सौभाग्य समझूँगा।'' उन दिनों जे. पी. अपनी धर्मपत्नी प्रभावती जी के साथ कदमकुआँ में रहते थे। जब जे. पी. की तबीयत ज्यादा खराब हो जाती और टेलीफोन की गड़बड़ी के कारण सम्पर्क नहीं हो पाता था तब प्रभावती जी खुद रिक्शा पकड़कर मुझे बुलाने मखनियाँ कुआँ वाले आवास पर आ जाती थीं। और मैं दौड़ा-दौड़ा उनको देखने जाता था। कुछ समय बाद सच्चिता बाबू (जे. पी. के निजी सहायक) और अन्य लोगों का भी आना-जाना शुरू हो गया।

भारतीय राजनीति भयंकर उथल-पुथल के दौर से गुजर रही थी। पटना के ऐतिहासिक गाँधी मैदान में एक विशाल जनसभा का आयोजन किया गया था। और जे. पी. को उसमें आमन्त्रित किया गया था। जे. पी. के राजनीतिक सलाहकारों में उस जनसभा में भाग लेने के विषय पर मतैक्य नहीं था। चर्चा चल ही रही थी कि तभी मैं भी वहाँ पहुँच गया। जे. पी. ने मुझसे पूछा, ''आपका घर तो गाँधी मैदान के पास ही है, क्या मुझे इस सभा में भाग लेना चाहिए?'' मेरा उत्तर था, ''आपको जरूर उस सभा में भाग लेना चाहिए और गाँधी मैदान में उमड़ रही भीड़ का नेतृत्व आपको ही करना चाहिए।''

जे. पी. से उन दिनों इन्दिरा जी भी मिलना चाहती थीं, लेकिन इन्दिरा गाँधी जी के सलाहकारों ने यह होने नहीं दिया। इसी बीच भुवनेश्वर की एक जनसभा में इन्दिरा जी ने जे. पी. पर कुछ टिप्पणी कर दी और उसके बाद जे. पी. और इन्दिरा जी के बीच दूरी बढ़ती चली गई। आपातकाल में जे. पी. को भी गिरफ्तार करके जेल में डाल दिया गया। जेल में उनकी तबीयत काफी बिगड़ती जा रही थी। वह पेरोल पर छूटकर आए और मुझसे अपना इलाज करवाने की इच्छा जाहिर की। मैं प्रशासन के निर्देश के अनुरूप उसे सूचित करके जे. पी. को देखने उनके निवास पर गया। मुझे आभास हो रहा था कि सरकारी लोग हर पाँच मिनट बाद अपने किसी कार्यालय को मेरी गतिविधियों की सूचना दे रहे थे। जे. पी. का चेकअप करने के बाद जब मैं वापस घर लौटा तो लोग कहने लगे कि आपकी नौकरी चली जाएगी। लेकिन मैंने भी दृढ़ निश्चय कर लिया था कि जे. पी. का इलाज तो हर हाल में करना ही है।

लेकिन उसी रात को मुख्यमन्त्री के आदेश से जे. पी. को इलाज के लिए चण्डीगढ़ भेज दिया गया। जे. पी. की इच्छा थी कि मैं भी उनके साथ चलूँ, लेकिन सरकार ने मुझे इसकी इजाजत नहीं दी। बाद में जे. पी. के चण्डीगढ़ में चले इलाज के बारे में जाँच के लिए अलवा कमीशन बिठाया गया क्योंकि यह बात उठाई गई थी कि पी. जी. आई. चण्डीगढ़ में उनको एक ऐसी दवा दी गई थी जिससे उनकी किडनी खराब हो गई। इस बारे में मुझसे भी पूछताछ की गई। मेरा जवाब था कि कोई डॉक्टर ऐसा नहीं कर सकता। उस समय डॉ. चूटानी पी. जी. आई. के निदेशक थे। वह मुझसे मिलने आए। मैंने जे. पी. को बताया कि किडनी की परेशानी मधुमेह की वजह से भी हो सकती है। बाद में अलवा कमीशन भंग कर दिया गया।

जे. पी. अपने घर आने वालों का बड़ा ख्याल रखते थे। पटना में मैं प्रायः हर दिन उनके घर पर चाय पिया करता था। साधारण शीशे का कप हुआ करता था। जिस दिन वह किसी को भोजन पर आमन्त्रित करते थे, उस दिन स्वयं अतिथि को लेने गेट पर खड़े रहते थे और जब तक भोजन समाप्त नहीं होता था, तब तक वह बार-बार आग्रह करके खिलाते रहते थे। स्वयं बीमार होने के कारण अपने लिए वह विशेष प्रकार से बनाया गया भोजन करते थे।

एक दिन की घटना है बिहार के तत्कालीन मुख्यमन्त्री महामाया बाबू ने वरिष्ठ अधिकारियों के साथ बैठक करने के बाद जयप्रकाश जी से कहा कि पाँच रुपए मन (40 किलो) गेहूँ बिकवा दूँगा। जयप्रकाश जी का उत्तर था कि तब खेती कौन करना चाहेगा? उसके बाद महामाया बाबू को लगा कि कुछ गड़बड़ हो गई है। कर्पूरी ठाकुर मुख्यमन्त्री बनने के बाद जयप्रकाश जी से मिलने उनके निवास पर आए। जयप्रकाश जी ने कर्पूरी जी को तीन कामों पर खास जोर देने के लिए कहा, हर खेत के लिए पानी का प्रबन्ध करना, हर उद्योग को बिजली मुहैया कराना और हर फाइल को 15 दिन के भीतर निपटाना। जयप्रकाश जी को हमेशा गरीबों की चिन्ता बनी रहती थी। कर्पूरी ठाकुर के बाद मुख्यमन्त्री बनने वाले रामसुन्दर दास को भी जे. पी. ने यही नसीहत दी। उन दिनों जयप्रकाश जी की तबीयत बहुत खराब रहा करती थी। मैंने उन्हें आराम करने की सलाह दी। लेकिन मजदूरों, किसानों और गरीबों के लिए हमेशा चिन्तित रहा करते थे। खासकर बिहार की बदहाली को दूर करने के लिए वह बहुत परेशान रहते थे। एक बार साम्प्रदायिक दंगा फैलने पर मैंने उनसे पूछा कि इन दंगों का असली कारण आप क्या समझते हैं, क्यों साथ-साथ रहने वाले लोग एक-दूसरे की जान लेने पर उतर आते हैं? उनका उत्तर था कि दंगे होते नहीं हैं, कराए जाते हैं। आपात्काल खत्म होने के बाद सभी नेता जेल से छूट गए और उसके बाद चुनाव की घोषणा हो गई। सभी बड़े नेता एकजुट होकर काँग्रेस को शिकस्त देना चाहते थे। जयप्रकाश जी का प्रश्न था कि सभी पार्टियों का मिलना कैसा रहेगा? मैंने कहा कि आप नई पार्टी बनाकर बिलकुल नए लोगों को टिकिट दीजिए। यदि ऐसा हो पाता तो उनका सपना काफी हद तक साकार हो सकता था।

जे. पी. का स्वास्थ्य दिन-प्रतिदिन गिरता जा रहा था। उनकी शारीरिक हालत ऐसी नहीं थी कि कोई बड़ा काम हाथ में ले सकें। लेकिन वे राजनीति की दिशा-धारा को बदलने के लिए संकल्पित थे। उनके आह्वान पर सभी पार्टियाँ मिलीं और सबसे अन्त में चौधरी चरण सिंह की पार्टी भी मिल गई। रात में जिस समय चौधरी चरण सिंह की पार्टी के जनता पार्टी में शामिल होने के बारे में फोन आया था, उस समय उनको बहुत तेज बुखार था। लेकिन इस संवाद को सुनकर उन्हें काफी प्रसन्नता हुई।

कुछ लोगों को जे. पी. के घर मेरा बराबर जाना अच्छा नहीं लगता था। इसलिए कुछ दिनों के लिए मैंने उनके यहाँ जाना छोड़ दिया। जयप्रकाश जी ने अपने एक निकट संबंधी से कहा कि अब हजारों लोग मेरी चिकित्सा करने के लिए आ रहे हैं। लेकिन जब मेरे बुरे दिन थे उस समय मेरी देखभाल करने के लिए इनमें से कोई नहीं था। जे. पी. ने यह बात खुद मुझसे बताई थी कि डॉक्टर साहब, आपका मेरा यहाँ बराबर आना कुछ लोगों को अच्छा नहीं लग रहा है, लेकिन मैंने स्पष्ट कह दिया है कि मेरा इलाज डॉ. सी. पी. ठाकुर ही करेंगे। यदि उनको जरूरत पड़ेगी तो दूसरे डॉक्टरों की राय भी ली जा सकती है।

जयप्रभा अस्पताल का निर्माण उनकी आखिरी व्यक्तिगत इच्छा थी। दुर्भाग्यवश यह अस्पताल आज तक नहीं बन सका है। मैंने जयप्रकाश जी की जन्म शताब्दी वर्ष में उनके प्रति श्रद्धांजलि स्वरूप अखिल भारतीय आयुर्विज्ञान संस्थान (एम्स) में एक अत्याधुनिक चिकित्सा सुविधाओं से सुसज्जित जयप्रकाश नारायण ट्रॉमा सेण्टर का निर्माण शुरू करवाया है।

अपने देहान्त से पहले वह जनता पार्टी सरकार की कार्यप्रणाली और उसके नेताओं की फूट को देखकर काफी निराश और दुखी रहने लगे थे। वह महाभारत का यह श्लोक अकसर दोहराया करते थे : कर्मण्येवाधिकारस्ते मा फलेषु कदाचन। वह कहते थे कि कर्म करने से सब कुछ हो सकता है, लेकिन ये लोग कर्म ही नहीं कर रहे। मृत्यु से पहले वह अपनी जिन्दगी के अनुभवों को किताब के रूप में लिखना चाहते थे, लेकिन वह कार्य पूरा नहीं कर सके।

जे. पी. भारत में समाजवाद का बीज बोने वाले नेताओं में से थे। आधुनिक समाजशास्त्र की विधिवत पढ़ाई करने के लिए अमेरिका जाने वाले वह पहले भारतीय थे। उन्होंने अमेरिका में बूटपॉलिश तक करके समाजशास्त्र की पढ़ाई की थी। लेकिन अपनी बीमार माँ के बुलावे पर उच्च शिक्षा अधूरी छोड़कर उनकी सेवा करने के लिए वापस भारत आ गए थे। उन्होंने सर्वोदयी समाजवाद की अवधारणा को अपनाया। जे. पी. लोगों के दिलों में राज करते थे। युवकों, विद्यार्थियों, बौद्धिक वर्ग के लोगों और किसानों-मजदूरों की सामूहिक चेतना पर जितनी उनकी पकड़ थी, उतनी आजाद भारत में किसी नेता की नहीं हो पाई। इसीलिए उन्हें लोकनायक की संज्ञा से विभूषित किया गया था। उन्होंने

आजादी के बाद महात्मा गाँधी जी के कार्यों को आगे बढ़ाने की सच्ची कोशिश की। यह बात महत्त्वपूर्ण नहीं है कि वह किस हद तक सफल हो पाए, महत्त्वपूर्ण यह है कि उनकी कोशिश कितनी सच्ची थी और आदर्शों के प्रति उनकी ललक में कितना दम था। आज जब हमारे आसपास आदर्शों के लिए जीने-मरने वाला कोई दिखाई नहीं देता और आदर्शों की बात को मूर्खता का पर्याय समझा जाने लगा है, हमें जे. पी. की याद आती है और तब हमें उनकी कीमत मालूम पड़ती है।

जे. पी. भारतीय मध्य वर्ग की आवाज बन गए थे। राजनीति में उनका योगदान कई मायनों में स्मरणीय है। राष्ट्रीय राजनीति में विपक्ष की धार को तेज और सशक्त करने का मुख्य श्रेय उन्हीं को जाता है। उनके आंदोलन की वजह से ही राजनीति में सत्ता का वर्चस्व टूटा और विपक्ष मुखर होकर सामने आया। गठबन्धन की राजनीति का राष्ट्रीय राजनीति में पहला सफल और सशक्त प्रयोग उन्होंने ही किया। सामाजिक न्याय के स्वर को राजनीति में मुखरता से गुंजित करने वाले वह प्रथम राजनीतिज्ञ थे। वह ऐसी व्यापक दृष्टि और उदात्त व्यक्तित्व के स्वामी थे कि उनकी प्रेरणा की छाया में सर्वथा विपरीत विचारधाराओं और मनोभूमियों वाले राजनीतिज्ञों ने एक मंच पर एकजुट होकर कबूल कर लिया था। आजादी के बाद पहली बार उन्होंने ही जनचेतना को व्यापक रूप से झकझोरकर यथास्थिति तोड़ने और भ्रष्ट व लोकविमुख सत्ता को जनान्दोलनों के जरिए उखाड़कर बेहतर विकल्प चुनने के लिए अभिव्यक्ति की आजादी के अधिकार का उपयोग करने की प्रेरणा दी। यह उनके ही अनोखे व्यक्तित्व का कमाल था कि 1972 में चंबल के लगभग 400 दुर्दान्त डाकुओं ने उनकी अपील पर आत्मसमर्पण करके फिर से सामाजिक जीवन में लौटना स्वीकार किया था। आज इस तरह का कद्दावर नेता कहीं देखने को मिलता है।

लोकनायक जयप्रकाश के जन्म शताब्दी वर्ष ने हमें यह एक सुनहरा अवसर फिर से प्रदान किया है जब हम उनके विचारों, आदर्शों और भावनात्मक तरंगों से नए सिरे से अनुप्राणित हो सकते हैं। जे. पी. भारतीय राजनीति और जनजीवन में भ्रष्टाचार और अनैतिकता में चतुर्दिक फैलाव से बहुत दुःखी थे और उसके खिलाफ एक निर्णायक मोर्चा खोलना चाहते थे। आज जबकि भ्रष्टाचार का फैलाव और भी कई गुना बढ़ गया है और राजनेताओं पर से जनता का विश्वास पूरी तरह से उठने लगा है, हमें जे. पी. के उस संकल्प को पूरा करने के लिए आगे आना ही चाहिए। यह देखकर कि राजनीतिक पार्टियाँ जनसेवा की बजाए केवल सत्ता प्राप्ति के लिए ही काम करती हैं, उन्होंने पार्टीविहीन लोकतन्त्र और राष्ट्रीय सरकार के विचार का प्रस्ताव किया था। उस समय उनके विचार को अस्वाभाविक और अव्यावहारिक कहकर खारिज कर दिया गया था। लेकिन उनकी दूरदर्शिता का सच शनैः-शनैः हमारे सामने आ रहा है। देश का वर्तमान राजनीतिक परिदृश्य आज जिस मुकाम पर है, उससे वह दिन दूर नहीं जब हम देखेंगे कि कोई भी राजनीतिक पार्टी न तो अपने बलबूते और न ही गठबन्धन के सहारे सरकार बना पाने में सफल हो पाएगी, क्योंकि जनता किसी को भी बहुमत और स्पष्ट जनादेश नहीं देगी। ऐसी स्थिति आने पर एक अभूतपूर्व गतिरोध उत्पन्न हो जाएगा। केन्द्र में तो राष्ट्रपति शासन लगाए जाने का भी कोई संवैधानिक उपबन्ध नहीं है। इसलिए हमारे मौजूदा राजनीतिज्ञों को अभी भी ऐसी स्थिति के बारे में सोच लेना चाहिए और जे. पी. के उक्त प्रस्ताव पर पुनर्विचार करना चाहिए।

निर्वाचन प्रणाली की खामियों की ओर इशारा करते हुए उन्होंने कहा था कि इसके द्वारा जो सरकारें बनती हैं वे वास्तव में देश के जनमत और बहुमत का प्रतिनिधित्व नहीं करतीं। इसमें कोई पार्टी बमुश्किल 25 फीसदी वोट पाकर देश की सत्ता पर काबिज होने में सफल हो जाती है। निर्वाचन प्रक्रिया में होने वाले धन के बड़े पैमाने पर प्रयोग को रोकने के लिए भी उन्होंने कुछ ठोस सुझाव दिए थे। सत्ता के केन्द्रीकरण के वह सख्त खिलाफ थे। आर्थिक क्षेत्र में भी वह विकेन्द्रीकरण के पक्के हिमायती थे। वह गाँवों को आत्मनिर्भर और स्वशासित बनाना चाहते थे। वह उपभोग को अधिकाधिक बढ़ाने की बाजारवादी आर्थिक व्यवस्था के स्थान पर आवश्यकता सीमित रखते हुए खुशहाली बढ़ाने के विचार की वकालत करते थे। उनका कहना था, "यदि मनुष्य सही अर्थों में अपनी स्वतन्त्रता और स्वशासन का उपभोग करना चाहता है तो उसे अपनी आवश्यकताओं को कम करना ही पड़ेगा।" देश की विशाल आबादी और सीमित संसाधनों के परिप्रेक्ष्य में उनका चिन्तन एकदम यथार्थवादी और भारतीय जनमानस के स्वभाव के अनुरूप ही था। साधन और साध्य की एकता और शुद्धता के गाँधी जी के सिद्धान्त में उनकी पूरी आस्था थी। वह चाहते थे कि हमारी आर्थिक

व्यवस्था शोषणरहित और सभी नागरिकों की मूलभूत जरूरतों को अनिवार्य रूप से पूरी करने वाली होनी चाहिए।

भारतीय जनता पार्टी लोकनायक की हमेशा ऋणी रहेगी। जिस समय देश के राजनीतिक परिदृश्य में राष्ट्रीय स्वयंसेवक संघ और जनसंघ को मुख्यधारा से बाहर के कथित तौर पर साम्प्रदायिक संगठनों के रूप में देखा जाता था, उस समय जे. पी. ने जनसंघ को जनता पार्टी में शामिल करके राजनीति की मुख्यधारा में शामिल होने का ऐतिहासिक अवसर प्रदान किया और हमारी पार्टी के वरिष्ठ नेता पहली बार सत्ता में आकर अपना वैचारिक व राजनीतिक महत्त्व जनता के सम्मुख सिद्ध कर सके।

(लेखक केंद्रीय स्वास्थ्य एवं परिवार कल्याण मंत्री रहे हैं और लोकनायक जयप्रकाश के निजी चिकित्सक भी रहे हैं।)

जे. पी. : भुलाया न गया

डॉ. शारदा सिन्हा

कहते हैं, लोगों ने जे. पी. को भुला दिया। क्या यह सच है? क्या यह सम्भव है? इन तमाम सवालों के जवाब की पड़ताल आज बरबस प्रासंगिक हो चली है जब संपूर्ण राष्ट्र इस वर्ष उनकी जन्मशती मनाने की तैयारियों में विविध आयामों के साथ जुटा हुआ है। सब अपने-अपने तरीके एवं अपने-अपने हिस्से की याददाश्त जो लोगों ने इस महान व्यक्तित्व के जीवन एवं कृति से समेटे हैं के सहारे उन्हें स्मरण कर रहे हैं। आयें, हम भी उस लम्बी कड़ी का एक हिस्सा बनकर उस शख्सियत को उस रूप में याद करें जिसके एक इशारे पर युवकों ने संपूर्ण शक्ति के साथ क्रांति की उस ज्वाला में अपने आपको झोंक दिया जिसने कभी पूरी व्यवस्था बदल कर रख दी थी।

अब प्रश्न उठता है कि जे. पी. को किन चीजों के लिए याद करें। निश्चित रूप से उन्हीं कारणों के लिए जिनके लिए जे. पी. ने अपना संपूर्ण जीवन मानव सेवा एवं सर्ववाह के उत्थान के लिए समर्पित कर दिया। ऐसे अवसर पर हम उन मूल्यों, उन आदर्शों को याद करने की कोशिश करें जो जे. पी. को प्रिय थे, उस डगर पर सिंहावलोकन करने की कोशिश करें जिसके विभिन्न पड़ावों से गुजरकर जे. पी. अनन्त सागर में विलीन हो गए। ये डगर उन तमाम लोगों की सामाजिक, आर्थिक, राजनीतिक एवं वैयक्तिक मुक्ति की तमाम सम्भावनाओं को जिन्दा रखे हुए हैं। उनके लिए जे. पी. का मार्ग महाजनो येन गतः स पंथाः—वाली कहावत को चरितार्थ करता है।

जे. पी. के व्यक्तित्व के विविध रंगों के इन्द्रधनुष को हिन्दुस्तान के उन पाँच अन्धे व्यक्तियों के अन्तःनेत्रों से देखा जा सकता है जिन्होंने एक हाथी के विभिन्न अंगों को स्पर्श कर अलग-अलग वस्तुओं के रूप में सम्बोधित किया। इससे सम्बन्धित उस नीतिकथा में वर्णन है कि उन अन्धे व्यक्तियों में से एक ने कान छुआ और कहा, हाथी एक चलनी है। दूसरे ने उसकी सूँड़ पकड़ी और उसे साँप कह डाला। तीसरे ने उसकी पूँछ पकड़ी और उसे रस्सी समझा। चौथे ने बगल को छूकर देखा तो उसे हाथी के रूप में एक चट्टान का एहसास हुआ। पाँचवें और आखिरी ने उसका पैर पकड़कर उसको समझने की कोशिश की तो उसे मोटा खम्भा से ज्यादा कुछ नहीं लगा। आशय है कि अन्धेपन के कारण कोई भी हाथी को पूर्ण रूप से नहीं पहचान सका, जबकि अपनी-अपनी हदों तक वे हाथी की विभिन्न खूबियों से रूबरू हो चुके थे। परन्तु संपूर्ण रूप से किसी को भी हाथी का ज्ञान नहीं था। लगभग यही बात जे. पी. को समझने में समझी जा सकती है। जे. पी. अलग व्यक्तियों के लिए भिन्न-भिन्न विशिष्टताओं के साथ भले ही अलग-अलग प्रतीत होते हों, यथा जे. पी. एक स्वतन्त्रता सेनानी, जे. पी. एक मार्क्सवादी, जे. पी. एक समाजवादी, जे. पी. को सर्वोदयी और जे. पी. को हम संपूर्ण क्रांति के स्वप्न द्रष्टा के रूप में जानते हैं। परन्तु जे. पी. सिर्फ जे. पी. यानि जयप्रकाश नारायण थे। उन तमाम खूबियों को एक नाम में समेटे हुए जिसे बस जे. पी. कहते हैं। जे. पी. के इतने रूपों को देखकर लोग इतने कनफ्यूज्ड हो जाते हैं कि स्वयं जे. पी. को कनफ्यूज्ड कह डालते हैं।

मनुष्य जीवन के चित्र को एक रास्ते के रूप में समझा जाए तो जे. पी. के जीवन की राह सीधी नहीं थी, टेढ़ी-मेढ़ी थी। पर जे. पी. को समझना हो तो पहले यह समझना होगा कि जीवन्त जीवन प्रवाह किसी रास्ते की तरह नहीं, एक नदी की धारा के समान होता है। नदी की धारा सागर में जाने से पहले न जाने कितने पर्वत पहाड़ों को चीर डालती

है, कितने जंगलों, मैदानों को टेढ़ी-मेढ़ी जलप्लावित करती हुई, खेतों-खलिहानों को उर्वर और हरा बनाती हुई अन्त में गंगा की तरह शान्त और पावन होकर सागर में मिल जाती है। जे. पी. ने खुद भी अपने एक लेख में इस बात को इन शब्दों में स्वीकार किया है– *''एक अजनबी को मेरे जीवन के अतीत का रास्ता भले ही टेढ़ा-मेढ़ा, अस्थिर एवं अँधेरे में टटोलने जैसा लगे, लेकिन जब मैं पीछे मुड़कर देखता हूँ तो मुझे यह विकास की एक अपरिवर्तित रेखा नजर आती है। निःसन्देह टटोलने जैसा कतई नहीं था। वास्तव में स्पष्ट आकाशदीप थे जो कभी मद्धिम नहीं हुए और शुरू से अपरिवर्तित रहे। यही आकाशदीप मेरे इस विकट पथ का पथ प्रदर्शक बना।''*

जे. पी. को यदि सिर्फ एक विशेषता के लिए जानें (जो शायद बहुत मुश्किल है) तो वह है उनका क्रांतिकारी व्यक्तित्व। उनका व्यक्तित्व सदा क्रांति का पर्याय रहा और उनकी ऊर्जा का केन्द्रबिन्दु। क्रांति की छोटी-मोटी धाराएँ एक परमवेग के साथ 'संपूर्ण क्रांति' के रूप में सन् 1974 में फूटीं जो जे. पी. के जीवन का क्लाइमेक्स था तो उसके बाद की विफलताएँ ऐंटीक्लाइमेक्स साबित हुईं। जे. पी. के संपूर्ण राजनीतिक जीवन को दरअसल 'इन्कलाब की तलाश' के रूप में व्याख्यायित किया जा सकता है। यही तलाश उन्हें गाँधी से मार्क्स की ओर और पुनः गाँधी की ओर ले गयी। लेकिन उन्होंने एक के लिए दूसरे का कभी त्याग नहीं किया, हालाँकि वे अकसर इससे अनजान ही रहे। इसके अलावा पश्चिमी देशों के लोकतन्त्र ने भी उन्हें प्रभावित किया। यह प्रक्रिया अन्ततः एक राजनीतिक दर्शन के रूप में विकसित हुई जिसमें समकालीन भारत में प्रचलित तीन मुख्य विचारधाराओं–मार्क्सवाद, गाँधीवाद और लोकतन्त्र–का संयोजन था जिसे गाँधीवादी समाजवाद कहा जा सकता है।

जे. पी. के जीवन को आलोकित करता आकाशदीप स्वतन्त्रता एवं समानता का आदर्श बना। हालाँकि प्रारम्भ में स्वतन्त्रता जो कि उनके जीवन का आकाशदीप बना, भारत की स्वतन्त्रता तक ही सीमित था, लेकिन समय के साथ-साथ समस्त मानव की स्वतन्त्रता को स्वीकार किया–मानव व्यक्तित्व की स्वतन्त्रता, मस्तिष्क की स्वतन्त्रता, आत्मा की स्वतन्त्रता।

स्वतन्त्रता का आकाशदीप जबकि उन्होंने गाँधी जी से ग्रहण किया, समानता एवं भ्रातृत्व का आदर्श उनमें मार्क्स से आया। इत्तेफाकन ये अमेरिका में हुआ जब वे उच्च शिक्षा के लिए उन दिनों वहाँ के विभिन्न विश्वविद्यालयों में थे। उन्हें यह विश्वास हो चला था कि राजनीतिक आजादी अपने-आप में नाकाफी छोटे बालक के रूप में अपने गाँव की गरीबी को बड़े ही करीब से देखा था और शायद यही उनके गहरे दिल में दरिद्र एवं उनकी पीड़ा के लिए एक अव्यक्त चिन्ता जगा गया था। एक क्रांतिवादी के रूप में उनका विकास उनकी पारिवारिक परिस्थितियों की वजह से हुआ था जिसमें उन्होंने सामाजिक विषमताओं का अपने छोटे से गाँव सिताबदियारा में बड़े ही नजदीक से अवलोकन किया था। लेकिन उनकी शिक्षा-दीक्षा का भी कम प्रभाव उनके समाजवादी व्यक्तित्व के निर्माण में नहीं हुआ। अमेरिका में समाजशास्त्र के विद्यार्थी के रूप में सात साल का अनुभव उनके व्यक्तित्व की नींव साबित हुआ। वहीं उन्होंने मार्क्सवाद का सूक्ष्म अध्ययन कर समकालीन विश्व में इसकी बढ़ती प्रासंगिकता का अनुभव किया। उस समय उनके लिए क्रांति का मार्क्सवादी रवैया ज्यादा सटीक लगा क्योंकि गाँधी के असहयोग और सविनय अवज्ञा की अपेक्षा मार्क्सवादी पद्धति ज्यादा निश्चित एवं जल्द लक्ष्य तक पहुँचने वाली लगी। खासकर लेनिन की उल्लेखनीय सफलता ने तो क्रांति के मार्क्सवादी मार्ग को निःसन्देह स्थापित कर दिया था। हालाँकि जिस समय अमेरिका में वे मार्क्स के विचारों की बारीकियों को आत्मसात कर रहे थे, वे इस बात से सदा अनजान थे कि गाँधी भी अपने देश भारत में गरीबी के प्रति चिन्तित थे और उनकी संपूर्ण क्रांति की अपनी स्वयं की विशिष्ट धारणा थी। बाद में उनको विश्वास हो चला कि गाँधीवाद की उपेक्षा करके समाजवाद अपने को क्षति पहुँचाएगा।

जे. पी. का मानना था कि असमानता का कारण है प्रकृति की देन पर व्यक्ति स्वामित्व। इस समस्या का उनका एक सोशलिस्ट समाधान था जिसके अनुसार उत्पादन के साधनों की निजी मिल्कियत खत्म कर दी जाए और सारा समाज उनका स्वामी बन जाए। वे सोशलिज्म को पूँजीवादी व्यवस्था का अनिवार्य प्रत्युत्तर मानते थे। ''जहाँ कहीं पूँजीवाद है वहाँ सोशलिज्म ही आएगा। दुनिया के चारों कोनों में सोशलिज्म फैल जाएगा। भारत भी नहीं बचेगा।'' ऐसा उनका विश्वास था। उनका मानना था कि सोशलिज्म ही आदर्श मनुष्य को मार्क्स या प्लेटो के स्तर तक उठा सकता है क्योंकि

सोशलिज्म का लक्ष्य है सबका अधिकतम भला।

जे. पी. के मतानुसार समाजवाद को भारत में एक विशाल सामाजिक क्रांति करने, सामाजिक गतिशीलता तथा सामाजिक समानता लाने, आधुनिक उत्पादन क्रियाओं को उपलब्ध करने के साथ-साथ ऐसी क्रांति करनी है जिससे भारतीय जनता अपनी सांस्कृतिक परम्पराओं का न केवल सम्मान कर सके बल्कि उनका संरक्षण भी कर सके। जयप्रकाश कहते, *"भारत की सांस्कृतिक परम्पराओं में जो कुछ भी जीवनदायक है, भारत का नया समाज और भारत के नए सोशलिस्ट उसी में जन्मेंगे—तभी वास्तविक परिवर्तन हो सकेंगे और आदर्श समाज का निर्माण हो जाएगा। इन सभी के सम्मिश्रण से भारतीय समाज में वह सौन्दर्य पैदा होगा जो नेकी से आता है और वह समझदारी आएगी जिससे समाज में सत्ता पर नियन्त्रण किया जा सकता है।*

जब वह 14 वर्ष के युवक थे, तब मानव आत्मा के अजेय व सुन्दर स्वभाव के सपने देखते थे। जयप्रकाश भाषणों में भी इस गहरे विश्वास पर बल देते कि मनुष्य के लिए समाज की वह व्यवस्था ही सबसे अच्छी है जिसमें उसे जनता व प्रकृति के साथ सबसे अधिक रचनात्मक संबंध बनाने की स्वतन्त्रता हो। जे. पी. मानते थे कि मनुष्य महानता प्राप्त करने की आकांक्षा कर सकता है और महानता प्राप्त भी कर सकता है लेकिन तभी जब वह स्वतन्त्र हो। भारत को राष्ट्रीय स्तर पर स्वतन्त्र होना चाहिए, कलाकारों और बुद्धिजीवियों को सृजन करने के लिए स्वतन्त्र होना चाहिए।

संपूर्णता जे. पी. के लिए विशेष अर्थ रखती थी। समाजवाद, संपूर्ण क्रांति, परिवर्तन के लिए सदैव तत्पर एक पूर्ण अवस्था की ओर ले जाने वाली चीजें हैं जिसके लिए काल का कोई बन्धन नहीं होता, वह तो युगान्तकारी होता है। वे वक्त के साथ बदलते रहे लेकिन सिद्धान्तों एवं मूल्यों के साथ समझौता नहीं किया। उनकी संपूर्ण क्रांति में सामाजिक, आर्थिक, राजनीतिक, सांस्कृतिक, वैचारिक, शैक्षणिक एवं नैतिक क्रांति का समावेश था। एक के बिना दूसरा सदा अपूर्ण था।

उनका गैरदलीय लोकतन्त्र का नारा कोरा नहीं था जिसकी प्रासंगिकता आज भी महसूस की जा रही है जब पार्टी एक व्यक्ति तक सीमित होकर रह गयी है। इमरजेंसी के दौरान जब पार्टी ही नहीं संपूर्ण सत्ता एक व्यक्ति के कदमों तले रौंदी जा रही थी जे. पी. स्वयं उम्मीद एवं आजादी के आकाशदीप बनकर उभरे एवं संपूर्ण विपक्षी एकता के केन्द्रबिन्दु बने। कभी-कभी जे. पी. को भारतीय परिवेश में सर्वश्रेष्ठ प्रधानमन्त्री के रूप में उद्धृत किया जाता था क्योंकि सर्वदा जे. पी. सर्वहारा की आवाज के स्थायी परिवर्णी (acronym) रहे।

जे. पी. जो करना चाहते थे उसे अपने जीवन काल में मूर्त रूप नहीं प्रदान कर सके। इमरजेंसी के खिलाफ संघर्ष 'दूसरी आजादी' की लड़ाई की संज्ञा तो मिली लेकिन 'संपूर्ण क्रांति' का उनका सपना साकार नहीं हो सका। अब हम भले ही नेताओं और सरकार को कोस लें कि उन्होंने जे. पी. के आदर्शों पर पानी फेरा है, पर हमें यह भी याद करना होगा कि 1974 का ही आखिरी बड़ा जनान्दोलन था। उसके बाद संघर्ष और आंदोलन की बड़ी धारा की जगह सैकड़ों उपधाराएँ फूटी हैं। दलितों, पिछड़ों, महिलाओं, पर्यावरण, मानवाधिकार जैसे असंख्य मुद्दों पर आंदोलनों की गिनती की जा सकती है पर मुश्किल यह है कि ये आंदोलन सिद्धान्त एवं आदर्शवादिता की प्रतिबद्धता के अभाव में दिशाहीन होकर सर्वहारा तक वास्तव में पहुँचने में नितान्त रूप से असफल हो गए हैं। कुकुरमुत्तों की तरह उग आईं कई स्वयंसेवी संस्थाएँ अपने उद्देश्यों की बलि स्वार्थ के दैत्य को कर देती हैं। ऐसे में जे. पी. के प्रिय आदर्शों का सम्मान ऊर्जान्वित कर सचमुच के परिवर्तनकारी आंदोलन बनाकर जे. पी. के सपनों की संपूर्ण क्रांति की दिशा में आगे बढ़ने की पहल करें। यह मुश्किल काम नहीं है—हाँ यह जरूर लगता है कि एक केन्द्रीय व्यक्तित्व के अभाव में इसे कौन करेगा, जाहिर है यहाँ जे. पी. याद आएँगे। जे. पी. की आवश्यकता महसूस होगी। पर वे अब हमारे बीच नहीं हैं। उनकी कमी को यदि उनके चिन्तन प्रवाह को सर्वहारा के बीच पहुँचाकर पूरा करें तो देश-समाज के साथ स्वयं उनके प्रति भी उनके जन्मशती वर्ष में यह सच्ची श्रद्धांजलि होगी। उनकी स्वर्गवासी आत्मा को भी सन्तोष मिलेगा।

इतना कुछ कह गुजरने के बाद अब शायद यह नहीं लगता कि हम जे. पी. को भूले हैं या भुला पाएँगे। इस वर्ष जे. पी. के नाम पर नए-नए कार्यक्रम, उन पर डाक टिकट, संपूर्ण क्रांति को याद करती रेलगाड़ियाँ, सिक्के, जयप्रकाश रोजगार गारण्टी योजना इत्यादि जे. पी. की याद को ताजा रखने में अपनी-अपनी भूमिका निभाएँगे। हालाँकि उपर्युक्त सारी चीजें स्थायी न भी हों तो भी उनकी संपूर्ण विचारधारा स्थायी रूप से प्रवाही रहेगी। उनका कभी अन्त नहीं होगा।

जे. पी. चिन्तन का पुनर्जन्म सदैव किसी न किसी रूप में होता रहेगा।

संपूर्ण क्रांति दिवस 18 मार्च, 2002 को पटना राजधानी के विभिन्न स्थलों पर धरना, सभा का आयोजन किया गया। स्थानीय गाँधी संग्रहालय में भी सभा आयोजित की गई। आयकर गोलम्बर पर परिवर्तन यज्ञ का कार्यक्रम किया गया। जे. पी. के अपने आवास कदमकुआँ में आरती पूजा की गई। वक्ताओं ने अपने उद्‌गार व्यक्त किए। जे. पी. के विचारों से नई पीढ़ी के युवकों को परिचित कराने की आवश्यकता महसूस की गई। मूल्यांकन करने की आवश्यकता है कि संपूर्ण क्रांति का लक्ष्य कितना सफल रहा। अगर क्रांति अपने पथ से विचलित हुई तो इसके कौन-कौन से कारण थे। संपूर्ण क्रांति में उनके सवाल आज भी अनुत्तरित हैं। आज कहीं जे. पी. जैसे नेता दिखाई नहीं पड़ रहे हैं। संपूर्ण क्रांति के समर्थकों में प्रतिबद्धता लाने की आवश्यकता है। वक्ताओं का विचार था कि देश वर्तमान में बिखराव की ओर बढ़ रहा है। समाज में, परिवार में बिखराव हो रहा है। हिंसा एवं स्वार्थ का ताण्डव नृत्य हो रहा है। अहंकार में मदमस्त जे. पी. आंदोलन से उपजे लोग जे. पी. के विचारों का गला घोंट रहे हैं। जे. पी. के शिष्य जे. पी. को दुत्कार कर उनके योगदानों एवं सफलताओं का श्रेय स्वयं लेना चाह रहे हैं। परन्तु सच्चाई यह है कि आज 1974 से भी ज्यादा बदतर स्थिति है। चर्चा का विषय रहा कि गाँधी संग्रहालय में आयोजित कार्यक्रम में जे. पी. आंदोलन से जन्मे और सत्ता के गलियारे तक पहुँचे नेताओं को संपूर्ण क्रांति दिवस याद नहीं आया या जानबूझ कर याद नहीं किया गया। *जे. पी. को उनकी जयन्ती, पुण्य तिथि एवं जन्मशती पर याद करें या न भी करें तब भी क्रांति की कोई बात चलेगी तो वे अवश्य याद आयेंगे। जे. पी. कभी भी भुलाये नहीं जा सकेंगे। जे. पी. को उनकी जन्मशती पर शत् नमन।*

यातनामय संघर्ष-यात्रा

डॉ. मृत्युंजय कुमार

जे. पी. की जिन्दगी निरन्तर बाधाओं और विपदाओं से जूझती एक दृढ़ निश्चयी महापुरुष की संघर्षमय जीवनगाथा है। गाँधी जी ने बहुत प्रारम्भ में ही उनको *'जन्मजात योद्धा'* की उपाधि से विभूषित कर दिया था। स्वतन्त्रता आंदोलन के काम में उनको अपार कष्ट झेलने पड़े। स्वतन्त्रता प्राप्ति के बाद भी उन्हें इससे मुक्ति नहीं मिल सकी। उनका शरीर भी हमेशा कोई न कोई बीमारी लेकर उन्हें खाट पकड़ने पर मजबूर कर देता था, पर वे कभी भी अपने पथ से विचलित नहीं हुए। हर बार वे इन बाधाओं को पार कर पुनः दुगुने उत्साह से अपने लक्ष्य की ओर चल पड़ते थे।

चरैवेति। चरैवेति ॥

यही उनका ध्येय वाक्य था। उन्होंने स्वयं 1975 में जेल यात्रा के दौरान रचित अपनी कविता में कहा है—

"रुकना नहीं मुझको कहीं
अवरुद्ध जितना मार्ग हो,
निज कामना कुछ है नहीं
सब है समर्पित ईश को,"

जे. पी. की जन्मस्थली, सिताब दियारा, बिहार और उत्तर प्रदेश की सीमा पर गंगा के किनारे बसा एक गाँव है। यहाँ की भौगोलिक स्थिति ऐसी है कि वहाँ के लोगों को गंगा की विनाशकारी लहरों से अपने आपको बचाने के लिए हमेशा संघर्ष करता रहना पड़ता है। इस कारण वहाँ के लोगों के सिर्फ शरीर ही नहीं बल्कि मन भी फौलाद की तरह हो जाते हैं। अपनी जन्मस्थली की इसी नैसर्गिक विशेषता ने शायद जे. पी. को भी एक फौलादी व्यक्तित्व प्रदान किया था। वे अपनी अन्तिम श्वास तक भारत के लोगों के स्वाभिमान और अस्तित्व की रक्षा एवं उनको सुखी सम्पन्न बनाने हेतु संघर्ष करते रहे। आजादी के बाद अपने ही देश की सत्ता से। उनकी इस संघर्षगाथा से आज का युग भली-भाँति परिचित है। उनकी क्षमता का लोहा हर समय लोगों ने माना, पर विपरीत परिस्थितियों में जबकि स्वयं अपना शरीर भी साथ नहीं दे रहा हो तो भी अपने संघर्ष पथ पर बढ़ते जाना, ऐसे ऊर्जावान पुरुष के रूप में उनका परिचय बहुत कम ही लोगों तक पहुँच पाया है। समकालीन महापुरुषों की जीवनी का विवेचन करने पर पता चलता है कि उन लोगों का जीवन का कुछ भाग, थोड़ा कम या थोड़ा ज्यादा, यातनामय संघर्ष में बीता है। कुछ के जीवन अल्पायु रहे हैं। परन्तु किशोरावस्था से लेकर मरणासन्न अवस्था तक, अपनी शारीरिक बीमारी का संत्रास झेलते हुए भी देशहित के लिए संघर्ष जारी रखना, पूरे उत्साह से स्वयं आगे बढ़कर नेतृत्व की बागडोर सँभालना, विश्व में उन्हें अद्वितीय बना देता है।

विद्यार्थी जीवन का संघर्ष

विद्यालय की परीक्षा में मेरिट स्कॉलरशिप के साथ उत्तीर्ण होने के बाद से सर्वप्रथम पटना में स्वतन्त्रता आंदोलन के नजदीक आए। महात्मा गाँधी का आंदोलन अभी पूरा जोर नहीं पकड़ पाया था, इसलिए जयप्रकाश जी मन लगाकर विद्या अध्ययन की तैयारी में लग गए। बाद में उच्च शिक्षा के लिए उन्होंने अमेरिका जाकर अध्ययन करने का निर्णय लिया। अमेरिका का जीवन कष्टकारक होगा ऐसा उन्होंने अनुमान कर लिया था, पर वे शारीरिक परिश्रम में सफल होंगे ऐसा उनका विश्वास था। इस विश्वास के साथ वे 16 मई, 1922 को कलकत्ता से समुद्री जहाज के द्वारा अमेरिका प्रस्थान करते हैं। जहाज में दो अन्य समवयस्क छात्र जो हैदराबाद से आए थे, से उनकी मित्रता हो जाती है और फिर हँसते खेलते सफर आगे बढ़ते जाता है। कुछ समय बाद जब जहाज बंगाल की खाड़ी में प्रवेश करता है तो सामुद्रिक यात्रा के कारण उन सबों की तबीयत खराब होने लगती है। उनका सर चकराने लगता है, उबकाई आने लगती है। न तो कुछ खा सकते हैं न पी सकते हैं, सोना, बैठना, खड़े रहना सब मुश्किल हो जाता है। किसी तरह तीन दिन बाद वे रंगून पहुँचते हैं। उनके साथियों ने निराश होकर यह प्रस्ताव रखा कि सामुद्रिक यात्रा हम लोगों के लिए सम्भव नहीं है, अतः क्यों नहीं यहाँ से वापस चला जाए। पर जयप्रकाश तो दृढ़ निश्चयी थे, जो ठान लिया तो ठान लिया। हालाँकि उनकी अपनी हालत भी काफी खराब हो चुकी थी, पर अपने लक्ष्य से पीछे हटना उन्हें मंजूर नहीं था। शरीर साथ न भी दे तो मन की मजबूती से आगे बढ़ते जाना, यही उनकी प्रकृति थी। उन्होंने अपने मित्रों को भी साथ देने के लिए राजी कर लिया और फिर धीरे-धीरे सब कुछ सामान्य-सा हो गया। अपने लक्ष्य की प्राप्ति के लिए अपने शरीर को भी अपना अनुचर बना लेने का यह उनका पहला सफल प्रयास था।

जयप्रकाश अमेरिका पहुँचते हैं। अमेरिका में रहकर पढ़ने की फीस एवं अन्य खर्च इतने ज्यादा हैं कि घर से पैसे मँगाकर पढ़ना तो असम्भव है अतः वे धनोपार्जन की व्यवस्था में लग जाते हैं। इसके लिए उनको क्या-क्या कार्य नहीं करने पड़े, मजदूरी से लेकर होटल में बर्तन साफ करने एवं शौचालय में सफाई का काम करने तक। लेकिन कहीं भी स्थायी रूप से सन्तोषप्रद काम नहीं मिल पाता था। इसलिए मुश्किलें खत्म होने का नाम ही नहीं ले रही थीं। काम के साथ-साथ पढ़ाई जारी रखना कठिन हो रहा था। पर किसी प्रकार से उन्होंने विद्या अध्ययन जारी रखा।

कुछ अन्तराल के बाद जयप्रकाश जी ने अपने अध्ययन की उपयोगिता पर विचार करना प्रारम्भ किया। आज तक वे विज्ञान पढ़ते रहे। विज्ञान पढ़ने का एक ही उद्देश्य था कि स्वदेश लौटकर अपने वैज्ञानिक अनुसन्धानों द्वारा देश को लाभ पहुँचाएँ। परन्तु धीरे-धीरे उन्हें लगने लगता है कि इन अनुसन्धानों, इन कल-कारखानों से कितने लोगों को फायदा हो सकेगा। कुछ लोग धनी हो जाएँगे और कुछ परिश्रमी लोगों को काम करने का अवसर मिल पाएगा। पर इससे क्या देश की गरीबी और बेकारी की समस्या दूर हो सकेगी? नहीं। इसी कारण धीरे-धीरे उनका झुकाव समाज के नवनिर्माण के लिए समाजशास्त्र विषय की ओर होता है। इस निमित्त वे शिकागो आते हैं और वहाँ श्री चन्द्रा सिंह के मकान में ठहरते हैं। शायद यहाँ कुछ पैसे कमाकर फिर आगे अध्ययन के लिए रूस जाने की व्यवस्था हो सके। पर यहाँ आने पर पता चलता है कि पैसे कमाना तो दूर, जीवनयापन तक मुश्किल हो रहा है। धीरे-धीरे अमेरिका में उनके अव्यवस्थित रहन-सहन, असन्तुलित खान-पान और कड़ी मेहनत ने उनके शरीर को तोड़ दिया, भयानक बीमारी बढ़ती गई और वे बिस्तर पर पड़ गए। जोड़ों में भी दर्द, बोलना और खाना भी मुश्किल हो गया, रूस जाकर समाजशास्त्र का अध्ययन करने का सपना तो जैसे समाप्त ही हो गया। वे पुनः अपने देश लौट पाएँगे या नहीं यह भी अनिश्चित लगने लगा। खैर, अपने मित्रों एवं श्री चन्द्रा सिंह एवं उनकी धर्मपत्नी जिन्हें वे माँ कहते थे, की अथक सेवा और सहायता से उनके गले का ऑपरेशन हुआ और वे लगभग महीने भर बीमार रहने के बाद किसी प्रकार स्वस्थ हो पाए।

इतनी लम्बी बीमारी के बाद स्वदेश में अपने लोगों को देखने की इच्छा स्वाभाविक होती है, परन्तु अपने अभीष्ट लक्ष्य को ध्यान में रखकर वे अपने आप पर नियन्त्रण रखते हैं और समाजशास्त्र का अध्ययन पुनः प्रारम्भ करते हैं। मानव मात्र के कल्याण की उनकी इच्छा कितनी बलवती थी, उनका आभास उनके विद्यार्थी जीवन के इस संघर्ष से मिलना प्रारम्भ हो गया था। यदि चाहते तो उस समय के प्रचलन के अनुसार वे भी विदेश से कानून या विज्ञान की बड़ी डिग्री लेकर भारत में ऐशो आराम और प्रसिद्धि का जीवन व्यतीत कर सकते थे, साथ ही चाहते तो अपने देश

प्रेम का शौक भी पूरा कर सकते थे। पर उनका देशप्रेम तो शाश्वत था, कोई घटना, कोई परिस्थिति या किसी की प्रेरणा से वे देश सेवा की ओर आकर्षित हुए थे, ऐसा नहीं था। शायद तभी वे अपने ऊपर आने वाली तमाम पीड़ाओं को भी बड़ी आसानी से झेल जाते थे।

अमेरिका से जयप्रकाश जी सितम्बर 1929 में भारत लौटे। भारत में चारों ओर उस समय स्वतन्त्रता आंदोलन की धूम मची हुई थी। वे गाँधी और नेहरू के सम्पर्क में आए और काँग्रेस की गतिविधियों में पूरे जोश-खरोश के साथ सक्रिय हो गए। धीरे-धीरे उनकी गिनती काँग्रेस के बड़े नेताओं में होने लगी और देश भर में, विशेषकर युवा वर्ग में वे काफी लोकप्रिय हो गए।

क्रांतिकारी जीवन की यातना

सन् 1940 में जे. पी. ने बिहार के चाईबास में एक भाषण दिया जिस पर नाराज होकर अँग्रेज सरकार ने उन्हें जेल में डाल दिया। इस गिरफ्तारी पर गाँधी जी और नेहरू को बहुत गुस्सा आया। उस समय गाँधी जी ने एक लेख लिखा जिसमें जयप्रकाश जी को *'समाजवाद का आचार्य'* और एक *'जन्म योद्धा'* बताया। गाँधी जी ने यह भी लिखा कि इस व्यक्ति ने अपना सबकुछ देश पर न्यौछावर कर दिया। जितनी यातनाएँ बेचारा यह व्यक्ति सहन कर रहा है, उतनी शायद ही किसी ने सहन की हों। किसी को क्या पता कि आगे आने वाले दिनों में अभी इस व्यक्ति को और भी क्या-क्या यातना अपनों और परायों के द्वारा झेलना बाकी हैं।

सन् 1940-41 के आसपास जब जयप्रकाश जी गिरफ्तार किए गए तो उन्हें अजमेर के पास देवली के कैम्प जेल में रखा गया। वहाँ उन्होंने कुछ स्थानीय माँगों के लिए अनशन प्रारम्भ किया तो वह 33 दिनों तक चला। इतनी लम्बी अवधि के अनशन से उनका शरीर काफी कमजोर हो गया। उनके पैर में सायटिका की बीमारी उभरकर आने लगी, इस कारण वे कभी-कभी चलने-फिरने से भी लाचार हो जाते थे। देवली कैम्प के बाद उन्हें हजारीबाग जेल में रखा गया। वहाँ भी उनका स्वास्थ्य खराब ही रहता था, वे न तो तेजी से चल सकते थे, न ही तन कर खड़े हो सकते थे। इतने दिनों की शारीरिक यातना ने उनके हृदय और मस्तिष्क को और भी मजबूत और दृढ़ निश्चयी बना दिया था। हजारीबाग जेल से उन्होंने भागने की योजना बनाई और अन्त में वे जेल से भागने में सफल भी हो ही गए। जेल से भागने के बाद वे जंगल-जंगल, भूख-प्यास और अपार कष्ट सहते हुए भी आगे बढ़ते गए। पर कब तक चल पाते। उनकी सायटिका बीमारी पूरे जोरों से उभर आई, उनका और आगे चलना मुश्किल हो गया, तब उनके साथी शुक्ल जी और शालिग्रामजी, कभी अपने हाथों पर उठाकर और कभी अपने कन्धों का सहारा देकर उन्हें ले चलने लगे। इस प्रकार घिसटते हुए वे जंगल को पार किए। इसी अवस्था में उनका फरारी का आगे का जीवन बीतता रहा। अंग्रेजी सरकार और उनके बीच लुका-छिपी का खेल चलता रहा। अन्त में बड़े नाटकीय ढंग से सितम्बर 1943 में वे पुनः गिरफ्तार कर लाहौर फोर्ट जेल में रखे जाते हैं। यह जेल कैदियों को तरह-तरह की यंत्रणाएँ देने के लिए विख्यात थी। देश में खबरें फैलने लगीं कि लाहौर किले में जयप्रकाश जी को बर्फ की सिल्ली पर दो दिनों तक लिटाए रखा गया, उन्हें सोने नहीं दिया जाता था आदि आदि। सायटिका के बीमार को बर्फ पर लिटाया जाना—इस कल्पना से ही लोग काँप उठे। जयप्रकाश जी ने स्वयं लाहौर हाई कोर्ट को अपने दरखास्त में लिखा था—"मैं 18 सितम्बर को गिरफ्तार किया गया। मुझे रोज ऑफिस में बुलाया जाता, घण्टों तक बैठाया जाता, आठ बजे भोर से पाँच बजे शाम, फिर दस बजे रात से आधी रात तक मुझे तरह-तरह से धमकाया जाता। मुझे जो कष्ट दिए जाते, यन्त्रणा में बदल दिए गए। जब मुझे रात या दिन में सोने नहीं दिया जाता था, ऐसा मालूम पड़ता था कि दिमाग फट गया है, नसें चूर हो गईं, उफ! कैसी यन्त्रणा!"

अंग्रेज शासक जयप्रकाश जी का मनोबल तोड़ देना चाहते थे, उनके मस्तिष्क को विकृत बना देना चाहते थे, पर जयप्रकाश जरा-सा भी विचलित नहीं हुए। पूरे एक वर्ष चार महीने वे लाहौर जेल में रहे, फिर उनको 1945 के आरम्भ में आगरा जेल में स्थानान्तरित किया गया था। तब जाकर उनको कुछ राहत मिल सकी।

गाँधी जी के प्रयास से अन्ततः 11 अप्रैल, 1946 को जयप्रकाश जी को जेल से रिहा किया गया। जेल से बाहर

आने पर भारत की जनता ने उनका बड़े जोर-शोर से स्वागत किया। वे पुनः स्वतन्त्रता प्राप्ति के आंदोलन में सक्रिय हो गए। मानों उनके शरीर को कुछ हुआ ही नहीं था। सारी व्याधि, सारी कमजोरी न जाने तुरन्त कहाँ चली गई। अन्त में 15 अगस्त, 1947 को भारत आजाद हुआ।

आजाद भारत में संघर्ष

स्वतन्त्रता आंदोलन के इतने लम्बे और अत्यन्त कष्टदायक संघर्ष के बाद जो आजादी मिली वह आजादी भी खण्डित थी; साथ ही स्वतन्त्र भारत की बागडोर जिनके हाथ में थी वे मात्र सत्ता के इर्द-गिर्द ही सिमटकर रह गए थे। भारत में संपूर्ण परिवर्तन और विकास की जो कल्पना जयप्रकाश जी ने की थी उससे वर्तमान सत्ताधारी नेतृत्व पूरी तरह अलग था। ग्राम आधारित सामाजिक परिवर्तन की गाँधी जी और जयप्रकाश जी की कल्पना की जगह पर संसदीय व्यवस्था और केन्द्रीय सत्ता द्वारा नियन्त्रित विकास की अवधारणा की जड़ें मजबूत की जा रही थीं। यह सब जयप्रकाश बाबू को सहनीय नहीं था अतः उन्होंने पुनः अपनी समाजवादी विचारधाराओं की स्थापना के लिए संघर्ष प्रारम्भ किया पर आम चुनावों में वे जनता का बहुमत हासिल नहीं कर सके और निराश हो गए। कुछ समय के अन्तराल के बाद उन्हें एहसास हुआ कि सामाजिक एवं रचनात्मक आंदोलन के जरिए ही समाज में परिवर्तन के कार्य को आगे बढ़ाया जा सकता है। इस हेतु विनोबा जी के सर्वोदय आंदोलन ने उन्हें आकर्षित किया और वे पुनः उसी उत्साह और उसी निष्ठा से सर्वोदय आंदोलन से जुड़ गए, जितना कभी स्वतन्त्रता आंदोलन के लिए किया था। जयप्रकाश जी की यही विशिष्टता, भरपूर जीवनी शक्ति, सतत संघर्षशीलता और हार न मानने की दृढ़ संकल्प शक्ति उन्हें समकालीन देश की विभूतियों से अलग करती है।

संघर्ष का मार्ग बहुत ही कष्टप्रद होता है। उसमें निरन्तरता बनाए रखना, उत्साह बनाए रखना अत्यन्त ही कठिन होता है। इस मार्ग पर बहुत से ऐसे पड़ाव आते हैं जब मनुष्य थक जाता है। सुविधाएँ आकर्षित करने लगती हैं, जो मिल गया उससे सन्तोष कर लो, ऐसा मन कहने लगता है। ऐसा कुछ नहीं भी होता है तो मन थक जाता है, शरीर थक जाता है और व्यक्ति के मन में यह भाव उत्पन्न होने लगता है कि मेरा शरीर और स्वास्थ्य अब और संघर्ष करने की क्षमता खो चुका है। ऐसे में संघर्ष में विराम लग जाता है। पर ऐसी कोई मानवीय कमजोरी हम जयप्रकाश जी की पूरी जिन्दगी में नहीं देख पाए।

दुर्बल होती काया

समय गुजरता गया। एक बार 1971 में वे पुनः बीमार पड़े। इस बार उनको दिल की बीमारी ने धर दबोचा। डाइबिटीज और सायटिका तो पहले से ही उनको था। डॉक्टरों ने उनको काफी अरसे तक विश्राम लेने की सलाह दी। उन्होंने भी निर्णय लिया कि सामाजिक एवं राजनीतिक कार्यों से एक साल के लिए विश्राम लिया जाए। पर शायद उनके भाग्य में आराम था ही नहीं। चम्बल के डाकुओं ने जयप्रकाश जी के समक्ष आत्मसमर्पण करने का प्रस्ताव रखा। जयप्रकाश जी अपने रुग्ण स्वास्थ्य एवं दुर्बल काया के बावजूद बागियों की समस्या के समाधान में जुट गए। उनके द्वारा चम्बल घाटी शान्तिमिशन की स्थापना की गई और अन्ततः 14 अप्रैल, 1972 को चम्बल के बागियों ने जयप्रकाश जी के समक्ष आत्मसमर्पण किया।

धीरे-धीरे जयप्रकाश जी का स्वास्थ्य गिरता जा रहा था, प्रभावती जी भी बीमार रहने लगी थीं। संयोग ऐसा हुआ कि जयप्रकाश जी के बाएँ हाथ में कारबंकल का घाव उभर आया। इसका इलाज कराने हेतु वे बनारस हिन्दू विश्वविद्यालय के अस्पताल में गए। वहाँ उनका ऑपरेशन हुआ वे ठीक हो गए। यहीं पर प्रभावती जी की भी जाँच की गई और पता चला कि उन्हें गर्भाशय का कैंसर है। जयप्रकाश जी इस सूचना से काफी घबरा गए और आगे के इलाज के लिए 27 नवम्बर, 1972 को प्रभावती जी को लेकर विमान से वे बम्बई आ गए। यहाँ डॉक्टरों ने इनका ऑपरेशन किया और वे धीरे-धीरे ठीक होने लगीं। पर कुछ ही दिनों बाद उनकी बीमारी फिर बढ़ने लगी। वे लोग पटना चले आए, यहाँ पटना अस्पताल में उनका इलाज चला परन्तु कोई फायदा नहीं हो पाया और अन्त में 15 अप्रैल, 1973 को प्रभावती

जी इस दुनिया से सदा-सदा के लिए जे. पी. को अकेला छोड़कर चली गईं। यह जयप्रकाश जी के लिए नियति का क्रूरतम प्रहार था, फिर भी वे सदा की भाँति इस आघात को भी झेल गए।

प्रभावती जी के स्वर्गवास के बाद उनका स्वास्थ्य और भी खराब रहने लगा। डॉक्टरों ने उन्हें कुछ समय तक विश्राम करने की सलाह दी, पर विश्राम शब्द तो उनके शब्दकोश में बना ही नहीं था। देश की समस्याएँ उन्हें बेचैन कर रही थीं। राजनीतिक दलों से वे निराश हो चुके थे, सर्वोदय आंदोलन भी अपनी गतिशीलता खो रहा था। धीरे-धीरे वे इस निष्कर्ष पर पहुँचे कि छात्र एवं युवक ही उनकी संपूर्ण क्रांति की कल्पना के वाहक बन सकते हैं। इसी उद्देश्य से 9 दिसम्बर, 1973 को विनोबा जी के पवनार आश्रम में उन्होंने जनतन्त्र के लिए युवक (Youth for Democracy) के नाम से एक अपील जारी की। इसमें उन्होंने स्पष्ट कहा कि जब कभी देश का उद्धार होगा या क्रांति होगी तो इस क्रांति के अगुआ युवक और छात्र ही होंगे। कुछ समय बाद ही उनका कहा सच होने लगा। पहले गुजरात में, फिर बिहार में छात्रों ने आंदोलन का झण्डा बुलन्द किया और जे. पी. को अपना नेतृत्व प्रदान करने का आग्रह किया। जे. पी. भी इसके लिए तैयार हो गए और धीरे-धीरे यह आंदोलन संपूर्ण क्रांति के द्वारा समाज परिवर्तन के आंदोलन में परिवर्तित हो गया।

रोगग्रस्त शरीर और लोकतन्त्र के लिए संघर्ष

कई महीनों से जयप्रकाश जी का स्वास्थ्य खराब चला आ रहा था। वे काफी कमजोर हो गए थे। डॉक्टरों ने सलाह दी कि वे शारीरिक एवं मानसिक तनाव एवं परिश्रम से अपने को बचाए रखें, पर 18 मार्च एवं 19 मार्च, 1974 को पटना एवं बिहार राज्य में आगजनी, लूट और गोली काण्ड की घटनाओं ने उन्हें विह्वल कर दिया। अतः उन्होंने 8 अप्रैल को अपने नेतृत्व में मौन जुलूस निकालने की घोषणा कर दी। डॉक्टरों ने उन्हें बहुत ही अनिच्छापूर्वक सिर्फ एक घण्टा जुलूस में रहने की सलाह दी पर वे पूरे साढ़े तीन घण्टे तक जुलूस में रहे। समाज के हित के लिए अपने शरीर की कमजोरी या बीमारी को उन्होंने कभी भी आड़े नहीं आने दिया। इसी बीच जे. पी. के प्रोस्टेट ग्लैण्ड की बीमारी ने तकलीफ देना शुरू कर दिया था और उनका स्वास्थ्य गिरने लगा था। डॉक्टरों ने सलाह दी कि उनका ऑपरेशन करा दिया जाए। 29 अप्रैल, 1974 को उनका ऑपरेशन वेल्लौर अस्पताल में सफलतापूर्वक सम्पन्न हुआ। इस अवस्था में भी वे बिहार छात्र आंदोलन से अपना सम्पर्क बनाए हुए थे और अपना दिशा निर्देश देते रहते थे। 2 जून, 1974 को स्वस्थ होकर जे. पी. विमान द्वारा वेल्लौर से पटना आए। पटना में उनका भव्य स्वागत हुआ। आंदोलन में पुनः एक नया उत्साह और उमंग भर आया। आंदोलन जोर पकड़ता जा रहा था और इसी अनुपात में सरकारी दमनचक्र भी बढ़ता जा रहा था। घेराव, धरना, सभा, जुलूस के कार्यक्रमों का नेतृत्व जे. पी. स्वयं आगे बढ़कर कर रहे थे।

भारतीय इतिहास का बेमिसाल कारुणिक दृश्य

और फिर ऐतिहासिक 4 नवम्बर, 1974 का दिन आया। भारतीय इतिहास का यह बेमिसाल कारुणिक दृश्य था। 83 वर्षीय महान स्वतन्त्रता सेनानी गाँधी, सुभाष, भगत सिंह की कड़ी का एकमात्र वारिस आज उसी भूमि पर चोट खाकर गिरा पड़ा था जिस भूमि को अंग्रेजों की दासता से मुक्त कराने के लिए उसने अपना सर्वस्व न्यौछावर कर दिया था। आज उसी भूमि के लोग उस पर दनादन लाठियों से प्रहार किए जा रहे थे, जिन लोगों को आजादी की हवा में साँस लेने का अधिकार भी इसी महान आत्मा की कुर्बानियों के कारण मिला था। और आज भी वह उसी निष्ठा से अपने बीमार शरीर के बाकी बचे कोशिकाओं की आहुति भी मात्र इसलिए दे रहा था ताकि स्वतन्त्र भारत में वे ही लोग सुखी एवं समृद्धि से रह सकें। लोककल्याण के प्रति ऐसा समर्पण उन्हें समकालीन महापुरुषों की श्रेणी में सबसे ऊपर बिठा देता है। एक क्षण में जीवन लीला समाप्त हो जाना और बात है पर नित्य तिल-तिल जलकर अपने शरीर की आहुति देना, यह कोई दधीचि ही कर सकता है।

इस घटना के बाद छात्र आंदोलन जो कि जे. पी. आंदोलन के नाम से प्रसिद्ध हुआ, आगे चलकर पूरे देश में फैल गया। साथ ही साथ सरकारी दमन चक्र भी बढ़ता गया और अन्त में 25 जून, 1975 को मध्य रात्रि के समय देश में आपातकालीन स्थिति लागू कर जे. पी. को गिरफ्तार कर लिया गया।

आपात्कालीन नजरबन्दी में शारीरिक यातना

गिरफ्तारी के बाद उन्हें हरियाणा में सोहना नामक स्थान में एक गेस्ट हाउस में रखा गया। सोहना में दूसरे दिन ही जे. पी. का हृदय रोग फिर उभर आया। डॉक्टरों की राय के अनुसार 29 जून को उन्हें अखिल भारतीय आयुर्विज्ञान संस्थान में भर्ती कराया गया। दो दिन तक चिकित्सा करने के बाद चण्डीगढ़ के पी. जी. आई. अस्पताल में भर्ती करा दिया। उन्हें यहाँ एक घोर अपराधी बन्दी की तरह रखा गया। जिस देश के लिए उन्होंने अपना सर्वस्व जीवन न्यौछावर कर दिया उस देश ने आज उनको इस बीमारी की अवस्था में सर्वोच्च चिकित्सा प्रदान करने के बदले एक अपराधी की तरह बन्दी बन कर रहने को मजबूर कर दिया कैसी है यह विधि की विडम्बना?

कमरे में अकेले रहना जे. पी. को कष्टदायक लगता था, उनकी इच्छा होती थी कि वे किसी से मन की बात करते और कुछ समय इसी बहाने कटता। पर उस समय की सरकार ने उनको किसी से भी मिलने-जुलने या साथ रहने की इजाजत नहीं दी। हृदय रोग के रोगी होने के कारण खुली हवा में टहलना उनके लिए लाभदायक सिद्ध होता, पर उन्हें तो कमरे से बाहर गलियारे में भी निकलने नहीं दिया जाता था।

लोकनायक की ओर से उन्हें अकेले रखने के विरुद्ध उच्च न्यायालय दिल्ली में वी. एम. तारकुण्डे तथा अन्य ने एक याचिका दायर की थी। न्यायालय ने इस याचिका को रद्द कर दिया। इस पर अपनी प्रतिक्रिया व्यक्त करते हुए लोकनायक ने लिखा है—''दिल्ली उच्च न्यायालय ने उन्हीं कारणों से, जिसकी सम्भावना थी, याचिका रद्द कर दी। मुझे विद्वान न्यायाधीशों के विरुद्ध कोई शिकायत नहीं। शायद उनमें से कोई भी जेल या कारागार में नहीं रहे, सम्भव है, उनमें से कुछ अस्पताल में रहे हों। साधारणतया जब कोई व्यक्ति अस्पताल में होता है, डॉक्टरों और नर्सों के अलावा कोई एक प्रिय बन्धु या मित्र उसके पास रहता है, एक सहारा होता है उपचार में।...अगर हमारे साथ कोई रहता, हम आपस में बातें कर सकते थे। यह सब मेरे लिए दवा की बहुत-सी टिकियों, आराम और नींद की गोलियों के बराबर होता।...'' इस प्रकार जेल का जीवन कटता गया, अन्त में 18 सितम्बर को रात्रि में उन्हें अस्पताल के हाते में ही स्थित उसके अतिथि भवन में ठहरने की व्यवस्था की गई। इस प्रकार वे थोड़े खुले वातावरण में आ गए।

भयानक पेट दर्द

27 सितम्बर को अचानक इनके पेट में असह्य दर्द हुआ। डॉक्टरों ने दवा दी, दर्द थोड़ा कम हुआ। 8 अक्टूबर को पुनः दर्द उखड़ा। सब कुछ असहनीय हो रहा था। डॉक्टरों के दवा देने के बाद परेशानी कुछ कम हुई। 28 अक्टूबर को पुनः इनका दर्द उभर आया और दवा चलते रहने के बावजूद कोई सुधार नहीं हुआ। बीमारी का सही निदान पता नहीं चल रहा था। इनका स्वास्थ्य दिनों-दिन गिरता ही गया। अन्त में 5 नवम्बर को चण्डीगढ़ अस्पताल के डॉक्टरों ने एक लम्बी जाँच के बाद घोषित किया कि इनकी दोनों किडनी बिलकुल खराब हो गयी हैं। यह जे. पी. के लिए वज्रपात के समान था। वे स्वयं विश्वास नहीं कर पा रहे थे कि उनको यह भयानक रोग कैसे हो गया। दिनों-दिन उनकी स्थिति और ज्यादा खराब होने लगी। चण्डीगढ़ के चिकित्सकों ने सरकार को उनकी लगभग मरणासन्न स्थिति से अवगत कराया। सरकार ने इस स्थिति से अपने आप को निकालने के लिए जे. पी. को पेरोल पर रिहा करने का बहाना बनाकर रिहा कर दिया। चण्डीगढ़ से वे फिर दिल्ली लाए गए जहाँ अखिल भारतीय आयुर्विज्ञान संस्थान में उनका इलाज प्रारम्भ हुआ। मुक्ति के बाद भी अस्पताल में उन पर पुलिस का सख्त पहरा बना रहता था। दिल्ली के इलाज से उनके स्वास्थ्य में कोई सुधार नहीं हो पा रहा था, तो जे. पी. के छोटे भाई राजेश्वर प्रसाद ने, जो बम्बई में ही रहते थे, उन्हें बम्बई के जसलोक अस्पताल में इलाज कराने हेतु ले आए।

जसलोक अस्पताल में

जसलोक अस्पताल के संस्थापक स्व. सेठ लोकूमल घनश्याम चनराय लोकनायक के प्रिय मित्र थे और अस्पताल के ट्रस्टी बोर्ड के वर्तमान अध्यक्ष सेठ मथुरा दास आंसूमल से भी लोकनायक का अच्छा संबंध रहा था। अतः लोकनायक को यहाँ काफी अपनापन जैसा लगा। अस्पताल निदेशक डॉ. शान्तिलाल मेहता की देख-रेख में लोकनायक का इलाज

प्रारम्भ हुआ। किडनी विशेषज्ञ डॉ. ए. के. मणि, शल्य चिकित्सक डॉ. कामथ, हृदय रोग विशेषज्ञ डॉ. ए. वी. मेहता एवं उनके सहयोगी डॉक्टर के परिश्रम से उनकी बीमारी में सुधार होने लगा। इनका इलाज डायलिसिस मशीन द्वारा किया जाने लगा। यह इलाज काफी उबाऊ और थकान पैदा करने वाला होता था परन्तु जे. पी. उसे किसी प्रकार बर्दाश्त करते थे। खैर उसके बाद उनकी स्थिति में सुधार होने लगा और उनके पुनर्जीवित होने की आशा बँधने लगी।

इनके इलाज में काफी खर्च था। अब तक सारा खर्च जसलोक अस्पताल की ओर से किया जा रहा था, पर जीवन भर ऐसा कब तक चलता अतः लोगों ने तय किया कि एक डायलिसिस यन्त्र खरीद लिया जाए जिससे इनके निवास पर ही इलाज की व्यवस्था की जा सके। इस यन्त्र को खरीदने में एक लाख रुपए का खर्च था। किसी एक आदमी से इतनी बड़ी राशि लेना उचित नहीं समझा गया, अतः वयोवृद्ध सर्वोदय नेता श्री रविशंकर महाराज, दादा धर्माधिकारी, श्री केदारनाथ जी तथा स्वामी आनन्द एवं अन्य लोगों ने मिलकर 'लोकनायक चिकित्सा कोष' की स्थापना की और जनता से एक-एक रुपए दान में देने की अपील की। इस प्रकार आगे की चिकित्सा की व्यवस्था हो पाई। जब लोकनायक कुछ स्वस्थ हो गए तो उन्हें पटना लाया गया और यहीं पर उनकी आगे की चिकित्सा होती रहे, इसकी व्यवस्था की गई। निवास के आसपास चारों ओर सशक्त पुलिस के सख्त पहरे की व्यवस्था सरकार ने कर दी थी। थोड़ा स्वस्थ होने पर जे. पी. के मन में पुनः आंदोलन की भावनाओं ने उभार लेना शुरू किया और उन्होंने बिहारवासियों के नाम एक लम्बी चिट्ठी लिखी जिसे गुप्त ढंग से संघर्ष कार्यालय ने प्रकाशित कर चुपके-चुपके लोगों में वितरित किया। यह चिट्ठी एक ऐतिहासिक दस्तावेज है जिसमें लोकनायक ने अपने कारावास की रोमांचक कहानी लिखी है और मौत के मुँह से निकलकर जसलोक अस्पताल में इलाज कराने तक का मार्मिक विवरण प्रस्तुत किया है। इसके साथ-साथ उस पत्र में आंदोलन के मुद्दों, उसके उद्देश्यों तथा संपूर्ण क्रांति के विभिन्न पहलुओं को भी स्पष्ट किया गया था। इस मरणासन्न अवस्था से निजात पाने के बाद भी उनकी इच्छाशक्ति में जरा-सी भी कमी नहीं आई और सामाजिक परिवर्तन के लिए बेचैन उनकी आत्मा ने, उनकी शारीरिक दुर्बलताओं को नजरअन्दाज कर पुनः देश को नेतृत्व प्रदान करने के लिए आन्तरिक शक्ति प्रदान करना शुरू कर दिया। जब भी मौका मिलता था, आंदोलन के प्रति अपनी दृढ़ भावना को व्यक्त करते और लोकतन्त्र की रक्षा के लिए अपनी निष्ठा व्यक्त करते।

और फिर अचानक 18 जनवरी, 1977 को प्रधानमन्त्री श्रीमती इन्दिरा गाँधी ने घोषणा की कि लोकसभा भंग की जाती है और मार्च 1977 में लोकसभा के चुनाव होंगे। सभी लोगों को सुखद आश्चर्य हो रहा था। सभी नेताओं को धीरे-धीरे रिहा कर दिया गया। जे. पी. के प्रयास से उस समय के सभी प्रमुख विरोधी दलों ने आपस में विलय करके जनता पार्टी का गठन किया।

30 जनवरी को महात्मा गाँधी जी की पुण्य तिथि के दिन जनता पार्टी ने चुनाव अभियान प्रारम्भ करने का निर्णय लिया। जे. पी. ने अत्यन्त कमजोरी एवं रुग्णावस्था की हालत में भी पटना गाँधी मैदान में एक विशाल जनसभा के समक्ष चुनाव अभियान का श्रीगणेश किया। उन्होंने रुद्ध कण्ठ से सभा को सम्बोधित करते हुए कहा, "मैं मौत के मुँह से लौटकर आया हूँ। शायद ईश्वर अभी और काम लेना चाहता है लेकिन अभी हफ्ते में तीन दिन डायलिसिस मशीन से बँधा रहता हूँ फिर भी जहाँ तक सम्भव होगा मैं बाद में आपके बीच आ जाऊँगा।"

उसके बाद आम चुनाव हुए, जे. पी. ने अपनी अस्वस्थता के बावजूद पूरा सहयोग दिया। उम्र, शारीरिक दुर्बलता एवं जीवन रक्षा के लिए चिकित्सा यन्त्रों पर निर्भर रहते हुए भी उन्होंने जो परिश्रम इस आम चुनाव के द्वारा लोकतन्त्र की बहाली के लिए किया वह आश्चर्यजनक था। सामान्यतः इस स्थिति में बड़े-बड़े लोग भी शिथिल पड़ जाते हैं पर जे. पी. ने लोकतन्त्र की रक्षा के अपने संकल्प को पूरा करने में किसी भी चीज को बाधक नहीं बनने दिया। उनके इस संकल्प की पूर्णाहुति हुई। अधिनायकवाद आम चुनाव में बुरी तरह पराजित हुआ, लोकतन्त्र की विजय हुई और श्री मोरारजी देशाई देश के प्रधानमन्त्री बने।

25 मार्च को उनका डायलिसिस होना था अतः वे पटना चले आए। डायलिसिस प्रारम्भ होने पर उसमें कुछ दिक्कत आने लगी और उनके शरीर में लगा यन्त्र काम नहीं करने लगा तो उन्हें पुनः गम्भीरावस्था में वायुयान से जसलोक अस्पताल बम्बई लाया गया। यहाँ एक हल्के ऑपरेशन के बाद शंट ने पुनः काम करना शुरू कर दिया। उनकी मधुमेह

की बीमारी के कारण उनकी रक्त कोशिकाएँ बुरी तरह क्षतिग्रस्त हो गई थीं, इस कारण ही शंट अच्छी तरह काम नहीं कर रहा था। डॉक्टरों की राय हुई कि इस विकृति के स्थायी समाधान के लिए ग्राफ्ट ऑपरेशन किया जाए। इस ऑपरेशन के लिए अमेरिका में सिएटल अस्पताल बहुत प्रसिद्ध है, अतः उनको 30 अप्रैल को रात्रि में विमान से अमेरिका ले जाया गया। उनके साथ डॉ. ए. के. मणि और उनके निजी सचिव टी. अब्राहम भी थे।

सिएटल अस्पताल में

अमेरिका में सिएटल अस्पताल के डॉक्टर रॉबर्ट मैक ने उनके निजी डॉक्टर ए. के. मणि की उपस्थिति में ऑपरेशन किया। ऑपरेशन का उद्देश्य उनके शरीर में ऐसी रक्त नलिका की खोज करना था जिससे होकर रक्त निर्विघ्न रूप से डायलिसिस मशीन में प्रवाहित होता रहे। इसके लिए उनके दाहिने हाथ में कलाई और केहुनी के बीच एक नली लगाई गई और उसे हाथ में उपलब्ध स्वस्थ रक्त नलिका से जोड़ा गया। इस प्रकार शरीर से रक्त कृत्रिम नली द्वारा होकर डायलिसिस मशीन में पहुँचने लगा। ऑपरेशन सफल हुआ और डॉ. रॉबर्ट मैक ने कहा कि यह शंट लोकनायक के लिए जीवन पर्यन्त काम करता रहेगा। जे. पी. स्वस्थ होने लगे। ऑपरेशन के 15 दिन बाद उन्होंने संवाददाताओं से बातचीत करते हुए कहा, ''मैं पहले से अच्छा हूँ। मुझे अब ऐसा अनुभव हो रहा है जैसे मुझे नया जीवन मिल गया है। मैं समझता हूँ कि मुझमें इतनी शक्ति आ जाएगी कि मैं दस वर्ष और जी सकूँगा।''

सफल ऑपरेशन के बाद स्वास्थ्य लाभकर लोकनायक 18 मई, 1977 को भारत के लिए रवाना हुए। अस्पताल छोड़ने से पहले उन्होंने डॉक्टरों, नर्सों एवं अस्पताल कर्मचारियों को हार्दिक धन्यवाद दिया। अमेरिका के राष्ट्रपति कार्टर ने फोन के द्वारा उन्हें बधाई का सन्देश दिया और उनके दीर्घायु होने की कामना की। 21 मई, 1977 को पुनः बम्बई के जसलोक अस्पताल में ले जाकर उनका परीक्षण किया गया। परीक्षण के पश्चात वे पटना आ गए और यहीं से वे जनता पार्टी के कार्यकलाप देखते रहे।

17 जुलाई, 1978 को उनकी अवस्था फिर बिगड़ी और उन्हें पुनः जसलोक अस्पताल ले जाना पड़ा। उनकी स्थिति पुनः गम्भीर हो गई। पर किसी प्रकार जीवन और मृत्यु के बीच संघर्ष करते हुए चिकित्सकों के अथक प्रयास से पुनः प्रसारित हो गया कि जे. पी. नहीं रहे। लोकसभा में श्रद्धांजलि भी अर्पित कर दी गई। बाद में इसका खण्डन किया गया। वहाँ से स्वस्थ होकर वे पुनः पटना आ गए।

अन्तिम संघर्ष

जे. पी. का जीवन बाल्यकाल से ही संघर्षों के बीच बीता। कभी ज्ञानोपार्जन के लिए, कभी देश की स्वतन्त्रता के लिए और कभी समाज के लिए। इतना ही नहीं उन्हें स्वयं अपने शरीर से भी लगातार संघर्ष करता रहना पड़ा, पर हर बार वे संघर्ष में विजयी होकर ही उभरे। शरीर को भी उनका अनुगामी बनना पड़ा। पर शरीर तो नश्वर है आज नहीं तो कल, उसको जाना ही है। विगत तीन वर्षों से वे अनवरत मृत्यु से संघर्ष करते रहे। मृत्यु बार-बार उनके द्वार पर दस्तक देती पर विफल होकर लौट जाती।

पर आखिर कब तक?

जसलोक अस्पताल से वे छुट्टी लेकर 7 जुलाई को पटना पहुँचे। कुछ दिन तक ठीक रहने के बाद, रविवार 7 अक्टूबर, 1979 को प्रातःकाल उन्हें साँस लेने में कठिनाई होने लगी। शाम में उन्हें आपात्कालीन डायलिसिस पर रखा गया तब जाकर वे कुछ सामान्य हो पाए। रात भर आराम से सोए। प्रातः चार बजे वे उठे, दैनिक क्रिया से निवृत्त हुए और पुनः उनकी आँखें लग गईं। साढ़े पाँच बजे उनके पुराने सहयोगी एवं सहायक, बिहार विधान परिषद् सदस्य श्री जगदीश सिंह उनके कमरे में गए। जे. पी. नींद में थे। बाद में जे. पी. के निजी सेवक गुलाब यादव कमरे में गए तो उन्होंने देखा कि जे. पी. बिस्तर के किनारे लुढ़के जैसे हैं और उनका एक हाथ नीचे की ओर लटका हुआ है। वह होशोहवास खोकर नीचे भागे डॉक्टरों को सूचना दी गई। डॉक्टरों ने आकर उनका साँस चलाने का प्रयास किया पर व्यर्थ, और डॉक्टरों के अनुसार सुबह 5.45 बजे उनका देहान्त हो गया। जे. पी. नहीं रहे। संघर्ष करते-करते यह नश्वर

शरीर हारा, मृत्यु की विजय हुई। यह समाचार जंगल में आग की भाँति फैल गया। सारा देश एक पल में शोकमग्न हो गया। सब लोग उनके निवास स्थान कदमकुआँ पटना पहुँचने लगे। सबकी आँखों में आँसू थे। न जाने कितने लोग बिलख-बिलख कर रो रहे थे। केंद्रीय सरकार ने सात दिन का राष्ट्रीय शोक मनाने की घोषणा की। श्री अटल बिहारी वाजपेयी ने अपनी श्रद्धांजलि अर्पित करते हुए कहा–

बड़े गौर से सुन रहा था जमाना,
तुम्हीं सो गए दास्ताँ कहते कहते।

लोकनायक जयप्रकाश नारायण

पूजा राणा

लोकनायक जयप्रकाश नारायण एवं विनोबा भावे भारत दर्शन पर चिन्ता करते हुए सोच रहे थे कि भारत का ग्राम स्वराज्य कैसा हो? इस पर उन्होंने महात्मा गाँधी जी के ग्राम स्वराज्य की कल्पना, विवेकानन्द के भारत ग्राम स्वराज्य और गोखले जी के ग्राम जीवन के विषय में सोचते हुए आज के वर्तमान परिप्रेक्ष्य में *ग्राम स्वराज्य का मार्गदर्शन प्रशस्त किया जो जयप्रकाश नारायण, लेखक डॉ. लक्ष्मी नारायण लाल, युगद्रष्टा जयप्रकाश नारायण, विवेकानन्द ग्राम स्वराज्य दर्शन, गाँधी दर्शन पढ़ने के बाद मेरी समझ में आया वह ग्राम समाज मैं प्रस्तुत कर रही हूँ!*

ग्राम स्वराज्य

भूदान ग्रामदान का असली रहस्य लोगों के ख्याल में नहीं आता। उनको लगता है कि उससे भूमि समस्या का हल होता है। लेकिन यह काम सारा का सारा जीवन बदलने का है। जीवन का अब तक जो ढाँचा चल रहा है, उसकी बुनियाद बदलनी है। कुछ दयाबुद्धि के जाग्रत हो जाने से काम नहीं चलेगा। यहाँ तो बिलकुल नया विचार ग्रहण करना है। यह धर्म संस्थापना का कार्य है।

हमने लोगों को थोड़ी राहत पहुँचाने का काम नहीं सोचा था, ग्रद्यपि हमारे काम से राहत मिल ही जाती है। हमारा उद्देश्य था, अहिंसक जनशक्ति का निर्माण करना। गाँव एक परिवार बने बगैर अहिंसक जनशक्ति का निर्माण नहीं होता। इसीलिए विनोबा जी वर्षो से सोचते थे कि इसके लिए क्या साधन हो सकता है, आरम्भ कैसे किया जाए। विनोबा जी और जयप्रकाश नारायण जी के करीब तीस साल ग्रामों की सेवा में बीते हैं। उसमें ग्राम के सब पहलुओं का जितना चिन्तन हो सकता था उन्होंने किया है।

विनोबा जी और जयप्रकाश जी ने सारे हिन्दुस्तान से छठे हिस्से जमीन की यानी पाँच करोड़ एकड़ की जो माँग की है, उससे एक बड़ा काम बनेगा। परन्तु समग्र ग्रामदान से जो काम हो रहा है, वह न होता तो पाँच करोड़ एकड़ जमीन मिल जाने के बाद भी हमें जनशक्ति के निर्माण करने के लिए कोई साधन ढूँढ़ना पड़ता। उनकी पाँच करोड़ एकड़ की माँग आज भी कायम है। उससे जो काम बनेगा, वह व्यापक होगा लेकिन ग्रामदान से जो काम होता है, वह गहरा काम होता है।

भूमि के मसले को लेकर वे काम कर रहे थे, परन्तु यह भूदान का बाहरी रूप है। भूदान का भीतरी रूप है, समाज का पूरा ढाँचा बदलना। समाज में परिवर्तन लाने की बात भूदान की नींव है। सालों से मैं बार-बार दोहराता आ रहा हूँ कि हवा, पानी, सूरज की रोशनी जैसे ही जमीन भी परमेश्वर की देन है। इसलिए, वे सबकी चीजें हैं और सबके उपयोग के लिए हैं। जैसे हवा-पानी का कोई मालिक नहीं, वैसे ही जमीन का भी कोई मालिक नहीं। उसका मालिक तो भगवान ही है। इसलिए हम सबको मिलकर और बाँटकर उसका उपयोग करना चाहिए।

जयप्रकाश जी और विनोबा जी की आखिरी कल्पना तो यह है कि गाँव की जितनी भूमि है, वह सब गाँव वालों की है। आगे चलकर हम यह कहेंगे कि अगर प्रान्त में भूमि कम और लोग ज्यादा हैं तो इस प्रान्त के लोग उस प्रान्त

में जाकर बस सकते हैं। उसी तरह एक देश के लोग दूसरे देश में भी जा सकते हैं। समग्र पृथ्वीमाता पूर्ण मुक्त है। जो जहाँ रहना चाहे, रह सके, जो जहाँ सेवा करना चाहे, कर सके। इस तरह हम दुनिया के नागरिक बनना चाहते हैं।

भूदान और ग्रामदान

भूदान और ग्रामदान की प्रेरणा करुणा थी। ग्रामदान में करुणा के अलावा साम्ययोग की बात है। साम्य योग लाना है, तो करुणा के रास्ते से ही लाना चाहिए। अगर हृदय एक नहीं हो, तो भूमि एक करने से क्या फायदा? ग्रामदान का काम हृदय की असली शक्ति प्रकट करेगा। भूदान से करुणा का प्रारम्भ हुआ। एक छोटा-सा प्रवाह निकला। लेकिन जब वह प्रवाह समुद्र में जाता है, तब उसे समुद्र का रूप मिलता है। यह ग्रामदान एक समुद्र और भूदान एक नदी है तो नदी के जरिए समुद्र में प्रवेश हो रहा है। भूदान में प्रेम, करुणा इत्यादि गुण थे, परन्तु ग्रामदान में प्रतिभा है।

ग्राम स्वराज्य : सामूहिक जीवन के लिए

मुख्य बात यह है कि गाँव की शक्ति विकसित हो। ग्राम स्वराज्य कोई आयोजन नहीं, एक विचार है। मेरी कल्पना 'वेलफेयर ग्राम' की नहीं—सबको अच्छा और पेट भर खाना मिले, कपड़े मिलें, यह मेरी कल्पना नहीं है। यह तो हर मनुष्य जानता है कि वह बिना खाए नहीं रह सकता, तो मेरा काम ही क्या? समझना यह है कि गाँव के सब लोगों को दुःख और सुख साथ-साथ भोगना है। व्यक्तिगत स्वार्थ की नीति पर कोई न चले, यही हम चाहते हैं। हमें सामूहिक जीवन के लिए लोगों को प्रवृत्त करना है। अपने पास जो कुछ है, उसे समाज को समर्पित करने की भावना का ही नाम ग्राम स्वराज्य है।

यतेमहि स्वराज्ये

स्वराज्य वैदिक भाषा का शब्द है। राज्य एक बात है और स्वराज्य दूसरी बात। राज्य हिंसा से प्राप्त किया जा सकता है, परन्तु स्वराज्य बिना हिंसा के सम्भव है। इसलिए जो विचारशील हैं, वे राज्य को नहीं चाहते बल्कि यह कहकर तड़पते रहते हैं कि आओ हम सब स्वराज्य के लिए उपाय करें।

दिल्ली से जो चलता है उसे राज्य कहते हैं। गाँव-गाँव में जो मनुष्य स्वयं पर चलता है, वह 'स्वराज्य' है। मुझे चाहे भूखा रहना पड़े, लेकिन मैं चोरी नहीं करूँगा, उसका नाम है 'स्वराज्य'। मुझ पर किसी की हुकूमत चलती हो, तो क्या वह स्वराज्य है? स्वराज्य का अर्थ है, अपना खुद का अपने पर राज्य। इस तरह जब सब लोगों में अपने पर काबू रखने की शक्ति पैदा होगी और उन्हें अपने कर्तव्य का भान होगा, तब स्वराज्य आएगा। ...हमें काम स्वराज्य का करना है। उसके लिए जनशक्ति पैदा करनी है, लोगों के हृदय में आत्मशक्ति का मान पैदा करना है। हमारे मन में जब तक चेतन से अचेतन की अधिक प्रतिष्ठा रहेगी और सत्ता आदि के मोह में चेतना दौड़ती रहेगी, तब तक सच्चे स्वराज्य का उदय नहीं होगा।

वेद में सूर्य को सम्राट् कहा है, आदित्य सम्राट्। वह स्वयं प्रकाशी है। चन्द्र को अन्य राज कहा है। वह दूसरे के प्रकाश से विराजमान है। 'स्वराज्य' शब्द बहुत ही सुन्दर अर्थ का द्योतक है। ग्राम राज्य शब्द पहले से ही चला आ रहा है, परन्तु उसमें दोष मालूम हुआ, इसलिए हमने 'ग्राम स्वराज्य' शब्द बनाया। इतनी शब्द शुद्धि हमें करनी होगी और 'ग्राम स्वराज्य' शब्द चलाना होगा।

आने वाला जमाना ग्राम स्वराज्य का

यह युग ग्राम-व्यवस्था का युग है। आज बड़े-बड़े शहर समाज के लिए भार रूप हो गए हैं। आने वाले जमाने में मनुष्यों की दो-तीन हजार की बस्ती होगी, आपस में भाई-चारा रहेगा। मालिकी नहीं रहेगी। सामुदायिक जीवन होगा। इस तरह की आदर्श व्यवस्था हमें लानी है। हम उसी व्यवस्था के लिए प्रयत्न कर रहे हैं, ग्राम स्वराज्य हमारा जन्मसिद्ध अधिकार है और उसे हम अवश्य प्राप्त करेंगे।

गाँव का सारा इन्तजाम गाँव को अपने हाथ में लेना होगा कोई दूसरा हमारा भला नहीं सोच सकता, हम खुद ही अपना उद्धार कर सकते हैं, ऐसा आत्मविश्वास गाँव वालों में पैदा करना होगा। गाँव का कारोबार सँभालने के लिए ग्रामसभा बनानी होगी, जिसमें गाँव के सभी बालिग स्त्री-पुरुष सदस्य होंगे। प्रत्यक्ष काम चलाने के लिए ग्राम समिति बनानी होगी। उसके सदस्य सर्वसम्मति से चुने जाएँगे उसे सारे निर्णय सर्वसम्मति से करने की पद्धति शुरू करनी होगी। किसी बात पर सर्वसम्मति न बनती हो, तो जल्दबाजी नहीं करनी चाहिए। गाँव किसी भी हालत में टूटना नहीं चाहिए। परन्तु बहुमत अल्पमत के राक्षस को गाँव से दूर ही रखना होगा। ग्राम सभा में चुनाव की पद्धति नहीं मानव की पद्धति चलनी चाहिए। सत्ता सेवा के लिए चाहिए भोगने के लिए नहीं। ऐसी हालत में योग्य व्यक्ति को ग्रामसभा का काम सँभालने के लिए मनवाना होगा, चुनाव का प्रश्न ही नहीं आएगा।

कोई भूखा, नंगा या बिना काम का रहे, यह भी नहीं चलेगा। गाँव में उत्पादन का साधन है, तो जमीन का पुनर्वितरण करना होगा और गाँव में से भूमिहीनता मिटानी होगी। उनसे प्रेम स्थापित करना होगा। गाँव की जमीन बाहर न बिके।

गाँव के दूसरे काम चलाने के लिए ग्राम पूँजी चाहिए। उसके लिए ग्रामकोष बनाना होगा। प्रत्येक व्यक्ति अपनी आय का चालीसवाँ हिस्सा ग्रामकोष में दे, जिससे ग्राम विकास के कार्य होंगे। इससे गाँव में प्रेम स्थापित होगा, भक्ति स्थापित होगी।

जो चीजें आवश्यक हैं, जिनका कच्चा माल हमारे यहाँ ही पैदा होता है, उनका तैयार माल अपने यहाँ क्यों न बना लें। स्वराज्य में स्वदेशी चीजों का ही उपयोग करना चाहिए। खेती के लिए बढ़िया बैल चाहिए, तो वे भी गो पालन करके गाँव में ही पैदा कर लें।

जहाँ पारस्परिक व्यवहार है, वहाँ कोई चीज महँगी नहीं पड़ती। एक-दूसरे को निभा लेना धर्म है। आज गाँव में हर कोई एक-दूसरे को मटियामेट कर रहा है। अपनी आवश्यकता की चीजें बाहर से खरीदते हैं, तो गाँव के धन्धे टूट जाते हैं। इसके बजाए इस हाथ से लेना, उस हाथ से देना, ऐसा भाईचारे और सहयोग का खेल गाँवों में चलना चाहिए।

हमारे यहाँ पुराना रिवाज था कि गाँव में जो बढ़ई, कुम्हार, तेली, दर्जी, नाई आदि कारीगर लोग थे, उन सबको सालभर में फसल का एक हिस्सा दिया जाता था। बदले में वे किसानों का काम कर देते थे। जिस साल फसल ज्यादा आती, उस साल ज्यादा हिस्सा मिलता, जब कम फसल आती, तो कम मिलता मतलब गाँव में सभी के दुःख-सुख समान थे। गाँव एक कुटुम्ब-परिवार था।

विश्वमानव जयप्रकाश

दिनेशमणि दूबे

इस अलौकिक नश्वर संसार में करोड़ों लोग जन्म लेते हैं, समय के साथ काल के प्रवाह में विलीन हो जाते हैं। इनमें विरले ही ऐसे होते हैं, जो अपने जीवन के बाद भी लोगों के हृदय में जीते रहते हैं। कबीरदास जी ने मनुष्य के जीवन की सार्थकता इन शब्दों में व्यक्त की थी।

कबिरा जब हम पैदा हुए, जग हँसे हम रोय।
ऐसी करनी कर चलो, हम हँसें जग रोय ॥

भारतीय लोकतन्त्र के सजग प्रहरी जयप्रकाश का जीवन अपने को इन पंक्तियों में अभिव्यक्त करता है।

संपूर्ण क्रांति के जनक, लोकनायक जयप्रकाश का जन्म भारत की दो महान नदियों गंगा और सरयू के आगोश में समाए छपरा जिले के सिताब दियारा गाँव में संवत् 1959 (11 अक्तूबर, 1902) को विजयदशमी के दिन हुआ था।

नदी के उस पार सेमरिया प्राइमरी स्कूल से प्रारम्भिक शिक्षा लेकर जयप्रकाश जी पटना आगे की पढ़ाई के लिए गए। उस वक्त देश में गाँधी जी के नेतृत्व में सारा देश एक नवीन अँगड़ाई ले रहा था। देश जन-आंदोलन की राह पर था। युवा जयप्रकाश भी अपने साथियों के साथ आजादी के सत्याग्रही आंदोलन में कूद पड़े। गाँधी जी का सत्याग्रह आंदोलन तो एक वर्ष में समाप्त हो गया, किन्तु जयप्रकाश की आई. एस. सी. परीक्षा छूट गई। फिर जयप्रकाश जी उच्च शिक्षा के लिए 8 अक्तूबर, 1922 को अमेरिका के सैनफ्रान्सिसको शहर पहुँचे।

उस वक्त अमेरिका भौतिकता में डूबे उस उन्मुक्त देश का नाम था, जहाँ की हर अदा पर सारी दुनिया फिदा थी। आइसाडोरा डंकन का नृत्य, जैक डम्पसी की मुक्केबाजी, सिनेमा के रुपहले पर्दे पर डगलस फेयर वैक व मेरी फिक फर्ड के कारनामे जहाँ चर्चा में थे, वहीं ग्रेटागार्वो पूरे अमेरिका के यौवन का प्रतीक बन गई थी। शहरी उपभोक्ता संस्कृति का सर्वोच्च शिखर अमेरिका जहाँ सुख, समृद्धि, उल्लास और रोमांस के उफान पर था वहीं उससे बहुत नीचे एक दूसरी ही दुनिया थी, जहाँ गन्दी बस्तियों में लाचार और बेबस जिन्दगी, गरीबी, बेकारी, भुखमरी की शैया पर सिसक रही थी।

युवा जयप्रकाश का हृदय करुणा से भर गया। उन्हें अब विज्ञान के बजाय समाजशास्त्र रुचिकर लगने लगा। जयप्रकाश ने मिशिगन झील के तट पर स्थित विंस्कोसिन विश्वविद्यालय में समाजशास्त्र की पढ़ाई में दाखिला ले लिया।

यह विश्वविद्यालय राबर्ट ला फोलेत के प्रभाव के कारण सबसे प्रगतिशील शिक्षा का केन्द्र माना जाता था। जो समाजवादी विचारों का केन्द्र था।

जयप्रकाश जी में एक नई आस्था ने जन्म लिया, जिसने उनके जीवन को एक नई दिशा प्रदान की।

जयप्रकाश जी ने मार्क्स, लेनिन, लास्की व रोजा लुक्समवर्ग की सभी रचनाओं का गहन अध्ययन किया।

उसी समय जर्मन स्नातक अब्राहम लैंडी से उनकी घनिष्ठ मित्रता हो गई। जिनके विचारों का उन पर गहरा प्रभाव पड़ा। अमेरिका निवास के दिनों में ही एम. एन. राय की रचनाओं के सम्पर्क में आए जो अन्तर्राष्ट्रीय कम्युनिस्ट संघ के भारतीय सदस्य थे। जे. पी. के मन में राय के प्रति सम्मान की भावना जागी। वे कम्युनिस्ट विचारों के प्रति आकर्षित

हुए। जिसके कारण गाँधी जी के अहिंसक असहयोग आंदोलन के प्रति उनके मन में विरक्ति जागी। शिक्षा के साथ जे. पी. ने अपने खर्च को निकालने के लिए फलों के बागीचे से लेकर रेस्टोरेण्ट एवं कारखानों तक में काम किया। जहाँ उन्होंने मजदूरों के दुःख-दर्द को देखा तथा महसूस किया। मजदूर तथा मालिकों के बीच गहरी असमानता, नस्लवादी भेदभावों के कारण उनमें मार्क्स के सिद्धान्तों के प्रति गहरी आस्था तथा श्रद्धा के जन्म का कारण बनी अब्राहम लैंडी के साथ वैचारिक समानता की वजह से जयप्रकाश जी मार्क्सवादी लेनिनवादी दल की चिन्तन गोष्ठियों में शरीक होने लगे, जिसका आयोजन अमेरिका की कम्युनिस्ट पार्टी द्वारा किया जाता था।

जयप्रकाश जी का मृदु और करुणा से ओत-प्रोत मन पीड़ित मानवता की सेवा हेतु सर्वस्व निछावर करने का स्वप्न देखने लगा।

कोलम्बिया के ओहायो विश्वविद्यालय से समाजशास्त्र की स्नातकोत्तर उपाधि प्राप्त करके, सात वर्षों के पश्चात जे. पी. 1929 में कट्टर मार्क्सवादी के रूप में भारत आए। उनका हृदय, उनकी आकांक्षा, उनका चिन्तन भारतीय समाज में फैली असमानता के कारण एक ज्वालामुखी का रूप ले चुका था। वह जिस हवा में साँस ले रहे थे, वहाँ चारों ओर गरीबी तथा दरिद्रता फैली हुई थी। उनके सामने गन्दगी का ढेर लगा था। सड़कें धूल और कीचड़ से भरी थीं। उनकी आँखें भूख से तिलमिलाते बच्चों पर, चिथड़े पहने लोगों पर, जानवर की तरह बोझ ढो रहे इनसानों पर थीं। ऐसे वातावरण में उनके खुद के सपने आँखों से ओझल हो गए। उनका हृदय दुखित, दमित, निराश तथा क्रोधित लोगों की वेदना से भर गया। और वे आम लोगों के दुःख को अपने हृदय में समेटे, आम लोगों के हो गए।

इस मानवता और स्वतन्त्रता के क्रांतियज्ञ में अपना सर्वस्व होम करने हेतु उनकी पत्नी प्रभावती देवी, मानों नियति की प्रेरणा से ही वर्धा आश्रम में महात्मा गाँधी की प्रेरणा से आजीवन ब्रह्मचर्य का व्रत लेकर जे. पी. के तपोमय जीवन की गंगा में प्रेरणा की गंगोत्री बनकर इन्तजार कर रही थीं।

जयप्रकाश जी वर्धा आश्रम गए जो तब तक स्वतन्त्रता संग्राम के तीर्थ का रूप ले चुका था। वहाँ गाँधी जी ने बड़े प्रेम से उनका स्वागत अपने दामाद की तरह किया। क्योंकि प्रभावती जी महात्मा गाँधी की दत्तक पुत्री की तरह ही आश्रम में रहती थीं। वहाँ जयप्रकाश जी का परिचय पं. जवाहरलाल जी से हुआ। जल्दी ही पण्डित जी व जे. पी. में अन्तरंगता बढ़ गई। क्योंकि दोनों के विचारों में समानता थी, दोनों के हृदय स्वतन्त्रता हेतु तड़प रहे थे और राष्ट्र की स्वतन्त्रता हेतु साथ मिलकर काम करने की कामना थी। दोनों गाँधी जी के आर्थिक विचारों तथा असहयोग आंदोलन के आलोचक थे तथा मानते थे कि बेहतर दुनिया की रचना हेतु समाजवाद में अधिक सम्भावना है। जे. पी. के निर्भीक, निश्चल तथा मन्त्रमुग्ध कर देने वाले व्यक्तित्व से पं. नेहरू बहुत प्रभावित थे। नेहरू जी उन्हें अपना छोटा भाई मानते थे। कालान्तर में पं. नेहरू ने उन्हें काँग्रेस के श्रमिक शोध विभाग की जिम्मेदारी सौंपी। उनके कुछ महीने पश्चात् सविनय अवज्ञा आंदोलन प्रारम्भ हो गया। उस वक्त जे. पी. काँग्रेस के महासचिव के पद पर नियुक्त किए गए। अंग्रेजी सरकार ने देश में दमन का दौर शुरू कर दिया। गाँधी जी समेत सभी चोटी के नेता गिरफ्तार कर लिए गए। शिखर नेताओं की अनुपस्थिति में संपूर्ण आंदोलन की जिम्मेदारी 30 वर्षीय नौजवान जयप्रकाश पर आ गई। अंग्रेजी हुकूमत ने काँग्रेस को गैरकानूनी घोषित कर दिया था।

ऐसे कठिन दौर में जे. पी. ने पूरी जिन्दादिली और देशभक्ति से परिपूर्ण अज्ञातवास में रहकर, निरन्तर सारे देश में घूम-घूमकर आंदोलन की मशाल जलाए रखी तथा जुलूस, हड़ताल, सत्याग्रह के माध्यम से जनचेतना को जाग्रत कर समाज को स्फूर्तिवान बनाए रखा।

आखिरकार सन् 1932 में जे. पी. को मद्रास में गिरफ्तार कर लिया गया। उसी दिन बम्बई के अंग्रेजी दैनिक 'फ्री प्रेस जर्नल' ने मुख्य शीर्षक दिया था—'काँग्रेस ब्रेन अरेस्टेड' यानि काँग्रेस का दिमाग जेल में बन्द।

यह जे. पी. के अज्ञातवास में रहकर क्रांति की मशाल जलाए रखने का परिणाम था। जे. पी. की यह पहली जेल यात्रा थी जहाँ उन्होंने अगणित अमानवीय यातनाएँ सहीं। उधर उनकी पत्नी प्रभावती देवी, जे. पी. के कन्धा से कन्धा मिलाते हुए स्वातंत्र्ययज्ञ में कूद पड़ीं, वे भी इलाहाबाद में गिरफ्तार कर ली गईं। तथा उन्हें दो साल की सख्त कैद की सजा देकर लखनऊ जेल भेज दिया गया। उधर जे. पी. को मद्रास से मुम्बई लाकर नासिक सेण्ट्रल जेल भेज

दिया गया। वहीं अपने साथियों तथा काँग्रेस के वरिष्ठ सहयोगियों के साथ समाजवादी संगठन के विषय में चिन्तन किया तथा 1943 में काँग्रेस सोशियलिस्ट पार्टी का गठन हुआ। जे. पी. उसके महामन्त्री बने तथा आचार्य नरेन्द्र देव की अध्यक्षता में पार्टी का पहला सम्मेलन बुलाया गया।

आनेवाले दिनों में जेल ही जे. पी. का घर बन गया। अक्तूबर 1941 में कैदियों की माँगों को लेकर जे. पी. ने 31 दिनों तक उपवास रखा, जिससे उन्हें हजारीबाग जेल में भेज दिया गया। वहाँ दीपावली की पूर्व सन्ध्या पर, अंग्रेजी हुकूमत की सुरक्षा को लाँघते हुए सत्रह फुट ऊँची दीवार को फाँदकर, जेल से अपने पलायन को सफल बनाते हुए, युवा पीढ़ी के लिए जीती जागती मिशाल कायम कर जे. पी. सारे युवा दिलों की धड़कन बन गए। वहाँ से वे नेपाल गए। गुप्त रूप से स्वतन्त्रता का संघर्ष जारी रखा तथा नेपाल में क्रांतिकारी दस्तों का गठन किया। पुनः नेपाल में ही गिरफ्तार कर लिए गए। 1946 में रिहाई के पश्चात पटना में 'अगस्त क्रांतिकारी' के रूप में जे. पी. का सार्वजनिक सम्मान किया गया।

1942 का भारत छोड़ो आंदोलन का यह गौरवशाली अध्याय, जे. पी. का क्रांतियुवा सम्राट् का अध्याय है। जो शायद बिना जे. पी. के अधूरा रह जाता।

भारत परतन्त्रता की बेड़ी तोड़कर महात्मा गाँधी के नेतृत्व में स्वतन्त्र हुआ, किन्तु नागरिक स्वतन्त्रता की लड़ाई अभी बाकी थी। क्योंकि जे. पी. की नजरों में आर्थिक स्वतन्त्रता के बिना, आजादी की लड़ाई अधूरी है। जे. पी. समाजवादी समाज में विश्वास रखते थे, और उन्हें समाजवाद में ही भारत की समस्याओं का समाधान दिखता था। समाजवाद की उनकी व्याख्या थी–'रोटी के साथ आजादी', बिना आजादी की रोटी का मतलब होता है 'तानाशाही' और बिना रोटी की आज़ादी का मतलब होता है शोषण, और शोषण मुक्त समाज उनके जीवन का लक्ष्य था।

जे. पी. का जीवन स्वतन्त्रता, समता, शान्तिपूर्ण क्रांति का जीवन्त और शानदार दस्तावेज था।

जयप्रकाश जी अन्तर्राष्ट्रीय जगत् में जे. पी. के नाम से लोकप्रिय थे। बीसवीं शताब्दी के विश्व नेताओं में उनका महत्त्वपूर्ण स्थान था।

जे. पी. स्वतन्त्रता और विश्वशान्ति के अनन्य समर्पित सेनानी रहे। उनकी दृष्टि में स्वतन्त्रता का अर्थ केवल अपने देश की स्वतन्त्रता में ही नहीं था। बल्कि मनुष्य मात्र की सब प्रकार के बन्धनों से मुक्ति, और इससे भी आगे बढ़कर, वह मनुष्य के व्यक्तित्व की, मानव चित्त की स्वतन्त्रता के पक्षधर थे। उनके जीवन का एकनिष्ठ सिद्धान्त था कि रोटी के लिए, सत्ता के लिए, सुरक्षा के लिए, समृद्धि के लिए, राज्य के वैभव या दूसरी किसी भी वस्तु के लिए, मैं कभी भी सौदा नहीं करूँगा।

जे. पी. का जीवन 'जयहिन्द' से आगे बढ़कर 'जयजगत्' की ओर अग्रसर एक महामानव का था। जे. पी. की नजर में शान्ति केवल एक राष्ट्रीय कार्य नहीं है। बल्कि इसका मौखिक आयाम है। क्योंकि एक देश की शान्ति बहुत कुछ उसके पड़ोसी राष्ट्रों तथा महाशक्तियों की इच्छाओं पर निर्भर होती है। इसलिए उन्होंने वर्ल्ड पीस ब्रिगेड (विश्वशान्ति सेना) की स्थापना की, तथा उसके तीन संस्थापक अध्यक्षों में से एक जे. पी. भी थे। उन्होंने उपनिवेशवाद और परमाणु शक्तियों के विरोध में अफ्रीका में काम किया तथा जाम्बिया की स्वतन्त्रता के लिए वर्ल्ड पीस ब्रिगेड के माध्यम से जो प्रयत्न किए उसके लिए 'कैनेथ काडण्डा' जो बाद में, जाम्बिया के राष्ट्रपति भी बने, ने जे. पी. को तार भेजा, जिसमें उन्होंने लिखा–

आपने हमारी मदद की, इसके लिए हम आपके आभारी हैं, यहाँ पर वर्ल्ड पीस ब्रिगेड के साथ आपकी उपस्थिति का जबरदस्त असर हुआ है। आपके समर्थन के कारण, हम दोनों के मुल्क एक-दूसरे के निकट आए हैं।–कैनेथ काडण्डा।

1956 में रूस ने हंगरी पर हमला किया, भारत सरकार तथा संयुक्त राष्ट्र संघ में भारतीय प्रतिनिधि ने इतने छोटे देश पर हमले की निन्दा नहीं की, किन्तु जे. पी. ने एक साधारण नागरिक की हैसियत से इसका विरोध करते हुए, इसे शर्मनाक बताया।

इसी तरह चीन ने जब तिब्बत पर हमला किया, तो जे. पी. ने न केवल इसकी निन्दा की, बल्कि तिब्बत के प्रश्न पर एक अन्तर्राष्ट्रीय सम्मेलन का भी आयोजन किया।

बंगलादेश की मुक्ति के लिए, विश्व में लोकमत जाग्रत करने हेतु सारी दुनिया की उन्होंने यात्राएँ कीं। बंगलादेश में जन्म के पश्चात् वहाँ के राष्ट्रपति शेख मुजीबर रहमान ने कहा, ''जे. पी. की सच्चे दिल से अथक कोशिशों की वजह से बंगलादेश की मुक्ति के हमारे प्रयत्नों में, हमें बहुत मदद मिली। हम हमेशा ही उनके ऋणी रहेंगे।''

1963 में कॉमन वेल्थ ऑफ वर्ल्ड सिटीजन्स नामक संस्था के पाँच सदस्यों वाले सर्वोच्च मण्डल में इनकी नियुक्ति हुई।

क्रांतिदर्शी जे. पी. एक सत्याग्रही थे।

'सत्यान्नास्ति परोधर्मः' (सत्य से बढ़कर और कोई धर्म नहीं है) जे. पी. असीम थे, वे कभी किसी सीमा रेखा से नहीं बँधे। उनके जीवन का, अनुभूतियों का, कार्यों का वृत्त सदैव बढ़ता ही गया। जे. पी. का सत्य अनन्त है। जो तमाम रंग अपने में समेटे हुए है। इस सत्य में चम्बल के बागियों का आत्मसमर्पण है। इसमें नागालैण्ड का शान्तिमिशन है। भारत और पाकिस्तान के बीच शान्ति का स्वप्न है।

बंगलादेश के मुक्ति संग्राम का समर्थन है तथा मुक्ति संग्राम में सहायता करने वाली इन्दिरा जी के प्रति कृतज्ञता है, तो भारतीय लोकतन्त्र के स्याह दिनों में तो इन्दिरा जी को ललकारने वाला विराट आंदोलन भी।

इसमें जयप्रकाश का कहीं जय नहीं है। जय है अन्धकार के विरुद्ध प्रकाश का, असत्य के विरुद्ध सत्य का। क्योंकि जे. पी. किसी अनमोल मिट्टी के ही बने थे। उस मिट्टी की पुकार थी :

न त्वहं कामये राज्यम्, न स्वर्गं नापुनर्भवम्।
कामये दुःखतप्तानाम् प्राणिनाम आर्तिनाशनम् ॥

न उनको राज्यपद चाहिए था। न उन्हें स्वर्ग की ही इच्छा थी। उनको मोक्ष की भी आकांक्षा नहीं थी। मात्र दुःख से तपे हुए प्राणियों की पीड़ा दूर हो, यही उनकी एकमात्र इच्छा थी।

दुःख, पीड़ा, दरिद्रता से कराह रही मानवता की अनवरत अनन्य सेवा के कारण ही उन्हें सन् 1965 में ख्याति प्राप्त लोक सेवा संबंधी मैग्ससे पुरस्कार से सम्मानित किया गया।

क्रांति के नन्हे दीप ने जहाँ तिल-तिल खुद जलकर भूदान, ग्रामदान तथा जीवनदान के माध्यम से गरीबों को, गाँवों को, गाँवों से बने भारत को रोशन किया वहीं 1975 में लोकतन्त्र के पावन सूर्य को जब नीतिशून्य राजनीति ने ग्रस लिया, और सारा देश घोर अन्धकार में डूब गया, तो वही क्रांति का नन्हा दीप संपूर्ण क्रांति की मशाल बनकर, खुद जलकर, एक तानाशाह के मंसूबों को जलाकर खाक कर डाला। और उसी खाक से लोकतन्त्र का सूरज फिर चमक उठा भारत के आकाश में।

8 अक्तूबर, 1979 की सुबह, जब सूरज अपनी प्रथम किरणों के साथ भारत की पवित्र धरती पर उतरने ही वाला था कि जयप्रकाश के जीवन की किरणें सूरज की किरणों में समाहित हो गईं दुःख तप्त जीवन को सदैव प्रकाशित करने के लिए।

जे. पी. : कुछ संस्मरण

दयानन्द सहाय

इस शताब्दी में श्री जयप्रकाश नारायण जैसी कुछ ही विभूतियाँ हुई हैं जिन्होंने मानव मात्र की स्वतन्त्रता, समानता व बन्धुत्व के लिए अनेक यातनाएँ सही हैं। मेरे लिए तो वे पिता तुल्य थे। मैं उन भाग्यशाली भारतीयों में हूँ जिन्हें जे. पी. जैसे महामानव के साथ कुछ समय तक काम करने का अवसर मिला तथा जिन्दगी के लगभग तीस वर्षों तक उनका सान्निध्य प्राप्त होता रहा। इन तीस वर्षों में अनेक ऐसी घटनाएँ हुईं जो मेरे लिए जीवनपर्यन्त अविस्मरणीय रहेंगी तथा जिनसे जे. पी. के जीवन का उदार पक्ष उद्‌भासित होता है। इनसे पता चलता है कि जे. पी. का हृदय कितना कोमल, सरल, संवेदनशील था तथा उन्हें अपने से बहुत छोटे कार्यकर्त्ताओं की भी कितनी चिन्ता और ममत्व रहता था। जब भी वे अपने से कम उम्र के सहयोगियों से बात करते तो वे उन्हें जीवन के लिए कोई महत्त्वपूर्ण बात एक पिता या शिक्षक की तरह समझाते प्रतीत होते थे जिसमें अहंकार या किसी के प्रति कोई द्वेष या दुर्भाव का आभास नहीं होता था। इस तरह के कुछ संस्मरण मैं यहाँ लिख रहा हूँ :

बात सन् 1955 की है। जे. पी. दक्षिण भारत की यात्रा पर जाने वाले थे—सर्वोदय विचार प्रचार के लिए। मद्रास और केरल प्रदेश का दौरा था। पहले मद्रास से त्रिवेन्द्रम जाना था। उनके साथ यात्रा में उनके सहायक श्री सुरेन्द्र कॉलगी जी अंग्रेजी टाइपिस्ट तथा श्री त्रिलोकचन्द जैन हिन्दी टाइपिस्ट थे। प्रभावती जी तो रहती ही थीं। वे ही जे. पी. की सभी जरूरतों व वस्तुओं की पूर्णरूपेण देखभाल करती थीं। जे. पी. का पूरा कार्यालय ही उनके साथ चला करता था। कई सारी फाइलें, काफी संख्या में मैगजीन, पुस्तकें आदि। उनके कपड़ों की एक पेटी के अलावा दवा की एक पेटी और रहती थी। उनका प्रवास कभी-कभी दीर्घकालिक यानी एक माह से भी अधिक का होता था। इस प्रवास में एक स्थान पर एक या दो दिन से ज्यादा का पड़ाव भी नहीं हो पाता था।

गया से यात्रा शुरू होने वाली थी, मुझे भी साथ चलने का निर्देश हुआ। मैं जाना नहीं चाहता था। मैंने जे. पी. से कहा कि जब आपके साथ श्री त्रिलोकचन्द और सुरेन्द्र कॉलगी जी जा रहे हैं तो अनावश्यक एक आदमी पर यात्रा का खर्च करना उचित नहीं लगता फिर मेरे जाने से आपको कोई मदद भी नहीं मिल सकेगी। मेरी बात सुनकर वे कुछ कड़े होकर बोले कि वे मुझे क्यों साथ ले जा रहे हैं इसका हिसाब करना उनका काम है, मेरा नहीं। दरअसल वे मुझे दुनिया दिखाने या मेरा विचार परिवर्तन कराने के लिए साथ घुमा रहे थे। गया में स्टेशन पर गाड़ी में बैठने से पहले उन्होंने मुझसे मेरे सामान के बारे में पूछा कि तुम्हारा सामान कहाँ है? मैंने अपने कन्धे पर लटका खादी का एक झोला दिखला दिया। साथ ही एक मोटी-सी ऊनी चादर भी उन्हें दिखलाते हुए बताया कि झोले में दो जोड़ी कुर्त्ता-पैजामा, दो अदद साबुन, एक नहाने तथा दाढ़ी बनाने के लिए और दूसरा कपड़े धोने के लिए (यहाँ यह बता दूँ कि आज भी मैं नहाने के साबुन से ही दाढ़ी बनाता हूँ), साबुन के अलावा एक सेफ्टी रेजर, मंजन, ब्रश भी मेरे इसी झोले में है। मेरा सामान दो-तीन किलो से ज्यादा वजन का नहीं था। सब सुनकर और मेरा छोटा-सा झोला देखकर जे. पी. अनायास बोल पड़े, ''काश! मैं भी इतने हल्के सामान के साथ सफर कर पाता।''

यात्रा की देखरेख की जिम्मेदारी प्रभावती जी की होती थी। उनका इन्तजाम इतना अच्छा और तफसील से होता

कि कभी जे. पी. खीज कर कह देते "यात्रा में इतना ज्यादा सामान क्यों हो जाता है?" लेकिन इन्तजाम तो प्रभावती को ही करना पड़ता था। फिर लम्बे, प्रवास में भिन्न जलवायु वाले स्थानों के अलावा मौसम भी बदलता रहता था। सर्दी के लिए सूती कपड़ों के साथ ऊनी गरम कपड़े, बंडी, कोट, मफलर आदि भी उन्हें रखने पड़ते थे। इस तरह उनके कपड़ों का बक्स बड़ा हो जाता था, साथ ही बिस्तर का एक होल्डोल भी जे. पी. के लिए रहता था। दो सामान प्रभावती जी के होते थे, एक बक्सा और दूसरा बिस्तर। साथ में नाश्ता बनाने या गरम करने व चाय बनाने के लिए सामान और बत्तियोंवाला मिट्टी तेल का स्टोव भी। तब ट्रेनों में आज जैसी व्यवस्था नहीं थी। इसके अलावा छड़ी, छाता भी उनके साथ होता था। दरअसल जे. पी. के स्वास्थ्य का दारोमदार प्रभावती जी की मेहनत पर निर्भर था, फिर वे जिस व्यक्ति के यहाँ ठहरते, उनके लिए भी कुछ भेंट ले जाते थे। जे. पी. कभी होटल या सर्किट हाउस जैसे सरकारी निवास में नहीं ठहरते थे। देश के कोने-कोने में उनके मित्र थे और वे लालायित रहते थे कि जे. पी. उनके यहाँ ठहरें।

मद्रास में वे राजभवन में ठहरे थे इसलिए कि उस वक्त वहाँ के राज्यपाल श्री श्रीप्रकाश जी जे. पी. के अभिन्न मित्रों में से थे। यही नहीं उन दिनों समाजवाद के प्रखर चिन्तक व नेता आचार्य नरेन्द्र देव जी श्रीप्रकाश जी के यहाँ स्वास्थ्य लाभ के लिए ठहरे हुए थे, वे श्री श्रीप्रकाश जी के निजी मेहमान थे। जे. पी. आचार्य जी से भी मिलना चाहते थे।

गाड़ी गया से कलकत्ता पहुँची और कलकत्ता से हम सब मद्रास मेल में सवार हो गए। जे. पी. व प्रभावती जी प्रथम श्रेणी के डिब्बे में थे और तीनों, मैं, कॉलगी व त्रिलोकचन्द जैन, तृतीय श्रेणी के उस डिब्बे में थे जो उन दिनों प्रथम श्रेणी के यात्रियों के सहायकों के लिए हुआ करता था। हमारे व जे. पी. के डिब्बे में काफी लम्बा फासला था। हम लोग इंजन के नजदीक थे और प्रथम श्रेणी के डिब्बे इंजन से काफी दूर। मौका मिलते ही हम उन्हें देख आते थे, वैसे भी रेल कर्मचारी उनसे भलीभाँति परिचित थे। अतः उनको अति आदर के साथ रास्तेभर वी.आई.पी. का व्यवहार मिलता रहता था। जे. पी. रेलवे स्टेशन यूनियनों के बड़े नेता थे और तकरीबन हर स्टेशन पर उनके समर्थक स्वागत करने को मौजूद रहते थे।

रात आठ या नौ बजे एक बेयरे ने भोजन से भरे तीन टिफिन लाकर हम तीनों को दिए जिनका ऑर्डर जे. पी. ने अपने डिब्बे से ही दे दिया था। उन दिनों रेलवे में भोजन थाली न देकर टिफिन में दिया जाता था। मेरी समझ में यह व्यवस्था ज्यादा स्वच्छ व साफ थी। थाली में गन्दगी के ज्यादा आसार होते हैं। हमने भोजन शुरू किया ही नहीं था कि अचानक थोड़ी देर बाद तेज चाल से आकर जे. पी. हमारे डिब्बे के सामने रुक गए। उनके हाथ में केले के पत्ते में लिपटे पापड़ के तीन टुकड़े थे। जे. पी. ने बताया कि बेयरा (भोजन देने वाला) बाद में पापड़ दे गया था। उन्होंने सोचा कि गाड़ी खुलने में अभी देर है तो क्यों न वे पापड़ हम तक पहुँचा दें पापड़ देने के बाद वे तेजी से डिब्बे की ओर चल पड़े थे। वे तो चले गए लेकिन मेरे दिल और दिमाग पर ऐसी छाप छोड़ गए जिसे विगत कुछ वर्षों तो क्या जीवन के अन्तिम क्षणों तक नहीं भुलाया जा सकता कि अपने सहयोगी साथियों के साथ कैसा व्यवहार करना चाहिए भले ही वह सहयोगी कितना ही छोटा क्यों न हो।

मद्रास पहुँचने के पहले एक स्टेशन पर जब गाड़ी रुकी तो गाड़ी के बेयरे जूठन तथा जूठी प्लेट उतारकर स्टेशन के प्लेटफॉर्म पर रखने लगे। अचानक इस जूठन पर आदत के मुताबिक कई कुत्ते टूट पड़े लेकिन उनके साथ कई छोटे बच्चे भी अपनी भूख मिटाने झपट पड़े। एक तरफ कुत्ते जूठन चाट रहे थे और दूसरी ओर आदमी के बच्चे। दोनों में होड़ लगी थी। यह दृश्य देखकर जे. पी. की आँखों में अविरल आँसू बहने लगे। उनका संवेदनशील हृदय रो पड़ा। धीरे-धीरे अपने को सँभालते वे बोले, "दयानन्द, अभी एक बैग पाव रोटी मिल जाएँ तो सभी को भरपेट भोजन करा दूँ। कम से कम स्टेशन पर तो कोई भूखा न रहे।" इस दृश्य को देखकर वे बिलकुल साधारण मनुष्य की तरह बोल पड़े थे यह सोचे बिना कि इस इन्तजाम से हमेशा के लिए बच्चों की क्षुधा शान्त नहीं की जा सकती। तात्कालिक रूप से क्षुधा शान्ति का यही उपाय उनके मन में घुमड़ आया था। इसमें तात्कालिक अर्थव्यवस्था या गरीबी के कारणों पर या उसे दूर करने पर कोई बड़ा चिन्तन नहीं चला। पहले उन बच्चों का पेट भरना ही सबसे ज्यादा आवश्यक लगा। शायद महात्मा बुद्ध उनकी वाणी में जाग उठे या कि उनकी कोमल, भावुक, मानवीय संवेदनाएँ प्रवाहित हो उठी थीं। जो उनकी रग-रग में रची बसी थीं।

उन दिनों जे. पी. के भाषण जैसा कि मद्रास, केरल के प्रवास में हुआ, मुख्यतः तीन तरह के होते थे। वे राजनीतिक कार्यकर्त्ता को सम्बोधित करते समय, दूसरा कॉलेज व स्कूलों के छात्रों को सम्बोधित करते समय और तीसरा आम जनता को आमसभा में सम्बोधित करते समय। तीनों तरह के भाषणों का अन्तिम उद्देश्य एक ही होता था। शान्ति से गाँधी विचारधारा के मुताबिक ग्रामोद्योग या ग्राम स्वराज्य के जरिए समाज परिवर्तन होना चाहिए।

जे. पी. जब भी कभी जन-साधारण के बीच भाषण करते या छोटे-छोटे समूह को अपनी राय बताते तो लगता था कि कोई प्रोफेसर या तो बड़ी संख्या में उपस्थित छात्रों को पढ़ा रहा है या छोटी संख्या के छात्रों का टिटोरियल क्लास ले रहा है। मैं जब भी ऐसे भाषण सुनता तो मुझे लगता कि जे. पी. जन्मजात एक महान शिक्षक थे।

जे. पी. की कई टिप्पणियाँ और अधिकांश प्रतिक्रियाएँ बिना लाग-लपेट की और द्वेषरहित होती थीं, वे कभी भी कोई तीखी या अप्रिय लगनेवाली बात नहीं करते थे, उनके नजरिए को बातचीत करते हुए ही समझना पड़ता था। बात 1972-73 की है, स्थान था, जे. पी. का निवास स्थान महिला चरखा समिति कदमकुआँ, पटना। मैं जे. पी. से मिलने उनके निवास स्थान गया था। आपसी बातचीत में मैं जे. पी. से काफी खुला हुआ था। मैं उन्हें अपने नए-नए शुरू किए व्यापार के बारे में बताने लगा, बातचीत में मेरी व्यावसायिक सफलताएँ तथा कामकाज के दौरान आ रही अड़चनों की चर्चा होने लगी कि वे जब भी मुझसे मिलते तो राजनीति, व्यापार और मेरे परिवार के बारे में विशद जानकारी लेते थे। उनमें आम आदमी से जुड़ने और उसके जीवन की जानकारी प्राप्त करने की अद्भुत इच्छाशक्ति थी। मैंने अपनी व्यापारिक जिन्दगी 1960 से प्रारम्भ की और मैं जब भी जे. पी. से मिलता तो उनकी जिज्ञासा मेरे व्यापार के बारे में जानने की रहती थी, बातचीत शुरू हुई तो जे. पी. ने हँसते हुए कहा कि देखो, दयानन्द–कैसी विचित्र बात है कि मैंने अपनी जिन्दगी की शुरुआत साम्यवादी विचारों से की और कई वर्षों बाद मैं पूरी तरह से सर्वोदय में विश्वास करने लगा हूँ और दूसरी तरफ तुम, दयानन्द हो, जिसने 1955 में सर्वोदय की एक नई राह पकड़ी थी और जिन्दगी का नया सफर शुरू किया था पर आज अपनी राह बदलकर अब पूँजीवादी विचार और आचार के हो गए हो।

मेरा कामकाज छोटी पूँजी और छोटे आधार का था, 1957-58 में मेरा काम घिसे हुए टायरों पर नया रबर लगाने का था। एक छोटा-सा वर्कशॉप था जिसमें कुल पाँच व्यक्ति काम करते थे, कुल तीन मजदूर और दो कार्यकर्त्ता। मेरे पिताजी और भाई इसमें सम्मिलित थे। बाद में मैं सीमेंट क्रांकीट का खंभा बनाने लगा। मैंने 1961 में गया शहर में कुछ मित्रों के साथ मिलकर एक कारखाना खरीदा जिसमें ये खम्भे बनते थे। इस कारखाने में कुल जमा पूँजी डेढ़ लाख लगी इसमें मेरी हिस्सेदारी 20 प्रतिशत थी। हमें कारखाने में लगाई गई पूँजी हर वर्ष किस्त में अदा करनी थी। तीन वर्षों के दौरान हमें डेढ़ लाख रुपया चुकाना था। फिर मुझे तो सिर्फ प्रतिवर्ष दस हजार रुपया ही देना था। मेरे इस छोटे-से पूँजी निवेश को भी जे. पी. कह रहे थे कि मैं पूँजीवाद व्यवस्था का हिस्सा बन गया हूँ और मेरे विचार सर्वोदयी न होकर पूँजीवादी हो गए हैं। जे. पी. ने सिर्फ टिप्पणी की, न कुछ बुरा कहा, न अच्छा कहा। शायद उनके मन में कुछ बुरा नहीं था और उनके दिल में एक सोशलिस्ट युवा का दिल धड़कता था। जब भी कोई सोशलिस्ट किसी को पूँजीवादी कहता है तो दरअसल वह उसको (पूँजीवादी को) धिक्कारता है और 'तुम पूँजीवादी हो गए' यह सम्बोधन करता है। जे. पी. कभी द्वंद्व में नहीं रहते थे पर वे भारतीय और अन्तर्राष्ट्रीय समाज के द्वंद्वों को समझते थे। वे बिहार के सामन्तवाद को बहुत नजदीकी से देखने-परखने के कारण उसकी कमजोरियाँ और ताकत भी पहचानते थे। वे धारा के खिलाफ चलने और सामन्तवादी समाज में समता का सपना देखनेवाले समाजशास्त्री थे। बराबरी, करुणा, दोस्ती, साथियों की मदद उनके गुण थे। हमारे कारखाने को लेकर बातचीत चल ही रही थी। जे. पी. तुरन्त रुककर मुझे समझाने लगे कि वे मेरी आलोचना नहीं कर रहे हैं बल्कि, विचारों में हुए परिवर्तन को रेखांकित कर रहे हैं। फिर वे मुझे समझाते हुए बोले, "मजदूरों से अच्छा व्यवहार ही मालिक-मजदूर के रिश्तों का मूल है।" मजदूरों के हित साधे जाएँगे तो समाज में मजबूती और शान्ति आएगी, उन्होंने कहा कि वे उद्योग व्यापार के खिलाफ नहीं हैं। उनका यह भी मानना था कि निजी क्षेत्र में उद्योग होने चाहिए और देश के कस्बों-देहातों में छोटे उद्योगों का जाल बिछ जाना चाहिए। जे. पी. अपने परिचितों के दुःख को देख द्रवित हो जाया करते थे।

किसी को कष्ट में देखकर जे. पी. की यह इच्छा रहती थी कि उसके कष्ट का निवारण कैसे हो। लखनऊ में एक बार उन्होंने मुझे एक शॉल ही दे दिया था। शीत के भयंकर प्रकोप के दिनों में उन्होंने शिवचन्द्र झा को अपना

कोट उतारकर दे दिया था। एक बात यह महत्त्वपूर्ण थी कि जब भी वे अपना ऊनी शॉल, कोट या स्वेटर किसी को देते तो कहते कि बाद में लौटा देना। असल में जे. पी. यह बात प्रभावती जी को सुनाने के लिए कहते और जैसे ही प्रभावती उस स्थान से हटतीं या थोड़ी दूर चली जातीं, जे. पी. स्वयं ही उस व्यक्ति को कहते कि गर्म कपड़ा लौटाने की जरूरत नहीं है। बाद में जब प्रभावती को गर्म कपड़े बाँटने की बात पता चलती तो वे कहतीं कि कपड़े बाँटने की वे विरोधी नहीं हैं लेकिन कपड़ों का इन्तजाम तो उन्हें ही करना पड़ता है। जे. पी. को तो मालूम नहीं होता है कि उनके पास कितने कुर्ते और धोती हैं। गरम चादर, कोट और कुर्तों की गिनती भी उन्हें नहीं है, इस पर जे. पी. प्रभावती जी को कहते थे कि यदि आप गर्म कपड़े पहनकर बैठे हों और आपसे मिलने आया व्यक्ति ठण्ड के मारे ठिठुर रहा हो तो वे क्या करें? उन्हें उसकी कष्टप्रद हालत देखना बरदाश्त नहीं होता था। जे. पी. अपना पहना कपड़ा जो चाहे कितना महँगा क्यों न हो उसे अपनी देह से उतारकर सामने बैठे साथी या कार्यकर्ता को दे देते थे। वे कहते थे, मैं सारे समाज की गरीबी तो नहीं मिटा सकता हूँ लेकिन अपने पास साधनों की जो प्रचुरता है उसे सीमित तो कर सकता हूँ। साथ ही वे ये भी कहते थे कि उनके पास जो भी साधन हैं वे उनके मित्रों-साथियों ने उपलब्ध कराए हैं। वे साधनों को संचित करने के लिए नहीं देते हैं, उन्हें अलमारी में बन्द कर रखने के लिए नहीं देते हैं इसलिए जब भी वे किसी साथी से मिलते तो उसकी आर्थिक दशा की ज़ानकारी जरूर लेते और उसके किसी काम में आते तो उन्हें प्रसन्नता होती थी।

ऐसा बहुत कम बार होता था, जब जे. पी. किसी सवाल को सुन उसका उत्तर नहीं दे पाए हों। मुरैना से आए एक बागी माधोसिंह का सवाल सुनकर वे न सिर्फ अनुत्तरित रहे गए थे, बल्कि एक सीमा तक स्तब्ध भी रह गए थे। बात तब की है, जब जे. पी. चम्बल नदी के बीहड़ों में बागियों का आत्मसमर्पण करवा रहे थे। हृदय परिवर्तन के बाद कुछ बागी जे. पी. की उपस्थिति में समाज की मुख्य धारा में शामिल हो चुके थे, कुछ बागियों से बातचीत चल रही थी। एक दिन जे. पी. के पटना स्थित निवास कदमकुआँ पर एक मोटर साइकिल रुकी। चालक ने माथे पर मुरेठा जैसा कपड़ा बाँधा हुआ था और वह सीधे ही मोटर साइकिल पर चढ़कर भिण्ड-मुरैना से पटना आ गया। वह जे. पी. से सीधे व्यक्तिगत बातचीत करना चाहता था, उसका परिचय सुन जे. पी. के सचिव सच्चिदानन्द जी भी एक बार तो घबरा गए पर उनकी मुलाकात का समय तत्काल तय हो गया। उन दिनों चम्बल के बागियों का एक दल आत्मसमर्पण कर चुका था। माधोसिंह अपने आत्मसमर्पण का प्रस्ताव लेकर जे. पी. के सामने हाजिर हुए थे। माधोसिंह आए हुए हैं, यह खबर हमें नहीं थी, जब वे चले गए तब जे. पी. ने हमें बातचीत का ब्यौरा बताया। जो सवाल माधोसिंह ने किया था, वह सवाल आज भी मौजूद है। माधोसिंह ने जे. पी. से सीधे-सीधे एक सीधा-सा सवाल किया कि कलम की नोक से लूटने वालों पर कोई कार्यवाही क्यों नहीं होती जबकि हर व्यक्ति बन्दूक की नोक पर लूटने वालों के खिलाफ है और या तो उसे सजा दिलवाना चाहता है या आत्मसमर्पण करवाना चाहता है। उसने जे. पी. से पूछा कि रातों-रात कानून में हेर-फेर कर मन्त्री तथा अफसर लोग करोड़ों रुपयों की लूट करते हैं। किसी भी सरकारी कान्ट्रेक्ट के किसी शब्द या करार को बदलकर अनर्थ कर देते हैं जैसे एक कहावत है कि नुकते के फेर से खुदा को जुदा पढ़ा जा सकता है। एक विराम अथवा अर्धविराम लगाने से करार का अर्थ बदल जाता है तथा घूस की मात्रा बढ़वा लेते हैं। उसने यह भी कहा कि हमारी लूट (बन्दूक की) में खतरा बना रहता है। लूटते वक्त हमारे कई साथी मारे भी जाते हैं। कई बार लूट का सामान भी बहुत कम हाथ आता है जबकि अफसरों की लूट बगैर खतरों के होती है। कोटा परमिट या लाइसेन्स दिलाने वाले नेता मन्त्री तथा सरकारी कर्मचारियों की कमाई तो बहुत बाद में पता चलती है तथा बहुत बार सरकार कानून बनाती है कि टैक्स दे दो तो यह नहीं पूछा जाएगा कि कहाँ से पैसा कमाया, जिसे V.D.S. कहा जाता है। जे. पी. आपके विचारों से हम प्रभावित हैं हम आत्मसमर्पण करते हैं और आगे हमारे इलाके में डकैती नहीं होगी, यह हम आपको आश्वासन देते हैं पर उन अफसरों की लूट-खसोट कम करने पर समाज और खासकर आप कुछ सोच रहे हैं या नहीं? जे. पी. माधोसिंह के इस पक्ष प्रश्न का जवाब ढूँढ़ने की कोशिश में लगे रहे। जे. पी. का पूरा जीवन कठिन रास्तों को समझने की कोशिश था। जैसे-जैसे समय बीत रहा है, माधोसिंह के प्रश्न का दायरा बढ़ता जा रहा है अब तो समाज ने मान लिया है कि हमारे समाज में भ्रष्टाचार का ही विधान है। मुझे भी उनके साथ कुछ देर चलने का मौका मिला मुझे फख्र है।

आंदोलन के अग्रदूत जे. पी.

डॉ. रामवृक्ष शर्मा

जे. पी. मुसहरी में

मुसहरी मुजफ्फरपुर जिला का एक छोटा-सा प्रखण्ड, बिहार राज्य में नक्सलवादियों का फलता-फूलता गढ़। मुजफ्फरपुर के दो सर्वोदय कार्यकर्ताओं की और नक्सलवादियों द्वारा 5 एवं 7 जून, 1970 को उनकी हत्या करने की चेतावनी, जे. पी. के लिए एक चुनौती थी। जिस महान चिंतक और समाज सुधारक ने चम्बल के डाकुओं को समाज की मुख्यधारा में लाने का सार्थक प्रयास ही नहीं किया बल्कि उसमें सफलता भी हासिल की, उस महान व्यक्तित्व को निर्मला देशपाण्डे के एक पत्र ने कुछ करने के लिए प्रेरित किया और 9 जून, 1970 को जे. पी. कुछ कार्यकर्त्ताओं के साथ मुसहरी पहुँच गए।

मुसहरी के नक्सलवादियों की समस्याओं और वहाँ की स्थिति देखकर जे. पी. भौचक से रह गए। आजादी के 20-22 वर्षों बाद भी मुसहरी की स्थिति अत्यन्त गम्भीर और शोचनीय थी। घोर गरीबी, भुखमरी, विषमता, शोषण, अन्याय एवं उत्पीड़न का दृश्य सामान्यतः सर्वत्र अपने उग्र रूप में मौजूद है। गाँव-गाँव में दुर्योधन का वास है। द्रौपदी का चीरहरण हो रहा है और भीष्म, द्रोण, विदुर आदि चुप बैठे हैं। अन्याय और अनाचार का बोलबाला है और कोई मुँह खोलने के लिए भी तैयार नहीं है। भूपतियों का असाधारण प्रभुत्व है। ऐसा लगता है कि यहाँ भूपतियों की समानान्तर सरकार चल रही है।

मुसहरी प्रखण्ड में 44 हजार एकड़ क्षेत्र में से 36 हजार जमीन पर खेती होती है। यहाँ की आबादी 1 लाख 20 हजार के करीब है। इस प्रकार प्रति व्यक्ति मात्र 30 डिसीमल जमीन है। खेतिहर मजदूर और शहर जाकर रोटी कमाने वाले मजदूरों का अनुपात कुल आबादी के लगभग 45 प्रतिशत के बराबर है। खेतिहर मजदूरों में घनघोर गरीबी और व्यापक असन्तोष अपनी चरम सीमा पर है। मजदूरी की दर बेहद शोचनीय एवं बेकारी की स्थिति भयावह है। गाँवों की स्थिति नैतिक एवं भौतिक दोनों ही दृष्टियों से बेहद चिन्ताजनक है। सामुदायिक जीवन तो मृतप्राय-सा हो गया है। सामूहिक अस्तित्व की भावना का सर्वत्र अभाव ही अभाव है। गाँव का सामाजिक परिवेश टूट चुका है। गाँव आन्तरिक विग्रह और गुटबन्दी से जर्जर तथा मुकदमेबाजी से तबाह हो चुका है। नैतिक अराजकता का बोलबाला है। सामाजिक और आर्थिक विषमता हद की सीमा पार कर चुकी है। शोषण और उत्पीड़न का दृश्य सर्वत्र अपने उग्र रूप में सिर चढ़कर बोल रहा है। वासमित जमीन, बटाईदारी, हदबंदी, न्यूनतम मजदूरी के सारे नियम-कानून कागज के पन्नों की ही शोभा बढ़ा रहे हैं। जे. पी. ने सहज ही यह अनुभव किया कि अगर गाँवों को इस गर्त से निकालने का प्रयास शीघ्र ही नहीं किया गया तो नक्सलवाद की जड़ें और गहरी होती चली जाएँगी।

जे. पी. की स्पष्ट समझ थी कि ऐसी स्थिति में अगर नक्सलवाद फैलता है तो इसमें आश्चर्य की कोई बात नहीं है। माओ की गूँज और हिंसक क्रांति का विकास स्वाभाविक ही है। इसके जनक नक्सलवादी नहीं, बल्कि वे हैं जो लगातार वर्षों से कानूनों की अवज्ञा करते रहे हैं, चाहे वे राजनेता, प्रशासक, जमींदार या महाजन हों। जे. पी. ने गाँवों की भयावह स्थिति को देखा जहाँ घर-घर में लाल सलाम, हिंसा और नक्सलवादी आंदोलन की ही चर्चा होती थी। ऐसे सत्य का साक्षात्कार किया जहाँ अँधेरा होने के बाद घर से निकलने में लोग भय का अनुभव करते थे। सर्वत्र

नक्सली आतंकवाद का बोलबाला था। माओ जिन्दाबाद ही जिसका एकमात्र नारा था। सरबाइवल ऑफ द फीटेस्ट लोगों के सिर चढ़कर बोल रहा था।

इस विषम परिस्थिति में जे. पी. ने अपनी उपस्थिति और अविस्मरणीय कार्य शैली से लोगों के दिलों को जीतने का काम प्रारम्भ किया। 'आओ मेरी हत्या करो' इसी आह्वान से नक्सली जवानों को पुकारा। माओवाद, हिंसक क्रांति और बन्दूक की नली में विश्वास रखनेवाले नौजवानों के दिलों में बैठने का प्रयास प्रारम्भ किया। पत्थर दिलों को हिंसक क्रांति का रास्ता छोड़कर लोकशक्ति के द्वारा क्रांति लाने का पैगाम दिया। इस विषम परिस्थिति के बीच भी कुछेक लोगों ने उनका स्वागत किया और सहयोग के लिए आगे आए। ज्यों-ज्यों समय बीतता गया गया त्यों-त्यों वायुमण्डल क्रमशः बदलता गया, लोग उन्हें समझने लगे। धीरे-धीरे आतंक के वातावरण में परिवर्तन आया और गाँव-गाँव में ग्रामदान और सर्वोदय की चर्चा होने लगी। एक नई सुबह की शुरुआत हुई, लोगों की चर्चाओं के विषय बदल गए। माओ-जिन्दाबाद की जगह अब दूसरे नारे दीवारों पर दिखने लगे। लोगों के दिलो-दिमाग में एक आश्चर्यजनक परिवर्तन सबसे पहले भूमिहीन मजदूरों को जे. पी. के करीब लाया। फिर क्या था धीरे-धीरे छोटे-बड़े किसान और अन्ततोगत्वा महाजन भी उनके निकट आने लगे। इस तरह एक नए वातावरण के निर्माण की शुरुआत हुई।

समग्र विकास की दृष्टि से मुसहरी में विकास कार्यों की शुरुआत हुई। सामन्तवादी मनोवृत्ति एवं कुलीनता की भावना को राजनीतिक समानता कबूल करने का आश्वासन मिलने लगा। अहिंसा और ग्राम स्वराज्य के रास्ते जो कुछ किया जा सकता था वहाँ एक समग्र दृष्टि को अपनाते हुए काम शुरू किया गया। गाँव-गाँव में ग्राम सभाएँ बनने लगीं और सच्चे अर्थों में भारतीय ग्रामीण लोकसभा का कार्य प्रारम्भ हुआ। ग्रामीण प्रत्यक्ष लोकतन्त्र विकसित होने लगा, जिसके माध्यम से ग्रामीण विकास का मार्ग प्रशस्त हुआ। मालिक और मजदूर आमने-सामने बैठकर अपनी समस्याओं का समाधान ढूँढ़ने लगे। सिंचाई एवं पीने के पानी की व्यवस्था के साथ-साथ वर्षों से चल रहे अनेक मुकदमों का निपटारा किया गया। जाति एवं धर्म के नाम पर किये जाने वाले भेदभाव को दूर किया जाने लगा। शराब एवं अन्य व्यसनों में फँसे लोगों को उससे मुक्त कराने का सार्थक प्रयास किया जाने लगा। इस तरह ग्राम सभा के माध्यम से समग्र चेतना उत्पन्न करने तथा सम्पूर्ण क्रांति की ओर पहला कदम बढ़ा। इसके लिए सम्पूर्ण मुसहरी प्रखण्ड को सामने रखकर सम्पूर्ण मुजफ्फरपुर जिला, फिर बिहार प्रदेश और अन्ततोगत्वा सम्पूर्ण भारत में धीरे-धीरे सामाजिक मनोवैज्ञानिक परिस्थिति तैयार करने की दिशा में समाज की सहभागिता का आह्वान किया गया।

आवश्यकता इस बात की है कि ग्रामीण लोकतन्त्र को अत्यधिक क्रियाशील बनाया जाय। ग्राम सभाओं को इतना साधन सम्पन्न और नैतिक दृष्टि से शक्तिशाली बनाने की जरूरत होगी कि समुदाय के आपसी झगड़ों को निपटाया जा सके। ग्राम सभाओं को विकास की अपनी योजनाओं को तैयार करने, उसके अमल के लिए अपने साधनों का उपयोग करने तथा सरकारी गैर-सरकारी एजेन्सियों से सहायता प्राप्त करने का प्रयास करना चाहिए। ग्राम सभा में आज यह शक्ति नहीं है कि वह गरीबी मिटाने के लिए विकास कार्यक्रम चलाए। बिना विकास के गरीबी मिटेगी नहीं और बिना गरीबी दूर किए नक्सलवाद पर अंकुश नहीं लगाया जा सकता है। इसके लिए यह भी आवश्यक है कि कृषि उत्पादन बढ़ाया जाए और उद्योगों का विकास ग्रामीण स्तर तक किया जाए। ग्रामीण उद्योग, लघु उद्योग एवं कुटीर उद्योग का विकास बड़े पैमाने पर हो जिससे ग्रामीण आबादी को समुचित लाभ मिल सके। इसके लिए बुनियादी चीज है बिजली। गाँव-गाँव में बिजली एवं सिंचाई की व्यवस्था प्राथमिकता के आधार पर करनी होगी। आज सम्पूर्ण समाज नगराभिमुख हो रहा है, उसे ग्रामाभिमुख बनाना होगा, फिर ग्राम आधारित उद्योग खड़े करने होंगे जिससे ज्यादा-से-ज्यादा लोगों को काम मिल सके। जब तक दो हाथों को काम नहीं मिलेगा, विकास सम्भव नहीं होगा। इसलिए प्रत्येक हाथ को काम दिलाना हमारी पहली प्राथमिकता होगी। यह काम किसी अकेले का नहीं है। इसके लिए संपूर्ण ग्राम सभा को शिक्षित एवं जाग्रत करने की जरूरत है। यह एक निरन्तर प्रक्रिया है, जिसकी मशाल जलाए रखनी है। यह सही है कि यह एक कठिन काम है। इस कठिन काम में हम जैसे-जैसे आगे बढ़ेंगे अनेक सबल सामने होंगे, अनेक मुसीबतें होंगी लेकिन उसका सामना दृढ़ता से करना होगा।

इस तरह ग्राम सभा के माध्यम से सामाजिक-मानसिक बदलाव के साथ ही विकास का रास्ता तैयार किया जा

सकता है। इसके लिए ग्राम सभा की सक्रियता बनाए रखना बहुत जरूरी है। ग्राम सभा को गतिशील बनाए रखने के लिए यह आवश्यक है कि हर गाँव में सामाजिक परिवर्तन की प्रक्रिया की चेतना जगाए रखनेवाला विचार प्रेरित कम से कम एक व्यक्ति हो, जो अपनी सेवा द्वारा गाँववालों को परिवर्तन के लिए प्रेरित कर सके। वह व्यक्ति गाँव का सेवक हो, जिसे आवश्यक प्रशिक्षण देने की आवश्यकता है। उसे जगाए रखने के लिए प्रासंगिक साहित्य भी आवश्यक है जो उसे प्रेरित करता रहे। ऐसे आंदोलनों में ऐतिहासिक परिस्थितियाँ, कई संयोग और अन्य दूसरी अनेक प्रभावकारी शक्तियाँ काम कर रही होती हैं। पता नहीं इनकी सहायता कब और किस रूप में मिल जाए। अतः हमें अपना काम सातत्यपूर्वक करते रहना है। हम जो मानवीय समाज स्थापित करना चाहते हैं, जिस समग्र क्रांति की विचारधारा रखते हैं उसके लिए यही एकमात्र उपाय है।

निष्कर्ष के रूप में इतना तो अवश्य ही कहा जा सकता है कि जे. पी. के सद्‌प्रयासों ने मुसहरी में बढ़ते हुए नक्सलवाद पर अंकुश तो लगाया ही बल्कि सम्पूर्ण बिहार प्रदेश में बढ़नेवाले नक्सलवाद पर भी विराम लगाने में सफलता प्राप्त की। यह बात भी बिलकुल सही है कि जे. पी. का यह प्रयास ग्राम सभाओं को आगे नहीं बढ़ा सका। उनकी सक्रियता बनाए रखने में सरकार का प्रयास शून्य रहा। फलतः विकास की गति अवरुद्ध हो गयी। यद्यपि तात्कालिक मुख्यमन्त्री माननीय स्व. कर्पूरी ठाकुर जी ने जे. पी. के इन सद्‌प्रयासों की भूरि-भूरि प्रशंसा की थी लेकिन उनके द्वारा किए गए कार्यों को गतिशील बनाए रखने में कोई विशेष रुचि नहीं दिखाई। यही कारण है कि आज मुसहरी जैसे अनेक विकास खण्डों में नक्सलवाद अपना पैर पसारे बैठा है तथा शासन-प्रशासन अपने को बौना समझने के लिए मजबूर है।

1974 आंदोलन के अग्रदूत जे. पी.

शरद ऋतु में विजयादशमी के शुभ अवसर पर 11 अक्तूबर, 1902 को सिताब दियारा (बिहार) की धरती के वरद् पुत्र स्व. हरसू बाबू के चतुर्थ पुत्र रत्न के रूप में जे. पी. का जन्म हुआ। जन्म से ही जे. पी. का व्यक्तित्व क्रांति की आलेक परिधि से युक्त था। जे. पी. के चिन्तन में क्रांति की उष्णता, तेजस्विता और रहस्यवादिता जीवन के प्रारम्भ से ही थी। क्रांति की उष्णता ने जे. पी. के चिन्तन में अटूट आशा, विश्वास भर दिया, तेजस्विता ने चिन्तन को प्रकाशयुक्त किया तथा रहस्यवादिता ने उनके व्यक्तित्व और कृतित्व को जिज्ञासा का विषय बना डाला।

जे. पी. में विवेकानन्द का सांस्कृतिक नेतृत्व, रामतीर्थ की आध्यात्मिकता, गोखले की राजनीतिक बुद्धिमत्ता, तिलक की क्रांतिकारिता, अरविन्द की रहस्यात्मकता, गाँधी जी की हिमालय सी दृढ़ता, नेहरू की गंगा सी गत्यात्मकता और विनोबा की अग्नि सी तेजस्विता थी। जे. पी. के व्यक्तित्व में सन्त और राजनीतिज्ञ का एक अनिर्णीत सतत द्वन्द्व था। इस द्वन्द्व के क्रम में जहाँ नेहरू के व्यक्तित्व में राजनीति ने विजय पाई, विनोबा में सन्त ने। ऐतिहासिक शक्तियों को आत्मसात कर नए युग का सूत्रपात करने वाले जे. पी. इतिहास पुरुष थे जिनके तेजस्वी चिन्तन में काव्य की कल्पना, दर्शन की जिज्ञासा, अध्यात्म का रहस्य, क्रांति की चिरनूतनता और राजनीति का औदार्य था। जे. पी. के चिन्तन में ऐतिहासिक शक्तियों और संघर्षों का तथा सामाजिक कुण्ठा और सामाजिक क्रांतियों का विवेचन मिलता है। जे. पी. ने समाज की यथावत स्थिति को असह्य मानकर परिवर्तन की शक्तियों को सुदृढ़ करने के लिए क्रांति का आवाहन किया था। क्रांति द्वारा सामाजिक परिवर्तन का संयोजन कर समाज पुनर्रचना करना था, जिसका केन्द्र बिन्दु व्यक्ति और परिधि सम्पूर्ण विश्व था। जे. पी. ने समाज की स्थूल रूप रचना को गौण और सूक्ष्म की रचना को प्रधान के रूप में मान्यता दी थी। इसमें कोई सन्देह नहीं कि जे. पी. की वैचारिक शक्ति भारत ही नहीं विश्व के महान विचारकों की तुलना में कहीं अधिक सक्षम एवं सामर्थ्यपूर्ण है।

स्वतन्त्रता प्राप्ति के बाद देश में आर्थिक एवं सामाजिक परिवर्तन हमारी प्राथमिकता होनी चाहिए थी लेकिन इसके बाद निहित स्वार्थ के लोग सत्ता के इर्द-गिर्द गोलबन्द होते गए। यथास्थितिवाद और उनके निहित स्वार्थ का रिश्ता धीरे-धीरे अटूट होता चला गया। स्वातन्त्र्यपूर्व की चेतना बुझने लगी। समाज-जीवन के आर्थिक, राजनीतिक, सामाजिक, शैक्षणिक और सांस्कृतिक क्षेत्र में जड़ता की जकड़न व्याप्त हो गयी, भ्रष्टाचार की जड़ें गहरी हो चली थीं, सर्वत्र आक्रोश व्याप्त था। इसकी पहली चिनगारी गुजरात के छात्र आंदोलन के रूप में फूटी। पहली बार गुजरात के छात्रों ने अपनी

माँगों से ऊपर उठकर कई ऐसी माँगों के लिए संघर्ष किया जो सम्पूर्ण राष्ट्र की माँगें थीं—भ्रष्टाचार, महँगाई और बेरोजगारी ये सब सिर्फ गुजरात के छात्रों की ही समस्याएँ नहीं थीं। लेकिन गुजरात का वह छात्र आंदोलन उचित नेतृत्व के अभाव में तत्कालीन मुख्यमन्त्री श्री चिमन भाई पटेल के इस्तीफे तक सिमटकर रह गया।

जे. पी. समाज के भीतर पनप रहे गहरे असन्तोष का अनुभव कर रहे थे। अपने पवनार प्रवास के दौरान 9 दिसम्बर, 1973 को उन्हें अन्दर से इच्छा जगी कि देश में व्याप्त भ्रष्टाचार, अनाचार एवं सामाजिक विषमता को दूर करने के लिए युवा शक्ति का आह्वान करना चाहिए। उनकी मान्यता थी कि युवकों में आदर्शों के प्रति कुर्बान होने का साहस होता है तथा खतरा उठाने की उमंग भी। इसलिए वे मुझे उन मूल्यों के वाहक लगते हैं—सामाजिक कुरीतियाँ, जात-पाँत एवं भ्रष्टाचार के खिलाफ युवक ही संघर्ष कर सकते हैं। इसी भावना से उद्वेलित होकर उन्होंने युवकों का आह्वान किया और उसका अप्रत्याशित प्रभाव भी हुआ और हुई सम्पूर्ण क्रांति की शुरुआत। 9 दिसम्बर, 1973 को उन्होंने कहा था, "आज लोकतन्त्र नहीं है, जनतन्त्र नहीं है, प्रजातन्त्र नहीं है, आज है दलतन्त्र। इसलिए नौजवानों को आगे आकर राजनीति में सक्रियता दिखानी चाहिए। भारत के नवनिर्माण में छात्र-नौजवान क्रांतिकारी संघर्ष करें। देश में आज सम्पूर्ण क्रांति की आवश्यकता है। हर क्षेत्र में क्रांति चाहिए—नैतिक, वैचारिक, सांस्कृतिक, सामाजिक, आर्थिक, राजनीतिक एवं शैक्षणिक, जिसे आज के छात्र-नौजवान ही सम्भव बना सकते हैं। इस अपील ने बिहार के छात्र-नौजवानों के हृदय को स्पर्श किया और देखते ही देखते छात्र नौजवानों का हुजूम जे. पी. के सामने आ खड़ा हुआ और बार-बार उनसे नेतृत्व करने का आग्रह करने लगा। जे. पी. मार्गदर्शन करने की बात कहते रहे—हुजूम नेतृत्व करने का निवेदन करता रहा। निश्छल सन्त हृदय को युवाओं के आग्रह के समक्ष अन्ततोगत्वा झुकना पड़ा। जे. पी. ने शर्त रखी आंदोलन पूर्णतया शान्तिमय और दलविहीन होगा। छात्र संघर्ष संचालन समिति ने 25 मार्च, 1974 को जे. पी. की इन दोनों शर्तों को स्वीकार कर लिया और इसके साथ ही महँगाई, बेरोजगारी, जमाखोरी, मुनाफाखोरी, भ्रष्टाचार और वर्तमान शिक्षा पद्धति के विरुद्ध संघर्ष प्रारम्भ हो गया। तरुणाई परिवर्तन का परचम लेकर लोक संघर्ष के रास्ते पर बढ़ चली।

बिहार के छात्रों का आंदोलन : 1974 का छात्र आंदोलन अचानक शुरू नहीं हुआ था। अपनी माँगों को निश्चित स्वरूप देने के लिए एक सम्मेलन बुलाया गया था फिर उसके बाद अनेक सभाओं के माध्यम से सामूहिक विचार-विमर्श किए गए। फरवरी 17-18 को छात्रों ने भ्रष्टाचार, महँगाई, बेकारी दूर करने तथा शिक्षा में आमूल परिवर्तन करने का नारा देते हुए अपनी 12 माँगों को सरकार के सामने रखा। वे शिक्षा मन्त्री और मुख्यमन्त्री से भी मिले, लेकिन बिहार सरकार ने उनकी अनसुनी कर दी। छात्रों की कोई भी माँग ऐसी नहीं थी जो न्यायसंगत न हो और जिसे आपसी समझौते के द्वारा पूरा नहीं किया जा सकता हो लेकिन बिहार सरकार ने समझौते की जगह संघर्ष का रास्ता पसन्द किया और अभूतपूर्व दमन चक्र की शुरुआत कर दी। लाठी-गोली से आंदोलन को कुचल डालने का प्रयास किया। बिहार विधानसभा के सामने सत्याग्रही छात्रों पर 18 मार्च, 1974 के पुलिस के बर्बर लाठी प्रहार और फिर गोलियों की वर्षा ने 7 नौजवानों की जानें ले लीं। अनेकों घायलावस्था में समुचित इलाज की प्रतीक्षा करते रहे और दूसरी तरफ कुछ पेशेवर उपद्रवी तत्त्व पटना में आगजनी और लूट का ताण्डव करते रहे। सर्चलाइट, प्रदीप का भवन घण्टों जलता रहा और पटना प्रशासक मूक दर्शक बना रहा।

18 मार्च की घटना से पटना में जो तनाव का वातावरण पैदा हुआ था, उसे शान्ति में परिवर्तित करने के लिए 8 अप्रैल, 1974 को एक ऐतिहासिक मौन जुलूस निकाला गया। मौन जुलूस निकालने के पूर्व जे. पी. ने पटना के नागरिकों के नाम एक अपील जारी करते हुए कहा, "यह मौन जुलूस इसलिए है कि जनता तथा शासन के सामने यह प्रकट हो कि हमारा आंदोलन पूर्णतया शान्तिपूर्ण है और हिंसावादियों, तोड़-फोड़, आगजनी आदि करने वालों से अलग है तथा हम ऐसे तत्त्वों की निन्दा करते हैं।"

उस दिन पटना के 4-5 लाख लोगों ने मुँह पर पट्टी बाँधे जुलूस निकाला। कुछ लोग प्ले कार्ड्स भी लिए थे, जिन पर लिखा था—'क्षुब्ध हृदय हैं बन्द जबान, हमला चाहे जैसा होगा, हाथ हमारा नहीं उठेगा।' मौन जुलूस के एक दिन बाद गाँधी मैदान की एक सभा में जे. पी. ने कहा, "यह शान्तिपूर्ण जन आंदोलन का प्रारम्भ है, आगे हमें सत्याग्रही की भूमिका में काम करना है। सरकार बदलने मात्र से न भ्रष्टाचार समाप्त होगा, न ही बेकारी दूर होगी, न ही शिक्षा

में कोई बुनियादी परिवर्तन आएगा। इसलिए हमें रोगों की जड़ में जाना है।'' परन्तु बिहार सरकार ने तो छात्रों के आंदोलन को कुचल डालने की कसम खा रखी थी। 12 अप्रैल को गया में फिर छात्रों पर गोलीबारी हुई। 5 जून, 1974 को पटना के गाँधी मैदान में एक विशाल सभा हुई जिसमें आचार्य राममूर्ति ने कहा, ''8 अप्रैल संकल्प का दिन था, आज का दिन समर्पण का है।'' स्वयं जे. पी. ने अपने दो घण्टे तीस मिनट के भाषण में तत्कालीन निकम्मी और अलोकतान्त्रिक बिहार सरकार को समाप्त करने तथा विधान सभा भंग करने का नारा दिया और कहा, ''आज मेरे मुँह से हुंकार तो नहीं सुनेंगे, लेकिन मेरे विचार हुंकार से भरे होंगे। मेरे विचार क्रांतिकारी होंगे। उन पर अमल करना आसान नहीं होगा। उसके लिए बलिदान करना होगा, कष्ट सहना होगा, लाठियों और गोलियों का सामना करना होगा। जेलों को भरना होगा। यह क्रांति है मित्रो—सम्पूर्ण क्रांति।''

जे. पी. की सम्पूर्ण क्रांति का उद्देश्य दूरगामी था। सिर्फ सत्ता परिवर्तन ही नहीं, बल्कि व्यवस्था परिवर्तन, प्रक्रिया परिवर्तन और नव निर्माण जिसमें जनता का सच्चा राज कायम होगा, समाज से अन्याय, शोषण आदि का अन्त होगा। सम्पूर्ण क्रांति का मतलब है समाज का परिवर्तन, सामाजिक कुरीतियों का परिवर्तन। समाज के एक अंग को बदल दीजिए और बाकी का ज्यों का त्यों सड़ा-गला समाज लेकर फिर आगे बढ़ा जाए ऐसा होने वाला नहीं है। वह अंग भी एक दिन सड़ जाएगा इसलिए समाज के कलेवर को बदलना होगा, उसकी आत्मा को बदलना होगा; विधान सभा और लोकसभा का विघटन तो एक रास्ता मात्र है मंजिल तक पहुँचने का। लेकिन यह मंजिल इतनी आसान नहीं है। मंजिल कठिन अवश्य है लेकिन सफलता निश्चित है क्योंकि यह युगधर्म की पुकार है।

सम्पूर्ण क्रांति समस्त जनता की क्रांति है यह केवल राजधानियों में नहीं है, बल्कि हर गाँव और शहर में है। हर कार्यालय, विद्यालय में है, यहाँ तक कि परिवार में है और यह मोर्चा व्यक्ति के अपने अन्दर भी है क्योंकि अपने पुराने एवं गलत संस्कारों से भी हमें लड़ना है। यही हमारी सम्पूर्ण क्रांति है।

वर्गों, सम्प्रदायों, जातियों में बँटे हुए समाज के कारण हमारे अन्दर ऐसे गलत मूल्य, संस्कार और अन्य विश्वास विकसित हो गए हैं जिनका न्याय और समता की जीवन पद्धति से मेल नहीं बैठता। उदाहरण के लिए जाति-भेद, तिलक-दहेज, छुआछूत आदि ऐसी चीजें हैं जिन्हें किसी कानून से नहीं मिटाया जा सकता। कानून और पैसे से हरिजनों, आदिवासियों, पिछड़ों आदि को स्थूल सुविधाएँ तो दी जा सकती हैं किन्तु उन्हें समता का स्थान तभी मिलेगा जब लोगों का मन बदलेगा। समाज को हम चाहे जिस ऐंगिल से देखें, हर जगह निहित स्वार्थों का जाल ही दिखाई देता है। भूमि सुधार के मामूली कानून भी लागू नहीं किए जा सकते क्योंकि निहित स्वार्थों पर प्रतिकूल प्रभाव पड़ता है। ऐसी स्थिति में जे. पी. की यह कल्पना कि जो समाज में सबसे नीचे स्तर पर हैं, वे भी स्वतन्त्र हों, उनका शोषण न हो, कैसे साकार हो सकता है। विषमता की चक्की में न पिसें, गरीबी और भुखमरी की पीड़ा से मुक्त हों। यह कैसे सम्भव हो सकता है।

जे. पी. ने सम्पूर्ण क्रांति के कार्यक्रम को अमली जामा पहनाने के स्वरूप का भी निर्धारण किया था। टालस्टाय, रस्किन, गाँधी और विनोबा के दलविहीन लोकतन्त्र की स्थापना के उद्देश्य की पूर्ति में दल विहीन क्रांति की परिकल्पना को जे. पी. ने भी अपनी क्रांति का आधार घोषित किया था। जे. पी. के अनुसार सम्पूर्ण क्रांति दलीय हितों से प्रभावित होती है और उसका दायरा छोटा बन जाता है। इसलिए मेरी मान्यता है कि आज की जटिल परिस्थिति में आगे जाने के लिए मतवादों के संकीर्ण दायरे से निकलना होगा, सबको एक साथ अपनी ताकत लगानी होगी। क्रांतिकारी शक्तियाँ अगर संगठित और सक्रिय नहीं हुईं तो आंदोलन बहुत दूर नहीं जा सकेगा इसलिए मैंने छात्र-युवा संघर्ष वाहिनी के नाम से एक अखिल भारतीय युवा-संगठन बनाया है। सम्पूर्ण क्रांति में निष्ठा रखने वाले युवक-युवतियों को मैं इस संगठन में शामिल करने का आह्वान करता हूँ। गाँव-शहर से लेकर प्रदेश तथा देश तक नए नेतृत्व की जरूरत है, जिससे उस अन्तिम व्यक्ति को अपनी शक्ति का प्रत्यय हो और उसमें पराक्रम की प्रेरणा जगे।

आंदोलन की शुरुआत से ही, चार प्रकार के काम होते रहे हैं—प्रचारात्मक, संगठनात्मक, प्रतिकारात्मक और रचनात्मक। संगठन का काम नीचे शुरू हुआ था। जन संघर्ष समिति और छात्र संघर्ष समिति की रचना गाँव से प्रखण्ड, जिला और प्रदेश स्तर पर होती रहे। हाई स्कूल और कॉलेजों में भी संघर्ष समितियाँ बनने लगीं। नए कार्यकर्त्ताओं का प्रशिक्षण हो ताकि उन सबको समझ में आए कि हमें क्या करना है, कैसे करना है? आपको केवल सत्ता से संघर्ष ही नहीं करना

है बल्कि अन्याय, विषमता, अनीति, शोषण एवं सामाजिक कुरीतियों के खिलाफ अभियान चलाना है। बिहार आंदोलन के सामने जो सवाल है, उनका जवाब किसी एक मतवाद के साँचे के भीतर प्राप्त नहीं किया जा सकता, चाहे वह सिद्धान्त का स्वर कितना ही क्रांतिकारी क्यों न लगता हो। जिन माँगों को आधार मानकर बिहार आंदोलन प्रारम्भ हुआ, वे मात्र बिहार की ही माँगें नहीं थीं। वे माँगें सम्पूर्ण देश की थीं। वे माँगें ही बिहार आंदोलन के पूर्व गुजरात की जन क्रांति की भी थीं। क्या यह छोटी-सी बात नहीं समझी जा सकती थी कि भूख, भ्रष्टाचार, बेकारी सिर्फ बिहार की ही समस्याएँ नहीं हैं, सारे देश की हैं। गुजरात की विधान सभा भंग हुई थी, मुद्दे वही थे, जो बाद में बिहार में विस्फोट के कारण बने और जिसने फिर सम्पूर्ण देश को प्रभावित किया।

जे. पी. की मान्यता थी कि लोकतन्त्र के लिए शान्ति अनिवार्य शर्त है। एक सिक्के के दो पहलू हैं। बिना इसके जनता का राज नहीं होगा। जनता के नाम पर राज करने वाले होंगे। जनता की छाती पर बैठकर दाल दलने वाले होंगे। जहाँ कानून निष्फल होता है वहाँ अहिंसा से ही आगे बढ़ना होगा। अनुभव बताता है कि रक्त क्रांति से जो समाज बनता है, वह उस समाज से बहुत भिन्न होता है, जिसकी कल्पना क्रांतिकारियों ने पहले की होती है। फ्रांस की राज्य क्रांति समानता, स्वतन्त्रता और बन्धुत्व के आदर्शों पर लड़ी गयी, नतीजा क्या निकला? रूस की क्रांति मजदूरों के हाथ में सत्ता नहीं सौंप सकी। इसलिए मैंने अहिंसक क्रांति को ही परिवर्तन का आधार माना है। अहिंसक क्रांति में पुराने समाज को बदलने एवं नए समाज को गढ़ने का काम साथ-साथ होता है। यही कारण था कि उन्होंने 7-12 जून, तक विधान सभा के सामने सत्याग्रह का कार्यक्रम दिया, जिसमें 3407 व्यक्तियों को गिरफ्तार किया गया। एक अगस्त 1974 को उपवास की घोषणा हुई जिसमें हजारों लोगों ने अपनी भागीदारी दी। 4-5 अक्तूबर, 1974 को सम्पूर्ण बिहार बन्द का कार्यक्रम दिया गया। तीन दिनों तक सम्पूर्ण बिहार स्वतःस्फूर्त बन्द रहा। स्कूल-कॉलेज, बस, ट्रक, दूकानों तथा औद्योगिक प्रतिष्ठान के साथ-साथ रेलगाड़ियाँ भी बन्द रहीं। तीन दिनों तक लगातार अभूतपूर्व बन्दी को देखकर बिहार सरकार ने जहाँ-तहाँ जगह-जगह पर लाठी-गोली चलाकर अपना गुस्सा उतारा परन्तु बिहार में तो शान्तिमय प्रदर्शन, जुलूस और सभाओं में बिहार के कोने-कोने से छात्र-नौजवान, किसान-मजदूरों का हुजूम रेल, बस, ट्रक एवं पैदल चलकर भी सरकारी बाधाओं को पार कर पहुँच रहा था। 4 नवम्बर, 1974 के कार्यक्रम में सत्ता का दुरुपयोग करते हुए बिहार में 58 रेलगाड़ियों का परिचालन स्थगित कर दिया गया, बसें रद्द कर दी गईं। नावों में पानी भरकर उन्हें किनारे डुबो दिया गया। इतना ही नहीं पटना के तीस-तीस मील दूर तक मोटी-मोटी बाँस-बल्लियाँ गाड़कर घेराबन्दी की गयी थी; ऐसा लगता था कि पाकिस्तान का आक्रमण होने वाला है। बावजूद इसके येन-केन प्रकारेण पटना की सड़कें जन सैलाब से पट ही गईं। पटना की सड़कों पर लोगों ने आकर कहा कि आप हमारे प्रतिनिधि नहीं रहे, आज इस्तीफा दो और कुर्सी छोड़ दो। जन समूह की इस आवाज को दबाने के लिए अन्धाधुन्ध अश्रुगैस के गोले और लाठियों की वर्षा होने लगी। जे. पी. लाठी प्रहार से पृथ्वी पर गिर पड़े। अगर नानाजी देशमुख, हैदर अली और बाबू राम चन्द्रकार उनके शरीर पर लेटकर स्वयं लाठियाँ नहीं खाते तो शायद दूसरी आजादी का प्रणेता सदा के लिए वहीं सो जाता। जे. पी. पर लाठी प्रहार ने सौ वर्ष पुराने काँग्रेसी ढाँचे को जगह-जगह तोड़ दिया। इस बर्बर लाठी चार्ज का विरोध प्रदर्शन करने के लिए जे. पी. ने 5 नवम्बर को पटना बन्द तथा 6 नवम्बर को बिहार बन्द का ऐलान किया। स्वतःस्फूर्त बन्द आजादी के बाद का बेमिसाल उदाहरण था। जे. पी. पर लाठी प्रहार ने आग में घी का काम किया। फणीश्वरनाथ रेणु अपनी अस्वस्थता की परवाह किए बिना इस आंदोलन में शरीक हुए, लाठियाँ खाईं और गिरफ्तारी दी। नागार्जुन ने चौक चौराहे पर क्रांतिकारी कविताओं द्वारा जन-मानस को जगाने का काम शुरू कर दिया। देखते ही देखते बुद्धिजीवियों का बहुत बड़ा समूह जे. पी. आंदोलन में अपनी सक्रिय भूमिका निभाने लगा।

18 नवम्बर को पटना में विराट सभा हुई, जिसमें जे. पी. ने कहा कि प्रधानमन्त्री श्रीमती इन्दिरा गाँधी का कहना है कि जनता का समर्थन इस आंदोलन को है या नहीं इसका फैसला आगामी चुनाव में होगा। "मैंने श्रीमती गाँधी की इस चुनौती को स्वीकार किया है फैसला अब आपके हाथ में है। मुझे पूर्ण विश्वास है कि यहाँ के लोग जिन्होंने ब्रिटिश साम्राज्यवाद के खिलाफ युद्ध कर उसे परास्त किया है, वे आपकी तानाशाही और अपमान को बर्दाश्त नहीं कर सकते हैं।" बिहार आंदोलन का नारा देश के अन्य प्रदेशों में भी गूँजने लगा। एक देशव्यापी आंदोलन समाज में

सर्वांगीण परिवर्तन के लिए उभरने लगा। 6 मार्च, 1975 को दिल्ली में एक विराट जन-प्रदर्शन इस बात का सन्देश देता दीख रहा था। लोकसभा एवं राज्यसभा के अध्यक्ष को जनता के सामाजिक, आर्थिक अधिकारों और लोकतान्त्रिक एवं नागरिक स्वतन्त्रता की सुरक्षा, चुनाव कानून में सुधार, शिक्षण में आमूल परिवर्तन तथा राजनीतिक भ्रष्टाचार के समूल उन्मूलन का प्रस्ताव किया गया। इस प्रदर्शन में सात विरोधी दलों के नेताओं का भी भरपूर समर्थन मिला। इसी बीच 12 जून, 1975 को इलाहाबाद उच्च न्यायालय ने इन्दिरा गाँधी के रायबरेली चुनाव को रद्द कर दिया तथा आगामी 6 वर्षों तक चुनाव लड़ने के अयोग्य घोषित करार दिया। उच्चतम न्यायालय में अपील हुई लेकिन निरन्तर यह माँग बढ़ने लगी कि श्रीमती गाँधी को त्यागपत्र देकर उच्चतम न्यायालय के निर्णय की प्रतीक्षा करनी चाहिए। परन्तु श्रीमती गाँधी ने ऐसा नहीं किया। फलतः सारे देश में ऐसा अनुभव किया जाने लगा कि श्रीमती गाँधी कुर्सी से चिपकी रहना चाहती हैं तथा जन विरोध को कुचलने के लिए तैयार हैं। यहाँ तक कहा जाने लगा कि श्रीमती गाँधी जीते जी प्रधानमन्त्री का पद नहीं छोड़ेंगी।

इसमें कोई दो राय नहीं हो सकती कि हाईकोर्ट के फैसले ने श्रीमती गाँधी को झकझोर दिया था और वह सही गलत का फैसला न करके अपनी सत्ता बचाने पर तुल गयी थीं। उनकी हठधर्मिता पर वे सब हैरान थे जिनकी मान्यता थी कि श्रीमती गाँधी काँग्रेस के महान आदर्शों की विरासत को सँभालकर रखेंगी। 11 मई 1975 को कृष्णकान्त ने काँग्रेस सदस्यों को जिद छोड़कर राष्ट्रहित में जे. पी. से बात कर समस्या के समाधान की बात की लेकिन काँग्रेसियों पर इसका कोई प्रभाव नहीं हुआ फलतः चन्द्रशेखर, रामधन सरीखे 60-70 एम. पी. जे. पी. के समर्थन में आ गए। 25 जून, 1975 को दिल्ली के रामलीला मैदान की विशाल सभा में जे. पी. ने श्रीमती गाँधी से सत्ता छोड़ने का आग्रह किया और ऐसा नहीं करने पर देशव्यापी आंदोलन चलाने का आह्वान किया। इससे भयभीत होकर रात में ही देश में आपात्काल लागू कर दिया गया और आंदोलन समर्थक विपक्षी दलों के नेताओं, कार्यकर्त्ताओं तथा बड़ी संख्या में छात्रों-युवकों को गिरफ्तार कर जेलों में ठूँस दिया गया। सच के मुँह पर ताला, अखबारों पर सेंसर, जनसभाओं और प्रदर्शनों पर प्रतिबन्ध लगाया गया तथा गिरफ्तारी का कारण जानने पर रोक लगाकर जनमानस को उद्वेलित कर दिया गया। इसी बीच राजनीतिक क्षितिज पर संजय गाँधी के नेतृत्व में कुछ नए सितारों का उदय हुआ। राजनीति के ये सितारे अपने साथ कुछ चकाचौंध भी लाए थे। इनके चार सूत्र बीस सूत्र के साथ दौड़ लगाने लगे। पत्रकारों ने राजनीति के इन नक्षत्रों को सर-आँखों पर बिठाया। विलासपुर में नसबन्दी अभियान जोरों पर है यह समाचार मिलते ही लखनऊ में बीस सूत्री कार्यक्रम ने तो क्रांति ही ला दी। 'पहला बच्चा अभी नहीं दो के बाद कभी नहीं' की राष्ट्रीय धुन देश के करोड़ों लोगों को सुनने की मजबूरी थी। काँग्रेस अध्यक्ष देवकान्त बरुआ तो 'इन्दिरा इज़ इण्डिया, इण्डिया इज़ इन्दिरा' का पाठ करते अघाते नहीं थे। आन्तरिक अशान्ति के नाम पर करोड़ों लोग निराश, थकी निगाहों से विरगय और आतंक के साथ अमानवीय अत्याचार सहने के लिए मजबूर बना दिए गए। न कोई नियम, न कोई कानून, न व्यवस्था और न व्यक्ति भेद शेष रह गया था। शायद श्रीमती गाँधी की सोच रही होगी कि छात्र आंदोलन को आपात्काल की इन कठोर दमनकारी नीतियों के द्वारा दबा दिया जाएगा लेकिन परिणाम ठीक इसके विपरीत होते चला गया। छात्र आंदोलन को जनता का भरपूर समर्थन मिलने लगा। छात्र आंदोलन ने एक बड़े आंदोलन का रूप ले लिया। आपात्काल की कठोरता और जबरन नसबन्दी ने आंदोलन में घी का काम किया। जे. पी. ने समाज की उन तमाम परिस्थितियों का भरपूर लाभ उठाते हुए सौ वर्ष पुरानी काँग्रेसी हुकूमत को जनता की नजरों से ओझल कर दिया और श्रीमती गाँधी की तानाशाही का अन्त हो गया।

आंदोलन के द्वारा नागरिक शक्ति की अभिव्यक्ति तो हुई लेकिन इस आंदोलन ने भी पूर्ववर्त्ती आंदोलनों की तरह पक्ष के आंदोलन का ही संकीर्ण रूप ले लिया। देसाई और चरण सिंह की सरकारें तो बनीं लेकिन जन मानस को कोई रचनात्मक उपलब्धि नहीं मिली। देश में व्याप्त किसी भी समस्या का समाधान नहीं मिला, सम्पूर्ण क्रांति के उद्देश्य पीछे छूट गए। समाज के अन्तिम व्यक्ति के उत्थान की कल्पना दिवा-स्वप्न ही रही। बावजूद इसके कुल मिलाकर इस आंदोलन को लोकात्मा के आवाहन में अपेक्षातीत सफलता प्राप्त हुई है जिसे हम सम्पूर्ण क्रांति का प्रथम पड़ाव तो मान ही सकते हैं। समाज के सम्पूर्ण तन्त्र में परिवर्तन कैसे लाया जाए? अहिंसक क्रांति पुरुषार्थी व्यक्तियों, शोध अध्येताओं के लिए एक चुनौती बनकर खड़ी है। शान्तिमय सामाजिक परिवर्तन का गतिशास्त्र अभी भी हमें खोजना है।

जे. पी.

बिशन टण्डन

जे. पी. को सबसे पहले मैंने इलाहाबाद में 1947 में देखा था। इलाहाबाद यूनिवर्सिटी यूनियन ने उनको आमन्त्रित किया था और अपना मानद सदस्य बनाया था। यदुवीर सिंह यूनियन के अध्यक्ष थे और मैं कार्यकारिणी का सदस्य। इलाहाबाद की उस समय की युवक व विद्यार्थी पीढ़ी पर पण्डित जी छाए हुए थे पर उसके बाद यदि किसी नेता का प्रभाव था तो जे. पी. का। 9 नवम्बर, 1942 को हजारीबाग जेल से भागने के समाचार पर एक बिजली की लहर-सी दौड़ गयी थी। कई माह तक वह भूमिगत आंदोलन संचालित करते रहे। अगले वर्ष सितम्बर में वह पकड़े गए पर अन्य नेताओं के छूटने के एक वर्ष बाद ही अंग्रेजों ने उन्हें जेल से मुक्त किया। अप्रैल 1946 में बन्दीगृह से छूटने पर जनता ने उनका अद्‌भुत स्वागत किया था। इस सबने उनके व्यक्तित्व में एक अद्‌भुत आकर्षण जोड़ दिया था। कर्मठ नेता व कार्यकर्त्ता तो वह हमेशा से थे। मार्च 1940 में जमशेदपुर में श्रमिकों को सम्बोधित करने पर जब उन्हें गिरफ्तार किया गया था तो स्वयं गाँधी जी ने 'हरिजन' में लिखा था :

> ''जयप्रकाश नारायण की गिरफ्तारी दुर्भाग्यपूर्ण है। वह कोई मामूली कार्यकर्त्ता नहीं हैं....अपने देश की मुक्ति के लिए उसने सब कुछ त्याग दिया है...उसकी कष्ट सहने की शक्ति अद्वितीय है।''

इलाहाबाद यूनिवर्सिटी यूनियन, जिसकी स्वतन्त्रता संग्राम में अच्छी भूमिका रही थी, में ऐसे नेता के स्वागत के लिए विशेष उत्साह स्वाभाविक था। उनके धीर-गम्भीर स्वर में दिए गए भाषण ने सबको प्रभावित किया। सौम्य व्यक्तित्व में मुझे वह नेता से अधिक दार्शनिक लगे थे।

लेकिन थोड़ा पास से उनको बहुत बाद में देखा जब मैं प्रधानमन्त्री के साथ कार्यरत था। नवम्बर 1969 में राष्ट्रीय एकात्मता परिषद् की एक बैठक (जो पता नहीं किन कारणों से योजना भवन के सम्मेलन कक्ष में हुई थी) में वह भाग लेने आए थे। परिषद् ने उस दिन एक समिति बनाई जिसको ठोस कार्यक्रम बनाने का कार्य सौंपा गया था। जे. पी. उस समिति के मुख्य स्तम्भ थे और जिन दो-तीन अधिकारियों को उस समिति के साथ लगाया गया था उनमें मैं भी था। कुछ घण्टों के परिश्रम से साम्प्रदायिकता विरोधी सर्वदलीय अभियान की पूरी रूपरेखा जे. पी. ने तैयार कर दी जिसको परिषद् ने सर्वसम्मति से स्वीकार भी कर लिया (बाद में कम्यूनिस्टों के प्रभाव में प्रधानमन्त्री ने उसे कार्यान्वित करने से मना कर दिया) कुछ समय बाद इसी प्रकार जब जे. पी. गृह मंत्रालय में डाकुओं के समर्पण के विषय पर बात करने आए तो उस बैठक में भी प्रधानमन्त्री के आदेश पर मैं उपस्थित था। प्रधानमन्त्री से उनकी भेंट होती रहती थी पर मैं केवल ऐसे एक ही अवसर पर उपस्थित था जब जे. पी. ने मुख्यतः मृत्युदण्ड समाप्त करने पर बल दिया था। उन्होंने इस विषय पर प्रधानमन्त्री को एक दो पुस्तकें भी भेजीं और प्रधानमन्त्री पर इसका काफी प्रभाव पड़ा (इसकी कुछ चर्चा आगे करूँगा)।

इन छोटी-छोटी भेंटों में ही मुझे लगा कि जे. पी. विलक्षण व्यक्तित्व के धनी हैं। उनकी-सी विलक्षणता मुझे उस समय के किसी अन्य राजनीतिज्ञ में नहीं दिखाई देती थी। पण्डित जी से तो कॉलेज के दिनों से ही प्रभावित था।

जे. पी. को जानने पर मुझे हमेशा यह लगा कि मैं एक महान व्यक्तित्व के सान्निध्य में हूँ। 1969 में यह कल्पना तो कोई नहीं कर सकता था कि पाँच साल बाद वह प्रधानमन्त्री की अनैतिकता को प्रचण्ड चुनौती देंगे, पर यह मुझे हमेशा लगता था कि इस महान व्यक्तित्व की गहन सरलता, निष्ठा व चारित्रिक दृढ़ता देश का सदा कल्याण करेगी।

जे. पी. में आधुनिक उदारवाद, मार्क्सवाद व गाँधीवाद की एक अनूठी त्रिवेणी का मेल हुआ था। कुछ वर्ष पहले जे. पी. की दो अच्छी जीवनियाँ भी प्रकाशित हो चुकी हैं—अजित भट्टाचार्य द्वारा अंग्रेजी में और इलाहाबाद के एक पुराने मित्र लक्ष्मीनारायण लाल द्वारा हिन्दी में। 1921 में पटना में मौलाना आजाद व पण्डित नेहरू के भाषण से प्रभावित होकर उन्होंने कॉलिज छोड़ दिया था। लेकिन बाद में बिहार विद्यापीठ में शिक्षा पूरी करके वह अमेरिका चले गए। वहाँ उन्होंने सात साल अध्ययन किया। पटना में 5 जून, 1974 को एक सार्वजनिक भाषण में उन्होंने बताया कि—

> ''वहाँ मैंने खानों, कारखानों व बूचड़खानों में काम किया। मैंने जूतों पर पालिश करने का काम किया और होटलों में कमोड साफ किए। छुट्टियों में...दो-तीन विद्यार्थी एक कमरे में रहते थे और अपना खाना स्वयं बनाते थे। स्नातक होने के बाद मुझे छात्रवृत्ति मिली और उसके तीन महीने बाद अपने विभाग (विश्वविद्यालय के) में सहायक का पद मिला जिससे कुछ सुविधा से रह सका...''

विश्वविद्यालय में उनके प्रोफेसरों द्वारा उनके कार्य का जो मूल्यांकन हुआ उससे स्पष्ट है कि जे. पी. मेधावी और प्रखर प्रतिभा के धनी थे। भट्टाचार्य व लाल दोनों ने अपनी पुस्तकों में कई अध्यापकों के प्रमाणपत्र उद्धृत किए हैं। प्रायः सभी ने लिखा है कि इतना योग्य, मेधावी व प्रतिभावान छात्र उन्हें कम ही मिला है। अमेरिका प्रवास में जे. पी. पर मार्क्सवाद का गहरा प्रभाव पड़ा यद्यपि कम्यूनिस्टों की नैतिकता, चरित्र व निष्ठा के प्रति वह सदा सशंकित रहे। मार्क्सवाद के कुछ पक्षों में उनका विश्वास जीवन पर्यन्त बना रहा।

भारत लौटने पर वह काँग्रेस के सदस्य बने। 1930 के गाँधी जी के नमक सत्याग्रह ने उन्हें बहुत प्रभावित किया। उनकी बौद्धिक तीक्ष्णता, चारित्रिक दृढ़ता और देश की स्वाधीनता के प्रति प्रतिबद्धता ने शीघ्र ही पण्डित जी को उनकी ओर आकृष्ट किया। उन दोनों में एक ऐसा व्यक्तिगत संबंध प्रारम्भ हुआ जिस पर जे. पी. के समाजवादी साथी सदा कटाक्ष करते रहे। (जे. पी. पण्डित जी को 'भाई' कहकर सम्बोधित करते थे और इसी कारण इन्दिरा गाँधी से उन्हें सदा स्नेह रहा)। काँग्रेस नेतृत्व के शिखर पर भी जे. पी. का शीघ्र स्थान बन गया, यद्यपि वह गाँधी जी की आलोचना में नहीं हिचकते थे। 1932 के आंदोलन के समय अन्य नेताओं की गिरफ्तारी पर काँग्रेस का संगठनात्मक कार्य उन्होंने ही सँभाला। अक्तूबर 1934 में कई अन्य साथियों के सहयोग से उन्होंने काँग्रेस सोशलिस्ट पार्टी की स्थापना में भाग लिया। यह दल काँग्रेस के ही एक अंग के रूप में सक्रिय रहा। तब से 1957 तक जे. पी. देश के सोशलिस्ट आंदोलन से बराबर जुड़े रहे। सोशलिस्ट जब काँग्रेस से अलग हुए (1948) और उनकी अलग पार्टी बनी तो उसको चलाने का उत्तरदायित्व उन्हें ही उठाना पड़ा।

जे. पी. के लिए केवल सत्ता ही क्रांति का माध्यम नहीं हो सकती थी। समाजवादी दल की स्थापना के समय से ही जे. पी. अपने सहयोगियों और कार्यकर्त्ताओं को यह समझाने का प्रयत्न करने लगे थे कि राजनीति में सत्ता प्राप्त करना ही सब कुछ नहीं है। राजनीति का मूल कार्य समाज में वांछित परिवर्तन लाने का है और यह आवश्यक नहीं है कि यह कार्य सत्ता के माध्यम से ही हो। समाजवादी दल के नासिक अधिवेशन में जे. पी. ने बड़े प्रभावी ढंग से अपनी बात दुहराई; जनता की सेवा से भी लोकतान्त्रिक समाज का सुधार हो सकता है। स्पष्ट ही उनका बल रचनात्मक कार्य पर था। जे. पी. के लिए यह कोई नई बात नहीं थी। गाँधी जी की मृत्यु के बाद भी उन्होंने कहा था कि देश को आध्यात्मिक जागृति की आवश्यकता है। औरोबिन्द व रमण महर्षि जैसे लोगों से भी उन्होंने अनुरोध किया था कि वह देश को नेतृत्व प्रदान करने के लिए आगे आएँ।

जे. पी. केवल शब्दों के धनी नहीं थे। रचनात्मक कार्य पर बल देते थे तो स्वयं भी उसमें लगे रहते थे। समाजवादी दिनों में ही उन्होंने 'देश के लिए प्रतिदिन एक घण्टा' कार्यक्रम का श्रीगणेश किया। पार्टी के अन्तर्गत इस कार्यक्रम को चलाने में उनका विशेष योगदान था। 1949 में वह अपना काफी समय शिक्षा, स्वास्थ्य, सफाई, ग्रामोद्योग संबंधी

शिविर आयोजित करने में दे रहे थे। उनका विचार था कि ग्राम निर्माण के इस कार्य को व्यापक बनाया जाए। विनोबा जी को यह उद्देश्य स्पष्ट करते हुए उन्होंने दो वर्ष बाद उनसे पार्टी के इससे सम्बन्धित सम्मेलन में आने का अनुरोध किया था। यह आश्वासन भी दिया था कि सम्मेलन में राजनीति पर सीधी चर्चा नहीं होगी।

इसी विचारधारा के अन्तर्गत वह समाजवादी पार्टी का चरित्र व स्वरूप काँग्रेस से भिन्न बनाना चाहते थे। सत्ता के लिए संघर्ष को ही सब कुछ न मानते हुए उन्होंने अपनी पार्टी में यह सुझाव भी रखा कि मजदूर संगठनों को राजनीति में सक्रिय नहीं होने दिया जाए। लेकिन लोहिया उनकी हर बात पर अड़ंगा लगाते थे; इसमें भी यही किया। 1952 की वर्धा यात्रा ने जे. पी. को बहुत प्रभावित किया। उन्होंने प्रत्यक्ष देखा कि विभिन्न संस्थान जो वहाँ कार्यरत थे जन-साधारण से सीधा सम्पर्क बनाए हुए थे जिससे वह उनकी समस्याओं को अच्छी तरह समझ सकते थे। जे. पी. के विचार से देश में कोई अन्य ऐसे ग्रुप नहीं थे जो जनता से इस प्रकार जुड़े हों। यह प्रभाव बढ़ता ही गया और 29 अप्रैल, 1954 को उन्होंने विनोबा जी के भूदान यज्ञ में सहयोग करने की घोषणा की। जे. पी. को सर्वोदय का महत्त्व स्पष्ट दिखाई दे रहा था। वह चाहते थे कि समाजवादी सर्वोदय में सक्रिय हों, वह सोचते थे कि इस माध्यम से समाजवादी जनता के समीप आकर उनकी समस्याओं को समझेंगे। एक बार फिर लोहिया न केवल जे. पी. की सर्वोदय आंदोलन की कटु आलोचना करने लगे। 1955 में लोहिया को पार्टी से निकाल दिया गया (प्रस्ताव जे. पी. ने ही प्रस्तुत किया था) पर फिर भी जे. पी. का मन अपनी पार्टी से अलग होने लगा। 1957 में उन्होंने प्रजा सोशलिस्ट पार्टी से पूरा समय सर्वोदय को देने के लिए त्यागपत्र दे दिया।

उनका कहना था कि "राज्य शक्ति का उपयोग करके समाजवाद स्थापित करने से अधिक श्रेयस्कर यह है कि जन-साधारण के स्वेच्छित प्रयासों के माध्यम से समाजवादी जीवन के स्वरूपों को विकसित किया जाए।" आखिर बहुत पहले से ही जे. पी. की धारणा थी कि वास्तविक समस्या मनुष्य के मानवीय होने की है। सितम्बर 1952 में 'फ्रीडम फर्स्ट' (एक पत्रिका) में अपने विचारोत्तेजक लेख 'इसेंटिव्स टु गुडनैस' में कहा था कि "आज की सबसे ज्वलन्त समस्या मानव सौजन्य की है...मुझे तनिक भी सन्देह नहीं है कि किसी भी प्रकार का भौतिकवाद मनुष्य को मानवीय बनाने से वंचित रखता है।"

ऐसे व्यक्ति के लिए सत्ता की राजनीति से अधिक महत्त्वपूर्ण रचनात्मक कार्य ही हो सकता था। भूदान व सर्वोदय के साथ जे. पी. के अनेकों रचनात्मक कार्यक्रम चलते रहे। मुसहरी में उन्होंने जो काम किया उसका विवरण उन्हीं के शब्दों में उपलब्ध है। चार-पाँच वर्ष पहले उन्होंने उसे प्रधानमन्त्री को भी भेजा था जिन्होंने अपने 7 दिसम्बर, 1970 के उत्तर में जे. पी. के कार्य को अहिंसात्मक ढंग से मूलभूत परिवर्तन की सम्भावनाओं को ढूँढ़ने के लिए एक महत्त्वपूर्ण प्रयोग माना था। अब इधर 'जनता सरकार' के प्रयोग के माध्यम से जन-साधारण की शिकायतों और कठिनाइयों को दूरे करने का रास्ता खोज रहे थे। जे. पी. की परिकल्पना में यह नहीं था कि 'जनता सरकारें' शासन के विरोध में काम करें। मुख्य बात यह थी कि स्थानीय स्तर पर जन-साधारण की जात-पाँत, रीतिरिवाज़ आदि से उपजी समस्याओं, बिना थाना-कचहरी गए पारस्परिक झगड़ों का निपटान, आवश्यक उपभोक्ता सामग्रियों का सन्तोषजनक वितरण आदि का हल निकल आए और इसके लिए प्रशासनिक विभागों की जहाँ सहायता मिले उसे लिया जाए और कहीं यदि यह न मिले तो बिना उसके ही प्रयत्न किए जावें, यह भी विचार था कि आगे चलकर जिले के विभिन्न स्तरों पर समितियाँ बनाकर जन-साधारण को निर्वाचन और उनके वोट का महत्त्व समझाते हुए निर्वाचन की शुद्धता पर भी निगरानी रखी जाए। इस कार्यक्रम में कोई हिंसात्मक परिवर्तन की कल्पना नहीं थी। इलाहाबाद में एक युवक सम्मेलन को सम्बोधित करते हुए 27 जून, 1974 को जे. पी. ने स्पष्ट किया कि–

> "जिन देशों में लोकतन्त्र 'इन्फ्रास्ट्रक्चर' का विकास हो चुका है वहाँ सत्ताधारियों पर अंकुश रखने के लिए कई माध्यम हैं : प्रेस, अकादमीय संस्थान, बुद्धिजीवी, शक्तिशाली जनमत (पब्लिक ओपीनियन) हमारे यहाँ अभी यह सब नहीं है और इसको विकसित होने में समय लगेगा। मैं जन-आंदोलन को एक क्रांतिकारी दिशा देना चाहता हूँ जिससे लोग स्वयं लोकतन्त्र के अभिभावक बनने की शक्ति का विकास करें। मेरा ध्येय सत्ता अपनाना नहीं है बल्कि यह है कि सत्ता का नियन्त्रण लोगों के हाथ में हो।"

इस सन्दर्भ को पूरा करने के लिए यहीं यह कह दूँ कि अप्रैल 1975 में मुंगेर के पास हुए एक सम्मेलन में 'जनता सरकारों' के काम का लेखा-जोखा लिया गया। इसका निष्कर्ष यही था कि कई सामाजिक मामलों में सुधार लाने में इनको सफलता मिली थी। गाँववालों के पारस्परिक झगड़े सुलझाने के लिए जन-न्यायालयों ने अच्छा कार्य किया था। यह कोई भीषण क्रांतिकारी कार्यक्रम नहीं था और न ही इसमें सरकार के विरुद्ध किसी द्वन्द्व के लक्षण थे। जे. पी. इन कार्यक्रमों द्वारा समाज में सुधार लाकर जन-शक्ति का विस्तार करना चाहते थे और चाहते थे कि जनता स्वयं अपने में इतनी शक्ति अर्जित कर ले कि वह लोकतन्त्र की अभिभावक बनी रहे।

मार्क्सवाद से इस आंदोलन और इसके अभिन्न अंग सम्पूर्ण क्रांति तक की लम्बी यात्रा पर राजनीतिक समीक्षकों में काफी मतभेद रहा है। जे. पी. पर यह आरोप लगता रहा है कि उनमें वैचारिक दृढ़ता की कमी थी और वह एक विचारधारा से दूसरी पर जल्दी-जल्दी कूदते रहते थे। स्वयं प्रधानमन्त्री यह कहा करती थीं कि ''जे. पी. बड़े 'कन्फ्यूज्ड' आदमी हैं, वह खुद नहीं समझते हैं कि क्या कह रहे व कर रहे हैं।'' बिहार आंदोलन के समय इसमें इतना और जुड़ गया था कि वह ''बहुत फ्रस्ट्रेटेड आदमी हैं : कभी कोई पद नहीं मिला तो अब सत्ता हथियाने की सोच रहे हैं।'' उनकी दृष्टि में 1974-75 के आंदोलन का महत्त्व केवल यही था। वह ऐसा प्रचार के लिए नहीं कहती थीं। वह बड़ी गम्भीरता से राजनीतिज्ञों, वरिष्ठ अधिकारियों आदि सबको यह समझाती थीं और ऐसा करते समय जे. पी. के लिए कड़वे व कटु अपशब्द भी कहने में नहीं चूकती थीं। प्रधानमन्त्री जैसे बौने व्यक्ति के लिए जिसका सारा सरोकार सदा सत्ता से रहा जे. पी. की महानता समझना आसान हो ही नहीं सकता था।

मालूम नहीं 'फ्रस्ट्रेशन' वाली बात प्रधानमन्त्री को किसने समझाई। जे. पी. को सत्ता नहीं मिली क्योंकि उन्होंने कभी इसकी इच्छा नहीं की। उन्होंने जानबूझकर सत्ता की ओर आकृष्ट न होकर 'सेवा' का गाँधीवादी मार्ग अपनाया। इस विषय पर आगे कुछ और कहूँगा पर यहाँ यह स्पष्ट करना अनुपयुक्त नहीं होगा कि स्वयं प्रधानमन्त्री के पिताश्री पण्डित जी ने उनको 1953 में अपनी सहायता के लिए सत्ता में हाथ बँटाने के लिए आमन्त्रित किया था। लेकिन नेहरू-जे. पी. की वार्ता कार्यक्रम को लेकर टूटी। जे. पी. ने पण्डित जी से बिलकुल स्पष्ट रूप से कहा कि यदि सहयोग का अर्थ सरकार की तत्कालीन नीतियों को कार्यान्वित करना भर था तो यह बेमानी होगा। जे. पी. की ओर से एक 14 सूत्रीय कार्यक्रम प्रस्तुत किया गया। पण्डित जी को साफ दिखाई दिया कि जे. पी. सरकार में आने के लिए तैयार नहीं थे। वार्त्ता आगे नहीं बढ़ी। यह स्मरणीय है कि 1952 के निर्वाचन के बाद जे. पी. काफी निराश थे। समाजवादी दल में लोहिया और उनके समर्थक उन्हें हर प्रकार से तंग कर रहे थे। ऐसे समय में जे. पी. के लिए सरकार में जाना बिलकुल स्वाभाविक होता। राष्ट्रहित में सरकार से सहयोग के नारे का वह सूत्रपात कर सकते थे। बाद में समाजवादियों ने ऐसा किया भी। पर नहीं, जे. पी. की विचारधारा भिन्न थी।

प्रधानमन्त्री का जे. पी. पर एक आरोप यह भी रहता था कि वह (जे. पी.) कहते तो रहते हैं कि राजनीति से उनका कोई सरोकार नहीं पर करते हमेशा राजनीति रहते हैं। कुछ अन्य समीक्षक भी उनकी राजनीति से अलग होने की बात ठीक से नहीं समझते थे। प्रजा सोशलिस्ट पार्टी छोड़ने के बाद (1957), जैसा ऊपर कहा जा चुका है, जे. पी. रचनात्मक कार्यों में लग गए और दलीय राजनीति से अलग हो गए, पर यदि राजनीति को व्यापक सन्दर्भ में लिया जाए तो उससे जे. पी. जैसे व्यक्ति का छुटकारा पाना सम्भव नहीं था। उनको व उनकी विचारधारा समझने में यही भूल होती रही है। तेरहवें सर्वोदय सम्मेलन (1961) में जे. पी. ने कहा था :

> ''यह तो ठीक ही है कि हम किसी राजनीतिक दल के सदस्य नहीं हैं, कि हम पद या सत्ता के लिए प्रत्यक्ष या अप्रत्यक्ष रूप से किसी भी राजनीतिक संघर्ष में भाग न लेते हैं, न लेंगे। लेकिन क्या इसका अर्थ यह भी हुआ कि राजनीतिक क्षेत्र में जो कुछ हो रहा है, हमारे लोकतन्त्र और उसके संस्थानों के परिचालन से हमारा कोई सरोकार नहीं? यदि लोकतन्त्र पर खतरा आएगा, राजनीतिक अराजकता की आशंका हो, अधिनायकवाद (डिक्टेटरशिप) का भय हो तब भी हम समाज से मुख मोड़कर चुप बैठे रहेंगे कि हमारा राजनीति से कुछ लेना-देना नहीं है? सम्भवतः यह बात लोगों को स्पष्ट नहीं है कि दलीय और सत्ता की राजनीति में न उलझने की हमारी

नीति का वास्तविक प्रयोजन यही है कि इससे हमें देश की राजनीति को अधिक प्रभावी और रचनात्मक ढंग से ढालने में सहायता मिले।''

(आगे चलकर यह बात कितनी सच निकली, इसी आधार पर जे. पी. को विनोबा जी से नाराज़गी भी हुई।)

यह भी स्मरण रखना चाहिए कि दलीय और सत्ता की राजनीति से अलग रहने पर भी जब-जब देश के लिए गम्भीर समस्याएँ उत्पन्न हुईं तो जे. पी. ने उनको निपटाने में सक्रिय भूमिका निभाई। यह बात और है कि उनकी पहल को सरकार ने सदा सहानुभूति की दृष्टि से नहीं देखा। नागालैंड, काश्मीर व बंगलादेश की समस्याओं को सुलझाने के लिए उन्होंने रचनात्मक प्रयत्न किए। यह भी ठीक नहीं कि उन्होंने राजनीतिक मामलों में सदा सरकार के विरोध में ही रुख अपनाया। राज्य भाषा को लेकर 1967 में जब विवाद खड़ा हुआ तो उन्होंने सरकार के समर्थन में सार्वजनिक वक्तव्य दिए। जे. पी. कड़े आलोचक होते हुए भी रचनात्मक दृष्टिकोण कभी नहीं छोड़ते थे। राजनीति से अलग थे पर जब दल-बदल की भीषण समस्या से जूझने के लिए सरकार ने यशवन्त राव चव्हाण की अध्यक्षता में समिति गठित की तो (1967) जे. पी. ने उसकी सदस्यता सहर्ष स्वीकार कर ली। यह उनके व्यक्तित्व का विशेष गुण था। बहुत पहले जब 1946 में पण्डित जी काँग्रेस अध्यक्ष चुने गए और समाजवादी उनकी कार्यकारिणी से अलग रहे उस समय भी जब कुछ अर्से बाद पण्डित जी ने जे. पी. से सहयोग का अनुरोध किया तो उन्होंने नकारात्मक दृष्टिकोण नहीं अपनाया। इसका सबसे उज्ज्वल उदाहरण है कि प्रधानमन्त्री से मतभेद आरम्भ हो जाने के बाद भी उन्होंने प्रधानमन्त्री के विपक्ष से संबंध सुधारने की पहल की और विपक्षी नेताओं से बातचीत की। वास्तव में जे. पी. के लिए राजनीति की परिधि बहुत व्यापक थी, उसे वह केवल दलीय और सत्ता संघर्ष के एकांगी पक्ष से नहीं जोड़ते थे। 1968 में 'नेशनल कन्वेंशन ऑफ यूनिटी एण्ड डेमोक्रेसी' शीर्षक के एक ट्रैक्ट में उन्होंने लिखा था कि प्रतिद्वन्द्विता की राजनीति राष्ट्र की गम्भीर और आवश्यक समस्याओं से जूझने में समर्थ नहीं हो पा रही है। इसका समाधान बहुमत की राजनीति में ही हो सकता है। जन-साधारण को तो इससे प्रसन्नता होगी कि विभिन्न दलों की आपसी लड़ाई झगड़े समाप्त हो जावें और उनके नेता मिलकर जनहित के लिए कार्य करें। गाँधी जी की भाँति उनकी भी मान्यता थी कि राजनीति नैतिकता से अलग होकर सार्थक नहीं हो सकती थी। इसीलिए सत्ता से अधिक महत्त्व उनके लिए समाज और उसके उत्थान के लिए लोकतान्त्रिक संस्थानों का था। समाज के मूल में मानव था जिसके नागरिक और लोकतान्त्रिक अधिकारी अन्याय और असमानता के प्रतिकार के लिए आवश्यक थे। उन पर किसी प्रकार का प्रहार समाज के हित में नहीं था।

संक्षेप में, ''जे. पी. को 'कनफ्यूज्ड' व 'फ्रस्ट्रेटेड' समझना बहुत बड़ी भूल है। जे. पी. की अपनी सम्यक विचारधारा थी, जिसमें लोकतन्त्र की मूलभूत अवधारणाओं के साथ नैतिकता का विशेष स्थान था। ऐसे व्यक्ति का प्रधानमन्त्री जैसे व्यक्ति से टकराना तनिक भी आश्चर्य की बात नहीं। इसके मूल में क्या था यह जे. पी. ने 1974 के आंदोलन के समय विनोबा जी को इस प्रकार स्पष्ट किया था। उस समय के अपने एक पत्र में उन्होंने विनोबा जी को लिखा था उसका आशय कुछ इस प्रकार था कि आध्यात्मिक मूल्यों का नैतिकता का जितना गहरा पतन इन्दिरा जी के शासनकाल में हुआ है, उतना कभी नहीं हुआ था, उनका स्वयं का आचरण दूषित रहा है। सत्ता की लड़ाई में चाहे जैसा भी साधन प्रयोग कर लो सब कुछ क्षम्य है यही इन्दिरा जी की राजनीतिक मान्यता है।''

बात बिलकुल ठीक कही गयी है। मैंने स्वयं सात साल प्रधानमन्त्री के साथ काम करते हुए लोकतान्त्रिक संस्थानों का अवमूल्यन, व्यक्ति स्वतन्त्रता का पहले सिकुड़ता और बाद में हनन और नैतिकता के ह्रास को अपनी आँखों के सामने एक मूक दर्शक की भाँति देखा है। प्रधानमन्त्री का 1969 के बाद सारा बल पार्टी (और सरकार) पर वर्चस्व स्थापित करने पर था जिसके लिए धन केवल भ्रष्टाचार से उपलब्ध हो सकता था। (लगे हाथों उनके परिवार को भी इसमें लाभ हो रहा था) और इसी से वह सब पर नियन्त्रण कर सकती थीं। उनकी व्यक्तिगत सत्ता और शक्ति की वृद्धि के साथ-साथ शासन का ह्रास होना स्वाभाविक था। उनके और उनके परिवार के व्यक्तिगत भ्रष्टाचार ने स्थिति को और विकट बना दिया। (मारुति के खिलाफ न्याय माँगने वालों तक को उनके शासन ने अवैध रूप से यन्त्रणा दी) आपात्काल इसकी परिणति थी। घोषणा भले ही 25/26 जून, 1975 की रात्रि को हुई लेकिन यह केवल उस रात्रि की घटना नहीं थी। इसकी भूमिका कई वर्षों से बन रही थी। ऐसा कुछ होगा मुझे पहले ही दिखाई पड़ने लगा था।

तभी 31.12.74 को मैंने लिखा था—

> ''आज यह वर्ष समाप्त हो रहा है। नए वर्ष के लिए शुभकामनाएँ करना स्वाभाविक है पर मेरा मन आशंकाओं से घिरा हुआ है। मुझे कुछ ऐसा लग रहा है कि अगला वर्ष और भी भयावह होगा। धीरे-धीरे एक क्राइसिस का घेरा बढ़ता जा रहा है जो कि, यदि स्थिति में सुधार नहीं हुआ, सरकार को दबोच लेगा...यही नहीं मुझे डर है कि इस क्राइसिस का गलत ढंग से सामना करने में इस सुधार (आर्थिक स्थिति में) का दुरुपयोग किया जाएगा।
>
> ''इस क्राइसिस का प्रस्फुटन जे. पी. के आंदोलन में हो रहा है। सरकार में भ्रष्टाचार बढ़ रहा है। उसे कम करने का कोई इरादा नहीं है। इससे असन्तोष बढ़ रहा है। इसके लिए सारा दोष प्रतिपक्ष पर डाला जा रहा है। यह ऐसी समस्याएँ नहीं हैं जिनका यदि सरकार चाहे तो निराकरण नहीं हो सकता।
>
> ''...सच तो यह है कि प्रधानमन्त्री का सरकार पर आधिपत्य भयानक रूप से बढ़ गया है और बढ़ रहा है। जे. पी. और मोरारजी की बहुत-सी बातें गलत हों पर उनका यह कहना ठीक है कि देश पर अधिनायकवाद (तानाशाही) के बादल छा रहे हैं। इस संबंध में उनकी चेतावनी गलत नहीं लगती।...प्रधानमन्त्री अपनी सत्ता बनाए रखने के लिए कुछ भी करने में नहीं हिचकेंगी। हमारे लोकतन्त्र को इससे काफी खतरा हो सकता है, व्यक्ति की स्वाधीनता का हनन हो सकता है...नया वर्ष बड़ी भयानक आशंकाओं से समय पटल पर उभर रहा है।''

1974 समाप्त होने तक देश की सामान्य स्थिति काफी चिन्ताजनक हो गयी थी। 1971 व 72 का आशा और विश्वास समाप्त हो गया था। गरीबी हटाने के लिए कुछ किया नहीं गया था; आर्थिक स्थिति बराबर बिगड़ रही थी। मूल्य वृद्धि आसमान छू रही थी (थोक मूल्य सूचकांक जो 1971-72 में 108.2 था। 1974-75 में 173.9 हो गया था—आधार 1970-71) राजनीतिक स्थिरता हो नहीं पाई। लोकतन्त्र के महत्त्वपूर्ण संस्थानों पर प्रधानमन्त्री के निरन्तर प्रहार हो रहे थे। अधिनायकवादी प्रवृत्तियाँ बढ़ रही थीं। भ्रष्टाचार बुरी तरह फैल रहा था। मारुति को लेकर प्रधानमन्त्री के परिवार की समस्या गम्भीर होती जा रही थी। दुर्भाग्य से प्रधानमन्त्री कोई सही कदम उठाने की बात सुनती नहीं थीं। वह हर बात को व्यक्तिगत स्तर पर ले लेती थीं। विपक्ष को वह प्रतिद्वन्द्वी नहीं शत्रु मानने लगी थीं, उससे कोई सेतु नहीं बना रह गया था। इसीलिए मुझे स्थिति बड़ी भयावह लग रही थी और तभी मैंने 31.12.74 को डायरी में अपनी आशंका को शब्दबद्ध किया था। प्रधानमन्त्री के चरित्र, स्वभाव और स्टाइल को जानते हुए मैंने कहा था कि क्राइसिस भयानक रूप ले सकती है। इन परिस्थितियों में विपक्ष की गतिविधियाँ तेज होती जा रही थीं।

नवम्बर 1974 से जून 1975 की घटनाओं की पृष्ठभूमि गुजरात व बिहार आंदोलनों के परिप्रेक्ष्य में समझनी होगी। जनवरी 1974 में अहमदाबाद व मोरवी में बढ़ती हुई कीमतों को लेकर कुछ कॉलिजों के छात्रावासों में जो आंदोलन शुरू हुआ वह शीघ्र ही राज्य में काँग्रेस कुशासन के विरुद्ध जन-आंदोलन में बदल गया। राज्य सरकार को त्याग-पत्र देना पड़ा पर केन्द्र ने विधानसभा को भंग नहीं किया। कुछ दिन बाद वह भी करना पड़ा। लेकिन इस बीच में सरकार की दमन नीति से जन-साधारण में रोष बढ़ता गया। बिहार आंदोलन भी 1974 में ही उपजा, इसके मूल में भी बिहार का कुशासन था और आंदोलन के लिए अगुवाई विद्यार्थियों ने ही की थी। 18 मार्च, 1974 की दो घटनाओं ने आंदोलन को उग्र बना दिया। उस दिन विद्यार्थियों के विधानसभा के सामने एक प्रदर्शन पर पुलिस ने लाठी चार्ज व अश्रु गैस का प्रहार किया। विद्यार्थी विधानसभा एक जुलूस में शिक्षा मन्त्री से पिछले महीने दिए गए शिक्षा सुधार संबंधी अपने ज्ञापन पर उत्तर माँगने गए थे। उसी दिन पटना के दो समाचारों पत्रों के (सर्चलाइट व प्रदीप) भवन पर एक भीड़ ने मिट्टी का तेल और पलीतों के साथ धावा बोल दिया। उनकी मशीनों, फर्नीचर आदि को भारी नुकसान हुआ। पुलिस मौके पर देर से पहुँची। सर्चलाइट के सम्पादक व अन्य काफी लोगों का कहना था कि इस घटना के पीछे कम्यूनिस्ट पार्टी का हाथ था और पुलिस जान-बूझकर देर से पहुँची। (सर्चलाइट काँग्रेस-कम्यूनिस्टों के गठबन्धन का आलोचक था) तीन दिन तक पटना में गहरी अशान्ति रही जिसमें पुलिस का महत्त्वपूर्ण योगदान था।

दोनों आंदोलनों को नेतृत्व प्रदान किया जयप्रकाश नारायण (जे. पी.) ने, यद्यपि ध्यान देने की बात यह है कि उन्होंने इनको शुरू नहीं किया। लेकिन जे. पी. की कुशाग्रता को इनका महत्त्व समझने में देर नहीं लगी। गुजरात में

जन सभाओं को सम्बोधित करते हुए वह प्रायः बच्चन जी की कविता 'तीर पर कैसे रुकूँ मैं, आज लहरों में निमन्त्रण' सुनाते थे। यह बड़ी पुरानी व अत्यन्त सुन्दर कविता है। युवकों के निमन्त्रण पर जे. पी. के लिए किनारे पर खड़ा होना असम्भव था। इसमें युवकों के लिए बड़ा सुन्दर सन्देश है। कुछ विषयान्तर होगा उस पद को यहाँ लिख देता हूँ–

तीर पर कैसे रुकूँ मैं
आज लहरों में निमन्त्रण
पोत अगणित इन तरंगों ने डुबोए मानता मैं
पार भी पहुँचे बहुत से किन्तु यह भी जानता मैं
किन्तु होता सत्य यदि यह भी सभी जलयान डूबे
पार जाने की प्रतिज्ञा आज बरबस ठानता मैं
डूबता मैं किन्तु उतराता सदा व्यक्तित्व मेरा
हो युवक डूबे भले ही
है कभी डूबा न यौवन
तीर पर कैसे...

गुजरात में राष्ट्रपति शासन से कुछ शान्ति लौटने लगी थी। वहाँ सरगर्मी बाद में चुनाव कराने की माँग पर बढ़ी। पर बिहार में उबाल बढ़ता ही रहा। 18 मार्च और उसके बाद की घटनाओं पर जे. पी. ने एक वक्तव्य अवश्य प्रकाशित किया पर आंदोलन का नेतृत्व उन्होंने अगले महीने ही सँभाला।

एक वर्ष पहले (1973) जे. पी. ने सांसदों व अन्य नेताओं को भ्रष्टाचार निर्वाचन सुधार व शिक्षा सुधार पर पत्र लिखा था। 'मीसा' के बढ़ते उपयोग या दुरुपयोग पर भी उन्होंने उन्हें सम्बोधित किया था और नागरिक अधिकारों और संस्थानों के समर्थन के लिए उन्होंने 'सिटीज़न्स फॉर डेमोक्रेसी' की संस्थापना भी उसी वर्ष कर दी थी। 1973 के अन्त में उन्होंने 'यूथ फॉर डेमोक्रेसी' आंदोलन के लिए अपील की थी लेकिन यह स्पष्ट कर दिया था कि "युवक इसके लिए क्या कार्यक्रम बनाएँ यह उन्हीं को निश्चित करना होगा। मेरी संस्तुति केवल यही होगी कि लोकतन्त्र के आशय और भावना को देखते हुए वह उसे पूर्णतया शान्तिपूर्ण ढंग से बिना दलगत राजनीति का समावेश किए कार्यान्वित करें।" लेकिन यह स्पष्ट है कि यह आंदोलन उन्हीं नैतिक और सामाजिक समस्याओं की उपज थे जिनसे जे. पी. बेचैन हो रहे थे। इसी मानसिक स्थिति में उन्होंने देखा कि लहरों में निमन्त्रण था।

बिहार की स्थिति पर 6 अप्रैल (1974) को जे. पी. ने जो कहा वह महत्त्वपूर्ण है :

"अपनी बात मुझे सिर्फ यह कहनी है कि मैं कुशासन, भ्रष्टाचार आदि–चाहे वह दिल्ली में हो, चाहे पटना में या कहीं और–का मूक दर्शक नहीं रह सकता। कम से कम मैंने स्वतन्त्रता संग्राम में इसलिए भाग नहीं लिया था...मुझे इससे कोई मतलब नहीं कि एक मन्त्रिमण्डल बदलकर दूसरा आ जाए या विधानसभा भंग कर दी जाए...लेकिन मैंने भ्रष्टाचार, कुशासन, चोर बाजारी...आदि को रोकने, शिक्षा प्रणाली को सुधारने (ओवरहाल) और वास्तविक जनतन्त्र लाने के लिए लड़ने का निश्चय किया है।"

दो दिन बाद (8 अप्रैल) विद्यार्थियों के अनुरोध पर जे. पी. ने पुलिस की ज्यादतियों के विरुद्ध पटना में एक मूक जुलूस का नेतृत्व किया। जनता ने भी मौन रहकर जुलूस का फूलों से स्वागत किया। जे. पी. आंदोलन से जुड़ गए थे। लेकिन उनकी शर्त थी कि आंदोलन पूर्णतया अंहिसात्मक होगा। अभी तक विद्यार्थियों की छोटी-मोटी माँगों के अतिरिक्त चार बड़ी माँगें–भ्रष्टाचार, बेरोजगारी, आवश्यक उपभोक्ता सामग्री की कमी को दूर करना और शिक्षा में मूलभूत सुधार से सम्बन्धित थीं। लेकिन बाद में बिहार सरकार का त्यागपत्र भी इनमें जुड़ गया।

5 जून को पटना में जे. पी. के जुलूस पर एक मकान से गोली चलाई गयी। उस दिन सन्ध्या को एक सार्वजनिक सभा में जे. पी. का भाषण हुआ। इस आंदोलन और जे. पी. की जो आलोचना की जाती थी उसको समझने के लिए

वह भाषण बहुत महत्त्वपूर्ण है। उसके कुछ अंश मैं नीचे विस्तार से दे रहा हूँ–

> "बिहार सरकार को अपनी पुलिस पर भरोसा नहीं है। हमारी सेना (वास्तव में जे. पी. का आशय यहाँ बी.एस. एफ. से था) बहुत अच्छी है जिसने देश की कीर्ति और मान बढ़ाया है। लेकिन इससे बड़ी शरम की बात और क्या हो सकती है कि इन वीर जवानों का उपयोग अपने ही आदमियों पर गोली चलाने के लिए किया जाए? क्या एक जन-आंदोलन से डील करने के लिए गोली, लाठी व जेलों के अतिरिक्त और कुछ नहीं सोचा जा सकता? क्या इस आंदोलन की माँगें ऐसी नहीं हैं कि जिन्हें तुरन्त स्वीकार कर लिया जाए?
>
> कुछ दिन पहले एक घटना हुई। एक डाक बंगले के एक कमरे में बम फटा। दो दिन इसकी चर्चा रही...उसके बाद समाचार को दबा दिया गया। यह कहा जा रहा है कि उस डाक बंगले में इन्दिरा ब्रिगेड का दफ्तर भी है। पुलिस ने वहाँ छापे मारे, तो कुछ आदमी रंगे हाथों पकड़े गए, कुछ भाग गए। आप लोगों ने सुना ही है कि वहाँ से कितने हथियार बरामद हुए। हमारे काँग्रेसी मित्र हमें लोकतन्त्र का पाठ पढ़ाना चाहते हैं, शान्ति का पाठ पढ़ाना चाहते हैं...
>
> मित्रो, यह क्रांति है, सम्पूर्ण क्रांति, यह केवल विधानसभा भंग कराने के लिए आंदोलन नहीं है। हमें दूर जाना है, बहुत दूर...भूख, आसमान छूती महँगाई और भ्रष्टाचार सब तरफ फैल रहा है। बेरोज़गारी बढ़ती जा रही है। सीलिंग के कानून बन रहे हैं लेकिन भूमिहीनों की संख्या बढ़ रही है। छोटे किसानों की भूमि उनके हाथों से निकल रही है...सरकार ने झूठ और हिंसा का रास्ता पकड़ा है। इसकी शक्ति केवल दमन के लिए है। पुलिस का प्रयोग करो। हथियारों का प्रयोग करो।"

कहाँ तो प्रधानमन्त्री 1974 के अन्त में मध्यावधि चुनाव कराने पर विचार कर रही थीं और अब निर्वाचन से डरने लगी थीं। इसका कारण था। ललित बाबू की मृत्यु पर प्रधानमन्त्री ने जो गुस्सा प्रदर्शित किया (जे. पी. ने अपनी एक सार्वजनिक सभा को शोक सभा में बदल दिया। लेकिन प्रधानमन्त्री ने शोक सभा को राजनीतिक मीटिंग में परिवर्तित करके यहाँ तक कह दिया कि ललित बाबू की हत्या उनकी हत्या के प्रयास का रिहर्सल है) उससे विपक्ष की भविष्य के प्रति गहरी आशंकाएँ होने लगीं। सैद्धान्तिक मतभेद होते हुए भी विभिन्न दलों को लगा कि लोकतन्त्र पर जो प्रहार हो रहे थे उनको रोकने के लिए उन्हें कुछ मिल-जुलकर काम करना होगा। उनको नागरिक अधिकारों और निष्पक्ष चुनाव के बारे में गहरी चिन्ता होने लगी थी। बंगलादेश में मुजीब ने जिस प्रकार लोकतन्त्र की अवहेलना कर सत्ता हथिया ली थी उसका भी प्रभाव देश में पड़ रहा था कि कहीं यहाँ भी ऐसा न हो जाए। 13 जनवरी, 1975 को मार्क्सिस्ट कम्यूनिस्ट पार्टी की ओर से एक वक्तव्य में कहा गया कि पिछले तीन वर्ष से सत्तारूढ़ दल की अधि-अधिनायकवादी (सेमी-फासिस्ट) और गुण्डागर्दी के प्रपंचों के कारण विपक्षी दलों के कार्य करने की स्वतन्त्रता लुप्त होती जा रही है। मार्क्सिस्ट नेता ज्योति बसु ने यह भी स्पष्ट किया कि उनकी पार्टी संगठन काँग्रेस और जनसंघ को एक सम्मेलन में आमन्त्रित कर बंगाल में नागरिक स्वाधीनता की रक्षा के लिए और निष्पक्ष निर्वाचन कराने के लिए कार्यक्रम बनाने पर विचार करेगी। ज्योति बसु ने यह बिलकुल साफ कह दिया था कि कम्यूनिस्ट पार्टी से इस संबंध में कोई बातचीत नहीं होगी। कुछ दिन बाद (12 फरवरी) पार्टी के महासचिव सुन्दरैया ने बिलकुल साफ-साफ कहा कि अधिनायकवाद का खतरा श्रीमती गाँधी से है। वह कम्यूनिस्ट पार्टी से मिलकर बंगलादेश की-सी स्थिति यहाँ उत्पन्न करके अगला चुनाव, जो 1976 में होने वाला था, स्थगित कर दें।

पटना में एक रैली में जे. पी. ने 19 जनवरी को बिहार आंदोलन के समर्थकों से यह कहा कि उन्हें जन-साधारण को आने वाले संकट के प्रति सचेत करते हुए श्रीमती गाँधी की अधिनायकवादी प्रवृत्तियों से जूझने के लिए तैयार कराना होगा। उन्होंने संगठन काँग्रेस और जनसंघ को प्रतिक्रियावादी कहकर उनके आंदोलन की आलोचना करने वालों को भी करारा उत्तर दिया। जे. पी. का कहना था कि जहाँ तक बिहार आंदोलन का संबंध है उसकी कोई अपनी पार्टी नहीं है, सभी पार्टियाँ लाठी, गोली और जेल साथ सह रही हैं। 5 मार्च को दिल्ली में जनसंघ के बीसवें अधिवेशन को सम्बोधित करते हुए जे. पी. ने कहा कि जनसंघ और राष्ट्रीय स्वयं सेवक संघ के साथ काम करने के बाद वह इस

निष्कर्ष पर पहुँचे हैं कि यह दोनों संस्थाएँ न प्रतिक्रियावादी हैं और न ही अधिनायकवादी। वास्तव में अधिनायकवाद का खतरा प्रधानमन्त्री की ओर से है। इन परिस्थितियों में विपक्ष के विभिन्न दल समीप आने लगे।

जे. पी. को स्पष्ट था कि इस स्थिति का सामना करने के लिए जनशक्ति को सुदृढ़ करना आवश्यक होगा। यह कोई नया विचार नहीं था; वह अर्से से ऐसा कहते आ रहे थे और इसकी वास्तविक पृष्ठभूमि उनकी समय-समय पर व्यक्त की गयी विचारधारा ही थी। तभी उन्हें गुजरात के नव-निर्माण और बिहार आंदोलन में अपने लिए निमन्त्रण दिखा। वह तत्कालीन स्थिति से दुःखी थे। प्रधानमन्त्री को समझाने बुझाने के उनके प्रयत्न विफल हो रहे थे। जन-साधारण को राजनीति से जोड़ने के यह (आंदोलन) साहसी प्रयास थे। इसकी व्याख्या 1 दिसम्बर, 1974 के 'एवरीमैन्स' में जी. एस. भार्गव ने इस प्रकार की थी–

> "...यह विडम्बना है कि श्रीमती गाँधी ने, जिनका आज का उत्कर्ष काँग्रेस के भूतपूर्व मैनेजरों के विरुद्ध जनता को जुटाने में सफलता से ही सम्भव हुआ। अब अपने को उसी जनता के मुकाबले पर खड़ा कर दिया है जिसकी राजनीति में भागीदारी बिहार आंदोलन का सत्त्व है।"

यही कारण है कि उस समय जे. पी. का व्यक्तित्व चमत्कारी ढंग से नैतिकता की आँधी में परिवर्तित हो गया था।

आपात्काल की पृष्ठभूमि में जयप्रकाश नारायण (जे. पी.) की भूमिका अत्यन्त महत्त्वपूर्ण थी। इसको समझने के लिए जे. पी. के सोच की व्याख्या कुछ विस्तार से की गयी है। साथ ही जे. पी. के नेहरू परिवार से संबंध भी जानना आवश्यक है। राजनीतिक मतभेदों के होते हुए भी जे. पी. और नेहरू में गहरी पारस्परिक घनिष्ठता थी। सम्भवतः इससे भी अधिक घनिष्ठता कमला नेहरू और प्रभा जी में थी। अतः जे. पी. के मन में इन्दिरा गाँधी के लिए अमित स्नेह स्वाभाविक था। फिर भी उन दोनों में टकराव हुआ। परिस्थितियाँ ऐसी होती गईं कि यह होना ही था।

इन्दिरा गाँधी के प्रधानमन्त्री चुने जाने पर बधाई देते हुए जे. पी. ने उनको अपने 20 जनवरी, 1966 के पत्र में लिखा कि "तुम्हारी परीक्षा और तनाव की इस घड़ी में मेरा मन तुम्हारे साथ है। अपनी तरफ से मैं पूरे समर्थन का–उसका मूल्य चाहे कुछ भी हो–विश्वास दिलाता हूँ कि इस देश की जनता की शान्ति व खुशी के लिए जो भी तुम करोगी, उसमें मुझे अपने साथ पाओगी।" एक तो राष्ट्र के हित के हर काम में जयप्रकाश योग देने के लिए सदा तत्पर रहते थे, दूसरे इन्दिरा गाँधी के प्रति स्नेह के कारण उनको सहायता का आश्वासन देना स्वाभाविक ही था; और जे. पी. ने यह आश्वासन बड़े सच्चे मन से दिया था। अगले वर्ष भाषा के प्रश्न पर सरकार के पक्ष में उनके वक्तव्य पर हिन्दी वालों को गुस्सा भी आया, पर जे. पी. को सरकारी नीति ठीक लगी। अतः उसका उन्होंने पूरा समर्थन किया। उसी वर्ष दल-बदल की समस्या से जूझने के लिए यशवंतराव चव्हाण की अध्यक्षता में जो समिति बनी थी उसमें भी उनका सक्रिय योगदान रहा। 1969 में राष्ट्रपति के चुनाव के समय इन्दिरा गाँधी के आचरण से उन्हें धक्का लगा। (इसका विवरण बाद में दिया गया है) पर उनके प्रति जे. पी. के सौहार्द में कोई कमी नहीं आई और सहयोग की भावना भी यथावत रही। जे. पी. उस समय सर्वोदय के कार्य में लगे हुए थे जिसके लिए एक-दो बार दिल्ली आए और कई राजनीतिक व्यक्तियों से मिले। इस पर इन्दिरा गाँधी की ओर से यह प्रचार करवाया गया कि जे. पी. उस समय दिल्ली यह देखने परखने आए थे कि राष्ट्रपति चुनाव में जिस प्रकार की गतिविधियाँ उत्पन्न हो रही थीं उनमें क्या स्वयं उनकी दाल गल सकती है? जिसके लिए सत्ता ही सब कुछ होती है वही जे. पी. के बारे में ऐसा सोच सकता था। आगे तो इन्दिरा गाँधी के इस फूहड़ विचार ने और भी उग्र रूप धारण किया। लेकिन जैसे पहले चर्चा हो चुकी है, चुनाव के तीन महीने बाद ही सम्पन्न हुई राष्ट्रीय एकात्मकता परिषद् की बैठक में भाग लेने जे. पी. दिल्ली आए। जिसमें उन्होंने विशिष्ट भूमिका निभाई। मुसहरी के अनुभवों पर अपनी किताब भी उन्होंने इन्दिरा गाँधी को भेजी, जिसके उत्तर में उन्होंने प्रशंसात्मक टिप्पणी की।

'गरीबी हटाओ' चुनाव के बाद जे. पी. ने इन्दिरा गाँधी की चमत्कारिक विजय पर उनको बधाई दी, लेकिन बधाई

के साथ इस बार सीख तो थी ही, 1969 के अपने कड़वे अनुभव की ओर भी उन्होंने संकेत किया, सम्भवतः इसलिए कि 13 मार्च, 1971 का यह पत्र पूर्णतया व्यक्तिगत था। इस पत्र का आशय कुछ इस प्रकार था—

> "यह पत्र भारत की प्रधानमन्त्री को नहीं बल्कि इन्दु को लिख रहा हूँ। सबसे पहले प्रभा और मेरी बधाई स्वीकार करो। चुनाव में यह जीत हमारे लोकतन्त्र के इतिहास की अभूतपूर्व घटना है, जिसका पूरा श्रेय तुमको है...तुम्हें देश की जनता की सेवा का अपूर्व अवसर मिला है। मुझे आशा है तुम गम्भीरता से सोच-विचार कर आज की चुनौतियों का सामना धीरज व विनम्रता से करोगी...राष्ट्रपति-निर्वाचन के समय का तुम्हारा आचरण मुझे पसन्द नहीं आया था, यद्यपि मैं जानता हूँ कि तब तुम्हारे राजनीतिक जीवन-मरण का प्रश्न था। अब जब तुम्हें निर्द्वन्द्व सत्ता मिली है, मेरी भगवान से यही प्रार्थना है कि वह तुम्हारे विवेक को शुद्ध रखें।"

इन्दिरा गाँधी को अपनी तनिक भी आलोचना कभी अच्छी नहीं लगती थी। फिर उस समय तो वह सातवें आसमान पर थीं। उन्होंने जे. पी. को कुछ इस प्रकार अहंकारपूर्ण उत्तर दिया—

> "राष्ट्रपति चुनाव के समय का मेरा आचरण आपको पसन्द नहीं आया पर आपने यह स्वीकार किया कि मेरे राजनीतिक जीवन के लिए यह आवश्यक था। यह पढ़कर मुझे दुःख हुआ और विशेषकर यह जानकर कि आप मुझे कितना कम जानते, समझते हैं। मैंने कभी अपने लिए राजनीतिक या किसी अन्य प्रकार के अस्तित्व की चिन्ता नहीं की। उस समय प्रश्न मेरे भविष्य का नहीं, पर काँग्रेस पार्टी और इसलिए देश के भविष्य का था। मेरी अपनी कोई ऐसी आकांक्षा नहीं है जो मुझे अपने सिद्धान्तों से विचलित कर सके।"

जे. पी. ने सौम्य पर कड़ा उत्तर दिया। उन्होंने स्पष्ट लिखा—

> "मेरे उस कथन का तुमने बिलकुल गलत अर्थ लगाया है, मैंने कभी यह नहीं माना कि तुम्हारा वह आचरण तुम्हारे राजनीतिक जीवन के लिए आवश्यक था। मेरा यह अभिप्राय नहीं था। जिस आचरण को मैं ठीक ही नहीं समझता, उसे मैं आवश्यक कैसे मान सकता हूँ। मेरा तात्पर्य तो इससे बिलकुल विपरीत था। वह यह था कि यह जानते हुए भी कि वह समय राजनीतिक जीवन में तुम्हारे लिए अत्यन्त महत्त्वपूर्ण था, मैंने तुम्हारा आचरण पसन्द नहीं किया था...यह ठीक है कि राजनीतिक नेता के रूप में मैं तुम्हें बहुत कम जानता हूँ, मैं तो तुम्हें दूसरे रूप में ही जानता रहा हूँ और आज भी तुम्हें उसी रूप में देखता हूँ व तुम्हारी सफलताओं पर प्रसन्न होता हूँ...लेकिन राजनीति का मेरा भी लम्बा अनुभव है और राजनीति से अलग होने के बाद भी मैं बड़ी तटस्थता से सब कुछ देखता समझता रहा हूँ। दलों की फूट का भी मुझे काफी अनुभव है। इसी के आधार पर यह कहने की धृष्टता करता हूँ कि जब भी किसी दल में फूट पड़ती है तो दोनों तरफ के नेताओं का दावा यही होता है कि झगड़ा सिद्धान्त और नीति का है, कोई भी यह नहीं कहता कि झगड़ा व्यक्तिगत सत्ता या पद का है। हर फूट में थोड़ा बहुत विचार का मतभेद हो सकता है...लेकिन उसमें नेतृत्व का, पद का झगड़ा भी कम नहीं होता...और अन्त में इतना और कह दूँ कि अब तक कई अवसरों पर तुम्हारे राजनीतिक आचरण को मैंने पसन्द नहीं किया है पर सार्वजनिक रूप से कभी तुम्हारे विरुद्ध कुछ नहीं कहा...यह सब इसलिए नहीं लिख रहा हूँ कि तुम्हें खुश करना चाहता हूँ या अपने लिए तुमसे कुछ अपेक्षा करता हूँ बल्कि इसलिए कि मुझे लगता है कि तुम भी मुझे कम जानती हो।" (राष्ट्रपति चुनाव के अवसर पर इन्दिरा गाँधी ने जे. पी. के विरुद्ध प्रचार करवाया था उसका उत्तर भी इस पत्र में है।)

कुछ ही समय बाद बंगलादेश के प्रश्न को लेकर प्रधानमन्त्री जे. पी. की ओर से सशंकित हो गईं। इस प्रश्न पर जे. पी. नैतिकता की पृष्ठभूमि में संसार की अन्तरात्मा को जगाने की पहल करना चाहते थे पर प्रधानमन्त्री को सदा यह चिन्ता रही कि जे. पी. को विशेष श्रेय न मिल जाए। काफी कठिनाई से वह इस बात के लिए तैयार हुईं कि जे. पी. इस प्रश्न को लेकर विदेशों की यात्रा पर जाएँ। बाद में जब जे. पी. ने अन्तरराष्ट्रीय सम्मेलन बुलाया तो

उसमें काँग्रेस का कोई प्रतिनिधि नहीं भेजा गया। लेकिन जब जे. पी. ने एक लम्बे पत्र द्वारा अपना दृष्टिकोण स्पष्ट किया और बंगलादेश प्रकरण के सन्दर्भ में प्रधानमन्त्री के नेतृत्व की प्रशंसा की तो प्रधानमन्त्री को बहुत अच्छा लगा। इसीलिए 1972 व 73 में प्रधानमन्त्री के मन में जे. पी. के प्रति कटुता कम हो गयी थी।

साल-सवा साल की अवधि में जे. पी. इन्दिरा गाँधी का सम्पर्क मुख्यतः डाकू समर्पण और मृत्युदण्ड की समस्याओं पर रहा। मध्यप्रदेश के कुख्यात डाकू माधोसिंह के अनुरोध पर जे. पी. ने सरकार को इस बात के लिए तैयार किया कि यदि दस्यु आत्मसमर्पण करें तो उन्हें मृत्युदण्ड नहीं दिया जाएगा। इस संबंध में उन्होंने प्रधानमन्त्री से और बाद में गृह मन्त्रालय से विचार-विमर्श किया था। गृह मन्त्रालय ने इस सुझाव के प्रति कोई विशेष सहानुभूति नहीं ली। मध्यप्रदेश के अत्यन्त योग्य पुलिस अधिकारी के. एफ. रुस्तम जी उस समय गृह मन्त्रालय में थे, इतना मुझे ठीक स्मरण नहीं पड़ रहा है कि वह सीमा सुरक्षा बल (बी. एस. एफ.) के महानिदेशक थे या मन्त्रालय के विशेष सचिव बन गए थे। जो भी हो उनकी योग्यता और निष्ठा के कारण उस मन्त्रालय की सोच पर विशेष प्रभाव रहता था। जे. पी. की बैठकों से पहले मैं उनसे बातचीत करने गया था पर वह इस सुझाव का समर्थन करने में असमर्थ थे। उनका मुख्य तर्क यही था कि अपराध क्षेत्र की ऐसी विकट समस्याओं में अन्तर वैधानिक विमर्शों का स्थान नहीं होना चाहिए। मेरा अपना प्रधानमन्त्री को सुझाव था कि जे. पी. का प्रस्ताव मान लेना चाहिए। मेरे विचार से चम्बल घाटी की समस्याएँ और ऐतिहासिक पृष्ठभूमि में इस प्रकार के उपायों को नकारना नहीं चाहिए। प्रधानमन्त्री से अपनी वार्ता में जे. पी. ने बड़े प्रभावी ढंग से अपनी बात कही। प्रधानमन्त्री बहुत प्रभावित हुईं। जे. पी. को उनका समर्थन मिला और अन्त में लगभग 500 दस्युओं ने अपने शस्त्र जे. पी. व प्रभावती के समक्ष समर्पित कर दिए। जे. पी. की विचारधारा की सार्थकता का आभास मुझे अधिक गहराई से तब हुआ जब 1978 में आगरा के कमिश्नर होने के नाते चम्बल घाटी की समस्याओं और विकास कार्य की समीक्षा के लिए संगठित समिति की बैठक की मैंने अध्यक्षता की थी।

दस्यु-समस्या की पृष्ठभूमि से उभरी एक अन्य बात पर भी जे. पी. ने इन्दिरा गाँधी को अत्यधिक प्रभावित किया। जे. पी. मृत्युदण्ड का अन्त करने के पक्षधर थे। उन्होंने इन्दिरा गाँधी को इस विषय पर लिखा और पढ़ने के लिए एक-दो पुस्तकें भी उनको भेजीं। उस समय सरकार की राय यही थी कि वैधानिक स्थिति में किसी परिवर्तन की आवश्यकता नहीं है। पर जे. पी. के प्रभाव के कारण (एक स्टेज पर तो ऐसा लगने लगा था कि प्रधानमन्त्री मृत्युदण्ड को समाप्त करने के पक्ष में हो गयी हैं) एक मध्य मार्ग निकाला गया, जिसके अन्तर्गत हत्या के मामलों में ही मृत्युदण्ड निश्चित हुआ। इन्हीं दिनों जे. पी. ने अपने एक पत्र में प्रधानमन्त्री को अमृतलाल नागर का उपन्यास 'मानस का हंस' पढ़ने का सुझाव दिया। स्वयं जे. पी. गोस्वामी तुलसीदास की जीवनी पर आधारित इस उपन्यास से बहुत प्रभावित थे।

इन्दिरा गाँधी के प्रति अपने स्वभावजन्य सौहार्द के बावजूद जे. पी. देश और सरकार की गतिविधियों से खिन्न होते जा रहे थे। अपने विचार व्यक्त करने में वह कभी हिचकते नहीं थे। जुलाई 1972 में ही उन्होंने कर्नाटक के एक गाँव तिम्पगोंडनहल्ली में एक बैठक में कहा, "एक ही व्यक्ति के हाथ में सत्ता का केन्द्रीकरण चिन्ता की बात है। सारे तन्त्र को इस प्रकार कसा जा रहा है कि कोई किसी तरह चूं-चपड़ न कर सके।" विभिन्न संस्थानों के ह्रास की चर्चा करते हुए उन्होंने सबसे महत्त्वपूर्ण बात यह कही कि मुख्यमन्त्रियों को बिलकुल पटवारी बना कर रखा जा रहा है। समय के साथ-साथ असन्तोष का यह स्वर तीव्र होता गया और बाद में सरकार की आलोचना तीखी होती गयी। 1973 से उनके और प्रधानमन्त्री के पारस्परिक संबंधों की स्थिति बराबर बिगड़ती ही गयी। जयप्रकाश को इन्दिरा गाँधी से कोई व्यक्तिगत शिकायत हो...ऐसा नहीं लगता पर उनके पत्रों, वक्तव्यों में लोकतन्त्र के मूलभूत आधारों के ढहने से उत्पन्न बेचैनी स्पष्ट थी। 1 अप्रैल, 1973 में सुप्रीम कोर्ट में जब तीन वरिष्ठ जजों को दरकिनार करके ए. एन. राय को मुख्य न्यायाधीश नियुक्त किया गया तो जे. पी. को यह बिलकुल गलत लगा। उन्होंने प्रधानमन्त्री को पत्र लिख कर इस गलती की गम्भीरता की ओर ध्यान दिलाया। सभी सांसदों को भी पत्र लिखा। जे. पी. की आलोचना केवल नकारात्मक नहीं थी। विषय के महत्त्व को देखते हुए उनका बड़ा रचनात्मक सुझाव था कि संसद की एक सर्वदलीय समिति जजों की नियुक्ति के बारे में निश्चित प्रक्रिया पर संस्तुति करे। प्रधानमन्त्री ने जे. पी. को गोलमोल उत्तर दिया। उनके रचनात्मक सुझाव पर कुछ नहीं कहा। जे. पी. ने बात वहीं समाप्त नहीं की। अपने 27 जून, 1973 के पत्र में

अपनी बात और अधिक बलपूर्वक कही। उनके पत्र का आशय था–

> ''मैंने बड़ी सीधी-सी बात कही थी न्यायपालिका की स्वाधीनता की रक्षा करना अत्यन्त आवश्यक है। यह कैसे हो इसके लिए सरकार, विपक्ष और जनमत में एक निश्चित राय बननी चाहिए। मैं नहीं सोच सकता कि इससे किसी को असहमति हो सकती है। यह तुम पर या किसी अन्य पर शंका की बात नहीं है। हमें हमेशा अपने को ही सत्ता में रखकर इन प्रश्नों पर विचार नहीं करना चाहिए। लोकतन्त्र, समाजवाद आदि के बारे में कोई भिन्न दृष्टिकोण रखनेवाली सरकार यदि सत्तारूढ़ हो जाए तो क्या वह भी सन्तुलन रख सकेगी? इन मूलभूत बातों के लिए संवैधानिक/वैधानिक व्यवस्था ही अधिक उपयुक्त होती है। मैंने बड़ी ईमानदारी से तुम्हें सुझाव दिया था पर यदि उसके उत्तर में यह पत्र तुमने सोच समझ कर लिखा है तो मुझे बड़ी निराशा हुई है।''

कुछ समय बाद (1973 में ही) जे. पी. ने सांसदों को एक और पत्र लिखा जिसमें उन्होंने नागरिक अधिकारों और लोकतान्त्रिक संस्थानों की सुरक्षा के लिए उपाय सुझाए थे। इस बीच उन्होंने एक 'सिटीजेंस फॉर डेमोक्रेसी' नामक संस्था भी स्थापित कर ली थी। इसकी पृष्ठभूमि यही थी कि जून 1971 में पारित 'मीसा' के अन्तर्गत सरकारी मनमानी बढ़ रही थी। नागरिकों के अधिकारों के हनन के साथ लोकतान्त्रिक संस्थानों का निरन्तर अवमूल्यन हो रहा था। जे. पी. सांसदों को चेतावनी देना चाहते थे।

लेकिन इससे भी अधिक महत्त्वपूर्ण पत्र वह है जो उन्होंने उस समय बढ़ते भ्रष्टाचार, निर्वाचन सुधार व शिक्षा के संबंध में सांसदों को लिखा। यह बहुत ही सारगर्भित पत्र था, जिसमें कोई भी बात आपत्तिजनक नहीं थी। उसमें भ्रष्टाचार पर नियन्त्रण के लिए लोकपाल विधेयक को शीघ्र पारित करने, निर्वाचन प्रक्रिया की कुरीतियों को हटाने और शिक्षा में सुधार लाने के सुझाव दिए गए थे। (आगे चलकर गुजरात और बिहार के छात्र आंदोलनों में भी इन्हीं विषयों पर जोर दिया गया था)।

ध्यान देने की बात यह है कि व्यक्तिगत स्तर पर जे. पी. का प्रधानमन्त्री के लिए सद्भाव, सौहार्द व स्नेह तनिक भी कम नहीं हुआ था। वह मुख्यतः सैद्धांतिक व मूलभूत प्रश्न उठा रहे थे। वे यह भी खूब समझते थे कि बिगड़ती राजनीतिक स्थिति में प्रधानमन्त्री के लिए संकट बढ़ रहा था। एक भेंट में उन्होंने प्रधानमन्त्री से इसकी चर्चा करते हुए विपक्षी नेताओं से बात करने का उत्तरदायित्व स्वयं ही सहज में ओढ़ लिया था। उस सन्दर्भ में उन्होंने अटल बिहारी वाजपेयी से बात की और प्रधानमन्त्री को एक पत्र द्वारा उससे अवगत कराते हुए बातचीत को आगे बढ़ाने का आश्वासन भी दिया। वाजपेयी का दृष्टिकोण पूर्णतया सकारात्मक था। उन्होंने जे. पी. से कहा कि प्रधानमन्त्री हमें यह तो बताएँ कि किस राष्ट्रीय प्रश्न पर हमारा सहयोग चाहिए। हम पूरी मदद करेंगे, पर आगे घटनाएँ इस प्रकार घटीं कि प्रधानमन्त्री के पक्ष में जे. पी. की विपक्षी नेताओं से बातचीत का क्रम आगे नहीं बढ़ा। इन्दिरा गाँधी को इसमें रुचि थी ही नहीं।

प्रधानमन्त्री को जे. पी. के यह पत्र, सुझाव आदि पसन्द नहीं आ सकते थे। आखिर ऐसा क्यों था? जे. पी. ने अपने पत्रों, वक्तव्यों या सुझावों में जो भी मुद्दे उठाए थे वह अप्रासंगिक नहीं थे। नागरिक अधिकारों की सुरक्षा हमारे स्वतन्त्रता संग्राम के महारथियों में सभी को बहुत प्रिय थी। उनका इससे भावनात्मक लगाव था पर वह सभी यह भी मानते थे कि नागरिक अधिकारों का हनन लोकतन्त्र के लिए घातक है। 1947 के बाद भी पण्डित जी का स्वयं इस पर बहुत ज़ोर रहता था; विपक्षी नेता तो नागरिक अधिकारों और निजी स्वतन्त्रताओं पर आक्रमण को सदा न्यायालय में ले जाने के लिए तत्पर रहते थे और इससे लाभ भी हुआ। मीसा का दुरुपयोग 1971 के बाद ही शुरू हो गया था। मोरारजी ने भी इसको चुनौती दी थी। प्रधानमन्त्री का क्या दृष्टिकोण था यह इसी से स्पष्ट हो जाता है कि इस मूलभूत प्रश्न पर मोरारजी को आश्वासन देने के बाद क्या क्या नहीं किया उन्होंने। इस दृष्टि से जे. पी. की चेतावनी ठीक ही थी। जे. पी. व अन्य नेताओं का विरोध 'मीसा' से इतना नहीं था जितना इसके दुरुपयोग से। यह भी कोई नहीं नकार सकता कि भ्रष्टाचार खूब फल-फूल रहा था। स्वयं प्रधानमन्त्री के परिवार के सदस्यों पर आरोप लगाए जा रहे थे। भ्रष्टाचार के विरुद्ध आवाज उठाने में क्या ग़लती थी? फिर जे. पी. का ठोस सुझांव यह था कि लोकपाल विधेयक को शीघ्र कार्यान्वित करना चाहिए। इसमें भी क्या ग़लत था? आखिर 1968 में सरकार इस विधेयक

को संसद के समक्ष लाई थी पर 1971 के बाद यह स्पष्ट हो गया था कि इसके प्रति सरकार उदासीन हो गयी है। लोकपाल विधेयक को पारित कराने में एकमात्र अड़चन प्रधानमन्त्री स्वयं थीं। क्यों? भ्रष्टाचार का निर्वाचन कुरीतियों से घना संबंध है। निर्वाचन सुधार का राग सरकार ज़ोर शोर से 1969 से अलाप रही थी। पर ज्वाइण्ट सलेक्ट कमेटी की सर्वमत से की गयी सिफारिशों को भी कार्यान्वित नहीं करना चाहती थी। अप्रैल-मई 1975 में विपक्ष से बातचीत का बनावटी नाटक तो कराया पर जमैका जाने से पहले सरकारी प्रतिनिधियों को आदेश यह दे गईं कि कुछ करना धरना नहीं है। मुझे इसमें कभी भी सन्देह नहीं रहा (विशेषकर जब मैं प्रधानमन्त्री के साथ काम कर रहा था) कि प्रधानमन्त्री बखूबी समझती थीं कि अपनी सत्ता-आधिपत्य के लिए जिस नई राजनीतिक संस्कृति को पाल-पोस रही थीं उसके हित में सुझावों को कार्यान्वित न करना ही श्रेयस्कर होगा। जे. पी. की बात छोड़ दीजिए 1972-75 की अवधि में प्रधानमन्त्री सचिवालय ने इन सभी बातों के लिए काफी असफल प्रयत्न किए।

इन परिस्थितियों में इन्दिरा गाँधी के सामने एक ही रास्ता था—जे. पी. की आलोचना। जैसे-जैसे स्थिति बिगड़ती गयी और जे. पी. का स्वर तीव्र होता गया, प्रधानमन्त्री की छटपटाहट भी बढ़ती गयी। पहले तो वह मुख्यतः अपने बचाव में ही बोलती थीं, भ्रष्टाचार उतना व्यापक नहीं है जितना कहा जा रहा है, ललित बाबू और बंसीलाल ने कोई गलत काम नहीं किया है, मेरा पुत्र होनहार व परिश्रमी युवक है, वह कुछ कर दिखाना चाहता है पर दूसरों को उससे ईर्ष्या होती है, मारुति में कोई अनियमितता नहीं हुई है, आदि आदि। पर जब विपक्ष इस झूठी बकवास से दबा नहीं और जे. पी. मूलभूत सुधारों के लिए आवाज उठाते रहे तो उन्हें अपना स्टाइल बदलना पड़ा। अब प्रहार जे. पी. पर व्यक्तिगत रूप से होने लगे। तभी यह अभियान शुरू हुआ कि जे. पी. 'कन्फ्यूज्ड' हैं, 'फ्रस्ट्रेटेड' हैं। सत्ता हथियाना चाहते हैं, आदि आदि।

जब कोई राह नहीं सूझी तो इन्दिरा गाँधी ने इस पूरे विवाद को व्यक्तिगत स्तर पर घसीटा। 1 अप्रैल, 1974 को प्रधानमन्त्री ने भुवनेश्वर में जे. पी. के लिए कड़े अपशब्द कहे जिन्हें दो-तीन दिन बाद दिल्ली में बिहार के सांसदों को सम्बोधित करते हुए दोहराया। फिर तो बात बिगड़ती ही गयी। प्रधानमन्त्री यह समझ ही नहीं सकीं कि जे. पी. जो कुछ भी कह रहे थे उसका सत्ता की राजनीति से कोई सरोकार नहीं था। वह तो सिद्धान्तों, मूलभूत प्रश्नों और चरित्र की बात कर रहे थे। देश की जो स्थिति प्रधानमन्त्री ने कर दी थी और जिस प्रकार काँग्रेस पार्टी निरीह होकर रह गयी थी उसमें जे. पी. की बात का जनता पर गहरा प्रभाव पड़ा। उनकी आवाज नैतिकता की आवाज थी और जन-साधारण के कानों में मीठा रस घोल रही थी। प्रधानमन्त्री, इससे जूझना तो दूर रहा, इसका सामना भी नहीं कर सकती थीं।

तभी उन्होंने इस पूरे विवाद को फूहड़ स्तर पर घसीटना चाहा। उन्होंने कहा कि जे. पी. उन्हें सत्ता से हटाना चाहते हैं, उनका आंदोलन प्रतिक्रियावादी है। कुटिल शक्तियों से नियन्त्रित है। आनन्द मार्ग और जनसंघ की सहायता से चलाया जा रहा है। इस पृष्ठभूमि में जे. पी. और प्रधानमन्त्री की 1 नवम्बर, 1974 में वार्ता हुई। यह बैठक बिहार आंदोलन पर ही थी। छात्र आंदोलन का पहले बिहार सरकार को हटाने, न हटाने से कोई संबंध नहीं था। लेकिन जैसे सरकार की दमन नीति तीव्र होती गयी बिहार सरकार का त्यागपत्र भी माँग में जुड़ गया। प्रधानमन्त्री राज्य सरकार को हटाकर बिहार में राष्ट्रपति शासन लागू करने के लिए तैयार हो चुकी थीं पर विधान सभा को भंग नहीं करना चाहती थीं। उनका विचार था कि कुछ महीने बाद वही विधान सभा नया मुख्यमन्त्री चुन ले। वह जानती थीं कि जे. पी. विधान सभा को भंग करके नए चुनाव की ज़िद करेंगे। बात टूट सकती थी, इसका उन्हें अनुमान था। चतुराई उनमें इतनी थी कि बातचीत के समय जगजीवनराम को उन्होंने साथ रखा। अतः बात टूटने का उत्तरदायित्व अकेले उन पर न रहकर जगजीवनराम को उसमें भागीदार बनना पड़ा। लेकिन प्रधानमन्त्री को इससे भी बड़ा लाभ दूसरा हुआ। आंदोलन के काफी समर्थक यह सोचते थे कि बाबूजी (जगजीवनराम) की सहानुभूति उनके साथ है। उनकी निगाह में प्रधानमन्त्री जी ने बाबूजी को बिलकुल गिरा दिया।

वार्त्ता पर अपनी सार्वजनिक प्रतिक्रिया प्रधानमन्त्री ने इस प्रकार दी कि—

"मैं बिहार विधान सभा को भंग करने के लिए तैयार नहीं हूँ, उससे अच्छा तो मैं त्यागपत्र दे दूँ। जे. पी. कहते

हैं कि जनता उनके आंदोलन के साथ है। फिर उनको कुछ सब्र करना चाहिए। जनता किसके साथ है इसका फैसला अगले चुनाव में होगा।''

जे. पी. ने यह चुनौती स्वीकार कर ली। पटना की एक सभा में उन्होंने घोषणा की कि–

''चुनावों में मेरी रुचि नहीं रही है। मैं चुनावों से अलग रहा हूँ। परन्तु जब इन्दिरा जी ने चुनौती दी है तो मैं स्वीकार करता हूँ। फैसला अगले चुनाव में हो जाएगा।''

एक थोथी राजनीतिक आवाज़ को नैतिकता का यह करारा उत्तर था।

यद्यपि जे. पी. ने बार-बार यह स्पष्ट किया था कि विधान सभा को भंग करने की माँग लोकतन्त्र की परम्पराओं और आदर्शों के अनुरूप थी। 'इलस्ट्रेटेड वीकली आफ इण्डिया' में प्रकाशित एक पत्र में उन्होंने लिखा था–

''...क्या आप यह भी सोचते हैं कि अवधि से पहले ही मिस्टर निक्सन को अमरीका के राष्ट्रपति पद से हटाया जाना गलत व लोकतन्त्र के विरुद्ध था? और क्या आप यह सोचते हैं कि निक्सन के विरुद्ध आंदोलन छेड़ कर 'वाशिंगटन पोस्ट', 'न्यूयार्क टाइम्स' व अमेरिका के कई अन्य समाचार पत्रों ने ग़लत कार्य किया?...संसार के कई ऊँचे संवैधानिक पण्डितों का कहना है कि इस प्रकार के कुशासन में अपराधी सरकार की बर्खास्तगी और अपराधी संसद को भंग करने की माँग जनता का अधिकार...ध्यान दीजिएगा संवैधानिक अधिकार है।''

पहले वह एक अन्य अवसर पर यह कह चुके थे कि यह तर्क कि जनता को अगले चुनाव में सरकार बदलने का संवैधानिक उपाय उपलब्ध है बिलकुल सारहीन हो गया है क्योंकि हमारे लोकतान्त्रिक संस्थानों और प्रक्रियाओं में कुरीतियों और विकृतियों का समावेश हो गया है। फिर भी जे. पी. ने प्रधानमन्त्री की चुनौती स्वीकार कर ली; उनके लिए कोई विकल्प ही नहीं था। यह सर्वविदित है कि चन्द्रशेखर व कुछ अन्य युवा काँग्रेसी आंदोलन के समय प्रधानमन्त्री से अनुरोध कर रहे थे कि जे. पी. से बातचीत करनी चाहिए। चन्द्रशेखर विशेष रूप से मुखर और सक्रिय थे। उस समय वे 'यंग इण्डिया' भी सम्पादित करते थे। जब बड़े-बड़े काँग्रेसी दिग्गज दुबके बैठे थे चन्द्रशेखर में इतना साहस था कि उन्होंने इस पत्रिका में जे. पी. पर एक लेख लिखा। उसमें उन्होंने स्पष्ट कहा कि जे. पी. सत्ता की लड़ाई नहीं लड़ रहे हैं, इसलिए सत्ता के सहारे उनको हराया नहीं जा सकता। इस लड़ाई में वह स्वयं अपने को दाँव पर लगा देंगे और उससे जो तूफान उठेगा इसका सामना करने की क्षमता काँग्रेस में नहीं है। (जे. पी. प्रधानमन्त्री के संघर्ष का कितना कुशाग्र और ठीक चित्रण है।)

इसी वार्त्ता के बाद जे. पी. ने प्रधानमन्त्री उनके आंदोलन को जो तोड़-मरोड़कर प्रस्तुत करती रहती थीं उसका भी करारा जवाब दिया। उन्होंने कहा–

''प्रधानमन्त्री बार-बार कहती रहती हैं कि बिहार आंदोलन राष्ट्रीय स्वयं सेवक संघ और आनन्द मार्गियों के हाथ में है। संघ सीधे नहीं लेकिन जनसंघ और विद्यार्थी परिषद् के अपने सदस्यों के माध्यम से इस आंदोलन में अवश्य सक्रिय है। लेकिन समाजवादी पार्टी, संसोपा और संगठन काँग्रेस व उनके युवा दल, आर. एस. पी. व मार्क्सिस्ट कोओर्डिनेशन कमेटी सब इस आंदोलन में पूरी तरह लगे हुए हैं। मार्क्सिस्ट कम्यूनिस्ट पार्टी राजनीतिक दलों की समन्वय समिति भागीदार नहीं बनी है पर आंदोलन को पूरा समर्थन कर रही है...इन सभी दलों के, जो अधिकतर वामपंथी हैं, समर्थन की कभी चर्चा नहीं की जाती...''

कुछ दिन बाद जे. पी. ने प्रधानमन्त्री के सुधारवादी वामपंथी दावों को भी सीधी चुनौती दी। 22 जनवरी; 1975 को बम्बई में एक साक्षात्कार में उन्होंने कहा–

''श्रीमती गाँधी अपने को सुधारवादी (रेडिकल) घोषित करती हैं और कहती हैं कि वह उन आदर्शों और नीतियों का प्रतिनिधित्व करती हैं जिनसे जे. पी. और बिहार आंदोलन डरते हैं। लेकिन बिहार वाले क्या, भारतवासी श्रीमती

गाँधी से पूछना चाहेंगे कि अपने 9 वर्ष के शासन में उन्होंने क्या किया है? उन्होंने क्या सुधारवादी परिवर्तन किए हैं।''

जैसे-जैसे जे. पी. का आंदोलन प्रगाढ़ होता जा रहा था प्रधानमन्त्री की विश्वसनीयता जनता में क्षीण होती जा रही थी। प्रधानमन्त्री का यह आरोप था कि जे. पी. आंदोलन हिंसा को बढ़ावा दे रहा है। (उन्होंने ललित बाबू की मृत्यु के लिए इसे उत्तरदायी ठहराया) जे. पी. कई अवसरों पर इसका उत्तर दे चुके थे पर हिन्दुस्तान टाइम्स के 8 जनवरी, 1975 के सम्पादकीय ने लिखा...

''...जो लोग एवजी रूप में जयप्रकाश नारायण को (by proxy) समस्तीपुर दुर्घटना के लिए दोषी ठहरा रहे हैं उन्हें यह नहीं भूलना चाहिए कि पिछली मई में कांकीपुर (पटना) डाक बंगले में बम का विस्फोट (कैसे?) हुआ था और बाद में 5 जून को जे. पी. के जुलूस पर गोली काँग्रेस विधायक को आबंटित फ्लैट से चली थी; वह फ्लैट 'इन्दिरा ब्रिगेड' के कब्जे में था...बम व अग्निशस्त्रों का प्रयोग बिहार में जे. पी. के आंदोलन से पहले से चल रहा था।''

प्रधानमंत्री के उस समय के सबसे अधिक मुखर चारण भारतीय कम्यूनिस्ट पार्टी ने जे. पी. की निन्दा करने में कोई कसर नहीं छोड़ी। एक पत्र (या वक्तव्य) में उन्होंने जे. पी. को देशद्रोही तक कह डाला और उन पर बाहर से रुपया लेने का आरोप लगाया। जे. पी. ने उनको भी करारा उत्तर दिया। अपनी आय व व्यय का पूरा ब्यौरा देते हुए उन्होंने कहा कि यह गर्वोक्ति लगेगी पर मैं यह कहने पर विवश हूँ कि जिस दिन जे. पी. देशद्रोही हो जाएगा देश में कोई देशभक्त नहीं रहेगा।

इन्दिरा गाँधी ठोस काम कोई करना नहीं चाहती थीं। पर वे यह सब न करके विपक्ष की अनाप-शनाप आलोचना करने लगीं। उनकी दृष्टि में जो कुछ हो रहा था वह कुछ 'बाह्य शक्तियाँ' देश को अस्थिर करने के लिए करवा रही थीं, इसका प्रचार वह स्वयं भेंटवार्त्ताओं द्वारा और प्रशासकीय संचार माध्यमों का दुरुपयोग करके खूब करती रहीं। वास्तव में इन्दिरा गाँधी की अनैतिक राजनीति को जे. पी. ने बड़ी सशक्त चुनौती दी थी जिसका सामना करना उनके (इन्दिरा गाँधी) के लिए असम्भव हो गया था।

जे. पी. के आंदोलन की वह जो खिल्ली उड़ा रही थीं उसका खूब मज़ाक बन रहा था। बुद्धिजीवी वर्ग के सोच का अच्छा विवरण 'एवरीमैन्स' के 23 फरवरी, 1975 के अंक में प्रो. जयदेव सेठी के लेख में मिलता है।

प्रधानमन्त्री का अपना अहं, अहंकार व भ्रष्टाचार जे. पी. की नैतिक गर्जना के सामने टिकने की सामर्थ्य व क्षमता रखता ही नहीं था। जिस प्रकार से परिस्थितियों का विकास हो रहा था यह टकराव तो होना ही था, चाहे आपात्काल लागू होता या नहीं। टकराव हुआ और कैसे हुआ, क्या परिणाम हुए, यह सब हमारे इतिहास का भाग बन गया है।

जयप्रकाश नारायण

राजीव रंजन नाग

जयप्रकाश नारायण (जे. पी.) का सम्पूर्ण जीवन सामाजिक सरोकारों से उनके जुड़ाव की गाथा है। युवावस्था में वे मार्क्सवादी थे। फिर समाजवाद की डगर से गाँधीवाद सर्वोदयवाद तक पहुँचे। 1977 में जब उनकी प्रेरणा से जनता पार्टी बनी तो यह अपने स्वभाव के अनुसार सत्ता से दूर हो रहे और सामाजिक बदलाव के लिए उन्होंने सम्पूर्ण क्रांति का नारा दिया। इसे वे अपनी विचार यात्रा कहते थे। जे. पी. का जब विवाह हुआ वे 18 वर्ष के थे और उनकी पत्नी प्रभावती 14 वर्ष की थीं। दो वर्षों के बाद अध्ययन के लिए वे अमरीका चले गए। अमरीका में जयप्रकाश जी साम्यवादी विचारों से प्रभावित हुए। मार्क्सवाद में उनकी आस्था बढ़ती गयी। लेकिन 7 वर्षों के बाद जब वे अमरीका से वापस लौटे तो उन्हें यह देखकर काफी दुःख हुआ कि गाँधी के 'सत्याग्रह' से साम्यवादियों ने असहयोग किया है। जयप्रकाश जी लेनिन को उद्धृत करके भारतीय कम्युनिस्टों से कहते थे कि सच्चे मार्क्सवादी का कर्तव्य है कि किसी भी देश में उपनिवेशवाद के विरुद्ध चलने वाले संघर्ष में सहयोग करे।

लेकिन साम्यवादियों के रुख से उन्हें गहरी निराशा हुई। उनके अमरीका प्रवास के दौरान एक और महत्त्वपूर्ण घटना हुई। उनकी पत्नी प्रभावती गाँधी जी से पारिवारिक निकटता के कारण उनके आश्रम में ही रहती थीं। वहाँ वह बापू और कस्तूरबा के संसर्ग में आश्रम जीवन में पूरी तरह ढल गईं। वहाँ उन्होंने आजीवन ब्रह्मचर्य रहने का व्रत ले लिया। जे. पी. जब अमरीका से वापस लौटे तो गाँधी जी के आश्रम में उनकी अपनी पत्नी से मुलाकात हुई। गाँधी जी ने प्रभावती से ब्रह्मचर्य व्रत तोड़ने और जे. पी. के साथ रहने का आदेश दिया। लेकिन जब जे. पी. को अपनी पत्नी के कठोर व्रत की जानकारी हुई तो उन्होंने ब्रह्मचर्य का व्रत ले लिया। गाँधी जी के सान्निध्य में रहकर आजीवन विवाहित ब्रह्मचारी रहकर देश सेवा का दोनों ने संकल्प ले लिया और उसका पूरे जीवन पालन किया।

यद्यपि जे. पी. पूरी तरह गाँधी के सत्याग्रह अहिंसा से सहमत भी नहीं थे। सीधी कार्रवाई और वर्ग संघर्ष के सिद्धान्तों में उनकी दृढ़ आस्था थी। लेकिन साम्यवादियों के आचरण से हुई निराशा ने उन्हें गाँधी जी के करीब खींच लिया। वे धीरे-धीरे गाँधीवादी रास्तों के पक्षधर बनते गए। गाँधी जी के परामर्श पर जवाहर लाल नेहरू ने काँग्रेस के मजूदर संगठनों का पूरा दायित्व जे. पी. के कन्धों पर डाल दिया। जे. पी. ने व्यक्तिगत सत्याग्रह आंदोलन में बढ़-चढ़कर भाग लिया। गाँधी जी ने 1931 में लार्ड इरविन से समझौता कर लिया और अपना आंदोलन स्थगित कर दिया। देश के नौजवानों को घोर निराशा हुई। उसी बीच सरदार भगत सिंह और उनके साथियों को फाँसी हो गयी। देश की युवा पीढ़ी को भगतसिंह के नेतृत्व में चलनेवाले आंदोलन के प्रति काफी लगाव हो गया था। देश के युवक गाँधी जी से रुष्ट हो गए थे।

उधर दामोदर सावरकर के नेतृत्व में कट्टर हिन्दूपन्थी संगठन युवा पीढ़ी को आकर्षित करने लगा था। उस समय जयप्रकाश जी नासिक जेल में बन्द थे। उन्होंने अपने साथ सजा काट रहे अशोक मेहता, मीनू मसानी, एन. जी. गोरे, अच्युत पटवर्धन आदि से विचार-विमर्श किया। इन लोगों ने मार्क्सवादी विचारधारा को धुरी बनाकर लोकतान्त्रिक सिद्धान्तों में आस्था रखनेवाले एक समाजवादी संगठन के निर्माण की आवश्यकता को महसूस किया--इसी बीच बिहार, उड़ीसा

और गुजरात में प्रान्तीय स्तर के समाजवादी संगठन खड़े हो गए। मई 1934 में पटना में काँग्रेस का वार्षिक सम्मेलन हुआ। उस समय सम्मेलन में देश के विभिन्न भागों से आए समाजवादी विचार के विचारों की ओर काँग्रेस को उन्मुख करना हमारा कर्तव्य होगा। 6 महीने बाद मुम्बई में डॉ. सम्पूर्णानन्द की अध्यक्षता में समाजवादियों का पुनः सम्मेलन हुआ, जिसमें संगठन का नीति वक्तव्य स्वीकार किया गया। इस पर मूलतः जे. पी. और नरेन्द्र देव के विचारों की ही छाप थी। इस तरह देश में समाजवादी आंदोलन की नींव पड़ी।

1935 में भारतीय नेताओं की सहमति से अंग्रेजी सरकार ने गवर्नमेण्ट ऑफ इण्डिया एक्ट बनाया था। काँग्रेस के नेता इस विधान के अनुसार चुनाव लड़कर विधायिका में जाने और सरकार बनाने के लिए उतावले थे। जयप्रकाश जी इस कदम के पूरे विरोधी थे। 1937 में इसी कानून के अन्तर्गत चुनाव हुए और 6 राज्यों में सरकार बनाने लायक बहुमत काँग्रेस को मिल गया। काँग्रेसियों के नेतृत्व में सरकारें बन भी गईं किन्तु बिहार में भूमि अधिकार संबंधी कानून व स्वतन्त्रता संग्राम के कैदियों की रिहाई के प्रश्न पर जे. पी. का अपनी ही सरकार से टकराव हो गया। इस बीच विश्वयुद्ध छिड़ गया, ब्रिटिश हुकूमत ने भारत को भी इस विश्वयुद्ध में साझीदार देश घोषित कर दिया। गाँधी जी और समाजवादियों ने इसे भारतीय जनता का अपमान कहा। युद्ध विरोधी भड़काऊ भाषणों के आरोप में समाजवादी नेताओं की गिरफ्तारी शुरू हुई। काँग्रेस नेतृत्व पर तत्काल आंदोलन करने का दबाव पड़ने लगा। नेहरू जी इसके खिलाफ थे। समाजवादियों ने गाँधी जी को आंदोलन के लिए तैयार कर लिया। गाँधी जी के दबाव के कारण 9 अगस्त, 1942 को मुम्बई में करो या मरो के आह्वान के साथ काँग्रेस का अधिवेशन समाप्त हुआ। देश के सभी मूर्धन्य नेता उसी रात गिरफ्तार कर लिए गए।

जे. पी. काँग्रेस के मुम्बई अधिवेशन के समय बिहार के हजारीबाग जेल में एक वर्ष से सजा भुगत रहे थे। देश के छात्र नौजवान गोली के शिकार हो रहे थे, जयप्रकाश जेल में आराम करे यह स्थिति उन्हें बर्दाश्त नहीं थी। 8 नवम्बर को दीपावली के दिन जेल में समारोह था। उसी दिन जे. पी. वहाँ से फरार होकर नेपाल चले गए। एक बार नेपाल पुलिस ने उन्हें पकड़ लिया लेकिन वह फिर भाग निकले। हजारीबाग जेल से फरार होने के दस महीने बाद जे. पी. को गिरफ्तार कर लाहौर किले में अज्ञातवास में डाल दिया गया। उन दिनों यह किला क्रांतिकारियों के उत्पीड़न का सबसे बड़ा केन्द्र था। महात्मा गाँधी के विशेष प्रयास से जे. पी. अप्रैल 1946 में जेल से बाहर आए। देश आजाद हुआ लेकिन खण्डित आजादी के प्रति जे. पी. में कोई अनुराग पैदा नहीं हुआ।

आजादी के बाद नेहरू ने जे. पी. से सत्ता में साझेदारी के अनेक रास्ते बताए मगर उन्हें तो फकीरी से वास्ता था। अन्ततः जे. पी. गाँधी के हिन्द स्वराज के सपनों को पूरा करना चाहते थे। लेकिन नेहरू उसे अव्यावहारिक कहते। अन्ततः जे. पी. गाँधी के अन्त्योदय और सर्वोदय सिद्धान्त के रास्ते पर चल पड़े। देश के नवनिर्माण के लिए उन्होंने इसे सर्वोत्तम रास्ता माना। 1971 के बाद की घटनाओं ने जे. पी. के भावुक मन को फिर झकझोरा। उन्हें तानाशाही आने की आहट सुनाई दी। सम्पूर्ण देश में रेलकर्मियों की हड़ताल का निर्ममतापूर्वक दमन, गुजरात के छात्र नौजवानों के आंदोलन को कुचलने आदि घटनाओं ने जयप्रकाश जी को विचलित किया। उन्हें लगा जिस आजादी और लोकतन्त्र के लिए हम लोगों ने संघर्ष किया वह शायद उनके जीवनकाल में समाप्त होने वाला है। उन्होंने अपने जीवन के अन्तिम संग्राम का संकल्प लिया। 8 अप्रैल, 1974 को पटना की सड़कों पर हाथ बाँधकर मुँह पर पट्टी लगाकर जे. पी. के मार्गदर्शन में युवकों का एक जुलूस निकाला गया। उसे देखने नगर के लाखों लोग पटना की सड़कों पर उतर आए। राजसत्ता और नैतिक सत्ता का समागम हो गया। उसके बाद ही छात्रों ने उन्हें लोकनायक की उपाधि दे दी और जे. पी. ने सम्पूर्ण क्रांति का उद्घोष कर दिया। पूरे देश में परिवर्तन की लहर दौड़ पड़ी।

1974 में जे. पी. जिन आदर्शों और मूल्यों को लेकर चले थे वे सम्पूर्ण क्रांति के रूप में कुछ परिभाषित कुछ अपरिभाषित रहे थे। पर हमने और उनके आंदोलन की पैदाइश सरकारों और नेताओं ने इस क्रांति को आगे बढ़ाने के लिए कुछ नहीं किया है। उल्टे अगर हम गिनने-गिनाने बैठें तो इन सरकारों और नेताओं की करतूतों ने उस आंदोलन के मूल्यों और आदर्शों को मटियामेट करने का काम ही किया है। पर यह उनकी ढिठाई है कि वे अभी भी जे. पी. का नाम लेने, उनके यश में भागीदार बनने का प्रयास कर रहे हैं। किसी भी आयोजन के साथ कार्यक्रमों की कोई सूची नहीं दिखती—झण्डियाँ लगाने, सभा करने, मंच पर कुछ नामधारी लोगों को जुटाने के अलावा। जबकि होना यह

चाहिए था कि सरकारी आयोजन कुछ ऐसी संस्थाएँ बनाने तक जाते जिनमें, जे. पी. के जीवन आदर्शों, मूल्यों से जुड़े अध्ययन होते, कुछ शोधवृत्तियाँ होतीं, विचार-विमर्श के कुछ नियमित ठिकाने बनते।

लेकिन सरकारी पक्ष से भी ज्यादा बड़ी जिम्मेवारी गैर-सरकारी समूहों की है। इस पक्ष के लिए कई स्तर के काम हैं या हो सकते हैं। अब हम भले ही नेताओं और सरकार को कोस लें कि उन्होंने जे. पी. के आदर्शों पर पानी फेरा है, पर हमें यह भी याद करना होगा कि 1974 ही आखिरी बड़ा आंदोलन था। उसके बाद संघर्ष और आंदोलन की बड़ी धारा की जगह सैकड़ों उपधाराएँ फूटी हैं। दलितों, पिछड़ों, महिलाओं, पर्यावरण, मानवाधिकार जैसे असंख्य मुद्दों पर ठीक-ठाक दम और आकार वाले सैकड़ों आंदोलनों की गिनती की जा सकती है। पर मुश्किल यह है कि पिछड़े नेताओं की महिलाओं का आंदोलन और आदिवासियों की माँग बर्दाश्त नहीं होती। महिला आंदोलन के बड़े हिस्से को भूमण्डलीकरण में महिलाओं की मुक्ति दिखाई देती है। कुकुरमुत्तों की तरह उग आए काफी सारी स्वयंसेवी संस्थाएँ भी जाने किस एजेंडे से काम करके ऐसी एकता तोड़ती हैं। ऐसे में जे. पी. के लिए प्रिय इन मुद्दों की परवाह करने वालों को चाहिए कि वे उनकी जन्मशती के अवसर पर इन छोटे-छोटे आंदोलन को समेटने और सचमुच के परिवर्तनकारी इन आंदोलन को जोड़कर जे. पी. के सपनों की सम्पूर्ण क्रांति की दिशा से आगे बढ़ने की पहल करें। यह मुश्किल काम नहीं है। हाँ यह जरूर लगता है कि एक केन्द्रीय व्यक्तित्व के अभाव में इसे कौन करेगा, जाहिर है यहाँ स्वयं जे. पी. याद आएँगे। पर वे नहीं हैं।

प्रसिद्ध पत्रकार अजित भट्टाचार्य ने अपनी पुस्तक 'जयप्रकाश नारायण ए पोलिटिकल बायोग्राफी' में लिखा है कि 1964 में देश के प्रधानमन्त्री जवाहरलाल नेहरू के गम्भीर रूप से बीमार पड़ जाने और उनके बचने की आशा नहीं रह जाने पर उनके वरिष्ठ सहयोगी लाल बहादुर ने जयप्रकाश नारायण से सम्पर्क पर प्रधानमन्त्री पद का दायित्व सँभालने का आग्रह किया था लेकिन जे. पी. ने इसे स्वीकार करने से इनकार कर दिया था। श्री शास्त्री ने इतनी बड़ी पहल केवल अपनी ओर से की होगी, यह बात सोची नहीं जा सकती। उन्होंने अपने सहयोगियों से सलाह मशविरा अवश्य किया होगा। इस घटना के 14 वर्ष पीछे लौटें तो पाएँगे कि जवाहरलाल नेहरू स्वयं जयप्रकाश नारायण, आचार्य कृपलानी और नरेन्द्र देव का सहयोग लेने के लिए उत्सुक रहते थे। जयप्रकाश नारायण से 1953 में उनकी बातचीत हुई जिसने उस समय बड़े राजनीतिक विवाद का रूप ले लिया था।

जवाहरलाल नेहरू के साथ बातचीत की पहल जयप्रकाश नारायण ने नहीं की थी, इनके मन में किसी पद पर पहुँचने की भी रंचमात्र इच्छा नहीं थी। किन्तु इसे लेकर उनके विरुद्ध राजनीतिक अभियान शुरू कर दिया गया। यह अभियान स्वयं उनकी पार्टी में उनके अपनों ने चलाया और 1853 के मई महीने में डॉक्टर राममनोहर लोहिया ने पार्टी के साप्ताहिक पत्र जनता में लिखा कि जयप्रकाश नारायण के नेहरू के उत्तराधिकारी होने के दो रास्ते हैं एक तो नेहरू की सद्भावना तथा उनके सहयोग से जिसका हमारे जैसे लोग, विरोध करेंगे और दूसरा देश की जनता के सहयोग से। नेहरू के सहयोग से अगर वह प्रधानमन्त्री बने तो वह उनसे भी बदतर प्रधानमन्त्री सिद्ध होंगे। इन सब घटनाओं का जयप्रकाश नारायण के मन पर बुरा असर पड़ा और वह काफी दुःखी हुए। 1952 के चुनाव में पराजय के बाद भी जयप्रकाश नारायण की उनकी पार्टी के भीतर कड़ी आलोचना हुई थी और खासकर रामनन्दन मिश्र के प्रहार ने उन्हें रोने के लिए विवश कर दिया था। रामनन्दन मिश्र उन दिनों सोशलिस्ट पार्टी के बड़े नेताओं में से एक थे। लेकिन बाद में वह राजनीति छोड़ अध्यात्म की ओर मुड़ गए। सोशलिस्ट पार्टी के पंचमढ़ी सम्मेलन में भी जे. पी. आलोचना के शिकार हुए थे। खासकर अशोक मेहता की कम्पलसन ऑफ बैकवर्ड इकॉनमी की थीसिस को लेकर। इस थीसिस को उन्हीं के विचारों से प्रेरित मान लिया गया और कहा गया था कि वह काँग्रेस के साथ सहयोग चाहते हैं और पीछे चलें तो 1946 में आचार्य कृपलानी के काँग्रेस अध्यक्ष पद से इस्तीफे के बाद महात्मा गाँधी ने काँग्रेस अध्यक्ष पद के लिए जयप्रकाश नारायण के नाम का सुझाव दिया और सरदार पटेल द्वारा विरोध के बाद जवाहर लाल नेहरू ने आचार्य नरेन्द्र देव का नाम रखा लेकिन बात चली सरदार पटेल की और बाबू राजेन्द्र प्रसाद काँग्रेस अध्यक्ष बन गए। यहाँ भी जे. पी. अध्यक्ष बनने के लिए गाँधी जी के पास नहीं गए थे। उन्हें अध्यक्ष बनाने का सुझाव गाँधी का अपना था जो नेहरू को भी पसन्द था।

बाद में गाँधी जी के निधन के बाद सरदार ने ऐसी परिस्थिति पैदा की जिसमें समाजवादियों को काँग्रेस से बाहर

जाना पड़ा। उन्होंने कॉंग्रेस के संविधान में व्यवस्था करा दी कि किसी अलग विधान वाली पार्टी के सदस्य कॉंग्रेस के सदस्य नहीं बन सकते। स्वतन्त्रता पूर्व और उसके बाद की राजनीतिक घटनाओं ने जयप्रकाश नारायण के लिए दलगत राजनीति से बाहर निकलने और गाँधी जी का रास्ता पकड़ने के लिए विवश किया। भूदान यज्ञ आंदोलन तथा सर्वोदय में उनका शामिल होना उनके रास्ते की एक कड़ी थी। वह धीरे-धीरे इस राय के बन गए कि लोकतन्त्र में राजशक्ति से अधिक महत्त्व लोकशक्ति का है और लोकशक्ति को मजबूत किए बना न तो लोकतन्त्र की जड़ें सुदृढ़ हो सकती हैं और न ही जन-समस्याएँ हल हो सकतीं। लोकतन्त्र का मूलाधार वह नागरिकों की स्वतन्त्रता तथा उनके अधिकारों की रक्षा को मानते थे और इसके लिए वह गाँव के स्तर से लोगों को सक्रिय करने और पंचायती व्यवस्था को सुदृढ़ करने के हिमायती थे।

लेकिन राजनीति छोड़ने और सर्वोदय का काम शुरू करने के बावजूद उन्होंने देश और जनता की समस्याओं से अपने आपको कभी अलग नहीं रखा। राजनीतिक मामलों पर भी अपनी राय व्यक्त करते रहे। जनता की समस्याओं को लेकर जब कभी अभियान चले उन्होंने उसका साथ दिया। काफी बाद के गुजरात और बिहार के छात्रों तथा युवकों के आंदोलन में भी वह इसी क्रम में शामिल हुए और उन्हें जब शासन से लोकतन्त्र के लिए खतरा पैदा होता दिखाई दिया तब उन्होंने बड़ा अभियान छेड़ दिया जिसके चलते उन्हें 1946 में अंग्रेजों की जेल से रिहा होने के बाद पहली बार 1975 में कॉंग्रेस शासन की जेल में जाना पड़ा जहाँ उन्हें ऐसी बीमारी मिल गयी कि जिसने उन्हें कुछ ही वर्षों का मेहमान बना दिया। राजनीति से बाहर निकलने के बाद वह राजनीतिक टकराव का रास्ता नहीं चाहते थे किन्तु जब अधिनायकवाद से देश के लोकतन्त्र की रक्षा के लिए उन्हें टकराव अनिवार्य प्रतीत हुआ तो उन्होंने टकराव भी मोल लिया। श्रीमती इन्दिरा गाँधी के साथ उनका टकराव इसी क्रम में था।

अंग्रेजों के साथ समझौता होने, गवर्नमेण्ट ऑफ इण्डिया एक्ट लागू होने पर 1936 में विधानसभाओं का चुनाव हुआ। जयप्रकाश नारायण तथा उनके साथ उस समय हुए इन विधानसभाओं के चुनाव में कॉंग्रेस के भाग लेने के विरुद्ध थे, किन्तु कॉंग्रेस ने इन चुनावों में भाग लिया और सत्ता भी सँभाली। लेकिन इन सरकारों में समाजवादी शामिल नहीं हुए। 1941 के व्यक्तिगत सत्याग्रह और 1940 के भारत छोड़ो आंदोलन में भी जयप्रकाश नारायण ने भाग लिया और गिरफ्तारी के बाद उन्हें हजारीबाग जेल में रखा गया। वहाँ से कुछ साथियों को लेकर वह दीवाली की रात को जेल की चारदीवारी फाँदकर निकल भागे और पूरे देश में उन्होंने छापामार युद्ध के लिए अभियान शुरू किया। वह स्वयं पिस्तौल लेकर घूमते रहे जो गाँधी जी के विचारों के विरुद्ध था। किन्तु 1943 में उन्हें गिरफ्तार कर लिया गया और लाहौर किले में नजरबन्द किया गया। कुछ समय बाद उन्हें आगरा सेण्ट्रल जेल भेज दिया गया, जहाँ से वह 1946 में डॉ. राममनोहर लोहिया के साथ रिहा हुए। रिहाई के बाद उनका पटना पहुँचने पर अभूतपूर्व स्वागत हुआ। उस समय उनकी लोकप्रियता शिखर पर थी। लोकप्रियता की दृष्टि से उन्हें जवाहरलाल नेहरू के बाद देश का दूसरा बड़ा नेता माना जाने लगा। देश के विभाजन ने उनको काफी दुःखी किया और उन्होंने महात्मा गाँधी से इसका विरोध करने की अपील की। डॉ. लोहिया भी इस अपील में उनके साथ थे। लेकिन गाँधी इसके लिए तैयार नहीं हुए और देश में साम्प्रदायिक दंगे भड़कने पर वह इसे शान्त करने में लग गए।

जयप्रकाश नारायण ने राजनीति में न रहते हुए भी राष्ट्रीय, अन्तर्राष्ट्रीय घटनाओं से अपने आपको अलग नहीं रखा। नागालैण्ड में शान्ति की पहल और पाकिस्तान से मेल-मिलाप के लिए अयूब खाँ से उनकी भेंट की खासकर उन लोगों ने काफी आलोचना की थी जो 1974 आते-आते उनके नेतृत्व के कायल बन गए। चीनी हमले के बाद वह चीन के शान्ति मिशन पर जाना चाहते थे। बंगलादेश के निर्माण के पक्ष में वातावरण बनाने के लिए उन्होंने दूसरे देशों की यात्राएँ भी कीं। जयप्रकाश नारायण ने सार्वजनिक तथा व्यक्तिगत जीवन में नैतिकता, ईमानदारी तथा अनुशासन को सर्वोपरि महत्त्व दिया और स्वयं इसका पालन किया। स्वतन्त्रता आंदोलन और उसके बाद के सार्वजनिक जीवन के अनुभवों ने उन्हें गाँधी जी के निकट पहुँचाया और उनकी मृत्यु के बाद तो उनके विचारों से उनकी निकटता और बढ़ गयी। पहले वह उनकी प्रार्थना सभाओं में भाग लेने और चरखा कातने से कोसों दूर रहते थे किन्तु बाद में इसमें भी शामिल होने लगे। गाँधी की अहिंसा तथा सत्य के तो उपासक वह पहले से ही थे। समाजवादी आंदोलन में आचार्य नरेन्द्र देव से उनकी वैचारिक निकटता रही किन्तु मतभेदों के बावजूद डॉ. लोहिया के लिए उनके दिल में बड़ा स्थान

रहा और डॉ. लोहिया की मृत्यु के बाद तो वह कहा करते थे कि कई मामले में डॉ. लोहिया की राय सही साबित हुआ करती थी। जयप्रकाश नारायण ने नैतिकता, ईमानदारी तथा सादगी का जीवन जिया और व्यक्तिगत स्वतन्त्रता के लिए कभी भी खतरा पैदा होने पर उन्होंने पूरे संकल्प के साथ चुनौती का सामना किया। पदलिप्सा से वह कोसों दूर रहे और लोकशक्ति को राष्ट्र निर्माण का अनिवार्य और आधार मानकर उसे सुदृढ़ करने के अभियान में वह आजीवन लगे रहे। उन जैसे नैतिक ऊँचाई वाले नेता देश में बिरले ही पैदा होते हैं। उनकी आस्था ऐसे शासन में थी जिसका नागरिकों के जीवन में कम-से-कम हस्तक्षेप हो और लोगों को स्वतन्त्र ढंग से अपना जीवन चलाने की छूट हो।

स्वतन्त्र भारत में कायम तानाशाही, जिसे प्रसिद्ध न्यायविद् एम.सी. छागला ने देसी तानाशाही (डोमेस्टिक डिक्टेटरशिप) की संज्ञा दी थी, को पूर्णतः शान्तिमय लोकतान्त्रिक तरीके से उखाड़ फेंकने का यह उदाहरण अभूतपूर्व है। रूस में जारशाही के रूप में कायम देसी तानाशाही के खात्मे के लिए लेनिन को खूनी क्रांति करनी पड़ी थी। उसको समाजवादी क्रांति का नाम दिया गया, क्योंकि उसका लक्ष्य समाजवाद कायम करना था। लेकिन समाजवाद कायम करने की दिशा में बुनियादी कदम क्रांति के द्वारा सत्ता प्राप्त करने के बाद ही लेनिन ने उठाए। वहाँ जो भी परिवर्तन हुआ, उसका श्रेय लेनिन के नेतृत्व में कायम कम्युनिस्ट तानाशाही को है। भारत में भी जे. पी. के नेतृत्व में जो संघर्ष हुआ, उसका लक्ष्य सम्पूर्ण क्रांति के तहत व्यवस्था-परिवर्तन और समग्र समाज परिवर्तन करना था। लेकिन 1977 में शान्तिमय मार्ग से सम्पूर्ण क्रांति के लक्ष्य पर पहुँचने के लिए जो कदम नवगठित जनता शासन के सहयोग से प्रबुद्ध जनों एवं छात्रों-युवाओं को उठाने चाहिए थे, वे नहीं उठाए जा सके। इसलिए क्रांति अधूरी रह गयी।

1977 के चुनाव साधारण किस्म के चुनाव नहीं थे। चुनाव की घोषणा के बाद भी स्थिति लागू रही, केवल चुनाव प्रचार के लिए आपातकालीन प्रतिबन्धों में उनकी जीत होगी और उसके फलस्वरूप उनकी सत्ता पर वैधता की मुहर लग जाएगी। इसके बाद पराजित विपक्ष को कुचल कर एकदलीय व्यवस्था स्थापित करने की दिशा में वे कदम बढ़ातीं, इसमें सन्देह नहीं है। इमरजेंसी की घोषणा के पीछे उनकी यही मंशा थी। बंगलादेश में शेख मुजीबुर्रहमान ने संसदीय लोकतन्त्र को अध्यक्षीय लोकतन्त्र में बदलकर जब एकदलीय व्यवस्था कायम करने की दिशा में कदम बढ़ाया तो इन्दिरा गाँधी ने मुजीब के इस कदम का स्वागत किया था। उन्हीं दिनों न्यूयार्क टाइम्स के संवाददाता से बातचीत करते हुए इन्दिरा जी ने कहा था कि अनेक देशों ने बुनियादी काम करने के लिए लोकतन्त्र का परित्याग किया है, क्योंकि अगर बुनियाद नहीं बनती है तो आगे कोई काम नहीं हो सकता। दो दशक पूर्व जब केन्या के दौरा पर वे गयी थीं तो वहाँ भी उन्होंने कहा था कि जहाँ की जनता कई दशकों से कम्युनिस्ट तानाशाही के शिकंजे में कैद थी। मेरा इशारा पूर्वी यूरोप के देशों की तरफ है जो सोवियत सत्ता के अधीन थे। इनमें से हंगरी और चेकोस्लाविया में साम्यवादी तानाशाही के खिलाफ निःशस्त्र जनविद्रोह पहले हो चुका था। किन्तु नेहरू की गुटनिरपेक्षता की नीति हिन्दी-रूसी भाई-भाई के नारों से इस कदर प्रभावित थी कि पूर्वी यूरोप में रूस फौजी सत्ता के तहत गुलाम लोगों की कराहों को सुन नहीं पाए, और न आजादी के लिए निःशस्त्र संघर्ष करने वालों की छाती को रौंदने वाले रूसी टैंकों की घर्घर आवाज को पहचान सके। उस समय भी जयप्रकाश नारायण ने ही नेहरू के दोहरे मापदण्ड का सवाल उठाकर उनकी नींद हराम कर दी थी। फिर भी नेहरू जे. पी. भाई बने रहे। लेकिन 1975 में दुनिया ने देखा कि उन्हीं नेहरू की बेटी ने उन्हीं जयप्रकाश को देश की एकता, शान्ति एवं प्रगति के लिए खतरा बताकर कैदखाने में डाल दिया, जहाँ से वे अधमरे होकर निकले। पर जब 1977 में इस देश की जनता जे. पी. के प्रेरक नेतृत्व में उठ खड़ी हुई और उसने इन्दिराशाही को उखाड़ फेंका तो लोकतान्त्रिक दुनिया के देशों ने राहत की साँस ली और हर्षनाद भी किया। दूसरी तरफ, सोवियत रूस और उसके समर्थक देशों के सत्तारूढ़ तानाशाही ने अपना सर शर्म से झुका दिया। उन देशों की गुलाम जनता और बेचैन छात्र युवा समुदाय ने भी राहत का अनुभव किया होगा। उसके एक दशक बाद सोवियत संघ सहित तमाम पूर्वी यूरोप के देशों में कायम कम्युनिस्ट तानाशाही हुकूमतें ताश के पत्तों की तरह बिखर गईं। बर्लिन की वह दीवार भी ढह गयी जिसने जर्मनी को दो कृत्रिम राष्ट्रों में बाँध रखा था। यहाँ तक कि महान लेनिन का विराट सोवियत संघ भी बिखर गया था। लेकिन भारतीय संघ की एकता और अखण्डता कायम रही। यदि यहाँ की तानाशाही सत्ता कायम रह जाती तो सम्भव है कि सोवियत संघ की तरह भारतीय संघ भी बिखर सकता था। पाकिस्तान के टूटने की मिसाल भी मौजूद है, जिसके लिए वहाँ की तत्कालीन तानाशाही ही जिम्मेवार थी।

जे.पी. : मेरी नजरों में

कैलाशपति मिश्र

26 जून को पटना में लोकनायक से सम्बन्धित स्मारिका प्रकाशित करने के समाचार से मुझे बहुत ही प्रसन्नता हुई है। स्मारिका का विषय 'स्वराज से लोकनायक' की कल्पना भी बहुत अच्छी लगी। सन् 1942 में एक उग्र छात्र का मेरा जीवन रहा है। 9 अगस्त, 1942 में बक्सर हाईस्कूल के गेट पर मेरे हाथों में हथकड़ियाँ तथा कमर में अंग्रेजी शासन का रस्सा लग गया था। उस समय की मानसिक स्थिति ऐसी थी कि आजादी के संघर्ष में लगा कोई भी नाम देश के अन्दर या देश के बाहर से भी चर्चा में आ जाता था तो उस व्यक्ति के प्रति मन में अपार श्रद्धा जग जाती थी। अग्रणी नामों में से एक नाम श्री जयप्रकाश जी का था। हजारीबाग जेल की घटना चर्चा में थी। सन् 1974 में मोतिहारी में जब आदरणीय वाजपेयी जी के साथ मैं गिरफ्तार हुआ और हम लोग वहाँ से हजारीबाग जेल पहुँचाए गए तो मुझे साढ़े चार महीने हजारीबाग जेल में रहना पड़ा। संयोग से एक व्यक्ति जो जयप्रकाश जी को जेल से निकलवाने की व्यवस्था में थे, वे भी 1974 में हजारीबाग जेल में आ गए थे। पता चलने के बाद उनसे मिला और उन्होंने विस्तारपूर्वक पूरी घटना सुनाई। जयप्रकाश जी का कोमल सुकुमार शरीर जेल की दीवार लाँघने का कठिन कर्म कैसे कर सका, यह आश्चर्य का विषय था। लेकिन जो उनके सहयोगी थे उनमें हनुमान की तरह एक अद्भुत साहसी व्यक्ति श्री जोगेन्द्र शुक्ल थे। जयप्रकाश जी को अपने कन्धे पर बिठाकर वे पूरे अंधकार से भरे हुए जंगल को पार करते चले गए। सुना तो यह भी गया था कि घोर अंधकार से भरे जंगल में एक विशालकाय सिंह खड़ा था। निकट आने पर अँधेरे में कुछ लोगों ने देख लिया। लोगों को लगा कि अब तो कुछ हो ही जाएगा। तुरन्त जोगेन्द्र शुक्ल ने कहा, ''आप लोग चिन्ता मत करिए, सिंह किसी दूसरे सिंह पर आक्रमण नहीं करता।'' शुक्ल जी के कन्धे पर जयप्रकाश जी थे और शुक्ल जी के हाथ में एक मोटा डण्डा था। उन दिनों की अनेक रोचक एवं रोमांचकारी घटनाएँ सुनने के लिए मिलीं। अन्तःकरण में अपूर्व श्रद्धा जगनी स्वाभाविक थी। कालक्रम में आगे जयप्रकाश जी की कुछ बातें अच्छी लगती थीं तो कुछ बहुत बेढंगी भी।

मैं 1943 में छात्र जीवन में राष्ट्रीय स्वयं सेवक संघ का स्वयं सेवक बन गया। सन् 1945 में संघ का प्रचारक बनकर बाहर निकल आया। उसके बाद तो लम्बे समय तक यही लगता था कि जयप्रकाश जी राष्ट्रीय स्वयं सेवक संघ के घोर विरोधी हैं और उनके मानस में कम्युनिस्ट घुसे हुए हैं। कम्युनिस्टों में राष्ट्रीयता को गाली देने का अभ्यास था, लेकिन जयप्रकाश जी राष्ट्रीयता से दूर नहीं जा सकते थे और इसलिए काफी समय तक सोशलिस्ट बने रहे। लोहिया जी का युग उन्हें रास नहीं आया। फिर आचार्य विनोबा भावे से वे प्रभावित हो गए और एक सीमा तक भूदान आंदोलन में लगे रहे। किसी एक वाद के वे रूढ़ि कभी नहीं रहे। उनके विचारों में कई बार परिवर्तन होता रहा। कभी-कभी तो वे एकान्त सेवन की इच्छा प्रकट करते रहे। इसलिए विवादों के घेरे में फँसते रहे और अपने विचार परिवर्तन पर उन्होंने कभी अंकुश नहीं लगाया। लगता तो यह है कि नए विचार ग्रहण करते रहने के लिए उन्होंने अपने मस्तिष्क का द्वार सदा ही खुला रखा।

मुझे स्मरण है कि लम्बे काल तक हम लोगों से कई बार वैचारिक संघर्ष की स्थिति खड़ी हो जाती थी और उनके वक्तव्यों से हम लोगों को लगता था कि वे घोर संघ विरोधी विचार के हैं। राष्ट्रीय स्वयं सेवक संघ के द्वारा चालित तथा प्रोत्साहित जब एक-एक कार्य देखने लगे तो क्रमशः उनके विचारों में भी संघ के प्रति धीरे-धीरे परिवर्तन होने लगा। 1967 में बिहार में गैरकाँग्रेसी सरकार बन गई थी। भीषण अकाल पड़ा। मंत्रिपरिषद् ने पूरे बिहार को अकालग्रस्त राज्य घोषित कर दिया। देश के कोने-कोने से अगणित संस्थाएँ सहायता कार्य में जुट गईं। संघ ने बिहार में अनेक स्थानों में भूख से मरने वालों को बचाने के लिए मुफ्त भोजन शिविर चलाया। भ्रमण करते-करते जयप्रकाश जी ने कई शिविरों को देखा। उन शिविरों में लगे हुए कार्यकर्ताओं का सेवा भाव, अनुशासन तथा व्यवस्था देखकर जयप्रकाश जी बहुत ही प्रभावित हुए। उसी समय से संघ के समर्थन में तो नहीं परन्तु विरोध में बोलना बन्द कर दिया। कई विषयों पर हम लोगों को वे वार्ता करने के लिए बुलाने लगे।

सन् 74 में आंदोलन प्रारम्भ हुआ। आंदोलन तो बिहार के छात्रों ने प्रारम्भ किया था। परन्तु छात्र व अन्य नागरिक दो दिनों में अलग-अलग स्थानों पर राज्य सरकार की गोलियों के सबसे अधिक शिकार हुए। श्री अब्दुल गफूर उस समय मुख्यमंत्री थे। जयप्रकाश जी उस समय रुग्ण अवस्था में थे और जीवन की सांध्य वेला में पहुँच गए थे। आग्रह करने के बाद दो पंक्तियों का उनका एक वक्तव्य निकला, जिसमें उन्होंने गोली चलाने के विरुद्ध सरकार को चेतावनी दी थी। प्रतिक्रिया से गफूर साहब का वक्तव्य निकला, ''जयप्रकाश जी अगर नहीं मानेंगे तो उन्हें भी असली मुकाम पर पहुँचा दिया जाएगा।'' गफूर साहब के इस वाक्य ने जयप्रकाश जी की बूढ़ी नसों में बिजली की शक्ति पैदा कर दी, वे छट-पट करने लगे। जिन लोगों ने जयप्रकाश जी की उस समय की स्थिति निकट से देखी होगी, उन्हें वह दृश्य आज भी स्मरण होगा। वहीं से जयप्रकाश जी की लोकनायक बनने की शुरुआत हो गई। वे कट्टर अहिंसावादी बन चुके थे और उसी मार्ग की खोज में छटपटा रहे थे। पटना में अनुशासित, व्यवस्थित एक ऐसा जुलूस निकला, जिसमें पंक्तिबद्ध प्रदर्शनकारियों के मुख पर केसरिया पट्टी बँधी थी और दोनों हाथ बँधे थे। जुलूस के आगे एक खुले वाहन पर जयप्रकाश जी आरूढ़ थे। एक नारा का पट्ट वाहन पर लगा हुआ था—'हमला चाहे जैसा हो हाथ हमारा नहीं उठेगा।'' यह जुलूस पटना के चरखा समिति भवन से चला और विशाल गाँधी मैदान में पहुँचा। सड़क के दोनों ओर दर्शनार्थी के नाते शुरू से अन्त तक लाखों लोग खड़े थे, फिर तो जे. पी. आंदोलन चमत्कार ही करने लगा। इसने बिहार के कोने-कोने को मथ डाला।

सन् 1975 के प्रारम्भ में दिल्ली में भारतीय जनसंघ का एक अखिल भारतीय अधिवेशन था। उस समय हम लोग केसरिया टोपी पहनते थे और हमारा चिह्न 'दीपक' था जो जनसंघ के केसरिया झण्डे पर अंकित रहता था। प्रतिनिधियों को आशीर्वाद के दो शब्द के लिए अधिवेशन में आने के लिए उनसे आग्रह किया गया। उन्होंने अपनी स्वीकृति प्रदान कर दी। समाचार फैलने के बाद कुछ लोगों ने उनसे आग्रह किया कि आप जनसंघ के अधिवेशन में न जाएँ। आप पर भी फासिस्ट होने का आरोप लगेगा। लेकिन वे रुके नहीं, अधिवेशन में आए तब तक वे संघ और जनसंघ दोनों को अच्छी तरह समझ गए थे। दिवंगत पण्डित दीनदयाल उपाध्याय की नीतियों तथा जीवन से प्रभावित हुए थे और वर्तमान जनसंघ के नेताओं से अच्छी तरह परिचित भी हो गए थे। पटना के एक जुलूस की घटना से पूरा देश परिचित है। जिस वाहन पर जयप्रकाश जी खड़े थे, उनके पीछे एक प्रकार से छाया के समान उनकी पीठ पर आदरणीय नानाजी देशमुख खड़े थे। बहुत जोर से जयप्रकाश जी के मस्तक पर पुलिस की लाठी गिर रही थी। उसी समय नानाजी देशमुख ने उस लाठी की मार को अपने हाथ पर रोक दिया। नानाजी घायल हुए। कई दिनों तक उन्हें अस्पताल में रहना पड़ा। जयप्रकाश जी जब जनसंघ के अधिवेशन में आए तो उन्होंने कहा कि यहाँ आने से मुझे मना किया जा रहा था, कहा जा रहा था कि जनसंघ फासिस्ट है। अब मैं कहता हूँ कि ''जनसंघ यदि फासिस्ट है तो जयप्रकाश भी फासिस्ट है।''

कुछ ही दिनों के बाद श्रीमती इन्दिरा गाँधी के द्वारा आपातूकाल की घोषणा हो गई। पूरा देश एक प्रकार से कारागार में बदल गया। जो श्रीमती गाँधी के साथ नहीं रहे, उन सभी संगठनों के प्रमुख नेता तथा सक्रिय कार्यकर्ता जेलों में ठूँस दिए गए। राष्ट्रीय स्वयं सेवक संघ प्रतिबन्धित कर दिया गया। अखबारों तथा पत्रिकाओं के मुख पर ताले

जड़ दिए गए। सभा-सोसायटी, विचार-विमर्श, गोष्ठी सब पर रोक लग गई। खुले रूप में 10 लोग बैठकर विचार-विमर्श भी नहीं कर सकते थे। एक ही रास्ता रह गया था या तो जेल में बन्दी होकर पड़े रहना या भूमिगत रह कर लोकतंत्र की आग को जलाए रखना। भारत के इतिहास में एवं विश्व के लोकतंत्रीय अध्याय में उन्नीस महीने की यह काल रात्रि प्रकट हो गई थी। 1977 के प्रारम्भ में आपातूकाल की समाप्ति की घोषणा हुई। लोकतंत्र की रक्षा हेतु जयप्रकाश जी के साथ चलने वाले दलों का विलय होकर एक दल बन गया, जिसका नाम पड़ा—जनता पार्टी। जयप्रकाश जी पूरे फार्म में सर्व स्वीकृत 'लोकनायक' बन गए और लोकतंत्र जीवित वापस आ गया। पुनः स्वराज्य की स्थापना हो गई। आगे का इतिहास सर्वविदित है।

The Wonder That was J.P.

Digvijay Singh

One is at a loss to decide where to start when writing about J.P., one of the greatest leaders produced by our country in the previous century. That I worked under his leadership during his heroic fight against the authoritarianism of Indira Gandhi is no source of advantage in this respect. For, like thousands of other young men not merely in Bihar, but all over India, who had responded to his call, I was simply overwhelmed by the sight a leader in his seventees, quite frail and afflicted by various illnesses 'leading such a grim struggle, facing even lathi-blows and working non-stop from morning to evening, directing the young men who had gathered round him, issuing statements carrying on correspondence with other leaders and incessantly travelling from one part of the country to the other. The only parallel I could think of was Mahatma Gandhi's inspiring leadership of our struggle for freedom, particularly in 1942 (when he was 73, while J.P. was 72 when the latter gave a call for Total Revolution in 1974). This thought was emotionally very uplifting for me. For though, not even being born in 1942, I could not participate in the great Quit India Movement, I had the good fortune of participating in the struggle against authoritarianism waged under JP's leadership.

I gradually learnt that J.P. had been an intrepid fighter for freedom all his life. He was among the innumerable young men and women all over the country who had responded to Gandhi's call, in course of the non-cooperation movement initiated and led by him in 1920-21, to give up their studies in Government-aided schools and colleges. Born in 1902 J.P. was in 1921 a second year science student in the Patna College (which at that time enrolled science students as well). Being a scholarship holder and in addition, having a fine personality, noted for its simplicity, humility and dignity, he was among the most distinguished students of his batch and could legitimately look forward to a lucrative position in government service—the hope cherished in these days by the parents of all bright students. He was also aware that his parents were by no means affluent—his father being a petty revenue officer in the irrigation department of the Bihar Government. J.P. had also deposited the fee for the university intermediate examination, which was only a few weeks ago. However, once he became determined to respond positively to Gandhi's call, he was not deferred by any mundane consideration and walked out of the Patna College along with some of his close friends, who too were among the bright students of the College. That was the real turning point of his life and laid the foundation of his future greatness. At he recalled in one of his famous tracts—**From Socialism to Sarvodaya**—written in 1957 :

> It was then that freedom became of the beacon lights of my life, and it has remained so ever since. Freedom, with the passing of the years, transcended the mere freedom of my country and embraced freedom of man everywhere and from every sort of trammel—above all, it meant

freedom of the human personality, freedom of the mind, freedom of the spirit. This freedom has become a passion of life and I shall not see it compromised for bread, for power, for security, for prosperity, for the glory of the State or for anything else.

Having this frame of mind, it was natural for J.P. on his return to India in 1929 with a Master's degree in Sociology after a seven year stint in U.S.A., where had combined his studies with hard work in fields, factories and hotels in order to pay for his education, not to think of a career in the usual sense but to join the ranks of freedom-fighters, very soon occupying quite a distinguished position among them. During the course of the second civil disobedience movement, with the arrest of most of the senior leaders he became Acting General Secretary of the Congress and was chiefly instrumental in organizing a far-flung network of communications among those Congressmen who were still out of prison and thus kept up their morale and enabled them to establish contact with their fellow-workers. When he was arrested in Madras in 1932, the *Free Press Journal* (Bombay) published the news with a banner headline : 'Congress Brain Arrested'.

Lodged in the Nasik Central Prison J.P., along with some other younger leaders, felt concerned with the decline in the tempo of the civil disobedience movement and the waning of interest in continuing the struggle among certain senior leaders of the Congress, who began to think that it might be better for the Congress to enter the legislatures and seek to advance towards freedom through that route. J.P. thought that there was need to organize the younger elements in the Congress to fight the growing parliamentary mentality among the senior leaders and to broaden the base of the nationalist movement by working more seriously among the peasants and workers. This would help that movement and at the same time help spread the idea of socialism among both the intelligentsia and masses. This led to the foundation of the Congress Socialist Party in 1934 with J.P. first as its Organising Secretary and later as its General Secretary—a position which he held till 1950. As one of his colleagues in the C.S.P., Yusuf Mehara by, remarked in his introduction to a book containing a selection of JP's speeches published in 1946: 'Jayaprakash came out of prison with an idea, a purpose and a vision. And out of that was born the Congress Socialist Party'. In 1936 he was nominated or member of the Congress working committee.

As the leader of the C.S.P., J.P. never had a day's rest, travelling across the country with the twin message of radicalizing the nationalist movement and laying the foundations of a powerful socialist movement, organizing the central office of the C.S.P., superising the working of the provincial parties and collecting funds in order to enable them to meet their expenses. His main interest, however, lay in spreading the gospel of struggle against British rule and fighting the growth of the parliamentary mentality among Congressman. He strongly opposed the participation of Congressmen in Provincial Ministries in 1937. When the Second World War broke out in 1939, he strongly opposed India's participation in it in any form or under any condition. It was not surprising, therefore, that he was arrested in 1940, at a time when hardly any other Congressman had been meted out this treatment.

The reactions of Gandhi and Nehru to J.P.'s arrest show the high position which he had by then acquired in the nationalist ranks. 'He is', observed Gandhi, 'no ordinary worker. He is an authority on socialism. It may be said that what he does not know of Western socialism nobody else in India does. He is a fine fighter. He has forsaken all for the sake of the deliverance of his country. His industry is tireless. His capacity for suffering is not to be excelled'. Nehru commented that the news of J.P.'s arrest was of vital importance for he was 'one of the dearest and most valued of our comrades' and his arrest signified the 'determination of the Government to declare war on the Congress'. J.P.'s imprisonment at a time when most of the others Congress leaders were still untouched, further raised his stature and increased his popularity, particularly among the youth.

The letters which J.P. sought to smuggle out of prison while in the camp jail at Deoli (Rajasthan) in 1941, asking some of his friends and followers to go underground and prepare for an armed struggle; his fast for thirty-one days in that prison for the fulfillment of the demands of his fellow-prisoners; his repatriation to the Hazaribagh Central Prison (Bihar) and his daring escape from that prison, with five of his friends, on the fateful Diwali night, 8 November 1942; his effort to galvanise other freedom–fighters still out of prison, his stay in Nepal in order to train a band of young guerillas in order to carry on an intensified struggle for freedom, his arrest there and escape from prison with the help of some of the guerillas he had trained; his re-arrest in a running train between Amritsar and Rawalpindi in September 1943, his imprisonment and torture in the Lahore Fort, his release from Agra Central Prison, to which he had been transferred later, in April 1946, about a year after the release of almost all the important Congress leaders have all become parts of the memorable saga of our struggle for independence and need not be repeated here. What it relevant is to note that ofter his release in 1946 he was treated everywhere as a national hero and had secured a place of honour among the pantheon of top national leaders next only to Gandhi, Nehru and Subhas Chandra Bose. At the same time, he enjoyed the love and affection of Gandhi and Nehru in ample measure and many began to think of him as a future successor to Nehru. Even Nehru was thinking on the same lines. When J.P. began to be attacked by many Congressmen for his criticism of Sardar Patel, for failure as Home Minister, to prevent the assassination of Mahatma Gandhi on 30th January 1948, Nehru deemed it proper to utilize the opportunity provided by a national broadcast over the All India Radio to pay this tribute to J.P.: 'I have never had any doubt about the integrity and ability of Jayaprakash whom I value as a friend and I am sure that a time will come when he will play a very important role in shaping India's destiny'.

In the context of the position which J.P. had thus come to occupy in the political life of the country, it would have been quite natural for him to try to maneuver himself into the power circle in the Congress at the highest level. Gandhi had indeed suggested his name for the presidentship of the Congress in 1947. But J.P. was not made of the stuff of which most other political leaders are made. Pursuit of power for himself or his group never had priority on his scheme of things. The priority in his scheme was shaping India's future on the basis of socialist ideas. That is why at a time when any position in the Congress and the Government was within his reach, barring that of Prime Minister, and that too would have come in due course, after the passing away of Nehru, he chose a different path. Being convinced that the Congress, as then constituted, could not become an instrument for ushering in socialist India, he advised the members of his group to leave the Congress and function as members of an independent Socialist Party. That decision adopted in March 1950 at Nasik proved to be still born. In spite of the herculean efforts on the part of J.P. and some of his colleagues, the Socialist Party failed to develop a powerful organization and faced a debacle in the general elections of 1952. J.P., however, was not disheartened and continued his efforts for building up a powerful Socialist Party—without bothered by defeat at the polls. He was the type of main who believes in the right effort and is not too much affected by success or failure. People noticed this trait in him and loved and respected him for this. J.P. did not becray their trust. An opportunity came to him in March 1953 when Nehru showed a desire for cooperation between the Congress and the Praja Socialist Party (the new name of the Socialist Party after the merger in it of the Kisan Majdoor Praja Party led by J.B. Kripalani) at various levels.

It was generally presumed that Nehru was keen to induct J.P. and a few of his other colleagues into the cabinet in order to strengthen the progressive elements there. Many thought that if that really happened, it would pave the way for J.P. to succeed Nehru. J.P., however, had no such thought. He, of course, acknowledged that the Congress had by itself a comfortable majority in the Lok Sabha and did not need the P.S.P.'s support and therefore considered Nehru's move as a generous gesture, but thought that unless Nehru had clearly decided to move in the socialist direction, not by speeches but by concrete action, no purpose would be served by the socialists joining his cabinet. He, therefore, presented to Nehru a fourteen point programme of economic and administrative reforms and sought Nehru's commitment to carry them out during the next four years as a condition for the socialists joining him. Nehru was sympathetic to the suggested reforms, but found himself unable to commit himself to carry them through during the next four years. So the Nehru—J.P. talks led to no concrete result.

It had, however, an impact on the internal politics of the Socialist Party, some of whose leaders, out of jealousy at his outstanding position among them—held for the last so many years and ever-growing—began a whispering campaign alleging that J.P. was actually interested in joining Nehru's Cabinet with a view to eventually succeeding him as Prime Minister. This deeply upset J.P. He could, of course, have effectively dealt with the leaders involved in this game if he had any concern with power, for his popularity in the P.S.P. was still far ahead that of his detractors and so was his hold on the party organization. But he was not an average politician and did not think along those lines. Instead of curbing his opponents he decided to leave the field open for them by gradually withdrawing himself from power in the Party. Another major reason for this was his growing fascination for the Bhoodan movement being carried on under the leadership of Vinoba Bhave since 1951. It appeared to him that movement had the potential of bringing in socialism in real terms, not by capturing the government, but by bringing about a radical transformation in people's minds. This led him to announce his *Jeevandan* in 1954 for the cause of the Bhoodan movement and his complete withdrawal from party and power politics in 1957.

While doing all this J.P. had not given us his interest in politics. For he realized that politics continued to be important for shaping the lives of the people. While he had no interest in power for himself, he was deeply interested in the continuation and strengthening of democracy in the country. Without it, he thought, all his dreams of radical change on the basis of social justice would go to pieces. It was this consideration, which led him in the last phase of his life to launch a massive struggle against the authoritarian ways of Indira Gandhi. The story of that struggle—the imposition of Emergency (Internal), J.P.'s solitary confinement, his release with spirit undaunted but body in a near dying condition, his partial recovery, his foundation of the Janata Party, its resounding victory in the general election of 1977 and the formation of the first non-Congress Government at the Centre—is still fresh in our minds and need not be recounted here. It will suffice to point out that in founding the Janata Party and working for its victory at the polls, in spite of his crippled health, J.P. was looking forward the beginning of a new dawn in India in the shape of serious efforts for the fulfillment of his dream for the emergence of a new India, where all enjoyed peace and freedom and lived a life of dignity, free from exploitation of any kind. What happened to that dream is well-known. Most of the senior members of the Janta Government, who had ascended to power in his name and with his backing, soon forgot it and busied themselves with the pursuit of power and pelf.

J.P. died a sad and disillusioned person in 1979. He had, however, become immortal in history. His life is a model for a public worker and his ideas constitute a blue-print for the future for all those who may wish to work for establishing a society free from all kinds of exploitation and injustice. This is his real legacy to India and, indeed, to the whole world. A leader like J.P. cannot easily be found in the annals of world history. In struggles for freedom we have myriad examples of leaders who fight for their ideals without any thought for reward. But in a country after it achieves freedom, it rarely happens that a leader in a position to make a bid for power desists from doing so and chooses to follow a path of service to the people without holding any office. J.P. belonged to this rare type of leaders. He only gave to the country and never asked for or accepted any reward. This is the wonder that was J.P.

My Memories of J.P.

Syed Shahabuddin

I distinctly recall the moment when I became acquainted with JP's name. Having passed the middle school examination, I was admitted to a well-known high school of my town-Haridas Seminary, popularly knwon as the Town School, in January 1946. Walking from my home in the centre of the town to the school at its southern outskirts, I saw the slogan 'Long Live J.P.' scrawled in bold letters on the compound wall of the Civil Court. Tough I was a politically precocious child and had been following the political ups and downs and the twists and turns of Government-Congress-League negotiations, my knowledge was limited to the main players Gandhi, Jinnah and Nehru and to Subhas Chandra Bose. I had not till then known about J.P. and his soul-strring struggle as the underground leader of the Quit India Movement. Soon I learnt all I could and I recall how proud I felt to have added the name of a Bihari to my list of heroes.

What I next recall about J.P. is his heroic effort to curb the mass violence that erupted in Bihar in the wake of the Noakhali distrubances, what came to be described as the Great Bihar Killing, which brought Gandhi, Azad and Ghaffar Khan to Bihar and Nehru, as the head of the interim Government, to restore sanity and to control the raging fire. I recolled photographs of the men, woman and children who had been subjected to all sorts of atrocities and the villages which had turned into scenes of unbelievable butchery. I recollect reading horrifying accounts in the newspapers. I remember hearing a report about my native village having been attacked and torched by an organized mob and gone up in smoke and I recall my despair, at the false but then certain assumption by my family that my dadi amma, who lived alone in our ancestral home, had been killed. Yet, somehow that despair was relieved by the report of Nehru being hooted in Patna and even facing physical assault and JP saving him but remonstrating with him for using all possible means to restore law and order and Nehru threatening to use air force to stop the killer mobs. It was rumoured that the underground apparatus built by J.P. for anti-British action was utilized by some groups to launch this attack on the muslim community but J.P. stood out as a pillar of peace and hope.

From school into college, my understanding of the Freedom Movement grew. I followed the final parting of ways, the unfolding of the gragedy of Partition, the even greater tragedy of Gandhi's assassination, when we waited though the evening with baited breath to know the identity of the killer. J.P. had emerged as the hero of the Bihari youth. I followed J.P.'s public life, I recall having gone to the Azad Park in Gayato hear. J.P. during his visit, one of the few public meetings I ever attended, before I myself plunged into politics much later. I remember that he was late and the whisper by an unknown person sitting by my side that big leaders are always late; the more late they are, the bigger they are!

I recall J.P's rejection of Nehru's offer to induct him in his Cabinet after Patel's demise and his charter of demands whose acceptance by the central government he put forward as a condition precedent for his accepting the offer. I recall his Jeevan Dan submitted to Bodh Goya following his association with Vinoba Bhave's Gram Dan.

Above all, what is etched in my memories, is his statement that **marxism provides no incentive to goodness.**

Like all conscious young men of the time, I imagined myself as a dudding Marxist, I put my faith in socialism, not knowing what was happening in Russia under Stalin, I looked upon the Soviet Union as the model for mankind. By one storke he broke my cup of illusions; his single statement acted as a corrective to the ideological course of my life.

Then came the police firing on Patna University students in August, 1955, Kadamkuan, where, J.P. lived, became the nerve centre of the students' struggle for justice. Some persons close to J.P. gave us moral support, some of them, leading lawyers and academicians, spoke up for the students' cause. As a well-known student leader, I was elected Convener of the Patna University Students Action Committee. Later when the students's agitation spread across Bihar I became the Secretary of the Bihar Student's Council of Action. Nehru came to Patna. We organised a black flag demonstration in the from of a march to the airport. later, we placed our case before him at the Raj Bhawan. He was sweet and charming and appeared sympathetic. Yet at the public meeting at the Gandhi Maidan, where some banners were raised, some slogans were shouted (I don't yet know the identity of the agents provocateur) Nehru lost his temper and denounced the students in strong language, threatening to punish them if they were found to be responsible for the situation which led to the firing.

We rushed to J.P. and requested him to issue a statement to set the record straight. J.P. got the tape of Nehru's speech from the AIR. Patna, listened to it and issued a statement supporting the students' cause. Next day's headline is again etched in my memory : "Students' procession was an eassay in organization and discipline." We had indeed taken care to ensure that from the University Campus to the airport, along the route of about 7 kms., the 30,000 strong procession did not cause a traffic jam.

But J.P. did not stop there. He wrote a letter to Nehru, which is historic in the sense that it is the first letter to Nehru in which he formally addresses him as 'My dear Prime Minister' and not as 'My dear Bhai' as he used to. That showed the depth of his feeling.

Time passed, from a student agitator, I became an officer of the Indian Foreign Service. Then our paths crossed in Delhi in 1967 or 1968. I was then Deputy Secretary in the Ministry of External Affairs and the Secretary of the IFS Association. J.P. was the President of the All India Panchayat Parishad and was nationally campaigning for decentralization of power. I had organised several talks by experts for the benefit of the IFS officers on national developments. So I invited J.P. to address us on Panchyati Raj. He came and spent quite some time with us. After his talk, we put questions; he gracefully replied.

What I learnt from him that afternoon become a guiding principle of my political thinking though I earned a rebuke from the PMO for inviting him without clearance from the top. I still recall his words : **Real politics in local politics**—the course of the irrigation channel and the electricity line, the location of the school and the state of the dispensary. What is important is the impact of the development programme on the life of the common man on the forgotten and faceless man in the village. That is what politics is all about. That, afternoon, I learnt where real India lived and where the real problem lay and that much of what was being done in Delhi, state capitals and district headquarters had little relevance to the life of the people as they did not share power, because even though they were the real masters of the country, they stood disenfranchised.

Many years passed. From a distance I followed the march of the J.P. Movement. I was Ambassador to Algeria when the Emergency was imposed and J.P. was accused of having incited the security forces to rebellion. I received a circular telegram containing the government's explanation for the imposition of the Emergency, for communication to the government of my accreditation and for clarification to the media. I could not restrain myself from asking the Government for the exact words. JP had used so that my explanation would some more authentic! I never got a reply.

Soon thereafter, my posting as Ambassador to Saudi Arabia was cancelled and I was posted to Delhi. I had already made up my mind to resign from the IFS in protest against the Emergency but on the advice of my guru R.K. Trivedi, who was then Special Secretary in the Ministry of Home Affairs, and had worked out a scheme for premature retirement on full pension of officers who has completed 20 years of service, (I had then done nearly 18 years in service) I gave up the idea and stayed on as Joint Secretary (South). There were three of us at that level in the Ministry of External Affairs at that time, who never concealed their views on the Emergency Raj—Muchkund Dubey, late S.V. Purushottom and myself, all contemporaries from Patna University and we were nicknamed as the 'Three Musketeers of Bihar.' During that period, I had quite a few tiffs with the extra-constitutional authorities and I was told that people have lost their jobs for far less!

However, the general elections, suddenly held by Indira Gandhi, in the expectation of getting a democratic mandate, changed the scenario. Indira Gandhi had rejected Trivedi's proposal but Trivedi took it up gain with the new Prime Minister Morarji Desai who was the original author of the idea as the Chairman of the Administrative Reforms Commission. Trivedi told me that the proposed was likely to be accepted.

I was delighted with the restoration of democracy but I had made up my mind to quite and enter public life. So on completing 20 years I became the first member of the IAS, IFS and IPS to take advantage of the Scheme when it was finally notified in August 1978. I put in my papers and sought immediate acceptance, though the new Foreign Minister A.B. Vajpayee tried to dissuade me from taking the plunge. To cut the story short, I was relieved on 18 November, 1978 and the very next day I left Delhi for Patna where I came in touch with Chief Minister Karpoori Thakur and the leaders of the Janata Party. In Patna, I joined the bar and began acquainting myself with the political and intellectual life of the city and the problems of Bihar. Before leaving Delhi, I had a brief encounter with Chandra Shekhar to inform him of my resignation and of my intention to enter public life and to hear 'I welcome it.'

Suddenly on 4 July, 1979, the night before the last date for filing nomination, the Central Parliamentary Board of the Janta Party nominated me as its candidate to fill up the vacancy in the Rajya Sabha caused by the premature demise of the socialist leader Pranab Chatterjee. I entered the fray and was elected to the Rajya Sabha on 18 July. But then two events, momentous in the history of the J.P. occured—the Party broke and the Government fell. J.P. was seriously ill, on his death bed, as it turned out to be. I was told by Baleshwar Prasad, the former Lt. Governor of Delhi, who was then assisting J.P. with his correspondence, that when heard of my nomination, he remarked 'Marte Marte Janata Party ne ek achchha kam kiya'. I took it at his blessing at the threshold of my new life.

I was among the multitude who received his dead body at the airport and attended his last rites. But, throughout my political life, he has been a living presence, alongwith Gandhi and Nehru. And even today, when I think of J.P. associate him with Power to the People, which has so far remained a dream.

This article recalls more like a page from an autobiography but I have put it down primarily to illustrate the impact of J.P. on a whole generation. His heroic struggle for freedom and his rejection of the politics of power inspired thousands of youth, removed cobwebs from their mind, moulded their thought and action. J.P. gave them an insight into the problems of the people, the ideology of Socialism with a Human Face, the messae of Party less Democracy, Communal Harmony and Decentralization of Power and, above all, of moral integrity in public life.

Today, when the younger generation looks around, it sees no role models. All they see is a bunch of politicians without ideology, squabbling for power, not to serve the people but to enrich themselves.

युवाओं के प्रेरणा-पुरुष जयप्रकाश नारायण

सच्चिदानन्द सिन्हा

जे. पी. 1946 में जेल से छूटे तो राष्ट्र ने उनका अभूतपूर्ण स्वागत किया। वह भारत छोड़ो-आंदोलन और अगस्त क्रान्ति के हीरो थे। रिहाई के बाद उन्होंने समाजवादी आंदोलन को पुनः संगठित करने का दायित्व ग्रहण किया और इस कार्य में पूरी तरह जुट गए। काँग्रेस सोशलिस्ट पार्टी की अगस्त क्रान्ति के दौरान भूमिगत आंदोलन में अग्रणी भूमिका रही थी और उसमें भाग लेनेवालों को अगस्टर्स कहा जाने लगा था। अपनी वीरतापूर्ण भूमिका के कारण काँग्रेस सोशलिस्ट पार्टी का संगठन ब्रिटिश सरकार के दमन के कारण अत्यधिक क्षतिग्रस्त हो गया था। सोशलिस्ट और कम्युनिस्ट, जो एक समय साथी थे, अब एक-दूसरे के चरम शत्रु बन गए थे क्योंकि 1942 के भारत छोड़ो आंदोलन के दौरान कम्युनिस्टों ने ब्रिटिश साम्राज्यवाद का पूरी तरह साथ दिया था। लेकिन सोशलिस्ट और कम्युनिस्टों के बीच विवाद 1942 के आंदोलन में कम्युनिस्टों की भूमिका के सवाल तक सीमाबद्ध नहीं रहा, जैसे-जैसे लोग स्टालिन के नेतृत्व में सोवियत यूनियन में उभरी निरंकुश सर्वसत्तावादी (टोटैलिटेरियन) व्यवस्था के बारे में ज्यादा जानने लगे, कम्युनिस्टों की नीतियों के बारे में तरह-तरह के सवाल उठने लगे। कम्युनिस्टों के साथ सोशलिस्टों का विवाद इन सवालों से भी टकराने लगा।

ऐसे में 1946 में किसी एक दिन जे. पी. ने पटना में छात्रों की एक स्टडी क्लास को सम्बोधित किया। इन पंक्तियों का लेखक भी उसमें उपस्थित था। उस क्लास में जे. पी. ने सोवियत रूस में समाजवाद के नाम पर एक बर्बर सर्वसत्तावादी (अथॉरिटेरियन) शासन व्यवस्था लागू किए जाने के बाद समाजवादी आंदोलन के भीतर जो बहुत सारे विवाद उत्पन्न हो गए थे, उनकी ओर युवा सोशलिस्ट का ध्यान दिलाने की कोशिश की थी। दुनिया-भर के बुद्धिजीवी उसमें उत्पन्न विकृतियों को समझने और उनका विश्लेषण करने की कोशिश कर रहे थे, जे. पी. ने इन कोशिश और रूस के कम्युनिस्ट राज की आलोचना की विभिन्न धाराओं के बारे में संक्षेप में प्रकाश डाला। उन्होंने जो कुछ कहा, उसमें से अधिकांश हम उपस्थित युवाओं की समझ के परे था। मुझे याद आता है कि बहुत-सी बातों की चर्चा करते हुए जे. पी. ने आर्थर कोएसलर की पुस्तक 'द योगी एंड कमिसार' का भी जिक्र किया था। इस पुस्तक में कोएसलर ने एक न्यायपूर्ण समाज कायम करने की चेष्टा करनेवाले सभी आंदोलनों को जिस दुविधा का सामना करना पड़ता है, उसे रेखांकित किया था। कोएसलर के मुताबिक एक तरफ, योग का नैतिकता और साधनों की पवित्रता वाला रास्ता प्रभाव-शून्य होता है और निष्फलता की ओर ले जाता है तो दूसरी तरफ, कमिसार का राजनीतिक सत्ता प्राप्त करने के बाद ऊपर से एक कठोर व्यवस्था लागू करने का रास्ता अवश्यम्भावी रूप से जनता के खिलाफ एक स्वार्थी और दमनकारी शासन को जन्म देता है। जे. पी. जीवन-भर अपने खुद के संघर्ष में सामाजिक आंदोलन को इन दो अतिवादी छोरों से मुक्त करने की अथक चेष्टा करते रहे। यह नहीं कहा जा सकता कि उनकी चेष्टा पूरी तरह रही। सच्चाई तो यह है कि घटनाओं का दबाव उन्हें अकसर इन दो अतिवादी छोरों से टकराते रहने और उनसे जूझने को मजबूर करता रहा। लेकिन अपने आदर्शों के प्रति गहरी निष्ठा और प्रतिबद्धता तथा अपनी खुद की ऊर्जस्विता के चलते वह कभी हताश और 'सिनिक' नहीं हुए। मृत्युपर्यन्त उन्होंने अपना संघर्ष जारी रखा, भले ही इसके लिए उन्हें वह रास्ता क्यों न त्यागना पड़ा हो, जिस पर वह कल तक चल रहे थे।

अपने जीवन की अन्तिम चुनौती का उन्होंने सत्तर वर्ष की आयु पार करने के बाद उसी साहस के साथ सामना किया जिससे उन्होंने ब्रिटिश हुकूमत की चुनौतियों का सामना किया था। सत्तर के बाद की उम्र में बहुत कम लोग ही किसी नई चुनौती का सामना करने को तत्पर रह पाते हैं। इस उम्र में अधिकतर लोग अपने माने हुए किसी सिद्धान्त की सुरक्षा और शरण चाहते होते हैं। लेकिन जे. पी. के लिए मानव स्वाधीनता और समाज के संकटापन्न होने पर तुरन्त कदम उठाना सबसे ज्यादा जरूरी हो जाता था, क्योंकि मानव स्वाधीनता और सम्मान उनके लिए किसी चहेते सिद्धान्त से (जो इस चुनौती को स्वीकार करने में आड़े आता हो और संघर्ष करने के बजाय निष्क्रियता की ओर ले जाता हो) ज्यादा कीमती थे। सत्तर पार करने के बाद भी उनमें युवासुलभ साहस और जिज्ञासा बनी हुई थी। यानी किसी नए रास्ते पर चल पड़ने और उसमें अपने को पूरी तरह झोंक देने की तत्परता। अपनी इस युवा मानसिकता के कारण ही वह अपने जीवन में दो बार भारतीय युवाओं के मानस को क्रान्ति के अपने सपने झंकृत कर पाए, पहली बार 1942 में चालीस की उम्र में और दूसरी बार 1974 में बहत्तर की उम्र में।

जे. पी. के व्यक्तित्व का दूसरा पहलू उनकी शालीनता और विनम्रता में प्रकट होता है। उस वक्त भी जब वह नेहरू की काँग्रेस पार्टी के आधिपत्य को चुनौती देने के लिए प्रतिद्वन्द्वी पार्टी के रूप में सोशलिस्ट पार्टी का निर्माण करने की चेष्टा कर रहे थे, उन्होंने नेहरू के प्रति अपना आदरपूर्ण रुख और व्यवहार बनाए रखा। अपने प्रारम्भिक वर्षों में काँग्रेस सोशलिस्ट पार्टी जे. पी. के प्रभाव में महात्मा गाँधी की नीतियों पर लगातार प्रहार करती रहती थी। कभी-कभी तो ऐसा भी लगता था कि उसका मुख्य निशाना महात्मा गाँधी की नीतियाँ ही हैं। इसके बावजूद गाँधी जी के प्रति अपने श्रद्धाभाव को जे. पी. ने कभी त्यागा नहीं और उन्हें अपना पितृ-तुल्य नेता मानते रहे। जनता के बीच विनोबा भावे से अपनी बड़ी शख्सियत होने पर बेहिचक विनोबा भावे के एक श्रद्धालु शिष्य की भूमिका ग्रहण की। उनके लचीलेपन और विभिन्न स्रोतों से सीखने की इच्छा पर कटाक्ष करते हुए डॉ. लोहिया ने कहा था कि कुछ लोग हमेशा गुरुओं की तलाश में रहते हैं। इस बात में कोई शक नहीं कि व्यक्तिगत बड़प्पन ही कभी राजनीतिक पार्टियों के कार्यकताओं के बीच भ्रम पैदा करता है क्योंकि एक राजनीतिक पार्टी के लिए अपने कार्यकताओं को एकजुट बाँध रखने के वास्ते दुनिया को स्याह और सफेद में विभाजित करना अकसर जरूरी जोता है। लेकिन यह जे. पी. का तरीका नहीं था और इसको ध्यान में रखने पर दलीय राजनीति के प्रति उनकी बाद के वर्षों की वितृष्णा को कुछ हद तक समझा जा सकता है। लेकिन इसी वितृष्णा ने उनके अपने जीवन में विडम्बना को भी जन्म दिया। सामाजिक जीवन में दलीय राजनीति की वास्तविकता और उसकी अपरिहार्यता को चाहकर भी नकारा नहीं जा सकता। इसीलिए जब दलीय राजनीति की चुनौती को बेकार करना आवश्यक ही हो गया तो उसे उन्होंने स्वीकार किया। चुनौती का सामना करने से भागने वाले व्यक्ति जे. पी. नहीं थे। ऊपर हमने जे. पी. के चरित्र की कुछ विशेषताओं की चर्चा की है। अब हम संक्षेप में भारतीय राजनीति में उनकी भूमिका पर विचार करेंगे।

अमरीका में अध्ययन के दौरान एक युवा छात्र के रूप में जे. पी. मार्क्सवाद से अत्यधिक प्रभावित हुए, लेकिन इसके पहले वह महात्मा गाँधी के प्रभाव में आकर प्रबल राष्ट्रवादी बन चुके थे। और उन्होंने अंग्रेजों की स्कूल व्यवस्था का बहिष्कार किया था। 1934 में जे. पी. द्वारा काँग्रेस सोशलिस्ट पार्टी का गठन करने की पहल करने में ऊपर लिखी गई दोनों बातों की भूमिका स्पष्ट नजर आती है। काँग्रेस सोशलिस्ट पार्टी, यह नाम ही नई पार्टी के दुहरे एजेण्डा (कार्यक्रम उद्देश्य) को प्रकट करता था और उस पर बल देता था। पहला काम देश को विदेशी शासन की दासता से मुक्त करना और दूसरा समाज को एक समाजवादी समाज में रूपांतरित करना। यह एजेण्डा एक प्रकार से रूसी क्रान्ति के पहले अपने को सोशल डेमोक्रेट कहनेवाले यूरोपीय मार्क्सवादी के दुहरे कार्यक्रम के समानान्तर था। इन यूरोपीय मार्क्सवादियों ने अपनी पार्टियों के सामने यह लक्ष्य रखा था कि समाजवादी क्रान्ति की प्रस्तावना के रूप में लोकतान्त्रिक क्रान्ति को पहले अंजाम दिया जाए। काँग्रेस सोशलिस्ट के लिए राष्ट्रीय क्रान्ति का मतलब लोकतान्त्रिक क्रान्ति था। बाद के वर्षों में काँग्रेस सोशलिस्ट पार्टी के गठन ने देश में लोकतन्त्र की रक्षा करने में एक अहम भूमिका अदा की। देश में कम्युनिस्ट पार्टी से जिसने पूर्ण रूप से सोवियत रूस का अभिभावकत्व स्वीकार कर लिया था, अलग एक समाजवादी आंदोलन के उभरने ने लोकतन्त्र की रक्षा करने के काम को कुछ सुगम भी बनाया। (देश में 1925 में एक कम्युनिस्ट

पार्टी कायम हो गई थी।) सोवियत यूनियन के अधिकाधिक सर्वसत्तावादी होते जाने पर कम्युनिस्टों ने लोकतन्त्र को एक बुर्जुआ भ्रम बताना और उसका प्रत्याख्यान करना शुरू कर दिया। सिर्फ इतना ही नहीं, कम्युनिस्ट इंटरनेशनल (जो अब पूरी तरह रूसी आधिपत्य में था) की नीतियों में पलटाव आने के कारण भारतीय कम्युनिस्ट महात्मा गाँधी की पूँजीपतियों के दलाल के रूप में और काँग्रेस की बुर्जुआ वर्ग का हित साधन करनेवाली पार्टी के रूप में भर्त्सना करने लगे। इन संकट भरे वर्षों में काँग्रेस से संबंध बनाने में सोशलिस्ट सक्षम हुए। यह संबंध राष्ट्रीय स्वतन्त्रता और लोकतन्त्र के प्रति उनकी प्रतिबद्धता का भी जोरदार ढंग से इजहार करता था। उन्होंने काँग्रेस को मजदूरों और किसानों का पक्ष लेने के लिए प्रेरित किया और इस प्रकार उसे वामपन्थी के निकट लाने की भी कोशिश की। इसमें इन्हें जवाहरलाल नेहरू और सुभाष चन्द्र बोस जैसे काँग्रेसी नेताओं की मदद भी मिली।

लेकिन 1939 के बाद से वामपन्थ से काँग्रेस में भारी तनाव पैदा होने लगा। अन्ततोगत्वा काँग्रेस का वामपन्थी रुझान वाला एक गुट काँग्रेस से अलग हो गया और उसने सुभाष चन्द्र बोस के नेतृत्व में एक नए संगठन फारवर्ड ब्लाक की स्थापना की, पर सोशलिस्ट काँग्रेस के भीतर ही रहे। इस समय जे. पी. की भूमिका निर्णायक सिद्ध हुई क्योंकि वही काँग्रेस सोशलिस्ट पार्टी के सबसे अधिक प्रभावशाली नेता थे और वह काँग्रेस के साथ एकता कायम रखने के पक्ष में थे। अपने इस दृष्टिकोण के चलते जे. पी. अन्य वामपन्थियों के कोपभाजन भी बने। तीन वर्ष बाद 1942 के भारत छोड़ो आंदोलन के दौरान काँग्रेस में बने रहने के उनके निर्णय का औचित्य पूरी तरह प्रकट हुआ। रूस पर जर्मनी के आक्रमण के बाद कम्युनिस्टों ने दूसरे विश्वयुद्ध को जन युद्ध कहना शुरू कर दिया और ब्रिटिश सरकार की मदद करने लगे। सुभाष चन्द्र बोस जापान में थे और उनका फारवर्ड ब्लाक छिन्न-भिन्न हो गया था। काँग्रेस के सभी नेता गिरफ्तार कर लिए गए थे और ब्रिटिश सरकार भारत छोड़ो आंदोलन को कुचलने के लिए बर्बरता और भारी दमन का सहारा ले रही थी। ऐसी स्थिति में भूमिगत आंदोलन को चलाते रहने के लिए एक संगठित ग्रुप के रूप में अकेले सोशलिस्ट ही बचे थे। इस संकट काल के दौरान जे. पी. अपने आधे दर्जन साथियों के साथ हजारीबाग जेल से भाग निकले और उन्होंने स्वातन्त्र्य योद्धाओं के नाम दो पत्र लिखकर उन्हें लड़ाई जारी रखने के लिए प्रेरित किया। स्वातन्त्र्य योद्धाओं का आवाहन करनेवाले इन दो पत्रों को आज भी याद किया जाता है। जे. पी. के आह्वान का सबसे ज्यादा असर युवाओं पर पड़ा। उनमें भारी जोश पैदा हुआ और उन्होंने जे. पी. को 1942 के भारत छोड़ो आंदोलन का हीरो बना डाला।

1942 के भारत छोड़ो आंदोलन का सोशलिस्टों के लिए असाधारण महत्त्व था। इस आंदोलन के अनुभव से उन्होंने यह निर्णय लिया कि उन्हें कम्युनिस्टों से अलग अपना रास्ता तय करना है और इस रास्ते पर चलने में उन्हें बहुत से मामलों में कम्युनिस्टों के बुनियादी सिद्धान्तों का विरोध करना होगा। यहाँ यह बात ध्यान में रहे कि दूसरे विश्वयुद्ध के बाद के वर्षों में दुनिया-भर में कम्युनिस्ट आंदोलन अभूतपूर्व तेजी से बढ़ा था। रूसी सेना के पीछे-पीछे यूरोप के एक बड़े हिस्से पर कम्युनिस्टों का सत्ता पर कब्जा हो गया। चीन में 1948 में एक लम्बी लड़ाई के बाद कम्युनिस्टों ने सत्ता प्राप्त की। पूरे दक्षिण पूर्व एशिया में उनकी ताकत महसूस की जा सकती थी। ईरान में भी वे शक्तिशाली थे। कबायली अफ्रीका तक के उनके छोटे-छोटे प्रभाव क्षेत्र बन रहे थे। पश्चिमी यूरोप में फ्रांस और इटली में कम्युनिस्ट पार्टी बहुत ताकतवर थी। सारी कम्युनिस्ट पार्टी कामिन फार्म के माध्यम से सोवियत कम्युनिस्ट पार्टी के नियन्त्रण में थी और सर्वसत्तावादी शासन का समर्थन करती थी। सर्वसत्तावादी शासन को वे अलबत्ता सर्वहारा और किसानों की तानाशाही की संज्ञा से अभिहित करती थी जबकि असलियत में इस प्रकार के शासन में मजदूरों और किसानों को किसी भी प्रकार की स्वाधीनता नहीं थी और न ही शासन के संचालन में उनकी कोई स्वतन्त्र भमिका। कम्युनिस्ट की इस बढ़ती हुई तेज लहर के आगे इस बात पर जोर देना कि लोकतन्त्र के बिना समाजवाद की स्थापना सम्भव ही नहीं है, सचमुच ही एक साहसिक बात थी। यह साहस लोकतन्त्र के प्रति दृढ़ आस्था से ही आ सकता था।

इस समय कामिन फार्म से संकेत ग्रहण कर भारतीय कम्युनिस्टों ने बी.टी. रणदिवे के नेतृत्व में सशस्त्र संघर्ष के माध्यम से सत्ता हथियाने की मुहिम छेड़ी और चीन की तर्ज पर तेलंगाना (आन्ध्र) को किसान शक्ति का गढ़ बनाया। इस तरह किसान शक्ति के गढ़ बनाकर आखिर में सारे देश में सत्ता पर कब्जा करना कम्युनिस्टों का लक्ष्य था। सोशलिस्टों

ने सशस्त्र संघर्ष के रास्ते की मुखालफत की और लोकतन्त्र के रास्ते पर चलने का निर्णय किया। यह कहने की जरूरत नहीं कि अपने निर्णय के कारण सोशलिस्टों को कम्युनिस्टों की कटु आलोचना का शिकार होना पड़ा।

जे. पी. के नेतृत्व में 1948 में जब काँग्रेस के बाहर सोशलिस्ट पार्टी का पुनः गठन हुआ तो उसने लोकतान्त्रिक समाजवाद और सर्वसत्तावादी (टोटैलिटेरियन) कम्युनिज्म के बीच भेद को स्पष्ट रूप ये चिन्हित और व्याख्यायित किया। सोशलिस्ट पार्टी के प्रति नीति वक्तव्य में जोर देकर यह कहा गया कि लोकतन्त्र के बिना समाजवादी स्थापना नहीं हो सकती। नीति वक्तव्य के इस वाक्य कि यह मार्क्सवाद का स्वतः सिद्ध सार्वभौम सिद्धान्त है, कि लोकतन्त्र के बिना समाजवाद हो ही नहीं सकता, के पीछे जे. पी. की प्रेरणा साफ दिखाई पड़ती है। यह कहा जा सकता है कि गरीब और अल्पविकसित देशों की प्रभावशाली सोशलिस्ट पार्टियों के बीच भारतीय सोशलिस्ट पार्टी ही एकमात्र पार्टी थी, जो बिना किसी लाग-लपेट के लोकतन्त्र की प्रबल पक्षधर थी। इस वक्त के राजनीतिक वातावरण में प्रचलित वामपन्थी मत के खिलाफ जाकर भारतीय सोशलिस्ट पार्टी ने अपना यह मत प्रतिपादित किया कि मार्क्सवाद, लोकतन्त्र का विरोधी नहीं है। यह प्रतिपादन मार्क्सवाद सहित समाजवाद के बुनियादी सिद्धान्तों को झुठलाने और उन्हें विकृत रूप में पेश करने के प्रयत्नों के खिलाफ उठाया गया एक बहुत बड़ा कदम था। इन्हीं दिनों पार्टी को सामाजिक परिवर्तन का एक उपयुक्त माध्यम बनाने के लिए यह सोचा गया कि पार्टी के संगठन को नया रूप प्रदान किया जाना चाहिए।

जे. पी. दुनिया के समाजवादी आंदोलन के अनुभवों से हमेशा सीखना चाहते थे। पार्टी को ज्यादा व्यापक बनाने की दृष्टि से उन्होंने संगठन का नया ढाँचा प्रस्तुत किया। इसके पीछे ब्रिटिश लेबर (मजदूर) पार्टी का मॉडल था जो ब्रिटेन में अपने बलबूते पर चुनाव जीतकर सत्तारूढ़ हुई थी। सत्ता प्राप्त करने के बाद उसने उद्योगों का राष्ट्रीयकरण करने की दिशा में कुछ बड़े कदम उठाए और इसके साथ ही सामाजिक कल्याण के कार्यक्रम भी शुरू किए। हम ऊपर इस बात की ओर इशारा कर चुके हैं कि जे. पी. अकसर एक प्रकार के युवासुलभ उत्साह से परिचालित होते थे, उन्होंने ब्रिटिश और भारत की परिस्थितियों की भिन्नता को नजरअंदाज किया। उनकी पहल पर 1949 में सोशलिस्ट पार्टी सक्रिय कार्यकताओं की पार्टी के स्थान पर आम (मास) पार्टी बना दी गई। ब्रिटिश लेबर पार्टी की तर्ज पर उसमें दो प्रकार की सदस्यताओं का प्रावधान रखा गया। एक तरफ लोगों को बड़े पैमाने पर व्यक्तिगत सदस्यता प्रदान की गई तो दूसरी तरफ मजदूर संघों, किसान संगठनों और सहकारी समितियों को सम्बद्ध (एफिलिएटेड) सदस्यता। भारत और ब्रिटेन की परिस्थितियों की भिन्नता के चलते यह सांगठनिक व्यवस्था चल नहीं पाई। लेकिन इसके प्रयोग का सोशलिस्ट पार्टी पर गहरा असर पड़ा। असर का सकारात्मक पक्ष यह था कि यह अपना आधार ज्यादा विस्तृत कर पाई और नए इलाकों में प्रवेश हुआ। नकारात्मक पक्ष यह था कि इससे पार्टी का अनुशासन ढीला पड़ गया और उसमें व्यक्तिगत महत्वाकांक्षा के लिए पार्टी का इस्तेमाल करने और गुटबाजी करने जैसी काँग्रेसी बुराइयाँ घुस आईं। इससे पार्टी के कार्यकताओं का शुरू का आदर्शवाद मंद और नष्ट होने लगा। यह बात शायद बहस तलब बनी रहेगी कि नई सांगठनिक व्यवस्था पार्टी के लिए फायदेमन्द साबित हुई या नुकसानदेह। लेकिन इस बात में कोई शक नहीं कि इसने सोशलिस्ट पार्टी को एक बृहत् चुनावों (इलेक्टोरल) मशीन बना डाला और उसका संगठन सुदूर इलाकों तक पहुँच गया। पार्टी के इस एकाएक फैलाव ने बड़ी-बड़ी आशाएँ जगाईं और जे. पी. व अन्य नेतागण यह सोचने लगे कि देश ब्रिटेन की तर्ज पर चुनावी राजनीति की एक द्विदलीय व्यवस्था की ओर बढ़ रहा है। जिसमें सोशलिस्ट पार्टी खासी ताकत के साथ काँग्रेस की प्रधान पार्टी के रूप में उभरेगी और इससे एक टिकाऊ लोकतान्त्रिक साम्य-व्यवस्था (पॉलिटी) कायम हो सकेगी। सोशलिस्ट पार्टी द्वारा और उससे सम्बद्ध संगठनों—हिन्द मजदूर सभा और हिन्द किसान पंचायत सभा द्वारा आयोजित सार्वजनिक रैलियों में विशाल भीड़ होने पर जे. पी. और अन्य नेताओं के इस भ्रम को यथेष्ट बल मिला कि सोशलिस्ट पार्टी आम चुनाव में काँग्रेस की प्रधान विरोधी पार्टी के रूप में उभरकर आएगी। लेकिन भीड़ का मतलब वोट मिलना नहीं होता। पार्टी को रैलियों में भीड़ होने के कारण अपार समर्थन मिलता हुआ दिखाई पड़ता था, वह ऊपर-ऊपर के फेन सरीखा था और विडम्बना यह थी कि पार्टी के संगठन को जन-मानस में अपनी पैठ गहरी करने के लिए फुर्सत नहीं थी। दूसरी तरफ महात्मा गाँधी, नेहरू और अन्य हस्तियों के नेतृत्व में काँग्रेस की देश के हर गाँव तक पहुँच थी और जन-मानस पर उसका गहरा प्रभाव था। यहाँ तक कि कम्युनिस्टों ने भी अपनी उपस्थिति जताए

बिना दीर्घकाल तक काम कर देश के बहुत से हिस्सों में अपना सांगठनिक आधार खड़ा किया था। कुछेक विरल मौकों पर जन लहर की विशेष परिस्थितियों की बात छोड़ दें, तो चुनावी राजनीति में मतदाताओं को मतदान केन्द्रों में जाकर अपने पक्ष में मत देने के लिए प्रेरित करना सबसे जरूरी सांगठनिक कार्य होता है। मजबूत संगठन न होने पर समर्थन वोट.में परिणत नहीं होता। संगठनात्मक शक्ति के अभाव में 1952 के पहले आम चुनाव में सोशलिस्ट पार्टी की भारी पराजय हुई। उसकी अपेक्षा तो कम्युनिस्ट ज्यादा कामयाब रहे। द्वितीय राज्य व्यवस्था के प्रति सम्मोहन के कारण सोशलिस्ट नेताओं में गहरी निराशा पैदा हुई। इस वक्त जे. पी. पार्टी के प्रधान सिद्धान्तकार थे। पराजय से वही सबसे अधिक आहत हुए। चुनाव परिणामों का धैर्यपूवर्क संयत विश्लेषण करने की जरूरत थी, आखिर इतनी भारी पराजय क्यों और कैसे हुई। लेकिन जे. पी. की अपनी प्रवृत्ति हमेशा भावावेगात्मक प्रतिक्रिया करने की रही है। चुनाव में पराजय ने पार्टी के भीतर व्यक्तिगत झगड़ों और कलह का सिलसिला भी शुरू कर दिया। नेताओं के बीच मतभेद उभरने लगे। यह दलीय राजनीति से जे. पी. के मोहभंग का प्रारम्भ था।

विधायिका (लेजिस्लेटिव) हैसियत प्राप्त करने के एक सुगम तरीके के रूप में आचार्य कृपलानी इसके अध्यक्ष बनाए गए और डॉ. लोहिया जनरल सेक्रेटरी। हालाँकि कुछ समाजवादी विशेषताओं और मान्यताओं को बनाए रखा गया, लेकिन प्रजा सोशलिस्ट पार्टी के रूप में जो पार्टी बनी, वह एकदम भिन्न किस्म की पार्टी थी। पार्टी के अध्यक्ष आचार्य कृपलानी को कुछ समाजवादी आदर्शों का मजाक उड़ाने में कोई हिचक महसूस नहीं होती थी। निश्चय ही यह पार्टी जे. पी. के आदर्शों की कसौटियों पर खरी उतर नहीं सकती थी। जे. पी. एक मार्क्सवादी थे। उनके निकट विधायी (लेजिस्लेटिव) गतिविधियाँ, सुनिश्चित सामाजिक लक्ष्यों को हासिल करने में समग्र और निरन्तर आंदोलन का सिर्फ एक छोटा अंश मात्र ही थीं। अब नेतृत्व डॉ. लोहिया और अशोक मेहता जैसे यथार्थवादी व्यक्तियों के जिम्मे था। जे. पी. के विपरीत ये नेता मूल और बुनियादी लक्ष्यों को नजर-अन्दाज कर जोड़-तोड़, गठबन्धनों और सत्ता में साझेदारी के चुनावी राजनीति के करतबों से मेल बैठाने में ज्यादा मुआफिक हो सकते थे। अशोक मेहता अन्ततोगत्वा काँग्रेस में चले गए; डॉ. लोहिया अपने जीवन के अन्तिम दिनों में गैरकाँग्रेसवाद की नीति के जनक बने, ऐसी पार्टियों, जिनमें किसी प्रकार की साझेदारी असम्भव जान पड़ती थी, के बीच गठबन्धन कार्य कर उन्होंने अपनी इस नीति के बूते पर देश के कई राज्यों में काँग्रेस का आधिपत्य समाप्त कर दिया। उधर जे. पी. समाज में बुनियादी परिवर्तन के लिए एक नए शक्ति स्रोत की तलाश में भूदान की तरफ मुखातिब हुए।

इस वक्त विचारधारा (आइडियालॉजी) के बारे में जे. पी. के दृष्टिकोण में भी कायापलट हुआ। उन्होंने बड़ी शिद्दत से यह महसूस किया कि एक भौतिकवादी विचारधारा अच्छाई और भलाई को प्रोत्साहित नहीं करती, भौतिकवाद मनुष्य को अच्छा और भला होने को प्रेरित नहीं कर सकता। इसके लिए तो ईश्वर जैसी किसी आध्यात्मिक शक्ति में आस्था होना आवश्यक है। जाहिर है कि उनकी राजनीति से अपने मोहभंग आंदोलन के आदर्शों के मूल में मनुष्य और समाज में अच्छाई तलाश करनेवाले मूल्यों के प्रति गहरी प्रतिबद्धता थी। स्वयं समाजवादी आंदोलन के मूल्यों की जड़ें ईसाई धर्म में थीं। नीत्शे ने इस तथ्य को बाकायदा स्वीकार करते हुए इन्हें दास नैतिकता कहा और इनकी भर्त्सना की थी। मानवीय कार्यकलाप और व्यवहार में मूल्य ढूँढ़ने के लिए जे. पी. को अपने अतीत का परित्याग करने में कोई जरूरत न थी। बहरहाल, सर्वोदय ने उन्हें बहुत आकर्षित किया और उन्हें लगा कि सर्वोदय का आध्यात्मिकता की ओर विशेष रुझान है।

भूदान आंदोलन के प्रति उनका झुकाव देश के विभिन्न राज्यों में भूमि सुधार कानूनों के कारगर न हो पाने के फलस्वरूप पैदा हुआ था। भूमि की अधिकतम सीमा निर्धारित करनेवाले (हदबन्दी) कानूनों से वास्तव में ज्यादा जमीन की तुलना में भूदान के माध्यम से काफी ज्यादा जमीन प्राप्त की गई थी। भूदान का परिणाम काफी प्रभावोत्पादक जान पड़ता था। यह बात दीगर है कि जमीन की मिल्यिकत के स्वरूप पर भूदान का कोई प्रभाव नहीं पड़ा था, पड़ भी नहीं सकता था क्योंकि भूदान का जो आदर्श था उसी में स्वरूप को बदलने की गुंजाइश नहीं थी, वह (भूदान) जमीन के मालिक से उसकी जमीन का सिर्फ 1/6 हिस्सा माँगता था, मालिक के पास जमीन कितनी है, इससे उसका कोई वास्ता नहीं था। लेकिन, चूँकि विभिन्न सरकारों के भूमि सुधार कानूनों ने भी मिल्यिकत के स्वरूप पर कोई असर नहीं

डाला था, इसलिए जे. पी. के भूदान आंदोलन से प्रभावित होने के पर्याप्त कारण मौजूद थे। ग्राम दान और ग्राम स्वराज के बारे में किए गए दावों से वह और भी ज्यादा प्रभावित हुए। सिद्धान्त रूप में ग्राम दान का मतलब यह होता था कि गाँव की जमीनों के सारे मालिक अपनी-अपनी जमीनें गाँव को सौंप देंगे और यह गाँव के नाम हो जाएगी, जमीन का मालिक जमीन पर खेती करता रहेगा, लेकिन सिद्धान्त रूप में गाँव की सत्ता (अथॉरिटी) के तहत ही। यह सोचा गया कि इससे ग्रामीणों में गाँव की सारी जमीन को अपनी यानी ग्राम समुदाय की मानने की मानसिकता पैदा होगी।

जे. पी. को लगा कि यह तो गाँवों में सामुदायिक समाज की स्थाना की दिशा में एक बड़ा कदम हो सकता है। उन्हें लगा कि चीन में स्थापित कम्युनों से यह किसी प्रकार भिन्न नहीं होगा और सबकुछ बिना किसी खून खराबे के हासिल हो जाएगा। ग्राम स्वराज के तहत ग्राम समुदाय ही गाँव के सारे कामकाज की देखभाल और उसका प्रबन्ध करेगा। यह बस यूटोपिया के साकार होने जैसी बात लगती थी। ऐसी खबरें भी आ रही थीं कि एक के बाद एक बहुत सारे गाँवों में ग्रामदान का लक्ष्य हासिल कर लिया गया है और वहाँ ग्राम स्वराज कायम भी हो गया है। कुछ राज्यों में तो ग्राम स्वराज की व्यवस्था को प्रशासनिक तन्त्र के भीतर समायोजित करने के लिए कानूनी प्रावधान भी बनाए गए। जे. पी. ने अपने भोलेपन में इन सब दावों को सच माना। उनकी जैसी स्थिति में कोई भी व्यक्ति उल्लसित और प्रभावित हुए बिना नहीं रह सकता था लेकिन–

जे. पी. अपनी पुरानी मान्यताओं से चिपके नहीं रहते थे। जब उन्हें लगा कि न सिर्फ राजनीतिक दल बल्कि सर्वोदय आंदोलन भी चुक गया है तो वह समाज परिवर्तन के लिए छात्र युवा शक्ति की ओर मुखातिब हुए।

सच्चाई यह थी कि क्रान्ति सिर्फ कागज पर हुई थी। ग्राम दान या ग्राम स्वराज वाले गाँवों और अन्य गाँवों में कोई फर्क नजर नहीं आता था। जिन स्थानों पर जे. पी. स्वयं सक्रिय थे वहीं कुछ गतिविधि देखी जा सकती थी। उनके प्रभाव के चलते कुछ ग्राम परियोजनाओं के लिए पैसे भी प्राप्त हुए। लेकिन जिस समाज-परिवर्तन की उन्होंने आशा की थी, उसने दस्तक भी नहीं दी। भूदान आंदोलन मन्द पड़ता गया और जे. पी. के परिदृश्य से हट जाने के बाद पहले वाली उदासीनता और निष्क्रियता वापस लौट आई। बिहार में भूदान के कार्य में शुरू में सोशलिस्ट कार्यकर्त्ता यह मानकर भूदान आंदोलन में शामिल हो गए थे कि जब जे. पी. इसमें हैं तो यह निश्चय ही क्रान्तिकारी सम्भावनाओं वाला आंदोलन होगा। लेकिन शुरू के उत्साह के बाद सबकुछ पुरानी लीक पर लौट आया, वही उदासीनता और नेम धरम का सिलसिला चल पड़ा। जे. पी. निश्चय ही भूदान और ग्रामदान के एक बन्द गली में पहुँच जाने के बारे में अनजान नहीं हो सकते थे।

लेकिन भूदान आंदोलन में सक्रिय रहने के दिनों में जे. पी. ने केवल उसी में अपने को पूरी तरह निमग्न नहीं कर लिया था। उन्होंने नागालैण्ड में हिंसा को रोकने के लिए एक शान्ति मिशन गठित किया। पूर्वी पाकिस्तान में पाकिस्तान सरकार के दमन और भारत में आश्रय की तलाश में लाखों की संख्या में आए शरणार्थियों की दुर्दशा ने जब उन्हें अत्यन्त व्यग्र किया तो इस बारे में दुनिया का ध्यान आकर्षित करने के लिए उन्होंने विदेश यात्राएँ कीं। 1960 के दशक में यूरोप और अमरीका में हो रहे छात्र-आंदोलनों, अमरीका में वियतनाम युद्ध के खिलाफ धरनों (सिट इंस) औ फ्रांस के छात्र विद्रोह को वह बड़े ध्यान से जाँच-परख रहे थे। उन्होंने इस बात पर खास तौर से गौर किया कि इन आंदोलनों को किसी राजनीतिक पार्टी का समर्थन प्राप्त नहीं था, लेकिन इसके बावजूद वे सरकार और व्यवस्था तन्त्र की चूलें हिला सके। जे. पी. के चरित्र की यह विशेषता थी कि वह अपनी पुरानी मान्यताओं से चिपके नहीं रहते थे। उन्हें यह लगने लगा कि राजनीतिक दलों पर यहाँ तक कि उनके नए चहेते सर्वोदय आंदोलन की सम्भावनाएँ चुक गई हैं और वे समाज परिवर्तन की दिशा में कुछ कर पाने में अक्षम हैं। ऐसी मनःस्थिति में उन्होंने महसूस किया कि छात्र युवा शक्ति समाज परिवर्तन का एक स्रोत बन सकती है; सो वह उसकी तरफ मुखातिब हुए।

मुखातिब होने का यह अवसर 1974 में आया। बेरोजगारी बढ़ती जा रही थी और इसकी भयावहता के प्रति शासकों में चिन्ता का कोई लक्षण दिखाई नहीं पड़ रहा था। यह वक्त खाद्य पदार्थों और जीवनयापन के लिए आवश्यक वस्तुओं के विकट अभाव का भी वक्त था। ऊपर से प्रशासन में व्याप्त भ्रष्टाचार अपनी सारी सीमाएँ लाँघ चुका था और इसके चलते पीड़ित जनता को राहत पहुँचाने का कोई भी प्रयत्न निष्फल हो जाता था। 1973 के अन्त में गुजरात

के छात्रों में प्रशासन के भ्रष्टाचार और निकम्मेपन के खिलाफ ऐसा क्षोभ पैदा हुआ कि उन्होंने चिमन भाई पटेल मन्त्रिमण्डल के इस्तीफे की माँग करते हुए आंदोलन छेड़ दिया। 1974 के फरवरी-मार्च, में बिहार के छात्र जीवनयापन के लिए आवश्यक बुनियादी वस्तुओं के भयावह अभाव के खिलाफ सड़कों पर निकल आए। जे. पी. को छात्रों के आक्रोश के एक आंदोलन में परिवर्तित होने की सम्भावना दिखाई पड़ी। गुजरात का उदाहरण उनके सामने था। उन्होंने कहा भी "गुजरात के छात्रों को इस बात का श्रेय जाता है कि उन्होंने ऐसी माँगों के लिए संघर्ष छेड़ा जो उनके तात्कालिक हितों के परे जाती थीं और जो सारे देश और सारी जनता की माँगें थीं गुजरात ने इस तथ्य को एकदम उजागर कर दिया कि वहाँ का मन्त्रिमण्डल चरम रूप से भ्रष्ट था, उसे और बरदाश्त नहीं किया जा सकता था, अगर भ्रष्टाचार को खत्म करना है तो मन्त्रिमण्डल को हटना ही होगा। महँगाई, शिक्षित-अशिक्षित, बेरोजगारी और अभाव को समाप्त करना ही होगा। ये तीनों समस्याएँ सिर्फ गुजरात या उसके छात्रों की नहीं हैं। ये ऐसी बुराइयाँ हैं जो सारे राष्ट्र को सता रही हैं। लेकिन यह पहला अवसर था, जब गुजरात के छात्रों ने इन समस्याओं को उठाया। कुछ देर बाद बिहार के छात्रों ने उनका अनुसरण किया।"

बिहार के छात्र नेताओं के अनुरोध पर जे. पी. ने उनके आंदोलन का नेतृत्व करना स्वीकार कर लिया। राजनीतिक रणनीति के एक उस्ताद के रूप में उन्होंने राजनीतिक भ्रष्टाचार और जनता की समस्याओं के प्रति सरकार और विधायकों की उदासीनता को दोषपूर्ण चुनाव प्रणाली से जोड़कर देखा। इसलिए मन्त्रिमण्डल के इस्तीफे की माँग के साथ चुनाव प्रणाली में सुधार और सुधारी गई प्रणाली के तहत नए चुनावों की माँग की गई थी। चुनाव प्रणाली में सुधार की माँग में प्रतिनिधि वापसी का अधिकार एक मुख्य मुद्दा था। जे. पी. का तर्क यह था कि प्रतिनिधि वापसी का अधिकार यदि मतदाताओं को मिल जाता है तो उससे जनता की समस्याओं के प्रति विधायकों और सरकार की उदासीनता को दूर किया जा सकेगा।

जे. पी. के साहस और उनकी संगठन-क्षमता ने सारे राज्य में खलबली पैदा कर दी। सारा छात्र समुदाय--स्कूलों और कॉलेजों के छात्र-आंदोलन में किसी-न-किसी रूप में शामिल हो गया, वह सड़कों पर उतर आया। विधायकों को इस्तीफा देने को बाध्य करने के लिए उनके घरों पर घेरा डाल दिया गया। सरकारी वाहनों और अन्य सरकारी सम्पत्ति के दुरुपयोग को रोकने के लिए छात्रों ने प्रदर्शन किए। अगस्त के महीने में जब बिहार के बहुत से इलाके बाढ़ की चपेट में थे, तब छात्रों ने बाढ़ पीड़ितों को राहत पहुँचाने का काम भी किया। ऐसा लगता था कि बिहार में विभिन्न रूपों में स्वतःस्फूर्त ढंग से जोश और उत्साह का कोई सोता फूट पड़ा है। बहुत से विधायकों ने इस्तीफा दिया। सरकार दमन पर उतर आई। पटना में सरकारी प्रतिबन्ध की अवज्ञा कर एक विशाल प्रदर्शन हुआ। इस प्रदर्शन में भाग लेने के लिए लोग आ न सकें, इसके लिए सरकार ने कोई कोर-कसर नहीं छोड़ी। गंगा पर पुलिस और अर्धसैनिक टुकड़ियाँ दिन-रात गश्त लगाती रहीं कि लोग नावों से पटना न आ पाएँ। इतने सारे भारी बन्दोबस्त के बावजूद 4 नवम्बर, 1974 को जगह-जगह से हजारों छात्र बिहार की राजधानी में उमड़ पड़े। स्वयं जे. पी. ने इस प्रदर्शन मार्च का नेतृत्व किया। मार्च को रोकने के लिए पुलिस ने भारी लाठीचार्ज किया जिसमें जे. पी. को भी चोटें आईं।

छात्रों और युवाओं को एकबद्ध रखने के लिए जे. पी. ने सारे छात्र और युवा संगठनों को एक मंच पर लाने की कोशिश की। काँग्रेस और कम्युनिस्टों के छात्र संगठनों को छोड़कर अन्य सारे बड़े युवा और छात्र संगठन आंदोलन में शामिल हो गए। जे. पी. ने आंदोलन के लक्ष्यों को हासिल करने के लिए संघर्ष की निरन्तरता बनाए रखने के उद्देश्य से छात्र युवा संघर्ष वाहिनी के नाम से अपना खुद का भी एक संगठन बनाया। उन्होंने आंदोलन के लक्ष्य को सम्पूर्ण क्रान्ति के रूप में निरूपित किया। चूँकि सम्पूर्ण क्रान्ति के लक्ष्य को विशद रूप से परिभाषित नहीं किया गया था, समाज के सभी वर्गों ने उसमें अपनी आकांक्षाओं को प्रतिबिम्बित होता महसूस किया। आंदोलन में उन्हें स्वाधीनता और अच्छे भौतिक जीवन की अपनी चाह अभिव्यक्त होती मालूम पड़ी। सम्पूर्ण क्रान्ति का नारा मोहक था और देखते-देखते वह सारे देश में सुनाई पड़ने लगा, लोक सम्पूर्ण क्रान्ति के बारे में बात करने लगे।

आंदोलन के दौरान जे. पी. समानान्तर जन प्रशासन जनता सरकार स्थापित करने का भी कार्यक्रम रखा। इसके बारे में ध्यान देने की बात यह है कि 1917 में लेनिन ने भी रूस में सारी सत्ता सोवियतों को हस्तान्तरित किए जाने

की माँग की थी। जे. पी. के समानान्तर जन प्रशासन के कार्यक्रम में लेनिन की माँग की अनुगूँज महसूस होती है। लेकिन एक बड़ा फर्क यह था कि लेनिन का आंदोलन हिंसक था जबकि जे. पी. का अहिंसक। जे. पी. के समानान्तर जन प्रशासन के कार्यक्रम में भी सोवियतों की तरह खुद जनता द्वारा गठित कमेटियों को गाँव स्तर से विधानसभा स्तर तक अपने हाथों में सत्ता लेने की बात कही गई थी। लेकिन एक ऐसे समाज में, जिसमें बहुसंख्यक आबादी एक बेडौल भीड़ सरीखी थी, जे. पी. का समानान्तर जन प्रशासन का विचार सिर्फ आंदोलन की सघनता और अवधारणा की अभिव्यक्ति से ज्यादा कुछ नहीं हो सकता था क्योंकि संगठित सामाजिक जीवन की सारी परम्पराएँ ही समाप्त हो चुकी थीं, परम्पराओं को खो डालने वाले लोगों में कमेटियाँ बनाने और उनके माध्यम से सत्ता हाथ में लेने की कूवत नहीं रह गई थी। बहरहाल, इससे प्रशासकीय मशीनरी दमन का औजार बनकर पूरी तरह ठप पड़ गई।

आंदोलन देश के अन्य हिस्सों में फैलना शुरू हो गया था लेकिन उसके अखिल भारतीय स्वरूप ग्रहण कर सक पाने के पहले ही कुछ ऐसी राजनीतिक घटनाएँ हो गईं, जिन्होंने जे. पी. के एजेंडे को पूरी तरह बदल डाला। 1975 के जून महीने में इलाहाबाद उच्च न्यायालय ने प्रधानमन्त्री इन्दिरा गाँधी को अपने चुनाव में अनियमितताएँ बरतने के अभियोग में दोषी पाकर लोकसभा की सदस्यता के अयोग्य ठहरा दिया। न्यायालय के इस फैसले के बाद उन्हें हटाए जाने की माँग जोर पकड़ने लगी। सत्ता से हटाए जाने की सम्भावना से घबराकर 25 जून की मध्य रात्रि को इन्दिरा गाँधी ने देश में इमरजेंसी लागू कर दी। जे. पी. को मध्य रात्रि में ही गिरफ्तार कर लिया गया और चण्डीगढ में तन्हा कैद में रखा गया। कैद में उनके दोनों गुर्दे बेकार हो गए और जब सरकार को लगा कि वह मृत्यु के द्वार पर पहुँच गए हैं तो उन्हें रिहा किया गया।

राजनीतिक सत्ता की वास्तविकता से जे. पी. का एक बार फिर आमना-सामना हुआ। इन्दिरा गाँधी को हराने का एकमात्र उपाय यही बच गया था कि लोकसभा के चुनाव में उन्हें पराजित किया जाए। जे. पी. ने अपने निर्दलीयता के सिद्धान्त का परित्याग कर चुनाव में इन्दिरा गाँधी को चुनौती देने का निश्चय किया। उन्होंने प्रायः उन सारी राजनीतिक पार्टियों को, जो इन्दिरा गाँधी का विरोध कर रही थीं, अपना अस्तित्व विलीन कर एक नई पार्टी, जनता पार्टी, बनाने को प्रेरित किया। यह उनके व्यक्तित्व का ही करिश्मा था कि मोरारजी देसाई, जार्ज फर्नांडीज, चरण सिंह और अटल बिहारी वाजपेयी जैसे किस्म-किस्म के व्यक्तियों की वह एक पार्टी के रूप में एक ऐसी पार्टी खड़ी हो गई थी, जो इन्दिरा गाँधी को पराह्वित कर सके। जे. पी. का स्वास्थ्य एकदम बिगड़ चुका था, वह इन्दिरा गाँधी की तानाशाही को समाप्त कर देश में फिर से लोकतन्त्र की स्थापना करने के लिए कटिबद्ध थे। एक प्रकार से उन्होंने अपनी मृत्युशैया से राष्ट्र का आह्वान किया कि वह तानाशाही को उखाड़ फेंके। इन्दिरा गाँधी को पराजित करने और इमरजेंसी को हटाने में उनकी भूमिका अतुलनीय थी।

जे. पी. एक अथक योद्धा और आदर्शवादी थे। एक बेहतर दुनिया बनाने के उत्साह में उन्होंने कई आंदोलनों में महत भूमिका निभाई। इन आंदोलनों में अलबत्ता बहुत से या अधिकतर बीच में ही समाप्त हो गए और अपने लक्ष्य तक पहुँच नहीं पाए। जे. पी. के प्रयत्न भले ही पूरी तरह सफल न रहे हों लेकिन यह कहना होगा कि उनके प्रयत्न ने हमारी लोकतान्त्रिक व्यवस्था की रक्षा करने और देश के लोगों में नागरिक अधिकारों का अहसास पैदा करने की दिशा में बहुत कुछ किया है। अगर सोशलिस्ट पार्टी का उन्होंने गठन नहीं किया होता तो भारतीय वामपन्थी भी अन्य देशों के वामपन्थ की तरह सर्वसत्तावादी मार्ग अपना लेता। देशभक्ति के उन्माद के बीच भी नागालैण्ड और कश्मीर की समस्याओं के बारे में जे. पी. ने हमेशा उदार और संयम रुख अपनाया। देश में उन्होंने नागरिक अधिकारों के आंदोलन को जन्म दिया; अक्तूबर 1976 में जब देश में नागरिक अधिकारों का खुल्लमखुल्ला उल्लंघन किया जा रहा था और सरकार दमन पर उतारू थी तब उन्होंने पी.यू.सी.एल. (पीपुल्स यूनियन फॉर सिविल लिबरटीज) नागरिक अधिकार रक्षा संघ की स्थापना की। जे. पी. ने अपनी असफलताओं से जितना हासिल किया उतना हासिल करने का दावा सफल कहलाने वाले व्यक्ति भी नहीं कर सकते।

जे. पी. : कल और आज

(जे. पी. आंदोलन की ऐतिहासिकता और आज का सन्दर्भ)

किशन पटनायक

इतिहास की एक घटना के रूप में जे. पी. आंदोलन (1974-77) की कोई विस्तृत और विधिवत समीक्षा या समाजशास्त्रीय अध्ययन नहीं हुआ है। हमारे देश में जो शास्त्रज्ञ हैं और समसामयिक घटनाओं को इतिहास की दृष्टि से देखना चाहते हैं, वे ज्यादातर साम्यवादी (कम्युनिस्ट) राजनीति से सम्बन्धित हैं। मार्क्सवाद की यह खूबी है कि हरेक बड़ी सामाजिक-राजनीतिक घटना को इतिहास की एक कड़ी के रूप में देखने के लिए अपने अनुयायियों को प्रेरित करता है। कोई दूसरा दर्शन ऐसा नहीं करता है। लेकिन उन दिनों साम्यवादी राजनीति ने जयप्रकाश नारायण और उनके आंदोलन को प्रतिगामी घोषित किया था। इसलिए उस खेमे से जुड़े हुए समाजशास्त्रियों ने इसका गम्भीर अध्ययन नहीं किया। मार्क्सवादी परिधि के बाहर इक्के-दुक्के ही हैं जो समकालीन या हाल की घटनाओं का ऐतिहासिक समाजशास्त्रीय विश्लेषण करते हैं। इस खेमे का स्वागत है शास्त्र को राजनीति से दूर रखना जब एक घटना इतनी पुरानी न हो जाए कि बीते जमाने की चीज लगने लगे।

प्रस्तुत लेख शास्त्र की उपर्युक्त कमी को पूरा करने के लिए नहीं, बल्कि इस अपेक्षा से प्रेरित है कि शास्त्र वाले भी और सामाजिक कार्यकर्त्ता भी 1974-77 की घटनाओं को पहले के तीन दशकों के घटनाक्रम में और उसकी परिणति के रूप में समझें।

जे. पी. आंदोलन एक महान ऐतिहासिक घटना नहीं भी था, तो एक बहुत बड़ी राजनीतिक उथल-पुथल तो थी ही। जब भी इस तरह का उथल-पुथल होता है, उसके पीछे या साथ-साथ समाज के कुछ महत्त्वपूर्ण तबकों की बेचैनी और आकांक्षाएँ होती हैं, और उन आकांक्षाओं के दबाव से राजनीतिक सन्तुलन बदलता है। उन आकांक्षाओं को गति देने के लिए या उनको प्रतिहत करने के लिए नई किस्म की राजनीतिक शक्तियाँ दिखाई पड़ती हैं। 1962 (चीन से युद्ध और तीसरी पंचवर्षीय योजना का प्रारम्भ) के बाद से स्वाधीन भारत की जनसाधारण के बोध में यह बात आ गई थी कि जिस तरह से देश को चलाया जा रहा है उससे उनकी आर्थिक या अन्य प्रकार की प्रगति नहीं हो रही है। 1967 में पहली बार कई बार कई राज्यों में काँग्रेस की सरकारें चुनाव में पराजित हुईं। यह उस असन्तोष का परिणाम था। कई राज्यों में सरकारें तो बदल गईं लेकिन जनता की स्थिति नहीं बदली असन्तोष बढ़ता गया।

अपने को कमजोर समझने वाले सारे समूहों में यह बोध प्रवेश कर रहा था जो भी योजनाबद्ध विकास हो रहा है वह कुछ खास वर्गों और तबकों के लिए। हरित क्रान्ति द्वारा लाभान्वित हो रहे किसान तबकों को छोड़कर बाकी सारे किसान, पिछड़े इलाकों के लोग, उत्तर भारत की पिछड़ी जातियाँ, हिन्दी प्रदेशों का युवा वर्ग, वे समूह स्वयं को उपेक्षित समझ रहे थे। सबसे ज्यादा उपेक्षित आदिवासी समाज का कोई मध्यवर्ग नहीं था जो उनके असन्तोष को राष्ट्रीय समाज में व्यक्त करता। दलितों की स्थिति चेतना के स्तर पर आदिवासियों से बेहतर थी और उनकी आकांक्षाएँ व्यक्त हो रही थीं। उपर्युक्त सारे तबके वे हैं जिनकी आकांक्षाएँ और असन्तोष बाद के दशकों में अधिक मुखर हुए। इस असन्तोष का गलत या सही ढंग से राजनीतिकरण हुआ, ज्यादातर खण्डित रूप में, यानी अलग-अलग तबकों का

अलग-अलग राजनीतिकरण हुआ। लेकिन कभी-कभी समग्र असन्तोष की समन्वित राजनीति की भी कोशिश हुई। जब खण्डित या आंशिक राजनीतिकरण होता है तब प्रचलित व्यवस्था में अपने लिए अधिक हिस्सा प्राप्त करने का राजनीतिक लक्ष्य बनता है। समग्र या समन्वित आकांक्षाओं के राजनीतिकरण के व्यवस्थागत परिवर्तन का लक्ष्य बनता है, जिसके अभाव में हर प्रकार की तबकाई (खण्डित) भावनाएँ तीव्र हो सकती हैं। जातिगत, क्षेत्रीय, साम्प्रदायिक भावनाएँ उग्र हो सकती हैं।

सत्तर के दशक तक काँग्रेस का राजनीतिक जनाधार राष्ट्रव्यापी और समाजव्यापी था। समाज के हर तबके में उसका अच्छा-खासा समर्थन था। लेकिन जिस राज्य व्यवस्था और विकास ढाँचे को संचालित करने में उनकी प्रमुख भूमिका रही उसके परिणामस्वरूप समाज के विभिन्न वर्गों और तबकों के बीच दूरियाँ और गैर बराबरियाँ बढ़ती गईं। सो इस एकमात्र राष्ट्रीय पार्टी का सत्ता पर एकाधिकार टूटने लगा। तब सत्ताधारी दल और उससे जुड़े निहित स्वार्थ समूहों का भरोसा लोकतान्त्रिक संस्थाओं और मूल्यों पर कम होने लगा। सत्ता के संकट से गुजर रही प्रधानमन्त्री इन्दिरा गाँधी ने अपने गैर जनतान्त्रिक इरादों पर परदा डालने के लिए और एक प्रगतिशील मुखौटा ओढ़ने के लिए राजाओं के भत्ते में कटौती तथा बैंकों का राष्ट्रीयकरण जैसे कदमों की घोषणा की। ये सही कदम थे, समाजवादियों और साम्यवादियों ने उनका समर्थन किया तो समर्थन भी सही था। लेकिन इन राजनीतिक दलों ने अर्थव्यवस्था की कमजोरियों और जनता के असन्तोष के आधार पर अपनी आगे की राजनीति और रणनीति प्रस्तुत करने की बजाय सरकार को शाबाशी देकर अपनी प्रगतिशीलता को प्रमाणित करने का आसान और अल्पदृष्टि का रास्ता अपनाया। जनता के व्याप्त जिस सामाजिक-राजनीतिक असन्तोष को छिपाने के लिए इन्दिरा गाँधी ने गैर जनतान्त्रिक नीतियाँ अपनाईं और कभी-कभी लोकप्रिय कदम भी उठाए, उस असन्तोष को व्यवस्था परिवर्तन (विकास नीति में परिवर्तन) की दिशा में संचालित करना उस समय के समाजवादियों-साम्यवादियों के लिए बहुत कष्टदायक काम होता, और वे सहज मार्ग ढूँढ़ रहे थे। परिवर्तन की सम्भावनाओं के काल में अकसर यह होता है कि परिवर्तनवादी नेतृत्व आसान रास्ता ढूँढ़ लेता है और कठोर जीवन से गुजर रहे कार्यकर्ताओं का संकल्प भी कमजोर होने लगता है। आसान रास्ता चुनने के लिए बहुत अच्छे-अच्छे कारण मिल जाते हैं, तात्विक कारण और रणनीति से सम्बन्धित कारण बताते हुए सारे वामपन्थियों ने, समाजवादी और कम्युनिस्ट दलों ने इन्दिरा गाँधी को मजबूत बनाया।

जयप्रकाश नारायण को राजनीतिक मैदान में देखकर समाजवादी सँभल गए, हालाँकि 1967 की अल्पावधि के सत्ता सुख के बाद राष्ट्रीय पैमाने पर जन आंदोलन चलाने की योग्यता उनमें नहीं रह गई थी। वे सत्ता लोलुपता और व्यक्तिगत रूप से ग्रसित थे। उनकी तुलना में कम्युनिस्टों का तेज अधिक था। उनमें सत्ता लोलुपता और व्यक्तिवादिता बहुत कम थी। लेकिन राजनीति के स्तर पर वे घोर अवसरवादी हो चुके थे। उनकी किताबों में दो प्रकार की रणनीति थी; क्रान्तिकारी और लोकतान्त्रिक। 1956 के बाद से क्रान्तिकारी रणनीति किताब में ही रह गई, लोकतान्त्रिक रणनीति के व्यवहार में उन्होंने शासक दल का साथ देने की रणनीति अभी तक चला रखी है। वे उन दिनों सोवियत रूस के इन्दिरा समर्थन से भ्रमित थे। सोवियत रूस का वह समर्थन कूटनीतिक था और विदेश नीति के स्तर पर था। लेकिन कम्युनिस्टों को यह भ्रम हुआ था कि सोवियत संघ की मदद पाकर इन्दिरा गाँधी भारत की अर्थव्यवस्था में क्रान्तिकारी परिवर्तन लाने के लिए तैयार हो जाएँगी। (एक केन्द्रीय कम्युनिस्ट नेता ने ओड़िशा में अपने कार्यकर्त्ताओं की बैठक में एक प्रश्न के उत्तर में कहा था : इन्दिरा गाँधी हमारी शरणागत हो चुकी हैं।) काँग्रेस के वर्ग चरित्र की समझ और संजय गाँधी के उदय के बावजूद कम्युनिस्टों ने इस भ्रम को पाला, तो यह सिर्फ भ्रम नहीं हो सकता है। कठिन रास्ता न अपनाने के लिए भ्रमों का पालन होता है।

जे. पी. आंदोलन में समाजवादियों का आधा मन और कम्युनिस्टों का पलायन, इसको भारत के इतिहास की पिछली एक हजार साल की परम्परा में देखा जा सकता है। कबीला युग के बाद औसत मनुष्य में सामूहिक हित के लिए जोखिम उठाने की प्रवृत्ति खत्म हो गई है। इसलिए समाज को गतिशील बनाए रखने के लिए बौद्धिक-राजनीतिक समूहों से यह अपेक्षा रहती है कि वे अपने निजी जीवन की तकलीफों को सहकर सामाजिक हितों की सेवा करें। (हम क्यों राजनीति के भ्रष्टाचार से ज्यादा चिन्तित होते हैं और व्यापारिक भ्रष्टाचार से कम?) पिछले एक हजार साल से

भारत के बौद्धिक, राजनीतिक वर्ग ने इस जोखिमपूर्ण दायित्व का निर्वाह नहीं किया है। अतः राष्ट्र के संकट और निर्माण के काल में यह समीक्षा का विषय होना चाहिए कि उथल-पुथल के समय में, भविष्य-निर्माण के किसी काल में यह वर्ग क्या करता है? सिर्फ यह नहीं कि किसका पक्ष ले रहा है, बल्कि जोखिम उठाने के लिए कितना तैयार है? सफलता और असफलता, दोनों के काल में उसको जोखिम उठाने का काम करना होगा। तभी जन असन्तोष का सही राजनीतिकरण हो सकेगा, और राजनीतिक सफलता के बाद देश का निर्माण हो सकेगा।

इतिहास की दृष्टि से जे. पी. आंदोलन एक सारहीन, हास्यास्पद घटना है। अर्नेस्ट हेमिंग्वे के बूढ़े मछुआरे के किस्से की भाँति। बूढ़े मछुआरों की शारीरिक क्षमता का ह्रास हो चुका था। उस दिन उसने दूर समुद्र में जाकर बहुत कड़ा संघर्ष किया और सबसे बड़ी मछली को पकड़ लिया, जैसा कि नौजवान मछुआरे नहीं कर पाते। लेकिन वापस किनारे आते-आते समुद्र ने ही उस मछली के सारे मांस को नोच लिया; सिर्फ हड्डियाँ बच गई थीं उसके नाव से बँधी हुई। यह उस बूढ़े की त्रासदी थी, और जयप्रकाश नारायण की भी।

मछली के मांस को कौन खा गया? उत्तर यह नहीं होगा कि 1977 के चुनाव में जीतने के बाद विजयी लोगों ने सब कुछ लूट लिया। 1974 में ही उसका उत्तर ढूँढ़ना होगा। इस आंदोलन को ही समाज ने, उस समय की राजनीति ने खोखला बना रखा था।

1974 पूर्व जयप्रकाश नारायण के राजनीतिक जीवन की समीक्षा इस लेख का विषय नहीं है। 1952 से 1974 के अध्याय में जे. पी. ने अपने प्रारम्भिक राजनीतिक जीवन की बहुत सारी मान्यताओं का त्याग किया जिनको 'समाजवादी रूढ़िवादिता' कहा जा सकता है। राष्ट्रव्यापी आंदोलन के संचालन की क्षमता उनमें शुरू से थी। उग्र राजनीतिक हस्तक्षेप का समय कब आता है उसको पहचानने की घ्राण-शक्ति उनमें शुरू से थी। गाँधी के 'भारत छोड़ो आंदोलन' आवाहन के काफी पहले से जे. पी. ने एक अत्यन्त जोखिमपूर्ण भूमिका के लिए समाजवादियों को तैयार रखा था। उनके साथी और प्रतिद्वन्द्वी डॉ. लोहिया ने एक गुण में जे. पी. को अपने से श्रेष्ठ माना था : वह देश को हिला सकता है, बशर्ते कि खुद न हिल जाए। वाक्य का दूसरा अंश ईर्ष्या-जनित हो सकता है। निश्चय ही 1974 के राष्ट्रीय हालात के प्रति आकर्षित हुए। सर्वोदय वाला वनवास खत्म हुआ। वनवास में उन्होंने गाँधी की शिक्षा ली और राजनीति में हस्तक्षेप के उनके तरीके उदात्त हो चुके थे। इसलिए संघर्ष के लिए उतरते ही उनका कद बहुत ऊँचा हो गया। उग्र हस्तक्षेप के लिए देश तैयार था, जे. पी. तैयार थे। इसलिए देश हिल भी गया।

क्या इतिहास की किसी बड़ी घटना का नायक इतना अकेला रहा होगा जितना जयप्रकाश नारायण थे? अकसर बड़ी घटनाओं के नायकों के बगल में उच्च कोटि के सहयोगी पाए जाते हैं तपे-तपाये सहयोगियों का एक समूह भी रहता है। जे. पी. के संग कोई नहीं थी। विनोबा नहीं थे, कम्युनिस्ट नहीं थे (1941 के पहले थे) समाजवादी आ गए थे, लेकिन उनको समझ नहीं था कि इस आंदोलन में समाजवादी तेवर कैसे पैदा करें। सारे दक्षिणपन्थी दल आंदोलन के पक्ष में आ गए थे क्योंकि कम्युनिस्ट इन्दिरा गाँधी के पक्ष में हो गए थे और रुस का समर्थन इन्दिरा गाँधी को मिल रहा था। एक दक्षिणपन्थी नेता मीनू मसानी बाद में संजय गाँधी का कम्युनिस्ट विरोधी रूख देखकर संजय के बारे में आश्वस्त हो गए थे। ऐसी हालत में जे. पी. ने अपना रास्ता साफ करने के लिए अपने नायकत्व को परिभाषित किया : "मैं सबकी राय पर गम्भीरता से विचार करूँगा, निर्णय मेरा होगा।" जे. पी. के पास अपना कहने के लिए स्कूल, कॉलेज से निकले बच्चे थे जिनका कोई राजनीतिक या वैचारिक प्रशिक्षण नहीं था। जे. पी. ने एक बार सर्वेक्षण कराया और बयान दिया कि संघर्षों में जेल जाने की सबसे बड़ी संख्या निर्दलीय युवाओं की है, दल वालों की नहीं है। तो, दल वाले क्या कर रहे थे? जे. पी. को बिहार में इतना काम करना पड़ता था कि बाहर नहीं जा सकते थे। अन्य राज्यों में जहाँ समाजवादियों तथा अन्य दल वालों का विशेष प्रभाव था, वहाँ दल वालों ने आंदोलन को कितना तेज किया?

कम्युनिस्टों के बारे पूछना होगा कि वे जे. पी. के समर्थन में नहीं थे तो जनता का पक्ष लेकर कहाँ, कहाँ आंदोलन कर रहे थे? ऐसा भी नहीं था कि जे. पी. ने जनसंघ को विशेष आमन्त्रण भेजा था जो कम्युनिस्टों को नहीं भेजा। कुल कम्युनिस्टों को मिलाकर कहें तो स्थिति अजीब थी। उनका एक छोटा लेकिन उग्र हिस्सा (नक्सलपन्थी) पूरा-का-पूरा

इन्दिरा गाँधी की जेल में था। कम्युनिस्ट भूमि बंगाल में इन्दिरा गाँधी काँग्रेस के मुख्यमन्त्री सिद्धार्थ शंकर राय का मार्क्सवादियों पर नृशंस हमला चल रहा था। फिर भी कम्युनिस्ट कुल मिलाकर स्तब्ध या तटस्थ थे। बंगाल में जे. पी. का प्रवेश जोखिमपूर्ण था। उनकी गाड़ी की छत पर युवा कांग्रेसियों ने ताण्डव नृत्य किया। वहाँ भी कम्युनिस्टों का कोई सार्वजनिक सहयोग नहीं मिला। अगर समाज के बने बनाए और प्रतिष्ठित वामपन्थी समूहों की कोई सकारात्मक भूमिका आंदोलन में जनता के स्तर पर नहीं होगी तो आंदोलन के राजनीतिक तौर पर विजयी होने पर भी उसका क्या परिणाम निकलेगा? सच पूछें तो जयप्रकाश नारायण से किसी की अपेक्षा नहीं थी कि वे आकर जन असन्तोष को दिशा दें। उनको हम सब लोगों ने आश्रम का सन्त मान लिया था। अगर जन असन्तोष था, भ्रष्टाचार बढ़ रहा था और लोकतन्त्र पर खतरा आ रहा था तो अपने को लोकतान्त्रिक, समाजवादी, वामपन्थी मानने वालों पर यह सामाजिक जिम्मेदारी थी कि लोकतन्त्र की रक्षा के लिए और परिवर्तन के लिए वे राष्ट्र को आन्दोलित करें। यहाँ जे. पी. को सहयोग देने या उनको नेता मानने का सवाल नहीं था। सवाल था लोकतन्त्र की रक्षा के लिए विपक्ष क्या कर रहा है और प्रगतिशील समूह कितना जोखिम उठा रहे हैं?

आंदोलन के दिनों में ही इस लेखक के जैसे जनाधार विहीन आदर्शवादी समूहों के कुछ लोग आपस में यही चर्चा करते थे कि आंदोलन सफल भी हो जाएगा तो देश को कितना फायदा मिलेगा? बड़े लक्ष्यों को लेकर आंदोलन होना भी अपने में एक फायदा है, लेकिन उसके आगे क्या? आंदोलन में अन्तर्निहित व्यर्थता की आशंका बार-बार इसलिए सर उठाती थी कि समूचे राजनीतिक परिदृश्य में सिर्फ राष्ट्रीय संघ का एक ऐसा संगठन था जिसको दीर्घकालीन भविष्य की चिन्ता थी और उस चिन्ता के आधार पर वह अपनी व्यूह रचना कर रहा था। अन्य सारे समूह, जो पक्ष में थे या विपक्ष में तत्कालीन उपलब्धियों की आशा में जी रहे थे।

जे. पी. से इस लेख की एक बातचीत का उल्लेख यहाँ अप्रासंगिक नहीं होगा। जे. पी. के मन में जोरदार ढंग से यह बात आने लगी थी कि आंदोलन के निर्दलीय युवाओं का एक संगठन बनना चाहिए, क्योंकि काँग्रेस सरकार की गैर लोकतान्त्रिक हरकतों के खिलाफ तो आंदोलन का सहयोग राजनीतिक दल भी कर रहे हैं, लेकिन सम्पूर्ण क्रान्ति की बातों को अपनाने वाला कोई भी नहीं है। आंदोलन के बाद क्या रह जाएगा हम लोगों का संगठन उन दिनों निर्दलीय था, समाजवादियों की अवसरवादिता के प्रतिवाद के मंच का गठन हुआ था। बिहार आंदोलन के हम लोग गौण पात्र थे। बिहार में हमारी इकाई मुख्यतः युवाओं की थी जो पूरी तरह सक्रिय थे। जे. पी. ने हमसे आग्रह किया कि प्रक्रिया चलाएँ जो सम्पूर्ण क्रान्ति के लक्ष्य के प्रति समर्पित होगी। मैंने उनसे कहा, हमारा संगठन इतना छोटा है; क्या मैं उनसे भी बात कर सकता हूँ? जे. पी. ने कहा, आप कर सकते हैं, लेकिन निर्दलीय की शर्त रहेगी और शीघ्र मुझे आपका उत्तर मिलना चाहिए। बिहार आंदोलन शुरू होने के समय बिहार का समाजवादी दल किसी राष्ट्रीय दल का हिस्सा नहीं था। कर्पूरी ठाकुर उसके सर्वमान्य नेता थे। मैंने समाजवादी युवजन सभा के लोगों से मिलकर बातचीत की। इसकी सूचना दल के नेताओं तक भी पहुँच गई। अन्त में पता चला कि अलग से एक युवा संगठन बनाने के प्रस्ताव पर वे तैयार नहीं हैं। मैं खाली हाथ लौटा। जे. पी. ने कहा, "मैं जानता था कि आपको सफलता नहीं मिलेगी। लेकिन आप लोग इसमें रहेंगे।"

आपातकाल घोषित होने के पहले बिहार के 'खादीग्राम' में एक शिविर चला था। उस शिविर में जे. पी. को एक धक्का यह लगा कि राजनीतिक दलों के बुद्धिजीवी लोग जनेऊ तोड़ो जैसे सामाजिक कार्यक्रम के विरुद्ध हैं। उसी शिविर के दौरान ही युवा संगठन बनाने की प्रक्रिया में आपका संगठन नहीं रहेगा। मैंने कारण पूछा तो कहा : 'आप मुझे पटना में मिलेंगे तो मैं बताऊँगा।'

मैं पटना में जे. पी. से मिला तो उन्होंने कहा : "मैं घिर गया हूँ और अकेला हूँ। मैं आंदोलन के प्रारम्भ से सोच रहा था कि सर्वोदय के तेजस्वी लोगों और निष्ठावान समाजवादियों की टीम बने और इस निर्दलीय आंदोलन का नेतृत्व करे। ऐसा नहीं हो पाया। निर्दलीय आंदोलन की घोषणा के समय बिहार के समाजवादी अपनी अखिल भारतीय पार्टी से अलग थे। उससे मेरी आशा बनी थी। लेकिन अब वे भी एक पार्टी में जुड़ गए हैं...।" (यह शब्दशः उद्धरण नहीं है, क्योंकि सारे शब्द हूबहू याद नहीं हैं।)

समाजवादियों की ओर से जे. पी. को भरोसा दिलाने का मैं अधिकारी नहीं था। मैंने जे. पी. को आश्वासन दिया कि युवा संगठन जैसा भी बने, हम बाहर से उसका स्वागत करेंगे और अपना सहयोग देंगे। छात्र युवा संघर्ष वाहिनी के साथ उसके कार्यकर्ताओं के साथ आज तक जो मेरी दोस्ती है, उसके मूल में यह घटना है।

आंदोलन में जे. पी. ने सिर्फ निर्दलीय युवाओं को अपना समझा था और उनको प्रशिक्षित करने की एक विचित्र आशा उनमें थी। छात्र युवा संघर्ष वाहिनी के जो सदस्य बने थे उनकी प्रतिबद्धता अभी तक बुनियादी मूल्यों के प्रति है, और सत्ता की होड़ में वे कभी नहीं रहे। उस समय के राजनीतिक दलों के चरित्र से जे. पी. परिचित थे और इसलिए शुरू से उन्होंने स्पष्ट कर दिया था, सबकी राय मैं ध्यान से सुनूँगा, लेकिन निर्णय मेरा होगा। आंदोलन के हर मोड़ पर उन्होंने अपना निर्णय दिया और हरेक निर्णय आंदोलन की दृष्टि से सही साबित हुआ। उनका निर्णय दक्षिण या वाम किसी राजनीतिक दल द्वारा प्रभावित नहीं था।

अपने सहयोगी राजनीतिक दलों को जे. पी. कितना सही समझते थे यह इस बात से स्पष्ट हो जाता है कि उन्होंने चुनाव आते ही कह दिया कि सब अपनी-अपनी पार्टी का विलय एक नए दल में कर दें। यह सलाह हास्यास्प्रद हो सकती थी, क्योंकि अपने-अपने दल को उसका नेतृत्व एक विशिष्ट विचारधारा का प्रतिनिधि समझता है। दस साल पहले के नेतृत्व ने इस प्रस्ताव से अपने को अपमानित महसूस किया होगा। लेकिन जे. पी. ने चुनाव के समय की कमजोरी को समझा। नया दल किसलिए? सम्पूर्ण क्रान्ति के लिए नहीं। चुनाव के लिए चुनाव के बाद बनी सरकार को सम्बोधित करके उन्होंने इसको स्पष्ट किया था कि इस सरकार से क्रान्ति की उम्मीद नहीं की जा सकती है; लोकतन्त्र के लिए प्रतिबद्धता ही काफी है। इन राजनीतिक दलों का आखिरी अच्छा काम यह रहा कि जे. पी. की सलाह मानकर एक हो गए और उनके हाथों में लोकतन्त्र की संस्थाओं की पुनःस्थापना हुई।

आंदोलन का स्थायी परिणाम सिर्फ यही हुआ कि सत्ता पर काँग्रेस का एकाधिकार, जो 1967 से टूटना शुरू हुआ था, हमेशा के लिए टूट गया। राजनीति में नई शक्तियाँ उभरीं और देश को बदलने की नई सम्भावनाएँ चुनौती बनकर उसके सामने आईं। कम्युनिस्ट पार्टी, जो आंदोलन के विरुद्ध थी, उसको भी इस आंदोलन का फायदा हुआ। चुनाव के तत्काल बाद ही कम्युनिस्ट पार्टियों ने काँग्रेस से अपनी दूरी बना ली और जनता पार्टी के सहयोगी बन गए। पश्चिम बंगाल में उनकी सरकार का बनना शुरू हुआ था 1967 में सत्ता पर उनकी पकड़ मजबूत हो गई, और आज तक वे बने हुए हैं। अगर 1974 के आंदोलन में भी उनकी भागीदारी होती तो हिन्दी भाषी इलाके के जनाधार से वे कटे नहीं होते, और भारतीय जनता पार्टी को जिस तरह का फायदा मिला उसी तरह का फायदा उनको भी हुआ होता, क्योंकि आंदोलन के जनाधार को संगठन में परिणत करने की कला कम्युनिस्ट जानते हैं। 1942 और 1974 दोनों घटनाओं में कम्युनिस्टों ने गलती नहीं की होती तो आज वे वही होते जहाँ जनसंघ (भारतीय जनता पार्टी) है। हालाँकि इस तरह की चर्चा को यह न होता तो इतिहास कुछ और हुआ होता ज्यादा खींचना नहीं चाहिए। इस तरह से सोचने का परिणाम कुछ भी नहीं होता। जयप्रकाश नारायण ने उनको यह सब नहीं दिलाया। उसी तरह भारतीय जनता पार्टी को जो ताकत मिली, वह जे. पी. की देन नहीं है, भाजपा ने जे. पी. आंदोलन का फायदा अपने बुद्धि विवेक से उठाया। जिन दिनों समाजवादियों में कुर्सी के लिए आपस में मारा-मारी हो रही थी, उन दिनों राष्ट्रीय स्वयंसेवक संघ जनाधार और संगठन बनाने का काम कर रहा था। जनसंघ और कम्युनिस्ट दोनों को 1967 का लाभ मिला था। 1977 में कम्युनिस्टों को उतना फायदा नहीं मिला, क्योंकि वे जन उभार की विपरीत दिशा में चले गए। जन उभार के साथ चलना हमेशा अच्छा नहीं होता है। जनता ईश्वर नहीं है। गलत दिशा में भी उसका उभार हो सकता है, और तब उसके द्वारा कुचला जाना भी वीरत्व है। लेकिन 1974 की गलतियों को कम्युनिस्टों ने अपने व्यवहार के जरिए स्वीकार किया है। उसके बाद से उन्होंने हमेशा जनता पार्टी के किसी-न-किसी टुकड़े के साथ अपना मोर्चा बनाया है। इसलिए यह कुतर्क समाप्त होना चाहिए कि—

जब तुम्हें अवसर मिले तो अपने से अधिक, अच्छों का साथ करो; यही ठीक और वास्तविक अभियान है।

संघ, वामपंथी और जे. पी.

गोविंदाचार्य

जे.पी. मन से लोकतान्त्रिक थे। वे जानते थे, मतभेद सम्भव है, पर वे स्वागतशील मानसिकता से मतभेदों पर चर्चा करने के लिए तैयार रहते थे। एक बार उन्होंने मुझसे कहा कि चाहे कुछ भी कहो, राष्ट्रीय स्वयं-सेवक संघ साम्प्रदायिक तो है ही। मैंने पूछा कैसे? उन्होंने कहा अच्छा बताओ, तुम्हारे संघ में कितने प्रचारक हैं? मैंने कहा यही कोई 1200 के करीब होंगे। उन्होंने पूछा इनमें से कितने मुसलमान हैं? मैंने जवाब दिया एक भी नहीं। वे बोले बस, यही तो मैं कह रहा हूँ। मैंने कहा लेकिन आपका यह मापदण्ड सही नहीं है। हिन्दुत्व किसी पूजा पद्धति के विरुद्ध नहीं है। वह सबको साथ में ले चलने के लिए तैयार रहता है, पर कोई आए तभी तो उसे साथ में लिया जाएगा। आप सर्वोदय आंदोलन के अग्रणी हैं, आप बताइए, वहाँ पूरा समय देने वाले कितने कार्यकर्ता हैं? जे.पी. ने उत्तर दिया 600। मैंने पूछा उनमें से मुस्लिम कितने हैं? जे.पी. का उत्तर था दो। मैंने फिर पूछा क्या उन दो को भी मुस्लिम समाज में स्वीकृति प्राप्त है? जे.पी. ने स्पष्ट कहा नहीं। मैंने कहा अब आप बताइए, गाँधी से बढ़कर गैर साम्प्रदायिक और सेकुलर तो कोई नहीं कहा जा सकता। फिर भी उनके काम में 600 में से सिर्फ दो मुसलमान क्यों? कम-से-कम साठ तो होने चाहिए थे और जो दो हैं, उन्हें भी उनके समाज की स्वीकृति नहीं है। इसके अलावा एक और उदाहरण रामकृष्ण मिशन का है। रामकृष्ण मिशन तो मुस्लिम विरोधी नहीं है। रामकृष्ण परमहंस ने तो अल्लाह और जीजस की भी अनुभूति की थी पर रामकृष्ण मिशन में कितने मुसलमान जाते हैं? इसलिए आप राष्ट्रीय स्वयंसेवक संघ को राष्ट्रवादी संगठन कहें, साम्प्रदायिक नहीं। जे.पी. ने इसके बाद कभी संघ को साम्प्रदायिक नहीं कहा। बल्कि उन्होंने एक बार खुली सभा में कहा था कि यदि संघ साम्प्रदायिक है, तो वे भी साम्प्रदायिक हैं।

आज विभिन्न स्तरों पर जो नेतृत्व है, उसमें यह खुलापन खो-सा गया है। इसलिए आज राजनीति में छुआछूत की बजाय परस्पर विश्वास और संवाद कायम करने की जरूरत है। आपसी विश्वास और संवाद के घोर अभाव में जिम्मेदार नेता राजनीति के काम को बच्चों द्वारा बनाए जाने वाले रेत के घरौंदे में बदल रहे हैं।

जे.पी. का स्मरण करते हैं तो ध्यान में आता है कि राजनीति में बृहत्तर, उदात्त लक्ष्य चाहिए। पाने, बनने और पहुँचने की राजनीति लोगों को तो कहीं पहुँचा सकती है पर देश को कहीं नहीं। ऐसी राजनीति के बावजूद मन में विश्वास है कि समाज तो आगे बढ़ेगा ही, क्योंकि आज के भारतीय समाज में राजनीति न तो विकास का एकमेव उपकरण है और न ही वह सर्वस्व बन सकी है। समाज चल रहा है अपनी सांस्कृतिक और सामाजिक पूँजी के आधार पर। ऐसी स्थिति में राजनीति कहीं अधिक साधक व बहुत कुछ बाधक के रूप में खड़ी है। यहाँ राजनीति में मेरा तात्पर्य पार्टियों से नहीं बल्कि सत्ता के प्रतिष्ठान से है जिसमें नौकरशाही, न्यायपालिका, मीडिया तथा बौद्धिक जगत शामिल हैं। यह सत्ता प्रतिष्ठा समाज की अभीप्सा से कटता नजर आ रहा है।

समग्र क्रांति का सपना

देशभर में जे.पी. आंदोलन अपना असर दिखा रहा था। केन्द्र में सरकार भी बदली। केन्द्र में जनता दल की सरकार

आई। लेकिन जनता सरकार के कामकाज और रवैये से जयप्रकाश जी बहुत निराश थे। यदि वे जीवित रहते तो निश्चित रूप से संपूर्ण क्रांति के आंदोलन को जीवित करने की कोशिश करते। अब वे नहीं हैं तो जिन लोगों की जे.पी. में निष्ठा है, उनमें विश्वास है, उन्हें यह काम करना चाहिए। लेकिन आज उस क्रांति के सिपाही कहीं नहीं दिखाई दे रहे हैं। फिलहाल कोई सम्भावना भी नहीं दिखाई देती, क्योंकि उस आंदोलन के लोग तमाम खेमों में बंटे हुए हैं और कोई एक व्यक्ति भी ऐसा नहीं दिखाई देता जो लोगों को जोड़ सके। नई पीढ़ी में अगर कोई चेतना पैदा हो तो शायद आशा की किरण दिखाई दे।

बिहार आंदोलन के अग्रणी नेता ने कहा– प्रासंगिक हैं आज भी जे.पी., छात्र और नौजवान ही आंदोलन के सर्वाधिक उपयुक्त वाहक हैं।

आज भले ही जे.पी. का पार्थिव शरीर हमारे बीच नहीं है, मगर उनके नेतृत्व में आंदोलन के मुद्दे आज भी जिन्दा हैं। स्थितियाँ कुछ अधिक बदली नहीं हैं। महँगाई, बेरोजगारी, भ्रष्टाचार और कुशिक्षा बिहार आंदोलन के मुद्दे थे। आज उन मुद्दों में गैरबराबरी और अपसंस्कृति का समावेश हो गया है। इसलिए जब मुद्दे जिन्दा हैं, तो जे.पी. की प्रासंगिकता आज भी उतनी ही है। इन मुद्दों को लेकर समाज में जनरोष है। प्रश्न उस जनरोष को संगठित करने हेतु व्यवस्था और नेतृत्व प्रदान करने का ही है। उस समय भी राजनीतिक दलों की साख बहुत गिर चुकी थी। परिवर्तनशील मानस के छात्र-नौजवान जो समाज में व्याप्त प्रदूषण से त्रस्त हैं, आज भी आंदोलन के लिए सर्वाधिक उपयुक्त वाहक हैं।

जे.पी. के बारे में महत्त्वपूर्ण बात यह है कि उनका मन बहुत बड़ा था। उन्हें मालूम था कि छोटे से बड़े काम नहीं होते हैं। इसका मैं एक उदाहरण बताता हूँ। मेरे मित्र और वरिष्ठ पत्रकार श्री रामबहादुर राय तत्कालीन नक्सली नेता श्री सत्यनारायण सिंह को जे.पी. से मिलाने लाए ताकि वामपन्थी भी बिहार आंदोलन में शामिल हो सकें। जे.पी. का भी आग्रह था कि सभी विचारों के लोग इस आंदोलन से जुड़ने चाहिए। लेकिन वामपन्थी राजनीतिक छुआछूत से ग्रस्त सत्य रहे हैं। सत्यनारायण सिंह ने जे.पी. से कहा कि आपके साथ राष्ट्रीय स्वयंसेवक संघ के लोग भी जुड़े हुए हैं। आप पहले संघ के लोगों को आंदोलन से अलग कर दें, तब हम साथ आएँगे। जे.पी. ने कहा कि संघ के लोग तो मुझसे पहले से इस आंदोलन में शामिल हैं, इन लोगों ने मेरा नेतृत्व भी स्वीकार किया है। अब ये मुझ पर निर्भर है कि मैं आंदोलन को सबको साथ लेते हुए कैसे चलाऊँ। आपसे तो मेरा इतना ही आग्रह है कि आप भी इस आंदोलन में शामिल हों। यदि आपको संघ के लोगों की नीयत पर शक है तो जैसे-जैसे आंदोलन आगे बढ़ेगा, ठीक नीयत न रखनेवालों को परेशानी होती जाएगी और वे टिक नहीं सकेंगे, खुद ही अलग हो जाएँगे। लेकिन वामपन्थी नहीं माने और शामिल होने के बजाय वे आंदोलन के मुकाबले में खड़े हो गए।

बिहार में सुगबुगाहट

प्रश्न यह भी पूछा जाता है कि जिस बिहार ने जे.पी. आंदोलन को जन्म दिया, वह आज संपूर्ण अराजकता का शिकार होते हुए भी किसी सुगबुगाहट का संकेत क्यों नहीं दे रहा है। तो मेरा कहना है कि बिहार में आज भी ऊर्जा और इच्छा यथावत है। फिलहाल आंदोलन की ऊर्जा जातिवाद के तिलिस्म में कैद हो गई है। पिछले दिनों तीन निरपराध छात्रों की हत्या के विरोध में उपजा जनाक्रोश इसी छटपटाहट का प्रमाण है। पच्चीस साल बाद फिर एक सुगबुगाहट दिखी। ध्यान में रखना होगा कि इतिहास स्वयं को दोहराता तो है पर वह अपने उसी मूल रूप में दोहराया नहीं जाता। इसलिए बिहार में बदलाव की दिशा और स्वरूप क्या हो, इस पर विचार प्रासंगिक रहेगा।

आंदोलन, कृपलानी और सत्ताकांक्षी

जे.पी. आंदोलन का एक और पक्ष है कि उसमें जुड़े लोगों के बारे में कहा जाता है कि वे स्वयं सत्ता से चिपक गए और उन्होंने आंदोलन के साथ छल किया। इस बात को नकारा नहीं जा सकता कि जे.पी. आंदोलन में राजनीतिक आकांक्षाओं से जुड़े लोग भी शामिल थे। 1977 में लोकसभा चुनाव के बाद और विधानसभा चुनाव के पहले छात्र नेताओं के ऐसे मानस को आचार्य कृपलानी ने ही पहचाना था। तब वे पटना में गाँधी मैदान में आयोजित सभा को सम्बोधित

करने आए थे। उस समय अनेक लोगों को लगता था कि आचार्य कृपलानी के नजदीक जाएँगे तो उन्हें चुनाव में टिकट मिलने की सम्भावना बढ़ जाएगी। वे सब मंच पर धक्का-मुक्की कर चढ़ने लगे। स्थिति यह हो गई कि मंच पर इतने लोग चढ़ गए कि आचार्य कृपलानी के बैठने के लिए जगह नहीं बची और उनके लिए अलग से कुर्सी लानी पड़ी। उस सभा में उन्होंने अपने छात्र एवं युवा समय को याद करते हुए कहा कि एक बूढ़े के कहने पर मैं पढ़ाई छोड़कर निकला था। उसने मुझे आश्रम की साफ-सफाई का काम दिया। मैंने 17 साल तक यह काम किया। उसके बाद मुझे अखिल भारतीय काँग्रेस कमेटी में आर्थिक प्रस्ताव के अनुमोदन का काम सौंपा गया। तब मैं पहली बार मंच पर चढ़ा था। आज तो साल दो साल में ही आप सत्ता में आने को आतुर दिखते हैं। आचार्य कृपालानी ने छात्रों और युवाओं से यह भी कहा था कि कभी राजनीतिक नेताओं के पाँव मत छुओ, वे कीचड़ से सने होते हैं। उन्हें छुओगे तो तुम्हारे हाथ में भी कीचड़ लग जाएगा।

इस राजनीति के बावजूद समाज बढ़ेगा

लेकिन जे.पी. आंदोलन में, छोटा ही क्यों न हो, एक समूह ऐसा भी था जो दलीय राजनीति से परे था। वह था छात्र युवा संघर्ष वाहिनी का समूह। यह पाँच सात साल तक संगठित और सक्रिय रहा, पर बाद में सत्ता प्रतिष्ठान से जुड़े लोगों ने इसके कार्यकर्ताओं को इस तरह के मुकदमों में फँसाकर थका दिया। जैसे बोध गया के महन्त का हजारों एकड़ जमीन पर कब्जा था। छात्र युवा संघर्ष वाहिनी के कार्यकर्ता भूमिहीनों के पक्ष में खड़े हुए तो एक-एक कार्यकर्ता पर कई-कई मुकदमे ठोंक दिए गए। सर्वोदय के पीठाधीशों ने भी उनका साथ छोड़ दिया और इस प्रकार कार्यकर्ता थककर बिखर गए।

पर जैसा मैंने पहले कहा, मुझे समाज पर भरोसा है। समय का तकाजा है कि भूख और बेरोजगारी के मसले पर रचनात्मक और आंदोलनात्मक प्रयासों के बीच, ढीला-ढाला-सा ही क्यों न हो, तालमेल करने और राजनीति को बुनियादी मुद्दों की पटरी पर लाने की पहल हो। आज तो संसद में भी बुनियादी मुद्दों पर बहस हाशिये पर चली गई है। बहस का स्थान शोरगुल और धक्का-मुक्की ने ले लिया है। इसके समाधान के लिए सभी दलों के बड़े नेताओं को आगे आना होगा।

जे. पी. के सौ साल

कुमार प्रशान्त

बात आजादी के पहले, ठीक पहले की है जब काँग्रेस के लिए नए अध्यक्ष के चुनाव की चर्चा हवा में थी और गाँधी जी चाहते थे कि काँग्रेस का पतन रोकने की जिम्मेदारी जयप्रकाश को दी जाए। उन्होंने जयप्रकाश की थाह लेने के लिए उन्हें बुलाया और कहा, ''मैं तुम्हारी बहादुरी का लाभ काँग्रेस के लिए उठाना चाहता हूँ। बताओ क्या तुम काँग्रेस का बोझ उठाओगे।'' जयप्रकाश ने झिझकते हुए कहा कि आप दूसरों की राय भी ले लीजिए। वे इस प्रस्ताव के बारे में उतने ही तटस्थ थे जितने तटस्थ वे अपनी जान के बारे में तब थे, जब उन्होंने 1942 में, हजारीबाग जेल की 17 फीट ऊँची दीवार फाँदी थी। गाँधी की बात काँग्रेस के तब के आकाओं को पची नहीं और जयप्रकाश को अपना रास्ता तलाशने के लिए छोड़कर गाँधी भी सिधार गए। अगर जयप्रकाश ने गाँधी की बात मान ली होती और काँग्रेस के आका भी गाँधी से सहमत हो गए होते, तो क्या होता? कांग्रेस के लिए शायद कुछ नया हो पाता लेकिन जयप्रकाश वह नहीं बन सके होते जो वे बने।

चीनी हमले से सकते में आए देश के राष्ट्रपति डॉ. राधाकृष्णन अपनी विशेष रेलगाड़ी से जाते हुए पटना पहुँचे थे और तब उन्होंने स्टेशन पर जयप्रकाश को बुलवा भेजा था। दोनों मिले तो राष्ट्रपति ने कहा, जयप्रकाश, अब देश की बागडोर सँभालने के लिए बेझिझक आगे आइए। यह सिर्फ आप ही कर सकेंगे। जयप्रकाश तब भी आगे नहीं आए और वह बागडोर उन्होंने नहीं सँभाली जिसका संकेत राष्ट्रपति ने किया था। उसी दौर में चीन के धोखे की मार से कहीं गहरे आहत, बीमार और वृद्ध जवाहरलाल से जयप्रकाश मिलने गए तो उन्होंने कहा, ''जयप्रकाश अब किसका इन्तजार कर रहे हो, इस वक्त तुम्हारी जरूरत है।'' जयप्रकाश उस जरूरत को पूरा करने भी आगे नहीं आए। उनके समाजवादी मित्रों को ऐसा लग रहा था कि यह मौका गँवाने लायक नहीं है और जयप्रकाश जिम्मेवारी से पीछे हट रहे हैं। जयप्रकाश ने कहा, ''जवाहरलाल जी की कठिन स्थिति को अपने लिए आसान अवसर मान लूँ, इतना टुच्चा मैं नहीं हूँ।'' 1967 में फिर आवाज उठने लगी कि जयप्रकाश को राष्ट्रपति बनाया जाना चाहिए। उनकी सहमति होती तो बात कठिन नहीं होती, लेकिन जयप्रकाश ने एकदम पल्ला ही झाड़ लिया और झाड़कर कहा दूसरों का लिखा भाषण पढ़ने के लिए जयप्रकाश पैदा नहीं हुआ है।

फिर वही सवाल उठता है कि जयप्रकाश के प्रधानमन्त्री या राष्ट्रपति बन जाने से क्या होता, बहुत सारी सम्भावनाएँ की जा सकती हैं। लेकिन इतना निर्विवाद है कि जब जयप्रकाश न तो वह बन पाते और न वह कर पाते, जो वे बने और जो उन्होंने किया।

जयप्रकाश ने क्या किया? जयप्रकाश की जन्मशती के इस वर्ष में यह सवाल पूछने लायक भी है और समझने लायक भी।

जयप्रकाश को समझने में सबसे अधिक कठिनाई होती रही है कि हमारी समझ के किसी चौखटे में यह आदमी अटता नहीं है। हम जिसे उपलब्धियों का शिखर मानते हैं, वह शिखर भी उसके पास कई बार पहुँचता है और बौना बनकर वापस लौटता है। अमेरिका में मार्क्सवाद का गहन अध्ययन करके और घोर मार्क्सवादी बनकर जब वे भारत

लौटे तो उनकी पहली टक्कर मार्क्सवादियों से ही हुई, जो यह टेक लेकर बैठे थे कि गाँधी और काँग्रेस की राजनीति पूँजीवादी है और इसलिए हम मार्क्सवादी इसमें शिरकत नहीं कर सकते हैं। राष्ट्रीय स्वतन्त्रता के जनान्दोलन से कोई मार्क्सवादी अलग कैसे रह सकता है, यह सवाल उठाकर जयप्रकाश ने मार्क्स के वे सारे निर्देश उनके सामने उँड़ेल दिए जो मार्क्स ने मास वर्क से अलग न रहने के लिए दिए थे। मार्क्सवादी होकर भी जयप्रकाश भारत आते ही गाँधी के नेतृत्व में चल रहे आजादी के आंदोलन में कूद पड़े तो अपने इसी विश्वास के कारण कि जनान्दोलन में आपको जनता के बीच जाने का और उसे अपने विचार के अनुकूल करने का मौका मिलता है।

काँग्रेस में भी उनकी टक्कर गाँधी से हुई। वे गाँधी की अहिंसा और उनके रचनात्मक कामों का कोई औचित्य नहीं पाते थे। और सिर्फ राजनीतिक सुविधा की दृष्टि से उन सबका जाप करने को तैयार नहीं थे। उन्होंने काँग्रेस के मंच से ही अपनी लड़ाई लड़ी और उसे एक अलग ही चेहरा दिया। गाँधी उन्हें सहते ही नहीं रहे बल्कि काँग्रेस के दूसरे नेताओं से उनका बचाव भी करते रहे तो इसलिए कि इस मतभेद के पीछे बौद्धिक ईमानदारी वे पहचानने लगे थे। उन्हें इसका पक्का विश्वास था कि समाज परिवर्तन की अपनी खोज में जयप्रकाश एक दिन उनके करीब पहुँचेंगे ही। मैं जयप्रकाश को हजम करना चाहता हूँ। वह मेरे बाद मेरी भाषा बोलेगा, कहकर गाँधी ने जयप्रकाश को अपना रास्ता बनाने के लिए छोड़ दिया।

काँग्रेस में जयप्रकाश, जवाहरलाल के साथ थे। वे सुभाष के साथ भी चले और फिर दोनों से अलग हुए। समाजवादी कार्यक्रमों के सवाल पर जब जवाहरलाल कोई ठोस कदम उठाने को तैयार नहीं हुए तो वे उनसे दूर हुए। सुभाष ने जब फासिस्ट ताकतों से संबंध बनाकर देश की आजादी की बात सोची तो उनसे भी दूर हटे। आजादी तो चाहिए ही लेकिन यह आजादी कैसी होगी और कैसे आएगी, यह भी हमें आज ही और अभी ही गहराई से सोच लेना चाहिए। अपने इस आग्रह के कारण जयप्रकाश दूसरों से दूर हुए, तो इन्हीं कारणों से गाँधी के करीब भी पहुँचने लगे। गाँधी के पास आजाद भारत की एक तस्वीर थी और उसे पाने की एक पूरी रणनीति भी जिसे वे सबके सामने रखते थे। जयप्रकाश उससे सहमत भले न हों, वे इतना पहचान तो रहे थे कि इस आजादी के पास बौद्धिक गहराई भी है और संघर्ष का साहस भी।

उन्होंने अपनी पार्टी बनाई और उसे फैलाने-जमाने के लिए सारे देश में तूफानी माहौल खड़ा किया। गाँधी के बाद उस दर्जे का कोई संगठनकर्त्ता था तो जयप्रकाश ही थे। जवाहरलाल, सरदार पटेल, राजेन्द्र प्रसाद भी संगठनकर्त्ता थे, लेकिन वे सब गाँधी की आभा में दमकते थे। जयप्रकाश ने अपनी आभा खुद रची थी। समाजवादी पार्टी की स्थापना के पीछे जयप्रकाश एक और काँग्रेस खड़ी करना नहीं चाहते थे। आजादी के बाद यह फर्क उभारने की चुनौती ज्यादा गहरी हुई। गाँधी के जाते ही काँग्रेस ने समाजवादियों को पार्टी से बाहर कर दिया। अब समाजवादी अपना नया चेहरा गढ़ने को एकदम स्वतन्त्र थे। लेकिन मुश्किल यहीं पर थी कि नया कुछ हो आपके पास, तब तो आप नया चेहरा गढ़ सकेंगे। यह चेहरा काँग्रेस का ही चेहरा था। आज जिस तरह हमें पार्टियों के साइनबोर्डों का ही फर्क दिखाई देता है, चेहरों में नहीं, ऐसा ही हाल उस वक्त भी था।

चुनाव सबसे बड़ी चुनौती और सत्ता बड़ा लक्ष्य दलीय राजनीति की इस सीमा को पहचानकर जब जयप्रकाश ने दल और चुनाव को एक अलग भूमिका में रखने का प्रयास किया तो उनकी समाजवादी...में हाहाकार मच गया। आरोपों-प्रत्यारोपों के उस घटाटोप के बीच, व्यक्तिगत, रागद्वेष, कटुता और शिकायत से ऊपर उठकर अपनी आस्था के मुताबिक अपना एक कोई कोना गढ़ना बहुत कठिन और मर्मान्तिक अनुभव था वह लेकिन जयप्रकाश उसे भी पार कर गए। उन्होंने कभी कोई चुनाव नहीं लड़ा और कभी सरकारी शासन के किसी पद पर नहीं गए। क्योंकि वे लोकतन्त्र का एक नया भारतीय शील गढ़ने को बहुत महत्त्वपूर्ण मान रहे थे। आजादी के बाद के पहले आम चुनाव में जवाहरलाल की काँग्रेस को जबर्दस्त चुनौती देने और फिर चुनाव नतीजों में काँग्रेस से बुरी तरह पिटने के बाद जयप्रकाश ने एक विचित्र-सा बयान दिया कि अब, जबकि चुनाव की लड़ाई खत्म हो गई है, जवाहरलाल को विपक्ष को मजबूत बनाने का काम करना चाहिए। जवाहरलाल अपने ही विरोध को मजबूत क्यों बनाएँ, यह सवाल जवाहरलाल ने भी पूछा और राजनीतिक विश्लेषकों ने भी, और जयप्रकाश ने जवाब दिया कि एक स्वस्थ लोकतन्त्र को एक स्वस्थ व सबल विपक्ष

की जरूरत होती है और हम सबको उसे बनाने में लगना चाहिए। क्योंकि स्वस्थ लोकतन्त्र ही भारत का भविष्य है।

आजादी के बाद लोकतन्त्र का एक देशी चेहरा गढ़ने की जैसी उत्कटता हम जयप्रकाश में पाते हैं, वैसा दूसरा कहीं खोजना कठिन है। आजादी के बाद गाँधी के निकट के सभी सहयोगी जब लोकतन्त्र की कुर्सियों पर जा बिराजे और बच गए वे उस जगह पहुँचने की ऊहापोह में लगे रहे, जयप्रकाश एक नई खोज में सर्वोदय के विचार और काम के निकट पहुँचे। उन्होंने विनोबा के भूदान आंदोलन को कई तरह से कई बार देखा। अपनी शंकाओं को समझा, जाँचा और फिर इस नतीजे पर पहुँचे कि इस प्रक्रिया से लोकतन्त्र का भारतीय चेहरा रचा जा सकता है। भूदान में जितनी जमीन मिली और जितनी जमीन भूमिहीनों में बँटी, उतनी जमीन सरकार के सीलिंग कानून और तमाम वामपंथी संगठनों के आंदोलनों को जोड़कर भी न मिली और न दी। इस तथ्य के साथ-साथ जयप्रकाश जिस सम्भावना को सबसे महत्त्वपूर्ण मानते रहे, वह था ग्राम-सभाओं की स्वायत्त व्यवस्था के अन्तर्गत समाज का संचालन। यह था भविष्य जिसे पाने में वे प्राणपण से जुटे रहे। लेकिन उनका यह सारा पुरुषार्थ वर्तमान को भूलकर नहीं किया जा रहा था।

भूमि कानूनों में, चुनाव कानूनों में मजदूर संगठनों के क्रियाकलापों में कितने और कैसे परितर्वन हों कि इस लोकतान्त्रिक ढाँचे में कुछ ताकत का संचार हो, इसके लिए वे निरन्तर सक्रिय रहे। काम के लिए नागरिक स्तर पर कमेटियाँ बनाकर कितनी ही तो रिपोर्ट उन्होंने तैयार करवाईं। और सरकारों को विचारार्थ सौंपा। बिहार सरकार को तो एक बार उन्होंने कहा कि भूमि सुधार के नए कानून बनाने की बात अभी छोड़िए जितने कानून बने हैं उन्हें ही ईमानदारी से लागू कर दीजिए, तो एक छोटी-मोटी भू-क्रांति हो जाए। राज्य में सरकारें ईमानदारी से अपने ही कानूनों पर अमल करें, इसका आग्रह वे शुरू से ही करते आ रहे थे। 1974 में उन्होंने कहा कि आज सार्वजनिक जीवन में ईमानदारी बड़ा कोई दर्शन, कोई वाद, कोई फिलॉसफी नहीं है और आज, जब सबके अपने-अपने घोटाले सामने आ रहे हैं तब समझ में आ रहा है कि वे नैतिक ताना-बाना किसी भी राजनीतिक व्यवस्था के बने रहने की अनिवार्य शर्त कैसे है।

शिक्षा के वैकल्पिक स्वरूप पर उन्होंने अध्ययन करवाया। विपक्षी दलों का विकास हो और वे लोकतन्त्र के मजबूत खम्ब बनें, इसके लिए वे बराबर उनमें दिलचस्पी लेते रहे। चुनावों के वक्त वे उन मुद्दों को उजागर करने का प्रयास भी करते रहे जिनके बारे में जनमत बनाने की जरूरत उन्हें लगती थी। उन पर यह बचकाना आरोप लगानेवालों की कमी नहीं थी कि वे राजनीति से तो निकल गए हैं, लेकिन चोर दरवाजे से उसमें दखल देते रहते हैं। उन नासमझी भरी टिप्पणियों के बावजूद उन्होंने राजनीति और लोकतन्त्र को दो अलग-अलग प्रश्न बनाकर ही लोगों के सामने रखा।

देश की अखण्डता के प्रति जागरूक थे कि ऐसे हर खतरे की सम्भावना में उन्होंने खुद को एकदम ही झोंक दिया। पूर्वांचल और कश्मीर के सवाल को लेकर उन्होंने सरकार पर कुछ विपक्षी दलों का प्रहार एक साथ झेला और फिर अपने काम में लगे रहे। ये दोनों आज भी भारत के अंग हैं, इसका श्रेय अगर किसी एक आदमी को दिया जाए तो वे जयप्रकाश ही होंगे। हिंसा की हर वारदात के बीच कभी कोई आदमी विवेक की आवाज लगाता खड़ा रहा, तो वे भी जयप्रकाश ही थे। साम्प्रदायिक तनाव से जातीय तनाव तक की हर घटना के बीच उपस्थित होना और सच्चाई की आवाज उठाना उन्होंने अपने लिए अनिवार्य कर लिया था। माउण्टबेटन ने कलकत्ता के कौमी दंगों के दौरान गाँधी को एक सेना कहा था। गाँधी के बाद जयप्रकाश ने वह विरासत सँभाल ली थी। लेकिन यह उनके लिए व्यक्तिगत कर्तव्य-भर नहीं था। तो इसका सामाजिक गतिशास्त्र खोज रहे थे। इसलिए एक संगठन के रूप में उन्होंने इसे देश में फैलाया। नागरिकों के लिए शान्ति सेना का राष्ट्रीय स्तर पर गठन किया और फिर युवाओं के लिए तरुण शान्ति सेना बनाई। अन्तर्राष्ट्रीय स्तर पर भी शान्ति सेना बनाने का विचार यहीं से जन्मा और 1960 में विश्व शान्ति सेना के तीन संस्थापक अध्यक्षों में से एक वे स्वयं थे।

अन्तर्राष्ट्रीय समस्याओं के सन्दर्भ में भी जयप्रकाश हर मौके पर अपनी राय देश के सामने रखते रहे। हंगरी, पोलैण्ड, चेकोस्लाविया, क्यूबा से लेकर पाकिस्तान, तिब्बत, बांग्लादेश, नेपाल आदि के संकट के समय जयप्रकाश ने जिस तरह काम किया, उससे यह सीखा जा सकता है कि हमारी विदेश-नीति के आधारभूत तत्त्व क्या होने चाहिए और नागरिकों की भूमिका लोकतन्त्र के संघर्ष में क्या होगी। प्रजातन्त्र की तरह लोकतन्त्र में भी लोग सिर्फ दर्शक

नहीं हैं, अपने शासकों के करतबों के। लोकतन्त्र में शासक-शासित का संबंध ही नहीं है। जाग्रत व संगठित जनमत है जो लोकतन्त्र का दिशा-निर्देशक है और वह अपनी बनाई हर सकरार को, हर मामले में रास्ता बताने को काम करेगा। गाँधी ने इसे जनमत का हथियार कहा था। यही बुनियादी आस्था थी जिसे साकार करने में जयप्रकाश ने अपनी पूरी ताकत लगा दी। लोकतन्त्र के क्षितिज को व्यापक करने का ऐसा अभिक्रम करने हम दूसरे किसी को न तब पाते हैं और न अब। जयप्रकाश ने सत्ता के किसी पद पर न रहकर भी सत्तावालों के साथ जिस बराबरी के स्तर पर व्यवहार किया, उसने लोकशक्ति की भूमिका को एक अलग ही चमक दी। जवाहरलाल ने इसे पहचाना भी और एक बार जयप्रकाश से बातें करते हुए, इसे इन शब्दों में स्वीकार किया, जयप्रकाश, हम दोनों कई सवालों पर एक-सा ही सोचते हैं, लेकिन सरकार में होने के कारण मैं उन्हें उस तरह सँभाल नहीं पाता हूँ जिस तरह, जनता के करीब रहने के कारण तुम अकसर सँभाल लेते हो। जनता के करीब, जनता के बीच और जनता के साथ रहने की यह कमियाँ ही जयप्रकाश को लोकनायक बना गईं एक ऐसी सर्वमान्यता से दण्डित कर गईं कि जिसकी बराबरी में दूसरा कोई दिखाई नहीं देता है। आज देश में कौन है कि जो हर गलत बात, हर गलत प्रवाह, हर गलत प्रवृत्ति पर अँगुली उठाएगा? गलत को गलत कह कर रोकनेवाला और सही को सही कहकर उसकी प्रतिष्ठा के लिए जूझ पड़नेवाला दूसरा कोई जयप्रकाश आज देश में है? नीतिशून्य राजनीति के इस जंगल में, वह भी नागरिकता का शिकार खेला जाए तो कौन है कि जो बोलेगा, झक झेलेगा और फिर आगे-आगे चल पड़ेगा?

आज के इस सन्नाटे में, जब अपनी ही सीमा पर हम एक भयंकर नर-संहार के मात्र दर्शक बने रह गए हैं, जयप्रकाश की अनुपस्थिति खलती है। देश की विकराल समस्याओं और देश की अपरिमित सम्भावनाओं के समक्ष हम सब बहुत बौने हैं। क्रांति की जो अनोखी यात्रा गाँधी ने शुरू की थी, वह ठिठक गई है। उसे किसी जयप्रकाश का इन्तजार है। कहते हैं, इतिहास अपनी जरूरत से व्यक्ति पैदा कर लेता है। यह एक क्रांतिकारी आस्था है, लेकिन यह भी उतना ही सच है कि ऐसे व्यक्तियों की पैदाइश के लिए एक क्रांतिकारी परिस्थिति की जरूरत होती है। वह परिस्थिति अगर जयप्रकाश के सन्दर्भ में बनानी हो, तो देश के नागरिक जीवन में एक संगठित, सक्रिय आवाज की जरूरत है। गूँगा समाज और असंगठित लोग जयप्रकाश के हमसफर नहीं हो सकते हैं।

सत्ता के गलियारों में खो गया संपूर्ण क्रांति का सपना

रामबहादुर राय

मैं पटना में अखिल भारतीय विद्यार्थी परिषद् का कार्यकर्ता था। पदानुक्रम में मुझे राष्ट्रीय सचिव का दायित्व और बिहार में संगठन का कार्य सौंपा गया था। धनबाद में नवम्बर 1973 में विद्यार्थी परिषद् का एक अधिवेशन हुआ था, जिसमें यह फैसला हुआ कि छात्रशक्ति को मिल-जुलकर व्यवस्था परिवर्तन के लिए आंदोलन का प्रयास करना चाहिए। उसके बाद समाजवादी युवजन सभा के रघुनाथ गुप्त, युवक काँग्रेस के वशिष्ठ नारायण सिंह और विद्यार्थी परिषद् के कार्यकर्ताओं की एक बैठक हुई, गाँधी शान्ति प्रतिष्ठान का भवेश चन्द्र प्रसाद, लालू प्रसाद यादव जो उस समय छात्र संघ के अध्यक्ष थे, सुशील कुमार मोदी जो महामन्त्री थें, और आजकल केन्द्र में मन्त्री रविशंकर प्रसाद जो सह महामन्त्री थे सब हमारे साथ मिल गए। पटना छात्र संघ और विद्यार्थी परिषद् तथा अन्य संगठनों ने मिलकर एक सम्मेलन का आयोजन किया। उसमें वामपन्थी भी बुलाए गए थे, लेकिन उन्होंने बहिर्गमन किया। सम्मेलन में जिन कुछ मुद्दों पर आम सहमति नहीं थी, उनमें से एक था पहले 18 फरवरी और 18 मार्च को बिहार विधानसभा का घेराव। इसी दौरान हमने जयप्रकाश जी से सम्पर्क किया। उनसे मेरा सीधा सम्पर्क 1971 से ही था। उनके कहने पर ही मैं बंगलादेश में काफी समय रहा था। समय-समय पर मैं उनसे मिलता रहता था। उनकी बातों से साफ जाहिर हो जाता था कि वे सर्वोदय या भूदान आंदोलनों से बहुत निराश हैं। उन्हें बार-बार लगता था कि कोई बड़ा आंदोलन खड़ा होना चाहिए। अपने स्तर पर वे इसके लिए सोच-विचार भी कर रहे थे। जयप्रकाश जी के मन में आंदोलन के लिए मंथन और हम छात्रों का यह आंदोलन समानान्तर दो चीजें चल रही थीं। 18 मार्च, 1974 को हम इस घेराव में शामिल हुए थे, हिंसा भी हुई थी। हम लोगों ने सोचा जे.पी. को सब कुछ बताया जाए। मैंने जब उनके यहाँ फोन किया तो उनके सचिव श्री सच्चिदानन्द सिन्हा ने बताया कि जयप्रकाश जी हम लोगों को बड़ी बेसब्री से खोज रहे हैं, जितनी जल्दी हो सके हम उनसे मिल लें। मैं, लालू, वशिष्ठ नारायण और दो लोग उनके पास गए, वे बीमार थे। जयप्रकाश जी ने हमसे घेराव के दौरान हुई हिंसक घटनाओं के बारे में पूछना शुरू किया। मैंने बताया कि हिंसा में हमारा कोई हाथ नहीं था, हमारा यह आंदोलन पूरी तरह अहिंसक है। यह हिंसा भारतीय कम्युनिस्ट पार्टी और काँग्रेस ने करवाई है। माकपा और काँग्रेस के लोगों ने आंदोलन को बदनाम करने के उद्देश्य से जगह-जगह हिंसा करवाई थी। जयप्रकाश जी को मेरी बात पर विश्वास था, फिर भी अपनी बात के अन्त में यह भी कह दिया कि आप मेरी बातों की छानबीन करा लें, अगर एक बात भी गलत हो तो जो भी फैसला आप करेंगे, वह हमें मान्य होगा। लेकिन उससे पहले आप हिंसा पर कोई बयान न दें। उन्होंने हमारी बात मान ली और अपने स्तर पर छानबीन करायी। और शायद 21 या 22 मार्च को उनका पहला बयान आया, जो हमारे आंदोलन के समर्थन में था। इस प्रकार जयप्रकाश जी इस आंदोलन से घोषित रूप से जुड़ गए। 8 अप्रैल को विधानसभा घेराव के दौरान हुई हिंसा के विरोध में जयप्रकाश जी ने बीमारी की हालत में भी मुँह पर पट्टी बाँधकर उस मौन जुलूस का नेतृत्व किया। बिहार आंदोलन या कहें छात्र आंदोलन में पहली बार 8 अप्रैल को जयप्रकाश जी सड़क पर उतर आए। और धीरे-धीरे इस आंदोलन में शामिल हो गए। बाद में एक स्थिति ऐसी आई कि उस छात्र आंदोलन को जे.पी. आंदोलन के नाम से जाना जाने लगा।

आज समग्र क्रांति की आवश्यकता पहले से अधिक महसूस होने लगी है। जिन मुद्दों पर जे.पी. आंदोलन खड़ा था, वे आज पहले से कहीं अधिक प्रासंगिक हैं। जयप्रकाश जी ने संपूर्ण क्रांति का नारा, यह सोचकर दिया था कि व्यवस्था में परिवर्तन हुए बगैर समग्र क्रांति सम्भव नहीं है। लेकिन यह नहीं सोचा था कि व्यवस्था परिवर्तन करने के लिए उस आंदोलन में शामिल लोग अपना लक्ष्य सिर्फ सत्ता को ही मान लेंगे।

उस आंदोलन से निकला नेतृत्व काँग्रेस से कहीं ज्यादा भ्रष्ट साबित हुआ है। उनके कामकाज से कहीं भी ऐसा नहीं लगता कि उन्होंने जयप्रकाश जी के आदर्शों को राजनीतिक जीवन में ढालने का प्रयास किया है। सत्ता की राजनीति का जो ढर्रा तब था अब वह और ज्यादा गिरावट के साथ सामने आ रहा है। जो मुद्दे जयप्रकाश आंदोलन की संपूर्ण क्रांति में शामिल थे, उनमें अब और कुछ मुद्दे जुड़ गए हैं। भ्रष्टाचार, शिक्षा में परिवर्तन, महँगाई में कमी होना, सामाजिक परिवर्तन के लिए लड़ाई, आर्थिक असमानता को कम करना इन सब मुद्दों को जयप्रकाश जी ने एक आंदोलन का रूप दिया था संपूर्ण क्रांति के रूप में। उनका मानना था कि सिर्फ सरकार के प्रयत्नों से ये समस्याएँ हल नहीं होंगी। व्यवस्था से जुड़े परिवर्तन होने चाहिए। लेकिन आज जयप्रकाश आंदोलन से जुड़े लोगों ने इन मुद्दों को पूरी तरह भुला दिया है।

आज समग्र क्रांति की आवश्यकता पहले से अधिक बढ़ गई है, क्योंकि पहले इसका सन्दर्भ सिर्फ केन्द्र और राज्य सरकार से जुड़ा हुआ था लेकिन अब इसमें वैश्विक सन्दर्भ भी जुड़ गया है। वैश्वीकरण के कारण चुनौतियाँ ज्यादा व्यापक समग्र रूप में हमारे सामने हैं। इस वैश्वीकरण के कारणवश भारत सम्प्रभुता और आर्थिक स्वायत्तता का सवाल खड़ा हो गया है। विश्व व्यापार संगठन की शर्तों को मानने के लिए हमारा देश बाध्य हो गया है।

अब चुनौतियाँ पहले से ज्यादा बढ़ गई हैं, इसलिए जे.पी. आंदोलन पहले से कहीं ज्यादा प्रासंगिक हो गया है, लेकिन जो इस क्रांति के अग्रणी सिपाही थे, उन्होंने इस सपने को पूरा करने की कोई कोशिश नहीं की, उनकी सारी कोशिश सत्ता हासिल करने में लगी रही। संपूर्ण क्रांति का सपना भले ही सत्ता के गलियारों में खो गया हो, लेकिन मुद्दा आज भी जीवित है।

आज का युगधर्म : जयप्रकाश

शिवनाथ प्रसाद वर्मा

हमारे पूर्वजों ने यहाँ तक कहा था कि वसुधैव कुटुम्बकम्, यानी सारी पृथ्वी एक कुटुम्ब है। कुटुम्बकम् यानी कुटुम्ब। पूर्वजों ने कहा कि यह वसुधा, यह दुनिया, यह पृथ्वी एक छोटा-सा परिवार है।

जिस देश में यह शब्द निकला, उसी देश में हम एक बहुत ही छोटी चीज रख रहे हैं—वह है 'ग्राम-कुटुम्बकम्' गाँव को एक कुटुम्ब माना जाए। अभी तो छोटे-छोटे परिवार बने हैं। पाँच-सात व्यक्तियों का एक परिवार होता है। अब, इस अणुयुग में, छोटे-छोटे परिवार कैसे चलेंगे। अणुयुग का, विज्ञान युग का अगर लाभ लेना है, तो सबको मिलकर एक बड़ा परिवार बनाना होगा। आज तो छोटे-छोटे देश भी नहीं टिक रहे। ऐसे जमाने में छोटे परिवारों की क्या हालत होगी, कह नहीं सकते। इसलिए ग्रामदान आज के युग की माँग है, युगधर्म है।

गाँव-गाँव के गरीबों को, अमीरों को, भूमिहीनों और भूमिवालों को एक परिवार बन जाना चाहिए। गाँव की कुल सेवा हम सबको करनी है, इसका भान सबको होना चाहिए। आज तो परिवार की सेवा करते हैं और गाँव की तरफ देखते ही नहीं। गाँव की परवाह किए बिना जो घर की सेवा करते हैं वे सचमुच ही घर की भी सेवा नहीं करते। इसलिए अपने घर को गाँव का एक हिस्सा समझ करके गाँव की सेवा का काम करना चाहिए।

मान लीजिए कि अपने घर में पाँच व्यक्ति हैं। उनमें से चार आरोग्यवान और तन्दुरुस्त हैं लेकिन एक बीमार है। परिवार में ऐसा एक ही शख्स है, बाकी सब अच्छे हैं, फिर भी बाकी के चारों को चैन नहीं, खुद की तन्दुरुस्ती की उन्हें खुशी नहीं है, बल्कि एक की बीमारी का दुःख है।

परिवार में यही चलता है, वैसा जब समाज में होगा, तब वह जिन्दा समाज कहलाएगा। गाँव में एक भी परिवार दुःखी है और उसका स्पर्श गाँव को नहीं हुआ, तो समझना चाहिए कि गाँव जिन्दा नहीं मुर्दा है। मान लीजिए कि आपके पाँव को बिच्छू ने काटा और बाकी शरीर को उसका कुछ दर्द मालूम नहीं हुआ, आँख-हाथ, कान-मन ने उसकी कोई परवाह नहीं की, बेफिक्र रहे, तो उस शरीर को मुर्दा ही माना जाएगा। क्योंकि यदि जिन्दा शरीर में पाँव में बिच्छू ने काटा, तो तुरन्त हाथ पाँव की मदद में जाता है। इसी तरह गाँव में कोई दुःखी है और उसका दुःख गाँववालों को नहीं होता, तो समझना चाहिए कि गाँव मुर्दा है। किसी को दुःख है, तो उसको दूर करने के लिए दौड़ना चाहिए।

आत्मदर्शन का प्राथमिक पाठ

यह भूदान-ग्रामदान हमारी दृष्टि की खोज है। हमारी सबसे बड़ी गलतफहमी यह है कि हम अपने को एक देह में सीमित समझते हैं। संसार में पड़े हुए लोगों की भी और पारमार्थिक साधना करनेवाले साधकों की भी यही दशा है। संसारासक्त मनुष्य अपनी ही उन्नति चाहते हैं और परमार्थ में लगे हुए भी अपनी ही मुक्ति चाहते हैं। एक अपनी देह का सुख चाहता है तो दूसरा अपने देहगत चित्त की शान्ति चाहता है। हम इन दोनों को गलत समझते हैं, कारण दोनों अपने को इसी देह में सीमित समझते हैं।

कहते हैं कि यह मेरा घर है, मेरा खेत है—इस तरह मेरा-मेरा चलता है, तो मनुष्य आसक्त बन जाता है, कैदी

बन जाता है। लेकिन जब मनुष्य मैं और मेरा यह सब छोड़ देगा और कहेगा कि यह सब हमारा है, तो वह जल्दी मुक्त हो जाएगा। अकसर कहा जाता है कि घर-द्वार सब सुख छोड़ दोगे, तो यह मैं और मेरा छूटेगा। लेकिन इस तरह भाग जाने से मुक्ति नहीं मिल सकती। मुक्ति की युक्ति तो यह है कि हम सब अपना घर छोटा न समझें। सारा गाँव हमारा है और हमारा जो छोटा घर है, वह भी सबका है।

मालिकी मिटाने का सामूहिक कार्यक्रम*

व्यक्तिगत मालिकी छोड़े बिना अहिंसा की शक्ति प्रकट नहीं होगी इसलिए पुराने सत्पुरुषों ने व्यक्तिगत मालिकी छोड़ने का प्रयोग कर उसका अनुभव किया। अब जमाना आया है कि मालिकी मिटाने का सामूहिक कार्यक्रम प्रारम्भ किया जाय।

गाँव को परिवार समझकर अपनी-अपनी सम्पत्ति, जमीन वृद्धि और श्रमशक्ति सब कुछ ग्राम परिवार की सेवा में अर्पण करने का मौका अब आया है। सोचने की बात है कि परिवार में व्यक्तिगत मालिकी न रखने से क्या आपको कोई हानि हुई? बल्कि उल्टी बात है इस दुःखमय संसार में भी कहीं आनन्द है, तो घर में ही है। कुटुम्ब में व्यक्तिगत मालिकी त्याग देने से आपको दुःख नहीं आनन्द होता है। अब वही प्रयोग व्यापक स्तर पर करें और अपनी मालिकी गाँव को अर्पण कर दें।

लोग समझते हैं कि ग्रामदान में जमीन के मालिकों को जमीन देनी है और दूसरों को लेनी है। देने वाले के लिए तो वह धर्म हो गया, लेकिन लेने वाले के लिए क्या? समझने की जरूरत है कि जो धर्म होता है, वह सार्वजनिक होता है—वह सबके लिए होता है। लेकिन हमने तो मान लिया है कि देने की जिम्मेदारी जमीन के मालिकों पर है। अगर इतनी ही बात को हम ग्रामदान समझते हैं, तो धर्म को हम समझे ही नहीं। लोगों ने कल्पना कर रखी है कि कुछ 'हैव्ज' (आस्तिमान, है वाले) हैं और कुछ—हैव नाट्स (नास्तिमान, नहीं वाले) हैं लेकिन परमेश्वर की कृपा से नास्तिमान दुनिया में कोई नहीं है। कोई-कोई चीज हर किसी के पास पड़ी है। जमीन के मालिकों की जमीन, श्रम के मालिकों का श्रम, बुद्धिमानों की बुद्धि, सम्पत्तिवानों की सम्पत्ति—सब की सब जब ग्राम को समर्पित होगी, तभी सच्चा ग्रामदान होगा।

ग्रामदान में व्यक्तिगत मालिकी मिट भी जाती है और बढ़ भी जाती है। ग्रामदान में मेरी कुछ भी जमीन नहीं और सारी जमीन मेरी है। आज मेरी जमीन 5 एकड़ है और गाँव में कुल 500 एकड़ जमीन है। लेकिन ग्रामदान के बाद मेरी जमीन शून्य एकड़ है और वैसे ही 500 एकड़ भी है। आप सब लोग स्नेह से मिलकर जिएँ और सारे गाँव को एक परिवार बनाएँ।

ग्रामदान में जमीन गाँव की बनेगी, तो किसी व्यक्ति के हाथ में उसे खाने का अधिकार नहीं होगा। जमीन बेची नहीं जाएगी, रेहन भी नहीं रखी जाएगी। आज तक कितनी ही जमीन बेची गई, कितनी ही रेहन में गई, और कितनी ही छूट गई। बाहर के कितने ही साहूकार यहाँ की जमीन के मालिक हो गए। लेकिन ग्रामदान होने पर इस तरह से जमीन खोने का मार्ग बन्द हो जाएगा।

गाँव में शोषण बहुत चलता है, जिससे उसकी शक्ति क्षीण होती है। गाँव में एक श्रमशक्ति है। और दूसरी कुशलता या ज्ञान शक्ति होती है। ये दोनों शोषण के कारण बाहर चली जाती हैं। गाँव के मजदूरों को और भूमिहीनों को गाँव में काम नहीं मिलता, इसलिए उद्योग की खोज में वे शहर में जाते हैं। हजारों लोगों का शहर पर आक्रमण होता है। वहाँ भी उन्हें खास सुविधा मिलती हो, ऐसा नहीं। अगर गाँव में आनन्दमय, सुखमय जीवन होता, तो लोग शहरों में कभी नहीं जाते।

गाँव के पढ़े-लिखे लोग भी गाँव छोड़कर शहर में जाना चाहते हैं। गाँव में उनका मन प्रसन्न नहीं रहता। इस तरह ज्ञान शक्ति और श्रम शक्ति, दो बड़ी शक्तियाँ गाँव से बाहर चली जाती हैं। जिससे गाँव का सतत क्षय होता

* तीन शक्तियों का संगम

है। फलस्वरूप न गाँव सुखी होता है, न शहर और न देश ही। क्योंकि देश की इमारत देहातों की नींव पर ही तो खड़ी है।

गाँव में एक तीसरी भी शक्ति है, उसे हम प्राप्त करें, तो दो शक्तियाँ जो बाहर जा रही हैं, उन्हें रोककर गाँव में ही रख सकते हैं। वह है प्रेम की शक्ति। गाँव में किसी के घर में जन्म हुआ, कहीं मृत्यु हुई, कोई बीमार हुआ, तो सारा गाँव जान जाता है। इस तरह सुख-दुःख में सभी लोग हिस्सा लेते हैं। आज यह प्रक्रिया अवश्य कम हुई है, लेकिन कहीं-कहीं कुछ अंशों में चलती है। यह प्रेम शहर में बहुत ही कम है। जहाँ शहर का मुख्य आधार लोभ और पैसा है, वहीं गाँव का मुख्य आधार प्रेम है। यह प्रेम प्राप्त करेंगे और इसके आधार पर गाँव की व्यवस्था करेंगे, तो श्रमशक्ति और ज्ञानशक्ति, दोनों गाँव में रहेंगी।

लोगों की बुद्धि का उपयोग और विकास

ग्रामदान और कल्याण योजनाओं में क्या फर्क है, ऐसा लोग पूछते हैं। दोनों में कोई मेल ही नहीं। बैलों को यह नहीं पूछा जाता कि खेतों में क्या बोना है? उनको सिर्फ अच्छा खिलाया जाता है। वैसे ही इन कल्याण योजनाओं में गाँव के लोगों को कुछ पूछा नहीं जाएगा, सरकार सारी योजनाएँ बनाएगी और लोग वैसा बरतेंगे।

पर ग्रामदान में ऐसा नहीं है। इसमें लोगों की बुद्धि का हम पूरा उपयोग करना चाहते हैं। ग्रामदान तो हम बुद्धि विकास के लिए चाहते हैं। बुद्धि विकास के साथ सुख भी बढ़ेगा और उत्पादन भी जैसे स्वराज्य के प्रश्न में सुख बढ़ाना बड़ी बात नहीं थी, अपना राज, अपनी बुद्धि का विकास बड़ी बात थी, वैसे ही यहाँ है। उन्नति बुद्धि के विकास से ही होती है।

ग्रामदान से लोग सुखी होंगे, इसमें कोई शक नहीं। जब सारा गाँव एक हो जाता है, तो सबकी सम्मिलित अक्ल से काम होता है। इसलिए सब मिलकर सुखी होने की राहें ढूँढ़ लेते हैं।

ग्रामदान होने पर एकदम उत्पादन नहीं बढ़ेगा। उसके लिए कोशिश करने का अधिकार आपके पास आएगा, तभी कोशिश करोगे न? आज तो समाज ही नहीं बना है। जो करेगा वह अपने घर के लिए करेगा। इसलिए हमें पहला काम गाँव-गाँव में समाज बनाने का करना है। ग्रामदान से गाँव समाज बनेगा। उसके बाद ही सुखी बनाने की बात आएगी।

अपना उद्धार अपने ही हाथ

आज दुनिया में एक भी देश आजाद नहीं है। गुलामी की हद हो गई। दिल्ली में एक प्लानिंग कमीशन बैठता है, जो तय करता है कि हिन्दुस्तान के देहातों में किस तरह काम चलेगा। कमीशन के लोगों का देहातों के साथ कोई ताल्लुक नहीं। देहातों की स्थिति का उन्हें कोई अनुभव नहीं। देहात का जीवन वे जी नहीं सकते। फिर भी देहातियों के लिए वे प्लानिंग करेंगे एवं आपके गाँव का इन्तजाम करेंगे। दिमाग की गुलामी से बदतर कोई गुलामी नहीं है। लोग यही सोचते हैं कि फलां काम सरकार का ही काम है। हर बात में लोग सरकार का मुँह ताकते हैं।

सरकार गाँवों की मदद करें, लेकिन योजना गाँव के लोगों को ही बनानी है। गाँवों की ऐसी मदद नहीं है कि वे अनाथ होकर मदद ही माँगते रहें। गाँधी जी ने स्वराज्य की व्याख्या करते हुए कहा था कि स्वराज्य यानी गलतियाँ करने का अधिकार। ऐसा स्वराज्य गाँव को मिलने दीजिए। ग्राम स्वराज्य होने दीजिए।

गाँव के लोग अपनी आत्मा का बल बढ़ाएँ अब बाहर के लोग हमारे लिए क्या करते हैं, ऐसा मत सोचो। आपके लिए दूसरों को क्या करना है? आपके लिए तो आपको ही करना है। सरकार के पास कौन-सी चीज है, जो आपके पास नहीं है? इसलिए यह समझ लें कि ग्रामदान 'आत्मावलम्बन' ही है।

ग्रामदान 'डिफेन्स मेजर'

पुराने जमाने में स्वदेशी धर्म सहज था, इसलिए गाँव का किला मजबूत था। गाँव का स्वावलम्बन ऐसा होना चाहिए

कि अपनी प्राथमिक आवश्यकताओं के बारे में गाँव को किसी के सामने हाथ फैलाना न पड़े। हमने तो ग्रामदान को देश के संरक्षण की दूसरी रेखा, 'सेकंड लाइन आफ डिफेन्स' कहा है। मान लीजिए कि अपने देश पर किसी पराए राष्ट्र का आक्रमण हो जाए और देश में पारस्परिक संबंध टूट जाएँ तो उस गाँव में जो आत्मनिर्भर होगा, वही टिक सकेगा।

इसलिए, ग्रामदान देश का डिफेन्स मेजर (प्रतिरक्षा साधन) है, क्योंकि देश का विकास और देश की प्रतिरक्षा दोनों ग्रामदान से ही मजबूत होनेवाले हैं। ग्रामदान देश की एकता के लिए भी है। गाँव की और देश की रक्षा करने के लिए आपसी सहानुभूति चाहिए, सब में एकता आनी चाहिए। ग्रामदान से वह सधती है।

आज हमारी पंचवर्षीय योजनाएँ यह मानकर बनाई जाती हैं कि दुनिया में शान्ति रहेगी। दुनिया में तथा भारत में भी यदि अशान्ति की स्थिति पैदा हो जाए, तब क्या होगा? देश के आयात-निर्यात में बाधा पहुँचेगी, हमारे व्यवसाय-वाणिज्य को धक्का लगेगा। सब योजनाएँ धरी रह जाएँगी। बाहर से जरूरी सहायता नहीं मिलेगी और योजना ताश के महल के माफिक गिर जाएगी। इस प्रकार आज की योजनाएँ अशान्ति के समय कुछ काम नहीं आ सकतीं।

लेकिन ग्रामदान का विचार शान्ति के समय तो चलेगा ही, अशान्ति के समय ग्रामदान के सिवा और कोई उपाय नहीं है। दुनिया में लड़ाई छिड़ जाए, और हम उसमें दाखिल होना न चाहें तो भी, उस लड़ाई के स्पर्श से देश को अछूता रखना बिलकुल सम्भव नहीं। तब गाँवों को कैसे बचाया जाए? इसमें गाँवों को सैनिक आक्रमण से नहीं, आर्थिक आक्रमण से बचाने की बात है।

इसलिए देश की सुरक्षा के ख्याल से हर गाँव में दो साल का अनाज रहना चाहिए। यह तभी होगा, जब गाँव के लोग एक होकर गाँव की योजना बनाएँगे। इस तरह की ग्राम योजना के बिना गाँव स्वावलम्बी नहीं हो सकेंगे और ग्रामदान के बिना ग्राम योजना नहीं बन सकेगी। सुरक्षा के एक कदम के तौर पर भी मैं इसकी आवश्यकता बता रहा हूँ।

यह निश्चित समझ लीजिए कि जब तक हम गाँव-गाँव में ग्रामदान के आधार पर ग्राम स्वराज्य की ग्रामीण योजना का निर्माण नहीं करेंगे, गाँव स्वयं ग्रामवासियों की ताकत पर खड़ा नहीं होगा, उसे कोई बचा नहीं पाएगा। इसलिए कहता हूँ कि ग्रामदान एक डिफेन्स मेजर (सुरक्षा उपाय) है।

घुसपैठ बन्द हो सकती है?

भारत-पाकिस्तान की सीमा बारह-सौ मील लम्बी है। उस पर क्या जगह-जगह पुलिस या फौज रखेंगे? वह सम्भव नहीं दीखता। उधर से लोग घुसते हैं, इधर आकर रहते हैं और कुछ जमीन भी खरीद लेते हैं। असम में काफी जमीन है और पाकिस्तान (अब बंगलादेश) में कम। इसलिए उधर से लोग इधर आकर जमीन पर कब्जा कर लेते हैं। अगर गाँव का ग्रामदान हो जाता है और जमीन की मालिकी गाँव की हो जाती है, तो जमीन बेची नहीं जा सकती, उसकी चिन्ता ग्रामसभा करेगी।

आज गाँव इस बात की चिन्ता नहीं करता, क्योंकि जमीन की मालिकी व्यक्तिगत है, व्यक्ति उसे बेच सकता है। गाँव के पास जो सरकारी जमीन है, उस पर भी बाहर के लोग कब्जा कर लेते हैं। गाँव का ग्रामदान हो जाता है, तो सरकारी जमीन भी ग्रामसभा के अधीन हो जाती है। फिर गाँव वाले ही उसको भी सँभालेंगे। इस तरह से जमीन मिलनी बन्द हो जाएगी, तो लोगों को इधर आने का मोह भी नहीं होगा। घुसपैठ की समस्या का हल ग्राम के दान में ही है।

ग्राम-स्वराज्य का चिह्न

हमको समझना चाहिए कि स्वराज्य का अनुभव गाँव-गाँव को हो। गाँव को लगे कि हमारे गाँव में स्वराज्य है। पर इसकी क्या पहचान है? हमने पहचान यह निकाली कि देश के अन्दर का झगड़ा दिल्ली के बाहर नहीं जाता, लन्दन में नहीं जाता, यह देश के आजाद होने का चिह्न है, निशानी है। गाँव आजाद हुआ। गाँव में स्वराज्य हुआ इसकी क्या निशानी होगी? यह कि गाँव का कोई भी झगड़ा गाँव के बाहर नहीं जाएगा। गाँव में सब लोग इकट्ठा होकर अपने जो भी झगड़े होंगे, उनका फैसला खुद कर लेंगे। यह ग्राम-स्वराज्य का चिह्न है।

देश में स्वराज्य का अर्थ है—1. देश का झगड़ा बाहर के कोर्ट में नहीं जाएगा। 2. देश का रक्षण अपनी शक्ति से करेगा। 3. आयात-निर्यात देश के कण्ट्रोल में रहेगा। 4. खाने-पीने की चीजों में देश स्वावलम्बी बन जाएगा। ऐसे अनेक अर्थ होते हैं।

तो, देश के स्वराज्य के जितने अर्थ होते हैं, उतने ही अर्थ ग्राम स्वराज्य के लिए हैं। 1. ग्राम का न्याय बाहर नहीं होगा। 2. ग्राम का रक्षण ग्राम अपनी शक्ति से करेगा। 3. अपने आयात-निर्यात का कण्ट्रोल गाँव करेगा। और, 4. खाने-पीने की चीजें गाँव की शक्ति से पैदा होंगी। इससे बुद्धि का विकास होगा। लोग शिक्षित होंगे। आज के अर्थ में पढ़े-लिखे नहीं, आज तो पढ़े-लिखे भी गुलाम होते हैं। वे सच्चे अर्थ में शिक्षित होंगे, यानी अपने गाँव का कारोबार सूक्ष्म बुद्धि से करेंगे।

अगर हमें सच्चा ग्राम स्वराज्य स्थापित करना है, केन्द्रीय सरकार से मुक्त होना है, तो निश्चय करना होगा कि अपना कारोबार हम खुद सँभालेंगे। अपना उद्धार हम खुद करेंगे। हम दूसरों की तरफ ताकते नहीं रहेंगे। अपनी भूख मिटाने के लिए देश की अर्थव्यवस्था में गाय-बैल रीढ़ के समान हैं। बैलों के द्वारा जो ऊर्जा प्राप्त होती है, उसका भी भली-भाँति विचार होना चाहिए। देश की रीढ़ टूट न जाए, इसकी हमें चिन्ता करनी चाहिए। इस देश के अर्थ में खेती, गोपालन और अन्य पशु जो सब प्रकार से उपयोगी हैं, विशेष महत्त्व रखते हैं। इस ढंग से हम सामाजिक व्यवस्था करेंगे, तभी सही अर्थव्यवस्था हो सकेगी।

सच्ची गो सेवा ही भारत की अर्थव्यवस्था को सुधारने का सच्चा उपाय है। गाय के गोबर और मूत्र से बढ़िया खाद तैयार करके खेती की पैदावार बढ़ाई जा सकती है। गोबर-गैस-प्लाण्ट आदि द्वारा आर्थिक लाभ उठाया जा सकता है। मरे हुए गाय, बैलों के चमड़े, मांस, झिल्ली, आँत, दुम और सींग सब काम की चीजें हैं। चमड़े से जूते और दूसरी चीजें बनाई जा सकती हैं। हड्डी और मांस आदि से बढ़िया खाद तैयार की जा सकती है। झिल्ली से बहुमूल्य सरेश तैयार की जाती है। गोरक्षा का सवाल सरकारी और गैर-सरकारी, दोनों स्तर पर होना चाहिए। केवल कानून बनाने से ही गो रक्षा नहीं होगी। उसके लिए गाय भार न बने, ऐसा प्रयत्न करना होगा।

गो सेवा यानी मानवता के विकास के लिए गाय को मानव कुटुम्ब में स्थान देकर? उससे सेवा लेते हुए, गाय की आखिर तक हिफाजत करना। वैज्ञानिक बुद्धि से गाय को स्वावलम्बी बनाना।

मक्खन खाओ, कपड़े बनाओ

गाँवों गें मक्खन बेचते हैं और कपड़ा खरीदते हैं। गाँव का दूध गाँव के बच्चों के लिए नहीं रहता। कपड़ा खरीदना पड़ता है, तो गाँव का पैसा बाहर जाता है। गाँव की कोई भी चीज बेचने की लिए जाएँगे या अन्य चीजें खरीदने जाएँगे तो दोनों में चीजों के दाम शहरवाले तय करेंगे। तो बेचने में भी परावलम्बी खरीदने में भी परालम्बी। इसलिए हमने कहा कि मक्खन खाओ, कपड़ा बनाओ।

रोजमर्रा यशोदा और कृष्ण का संवाद चलता था। कृष्ण सारे गाँव को इकट्ठा करके सबको मक्खन खिलाता है। यशोदा कहती, "अरे बेटा, मक्खन तो बेचने की चीज है किन्तु कृष्ण कहते हैं कि मथुरा में पैसा है लेकिन कंस भी है। पैसे के साथ कंस जुड़ा है। इस वास्ते हम मक्खन खाएँगे और कंस को पराजित करेंगे।" हमें भी अपने गाँव को गोकुल बनाना है। गाँव का रक्षण, पोषण, शिक्षण सब गाँव में ही हो।

ग्रामसभा योगक्षेम देखने वाली ग्राममाता

ग्रामदान के तुरन्त बाद करने का काम है, ग्रामसभा बनाना। ग्रामसभा में गाँव का हर एक वयस्क व्यक्ति सदस्य होगा। ग्रामसभा ग्राममाता की तरह काम करेगी। ग्रामसभा अपने सामने गाँव का यह चित्र रखकर सोचेगी कि अन्त में सारा गाँव एक परिवार बनेगा। यह ग्रामसभा सबका रक्षण करनेवाली बनेगी। ग्रामसभा दुर्गा है। गाँव के हर एक व्यक्ति की शक्ति उसे मिलती है। वह गाँव वालों की तरफ से सरकार, दूसरी संस्थाओं, गाँव के बाहर वालों से, सबसे व्यवहार करेगी।

जब तक प्रेम के आधार पर ग्रामसभा नहीं बनती, तब तक विकेन्द्रित अहिंसक व्यवस्था स्थापित करने की अपेक्षा पूरी नहीं हो सकती। कोई पुत्रहीन वृद्ध पिता है, उसकी मदद करनी है, या कोई बच्चा है और जवान बाप मर गया है, उसकी तालीम वगैरह का इन्तजाम करना है—यह सब काम ग्रामसभा करेगी। गाँव के गरीबों की चिन्ता करेगी। और जहाँ गरीबों की चिन्ता होती है, वहाँ भगवान की कृपा होती है, फिर उस गाँव में कोई झगड़ा नहीं होगा। प्रेम के सिवा और कोई शब्द वहाँ सुनाई नहीं देगा। वहाँ पुलिस की जरूरत नहीं रहेगी। उस गाँव के पीछे वकील वगैरह लगे नहीं रहेंगे।

इसलिए हम सुझा रहे हैं कि प्रेम से ग्रामसभा बने और उससे ग्रामों का उत्थान हो। उसमें सरकार की मदद लेना मना नहीं है। सरकार की मदद ले सकते हैं, दूसरों की भी मदद ले सकते हैं। लेकिन यह सब कुछ नीचे के स्तर पर, ग्रामसभा के आधार पर और प्रेमपूर्वक होना चाहिए।

ग्रामसभा को कुछ लोग को-ऑपरेटिव के रूप में देखते हैं। ग्रामदान में को-ऑपरेटिव नहीं, को-ऑपरेशन है। पद्धति का आग्रह यहाँ नहीं है। भूमि का बीसवाँ हिस्सा दिया, तो प्रेम के लिए त्याग किया। उसके बाद जो जमीन बची, वह उसी के हाथ में रहेगी। यह आवश्यक नहीं कि वहाँ को-ऑपरेटिव फार्म, सहकारी खेती चले। प्रत्येक व्यक्ति अपनी खेती अलग कर सकता है। जब फसल आएगी, तो उसका एक हिस्सा ग्रामसभा को दे दिया जाएगा।

पंचायत राज की असलियत

कहते हैं देश में पंचायत राज आया है। उससे ग्राम स्वराज्य सिद्ध होगा। लेकिन यह निरा भ्रम है। पंचायत राज का लक्ष्य है, राज्य का विकेन्द्रीकरण। दिल्ली में राज्य केन्द्रित है, उसका कुछ हिस्सा जिले में और कुछ हिस्सा गाँवों की पंचायतों तक आया। दिल्ली की सत्ता का इस प्रकार बँटवारा हुआ। लेकिन, केन्द्र की ओर से जो भी ग्राम पंचायत बनती है, वह मत्सर की प्रतिनिधि बनकर आती है, सेवा की नहीं। यह बात हमारी समझ में आनी चाहिए। मैंने दो शब्द बनाए हैं—एक है सत्ता-संस्था, दूसरा है सेवा संस्था। मेरा कहना है कि सारी सत्ता संस्थाओं को सेवा संस्थान में बदल देना चाहिए। यद्यपि सत्तावाले भी सेवा का दावा करते हैं, तथापि, उनकी सेवा पर सत्ता में रंग है। इसलिए उनके द्वारा जो सेवा होती है, उससे लोकशक्ति नहीं बढ़ सकती।

हम चाहते हैं कि शक्ति का वितरण उत्तरोत्तर लोगों में होना चाहिए। सरकार कहती है, पंचायतों के हाथों में हम अधिकार देना चाहते हैं। हम कहते हैं, आप कौन होते हैं जो ऊपर से अधिकार देंगे, कि जनता खुद जो चाहे अधिकार ले ले। इसीलिए हमारी माँग है कि लोग अपनी शक्ति बढ़ाएँ।

गाँव की अनोखी पंचायत

गाँव की पंचायत का पहला सदस्य होगा—प्रेम। सारे गाँव को एक परिवार बनाने का काम यही प्रेमरूप सदस्य करेगा। आज गाँव में यह सदस्य नहीं है, बल्कि स्पर्धा है। वैसे आज भी गाँव में थोड़ा प्रेम तो है, लेकिन वह छोटे परिवार में कैद है। यह मेरा लड़का और यह मेरी बीवी, बस खत्म हो गया प्रेम। इससे आगे पड़ोसी के लिए प्रेम नहीं है, प्रतिस्पर्धा है। गाँव प्रेम के कारण बिलकुल ही बदल जाएगा। तीसरा सदस्य होगा—ज्ञान। आज गाँव में नहीं है। जो भी थोड़ा-सा ज्ञान पाता है, वह गाँव छोड़कर भाग जाता है। सारा ज्ञान शहर की युनिवर्सिटियों में भरा है। दुकान में सारा माल पड़ा है, जो पैसा देगा, उसे मिलेगा। पहले यह हालत थी कि यहाँ सैकड़ों भक्त गाँव-गाँव घूमते थे, लोगों के पास ज्ञान पहुँचाते थे और भजन सुनाते थे। आज यह योजना नहीं रही है। अभी भूदान ग्रामदान के काम में कुछ लोग निकल पड़े हैं। नहीं तो कौन घूमता था? इस भूदान में जितना ज्ञान प्रचार हुआ, उतना हिन्दुस्तान में इस जमाने में कभी नहीं हुआ। इसके जरिए गाँव-गाँव और घर-घर ज्ञान पहुँचाया जाएगा।

पंचायत का चौथा सदस्य होगा—उद्योग। आज गाँव में कोई उद्योग नहीं है। सिर्फ खेती के आधार पर हिन्दुस्तान के देहातों का काम कैसे चलेगा। गाँव में खेती के साथ पूरक धन्धे भी होने चाहिए। जिन्होंने ग्रामदान किया उन्हें फौरन प्रतिज्ञा करनी चाहिए कि हम अपने गाँव में ग्रामोद्योग खड़े करेंगे। गाँव वाले गाँव की दौलत बढ़ाने के लिए गाँव में उद्योग शुरू करें।

पाँचवाँ सदस्य होगा—स्वच्छता। आज गाँवों में इतनी गन्दगी है कि पद यात्रा में गाँव के नजदीक आते ही नाक को मालूम हो जाता है। मानव बस्ती अत्यन्त स्वच्छ और निर्मल होनी चाहिए। इधर-उधर मल-मूत्र विसर्जन नहीं करना चाहिए। खेत में खुरपी लेकर जाएँ, गड्ढा बनाएँ शौच करें और उसे मिट्टी से ढक दें। तो फिर गन्दगी नहीं होगी और न मक्खियाँ ही बैठेंगी। बीमारियों से गाँवोंवालों को कौन बचाएगा क्या सरकारी डॉक्टर बचाएँगे? नहीं, उनका सर्वोत्तम वैद्य होगा, स्वच्छ पानी और घर की स्वच्छता, मल-मूत्र का ठीक विसर्जन तथा आँख, कान कपड़े की स्वच्छता होनी चाहिए। इस तरह इन पंचों की पंचायत होगी, तो गाँव को लाभ होगा।

ग्राम स्वराज्य का सार

हमें सर्वप्रथम अधिष्ठान चाहिए। भूमि हमारा अधिष्ठान है। इसलिए पहला काम भूमि-वितरण का करना होगा। आज भूमि का विषम बँटवारा समाज रचना की सारी अच्छाइयों को नष्ट कर रहा है। हमें सबसे पहले ही यह विषमता दूर करनी होगी।

दूसरा काम है, ग्राम सेवा और जन सेवा के लिए कार्यकर्ताओं का निर्माण जिसका सरल रास्ता है, उन्हें अच्छी तालीम देना और विषय-वासना से जल्द मुक्त होने की दीक्षा देकर वानप्रस्थी बनाना।

तीसरा काम होगा, गाँवों के औजारों को सुधारकर गाँवों की कच्ची चीजों से छोटे-छोटे धन्धे करना। जमीन, मल-मूत्र आदि सबका पूरा उपयोग करना। गाँवों में कुएँ भी हों। गायें भी हों। हरे-भरे वातावरण में गाँव फले-फूले, यह बहुत जरूरी चीज होगी।

और पाँचवीं बात है, सब भगवान के भक्त बनें। हमारा गाँव एक विद्यापीठ हो, जहाँ शहर वाले संस्कार और धर्म की दीक्षा पाने के लिए आने की उत्कण्ठा रखें।

यह सब इसलिए कि हमारे आराध्यदेव नगरों में नहीं, देहातों में बसते हैं। ये गाँव छोटे-छोटे रहेंगे। और माँ जैसे बालकृष्ण को पंजती हैं, वैसे हम उनकी सेवा करेंगे। सफाई, सहकारिता, स्वावलंबन, विद्या प्रसार, विचार-प्रसार आदि का वातावरण बनाएँगे। ऐसे गाँवों में न तो दंगा होगा, न फसाद, न ऊँच-नीच का भाव रहेगा, न हरिजन-परिजन का भेद ही होगा।

इस तरह जमीन के वितरण से लेकर भगवद् भक्ति तक का यह 'पंचविधि कार्यक्रम' है। सच्चे अर्थ में ग्राम राज्य या रामराज्य या लोग राज्य या स्वराज्य का सच्चा कार्यक्रम है। दुनिया तृषित होकर शान्ति की तीव्र खोज में है। हिन्दुस्तान में शान्ति की हवा है। यहाँ यह काम बन सकता है।

ग्राम स्वराज्य का सच्चा उदय

ग्राम स्वराज्य के दो लक्षण तुलसीदास जी ने बताए हैं। उन्होंने कहा, गाँव-गाँव अस होइ अनंदू—राम राज्य में हर गाँव में आनन्द हो रहा है? बोले—बयरु न कर काहू सन कोई, राम प्रताप विषमता खोई। तुलसीदास जी ने बिलकुल अद्यतन अर्थशास्त्र और आधुनिकतम राजनीति शास्त्र का विचार रख दिया है। ग्राम स्वराज्य का लक्षण है—किसी का किसी के साथ बैर नहीं, यानी सबका एक-दूसरे पर प्यार हो।

दूसरी बात, रामजी के प्रताप से विषमता खोई। आर्थिक विषमता एक बहुत बड़ा प्रश्न है। एक बड़ा मालिक, दूसरा छोटा मालिक और कोई बिलकुल भूमिहीन। तुलसीदास जी ने कहा कि विषमता हमें घटाते-घटाते मिटानी है और परस्पर पूरा प्रेम करना है। बहुत ज्यादा विषमता नहीं परस्पर सहयोग हो। इससे गाँव में स्वराज्य का सच्चा उदय होगा।

ग्राम संस्कृति : अहिंसक समाज रचना का प्रयोग

हमारे यहाँ की समाज रचना गाँवों के आधार पर ही हुई है। उस ग्राम संस्कृति के आधार पर हमारा देश खड़ा है। पाँच हजार साल पुराने गाँव आज भी यहाँ मौजूद हैं। इस प्रकार की ग्राम-संस्कृति की जो परम्परा भारत में चली आई

है, वह भारत की अपनी शक्ति है। अनेक आक्रमणों के बावजूद आज भारत टिका है, वह भी इसी ग्राम संस्कृति की बदौलत। भारत की संस्कृति की रक्षा जिन प्रयोगों ने की, उन प्रयोगों में गाँव ही आधार रूप थे। मेरी दृष्टि से यह अहिंसा का ही एक प्रयोग है। इस प्रकार की ग्राम संस्कृति की योजना ही अहिंसा की योजना हो सकती है।

लोग कहते हैं कि अब जमाना बदल गया है। अब गाँव टिकेंगे नहीं। किन्तु मैं कहता हूँ, अरे भाई, युग तो मेरा है। मैं जिस प्रकार बनाना चाहूँगा, उस प्रकार का युग बनेगा। दुनिया के विचारों का हमारे ऊपर आक्रमण होगा, तो क्या हमारे विचारों का आक्रमण दुनिया पर नहीं हो सकता? मेरा मानना है कि भारत के अपने विचार हैं। उन्हें हम मजबूत बना सकते हैं और उनका आक्रमण दूसरे देश पर कर सकते हैं। बाहर के विचारों में जो अच्छा है, उसे लेने में कोई हर्ज नहीं। वैसे ही हमारे जो अच्छे विचार हों, उन्हें बाहर भेजने में कोई हर्ज नहीं। ग्राम संस्कृति, पूरी दुनिया को भारत की दी हुई बड़ी देन है। वह अहिंसक समाज रचना का प्रयोग है। आज हमें ग्राम-संस्कृति का नवसंस्करण करना है। उसे परिपुष्ट करना है। गाँवों को परिपुष्ट विश्व का दर्शन कराना है।

विश्वशान्ति के लिए शस्त्र

ग्रामदान का कार्य सफल हो, तो दुनिया में शान्ति के शस्त्रागार में एक बड़ा ही शस्त्र दाखिल होगा। हिंसा के शस्त्रागार में ऊँचे से ऊँचे शस्त्र बन रहे हैं व यही प्रक्रिया शान्ति के शस्त्रागार में होनी चाहिए। उससे दुनिया की ताकत और आशा बढ़ेगी।

हमने बहुत बार कहा कि भूदान विश्व शान्ति के लिए वोट है। लेकिन जब से ग्रामदान शुरू हुआ है, तब से यह और आगे बढ़ा है। हम कहना चाहते हैं कि भूदान तो विश्वशान्ति के लिए वोट है, परन्तु ग्रामदान विश्वशान्ति के लिए शस्त्र है।

दुनिया आज अन्याय, उत्पीड़न और शोषण से त्रस्त है। सत्ता के शिकंजे में उसकी साँस रुँधी जा रही है। युद्ध और शस्त्रों के अभिशाप से वह पीड़ित है। विज्ञान की जो शक्ति उसके लिए वरदान रूप बननी चाहिए थी, वह आज शाप रूप बन गई है, क्योंकि विज्ञान सत्ता, सम्पत्ति और स्वार्थ के हाथों बिक गया है।

गाँधी जी ने बहुत पहले ही यह बात समझ ली थी कि विज्ञान और टैक्नोलॉजी के विकास के कारण सत्ता और सम्पत्ति के केन्द्रीकरण का रास्ता खुल जाएगा और केन्द्रित सत्ता तथा सम्पत्ति सारी मानव जाति को अपना गुलाम बना लेगी इसलिए उन्होंने ग्राम स्वराज्य का उद्घोष किया था।

भोग मर्यादित, भावना व्यापक

इधर हम हर गाँव को उसका धर्म समझाएँगे और उसको स्वावलम्बी बनाएँगे, तो दूसरी तरफ हम अपने को सारे विश्व का प्रतिनिधि समझेंगे और सारी मानवता का अभिमान धारण करेंगे। हर देश का मनुष्य सारी दुनिया का भी नागरिक है। यहाँ तक मनुष्य को पहुँचना चाहिए, तभी परमाणु युग की हमें मदद होगी। ये दो बातें निश्चित समझनी चाहिए कि हमको छोटे-छोटे परमाणुओं के आधार पर सामूहिक स्वावलम्बन साधना होगा और साथ-साथ विराट मानवता के लिए प्रीति रखनी होगी। आज हालत बिलकुल उल्टी है। अपनी आवश्यकताओं के लिए हम दूर-दूर के देशों पर अवलम्बित रहते हैं। दूसरी ओर अभिमान में हम छोटे बन गए हैं। छोटे-छोटे प्रान्तों का, भाषाओं का, धर्मों का अभिमान रखते हैं और सारी मानवता को भूल गए हैं। होना यह चाहिए कि शारीरिक आवश्यकताओं के लिए हम छोटे समूहों पर निर्भर रहें और प्रेम तथा अभिमान सारी दुनिया के लिए रखें। उत्पादन में विकेन्द्रीकरण करें और अपनी आत्मा को व्यापक बनाएँ।

यदि सारी दुनिया की चीजों को हम अपने शरीर के लिए इस्तेमाल करना चाहते हैं, तो इतना सारा व्यापार व्यवहार बढ़ता है कि उसके कारण कई प्रकार के संकट पैदा हो सकते हैं। उसमें से युद्ध आदि होते हैं। भोग वासना हमने जो विश्व व्यापक बना दी है, वह हमारे लिए घातक साबित हो रही है। भोग वासना अगर हम सीमित करते हैं और उस काम में विकेन्द्रीकरण की नीति का अवलम्बन करते हैं, तो युद्ध से बचते हैं। इसलिए मनोभावना करनी चाहिए

व्यापक और भोग वासना मर्यादित। तभी अहिंसा शक्ति बढ़ेगी और विज्ञान युग में हम टिक पाएँगे।

सारे विश्व को एक कुटुम्ब बनाना है। ग्राम-परिवार हमारी बुनियाद होगी और विश्व परिवार हमारा शिखर होगा। इस तरह हमारा समाज विश्व कल्याण का मन्दिर होगा। हमारे चित्त में व्यापक चिन्तन और चरणों में अपने गाँव की सेवा होगी। विश्व परिपुष्ट और गाँव आरोग्यवान होगा। इसमें हमारी भारतीयता भी पनपेगी, विश्व नागरिकता भी पनपेगी। हमारी ग्रामनीति और विश्वनीति दोनों चलेंगी। दोनों में परस्पर सामंजस्य होगा। हमारा मन्त्र होगा 'जय जगत' और तन्त्र होगा 'ग्रामदान', यानी ग्राम-स्वराज्य।

संपूर्ण क्रांति

शिवनाथ प्रसाद वर्मा

पहला अध्याय

संपूर्ण क्रांति : समग्र परिवर्तन

संपूर्ण क्रांति के बारे में जयप्रकाश ने अपनी चंडीगढ़ जेल डायरी (6 अक्तूबर, 1975) में लिखा है कि संपूर्ण क्रांति में सात क्रांतियाँ मिली हुई हैं। ये हैं—सामाजिक, आर्थिक, राजनीतिक, सांस्कृतिक, सैद्धांतिक, बौद्धिक, शैक्षणिक और नैतिक। यह संख्या अधिक या कम हो सकती है। उदाहरण के लिए सांस्कृतिक क्रांति में शैक्षणिक और सैद्धांतिक, क्रांतियाँ शामिल कही जा सकती हैं। यदि संस्कृति को मानवशास्त्र के सिलसिले में इस्तेमाल किया गया है तो इसमें सभी क्रांतियों को शामिल किया जा सकता है। संस्कृति से जो मतलब हम लेते हैं, यदि उसका संबंध आदिकालीन संस्कृति से है, तो वह आधुनिक संस्कृति से आमतौर पर भिन्न होगा। इसी तरह मार्क्सवादी सिद्धांतों के संबंध में सामाजिक क्रांति के इस्तेमाल में आर्थिक तथा राजनीतिक क्रांतियाँ और उनसे अधिक भी शामिल हैं। इस तरह हम क्रांतियों की सख्या बढ़ा भी सकते हैं। आर्थिक क्रांति में औद्योगिक कृषि और तकनीकी क्रांतियाँ आदि विभाजित की जा सकती हैं। इसी तरह बौद्धिक क्रांति को भी दो हिस्सों में बांट सकते हैं—वैज्ञानिक और दार्शानिक। नैतिक क्रांति को भी नैतिक और आध्यात्मिक क्रांति की दृष्टि से देख सकते हैं है या इसे सभ्यता मान सकते हैं। खास बात यह है कि जिन तकनीकी शब्दों को हम इस्तेमाल में लाते हैं—उनकी परिभाषा हमें साफ करनी चाहिए। हम जानते हैं कि 'गीता' रहस्य को समझने में सबसे बड़ी कठिनाई शब्दार्थ से संबंधित बातें हैं। गीता में कुछ शब्दों का प्रयोग हुआ, जिनका अपना अलग से अर्थ है, जैसे एक शब्द है—यज्ञ। गीता में इसका प्रचलित अर्थ से भिन्न अर्थ में प्रयोग हुआ है। अतः इन सातों क्रांतियों के बारे में हमें अच्छी तरह से जानकारी होनी चाहिए।

जयप्रकाश जी की आर्थिक क्रांति से तात्पर्य है समाज की आर्थिक रचना तथा आर्थिक संस्थानों में क्रांतिकारी परिवर्तन और उनका नया क्रांतिकृत रूप। अतः क्रांति शब्द से परिवर्तन और नवनिर्माण दोनों ही मतलब हैं।

दुनिया में यूँ तो सब कुछ बदलने वाला है। सभी चीजें हर रोज हर पल नयी से नयी होती रहती हैं। तो फिर क्रांति या क्रांतिकारी परिवर्तन का क्या मतलब है? एक तो यह कि क्रांति या क्रांतिकारी परिवर्तन बहुत शीघ्र गति से होता है। दूसरा यह कि परिवर्तन बड़ी दूर तक जानेवाला और बुनियादी होता है—कभी-कभी ऐसा कि बदली हुई वस्तु में गुणात्मक बदलाव हो जाता है, जैसे पानी गर्म होते-होते भाप बन जाता है।

बिहार आंदोलन के दौरान जिस मांग और सिद्धांत पर सबसे ज्यादा जोर दिया गया, वह यह था कि अगर प्रतिनिधि या प्रतिनिधियों पर आधारित कोई सरकार अपने कर्तव्य का पालन नहीं करती, बल्कि भ्रष्टाचारी, दमनकारी या अक्षम

हो जाती है, तब मतदाताओं को यह अधिकार है कि वह उनके इस्तीफे की माँग करें, भले ही उनका कार्यकाल पूरा न हुआ हो।

हमारे संविधान में चुने हुए प्रतिनिधियों को वापस बुला लेने का अधिकार शामिल नहीं किया गया है, लेकिन प्रजातंत्र में जनता के पास अलिखित अधिकार भी होते हैं। जिन्हें वह जरूरत के मुताबिक काम में ला सकती है। कहने का मतलब यह नहीं है कि थोड़े से असंतुष्ट लोगों को यह हक है कि जब चाहें तब निर्वाचित प्रतिनिधि या सरकार को सत्ता त्याग देने के लिए मजबूर कर दें, लेकिन इसका यह मतलब जरूर है, कि जब कभी जनता का बहुमत यह विश्वास करने लगे कि चुना हुआ प्रतिनिधि या सरकार अक्षमता, भ्रष्टाचारी और भाई भतीजावाद की शिकार हो गई है, तब वे इस्तीफे की माँग कर सकें। जनता की आवाज का आदर किया जाना चाहिए।

हम चाहते क्या हैं?

हम चाहते हैं कि देश के हर एक स्त्री पुरुष के हाथ में, चाहे वह गाँव में हो या शहर में, चाहे वह शिक्षित हो या अशिक्षित कमाई का कोई न कोई साधन जरूर हो। उस साधन से इतनी कमाई हो कि मेहनत करने वाला ईमान की रोटी खा सके और इज्जत की जिन्दगी जी सके। इस तरह समाज और देश के निर्माण में सब व्यक्तियों का किसी न किसी तरह से हाथ हो। कोई यह न महसूस करे कि यह उसका देश नहीं है, या इसके निर्माण में उसका हाथ नहीं है। बुढ़ापे में उम्र के मुताबिक सुविधाएँ हों और जब आदमी काम करने लायक न रह जाए तो उसे परिवार से समाज से इज्जत मिले और राज्य से यह गारंटी मिले कि उसका जीवन हर तरह से सुरक्षित है।

समाज में और सरकार में भाई-चारे का जीवन और इंसाफ हो। कोई किसी का किसी तरह से शोषण न करे। न ही कोई किसी को दबा सके। हर आदमी को अपनी कमाई का उचित दाम मिले और उसके कर्मों का उसे सीधे उचित फल मिले। इस तरह काम, दाम और आराम हर एक को समान रूप से मिलें।

सरकार और कानून में बिना किसी तरह की घूस दिए न्याय मिलें। अगर कोई हाकिम या कोई दूसरा आदमी किसी तरह का अन्याय करे तो हम निडर होकर बिना किसी आर्थिक और सामाजिक दिक्कत के गाँव में पंचों के सामने या सरकार की अदालत में फरियाद कर सकें और हमें यह भरोसा हो कि हमें इंसाफ जरूर मिलेगा। हमारे बच्चों को बिना किसी फ़ीस के जरूरी प्राइमरी शिक्षा समान रूप से सब जगह मिले। हम यह भी चाहते हैं कि हम बच्चों को कोई उपयोगी उद्योग सिखाएँ जिसके द्वारा उनकी शारीरिक, मानसिक और आध्यात्मिक शक्तियों का विकास हो सके। ऐसा हो जाए तो हमारे गाँव के लगातार बढ़ रहे विनाश की धारा रुकेगी और ऐसी न्यायपूर्ण समाज व्यवस्था की नींव पड़ेगी, जिसमें अमीरों और गरीबों में गैरबराबरी की गुंजाइश नहीं होगी और हर एक को जीवन, मजदूरी और आजादी के अधिकारों का भरोसा दिया जा सकेगा। गाँधी जी के शब्दों में, देश में जहाँ लाखों आदमी भूखों मरते है, वहाँ बुद्धिपूर्वक किया जाने वाला श्रम ही सच्ची प्राथमिक शिक्षा या प्रौढ़ शिक्षा हैं।

हम हरिजन हों, आदिवासी हों, हिन्दू, मुस्लिम, सिख, ईसाई, पारसी आदि कोई भी हों, हमारे साथ जाति, गरीबी, नीची हैसियत, अनपढ़ या स्त्री होने के कारण भेद न बरता जाए। हम में से हर एक को इंसान माना जाए। हमें सही ढंग से जीने और विकास करने का मौका मिले। काम करने के नए तरीके मिलें, नए से नया ज्ञान मिले ताकि हम समाज में रहने के नाते अपने अधिकारों को जानें और अपने फर्जों को निबाह सकें।

हमें वोट देने का हक मिला है, तो यह हक भी बना रहना चाहिए कि हम स्वतंत्र होकर चुनाव द्वारा तय कर सके कि सरकार में हमारा प्रतिनिधि कौन होगा। चुना जाने के बाद भी हमें यह हक होना चाहिए कि अगर हमारा प्रतिनिधि भ्रष्ट या निकम्मा साबित हो, तो हम उसे वापस बुला सकें और उसकी जगह दूसरा आदमी भेज सकें।

चुनाव में हमें निडर होकर अपनी मर्जी से वोट देने दिया जाए। न कोई डराए न लालच दिखाए, न हम से जाति-पांति की बात कहे और न चुनाव में किसी तरह के भ्रष्ट उपाय अपनाए जाएँ।

हमारी ये बुनियादी माँगें हैं। ये ही माँगें गाँधी जी ने पूरे देश और समाज से की थीं। आज़ादी के बाद हर चुनाव में हमारे नेता इन्हीं मांगों को पूरा करने के वायदे करते हैं। फिर भी आज तक जनता की ये बुनियादी और मामूली

माँगें क्यों नहीं पूरी होतीं? जो सरकार इतने बड़े-बड़े दफ्तर खोल सकती है, लाखों की तादाद में फौज और पुलिस रख सकती है, देश के विकास के नाम पर करोड़ों-अरबों रुपए लुटा सकती है, बिना मुकदमा चलाए बड़े से बड़े नेताओं को कार्यकर्ताओं को जेल में डाल सकती है, उस सरकार ने जनता के इन मामूली सवालों को क्यों नहीं हल किया? जाहिर है कि नेताओं के वायदे करते रहने से बात नहीं बनती। हाँ, भोली-भाली जनता को कुछ देर के लिए, गुमराह जरूर किया जा सकता है।

सरकार गरीब किसानों को और अधिक गरीब होने से क्यों नहीं बचा सकी? हम अब भी देखते हैं कि जिस तरह अंग्रेज राज्य में कोई शोषण करने वाला मालिक होता था, कोई बिचौलिया-राजा, जमींदार और साहूकार होता था, उसी तरह आज भी वह सब चल रहा है। वही घूसखोर पुलिस, अदालतों में पैसे से मिलनेवाला वही इंसाफ, वही निकम्मी पढ़ाई, वही खून चूसने वाला महाजन, पढ़-लिखकर वही बेकारी, शादी-ब्याह में वही बेहिसाब खर्च, वही छुआछूत और हर क्षेत्र में वही गैर बराबरी, ऊँच-नीच का भाव। गाँव और शहरों में पढ़े-लिखे लोग बढ़ गए—लेकिन उनका चरित्र उतना ही घट गया। अब तो हर काम जो जबर्दस्ती से ही किया जा सकता है—ऐसा लोग सोचने लगे। हिंसा बढ़ गई। आपसी रिश्ते टूट गए। घर-घर में भाई-भाई में फूट पड़ गई और सारा समाज भिन्न-भिन्न दलों, जातियों और वर्गों में टूटकर बँट गया। गाँवों में पंचायतें तो बनीं, लेकिन गाँव का रहा सहा भाईचारा भी खत्म हो गया। गरीब की बात सुनने वाला गाँव में कोई नहीं रह गया। गाँव में लोग होली-दिवाली, तीज-त्यौहार भी आपस में मिलकर अब नहीं मनाते। कोई भी काम बिना घूस सिफारिश या दबाव के पूरा ही नहीं होता।

लोग कहते हैं कि देश पहले से ज्यादा धनी है। देश के भीतर ऐसी चीजें बनने लगी हैं, जो पहले कभी सोची भी नहीं जा सकती थीं। गाँव में भी कभी बिजली जलेगी, ट्रेक्टर, पम्पिंग सेट खेतों में चलेंगे, इसका तो कोई सपना भी नहीं देख सकता था। बाप-दादे तो सोच भी नहीं सकते थे कि धान कभी बीघे में पच्चीस तीस मन और गेहूँ पन्द्रह-बीस मन पैदा हो सकता है। यह सब चीजें अब हम अपनी आंखों के सामने होते देख रहे हैं, लेकिन यह भी देख रहे हैं कि गाँव में पहले जितने लोग गरीब, बेसहारा और अनपढ़ थे, उससे ज्यादा लोग अब अनपढ़, बेसहारा और बेरोजगार हैं। भूमिहीनों की संख्या बराबर बढ़ती जा रही है। गाँव के लोग गाँव छोड़कर शहर भाग रहे हैं। जिस किसान के यहाँ पचास बीघे की खेती है, उसका भी जवान बेटा हाईस्कूल पास करके गाँव से शहर में आ गया है। शहर में कैसी भी नौकरी मजदूरी मिल जाए, कितनी भी गरीबी से और अभाव में रहने को मिले, फिर भी वह शहर में ही धक्के खाना चाहता है। जो एक बार शहर आ गया, वह फिर लौटकर गाँव नहीं जाना चाहता है। गाँव अब उसके लिए पिछड़ेपन का सबूत है और शहर उन्नति का। गाँव में जवान देखने को नहीं मिलते। गाँव में धंधे तो लगभग रहे ही नहीं। कोई अच्छा बढ़ई या लोहार तक मिलना मुश्किल हो गया है।

खेती देखने में पहले से अच्छी है, लेकिन धनी वे ही हैं, जिनके घर में महाजनी होती है, जो पुराने जमींदार हैं या नौकरी की बाहरी कमाई जिनके यहाँ होती है। इन्हीं बड़ों, धनियों, पुराने जमींदारों और पहले के बड़े लोगों के हाथ में अब भी गाँव की समूची ताकत है। इन्हीं के हाथ में स्कूल रहता है पंचायत और कोआपरेटिव सोसाइटी रहती है। इन्हीं की पुलिस और सरकार में पहुँच है। यही लोग राजनीतिक दलों में जाकर नेता बन जाते हैं। विभिन्न पंचवर्षीय योजनाओं के तहत जो भी विकास हुआ है, उसका फल इन्हीं बड़े लोगों को मिला है। विकास की गंगा तो बही,.लेकिन छोटे, गरीब और असहाय लोग उसके किनारे खड़े उसे देखते ही रह गए।

इसी सबके खिलाफ सन् 1974 में युवाशक्ति के साथ, जनता के स्वराज्य की लड़ाई का शंख जयप्रकाश जी ने फूंका था। उसी लड़ाई के खिलाफ तानाशाही आई थी। इमरजेंसी लागू हुई थी। लोकतंत्र का गला घोंटने की कोशिश की गई थी। सारे बड़े नेता और कार्यकर्ता जेलों में डाल दिए गए। ऐसा क्यों हुआ? ऐसा इसलिए हुआ कि अंग्रेज अपना राज्य काँग्रेस को सौंप कर गए, काँग्रेस ने सरकार का पूरा ढाँचा और रंगढंग वही रखा, जो अंग्रेजों का था। लंबी गुलामी और अंग्रेजी हुकूमत के कारण भारतीय समाज का सारा ढाँचा टूट चुका था। सारे सामाजिक मूल्य तहस नहस हो चुके थे। समाज के ऊपर राज्य चढ़ बैठा था, जबकि भारतीय संस्कृति की यह विशेषता रही है कि राज्य हमेशा समाज के नीचे रहता है। इसी भारतीय समाज की फिर से रचना करना चाहते थे गाँधी जी। इसी समाज का

फिर से निर्माण जयप्रकाश, लोहिया और दीनदयाल उपाध्याय जैसे महापुरुष पूरा करना चाहते थे।

पिछले तीस वर्षों का काँग्रेसी शासन, जिसका आखिरी परिणाम था इंदिरा गाँधी की तानाशाही, उसका अंत किया जयप्रकाश की अगुवाई में चले बिहार के लोक आंदोलन ने। इसी ताकत ने काँग्रेसे राज्य को खत्म कर जनता राज्य को कायम किया, पर इसके साथ ही लोकशक्ति फिर सो गई। राज्य परिवर्तन तो हुआ, पर हालात वैसे के वैसे ही रहे, अर्थात् समाज में कहीं किसी तरह के परिवर्तन के आसार नहीं नजर आ रहे थे। यहीं पर यह बुनियादी सवाल उठता है कि परिवर्तन संभव कैसे हो? इस सवाल का एक ही जवाब है कि समग्र परिवर्तन के लिए संपूर्ण क्रांति की जरूरत है।

जनता राज्य में दो बातें हुईं—एक बात यह हुई है कि लोग लोकतंत्र के बारे में थोड़ा जागरूक हुए हैं। उन्हें तानाशाही की चोट का अनुभव हो चुका है। दूसरी चीज यह हुई कि लोग समझ गए हैं कि बेईमानी, दुश्चरित्रता, भ्रष्टाचार और हिंसा की राजनीति अब नहीं चलेगी। जनता सरकार को देख रही है, परख रही है। देखने के माने यह हैं कि वह केवल सरकार से ही आशा लगाए बैठी है कि उसकी सारी समस्याओं का हल सरकार ही मानों कर देगी। परंतु जयप्रकाश ने बार-बार कहा है कि जो लोग राज्य और राजनीति से आशा लगाए बैठे हैं, वे बिलकुल अंधकार में है।

आज यह साफ जाहिर है कि हमारी और समाज की समस्याएँ न राजनीति से हल हो पाएँगी न राज्य शक्ति से। हमको नयी शक्ति खोजनी है। और वह नयी शक्ति है—लोकशक्ति.... और सेवक शक्ति। ये तीन रूप हैं लोकशक्ति के। इनका विकास, इनका निर्माण। लोक है, पर उसकी शक्ति नहीं। संख्या है, पर उसका बल नहीं। सत्ता तो बहुत दूर की बात है। लोकशक्ति बनाने का संकल्प जनता पार्टी ने तो नहीं उठाया था। जनता पार्टी ने तो अपनी शक्ति बनाने की कोशिश की थी। और यदि वह कुछ बना भी सकी, तो अपनी शक्ति बनाएगी, लोकशक्ति नहीं। शक्ति बनाएगी अपनी, समर्थन लेगी जनता का। हर दल उम्मीदवार अपने खड़ा करता है, वोट जनता का माँगता है। फिर सरकार में चुने जाकर अपनी ही शक्ति बढ़ाता है, लोक शक्ति का गला घोंटता है।

महान स्वप्न

जे. पी. ये सारी बातें समझ-बूझ रहे है। उन्होंने संपूर्ण क्रांति के सिलसिले में बहुत ही साफ बात यह कही है कि राज्य-शक्ति द्वारा क्रांति संभव नहीं है। उन्होंने कई सोचने वालों के इस विश्वास को काटा है कि राज्य-शक्ति समाज को बदने का मुख्य हथियार है। उनके अनुसार संपूर्ण क्रांति के लिए यह मानकर चलना है कि राज्य शक्ति के द्वारा क्रांति तो दूर कोई भी परिवर्तन मुमकिन नहीं है। उनके अनुसार पूँजी की तरह सत्ता का भी अपना एक निहित स्वार्थ होता है जिसे वह किसी भी कीमत पर नहीं छोड़ना चाहती है। अपनी शक्ति को खोने की बात तो दूर, वह राज्य की सत्ता का विकेन्द्रीकरण भी करना नहीं मंजूर कर सकती।

जे.पी ने इस सच्चाई को बार-बार दोहराया है कि बावजूद बड़े-बड़े नारों के दुनिया की सारी सरकारें केन्द्रित हुई जा रही हैं और जनता पर अपनी पकड़ मजबूत करने की बराबर कोशिशें कर रही हैं। जे.पी की संपूर्ण क्रांति में केवल शोषण से मुक्ति नहीं, बल्कि शासन से भी मुक्ति शामिल है। निश्चय ही यह एक बहुत बड़ा स्वप्न है, जिसे मार्क्स और गाँधी ने भी देखा है और अब आज जयप्रकाश भी यही देख रहें हैं। मार्क्स और गाँधी ने थोड़ा बहुत अपने सपनों को पूरा भी होते देखा, पर दुर्भाग्य से जब जे.पी यह स्वप्न देख रहे हैं, वह दुर्भाग्यपूर्ण और विचित्र समय है। क्योंकि पश्चिम की डेमोक्रेसी का असर हमारे प्रजातंत्र में आकर जो एक नयी विनाशकारी चीज फल के रूप में दे बैठा है, वह है 'राजनीतिक संस्कृति'।

राजनीतिक संस्कृति

यह राजनीतिक संस्कृति आदमी को एक कार्यकर्ता की जगह उपभोक्ता बना रही है। सामाजिक आदमी बनने के बजाय उसे निरा स्वार्थी और मतलबी बना रही है। उसे 'मैं' पर ही सोचने को मजबूर कर रही है। राजनीतिक का यह 'में' ही वह बुनियादी तत्त्व है, जो राजनीतिक कार्यकर्ता या नेता को अपने 'मैं' के अलावा और किसी से नहीं जुड़ने देता—न

समाज से, न देश से और न ही किसी तरह के मूल्य, मर्यादा या आदर्श से। आज तो सारा राजनीतिक भ्रष्टाचार इसी 'मैं' के स्वार्थ से बंधा है। उसके लिए न तो कोई राजनीतिक अवस्था है, न कोई राजनीतिक पवित्रता, न कोई मर्यादा, न देश की चिंता। 'मैं' की ही राजनीति का यह असर है कि जो जहाँ है, दरअसल वह वहाँ नहीं है, जो वह नहीं है, वह वही होना चाहता है।

आजादी के बाद की राजनीति का सबसे बड़ा दुर्भाग्य यह रहा है कि प्रायः सभी दल क्रांति की, परिवर्तन की बात करते हैं और सभी वर्तमान से नहीं, अपने अतीत से प्रेरणा लेते हैं। होते हैं अपने वर्तमान में, बातें करते हैं अपने वर्तमान की, पर असल में वे जी रहे होते हैं अपने अतीत में। अतीत का नेतृत्व, दल का अतीत, अतीत के झगड़े अपने पुराने जमाने के ही बैर विरोध में वे साँस लेते हैं। वे जुड़ते हैं, टूटते हैं, फिर अटते हैं और बिखरते हैं। फिर संकल्प लेकर एक साथ होते हैं—लेकिन इसके बावजूद कोई अपनी पिछली बात को, अतीत को नहीं भूलता। यह स्थिति संपूर्ण क्रांति को समय के साथ जोड़ने की माँग करती है।

क्रांति की चाह

इस बदकिस्मती का एक दूसरा पहलू यह है कि जिस समाज या व्यक्ति के लिए ये लोग क्रांति या परिवर्तन चाहते हैं, उसमें खुद किसी तरह की क्रांति की, परिवर्तन की कोई इच्छा नहीं, उमंग या चेतना नहीं है। न ही कोई जागरण है न कोई योग्यता। इसलिए इस राजनीति की राजनीति ही यही है कि जहाँ शक्ति है, योग्यता है, वहाँ केवल क्रांति की बातें है, और जहाँ वास्तव में क्रांति की जरूरत है, वहाँ क्रांति की चाह ही नहीं है। वहाँ सब कुछ उदास है, निराश है। आपसी फूट है, बिखराव है।

ऐसे ही हिन्दुस्तान को गाँधी ने पहली बार एकजुट करके संगठित करना चाहा था यानी सोए लोक-मानस को जागाना चाहा था।

भारतीय राजनीति को यह सच्चाई माननी होगी कि हमारे समाज ने सदियों से अपने सामाजिक साँचे में किसी तरह से दिमागी परिवर्तन लाना छोड़ दिया है। इस भारतीय समाज के बाहरी हालात में चाहे जितने बदलाव हो जाएं लेकिन समझ बूझकर भी वह अपनी सामाजिक दृष्टि नहीं बदलता। इस एकरसता की नजर को तोड़ने के लिए राजनीतिक नेता की नहीं, कर्मयोगी लोक सेवक की जरूरत है। इस संपूर्ण क्रांति का वाहक कार्यकर्ता राजनीतिक नहीं, लोक सेवक होगा, जो राजसत्ता से नहीं लोकसत्ता से आया हो; उसी से जड़ा हो। वह लोक सेवक, कार्यकर्ता लोकरथ के सारथी की तरह होगा। वह लोक को जगाएगा। उस जागरण को संस्कार देगा दिशा देगा। तभी वह जागी हुई लोकशक्ति समाज में, देश में अपने लोकतंत्र की प्रतिष्ठा करेगी। गुजरात और बिहार में जो कुछ लोकशक्ति जगी और जिसके कारण राजसत्ता में परिवर्तन हुआ, इसके बाद वह लोकशक्ति फिर क्यों सो गई? दूसरी आजादी के नाम पर आज पूरा समाज तोड़-फोड़, घेराव, हड़ताल और केवल अपने अधिकारों की पूर्ति के उल्कापात में क्यों फंस गया?

उत्तर यही है कि राजनीति ने समाज को तोड़ डाला। राज्य ने, तंत्र ने लोक को तहस नहस कर दिया। इसलिए जीवन के किसी एक क्षेत्र में, किसी एक दिशा में आज किसी तरह के परिवर्तन का कोई प्रभाव नहीं। नाश और सत्यानाश समग्र का, संपूर्ण का हुआ है। इसलिए देश और समाज को फिर से जगाने के लिए समग्र और संपूर्ण क्रांति ही जरूरी है। इससे कम और इससे नीचे दूसरा कुछ भी कहीं कारगर नहीं होगा। इसके अभाव में सारे सुधार बेजान होंगे। सारी छूटें, सारे अधिकार और सारी निर्माणकारी योजनाएँ भ्रष्टाचार के मुख में चली जाएँगी। बातें बहुत होंगी, काम कुछ भी नहीं होगा।

इस समग्र और संपूर्ण क्रांति की लड़ाई जनता को, लोक को, खुद लड़नी होगी। जयप्रकाश का विश्वास है कि जनता को अपनी लड़ाई अपने आप लड़नी है। प्रश्न व्यक्ति या दल का नहीं है, कुछ माँगों और सुविधाओं का भी नहीं है। भ्रष्टाचार, महँगाई, बेरोजगारी, शिक्षण आदि सवालों की जड़ें पूरी व्यवस्था में घुसी हुई हैं। उसे ही बदलना है, जीवन का नैतिक स्तर उठाना है, नया देश, नया समाज बनाना है। संपूर्ण क्रांति करनी है।

दूसरा अध्याय

संपूर्ण क्रांति : समाज और सरकार का परिवर्तन

हमारा इतिहास बताता है कि मध्ययुग से लेकर आज तक ऊपर-ऊपर राज्य बदल जाता है, पर हर बार उसके भीतर का समाज वहीं का वहीं रह जाता है। रामायण की यह चौपाई सबूत है : कोउ नृप होय हमें का हानी चेरि छांड़ि नहिं होउब रानी। ऐसा क्यों है? राज्य जब समाज के अधीन होता है तब समाज के अनुसार राज्य में परिवर्तन होता है। इसका मतलब यह हुआ कि समाज की परिवर्तनकारी शक्तियाँ जब तक कार्यरत हैं, तभी तक समाज शक्तिशाली है। पर जैसे ही समाज की परिवर्तनकारी ताकतें, नष्ट हो जाती हैं। समाज जड़ हो जाता है। जिस प्रकार यदि नदी की अबाध धारा को कोई रोक दे, तो धारा स्थिर हो जाती है, उसी प्रकार समाज की गति रुक जाती है। तब ऐसे जड़ समाज पर राज्य हावी हो जाता है। जीवन के हर क्षेत्र पर केवल राज्य या राजनीति का अधिकार हो जाता है। पर यह भी सच है कि ऐसा राज्य और उसकी राजनीतिक शक्ति भी उसी जड़ता का नमूना है। मतलब यह कि अगर समाज जड़ है, तो देश का अपना राज्य भी जड़ होगा। हमारे एम.पी., एम.एल.ए., नेता, अफसर, अध्यापक, लेखक और कार्यकर्ता इस समाज से ही तो आएँगे। आसमान से तो नहीं बरसेंगे। इसलिए संपूर्ण क्रांति का बुनियादी काम है अपने समाज को बदलना। समाज कैसे बदलता है? समाज तब बदलता है जब समाज को अपना आधार मिल जाता है और जब उसे अपने जीवन की जड़ें मिलने लगती हैं। यह आधार है—समाज का अपना जीवन, अपना घर परिवार, आसपास का समाज, अपना देश और इन सबसे अपनेपन का अहसास। यही एक बात स्वतंत्रता संग्राम के दिनों में तिलक, गाँधी और डॉ. हेडगेवार ने कही। इसी का संकल्प स्वतंत्र भारत में विनोबा, जयप्रकाश, लोहिया और दीनदयाल उपाध्याय ने लिया।

सरकार का ही नहीं, समाज का भी परिवर्तन

पहले समाज बदले समाज की सोई हुई सामाजिक शक्तियाँ जगें, एक-एक व्यक्ति जगे, फिर राज्य बने, यह एक स्वाभाविक क्रम है। ऐसे जगे हुए समाज से नया राज्य बनेगा। नया समाज होगा तभी नया राज्य होगा। उस नये समाज निर्माण के लिए यह नितांत आवश्यक है कि राजनीति, प्रशासन, न्याय, भूमि, शिक्षा हर चीज की व्यवस्था बदले। तभी यह संभव होगा कि परिवर्तन प्रत्येक व्यक्ति, प्रत्येक जन में उतर सके। इसके लिए आवश्यक तत्त्व हैं—

- राजनीति नहीं लोकनीति
- दल नहीं जनता का उम्मीदवार
- विधायक जनता के प्रति जिम्मेदार
- गाँव एक इकाई
- ग्राम पंचायत, जनता सरकार
- सरकार मुक्त शिक्षा और न्याय

आज यह देश डेमोक्रेसी के नाम पर जिस राजतंत्र में है, वह इंग्लैंड की है। इंग्लैंड की डेमोक्रेसी, इंग्लैंड के समाज की देन है। यह अंग्रेज परंपरा का फल है। हमारी अपनी भारतीय परंपरा, समाज और लोक की जो शक्ति है, उसी से हमारा लोकतंत्र बनेगा। हमारी परंपरा लोकनीति की है, राजनीति की नहीं। राजनीति की देन की डेमोक्रेसी, प्रजातंत्र। लोकनीति की देन होगी लोकतंत्र। इसमें एक-एक जन का सहभाग और सहयोग होगा।

अंग्रेज चले गए पर हमें अपना राजतंत्र दे गए। अंग्रेजों द्वारा यहाँ तैयार किया गया वह राजतंत्र इस देश को लूटने और सदा इसे डरा दबाकर रखने के लिए। हमने उसी राजतंत्र और शासन के ढाँचे को बरकरार रखा। यही नहीं, हमने आजाद होते ही अपना जो संविधान बनाया, उस पर भी अंग्रेजों का अत्यधिक प्रभाव रहा। हमारे संविधान का

लक्ष्य था—लोकतंत्रीय गणराज्य। इस प्रजातंत्र को चलाने के लिए हमने जनता के प्रतिनिधि को स्वीकार किया, जो बालिग मताधिकार के आधार पर चुना जाने लगा। इसका फल यह हुआ कि सारा देश राजनीतिक संगठनों से चलाया जाने लगा और सारी राजनीति विभिन्न दलों द्वारा संचालित होने लगी। इसका फल यह हुआ कि व्यक्ति और समाज पर राजनीति हावी हो गई। सारा देश का देश जैसे राजनीतिमय हो गया। जीवन का ऐसा कोई भी हिस्सा नहीं बचा, जहाँ राजनीति नहीं पहुँच गई हो। सारा देश और समाज विभिन्न धर्मों, प्रान्तों और छोटे-छोटे स्वार्थ खंडों में बँट गया। अंग्रेजों की चलाई गई राजनीति से जो भेदभाव हमारे दिलों में आ गए थे, वे सब अब राष्ट्रीय स्तर पर ऊपर आ गए। इन सबका नतीजा यह हुआ कि 1975 तक आते-आते उस प्रजातंत्र के गर्भ से एक निरंकुश तानाशाही सत्ता का जन्म हुआ। एक दल की तानाशाही और उसमें भी केवल एक निरंकुश व्यक्ति की तानाशाही, स्वतंत्रता, समानता, लोकतंत्र, समाजवाद, न्याय और बोलने की आजादी इन शब्दों के अर्थ ही बदल दिए गए। हर चीज निरंकुश सत्ता का साधन बना दी गई। व्यक्ति जन न रहकर केवल वोटर हो गया। लोकतंत्र के नाम पर राज्यसत्ता को एक स्वार्थी, भ्रष्ट, निकम्मे और निरंकुश वर्ग ने हथिया लिया। इसके बाद उसने ऐसे रास्ते भी निकाल लिए कि एक बार भ्रष्ट चुनाव द्वारा हथियाई हुई सत्ता हाथ से निकलने न पाए।

ऐसी राज्यसत्ता का, जो सैनिक शक्ति तमाम राजकीय साधनों और सुविधाओं से लैस है, मुकाबला कैसे किया जाए? केवल यही एक उपाय है कि उस राज्यसत्ता के खिलाफ लोक सत्ता को जगाया जाए। उसे संस्कारित कर, संगठित किया जाए। संगठित लोकशक्ति के सामने राजनीति द्वारा संगठित राज्यसत्ता कभी नहीं क्रांति के तहत लोकतंत्र की प्रक्रियाओं में निम्नलिखित परिवर्तन बहुत जरूरी हैं, ये परिवर्तन फौरन होने चाहिए—

(1) चुनाव

(क) लोकमत चुनाव द्वारा जाना जाता है। इसलिए चुनाव पूरी तरह से मुक्त, निष्पक्ष और शुद्ध हों। किसी तरह का भ्रष्टाचार या जोर जबरदस्ती न हो। चुनाव बनाई गई सीमाओं के भीतर हो और कोई काम लोक जीवन की स्वीकृत मर्यादाओं के खिलाफ न हो। चुनावों में एक कड़ी आचार संहिता का पालन बहुत जरूरी है।

(ख) मर्यादाओं को तोड़े जाने पर कानून तो अपना काम करे ही, संपूर्ण क्रांति की तरफ से भी जोरदार आवाज उठे। चाहे मर्यादा तोड़ने वाला उम्मीदवार कोई भी हो—संपूर्ण क्रांति लोकतंत्र का एक सतत जागरूक प्रहरी बने। आज चुनाव कराने के तरीकों में एक बुनियादी दोष यह है कि विधान सभा में लोकमत का सही प्रतिनिधित्त्व नहीं होता। उदाहरण के लिए, विरोधी पार्टी के लोग काँग्रेस से अधिक वोट पाते रहे हैं, लेकिन जीत हमेशा काँग्रेस की ही होती रही है। फिर आगे से ऐसा क्यों हो? क्यों न कोई ऐसा तरीका हो, जिसमें वोट के ही अनुपात से सीटें मिलें? इसके अलावा चुनाव के बाद दल बदलने पर रोक लगनी चाहिए। इस संबंध में ऐसी व्यवस्था हो कि जो प्रतिनिधि अपना दल बदलना चाहें, वह इस्तीफा देकर दूसरी बार फिर चुनाव लड़े। प्रतिनिधयों की खरीद बेच बंद हो।

(2) उम्मीदवारों का चयन : निर्वाचन मंडल

बहुत से उम्मीदवार विभिन्न राजनीतिक दलों की तरफ से खड़े किए जाते हैं। कुछ निर्दलीय या आजाद उम्मीदवार भी होते हैं। लोकतंत्र की नजर में अब यह जरूरी हो गया है कि उम्मीदवारों के चुनाव में जनता का सीधा हाथ हो। यह काम सिर्फ दलों पर ही न छोड़ा जाए। उम्मीदवार ऐसे हों, जिनके द्वारा जनता का प्रत्यक्ष और असरदार प्रतिनिधित्व हो, और जो अपने चाल चलन के लिए जनता के सामने जवाबदेह भी रहे।

यहाँ सवाल यह है कि ये जनता उम्मीदवार तय कैसे किए जाएँ? मिसाल के लिए मान लीजिए कि एक चुनाव क्षेत्र है, जिसमें 100 गाँव हैं। ठीक तो यह होगा कि हर गाँव की एक ग्राम सभा हो, जिसमें उस गाँव के सारे बालिग सदस्य हों। ग्राम सभा में आम राय से जनसंख्या के आधार पर एक या एक से ज्यादा अपने प्रतिनिधियों का एक निर्वाचन मंडल हो। यही निर्वाचन मंडल आम राय से एक उम्मीदवार तय करे, जो उस क्षेत्र की जनता का उम्मीदवार तय करे, जो उस क्षेत्र की जनता का उम्मीदवार माना जाए।

लेकिन अभी गाँव-गाँव में ऐसी सभाएँ नहीं हैं। जहाँ हैं भी, सरकारी हैं। गाँवों संगठन भी नहीं हैं। बिहार आंदोलन के दौरान जनता सरकार की योजना में गाँव से लेकर पंचायत और ब्लाक तय जनसंपर्क समितियाँ और छात्र संघर्ष समितियाँ संगठित करने की कोशिश की जा रही थी। कुछ क्षेत्रों में गठित हो भी गई थीं। अगर वह काम पूरा हुआ होता, तो इन समितियों के प्रतिनिधियों को लेकर एक 'निर्वाचन मंडल' बनता और वही जनता उम्मीदवार तय करता।

यह निर्वाचन मंडल जिस तरह से भी बने उसका काम होगा—आम राय से ठीक उम्मीदवार तय करना...

(ग) चुनाव के नियमों व तरीकों में सुधार हों। सुधार के सुझाव कि चुनाव मुक्त, निष्पक्ष और शुद्ध हों। इस तरह से किया गया निर्वाचन अपने क्षेत्र में लोकतंत्र का प्रहरी होगा। उसका कार्यकाल 5 साल का होगा।

निर्वाचन मंडल आम राय से उम्मीदवार कैसे तय करेगा? यह बहुत कुछ निर्भर है इस बात पर कि कार्यकर्ता मतदाता प्रशिक्षण द्वारा कैसा माहौल बनाते हैं। माहौल ठीक हो, लोगों में उम्मीदवार व उसकी सही कीमत की सही समझ हो तो सर्वसम्मत उम्मीदवार भी हो सकते हैं।

लेकिन मान लें, अगर वैसा नहीं होता है और चार-पाँच उम्मीदवार खड़े भी हो जाते हैं, तो ऐसी हालत में बार-बार मतदान कराके सबसे कम मत पाने वाले को छाँटते जाइए और जो आखिर में बच जाए, उसे ही सही उम्मीदवार मान लीजिए। बराबर मत हों, तो पर्ची निकलवा लीजिए। इसके लिए जाति-पाँति और भाई-भतीजावाद से ऊपर उठने की जरूरत होगी वरना संपूर्ण क्रांति की नींव ही गलत पड़ जाएगी।

(3) वापस बुलाने का अधिकार

हर उम्मीदवार अपने निर्वाचन मंडल के प्रति जिम्मेदार होगा। वह इस प्रतिज्ञा से बँधा रहेगा कि मंडल के सामने समय-समय पर अपने काम और आचरण का ब्यौरा देगा, उसके निर्देशों का पालन करेगा, यहाँ तक कि यदि किसी विशेष स्थिति में विधान सभा से हट जाना जरूरी होगा, तो अपने निर्वाचान मंडल के निर्देश पर त्याग पत्र देकर वह सहज ही हट जाएगा।

वापस बुलाने का अधिकार संविधान में लिखा हुआ नहीं है, लेकिन लोकतंत्र में मतदाता को अपने प्रतिनिधि के प्रति यह बिना लिखा अधिकार प्राप्त है। लोकतंत्र में जनता की सत्ता सबसे ऊपर है। जब कानून और संविधान के रास्ते बंद हो जाते हैं। तो खुद जनता को आगे बढ़कर हस्तक्षेप करना पड़ता है। जनता की सत्ता हमारे संविधान में भी मान्य है और लोकसत्ता तो लोकतंत्र का आधार ही है।

(4) विधान सभा में विधायक

प्रतिनिधि सारी जनता का प्रतिनिधित्व करता है, किसी दल या समुदाय का नहीं। चुनाव के बाद, लोकसभा या विधान सभा में पहुँचकर हर सदस्य चाहे वह किसी दल की ओर से, या निर्वाचन मण्डल की ओर से चुना गया हो, या स्वतंत्र हो, पूरी जनता के प्रतिनिधि के रूप में व्यवहार करेगा। उसे हर प्रश्न पर अपनी स्वतंत्र राय देने का अधिकार होगा। उसके ऊपर दल सचेतक जैसा कठोर अनुशासन लागू नहीं होगा, क्योंकि वह दल नहीं, जनता का प्रतिनिधि है।

(5) विकेन्द्रीकरण

(क) राजनीतिक और आर्थिक सत्ता का केन्द्रीकरण लोकतंत्र की दृष्टि से नुकसानदेह साबित हुआ है। उसकी वजह से एक ओर सरकार निरंकुश हुई है, दूसरी ओर जनता गैर जिम्मेदार और निष्क्रिय। इस नजरिए से सारी राजनीतिक सत्ता—उसके अधिकार और कर्तव्य स्वायत्त इकाइयों में विकेन्द्रित हो जानी चाहिए। विकेन्द्रीकरण से केन्द्रीय और राज्य सरकारों के क्षेत्र सीमित हो जाएँगे, इसलिए वे अधिक मजबूत और सक्षम होंगी तथा राष्ट्र और भी सुसंगठित और मजबूत होगा।

गाँव और नगर हमारे यहाँ की स्वाभाविक इकाइयाँ हैं। इनके अलावा विद्यालय, कार्यालय और कारखाने भी इकाइयाँ माने जा सकते हैं। कई छोटे गाँवों को मिलाकर एक अलग इकाई बनाई जा सकती है तथा शहरों के मुहल्ले एक अलग

इकाई हो सकते हैं। ये सभी इकाइयाँ भीतर इंतजामों, विकास और आपसी सहयोग की दृष्टि से स्वायत्त मानी जाएँगी। हर इकाई के सदस्यों की एक आम सभा होगी, जो काम की सुविधा की दृष्टि से अपनी कार्य समिति चुन लेगी। महत्त्वपूर्ण विषयों के फैसले भरी सभा में आमने-सामने बैठकर सदस्यों की आम राय से लिए जाएँगे। जिम्मेदारियाँ भी सदस्यों में बँटी रहेंगी।

बिहार आंदोलन में जनता सरकार की योजना में यही दिशा सुझाई गई थी। जनता सरकार का मतलब ही यही था कि जनता अपनी संगठित शक्ति से समस्याओं को हल करने के लिए आगे बढ़े। जनता सरकार का आधार ही था ऐसी सहकारी नैतिक लोकशक्ति राज्य की दण्ड-शक्ति या हिंसा शक्ति की विरोधी भी है। ऐसी ही एक स्वतंत्र शक्ति का निर्माण जनता सरकार का उद्देश्य था, और आगे भी यही रहेगा।

(ख) गाँव से लेकर सारे राष्ट्र के बीच इकाइयों के वृत्त बनेंगे, गाँव में पंचायत, ब्लाक, सब डिवीजन या तहसील जिला राज्य राष्ट्र संघ स्तरों पर स्वायत्त इकाइयों के गठन का प्रयास होगा। हर इकाई को अपने क्षेत्र में फैसले करने का अधिकार होगा। उसी के मुताबिक वह समाज के ज्यादा से ज्यादा भले के लिए अपनी जिम्मेदारियाँ निबाहेगी। हर छोटी इकाई बड़ी इकाइयों में अपने प्रतिनिधि भेजेगी। इस तरह गाँव से लेकर राष्ट्र तक अप्रत्यक्ष प्रतिनिधित्व के आधार पर वृत्त बनते चले जाएंगे। सबसे छोटी इकाई में जो जन जीवन के करीब होगी, प्रत्यक्ष लोकतंत्र की पद्धति से काम होगा। सरकारी हस्तक्षेप से मुक्त रहेंगी। हां, सरकार जरूरत पड़ने के मुताबिक उनकी सहायता करेगी, किन्तु खास तौर से वे अपने साधनों और फैसलों के अनुसार काम करेंगी।

(ग) जाहिर है कि ऐसी व्यवस्था में सरकार के दो खास काम होंगे। कुछ विषय ऐसे होंगे, जैसे प्रतिरक्षा, बड़े उद्योग, रेल, डाक तार, आदि जिनकी सीधी जिम्मेदारी सरकार पर होगी। जो विषय विकेन्द्रित होंगे, उनके बारे में उसका काम सहायता और समन्वय करने का होगा। दूसरा होगा पूरक काम, यानी कि जो स्वायत्त इकाइयाँ राष्ट्र निर्माण के कामों में खास रोल कर रही हैं, उनके कामों को पूरा करने का काम सरकार का होगा।

तीसरा अध्याय

विकास का पैमाना अंतिम व्यक्ति : अंत्योदय

आजादी से पहले स्वतंत्र भारत के विकास के लिए महात्मा गाँधी ने जो कार्यक्रम तैयार किया, उसका नाम था सर्वोदय, अर्थात् स्वतंत्र भारत के संपूर्ण विकास के लिए ऐसा सामाजिक कार्यक्रम तैयार किया जाए, जिससे भारतवर्ष में रहने वाले प्रत्येक नागरिक का विकास हो सके। सर्वोदय के मायने है सबका उदय। सर्वोदय में मनुष्य की आर्थिक, सामाजिक और नैतिक उदय की जो योजना बनाई गई थी, उसका पैमाना था कि जन-जन का आत्मविकास हो सके और प्रत्येक जन को फिर से आत्मविश्वास प्राप्त हो। आजादी के बाद सर्वोदय के इस दर्शन को जब गाँधी ने अमली रूप देना शुरू किया तो उन्होंने कहा कि हमारी रीति-नीति और विकास योजना का केन्द्र बिंदु अंतिम व्यक्ति ही माना जाना चाहिए। अर्थात् समाज का अंतिम व्यक्ति वह गरीब, पिछड़ा हुआ व्यक्ति है, जो गरीबी और पिछड़ेपन की अंतिम हद पर है। इसी अंत्योदय से समाज के उदय की कामना गाँधी के सपनों के भारत का एक बहुत बड़ा लक्ष्य था इसी अंतिम व्यक्ति को केन्द्र में रखकर आर्थिक रचना और साधनों का संयोजन इस प्रकार हो कि विकास में महत्त्व जीवन की मूल आवश्यकता को ही मिले अर्थात् भारत का एक भी स्त्री-पुरुष, बच्चा-बूढ़ा या युवक ऐसा न बचे जो खाने, कपड़े, मकान, शिक्षा, इलाज और नौकरी धन्धे के लिए किसी का मोहताज रहे।

उत्पादन के साधनों और तरीकों का संयोजन इस तरह से हो कि हर हाथ को काम मिले, ग्रामीण या शहरी सबको रोटी और काम मिले। ग्रामीण परिवारों के लिए यह तभी संभव होगा जब विकास के लिए खेतिहर औद्योगिक योजना बनाई जाएगी जिसमें खेती और उद्योग दोनों साथ-साथ चलेंगे।

ऐसे विकास के लिए अब इस सच्चाई को स्वीकार कर लेना होगा कि गाँव एक इकाई है। इसी इकाई से अर्थात् इसी अंत्योदय से भारतीय समाज को उसका मजबूत आधार मिलेगा। भारत की संस्कृति जिसे हम लोक संस्कृति कहते हैं। उसका यही सुदृढ़ आधार था, जिसने देश में होने वाली सारी उथल-पुथल का सामना किया। राजवंश उठे और गिरे, लड़ाइयों में हार जीत हुई आक्रमणकारी आए और गए, लेकिन प्रत्येक राजनीतिक उथल-पुथल के बीच ग्रामीण समुदाय अपनी सामाजिकता के सुदृढ़ आधार पर चट्टान की तरह खड़ा रहा और अपनी व्यवस्था (धर्म) के अनुसार अपने जीवन-यापन, सभ्यता और संस्कृति तथा जीवन और जगत के सारे अन्य कामकाज को करता रहा। यह मानना होगा कि भारत में आज भी जो स्थायी मूल्य और महत्व की चीज रह गयी है, वह बहुत कुछ भारतीय समाज की इसी दृढ़ता का परिणाम है, जो प्राचीन ग्रामीण संगठनों की देन है। विभिन्न क्षेत्रों में इन स्वशासी समुदायों (गाँवों) के छोटे-छोटे संघ मौजूद थे जो सदियों तक कार्यशील रहे। विभिन्न राजवंशों और गणतंत्रों के भीतर ये संघ थे। निस्संदेह इन गणतंत्रों का रूप कबीलों जैसा था, वे लोकतांत्रिक कबीले थे, जो समय-समय पर स्वीकृत विधि-विधानों, पद्धतियों, नियमों अर्थात् धर्मों के अनुसार अपना कार्य व्यापार चलाते थे।

स्वशासी ग्रामीण समुदाय भारतीय राज्य व्यवस्था की आधारशिला थे। उन्हें शक्ति अन्दर से प्राप्त होती थी, बाहर से नहीं। उनकी सत्ता किसी केन्द्रीय सत्ता द्वारा दिए गए अधिकारों या सुविधाओं पर आधारित नहीं थी, बल्कि उन ग्राम समुदायों के घटक परिवारों के आपसी स्वैच्छिक मेलमिलाप और सहमति पर आधारित थी।

आज के बिखरे हुए, छिन्न-भिन्न टूटे तथा उदासीन बने हुए गाँव पर जब हम नजर डालते हैं, तो यह विश्वास नहीं होता कि किसी समय ऐसे शक्तिशाली ग्रामीण समुदायों का भी अस्तित्व था। जयप्रकाश ने अपने प्रसिद्ध ग्रंथ, समाजवाद, सर्वोदय और लोकतंत्र में लिखा है : लोकतंत्र की यह प्राचीन परंपरा कहीं से उधार ली गई व्यवस्था की अपेक्षा हमारे लिए अधिक सुदृढ़ आधार प्रस्तुत कर सकती थी। बाहर से भी हमने जो उधार लिया, उसको समुचित रूप से देश की राज्य व्यवस्था में समायोजित किया जा सकता था, बशर्ते कि इनका निर्माण प्राचीन परंपरा के घेरे में किया गया होता। यह सच है कि हमारा संविधान स्थानिक स्वशासन की निम्नतम इकाइयों के रूप में ग्राम पंचायतें स्थापित करने के कार्यक्रम पर बल देता है। यह भी सच है कि हाल के वर्षों में राज्य सरकार ने केन्द्र के समर्थन एवं निर्देश पर इस कार्यक्रम को तेजी से आगे बढ़ाने की दिशा में सक्रिय कदम उठाए हैं। परंतु ये नवगठित पंचायतें बेजान और खोखली हैं। उनके पास जो भी सत्ता है, वह उन्हें ऊपर से मिली है। अतः ये पंचायतें गाँधी जी के ग्राम राज्य के विकास से ज्यादा गाँव में केन्द्रीय सत्ता की घुसपैठ का नमूना बन गई हैं।

जयप्रकाश की संपूर्ण क्रांति का ठोस आधार इन्हीं ग्राम समुदायों का पुनर्निर्माण है। उन्होंने इस बात को बार-बार दोहराया है कि आज टूटे-बिखरे गाँवों को, जिनके पास अपना कोई सामूहिक संकल्प नहीं है और जो पूरी तरह से स्वार्थी एवं शोषणकारी हितों की दया पर आश्रित हैं, कैसे एक वास्तविक स्वशासी समुदाय के रूप में संगठित किया जाए और उन्हें भारतीय जन जीवन और राज्य व्यवस्था का सुदृढ़ आधार बनाया जाए। इसके मायने यह नहीं हैं कि आज गाँवों का जो रूप है, उसी रूप में उन्हें सुरक्षित रखा जाए। अवश्य ही उन्हें मौलिक रूप से बदलना होगा परंतु एक छोटे समुदाय के रूप में उनकी वे विशेषताएँ कायम रखनी होंगी, जो भारतीय संस्कृति और भारतीय लोकतंत्र की बुनियाद के रूप में आज भी सुरक्षित हैं। गाँवों की जो महत्त्वपूर्ण और कालजयी परंपराएं हैं, उन्हें भी समयानुसार परिष्कृत करने तथा संगठित करने की आवश्यकता है।

क्यों हमें गाँव से ही निर्माण प्रारंभ करना चाहिए? और क्यों गाँव को ही हमारे लोकतंत्र की बुनियाद बनाने के लिए मौलिक परिवर्तन से गुजरना चाहिए? और क्यों राज्य का संगठन मतदाताओं से नहीं, बल्कि जीवित समुदायों से तथा उनके एकीकरण से होना चाहिए। ये समग्र संपूर्ण क्रांति के बुनियादी प्रश्न हैं, जिनका उत्तर संपूर्ण विकास और परिवर्तन के जरिए ही दिया जा सकता है।

इस परिवर्तन और विकास में यह याद रखना होगा कि हमारी परंपरा में समुदाय के दो रूप थे। पहला और बुनियादी रूप था क्षेत्रीय समुदाय यानी गाँव या कस्बा। सामुदायिक जीवन में प्रगति होने के साथ-साथ ये समुदाय बृहत्तर क्षेत्रीय समुदायों के रूप में एकाकार हुए और इस तरह की कभी संपूर्ण राज्य या गणतंत्र का समावेश अपने अंदर करने लगे। समुदाय का दूसरा रूप कर्म या व्यवसाय पर आधारित था, जो वर्ण कहलाता था। जिस प्रकार मनुष्य के लिए पड़ोसियों से संपर्क करना स्वाभाविक था, उसी प्रकार एक ही व्यवसाय में लगे लोगों के बीच संपर्क स्थापित करना भी इसका काम था। इस तरह प्रत्येक वर्ण आत्मनिर्णयकारी होते हुए भी क्षेत्रीय समुदाय से जुड़ा हुआ था उसके प्रति उत्तरदायी था।

विकास के लिए, बाहर और भीतर की सुव्यवस्था के लिए गाँव नहीं, बल्कि गाँव का एक समुदाय एक इकाई है। गाँव मात्र घरों का समूह कभी नहीं रहा। यह एक समुदाय रहा है, जो हर दृष्टि से संपूर्ण और समग्र था। इस सामुदायिक सच्चाई को छोड़कर विकास के नाम पर स्वतंत्र भारत के गाँव में जितने भी विकास संगठन बनाए गए; जैसे, कोऑपरेटिव, पंचायत, ब्लॉक आदि—वे परिणामतः राजतंत्र और नौकरशाही के शिकार हुए। उससे गाँव की एकता अर्थात् उसकी सामुदायिकता टूटी और नष्ट हुई।

ग्राम विकास के नाम पर किसी भी व्यक्ति की प्रतिभा कुण्ठित नहीं की जानी चाहिए और हर क्षेत्र को, गाँव समुदाय को यह छूट होनी चाहिए कि स्थानीय परिस्थिति के अनुसार वह अपनी विकास नीति निश्चित करे। उसके ऊपर कोई रेडीमेड कार्यक्रम या योजना न लादी जाए। जरूरत है सूझ-बूझ के साथ मूल्य और दिशा देने की, बना बनाया फार्मूला लादने की नहीं क्योंकि ये फार्मूले चन्द विशषज्ञों द्वारा बनाए जाते हैं जिनका असलियत से कोई वास्ता नहीं।

चौथा अध्याय

सरकार मुक्त शिक्षा और न्याय

जो शिक्षा सत्ता का साधन है, या केवल कमाई करने का उपाय है, वह शिक्षा नहीं, एक प्रकार का अभ्यास है, 'ड्रिल' है। विज्ञान और लोकतंत्र के जमाने का शिक्षण किसी राजसत्ता की अधीनता नहीं स्वीकार कर सकता। विज्ञान एक ही सत्ता—सत्य की सत्ता—को ही स्वीकार करता है। उसको छोड़कर वह टिक ही नहीं सकता। इसी तरह लोकतंत्र एक ही सत्ता—अहिंसा की सत्ता को स्वीकार करता है। इस तरह विज्ञान और लोकतंत्र ही किसी भी स्वतंत्र देश की शिक्षा का बुनियादी मूल्य है। ऐसी शिक्षा का संचालन सरकार के विभाग के रूप में नहीं किया जा सकता। उसकी सच्ची शक्ति तभी प्रकट होगी। जब वह सरकार मुक्त हो। सरकार की सहायता अवश्य रहेगी, लेकिन उसका नियंत्रण नहीं रहेगा। हर विद्यालय एक स्वायत्त इकाई होगा जिसकी व्यवस्था उसके शिक्षकों, शिक्षार्थियों व अभिभावकों के हाथ में रहेगी। विद्यालय परिवार अपने विद्यालय के लिए जिम्मेदार होगा।

इसी सिलसिले में रेडियो, टेलीविजन और समाचार पत्र लोकशिक्षण के साधन हैं। इसलिए उनके नियमन और संचालन के लिए भी सरकार-मुक्त व्यवस्था होनी चाहिए। शिक्षा को सरकार के अंकुश से मुक्त रखने की आवश्यकता है।

शिक्षा और जीवन का आपस में गहरा संबंध है। इसलिए दोनों का समान तत्त्वों से अनुबंध आवश्यक है। पेट, परिवार, पड़ोसी, प्रकृति और परमात्मा इन्हीं पाँच तत्त्वों से जुड़कर जीवन चलता है। इसलिए शिक्षा भी इनसे ही जुड़कर चलेगी। गाँधी जी ने नयी तालीम के तीन तत्त्व बताए थे—उत्पादन, समाज और प्रकृति। इन्हीं तीनों को विनोबा जी ने विज्ञान और अध्यात्म के समन्वय की दृष्टि प्रस्तुत की है। जयप्रकाश ने विज्ञान और लोकतंत्र के समन्वय की दृष्टि

इस संपूर्ण क्रांति के अंतर्गत दी है। यह दृष्टि जीवन और शिक्षा दोनों को सही दिशा में रखेगी। आज की शिक्षा जीवन के तत्त्वों के सहज अनुबंध के दायरे से हटकर केवल पुस्तक, परीक्षा और प्रमाण पत्र की भूल-भूलैया में भटक गई हैं इसलिए चारों तरफ इतना सर्वनाश है।

शिक्षण एक जगह से शुरू होकर एक जगह समाप्त हो जाने, या विद्यालय की चारदीवारी के भीतर बंद रहने की प्रक्रिया नहीं है। उसका स्थान और समय जीवन से मृत्यु तक है। उसका क्षेत्र संपूर्ण जीवन, समाज और प्रकृति है।

उत्पाद आधारित शिक्षा का लक्ष्य उत्पादन नहीं, शिक्षण है। शिक्षा में उत्पादन साध्य नहीं, साधन है, अभ्यास है। पर इसका यह अर्थ नहीं है कि उत्पादन कम हो, या गुण की दृष्टि से ही हो। समाज परिवर्तन के लिए शिक्षण प्रधान उत्पादन की महत्ता बहुत अधिक है।

समाज परिवर्तन के क्षेत्र और साधन के रूप में हर गाँव, हर मोहल्ला, कारखाना और कार्यालय शिक्षण की इकाई होगा। इन इकाइयों का काम होगा कि वे जीवन को विज्ञान और लोकतंत्र के नवीनतम मूल्यों के प्रकाश और विकसित करने का सतत प्रयास करती रहे। इस प्रकार विकास, शिक्षण की ही एक समग्र प्रक्रिया बन जाएगा। इस दृष्टि से अगर गाँव में विकास की योजना लागू करनी हो, तो उसे शिक्षण का ही कार्यक्रम मानना चाहिए, जिसके अंतर्गत गाँव का हर व्यक्ति–बच्चा, युवक, बूढ़ा, स्त्री-पुरुष–विद्यार्थी होगा। खेत-खलिहान आदि क्लास रूम होंगे और घर के चूल्हे चक्की से लेकर जन्म विवाह, खेती और समस्याएँ आदि सब शिक्षण के विषय बन जाएँगे। ऐसी शिक्षण की संभावनाएँ असीम हैं क्योंकि यह जीवन के लिए होगा और जीवन गतिशील है, स्थिर नहीं।

यदि शिक्षण की एक सामाजिक शक्ति के रूप में कल्पना करनी हो–शिक्षण का सही स्वरूप यही है–तो उसे विकास और शिक्षण की समन्वित भूमिका देनी ही होगी। ऐसा शिक्षण परिवर्तन और विकास के लिए एक शांतिपूर्ण सुनियोजित जन आंदोलन बन जाएगा जो सतत चलता रहेगा। संपूर्ण क्रांति के अंतर्गत सतत क्रांति की यही कल्पना है, जो ऐसी नयी शिक्षा से पूर्ण होगी। अर्थात् सतत क्रांति एक शैक्षणिक प्रक्रिया है। विशेष स्थिति आने पर संघर्ष भी एक शैक्षणिक प्रक्रिया ही होगा। ऐसा शिक्षण, ऐसी व्यापक जीवन योजना पेशेवर शिक्षकों और विशेषज्ञों में बँधकर नहीं चल सकती। प्रत्यक्ष प्रयोग, अनुभव और गहन चिन्तन ही इसका मुख्य आधार होगा और शिक्षक भी वही उपयोगी होगा, जिसके पास नए से नया ज्ञान विज्ञान तो होगा ही, लेकिन जो साथी बनकर सहकारी प्रयोग और सहजीवन के पुरुषार्थ में शरीक होने को तैयार रहेगा।

पाँचवाँ अध्याय

संपूर्ण क्रांति के साधन

संपूर्ण क्रांति कैसे हो? इसके साधन क्या हैं? किन उपायों से यह क्रांति सम्भव है? इसके लिए जयप्रकाश ने बहुत ही विस्तार से उसकी पूरी योजना बना दी है। बिहार आंदोलन के दिनों में इसी काम की शुरुआत के सिलसिले में ग्राम स्तर से लेकर शहर और महानगर तक कई तरह की संघर्ष और कार्य समितियाँ बनी थीं। जनता सरकार बनने के बाद यही उम्मीद की गई थी इन्हीं समितियों के माध्यम से जनता सरकार संपूर्ण क्रांति लाने में समर्थ और सफल होगी, पर यह सम्भव नहीं हुआ। सारी संघर्ष समितियाँ और उनसे जुड़ी हुई युवा शक्ति धीरे-धीरे बिखर गई। इस सच्चाई से एक महत्त्वपूर्ण बात यह हाथ लगती है कि किसी देश को जैसे ही स्वतन्त्रता मिलती है, वैसे ही टूटे हुए समाज के सारे विष, दुर्गुण और सारी पतनकारी शक्तियाँ उभर उठती हैं। हर आदमी केवल अधिकारों, माँगों और अपनी-अपनी

इच्छाओं की पूर्ति के लिए सारी मर्यादाओं को तोड़कर बाहर निकल आता है। और, ऐसा लगने लगता है कि ऐसे देश के लिए लोकतन्त्र बिलकुल ही ठीक नहीं है। हमारे देश के साथ यही हुआ है। सच्चाई तो यह है कि हमारे समाज में लोकतान्त्रिक मूल्य अट चुके हैं तभी तो सारा समाज आवारा, अनाथ और निरंकुश होकर ऐसे कार्य और व्यवहार करने लगा है जैसे वह लोकतन्त्र के बिलकुल खिलाफ है। संपूर्ण क्रांति वास्तव में उन्हीं सामाजिक मूल्यों की व्यक्ति और समाज में फिर से स्थापना करने के लिए कृत संकल्प है, जिनके आधार पर देश का असली लोकतन्त्र होगा।

गाँधी जी ने रचनात्मक कार्यों के साधन से ही समाज में इन मूल्यों का पुनर्निर्माण करना चाहा था और पूरे देश को उसमें लग जाने का आह्वान किया था।

गाँधी जी के बाद परिवर्तन के रचनात्मक कार्य की ओर ध्यान दिया विनोबा, जयप्रकाश और मुख्य रूप से दीनदयाल उपाध्याय ने। इसी क्रम में आज नानाजी देशमुख ने समग्र रचनात्मक कार्य से संपूर्ण क्रांति का कार्य शुरू कर दिया है। रचनात्मक कार्य की इकाई उन्होंने संपूर्ण रूप से गाँव के विकास को ही माना है। यहीं नीचे से ऊपर की दिशा में रचनात्मक कार्य करने की सच्चाई को उन्होंने संपूर्ण क्रांति का सबसे बड़ा साधन माना है।

यह दुर्भाग्य की बात है कि स्वतन्त्रता के बाद हमारा सार्वजनिक जीवन अर्थात् हमारा समाज सत्ता की राजनीति के दायरे में सिमट गया। इसका मूल कारण है रचनात्मक कार्यों की उपेक्षा। जयप्रकाश, दीनदयाल और नानाजी इन तीनों ने बार-बार यही बात कही है कि रचनात्मक कार्यों की उपेक्षा का ही यह नतीजा है कि एक ओर तो हम राष्ट्रीय जीवन के किसी भी क्षेत्र में कोई मौलिक रचनात्मक काम नहीं कर पाए और दूसरी ओर संपूर्ण जन जीवन सत्ता हथियाने की राजनीति का गुलाम बन गया। ऐसी स्थिति में युवा पीढ़ी को रचनात्मक कार्य करने की प्रेरणा मिलती भी तो कहाँ से और कैसे?

पहला साधन : युवा शक्ति

युवा पीढ़ी को राष्ट्र निर्माण में लाने के लिए यह आवश्यक है कि सभी राजनीतिक अपने आचरण से यह सिद्ध करें कि सत्ता उनके लिए साध्य न होकर राष्ट्र निर्माण का एक रचनात्मक साधन है। नानाजी देशमुख के अनुसार यह तभी हो सकता है, जब हम में से कुछ बुजुर्ग और अनुभवी राजनेता अपनी इच्छा से सत्ता को त्याग कर रचनात्मक कार्यों में जुटें। एक मामूली राजनीतिक कार्यकर्ता होते हुए भी मेरे मन में यह विचार इतना मजबूत होता जा रहा है कि अब उसे दबा सकने में मजबूर हूँ। इसी संबंध में नानाजी कहते हैं—मुझे लगता है कि जीवन के 60 वर्ष पूरे कर लेने के बाद भी मैं सिर्फ राजनीतिक कामों में ही लगा रहूँ, यह ठीक नहीं है। अब मुझे अपना बाकी जीवन रचनात्मक कामों में लगाना चाहिए। देश में फैली बेकारी, गरीबी और आर्थिक तथा सामाजिक गैरबराबरी अपनी सीमा पार कर चुकी है। केवल क्रांतिकारी नारे, चुनाव लड़ने की नीति, संसदीय गतिविधि और विध्वंसात्मक आंदोलनों के जरिए यह समस्या बिलकुल हल नहीं होगी। इसका एक ही उपाय है कि उत्पादन को बढ़ाने तथा बेकार हाथों को काम देने के लिए देश की हालत के मुताबिक सही तकनीकों का विकास रचनात्मक प्रयोगों के जरिए किया जाए। असल में आज हमारा राष्ट्रीय लक्ष्य होना चाहिए समग्र विकास के जरिए संपूर्ण क्रांति।

वास्तव में, संपूर्ण क्रांति का एक मात्र साधन है वह संपूर्ण रचनात्मक कार्य जिसके अन्तर्गत नीचे से ऊपर ऐसे कार्यक्रम किए जाएँ, जिनसे लोकजीवन और युवाजीवन अर्थात्, ग्राम विकास और सिद्ध क्षेत्र में क्रांति सम्भव हो सके। इस सच्चाई पर ध्यान रखना चाहिए कि हमें जो एक दूसरी आजादी मिली है, वह एक राजनीतिक क्रांति थी। उस क्रांति के पीछे मुख्य रूप से युवा शक्ति ही थी, जिसने बड़े पैमाने पर लोकशक्ति का निर्माण किया था। पिछला चुनाव इस माने में एक मामूली चुनाव नहीं था। उस चुनाव के बाद जो लोकशक्ति में आए हैं, उन्हें हमेशा यह प्रयत्न करना चाहिए कि युवा शक्ति और लोकशक्ति को वे अधिक से अधिक प्रभावशाली बनाएँ। इसके माने होंगे कि देश में बराबर एक क्रांति की धारा बहती रहेगी, जो संपूर्ण और समग्र क्रांति के महासागर में मिलकर खो जाएगी। इस क्रांति में आम जनता हिस्सा लेगी ही, उसका नेतृत्व युवा शक्ति के द्वारा होगा....राजनीतिक दलों द्वारा नहीं।

दूसरा साधन : लोकशक्ति

जयप्रकाश ने नीचे से ऊपर तक लोकशक्ति को जगाने और प्रतिष्ठित करने के लिए लोक समितियों के संगठन को पहला नम्बर देकर संपूर्ण क्रांति के कार्य की दिशा की ओर साफ-साफ इशारा कर दिया है। इन समितियों की रचना तथा उनके कर्तव्य के बारे में निम्नलिखित बातें बहुत ही महत्त्वपूर्ण हैं...

1. रचना

लोक समितियाँ फिलहाल गाँव से लेकर चुनाव क्षेत्र के स्तर तक बनाई जाएँगी। इस दिशा में विभिन्न स्तरों पर निम्नलिखित समितियाँ होंगी :

(क) ग्राम लोक समिति : सबसे बुनियादी समिति गाँव की होगी। एक गाँव के विभिन्न टोले अपनी अलग-अलग समितियाँ बना सकते हैं। गाँव या टोले के सभी निवासियों की आम सभा बुलाकर ग्राम लोक समिति बनाई जाएगी। इस समिति के सदस्यों की संख्या गाँव की छोटाई बड़ाई के मुताबिक 5 से 15 तक हो सकती है, जिनको गाँव की आम सभा में राय से चुना जाएगा। इस बात को ध्यान में रखना होगा, कि समिति में गाँव के सभी टोलों और समुदायों को प्रतिनिधित्व मिले खासतौर से अल्पसंख्यकों, हरिजन, आदिवासियों, महिलाओं तथा युवकों को।

ग्राम लोक समिति को किसी पार्टी की इकाई का रूप न दिया जाए। जो भी गाँव का रहने वाला है, और जिसे अपने गाँववालों का प्रेम और विश्वास मिला हुआ है, वह चाहे किसी पार्टी का हो या न हो, ग्राम लोक समिति का सदस्य हो सकता है।

ग्राम लोक समिति का एक संयोजक हो। सभी सदस्य बराबरी के हों, न कोई बड़ा न छोटा। समिति में कोई पद न होगा क्योंकि पद बनाने से बिना मतलब पद पाने की होड़ होगी। इस दशा में संयोजक का सबसे खास काम होगा...बैठकें बुलाना और फैसलों को हिफाजत से रखना।

(ख) पंचायत लोक समिति : एक पंचायत में जितनी ग्राम लोक समितियाँ होंगी, उनके प्रतिनिधियों व संयोजक को शामिल करके एक पंचायत लोक समिति बनेगी। इसके सदस्यों की संख्या 11 से 15 तक हो सकती है। इस पंचायत लोक समिति का भी एक संयोजक होगा।

(ग) प्रखण्ड लोक समिति : विभिन्न पंचायतों की लोक समितियों के संयोजक और प्रतिनिधियों को लेकर प्रखण्ड लोक समिति बनाई जाएगी। यदि एक ब्लाक में 20 पंचायतें हैं, और हर एक में समिति बन गई है और हर समिति से यदि 5 प्रतिनिधि लिए जाने हों, तो प्रखण्ड लोक समिति की सदस्यों की कुल संख्या 100 होगी।

(घ) निर्वाचन क्षेत्र लोक समिति : निर्वाचन क्षेत्र लोक समिति की रचना पंचायतों के प्रतिनिधियों को लेकर होगी। इसमें प्रखण्ड लोक समितियों के प्रतिनिधियों को नहीं रखा जाएगा। इस तरह अगर एक चुनाव क्षेत्र में 30 पंचायत लोक समितियाँ हों और एक समिति के 5 प्रतिनिधि हों, तो निर्वाचन क्षेत्र लोक समिति के सदस्यों की संख्या 150 हो सकती है। संसदीय निर्वाचन क्षेत्र में यह संख्या पाँच से छः सौ या इससे भी ज्यादा हो सकती है। बड़ी संख्या होने में कोई नुकसान नहीं है। निर्वाचन क्षेत्र लोक समिति की बैठक कभी-कभी होगी। उसके सदस्यों की पहुँच क्षेत्र के कोने-कोने में हो तो यह बहुत ही उचित होगा।

विभिन्न स्तर की समितियाँ बनाते समय यह ध्यान रखना होगा कि प्रतिनिधित्व में कोई समुदाय छूटने न पाए। इन समितियों द्वारा लोकशक्ति के नए माध्यम तैयार किए जा रहे हैं, दल के नहीं। इन माध्यमों को हर तरह के काम करने हैं। इसलिए उन्हें शक्तिशाली होना चाहिए और उन्हें जनता का विश्वास प्राप्त होना चाहिए।

(ङ) नगर-समितियाँ : जहाँ तक नगरों का संबंध है, समितियों को बनाने के लिए वही तरीका अपनाया जा सकता है, जो ग्रामीण इलाके के लिए होगा। नगरों में बुनियादी इकाई 'पड़ोस' यानी लगभग 100-150 घरों के समूह का होगा। पड़ोस से मोहल्ला, मोहल्ले से वार्ड, वार्ड से निर्वाचन क्षेत्र। इस तरह लोक समितियों की सीढ़ियाँ बनाई जा सकती हैं। बहुत बड़े नगरों में एक से अधिक निर्वाचन क्षेत्र होते हैं, इसलिए निर्वाचन क्षेत्र लोक समितियाँ भी एक से अधिक होंगी।

नगरों में इन लोक समितियों के अलावा पत्रकारों, शिक्षकों वकीलों, व्यापारियों आदि की अलग-अलग व्यवसायों के आधार पर समितियाँ होनी चाहिए, जो अपने व्यवसायों से सम्बन्धित क्षेत्रों में निगरानी रखने का काम करें तथा अपने व्यवसाय को अधिक से अधिक शुद्ध बनाएँ और उसे लोगों की भलाई की दिशा में मोड़ें।

2. समितियों के कर्तव्य

ऊपर बताई गई समितियाँ अपने-अपने क्षेत्रों में काम करेंगी? लोकशक्ति के जरिये के रूप में उनके खास-खास काम ये होंगे :

(क) **निगरानी :** इस बात पर नजर रखना कि सरकार के काम उसके अपने घोषित तौर तरीकों के मुताबिक हों और उन कानूनों पर अमल किया जाए, जिनसे अधिक से अधिक लोगों का भला हो। नागरिकों, और खास तौर से कमजोर वर्ग के लोगों के हक को छीना न जाए। हर तीन महीने पर क्षेत्र के एम.पी., एम.एल.ए. से उनके काम का ब्यौरा लेकर उनको अलग काम या रास्ता बताया जाए।

(ख) समिति जन प्रतिनिधियों से हर साल उनकी आय और कमाई का ब्यौरा ले।

(ग) अनीति और अन्याय को दूर करना। जरूरत पड़ने पर शान्ति पूर्ण तरीके से विरोध करना। पुलिस और अदालत से अलग आपसी झगड़ों को आपस में शान्तिपूर्ण तरीके से निबटा लेना।

(घ) विकास और निर्माण के कार्य करना।

समिति विकास और निर्माण के कार्य करेगी और अपने क्षेत्र की समस्याओं को खुद हल करेगी। सभी हाथों को रोजगार और सबके लिए अन्न वस्त्र जुटाने के आधार पर अपनी क्षेत्रीय योजना बनाकर उस पर अमल करेगी।

(च) अपने क्षेत्र के मतदाताओं को प्रशिक्षित करना।

(छ) कार्यकर्ताओं को प्रशिक्षित करने का इन्तजाम करना।

अपनी शक्ति के मुताबिक ये समितियाँ जो कुछ भी काम चाहें कर सकती है। खास बात यह है कि खुद जनता इस दिशा में लगे और सबसे पहला ध्यान गरीबों और कमजोरों का रखा जाए। अर्थात् सबसे निचले स्थान से उदय की प्रक्रिया शुरू हो। इसी तरह अंत्योदय की दिशा सामने आ सकेगी। इस दिशा में सरकार से मिलने वाली मदद ली जरूर जाए, इसके लिए उस पर दबाव भी डाला जाए, लेकिन उसके भरोसे हाथ पर हाथ रखकर बैठे न रहा जाए। हर काम में अपने यहाँ के युवकों को आगे बढ़ाने की पूरी कोशिश की जाए। इसके लिए सभी रचनात्मक और निष्पक्ष कार्यकर्ताओं को चाहिए कि वे अपने-अपने क्षेत्र की समितियों के संगठन में जल्द से जल्द लग जाएँ ताकि वे काम करने लगें। संसद सदस्यों व विधान सभा के सदस्यों से उम्मीद है कि जहाँ तक हो सके पंचायत लोक समितियों तक वे पहुँचें और अपना जीता जागता संबंध उनसे जोड़ें। उनकी समस्याओं को समझें और उन्हें हल करने में मदद दें, साथ ही उन्हें अपने काम की जानकारी भी देते रहें।

यहाँ फिर से बताने की जरूरत नहीं है कि इस कम की दिशा ग्राम स्वराज्य है और आगे भी रहेगी। ग्राम स्वराज्य ही असली लोकतन्त्र है। इसी बात को ध्यान में रखते हुए हमारा हर काम होना चाहिए। इस तरह देर में और जल्दी पूरे होने वाले दोनों तरह के काम हो सकते हैं; और–

(क) सबसे पहले ध्यान इस बात पर रखना चाहिए कि देश फिर कभी तानाशाही की पकड़ में न आ जाए। इस दृष्टि से लोक समितियाँ बनाने और ऊपर बताए गए तरीकों से उन्हें तेजी से चालू करने का काम बहुत महत्त्वपूर्ण है। इन समितियों द्वारा जनता के जीवन में लोकतन्त्र की जड़ें और भी मजबूत होंगी। तानाशाही का जवाब लोकशाही है और कोई तरीका नहीं। लोकतन्त्र की बुनियाद संगठित और एकाकारी शक्ति है और लोक समितियों का खास कार्यक्रम इसी एकाकारी शक्ति को मजबूत करना होगा।

(ख) लोकशक्ति के संगठन में विद्यार्थियों, नए उद्योगपतियों, बुद्धिजीवियों तथा कलाकारों के बीच काम करना बहुत महत्त्वपूर्ण है। इन सब मोर्चों पर हमारे काम में खास जोर लोकतन्त्र और नागरिक अधिकारों पर रहेगा तथा इनको हासिल करने में गाँधीवादी तौर तरीकों की खास भूमिका रहेगी।

(ग) देश के लाखों मजदूर, जिनके बहुत बड़े श्रम संगठन हैं, अभी तक संपूर्ण क्रांति के आंदोलन से नहीं जुड़े हैं। सोचना यह चाहिए कि उनके बीच क्या काम हो किस तरह हो कि वे समाज परिवर्तन और उसके निर्माण के लिए सारे देश में सही भूमिका निभा सकें।

3. भूमि की समस्या

ग्राम स्वराज्य से संबंध रखनेवाली सारी समस्याओं में भूमि की समस्या सबसे ऊपर है। बिना इसे हल किए ग्रामीण भारत नया नहीं बन सकेगा। हमारे हाथ में भूदान और ग्रामदान का अनुभव है उसी के सहारे हमें आगे बढ़ना चाहिए तथा ग्राम स्वराज्य के हित में जनमत बनाना चाहिए।

ग्राम सभा, ग्रामकोष आदि ग्रामदान के आधार थे। अब एक नए सिरे से ग्राम स्वामित्व के पहलू पर विचार करना चाहिए क्योंकि स्वामित्व का संबंध जमीन को खरीदने बेचने से तो है ही, मालिक और मजदूर से भी है। यहाँ तक तय कर लेना होगा कि भूमि से हम मनुष्य मनुष्य के बीच क्या संबंध चाहते हैं। क्योंकि समाज रचना के आधार पर संबंध पैदावार से भी है।

गाँधी जी का ट्रस्टीशिप वाला सिद्धांत मालिक और मजदूर के संबंधों का एक नया आधार प्रस्तुत करता है। इस सिद्धान्त के मुताबिक कोई भी मजदूर 'मजदूरी का मजदूर' न रह कर मेहनत का मालिक बन जाता है। इसी नाते वह मालिक के साथ पैदावार इंतजाम आदि सब बातों में साझीदार बन जाता है। अब गाँव की सारी समस्याएँ ध्यान में रखते हुए ग्रामदान और ट्रस्टीशिप को मिलाकर नए रूप पर नए सिरे से विचार होना चाहिए।

4. संपूर्ण संयोजन

भूमि की समस्या के साथ-साथ गाँव के संपूर्ण संयोजन के बारे में भी सोचने की जरूरत है। भूमि के कानून लागूं हों, हर व्यक्ति के रोजगार के लिए संयोजन हो, गाँव में जहाँ तक हो, लोग अपने लिए भोजन, कपड़ा आदि खुद जुटाने में समर्थ हो सके। गाँववालों के बीच बराबरी के नए सामाजिक रिश्ते कायम हों आदि-आदि। ये सारे ऐसे प्रश्न और विचार हैं, जिनको नज़र में रखकर ग्राम संयोजन के खास मुद्दे तय किए जाने चाहिए तथा निर्माण का एक कार्यक्रम तय करना चाहिए। इस तरह के संयोजन की दिशा अंत्योदय होगी।

छठा अध्याय

समग्र विकास : संपूर्ण क्रांति

संपूर्ण क्रांति की कल्पना सबसे पहली बार स्पष्ट रूप से जयप्रकाश जी ने 5 जून, 1974 को पटना के गाँधी मैदान वाले भाषण में प्रस्तुत की थी लेकिन उससे भी पहले अप्रैल, 1974 में बेल्लोर अस्पताल जाते समय उन्होंने 5 सप्ताह का जो कार्यक्रम बताया उसमें भी इस बात पर जोर दिया था कि जनआंदोलन जनजीवन से संबंधित होना चाहिए। समाज की समस्याओं से बड़े पैमाने पर उसका अनुबंध होना चाहिए और उसमें एक-एक को प्रेरित करने की शक्ति होनी चाहिए। बाद में जनता सरकार के संदर्भ में जयप्रकाश जी ने आंदोलन के चार मुख्य तत्त्व पुष्ट किए : 1. जागरण 2. संगठन 3. रचना 4. संघर्ष।

जागरण का अर्थ है, लोक जागरण। एक-एक व्यक्ति में जब सच्चाई के प्रति जागरूकता पैदा हो जाएगी, झूठ

और अनीति से नफरत हो जाएगी, तब उसमें स्वभावतः एक आत्म शक्ति पैदा होगी। एक-एक जन की यही आत्म शक्ति मिलकर लोकशक्ति बन जाएगी। जागरण का अर्थ ही है—जग जाना अर्थात् कर्त्ता हो जाना। जब एक-एक जन इस तरह जग जाएगा, तब उसके मानस में परिवर्तन का चित्र, विचार, लक्ष्य सब स्पष्ट हो जाएगा। पर जागरण का यह सारा कार्य केवल बातों से ही संभव नहीं है। आज की सामाजिक और राजनीतिक दशा में जबकि एक ओर गरीबी, बेरोजगारी और गैर बराबरी है तथा दूसरी ओर सत्ता और भौतिक सुखों की भूख जगी हुई है, तब जागरण और परिवर्तन के लिए केवल एक ही उपाय है कि रचनात्मक कार्यक्रम के द्वारा जन-जन में वह नव जागरण पैदा किया जाए। इस तरह रचनात्मक अभियान और विकास के सतत कार्यक्रमों के द्वारा ही जन जागरण की प्रक्रिया चलती रहनी चाहिए।

संगठन पक्ष का उद्देश्य होगा लोकशक्ति को जगाना, उसे संस्कार देते रहना और अन्ततः उसे राष्ट्र के जीवन में प्रतिष्ठित करना। हमें यह हमेशा याद रखना होगा कि लोकशक्ति दंड की शक्ति नहीं है, विचार और सहकार की शक्ति है।

जागरण, संगठन, रचना और संघर्ष—इन चारों तत्त्वों में रचनात्मक तत्त्व का महत्त्व सबसे अधिक है। इस संदर्भ में संघर्ष का भी मुख्य लक्ष्य रचना और विकास के ही कार्यक्रम को व्यवहार देना है। आज साधारणतः लोग, खासतौर से युवा शक्ति, मजदूर, किसान और कार्यकर्ता रचना और विकास की बात को भूलकर ही आंदोलन और विरोध शक्ति से सीधी टक्कर में विश्वास करने लगे है। इससे स्वभावतः विध्वंसात्मक और टकराहट की राजनीति को बढ़ावा मिलता है और अन्ततः इससे लोकशक्ति और लोकंतत्र की क्षति होती है। फलतः इससे तानाशाही ताकतों को ऐसा मौका मिलेगा कि जन और समाज के ऊपर राज्यतंत्र हावी हो जाएगा।

संघर्ष के नाम पर बिहार आंदोलन के दिनों में छात्र युवा संघर्ष वाहिनी की स्थापना हुई थी। जनता सरकार बनने के बाद छात्र और युवा से ही सबक लेकर हमें छात्र, युवा शक्ति और संघर्ष के चरित्र पर गहराई से विचार करना पड़ेगा। इस संबंध में दो बातें आज याद रखने की हैं—एक तो यह कि युवा शक्ति और जन-शक्ति को गाड़ी के दो पहियों की तरह चलना चाहिए—अलग-अलग लेकिन साथ-साथ। बिहार आंदोलन के दिनों में युवा शक्ति और जन शक्ति दोनों को एक ही में गड्डमड्ड कर दिया गया। परिणाम यह हुआ कि छात्र और युवा शक्ति ने जन शक्ति का शोषण किया और उससे नाजायज फायदे उठाए। यह सच्चाई कोई भी परिवर्तनकारी परिणाम नहीं दे सकी, न कभी दे सकती है। दरअसल ये दोनों शक्तियाँ अलग-अलग रहकर यदि रचना और विकास के कार्यक्रम में लगकर साथ-साथ चलेंगी तो इससे समाज का अभ्युदय होगा। दोनों में कभी टकराहट नहीं होगी और इन दोनों पहियों पर समाज और देश की गाड़ी विकास की ओर तेजी से चल पड़ेगी। यहाँ संघर्ष का कार्यक्रम सत्ता में पहुँचने की महत्त्वाकांक्षा से नहीं जुड़ा हुआ है। संपूर्ण क्रांति दरअसल एक नैतिक क्रांति है। रचनात्मक कार्यक्रमों द्वारा यह नैतिक शक्ति जितनी जगेगी, उतनी ही समाज में एक ऐसी नयी जमात पैदा होगी, जो सम्पत्ति और सत्ता के दमन और तिरस्कार के भय से मुक्त रहकर सामाजिक परिवर्तनों के मूल्यों के लिए सतत संघर्ष करती रहे और जो उन सामाजिक मूल्यों को स्वयं अपने जीवन में जीए। इसलिए इसके संगठन में जन-जन के लिए सामाजिक संस्कार और नैतिक आत्मानुशासन ये दो चीजें बहुत ही आवश्यक हैं।

महात्मा गाँधी ने रचनात्मक कार्यक्रमों द्वारा ही इस सोए हुए राष्ट्र को जगाया था। दूसरी ओर इन्हीं रचनात्मक कार्यक्रम द्वारा डॉ. हेडगेवार और गुरु जी ने भी इस राष्ट्र के प्रेमियों और स्वयं सेवकों की एक बहुत बड़ी जमात पैदा की। आजादी मिलने पर महात्मा गाँधी ने रचनात्मक कार्यक्रमों द्वारा ही भारत का नवनिर्माण करना चाहा था। गाँधी के बाद विनोबा, जयप्रकाश और दीनदयाल उपाध्याय ने अनेक रचनात्मक और सामाजिक विकास के कार्यक्रमों द्वारा इस देश का नवनिर्माण करना चाहा। लेकिन पूँजीवाद पर आधारित इस देश की राजनीति इतनी तेजी से सत्ता की ओर बढ़ी कि सारा देश सामाजिक मूल्यों को छोड़कर राजनीतिक रंगों में रंग गया। इसी सत्ताभिमुखी राजनीति और राजनीतिक चरित्र के खिलाफ जयप्रकाश ने और यहाँ की युवा शक्तियों ने इतना बड़ा आंदोलन किया। गुजरात और बिहार के आंदोलन के मर्म में सामाजिक निवनिर्माण का ही तो उद्देश्य था लेकिन राजनीति का भ्रष्ट चरित्र समाज पर इतना हावी हो चुका कि गुजरात की नव निर्माण समिति और बिहार की छात्रयुवा संघर्ष वाहिनी—ये दोनों केवल नाममात्र होकर

रह गईं। जे. पी. बार-बार बिहार आंदोलनों के दिनों में और आज अपनी इतनी अस्वस्थता के बावजूद रचनात्मक और सामाजिक विकास के कार्यक्रमों पर ही जोर देते रहे हैं। जनता सरकार बनने के बाद से बार-बार इन्हीं रचनात्मक कार्यों को पूरा करने की याद दिलाते रहे हैं पर कहीं कुछ नहीं हो पा रहा है। वहीं पुरानी व्यवस्था नए नाम पर चल रही है। संपूर्ण क्रांति केवल शब्दों में बन्द होकर रह गई है। इसका कारण यही है कि लोग क्रांति की आत्मा से उसके उद्देश्यों से जुड़ नहीं पाए हैं।

ऐसी विकट स्थिति में गाँधी और जयप्रकाश के रचनात्मक कार्यक्रमों के उस सपने को इस जमीन पर उतारने के लिए नानाजी देशमुख ने सत्ता की राजनीति से हटकर समग्र विकास के कार्यक्रमों को अपना जीवनव्रत बनाया है। देश में फैली बेकारी, गरीबी, और आर्थिक तथा सामाजिक विषमता सीमा पार कर चुकी है। इसका एक ही उपाय है कि समग्र विकास के माध्यम से इन समस्याओं को हल किया जाए। नानाजी देशमुख का यह राष्ट्रीय आह्वान समग्र विकास के माध्यम से संपूर्ण क्रांति वास्तव में गाँधी और जयप्रकाश के अधूरे सपनों को पूरा करने का संकल्प है। इस रचनात्मक अभियान का आधार होगा देश की युवा शक्ति और जन-शक्ति। रचना और विकास की प्रक्रिया से ही देश का नव जागरण होगा और इसी से संपूर्ण क्रांति होगी। ये दोनों प्रक्रियाएँ सतत साथ-साथ चलती रहेंगी। यही है समग्र विकास द्वारा संपूर्ण क्रांति की व्यावहारिक नवदृष्टि।

राजनीति और राज्य शक्ति 'इन्द्र शक्ति' है। समग्र विकास के माध्यम से संपूर्ण क्रांति द्वारा लोकशक्ति कृष्ण शक्ति को जमाने और संगठित करने का यह संकल्प राष्ट्र का संकल्प है।

ऐसी दुनिया की कल्पना जहाँ युद्ध न हो

रश्मि

हमारी भारत माँ जब पराधीनता की बेड़ियों में जकड़ी हुई करुण क्रन्दन कर रही थी उस समय महात्मा गाँधी ने भारतीयों को एकत्रित कर जो संघर्ष अभियान चलाया था वह अहिंसा की नीतियों पर टिका हुआ था लेकिन देश की संबसे बड़ी समस्या यह थी कि क्या इस अहिंसा के तरीके से बाहरी आक्रमणों तथा शत्रुओं से निपटा जा सकता है। परन्तु यह बात दृष्टिगत हुई कि परिस्थितियों को देखते हुए अहिंसा मार्ग पर चलने वाले भारतवासियों को ही युद्धों का सहारा लेना पड़ा। पुर्तगाली गोआ पर 1960 में फौजी आक्रमण करके ही भारत विजय पा सका। चीन के विरुद्ध रक्त की नदियाँ बहाने में भी भारत पीछे नहीं रह सका और इस प्रकार 1971 में भी जब भारत तथा पाकिस्तान का युद्ध हुआ तो खुलकर शस्त्रों का प्रयोग कर पाक को मुँह तोड़ जवाब देने में भारत पीछे नहीं रहा और अहिंसा एक तरफ कोने में पड़ी रह गई। युद्ध स्थल पर खुले आम शस्त्रों का प्रयोग इस बात का प्रमाण सिद्ध करता है कि अहिंसात्मक तरीकों से बाहरी आक्रमणों तथा शत्रुओं पर विजय पाना असम्भव हो जाता है, अतः शत्रुओं और विरोधियों पर मुँह तोड़ जवाब देने से ही विजय पाना सम्भव होता है परन्तु इन्हीं हिंसात्मक तरीकों को अपनाने से कई बार इतने घातक परिणामों का सामना करना पड़ता है कि इनसान का रोम-रोम काँप उठता है।

लेकिन इन हिंसात्मक तरीकों को अपनाने से जो दुखद परिणाम सामने आते हैं वे असहनीय होते हैं और यही हुआ जयप्रकाश नारायण के साथ भी। जब इन्होंने इन सब बातों पर दृष्टिपात किया तो उनकी अन्तरात्मा को गहरा आघात लगा और उनकी पीड़ा इन शब्दों में ध्वनित हो उठी–

"धुँधलाए फिर न कभी रोशनी चिरागों की,
मुरझाए फिर न कभी मिट्टी की शहजादी।
कजलाए फिर न कभी नश नागासाकी की,
कुम्हलाए फिर न कभी हिरोशिमा की वादी।"

जयप्रकाश नारायण हिंसा तथा युद्ध के पूर्ण रूप से विपरीत थे पर उन्हें इस बात का भय भी था कि कहीं कोई ऐसी परिस्थिति उत्पन्न न हो जाए जिससे नैतिक धरातल पर हिंसा का समर्थन लेना पड़ जाए। जयप्रकाश नारायण अहिंसा के पक्षपाती थे और विश्व में हथियारों की नुमाइश तथा होड़ लगाने पर रोक लगाना चाहते थे। विश्व के अन्य राष्ट्रों को भी युद्ध हित देखना चाहते थे। विश्व में युद्ध विरोधी वातावरण बनाना वे भारत का नैतिक कर्तव्य समझते थे। जयप्रकाश जी को इस बात का दृढ़ विश्वास था कि यदि भारत अहिंसा के मार्ग को अपनाता है तो विश्व में भी अहिंसा का प्रसार हो सकता है जिससे विश्व में हथियारों की होड़ समाप्त हो जाएगी और विश्व में शान्ति का वृक्ष फलने फूलने लगेगा। जयप्रकाश जी ने एक सभा में अपने विचारों को व्यक्त करते हुए कहा था कि–

"मेरा संबंध शान्ति से है क्योंकि मैं एक मनुष्य हूँ। मेरा संबंध किसी सम्प्रदाय से नहीं। यद्यपि मेरा कोई विरोध धर्म या विज्ञान या राष्ट्रीयता से नहीं है लेकिन इस सबसे अधिक महत्त्वपूर्ण मनुष्य बनना है। मानवता सारे मनुष्यों

को भाई बन्धु और विश्व का नागरिक समझती है और यह भी समझती है कि हर मनुष्य का अधिकार जीवन स्वतन्त्रता और हर्ष प्राप्त करने का है। मानवता का तकाजा है कि अन्याय तथा जुल्म समाप्त किए जाएँ, युद्ध से विद्वेष तथा घृणा की जाए और उसकी जगह नैतिकता का व्यवहार हो। कोई व्यक्ति उतना ही सभ्य समझा जा सकता है जो जितना युद्ध से मुँह मोड़कर शान्ति की ओर पग बढ़ाता है। मेरा संबंध शान्ति से इसलिए है कि मेरा विश्वास है कि युद्ध से कोई समस्या हल नहीं हो सकती है। सब जानते हैं कि चाहे कितने समय तक युद्ध चले आखिर उसका फल शान्ति में नहीं हो सकता है। युद्ध मानव की स्थायी प्रवृत्ति नहीं है। स्थायी प्रवृत्ति तो शान्ति है।''

जयप्रकाश जी के उपर्युक्त वक्तव्य से स्पष्ट होता है कि वे मानवता तथा शान्ति के पक्षधर थे। उन्होंने शान्ति में ही मानवता के कल्याण को देखा। वर्ल्ड पीस ब्रिगेड के अमरीकी ए. जे. मुस्टे एवं इंग्लैण्ड के रेवरेंड माइकल स्कॉट के अतिरिक्त अन्य कोई अध्यक्ष जिनका नाम सम्मान के साथ लिया जा सकता है तो वह हैं श्री लोकनायक जयप्रकाश नारायण जी। मानवता की सेवा से इन्होंने अपने कदम कभी भी पीछे नहीं हटाए। यहाँ तक कि वे मानवता की सेवा हेतु अफ्रीका तक अपनी अर्द्धांगिनी प्रभावती के साथ गए तथा केनिया की एक सभा को भी जयप्रकाश जी द्वारा सम्बोधित किया गया। जयप्रकाश जी ने न केवल इस सभा को सम्बोधित ही किया बल्कि वे स्वतन्त्रता के दीवाने थे और हँसते हुए अपने प्राणों को न्यौछावर करने हेतु सदा तत्पर थे, द्रष्टव्य है–

''वे बड़े-बड़े तूफान, जो कि सागर में आया करते हैं।
वे बड़े-बड़े भूचाल धरा को, जो कि हिलाया करते हैं।
पथ रोक नहीं मेरा सकते, भयभीत न मुझको कर सकते।
मैंने असि की धाराओं पर, युग युग से चलना सीखा है।''

टेनगेनिका नियरेरे का नाम शहीदों के नाम में विशेष रूप से उल्लेखनीय है। प्रत्येक सभा में कुछ न कुछ निर्णय अवश्य होता है कि पक्ष और विपक्ष अच्छाई या बुराई को स्पष्ट रूप से उद्घाटित कर सकता है। सभा में एक टेनगेनिका से रोडेशिया तक का एक मार्च और निश्चित किया गया जिसे 'फ्रीडम मार्च' की संज्ञा से अलंकृत किया गया। दारूसलाम, जंजीबार, मुजंबिक, केनिया एवं टेनगेनिका की सभाओं को जयप्रकाश जी द्वारा विशेष रूप से सम्बोधित किया गया। यहाँ के देशों के निवासी भी उन सैनिकों को हृदय से सम्मान प्रदान करते थे जिन्होंने स्वतन्त्रता संग्राम में भाग लिया। 'फ्रीडम मार्च' के विषय में जब उन्हें ज्ञात हुआ तो उन्होंने हार्दिक अभिनन्दन के साथ धनराशि से उनकी सहायता भी की जो उनके देशप्रेम तथा स्वतन्त्र भावनाभिव्यक्ति का प्रतीक था।

जयप्रकाश नारायण सर्वोदय प्रिय थे और सारे विश्व में भी सर्वोदय की धारा प्रवाहित होता हुआ देखना उनकी अभिलाषा थी जिसके हेतु वे सदा प्रयत्नशील रहे। कहते हैं कि जब सीधी उँगली से घी नहीं निकलता तो उँगली टेढ़ी करनी पड़ती है। जिस समय, कृष्णा मेनन नेहरू मन्त्रिमण्डल के रक्षामन्त्री थे, उस समय गोवा को विजित करने हेतु सैनिक तथा अनैतिक कार्यवाही करनी ही पड़ी और कृष्णा मेनन के साथ किसी भी प्रकार की कोई रियायत नहीं बरती गई। जयप्रकाश जी को जब भारत तथा चीन के युद्ध के विषय में ज्ञात हुआ तो उन्हें हार्दिक आघात पहुँचा। सहस्रों मानव संहार के विषय में विदित होने पर जयप्रकाश जी को कठोर पीड़ा का सामना करना पड़ा, अतः उन्होंने युद्ध की समस्या के निराकरण के लिए 'शान्ति सेना' का गठन करने के विषय में विचार किया तथा स्वयं को उस सेना का सारथी या अगुआ बनाकर यह विचार भी किया कि सम्मिलित रूप से युद्ध स्थल पर गमन करने के लिए भी दोनों राष्ट्रों से अनुनय विनय करने के लिए प्रेम, मानवता तथा शान्ति से बढ़कर विश्व में अन्य कोई वस्तु नहीं है, अतः समझौता ही दोनों राष्ट्रों के हित में सर्वोत्तम है। 'शान्ति सेना' के प्रस्ताव को पूर्ण रूप से स्वीकृति हेतु जयप्रकाश नारायण ने एक सभा का आयोजन किया लेकिन इस सभा का जयप्रकाश जी को कोई लाभ नहीं मिल सका, इस प्रस्ताव को सफलता का एक अंश भी प्राप्त नहीं हो सका, यहाँ तक कि आचार्य विनोबा भावे ने भी इस प्रस्ताव को इसलिए अस्वीकृत किया कि शान्ति के स्वयं सेवकों को अपनी गतिविधियों को केवल मात्र भूदान आंदोलन तथा ग्राम विकास में ही लगाना चाहिए और यदि ऐसा हो गया तो ग्राम विकास तथा भूदान का कार्य अधूरा ही रह जाएगा। परन्तु ईश्वर की कृपावश

भारत और चीन के युद्ध से भासित तथा सशक्ति मानवता शान्ति प्राप्त हुई परन्तु जयप्रकाश जी का मतभेद हर सन्दर्भ में स्थायी रहा। जयप्रकाश नारायण युद्ध के पक्ष में किसी रूप में नहीं थे, अतः वे इस युद्ध के लिए भारत तथा चीन में से किसी को भी जिम्मेदार नहीं ठहरा सके। चाहे युद्ध किसी के द्वारा भी किया गया हो या छेड़ा गया हो पर जयप्रकाश जी तो युद्ध तथा मारकाट से नफरत करते थे अतः उन्हें विनोबा जी की यह बात तनिक भी हृदय प्रिय नहीं हो सकी कि विनोबा जी ने तत्कालीन प्रधानमन्त्री जी द्वारा युद्ध के समय उठाए गए कदम को उचित तथा न्यायसंगत ठहराया।

जयप्रकाश जी अहिंसा के पुजारी तथा गाँधी जी के नक्शे-कदम पर चलनेवाले व्यक्ति थे वे शान्ति और अहिंसा से किसी भी समस्या का हल करना चाहते थे और यही कारण था कि उन्हें विनोबा जी द्वारा उठाया गया कदम गाँधी जी के सिद्धान्तों के विरुद्ध नज़र आया। इसके पश्चात् दोनों की मुलाकात उड़ीसा में हुई जहाँ उन्हें सान्त्वना तथा शान्ति का अनुभव हुआ। लोकनायक ने हमेशा ही एक सिंह के समान अपना जीवनयापन किया और यही कारण था कि किसी से दबना उनके व्यक्तित्व में नहीं था। परन्तु कुछ व्यक्तियों ने उनकी इस शान्ति और अहिंसा पर अपनी शंका व्यक्त की थी जब जयप्रकाश नारायण ने भारत तथा चीन के युद्ध के विरुद्ध भारतीय नीति का खण्डन किया। उन्होंने भारत तथा चीन के सीमा विवाद को शान्ति और प्रेम से हल करना चाहा पर जब वे इस समस्या को हल करने में असफल रहे तो उन्होंने 'वर्ल्ड पीस ब्रिगेड' का दरवाजा खटखटाया जिससे कि दोनों देशों में शान्ति के साथ सुलह हो सके। जयप्रकाश, ए. जे. मुस्टे तथा माइकल स्टॉक ने मिलकर दिल्ली से पेकिंग तक की 'शान्ति मार्च' की पूर्णरूप से तैयारी कर ली। विभिन्न देश के निवासियों, धर्मों तथा सम्प्रदायों द्वारा 1 मार्च, 1963 को पैदल पथ यात्रा दिल्ली से प्रारम्भ की जो कि 400 मील की थी। यह शान्ति पथ यात्रा महात्मा गाँधी के नमक आंदोलन से मिलती-जुलती थी लेकिन इसका विरोध हिन्दू महासभा द्वारा किया गया और इसके विरोध स्वरूप इन्होंने शान्ति सैनिकों को काले-झण्डे तक दिखाए। इस मार्च का एक सीधा-सादा उद्देश्य था कि दो देशों के हृदय की खाई को पाटकर उनमें शान्ति और मित्रता की भावना स्थापित करना। चीन सरकार ने भी लोकनायक जयप्रकाश नारायण की भावना को न समझते हुए उन्हें अपना विरोधी समझा। यहाँ तक कि उनके इस मार्च को न्यू चाइना एजेन्सी द्वारा विरोधी और षड्यन्त्रकारी घोषित किया। चीन ने जब 1960 में तिब्बत पर अधिकार किया तब भी जयप्रकाश नारायण ने इसका विरोध करते हुए दलाईलामा से सम्पर्क किया। यही नहीं जयप्रकाश नारायण के माध्यम से जे. जे. सिंह को संयुक्त राष्ट्र की आमसभा में तिब्बत के पक्ष में समर्थन हेतु प्रेषित किया गया।

जयप्रकाश नारायण न केवल योजनाएँ बनाने हेतु ही उद्धत रहते थे अपितु वे कार्यकर्ताओं में अपने क्रियाकलापों से एक नया जोश और उत्साह उत्पन्न करने में भी पीछे नहीं रहते थे। जयप्रकाश नारायण ने पटना में मार्च करनेवालों को हार्दिक सम्मान प्रदान किया। एक सभा को सम्बोधित करते हुए जयप्रकाश नारायण का कहना था कि–

"जो यह चाहते हैं कि हो सके अथवा न हो सके लेकिन मनुष्य की आत्म-शक्ति को नहीं नापा जा सकता। यद्यपि हथियारों द्वारा सच्ची सुरक्षा नहीं की जा सकती है फिर भी भारत सैनिक बचाव का प्रयास कर रहा है। इस प्रकार हथियारों की वृद्धि की होड़ बढ़ती जाएगी और बरबाद करने वाले युद्ध एक के बाद दूसरे होते रहेंगे इस प्रकार क्या खाक सुरक्षा हो सकेगी।"

वैसे शान्ति सैनिकों के विरुद्ध कई लोगों ने व्यवधान उत्पन्न किए पर इस व्यवधान को उत्पन्न करने में बर्मा सरकार भी पीछे नहीं रही फलस्वरूप जयप्रकाश जी को तत्कालीन पाकिस्तान के फील्ड मार्शल अयूब खाँ तथा विदेश मन्त्री जेड ए भुट्टो से पूर्वी पाकिस्तान से होकर जाने हेतु निवेदन करना पड़ा पर सब व्यर्थ क्योंकि पाकिस्तानी सरकार को चीन से विरोध होने का भय था। भारत पर पाकिस्तान द्वारा जयप्रकाश जी का निवेदन अपमानित तो किया गया साथ ही भारत पर मुसलमानों पर अत्याचार करने का भी दोषारोपण कर डाला। इस सन्दर्भ में त्रिपुरा तथा आसाम के मुसलमानों को बहिष्कृत करने का आरोप लगाया। मुसलमानों पर अत्याचार के सन्दर्भ में जयप्रकाश ने पाकिस्तान को यह उत्तर दिया कि भारत सरकार द्वारा मुसलमानों पर कोई अत्याचार नहीं किया जा रहा है। जबकि भारत में 4,000 मुसलमान अवैध रूप से प्रवेश कर चुके थे।

लेकिन मार्च करने वालों पर किसी के व्यवधान का कोई प्रभाव नहीं पड़ रहा था वे अपने उद्देश्य की प्राप्ति में

लीन मार्ग में आने वाली चुनौतियों तथा कठिनाइयों का सामना करते बढ़ते जा रहे थे। 1900 मील की लम्बी तथा संकटपूर्ण यात्रा करके मार्च करनेवालों ने चीन सीमा में प्रवेश किया और चीनी जनता के प्रति शुभकामनाएँ तथा स्नेह भावना का वितरण करते हुए इस सन्देश का प्रसार किया–

''तुम शान्ति नहीं ला पाए युद्धों के द्वारा
अब फेंक जरा तलवार प्यार लेकर देखो।
सच मानो निश्चय विजय तुम्हारी ही होगी,
दुश्मन को जरा अपना हृदय देकर देखो।''

जयप्रकाश नारायण ने विश्व के कई राष्ट्रों से शान्ति सैनिकों को चीन में प्रवेश कराने का निवेदन किया तथा उत्तरी एशिया के कैनथ कोंडा एवं टेनगेनिका के जूलियस नियरेरे को लिखा कि–

''चीन द्वारा शान्ति सैनिकों के मार्च करने वालों को चीन में प्रविष्ट न होने देने का एक कारण सम्भवतः यह हो सकता है कि प्रारम्भ में मार्च करनेवालों का नेतृत्व मैंने किया था। मुझे चीन का विरोधी ठहराया गया क्योंकि मैंने तिब्बत के पक्ष का समर्थन किया था। इसके साथ ही चीन द्वारा भारत पर आक्रमण की घोर शब्दों में निन्दा की थी। मैं चाहता हूँ कि आप चीन के नेताओं को यह समझा दें कि मैं विरोधी नहीं हूँ। मैं अनेक बार अपने भाषणों में यह भावना व्यक्त कर चुका हूँ कि विश्व की समस्याओं का निराकरण युद्ध नहीं है। वे केवल मात्र शान्तिमय कार्यवाही के माध्यम से ही सुलझ सकती हैं।

तत्पश्चात् हांगकांग की ओर शान्तिमय अभियान शुरू करने का निर्णय लिया जिसके लिए 'वीसा' की प्रार्थना की गई परन्तु इसके लिए भी हांगकांग गवर्नर की तरफ से अस्वीकृति प्राप्त हुई। जबकि मार्च करनेवालों की यह हार्दिक अभिलाषा थी कि वे मानवता का प्रसार तथा मानव के हृदय में प्रेम के दीप प्रज्वलित करें, हममें कहीं भेद या वैमनस्य की भावना न रहे अतः शान्ति सेना ने बुलन्द आवाज़ में यह घोषणा की कि–

''करें, हम दुश्मनी किससे
दुश्मन भी हो कोई अपना,
मुहब्बत ने नहीं छोड़ी जगह दिल में अदावत की।''

जयप्रकाश नारायण ने सदा ही डटकर मुकाबला किया है। उन्होंने विश्व की हर समस्या का निराकरण करने का पूर्ण रूप से प्रयास किया। जिस प्रकार से भारत अंग्रेजों द्वारा परतन्त्रता की बेड़ियों में जकड़ी अनेकानेक समस्याओं का सामना कर रहा था, उसी प्रकार से, नागालैण्ड भी ब्रिटिश फौलादी शिकंजे में फँसे हुए एक पंख कटे पक्षी की भाँति स्वतन्त्रता हेतु फड़फड़ा रहा था, अतः नागालैण्डवासी भी एकजुट होकर स्वतन्त्रता पाने हेतु आंदोलन को संचालित कर रहे थे। हमारा भारत महान् है। यहाँ के लोग प्रत्येक कमजोर का सहयोग करने से पीछे नहीं हटते और स्वतन्त्रता को मनुष्य का जन्म सिद्ध अधिकार मानते हैं। इसीलिए गाँधी जी ने नागालैण्डवासियों को स्वतन्त्रता हेतु तड़पते हुए पाया तो वे जितना हो सका, हार्दिक रूप से सहयोग देने में पीछे नहीं रहे। अंग्रेजों का शासन अत्यन्त कठोर, मानव हृदय को पीड़ा तथा झकझोर देने वाला था। अंग्रेजों के शासन से मनुष्य त्राहि-त्राहि करने लगा था। वे सभी को अपना दास बना लेना चाहते थे परन्तु जब भी किसी देश ने उनके इस अत्याचार के विरुद्ध कदम उठाने की कोशिश की, उसे नष्ट करने में अंग्रेजी शासन अपनी पूर्ण शक्ति लगा देता। ब्रिटिश अत्याचारियों की तानाशाही से उस समय भी छुटकारा नहीं मिल पाया जब नागाओं के प्रिय नेता जेडनम को फाँसी का फन्दा चूमने के लिए विवश होकर अपने प्राणों से हाथ धोना पड़ा तथा उनकी बहिन को कारावास में रहने के लिए विवश कर दिया गया। स्वतन्त्रता हर किसी को प्यारी होती है। मनुष्य तो क्या एक पक्षी भी स्वतन्त्रता के लिए कहता है–

''नीड़ न दो चाहे टहनी को
आश्रय छिन्न-भिन्न कर डालो।

लेकिन पंख दिए हैं तो
आतुर उड़ान में विघ्न न डालो।''

स्वतन्त्रता की आग बुझने वाली नहीं है। यह एक ऐसी आग है जो कि एक चिनगारी की तरह सुलगती है पर समय आने पर इसे भड़कने से कोई रोक नहीं सकता। भारत ने स्वयं आज़ाद होकर तुरन्त ही न केवल बहिन 'गेडीलू' को कारावास से छुटकारा दिलवाया अपितु उन्हें आजीवन पेंशन प्राप्ति का अधिकारी भी बनाया क्योंकि भारत सदा ही स्वतन्त्रता के दीवानों का सम्मान करता आया है। नागावासी पूर्ण स्वतन्त्र होकर बिना किसी व्यवधान के प्रभुसत्ता सम्पन्न बनना चाहते थे अतः फीजो को नेतृत्व प्रदान कर आजादी का शंखनाद किया। यहीं का एक नरम दल भारत से असहमत था, फलतः अपनी अवांछनीय माँग को पूर्ण करने की दृष्टि से असहयोग आंदोलन का मार्ग प्रशस्त कर 1951 में होनेवाले चुनावों का बहिष्कार कर दिया गया। इसका कारण फीजो का यह मानना था कि भारत सरकार चुनावों के बहिष्कार के माध्यम से ही उनकी माँगों को पूरा करने के लिए विवश होगी। परन्तु बात बढ़ गई और संग्राम में परिवर्तित हो गई। नागा चार हजार स्वयं सेवकों ने भारतीय सेना के समक्ष संग्राम मैदान में कूदकर स्वयं अपराध वृत्ति पर कदम बढ़ाकर उत्तरदायित्व भारतीय सैनिकों पर प्रत्यारोपित किया।

नागाओं के प्रति हुए दमनात्मक रवैये से संपूर्ण भारत अनभिज्ञ नहीं था परन्तु कोई भी नेहरू जी के आदर्श चरित्र तथा नीतियों के समक्ष विरोध नहीं कर सका परन्तु इस बात का विरोध जयप्रकाश जी ने किया और नेहरू जी पर दबाव डाला और नागालैण्ड को प्रान्तीय स्वतन्त्रता प्रदान करवा कर 16वीं रियासत बनवाया। लेकिन फीजो इतने से सन्तुष्ट न हुआ वे तो पूर्ण स्वतन्त्रता तथा सम्प्रभुता देखने की अभिलाषा रखते थे अतः संसद का बहिष्कार कर दिया तथा केवल मात्र संसद का बहिर्गमन ही नहीं अपितु भूमिगत कार्यवाही के माध्यम से अपने कार्य में सफलता के लिए पूर्ण रूप से प्रयत्न भी किया। कर्फ्यू तथा गुरिल्ला युद्ध किया गया जिसमें अनेकों लोग कालग्रसित हुए तथा अन्न भण्डारों को आग में स्वाहा होने के लिए झोंक दिया गया।

नागालैण्डवासियों को अत्याचार बर्दाश्त नहीं हो रहा था। यह अत्याचार अंग्रेजों द्वारा किए गए अत्याचारों से भी बढ़कर था। कोई हल नज़र नहीं आ रहा था अतः उनकी दृष्टि हिंसा के अँधेरे को दूर करने वाले शान्ति के प्रकाश जयप्रकाश नारायण पर पड़ी क्योंकि एक जयप्रकाश जी ही ऐसे व्यक्ति थे जो इस हिंसा रूपी अँधेरे को अपने अहिंसा रूपी प्रकाश से काट सकते थे। इसलिए जयप्रकाश जी को आमन्त्रित किया गया तथा उन्हें सुविधा के लिए तीन मनुष्यों का मिशन बनाने के लिए कहा गया। जयप्रकाश जी से विश्व शान्ति ब्रिगेड का सह-अध्यक्ष पद तथा अखिल भारत वर्षीय शान्ति ब्रिगेड का अध्यक्ष पद अत्यन्त शोभायमान हो रहा था। जयप्रकाश जी अपने प्रेम, स्नेह, भाईचारे तथा इनसानियत के माध्यम से ही प्रत्येक समस्या का समाधान आसानी से कर लिया करते थे। उन्होंने नागालैण्ड के गवर्नर असेम्बली से सम्पर्क स्थापित करने के साथ-साथ संसद के अनेकों सदस्यों तथा नेहरू जी से समस्या के समाधान के लिए विचार-विमर्श किया। फलस्वरूप, उनके शान्ति मिशन को स्वीकृति प्राप्त हुई। इस शान्ति मिशन द्वारा एक बात तो प्रमाणित हो गई कि शान्तिमय वातावरण से प्रत्येक समस्या का समाधान आसानी से हो सकता है। युद्ध तथा हिंसा की समाप्ति हेतु शान्ति दूतों द्वारा निम्न स्वरों का गुंजन किया गया—

"जा कहो तम से करे वापिस सितारे,
माँग लो बढ़कर धुएँ से सब अंगारे,
बिजलियों से बोल दो घूँघट उघारे,
पहिन लपटों का मुकुट काली धरा पर,
सूर्य बनकर आज श्रम मुस्करा रहा है।''

अतः शान्ति मिशन स्थापित हुआ और डॉ. एस. अरम इसके प्रबन्धक नियुक्त किए गए। इसके द्वारा नागाओं हेतु अनेकों हितकारी कार्य जैसे—कुटीर उद्योग की व्यवस्था, उन्हें शान्ति सैनिक बनाने का प्रयत्न, अशिक्षा के अन्धकार को नष्ट करने हेतु वाचनालयों की स्थापना आदि की व्यवस्था की गई। मिशन की सफलता हेतु जयप्रकाश द्वारा दक्षिण

भारत के कुछ नेताओं को भी आमन्त्रित किया गया जिनमें साइक्स और वैयटिस्ट का नाम विशेष रूप से उल्लेखनीय है।

श्रीमती साइक्स ने भारत सरकार से केन्द्र को सुचालित रूप से चलाने के लिए आर्थिक सहायता की माँग की क्योंकि धन राशि के बिना शान्ति केन्द्रों को संचालन करना कठिन था। अतः एक लाख रुपए की धनराशि एकत्रित की गई तथा भारत सरकार को नागालैण्ड की समस्या पर गम्भीर रूप से विचार करने पर भी जोर दिया गया। शान्ति मिशन ने अपने कार्य को बढ़ाने हेतु वार्ता का दौर आरम्भ किया और भारत तथा नागा सरकार के प्रतिनिधियों से अत्यन्त ठोस तथा गहन विचार-विमर्श किया तथा दोषारोपण और उनके प्रत्युत्तर चलते रहे और इसी दौरान एक अन्य समस्या, नागाओं की विधानसभा के डेमोक्रेटिक दल के सदस्यों ने यह कहकर त्याग पत्र दिया कि दोनों की समस्या या भारत तथा विद्रोहियों का सुलहनामा शान्ति मिशन के हाथों में न होकर विधानसभा के अधिकार में हो, उत्पन्न हो गई। पर जयप्रकाश ने इस समस्या का हल भी शान्ति मिशन में ही माना। शान्ति मिशन की सफलता का सबसे बड़ा रहस्य सम्बन्धित व्यक्तियों द्वारा सहयोग का मिलना ही नहीं अपितु हार्दिक रूप से सम्मान प्रदान करना भी था। परन्तु जयप्रकाश जी के इस महान कार्य को कई लोग नहीं समझ पा रहे थे यहाँ तक कि भारत के कई लोग इसके विरुद्ध नारे लगाते नज़र आते थे। इसे लोगों ने कायरता का नाम दे दिया। इतने पर भी लोकनायक जयप्रकाश नारायण ने किसी भी पक्ष के विरुद्ध कुछ न कहकर केवल इतना मात्र कहा कि विधानसभा के संपूर्ण सदस्य तथा मुख्यमन्त्री शीलूओ ईसाई धर्मानुयायी हैं तथा भारत की स्वतन्त्रता प्राप्ति में ईसाइयों का कम योगदान नहीं है अतः वे भी भारत के लिए उतने हीं वफादार हैं जितने कि अन्य।

शान्ति मिशन का कार्यक्रम घोषित किया गया। नागालैण्ड पूर्णरूपेण स्वतन्त्रता के पक्ष में था। उसने उस कानून का समर्थन किया जिसमें उनकी स्वतन्त्रता को सुरक्षा प्राप्त हो सके। नागाओं ने इस बात का भी स्पष्टीकरण किया कि उनका स्वतन्त्र अस्तित्व है और आज़ादी के लिए उनका संघर्ष पूर्ण रूप से चल रहा है। यही कारण था कि शान्ति मिशन जिस सफलता के बिन्दु को प्राप्त करने वाला था उससे वंचित हो गया, फिर भी, असफलता के बावजूद वह पीछे नहीं हटा और अपने कार्यक्रम को जारी रखने हेतु प्रयासरत रहा। 1966 के अक्तूबर में जब शान्ति वार्ता का आयोजन दिल्ली की भूमि पर हुआ जहाँ जयप्रकाश नारायण ने शान्ति स्थापना के क्षणों तक भारतीय फौजों को नागालैण्ड से दूर रखने के लिए कहा जिससे शान्ति की जगह क्रांति और विनाश न उत्पन्न हो जाए। अपने देश के विषय में फैडरल नागा पूर्णरूपेण भाग लेने के लिए अधिकारिणी है और यह भी कहा गया कि एक ऐसा अखिल नागा कन्वेंशन गठित किया जाए जो कि नागालैंड के विग्रह को सुलझाने में अन्तिम निर्णय घोषित करे। लोकनायक जयप्रकाश नारायण ने दोनों देशों से पारस्परिक सहयोग की अपील भी की जो कि एक-दूसरे के लिए वर्तमान तथा भविष्य दोनों में हितकर एवं उपादेय सिद्ध हो।

जयप्रकाश जी का जीवन सदा ही संघर्षरत रहा है पर उन्होंने संघर्षों का डटकर मुकाबला किया है तथा जिस कार्य को भी अपने हाथों में लिया उसे पूर्ण करके ही चैन की साँस ली। जयप्रकाश जी ने जब देखा कि उनका शान्ति मिशन असफलता प्राप्त कर रहा है तो उन्होंने मिशन के समस्त सदस्यों से इस बात का बीड़ा उठाने के लिए ज़ोर दिया कि यदि उन्हें इस मिशन में सफलता नहीं मिलती है तो वे आमरण-अनशन का सहारा लेते हुए, अपने प्राणों को हथेली पर रखकर नागाओं की भूमि पर जगह-जगह पद-यात्रा का आयोजन करें यद्यपि अन्तिम निर्णय जयप्रकाश जी की अनुपस्थिति में लिया गया फिर भी इस बात को स्वीकृति तो देनी ही पड़ेगी कि भारत सरकार तथा नागाओं के मध्य संघर्ष अपनी चरम-सीमा तक पहुँचा हुआ है तो किसी भी मानव में इतना नैतिक साहस तथा धीरता नहीं थी कि वह इस संघर्ष का तमाशा तक देख सके तो ऐसे विकराल समय में लोकनायक ने अपनी शान्ति की वाणी तथा सन्देश द्वारा समस्त मानव जाति को आश्चर्यचकित कर दिया। नागालैण्ड की समस्या को हल करने के लिए जहाँ जयप्रकाश अपने प्राणों की बाजी लगाने से पीछे नहीं हट रहे थे वहीं कुछ लोग उनकी कार्यपद्धति तथा सफलता से ईर्ष्या करके उन पर प्रत्यक्ष तथा अप्रत्यक्ष रूप से कटाक्ष करने में नहीं चूक रहे थे, परन्तु इस बात का जयप्रकाश जी पर गौण प्रभाव था और उन्होंने अपने पथ पर अग्रसर होकर नागालैण्डवासियों से व्यक्तिगत सम्पर्क करके उनकी बातों को सुनते हुए अपनी भावनाओं पर अत्याचारों से अवगत कराया। विश्व में जब जब भीषण समस्याएँ उत्पन्न हुईं जयप्रकाश

जी ने मसीहा के रूप में उन्हें हल करने में यथाशक्ति सहयोग प्रदान किया।

भारत विभाजन की घटना ने जयप्रकाश का हृदय विदीर्ण कर दिया। उन्होंने हिन्दू एवं मुसलमानों के मध्य प्रेम, शान्ति और एकता स्थापित करने का भरसक प्रयत्न किया। भारत माता के दोनों पुत्रों हिन्दू एवं मुस्लिम के मध्य 1946-47 में भयंकर मारकाट को अवलोकित कर जयप्रकाश का हृदय शोक-सागर में डूब गया। उनका यह दृढ़ मत था कि समय आने पर दोनों देश मित्रता के बन्धन में बँध जाएँगे। लोकनायक की कही हुई यह बात उस समय अक्षरशः सत्य हुई जब भारत-पाक के मध्य शिमला समझौता हुआ। पाकिस्तान के किंकर्तव्यविमूढ़ता से उत्पन्न समस्या को लेकर वे किसी भी प्रकार भारतीय मुसलमानों को प्रताड़ित करने के घोर विरोधी रहे। भारत तथा पाकिस्तान सदैव प्रेम और भाईचारे का जीवन व्यतीत करें यही जयप्रकाश जी की हार्दिक अभिलाषा थी। जयप्रकाश जी ने सन् 1971 में शान्ति का बिगुल बजाने के लिए जकार्ता, मास्को, काहिरा, टोकियो, रोम, पैरिस, लन्दन इत्यादि देशों में सद्भाव यात्रा की। भारत में भी बाढ़, भूकम्प, महामारी, राजनीतिक अत्याचार तथा अशान्ति के दंभ को हरने हेतु जयप्रकाश जी ने शान्ति का अखण्ड दीप प्रज्चलित किया। शान्ति के इस मसीहा का नाम इस संसार में युगों-युगों तक दैदीप्यमान रहेगा। हम सब भारतवासी सदैव उनके ऋणी रहेंगे।

कवियों के काव्यों में जयप्रकाश

कहते हैं उसको जयप्रकाश

राष्ट्रकवि रामधारी सिंह दिनकर

झंझा सोई तूफान रुका, प्लावन जा रहा कगारों में,
जीवित है सबका तेज किन्तु, अब भी तेरे हुंकारों में।
दो दिन पर्वत का मूल हिला, फिर उतर सिन्धु का ज्वार गया,
पर सौंप देश के हाथों में, वह एक नई तलवार गया।

जय हो भारत के नये खड्ग, जय तरुण देश के सेनानी!
जय नई आग! जय नई ज्योति, जय नये लक्ष्य के अभियानी!
स्वागत है, आओ, काल-सर्प के, फण पर चढ़ चलने वाले!
स्वागत है, आओ, हवन-कुंड में, कूद स्वयं जलने वाले!

मुट्ठी में लिए भविष्य देश का, वाणी में हुंकार लिए,
मन से उतर कर हाथों में, निज स्वप्नों का संसार लिए।
सेनानी! करो प्रणाम अभय, भावी इतिहास तुम्हारा है,
ये नखत अमा के बुझते हैं, सारा आकाश तुम्हारा है।

जो कुछ था निर्गुण निराकार, तुम उस द्युति के आकार हुए,
पीकर जो आग पचा डाली, तुम स्वयं एक अंगार हुए।
साँसों का पाकर वेग, देश की हवा तपी-सी जाती है,
गंगा के पानी में देखो, परछाईं आग लगाती है।

विप्लव ने उगला तुम्हें, महामणि उगले क्यों नागिन कोई,
माता ने पाया यथा, मणि पाये बड़भागिन कोई।
लौटे तुम रूपक वन स्वदेश को, आग भरी कुर्बानी का,
अब 'जयप्रकाश' है नाम देश की, आतुर हटी जवानी का।

कहते हैं उसको 'जयप्रकाश' जो नहीं मरण से डरता है,
ज्वाला को बुझते देख कुंड में, स्वयं कूद जो पड़ता है।
है 'जयप्रकाश' वह, जो न कभी, सीमित रह सकता घेरे में,
अपनी मशाल जो जला, बाँटता फिरता ज्योति अँधेरे में।

है जयप्रकाश वह, जो कि पंगु का चरण, मूक की भाषा है,
है जयप्रकाश वह, टिकी हुई जिस पर स्वदेश की आशा है।
हाँ, जयप्रकाश है नाम समय की करवट का, अँगड़ाई का,
भूचाल, बवण्डर के दावों से, भरी हुई तरुणाई का।

है जयप्रकाश वह नाम जिसे, इतिहास समादर देता है,
बढ़कर जिसके पद चिह्नों को, उर पर अंकित कर लेता है।
ज्ञानी करते जिसको प्रणाम, बलिदानी प्राण चढ़ाते हैं,
वाणी को आग बढ़ाने को, गायक जिसका गुण गाते हैं।

आते ही जिसका ध्यान, दीप्त हो प्रतिभा पंख लगाती है,
कल्पना ज्वार से उद्वेलित, मानस तट पर थर्राती है।
वह सुनो, भविष्य पुकार रहा, वह दलित देश का त्राता है,
स्वप्नों का द्रष्टा 'जयप्रकाश', भारत का भाग्य विधाता है।

(उपर्युक्त कविता स्व. दिनकर ने 21 अप्रैल, 1946 में जयप्रकाश जी के जेल से छूटने पर लिखी थी और गाँधी मैदान में जे.पी. के स्वागत में उमड़े लाखों लोगों को अभूतपूर्व जनसभा में सुनाई थी।)

इमर्जेंसी : दोहरी त्रासदी

फणीश्वरनाथ रेणु

(अस्पताल के इमर्जेंसी वार्ड में रचित इस कविता में इमर्जेंसी के दोहरे अर्थ स्पष्ट हैं।)

इस ब्लाक के मुख्य द्वार के सामने
हर मौसम आकर ठिठक जाता है, सड़क के उस पार
चुपचाप दोनों हाथ
बगल में दबाये, साँस रोके खामोश
इमली के शाखों पर हवा
'ब्लाक' के अन्दर एक ही ऋतु
हर 'वार्ड' में बारहों मास, हर रात रोती काली बिल्ली
हर दिन प्रयोगशाला के बाहर फेंकी हुई—
रक्तरंजित सुफेद खरगोश की लाश
'ईथर' की गंध में ऊँघती जिन्दगी—
रोज का यह सवाल, 'कहिए! अब कैसे हैं?'

रोज का यह जवाब—ठीक हूँ! सिर्फ कमजोरी
थोड़ी खाँसी और तनिक सा...यहाँ
पर...मीठा-मीठा दर्द!

इमर्जेंसी वार्ड की ट्रालियाँ छड़छड़ झड़झड़ करतीं
आपरेशन थियेटर से निकलती हैं—इमर्जेंसी!
सैलाइन और रक्त की बोतलों में जिन्दगी—
—रोग मुक्त, किन्तु, बेहोश काया में
बूँद-बूँद टपकती रहती है—इमर्जेंसी!
सहसा मुख्य द्वार पर ठिठके हुए मौसम
और तमाम चुपचाप हवा में एक साथ
मुखर और प्रसन्न
शुभकामना के स्वर—इमर्जेंसी

कारागर में लिखी दो कविताएँ

अटल बिहारी वाजपेयी

संकल्प

टूट सकते हैं मगर हम झुक नहीं सकते,
सत्य का संघर्ष सत्ता से,
न्याय लड़ता निरंकुशता से,
अँधेरे ने दी चुनौती है,
किरण अन्तिम अस्त होती है;
दीप निष्ठा का लिए निष्कम्प
वज्र टूटे या उठे भूकम्प;
यह बराबर का नहीं है युद्ध
हम निहत्थे, शत्रु है सन्नद्ध;
हर तरह के शस्त्र से है सज्ज,
और पशुबल हो उठा निर्लज्ज;
किन्तु फिर भी जूझने का प्रण,
पुनः अंगद ने बढ़ाया चरण;
प्राणपण से करेंगे प्रतिकार,
समर्पण की माँग अस्वीकार;
दाँव पर सब कुछ लगा है, रुक नहीं सकते।
टूट सकते हैं, मगर हम झुक नहीं सकते॥

प्रतीक्षा

रचना : 25 जून, 1976

एक बरस बीत गया!
झुलसाता जेठ मास,

शरत चाँदनी उदास,
सिसकी भरते सावन का अंतर्द्वंद्व रीत गया!
एक बरस बीत गया!

सींकचों में सिमटा जग,
किन्तु विकल प्राण विहग,
अवनी से अम्बर तक गुँजा मुक्ति गीत गया!
एक बरस बीत गया!

पथ निहारते नयन,
गिनते दिन, पल, छिन,
लौट कभी आएगा मन का जो मीत गया!
एक बरस बीत गया!

मुनादी

धर्मवीर भारती

खलक खुदा का, मुलुक बाश्शा का
हुकुम शहर कोतवाल का...
हर खासो आम को आगाह किया जाता है
कि खबरदार रहें
और अपने-अपने किवाड़ों को अन्दर से
कुंडी चढ़ा कर बन्द कर लें
गिरा लें खिड़कियों के पर्दे
और बच्चों को बाहर सड़क पर न भेजें
क्योंकि
एक बहत्तर बरस का बूढ़ा आदमी
अपनी काँपती कमजोर आवाज में
सड़कों पर सच बोलता हुआ निकल पड़ा है!

शहर का हर बशर वाकिफ है
कि पच्चीस साल से यह मुजिर है
कि हालात को हालात की तरह बयान किया जाए
कि चोर को चोर और हत्यारे को हत्यारा कहा जाए
कि मार खाते भले आदमी को
और अस्मत लुटती हुई औरत को
और भूख से पेट दबाए ढाँचे को
और जीप के नीचे कुचलते बच्चे को
बचाने की बेअदबी की जाए,
जीप अगर बाश्शा की है तो
उसे बच्चे के पेट पर से गुजरने का हक क्यों नहीं?
आखिर सड़क भी तो बाश्शा ने बनवाई है।

बुड्ढे के पीछे दौड़ पड़नेवाले
अहसान-फरमोशो! क्या तुम भूल गए कि बाश्शा ने
एक खूबसूरत माहौल दिया है जहाँ
भूख से ही सही, दिन में तुम्हें तारे नजर आते हैं
और फुटपाथों पर फरिश्तों के पंख रात-भर
तुम पर छाँह किए रहते हैं
और हूरें हर लैम्प पोस्ट के नीचे खड़ी
मोटर वालों की ओर लपकती हैं
कि जन्नत तारी हो गयी है जमीं पर,
तुम्हें उस बुड्ढे के पीछे दौड़ कर
भला और क्या हासिल होनेवाला है?

आखिर क्या दुश्मनी है तुम्हारी उन लोगों से
जो भले मानसों की तरह अपनी-अपनी कुर्सी पर चुपचाप
बैठे-बैठे मुल्क की भलाई के लिए,
रात-रात जागते हैं और
गाँव की नाली की मरम्मत के लिए,
मास्को, न्यूयार्क, टोकियो, लंदन की खाक छानते
फकीरों की तरह भटकते रहते हैं...

तोड़ दिए जाएँगे पैर
और फोड़ दी जाएँगी आँखें
अगर तुमने अपने पाँव चलकर
महलसरा की चहारदीवारी फलाँगकर
अन्दर झाँकने की कोशिश की।

क्या तुमने नहीं देखी वह लाठी
जिससे हमारे एक कद्दावर जवान ने इसी निहत्थे
काँपते बुड्ढे को ढेर कर दिया,
वह लाठी हमने समय-मंजूषा के साथ
गहराइयों में गाड़ दी है
कि आनेवाली नस्लें उसे देखें और
हमारी जवांमर्दी की दाद दें।

अब पूछो कहाँ है वह सच जो
इस बुड्ढे ने सड़कों पर बकना शुरू किया था?
हमने अपने रेडियो के स्वर ऊँचे करा दिए हैं
और कहा है कि जोर-जोर से फिल्मी गीत बजाएँ

ताकि थिरकती धुनों की दिलकश बुलन्दी में
इस बुड्ढे की बकवास दब जाए।

नासमझ बच्चों ने पटक दिए पोथियाँ और बस्ते
फेंक दी है खड़िया और स्लेट
इस नामाकूल जादूगर के पीछे चूहों की तरह
फदर-फदर भागते चले आ रहे हैं
और जिसका बच्चा परसों मारा गया
वह औरत आँचल परचम की तरह लहराती हुई
सड़क पर निकल आयी है।

खबरदार यह सारा मुल्क तुम्हारा है
पर जहाँ हो वहीं रहो
यह बगावत नहीं बर्दाश्त की जाएगी कि
तुम फासले तय करो और मंजिल तक पहुँचो।

इस बार रेलों के चक्के हम खुद जाम कर देंगे
नावें मझधार में रोक दी जाएँगी
बैलगाड़ियाँ सड़क किनारे नीम तले खड़ी कर दी जाएँगी
ट्रकों को नुक्कड़ से लौटा दिया जाएगा
सब अपनी-अपनी जगह ठप!
क्योंकि याद रखो कि मुल्क को आगे बढ़ना है
और उसके लिए जरूरी है कि जो जहाँ है
वहीं ठप कर दिया जाए।

बेताब मत हो
तुम्हें जलसा-जुलूस, हल्ला-गुल्ला, भीड़-भड़क्के का शौक है
बाश्शा को हमदर्दी है अपनी रियाया से
तुम्हारे इस शौक को पूरा करने के लिए
बाश्शा के खास हुक्म से
उसका अपना दरबार जुलूस की शक्ल में निकलेगा—
दर्शन करो!

वही रेलगाड़ियाँ तुम्हें मुफ्त लादकर लाएँगी
बैलगाड़ीवालों को दुहरी बख्शीश मिलेगी
ट्रकों को झंडियों से सजाया जाएगा
नुक्कड़-नुक्कड़ पर प्याऊ बिठाया जाएगा
और जो पानी माँगेगा
उसे इत्र-बसा शर्बत पेश किया जाएगा!

लाखों की तादाद में शामिल हो इस जुलूस में
और सड़क पर पैर घिसते हुए चलो
ताकि वह खून जो इस बुड्ढे की वजह से बहा,
वह पुँछ जाए!
बाश्शा सलामत को खून-खराबा पसन्द नहीं!

खलक खुदा का मुलुक बाश्शा का
हुकुम...

संपूर्ण क्रांति अब नारा है

अरुण सन्तोष

संपूर्ण क्रांति अब नारा है, भावी इतिहास हमारा है।
हर जोर-जुल्म की टक्कर में संघर्ष हमारा नारा है॥

अपने चारों ओर उठ रही आज तूफानी लहरों को,
समझ चुनौती निकल पड़ा है आज तरुण मर-मिटने को।
हर शहीद का बहा लहू, यह बार-बार दुहराता है।
संपूर्ण क्रांति...

गरज उठा आकाश प्रबल झंझा का लक्षण दीखा है,
भ्रष्ट व्यवस्था से आतंकित अंतिम जन भी चीखा है।
बदलो अंतिम मौका है, फिर सारा देश हमारा है।
संपूर्ण क्रांति...

ओ इतिहास पहना दे उनको जयमाला वरदान की,
जिनके हृदय-बीन पर बजती तान अमर जयगान की।
कालपुरुष ने जयप्रकाश के, स्वर में यह ललकारा है।
संपूर्ण क्रांति...

तू जिन्दा है तो...

अशोक भार्गव

तू जिन्दा है तो जिन्दगी की जीत में यकीन कर
अगर कहीं है स्वर्ग तो उतार ला जमीन पर।
तू जिन्दा है...

ये गम के और चार दिन, सितम के और चार दिन
ये दिन भी जायेंगे गुजर, गुजर गये हजार दिन
कभी तो होगी इस चमन पै भी बहार की नजर
अगर कहीं है स्वर्ग तो उतार ला जमीन पर।
तू जिन्दा है...

सुबह और शाम के रंगे हुए गगन को चूमकर
तू सुन जमीन गा रही है, कब से झूम-झूमकर
तू आ मेरा सिंगार कर तू आ मुझे हसीन कर
अगर कहीं है स्वर्ग तो उतार ला जमीन पर।
तू जिन्दा है...

तू जिन्दा है तो जिन्दगी की जीत में यकीन कर
अगर कहीं है स्वर्ग तो उतार ला जमीन पर

भारतीय सांस्कृतिक क्रांति

युग की जड़ता के खिलाफ
एक इनकलाब है—
हिन्द के जवानों का

इक सुनहरा ख्वाब है–
भारतीय सांस्कृतिक क्रांति, मानवीय सांस्कृतिक क्रांति।

व्योम में हमारी पहुँच बढ़ रही है आज
पर, दूर हो रहा है घर पड़ोसी का
आदमी को आदमी के करीब लाएगी–
भारतीय सांस्कृतिक क्रांति, मानवीय सांस्कृतिक क्रांति।

आदमी भविष्य में यंत्र का न हो गुलाम
मानवीय गुण बढ़ेंगे काम से,
ऐसे योगयुक्त काम हर जगह चलाएगी–
भारतीय सांस्कृतिक क्रांति, मानवीय सांस्कृतिक क्रांति।

लेके हाथ हल-कुदाल, और ज्ञान की मशाल
आओ चलें साथ-साथ गाँव को,
क्योंकि गाँव-गाँव से दीनता मिटाएगी–
भारतीय सांस्कृतिक क्रांति, मानवीय सांस्कृतिक क्रांति।

गलत मत कदम उठाओ

डॉ. लल्लन

गलत मत कदम उठाओ!
सोचकर चलो, विचार कर चलो,
राह की मुसीबतों से प्यार कर चलो!
तुम पै जिम्मेदारियाँ मुल्क की पड़ीं,
तुम न बदलो चाल अपनी अब घड़ी-घड़ी
तुम पै आनेवाली आस की नजर गड़ी
चिराग ले चलो, आग ले चलो,
मस्तियों में रंग भरे फाग ले चलो!
गलत मत...

रहो होशियार हमेशा, न तुम डरो
दरिया, आसमान-पहाड़ों को सर करो
जहान की तरक्कियों के वास्ते मरो
आवाज करेगा, साज करेगा,
तुम्हारी वीरता पै, जहाँ नाज करेगा!
गलत मत...

जिन्दगी बेकार और मरना इल्जाम है
काम में लगे रहो यही आराम है
नहीं तो पानी भी यहाँ पीना हराम है
बझो न बात में, हो ध्येय साथ में,
गिरे को उठाने की हो ताकत भी हाथ में!
गलत मत...

दूर किनारे रहें, मिलें न या शिखर
मंजिल के मुसाफिर तुझे क्या राह की फिकर
चट्टान तू, तूफान के झोंकों का क्या जिकर
अँधेरा जा रहा, दिन है कि आ रहा,

वो कौन मंजिलों पै, मंजिलें उठा रहा?
गलत मत...

काल की करवाल से इन्सान कब डरा?
तू प्रलय के बादलों को छेड़ तो जरा
लाख मौत हो मगर मनुष्य कब मरा?
ज्योत जो जला, पंथ जो चला,
प्रेम का पला, भला, वो सूर्य कब ढला?
गलत मत...

मानव से मानव...

किन्नर गन्धर्व देवताओं की बात नहीं
मानव से मानव का मुक्त मिलन चाहिए।

चिन्ता की बात नहीं साधक के पास अगर
आरती समेत सुघर पूजा का थाल न हो।
चिन्ता की बात नहीं वन्दना के गीत न हो
चिन्ता की बात नहीं सुमनों की माल न हो॥
देवता भी अपना प्रतिबिम्ब जहाँ देख सके,
साधक की अंजली में अश्रु-सुमन चाहिए।

परदे रंगीन लगे द्वार-द्वार बेशुमार
मेज और कुर्सियों का वस्त्र से सिंगार है।
पुजते पाषाण यहाँ भूखे भगवान नहीं
नफरत इन्सानों से श्वानों से प्यार है॥
शीत की निशीथ में ठिठुरता जो द्वार पड़ा
उसको तो जीते जी आज कफन चाहिए।

मेहनत मजदूर की व नारी का शील आज
चाँदी के टुकड़ों में बिकता समाज में।
अब भी उत्पात शेष पूँजी का देश बीच
महलों में प्रात और झोंपड़ी है रात में॥
महलों की छाया में सोना स्वीकार नहीं,
छोटी-सी झोंपड़ी की शान्त शरण चाहिए।

मिल की चिमनियों में रक्त-मांस जला-जला
लेता मजदूर-वर्ग आहभरी साँस है।
धनिकों की कोठियों में विद्युत्-प्रकाश बीच
उसकी ही जिन्दगी का होता उपहास है॥
शोषकों का हास व विलास नहीं वांछनीय,
श्रमिकों का स्वेद-सना मूक रुदन चाहिए।

कर में विज्ञान और दिमाग में है राजनीति
मारक अणु-अस्त्रों का करता निर्माण है।
पाकर वरदान अरे भस्मासुर आज बना
मानव को हिंसा की शक्ति का गुमान है॥
शांति का संदेश लिए रोकने को सर्वनाश,
आगे जो बढ़ सकें वे दिव्य चरण चाहिए।

आदमी को प्यार दो

नीरज

सूनी-सूनी जिन्दगी की राह है,
भटकी-भटकी हर नजर निगाह है,
राह को सँवार दो, निगाह को निखार दो,
आदमी हो तुम कि उठो आदमी को प्यार दो, दुलार दो।
रोते हुए आँसुओं की आरती उतार दो।

तुम हो एक फूल कल जो धूल बन के जाएगा,
आज है हवा में कल जमीन पर ही आएगा,
चलते वक्त बाग बहुत रोएगा-रुलाएगा,
खाक के सिवा मगर न हाथ कुछ भी आएगा,
जिन्दगी की खाक लिये हाथ में,
बुझते-बुझते सपने लिये साथ में,
रुक रहा हो जो उसे बयार दो,
चल रहा हो उसका पथ बुहार दो।
आदमी हो तुम कि उठो आदमी को प्यार दो, दुलार दो।

जिन्दगी यह क्या है—बस सुबह का एक नाम है,
पीछे जिसके रात है औ' आगे जिसके शाम है,
एक ओर छाँह सघन, एक ओर घाम है
जलना-बुझना, बुझना-जलना सिर्फ जिसका काम है,
न कोई रोक-थाम है,
खौफनाक-गारो-बियाबान में,
मरघटों के मुर्दा सुनसान में,
बुझ रहा हो जो उसे अंगार दो,
जल रहा हो जो उसे उभार दो,
आदमी हो तुम कि उठो आदमी को प्यार दो, दुलार दो।

जिन्दगी की आँखों पर मौत का खुमार है,
और प्राण को किसी पिया का इन्तजार है,
मन की मनचली कली तो चाहती बहार है,
किन्तु तन की डाली को पतझर से प्यार है, करार है,
पतझर के पीले-पीले वेश में,
आँधियों के काले-काले देश में,
खिल रहा हो जो उसे सिंगार दो,
झर रहा हो जो उसे कहार दो,
आदमी हो तुम कि उठो आदमी को प्यार दो, दुलार दो।

प्राण एक गायक है, दर्द एक तराना है,
जन्म इकतार है जो मौत को बजाना है,
स्वर ही रे! जीवन है, साँस तो बहाना है,
प्यार एक गीत है जो बार-बार गाना है,
सबको दुहराना है,
साँस ही सिसक रही सितार पर,
आँसुओं के गीले-गीले तार पर,
चुप जो हो उसे जरा पुकार दो,
गा रहा हो जो उसे मल्हार दो,
आदमी हो तुम कि उठो आदमी को प्यार दो, दुलार दो।

एक चाँद के बगैर सारी रात स्याह है,
एक फूल के बिना चमन सभी तबाह है,
जिन्दगी तो खुद ही एक आह है, कराह है,
प्यार भी न जो मिले तो जीना फिर गुनाह है,
धूल के पवित्र नेत्र-नीर से,
आदमी के दर्द, दाह, पीर से,
जो घृणा करे उसे बिसार दो,
प्यार करे उस पै दिल निसार दो,
आदमी हो तुम कि उठो आदमी को प्यार दो, दुलार दो।
रोते हुए आँसुओं की आरती उतार दो॥

रुके न जो

दुखायल

रुके न जो, झुके न जो, दबे न जो, मिटे न जो,
हम वो इन्कलाब हैं, जुल्म का जवाब हैं।
हर शहीद का, गरीब का हम ही तो ख्वाब हैं।
रुके न जो...

तख्त और ताज को कल के लिए आज को
जिसमें ऊँच-नीच है ऐसे हर समाज को
हम बदल के ही रहेंगे वक्त के मिजाज को
क्रांति के राज हैं, जंगलों में आग है
सामने जो आएगा, जलाएँगे, मिटाएँगे।
रुके न जो...

लड़ रहे हैं इसलिए कि प्यार जग में जी सके।
आदमी का खून कोई आदमी न पी सके।
मालिको
मालिको मजूर के, नौकरो हजूर के
फर्क को मिटाएँगे, समानता को लाएँगे।
रुके न जो...

मानते नहीं हैं, फर्क हिन्दू-मुसलमान का।
जानते हैं रिश्ता इन्सान से इन्सान का।
धर्म के
धर्म के, देश के, भाषा और भेष के
द्वन्द्व को मिटाएँगे और एकता को लाएँगे।
रुके न जो...

मानते नहीं हैं हुक्म जुल्मी हुक्मरान का।
युद्ध आज चल रहा है आदमी हैवान का।
सत्य की
सत्य की सम्हाल ढाल अहिंसा की ले मशाल
एकता के जोर पै हर जुल्म से लड़ जाएँगे।
रुके न जो...

जयप्रकाश का बिगुल बजा

रामगोपाल दीक्षित

जयप्रकाश का बिगुल बजा तो जाग उठी तरुणाई है,
तिलक लगाने तुम्हें जवानो क्रांति द्वार पर आई है।
आज चलेगा कौन देश से भ्रष्टाचार मिटाने को,
बर्बरता से लोहा लेने, सत्ता से टकराने को
आज देख लें कौन रचाता मौत के संग सगाई है...

पर्वत की दीवार कभी क्या रोक सकी तूफ़ानों को?
क्या बन्दूकें रोग सकेंगी बढ़ते हुए जवानों को?
चूर-चूर हो गई शक्ति वह जो हमसे टकराई है...

सावधान! पद या पैसे से होना है गुमराह नहीं,
सीने पर गोली खाकर भी निकले मुख से आह नहीं,
ऐसे वीर शहीदों ने ही देश की लाज बचाई है....

लाख-लाख झोंपड़ियों में तो छाई हुई उदासी है,
सत्ता-सम्पति के बँगलों में हँसती पूरणमासी है,—
यह सब अब ना चलने देंगे, हमने क़समें खाई हैं...

आओ कृषक, श्रमिक, नागरिको, इन्क़लाब का नारा दो,
गुरुजन, शिक्षक, बुद्धिजीवियो, अनुभव भरा सहारा दो,
फिर देखें हम सत्ता कितनी बर्बर है, बौराई है...

जयप्रकाश का बिगुल बजा तो जाग उठी तरुणाई है,
तिलक लगाने तुम्हें जवानो क्रांति द्वार पर आई है।

आभार तुम्हारा जयप्रकाश

हरीन्द्र दवे

आज हम सब मिलकर एक साथ
खुले आम तुम्हारा आभार मान रहे हैं
इसके लिए तुम्हारा आभार!

कुम्भकर्णी नींद में सोए पड़े देश को
जगा देनेवाला बल
तुम्हारी क्षीण काया से प्रकट होनेवाली
आवाज़ में कहाँ से आया
इसे लेकर हमारे आश्चर्य का
अभी तक अन्त नहीं हुआ है।

हमारे पाँव माटी के हैं ऐसा मानकर
हम भूल गए थे अडिग खड़ा हो जाना
अपने पदचिह्नों के पीछे-पीछे
चलने की शक्ति दी हमें तुमने
यह रात अब कभी न बीतेगी
हम ऐसा मानकर
इस निबिडतम काली रात में
लम्बी-लम्बी साँसें खींचते हुए
मानों हम प्राण ही खो बैठे थे
क्या जाने तभी तुम
सूरज बनकर कैसे आ गए!

हम गाने के लिए
वसन्त के आगमन की प्रतीक्षा में थे
वसन्त आया और चला भी गया :
''गीत गाना मना है इस समय''
फूल स्तब्ध होकर सोचते रह गए

कि हम किसी वृन्त पर हैं
कि हमें किसी ने चुनकर मसल दिया है
या कि किसी भारी पाँव की एड़ी के नीचे
इस समय कुचले हुए पड़े हैं!

हवा की एक लहर को रोककर
पूछ रही थी दूसरी लहर :
''इस उपवन में लहरने के पहले
किसी से पूछ लेना तो जरूरी नहीं है?''

ऐसी भयानक परिस्थिति में
जब सबकी वाणी खो गई थी
तुम बोले
तुम्हारी शब्दों का रंग लाल नहीं था
किन्तु उनसे रक्त की बूँदें टपक रही थीं–
उनकी लालिमा ने हमारे भयभीत फीकेपन को
मानों एक चटक रंग दे दिया।
देश के मदमत्त राजपुरुषों से
तुमने सीधा-सादा मानवीयता से भरा प्रश्न किया
''तुम जिसे खोदकर खाए जा रहे हो
क्या तुम जानते हो वह तुम्हारी मातृभूमि है?''

राजपुरुषों के अट्टहास ने
एक क्षण के लिए मानवता को पीछे ढकेल दिया
किन्तु उसके ओंठों पर सतत सुलगता हुआ
एक सवाल उठता चला गया :
''क्या तुम जानते हो कि तुम्हारे पाँवों के नीचे
जो कुछ कुचला जा रहा है
वह स्वतन्त्रता है
तुम जिसकी अवगणना कर रहे हो
वह जीवन है
और तुम जिसे नगण्य मान बैठे हो
वह आदमी है, मनुष्य है, मानव है!''

तुम्हारे सवाल हवा बनकर फैल गये
बीज बनकर माटी में पैठ गए
बरसने लगे बरसात बनकर
सरसने लगे वे प्रत्येक कण में से
ताजे और टटके और हरे अंकुरों की तरह!

तुमने कहा : आज़ादी
मगर उन्होंने कहा : बन्धन
तुमने कहा : जीवन
उन्होंने कहा : मौत!

सत्ता से छके उन लोगों ने तो
मौत को ही बेलगाम दौड़ाया था
मगर तुमने आज़ादी की अपनी तड़प के बल पर
थाम ली उसकी लगाम!

आज़ादी की तुम्हारी पुकार ने
हर आदमी के अन्तर के परदे हटा दिए
तुम सूर्य बनकर चमक रहे हो, लोकनायक
और स्वतन्त्रता के सूर्य के लेखे रात कहाँ?

हमें असत में से सत की तरफ़
तमस में से ज्योति की तरफ़
मृत्यु में से अमृत की तरफ़ ले जानेवाले मसीहा
आज हम सब खुले में एक साथ मिलकर
तुम्हारे प्रति कृतज्ञता प्रकट कर पा रहे हैं
इसके लिए तुम्हारा आभार!

अनु. भ. प्र. मिश्र

(देश पर लादा गया आपातकाल समाप्त होने पर जनता के मुक्त साँस ले सकने की घटना पर जे. पी. की जुझारू वृत्ति के सम्मान में लिखी गयी सशक्त गुजराती कविता का भावानुवाद।)

तख़्तोताज कबाड़ी बाज़ार में बिकते हैं

भवानी प्रसाद मिश्र

नहीं, ऐसा नहीं है

वक्त मिलेगा जिसमें
जमा हुआ यह वातावरण
हिलेगा

उदास मत हो जाओ इतने
आख़िर ऐसे दिन
कितने दिनों तक टिकते हैं?

कई बार तख़्तोताज
कबाड़ी बाजारों में बिकते हैं
या कहो धरे के धरे रह जाते हैं
कबाड़ी बाज़ारों में
लोग उन्हें सिर्फ देख-दाख कर
निकल जाते हैं

दुनिया में हर तरह के
उदास दिन आते हैं
इतने उदास मत हो जाओ
उदास लोगों के पास जाओ-आओ
उन्हें धीरज बँधाओ
और उनके काम पड़ो

दल-दल में पड़े रोड़े की तरह
नीचे-नीचे मत गड़ो
ऊपर के बोझ से

नया उजाला खींचो
हर नए रोज़ से

कहता हूँ वक्त मिलेगा
जिसमें जमा हुआ यह वातावरण हिलेगा
और फिर दूर नहीं है वह दिन
तुम तब तक बेशक बचोगे
भय की जगह विश्वास बोओगे
उत्साह रचोगे

तब भय बोया है जिन्होंने
उतना बाहर नहीं
जितना खुद अपने भीतर
वे तुम्हें समझने की दशा में आ जायेंगे

तय हमें-तुम्हें सिर्फ इतना करना है
कि निर्भयता फैलायेंगे
निर्भरता गायेंगे
उत्साह भरेंगे देश-भर मनों में
उत्सव मनायेंगे वनों में
जंगल में मंगल करेंगे
जान डालेंगे अधमरी
तमाम हस्तियों में
बदल दी गयी बस्तियों में
इकट्ठा होकर

मगर तय है कि यह
उदास होने से नहीं होगा
निराश होने से तो होगा ही नहीं
हिम्मत और प्रसन्नता से
छोटे-छोटे कामों में
जुट जाने से होगा

लोगों के दुख दर्द पर
हँसते-हँसते
लुट जाने से होगा!

मानव से मानव...

एक

हँसो तमाम दुनिया-भर के लोगो
मुझपर हँसो
कि मैंने कितनी बातें की हैं
और कितनी तुमसे छुपा ली हैं

सब कुछ न मैं बताना चाहता हूँ
न बताऊँगा
इस तरह मैं तुम्हें ही नहीं
अनन्त काल को भी सताऊँगा
वह भी सब कुछ नहीं जानेगा मेरे बारे में
जो कुछ मानेगा आधा-आधा मानेगा मेरे बारे में
लगा आज सब ख़त्म हो जाएगा
यों आसमान साफ़ था
और सूरज चमक रहा था
मगर सिर जैसा धमक रहा था
वह हर बार या किसी भी बार के
धमकने से अलग था
लगा काल उस क्षण जितना सजग था
उतना मेरी हद तक
कभी सजग नहीं था
लोग मेरी तरफ़ एक अजीब ढंग से
देख रहे थे
और औरतें
मुझ सड़क पर चलते हुए को
यों झाँक रही थीं
जैसे किसी गुज़रती अर्थी को

तभी आसमान घिर गया
डूब गया सूरज
और मुझे लगा निकला एक तारा
क्षण-भर का सहारा
और फिर डूग गया वह भी
मैं सिर पकड़कर बैठ गया
लगा यह मेरा तारा था
मेरा सहारा था

और अब डूब गया है
सब डूब गया है इसके साथ!

दो

तुम वह डूबे हुए तारे हो
जो अँधेरा होने पर
सबसे पहले आओगे आसमान में

तुम्हारा ही वह नाम है
जो दीपित नहीं होगा मेरे गान में
मेरे गान को दीपित करेगा
और सीमित करेगा वह गान
आसमान को, व्यापक करेगा गीत को
अँधेरे पर प्रकाश की जीत को
और करोड़ों कंठ
एक साथ कहेंगे
''जयप्रकाश''!

(कवि आपातकाल में रोज़ तीन कविताएँ लिखता था—जो 'त्रिकाल-संध्या' के नाम से प्रसिद्ध हुईं।)

बढ़े चलो!

समग्र क्रांति के लिए, बढ़े चलो, बढ़े चलो,
बढ़े चलो, बढ़े चलो, बढ़े चलो, बढ़े चलो...

जाति-पाँति छोड़ दो, तिलक-दहेज छोड़ दो,
समाज के प्रवाह को, नई दिशा में मोड़ दो।
मुसीबतों के पर्वतों पर, तुम निडर चढ़े चलो,
चढ़े चलो, चढ़े चलो, चढ़े चलो, चढ़े चलो...

चलो कि ऊँच-नीच का कुभाव दूर हो सके,
मनुज-मनुज के बीच का दुराव दूर हो सके,
समत्व शान्ति के लिए, बढ़े चलो, बढ़े चलो,
बढ़े चलो, बढ़े चलो, बढ़े चलो, बढ़े चलो...

दलित-थकित जो आज है, वह क्रांतिवीर बन सके,
दमन की ताकतों के सामने अभय जो तन सके,
उन्हीं के वास्ते नया समाज तुम गढ़े चलो,
बढ़े चलो, बढ़े चलो, बढ़े चलो, बढ़े चलो...

जयप्रकाश की अमर रचनाएँ

घिसटता जीवन

निस्तेज, उल्लासहीन, म्लान
वह घिसटती है
घर में घायल तितली के समान।
दिन लाते हैं उसके लिए कठिन काम
देह और आत्मा को कर देते जो क्लान्त।
और रातें लाती हैं पुरुष की स्वार्थसनी क्रूरताएँ।
'मीठी, नन्ही औरत'
कहते हैं अड़ोसी-पड़ोसी सारे
करुण मुसकान के साथ मुँह फेर लेती है वह।
या कभी लेती है लम्बा रहस्य-भरा निःश्वास।
जब कभी होती है अकेली वह
तब अपने घर के अँधेरे कोने में छिपकर
जब उसका नन्हा, छठा,
चूसता है भूख से उसकी तरुण पर चुक गई छातियों को,
तब वह सोचती है।

वह सोचती है सुख-चैन से सूनी रातों के बारे में,
एकसी, प्राणहीन, प्रेमहीन घड़ियों के बारे में,
उसके लिए जिनका अर्थ है, पत्नीत्व के कर्तव्य का पालन।
छह-छह प्रसूतियाँ और टूटा-फूटा तन-मन।
वह सोचती है, छोटी और बेतरतीब सामान से ठँसी,
बिना हवा और बिना उजालेवाली अपनी कोठरी के बारे में,
अंग-अंग की जकड़ लेनेवाले अपने आँगन के बारे में,
जहाँ से कितनी उत्कण्ठा के साथ देखा है उसने
बादलों को घिरते और बिजली से

उस नीले सँकरे पथ को चमकते, जो उसका आकाश है।

वह सोचती है इन सबके बारे में।
दूर पर जाने-आनेवालों का शोर टकराता है उसके कानों से,
बाहर की दुनिया की रंग-बिरंगी तसवीरें
उभर-उभर आती हैं उसके मन में।
पलकें भीग आती हैं उसकी, काँप उठते हैं उसके अंग-अंग
चौंक कर उठ बैठती है वह, चाहती हैं, सोचना छोड़ दे।

बालक जाग उठता है और दावा करता है ऊँची आवाज में अपने हक का।
यन्त्र की-सी गति से वह खोल देती है अपनी छाती।
मानों छापा मारने के लिए छिपे बैठे हों पाँच बालक
सहसा दिखाई देते हैं, वे आँखों के सामने।
सौ-सौ गधा-मजूरियाँ अपनी चिल्लपों मचाती हैं।
और उसके कर्तव्यों का कोल्हू फिर घूमने लगता है।
वह फिर अपने घर में घिसटने लगती है,
निस्तेज, उल्लासहीन, म्लान!

(विद्यार्थी-अवस्था में अमेरिका में लिखी गई अंग्रेज़ी कविता का भावानुवाद।)

चिड़ा और चिड़ी

एक था चिड़ा और एक थी चिड़ी।
एक नीम के दरख़्त पर उनका था छोटा-सा घोंसला
बड़ा गहरा प्रेम था दोनों में।
दोनों साथ-साथ घोंसले से निकलते
साथ चारा चुगते
या कभी-कभी चारे की कमी होने पर
अलग-अलग भी उड़ जाते।
और जब शाम को घोंसले को लौटते
तो तरह-तरह से एक-दूसरे को खूब प्यार करते
फिर घोंसले में साथ सो जाते।

एक दिन आया कि शाम को चिड़ी
लौटकर नहीं आयी।
चिड़ा बहुत व्याकुल हुआ
कभी घोंसले के अन्दर जाकर खोजे
कभी बाहर बैठके चारों ओर देखे
कभी उड़के एक तरफ, कभी दूसरी तरफ
चक्कर काट के लौट आवे।
अँधेरा बढ़ता जा रहा था
निराश होकर घोंसले में बैठ गया
शरीर और मन दोनों थक गया था।
उस रात चिड़े को नींद न आयी
जब भोर भई तो फिर चिड़ी के लिए
इधर-उधर उड़-उड़कर तलाश करने लगा
फिर घोंसले को लौटकर आवे
फिऱ अन्दर जाए, फिर बाहर आए,
उस दिन तो उसने चारा भी न चुगा।
और बराबर कुछ बोलता रहा
जैसे चिड़ी को पुकार रहा हो।
दिन भर ऐसा ही बीता।

घोंसला उसका सूना लगे
इसलिए वहाँ ज्यादा देर रुक न सके
फिर अँधेरे ने उसे अन्दर रहने को मजबूर किया।

दूसरी भोर हुई।
फिर चिड़ी की वैसी ही तलाश।
वैसे ही बार-बार पुकारना।
एक बार जब घोंसले के दरवाजे पर
बैठा था,
तो एक नयी चिड़ी उसके पास आकर बैठ गयी
और फुदकने लगी।

चिड़े ने उसे चोंच से मार-मारकर भगा दिया।
फिर कुछ देर बाद चिड़ा उड़ गया
और उड़ता ही चला गया
उस शाम को चिड़ा लौटकर नहीं आया।
वह घोंसला अब पूरा वीरान हो गया
कुछ तो हवा ने काम किया
कुछ दूसरी चिड़ियाँ चोंचों में
भर-भर के तिनके और पत्तियाँ
निकाल ले गयीं।

अब उस घोंसले का नामोनिशाँ भी मिट गया
और उस नीम के पेड़ पर
चिड़ा चिड़ी के एक दूसरे जोड़े ने
एक नया घोंसला बना लिया।

(चंडीगढ़, 19 सितम्बर, 1975)

मेरा जीवन

जीवन विफलताओं से भरा है,
सफलताएँ जब कभी आयीं निकट,
दूर ठेला है उन्हें निज मार्ग से।

तो क्या वह मूर्खता थी?
नहीं!

सफलता और विफलता की
परिभाषाएँ भिन्न हैं मेरी!

इतिहास से पूछो कि वर्षों पूर्व
बन नहीं सकता प्रधानमन्त्री क्या?
किन्तु मुझ क्रांतिशोधक के लिए
कुछ अन्य ही पथ मान्य थे, उद्दिष्ट थे,
पथ त्याग के, सेवा के, निर्माण के।

पथ संघर्ष के, संपूर्ण क्रांति के
जग जिन्हें कहता विफलता
थीं शोध की वे मंजिलें।

मंजिलें वे अनगिनत हैं,
गन्तव्य भी अति दूर है,
रुकना नहीं मुझको कहीं
अवरुद्ध जितना मार्ग हो।
निज कामना कुछ है नहीं
सब है समर्पित ईश को।

तो विफलता पर तुष्ट हूँ अपनी,
और यह विफल जीवन
शत-शत धन्य होगा,
यदि समानधर्मा प्रिय तरुणों का
कंटकाकीर्ण मार्ग
यह कुछ सुगम बना जाए!

(9 अगस्त, 1975, चंडीगढ़ (अस्पताल))

जयप्रकाश की जेल डायरी

यह 'कारावास की कहानी' वास्तव में उस ऐतिहासिक संघर्ष की कहानी है जिसने वर्तमान भारत का नक्शा बदल दिया है। भारत शान्ति का पुजारी रहा है। परन्तु यहाँ बड़े-से-बड़े संघर्ष भी हुए हैं जिनके फलस्वरूप इस देश का न केवल नक्शा बदला है, बल्कि इसके इतिहास की धारा बदल गई है और एक नए युग की शुरुआत हुई है। प्राचीन भारत में महाभारत का युद्ध एक ऐसा ही युगान्तरकारी संघर्ष था, जिसका नेतृत्व योगिराज कृष्ण ने किया। महाभारत की युद्धभूमि में गीता का उपदेश देने वाले कृष्ण ने युद्ध शुरू होने के पूर्व उसे टालने की हर कोशिश की थी, परन्तु वह टला नहीं और जब वह अनिवार्य हो गया तो उन्होंने स्वयं उस संघर्ष में सत्य के पक्ष का सारथ्य ग्रहण किया और उसे विजयी बनाकर ही दम लिया। गीता उस संघर्ष की अमर कहानी है जिसमें उस युग का समस्त दर्शन छिपा हुआ है।

आधुनिक सन्दर्भ में श्री जयप्रकाश नारायण के नेतृत्व में जो संघर्ष हुआ, उसकी कहानी भी कुछ इसी प्रकार की है। जयप्रकाश ने इस संघर्ष को टालने की कोशिश की, परन्तु वह टला नहीं। अन्त में उन्होंने सत्य के पक्ष का नेतृत्व ग्रहण किया और उसे विजय दिलाई। इस युग के महान् शान्तिवादी सन्त विनोबा ने जयप्रकाश को इस संघर्ष से विरत करने का प्रयत्न किया। परन्तु जयप्रकाश अपने सिद्धान्त पर अटल रहे। फलतः सत्य और असत्य, जनता और सत्ता के बीच जमकर संघर्ष हुआ। यह संघर्ष उचित था या अनुचित, इस प्रश्न पर आज भी बहस चलती है और चलती रहेगी। जयप्रकाश ने यहाँ सभी प्रश्नों का उत्तर देकर उस संघर्ष का औचित्य सिद्ध किया है। अतः मेरी दृष्टि से यह कारा-कथा इस युग की गीता है। कृष्ण ने गीता का उपदेश युद्ध-स्थल पर ही दिया था; जयप्रकाश ने यह 'गीता' कारागार में बैठकर लिखी, जो उस भारतव्यापी संघर्ष-स्थल का ही हिस्सा था।

यह 'कारावास की कहानी' जहाँ एक ओर संघर्ष के सैद्धान्तिक पक्ष की व्याख्या करती है वहाँ वह अपने नायक के—जिसे दुनिया अब लोकनायक के रूप में जानती और समझती है—उदात्त चरित्र के कोमल-कठोर पक्षों को भी उजागर करती है। जयप्रकाश का व्यक्तित्व विराट है; उसका मानवीय पक्ष कुसुम से भी कोमल और सैद्धान्तिक पक्ष वज्र से भी कठोर है। इस कहानी में एक ओर जयप्रकाश की कोमलतम मानवीय भावनाएँ व्यक्त हुई हैं, तो दूसरी ओर उनकी कठोर संकल्प-भावना प्रकट हुई है। मैं यहाँ केवल एक-दो प्रसंगों की ओर संकेत करूँगा।

परिस्थिति का विश्लेषण करते हुए जयप्रकाश लिखते हैं, "संपूर्ण क्रांति के बदले आज तो संपूर्ण प्रतिक्रांति की घटाटोप वेला है। इस समय तो उल्लू और गीदड़ बड़े प्रसन्न हैं। चारों ओर हुआँ-हुआँ और हू-हू की आवाज सुनाई पड़ती है। लेकिन कालचक्र तो घूमता ही रहता है। रात चाहे कितनी ही अँधेरी हो, प्रभात तो फूटकर ही रहता है।" (पृष्ठ 21) वे आगे लिखते हैं : "तो क्या प्रभात आप से आप फूटेगा और हम सब हाथ में हाथ दिए प्रतीक्षा करते रहेंगे? नहीं।...तो फिर क्या करना होगा? उत्तर है कि जो वह नारा लगाते और गीत गाते थे, उन्हें बलिदान देना होगा, और उनका जो अगुआ था उसकी बलि पहले होगी। संशय मिट चुके हैं, निश्चय हो चुका है।"

यह निश्चय क्या था और वह कैसे हुआ? वे कहते हैं : "कल रात माँ भगवती की प्रार्थना करते समय इस घोर अँधेरे से निकलने के लिए दिशा-निर्देश की याचना मैंने की थी। सो आज प्रातः मिल चुका है। मन अब स्थिर है, शान्त है।" (पृष्ठ 21)

भारतीय संस्कृति में 'माँ भगवती' युद्ध और संघर्ष की देवी, क्रांति की देवी मानी गई हैं। जयप्रकाश क्रांति की

देवी के अनन्य पुजारी हैं। उस देवी से उन्होंने दिशा-निर्देश माँगा और उन्हें आत्म-बलिदान करने का 'निर्देश' मिला। मृत्युंजयी जयप्रकाश ने आमरण उपवास कर प्राण देने का संकल्प कर लिया और प्रधानमन्त्री इन्दिरा गाँधी को अपने इस संकल्प की सूचना देते हुए पत्र भी लिख डाला। उस नीरव कारागार में उन्हें इस संकल्प से विरत कौन कर सकता था? परन्तु उन्होंने उपवास क्यों नहीं किया? 'कारावास की कहानी' में इसकी चर्चा तो उन्होंने नहीं की है। परन्तु कारा-मुक्त होने के बाद उन्होंने मुझे विस्तार से बताया कि उन्होंने उपवास करने का निर्णय क्यों स्थगित कर दिया।

इस संबंध में उन्होंने जो कुछ कहा, वह शब्दशः इस प्रकार है : "चण्डीगढ़ में कारावास के शुरू के हफ्तों में ही एक बहुत गम्भीर निर्णय मैंने लिया। फिर उसको बदला। उसका जिक्र यहाँ करना आवश्यक समझता हूँ। चण्डीगढ़ में जब मुझे अखबार पढ़ने के लिए मिलने लगे—पहले तो 'ट्रिब्यून' और फिर बाद में 'हिन्दुस्तान टाइम्स' भी मिलने लगा—तो ऐसे कई दिन गुजरे कि अखबार पढ़ने के बाद या तो दिल रोता रहा या दिनभर गुस्से से भरा रहा। खबर पढ़कर कई दिन तो खाना-पीना छोड़ देने की इच्छा हुई। एक दिन तो खाना लौटा ही दिया। ऐसी प्रतिक्रिया इसलिए होती रही कि इन्दिराजी मेरा और दूसरे नेताओं का, जैसे मोरारजी भाई का, मुँह बन्द कर खुल करके झूठी बातें कह रही थीं और हम लोगों पर आक्रमण कर रही थीं। यह सब जब असह्य हो गया तो मैंने निर्णय किया कि पानी, कागजी नीबू, नमक और सोडा के सिवा और कुछ नहीं लूँगा, जब तक कि या तो रिहा नहीं हो जाता या मर नहीं जाता। अगर कैद में न होता, तो और कुछ कर सकता था। लेकिन बेबस होकर चुपचाप सब सुनते और देखते रहना जब मेरे लिए असम्भव हो गया, तब मैंने उपवास करने का निर्णय लिया और उस आशय का पत्र प्रधानमन्त्री को लिखा, और जब जेल के सुपरिण्टेण्डेण्ट साहब आए तो उन्हें दे दिया। जैसा कि उन्होंने बाद में मुझे बताया, मेरा वह पत्र आते ही वे डी. सी. साहब (श्री देवसहायम्) के पास चले गए और डी. सी. साहब—जैसा कि उन्होंने बताया—आधा खाया हुआ 'लंच' छोड़कर मेरे पास दौड़े आए। उन्होंने मुझे बहुत तरह से समझाया कि उपवास नहीं करना चाहिए। उन्होंने कहा कि अभी तो जेल में आए कुछ ही दिन हुए हैं। उनके खिलाफ कोई शिकायत हो, बन्दी जीवन की कोई बात हो तो वे हर शिकायत को दूर करने को तैयार हैं। मैंने उन्हें बताया कि शिकायत उनसे कतई नहीं है, उनका और जेल-सुपरिण्टेण्डेण्ट साहब आदि का व्यवहार बहुत ही मधुर रहा है। परन्तु इन्दिराजी का मिथ्या प्रचार असह्य हो गया है, इसलिए मैंने यह निर्णय लिया है। स्वतन्त्र होता तो उनके प्रचार का कुछ जवाब दे पाता, लेकिन कैद में जो बेबसी और लाचारी महसूस होती रही है, उस पर से मैंने यह निर्णय लिया है।

"श्री देवसहायम् मुझे अपने निर्णय से विरत करने के लिए भिन्न-भिन्न दलीलें देते रहे जिनका मुझ पर कोई असर नहीं हुआ। लेकिन जब उन्होंने आतुर होकर यहाँ तक कह डाला कि मैंने प्रधानमन्त्री को लिखे गए अपने पत्र में उपवास के जो कारण बताए हैं, उन पर से उनकी नौकरी पर भी आँच आ सकती है, तो मैं एकदम सतर्क हो उठा और उनसे समझने की कोशिश की कि मेरे उपवास से उनकी नौकरी पर कोई खतरा कैसे पहुँच सकता है। इस विषय में उनका कहना था कि मैंने कई सप्ताह से चूँकि अखबार पढ़ना छोड़ दिया था और दिल्ली के अधिकारियों को यह बात मालूम थी, इसलिए वे उनसे (श्री देवसहायम् से) कैफियत तलब कर सकते हैं कि जयप्रकाश को प्रधानमन्त्री के भाषणों की रिपोर्ट कैसे मिलती थी। श्री देवसहायम् ने कहा कि सी. आई. डी. अफसर को जो मेरे ऊपर निगरानी रखने के लिए, जैसा पहले कह चुका हूँ, मेरी बगल के कमरों में रहते थे, इस बात का पता है कि जब वे (श्री देवसहायम्) मुझसे मिलने आते थे तो बातचीत के दौरान अखबारों की खबरें भी बताते थे—खास तौर से जो खबरें मुझसे संबंध रखती थीं। इस सिलसिले में उन्हीं सी. आई. डी. अफसर के जरिए दिल्ली-स्थित गृह-मन्त्रालय के अधिकारियों को भी इस बात की जानकारी थी। इसलिए जब दिल्ली सरकार छानबीन करेगी तो उसको इस बात का पता चल जाएगा कि मेरे जरिए ही आपको ये खबरें मिलती रही हैं, जो डी. सी. के नाते मेरे कर्तव्यों के बाहर था। इसी पर से उनको यह भय था कि मेरे उपवास का नतीजा उनके लिए खतरनाक हो सकता है या उनको नुकसान पहुँचा सकता है। जब मुझ पर यह बात स्पष्ट हो गई तो उसी समय निःसंकोच मैंने अपना निर्णय स्थगित कर दिया और जो पत्र प्रधानमन्त्री को लिखा था, उसे डी. सी. साहब के सामने ही फाड़ डाला।"

श्री देवसहायम् की नौकरी पर कोई आँच नहीं आए, इसलिए उन्होंने अपना निश्चय बदल दिया। देखने में लगता

है कि यह छोटी बात है। एक साधारण अफसर के लिए उन्होंने ऐसा किया। परन्तु वास्तव में यह बात उनकी असाधारण मानवीयता को उजागर करती है। जयप्रकाश के अन्दर जो अति कोमल मानव बैठा है, उसने 'माँ भगवती' के आदेश को भी अमान्य कर दिया!

इस प्रकार की कोमलता और कठोरता के ताने-बाने से बुना गया है जयप्रकाश का व्यक्तित्व। उनके व्यक्तित्व के कठोर पक्ष का भी एक उदाहरण लीजिए।

चण्डीगढ़ में 8 अक्टूबर, 1975 को श्री सुगत दासगुप्त श्रीमती इन्दिरा गाँधी के प्रधान सचिव प्रो. पी. एन. धर के संकेत पर जयप्रकाश से जाकर मिले थे। इस मुलाकात की चर्चा करते हुए जयप्रकाश लिखते हैं : ''मुख्य प्रश्न यह था कि रिहा होने के बाद मैं क्या करूँगा।...मैंने सुगत से कहा कि स्पष्टतः धर मुझसे यह अपेक्षा नहीं कर सकते कि इतना सारा होने के बाद मैं श्रीमती गाँधी का समर्थन या उनके साथ सहयोग करूँगा। जहाँ तक अन्य बातों का संबंध है, मेरे भावी कार्यक्रमों की दिशा बाहर की परिस्थिति पर निर्भर करेगी।...चाहे जो भी स्थिति हो, मेरा दिमाग बिलकुल साफ था कि अगर संसदीय चुनावों के निर्धारित समय पर होने की घोषणा होती है तो सरकार के विरुद्ध संघर्ष बन्द करने का समर्थन मैं करूँगा और यह आह्वान करूँगा कि चुनाव जीतने के लिए सारा प्रयास किया जाए। लेकिन उसके लिए आपातूकाल समाप्त किया जाना चाहिए, लोकतान्त्रिक स्वतन्त्रताएँ जिनमें समाचारपत्रों की स्वतन्त्रता शामिल है, फिर से प्रतिष्ठित की जानी चाहिए और जो नेता या कार्यकर्ता जेल में हैं या नजरबन्द हैं, उनकी रिहाई काफी पहले होनी चाहिए। परन्तु यदि ये बातें नहीं होती हैं, यदि चुनाव आपातूकाल के बहाने टाल दिए जाते हैं और जनता के, समाचारपत्रों के एवं दलों के लोकतान्त्रिक अधिकार एवं स्वातन्त्र्य फिर से प्रतिष्ठित नहीं किए जाते, तब संघर्ष अवश्य जारी रहेगा। यह स्पष्ट है कि उस स्थिति में यदि मैं रिहा होता हूँ तो मैं क्रांतिकारी शक्तियों को फिर से संगठित करने की कोशिश करूँगा और प्रत्यक्ष कार्यक्रमों को आवश्यकतानुसार नया रूप दूँगा।'' (पृष्ठ 112-113)

जयप्रकाश कारागार में बैठे हुए हैं, उस इन्दिरा गाँधी के कारागार में जो एक निष्ठुर तानाशाह बन चुकी हैं। वे चाहतीं तो जयप्रकाश को जेल में ही सड़ा कर मार देतीं। जयप्रकाश जानते थे कि वे ऐसा कर सकती हैं परन्तु उन्हें इसकी तनिक भी चिन्ता नहीं है। वे साफ कह देते हैं कि रिहा होने पर वे क्रांतिकारी शक्तियों को फिर से संगठित करेंगे।

सन् '42 की क्रांति के बाद लाहौर किले में बन्दी जयप्रकाश ने यही उत्तर तत्कालीन भारत सरकार के होम मेम्बर श्री रेजीनाल्ड मैक्सवेल को दिया था। लाहौर किले में तरह-तरह की यातनाएँ देकर भी जब अंग्रेज सरकार जयप्रकाश को झुका नहीं पाई, तब श्री मैक्सवेल उनसे मिलने गए और उनसे पूछा कि अगर आपको रिहा कर दिया जाए तो आप क्या करेंगे। जयप्रकाश ने उत्तर दिया कि अंग्रेजी शासन को उखाड़ फेंकने के लिए जो कुछ कर रहा था, फिर वही करूँगा।

कहते हैं, जयप्रकाश का यह उत्तर सुनकर श्री मैक्सवेल ने दाँतों तले उँगली दबा ली थी!

'कारावास की कहानी' अधिकतर अंग्रेजी में लिखी गई है। अंग्रेजी से हिन्दी में रूपान्तर करते हुए मैंने लेखक के भावों को ठीक-ठीक अपनी भाषा में उतारने की कोशिश की है। जो अंश लेखक ने हिन्दी में लिखे हैं वे ज्यों के त्यों दिए गए हैं। मेरा अनुवाद कहाँ तक ठीक हुआ है, यह तो विज्ञ पाठक ही बता सकते हैं।

21 जुलाई

मेरे चारों तरफ की दुनिया टूटकर बिखर चुकी है। मुझे भय है कि मैं अपने जीवन-काल में फिर से उसको जुड़ते नहीं देख पाऊँगा। शायद मेरे भतीजे-भतीजियाँ वह दिन देख सकें। शायद!

कहाँ तो मैं लोकतन्त्र के क्षितिज को विस्तृत करने की कोशिश कर रहा था, और यह मुख्यतः जनता को लोकतन्त्र की प्रक्रियाओं में अधिक गहनता एवं सत्यतापूर्वक शामिल करने की कोशिश थी। इसके दो रूप थे। एक तो यह कि एक ऐसे संगठन का निर्माण किया जाए जिसके जरिए उम्मीदवारों के चयन में जनता की राय किसी हद तक ली जा सके। दूसरा यह कि एक ऐसा संगठन खड़ा हो—यद्यपि ऊपर बताए गए संगठन से भी यह काम हो सकता है—जिसके

सहारे जनता अपने प्रतिनिधियों पर नजर रख सके और उनसे उत्तम एवं स्वच्छ आचरण की माँग कर सके। ये ही दो तत्त्व थे जो बिहार आंदोलन के सारे शोर-शराबे में से निकालना चाहता था। परन्तु मेरी इस कोशिश का अन्त लोकशाही की मौत में हो रहा है!

तो मेरी योजनाओं में गलती कहाँ हुई? मैं तो 'मेरी' के बदले 'हमारी' योजनाओं में कहाँ गलती हुई, यह कहने जा रहा था। परन्तु वैसा कहना गलत होता; क्योंकि जो कुछ हुआ है, उसकी पूरी जिम्मेदारी, उसका संपूर्ण दायित्व मुझे अपने ऊपर लेना चाहिए। मेरी गलती यह हुई कि मैंने ठान ली थी, कि एक लोकतान्त्रिक देश की प्रधानमन्त्री बहुत करेंगी तो हमारे शान्तिपूर्ण लोकतान्त्रिक आंदोलन को पराजित करने के लिए सभी साधारण-असाधारण कानूनों का इस्तेमाल करेंगी; परन्तु ऐसा नहीं होगा कि वे लोकतन्त्र को ही खत्म कर देंगी और उसकी जगह पर एक अधिनायकवादी व्यवस्था कायम कर देंगी। अगर प्रधानमन्त्री ऐसा करना भी चाहें तो यह विश्वास मुझे नहीं था कि उनके वरिष्ठ सहयोगी और उनका दल, जिसकी ऊँची लोकतान्त्रिक परम्पराएँ हैं, ऐसा होने देगा। लेकिन वही बात हुई जो विश्वास के बाहर थी। हाँ, अगर कोई हिंसक विस्फोट हुआ होता, और हिंसक सत्ता-पलट का कोई खतरा होता तो जो कुछ कार्रवाई हुई, उसको हम समझ सकते थे। परन्तु हमारा तो एक शान्तिपूर्ण आंदोलन था, और ऐसे आंदोलन की परिणति इस रूप में हुई। आखिर भ्रष्टाचार, बेरोजगारी और गरीबी से लड़ने के लिए जनता क्या करे? युवक क्या करें? क्या चुपचाप अगले आम चुनाव की प्रतीक्षा करें? लेकिन यदि इसी बीच परिस्थिति असह्य हो जाए तो फ़िर लोग क्या करें? क्या वे शान्तिपूर्वक हाथ पर हाथ धरकर बैठे रहें और अपनी किस्मत को रोते रहें? यह इन्दिरा जी के लोकतन्त्र की तसवीर हो सकती है—श्मशान की शान्ति वाला लोकतन्त्र! फिर अगर चुनाव ही स्वतन्त्र और निष्पक्ष न हों तो? इसके लिए भी जनता को जाग्रत और संगठित होना होगा। मैं नहीं समझता कि किसी भी लोकतान्त्रिक समाज में जनता ने अपनी किस्मत को बदलने के लिए केवल चुनाव पर भरोसा किया है। सब कहीं हड़तालें हुई हैं, विरोध-आंदोलन हुए हैं, कूच निकाले गए हैं और अन्दर-बाहर धरना दिए गए हैं।

लोकशाही का गला घोंटने और अपना अधिनायकवादी शासन स्थापित करने के लिए प्रधानमन्त्री ने कौन-कौन से कदम उठाए, उन्हें गिनाने की आवश्यकता यहाँ नहीं है। यही वह प्रधानमन्त्री हैं जो बार-बार यह आरोप लगाती थीं कि हम लोकतन्त्र को नष्ट करके फासीवाद कायम करना चाह रहे हैं। और आज हम उन्हीं प्रधानमन्त्री को लोकतन्त्र को नष्ट करते हुए और उसी लोकतन्त्र के नाम पर फासीवाद कायम करते हुए पाते हैं। लोकतन्त्र की रक्षा वे अपने ही हाथों उसकी हत्या करके और उसकी लाश को कब्र की गहराइयों में दफना करके कर रही हैं। क्या उन्होंने यह घोषणा नहीं की है कि भारत आपात्काल के पूर्वचाली स्वेच्छाचारिता की स्थिति को नहीं लौट सकता? स्वेच्छाचारिता! स्वेच्छाचारिता की शिकायत करने का मुँह उनका है? क्या वे भूल गई हैं कि वह युवा काँग्रेस की रैली जिसका आयोजन उन्होंने दिल्ली में (9 अगस्त, 1974 को) कराया था। कैसा गुण्डाशाही और अश्लीलता का प्रदर्शन हुआ था उसमें? और क्या उन्हें याद है—6 मार्च, 1975 का वह अखिल भारतीय जनता कूच और प्रदर्शन? खुद दिल्ली के आरक्षी महानिरीक्षक ने कहा था कि उस दिन कोई अशोभनीय घटना नहीं हुई। और फिर कलकत्ते में (2 अप्रैल, 1975) को युनिवर्सिटी इंस्टीच्यूट हाल के सामने, जहाँ मैं एक सभा को सम्बोधित करने वाला था, कैसी शर्मनाक घटना हुई थी? और ठीक उसके विपरीत, उसी वर्ष 5 जून को कलकत्ते में जो विशाल कूच हुआ था, वह भी उन्हें याद है क्या? यह सबने स्वीकार किया था कि भयानक अशान्ति वाले उस नगर में अपने ढंग का वह सबसे शान्तिपूर्ण आयोजन था। मैं नहीं समझता कि ऐसे शान्तिपूर्ण और अनुशासित आयोजनों को—चाहे वे सार्वजनिक सभाएँ, जुलूस या बन्द ही क्यों न हों—स्वेच्छाचारिता की संज्ञा दी जा सकती है।

पता नहीं, वे सभी भद्र स्त्री-पुरुष जो मेरा अभिनन्दन देश की एकमात्र आशा के रूप में किया करते थे, अब क्या कह रहे हैं। इस भयानक परिस्थिति के निमित्त मैं बना, इस कारण वे मुझे अभिशप्त कर रहे हैं? ऐसा होता भी हो तो कोई आश्चर्य नहीं। वे यही कहते होंगे कि चारों ओर से घिर जाने के कारण श्रीमती गाँधी ने जो कुछ किया, उसके अलावा और कोई चारा नहीं था। परन्तु मुझे आशा है कि कम-से-कम कुछ लोग—खासकर कुछ युवक बन्धु ऐसे होंगे, जो मेरे प्रति, और जिस आदर्श का मैं प्रतिनिधित्व करता था, उसके प्रति अब भी वफादार होंगे। वे ही भविष्य की आशा हैं। मेरा विश्वास है कि भारत कब्र के अन्दर से भी उठ खड़ा होगा, चाहे इसमें समय जितना लगे।

22 जुलाई

मैं हमेशा मानता था कि श्रीमती गाँधी को लोकतन्त्र में आस्था नहीं है; अपनी प्रवृत्ति और निष्ठा से वे तानाशाह हैं। मेरी यह मान्यता सही सिद्ध हुई जो एक दुखद तथ्य है। मुझे याद है कि अपनी इस मान्यता के प्रतिपादन हेतु मैंने जब अपने एक लेख या वक्तव्य में श्रीमती गाँधी की चरित-लेखक (श्रीमती उमा वासुदेव) का उद्धरण पेश किया तो उस बेचारी को सफाई देनी पड़ी। लेकिन उससे मेरी मान्यता नहीं बदली।

तो फिर मैंने कहाँ गलती की? घटनाओं ने सिद्ध किया है कि मेरी गलती यह मान लेने में हुई कि श्रीमती गाँधी का व्यक्तिगत रुझान चाहे जो हो, उनके लिए तानाशाह बनना सम्भव नहीं होगा। एक तो मैंने सोचा कि जनता ऐसा नहीं होने देगी और उनमें भी उस तरफ कदम बढ़ाने की हिम्मत नहीं होगी। क्योंकि, मेरा ख्याल था कि काँग्रेस पार्टी, जैसा कि मैं कल लिख चुका हूँ, हरगिज ऐसा नहीं होने देगी। पर घटनाओं ने मुझे गलत सिद्ध किया है। मैं अब भी मानता हूँ कि जनता का प्रतिरोध बढ़ेगा और वह शक्ति प्राप्त करेगा। परन्तु इसमें कुछ समय लगेगा। अभी तो जनता चकाचौंध में पड़ गई है, नेता-विहीन हो जाने के कारण वह समझ नहीं पाती कि क्या करें। परन्तु कल जिन लोगों की चर्चा मैंने की है उनमें से ही नए नेता निकलेंगे, यानी एक सर्वथा नया नेतृत्व उभरकर सामने आएगा और तानाशाही का विरोध जारी रहेगा।

जहाँ तक काँग्रेस पार्टी का संबंध है, मैं समझ नहीं पाता हूँ कि वह इतनी कमजोर क्यों साबित हुई। यह ठीक है कि बहुत सारे काँग्रेसी छिपे हुए कम्युनिस्ट हैं। वे श्रीमती गाँधी का साथ अन्तिम हद तक देंगे। वे हमेशा ही लोकतन्त्र के शत्रु रहे हैं। उनकी पीठ पर दक्षिणपन्थी कम्युनिस्ट पार्टी है और उसके पीछे सोवियत रूस है। रूस ने श्रीमती गाँधी की भरपूर सहायता की है। कारण, श्रीमती गाँधी अपने मौजूदा रास्ते पर जितना ही आगे बढ़ेंगी, रूस का प्रभाव इस देश पर उतना ही गहरा होता जाएगा और एक समय आएगा जब रूसी लोग श्रीमती गाँधी का सारा रस निचोड़ लेने के बाद, कम्युनिस्ट पार्टी (सी.पी.आई.) तथा काँग्रेस के अन्दर के अपने कठपुतलों के जरिए, उनको इतिहास के कूड़ेखाने में फेंक देंगे और उनके स्थान पर अपने खास आदमी को प्रतिष्ठित करेंगे। सम्भवतः श्रीमती गाँधी खुद उनके हाथ की कठपुतली बन चुकी हैं। परन्तु उनको सत्ता से प्रेम है, इसलिए उन्हें बलात् कोई सत्ताच्युत कर दे, यह वे पसन्द नहीं करेंगी। लेकिन एक समय आ सकता है, और मैं मानता हूँ कि वह आएगा ही, जब उनकी उपयोगिता समाप्त हो जाएगी और तब रूसी लोग उनकी जगह किसी ऐसे व्यक्ति को रखना पसन्द करेंगे जिसपर साम्यवादी रंग अधिक गहरा चढ़ा होगा और जो उनके हाथ में अधिक अनुकूल औजार बनने के लिए तैयार होंगे। उस समय श्रीमती गाँधी अपने को असहाय पाएँगी। मेरे कहने का यह अर्थ नहीं कि ऐसा अनिवार्य रूप से होने ही जा रहा है। यह भी सम्भव है कि इसी बीच जनता उठ खड़ी हो, सेना विरोध कर दे और वह खुद अपने हाथ में सत्ता ले ले। दूसरी सम्भावनाएँ भी हैं।

परन्तु उन काँग्रेसजनों के बारे में क्या कहा जाए, जो सच्चे काँग्रेसी माने जा सकते हैं। पता नहीं, उन्होंने क्यों चुपचाप आत्मसमर्पण कर दिया है। लगता है, सच्चे काँग्रेसी वास्तव में बहुत कम हैं। चन्द्रशेखर और रामधन की गिरफ्तारी तथा दूसरे युवा-तुर्कों के निष्कासन के बाद इन सच्चे कांग्रेसियों में इतना साहस नहीं है कि वे विद्रोह करें। दूसरे जो लोग हैं, उनमें अधिकांश ऐसे हैं जिनकी कोई सैद्धान्तिक निष्ठा नहीं है, वे विशुद्ध स्वार्थ-सेवी और 'जी-हजूर' हैं। श्रीमती गाँधी उनका इस्तेमाल करके उन्हें ठुकरा देंगी। परन्तु जगजीवन राम, चव्हाण और स्वर्ण सिंह जैसे वरिष्ठ काँग्रेसजनों के बारे में क्या कहा जाए? मैं यह मान नहीं सकता कि श्रीमती गाँधी की तरह वे भी लोकतन्त्र के शत्रु हैं। सम्भवतः उनमें भी साहस का अभाव है और वे नहीं चाहते कि पदच्युत होकर कैदखाने में जा विराजें। अथवा, शायद वे अवसर की तलाश में हैं, पता नहीं। एक दूसरी बात भी है। वे आपस में टूटे और बिखरे हुए हैं। परन्तु उनके मौन समर्पण को देखकर तो मैं स्वयं लज्जित अनुभव करता हूँ।

यदि भारत भी दूसरा पाकिस्तान या बंगलादेश बन जाए तो यह कितनी लज्जा की बात होगी? उन देशों को तो गाँधी, नेहरू, पटेल, राजेन्द्र प्रसाद, मौलाना आजाद या राजगोपालाचारी जैसे लोगों की विरासत नहीं मिली थी। परन्तु हमें मिली थी। तो इन सब लोगों ने जो किया, वह सारा क्या धूल में मिल जाएगा? यह विश्वास करना कठिन है। इसलिए कल मैंने यह लिखा कि भारतीय लोकतन्त्र अपनी कब्र में से जी उठेगा।

25 जुलाई

पिछले दो दिन कुछ लिखने की इच्छा ही नहीं हुई। भारतीय लोकशाही के ताबूत में चुभाई जा रही एक-एक कील, मुझे लगता है, मेरे दिल में चुभाई जा रही है। मैंने अपना दिल टटोला है और मैं सत्यपूर्वक कह सकता हूँ कि यदि मेरी मृत्यु भी अब हो जाए तो अफसोस नहीं। हाँ, अपनी मृत्यु-शय्या के निकट मैं अवश्य ही अपने प्रियजनों को देखना चाहूँगा। परन्तु मैं तो बहुत पहले ही, अपने प्रियजनों पर दृष्टि डाले बिना, मृत्यु से समझौता कर चुका हूँ। हमारी लोकशाही के गले में कस रहा मौत का फंदा देखकर मेरा दिल रोता है। क्या यही दिन देखने के लिए हम जिन्दगीभर लड़ते रहे, खटते रहे? मैं समझता हूँ, यही दर्दे-दिल मुझे आरोग्य-लाभ नहीं होने दे रहा है। आज सबुह मेरा ई. सी. जी. लिया गया। उसमें विकृतिसूचक धड़कनें प्रकट हुई हैं। इसलिए मुझे फिर डाइलिनटाइन का सेवन करना पड़ रहा है।

कल राजा आए थे। और उसके बाद तारकुण्डे के कनिष्ठ सहयोगी विमल दवे आए थे। राजा सर्वोच्च न्यायालय में आवेदन कर रहे हैं कि मुझे यहाँ अकेला नहीं रखा जाए। उनकी प्रार्थना है कि मुझे 'मनोनुकूल' साथी मिले।

मैंने केन्द्रीय गृह-सचिव से अनुरोध किया है कि मुझे बिहार में या वहाँ से चण्डीगढ़ की अपेक्षा निकटतर किसी स्थान पर भेज दिया जाए। यह बात मैंने श्री दवे को बताई। लाल बाबू कलकत्ते से और राजा बम्बई से आए थे। दोनों भला यहाँ से कितनी दूर हैं! मैं बबुनी को देखना चाहता हूँ और वह भी मुझे देखना चाहती है। परन्तु कितनी दूर है पटना और यहाँ तक कि यात्रा भी कितनी कष्टप्रद है!

आज तो इतना ही मैं लिख सकूँगा। सम्भव है, कल मेरा 'मूड' बदले और मैं कुछ अधिक लिख सकूँ।

26 जुलाई

आज मेरी नजरबन्दी का एक महीना पूरा हुआ। यह एक महीना साल के बराबर बीता, ऐसा अनुभव मैंने किया है। शायद इस अनुभूति का कारण यह है कि 30 साल से, ठीक-ठीक कहूँ तो 29 साल से, जेल जाने की मेरी आदत छूट गई थी। इन्दिरा जी का शासन इतिहास में अपनी अनेक उपलब्धियों या उनके अभाव के कारण याद किया जाएगा। उसकी सबसे महत्त्वपूर्ण उपलब्धि है—लोकतन्त्र की हत्या। परन्तु मुझको लेकर (चाहे जितने भी महीने या वर्ष मेरे जीवन के शेष हों) इन्दिरा-शासन इसलिए याद किया जाएगा कि स्वतन्त्र भारत में पहली बार मुझे इसी शासन में अश्रुगैस, लाठी-प्रहार (सी.आर.पी. द्वारा) तथा जेल-यातना झेलनी पड़ी। ब्रिटिश शासन-काल में भी अश्रुगैस या लाठी-प्रहार का अनुभव स्वयं मैंने नहीं किया था। और, अप्रैल 1946 में आगरा केन्द्रीय कारागार से रिहा होने के बाद मैं फिर कभी गिरफ्तार या नजरबन्द नहीं हुआ। यह महीना साल की तरह बीता, इसका एक और कारण है। वह है मेरा अकेलापन। अगर यहाँ अन्य नजरबन्द कैदियों का साथ मुझे मिला होता तो मुझे राहत मिलती।

परन्तु, इस संबंध में कुछ लिखने को तो मैं आज बैठा नहीं था। इससे भी कहीं अधिक महत्त्व की बात नीचे अंकित करने जा रहा हूँ। यहाँ मैं जिस निर्णय पर पहुँचा हूँ, उस पर हर समझदार भारतीय भी पहुँचा होगा।

प्रधानमन्त्री को लिखे गए मेरे पत्र से, और उसके बाद के दो दिनों में जो कुछ मैंने लिखा है, उससे एक बात तो स्पष्ट है। वह यह कि प्रधानमन्त्री ने जिस ढंग से आचरण किया, वह तभी किया जब उनके पद पर संकट आ पहुँचा।

यही संकट उनके द्वारा उठाए गए कदम का तात्कालिक कारण बन गया। परन्तु मुझे तो विश्वास है कि इन्दिरा जी ने तथा उनकी पार्टी में छिपे हुए कम्युनिस्टों, भारतीय कम्युनिस्ट पार्टी (सी.पी.आई.) और पर्दे के पीछे से सोवियत एजेंटों ने, 25 जून '75 तक हमारे देश में चल रही लोकतान्त्रिक व्यवस्था की जगह अधिनायकवादी व्यवस्था कायम करने की विस्तृत योजना अवश्य ही पहले बना ली थी। इन तीनों की दृष्टि में—अर्थात् प्रधानमन्त्री, काँग्रेस में प्रविष्ट कम्युनिस्ट कठपुतलों और सी. पी. आई. की दृष्टि में—हमारी लोकशाही अभिशाप-तुल्य थी और अपने कुत्सित लक्ष्य की पूर्ति के लिए वे अनेक वर्षों से कुछ कदम उठाने की योजना बना रहे थे—जैसे पहले कदम के तौर पर तथाकथित 'सामाजिक लोकतन्त्र' की स्थापना, और उसके बाद सावधानी से गुप्त रखी गई योजना के अनुसार रूसी अधिसत्ता के अन्दर नग्न साम्यवादी शासन की स्थापना।

अवश्य ही एक के बदले दो योजनाएँ होंगी। एक वह योजना जिसमें इन्दिरा जी भी शामिल की गई होंगी और उन्हें यह विश्वास दिलाया गया होगा कि यह उनकी योजना है। इस योजना के अनुसार इन्दिरा जी आजीवन सत्ता के शिखर पर रहेंगी। दूसरी योजना सोवियत योजना होगी जिसके बारे में सी. पी. आई. को समझाया गया होगा कि वह उनके ही तेज दिमागों की उपज है। इस योजना का पता इन्दिरा जी को भी नहीं होगा, यद्यपि निजी तौर पर उन्हें इसका कुछ आभास मिला हो। इस योजना की जानकारी काँग्रेस में शामिल कम्युनिस्ट कठपुतलों को भी नहीं होगी। इसका पता होगा भी तो केवल, उन थोड़े से लोगों को होगा जिन पर सोवियत रूस का विश्वास है और जिन्होंने सी. पी. आई. के प्रति या सोवियत रूस तक के प्रति अपने बाह्य कार्यकलाप से कभी कोई सहानुभूति भी नहीं दिखाई होगी। वे समाजवाद की पितृभूमि के विरोधी तो नहीं, परन्तु यदा-कदा उसके आलोचक भी रहे होंगे।

पिछली योजना सामाजिक लोकतन्त्र से खुली साम्यवादी तानाशाही की ओर संक्रमण के बिन्दु पर क्रियान्वित होती। अब अनेक मानव-सिर मिट्टी चूमते होते, यद्यपि सामाजिक-लोकतान्त्रिक काल में भी ऐसा होना कोई बहुत अजीब बात नहीं होगी।

प्रश्न है कि क्या यह योजना या इस तरह की योजनाएँ सफल होंगी? मुझे तो इसमें बहुत सन्देह है। लेकिन अच्छा होगा कि अभी उसके बारे में कोई अटकल न लगाई जाए। किसी भी स्थिति में, इस देश को कुछ समय तक नरक से गुजरना ही होगा। अब सवाल यह है कि क्या हम इस संकट को टाल सकते थे? इस सवाल पर मैंने पहले भी विचार किया है। परन्तु वह बार-बार राजा चार्ल्स के सिर की तरह उछल कर सामने आ जाता है। हाँ, हम इसको टाल भी सकते थे। यदि हम अच्छे लड़कों की तरह आचरण करते, केवल प्रस्ताव पास कर सन्तोष कर लेते, तथा बड़े और शक्ति-सम्पन्न महाप्रभुओं के सामने प्रार्थना-पत्र लेकर खड़े होते, तो जो कुछ हुआ वह शायद नहीं होता। क्या 'अनुशासनपर्व' का यही अर्थ है? मुझे स्मरण है कि विनोबा जी ने सामाजिक एवं आर्थिक अन्याय तथा बुराई के विरुद्ध चल रहे संघर्ष के दौरान, सरकार के विरुद्ध संघर्ष नहीं करने की सलाह मुझे दी थी। परन्तु उन्होंने जो तर्क दिया था वह यह था कि चूँकि अमेरिका पाकिस्तान को पुनः शस्त्रास्त्र दे रहा है और चीन भी उनकी मदद (शब्दों से ही अधिक, सैनिक शस्त्रास्त्रों से कम) कर रहा है, इसलिए पाकिस्तान से लड़ाई होने की सम्भावना है; ऐसी स्थिति में सरकार के विरुद्ध संघर्ष करना उचित नहीं है। मैंने भी उनके सामने अपने तर्क प्रस्तुत किए थे। (इसका वृत्तान्त सर्व सेवा संघ द्वारा कुछ चुने हुए लोगों के बीच प्रसारित हमारी बातचीत की रपट में मिलेगा।) परन्तु विनोबा जी ने नहीं माना, और न मैंने ही माना।

लेकिन अब हम क्या देखते हैं? पाकिस्तान के साथ युद्ध तो नहीं हुआ, परन्तु भारतीय लोकतन्त्र की जान-बूझकर पूर्व-नियोजित जघन्य हत्या हो गई। विनोबा जी ने इस दिशा में कोई संकेत नहीं किया था। मुझे आश्चर्य होगा, यदि वे मानते हैं कि सर्वसत्तावादी तानाशाही ही अनुशासन का स्वस्थ मार्ग है, या एक प्रकार की तपोऽग्नि है, जिससे इस देश की और मुझ जैसे बददिमागों को, जिनमें मोरारजी देसाई, सिद्धराज एवं अन्य अनेक लोग शामिल हैं, इसलिए गुजरना होगा कि भारत सबल बनकर अपने शत्रुओं का सामना कर सके और नैतिक, भौतिक एवं आध्यात्मिक उत्कर्ष की ओर प्रगति भी कर सके।

अतः यदि हर व्यक्ति ने तथा विपक्ष, कुत्सित-मति सर्वोदय कार्यकर्ताओं, छात्रों एवं अन्य युवकों ने और स्वयं जनता ने सुन्दर आचरण किया होता, या यों कहिए, यदि देश में श्मशान की शान्ति जैसी स्थिति कायम रही होती, तो लोकशाही निरापद और सुव्यवस्थित रहती। परन्तु वह लोकशाही किस काम की होती? लोकशाही में सामाजिक, आर्थिक, सांस्कृतिक एवं राजनीतिक परिवर्तन लाने के कौन-कौन-से तरीके हैं? क्या चुनाव ही एकमात्र तरीका है? और यदि चुनाव स्वतन्त्र और शुद्ध न हों तो क्या करें? फिर चुनाव भी जीतना हो तो अपना मुँह बन्द रखकर और करबद्ध खड़े होकर आप कैसे जीत सकते है? आखिर आप अन्याय तथा उत्पीड़न के विरुद्ध कैसे लड़ेंगे और भ्रष्ट एवं कुशासक सरकार के साथ किस प्रकार पेश आएँगे? क्या हम चुनाव की चुपचाप प्रतीक्षा करते रहें और उसमें पराजित हो जाएँ? आप अगर सरकार के दोषों को उजागर नहीं करते और उसको हटाने तथा उसकी जगह दूसरी सरकार कायम करने के लिए आंदोलन नहीं करते, तो फिर चुनाव जीत कैसे सकते हैं? सभाएँ, प्रदर्शन, हड़तालें, बन्द, सविनय अवज्ञा इत्यादि—ये

सारे लोकशाही के हथियार हैं और इनका इस्तेमाल करना जरूरी है। हाँ, यह काम शान्तिमय एवं अनुशासित ढंग से होना चाहिए। अव्यवस्था और हिंसा लोकशाही के साथ नहीं चल सकती। परन्तु बिहार आंदोलन तो बड़ा ही शान्तिपूर्ण और अनुशासित था। दिल्ली में (29 जून '75 से) प्रदर्शन तथा सविनय अवज्ञा के कार्यक्रम भी शान्तिपूर्ण ढंग से चलाए जाने वाले थे। आपातकाल की घोषणा, समाचारपत्रों का दमन, मौलिक अधिकारों का निलम्बन, हजारों व्यक्तियों की गिरफ्तारी और नजरबन्दी तथा संविधान में, लोक-प्रतिनिधित्व अधिनियम एवं आन्तरिक सुरक्षा कानून में अनेक संशोधन करने का तो कोई कारण नहीं था। प्रधानमन्त्री को भेजे गए अपने पत्र में मैंने यह सारा विस्तार से लिखा है।

इन्दिरा जी ने 26 जून से जो सारा कुछ किया है, वह उस योजना की क्रियान्विति थी, जिसकी चर्चा मैंने आरम्भ में की है।

27 जुलाई

मेरे लिए एक और खुशी का दिन था वह, जब बबुनी और अशोक यहाँ आए। बबुनी थकी-सी लगी और मेरी हालत से बहुत भयभीत दीखी। वह रोने-रोने को हो गई थी, और उसकी इस स्थिति का असर मुझ पर भी होने लगा था। परन्तु मैं उसका ध्यान अपनी तरफ से हटाने के लिए अशोक से बातें करने लगा और उसके बच्चों तथा बहनों (मेरी भांजियों) के विषय में पूछ-ताछ करने लगा। मेरी यह तरकीब सफल हो गई और बबुनी ने भी अपने आपको सँभाल लिया।

पटना के मित्रों और सम्बन्धियों तथा महिला चर्खा समिति के विषय में समाचार पाकर मुझे प्रसन्नता हुई।

आपकी अपने विचारों और टिप्पणियों को लिपिबद्ध करने की इच्छा नहीं है।

6 अगस्त

जो सम्भावित था, वह हुआ। श्रीमती गाँधी ने लोक-प्रतिनिधित्व अधिनियम में संशोधन कर सर्वोच्च न्यायालय के सम्भावित प्रतिकूल निर्णय के मुकाबले अपने-आपको सुरक्षित कर लिया है। एक दूरगामी संवैधानिक संशोधन भी होने वाला है। इस देश की स्वयंभू-संरक्षिका की तानाशाही को पूर्ण बनाने के लिए यह सब किया जा रहा है। कहा जाता है कि यह सारा संविधान के ही अनुसार हो रहा है। हिटलर ने भी अपनी भयानक तानाशाही कायम करने के लिए लोकतान्त्रिक प्रक्रिया का इस्तेमाल किया था। तो क्या भारत को भी इस अन्धकार से बाहर निकलने के लिए रौरव की आग से गुजरना होगा? यह तो अब निश्चित मालूम होता है। परन्तु भारत को इसकी जो कीमत चुकानी पड़ेगी, वह इसे पंगु बना डालेंगे। भगवान ही बचाए इस देश को!

7 अगस्त

'संपूर्ण क्रांति अब नारा है : भावी इतिहास हमारा है''

क्या अब यह इतिहास का एक व्यंग्य बनकर रह जाएगा? सभी 'जी-हजूर', कायर और बुजदिल तो जरूर हँसते होंगे हम पर। 'आसमान के सितारे तोड़ने चले थे, गिरे हैं अब आके नर्क में' इस प्रकार वे हमारी खिल्ली उड़ा रहे होंगे। लेकिन दुनिया में जो कुछ किया है, वह सितारे तोड़ने वालों ने ही किया है, भले ही उसके लिए उनको प्राणों का मूल्य चुकाना पड़ा हो।

संपूर्ण क्रांति के बदले आज तो संपूर्ण प्रतिक्रांति की घटाटोप वेला है। इस समय तो उलूक और गीदड़ बड़े प्रसन्न हैं। चारों ओर हुआँ-हुआँ और हू-हू की ही आवाज सुनाई पड़ती है। लेकिन कालचक्र तो घूमता ही रहता है। रात चाहे कितनी ही अँधेरी हो, प्रभात तो फूटकर ही रहता है।

तो क्या प्रभात आप से आप फूटेगा और हम सब हाथ पर हाथ दिए प्रतीक्षा करते रहेंगे? नहीं। सामाजिक क्रांति यदि प्राकृतिक क्रांति का अनुसरण मात्र करती तो मानव के पुरुषार्थ के लिए, समाज की प्रगति और परिवर्तन के लिए

कोई स्थान ही नहीं रह जाता। तो फिर क्या करना होगा? उत्तर है कि जो वह नारा लगाते और गीत गाते थे, उन्हें बलिदान देना होगा, और उनका जो अगुआ था उसकी बलि पहले होगी। संशय मिट चुका है, निश्चय हो चुका है।

कल रात माँ भगवती की प्रार्थना करते समय इस घोर अँधेरे से निकलने के लिए दिशा-निर्देश की याचना मैंने की थी। सो आज प्रातः मिल चुका है। मन अब स्थिर है, शान्त है। भारत माँ की जय।

जीवन की संध्या वेला

प्रथा के जाने के बाद जीवन नीरस हो गया था। यदि सार्वजनिक कार्य का आकर्षण नहीं होता तो शायद हिमालय ही चला गया होता। अन्दर से दिल रोता रहता था, यद्यपि ऊपर से काम किए जाता था। स्वास्थ्य भी बिगड़ता ही जा रहा था। इसी विषाद की घड़ी में एक अनपेक्षित घटना घटी जिससे अन्तर फिर एक बार खिल उठा। जीवन में फिर कुछ रस आने लगा। स्वास्थ्य भी सुधरने लगा। एक नयी शक्ति का, उमंग का अनुभव होने लगा।

सन् '73 के अन्तिम महीनों की बात है। मैं पवनार में था। वहाँ बैठे-बैठे युवकों का आह्वान करने की अन्तःप्रेरणा हुई। अंग्रेजी में 'यूथ फॉर डिमोक्रेसी' के नाम से एक अपील समाचारपत्रों को भेजी। उसका आशातीत परिणाम हुआ।

9 अगस्त

जीवन विफलताओं से भरा है,
सफलताएँ जब कभी आईं निकट,
दूर ठेला है उन्हें निज मार्ग से।
तो क्या वह मूर्खता थी?
नहीं।
सफलता और विफलता की
परिभाषाएँ भिन्न हैं मेरी।
इतिहास से पूछो कि वर्षों पूर्व,
बन नहीं सकता प्रधानमन्त्री क्या?
किन्तु मुझ क्रांतिशोधक के लिए
कुछ अन्य ही पथ मान्य थे; उद्दिष्ट थे
पथ त्याग के, सेवा के, निर्माण के;
पथ संघर्ष के, संपूर्ण क्रांति के।
जग जिन्हें कहता विफलता,
थीं शोध की वे मंजिलें।
मंजिलें वे अनगिनत हैं,
गन्तव्य भी अति दूर है।
रुकना नहीं मुझको कहीं,
अवरुद्ध जितना मार्ग हो।
निज कामना कुछ है नहीं,
सब है समर्पित देश को।
तो, विफलता पर तुष्ट हूँ अपनी
औ' यह विफल जीवन
शत-शत धन्य होगा—
यदि समानधर्मा प्रिय तरुणों का

कंटकाकीर्ण मार्ग
यह कुछ सुगम बना जाए।
(चण्डीगढ़ में नजरबन्दी के दौरान लिखित कविता)

11 अगस्त

मेरा पूर्व निश्चय कायम है। पत्र नहीं भेजा गया। मैंने नष्ट कर दिया। उचित समय की प्रतीक्षा करूँगा। देखूँ, परिस्थिति में क्या परिवर्तन होता है।

मैं समाचारपत्र फिर पढ़ने लगा हूँ। श्रीमती गाँधी द्वारा मुझ पर प्रहार और मेरे विरुद्ध दुष्प्रचार जारी है। वे कहती हैं कि मैं संसदीय लोकतन्त्र का विरोधी रहा हूँ। उनके कहने का तात्पर्य यह है कि मैं तानाशाही में विश्वास करता हूँ। वे या उनके सहयोगी जब ऐसा कहते हैं, तो वे सहज ही यह भूल जाते हैं कि (क) मैं अपने देश की संसदीय लोकशाही को अधिकाधिक लोकतान्त्रिक बनाने के लिए कतिपय चुनाव-सुधारों (जैसे चुनावों को कम खर्चीला बनाने वाले कानून आदि) का समर्थक रहा हूँ, और (ख) इससे भी बेहतर ढंग की लोकशाही, गाँधीनिष्ठ सामुदायिक लोकतन्त्र या यदि वह अत्यधिक आदर्शवादी है (जो कि वह नहीं है) तो जर्मनी में प्रचलित 'लिस्ट' सिस्टम तथा हमारे देश में प्रतिष्ठित बहुमत की प्रणाली के मिश्रित रूप का मैं हिमायती रहा हूँ।

अपनी गिरफ्तारी के केवल कुछ ही महीने पूर्व मैंने जनतन्त्र-समाज के अध्यक्ष के नाते एक कमिटी नियुक्त की थी। इस कमिटी ने राजनीतिक दलों से राय लेकर (सत्ताधारी काँग्रेस ने इस कार्य में सहयोग नहीं दिया था) और राज्यशास्त्रियों और निर्दलीय जननेताओं से परामर्श कर वर्तमान व्यवस्था में प्रस्तावित संशोधनों के बारे में एक प्रतिवेदन प्रस्तुत किया था। विपक्षी दलों ने इस प्रतिवेदन पर विचार भी किया था और कुछ सर्वसम्मत सिफारिशें प्रस्तुत की थीं। परन्तु श्रीमती गाँधी ने और उनकी पार्टी ने उन पर कभी ध्यान नहीं दिया। इन सब बातों की जानकारी जनता को है और उन विदेशी पत्रकारों को भी है जिन्हें श्रीमती गाँधी बार-बार मुलाकातें दे रही हैं। परन्तु आपातूकाल में यदि उनके झूठे प्रचार का उत्तर देना भी चाहे तो कोई अखबार उसे छापने की हिम्मत नहीं करेगा।

केवल दो-तीन दिन पहले एक विदेशी (सम्भवतः जर्मन) समाचारपत्र को दी गई मुलाकात में, या हो सकता है कि अपने किसी वक्तव्य में, श्रीमती गाँधी ने विदेशी पत्रकारों को इसलिए फटकारा था कि वे उनके अधिनायकवादी कदमों की तो आलोचना करते हैं, परन्तु चीन के बारे में कुछ नहीं बोलते। इससे भी अधिक बचकानापन हो सकता है क्या? इस प्रश्न का उत्तर स्पष्ट ही है।

श्रीमती गाँधी प्रायः हर दिन जो कुछ कहती हैं, उस पर टिप्पणी करने की इच्छा मेरी थी। परन्तु इस विषय में गम्भीरतापूर्वक विचार करने के बाद मैं इस निष्कर्ष पर पहुँचा हूँ कि ऐसा करना केवल समय बरबाद करना होगा। इससे अच्छा यह है कि जब जैसी प्रेरणा हो, अपने ही विचार मैं लिपिबद्ध करूँ। मुझे पक्का विश्वास है कि न तो भारत की जनता और न पाश्चात्य लोकतान्त्रिक देशों की जनता उनके मिथ्या-प्रचार से प्रभावित होगी। अतीत में उन्हें खुद ऐसा अनुभव हुआ है और इस पर वे अपना निर्बल कोप प्रकट भी कर चुकी हैं।

उदाहरणस्वरूप, विट्ठल भाई पटेल भवन में श्री ललित नारायण मिश्र के निधन पर आयोजित शोकसभा में चीखते हुए उन्होंने कहा था : "यदि मेरी भी हत्या हो जाए जो वे (विपक्षी) लोग कहेंगे कि खुद मैंने ही अपनी हत्या का आयोजन किया।"

13 अगस्त

श्रीमती गाँधी की अपील और राजनारायण की जवाबी अपील की सुनवाई 11 तारीख को शुरू हुई और यह मामला 25 तारीख के लिए स्थगित कर दिया गया। शान्ति भूषण ने दलील पेश की कि कानून में और संविधान में हाल में किए गए संशोधन संविधान के बुनियादी ढाँचे को प्रभावित करते हैं, और अदालत के पूर्व-निर्णय के अनुसार ऐसा संशोधन करना संसद के अधिकार के अन्दर नहीं है। श्री शान्ति भूषण निस्सन्देह एक बड़े विधिवेत्ता हैं। आखिर श्री नीरेन दे

ने स्वीकार किया कि यदि सिद्ध हो जाए कि इन संशोधनों से संविधान का बुनियादी ढाँचा प्रभावित हुआ है तो इस विषय पर गहराई से विचार करने की जरूरत हो सकती है। यह एक मार्के की बात है। अब भी कुछ आशा दिखाई देती है। हमारी लोकशाही में कुछ जीवन्तता शेष है। श्री दे ने अदालत से कहा है कि वह बुनियादी ढाँचे को परिभाषित करे। यह अच्छी बात है। सामान्यबुद्धि-सम्पन्न एक साधारण व्यक्ति भी जो हमारे संविधान तथा संसदीय लोकतन्त्र के बारे में थोड़ी भी जानकारी रखता है, निस्सन्देह इतना तो समझता ही है कि हाल में किए गए संशोधनों, आपात्काल की घोषणा आदि से संविधान का बुनियादी ढाँचा प्रभावित ही नहीं हुआ है, बल्कि वह नष्ट हो गया है।

इसके पूर्व जब मैं इन संशोधनों के विषय में लिख रहा था, तो एक महत्त्वपूर्ण बात मेरे ध्यान से निकल गई थी जो आज मेरे ध्यान में आई। हमारे संविधान के अनुसार प्रधानमन्त्री का प्रत्यक्ष चुनाव नहीं होता। किस दल या दलों की जीत चुनाव में होगी और उसके बाद कौन व्यक्ति विजयी दल या दलों का नेता चुना जाएगा, इसकी जानकारी पहले किसी को नहीं होती। इसका अर्थ यह है कि संसद के सभी सदस्य एक ही प्रकार से चुने जाते हैं और कानून उन सब पर समान रूप से लागू होता। फिर जब उनमें से ही कोई व्यक्ति प्रधानमन्त्री बनता है, तो यह कैसे हो सकता है कि उसके चुनाव को, किसी अन्य संसद सदस्य के चुनाव की तरह चुनौती नहीं दी जा सकती? कोई भी पुरुष या स्त्री सीधे तो प्रधानमन्त्री के रूप में चुने नहीं जाते—हमारे संविधान में ऐसा कोई प्रावधान ही नहीं है। इसलिए यह विशेष प्रकार का संशोधन मूर्खतापूर्ण है। श्री गोखले और मन्त्रिमण्डल के अन्य सदस्य प्रधानमन्त्री के सामने उसी प्रकार मूर्च्छना के शिकार हो जाते हैं, जैसे अजगर के सामने खरगोश। प्रधानमन्त्री का चुनाव आम निर्वाचन के बाद होता है। उनके चुनाव को चुनाव-कानून के दायरे से बाहर रखना मूर्खता की बात है। वर्तमान कानून के अन्तर्गत मूर्खता की बात करना गैरकानूनी नहीं है, लेकिन यह बात मूर्खतापूर्ण होने के साथ-साथ दो संसद-सदस्यों के बीच भेद पैदा करने वाली है जो नितान्त गैरकानूनी तथा अनुचित है। कोई भी व्यक्ति प्रत्यक्ष रूप से प्रधानमन्त्री नहीं चुना जाता, बल्कि वह संसद-सदस्य के रूप में चुना जाता है, और संसद-सदस्यों में से कोई भी एक व्यक्ति प्रधानमन्त्री हो सकता है। इसलिए किसी खास संसद-सदस्य के चुनाव को, जिसके प्रधानमन्त्री बनने की सम्भावना आगे है, चुनाव कानून के दायरे से बाहर रखना संसद-सदस्यों के बीच भेद करना है।

14 अगस्त

प्रो. ईश्वरी प्रसाद 'मुस्लिम शासन का इतिहास' नामक अपने ग्रन्थ में औरंगजेब की मृत्यु पर लिखते हैं : अपने स्वजनों से घिरे हुए रोगी का दुख जिस स्नेह-भक्तिपूर्ण सेवा-शुश्रूषा से आधा हो जाता है, उससे वंचित होकर सम्राट अकेलेपन और कटुता का अनुभव कर रहे थे; परन्तु अपने ऊँचे पद का मूल्य तो उन्हें चुकाना ही था। (पृष्ठ 653) (औरंगजेब का प्रिय पुत्र कमबख्श)

दिल्ली उच्च न्यायालय ने मेरा प्रार्थना-पत्र उन्हीं कारणों का सहारा लेकर जिनकी मुझे आशंका थी, अस्वीकृत कर दिया। विद्वान् जजों के प्रति मेरी कोई शिकायत नहीं है। शायद उनमें से कोई जज कैदखाने या नजरबन्दी में नहीं रहे होंगे। परन्तु सम्भव है उनमें से कुछ अस्पताल में रहे हों। साधारणतः जब कोई अस्पताल में होता है, तो डॉक्टरों और नर्सों के अलावा अपने कोई नजदीकी प्रिय व्यक्ति या मित्र भी बगल में होते हैं। उनकी उपस्थिति ही आधी चिकित्सा का काम करती है। यहाँ, इस अस्पताल में जो भारत का एक सबसे अच्छा अस्पताल है, मेरे पास डॉक्टर और नर्स आवश्यकतानुसार आते-जाते तो हैं, और वे एक जैसे सहृदय भी होते हैं। स्वतन्त्र वातावरण में तो डॉक्टर और नर्स भी साथी बन सकते हैं। परन्तु यहाँ तो वे मेरे पास आवश्यकता से एक मिनट भी अधिक नहीं ठहरते, और मेरे स्वास्थ्य को छोड़ अन्य किसी विषय में वे बातें भी नहीं करते। और फिर, जब अस्पताल के डायरेक्टर के अलावा दूसरे कोई डॉक्टर या नर्स मेरे कमरे में प्रवेश करते हैं, तो उनके पीछे कोई-न-कोई जेल या पुलिस का प्रतिनिधि या सम्भवतः आई.बी. या सी.बी.आई. का प्रतिनिधि (शायद बड़ा सिपाही या हवलदार) साथ लगा हुआ आता है, और वह चौबीसों घण्टे मेरे कमरे के दरवाजे पर भी खड़ा रहता है, (यद्यपि उसकी पाली बदलती रहती है।) जो कोई प्रशासकीय अधिकारी कभी-कभी मुझे देखने आते हैं, उनके साथ भी यही बात है। वे भी मितभाषी होते हैं और उतना ही बोलते हैं जितना,

जिस काम से वे आते हैं, उसके लिए जरूरी होता है। इस प्रकार, यद्यपि मैं अस्पताल में हूँ, यहाँ मेरी अच्छी तरह देखभाल होती है और अनेक व्यक्तित्व आते-जाते भी हैं, फिर भी वास्तव में मैं अकेला ही हूँ। यहाँ सबसे अधिक अभाव मुझे साथी का है। हर दिन समाचारपत्रों में कुछ-न-कुछ ऐसी बातें छपती हैं—अकसर श्रीमती गाँधी के अर्द्धसत्यों से भरे या बिलकुल झूठे बयान छपते ही रहते हैं—जिन्हें पढ़कर मैं पूरी तरह विचलित हो उठता हूँ। अगर मेरे साथ कोई राजनीतिक बन्दी होते—जिन्हें इस मंजिल के इसी भाग के किसी एक कमरे में आसानी से रखा जा सकता था—तो हम लोग आपस में बातचीत कर सकते और अपनी भावनाओं का इजहार कर सकते थे। ऐसे एक साथी का साहचर्य मेरे स्वास्थ्य के लिए अनेक प्रकार की गोलियों, कष्टहारी एवं शमनकारी दवाओं से अधिक कारगर होता। कुछ दिन पहले तक, ठीक-ठीक पूछिए तो उस दिन तक जब मैंने इन्हीं पृष्ठों में लिखा कि श्रीमती गाँधी, अब जो कुछ कहना चाहें कहें, मैं उस पर कोई टिप्पणी नहीं करूँगा, मैं इतना विचलित हो जाता था कि मुझे ट्रैंक्विलाइजर की गोली के लिए घण्टी बजानी पड़ती थी। लेकिन अब मैं उस स्थिति को पार कर गया हूँ। फिर भी ऐसे साथी की वास्तव में बड़ी आवश्यकता महसूस होती है जिसके साथ दिल खोलकर बातें कर सकूँ। मेरा कोई संबंधी ही मेरे साथ रहे, यह भी सवाल नहीं है। वास्तव में मेरे लिए यह एकाकी कारावास है। दिन-रात मुझे अपने कमरे में ही बन्द रहना पड़ता है, सिवा इस समय के जब मुझे इसी मंजिल के बन्द, दमघोंटू दहलीज में थोड़ी देर टहलने के लिए ले जाया जाता है।

ब्रिटिश शासन के जमाने में मैंने वर्षों जेल में बिताए हैं। उस समय सिवा ऐसे अवसरों के जब किसी बन्दी को सजा के तौर पर अकेले सेल में बन्द रखा जाता था, हर किसी को दिनभर, तालाबन्दी होने के समय तक, अपने वार्ड के अन्य बन्दी साथियों से मिलने-जुलने, खेलने, वाद-विवाद करने, साथ मिलकर पढ़ने और जेल के नियमों के अन्तर्गत कोई भी अन्य काम करने की छूट रहती थी। जब कोई बीमार होता था और जेल के अस्पताल में दाखिल किया जाता था तो वहाँ भी दूसरे वार्डों के बन्दी साथी मिलते थे और एक आनन्द का वातावरण बना रहता था। केवल लाहौर किले में मुझे कुछ महीनों तक एकाकी कारावास में रखा गया था। इस बीच मेरे लिए हेवियस कारपस संबंधी प्रार्थना-पत्र भेजा गया, सरकार को पत्र लिखे गए, और अन्त में सहसा एक दिन देखता हूँ कि जेल अधिकारी राममनोहर को जेल में लिए आ रहे हैं, जो हम दोनों के लिए महान् हर्ष और आश्चर्य की बात थी। राममनोहर को लाहौर किले में मेरे पहुँचने के कुछ ही दिनों के बाद ले आया गया था। उस दिन की मुलाकात के बाद हम दोनों हर दिन एक घण्टे के लिए मिलने लगे और यह क्रम तब तक जारी रहा जब तक हम दोनों आगरा केन्द्रीय कारागार में स्थानान्तरित नहीं कर दिए गए। आगरा में हम लोग एक बड़े हाल या बैरेक में एक ही साथ रहे।

इसलिए विद्वान् जजों का यह मानना गलत है कि अस्पताल में रहने की वजह से कोई एकाकी कारावास की सजा मेरे लिए नहीं थी। इस बात का अहसास उसी व्यक्ति को हो सकता है, जिसमें प्रचुर मात्रा में मानवीय सहानुभूति हो और कल्पनाशीलता हो। मेरे कहने का यह तात्पर्य नहीं कि विद्वान् जजों में इन गुणों का अभाव है, लेकिन जिन अनुमानों के आधार पर उन्होंने मेरे प्रार्थना-पत्र को अस्वीकृत कर दिया, वे गलत थे।

इस टिप्पणी के आरम्भ में प्रो. ईश्वरी प्रसाद के 'मुस्लिम शासन का इतिहास' नामक ग्रन्थ का एक उद्धरण मैंने प्रस्तुत किया है। सम्राट को जो अनुभूति हुई थी, वह मुझ जैसे सामान्य व्यक्ति को भी हो सकती थी।

प्रसंगवश यह कहना चाहूँगा कि औरंगजेब ने अपने ऊँचे पद का मूल्य नहीं चुकाया, बल्कि अपने पिता को बन्दी बनाने और अपने भाइयों एवं भतीजों को मरवाने का जो कुकर्म उन्होंने किया था, उसका ही फल उन्हें मिला। जैसा कि प्रो. ईश्वरी प्रसाद ने ही लिखा है, औरंगजेब को अपने बेटों और बेटियों पर भी इतना विश्वास नहीं रह गया था कि उन्हें अपने निकट वे रहने देते। यहाँ तक कि अपने प्रिय पुत्र कमबख्श की सुरक्षा के लिए उसको स्वयं उन्होंने ही साश्रुनयन होकर कहीं भेज दिया था। औरंगजेब ने अपनी मर्जी से अकेलापन कबूल किया था, परन्तु मुझ पर तो वह लादा गया है। अतः यह अधिक कष्टप्रद है। यह सच है कि मैं अभी मर नहीं रहा हूँ; परन्तु मुझ जैसे हृदय के रोगी के बारे में कुछ कहा नहीं जा सकता। फिर, इस तरह बन्द रहना, जबकि देश व्यक्तिगत तानाशाही के रौरव में लगातार ढकेला जा रहा हो, मेरे लिए मौत से क्या कम है?

15 अगस्त

आज 16 अगस्त है। देश के स्वातंत्र्य के 28 वर्ष बीते। विदेशी शासन से आज भी भारत स्वतन्त्र है, यद्यपि जिस दिशा में श्रीमती गाँधी जा रही हैं, उसका तो एक ही अन्त होगा—भारत का रूसी प्रभाव क्षेत्र के अन्दर दाखिल होना। आज 'ट्रिब्यून' में श्री के. पी. एस. मेनन के लेख से इस दारुण भविष्य का आभास मिलता है। परन्तु मुझे विश्वास है कि भारत की जनता इसे कभी स्वीकार नहीं करेगी।

स्वराज्य की लड़ाई केवल राष्ट्रीय स्वातंत्र्य के लिए नहीं लड़ी गई थी। स्वतन्त्र भारत में लोकतन्त्र की स्थापना होगी, यह भी उसका महत्त्वपूर्ण उद्देश्य था। इस उद्देश्य को सामने रखकर संविधान-सभा ने भारतीय लोकतन्त्र का संविधान रचकर 26 नवम्बर, 1949 को भारतीय जनता की ओर से स्वीकृत किया था। तदनुसार भारतीय गणतन्त्र की घोषणा 26 जनवरी, 1950 को की गई थी।

आज इस लोकतन्त्र का कोई अवशेष रह गया है क्या? यह सब इतना अवास्तविक, स्वप्न जैसा लगता है कि बार-बार राष्ट्रपति तथा प्रधानमन्त्री को यह आश्वासन देना पड़ता है कि आपात्कालीन परिस्थिति अल्पकालीन है एवं लोकतन्त्र में ही भारत की एकता बनी रह सकती है आदि, आदि। आज 15 अगस्त के अपने वक्तव्यों में इन दोनों महानुभावों ने पुनः इस आश्वासन को दुहराया है।

परन्तु जिन थोथी एवं झूठी दलीलों पर आपात्काल की घोषणा की गई और उसके बाद जैसे-जैसे संशोधन पारित किए गए, उनको देखने से तो इसी निर्णय पर पहुँचना पड़ता है कि यह सब धोखाधड़ी है, और जहाँ तक श्रीमती गाँधी का प्रश्न है, वे लोकतन्त्र में विश्वास नहीं रखतीं और उसे कभी वापस न आने देने के लिए वे अपनी पूरी शक्ति लगा देंगी। देखना यही है कि देश की लोकतान्त्रिक शक्तियाँ कहाँ तक इस घातक षड्यन्त्र को सफल होने देंगी। यदि मैंने भारतीय जनता तथा युवकों को ठीक से पहचाना है तो मुझे इस बात में कोई संदेह नहीं है कि ये शक्तियाँ ऐसा कभी न होने देंगी। इसका एक और कारण है। यह हम देख रहे हैं कि प्रधानमन्त्री बार-बार इस बात को दोहरा रही हैं कि भारत में इतनी विविधताएँ हैं, यह इतना विशाल देश है, इसकी इतनी बड़ी जनसंख्या है कि भारत की राष्ट्रीय एकता केवल लोकतान्त्रिक वातावरण में ही कायम रह सकती है। आज भी उन्होंने इस बात को दोहराया है। श्रीमती गाँधी की तानाशाही आज चल रही है, परन्तु भारतीय इतिहास इसका साक्षी है कि एक केन्द्र से सारे भारत पर राज्य करना कभी पूरी तरह सफल नहीं हुआ और न ऐसे (केन्द्रित) राज्य बहुत काल तक टिक ही पाए। एक महान् सम्राट के अन्तर्गत प्रादेशिक राजा, सुल्तान आदि सदा बने रहते थे—कोई बड़े शक्तिशाली, कोई छोटे—जो अपने-अपने क्षेत्र में लगभग स्वतन्त्र होते थे। साम्राज्यों की सीमाएँ घटती-बढ़ती रहती थीं और कुछ सदियों में साम्राज्य छिन्न-भिन्न हो जाया करते थे।

यह अवस्था उस जमाने में भी जबकि न तो बालिग मताधिकार पर आधारित लोकतन्त्र की कल्पना थी और न प्रत्येक नागरिक के स्वातंत्र्यों एवं अधिकारों की ही कोई कल्पना थी; न भारत की जनसंख्या ही उस समय इतनी थी।

आज न तो इन्दिरा जी में कोई ऐसा व्यक्तिगत गुण मैं देखता हूँ, न उनकी पार्टी में ही, कि यह मान सकूँ कि इतने बड़े देश पर उनका एकतन्त्र राज्य टिक सकता है।

ऊपर मैंने इन्दिरा जी की पार्टी का जिक्र किया है। वह पार्टी स्वार्थियों और कायरों से भरी हुई है। भ्रष्टाचार उनमें से अधिकांश की रगरग में भरा हुआ है। निजी स्वार्थ को लेकर उनमें बेहद झगड़े हैं। जातीयता अलग है। तो ऐसी पार्टी का तानाशाही शासन क्या कभी स्थिर रह सकता है? काँग्रेस के अन्दर जो निष्ठा और साहस वाले लोग थे, उन्हें तो इन्दिरा जी ने निकाल ही फेंका है।

विरोधी दलों में एकता होती तो कब ही का काँग्रेस शासन का अन्त हो गया होता। अब मुझे आशा है कि इस तानाशाही की आग से विपक्षी दलों में एकता का निर्माण होगा। बल्कि, इमरजेंसी आदि के आने का एक कारण यह भी है कि गुजरात में जनता मोर्चा की विजय के बाद श्रीमती गाँधी यह सोचकर घबरा उठीं कि राष्ट्रीय स्तर पर विपक्षों के एक होने की सम्भावना पैदा हो गई है और उस हालत में लोकसभा के चुनाव में उनकी जीत शायद नहीं हो सकेगी। उस पर बिहार आंदोलन का असर अलग फैलता जा रहा था। मेरे देशव्यापी दौरे की सफलता से भी वे

घबरा उठी होंगी। इस हालत में लोकतन्त्र को ही समाप्त कर देने में हमारी खैर है, ऐसा उन्होंने निश्चय किया। परन्तु ऊपर जो कुछ मैं कह आया हूँ, उस पर से यह भी निश्चित है कि इस दानवी प्रयत्न में वे कभी सफल न हो पाएँगी।

* * *

प्रो. सत्यव्रत ने गीता की अपनी टीका के पृष्ठ 201 में लिखा है—''गीता के समय कर्मकाण्ड तथा ज्ञान-काण्ड का पारस्परिक विवाद चल रहा था।'' इस सिलसिले में उन्होंने शंकराचार्य के नाम का उल्लेख किया है। यह ठीक नहीं लगता। गीता-काल के दोनों पक्षों के वादियों में से कुछ का नाम उन्हें देना चाहिए था।

16 अगस्त

बंगलादेश से ऐसे भयानक समाचार मिले हैं जिन पर विश्वास नहीं होता। लेकिन यह तो मुजीब की उस वैयक्तिक एवं दलीय तानाशाही का परिणाम है जो उन्होंने अन्य सभी दलों पर रोक लगाकर स्थापित की थी। दिल्ली में उस समय यह जोरदार अफवाह उड़ी थी कि मुजीब द्वारा अपनाई गई सारी व्यूहरचना दिल्ली में ही उनके विश्वस्त लोगों के साथ तय की गई थी। उस वक्त मुजीब ने भी उन्हीं सब बहानों का सहारा लिया था, जिसका इस्तेमाल श्रीमती गाँधी अभी कर रही हैं। मुजीब द्वारा सत्ता-पलट के समय यह भी अफवाह उड़ी थी कि अगर श्रीमती गाँधी का वश चला तो भारत भी बंगलादेश की राह जाएगा। आज भारत लोकशाही और मुजीबी तानाशाही के बीच के रास्ते में है। मुझे तो पहले से ही भारी शंका थी कि श्रीमती गाँधी तानाशाही के रास्ते पर कदम बढ़ाएँगी। मैंने (पिछले वाक्य में) 'थी' शब्द का उपयोग यह मानकर किया है कि वहाँ सैनिक सत्ता-पलट हुआ है। (ईश्वर ही जानता है कि वह सैनिक सत्ता-पलट है या कुछ और कुछ। लेकिन खोंडकर मुश्ताक अहमद ने यह अकेले तो नहीं किया होगा। सी. पी. आई. यह कहेगी कि अमेरिकियों ने ही यह जघन्य कृत्य किया है। बहुत सम्भव है कि रूस खुद तो चुप रहेगा, परन्तु दुनिया में और खासकर एशिया में काम कर रहे अपने कठपुतलों को इसके लिए प्रोत्साहित करेगा कि वे इस सारी घटना के लिए जिम्मेवार अमेरिकी साम्राज्यवाद को ठहराएँ।) भगवान् श्रीमती गाँधी का इस नाजुक क्षण में मार्गदर्शन करें। मुझे तो आशा है कि उन्हें यह सुबुद्धि होगी और वे महसूस करेंगी कि तानाशाही से देश बरबाद हो जाएगा और लोकशाही, जिसको उन्होंने कल ही भारत की एकता बनाए रखने के लिए आवश्यक बताया है, फिर से स्थापित की जानी चाहिए। साथ ही वे यह भी समझेंगी कि बंगलादेश के संकट से जो खतरा इस देश पर आया है, उसका मुकाबला तभी किया जा सकता है, जब जनता को इसकी आजादी लौटा दी जाए और उसे स्वतन्त्रतापूर्वक साँस लेने का अवसर मिले। स्वतन्त्रता के दमन और वर्तमान घुटन की स्थिति को कायम रखने की कोशिशों के भयानक परिणाम होंगे। इस परिणाम के कई रूप हो सकते हैं, जिनका अनुमान करना कठिन नहीं है। आवश्यकता इस बात की है कि ऐसे परिणाम होने ही नहीं दिए जाएँ। क्या श्रीमती गाँधी परिस्थिति की आवश्यकता के अनुसार कदम उठाएँगी? अभी तक तो अपनी व्यक्तिगत स्थिति के संकटापन्न होने पर ही उन्होंने कुछ करने का साहस दिखाया है। लेकिन जब देश ही संकट में पड़ा हो तो क्या कोई उपयुक्त कदम उठाने का साहस वे दिखाएँगी?

17 अगस्त

मैं समझता हूँ, कल मैंने बंगलादेश की दुखद घटना पर टिप्पणी करते हुए उसके साथ न्याय नहीं किया। श्री मुश्ताक अहमद पिछले शासन के द्वारा भ्रष्टाचार और स्वतन्त्रता के दमन की चर्चा अवश्य कर रहे हैं और दोनों मामलों में सुधार लाने का वचन दे रहे हैं। यह तो इतिहास बताएगा कि वे क्या करेंगे। परन्तु यदि वे सेना की कठपुतली मात्र हैं तो मैं नहीं समझता कि यह सब वे कैसे कर पाएँगे।

मुझे वह दिन याद है जब मुजीब भुट्टो द्वारा रिहा किए जाने पर अपने देश का नेतृत्व करने के लिए लौटे और बंगबन्धु, यहाँ तक कि बंगपिता भी, बन गए। वे सचमुच अपनी जनता के प्यारे थे। मुझे यह भी याद है कि उस

समय मैंने शब्दशः अपनी आँखों में आँसू भरकर उन्हें पत्र लिखा था। मैंने दो या तीन पत्र अवश्य लिखे होंगे और उन्होंने एक या दो बार उत्तर भी दिया था। सेन के द्वारा बड़े मार्मिक संदेश भी उन्होंने मुझे भेजे थे। उन दिनों मुजीब के बारे में मेरे ख्याल कुछ इसी ढंग के थे। परन्तु जब उन्होंने सत्ता-पलट कर एक-दलीय शासन की स्थापना की तो उनके प्रति मेरा भावातिरेक समाप्त हो गया। मैं उनकी कठिनाइयों को समझता था। परन्तु यदि उनमें योग्यता होती, तो जवाहरलाल की जनता पर अपने भारी असर और अपनी सर्वोच्च सत्ता के सहारे वे लोकतन्त्र का दमन किए बिना स्थिति पर काबू पा सकते थे। ऐसा नहीं कर उन्होंने मूर्खता से काम लिया और विफल हो गए। कल जब उनकी हत्या की खबर मैंने सुनी तो मैं खिन्न हुआ, लेकिन मैं मर्माहत नहीं हुआ और मेरा हृदय सन्ताप से भर नहीं उठा।

मुजीब से मैं खुद कभी नहीं मिला था। उनको छोड़ बंगलादेश के अन्य सभी राजनीतिक एवं सैनिक नेताओं को मैं अस्थायी सरकार के समय से ही बहुत निकट से जान गया था। तभी खोंडकर मुश्ताक अहमद को भी मैंने जाना। जहाँ तक मुझे स्मरण है, वे दुबले-पतले, औसत ऊँचाई के आदमी हैं। वे हमेशा टोपी पहनते थे जो आम बंगालियों से उन्हें अलग करती थी। उस समय ताजुद्दीन अहमद और शायद नजरूल इस्लाम से भी उनके संबंध अच्छे नहीं थे, ऐसा जाहिर होता था। सेन ने बंगलादेश से लौटकर मुझे बताया कि मुश्ताक अहमद का मुजीब से दुराव हो गया है, यद्यपि भारत में प्रवास के समय वे मुजीब तथा अन्य नेताओं के बड़े प्रशंसक थे। इस दुराव का कारण शायद यह था कि उन्हें विदेश मन्त्री का पद या ऐसा ही अन्य कोई महत्त्वपूर्ण पद मन्त्रिमण्डल में नहीं दिया गया। सेन ने यह भी मुझे बताया था कि अवामी लीग के अन्दर या आमतौर से देश के अन्दर अगर कोई व्यक्ति ऐसा था जो मुजीब के नेतृत्व को चुनौती देने की क्षमता रखता हो तो वह खोंडकर मुश्ताक अहमद ही थे। कौन जानता था कि वह चुनौती इस रूप में दी जाएगी और वह सफल भी होगी? एक अन्तिम बात। अहमद के बारे में मेरे दो ख्याल थे : एक तो यह कि वे कुछ हद तक पश्चिम के समर्थक थे, और दूसरा यह कि वे अन्य लोगों की अपेक्षा—संकीर्ण अर्थ में—कुछ अधिक मुस्लिम थे।

बंगलादेश में सत्ता-पलट की घटना काफी रहस्यमय है, जिससे बहुत सारी आशंकाएँ और प्रश्न पैदा होते हैं। सम्भव है, कालान्तर में कुछ प्रश्नों का उत्तर मिल भी जाए। परन्तु सबका नहीं मिलेगा, ऐसा मुझे भय है।

18 अगस्त

मुझे आज के समाचारपत्रों में यह पढ़कर राहत मिली कि बंगलादेश ने अब भी अपना राजकीय नाम 'पीपुल्स रिपब्लिक' (जनवादी गणतन्त्र) ही रखा है, उसे इस्लामिक रिपब्लिक (इस्लामी गणतन्त्र) में परिवर्तित नहीं कर दिया है। फिलहाल धर्मनिरपेक्षता वहाँ निरापद है, ऐसा लगता है। अहमद के मन्त्रिमण्डल में दो हिन्दू मन्त्री हैं जैसा कि मुजीब के मन्त्रिमण्डल में भी थे। मुझे इस बात की खुशी है कि राष्ट्रीयता अभी तक वहाँ बच रही है। बंगलादेश किसी अन्य देश का पिछलग्गू नहीं बनेगा। पाकिस्तान के साथ उसका किसी प्रकार का संवैधानिक संबंध—महासंघ, संघ या किसी अन्य रूप में—कायम होने की सम्भावना भी नहीं है। जहाँ तक मैंने अहमद को समझा है वे चाहेंगे कि भारत उनका मित्र बना रहे। परन्तु किसी देश की अधीनता या उसके साथ ऐसा कोई संबंध वे नहीं स्वीकारेंगे जो गैरबराबरी पर आधारित हो।

मुजीब ने अपने राज्य की आधारशिला जिन चार सिद्धान्तों पर रखी थी, उनमें से लोकतन्त्र और समाजवाद उसके नाम के साथ जुड़े रह जाएँगे, इसमें मुझे सन्देह है। लोकतन्त्र को खुद मुजीब ने ही नष्ट किया। इसलिए अब प्रश्न उसके जीवित रहने का नहीं, उसको पुनर्जीवित करने का है। बंगलादेश में समाजवाद काँग्रेसी भारत की तरह ही एक नारा मात्र है, और कुछ नहीं।

जैसा कि कल मैंने अनुमान किया था, रूस या रूस के समाचारपत्रों ने बंगलादेश की घटना पर मौन या निरपेक्ष रुख अपनाया है। परन्तु यूरोप कम्युनिस्ट समाचारपत्रों ने मेरे अनुमान के अनुसार ही अपनी प्रतिक्रिया व्यक्त की है। 'ह्यूमैनाइट्' ने सबसे खुली आलोचना की है और उसने कहा है कि सी. आई. ए. का हाथ इस घटना के पीछे है। पूर्वी योरोप के देश इस प्रश्न पर विभाजित हैं। उनमें से कुछ देशों का ख्याल है कि यह अमेरिका की मदद से सम्पन्न किया गया दक्षिणपन्थी सत्ता-पलट है; कुछ देश इसे चीन की सहायता से की गई उग्रपन्थी कार्रवाई मानते हैं। युगोस्लाविया

को केवल इस बात का अफसोस है कि मुजीब द्वारा प्रतिपादित गुट-निरपेक्षता की नीति का लोप हो गया। मुझे यहाँ 'ट्रिब्यून' पढ़ने को मिलता है। इसमें, पश्चिमी समाचारपत्र क्या कर रहे हैं, इसके बारे में बहुत नहीं निकला है। परन्तु ऐसा लगता है कि उन समाचारपत्रों को या तो कुछ पता नहीं है या वे तय नहीं कर पाए हैं कि इस घटना के संबंध में क्या कहें। इस्लामी गणतन्त्र वाली अफवाह अमेरिका प्रेस एजेन्सी ने फैलाई है। पता नहीं, अमेरिकी लोग क्यों हमेशा इस ढंग की शरारत पर उतर आते हैं। मैंने भारतीय समाचारपत्रों की टिप्पणियाँ अभी तक नहीं देखी हैं। अन्य समाचारों की तरह ये टिप्पणियाँ भी सेंसर की कैंची से गुजरेंगी। मतलब यह कि सी. आई. ए. की ओर उँगली उठाने वाली टिप्पणियाँ तो प्रकाशित की जाएँगी; परन्तु अगर संतुलित दृष्टि से कुछ कहा गया, तो वह शायद नहीं छपेगा। सी. आई. ए. और के. जी. बी. दोनों शक्तिशाली हैं और दुनिया के हर देश में सक्रिय हैं। बहुत सम्भव है कि बंगलादेश में सी. आई. ए. ने के. जी. बी. को मात कर दिया। मेरी अपनी राय में बंगलादेश की यह एक घरेलू घटना है। परन्तु यह समझना कठिन है कि क्यों सशस्त्र सेना के लोगों ने मुजीब के विरुद्ध बगावत करने के लिए इतना पाशविक ढंग अपनाया। यह भी समझना कठिन है कि यह सारी घटना इतनी आसानी से कैसे हो गई। बंगलादेश में कोई बहुत रक्तपात हुआ हो या सशस्त्र सेनाओं में मतभेद पैदा हुए हों, ऐसा तो नहीं लगता।

* * *

मैं सोचता हूँ कि इन पृष्ठों में जनान्दोलन के विषय में हर दिन, या जब इच्छा हो, अपने कुछ विचार उल्लिखित करूँ। कुल मिलाकर वे आंदोलन की मेरी संपूर्ण दृष्टि प्रस्तुत करेंगे। इन टिप्पणियों को फिर से व्यवस्थित और सम्पादित करने की आवश्यकता हो सकती है।

मुझे स्मरण है विनोबा जी की वह बात जो उन्होंने अपना मौन कुछ क्षणों के लिए भंग कर मुझे कही थी। उन्होंने मुझसे कहा था कि 'आपकी संघर्ष की कल्पना से मैं सहमत हूँ और इसमें आपकी सहायता भी कर सकता हूँ; परन्तु शासन के विरुद्ध संघर्ष का विचार आपको छोड़ देना चाहिए।' शासन के विरुद्ध संघर्ष किए जाने पर उन्हें आपत्ति इस कारण थी कि पाकिस्तान का रुख, अमेरिका द्वारा पाकिस्तान को फिर से शस्त्रों की आपूर्ति (उस पर से रोक का उठ जाना) तथा चीन द्वारा अपने रास्ते से हटकर पाकिस्तान के प्रति मैत्री-प्रदर्शन आदि बातों से उन्हें लगता था कि युद्ध का खतरा है। इसलिए शासन के विरुद्ध संघर्ष छेड़ने से देश कमजोर होगा, ऐसा उनका ख्याल था। विनोबा जी को यह आशंका कभी नहीं हुई कि इस संघर्ष की परिणति भारतीय लोकतन्त्र की समाप्ति में होगी।

यह विषय इन टिप्पणियों के लिए एक अच्छा प्रारम्भिक विषय हो सकता है।

हमारा संघर्ष या आंदोलन संपूर्ण क्रांति के लिए अर्थात् सामाजिक जीवन एवं संगठन के प्रत्येक क्षेत्र में क्रांति लाने के लिए था। यह क्रांति शान्तिपूर्ण होती, इसलिए वह आकस्मिक रूप से तथा तेजी से होने वाली नहीं थी। इस क्रांति में समय लगेगा। परन्तु चूँकि यह युग ही क्रांतिकारी है, इसलिए इसमें बहुत समय भी नहीं लगेगा—शायद एक या दो दशक लग जाएँ। इस सिलसिले में बुनियादी व्यवस्थागत परिवर्तन पहले होंगे और व्यक्तिगत एवं समूहगत अनुवर्त्तन, अधिकतर मनोवैज्ञानिक स्तर पर, बाद में होंगे।

इससे यह स्पष्ट हो जाना चाहिए कि राजनीतिक व्यवस्था में क्रांतिकारी परिवर्तन संपूर्ण क्रांति का और इसलिए इस संघर्ष का अभिन्न एवं अनिवार्य अंग होगा।

शायद विनोबा जी मानते थे कि और अब भी मानते हैं कि राजनीतिक ढाँचे में व्यवस्थागत परिवर्तन लाने के लिए संघर्ष का होना—शान्तिपूर्वक संघर्ष का होना भी—जरूरी नहीं है। परन्तु अपने एक साल के ग्रामस्वराज्य-कार्य के अनुभव से मुझे विश्वास हो गया है कि ग्रामस्वराज्य अपने आप में एक महत्त्वपूर्ण राजनीतिक संगठन हो सकता है, बशर्ते कि उसका अमली रूप प्रकट हो, न कि केवल कागज पर रह जाए। परन्तु अभी तक तो ग्रामस्वराज्य आंदोलन कोई व्यवस्थागत राजनीतिक क्रांति लाने में असमर्थ रहा है। कोई सैद्धान्तिक कारण नहीं है कि यह आंदोलन ऐसी क्रांति लाने में समर्थ न हो। न जाने कितनी सभाओं में, सैकड़ों या हजारों सभाओं में मैंने यह समझाया है कि किस प्रकार

ग्राम-स्वराज्य के आधार पर नयी राज्य-व्यवस्था खड़ी होगी और वर्तमान व्यवस्था की जगह लेगी। मुझे पता नहीं है कि मेरे सर्वोदय के सहयोगियों में से—जिनमें वे लोग भी शामिल हैं जो अब मेरे कठोर आलोचक बन गए हैं—किसी ने कभी यह बताया हो कि नयी राज्य-व्यवस्था संबंधी जो विचार मैंने प्रस्तुत किया है, उसमें कोई दोष है। उस राज्य-व्यवस्था का नमूना खड़ा करने के लिए जिले का क्षेत्र लिया गया था और बाद में सामुदायिक विकास प्रखण्ड का क्षेत्र (जैसे बिहार के सहरसा जिले में) लिया गया था। परन्तु कहीं भी सफलता नहीं मिली।

अगर संपूर्ण क्रांति के काम को हम संकीर्ण सिद्धान्तवादी (यद्यपि ऐसा कभी माना नहीं गया) सर्वोदयी दृष्टिकोण से भी देखें तो यह प्रकट होगा कि बिहार में ग्राम-जन-संघर्ष समितियाँ ग्रामस्वराज्य का ही काम कर रही थीं और उनमें से अनेक सक्रिय थीं, केवल कागज पर नहीं थीं। संघर्ष ज्यों-ज्यों गहरा होता जाता ये समितियाँ अधिकाधिक सक्रिय बनतीं और (ग्रामस्तर पर) वास्तविक जनता सरकारें बन जातीं। ग्रामस्वराज्य आंदोलन भूदान से शुरू होकर और ग्रामदान से गुजर कर (इन कार्यक्रमों का उद्देश्य ग्रामस्वराज्य के लिए एक बुनियाद तैयार करना था) वर्तमान विफलता की स्थिति में आज पहुँचा है, और यहाँ पहुँचने में उसको बीस साल से भी अधिक लगे।

दूसरी ओर हमने देखा कि ग्राम-जन-संघर्ष समितियाँ कुछ ही महीनों में प्राणवन्त हो गई थीं और इतने थोड़े समय में ही अनेक स्थानों पर वे ग्राम-स्वराज्य से कहीं अधिक वास्तविक रूप से काम करने लगी थीं। मैं मानता हूँ कि इसका कारण था संघर्ष के वातावरण का होना। मुझे लगता है कि इस वातावरण में ऐसी मनोवैज्ञानिक शक्तियों की सृष्टि होती है; जो लोगों को आकृष्ट करती हैं और उन्हें चुनौतियाँ स्वीकार करने तथा अपने आपको और दूसरों को बदलने की शक्तिशाली प्रेरणा प्रदान करती हैं। ग्रामस्वराज्य का आंदोलन जिस गतिहीन वातावरण में चला, उसमें ये मनोवैज्ञानिक शक्तियाँ सुषुप्तावस्था में रह गईं। आध्यात्मिक एवं नैतिक निवेदनों तथा विनोबा जी के पावन प्रभाव के फलस्वरूप कुछ व्यक्तियों में उल्लेखनीय नैतिक परिवर्तन हुए। भूदान आंदोलन के दौरान जब सैकड़ों-हजारों भूमिपतियों ने अपनी जमीन दान में दी तो कहा जा सकता है कि उस समय वास्तव में एक व्यापक नैतिक शक्ति का निर्माण हुआ था और वह कुछ ही लोगों तक सीमित नहीं थी। शायद ऐसा हुआ भी। परन्तु वह स्थिति क्षण-स्थायी थी, क्योंकि बाद में अनगिनत दाताओं ने दान में दी हुई अपनी जमीन वापस ले ली या लेने की कोशिश की। शीघ्र ही वह बिखर गई, यद्यपि विनोबा जी अब भी कार्य क्षेत्र में मौजूद थे, और जब ग्रामदान आंदोलन आया तो उस शक्ति का अल्पांश ही शेष रह गया था। भूमि और सम्पत्ति-विषयक कुछ विचार अवशिष्ट रहे, परन्तु सर्वमान्य रूप में नहीं। अगर वे सर्वसाधारण द्वारा मान्य हुए होते तो वे विचार समाज-परिवर्तन के लिए एक बड़ी शक्ति बन सकते थे।

ऊपर जो कुछ लिखा गया है, उससे यह निष्कर्ष निकालना अनुचित होगा कि संघर्ष का वातावरण इच्छानुसार चुटकी बजाकर पैदा किया जा सकता है। संघर्ष की स्थितियाँ तभी परिपक्व होती हैं, जब जनता जिसमें युवक और छात्र तथा बुद्धिवादी वर्ग शामिल हैं—और इसका बहुत महत्त्व भी है—आम तौर से असंतोष, निराशा, मोह-भंग की शिकार हो चुकी हो, और सत्ता से (सरकार की सत्ता से लेकर कॉलेज की सत्ता तक स्थानिक सत्ता तक) उसका दुराव हो गया हो। संघर्ष हिंसक रूप लेगा या वह शान्तिमय रूप धारण करेगा। यह कहने की आवश्यकता नहीं कि क्रांतिकारी परिवर्तनों के लिए शान्तिपूर्ण संघर्ष ही, अन्य देशों की अपेक्षा गाँधी के भारत को, अधिक स्वीकार्य हो सकता है, और वह क्रांतिकारी कार्यकर्ताओं की दृष्टि में काल्पनिक प्रतीत नहीं होगा। दोनों स्थितियों में क्रांतिकारी परिस्थिति के गर्भ से एक क्रांतिकारी आंदोलन पैदा करने के लिए नेतृत्व एवं संगठन की आवश्यकता होगी। नेतृत्व एवं संगठन के अभाव में, क्रांतिकारी परिस्थिति का अन्त अराजकता या तानाशाही की स्थापना में हो सकता है।

21 अगस्त

आज तीन दिनों के बाद पुनः लिखने बैठा हूँ। छात्रों के आंदोलन ने मुझे उच्चतर लक्ष्यों के लिए, यानी संपूर्ण क्रांति के लिए, एक शान्तिपूर्ण जनान्दोलन में उसे परिवर्तित करने का अवसर प्रदान किया। यहाँ दो बातें स्पष्ट हो जानी चाहिए। एक तो यह कि बिहार आंदोलन को शुरू करने में मेरा प्रत्यक्ष कोई हाथ नहीं था; यद्यपि दिसम्बर 1973 में 'लोकतन्त्र के लिए युवा' नामक अपील के प्रकाशन के बाद मैंने खास तौर से विश्वविद्यालय के छात्रों पर ध्यान केन्द्रित

किया था और पटना विश्वविद्यालय में छात्रों की दो अच्छी-खासी सभाओं में भाषण भी दिए थे। इन दोनों सभाओं की अध्यक्षता विश्वविद्यालय के छात्र यूनियन के सभापति ने की थी। उत्तर प्रदेश के विभिन्न विश्वविद्यालय केन्द्रों में भी मैंने भाषण दिए थे और अपने भाषणों में राज्य विधानसभा के शीघ्र ही होने वाले आम चुनाव के सन्दर्भ में अपनी उस अपील की प्रासंगिकता की ओर मैंने संकेत किया। इन सभाओं में 1942 की क्रांति का स्मरण दिलाने वाली कुछ बातें कही थीं। निस्सन्देह इन बातों से बहुसंख्यक छात्र समुदाय का हृदय आन्दोलित हो उठा। गुजरात में छात्र आंदोलन शुरू होने के पहले मैं वहाँ गया तो नहीं था, परन्तु उसके कुछ प्रमुख नेताओं ने दावा किया था कि उन्होंने मेरे ही नेतृत्व का अनुसरण किया है।

इसके और भी पहले, मैंने राजनीतिक भ्रष्टाचार (दल, शासन और प्रशासन में व्याप्त भ्रष्टाचार) के विरुद्ध काफी कुछ लिखा था और बोला था। साथ ही मैंने उसको रोकने के उपाय सुझाए थे तथा चुनाव-संबंधी कानून एवं पद्धति में सुधार लाने की आवश्यकता बताई थी। खास तौर से इन्हीं बातों के संबंध में चर्चा करने के लिए मैं 1973 में दो बार प्रधानमन्त्री से मिला भी था। लेकिन उनसे बिलकुल निराश होकर ही लौटा था। उसी समय मैंने एक लेख लिखा था जिसमें मैंने घोषणा की थी कि इस देश के लोग जिस भ्रष्ट व्यवस्था से पीड़ित हैं, उससे मुक्ति पाने के लिए उन्हें स्वयं संघर्ष करना चाहिए और उनके संघर्ष के तरीके सहज रूप से शान्तिपूर्ण होने चाहिए। भ्रष्टाचार के अलावा भूख, बेकारी, मुद्रा-स्फीति से, अनेक प्रकार के सामाजिक एवं आर्थिक अन्यायों से तथा वर्तमान व्यर्थ, वर्गनिष्ठ शिक्षा-व्यवस्था से भी संघर्ष करना चाहिए; क्योंकि यह शिक्षा-व्यवस्था एक ओर तो हमारे अधिकांश बच्चों को अशिक्षित छोड़ देती है और दूसरी ओर वह बच्चों को गलत ढंग से शिक्षित करती है। अतः मैंने जनता और छात्रों का आह्वान स्वयं अपनी समस्याएँ हल करने के लिए किया, और इसी पृष्ठभूमि में गुजरात और बिहार में आंदोलन हुए।

अस्तु, यह सही है कि दो महीनों या करीब इसी अर्से के दौरान छात्र-समुदाय से मेरा एक विशेष प्रकार का संबंध स्थापित हो गया।

दूसरी बात 5 जून, 1974 को गाँधी मैदान (पटना) में छात्रों एवं नागरिकों की जो विशाल सभा राजभवन तक जुलूस ले जाने और राज्यपाल को माँगपत्र समर्पित करने के बाद हुई थी, उसमें मैंने घोषित किया था कि बिहार आंदोलन अब केवल 12 प्रारम्भिक माँगों तथा 18 मार्च के बाद जोड़ी गई कुछ अन्य माँगों तक (जिनमें सबसे प्रमुख माँगें मन्त्रिमण्डल के त्यागपत्र और विधानसभा के विघटन की थीं) सीमित छात्र-आंदोलन नहीं रहा, बल्कि अब इस आंदोलन का या इस संघर्ष का अन्तिम लक्ष्य संपूर्ण क्रांति है। मेरी इस घोषणा का स्वागत जोरदार हर्ष-ध्वनि से किया गया था, और इस प्रकार उस पर छात्र तथा जनता की उत्साहपूर्ण स्वीकृति की मुहर भी लग गई थी। इस लक्ष्य का कभी कोई विरोध नहीं हुआ, बल्कि मेरे छात्र बन्धु तथा अन्य सहयोगी बार-बार यही माँग करते रहे कि संपूर्ण क्रांति के लक्ष्य का स्पष्टीकरण और उसकी व्याख्या मैं करूँ। अनेक चर्चाओं तथा सार्वजनिक भाषणों में मैंने ऐसा किया भी और वह सारा 'संपूर्ण क्रांति' नाम की पुस्तिका में प्रकाशित हुआ है। (मैं संक्षेप में इसकी व्याख्या बाद में करूँगा।) यहाँ इतना कहना काफी होगा कि छात्रों की सीमित माँगें भी—जैसे भ्रष्टाचार एवं बेरोजगारी का निराकरण, शिक्षा में क्रांति आदि सर्वांगीण सामाजिक क्रांति, जो संपूर्ण क्रांति का वास्तविक अर्थ है, के बिना पूरी नहीं की जा सकती है। आगे मैंने यह भी बताया (जो पूर्वोक्त वाक्य में निहित है) कि केवल मन्त्रिमण्डल का त्यागपत्र या विधानसभा का विघटन काफी नहीं है, आवश्यकता एक बेहतर राजनीतिक व्यवस्था निर्माण करने की है।

यहाँ अपने लिए थोड़ा विषयान्तर करना शायद उचित ही होगा। जब मैं उच्च विद्यालय में था, तब ही क्रांति का विचार मेरे मन में अंकुरित हो गया। उस समय वह राष्ट्रीय क्रांति, राष्ट्रीय स्वतन्त्रता का विचार था। इसी विचार से जब गाँधी जी ने असहयोग का आह्वान किया, तो मैंने इस विचार से प्रभावित होने के कारण उसका प्रत्युत्तर (असहयोग आंदोलन का ज्वार जब भाटे में बदल रहा था, तो असहयोग करने के बीस महीने बाद मैं अमेरिका चला गया, क्योंकि मैं आगे भी पढ़ना चाहता था, परन्तु ब्रिटिश या उससे सहायता-प्राप्त विश्वविद्यालयों में लौटने, यहाँ तक कि बनारस हिन्दू विश्वविद्यालय में भी जाकर पढ़ने के लिए मैं तैयार नहीं था और जिन विद्यापीठों की स्थापना उस समय हुई थी,

वहाँ विज्ञान के अध्ययन की सुविधाएँ नहीं थीं, जबकि मैं विज्ञान का विद्यार्थी था।) उच्च विद्यालय में पढ़ते समय मैंने स्वामी सत्यदेव परिव्राजक के भाषणों और लेखों से यह जान रखा कि गरीब घरों के विद्यार्थी काम करते हुए अमेरिकी विश्वविद्यालयों में पढ़ सकते हैं; वहाँ कमाई और पढ़ाई साथ चल सकती है। क्रांति करने की जो तीव्रता मेरे मन में थी, वह मुझे मार्क्सवाद की ओर तथा राष्ट्रीय आजादी के आंदोलन से गुजर कर लोकतान्त्रिक समाजवाद की ओर और फिर विनोबा जी की 'प्रेम से क्रांति' की ओर खींच ले गई। विनोबा जी के आंदोलन में शामिल होने के पूर्व उनके साथ चर्चाएँ कर मैं आश्वस्त हो गया था कि उनका लक्ष्य मात्र जमीन बाँटना नहीं, बल्कि मनुष्य एवं समाज में संपूर्ण परिवर्तन लाना है, जिसे मैंने दोहरी क्रांति, मानवीय क्रांति के द्वारा सामाजिक क्रांति की संज्ञा दी थी।

क्रांति (राष्ट्रीय क्रांति के बाद सामाजिक क्रांति) के साथ मेरा ऐसा पुराना लगाव होने के कारण जब मुझे लगा कि ग्राम-स्वराज्य आंदोलन से वह अहिंसक क्रांति (जिसकी चर्चा हम पूरे बीस साल तक यानी 1954 में जब मैं विनोबा जी के साथ हुआ तब से 1974 तक करते रहे) होने वाली नहीं है तो मैं दूसरे रास्ते की तलाश करने लगा। साथ-साथ इन वर्षों के दौरान गोष्ठियों एवं सम्मेलनों के माध्यम से सरकार की नीति और उसकी नियोजन-पद्धति में तथा अन्य अनेक क्षेत्रों में जिनमें चुनाव-संबंधी सुधार भी शामिल थे, परिवर्तन कराने की कोशिश की थी। आरम्भिक वर्षों में इन गोष्ठियों और सम्मेलनों में सत्तारूढ़ दल के प्रमुख नेताओं को भी शामिल करना था। परन्तु ये सारे प्रयास जवाहरलाल जी के रहते हुए भी बेकार सिद्ध हुए। तिमिंगल अपने ही रास्ते चलता गया। इन प्रयासों की परिणति 1973 में श्रीमती गाँधी के साथ मेरी मुलाकात में हुई और मैं उस निष्कर्ष पर पहुँचा जिसके बारे में ऊपर लिख चुका हूँ। इस प्रकार जब बिहार में छात्रों के आंदोलन ने जोर पकड़ा, उसकी पुकार उठी और उसे कुछ हद तक जनता की—ग्रामीण जनता की भी—सहानुभूति, समर्थन एवं सहयोग प्राप्त हुआ, तब मैंने सोचा कि आंदोलन को संपूर्ण क्रांति की दिशा में मोड़ने का समय आ गया है। 5 जून, 1974 की सभा के बाद आंदोलन में शामिल विपक्षी दलों ने भी जब संपूर्ण क्रांति से सहमति व्यक्त की—यह मैं नहीं कह सकता कि उनका उसमें विश्वास और उनकी प्रतिबद्धता किस हद तक वास्तविक थी—तो संपूर्ण क्रांति व्यापक रूप से संघर्ष का लक्ष्य मान ली गई। फिर क्या था, आदिवासी पृष्ठ-प्रदेश को छोड़ पूरे बिहार में यह नारा और गीत गूँजने लगा—'संपूर्ण क्रांति अब नारा है, भावी इतिहास हमारा है।'

यह गीत तो नहीं, पर इस नारे की अनुगूँज भारत के सभी हिन्दी-भाषी और हिन्दी समझने वाले राज्यों में तेजी से फैली हो। तो क्या यह एक राष्ट्रव्यापी क्रांतिकारी आंदोलन की शुरुआत थी? मेरे देशव्यापी दौरों में निस्सन्देह एक उत्साहवर्द्धक जन-जागरण पैदा हुआ था। परन्तु बिहार आंदोलन के देशव्यापी होने का समय आ गया है, इसमें मुझे शंका थी। शंका इसलिए थी कि मुझे समुचित नेतृत्व का अभाव नजर आता था। दूसरी बात यह कि ज्यों-ज्यों आम चुनाव नजदीक आने लगा, प्रतिपक्ष का ध्यान अधिकाधिक चुनाव की ओर और जो नव जागरण पैदा हुआ था, उसका उपयोग चुनाव जीतने के लिए किया जा सकता है, इस सम्भावना की ओर मुड़ने लगा था। मैं न केवल इसके विरुद्ध नहीं था, बल्कि केन्द्र में काँग्रेस के एकाधिकार को तोड़ने के लिए उत्सुक भी था। इसलिए समग्र सामाजिक परिवर्तन के लिए चल रहे आंदोलन से प्रतिबद्ध होने और आने वाले चुनावों में उस संघर्ष से उत्पन्न वातावरण का लाभ लेने के लिए उन्हें मैंने प्रोत्साहित भी किया। इस उद्देश्य की पूर्ति के लिए मैंने यह भी कोशिश की कि सभी विपक्षी दल मिलकर एक दल बना लें अथवा गुजरात के जनता मोर्चे की तरह एक मोर्चा गठित कर लें। इन सब बातों में मेरी दिलचस्पी इसलिए थी कि सत्ता पर काँग्रेस का एकाधिकार तोड़ने के अलावा मैं चाहता था कि जन-संघर्ष से विपक्षी दलों की प्रतिबद्धता का इस्तेमाल किया जा सके और केन्द्र में तथा राज्यों में सफलता प्राप्त होने की स्थिति में नयी सरकारें हमारे क्रांतिकारी आंदोलन की सहायक बनें और उसमें भाग भी लें। अब मैं जनसंघर्ष के एक महत्त्वपूर्ण पहलू को स्पष्ट करना चाहूँगा जिसकी चर्चा मैं बहुत कर चुका हूँ और जिसको अब भी लोग पूरी तरह समझ नहीं पाए हैं, ऐसा मुझे भय है। इस संबंध में किसी दूसरे दिन लिखूँगा। साथ ही यह भी बताऊँगा कि यह क्रांति सामान्य राजनीतिक प्रक्रिया से क्यों नहीं हो सकती।

22 अगस्त

आंदोलन के विषय में जो टिप्पणी मैं कर रहा था उसमें आज व्यवधान होगा। बंगलादेश से बड़े ही भयानक समाचार आए हैं। जो कुछ वहाँ हुआ है वह बर्बरतापूर्ण है। कोलम्बिया ब्राडकास्टिंग संवाददाता रिचार्ड थ्रेलकेल्ड के अनुसार—सत्ता-पलट के दिन स्वर्गीय बंगबन्धु के कुल 18 निकटतम संबंधी मार डाले गए! उनमें मुजीब की पत्नी, उनके तीन लड़के जिनमें उनका नौ साल का सबसे छोटा पुत्र भी था, दो पुत्रवधुएँ और दो भतीजे शामिल हैं। इस बर्बरता को समझ पाना कठिन है। यह तो सम्भव नहीं लगता कि खोंडकर मुश्ताक अहमद को मुजीब के साथ-साथ उनकी पत्नी और बच्चों से भी ऐसी निष्ठुर घृणा और भय था। यह घटना हमें उस बर्बर सामन्तवादी युग में ले जाती है, जब सिंहासन पर कब्जा करने के लिए भाई भाई की हत्या कर देता था। मुश्ताक अहमद बड़ी सहजता से अपने देश के कामकाज, भारत के साथ मैत्री, राजकीय नीति के चार बुनियादी सिद्धान्तों—राष्ट्रीयता, समाजवादी, धर्म-निरपेक्षता एवं लोकतन्त्र—आदि की बातें कर रहे हैं। परन्तु श्री अहमद की इन बातों का मेल इस जघन्य कृत्य से कहाँ बैठता है? सर्वोच्च सैनिक सत्ता हस्तगत करते हुए लोकतन्त्र की बातें वे क्यों कर रहे हैं, यह तो मैं समझ सकता हूँ। सभी तानाशाह इसी ढंग से बातें करते हैं। हमारे ही देश में श्रीमती गाँधी इसका उदाहरण हैं। परन्तु मुजीब के समस्त परिवार को मिटा देने की जरूरत क्या थी? क्या यह भय था कि यदि उनके परिवार का एक भी सदस्य जीवित बचा तो वह देश के अन्दर मुजीब-समर्थक शक्तियों का संयोजन-केन्द्र बन सकता है? अथवा क्या यह भी सम्भव है कि यह कुकृत्य श्री अहमद के निर्देशानुसार नहीं हुआ और न विद्रोही सेनानायकों के संयुक्त आदेश से हुआ, बल्कि किसी सैनिक अधिकारी या कई अधिकारियों ने मिलकर, मुजीब के विरुद्ध गम्भीर व्यक्तिगत द्वेष तथा ऐसे जघन्य रूप में प्रतिशोध लेने की भावना से प्रेरित होकर, यह काम किया? भगवान् जाने। कालान्तर में सचाई शायद निकल आए। चाहे जो भी हो, इतिहास में इसकी गिनती सबसे काले राजनीतिक कुकृत्यों में की जाएगी।

आज के समाचारपत्रों में श्रीमती गाँधी-करंजिया की भेंट-वार्ता छपी है। अधिकांशतः इसमें वही पुरानी बातें हैं—जैसे आत्म-पवित्रता, अहंभाव तथा देश के उद्धारक होने का दर्प-प्रदर्शन। परन्तु उसमें दो ऐसे वक्तव्य हैं जिनके प्रकट अर्थ के अनुसार भारतीय लोकतन्त्र जीवित रहेगा, ऐसी आशा पैदा होती है। उस लोकतन्त्र के हाथ-पैर चाहे बँधे हों और उसकी जुबान बन्द हो, परन्तु वह साँस ले रहा है और जीवित तो है! वे वक्तव्य हैं : (1) कोई नया संविधान नहीं बनेगा; मौजूदा संविधान ही कायम रहेगा, यद्यपि श्रीमती गाँधी की सत्ता को स्थायी बनाने के लिए उसमें आवश्यक संशोधन किए जा सकते हैं। (2) चुनाव होंगे, यद्यपि उनकी तिथियाँ अभी घोषित नहीं की जा सकतीं। ऐसे वक्तव्यों के लिए हम आभारी हैं। लेकिन श्रीमती गाँधी चुनाव तभी कराएँगी जब वे वह समझ लेंगी कि ऐसी स्थिति पैदा हो गई है जिसमें उनकी विजय सुनिश्चित है। वास्तव में, आपातकाल की घोषणा इसी उद्देश्य से की गई। इसमें शक नहीं कि गुजरात के चुनाव के बाद विपक्षी दलों के एक होने की निश्चित सम्भावना प्रकट हुई थी तथा आंदोलन-जन्य जनजागरण को देखते हुए श्रीमती गाँधी के मन में भारी भय उत्पन्न हो गया था कि चुनाव में वे हार सकती हैं। सर्वोच्च न्यायालय में उनका जो मामला था उसको लेकर भी उन्हें चिन्ता होगी। इसीलिए तो उन्होंने लोक-प्रतिनिधित्व कानून तथा संविधान में संशोधन करके अपनी स्थिति को मजबूत बना लिया। ये सारी गिरफ्तारियाँ, आपातकाल की घोषणा, समाचारपत्रों की स्वतन्त्रता तथा नागरिकों की अभिव्यक्ति एवं संगठन आदि संबंधी मौलिक अधिकारों का दमन, कानून एवं संविधान में संशोधन—इन सब कार्रवाइयों का एक ही लक्ष्य है कि श्रीमती गाँधी की गद्दी निरापद और सुरक्षित रहे। (बाद की घटनाओं ने मेरी भविष्यवाणी के अन्तिम अंश को सही सिद्ध किया है।)

इस भेंट-वार्ता में एक दिलचस्प चीज यह है कि श्रीमती गाँधी यह स्वीकार करती हैं कि पहले का दस-सूत्री कार्यक्रम क्रियान्वित नहीं किया गया। परन्तु वे आगे कहती हैं कि अगर कोई काम पहले नहीं हुआ तो वह अब भी न हो, यह मानने का कोई कारण नहीं है। उन्होंने कहा कि हम लोग पूरी शक्ति से कोशिश कर रहे हैं और 'अनुशासन' की एक नयी भावना और एक नया मनोबल प्रकट हुआ है। बेचारे मोहन धारिया तथा अन्य युवा तुर्कों को भारी मूल्य चुकाना पड़ा, क्योंकि उन्होंने श्रीमती गाँधी को दस-सूत्री कार्यक्रम का स्मरण दिलाया। कम-से-कम अब उन्हें यह देखकर खुश होना चाहिए कि उनकी बात पर विचार तो किया गया है। मैं नहीं समझता कि श्रीमती गाँधी के अनुसार देश में जो

नयी भावना है, उसके बावजूद बीस-सूत्री कार्यक्रम की क्रियान्विति के बारे में मैंने प्रधानमन्त्री को अपने पत्र में जो लिखा है, उससे अधिक आशावान वे होंगे।

अब, अनुशासन की नयी भावना और मनोबल की बात लीजिए। यहाँ भी मैं बता दूँ कि जिनके हाथ में प्रशासन है, वे इस बात से प्रसन्न हैं कि कर्मचारियों तथा नीचे के लोगों में पहले से ज्यादा अनुशासन है। मुझे इसमें तो शंका नहीं है परन्तु श्रीमती गाँधी को जानना चाहिए कि भय से उत्पन्न अनुशासन गौरव करने की चीज नहीं है। भय से किसी राष्ट्र का निर्माण नहीं किया जा सकता। जिस प्रकार भय के वातावरण में पला हुआ बच्चा बड़ा होने पर भी मानसिक रूप से रुग्ण रहता है, उसी प्रकार भय से जो राष्ट्र बनेगा, वह रुग्ण होगा। पता नहीं, श्रीमती गाँधी को मनोबल कहाँ दिखाई देता है। भय के वातावरण में अनुशासन हो सकता है, लेकिन मनोबल नहीं। अनुशासन का निर्माण एक दोहरी प्रक्रिया है। हमारे शासकों ने हाल के वर्षों में अनुशासन का कम ही परिचय दिया है, चाहे वह भ्रष्टाचार या सत्ता के संघर्ष आदि के क्षेत्र में हो। ऐसी स्थिति हर क्षेत्र में रही है, अपने घर के क्षेत्र में भी।

श्री करंजिया ने मेल-मिलाप का प्रश्न भी उठाया है। यहाँ भी मुख्य रूप से जयप्रकाश नारायण ही श्रीमती गाँधी के लिए हौआ बने हुए हैं। जो हो, मैं श्रीमती गाँधी के कथनों पर अब टिप्पणी नहीं करना चाहता। मैं अपने ही विचारों को संक्षेप में लिपिबद्ध करना चाहूँगा।

विरोधी पक्ष अपनी सफाई खुद देगा। परन्तु विरोधी पक्ष की स्थिति में अपने आपको रखकर मैं पूछना चाहता हूँ कि उसके लिए मेल-मिलाप का क्या अर्थ है। स्पष्टतः श्रीमती गाँधी की दृष्टि में इसका अर्थ यह है कि विरोधी पक्ष अपनी विरोध की भूमिका छोड़ दे, क्योंकि भेंट-वार्ता की रिपोर्ट के अनुसार उन्होंने कहा है : "कोई कदम उठाने के पूर्व परिस्थिति का कुछ और अध्ययन हमें कर लेना है, कारण विरोधी मोर्चे ने अपनी भूमिका छोड़ दी है, इसमें मुझे बहुत शक है।" मैं चाहता हूँ कि श्री करंजिया ने पूछा होता कि उनके इस कथन का क्या अर्थ है। क्या वे चाहती हैं कि विरोधी पक्ष मैदान से हट जाए और श्रीमती गाँधी का पूर्ण समर्थन करने का वचन दे, और संसद में, सभाओं में तथा समाचारपत्रों में केवल कुछ मामूली शोर मचाने के अलावा, भारतीय कम्युनिस्ट पार्टी जैसी आदर्श 'विरोधी' पार्टी की तरह, सदाचरण करे, बस? हैरत होती है इन बातों पर।

मेरी दृष्टि में संसदीय लोकतन्त्र के अन्तर्गत विरोधी पक्ष की भूमिका यह है कि चुनाव की प्रक्रिया से वह शासक पक्ष की जगह लेने का प्रयास करे। दो चुनावों के बीच, विरोधी पक्ष का एक काम तो यह है कि वह संसद में सरकार का विरोध करे, और प्रचार-कार्य, रचनात्मक कार्य, शान्तिपूर्ण प्रदर्शन तथा अन्य लोकतान्त्रिक उपायों से जनता का समर्थन प्राप्त करने की कोशिश करे, और दूसरी तरफ सरकार पर जनमत का दबाव डालकर तथा प्रशासनिक या विधायन संबंधी कार्यों के जरिए प्रक्षुब्ध जनता को राहत पहुँचाकर मतदाता वृन्द पर अपने प्रभाव-क्षेत्र का विस्तार करे।

सामान्य रूप से, सविनय अवज्ञा का सहारा लेना विपक्षी पक्ष के कार्यक्रम का अंग नहीं होता। परन्तु वह सविनय अवज्ञा का सहारा लेने के लिए ऐसे विरल अवसरों पर बाध्य होता है, जब सरकार भ्रष्टाचार तथा अन्य ऐसे गलत कार्य करने पर या जनता की तीव्र आवश्यकताओं की पूर्ति के लिए छेड़े गए आंदोलन को दबाने पर तुल जाती है।

सामाजिक एवं आर्थिक उत्पीड़न के ऐसे क्षेत्र हो सकते हैं जहाँ सविनय अवज्ञा करना उचित नहीं है, परन्तु सत्याग्रह छेड़ना जरूरी हो सकता है। ऐसे सत्याग्रह में सामाजिक कार्यकर्ता या विरोधी गुट भी शामिल हो सकते हैं। और, यदि सरकार उत्पीड़कों की ओर से भारी दमन करने लगे तो सत्याग्रह सविनय अवज्ञा का रूप भी ले सकता है। भारत के विभिन्न भागों में जहाँ काँग्रेस सत्तारूढ़ रहीं है, ऐसा बार-बार हुआ है। विरोधी पक्ष इस प्रकार के सत्याग्रह से अलग रहने का वचन कभी नहीं दे सकता।

अब एक आखिरी सवाल रह जाता है : क्या किसी निर्वाचित सरकार और विधायिका को सविनय अवज्ञा द्वारा अपदस्थ किया जाना उचित है, जैसा कि बिहार में हुआ है? इस सवाल का उत्तर कई बार दिया जा चुका है और इसके संवैधानिक औचित्य का परीक्षण भी योग्य विधानवेत्ताओं ने किया है। मैंने भी इस संबंध में लिखा है और प्रधानमन्त्री को लिखे गए अपने पिछले ही पत्र में मैंने इसकी चर्चा की है। उन सब बातों को यहाँ फिर दुहराने की आवश्यकता नहीं है। फिर भी दो सम्बन्धित मुद्दों की—जो बहुत ही महत्त्वपूर्ण हैं—संक्षेप में चर्चा करना जरूरी है। एक तो यह कि

कोई नहीं कहता कि निर्वाचित सरकारों और विधायिकाओं को हटाने के लिए सविनय अवज्ञा–श्रीमती गाँधी के शब्दों में–विरोधी मोर्चे की सामान्य कार्य-पद्धति बन जाए। केवल अपवादात्मक परिस्थिति में ही ऐसे मार्ग का अनुसरण किया जाना चाहिए। दूसरा यह कि जहाँ भी कोई निर्वाचित विधायिका और सरकार अपदस्थ की गई या अपदस्थ की जाने वाली है, वहाँ नयी सरकार और विधायिका की स्थापना विधि-सम्मत आम चुनाव के द्वारा ही होनी चाहिए।

अब मुझे नहीं मालूम कि श्रीमती गाँधी चाहती यह हैं कि विरोधी पक्ष अपने इन विचारों को, जो उनके अनुसार उसकी 'भूमिका' है, छोड़ दे। परन्तु, यदि वे व्यक्तिगत दृष्टि से यह सोचती हैं कि 25 जून, 1975 को विरोधी मोर्चे द्वारा पारित प्रस्ताव के अनुसार उनके त्यागपत्र की बात कायम है, तो मेरी दृष्टि से सर्वोच्च न्यायालय द्वारा उनकी अपील पर निर्णय होते ही यह सवाल खत्म हो जाता है। यदि निर्णय उनके विरुद्ध होता है जिसकी सम्भावना नहीं है, तो शायद उस निर्णय को अप्रभावी कर देने के लिए कोई अध्यादेश भी उनके पास तैयार पड़ा होगा। उस स्थिति में यह सम्भव नहीं है कि विरोधी पक्ष उनके त्यागपत्र की माँग छोड़ देगा, क्योंकि तब यह माँग उचित होगी। लेकिन विरोधी पक्ष उस उद्देश्य की पूर्ति के लिए कोई सविनय अवज्ञा आंदोलन छेड़ देगा, इसकी सम्भावना नहीं है। विरोधी पक्ष आज जिस स्थिति में है, उसमें बहुत सम्भव है कि वह चुनाव की तैयारी में, जो श्रीमती गाँधी अपनी सुविधा के अनुसार निर्धारित किसी तिथि पर कराने वाली हैं, कमर कस कर भिड़ जाएगा।

मैं समझता हूँ, विरोधी पक्ष की भूमिका यही होगी और इसका मैं पूरी तरह अनुमोदन करूँगा। फिर मेरी भूमिका क्या होगी? मैं पूरी शक्ति के साथ चुनाव में पिल पड़ूँगा और विरोधी पक्ष के साथ कन्धा-से-कन्धा मिलाकर चुनाव-संघर्ष में हिस्सा लूँगा। स्वयं उम्मीदवार बनने या किसी दल या मोर्चे में शामिल होने की इच्छा मुझे नहीं है। परन्तु मैं पूरी कोशिश करूँगा कि विरोधी पक्ष की जीत हो। अपने देश का भविष्य बहुत कुछ इसी बात पर निर्भर करता है। इसलिए इस समय इस दायित्व से मुकरना एक राजनीतिक अपराध होगा।

इसके अलावा और क्या होगा? मेरे जनान्दोलन के सिद्धान्त का क्या होगा और संपूर्ण क्रांति में उसकी भूमिका क्या रहेगी, यही मेरी मुख्य चिन्ता का विषय है जिस पर मैं लिख रहा हूँ और इसी सिलसिले में अपने विचार प्रकट करने वाला हूँ।

23 अगस्त

आजादी के अब पूरे 28 वर्ष हो गए। इस बीच हमारे समाज के आर्थिक-सामाजिक एवं राजनीतिक ढाँचे में कोई वास्तविक परिवर्तन नहीं हुआ है। जमींदारी की प्रथा उठा दी गई है, भूमि-सुधार के कानून भी पारित किए गए हैं और अस्पृश्यता पर कानूनी रोक लगा दी गई है। ऐसे अन्य कुछ काम भी हुए हैं। परन्तु भारत के अधिकांश भाग में गाँव पर अब भी ऊँची जातियों का, बड़े और मंझोले भूमिपतियों का कब्जा है। भारत के अधिकांश राज्यों के अधिकतर गाँवों में–जो शायद देश का नब्बे प्रतिशत भाग घेरते हैं–छोटे तथा मंझोले भूमिपतियों, भूमिहीनों, पिछड़े वर्गों तथा हरिजनों का ही बहुमत है। फिर भी उनकी स्थिति दयनीय है। हरिजनों को आज भी जिन्दा जला दिया जाता है। हरिजनों के अलावा आदिवासी ही सबसे पिछड़ा हुआ वर्ग है, और इन आदिवासियों को वे महाजन (जिनमें बहुत सारे भूमिवान् और दुकानदार शामिल हैं) जो अपने-आपमें सम्भवतः छोटे ही होते हैं, निर्दयतापूर्वक ठगते हैं और उनका शोषण करते हैं। ये आदिवासी मैदानी इलाकों के लोगों को 'दिक्कू' कहते हैं।

कुछ उद्योगों, बैंकों तथा जीवन-बीमा कम्पनियों का राष्ट्रीयकरण हुआ है। रेलवे का तो राष्ट्रीयकरण बहुत पहले हो चुका था। सार्वजनिक क्षेत्र में कुछ नए और बड़े उद्योगों की स्थापना हुई है। लेकिन यह सब मिलकर राजकीय पूँजीवाद को जन्म देते हैं तथा अकुशलता, बरबादी और भ्रष्टाचार में वृद्धि करते हैं। राजकीय पूँजीवाद का अर्थ है राज्य की सत्ता, मुख्यतः राजकीय नौकरशाही की सत्ता में या जिसे गालब्रेथ ने सार्वजनिक नौकरशाही की संज्ञा दी है, वृद्धि होना। इस ढाँचे में समाजवाद का कोई तत्त्व या गुण नहीं है। श्रमिक वर्ग का, जनता का, या यूँ कहिए, आम लोगों का कोई स्थान इस ढाँचे में नहीं है, सिवा इसके कि वे मजदूर या उपभोक्ता मात्र हैं। उसमें न तो बहुचर्चित आर्थिक लोकतन्त्र और न औद्योगिक लोकतन्त्र ही है। इसका यह अर्थ नहीं कि मैं समाजवाद का विरोधी हूँ। चूँकि समाजवाद में मुझे

गहरी दिलचस्पी है, इसलिए मैं इन सब बातों की ओर संकेत कर रहा हूँ। अफसोस यह है कि हमारे समाजवादी बन्धु राष्ट्रीयकरण को ही बहुत दूर तक समाजवाद के समकक्ष मान लेते हैं।

शिक्षा-व्यवस्था बुनियादी रूप से वही रह गई है जो अंग्रेजी शासन में थी; यानी शिखर पर पहुँचाने वाले सोपान तुल्य वर्ग-शिक्षा का रूप उसका रह गया है, बावजूद इसके कि उसके सुधार के लिए कई कमिटियाँ और आयोग बनाए गए। इस संबंध में बहुत कुछ कहा जा सकता है, परन्तु उसके लिए यह स्थान नहीं है। यहाँ तो मैं केवल यह दिखाने की कोशिश कर रहा हूँ कि आजादी के बाद इतने वर्षों में समाज का ढाँचा किस प्रकार अपरिवर्तित रह गया है।

रस्म-रिवाज, तौर-तरीके, विश्वास, अंधविश्वास—ये सब आम लोगों के लिए बहुत कुछ वही रह गए हैं। उच्च वर्गों के लिए भी अधिकांशतः सतही परिवर्तन हुआ है।

आजादी के बाद राजनीतिक, सार्वजनिक एवं व्यावसायिक नैतिकता में लगातार पतन होता गया है।

यदि हम सामाजिक एवं आर्थिक विकास को लें तो बड़ी भयानक तसवीर सामने आएगी। जनसंख्या में तेजी से वृद्धि हो रही है। गरीबी भी बढ़ रही है; 40 प्रतिशत से भी अधिक लोग गरीबी की रेखा के नीचे हैं। भोजन-वस्त्र के अलावा पेय जल, पशुपयोगी नहीं मनुष्य के रहने लायक मकान, चिकित्सा-सेवा आदि ऐसी निम्नतम आवश्यकताएँ भी उपलब्ध नहीं हैं। एक तो विद्यालयों की संख्या कम है, अगर विद्यालय हैं भी तो शिक्षा दूषित है। आज के समाचारपत्र बताते हैं कि खनिज पदार्थों के मामले में बिहार सबसे धनी राज्य है; बिहार में जमीन अच्छी और अजस्र-सलिला नदियाँ हैं। तब भी बिहार भारत का सबसे गरीब राज्य क्यों है? गरीब के तथ्यों की यह सूची और भी लम्बी हो सकती है।

प्रश्न यह है कि सामान्य लोकतान्त्रिक प्रक्रिया से यह तसवीर बुनियादी रूप से बदल सकती है क्या? अगर विरोधी पक्ष जीत जाए तो भी तसवीर बदलेगी क्या? मुझे भय है कि नहीं बदलेगी। कानून पारित होते जाएँगे और लागू होते जाएँगे; रुपए भी खर्च किए जाएँगे। यह सारा होते हुए यदि भ्रष्टाचार का प्रवेश न हो तो क्या यह ढाँचा, व्यवस्था, समाज का यह रूप बदलेगा? मैं समझता हूँ कि नहीं बदलेगा। क्यों?

इस प्रश्न का उत्तर देने के पूर्व कुछ उदाहरण देकर मैं स्पष्ट करना चाहूँगा कि मेरा तात्पर्य क्या है। वैवाहिक परम्पराओं को, विशेषकर तिलक-दहेज की प्रथा को लीजिए जो बिहार, बंगाल, उत्तर प्रदेश और कुछ अन्य राज्यों में प्रचलित है। इस बुराई को कानून से दूर करने की कोशिश की गई है, परन्तु कानून निष्प्राण अक्षर की तरह रह गया है। इस बीच रोग बढ़ता जा रहा है जिसके फलस्वरूप अनेक परिवार नष्ट हुए हैं और बहुत-सी लड़कियों का जीवन बर्बाद हुआ है। कल तो जो जातियाँ इस अभिशाप से मुक्त थीं, वे भी तेजी से इस बुराई की शिकार हो रही हैं, क्योंकि यह सामाजिक बुराई उनकी नजर में कुलीनता की प्रतीक बन गई है। इस बुराई का इलाज इसके विरुद्ध जोरदार सामाजिक आंदोलन, शान्तिपूर्ण संघर्ष छेड़ने के अलावा और कुछ नहीं है। इसी प्रकार भूमि-सुधार तथा वासभूमि काश्तकारी कानून की क्रियान्विति तथा प्रशासनिक भ्रष्टाचार के निराकरण आदि की समस्याएँ हैं। यह सब करने के लिए जनसाधारण और जनसंघर्ष होना चाहिए। स्वभावतः इस संघर्ष के अगले मोर्चे पर युवक होंगे जिनमें छात्र भी शामिल हैं।

प्रश्न इससे भी बड़ा है। वह यह कि समाज में व्यवस्थागत परिवर्तन कैसे लाया जाए? अर्थात् जिसे मैंने संपूर्ण क्रांति का नाम दिया है, वह कैसे हो? समाज के हर क्षेत्र में, हर पहलू में क्रांति कैसे हो? यह प्रश्न और कठिन हो जाता है, जब हम यह भी कहते हैं कि संपूर्ण क्रांति शान्तिपूर्ण तरीके से, समाज के लोकतान्त्रिक ढाँचे को क्षतिग्रस्त किए बिना और जनता की लोकतान्त्रिक जीवन-पद्धति को प्रभावित किए बिना करनी है। इस रूप में देखा जाए तो सर्वाधिक विधि-निष्ठ एवं संविधान-निष्ठ लोकतन्त्रवादी भी यह स्वीकार करेगा कि यदि लोकतन्त्र को निर्वाचन, विधायन, नियोजन तथा प्रशासनिक क्रियान्वयन तक ही सीमित रखना है तो यह सारा कुछ कभी नहीं होगा। इसलिए आवश्यक है जनता की सीधी कार्रवाई। इस प्रकार की कार्रवाई में, और बातों के अलावा सविनय अवज्ञा, शान्तिमय प्रतिकार तथा असहयोग—संक्षेप में कहें तो व्यापकतम अर्थ में सत्याग्रह का समावेश होगा ही। ऐसे सत्याग्रह का एक अव्यक्त गूढ़ार्थ होगा आत्म-परिवर्तन—अर्थात् परिवर्तन चाहने वाली ऐसी कोई कार्रवाई शुरू करने के पूर्व अपने-आपको परिवर्तन कर लें।

मुझे स्मरण है, चन्द्रशेखर ने बार-बार मुझसे पूछा था कि बिहार आंदोलन या अन्य ऐसा कोई आंदोलन यदि काँग्रेस

का शासन हटाकर विरोधी पक्ष का शासन स्थापित करता है तो केवल इतने से वह क्या हासिल कर लेगा? क्या वह शासन वर्तमान शासन से अच्छा होगा? यह एक मौजू सवाल था और इस पर विरोधी दलों को विचार करना चाहिए। विरोधी पक्षों ने 1967 में जो कुछ किया, उससे बड़ी निराशा हुई थी।

चन्द्रशेखर को मैं जो उत्तर देता था, वह यह है कि आंदोलन का लक्ष्य बिहार में केवल शासन-परिवर्तन करना नहीं है; बल्कि इससे महत्तर लक्ष्य है जिसे मैंने संपूर्ण क्रांति के गागर में सागर की तरह भर दिया है। आंदोलन जारी रहेगा और उसका जारी रहना इस बात का एक प्रबल आश्वासन होगा कि विरोध-पक्षीय सरकार सदैव सावधान रहेगी तथा आंदोलन और भी तीव्रतर एवं सहजतर रूप से आगे बढ़ेगा, क्योंकि नयी सरकार उसे अपना पूर्ण सहयोग प्रदान करेगी। वस्तुतः मैं यहाँ इस बात पर जोर देकर कहना चाहूँगा—जैसा कि मैंने बिहार आंदोलन के दौरान अकसर कहा था—कि यदि बिहार सरकार ने आरम्भ में ही छात्रों के साथ सहयोग किया होता और उनकी बारह-सूत्री माँगों में उठाए गए प्रश्नों का परीक्षण कर उन्हें गम्भीरतापूर्वक हल करने की कोशिश की होती, तो बिहार के छात्र-आंदोलन द्वारा बिहार सरकार को हटाए जाने का सवाल ही नहीं पैदा होता। अब जैसा कि सुविदित है, मन्त्रिमण्डल को तथा विधानसभा को भंग करने की माँग बहुत बाद में तब उठी, जब तत्कालीन बिहार सरकार घोर हिंसा, दमन और झूठ का सहारा लेने लगी।

मैं जो कुछ कह रहा हूँ उसका तात्पर्य यह है कि जिस प्रकार के जनान्दोलन की मैं कल्पना करता हूँ, वह सम्बन्धित सरकार के सहयोग से अथवा संघर्ष के आधार पर आगे बढ़ सकता है। सर्वप्रथम इस सिद्धान्त का प्रतिपादन मैंने पूना में (23 जनवरी, 1975 को) आयोजित नागरिक अभिनन्दन समारोह में दिए गए अपने भाषण में किया था। परन्तु यह विचार मुझे उक्त अभिनन्दन समारोह में ही अचानक सूझा, ऐसी बात नहीं है। यह मेरे मन में हमेशा रहा है, और निश्चित रूप से पहले भी कई बार इसके बारे में मैंने चर्चा की थी। परन्तु चूँकि पूना नगर निगम विरोधी पक्ष के एक समाजवादी मेयर के हाथ में था, तथा उक्त नगर निगम में सत्ताधारी काँग्रेस के भी सदस्य थे और उन्होंने भी मेरे अभिनन्दन में भाग लिया था, इसलिए मैंने उस सिद्धान्त की यथासम्भव स्पष्ट व्याख्या करने की आवश्यकता समझी थी। पूजा के समाचारपत्रों के लिए यह एक नयी बात थी। इसलिए उन्होंने उसको प्रमुखता दी और राष्ट्रीय समाचारपत्रों ने उसे बहुत अच्छे ढंग से प्रकाशित किया। इसी कारण उस समय लोगों ने यह समझा कि मैंने एक नया कदम उठाया है। वास्तव में, बिहार के कुछ विरोधी नेताओं ने भी उस समय ऐसा महसूस किया। आंदोलन शुरू करने के लिए जो पद्धति निर्धारित की गई, उसमें ही इस स्थिति की अव्यक्त स्वीकृति निहित थी। पहले तो ऐसी अनेक माँगें उठाई गई थीं जो जनता के लिए अत्यन्त महत्त्वपूर्ण थीं और उन्हें मुख्यमन्त्री के सामने प्रस्तुत किया गया था। इस पर यदि मुख्यमन्त्री कहते कि अच्छी बात है, आइए हम लोग एक साथ बैठें और प्रस्तुत समस्या पर विचार करें, और मैं इन समस्याओं को हल करने और मन्त्रिमण्डल में भ्रष्टाचार जैसी बुराइयों को मिटाने में आपके साथ सहयोग करने के लिए तैयार हूँ, तो यह संघर्ष (जो अब भी एक संघर्ष ही है, परन्तु यह संघर्ष सरकार के विरुद्ध नहीं, बल्कि कुछेक बुराइयों के विरुद्ध और कुछ परिवर्तनों एवं लक्ष्यों की पूर्ति के लिए है) सहयोग का रास्ता अपना लेता। अभी तक तो किसी भी काँग्रेसी सरकार ने इस मार्ग का अनुसरण नहीं किया है। अकसर छात्रों की माँग का कोई उत्तर ही नहीं आता, या यदि आता भी है तो वह टाल-टटोल करने वाला और विषयेतर होता है।

27 अगस्त

इन टिप्पणियों में आज पुनः व्यवधान हो रहा है। कल प्रभा और शीला को पत्र लिखते समय मुझे इसकी कल्पना नहीं थी कि पटना की बाढ़ इतनी भयानक है। आज के 'हिन्दुस्तान टाइम्स' में उसका दर्दनाक विवरण छपा है। ऐसे समय में जब हमारे लोग एक अभूतपूर्व संकट में फँसे हैं, मैं वहाँ चुपचाप बैठा हुआ हूँ। इस स्थिति में बहुत ही दुखी और असहाय अनुभव करता हूँ। गरीब और निम्न मध्यम वर्ग के लोग नरक-तुल्य कष्ट से गुजर रहे होंगे। जो लोग एक-मंजिला खपरैल मकानों या पक्के घरों में भी होंगे, उनका सब कुछ लुट गया होगा। अपने सामान हटाकर वे कहाँ ले जा सके होंगे? पता नहीं, महिला चर्खा समिति का जिसकी सतह इतनी नीची है, क्या हाल हुआ होगा। वहाँ पानी अवश्य ही

छह से आठ फुट तक चला गया होगा। शहर के सामान्य लोग भूखों मर रहे होंगे। और पेयजल का क्या पूछना है? पानी की समस्या भोजन से भी अधिक गम्भीर बन गई होगी। अधिकांश लोग बाढ़ का अशुद्ध जल पी रहे होंगे। मालूम नहीं कि राहत के क्या काम वहाँ चल रहे हैं। ऐसे संकट में बिहार सरकार बहुत कर पाएगी, इसमें मुझे संदेह है। सेना और वायुसेना इस कार्य में अधिक सहायक हो सकती है।

गैर-सरकारी स्तर पर राहत का काम संगठित करने के लिए एक महीने या कम-से-कम पन्द्रह दिनों के पेरोल पर अपनी रिहाई की माँग करने के सम्बन्ध में सोच रहा हूँ। यातायात के सभी साधन अस्त-व्यस्त हो गए होंगे, इसलिए काम करना तो कठिन होगा। परन्तु मैं बाढ़-मुक्त क्षेत्रों के युवकों को इसमें लगा सकता हूँ और अन्य राज्यों से सहायता भी मँगा सकता हूँ। ज्यों-ज्यों मैं इस विषय में सोचता हूँ, लगता है कि बहुत कुछ किया जा सकता है। राज्य के सभी लोकप्रिय नेता जेल में हैं। अधिकांश काँग्रेसी नेता भ्रष्ट और आरामतलब हैं। बिहार का प्रशासन भी बहुत सक्षम नहीं है। आज अपराह्न तक मैं यह निश्चय कर लूँगा कि पेरोल माँगना चाहिए या नहीं। मुझे स्मरण है कि 1934 के महा भूकम्प के समय ब्रिटिश सरकार ने राजेन्द्र बाबू को हजारीबाग जेल से रिहा कर दिया था। किसी की प्रार्थना पर नहीं, सरकार ने खुद उनको रिहा किया था। परन्तु सच पूछिए तो श्रीमती गाँधी ब्रिटिश साम्राज्यवादियों की तरह मानवीय या कमजोर नहीं हैं।

प्रधानमन्त्री को यहाँ के उपायुक्त (चण्डीगढ़ के डेपुटी कमिश्नर) के द्वारा निम्नलिखित संदेश भेजने का मैंने निश्चय किया है।

प्रधानमन्त्री,
नयी दिल्ली।

पटना और बिहार की बाढ़ की खबरों से बहुत क्षुब्ध हूँ। जहाँ तक पटना का इतिहास मालूम है, वह ऐसे संकट से कभी नहीं गुजरा था। मैं यहाँ चुपचाप बैठा रहा हूँ, यह बड़ी मायूसी और बेबसी की स्थिति है। एक माह के लिए पेरोल पर रिहाई के लिए अनुरोध कर रहा हूँ, ताकि राज्य के अन्दर-बाहर के लोगों से सहायता जुटा सकूँ और राज्य तथा केन्द्र सरकारों के सहयोग से गैरसरकारी राहत का कार्य संगठित कर सकूँ। बाढ़ अगर कम हो जाती है तो भी काफी काम करने को रहेगा। 1934 में बिहार के महा भूकम्प के साथ अंग्रेजों ने राजेन्द्रबाबू को हजारीबाग जेल से इसी प्रकार के काम के लिए रिहा कर दिया था। इस ओर शीघ्र ध्यान देने और कार्रवाई करने के लिए निवेदन है।

–जयप्रकाश

मैंने अनुरोध किया है कि यह संदेश दूरभाष से या जरूरी तार से भेज दिया जाए।

28 अगस्त

अभी दिल्ली से उत्तर की अपेक्षा करना उचित नहीं होगा। अधिक सम्भव है कि मेरे तार का कोई असर ही न हो। यह खेद की बात होगी। क्योंकि, यह परिस्थिति और मेरा निवेदन श्रीमती गाँधी को उस स्थिति से निकलने के लिए एक बहुत अच्छा अवसर प्रदान करता है जिसका औचित्य, निष्पक्ष भारतीय एवं विश्व जनमत की नजर में, सिद्ध उनके लिए इतना कठिन हो रहा है। इसके लिए यह एक ही रास्ता उनके सामने रह गया है कि आन्तरिक अशान्ति के खतरे को खूब बढ़ा-चढ़ाकर वे दिखाएँ। इस पर विश्वास कोई नहीं करता। जिस दलदल में वे फँस गई हैं, उससे अगर वे निकलना चाहती हैं तो 1934 के बिहार-भूकम्प की तरह आज की परिस्थिति में कोई योग्य कदम उन्हें उठाना चाहिए। यह स्मरणीय है कि गोलमेज सम्मेलन की विफलता के बाद जब गाँधी जी स्वदेश लौटे तो ब्रिटिश सरकार ने आक्रामक कार्रवाई शुरू कर दी। काँग्रेस कार्यकारिणी की बैठक मणि भवन, गामदेवी, बम्बई में चल रही थी। उसी समय जहाँ तक मुझे स्मरण है जवाहरलाल जी बम्बई मेल द्वारा (छेवकी से) बम्बई जाने के रास्ते में माणिकपुर में पकड़ लिए गए। मैं उनके साथ ही यात्रा कर रहा था, क्योंकि मैं उस समय स्वराज्य-भवन स्थित अखिल भारतीय काँग्रेस कमिटी के दफ्तर में कार्य करता था। (खान अब्दुल गफ्फार खाँ पहले ही पेशावर में पकड़े जा चुके थे।) देशभर में काँग्रेस नेताओं की धर-पकड़ हुई थी। गाँधी जी को भी गिरफ्तार कर यरवदा जेल में डाल दिया गया था। इसके प्रतिक्रियास्वरूप सविनय

अवज्ञा आंदोलन जो गाँधी-इरविन-संधि के फलस्वरूप निलम्बित हो गया था, फिर शुरू हो गया। यह घटना जनवरी 1933 की है।

1934 के आरम्भ में यह आंदोलन औपचारिक रूप से तो जारी था; परन्तु व्यापक पैमाने पर सविनय-अवज्ञा आंदोलन नहीं चलाया जा रहा था, बल्कि चुपचाप भरती किए गए व्यक्तियों द्वारा चलाया जा रहा था। वे पूर्व घोषित तिथियों पर खुले रूप में सामने आकर भूमिगत राज्य या जिला काँग्रेस कमिटियों द्वारा, जो वस्तुतः सत्याग्रह कमिटियाँ थीं, निर्धारित कार्यक्रम के अनुसार विनयपूर्वक कानून-भंग करते थे। इसलिए जब राजेन्द्रबाबू अपने कारावास की समाप्ति के कुछ महीने पूर्व ही रिहा कर दिए गए तो कुछ समय तक सविनय-अवज्ञा आंदोलन औपचारिक रूप से समाप्त नहीं किया गया था। चूँकि कार्यकारिणी के सदस्य अब भी जेल में ही थे, इसलिए आंदोलन को आधिकारिक रूप से समाप्त भी नहीं किया जा सकता था। परन्तु महा भूकम्प जैसा प्राकृतिक संकट उपस्थित था, ऐसे समय में राजेन्द्रबाबू या बिहार के अन्य कोई नेता आंदोलन को जारी रखने की बात सोच नहीं सकते थे। उनका पहला और तात्कालिक कर्तव्य यह था कि अपने-आपको भूकम्प-पीड़ित लोगों की सेवा में लगा दें। एक रिलीफ कमिटी का गठन तो पहले ही हो चुका था। परन्तु जब राजेन्द्रबाबू ने बागडोर अपने हाथ में ली तो संपूर्ण वातावरण में बिजली की-सी लहर दौड़ गई। विशाल पैमाने पर राहत के कार्य तुरन्त शुरू हुए और मुझे याद है कि राजेन्द्रबाबू का राहत-कोष वाइसराय के राहतकोष के करीब-करीब बराबर हो गया था। इसके बाद ही बिहार की जेलों से आम रिहाई हुई। स्वयं गाँधी जी मदद देने के लिए बिहार आए। जवाहरलाल जी भी पहुँचे। जमनालाल जी एवं अन्य अखिल भारतीय नेताओं ने भी राहत कार्यों में कुछ-न-कुछ भाग लिया। प्रो. जे. सी. कुमारप्पा ने हिसाब-विभाग सँभाला, और इसी तरह अन्य लोगों ने भी काम किए। इस प्रकार यद्यपि औपचारिक रूप से आंदोलन को वापस नहीं लिया गया था, परन्तु उस महा संकट ने राष्ट्रीय नेताओं का ध्यान आकृष्ट किया और उनकी सारी शक्ति उस ओर लग गई, जिसके फलस्वरूप सविनय-अवज्ञा का कार्यक्रम सम्मानजनक रूप से समाप्त हो गया। ब्रिटिश सरकार ने भी इस स्थिति को स्वीकार किया और जो विशेष दमन के कानून जारी किए गए थे, उन्हें या तो वापस ले लिया गया अथवा उसकी अवधि यों ही समाप्त हो गई। सभी बन्दी भी कुछ ही महीने में रिहा कर दिए गए। उनका कारावास-काल या तो पूरा हो चुका था, अथवा सरकारी नीति के फलस्वरूप वे रिहा कर दिए गए।

अगर श्रीमती गाँधी परिस्थिति को सामान्य बनाने के लिए उत्सुक हैं तो बिहार की बाढ़ के कारण उन्हें एक अवसर मिला है। अगर मेरी रिहाई पेरोल पर या अन्य किसी रूप में हो जाती है तो मेरा पहला कर्तव्य यह होगा कि मैं अपने को तथा बिहार एवं अन्य राज्यों में जितने भी मेरे मित्र और साथी हैं, उन्हें जनता की सेवा में लग जाने को कहूँगा, क्योंकि इस समय आंदोलन या संघर्ष की बात सोचना जनता के इस अभूतपूर्व संकट का उपहास करने जैसा होगा। इस प्रकार बिहार आंदोलन स्वाभाविक रूप से स्थगित हो जाएगा। मैंने प्रधानमन्त्री को भेजे गए अपने संदेश में कहा है कि मैं राज्य अथवा केन्द्रीय सरकारों के साथ मिलकर काम करूँगा। इस बात से उनकी आशंकाएँ दूर हो जानी चाहिए। ऐसी परिस्थिति में आंदोलन से सम्बन्धित लोगों की जेलों से आम रिहाई एक तर्कपूर्ण कदम होगी। उन सबको राहत कार्य में लगा दिया जाएगा। मैं अखिल भारतीय नेताओं को भी मदद के लिए बिहार बुलाऊँगा। अखिल भारतीय पैमाने पर जो अंधाधुंध गिरफ्तारियाँ हुईं उनका बिलकुल कोई औचित्य नहीं था। और फिर राहत कार्य में हम सब लोगों का ध्यान एवं शक्ति लग जाने पर श्रीमती गाँधी के मन में ऐसी कोई आशंका नहीं रहनी चाहिए कि इस प्राकृतिक संकट का इस्तेमाल मैं आंदोलन के लिए करूँगा। इस प्रकार देश में जो तनाव है, वह दूर होगा और लोकतन्त्र की पुनः स्थापना होगी तथा जिस सामान्य स्थिति की बात श्रीमती गाँधी बार-बार कहती हैं, वह भी लौटेगी।

प्रश्न है कि क्या श्रीमती गाँधी में यह सब समझने के लिए पर्याप्त कल्पनाशक्ति है? परन्तु शायद उससे भी अधिक गहरा प्रश्न यह है कि क्या श्रीमती गाँधी लोकतन्त्र और सामान्य स्थिति को लौटने देना चाहती हैं? कम-से-कम 1971 के बाद वे जो कुछ करती रही हैं उससे तो यह प्रकट होता है कि उनको लोकतन्त्र से ही भय है; क्योंकि उन्हें यह भरोसा नहीं है कि अगर लोकतन्त्र कायम रहा तो वे सत्ता में रह सकेंगी, और श्रीमती गाँधी को सत्ता में रहना ही है, चाहे उसका जो भी मूल्य चुकाना पड़े। इसलिए मुझे विश्वास है कि उनका कोई उत्तर नहीं आएगा। अगर आएगा

भी तो नकारात्मक उत्तर आएगा। यह भी तो हो। शायद वह भी अच्छा ही होगा। जनता को भी पता चल जाएगा कि श्रीमती गाँधी कितनी नीचे उतर सकती हैं। अन्तिम विजय तो जनता की ही होगी।

मुझे ऐसा लगता है कि उन्हें भयानक संकट के परिप्रेक्ष्य में बिहार की स्थिति को सामान्य बनाने की दिशा में कदम उठाने से रोक ले। वे यह भी सोच सकती हैं कि जयप्रकाश सहित सारा विरोधी पक्ष तथा बिहार के अनेक सर्वोदय नेता और कार्यकर्ता अगर जेल में बन्द रहते हैं तो बिहार को इस महासंकट से बचाने का सारा श्रेय उनको तथा पार्टी को एवं प्रादेशिक और केन्द्रीय शासन को ही मिलेगा। हाँ, सचमुच ऐसा वे सोच सकती हैं। परन्तु मुझे विश्वास है कि ज्यों ही सेना और वायु सेना राहत-कार्य असैनिक अधिकारियों के जिम्मे सौंपेंगी, त्यों ही बिहार सरकार और उसके प्रशासन की तथा बिहार के काँग्रेसजनों की अयोग्यता एवं भ्रष्टता प्रकट होगी। अतः जिस लाभ की अपेक्षा श्रीमती गाँधी को है वह नहीं मिलने वाला है। 1966-67 के बिहार-अकाल का अनुभव सामने है। मार्च 1967 में जो संविद सरकार सत्तारूढ़ हुई उसमें चाहे जो भी दोष रहे हों, राहत-कार्य के मामले में उसने काँग्रेस सरकार के मुकाबले अच्छा कीर्तिमान स्थापित किया। अस्तु, बिहार की जनता के लिए मैं आशा करता हूँ कि इस बार बिहार सरकार और काँग्रेस अपने चरित्र का अच्छा परिचय देगी। अगर इसका श्रेय उनको तथा श्रीमती गाँधी को मिलता है तो वे इसकी योग्य पात्र होंगी और इस पर किसी को आपत्ति नहीं होगी।

नोट—मैंने ऊपर राहत-कार्य पर शक्ति केन्द्रित करने की दृष्टि से, बिहार आंदोलन या संघर्ष को स्थगित करने के विषय में जो कुछ लिखा है, उसका अर्थ कहीं यह न समझ लिया जाए कि नजरबन्दी से मुक्ति पाने के लिए जाने-अनजाने कोई गुप्त चाल मैंने चली है। इसलिए मैं यहाँ अंकित करना चाहता हूँ कि बिहार के सामने ऐसी परिस्थिति जब-जब आई, तब-तब मेरी प्रतिक्रिया इसी ढंग से हुई है। 1966-67 के बिहार अकाल के समय भी मैंने बिलकुल यही किया था। उस समय भी अकाल-पीड़ित जिलों में सर्वोदय के सारे कार्य स्थगित कर दिए गए थे और सर्वोदय कार्यकर्ता दूसरे जिलों से हटकर अकाल-पीड़ित क्षेत्रों में भेज दिए गए थे। यहाँ तक कि अखिल भारतीय सर्वोदय नेताओं को भी आमन्त्रित कर इस काम में लगाया गया जिनमें श्री सिद्धराज ढड्ढा प्रमुख थे।

उस समय सर्वोदय कार्यकर्ताओं में (राहत-कार्य करने के प्रश्न पर) कुछ मतभेद तो था, परन्तु मोटे तौर पर भारी संख्या में उनका समर्थन राहत-कार्य के लिए प्राप्त हुआ। राममूर्तिजी ने ग्रामसभाओं के मार्फत राहत-कार्य पर बल दिया था और विनोबा जी ने उसका समर्थन किया था। परन्तु मुश्किल से आधे दर्जन ऐसे गाँव होंगे जहाँ ऐसी कार्यशील ग्रामसभाएँ थीं जो राहत जैसे बड़े काम कर सकती थीं। जो अपेक्षाकृत सुखी वर्ग हैं, सामान्यतः गाँवों में उनकी प्रवृत्ति यह रहती है कि उन्हीं की राहत का अधिक-से-अधिक लाभ मिल जाए। राहत-कार्य ग्रामसभाओं के द्वारा हो इस पर तो मुझे कोई आपत्ति नहीं थी। वस्तुतः मैं पूरे हृदय से यही चाहता भी था। परन्तु जिस विशाल पैमाने पर बिहार रिलीफ कमिटी राहत-कार्य चला रही थी, उसको देखते हुए, कुछ थोड़े-से अपवादों को छोड़, ग्रामसभाओं पर निर्भर रहना असम्भव था। पुनः, 1961 में मुंगेर जिले के कुछ हिस्से जैसे लखीसराय, खड़गपुर तथा आस-पास के अन्य क्षेत्र जो कभी बाढ़ से पीड़ित नहीं हुए थे, जब अचानक, विशेषकर पहाड़ों में अत्यधिक वृष्टि होने के फलस्वरूप, अभूतपूर्व बाढ़ की चपेट में आ गए थे तो उस समय भी मैंने यही नीति अपनाई थी।

पुनश्च—सम्भवतः सविनय-अवज्ञा आंदोलन चुपचाप समाप्त नहीं हो गया था, जैसा कि मैंने ऊपर लिखा है। या यदि ऐसा हुआ भी तो पटना में शायद मई 1934 में आयोजित अखिल भारतीय काँग्रेस कमिटी की बैठक में उसे औपचारिक रूप से वापस भी लिया गया था। 'हम' (काँग्रेस समाजवादियों) ने इसका विरोध भी किया था। परन्तु प्रस्ताव पारित हो गया था और एक रचनात्मक कार्यक्रम भी स्वीकृत हुआ था। उसी समय मैंने बिहार सोशलिस्ट पार्टी की ओर से समाजवाद में विश्वास रखने वाले काँग्रेसजनों का सम्मेलन बुलाया था और आचार्य नरेन्द्र देव ने उसकी अध्यक्षता की थी। प्रो. अब्दुल बारी स्वागत समिति के अध्यक्ष थे। यह सम्मेलन अंजुमन इस्लामिया हाल, पटना में हुआ था और सम्मेलन ने भारतीय राष्ट्रीय काँग्रेस के अन्दर समाजवादी काँग्रेसजनों का एक अखिल भारतीय दल बनाने के लिए मुझे संगठन-सचिव नियुक्त किया था। आज पीछे मुड़कर देखता हूँ तो लगता है कि भिन्न नीति, कार्यक्रम, सदस्यता, विधान और नियमों के आधार पर एक अलग दल बनाने का निर्णय गलत था। एक ढीला-ढाला ग्रुप या ब्लॉक बनाना बेहतर

होता और वह वैध भी होता। आला कमान ने उसके विरुद्ध कोई कार्रवाई नहीं की, क्योंकि स्वतन्त्रता के लक्ष्य के प्रति काँग्रेस समाजवादियों की सचाई, निष्ठा और भक्ति निर्विवाद थी।

30 अगस्त

पृष्ठ 48-49 पर जो कुछ मैंने लिखा है, उससे यह प्रकट होता है कि संघर्ष की मेरी जो कल्पना है, उसमें राज्यशासन के विरुद्ध संघर्ष होना अनिवार्य नहीं है। यह शासन को ही निश्चय करना है कि वह सहयोग या संघर्ष की नीति का अनुसरण करेगा। प्रश्न है कि काँग्रेस सरकारों के लिए यह कभी सम्भव नहीं हुआ कि जनता की माँगों को सामने रखते हुए वह सहयोग का रास्ता अपनाए। इस प्रश्न का उत्तर है काँग्रेसी मन्त्रियों में व्याप्त भ्रष्टाचार, जिसकी ओर प्रधानमन्त्री को लिखे गए अपने पत्र में मैंने संकेत किया है। श्रीमती गाँधी ने स्वयं धनी व्यापारियों से करोड़ों रुपए दल और चुनाव-व्यवस्था के लिए संग्रह किए हैं। उनका यह आचरण राजनीतिक भ्रष्टाचार का ही अंग है जिसने सर्वाधिक सत्ता-लोलुप काँग्रेसजनों की नैतिक भावनाओं को पूरी तरह नष्ट कर दिया है। दल और चुनाव के लिए कोष तो जवाहरलाल जी और श्रीबाबू के समय में भी (यहाँ केवल बिहार की चर्चा की जा रही है, परन्तु ऐसा सर्वत्र हुआ है) संग्रह किया जाता था। परन्तु उस समय अमल का पैमाना अपेक्षाकृत छोटा था और अधिकांश रुपए का हिसाब होता था। किसी भी स्थिति में ऐसा कभी नहीं हुआ कि सिर्फ जवाहरलाल जी को ही यह मालूम हो कि कितने रुपए इकट्ठे हुए। दूसरे लोगों को भी, जैसे सरदार पटेल या एस. के. पाटिल को इसकी जानकारी रहती थी। इस प्रक्रिया में अगर व्यापारिक सौदेबाजी भी होती थी तो ऐसे निर्लज्जतापूर्ण भ्रष्ट रूप में नहीं होती थी, जैसा श्रीमती गाँधी के समय में देखा-सुना गया।

चाहे जो भी हो, हाल के छात्र आंदोलनों का केन्द्र-बिन्दु भ्रष्टाचार था और राज्य एवं केन्द्र की काँग्रेस सरकारें इस प्रश्न का सामना करने के लिए तैयार नहीं थीं। इसलिए आंदोलन के प्रति सदैव शत्रुतापूर्ण रुख अपनाने के सिवा कोई रास्ता उनके सामने नहीं था। शायद इससे भी एक बड़ा कारण था, यद्यपि वह प्रकट नहीं था। जब काँग्रेस ने देखा कि आंदोलन को ऊपरी निदानों से शान्त नहीं किया जा सकता, क्योंकि उसका लक्ष्य समाज में बुनियादी परिवर्तन लाना है जिसमें बुनियादी राजनीतिक परिवर्तन—संक्षेप में संपूर्ण क्रांति—शामिल है, तो उसको हजम करना उसके लिए असम्भव हो गया। फिर तो सरकार की ओर से विरोध होना स्वाभाविक था, और ऐसा उसने आंदोलन पर कीचड़ उछालकर यह कहते हुए किया कि लोकतन्त्र खतरे में है, आन्तरिक उपद्रव का संकट उपस्थित है, आदि।

प्रश्न है कि क्या विरोधी दलों का आचरण इससे भिन्न होगा? यह तो अभी देखना बाकी है। परन्तु एक बार आंदोलन में शामिल होकर—चाहे उसका इस्तेमाल दलित और चुनावी उद्देश्यों के लिए ही क्यों न वे करें (राजनीतिक दलों के स्वभाव में ही यह बात निहित है)—वे अपने-आपको संपूर्ण क्रांति के अन्तिम लक्ष्य से प्रसिद्ध पाएँगे और साथ ही संघर्ष की प्रतिक्रिया से गुजर कर क्रांतिकारी भी बनेंगे। दलित उद्देश्यों के आंदोलन के इस्तेमाल का जहाँ तक प्रश्न है, मैं इससे इनकार नहीं कर सकता कि बिहार में ऐसा करने की कोशिश उन्होंने की है और जो दल जितना ही अधिक संगठित और अनुशासित है, वही इस मामले में अधिक अपराधी है। लेकिन संपूर्ण तसवीर को देखते हुए यह कहना गलत नहीं होगा कि सामान्यतः संघर्ष के हितों को दलित हितों से ऊपर ही रखा गया। इसके अपवाद वे ही स्थान हैं जहाँ एक दल का बोलबाला है और जहाँ छात्रों, नागरिकों एवं स्थानीय सर्वोदय कार्यकर्ताओं की निर्दलीय शक्ति दुर्बल है। वैसी स्थिति में सम्बन्धित दल ने अपने दलीय हितों को संघर्ष के हितों से एकरूप कर दिखाया है। निर्दलीय शक्तियों को मजबूत करने के लिए ही मैंने छात्र युवा संघर्ष वाहिनी के नाम से निर्दलीय युवकों और छात्रों का एक नया स्वयंसेवक दल खड़ा करने की कोशिश की थी। इन युवकों की एक बड़ी सभा पटना में 26 जून, 1975 को, जिस दिन मेरी गिरफ्तारी हुई, होने वाली थी और मैं ही उसको सम्बोधित करने वाला था।

शान्तिमय सामाजिक क्रांति या संपूर्ण क्रांति की इस कल्पना को साकार करने की दिशा में एक कठिनाई है। क्या संघर्ष के लिए आवश्यक मनोवैज्ञानिक वातावरण का निर्माण अपनी मर्जी पर किया जा सकता है? यदि नहीं, तो इस प्रकार के संघर्ष की कल्पना को साकार करना विनोबा जी के ग्रामस्वराज्य आंदोलन की तरह ही असम्भव है। यह ठीक है कि सामाजिक संघर्ष (यहाँ सामाजिक शब्द का उपयोग उसके व्यापक अर्थ में किया गया है) के लिए आरम्भिक

स्थितियाँ हमेशा गरीबी, बेरोजगारी, कुशिक्षा आदि के रूप में विद्यमान रहती हैं। परन्तु फिर भी संघर्ष की आग पैदा करने के लिए एक ऐसी चिनगारी की जरूरत है जो भारतीय समाज की सूखी बारूद को सुलगाने का काम कर सके।

फिर, एक दूसरी छोटी कठिनाई भी है। वह गैरकाँग्रेसी और गैर-सी. पी. आई. विरोधी दलों के विषय में है। जब तक कोई संघर्ष काँग्रेस सरकार के विरुद्ध संघर्ष का रूप नहीं लेता, तब तक इन दलों का रुझान उसकी तरफ नहीं हीगा, क्योंकि उस स्थिति में संघर्ष से कोई लाभ उनको होगा, यह कहना कठिन है। वस्तुतः उन्हें यह भय भी हो सकता है कि यदि यह संघर्ष निहित स्वार्थों के विरुद्ध है (जैसा कि उसके सार्थक होने के लिए आवश्यक है), तो इसमें भाग लेने से उनकी चुनावी सम्भावनाओं पर प्रतिकूल प्रभाव भी पड़ सकता है। परन्तु कुछ वामपन्थी दलों के विषय में यह सच नहीं भी हो सकता है।

क्या इन कठिनाइयों का कोई हल है? नहीं, यदि हम नए सिरे से काम करना शुरू करते हैं। भावी संघर्ष का संबंध अतीत के संघर्ष से होना चाहिए, और आपात्काल की घोषणा तथा गिरफ्तारियाँ होने के बाद संघर्ष जिस बिन्दु पर आकर रुका था, वहाँ से उसको फिर आगे बढ़ना चाहिए। हमारे लड़ाकू साथी जितने अधिक दिनों तक जेल में रहेंगे, उतना ही अच्छा आगे संघर्ष के हित में होगा। अभी की स्थिति में यह अनुमान करना कठिन है कि लोकसभा और विधानसभा के आम चुनाव यदि होने वाले भी हैं तो कब होंगे। पिछले वाक्य में 'यदि होने वाले हैं' यह कथन शायद गलत अनुमान पर आधारित है। पिछले दो महीनों के दौरान श्रीमती गाँधी ने अपने वक्तव्यों एवं मुलाकातों में बार-बार चुनाव कराने का वचन दिया है। यह कब होगा, प्रश्न इतना ही है। उनकी दृष्टि से चुनाव के लिए उपयुक्त समय तब आएगा, जब विरोधी दलों का मनोबल पूरी तरह टूट जाएगा और जनता का मन उनके बीस-सूत्री कार्यक्रम और मीठे वचनों से तथा ऐसी आकर्षक नीति-घोषणाओं से जीत लिया जाएगा, जो आतिशबाजी की तरह क्षणभर के लिए चकाचौंध पैदा करती हैं और फिर सारी चीज जहाँ की तहाँ रह जाती हैं। श्रीमती गाँधी के लिए जब वह क्षण आएगा, तभी चुनाव की तारीखें घोषित की जाएँगी और बन्दियों की भी रिहाई होगी। अगर सभी विरोधी नेता और दूसरे बन्दी जेलों में पड़े ही रहते हैं तो ऐसी स्थिति में चुनाव बिलकुल एक मजाक जैसा होगा। तब श्रीमती गाँधी के लिए भारतीय और विदेशी जनमत को और विशेषकर पाश्चात्य जनमत को यह विश्वास दिलाना कठिन होगा कि ऐसी परिस्थितियों में किए गए चुनाव कभी लोकतान्त्रिक हो सकते हैं। अंग्रेजों ने भी भारत में ऐसा करने का साहस नहीं किया था। अब दूसरे राज्यों में चाहे जो हो, बिहार में यदि स्वतन्त्र और निष्पक्ष चुनाव होते हैं तो काँग्रेस की जीतने की कोई सम्भावना नहीं है। तब अगर संघर्ष-समर्थक सरकार स्थापित होती है तो संघर्ष फिर से शुरू होगा। (प्रसंगवश, आज गुजरात में ऐसा किया जा सकता है; परन्तु लगता है वहाँ नव-निर्माण आंदोलन को वर्तमान अति-अनुकूल राजनीतिक परिस्थिति से जोड़ने वाला कोई नहीं है।) अस्तु, बिहार को ही सम्भवतः यह दिखाने का अवसर और सौभाग्य होगा कि जनता और सरकार के सक्रिय सहयोग से समाज को कैसे परिवर्तित किया जाता है। 'जन-सहयोग' और जनता की भागीदारी आदि की जो चर्चाएँ होती हैं उन पर मैं अवश्य यहाँ कुछ टिप्पणी करना चाहूँगा। श्रीमती गाँधी ही ऐसी चर्चाएँ बहुत बढ़-बढ़कर कर रही हैं और बरुआ—हाँ, वही श्री बरुआ जिनका कोई जवाब नहीं है—इस काम के लिए जन-समितियाँ तक बनाने में व्यस्त हैं। सामुदायिक विकास का काम जब जोरों पर था तो इस ढंग की बातें आमतौर पर की जाती थीं। परन्तु हम लोगों ने, जो उस समय नीचे के स्तरों पर गाँवों में काम कर रहे थे, यह देखा कि उन सब बातों का अर्थ क्या था। इसका अर्थ यह नहीं था कि जनता अपने अभिक्रम से कुछ करे। इसका अर्थ केवल यह था कि विकास की प्रक्रिया से जनता को जो भी लाभ हो रहा था, उसका लगभग सारा अंश गाँव के अपेक्षाकृत सुखी लोग उड़ा ले जाते थे।

बिहार के लिए मैं जिस स्थिति की कल्पना कर रहा हूँ, वह इससे भिन्न होगी। संघर्ष समितियाँ, जनता सरकारें वहाँ से काम शुरू करेंगी जहाँ वह आकर रुक गया है, और उस समय आंदोलन के जो कार्यक्रम थे, उनको लेकर वे संपूर्ण क्रांति के लक्ष्य की दिशा में आगे बढ़ेंगी। इसमें राज्य सरकार आवश्यकतानुसार मदद देगी और लेगी भी। यह एक उत्साहवर्द्धक तसवीर है। ईश्वर से मेरी प्रार्थना है कि इस ऐतिहासिक प्रक्रिया में यथासम्भव अपनी भूमिका निभाने के लिए वह और कुछ दिन मुझे जीवित रहने दे।

अन्य राज्यों के बारे में क्या कहा जाए? मैं समझता हूँ कि बिहार के उदाहरण से गति मिलेगी और आंदोलन संघर्ष तथा पुनर्निर्माण, प्रतिकार एवं सहयोग के रूप में फैलेगा।

31 अगस्त

प्रिय श्री देवसहायम्,

मैंने प्रधानमन्त्री से पेरोल पर रिहा होने के विषय में जो निवेदन किया है, उसके बारे में सोचता रहा हूँ। मुझे ऐसा लगता है कि प्रधानमन्त्री के मन में यह बात बैठी होगी कि इस अवसर का उपयोग मैं राजनीतिक उद्देश्यों के लिए भी कर सकता हूँ। इस कारण इस विषय में कोई ठोस निर्णय लेना उनके लिए कठिन होगा। इस बात का अनुमान करते हुए मैं आपसे अनुरोध करता हूँ कि प्रधानमन्त्री को आप यथाशीघ्र यह सूचित कर दें कि इस आधार पर शंका करने की कोई आवश्यकता नहीं है। अपनी रिहाई के समय का इस्तेमाल किसी राजनीतिक उद्देश्य के लिए करना अनैतिक और अराजनीतिक है, ऐसा मैं समझता हूँ। अवश्यमेव, इस समय राजनीति की बातें करना जनता के दुख-दर्द का उपहास करना होगा। कोई भी व्यक्ति जिसमें मानवीय सहानुभूति का एक कतरा भी शेष है, ऐसा करने की बात कभी नहीं सोचेगा।

प्रधानमन्त्री को भेजे गए अपने सन्देश का प्रारूप मैंने फिर से अभी पढ़ा है। (प्रसंगवश, वह तार की भाषा में लिखा गया था ताकि उसे दूरभाष या तार से भेजा जा सके।) सन्देश को फिर से मैंने देखा है। उसमें यह आश्वासन निहित है कि मैं अपने-आपको राहत कार्य तक ही सीमित रखूँगा। इस आश्वासन को 'राज्य और केन्द्रीय सरकारों के सहयोग' इन शब्दों के द्वारा स्पष्ट कर दिया गया है।

यदि आप यह स्पष्टीकरण दिल्ली भेज दें, ताकि मेरे निवेदन पर निर्णय लेने के पूर्व वह प्रधानमन्त्री तक पहुँच जाए, तो मैं आभारी रहूँगा।

आपका विश्वासभाजन
जयप्रकाश नारायण

31 अगस्त

कल मैंने जो लिखा वह संपूर्ण परिवर्तन के आंदोलन का एक मार्ग है और यह आंदोलन अन्य राज्यों में भी फैल सकता है। परन्तु दूसरा, और शायद अधिक सम्भावनापूर्ण मार्ग भी हो सकता है। जैसा कि गुजरात और बिहार के आंदोलन में देखा गया, अपेक्षाकृत एक छोटी हलचल से पैदा होकर वह आग की तरह फैल सकता है। गुजरात में छात्रावास के एक वार्डन के विरुद्ध छेड़े गए संघर्ष से आंदोलन शुरू हुआ और वह तेजी से बढ़ा। फलस्वरूप श्रीमती गाँधी और केन्द्रीय सरकार को गुजरात मन्त्रिमण्डल से त्यागपत्र दिलाने तथा अन्त में विधानसभा को विघटित करने के लिए बाध्य होना पड़ा। दुर्भाग्यवश, गुजरात में ऐसा कोई नहीं था जो आंदोलन को आगे ले चल सकता और तब तक उसे जारी रखता जब तक कि भ्रष्टाचार का निराकरण, शैक्षिक सुधार, बेरोजगारी का समाधान आदि उसके दूसरे लक्ष्य पूरे नहीं हो जाते। गुजरात के छात्रों के लिए यह विजय चकाचौंध पैदा करने वाली थी और इस सफलता से वे चकाचौंध में पड़ गए तो इसके लिए उन्हें दोष नहीं दिया जा सकता। उनकी इस सफलता के साथ-साथ मोरारजीभाई का उपवास हुआ, जिसके फलस्वरूप चुनाव हुए और जनता मोर्चे की विजय हुई। यह उस संघर्ष की एक बड़ी निष्पत्ति थी। परन्तु चन्द्रशेखर की तरह भावी इतिहासकार पूछ सकते हैं : ''आखिर यह सब किस लिए? अगर इतना ही होना था तो अगले चुनाव तक इन्तजार क्यों नहीं किया गया?'' श्रीमती गाँधी अपने प्रचार के सिलसिले में जो बातें बार-बार कहती हैं, उनमें यह भी एक है। अगर गुजरात आंदोलन का अन्त काँग्रेस को हटाने और जनता मोर्चे को सत्तारूढ़ करने मात्र से हुआ होता तो यह सवाल और यह प्रचार उचित होता। ऊपर से देखने पर ऐसा ही लगता है। परन्तु गहराई से सोचने पर हम अनिवार्यतः इस निष्कर्ष पर पहुँचते हैं कि गुजरात आंदोलन ने लोकतन्त्र की दिशा में, ऐसे संसदीय लोकतन्त्र की दिशा में भारत की प्रगति का पथ-प्रदर्शन किया है, जिसमें लोक अर्थात् जनता केवल निष्क्रिय अभिकर्ता नहीं है,

बल्कि वह सक्रिय रूप से अपने अधिकारों की माँग करने वाली तथा अन्त में आदेश देने वाली जनता है। गुजरात आंदोलन ने भारत में पहली बार संगठित दलों से आगे जाकर, अपनी इच्छाओं का उद्घोष करने वाली जनता की प्रधानता प्रतिष्ठित की है। यह ठीक है कि छात्र और युवक ही युद्ध का मोर्चा सँभालने वाले सिपाही थे। परन्तु यदि जनता का समर्थन उन्हें नहीं प्राप्त हुआ होता तो उनकी विजय नहीं होती। और, जनता ने छात्रों का समर्थन इसलिए किया कि उसकी शिकायतों, आकांक्षाओं और लक्ष्यों को (चाहे वे जितने भी अस्पष्ट रहे हों) उन्होंने अभिव्यक्ति दी। गुजरात आंदोलन के बाद भारत और भारतीय लोकतन्त्र कभी अपने पूर्व रूप में नहीं लौटेंगे। यह सब कहने के बाद मैं दुहराना चाहूँगा कि यह खेद की बात है कि (क) गुजरात आंदोलन की समाप्ति विधानसभा के विघटन के साथ हो गई, और (ख) एक मित्र और अनुकूल शासन से लाभ उठाकर ऐसा कोई क्रांतिकारी आंदोलन, चाहे उसे आप नव-निर्माण-आंदोलन कह लें या और कुछ, शुरू करने की कोशिश नहीं की जा रही है, जो यह नमूना पेश कर सके कि समाज में संपूर्ण क्रांति लाने के लिए सहयोग संघर्ष की जगह कैसे ले सकता है।

मैंने आरम्भ में जो मुख्य विषय उठाया था, उससे विषयान्तर हो गया लगता है। वह यह है कि गुजरात और बिहार के बाद यह कोई नहीं कह सकता कि कौन-सी छोटी चिनगारी कहाँ किस राज्य या क्षेत्र में क्रांतिकारी आंदोलन पैदा कर सकती है। इन दो उदाहरणों की तरह, हर जगह आंदोलन के लिए पूर्व-स्थितियाँ मौजूद हैं, और वह देश में कहीं भी शुरू हो कर फैल सकता है। भारत के अन्य भागों में बिहार जैसे आंदोलन के विकसित होने का यह एक ढंग है और इसके बारे में कोई भविष्यवाणी नहीं की जा सकती।

1 सितम्बर

अपने एक वक्तव्य में श्रीमती गाँधी ने मेरे तथा आंदोलन के मेरे सहयोगियों के संबंध में अप्रत्यक्ष रूप से चर्चा करते हुए कहा कि हमारी दृष्टि में छात्र कभी गलती नहीं कर सकते, वे बसें जला सकते हैं, दूसरे प्रकार की हिंसाएँ तथा उपद्रव कर सकते हैं, परन्तु हमारे लिए वे पवित्र हैं, उनके विरुद्ध कुछ नहीं कहा जा सकता आदि, आदि। मैंने श्रीमती गाँधी के कथनों पर टिप्पणी नहीं करने का निश्चय तो किया है, परन्तु इस प्रश्न पर मैं अवश्य कुछ कहूँगा; क्योंकि छात्रों ने गुजरात और बिहार के आंदोलनों में एक महत्त्वपूर्ण भूमिका अदा की है और भविष्य में वे और भी बड़ी भूमिका अदा करने वाले हैं। इसमें सन्देह नहीं कि गुजरात में सम्पत्ति और व्यक्ति दोनों के प्रति हिंसा हुई। परन्तु यह ऐसे छात्रों के एक छोटे समूह ने किया जो यह दिखाने के लिए उत्सुक थे कि वे कितने लड़ाकू हैं, अथवा वे किसी ऐसे राजनीतिक दल से प्रभावित थे जिनकी कोई प्रतिबद्धता शान्तिमय तरीकों से नहीं थी। हिंसा के अधिकांश मामलों में पुलिस की उत्तेजना ने, जो कभी-कभी आत्यन्तिक तथा अभद्र रूप लेती थी, चिनगारी का काम किया। जो भी हो, गुजरात आंदोलन में भाग लेने वाले अधिकांश छात्र शान्तिमय तरीकों में विश्वास करते थे और उन्होंने उनका पालन भी किया। दिलचस्प बात यह है कि नवनिर्माण समिति के पास प्रमुख नेता जो हिंसा के सबसे प्रबल समर्थक थे, अब श्रीमती गाँधी के दल में शामिल हैं!

जहाँ तक बिहार का संबंध है, सरकारी क्षेत्रों में भी यह स्वीकार किया गया है कि यदि मैंने आंदोलन में हस्तक्षेप नहीं किया होता और सक्रिय नेतृत्व नहीं दिया होता तो छात्रों के द्वारा व्यापक पैमाने पर हिंसा हुई होती। श्रीमती गाँधी ये सारी बातें जानती हैं, परन्तु उनमें इतनी ईमानदारी नहीं है कि श्रेय मुझे दें। वह मुझे बदनाम कर रही हैं, यह कहकर कि चाहे छात्रों ने आग लगाई हो या तोड़-फोड़ किया हो, लेकिन मैंने (मेरी ओर अप्रत्यक्ष रूप से संकेत करते हुए जैसा कि वे अकसर करती हैं) कभी उनकी करतूतों की निन्दा नहीं की। यह झूठ है। इसकी केवल एक मिसाल मैं दूँगा। बिहार में आंदोलन के आरम्भिक दिनों में विधायकों को विधानसभा में प्रवेश करने से रोकने के लिए हमारे सत्याग्रही उनसे अनुनय-विनय करते थे, तथा उनके रास्ते में लेट जाते थे। एक दिन जब सत्याग्रहियों ने कुछ विधायकों के साथ दुर्व्यवहार किया, जिसके फलस्वरूप किसी विधायक का कुरता फट गया तो मैंने सार्वजनिक रूप से इसकी निन्दा की और विधानसभा के अध्यक्ष श्री हरिनाथ मिश्र को पत्र लिख कर खेद प्रकट किया और उनसे अनुरोध किया कि सम्बन्धित विधायकों को बता दें कि जो कुछ हुआ है, उसके लिए मैं क्षमा-प्रार्थी हूँ। (अध्यक्ष ने विधानसभा में मेरी चिट्ठी पढ़कर

सुना देने की भी कृपा की थी।) ऐसे और भी अवसर आए जब मैंने हिंसा की निन्दा की और शान्तिमय तरीकों का कठोरता से पालन की आवश्यकता पर जोर दिया। जब एक पुलिस कांस्टेबुल—जो स्वयं निर्दोष था—अनावश्यक रूप से उत्तेजित की गई एक भीड़ द्वारा मारा गया तो मैंने न केवल इस कुकृत्य की निन्दा की बल्कि बिहार पुलिस से सार्वजनिक रूप से क्षमा माँगी। साथ ही मैंने उक्त कांस्टेबुल की विधवा पत्नी के प्रति संवेदना प्रकट करते हुए उन्हें पाँच हजार रुपए सहायता स्वरूप भेजे। बिहार आंदोलन या बिहार-जैसा कोई अन्य आंदोलन यह नहीं सोचता था और न कभी सोचेगा कि छात्र या अन्य कोई भी व्यक्ति कानून से ऊपर है और उसको मनमानी करने का हक है। जब किसी खास कानून की अवज्ञा करना आवश्यक हो तो यह काम संगठित और शान्तिपूर्ण ढंग से ही करना चाहिए। आंदोलन में किसी व्यक्ति को अपने हाथ में कानून लेने की अनुमति न तो दी गई है और न कभी दी जाएगी।

इतनी बातें हिंसा तथा छात्रों के बारे में हुईं। परन्तु एक महत्त्व का प्रश्न यह है कि क्यों विश्वविद्यालय के छात्र बसें जलाते हैं तथा ऐसे अन्य काम करते हैं। श्रीमती गाँधी ही बताएँ कि क्यों ऐसा होता है। देश के सामने यह सबसे अहम सवालों में है। छात्र-अशान्ति पर जो अध्ययन हुए हैं, उनसे सभी प्रश्नों के उत्तर नहीं मिलते। परन्तु जो उत्तर उपलब्ध हैं, उनके आधार पर एक नीति निर्धारित की जा सकती है। इस नीति को क्रियान्वित करने का साहस कौन करेगा? इस नीति के अन्तर्गत न केवल शिक्षा का क्षेत्र आता है, बल्कि अनेक क्षेत्र आते हैं—जैसे आर्थिक एवं सामाजिक विकास, उसकी दिशा तथा समाज के वर्ग-संगठन का पुनर्निर्माण। मुझे भय है कि जिस मध्यम वर्ग से अधिकांश राजनीतिज्ञ, अधिकारी, शिक्षक, व्यापारी, व्यवसायी तथा अन्य ऐसे लोग आते हैं, वही किसी-न-किसी बहाने शिक्षा की व्यवस्था में या सामाजिक-आर्थिक, राजनीतिक एवं सांस्कृतिक क्षेत्र में कोई भी क्रांतिकारी परिवर्तन नहीं होने देगा। इस विषय पर किसी दिन विस्तार से लिखूँगा।

हो सकता है, आज आपातकाल के दौरान बसें नहीं जलाई जा रही हों, जिस पर से श्रीमती गाँधी यह सोच रही हैं कि उन्होंने छात्र-अशान्ति, अनुशासनहीनता तथा हिंसा के सवाल को हल कर लिया है। परन्तु यदि आपातकाल की अवधि और भी लम्बी होती है तो सम्भव है श्रीमती गाँधी को एक बिलकुल अप्रत्याशित विस्फोट का सामना करना पड़े।

* * *

इन टिप्पणियों में पहले (21 जुलाई का अंश देखें), मैंने लिखा है कि बिहार आंदोलन के सारे शोर-शराबे में से मैंने दो तत्त्व निकालने चाहे थे। अगर बिहार जैसे जन-आंदोलन के लक्ष्यों की सूची बनाई जाए तो पूर्वोक्त टिप्पणियों में चर्चित दो लक्ष्यों का स्थान सबसे ऊपर होगा। दूसरा लक्ष्य होगा समाज में संपूर्ण परिवर्तन के लिए एक ऐसा क्रांतिकारी आंदोलन शुरू करना जिसमें युवक और छात्र शायद अगली कतार में होंगे, और वह आंदोलन या तो सरकार के सहयोग से चलेगा या उसके विरोध में चलेगा। उसमें राजनीतिक दलों की भूमिका क्या होगी, यह विचारणीय है। परिवर्तन के अभिकर्ता या अग्रणी कौन होंगे, उसमें आदर्शवादी युवकों की भूमिका क्या होगी, परिवर्तन के लिए विवेचन करना होगा। मैंने यहाँ केवल स्मरण रखने के लिए इनका उल्लेख किया है। अगले कुछ दिनों में इस पर विस्तार से लिखूँगा।

4 सितम्बर

प्रधानमन्त्री को पत्र नहीं भेजा गया है। उसका अन्तिम प्रारूप तैयार करने की भी चिन्ता मैंने नहीं की है। दिल्ली से उत्तर की प्रतीक्षा कर रहा हूँ।

एक प्रकार से आज उत्तर आया भी है। आज ही अपराह्न में खाद्य एवं कृषि मन्त्रालय, दिल्ली के अतिरिक्त सचिव श्री वोरा आए थे। प्रो. पी. एन. धर ने उनको मुझसे मिलने की सलाह दी थी। श्री वोरा ने मुझे बताया कि वे क्यों कर पटना गए और वहाँ क्या सब देखा और किया। सबसे असाधारण बात उनसे यह सुनी कि किस प्रकार मुख्यमन्त्री मुख्य सचिव तथा दूसरे मन्त्रिगण तथा—पटना के आयुक्त एवं जिलाधिकारी को छोड़कर—अन्य सारे अधिकारी किंकर्तव्यविमूढ़ थे और कुछ भी नहीं कर पा रहे थे। मुख्यमन्त्री अपने घर में ही बाढ़ से घिरे हुए थे। परन्तु उन्होंने

सोचा तक नहीं कि नाव से अथवा पानी में चलकर बाहर निकलें। श्री वोरा, किसी भी वरिष्ठ अधिकारी की तरह, बड़े सतर्क एवं संयमित रूप से ये सारी बातें बता रहे थे। उनकी रिपोर्ट से यह स्पष्ट था कि यदि केन्द्रीय सरकार ने इस मामले में पहल न की होती और वायु सेना का इस्तेमाल नहीं किया होता तथा राज्य सरकार को सक्रिय बनाने के लिए कदम न उठाए होते तो वह (राज्य सरकार) तब तक कुछ नहीं करती, जब तक बाढ़ का पानी उतरने से स्थिति स्वयं सुधर नहीं जाती। लगता है इस मामले में श्री वोरा की भूमिका उल्लेखनीय रही।

श्री वोरा ने जो कुछ कहा, उसको सुनने के बाद मुझे आश्चर्य हो रहा था कि उन्हें क्यों मेरे पास भेजा गया। वे सतर्कतापूर्वक बातें कर रहे थे। परन्तु उनकी बातों से इतना स्पष्ट हो गया कि प्रो. धर ने यह जानने के लिए उन्हें भेजा था कि मेरी प्रतिक्रिया क्या होती है। मैंने यह भाँप लिया और जब श्री वोरा की बातें समाप्त हो गईं तो उनसे कहा कि जो कुछ उन्होंने बताया उससे पटना और बिहार की पीड़ित जनता के बीच पहुँचकर अपनी सामर्थ्य के अनुसार उनकी सेवा करने के लिए मेरी आतुरता और चिन्ता और बढ़ गई है। मैंने उनसे कहा कि जनता की मदद इस दृष्टि से की जानी चाहिए कि वह खुद अपनी मदद कर सके, और इसके लिए उनकी किंकर्तव्यविमूढ़ता दूर कर उनको संगठित करने की आवश्यकता है। यह भी मैंने श्री वोरा से कहा कि मुझे भय है कि यह काम सरकार और काँग्रेस नेता नहीं कर सकते। बिहार की विपत्ति राष्ट्रीय विपत्ति है और उसके निवारणार्थ राष्ट्रीय प्रयास होना चाहिए। अगर मैं मुक्त हो जाऊँ तो देशभर से स्वयंसेवकों को बुला सकता हूँ तथा कोष इकट्ठा कर सकता हूँ। मैंने उन्हें बताया कि एक ईमानदार स्वयंसेवी राहत संगठन का एक रुपया सरकार द्वारा खर्च किए गए दस रुपए के बराबर है। इसलिए भारत सरकार से, बल्कि प्रधानमन्त्री से ही, मेरा निवेदन है कि मेरे पूर्व अनुरोध पर गम्भीरतापूर्वक और सहानुभूतिपूर्वक विचार करें। मैंने श्री वोरा से एक दूसरी बात भी कही, जो इस सवाल के लिए प्रासंगिक थी। यद्यपि वे इस मामले के किसी राजनीतिक पहलू के विषय में बातचीत करने में बेचैनी का अनुभव कर रहे थे। मैंने प्रो. धर को मेरी तरफ से यह बताने के लिए उनसे कहा कि आपातूकाल के नाम पर अपनाई गई संपूर्ण नीति की समीक्षा करने के लिए एक अच्छा अवसर उपस्थित हुआ है। मैंने उनको आश्वासन भी दिया कि इस अभूतपूर्व विपत्ति का शोषण राजनीतिक उद्देश्यों के लिए कोई करेगा, यह प्रश्न ही नहीं उठता। बिहार की परिस्थितियों का राजनीतिक शोषण करना जनता के दुख का उपहास करना होगा।

एक दिलचस्प और उत्साहवर्द्धन बात मैंने यह देखी कि श्री वोरा ने जल प्रबन्ध की समस्या का तथा ऊपर की उपजाऊ मिट्टी के हर साल समुद्र में बह जाने एवं अन्य सम्बद्ध समस्याओं का अध्ययन किया है। इस संबंध में कुछ गम्भीर और दीर्घकालीन काम करने के लिए वे बहुत उत्सुक जान पड़े। उन्होंने यह कहा भी कि इसके लिए एक राजनीतिक संकल्प की जरूरत है। मैंने बताया कि इससे अधिक मेरी कोई सहमति उनसे नहीं है। बिहार में मैंने देखा है कि हर बड़े प्राकृतिक संकट के दौरान, जैसा कि 1966-67 के महा अकाल के समय देखा गया था, दूरगामी समाधान के लिए युद्ध-स्तर पर काम करने की बातें बहुत होती हैं, परन्तु संकट समाप्त होते ही राजनीति का घृणित स्वार्थपूर्ण खेल शुरू हो जाता है। मैंने उनसे जो बात नहीं कही, वह यह थी कि इस बार भी स्थिति भिन्न नहीं होगी।

श्री वोरा का अनुमान था कि व्यापक स्तर पर जल-प्रबन्ध और भूमि-प्रबन्ध करने में 50 हजार करोड़ (पाँच खरब) रुपए का खर्च बैठेगा जो एक गरीब देश के लिए बड़ी रकम है। परन्तु अगर प्राकृतिक विपत्तियों से होने वाली हानियों का हिसाब किया जाए तो आजादी के बाद अब तक पाँच खरब रुपए का नुकसान हो चुका है। बिहार अकाल के दौरान छह सौ करोड़ (छह अरब) रुपए की क्षति होने का अनुमान लगाया गया था। बिहार के मुख्यमन्त्री का अनुमान है कि इस वर्ष की बाढ़ से पाँच अरब रुपए की क्षति होगी, जिसमें पटना का हिस्सा एक अरब रुपए होगा।

प्रसंगवश, उस प्रश्न का यही उत्तर है जो अकसर पूछा जाता है (पूछने वालों में मैं भी हूँ) कि बिहार प्राकृतिक दृष्टि से इतना सम्पन्न होने पर भी भारत का सबसे गरीब राज्य क्यों है। अवश्यमेव सबसे महत्त्वपूर्ण कारण यही है। 1966 से हिसाब किया जाए तो एक दशक के अन्दर बिहार को ग्यारह सौ करोड़ (11 अरब) की क्षति उठानी पड़ी है और उस वर्ष के अकाल और इस वर्ष की बाढ़, केवल इन दो विपत्तियों से इतनी क्षति हुई है। इसके अलावा हर साल इस राज्य का कोई-न-कोई हिस्सा सूखे या बाढ़ से पीड़ित होता ही रहा है।

5 सितम्बर

आज के 'हिन्दुस्तान टाइम्स' में पटना के तपन दासगुप्ता की एक छोटी-सी रिपोर्ट छपी है। कितना गम्भीर और भयानक चित्र उन्होंने खींचा है! बिहार मन्त्रिमण्डल और श्रीमती गाँधी की उस राज्य में जो लाजवाब पार्टी है, उसमें नेतृत्व या अभिक्रम का कैसा अभाव रहा है! लगता है कि 25, 26 और 27 तारीख को—जो सबसे बुरे दिन थे—उनको पूरी तरह लकवा मार गया था। जैसा कि श्री वोरा ने कल बताया, मुख्यमन्त्री तथा अन्य लोग सुध-बुध खो बैठे थे और जब तक केन्द्रीय सरकार ने पहल नहीं की, तब तक किंकर्तव्यविमूढ़ता की स्थिति से वे निकल नहीं पाए। पटना में मुख्यमन्त्री ने राज्य सरकार के प्रमुख अधिकारियों, जैसे विद्युत बोर्ड के प्रधान, रेलवे के प्रमण्डलीय अधीक्षक तथा वायुसेना के नेताओं की जो पहली बैठक बुलाई वह श्री वोरा के अभिक्रम पर हुई थी! चाहे जो हो, यह जानकर खुशी होती है कि सभी नागरिक सुध-बुध नहीं खो बैठे थे। कुछ सामान्य लोगों ने अभिक्रम और कल्पना-शक्ति का परिचय दिया भी था। फिर यह कौन है यह युवक सुरेश! अवश्य ही वह विलक्षण साहसी, कुशल तथा मानवीय व्यक्ति होगा। तपन के अनुसार पहला राहत कार्य उसी ने किया। छातीभर पानी में तैरते हुए बिस्कुट तथा अन्य वस्तुएँ ले जाकर लोगों को उसने पहुँचाईं। भगवान जाने, ऐसे बीसियों युवक या वयस्क स्त्री-पुरुष दूसरे क्षेत्रों में भी होंगे जिन्होंने अलग-अलग ढंग से पहल की होगी। काश, मैं इस क्षण पटना में होता, बिहार में होता! अगर ईश्वर ने चाहा, तो मैं वहाँ पहुँचूँगा।

* * *

मिस्र-इस्राइल समझौते पर दोनों पक्षों ने जिनेवा में हस्ताक्षर किए। आशा के अनुरूप ही रूस ने अपना प्रतिनिधि भेजने से इनकार किया, अमेरिका भी अलग ही रहा।

डॉ. किसिंजर मानव-जाति के कृतज्ञतापूर्ण धन्यवाद के पात्र हैं। इसलिए कि उनके कारण अभीष्ट दिशा में कुछ प्रगति हुई जिसका महत्त्व इस बात में है कि न केवल एक अधिक ठोस और व्यापक समझौता दो राष्ट्रों के बीच सम्पन्न कराने की प्रतिज्ञा पूरी हुई, बल्कि अराफात जैसे निर्भीक एवं साहसी नेता को तथा स्वाभाविक रूप से सीरिया को भी, उसमें शामिल किया जा सका। राष्ट्रपति सादात अवश्य ही एक बड़े बुद्धिमान् और दूरदर्शी राजनीतिज्ञ हैं। उन्होंने जो किया उसके लिए उन्हें बड़े साहस से काम लेना पड़ा होगा। मुझे उम्मीद है कि वे तब तक जीवित रहेंगे जब तक अन्तिम रूप से शान्ति-समझौता नहीं हो जाता है और ऐसी स्थिति नहीं बन जाती है कि जिसमें शान्तिपूर्ण एवं समृद्ध पश्चिमेशिया के—पश्चिमेशिया ही नहीं दुनियाभर के—नवनिर्माण की नवजात आशा को खण्डित करने का अवसर किसी कातिल को न मिल जाए।

यह उत्साहवर्द्धक समाचार है कि सादात गोलन पहाड़ियों के सवाल पर, जो सीरिया और फिलीस्तीन वालों के लिए इतना महत्त्वपूर्ण है, ध्यान देने के लिए उत्सुक हैं। परन्तु उन्हें इतना तो मान्य करना ही चाहिए कि इस्राइल को जीवित रहने का अधिकार है और यह भी अधिकार है कि वह सुरक्षित एवं आश्वस्त सीमाओं के अन्दर जीए। उन्हें यह भी जान लेना चाहिए कि यदि पश्चिमेशिया युद्ध गम्भीर रूप लेता है तो उसमें दोनों महाशक्तियाँ अनिवार्य रूप से फँसेंगी जिसका अर्थ होगा दुनिया का खात्मा कम-से-कम उस दुनिया का जो मौजूद है और सम्भावनायुक्त है। शायद इसी में मानव जाति की सुरक्षा निहित है। अन्तिम विकल्प युद्ध हो या शान्ति, इस सवाल के उपस्थित होने पर वे निश्चय कगार से लौट आएँगे और शान्ति का विकल्प चुनेंगे, इसलिए नहीं कि उनको मानवता से प्यार है, बल्कि इसलिए कि धरती पर उनका अस्तित्व कायम रहे, इसके लिए भी यह जरूरी है। हाल के अरब नेताओं में जिसमें नासिर भी शामिल हैं, सबसे अधिक बुद्धिमान और साहसी राष्ट्रपति अनवर सादात ही हैं। अतः ऐसे व्यक्ति के हाथों में पहल करने की क्षमता हो, यह बिलकुल उचित ही है। आशा है, सऊदी अरब जिसकी स्थिति ठोस, आधिकारिक एवं सन्तुलित रही है, सादात का तथा न्यायपूर्ण एवं स्थायी शान्ति का पक्षधर होगा।

रूस को शायद यह चिन्ता है कि पश्चिमेशिया में सत्ता का सन्तुलन कहीं बिगड़ न जाए। रूस एक महान् देश है। शान्ति में उसकी टेक भी महान् है। अगर अरब-इस्राइल संघर्ष धीरे-धीरे समाधान पर पहुँचता है तो अमेरिका और

रूस दोनों यह देखेंगे कि अरब राष्ट्रवाद अपने मामलों में किसी का हस्तक्षेप सहन नहीं करेगा। रूसियों का हर देश में एक विश्वसनीय अभिकर्ता है—स्थानीय साम्यवादी दल। परन्तु मैं नहीं देखता कि किसी भी साम्यवादी दल का कोई महान् भविष्य है। क्योंकि, वर्तमान जागृतिक व्यवस्था में सच्चे समाजवाद तथा क्षेत्रेतर देशभक्तिवाले साम्यवाद के बीच जब कभी संघर्ष होगा, तो साम्यवाद की हार होगी। हाँ, यदि रूस पूर्वी यूरोप की तरह इन देशों में अपनी सेना रखे तो बात दूसरी है। परन्तु अगर रूस ऐसी अप्रौढ़ता का परिचय देते हुए कुछ करता है तो उसे अमेरिकी सत्ता से टकराना होगा। मैं नहीं समझता कि अमेरिका या रूस के लिए इस मार्ग का अनुसरण करना कभी सम्भव होगा। दुनिया इतनी छोटी हो गई है और ये महान् शक्तियाँ पृथ्वी पर इस प्रकार से पलथी लगाकर बैठी हैं कि उनके लिए सत्ता का सन्तुलन अब क्षेत्रीय प्रश्न नहीं रह गया है, जैसा कि यूरोपीय साम्राज्यवाद के दिनों में था। यह उनके लिए वस्तुतः सत्ता के जागृतिक सन्तुलन का प्रश्न है। और, यद्यपि युद्ध-बल में रूस और अमेरिका सामान्य दीखते हैं, परन्तु रूस अभी अमेरिका से कृषि तथा औद्योगिक उत्पादन के मामले में, और इस हेतु आवश्यक तकनीकी विकास के मामले में, पीछे है। रूस के लिए इसका अर्थ है अमेरिका के साथ सत्ता सन्तुलन का साहस होना।

अब फिर हम पश्चिमेशिया में साम्यवाद के प्रश्न की ओर लौटें। रूसी किस्म के साम्यवाद को चीनी साम्यवाद से मुकाबला करना होगा और यह रूसी दैत्य को अखरने वाली बात है। चीनी दैत्य सैनिक एवं आर्थिक शक्ति में उसके जोड़ का तो नहीं है। फिर भी मनुष्यों के दिल और दिमाग पर विजय पाने के संघर्ष में वह उसका एक बहुत ही गम्भीर प्रतियोगी हो सकता है। परन्तु मुझे ऐसा लगता है कि यह बात पश्चिमेशिया में सत्ता के सन्तुलन को सामान्य अर्थ में गम्भीर रूप से प्रभावित नहीं करेगी।

* * *

पुनः तारकुण्डे ने रजनी कोठारी और डी. एल. सेठ द्वारा लिखित चार पुस्तकें भेजने की कृपा की। (इसके पूर्व उन्होंने भगवत् गीता, उपनिषद् के दो भाग और उन पर स्वामी रंगनाथानन्द की एक अच्छी पुस्तक भेजी थी।) इन चार पुस्तकों के साथ बहुत ही आशापूर्ण पत्रिका 'अलटर्नेटिव्स' (विकल्प) का प्रथम अंक भी उन्होंने भेजा है। इसकी सम्पादक रजनी हैं। उसमें फ्रिज शुमाखर द्वारा लिखित एक सुन्दर और विशद लेख है और यही इस अंक का सबसे पहला लेख भी है।

जब मैं फ्रिज का लेख पढ़ रहा था तो मेरे मन में बहुत सारी स्मृतियाँ उभर आईं। सबसे स्पष्ट स्मृति दो अवसरों की थी। एक तो जब मैंने फ्रिज को (योजना आयोग के द्वारा) आमन्त्रित किया था। वे सोखोदेवरा गए थे और वहाँ भाषण किया था। वे गाँधी विद्या संस्थान, वाराणसी में जाकर ठहरे थे। वहाँ भी उन्होंने अपने भाषणों से गाँधी वालों, शास्त्रियों, वैज्ञानिकों एवं अन्य लोगों को समान रूप से उत्प्रेरित किया था। पिछली बार जब वे आए थे तो श्रीमती गाँधी ने एक मुलाकात के दौरान उन्हें 45 मिनट तक रोक रखा था। (योजना आयोग के उपाध्यक्ष श्री दुर्गाप्रसाद धर ने तो केवल 10 मिनट का समय उन्हें दिया था और यह आशा की थी कि प्रधानमन्त्री भी इससे अधिक समय उन्हें नहीं देंगी।) मुलाकात के अन्त में श्रीमती गाँधी ने फ्रिज से कहा था कि वे कुछ ऐसे मुद्दे लिखकर दें जिन पर वे अपने आर्थिक सलाहकारों को काम करने के लिए कह सकें। फ्रिज ने ऐसा ही किया। परन्तु इसमें से कुछ निकला नहीं। जैसा कि फ्रिज ने इस लेख (तकनीकी विकल्प) में कहा है, सरकार प्रचलित व्यवस्था की कार्यपालिका से अधिक कुछ नहीं होती और न इस व्यवस्था के दर्शन को क्रियान्वित करने से अधिक कुछ करती भी है। यह कथन मार्क्स के समय की परिभाषा से जो उस समय सही थी, कहीं अधिक निकट आज की दुनिया के तथ्यों से है। यह भी स्मरणीय है कि जब मैंने गाँधी विद्या संस्थान की बुनियाद डाली तो फ्रिज को उसके निदेशक का भार कुछ वर्षों तक उठाने के लिए मैंने आमन्त्रित किया था। वे बिलकुल तैयार थे, बल्कि इस पर खुश भी थे। परन्तु दुर्भाग्यवश उसी समय उनकी पत्नी—जो मेरा ख्याल है कैंसर से पीड़ित थीं—अपने पीछे अनेक बच्चों को छोड़ कर चल बसीं। उस समय फ्रिज ब्रिटेन में राष्ट्रीय कोल बोर्ड में ही काम कर रहे थे। इस दुखद घटना ने उनकी सारी योजनाओं को अस्त-व्यस्त कर दिया।

एक दो वर्ष बाद उन्होंने फिर शादी कर ली और एक नया जीवन शुरू किया। अब भारत आने की बात वे सोच भी नहीं सकते थे, और न मैं उन पर यहाँ आने के लिए दबाव डाल सकता था। प्रभा और मैं जब पहली बार ब्रिटेन और यूरोप गए थे, तो उसी समय फ्रिज से मुलाकात हुई थी। यह शायद 1958 की बात थी। हम लोगों को सोशलिस्ट यूनियन ने आमन्त्रित किया था। रीता हिंडेन सोशलिस्ट यूनियन की आत्मा थीं। फ्रिज भी उसके सदस्य थे। वह यूनियन तो अब मर चुका है, परन्तु 'सोशलिस्ट कमेंट्री' नाम की पत्रिका निकल रही है, यद्यपि रीता भी अब नहीं रहीं।

अब प्रश्न है भारत की प्रचलित व्यवस्था और उसका दर्शन क्या होगा? यह एक बहुत ही दिलचस्प सवाल है। पहली बात तो यह है कि कोई प्रचलित व्यवस्था है भी क्या? अस्सी प्रतिशत आबादी तो गाँवों में रहती है और बीस प्रतिशत शहरों में। उसका कुछ हिस्सा औद्योगिक मजदूर हैं और कुछ चौथे वर्ग के कर्मचारी तथा उनसे भी कुछ अधिक तीसरे वर्ग के कर्मचारी हैं। यद्यपि शहरी क्षेत्रों में गरीबी और गन्दगी है, गन्दी बस्तियाँ हैं, फिर भी आबादी गाँव से शहर की ओर लगातार भाग रही है। इस आबादी के एक छोटे हिस्से को ही वहाँ रोजगार मिल पाता है। फिर भी शहर की ओर आबादी का बढ़ाव जारी है। औद्योगिक मजदूरों और तीसरे एवं चौथे वर्ग के कर्मचारियों को छोड़कर बाकी लोग वहाँ आर्थिक दृष्टि से अपेक्षाकृत सम्पन्न हैं। उनमें से एक छोटा हिस्सा पाश्चात्य रहन-सहन की दृष्टि से काफी सुखी भी है। उसके बाद हैं विद्यालय तथा विश्वविद्यालय के छात्र। राजधानियों में सरकारी अधिकारी और मन्त्री रहते हैं। अगर कोई व्यवस्था है तो वह इन्हीं तत्त्वों से बनी हुई है, और उस व्यवस्था का दर्शन शिक्षित एवं आर्थिक दृष्टि से सम्पन्न वर्ग का दर्शन है। ग्रामीण क्षेत्र में जो विशिष्ट वर्ग हैं, वह लगातार शहरी क्षेत्रों की ओर खिंचा जा रहा है। इस व्यवस्था का दर्शन क्या है? यही कि जितना है, उससे भी अधिक हमारे पास हो, हम और भी ऊँचा उठें। क्रांतिकारी वर्गों (समाजवादी-साम्यवादी) की अपेक्षा है कि जो उपलब्ध है, वह और भी अधिक लोगों को उपलब्ध किया जाए, अर्थात् लाभों का वितरण हो। सारी राजनीति, सारी शिक्षा, सारे विशेषाधिकार इसी छोटे शीर्षस्थ तबके तक सीमित हैं। यह आवश्यक नहीं कि ये सभी पूँजीपति ही हों। मगर सबके अधिक सब विशेषाधिकारयुक्त हैं, और कृषि को छोड़ दें तो सार्वजनिक क्षेत्र ही औद्योगिक अर्थरचना का सबसे बड़ा हिस्सा है।

कुछ थोड़े व्यक्तियों को छोड़, भारत का विशिष्ट वर्ग चाहता है कि तकनीक और भी अधिक आधुनिक हो, औद्योगीकरण बढ़े तथा कृषि का अधिकाधिक यन्त्रीकरण एवं रासायनीकरण हो। भारत में आधुनिकता का मर्म यही है। अतः फ्रिज ने अपने सरल सिद्धान्तों से श्रीमती गाँधी को क्षणभर के लिए प्रभावित तो किया था। परन्तु व्यवस्था के दर्शन ने उस सिद्धान्त को नीचे दफना दिया।

6 सितम्बर

विरोधी राजनीतिक दलों के साथ बिहार आंदोलन तथा अन्य ऐसे आंदोलन का संबंध जुड़ने का जो प्रश्न है, उसने हमारे बहुत सारे बौद्धिक मित्रों तथा शुभेच्छुओं को चिन्तित किया है। मुझे भी इससे कम चिन्ता नहीं है। जब मैं पीछे मुड़कर देखता हूँ तो अपने आप से पूछता हूँ कि क्या मैंने गलती की। अगर हाँ, तो वह गलती क्या थी? आंदोलन के दौरान भी मैंने यह प्रश्न अपने-आप से बार-बार पूछा। इसके उत्तर क्या थे और क्या हैं? उसमें सन्देह नहीं कि यदि विरोधी दलों के साथ यह आंदोलन जुड़ नहीं जाता तो उसका चरित्र, उसकी प्रायोगिक उपयोगिता उसका शिक्षणात्मक मूल्य अक्षुण्ण रहता। साथ ही जनता में ऐसी सामर्थ्य पैदा करने की उसकी क्षमता भी अक्षुण्ण रहती, जिससे कि वह अपनी समस्याओं को अपनी आँखों से (दलों की आँखों से नहीं) देख सके और उन्हें हल करने के लिए यथाशक्ति प्रयत्न करने का दायित्व-बोध उसको हो सके। इसके साथ ही वह अपने-आपको तथा अपने भौतिक एवं सामाजिक परिवेश को बदल सके और यदि इस प्रक्रिया में शान्तिमय प्रतिकार या असहयोग आवश्यक हो तो वह भी अकेले या सामूहिक रूप से अर्थात् बहुसंख्यक जनता के साथ (उदाहरणार्थ जनान्दोलन के द्वारा) कर सके।

परन्तु जब आदर्श कार्यरूप में परिणत किया जाता है, तो वह कुछ धूमिल हो ही जाता है। पहली कठिनाई यह थी कि किसी मुक्त जनान्दोलन में राजनीतिक दलों को शामिल होने से रोकना सम्भव नहीं है। जब कभी ऐसी कोशिश होगी, यह कठिनाई सामने आएगी। यह सच है कि यदि आंदोलन केवल सर्वोदय कार्यकर्ताओं तक सीमित रहता और

उसका सिद्धान्त सत्तारूढ़ दल सहित सभी राजनीतिक दलों से अलग रहने का ही होता है तो उन्हें अलग रखा जा सकता था। लेकिन जब वह जनान्दोलन नहीं होता।

इस कठिनाई का दूसरा पहलू यह है कि आंदोलन मैंने शुरू नहीं किया। जो आंदोलन चल रहा था, उसका नेतृत्व मैंने ग्रहण किया और उसे दिशा, विस्तार और गहराई दी। मुझे भय है कि किसी दूसरी जगह, दूसरे समय में जो दूसरे लोग भी जनान्दोलन खड़ा करना चाहेंगे, उन्हें ऐसी ही स्थितियों का सामना करना पड़ेगा। इसके अलावा शुरू में बिहार का यह छात्र-आंदोलन सचमुच एक निर्दलीय आंदोलन था और उसके कार्यक्रमों में भाग लेने वाले 80 से 90 प्रतिशत युवकों और युवतियों का किसी राजनीतिक दल से संबंध नहीं था। उस समय उसका नेतृत्व निश्चय ही ऐसे छात्र एवं छात्रेतर युवकों के हाथ में था जिनका विभिन्न दलों से शक्तिशाली संबंध था और जो निस्सन्देह बाहरी दलीय नेताओं से मार्ग-दर्शन प्राप्त करते थे। जो दल आंदोलन में शामिल थे, वे मुख्यतः चार थे—जनसंघ, सोशलिस्ट पार्टी, भारतीय लोकदल और संगठन काँग्रेस। कई विश्वविद्यालय-केन्द्रों में जनसंघ सबसे शक्तिशाली घटक था, तो कहीं भालोद तथा सोपा का प्रभाव अधिक था। संचालन समिति (छात्र संघर्ष समिति की) में काँग्रेस संगठन का नेतृत्व काफी प्रौढ़ तथा प्रभावकारी था, यद्यपि संख्या की दृष्टि से वह कमजोर था।

यही थी परिस्थिति जब मेरा संबंध बिहार के छात्र-आंदोलन से जुड़ा। राजनीतिक दल वहाँ पहले से मौजूद थे। वास्तव में, सभी वस्तुनिष्ठ प्रेक्षक यह स्वीकार करेंगे कि मेरे प्रभाव के कारण दलों का प्रभाव कम रहा और एक आम राय विकसित करने में मदद मिलती। साथ ही आंदोलन को, अर्थात् शुरू के छात्र आंदोलन और बाद के जनान्दोलन को एक निर्दलीय राजनीतिक स्वरूप प्राप्त हुआ।

दलों के साथ-साथ एक निर्दलीय जनान्दोलन की इस समस्या का एक दूसरा और सिद्धान्ततः सबसे महत्त्वपूर्ण पहलू भी है। यह सुविदित है कि गुजरात और बिहार में आंदोलनों की शुरुआत कुछेक माँगों से या राज्य सरकार पर लगाए गए आरोपों से हुई। जैसे, भ्रष्टाचार (विशेषकर शासनगत), बेरोजगारी, शैक्षिक सुधार (या क्रांति) तथा परीक्षा, प्रवेश, छात्रावास आदि के संबंध में छोटी-छोटी शिकायतें इन आंदोलनों का आधार बनीं। जैसा कि मैंने पहले इन टिप्पणियों में कहा है, यह राज्य सरकार के ही ऊपर था कि वह मैत्रीपूर्ण ढंग से छात्रों को बुलाकर उनकी माँगों के बारे में बातचीत करती और उनकी पूर्ति के लिए कुछ कदम उठाती। परन्तु जब इन दोनों राज्यों में सरकार ने संघर्ष का रास्ता चुना तो सरकार के विरुद्ध संघर्ष अनिवार्य हो गया। इस परिस्थिति ने विरोधी दलों को तत्काल उसी तरह आकर्षित किया, जिस तरह शहद मक्खियों को आकर्षित करता है। ऐसी स्थिति में कोई क्या करता? इससे निष्कर्ष यह निकलता है कि सरकार के साथ संघर्ष टालने की कोशिश की जानी चाहिए, जैसा कि विनोबा जी मुझसे चाहते थे। (अवश्यमेव उनके कारण भिन्न थे जैसा कि मैंने इन्हीं पृष्ठों में पहले बताया है।) प्रश्न है कि क्या आप ऐसा कर सकते हैं? देश की वर्तमान स्थिति में जिस ढंग की सरकार हमारी है, उसके साथ कोई भी व्यक्ति, कम-से-कम ऐसा कोई भी व्यक्ति संघर्ष टाल नहीं सकता, जिसका किसी दल से संबंध नहीं है और इसलिए दलीय उद्देश्यों के लिए हर परिस्थिति का शोषण करने की जिसमें प्रेरणा नहीं है, और जो शान्तिमय क्रांतिकारी आंदोलन, अर्थात् एक ऐसा आंदोलन शुरू करने के लिए उत्सुक है जो समाज में तथा सामाजिक मानसिकता में बुनियादी परिवर्तन लाने वाला हो। परन्तु अगर एक ऐसा चमत्कार होता है कि शासन तथा सत्तारूढ़ दल ऐसे क्रांतिकारी आंदोलन के साथ सहयोग करने के लिए आगे बढ़ता है तो यह एक खुशी की बात होगी, अफसोस की नहीं। लेकिन मैं नहीं देखता कि श्रीमती गाँधी के अधीन काँग्रेस कभी भी ऐसा आचरण करेगी। विरोधी दलों के बारे में अभी क्या कहा जाए? क्या वे इससे बेहतर ढंग से पेश आएँगे? यह अभी देखना बाकी है। मैं व्यक्तिगत रूप से समझता हूँ कि कम-से-कम बिहार में और सम्भवतः दूसरे राज्यों में भी वे ऐसा आचरण करेंगे, बशर्ते कि उन राज्यों में भी परिवर्तन के लिए लोकप्रिय आंदोलन हुए हों। अब हम इस सवाल के आखिरी हिस्से पर पहुँचते हैं।

क्या बिहार की तरह के जनान्दोलन में राजनीतिक दलों का शामिल होना अमिश्रित बुराई है? इसमें जो दोष हैं वे बिलकुल स्पष्ट हैं। उन दोषों की तरफ संक्षेप में ऊपर संकेत किया गया है और उन पर विशुद्ध रूप से हर मैत्रीपूर्ण एवं समझदार आलोचक ने प्रकाश डाला है। परन्तु पहली बात तो यह है कि एक ऐसे मुक्त आंदोलन से जिसमें कॉलेज

के छात्रों और जनता का एक बड़ा हिस्सा शामिल हो, किसी को अलग रखना असम्भव ही है जैसा कि मैं ऊपर बता चुका हूँ। आखिर जो दल बिहार के आंदोलन में आए, वे दलों के रूप में तो नहीं आए। उनके नेता, कार्यकर्ता और उनके हमदर्द व्यक्तिगत रूप से आए। इन दलों ने सहज ही आंदोलन के बाहर आयोजित अपनी औपचारिक बैठकों में आंदोलन का पूर्ण समर्थन करते हुए प्रस्ताव पारित किए थे और वक्तव्य प्रसारित किए थे। लेकिन फिर यह सवाल उठता है कि क्या विरोधी दलों का शामिल होना अमिश्रित बुराई था। बिना किसी हिचकिचाहट के मेरा उत्तर है—नहीं। क्योंकि उनके शामिल होने का पहला परिणाम तो यह है कि इससे आंदोलन को बल मिला है, और यह बात इतनी स्पष्ट है कि इसमें बहस की कोई गुंजाइश हो नहीं सकती। परन्तु इससे तो महत्त्व की बात यह है कि इस प्रक्रिया से गुजरने वाले दल पूरी तरह परिवर्तित हो जाते हैं। यह ठीक है कि ऐसा उस प्रदेश में नहीं होगा, जहाँ आंदोलन का शक्तिशाली निर्दलीय नेतृत्व नहीं है। परन्तु बिहार में तो ऐसा हुआ है। यहाँ सभी संलग्न दल संपूर्ण क्रांति के लिए तथा परिवर्तन के प्रक्रिया-स्वरूप संघर्ष के लिए प्रतिबद्ध हैं। यह कोई छोटी उपलब्धि नहीं है। अपने बौद्धिक मित्रों को इस महान् सम्भावना पर विचार करने के लिए मैं आमन्त्रित करता हूँ। अभी तक हमने शासन से टकराव के रूप में छात्र-संघर्ष और जन-संघर्ष देखा है। इस बात की हर सम्भावना है कि बिहार में अगले चुनाव के बाद हम एक ऐसा जन-संघर्ष देखेंगे जो राज्य सरकार के सहयोग से चलेगा। मुझे आशा है कि बिहार में जिस अग्नि-परीक्षा से विरोधी पक्ष गुजरा है, वह संपूर्ण क्रांति के लिए उनकी प्रतिबद्धता को फौलादी रूप प्रदान करेगी। यदि वैसा होने के पहले ईश्वर ने मुझे उठा लिया तो वह सपना ही रह जाएगा, यह मैं स्वीकार करता हूँ। परन्तु यह अनुभव व्यर्थ नहीं जाएगा और बाद में कोई और इस अधूरे काम को पूरा करने के लिए आगे आएगा।

7 सितम्बर

मैंने ऊपर जो कुछ लिखा है उसमें एक विचार जोड़ना चाहूँगा। भारत में आज जैसा लोकतन्त्र है, उससे भिन्न प्रकार का लोकतन्त्र निकट भविष्य में स्थापित होगा, इसकी कोई सम्भावना नहीं दीखती। आशा है कि अगर अगले संसदीय चुनाव में विरोधी पक्ष की विजय होती है तो वर्तमान संविधान तथा चुनाव-संबंधी विधि-विधानों में सुधार सम्भव है। परन्तु लोकतन्त्र के स्वरूप में परिवर्तन बहुत नहीं होगा। इसलिए, दलीय (या संयुक्त-दलीय) शासन के सन्दर्भ में ही क्रांति के कार्यक्रमों को आगे बढ़ाने के लिए जनान्दोलन (जिसमें छात्र और युवा शामिल हों) चले, इसके अलावा और कोई रास्ता नहीं दीख पड़ता। यह सन्दर्भ या सहयोगपूर्ण भी हो सकता है, जैसा कि ऊपर कहा गया है। जहाँ तक लोकतन्त्र के वर्तमान स्वरूप में सुधार का संबंध है, अगर विरोधी पक्ष का शासन हुआ तो संविधान में एवं कानून में संशोधन भी सम्भव है। इसकी चर्चा मैं कर चुका हूँ। परन्तु ऐसा करने के गैर-संवैधानिक और गैरकानूनी तरीके भी हो सकते हैं। एक गतिशील जनान्दोलन के सन्दर्भ में ही यह सम्भव है। ये संघर्ष-समितियाँ जो जन-समितियाँ या नव-निर्माण समितियाँ अथवा विप्लवी समितियाँ (चाहे जो भी नाम जन-संघर्ष के संगठनों को दिया जाए) दो रूप में कार्य करती हैं, जैसा कि हम करना चाह रहे थे और फिर करने की कोशिश करेंगे। ये दो रूप हैं : (क) उम्मीदवारों के चयन के समय संकेत-परिषद या परामर्श-मण्डल के रूप में काम करना, (ख) अपने स्थानीय प्रतिनिधि के ऊपर और शासन की संपूर्ण कार्य-पद्धति पर प्रहरी के रूप में तथा दायित्व-प्रेरक के रूप में काम करना। इन दिनों यहाँ-वहाँ जनता की भागीदारी की बातें बहुत सुनी जा सकती हैं और श्रीमती गाँधी ही इस कपटवार्ता की प्रवर्तक हैं। लेकिन यह सब धोखाधड़ी है। लोगों के मुँह बन्द कर और उन्हें अपनी सच्ची भावनाएँ और शिकायतें प्रकट करने से रोककर जन-सहयोग तथा जनाभिक्रम की बातें करना जले पर नमक छिड़कने जैसा है। आज जनता को एक ही काम करने की इजाजत है और वह है श्रीमती गाँधी का गुणगान करना।

8 सितम्बर

महाधिवक्ता (श्री नीरेन दे) ने यह तर्क प्रस्तुत किया है कि 'संसद सर्वोपरि है' और वह संविधान में मनमाना परिवर्तन कर सकती है। अगर वह चाहे तो संविधान के किसी भी हिस्से को बदल सकती है। हमारे लोकतन्त्र की यह तसवीर

भयानक है। आश्चर्य क्या कि गाँधी जी ने संसदीय लोकतन्त्र को 'बहुमत की तानाशाही' का नाम दिया था। उनमें किसी वस्तु की जड़ तक जाने की विलक्षण प्रतिभा थी। अगर श्री दे सही हैं तो संविधान में भारी परिवर्तन होने ही वाले हैं। सर्वोच्च न्यायालय को स्पष्ट और निरपवाद रूप से यह बताना चाहिए कि हमारे लोकतन्त्र का वह बुनियादी ढाँचा क्या है कि जिसको संसद नहीं बदल सकती। अथवा, सर्वोच्च न्यायालय ही स्पष्ट निर्णय दे दे कि बुनियादी ढाँचे की बात मिथ्या है और ऐसी कोई चीज नहीं है। आखिर सर्वोच्च न्यायालय के संविधान-पीठ को भी सदा के लिए समाप्त किया जा सकता है।

अब जरा राजनीति पर नजर डालें। 'संसद सर्वोपरि है'—ये शब्द सभी संसद सदस्यों को, चाहे वे किसी भी दल के हों, बहुत अच्छे लगेंगे। इनसे उनका अहंभाव जाग्रत होता है, उनमें सर्वोच्चता की भावना पैदा होती है और उनका दिमाग सातवें आसमान पर चढ़ जाता है। परन्तु राजनीतिक दृष्टि से संसद की सर्वोच्चता का क्या अर्थ है? इसका अर्थ किसी लोकतन्त्रवादी के लिए घिनौना है और बीभत्स है। संसद का वास्तविक अर्थ है मन्त्रिमण्डल (यह बात ग्रेट ब्रिटेन में जितनी सच है उतनी ही भारत में) और मन्त्रिमण्डल का अर्थ है नेता, अर्थात् प्रधानमन्त्री। काँग्रेस की तरह डरपोक दल में नेता वास्तव में एक तानाशाह ही है। भारत में मन्त्रिमण्डल का अर्थ है श्रीमती गाँधी। इसलिए 'संसद सर्वोपरि है', इन मधुर शब्दों का जब कोई उच्चारण करता है तो समझना चाहिए कि यह श्रीमती गाँधी के सर्वोपरि होने की घोषणा है।

दूसरे प्रकार के दलों में (जैसे ग्रेट ब्रिटेन की कंजरवेटिव या लेबर पार्टी में) प्रधानमन्त्री का स्थान 'समान लोगों में प्रथम' से कहीं अधिक महत्त्व का होता है, जिसके उदाहरण श्री विल्सन हैं। परन्तु इन दलों के अन्दर इतना जीवन है, इतनी शक्ति और तेजस्विता है कि अपने नेताओं को (कार्यकाल समाप्त होने के पूर्व ही) उन्होंने बदल डाला है। उनका आचरण दल-प्रबन्ध से कुछ अधिक महत्त्वपूर्ण होता है। वहाँ जनमत की भूमिका, जनमत में परिवर्तन, अप्रतिबद्ध मतदाता जो अकसर निर्णायक भूमिका अदा करते हैं, अन्तरराष्ट्रीय परिस्थिति, रोटी-मक्खन और मांस की कीमतें, रोजगार की स्थिति—ये तत्त्व तथा ऐसे अनेक तत्त्व अपनी भूमिका अदा करते हैं। सबसे महत्त्वपूर्ण तत्त्व है ऐसे दो दलों का अस्तित्व जो उपर्युक्त तत्त्वों तथा अन्य तत्त्वों के आधार पर एक-दूसरे की जगह लेने की क्षमता रखते हैं। ये बातें भी ग्रेट ब्रिटेन के प्रधानमन्त्री की 'तानाशाह' की सी स्थिति को बुनियादी रूप से प्रभावित करती हैं। भारत में स्थिति कितनी भिन्न है? इसलिए संसद की सर्वोच्चता के विचार से किसी को भ्रम में नहीं पड़ना चाहिए। यह विचार यहाँ की स्थिति में बिलकुल 'फिट' नहीं बैठता है। यहाँ रोक-थाम के तरीके स्पष्ट रूप से अंकित किए जाने ही चाहिए। राज्य का कोई भी अंग सर्वोच्च नहीं होना चाहिए। ऐसे विचार रखने वाले समर्थ लोगों को बड़े स्पष्ट रूप से यह सारी बातें प्रस्तुत करनी चाहिए।

9 सितम्बर

रजनी कोठारी द्वारा सम्पादित 'अलटर्नेटिव्स' (विकल्प) नाम की पत्रिका में ही दूसरा लेख जीमो ओमो-फडाका का है। इसका शीर्षक है—विकास का तीसरा मार्ग। उस लेख को पढ़ने पर मुझे लगा कि लेखक उन्हीं सब विचारों का प्रतिपादन कर रहा है जो मैं 1954 से प्रस्तुत कर रहा हूँ। इस पर से एक विचार मेरे मन में आया है कि बेहतर है, मैं एक छोटी-सी पुस्तिका लिखने की योजना बनाऊँ जिसमें वे भिन्न-भिन्न सिद्धान्त, जो मैंने भिन्न-भिन्न कालों में प्रतिपादित किए हैं, इकट्ठा हो जाएँ और सब सूत्रों को मिलाकर एक संपूर्ण चित्र बन जाए—जैसे-तैसे मिलाई गई संपूर्णता नहीं, बल्कि समन्वित संपूर्णता का चित्र बने—जिसके विभिन्न अंग सहज रूप से परस्पर अनुकूल हों और सबका विलय एक समन्वित रूप में हो।

यहाँ मैं उन सभी विचार-बिन्दुओं को अंकित करना चाहूँगा जो समय-समय पर मैंने प्रस्तुत किए हैं।

(1) नैतिक-आध्यात्मिक रूपरेखा

(क) मनुष्य द्रव्य और आत्मा दोनों है। उसके जीवन की भौतिक और आध्यात्मिक दोनों तरह की आवश्यकताएँ अवश्य

पूरी होनी चाहिए।

(ख) भौतिक आवश्यकताएँ जिनकी पूर्ति होनी ही चाहिए, ये हैं : भोजन, वस्त्र, घर आदि। भोजन पर्याप्त हो साथ ही सरल, पौष्टिक एवं सुस्वादु भी हो। लेकिन उनकी मात्रा अत्यधिक न हो। वस्त्र न केवल उपयोगी हो, बल्कि वह नयनाभिराम और कोमल भी हो। वह सभी ऋतुओं के लिए पर्याप्त हो। परन्तु आवश्यकता से अधिक वस्त्र नहीं चाहिए। फैशन-परस्ती के पीछे पागलपन भी नहीं और न अपव्यय होना चाहिए। वस्त्र के लिए सामग्री (यथासम्भव) सहज-स्वाभाविक होनी चाहिए, न कि अस्वाभाविक और संश्लेषित। घर छोटे होने चाहिए, परन्तु मानव-निवास के योग्य, स्वच्छ, हवादार, सूरज की रोशनी से परिपूर्ण होने चाहिए। बड़े, भड़कदार घर नहीं चाहिए। रहन-सहन में विलासिता भी न हो। विला एक सापेक्ष शब्द है। अतः उसका संबंध सामाजिक आवश्यकताओं से और सामान्य जीवन-स्तर से होना चाहिए।

दूसरी भौतिक आवश्यकताओं के बारे में भी हमारी यही दृष्टि होनी चाहिए। इसका अर्थ उपभोग को स्वेच्छा से सीमित करना है जो एक नैतिक विचार है। मेरे मन में संन्यास की कोई बात नहीं है। वह तो आध्यात्मिक साधकों के लिए ही उपयुक्त है। औसत मनुष्य के लिए, अर्थात् हम जैसों के लिए, सिवा उनके जो संन्यास को आध्यात्मिक पूर्णता या लक्ष्य के रूप में स्वीकार करते हैं, पूर्ण भौतिक सन्तुष्टि स्वतः आध्यात्मिक जीवन है। तृष्णा, बाहुल्य, सम्पत्ति-संग्रह के दूषित साधन ये सारे अध्यात्म-विरोधी तत्त्व हैं। नैतिक-आध्यात्मिक के साथ-साथ आर्थिक, सामाजिक, राजनीतिक, पारिस्थितिक एवं प्राकृतिक कारण उल्लेखनीय हैं। (यह भी देखना चाहिए कि प्राकृतिक साधनों का पुनर्नवीकरण या अन्य प्रकार से उनकी उपलब्धि कहाँ तक सम्भव है।) शान्तिमय उपयोग के लिए भी पैदा की गई आणविक शक्ति से क्या खतरे हैं, यह भी विचारणीय है।

विकास किस उद्देश्य के लिए हो और किन लोगों के लिए हो, यह प्रश्न है। युद्ध और शान्ति का प्रश्न, आध्यात्मिक सौन्दर्य एवं सृजनात्मकता का प्रश्न भी है।

(2) प्राकृतिक-पारिवेशिक रूपरेखा

गाँव, कस्बे और शहर का प्रश्न भी है। एक तरफ महानगर और दूसरी तरफ पतनोन्मुख ग्रामीण क्षेत्र है। गाँवों का पुनर्गठन—छोटे गाँवों को मिलाना और बड़े गाँव को पुनर्वितरित करना—आवश्यक है। आदिवासी क्षेत्र हैं, पहाड़ और जंगल तथा मैदानी क्षेत्र हैं। मैदानी क्षेत्रों में गाँवों का औसत आकार क्या हो, शहरों का आकार क्या हो? ऐसे केन्द्रीय शहर हो सकते हैं जहाँ से सड़कें, विद्युत सेवाएँ आदि ग्रामीण क्षेत्रों में आती हैं। सामुदायिक विकास मुख्यालय ऐसे छोटे शहरों के विकास के लिए आदर्श केन्द्र हो सकते हैं। बैंक, भण्डार और अस्पताल भी होने चाहिए।

गाँव, कस्बे और शहर का यह भौगोलिक वितरण बलपूर्वक नहीं किया जा सकता। यह तभी सम्भव है जब पहले से ही इसके अनुकूल सामाजिक-आर्थिक एवं राजनीतिक विकास का एक रूप सामने हो और उसकी प्रक्रिया काम कर रही हो। यह भी आवश्यक है कि इसको जनता लोकतान्त्रिक ढंग से स्वीकार करे और उसकी क्रियान्विति लोकतान्त्रिक ढंग से राज्य की इकाइयों तथा स्वैच्छिक संस्थाओं के द्वारा हो।

(3) आर्थिक रूपरेखा

आर्थिक विकास का लक्ष्य होना चाहिए मनुष्य। प्रत्येक वयस्क या परिवार के प्रमुख के लिए काम की व्यवस्था होनी चाहिए। (परिवार में पत्नी तथा नाबालिग एवं अविवाहित बच्चे, बूढ़े माता-पिता, बेरोजगार भाई-बन्धु आदि सब हैं—यह एक कठिन प्रश्न है।) जीवन-मान निम्नतम हो।

शायद भारत में बृहत-स्तरीय, आधुनिक यन्त्र-कला तथा पूँजी-प्रधान उद्योग काफी हैं। प्रतिरक्षा की आवश्यकताओं को छोड़ ऐसे बड़े यन्त्रों और उद्योगों की वृद्धि पर समझ-बूझकर रोक लगानी चाहिए। उपग्रह-विकास जैसे खर्चीले, दिखावटी, अनुपयोगी, तथाकथित प्रतिष्ठादायक नकली उद्योगों को त्याग देना चाहिए। यहाँ फ्रिज ने वैज्ञानिक शोध एवं विकास और यन्त्रशास्त्र में विज्ञान के उपयोग (जैसे चन्द्रमा-यात्रा तथा अन्य उपयोग) के बीच जो भेद किया है, उसे हम स्वीकार

करते हैं और उस पर बल देते हैं। मैं वैज्ञानिक अपकर्ष के पक्ष में नहीं हूँ, बल्कि मैं केवल विज्ञान के ऐसे उपयोग पर बल दे रहा हूँ जो भारत की वर्तमान स्थिति तथा जनता की आवश्यकताओं की दृष्टि से उसके कल्याण से प्रत्यक्ष संबंध रखता हो।

इसलिए औद्योगिक विकास की दिशा मध्यम उद्योग, लघु उद्योग, ग्रामीण उद्योग के विकास की दिशा होनी चाहिए। इसके लिए उन तकनीकों को उन्नत करना आवश्यक है जिनका इस्तेमाल ग्रामीण एवं लघु उद्योगों में हो रहा है। समुचित तकनीक के विकास की दिशा में समस्यामूलक शोध-कार्य जोरदार ढंग से चलाया और बढ़ाया जाना चाहिए। ग्रामीण विद्यालयों में ऐसा प्रायोगिक एवं सैद्धान्तिक तकनीक विभाग होना चाहिए, जो स्थानीय अभ्यासों और आवश्यकताओं से सम्बन्धित हो।

स्वामित्व के प्रकार निम्नलिखित हो सकते हैं :

व्यक्तिगत (पारिवारिक) स्वामित्व, या स्वावलम्बी उत्पादकों का स्वामित्व, सामुदायिक (ग्रामीण) स्वामित्व, सहयोगी स्वामित्व, निजी लाभ-मूलक लघु प्रबन्धकीय स्वामित्व जो सामान्यतः थोड़े श्रमिक रखकर उन्हें प्रचलित या कानून द्वारा निर्धारित वेतन देता है। बड़े-बड़े कतिपय सीमाओं के अन्दर पूँजीवादी ढाँचे के हो सकते हैं। परन्तु सार्वजनिक निगम के ढाँचे का उद्योग अधिक प्रचलित होना चाहिए। सार्वजनिक निगम की कार्य-पद्धति, निर्देशक और प्रबन्धक के लिए प्रोत्साहन की व्यवस्था, लोकतान्त्रिक नियमन, सक्षमता, अपव्यय आदि बातों का अध्ययन गहराई से किया जाना चाहिए और मार्ग-दर्शक सिद्धान्त निरूपित किए जाने चाहिए। प्रश्न है कि वर्तमान समय में श्रमिकों का स्वामित्व और प्रबन्ध सफल हो सकता है क्या? बड़े-बड़े प्रतिष्ठानों में श्रमिकों का स्वामित्व लागू नहीं हो सकता। वहाँ सामाजिक स्वामित्व के विचार को लागू करना होगा। परन्तु अगर उद्योग में लगे हुए श्रमिक ट्रस्टी के रूप में—केवल अपने हितों के ट्रस्टी नहीं, बल्कि उपभोक्ताओं, समुदाय और समाज या राष्ट्र के बृहत्तर हितों के भी ट्रस्टी के रूप में—उक्त उद्योग का प्रबन्ध कर सकते हैं तो मेरी दृष्टि से यह सर्वोत्तम है। युगोस्लावी ढाँचे में से अगर तानाशाही को निकाल दिया जाए तो एक बहुत अच्छी तसवीर बन सकती है।

बृहत क्षेत्र में सार्वजनिक और निजी स्वामित्व या सार्वजनिक लिमिटेड कम्पनी का स्वामित्व चलने दिया जा सकता है। निजी क्षेत्र में उत्पादन, विकास और वृद्धि के लिए काफी प्रोत्साहन देने की आवश्यकता है। अनावश्यक प्रतिबन्ध (कण्ट्रोल, लाइसेंस आदि) समाप्त किए जाने चाहिए, बशर्ते कानून द्वारा निर्धारित आचरण के मानदण्डों का पालन होता हो।

प्रबन्ध कार्य में श्रमिकों की भागीदारी का प्रयोग तो किया जा सकता है, परन्तु जब तक श्रमिक संगठन अपने प्रतिनिधियों को समुचित रूप से प्रशिक्षित नहीं करते, तब तक वास्तविक प्रबन्ध के क्षेत्र में श्रमिक लोग कारगर नहीं हो सकते। उनका प्रभाव श्रमिक कल्याण, काम करने की स्थिति, भवन निर्माण, विद्यालय आदि तक ही सीमित रह जा सकता है।

खासकर बड़े प्रतिष्ठानों को, बल्कि कृषि-सहित सभी उत्पादक इकाइयों को, पारिवेशिक स्थिति के साथ-साथ सौन्दर्य एवं स्वच्छता की बातों के प्रति अत्यन्त संवेदनशील होना चाहिए। ओमो-फडाका ने जिस नव-औपनिवेशिक शोषण की चर्चा की है उसका भारत के सन्दर्भ में गहराई से अध्ययन किया जाना चाहिए। मैं ऐसा करने में समर्थ नहीं हूँ, यद्यपि इसके बारे में मुझे एक अस्पष्ट शंका रही है जिसको मैं व्यक्त कर चुका हूँ।

(4) राजनीतिक रूपरेखा

मौलिक स्वतन्त्रताएँ, विकेन्द्रीकरण और सामुदायिक व्यवस्था।

(5) सांस्कृतिक रूपरेखा

(6) शैक्षणिक रूपरेखा

ग्रामीण विद्यालय : कृषि, ग्रामीण उद्योग, अर्थशास्त्र (सहयोग एवं सहयोगी संस्थाएँ—कानून, नियम, संविधान), समाजशास्त्र

(जो क्षेत्र के विद्यार्थियों के लिए सार्थक हो), विज्ञान, भाषा और साहित्य, ग्राम सभा (निर्णय करने की पद्धति तथा उसकी क्रियान्विति), ग्राम-अदालत, लेखा तथा बही-खाते (कृषि, व्यापार तथा ग्रामीण उद्योग), स्वास्थ्य और सफाई (शौचालय, जलापूर्ति), जीवाणु एवं जीव विज्ञान (ग्रामीण ढाँचे से सम्बन्धित), बागवानी, जन्तु विज्ञान, खाद्य एवं पौष्टिकता (उपलब्ध स्रोत), गैस-प्लांट, कम्पोस्ट, पेशाब की खाद आदि शिक्षण के विषय होने चाहिए।

(7) सामाजिक रूपरेखा

(8) परिवर्तन और पुनर्निर्माण का गति-विज्ञान

* * *

एक चिड़ा और एक चिड़ी की कहानी

एक था चिड़ा और एक थी चिड़ी,
एक नीम के दरख्त पर उनका था घोंसला।
बड़ा गहरा प्रेम था दोनों में।
दोनों साथ घोंसले से निकलते;
साथ चारा चुगते,
या कभी-कभी चारे की कमी होने पर
अलग-अलग भी उड़ जाते।
और शाम को जब घोंसले में लौटते
तो तरह-तरह से एक-दूसरे को प्यार करते;
फिर घोंसले में साथ सो जाते।

एक दिन आया (तब)
शाम को चिड़ी लौट कर नहीं आई;
चिड़ा बहुत व्याकुल हुआ।
कभी अन्दर जाकर खोजे,
कभी बैठ कर चारों ओर देखे;
कभी उड़के एक तरफ, कभी दूसरी तरफ
चक्कर काट के लौट आवे।

अँधेरा बढ़ता जा रहा था;
निराश होकर घोंसले में बैठ गया,
शरीर और मन दोनों थक गया था।
उस रात चिड़े को नींद नहीं आई,
उस दिन तो उसने चारा भी नहीं चुगा,
और बराबर कुछ बोलता रहा,
जैसे चिड़ी को पुकार रहा हो।

दिनभर ऐसा ही बीता।
घोंसला उसको सूना लगे,
इसलिए वहाँ ज्यादा देर रुक न सके;
फिर अँधेरे ने उसे अन्दर रहने को मजबूर किया।
दूसरी भोर हुई।
फिर चिड़ी की वैसी ही तलाश,
वैसे ही बार-बार पुकारना।
एक बार जब घोंसले के द्वार पर जा बैठा था,
तो एक नयी चिड़ी उसके पास आकर बैठ गई
और फुदकने लगी।
चिड़े ने उसे चोंच से मार-मार कर भगा दिया।
फिर कुछ देर बाद चिड़ा उड़ गया,
और उड़ता ही चला गया।

उस शाम को चिड़ा लौटकर नहीं आया।
वह घोंसला अब पूरी तरह वीरान हो गया
और कुछ ही दिनों में उजड़ गया।
कुछ तो हवा ने काम किया,
कुछ दूसरी चिड़ियाँ चोंचों में
भर-भर के तिनके और पत्तियाँ
निकाल ले गईं।
अब उस घोंसले का नामोनिशां भी मिट गया,
और उस नीम के पेड़ पर
चिड़ा-चिड़ी के एक दूसरे जोड़े ने
एक नया घोंसला बना लिया।

(चण्डीगढ़, 11 सितम्बर, 1975)

11 सितम्बर

आज पूज्य विनोबा जी का जन्म-दिवस है। आज वे अस्सी वर्ष के हो गए। भगवान् उन्हें शतायु करें। कल और आज के समाचारपत्रों से मालूम होता है कि उनका स्वास्थ्य काफी सुधर गया है। खाँसी भी कम है और ज्वर भी।

* * *

आज मृत्युंजयबाबू का पत्र मिला। एक पोस्टकार्ड में जितना समाचार उन्होंने बाढ़ की बर्बादी के बारे में भर दिया है, उतना एक दूसरे मित्र के चार पृष्ठों के पत्र में नहीं है। केवल बिहार रिलीफ कमिटी की खबर देना वे भूल गए। लेकिन उस संस्था से लगाव उनका कम है। गंगाबाबू तक की खबर उन्होंने दी है और गाँधी संग्रहालय एवं डॉ. रजी अहमद साहब की। समिति (महिला चर्खा समिति) के बारे में पता शायद उनको न हो।

12 सितम्बर

लगता है, काँग्रेस के लोग विनोबा जी को खूब बढ़ा-चढ़ा रहे हैं। उनमें से एक श्री खाडिलकर अपने को संयम में नहीं रख सके और आह्लादपूर्वक कह उठे–"विनोबा जी का एक गुण यह है कि वे सर्वोदय आंदोलन में संकट के समय चट्टान की तरह अटल रहे।" यह सारा कैसा घृणित कपटाचार है : श्रीमती गाँधी का विनोबा जी के पास उड़कर जाना, वहाँ आश्रम में रातभर रहना और यहाँ दिल्ली में उनके जयन्ती समारोह के अवसर पर इस ढंग से उनका गुणगान करना! अब देखिए श्रीमती गाँधी शराबबन्दी के मोर्चे पर क्या कहती हैं : "आखिर आप जानते हैं, यह तो राज्य का विषय है, प्रधानमन्त्री तो केवल लिख सकता है, सलाह दे सकता है और प्रेरित कर सकता है।" बेचारे गोकुलभाई! मुझे पूरी आशा है कि शराबबन्दी के भाग्य में यह जो परिवर्तन हुआ है, उसका पूरा लाभ वे लेंगे।

यद्यपि मैंने बहुत दिन पहले श्रीमती गाँधी के वक्तव्यों पर टिप्पणी नहीं करने का निश्चय किया था, फिर भी अपवादस्वरूप चाहता हूँ कि छात्रों के संबंध में उन्होंने जो कुछ कहा है (जिसको बार-बार उन्होंने दुहराया है), उस पर टिप्पणी करूँ। मेरा या मेरे सहयोगियों का नाम लिए बिना ही उन्होंने छात्रों के प्रति हमारे दृष्टिकोण की चर्चा करते हुए कहा कि "इन लोगों की दृष्टि में छात्र कोई गलती नहीं कर सकते। वे बसें जला सकते हैं, लूटपाट कर सकते हैं और कोई भी कदाचार कर सकते हैं। लेकिन 'इनके लिए' (अर्थात् हमारे लिए) वे पवित्र हैं।"

छात्रों ने गुजरात और बिहार के आंदोलन में ऐसी प्रमुख भूमिका अदा की है और वे भविष्य में भी ऐसी भूमिका अदा करने वाले हैं, इसलिए अपने छात्रों के प्रति न्याय बरतने के लिए मैं यह आवश्यक समझता हूँ कि उन पर या मुझ पर लगाए गए आरोपों को अनुत्तरित न जाने दूँ।

यह सच है कि छात्रों ने कई अवसरों पर बसों में और रेलवे स्टेशनों में आग लगाई है, रेल की पटरी हटा दी है, अपने शिक्षकों को पीटा है और ऐसे अन्य कार्य किए हैं। इस देश के छात्र-समुदाय तथा सामान्यतः युवा-वर्ग के प्रति थोड़े भी दायित्व की भावना जिस किसी में है, वे कभी ऐसे कुकृत्यों को क्षमा नहीं करेंगे। गैरजिम्मेदार राजनीतिक कार्यकर्ताओं ने कभी-कभी ऐसे कार्यों को प्रोत्साहन दिया होगा। उन्होंने इस मूर्खतापूर्ण एवं भ्रमपूर्ण आशा में ऐसा किया होगा कि यह सब क्रांति की ओर, हिंसक क्रांति की ओर कदम है। परन्तु ऐसे लोगों को छोड़ कोई भी व्यक्ति छात्रों की हिंसा को माफ नहीं करेगा। तब इस संबंध में हमें क्या करना है? स्पष्टतः सबसे महत्त्वपूर्ण कार्य यह है कि हम छात्रों को समझाने की कोशिश करें। उनका ऐसा आचरण क्यों होता है? कुछ छात्र नेता अपराधी प्रवृत्ति के हो सकते हैं और उनके पास ऐसे उत्पाती या उपद्रवी लोगों के गिरोह भी हो सकते हैं। यह आवश्यक नहीं कि वे छात्र ही हों। परन्तु छात्र-अशान्ति का कारण अपराधवृत्ति नहीं है। उसके कारण हैं : अनुपयुक्त तथा कुछ मामलों में सड़ी हुई शिक्षा-पद्धति तथा बेरोजगारी से उत्पन्न निराशा एवं सामाजिक-आर्थिक विकास की गलत नीतियाँ। इसी बुनियादी समस्या का मुकाबला श्रीमती गाँधी को करना है, क्योंकि वे प्रधानमन्त्री हैं और आज सभी वास्तविक अर्थों में तानाशाह हैं। परन्तु उनके बीस-सूत्र अगर अमल में आ जाएँ तो वे समस्या को स्पर्श मात्र करेंगे, और एक दिन छात्र-अशान्ति और बड़े वेग के साथ फूट पड़ेगी।

लेकिन मेरे जैसे लोग तथा अन्य लोग जिन्होंने मेरे साथ काम किया है, क्या कर सकते हैं? हम लोगों ने अवश्य ही छात्र उपद्रव और हिंसा को समझने की कोशिश की है, कम-से-कम मैंने उसको कभी माफ नहीं किया है या कभी उसकी उपेक्षा नहीं की है। बल्कि मैंने युवकों की क्रोधाग्नि को शान्तिमय क्रांति की दिशा में मोड़ने का ठोस प्रयत्न किया। गुजरात के छात्र आंदोलन पर मेरा प्रभाव आंशिक था, परन्तु उस युगान्तरकारी आंदोलन के प्रति न्याय करते हुए यह कहना होगा कि सामान्य रूप से छात्रों का नेतृत्व हिंसा के विरुद्ध था। मजेदार बात यह है कि छात्र नेताओं में जो सबसे अधिक जहर और आग उगलने वाले थे और खुलेआम हिंसा की बात करते थे, वे आज श्रीमती गाँधी के साथ हैं!

अब हम बिहार की ओर लौटें। यहाँ जो थोड़ी हिंसा हुई थी, वह आंदोलन के साथ मेरा संबंध जुड़ने से पहले हुई थी। बाद में तो छात्रों ने अनुशासित सैनिकों की तरह आचरण किया। यद्यपि उनमें से अधिकांश सभी परिस्थितियों में शान्तिमय तरीके अपनाने के समर्थक नहीं थे, परन्तु इस सैद्धान्तिक संकोच के बावजूद उन्होंने शान्तिपूर्ण आचरण

किया। कभी-कभी घोर उत्तेजना के मुकाबले, जैसा कि 4 नवम्बर को हुआ जब हम पर अश्रुगैस छोड़ा गया और लाठी का प्रहार हुआ, उन्होंने शान्ति से काम लिया। मेरे कहने का यह अर्थ नहीं है कि उत्तेजनकारी तत्त्वों (अधिकांशतः सी. पी. आई. के लोगों) द्वारा उत्पन्न अत्यधिक उत्तेजना के फलस्वरूप अथवा नेतृत्व के अभाव के कारण हुई।

इसलिए श्रीमती गाँधी का यह कथन गलत है कि हमारी सृष्टि में छात्र गलती नहीं करते। जब भी अवसर आया, हमने उसकी गलतियों की ओर संकेत किया और वैकल्पिक मार्ग बताए।

लेकिन प्रश्न है कि बिहार आंदोलन कहाँ जा रहा था और किस प्रकार मैंने चाहा कि शिक्षा में तथा सामाजिक-आर्थिक व्यवस्था में क्रांतिकारी परिवर्तन लाए जाएँ जिनसे छात्रों की आकांक्षाएँ पूरी हो सकें। इस प्रश्न का हल भी सतत सामने आ रहा था। परन्तु इस क्रांतिकारी सम्भावना से भयभीत होकर श्रीमती गाँधी ने उसका मार्ग अवरुद्ध कर दिया, यद्यपि स्थायी रूप से मार्ग अवरुद्ध नहीं हो सकता। मैं नहीं समझता कि राष्ट्रीय जीवन के किसी भी क्षेत्र में किसी आंदोलन के दबाव तथा जोर के बिना क्रांतिकारी परिवर्तन लाना सम्भव है।

वास्तव में बहुत सारे परिवर्तन प्रत्यक्ष रूप से आंदोलन के ही दौरान हो जाएँगे। अन्य परिवर्तन आंदोलन द्वारा अपेक्षित लोकतान्त्रिक कानून-निर्माण के परिणामस्वरूप हो सकते हैं। जो परिवर्तन प्रत्यक्ष रूप से जनता की कार्रवाई के द्वारा लाए जाते हैं, उन्हें बाद में कानून से विनियमित करने की आवश्यकता होती है। आंदोलन के जिस दबाव या जोर से परिवर्तन होते हैं, उसके कई रूप हो सकते हैं : जैसे विचार-परिवर्तन (सामूहिक दबाव के फलस्वरूप), असहयोग, उद्योगों तथा प्रत्यक्ष कब्जा या उनके प्रबन्ध तथा 'संचालन' का हो सकता है। (इसके लिए अत्यन्त प्रौढ़ श्रमिक वर्ग एवं श्रमिक संघ की एकता आवश्यक होगी।)

* * *

पिछले दस सप्ताहों में मैंने जिन लोगों को पत्र लिखे हैं, उनके नाम निम्न प्रकार हैं :

(1)	शिवनाथ प्रसाद (साला)	1 पत्र	कलकत्ता
(2)	टी. अब्राहीम (मेरा सचिव)	2 पत्र	पटना
(3)	गुलाब यादव (मेरा सेवक)	2 पत्र	पटना
(4)	जयनारायण सहाय (मित्र)	2 पत्र	पटना
(5)	जीवेश (बहन का पौत्र)	1 पत्र	पटना
(6)	गंगाशरण सिंह (मित्र)	1 पत्र	पटना
(7)	अनिल प्रसाद (भतीजा)	1 पत्र	बम्बई
(8)	श्रीमती मालती सिंह (मित्र)	1 पत्र	नयी दिल्ली
(9)	रफीक खाँ (मित्र)	1 पत्र	वाराणसी
(10)	सुगत दासगुप्त (मित्र)	1 पत्र	वाराणसी
(11)	डी. बख्शी (भानजा)	1 पत्र	पटना
(12)	सुशीला सिन्हा (मित्र)	1 पत्र	पटना
(13)	प्रभा चौधरी (मित्र)	1 पत्र	पटना
(14)	जगदीश सिंह (मित्र)	1 पत्र	बलिया
(15)	स्नेहमयी प्रसाद (भाई की पत्नी)	1 पत्र	पटना
(16)	विभा सिंह (पुत्रीवत्)	1 पत्र	पटना
(17)	कुसुम देशपाण्डे (पुत्रीवत्)	1 पत्र	पटना

14 सितम्बर

आज सुबह के 'हिन्दुस्तान टाइम्स' में श्री ब्रह्मानन्द रेड्डी द्वारा मद्रास में दिए गए भाषण की यू. एन. आई. द्वारा प्रसारित खबर छपी है। भाषण के अन्त में यह वाक्य है : ''एक प्रश्न का उत्तर देते हुए उन्होंने कहा कि गिरफ्तार व्यक्तियों में से 30 प्रतिशत को सरकार ने रिहा कर दिया है।'' उनसे पूछना चाहिए था कि गिरफ्तार लोगों की कुल संख्या कितनी है और जो रिहा हुए हैं उनकी कुल संख्या कितनी है। यह भी पूछना चाहिए था कि गिरफ्तार और रिहा किए गए लोगों में राजनीतिक व्यक्ति कितने हैं और तस्कर आदि कितने हैं। आज सुबह के 'ट्रिब्यून' में उसी भाषण की पी. टी. आई. द्वारा प्रसारित खबर तीन कालम के शीर्षक के साथ प्रकाशित हुई है। शीर्षक इस प्रकार है : ''30 प्रतिशत मीसा-बन्दी रिहा हो चुके हैं—रेड्डी।'' दोनों खबरों में समानता है, यद्यपि 'ट्रिब्यून' ने उसे प्रमुखता दी है और 'हिन्दुस्तान टाइम्स' की खबर में केवल एक कालम का शीर्षक है : ''उपद्रव और अन्त निकट—रेड्डी।'' (यहाँ उपद्रव का संकेत नागा-मिजो क्षेत्र की ओर है।)

प्रेस ट्रस्ट की खबर 'ट्रिब्यून' में (काले अक्षरों में प्रमुखता देते हुए) प्रकाशित हुई है जिसमें रेड्डी ने कहा है कि सारे देश में सामान्य स्थिति होने के कारण आपातूकाल की घोषणा के बाद मीसा के अन्तर्गत गिरफ्तार किए गए लोगों में से 30 प्रतिशत रिहा कर दिए गए हैं। इस प्रकार गृह-मन्त्री ने स्वीकार किया है कि सारे देश में सामान्य स्थिति है और यह एक महत्त्वपूर्ण स्वीकृति है।

चण्डीगढ़
15-9-'75

सेवा में,
श्री गृह सचिव,
भारत सरकार, नयी दिल्ली।

आज तक मेरे 7-7-'75 के पत्र का उत्तर नहीं मिला है जिसमें मैंने प्रार्थना की है कि मुझे बिहार या उस राज्य के समीपस्थ किसी स्थान में भेज दिया जाए। इस पत्र के द्वारा उस प्रार्थना को दुहरा रहा हूँ और आशा करता हूँ कि इस बार आपका अनुकूल उत्तर मिलेगा।

कुछ दूसरी बात भी है जिसकी ओर मैं आपका ध्यान आकृष्ट करना चाहता हूँ। इस महीने की दस तारीख से शुरू होने वाले चालू सप्ताह को अगर छोड़ भी दें तो मेरी नजरबन्दी के दस सप्ताह अब हो गए हैं। प्रति सप्ताह दो पत्रों के हिसाब से, मैंने वर्तमान नियमों के अनुसार कुल मिलाकर बीस पत्र अब तक लिखे हैं। इनमें से केवल एक पत्र जो कुसुम देशपाण्डे को लिखा गया है, अपने गंतव्य पर पहुँचा है, जैसा कि उसके (कुसुम के) उत्तर से मालूम होता है। अन्य किसी भी पत्र का उत्तर नहीं मिला है और मुझे निश्चित सूचना है कि अधिकांश पत्र सम्बन्धित व्यक्तियों तक पहुँचे ही नहीं हैं।

मैंने जो पत्र लिखे हैं उनमें से कुछ मेरे सम्बन्धियों और कुछ मित्रों के नाम हैं। बन्दी को अधिकार है कि वह अपने संबंधी और मित्र दोनों को पत्र लिख सकता है। अंग्रेजों के समय में ही यही बात थी। कुसुम देशपाण्डे से मेरा कोई रिश्ता नहीं है, यद्यपि वह मुझे बेटी की तरह प्यारी है। (उसके मामले में क्यों अपवाद किया गया, यह सहज ही स्पष्ट है।)

अब, मेरे बीस पत्रों में से उन्नीस पत्र रोक लिए गए हैं। यह केवल सेंसरशिप की बात नहीं हो सकती। मैं समझता हूँ, बन्दी के रूप में मेरा जो अधिकार है, उससे मुझे वंचित किए जाने का एक यह गम्भीर मामला है। वास्तव में यह तो मानसिक यन्त्रणा है। इसलिए मुझे आशा है कि इस बात पर गम्भीरतापूर्वक विचार किया जाएगा और जो भूल हुई है उसको सुधारा जाएगा।

आपका विश्वासभाजन,
जयप्रकाश नारायण

18 सितम्बर

श्री विद्याचरण शुक्ल ने समाचारपत्रों को एक प्रमाण-पत्र दिया है। शीर्षक है, 'अधिकांश समाचारपत्र अब ठीक से आचरण कर रहे हैं।' क्या खूब! लगता है, इन लोगों ने अपनी सारी सन्तुलित-भावना, मूल्य-भावना खोल दी है। वे नहीं समझ पाते कि वे कितने हास्यास्पद लग रहे हैं। यह श्रीमती गाँधी का लोकतन्त्र है न!

आज रात (साढ़े आठ बजे) मुझे पी. जी. आई. (पोस्ट ग्रेजुएट इंस्टीच्यूट) के एक अतिथि भवन में ले जाया गया। वहाँ टहलने के लिए अच्छा-सा मैदान है। यहाँ नर्सें नहीं रहेंगी। डॉ. कालरा सुबह शाम आएँगे। डॉ. खत्री कभी-कभी आ सकते हैं। डॉ. चुट्टानी और डॉ. मेहरा भी कभी-कभी आ सकते हैं। यह सामान्य स्वास्थ्य की ओर एक कदम है।

डॉ. कालरा ने मुझे आज साढ़े नौ बजे रात में देखा। नाड़ी की गति 80 थी और बाकी सब कुछ ठीक था।

19 सितम्बर

यह स्थान मेरे लिए नया है, इस कारण ठीक से सो नहीं सका। डॉ. कालरा 7-45 बजे सुबह आए। नाड़ी की गति 80 थी, बाकी सब कुछ ठीक था। धूप हो जाने के कारण सुबह में टहलना छोड़ दिया। कल सुबह से टहलने का समय सात बजे रहेगा।

20 सितम्बर

आज सुबह के समाचारपत्रों में धर्म-निरपेक्षता, समाजवाद एवं लोकतन्त्र के 'शिक्षकों' के प्रथम अखिल भारतीय सम्मेलन की कार्यवाही छपी है। श्रीमती गाँधी ही शिक्षकों की इस संस्था की 'कुलपति' हैं जिसमें श्रीमती सुभद्रा जोशी (शिक्षकों की कोषाध्यक्ष), डॉ. कालू लाल श्रीमाली (शिक्षकों के अध्यक्ष), प्रो. रसीदउद्दीन खाँ जैसे प्रसिद्ध उपकुलपति, प्राध्यापक, विद्वान् तथा अन्य लोग शामिल हैं।

इस प्रकार अब भारत एवं भारतीयों को धर्म-निरपेक्षता, समाजवाद एवं लोकतन्त्र में फिर से शिक्षित होना है। पुराने शिक्षक—जैसे गाँधी, नेहरू, पटेल, प्रसाद, आजाद, राजाजी तथा अन्य पितृ-तुल्य महापुरुष पुराने पड़ गए हैं। और अब श्रीमती गाँधी तथा उपर्युक्त अन्य शिक्षक और बहुत सारे चापलूस, जी-हुजूरी करने वाले हमें सिखाएँगे कि ये महान् सिद्धान्त क्या हैं! पहला पाठ यह है कि विरोधी पक्ष को बहुत मजबूत मत होने दो (अन्यथा श्रीमती गाँधी जैसी वीरांगना का सर्वनाश हो सकता है); दूसरा पाठ यह है कि विरोधी नेताओं को कैद में (या नजरबन्दी में) डाल दो, नागरिक स्वतन्त्रताओं का दमन करो, समाचारपत्रों की स्वतन्त्रता कुचल दो; तीसरा पाठ है कि विरोध तथा आलोचना के स्वर को तथा विरोधी पक्ष को चुप कर लेने के बाद जनता के दिमाग में झूठी बातें भर दो तब तक झूठ बोलते रहो जब तक सबका दिमाग धुल नहीं जाए।

(आज मैं थकावट अनुभव कर रहा हूँ। ये टिप्पणियाँ फिर कल लिखूँगा।) तारकुण्डे आज आए। कुछ मुद्दे आज नोट कर लेने हैं जिन पर कल लिखूँगा।

21 सितम्बर

तो, नयी दिल्ली की उस भयभीत महिला के अनुसार हम सारे लोग—श्री मोरारजी देसाई, श्री अशोक मेहता, श्री अटल बिहारी वाजपेयी, श्री चन्द्रशेखर, श्री रामधन तथा अन्य अनेक लोग—श्रीमती गाँधी और उनके परिवार को तथा उनका समर्थन रखने वाले मुख्यमन्त्रियों एवं अन्य लोगों को मिटाने की योजना बना रहे थे! वे स्पष्ट नहीं कहतीं कि यह कार्य किस ढंग से किया जाने वाला था और मिटाने का ठीक-ठीक अर्थ क्या है। मैंने श्रीमती गाँधी को 'नयी दिल्ली की भयभीत महिला' कहा है। वे अवश्यमेव अपने विरुद्ध संगठित हो रहे जनमत से भयभीत, बल्कि प्रायः विवेकशून्य हो गई थीं। उन्हें भय था कि अगले चुनाव में वे हार जाएँगी और इसीलिए वह व्यूहरचना की गई। किसने की, यह तो रहस्य ही है। इसके बारे में और बातें बाद में लिखूँगा। यहाँ उल्लेखनीय यह है कि श्रीमती गाँधी ने विरोधी पक्ष के लोगों द्वारा उन्हें तथा उनके परिवार को मिटाने की घृणित योजना के विषय में, धर्म-निरपेक्षता, समाजवाद और लोकतन्त्र

के इन शिक्षकों से, जो कुछ कहा था वह भयभीत होकर नहीं कहा था। यह भारत की जनता तथा दुनिया के कम जानकार लोगों को गुमराह करने की उनकी योजना का अंग था। लोकतन्त्र के दमन का औचित्य सिद्ध करने के लिए यह झूठ जान-बूझकर कहा गया था। मैं समझता हूँ, ज्यों-ज्यों समय बीतेगा, वे और भी बड़े झूठ कहने का दुस्साहस करेंगी। आखिर उनका प्रतिवाद करने वाला भी तो कोई नहीं है। और अगर कोई है भी तो उसके प्रतिवाद के प्रकाशन का साधन सिवा गुप्त रूप से मुद्रित एवं प्रसारित कुछ पर्चों के नहीं है, जो दूरगामी नहीं हो सकते।

तारकुण्डे ने मुझसे कहा कि श्रीमती गाँधी के एकतरफा प्रचार का परिणाम भी होने लगा है। उन्होंने बम्बई के बुद्धिवादियों को सिर हिलाते हुए यह कहते हुए पाया कि आखिर देखिए, अब अनुशासन पहले से अधिक है और निश्चय ही विरोधी पक्ष के लोग मर्यादा लाँघकर बहुत दूर चले गए थे। इस प्रकार बुद्धिजीवियों का विश्वासघात शुरू हो गया है। चूहे डूबते हुए जहाज को छोड़कर भाग रहे हैं।

अब जरा 'शिक्षकों' के सम्मेलन में श्रीमती गाँधी ने जो कुछ किया, उसकी ओर लौट चलें। मैं केवल उनके भाषण से कुछ उद्धरण पेश करूँगा जो 'हिन्दुस्तान टाइम्स' (20 सितम्बर) में छपे हैं।

जैसा कि मैं पहले कह चुका हूँ, मेरा हमेशा यह अनुमान रहा है कि श्रीमती गाँधी द्वारा की गई कार्रवाई, 25 जून के (विरोधी पक्ष के) इस निर्णय की आकस्मिक प्रतिक्रिया नहीं थी कि, सर्वोच्च न्यायालय द्वारा उनकी अपील पर निर्णय होने तक प्रधानमन्त्री के पद से वे अलग हो जाएँ, इसके लिए उन पर दबाव डाला जाए एवं इस उद्देश्य की पूर्ति के लिए सत्याग्रही भर्ती किए जाएँ तथा वे उनके निवास तक (या जहाँ तक जाने की अनुमति नहीं मिले) जाएँ और इस प्रकार सविनय कानून भंग करें। जैसी कि मुझे शंका थी, यह नीति बहुत सोच ली गई थी और तफसील में उसकी योजना भी बना ली गई थी। सम्भव है, 25 जून के प्रस्ताव ने भारतीय लोकतन्त्र के सिर पर घातक प्रहार करने का एक अवसर उपस्थित कर दिया। इसमें शक नहीं कि यह योजना बना ली गई थी कि श्रीमती गाँधी तथा काँग्रेस या सी. पी. आई. में उनके समर्थकों को सत्ता से कभी नहीं हटने दिया जाएगा, चाहे जनता या मतदाता कुछ भी महसूस करते या चाहते हों। लक्ष्य तय हो जाने के बाद मार्ग एवं साधन का चुनाव सावधानीपूर्वक बहुत पहले कर लिया गया था। बिहार आंदोलन तथा दिल्ली सत्याग्रह जिसकी योजना सप्ताह भर की थी और जिसकी घोषणा 25 जून की सार्वजनिक सभा में की गई थी, सहज बहाने मात्र थे। प्राप्त सूचना के अनुसार उन्होंने कहा था कि 'हम प्रवाह-पतित होकर इस दिशा में नहीं बह गए। यह रास्ता गम्भीर चिन्तन के बाद और हर सम्भव विकल्प को तौल लेने के बाद चुना गया।' (हिन्दुस्तान टाइम्स, 20 सितम्बर) प्रश्न है कि इसकी योजना कहाँ की गई। काँग्रेस कार्यकारिणी में तो नहीं की गई। अगर की जाती तो सबको मालूम हो गई होती। कार्यकारिणी ने इसे स्वीकार भी किया था क्या? ऐसा तो नहीं लगता। तो क्या मन्त्रिमण्डल को राजनीतिक कार्यकलाप-समिति में योजना की गई अथवा तथाकथित अंतरंग मन्त्रिमण्डल में? (इसके सदस्य कौन हैं, इसका पता किसी को नहीं है!) स्पष्टतः इसका भी उत्तर है : नहीं। क्या गृहमन्त्री को इस योजना के महत्त्व, विस्तार तथा उद्देश्य की कोई कल्पना थी? प्रकटतः इसका भी उत्तर है : नहीं। जाहिर है कि इसकी योजना प्रधानमन्त्री के विश्वस्त लोगों के गुप्त कोष्ठ में हुई, जिसमें प्रायः निश्चित रूप से सोवियत-समर्थक सदस्य होंगे और उनमें से एक या अधिक का निकट सम्पर्क सोवियत दूतावास स्थित भारतीय कोष्ठ के साथ रहा होगा तथा उनके बीच सूचनाओं का नियमित आदान-प्रदान चलता होगा। मुझे विश्वास है कि यह रहस्य एक दिन प्रकट होकर रहेगा। परन्तु मेरा ख्याल है कि वह दिन अभी नहीं है। एक दूसरा उद्धरण लीजिए। उन्होंने कहा था कि 'लोकतन्त्र अन्ततः जनता की आवाज है। हमने जनता का मुँह बन्द नहीं किया। बहुत थोड़े लोग नजरबन्द हैं और आज भी कुछ विरोधी पक्ष के सदस्य सत्याग्रह तथा इस तरह के कार्यक्रमों का आयोजन कर रहे हैं।' उन्होंने आगे कहा कि 'मैं विरोधी पक्ष के विरुद्ध, आलोचना या सत्याग्रह के विरुद्ध नहीं हूँ। परन्तु मैं इस बात के विरुद्ध हूँ कि एक छोटा-सा अल्पसंख्यक समुदाय विशाल बहुसंख्यक समुदाय का मुँह बन्द करने की कोशिश करे।'

उन्होंने यह स्पष्ट नहीं किया कि किस प्रकार एक छोटा अल्पसंख्यक समुदाय एक विशाल बहुसंख्यक समुदाय की जुबान बन्द करने की कोशिश कर रहा था। यह कहाँ और कैसे किया गया? एक छोटा सशस्त्र अल्पसंख्यक समूह ऐसा कर भी सकता है, और एक छोटा सत्तारूढ़ गुट ऐसा करने में सक्षम हो सकता है। परन्तु कोई शान्तिपूर्ण आंदोलन

ऐसा कैसे कर सकता है? फिर जुबान बन्द करने का मतलब क्या है? पटना में 16 नवम्बर, 1974 को आयोजित काँग्रेसी प्रदर्शन के लिए बसों, ट्रेनों, ट्रकों और स्टीमरों पर मुफ्त चढ़ने की छूट दे दी गई थी और रास्ते में मुफ्त भोजन की व्यवस्था की गई थी तथा कुछ नए कपड़ों का वितरण भी किया गया था। इसके बावजूद वह पूरी तरह विफल हुआ था। काँग्रेस सत्ता में थी और समस्त प्रशासन ने उक्त आयोजन को पूरी तरह सफल बनाने की कोशिश की थी। और श्रीमती गाँधी के चमत्कारी बालक श्री बरुआ वहाँ मंच पर अपने शक्तिशाली मस्तिष्क का लाभ देने के लिए तथा संपूर्ण कार्रवाई का संचालन करने के लिए मौजूद थे। क्या इसका एक भी ऐसा उदाहरण है कि किसी ने एक व्यक्ति का भी मुँह बन्द किया हो, या किसी ने किसी को पटना जाने से रोका हो? और 18 नवम्बर को जो सार्वजनिक सभा हुई उसके बारे में क्या कहना है? क्या वह एक छोटे समूह द्वारा विशाल समुदाय की जुबान बन्द करने का उदाहरण था?

समाचारपत्रों की सूचना के अनुसार श्रीमती गाँधी ने कहा है कि विरोधी पक्ष द्वारा अब भी सत्याग्रहों का आयोजन किया जा रहा है। आज पहली बार मैंने पढ़ा कि इस अधिनायकतंत्री प्रलय-काल में भी सत्याग्रह हो रहे हैं। समाचारपत्रों में ऐसा कुछ मुझे नजर नहीं आया। परन्तु यदि श्रीमती गाँधी झूठ नहीं बोल रही हैं तो मुझे खुशी है कि यह हो रहा है। इसका मतलब है कि आग अभी भी बाकी है और उसकी ज्वाला जहाँ-तहाँ जब कभी प्रकट हो जाती है। गाँधी जी के सत्याग्रह आंदोलनों में भी ऐसा हुआ करता था।

श्रीमती गाँधी कहती हैं : ''हमने जनता का मुँह बन्द नहीं किया है।'' तो, अच्छी बात है। हलुवे का स्वाद तो खाने से ही मालूम होता है। वे यह भी कहती हैं कि लोकतन्त्र आखिर जनता की आवाज है!

ठीक है, परन्तु उन्होंने बिहार की जनता की आवाज नहीं सुनी, यद्यपि वह असंदिग्ध रूप से स्पष्ट थी। उन्होंने कहा कि इस प्रश्न का निर्णय अगले चुनाव में होगा। मैंने उनकी चुनौती को स्वीकार किया। हलुवा के स्वाद का प्रमाण प्रकट होने ही वाला है। श्रीमती गाँधी के दर्शन के अनुसार जनता की आवाज चुनाव में ही प्रकट होनी चाहिए और हो सकती है। दूसरे किसी भी समय प्रकट हुई जनता की आवाज का कोई महत्त्व नहीं है, उसको प्रकट होने का अधिकार भी नहीं है। अपवादस्वरूप, जब 'जनता' की भीड़ स्वेच्छा से उनके निवास पर आती है और उनसे प्रार्थना करती है कि आप इस्तीफा मत दीजिए, हमें अनाथ छोड़कर मत जाइए तो उस समय जनता की आवाज का बड़ा महत्त्व है और उसको अवश्य सुनना चाहिए तथा उसके आदेश का पालन करना चाहिए! ओह, यह कैसा ढोंग, कैसा पाखण्ड है!

लोकसभा के चुनाव अगले वर्ष के आरम्भ में होने चाहिए। हमें देखना है कि जनता की आवाज को, उनके ही हित में बन्द किया जाता है या मतदान के द्वारा उसको प्रकट होने दिया जाता है।

'ट्रिब्यून' (20 सितम्बर) के मुखपृष्ठ पर 'शिक्षकों' के प्रथम सम्मेलन के उद्घाटन-अधिवेशन की तसवीर छपी है। मेरे मित्र श्री कालूलाल श्रीमाली श्रीमती गाँधी के बिलकुल पास बैठे हुए दिखाई देते हैं। श्रीमाली के चेहरे पर कैसे दम्भपूर्ण सन्तोष का भाव है! लगता है, जैसे उन पर निश्चित रूप से कोई 'हावी' हो गया हो। जब मैंने उनके चेहरे पर दृष्टि डाली तो मुझे उस पर उस समय की वेदना और कटुता स्मरण हो आई जब नेहरू द्वारा वे मन्त्रिमण्डल से निकाले गए थे। (तब वे राज्य स्तर के शिक्षामन्त्री थे।) उन्हें कामराज योजना के सिलसिले में हटाया गया था, क्योंकि अपने ही कथन के अनुसार वे धीरेन्द्र ब्रह्मचारी के योग-आश्रम के लिए राशि आबंटित करने को तैयार नहीं थे, जबकि उस समय श्रीमती गाँधी को भी ब्रह्मचारी में और उनके आश्रम में व्यक्तिगत दिलचस्पी थी। श्रीमाली के रुख से क्रुद्ध हो उन्होंने अपने पिता से कहकर मन्त्रिमण्डलीय हेर-फेर के दौरान उनको निकलवाकर ही दम लिया। श्रीमाली के अनुसार स्वयं डॉ. के. जी. सैयदैन को नेहरू ने उनको (श्रीमाली को) समझाने-बुझाने के लिए भेजा था। परन्तु वे अपनी बात पर अड़े रहे और यह कहते रहे कि योग-आश्रम इस योग्य नहीं है कि उसको सहायता दी जाए, क्योंकि उसको पहले जो धन दिया गया था, उसका समुचित हिसाब नहीं रखा गया है। उन्होंने कुछ शास्त्रीय प्रश्न भी उठाए थे। तो, परिणाम यह हुआ कि शिक्षामन्त्री जी निकाले गए। उस समय उनमें कितनी कटुता की भावना थी और वे कितने आलोचक बन गए थे! और अब उपकुलपति जी के चेहरे पर परमानन्द का यह भाव झलक रहा! लोग बदल जाते हैं किस प्रकार।

24 सितम्बर

बर्ट्रेण्ड रसेल की आत्मकथा का तीसरा भाग समाप्त किया। इस भाग से उस मनुष्य की जो तसवीर उभरती है, वह बहुत ही आकर्षक, सराहनीय तथा भव्य है। कुछ लोगों ने उन्हें 'सभ्यता का आभूषण' कहा है। यह सुन्दर वर्णन है। मेरी दृष्टि में बर्ट्रेण्ड रसेल मानवता के आभूषण हैं। मानव जाति की कोख से समय-समय पर उत्पन्न होने वाले बर्ट्रेण्ड रसेल जैसे महापुरुष ही इस जाति के लिए आशा हैं, चाहे ऐसे लोग कई सदियों में एक ही बार पैदा होते हों।

इस भाग के अन्त में दिया गया पश्च लेख बहुत ही करुण है। उसके अन्तिम शब्दों में प्रौढ़ रसेल के चरित्र का सार निहित है :

"मैं एक ऐसी कल्पना को फलीभूत करने के लिए आया हूँ जो वैयक्तिक और सामाजिक भी है। वैयक्तिक : जो कुछ भव्य है, सुन्दर है और मृदु है, उसके लिए सावधानी रखना और अधिक सांसारिक युगों में बुद्धिमत्ता प्रेरित करने हेतु अन्तर्दृष्टि के क्षण उपस्थित करना। सामाजिक : ऐसे समाज की कल्पना करना जिसका सृजन होना है और जहाँ व्यक्ति स्वतन्त्रतापूर्वक बढ़ सकता है तथा जहाँ घृणा, लोभ एवं द्वेष मर जाते हैं, क्योंकि उनको पोषण देने वाले पदार्थ नहीं रहते। इन बातों में मुझे विश्वास है और दुनिया की सारी भीषणताओं के बावजूद मैं अविचलित रहा हूँ।"

कितनी भव्य है यह कल्पना और कितना विश्वास है भविष्य में!

25 सितम्बर

आज का दिन बड़े आनन्द का था; अत्यन्त हर्षयुक्त आश्चर्य का दिन था। सुगत अचानक दरवाजे पर दिखाई पड़े, और उनके पीछे उपायुक्त महोदय थे। मैंने उन्हें गले लगाया और पूछा—कैसे आए? बात यह थी कि दिल्ली में उनकी मुलाकात विश्वविद्यालय अनुदान आयोग की बैठक में श्री पी. एन. धर से हो गई। बातचीत के दौरान उन्होंने धर से कहा कि वे मुझसे मिलने के लिए अत्यन्त व्यग्र हैं। श्री धर ने कहा—'क्यों नहीं, जाइए, उनसे मिलिए।' सुगत ने पूछा कि 'क्या यह मुलाकात कुछेक मिनटों तक ही सीमित रहेगी?' धर ने कहा कि 'नहीं, आप जितना समय चाहें ले सकते हैं।' यह धर की सज्जनता का सूचक है। मैंने सुगत से कहा कि धर को बता दें कि मैं उनके प्रति आभारी हूँ। परन्तु खेद है कि मेरी दृष्टि में धर बुरी संगत में पड़ गए हैं। सुगत दुबारा शाम को आए। उपायुक्त लगातार उपस्थित रहे।

26 सितम्बर

आज मेरी नजरबन्दी के तीन महीने पूरे हो गए। अब लगता है, दिन काफी तेजी से बीत रहे हैं। फिर भी साथी के अभाव में समय पहाड़ बन गया है। किन्तु ऐसा प्रतीत होता है कि तानाशाही के गर्व की ओर पतन की प्रक्रिया रुक गई है। वह स्थायी या अस्थायी रूप से रुकी है, यह बताना अभी सम्भव नहीं। सुगत कल कह रहे थे कि जिन क्षेत्रों में वे जाते-आते हैं, वहाँ सामान्य रूप से यह आशा बनी है कि संसदीय चुनाव अगले साल होने वाले हैं। अगर ऐसा होता है तो लोकतन्त्र की ओर वापसी निश्चित है। यद्यपि आपातकाल की समाप्ति तो नहीं होगी और समाचारपत्र भी पूरी तरह स्वतन्त्र नहीं होंगे, परन्तु जेलों से आम रिहाई निश्चित रूप से होगी और भाषण तथा संगठन करने की स्वतन्त्रता पहले की अपेक्षा अधिक रहेगी।

28 सितम्बर

कल (27 सितम्बर, शनिवार) मेरे लिए बहुत बुरा दिन था। सुबह ज्यों ही मैं शौचालय में बैठा, मेरे पेट में भयानक दर्द मालूम हुआ। पहले तो मैंने सोचा कि दर्द खत्म हो जाएगा। परन्तु वह जारी रहा, बल्कि और भी गम्भीर हो गया। मैं पसीने से तर-बतर होने लगा। बेहोशी और बहुत कमजोरी महसूस हुई। यहाँ तक कि उठने, बैठने, हाथ धोने और बिछावन पर जाने तक में कठिनाई हो रही थी। मैंने डॉ. कालरा को बुलाने और डॉ. चुट्टानी को भी खबर करने को कहा। दर्द घण्टों तक जारी रहा। डॉक्टरों ने दवाएँ दीं। बिछावन पर पड़ा रहा। केवल कुछ तरल पदार्थ खाए और रात में थोड़ा चावल दही के साथ लिया। रोग की पहचान यह है कि कोई 'इनफेक्शन' लग गया है। चाहे जो हो, जीवन

में पहली बार ऐसे कष्ट का अनुभव हुआ। इतना पसीना, दर्द तथा कमजोरी महसूस होने के कारण मैंने पहले तो समझा कि हृदय रोग का आक्रमण हुआ है। परन्तु पेट के निचले भाग में दर्द हुआ और हृदय, रक्तचाप आदि सामान्य थे। ई. सी. जी. लिया गया और कोई नयी चीज नहीं पाई गई।

आज मैं अच्छा महसूस करता हूँ। अभी शाम साढ़े छह बजे बीस मिनट तक मैदान में घूम लिया।

29 सितम्बर

आज के 'ट्रिब्यून' में तीन कालम के शीर्षक के साथ श्री जगजीवन राम का भाषण प्रकाशित हुआ है। भाषण में उन्होंने बड़े जोर से कहा है कि 'प्रधानमन्त्री का नेतृत्व बीस-सूत्री योजना की क्रियान्विति के लिए महत्त्वपूर्ण है।' आश्चर्य है कि वफादारी की यह घोषणा ऊँचे स्वर से क्यों की जा रही है। क्या इसके पीछे कोई छिपा हुआ कारण है या समय-समय पर की जाने वाली वफादारी की यह अभिपुष्टि मात्र है? विश्वास नहीं होता कि ऐसी चापलूसी का जोरदार प्रदर्शन जगजीवन बाबू जैसे लोग भी कर रहे हैं। कैसा पतन है!

अफसोस यह कि किसी ने श्री राम से यह नहीं पूछा कि क्यों उनकी प्रिय प्रधानमन्त्री का नेतृत्व दस-सूत्री योजना की क्रियान्विति के मामले में विफल हुआ। शायद विरोधी पक्ष का विश्वासघात इसके लिए भी दोषी होगा!

आज सुबह का 'ट्रिब्यून' घोषणा करता है कि संपूर्ण नशाबन्दी सम्भव है। क्या खूब! इसमें जो राजनीतिक चालबाजी निहित है, उसके बावजूद यह एक अत्यन्त अभिनन्दनीय निष्पत्ति है। अवश्यमेव, इसमें राजनीतिक चाल यह है कि विनोबा जी तथा सर्वोदय आंदोलन को अपने पक्ष में कर लें और यह दिखा दें कि श्रीमती गाँधी जैसी सच्ची गाँधीवादिनी के प्रति जयप्रकाश तथा उनके मित्रों का विरोध कितना गलत एवं दुष्टतापूर्ण है। इससे आने वाले चुनाव में भी मदद मिलेगी। अस्तु; मुझे तो इसकी चिन्ता बिलकुल नहीं है। श्रीमती गाँधी की प्रशंसा और जयप्रकाश की निन्दा होती है तो हो। जहाँ तक मेरा संबंध है, लोकतन्त्र के पक्ष में तथा भ्रष्टाचार एवं कुशासन के विरुद्ध संघर्ष जारी रहेगा। संपूर्ण क्रांति अब भी मेरा लक्ष्य है।

30 सितम्बर

मिस्र के राष्ट्रपति सादात केवल पश्चिम के ही नहीं, बल्कि संपूर्ण अफ्रेशियाई क्षेत्र के नेताओं में सबसे ऊँचे प्रतीत होते हैं। अध्यक्ष माओ-त्से-तुंग की तो अपनी कोटि है और निस्सन्देह उनका व्यक्तित्व बहुत विशाल है। लेकिन उनको छोड़कर अफ्रेशियाई क्षेत्र में आज कोई भी ऐसा नहीं है जिसकी तुलना सादात से की जा सके। मेरे ध्यान में उनका वह भाषण है जो उन्होंने काहिरा में राष्ट्रपति नासिर की पाँचवीं वार्षिकी पर दिया था। जब अमेरिका ने इस्राइल को भयानक हथियार और अमेरिकी विशेषज्ञ भेजे तो इस समय उन्होंने बड़े साहस और स्पष्टता के साथ कहा था कि रूस 'मेरी पीठ पर' है। इस प्रकार उनको 22 अक्तूबर, 1973 को युद्धविराम स्वीकार करना पड़ा था। 'सोवियत संघ के साथ उनके संबंधों में मोड़ तब आया, जब 1972 में भूतपूर्व राष्ट्रपति निक्सन मास्को पहुँचे।' उस अवसर पर प्रसारित संयुक्त वक्तव्य में कहा गया था कि पश्चिम एशिया में सैनिक शैथिल्य की आवश्यकता है। यह बात कही गई ''एक ऐसे समय में जब पूरी तरह शस्त्र-सुसज्जित नहीं था। इस्राइलियों से दस कदम पीछे था और मेरी जमीन उनके कब्जे में थी।'' (ट्रिब्यून, 30 सितम्बर) 'राष्ट्रपति ने कहा कि यह वक्तव्य ऊँट की पीठ को तोड़ने वाले तिनके के समान बोझिल हो गया।' यह संपूर्ण भाषण विलक्षण है, और मैं उसकी कतरन रख ले रहा हूँ।

क्या हमारे देश में सत्ताधारी क्षेत्रों के अन्दर ऐसा कोई व्यक्ति है जो ऐसी स्पष्टता और हिम्मत के साथ बोल सके? यह उच्चतम कोटि की देश-भक्ति है। हमारे निर्णय लेने की प्रक्रिया में तथा शासन तथा राज्यतन्त्र के महत्त्वपूर्ण क्षेत्रों में रूसियों का कितना गहरा प्रवेश हो गया है, यह भगवान ही जानें।

1 अक्तूबर

'हिन्दुस्तान टाइम्स' का एक शीर्षक कहता है : 'विश्वविद्यालय कानून से बचने का स्थान नहीं—प्रधानमन्त्री।' बिलकुल

ठीक। लेकिन मन्त्री का पद भी कानून से बचने का स्थान नहीं है और प्रधानमन्त्री का पद तो कदापि नहीं है। यही तो आंदोलन का संपूर्ण 'विषय' था। जो लोग सत्ता के आसन पर चुन कर भेजे गए हैं, वे भी कानून के दायरे से बाहर नहीं हो सकते। इसलिए यह माँग की गई थी कि स्वीडन के 'ओमबुड्समान' की तरह एक संस्थात्मक निकाय कायम किया जाए जो सत्तारूढ़ लोगों को कानून के प्रति तथा जनता के प्रति उत्तरदायी रख सके। इस संबंध में संथानम रिपोर्ट तथा इस समस्या का अध्ययन करने वालों (जैसे श्री ए. जी. नूरानी) द्वारा की गई अन्य सिफारिशें चर्चा का आधार बनें और आम राय से निर्णय लिया जाए, यह सुझाव दिया गया। परन्तु हमारी योग्य प्रधानमन्त्री ने अगले चुनाव द्वारा सत्ता के प्रश्न का निर्णय होने तक अपने को तथा राज्य एवं केन्द्र स्थित अपने सहयोगियों को किसी के प्रति उत्तरदायी नहीं माना। इससे न केवल जो सत्तारूढ़ हैं, उन्हें मनमानी करने की छूट मिल गई, बल्कि यह भी सुनिश्चित हो गया कि पैसे के बल पर तथा चुनावी भ्रष्टाचार के जरिए (जो सत्ताधारियों के लिए विरोधी पक्ष की अपेक्षा अधिक सुलभ है) सत्ताधारी व्यक्ति पुनः सत्ता में आ सकते हैं और इस प्रकार कुशासन, भ्रष्टाचार तथा एक गुट या गिरोह का शासन हमेशा कायम रखा जा सकता है।

यद्यपि प्रधानमन्त्री ने आंदोलन द्वारा उठाए गए सवालों को हल करने की दिशा में कुछ अधकचरे कदम उठाए हैं, परन्तु 'ओमबुड्समान' (मैं इस शब्द का उपयोग आशुलिपि के तौर पर कर रहा हूँ) अथवा ऐसी अन्य कोई संस्था या पद्धति स्थापित करने की दिशा में ऐसा कुछ नहीं किया है, जिसके द्वारा उम्मीदवारों के चयन में जनता का अधिक हाथ हो सके और वह चुने गए प्रतिनिधियों पर कोई अंकुश रख सके तथा उन्हें सतत उत्तरदायी बना सके।

श्रीमती गाँधी इन दिनों 'अनुशासन' पर बहुत भाषण दे रही हैं और आपात्काल की घोषणा के कारण जो अनुशासन का एक नया वातावरण दीखता है, उसके लिए बार-बार अपनी पीठ ठोंक रही हैं। परन्तु वह समझ नहीं पाई हैं और मुझे भय है कि वह समझ नहीं पाएँगी कि देश में अनुशासनहीनता का वातावरण सत्तारूढ़ दल तथा गुट के अन्दर व्याप्त दम्भ, अयोग्यता, भ्रष्टाचार और आपसी विग्रह के कारण पैदा हुआ था। श्रीमती गाँधी ने अनुशासन की एक सुन्दर (?) मिसाल पेश की थी, जब उन्होंने राष्ट्रपति पद के लिए श्री संजीव रेड्डी को औपचारिक रूप से मनोनीत करने के बाद श्री वी. वी. गिरि के लिए काम किया जो (एक कांग्रेसजन के रूप में) दलीय अनुशासन को भंग कर अधिकृत काँग्रेसी उम्मीदवार के विरुद्ध लड़ रहे थे। राजनीतिक अनुशासनहीनता तथा गैरवफादारी के इस जघन्य कृत्य को इस बिना पर माफी मिल जाती है कि राजनीति आखिर राजनीति है। मतलब यह है कि राजनीतिक आचरण की नैतिकता में आप बहुत गहरी दृष्टि डाल नहीं सकते। अवश्य ही श्रीमती गाँधी ने सुविधानुकूल 'अन्तःकरण' से पूछने की बात कहकर अपनी राजनीतिक अनैतिकता के कृत्य को और भी गम्भीर बना लिया।

यदि भारत और भारतीय जनता को अनुशासन का गुण सीखने के लिए अधिनायकवादी कठोरता से गुजरना है तो वह गुण पहले परीक्षण में मात्र एक दिखावा होगा। अनुशासन व्यक्ति या समूह के आचरण का ऐसा गुण है जिसे स्वतन्त्रता के वातावरण में, अर्थात् ऐसे वातावरण में जब कौन काम करें या न करें, यह निर्णय करने की छूट हो, शिक्षित एवं पोषित किया जा सकता है। इस प्रक्रिया में, विशेषकर हमारे समाज में जहाँ राजनीतिक सत्ता और राजनीति का ऐसा प्रभावशाली स्थान है (जो एक दुखद तथ्य है), अनुशासन का शिक्षण अन्य बातों से अधिक सत्ताधारी या शासनारूढ़ व्यक्ति के आचरण पर निर्भर करता है। 1974-75 में भारत के राजनीतिक दलों की नैतिकता का वास्तविक मूल्यांकन किया जाए तो प्रकट होगा कि सत्तारूढ़ काँग्रेस महज ही सबसे भ्रष्ट तथा राजनीतिक दृष्टि से अनैतिक संस्था है। निस्सन्देह, काँग्रेस में ईमानदार लोग थे और अब भी हैं, परन्तु वर्तमान स्थिति में जब षड्यन्त्र, रिश्वतखोरी, अर्थलिप्सा, चापलूसी तथा अन्य दुर्गुणों का प्रभुत्व है, उन्हें पीछे रहना पड़ता है। श्रीमती गाँधी ने स्वयं अपनी कोई साफ तसवीर पेश नहीं की है। राष्ट्रपति के चुनाव से प्रारम्भ कर अनेक ऐसे काण्ड हुए जिनसे जनमानस काफी क्षुब्ध हुआ, परन्तु उनका रहस्य खुल नहीं पाया; क्योंकि उन्होंने उनकी जाँच होने देने से हमेशा इनकार किया। नागरवाला तथा 60 लाख रुपए की कहानी अब भी एक अनुद्घाटित रहस्य है और विदेशी व्यापार संबंधी लाइसेंस-काण्ड की भी कोई सार्वजनिक या न्यायिक जाँच नहीं हुई। यहाँ तक कि उस पर संसदीय बहस और जाँच होने से भी रोका गया और उसको महत्त्वहीन दिखाने की कोशिश की गई। श्री मिश्र (श्री ललित नारायण मिश्र) की हत्या का संबंध निस्सन्देह लाइसेंस-काण्ड से था। परन्तु

अब तक उसकी जाँच अधूरी है। मारुति से सम्बन्धित अनेक प्रश्न कभी भी जाँच के विषय नहीं बने। प्रधानमन्त्री ने अपने पुत्र को सफाई का प्रमाणपत्र देकर अपने अन्तःकरण को सन्तुष्ट कर लिया तथा सार्वजनिक शंकाओं को दूर करने का प्रयास किया। हो सकता है, मारुति के मामले में वस्तुतः कोई गड़बड़ी न हो; परन्तु एक निष्पक्ष जाँच द्वारा इस बात को सिद्ध किया जाना चाहिए। ऐसी कोई जाँच कराने से हमेशा इनकार किया गया है। इस राजनीतिक व्यवस्था के अन्तर्गत भारी चुनाव कोषों का संग्रह, चुनाव में पैसे का अनियन्त्रित उपयोग, विरोधी पक्ष के संसद सदस्यों एवं विधायकों को रुपया या नौकरी देकर खरीद लेना तथा अन्य ऐसे अनैतिक कृत्य निःसंकोच किए गए। राज्य काँग्रेसी सरकारों ने भ्रष्टाचार एवं पक्षपात के लिए इसी प्रकार की प्रसिद्धि प्राप्त की है। बिहार इन सबसे अधिक बदनाम है। 'आधुनिक राजनीति' के इस वातावरण में अनुशासन जिसको आज श्रीमती गाँधी ने 'आत्मनियन्त्रण' एवं 'आत्म-नियमन' की संज्ञा दी है (हिन्दुस्तान टाइम्स), एक पवित्र इच्छा मात्र रह जाने वाली है।

भारतीय लोकतन्त्र की इस काली रात में कुछ 'पुनश्चिन्तन' करने की सलाह श्रीमती गाँधी हर एक को दे रही हैं। मुझे विश्वास है कि श्रीमती गाँधी की प्रेरणा के बिना ही हर कोई ऐसा कर रहा होगा। लेकिन लगता नहीं है कि वे खुद पुनश्चिन्तन कर रही हैं और अगर वे कर भी रही हैं तो राष्ट्र को स्वास्थ्य प्रदान करने की दिशा में नहीं, बल्कि अपनी सत्ता कायम करने की दिशा में कर रही होंगी जो उनके अब तक के कार्यों का लक्ष्य रहा है। इस आपातकाल को ही लीजिए। सब बातों की दृष्टि से यह एक असंदिग्ध तथ्य प्रतीत होता है कि सारे देश में शान्ति है। इसकी घोषणा कभी-कभी वे और उनके सहयोगी गर्व के साथ करते हैं, गर्व इसलिए कि उन्होंने सारी अशान्ति और विरोध को दबाने में सफलता प्राप्त की है। तब फिर आपातकाल को जारी रखने का कोई औचित्य नहीं हो सकता, सिवा इसके कि श्रीमती गाँधी की अबाध सत्ता कायम रहे। अक्तूबर आ चुका है। परन्तु श्रीमती गाँधी आने वाले संसदीय चुनाव के बारे में अब भी अस्पष्ट और चौकन्ना हैं। शायद वे तब तक चुनाव नहीं कराएँगी जब तक उन्हें यह भरोसा नहीं होता कि उनकी मस्तिष्क-प्रक्षालन की कार्रवाई पूरी तरह सफल हो गई है और विरोधी पक्ष काफी क्षीण तथा कमजोर किया जा चुका है। उस स्थिति में मुझे भय है कि उन्हें लम्बी प्रतीक्षा करनी पड़ेगी और जो काली रात देश पर छायी है वह कभी समाप्त नहीं होगी, क्योंकि मैं नहीं समझता कि इन उद्देश्यों को प्राप्त करने में वे कैसे सफल हो सकती हैं। आपातकाल को जारी रखने का तथा उसके साथ होने वाले दमन एवं लोकतान्त्रिक अधिकारों के हनन का ठीक उल्टा परिणाम होने वाला है, चाहे 'बुद्धिवादी वर्ग' का विश्वासघात जिस हद तक हो। मुझे जनता पर तथा देश के छात्रों एवं युवकों पर अटल विश्वास है। मैंने इस संबंध में पहले भी लिखा है। इसलिए इसके बारे में और अधिक कुछ नहीं कहूँगा। जगजीवनबाबू बिलकुल टूट गए लगते हैं; यह देखकर मुझे दुख होता है। वे भी श्रीमती गाँधी और श्री बरुआ के साथ 'लोकतन्त्र बचाओ' के गीत गाने लगे हैं। यह कोशिश तो वैसी ही है जिस प्रकार अमेरिकी लोग दक्षिण वियतनाम के निवासियों को मार-मार कर उन्हें 'बचाने' की कोशिश कर रहे थे। ऐसे अनेक 'बुद्धिवादी' होंगे जो आगे आकर बताएँगे कि किस तरह एक बढ़ते हुए पौधे की रक्षा के लिए उसके चारों ओर बाड़ लगाना पड़ता है और किस तरह एक बच्चे की रक्षा स्वयं उसी से करनी पड़ती है, ताकि वह बढ़े। परन्तु इन सभी दलीलों के बाद भी यह संदिग्ध रह जाता है कि आपातकाल की घोषणा, व्यापक गिरफ्तारी, समाचारपत्रों के दमन तथा अन्य ऐसी अनेक कार्रवाइयों से, जो विगत 26 जून के बाद हुईं, भारतीय लोकतन्त्र की रक्षा हुई क्या? मेरा पक्का विश्वास है कि इन कार्रवाइयों से हमारे लोकतन्त्र को गहरा आघात पहुँचा है, जिससे उबरने में उसे काफी समय लगेगा। और अगर श्रीमती गाँधी तथा उनका गिरोह एक न एक लोकतान्त्रिक छल से अपने आपको सत्ता में कायम रख लेते हैं तो उसका उद्धार तब तक नहीं होगा, जब तक मेरी आशाओं के अनुरूप शान्तिमय क्रांति नहीं होती और सत्ता अपहरण करने वालों को मंच से उठाकर फेंक नहीं दिया जाता, तथा स्वतन्त्रता एवं लोकतन्त्र की पुनः स्थापना नहीं हो जाती। हिंसक क्रांति या उसकी दिशा में कोई प्रयास अपहरणकर्ताओं की सत्ता को या तो मजबूत बनाएगा अथवा उसकी जगह अपहरणकर्ताओं के दूसरे गिरोह को प्रतिष्ठित करेगा। तब फिर यह अभागा देश, अफ्रीका-एशिया के अनेक दूसरे देशों की तरह विपत्ति, निरंकुशता और पतन के मार्ग पर आरूढ़ हो जाएगा। ईश्वर भारत को इस दुर्भाग्य से बचाए।

2 अक्तूबर

बापू, आपके चरणों में श्रद्धापूर्वक नमन। महात्मा गाँधी की जय! महात्मा गाँधी अमर हों! आज बापू का 108वाँ जन्मदिवस है। बापू को गए आज साढ़े अट्ठाईस वर्ष हुए। इस अवधि में उनका नाम तो बहुत लिया गया, लेकिन उनका काम बहुत थोड़ा हुआ। पिछले कुछ वर्षों से देश के विद्वान् यह अनुभव करने लगे हैं कि बापू का बताया हुआ मार्ग छोड़कर भारत ने बहुत गलती की। जवाहरलाल के जमाने में इन्हीं विद्वानों ने या इनके ही जैसे विद्वानों ने गाँधी जी के मार्ग को दकियानूस माना और जवाहरलाल जी की 'माडर्न' (आधुनिक) दृष्टि के प्रशंसक बने रहे। परिणाम सामने है। श्रीमती गाँधी जिन्होंने मिथ्याचार को सदाचार बनाने में बड़ी सफलता पाई है, बीच-बीच में यह दावा करती रही हैं कि गाँधी जी के मार्ग पर ही वह चल रही हैं। शायद आज भी जन्मोत्सव के उपलक्ष्य में कुछ इसी प्रकार के उद्‌गार वे प्रकट करें। परन्तु यह सब धोखा है।

विनोबा जी ने कुछ वर्षों तक एक अपूर्व चमत्कार दिखाया। लगा कि समाज परिवर्तन तथा निर्माण की नयी गाँधी-विचार-निष्ठ प्रक्रिया आरम्भ हुई है। परन्तु 'भूदान तूफान' के बाद न ग्रामदान, न ग्रामस्वराज्य, न किसी अन्य ही कार्यक्रम का 'अति-तूफान' कौन कहे, मन्द समीर भी बहा। बाद में उन्होंने सूक्ष्म में प्रवेश किया और अकर्म में कर्म का प्रयोग प्रारम्भ हुआ। अकर्म अभी तक फलित हुआ दीखता नहीं। परन्तु इतिहास की दृष्टि से 10-20 वर्षों के काल की गिनती क्या? इस बीच में देश अधःपतन की ओर बढ़ता जा रहा है। केवल नैतिक दृष्टि से ही नहीं, बल्कि भारत के 40 प्रतिशत लोगों की—जो गरीबी की रेखा के नीचे जीवन जीते हैं—आर्थिक, सामाजिक, सांस्कृतिक आदि हर अवस्था की दृष्टि से; लोकतन्त्र की दृष्टि से भी। और यहाँ बापू का वह वाक्य स्मरण आता है जिसमें उन्होंने लोकतन्त्र की व्याख्या करते हुए कहा था कि इस तन्त्र का केवल यह अर्थ नहीं कि जनता के मत से शासन स्थापित हुआ, बल्कि यह भी कि जनता में ऐसी क्षमता भी हो कि वह शासकों के नालायक पाए जाने पर उन्हें पद से हटा भी सके। आज भारत के लोकतन्त्र का प्रायः लोप हो चुका है। बापू की कल्पना का लोकतन्त्र तो न जानें अभी कितनी दूर है। पिरामिड अभी अपनी नोक पर ही खड़ा है।

वही हाल शिक्षा का है और लगभग अन्य सभी क्षेत्रों का। कितना लिखा जाए, यह दर्द की अकथ कहानी है।

* * *

"कला समाधि पर नहीं, शाश्वतता पर निर्भर करती है। सारी पवित्र कला मृत्यु की विरोधी है; क्योंकि वह जिस सभ्यता का प्रतिनिधित्व करती है, उसका वह शृंगार नहीं, उसके उच्चतम मूल्यों की अभिव्यक्ति है।"

—आन्द्रे मालरो, एंटी-मेमोयर्स, पृष्ठ 32

* * *

3 अक्तूबर

कल मद्रास में श्री कामराज की मृत्यु हृदय रोग के भारी आक्रमण के फलस्वरूप हो गई। भारतीय राजनीति के एक महान् और ऐतिहासिक व्यक्ति अब नहीं रहे। उनके जीवन का कार्य अभी पूरा नहीं हुआ था। इसी बार वे जब दिल्ली में मुझसे मिले थे तो उन्होंने मुझे ऐसा ही कहा था : 'आप जो कुछ कर रहे हैं वह देश की एकमात्र आशा है।' परन्तु बाद में जब मैंने तमिलनाडु का दौरा किया तो मेरे भाषण से वे प्रसन्न नहीं थे। मैंने द्रमुक की निन्दा नहीं की और तमिलनाडु शासन के विरुद्ध संघर्ष का आह्वान नहीं किया। कारण यह था कि श्री करुणानिधि, काँग्रेसी मुख्यमन्त्रियों से भिन्न, विरोधी पक्ष से मिलने और उसके द्वारा की गई द्रमुक शासन की आलोचनाओं के विषय में बातचीत करने के लिए तैयार थे। उन्होंने कहा था कि शासन के दोषों, भ्रष्टाचार के आरोपों या किसी अन्य प्रकार के आरोपों की निष्पक्ष जाँच कराने के लिए भी वे तैयार हैं। उन्होंने बताया था कि वस्तुतः एक मामले में वे जाँच आयोग के तौर

पर उच्च न्यायालय के जज की नियुक्ति कर चुके हैं। उन्होंने यह भी बताया था कि वे 'पब्लिक मेन्स कंडक्ट इन्क्वायरी एक्ट' (सार्वजनिक लोक आचरण जाँच अधिनियम) पारित करा चुके हैं और उसमें अगर दोष पाए जाते हैं तो उनके संबंध में, अर्थात् इस अधिनियम में निर्धारित कानून की प्रक्रियाओं द्वारा अगर किसी को झूठे आरोपों में जान-बूझकर फँसा दिया जाए तो इस अपराध के लिए निवारक दण्ड की व्यवस्था आदि के संबंध में, मुझसे या विरोधी नेताओं से बातचीत करने के लिए वे तैयार हैं। ऐसी परिस्थिति में जिम्मेवार विरोधी पक्षों से अपेक्षा यही थी कि उक्त द्रमुक नेता के वचन पर विश्वास करते और स्पष्टतः आवश्यक कदम उठाने की दिशा में गम्भीर प्रयास करते। वस्तुतः तमिलनाडु में दिए गए अपने एक भाषण में मैंने श्री कामराज से निवेदन भी किया था कि वे यह स्वास्थ्यवर्द्धक पद्धति अपनाएँ और राज्य में जो भ्रष्ट राजनीतिक वातावरण है, उसको स्वच्छ करें।

मैं यह नहीं कह रहा हूँ कि करुणानिधि, राजाराम और सेझियन ने मुझसे मद्रास या दिल्ली में जो कुछ कहा था, उसको यथारूप स्वीकार कर लिया जाए, और न मैंने उसको उस रूप में लिया ही है। परन्तु जब श्री कामराज या विरोधी पक्ष की ओर से कोई उत्तर नहीं मिला, जो कम-से-कम मेरे लिए यह उचित नहीं था कि मैं द्रमुक सरकार पर प्रहार करूँ और उसके विरुद्ध जन-आंदोलन का आवाहन कर दूँ। जन-आंदोलन अभी भी किया जा सकता है। (क्योंकि जैसा कि मैंने बताने की कोशिश की है, वह हमेशा सरकार के ही विरुद्ध ही हो, यह आवश्यक नहीं है; सरकार उक्त आंदोलन के साथ ईमानदारी से सहयोग भी कर सकती है, क्योंकि उसका लक्ष्य कहीं अधिक व्यापक–संपूर्ण क्रांति है)। परन्तु स्वाभाविक तौर पर तमिलनाडु के विरोधी नेताओं को जिनमें कामराज भी शामिल थे, ऐसे आंदोलन में तब तक कोई दिलचस्पी नहीं होगी जब तक कि कम-से-कम उसका तात्कालिक राजनीतिक लक्ष्य विरोधी पक्ष के लक्ष्य के अनुरूप नहीं हो।

कामराज के लिए परिस्थिति, श्री एम. जी. रामचन्द्रन की तुलना में अधिक कठिन हो गई, क्योंकि (जैसा कि उन्होंने मुझसे दिल्ली की मुलाकात में कहा था), वे द्रमुक को कमजोर करना नहीं चाहते थे; कारण वैसा करने से अन्ना-द्रमुक की शक्ति उसी अनुपात में बढ़ती। कामराज के लिए अन्ना-द्रमुक, द्रमुक से भी बुरा था। फिर भी काँग्रेस (संगठन) की राष्ट्रीय नीति के कारण वे काँग्रेस (इन्दिरा गुट) को अपने नजदीक आने देना नहीं चाहते थे। जैसा कि उन्होंने मुझसे कहा, श्रीमती गाँधी पर उनका रत्तीभर भी विश्वास नहीं था और न श्रीमती गाँधी का उन पर था। तमिलनाडु की चतुष्कोण राजनीति में वे द्रमुक और अन्ना-द्रमुक दोनों का खुला विरोध करते थे, और इसलिए युक्तचालन के लिए उन्हें जगह कम मिलती थी। वे जानते थे कि श्रीमती गाँधी एक धूर्त राजनीतिज्ञ हैं। उन्हें अन्ना-द्रमुक के साथ हाथ मिलाने में भी कोई हिचक नहीं होगी और इस सम्भावित घटना से वे भयभीत थे। इसलिए अस्थायी तौर पर उन्होंने अगले चुनाव में 'एकला चलो रे' की नीति अपनाने का निश्चय किया। वे यह समझते थे कि उनके दल के लिए यह विनाशकारी होगा। फिर भी उन्होंने 'प्रतीक्षा करो और देखो' की स्थिति में रहना पसन्द किया। यदि उनके दल की राष्ट्रीय नीति वैसी न होती और उसके पीछे बिहार आंदोलन तथा उसके राजनीतिक परिणामों का बल नहीं होता तो वे अन्ततः श्रीमती गाँधी के साथ हो जाते। आपातकाल की घोषणा और उसके बाद की घटनाओं ने उनकी स्थिति को तथा उनके सामने जो विकल्प थे, उनको और भी उलझनपूर्ण तथा संकीर्ण बना दिया।

चाहे जो हो, मृत्यु ने उनके लिए इस सवाल को हल कर दिया। मुझे भय है कि उनके अनुयायी टूट कर बिखर जाएँगे। श्रीमती गाँधी द्वारा उनकी अन्त्येष्टि में शामिल होने के निर्णय से तमिलनाडु काँग्रेस (संगठन) को गहरा धक्का लग चुका है। मोरारजीभाई नजरबन्द हैं। काँग्रेस संगठन के अध्यक्ष अशोक मेहता भी नजरबन्द हैं। मुझे सन्देह है कि चन्द्रभानु गुप्त का स्वास्थ्य उन्हें यह यात्रा करने की इजाजत देगा या उनका स्वास्थ्य यदि बेहतर होता तो भी वे जाते। अतः श्रीमती गाँधी इस परिस्थिति से पूरा लाभ उठाएँगी। मुझे यहाँ उस दिन का स्मरण होता है जब श्री नेहरू ने राजेन्द्रबाबू की अन्त्येष्टि में राजनयिक औपचारिकता निभाने या एक पुराने साथी के प्रति कर्तव्य पूरा करने की दृष्टि से भी शामिल होना आवश्यक नहीं माना, यद्यपि राष्ट्रपति राधाकृष्णन् में अपने पद के अनुरूप इतनी नम्रता थी और राजेन्द्रबाबू के प्रति इतना सम्मान और स्नेह था कि वे बांसघाट, पटना में आयोजित उनके अन्त्येष्टि-संस्कार में शामिल हुए। लगता है, नेहरू वंश के लिए राजनीति ही हर चीज का निर्णय करती है!

4 अक्तूबर

प्रकटतः, कामराज की अन्त्येष्टि सचमुच एक मानवीय घटना थी—निश्छल, हृदय-स्पर्शी एवं करुण।

'ट्रिब्यून' में चार कालम का एक शीर्षक घोषित करता है : 'भारत में पूर्ण शान्ति है—प्रधानमन्त्री।' क्या खूब! मानों आपात्काल के पूर्व सारे देश में अशान्ति छायी हुई थी। परन्तु प्रायः हर दिन श्रीमती गाँधी के गीत का यही तर्ज रहता है।

अगले फरवरी-मार्च में होने वाले चुनावों के बारे में पूछे जाने पर श्रीमती गाँधी ने कहा है : 'मैं अभी नहीं बता सकती। अभी तो काफी समय है। सामान्यतः इतना पहले हम विचार नहीं करते।' सचमुच काफी समय है! अक्तूबर, नवम्बर, दिसम्बर, जनवरी। केवल चार महीने बचे हैं। विरोधी नेता जेल में हैं, समाचार-पत्रों और सभाओं पर प्रतिबन्ध लागू है। एक भय का वातावरण सारे देश में व्याप्त है। क्या यह उम्मीद की जा सकती है कि यदि चुनाव के ठीक पूर्व, मान लीजिए दिसम्बर के अन्त या जनवरी के प्रारम्भ में, जेलों से सबकी रिहाई हो जाए और भाषण एवं संगठन की स्वतन्त्रता मिल जाए तो भी क्या इतने समय में विरोधी पक्षों को अपना घर ठीक करने और गुजरात के जनता-मोर्चे की तरह (यदि प्रमुख विरोधी दलों का विलय न हो) चुनावी एकता करने तथा कोष संग्रह करने आदि के लिए काफी अवसर मिल सकेगा? सम्भवतः श्रीमती गाँधी की योजना यही है कि उन्हें यह अवसर न मिले।

* * *

5 अक्तूबर

राजा, लालबाबू और अब्राहीम आए। अच्छी मुलाकात हुई। परन्तु उन तीनों को मुझसे इतना कुछ कहना था कि मैं इस मुलाकात के साथ न्याय नहीं कर सका। मुझे भी उनसे इतनी सारी बातें करनी थीं, इतने सारे प्रश्न करने थे। परन्तु अधिकांश मेरे मन में ही रह गए। इसके लिए समय काफी नहीं था। भविष्य में सुझाव दूँगा कि वे सब एक साथ नहीं आएँ। यही बात औरों पर भी लागू है।

यह सुनकर बड़ी खुशी हुई कि सुधा और उमा तथा जानकी और प्रशान्त भी छूट गए हैं। ये लोग जानकी का एक पत्र लाए थे जो मुझे आज या कल सेंसर द्वारा पढ़ लिए जाने पर मिलेगा।

राजा नयनतारा से दिल्ली में मिले थे। सम्भव है, लौटते समय फिर मिलें। बबुनी (लेखक की छोटी बहन) पटना में है।

मेरी चिट्ठियाँ किसी को भी नहीं मिली हैं। केवल दो चिट्ठियाँ पटना में गुलाब और जीवेश को जुलाई में मिलीं। लगता है, सरकार को निर्दोष व्यक्तिगत चिट्ठियों से भी भारी भय है! या यह केवल क्षुद्रता का प्रदर्शन है।

6 अक्तूबर

आज मालूम हुआ कि सुगत ने प्रो. धर को मेरे साथ हुई बातचीत की पूरी रपट दे दी है। यह अच्छा है। आखिर कुछ प्रगति हो रही लगता है। पता नहीं, सुगत लौटकर आएँगे या नहीं। शायद शेख साहब को लिखी गई मेरी चिट्ठी भेज दी गई होगी या उन्हें इसके बारे में बता दिया गया होगा। सम्भव है, उस तरफ से भी कोई कदम उठे।

7 अक्तूबर

वैसे तो संपूर्ण क्रांति के विषय पर बहुत बोल चुका और लिख चुका हूँ। शायद लिखा नहीं, बोला ही हूँ। मेरे भाषणों के कुछ अंशों से संकलित एक पुस्तिका भी हिन्दी-अंग्रेजी में छप चुकी है। यहाँ अपने विचारों को कुछ अधिक व्यवस्थित करने का प्रयत्न करूँगा।

सात प्रकार की क्रांतियाँ मिलकर संपूर्ण क्रांति होती है, ऐसा कहता रहा हूँ। वे हैं—सामाजिक क्रांति, आर्थिक क्रांति,

राजनीतिक क्रांति, सांस्कृतिक क्रांति, वैचारिक अथवा बौद्धिक क्रांति, शैक्षणिक क्रांति एवं आध्यात्मिक क्रांति। सात की इस संख्या को बढ़ाया जा सकता है और घटाया भी। उदाहरणार्थ, सांस्कृतिक क्रांति में शैक्षणिक एवं वैचारिक क्रांतियाँ सन्निहित हो सकती हैं और यदि सांस्कृतिक शब्द का मानव-शास्त्रीय अर्थ किया जाए तो उसमें लगभग सभी कुछ समा जाते हैं। किन्तु जो पुरातन समाज के सन्दर्भ में संस्कृति का अर्थ है, वह आम तौर पर सभ्य समाज के सन्दर्भ में नहीं लिया जाता। उसी प्रकार सामाजिक क्रांति को यदि मार्क्सवाद की भूमिका में 'सोशल रिवोल्यूशन' के अर्थ में लिया जाए तो आर्थिक और राजनीतिक क्रांतियाँ उसमें अवश्य आ जाती हैं। अन्य बातें उसमें बहुत कुछ समा सकती हैं।

ये उदाहरण सात की संख्या को घटाने के हुए। बढ़ाना है तो एक-एक क्रांति को 'ब्रेक-अप' (खण्डित) किया जा सकता है। आर्थिक क्रांति के बदले में औद्योगिक क्रांति, कृषि क्रांति आदि भेद किए जा सकते हैं। उसी प्रकार बौद्धिक क्रांति के विभेद वैज्ञानिक क्रांति तथा दार्शनिक क्रांति के रूप में कर सकते हैं। आध्यात्मिक क्रांति के भी दो विभेद, नैतिक और आध्यात्मिक, कर सकते हैं या नैतिक क्रांति को सांस्कृतिक क्रांति का एक विभेद मान सकते हैं, आदि-आदि। मुख्य बात है कि जिन पारिभाषिक शब्दों का प्रयोग किया जाए, उनकी परिभाषा स्पष्ट कर दी जाए। गीता को समझने में एक मुख्य कठिनाई 'सेमैण्टिक' (अर्थ-संबंधी) है। गीता ने कुछ शब्दों को लेकर उनमें अपना विशेष अर्थ भर दिया है, जैसे यज्ञ शब्द।

इसलिए इन सात प्रकार की क्रांतियों से मुख्यतः क्या अभिप्रेत है, यह स्पष्ट कर देना आवश्यक है।

आर्थिक क्रांति : समाज की आर्थिक रचना तथा आर्थिक संस्थानों में क्रांतिकारी परिवर्तन और उनका नया क्रांतिकृत (क्रान्त?) रूप। अर्थात् क्रांति शब्द से परिवर्तन और नव-निर्माण दोनों ही अभिप्रेत हैं। जगत् में यों तो हर कुछ परिवर्तनशील है। हर कुछ का नित, निरन्तर नवीनीकरण भी होता रहता है। तो फिर क्रांति या क्रांतिकारी परिवर्तन से क्या अभिप्रेत है? एक यह कि क्रांति या क्रांतिकारी परिवर्तन बहुत शीघ्र गति से होता है, और परिवर्तन बड़ा दूरगामी और मूलगामी होता है—कभी-कभी ऐसा कि वस्तु में गुणात्मक परिवर्तन हो जाता है। जैसे पानी गर्म होते-होते भाप बन जाता है।

आर्थिक क्रांति में यान्त्रिक क्रांति, औद्योगिक क्रांति, कृषि क्रांति आ ही जाती है। साथ ही स्वामित्व तथा प्रबन्ध में भी क्रांतिकारी परिवर्तन आ जाता है। स्वामित्व और प्रबन्ध के माने हर हालत में राज्य-स्वामित्व तथा राज्य-प्रबन्ध ही हो, यह आवश्यक नहीं है। स्वामित्व राज्य का हो सकता है, व्यक्ति या व्यक्तियों की कम्पनी या रजिस्टर्ड सोसायटी, सहयोग समिति आदि का भी हो सकता है। इसके मिश्रित रूपों का स्वामित्व हो सकता है। स्थानीय समुदायों—ग्रामसभा, ग्राम-समूह-सभा, प्रखण्ड-सभा, जिला परिषद—आदि का भी स्वामित्व हो सकता है, और इनके कई मिश्रित रूप हो सकते हैं : यानी स्थानीय समुदायों के स्वामित्व तथा पूर्ववर्णित स्वामित्वों का भिन्न मिश्रण। उपभोक्ताओं का स्वामित्व, उत्पादकों का स्वामित्व आदि तथा इनके और पहले के स्वामित्वों के भी मिश्रित रूप हो सकते हैं।

इसी प्रकार प्रबन्ध के भेद किए जा सकते हैं : व्यक्ति द्वारा प्रबन्ध, व्यक्तियों के भिन्न-भिन्न प्रकार के समूहों द्वारा प्रबन्ध, राज्य द्वारा प्रबन्ध, सहयोग समिति, स्वायत्त शासनाधिकारी संस्थानों, उत्पादकों अथवा उपभोक्ताओं द्वारा प्रबन्ध, आदि।

इसी प्रकार क्रय-विक्रय के रूपों में क्रांतिकारी परिवर्तन भी आर्थिक क्रांति के अन्तर्गत आता है। विभेद तो और भी हो सकते हैं, परन्तु आर्थिक क्रांति से जो अभिप्रेत है वह इतने से काफी स्पष्ट हो जाता है।

10 अक्तूबर

सुगत 8 अक्तूबर को फिर आए। इस बार पहल प्रो. धर ने की। उन्होंने उनको वाराणसी टेलीफोन किया और मिलने के लिए दिल्ली बुलाया। तदनुसार सुगत दिल्ली गए और धर ने उनसे लम्बी बातचीत की, तथा चण्डीगढ़ आकर मुझसे सम्बन्धित विषयों पर बातें करने को कहा। धर यह सारा मामला पूरी तरह गुप्त रखने के लिए सतर्क थे। हमारी बातचीत के समय डेपुटी कमिश्नर उपस्थित नहीं थे, यद्यपि वे सुगत के साथ ही आए थे। वे बगल के कमरे में बैठे रहे। हम लोगों ने लगभग दो घण्टे तक बातचीत की। ऐसे कोई विशिष्ट प्रश्न तो नहीं थे, जिनका उत्तर धर मुझसे चाहते थे। मुख्य प्रश्न यह था कि रिहा होने के बाद मैं क्या करूँगा, और धर चाहते थे कि इस प्रश्न पर मेरे साथ चर्चा हो।

मैंने सुगत से कहा कि स्पष्टतः धर मुझसे यह अपेक्षा नहीं कर सकते कि इतना सारा होने के बाद मैं श्रीमती गाँधी का समर्थन या उनके साथ सहयोग करूँगा। जहाँ तक अन्य बातों का संबंध है, मेरे भावी कार्यक्रमों की दिशा बाहर की परिस्थिति पर निर्भर करेगी। स्वभावतः मैं अपने सर्वोदय के सहयोगियों एवं विरोधी नेताओं से परामर्श करना भी चाहूँगा। अगर वे मेरे साथ रिहा नहीं होते हैं तो उनके साथ विचार-विमर्श नहीं हो सकता, क्योंकि मैं नहीं चाहूँगा कि उनके नजरबन्द रहते हुए उनसे मैं परामर्श करूँ। चाहे जो भी स्थिति हो, मेरा दिमाग इस मामले में बिलकुल साफ था कि अगर संसदीय चुनावों के निर्धारित समय पर होने की घोषणा होती है तो सरकार के विरुद्ध संघर्ष बन्द करने का समर्थन मैं करूँगा और यह आह्वान करूँगा कि चुनाव जीतने के लिए सारा प्रयास किया जाए। लेकिन उसके लिए आपात्काल समाप्त किया जाना चाहिए, लोकतान्त्रिक स्वतन्त्रताएँ जिनमें समाचारपत्रों की स्वतन्त्रता शामिल है, फिर से प्रतिष्ठित की जानी चाहिए और जो नेता या कार्यकर्ता जेल में हैं या नजरबन्द हैं, उनकी रिहाई काफी पहले होनी चाहिए। परन्तु यदि ये बातें नहीं होती हैं, यदि चुनाव आपात्काल के बहाने टाल दिए जाते हैं और जनता के, समाचारपत्रों के एवं दलों के लोकतान्त्रिक अधिकार एवं स्वातन्त्र्य फिर से प्रतिष्ठित नहीं किए जाते, तब संघर्ष अवश्य जारी रहेगा। यह स्पष्ट है उस स्थिति में यदि मैं रिहा होता हूँ तो मैं क्रांतिकारी शक्तियों को फिर से संगठित करने की कोशिश करूँगा और प्रत्यक्ष कार्यक्रमों को आवश्यकतानुसार नया रूप दूँगा।

प्रसंगवश, धर ने सुगत को मेरी वह चिट्ठी लौटा दी जो मैंने शेख साहब को लिखी थी, क्योंकि श्रीमती गाँधी नहीं चाहती थीं कि शेख बातचीत या मेल-मिलाप कराने वाले की कोई भूमिका अदा करें। मैंने सुगत को वह चिट्ठी दे दी और उनसे कहा कि इसको वे रखे रहें और इसका इस्तेमाल जैसा उचित समझें करें। मैंने सुगत को अपनी उस चिट्ठी की प्रति भी जो मैंने प्रधानमन्त्री को (21 जुलाई को) लिखी थी। सुगत ने मुझे कुछ मजेदार बातें और कुछ ऐसी खबरें भी बताईं जो अखबारों में नहीं छपी थीं।

चूँकि सुगत एक दिन और रुकनेवाले थे, इसलिए 9 तारीख को भी मिलने आए और हमारी लम्बी बातचीत हुई। वे चाहते थे कि मैं अपना विचार फिर से दुहराऊँ, ताकि धर को बताने में उनसे कोई गलती न हो।

प्रसंगवश, धर ने सुगत को यह स्पष्ट रूप से बताया था कि वे यह पहल खासतौर से प्रधानमन्त्री के निर्देश पर कर रहे हैं।

अब मैं नहीं जानता, इन सब बातों का क्या अर्थ है और परिणाम क्या होने वाला है।

जहाँ तक स्वास्थ्य का संबंध है, 8 तारीख का भी दिन मेरे लिए बहुत बुरा था। अधिकतर पेट की तकलीफ रही। ऐसा महसूस होता था कि पेट अन्दर से फट जाएगा, यद्यपि बाहर से छूने पर वह मुलायम लगता था। भूख बिलकुल नहीं थी। कब्जियत थी, गैस भी नहीं निकल पाती थी। संध्या समय शरीर का तापमान 99.2 डिग्री था। लगता था कि पेट में कोई 'इन्फेक्शन' हो गया है और जलन भी महसूस होती थी। डॉ. चुट्टानी ने 'स्टेमेडिल' और 'नेवाक्वीन' की टिकिया खाने को कहा। 'युनीएनजाइम' का भी सेवन शुरू हुआ। सक्रियित 'चारकोल' की टिकिया भी मैं ले रहा हूँ। आज (10 अक्तूबर को) बहुत अच्छा महसूस करता हूँ, यद्यपि कमजोरी और थकावट है।

11 अक्तूबर

आज मैंने अपने जीवन के 73 वर्ष पूरे किए। कैसा आश्चर्य! यह ईश्वर की ही कृपा है कि लम्बे अरसे से अनेक पुराने रोगों का शिकार होते हुए भी मैं इतने दिन जी गया हूँ। ईश्वर मुझे ऐसी बुद्धि और संकल्प दें कि जीवन का जो भी अंश बचा है, वह मैं देश और जनता की सेवा में लगा दूँ। ईश्वर की सेवा करने का यही एकमात्र मार्ग मैंने माना है। मेरे हृदय और मन का सारा कलुष मिट जाए, यही उनसे प्रार्थना है।

यद्यपि मैंने (सिवा एक पुलिस अधिकारी से बातचीत के दौरान) किसी से नहीं कहा था कि मेरा आज जन्मदिन है, फिर भी मुझे यह देख कर सुखद आश्चर्य हुआ कि जेल के सुपरिण्टेण्डेण्ट और एक्जीक्यूटिव मजिस्ट्रेट सरदार मोहिन्दर सिंह एक बड़ा गुलदस्ता लेकर मेरे कमरे में पहुँचे और उसे मेरी जन्मतिथि के अवसर पर उपहारस्वरूप मुझे भेंट किया।

* * *

'राज्य बढ़ता है, प्रजा घटती है।'—जारवादी राज्य की चर्चा करते हुए क्रांतिपूर्व के इतिहासकार क्लाईचेवेस्की द्वारा रचित यह पंक्ति बंरट्राम उल्फ द्वारा 'ख्रुश्चेव एण्ड स्टालिन्स घोष्ट' (ख्रुश्चेव तथा स्टालिन का भूत) नामक ग्रन्थ (पृष्ठ 149) में उद्धृत है।

13 अक्तूबर

श्रीमती गाँधी को यह सह्य नहीं हो सकता कि पश्चिम के समाचारपत्र और नेता भारतीय लोकतन्त्र की वर्तमान अधोगति पर इतनी चिन्ता व्यक्त करें। समाचार एजेन्सियों या पत्रकारों के साथ अपनी प्रत्येक मुलाकात में वे यही बात बार-बार दुहराती हैं कि एक ओर जहाँ पश्चिम के समाचारपत्र और नेता पाकिस्तान, चीन आदि जैसे गैर-लोकतान्त्रिक देशों के विषय में कोई चिन्ता व्यक्त नहीं करते, वहाँ वे भारत में लोकतन्त्र के भविष्य पर इतने चिन्तित मालूम होते हैं। सीधी बात यह है कि चीन और पाकिस्तान जैसे देश कभी भी लोकतान्त्रिक (जैसा हम इस शब्द से समझते हैं) नहीं रहे, जबकि भारत अपनी आजादी से लेकर विगत 26 जून तक एक कार्यशील लोकतन्त्र रहा है। इस बात से हम गौरवान्वित हैं और अपने अन्तर्राष्ट्रीय व्यवहार एवं प्रचार के सिलसिले में इस पर बल देने से हम कभी नहीं चूकते। जब ऐसा एक देश जो कुछ ही महीने पूर्व तक लोकतान्त्रिक रहा है, अचानक अधिनायकवादी बन जाता है तो उसकी ओर स्वभावतः पश्चिम के लोकतान्त्रिक देशों का व्यग्रतापूर्वक ध्यान आकृष्ट होता है और उनके मन में चिन्ता ही नहीं, शायद विस्मय भी उत्पन्न होता है। और, जब पश्चिम भी यह महसूस करता है कि श्रीमती गाँधी द्वारा आपातूकाल की घोषणा, चुनाव कानून में संशोधन, संविधान में संशोधन, उच्च राजनीतिक नेताओं की गिरफ्तारी और महीनों तक बिना मुकदमा चलाए उनकी नजरबन्दी जैसी लोकतन्त्र-विरोधी एवं अधिनायकवादी कार्रवाइयों के लिए प्रस्तुत किए गए आधार बिलकुल काल्पनिक हैं, तो पश्चिमी समाचारपत्रों एवं नेताओं की चिन्ता और भी गहरी हो जाती है। श्रीमती गाँधी विगत 26 जून से ही जो झूठा प्रचार, तथ्यों का तोड़मरोड़ एवं मिथ्याकथन कर रही हैं, उससे पश्चिम के देशों को मूर्ख नहीं बनाया जा सकता, क्योंकि वे वास्तविक स्थिति से परिचित हैं। श्रीमती गाँधी का दुष्प्रचार लोकतन्त्र के शत्रुओं को छोड़ और किसी को भी प्रभावित नहीं कर सकता।

श्रीमती गाँधी यह बात अच्छी तरह जानती हैं। फिर भी भारत के बाहर जो कोई उनके कार्यों की आलोचना करता है, उनके प्रति अपना विरोध प्रकट किए बिना वे नहीं रहतीं। उन्होंने आज बी. बी. सी. को भारत-विरोधी बताया है। यह जाहिर है कि श्रीमती गाँधी अपने को भारत से अलग करके नहीं देख पातीं। अपनी दृष्टि में वही भारत हैं। अतएव जो कोई श्रीमती गाँधी के विरुद्ध है, वह (उनकी दृष्टि में) भारत के विरुद्ध है।

श्रीमती गाँधी समय-असमय यह कहती रही हैं कि 'मैंने कभी अपना सन्तुलन नहीं खोया।' चाहे उन्होंने अपना सन्तुलन खोया हो या नहीं, यह स्पष्ट है कि उन्होंने अपना मनोबल खो दिया है।

क्लाईचेवेस्की का यह कथन श्रीमती गाँधी के शासन पर पूरी तरह लागू होता है : 'राज्य बढ़ता है, प्रजा घटती है।' इसमें एक ही संशोधन मैं करना चाहूँगा। वह यह कि 'राज्य' की जगह 'श्रीमती गाँधी' को रख दिया जाए। पिछले महीनों में वह जिस प्रकार से बातें कर रही हैं, उससे लगता है कि उनका दिमाग चढ़ गया है। प्रकटतः, वे सोचती हैं कि आपातूकाल की घोषणा कर तथा जनता की स्वतन्त्रताओं और समाचारपत्रों की आजादी को दबाकर उन्होंने बहुत बड़ा काम किया। उनको तो अपने आप पर शर्म आनी चाहिए; क्योंकि सत्ता पर बने रहने के लिए ही उन्होंने ये सारे प्रतिगामी और प्रतिक्रियावादी कदम उठाए हैं।

15 अक्तूबर

सत्यव्रत जी द्वारा लिखित गीता-टीका ग्रन्थ कल समाप्त किया। यह टीका मुझे बड़ी अच्छी लगी, सरल और 'रैशनल' (बुद्धिसंगत) भी। स्थान-स्थान पर श्री अरविन्द, लोकमान्य तिलक, सन्त विनोबा, डॉ. राधाकृष्णन आदि के भाषणों का भी उल्लेख किया है। अधिकांश स्थलों पर श्री अरविन्द का भाष्य मुझे सबसे अच्छा लगा और कहीं-कहीं तिलक, विनोबा आदि के भाष्य।

सत्यव्रत जी के अठारह अध्यायों को तीन भागों में बाँटते हैं। पहले भाग में प्रारम्भिक अध्याय कर्मयोग-विषयक, बीच के छह अध्याय भक्ति-विषयक, अन्त के छह अध्याय ज्ञान-विषयक–इस प्रकार तीन भाग किए हैं। परन्तु उनका कहना है कि ये तीनों योग या मार्ग एक-दूसरे से भिन्न नहीं। केवल इतना ही भेद है कि प्रत्येक भाग में इन तीन योगों में से एक पर अधिक बल दिया है, परन्तु बाकी दो योग भी उस (एक) में मिले हुए हैं।

प्रत्येक भाग के विषय निम्न प्रकार हैं–

अध्याय 1 से 6 तक : अर्जुन-विषाद-योग
सांख्य-योग
कर्म-योग
ज्ञान-कर्म-संन्यास-योग
कर्म-संन्यास-योग

अध्याय 7 से 12 तक : ज्ञान-विज्ञान-योग
अक्षर-ब्रह्म-योग
राजविद्या-राजगुह्य-योग
विभूति-योग
विश्व-रूप-दर्शन-योग
भक्ति-योग

अध्याय 13 से 18 : क्षेत्र-क्षेत्रज्ञ-विभाग-योग
गुण-त्रय-विभाग-योग
पुरुषोत्तम-योग
देवासुर-संपद्-विभाग-योग
श्रद्धा-त्रय-विभाग-योग
मोक्ष-संन्यास-योग

ऊपर के अठारहों अध्यायों के विषय सत्यव्रत जी के अपने नहीं, बल्कि स्वयं गीता में ही दिए गए विषय हैं।

16 अक्तूबर

(मित्रों के साथ मुलाकात के बारे में गृहसचिव को मैंने जो पत्र लिखा उसकी प्रतिलिपि नीचे है।)

चण्डीगढ़
16-10-75

सेवा में,
श्रीयुत् गृह सचिव,
भारत सरकार, नयी दिल्ली।

महाशय,

मुझे इस बात से खुशी है कि अब बन्दी को सप्ताह में एक बार मुलाकात करने की अनुमति मिलेगी और विशेष परिस्थिति में मित्र भी मिलने के लिए आ सकेंगे।

जैसा कि मैं पहले आपको लिख चुका हूँ, यह स्थान मेरे अपने राज्य से इतनी दूर है कि हर सप्ताह मेरे रिश्तेदारों के लिए मुझसे मिलने के लिए यहाँ आ सकना सम्भव नहीं। उदाहरणतः पिछले सप्ताह में मुझसे मिलने के लिए कोई नहीं आ सका।

अतएव मेरा अनुरोध है कि विशेष परिस्थिति में (जब किसी खास सप्ताह में इस बात की सम्भावना हो कि मुलाकात के अपने अधिकार से मुझे वंचित होना पड़ेगा) किसी मित्र को मुझसे मिलने की अनुमति दी जाए। इस दृष्टि से मैं

अपने मित्रों की एक संक्षिप्त सूची नीचे दे रहा हूँ जिसमें मेरे वे मित्र नहीं हैं जो सक्रिय राजनीति में हैं :

(1) गंगाशरण सिंह, पटना, (2) ए. सी. सेन, नयी दिल्ली, (3) अजित भट्टाचार्य, नयी दिल्ली, (4) रामेश्वर ठाकुर, नयी दिल्ली, (5) टी. अब्राहम, पटना, (6) जयनारायण सहाय, पटना (7) सुगत दासगुप्त, वाराणसी, (8) कृष्णराज मेहता, (9) नरोत्तम शाह, बम्बई (10) कुसुम देशपाण्डे, पवनार, वर्धा।

इन मित्रों से चर्चा किए बगैर उनके नाम मैंने दे दिए हैं। इसलिए मुझे आशा है कि मेरे मित्र होने के नाते उन्हें किसी प्रकार से दण्डित नहीं होना पड़ेगा।

आपका विश्वासभाजन,
जयप्रकाश नारायण

18 अक्तूबर

व्यक्तिगत तानाशाही की ओर श्रीमती गाँधी का अभियान एक दूसरी मंजिल पर पहुँच गया है। लोकतन्त्र की रक्षक जो ठहरीं! मीसा का नवीनतम संशोधन बन्दी को इस अधिकार से वंचित कर देता है कि उसे बन्दी बनाए जाने के आधार बताए जाएँ, और उससे भी कठोर बात यह है कि न्यायालय भी सरकार से यह नहीं कह सकता कि वह उसके आधार प्रस्तुत करे। विधिवेत्तागण संविधान के 'बुनियादी ढाँचे' के बारे में बहस कर रहे हैं। केशवानन्द भारती के मामले में दिए गए सर्वोच्च न्यायालय के निर्णय के अनुसार संसद संविधान में संशोधन कर उसके बुनियादी ढाँचे को संक्षिप्त या क्षतिग्रस्त नहीं कर सकती।

नागरिक को उसकी स्वतन्त्रता से वंचित किया जाना विधि-सम्मत है या वह सरकारी सनक का परिणाम है, यह बताने के लिए न्यायालयों से निवेदन करने का जो अधिकार नागरिक को है, उससे अधिक 'बुनियादी' बात हमारे संविधान के ढाँचे में और क्या हो सकती है? नागरिकों के बुनियादी अधिकारों में से जो कुछ बच रहा था, उसे भी नवीनतम संशोधनों से समाप्त कर दिया गया है। कारण, मीसा के अन्तर्गत परिवादी को बन्दी बनाने के आधार क्या हैं, यह पता लगाने की कोशिश न्यायालय करते रहे हैं। जो बन्दी बनाए गए हैं, उनमें से बड़ी संख्या या सम्भवतः भारी संख्या ऐसे लोगों की है जिनको बन्दी बनाने के लिए समुचित तथा पर्याप्त आधार सरकार के पास स्पष्टतः नहीं हैं। इसलिए स्वयं परेशानी से बचने के लिए उसने न्यायालयों को बन्दी बनाने के आधारों की जाँच करने से वर्जित किया है। सरकार कितनी सहजता से यह कर सकती है! इसमें सन्देह नहीं कि श्रीमती गाँधी पाश्चात्य संवाददाताओं को परिज्ञापित करती रहेंगी कि लोकतन्त्र में उनका दृढ़ विश्वारा है और ज्यों ही 'स्थिति में सुधार' होता है तथा 'कुछ लोग' जो 'कुछ गलत काम' करने पर उतारू थे, अपना विचार बदल देते हैं, त्यों ही वे आपातूकाल को समाप्त कर देंगी।

* * *

अनिल कल (17 अक्तूबर को) आया। लेकिन इस बार अकेले आया। राजा नवम्बर के पहले सप्ताह में आ सकेंगे। अनिल ने बताया कि उन लोगों ने लालबाबू से कहा है कि हर महीने का पहला सप्ताह उनके लिए सुरक्षित रहे और बाकी तीन सप्ताह कलकत्ता और पटना के बीच सुविधानुसार बाँट दिए जाएँ। यह अच्छी व्यवस्था है।

19 अक्तूबर

तारकुण्डे आज आए। मेरा मामला अब भी अनिर्णीत है। वे समझते हैं कि मीसा में जो नवीनतम संशोधन हुआ है, उसने सर्वोच्च न्यायालय का काम कठिन बना दिया। यह पूछने पर कि क्या (श्रीमती गाँधी की अपील और श्री राजनारायण की प्रति-अपील पर) सर्वोच्च न्यायालय का निर्णय खण्डित होगा, उन्होंने कहा कि मुख्य न्यायाधीश इसके लिए कठोर प्रयास करेंगे कि निर्णय सर्व-सम्मत हो। उनका मत था कि किसी भी स्थिति में यह निर्णय (इसके पूर्व संसद द्वारा पारित) चुनाव कानून में किए गए संशोधन के कुछ खण्डों को अस्वीकृत कर देगा, परन्तु श्रीमती गाँधी का चुनाव अप्रभावित

रह जाएगा। उनकी मुख्य दलील यह थी कि श्रीमती गाँधी ने चुनाव कानून को इस प्रकार संशोधित करा लिया है कि उससे सरकारी सेवकों को किसी मन्त्री या उपमन्त्री के चुनाव में काम करने की काफी छूट मिल जाती है। यह अनोखी और साथ-साथ लज्जाजनक बात है कि किस प्रकार श्रीमती गाँधी ने मात्र अपने व्यक्तिगत हितों के लिए अनुकूलता पैदा करने की दृष्टि से देश के कानूनों के साथ खिलवाड़ किया है!

20 अक्तूबर

शेख अब्दुल्ला ने नेशनल कान्फ्रेंस में सदस्य के रूप में अपने पुनःप्रवेश की घोषणा करते हुए जो मुक्त और साहसपूर्ण वक्तव्य दिया है, उसे पढ़कर ('ट्रिब्यून', 20 अक्तूबर) ताजगी का अनुभव हुआ। कम-से-कम देश में एक ऐसा व्यक्ति तो है जो प्रधानमन्त्री से इस प्रकार सीधी बात कर सकता है। सम्भवतः अन्य लोग भी होंगे और शायद वे बोलते भी होंगे, परन्तु स्पष्टतः समाचारपत्रों में उनके वक्तव्यों का प्रकाशन कठोरतापूर्वक रोक दिया गया है। शायद जब संसद खुलेगी और पत्र-प्रतिनिधियों को वहाँ उपस्थित रहने तथा सच्चाई से वहाँ की कार्रवाई प्रकाशित करने की अनुमति मिलेगी तो हम और भी ऐसी आवाजें सुनेंगे। परन्तु अभी तो सारे देश में श्मशान की शान्ति विराजती है।

26 अक्तूबर

प्रणव चटर्जी (पटना), गोयल (दिल्ली) ये दोनों वकील मुझसे मिलने आए। यह बड़ी खुशी का दिन था। आज मेरी नजरबन्दी के चार महीने पूरे हुए।

29 अक्तूबर

पिछले तीन दिनों में नर्कतुल्य पीड़ा का अनुभव मैंने किया। निचले उदर-क्षेत्र में लगातार दर्द रहा है। सब प्रकार की जाँच की गई। परन्तु कुछ नहीं निकला। दर्द पहले से कम है, परन्तु अब भी है। कब्जियत भी है। त्रिफला अब काम नहीं कर रहा है। गत रात और आज सुबह उलटी हुई। भूख नहीं है। भोजन के प्रति पूर्ण अरुचि है।

पेट का दर्द अभी तक है। भूख नहीं है। भोजन के प्रति अरुचि है। दस्त नहीं हुआ। 31 अक्तूबर की रात को मुझे पुनः अस्पताल में (उसी कमरे में जहाँ मैं पहले था) ले जाया गया। लगातार दर्द के कारण खिन्न और उदास अनुभव करता हूँ। तीन चार दिन पहले (जब मैं बंगले में ही था) निचली अँतड़ियों का एक्स-रे किया गया। बेरियम-मील-एनिमा दिया गया। आज शायद ऊपर की अँतड़ियों का एक्स-रे (बेरियम-मील मुँह से) किया जाएगा।

आज पहले से अच्छा अनुभव करता हूँ। पेट का दर्द बहुत कम है। कल दिवाली थी। तारकुण्डे आए। मेरे मुकदमे के विषय में उन्होंने बताया। लगता है, बहुत कुछ श्रीमती पद्मा देसाई (श्री मोरारजी देसाई की पुत्रवधू) की उस याचिका पर निर्भर करता है जो मोरारजीभाई के मित्रों की उनसे मुलाकात की अनुमति के लिए दी गई है। मालूम होता है, न्यायालय ने उनके पक्ष में फैसला दिया है। अब चिट्ठियाँ भी मित्रों को लिखी जा सकती हैं। यह काम मैं कल करूँगा, यदि तबीयत और अच्छी हुई।

जयप्रकाश के कुछ पत्र

बम्बई
11.1.48

प्रिय बाबूजी,

सादर प्रणाम!

कलकत्ते से आपका तार मिला था, 8 या 9 तारीख को दिल्ली आना मेरे लिए असम्भव था। और न अपनी कमिटी की बैठक के पहले मैं अपनी कोई राय दे ही सकता था। कमिटी कल से बैठ रही है। काँग्रेस का प्रश्न कल लिया जाएगा, इसलिए अधिकारी रूप से अब भी नहीं लिख सकता कि क्या फैसला होगा। लेकिन इतना लिख देना चाहता हूँ कि सम्भावना इस बात की बढ़ती जा रही है कि हम काँग्रेस से अलग हो जाएँ। ऐसी दशा में Working Commitee में हमारे जाने का कोई अर्थ नहीं होता। बहरहाल कल की बैठक के बाद कल रात को ही मैं आपको तार से सूचना दे दूँगा। कि क्या हमने निश्चय किया।

नरेन्द्रदेव जी के संबंध में जवाहरलाल जी और बापूजी के प्रस्ताव पर आप और सरदार साहब चुप रहे थे, इस संबंध में गंगा बाबू से जो कुछ आपने कहा वह मुझको उन्होंने बताया। सुनकर मेरे आश्चर्य का ठिकाना न रहा। बापू जी और जवाहरलाल जी कुछ प्रस्ताव करें उससे आप और सरदार साहब सहमत हों—फिर कार्रवाई ठीक उसके उल्टा हो! इससे बड़ा आश्चर्य कुछ हो सकता है? फिर काँग्रेस को आज कौन चलाता है यह तो ईश्वर ही जाने।

प्रभा अब अच्छी है।

आपका सादर
जयप्रकाश

पटना
14.4.39

प्रिय बाबूजी,

सप्रेम प्रणाम!

अवधेश्वर बाबू कल शाम को गया से नरेन्द्र देव जी के साथ लौटे। उनसे मालूम हुआ कि औरंगाबाद के विषय में जो अड़चन थी वह वहाँ के कार्यकर्ताओं से बातचीत करके उन्होंने दूर करा दी है। अनुग्रह बाबू को उन्होंने कल सुबह फोन पर इसकी सूचना दे दी थी और यह तै पाया था कि अनुग्रह बाबू मेरे डेरे पर अवधेश्वर बाबू के लौटने

पर आएँगे। अवधेश्वर उनका इन्तजार करते रहे और जब अनुग्रह बाबू आए तो उनसे बातचीत करके आश्रम फोन करने गए। फोन कर लौटे तो मुझसे कहा कि Working Committee बैठी हुई है और उसके पास खबर भेजवा दी है कि समझौता हो गया। मेरा ख्याल हुआ कि मामला तै पा गया। आज सुबह मालूम हुआ कि समझौते पर Committee ने ध्यान नहीं दिया और अपना Solution कर डाला। यह सुनकर मुझे दुःख हुआ। यह अच्छा नहीं हुआ। इसे रोका जा सकता था लेकिन जब स्वयं Working Committee को इस बात की चिन्ता न हो कि उसके काम का क्या नतीजा होगा तो दूसरा कोई क्या कर सकता है। यदि समझौता नहीं हुआ होता तो लाचारी थी, लेकिन समझौता हो जाने पर इस परिस्थिति से कम-से-कम प्रान्त के एक जिले को भी तो बचा लेना था।

मुझे डर है कि जिन लोगों ने समझा है कि Working Committee के Solution से उन्हें फायदा होगा उनको भारी धोखा होनेवाला है यद्यपि साथ-साथ काँग्रेस की क्या दुर्गति होगी यह तो वही लोग और Working Committee जाने। दुःख है कि प्रान्त के और जिलों की हालत देखते हुए भी Committee ने दूसरा रास्ता अख्तियार करना मुनासिब नहीं समझा।

आपका सस्नेह
जयप्रकाश

आरा
11 जनवरी

प्रिय बापूजी,

सप्रेम प्रणाम!

उस दिन लाहौर से चलकर हम लोग गोरखपुर विन्ध्यवासिनी बाबू के यहाँ दो दिनों के लिए ठहर गए। वहाँ से हम लोग श्रीनगर गए, अभी प्रभावती वहीं है। मैं पिताजी से मिलने के लिए यहाँ चला आया। अब मेरी इच्छा है कि इलाहाबाद या बनारस जाकर पंडित मालवीय जी से स्पष्ट रीति से बातें कर लूँ। उस दिन लाहौर में तो उन्हें फुर्सत ही नहीं थी। मैं उनसे मिलना इसलिए चाहता हूँ कि उन्होंने कहा था कि जब उन्हें फुर्सत हो तब उनसे आकर मिलूँ। दूसरे चूँकि मुझे हिन्दू विश्वविद्यालय में रहने की बहुत इच्छा है इसलिए मैं चाहता हूँ कि पंडितजी से कम-से-कम एक बार बातें कर लूँ।

मैं इलाहाबाद में पंडित जवाहरलाल से भी मिलना चाहता हूँ। उन पर मेरी बहुत श्रद्धा है और मेरे विचार उनसे बहुत कुछ मिलते-जुलते हैं, इसलिए यदि किसी प्रकार मैं उनके साथ रह सकूँ तो मुझे बड़ा सन्तोष होगा। लाहौर में मैंने उनके Lahor Research Dept. के विषय में बातें भी की थीं तिस पर उन्होंने मुझे इलाहाबाद आने के लिए कहा था। आशा करता हूँ कि कल या परसों यहाँ से इलाहाबाद जाऊँगा, प्रभावती के पत्र का इन्तजार कर रहा हूँ।

विशेष कुशल है। मेरी तबीयत ठीक है यद्यपि खाँसी हो गई है। आशा है कि आप भली-भाँति होंगे। आपके Civil Disobedince Program की बड़ी उत्सुकता से प्रतीक्षा कर रहा हूँ। यदि मुझमें यथेष्ट शक्ति आ सकी तो आशा करता हूँ कि इस यज्ञ में अपनी तुच्छ आहुति भी डाल सकूँगा।

आपका
कृपाभिलाषी जयप्रकाश

C/o Babu Harsoo Dayal
Revenue Assistant
Arrah (Bihar)

A.I.C.C Office
52 Hermeet Road, Allahabad
24th Feb.

प्रिय बापूजी,

सप्रेम प्रणाम!

बहुत दिनों से आपके पास पत्र नहीं लिखा है इसके लिए क्षमा करेंगे। मैं कुशलपूर्वक हूँ और आशा करता हूँ कि आप भी सकुशल हैं।

मैं लगभग 1 सप्ताह से यहाँ आया हूँ। पहली मार्च से Lahor Research Dept. का कार्य आरम्भ करूँगा। अभी मकान ठीक करके और अपनी आफिस के कागजात वगैरह समझ करके दो-चार दिनों के लिए पटना लौट जाऊँगा। फिर वहाँ से लौटकर आने पर सुव्यवस्थित रीति से काम करने लगूँगा।

मैं यह कार्य तो शुरू कर रहा हूँ लेकिन यथोचित उल्लास के साथ नहीं। कभी-कभी मुझे सन्देह होने लगता है कि क्या यह मेरे लिए उचित है कि मैं देश की इस स्थिति में अपना समय अनुसन्धान में लगाऊँ। खैर देखें कब तक अपना मन दबा सकता हूँ।

कृपाभिलाषी
जयप्रकाश

प्रिय बापू,

एक आवश्यक बात लिखना भूल गया था। अमेरिका के हमारे एक प्रोफेसर, Dr. Hebert adolphus Miller (Professor of Sociology Ohio State University, U.S.A.) भारत भ्रमण कर रहे हैं। आप बहुत सज्जन हैं और Oppressed Peoples से बहुत सहानुभूति रखते है। Czeahoslovakia के राष्ट्रपति Marerych के बड़े मित्र हैं और आपने ही Czeahoslovakia का Declaration of Indepenence Draft किया था। आप China $4\frac{1}{2}$ महीना पढ़ाकर Beirut Syria में पढ़ाने जा रहे हैं। आप अहमदाबाद आप से मिलने जाएँगे और शायद आश्रम में एक-दो दिन रहेंगे। Miss Miller भी आपके साथ हैं। अहमदाबाद जाने के पहले वे आपको एक पत्र लिख देंगे। यदि हो सके तो स्टेशन पर किसी को भेज दीजिएगा। और आश्रम में उनके ठहरने का कोई प्रबन्ध कर दीजिएगा। मैं बड़ा अनुग्रहीत होऊँगा।

जयप्रकाश

प्रिय बापूजी,

सप्रेम प्रणाम!

आपका दूसरा पत्र मिला। अवधेश्वर बाबू और शर्माजी से बातें भी की हैं। उन्होंने एक फेहरिस्त बनाई है जिसे लेकर अवधेश्वर बाबू जा रहे हैं।

इस सिलसिले में एक बात साफ़ कर देना चाहिए। फ़ेहरिस्त समझौते के आधार पर बनी है। उससे यह नहीं समझना चाहिए कि शर्माजी के पक्ष की इतनी ही माँगे थीं या हैं। उनकी माँग तो वह थी जो D.C.C. के सेक्रेटरी की ओर से भेजी गई फेहरिस्त में थी। समझौता करना अच्छा समझा गया, अवधेश्वर बाबू ने इसके लिए इतनी मिहनत की, अनुग्रह बाबू भी काफी Responsive रहे, मैंने भी समझौते पर जोर दिया। इन सब कारणों से 22, 8 का समझौता हुआ और औरंगाबाद लोकल बोर्ड का अवधेश्वर जो फेहरिस्त ले जा रहे हैं उसे इसी Context में देखना चाहिए।

मैं आज रात को धनबाद जा रहा हूँ। 16 को सुबह लौटूँगा।

नरेन्द्र देव जी ने कहा है कि वे आप से मिलने आते लेकिन तबीयत की कमजोरी से मजबूर हैं। आज Tajala Express से वे भी लखनऊ जा रहे हैं।

आपका जयप्रकाश

कलकत्ता एक्सप्रेस
8.6.46

प्रिय सम्पूर्णानन्दजी,

सप्रेम प्रणाम!

मैं नहीं कह सकता कितना शर्मिन्दा हूँ यह ठीक है कि जब से रिहा हुआ भर नींद सो भी नहीं सका हूँ, फिर भी अवकाश की कमी का बहाना करके आप से क्षमा माँगना नहीं चाहता। शायद असलियत यह हो कि आत्मीयों के काम को टाल देना आसान होता है। जो भी हो मेरी गलती पर आप नाराज हों तो मुझे शिकायत का कोई हक नहीं है।

आपका तार दिल्ली में मिला था। बाद में पत्र भी मिला जिसमें वह सुन्दर शेर था जिसके शब्द तो भूल गया हूँ पर मानी अब तक याद हैं। फिर बम्बई में आपका दूसरा पत्र मिला। आपका यह स्नेह कभी भूल नहीं सकता।

हमारे मास्टर साहब, श्री मुहम्मद सईद खाँ, आपसे मिले यह जानकर खुशी हुई। आशा है उनकी सहायता आप कर पाएँगे।

मैं इधर घूमता ही रहूँगा। आज 1 महीने के लिए बिहार के दौरे पर निकला हूँ। जुलाई और अगस्त का पहला हिस्सा बम्बई में गुजारूँगा। फिर शायद यू.पी. का दौरा कर सकूँ। उम्मीद है कि उस दौरे में आप से भेंट हो सकेगी। आपसे मिलने की और बातें करने की बड़ी इच्छा है। यह तो शायद सम्भव न हो कि कहीं बैठकर दो-चार दिन इत्मीनान से बातें हों, और केवल राजनीति ही की नहीं, फिर भी भेंट भी हो जाए और थोड़ी-सी बातें हो जाएँ तो सन्तोष होगा। आजकल तो शायद आप नैनीताल ही रहेंगे। अगस्त के दूसरे-तीसरे सप्ताह में कहाँ होंगे लिखिएगा।

आशा करता हूँ आपका स्वास्थ्य अच्छा होगा और आप प्रसन्न होंगे।

मैं अच्छा ही हूँ। प्रभावती आपको प्रणाम कह रही है। वह अब बराबर साथ ही रहती है।

आपका सप्रेम
जयप्रकाश

प्र. पत्र
C/O बाबू ब्रजबिहारी सहाय
A/17 Adalatganj Quarters
Patna के पते पर लिखेंगे

जय

चि. जयप्रकाश,

जो उत्साह बलिदान इनका मैंने आश्रम की बहनों में देखा ऐसा कहीं नहीं देखा है आजकल आश्रम की अन्तर व्यवस्था बहोत कर केवल सभी लोग ही कर रही हैं। जिस प्रकार वे अनुभव ले रही हैं ऐसा दुबारा कभी मिलने का नहीं है। इसलिए मेरी सलाह है कि प्रभावती को आश्रम में भेजो मेरे जेल जाने के बाद आश्रम की स्त्रियाँ जेल जाएँगी इसमें प्रभावती होनी चाहिए ऐसा मेरा अभिप्राय है प्रभावती सब प्रकार योग्य है तुम्हारा काम अच्छा चलता होगा।

बापू के आशीर्वाद

पूना
23.7.52

श्रद्धेय बाबूजी,

सादर प्रणाम!

आपके कृपा पत्र प्रभावती के पास बराबर आते रहे, उनसे बड़ा बल मिला। आप सबकी कृपा से व्रत सफल हुआ। मेरे अन्तःकरण पर तो उसका बड़ा प्रभाव पड़ा, शरीर पर क्या असर हुआ है अभी नहीं कहा जा सकता। डा. दिनशा तो यही आशा कर रहे हैं कि अगर उनके बताए अनुसार मैं चलता रहा तो शरीर को भी अवश्य लाभ ही होगा। अब उनका उपचार चल रहा है और उनकी सलाह है कि मैं यहाँ दिसम्बर तक अवश्य रहूँ। इतना समय इकट्ठा निंकालना जरा कठिन लगता है, फिर भी सोचता हूँ कि यदि शरीर एक बार ठीक हो जाए तो अच्छा ही होगा। अभी दो महीने तो अवश्य यहाँ हूँ। बाद में स्वास्थ्य की प्रगति देखकर निश्चय करूँगा।

आपने शिमला आकर अपने साथ रहने को लिखा है। मैं कह नहीं सकता कि इसमें मुझे और प्रभावती को कितनी प्रसन्नता होती, लेकिन मुझे तो शायद सितम्बर-अक्टूबर यहीं बिताना पड़ेगा। जैसा ऊपर लिख चुका हूँ ऐसा अगर नहीं होता तो अवश्य शिमले आकर आपके साथ कुछ दिन बिताता।

आपका स्वास्थ्य इन दिनों अच्छा रहता है, यह जानकर खुशी होती है। गंगाबाबू के स्वास्थ्य का हाल जानकर बड़ा सन्तोष हुआ। बनारसी बाबू का भी एक पत्र परसों आया था।

और सब आपकी कृपा है।

आपका सस्नेह
जयप्रकाश

आपात्काल में प्रधानमन्त्री को लिखी चिट्ठियाँ

चण्डीगढ़
21 जुलाई, 1975

प्रिय प्रधानमन्त्री जी,

समाचारपत्रों में आपके भाषणों और मुलाकातों की रपट पढ़कर मैं विस्मित हूँ। (आपने जो कुछ किया है, उसका औचित्य सिद्ध करने के लिए आपको प्रतिदिन कुछ-न-कुछ कहना पड़ता है। यही आपके अपराधी मानस का परिचायक है।) समाचारपत्रों का मुँह बन्द कर तथा हर प्रकार की मतभिन्नता पर रोक लगाकर और इस प्रकार आलोचना या प्रतिवाद के भय से सर्वथा मुक्त होकर, आप विकास तथ्यों एवं मिथ्या बातों का प्रचार कर रही हैं। यदि आप समझती हैं कि इस ढंग से आप जनता की नजर में अपने-आपको सही साबित कर सकेंगी और विरोधी पक्ष को राजनीतिक दृष्टि से रसातल भेज सकेंगी, तो आप भारी भ्रम में हैं। यदि आपको कोई सन्देह है तो आपात्काल को समाप्त कर और जनता को मौलिक अधिकार एवं समाचारपत्रों को उनकी आजादी वापस देकर देख लीजिए, और जिन लोगों को आपने बिना किसी अपराध के—क्योंकि उन्होंने अपने देशभक्तिपूर्ण कर्तव्य को छोड़ और कोई अपराध नहीं किया है—बन्दी बना रखा है, उनको रिहा करके इसकी परीक्षा कर लीजिए। नौ साल कम नहीं होते हैं, मदाम! इस बीच जनता ने जिसको छठी इन्द्रिय होती है, आपको पहचान लिया है।

जहाँ तक मैं जान पाया हूँ, आपके गीतों का मुख्य स्वर यह है कि (क) सरकार को ठप कर देने की योजना की गई थी, और (ख) एक व्यक्ति सैनिक एवं असैनिक सेवाओं के कर्मचारियों में असन्तोष फैलाने की कोशिश कर रहा था। यही आपके गीत के मुख्य स्वर रहे हैं। परन्तु कुछ दूसरे लघु स्वर भी हैं। आप जब तब यह अवान्तर कथा सुनाती रहती हैं कि राष्ट्र का महत्त्व लोकतन्त्र से अधिक है भारत के लिए सामाजिक लोकतन्त्र ही अनुकूल है।

चूँकि मुख्य अपराधी मैं ही हूँ, इसलिए मैं पूरी बात को स्पष्ट करना चाहूँगा। इसमें आपको सम्भवतः कोई दिलचस्पी नहीं होगी, क्योंकि आपने तो जान-बूझ कर विकृत तथ्यों और मिथ्या बातों का प्रचार किया है। परन्तु जो सत्य है वह कम-से-कम लिपिबद्ध तो हो जाए।

जहाँ तक सरकार को ठप करने की बात है, ऐसी कोई योजना नहीं थी, और आप यह जानती हैं, उन्हें मैं यहाँ प्रस्तुत करना चाहता हूँ।

भारत के राज्यों में केवल बिहार में ही जनान्दोलन चल रहा था। परन्तु यहाँ भी यदि आंदोलन कभी था तो मुख्यमन्त्री के अनेक वक्तव्यों के अनुसार वह बहुत पहले विफल हो चुका था। लेकिन सच्चाई यह है—और अगर आपका सर्वव्यापी खुफिया विभाग आपको सही खबरें देता है तो आपको मालूम होना चाहिए कि आंदोलन फैल रहा था और अब ग्रामीण क्षेत्रों में प्रवेश कर रहा था। मेरी गिरफ्तारी के समय तक जनता सरकारें गाँव से लेकर प्रखण्ड स्तर तक बन रही थीं। यह आशा थी कि आगे चलकर जिला और राज्य स्तर तक यह प्रक्रिया शुरू की जा सकेगी।

यदि आपने जनता सरकारों के कार्यक्रमों पर दृष्टिपात किया होगा तो देखा होगा कि वह कार्यक्रम अधिकांशतः रचनात्मक था। मिसाल के लिए, सार्वजनिक वितरण व्यवस्था का नियमन, प्रशासन के निचले स्तरों पर भ्रष्टाचार का

निवारण, भूमि सुधार कानूनों का कार्यान्वयन, मेल-मिलाप तथा पंचायती की प्राचीन पद्धति द्वारा विवादों का सुलझाव, हरिजनों को समुचित न्याय दिलाने का आश्वासन, तिलक-दहेज जैसी सामाजिक बुराइयों का निराकरण आदि कार्यक्रम जनता सरकार के थे। इन सबमें ऐसा कुछ भी नहीं है जिसको किसी भी दृष्टि से विनाशकारी कहा जा सके। केवल जहाँ जनता सरकारें सुदृढ़ रूप से संगठित थीं, वहाँ करबन्दी के कार्यक्रम भी चलाए गए थे। शहरी क्षेत्रों में जब आंदोलन पराकाष्ठा पर था तो सरकारी दफ्तरों को ठप करने के लिए कुछ दिनों के लिए धरना और पिकेटिंग के कार्यक्रम चलाने की कोशिश अवश्य हुई थी। पटना में जब कभी विधानसभा खुलती थी तो उसके सदस्यों को त्यागपत्र देने के लिए समझाने और अन्दर जाने से उन्हें शान्तिपूर्वक रोकने की कोशिशें भी हुई थीं। ये सभी सविनय अवज्ञा के सुचिन्तित कार्यक्रम थे और इस सिलसिले में हजारों स्त्री-पुरुष राज्यभर में गिरफ्तार हुए थे।

यदि कुल मिलाकर बिहार सरकार को ठप करने की कोशिश थी भी, तो समझ लीजिए कि वह वैसी ही थी जैसी आजादी की लड़ाई के समय असहयोग एवं सत्याग्रह द्वारा ब्रिटिश सरकार को ठप करने की कोशिश होती थी। परन्तु वह सरकार जोर-जबर्दस्ती से कायम हुई थी, जबकि बिहार सरकार और विधानसभा दोनों संवैधानिक रूप से स्थापित संस्थाएँ हैं; तो किसी को क्या हक है कि वह एक निर्वाचित सरकार और निर्वाचित विधायिका को विघटित होने के लिए कहे? यह आपकी ओर से बार-बार उठाए गए प्रश्नों में से एक है। परन्तु इस प्रश्न का अनेकों बार योग्य व्यक्तियों ने जिनमें सुप्रसिद्ध संविधानवेत्ता भी हैं उत्तर दिया है। उत्तर यह है कि लोकतान्त्रिक व्यवस्था में यदि कोई निर्वाचित सरकार भ्रष्ट हो गई है और वह कुशासन करने लगी है तो जनता को यह अधिकार अवश्य है कि वह उस निर्वाचित सरकार से भी त्यागपत्र की माँग करे और यदि विधायिका ऐसी सरकार का समर्थन करने का आग्रह रखती है तो उसे भी हटना चाहिए जिससे जनता श्रेष्ठतर प्रतिनिधियों का चुनाव कर सके।

परन्तु प्रश्न है कि इस स्थिति में यह कैसे निर्णय किया जाएगा कि जनता क्या चाहती है? उत्तर है कि यह निर्णय सामान्य लोकतान्त्रिक पद्धति से होगा। बिहार के मामले में जनता की इच्छा क्या है, इसका विश्वस्त प्रमाण पटना में आयोजित विशाल सभाओं और जुलूसों, राज्यभर में आयोजित हजारों निर्वाचन क्षेत्र की सभाओं, त्रिदिवसीय बिहार-बन्द, 4 नवम्बर की स्मरणीय घटनाओं तथा 18 नवम्बर को गाँधी मैदान में हुई, 'विशालतम' सभा से मिल चुका था। दूसरी तरफ बिहार सरकार एवं काँग्रेस के पास कौन-सा प्रमाण था? वही 16 नवम्बर का असफल जवाबी प्रदर्शन, जिसकी योजना श्री बरुआ ने रची थी और जिस पर विश्वसनीय सूचना के अनुसार साठ लाख रुपए की कल्पनातीत राशि खर्च की गई थी! परन्तु यदि यह प्रमाण पर्याप्त रूप से निर्णायक नहीं था तो मैंने बार-बार यह माँग की थी कि जनमत लिया जाए। लेकिन आपको तो जनता से ही भय था।

बिहार आंदोलन के सिलसिले में मैं एक और महत्त्वपूर्ण बात की चर्चा करना चाहूँगा जो इस प्रकार के आंदोलन की राजनीति पर प्रकाश डालती है। बिहार के छात्रों ने अपना आंदोलन यों ही एकाएक शुरू नहीं कर दिया। एक सम्मेलन में अपनी माँगों का प्रारूप तैयार करने के बाद वे मुख्यमन्त्री एवं शिक्षामन्त्री से मिले। उनके बीच कई मुलाकातें हुईं। परन्तु दुर्भाग्य से उस अक्षम एवं भ्रष्ट बिहार सरकार ने विद्यार्थियों की माँगों पर गम्भीरतापूर्वक विचार नहीं किया। तब उन्होंने विधानसभा का घेराव किया। उस दिन की कथित घटनाओं से बिहार आंदोलन की शुरुआत हुई। तब भी छात्रों ने मन्त्रिमण्डल के त्यागपत्र या विधानसभा के विघटन की माँग नहीं की। जब कई सप्ताह तक गोलीबारी, लाठी-चार्ज तथा अन्धाधुन्ध गिरफ्तारियाँ होती रहीं, तब छात्र संघर्ष समिति ने बाध्य होकर अपनी वह माँग पेश की। उतना सब हो चुकने के बाद ही यह निर्णायक कदम उठाया गया।

इस प्रकार, बिहार में सरकार को आमने-सामने बैठकर मामला सुलझाने का एक मौका दिया गया। छात्रों की कोई ऐसी माँग नहीं थी जो अनुचित कही जाए या जिस पर वार्ता नहीं हो सके। परन्तु बिहार सरकार ने संघर्ष का तरीका, अर्थात् अतुलनीय दमन का रास्ता ही पसन्द किया। उत्तर प्रदेश में भी यही बात थी। दोनों मामलों में सरकार ने बातचीत का, आमने-सामने बैठकर समस्या सुलझाने का मार्ग अस्वीकार किया और संघर्ष का मार्ग चुना। अगर ऐसा नहीं हुआ होता तो आंदोलन बिलकुल हुआ ही नहीं होता।

आखिर इन सरकारों ने बुद्धिमानी से काम क्यों नहीं लिया? इस पहेली पर मैंने खूब सोचा है। मैं जिस निष्कर्ष

पर पहुँचा हूँ, वह यह है कि उनके सामने मुख्य अवरोध था भ्रष्टाचार। चाहे जो कारण हो, सरकारें अपने बीच के, विशेषकर उच्च स्तर के, स्वयं मन्त्रि-स्तर के भ्रष्टाचार से निपटने में असमर्थ रही हैं। और भ्रष्टाचार, खासकर शासनगत और प्रशासनगत भ्रष्टाचार ही आंदोलन का केन्द्र-बिन्दु रहा है।

अस्तु, बिहार को छोड़ भारत के किसी अन्य राज्य में इस प्रकार का आंदोलन नहीं था। उत्तर प्रदेश में यद्यपि सत्याग्रह अप्रैल में ही शुरू हुआ था, तथापि उसके आंदोलन का रूप लेने में बहुत देर थी। कुछ दूसरे राज्यों में यद्यपि संघर्ष समितियाँ बनी थीं, परन्तु कहीं भी व्यापक आंदोलन की सम्भावना नहीं दिखाई देती थी। और ज्यों-ज्यों लोकसभा का आम चुनाव निकट होता गया, विरोधी दलों का ध्यान ऐसे संघर्ष की अपेक्षा, जिसमें सविनय अवज्ञा का कार्यक्रम शामिल हो, चुनावी संघर्ष की ओर अधिकाधिक खिंचता गया।

इस प्रकार जिस योजना की, अर्थात् सरकार को ठप करने की योजना की, बात आप कहती हैं, वह आपकी ही कल्पना की उपज है, और यह कल्पना अपनी अधिनायकवादी कार्रवाइयों का औचित्य सिद्ध करने के लिए आपने की है।

परन्तु मान लीजिए, तर्क हेतु एक मिनट के लिए मैं यह स्वीकार भी कर लूँ कि ऐसी कोई योजना थी तो क्या आप ईमानदारी से यह विश्वास करती हैं कि आपके ही भूतपूर्व सहयोगी और भारत के भूतपूर्व उप-प्रधानमन्त्री* तथा काँग्रेस कार्यकारिणी के एक सदस्य चन्द्रशेखर भी उसमें शामिल होंगे? तब फिर क्यों उन्हें और उनके जैसे अन्य अनेक लोगों को भी गिरफ्तार किया गया?

नहीं, प्रधानमन्त्री जी, सरकार को ठप करने की कोई योजना नहीं थी। यदि कोई योजना थी तो एक सरल, निर्दोष और संक्षिप्त योजना थी जो, आपकी अपील पर सर्वोच्च न्यायालय द्वारा निर्णय होने तक, चलाई जाती। इसी योजना की घोषणा 25 जून को रामलीला मैदान में नानाजी देशमुख ने की थी और वही उस संध्या के मेरे भाषण का विषय था। कार्यक्रम यही था कि कुछ चुने हुए लोग आपके निवास के निकट इस माँग के समर्थन में सत्याग्रह करेंगे कि आपकी अपील पर सर्वोच्च न्यायालय द्वारा निर्णय होने तक अपनी कुर्सी से आपको उतर जाना चाहिए। यह कार्यक्रम दिल्ली में सात दिनों तक चलने वाला था और इसके बाद राज्यों में उसे चलाया जाता। और जैसा कि ऊपर मैंने कहा है, यह कार्यक्रम सर्वोच्च न्यायालय द्वारा फैसला होने तक ही चलता। मैं नहीं समझता कि इसमें विनाशकारी या खतरनाक बात क्या थी। लोकतान्त्रिक व्यवस्था में नागरिक को जब यह लगता हो कि समाधान या सुधार के सभी मार्ग बन्द हो गए हैं तो सविनय अवज्ञा करने का उसका अविच्छेद्य अधिकार है। यह कहने की आवश्यकता नहीं कि सत्याग्रही स्वेच्छा से विधि-सम्मत दण्ड आमंत्रित और स्वीकार करता है। यह एक नया आयाम है जिसे गाँधी ने लोकतन्त्र में जोड़ा है। गाँधी के ही भारत में इसका लोप हो जाए, यह कैसा व्यंग्य है!

यह उल्लेखनीय, और साथ ही बड़ा महत्त्वपूर्ण, तथ्य है कि यह सत्याग्रह का कार्यक्रम भी विरोधी पक्ष ने नहीं सोचा होता, यदि आप अपने पद से चुपचाप चिपके रहकर सन्तोष कर लेतीं। लेकिन आपने ऐसा नहीं किया। अपने दलालों के जरिए आपने अपने निवास के सामने सभाएँ और प्रदर्शन कराए और प्रदर्शनकारियों से निवेदन कराया कि आप त्यागपत्र न दें। आपने इन सभाओं को सम्बोधित किया और अपनी स्थिति का औचित्य सिद्ध करने के लिए लचर दलीलें पेश कीं तथा विरोधी पक्ष की भरपूर निन्दा भी की। आपके निवास के सामने एक उच्च न्यायालय के जज* की प्रतिमा जलाई गई तथा दिल्ली शहर में पोस्टर चिपकाए गए जो यह संकेत करते थे कि उक्त जज का सी. आई. ए. (अमेरिकी केन्द्रीय खुफिया विभाग) से कोई संबंध है। ऐसी घृणित घटनाएँ प्रतिदिन हो रही थीं। ऐसे दुष्टतापूर्ण कृत्यों के प्रतिकार के लिए विरोधी पक्ष के पास कोई विकल्प नहीं रह गया था। और उसने इस प्रतिकार का कौन-सा मार्ग अपनाने का निश्चय किया? ऊधम मचाने का नहीं, बल्कि *अनुशासित सत्याग्रह, आत्म-बलिदान* का।

सरकार को ठप करने की बस यही 'योजना' थी। ऐसी कोई काल्पनिक योजना नहीं थी जिसने आपको नाराज किया है और जिसके कारण जनता ने अपनी स्वतन्त्रताएँ खोई हैं तथा उसके लोकतन्त्र पर मर्मान्तक प्रहार हुआ है।

---

* श्री मोरारजी देसाई।

* इलाहाबाद उच्च न्यायालय के जस्टिस जगमोहन लाल सिन्हा जिन्होंने 12 जून को वह ऐतिहासिक निर्णय दिया जिसके अनुसार श्रीमती इन्दिरा गाँधी चुनाव में भ्रष्टाचार का सहारा लेने के अपराध में लोकसभा की सदस्यता से वंचित हो गईं।

और समाचारपत्रों की स्वतन्त्रता का दमन क्यों किया गया है? इसलिए नहीं कि भारतीय समाचारपत्र गैरजिम्मेदार, बेईमान या सरकार-विरोधी हैं। वास्तव में, अन्यत्र कहीं भी स्वतन्त्रता के वातावरण में समाचारपत्र इतने जिम्मेदार, विवेकयुक्त और उदार नहीं हैं। सच्चाई यह है कि उनके विरुद्ध आपकी क्रोधाग्नि तब भड़की जब उच्च न्यायालय के निर्णय के बाद आपके त्यागपत्र के प्रश्न पर कई समाचारपत्रों ने ऐसा रुख अपनाया जो आपको बिलकुल अच्छा नहीं लगा, और सर्वोच्च न्यायालय के निर्णय के दूसरे दिन जब सभी बड़े अखबारों ने जिनमें ढुलमुल-यकीन 'टाइम्स ऑफ इण्डिया' भी शामिल था, अत्यन्त तर्कपूर्ण और तगड़े अग्रलेख लिखकर आपको पदत्याग करने की सलाह दी, तो समाचारपत्रों की आजादी आपके लिए असह्य हो गई। तभी भारतीय समाचारपत्रों का दुर्दिन शुरू हुआ और आपने उस पर घातक प्रहार किया। यह सोचकर विस्मय होता है कि लोकतन्त्र की प्राणवायु-तुल्य समाचारपत्रों की मूल्यवान स्वतन्त्रता की ज्योति किसी प्रधानमन्त्री के व्यक्तिगत आक्रोश के कारण एक झटके में बुझा दी गई।

आपने विरोधी पक्ष पर यह आरोप लगाया है कि उसने देश के प्रधानमन्त्री की पद-प्रतिष्ठा को अवमूल्यित करने का प्रयत्न किया है। परन्तु वस्तुस्थिति ठीक इसके विपरीत है। इस महान् पद के गौरव और प्रतिष्ठा का अवमूल्यन आप से ज्यादा और किसी ने नहीं किया है। क्या किसी लोकतान्त्रिक देश में ऐसे प्रधानमन्त्री की कल्पना कोई कर सकता है जो चुनावी भ्रष्टाचार का अपराधी पाया गया हो और इसलिए अपनी संसद में मतदान करने का भी अधिकारी नहीं हो? (सम्भव है सर्वोच्च न्यायालय उच्च न्यायालय के निर्णय को उलट दे। बहुत सम्भव है, वर्तमान भय के वातावरण में वह ऐसा ही करेगा। परन्तु जब तक ऐसा नहीं होता तब तक आपका अपराध कायम है और आप मतदान करने के अधिकार से वंचित हैं।)

जहाँ तक उस 'एक व्यक्ति' का संबंध है जिसने सशस्त्र सेना और पुलिस में असन्तोष फैलाने की कोशिश की है, वह इस आरोप को अस्वीकार करता है। उसने सेना और पुलिस के कर्मचारियों और अधिकारियों को अपने कर्तव्यों एवं दायित्वों के प्रति जागरूक बनाने मात्र का प्रयत्न किया है। इस संबंध में उसने जो कुछ भी कहा है, वह कानून, संविधान, आर्मी एक्ट और पुलिस एक्ट के अन्दर आता है।

इतनी बातें आपके मुख्य मुद्दों के विषय में अर्थात् सरकार को ठप करने की योजना तथा सशस्त्र सेना और पुलिस में असंतोष फैलाने की कोशिश के बारे में हुईं। अब कुछ आपके साधारण मुद्दों तथा आपकी अवान्तर कथा के बारे में कहूँगा।

सूचनानुसार आपने कहा है कि लोकतन्त्र का महत्त्व राष्ट्र से अधिक नहीं है। प्रधानमन्त्री महोदया, आप अपने को कुछ ज्यादा मान बैठी हैं। राष्ट्र की चिन्ता करने वाली केवल आप ही तो नहीं हैं। आपने जिनको नजरबन्द या बन्दी बना रखा है, उनमें बहुतेरे ऐसे हैं जिन्होंने राष्ट्र के लिए आपकी अपेक्षा बहुत अधिक किया है और उनमें से प्रत्येक वैसे ही देशभक्त हैं जैसी कि आप। इसलिए राष्ट्र के बारे में हमें उपदेश देकर हमारे घावों पर कृपया नमक मत छिड़किए।

इसके अलावा, आपने एक मिथ्या विकल्प गढ़ लिया है। लोकतन्त्र और राष्ट्र के बीच कोई विकल्प नहीं है। 26 नवम्बर, 1949 को अपनी संविधान सभा में भारत की जनता ने राष्ट्र के ही हित के लिए यह घोषणा की थी कि "हम भारत के लोग भारत को एक प्रभुता-सम्पन्न लोकतन्त्र के रूप में संगठित करने का गम्भीर संकल्प लेकर...अपने आपको यह संविधान प्रदत्त करते हैं।" वह लोकतान्त्रिक संविधान केवल एक अध्यादेश से या संसद के कानून से अधिनायकवादी रूप में परिवर्तित नहीं किया जा सकता। स्वयं भारत की जनता ही उक्त विशिष्ट उद्देश्य के लिए विशेष रूप से निर्वाचित अपनी नयी संविधान सभा के अन्दर ऐसा कोई परिवर्तन कर सकती है। अब यदि उक्त संविधान पर हस्ताक्षर होने के चौथाई शताब्दी बाद भी इसके सभी नागरिकों को न्याय, स्वतन्त्रता, समता एवं भ्रातृत्व प्राप्त नहीं कराए जा सके तो इसके लिए दोषी संविधान या लोकतन्त्र नहीं, बल्कि वह काँग्रेस पार्टी है जो दिल्ली में इन सारे वर्षों के दौरान सत्तारूढ़ रही है। वह खास कर उसकी ही विफलता का परिणाम है कि जनता में और युवकों में आज इतनी अधिक अशान्ति दिखाई पड़ती है। दमन उसका निदान नहीं है। उल्टे वह उस विफलता को और संगीन बना देता है।

निस्संदेह, मैं देखता हूँ कि इन दिनों समाचारपत्र नयी नीतियों, नए अभियानों नए उत्साह के प्रदर्शन की खबरों

से भरे होते हैं। जाहिर है कि जो अवसर हाथ से निकल गया है, उसकी क्षति-पूर्ति करने की कोशिश आप कर रही हैं; अर्थात् नौ वर्षों में जो नहीं कर सकीं उसे अभी ही कर डालने का दिखावा आप कर रही हैं। परन्तु आपके बीस सूत्रों का भी वही हश्र होगा जो आपके दस सूत्रों तथा 'स्फुट विचारों'* का हुआ। परन्तु मैं आपको विश्वास दिलाता हूँ कि इस बार जनता मूर्ख नहीं बनेगी। एक दूसरी बात का भी मैं विश्वास दिलाता हूँ। वह यह है कि स्वार्थी तथा नपुंसक अवसरवादियों की पार्टी, जैसी कि काँग्रेस दुर्भाग्य से बन गई है, कभी कोई महत्त्व का काम नहीं कर सकती। (सभी काँग्रेसजन ऐसे नहीं हैं। उनमें कई अपवाद हैं, जैसे वे लोग हैं जिन्हें दल की सदस्यता से और कुछ को अपनी स्वतन्त्रता से भी वंचित कर दिया गया है ताकि अधिनायकशाही के धर्म के अनुसार पार्टी के अन्दर भी कोई आलोचना न हो सके।) कागज पर बहुत सारा प्रचार होगा और शोर मचाया जाएगा, परन्तु जीवन के स्तर पर परिस्थिति में जरा भी फर्क नहीं आएगा। गरीबों की स्थिति—जो देश के अधिकांश हिस्से में बहुत बड़ी संख्या में हैं—पिछले वर्षों के दौरान बदतर हुई है। गिरावट की ओर जो यह प्रवृत्ति है, उसको यदि रोका जा सके तो काफी होगा। परन्तु इसके लिए आपको राजनीति एवं अर्थनीति के प्रति अपने संपूर्ण दृष्टिकोण में परिवर्तन लाना होगा।

मैंने ऊपर जो कुछ भी लिखा है, वह नितान्त स्पष्टता से लिखा है। मैंने क्रोध में आकर अथवा शब्दों में आपकी बराबरी करने की दृष्टि से ऐसा नहीं किया है। नहीं, वह तो कमजोरी का प्रदर्शन होता। यहाँ मेरे स्वास्थ्य का जो ख्याल रखा जा रहा है, उसके लिए कृतज्ञता का अभाव इसमें नहीं है। मैंने केवल आप के सामने नग्न सत्य प्रस्तुत करने की कोशिश की है, जिसे ढँकने तथा तोड़-मरोड़ करने की कोशिश आप करती रही हैं।

यह अप्रिय कर्तव्य करने के बाद आपको अन्त में परामर्श-स्वरूप दो-चार शब्द कह कर मैं अपना कथन समाप्त करूँगा। आप जानती हैं कि मैं वृद्ध हो गया हूँ। मेरे जीवन का कार्य समाप्त हो गया है। प्रभा के जाने के बाद अब ऐसा कुछ नहीं है और कोई नहीं है जिसके लिए मुझे जीना है। मेरे भाई और भतीजे का अपना परिवार है और मेरी छोटी बहन के अपने लड़के-लड़कियाँ हैं—बड़ी बहन तो वर्षों पूर्व मर चुकी हैं। शिक्षा पूरी कर लेने के बाद मैंने अपना सारा जीवन देश को दिया है और बदले में माँगा कुछ नहीं है। इसलिए आपके शासन में एक बन्दी के रूप में भी मैं संतोषपूर्वक मरूँगा।

क्या आप ऐसे एक व्यक्ति की सलाह पर ध्यान देंगी? आप कृपा कर उन बुनियादों को नष्ट मत कीजिए जो राष्ट्र के पिताओं ने, जिनमें आपके अच्छे पिता भी शामिल थे, डाली थीं। आपने जो रास्ता चुना है, वह संघर्षों और मुसीबतों से भरा है। आपको विरासत में एक महान् परम्परा, श्रेष्ठ मूल्य और एक कार्यशील लोकतन्त्र मिला था। आप इन सबको तोड़-बिखेर कर अपने पीछे केवल करुण भग्नावशेष छोड़कर मत जाइए। इन सबको फिर से जोड़ने में बहुत समय लगेगा। क्योंकि ये सब फिर जुड़ेंगे, इसमें मुझे सन्देह नहीं है। जिस राष्ट्र ने ब्रिटिश साम्राज्यवाद से संघर्ष कर उसको पराजित किया है, वह अधिनायकशाही के अपमान और कलंक को अनिश्चित काल तक स्वीकार नहीं करेगा। मनुष्य का सत्त्व कभी पराजित नहीं हो सकता, चाहे उसको कितना ही दबाया जाए। आपने अपनी वैयक्तिक तानाशाही कायम कर उसे नीचे दफना तो दिया है। परन्तु वह अपनी कब्र में से भी उठ खड़ा होगा। रूस में भी वह उठ रहा है।

आपने सामाजिक लोकतन्त्र की बात कही है। ये शब्द मस्तिष्क में कितना सुन्दर चित्र बनाते हैं! परन्तु आपने देखा है कि पूर्वी और मध्य यूरोप में जो वास्तविक स्थिति है वह कितनी कुरूप है। वहाँ नग्न तानाशाही है और अन्तिम विश्लेषण में रूसी अधिराजत्व है। कृपया भारत को उस भयानक भविष्य की ओर मत ढकेलिए।

और क्या मैं पूछ सकता हूँ कि इन निष्ठुर कार्रवाइयों के पीछे क्या उद्देश्य हैं? क्या आपने अपने बीस-सूत्री कार्यक्रमों को क्रियान्वित करने के लिए यह किया है? लेकिन दस-सूत्री कार्यक्रम को क्रियान्वित करने से आपको कौन रोक रहा था? यह सारा असन्तोष, प्रतिरोध और सत्याग्रह अवश्य ही इसलिए हो रहे हैं कि जिस दुख और पीड़ा से जनता और युवक कराह रहे थे, उसे कम करने वाले कार्यक्रम की कार्यान्वित की दिशा में आप कुछ नहीं कर रही थीं, यद्यपि वह

---

* यहाँ आर्थिक नीति पर तैयार किए गए उस नोट की ओर संकेत किया गया है जिसे श्रीमती गाँधी ने बंगलोर में जुलाई 1969 में आयोजित बैठक में भेजा था।

कार्यक्रम भी अधूरा ही था। यही तो चन्द्रशेखर, मोहन धारिया, कृष्णकान्त और उनके मित्र कहते रहे हैं और इसी के लिए उन्हें दण्डित होना पड़ा है।

देश के अन्दर एक दिशाहीन 'प्रवाह' के विषय में आपने चर्चा की है। परन्तु क्या वह विरोध पक्ष के कारण या मेरे कारण था? इस प्रवाह का कारण था—आप में निर्णय का अभाव, दिशा एवं गति का अभाव। लगता है आप तभी तेजी से और नाटकीय रूप से कुछ करती हैं, जब आपकी व्यक्तिगत स्थिति संकटग्रस्त होती है। जहाँ वह आश्वस्त हुई कि 'प्रवाह' फिर शुरू हो जाता है। प्रिय इन्दिरा जी, आप अपने-आपको राष्ट्र के समकक्ष न मानें। अमर आप नहीं, भारत है।

आपने विरोधी पक्ष पर और मुझ पर हर प्रकार की दुष्टता आरोपित की है। परन्तु मैं आपको विश्वास दिलाना चाहता हूँ कि यदि आप सही काम करें, उदाहरणार्थ अपने बीस-सूत्री कार्यक्रम के अन्तर्गत मन्त्रिस्तरीय भ्रष्टाचार का निवारण, चुनावपद्धति में सुधार आदि करें, और विरोधी पक्ष को विश्वास में लेकर उसकी सलाहों पर ध्यान दें, तो आपको हममें से प्रत्येक का हार्दिक सहयोग प्राप्त होगा। इसके लिए आप लोकतन्त्र को ही नष्ट करें, यह आवश्यक नहीं है। अब तो आपकी पारी है। निर्णय आपको ही करना है। इन आखिरी शब्दों के साथ अलविदा कहता हूँ। ईश्वर आपको सुबुद्धि दें।

—जयप्रकाश

2 सितम्बर, 1975

प्रिय प्रधानमन्त्री जी,*

बहुत हिचकिचाहट के बाद ही मैं पुनः आपको लिख रहा हूँ। इसलिए लिख रहा हूँ कि देश के लिए बड़ी चिन्ता महसूस होती है। भारतीय स्वतन्त्रता के जन्मदाताओं ने बड़ी बुद्धिमानी का परिचय देकर एक लोकतान्त्रिक प्रभुता-सम्पन्न गणतन्त्र की स्थापना की थी। इन तीन शब्दों में से 'लोकतान्त्रिक' सब से महत्त्वपूर्ण है। जिस देश ने अभी-अभी स्वतन्त्रता के लिए संघर्ष करके उसे हासिल किया, वह प्रभुता-सम्पन्न गणतन्त्र ही हो सकता है। यहाँ किसी प्रकार के राजतन्त्र की स्थापना होने का तो कोई प्रश्न नहीं हो सकता। इस देश को स्वाभाविक रूप से ही प्रभुता-सम्पन्न होना था और स्वाभाविक रूप से ही गणतन्त्र भी होना था। परन्तु वह लोकतान्त्रिक भी हो, इसका कोई स्वाभाविक कारण नहीं है। दुनिया में कई प्रभुता-सम्पन्न गणतन्त्र हैं, लोकतान्त्रिक नहीं हैं। प्रभुता-सम्पन्नता और गणतान्त्रिकता, हमारे लिए पसन्द करने की वस्तुएँ नहीं थीं। जो परिस्थिति थी उसमें यह देश प्रभुता-सम्पन्न और गणतान्त्रिक ही हो सकता था।

लेकिन एक प्रभुता-सम्पन्न गणतन्त्र किसी व्यक्ति या दलीय गुट की अथवा सैनिक गिरोह का अधिनायकतन्त्र भी हो जा सकता है। वह एक अल्पतन्त्र हो सकता है, अथवा सीमित या यों कहिए शिक्षितों तक सीमित मताधिकार पर आधारित हो सकता है। (यहाँ शिक्षित शब्द की व्याख्या भिन्न-भिन्न तरीकों से की जा सकती है।) परन्तु हमारे राष्ट्र के जन्मदाताओं ने वयस्क मताधिकार पर आधारित संसदीय लोकतन्त्र चुना। प्रगति की ओर यह एक बड़ी छलांग थी, और इसके कारण दुनियाभर में हमारी सराहना हुई, जयजयकार हुआ।

जैसा कि मैंने अन्यत्र लिखा है, संसदीय लोकतन्त्र पर आधारित वयस्क मताधिकार इसलिए सम्भव हो सका है कि महात्मा गाँधी की प्रतिभा के फलस्वरूप हमारी आजादी की लड़ाई को ऐसा रूप मिला था जिसमें जनता की, छोटे से छोटे लोग यहाँ तक कि बच्चों तक की पूर्ण भागीदारी हो सकी। करोड़ों लोगों ने खुलकर जुलूसों और सभाओं में, हड़तालों और मोर्चों में भाग लिया और लाखों लोग जेल गए। यह जनाधार, जनजागरण एवं जनता की भागीदारी होने के कारण वयस्क मताधिकार पर आधारित लोकशाही पहले एक सम्भावना और बाद में वास्तविकता बनी। इसी जनता की भागीदारी के कारण भारतीय लोकतन्त्र युद्ध, अकाल, बाढ़, और फैलती हुई गरीबी तथा बढ़ती हुई बेरोजगारी, कुशिक्षा—जो किसी से कम नहीं थी—के बावजूद 25 जून, 1975 तक जीवित रहा।

यह केवल राजनीतिक सिद्धान्त, एक राजनीतिक आदर्श ही नहीं था, बल्कि अब एक वास्तविकता थी। यदि भारत ने इस मार्ग से स्वतन्त्रता हासिल नहीं की होती तो संसदीय लोकतन्त्र के स्थापित होने की सम्भावना बहुत कम थी। सबसे अधिक सम्भावना यह थी कि उसके फलस्वरूप अधिनायकतन्त्र की स्थापना होती।

पच्चीस वर्षों से भी अधिक पहले हमारे लोकतान्त्रिक प्रभुता-सम्पन्न गणतान्त्रिक संविधान की घोषणा हुई। तब से आज पहली बार हमारे देश के लोकतान्त्रिक ढाँचे को गम्भीर रूप से—आशा है, घातक रूप से नहीं—क्षतिग्रस्त किया

* प्रधानमन्त्री को यह पत्र नहीं भेजा गया।

गया है। मेरे लिए यह गम्भीर और बढ़ती हुई चिन्ता की बात है। इसी चिन्ता से प्रेरित होकर यह पत्र लिख रहा हूँ।

आपातूकाल की घोषणा और उसके बाद जो कुछ हुआ उसे इस आधार पर उचित बताया जाता है कि देश में आन्तरिक उपद्रव का खतरा था। (इसी प्रसंग में मैं यह कहना चाहूँगा कि पहले जो आपातूकाल की घोषणा बाह्य खतरे को ध्यान में रख कर की गई, वह अभी भी जारी है, यद्यपि आज कोई बाह्य खतरा नहीं है, बावजूद इसके कि पाकिस्तान का भारत-विरोधी प्रचार चलता है। यह कोई नयी बात नहीं है और पाकिस्तान से कोई आसन्न सैनिक खतरा भी नहीं है।) जहाँ तक आन्तरिक उपद्रव का संबंध है, प्रधानमन्त्री महोदया, मेरी यह संयत और वस्तुनिष्ठ राय यह है कि विगत जून के अन्त में भी आन्तरिक उपद्रव का कोई खतरा नहीं था। एक-एक राज्य को ले लीजिए। जम्मू और कश्मीर, (यहाँ अगर कोई खतरा था तो वह कानून और व्यवस्था की समस्या से अधिक कुछ नहीं था जिससे शेख साहब प्रचलित कानून तथा मीसा के जरिए निबटने में बिलकुल सक्षम थे), पंजाब, हरियाणा, चण्डीगढ़ (संघीय क्षेत्र), दिल्ली (संघीय क्षेत्र), उत्तर प्रदेश (यहाँ भी कोई उपद्रव नहीं था बावजूद इसके कि सीमित सत्याग्रह चल रहा था), मध्य प्रदेश, गुजरात, पश्चिम बंगाल, महाराष्ट्र, आन्ध्र प्रदेश, उड़ीसा, आसाम, कर्नाटक, तमिलनाडु, केरल—इन सब राज्यों में कहीं भी आन्तरिक उपद्रव का खतरा नहीं था। नागालैण्ड तथा अन्य सुदूर पूर्व के राज्यों में कोई नए उपद्रव नहीं थे और वहाँ की स्थिति नियन्त्रण में है, ऐसा दावा किया जाता रहा है। जो कुछ हो, वहाँ के राज्यपाल को विशेष अधिकार प्राप्त थे और सेना वहाँ मौजूद थी।

केवल बिहार में आप कह सकती हैं कि यहाँ केवल खतरा ही नहीं, वास्तविक उपद्रव भी था। इस प्रश्न पर आपकी और मेरी राय भिन्न होगी और इस संबंध में मैं यहाँ बहस नहीं करना चाहूँगा। परन्तु आपकी ही बात मान ली जाए तो केवल एक राज्य की गलतियों के कारण सारे देश को क्यों दुख झेलना पड़े? अगर आप चाहतीं तो आपातूकाल की घोषणा केवल बिहार में की जा सकती थी। अंग्रेज लोग भी ऐसा करते थे। जिन राज्यों में सविनय अवज्ञा आंदोलन का जोर रहता था, वहीं वे अपने विशेष कानून लागू करते थे और आवश्यकतानुसार उनका विस्तार अन्य राज्यों में करते थे।

अस्तु, यह सब अतीत की बातें हैं। सही या गलत, आपातूकाल सारे देश में लागू किया गया। परन्तु अब क्या स्थिति है? स्वयं आपने कई बार दावा किया है और आपके सहयोगियों ने भी किया है कि हर तरफ शान्ति है और कहीं भी कोई आंदोलन नहीं है। निश्चित ही समाचारपत्रों तथा अन्य सूचनाओं से भी ऐसा मालूम होता है। यदि ऐसी बात है तो फिर क्यों हजारों स्त्री-पुरुष बिना मुकदमा चलाए बन्दी बनाकर रखे गए हैं? उनका क्या जुर्म है? क्यों मोरारजीभाई तथा काँग्रेस कार्यकारिणी के सदस्य चन्द्रशेखर और काँग्रेस संसदीय दल के सचिव रामधन अभी भी बन्द हैं? और भी अनेकों लोग, हजारों लोग क्यों बन्द हैं? अगर वे अपराधी हैं तो कृपया उन पर मुकदमा चलाइए और कानून को अपने ढंग से काम करने दीजिए। क्यों इस प्रकार आपातूकाल को जारी रखकर नागरिकों की स्वतन्त्रता और समाचारपत्रों की स्वतन्त्रता का दमन होता रहा है और यह सारा घृणित व्यापार जारी रहे? क्या आपको भय है कि आपातूकाल समाप्त होते ही ढक्कन खुल जाएगा और उपद्रव का भूत फिर से उठ खड़ा होगा? अगर आपको यह भय है तो मैं कहूँगा कि आप छाया से भयभीत हो रही हैं। क्यों आप और आपकी पार्टी इस भयानक कुकर्म का पाप अपने सिर पर ले? क्या आप समझती हैं कि इससे आपका और आपकी पार्टी का कोई कल्याण होगा? सम्भवतः आप जनता को भयभीत करना चाहती हैं, उन्हें आंतकित करना चाहती हैं, उन्हें सबक सिखाना चाहती हैं। परन्तु इतिहास साक्षी है कि यह तरकीब कभी सफल नहीं होगी। क्रिया और प्रतिक्रिया समान और परस्पराभिमुखी होती हैं और ऐसा न केवल भौतिक विज्ञान में, बल्कि राजनीति-विज्ञान में भी होता है।

आपने पत्रकारों, खासकर विदेशी पत्रकारों या अन्य समाचार-संस्थाओं के साथ अपनी भेंट-वार्ताओं के सिलसिले में चुनाव कराने का अपना संकल्प दुहराया है। लेकिन उसकी तिथि बताने से इनकार किया है। एक मुलाकात में आपने कहा है कि विरोधी नेताओं को आप परख रही हैं और आप समझती हैं कि उन्होंने 'अपनी भूमिका' नहीं बदली है। आप उनकी किस भूमिका को बदलना चाहती हैं? क्या आप चाहती हैं कि वे विरोधी दलों के रूप में कार्य करना बन्द कर दें। स्पष्टतः आप ऐसा कुछ चाह नहीं सकतीं जो असम्भव है, क्योंकि वह मूर्खतापूर्ण होगा। तब फिर आप क्या

चाहती हैं? शायद आप चाहती हैं कि वे सन्तुलित हों। लेकिन, मदाम, स्वयं आपने क्या कोई अच्छा उदाहरण पेश किया है? उनके विरुद्ध आपने कैसा जहर उगला है? उन पर आप अत्यन्त अनुचित तथा अप्रामाणिक आरोप लगाती रही हैं। यह कि जो लोग आपके विरुद्ध हैं उनका विदेशी शक्तियों से कोई संशयात्मक संबंध है आपने मुझे भी नहीं छोड़ा है। अनेक बार आपको यह चुनौती दी गई कि या तो अपने कथन को आप सिद्ध करें या ऐसे दुष्टतापूर्ण आरोप लगाना बन्द करें। लेकिन आज तक आपने कोई प्रमाण प्रस्तुत नहीं किया, फिर भी ये आरोप उपयुक्त अवसरों पर दुहराए जाते हैं। ईश्वर ही जानता है कि आप किसको धोखा देने की कोशिश कर रही हैं। और एक बड़ा मजाक तो यह है कि स्वयं आप और आपकी पार्टी की साँठ-गाँठ सोवियत रूस की कठपुतली (दक्षिणपन्थी) कम्युनिस्ट पार्टी से है और इसको लेकर आपकी पार्टी के अनेक सदस्य क्षुब्ध हैं। आपकी अपनी ही पार्टी के नेतृत्व में ऐसे भोले लोग भी हैं जो रूसी कठपुतलों से शायद ही अच्छे होंगे।

मैं जानता हूँ कि इस कथन को सोवियत-विरोधी चाल कह कर पूरी बहस को ही, जिस मुद्दे को मैं यहाँ रख रहा हूँ, उससे हटा दिया जाएगा। आपको तो अधिक जानकारी होगी। सोवियत संघ के साथ भारत के संबंध अत्यन्त मैत्रीपूर्ण रहे, इसमें मेरा विश्वास किसी से कम नहीं है। परन्तु मैत्री का अर्थ कभी दासता नहीं होता। भारत को पिछलग्गू राष्ट्र कभी नहीं बनना है। सोवियत रूस के साथ हमारा संबंध मैत्रीपूर्ण रहे, इसमें हमारा राष्ट्रीय हित है। परन्तु हम रूस के प्रभाव-क्षेत्र में प्रवेश न कर जाएँ, यह सावधानी बरतनी चाहिए। कभी-कभी मुझे आशंका होती है कि हम जाने-अनजाने उसके प्रभाव-क्षेत्र में चले गए हैं। आपको रूसवाले अधिनायक-तन्त्र के मार्ग पर धकियाकर ले जाने के लिए निश्चय ही बड़े उत्सुक हैं ऐसा लगता है। आपके हाल के लोकतन्त्र-विरोधी कदमों का उन्होंने जो हार्दिक समर्थन किया है, वह इस बात का सबसे ताजा प्रमाण है।

प्रिय प्रधानमन्त्री जी, आज मैं पुनः कहना चाहता हूँ कि कहीं भी कोई आन्तरिक उपद्रव नजर नहीं आता और न भारत के किसी राज्य में आन्तरिक उपद्रव का कोई खतरा ही है, और यह महत्त्व की बात है। बिहार में अगर हम बहस के लिए मान लें कि उपद्रव का कोई खतरा था भी, तो अब वह नहीं है। (सविनय अवज्ञा आंदोलन सविनय उपद्रव नहीं है। परन्तु मैं इस विषय में तर्क नहीं करूँगा, क्योंकि आपको समझा सकने की आशा मुझे नहीं है।) मेरे कहने का तात्पर्य यह है कि पटना तथा बिहार के कुछ दूसरे हिस्सों में जो अभूतपूर्व विपत्ति आई है, उसको ध्यान में रखते हुए मेरे आंदोलन से सम्बन्धित (मैं 'मेरा' आंदोलन केवल इसलिए कहता हूँ कि इसको ऐसा माना जाने लगा है) कोई व्यक्ति आंदोलन को पुनर्जीवित करने की बात कभी सोच भी नहीं सकता। दुख और कष्ट, बीमारी और मौत, भूख और पीड़ा के इस क्षण में कोई भी संघर्ष या आंदोलन की बात नहीं सोच सकता है। अभी हमारा एकमात्र कर्तव्य लोगों की सेवा और मदद करना है, और सबसे अधिक महत्त्व की बात यह कि लोगों को अपनी मदद स्वयं करने योग्य बनाना है। आप यह न सोचें कि मैंने यह दलील आपको वर्तमान मार्ग से विरत करने के लिए सोची है। बात ऐसी नहीं है। 1966-67 के बिहार-अकाल के समय भी मैंने ऐसा ही कदम उठाया था। उस समय भी सर्वोदय कार्य को स्थगित कर दिया गया। एक दूसरे अवसर पर जब (1931 में) मुंगेर और नवादा जिलों के हिस्से, जहाँ कभी पहले ऐसी बाढ़ नहीं आई थी, निकटवर्ती पहाड़ियों में अभूतपूर्व वृष्टि के फलस्वरूप भयानक बाढ़ से अचानक प्लावित हो गए थे तो मैंने ऐसी ही सलाह दी थी और स्वयं सारा सर्वोदय कार्य छोड़ कर राहत के काम में कूद पड़ा था। उस अवसर पर मैंने धान के खेतों में तैरती हुई लाशें देखी थीं जिनकी बदबू से सारा वायुमण्डल भर गया था।

एक और महत्त्व की बात विचारणीय है। जब 1974 के फरवरी-मार्च में बिहार आंदोलन शुरू हुआ तो उस समय विधानसभा के चुनावों में पूरे तीन वर्षों की देर थी। (अर्थात् फरवरी-मार्च 1977 में चुनाव होने वाले थे।) वे बिलकुल करीब नहीं थे, जैसा कि अभी कहा जा रहा है। लोकसभा के चुनावों में भी पूरे दो वर्षों की देर थी। अब तो लोकसभा के चुनावों में (और सम्भवतः विधानसभा के चुनावों में भी, यदि आप ऐसा निर्णय करें) केवल छह महीने की देर है। विरोधी दलों के नेताओं को अगर छोड़ना है और उन्हें काम करने का अवसर देना है तो उनके लिए सबसे महत्त्वपूर्ण कार्य, तात्कालिक कार्य के अलावा, चुनाव के लिए तैयारी करना है। अगर मैं या अन्य कोई इतने मूर्ख बन जाएँ और आंदोलन को पुनर्जीवित करने के काम में उन्हें खींचने का प्रयास भी करें तो उनको इस कार्य में रुचि नहीं हो सकती।

इस काम में उन्हें हरगिज कोई दिलचस्पी नहीं होगी और छात्रों का भी यही रुख रहेगा।

मेरे कहने का सारांश यह है कि चूँकि आप यह दावा करती हैं कि स्थिति नियन्त्रण में है और किसी प्रकार का सरकार-विरोधी आंदोलन नहीं चल रहा है तथा सारे देश में शान्ति विराजती है, और आप संसदीय लोकतन्त्र में विश्वास भी प्रकट करती हैं और नियत संसदीय चुनाव छह महीने बाद होने वाले हैं, इसलिए आपको अपने साथ, देश के साथ और लोकतन्त्र के साथ न्याय करते हुए उन सब लोगों को जो, अभी राजनीतिक आधार पर बन्दी हैं (तस्करों आदि के लिए मुझे चिन्ता नहीं है), रिहा करने का आदेश देना चाहिए और साथ ही सेंसरशिप उठाकर समाचारपत्रों की पूरी स्वतन्त्रता प्रतिष्ठित करनी चाहिए तथा जनता को पूर्ण नागरिक स्वतन्त्राएँ वापस कर लोकसभा के चुनाव की सम्भावित तिथियों की घोषणा यथाशीघ्र करनी चाहिए।

आपकी ही व्याख्या के अनुसार आपातूकाल की स्थिति समाप्त हो चुकी है। इसलिए उसकी घोषणा भी वापस ले लेनी चाहिए और एक असह्य दुःस्वप्न से राष्ट्र के मन को मुक्त करना चाहिए।

मेरे सुझाव पर आप गम्भीरतापूर्वक विचार करें, यह निवेदन करते हुए,

हार्दिक शुभ कामनाओं के साथ,

आपका सस्नेह,

जयप्रकाश

17 सितम्बर, 1975

प्रिय प्रधानमन्त्री जी,

गत 17 अगस्त को मैंने एक महीने के पेरोल के लिए निवेदन किया था। 4 सितम्बर को भारत सरकार के कृषि मन्त्रालय के श्री वोरा यह बताने के लिए आए कि पटना के लोगों को राहत पहुँचाने के लिए क्या सब हो रहा है। (ग्रामीण क्षेत्रों के बारे में उन्होंने मुझसे कुछ नहीं कहा।) आपने और आपकी सरकार ने जो कदम उठाए हैं, वह उनसे सुनकर मैंने सन्तोष व्यक्त किया। साथ ही मैंने उनसे कहा कि उनका विवरण सुन लेने के बाद वहाँ के लोगों की सेवा करने की मेरी इच्छा और भी बलवती और तीव्र हो गई। उनसे मैंने अनुरोध किया कि वे प्रोफेसर पी. एन. धर को, जिनके संकेत पर वे मुझसे मिलने आए थे मेरी यह इच्छा बता दें।

श्री वोरा के आगमन से यह निष्कर्ष निकालना मेरे लिए स्वाभाविक था कि, खासतौर से परिस्थिति की त्वरापूर्ण आवश्यकता को ध्यान में रखते हुए, पेरोल के लिए किए गए मेरे अनुरोध पर गम्भीरतापूर्वक विचार किया जा रहा है और उस पर शीघ्र ही निर्णय होने वाला है। परन्तु मुझे यह कहते हुए दुख होता है कि पूरे तीन सप्ताह बीतने दिए गए, और इस बीच बिहार के विभिन्न हिस्सों में बाढ़ पर बाढ़ आती रही जिससे मुझे गहरी मानसिक वेदना पहुँची है। उत्तर प्रदेश के जिस भाग में मेरा घर है, वह क्षेत्र भी बार-बार बाढ़ का शिकार हुआ है और मुझे अपने गाँव और घर का कोई भी समाचार नहीं मिला है। कल के 'ट्रिब्यून' में तीन कालम का एक शीर्षक छपा है : 'बिहार में बाढ़ की स्थिति भयानक।' फिर आज सुबह (17-9-75) का अखबार कहता है : 'बिहार में बाढ़ की स्थिति बदतर।' मुख्य कोशी नहर के दाहिने तटबन्ध का टूटना कोई छोटी बात नहीं है। इससे जो आकस्मिक और व्यापक बरबादी हुई है, उसका वर्णन नहीं किया जा सकता। मुंगेर जिले के सैकड़ों गाँव पानी में डूबे हुए हैं। इस वर्ष की विपत्ति (1934 के) महा-भूकम्प से भी बढ़ गई लगती है।

इस परिस्थिति में जनता की सेवा करने का अवसर मुझे मिले, इसके लिए फिर से अनुरोध किए बिना मैं नहीं रह सकता। कृपया राजनीति को इसके रास्ते में मत आने दीजिए। अंग्रेजों में भी इतनी मानवता थी कि विपत्ति आने पर उन्होंने उन सबको छोड़ दिया जो उनके साम्राज्य को नष्ट करने के लिए संघर्ष कर रहे थे। ऐसी भयानक मानवीय विपदा की परिस्थिति में राजनीति के लिए भला क्या स्थान हो सकता है? जहाँ तक मेरा संबंध है, सबसे अच्छा यही है कि चण्डीगढ़ के उपायुक्त को मैंने जो पत्र (31-8-75 को) लिखा है, उसके अंश को यहाँ उद्धृत कर दूँ। उस पत्र में अंकित विषयों को नयी दिल्ली के उपयुक्त अधिकारियों तक पहुँचाने की बात थी। उसमें अन्य बातों के अलावा मैंने लिखा था : 'अपनी रिहाई की अवधि का उपयोग किसी राजनीतिक उद्देश्य के लिए करना मैं अनैतिक और नीति-विरुद्ध मानूँगा। निश्चय ही ऐसे समय में राजनीति की बातें करना जनता के दुखों और कष्टों का उपहास करना होगा। जिस किसी में मानवीय सहानुभूति का अंश है, वह कभी ऐसा करने की बात नहीं सोचेगा।' अभी भी मेरी भूमिका यही है।

सरकार यह तो नहीं कह सकती कि स्वैच्छिक राहत कार्यों की आवश्यकता नहीं है। स्वयं आपने और आपके सहयोगियों ने स्वैच्छिक संस्थाओं से सहायता के लिए अपील की है। राहत कार्य के लिए मेरी योग्यता का जहाँ तक संबंध है, आपको इसकी व्यक्तिगत जानकारी है, जिस पर से आप निर्णय कर सकती हैं।

मैंने प्रो. धर को श्री वोरा के द्वारा एक और संदेश भी भेजा था। वह यह था कि बिहार में बाढ़ की स्थिति ने सरकार को, आपातूकाल की घोषणा के बाद और उसके पहले अपनाई गई अपनी संपूर्ण राजनीतिक नीति की समीक्षा करने और उसको संशोधित करने के लिए एक अच्छा अवसर प्रदान किया है। तब से मेरा यह विश्वास और भी दृढ़ हुआ है। न केवल बिहार में बाढ़ की स्थिति बदतर हुई है, बल्कि देश के अधिकांश भाग बाढ़ की चपेट में आ गए हैं। ऐसे समय में किसी के द्वारा आंदोलन या संघर्ष छेड़े जाने का कोई सवाल ही नहीं हो सकता। यह मान भी लिया जाए कि राजनीतिक आपात स्थिति कभी थी, तो वह गुजर चुकी है और उसकी जगह मानवीय आपात् स्थिति ने ले ली है। भारत के गृहमन्त्री तक ने उस दिन मद्रास में यह घोषित किया कि *'देशभर में सामान्य स्थिति है'।* उनके वास्तविक शब्द इस प्रकार हैं : *'देशभर में सामान्य स्थिति है,* इसलिए गिरफ्तार लोगों में से 30 प्रतिशत रिहा किए जा चुके हैं।' (प्रेस ट्रस्ट, ट्रिब्यून, 14-9-75) अब भी आपातूकाल जारी रखने का क्या औचित्य है?

आपातूकालीन स्थिति की समाप्ति हो, इसका एक और कारण है और वही अधिक महत्त्वपूर्ण है। वह कारण है संसदीय चुनाव का निकट होना। संविधान के अनुसार लोकसभा के चुनाव अगले साल के आरम्भ में होने ही चाहिए। संकटपूर्ण स्थिति के बहाने जिसका कि अस्तित्व नहीं है वर्तमान लोकसभा का कार्यकाल बढ़ा दिया जा सकता है। परन्तु आप जानती हैं कि यह बहाना कितना लचर होगा। इससे कोई धोखे में नहीं आएगा और जिस संसदीय लोकतन्त्र की कसम आप इतने जोर-जोर से सरेआम खाती हैं उसको सदा के लिए तिलांजलि दे देनी होगी, और अन्त में हानि आपकी ही होगी, और अन्य किसी से अधिक होगी। जनता को लोकसभा के लिए अपने नए प्रतिनिधि चुनने का जो लोकतान्त्रिक अधिकार है, उसको आप किस बिना पर इनकार कर सकती हैं? आपके चाटुकारों को छोड़कर कौन यह विश्वास करेगा कि आप यह गम्भीर कदम देश में संकट की स्थिति रहने के कारण उठा रही हैं?

यह सितम्बर का तीसरा सप्ताह है। इस महीने के अन्त तक या अगले महीने के आरम्भ तक आपको असंदिग्ध शब्दों में यह घोषणा करनी चाहिए कि लोकसभा के चुनाव 1976 के प्रारम्भ में होंगे और चुनाव आयोग उनकी तिथियाँ यथासमय तय करेगा। आप यह देखेंगी, मदाम, कि आपकी इस एक घोषणा से देश के राजनीतिक वातावरण में जादू का-सा परिवर्तन होगा। लोकतान्त्रिक व्यवस्था में आम चुनाव। (बशर्ते कि वह स्वच्छ और स्वतन्त्र हो) एक शक्तिशाली विरेचक का काम करता है जिसके फलस्वरूप राजनीतिक वातावरण शुद्ध हो जाता है, तनाव कम हो जाते हैं और राष्ट्र के शरीर को स्वास्थ्य एवं शक्ति मिलती है।

उपर्युक्त सुझावों पर आप तटस्थतापूर्वक विचार करें, यह प्रार्थना है।

हार्दिक शुभकामनाओं के साथ,

आपका सस्नेह,

जयप्रकाश

22 सितम्बर, 1975

प्रिय शेख साहब,

आज सुबह के 'ट्रिब्यून' (22 सितम्बर) में श्रीनगर से प्रेस ट्रस्ट द्वारा प्रसारित एक समाचार का शीर्षक है : 'शेख अखिल भारतीय स्तर पर मेल-मिलाप के पक्ष में।' स्वभावतः इसमें मेरी दिलचस्पी हुई और मैंने सावधानी से उस समाचार को दुबारा पढ़ा। उक्त एजेंसी द्वारा प्रसारित समाचार में, अन्य विषयों के अलावा, निम्नलिखित बातें कही गई हैं (जो शब्द एकल उद्धरण चिह्नों के अन्तर्गत दिए गए हैं, वे संवाददाता के हैं और जो दोहरे उद्धरण चिह्नों के अन्तर्गत हैं, वे आपके शब्द हैं)–

'पश्चिम के अखबारों में प्रकाशित मध्यस्थता करने संबंधी अपने प्रयासों की खबर पर प्रत्यक्ष टिप्पणी करने से उन्होंने इनकार किया, और कहा कि वे चाहते हैं कि ऐसे मतभेदों का समाधान मेल-मिलाप की भावना से किया जाए।'

'जब संवाददाताओं ने उनसे कुछ कहवाने की बार-बार कोशिश की...तो शेख ने कहा कि उनकी सेवाएँ हमेशा प्रधानमन्त्री के सामने हाजिर हैं। उन्होंने कहा, "यह सब परिस्थिति पर निर्भर करता है।...हर किसी को उपयुक्त समय के लिए इन्तजार करना होता है।' "

आगे 'उन्होंने कहा कि यह किसी के लिए भी एक "नाजुक कार्य" और एक "नाजुक विषय" है और इस बात पर बल दिया कि "हर कोई चाहेगा कि सामान्य स्थिति लौटे।" उन्होंने यह भी कहा कि जहाँ तक मैं प्रधानमन्त्री की इच्छाओं को जानता हूँ, "वे आपात्काल को समाप्त करने के लिए अत्यधिक उत्सुक हैं। परन्तु यह संपूर्ण परिस्थिति पर निर्भर करता है।' "

आप मेरे मित्र हैं, आपके लिए दोनों पक्षों में भरपूर सद्भावना है और आप एक महत्त्वपूर्ण स्थान पर हैं। इस कारण आपके शब्द मेरे लिए असाधारण महत्त्व के हैं और उनमें मेरी दिलचस्पी है।

मैं संपूर्ण हृदय से आपके इस विचार का अनुमोदन करता हूँ कि सरकार के साथ हमारे जो मतभेद हैं, उनको मेल-मिलाप की भावना से हल किया जाना चाहिए। लेकिन शेख साहब, आंदोलन द्वारा प्रस्तुत किए गए मुख्य प्रश्नों पर कभी बातचीत नहीं हुई। वे प्रश्न थे–राजनीति में, शासन और प्रशासन में भ्रष्टाचार; चुनाव कम खर्चीले, निष्पक्ष, स्वतन्त्र और मतपेटिका द्वारा व्यक्त लोकेच्छा का अधिक सही प्रतिनिधित्व करने वाले हों, इसके लिए चुनाव-व्यवस्था में सुधार; शिक्षा में बुनियादी सुधार, बेरोजगारी (शिक्षित और अशिक्षित) की समस्या को हल करने के लिए त्वरापूर्ण आर्थिक कार्रवाई, आदि। परन्तु प्रधानमन्त्री ने मेलमिलाप की भावना से आमने-सामने बैठकर इन प्रश्नों पर चर्चा करने में कोई रुचि नहीं दिखाई। जब चुनाव-व्यवस्था में सुधार के विषय पर गठित तारकुण्डे समिति ने अपनी अन्तरिम रपट पेश की, तो मैंने उसकी सिफारिशों पर विचार करने और यदि सम्भव हो तो सर्वसम्मत सुझाव प्रस्तुत करने के लिए सभी राजनीतिक दलों, जिनका प्रतिनिधित्व संसद में है, के संगठन-पक्षी के तथा संसदीय नेताओं को आमन्त्रित किया। काँग्रेस और सी. पी. आई. ने उसमें उपस्थित होने से इनकार किया। ऐसी स्थिति में मतभेदों को मेल-मिलाप की भावना से कैसे हल किया जा सकता है?

केवल एक अवसर पर, 1 नवम्बर 1974 को, प्रधानमन्त्री ने बिहार-आंदोलन पर बातचीत करने के लिए मुझे बुलाया।

बिहार विधानसभा के विघटन के प्रश्न पर हम दोनों के बीच कोई समझौता नहीं हुआ। विधानसभा को निलम्बित करने के उनके फार्मूले को स्वीकार करने के लिए मैं तैयार था, इस शर्त पर कि विधानसभा अगले चुनाव के पहले न बुलाई जाए और तब तक राष्ट्रपति का शासन जारी रहे। यह शर्त उन्हें स्वीकार्य नहीं थी। उसी दिन उन्होंने एक सार्वजनिक सभा में घोषणा की कि इस प्रश्न का फैसला अगले चुनाव में होगा। मैंने उनकी चुनौती को स्वीकार किया और बात वहीं रह गई। इस बीच दमन चलता रहा। उसके तीन दिन बाद 4 नवम्बर को अन्य साथियों सहित मेरे ऊपर अश्रुगैस छोड़े गए और लाठी से प्रहार किया गया। शेष कहानी आपको विदित ही है।

आपको स्मरण होगा कि चन्द्रशेखर, रामधन, मोहन धारिया, कृष्णकान्त और उनके मित्र बिलकुल वही कह रहे थे जो आपने अपनी मुलाकात में कहा है : यह कि (जे. पी. के) आंदोलन द्वारा उठाए गए सवाल दमन से नहीं, बल्कि आमने-सामने बैठकर हल किए जाने चाहिए। यही कहने के अपराध में उनके साथ कैसा व्यवहार किया गया है, यह आप जानते हैं।

हम लोगों की गिरफ्तारी और आपात्काल की घोषणा के बाद हमारे विरुद्ध सब प्रकार के विकृत तथ्य का प्रचार, निन्दा-अभियान एवं बिलकुल मिथ्या कथन किया जाता रहा है। मैं केवल एक मिसाल आपको दूँगा—सबसे ताजा मिसाल। धर्म-निरपेक्षता, समाजवाद और लोकतन्त्र के शिक्षकों (?) के प्रथम सम्मेलन में बोलते हुए प्रधानमन्त्री ने, भारतीय लोकतन्त्र की समाप्ति पर पश्चिमी समाचारपत्रों द्वारा व्यक्त की गई मुखर चिन्ता से क्रुद्ध होकर उन्मत्त भाव से यह प्रश्न किया : 'अगर 29 जून* के बाद लोग बड़ी संख्या में मारे जाते और मुझे, मेरे परिवार को तथा मुख्यमन्त्रियों को एवं मेरे अन्य समर्थकों को समाप्त कर दिया जाता तो क्या यह देश अधिक लोकतान्त्रिक माना जाता?'

एक महान् देश की प्रधानमन्त्री इतना नीचे उतर कर और ऐसे कटुतापूर्ण ढंग से अपने राजनीतिक विरोधियों के विरुद्ध घृणा और शत्रुता का भाव फैलाए, यह विश्वास करने योग्य नहीं है। परन्तु यह तो कठोर अक्षरों में अंकित है।

अस्तु; जितना कुछ हुआ है और हो रहा है, उसके बावजूद मैं मेल-मिलाप का मार्ग अपनाने को तैयार हूँ। इसलिए अगर आप यथाशीघ्र मुझसे मिलने की कृपा करें, ताकि मैं इस प्रश्न पर आपसे बातचीत कर सकूँ तो मैं आपका आभारी रहूँगा। चूँकि मैं ही मुख्य अपराधी हूँ, सबसे बड़ा षड्यन्त्री हूँ और मुजरिम नम्बर एक हूँ, इसलिए दमन और आतंक के द्वारा स्थापित झूठी सामान्य स्थिति नहीं, बल्कि सच्ची सामान्य स्थिति की वापसी मेरे ही सहयोग से सम्भव है। मैं आपको अपना पूर्ण सहयोग अर्पित करता हूँ।

आपने कहा है कि प्रधामन्त्री आपात्काल को समाप्त करने के लिए अत्यधिक उत्सुक हैं। इस पत्र को आप तक पहुँचने और आपको मुझसे मिलने दिया जाता है या नहीं, यही उनकी उत्सुकता की पहली कसौटी होगी।*

आशा है आपसे शीघ्र मुलाकात होगी।

अत्यन्त प्रेमपूर्ण सम्मान के साथ,

आपका सस्नेह,

जयप्रकाश

---

* इसी 29 जून को प्रस्तावित सप्ताह भर का सत्याग्रह शुरू होने वाला था।

* यह पत्र न तो शेख मुहम्मद अबदुल्लाह के पास पहुँचाया गया और न उनको लेखक से मिलने की अनुमति दी गई।

(लेखक ने 7 अगस्त, 1975 को आमरण उपवास करने का निर्णय किया था और अपने इस निर्णय की सूचना देते हुए प्रधानमन्त्री को एक पत्र लिखा था जो यहाँ दिया जा रहा है। अन्ततः यह पत्र प्रधानमन्त्री को भेजा नहीं गया। देखिए पृष्ठ...।)

चण्डीगढ़
10-8-1975

प्रिय प्रधानमन्त्री जी,

मैं विस्मय और बढ़ती हुई वेदना के साथ देख रहा हूँ कि किस तरह आप देश को अंधकार के गहरे गर्त में ढकेलती जा रही हैं। लोकतन्त्र के जो भी बाह्य अवशेष रह गए हैं, उनका अत्यन्त द्वेषपूर्वक उपयोग आपके शासन को स्थायी बनाने और आपकी व्यक्तिगत तानाशाही को पूर्ण बनाने के लिए किया जा रहा है। लोक-प्रतिनिधित्व अधिनियम में तथा संविधान में जो संशोधन किए गए हैं, उनका और कोई उद्देश्य नहीं है। इस संबंध में कुछ कहना व्यर्थ है, क्योंकि हर बात बिलकुल स्पष्ट है और आप सब कुछ जान-बूझकर और एक निश्चित उद्देश्य से कर रही हैं।

मैं जानता हूँ, लोकतन्त्र किसी दिन वापस आएगा, यह वादा भी आप कर रही हैं। परन्तु यदि वह दिन आता भी है तो राष्ट्रपिता द्वारा परिकल्पित लोकतन्त्र वह नहीं होगा, बल्कि आपके अन्तर्राष्ट्रीय संरक्षकों की कल्पना का लोकतन्त्र होगा। आपने सामाजिक लोकतन्त्र के लिए अपनी पसन्दगी जाहिर की है जिसके विषय में अपने पिछले पत्र में लिख चुका हूँ। अब परिस्थिति मेरे लिए असह्य हो गई है। फिर भी मैं इतना असहाय महसूस करता हूँ। मुक्ति के वातावरण में विरोध और प्रतिकार के कई मार्ग उपलब्ध हो सकते हैं। बन्दी के लिए तो केवल एक मार्ग है—अपने जीवन से प्रतिकार करना।

अतः मैंने निश्चय किया है कि इस महीने की 25 तारीख से केवल पानी, सामान्य नमक, सोडा-बायकार्ब और कच्चा नीबू छोड़कर कुछ नहीं खाऊँगा-पीऊँगा, जब तक मेरी रिहाई या मृत्यु नहीं हो जाती, चाहे पहले जो हो। जब आवश्यकता होगी तो मैं दवाएँ लूँगा, परन्तु चिकित्सा की दृष्टि से आवश्यक होने पर भी ऐसी दवाएँ नहीं लूँगा जो भोजन के विकल्प के रूप में हों।

हार्दिक शुभकामनाओं के साथ,

आपका सस्नेह,
जयप्रकाश

प्रतिलिपि
सेवा में,
श्री देवसहायम्, उपायुक्त, चण्डीगढ़।

विद्यार्थियों के नाम जे. पी. का पत्र

(सन् 1942 के 9 नवम्बर को दीवाली की रात में हजारीबाग जेल से निकल भागने के बाद जयप्रकाश जी ने महीनों भूमिगत रहकर क्रांति का संचालन किया था। भूमिगत रहते हुए उन्होंने अंग्रेजी हुकूमत के खिलाफ जूझने वाले भारत के विद्यार्थियों के नाम एक पत्र लिखकर प्रकाशित किया था जो क्रांति के पुनस्संगठन में बड़ा कारगर सिद्ध हुआ था। यह पत्र ज्यों का त्यों यहाँ उद्धृत है।)

प्यारे दोस्तो,

मैं बयान नहीं कर सकता कि आजादी की इस आखिरी लड़ाई में फिर से आपकी बगल में आ खड़े होने से मैं कितनी खुशी महसूस कर रहा हूँ।

सबसे पहले मैं अपनी श्रद्धांजलि उन नौजवान देशभक्तों की स्मृति में पेश करना चाहता हूँ, जिनकी असीम वीरता और अनुपम शहादत ने हमारी राष्ट्रीय क्रांति के जीवंत इतिहास में सुनहले पृष्ठ जोड़े हैं। उनका उदाहरण हमारे लिए एक अमर प्रेरणा बना रहेगा और उनके लिए एक फटकार, जो विचलित हो रहे या पीछे हट रहे हैं।

उसके बाद आपने महान स्वाधीनता युद्ध में जो शानदार हिस्सा लिया है, उसके लिए मैं अपना हार्दिक अभिनन्दन आपके प्रति प्रेषित कर रहा हूँ। मैं शर्म से यह स्वीकार करता हूँ कि मैंने यह कल्पना नहीं की थी कि देश का विद्यार्थी-समूह इतना कर गुजरेगा। 1921 में जो परम्परा विद्यार्थियों ने बनाई वह ऊसर हो चुकी है, यह कल्पना भी अविश्वसनीय जँचती थी, किंतु मेरा कुछ ऐसा ही विश्वास हो चला था। इसलिए जब आप बहादुराना कार्रवाइयों से इतिहास की रचना कर रहे थे, मैं जेल की ठंडी दीवारों के अन्दर बड़े हर्ष और गर्व से दिन-ब-दिन की घटनाओं का अनुगमन कर रहा था। आपने इस खुली बगावत में जैसा हिस्सा लिया और जैसी कुर्बानियाँ कीं, उनके सामने 1921 की घटनाएँ फीकी-फीकी जँचती हैं।

किन्तु दोस्तो, यह समय अपनी पतवार सम्हाल कर विश्राम करने या अपने कारनामों पर गौर करने का नहीं है। आज की समस्या यह नहीं है कि हमने कितना कर लिया, बल्कि देखना यह है कि हम अभी क्या कर रहे हैं और आगे क्या करने जा रहे हैं। इन्हीं प्रश्नों पर आपके सामने मुझे कुछ निवेदन करना है।

कुछ हफ्ते हुए, कॉलेज खुल गए हैं और आप अब अध्ययन की ओर प्रवृत्त हुए दिखाई पड़ते हैं। यदि मैं कहूँ कि यह समय पढ़ने या परीक्षा देने का नहीं तो आप समझेंगे कि मैं चर्वित-चर्वण कर रहा हूँ। किन्तु क्या रूस या चीन, ऑक्सफोर्ड या हवाई विश्वविद्यालयों के विद्यार्थी ऐसी सलाहों पर इसी तरह सोचेंगे? आप में अभिभावकों या आपके विश्वविद्यालयों के कुलपतियों एवं दीक्षांत-भाषणकर्ताओं के लिए यह कहना साधारण बात है कि विद्यार्थियों का प्रमुख कार्य अध्ययन करना और उपाधि लेना है और उसके बाद ही उन्हें अधिक योग्य होकर राजनीति में प्रवेश करना है, जिससे वे देश की अच्छी तरह सेवा कर सकें।

लेकिन, मैं कहता हूँ, इस तरह का सोचना या सहलाते हुए सड़े दिमाग की निशानी है। साधारण समयों में विद्यार्थियों के लिए एक ही धर्म है कि वे पढ़ें और अपने व्यक्तित्व का विकास करें, जिससे वे योग्य नागरिक बन सकें और अपनी सर्वोत्तम योग्यता से देश की सेवा कर सकें। किन्तु राष्ट्रों की जिन्दगी में ऐसे समय भी आते हैं, जब व्यक्ति के विकास को इसलिए रोक देना पड़ता है कि सारा राष्ट्र जीवित रह सके और विकसित हो सके जब समाज की उन्नति की बेदी

पर व्यक्ति का निर्भय और निष्ठुर बलिदान कर देना होता है। सोचिए तो कि रूस और चीन के विद्यार्थी इस समय अपने विश्वविद्यालयों में अध्ययन करने में लगे हुए हैं या अपने देश के अस्तित्व और कीर्ति की रक्षा के लिए अपनी जान की कुर्बानी हँसते-हँसते चढ़ा रहे हैं। सोचिए तो कि उन देशों में क्या शिक्षकों और अभिभावकों को इस तरह की बात कहने की हिम्मत भी हो सकती है और क्या उनकी ऐसी बातें बर्दाश्त भी की जा सकती हैं? क्या केम्ब्रिज या कोलम्बिया के विद्यार्थियों को युद्धक्षेत्र में जाने से इसलिए रोका जा सकता है कि उन्हें पहले उपाधि प्राप्त कर लेनी चाहिए?

नहीं दोस्तो, नहीं। ऐसे वक्त आते हैं, जब व्यक्ति को जान देकर अपने देश को जीवित रखना और अपनी सभ्यता को विकसित करना पड़ता है। आज का वक्त ऐसा ही है। हमें भी आज अपनी जान देकर, तकलीफें सहकर, अपने को मिटाकर अपने देश को आजाद करना है, अपनी सभ्यता को फूलने-फलने का मौका देना है। इसलिए आप देशविद्रोहियों और कायरों की बातों में न आयें।

तब आप करें क्या?

अपने क्रांतिकारी करतबों से आपने स्कूलों और कॉलेजों को बन्द होने को लाचार कर दिया। ये खुल रहे हैं यही आपकी हार है, हमारी हार है, हम सबकी हार है। आप क्यों लौट रहे हैं, मेरी समझ में नहीं आ रहा है। आपने आजादी की वर्तमान लड़ाई का स्वरूप समझने में गलती की, ऐसा मैं किस तरह कहूँ? हमारी यह आखिरी लड़ाई सिर्फ प्रदर्शन या क्षणिक जोश की चीज नहीं। यह काफी गम्भीर और भयावनी चीज ठहरी और विजय छोड़कर दूसरा इसका अन्त नहीं। इस बारे में आप भ्रम में नहीं रहें।

कह नहीं सकता, आपका दिमाग किस तरह काम करता है, किन्तु यदि मैं आपकी जगह पर होता, तो अगस्त की घटनाओं के बाद स्कूल या कॉलेज में जाने का सपना भी नहीं देख सकता था। मैं अपने अनुभव से आपको विश्वास दिलाता हूँ कि यदि एक या दो साल कॉलेज से बाहर रहा जाय, तो उससे शिक्षा में कोई त्रुटि नहीं होती। 1921 के असहयोग आंदोलन में एक साल मैं बाहर-बाहर रहा, किन्तु अमेरिका में पढ़ते समय भी कभी-कभी महीनों, तो कभी साल-साल भर तक मैं कॉलेज से बाहर रहकर अपनी पढ़ाई का खर्च जुटाता रहा। और, मैं आपसे यह कहते हुए आनन्द अनुभव कर रहा हूँ कि विश्वविद्यालयों में जितना मैंने सीखा, बाहर उससे कम नहीं सीखा। फिर हमारे देश की शिक्षा-पद्धति इतनी अस्वाभाविक, इतनी भूलभुलैया भरी और जीवन की यथार्थता से इतनी दूर है कि यदि आप एक-दो साल के लिए उसे सलाम कर लीजिए और राष्ट्रीय जीवन के तूफान में अपने को डाल दीजिए, तो आपको लाभ ही लाभ हो।

मालूम होता है, कॉलेजों से निकलने के बाद सूनापन महसूस कर रहे थे, कोई काम हाथ में नहीं होने से आपका मन ऊब रहा था। किन्तु मैं तो देखता हूँ कि आज काम ही काम है–इतने काम कि हर आदमी के लिए ढेर का ढेर अनुभव हो। मैं तो यहाँ तक कहने को तैयार हूँ कि यदि आप घर पर रहकर खेतीबारी में मन लगाये होते या कुछ बच्चों को पढ़ाये होते या गाँव की सफाई में लगकर लोगों को स्वस्थ और सुन्दर जीवन की ओर प्रेरित किये होते, तो देश की बड़ी सेवा आपसे हो गई होती। ऐसा करके आप स्कूलों और कॉलेजों को खुलने से रोक सके होते और यों आप दुश्मन की मदद करने से बच गये होते–क्योंकि इनका खुलना तो दुश्मन की विजय की सूचना है।

किन्तु आज का तथ्य यह है कि स्कूल और कॉलेज खुल गये हैं। मैं अपने में यह विश्वास नहीं अनुभव करता कि आपसे कहूँ कि अब भी आप उन्हें खाली कर दीजिए या उन्हें बन्द करा दीजिए। मेरे शब्दों का आपके लिए क्या वजन होगा, मैं नहीं जानता। लेकिन आपने जो किया है, उसके बारे में मैं आपको भ्रम में नहीं रखना चाहता। शिक्षणालयों में लौटकर आपने अपने को अपने प्रति और अपने नेताओं के प्रति बहुत छोटा और, मैं कहूँ झूठा साबित किया है, तो आप बुरा न मानें। प्रारम्भ में आपने जिस लक्ष्य की इतनी सेवा की, इतना लाभ पहुँचाया, उसे ही आपने इस कार्रवाई द्वारा घायल कर दिया, नुकसान पहुँचाया। आपका रास्ता साफ है और खुला है–उस पर आप चलें या नहीं, आपकी मर्जी।

लेकिन जो लोग स्कूलों और कॉलेजों में रहना चाहते हैं, उनके लिए भी बहुत से काम हैं। अपनी कमजोरियों के क्षणों में या बगावत कुचल दी गई, यह मानकर आप इन शिक्षालयों में लौटे हैं। किन्तु अब भी समय है कि आप

सोच-विचार करें। सबसे बड़ी भूल होगी ऐसा सोचना कि क्रांति दबा दी गई या उसकी धारा में पानी न रहा। 'आजादी के सैनिकों के नाम'—अपने पत्र में मैंने अगस्त क्रांति के भूत, वर्तमान और भविष्य के बारे में विश्लेषण किया है। उन बातों को दुहराना यहाँ फिजूल है, लेकिन दो बातों की ओर इशारा करना जरूरी है। क्रांति का पहला दौर सफल रहा, क्योंकि हिन्दोस्तान के बहुत से हिस्सों से इसने अंग्रेजी राज्य को उखाड़ फेंका। इसका विकास इसलिए नहीं रुका कि दुश्मन की बड़ी ताकत उसका रास्ता रोक सकी। बल्कि इसलिए कि उसके पीछे जबर्दस्त संगठन नहीं था और न उसके आगे का कोई चेतनापूर्ण कार्यक्रम ही था। इससे यही नतीजा निकलता है कि हमारा तुरंत का काम यह होना चाहिए कि चढ़ाई के लिए हम अभी से संगठन, अनुशासन और कार्यक्रम पर ध्यान दें। हमारे पास खोने के लिए एक क्षण भी नहीं है—इसलिए इसमें जल्दी करना चाहिए।

तैयारी के हर क्षेत्र में आपकी सहायता की हमें आवश्यकता है। हमें गाँवों में और औद्योगिक केन्द्रों में, रेलवे में और खानों में, सेना में और सरकारी मुलाजिमों में काम करना है। हमें साहित्य का प्रकाशन और प्रचार करना है, सम्पर्क और यातायात का प्रबंध करना है, सैनिक दस्तों को शिक्षा-दीक्षा के बारे में सतर्क रहना है, कारीगरों को विध्वंस के कार्यों के लिए एकत्र करना है, और इन कामों के साथ शत्रु से कदम-कदम पर मुठभेड़ और छेड़खानी करते जाना है। केन्द्रीय कमांड के अधीन संगठन का एक जाल बनाने की कोशिश हो रही है। वर्तमान सम्पर्कों के आधार पर हम आपसे मिलेंगे और आपको योग्य कार्यों में लगा देंगे।

इन कामों में बहुत से काम हैं, जिन्हें आप पढ़ते हुए भी कर सकते हैं, जैसा कि कुछ लोग कर रहे हैं। मुझे आशा है कि दूसरी चढ़ाई के वक्त भी आप अगस्त की ही तरह क्रांतिकारी सेना की अगली पाँत में रहेंगे। किन्तु इस चढ़ाई में दुश्मन के पैर तुरन्त और सदा के लिए उखड़ जायें, इसके लिए जरूरी है कि आप गम्भीरतापूर्वक इन कार्यों में लग जायें और संगठन को तुरन्त ही पुख्ता बना लें।

आपको बहुत काम करने हैं। इसलिए मैं आपका ज्यादा समय लेना नहीं चाहता। आपने हमें बड़ी-बड़ी आशाएँ दिलाई हैं। इन आशाओं को पूरा करना आप ही का काम है। याद रखिए, संसार भर में आज नौजवान अपना हृदय-रक्त अच्छे या बुरे उद्देश्यों के लिए प्रचुरता से उँड़ेल रहे है। चालीस करोड़ मनुष्यों की आजादी से बढ़कर राष्ट्रीय या अन्तर्राष्ट्रीय, नैतिक या भौतिक दृष्टि से कोई दूसरा महान और पवित्र उद्देश्य नहीं हो सकता। मानवता के पंचमांश की स्वाधीनता का योद्धा बनकर आप आजादी, शान्ति और उन्नति की अन्तर्राष्ट्रीय सेना के अग्रसेनानी सिद्ध करेंगे। संसार के कल्याण की कुंजी एशिया है और एशिया की कुंजी हिन्दोस्तान।

इसलिए, साथियो, बढ़ते चलो। खून, आँसू और मेहनत—हमारी तकदीर में यही लिखे हैं, किन्तु इन्हीं से हमारी मातृभूमि और हमारी जनता की आजादी प्रस्फुटित होगी। हम स्वतन्त्र हिन्दोस्तान की सृष्टि करेंगे, और एक नये संसार की।

इन्कलाब-जिन्दाबाद!

हिन्दुस्तान के कोने से

जयप्रकाश नारायण
(सन् 1942)

जयप्रकाश की बिमल प्रसाद से बातचीत

I

बि.प्र. : आपको शायद याद हो कि जनवरी 1975 में जब मैं आपके साथ सोखोदेवरा आश्रम में कुछ दिनों के लिए ठहरा हुआ था तब आपके महत्त्वपूर्ण वैचारिक लेखों का संग्रह—'एक क्रांतिकारी की खोज' शीर्षक से तैयार करने की योजना पर चर्चा हुई थी। आपातकाल आ जाने से यह योजना रुक-सी गई थी, लेकिन अब वह करीब-करीब पूरी हो गई है। इसका शीर्षक आपने ही सुझाया था। क्या आप इस संबंध में कुछ कहना चाहेंगे?

ज.प्र. : मुझे यह शीर्षक अच्छी तरह याद है। मैं यह जानकर प्रसन्न हूँ कि आपने इस पुस्तक को तैयार करने का काम पूरा कर लिया है।

बि.प्र. : मुझे आशा है कि आप इस शीर्षक को उपयुक्त समझते हैं। मुझे तो आज यह 1975 से भी अधिक प्रासंगिक लगता है।

ज.प्र. : मुझे यह शीर्षक पसन्द है। इसमें मेरे राजनीतिक जीवन का सार निहित है।

बि.प्र. : अब आप अपने जीवन के एक अन्य मोड़ पर हैं। ऐसे अवसर पर मैं आपसे कुछ प्रश्न पूछना चाहता हूँ। मेरे प्रश्न और आपके उत्तर जो पुस्तक निकलने जा रही है उसके अन्तिम अध्याय में दिए जाएँगे।*

ज.प्र. : पूछिए।

बि.प्र. : गुर्दों में खराबी के बाद असीम शारीरिक कष्ट के बीच से गुजरते हुए भी अपने साहस एवं अन्तर्दृष्टि के चलते आपने देश को तानाशाही के चंगुल से छुड़ाकर फिर से लोकतन्त्र के रास्ते पर ला दिया है। इससे आपको अवश्य ही मानसिक प्रसन्नता मिली होगी। फिर भी इस काम में आपको 1977 की शुरुआत में देशव्यापी जन समर्थन के इन्दिरा जी के भ्रम से काफी मदद मिली। अन्यथा वे चुनाव के आदेश न देतीं और आगामी कई सालों तक देश उनके शासन को वहन करता रहता।

ज.प्र. : आप बिलकुल ठीक कह रहे हैं। यदि वे चुनाव के आदेश न देतीं तो अब भी देश पर शासन कर रही होतीं, यद्यपि यह कोई नहीं जानता कि कब तक उनका शासन चलता। क्योंकि मानवीय-भावनाएँ अवश्य उभरतीं और कहीं भी निरंकुश शासन स्थायी नहीं हो सकता। और भारत में तो कतई नहीं, यहाँ लम्बे संघर्ष के बाद लोगों ने विदेशी शासन से मुक्ति पाई है।

बि.प्र. : यदि मुझे ठीक याद है तो श्रीमती गाँधी ऐसा सोचनेवाली अकेली नहीं थीं कि चुनावों के परिणामस्वरूप वह सत्ता में बरकरार रहेंगी। दरअसल, शायद ही कोई गम्भीर राजनीतिक पर्यवेक्षक रहा होगा, जो अन्यथा सोचता था। आप एक अपवाद थे। जनवरी, 1976 में ही जब मैं आप से बम्बई में मिला था, आपने

---

*यह पुस्तक 1980 में अंग्रेजी में 'ए रिवौलिश्नरीज क्वेष्ट' नाम से प्रकाशित हुई थी। वर्तमान लेख इसी पुस्तक के अन्तिम अध्याय का हिन्दी रूपान्तर है।

कह दिया था कि निष्पक्ष चुनावों के बाद इन्दिरा गाँधी का शासन समाप्त हो जाएगा। फिर 1977 के शुरुआत में आपने कई लोगों से कहा था कि यदि चुनाव हुए तो काँग्रेस की पराजय निश्चित है। आज आपकी उपस्थिति में बम्बई के जहाँगीर पटेल ने यही बताया। इस मुद्दे पर आप इतने आशावादी कैसे थे?

ज.प्र. : आपातूकाल की घोषणा के पहले मैंने देश का व्यापक दौरा किया था। तभी मुझे लग गया था कि सारे ही लोग काँग्रेस शासन से ऊब चुके थे। और परिवर्तन चाहते थे। लेकिन कोई संगठन नहीं दृष्टिगोचर होता था। जिसके पीछे वे लामबन्द हो सकें। इन्दिरा गाँधी और उनके दरबारियों के प्रचार के बावजूद मैं कल्पना नहीं कर सकता था कि लोगों में आपातूकाल की लोकप्रियता हो सकती थी। मैं जानता था कि इससे उनका समर्थन आधार और भी घटा है।

बि.प्र. : क्या आपने अपनी इसी समझ के चलते काँग्रेस विरोधी सभी पार्टियों को एकजुट किया?

ज.प्र. : जैसा कि आप जानते ही हैं कि मेरा लम्बे समय से मानना है कि इस देश में, या यों कहिए कि किसी भी देश में, दो-दलीय प्रणाली के बिना संसदीय लोकतन्त्र कामयाब नहीं हो सकता। इसके बिना यहाँ संसदीय लोकतन्त्र का ढाँचा मात्र था। ऐसी स्थिति में संसदीय जनतन्त्र पर तानाशाही के खतरे के बादल हमेशा मँडराते रहते हैं। और वही हुआ। मुझे जब इन्दिरा गाँधी की तानाशाही रुझानों की झलक स्पष्ट दिखने लगी तब मैं जनतन्त्र में निष्ठा रखनेवाली पार्टियों के नेताओं से एक होकर इस खतरे से निपटने का आग्रह व्यग्रता से करने लगा। हमें आपातूकाल का कृतज्ञ होना चाहिए...और चुनाव के दौरान जनता पार्टी के नेताओं द्वारा किए गए वायदों पर शीघ्रातिशीघ्र अमल हो। मेरी हमेशा ही *जनशक्ति* में निष्ठा रही है। *जनशक्ति* के समुचित संगठन और सजगता से ही सरकार को गतिमान बनाया जा सकता है।

बि.प्र. : लेकिन जे. पी., लोगों का मानना है कि आप ही जनता पार्टी के संस्थापक हैं, जो सही भी है। आपको यह भी मालूम होगा कि चुनाव प्रचार के दौरान इस पार्टी को आपकी पार्टी के रूप में चिह्नित किया जाता था। खराब स्वास्थ्य के बावजूद आपने देश-भर में घूम-घूमकर इसका प्रचार किया था। लोगों की आपसे यह अपेक्षा करना स्वाभाविक ही है कि आप अपने वायदे पूरा करने के लिए जनता पार्टी की सरकार को दिशा निर्देश दें।

ज.प्र. : कुछ वायदे तो पूरे किए जा चुके हैं। जनतन्त्र बहाल हो गया है। आज फिर से लोगों के पास बोलने, हर तरह की राजनीतिक कार्रवाइयों के लिए संगठन बनाने और किसी सरकारी कार्रवाई के विरुद्ध अहिंसक ढंग से विरोध प्रदर्शन के अधिकार हैं।

बि.प्र. : इसे तो सभी मानते हैं लोग महसूस करते हैं कि एक दर्दनाक दिवास्वप्न समाप्त हो गया और जनतन्त्र के सन्दर्भ में एक नया सवेरा आया है। लेकिन चुनावों के दौरान इसके साथ आपके जुड़ाव के चलते जनता पार्टी सरकार से जनतन्त्र बहाली के साथ-साथ लोगों की और भी अपेक्षाएँ हैं। उदाहरण के लिए राज्य विधान सभा चुनावों में टिकटों के लिए अभूतपूर्व मारामारी ने लोगों को चौंका दिया।

ज.प्र. : जैसा कि आप जानते हैं कि टिकटों के बँटवारे के समय मैं चिकित्सा के लिए अमेरिका में था, लेकिन मैंने इसके बारे में सुना। निश्चित ही इससे मुझे तकलीफ हुई। लेकिन आपके अन्दर कुछ यथार्थ भाव होना चाहिए। जब टिकटों के बँटवारे का मुद्दा उठा तो पाँच पार्टियों के विलय से जनता पार्टी बनी ही थी। इसके घटक अपनी पुरानी पहचान छोड़ चुके थे, लेकिन इतनी जल्दी उसे भूल पाना मुश्किल था। इसके अलावा लोकसभा चुनाव में जनता पार्टी की विस्मयकारी विजय के चलते टिकटार्थियों की भरमार हो गई। इतने कम समय में इतनी अधिक सीटों का मामला सुलझाना था। इन सब बातों को ध्यान में रखा जाए तो चौंकने वाली कोई बात नहीं है।

बि.प्र. : मैं आपसे बिलकुल सहमत हूँ। मैं तो आपको देश में आम जन की भावना बता रहा था। निश्चय ही लोगों ने इन सब बातों पर विचार किया है। और दुबारा जनता पार्टी में अपनी आस्था व्यक्त की है।

लेकिन इन चुनावों के बारे में अखबारों की खबरों से लगता है कि प्रत्याशियों के चुनाव और मतदान दोनों में ही जातिगत आग्रहों ने अहम भूमिका निभाई।

ज.प्र. : यह निश्चय ही चिन्ताजनक बात है इस अर्थ में मुझे भी महसूस हो रहा है कि लोकसभा चुनावों द्वारा निर्मित माहौल में गिरावट आई है। हमें उस माहौल का पुनर्निर्माण करना चाहिए और जनता पार्टी द्वारा अपनाए गए लक्ष्य, गाँधीवादी समाजवाद की दिशा में अग्रसर होना चाहिए।

बि.प्र. : लेकिन इसके लिए आपको पथ-प्रदर्शक बनना होगा। जनता सरकार के नेताओं की भावनाओं के प्रति सम्मान के चलते आपकी चुप्पी से काम नहीं चलेगा। निस्सन्देह, आपसे पथ-प्रदर्शन की अपेक्षा का लोगों को अधिकार है। जनता सरकार की उपेक्षा या ज्यादती के किसी भी कृत्य पर लोग सोचते हैं कि जयप्रकाश क्या महसूस कर रहे होंगे? वे चुप क्यों हैं? कभी-कभी तो वे 1977 की आपकी स्थिति की तुलना महात्मा गाँधी की 1947 की स्थति से करते हैं। दरअसल वे सोचते हैं कि कहीं इतिहास अपने को दुहरा तो नहीं रहा है और 1977 में सरकार के काम-काज पर आपके विचारों का वही हश्र होने जा रहा है जो 1947 में गाँधी के विचारों का हुआ।

ज.प्र. : शायद यही अपरिहार्य हो। मुझे नहीं मालूम। अभी कुछ भी कहना जल्दबाजी होगी। यह सब इस पर निर्भर करेगा कि लोग कितने सजग और सतर्क हैं। मुझमें उनकी अपार आस्था मुझे भावविभोर कर देती है। लेकिन सरकार में कोई भी मेरे दिशा निर्देश का इच्छुक नहीं दिखता और किसी पर भी अपनी राय थोपना मेरे लिए उचित नहीं है। वैसे मुझे प्रधानमन्त्री एवं जनता सरकार के अन्य सदस्यों की क्षमता और निष्ठा में पूरा भरोसा है।

बि.प्र. : सवाल आपके द्वारा विचारों को थोपने का नहीं है। सवाल सरकार के काम-काज और प्राथमिकताओं पर आपके विचारों की अभिव्यक्ति का है। और यह अभिव्यक्ति सार्वजनिकवाद होनी चाहिए। जिससे विभिन्न मुद्दों पर लोग आपके विचारों से अवगत हो सकें।

II

बि.प्र. : चलिए हम उस बात से शुरू करें जिसे आपने 1973 में 'पहली बात पहले' कहा था—उच्च सरकारी पदों पर भ्रष्टाचार का मुद्दा। इस मुद्दे पर जनता सरकार गम्भीर दिखती है। और कई जाँच आयोग गठित हुए हैं। इसने लोकायुक्त और लोकपाल के पदों के सृजन की दिशा में भी शीघ्र ही कदम उठाने के वायदे किए हैं। आप और क्या चाहते हैं।

ज.प्र. : मैं एक ऐसी पूर्णतः स्वायत्त, आत्मप्रेरक प्रणाली की स्थापना करना चाहता हूँ जिसके अधिकार क्षेत्र के बाहर कोई भी न हो—प्रधानमंत्री भी नहीं, जिससे जैसे ही भ्रष्टाचार की शिकायत आए उसकी समग्र एवं यथोचित जाँच करके, निवारक कार्रवाई की जा सके। इसके आकार-प्रकार के निर्धारण की जिम्मेदारी संसद और सरकार की है।

बि.प्र. : जैसा कि आप जानते हैं, भ्रष्टाचार का एक प्रमुख स्रोत पार्टी के लिए चन्दा जुटाना है—खासकर चुनाव के समय। इसका कोई लेखा-जोखा सार्वजनिक नहीं किया जाता।

ज.प्र. : मैं पुरानी प्रणाली का समग्रता में उन्मूलन चाहता हूँ आदर्श स्थिति तो यह है कि पार्टियाँ बड़े अनुदान न स्वीकार करके लोगों के पास जाएँ और छोटे-मोटे चन्दा एकत्रित करें। और दाता के नाम, चन्दे की राशि तथा सभी मदों में पूर्ण व्यय सब कुछ सार्वजनिक किया जाए। यह सभी पार्टियों के लिए अनिवार्य बना दिया जाए। दरअसल इस दिशा में संसद द्वारा पारित कानून इसे सभी पार्टियों के लिए अनिवार्य बना सकता है। इस कानून का उल्लंघन भ्रष्टाचार माना जाएगा और दोषी पार्टी को दण्डित किया जाएगा।

बि.प्र. : यदि जनता पार्टी के घोषित लक्ष्य, गाँधीवादी समाजवाद की दिशा में हमें बढ़ना है तो सरकार में शामिल

नेताओं को सादगी और मितव्ययिता का उदाहरण पेश करना चाहिए। मैं जानता हूँ कि नेहरू, पटेल, प्रसाद जैसे दिग्गज नेताओं से भी आपकी यह शिकायत रही थी कि वे उच्च पद की प्रतिष्ठा रखने के नाम पर इस दिशा में गाँधी के मत की उपेक्षा करके तड़क-भड़क की जीवन शैली का अनुपालन करते थे। आपने एक बार बताया था कि 1946 में जब अंतरिम सरकार का गठन हुआ तो गाँधी जी ने नई दिल्ली में छः छोटे-छोटे घरों को सटे-सटे एक ही अहाते में देखकर यह सुझाव दिया था कि वह सरकार में शामिल काँग्रेस नेताओं के लिए आदर्श निवास स्थान था, पाँच घरों में से प्रत्येक में एक सदस्य रहता और छठा घर साझा अतिथि गृह होता। लेकिन काँग्रेस के नेताओं का विचार अलग था, वे तो बड़े-से-बड़े उपलब्ध घरों में रहना चाहते थे।

ज.प्र. : हाँ यह मुझे आज भी याद है। और अब भी मैं सरकारी पदों पर बैठे नेताओं द्वारा घर, साजो-सामान, चपरासी, निजी सहायक आदि मामलों में पूर्ववर्ती नेताओं द्वारा प्रयुक्त विशेष सुविधाओं को त्यागकर सादगी और मितव्ययिता का उदाहरण पेश करने को काफी महत्त्व देता हूँ। इन विशेष सुविधाओं का आधार इनके पूर्ववर्ती नेताओं ने तैयार किया था। स्वैच्छिक रूप से इनका 50 प्रतिशत भी त्याग, इन्हें समाप्त करने की दिशा में पहला कदम होगा और यदि ये नेता ऐसा करते हैं तो मुझे काफी खुशी होगी। मैं उनके वेतन में कटौती की माँग नहीं कर रहा हूँ, क्योंकि देश में वेतन की सामान्य संरचना को देखते हुए यह बहुत अधिक नहीं है, घरों के बारे में मेरा मानना है कि नई दिल्ली एवं राज्यों की राजधानियों के एक-एक बंगलों को पुनर्नियोजित करके दो या तीन लोगों के समुचित आवास में तब्दील कर देना चाहिए। इसी प्रकार इन बंगलों के साथ लगे बगीचों के भी आकार घटा देना चाहिए और इस तरह बची जमीन में नए घर या फ्लैटों का निर्माण करना चाहिए। मुझे इस बात से भी काफी प्रसन्नता होगी कि सरकार के मन्त्री और बड़े अधिकारी आयातित, विलासितापूर्ण कारों को छोड़कर भारत में बनी कारों का इस्तेमाल करें।

बि.प्र. : आप मन्त्रियों और विधायकों के कार्यकाल पर सीमाएँ बाँधने के बारे में भी क्या कोई सुझाव देना चाहेंगे?

ज.प्र. : बिलकुल। काफी समय से मैं महसूस कर रहा हूँ कि इससे चुनाव के टिकटों के लिए मारा-मारी तथा मन्त्रि-पदों के लिए प्रतिद्वन्द्विता में कमी आएगी। तथा महत्त्वपूर्ण राजनीतिक प्रक्रियाओं में लोगों की भागीदारी बढ़ेगी। हमें प्रावधान करना चाहिए कि विधायिका या केन्द्रीय अथवा राज्यों के मन्त्रिमण्डलों के सदस्य लगातार अधिक-से-अधिक दो कार्यकाल तक अपने पद पर रह सकते हैं।

बि.प्र. : आशा है, आप विधायकों/सांसदों के वेतन-भत्ते में कटौती की माँग नहीं कर रहे हैं।

ज.प्र. : नहीं। मैं मानता हूँ कि समुचित रूप से अपना कर्तव्य पालन करने के लिए उन्हें उचित वेतन मिलना चाहिए। लेकिन मैं उनको पेंशन देने के खिलाफ हूँ।

बि.प्र. : मेरे विचार से अन्य नौकरियों से अवकाश प्राप्त लोगों की ही तरह यह पेंशन उन्हें वृद्धावस्था में कुछ सुरक्षा प्रदान करेगी।

ज.प्र. : लेकिन अन्य नौकरियों से विधायकों/सांसदों की तुलना का क्या औचित्य है? यह कोई नौकरी नहीं है। हर किसी को अपनी आजीविका के लिए कुछ-न-कुछ उद्यम करना चाहिए। विधायिका की सदस्यता से आए व्यवधान के एवज में उसे उसकी मर्यादित आवश्यकताओं के लिए समुचित वेतन मिलना चाहिए। उसके बाद वह फिर से कोई उद्यम करे। यदि कुछ लोग कोई और काम न करके अपना समय सार्वजनिक कार्यों में ही लगाना चाहते हैं तो उनकी देखभाल की जिम्मेदारी स्वयं जनता को लेनी चाहिए।

बि.प्र. : चुनाव सुधारों के बारे में आपकी क्या राय है? इस दिशा में क्या तुरंत कुछ कदम उठाए जा सकते हैं?

ज.प्र. : पिछले कई सालों से इसमें मेरी दिलचस्पी रही है। मैं चुनाव खर्चों में निरन्तर वृद्धि तथा पार्टी द्वारा प्राप्त मतों के प्रतिशत एवं सीटों की संख्या में विसंगति के प्रति खासा चिन्तित रहा हूँ। इसके विस्तार में जाने की जरूरत नहीं है, लेकिन बारम्बार यह देखने को मिलता है कि 40 प्रतिशत के आसपास मत पाने वाली पार्टियाँ 60 प्रतिशत से अधिक स्थानों पर विजय हासिल कर लेती हैं। मुझे अत्यन्त प्रसन्नता होगी यदि

सरकार देश की अपरिहार्य अहम समस्याओं से निपटने के बाद चुनाव सुधारों पर गम्भीरता से विचार करके, विभिन्न राजनीतिक दलों के प्रतिनिधियों तथा संवैधानिक एवं कानूनी विशेषज्ञों के बीच बहस के लिए एक खाका तैयार करे।

बि.प्र. : उम्मीदवारों के चुनाव में मतदाताओं की राय को महत्त्व देने के अपने पुराने मत के बारे में अब आपकी क्या राय है?

ज.प्र. : अच्छा हुआ आपने इसकी याद दिला दी। इस मत के क्रियान्वयन को सुनिश्चित करने के लिए कुछ प्रावधानों के बिना हमारी व्यवस्था पूर्णतः लोकतान्त्रिक नहीं हो सकती। यदि दृढ़ संकल्प हो तो यह मुश्किल नहीं है। 'जनता का स्वराज' में मैंने बताया है कि यह कैसे किया जा सकता है।

बि.प्र. : विश्वास खो चुके विधायकों को वापस बुलाने के जनता के अधिकार के बारे में अभी आप क्या सोचते हैं?

ज.प्र. : आप जानते ही हैं कि बिहार आंदोलन का यह एक अहम मुद्दा था। व्यक्तिगत रूप से मैं इस अधिकार को काफी अहमियत देता हूँ और ऐसे लोगों से सहमत नहीं हूँ। जिनका मानना है कि एक विधायक/सांसद को अपना कार्यकाल पूरा कर लेने देना चाहिए, इस बीच वह कितना ही अलोकप्रिय क्यों न हो जाए। मैं मानता हूँ कि इसके लिए कोई समुचित तरीका निकालना आसान नहीं है और वापस बुलाने के अधिकार का यदा-कदा दुरुपयोग हो सकता है। लेकिन जनतन्त्र में समस्याओं का निदान लोगों को उनके मूलभूत अधिकारों से वंचित करके नहीं किया जा सकता। यदि संवैधानिक विशेषज्ञ इस दिशा में गम्भीरता से विचार करें तो कोई तरीका निकल सकता है। मुझे जनता पार्टी की सरकार से यह अपेक्षा है कि वह इस पर विचार करेगी।

बि.प्र. : सरकार को लोगों की आर्थिक समस्याओं के समाधान की दिशा में कुछ ठोस कदम उठाना चाहिए। इस मुद्दे पर आपकी क्या राय है?

ज.प्र. : देश की सर्वाधिक विकट समस्या है : गरीबी और बेरोजगारी। इस समस्या को प्राथमिकता मिलनी चाहिए। दरअसल मैं तो चाहता हूँ कि 'काम के अधिकार' को मौलिक अधिकार के रूप में संविधान में अविलम्ब शामिल किया जाए। यदि राज्य यह उत्तरदायित्व स्वीकार कर ले तो सभी के रोजगार के साधन विकसित किए जा सकते हैं। यह बहुत मुश्किल नहीं है।

बि.प्र. : क्या आप इस लक्ष्य के मद्देनजर, अविलम्ब लागू किए जा सकनेवाले किसी विशिष्ट कार्यक्रम का सुझाव दे सकते हैं?

ज.प्र. : व्यापक ग्रामीण विकास का कार्यक्रम ऐसा कार्यक्रम है जिसे इस संबंध में सबसे अच्छे कार्यक्रम के रूप में लिया जा सकता है। हमारा उद्देश्य, ग्रामीण समुदायों को कृषि-औद्योगिक समुदायों के रूप में विकसित करना, होना चाहिए। जरूरी नहीं है कि ये उद्योग विशालकाय हों। तथाकथित अत्याधुनिक तकनीकों का प्रयोग भी जरूरी नहीं है। मैं, जहाँ जरूरी हो, बड़ी मशीनों का विरोधी नहीं हूँ। लेकिन इससे हमारी फौरी समस्याओं का निदान नहीं हो सकता और इनके असंयत प्रयोग से हमारा आर्थिक विकास और भी विकृत हो जाएगा। ग्रामीण औद्योगीकरण के साथ-साथ ही सिंचाई एवं खेती, ग्रामीण स्वास्थ्य सुविधाएँ और ग्रामीण शिक्षा के क्षेत्र में भी पूरी गम्भीरता से सुधार कार्यक्रम चलाए जाने चाहिए। इससे गाँवों की स्थिति तो सुधरेगी ही, शहर के लोगों को भी रोजगार मिलेगा।

बि.प्र. : आप एक नई शिक्षा प्रणाली के बारे में भी बात कर रहे हैं? आपकी राय में इस दिशा में क्या निकट भविष्य में कोई प्रगति सम्भव है?

ज.प्र. : समस्या यह है कि मैं तो मौजूदा प्रणाली में आमूल परिवर्तन चाहता हूँ, लेकिन ज्यादातर शिक्षाविद् इसमें छोटे-मोटे फेरबदल से ही सन्तुष्ट हैं। मैं बार-बार कहता रहा हूँ कि एक साल के लिए सभी शिक्षा संस्थाएँ बन्द कर दी जाएँ और पूरा राष्ट्र देश के लिए एक उपयुक्त शिक्षा प्रणाली के विकास में लग जाए। लेकिन

मैं जानता हूँ कि किसी को भी इस तरह का सुझाव मान्य नहीं होगा। यहाँ अभी ऐसी क्रांति नहीं हुई है कि ऐसे कदम को तर्क-संगत माना जा सके।

बि.प्र. : तो रास्ता क्या है? इस क्षेत्र में, क्या हम निकट भविष्य में कुछ भी नहीं कर सकते?

ज.प्र. : निश्चय ही, काफी कुछ किया जा सकता है। सबसे पहले तो हमें संविधान निर्माताओं के 1965 तक देश के सभी हिस्सों में मुफ्त एवं अनिवार्य प्राथमिक शिक्षा सुनिश्चित करने के वायदे को बिना और विलम्ब के तुरन्त पूरा करना चाहिए। कितनी शर्मनाक बात है कि आज 1977 में भी यह उद्देश्य अपूर्ण है, बावजूद इसके कि हर साल कहीं नया विश्वविद्यालय खुल रहा है तो कहीं विशाल शोध संस्थान। इससे हमारे राजनीतिक और शैक्षणिक महारथियों के पूर्वाग्रहों और उनकी प्राथमिकताओं का पता चलता है।

बि.प्र. : हमारे नए शिक्षामन्त्री (श्री पी. सी. चंदर) जन शिक्षा के महत्त्व पर जोर देते रहे हैं। शायद वे भी इसी दिशा में सोच रहे हैं।

ज.प्र. : मुझे वाकई काफी प्रसन्नता होगी यदि जनशिक्षा को समुचित प्राथमिकता मिले, प्राथमिक शिक्षा सार्वभौमिक हो जाए और पृथ्वी से निरक्षरता का लोप हो जाए। लेकिन जन-शिक्षा की मेरी अवधारणा निरक्षरता उन्मूलन तक ही सीमित नहीं है। मसलन, इसमें ऐसी शिक्षा शामिल हो जो लोगों की आमदनी बढ़ाने में ही न सहायक हो, बल्कि उनके जीवन की गुणवत्ता को समृद्ध करे तथा उनमें राजनीतिक और सामाजिक चेतना का संचार करे। आशा है कि जन-शिक्षा की नीति बनाते समय इस बात को ध्यान में रखा जाएगा। इस शिक्षा में जातिवादी चेतना, दहेज प्रथा जैसी बुराइयों के विरुद्ध अभियान तथा परिवार नियोजन, पोषण एवं सफाई की शिक्षा भी शामिल होनी चाहिए।

बि.प्र. : विश्वविद्यालयों में शिक्षा की स्थिति पर भी आप चिन्ता व्यक्त करते रहे हैं।

ज.प्र. : इस बारे में मेरे लिए सर्वाधिक चिन्ता का विषय है पूरी व्यवस्था की उद्देश्यहीनता। विश्वविद्यालय प्रणाली की हर बुराई के लिए प्रायः छात्र-छात्राओं को दोषी ठहराया जाता रहा है। लेकिन छात्रों की हालत देखिए। वे किसलिए पढ़ रहे हैं? वे रोजगार के लिए डिग्री पाने हेतु काम कर रहे हैं। लेकिन डिग्री हासिल कर लेने के बाद उनका क्या हश्र होता है? उनमें से ज्यादातर बेरोजगार रह जाते हैं। इसके चलते विश्वविद्यालय परिसरों का माहौल कैसे ठीक रह सकता है। इसीलिए मैं काफी अरसे से रोजगार के लिए डिग्री की अनिवार्यता समाप्त करने की हिमायत कर रहा हूँ। शिक्षा का उद्देश्य किसी व्यक्ति को दूसरे व्यक्ति द्वारा नियुक्ति के योग्य बनाने से परे, ज्यादा ऊँचा और व्यापक होना चाहिए। शिक्षा का उद्देश्य लोगों को इस काबिल बनाना होना चाहिए जिससे वे जरूरत पड़ने पर खुद को रोजगार दे सकें। इन सबसे ऊपर इसका उद्देश्य देश के बेहतर नागरिक का निर्माण होना चाहिए। विद्यार्थियों में सहयोग, भाईचारा और समानता जैसे हमारी परिकल्पना की नई समाज-व्यवस्था के आधारभूत मूल्यों का संचार होना चाहिए। यह उपदेश देने से नहीं हो सकता। इसके लिए स्कूलों और कॉलेजों के शैक्षणिक जीवन को समुचित ढंग से पुनर्गठित करना होगा। इसके अलावा विभिन्न विषयों की शैक्षणिक अन्तर्वस्तु पर भी पुनर्विचार करना चाहिए। विद्यार्थियों को उनके वातावरण या उनकी समस्याओं के बारे में कुछ नहीं बताया जाता। कॉलेज गाँव में हों या शहर में, सब जगह एक ही पाठ्यक्रम पढ़ाया जाता है। इसमें सुधार की जरूरत है। इन सबके लिए शिक्षाविदों को गम्भीर विचार-विमर्श करना होगा। हर समस्या के लिए मेरे पास पके-पकाए समाधान नहीं हैं।

बि.प्र. : जयप्रकाश जी, आप यदि और पहले से नहीं तो कम-से-कम आजादी के बाद से विदेश नीति में गहरी रुचि लेते रहे हैं। क्या आप इस दिशा में कुछ सुझाव देना चाहेंगे?

ज.प्र. : शायद मैं पहले ही क़ाफी सुझाव दे चुका हूँ। हाँ, आपकी बात ठीक है कि मैं लम्बे समय से विदेश-नीति में, अपने तरीके से, काफी दिलचस्पी लेता रहा हूँ। मैं वर्तमान प्रधानमन्त्री एवं विदेशमन्त्री द्वारा घोषित जनता पार्टी सरकार की विदेश नीति से काफी सन्तुष्ट हूँ। उन्होंने स्पष्ट कर दिया है कि वे पूर्वग्रहित गुटनिरपेक्षता की जगह एक प्रामाणिक और स्पष्ट गुटनिरपेक्षता की नीति का अनुपालन करेंगे। मैं सालों

से इसकी हिमायत कर रहा हूँ। मैं यह भी चाहता हूँ कि सरकार पड़ोसी देशों के साथ तनाव-निवारण तथा आर्थिक सहयोग की दिशा में नई पहल करे। कालान्तर में यह दक्षिण एशिया में क्षेत्रीय सहयोग के विकास का पथ प्रशस्त करेगा। इस लक्ष्य को ध्यान में रखकर सरकारों के बीच संबंधों पर ही न निर्भर रहकर लोगों का लोगों के साथ संबंध के विकास की दिशा में प्रयत्न करना चाहिए।

बि.प्र. : प्रामाणिक गुटनिरपेक्षता से आपका क्या तात्पर्य है?

ज.प्र. : मेरा तात्पर्य सोवियत संघ एवं अमेरिका दोनों के प्रति पूर्ण निष्पक्षता की नीति से है, जैसा कि अतीत में कई बार देखने को मिला, सोवियत संघ की तरफ झुकाव वाली नीति नहीं है।

बि.प्र. : लेकिन भारत-सोवियत मैत्री पर इसका प्रतिकूल प्रभाव नहीं पड़ना चाहिए।

ज.प्र. : कतई नहीं। 1971 में जब भारत-सोवियत मैत्री सन्धि पर हस्ताक्षर हुए तब मैंने इसका समर्थन किया था और इस विषय में मेरे विचारों में कोई बदलाव नहीं आया। सोवियत संघ के साथ मित्रता एक बात है और विदेश नीति में सोवियत खेमे की पक्षधरता बिलकुल दूसरी बात है। मैं पक्षधरता का हिमायती नहीं हूँ।

बि.प्र. : बंगलादेश, पाकिस्तान, नेपाल और श्रीलंका जैसे हमारे निकटस्थ पड़ोसियों के प्रति हमारी नीति के बारे में आपके क्या विचार हैं?

ज.प्र. : मैं इन देशों के साथ अधिकतम मित्रतापूर्ण संबंधों का पक्षधर हूँ, इसके लिए हमें कुछ त्याग भी क्यों न करना पड़े।

बि.प्र. : हाल में आपने राजा वीरेन्द्र से बी. पी. कोइराला की रिहाई की माँग की थी। नेपाल एक संप्रभु देश है और अन्तर्राष्ट्रीय संबंधों का सर्वमान्य सिद्धान्त है कि कोई देश को किसी दूसरे के आन्तरिक मामलों में दखल नहीं दे सकता। इस सन्दर्भ में आपकी माँग का क्या औचित्य है?

ज.प्र. : यह बात सरकारों पर लागू होती है, कोई भी सरकारी पद न सँभालने वाले, मेरे जैसे व्यक्तियों पर नहीं। मैं आजीवन स्वतन्त्रता सेनानी रहा हूँ। और मेरे लिए राष्ट्रीय सीमाएँ कोई अर्थ नहीं-रखतीं। जहाँ भी आजादी पर खतरा दिखेगा, विश्व के एक जिम्मेवार नागरिक के रूप में, आजादी की रक्षा के लिए आवाज उठाना, मेरा अधिकार है। भारत और नेपाल नज़दीकी पड़ोसी हैं और वहाँ की घटनाओं के प्रति मैं सिर्फ इसलिए नहीं आँखें मूँद सकता कि वह एक अलग देश है।

III

बि.प्र. : अब जनता पार्टी की बात करें; निकट भविष्य में आप इसकी क्या भूमिका आँकते हैं?

ज.प्र. : इससे मुझे आम जनता की पक्षधर होने की अपेक्षा है और पार्टी की विचारधारा के रूप में स्वीकृत गाँधीवादी समाज के सिद्धान्तों के अनुसार उनकी भलाई के कामों की। यदि यह ऐसा निष्ठापूर्वक करती है तो संपूर्ण क्रांति अवश्यंभावी है, क्योंकि गाँधीवादी समाजवाद की स्थापना लोगों के जीवन में संपूर्ण क्रांति लाए बिना नहीं की जा सकती। दोनों का मतलब एक ही है : सभी प्रकार के शोषण का अन्त; जाति या धर्म के आधार पर भेदभाव की समाप्ति; सभी दकियानूसी रीतियों का उन्मूलन और ऐसे समाज का निर्माण जिसमें अपने विकास के लिए सभी को समान अवसर उपलब्ध हों।

बि.प्र. : जनता पार्टी की वर्तमान संरचना को देखते हुए क्या आपको लगता है कि इसके सभी नेता गाँधीवादी समाजवाद के प्रति निष्ठवान हैं?

ज.प्र. : मेरे पास यह पता करने का कोई तरीका नहीं है कि गाँधीवादी समाजवाद में किसकी निष्ठा है और किसकी नहीं है। मुझे इतना मालूम है कि ये नेता अलग-अलग पार्टियों से आए हैं, जिनमें से कुछ समाजवाद विरोधी रही हैं। लेकिन उन सभी लोगों ने गाँधीवादी समाजवाद को अपनी निष्ठा या विचारधारा के रूप में स्वीकार

किया है। इसी आधार पर उन्हें जनता का समर्थन प्राप्त हुआ। यदि वे इस दिशा में बढ़ने से कतराएँगे तो प्रतिक्रिया स्वरूप जनता उनके विरुद्ध हो जाएगी। उम्मीद है कि इस दबाव से वे सही रास्ते पर चलते रहेंगे।

बि.प्र. : क्या आपको नहीं लगता कि लोगों को गाँधीवादी समाजवाद की समझ पैदा करने की दिशा में सकारात्मक प्रयासों और इसके सन्दर्भ में विभिन्न क्षेत्रों के लिए नीति-निर्धारण में समुचित परामर्श की जरूरत है?

ज.प्र. : मैं ऐसे प्रयासों को नितान्त आवश्यक मानता हूँ और यथाशीघ्र जनता पार्टी द्वारा इन्हें शुरू करने की उम्मीद करता हूँ। यह एक ऐसा क्षेत्र है जिसमें देश के बुद्धिजीवियों की निर्णायक भूमिका हो सकती है।

बि.प्र. : अभी तक तो जनता पार्टी के नेताओं की तरफ से इस या किसी और भी उद्देश्य से बुद्धिजीवियों को जोड़ने का कोई प्रयास दिखाई नहीं देता।

ज.प्र. : यह खेदजनक है। लेकिन देश की प्रगति में अपनी भूमिका के लिए बुद्धिजीवियों को जनता पार्टी के निमन्त्रण का क्यों इन्तजार है? वे खुद क्यों नहीं पहल कर सकते?

बि.प्र. : लेकिन ऐसे प्रयासों के लिए कोई एक मुख्य दिशा तो होनी चाहिए।

ज.प्र. : बुद्धिजीवी स्वयं एक तन्त्र का निर्माण कर सकते हैं। क्या कुछ बुद्धिजीवी संगठित होकर, संपूर्ण क्रांति या गाँधीवादी समाजवाद के अध्ययन एवं प्रसार के लिए किसी भी नाम से एक संगठन नहीं बना सकते? समय आ गया है कि हमारे देश के बुद्धिजीवी दिशानिर्देश के लिए सरकार या राजनीतिक दलों के नेताओं का मुँह ताकना बन्द कर दें। दरअसल उन्हें तो इस स्थिति को उलट देने की आकांक्षा रखनी चाहिए। उन्हें आगे बढ़कर राजनीतिक और सामाजिक कार्यकर्ताओं का पथ-प्रदर्शन करना चाहिए। तभी वे सही मायने में बुद्धिजीवी की अपनी भूमिका निभा पाएँगे।

बि.प्र. : लेकिन जनता पार्टी को भी लोगों में गाँधीवादी समाजवाद के आदर्शों को गम्भीरता से प्रचार-प्रसार का काम करना चाहिए।

ज.प्र. : मेरे ख्याल से, समय आ गया है कि जनता पार्टी के नेता इस दिशा में प्रयास शुरू कर दें। जब तक उनके पास गाँधीवादी समाजवाद के सिद्धान्तों से लैस कार्यकर्ताओं की एक विशाल फौज नहीं होगी तो वे एक नई समाज-व्यवस्था के निर्माण की दिशा में गतिमान नहीं हो सकते, तथा पद और सत्ता की चिरन्तन खींचातानी में उलझे रहेंगे। बाद में उनका भी वही हश्र होगा जो काँग्रेस का हुआ।

बि.प्र. : आपने हाल में काँग्रेस के भविष्य के बारे में कुछ वक्तव्य दिए हैं। आपने कहा है कि यदि वह आपातकालीन शासन से घनिष्ठ तौर पर सम्बन्धित लोगों से तथा उस दौरान की गई ज्यादतियों से अपने को अलग कर ले तो इसका अब भी भविष्य है। इस मुद्दे पर विस्तार से प्रकाश डालेंगे?

ज.प्र. : यह तो स्वयं सिद्ध है, इसकी व्याख्या की आवश्यकता नहीं है। काँग्रेस की एक महान परम्परा रही है। इसके पास अब भी देशव्यापी संगठन है लेकिन इस पर तब तक विश्वास नहीं किया जा सकता जब तक यह अपने को आपातकाल के नशे के प्रभाव से मुक्त नहीं कर लेती और जनतन्त्र को समर्पित संगठन की छवि फिर से नहीं स्थापित कर लेती। पुनर्गठित काँग्रेस भारतीय राजनीतिक प्रणाली को सशक्त बनाएगी और दो-दलीय व्यवस्था के निर्माण की प्रक्रिया को आधार प्रदान करेगी। इसीलिए मैं काँग्रेस का पुनरुत्थान चाहता हूँ। इसके विरुद्ध मुझे कोई विद्वेष नहीं है, बल्कि मैं तो चाहता हूँ कि वह देश के राजनीतिक जीवन में अपनी भूमिका निभाना जारी रखे।

बि.प्र. : चुनाव में जनता पार्टी की विजय के बाद से नेहरू की निन्दा करने एवं उनके योगदानों के अवमूल्यन की प्रवृत्ति दृष्टिगोचर हो रही है। इस पर आपकी क्या प्रतिक्रिया है?

ज.प्र. : मैं निन्दा और अनावश्यक गौरवान्वयन दोनों के विरुद्ध हूँ। आवश्यकता एक सन्तुलित मूल्यांकन की है।

बि.प्र. : किसी भी सन्तुलित मूल्यांकन में अपरिहार्य रूप से इस तथ्य की अनदेखी नहीं की जा सकती कि अपनी कई गलतियों के बावजूद, नेहरू ने भारत में संसदीय जनतन्त्र और नियोजित आर्थिक विकास दोनों की

ही बुनियाद डाली, लोकतान्त्रिक समाजवाद को सार्वजनिक क्षेत्र के कई बड़े हलकों में स्वीकार्य बनाया—कम-से-कम सिद्धान्त रूप में, और हमें एक ऐसी विदेश-नीति प्रदान की जिससे मामूली फेरबदल के साथ आज भी हमारे हित सधते हैं। आप इससे सहमत हैं क्या?

ज.प्र. : मैं बेहिचक इस विचार से सहमत हूँ। मैं समय-समय पर नेहरू के साथ अपने मतभेदों को व्यक्त करता रहा हूँ, उनके जीवन काल में भी। लेकिन आप उनके प्रति मेरे असीम सम्मान एवं उनके साथ मेरे घनिष्ठ निजी संबंधों से परिचित हैं लेकिन जो भी हो, उनके कुछ तरीकों और प्राथमिकताओं को बदलना अवश्य पड़ सकता है, फिर भी हमारे देश के महान नेताओं में उनका सम्मानजनक स्थान बना रहेगा।

IV

बि.प्र. : आपने अपनी दो महत्त्वपूर्ण कृतियों—भारतीय राजनीतिक व्यवस्था का पुनर्निर्माण (1958) एवं जनता का स्वराज (1961) में भावी भारत की नई समाज-व्यवस्था की प्रमुख विशिष्टताओं का स्पष्ट वर्णन किया है। तब से इन पन्द्रह सालों में मैं आपके सभी लेख एवं भाषण पढ़ता/सुनता रहा हूँ लेकिन मुझे नई सामाजिक व्यवस्था के अवयवों से सम्बन्धित आपके विचारों में कोई खास परिवर्तन नहीं दिखाई दिया।

ज.प्र. : आप ठीक कह रहे हैं। नई सामाजिक व्यवस्था की मेरी तसवीर मोटे तौर पर वैसी ही है जैसी इन रचनाओं में वर्णित है, जिनका आप जिक्र कर रहे हैं।

बि.प्र. : समाजवाद, सर्वोदय और लोकतन्त्र (1964) जिसमें आपकी महत्त्वपूर्ण कृतियों का समावेश किया था की भूमिका में मैंने लिखा है कि आपके चिन्तन में पुस्तक के शीर्षक में वर्णित तीनों विचारधाराओं का समन्वय है लेकिन बिहार आंदोलन के लक्ष्यों को चिह्नित करनेवाले एवरीमैन्स (मई, 1975) में आपने कहा है कि सामाजिक पुनर्निर्माण के लिए किसी विचारधारा की नहीं बल्कि कुछ मूल्यों के प्रति प्रतिबद्धता की जरूरत होती है। एक बार वह प्रतिबद्धता स्थापित हो जाए तो बाकी काम सामाजिक अभियान्त्रिकी का है। इस पर प्रकाश डालेंगे?

ज.प्र. : भविष्य के मेरे सपनों के समाज में, मनुष्य केन्द्र में है। संगठन मनुष्य के लिए है, मनुष्य संगठन के लिए नहीं। सामाजिक संगठन का स्वरूप ऐसा होना चाहिए जो सभी व्यक्तियों को उनकी अपनी प्रकृति के अनुसार विकास की स्वतन्त्रता प्रदान करे। तथा समाज ऐसा होना चाहिए, जिसमें सिद्धान्त एवं व्यवहार में मानवीय प्रतिष्ठा का सम्मान हो। मूल्यों और विचारधारा को अलग नहीं किया जा सकता। किसी भी विचारधारा की विशिष्टता उसके मूल्यों से बनती है। विचारधारा की तुलना में मूल्यों पर ज्यादा जोर देने के पीछे मेरा मकसद विचारधारा को नकारना नहीं था, बल्कि मूल्यों के महत्त्व को रेखांकित करके सामाजिक पुनर्निर्माण के अभियान को विचारधारात्मक उठा-पटक से बाहर निकालना था। इस उठा-पटक में राजनीतिक सामाजिक कार्यकर्ताओं एवं बुद्धिजीवियों की काफी ऊर्जा व्यय हो जाती है।

बि.प्र. : तो क्या अब भी आप समाजवाद, लोकतन्त्र और सर्वोदय के समन्वय के रूप में अपने विचारों की मेरी व्याख्या से सहमत हैं? यह और बता दूँ मैं जब समाजवाद शब्द का प्रयोग करता हूँ तो इसमें मार्क्सवाद के भी कुछ तत्त्व शामिल होते हैं। मेरी समझ में, 1952 में अपने सामाजिक दर्शन से भौतिकवाद को हटा देने के बावजूद आपने मार्क्सवाद की सभी बातों को नहीं नकारा। मैंने पाया है कि समाज में वर्गों की अवधारणा की आपकी मान्यता निरन्तर बनी रही है और मार्क्सवाद के मुख्य लक्ष्य—वर्गहीन समाज की रचना को भी आप निरन्तर अपना लक्ष्य मानते रहे हैं। प्रमुख अन्तर यह है कि आप यह उद्देश्य, संसदीय तरीकों से अलग, गाँधीवादी मूल्यों से ओत-प्रोत अहिंसक तकनीक से प्राप्त करना चाहते हैं। आशा है, यदि सहजता के लिए आपके राजनीतिक दर्शन की व्याख्या गाँधीवादी समाजवाद के रूप में की जाए, तो आपको कोई आपत्ति नहीं होगी।

ज.प्र. : मैं इस विचार से सहमत हूँ। लेकिन मैं एक बात फिर से दोहराना चाहूँगा कि मेरे लिए मूल्यों के प्रति प्रतिबद्धता, किसी विचारधारा के प्रति प्रतिबद्धता से अधिक महत्त्वपूर्ण है। गाँधीवाद स्वयं किसी और बात के बजाय मूल्यों की एक प्रणाली पर आधारित है। 'गाँधीवादी समाजवाद' का अर्थ है, गाँधीवादी मूल्यों के प्रति प्रतिबद्ध समाजवाद।

बि.प्र. : जो भी हो, नए समाज के निर्माण की दिशा में अब आगे कैसे बढ़ें? या दूसरे शब्दों में संपूर्ण क्रांति की दिशा में कैसे प्रयास करें?

ज.प्र. : यह सवाल काफी मुश्किल है। मेरी हालत देख ही रहे हैं। तब भी सामाजिक क्रांति की मेरी आकांक्षा जिन्दा है और जीवन-पर्यन्त जिन्दा रहेगी। नई समाज-व्यवस्था के बारे में जो भी विचार प्रतिपादित कर सका हूँ वे आज भी उतने ही प्रासंगिक हैं जितने दस-पन्द्रह साल पहले थे। यदि कोई उसमें कुछ सुधार कर सके और वे सुधार लोगों को स्वीकार्य हों, तो मुझे कोई परेशानी नहीं होगी। चिन्तन का सिलसिला कभी खत्म नहीं होता और उसे खत्म भी नहीं होना चाहिए।

बि.प्र. : जयप्रकाश जी, यहाँ एक सवाल यह उठता है कि नई सामाजिक व्यवस्था के निर्माण के लिए संपूर्ण क्रांति के प्रति समर्पित लोग कहाँ से आएँगे?

ज.प्र. : जैसा कि आप जानते हैं, जनता पार्टी ने संपूर्ण क्रांति का लक्ष्य स्वीकार किया है। आशा करता हूँ यह इस लक्ष्य की दिशा में निष्ठापूर्वक काम करेगी। लेकिन जो लोग सरकारी या गैर-सरकारी सत्ता की दौड़ में शामिल हों, वे क्रांति नहीं कर सकते। वे लोग भी नहीं कर सकते जो घर-परिवार में ही मशगूल हैं और कोई खतरा उठाने से डरते हैं। देश के युवा ही इन सीमाओं से युक्त हैं। उनके पास आदर्श, उत्साह और बलिदान की तत्परता है, जिससे उम्र-दराज लोग कतराते हैं। यही ध्यान में रखकर मैंने नया संगठन बनाया है—युवा-छात्र संघर्ष वाहिनी। मुझे पूरी उम्मीद है कि यह दिन-ब-दिन अधिक-से-अधिक शक्ति अर्जित करेगी और मेरी अवधारणा की संपूर्ण क्रांति के अभियान की बागडोर सँभालेगी। एक बार मैं थोड़ा स्वस्थ हो जाऊँ तो मैं अपनी सारी ऊर्जा वाहिनी के चुने हुए कार्यकर्ताओं के प्रशिक्षण में लगाऊँगा। उनमें से कइयों के पास पहले से ही यातना सहने और बलिदान देने के अनुभव हैं। थोड़े प्रशिक्षण और दिशा दर्शन के बाद वे आत्मनिर्भर हो जाएँगे और नए कार्यकर्ताओं को प्रशिक्षित कर सकेंगे।

बि.प्र. : किस प्रकार के कार्यक्रम चलाने की आप उनसे अपेक्षा रखते हैं?

ज.प्र. : मैं अपेक्षा रखता हूँ कि वे ग्राम और वार्ड-सभाओं या जनता की समितियों के घनिष्ठ सहयोग से काम करें। जनता की इन समितियों में क्षेत्र के सभी नागरिक होंगे जो हर तरह के अन्याय और दमन के विरुद्ध संघर्षों में नेतृत्व की भूमिका निभाएँगे। विशेष रूप से उन्हें हरिजनों एवं समाज के अन्य कमजोर तबकों को संगठित करना होगा इसके अलावा उनसे सामाजिक परिवर्तन की गति को तेज करने एवं क्षेत्र के लोगों के आर्थिक जीवन में आवश्यक सुधारों को शुरू करने की अपेक्षा है। जब भी अन्याय या दमन के विरुद्ध संघर्ष की या नई समाज-व्यवस्था की स्थापना की स्थितियाँ विकसित हों, उनसे इनमें अग्रणी भूमिका निभाने की अपेक्षा है। मैं यहाँ स्पष्ट कर देना चाहता हूँ कि व्यापक जन-भागीदारी वाले दीर्घकालीन जन-संघर्षों के बिना संपूर्ण क्रांति की सम्भावनाएँ क्षीण हैं।

बि.प्र. : स्वाभाविक रूप से आप चाहेंगे कि वाहिनी के सदस्य किसी राजनीतिक पार्टी से न जुड़ें। लेकिन आशा करता हूँ कि वे सभी राजनीतिक गतिविधियों से नहीं कटे रहेंगे।

ज.प्र. : बिलकुल नहीं। वाहिनी के सदस्यों से राजनीतिक पार्टियों की गतिविधियों पर सूक्ष्म दृष्टि रखने की अपेक्षा है, जिससे वे समय-समय पर उनकी कमियों को इंगित कर सकें। जैसा कि पिछले लोक सभा चुनाव के समय हुआ, अगर वक्त का तक़ाजा हो तो वे पक्षधरता भी कर सकते हैं। लेकिन सामान्यतः उन्हें राजनीतिक पार्टियों से अलग रहना चाहिए और क्षेत्रीय राजनीति की रोजमर्रा की गतिविधियों के मकड़जाल में फँसने से बचना चाहिए।

बि.प्र. : तो आप उनसे लोकतान्त्रिक राजनीतिक प्रक्रिया के संरक्षक की भूमिका में काम करने की अपेक्षा रखते हैं, उसी तरह के काम जिनके सम्पादन की अपेक्षा विभिन्न क्षेत्रों की प्रस्तावित जन समितियों से है?

ज.प्र. : हाँ, उनकी भूमिका का यह सही मूल्यांकन है।

बि.प्र. : क्या ग्राम या वार्ड सभाओं और जन-समितियों के सदस्य भी राजनीतिक पार्टियों से अलग रहेंगे?

ज.प्र. : हाँ। लेकिन राजनीतिक पार्टियाँ भी जनसमर्थन पर आधारित होनी चाहिए। इसका मतलब हुआ लोगों की भागीदारी। इसलिए जनसमितियों में राजनीतिक दलों के सदस्यों की भागीदारी पर पाबन्दी का कोई प्रस्ताव नहीं है, खासकर आम जन के स्तर पर। लेकिन वे इन समितियों में कार्यकारी पदों पर नहीं रह सकते। ऐसा जन-समितियों की स्वतन्त्र अस्मिता को बरकरार रखने के लिए जरूरी है।

बि.प्र. : इन जन-समितियों की भूमिका के बारे में आपकी क्या परिकल्पना है?

ज.प्र. : सबसे पहले तो उन्हें अपने-अपने क्षेत्र में लोगों के हितों की निगरानी का काम करना चाहिए। मसलन, मान लीजिए किसी क्षेत्र विशेष में किसी सामग्री का अभाव हो जाए या उनके मूल्यों में अभूतपूर्व वृद्धि हो जाए तो समिति से अपेक्षा है कि वह इसके विरुद्ध आवाज उठाए और यदि जरूरी हुआ तो संघर्ष चलाए।

बि.प्र. : लेकिन जिला, राज्य और राष्ट्रीय स्तर पर इसका संचालन कौन करेगा?

ज.प्र. : स्थानीय स्तरों पर जन-समितियों की स्थापना के बाद जिला, राज्य और राष्ट्रीय स्तरों पर इसी तरह की समितियों की स्थापना के प्रयास किए जाएँगे। हमें शुरू में तदर्थ समितियों की स्थापना की जरूरत पड़ सकती है। स्थानीय स्तरों पर समितियों की स्थापना के लिए ऊपर से कुछ परामर्श की आवश्यकता पड़ सकती है। राष्ट्रीय स्तर पर एक अस्थायी जन-समिति का गठन किया जा चुका है। उचित समय पर आगे के कदम उठाए जाएँगे। प्रमुख समस्या विभिन्न स्तरों पर ऐसे स्त्री-पुरुषों की तलाश है, जो राजनीतिक दलों से अलग हों और चुनावी टिकट या अन्य दलीय लाभों से मुक्त होकर अपना समय और अपनी ऊर्जा सार्वजनिक कार्यों में लगा सकें। लेकिन गाँव से राष्ट्रीय स्तर तक जन समितियों का कोई और विकल्प नहीं है। इनका गठन हो पाता है या नहीं, होता है तो कब होता है, तथा जनहित के उत्थान में उनकी वास्तविक भूमिका क्या होगी, यह सब स्वयं जनता पर निर्भर करता है। वास्तव में सब कुछ उन्हीं पर निर्भर है।

जीवन-यात्रा : घटनाक्रम

11 अक्टूबर 1902	:	सिताब दियारा (बलिया जिला) में जन्म।
1919	:	मैट्रिक उत्तीर्ण किया।
1920	:	प्रभावती से विवाह।
जनवरी 1922	:	महात्मा गाँधी के नेतृत्व में असहयोग आंदोलन में सम्मिलित हुए।
अगस्त 1922	:	उच्चतर शिक्षा के लिए संयुक्त राज्य अमेरिका रवाना।
1924-25	:	विस्कांसिन विश्वविद्यालय (अमेरिका) में अध्ययन के दौरान मार्क्सवाद से परिचय।
अगस्त 1929	:	ओहायो विश्वविद्यालय (अमेरिका) से एम.ए. किया।
नवंबर 1929	:	भारत लौटे।
दिसंबर 1929	:	गाँधी जी से वर्धा में प्रथम मुलाकात। भारतीय राष्ट्रीय काँग्रेस के लाहौर सत्र में भाग लिया।
1930	:	इलाहाबाद स्थित काँग्रेस कार्यालय के श्रमिक स्कंध का उत्तरदायित्व सँभाला।
1932	:	मद्रास में गिरफ्तारी दी तथा जेल गए।
1933	:	नासिक जेल में समाजवादी पार्टी की गतिविधियों में हिस्सा लिया।
अक्टूबर 1934	:	काँग्रेस समाजवादी पार्टी के महासचिव बने।
फरवरी 1940	:	युद्ध विरोधी भाषण देने के कारण जमशेदपुर में बंदी बनाए गए। नौ महीने की सज़ा हुई।
जनवरी 1941	:	बंबई में गिरफ्तार तथा राजस्थान के देवली कैंप जेल में रख गए।
अक्टूबर 1941	:	कैदियों की माँगों के समर्थन में 31 दिनों का उपवास किया।
1942	:	हजारीबाग जेल स्थानांतरित किए गए।
8 नवंबर 1942	:	17 फुट ऊँची जेल की दीवार फाँद कर भागे।
1942-43	:	भूमिगत हुए। नेपाल में नेपाल आज़ाद दस्ते की स्थापना की।
18 सितंबर 1943	:	गिरफ्तार किए गए तथा लाहौर जिला जेल में उन पर शारीरिक अत्याचार किए गए।
जनवरी 1945	:	आगरा केंद्रीय जेल में स्थानांतरित किए गए।
19 अप्रैल 1946	:	अगस्त क्रांति के नायक का लोक अभिनंदन किया गया।
1947	:	रेलवे, पत्तन, टेलिग्राफ तथा आयुध कर्मचारी संघ के अध्यक्ष बने।
अगस्त 1950	:	वर्धा-पवनार पद-यात्रा।
30 मई 1952	:	बांदा (उ.प्र.) में आचार्य विनोबा भावे से मुलाकात।
23 जून 1952	:	पुणे में 21 दिनों का उपवास रखा।
सितंबर 1952	:	गया जिले में भूदान यात्रा आयोजित की।

5 मई 1954	:	गया जिले में सोखोदेवरा आश्रम की स्थापना की।
अगस्त 1955	:	पटना विश्वविद्यालय के छात्रों पर चली गोली पर चिंता जताई। पंडित नेहरू से संबंधों में तनाव।
अक्टूबर 1957	:	प्रजा समाजवादी पार्टी की प्राथमिक सदस्यता से इस्तीफा दिया।
मई-सितंबर 1958	:	इंग्लैंड तथा योरोप की यात्रा पर गए।
1961	:	अखिल भारतीय पंचायत परिषद् के अध्यक्ष बने।
1963	:	गया जिले में ग्रामदान का सघन कार्यक्रम चलाया।
1965	:	लोक सेवा के लिए मैग्सासे पुरस्कार से सम्मानित।
1967	:	भारतीय गणराज्य के राष्ट्रपति का चुनाव लड़ने के प्रस्ताव को अस्वीकार किया।
1967-69	:	बिहार रिलीफ कमेटी के अध्यक्ष रहे। अकाल पीड़ितों की सहायता के लिए व्यापक कार्य किया।
1969	:	गाँधी शताब्दी समारोह के अवसर पर आस्ट्रेलिया में गाँधीवाद पर व्याख्यान दिया।
1970	:	ग्राम स्वराज्य कोष के अध्यक्ष बने।
1971	:	बांग्लादेश के प्रश्न पर विश्व जनमत तैयार करने के लिए विदेश यात्रा की।
अप्रैल 1972	:	चंबल घाटी में दस्यु-आत्मसर्पण करवाया।
15 अप्रैल 1973	:	पत्नी प्रभावती का निधन।
जुलाई 1973	:	'एवरी मैन्स वीकली' का संपादन किया।
दिसंबर 1973	:	'युवाओं के लिए लोकतंत्र' का नारा देते हुए युवाओं का आह्वान किया।
फरवरी 1974	:	गुजरात के नव निर्माण आंदोलन को सक्रिय समर्थन दिया।
8 मार्च 1974	:	पटना में मौन जुलूस का आयोजन।
9 अप्रैल 1974	:	विद्यार्थियों द्वारा 'लोकनायक' घोषित किए गए।
5 जून 1974	:	पटना की एक आमसभा में 'संपूर्ण क्रांति' का आह्वान किया।
मार्च 1975	:	नई दिल्ली में एक जुलूस का आयोजन। लोकसभा अध्यक्ष को जनता की माँगों का ज्ञापन दिया।
26 जून 1975	:	आपात्काल लगाए जाने के बाद चंडीगढ़ में नजरबंद किए गए।
12 नवंबर 1975	:	नजरबंदी से पेरोल पर रिहा।
22 नवंबर 1975	:	चिकित्सा के लिए मुम्बई के जसलोक अस्पताल में भर्ती किए गए।
4 दिसंबर 1975	:	भारत सरकार द्वारा नजरबंदी का आदेश वापस लिया गया।
फरवरी 1977	:	जनता पार्टी का निर्माण। जनतांत्रिक मूल्यों की स्थापना के लिए चुनाव प्रचार में भाग लिया।
मार्च 1977	:	चुनावों में जनता पार्टी विजयी हुई। प्रधानमंत्री पद के लिए मोरारजी देसाई के नाम का समर्थन।
8 अक्टूबर 1979	:	पटना में देहावसान।

आभार

भारत में जब तक प्रजातंत्र कायम रहेगा लोकनायक प्रजातंत्र के रक्षक सिपाही के रूप में सदा याद किए जाएँगे। जयप्रकाश नारायण देश के ऐसे सिपाही थे, जिन्होंने धनदौलत और अस्त्र-शस्त्र के बगैर ही प्यार से जनता के दिलों पर राज किया। सत्ता रूपी सिंहासन का मोह तो उन्हें कभी रहा ही नहीं। जब भी उन्हें किसी बड़े पद का भार देने की कोशिश की गई, उन्होंने यह कहकर टाल दिया कि सत्ता से अलग रहकर जनसेवा जितनी अधिक हो सकती है, सत्ता में आने पर काफी हद तक सीमाओं में बँध जाती है। उनका मन हमेशा जन सेवा की ओर लगा रहा। ऐसे महापुरुष के विषय में लिखने का अवसर जिसे भी प्राप्त हो वह शायद ही अपनी खुशी को पूर्णरूपेण प्रस्तुत कर सके।

आज हम एक ऐसे महान पुरुष की जीवन गाथा आप तक पहुँचाने का प्रयास कर रहे हैं जिसने पहले आजादी के लिए विदेशियों से संघर्ष किया और आजादी के पश्चात देशवासियों के लिए सत्ताधारियों से मृत्युपर्यन्त संघर्ष करते रहे। इस कार्य में हमें काफी लोगों से सहयोग भी मिला। इस पुस्तक के संपादन में हमने अभी तक जे. पी. पर लिखी गई सभी पुस्तकों, उनसे संबद्ध पत्र-पत्रिकाओं उनके द्वारा रचित साहित्यों तथा समय-समय पर निकलने वाली स्मारिकाओं से काफी सहयोग लिया है। हमारा प्रयास यह है कि उनके जीवन से जुड़ी हर घटना हर बात को इस पुस्तक में समाहित कर सकें।

इस कार्य के संपादन में मुझे महिला चर्खा समिति, पटना, प्रभा स्मृति पुस्तकालय, सच्चिदानन्द सिन्हा पुस्तकालय, पटना, वित्त पुस्तकालय नई दिल्ली से काफी सहयोग मिला—जे. पी. के जीवन के सारे स्मरणीय चित्रों को प्राप्त करने में मुझे नेहरू पुस्तकालय का जो सहयोग मिला उसका हम आभार प्रकट करते हैं। इन तस्वीरों के कारण ही यह पुस्तक जे. पी. के संपूर्ण जीवन को चित्रित करती है।

मैं जे. पी. के साथ न तो रही हूँ और न ही उन्हें नजदीक से देखा है। मैंने तो उन्हें सिर्फ पढ़ा है बड़े-बड़े लेखकों की पुस्तकों में। सबसे अधिक मैंने दिनकर जी को पढ़ा। इनके अलावा अवध बिहारी लाल, डॉ. लक्ष्मी नारायण लाल, डॉ. शैलेन्द्रनाथ श्रीवास्तव, कुमार प्रशांत, एलन और वेंडी स्कार्फ, कांतिशाह, सं. नारायण देसाई, आचार्य राममूर्ति तथा राजीव रंजन नाग जी की पुस्तक से प्राप्त अनुभव के आधार पर जे. पी. का समग्र चरित्र आपके सामने प्रस्तुत कर रही हूँ। इस कार्य में संभव है मैंने कुछ गलतियाँ भी की होंगी। इसके लिए मैं आपसे क्षमाप्रार्थी हूँ, क्योंकि जे. पी. का चरित्र ही ऐसा है जिसे शब्दों में बाँधने का प्रयास तो किया जा सकता है मगर उसकी संपूर्णता का दावा नहीं।

अमृता शेखर

हे भारत-भू के धन,

कलुष-कींच के बीच राम-सा पुरुषोत्तम बन,
मर्यादा से धवल रखा जीवन का कण-कण,
संशय के युग में नीतिज्ञ कृष्ण-सा उठकर,
किया सभी अवशेष शक्तियों का संग्रन्थन,
ले विज्ञान दृष्टि, तुम लाए सकल क्रांति से,
गांधी-चिंतन का समाजवादी रूपायन,
तुम इतिहास-फलक पर अंकित हुए चिरंतन,
हारे हुए अँधेरे युग के जयप्रकाश बन,
तुम्हें कोटिशः नमन।

है जयप्रकाश वह नाम जिसे,
इतिहास समादर देता है,
बढ़कर जिसके पदचिन्हों को,
उस पर अंकित कर लेता है।

पिता, हरसूदयाल

माता, फूलरानी

सिताबदियारे का घर

ससुर, ब्रजकिशोर बाबू

प्रभावती की माँ और परिवार

अमेरिका में अपने विद्यार्थी-जीवन में एक मित्र के साथ

कदमकुआँ निवास में चरखा कातते हुए

नव दम्पति
प्रभावती एवं जयप्रकाश नारायण

प्रभावती जी चरखे से सूत कातती

प्रभावती जी

प्रभावती जी
ढ़लती उम्र के साथ

प्रभावती जी

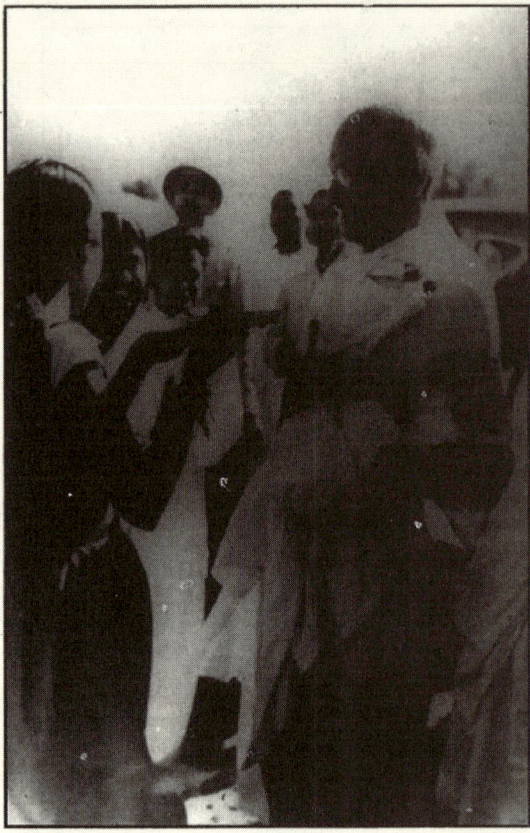

प्रभावती जी गांधी जी का अपने घर स्वागत करते हुए

प्रभावती जी

बापू के साथ यात्रा में प्रभावती जी

प्रभावती जी (बापू के साथ)

स्वयंसेविका दल की कमाण्डर-रामगढ़-कांग्रेस

जयप्रकाश नारायण एवं प्रभावती जी

जयप्रकाश नारायण एवं प्रभावती जी

इतिहास की छवि

जयप्रकाश नारायण

जयप्रकाश नारायण

जयप्रकाश एवं प्रभावती

प्रभावती जी
(ढ़लती उम्र के साथ)

अपने पुराने साथी श्री गंगाशरण सिंह जी के साथ, बायीं ओर जे. पी. के सचिव श्री अब्राहम

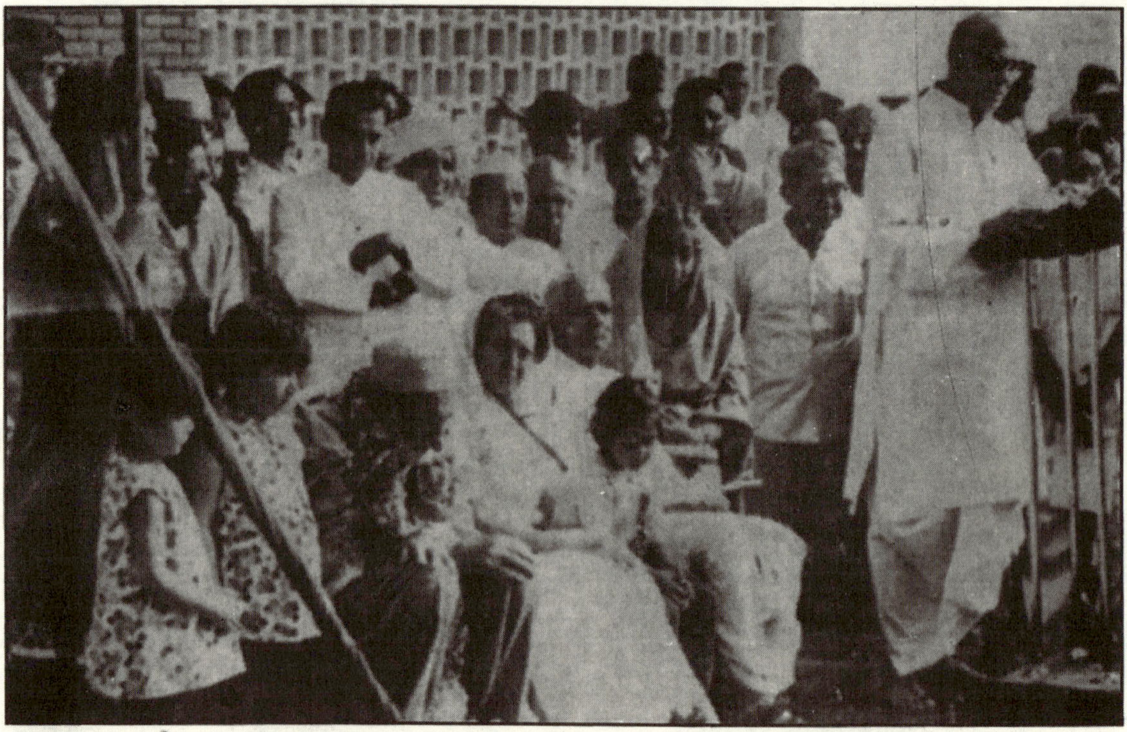

सीमान्त गांधी ख़ान अब्दुल गफ्फ़ार ख़ाँ के सम्मान में आयोजित समारोह में

फ़िलिप नोएल बेकर के साथ

लाहौर में - 1946

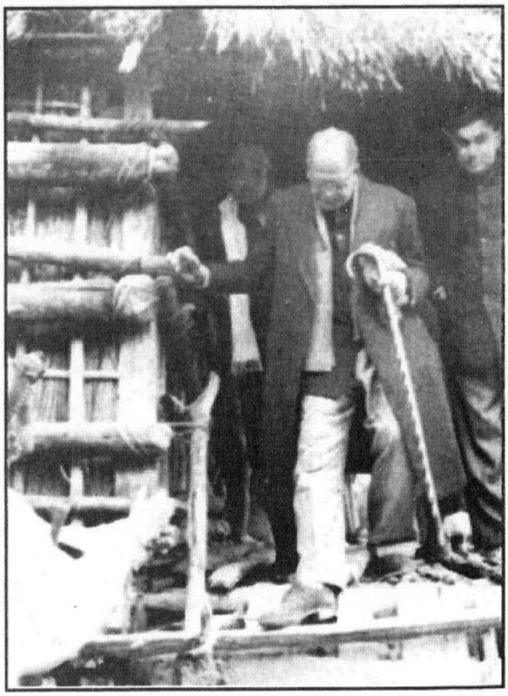

नागभूमि में झोंपड़े-झोंपड़े

मैग्सेसे अवार्ड स्वीकार करते हुए

राष्ट्राध्यक्ष मैग्सेसे की समाधि पर श्रद्धांजलि (साथ में प्रभावती)

मैग्सेसे अवार्ड लेने के उपरान्त प्रवचन देते हुए

मैग्सेसे अवार्ड लेने के उपरान्त

मैग्सेसे अवार्ड लेने के उपरान्त

मैग्सेसे अवार्ड लेने के उपरान्त

जपान में जे. पी., 1968

जापान में 1968, स्वागत समारोह

जापान में जे. पी., 1968

विली ब्रांट के साथ

विदेश में

विदेश में

जर्मनी में

लार्ड केसी के साथ, ऑस्ट्रेलिया में - 1969

जे. पी. विदेश में

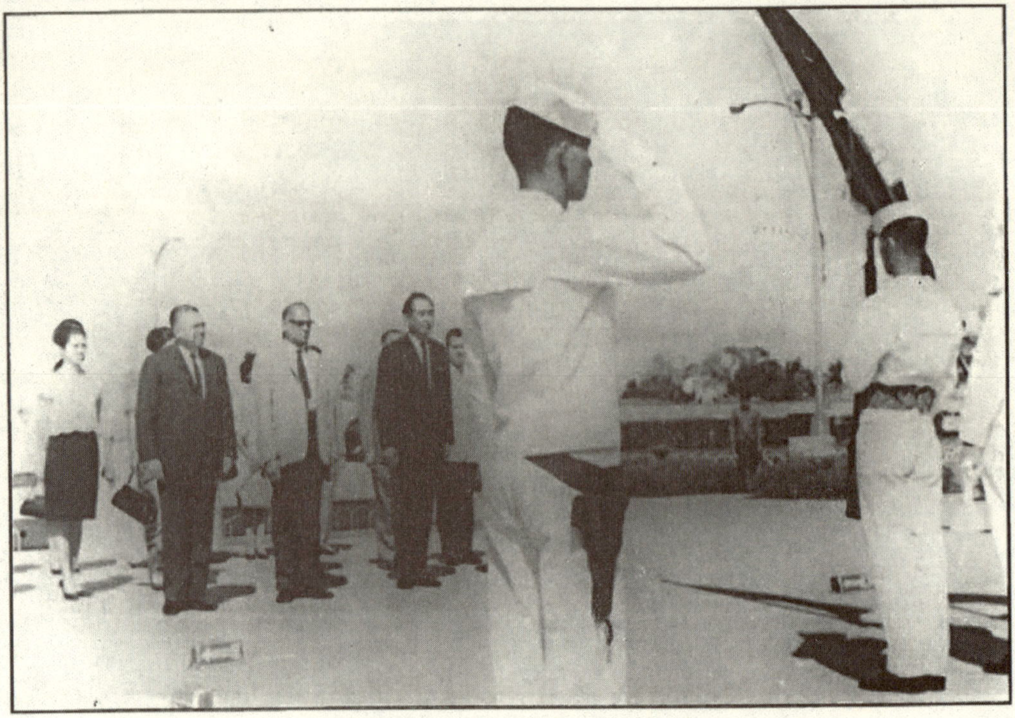

लार्ड केसी के साथ, ऑस्ट्रेलिया में- 1969

जे. पी. विदेश में

जयप्रकाश एवं प्रभावती विदेश में

जयप्रकाश एवं प्रभावती विदेश में

विदेश में

विदेश में प्रभावती जी

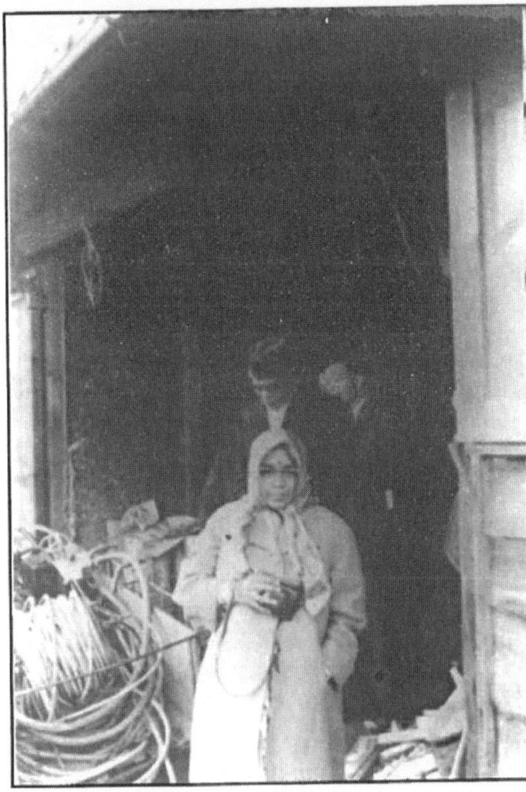

जयप्रकाश एवं प्रभावती, विदेश भ्रमण

जयप्रकाश एवं प्रभावती, विदेश भ्रमण

जयप्रकाश, विदेश भ्रमण

जयप्रकाश एवं प्रभावती, विदेश भ्रमण

जयप्रकाश एवं प्रभावती, विदेश में

जयप्रकाश एवं प्रभावती, विदेश भ्रमण

दलाई लामा के साथ

दूरदर्शन में साक्षात्कार

राजा बाबू जे. पी. के निजी सचिव सच्चितानन्द के साथ

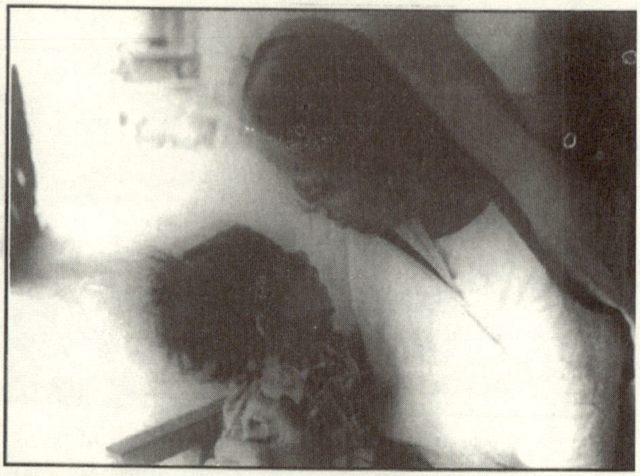

प्रभावती - बच्चों से प्यार

जयप्रकाश नारायण - बच्चों से प्यार

प्रभावती जो कि यात्रा में साथ

नागालैण्ड में शॉल स्वीकार करते हुए

जवाहरलाल नेहरू के साथ जयप्रकाश नारायण

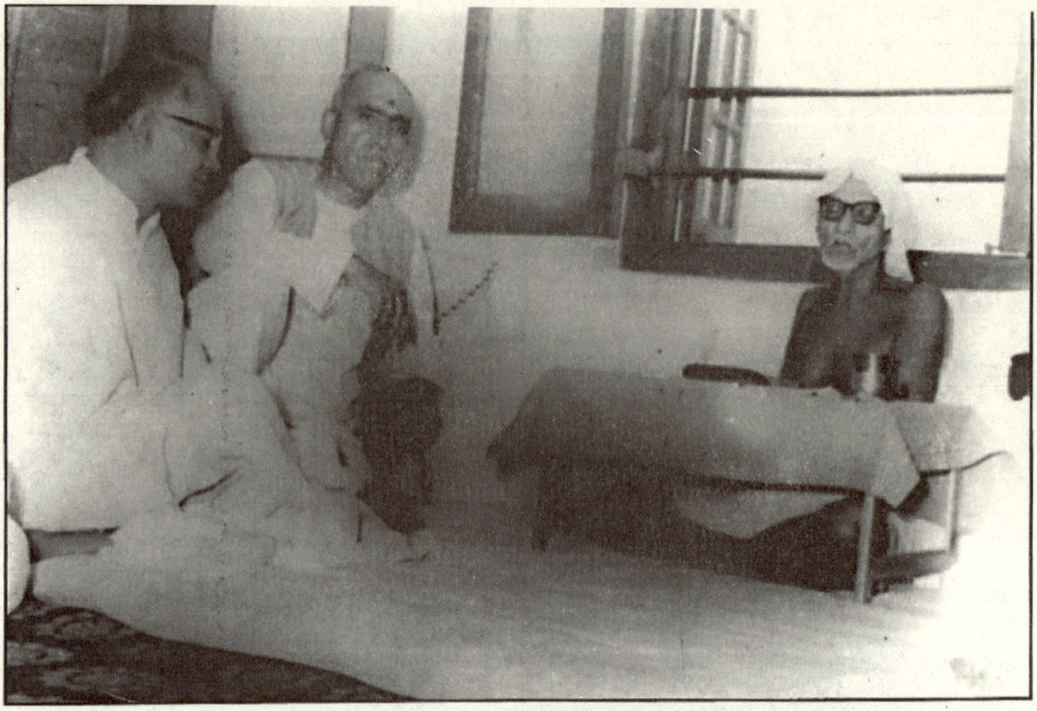

विनोबाजी के सान्निध्य में। साथ में शेख़ अब्दुल्ला

स्वराज आन्दोलन के बाद जवाहरलाल नेहरू के साथ जयप्रकाश नारायण

जयप्रकाश नारायण, राममनोहर लोहिया एवं प्रभावती जी

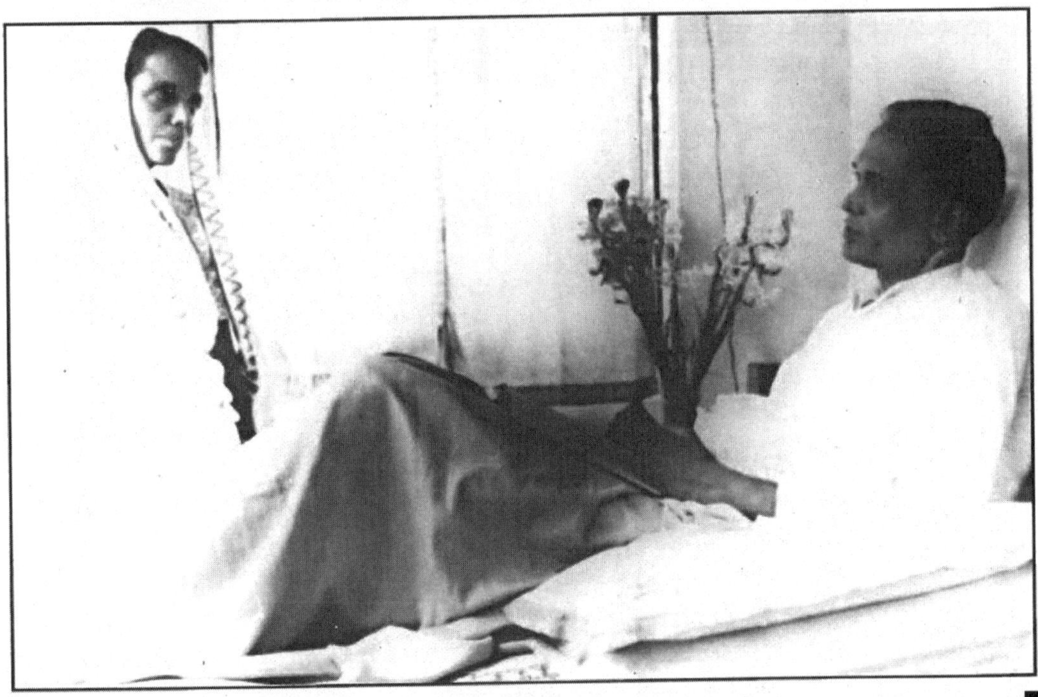

जयप्रकाश नारायण एवं जयप्रभा, पूना अनशन में

आचार्य नरेन्द्रदेव के साथ

विनोबा भावे के साथ में जे. पी.

जे. पी., बी. पी. कोइराला के साथ

जे. पी., जगजीवन राम के साथ

विनोबा भावे के साथ

जे. पी. की कुछ विचारशील मुद्राएँ

जे. पी. की कुछ विचारशील मुद्राएँ

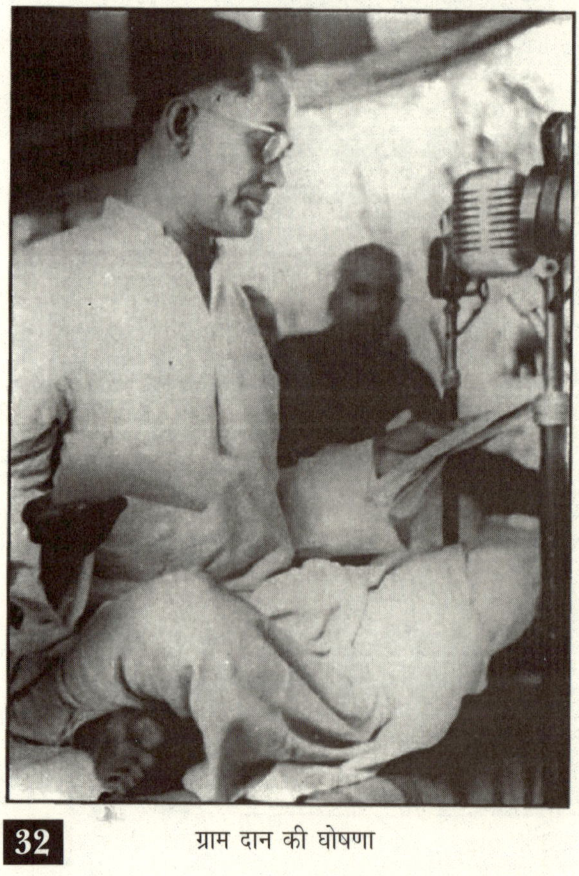

ग्राम दान की घोषणा

जे. पी. की कुछ विचारशील मुद्राएँ

विमल प्रकाश, आशा देवी और जयप्रकाश

कृपलानी, प्रभावती जी, आशा देवी

विमल प्रसाद, जयप्रकाश नारायण, आचार्य कृपलानी कैंसरग्रस्थ प्रभावती जी के मित्र

एक सभा में जयप्रकाश नारायण व प्रभावती जी

प्रभावती व जयप्रकाश पंजाब में

इतिहास के गर्भ में

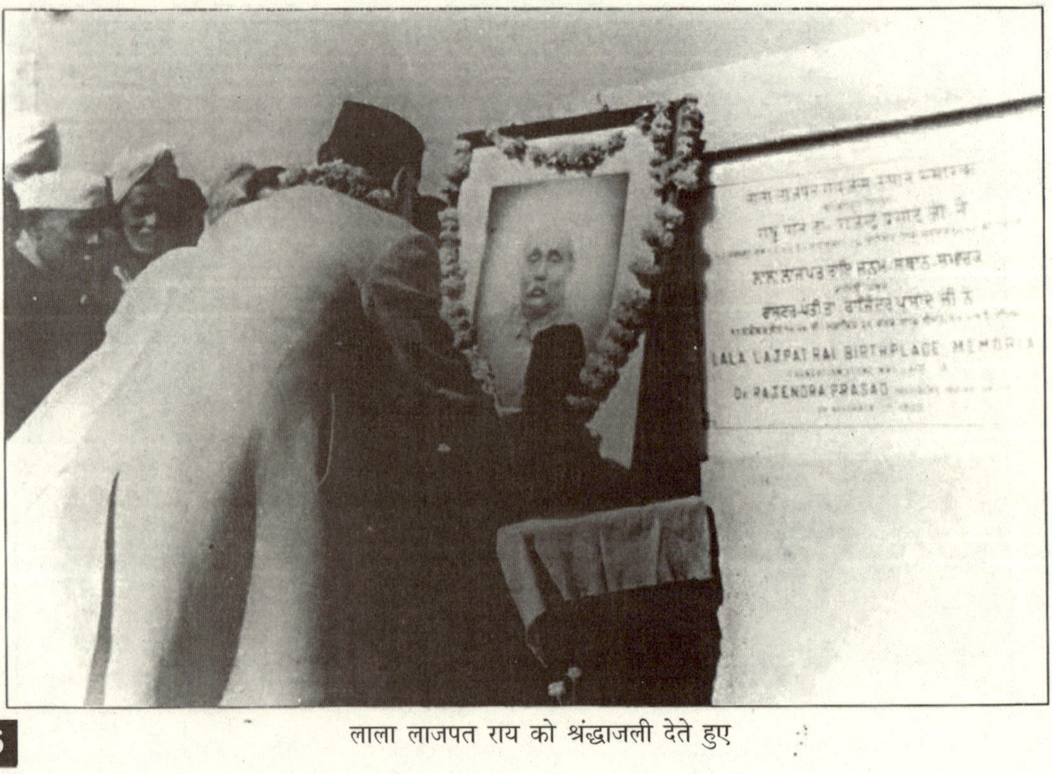

लाला लाजपत राय को श्रंद्धाजली देते हुए

बाग़ियों से सम्पर्क करने वाले
तहसीलदार सिंह जयप्रकाश जी के साथ

चम्बल के बाग़ियों के नाम जयप्रकाश जी की अपील

अपील पढ़ रहे बाग़ी माधोसिंह, जिनके सिर के लिए डेढ़ लाख का इनाम घोषित हुआ था।

शस्त्र-समर्पण

शस्त्र-समर्पण

राखी, तिलक और रामायण

शस्त्र समर्पण

1974 में एक जनसभा को सम्बोधित करते हुए

तुकडोजी महाराज के साथ जयप्रकाश जी व प्रभावती जी

इतिहास के गर्भ में

जनसभा को सम्बोधित करते हुए प्रभावती जी भी मंच पर बैठी हैं।

श्रमदान

पंजाब के सभा में

इतिहास के गर्भ में

इतिहास के गर्भ में

हिंगनघाट, महाराष्ट्र में - 1954 (जयप्रकाश मुफ्त वाचनालय)

गौहाटी, आसाम (समाजवादी पक्ष के कार्यालय का उद्घाटन)

कन्याकुमारी से कश्मीर देश भ्रमण वन्दे मातरम्-वन्दे मातरम्

इन्दिरा गांधी के साथ

इतिहास के गर्भ में

इतिहास के गर्भ में

जयप्रकाश नारायण 1953 में गया जिले में 'भूदान' प्राप्त करते हुए

तानाशाही बनाम लोकशक्ति

सिंहासन खाली करो, कि जनता आती है।

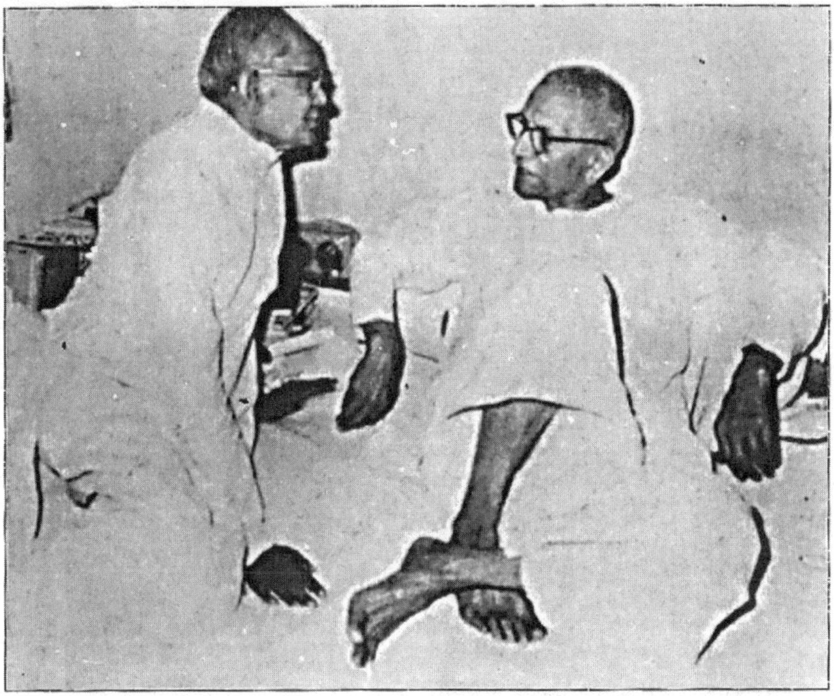

जयप्रकाश नारायण देसाई के साथ

जयप्रकाश नारायण आचार्य कृपलानी के साथ

जयप्रकाश नारायण ख़ान अब्दुल गफ्फ़ार के साथ

जयप्रकाश नारायण शेख़ अब्दुल्ला के साथ

जयप्रकाश नारायण इन्दिरा गांधी के साथ

जयप्रकाश नारायण मीनू मसानी के साथ

जयप्रकाश नारायण 1954 में गया में 'जीवनदान' देते हुए

 बिहार आन्दोलन के दौरान दुर्गा प्रसाद खण्डेलवाल

उज्जैन - 1975, सम्पूर्ण क्रान्ति के लिए तरुणों का आवाह्न

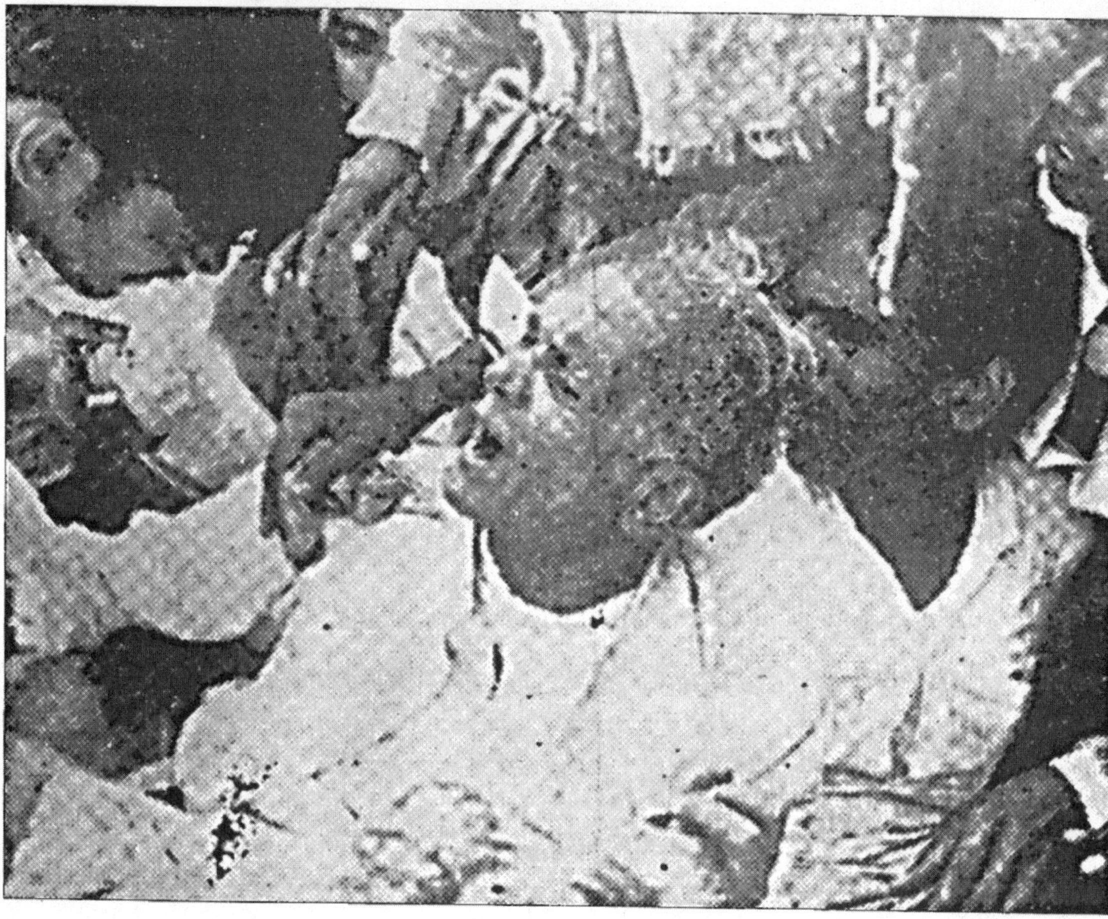

पटना में लाठी-प्रहार - 1974

जनसंघ के अधिवेशन में

संघर्ष के मोर्चे पर

26 अगस्त 1974 बेगम हज़रत महल पार्क लखनऊ में जे. पी. का भाषण सुनने आया अपार जन-समूह। श्री नानाजी देशमुख जे. पी. के बराबर बैठे हैं।

विमल प्रसाद और जयप्रकाश नारायण

विमल प्रसाद और जयप्रकाश नारायण

राजघाट पर जनता-पक्ष के संसद-सदस्यों की प्रतिज्ञा

विभिन्न मुद्राओं में

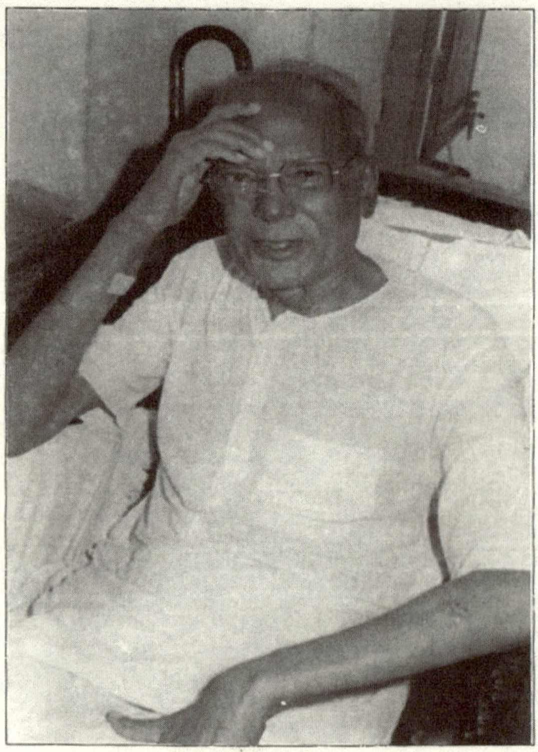

विभिन्न मुद्राओं में

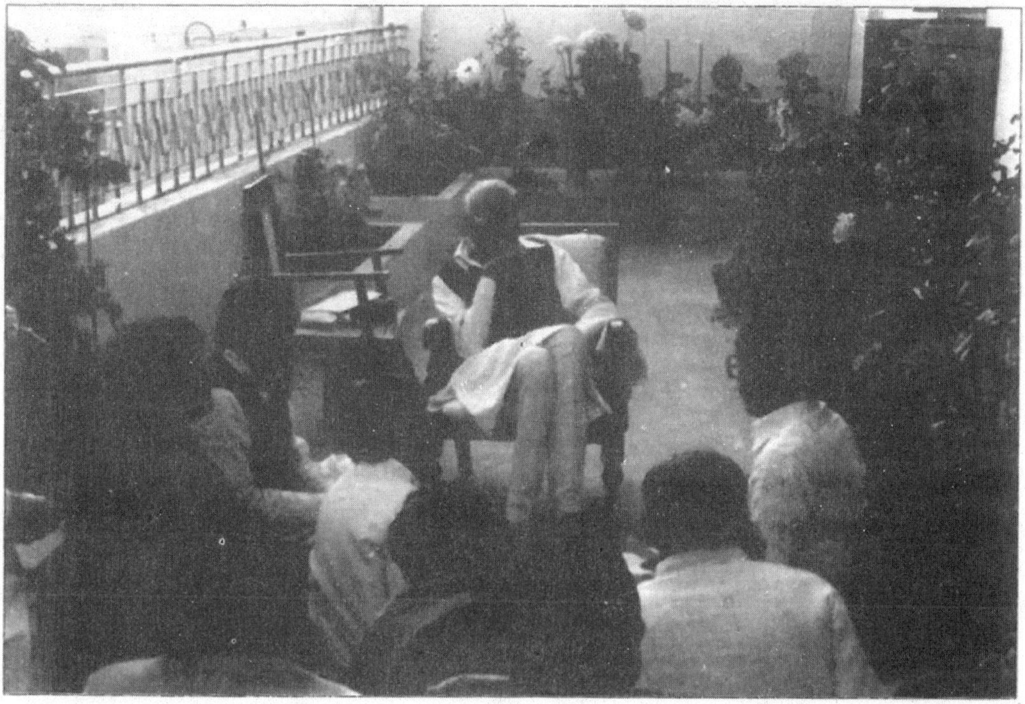

इतिहास के गर्भ में

छोटे भाई राजा बाबू उर्फ राजेश्वर बाबू

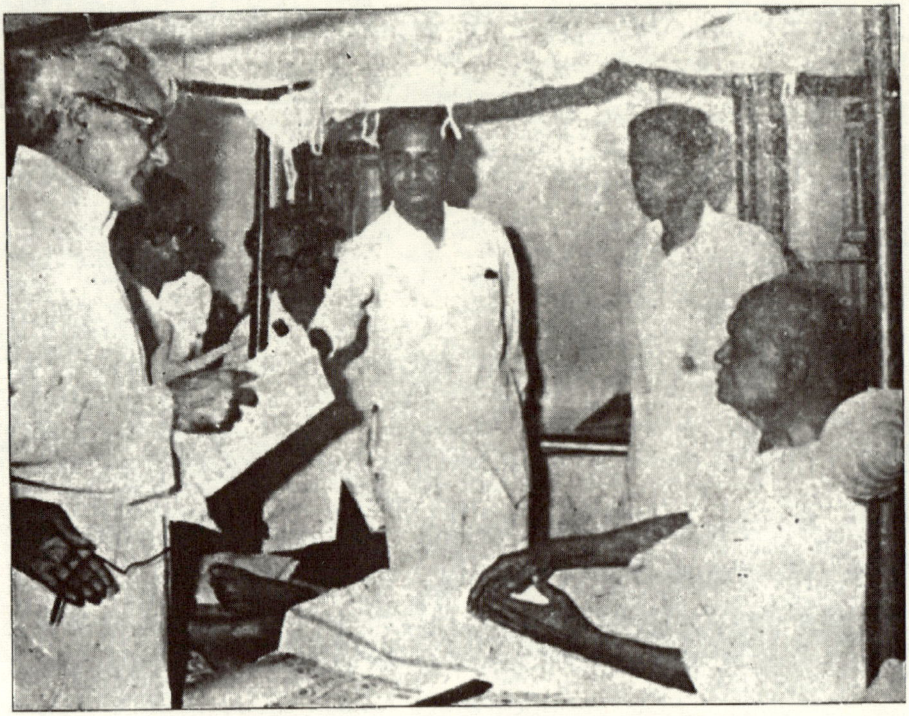

राजस्थान के मुख्यमन्त्री, श्री भैरों सिंह शेखावत-राजस्थान में जनता शासन के एक वर्ष पूर्ण होने के उपलक्ष्य में जे. पी. से आशीर्वाद लेते हुए।

सब की एकता से ही सम्पूर्ण क्रान्ति

इतिहास के गर्भ में

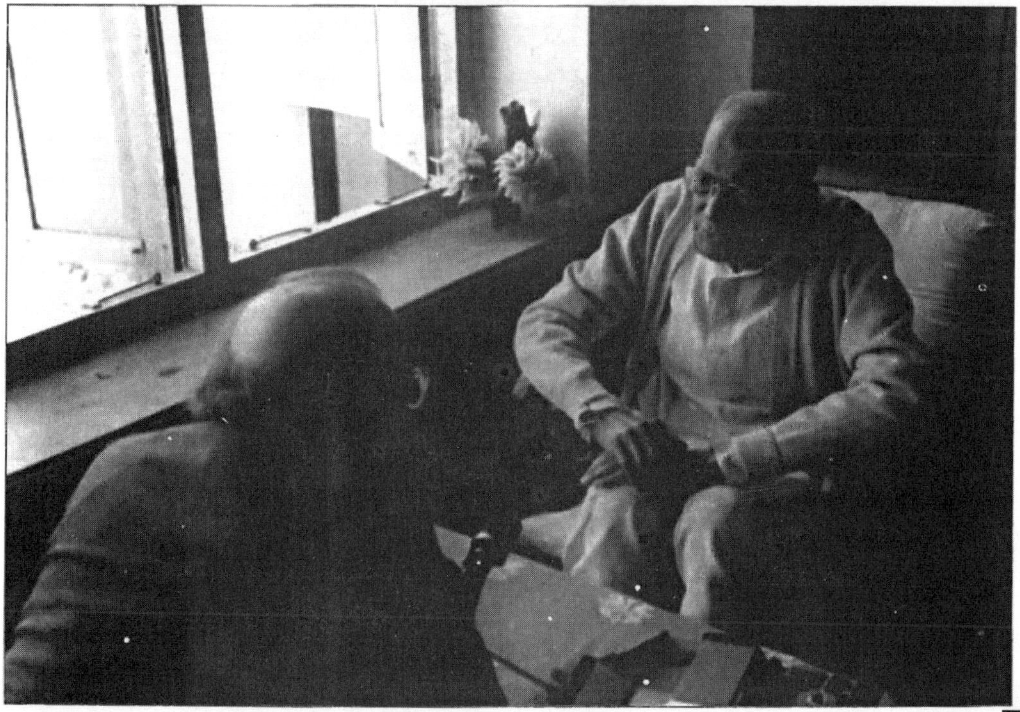

इतिहास के गर्भ में

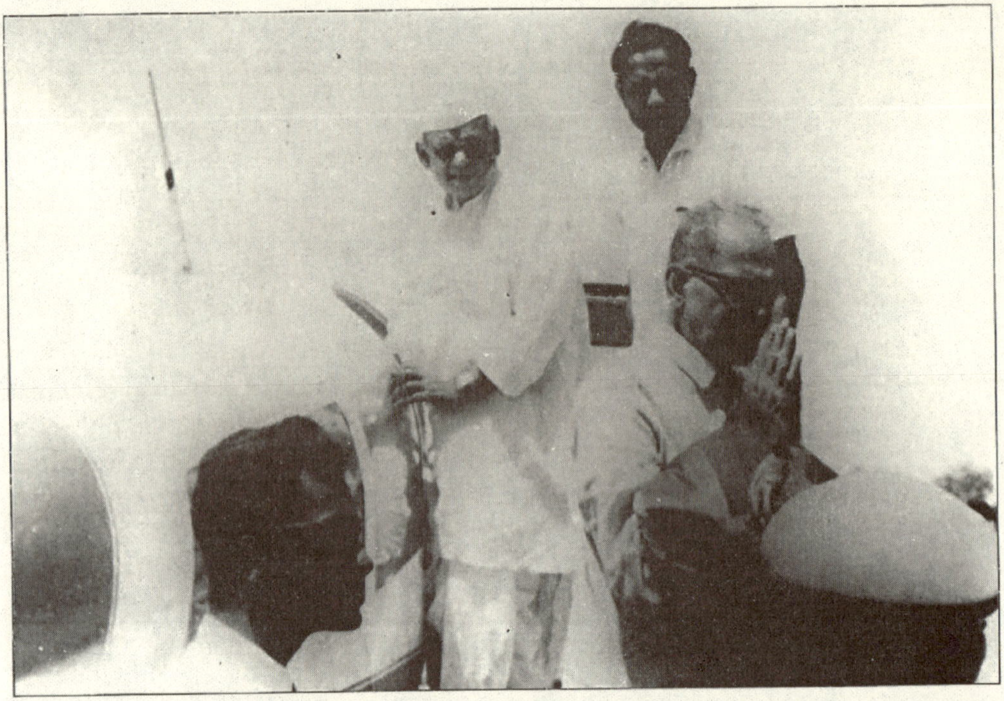

1977 के चुनाव प्रचार में राम सुन्दर दास एवं जयप्रकाश नारायण

डॉ. मणि और जयप्रकाश नारायण

लोकतन्त्र की मशाल जलाते जे. पी. साथ में अनुपम एवं अन्य

तानाशाह की लाठी के आगे बढ़ते जे. पी. साथ में हैं, नाना जी देशमुख, कुमार प्रशान्त, कुमार अनुपम, ढीक पीछे प्रख्यात् उपन्यासकार फणीश्वर नाथ रेणू, किरण घई, कंचन, मधुबाला एवं युवाओं की सेना (4 नवम्बर, 1974)

पटना, 3 अक्तूबर 1974 सचिवालय द्वार पर युवाओं के साथ धरना देते, जे. पी. साथ अरुण कुमार सिन्हा एवं अन्य

3 अक्तूबर 1974 को पटना सचिवालय द्वार पर धरना देते जे. पी. साथ अरुण कुमार सिन्हा, अनुपम एवं अन्य

कुमार अनुपम सिंह एवं लोकनायक जयप्रकाश नारायण

हर क़दम पर युवाओं के साथ लोकनायक जयप्रकाश नारायण एवं साथ में कुमार अनुपम एवं अन्य (18 अक्तूबर 1977)

तानाशाही का अन्त करने के बाद अपनी जन्मभूमि सिताब दियारा को अन्तिम पर नमन करते जयप्रकाश साथ में हैं, चन्द्रशेखर, वी. पी. कोइराला व बगल में कुमार अनुपम (1977)

राजाबाबू डॉ. मणि के साथ जे. पी.

इतिहास के गर्भ में

इतिहास के गर्भ में

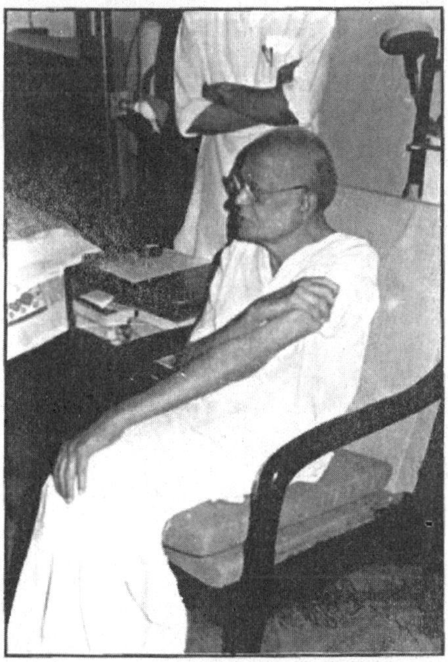

लोकनायक जयप्रकाश नारायण

लोकनायक जयप्रकाश नारायण

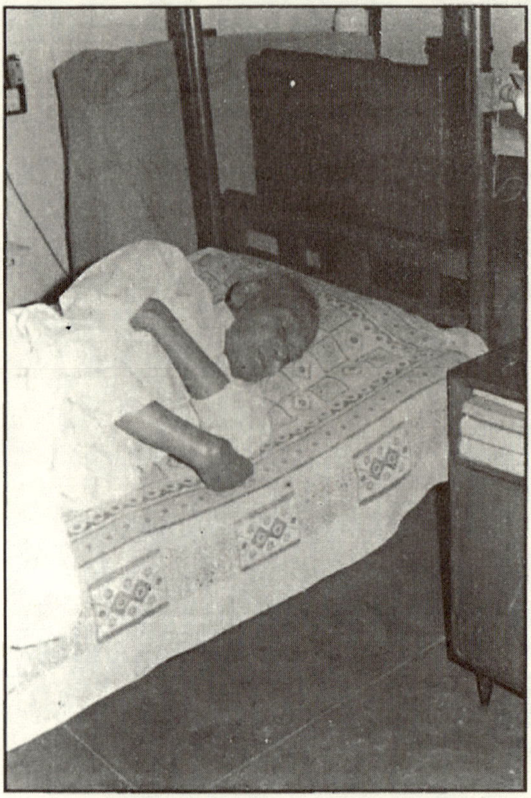

जीवन से जूझते लोकनायक जयप्रकाश नारायण

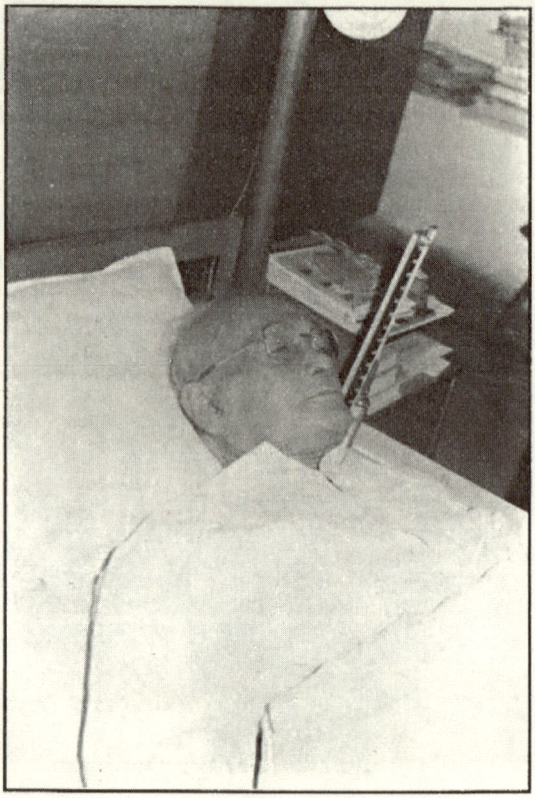

जीवन से जूझते लोकनायक जयप्रकाश नारायण

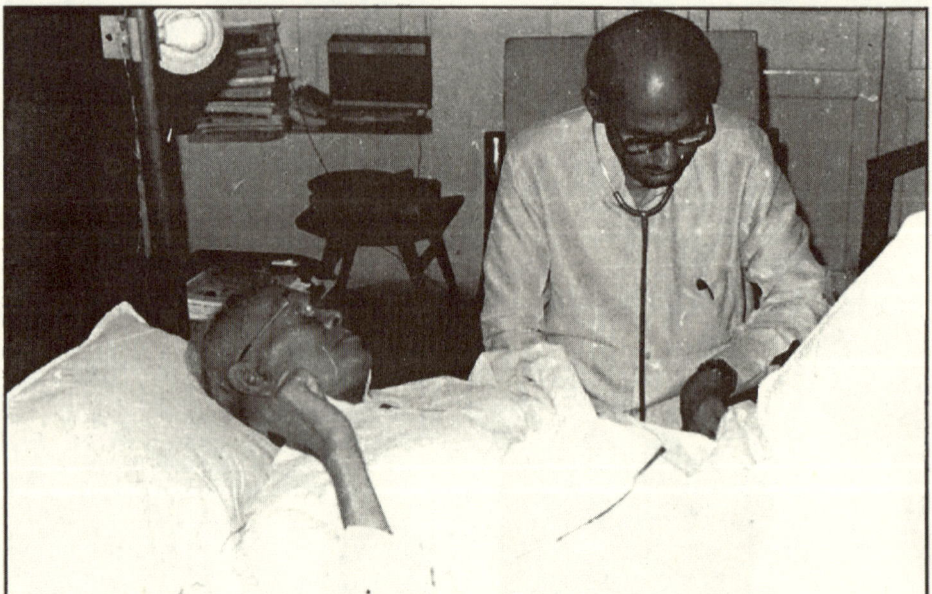

विचार-ग्रस्त लोकनायक जयप्रकाश नारायण

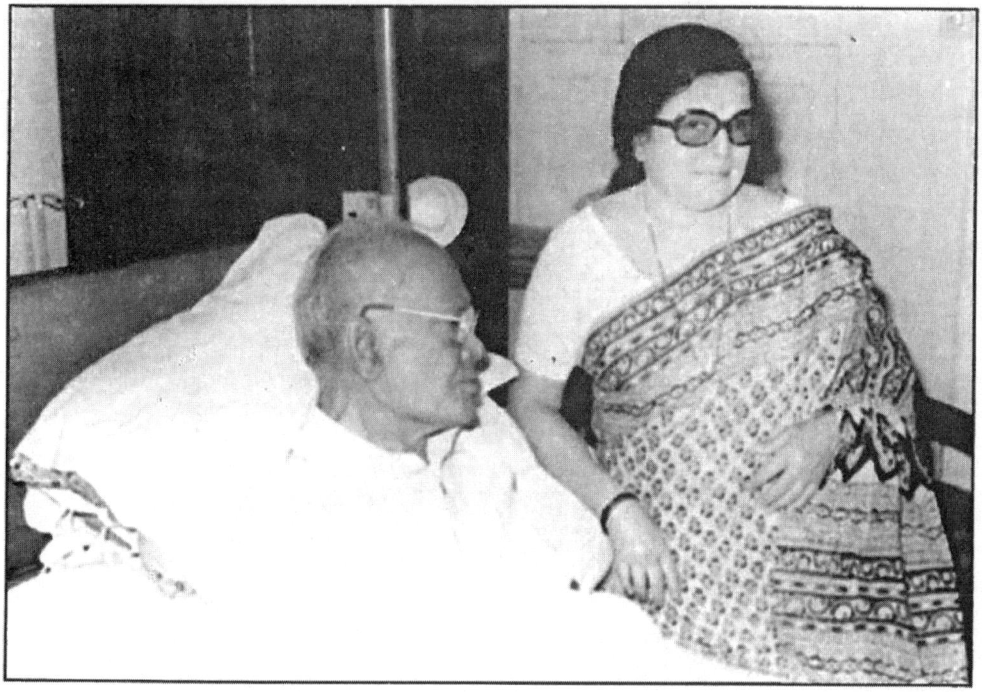

इतिहास के गर्भ में

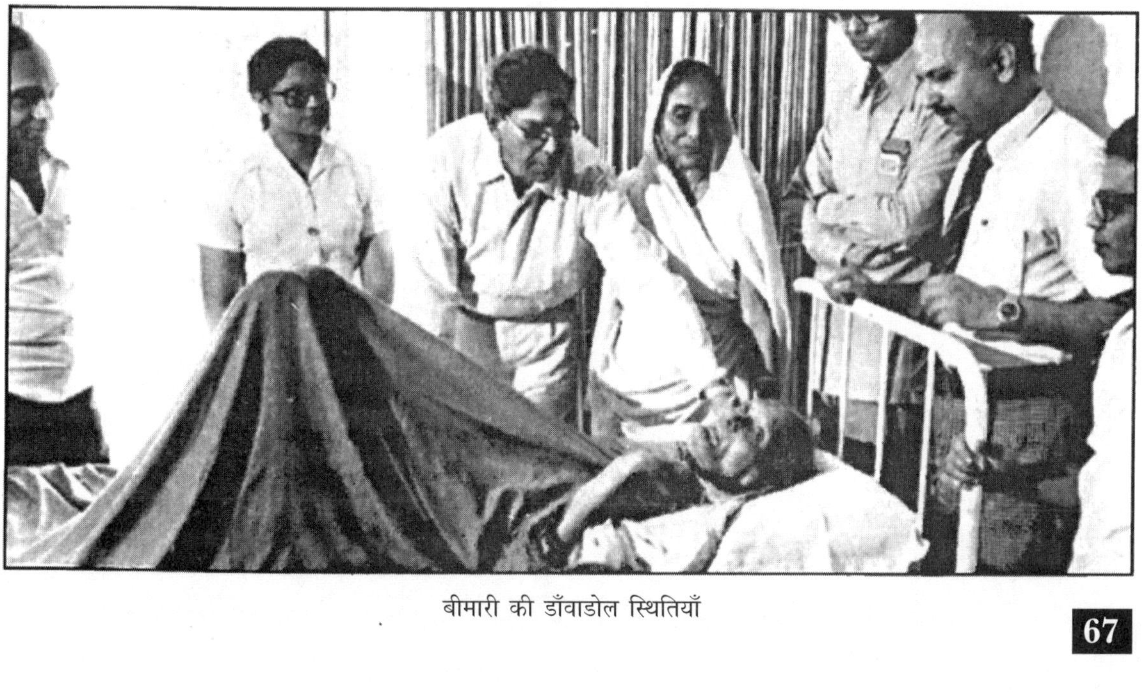

बीमारी की डाँवाडोल स्थितियाँ

चिरनिद्रा, पटना, 8 अक्तूबर, 1979

शौक-सन्तप्त स्वजन

राजाबाबू की श्रद्धांजलि

राष्ट्र के संवैधानिक मुखिया द्वारा श्रद्धांजलि

राष्ट्र के सशस्त्र दलों द्वारा राष्ट्र-सेवक का अन्तिम सम्मान

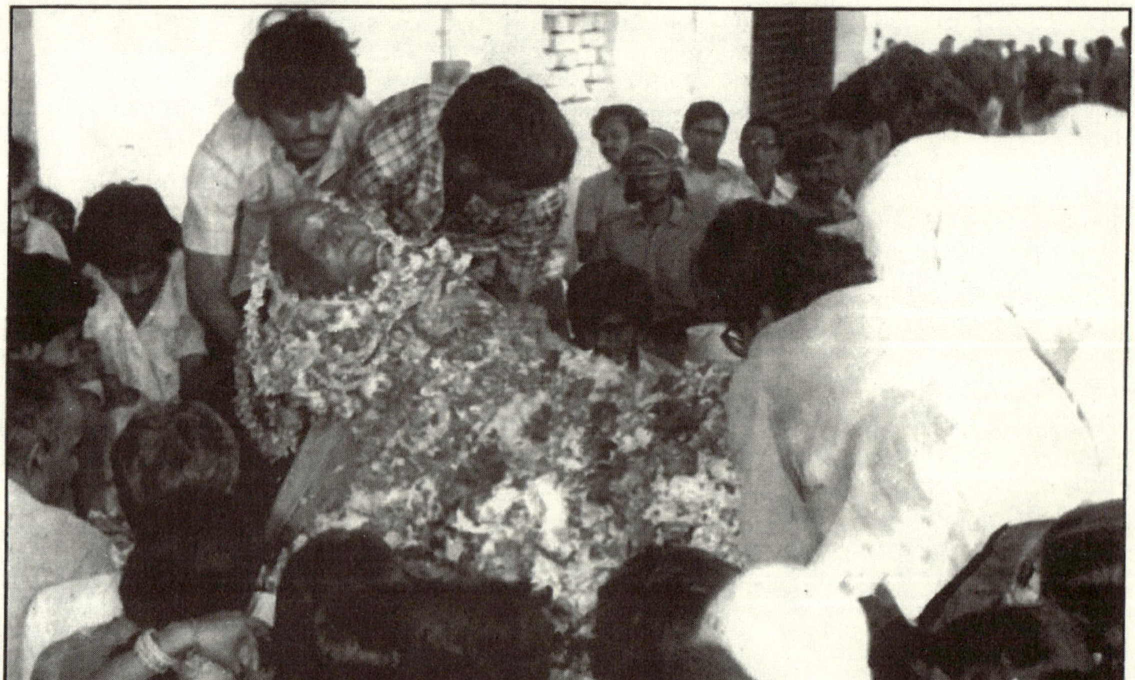

8 अक्तूबर 1979, अन्तिम प्रयाण की तरफ जे. पी. युवाओं के कन्धों पर

लोकनायक के अन्तिम दर्शनों के लिए उमड़ी जनता : पटना 9-10-1979

लोकनायक के अन्तिम दर्शनों के लिए उमड़ी जनता : पटना 9-10-1979

नश्वर शरीर पंच महाभूतों में विलीन हो गया, आत्मा लोकात्मा में!